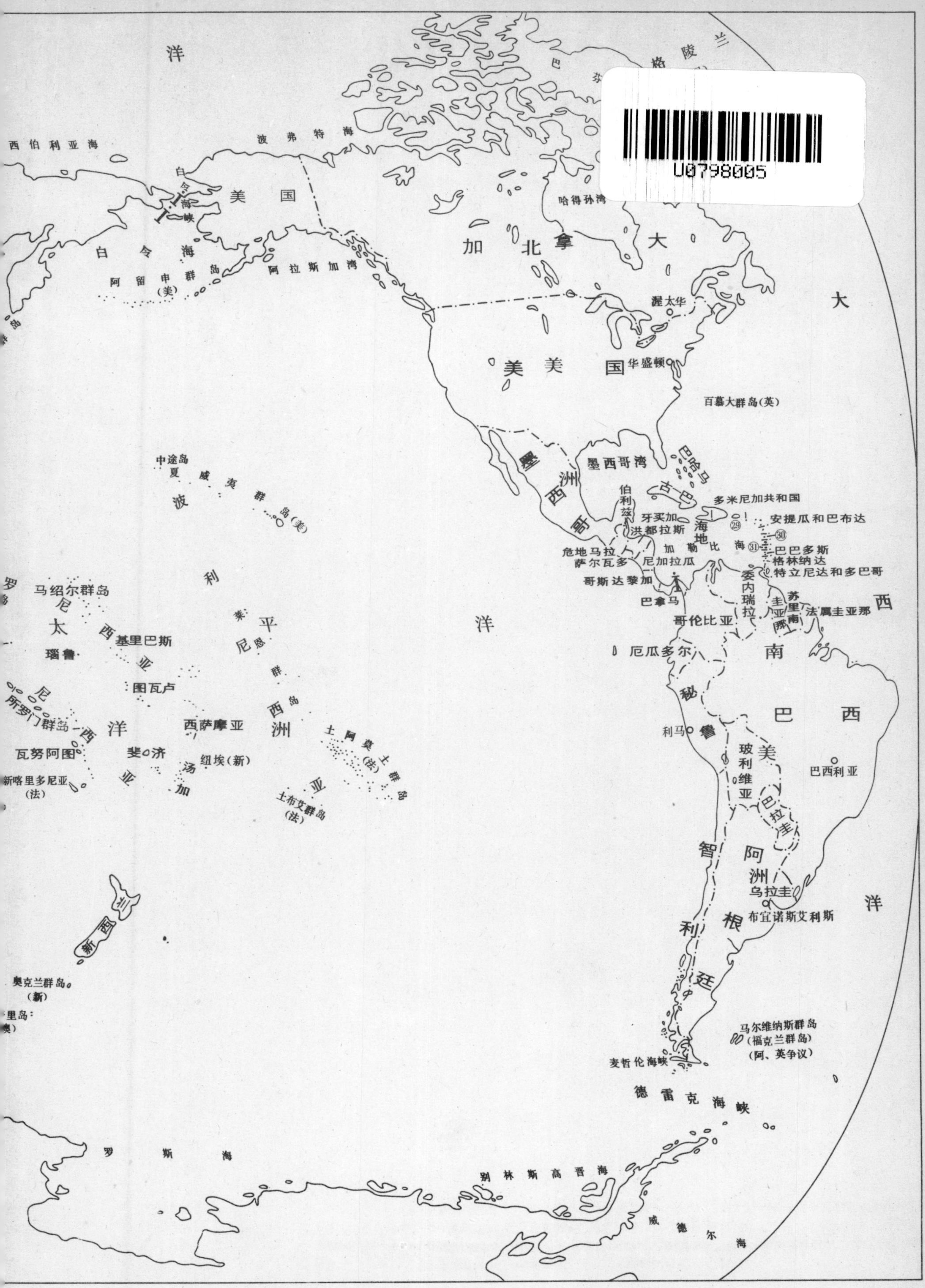
洋
格陵兰
巴芬
西伯利亚海
波弗特海
白令海峡
美国
哈得孙湾
白令海
阿拉斯加湾
加拿大
北美
阿留申群岛
(美)
渥太华
大
美国
华盛顿
百慕大群岛(英)
中途岛
夏威夷群岛(美)
波利尼西亚
墨西哥
墨西哥湾
巴哈马
古巴
多米尼加共和国
伯利兹
牙买加
海地
安提瓜和巴布达
洪都拉斯
危地马拉
萨尔瓦多
加勒比海
巴巴多斯
尼加拉瓜
格林纳达
特立尼达和多巴哥
哥斯达黎加
巴拿马
委内瑞拉
苏里南
圭亚那
法属圭亚那
马绍尔群岛
密克罗尼西亚
太平洋
基里巴斯
瑙鲁
洋
哥伦比亚
西
图瓦卢
厄瓜多尔
南
所罗门群岛
美拉尼西亚
西萨摩亚
莱恩群岛
秘鲁
巴西
利马
瓦努阿图
斐济
汤加
纽埃(新)
土阿莫土群岛(法)
玻利维亚
巴西利亚
新喀里多尼亚(法)
土布艾群岛(法)
巴拉圭
智利
阿根廷
乌拉圭
布宜诺斯艾利斯
洋
新西兰
奥克兰群岛(新)
里岛
马尔维纳斯群岛
(福克兰群岛)
(阿、英争议)
麦哲伦海峡
德雷克海峡
罗斯海
别林斯高晋海
威德尔海

世界军事年鉴 1999

WORLD MILITARY YEARBOOK

军事科学院《世界军事年鉴》编辑部

解放军出版社

图书在版编目(CIP)数据

版式设计　杜超英
封面设计　符晓迪

世界军事年鉴　1999/《世界军事年鉴》编辑部编著. －北京:解放军出版社,1999
ISBN 7－5065－3754－0

Ⅰ.世…　Ⅱ.世…　Ⅲ.军事－世界－年鉴－1999　Ⅳ.E1－54

中国版本图书馆 CIP 数据核字(1999)第 68139 号

世界军事年鉴
1999
军事科学院《世界军事年鉴》编辑部

解放军出版社出版发行
(北京平安里 3 号)
(邮政编码 100035)
新华书店经销
北京宏文印刷厂印刷

787×1092 毫米 16 开本　44.25 印张　4 插页　1506 千字
1999 年 11 月第 1 版　1999 年 11 月(北京)第 1 次印刷
定　价:150 元

《世界军事年鉴》编审委员会

《世界军事年鉴》编辑部

《世界军事年鉴1999》主要撰稿人名单

（以姓氏笔划为序）

于 庭	万 伟	广 军	习 钟	马宝奎	王文昌	王世华	王世银
王书勤	王达伦	王成刚	王连奎	王明志	王治国	王通信	王艳芳
韦 肖	韦秀文	木 工	毛子成	长 生	卞荣宣	方 宁	方 梅
方友庚	邓彦舫	尹承魁	孔 义	孔国生	孔繁金	巨文新	石 慧
石之英	田小文	田明资	史 友	白 雁	朱 达	朱祥龙	朱瑞臣
任 杰	任 明	伊贵玺	刘 龙	刘 颖	刘 巍	刘小荣	刘书礼
刘松林	刘效兰	刘温国	江新凤	孙叔林	杜燕琼	严维义	来 斌
苏 强	孝 泉	杏 花	李 杰	李庆功	李伟弘	李先喜	李殿选
秀温骏	杨立明	杨清波	杨静娴	肖 白	肖 斫	吴 炯	吴 鹏
吴凤映	吴永业	何在涛	余汉民	闵振范	汪徐和	宋鲁成	张 冬
张 宁	张 南	张 勇	张力群	张令钟	张连国	张若涵	张国斌
张洲军	张昌泰	张春山	陈 群	陈万里	陈有荣	陈宽虎	陈献其
邵俊武	林水成	林丽斌	林治远	范巨通	明 宝	尚左琳	国 平
金 鲍	周 洁	周长鹏	周以蕴	周璞芬	郑光华	孟 华	孟 丽
孟 亮	赵 博	赵生荣	赵树远	思 惟	钟学良	洪锦珠	姜 川
祀 吉	神 赋	姚云竹	秦潇潇	耿文正	素 洁	袁 林	袁右军
袁孝华	贾咏梅	夏礼伯	夏征难	晓 雪	徐东齐	徐克洲	徐剑光
郭 庆	郭韦嫦	郭宏军	高 路	高桂秀	海 明	黄 磊	黄远模
黄金鹏	曹连成	符成礼	梁 望	商景洲	韩生民	彭训厚	董科军
程 辉	程洪涛	储晓洁	童 均	温味几	谢 钢	谢永亮	靳友民
詹玉才	熊万奎	樊高月	潘海澜	潘新毛	薛 丰	薛 军	薛利涛
魏守正	魏金晓	魏 鸿					

中国军民抗洪抢险取得全面胜利

1998年夏季，中国一些地区遭受严重洪涝灾害，特别是长江、松花江、嫩江流域发生特大洪灾。在党中央、国务院、中央军委的正确领导下，中国人民万众一心、众志成城、不怕困难、顽强拼搏、坚韧不拔，取得了抗洪抢险的全面胜利。

①8月13日，中共中央总书记、国家主席、中央军委主席江泽民，亲赴抗洪前线，就决战关头的抗洪抢险作动员。

②抗洪抢险部队紧急赶往灾区。

③勇战洪魔。

④抢堵缺口。

⑤加固大堤。

⑥在滔滔洪水中抢救群众。

①

②

③

④

⑦

⑤

⑥

⑧

⑦抗洪抢险斗争中涌现出一大批英雄模范人物，李向群就是他们的杰出代表。图为"新时期英雄战士"李向群生前与战友们一起奋力抢险。

⑧10月8日下午，中央军委在北京举行全军抗洪抢险庆功表彰大会。

1998年国际军事掠影

①4、5月间，中国海军舰艇编队首次访问大洋洲的新西兰和澳大利亚。

②12月，黎巴嫩翻译出版了中东第1部阿拉伯文版的《孙子兵法》。

③科索沃战云不散。图为塞族警察和阿族武装在交火。

④6月6日，联合国安理会一致通过谴责印、巴进行核试验的决议。

⑤8月7日上午，美国驻坦桑尼亚大使馆发生一起严重的汽车炸弹爆炸事件。

⑥刚果(金)内战又起。

⑦10月23日，巴勒斯坦和以色列在美国华盛顿签署临时和平协议。

⑧9月13～14日，阿尔巴尼亚首都地拉那发生大规模骚乱。

⑨4月10日，英国、爱尔兰两国政府和北爱尔兰8个党派共同签署和平协议，以结束北爱尔兰长达30年的流血冲突。图为新芬党宣布接受和平协议。

⑩12月17日，美英开始实施“沙漠之狐”军事行动，对伊拉克进行空中打击。图为12月22日巴格达郊区的1名妇女望着被毁的房屋愁容满面。

⑪ 5月23日，美化日本战犯东条英机的电影《自尊》开始在日本公演。图为日本群众团体高呼口号表示抗议。

⑫ 8月8日，阿富汗“塔利班”武装攻占北部城市马扎里沙里夫，杀害8名伊朗外交官和1名记者，导致伊、塔关系紧张。图为伊朗军队于9月初在伊、阿边境地区集结。

⑬8月22日，英国市民和旅居英国的伊斯兰国家侨民强烈谴责美国用导弹袭击苏丹和阿富汗，造成大批无辜者伤亡。

⑭ 10月17日，智利前总统皮诺切特因其在智利当政期间涉嫌谋杀西班牙公民而在伦敦被英国警官拘留。

⑨

⑧

⑩

⑪

⑬

⑫

⑭

世界主战坦克前10名排行榜

1

2

3

4

5

1998 年年初，国际武器预测小组对当今世界上已经投产或即将投产的主战坦克进行了评估，根据其机动性、杀伤力、作战能力，评出了 1998 年度世界前 10 名坦克。1999 年年初评出的前 10 名主战坦克，其名次与 1998 年的相同。

①第 1 名：德国“豹”2A5 坦克。

②第 2 名：美国 M-1A2 坦克。

③第 3 名：日本 90 型坦克。

④第 4 名：法国“勒克莱尔”坦克。

⑤第 5 名：英国“挑战者”2 坦克。

⑥第 6 名：俄罗斯“黑鹰”坦克。

⑦第 7 名：俄罗斯 T-90 坦克。

⑧第 8 名：韩国 88 型坦克。

⑨第 9 名：俄罗斯 T-72 坦克。

⑩第 10 名：以色列“梅卡瓦”Mk-3 型坦克。

⑥

⑦

⑧

⑨

⑩

装甲侦察车一瞥

①法国的 AMX-10RC 装甲侦察车，装有 1 门 105 毫米火炮和先进的火控装置，能昼夜作战。

②日本 87 型装甲侦察车，越野能力强，装有 1 门 25 毫米机关炮、1 挺 7.62 毫米并列机枪和 6 具 60 毫米烟幕弹掷射筒。

③英国最新型“蝎”90 装甲侦察车，装备 90 毫米线膛炮。

④英国“武士”装甲侦察车，在“武士”步兵战车的基础上改装而成，炮塔两侧的“陶”式反坦克导弹发射器格外引人注目。

⑤瑞士“鲨鱼”装甲侦察车，配备 105 毫米火炮。

⑥巴西 EE-T4 装甲侦察车，其最大特点是重量轻、体积小。战斗全重 4.40 吨，车长 3.759 米、高 1.555 米、宽 2.145 米。

⑦巴西“响尾蛇”EE-9 装甲侦察车，装有 90 毫米线膛炮和两挺机枪以及空调系统、加温器、激光测距仪、自动灭火装置和夜视仪等。

⑧法国 AML 装甲侦察车，装备 90 毫米线膛炮，有水上行驶能力。

装甲侦察车一瞥

⑨法国 RPX-6000 装甲侦察车，可选装不同的炮塔和武器，最大时速可达 110 千米。

⑩德国“狐”式三防侦察车，是“狐”式装甲输送车的变型车，有水上行驶能力，公路最大时速为 105 千

⑪德国“山猫”装甲侦察车，装备 1 门 20 毫米机关炮，有水上行驶能力。

⑫南非“大山猫”装甲侦察车，装备 1 门 76 毫米火炮，最大时速可达 120 千米。

⑬西班牙 VEC 骑兵侦察车，装备 1 门 25 毫米机关炮，有水上行驶能力。

⑭俄罗斯 БРДМ-2 装甲侦察车，装备 1 挺 14.5 毫米重机枪，有水上行驶能力。

⑮美国“突击队员”侦察车，装备双管 7.62 毫米机枪。

部分新列装的武器装备

①印度海军“德里”级导弹驱逐舰首舰“德里”号于1998年9月25日服役，满载排水量6700吨，最大航速28节，装备16枚SS-N-25舰舰导弹、24枚“牛虻”舰空导弹、1门100毫米舰炮、4座6管30毫米舰炮、2座双联装324毫米鱼雷发射管和2条深水炸弹布防导轨。

②日本海上自卫队“村雨”级多用途驱逐舰第2艘舰“春雨”号于1997年3月服役，标准排水量4400吨，编制人员166人，配备有包括舰载直升机在内的多种反潜、防空、反舰武器及各种先进的电子设备。

③日本“亲潮”级常规潜艇首艇已于1998年3月16日服役，排水量为2700吨(水上)或300吨(水下)，航速为12节(水面)或20节(水下)，编制人数69人。

④俄罗斯“白杨-M”(SS-27)洲际弹道导弹于1998年底装备部队。起飞质量47吨，投掷质量1吨，单弹头，弹长17.9米，弹体最大直径1.86米。

⑤印度向俄罗斯购买的“基洛”级636常规潜艇“辛杜拉克沙柯”号于1998年3月装备印度海军。

④

②

①

⑥

⑤

⑦

③

⑥1998年7月1日至年底，德国陆军陆续装备了18门PzH-2000新型155毫米自行榴弹炮，最大射程为40千米。

⑦美国“黄蜂”级两栖突击舰的第6艘舰“理查”号于1998年8月15日正式服役，排水量40500吨，可搭载一支2000人组成的远征陆战队，是美海军的主要作战舰艇之一。

编辑说明

(一)《世界军事年鉴》是一部连续编纂出版、以记述年度内世界各国军事新情况、新进展为主要内容的信息密集型学术性资料性工具书。其任务是,以马列主义、毛泽东思想、邓小平理论为指针,坚持四项基本原则,面向现代化、面向世界、面向未来,有选择有重点地系统介绍世界各国的军事基本情况和动态。主要服务对象是各总部机关、军事科学研究单位、院校和部队的官兵,同时也顾及对军事问题感兴趣的军外广大读者。

(二)本卷《年鉴》同上卷一样,设 9 个栏目:军事要事;各国军事概况;军事理论研究;军事技术;军事建设;国际组织、条约;世界军事大事记;特辑;彩色图片。

(三)本卷《年鉴》所收资料的时限:一般是从 1998 年 1 月至 12 月;少数截至 1999 年 6 月底;某些专题资料和某些首次设立的类(项、条)目,为了给读者以较系统较全面的信息,收载了 1998 年以前的少量资料。

(四)"各国军事概况"栏共收入 170 多个有军队或军事组织的国家和地区。各个国家和地区分洲排列,次序是亚洲、非洲、欧洲、美洲、大洋洲;洲内各个国家和地区一般按其名称的汉语拼音字母顺序排列。本栏选用的资料和数据,主要是作者对该国情况进行研究的成果,有些直接引自各国官方公布的 1997~1998 年度的材料,同时还参考了下述资料:中国《关于 1998 年国民经济和社会发展的统计公报》,中国《世界知识年鉴(1998~1999)》,英国伦敦国际战略研究所《军事力量对比(1998~1999)》,美国《不列颠年鉴(1998)》等。

(五)本卷《年鉴》所用资料来源不尽相同,一些专业术语也因国家不同而异,某些专名的译名亦不尽统一,在编辑过程中虽注意订正和统一,但前后不一致之处尚未能完全避免。为便于读者进行对比研究,有个别条目特地收录了不同来源的资料。为增强条目内容的可信度,并便于读者进一步查考,编纂者尽量注明资料来源:"综述"条目的"主要资料来源"附在文后,而信息条目的资料出处则见于文内。

(六)本卷《年鉴》在编辑过程中,曾得到总参谋部、总政治部、总后勤部、总装备部有关单位和各军区、军兵种、军事院校以及中国社会科学院等单位的支持和帮助;全书完稿后还约请王振西研究员、尹承魁教授、赵刚箴研究员、高洪山副研究员、王小健副教授等专家学者审阅了本书。在此谨表谢意。

(七)本《年鉴》涉及军事科学的方方面面,我们水平有限、经验不足,缺点和错误难免存在,欢迎广大读者批评指正。

军事科学院外国军事研究部
《世界军事年鉴》编辑部
1999 年 6 月

《世界军事年鉴 1999》目录

军 事 要 事

军事形势综述

亚洲军事要事

非洲军事要事

欧洲军事要事

美洲军事要事

各国军事概况

亚洲国家军事概况

非洲国家军事概况

欧洲国家军事概况

美洲和大洋洲国家军事概况

军 事 理 论 研 究

军事思想与军事论著研究

战争和战略问题研究

局部战争和军事危机研究

作战问题研究

信息战问题研究

军队建设问题研究

军事历史研究

其他军事学科问题研究

简 讯

军 事 技 术

轻 武 器

装甲兵武器装备

炮兵武器装备

工程兵技术装备

海军武器装备

航空武器装备

战略导弹

弹道导弹防御武器系统

军用航天技术

核武器

化学战装备

指挥控制通信情报（C⁴I）系统

电子对抗装备

后勤装备

军　事　工　业

其他军事技术问题

军　事　建　设

建军计划与措施

军 队 编 制

军 事 训 练

军 事 后 勤

军 事 法 制

其他军事建设问题

国际组织、条约

国际组织

国际条约

1998年世界军事大事记

特 辑

专 题 综 述

军 控 与 裁 军

1998～1999 年
部分新上任军界要人简介

1998 年中外军事交往

其 他 信 息

军事形势综述

1998年世界军事形势述评 1998年，世界军事形势在世界多极化、经济全球化、军事高科技化、社会信息化4大趋势的驱动下，出现了一些新情况、新动向，呈现出总体态势继续趋缓、局部地区动荡多变、多种危机不断迭起、新的炮舰政策肆行、军事变革势头强劲的新特点。

一、新的安全观展现威力，军事干涉屡遭谴责和反对

继中国于1997年系统、全面地提出新安全观主张之后，支持这一主张的力量在1998年迅速壮大，要求以新安全观为基础建立国际安全新秩序的呼声高涨，对霸权主义、强权政治、军事干涉主义产生了一定的制约作用。特别是针对美国所推行的“空袭外交”政策，许多大国和发展中国家奋起抗衡，使美国的军事干涉主义行径屡屡遭挫。年内，伊拉克武器核查危机一波三折，美国亦两度出兵意欲动武，使海湾局势几近战争边缘。在中、俄、法等国以及诸多海湾国家的坚决反对下，前两次危机均未酿成战祸，其中一度曾由联合国秘书长安南亲自出马斡旋，开创了冷战后联合国成功化解危机的首例。但在第3次危机中，美国等在未经联合国安理会授权的情况下，悍然对伊拉克实施了军事打击，使一年来国际社会化解伊拉克危机的努力付之东流。在科索沃危机中，美国也搞“空袭外交”，并将北约一些国家拉上战车，呈现出战事一触即发的局面。但在国际和平势力的抗衡和催迫下，美国不得不改弦易辙，通过政治和外交斡旋，一度缓解了科索沃危机。在这些危机中，美国等军事干涉主义行径不仅遭到了中国、俄罗斯等国的坚决反对和抗衡，也受到了其联盟内部诸多国家的冷遇，使美国意欲摆脱联合国安理会控制、通过武力解决问题的企图受到一定的制约。为了建立冷战后国际安全新秩序，安南专门强调，任何国际军事干预必须得到联合国批准，违者将被视为“对联合国宪章第1条款的挑战”。

二、重大危机连绵不断，霸权主义和强权政治时有表现

1998年可以说是重大国际危机频发的一年，具有数量多、波及广、有反复、形态新、影响大的特点。年内不仅爆发了伊拉克危机和科索沃危机，而且发生了伊朗和阿富汗、叙利亚和土耳其边境危机。更值得注意的是，霸权主义和强权政治时有表现，一些新型危机接连出现，如：5月份印巴进行核试验，使南亚地区核军备竞赛骤然升级；8月份肯坦两地发生恐怖爆炸，美国首次使用导弹袭击了恐怖分子基地；8月底朝鲜进行卫星发射试验，日本和美国以此为藉口决定联合发展战区导弹防御系统；11月份巴以发生仇杀危机，导致刚刚签订的临时和平协议搁浅；12月份伊拉克危机升级，美英悍然发动军事打击。据不完全统计，年内爆发的各种危机多达10余起，且波及到周边诸多国家和一些大国，甚至惊动了联合国，其影响已远远超出危机本身，带来了一系列连锁反应。但从另一侧面看，1998年尽管危机迭出，军事干涉有所抬头，但相当一部分危机都得以有效控制，未诱发出严重的灾祸。其中一个重要原因是，经过冷战后7年的磨合，在国际和平力量的催迫下，各种安全机制日臻成熟，对缓解矛盾、化解危机起到了关键作用。

三、武装冲突时起时伏，新的炮舰政策肆行

据统计，1998年世界各地共发生冲突和战争38起，与1997年持平；其中新发生的14起，多于1997年的8起，从世界范围看，冲突和战争多发区仍是非洲，共有16起，其他地区分别为：中东8起；亚洲7起；原苏联地区3起；欧洲2起；拉美2起。1998年的冲突和战争还出现了一些新特点：第一，国家间战事有所增多，共达15起，其中不仅有双边冲突（如埃塞俄比亚与厄立特里亚、土耳其与希腊、印度和孟加拉国等战事），而且还包括多国卷入（如刚果

（金）内战，有卢旺达、乌干达、布隆迪、津巴布韦、安哥拉、赞比亚、纳米比亚、坦桑尼亚等8个国家卷入；莱索托内战，有南非、博茨瓦纳卷入）。第二，战事时起时伏更显突出，如俄罗斯在车臣战争后，经过两年的平息，再度发生达吉斯坦冲突；格鲁吉亚战事1995年停息后，1998年再度爆发；多哥、利比里亚等国内战争亦是打打停停，停停打打。第三，大国军事打击再度肆行，1997年美国对外动武有所收敛，但1998年却再度猖獗，其中包括美国空袭伊拉克雷达基地、导弹袭击阿富汗和苏丹恐怖分子基地、以及年底对伊拉克被怀疑的核生化设施进行军事打击和美伊“禁飞区”之战等。此外，美国正在策划对科索沃实施军事打击行动。

但同时也应看到，随着和平力量的不断壮大、安全机制的不断建立，制约战争、政治解决冲突的力度在增大。如：年内，柬埔寨终于完成了从战争到和平的进程，成立了联合政府；秘鲁和厄瓜多尔正式签署两国“全面、持久和平协定”，结束了半个多世纪的两国边界领土争端。

四、恐怖活动升级，对付手段换新

国际恐怖活动在1998年再度出现升级的态势。年内，除了美国驻肯尼亚和坦桑尼亚大使馆遭恐怖炸弹袭击外，在其他国家也发生许多重大恐怖凶杀案件。1998年国际恐怖活动的主要特点：一是数量多、范围广。从美国到中东，从欧洲到美洲，世界各地都发生过恐怖事件。如：布隆迪普卡拉姆村庄屠杀案，伊拉克驻约旦大使馆公使希克迈特·赫朱夫妇和商务参赞拉希姆·塔希尔被刺案，阿尔及利亚雷利赞地区屠杀案，巴基斯坦拉合尔市枪杀案，美国国会大厦众议员迪莱办公室枪击案，哥伦比亚前国防部长兰达萨瓦尔遭枪击身亡案，瑞士伯尔尼茶馆枪杀案和修车行爆炸案。二是手段狠，影响大。在这些恐怖事件中，有大量爆炸案件，这是恐怖分子为制造“轰动效应”而采用的主要手段。如：北爱尔兰奥马镇汽车炸弹爆炸案，南非开普敦娱乐中心爆炸案，乌干达长途客车爆炸案，以色列特拉维夫市和耶路撒冷爆炸案，俄罗斯莫斯科红场汽车炸弹爆炸案，约旦河西岸和加沙地带犹太人定居点袭击爆炸案等。三是伤亡大、性质恶。在1998年的恐怖事件中，多为恶性案件，死伤人数之多为近年罕见，如阿尔及利亚雷利赞地区屠杀案中有412人遇难，美国驻肯、坦使馆爆炸案中死亡近300人、受伤5000多人，北爱尔兰奥马镇汽车炸弹爆炸案中死伤120多人。

为打击国际恐怖活动，国际社会及许多国家采取了坚决和果断措施。在联合国大会上，安南秘书长谴责了恐怖组织和恐怖活动，指出单独国家的反恐怖行动不是解决办法，而要靠国际社会共同努力；美国总统克林顿也称，恐怖分子使用高技术造成死亡和损害，这使任何一个国家都无法单独开展反恐怖斗争；英国首相布莱尔提议召开高级会议，讨论如何消除恐怖分子筹集资金的来源，英国下院通过了由政府提出的关于反对恐怖主义和阴谋活动的紧急立法；爱尔兰总理埃亨宣布将采取严厉的反恐怖主义措施；第15届阿拉伯内政部长理事会会议通过了阿拉伯国家联合反恐怖决议；第2届美洲国家反恐怖大会通过了《马德普拉塔协议》决定建立美洲国家反恐怖委员会，以加强该地区国家间的反恐怖合作；阿尔及利亚总理乌叶海亚重申要彻底根除恐怖主义。有些国家已经启动了反恐怖进程，如埃及安全部门逮捕了国际通缉的恐怖分子阿布·尼达尔；意大利警方在全国大规模搜捕黑手党党徒，共逮捕了60多名黑手党分子，没收了大量非法财产；美国首次动用高技术兵器对恐怖分子基地进行了军事打击，还发出500万美元的悬赏令，缉拿本·拉丹。

五、军控进程稳步发展，扩散势头形成挑战

1998年，国际军控和裁军进程又取得新的进展。2月，联合国首次在东南亚召开地区裁军问题的会议。东盟、中国、日本、美国、俄罗斯、朝鲜和韩国等25个国家的代表与会，认为不要把讨论核裁军问题限制在核国家之内，而是要扩大到所有国家。4月，美俄英法中5个核国家发表共同声明，重申5国将继续致力于逐步裁减核武器，以达到最终消除核武器的目的。8月，以色列首次表示不再反对裁军谈判会议讨论禁止生产用于核武器的裂变材料问题，从而扫清了谈判过程中的最后障碍，谈判取得进展。11月，中国向安南秘书长递交了中国政府对新“地雷议定书”和“禁止激光致盲武器议定书”的批准书；美国表示将加强对小武器出口的控制，以减少其他国家的武器泛滥；乌克兰开始销毁第1架战略轰炸机；瑞典宣布批准《全面禁止核试验条约》和《禁止使用、储存、生产和转让地雷的渥太华公约》。12月，第53届联合国大会全体会议通过49项关于国际军控与裁军问题的决议，呼吁国际社会共同努力，实现全面、彻底的裁军，并全面禁止核试验以及防止在外层空间进行军备竞赛。决议主要涉及核裁军问题、在南亚和中亚建立无核区、在中东地区防止核扩散、禁止倾倒放射性废料，以及裁军与发展之间的关系等问题。这些成果都有助于国际军控与裁军进程的顺利发展。

但是，核生化导武器的扩散势头并未因此而减弱。年内，印度和巴基斯坦相继进行了核试验，不仅使南亚核军备竞赛急剧升级，而且对那些在核门槛前

徘徊的国家带来了负面影响，更使国际防扩散机制遭受重创，这一危机引起了国际社会的广泛重视，美国等西方大国竞相采取制裁措施，迫使印巴放弃核努力；5个核国家还专门举行会议，协调立场，研拟对策；许多发展中国家也谴责了印巴核试验。在国际社会的压力下，巴基斯坦和印度先后表示，在一年内签署《全面禁止核试验条约》。目前，国际社会正在听其言，观其行。

六、国际维和步履艰难，“武力维和”势头发展

1998年是国际维和活动并不景气的一年。经费拮据、主导权受到削弱、武力维和3大难题愈显突出。首先，维和经费拮据的阴影始终笼罩着年内的维和活动，经费不足直接导致了维和任务受限、维和规模缩小、维和人员减少，旧的维和点难以为继，新的维和点难以开设。据联合国统计，1997～1998年度联合国维和经费约10亿美元，比1995年30亿美元减少了三分之二；迄今仍有约16亿美元维和经费被应交费的成员国拖欠。联合国安理会认为，经费不足是联合国维和行动面临的主要困难之一。其次，随着地区维和力量的发展，联合国对国际维和的权威性和主导地位进一步受到削弱。除联合国安理会特派的维和行动外，北约、独联体、欧安组织 、非统组织、西非国家经济共同体等地区组织都相继展开了维和活动，而且投入了较大的规模。由于政出多门、各行其是，国际维和将愈加难以按照统一的规范和准则来运作，人们对国际维和的作用和功效产生更大的疑虑。第三，“武力维和”的势头进一步发展，越来越背离国际维和的宗旨。使用或威胁使用武力进行“维和”活动，是1998年比较突出的一个问题。年内北约对南斯拉夫联盟的军事威胁、西非维和部队直接投入塞拉利昂内战等，都导致了国际维和越来越偏离正确的轨道。世界各国现普遍认识到，“武力维和”不仅不能达到维和的目的，反而会使冲突和战乱更加严重。为了更有效地实施维和行动，联合国维和特委会于1998年4月举行了为期4周的年会，重点总结了近年来联合国维和行动的成功经验和失败教训，探讨了今后维和行动发展方向和模式，探索了新的维和方式，以便更有效地承担起维持世界和平与安全的重任。联合国已设立“维和待命安排”体制，事先在人员、物资、通讯和经费等方面有所准备，一旦有地方出事，可以迅速作出反应。目前，已有70个国家原则上同意加入这一体制。另外，联合国维和的重点正从制止冲突向防止冲突方面转移。在10月举行的第53届联大纪念联合国维和行动50周年特别会议上，各国已经认识到，在过去几十年间，联合国曾有过成功的维和行动，但在某些地区却难以奏效。这说明，不是所有的冲突都可以通过维和来解决，但维和至少在半个世纪里拯救了成千上万的生命，联合国的维和行动将继续进行下去。

七、军事变革势头强劲，“知识军事”方兴未艾

军事领域里变革是一场跨世纪的革命，涉及军事领域的各个层面，旨在将工业时代军队转变为信息时代军队。从1998年军事领域的变革进程看，3大工程更引人注目：一是实施军事改革，二是发展高技术武器装备，三是提高人员素质。一年来，为迎接以信息技术为核心的新军事革命的挑战，世界主要国家竞相加快了军队高技术化进程，力求通过大幅度增加军队高技术含量、提高军队高技术水平来增强战斗力，并为此进行了一系列重大军事调整与改革。美国提出要“建立面向新世纪的军事体系”、“把美军从工业时代的武装力量变为信息时代的武装力量”，以确保美在21世纪的军事优势。美军在计算机网络防护研究的基础上，开始拟订计算机进攻战的政策法规，并责成各联合总部将其融入战区作战计划，美军还提出应注重研究“下一代之后”的技术和战术，重点发展“可确保20年后军事优势”的武器系统。俄、英、法、德、日等大国以及韩、印等国也在积极推进本国信息化建设。如：俄军强调利用信息手段提高军队战斗力，并拟将指挥控制系统由集中控制式组网改为分布式组网，提高部队战场生存能力。英军正在研制以“弓箭手”自动化战场通信系统为基础的联合战场数字化通信系统，提高实战中的信息传输与控制能力。韩军在国防部新设了“国防信息体系局”和“国防信息体系研究所”，并计划于2015年前将韩军建成具有国际先进水平的信息化军队。为加快新军事革命的进程，世界主要国家继续大力推进军事改革，并普遍把军队体制编制改革视为军事改革的重点，继续裁减机构和人员，积极调整指挥机构和部队编成。美、俄等国都为此进行了新的裁员，实行了新的体制编制。在推进军队体制编制改革同时，各国还普遍对装备研发与采购、后勤保障、教育训练等体制进行了配套改革。经过调整，军队机构设置更趋合理，分工进一步明确，协作更加密切、效率成倍提高。

从发展趋势看，随着世界各主要国家的加倍努力、加快进度、加大幅度，这3大工程将会呈现出新的态势，为21世纪的大发展奠定坚实的基础。美、俄、欧等国的军事改革将更趋深化，新世纪军队体制编制将始见雏形；数字化部队的建设将加快进程，高技术武器装备的发展项目将陆续出台，并为21世纪的实战部署作好充分准备；以知识军事为主题的建军

运动将普遍展开，新型军事人才的挑选、培养和使用将成为倍增战斗力的主要措施。

八、军事关系此消彼长，合作态势有进有退

1998 年，世界各国军事关系进行了重要调整，发生了明显变化，彼此间的军事合作也出现了一些新动向。各主要大国相继加大了军事高层互访的力度，使相互军事关系有了新的发展；但与此同时，军事关系发展中的不确定因素也在增多。出现了虚多实少的状况。年内，法、俄签署了 1998～1999 年军事合作意向书；美、日决定联合研制新一代巡逻机和运输机；德、法、波拟定了进一步加强军事合作的计划；俄、意签署了两国国防部合作计划；法、德、英、意、美签订了联合开发新型多管火箭炮的合同；此外，美国和罗马尼亚、德国和克罗地亚、土耳其和以色列、阿尔巴尼亚和荷兰、印度和南非等，也都将加强了彼此间的军事合作。但值得提出的是，美俄军事关系在合作背后存在严重分歧，两国关系明显降温。美国与西欧国家在诸多安全问题上意见不一，致使双方军事关系开始趋冷。年内，美国对伊拉克进行军事打击，但西欧盟国响应者甚寡，只有英国与其为伍。西欧国家提出要建立独立的防务体系，但美国却坚持加强北约功能，提出“扩大实力、应付危机”的新战略理论，双方在北约未来战略作用问题上分歧严重。由此可见，西方世界现已难以再形成“铁板一块”的合力。

在大国关系“伙伴化”的推动下，中国与其他大国之间的军事关系步入稳进阶段。年内，中国在继续深化与俄罗斯军事关系的同时，还积极推动中美军事关系实现正常化。年初，美国总统克林顿签署了中美核合作协议，美国国防部长科恩访华时，双方签署了《关于建立加强海上军事安全磋商机制协定》。年中，克林顿访华，中美双方决定“互不将各自控制下的核武器瞄准对方”，并发表了“中美关于《生物武器公约》议定书的联合声明”、“中美关于杀伤人员地雷问题的联合声明”和“中美关于南亚问题的联合声明”。下半年，军委张万年副主席访美，就 6 大领域合作达成协议，即：举行人道主义救援和减灾沙盘研讨作业，就军事环境的保护问题开展合作，互派人员观摩对方联合训练演习，互派学员到对方军事院校学习，中国军舰访美并与美方举行海上搜救室内研讨会，中方派代表团参观美国桑地亚国家实验室“合作检测中心”。年内，中日军事关系的发展也初获成果，军委迟浩田副主席访问日本，就两军交流达成共识。此外，中国与欧洲国家以及广大发展中国家的军事关系也都有所改善，有的还有重大突破。

(李庆功)

亚洲军事要事

中国军民抗洪抢险取得全面胜利　1998 年夏季，中国部分地区出现持续性的强降雨，长江发生继 1931 年、1954 年以来再一次的全流域性特大洪水，先后出现 8 次洪峰，宜昌以下 360 千米江段和洞庭湖、鄱阳湖段水位长时间超过历史最高记录，沙市江段水位高达 45.22 米。嫩江、松花江发生超历史记录的特大洪水，先后出现 3 次洪峰。珠江流域的西江、福建闽江也一度发生大洪水。湖北、湖南、江西、安徽、江苏、黑龙江、吉林、内蒙古等省区沿江沿湖的众多城市和广大农村都受到洪水的严重威胁。据统计，全国有 1.8 亿人（次）不同程度地受到水灾影响。因灾死亡 4150 人，倒塌房屋 685 万间，损坏房屋 1329.5 万间；农作物受灾 2229.2 万公顷，成灾 1378.5 万公顷，绝收 529.5 万公顷；水灾造成的直接经济损失 2550.9 亿元。在党中央、国务院、中央军委的坚强领导下，广大军民同心同德，与特大洪水进行了惊心动魄的殊死搏斗。中国人民解放军和武装警察部队先后投入兵力 30 余万人，组织民兵预备役部队 500 多万人，出动飞机 2200 多架次，车辆 1.25 万余台，舟艇 1170 余艘。广大官兵与人民群众团结奋战，顽强拼搏，抢救和转移群众 305.3 万人，加固堤坝 1.0866 万千米，排除险情 1.4028 万处，抗御了一次又一次洪水袭击，确保了大江大河大湖干堤的安全，确保了重要城市和主要交通干线的安全，确保了人民群众生命财产安全，夺取了抗洪抢险斗争的全面胜利。

一、坚决执行党中央、国务院、中央军委指示，全力以赴投入抗洪抢险斗争

长江和嫩江、松花江发生特大洪水后，党中央、

国务院、中央军委极为关注。抗洪斗争一开始，中共中央总书记、国家主席、中央军委主席江泽民就提出了严防死守、确保长江干堤安全、确保重要城市安全、确保人民生命安全的基本方针，为广大军民夺取抗洪抢险的胜利指明了方向。在抗洪抢险斗争的关键时刻，江泽民总书记亲临一线进行总动员，要求广大军民坚定信心，坚持坚持再坚持，夺取抗洪抢险的最后胜利，极大地鼓舞了抗洪军民的斗志，李鹏、朱镕基、李瑞环、胡锦涛、李岚清等中央领导到灾区视察，鼓励人民解放军和武警部队官兵充分发挥突击队作用，为保护国家财产和人民生命安全做出贡献。中央军委和总参谋部、总政治部、总后勤部、总装备部及时下发指示，要求全军和武警部队认真贯彻党中央、国务院的指示，把支援地方抗洪抢险作为头等大事。在命令驻灾区部队迅速投入抗洪抢险的同时，又先后调动大批兵力增援长江和嫩江、松花江抗洪。广州、南京、济南、沈阳、北京军区和空军、海军、第二炮兵以及武警部队迅速组织调动兵力，采用摩托化开进、铁路输送、水路转运和空运等多种方式，昼夜兼程，风雨无阻，驰援灾区。抗洪部队官兵坚决执行党中央、中央军委的命令，在国家财产和人民生命安全受到严重威胁的紧要关头，把个人利益置之度外。有些官兵面临部队调整不顾个人进退去留，有的不顾家中受灾、亲人遇难，许多官兵放弃休假、提前出院、推迟婚期，义无反顾奔赴抗洪战场。在抗洪抢险斗争中，全军上下齐心协力，密切配合。军委总部拨出专款，用于抗洪补助经费，并多次为部队紧急补充车辆装备、救生器材以及食品、药品。军队卫生系统派出500多支医疗队为官兵和灾民巡诊治病。在长江流域和松嫩平原南北两大战场，抗洪部队官兵与广大人民群众一道，与特大洪水展开了波澜壮阔、气吞山河的大决战。

二、各级领导干部亲临一线，披坚履险，对部队抗洪抢险实施了坚强有力的组织指挥

在抗洪抢险斗争中，各级领导干部坚决贯彻党中央、国务院、中央军委的战备部署，像组织打仗一样，深入抗洪一线指挥。总参谋部、总政治部、总后勤部、总装备部的领导，为落实党中央、中央军委的决策指示，亲自组织，亲自检查，及时解决抗洪部队指挥协调关系、抢险机动兵力投送、保持部队战斗力等一系列重大问题，确保了在任务紧急艰巨、部队频繁转场转战、形势复杂多变的情况下，对抗洪部队实施坚强领导。全军有110多名将军和5000多名师团干部始终奋战在抗洪第一线。广州、南京、沈阳军区主要领导，坐镇一线，统一指挥战区各抗洪部队。济南军区、空军、海军、第二炮兵和武警总部主要领导，在抗洪关键时刻，亲赴灾区，组织指挥部队完成抗洪任务。各级领导干部面对极其复杂的抗洪形势，把指挥所开设在大堤上，视灾布阵，量险用兵，正确决断，靠前指挥。沿江各省军区、军分区、武装部的领导，日夜奔波在抗洪一线，为地方党委、政府出谋划策，为抗洪部队提供各种服务保障，积极组织民兵和预备役部队抗洪抢险，做了大量工作，发挥了桥梁纽带作用。各级领导干部坚持在最险要的地段指挥战斗，许多军、师领导干部和战士一样扛沙袋、搭人墙，有的在排除重大险情中第一个跳进汹涌的洪水，有的冒着生命危险带领官兵抢救遇险群众。在参加抗洪的领导干部中，有的免职、退休、转业命令已下，仍然主动请缨，带队出征；有的明知部队将要撤编，回去后没有位子，仍然不讲价钱埋头苦干；有的身体有病，仍然坐镇一线，带病指挥战斗。各级领导干部在抗洪抢险中以无私无畏、奋勇当先的模范行动，树立了新时期人民军队领导干部的良好形象，在部队中产生了良好的示范效应，成为凝聚广大官兵战胜洪水的强大力量。

三、广大官兵发扬一不怕苦、二不怕死的革命英雄主义精神，用血肉之躯筑起抗御洪水的钢铁防线

在这场艰苦卓绝的抗洪抢险斗争中，广大官兵经受了异常严酷的考验，充分展现了中国人民解放军特别能吃苦、特别能忍耐、特别能战斗的英雄本色。他们以对国家对人民无限忠诚和高度负责的精神，始终奋战在最险要的地段，承担了最艰巨的任务。在坚守荆江大堤、抢堵九江决口、会战武汉三镇、防守洞庭湖区和保卫大庆油田、决战哈尔滨等一系列重大战斗中发挥了关键作用。在整个抗洪抢险中，各部队充分发挥党支部的战斗堡垒作用和共产党员的先锋模范作用，哪里最艰苦最危险，党员突击队就战斗在哪里，各部队坚持用英雄模范的事迹和团队的光荣传统激励官兵，向英模学习为团队增辉成为广大官兵的共同信念和自觉行动。他们面对恶劣的环境、艰巨的任务，毫不畏惧，忘我战斗，官兵们冒着高温酷暑，扛沙袋，筑堤坝，每天连续工作十几个小时。不少官兵由于过度疲劳晕倒在抗洪现场，苏醒后又继续投入战斗，表现了生命不息、战斗不止的英雄气概。抗洪官兵把灾区当战场，把灾民当亲人，把生的希望让给他人，把死的危险留给自己。高建成、吴良珠、李向群等26名官兵为抢救战友和群众、为保卫国家和人民的利益而英勇牺牲，用宝贵生命谱写了壮丽的人生凯歌。全军有346个先进单位和先进个人受到中央军委和四总部的奖励表彰。抗洪斗争的实践证明，中国人民解放军不愧为党绝对领导下的人民军队，不愧为全

心全意为人民服务的子弟兵，不愧为保卫国家和人民的钢铁长城。

四、地方政府和人民群众全力支持抗洪部队，军地通力合作，充分显示了军民团结奋斗的伟大力量

部队抗洪抢险是在全国人民的大力支持、保障下进行的。从中央到地方，各行各业紧急动员，全力保障抗洪部队的行动。铁路系统为部队铁路输送调车让道，公路交通系统为摩托化开进的部队开道引路，民航系统为部队运输物资提供方便，邮电部门免费提供通信保障，水利系统为部队提供信息和抗洪抢险的技术指导。地方政府和人民群众像当年打仗那样积极拥军支前，出现了许多动人场面。灾区的各级领导亲自到部队看望慰问，有关部门及时提供抢险救灾器材和调集优质粮食、新鲜蔬菜和饮用水供应部队。成千上万的灾区群众为官兵送水送饭、送医送药。哪里有抗洪部队，哪里就有拥军热潮。全国各地也纷纷以不同方式表达对抗洪官兵的爱戴之情，有的写信、发电报慰问，有的捐款捐物，有的为抗洪官兵家属做好事、送温暖。这些不仅为抗洪部队提供了物质条件，同时也极大地激发了广大官兵与洪水搏斗的信心和勇气。他们舍身忘死保卫人民群众生命财产安全，用自己的实际行动回报全国人民的厚爱。他们在完成抗洪抢险任务的同时，不顾疲劳，帮灾区人民重建家园。许多官兵在家庭生活面临很多困难，甚至个人伤病在身的情况下，慷慨解囊为灾区捐献钱、物，帮助群众解决生产生活中的困难，资助贫困学生上学。全军官兵共向灾区捐款 1.9 亿元，捐献衣被 960 多万件。他们尊重地方领导、爱护人民群众，抗洪不扰民、有功不骄傲，严守纪律、秋毫无犯，用模范行动把党中央对灾区的关怀带给人民群众，密切了党与人民的血肉联系，增进了军队与人民鱼水之情。在整个抗洪抢险过程中，广大军民相互支持，并肩作战，进一步巩固和发展了军政军民团结的大好局面，形成了“万众一心、众志成城，不怕困难、顽强拼搏，坚韧不拔、敢于胜利”的伟大抗洪精神。人民解放军和武警部队有 150 个单位和 250 名个人被国家防汛抗旱总指挥部、人事部、总政治部联合授予“抗洪先进集体”和“抗洪模范”称号。事实再一次说明，军队打胜仗，人民是靠山，军队与人民群众的血肉联系永远是我军取之不尽、用之不竭的力量源泉。

在党中央、国务院、中央军委的领导下，经过广大军民两个多月的顽强奋战，夺取了抗洪抢险斗争的全面胜利，创造了人类历史上征服自然灾害的伟大奇迹。通过抗洪抢险斗争的伟大实践，全国军民更加深刻体会到：（一）以江泽民同志为核心的党中央的坚强领导是夺取抗洪斗争胜利最根本的政治保证。党中央、江泽民主席对这次抗洪抢险高度重视，直接领导和指挥了这场特殊的斗争，从指导方针、战略目标到兵力部署，都作出了正确而果断的决策和明确指示，为整个抗洪斗争指明了方向，实施了坚强有力的领导。（二）社会主义制度的巨大优越性是抗洪斗争取得胜利的重要因素。在这次抗洪斗争中，国家最大限度地集中人力、物力、财力，投入抢险救灾；全国各地区各部门发扬“一方有难、八方支援”和“全国一盘棋”的大团结、大协作精神，一切服从抗洪，一切保证抗洪，充分显示了社会主义制度能够集中力量办大事的优越性，显示了中华民族具有巨大的凝聚力。（三）改革开放以来我国综合国力显著增强为战胜重大洪灾提供了强大的物质技术基础。在这次抗洪抢险中，我国国民经济的雄厚实力，为抗洪前线提供了充足的物质保证；现代化的交通运输和通讯设施，将前方后方、天上地下联成一个抗击洪灾的整体；高新科学技术广泛运用于水文气象监测和水情险情预报，为抗洪指挥提供了科学决策的依据。没有改革开放 20 年来综合国力的增强，要战胜这次特大洪水是难以想象的。（四）军政军民团结是夺取这次抗洪斗争胜利的重要力量源泉。抗洪部队官兵和广大人民群众紧密配合，协同作战，一起抢修堤坝，共同排除险情，坚强的军政军民团结为夺取抗洪斗争的全面胜利作出了突出贡献。

这次抗洪抢险斗争的伟大胜利充分证明，中国共产党是伟大光荣正确的党，社会主义制度是无比优越的制度，人民解放军是党和人民完全可以信赖的革命军队，中国人民是勤劳勇敢的人民。只要全国军民紧密团结在以江泽民同志为核心的党中央周围，团结一致，艰苦奋斗，就一定能够战胜各种艰难险阻，实现我国跨世纪发展的宏伟蓝图，实现中华民族的伟大复兴。

（范巨通）

中国发表《中国的国防》白皮书 中华人民共和国国务院新闻办公室于 1998 年 7 月 27 日在北京发表了《中国的国防》白皮书，全文如下：

前 言

人类历史即将进入 21 世纪。把一个和平、稳定、繁荣的世界带入新世纪，是中国政府和人民的愿望。

处在世纪之交的重要历史时期，中国正致力于现代化建设。中国需要并十分珍惜一个长期的国际和平环境，特别是良好的周边环境。中国人民愿同世界各国人民一道，为促进世界和平与发展的崇高事业，开创人类美好的未来，作出不懈的努力。

基于和平与发展的愿望，中国坚定不移地奉行防

御性的国防政策，坚持国防建设服从和服务于国家经济建设，加强国际和地区安全合作，积极参与国际军备控制与裁军进程。事实证明，中国是负责任的大国，是维护世界和平与稳定的一支坚定力量。

中国曾于1995年发表《中国的军备控制与裁军》白皮书，主要介绍了中国在军控与裁军领域的实际努力与进展。在这里，将就中国国防建设的有关情况，作进一步的介绍和阐述。

一、国际安全形势

和平与发展是当今时代的主题。要和平、求合作、促发展已经成为不可抗拒的历史潮流。

当前，国际安全形势总体上继续趋向缓和。冷战结束后，多极化趋势在全球或地区范围内，在政治、经济等领域都有新的发展，世界上各种力量出现新的分化和组合。大国关系经历着重大而深刻的调整，各种伙伴关系逐渐向机制化方向发展，各国独立自主、联合自强、协调发展的意识正在加强。发展中国家总体实力增强，正在成为国际舞台上的一支重要力量。多极化趋势和经济全球化的持续发展，使国与国之间的相互依存和制约进一步加深，也有助于世界的和平、稳定与繁荣。维护世界和平的因素正在不断增长。

武装冲突和局部战争对世界全局的影响明显减弱。在过去两大军事集团对峙的背景下，一些地区的武装冲突和局部战争严重影响了世界的安全和稳定。冷战后的一个时期，地区冲突频仍，并呈上升趋势。但近几年来，一些持续多年的冲突和战乱有的已经得到解决，有的正走上政治解决的轨道或逐步降温。目前，因领土、资源争端及民族、宗教纷争而引起的武装冲突和局部战争，其规模、强度和地域相对有限，并得到不同程度的控制。国际社会的调解努力日益增加，能力不断增强。

军事因素在国家安全中仍占有重要地位。在新的国际安全环境中，世界多数国家在注重运用政治、经济和外交等手段解决争端的同时，仍把军事手段以及加强军事力量作为维护自身安全和国家利益的重要途径。一场以发展高技术武器为先导的军事领域的深刻变革正在世界范围内兴起。这场变革发展迅猛，对军队的武器装备、体制编制、作战训练及军事理论等方面将产生重大而深远的影响。为适应新的形势并争取自身优势，许多国家纷纷调整国防政策和军事战略，普遍压缩军备规模，更加注重质量建军。

经济安全在国家安全中的地位日益重要。在国际关系中，地缘政治、军事安全、意识形态因素仍然发挥着不可忽视的作用，但经济因素的作用更趋突出，国家间经济联系不断加强。以经济和科技为主的综合国力竞争进一步加剧，世界范围内围绕市场和资源等经济权益的斗争日趋激烈，经济全球化的加快和区域集团化的加深使一国的经济发展更容易受到外来因素的影响和冲击。因此，越来越多的国家把经济安全视为国家安全的一个重要方面，亚洲金融危机使经济安全问题更为突出，提出了经济全球化过程中各国政府加强协调、共迎挑战的新课题。

亚太地区政治安全形势相对稳定。亚太地区多极化趋势加快发展，大国关系出现战略性调整并逐步趋向稳定。尽管出现了亚洲金融危机，亚太地区仍是世界上最具经济发展活力的地区之一，发展经济是各国的首要任务。亚太各国经济相互依存加深，以和平手段解决彼此的争端，注重寻求共同利益的汇合点，加强合作与协调正在成为本地区国家关系的主流。各种区域性和次区域性的多边合作不断发展，安全对话与合作正在多层次、多渠道展开。

在世界和地区范围内仍存在一些不安定因素。霸权主义和强权政治仍然是威胁世界和平与稳定的主要根源，冷战思维及其影响还有一定市场，扩大军事集团、强化军事同盟给国际安全增加了不稳定因素；有的国家依仗军事优势对他国进行军事威胁，甚至武装干涉，不公正、不合理的国际经济旧秩序仍在损害着发展中国家的利益；因民族、宗教、领土、资源等因素而引发的局部冲突时起时伏，国与国之间的一些历史遗留问题仍待解决，恐怖活动、武器扩散、走私贩毒、环境污染、难民潮等跨国问题，也给国际安全造成了新的威胁。

1998年5月，印度不顾国际社会的强烈反对，悍然进行核试验，挑起南亚核军备竞赛。之后，巴基斯坦针对印度核试验做出反应，也进行了核试验。印、巴相继核试验是对国际防止核武器扩散努力的沉重打击，给南亚地区乃至世界和平与稳定带来了严重的后果。国际社会加强防扩散机制的任务也更加紧迫。

历史证明，冷战时期以军事联盟为基础、以增加军备为手段的安全观念和体制不能营造和平。在新形势下，扩大军事集团、加强军事同盟更有悖时代潮流。安全不能依靠增加军备，也不能依靠军事同盟。安全应当依靠相互之间的信任和共同利益的联系。通过对话增进信任，通过合作谋求安全，相互尊重主权，和平解决争端，谋求共同发展。要争取持久和平，必须摒弃冷战思维，培育新型的安全观念，寻求维护和平的新方式。中国认为，这种观念和方式应包括以下几个方面；

——各国应在相互尊重主权和领土完整、互不侵犯、互不干涉内政、平等互利、和平共处五项原则基础上建立国与国之间的关系。这是全球和地区安全的政治基础和前提。各国有权选择自己的社会制度、发展战略和生活方式，任何国家都不得以任何方式、任何借口干涉他国内政，更不应进行军事威胁或侵犯。

——各国应在经济领域加强互利合作，相互开放，消除经贸交往中的不平等现象和歧视政策，逐步缩小国家之间的发展差距，谋求共同繁荣。这是全球和地区安全的经济基础。维护正常和良好的经济、贸易和金融秩序，不仅要有完善的宏观经济管理体制和健全的经济运行体系，而且要加强地区和世界的经济联系与合作，共同创造稳定、安全的外部经济环境。

——各国应通过对话与合作增进相互了解与信任，谋求以和平方式解决国家间的分歧和争端。这是确保和平与安全的现实途径。安全是相互的，安全对话和合作旨在促进信任，而非制造对抗，更不应针对第3国，不能损害别国的安全利益。

中国作为亚太国家，高度重视本地区的安全、稳定、和平与发展。中国的亚太安全战略有3个目标，即：中国自身的稳定与繁荣，周边地区的和平与稳定，与亚太各国开展对话与合作。为此，中国致力于与各国平等相待，友好合作，重视同地区各国及各主要力量发展健康稳定的关系，积极参与地区经济合作，促进开放的地区主义；坚持以和平方式处理和解决国家间的争端；积极参与地区安全对话与合作进程。

中国在平等协商、互谅互让的基础上，同多数邻国妥善解决了边界领土问题。对于与有关邻国现存的领土和海洋权益争议，中国主张以大局为重、协商解决，使之不影响国家关系的正常发展和地区形势的稳定。中国明确提出，根据公认的国际法和现代海洋法，包括《联合国海洋法公约》所确定的基本原则和法律制度，通过和平谈判和磋商，妥善解决有关争议问题。

台湾是中国领土不可分割的一部分。结束海峡两岸分裂局面，实现祖国统一，是包括台湾同胞在内的全体中国人民的崇高使命和共同愿望。中国政府坚持以“和平统一、一国两制”的基本方针解决台湾问题，坚决反对任何制造“台湾独立”、“两个中国”、“一中一台”等分裂国家的图谋和言行。台湾问题完全是中国内政。无论是直接还是间接把台湾海峡划入任何国家或军事同盟的安全合作范围，都是对中国主权的侵犯和干涉。中国政府努力谋求以和平方式实现国家的统一，但不承诺放弃使用武力。每一个主权国家都有权采取自己认为必要的一切手段包括军事手段，来维护本国的主权和领土完整。中国政府在采取何种方式处理台湾问题上，并无义务对任何国家或图谋分裂中国者作出承诺。中国政府反对任何国家对台军售。对台军售不仅违反基本的国际法准则，也对中国的安全及地区的和平与稳定构成威胁。

中国政府始终不渝地奉行独立自主的和平外交政策，主张在和平共处五项原则和其他公认的国际关系准则基础上，同所有国家建立和发展友好合作关系，并愿同各国一道，为维护世界和平、促进国际安全与稳定作出不懈努力。

二、国防政策

中国政府坚定不移地奉行防御性的国防政策。《中华人民共和国宪法》明确规定，中华人民共和国武装力量的任务是巩固国防，抵抗侵略，保卫祖国，保卫人民的和平劳动，参加国家建设事业，努力为人民服务。中国的国家利益、社会制度、对外政策和历史文化传统，决定中国必然实行防御性的国防政策。

中国始终把维护国家的主权、统一、领土完整和安全放在第1位。1840年鸦片战争以后，中国逐渐变成半殖民地半封建国家。中华民族屡遭帝国主义列强的侵略、压迫和欺凌。中国人民经过长期前赴后继的英勇奋斗才取得国家独立和民族解放，因而极为珍惜来之不易的独立自主权利。保卫祖国，抵抗侵略，维护统一，反对分裂，是中国国防政策的出发点和立足点。

中国正处于社会主义初级阶段，国家的根本任务是集中力量进行社会主义现代化建设。中国人口多、底子薄，地区发展不平衡，生产力不发达的状况在相当长一段时间内还会继续存在。中国面临着极为繁重的经济建设任务。国防建设必须服从和服务于国家经济建设的大局。中国所选择的符合自己国情的社会制度、发展战略和生活方式，不会产生侵略别国的因素。

中国的发展需要一个长期的国际和平环境特别是良好的周边环境。中国始终不渝地奉行独立自主的和平外交政策，主张从中国人民和世界人民的根本利益出发来处理国际事务。不同任何大国或国家集团结盟；主张通过协商和平解决国家间的纠纷和争端，反对诉诸武力或以武力相威胁，反对霸权主义和强权政治；主张在和平共处五项原则的基础上，建立公正合理的国际政治经济新秩序，同所有国家发展友好合作关系。中国永远是维护世界和平和地区稳定的重要力量。中国即使将来强大了，也决不走对外侵略扩张的道路。

中国实行防御性的国防政策，还渊源于中国的历史文化传统。中国是一个有五千年文明历史的国家，有爱好和平的传统。中国古代思想家曾提出过“亲仁善邻”的思想，反映了自古以来中国人民就希望天下太平、同各国人民友好相处。这种思想表现在军事上，就是主张用非军事手段来解决争端、慎重对待战争和战略上后发制人。在几千年的历史进程中，爱和平，重防御，求统一，促进民族团结，共御外侮，始终是中国国防观念的主题。新中国的国防政策，继承和发扬了中国优良的历史文化传统。

中国的国防政策，主要包括以下内容：

——巩固国防，抵抗侵略，制止武装颠覆，保卫国家的主权、统一、领土完整和安全。这是中国国防政策的基本目标，也是中国宪法赋予中国武装力量的主要职责。中国努力避免和制止战争，努力用和平方式解决国际争端和历史遗留问题。但是，在霸权主义和强权政治依然存在的情况下，国家必须具有用军事手段捍卫主权、统一、领土完整和安全的能力。中国的国防现代化建设完全是为了自卫，是保障国家现代化建设和安全的需要。中国武装力量的规模是与保卫国家安全和利益的需要相适应的。中国独立自主、自力更生地建设和巩固国防。

——国防建设服从和服务于国家经济建设大局。国防建设与经济建设协调发展。这是中国国防建设一个长期的基本方针。国防现代化需要国家的经济力量和技术力量的支持，国防现代化水平只能随着国家经济实力的增强而逐步提高。国家坚持以经济建设为中心，国防建设必须服从和服务于这个大局，军队积极参加和支援国家经济建设。国家在集中力量进行经济建设的同时，加强国防建设，促进国防建设与经济建设协调发展。

——贯彻积极防御的军事战略方针。中国在战略上实行防御、自卫和后发制人的原则。坚持“人不犯我，我不犯人，人若犯我，我必犯人。”中国拥有少量核武器完全是出于自卫的需要。中国坚持全民自卫原则和人民战争的战略思想，增强全民国防观念，完善国防动员体制，加强国防后备力量建设；立足现有武器装备，继承和发扬优良传统；适应世界军事领域的深刻变革，做好现代技术特别是高技术条件下的防卫作战准备。

——走有中国特色的精兵之路。在新的历史时期，中国军队努力加强质量建设，走有中国特色的精兵之路，目标是建设一支有中国特色的革命化、现代化、正规化的人民军队。减少数量，提高质量，是军队现代化建设的一条基本方针。中国军队依靠科技强军，实现军队由数量规模型向质量效能型、由人力密集型向科技密集型的转变；按照现代战争的特点，努力提高武器装备现代化建设的水平，改革和完善军队的体制编制，改进部队的训练和院校教育的内容与方法。

——维护世界和平，反对侵略扩张行为。中国坚持和平共处五项原则，独立自主地处理对外军事关系，开展军事交流与合作，不搞霸权主义，不搞军事集团，不进行军事扩张，不在国外驻军或建立军事基地。中国反对军备竞赛，主张根据公正、合理、全面、均衡的原则，实行有效的军备控制和裁军。中国支持国际社会采取的有利于维护世界和地区和平、安全、稳定的活动，支持国际社会为公正合理地解决国际争端、军备控制和裁军问题所做的努力。

三、国防建设

中国的国防建设，是国家现代化建设的重要内容。在新的历史条件下，中国军队坚持中国共产党的绝对领导，贯彻积极防御的战略方针，加强质量建设，依法治军，勤俭建军，积极参加和支援国家经济建设，为国家的安全稳定和现代化建设作出了重大贡献。

国防体制

中国根据宪法、国防法及其他有关法律，建立和完善国防体制。国家对国防活动实行统一的领导。

中华人民共和国全国人民代表大会是最高国家权力机关，决定战争和和平的问题，并行使宪法规定的国防方面的其他职权。全国人民代表大会常务委员会是全国人民代表大会的常设机关，决定战争状态的宣布，决定全国总动员或者局部动员，并行使宪法规定的国防方面的其他职权。国家主席根据全国人民代表大会的决定和全国人民代表大会常务委员会的决定，宣布战争状态，发布动员令，并行使宪法规定的国防方面的其他职权。国务院领导和管理国防建设事业。中央军事委员会领导并统一指挥全国武装力量。

中国人民解放军实行中央军事委员会领导下的总参谋部、总政治部、总后勤部、总装备部体制。总参谋部负责组织领导全国武装力量的军事建设，组织指挥全国武装力量的军事行动。总政治部负责管理全军党的工作，组织进行政治工作。总后勤部负责组织领导全军后勤工作。总装备部负责组织领导全军武器装备建设工作。

中华人民共和国武装力量，由中国人民解放军现役部队和预备役部队、中国人民武装警察部队、民兵组成。中国人民解放军现役部队是国家的常备军，主要担负防卫作战任务，必要时可以依照法律规定协助维护社会秩序；预备役部队平时按照规定进行训练，必要时可以依照法律规定协助维护社会秩序，战时根据国家发布的动员令转为现役部队。中国人民武装警察部队担负国家赋予的安全保卫任务，维护社会秩序。民兵在军事机关的指挥下，担负战备勤务、防卫作战任务，协助维护社会秩序。中国人民解放军由陆军、海军、空军和第二炮兵组成，在全国范围内设立7个军区。

国家对国防科研生产实行统一领导和计划调控。国务院负责领导和管理国防科研生产，管理国防经费和国防资产。中央军事委员会批准武装力量的武器装备体制和武器装备发展规划、计划，协同国务院领导和管理国防科研生产，会同国务院管理国防经费和国防资产。国家实行国家军事订货制度，保障武器装备和其他军用物资的采购供应。国家对国防经费实行财政拨款制度，并根据国防建设和经济建设的需要，确定国防资产的规模、结构和布局，调整和处分国防资产。

国务院和中央军事委员会共同领导动员准备和动员实施工作。国家在和平时期进行动员准备，将人民武装动员、国民经济动员、人民防空、国防交通等方面的动员准备纳入国家总体发展规划和计划，逐步完善动员体制，建立战略物资储备制度。国家重视开展国防教育，并将国防教育纳入国民经济和社会发展计划。

军事法制建设

中国重视军事法制建设，把加强军事法制建设作为实现国防现代化和军队正规化的基本途径和重要保障。国家为适应新时期国防和军队建设的需要，确立了依法治军方针，全面加强军事法制建设，保障和推动中国的国防和军队建设沿着法制化轨道前进。

1982年后，中国在国家立法体制中进一步健全了军事立法体制，即全国人民代表大会及其常务委员会制定国防和军队建设的法律；中央军事委员会制定军事法规，或者与国务院联合制定军事行政法规；各总部、各军兵种、各军区制定军事规章，或者与国务院有关部门联合制定军事行政规章。中央军事委员会发布了《中国人民解放军立法程序暂行条例》，从立法规划、计划到法规起草、审议及发布实施，作了明确规定，实现了军事立法的规范化、制度化。

十多年来，中国军事立法取得了显著成绩。全国人民代表大会及其常务委员会制定了《中华人民共和国国防法》、《中华人民共和国兵役法》、《中华人民共和国军事设施保护法》、《中华人民共和国人民防空法》、《中华人民共和国预备役军官法》、《中华人民共和国香港特别行政区驻军法》、《中国人民解放军现役军官服役条例》、《中国人民解放军军官军衔条例》等12件国防和军队建设的法律以及有关法律问题的决定。国务院、中央军事委员会制定了《国防交通条例》、《征兵工作条例》、《民兵工作条例》、《中国人民解放军现役士兵服役条例》等40多件军事行政法规。中央军事委员会制定了《中国人民解放军司令部条例》、《中国人民解放军政治工作条例》、《中国人民解放军后勤条例》、《中国人民解放军内务条令》、《中国人民解放军纪律条令》、《中国人民解放军队列条令》等70多件军事法规；各总部、各军兵种、各军区制定了1000多件军事规章。中国在国防和军队建设的主要方面基本实现了有法可依，初步建立起具有中国特色的军事法体系。中国军事立法在坚持符合本国国情、军情的同时，还注重与中国在国际军事领域已经加入的条约、协定相衔接，使军事法的内容与国际法准则和惯例相一致。

国家在国防建设领域，依法确立和健全了从中央到地方的国防领导体制和运行机制，建立了兵役制度、国防动员制度、国防科研生产制度、国防资产管理制度、军事设施保护制度以及军人抚恤优待制度等基本国防制度；在军队建设领域，依法确立了军队的性质、任务和建设方针，实行了军人衔级制度、军事训练制度、司令部工作制度、政治工作制度、后勤保障制度、警备勤务制度、军纪奖惩制度等一系列重要制度，保障了国防活动和军队建设在法律的规范和调控下有序地进行。

为了保证国家有关法律、法规在军队的统一实施，国家在军队中建立了军事执法体制、军事司法体制和军事法制机构、法律服务组织，构成了比较完整的军事法制组织体制。军事执法体制，主要由负责军事法实施的军队各级领导机关和职能部门构成，并在军级以上单位设立了履行执法监督检查职能的纪律检查机构和财务审计机构，全国大、中城市驻军建立了纠察处理违纪军人、违章军车的警备勤务机构。军事司法体制，由国家设在中国人民解放军、军区级单位、军级单位的3级军事法院和军事检察院构成，它们与军队各级保卫部门分别行使法律规定的职权，依法办理军队内部发生的刑事案件。军事法制机构，由中央军委法制局和各总部、各军兵种、各军区编设的法制机构或人员组成，负责管理全军和军队各单位的法制工作。法律服务组织，由军队各级设立的法律顾问处和法律咨询站组成，专门为军队各级领导机关决策和部队官兵的涉法问题提供法律咨询和服务。1997年底，中国军队中的法律顾问处达到240多个，律师1360多人，基层法律咨询站达到4250多个，法律咨询员65700多人。

中国重视在军队开展法制宣传教育，把法制宣传教育纳入部队教育训练的轨道。为增强官兵的法律素质，根据国家关于在全体公民中进行法制宣传教育的统一部署，1986年至1995年中国军队连续开展了两个5年普法教育活动。1996年初，中国军队开始第3个5年普法教育。

国防费

中国一贯注重合理的国防费规模，根据国防需要和财力可能，按照综合平衡的原则安排国防费用。改革开放以来，为集中力量进行经济建设，中国政府严格控制国防支出，国防费一直处于较低的水平。

中国政府对国防费始终坚持严格控制、严格管理、严格监督的原则，建立健全了完善的管理体制和法规制度。国防费预算、决算由全国人民代表大会审查批准。国家和军队的审计机关对预算的执行过程实施严格审计监督。

按支出项目分，中国国防费包括：人员生活费，主要用于军官、士兵、文职干部和职工的工资、伙食、服装等；活动维持费，主要用于部队训练、工程设施建设及维护和日常消耗性支出；装备费，主要用于武器装备的科研、试验、采购、维修、运输和储存等。按保障范围，既包括现役部队，又包括民兵、预备役部队，并负担了相当一部分社会性支出，主要用于部分退役军官的供养，军队子弟学校、幼儿园，培养军地两用人才，支援国家经济建设和参加抢险救灾。

勤俭建军、艰苦奋斗是中国军队的优良传统。中国军队除开展清仓利库和修旧利废等群众性节约活动外，还从事一些力所能及的农副工业生产和经营活动，主要目的是为了安排随军家属和子女就业，改善基层部队官兵的物质文化生活。

改革开放以来，中国政府坚持国防建设服从和服务于国家经济建设的大局，较大幅度地减少了国防投入。1979 年至 1994 年的 16 年间，国防费的绝对值年平均增长 6.22%，与同期全国商品零售价格总指数年平均上涨 7.3%相比，实际负增长 1.08%

1995 年至 1997 年，中国年度国防费分别为 636.72 亿元、720.06 亿元和 812.57 亿元人民币。年度国防费的增加，主要是在社会经济发展和城乡居民人均收入提高的情况下，保证军队人员的生活水平能够同步提高，官兵的生存生活条件得到改善。即使这样，这期间的国防费占同期国家财政支出的比例也在逐年下降，分别为 9.3%、9.1%和 8.8%。

1997 年度中国国防费的构成为（图表 1）：人员生活费 291.62 亿元人民币，占 35.89%；活动维持费 265.36 亿元人民币，占 32.66%；装备费 255.59 亿元人民币，占 31.45%。从上述构成可以看出，国防费的大部分用于人员生活和正常活动维持，而且还负担了 40 多亿元人民币的社会性支出，约占年度国防费的 5%。

表 1：　1997 年度中国国防费构成

（单位：亿元人民币）

类　别	数　额	百分比
人员生活费	291.62	35.89%
活动维持费	265.36	32.66%
装备费	255.59	31.45%

与世界其他一些国家国防支出相比，中国国防支出的总体水平是比较低的（图表 2）。

表 2：　1997 年度中国国防费与部分国家国防费比较

（单位：亿美元）

国　家	国　防　费
美国	2671.8
俄罗斯	160
英国	356
法国	367
日本	430
韩国	172
中国	98

（注：按 1997 年中国国家外汇管理局公布的汇率：1 美元＝8.29 元人民币）

按人民币对美元的汇价计算，1997 年中国国防费仅为 98 亿美元，只相当于美国的 3.67%、俄罗斯的 61.25%、英国的 27.53%、法国的 26.7%、日本的 22.79%、韩国的 56.98%。

中国国防支出的低水平，不仅反映在国防费的绝对值上，而且也反映在国家国防负担的相对比例上。近 20 年来，中国国防费占国内生产总值的比例一直在下降（图表 3）。

表 3：　1978～1997 年中国国防费占国内生产总值(GDP)比例

年　份	占国内生产总值百分比
1978	4.63%
1980	4.29%
1983	2.98%
1986	1.97%
1988	1.46%
1991	1.53%
1993	1.23%
1997	1.09%

与美国、俄罗斯、英国、法国、日本、韩国等国家相比，中国国防负担的相对比例也是较低的(图表 4)。

表 4:　1997 年度中国与部分国家国防费占国内生产总值（GDP）和财政支出比例的比较

国家	占财政支出百分比	占国内生产总值百分比
美国	16.20%	3.40%
俄罗斯	19.70%	3.80%
英国	8.20%	2.80%
法国	12.10%	2.40%
日本	6.40%	0.99%
韩国	20.40%	3.20%
中国	8.80%	1.09%

（注：表内数据来源于上述国家公布的国防报告、财政报告或其他政府文告。）

裁减军队员额

1997 年 9 月，中国庄严宣布：中国军队在 80 年代裁减军队员额 100 万的基础上，将在今后 3 年内再裁减军队员额 50 万。这一单方面裁军的重大战略决策，再一次充分表明了中国热爱和平的真诚愿望，是中国为推动进一步降低世界军备水平，增强相互信任，促进人类和平事业所作的新的努力。

中国奉行防御性的国防政策，中国军队的数量与规模始终控制在维护国家安全需要和国力许可的范围以内。中华人民共和国成立后，分别在 1955 年和 1958 年进行了两次较大规模的裁军行动。80 年代中期，中国军队建设的指导思想实行战略性转变，从过去随时准备应付大规模侵略战争转变到和平时期建设的轨道上来，军队的规模和体制编制也进行了相应的调整。1985 年，中国政府决定单方面裁减军队员额 100 万，至 1990 年实际裁减 103.9 万人。1990 年后，中国人民解放军经过陆续调整，其规模进一步缩小。再次裁减员额 50 万后，中国人民解放军总规模将保持 250 万人。

与世界多数国家的做法不同，中国把边海防部队、兵役动员机构、农副业生产管理机构、文职人员，以及预备役部队中的现役人员，均计入中国人民解放军的总定额。中国此次裁军，将在 3 年内按计划、分步骤、积极稳妥地进行。其中，陆军拟裁减 19%，海军拟裁减 11.6%，空军拟裁减 11%。在精简员额的同时，将优化结构，调整编组，理顺关系，走质量建军、科技强军的道路，把中国军队现代化建设提高到一个新水平。

参加和支援国家建设

参加和支援国家建设，是宪法赋予中国军队的一项重要任务，也是人民军队全心全意为人民服务根本宗旨的体现。80 年代以来，中国军队在完成教育训练任务的同时，积极参加和支援国家经济建设，为国家的繁荣和发展作出了重要贡献。

——腾让、开放军事设施。中国军队在大量裁减员额的同时，向地方腾让、开放部分军事设施，支援国家建设事业。近 20 年来，军队先后向地方开放 101 个机场，开放和腾让 29 个港口码头、300 多条铁路专用线、90 条通信线路、1000 多个仓库、300 多万平方米军事用地及部分营房设施。

——参加抢险救灾。中国幅员辽阔，每年都有局部地区发生自然灾害。每当灾情发生，军队总是挺身而出，奋勇保护人民生命安全，抢救国家和人民财产。近 20 年来，全军共参加抢险救灾 10 万多次，出动官兵 2300 多万人次，机械车辆 100 多万台次，飞机、舰艇 1.5 万余架（艘）次，抢救遇险群众 1000 多万人，抢运各类物资 2 亿多吨。

——参加国家和地方的重点工程建设。中国军队参加了国家和地方的许多重点工程建设，并担负急难险重任务。近 20 年来，全军共投入 4 亿多个劳动日，出动机械车辆 2500 万台次，参加和支援重点工程项目 1 万多项。主要有铁路、高速公路和地铁工程 150 多项，隧道、涵洞 340 多个，桥梁 260 多座，公路、铁路 4100 多千米，码头 50 多个，民用、军民合用机场 40 多个，能源工程 500 多项，水利工程 2000 余项，通信光缆工程 2 万余千米，经济技术开发区和旅游开发区建设 500 多个。

——发挥人才技术优势，开展科技助民。军队院校和科研、医疗单位，以及专业技术部队，采取转让科技成果、协助技术攻关、帮助培训人才等方法，积极为国家建设服务。10 年来，军队以高新科技成果支援国家经济建设项目 1000 多个，解决国家急需的科研攻关项目 150 多个，向社会转让科技成果 1 万多项，培训各类科技人员近百万人，帮助地方企业技术改造 900 多项，使 320 家面临困境的企业扭亏为盈。

——支援农业和扶贫开发工作。中国是一个农业大国，农业始终是国民经济的基础。为了支持农业发展，近 10 年来，军队疏通河道 500 多条，修筑水渠、堤坝 20 多万千米，兴修水库上千座，开荒造田和平整土地 200 多万公顷，为农业丰产打下了基础。驻贫困地区的部队，大力帮助当地群众发展生产，累计建立扶贫帮困点 2.3 万个，扶助近百万人口脱贫致富，军队集中力量支援了沂蒙山、太行山等 20 个重点地区的扶贫开发，帮助贫困地区创办乡镇企业 3500 多家，实施科技扶贫项目 1.2 万余个，培训农业科技人员 450 多万人次。各级医疗机构和驻军医院，向贫困地区累计派出医疗队 860 队次，对口扶持乡镇医院 8100 多所，支援医疗设备价值 2000 多万元，义务培训医务人员 2 万多人。

——参加社会公益事业建设。近10年来，军队先后投入1亿多个劳动日，帮助修桥补路、整治美化环境、修建供水供气供电工程等公益建设事业，共达10万余项，植树4亿多株。向希望工程捐款4157.55万元，捐赠各类物资价值1100多万元，援建各类“希望小学”697所，直接帮助11.5万多名失学儿童重返校园。

——培养军地两用人才。中国军队注重为国家经济建设事业造就和输送合格人才。根据国家经济建设的需要和官兵的愿望，《中国人民解放军内务条令》专门规定每周六可用于集体组织两用人才培训和科学文化学习。自80年代初中国军队开始有组织地开展培养军地两用人才工作以来，全军共有近百万名军官通过在职学习获得大专以上学历；85%以上的士兵在服役期间接受了多种民用技术培训，其中近半数获得技术等级证书。他们在退出现役后，成为加强国家经济建设和促进社会全面进步的一支重要力量。

驻军香港

1997年7月1日，中国政府恢复对香港行使主权，中国人民解放军驻香港部队开始担负香港特别行政区的防务。中国人民解放军驻香港部队进驻香港，是中国政府恢复对香港行使主权的重要标志，是维护国家主权和安全，保持香港长期繁荣稳定的重要保证。

中国人民解放军进驻香港，严格遵循了法律规定。1990年4月，第7届全国人民代表大会第3次会议通过的《中华人民共和国香港特别行政区基本法》，明确规定中央人民政府负责管理香港特别行政区的防务，并派部队进驻香港。1996年12月，第8届全国人民代表大会常务委员会第23次会议通过《中华人民共和国香港特别行政区驻军法》。1997年7月1日，该法正式施行。香港驻军法规定，香港驻军不干预香港特别行政区的地方事务；香港驻军的任务是，担负防卫勤务，管理军事设施，办理有关的涉外军事事宜，确保香港的安全稳定；香港驻军的费用由中央人民政府负担；香港驻军实行人员轮换制度。香港驻军法还对驻军人员的义务与纪律以及司法管辖等问题作了规定。这就从根本上保障了香港驻军依法履行防务职责。

中国人民解放军驻香港部队由陆军、海军和空军部队组成，隶属中华人民共和国中央军事委员会领导。驻香港部队遂行防务，必须遵守全国性的法律和香港特别行政区的法律，执行中国人民解放军现行的条令条例和规章制度。

中国人民解放军驻香港部队进驻香港之后，严格遵守香港基本法和香港驻军法，坚持依法履行防务职责，积极组织部队训练，加强部队正规化建设，学习香港的有关法律，使官兵熟悉香港的社会情况。按照香港驻军法的规定，与香港特区政府建立了工作联系，向香港社会开放了昂船洲、赤柱两处军事营地，供香港同胞参观，增强了香港市民对驻香港部队的了解和信任。

中国人民解放军驻香港部队履行香港防务职责，是一项长期的任务。驻香港部队将始终遵循“一国两制”的方针，严格遵守香港基本法和香港驻军法，为确保香港的长期繁荣稳定作出贡献。

四、国际安全合作

中国作为联合国安理会常任理事国和亚太大国，高度重视并积极参与国际安全合作，坚持原则、信守承诺、以诚相待、注重友谊、发展合作。近年来，中国在相互平等、互利互惠的基础上，积极开展与外国军队之间的交流。中国还积极参与亚太地区的多边及双边安全对话与合作，以及联合国维持和平行动，为维护世界和地区的和平发挥应有作用。

对外军事交往

对外军事交往是中国总体外交的一个重要组成部分，服从和服务于国防和军队现代化建设。中国坚持在和平共处五项原则基础上，独立自主地处理对外军事关系，开展军事交流与合作。中国在对外军事交往中，一贯主张互相尊重、增进了解、发展友谊、互利合作。中国军队积极参与多边军事外交活动，充分发挥中国军队在处理国际军事事务中的积极作用。

中国积极开展全方位、多层次的军事外交。目前中国军队已同世界上100多个国家的军队建立了联系，在90多个驻外使馆中设立了武官处，在中国设立武官处的国家已达60多个。近20年来，中国派出了1300多个军事代表团组访问了80多个国家，其中军队高级官员率团出访180多批。来访的外国军队代表团组2100多个，数万人次，其中外国的国防部长、三军总司令、总参谋长等高级代表团占一半以上。

中国始终把发展同周边国家的军事交往置于突出地位，遵循睦邻友好、互利合作、长期稳定的方针，与周边国家军队开展了大量有益的交往，特别是高层交往。仅1996年、1997年两年，中国军队就派出100余批代表团相继访问了周边大多数国家，同时接待了周边国家的军事代表团130余批，中国特别注重与发展中国家的友好军事交流与合作，曾先后向70多个国家提供人员培训、装备器材、医疗卫生等方面的援助。1973年以来，为发展中国家军队培训各级指挥和专业技术人员近万名，向发展中国家派出专家8000多名。中国积极发展与美国、欧洲等西方国家的军事关系，从维护世界和平和各国人民的根本利益出发，本着加强对话、减少分歧的原则，陆续恢复和改善了中国军队与上述国家军队的关系，加深了相互了解。

90年代以来，中国海军舰艇编队出访了近20个国家，其中，中国海军两支舰艇编队于1997年3月至5月分别对美国、墨西哥、智利、秘鲁以及泰国、菲律宾、马来西亚进行了友好访问，增进了中国军队与上述国家军队和人民的友谊。

中国军队在对外交往中，注重开展专业技术交流，在科研、学术、军事教育、军队管理、文化体育、医疗卫生等许多领域同世界各国军队进行了广泛的交流与合作。

中国军队积极活跃的对外军事交往，促进了中国军队同世界各国军队的相互了解和信任。走向国际社会的中国军队向世界展示了中国军队文明之师、和平之师的形象，在维护世界和地区和平中作出了应有的贡献。

建立信任措施

国家间建立信任是维护安全的有效途径，中国高度重视并积极推动建立信任措施合作。近年来，中国与有关邻国达成了一些边境地区建立信任措施和边境裁军协定，这是中国致力于国家关系的发展和地区和平稳定的重要举措。这些协定反映了中国所积极倡导的新型安全观念，体现了一些对亚太安全对话与合作具有普遍意义的原则和精神，包括：相互同等安全；通过建立相互信任和对话合作谋求安全，安全合作不干涉别国内政、不针对第3国；军事力量不得威胁或损害他国的安全与稳定；实行和坚持防御性国防政策；在双边基础上，在边境和争议地区采取适宜的信任措施；军事力量友好交往等。

1996年4月，中国与俄罗斯、哈萨克斯坦、吉尔吉斯斯坦、塔吉克斯坦签署《关于在边境地区加强军事领域信任的协定》，规定：部署在边境地区的军事力量互不进攻对方；不进行针对对方的军事演习；限制军事演习规模、范围和次数；相互通报边界线两侧各100千米区域内的重要军事活动；邀请对方观察实兵演习；预防危险军事活动；加强双方边境地区军队之间的友好交往等。

1996年11月，中国与印度签署《关于在边境实际控制线地区军事领域建立信任措施的协定》，规定：不进行威胁对方或损害边境地区和平、安宁与稳定的任何军事活动；在边界问题最终解决前，严格尊重和遵守中印边境地区的实际控制线，任何一方的活动不得超过实际控制线；按共同商定的最高限额裁减或限制部署在实际控制线地区共同商定的地理范围内的陆军、边防部队、准军事部队，以及其他双方同意的武装力量和部分武器装备；不在实际控制线附近地区举行针对对方的军事演习，限制军事演习规模，通报实际控制线附近地区一定规模的军事演习；防止发生军用飞行器飞越实际控制线的侵犯事件；防止实际控制线地区危险军事活动；加强实际控制线附近地区双方军事人员和机构的交往与合作等。

此外，1994年，中国与俄罗斯签署《关于预防危险军事活动的协定》，《中华人民共和国主席和俄罗斯联邦总统关于互不首先使用核武器和互不将战略核武器瞄准对方的联合声明》。1998年1月，中国与美国签署《关于建立加强海上军事安全磋商机制协定》。同年6月，中国国家主席江泽民与美国总统克林顿宣布，双方决定，不把各自控制下的战略核武器瞄准对方。中国还与俄罗斯、美国建立了国家元首间直通保密电话联系。

地区安全合作

中国支持在平等参与、协商一致、求同存异、循序渐进基础上，开展多层次、多渠道、多形式的地区安全对话与合作。中国参加了东盟地区论坛（ARF）、亚洲相互协作与建立信任措施会议（CICA）、亚太安全合作理事会（CSCAP）和东北亚合作对话会（NEACD）等活动，主张通过这些政府和民间讨论安全问题的重要渠道，增进各国相互了解与信任，促进地区和平与稳定。

中国参加了历届东盟地区论坛外长会议和高官会，中国外交与国防代表参加了论坛框架内的建立信任措施、维和、海上搜救、抢险救灾、预防性外交、不扩散、指导原则等各类官方和非官方会议。中国还于1996年在北京与菲律宾联合承办了建立信任措施会议，其间邀请各国代表参观了中国军事单位和军事表演，会议取得了圆满成功。中国支持东盟地区论坛在建立信任措施领域创造性的探索，并提出了一系列建设性的建议和主张，如倡导军事医学、军事法学和军转民多边合作，鼓励高层军事互访、军舰互访和人员交流，支持抢险救灾合作以及海上航行安全、海洋环保合作等。中国还每年向论坛提交国防政策声明和其他相关文件。

中国一直积极参与哈萨克斯坦倡导的亚洲相互协作与建立信任措施会议进程，认为会议宗旨与中国的亚洲安全目标基本一致，主张会议在充分考虑亚洲地区特殊性和多样性的基础上稳步发展。中国于1996年正式加入亚太安全合作理事会，并于1997年成立亚太安全合作理事会中国委员会，中国委员会一直认真参与理事会的活动。自1993年东北亚合作对话会成立以来，中国参加了历次会议，并于1996年在北京主办了第4次大会，中国还与其他成员一道，推动对话会就东北亚国家合作指导原则达成一致。

中国与美国、俄罗斯、日本、法国、加拿大、澳大利亚等国，就共同关心的问题开展了不同形式的安全或防务磋商。中国国防部和其他有关部门的官员及学者，日益广泛和深入地参与关于亚太安全的各类研讨和相关活动，增进了中国与有关国家间的了解与信任，体现了中国维护亚太持久和平的积极意愿和努力。

参与联合国维持和平行动

中国作为联合国安理会常任理事国，一贯致力于维护国际和平与安全，重视并支持联合国在联合国宪章精神指导下，为维护国际和平与安全发挥其应有的作用。为使联合国维和行动取得成功并健康的发展，中国认为应该确立和遵循以下指导原则：

——遵循联合国宪章的宗旨和原则，特别是尊重国家主权和不干涉内政的原则。

——坚持以斡旋、调解、谈判等和平手段解决争端，不应该动辄采取强制性行动。即使是人道主义行动，也不应诉诸军事手段。

——反对实行双重标准，不能把个别或少数国家的政策主张强加给联合国安理会。不能允许少数国家假联合国之名，行军事干涉之实。

——采取维和行动，要遵循事先征得当事国的同意、严守中立、除自卫外不得使用武力等被历史证明是行之有效的一系列原则。

——坚持实事求是，量力而行。条件不成熟时不应实施维和行动，更不应该使之成为冲突一方，偏离维和的根本方向。

中国本着上述精神参与了联合国维持和平行动方面的活动。自 1990 年首次向联合国维和行动派遣军事观察员以来，中国已先后向“联合国中东停战监督组织”（UNTSO）、“联合国伊拉克、科威特观察团”（UNIKOM）、“联合国柬埔寨临时权力机构”（UNTAC）、“联合国西撒哈拉公民投票特派团”（MINURSO）、“联合国莫桑比克行动”（ONUMOZ）和“联合国利比里亚观察团”（UNOMIL）等 6 项联合国维和行动，派出军事观察员 32 批 437 人次。

1992 年，中国政府派遣工程兵部队参加联合国驻柬埔寨临时权力机构的维持和平行动。中国政府分两批共派遣 800 名赴柬埔寨维和官兵，在 18 个月内完成了机场、公路、桥梁等多项工程建设和维修任务，其中修复和扩建机场 4 个，修复公路 4 条共 640 千米，新架设或修复桥梁 47 座，并完成了其他大量的勤务工程，为保障联柬维和部队行动的顺利实施作出了贡献。

目前中国仍有 32 名军事观察员分别在“联合国中东停战监督组织”、“联合国伊拉克、科威特观察团”、“联合国西撒哈拉公民投票特派团”3 个维和任务区执行任务。1997 年 5 月，中国政府决定原则上参加联合国维和待命安排，并将在适当时候向联合国维和行动提供军事观察员、民事警察和工程、医疗、运输等后勤保障分队。

中国派出参加联合国维和行动的人员认真履行了所承担的职责，有的还献出了宝贵的生命，为维护世界和平作出了贡献。今后，中国仍将以积极务实的态度继续参加联合国维和领域的活动。

五、军控与裁军

随着冷战结束，国际安全形势趋于缓和，国际军控与裁军取得较大进展：《关于禁止发展、生产、储存和使用化学武器及销毁此种武器的公约》（《禁止化学武器公约》）于 1993 年 1 月达成，并于 1997 年 4 月生效；《不扩散核武器条约》于 1995 年 5 月实现无限期延长；《全面禁止核试验条约》于 1996 年 9 月在纽约联合国总部开放供签署；世界无核区范围不断扩大；《禁止或限制使用某些可被认为具有过分伤害力或滥杀滥伤作用的特定常规武器公约》（《特定常规武器公约》）“禁止激光致盲武器议定书”以及新的“地雷议定书”分别于 1995 年 10 月和 1996 年 5 月达成；1997 年 6 月国际原子能机构通过了旨在加强保障监督有效性的议定书。

然而，裁军领域仍面临亟待解决的问题。美、俄两国仍保留着庞大的核武库，少数军事强国仍然坚持冷战思维和核威慑政策，大力发展高精尖武器，特别是先进的导弹防御系统。1998 年 5 月，由印度，随后由巴基斯坦进行的核试验，对国际防扩散努力造成沉重打击，也对地区乃至世界和平与稳定产生了严重影响。

中国政府高度重视军控与裁军工作，并将其作为总体外交及国防政策的重要组成部分。中国政府主张，国际社会应促进公正、合理、全面、均衡的军控与裁军；裁军的目的是增进而不是减损各国的安全；应加强国际军控条约的普遍性；继续通过具有普遍代表性的多边谈判机制谈判缔结新条约；拥有最大、最先进常规和核武库的国家应继续履行其对裁军负有的特殊责任；应防止少数国家在凭借其先进军事科技和经济实力谋求绝对安全和军事优势的同时，将裁军目标引向广大发展中国家，剥夺其正当的自卫权利和手段；应全面整顿和改造现有歧视性和排他性的出口控制制度和安排，在普遍参与的基础上，谈判制定公平合理的国际防扩散制度。

中国积极参加多边军控与裁军谈判及相关国际会议。1997 年 4 月，中国与俄罗斯、哈萨克斯坦、吉尔吉斯斯坦和塔吉克斯坦签署《关于在边境地区相互裁减军事力量的协定》，规定：将中国与4国边境地区的军事力量裁减到与睦邻友好关系相适应的最低水平，使其只具有防御性，互不使用武力或以武力相威胁，不谋求单方面军事优势；裁减和限制部署在边界线两侧各100千米区域内的陆军、海军、防空军航空兵的人员和主要种类的武器装备，并为其及边防部队的人员和武器装备规定最高限额；在上述区域内不部署海军江河作战舰艇；确定裁减方式和期限；交换边境地区军事力量 的有关资料；对执行协定情况进行监督核查等。中国还与许多国家建立了双边军控磋商机制。中国签署或批准了几乎所有的多边军控条约，并忠实地履行条约义务，为推动国际军控与裁军事业的发展作出了积极贡献。

核武器问题

中国作为核武器国家，积极支持和参与防止核扩散的国际努力，推动核裁军进程，致力于在全球范围内最终实现全面禁止和彻底销毁核武器的目标。

中国一贯主张全面禁止和彻底销毁核武器。1996年，中国在第51届联大明确提出核裁军5点主张，第一，核大国放弃核威慑政策，拥有最大核武库的国家继续大幅度削减其核武器；第二，所有核武器国家都承担在任何时候和任何情况下不首先使用核武器的义务，都承诺无条件地不对无核武器国家和无核武器区使用或威胁使用核武器，并尽早就此缔结国际法律文件；第三，所有在国外部署核武器的国家都将这些武器全部撤回本国，所有核武器国家都承诺支持建立无核武器区的主张，尊重无核武器区的地位，并承担相应的义务；第四，各国不发展、不部署外空武器系统和破坏战略安全与稳定的导弹防御系统；第五，各国谈判缔结关于全面禁止和彻底销毁核武器的国际公约。

中国从拥有核武器的第1天起就郑重声明，在任何时候、任何情况下都不首先使用核武器，此后又无条件承诺不对无核武器国家和无核武器区使用或威胁使用核武器。中国积极支持有关国家在自愿基础上建立无核区的努力，并已签署和批准了《拉美及加勒比禁止核武器条约》、《南太无核区条约》以及《非洲无核武器区条约》相关议定书。1995年4月，中国发表国家声明，重申无条件向无核武器国家和无核武器区提供消极安全保证的承诺，并首次承诺提供积极安全保证。

中国于1992年3月加入《不扩散核武器条约》，忠实履行了不扩散核武器的国际义务，并为条约的无限期延长作出了贡献。中国自始至终参加了《全面禁止核试验条约》的谈判，并于1996年9月24日条约开放签署当日签署了该条约。中国支持尽早缔结一项“禁止生产核武器用裂变材料公约”（“禁产公约”）。为此，中美两国外长曾于1994年10月发表联合声明，表示愿意共同努力，推动尽早达成一项多边、非歧视性和可有效核查的“禁产公约”。1997年4月，中国与美、俄、英、法4个核武器国家发表声明，重申5国关于支持在香农报告所载授权的基础上尽早谈判缔结“禁产公约”的立场。中国支持国际原子能机构通过的旨在加强现有保障监督体系有效性的计划（“93+2计划”），并承诺在自愿交保的基础上，在适当时候与国际原子能机构谈判签署具有法律约束力的文件，采取与中国根据《不扩散核武器条约》第1条所承担义务相适应的措施。

随着国际形势的缓和以及大国关系的不断改善，中国认为核武器国家之间承诺互不首先使用核武器的条件已经成熟。因此，中国于1994年1月正式向美、俄、英、法4国提出了《互不首先使用核武器条约》草案，并建议5个核国家尽早就此进行磋商，中国认为，缔结这样一个条约将有利于增进核武器国家间的相互信任，进一步减少核战争的危险。在积极推动谈判缔结多边条约的同时，中国还积极谋求与其他核国家在双边基础上相互承诺不首先使用核武器。目前，中俄已相互作出了不首先使用核武器的保证。

化学武器和生物武器问题

中国政府一贯主张全面禁止和彻底销毁化学武器。中国于1993年1月签署了《禁止化学武器公约》，1996年12月批准该公约并于1997年4月25日交存公约批准书，从而成为公约的原始缔约国。中国支持公约的宗旨和目标，主张应尽快根据公约有关规定销毁化学武器及其生产设施；同时认为，公约应增进各国在化学领域的经贸与科技交流，使化工技术真正造福于人类。

中国积极认真履行了《禁止化学武器公约》规定的各项义务，按时并完整地递交了初始宣布和年度宣布，接受了公约组织的多次核查，并参加了公约组织的各次执行理事会和两次缔约国大会。

中国在历史上曾是化学武器的受害者，在领土上至今还遗留着侵华日军遗弃的大量化学武器，这些化学武器仍在危害当地人民的生命安全和生存环境。为此，中国要求在别国遗弃化学武器的国家按公约规定尽快干净彻底地销毁遗弃化学武器。

中国主张全面禁止和彻底销毁生物武器，既反对任何国家发展、生产、研制和储存生物武器，也反对任何国家以任何方式扩散此种武器及其技术。中国于1984年11月参加了《禁止发展、生产和储存细菌（生物）及毒素武器和销毁此种武器的公约》（《禁止生物武器公约》)。作为公约缔约国，中国认真、全面履行了自己所承担的义务。1987年以来，中国一直按公约审议会的决定，逐年向联合国报告与《禁止生物武器公约》有关的建立信任措施方面的资料和情况。

中国在历史上也曾深受生物武器之害。中国支持全面加强《禁止生物武器公约》有效性的工作，积极参加了于1994年设立的公约缔约国特设工作组有关制定《公约》议定书的工作，并为议定书的谈判取得进展作出了贡献。中国认为，鉴于核查机制所涉问题的复杂性，各国应以实事求是的态度，探寻有效、可行的核查措施，并制定具体措施防止滥用核查，保护缔约国正当的商业和安全机密。中国认为，在加强公约核查机制的同时，还应加强缔约国为和平目的进行的生物技术国际合作与交流。

外空非武器化问题

外层空间属于全人类，应完全用于和平目的，造福于人类。为此，中国主张全面禁止和彻底销毁外空武器。反对发展反卫星武器。中国主张，国际社会，特别是拥有空间能力的大国，应采取切实行动防止外空武器化：全面禁止一切类型的外空武器，包括反导弹和反卫星武器，实现外空非武器化；禁止在外空、从外空或向外空使用武力或进行敌对行动；所有国家都承诺不试验、生产或部署外空武器，也不利用外空谋求地面上的战略优势，如利用在外空部署地面反导系统的重要组成部分来研制、发展战略防御武器；尽早谈判缔结包括上述内容的具有法律约束力的国际协定。

自80年代初起，中国就作为联大有关外空非武器化决议的联合提案国，推动在日内瓦裁军谈判会议等多边机制中就此展开谈判。在裁军谈判会议外空特委会成立之初，中国即向其递交了《中国关于防止外空军备竞赛的立场文件》(CD/579)。中国的立场得到了许多国家的支持。

杀伤人员地雷问题

中国历来十分重视杀伤人员地雷误伤平民的问题，支持对杀伤人员地雷的使用和转让实行适当、合理的限制，分阶段地实现全面禁止杀伤人员地雷的最终目标。同时，中国政府认为，在处理杀伤人员地雷问题时，应兼顾人道主义关切和主权国家正当防卫需要两个方面。各国根据联合国宪章的宗旨和原则，以合法的军事手段，包括使用杀伤人员地雷，保护本国人民的安全，这本身就是人道主义的重要组成部分。

中国是一个有着漫长陆地边界的国家，在找到杀伤人员地雷替代办法并形成安全防御能力以前，中国不得不保留在本国领土上使用杀伤人员地雷的权利。中国在合法条件下使用杀伤人员地雷，完全是为了防止外来军事干涉和侵略，维护国家统一与领土完整，保障人民安居乐业。这是中国正当安全防卫的需要，也符合联合国宪章关于自卫权利的规定。

中国军队一向严格控制杀伤人员地雷的使用，禁止滥布滥用，同时还对杀伤人员地雷替代办法进行研究。中国积极参加了《特定常规武器公约》“地雷议定书”的修订工作和联合国裁军谈判会议处理杀伤人员地雷问题的讨论。

中国政府对地雷出口历来采取十分慎重和负责的态度。1994年12月，中国参加了联合国大会关于暂停出口杀伤人员地雷决议的协商。1996年4月，中国政府郑重宣布暂停出口不符合《特定常规武器公约》新修订的“地雷议定书”所规定的杀伤人员地雷。

中国政府认为，扫除已部署的杀伤人员地雷是解决杀伤人员地雷威胁平民安全问题的一个重要组成部分。为此，中国政府在战后扫雷问题上一贯持认真负责的态度，并做了大量富有成效的工作。1992年初至1994年底，中国军队在云南省和广西壮族自治区边境地区，组织实施了第1次大规模扫雷行动，共排除各种地雷和爆炸物100多万枚，销毁废旧弹药及爆炸物品近200吨，完成扫雷面积108平方千米，打通边贸通道、口岸170多个；恢复弃耕地、弃荒牧场和山林3万多公顷。1997年底，中国政府再次决定，从1997年11月至1999年12月，在上述地区实施第2次大规模扫雷行动。

中国政府一直尽力援助受杀伤人员地雷危害的国家，向柬埔寨等一些遭受雷害的国家提供探雷器材，帮助培训扫雷人员，为有关国家顺利进行战后重建作出了贡献。1997年11月，中国国家主席江泽民宣布，中国将继续积极支持国际扫雷努力和国际扫雷合作，包括向国际扫雷基金提供捐赠，在扫雷培训、技术和设备方面提供援助。1997年12月2日至4日，中国政府派观察员出席了在渥太华举行的《关于禁止使用、储存、生产和转让杀伤人员地雷及销毁此种地雷的公约》签约大会，并参加了同时举行的关于国际扫雷问题的圆桌会议。

敏感物资和军事装备出口控制

中国政府赞成采取必要措施对敏感物资和技术的转让实行有效国际监督，防止大规模杀伤性武器及其运载工具的扩散。但同时认为，国际防扩散努力应遵循公平、合理的原则，反对实行双重标准，不能以防扩散为名损害其他国家的主权，不能影响正常的国际经贸、科技合作与交流。

中国高度重视敏感物资的出口管制问题，参照国际惯例，对敏感物资的转让实施了一系列管理措施。

在核出口方面，作为《不扩散核武器条约》缔约国，中国奉行不主张、不鼓励、不从事核武器扩散和不帮助别国发展核武器的政策，制定了核出口三原则，即：仅用于和平目的；接受国际原子能机构的保障监督；未经中方同意不得转让第3方。

1991年11月，中国政府宣布，在连续的基础上向国际原子能机构通报中国向无核国家出口或从无核国家进口大于1有效千克核材料的情况。1993年7月，中国正式承诺，在自愿的基础上向国际原子能机构通报所有核材料、核设备及相关非核材料的进出口情况。1996年5月，中国作出了不向未接受国际原子能机构保障监督的核设施提供帮助的承诺，包括不对其进行核出口，不与其进行人员与技术的交流与合作。1997年5月，中国政府颁布了《关于严格执行中国核出口政策有关问题的通知》，明确规定，中国出口的核材料、核设备及其相关技术，均不得提供给或用于未接受国际原子能机构保障监督的核设施。通知还对与核有关的双用途物项的出口作出了严格规定。1997年5月，中国派观察员出席了作为国际核出口控制机制之一的“桑戈委员会”会议，并于同年10月正式加入了该委员会。1997年9月，中国政府颁布了《中华人民共和国核出口管制条例》，规定，不得向未接受保障监督的核设施提供任何帮助；核出口由国务院指定的单位专营，任何其他单位或个人均不得经营；国家对核出口实行许可证制度。同时，参考国际上普遍接受的核出口控制清单制定了中国的《核出口管制清单》。中国已于1998年6月10日颁布了《核两用品及相关技术出口管制条例》，对与核有关的两用品及相关技术的出口实行严格控制。

在化学品出口管理方面，中国政府一直持慎重、负责的态度。中国不出口以制造化学武器为目的的化学品及技术和设备，支持根据《禁止化学武器公约》而进行的正常国际化工合作和科学技术资料交换，反对任何与《公约》宗旨相冲突的出口管制机制。

1990年9月，中国政府制定了关于严格控制化学品及其生产技术和设备的出口管理措施。1995年12月，中国政府颁布了《中华人民共和国监控化学品管理条例》，并根据该条例于1996年6月发布了《各类监控化学品名录》和《条例实施细则》规定有关化学品进出口由国务院化学工业主管部门统一归口管理，指定专门的公司经营。

在军事装备及其技术转让问题上，中国尊重各国根据联合国宪章的原则所享有的单独或集体自卫权利以及为此目的获取武器的权利，同时也关切武器装备的过度积累对世界安全和地区稳定所产生的不利影响。

中国在较长时间里没有武器装备的出口贸易，直到80年代初才开始出口，且数量十分有限。自80年代中期以来，中国的军品出口一直呈递减趋势。合同成交额1987年为20多亿美元，而1991年仅6亿美元，此后几年也没有超过10亿美元。从1993年至1997年联合国公布的各国常规武器进出口登记情况来看，中国的常规武器出口与一些国家相比数量很小。

中国对常规军事装备及其技术转让实行严格管制。并遵循以下原则：武器出口必须有助于接受国的正当防卫能力；不损害有关地区和世界的和平、安全与稳定；不利用军贸干涉接受国的内政。从1992年起中国参加了历次联合国常规武器转让登记（图表5、图表6）。

表5：　1992～1996年中国参加联合国常规武器转让登记出口情况

装备种类	年	份				
	1992	1993	1994	1995	1996	总计
作战坦克	97	121	82	51	3	354
装甲战车	2					2
大口径火炮	166			20	18	204
作战飞机	68			5	73	146
攻击直升机						
军　舰	2		6	1	5	14
导弹及发射架	24	20		18	106	168

表6：　1992～1996年中国参加联合国常规武器转让登记进口情况

装备种类	年	份				
	1992	1993	1994	1995	1996	总计
作战坦克						
装甲战车						
大口径火炮						
作战飞机	26				22	48
攻击直升机						
军　舰		1		1		2
导弹及发射架	144					144

1997年10月，中国政府颁布了《中华人民共和国军品出口管理条例》，规定中国的武器出口实行许可证制度，境内一切军品转让均由政府授权的部门和经政府批准注册的公司对外经营，这些部门和公司须严格按照政府批准的项目从事经营活动。军品转让合同，需经政府有关主管部门批准后才能生效，重大武器的出口报国务院、中央军委批准。

中国对导弹转让历来持十分慎重和负责的态度。中国不是《导弹及其技术控制制度》（MTCR）的成员国，没有参加这一制度的制定和修改，但基于在防扩散方面的一贯立场和有关武器出口的原则，中国政府于1992年2月承诺遵守《导弹及其技术控制制度》当时的准则和参数。1994年10月，中方重申这一承诺，承担了不出口内在性能至少达到300千米射程和500千克有效载荷的地对地导弹的义务。中国根据上述政策，对导弹及相关物项的出口实行严格、有效的控制，从未做过违反承诺的事情。

中国在防扩散及军事装备转让方面所坚持的原则和做法，有助于推动国际军控与裁军沿着健康的方向发展，也有利于维护世界和平和地区稳定。

中国公布《中华人民共和国专属经济区和大陆架法》　中华人民共和国主席江泽民于1998年6月26日发布第6号主席令：《中华人民共和国专属经济区和大陆架法》已由中华人民共和国第9届全国人民代表大会常务委员会第3次会议于1998年6月26日通过，现予公布，自公布之日起施行。

《中华人民共和国专属经济区和大陆架法》全文如下：

第1条　为保障中华人民共和国对专属经济区和大陆架行使主权权利和管辖权，维护国家海洋权益，制定本法。

第2条　中华人民共和国的专属经济区，为中华人民共和国领海以外并邻接领海的区域，从测算领海宽度的基线量起延至二百海里。

中华人民共和国的大陆架，为中华人民共和国领海以外依本国陆地领土的全部自然延伸，扩展到大陆边外缘的海底区域的海床和底土；如果从测算领海宽度的基线量起至大陆边外缘的距离不足二百海里，则扩展至二百海里。

中华人民共和国与海岸相邻或者相向国家关于专属经济区和大陆架的主张重叠的，在国际法的基础上按照公平原则以协议划定界限。

第3条　中华人民共和国在专属经济区为勘查、开发、养护和管理海床上覆水域、海床及其底土的自然资源，以及进行其他经济性开发和勘查，如利用海水、海流和风力生产能等活动，行使主权权利。

中华人民共和国对专属经济区的人工岛屿、设施和结构的建造、使用和海洋科学研究、海洋环境的保护和保全，行使管辖权。

本法所称专属经济区的自然资源，包括生物资源和非生物资源。

第4条　中华人民共和国为勘查大陆架和开发大陆架的自然资源，对大陆架行使主权权利，

中华人民共和国对大陆架的人工岛屿、设施和结构的建造、使用和海洋科学研究、海洋环境的保护和保全，行使管辖权。

中华人民共和国拥有授权和管理为一切目的在大陆架上进行钻探的专属权利。

本法所称大陆架的自然资源，包括海床和底土的矿物和其他非生物资源，以及属于定居种的生物，即在可捕捞阶段在海床上或者海床下不能移动或者其躯体须与海床或者底土保持接触才能移动的生物。

第5条　任何国际组织、外国的组织或者个人进入中华人民共和国的专属经济区从事渔业活动，必须经中华人民共和国主管机关批准，并遵守中华人民共和国的法律、法规及中华人民共和国与有关国家签订的条约、协定。

中华人民共和国主管机关有权采取各种必要的养护和管理措施，确保专属经济区的生物资源不受过度开发的危害。

第6条　中华人民共和国主管机关有权对专属经济区的跨界种群、高度洄游鱼种、海洋哺乳动物、源自中华人民共和国河流的溯河产卵种群、在中华人民共和国水域内度过大部分生命周期的降河产卵鱼种，进行养护和管理。

中华人民共和国对源自本国河流的溯河产卵种群，享有主要利益。

第7条　任何国际组织、外国的组织或者个人对中华人民共和国的专属经济区和大陆架的自然资源进行勘查、开发活动或者在中华人民共和国的大陆架上为任何目的进行钻探，必须经中华人民共和国主管机关批准，并遵守中华人民共和国的法律、法规。

第8条　中华人民共和国在专属经济区和大陆架有专属权利建造并授权和管理建造、操作和使用人工岛屿、设施和结构。

中华人民共和国对专属经济区和大陆架的人工岛屿、设施和结构行使专属管辖权，包括有关海关、财政、卫生、安全和出境入境的法律和法规方面的管辖权。

中华人民共和国主管机关有权在专属经济区和大陆架的人工岛屿、设施和结构周围设置安全地带，并可以在该地带采取适当措施，确保航行安全以及人工岛屿、设施和结构的安全。

第9条　任何国际组织、外国的组织或者个人在中华人民共和国的专属经济区和大陆架进行海洋科学研究，必须经中华人民共和国主管机关批准，并遵守中华人民共和国的法律、法规。

第10条　中华人民共和国主管机关有权采取必要的措施，防止、减少和控制海洋环境的污染，保护

和保全专属经济区和大陆架的海洋环境。

第 11 条　任何国家在遵守国际法和中华人民共和国的法律、法规的前提下，在中华人民共和国的专属经济区享有航行、飞越的自由，在中华人民共和国的专属经济区和大陆架享有铺设海底电缆和管道的自由，以及与上述自由有关的其他合法使用海洋的便利。铺设海底电缆和管道的路线，必须经中华人民共和国主管机关同意。

第 12 条　中华人民共和国在行使勘查、开发、养护和管理专属经济区的生物资源的主权权利时，为确保中华人民共和国的法律、法规得到遵守，可以采取登临、检查、逮捕、扣留和进行司法程序等必要的措施。

中华人民共和国对在专属经济区和大陆架违反中华人民共和国法律、法规的行为，有权采取必要措施，依法追究法律责任，并可以行使紧追权。

第 13 条　中华人民共和国在专属经济区和大陆架享有的权利，本法未作规定的，根据国际法和中华人民共和国其他有关法律、法规行使。

第 14 条　本法的规定不影响中华人民共和国享有的历史性权利。

第 15 条　中华人民共和国政府可以根据本法制定有关规定。

第 16 条　本法自公布之日起施行。

《中华人民共和国核两用品及相关技术出口管制条例》发布施行　中华人民共和国国务院总理朱镕基于 1998 年 6 月 10 日发布第 245 号国务院令：《中华人民共和国核两用品及相关技术出口管制条例》已经 1998 年 6 月 1 日国务院第 4 次常务会议通过。现予发布施行。

《中华人民共和国核两用品及相关技术出口管制条例》全文如下：

第 1 条　为了加强对核两用品及相关技术出口的管制，防止核武器扩散，促进和平利用核能的国际合作，维护国家安全和社会公共利益，制定本条例。

第 2 条　本条例所称核两用品及相关技术出口，是指本条例附件《核两用品及相关技术出口管制清单》（以下简称《管制清单》）所列的设备、材料及相关技术的贸易性出口及对外赠送、展览、科技合作和援助。

第 3 条　国家对核两用品及相关技术出口实行严格管制，严格履行所承担的不扩散核武器的国际义务。

第 4 条　核两用品及相关技术出口，应当遵守国家有关法律、行政法规和本条例的规定，不得损害国家安全和社会公共利益。

第 5 条　国家对核两用品及相关技术出口实行许可证管理制度。

第 6 条　核两用品及相关技术出口的许可，应当遵循下列准则：

（一）接受方保证，不将中国供应的核两用品及相关技术用于核爆炸目的；

（二）接受方保证，不将中国供应的核两用品及相关技术用于未接受国际原子能机构保障监督的核设施；

（三）接受方保证，未经中国政府允许，不将中国供应的核两用品及相关技术向第 3 方转让。

第 7 条　从事核两用品及相关技术出口的出口经营者，须经对外贸易经济合作部登记。未经登记，任何单位或者个人不得经营核两用品及相关技术出口。登记的具体办法由对外贸易经济合作部规定。

第 8 条　出口《管制清单》所列的核两用品及相关技术，应当向对外贸易经济合作部提出申请，填写核两用品及相关技术出口申请表（以下简称出口申请表），并提交下列文件：

（一）申请人的法定代表人、主要经营管理人以及经办人的身份证明；

（二）合同或者协议的副本；

（三）核两用品及相关技术的技术说明；

（四）最终用户证明；

（五）本条例第 6 条规定的保证文书；

（六）对外贸易经济合作部要求提交的其他文件。

第 9 条　核两用品及相关技术出口，属于参加境外展览、中方在境外自用，并在规定期限内复运进境的，在申请时经对外贸易经济合作部审查同意，可以免予提交本条例第 8 条规定的有关文件。

第 10 条　申请人应当如实填写出口申请表。

出口申请表由对外贸易经济合作部统一印制。

第 11 条　对外贸易经济合作部应当自收到出口申请表和本条例第 8 条规定的文件之日起，会同国家原子能机构或者会同国家原子能机构商国务院有关部门，涉及外交政策的，并商外交部，进行审查并在 45 个工作日内作出许可或者不许可的决定。

第 12 条　对国家安全、社会公共利益或者外交政策有重大影响的核两用品及相关技术出口，对外贸易经济合作部应当报国务院批准。

报国务院批准的，不受本条例第 11 条规定时限的限制。

第 13 条　核两用品及相关技术出口申请经审查许可的，由对外贸易经济合作部颁发核两用品及相关技术出口许可证（以下简称出口许可证），并书面通知海关。

第 14 条　出口许可证持有人改变原申请出口的核两用品及相关技术的，应当交回原出口许可证，并依照本条例的有关规定，重新申请、领取出口许可证。

第 15 条　核两用品及相关技术出口时，出口经营者应当向海关出具出口许可证，依照海关法的规定办理海关手续，并接受海关监管。

第 16 条　接受方违反其依照本条例第 6 条规定作出的保证，或者出现核武器扩散危险时，对外贸易经济合作部经商外交部和国家原子能机构后，应当对已经颁发的出口许可证予以中止或者撤销，并书面通知海关执行。

第 17 条　经国务院批准，对外贸易经济合作部会同国务院有关部门，可以临时决定对《管制清单》以外的特定核两用品及相关技术的出口依照本条例实施管制。

前款规定的特定核两用品及相关技术的出口，应当依照本条例的规定经过许可。

第 18 条　违反本条例的规定，出口核两用品及相关技术，构成犯罪的，依法追究刑事责任；尚不构成犯罪的，依照对外贸易法、海关法的有关规定处罚。

第 19 条　伪造、变造或者买卖出口许可证的，依法追究法律责任。

第 20 条　对核两用品及相关技术出口实施管制的国家工作人员玩忽职守、徇私舞弊或者滥用职权，构成犯罪的，依法追究刑事责任；尚不构成犯罪的，依法给予行政处分。

第 21 条　对外贸易经济合作部可以会同国家原子能机构和国务院有关部门，根据实际情况对《管制清单》进行调整，报国务院批准后执行。

第 22 条　中华人民共和国缔结或者参加的国际条约同本条例有不同规定的，适用国际条约的规定；但是，中华人民共和国声明保留的条款除外。

第 23 条　本条例自发布之日起施行。

（核两用品及相关技术出口管制清单略）

中国军队和武警部队经营性企业移交工作完成　经中央关于军队武警部队和政法机关不再从事经商活动工作领导小组批准，自 1998 年 12 月 15 日起，驻京部队 10 个大单位所属经营性企业，正式由全国军队、武警部队和政法机关企业交接工作办公室接收。此前，各大军区及驻各战区部队所属企业，已按属地移交的方式完整地交给了地方政府。至此，军队和武警部队所属的经营性企业，已全部按要求与所办单位脱钩；撤销企业已全部停止经营活动，实现了党中央、江主席关于年底前军队和武警部队一律不再从事经商活动的重大决策。

自 1998 年 7 月下旬起，为确保军队和武警部队经营性企业移交工作的顺利进行，全军和武警部队各级组织高度重视、态度坚定、雷厉风行，按照中央的统一部署，做了许多扎实有效的工作。认真组织各级反复学习邓小平同志关于反腐败的重要论述、江主席的有关重要讲话、党中央和中央军委的一系列重要指示，切实做好统一思想的工作，认清党中央、江主席决策的重大意义，明确不再从事经商活动的基本原则、要求和完成任务的时限；严格按照党中央、江主席的决策精神，抽调得力人员，组成专门班子，研究起草了《军队、武警部队不再从事经商活动的实施方案》，制定下发人员安置、债权债务、房地产处理等配套政策。为使方案建立在真实可靠的基础上，各级集中力量对企业进行了全面普查，经几上几下多次核查，较准确地掌握了企业的数量、类型、从业人员、资产、债权债务、效益等基本情况。中央军委和全军不再从事经商活动工作领导小组像组织重大军事行动一样，精心组织，多次开会分析形势，下发电报提出要求，及时派出工作组了解掌握情况、发现和解决问题。四总部分工负责，密切协同。各大单位党委高度重视，军政主官亲自挂帅，靠前指挥。省军区以上单位层层成立了不再从事经商活动工作领导小组和办事机构，建立了严格的责任制，坚持昼夜值班制度，做到特事特办，急事急办，重要情况随时研究和处理。参加这项工作的同志，尤其是生产管理部门的干部，讲党性、讲奉献，夜以继日，忘我工作，做出了突出贡献。

移交工作涉及重大利益关系调整，军队和武警部队坚决服从命令、听从指挥，从维护中国改革、发展、稳定的高度，从国家和军队全面建设的高度，从保证红色江山永不变色、人民军队永不变质的高度，认清党中央、江主席决策的重大现实意义和深远历史意义，坚持局部利益服从全局利益，眼前利益服从长远利益。全军和武警部队严格按照军委的要求，尽可能把效益好、创利大的企业完完整整地交给国家。在移交企业工作的干部职工，识大体、顾大局、守纪律坚守工作岗位，自觉服从组织安排，严格遵守各项政策规定，表现了很强的政治责任感和组织纪律性。

这次企业移交，采取集中移交和分散移交相结合的办法，分别向国家有关部门和省、市、自治区政府实施移交。全军和武警各部队十分注意处理好企业移交工作中的军地关系，努力把企业移交的过程变成增进军政军民团结的过程，主动与地方协商通气，介绍情况，汇报工作，取得了地方政府的支持和理解。许多省、市、自治区的领导同志亲自研究解决企业移交中人员安置、债权债务处理等重要问题，亲自出面参加企业交接仪式，为企业顺利移交创造了有利条件。

《解放军报》1998 年 12 月 15 日就此发表评论员文章指出，军队和武警部队所属的经营性企业，应该移交的已经完整地交给了国家和地方政府，应该撤销的已经全部停止经营活动。这是继 1998 年抗洪抢险取得全面胜利之后，中国军队完成的又一项重大任务。

军队和武警部队从事经营性生产，是特定历史条件下的产物，曾对弥补经费不足，改善部队物质文化生活，安置部队干部家属就业起到了一定作用。但是，随着改革的深入和经济的发展，部队继续介入经营性商业活动，弊端很多，不仅容易分散各级领导抓部队建设和精力，容易与民争利、与地方争利，损害军政军民关系，也容易腐蚀官兵的思想，助长消极、腐败现象，从而影响军队的形象和战斗力。党中央、江主席高瞻远瞩，深谋远虑，及时作出军队和武警部队不再从事经商活动的重大决策。这个重大决策，充分体现了邓小平同志关于党的建设、军队建设的一贯思想，适应了新时期部队建设发展的客观规律，对于维护改革、发展、稳定大局，保持人民军队性质、宗旨和政治本色，保证集中精力搞好部队建设，具有十分重大而深远的意义。

按照党中央、江主席的重大决策，完成军队企业移交、撤销、保留工作，是一项严肃的政治任务。在这一事关军队建设全局的重大决策面前，广大官兵讲政治、顾大局、听招呼、守纪律，表现出很高的觉悟。广大军办企业中的干部职工在新的转折面前，自觉服从组织安排，正确对待进退去留，以积极的态度搞好企业的移交和撤销，弘扬了中国人民解放军无私奉献的优良传统。各级领导在重大利益关系调整面前，态度鲜明，行动坚决，令行禁止，严格执行中央和军委的各项规定和政策纪律，以自己的模范行动为部队作出了榜样。实践再一次充分证明，中国人民解放军任何时候都是坚决听党的话的，是能够经得起任何风浪考验的。

这次企业移交工作之所以能够顺利完成，与地方政府的大力支持和积极协助是分不开的。从中央、国家机关到各地党委和政府，为了保证军队和武警部队按时完成企业的移交、撤销任务，做了大量卓有成效的工作，创造了许多有利条件。各部队也十分注意处理好企业移交中的军地关系，使移交工作真正成为军地双方协调一致的联合行动。实践再一次证明，密切的军政军民团结，是完成一切任务的重要保证。

军队和武警部队落实“不再从事经商活动”重大决策，虽然已经取得了很大的成绩，但工作还没有做完，还有大量艰苦的工作要做。党中央要求各级领导务必保持清醒的头脑，工作不能松劲，要继续发扬雷厉风行，认真细致的精神，把这项工作抓紧、抓细、抓实、抓到底。要认真做好企业移交后的善后工作，站在对党和人民利益负责、维护军队形象和声誉的高度，积极配合地方做好“后清理、再处理”的工作。撤销企业要按照中央军委的要求，一律停业经营活动，抓紧办理工商注销登记。要加强对撤销企业经营物资、设备的管理，防止资产流失。要从严做好保留企业和有偿服务项目的规范管理。要认真总结这次企业移交、撤销、保留工作的成功经验，用来推动部队建设和改革。要教育部队对“吃皇粮”有一个正确的认识，自觉服从经济建设大局，体谅国家困难，艰苦奋斗，勤俭建军，以更加昂扬的精神状态，把部队革命化、现代化、正规化建设不断推向前进。

（习　钟）

中国驻香港部队参加香港空难搜救演习　中国人民解放军驻香港部队对外新闻发言组负责人于 1998 年 12 月 3 日发表谈话说，根据驻军法的规定，应香港特别行政区政府的邀请，并经中央人民政府批准，解放军驻港部队派遣船只参加了由特区政府有关部门组织的 1998 年度空难搜救演习。

这位负责人说，根据基本法的规定，在特殊情况下，通过驻军法规定的程序，驻港部队的船只或航空器可为香港特区的搜救单位提供必要的支援。因此驻港部队参加本年度搜救演习的目的，在于在空难发生及必要时，执行驻军法第 14 条赋予驻军的任务，有效协助香港特区政府有关部门进行救助。

据介绍，本次演习于 1998 年 12 月 1～4 日在香港特区负责的灾难救助区进行。在香港特区民航处的统筹下，解放军驻港部队参加了远程海上搜寻演习项目。

中国向联合国交存新“地雷议定书”批准书　中国常驻联合国代表秦华孙于 1998 年 11 月 4 日下午在联合国总部将中国政府对新“地雷议定书”和“禁止激光致盲武器议定书”的批准书正式交给安南秘书长，并向新闻界阐述了中国政府在地雷问题上的立场。

秦华孙说，中国政府一向重视地雷问题的人道主义关切，主张在各国正当自卫权利和安全不受减损的原则下，对地雷的使用进行适当、合理的限制，并在全球范围内杜绝地雷滥杀无辜平民的现象。中国认为，消除地雷对平民的伤害，应从两个目标入手：一是对地雷的使用进行适当、合理的限制；二是加强国际扫雷努力。

秦华孙指出，中国作为《特定常规武器公约》最早的缔约国之一，积极参加了该公约所附“地雷议定书”的修订谈判，为顺利达成新的“地雷议定书”、进一步加强对地雷的合理限制做出了重要贡献。江泽民主席于 1997 年 11 月郑重宣布，中国将继续积极支持国际扫雷努力和国际扫雷合作，包括向国际扫雷基金提供捐款，在扫雷培训、技术和设备方面提供援助。中国政府不久前批准了国际扫雷援助方案，准备向一些雷患严重的国家提供力所能及的帮助。

“地雷议定书”是 1980 年签署的《特定常规武器公约》的附件之一，对于地雷的使用作了严格的限制，联合国于 1996 年 5 月对原议定书进行了修订。1998 年 8 月 29 日，中国人大常委会批准了修改后的“地雷议定书”和公约新附加的“禁止激光致盲武器议定书”。江泽民主席于 10 月 12 日签署了批准书。

（任　明）

中美两军就海上军事安全问题举行首次年度会晤　为期两天的中美两军关于海上军事安全问题的第 1 次年度会晤于 1998 年 7 月 15 日在北京结束。双方对会晤表示满意，认为这有益于双方增加相互了解和信任，并为今后解决可能出现的海上军事安全问题打下了基础。

这是 1998 年 1 月中美两国国防部长正式签署《关于建立加强海上军事安全磋商机制协定》后，双方举行的第 1 次年度会晤，标志着《协定》的正式启动，表明双方解决海上军事安全有了新渠道。

中国人民解放军海军副参谋长赵国钧少将和美国太平洋总部战略与计划局局长海尔斯顿少将共同主持了会议。双方就与各自海上安全利益密切相关以及制约各自海上军事活动的法律制度问题深入地交换了意见。

赵国钧表示相信，作为一个磋商机制，年度会晤将不断为双方增加了解和信任，为开展友好交往与合作作出贡献。

他说，中方愿与美方共同努力，使这一交流渠道畅通无阻。

中美建立加强海上军事安全磋商机制是双方经过磋商，于 1997 年 10 月江泽民主席访美期间达成协议的。这是中美两国国防部签署的第 1 个有关军事安全磋商机制的协定，标志着中美两国、两军关系取得新的实质性进展。

会晤期间，中国人民解放军副总参谋长熊光楷中将和海军司令员石云生中将分别会见了双方与会代表。

（尚左琳）

日本加紧落实新《日美防卫合作指针》
日美两国政府 1997 年 9 月签署了新的《日美防卫合作指针》。1998 年，日本根据新指针要求采取措施加紧落实。对此，日本人民和国际社会反应强烈，特别是亚太地区各国纷纷谴责日本这一带有“军国主义倾向”的行动。日本这些行动，将对亚太地区和平与稳定产生不良的影响。日本有识之士严正指出，国会通过新防卫合作指针相关法案是一个“战争法案”，它与日本民意背道而驰，其遗患无穷。

一、落实情况

（一）制定与美联合作战计划。1998 年 1 月 20 日，日本外相小渊惠三、防卫厅长官久间章生与美国国防部长科恩召开会议，正式成立了专门机构“共同计划制定委员会”。该委员会日本方面由防卫厅参谋长联席会议和自卫队陆海空三军代表组成，美国方面由驻日美军、太平洋部队、参谋长联席会议、国防部和国务院的代表组成。参加会议的还有日美安全保障协议委员会以及日本政府有关 16 个省厅相关局局长。该委员会负责制定日“周边有事”时，美日“相互合作计划”和“日本有事”时，日美“联合作战计划”；建立美日防务合作新机制。“相互合作计划”是指日本对美国在海外发动的战争进行作战支援的合作计划，“联合作战计划”则是为了“保卫日本”而进行的美军和日本自卫队的联合作战。双方将就应付发生周边事态时对美方的支援方法和排除水雷等 40 多项日美合作事项，制定具体的实施计划。4 月 15 日，日本政府又在《美日安全保障条约》架构下设立“美日地位协定室”，妥善处理驻日美军基地问题，并在发生涉及驻日美军的事件、事故时能迅速通报，以保障《美日地位协定》的顺利实施，为《美日安全保障条约》正常运行扫除障碍，为战时美军进驻日本作了法律准备。

（二）修订与美联合作战相关法律。日本政府为了确保日美防卫合作指针的有效性，自 1998 年初以来，加紧制定与修改了与美联合作战相关法律，并在 1998 年 4 月 28 日和 1999 年 5 月 24 日先后在内阁会议和国会审议表决通过，至此，相关法案完成了所有的立法程序，修改工作基本告一段落。此次制定与修改法案有五：一是制定了限制国民基本人权的战时立法。这是一项优先考虑美军和自卫队的军事行动的法案，它从允许美军使用日本的机场和港口、到限制国民思想、信仰和集会自由等，都在这个战时立法中作出了规定。这一立法，实质是把日本从平时转入战时状态时有关战争动员法案。二是制定了《周边事态法案》。该法案规定，当日本周边有事时，政府决定的“作战计划”，只要安全保障会议和内阁会议作出决定就可以执行，可不经国会“批准”。这一法案的确立为美国把日本拉上战车开了绿灯，为日本参加美日发动的战争发放了通行证；确立这一法案，日本自卫队就可首先向美军提供物资等后方支援，也可在日本领域内外开展搜索和救助受伤的美军等人员，还可根据联合国安理会决议对海上船舶进行（临时）检查。三是通过了日本《自卫队修改法》。该法案规定为了救援在海外的本国人，日本可以动用飞机、自卫队舰艇以及舰载直升机。四是通过了《日美相互提供物资和劳务协定修改法》，将适用范围由“日美联合演习、参加联合国维持和平行动、参加人道主义的国际救援活动”扩大到“可对周边发生不测事态进行后方支援”，提供的相关项目由15项扩大到40多项，其中包括补给、运输、维修保养、医疗、通信，提供机场和港湾等。五是修改了自卫队参加联合国维持和平行动合作法规定。首先，规定自卫队成员在参加维和行动时，可依据上级命令拥有使用武器的权力；其二，只要有国际机构的参与，即使有关方面没有达成停战协议，也可以提供人道主义的物资援助；其三，也可以参加联合国以外国际机构实施的选举监视活动。这一法案的通过，不仅减轻了自卫队员的心理负担，同时也为日本向海外派兵和动用武器扫清了道路。

（三）与美联合研制“战区导弹防御系统”。1998年2月，美日就联合进行战区导弹防御系统技术研究问题达成了基本协议。该系统是一种综合性武器系统的统称，它主要由陆基导弹防御系统，海基导弹防御系统和机载导弹防御系统组成，具有目标搜索、信息传递、指令分析和拦截武器等多种能力。它包括了低层防御、高层防御和外层空间防御3个方面。据美方称，该系统主要针对拥有弹道导弹的地区强国和所谓“无赖国家”，主要用来保护美国本土以外一个战区免遭近程、中程、或远程弹道导弹的袭击。

1998年8月31日朝鲜发射了一颗人造卫星之后，美日则坚持认为朝鲜发射的是“大浦洞”1号导弹，并称要采取相应对策。9月初，美助理国防部长帮办坎贝尔匆匆前往日本，商讨有关措施。9月中下旬，美日外交和国防最高官员集中于纽约，进一步磋商有关事宜，并发表声明公开宣称美日将共同研制战区导弹防御系统。9月22日日本新任防卫厅长官额贺福志郎在华盛顿向美国防部长科恩表示，日本在美日共同研制的“战区导弹防御系统构想”中将主要研究由海上发射的拦截导弹，以便在大气层外击落来袭导弹。为此，日本已将研究发展范围集中在迎击导弹的鼻锥体、动能弹头、红外线追踪装置、作为导弹助推器的火箭发动装置等4个项目上。日本防卫厅估算在今后5年内将需要大约200亿日元的经费，计划在1999财政年度大幅度增加“战区导弹防御系统”项目的预算，该项目由美日两国共同开发，日本计划下一财年新增预算3400万美无，将比1998财年（54.8万美元）增加62倍。

（四）日美加强情报合作。在朝鲜1998年8月31日发射了“卫星”之后，日政府和自民党急忙在9月7日召开了专门会议，认为日本当前的情报搜集应走出由美国全面控制的机制，建立自己的情报搜集机制，形成24小时监视控制系统。一是发射自己的侦察卫星。日本政府内阁决定，日本将在2002年发射4颗侦察卫星，以加强日本搜集情报的能力，并同意1998年度第3次补充预算为此拨款17.32亿日元，1999年度预算为此拨款112.52亿日元。二是进一步完善对中国的情报搜集机制。防卫厅决定从2000年度开始增加驻华武官的定员，除了原有的2名陆上和航空自卫队自卫官之外，新增加1名海上自卫队的自卫官，从而形成陆海空三军情报搜集机制；日本驻华使馆计划从1999年度开始配备1名情报事务官职员。这将使中国成为日本继美国、俄罗斯、韩国之后又一个派遣武官在3人以上的国家。此外，日美两国还于9月12日在美国国防部举行了安全高级事务级磋商。在磋商中，美方表示，“如果日本决定拥有自己的侦察卫星，美国将提供合作”。美国还表示即使日本拥有了侦察卫星，美国也“继续向日本提供卫星情报”。

（五）加强与亚洲各国安全对话。1998年初以来，日本积极开展同中国、俄罗斯以及亚洲其他各国的安全对话和防卫交流，以此来建立日、美、中、俄安保对话框架和东南亚安保对话框架。据日本《读卖新闻》称，日本此举目的有三：一是希望能与周边大国和地区主要国家，建立相互间的信任关系；二是消除中国和俄罗斯等国家的担心；三是为了在日美关系上和在东盟地区论坛上掌握主导权。

二、落实新防卫指针所带来的变化

由于以上5项措施逐一具体落实，日美安全保障体制将发生质的变化。这种变化不仅使日美同盟关系得到进一步强化，而且日本自卫队作用也发生了实质性的变化。主要表现在：

第一，日美防务关系发生了变化。此前日美之间主要是美国支援日本作战，日本处于一种被支援的地位。而现在则变成了日本支援美国作战，日本被美国拉上了战争道路，防务上处于一种积极态度，日本自卫队性质发生了变化，成为美国在亚太地区推行战争的工具。

第二，日美合作区域范围扩大了。将以前的只局限于日本地区的作战支援扩大到了亚洲甚至是世界范围内的后方支援，使日美防卫合作界线被日美搞得难以说清了。日美联合作战由以往的日本本土及其附近海域扩大到“日本周边地区”。据日本自民党小泽一郎 1999 年 1 月 14 日在会见记者时解释说，所谓“周边事态”范围包括俄罗斯、朝鲜半岛、中国大陆及中国台湾。小泽的解释赤裸裸的道破了日本政府关于“周边事态”概念的说教是骗人的鬼话，是不可信任的。从此，日本自卫队作战范围由日本本土扩大到海外地区。

第三，日美防卫重点发生了变化。由以往主要对付前苏联发动的全面战争、或由此而引起的东北亚战争转变为主要对付朝鲜、中国、俄罗斯等地区性“多元威胁”。日本防务战略由防御型扩大为攻防兼备型，日本行动突破了日本现行“宪法”规定的禁区。

第四，日本自卫队使用武器规定发生了变化。日本自卫队参加联合国维和行动，以往规定不准使用武器，这次修改为“经上级批准，可以使用武器”。特别值得提出的是，日本除可参与联合国维和行动外，还可根据周边事态法案规定，派出自卫队使用重型武器应战。这就不能排队随着战斗的升级而发展成为战争 的可能性。这一法案的确立，为日本参与战争扩大使用武器范围开了绿灯，其遗患无穷。

日本政府上述行动是与日本民意背道而驰的，是违背中日人民要“世世代代友好下去意愿的”，是一种危险行动。

（温味几、黄　磊）

日本反动电影《自尊》受到国际舆论的严厉批判　日本电影《自尊——命运的瞬间》（以下简称为“自尊”）从 1998 年 5 月 23 日起正式在日本 150 家影院上映。这是一部为二次大战的甲级战犯东条英机鸣冤叫屈、歌功颂德的反动影片。该片在正式上映前后受到了国际舆论的强烈谴责和严厉批判。

1998 年 5 月 22 日上午，中国南京大屠杀史研究会的专家和部分南京大屠杀幸存者，在南京江东门纪念馆举行座谈会，驳斥在日本上映的反动影片《自尊》。由日本右翼势力精心炮制、耗资 15 亿日元拍摄的这部影片，歪曲历史、美化侵略，公然为二战中日本头号甲级战犯东条英机翻案，极力否认南京大屠杀等日本侵略战争史实。南京大屠杀史研究会副会长、南京江东门纪念馆馆长朱成山说，《自尊》电影中，煞费苦心地编造了否定南京大屠杀的片断。他说，影片在再现东京国际法庭审判时，出现的证人均确有其人，他们是南京美国圣公会牧师约翰·马吉，南京鼓楼医院美国医生罗伯特·威尔逊，南京鼓楼医院美国医生罗伯特·威尔逊，南京红十字会副会长许传音等，只是编导者别有用心地将他们的证言进行加工整理，并将证人塑造成嗫嚅怯弱的形象，历史的铁证即成了“传闻”。事实是，这些南京大屠杀的见证人当年是亲身经历、亲眼目睹了日军的暴行。已出版的《马吉日记》、《威尔逊日记》中描述的受害者李秀英、夏淑琴的遭遇，与现仍幸存的李秀英、夏淑琴本人的经历完全一致。已 80 高龄的南京大屠杀幸存者李秀英指着脸上的伤疤说：“我就是历史的见证。”1937 年 12 月 19 日，怀有身孕的李秀英不堪日军欺侮，被惨无人道的日本兵戳了 30 多刀，遍体鳞伤地昏死过去，后经威尔逊医生救治，才得以生还，胎儿却没有保住。南京大学历史系高兴祖教授、江苏省社科院孙宅巍研究员等专家在座谈中指出，反动影片《自尊》颠倒黑白，篡改历史，处心积虑为侵略战争翻案，企图为重新复活的日本军国主义鸣锣开道，这种倒行逆施必将遭到世人的唾弃。

5 月 23 日，辽宁一些中国近、现代史专家、教授和抗日老战士举行座谈会，严厉批判日本反动影片《自尊》。辽宁大学教授邢安臣列举一系列翔实的资料，指出反动影片《自尊》多处严重颠倒黑白、篡改历史。他说，最近沈阳发现日军侵华“写真帖”，这本由日本海军省 1940 年编印的图片集，主要是日军为了炫耀其武功而制作的，没想到却为其侵华罪行留下又一份铁证。著名抗战电影《地雷战》中主人公的原型王宴，原辽宁人民出版社总编辑、曾是东北“抗联”战士的刘丹华，原辽宁省委宣传部副部长、曾是华中新四军战士的刘继良等同志都用具体事实，批判日本军国主义者惨无人道的行径。在伪满时期参加过抗战的杨大群回忆说，从 1931 年 9 月 18 日起，日本关东军在沈阳连续 3 天进行大屠杀。从沈阳南站一路上砍杀到城里大南门，从北大营杀进城里，有的日本兵甚至砍崩了几把刀。

与会的专家和老战士们一致认为：这部电影并不是一个孤立的事件，联系到日本右翼势力近期的一些活动，谁都清楚这部电影是为其特定的政治意图服务的。中国和亚洲其他各国爱好和平的人们不能不予以高度重视。

日本《时报》1998 年 5 月 11 日发表社论，对反动电影《自尊》进行了严厉的批判，并郑重指出，日本出现这样的电影是一个极其危险的信号。社论说，远东国际军事法庭对日本甲级战犯的审理及判决反映了世界广大爱好和平的人们的心声，是对日本军国主义分子的打击。社论指出，对东条英机等军国主义分子的判决和定论，已经没有争辩的余地。但是在日本国内，有一部分极端的右翼分子不愿意承认这样一个事实，并处心积虑地想加以推翻。4 月底，日本摄制完成的《自尊》，就是一部替东条英机歌功颂德的电影，其意图明显是要为东条英机翻案。社论说，据影片的制作人称，这部耗资 15 亿日元的电影，是要扭转人们对东条英机军国主义侵略者的印象，并展现东条英机在远东国际军事法庭上为尊严而进行的斗争，以此唤醒日本人的自信。社论指出，历史就是历史，要靠15亿日元去改写历史，显然是可笑的。社论在分析这部颠倒黑白的电影出笼的背景时说，1998年刚好是远东国际军事法庭处决东条英机50周年，日本的右翼势力试图利用这一时机为军国主义分子招魂，以此搅乱视听。社论说，从目前日本政治、经济形势来看，推出这部影片还有着更深层的社会因素。日本出现为军国主义分子歌功颂德的影片是个极其危险的信号。

日中友好协会18日发表声明说，电影《自尊》把日本国民中极少数人的主张拍成电影，否认过去在亚洲进行的那场战争是从日本侵略中国开始的事实，强调“是自卫的战争”，这是歪曲历史，是践踏日中联合声明和日中和平友好条约精神，严重违反战后50周年之际村山首相表明的政府立场，决不能容忍。日本国际贸易促进协会报纸《国际贸易》19日发表评论指出，这部电影公开上映，将导致亚洲国家失去对日本的信任，有损面向21世纪相互建立信赖关系，将唤起亚洲国家人们对过去的痛苦回忆。日中友好协会、日中友好会馆19日发表声明表示，电影《自尊》歪曲过去在亚洲进行战争的历史，违反日中联合声明和日中和平友好条约，对此深表遗憾。

日本舆论和一些民间团体5月19日继续发表文章和谈话，批判美化甲级战犯东条英机的影片《自尊》。《朝日新闻》刊登的署名文章指出。《自尊》是一部美化战争、彻底否定史实的影片。该片鼓吹日本发动的太平洋战争是“自卫战争”，这是没有说服力的。日本在这之前已经向亚洲各国派出了数百万军队，残杀了无数平民百姓。《赤旗报》的文章说，《自尊》歪曲史实、否定南京大屠杀、诋毁审判日本战犯的东京审判是有明确的政治意图的，应坚决反对，彻底批判。日中友好协会发表声明指出，《自尊》否定了日本过去在亚洲进行的战争始于侵略中国的史实，胡说日本发动的战争是“自卫战争”。该片否认了旧金山和约，践踏了日中联合声明和日中和平友好条约的精神，也严重违反了日本前首相村山富市在战后50周年发表的谈话中所表明的立场，这是绝不能允许的。

日中文化交流协会代表理事尾崎秀树20日发表谈话指出，电影《自尊》的制作意图明显是美化日本的侵略战争。尾崎秀树说，歪曲历史的电影《自尊》即将公开上映。二战结束过去50多年，为了让21世纪成为和平的时代，必须让下一代正确汲取历史教训，与亚洲近邻和世界各国构筑信赖关系，在此之际竟制作这样的电影，不能容忍。如今日本国内经济长期萧条，社会整体处于无力状态。国际关系方面，日美防卫合作新指针引起被害国家的不安，日本国际信誉大幅下降。现在的日本存在复活军国主义的土壤。在此时期公开上映这一影片，只会使日本进一步失信于亚洲各国，严重违反日中联合声明和日中和平友好条约。现在需要的是，重温历史教训并让下一代汲取。

美国《达拉斯晨报》1998年5月10日刊文，批评日本最近上映的影片《自尊》歪曲历史事实，定将激起邻国人民的愤怒。文章说，将于5月23日首次公演的这部电影，不仅把东条英机描绘成为一个高尚的人，而且试图表明日本在侵略邻国和进攻珍珠港时并无任何错误。文章引用日本作家山田和夫的话说，“这部影片把东条英机美化成为一个英雄，而不是战犯，这是对历史事实的极大歪曲。”文章说，山田和夫等对该部影片在日本年轻一代中产生的影响表示忧虑。许多30岁以下的日本人都说从未听说过东条英机这个人。日本电影和戏曲工会总会的总干事长高桥国男对影片感到震惊，并说，“这部电影的目的就是否认日本在二战间侵略他国这一史实。我们要把事实公布于众，以使人们知道这不是历史真相。”文章引用曾参与侵华战争的一个日本老兵的话说，“这是一场错误的侵略战争，东条英机把日本拖入了战争，他应为此负责。”文章说，以东条英机为首的日本军国主义者把他们对邻国的侵略说成是驱逐西方殖民主义者、建立“大东亚共荣圈”的高尚之举。日本教科书仍然对战争的责任问题避而不谈。其结果是，这一代日本人对他们国家在二战中的行为毫无所知。文章指出，日本在战争年代的所作所为及其拒绝对残暴行为表示道歉将继续使其无法真正改善与中、韩等邻国的关系。

泰国《亚洲日报》5月14日发表题为《日本极右分子的丑行》的社论，强调日本极右分子若要一意孤行，必将再次受到历史的惩罚。社论说，这部影片《自尊》于5月9日在日本记者俱乐部试映后，立即引起日本国内外的强烈指责和抨击。这部公然美化日本头号甲级战犯东条英机，为日本军国主义招魂的丑恶影片，明目张胆地为甲级战犯东条英机翻案，否认日本侵略战争史实，并极力鼓吹日本发动的太平洋战争是“民族解放之威”。社论说，日本在经济上崛起后，国内的右翼思想也随之泛滥，国粹主义逐渐抬头。近些年来，日本极右派人士一再扬言日本理所应当成为政治大国。这种极富诱惑力和鼓动性的口号，无形中使一些日本人对本国的历史前科采取鸵鸟政策而不去正视，自然也就无视亚洲其他国家人民在二战遭受的巨大灾难。社论最后说《自尊》电影赤裸裸地表明日本军国主义者的蠢蠢欲动。全世界有正义感及爱好和平的人士的眼光，正在注视这个无耻企图的发展和遭遇。毫无疑问，日本极右分子若要一意孤行，必将再次受到历史的惩罚。

新加坡《联合早报》5月14日发表署名文章指出，日本反动影片《自尊》是在为军国主义招魂，妄图颠倒历史黑白。文章指出，这部耗资15亿日元、为日本甲级战犯东条英机歌功颂德的影片“明显是要将圆的地球说成是方的。”文章说，历史就是历史。要靠15亿日元去改写历史显然是可笑的。人们有足够的历史资料来证明这部影片的虚假性。文章说，1998年正是远东国际军事法庭处决东条英机等7名战犯50周年。很明显，日本的右翼势力是妄图利用这一时机为日本军国主义分子招魂，以此掩盖历史的真面目。新加坡晚报《新民日报》日前也刊登了一篇批判电影《自尊》的署名文章，文章说，美化甲级战犯东条英机的电影引起了爱好和平的亚洲人士的深切关注。

马来西亚主要报纸《星洲日报》在5月24日发表的署名文章中指出，日本影片《自尊》是一部“颠倒黑白”、“掩盖历史真实面目”的影片，旨在复活军国主义。这篇题为《为何要把地球说成是方的?》的文章说，影片《自尊》企图把二战甲级战犯东条英机美化成为维护“国家尊严”的“斗士”，公然为军国主义招魂。文章强调指出，对东条英机等军国主义分子的判决和定论是“无可争辩的”。这如同“地球是圆的”一样成为无可辩驳的事实。

（陈宽虎）

日本东京高等法院宣判东史郎败诉引起强烈反响 1998年12月22日，日本东京高等法院继东京地方法院之后，再次判定如实记述当年侵华日军南京大屠杀的原日军士兵东史郎败诉。这起东史郎诉讼案有着极其特殊和深刻的背景。

现年86岁的东史郎年轻时作为一名侵华日军的士兵，曾于1937年参加过进攻南京的作战。他在《阵中日记》里记述了自己亲历和目睹的日军种种惨绝人寰的暴行，其中包括当时的日军士兵桥本光治虐杀一个无辜中国人的行径。1987年7月6日，东史郎在京都举行记者招待会，将封存了40年的从军日记公诸于世，揭露南京大屠杀真相。随后他又以《阵中日记》为蓝本，撰写了《我们的南京步兵队——一个召集兵的南京大屠杀体验》（以下简称“我们的南京步兵队”）一书。

1993年4月15日，日本右翼势力指使桥本光治以“《我们的南京步兵队》一书中关于其虐杀一个中国人的记载不符合事实”为名起诉东史郎。1996年4月26日，东京地方法院以东史郎在书中记述“没有客观依据”、“损害了原告的名誉”为由判东史郎败诉，向原告支付50万日元名誉赔偿费。对于这种不公正的判决，东史郎不服，随即向东京高等法院提起上诉。

1996年9月26日，东京高等法院开庭审理东史郎上诉案。经过12次开庭调查和辩论，1998年9月8日东京高等法院宣布：法院调查结束，将于1998年11月26日进行终审判决。但东京高等法院11月7日突然通知东史郎，终审判决推迟到12月22日。东史郎询问理由，回答是“准备判决文书需要充分的时间”。东史郎认为这是托词，真正原因是东京高等法院因判决不公正而心虚，有意避开在中国江泽民主席访日期间宣判。

12月22日，东京高等法院审判长匆匆宣布：“被推认为不存在日记中所描述的那样残虐行为，”驳回被告东史郎上诉，东史郎以及出版《我们的南京步兵队》的青木书店和编辑下里正树全面败诉。宣判瞬间结束，在场的东史郎及其支持者一时都为之愕然。

尽管东史郎诉讼案支援会事务局长山内小夜子和辩护团团长中北龙太郎等在上诉的两年多时间里，搜集并提交了确凿的证据，而东京高等法院对此竟不屑一顾。东史郎听到自己再次败诉的宣判，陷入沉默和痛楚之中。旁听席上的中国记者和留学生们都义愤填膺，共同的感觉是法律的尊严在这里荡然无存！

东京高等法院二审判决一结束，桥本光治一方就迫不及待地举行记者招待会，会场正面悬挂起一条大横幅：“南京大屠杀虚构”，“审判胜诉”。中国记者质问原告律师高池胜彦：且不说二审判决如何不公正，单就这次判决仅仅是涉及南京大屠杀期间一起虐杀暴行是否属实，何以断言法院已经判定南京大屠杀事件是“虚构”的？高池胜彦无言以对。

这次诉讼案及其结果的真正目的是什么？策划这起东史郎诉讼案的核心人物之一、评论家板仓由明早在1993年5月17日的《星期一评论》上就已作出了招供：“这次诉讼不仅要恢复桥本的个人名誉，而且要以此为突破口，要证明所谓的‘南京大屠杀’也是虚构的。”

在二审期间，他们多次以原告补充证据为名，向法庭书面提出东史郎《阵中日记》中关于侵华日军在南京一次集体屠杀7000多名中国军俘虏和残害妇女、儿童的记载也是捏造的；当年南京发生的放火、屠杀等暴行都是中国军队所为；日本出兵中国不是侵略，而是要把中国人民从英美殖民统治下解放出来，等等，完全是一副为当年日本军国主义侵略扩张罪行辩护的腔调。

二审判决后，东史郎也举行了记者招待会，在会上，东史郎举起一张纸，上面写着 8 个大字：“审判不公，天理难容！”以示严正抗议。他感慨地说：“当年日本在战场上打了败仗，如今日本法院在道义上又打了败仗！我要继续为维护日本侵华历史的真实性而斗争！”

东史郎诉讼案支援会和辩护团代表东史郎发表《严正声明》。声明指出：“22 日，东京高等法院继 3 年前东京地方法院之后，又置国际上已有定论的历史事实于不顾，作出了不公正的判决。东史郎日记的真实性，通过此案的审理，已经一目了然。东京高等法院的判决从根本上践踏了历史的尊严。”

“这一诉讼案的原告方，企图借助法庭来恫吓日本侵华历史的见证人，阻碍他们揭露南京大屠杀真相，蓄谋将南京大屠杀‘虚构化’。他们甚至宣称当年南京发生的放火、屠杀等暴行都是中国军队所为。这完全是对历史事实的篡改。”

“我们对于东京高等法院在‘南京大屠杀虚构派’的压力下，作出这样极端政治化的判决表示极大的愤慨。我们决不接受这样的判决。我们要立即向最高法院上诉，并将继续向世人公布东史郎日记和南京大屠杀真相。我们期待着符合历史事实的审判。”

当天晚上 6 时 30 分，东史郎诉讼案支援会在东京举行报告会，100 多名支持者参加。在会上，评论家津田道夫作了主题讲演。他指出，东史郎诉讼案之所以会连续出现错判，其根源是日本目前还不敢正视和承担侵华罪责，因此，东史郎的败诉决不是偶然的，这一诉讼案的特殊性在于，表面上是两个日本老兵为了论证一起 60 年前虐杀中国人的暴行而对簿公堂，实质则是日本正义力量与企图推卸罪责的日本右翼势力的一次短兵相接。原告方的用心是妄图把“南京大屠杀是虚构的”这一荒谬的历史观让法院代表国家予以承认。而这次判定原告方胜诉，就是蓄意助长右翼势力的嚣张气焰。与会者纷纷表示，历史不容篡改，罪责不容逃避！主持正义的日本人民一定要支持东史郎，同右翼势力斗争到底！

东京高等法院不顾历史事实宣判东史郎败诉后，中国外交部发言人朱邦造在 24 日的记者招待会上对此表示惊讶和遗憾。他说：“日本军国主义过去发动的那场侵华战争给中国人民带来了深重灾难，惨绝人寰的‘南京大屠杀’就是日军侵华战争期间犯下的滔天罪行之一。这一历史事实铁证如山。任何企图否认这一史实的行径都是徒劳的，必将遭到包括日本人民在内的所有主持正义的人们的强烈谴责。我们要求日本方面以实际行动正视历史，尊重史实，以史为鉴，防止历史悲剧重演。”

12 月 24 日上午，辽宁部分群众在沈阳聚会，抗议日本东京高等法院判决东史郎败诉。30 多名抗联老战士、史学家、二战受害者及其家属愤怒抨击东京高等法院违背历史的不公正判决。聚会人员强烈抗议东京高等法院的判决颠倒历史，意在全盘否认“南京大屠杀”。他们表示将支持东史郎向最高法院上诉，并不断地揭露日军的侵华罪行。日本“731”细菌部队受害者家属王亦兵曾多次到日本法院控诉日军罪行，他说：“东京高等法院判决东史郎败诉是一个信号。否定了‘南京大屠杀’，也会否定‘731’细菌战，以及杀光、烧光、抢光等侵略行径。这是对中华民族尊严和感情的严重伤害，我们决不答应。”

天津收藏家陈继揆从自己收藏的历史地图中，为刚刚被日本法院判为东史郎败诉的“东史郎日记案”查出证据，证明日军南京大屠杀时，南京高等法院门前确有水坑存在。东史郎在日记里有这样一段记载：在南京高等法院门前“原上官即桥本，向被装进邮局用的麻袋中的中国人浇上汽油，捆上手榴弹，点着扔进水里”。东京高等法院认为，当时的南京高等法院门前不存在水坑。水坑存在与否成为此案的焦点之一。曾任天津师范大学历史系主任的陈继揆，从自己收藏的上千张地图中，找到了一张 1935 年 9 月由武昌亚新地学社发行的“新南京市实测详图”。从这张比例尺为 1∶1.8 万的地图中可以看出，南京市高等法院门前有三个大小不等的水坑，大约分别为 2200 平方米、1500 平方米和 800 平方米。这三个水坑距高等法院最近点 100 米左右，最远点 300 米左右。55 岁的南京罐头食品厂工人王昌永、76 岁的南京医科大学退休人员胡介堂也将自己珍藏多年的解放前南京地图，捐献给侵华日军南京大屠杀 遇难同胞纪念馆，以证明东史郎日记的真实性。

几乎在东史郎日记案败诉的同时，南京市有关部门宣布在国内发现并证实了侵华日军的新罪证：细菌战部队试验受害者遗骨。这是在南京市北京东路一建筑工地上挖掘出的 29 个头骨及一具被肢解的遗骨。经解放军军事医学科学院、南京市公安局刑事科学技术研究所、南京多所院校专家历时 3 个月全面、科学的检测鉴定，证实遗骨含有霍乱弧菌肠毒素基因，一致认定这批遗骨为侵华日军“荣”1644 部队细菌试验受害者遗骨，为揭露侵华日军细菌战部队的暴行增添了有力证据。

东史郎日记案败诉后，南京大屠杀遇难同胞纪念馆人头攒动，各界人士在此声讨侵华日军犯下的滔天罪行，对至今顽固不化的日本右翼势力进行强烈谴责。一些大屠杀的幸存者纷纷以亲身经历，揭穿日本右翼分子的无耻谎言。

日本铭心会访华团团长松冈环女士在江东门南京大屠杀遇难同胞纪念馆接受记者采访时表示："我们支持东史郎向东京最高法院上诉，让我们永远珍惜和平。"

（韦 肖）

朝鲜半岛形势喜中有忧 1998年，朝鲜半岛形势喜忧参半。韩国和朝鲜新政府的相继成立为两国加强对话与交流提供了新的契机；4方会谈取得了一定的进展；朝美核框架协议度过了"费用"危机；双方就地下设施核查问题达成了初步协议。但是，由于朝鲜半岛"停战体制"犹存，冷战阴云未消，年内对立双方时有摩擦，给和平带来了一定的威胁。朝鲜半岛形势仍潜伏着危机，全面改善尚需时日。

一、朝鲜半岛形势有了一定的缓和

（一）"4方会谈"取得一定进展。朝鲜半岛问题4方会谈继1997年12月9～10日举行首次会谈之后，1998年以来，又举行了3次正式会谈，并取得了一些实质性的进展。其中，第2次4方会谈于1998年3月16～21日举行。本次会谈是4方会谈从程序问题转入实质阶段的第1次会谈，再次确认了4方会谈的重要性及其建立半岛和平机制、实现永久和平的必要性，使人们对任重道远的4方会谈开始有了信心。第3次会谈于1998年10月21～24日举行，本次会谈就"建立半岛和平机制和缓和半岛紧张局势"两个工作小组达成了协议。协议规定，以后4方会谈每次正式会谈前都将举行小组会议。这两个工作小组会议协议的达成为解决会谈的组织形式问题和进入实质问题的讨论奠定了基础。第4次会谈于1999年1月18～22日举行。本次会议成功启动了两个工作组，各方就工作小组工作程序问题进行了坦诚、认真的协商，并达成了共识，从而为工作小组今后深入讨论实质性问题做好了必要的准备。这是4方会谈过程中具有重要意义的一步。

（二）核框架协议度过了"费用"危机。根据1994年美朝达成的核框架协议，朝鲜冻结核开发计划后，在2003年之前朝鲜半岛能源开发组织将向朝提供两座轻水反应堆，而在此之前美国每年向朝提供50万吨重油作为替代能源。1997年8月19日，朝鲜轻水反应堆正式开工，标志着朝美核框架协议取得了实质性进展。但是，朝鲜半岛能源开发组织在近60亿美元的轻水反应堆建设资金分摊问题上迟迟达不成协议，导致了轻水反应堆建设的一再延缓；而美国也由于国会阻挠拨款，没能按时向朝提供重油。在朝鲜多次敦促美国及朝鲜半岛能源开发组织履行核框架协议所规定的义务的情况下，朝美于1998年8月21日～9月5日就履行核框架协议问题在纽约举行了高级会谈，美国方面再次重申了美朝核框架协议中自己应履行的义务，答应在9月下旬开始向朝鲜提供重油，到年底交付完毕；从11月开始正式着手轻水反应堆建设。与此同时，韩国外交通商部8月25日发表谈话说，美、日、韩、欧盟将签署分摊朝鲜轻水反应堆费用协议。据称，韩国拟分担70%费用，约46亿美元；日本拟分担10亿美元；美国拟分担剩余的费用。

（三）朝韩恢复直接对话。（1）朝鲜发出缓和信号，韩国推行"阳光政策"。1998年3月，朝鲜各政党和社会团体联合呼吁进行新的北南对话。《劳动新闻》指出，意识形态分歧不应妨碍统一大业。4月16日，金正日强调，必须改善北南关系，实现民族统一大业，北、南方以及海外朝鲜人应该实现互访，保持接触，增强对话，加强团结。3月3日，朝宣布对韩民航开放领空。3月27日，朝红十字会接受韩转交的离散家属名单，并设立了离散家属联络机构。4月4日、6日，朝两次建议举行北南副部长级会谈，以讨论化肥援助问题。6月10日，朝提议北南双方共同在板门店举行"8.15民族和解、团结、统一大庆典。"1999年2月3日，朝鲜通过板门店转交了致韩国政府、各政党、团体及各界人士的公开信，提议北南双方于1999年下半年举行南北高级政治会谈。朝鲜还建议把1999年定为"民族自主大团结年"，诚实履行自主、和平统一和民族大团结的祖国统一3大原则，举行包括政府对话在内的北南间的广泛对话。这是朝鲜自1994年以来首次提出举行北南高级政治会谈。韩国方面，金大中上台伊始便开始对北方实行"阳光政策"（即"和睦"政策之意）。他在就职演说中称，希望尽早结束冷战状态，以1991年南北基本协议书为基础，重开对话，必要时举行南北高级会谈，尽快实现离散家属重逢；在"政经分离"的原则下，促进南北经济、文化、学术交流，并明确南北关系3原则："不对南方武装挑衅，不对北方实行吸收统一，实现南北和解与合作"。他上台后即放宽和撤销了对韩企业在朝投资的限制。3月9日，韩政府宣布通过世界粮食计划组织向朝提供5万吨粮援。

（2）官方对话恢复，民间交流活跃。在双方互动下，朝、韩关于化肥援助的副部长级会谈于4月11日如期在北京举行。这是南北双方自1994年以来首次政府级对话。由于双方对于化肥援助是否与离散家属问题挂钩存在严重分歧，历经两轮7天的会谈未取得任何进展。但是，由于双方都坚持"政经分离"的原则，民间交流的大门并未关闭。其后，韩国"小天使"艺术团成功访朝，南北经济、教育、宗教和舆论界同行间的交流日见活跃，打破了南北交往多年的沉寂。令人注目的是，韩国现代集团名誉会长郑周永4

次入朝，先后带去了1000头牛和100辆汽车，还与朝就共同开发金刚山旅游资源等9个经济合作项目达成了协议，金刚山旅游项目现已顺利付诸实施。郑一行还受到金正日总书记接见，成为朝鲜半岛南北经济交流合作的佳话。

（四）朝美对话取得一定效果。朝美关系一直是影响朝鲜半岛安全的关键因素之一。自1994年朝美签署核框架协议以来，两国关系一直朝着对话和务实的方向发展。1998年，朝美两国就缓和美国对朝经济制裁、互设联络处、导弹谈判、寻找美军遗骸以及对朝粮食援助等问题进行了磋商，取得了一定效果。6月23日，美朝在板门店恢复了中断7年之久的将官级会谈，并连续举行了3次会谈，双方决定为缓和朝鲜半岛紧张局势进一步加强对话。8月21日～9月5日，朝美就核问题举行了高级会谈。美国重申将认真履行朝美核框架协议，会谈还就恢复导弹谈判等问题达成协议。10月1日，美朝导弹谈判在中断一年之后在纽约恢复举行。从10月份开始，朝美就核查金昌里地下可疑设施先后在两国首都、纽约和日内瓦进行了多轮会谈，最终于1999年3月16日达成了初步协议。朝同意将“邀请美代表团于1999年5月访问金昌里，并允许以后进行多次访问”；美则表示“决定采取步骤，改善两国的政治和经济关系”。1998年，朝美还在挖掘美军遗骸问题上进行了积极的合作，4月中旬～11月，朝美联合进行了5次挖掘工作，朝向美移交了22具美军遗骸。

二、朝鲜半岛形势仍然潜伏着危机

1998年，在国际社会和有关各方的积极努力下，朝鲜半岛的安全形势虽然有了较大的改善，朝与美韩政治外交对话也有所加强。但在军事领域，军事对峙依旧，双方仍视对方为“死敌”，继续进行备战，美韩还拟订了对朝鲜作战计划。

（一）美韩一直视朝鲜为地区安全的不稳定因素。美国不断在核问题及导弹问题方面抛出“朝鲜威胁论”。1998年8月31日，朝鲜发射卫星后，美说“朝发射的是导弹”，对朝鲜的导弹威胁大肆渲染，认为朝鲜的导弹已经威胁到了美在太平洋的补给基地，甚至称朝鲜的导弹可以打到美国的阿拉斯加，并以此为借口，极力拉日韩两国加入美国的战区导弹防御计划。同时，美国情报部门还向国际社会透露朝正在金昌里修建大型地下核设施，准备恢复核计划，并坚持对金昌里进行核查。韩国国防部在年度执行计划中称：朝目前仍对韩国构成了强大的军事威胁。作为回应，金正日特别重视在军队内部及社会上加强反美教育。每次视察部队都指示“要认清美帝国主义及其傀儡（韩国）企图扼杀社会主义朝鲜的阴谋”，“随时准备消灭来犯之敌。”朝鲜非常警惕美日韩3方之间的军事合作，多次抨击美日正在落实的日美防卫合作指针，谴责美日韩进一步加强军事同盟，意在建立矛头直指朝鲜的“亚洲版北约，并极力宣扬朝鲜正面临着美国的核打击”。朝鲜中央通讯社对美韩拟定的“5027”作战计划，进行了详细的报道，在朝鲜国内引起了强烈的反响。12月2日，朝鲜人民军总参谋部声明“朝鲜人民军将以歼灭性打击来回击美韩的挑战”，12月4日，朝鲜平壤市10万群众聚集金日成广场表示坚决声援朝军总参谋部的声明。

（二）双方继续举行以对方为假想敌演习。驻韩美军保持着不间断的对朝侦察，每天派出飞机沿三八线对朝纵深地区进行空中摄影和电子侦察。据朝方反映，仅1998年3月份，美军便派出了包括E－3预警机和RC－135侦察机在内先进飞机对朝进行了200余次的空中侦察，大大高于往年。韩军前沿部队频繁举行针对朝鲜的军事演习。1998年，韩军和驻韩美军举行各种规模演习多达40余次，韩美还举行了以朝鲜为假想敌的“乙支·焦点透镜”等大型联合军事演习。美韩还于1998年抛出了拟定已久的对朝“5027”作战计划，遭到了朝鲜的强烈谴责。美韩还准备从1999年开始在“联合训练”中按照“5027”作战计划实施训练。朝称，“美韩联合训练”实际上是业已中止的美韩“协作精神”大型联合演习的翻版。针对韩国的军事演习，1998年3月12日，朝鲜宣布全国进入战时紧急动员状态，不仅对正规武装力量，而且对国民经济及社会生活所有领域实施战时机制。朝称，此次在全国范围内实施军事演习，是因为朝正面临着来自美韩强大的军事威胁。此次演习前后共持续了月余之久。年内金正日多次视察前沿部队，要求加强对美韩的战备警戒。朝军按照金正日的指示，全面加强了冬季战备，多次举行军事演习。

（三）美韩两军继续加强军备建设。美国借口朝鲜导弹威胁，加快了战区防御导弹的部署，并力邀日韩参加，不断向朝鲜半岛部署防空武器。1998年度韩国从美国购买了能装备两个“爱国者”导弹营的装备、29具多管火箭炮发射装置、500枚“陶”式反坦克导弹等精尖武器装备。韩国还决定发展射程在300千米以上的导弹，以加强对朝打击能力。为提高部队实战能力，韩国从1998年开始实施国防改革，大幅度提高情报事业费用，扩充陆军航空兵，组建东、西海特殊作战司令部及核生化防卫司令部等。韩国目前正在加紧高技术武器的研制，韩国防部决定到2005年共投入192亿韩元用于新武器的开发。此外，朝鲜在经济异常困难的情况下仍在保持和继续加强军备建设。韩国国防白皮书透露，1998年朝军总兵力比上一年增加了1.3万人，地面部队增加了14个突击旅，目的是加强对汉城的突袭态势，野战炮增加了800余门，海军增加了141艘小型战舰。朝鲜除了加强研制导弹等战略武器外，还正在对其常规武器进行升级换代。

（郭宏军）

韩国发表新《国防白皮书》 1997年下半年，韩国发表了1997～1998年版《国防白皮书》，其要点如下：

一、在国家长期安全战略上，强调“自主国防”的同时继续坚持韩美共同防御原则

《白皮书》明确指出：“为了预防可能发生的国家紧急事态，韩国深感自主国防的重要性。”同时还指出，为了能动而有效地应付国内外安全环境的变化，韩国正以建立面向21世纪的自主国防基础为目标，推行以增强遏制作战能力和自主防卫能力为重点的国家安全长期战略。为此，韩国正积极改善防卫力量，以求得各军种和战区战斗力均衡发展，提高三军综合战斗能力。同时，正着眼通过实现主要武器的国产化，谋求早日建立国防科学技术及国防工业基础，发展技术密集型力量结构。但从长远考虑，韩国仍需长期坚持韩美共同防御的原则。

韩国“自主国防”的意识由来已久，其目的在于减少对美国的依赖。1994年12月1日，韩军从美军手中接收了平时作战指挥权，从而结束了美军对韩军在作战指挥上长达44年的全面控制。韩军的最终目标是，到21世纪初建成拥有平时和战时作战指挥权的、战时由美军提供应急支援的“自主国防”体制。韩国在《白皮书》中强调“自主国防”的重要性和提出加强国防建设的具体方案，就是为了确保如期实现“自主国防”的战略目标。为实现《白皮书》确定的战略目标，韩国在“自主国防”方面将会加快步伐，将会有一些新的举措，但从长远战略和整个东北亚的战略格局考虑，韩国的“自主国防”是有限度的，美军将长期驻扎在韩国，韩美共同防御仍将是韩国国家安全战略基础。《白皮书》认为，朝鲜战争结束40多年来，韩国之所以能有效地“遏制北韩的军事挑衅”，主要是因为韩军有完善的军事防备态势，同时有牢固的韩美安全合作作为坚强后盾。因此，今后韩美联合防卫体制仍然是“朝鲜半岛和平的基轴”和维护地区稳定的基本保证，韩美两国应继续维持与发展韩美同盟关系并为不断加强韩美联合遏制力量而努力。

二、在国家防御对象上，强调奉行“多方位防御”战略方针

《白皮书》在“防卫态势”部分用相当大的篇幅，十分突出地强调了海空防卫的极端重要性，其目的是为了有效地推行其“多方位防御”战略。《白皮书》强调，韩国虽是与大陆接壤的半岛国家，但由于国土被分为南北两部分，其对海空的依赖性如同岛国一样大，因此，确保海空安全事关国家生存，必须不断加强海空作战能力。

韩国突出强调海空防卫并不是因为其海空防卫薄弱，不足以保卫国土，而是有其长远战略考虑的。韩国认为，朝鲜半岛周边的安全环境存在着很大的不确定性。韩国虽然与中国、俄罗斯等国建立了外交关系，打破了东北亚地区原有的安全格局，但形势并不稳定。周边大国在把主要精力转向经济领域的同时，也在不断扩充军事实力，韩国必须采取措施，应付可能出现新的威胁。而且韩国与周边国家还存在着海洋领土和海洋权益之争，不能完全排除引起对抗和冲突的可能性。因此，韩国防部于1994年正式提出“多方位防御战略概念”，强调针对周边国家军事力量的发展，在仍以北朝鲜为主要作战对象的同时，准备应付“多元威胁”，把日本、中国、俄罗斯列为未来潜在的防御对象。

在推行“多方位防御”战略中，韩国强调突出海空防卫。为此，韩国对其海空战略也进行了相应调整，强调外向型防御、远距离作战。韩国公开宣称：海军的战略已从反北方的海上渗透转向“发挥地区作用”。韩国将依靠自己居世界领先地位的造船业将自己的海军由防御型转换成攻击型，由近海型转换成大洋型，以便适应未来战争的需要。韩国计划在2000年以前建立一支海上对抗型机动舰队，具备与盟国实施联合作战和牵制周边大国海军的能力，到21世纪初建立一支有较强综合作战能力的“战略机动舰队”，具有同周边大国海洋抗衡的能力。韩国空军的作战思想也从强调国土防空扩大到近海或远海防空，规定计划装备的作战飞机的半径要在1000千米以上，并在美国的帮助下获取空中加油技术。空军的任务从保卫领空扩展到保护海上经济区和海上通道。

三、在军队建设指针上，强调以加强军队现代化建设为目标

《白皮书》指出，建立一支强大的军队，保卫国家的和平与独立，一直是韩国政府所追求的目标。为了充分发挥军队的综合作战能力，将把调整国防结构、改善防卫力量作为军队建设的重点，努力建成一支面向未来、能应付任何不测事件的精锐之师。为有效推行21世纪安全环境下的军事战略，军队结构将由现在的人力密集型向装备、技术密集型转变，力量结构将由以地面部队为主向重视加强海、空力量建设转变。《白皮书》还就如何调整军队结构和加强国防

现代化建设提出了许多具体的目标和要求。

韩国这次在《白皮书》中进一步强调调整军队结构，加强海空军发展，就是为了在 21 世纪初如期实现国防现代化。根据韩国现有的实力基础，这一目标是可以实现的。韩国实现国防现代化的基本做法是加强自我研制能力与引进并重。在引进方面，除了加强与美国的共同防御体系外，还积极发展与中国、俄罗斯和日本等国的军事合作关系，以求争取在最短的时间把与战略对手的差距缩到最小程度。

四、在国防安全机制上，强调积极发展对外军事合作

《白皮书》提出，在继续巩固韩美军事同盟的同时，要积极发展与周边及其他国家间的军事友好合作关系。《白皮书》认为，在冷战结束后，世界地区安全问题由多边努力协商解决的趋势日益增大。但是，在东北亚地区依然是依赖个别国家间的双边同盟关系来维持地区的稳定。鉴于这种形势，今后，韩军在以韩美安全合作关系为核心的同时，将积极发展与周边国家间的军事友好合作关系。首先与日本、中国、俄罗斯等周边国家建立实质性的多边军事关系，同时，积极寻求与东南亚、欧洲、中东等地区的军事交流合作。

韩国积极发展与美国以外的其他国家的军事合作，其实质是为了落实“自主国防”战略，减少受美国控制，扩大韩军的活动区域。近年来，韩通过多种渠道拓展了与俄罗斯、日本、中国、欧洲、东南亚、印度、巴基斯坦等国家和地区的军事交流与合作。韩国试图加强与这些国家和地区的军事技术合作获取先进技术的转让权，以逐步摆脱美国对韩国先进技术转让的严密控制。同时，通过军事交流加强与各国军队的相互了解，努力扩大韩国在亚洲的军事影响力，争取在东北亚乃至亚太地区的安全事务中发挥其重要的作用。

五、在对付核威慑上，强调采取继续依靠美国核威慑力量政策

《白皮书》指出，朝鲜半岛南北分裂以来，北朝鲜为了实现“赤化统一”的目的，大力发展军事实力，积极开发核武器和运载核武器的中远程导弹，加之有其他核大国的支持，这不仅对韩国构成了常规威慑，也构成了核威慑。因此，韩国必须采取继续依靠美国核威慑力量政策，

韩国采取继续依靠美国核威慑力量政策主要是基于以下几点考虑：一是为了对付朝鲜的核威胁。韩国认为，朝鲜发展核武器的方针是不会轻易改变的，因为除了为实现“赤化统一”的目的外，朝鲜发展核武器还可获得多方面的好处，包括：确保对韩国的军事优势；通过导弹出口获得外汇；给韩国和日本施加心理上的压力；通过独自开发核武器，建立独立于俄罗斯和中国的国防体制；巩固金正日在国内的统治地位。韩国在考虑对付朝鲜核威胁的同时，也考虑到了“来自中国和俄罗斯的核威胁”，韩认为，中俄都是朝鲜的战略伙伴和美国的战略对手，而韩国则是美国的战略伙伴，战时自然也会成为中俄核武器瞄准的目标。韩国认为，面对朝鲜及中俄核威胁，除了继续依靠美国的核保护外，没有别的道路可走。二是因受国际条约限制和美国的控制，韩国不可能发展自己的核武器。韩国自从签署《不扩散核武器条约》和《全面禁止核试验条约》以及与朝鲜签署《无核化宣言》之后，从客观上就失去了发展核武器的条件。除此之外，韩国不能发展自己的核武器的一个关键原因是受到美国的控制。美国在防止国际核扩散方面是很“坚持原则”的。不管是同盟国还是非同盟国，一律不准许，谁要发展就对其进行经济和军事制裁，韩国当然也在控制的范围之列。美国之所以连自己的盟国都不让发展核武器，从根本上讲就是为使其离不开自己的核保护伞，而永远成为美称霸全球的工具。美国认为，一旦允许这类国家发展核武器，它们就有可能“闹独立”，甚至公开与美对抗。三是认为不发展自己的核武器而利用美国的核保护利大于弊。韩国认为，核武器实质上只是一种政治武器，只能起到一种战略威慑作用，并无多少实战价值，谁也不可能真正去使用它。而且，发展核武器还要冒国际制裁的风险。相反，不发展核武器更有利于集中精力发展经济。韩国从其他发展核武器的国家的实践中认识到，发展核武器有利有弊，利在增强实力地位，弊在经济投入太大，严重地影响国民经济的发展和人民生活水平的提高。其中印度、巴基斯坦、伊拉克等国的教训是深刻的。这些国家为研制和开发核武器每年都要耗费数十亿甚至上百亿美元的资金，因此至今仍处于贫困状态。而韩国几十年来由于集中精力发展经济，很快成了腾飞的亚洲“四小龙”之一。

(张　宁)

韩国实施“国防改革 5 年计划”　1998 年 2 月 25 日，金大中就任韩国新一届总统，同时出任国家武装力量统帅。1998 年 7 月 2 日，韩国防部正式宣布实施 1998～2002 年的“国防改革 5 年计划”。金大中发誓要通过实施该计划，建立一支“高效、灵敏、富有战斗力的科学化、信息化、精锐化军队。”

一、调整防务战略，加强韩美联合，发展多边防御

（一）调整国家防务战略。金大中认为。冷战后

亚洲安全环境的变化，韩国面临“难以预测的危险”，“这种危险使韩国国防政策的内涵和涉及的地理范围扩大了。”为适应新形势要求，应对现行军事战略进行调整。其主张是：（1）在国防观念上，奉行“民主主义综合安保主义”，强调国家安全要依靠军队和人民，实现“人民防务”。（2）在战争准备上，以有效的“危机处置”取代“防止大规模军事入侵”，随时准备应付和处置各种危机。（3）在作战指导上，坚持“对敌威慑”的同时，强调“多方位防御”，扩大军事行动范围。（4）在军队建设上，建设一支人员精干、装备精良、训练有素及机动力强的现代化军队。

（二）坚持韩美共同防御。金大中主张，奉行自主防御政策，提高独立防卫能力，是韩国的基本国策。但从目前情况看，在实施“自主国防”政策的同时，还应确保韩美军事合作。金大中表示，新政府将致力于加强韩美联合防御体系，通过密切韩美军事合作，使驻韩美军继续留驻韩国，维护韩国的民主和韩美在该地区的共同利益。

（三）发展多边军事联合。金大中称，冷战后在国防上与友邦国家合作，构筑集团安保体制已成为世界性趋势，在这种形势下，过份强调“自主国防”不符合现实。况且随着美军在全球范围内的战略收缩，仅靠韩美军事同盟关系难保东北亚地区的安全，因此，韩国应通过放弃排他性“自主国防”概念，以韩美军事关系为基础，加强多边军事联合。他提出，为保持朝鲜半岛的和平与稳定，实现南北统一，除了要加强韩美共同防御体系外，还必须同中、俄、日等国发展良好的合作关系，美、中、俄、日、韩、朝共同签署《联合宣言》，以此为框架，在东北亚地区逐步形成类似欧安组织那样的国际协调机构，构筑地区联合防务机制。通过促进与周边国家的军事合作，利用政治和外交手段，维护朝鲜半岛的现状。

二、改革国防体制，优化编制结构

1999年，对国防组织和指挥体制进行调整，提高其效率性和灵活性。一是按照“合并机构，压缩人员，提高效率”的原则，对国防部、参联会、各军种本部及所属部队机关进行“消肿”，裁减27名陆军将领和565名校级军官。其中，国防部将裁员208人，占现编制总数的18.8%。二是根据未来战场信息化的要求，简化指挥层次：撤销第1、3集团军司令部，组建地面作战司令部；第2集团军司令改编为后方司令部，并解散其下属的2个军司令部；陆、海、空军本部司令室合并为参联会司令室；新建反渗透作战司令部、核生化防御司令部、国军运输司令部，加强作战职能的归口；将部分机械化步兵师缩编为旅级单位，强化以乡土师为中心的作战体制。为加强基层指挥官队伍建设，精简下来的部分人员将分阶段充实到一线作战部队。三是合并三军情报侦察部队，促进情报体系一元化，为联合作战提供有效支援。

三、精简军队员额，改革兵役制度

（一）适度裁减部队员额。金大中多次宣称，应把韩国69万人的陆、海、空三军改编成20万人的“合成军”，建立一支合理够用、精干高效、装备精良的职业化军队。依照金大中的要求，韩国防部已成立“国防改革委员会”，研究兵员裁减问题。构想之一是根据“遏制与威慑”思想和足够防御原则，在不影响战斗力的前提下，借鉴以色列的国防兵员体制，加强战时机能，以陆军为重点，压缩整体规模，即平时保持一支15万人规模的军队，一旦发生战争，在48小时内扩充至50万人。韩军将把注意力集中到能够应付朝鲜半岛及周边发生冲突的快速反应能力上，包括组建各类快速反应部队 。

（二）修订现行兵役制度。目前韩国实行的是义务兵役制，职业军人所占比例不足20%，职业化程度低，造成军队按人口比例计算较为庞大的规模，不仅给地方劳动力带来压力，而且也加大了国防支出，人事费就占了国防预算的45%。尽管韩国早在90年代初就提出兵力结构由“人力密集型”向“技术密集型”转变，但由于兵役体制改革滞后，一直困扰着这一计划的实施。金融危机和军费削减，为韩国实施兵役体制的“历史性改革”提供了机遇。据反映，此次兵役体制改革的最终目的是“从由义务兵役和合同兵役的混合兵役制组成的军队，逐渐过渡到主要由军官和合同军人组成的职业化军队”，为实现韩军的“小而精”创造条件。

四、压缩国防投入，修订武器发展计划，逐步推进国防现代化

（一）大幅度削减国防预算。根据计划，1998～2002年5年间韩国将投入巨资用于军队现代化建设。但受金融危机的影响，目前这个数字已大打折扣。1998年度国防预算一改再改，已由最初确定的155098亿韩元减至138000亿韩元，比原预算减少11%。韩国防部估计，由于受汇率上升的影响，即使这个数字也将出现较大缺口。金融危机已影响到1998年以后的国防投入和军队远期发展，为减少经费支出，韩国防部已决定将军人工资削减10%，外派军事留学生削减60%，出席国际军事会议的团组减少54%，今后3年内裁减23名驻外武官。

（二）调整武器装备计划。韩国原计划在1998～2002年5年中，投入380亿美元（1美元相当于1395韩元）采购武器装备，到2010年形成独立的高技术武器体系。韩国防部根据金大中的指示，对《未来武

器发展计划》进行了大幅度调整，主要武器发展计划和项目被迫推迟、压缩或取消。1998 年 2 月底，韩国防部公布了调整后的武器发展计划，内有 45 个发展项目的规模被压缩 75%，16 项计划被推迟，另有 18 项计划和 61 个项目也将有不同程度的调整。另外，1998 年度新武器采购量将减少 32%，旧装备改进或更新将压缩 50%。目前，陆军 K－ⅠAⅠ主战坦克换装计划、海军 3 艘 1500 吨级新型潜艇计划和导弹驱逐舰第 2 期发展计划及空军 4 架预警机采购计划等已推迟到 1999 年后实施。

（三）突出发展重点。针对军费压缩，金大中指出，要对正在实施的“防御力量改善事业方案”进行调整，根据现有财力状况，按轻重缓急，选择主要方向，有重点地推进武器建设，逐步提高军队现代化水平。他强调，武器发展重点应放在建立导弹防御系统上，包括建立用以对付朝鲜进攻的快速机动防御系统。目前，韩国防部已确立了 2010 年前武器装备的发展重点，即：建立拥有强大攻击编队、能确保贸易通道的海上力量；建立能有效防御敌导弹攻击的导弹防御体系；发展以发射强大电磁波、可破坏敌计算机和电子战装备的电子战系统；拥有由侦察机、空中预警机、间谍卫星构成的立体自动化指挥预警体系。据称，一直悬而未决的参与美“战区导弹防御系统”的计划将正式启动。

五、完善人事制度，注重以法建军

首先，按照《军队人事管理体制改革方案》，建立透明、公正、合理的人事任用、晋升和调动制度，逐步消除依靠地缘关系、出身背景、院校派系等选拔军官的弊端和不平等现象，“以业绩和才能取人”，形成重能力、重水平的良好风气，根治“人事腐败”。其次，制定《军队人事法修正案》，修订《国军组织法》和《国军人事法》。废除将级军官的“无法律依据的选拔制度”；根据未来人才结构需求，延长校级军官的晋升年限和任职时间，以提高中级军官的能力和素质。调整后，少校晋升中校由服役 17 年改为 18 年；中校晋升上校由服役 22 年改为 24 年。上校年龄上限由 53 岁延长到 56 岁，中校由 49 岁延长到 53 岁。第三，公平任用三军将领。通过新的人事制度，打破陆军“一统天下”的局面，实现由陆、海、空三军轮流担任国防部长、参联会主席等重要职位，并提高海、空军在最高统帅部中的人员比例。

六、改革教育体系，加强人才培养

一是重组军事院校。采取“调整”、“合并”、“改制”、“联合”等多种形式，加大专业归口力度，从总体上优化全军院校结构，集中力量办好一批重点院校和学科专业，构筑面向 21 世纪的军事教育体系。其中，国防大学、国防参谋大学、国防精神教育学院等 3 所院校合并为国防大学；调整各军种士官学校；撤销护士官学校等。二是修订教学大纲和训练法规。为适应军队教育训练的改革，将全面修订军事院校教学大纲和军事训练大纲，并制定新的军事训练工作考核验收标准和专业技术人员职称评定细则。三是改革军官培训制度。在调整军事院校体系的同时，加大军官培训制度改革的力度，全面改革教学体制。在专业设置上，将普遍增设研究生班、各类专业技术军官进修班；在教学方法上，着眼于培养掌握多学科知识、具有综合军事技能的人才，推行高等学位教育机制；在教学内容上，按新的教学大纲讲授新课程。

七、重组后勤体系，实现三军联勤

一是改革武器采购制度。为减少武器采购环节和程序，逐步实现“三军联勤”，将军需事业管理团改编为国防军需采购事业团，并设立“采购本部”，负责全军从武器采购政策的制定到调配业务的整个武器采购过程。实施这一制度后，目前分为 38 个阶段的武器采购程序将减至 24 个阶段；5 个阶段的后勤支援体制也将减少为 3 个阶段。为提高国防调配业务的透明性，减少内耗和浪费，将启用精通国际法的民间专家担任顾问，及时向国防企业公布军需筹措计划，并通过“因特网”推行原价上报和采购合同的“实名制”，使军工企业得以公平竞争。二是缩小军队医院规模。合并三军医院，军队医院由 19 个减至 15 个，战时大规模征用地方医院，利用地方医疗机构为军队服务，建立军地一体的医疗保障体系。三是调整作战运输体制。着眼未来联合作战，组建国军运输司令部，合并各军种运输部队，扩大运输航空兵的编制实力。

（尚左琳）

蒙古发表《蒙古国国防白皮书》　1998 年 2 月蒙古正式发表了《蒙古国国防白皮书》。这是蒙古有史以来第 1 部系统阐述国家安全政策的文件。它较为全面地阐述了世界和地区形势、本国的安全环境及与邻国的关系、国防体制、国防预算、军事学说、武装力量的任务、组织结构和发展趋势。

一、在国家安全形势的判断上，认为和平稳定的外部环境开始形成，但局部或地区性矛盾冲突变得更加难以预测

《白皮书》较全面地分析了 90 年代以来世界格局和国内形势的深刻变化。对本国面临的安全环境进行了重新评估。认为苏联解体后，东西方持续了几十年的冷战局面已经结束，缓和气氛逐渐增长，和平稳定的外部环境开始形成，尤其是与俄中两大邻国的关系

大为改善，但完全放心的安全环境并未形成。世界格局正在由两极向多极发展，力量对比尚未确立，各种矛盾错综复杂，极端民族主义泛滥，反动宗教思潮盛行，经济利益冲突四起，人口问题、资源问题、民族问题困扰加重，加之本国地处亚洲大陆地缘战略的重要地区，处于与大国交汇处及世界各大宗教的交汇点，使局部或地区性矛盾冲突变得难以预测。这些因素都意味着蒙古安全并未得到完全保障，不能做到“未雨绸缪”，防患于未然。

在这种形势下，蒙古将建立国与国之间的信任与友好关系，进一步发展国防领域的合作，作为保障稳定的重要因素。为此，蒙古将采取削减军队和武器数量，公开军事政策、军事学说、军事活动（包括军事演习和调动）等举措，用建立相互通报渠道加强军事信任等方式保障亚太的和平与安全。蒙古要在政策和行动上不依附他国，但蒙古完全依靠自身力量是无法预防潜在威胁的，参与国际合作将是蒙古外部安全环境得到保障的一个主要因素。

蒙古认为国家安全包括国家的独立、主权、领土完整和国界不可侵犯，人民的生存与文明，生态平衡和民族团结等。国际安全包括政治、法律、道德和心理保障。蒙古将采取单独的、双边的和多边的措施加强国际保障；通过参与世界和地区的合作保障机制实现军事——政治保障；通过提高蒙古的国际地位、实行开放、均衡和积极的对外政策以及执行国际法实现法律保障；通过保障民主和人权实现道德和心理保障。

二、在国防政策和军事战略上，强调独立自主，主张首先通过政治和外交手段保障国家的独立和领土完整

《白皮书》中对蒙古近期和未来所奉行的国防政策作了较详尽的阐述。主张坚持独立自主的国防政策，“按照自己的方式建设本国的军队。”谋求首先用政治和外交手段保障国家的独立和领土完整，努力加强用于自卫的武装力量，建立以全民参与为基础的统一的国防力量，最终实现“建立一支与本国经济情况和民族特点相适应的、精悍的、高质量的现代化军队。”蒙古政策的基本方针是：根据国防建设传统、其他国家的经验，本国的现状和发展趋势，首先形成国际法律基础，发展对外关系和国际合作，增进国家间相互信任。国防政策的基本原则：不赞成以武力或以武力相威胁的方式解决争端，反对任何暴力和侵略；在任何情况下不对别国首先使用武力，不以武力相威胁；除非本国遭到别国的武装侵略，否则不参加和介人争端；在蒙古的独立和主权没有受到直接军事威胁的情况下，不加入任何军事同盟；坚决奉行不经蒙古法律授权不让外国军队驻扎和过境的政策；蒙古宣布本国为无核区；坚决主张停止地区军备竞赛，确定国家武装力量发展的最高限度，停止在其他国家建立军事基地，并逐步取消已建立的军事基地。根据军事政策，蒙古确立了“独立防卫”的军事战略。

根据军事政策和军事战略，蒙古突出强调遵循多支点、积极平等和符合国家民族利益的原则，发展对外防务关系与合作。蒙古发展对外防务关系，旨在获取别国的援助，引进国外的现代军事科技成果，为蒙培训干部，完善部队的教学和训练。《白皮书》中一再强调“同世界各国建立国防领域的合作关系，”即在国防外交活动中，把发展与俄中两大邻国的军事合作放在优先地位；把发展与美国为首的西方发达国家的军事合作放在重要位置；把本国未来发展战略的安全问题重点转向亚太特别是东北亚和中亚地区。认为保持和发展蒙俄、蒙中关系，直接关系到蒙古的安全与独立。积极开展与美国等有影响力的发达国家的交流与合作，可保持战略上的主动。谋求与德、法、日、韩等具有战略意义的国家发展军事合作，以解决许多本国难以解决的问题。此外，开始重视同北约其他国家建立国防关系。目前已与波兰、加拿大互派了武官，认为北约东扩不会影响蒙古的利益，而北约在联合国维和行动方面所积累的经验对蒙古尤为宝贵。蒙古试图通过“全方位、多支点”的国防外交，积极参与世界和地区安全合作保障机制实现军事——政治保障；通过提高蒙古的国际地位、实行开放以及坚定不移地执行国际法的做法实现法律保障；通过积极寻求发展与世界各国国防领域的合作，达到用外交和政治手段求得和平稳定环境的战略目的。1998 年 8 月，蒙已申请加入中亚维和部队，反映出蒙古国防外交的新走向。

三、在武装力量建设上，强调减少数量提高质量，把实现职业化作为重要目标

根据国防政策，蒙古对武装力量的任务和体制重新进行了确定。《白皮书》指出，蒙古武装力量是保卫国家不受外国武力侵犯的国家军事组织，军队只用于自卫。其基本任务是：捍卫国家独立、主权和领土完整不受外国武力侵犯；捍卫国家领空神圣不可侵犯；组织训练，提高适龄青年和预备役人员的军事素质，提高其军事专业技能；积极参加抢险救灾及消除大规模杀伤性武器造成的危害等。根据国家的经济能力及武装力量任务的变化，蒙古武装力量的组织体制将进行相应的调整。武装力量由军事领率机关、专业部队、技术部队、军事院校，科学、文化、医疗单位等构成。在结构上分为一般任务部队、国土防空部队、建筑部队、民防部队和预备役等 5 种力量。武装

力量基本编制为旅级单位，总兵力2万人。边防部队和内卫部队列入其他部队，在战时和战争状态下列入武装力量。

在未来军队建设上，《白皮书》认为蒙古经济落后，地广人稀，且夹在两大邻国之间，参加军备竞赛毫无意义，只保持一支少而精的军队就可以了。因此，蒙古强调建设一支“机构精简、人员精干、与本国经济情况和民族特点相适应的职业化军队”，重点加强快速反应部队、边防和国土防空部队的建设。《白皮书》确定的武装力量未来发展方向是：第一，进一步完善和平时期武装力量的体制编制和组织结构，冻结兵员员额，限制国防开支，公开国防预算，使其不超过法律规定的占国内生产总值的比例；第二，把实现武装力量职业化、精干化作为当前的重要目标，即在改革和完善武装力量结构的基础上，改革部队的体制编制和兵员补充原则，改善部队训练和生活条件，提高后勤保障能力，使其接近现代职业化军队的水平；规范兵役制度，在自愿的基础上，士兵可以按合同服役，亦可服替代役；第三，继续精简武装力量，提高部队执行任务的能力；第四，逐步更新武器装备，优先改进防御性的武器装备；第五，在合理和许可的范围内，调整武装力量兵力部署，以增进与邻国间的军事信任；第六，加强同世界各国武装力量间的经常性联系，积极参与建立全球共同安全体制。今后蒙军还将参加联合国维和行动，以体现蒙古武装力量是一支维护和平的力量。

（明　宝）

柬埔寨从战争走向和平　在国际社会的斡旋下，1998年7月26日，柬埔寨如期举行了继1993年大选以来的第2次选举。此次大选，人民党得票最多，获选票203万余张，奉辛比克党居第2位，得选票155万余张，桑兰西党获选票69万余张，名列第3位。同时，3党还包揽了议会的122个席位，其中，人民党占64席，奉辛比克党占43席，桑兰西党占15席。此后，在西哈努克国王的积极调停下，人民党和奉辛比克党经过反复斗争与磋商，最终达成妥协：同意组成联合政府，洪森出任联合政府首相，拉那烈担任国民议会议长，并成立由谢辛任议长的参议院，负责协调国民议会和政府的工作。11月30日，新政府正式宣告成立。新政府的成立，使柬埔寨结束了自1997年7月以来出现的混乱局面，为这个战乱多年的国家实现和平与发展带来了曙光。从此，柬埔寨将进入一个新的历史时期。

一、新政府立志兴国

为实现国家稳定，发展国民经济，新政府成立伊始即提出了稳定政局、加强改革、健全法制、铲除腐败、发展经济、消除贫困的施政方针，并决定在5年内将军队裁减近70%，以节约军费开支，增加教育预算和卫生预算。此外，新政府还接受国际货币基金组织的批评，承诺不再滥砍滥伐森林，并修改森林法，制定了17项制止滥伐森林的紧急措施。柬新政府的这一系列举措得到国际社会的首肯，世界银行已同意1999年向柬提供7500万美元的重建基金，美、英、法、德、中、日等国也于1999年2月召开会议，决定1999年度向柬提供4.7亿美元的援助。这一切，为柬埔寨实现和平与发展带来了契机。

二、两党军队实现合并

与1993年大选不同，1993年大选后，奉辛比克党与人民党虽然组成了联合政府，但各自仍控制着本党军队，这就为日后两党展开直接军事对抗埋下了种子，而此次选举前，奉辛比克党军队就已在人民党的军事打击和政治拉拢下四分五裂，许多人投向了人民党，余下部分实力大大削弱，根本无力与人民党武装抗衡。新政府成立后，原先跟随拉那烈对抗人民党的奉辛比克党武装也陆续接受政府军（实为人民党军队）的收编，军队实现了以人民党为主体的合并，结束了分治割据的局面。此外，洪森为改变国际社会和柬埔寨民众对自己和人民党的印象，于1999年1月25日辞去柬埔寨武装部队总司令职务，并宣布实行军政分开，军队保持中立。两党军队实现合并以及洪森政府实行军政分离的举措，大大降低了引发武装冲突的可能性。

三、红色高棉彻底瓦解

红色高棉自1997年6月再度分裂后，在柬政府的军事打击和拉拢利诱下，红色高棉官兵不断向政府军投诚，马本、江朗裕等红色高棉高层领导人也相继投降政府，其力量进一步削弱。1998年4月14日，政府军攻占红色高棉的最后据点安隆汶，2000多名红色高棉官兵放下武器，投降政府军，余下的残部在切春的率领下，逃往柬泰边境的丛林。4月16日，被称为“头号大叔”的红色高棉原最高领导人波尔布特在监禁中死去。安隆汶的失陷以及代表“强硬”路线的波尔布特的死亡，可以说是红色高棉彻底瓦解的前奏曲。之后，12月4日，以总参谋长肯农为首8名红色高棉残余部队指挥官在柏威夏省投降政府；同月25日，红色高棉领导人乔森潘、农谢在拜林宣布向政府无条件投降；1999年3月，政府军抓获红色高棉最后一位领导人切春。至此，红色高棉彻底瓦解，退出了历史舞台。

柬新政府的成立，为柬埔寨实现和平与发展带来了契机与希望，但这并不意味着这个国家从此硝烟散尽，国泰民安，权力之争等不稳定因素仍可能威胁国家的安定，虽然在一段时间内不会有大规模的武装冲突，但发生小规模流血事件乃至武装冲突的可能性仍不能完全排除，要真正实现和平与发展，对本届新政府来说，还任重而道远。其原因有二：一是权力之争并没有彻底根除。此次大选后，虽然奉辛比克党与人民党组成了联合政府，但并意味着两党之间的矛盾已彻底根除，因为在政府的25个部门中，外交、财政、工业、商业等有实权的部门均为人民党所控制，奉辛比克党虽然掌握了11个部的权力，但除司法和新闻外，其余的均为一些没有实际利益的社会性部门，奉辛比克党将不会就此满足，两党仍然会为争夺权力而明争暗斗。虽然新政府成立后，奉辛比克党与人民党均不再拥有军队，但并不意味着军队已完全中立，关键时刻，原来分属 两党的军队仍有可能重新倒向各自的政党，因而发生新的小规模冲突的可能性不能完全排除。国防部两位大臣（一位属人民党，一位属奉辛比克党）的设立，不能不说是一个潜在隐患。此外，此届新政府由人民党领袖洪森出任首相，奉辛比克党领袖拉那烈担任国民议会议长，可以说人民党和奉辛比克党是各有所得，但选票名列第3位的桑兰西党首领桑兰西一无所得，他可能不会善罢甘休，还会伺机起来反对新政府，从而引发冲突。二是前红色高棉将士公开宣称要以“引发内战”对付“审判”。柬政府于1999年3月作出最终决定，成立国内法庭审判前红色高棉领导人切春，并声称不能保证乔森潘和农谢不受审判，而此前，洪森曾表示不对乔、农两人进行审判。但是，许多加入政府军的红色高棉将士纷纷声称要誓死保卫他们原来的领袖。这些前红色高棉游击队员虽然已编入政府军，但仍保留自己的武器和指挥官，他们已发出威胁，如果要逮捕乔森潘和农谢，将会引发内战。此外，对前红色高棉领导人的审判，可能会使一些现任政府官员受到牵连，从而引发政府内部的矛盾。因此，如果柬政府在如何对待前红色高棉领导人的问题上处理不善，极可能引发新的流血事件，甚至造成新的小规模冲突。

（方　梅）

菲美签署《来访部队协定》　菲律宾吕宋岛南端的克拉克空军基地和西南部的苏比克海军基地曾是美国在海外最大的海空军基地。上世纪末，美国通过美西（班牙）战争占领菲律宾，苦心营造多年，建成这两个庞大基地。二战中菲一度被日本占领，1944年美军在菲登陆重占菲律宾。其后，美国通过《菲美军事基地协定》、《美国对菲律宾军事援助协议》、《菲美共同防御协议》等协议，取得了对上述两个基地99年的“租期”。菲律宾人民早就对这两块“国中之国”的存在不满，历届菲政府也先后采取一系列旨在限制驻菲美军特权与规模的措施。1991年9月，当时的科·阿基诺总统宣布终止《菲美军事基地协定》，当年11月26日和翌年11月24日，星条旗在克拉克空军基地和苏比克海军基地缓缓降下……美军终于撤走了。

然而时隔数年，情况又悄悄地发生着变化。1998年2月10日，菲美两国政府在马尼拉签署了《来访部队协定》。1999年5月28日菲律宾参议院批准了该协定。协定规定菲美两国可以恢复举行大规模联合军事演习，美国军舰可以停靠菲律宾海港，美国军人可以上岸活动等。单就内容而论，仅涉及今后菲方向在其领土上的美军提供法律保护的问题（如司法豁免和签证豁免），但有分析家指出，它实际上是菲美长期军事同盟关系在新形势下的延续和发展。

据菲政军要员近期的公开表态，埃斯特拉达政府急于修补菲美军事关系主要出于以下考虑。其一，改善在亚太地区的战略处境。在经历亚洲金融危机冲击后，东盟整体经济实力遭重创，也削弱了菲律宾在构筑亚太新型安全秩序方面的发言权和主动权。为此，菲律宾要及时调整对外政策，并加强“菲美传统战略伙伴关系”，以应对亚太国际关系新一轮变化组合的挑战。其二，实现国防现代化。上届拉莫斯政府曾于1995年推出5年里耗资20亿美元的武器装备更新计划，然而亚洲金融危机使政府财政预算捉襟见肘，菲律宾遂将目光投向美国，试图“租借”一批被美军“淘汰下来的武器装备”以解燃眉之急，但美方态度相当强硬，“没有《来访部队协定》便没有军事援助”。其三，平定民族骚乱。菲南部棉兰佬岛的穆斯林分离主义势力多年来一直是菲政府的心腹之患之一，政府的多次和谈攻势和军事进攻均不见效。菲希望通过《来访部队协定》的实施，借外强支持铲除内患。其四，对付南沙海域争端。自90年代以来，菲律宾在中国南沙群岛部分领土上的行动力度逐渐加大，不断挑起菲中双边海事纠纷，然力不从心屡屡受挫。总结得失发现“症结在菲方缺少国际社会的广泛支持”，时下“邀请美国出面主持公道”实属当务之急，而《来访部队协定》即为贯彻这一核心思想的具体途径。

据西方媒体评论，菲美《来访部队协定》对美国确保主宰亚太事务的既定目标至关重要。一方面，克林顿政府在推行前沿“军事存在”亚太安全战略时离不开菲律宾“这个承上启下的连接点”。华盛顿已把朝鲜半岛的核扩散问题、南中国海问题和台湾问题视为今后影响亚太地区时局演变的3大要素，同时把日本、韩国、菲律宾、新加坡和澳大利亚定作维系亚太地区安全与稳定的5大战略支柱。从事态发展趋势看，这其中唯有菲律宾还吃不准，因此将其视作“重点工作对象”。另一方面克林顿政府认为拉拢菲律宾并不难，只要在南中国海问题上拉菲一把就能心想事成。

据此背景，1998年12月菲美投桃报李的外交动作格外引人注目：美国会众议员罗拉巴切尔在1名菲同僚的陪伴下，搭乘菲军方直升机到中国的美济礁上空从事“实地调查”；美太平洋总部最高指挥官普吕厄海军上将扬言，南中国海领土争端涉及“国际航运自由”，美国“将扮演积极干预的角色”。菲军总参谋长纳萨雷诺和国防部长麦卡多也先后访美，据称“对华盛顿决意强化与马尼拉的战略伙伴关系印象非常深刻”。

《来访部队协定》拉开了重新规范菲美军事合作走向的序幕，故在朝野上下引发了一场激烈辩论。反对派指出，该协议有损国家主权和尊严，不啻是为美国大兵卷土重来亮了绿灯。更重要的是，美国人把它视作一种变通性的过渡手段，谁敢保证其不“得陇望蜀”，保不准哪一天又会重新登陆菲律宾。赞成派则强调，该协定的性质平等，跟以往驻菲美军基地条约迥然不同。

这场辩论的结局将对菲律宾的前途产生深远的影响。据当地媒体报道，《来访部队协定》目前至少有4个问题尚未界定清楚：来访美军是否能携带核武器？如何处置在菲律宾作奸犯科的美国大兵？菲美两军演习的地域范围到底多大？协定本身的有效期限究竟多长？

（童　均）

印度提出国防体制改革构想　为加速军队的现代化建设步伐，适应21世纪初军事斗争的需要，印度决定对军事指挥体制、部队编制结构和国防科研生产体制进行全面的改革。以此为背景，印国防部、三军种司令部，以及国防研究部门开始就国防体制改革进行分析、论证，并于1998年相继提出了一些改革构想。

一、改革国防领导体制，提高决策和指挥能力

（一）成立新的国家安全委员会。早在1990年印度就宣布成立了国家安全委员会，但该委员会成立后一直未发挥作用，处于“名存实亡”的状态。为充分发挥国家安全委员会的职能，印政府在社会各界特别是军方的强烈呼吁下，于1998年11月19日对国家安全委员会进行了重组，由总理任主席，国防部长、内务部长、外交部长、财政部长、国家计划委员会副主席担任成员。其任务是在总理的领导下，处理印度所面临的重大军事、政治和经济问题。该委员会下辖1个秘书处、1个战略政策小组和1个顾问委员会。战略政策小组由内阁秘书、三军参谋长等高级官员组成，负责协调各部门的工作，组织国防调研等；顾问委员会由政府的安全问题专家组成。

（二）改组国防部。多年来，印国防部一直由文职官员领导，在涉及三军的重大事宜方面很少与军队协商，致使国防部文职领导人与军队间的矛盾日益突出和尖锐。为改变这一状况，印度政府决定对国防部进行改组。印陆军参谋长马利克上将提交了题为《国家安全环境与国防计划》的报告，建议对国防部、三军种司令部，以及其他较高的防务指挥机构进行改组，以纠正现存的“机能失调问题”；建立一个政策制定与计划系统，负责评估武装力量长期发展计划，选定军种间优先发展的项目，并向总理、国防部长提出具体的建议。据报道，为加快战略和作战问题的决策过程，印度还计划改变国防部的人员构成，增加军职人员。同时，还考虑增设国防参谋长一职，建立三军联合指挥部，以取代目前三军各自独立的指挥体制。

（三）筹建核力量指挥机构。印度核试验成功后，已在陆军建立了一个军区级的核司令部，具体负责战略、战术核武器的部署与控制，核作战理论的制定，以及核武器管理等事宜。印军认为，随着核武器研制步伐的加快，成立专门的核力量指挥部已日益迫切和必要。为此，印军方不久前提交了《印度战略核指挥机构框架方案》，建议由总理，国防、内政、外交和财政部长，各军种参谋长和国家战略核司令部领导人组成“国家指挥机构”，由它来决定核力量的使用；由三军高级将领，以及原子能、信息技术、通信和防务等方面的专家组成“国家战略核司令部”具体负责战略核力量的指挥与控制。《方案》还建议成立一个具有接收情报信息和发布作战命令能力的“国家指挥所”，以便在国家战略核司令部被毁时执行“国家指挥机构”的决定。

（四）改组情报部门，建立多能的“国防情报机构”。为增进联合情报委员会与三军司令部所属情报机构之间的沟通与协调，印海军于1998年9月提交了一份题为《战略防务评估——海洋范围》的内部文件，呼吁重组印度情报机构。据悉，印参谋长联合委员会已决定建立一个由国家情报系统、战区情报系统和战术情报系统组成的多功能“国防情报机构，”以保证各级情报系统能将各种情报及时有效地传递给战地指挥官。为确保情报安全，印军还计划建立反情报机构。

二、完善军队体制编制，裁减部队数量

印度“跨过核门槛”的战略目标实现后，已具备了使用“各种手段”对付“潜在敌人”的能力。鉴

此，印度认为，应顺应世界裁军的大趋势，进一步完善部队体制编制，裁减部队数量，建立一支装备精良、训练有素的现代化军队。

（一）陆军进一步完善体制编制。印陆军改革的目标是裁减部队数量，提高作战能力。为此，计划裁减8个陆军师共计12万人，最终使陆军师的数量减至30个。裁减的重点是坦克部队、防空部队和勤务保障部队。陆军的裁减分两阶段进行，第1阶段截止到2000年前，计划裁减5万人，现已裁减了3.3万人，其余1.7万人定于1999年3月前裁完。第2阶段计划到2000年实施。为提高部队的作战能力，印陆军近期完成了对步兵营的结构重组，重组后的步兵营反坦克、侦察以及机动能力都有较大提高，能执行核条件下的常规和低强度作战等任务。近期，印陆军还将对其教育部队进行整编，计划裁减1000人。为适应未来作战的需要，印陆军拟与空军联合建立西部防空司令部。

（二）海军组建第3舰队和核潜艇部队，增强作战和威慑实力。为捍卫印度在印度洋海域的地缘政治利益，"遏制来自中国海军的威胁"，印海军计划采取如下措施：在安达曼群岛的布莱尔港筹建远东海军司令部，这项工作已于1999年1月完成；加速组建海军第3舰队——南部舰队；建立一支由5艘核潜艇组成的战略核潜艇部队。此外，印海军还制定了海军兵力结构方案。根据该方案，印海军的兵力结构仍将以2艘航母为中心，但舰只将削减至125艘。

（三）空军改组指挥体制，提出改编方案。印空军计划在阿拉哈巴德成立隶属于空军司令部的战略空军司令部，统一指挥与大地区空军指挥部所辖的担负战略任务的航空兵、导弹兵及电子侦察情报部队；在阿格拉成立统一的空运指挥机构，战时统一指挥空运力量。为建立"小而精"的空中力量，印空军防务专家根据印"新空军理论"，提出了未来15年空军航空兵实力的编成设想，即战斗机部队编3个苏－30MK中队、2个"幻影"2000中队、3～4个米格－27改进型中队、5个国产战斗机中队，运输机部队装备24架伊尔－76、60架安－32、30架"道尼尔"型运输机，直升机部队编6个米－17直升机中队、8个"印度豹"直升机中队、6个国产先进轻型直升机中队和一定数量的米－24、米－35等战斗直升机。

三、改革国防科研与生产体制，提高国防科研与生产能力

为提高国防科研与生产能力，适应未来国防建设的需要，印计划对现行国防科研与生产体制进行改革。一是改变目前国防科研和生产由国防科研组织和国营企业一手包揽的局面，鼓励私营部门积极参与。为此，印国防部计划成立6个特别工作组，负责确定与私营部门的合作领域，为国防研究与发展组织寻找研究、生产和销售方面的合作伙伴。二是对部分国防科研和生产机构进行改革，成立专业化生产研究中心。如：将"班加罗尔研究与发展分公司"改为"飞机研究与发展中心"、"旋翼飞机研究与发展中心"、"发动机试验研究与发展中心"；将"坎普尔研究与发展分公司"改为"运输机研究与发展中心"；位于纳西克的"飞机更新研究与发展中心"将主要负责飞机的维修；位于勒克瑙的"航空装置与设备中心"将主要研制旋翼机件；位于海德拉巴的"战略电子研究与发展中心"将主要研制用于各种飞机的航空电子设备和电子模拟装置。

（广　军）

印巴两国核试验引起强烈反应　1998年5月，印度连续进行了5次地下核试验。作为回应，巴基斯坦接连进行了6次地下核试验。印巴此举严重地破坏了南亚地区的安全和稳定，有悖于国际社会关于核裁军和防止核扩散的努力，同时也给中国等周边国家的安全造成新的威胁。这一严重事件在国际社会引起了强烈反应，遭到了强烈谴责。

一、核试验的简要经过

印巴核试验是由印度首先挑起的。1998年5月11日和13日，印度在其西部临近巴基斯坦边境的拉贾斯坦邦博格伦地区连续进行了5次地下核试验。随即，印度正式宣布，印度已能够研制出可满足各种需要和各种用途的核武器。印度的核试验极大地震惊了邻国巴基斯坦，巴发誓要以牙还牙，采取果断行动回应印度的挑战。巴基斯坦于5月28日和30日按计划如期在其西部的俾路支省贾盖地区进行了6次地下核试验。试验结束后，被称之为巴基斯坦"核弹之父"的卡迪尔汗博士对新闻界说，巴已掌握了试爆热核装置（氢弹）的技术。如果需要的话，能在几天之内生产出核武器。一旦巴把这种核武器安装在新型中程地导弹上，射程最远可达1500千米，能覆盖印度所有城市，且导弹系统比印度更精确、更有效和更先进。印巴两国企图通过这些核试验跨入核门槛、挤进核大国行列，但是遭到了国际社会强列反对和谴责。在印巴两国接连进行核试验之后，联合国5个常任理事国正式发表声明称，不承认印巴核国家地位，继续呼吁在南亚地区建立无核区，敦促两国签署核军备控制条约。因此，印巴核地位尚不具有合法性。

二、进行核试验的目的

这次印巴核试验准备工作由来已久。双方试验的目的也不尽相同。

（一）就印度而言，此番核试验的目的主要有3

个：（1）通过核试验谋求核大国地位，进而实现其“世界政治大国”的战略目标。印度从 1947 年独立伊始就把做“世界政治大国”作为其国家战略目标。首任总理尼赫鲁宣称：印度以其地位不能在国际事务中只当二、三流角色，要做个有声有色的大国。其后历届政府都继承了这一衣钵，把实现“世界政治大国”作为其首要奋斗目标。同时，印度历届政府都认为，要实现“世界政治大国”的目标，光靠发展经济和常规军事力量是不够的，必须发展核武器，必须首先成为核大国。根据这一指导思想，印度独立 50 年来，历届政府一直在为发展核武器进行坚持不懈的努力。1948 年成立了原子能委员会，为印度的核发展揭开了序幕。1954 年成立了以尼赫鲁总理亲任部长的“原子能部”。1955 年成立了塔塔核子科学研究所、萨哈核子物理研究所和巴巴原子能研究中心等科研机构。经过十多年的努力，到 1962 年就已建立了 3 个核反应堆、4 个核燃料厂和 1 个重水厂，初步形成了核工业体系。1962 年中印边境冲突特别是 1964 年 10 月中国成功进行核爆炸后，印度政府就以“面临中国的核威胁”为借口，正式决定要在适当时候进行核试验。1966 年，英·甘地政府执政后寻求美苏两个核大国的保护遭到拒绝后，于 1968 年拒绝在《不扩散核武器条约》上签字，并强调印度拥有核选择权。为此，印度政府还专门制定了所谓“萨拉帕伊 10 年计划”，加大经费投入，增强核研制力量。经过 8 年的努力，终于在 1974 年 5 月在博格伦基地进行了第 1 次地下核爆炸。1974 年以后，印度把核发展的重点放在了核技术的提高上，大力加强了核材料浓缩铀与钚的提炼，进行了生产核武器所需特种磁钚的研制，从 1974 年到 1991 年，又先后建成了 5 个核反应堆、3 个重水加工厂、1 个钚后处理厂、1 个浓缩铀工厂和 1 座核燃料处理厂。至此，印度已基本掌握了核武器的生产技术，并拥有了生产 50 余枚核弹头的原料。与此同时，印度还加强了对核运载工具的研制，重点研制了设计射程为 1600～2500 千米、可携带约 900 千克重的弹头的“烈火”式中程弹道导弹、“大地”战术短程地地导弹和 3 种地空战术导弹。这些导弹经过多次反复试验后，已相继投入生产和部署。随着核运载工具的逐步入列和核技术的改进，印度政府又开始酝酿进行新的核试验，1992 年拉·甘地政府和 1995 年拉奥政府相继制定了核试验计划，但因美国等国施压等原因未能实施。1998 年 3 月，印度人民党上台后，推行强硬核政策，重新执行核试验计划。这次核试验之后，印度总理瓦杰帕伊得意地宣布，印度已经拥有了核武器，已经成为核大国。言外之意是，印度已经取得了与世界核大国同等的国际政治地位。

（2）通过核试验“顺应民心”，进而巩固脆弱的联合政权。以印度人民党为首的瓦杰帕伊政府是个由多党组成的联合政府，人民党执政地位非常脆弱。人民党在国会 545 个席位只占 179 席，与其他十几个小党组成的联合政府所拥有的席位勉强超过半数。一旦有一个小党退出联合政府，瓦杰帕伊政府就要垮台。联合政府 1998 年 3 月 19 日上台后，联合政府内部错综复杂，人民党内部也不断出现矛盾，其民族主义色彩的政策纲领难以实施。鉴于人民党 1996 年组阁时政权仅生存了 13 天的历史教训，瓦杰帕伊政府担心历史重演再次成为短命政府，于是极力寻求救命良方。经过深入研究，瓦杰帕伊政府发现，印度历届政府之间、多个党派之间以及政府与民众之间不管存在多少差异、问题和矛盾，但在发展核武器问题上有着惊人的一致。长期以来，印度举国上下对美国等西方国家在研制核武器和防止核武器扩散问题上采取双重标准深为不满，认为美国自己把 8000 个战略弹头装在先进发射器上瞄准世界各地不受任何监督，对自己的伙伴国以色列发展核武器不予任何制裁，对俄、法等核大国利用计算机模拟技术研制杀伤力更强的核武器不予限制，而对其他想发展核武器的国家则动辄进行制裁，这是极不公平的，也是难以做到的。因此，《不扩散核武器条约》和《全面禁止核试验条约》的约束力仍然只是一种软约束力。加之印度所处的特殊战略地位，印度认为，美国需要借重印在亚洲抗衡中国，因此印度即使发展核武器，所受到的制裁也会是有限的，而且很快就会过去。基于这一共识，瓦杰帕伊政府立即进行核试验，加速核发展计划。这也正是瓦杰帕伊政府上台不到两个月就迫不及待地进行核试验的直接原因。据称，瓦杰帕伊政府的这一选择，赢得了 90％以上的支持率，就连与人民党尖锐对立的国大党对核试验取得成功都由衷地表示“欢迎”。

（3）通过核武器改变军事力量对比态势，对付所谓中国和巴基斯坦的“双重威胁”。印度政府认为印度主要威胁来自中国和巴基斯坦这两个邻国，其中中国的威胁是长期的“潜在威胁”，巴基斯坦则是“现实威胁”。要对付中、巴的威胁，必须发展核武器。在印度看来，中国是印度最大的威胁。因为：中国是印度最大的邻国，且拥有核武器；中国近 20 年发展迅速，具有较强的综合国力，拥有向印度发动大规模进攻的军事潜力；中、印两国之间存在难以解决的领土争端，是影响两国关系发展和导致两国冲突的战争隐患；中国由于和巴基斯坦有着共同的利益和需要，一直在与巴联合起来对付印度；中国还积极支持和援助南亚小国，提高这些小国的独立自主的能力，影响了印度在南亚的“霸主”地位。巴基斯坦则是南亚国家中唯一敢向印度公开挑战并有能力抗衡印度的国家，且由于历史原因两国之间存在着领土争端、宗教矛盾和民族纠纷，两国曾3次兵戎相见，积怨甚深。印度认为，巴基斯坦在政治上以印度为敌，暗中支持印度国内的民族骚乱和恐怖主义活动，加剧了印度穆斯林教徒的离心倾向；在军事上以印度为主要作战对象，积极扩充军备；更重要的是，巴也在秘密研制核武器，这将改变南亚地区军事力量对比，并使印度在印巴对抗中面临核打击的危险。因此，为了对付中国和巴基斯坦的“双重威胁”，为了在印巴对抗中取得较大优势，印度必须通过发展核武器取得同中国同等的核大国地位，以给巴基斯坦构成核威慑和常规威慑并举的多重威慑。

（二）就巴基斯坦而言，进行核试验的目的也有3个：（1）为了对付印度的挑战和威胁。国际社会普遍认为，南亚的紧张局势是由于印度的核政策及首先进行核试验造成的，印度是导火索，巴基斯坦的核试验是对印度的回应，“既出人意料，又在情理之中”。巴基斯坦认为，印度公开跨进核门槛对巴构成了现实核威胁，巴必须以牙还牙。印进行核试验后，印许多政要对巴挥舞起核大棒，炫耀武力。印内政部长阿德瓦尼说，巴必须认识到，印度已成为一个拥有核武器国家，巴“在克什米尔问题上应放弃反对印度的政策”。印总理瓦杰帕伊甚至威胁要对巴使用核武器。面对印度的核讹诈，巴表示“不会被印度的威胁所吓倒”。巴总理谢里夫说，巴在国家安全问题上决不会屈从外国的压力。由此看来，印度的核爆炸是巴基斯坦核试验的导火索。的确，印巴军备竞赛由来已久。相对巴基斯坦而言，印度在人口、幅员、军事实力和综合国力等方面均占明显优势，尤其是军事实力，目前居世界第4位，拥有总兵力136万人，而巴军不足60万人。印度在常规军备方面已占有优势，可还率先进行核试验。巴基斯坦认为，自己在常规军备方面已落后于印度，在核武器方面如再不有行动，就更无法与印度抗衡。所以，巴基斯坦决心以牙还牙，针锋相对。巴进行核试验也是为了在对付印度时有一柄“杀手锏”。长期以来，印巴两国相争互抗。在克什米尔领土争端上，印巴双方各执一词，互不相让，长期对峙，搞军备竞赛。印度1998～1999年度的国防预算超过107亿美元，比上年增长了14%以上，尤其印度是世界第4大债务国，人均国民收入仅有350美元左右，可每年不惜花费巨额军费，采购外国的先进武器装备。目前，印军的武器装备水平位居发展中国家的前列。对印度的军备活动，巴基斯坦在综合国力和军事实力上都不能与印度同日而语。面对印度的核讹诈，巴基斯坦认为，自己要有对策，要有自己的“战略王牌。”

（2）满足国内呼声的需要。印度进行核试验后，巴基斯坦国内要求进行核试验以展示国家力量、抗衡印度军事扩张的呼声日益高涨，巴政府内部反对党以及社会各界都在不断敦促政府采取断然措施保卫国家安全。从这个意义上来说，是否进行核试验也直接关系到巴总理谢里夫的威望和巴政局的稳定。

（3）以此表示对以美国为首的部分西方国家对印度核试验所作出的反应的不满。印度进行核试验后，虽然美、日等国立即宣布对其进行制裁；但巴基斯坦认为西方国家对印度核试验的反应太软弱，加之南亚地区各国对印核试验的立场和看法也不尽一致，这些都令巴基斯坦深感失望，促进了巴核试验计划的加速实施 。

三、核试验后果及影响

（一）印巴核试验进一步加剧了南亚地区的紧张局势。因克什米尔问题引起的几次战争和接连不断的冲突，大大加深了印巴两国间的宿怨和互不信任程度。多年来两国均将各自一半以上的兵力部署在克什米尔停火线地区，边境的紧张局势又导致了双方的军备竞赛愈演愈烈。两国此番核试验无疑加剧了两国间的军备竞赛，使两国关系更加紧张。长期以来，巴基斯坦在防止核扩散的问题上的政策一直与印度的核政策挂钩，由于印度拒不签署《不扩散核武器条约》和《全面禁止核试验条约》，因此巴基斯坦也未签署。巴基斯坦进行核试验意在与印度抗衡。目前，由于印巴间的核军备竞赛的展开，必将使本来就不稳定的南亚局势更趋紧张。

（二）印度的核试验给中国和巴基斯坦等周边国家的安全造成了新的威胁。印度进行核试验遭到了国际社会的严厉谴责和制裁，但为摆脱困境，却大肆鼓吹“中国威胁论”。印度这样做实际上是试图将其逆历史潮流而动进行核试验的责任推卸给中国。但事实恰恰相反，中国正在积极为建立国际核控制体制作出自己的努力。中国参加签署了《不扩散核武器条约》和《全面禁止核试验条约》，同其他核大国签署了互不首先使用核武器的协议，因此中国的核武器已不对包括印度在内的任何国家构成威胁。与此同时，为了创造安全的国际和平环境，集中精力进行经济建设，中国一再裁减军队员额和军事装备，因此也不存在中国对印度的常规威胁。相反，是印度的核发展正在威胁着中国的安全，威胁着印度周边其他国家的安全。印度不仅发展核武器，而且扬言要使用核武器，加之它没有加入国际核控制体制和缺乏科学的控制系统，这就给中国、巴基斯坦等周边国家安全造成了新的威胁。

（三）印巴进行核试验有可能在世界多个地区引起连锁反应。1995年5月，《不扩散核武器条约》得到无条件和无限期的延长。1996年9月，联合国大会通过了《全面禁止核试验条约》，并向会员国正式开放签署。国际军控与裁军发展趋势逼人，制止大规模破坏性武器的扩散已成为国际社会的共识和努力的目标，无核区建设也取得了长足进展，要求把南亚纳入国际核不扩散轨道的呼声日趋高涨。在这种情况下，印度和巴基斯坦的核试验不仅同有关条约的精神相左，而且也同全球致力于不扩散核武器和削减核武器的努力背道而驰。最为严重的是，印巴的核试验将有可能在世界多个地区引起连锁反应。目前，世界上有40多个国家是拥有核技术的“核门槛”国家。印巴两国的核试验无疑是对国际防止核扩散体制的一种冲击。今后其他国家有可能会仿效印、巴以自身安全受到威胁等为由发展核武器。

四、国际社会反应

印巴核试验在国际社会引起了强烈反应，受到了国际社会的一致谴责和制裁。

（一）联合国安理会等国际组织纷纷发表声明敦促印巴立即无条件地停止发展核武器并回到国际核控制体制中来。联合国安理会多次召开紧急会议研究印巴核试验问题，并于1998年6月6日通过1172号决议，呼吁印巴立即停止核试验，停止实施发展核武器计划，无条件地签署《不扩散核武器条约》和《全面禁止核试验条约》。联合国秘书长安南也发表声明并致信印巴总理，呼吁两国停止核试验，无条件接受《全面禁止核试验条约》。联合国安理会5个常任理事国外长6月4日发表联合声明严厉谴责印巴进行核试验，并要求印巴做到：立即无条件停止核试验，避免生产核武器和部署能用于发射核武器的导弹；立即无条件地参加《全面禁止核试验条约》，以便使该条约早日生效；保证不出口可能有助于制造大规模毁灭性武器或运载这种武器的导弹的设备、材料和技术；严格遵守不扩散核武器制度，不能拥有核武器国家的地位；双方避免进行威胁性军事调动，侵犯边境或其他挑衅行动，通过直接对话解决克什米尔等引起紧张局势的根源问题；双方采取切实措施防止军备竞赛，缓和双边紧张关系。世界银行5月26日也发表声明宣布推迟讨论对印度提供总计达8亿美元的4笔贷款。12月4日，联合国大会全体会议一揽子通过49项关于国际军控与裁军问题的决议，其中包括核裁军、在南亚和中亚建立无核区等问题。

（二）8国集团发表声明敦促印巴立即无条件停止核试验，全面遵守《全面禁止核试验条约》，并立即参加全球性条约谈判。8国集团1998年5月15日针对印度核试验发表声明，敦促印度停止核试验和部署核武器及运载核武器的弹道导弹，无条件遵守《不扩散核武器条约》和《全面禁止核试验条约》，参加有关停止生产核武器所需要的可裂变物质的全球条约的谈判。在巴基斯坦5月底进行核试验后，8国集团又于6月12日发表联合公报谴责印巴核试验，并颁布了不准向印巴提供非人道主义贷款的禁令。公报要求印巴两国做到：立即无条件地停止一切核试验和全面遵守《全面禁止核试验条约》，从而促使条约能早日付诸实施；不使核能武器化或部署核武器和不试验或部署能运载核武器的导弹，同时正式保证不使核能武器化和部署核武器或导弹；不进一步生产用于核武器或其他核爆炸装置的裂变物质，以积极的精神和在一致同意的强制性条件的基础上在裁军会议上参加其他国家的谈判，以便早日就限制裂变物质公约达成一致意见；保证不出口可能用于制造大规模杀伤性武器或能运载这种武器的导弹的设备、材料和技术。

（三）中国和俄罗斯对印度挑起印巴核试验竞赛给予严厉谴责，呼吁印巴尽快签署《不扩散核武器条约》和《全面禁止核试验条约》。中国外交部1998年5月14日发表声明严正指出：“印度政府不顾国际社会的强烈反对，继5月11日进行核试验之后，又于5月13日再次进行两次核试验，中国政府对此深感震惊，并予以强烈谴责。印度的行径是对国际社会要求全面禁止核试验共同意愿的公然蔑视，是对国际防止核武器扩散努力的沉重打击，将对南亚地区乃至世界的和平与稳定带来严重后果。对此，国际社会应采取一致立场，强烈要求印度立即停止发展核武器。印度政府冒天下之大不韪，破坏禁止核试验的国际努力，企图称霸南亚，挑起南亚核军备竞赛，却诬蔑中国对其构成核威胁，这是毫无道理的。中国自拥有核武器开始，一贯主张全面禁止和彻底销毁核武器，并单方面承诺无条件不对无核国家和无核区使用或威胁使用核武器。印度无端指责中国，完全是为其发展核武器寻找借口。中国政府将继续密切关注事态的发展。”5月15日，《人民日报》发表题为《称霸南亚的图谋》的特约评论员文章，对印度进行核试验的真实意图给予了无情的揭露，用大量无可辩驳的事实驳斥了印度散布的“中国威胁论”，奉劝印度政府不要再做伤害中国人民感情和损坏两国关系的事。5月19日，中国国务院副总理钱其琛指出，印度在140多个国家签署了《全面禁止核试验条约》以后，连续进行5次核试验是一件严重的事情，国际社会予以谴责是理所当然的。如果不制止印度进行核试验，在南亚就有进行核军备竞赛的可能性。俄罗斯总统叶利钦5月12日针对印度核试验发表讲话指出，俄罗斯对印度进行地下核试验十分不满，因为印度的核试验破坏了《全面禁止核试验条约》的基础，俄希望通过外交途径使印改变立场，尽早加入《全面禁止核试验条约》。5月13日，俄罗斯外长普里马科夫也呼吁印度不要再进行核试验。他强调，俄罗斯反对一切可能导致破坏《不扩散核武器条约》和《全面禁止核试验条约》的行动。在巴基斯坦进行核试验后，中国和俄罗斯又分别发表声明，呼吁两国立即停止核试验竞赛，尽快签署《不扩散核武器条约》和《全面禁止核试验条约》

（四）美国等国则通过经济制裁等手段向印巴施压，迫其停止核军备竞赛。美国总统克林顿于5月11日在印度进行核试验后发布命令宣布对印进行制裁，内容包括：停止除人道主义食品援助之外的对印度的一切援助；中止对印度的所有军事销售、军火出口许可证的颁发和军事援助；停止美国政府向印度政府提供的一切贷款、信贷、信用担保和其他财政援助；禁止所有美国银行向印度政府提供任何贷款或信贷；禁止向印度出口需要商务部出具出口许可证的特定商品和技术。同时美国国务卿奥尔布赖特指示美出口银行不再向印度提供担保和延长贷款。美国防部也宣布终止与印度的军事训练和防御合作计划。在巴基斯坦进行核试验后，美国又对巴采取了同样的措施，于5月31日正式宣布对其实施全面经济制裁。日本政府在印度核试验后立即宣布对印采取3项制裁措施，即：停止新的无偿资金合作；在日元贷款方面将根据印度今后的态度决定具体方针；推迟原定6月3日在东京召开的对印度捐助会议。同时日本首相桥本还表示要停止日印两国的高级官员交往。日本在巴基斯坦进行核试验后又宣布对巴进行经济制裁。巴西宣布取消在1996年与印度达成的两国联合利用核能的协议。加拿大宣布停止对巴基斯坦的一切援助和武器出口，并将寻求推迟国际金融机构计划在巴进行的投资项目。德国宣布取消原定于6月同巴基斯坦的双边对话，并冻结对巴的7000万马克的援助。瑞典决定停止向巴基斯坦出售武器。荷兰宣布冻结为巴基斯坦提供的所有经济援助。澳大利亚和新西兰等国还召回了驻印度和巴基斯坦的大使。

（张　宁）

斯里兰卡实现和平尚需时日　据媒体报道，1998年是斯里兰卡政府军对猛虎组织连续发动军事围剿的第3年，斯政府军在军事上虽未取得决定性胜利，但给猛虎组织造成重大损失：所控地盘逐渐缩小，人力与财力逐显不足，致使其领导人被迫宣布与斯政府举行有条件的和谈，但由于猛虎组织军事力量尚未受到彻底打击，仍不放弃要求“独立”的目标。斯里兰卡的和平进程在短期内难有结果。

一、斯政府从军事、政治、外交诸方面动手为早日结束内战创造条件

（一）在军事上对猛虎组织发动军事攻势，取得一些重大战果。（1）斯海军重创猛虎组织海上游击队。据斯里兰卡军方发言人1998年12月25日宣布，斯海军在1998年的多次战斗中重创了海上游击队，共击毁游击队船只106艘，击伤121艘，击毙游击队成员415人，其中，在11月初的一次战斗中，击毙海上游击队领导人瓦鲁万和另外9名海上游击队骨干，摧毁1艘大型后勤运输船。这支海上游击队始建于1990年，它的“自杀蛙人”一度曾对斯海军造成很大威胁。

（2）斯陆军发动几次攻势，取得重大战果。一是发动了代号为“必胜”的军事行动，打通了一条通往贾夫纳半岛长达75千米的交通线。据斯里兰卡军方发言人说，1997年5月斯政府军发起的“必胜”行动，经过1998年3个阶段战斗，迄1998年底已打通这条战略通道，从而使贾夫纳半岛和全国其他地区恢复联系。政府军还先后收复了被猛虎组织控制的奥曼泰、普利亚库拉姆和曼库拉姆等城镇和地区。至1998年8月，斯政府军打死猛虎游击队员1300人，政府军也付出严重代价，死1600人，伤12500人。二是发动了代号为“阳光力量”新攻势，收复被猛虎组织控制的奥杜苏旦镇，并把它与北方3个重要城镇连成一片，取得军事行动的初步胜利。据斯里兰卡国防部1998年12月4日发布的新闻公报称，斯政府两个师12月2日开始“阳光力量”行动，经过两天的战斗，至4日晚已夺取奥杜苏旦镇，政府军控制了134平方千米的地区，约有500名平民回到被政府军收复的区域内。但猛虎组织游击队仍在向政府军开炮，已造成1名军官和3名士兵受伤。

（二）在贾夫纳地区举行地方选举，从政治上孤立和限制猛虎组织活动。据法国报纸驻科伦坡记者报道，斯里兰卡北部贾夫纳地区和奇里诺奇地区10年来的首次地方选举于1998年1月29日举行，选举结果于1月30日凌晨全部揭晓。在这两个地区的17个市、镇、村级政权的232个席位中，伊拉姆人民民主党赢得105席，占近一半的席位。在这次地区政府选举中，为了保障安全，政府派出大批全副武装的军警在贾夫纳城和所有选区内担任警戒，以防猛虎组织进行袭击。此次选举是斯政府为恢复北部地区的行政体制迈出的重要一步。法国记者认为，贾夫纳半岛举行的地方选举，对斯政府来说是一个胜利，它将对猛虎组织起到孤立和限制作用。

（三）在外交上派官员出访南非和欧洲国家，切

断猛虎组织国际援助后路。斯里兰卡外长卡迪尔加马尔1998年11月15日～18日对南非进行为期4天的访问。这次访问恰逢美国、英国和其他西方国家加紧打击恐怖活动之际，因而此次出访对斯里兰卡在南非穷追猛打猛虎组织国外基地可谓意义重大。南非有大约100万印度血统的居民，其中大多数是泰米尔人。斯里兰卡报纸曾披露说，猛虎组织在南非当地泰米尔人中展开宣传攻势，争取支持筹款，设立训练营，南非是猛虎组织的国外基地。斯里兰卡官员认为，南非的印度裔居民为猛虎组织提供现成的基地，南非当地官员为猛虎组织在那里购买武器和设立训练营。因此，必须切断在南非的国外基地。在英国宣布严厉打击恐怖活动的新法律后，猛虎组织计划将其国际总部从伦敦转移至南非。猛虎组织在伦敦设立的国际总部为其在国内的内战募集资金、购买武器，成为猛虎组织生存的生命线。因此，斯政府意识到光在国内打虎，而不切断其国际援助是打不胜打的。在美国1997年宣布猛虎组织为恐怖组织、禁止其在美国筹款之后，1998年英国又表现出打击恐怖活动的决心，这使斯政府看到国际形势对打击猛虎组织有利，于是趁热打铁，1998年11月又派工业发展部长出访德国、意大利和比利时，进而切断猛虎组织在欧洲国家的援助后路。这两次出访为争取国内民族问题的早日解决创造了条件。

二、猛虎组织在斯政府的攻势下，日子很不好过，施展多种伎俩试图顽抗

（一）采用恐怖行动，阻挠贾夫纳市行使职能。据报道，贾夫纳市市长，泰米尔联合解放阵线党领导人尤吉斯瓦拉姆夫人于1998年5月17日在她的住所被猛虎组织两名枪手暗杀。她的遇害对斯政府的民族和解计划是一个沉重的打击。终年60岁的尤吉斯瓦拉姆夫人是在1998年1月29日的贾夫纳地区选举中获胜后被任命为市长的。任职期间，她积极奉行库马拉通加总统的民族和解路线，推行贾夫纳泰米尔人自治，受到当地居民的拥护。尤吉斯瓦拉姆夫人的丈夫，联合解放阵线前领导人尤吉斯瓦拉姆在20多年前也是被猛虎组织极端分子枪杀的。法国《世界报》驻科伦坡记者认为，猛虎组织通过暗杀贾夫纳市市长的恐怖行动表明，它们决心挫败使泰米尔族同政府接近的任何企图。与此同时，猛虎组织对那些同政府机构合作的人们一再发出威胁，致使贾夫纳的司法系统一直处于瘫痪状态，法官们只好呆在家里。

（二）组织反扑，进行报复。据斯里兰卡军方发言人称，1998年8月3日凌晨，猛虎组织游击队向曼库拉姆镇西部的政府军防线发起猛烈进击，政府军进行了顽强抵抗，经过一天的激烈战斗，政府军击退了猛虎组织游击队的进攻，共击毙了37名游击队员，政府军亦有15名士兵阵亡，16人受伤。据军方人士称，猛虎组织此次发动的反扑意在夺回曼库拉姆镇。该镇是1998年5月27日被政府军从猛虎组织游击队手中夺去的。1998年12月6日，斯里兰卡电力部长兼国防部副部长阿努鲁达·拉特瓦特刚刚走出斯里兰卡北部的奥杜苏旦镇的一所印度教寺庙，突然间几发炮弹在他附近爆炸，硝烟慢慢散尽，现场一片大乱，拉特瓦特发现身边的许多人都倒下了，而自己竟奇迹般毫发未损。据外电分析，此次行动是猛虎组织所为。虽然他们并未杀死拉特瓦特，但仍有包括1名贴身保镖在内的4名军人被炸身亡，有42人无辜平民受伤。

（三）改变态度，同意有条件进行和谈，实施缓兵之计。1995年11月底，斯政府军攻占贾夫纳市，猛虎组织首领普拉巴卡兰拒绝了政府的和谈建议，表示将继续争取"独立"的斗争。猛虎组织首领说："只要斯里兰卡军队留在贾夫纳，和谈的大门就紧闭着。"3年后，普拉巴卡兰于1998年11月27日表示，"如果有第3国参与，猛虎组织可以准备同政府和谈。"但他同时指出，和谈必须在和平与正常的气氛中进行。

据媒体分析，斯猛虎组织首领对和谈的态度之所以有上述变化，主要是其日子不大好过。在国际上，自印度宣布取缔该组织后，加拿大、美国都宣布其为恐怖组织，南非政府也于1998年11有宣布，不允许猛虎组织将其国际总部从伦敦迁到南非。在国内，斯政府军经过3年的清剿活动给猛虎组织造成重大损失，猛虎组织所控地盘逐渐缩小，而且人员与财力不足。自1983年内战开始以来，猛虎组织供认已有13230人阵亡。正是在这种内外交困的情况下，普拉巴卡兰提出让第3国参与和谈。南亚观察家认为，在猛虎组织游击队尚未被政府军全部击败之前，普拉巴卡兰的和谈建议不过是缓兵之计，毫无实际意义。

三、斯里兰卡实现和平遥遥无期

（一）斯兵力不足，一时难以打赢内战。据法国《世界报》驻科伦坡记者1998年8月6日报道，斯里兰卡前空军司令哈里·古纳蒂拉克说："这场战争是打不赢的。军队即使打通了那条通道，也不意味着内战结束，在兵员严重不足的情况下，又有什么办法确保这条道路的安全？须知，击退泰米尔猛虎组织，把它困在森林里，仅此就需要50万兵力。"据古纳蒂拉克说，斯里兰卡现有军队约有16.5万人，开小差现象十分严重。尽管全国失业率很高（失业人数占劳动力人口的12%），但青年人仍对参军不积极。这位老军人肯定说："战争政策并不能战胜泰米尔猛虎组织，

惟一的途径是谈判。”国防部副部长拉特瓦特将军曾一再许诺，要一劳永逸地解决泰米尔猛虎组织问题。但他的这种承诺仍是一纸空文，没有任何迹象能使人预测这场战争何时结束。

(二) 双方在举行和谈的立场上仍然存在一定的距离。猛虎组织呼吁第3国调停，而政府所希望的只是第3国促进和谈，目前已有几个国家提出愿意充当和谈促进者，这表明它们承认这场冲突是斯里兰卡的内政。而猛虎组织坚持要第3国进行调停，其企图是要使这场冲突国际化，这与斯政府的利益相悖，很难得到政府的响应。

(三) 猛虎组织搞恐怖袭击活动，使重建贾夫纳城工作难上加难。据报道，1998年以来，猛虎组织在斯里兰卡各地制造恐怖活动，破坏公共设施，伏击政府军和警察部队，暗杀敢于坚持反猛虎组织立场的政治家，威胁那些与政府合作的人们，再加上政府因财政困难拿不出经费，致使重建贾夫纳城工作难上加难。鉴于这种形势，很难对斯民族和解计划作出乐观的分析，斯里兰卡重建贾夫纳城实现国内和平仍然遥遥无期。

(曹连成)

印尼发生大规模骚乱事件 1998年，印尼在亚洲金融危机的强烈冲击下，经济陷入严重衰退，导致积蓄已久的社会矛盾激化，特别是引发了多次大规模骚乱。这些骚乱不仅给印尼本国的政治、经济和社会带来重大而深远的影响，也给邻国带来诸多的负面影响。

一、骚乱发生情况

1998年是印尼局势动乱的一年，各种骚乱持续不断，其中，规模大、波及面广、损失严重的骚乱有3次。

第1次（1月～5月）： 从1998年1月开始，印尼部分城市多次发生以大学生为主的游行示威活动。至5月，印尼局势明显恶化，首都雅加达等大城市爆发了大规模骚乱。在印尼国内各种政治势力的压力下，苏哈托于5月21日被迫辞去总统职务，由副总统哈比比接任总统。此次骚乱主要有3个特点：一是持续时间长，涉及地域广。这次骚乱从年初开始，持续时间长达5个月，超过以往任何一次。1、2月，万隆和爪哇岛等地发生了局部骚乱和罢工；3月上、中旬，万隆等城市又发生了大学生示威和绝食等活动；5月上、中旬，先是一些地区出现了大规模的示威游行，继而演变成涉及全国的骚乱，首都雅加达及万隆、泗水、棉兰、日惹特等大中城市发生了抢劫财务、持械杀人、焚烧汽车、捣毁公共设施等暴力事件，局势急剧恶化，印尼武装部队派遣15000名士兵、大批坦克和装甲车开进雅加达市区控制局势。二是骚乱规模大，损失严重。参加游行示威和制造骚乱者达数十万人，仅5月19日在雅加达国会大厦前游行的学生就达8000人。穆斯林领袖、反对党领导人阿明安·赖斯原计划将5月20日作为“全国觉醒日”，拟组织100多万人在雅加达举行游行示威，因苏哈托提前派15万大军进行封锁而被迫取消。这次骚乱造成数千人死伤，5000多座建筑物和近2000辆机动车被毁，直接经济损失达数十亿美元。仅雅加达一地，骚乱就造成1217人死亡、直接经济损失高达10亿美元。印尼当局称，这次骚乱是自1965年“9·30运动”以来最为严重的一次。印尼骚乱调查委员会的最后报告说，“5月骚乱是一场令人伤心的民族悲剧，给整个民族和国家的威望和尊严留下了污点。”三是参与人员广泛，政治目的明确。参与游行和骚乱的人员之广泛是前所未有的，不仅有学生、教师、工人、失业人员、反对党成员、伊斯兰教徒，而且还有退役高级将领、前政府要员、社团领袖等，其中包括印尼前总统苏加诺的长女、民主党领导人梅加瓦蒂，第2大伊斯兰教组织“穆罕默德协会”主席阿明安·赖斯，前任陆军参谋长、内政部长鲁迪尼等。他们的目的十分明确，即要求苏哈托下台，敦促政府进行政治和经济改革。此外，印尼骚乱调查委员会向政府提交的报告称，这次骚乱是有组织、有预谋的。报告指出，此次骚乱实际上是一个企图挽救苏哈托政权的政治阴谋，背后有明显的政府和军队高官参与的影子。这场骚乱的组织者原来是想通过制造混乱，把政治和经济危机转嫁到华人身上，但事与愿违，反而导致了苏哈托统治的突然结束。

第2次（7月中旬～9月中旬）： 1998年7月中旬至9月中旬，在雅加达、东爪哇、中爪哇、北苏门答腊、西加里曼丹、廖内等省市先后发生了焚毁商店、银行、仓库、种植园、房屋、机动车和哄抢财物等骚乱事件。这是5月大规模骚乱事件以来，印尼发生的一次范围最为广泛的骚乱活动，有人把它称为“第2浪潮”。7月13日，在雅加达以东的文登，2000名村民掠夺当地一个虾场；在雅加达以南60千米的茂物，几百名村民冲进前总统苏哈托的大农场闹事，要求获得农场土地耕种权。7月16日，在东爪哇首府泗水东南220千米的任抹，1000多人袭击了该市商业中心，抢劫食品、电器和各种零部件，迫使几十位华人店主逃跑；在东爪哇东部的外南梦，几千名村民袭击了当地咖啡种植园；在泗水以南180千米的玛琅，1000多农民毁坏了一个国营可可种植园，强烈要求政府归还强征的土地。7月18日，在雅加达市中心的人民市场，500多人包围出售食用油的摊点，抢走170箱食油。8月26日，在北苏门答腊省棉兰西南30千米的潘朱巴都，几百人袭击了一家国营棕榈油工厂，警察开枪予以阻止，造成10余人死伤。8月27日，在东爪哇省东部的文多禾梭市，2000多人袭击了当地华人开办的大米加工厂、商店和种植园，抢走大批大米、鸡蛋和食用油。8月28日，在中爪哇南部的港口城市芝拉扎，几千名渔民冲入努桑塔拉渔港，放火焚毁10条拖网渔船，然后冲到该市其他地区破坏和焚毁一些华人仓库、虾场和20所住宅、15辆汽车和摩托车。9月上旬，在中爪哇省的加布棉市，连续发生多起骚乱事件，74家商店、仓库被抢劫和焚毁，29辆卡车、公共汽车和摩托车被烧毁，警察向闹事者施放催泪弹，逮捕74人；在西加里曼丹省省会，3个仓库遭到抢劫，84吨大米和40吨白糖被抢走。9月14日，在北苏门答腊省会棉兰市，6000多名公共交通司机举行了罢工和示威，抗议物价上涨，要求政府降低物价。“棉兰争取民主大学生委员会”发表声明，支持司机的罢工行动，并宣称：哈比比政府执政已超过100天，但政治和经济状况并未好转，这说明政府没有能力解决经济危机。因此，要求哈比比总统辞职。9月15日，在廖内省望加丽县，几千人制造骚乱，烧毁500多间房屋、银行和商店。

据印尼媒体报道，发生这次大量抢劫事件的起因是基本生活必需品特别是粮食价格持续上涨，居民生活压力加重所致。5月骚乱事件后，粮食价格大幅度上涨，并带动了白糖、面粉、鸡蛋、食用油和其他生活用品价格上扬，尤其是食用油价格直线上升，每千克从0.2美元涨到0.5美元。造成粮食价格大幅度上涨的原因：一是印尼不少地区粮食歉收，全国粮食产量只达4600万吨，比预计的5300万吨减少了700万吨。二是由于印尼政府继续提供粮食补贴，投机商乘机把粮食偷运到价格比较高的新加坡、马来西亚和菲律宾等邻国，牟取暴利。仅1998年前8个月，就有几千吨粮食被私运到周边国家。三是政府官员腐化，贪污倒卖粮食，谋取私利。仅雅加达粮食管理局每天就有2500吨至3000吨大米被倒卖给大米经销商；西爪哇一个后勤供应站就贪污大米2500吨、大豆7.5万吨，给国家造成经济损失约4亿美元。四是销售渠道不畅，农民把大米卖给小商人，小商人卖给大商人，大商人又卖给中等批发商，这些批发商再把大米卖给小型批发商、零售商和超级市场，最后到达消费者手中。印尼粮食国务部长称，印尼有6800万人面临饥饿。一些城镇居民每天只能吃一顿米饭，部分农民3天才能吃一顿米饭。印尼人士认为，印尼许多地区都面临缺粮问题，加上物价不断上涨，人们不堪重负，只得去抢劫，从而酿成大规模骚乱事件。

第3次（11月中旬～12月下旬）：　11月中旬至12月下旬，印尼局势再起波澜，游行示威引发的骚乱和民族、宗教冲突频频发生。在印尼最高权力机构人民协商会议11月10日～13日召开特别会议之际，雅加达再次发生大规模学生示威游行，要求取消武装部队参与社会政治的职能，并要求彻底清查苏哈托及其亲信的财产，示威者同军警发生流血冲突，造成数百人伤亡。随后，在泗水、万隆、棉兰、巴厘等城市，大学生举行了不同规模的声援雅加达学生的示威活动，宣称“维兰托应对枪杀学生的流血冲突事件负责”，并要求“维兰托和哈比比辞职”。特别是在棉兰，有约5000名学生占领机场，要求将他们送往雅加达参加反政府活动；在楠榜省，数千名学生占领广播电台，要求广播他们对雅加达学生的声援声明。印尼“全国阵线”主席科马尔·伊德里斯称，他是反政府活动的“幕后策划者”。值得注意的是，一些社会犯罪集团借学生游行示威之机制造骚乱。11月14日，在雅加达市中心，有10几家商店和一些银行的财物被抢、玻璃被砸碎，数十辆机动车和3个高速公路收费亭被烧毁，3个警察局遭到石块袭击，印尼政府增调大批部队进入市区才控制住了骚乱。12月28日，在中苏拉威西省，发生了一场有8000人参加的大规模骚乱，造成200多个建筑物被毁、数百人受伤、几千人无家可归；在东爪哇省会泗水，大批人冲进警察局砸破玻璃，打伤数名警察，然后破坏了3家商店、烧毁4辆摩托车和汽车；在中爪哇省，几千名村民放火焚烧乡政府6所房子，并要求偿还被筹集的6.6万美元资金；在南苏拉威西省，执政的专业集团5名议员对地方政府领导人选举不满，策动人们烧毁了当地议会大楼。12月29日，在苏门答腊北部地区，民族分裂活动加剧，印尼政府采取“军事行动”试图逮捕“分立运动”领导人坎当，导致双方发生流血冲突，12人被打死、32人被打伤、170人被逮捕，但坎当在群众掩护下逃走。同时，在雅加达市和东努沙登加拉省，多次发生宗教冲突事件，共有22座基督教堂，5座清真寺，20多所房屋、餐馆、商店和电影院被烧毁，至少有14人丧生、17人受伤。

雅加达帕拉马迪黎利亚大学教务长认为，“近期骚乱事件又增多的主要原因是：“政治精英”之间的摩擦加剧、政府无所作为、种族和宗教关系紧张。”“穆罕默德协会”主席认为，“一些政党可能利用宗教问题来挑起骚乱。”《印尼观察家》报称，“雅加达等地发生的教派冲突表明，人们已经公开向现政府挑战。”

二、骚乱发生的主要原因

导致多次骚乱的主要原因有3个：

（一）金融危机是酿成骚乱的重要原因。1997年下半年，金融危机席卷东南亚地区，印尼由于金融体制存在严重缺陷，成为遭受危机冲击最为严重的国家之一。金融危机导致经济形势急转直下，国内汇市和股市暴跌，通货膨胀高达400%，币值下跌70%以上，印尼盾对美元的汇率曾一度跌至16500盾兑1美元，创历史最高纪录；外债高达1316亿美元；许多公司和企业倒闭，失业人数增至1340万人。此外，受厄尔尼诺现象的影响，印尼又遭受了50年未遇的大旱，粮食大面积减产，森林大火数月不灭，国民经济几近崩溃，民众生活极度困苦，怨声载道。

（二）政策措施运用不当是引发骚乱的直接原因。为摆脱金融危机，印尼政府于1997年10月同国际货币基金组织签署了总额达430亿美元的紧急借款协议，并根据该组织的要求开始实行紧缩财政、整顿金融机构、提高利率等改革措施。1998年5月5日，为满足国际货币基金组织的援助条件，印尼分别将汽油和电力价格提高了71%和60%。此举直接损害了广大民众的切身利益，民怨沸腾，学生率先走上街头抗议政府施政乏力，苏哈托被迫重新调整油料和电力价格，但为时过晚，回天无术，示威抗议活动已蔓延全国。

（三）专制腐败的政权是产生骚乱的根本原因。苏哈托执政30多年以来，一直实行独裁统治，民众长期处于军人和苏氏家族的高压之下；任人唯亲，官商勾结，贪污腐败严重，导致社会和种族矛盾日渐突出。苏哈托断垄了军方高层人事安排，让自己的心腹担任军中要职，并破格提拔二女婿伯拉博沃担任陆军战略后备队司令，将军权牢牢地置于自己的控制之下。在政府机构中，大多数重要职位均由苏哈托的家人和亲信把持。苏哈托家族组成的宠大商业王国，依仗权势捞取巨额财富，几乎印尼所有利润丰厚的行业都有他们的股份。据透露，苏哈托及其家族在长达32年统治中攫取了460亿美元的财富。不合理的政治、经济制度必然导致贫富不均。在印尼2.2亿多的人口中，贫穷人口约占一半，人民的基本生活得不到保障。因此，人民逐渐对苏哈托的独裁、腐败专制统治感到厌倦，要求实行民主的呼声日益高涨。在示威游行中，学生要求“民主改革”的呼声得到了社会的广泛回应和支持。同时，统治集团内部日益壮大的新生派也逐渐对苏哈托“一手遮天”专制统治感到不满，而苏任人唯亲的做法更使他们感到“人人自危”。在此次骚乱中，真正给予苏致命打击、迫使苏下台的压力是来自统治集团内部。5月18日，国会议长兼专业集团主席哈尔莫科公开要求苏下台；5月20日，14位内阁主管经济的部长联名辞职；武装部队总司令兼国防部长维兰托也在关键时刻放弃了对苏的支持。

三、骚乱带来的影响

印尼多次发生大规模骚乱，给其政治、经济和社会带来重大而深远的影响。5月骚乱导致苏哈托下台，结束了印尼长达32年的独裁统治时代，揭开了印尼历史的新篇章。政权的更迭，给印尼的政治、经济改革带来良好的机遇，对推动印尼社会的进步起到一定的作用。哈比比宣誓就任总统后，决心铲除腐败、裙带风和垄断，积极进行政治、经济改革：在政治上，采取释放部分政治 犯、开放党禁、取消新闻限制等政策，使全国出现了较为宽松的民主气氛；在经济上，整顿金融秩序，扶植中小企业和农村合作社，并出台了若干刺激投资的措施。上述政策得到了东盟、国际货币基金组织和日本等国际社会的认可和支持。但哈比比是苏哈托的亲信，缺少社会力量的支持，与军队矛盾也较深，面临着各派势力的巨大压力，特别是采取的清查苏哈托财产、铲除腐败等措施缺乏彻底性，未能根本扭转整个政治经济形势，人们要求全面彻底改革的呼声仍然此起彼伏，局部地区的示威游行和骚乱事件时有发生。同时，数次大规模骚乱使濒临崩溃的印尼经济雪上加霜。一是骚乱本身具有很大的破坏性，直接造成了严重的经济损失；二是5月骚乱后，印尼出现了大规模的外资撤退和国内华人资本转移；三是由于局势长期动荡不定，印尼政府难以集中精力抓经济建设。因此，印尼经济持续恶化。到1998年底，印尼经济出现了14%的负增长，外资减少44%，人均国民生产总值由1997年的1055美元降至436美元。一些经济学家说，印尼经济后退了25年，世界银行称，“印尼经济已进入严重衰退，要想恢复到1997年水平至少需要6～8年。”

印尼在东南亚地区具有特殊的地位和作用，其局势动荡给本地区造成诸多负面影响，一是给邻国带来不稳定因素。印尼是世界第4个人口大国，其局势动乱、经济困难，造成大批难民涌入邻国，并给其社会稳定带来隐患，新加坡、马来西亚和泰国等国担心印尼难民可能会超过八十年代越、柬难民，为此加强了沿海防范。二是减缓东南亚经济复苏进程。印尼是东南亚最大的经济体，经济总量占东南亚10国的30%以上，吸引外资占东盟国家外资总额的50%。但因金融危机的冲击和政局动荡的影响，印尼经济陷于瘫痪，处于崩溃边缘。由于地区内部经济上的密切联系，印尼经济困难直接影响了邻国经济复苏和金融形势稳定：印尼减少进出口，影响了东南亚其他国家的贸易；印尼无力偿还债务，增加了韩国和日本等债权国的金融风险；印尼货币不断下跌，影响了其他国家货币反弹的势头，特别是5月骚乱引起了东南亚汇率大幅下跌，股市低迷；印尼投资环境恶化，不仅导致外商从印尼撤资，而且使一些投资者对本地区其他国家的投资采取观望态度。这些负面影响，在一定程度上延迟了本地区经济复苏的时间。三是给印尼华人造成严重损害。在印尼的华人达700万人，占印尼总人口的3%以上。由于苏哈托家族和华人经济占据了印尼经济的主体，有相当一部分印尼人认为苏哈托是华人利益的代言人，存在严重的反对华人情绪。因此，在每次骚乱中，华人都成为首当其冲的袭击对象和牺牲品。据印尼骚乱调查委员会发表的最后报告称，在骚乱中遭受损害最严重的是华人，因为：被破坏的绝大部分商店、银行和居民住宅都是华人的；在遭到强奸和性骚扰的80名妇女中，绝大多数是华人妇女。大批华人华侨为躲避杀身之祸被迫离境，印尼移民官员乘机刁难、勒索。国际社会对印尼华人的悲惨遭遇感到震惊，纷纷予以强烈谴责。全球华人更是义愤填膺，强烈要求印尼政府尽快查明真相，严惩凶手。中国政府尽最大努力向印尼华人华侨提供关怀和帮助。骚乱期间，中国驻印尼大使馆对护侨工作倾注了满腔热情；骚乱发生后，中国政府多次通过外交交涉和新闻发言人发表谈话等形式阐述对华人处境的关切，敦促印尼政府采取切实措施保护华人的正当权益，减少和消除华人的恐惧心理，增加他们在当地生存的信心和勇气；华人妇女遭强暴事件被揭露后，中国政府又对此表示了严重关注和不安，要求印尼政府彻底查处，避免类似事件再次发生。在国际社会的强大压力下，印尼政府表示要对华人遭迫害和强暴事件进行调查，严惩暴徒。

（钟学良）

阿富汗两派在和谈失败后继续进行战场较量 1998年，阿富汗内战进入第9个年头。一年来，阿富汗“塔利班”和反“塔利班”联盟在和谈失败后，继续围绕着争夺政权问题在战场上进行较量。国际社会为促进阿富汗实现和解继续进行斡旋、调解，但仍未取得新进展。

一、阿和谈与内战形势

阿富汗“塔利班”和反“塔利班”联盟经过1997年4个阶段的军事较量，基本形成了南北对峙的局面。1998年，阿敌对双方在和谈失败后，继续展开激战，目前“塔利班”联盟取得重大胜利，现已控制全国90%的地区，处于优势地位；反“塔利班”联盟遭到重创，在一些地区已停止活动。但是距离结束内战还有一个漫长的过程。全年阿国内形势大体可分为以下3个阶段：

第1阶段（1997年12月～1998年5月）：“塔利班”与反“塔利班”联盟举行和谈。1997年12月28日，“塔利班”联盟最高领导人奥马尔在坎大哈会见巴基斯坦特使埃弗迪卡哈，通过其向反“塔利班”联盟提出建议，由双方派出伊斯兰学者组成代表团，在巴首都伊斯兰堡召开会议，按照伊斯兰教规就解决阿富汗问题进行讨论。1998年1月10日，反“塔利班”联盟发言人阿卜杜勒宣布，反“塔利班”联盟接受“塔利班”联盟的和谈建议，并将尽快拟定与会人员名单。3月下旬，“塔利班”联盟因对反“塔利班”联盟提交的与会人员名单不满而提出新的主张，建议由双方代表组成“联合筹划指导委员会”审查双方与会人员名单，确定召开伊斯兰学者会议的日程，反“塔利班”联盟虽对此不满，但在联合国、伊斯兰会议组织和巴基斯坦、伊朗等国的积极调解下，接受了这一建议。4月17日，双方宣布同意停火。4月26日，由双方14名代表（“塔利班”联盟5名，反“塔利班”联盟9名）组成的“联合筹划指导委员会”开始举行会议，双方代表在开幕式上宣布，此次会议是“两个兄弟为寻求和平而召开的会议”，他们“将致力于和平解决阿富汗问题”。当日，双方达成3点协议：（1）会议主席将由联合国和伊斯兰会议组织担任；（2）本次会议时间为3天左右，最多不超过5天；（3）有关会议的正式消息，将由联合国和伊斯兰会议组织的代表发布。4月27日，会议取得重要进展，双方就和谈日程达成一致，同意讨论成立“宗教学者委员会”、取消对人道主义援助的封锁、实现停火和交换战俘等问题。4月29日，双方又就成立“宗教学者委员会”问题达成3点协议：（1）双方将各自提出一份参加“宗教学者委员会”人员的名单；（2）任何一方无权否决另一方提出的名单上的任何人；（3）“宗教学者委员会”所作的任何决定都必须符合伊斯兰法的教规。4月30日，双方就应由“宗教学者委员会”还是由“联合筹划指导委员会”来讨论停火、交换战俘等问题出现分歧。“塔利班”联盟坚持应首先成立“宗教学者委员会”，并由该委员会讨论停火、交换战俘等问题。反“塔利班”联盟则主张应由“联合筹划指导委员会”来讨论这些问题。双方各执己见，互不相让，经过长达11个小时的争论，未能达成一致。在联合国、伊斯兰会议组织和巴基斯坦的调解下，双方同意休会2天，5月3日继续会谈。就在双方即将恢复谈判之前，“塔利班”联盟突然宣布，其原参加谈判的5名代表将不再回伊斯兰堡参加谈判，而是由“塔利班”联盟驻巴基斯坦首席代表阿卜杜尔·哈基姆·穆贾希德和另外2名“塔利班”联盟人员组成3人代表团参加。在下一步的会谈中，“塔利班”联盟只同意讨论成立“宗教学者委员会”问题。反“塔利班”联盟指责“塔利班”联盟出尔反尔，对和谈不抱诚意，并宣布“塔利班”联盟的3名新代表“不具合法性”，因而拒绝与其谈判。最后，“塔利班”与反“塔利班”联盟之间的和平谈判以不欢而散而告终。

第2阶段（1998年6～8月）：“塔利班”联盟发动夏季攻势取得重大胜利。阿敌对双方和平谈判破裂之后，“塔利班”联盟即开始积极整军备战，准备向反“塔利班”联盟发动夏季攻势。经过1个多月的准备，“塔利班”联盟共调集数万名精锐部队，自7月6日开始分别从阿东北部和西部地区向反“塔利班”联盟发动军事进攻，夺城掠地，连战连胜。7月11日，“塔利班”联盟首先攻占法里亚布省及其省会迈马纳。此后，“塔利班”联盟乘胜推进，于8月2日攻占了朱兹疆省省会席巴尔甘，8月4日占领了萨里布勒省，直逼反“塔利班”联盟总部马扎里沙里夫。8月6日，“塔利班”联盟开始向巴扎里沙里夫进攻，遭到反“塔利班”联盟的顽强抵抗，几次进攻受挫，人员伤亡严重。8月7日，形势突变，因数名反“塔利班”联盟指挥官临阵倒戈，“塔利班”联盟借机突破马扎里沙里夫市的外围防线。8月8日，“塔利班”联盟首先出动战斗机对马扎里沙里夫市进行轮番轰炸，进而又调集5000名部队向该市发起猛烈攻击。在“塔利班”联盟强大的军事压力下，反“塔利班”联盟被迫弃城逃跑。当日晚，“塔利班”联盟攻入该城，完全控制了市内的机场、主要交通要道和政府大楼。8月11日，“塔利班”联盟经过短暂休整后继续扩大战果，向北部的塔哈尔省省会、前总统拉巴尼和国防部长马苏德的大本营塔洛坎市发动进攻，经过近9个小时的激战，于当日晚占领该市。至此，阿国内战场形势发生重大变化，“塔利班”联盟控制全国90%的地区，处于优势地位。

第3阶段（1998年9～12月）：“塔利班”联盟与伊朗关系一度紧张，反“塔利班”联盟借机对“塔利班”联盟进行袭扰战。“塔利班”联盟8月8日攻占马扎里沙里夫后，因伊朗驻马扎里沙里夫领事馆的11名外交人员失踪一事同伊关系出现紧张。伊朗政府指责“塔利班”联盟绑架了伊外交人员，并先后通过联合国和巴基斯坦向“塔利班”联盟施加压力，要其尽快释放伊外交人员。“塔利班”联盟对此矢口否认，称其武装人员进入马扎里沙里夫市时伊领事馆已空无一人，并指责伊朗此举旨在为进一步干涉阿富汗内部事务寻找借口。9月10日，“塔利班”联盟突然发表声明，宣布在马扎里沙里夫市郊区发现了9具伊朗外交人员的尸体，并称“杀害这些人系擅自行事的“塔利班”联盟人员所为，并非有组织的行动”。伊朗对“塔利班”联盟出尔反尔，推脱责任的解释难以接受，连续发表声明予以谴责，要求“塔利班”联盟交还遇难人遗骸，引渡杀人凶手，释放被扣押的伊朗其他人员，公开向伊朗政府道歉。在国际社会的斡旋下，“塔利班”联盟于9月14日向伊朗交还了7具伊外交人员遗骸，但拒绝向伊引渡凶手和道歉。

随着“塔利班”联盟同伊朗关系紧张，双方在军事上也严重对峙，处于剑拔弩张之势。9月上旬，伊朗紧急向伊阿边境调动了7万名部队，25架飞机，140辆坦克和装甲车，90门重型火炮和2个萨姆－6机动导弹连，并举行了代号为“阿舒拉3”的军事演习，向“塔利班”联盟施加军事压力。9月10日“塔利班”联盟承认杀害伊外交人员后，伊又继续向伊阿边境增调部队，使总兵力达到20万。伊朗宗教领袖哈梅内伊公开向“塔利班”联盟发出警告：“伊政府将很快作出回击‘塔利班’联盟的决定，战火一旦燃起，将很难熄灭。”伊朗军方也宣布，伊武装部队已进入最高戒备状态，随时准备完成任务。面对伊朗的军事威胁，“塔利班”联盟毫不示弱，紧急向阿伊边境地区调动了2.5万名部队，准备反击伊朗的军事进攻。10月8日，“塔利班”联盟武装动用机枪和迫击炮等对伊朗东北部霍拉桑省的边境驻军进行袭击，伊朗军队进行猛烈还击，双方交火达3个小时，“塔利班”联盟损失惨重，3个边境哨所被摧毁。10月31日～11月2日，伊军20万部队在伊阿边境举行以“塔利班”联盟为假想敌的大规模军事演习，继续向“塔利班”联盟施加压力。

“塔利班”联盟同伊朗关系紧张引起了广泛的国际关注，国际社会一直希望双方“莫动干戈，以和为贵”，通过和平方式解决分歧。联合国安理会主席连续发表声明，强烈谴责“塔利班”联盟杀害伊外交人员，希望双方保持最大限度的克制。美国、俄罗斯、日本等国相继发出呼吁，希望阿富汗问题有关各方为寻求和平解决“塔利班”联盟同伊朗之间的分歧作出努力。巴基斯坦、沙特、阿联酋等伊斯兰国家也积极在伊朗同“塔利班”联盟之间进行斡旋，希望双方本着伊斯兰兄弟情意举行建设性对话，尽快通过和平途径解决彼此之间的分歧。在国际社会的积极调解下，至11月底双方紧张关系逐步缓和。

就在“塔利班”联盟同伊朗关系紧张之机，反“塔利班”联盟部队则借机不断对“塔利班”联盟进行袭扰战。9月20日，反“塔利班”联盟中马苏德的部队用火箭连续3次对喀布尔进行袭击，结果造成16人死亡，40人受伤，近30所房屋被夷为平地。10月16日晚，马苏德的部队向“塔利班”联盟控守的塔哈尔省省会塔洛坎市发起进攻，经过一夜激战，驻守该市的“塔利班”联盟部队遭到重创，大约有250人被俘，被迫撤离该市。11～12月，马苏德的部队又连续出击，先后在昆都士和朱兹疆省重创“塔利班”联盟武装。

二、国际社会的促和活动

1998年，国际社会对阿富汗局势仍然十分关注，联合国等组织和多个国家继续通过各种方式积极进行斡旋和调解工作，促进阿问题和平解决，但均未取得新的进展。

（一）联合国发表声明、召开会议或派特使进行促和。（1）联合国秘书长、安理会多次发表声明。1998年3月23日，联合国秘书长安南就阿富汗问题发表声明说，外部势力的干涉是阿富汗长期动乱的主要原因。阿富汗内战之所以长期得不到解决，是因为该地区内外的一些国家从自身利益出发，在政治和军事上支持一派反对另一派，并公然长期为他们提供武器，从而使阿富汗交战各方有恃无恐，不愿意或拒绝就政治解决分歧展开真诚的对话。联合国及其所有成员国都必须重视外部势力对阿富汗局势的干涉。安南呼吁有关国家能以阿富汗人民的利益为重，召开一次会议，就解决阿富汗问题统一立场，协调行动。安南还呼吁阿交战各方立即停止一切敌对行动，放弃使用武力，搁置分歧，进行对话，以实现政治解决冲突和民族和解。

4月6日，联合国秘书长安南向安理会提交一份报告说，联合国及其成员国有必要认真研究和对待阿富汗问题的外部因素。当日，安理会发表主席声明，敦促阿交战各方立即停火，要求外国停止对阿富汗事务的干涉。声明呼吁阿各派无条件进行政治对话，以求得冲突的持久政治解决和民族和解，并成立有广泛基础和完全代表性的政府。声明指出，外国通过向各个派别提供武器的形式对阿富汗事务的干涉仍在继续，这使各派领导人更加不愿意进行认真的政治对话。声明还呼吁阿交战各方给国际组织的救援行动提供方便，并表示支持安南对所传大量杀害俘虏和平民事件进行调查。

7月14日，联合国安理会审议联合国秘书长安南提交的关于近3个月以来阿富汗局势的报告。报告指出，5月份阿富汗冲突各派在伊斯兰堡举行的和谈宣告无限期中止和夏季攻势的开始是令人关注的两个问题。目前，阿富汗各派不仅不准备进行认真的和谈，而且抱有追求军事解决的幻想。尽管联合国一再呼吁外国停止向阿富汗输送武器，但本地区一些国家仍在从事这类活动。当日，安理会发表主席声明，呼吁阿交战各方停止战斗，立即无条件回到谈判桌旁，开展政治对话，以政治方式解决分歧，实现民族和解。声明要求外国停止对阿富汗事务的干涉，重申安理会将全力支持联合国秘书长阿富汗问题特使的活动，联合国将继续在争取和平解决阿富汗问题的国际努力中发挥关键而公正的作用。

8月6日，联合国安理会审议联合国秘书长安南关于阿富汗最新局势的报告。报告指出，由于阿富汗武装派别“塔利班”联盟近期加紧武装行动，阿国内的军事对抗急剧升级，对本地区和国际的和平与安全构成了严重威胁。当日，安理会发表主席声明，呼吁阿所有武装派别立即无条件地恢复谈判，通过和平方式解决冲突。声明重申，阿富汗危机必须由阿富汗各派在联合国的主持下通过直接谈判解决，阿有关各方必须加强相互信任与合作，通过谈判建立一个能保护所有阿富汗人权利的、基础广泛并且具有充分代表性的政府。声明呼吁所有国家立即停止对阿富汗内部事务的干涉，包括停止外国军事人员介入阿的冲突、停止向阿冲突各方提供武器和弹药、停止帮助阿武装派别策划作战行动等。声明还对阿富汗境内人道主义形势不断恶化表示关注，要求阿富汗当事各方、特别是“塔利班”联盟采取一切必要措施，确保人道主义物资的安全运送和国际人道主义工作人员在阿境内的人身安全和行动自由。

8月13日，联合国安理会发表主席声明说，军事手段无助于解决阿富汗冲突，恢复在联合国主持下的阿富汗所有派别间的谈判是解决阿冲突的唯一途径，安理会强烈谴责“塔利班”联盟近期在阿北部地区采取的强大军事攻势和造成的严重后果，要求“塔利班”联盟顺应国际社会的意愿，立即停止流血冲突，无条件实现停火。安理会强烈谴责“塔利班”联盟强行占领伊朗驻马扎里沙里夫总领事馆并扣押其馆员这一严重违反国际法的做法，敦促“塔利班”联盟立即无条件释放上述人员，并尊重他们的所有权利和保障他们的绝对安全。外部力量介入是导致阿冲突长期得不到解决的另一重要原因，安理会呼吁所有国家停止对阿内部事务的一切干涉，并努力创造条件促使阿交战各方恢复谈判。

9月15日，联合国安理会发表主席声明，强烈谴责阿富汗武装派别“塔利班”联盟的人员杀害伊朗驻阿富汗马扎里沙里夫外交官的事件。声明指出“塔利班”联盟的这一行为公然违反了国际法准则，同时也加剧了该地区的紧张局势。声明表示，联合国将参与调查这一事件，将肇事者早日绳之以法，声明要求“塔利班”联盟无条件地释放仍被扣押的其他伊朗外交官，在确保他们安全的前提下，立即让他们体面地离开阿富汗。声明再次呼吁阿富汗冲突各方立即停止武装战斗，恢复和谈。在联合国大会和联合国安理会有关决议的基础上和平解决冲突。

10月8日，联合国秘书长安南针对“塔利班”联盟同伊朗军队交火通过发言人办公室发表声明，呼吁“塔利班”联盟和伊朗保持最大克制，通过政治手段解决分歧。声明还要求“塔利班”联盟同联合国阿富汗问题特使卜拉希米充分合作，以缓解同伊朗的紧张局势。

12月2日，联合国秘书长安南在向联合国大会和安理会提交的一份报告中说，到1998年9月为止，“塔利班”联盟武装已控制阿富汗的大部分地区，阿富汗反对派力量，除马苏德指挥下的力量之外，大体上已经被消灭。但是，尽管“塔利班”联盟最近几个月取得了军事上的胜利，现在仍然不可能实现政治解决。阿富汗现已出现一种恶性循环，阿各派不能够就政治解决达成协议既是外界持续不断地干涉阿富汗事务的原因，又是这种干涉的后果。阿富汗已成为新的区域性“大竞争”的舞台。

（2）召开阿富汗问题“6+2”会议。9月21日，联合国秘书长安南在纽约主持召开了阿富汗问题“6+2”（“6”是指阿富汗6个邻国巴基斯坦、伊朗、中国、乌兹别克斯坦、土库曼斯坦和哈萨克斯坦；“2”是指美国和俄罗斯）高级别会议，安南在会议开幕式上发表讲话，对目前在阿富汗出现的局势深表关注，认为国际社会必须共同努力，推动和平解决阿富汗问题。会议达成谅解，呼吁阿富汗武装派别“塔利班”联盟同其他有关各方立即停火，进行政治对话，以结束阿富汗冲突，并在阿建立一个基础广泛、有多民族参加、具有代表性的政府。8国代表呼吁阿富汗交战各方立即释放所有被关押的非战斗人员，其中包括伊朗人。呼吁“塔利班”联盟尽快全部交还被杀害的伊朗外交官遗体，并提供全面合作，以使对伊朗外交官及联合国驻阿富汗特派团和人道主义机构人员在阿境内遭到杀害的调查工作能够顺利进行。8国代表还要求“塔利班”联盟完全遵守国际人道主义法律，停止向居驻在阿富汗领土上的国际恐怖主义分子提供庇护场所，并停止生产和走私毒品。

中国外长唐家璇在会议上发言时说，中国对最近阿富汗和伊朗边境出现的事态发展十分关切，希望各方保持克制，通过对话与协商解决分歧，避免局势进一步恶化。唐家璇说，中国对最近伊朗外交官在阿富汗不幸遇难深表遗憾。杀害外交官的行径严重违反国际法，中国政府对此予以强烈谴责，对有关国家对此做出的强烈反应表示理解。中国反对一切形式的恐怖主义，并反对以反恐怖主义为由干涉别国内政。中国希望尽早落实安理会关于调查伊外交官及联合国驻阿富汗特派团和人道主义机构人员遭到暗杀事件的要求，同时阿各派应防止此类事件再度发生。唐家璇说，中国作为安理会常任理事国和阿富汗的邻国，十分关注阿富汗局势的发展，希望阿富汗问题早日获得解决。要真正解决阿富汗问题，阿各派应以国家和民族利益为重，停止武装冲突，通过谈判和对话，实现民族和解。阿富汗问题应由阿富汗人民在没有外来干涉的情况下自己解决。唐家璇还说，中国主张采取有效措施，防止武器和作战物资流入阿富汗，积极推动阿各方尽早实现停火。中国将继续支持联合国在阿富汗问题上发挥主导作用，期待安南秘书长及其特使发挥更加积极的作用。

（3）派联合国阿问题特使进行斡旋。1998年3月20日～4月14日，联合国阿问题特使卜拉希米访问土库曼斯坦、乌兹别克斯坦、巴基斯坦和伊朗，就和平解决阿富汗问题进行第1轮斡旋。其间，卜拉希米分别同上述国家领导人和阿富汗交战各派代表进行了会谈，并表示，地区国家之间的合作是恢复阿富汗和平的前提。联合国对恢复阿富汗和平的态度是认真的，相信联合国与伊斯兰会议组织之间的合作将会加速缓解阿富汗国内的紧张局势。在卜拉希米等的搓合下，“塔利班”与反“塔利班”联盟从4月26日开始举行和谈，至4月30日休会。5月3日复会时，双方因代表团人员问题发生分歧，最后和谈以不欢而散而告终。

9月30日～10月19日，卜拉希米访问阿联酋、伊朗、巴基斯坦和阿富汗，就和平解决阿富汗问题进行第2轮斡旋。9月30日～10月3日，卜拉希米访问阿联酋，同扎耶德总统进行了会谈。卜拉希米表示，阿富汗局势的恶化可能引发一场地区性危机，阿富汗各邻国应帮助阿富汗人民解决其面临的各种难题，而不是支持他们继续进行战争。联合国一直在同包括“塔利班”联盟在内的阿富汗各派保持接触，也同阿富汗各邻国进行了联系，但这些国家至今未能就解决阿伊边境紧张局势统一认识。扎耶德总统表示，阿联酋作为承认“塔利班”政府的3个国家之一，对阿富汗目前局势有着特别的关注。阿联酋将同阿危机有关各方进行接触，以消除地区紧张局势。10月4～8日，卜拉希米访问伊朗，同伊朗总统哈塔米进行了会谈。双方一致认为，阿富汗问题无法通过军事手段解决，即使“塔利班”联盟占领阿富汗全境，阿富汗也不会就此出现平静。阿富汗只有建立一个具有广泛基础的政府，才能最终获得永久和平。卜拉希米希望伊朗在“塔利班”联盟杀害伊外交人员问题上保持克制态度。伊表示愿通过外交方式解决同“塔利班”联盟之间的问题。10月9～14日，卜拉希米访问巴基斯坦，同巴外交秘书谢姆沙德·艾哈迈德进行了会谈。卜拉希米表示，目前当务之急是缓解阿伊之间的紧张局势，以便在其他问题上取得进展，促进和平进程。谢姆沙德表示，巴希望联合国为避免阿伊冲突，促进和平与安全发挥其应有的作用。巴将与联合国和伊斯兰会议组织密切配合，全力支持为恢复阿永久和平所作的努力。10月15日～10月19日，卜拉希米访问阿富汗，同“塔利班”联盟最高领导人奥马尔进行了会谈。卜拉希米表示，国际社会再三强调，阿富汗实现持久和平的必备条件是建立一个真正代表阿各民族和政治团体的政治体制，“塔利班”联盟当局必须对此作出积极反应。同时，阿富汗各邻国对于阿恢复持久和平负有重大责任，这些国家应为结束阿富汗旷日持久的战争作进一步努力。奥马尔对卜拉希米上述立场表示赞同，并同意释放所有被扣押的伊朗人员。奥马尔还希望在伊斯兰会议组织的主持下，阿官员在沙特吉达同伊朗官员举行面对面的会谈，以改善双方的紧张关系。

(4) 向阿派遣人道主义监测小组进行现场督导。1998年9月15日，联合国负责人道主义事务的副秘书长德梅洛和负责政治事务的副秘书长普伦德加斯特在纽约同“塔利班”联盟代表举行会谈，讨论联合国向阿派遣人道主义监测小组问题。联合国就确保监测小组成员人身安全问题提出了以下具体条件：联合国飞机能够直接出入阿富汗；监测小组成员在阿期间由“塔利班”联盟派人护送；小组成员能够自由地使用联合国的通信设备；监测小组能够自由地接触所有受战乱影响的阿富汗平民。“塔利班”联盟代表表示接受联合国提出的所有条件。12月2日，联合国秘书长安南向安理会提交一份报告，正式建议向联合国驻阿富汗特使团增派一个监测小组。该小组由12名成员组成，将被部署在阿富汗的各大城市，其主要任务是监督阿境内的人道主义情况，防止大规模侵犯人权事件再次发生。12月8日，联合国安理会一致通过决议，决定在联合国阿富汗特派团中增设由12名成员组成的监测小组，要求阿富汗各派，特别是“塔利班”联盟采取行之有效的措施，保证所有联合国和国际人道主义工作人员在阿的人身安全，并为他们在阿境内的活动和工作提供方便。决议还要求阿富汗所有派别立即停火，在联合国的主持下就建立保护所有阿富汗人权利、具有广泛基础和充分代表性的政府进行谈判。

(二) 美国和俄罗斯等国派特使、发表声明或发出呼吁进行调解。(1) 美国总统特使抵阿富汗进行调解。1998年4月中旬，美国总统特使、美国常驻联合国大使比尔·理查森在访问巴基斯坦期间抽空对阿富汗进行了为期一天的访问，分别与“塔利班”和反“塔利班”联盟领导人进行了会谈。理查森称他此次访阿的主要目的有两个：一是希望阿交战各派立即实现停火，进一步推动联合国以及国际社会为解决阿问题所做的和平努力。二是在阿富汗建立一种权力框架，以最终在阿成立一个由各派参加的、基础广泛的政府。理查森是自1989年前苏联军队撤出阿富汗以来访问这个国家的最高级别的美国官员，这表明美国在时隔多年之后又重新关注阿富汗问题，其主要原因是美国已感到，由于阿富汗一直内战不止，在该地区已经或正在形成对美国利益的潜在威胁：一是阿富汗已成为世界上最大的鸦片生产国，是走私到欧洲和美国等地毒品的主要集散地之一；二是阿富汗的武器走私问题日益严重，而一些恐怖主义分子经常将在海外的美国人和美国机构作为袭击目标，这令美国人感到担心，因此，为了有效地解决上述问题，美国必须积极参与国际社会在阿富汗的和平努力，以尽早结束阿富汗旷日持久的内战。

(2) 叶利钦发表声明呼吁政治解决阿富汗问题。1998年10月9日，俄罗斯总统叶利钦就阿富汗局势发表声明说，目前阿富汗局势十分复杂，“塔利班”联盟武装想用武力控制阿全国的企图增加了解决阿内部冲突的困难，加剧了阿国内的紧张局势，引起了俄罗斯及其他独联体邻国的严重不安。俄主张在联合国监督下政治解决阿富汗问题。

(3) 俄罗斯与乌兹别克斯坦就阿富汗局势发表联合声明。1998年10月12日，俄罗斯总统叶利钦和乌兹别克斯坦总统卡里莫夫在塔什干就阿富汗局势发表联合声明。声明说：“鉴于阿富汗国内武装对立升级，俄罗斯和乌兹别克斯坦总统对阿富汗局势及对中亚国家和俄罗斯可能造成的后果深表忧虑。两国总统认为，‘塔利班’联盟运动所持的立场是致使这场自相残杀的战争愈演愈烈的主要原因，‘塔利班’联盟公然忽视包括了全面政治解决阿富汗冲突的主要原则的联合国有关决议，特别是联合国安理会1998年8月28日通过的决议。某些外部势力对阿富汗内部事务进行干涉，培植粗暴践踏人权、庇护恐怖主义和贩毒活动的极端主义政权，这些做法对独联体国家的南部边界构成了直接威胁。两国总统重申，使阿富汗保持一个主权的、独立的和统一的国家及其作为国际社会的平等一员和其他国家的友好邻国是必要的。为此，俄罗斯和乌兹别克斯坦愿意在双边和多边的基础上进行密切合作，积极参加联合国采取的行动，以尽快使阿富汗国内武装冲突转入阿富汗各派都能接受的、和平的政治解决轨道。两国总统非常重视在阿富汗的6个邻国和美国、俄罗斯（6+2）范围内进行磋商，并支持该小组的外交部长9月21日在纽约就会晤结果达成文件的各项条款。两国总统支持该小组在塔什干举行有阿富汗各派力量代表参加的会议的建议，以共同寻求政治解决阿富汗冲突的途径，两国总统呼吁‘塔利班’联盟运动及阿富汗国内其他有影响的力量进行建设性对话，以维护阿富汗的国家地位，取得持久和平及实行阿富汗经济和文化的复兴。为了保证阿富汗问题的解决，必须立即停止阿富汗境内的所有军事行动，阿富汗的所有邻国及其他国家应承担并无条件履行不由本国或经本国境内向任何冲突一方提供军备和其他军用物资的义务，不允许对阿富汗国内事务进行任何干涉，应组建有各民族团体和政治派别参加的具有广泛代表性的政府。两国总统强调指出，俄乌不能无视阿富汗及其周围的危险局势，并将采取必要措施。两国总统相信，政治解决阿富汗冲突的时机尚未错过，理智和诚意最终将占上风。”

（4）土耳其呼吁阿各派尽快实现停火。1998年8月8日，土耳其外交部发表声明，呼吁外国停止向阿富汗冲突各方提供武器和军事人员。声明说，土耳其对可能进一步导致流血冲突的阿富汗局势表示深切关注，希望阿冲突各方回到谈判桌前，尽快实现停火。只有在阿建立起由各派参加的政府才能使阿富汗实现永久性和平。

（三）阿富汗周边国家通过访问等方式积极斡旋和调解。（1）巴基斯坦积极进行斡旋、调解。1998年，巴基斯坦为促进阿富汗问题的解决，一直在积极进行斡旋、调解。1月6～7日，巴基斯坦阿富汗问题特使穆尔什迪访问伊朗，同伊朗外长哈拉齐和伊朗阿富汗问题特使布鲁杰尔迪举行会谈。穆尔什迪在会谈中表示，巴基斯坦将同伊朗就阿富汗问题交换意见，直到阿问题最终得到解决。伊朗外长哈拉齐表示，伊朗帮助阿富汗实现和平的立场是严肃认真的，将尽一切努力帮助推动阿富汗的和平进程。双方强调，伊朗和巴基斯坦作为阿富汗的两个重要邻国，应共同努力促使阿富汗停止内战，恢复和平。2～4月，巴政府领导人同联合国阿富汗问题特使卜拉希米一起多次与“塔利班”和反“塔利班”联盟领导人进行接触，呼吁双方通过谈判和平解决阿富汗问题，并最终促成双方于4月底至5月初实现第1次和谈，但会谈最后以不欢而散而告终。7月8～9日，巴基斯坦阿富汗问题特使穆尔什迪再次访问伊朗，就联合推动阿富汗和平进程问题同伊朗阿富汗问题特使布鲁杰尔迪进行会谈，双方同意将联合组团前往阿富汗，以推动陷入停滞的阿富汗和平进程。8月份，伊朗同“塔利班”联盟关系紧张后，巴基斯坦总理谢里夫致电伊朗总统哈塔米，表示愿为缓和双方紧张关系充当调解人，呼吁双方采取措施，以克制、相互理解、和解和合作的态度解决目前的危机。9月17日，巴外长阿齐兹作为谢里夫总理的特使访问伊朗，同伊朗领导人讨论了缓和伊阿紧张关系的措施。阿齐兹强调，伊朗在巴外交政策中具有重要地位，巴愿意与伊朗进一步发展关系。巴谴责“塔利班”联盟杀害伊朗外交人员，并呼吁审判和处罚凶手。针对伊朗怀疑巴向“塔利班”联盟提供军事援助，阿齐兹还建议伊巴两国成立“阿富汗问题联合委员会”，共同调查是否有外来势力对阿事务进行干涉。10月31日～11月5日，巴基斯坦外交国务部长坎朱访问乌兹别克斯坦、吉尔吉斯斯坦、哈萨克斯坦、塔吉克斯坦和土库曼斯坦，就政治解决阿富汗问题同上述国家领导人进行磋商。其中与土库曼斯坦达成协议，双方决定组成联合使团赴阿富汗进行和平斡旋。据坎朱称，巴土两国成立联合斡旋使团的目的是为了积极协助联合国和伊斯兰会议组织在阿富汗的一系列促和活动。

（2）伊朗希望阿富汗实现永久停火。1998年5月25日，伊朗总统哈塔米会见伊斯兰会议组织秘书长拉腊基时说，阿富汗问题是伊斯兰世界当前面临的最严重的问题，伊斯兰会议组织应当做出更大的努力加以解决。10月31日，伊朗外长哈拉齐发表声明称，伊朗希望阿富汗能够实现“真正、永久性的”停火，以便阿交战各方通过会谈来建立各民族的、具有广泛基础的政府。

（3）乌兹别克斯坦就阿问题同巴、伊协调立场。1998年11月24～26日，乌兹别克斯坦外长卡米洛夫访问伊朗和巴基斯坦，就阿富汗问题同巴伊两国协调立场。卡米洛夫在同伊朗外长哈拉齐会谈时，双方对阿富汗局势的动荡以及由此引发的恐怖活动和毒品走私猖獗表示极为忧虑，强调该地区国家应加强合作，帮助阿富汗尽早结束动乱。双方还敦促阿富汗“塔利班”联盟接受国际社会的要求，执行联合国安理会有关决议。在同巴基斯坦外长阿齐兹会谈时，双方强调恢复阿富汗的持久和平是一项十分紧迫的工作，重申两国完全支持联合国和伊斯兰会议组织为恢复阿富汗持久和平所作的努力。双方还表示，乌巴两国将密切合作，为尽早解决阿富汗问题共同努力。

（4）塔吉克斯坦呼吁外国停止干涉阿内部事务。1998年8月12日，塔吉克斯坦外交部长纳扎罗夫发表声明，呼吁国际社会和联合国采取必要措施，对阿富汗局势施加影响。他说，塔吉克斯坦领导人一贯主张阿富汗冲突各方立即实现停火，并在联合国等有关国际组织、俄罗斯和美国的监督下进行谈判。塔对一些外国力量介入阿富汗内部武装冲突表示遗憾，主张在没有外来干涉情况下通过和平途径解决阿冲突。12

月 22～23 日，纳扎罗夫就阿富汗问题访问巴基斯坦，同巴外长阿齐兹进行了会谈。双方共同发表的一项声明称，如果外来势力不停止干涉阿富汗内部事务，不停止向阿各派提供武器，阿富汗要实现持久和平是不可能的，双方重申将为尽早恢复在阿的持久和平加强双边和多边努力。

（刘温国）

哈萨克斯坦全面深化军事改革　1997 年 11 月，哈萨克斯坦总统兼武装力量统帅纳扎尔巴耶夫签署了“进一步实施武装力量改革措施的命令”；1998 年 2 月初，哈总统又签署了“开始在全国实施军事改革的命令”。这标志着哈独立以来第 3 阶段的军事改革已拉开了序幕。该阶段改革的主要内容包括：

一、改革武装力量的结构

哈武装力量将由现在的 5 大军种过渡为 3 大力量：常备力量（一般任务力量）、防空力量和保卫国家边界力量，并组建民兵预备役部队，以加强国防后备力量建设。

常备力量是哈武装力量作战兵力的基础，主要任务是打击主要战略方向上的入侵之敌，保卫国家的领土、区域和防线，粉碎入侵的敌方兵团，主要由陆军、机动力量等组成。机动作战力量是常备力量的重要组成部分，其任务是在军事政治形势急剧变化的条件下能完成突然降临的任务，保卫国家利益，支援战略方向上的作战兵团，或完成国家为维护地区的稳定与和平所承担的国际义务。防空力量的主要任务是保护国家的政治、经济和工业中心及行政区、武装力量的兵团、重要的国家和军事工程免遭敌方的空中打击；从空中打击敌方的部队，摧毁敌方的后勤、军事经济潜力和交通通讯网络等，由空军、防空军等组成。保卫国家边界力量的主要任务是保卫和防御哈萨克斯坦在陆上、海上、河、湖中的边界，并保卫哈萨克斯坦的经济利益，由边防军、岸防部队等组成。

在改组武装力量时，哈首先将裁减合并目前军内存在的一些空架子“师”、“团”，这些部队士气涣散、战斗力低下，且要消耗大量军费，严重影响了哈军建设。同时，将组建专门的部队和民兵防御力量，专门部队的主要任务是进行后勤保障和保障军事院校的正常活动；民兵防御力量将作为哈武装力量的预备部队，但在哈萨克人密集居住的地区将不考虑组建这样的组织。

二、划分国防部和总参谋部的职能，改革国防军事工业综合体

哈目前正在筹备划分国防部和总参谋部的职能，以便更好地实施改革，推进国家军事建设。哈国防部将转变为中央军事管理机构，主要担负军事政治方面的职能，并设立科学顾问和负责军事技术研究的机构；总参谋部主要执行战略战役规划方面的职能。

哈国防军事工业综合体以前是一个独立的部门，这次改革后将交由哈国防部直接管理。据哈国防工业委员会主席卡日巴耶夫讲，这有利于在有限的国防经费下保障和提高武装力量军事装备的水平，也便于协调和管理。这样，哈军事部门将成为国家一个独特的大型集团，国防产品生产、订购、核算等都将在军事部门内部进行。哈军事工业综合体划归国防部管理后，面临的首要任务就是对武装力量进行武器和技术的再装备。哈目前正在拟定 2005 年前武器和军事技术发展的国家计划，哈总统表示，从 2000 到 2003 年，随着国家经济的增长，武装力量将能得到足够的经费改善武器和技术装备。

三、完善军事院校体系和军官培养制度

近年，哈陆续成立了士官武备学校、边防军事学院、武装力量军事学院、内卫部队高等军事学校（1997 年 11 月）等军事院校，恢复了初等军事教育培训体系，加大了军事院校建设和培养军事人才的步伐。

哈士官武备学校直属国防部，建于 1996 年 7 月，主要任务是在职业化基础上分层次为哈培养初级军事指挥人才，即培养掌握各种专业技术的士官。士官是哈军为实现职业化新设立的，不同于以前的军士，也有别于军官，他们将得到略低于军官的工资和社会保障，能够终生服役（从 20 岁到 45 或 50 岁）。

哈萨克斯坦武装力量军事学院是哈最高军事学府，是 1997 年 2 月 11 日根据哈总统令在阿拉木图诸兵种合成高等军事学校的基础上组建的。哈总统 1998 年 1 月 16 日视察武装力量军事学院时说，该院将被建设成为哈未来的大型科技中心和武装力量军事科研中心，主要任务是进行军事科学研究，确定哈国军事科学的发展方向，为国家培养掌握高技术的职能专业的军官，以保证武装力量对军事科技干部的需求和推动哈军事科学的发展等。哈武装力量军事学院的具体任务是：（1）培养接受过高等、中等军事专业教育的军官；（2）承担全体军官的再培训和进修；（3）培训负责军事科学和教育的干部。目前该院已开设了军事研究生班。学院的院长为阿拜·塔斯布拉托夫少将。

四、改革并完善服役制度

为完善服役制度，从 1995 年起，哈修改了《普遍义务兵役法》的有关条款，开始在一定范围内试行合同兵役制。1996 年，哈颁布了《武装力量合同兵役制暂行条例》和《军官合同服役制暂行条例》，开

始正式试行义务制与合同制相结合的混合服役体制，到1997年5月，以上两个暂行条例已试行期满。据在萨雷奥泽克部队的试行结果，哈国家和军方领导都认为合同制有利于提高军人的责任感、职业化水平和部队的战备能力，取得了预期的效果。下一阶段哈将根据国家经济状况和军队情况进一步完善合同服役制度，有可能在更大的范围内推行混合服役制度。哈兵役制度的最终目标是过渡到单一的合同兵役制，但目前仍存在不少困难和问题。1996年秋，哈还开始试行《可选择服役方案》，其实质是：不能在正规军中服役的青年，可以到战地医院或其他国民经济实体中服役。哈认为这是保障公民履行兵役义务的一种有效方式。

五、改组国家护法体系

哈在全面推行军事改革的同时，也开始有步骤地改组国家护法体系，以便更有效地保卫国家安全和配合军事改革措施的实施。

根据1997年底哈总统签署的“实施巩固国家安全、进一步加强与腐败及有组织犯罪作斗争措施”的命令，哈国家安全委员会的结构和任务将发生转变：安全委员会将不再肩负对外反间谍的职能，这一职能将转由：“巴尔劳”局——哈萨克斯坦的“中央情报局”担负；安全委员会的职能将转变为与更危险的犯罪——腐败、走私和贩毒等犯罪行为作斗争。据哈国家安全委员会第一副主席阿勃萨梅多夫讲，哈国家权力集团中的腐败行为，主要是指国家公务人员、军人和护法机构、特别机构及法院的工作人员的犯罪行为，已成为哈国现阶段最严重的威胁。1998年1月20日举行的哈国家安全会议例会宣布，哈最近将出台《哈萨克斯坦安全法》，该法将明确规定新形势下各有关机构的职能。

通过此阶段的改革，哈希望把未来武装力量建设成为人数少，装备精良，火力强，机动灵活，能够在国家广阔的领土上快速有效地机动和在最短的时间内完成任何任务的职业化军队。这是哈建军以来最深刻、最系统的军事改革，将对哈军事建设产生重大和深远的影响。

（孟　亮）

塔吉克斯坦民族和解在曲折中前进　塔吉克斯坦政府和联合反对派1997年6月在莫斯科签署的民族和解总协定所确定的诸多任务，虽然在落实过程中还存在不少分歧，并且继续遇到某些势力的干扰，进展并不顺利，但是，从总体来看，该协定规定的任务正在逐步落实中，民族和解在曲折中前进。

塔民族和解有关文件规定，在1998年7月1日前的过渡期内，冲突双方应完成的任务是：将联合反对派武装收编到政府军中；联合反对派政党合法化；30%的政府席位由联合反对派人士担任；重新选举议会；就修改宪法问题进行全民公决等。到目前为止，落实的情况是：联合反对派领导人努里返回杜尚别，主持“民族和解委员会”的工作；境外难民全部遣返回国；联合反对派在政府中已占有9个部长席位，联合反对派第2号人物图拉宗左达出任政府第一副总理，专司独联体事务。

但是，塔民族和解的实现仍然举步维艰，矛盾丛生。其主要原因在于双方对是否建立“世俗国家”问题存在根本分歧。以拉赫莫诺夫总统为首的现政权主张将塔建成民主的、世俗的和法制的国家；而联合反对派则强调，应更多地尊重本民族的伊斯兰传统，避免使用“世俗国家”的提法。由于在这个问题上存在重大原则分歧，因此双方在政党合法化问题上各执一词。1998年5月塔议会通过新政党法，该法规定，“禁止以宗教为基础成立政党。”这意味着联合反对派主体——伊斯兰复兴党将无法在司法部登记，从而失去参与国家政治生活的机会。为此，努里已分别致函塔总统和联合国秘书长安南，希望修改该条款。双方在权力分配问题上摩擦加剧。总协定规定，联合反对派可在联合政府中占有14个部长席位，现尚有5个席位没有落实。政府原答应给联合反对派国防部长一职也未兑现。联合反对派武装的收编工作进展缓慢。联合反对派担心，一旦交出武装，将会失去谈判的砝码，影响参加未来的议会和总统选举。所以，联合反对派只将三分之一的武器上缴，而将大部分武器隐藏起来。联合反对派武装割据一方的局面并未根本改变。

在这种形势下，1998年先后又发生了武装冲突、恐怖主义活动和武装叛乱，使民族和解进程继续受到干扰。

一、联合反对派武装和政府军发生武装冲突

4月29日和30日，联合反对派的武装人员袭击了国防部、内务部以及边防部队在杜尚别东郊的哨所和营地，引起激烈的武装冲突。冲突中动用了坦克、火炮等重武器，造成多人伤亡。冲突发生后，拉赫莫诺夫总统专门会见了联合反对派领导人之一、第一副总理图拉宗左达，经过协商，政府军和联合反对派武装各自撤回原驻地；在冲突地区成立联合观察哨所，以共同警戒和维持秩序。

二、联合国驻塔维和人员被杀害

7月20日，联合国驻塔吉克斯坦观察团来自波兰和乌拉圭的2名军事观察员、来自日本的1名政治顾问和1名塔吉克斯坦籍的译员兼司机，在首都杜尚别以东约 180 千米的加尔姆地区执行例行巡逻任务时，遭到一伙身份不明的武装分子的袭击，4 人均在袭击中丧生。事件发生后，联合国秘书长安南立即发表声明，强烈谴责这起残暴的谋杀事件，要求塔政府和有关方面立即着手调查此事，并强调对当事者一定要绳之以法。7 月 22 日，联合国特别代表库比什在杜尚别宣布，联合国观察团从塔吉克斯坦召回全体工作人员。库比什在记者招待会上说，这类悲惨事件在联合国历史上是绝无仅有的。塔总统拉赫莫诺夫同日接见库比什时说，这是一起有政治内幕的恐怖行为。塔联合反对派方面也指责这一事件具有“唯恐天下不乱”的明显的政治企图。

事后，塔有关方面对此次事件进行了调查，但未见发表确切的和详细的结果。当地分析家认为，事件发生在塔联合反对派控制的地区，联合反对派中的极端主义分子很可能卷入了这起袭击事件。他们对联合国观察团支持的 1997 年莫斯科协定不满，企图通过制造这类事件向国际社会及塔政府施加压力。塔总统虽保证采取一切措施侦破此案，并严惩凶手，但是鉴于塔目前仍存在分割的局面，犯罪分子未必能被抓获并得到应有的惩处。

三、再次发生武装叛乱

11 月 4 日凌晨，塔吉克斯坦原快速反应旅旅长胡多别尔德耶夫率领的上千名反政府武装分子向塔总统卫队、国防部和内务部部队在塔北部城市胡占德附近的驻地发起进攻，占领了包括胡占德市警察局、奇卡洛夫斯克卫星城和奇卡洛夫斯克机场在内的多处战略要地。连接列宁纳巴德州与塔首都杜尚别的主要公路干线也被反政府武装分子封锁。11 月 5～6 日，塔政府从杜尚别调来增援部队，向反政府武装分子发起反攻，收复了上述被占地区和战略要地，控制了胡占德通往杜尚别的主要公路运输线，并包围了反政府武装在距杜尚别约 160 千米处的一个主要据点，迅速平息了叛乱。零散的反政府武装分子逃往乌兹别克斯坦边境。胡多别尔德耶夫对塔民族和解协定一向持有异议，指责塔当局对联合反对派“让步过多”。他曾于 1996 年 1 月和 1997 年 8 月先后两次发动“兵变”。1997 年 8 月“兵变”后被解除军职。他的部分支持者逃往塔乌边境地区。在塔民族和解协定实施的关键阶段，他又率领支持者发动武装叛乱，企图干扰民族和解进程。

以上情况说明，塔民族和解的各项协议虽已开始付诸实施，但未能全部按期落实。原定于 1998 年下半年举行的议会选举和关于修改宪法的全民公决已经推迟。塔民族和解的进程仍然任重道远，布满荆棘。但是，分析家认为，实现民族和解已成为塔国内各方的共识，并得到塔各主要邻国及国际社会的广泛支持。民族和解的总趋势是难以阻挡的，它将在艰难曲折中继续向前发展。

（张力群）

格鲁吉亚反政府势力制造多起暴力事件

1998 年，格鲁吉亚反政府势力接连制造了暗杀总统、扣押联合国军事观察员、军人哗变等多起严重暴力事件。这几起事件虽未影响格当局对局势的控制，但却暴露了格国内存在的深层矛盾，并引起国际社会的广泛关注。

一、格总统谢瓦尔德纳泽险遭暗杀

事情发生在格首都第比利斯的一条主要街道上，这是总统车队经常经过的地段。2 月 9 日晚 11 时 15 分，总统车队一行 7 辆轿车返回总统官邸的途中，行驶至靠近国家内务部的植物园附近时，突遭埋伏在库拉河岸边丛林中的约 20 名枪手的袭击。自动步枪子弹夹杂着火箭弹向车队密集射来。总统的“奔驰 600”车首先被火箭弹击中，只是由于该车特有的防护性能和警卫人员的勇猛机智，才使总统脱离险境，在巡逻警车的接应下安全返回总统官邸。这是谢瓦尔德纳泽自 1992 年接管国家政权以来第 2 次遇险。上一次是 1995 年 8 月 29 日发生在总统院内的汽车爆炸事件，谢氏受了轻伤。

整个战斗持续了十几分钟，总统卫队中有 2 人死亡，4 人受伤；对方有 1 人被击毙。据当时同总统在一起的卫队负责人证实，这批武装分子是经过严格训练的，整个行动计划相当周密。他们企图依靠强大的火力打垮整个卫队，并用火箭弹彻底摧毁总统的座车。谢瓦尔德纳泽在事件发生 1 个小时后发表声明称，这次事件并非当地破坏分子所为，而是国际恐怖活动势力在境外策划的。这些人对格现行的独立自主政策不满。俄通社——塔斯社认为，谢瓦尔德纳泽说的“境外”，显然指的是俄罗斯。但俄内务部和外交部负责人均否认俄与此次事件有关。当时正在意大利访问的俄总统叶利钦闻讯后强烈谴责这起“残暴的恐怖主义行动”。俄内务部负责人表示，如果实施此次行动的恐怖分子呆在俄境内，俄领导人保证向格方提供一切援助，破获这起恐怖案件。

事后查明，暗杀事件是前总统加姆萨胡尔季阿的支持者制造的，有七八名案犯被抓获，其他案犯在逃。

二、联合国驻格军事观察员被劫持

2 月 19 日早晨，在格政府准备举行记者招待会宣布企图暗杀总统的案犯名单时，在格西部阿布哈兹共和国的小镇祖格迪迪，4 名联合国军事观察员被劫持为人质。这 4 名军事观察员分别来自乌拉圭、捷克、瑞典和格鲁吉亚。劫持犯中为首的是格前总统的支持者埃塞布尔。他们提出了一系列要求，其中包括释放因涉嫌2月9日暗杀谢瓦尔德纳泽总统而被捕的所有人员，并威胁说，如不满足他们的要求，就枪杀人质。

事件发生后，格警察包围了关押人质的处所。联合国秘书长安南和安理会主席当天发表声明，强烈谴责这一恐怖主义行径，要求立即无条件释放所有人质。经过谢瓦尔德纳泽总统等许多人士的斡旋，并派出一个由格警方和联合国代表组成的小组同劫持者进行谈判，4名被劫持的人质于2月25日晚全部安全获释，15名恐怖主义分子向格当局投降。

三、格西部一支部队哗变

10月19日，驻扎在格西部地区的一支部队哗变。当天凌晨2时左右，以前总统加姆萨胡尔季阿的支持者、中校军官埃利阿瓦为首的军人集团夺走驻塞纳基村第12摩托化步兵旅的10余辆坦克、装甲车和其他武器装备，并诱骗100多名军人，开始了反政府行动。总数约为200人的反政府军封锁了格首都第比利斯通往西部地区的公路，并向格第2大城市库塔伊西推进。反政府军在霍尼居民点附近与政府军交火。政府军有1人死亡，两人负伤。反政府军的4辆坦克和两辆装甲车被缴获。

事件发生后，谢瓦尔德纳泽总统命令格军队进入完全戒备状态，并发表声明，要求哗变的军人放下武器，返回驻地，否则政府将采取一切必要的措施，格安全部长加科希泽、格总统全权代表沙希阿什维利同反政府军首领经过一天的谈判，最后反政府军接受了格当局提出的要求。19日晚，哗变的大部分军人返回塞纳基村营地，向当局投降。但反政府军首领埃利阿瓦及其数十名追随者已经逃匿。政府军进行了搜捕。格监察院已以叛国罪对他们进行起诉。

格前总统加姆萨胡尔季阿1939年出生于格西部，阿布哈斯族人，是格著名的语言学家和翻译家。苏联时期，由于主张格独立，宣传民族分裂主义思想，曾被作为不同政见者多次囚禁，1991年5月，他被选为格首任总统。当年12月，反对派武装攻打总统府，他仓皇出逃，栖身车臣。次年底，由于“精神崩溃”，开枪自杀身亡。但他在格仍有一定影响。1993年，受他影响的武装力量曾一度控制格西部的大部分地区，后被谢瓦尔德纳泽分化瓦解。近几年来，他的支持者在阿布哈兹和车臣等地，加紧进行爆破等恐怖训练，伺机报复。分析家认为，1998年发生的几起事件暴露出格社会潜在的矛盾尚未消除，格当局控制时局的能力尚待加强。

（张力群）

亚美尼亚政局震荡纳－卡争端更难解决

1998年初，亚美尼亚政局发生了重大变动。这一变动对纳－卡地位的前景以及外高加索地区安全形势的演变都将产生重要影响。

2月4日，亚美尼亚最高立法机构——国民议会相继接受总统捷尔－彼得罗相和议长的辞职请求，并根据宪法任命总理科恰良在新的总统选出前代行总统职权。3月中、下旬，经过两轮投票。科恰良当选为亚美尼亚新总统。

彼得罗相是亚美尼亚“开国之父”，他的突然辞职犹如一场政治地震，引起有关国家的严重关注。俄罗斯总统叶利钦当天发表谈话，对此深表“惊讶和遗憾”。阿塞拜疆总统阿利耶夫立刻作出反应，希望亚美尼亚局势很快稳定，两国关于纳－卡问题的和平谈判能够继续进行。美国国务院也对亚美尼亚局势的发展表示关切。

当地分析家指出，亚美尼亚领导层对目前的纳－卡问题解决方案存在原则分歧，是导致总统、议长辞职的导火线。以总统捷尔－彼得罗相为代表的“和解派”，主张接受欧安组织“明斯克小组”提出的和平方案，以纳－卡“高度自治”换取和平。以总理科恰良以及国防部、内务部和国家安全部等强力部门领导人为代表的“强硬派”，则指责彼得罗相在谈判中让步太大，无异于“出卖民族利益”，主张支持纳卡州的亚美尼亚族人的独立要求，反对使纳－卡留在阿塞拜疆版图内。

1998年初，亚美尼亚当局有关纳－卡问题的争论首次公开爆发。随后，首都埃里温接连发生几起针对总统卫队长等要人的恐怖活动。种种迹象表明，“强硬派”已准备向总统“摊牌”。

纳－卡，全名为纳戈尔诺－卡拉巴赫，原为阿塞拜疆的一个民族自治州。该州的居民76%是亚美尼亚族，23%是阿塞拜疆族。1988年2月，纳－卡地方议会发表宣言，正式提出“脱阿入亚”。1990年初，围绕纳－卡的归属问题，亚、阿两国发生直接冲突。苏联解体后，冲突继续扩大，导致几十万难民无家可归。

在国际组织及有关国家的调停下，双方在1994年达成停火协议。其后，双方曾多次进行接触，但是，由于双方在纳－卡未来地位、欧洲组织维和部队进驻冲突地区的时间等问题上坚持各自的强硬立场，使谈判陷入僵局。1996年12月，欧安组织马德里会谈曾在主席声明中明确了纳－卡和平3原则，即必须尊重阿塞拜疆的主权和领土完整；给予纳－卡“高度自治权”；切实保证纳－卡各民族居民的人身安全。这3项原则成为“明斯克小组”3主席国俄、美、法调停活动的政治基础，最终也为捷尔－彼得罗相总统所接受。

但是，在亚美尼亚国内，很多人担心纳－卡地区亚美尼亚族人的权益得不到保障。最新事态的发展正是这种强烈民族情绪的反映。据报道，欧安组织正考虑在年内在纳－卡地区部署多国维和部队，具体监督停火协议和有关条款的落实。亚美尼亚政坛发生的变动无疑会使原本错综复杂的纳－卡和平进程的前景更加难测。亚美尼亚新总统科恰良4月初表示，亚美尼亚反对纳－卡重新归属于阿塞拜疆。他强调，阿塞拜疆提出的有关使纳－卡在阿塞拜疆的范围内恢复自治地位的建议是不能接受的。他说，自1988年以来，“一切都发生了变化，恢复过去是不可能的。”亚美尼亚新领导人虽然对传媒表示，亚美尼亚当局将继续与阿塞拜疆进行和谈，但是，看来，纳－卡问题的解决更加困难。

（张力群）

中东地区军事斗争形势依然严峻　1998年，中东地区军事斗争形势复杂多变。中东和平进程虽然取得了一定进展，但是危机和冲突时有发生，离全面和平还相距甚远；库尔德、塞浦路斯等地区性问题仍是造成地区国家间关系紧张的重要因素；土以军事合作日益加强进一步影响到中东地区军事力量平衡。从总体上来看，和缓气氛中隐藏着动荡不定的因素，影响地区稳定的主要矛盾仍未消除，中东地区依旧是国际热点中的“热点”之一。

一、中东和平进程有喜有忧，全面和谈举步维艰，地区局势依然紧张

1998年，国际社会为挽救长期停滞不前的中东和平进程付出了不少努力，但收效甚微。巴以和谈断断续续，虽达成临时和平协议，却无实质性进展。黎以、叙以和谈仍无声无息。中东和平进程初期进展较快的局面已难以复返。阿以和谈步入了关键时期。

（一）巴以和谈磕磕绊绊，年底虽达成临时和平协议，但没有得到全面执行。1998年，美国出于其国际及国内战略的需要，加大了调解巴以和谈的力度。1月中下旬，美国在充分顾及以色列利益的基础上，提出了以色列在巴以和谈过渡阶段从约旦河西岸13.1%的领土撤军的方案。虽然美国建议的以色列现行撤军范围要比原来有关巴以协议所规定的30%少得多，但为了重新启动巴以和谈，以便实现巴以最后阶段的谈判，巴勒斯坦方面首先接受了这一方案。而以色列却一直以安全问题为借口，就美国的撤军建议与美巴双方反复讨价还价，致使美方一度扬言拒绝介入巴以和谈，到了10月中下旬，巴以直接谈判取得一定进展，美国赶紧趁热打铁，由克林顿总统亲自干预，把内塔尼亚胡和阿拉法特等人“请”到美国，要巴以双方非谈出个结果不可。从10月15日开始，巴以双方代表在美国马里兰州的怀伊种植园经过9天的艰苦谈判，最终于10月23日签署了巴以临时和平协议（又称“怀伊协议”）。根据这一协议，以色列应在12周内分3阶段从约旦河西岸13.1%的领土撤军，并释放750名被关押的巴勒斯坦人，开放加沙国际机场和禁止采取建立定居点、拆毁房屋、没收土地及其他未经磋商的“单方面行动”等。在协议签署后的一段时间内，巴以双方对协议的履行还是比较认真的。以色列于11月20日撤出了约旦河西岸的杰宁、纳布卢斯等地的28个村镇，加沙国际机场也于11月24日正式对外开放。巴勒斯坦也加强了对恐怖活动的打击，巴全国委员会中央委员会于12月10日批准删除巴宪章中关于消灭以色列的条款。但另一方面，由于双方签署这一协议的基础并不牢固，加上双方反和势力的干扰破坏，进一步执行协议遇到了重重困难和阻力。巴以双方在以释放巴勒斯坦政治犯和巴打击恐怖活动等方面分歧较大。一方面，巴勒斯坦权力机构指责以色列政府违约，搞偷梁换柱的把戏，在先期释放的250名巴勒斯坦人中，只有93人是战俘和政治犯；而以明确表示，以计划释放的750名巴勒斯坦人中，约有550人是刑事犯，其他许多政治犯都是“哈马斯”激进组织的骨干分子，是不能放虎归山的。对此，巴勒斯坦群众在约旦河西岸和东耶路撒冷展开了大规模的抗议示威活动，加剧了双方流血冲突。另一方面，内塔尼亚胡在协议签署后，一直面临着反对党和联合政府内反和势力的巨大压力，不得不借以色列犹太居民和士兵遭巴方袭击的事件为由，举行小型内阁会议，向巴方提出执行协议的5项先决条件，即巴方必须正式声明放弃1999年5月4日单方面宣布建国、立即停止“煽动暴力”的言行和不再要求释放“双手沾满鲜血”的巴勒斯坦罪犯及“哈马斯”成员等，巴方对此表示坚决反对。以方这一节外生枝的举动使得临时和平协议执行受挫。12月21日，以议会以81票支持、30票反对，拒绝批准内塔尼亚胡提出的巴以和谈新方案。不久又通过了反对党工党和梅雷兹党3名议员联合提出的有关“解散议会和提前大选的议案”。这样，临时和平协议的实施和以巴关于巴最终地位的谈判不得不在以大选期间中断，巴以临时和平协议没有得到全面执行。

（二）叙以、黎以谈判悄无声息，以色列从黎巴嫩南部有条件撤军建议受挫，黎以冲突时有发生。1998年，作为中东和平进程重要组成部分的叙以和黎以谈判仍然悄无声息。尤其是叙以双方在谈判条件方面分歧依旧，叙利亚要求在与以色列前工党政府谈

判的基础上恢复和谈，因为以前工党政府曾口头答应以撤出戈兰高地换取与叙利亚的和平；而以现任总理内塔尼亚胡则表示愿意在没有任何先决条件的情况下恢复与叙利亚的谈判，即以叙谈判从零开始。双方在谈判条件上的分歧导致和谈一时难以取得进展。因此，以色列转而想在黎以和谈上有所突破。1998年年初，以色列提出了从黎巴嫩南部有条件撤军的建议，但条件是黎政府必须保障以边界安全。4月1日，以内阁开会批准接受联合国安理会425号决议首次正式表示要从黎南部撤军，呼吁黎巴嫩与以色列尽快举行安全谈判，并就撤军后黎巴嫩南部的安全控制问题达成协议。以的这一撤军建议刚宣布就遭到阿拉伯世界的一致谴责。黎巴嫩政府明确表示拒绝这一建议，强调以必须按照联合国决议无条件从黎南部撤军，而不应附加任何安全协定。与此同时，黎叙两国还就此事进行了政府间磋商，一致决定拒绝接受以方建议，批评以的目的是企图把叙以和谈和黎以和谈分隔开来，是在挑拨叙黎关系。关于以提出的安全保证问题，黎官员表示，黎政府不可能为以提供安全保证，因为黎政府只对黎人民负责，黎不会同以就安全安排问题举行任何谈判。这样，以从黎南部有条件撤军建议未能如愿。10月下旬，巴以临时和平协议签署后，美曾表示将尽力推动叙以和黎以谈判取得进展，但到年底，叙、黎与以和谈仍无动静。

1998年全年，黎巴嫩南部的紧张局势一直未能缓解，在多起军事冲突中，黎以双方均有人员伤亡。年内，双方地面部队的活动虽不像1997年那么频繁，且规模也较小，但以军空袭活动不断。据有关方面统计，到8月中旬，以对黎南部被怀疑是真主党游击队阵地发动了近70次空袭。以军在黎南部的军事活动严重损害了该地区的和平与稳定，并造成不少平民伤亡，遭到阿拉伯国家的一致谴责和反对，国际社会也一再呼吁以不要袭击黎平民目标。

*（三）以继续实施扩建定居点计划，巴被占领土抗议示威和暴力恐怖活动不断。*以在被占领土上不断扩建犹太人定居点一直是阻碍巴以和谈向前推进的重要因素。1998年，以仍未放弃其扩建定居点计划。年初，以色列政府即宣布将在约旦河西岸扩建犹太人定居点，这些新的犹太人定居点大部分在位于耶路撒冷周围约15千米的范围内。6月21日，以内阁正式批准了以总理府、内政部和耶路撒冷市政府制订的耶路撒冷扩建计划。根据这一计划，耶路撒冷市西边的一些犹太社区将被并入该市，同时东、北、南3个方向的部分郊区也将划归耶市管辖。如果这一计划得以实施，以色列将会吞并约旦河西岸18%的土地。因此，这一计划不仅受到耶市西边犹太社区居民的抗议，而且也遭到巴勒斯坦权力机构和美国政府等方面的猛烈抨击。巴民族权力机构官员指出，以的目的是要在巴以最终地位谈判前改变耶路撒冷市的现状。美称该计划为“极端的挑衅行动”，并可能引发该地区的暴力冲突。国际社会纷纷对以色列此项计划进行了抨击，迫使以政府暂有所收敛，内塔尼亚胡也公开表示该计划不会改变耶路撒冷城现状。12月29日，正从事巡回竞选的内塔尼亚胡在耶路撒冷老城区表示，他要继续在被以称为“统一首都”的耶路撒冷地区建立犹太人定居点。而就在此前又一个多月，他还向美国表示，以在现阶段将停止在耶路撒冷扩建犹太人定居点。从这可看出，内塔尼亚胡在扩建定居点问题上的强硬立场丝毫未变，其出尔反尔的本性暴露无遗。

1998年年初以来，巴勒斯坦人针对以方的游行示威和暴力恐怖活动不断，并在年底前一度呈上升趋势。3月10日，希伯伦市发生了一起以士兵开枪打死3名巴勒斯坦人事件，这引起巴勒斯坦人的愤怒。自11日起，在希伯伦，拉马拉、伯利恒等地的巴勒斯坦人持续举行了数天大规模反以示威游行活动，示威者与以色列军警间不断发生激烈冲突，造成不少巴人受伤。这一事件给巴以和谈带来很大负面影响。9月10日，以士兵在约旦河西岸的希伯伦市打死两名“哈马斯”成员。不久，巴勒斯坦自治区各城市即发生了反以示威活动，抗议以军枪杀上述两名巴勒斯坦人，并要求以归还死者遗体。这一活动遍及拉马拉、希伯伦、伯利恒、杰里科、纳布卢斯和加沙等地，示威者同以军发生冲突，造成数十人受伤。9月底至11月初，在加沙地带和约旦河西岸的希伯伦、杰里科等地，耶路撒冷以及以南部城市贝尔谢巴等地，发生了近10起爆炸、暗杀等恐怖活动，造成不少以士兵和平民伤亡。12月2日，1名极端犹太移民刺杀了1名巴勒斯坦人，激起了耶路撒冷东区、拉马拉、纳布卢斯和伯利恒等地的巴勒斯坦人举行抗议示威活动，从而掀起了大规模的反对以定居点政策、要求释放被关押的巴勒斯坦政治犯的斗争浪潮。12月5日，约旦河西岸的巴以流血冲突继续扩大，大批巴勒斯坦人在约旦河西岸各地开展了声援在狱中绝食的350名巴勒斯坦政治犯的斗争。这些活动造成不少巴人受伤。鉴于巴被占领土局势持续恶化，当时正在北欧访问的巴领导人阿拉法特临时决定中止外访，于12月6日返回加沙。就在7日晚，又发生了一起巴勒斯坦人向1名犹太人定居者开枪事件。从以上这些事件中可看出，除了一贯反对与以和谈的激进势力（如“哈马斯”）对以进行恐怖活动外，其他巴勒斯坦民众针对以色列的暴力行动也有所上升。预计随1999年5月4日巴以奥斯陆协议所规定的最后期限到来，巴人民的这种建国无望情绪还会有所抬头。

（四）美国、欧盟、埃及等为推动中东和平进程积极进行斡旋，但收效不大。美国作为中东和谈的主要调解国，和谈进展与否对美外交形象和中东战略影响很大。由于和谈久陷僵局，阿拉伯世界对美国偏袒以色列的立场日益不满，认为美国在执行其中东政策时实施“双重标准”。随着奥斯陆协议规定的巴以和谈最终日期的临近，美国一改 1997 年蜻蜓点水的做法，在 1998 年加大了调解力度。自年初开始，美就提出了有关撤军方案，邀请内塔尼亚胡和阿拉法特赴华盛顿进行磋商，并不断派特使罗斯前往中东说服双方接受这一方案。经过美方的大力调停，巴以双方在 7 月份恢复了中断 16 个月之久的直接会谈，罗斯与奥尔布赖特又前往中东进行穿梭斡旋，以缩小分歧。另一方面，由于克林顿总统绯闻缠身，8 月份后更面临被弹劾的危险。为了改变在美国公众中的形象，他急需取得重大外交成果。因此，在 10 月份他采取了一项不同寻常的措施，将巴以双方谈判代表“关”在怀伊种植园，直到他们达成协议为止。除奥尔布赖特在怀伊度过了整整 9 个白天与夜晚外，克林顿本人也投入了几十个小时参加会谈，甚至两度请来正在医院接受化疗的约旦国王侯赛因从中斡旋，真到了不遗余力的程度。这在美国外交史上是少有的。巴以双方最终达成了临时和平协议，终于使美国人长期以来的频繁调停工作有所收获。协议签署后，为了监督协议实施，克林顿又前往以色列和巴勒斯坦控制下的加沙地带进行保持微妙平衡的访问，并向以色列提供 12 亿美元作为对以方执行协议的援助。12 月 14 日，克林顿对加沙地带进行了一次历史性的访问，他赞扬巴勒斯坦人有“机会在他们自己的土地上决定自己的命运”，这使巴人感到欣喜不已。许多人曾经希望，克林顿的访问会有助于他们实现建立一个独立的巴勒斯坦国的梦想。但由于以方中止了临时和平协议的实施，巴勒斯坦控制的约旦河西岸地区的暴力活动呈上升趋势，巴以和谈又出现了复杂局面，美国的调停工作面临着新的课题。

欧盟　中东和欧洲毗邻，相互间关系悠长，欧洲在中东有着广泛而重要的政治和经济利益，中东是否稳定对欧洲利害攸关。欧盟作为国际社会的一个重要方面，长期以来，一直积极参与中东和平进程，并努力树立公正调解人的形象。自 1993 年巴以双方达成奥斯陆协议以来，欧盟对中东和谈事务的发言权日益增大，在对巴勒斯坦的经济援助中，欧盟的份额也是美国的两倍。在中东和谈长期停滞不前的状况下，1998 年欧盟也明显加强了参与中东和谈的力度。首先，欧盟对停滞不前的中东和平进程表示严重关注，反对以色列扩建定居点，主张以按巴以相关协议无条件从约旦河西岸撤军，按照联合国 242 号和 425 号决议，从戈兰高地和黎巴嫩南部撤军。在叙以和黎以之间实现和平。其次，任命中东事务特使负责协调阿以和谈相关事务，并派出欧盟轮值主席国领导人赴中东地区进行穿梭访问，发挥调解作用。对于欧盟的调解活动，巴勒斯坦方面表示欢迎，而以色列则明显表示出不满，以希望欧盟对中东和谈的参与活动仅限在经济领域，即欧盟仅提供经济援助，不要在政治上进行参与。3 月中旬，欧盟轮值主席国英国派外交大臣库克访问了埃及、巴勒斯坦、约旦、以色列、叙利亚和黎巴嫩，带去了与美国不同的欧洲方案，受到阿拉伯方面的普遍欢迎；4 月中旬，布莱尔首相又先后访问了埃及、沙特阿拉伯、约旦、以色列和巴勒斯坦。布莱尔在访问中反复强调美国在中东和谈事务中处于主导地位，同时也力陈欧盟在中东事务中发挥作用的重要性，认为没有欧盟的辅助和补充作用，美在中东和平进程中的主导作用是不完全的。通过此次访问，欧盟成功实现了将巴以领导人 5 月份请到伦敦会谈的目的，更进一步发挥了欧盟在中东和谈中的调解作用。欧盟为推动中东和谈而任命的欧盟中东事务特使莫拉蒂诺斯也多次前往中东地区进行斡旋，在巴以间传递欧盟对中东和谈的立场和建议，受到有关各方的重视。

埃及　作为中东地区最重要的国家之一，在中东和平进程中，埃一直在阿拉伯世界范围内发挥着重要作用。1998 年，埃及继续利用自身的优势在推动中东和平进程中进行不懈努力，其作用主要体现在 3 个方面：一是促美联欧推动中东和平进程。埃及一方面呼吁美国真正承担其和平进程倡导国的作用，向内塔尼亚胡施加压力，促其改变顽固立场，同时又加强同欧洲国家的接触、磋商，呼吁欧洲国家助美国一臂之力，携手推动中东和平进程。一年中，埃及总统穆巴拉克先后同来访的美国副总统戈尔、国务卿奥尔布赖特、中东问题协调员罗斯以及其他美国政要就拯救中东和平进程问题进行会谈，寻找良策。埃及外长穆萨也前往美国进行磋商。埃及一再呼吁美国以公正的态度发挥一个诚实的调解人作用，呼吁美国尽快推出新的和平方案，为陷入困境的中东和平进程寻找出路。在力促美国采取实际行动的同时，埃及还呼吁欧盟，特别是法国和英国在推动中东和平进程中发挥作用。尽管埃及一再表示，欧洲国家的作用是辅助性的，只是美国的补充，但其本意是打欧洲这张牌，促美国尽快行动，若美国对此仍无动于衷，拿不出真东西来，埃及则打算与欧洲国家联手替代美国拯救中东和平进程。一年来，埃及先后同来访的英国外交大臣库克、首相布莱尔、欧盟中东特使莫拉蒂诺斯就如何推动中东和平进程举行了磋商。在欧盟有关和谈的建议遭以色列拒绝后，穆巴拉克于5月中旬访问巴黎时，同法国总统希拉克联合提出召开“拯救中东和平的国际会议。”埃及称，一旦美国的调解失败，埃法两国准备接替美国，为拯救中东和平作出努力。二是协调阿拉伯国家立场，维护阿拉伯民族利益。在巴以双方就巴自治问题展开的马拉松式的艰巨而又曲折的谈判中，埃及一直是谈判的主要场所和外交斡旋的重要舞台。以中东和谈调停人著称的穆巴拉克总统同巴勒斯坦民族权力机构主席阿拉法特、叙利亚总统阿萨德、约旦国王侯赛因等保持着紧密联系，每当谈判遇到障碍或陷入僵局时，埃及总是及时出面调停，使会谈免于破裂。1998年，埃、巴、叙、约、黎领导人的互访、磋商就达20多次，阿拉法特更是穆巴拉克的常客，最多时，1个月数次访问开罗，及时与穆巴拉克沟通情况，协调立场。在叙以、黎以和谈方面，埃及也不断做叙利亚、黎巴嫩的工作，说服他们在谈判中采取更加灵活的策略，以便达成双方都能接受的解决方案。面对内塔尼亚胡的强硬立场，阿拉伯国家能统一立场，顶住压力，这其中埃及功不可没。三是做以色列的工作，促其改变立场。4月28日，内塔尼亚胡对埃及进行了他就职以来的第4次访问，同穆巴拉克总统就中东和谈及两国关系等问题举行了长达两个多小时的会谈。穆巴拉克在会谈中重申了阿拉伯国家的立场，并希望以色列采取切实措施推动中东和平进程，虽然内塔尼亚胡立场仍然强硬，会谈未能取得预期效果，但这次会谈仍不失为阿以之间全面表明立场、疏理分歧的重要步骤，也是埃及努力推动中东和平进程的新尝试。除埃以首脑会晤外，埃及领导人还分别同来访的以色列国防部长莫凯迪、以色列反对党领导人巴拉克、以色列总理特使丹尼·纳菲、以色列议会阿拉伯议员代表团以及以色列民间组织“现在就和平”运动代表团就如何推动巴以和谈，拯救中东和平进程举行会谈，交流意见，做说服工作。巴以双方10月23日能在华盛顿签署临时和平协议，使停滞长达19个月之久的和谈僵局得以打破，这其中也有埃及的一份功劳。埃及在中东和平进程中发挥的调解人的作用赢得了国际社会的普遍赞誉。从中东和平进程的发展趋势来看，阿以和谈之路仍将是蜿蜒曲折、荆棘载途。但埃及仍将在中东和平进程中发挥独特作用。

二、库尔德、塞浦路斯等问题难以解决导致地区危机时有升温

1998年，土耳其多次进入伊拉克北部围剿库尔德工人党武装，并在10月份以叙支持库尔德工人党分裂土的活动为由挑起了与叙关系危机；在塞浦路斯问题上，希腊和塞浦路斯共和国（即南塞浦路斯政权）欲在塞岛部署俄制S-300导弹一事引起塞岛局势和希土关系持续紧张，土甚至威胁要使用武力摧毁这些导弹，地区紧张局势难以缓和。

（一）土耳其军队不断进入伊拉克北部围剿库尔德工人党武装，造成地区局势不稳。库尔德问题是一个地区性问题，牵涉到土耳其、叙利亚和伊拉克等国家，而最令土政府头疼的是库尔德工人党。该党为争取建立独立的库尔德国家，自1984年以来一直在土东南部地区进行暴力恐怖活动。土政府为消灭该组织花费了大量的人力、物力和财力。1998年，土进一步加大了打击库尔德工人党的力度。2月初，土内阁会议决定在伊北部地区建立一个安全区，名义上是为了阻止美伊冲突时大量伊库尔德难民进入土境内，本意则是仿效以在黎南部建立安全区的模式，加大对土库尔德工人党武装在伊北部地区活动的打击力度。为此，土派出5000多人的部队进入伊北部，后因伊拉克及国际社会的反对未能如愿。4月14日，土开始实施春季军事行动，出动地面部队打击库尔德工人党武装分子，并出动战斗机轰炸了土伊边境的库尔德工人党营地，打死了不少库尔德工人党武装分子。4月底，土发动了10年来为数不多的大规模清剿行动，出动兵力达4万人，在陆空部队的协同配合下，在土国内和伊北部打死了不少库尔德工人党武装分子。10月初，土派出1万多人的地面部队在战斗机的配合下，再次进入伊北部追剿库尔德工人党武装。10月20日，土耳其和叙利亚达成共同打击库尔德工人党武装的阿达纳协议后，在叙领土的库尔德工人党武装分子纷纷逃往伊北部库尔德工人党营地。11月初，土又派出约2.5万名军人进入伊北部进行追剿，并出动战斗机和武装直升机对该党营地进行轰炸。在多次进入伊北部的围剿行动中，土取得了不少战果，不仅消灭了不少库尔德工人党武装分子，而且摧毁了许多该党在伊北部的营地，缴获了大量武器弹药。不过，土的上述行径引起国际社会的强烈不满，谴责土的举动对维护地区局势稳定不利。伊拉克也一再发表声明，抨击土的上述行动，认为这侵犯了伊领土和领空主权，对该地区的安全和稳定也构成了威胁，要求土从伊北部撤军。

（二）土借叙支持库尔德工人党武装一事挑起与叙关系危机，地区局势一度呈现紧张气氛。土耳其因与以色列结成军事联盟而受到阿拉伯国家的指责，其中叙利亚可谓是阿拉伯国家中的先锋，不仅鼓动阿拉伯联盟通过谴责土以军事联盟的决议，而且还积极与伊朗等国结盟对抗土以军事联盟，土对叙的所作所

为耿耿于怀。10月初，土主动挑起与叙利亚的关系危机，借口叙支持库尔德工人党针对土采取恐怖活动，要求叙交出库尔德工人党领导人奥贾兰，否则将对叙进行军事打击。为此，土加强了在土叙边境的军事部署，并准备在靠近叙利亚的地中海海域进行军事演习，对叙进行军事威胁。土政界和军界领导人也多次扬言要对叙动武，导致两国关系及地区局势出现长达半个多月的紧张气氛。叙针对土的武力威胁，也加强了边境兵力部署，但叙领导人一再强调愿同土保持睦邻友好关系，在互相信任的气氛下，通过外交途径解决相关问题。后经国际社会调解，特别是埃及总统穆巴拉克和伊朗外交部长哈拉齐的斡旋，叙土双方立场均有所缓和，双方于10月20日达成阿达纳协议，叙宣布不再支持库尔德工人党，并将其领导人奥贾兰等驱逐出叙利亚，保证在库尔德工人党问题上与土合作。土对此感到满意，叙土紧张关系有所缓解。但在叙将库尔德工人党领导人奥贾兰等驱逐出叙后不久，土又指责叙国内仍有库尔德工人党活动。可以预见，库尔德工人党问题仍是今后叙土关系危机中的一个潜在因素。

（三）塞浦路斯导弹危机严重影响塞岛及周边地区局势稳定。塞浦路斯共和国（即南塞浦路斯）政府于1997年1月从俄罗斯订购了价值数亿美元的射程为150千米的S－300地空导弹，这些导弹预计于1998年8月运抵塞浦路斯。对这笔交易，土耳其和北塞浦路斯土耳其共和国（即北塞浦路斯）政府提出了强烈抗议。北塞浦路斯政府认为，南塞浦路斯部署导弹是对北塞浦路斯的严重威胁。土耳其也认为，南塞浦路斯部署导弹后，北塞浦路斯领土和土耳其本土都会受到严重威胁。因此，土政府一再声称将采取必要的军事对抗措施，包括不惜使用武力摧毁这些导弹及其相关设施。南塞浦路斯方面声称，因为土耳其长年在塞浦路斯岛北部部署有3万多人的部队，所以，南塞浦路斯需要增强对西海岸海、空基地的防卫能力。希腊方面称，如果土袭击南塞浦路斯导弹设施，希腊将予以反击。双方针锋相对的立场加剧了塞浦路斯岛紧张气氛，希腊和土耳其关系也出现恶化。再加上塞岛土、希两族和谈自1997年夏天以来一直陷入僵局，塞岛导弹危机更增加了塞岛局势的紧张气氛。

1998年4月14日，土耳其外交部发表声明指出，土武装部队总参谋部已制定了阻止塞部署导弹的具体措施，并已开始进入实施阶段。随着俄塞双方预定的导弹交货日期日益临近，土加强了相关监视活动。在海上，土严密监视地中海和黑海过往船只，竭力防止俄导弹零部件通过海上运往南塞浦路斯；在空中，土不断出动飞机进行侦察巡逻，监视塞岛可能部署导弹的异常情况。7月中旬，土军政领导人频繁出访北塞浦路斯，为北塞浦路斯政权鼓劲打气，为如何阻止在塞岛部署导弹进行磋商，并反复重申土绝不会因南塞浦路斯部署导弹而放弃武力打击的强硬立场。希腊和南塞浦路斯政权的立场则硬中有软。南塞浦路斯方面一再声称不会放弃与俄导弹交易，希腊也表示，如果土耳其采取军事挑衅行动，希土两国就可能爆发战争。但是，希腊和南塞浦路斯均表示，支持联合国秘书长在安理会有关决议的框架内为解决塞浦路斯问题所作出的努力，呼吁国际社会继续为塞浦路斯岛上土耳其族和希腊族恢复对话及实现非军事化进行努力，如果塞岛和平进程取得进展，或者塞岛非军事化建议能得以实施，塞可以取消同俄交易。在国际社会的压力下，南塞将原定的导弹交货日期由8月份推迟至11月份，随后又推迟至年底。12月29日晚，塞浦路斯总统克莱里季斯宣布，不把导弹部署在塞岛，但也不取消合同，而是准备把它们部署在希腊的克里特岛。这样，长达两年之久、受到国际社会关注的塞岛导弹危机终于告一段落。

为了化解塞岛导弹危机，国际社会也进行了频繁的斡旋活动。塞岛导弹问题一开始就引起了美英等国的关注和不安。他们担心俄罗斯通过向南塞浦路斯出售导弹扩大其在东地中海的影响，担心导弹问题导致塞岛两族甚至希、土两国发生冲突，从而影响欧洲的稳定和美、英在该地区的根本利益。所以，美英一再劝说南塞浦路斯当局取消导弹协议。欧盟则频频暗示，导弹危机不结束，南塞浦路斯政府期待已久的加入欧盟问题会受到影响。美国国防部长科恩、总统塞浦路斯问题特使霍尔布鲁克、国务院塞浦路斯问题协调员米勒等先后对希、土两国进行了访问，呼吁塞岛希、土两族尽快恢复谈判，并表示愿帮助希、土两国改善关系，建立信任，实现和平。一方面，美国不赞成南塞浦路斯部署俄制导弹，另一方面则希望土在此事上保持克制，避免与希腊发生武装冲突。此外，美还不断做俄的工作，希望其放弃这一武器交易计划，但遭到俄领导人的拒绝。联合国方面也积极推动塞岛问题谈判，试图通过塞岛希、土两族间接谈判来解决导弹危机问题。12月22日，联合国安理会通过了关于塞浦路斯问题的两项决议，要求秘书长安南加紧斡旋，推动塞浦路斯问题解决，南塞浦路斯政府对此作出了积极反应，认为安理会的决议为解决塞浦路斯问题带来了希望，也为他最后就导弹问题做出决定提供了基础，从而为进一步缓解导弹危机创造了条件。但是希土双方围绕着导弹重新部署问题分歧依旧，如果两国不采取克制态度，很可能酿成新的冲突。

三、土以军事合作取得实质性进展，对

维护中东地区军事力量平衡产生不利影响

1998 年是土耳其和以色列军事合作协议继续得到落实的一年，双方合作势头发展强劲，取得了明显的实质性进展。首先，举行了海军联合演习。在美国的支持下，1月7日，以色列、土耳其和美国在以色列西海岸的地中海海域举行了为期1天的代号为“美人鱼”的联合海军演习。约旦的1名海军军官应邀观摩了此次演习。虽然演习内容只是演练海上救险，但叙利亚、埃及，黎巴嫩和伊朗等国指责这次演习是炫耀武力，在中东地区制造战争气氛。巴勒斯坦解放组织发表声明称，这一军事演习使以色列和土耳其军事联盟具体化，对阿拉伯世界，特别是对叙利亚、黎巴嫩和伊拉克的安全构成了真正的威胁，土以军事联盟有可能导致地区军事对抗，并招致外国对这一地区的干涉，使中东和平进程遭到失败。其次，合作研制防空导弹。4月20日土新闻媒体透露，土耳其和以色列将联合生产一种射程为150千米的中程防空导弹，土总参谋部一位高级官员称，这种导弹同美国和以色列目前正在研制的“箭”式导弹性能接近，装备后将大大提高部队的防空能力；10月中旬，土以双方的军火公司签订了生产价值8000万美元的新型地空导弹军事协定。根据该协定，以拉斐尔公司将与土合作生产比该公司“瞪眼”导弹更先进的武器；据称，土正商讨参加美、以合作生产“箭－2”型防空导弹的计划。第三，大力开展双边军贸合作。1998年1月，以色列与土耳其签订了一项价值6.5亿美元的合同，以帮助土改良54架F－4“鬼怪”式战斗机，并为土提供军事侦察设备；另一项价值7500万美元的合同规定，以将帮土改良48架F－5喷气式战斗飞机。第四，加强军事情报交流。在帮助土打击库尔德工人党武装等方面，以情报部门经常为土提供相关情报，为土搜集情报提供各种先进仪器，使土受益不小。

为了平息阿拉伯国家的不满，土、以不得不分别做埃及等阿拉伯国家的工作，并一再声称土以军事合作不针对任何第3国，但阿拉伯国家对此信者甚少。针对土以军事联盟不断加强的趋势，叙利亚和伊朗等国也明显加强了战略合作关系，明显表现出对抗土以联盟的意图。中东地区一旦出现两大地区性对抗集团，无疑将给本来就不稳定的中东局势带来更为不利的影响，将使中东地区原有的军事力量平衡被打破，以色列与土耳其结盟使以在与阿拉伯国家的实力对抗上更胜一筹。

（朱祥龙）

伊拉克危机升级美英悍然发动空袭 1998年伊拉克武器核查危机一波三折。前两次危机在国际社会的大力斡旋下暂时得以和平解决，均未酿成战火。但在12月中旬爆发的第3次危机中，美英以联合国特委会主席巴特勒12月15日向安理会提交的关于伊拉克不配合联合国武器核查报告为借口，在未经联合国安理会授权的情况下，悍然对伊发动了代号为“沙漠之狐”的空袭行动，开创了我行我素的先例，受到国际社会强烈谴责。

一、空袭经过

此次空袭作战，由美军中央司令部司令津尼海军上将担任总指挥。在行动中，美英共在海湾地区集结了包括“企业”号和“卡尔·文森”号航空母舰在内的30艘作战舰艇，其中英军舰艇两艘；海、空军战机300余架，其中英军战斗轰机18架；驻科威特美军地面部队5000人，包括“爱国者”防空导弹连约500人。美英军总兵力约30000余人。空袭行动共分4轮进行。首轮空袭由美海军单独实施。12月17日凌晨，位于波斯湾的美“迈阿密”号潜艇等美军舰艇开始向伊拉克发射“战斧”式巡航导弹，揭开了空袭行动的序幕。约半小时后，“企业”号航空母舰所载的数十架F/A－18战斗/攻击机和F－14战斗机满载激光制导和自由落体炸弹，飞赴伊拉克执行轰炸任务。当夜美海军共向伊发射了约200枚“战斧”式巡航导弹。伊军事指挥、情报系统、防空部队、共和国卫队军营、大规模杀伤性武器生产基地及研究机构等重要军事设施在首轮空袭中遭到沉重打击。17日，美总统克林顿发表讲话称，美发动“沙漠之狐”行动的目的在于摧毁伊拉克研制、生产大规模杀伤性武器的能力，消除其威胁周边邻国安全的能力。美国防部长科恩宣布，为加强打击力量，美将增派“卡尔·文森”号航母战斗群、包括6架F－117A隐形战斗轰炸机在内的60架空军战斗机和3个“爱国者”导弹连增援海湾。17日晚至18日凌晨，美英海空军联合对伊拉克实施了第2轮大规模空袭。美军的B－52轰炸机和首次参战的B－1隐形轰炸机以及英军的“旋风”式战斗轰炸机都加入了对伊空袭行动。18日，美“卡尔·文森”号航母战斗群共7艘舰艇驶抵海湾。“卡尔·文森”号载有36架F/A－18战斗/攻击机、19架F－14战斗机和4架E/A－6B电子战飞机，其余6艘军舰均可发射“战斧”式巡航导弹。该航母战斗群的到来加强了美英对伊空袭力量。当日晚，美英海空军对伊进行了第3轮空袭。鉴于海湾地区阿拉伯国家自19日晨进入伊斯兰教“斋月”，为避免过分刺激伊斯兰教教徒的宗教感情，20日，在结束对伊第4轮空袭后，美英宣告“沙漠之狐”行动结束。此次空袭从17日开始至20日，共持续70余小时，美英战机共出动了650余架次，发射巡航导弹446枚，是自海湾战争以来美英对伊拉克规模最大的一次空袭。

“沙漠之狐”行动给伊拉克造成了严重破坏。空袭目标包括伊指挥与控制系统、防空部队、大规模杀伤性武器研究机构、生产基地和储存地以及军营、炼油厂、电视台等97处目标。据美国防部估计，包括伊拉克安全总部及军事情报指导委员会在内的18处指挥和控制设施中有5处被摧毁，5处遭到严重破坏，2处遭到中等程度破坏；27处防空设施中有1处被摧毁，2处遭到严重破坏，2处遭到轻度到中等程度破坏；19处特种共和国卫队营地中有2处被摧毁，9处遭到中等程度破坏，4处遭到轻度破坏；8处共和国卫队和国防军的指挥部遭到中等程度或严重破坏；11处生产大规模杀伤性武器的设施中有2处遭到轻度破坏，1处遭到中等程度破坏，其余不详；5个遭袭击的机场中有1个遭到严重破坏，3个遭到中等程度破坏；巴士拉炼油厂遭到轰炸后，伊石油生产能力下降约30%。伊拉克副总理阿齐兹称，伊军伤亡约240人，其中共和国卫队伤亡约140人。但据美参谋长联席会议主席谢尔顿估计，伊军死亡人数在600～2000人之间。美国防部长科恩称，伊拉克的军事力量遭到沉重打击，其远程导弹计划至少被推迟了1年，萨达姆政府对周边邻国的威胁能力遭到很大削弱。

二、空袭的特点

此次空袭的主要特点包括：(1)行动突然。以往历次武器核查危机爆发后，都有较长时间的外交斡旋活动，从而使伊拉克有充分的时间疏散物资和部队。而此次美英为保证行动取得成功，早在12月15日之前即做好了空袭准备工作，并在巴特勒向安理会提交报告后不久即对伊发动了突然袭击，在战术上打了伊拉克一个措手不及。事实证明伊拉克未能料到美英空袭来得如此之快，导致在空中打击之下损失惨重。(2)大量使用高技术兵器。“沙漠之狐”行动使伊拉克再次成为美军高技术兵器的试验场。美军在空袭中大量使用先进武器装备，包括F－117A隐形战斗轰炸机、B－1隐形轰炸机及改进型“战斧”式巡航导弹等。其中，改进型“战斧”式巡航导弹在此次空袭战中大量、密集使用，在空袭的头一天晚上即发射了约200枚，整个空袭行动中共发射了446枚，而1991年海湾战争中美军总共才发射了289枚。另外，美国家侦察局的8颗侦察卫星为配合美军行动，对伊拉克进行了严密的监控，向美军提供了大量重要实时情报，有效地提高了美空袭效率。美军在轰炸中所使用的精确制导弹药占其所用弹药的比例高达95%，远远超过海湾战争时的8%。高技术兵器的大量应用，使美军在此次空袭作战中能以较小的代价换取较大的战果。(3)重视夜间作战。美军在“沙漠之狐”行动中，充分利用了美方在夜视技术方面的优势，4轮空袭都安排在夜间。夜幕为美英作战飞机和巡航导弹提供了有效的掩蔽，缺乏夜视器材的伊拉克高炮和地空导弹部队在防空作战中基本上是盲目射击，效率极低，而装备优良夜视器材的美英军则在夜袭中显得游刃有余，飞行员的安全系数及空袭成功率都大为提高。(4)“零伤亡率”作战。美英军历来重视减少己方作战伤亡。据美英军战后宣称，在“沙漠之狐”这一较大规模的空袭行动中，参战美英军无一人伤亡，是一场罕见的“零伤亡率”作战。

三、国际社会的反应

国际社会对空袭行动虽然反应不一，但多数国家表示反对。(1)俄、中、法等多数国家对美英动武表示反对。俄罗斯强烈反对美英对伊动武。俄总统叶利钦发表了措辞强硬的讲话，称美英对伊动武粗暴地违背了联合国宪章和公认的国际法准则，破坏了以联合国及其安理会为中心环节的国际安全体系，是对国际安全的威胁。叶利钦强调伊拉克问题只能通过政治和外交途径解决，呼吁有关各方保持克制和理智，避免冲突进一步升级。中国外交部发言人称，美国对伊拉克采取军事打击行动，中方深感震惊。中国力主和平解决国际争端，反对在国际关系中使用武力。美国未经安理会授权，单方面对伊拉克使用武力，违反了联合国宪章和国际法准则，中方对此予以谴责。中方呼吁美国立即停止对伊拉克的一切军事行动。中国驻联合国代表秦华孙在联大发言中也表示，中国反对在国际关系中单方面诉诸武力或以武力相威胁的强权政治。美英对伊动武毫无道理，本身就是对国际和平与安全的严重威胁。秦华孙同时指出，特委会领导人在此次危机中扮演了不光彩的角色，对当前危机难辞其咎。法国外交部发表公告称，法政府对美、英对伊动武表示遗憾，并对军事打击行动给伊拉克人民带来的伤亡表示惋惜。此外，意大利、瑞典、瑞士、芬兰、白俄罗斯、墨西哥、马来西亚、泰国、墨西哥以及大多数阿拉伯国家都对美英滥用武力表示反对。(2)联合国对美英动武表示遗憾。联合国在美英空袭伊拉克事件中表现出软弱与无奈。联合国秘书长安南于美英发动空袭后称，今天是联合国和全世界都感到悲哀的一天。他对联合国在伊拉克武器核查危机中维持和平的努力终告失败深感遗憾。同时表示联合国将继续在对伊人道主义救援工作中发挥作用，并为和平解决冲突继续进行外交努力。(3)德、日、澳等国表示支持美英行动。德国总理施罗德称，德国坚定地站在美英盟友一边。萨达姆应对空袭负完全责任。日本首相小渊惠三表示，鉴于伊拉克政府严重违背安理会有关决议，未能与特委会全面合作，所以日本支持美英的空袭行动。澳大利亚总理霍华德称，美英在伊拉克危机问题上别无选择，只能对伊实施军事打击。澳完全支持美英空袭伊拉克，如美英提出支援要求，澳政府将加以考虑。西班牙政府发表声明，对美英袭击伊拉克的行动表示声援。加拿大、挪威、波兰、捷克、罗马尼亚、阿尔巴尼亚、新西兰、韩国等国也对美英对伊动武表示理解或支持。

四、空袭行动的影响

此次空袭行动产生下述影响：(1) 影响世界多极化进程。冷战后，美苏争霸的两极格局结束，世界多极化进程日益发展。但美国却凭借其作为目前唯一超级大国的地位和实力，企图建立美占主导地位的单极化世界。“沙漠之狐”行动在一定程度上体现了这一战略思想。美国的霸权主义行径违背国际社会公认的行为准则，破坏了以联合国及其安理会为中心环节的国际安全体系，并将对世界多极化进程产生消极影响。(2) 美伊对抗升级。“沙漠之狐”行动标志着美英对伊政策变得更加强硬，由单纯依靠国际制裁遏制伊拉克转变为公然使用武力与颠覆手段推翻萨达姆政权。空袭后，美英继续保持对伊军事压力，不断对伊防空系统等军事设施进行轰炸，同时武装并训练伊反对派组织，并积极在海湾周边各国中建立“倒萨联盟”。伊拉克也并不示弱。伊军虽在空袭中损失很大，但并未遭到致命打击。萨达姆仍牢牢地控制着国内政局。为维护其自身威望并振奋部队士气，萨达姆利用安理会各成员国在伊“禁飞区”问题上的意见分歧，命令伊防空部队迎战美英巡逻飞机，启用部署在“禁飞区”的防空导弹系统，还出动战斗机对其进行拦截。美伊对抗升级，使海湾地区不稳定因素增加，并可能导致今后该地区局势出现剧烈动荡。(3) 加深了大国间矛盾。冷战结束后，美借海湾战争之机在中东地区确立了美国的主导地位。但俄、法等国在该地区也拥有重要的经济和战略利益，并极力与美进行争夺，尤其是俄罗斯近年来积极发展与中东各国的经济、政治、军事联系，努力恢复俄在该地区的传统政治影响力。美英对伊动武使俄国内舆论哗然，对竭力维护俄大国地位的普里马科夫无疑是个沉重打击。尽管俄目前缺乏与美对抗实力，且在经济上有求于美国援助，但为与美在中东进行战略争夺、维护大国地位并安抚国内舆论，不得不对美持强硬态度。美英空袭伊拉克后，俄政府召回了驻美、英大使以示抗议，俄杜马则宣称将重新考虑是否签署《第2阶段削减进攻性战略武器条约》。俄军还命令远东舰队两艘军舰准备开赴海湾以表示对美英的强烈不满。法国尽管与美矛盾较为缓和，但在政治、经济领域与美在中东地区也存在利益冲突，极力反对美国独霸中东，对美英空袭伊拉克的作法也持批评态度。在联合国内部，俄、法均提出应改变国际社会对伊拉克态度、尽早解除对伊制裁、撤销特委会主席巴特勒职务等主张。“沙漠之狐”行动加深了美、俄、法等大国间矛盾，各方分歧难以弥合，近期内联合国在伊拉克问题上也难以有所作为。

（张若涵）

非洲军事要事

厄埃两国领土相争起硝烟　1993年厄立特里亚从埃塞俄比亚分离出去以后，两国友好相处。但1998年5月两国因边境之争，关系骤然紧张，随后兵火相见，硝烟弥漫了整个埃塞俄比亚和厄立特里亚间的一块狭长的争议地带。

一、边界纷争引燃战火

1998年5月12日，厄立特里亚军队与埃塞俄比亚的民兵和警察在埃塞俄比亚北部地区发生冲突，厄的部队占领了埃塞俄比亚控制的巴德梅区全部和谢拉罗区的部分地方。5月14日，厄立特里亚发表解决厄埃边界争端的建议公报，认为双方今后关于边界争端进行的所有磋商和达成的协议都必须由第3方参加和调解，并建议有争议的地段暂时实行非军事化，双方军队撤离这些地区而由第3方保证实施有关协议。5月18日，埃政府声称，如果厄不从埃领土上撤离，埃绝不会同厄谈判。同日，非洲统一组织秘书长萨利姆发出强烈呼吁，要求埃厄和平解决它们之间边界争端。但两国政府相互指责，并无停战之意，6月3日，厄立特里亚军队又连续向埃塞俄比亚的阿姆贝萨、埃加和阿里特纳等地区发起进攻，但遭到埃军的顽强抵抗。5～6日，厄军又出动飞机空袭了埃北部的默克莱市。作为报复，埃军随即派机对厄首都阿斯马拉的空军基地采取相应的“自卫性的有限打击”，双方冲突再次升极，造成10多人死亡，100多人受伤。6月7日，厄立特里亚驻埃塞俄比亚的48名外交人员返回国内，西方国家也纷纷从厄立特里亚撤出外交人员。顿时，双方关系的火药味更加浓厚。6月9日，埃厄军队在扎拉阿姆贝萨地区发生武装冲突。6月10日，双方在巴德梅－谢拉罗一线展开武装相互攻击。11日，厄军2000多人对布雷附近地区发动进攻，又遭到埃军的抗击，随后当天下午，厄军再次派飞机轰炸了埃边境城市阿迪格拉特。6月14日，两国在国际社会强大的压力下暂时停火。

二、冲突起因缘杂源长

埃厄政府间的紧张局势不断升级，其原因并不是只因两国边境的军事冲突，也不是埃塞俄比亚政府所称的厄立特里亚部队占领了埃塞俄比亚北部的一部分领土，而是自1997年以来两国因经济利益之间的积怨加深。厄立特里亚原是埃塞俄比亚的1个省。经过近30年的武装斗争，厄武装同现执政的埃塞俄比亚人民革命民主阵线一起于1991年推翻了门格斯图政权。厄立特里亚于1993年经过全民公决后宣布独立。之后两国基本保持了良好关系。两国均以“比尔”为货币，埃是厄最大的贸易伙伴，厄大部分商品、特别是日常生活用品都是由埃塞俄比亚进口的，其中包括蔬菜、水果、禽、蛋、玉米和其他产品等。但1997年，在厄立特里亚批准发行新货币“纳克法”之后，厄立特里亚政府要求埃塞俄比亚人赔偿其财政损失，因为厄立特里亚在1993年独立前经济一直受埃人阵经济机构控制。此外，厄立特里亚政府还指责埃塞俄比亚人利用厄立特里亚面临一些困难和问题，通过许多诱惑把包括从美国、欧洲和海湾国家归来的厄立特里亚人在内的投资者的投资项目骗到了埃塞俄比亚，以阻挠厄立特里亚投资项目。埃塞俄比亚政府则拒绝厄立特里亚这一要求，同时声称，“厄立特里亚人要么把“比尔”作为厄立特里亚的保护货币，要么交出厄立特里亚人手里没有兑换或抛到海里的纸币”。对此，厄立特里亚政府采取了一系列经济措施，禁止从埃塞俄比亚市场进口任何东西，不再按约向埃塞俄比亚提供阿萨布港口便利。阿萨布港口是埃出资修建的，是埃唯一的出海港口。由于厄的强行做法，迫使埃塞俄比亚转向在吉布提寻找替代港口，但吉布提只能满足埃塞俄比亚货运需要的30%，这无疑卡住了埃的经济命脉，争夺阿萨布港成了埃的主要任务。为此，在厄立特里亚于1993年独立之前是属于埃塞俄比亚的提格雷省，埃政府官员大量向该地移民，迫使厄立特里亚居民离开，并在那里建立起行政机构。

三、国际社会几度进行调解未果

埃厄冲突后，吉布提、美国、卢旺达等国及非洲统一组织均从中斡旋。但埃要求厄军首先在巴德姆地区恢复边界原状；厄则坚持争议地区非军事化。为此，美国和卢旺达提出的一项建议，使边界非军事化、由第3国派观察小组进驻巴达姆，一劳永逸地勘定边界。6月10日，第34届非洲统一组织首脑会议专门决定组建调解埃厄冲突的非洲统一组织代表团。6月15日，由阿尔及利亚、津巴布韦和布基纳法索代表组成的代表团出访埃厄两国。6月19日，非洲统一组织代表团第1次调解失败，随后，约旦、阿联酋、乌干达、肯尼亚等国纷纷发表公告向其施压，劝说埃厄双方接受和平协议，尽早结束争端。6月26日，联合国安理会通过决议，要求厄立特里亚和埃塞俄比亚立即停止敌对状态和使用武力，全力争取和平解决领土争端；支持非洲统一组织的调解努力，呼吁非洲统一组织尽快采取后续行动；同时要求联合国秘书长进行斡旋，并为两国共同边界的最终确定和划分提供技术支持。8月3日，埃、厄双方与非洲统一组织解决其冲突高级代表团部长委员会在布基纳法索首都瓦加杜古再次会谈，会后埃、厄双方都表示愿意通过政治途径解决它们的边界冲突。但11月10日，非洲统一组织调解委员会提出，厄立特里亚从5月12日占领的巴德姆和邻近地区撤军，恢复埃塞俄比亚管理机构的职能，遭到厄的拒绝，致使调解再次失败。11月18日，吉布提因厄立特里亚指责其利用港口向埃塞俄比亚提供军事援助而关闭了驻厄的外交使馆，并撤出了所有外交人员，同时加强了与厄接壤的西北边境的防卫。随后，埃、厄两国继续向边境地区集结重兵，战争的阴云再次笼罩地区上空，形势更加危险。

（黄　磊）

苏丹政府与南部反政府武装和谈未取得进展　自80年代以来，苏丹政府对内推行伊斯兰法，对外输出伊斯兰革命，导致内忧外患不断。1998年，苏丹政府与南部反政府武装举行了两次和谈均未取得进展，与周边国家的关系也依然处于紧张状态，陷于内外交困的孤立境地。

一、政府与反政府派别矛盾继续加深

1998年上半年，苏丹政府为缓和与反对派的矛盾，采取了以下两项重要措施：一是在3月份改组政府，撤换15名内阁成员，并吸收了一些前反对派和苏丹南部代表入阁；二是在5月份举行了新宪法全民公决。苏丹反对派对政府此举进行了激烈抨击，指责政府缺乏诚意，不过是在制造政治气氛宽松的假象。反对派指出，尽管内阁实行了改组，但其关键职位仍然为以议长图拉比为首的伊斯兰原教旨主义者所把持，如第一副总统、新闻部长、内政部长和外交部长分别由阿里·奥斯曼等图拉比的亲信担任。另外，反对派认为在新宪法全民公决过程中存在舞弊行为。参加投票者寥寥无几，而政府却声称96.17%的选民对新宪法投赞成票。苏丹政府所做的温和姿态并未能缓和其与反对派之间的矛盾。6月30日，苏丹政府计划举行大型庆祝活动以纪念拯救革命节9周年，同时还将宣布苏丹新宪法生效。反对派为抵制政府的行动，于29日夜至30日凌晨在喀土穆变电站、夏杰拉油库、古兰经大学、苏巴医院和北哈利电站等处制造了9起爆炸事件。苏丹警方逮捕了15名嫌疑分子，并拘留了在喀土穆的所有反政府派别的头目。警方还加强了对政府机关、重要军事和经济部门的安全保护，禁止无关人员出入机场等公共场所，在交通路口对过往行人和车辆进行严格检查。但苏丹资深政治家认为，警方加强防范措施纯属徒劳，只要不开放党禁，政府和反政府派别之间的矛盾就不可能得到解决。

二、政府与反政府武装举行两轮和谈均无结果

在东非政府间发展组织的积极调解下，苏丹政府与反政府武装于1997年10月在肯尼亚首都内罗毕举行了第1轮和谈。双方因谈判立场存在重大分歧，首轮和谈以失败告终。但双方都表示通过军事手段难以解决苏丹内战问题，希望和谈进程继续进行下去。1998年5月4～6日，苏丹政府与反政府武装再次在内罗毕举行和谈。双方在南方人民自决权等问题上取得一定进展，但在实现停火、结束内战、建立政教分离国家等关键性问题上仍然存在分歧。苏丹人民解放军领导人加朗提出将青尼罗河省南部和南科尔多凡省的大部分地区划归南方，遭到政府拒绝。8月4～7日，苏丹冲突双方在埃塞俄比亚首都亚的斯亚贝巴举行第2轮和谈。由于双方在南部地区范围划分以及过渡期安排等问题上仍未能达成一致，谈判再次破裂。双方计划6个月后在内罗毕举行第3轮和谈。

三、苏丹与邻国关系依旧紧张，短期内难以化解

首先，苏丹政府企图改善与埃及关系的努力失败。从1998年初开始，苏丹政府为缓和与埃及的紧张关系，宣布将不再支持埃及伊斯兰原教旨主义恐怖组织，并拟归还自1992年两国关系恶化后被没收的埃及财产，同时准备就两国关系正常化问题举行会谈。随后，苏丹、埃及两国成立了专门委员会进行协商。苏丹外长还赴开罗与埃及外长穆萨就两国关系问题进行磋商，并就通过谈判解决领土争端问题达成一致。但在8月中旬，埃及政府支持苏丹各反政府派别在开罗举行会议。埃及总统穆巴拉克还会见了苏丹民族民主党主席米尔加尼、乌玛党领导人马赫迪和苏丹人民解放军司令加朗等反政府派别领导人，呼吁苏丹各派停止内战，发展经济。苏丹政府对穆巴拉克此举提出强烈抗议。苏丹国民大会8月18日发表声明，谴责埃及干涉苏丹内政。苏丹政府甚至声称为对埃及进行报复，将恢复对埃及反政府武装的支持。同时，两国在哈拉伊卜三角洲地区的军事对峙升级，苏丹宣布全国总动员，苏丹、埃及两国新闻界也开始了新1轮的相互攻击。在经历了短暂的关系缓和阶段之后，苏丹政府改善与埃及关系的希望化为泡影。其次，苏丹与厄立特里亚、乌干达等邻国关系十分紧张。1998年7月28日，苏丹北方反政府武装在厄立特里亚军队坦克、重炮的支援下，越过苏丹、厄立特里亚边境，向苏丹北部的卡萨拉省发动进攻。苏丹政府军对此进行了反击。9月，苏丹人民解放军9个营在约2000名乌干达军人和厄立特里亚装甲部队的支援下，向东赤道省的政府军发动进攻，并一度攻占了东赤道省。苏丹政府为此宣布全国总动员，随后进行了反攻并控制住了局势。苏丹外长谴责乌干达、厄立特里亚两国支持苏丹反政府武装，并声称将向乌干达、厄立特里亚两国反政府派别提供支援以示报复。苏丹政府还出兵2000余人援助刚果（金）政府军，协助卡比拉政府镇压乌干达所支持的刚果（金）反政府武装。苏丹和厄立特里亚两国虽在卡塔尔的调停下，于11月份举行了和解会议，但双方矛盾根深蒂固，短期内难以化解。

（周　洁）

几内亚比绍军事政变最终和平解决 1998年6月，西非的几内亚比绍因总统解除参谋长马内职务，马内及其部属发动军事政变。叛军凭借武器精良等优势与政府军、西非维和部队展开数次激战。在联合国、非洲统一组织和西非国家经济共同体等的调解下，经过几个月谈判，政府与叛军在年底达成组建团结政府决议，从而结束了叛乱。

一、叛军发动军事政变

1998年6月6日，几内亚比绍总统维埃拉发布命令称，由于军队高级官员涉嫌走私军火是因参谋长马内玩忽职守造成的，所以立刻解除了马内的参谋长职务。6月7日，以马内为首的几内亚比绍部分军人遂发动兵变，并与政府军在武装力量总参谋部、总统府和国际机场等地激烈交火。9日，马内发表声明，宣布成立由他本人领导的临时军事委员会，并要求维埃拉总统和现政府辞职。同日，几内亚宣布向几内亚比绍出兵400人以支持维埃拉总统；塞内加尔政府也宣布向几内亚比绍派出1300名军人，以协助国际机构撤退难民和帮助几内亚比绍恢复秩序。一周后，在塞内加尔、几内亚两国武装力量的配合下，滞留在比绍的约3000名侨民已先后通过海路安全撤到塞内加

尔首都达喀尔。至此，双方的战斗主要围绕争夺博拉兵营进行。该兵营是几内亚比绍军事要塞和最大的军火库。叛军依仗博拉兵营优越的地理环境和大量的物资储备，一直固守在这里与政府军对抗。除博拉兵营外，叛军还占领了比绍国际机场。13日，博拉兵营在塞军的配合下被政府军攻占。6月14日，政府军和叛军在首都比绍再度发生激烈的武装冲突，双方相互炮击对方的阵地。6月15日，双方战斗开始减弱。经过10天的战斗，比绍已有数百人死于战火，无数人受伤，不少房屋被毁，全市停水停电，食品供应短缺，国际通讯中断，居民离乡背井，2.5万人的比绍市如今只剩下数千人。

二、双方达成第1次停火协议

为平息这场战火，利比亚领导人卡扎菲于6月15日派一军事代表团抵达几内亚比绍进行调解。冈比亚总统贾梅也表示愿为解决几内亚比绍危机进行斡旋，并呼吁几内亚比绍总统维埃拉和叛军头目马内尽快赴几内亚首都班珠尔进行会晤，17日上午，冈比亚外长若贝乘船抵达比绍，进行调解活动，要求冲突双方首先实现停火，以便为下一步会谈创造条件。但以马内为首的叛军则坚持强硬立场，提出总统维埃拉所不能接受的先决条件，即要求维埃拉辞职、塞内加尔和几内亚撤军以及尽快组织总统选举等，这使得第1次调解失败。联合国安理会随即发表声明，强烈谴责几内亚比绍发生的政变，要求其尽快恢复宪法秩序。西非防止冲突和民主过渡观察团主席莱伊蒂·卡在公报中呼吁西非国家经济共同体采取措施，和平解决几内亚比绍内部冲突，并对塞拉利昂、几内亚出兵行为表示支持。

6月30日～7月4日，西非国家经济共同体维和部队指挥官和联合国以及非洲统一组织驻西非地区的代表在阿比让举行联席会议，商讨解决几内亚比绍兵变问题。会后决定采取“对话和谈判、制裁和封锁、军事干预”的办法来阻止几内亚比绍的军事冲突；设立由布基纳法索、科特迪瓦、冈比亚、加纳、几内亚、尼日利亚和塞内加尔组成的“7国委员会”，以敦促联合国安理会支持西非国家经济共同体为解决几内亚比绍问题采取的各种行动；建议扩大西非维和部队在几内亚比绍的维和行动，要求西非国家经济共同体各成员国立即向西非维和部队增派兵力和物资，为对几内亚比绍军事叛乱进行军事干预作准备，以帮助维埃拉总统稳定国内局势。同时呼吁几内亚比绍冲突双方进行对话，并在全国范围内立即停止敌对行动。7月13～14日非洲统一组织负责预防、处理和解决冲突事务的中央机构召开第49届大使级会议，会议批准了7月3日在阿比让召开的西非国家经济共同体外交和国防部长联席会议的决定和建议，并呼吁国际社会、特别是联合国安理会全力支持西非国家经济共同体为恢复几内亚比绍民选政府和促进西非地区和平与安全所做的努力。7月28日西非国家经济共同体主席、尼日利亚国家元首阿布巴卡尔将军在尼首都阿布贾表示，应几内亚比绍总统维埃拉的请求，西非国家经济共同体成员国的外交和国防部长以及国防参谋长等参与制定的维和行动详细计划已编制完毕，将于近期派维和部队进驻这个西非国家。

8月8～9日，在西非葡语国家共同体的调停下，几内亚比绍冲突双方在几内亚海岸的1艘西班牙军舰上举行谈判。会谈取得初步进展，冲突双方同意当月18～19日在佛得角继续谈判。8月9日由科特迪瓦外长阿马拉·埃西率领的西非国家经济共同体代表团离开冈比亚首都班珠尔，前往几内亚比绍首都比绍进行调停工作。8月26日几内亚比绍外长若奥·卡多索在佛得角首都普拉亚和叛军谈判代表埃米里奥·科斯塔中校共同签署协议，双方同意自当天起在几内亚比绍全境实现停火。在停火期间遵守几内亚比绍国家宪法和法律，互不侵犯7月26日双方休战时所占据的军事基地，重新开放首都比绍国际机场，以便为运送人道主义救援物资、部署停火观察员和遣返滞留外国难民提供便利。8月27日联合国秘书长安南发表声明，对几内亚比绍冲突双方在佛得角首都普拉亚达成停火协议表示欢迎。双方代表于9月11日和12日在科特迪瓦首都阿比让就部署国际观察员等问题举行新一轮会谈。9月15日，西非国家经济共同体成员国的外交部长和国防部长以及西非葡语国家共同体的军事专家代表在阿比让开会，决定派遣一支由150人组成的停火观察团和在几内亚比绍和塞内加尔边界地区部署1支中介部队。几内亚比绍总统维埃拉9月24日在国家独立25周年全国讲话中表示，重新组建武装力量参谋部，并将对参与兵变的士兵宽大处理。还准备会晤兵变领导人马内，以商讨重建民主政府。

三、叛军再次引燃战火

9月16～17日，几内亚比绍冲突双方和西非国家经济共同体以及西非葡语国家共同体的代表在阿比让举行谈判，寻求解决几内亚比绍危机的办法。谈判因叛军方面坚持要求塞内加尔和几内亚从几内亚比绍撤军而失败。冲突双方便开始招兵买马，构筑工事，进行战争准备。10月9日，一小股叛军潜入政府军和塞内加尔部队驻守的布拉戈营地，企图埋设地雷，被政府军哨兵发现，随即双方发生激烈战斗，10月9日几内亚比绍冲突双方在几内亚比绍北部的布拉戈地区发生交火，叛军5人被打死，多人受伤，塞内加尔1名士兵阵亡，几内亚比绍局势再次趋向恶化。18日又一批叛军武装成员悄悄从比绍市的东北部向市中心靠近，试图攻击总统府，遭到政府军的猛烈回击，战斗一直持续到第2天。19日上午，叛军武装又企图袭击塞内加尔军队的一处营地。双方在距比绍市中心约5千米处再次发生遭遇战。10月21日，几内亚比绍总统维埃拉宣布，政府军当天格林尼治时间22时开始实施停火，并表示愿同几内亚比绍叛军武装领导人马内举行面对面的会谈。叛军武装则继续向几内亚比绍第2大城市、位于首都比绍以东150千米的巴法塔进攻，并占领了该城。

四、双方签定新的和平协议

10月24日，葡萄牙外长伽马、塞内加尔内政部长西塞先后抵达比绍，分别会见了维埃拉总统和叛军首领马内，为马内和维埃拉举行谈判展开斡旋。10月26日，几内亚比绍叛军武装宣布，从即日起开始实施的停火无限期延长，叛军武装领导人马内同意于27日同维埃拉总统谈判。11月1日，几内亚比绍冲突双方在尼日利亚首都阿布贾签署了一项和平协议，从而为结束该国近5个月的内战铺平了道路。协议规定：双方将继续严格遵守1998年8月26日在佛得角首都普拉亚签署的停火协定；所有外国军队撤离几内亚比绍，同时部署西非维和部队；成立有反对派成员参加的联合政府；1999年3月底以前举行大选。11月6日，联合国安理会发表主席声明，对几内亚比绍冲突双方签定协议表示欢迎，对西非国家经济共同体和西非有关葡萄牙语国家共同体的调解努力表示赞赏，并认为这一和平协议是“几内亚比绍向实现民族和解与持久和平迈出的积极的一步”。

11月26日，几内亚比绍54名议员联名向议会提出对维埃拉总统的不信任案，并要求维埃拉辞职。不信任案指责维埃拉未经议会同意，擅自决定允许塞内加尔和几内亚出兵对几内亚比绍危机进行军事干预，从而违背了宪法。27日，议会就此举行特别紧急会议，对议案进行表决，100名议员有78人出席了会议，其中69人对议案投了赞成票，而9名执政党议员则在表决中弃权。为稳定人心几内亚比绍总统维埃拉12月3日任命弗朗西斯科·法杜尔为新政府总理。法杜尔曾担任比绍法学院院长，是几内亚比绍叛军首领马内的政治顾问，并作为叛军代表参加了负责实施阿布贾协议的联合委员会。12月15日，几内亚比绍冲突双方就成立新的民族团结政府达成协议，双方决定将在近期内组成以弗朗西斯科·法杜尔为总理的民族团结政府，政府成员分别由内几亚比绍总统维埃拉和叛军武装领导人马内指派。其中外交、司法、农业、教育和卫生5个部及3个国务秘书由总统派成员出任。国防、内务、经济和财政、装备4个部及4个国务秘书由叛军武装成员担任。12月21日，联合国安理会一致通过决议，呼吁几内亚比绍冲突各方充分遵守不久前签署的《阿布贾和平协议》，立即成立民族团结政府，并在1999年3月底之前举行大选。同时要求：立即开放几内亚比绍首都比绍的机场和海港；外国军队撤出；在该国部署西非国家经济共同体有关成员国派出的维和部队，并要求西非国家经济共同体各国在自愿的基础上向西非维和部队提供经济、技术和后勤方面的帮助。至此，几内亚比绍军事政变基本结束，最终以和平方式解决。

（黄　磊）

塞拉利昂和平进程一波三折　1998年，塞拉利昂在国际社会的帮助下，于4月10日恢复了卡巴的文官政府，将因军事政变而执掌国家政权的军政府首脑科罗马赶下台。但随着卡巴文官政府对反对派过激的行动，致使反政府武装长期与政府军和西非维和部队进行对抗，并于1999年初再次围攻首都弗里敦，塞拉利昂再次处于战火的洗礼之中。

一、西非维和部队击垮塞拉利昂军政府

1998年1月19日，塞拉利昂军政府的部队攻占了东部重要经济地区通戈。此前这一地区由忠于卡巴文官政府游击队控制，该地区盛产钻石，是塞的主要经济来源之一。这再次证明了科罗马军政府无意履行向卡巴文官政府交回政权的科纳克和平协议。2月5日凌晨，塞政府军部队又袭击了正在首都弗里敦附近巡逻的西非维和部队。随即，西非维和部队分兵3路向瑞市、波尔德和威林敦驻扎的塞军发起进攻。8日，西非维和部队先后攻克了波尔德和威林敦两市，直接控制了连接首都和内地的半岛公路。12日，西非维和部队攻占总统府，科罗马等军政府要员乘直升机逃往国外。14日，西非维和部队完全控制了首都弗里敦，除科罗马在逃外，军政府中的其余25名政府官员全被西非维和部队逮捕。西非维和部队乘胜又连连向塞政府军部队进攻，于2月24日攻占了塞拉利昂第2大城市博城，至此西非维和部队已控制了塞拉利昂90%地区。在此期间，国际社会积极支持西非维和部队的行动。2月9日，联合国秘书长安南向安理会提交报告，建议在塞拉利昂设立联合国联络处，派遣10名军事人员所组成的军事联络小组前往塞拉利昂，负责评估塞拉利昂局势的发展情况，向国际社会报告有关各方执行和平协议的进展，帮助它们建立相互信任，协调恢复塞拉利昂民选政府和国际社会提供的人道援助。2月13日，非洲统一组织主席、津巴布韦总统穆加贝发表声明，支持西非维和部队控制塞拉利昂首都弗里敦，并同意西非维和部队驻扎在塞拉利昂直到所有支持军政府的拥护活动结束为止。

是日，西非国家经济共同体5国外长和联合国驻塞特使欧可罗到弗里敦考察了塞的局势，并声称早日安排卡巴回国执政。2月19日，满载760吨食品的第1艘货船抵达弗里敦港，同日世界粮食计划组织提供的850吨食品也到达塞拉利昂，给战争难民送来生存希望。

二、国际社会帮助塞拉利昂恢复卡巴文官政府

1998年2月27日，西非国家经济共同体科特迪瓦、加纳、几内亚、利比里亚和尼日利亚5国外长再次召开会议，在评估塞拉利昂形势后认为，该国首都弗里敦及邻近地区的秩序已恢复正常，要求西非维和部队在今后塞拉利昂恢复和平与安全进程继续发挥作用，但真正的和平只有总统卡巴回国以后才能实现。3月10日，流亡了9个多月的塞拉利昂总统卡巴从几内亚回到塞拉利昂首都弗里敦。当日，联合国秘书长安南发表声明，表示联合国支持民选政府，建议在塞设立军事代表团，并设立帮助塞重建的托管基金。3月16日，联合国安理会决定，从当日起解除对塞拉利昂提供石油和石油产品的禁令。西方各国驻塞外交官也陆续返回塞，英国政府还向塞拉利昂提供200万英镑重建基金。3月21日，塞拉利昂民选总统卡巴组建新政府，9名军事政变前部长和6名新部长担任了政府新成员，其中卡巴兼任国防部长，詹姆斯·乔纳任财政、发展和计划部长，萨马·班亚任外交部长。

三、卡巴文官政府过激行动再次在塞部分地区引燃战火

1998年3月卡巴回国后，则“违背和平计划”的承诺，立即宣布全国进入紧急状态，派政府军和西非维和部队一道向盘踞在东部和北部边境山区的反政府武装进攻，在全国范围内收缴反政府武装的枪械，审判了叛军政府的所有官员，随后又将与叛军结为统一战线的反政府武装“革命联合阵线”的领导人桑科逮捕，并多次拒绝与反政府武装妥协，积极清剿反政府武装残余部队。12月21日，塞政府军进攻了塞东部与利比里亚接壤的凯拉洪县，收复了被反政府武装控制的6个村庄，打死至少70名反政府武装分子。23日，反政府武装在外国力量的支持下突然向政府军发起了反击，连续攻占了距弗里敦30千米的沃特卢和140千米的马克尼。25日，塞拉利昂反政府组织革命联合阵线的第2号领导人博卡利宣称，如果卡巴拒绝接受谈判，他的军队将在“48或72小时”之内向弗里敦发起进攻。1999年1月4日，马里又向塞拉利昂增派维和部队400人。1月6日，塞反政府武装再次进攻首都弗里敦，英国等国驻塞人员与侨民和联合国机构成员纷纷撤出塞国，战火再次笼罩了塞拉利昂。

四、国际社会正在帮助塞拉利昂进行重建工作

1998年3月23日，联合国秘书长安南向安理会再次就帮助塞拉利昂国家重建和民族和解提出具体建议，要求加强联合国秘书长驻塞拉利昂特使办公室的作用。其具体措施包括向特使办公室派驻1名负责人权事务的干事，促进塞拉利昂对法治、社会和人权的尊重；向特使办公室派驻2名民事警官，就培训警察和恢复社会秩序向塞拉利昂政府提出建议；向特使办公室增派1名政务官员兼军事顾问，协助特使和西非国家经济共同体军事监督团解除塞拉利昂前政府军事人员的武装；在特使办公室设立新闻小组，宣传塞拉利昂和平进程和国际社会在塞拉利昂的活动。随后，联合国又向塞提供了1200万美元援助，用于购买食品和药品以及难民的安置工作。5月6日，世界银行决定向塞拉利昂提供1亿美元贷款，用于帮助塞恢复生产能力，创造就业机会以及改进司法系统。6月11日，联合国安理会决定解除对塞拉利昂的武器禁运，但要求所有出口到塞拉利昂的武器必须通过塞政府控制的边境口岸进入该国。同时要求塞政府对进口的武器进行严格登记，并定期向安理会汇报，以防进口的武器落入前军政府武装人员及其他反政府武装手中。7月13日，联合国安理会又向塞派去了以联合国秘书长驻塞拉利昂特别代表领导的国际观察团。该团由70名军事观察员和1个医疗小分队组成，最初任期为6个月，至1999年1月13日止。观察团的主要任务是与西非国家经济共同体军事监督团一道，监督塞拉利昂的军事和形势、解除前塞拉利昂政府武装人员的武装、监督国际人道主义法的遵守情况，定期向联合国秘书长驻塞拉利昂特别代表汇报关于塞拉利昂的安全情况、前军政府武装人员的遣散情况以及武器的收缴和销毁情况等。9月中旬，在几内亚避难的6000名医生、护士、老师、大学生、工程师和政府职员返回塞拉利昂，投入到了塞政府重建国家经济之中。11月20日，欧盟再次向塞提供1.3亿美元的紧急援助，用于塞拉利昂电力等基础设施、改善政府管理、恢复农业和矿业生产、安置难民等人道主义援助项目。

（黄　磊）

刚果（金）再起战火　1998年8月2日，刚果（金）国内发生武装冲突，其周边的乌干达、安哥拉、津巴布韦、纳米比亚、卢旺达、苏丹和乍得等多个国家参与其中，使冲突逐渐演变为非洲规模最大的地区战争。目前，交战双方势均力敌，战争呈现胶

着态势，对地区局势产生不利影响。

一、民族矛盾激化，促使刚果（金）再次爆发内战

1998年6月，卡比拉改组内阁，解除了所有图西族班亚穆伦格人的内阁职务，7月底又作出遣返卢旺达、乌干达军人的决定，并把担任刚果（金）军队参谋长的卢旺达人詹姆斯遣返回国。卡比拉上述做法成为刚果（金）内战爆发的导火索。8月2日，班亚穆伦格人在卢旺达与乌干达军人的支持下，向刚果（金）政府军发动进攻，刚果（金）再度爆发内战，其起因源远流长。班亚穆伦格人200多年前由卢旺达移居刚果（金）东部，属图西族。前蒙博托政权时期，班亚穆伦格人受到歧视，并被剥夺国籍，因此在卡比拉举兵推翻蒙博托时，刚果（金）东部成为卡比拉发动起义的策源地，班亚穆伦格人成为其起义军的中坚力量，为卡比拉推翻蒙博托入主金沙萨起了重要作用。乌干达与卢旺达也希望通过支持卡比拉上台，能清除其以刚果（金）东部为基地的反政府武装。但卡比拉上台后，班亚穆伦格人和卢旺达、乌干达军人与卡比拉之间的矛盾日益突出。班亚穆伦格人对卡比拉未能从根本上改变其受歧视的地位不满，指责卡比拉违背诺言。乌干达与卢旺达则指责卡比拉打击东部两国胡图族反政府武装不力，使两国胡图族反政府武装继续以刚果（金）东部为据点，向两国发动攻势。而卡比拉则认为，其上台后，班亚穆伦格人和卢旺达、乌干达军队的影响急剧上升，卢旺达、乌干达军队不断进入刚果（金）东部打击其胡图族反政府武装，在刚果（金）公众中造成极坏的影响，引起公众的强烈不满，指责卡比拉重用图西族人，依靠卢旺达和乌干达作保护伞，以维持其统治，因此纷纷要求卡比拉削弱卢旺达、乌干达军人及班亚穆伦格人的影响。上述矛盾逐步激化，影响到卡比拉的政治前途，导致卡比拉下决心解除所有班亚穆伦格人内阁职务，遣返卢旺达、乌干达军人，以重新树立在民众中的形象，赢得国内人民的支持。然而卡比拉这一举措使班亚穆伦格人、卢旺达和乌干达与卡比拉反目为仇。加之卡比拉执政后，取缔政党，镇压反对派，政府贪污腐败，人民生活依然贫困，因此图西族军人发动了进攻，并得到了部分刚果（金）政府军的响应。

二、该地区国家立场分化，多国介入冲突

刚果（金）内战爆发后，中南部非洲国家从各自利益出发，采取不同的态度，导致该地区国家立场分化，国内冲突逐渐演变为大规模的由多国参与的地区战争。地区国家主要分为3方：第1方是以卢旺达和乌干达为主的图西族人执政的国家，积极介入班亚穆伦格人的反政府叛乱。叛乱一开始，刚果（金）政府就指责卢旺达和乌干达出兵支持反政府军，为其提供武器，并认为这是卢旺达、乌干达对刚果（金）的入侵，侵犯了刚果（金）的主权和领土完整，要求卢旺达、乌干达两国军队撤出刚果（金）。而卢旺达、乌干达等国则因卡比拉的政策违背两国利益，因而支持刚果（金）反政府武装发动叛乱，并希望在刚果（金）建立图西族政权，消灭在刚果（金）东部的卢旺达、乌干达胡图族反政府武装。第2方是以南非为首的部分国家，始终主张冲突双方举行和谈，通过政治途径解决冲突，反对外国军队直接介入。南非的主张得到了坦桑尼亚和莫桑比克的支持。但坦桑尼亚遵循不介入的原则，从刚果（金）撤出了帮助培训政府军的约700名坦桑尼亚军人。第3方是以津巴布韦、安哥拉、纳米比亚为首的部分国家，出兵支持卡比拉政府。津巴布韦拒绝南非和平谈判倡议，派兵支持卡比拉政府镇压反政府武装，其目的：一是为了改变在南非非国大执政后其作为前线国家地区作用下降的趋势；二是为了维护其在刚果（金）的经济利益，以继续向卡比拉政府出售军火，摆脱国内经济困难。安哥拉则担心刚果（金）的反政府武装一旦推翻卡比拉政府后，会进一步支持安反对派“争取安哥拉彻底独立联盟”（简称“安盟”）的反政府活动，因此出兵援助刚果（金）政府军，既可以保证卡宾达飞地和海上石油设施的安全，又可以防止安盟重建被刚果（金）政府军摧毁的基地。

三、交战双方势均力敌，战争呈胶着态势

1998年8月2日，刚果（金）反政府军同时在3条战线发动叛乱。东部，刚果（金）第10营部队在东部边境城市戈马和布卡武宣布不再支持政府，两城市随即发生枪战；西部，首都金沙萨的两个军营发生武装冲突，并随即向周围一些省份蔓延，卡比拉政府被迫在首都实行宵禁；西南部，基托那军事基地也燃起战火。8月上、中旬，反政府武装势如破竹，一路攻城掠地。东线，很快攻占了南北基伍省的戈马、布卡武和乌维拉3大城市，并在刚果（金）第3大城市基桑加尼同政府军展开激战；西线，反政府武装攻占了供应首都水电的英加水电站，金沙萨开始中断水电供应，居民发生恐慌；西南线，反政府武装攻占距金沙萨250千米的松戈洛洛，并向距金沙萨约150千米的姆班扎恩古恩古市挺进。至8月中旬，反政府武装声称已占领刚果（金）三分之一的地区，反政府武装的先遣部队已逼近金沙萨，并同政府军发生激战。8月16日，反政府武装成立“刚果民主联盟”，组成过

渡内阁，要求卡比拉立即下台，并召集所有党派，进行总统选举。8 月 18 日和 19 日，政府军开始反攻，并出动武装直升机对基托纳军事基地、松戈洛洛及马塔迪进行轰炸，力图切断反政府武装的后勤供应。8 月 20 日，在刚果（金）政府的请求下，津巴布韦、安哥拉、赞比亚、纳米比亚；苏丹、乍得派出军队进行支援。津巴布韦派出 800 名空降兵、8 架武装直升机和 5 架战斗机增援金沙萨，安哥拉派出士兵 500 人进入刚果（金）北部地区。8 月 24 日，在西线和西南线的战斗中，刚果（金）政府军击退了逼近金沙萨的反政府武装，并收复了莫安达、巴纳纳、博马 3 座城市、基托那军营以及英加水电站等战略要地。政府军基本控制西部及西南部局势。部署在金沙萨的津巴布韦军队和部署在马塔迪的安哥拉军队，对反政府军形成南北夹击之势。8 月 27 日，津巴布韦等国又派兵增援，使驻刚果（金）的盟军达 8000 人，其中约 2800 名津巴布韦军人部署在金沙萨，1000 名安哥拉军人布防在马塔迪，约 2000 名苏丹军人部署在刚果（金）与苏丹边界及加丹加省的卡米纳空军基地，近 2000 名乍得军人部署在赤道省。反政府武装被迫暂时放弃西线和南线，转而加强对东线政府军的攻势，很快占领基桑加尼市东部地区，并向马尼耶马省首府金杜推进。10 月 12 日，反政府武装 9000 人包围金杜，与 5000 名政府军展开激战。在反政府武装的强大攻势面前，政府军无力抵抗，弃城而逃。金杜战略地位十分重要，其机场是政府军收复东部地区的“跳板”，而铁路则是通向南部省份的交通要道。因此政府军在金杜建立了东线作战指挥部。金杜一战使政府军元气大伤。鉴于反政府军攻势猛烈，津巴布韦、安哥拉、纳米比亚 10 月 21 日再次决定增加兵援，加强对反政府武装的攻势。针对盟军的增兵行动，乌干达与卢旺达 11 月上旬成立联合军事指挥部，以协调两国在刚果（金）的行动。该指挥部由 32 名高级军官组成。乌干达代总参谋长卡齐尼准将为总指挥，卢旺达卡尤巴上校担任副总指挥。

四、交战双方立场强硬，调解努力均未奏效

刚果（金）冲突爆发后，南部非洲发展共同体以及乌干达、卢旺达等国多次召开会议，寻求政治解决冲突的途径。联合国安理会也发表主席声明，呼吁和平解决刚果（金）冲突，但有关各方调解努力均未奏效。主要原因：一是冲突双方立场强硬互不妥协。卡比拉坚持不与反政府武装谈判的强硬立场，要求反政府武装先停火，侵略者先撤军。而反政府武装则坚持要与卡比拉进行直接谈判，争取合法地位，否则就用战斗迫使卡比拉承认其存在。二是冲突双方实力相当。谁都没有在战场上战胜对方的绝对优势。刚果（金）政府在政治上任人唯亲，政权腐败，镇压反对派，实行专制统治；在经济上，卡比拉执政一年来没有大的起色，相反战争使卡比拉国库空虚，货币贬值，物价上涨，能源紧缺，拖欠工资；在军事上，军队缺乏战斗力，依靠外国军队的援助。而反政府武装战斗力较强，得到前政府人士的支持，其所占地区矿业资源和林业资源丰富，基本上可以维持后勤供应。三是介入刚果（金）冲突的国家没有改变态度的迹象。乌干达与卢旺达总统曾于 1998 年 12 月协调立场，并发表公报称，乌干达、卢旺达在刚果（金）的军事存在是为了两国的安全利益，在刚果（金）的冲突实现政治解决之前，乌干达、卢旺达两国军队仍将留驻刚果（金）。而津巴布韦、安哥拉、纳米比亚首脑 1999 年 3 月 1 日与卡比拉会晤时则表示，3 国将继续支持卡比拉政府，将不惜一切代价将战争进行到底。

五、多方介入冲突，对地区局势产生影响

中南部非洲国家对刚果（金）冲突的不同立场，以及多个国家介入冲突，对整个中南部非洲地区的和平与稳定产生了不可低估的影响。首先，使南部非洲国家分歧公开化。南非与津巴布韦在对刚果（金）冲突的认识上并没有根本的分歧，均认为刚果（金）冲突不单纯是其国内问题。但两国在此问题上的不同做法暴露了南部非洲发展共同体成员国之间在国家利益方面存在的矛盾。津巴布韦总统穆加贝是南部非洲发展共同体政治、防务与安全机构主席，曾主张要加强这一机构的权力，并提出将这一机构独立于发展共同体之外。穆加贝此次以南部非洲发展共同体的名义军事干预刚果（金）冲突，目的就是要提高政治、防务与安全机构的地位和作用。穆加贝此举遭到南部非洲发展共同体主席曼德拉的坚决反对。南部非洲两大国矛盾公开化，不利于南部非洲国家的团结与合作，更不利于南部非洲发展共同体政治、经济一体化进程的发展。其次，介入冲突的国家深陷泥潭。如乌干达政府，因支持刚果（金）反政府武装，受到国内反对派组织和部分国会议员强烈反对；在外交上也处境孤立，许多非洲国家要求乌干达从刚果（金）撤军，津巴布韦、安哥拉等国由于出兵支持政府军而站在乌干达的对立面；在经济上，军费开支增加，影响国内经济建设，使外国投资者改变对其投资计划，并导致国内货币贬值；在国内治安上，由于政府军大批增援刚果（金）反对派，乌干达国内治安能力减弱，反政府恐怖活动加剧。据津巴布韦一家地方报纸报道，在刚果（金）参战的津巴布韦士兵存在厌战情绪，由于担

心津发生兵变，政府决定派遣 1500 名武警部队，执行看管犯人、加强纪律等任务。

（周　洁）

安哥拉国内武装冲突接连不断　1998 年是安哥拉政府和反对派“安盟”（全称为“争取安哥拉彻底独立全国联盟”）签署卢萨卡和平协议的 4 周年。本应是安哥拉和平进程宣告结束、从内战走向和平的一年，但是由于安盟不愿完全执行和平进程新日程表规定的义务，加之安政府对萨文比领导的安盟采取了分裂的举动，对联合国的调停产生意见分歧，致使安国内武装冲突接连不断，安和平进程一步步陷入危机。

一、安盟不愿完全执行“新日程表”规定的义务使和平进程再次严重受阻

卢萨卡和平协议的签署为安哥拉结束长期内战、走向和平带来了希望。但正当卢萨卡和平协议执行进入关键时刻时，安盟却不断从和平进程中退缩，既不愿解散自己的武装，也拒绝交出它所占领的地区，致使和平进程中断。在联合国安理会 1997 年 8 月底通过的制裁安盟决议和国际社会施加的压力下，安盟与安政府虽作出了于 1998 年 2 月 28 日完成和平进程的决定，但这只不过是一纸空文。

在此情况下，国际社会特别是联合国为使安哥拉和平进程走出困境，进行了积极的斡旋。联合国驻安观察团及美国、俄罗斯和葡萄牙 3 个观察国的代表经多次同双方领导人会晤，缩小了双方的分歧，并向双方提交了和平进程新日程表，规定了各项剩余工作的完成期限。联合国驻安特别代表比耶结束在德国进行的心脏手术返罗安达后，立即会晤了安总统多斯桑托斯，并前往安中部城市、安盟总部所在地拜伦多，同安盟主席萨文比进行了会晤，进一步缓解了双方的矛盾。非洲一些国家的元首也为安和平进程克服困境起了积极的推动作用，贝宁、多哥、加蓬等国总统纷纷致函安总统，刚果（金）总统卡比拉还亲临罗安达，与安总统会晤，促进和平协议的实施。经过多方的斡旋和安对立双方 3 天的讨论，安和平进程联合委员会于 1998 年 3 月 6 日通过了新日程表，对和平进程悬而未决的 12 项任务规定了完成期限，其中政府和安盟各占 6 项。此后经近 1 个月的努力，安政府和安盟都执行了一些新日程表规定的任务。安政府已完成的任务主要有：(1) 承认了安盟作为合法政党的地位；(2) 任命了安盟指定的人选担任 3 个省的省长和 7 个省的副省长；(3) 颁布法令，确认了安盟主席萨文比作为安最大反对党领袖的特殊地位。安盟完成的主要任务有：(1) 发表了实现非军事化的声明；(2) 对将组成萨文比卫队的 400 名军人进行登记、遣散并整编加入国民警察；(3) 遣散 191 名包括将军在内的高级军官。

然而，和平协议悬而未决的问题并没有在新日程表规定的期限内全部得到解决，安盟在一些重大问题上仍徘徊不前。首先，在卢萨卡和平协议规定的最关键问题——安盟中央领导机构迁至首都罗安达问题上，安盟最高层领导人本应于 3 月 31 日全部迁至罗安达，但直至 4 月 1 日晚，安盟副主席登博才率领 3 名政治委员会成员来到罗安达，该党主席萨文比以安全尚无保障为由，没有同时抵达。萨文比在致多斯桑托斯总统的信中称，安盟这一高级代表团将在首都积极创造条件，以便他能够早日前往罗安达。但据消息灵通人士透露，萨文比是不准备去罗安达的。最后，安政府不得不在这一问题上作出让步，不再坚持萨文比必须在首都居住。安政府在联合委员会的发言人卡内罗称，政府关心的是安盟中央领导机构迁来罗安达，萨文比可以在他希望的任何地方生活，但要遵纪守法。其次，安盟也没有按照新日程表的规定，如期于 3 月 31 日交出其所有占领区，而是继续占领着分布在全国各地的 7 个地区，特别是不愿交出安盟总部所在地拜伦多和安中部城市安杜洛。再次，安盟虽已宣布实现完全“非军事化”，但据联合国驻安观察团调查发现，安盟在北部的威热省、马兰热省，东部的北隆达省、南隆达省及中部的比耶省仍拥有大批“有组织的”军队。第四，安盟“残余军人”仍在各地搞破坏活动。安中部的本格拉、万博和威拉 3 省的形势恶化尤为严重。4 月 15 日，万博省一辆汽车遭到安盟军人袭击，造成 2 死 9 伤。同月，安盟军人袭击了万博省卡塔沃拉镇，绑架了 5 名警察。本格拉省也发生多起车辆遭安盟军人武装袭击的事件，有 40 余人在事件中丧生。

二、联合国驻安代表调解无效，安政府与安盟发生武装冲突

安盟不合作的态度使新日程表规定的和平进程于 3 月底结束的目标无法实现。为摆脱危机，联合国驻安特别代表比耶又提出了一项为双方所接受的和平计划，计划规定安政府停止敌对宣传，安盟则应在 5 月 31 日前交出拜伦多、安杜洛、尼亚雷阿和蒙戈 4 个“敏感区”。此后，安政府履行了计划，但安盟以“全国形势不安全”为由并未执行规定，反而提出于 6 月底在拜伦多等 4 地区设立地方政权的要求。这一要求遭到安政府、和平进程观察国美国，俄罗斯和葡萄牙的反对。与此同时，安盟“残余军人”继续在安各地进行破坏活动，他们袭击人道主义援助车队、攻击新生的地方政权，甚至向国民警察和武装部队开火，使局势变得动荡，新增难民近 10 万人。联合国驻安观

察团经调查后发现，5月份以来安盟在马兰热省军事行动频繁，大有孤立该省之意。此外，据安政府方面称，安盟原控制335个占领区，到6月初仅向政府交出其中的273个，但同时又重新夺回了至少40个地区，无疑使和平进程又蒙上了阴影。对此，联合国驻安特别代表比耶于5月底出访赞比亚、纳米比亚和津巴布韦等周边国家，试图利用这些国家领导人的影响说服安双方，特别是安盟领导人以和平大局为重，采取灵活的态度，恢复和推动和平进程。随后，比耶又同美、俄、葡驻安大使一起与安盟主席萨文比会晤，争取使安盟改变立场。但是，安盟仍坚持己见，在重大问题上丝毫不作让步，调解没有取得效果。外界普遍认为，在出面调解的3国中，葡萄牙和俄罗斯都已公开站在了安政府一边，只有美国仍在使谈判得以维持，国际调解事实上"名存实亡"。而就在这个关键时刻，联合国驻安特别代表比耶又于6月在一次坠机事件中不幸遇难，使事态进一步恶化，正如南非外交部所称，"比耶的不幸遇难造成了一个真空，一心想破坏安哥拉和平进程的势力正在利用这个真空"。

由于国际社会调解无效，安盟又不作让步，使安政府十分恼火。6月初，安政府发出警告说，如果安盟继续阻挠和平协议的实施，政府将采取强硬措施，其中可能包括关闭安盟在首都罗安达设立的总部、将安盟议员驱逐出国民议会、中断和平进程联合委员会的工作等。与此同时，安政府和安盟都在加紧备战，包括储备物资、加固阵地、招募新兵。安总统多斯桑托斯还同纳米比亚和刚果（金）总统举行会晤，要求其在安政府对安盟采取军事行动时予以支持，特别是要求纳米比亚在卡普里维地区的基地给予安飞机着陆权。到7月份，政府军已部署了30个营。安盟则到处招募年轻男子与妇女补充其军队。安局势进一步紧张，政府军与安盟在7月下旬重新爆发冲突，造成了200多人死亡。安和平进程陷入了自1994年以来最严重的危机之中。

三、安政府通过拉拢安盟内部反对势力分裂安盟，与联合国之间发生分歧

面对陷入危机的和平进程，安政府开始曾寄希望于国际社会对安盟施加压力，然而联合国驻安观察团与和平进程观察国（美国、俄罗斯与葡萄牙）的态度又令其失望。安政府本能地认为，美国的政策就是要袒护安盟，给安政府制造一个强大的对立面，以便更好地控制安哥拉这个在经济、军事上有着巨大潜力的国家。因此，安政府内相当一部分官员倾向于用武力解决问题，但考虑到在国际上的影响，因此转为分裂安盟，削弱其力量，以达到掌握和平进程主动权的目的。鉴于安盟内部早就有相当一批人主张放下武器，搞民主政治斗争，特别是安盟前总书记努瓦科拉因此而被撤职并开除党籍，政府一直试图拉拢这批人，并对那些进入议会和政府的安盟官员特别关照，给予高薪和配备高级轿车，期望赢得他们的同情和支持。

安政府的做法取得了一定的效果，这些官员采取了全面合作的态度，但要使他们真正出来反对萨文比还是不够的。在此情况下，安政府于8月中旬向安盟发出的停职的威胁，并于9月1日正式宣布暂停安盟成员在国民议会和民族团结与和解政府中的职务。此举一方面是向安盟施加压力，另一方面也是促使安盟官员的公开反叛。在此情况下，一批在安政府中任职的安盟部长于9月2日发表宣言，呼吁爱国的安盟成员选择民族和解和政治斗争道路，要求罢免主席萨文比的职务，成立党的临时领导机构，并随即组成"安盟改革委员会"，一些安盟地方组织纷纷宣布承认新的领导机构，安盟就此宣告分裂。此后，安政府宣布今后将只与"安盟改革委员会"进行和平对话，只要萨文比及其追随者等不放下武器就将坚决予以消灭，并呼吁国际上承认该委员会为安盟的正统。

安政府对安盟的此举尽管获得了南部非洲和中部非洲一些国家的认同，但与联合国立场存在明显的分歧。事发后，联合国驻安观察团和美国等3国和平进程观察国一直拒绝就此事发表评论，一些官员私下对安政府的做法表示极为不满，认为这打乱了整个和平进程，使局势陷于更加复杂化。此后，接替比耶的新任联合国驻安特使迪亚洛明确表示，以萨文比为首的安盟仍是安哥拉和平进程的一方，这一立场明显与安政府意见相左。10月9日，联合国秘书长安南又在向安理会提交的一份报告中指出，安盟是卢萨卡和平协议的签字方，将其逐出和平进程将使形势复杂化，安哥拉局势的这一消极发展将对和平进程构成严重威胁，并呼吁安政府与安盟认真履行卢萨卡和平协议，努力挽救和平进程，避免再次爆发内战。他还建议，将联合国驻安观察团的任期在10月15日期满后延长6周，如斡旋工作继续受阻，将撤出时间延至在1999年1月前。对于联合国的立场，安政府极为不满。安总统多斯桑托斯在安南提交报告后致函安南称，萨文比不会放弃战争而选择和平，解决安哥拉问题的唯一出路是政府同"安盟改革委员会"合作。并要求安南"不要再对萨文比改过自新抱有幻想，因为这是与安政府明确和公正的立场相抵触的"。在此情况下，联合国的调解活动遭到多方面的阻力，迪亚洛自8月底到任后的1个多月来，始终难以有所作为，不仅安政府、安盟和联合国驻安观察团3方会议无法召开，会晤萨文比的要求也被安政府以安全为由拒绝。

四、安国内冲突再起，和平进程深陷危

机之中

对于安政府分裂安盟的行动，安盟自然不会束手待毙。9月初安盟发表声明，谴责政府违背了卢萨卡和平协议精神，呼吁国际社会注意政府的战争企图，希望挽救安和平进程。特别是，由于安盟内部出来响应“改革委员会”的大多数是在政府内供职的官员，军队成员仍忠于萨文比，政府此举并未影响安盟的军事实力，反而引发了安盟的报复，从9月初开始，安国内冲突又开始大规模爆发，双方进行了多次交火。其中9月6日安国民警察与安盟武装在万博省卡阿拉附近爆发的大规模冲突致使20多人死亡。8日，安盟在本格拉省巴隆博－洛比托公路沿线又与国民警察部队发生冲突，导致7人死亡。从11月中旬开始，安政府军开始向安盟在安中部控制区万博省和比耶省等地发动大规模进攻，并包围了安盟总部所在地拜伦多和安中部城市安杜洛。安盟军队一方面将主力撤往人稀林密的东部地区，准备依托南、北隆达省的钻石资源和赞比亚边界作长期战争准备，另一方面扣押了15名联合国军事观察员，以此作为抵御进攻的“盾牌”。这些冲突使本已陷入危机的安和平进程形势更趋恶化。进入12月以来，形势稍有改观。为摆脱日益恶化的危机，联合国代表和安政府举行了紧张的谈判。12月3日，安理会通过决议，要求安盟领导人认真执行卢萨卡和平协议，立即无条件解散军队，撤出占领的地盘，并与安政府进行全面合作。安政府对这一决议表示满意。但舆论认为，安政府与联合国的立场只是稍有接近，要化解危机，使安和平进程继续向前发展，只有政府和安盟方面捐弃前嫌，增强信任，认真履行和平协议，和平才有希望。

（吴　炯）

布隆迪各派和平谈判步履维艰　1998年6～10月，布隆迪政府同各反对派组织举行了3轮和平谈判。这是以布约亚为首的布隆迪军政府自1996年7月上台以来，首次同所有反对派组织举行面对面的和平谈判。由于各派在一些重大问题上存在严重分歧，各有打算，谈判步履维艰，没有取得实质性的进展。布各派已约定于1999年1月举行第4轮和平谈判，局势如何发展有待于进一步观察。

一、布各派举行和平谈判的背景

长期以来，布隆迪国内的两大部族——胡图族和图西族之间存在着尖锐矛盾。在过去长期的殖民统治中，西方殖民主义者为了巩固其殖民地位，对布实行“分而治之”的政策，扶持图西族，压迫胡图族，致使占人口不到18%的图西族长期把持布国家政权和军队，而占人口约82%的胡图族人却始终处于被统治地位。直到1993年6月恩达达耶在总统选举中获胜后，布隆迪才开始有了胡图人第1位总统。但恩达达耶总统仅执政3个月，就在一次未遂政变中遇害身亡，随之两大部族之间的矛盾开始激化。1996年7月25日，布约亚少校在发动军事政变后出任总统，两部族间的矛盾进一步激化。两年来，布周边国家和国际社会始终不断地在两部族之间进行调解。1998年5月20日，布约亚总统和各反对派组织领导人态度突然发生变化，都同意无条件参加和谈，这一看似偶然的转变实际上有其深刻的背景，是与布隆迪国内、国外局势的变化紧密相连的。

首先，布政府采取的一些缓减矛盾的做法为和谈创造了气氛。由于胡图族反对派不断袭击政府军据点和地方政府机关，政府军对此几乎无能为力。因此，布约亚政府在用军事手段不能收到效果的情况下，于近期采取了一些有利于缓解部族矛盾的积极措施，如修改了宪法，增设了包括1名胡图族人在内的两位副总统，扩大了议会规模等，为和谈创造了气氛。此外，布各反对派的领导人厌倦流血冲突也促使和谈条件的成熟。

其次，周边国家对布隆迪实行的“以制裁迫和谈”的政策收到了效果。布约亚发动军事政变，建立起军政府后，非洲统一组织和中、东非国家作出了强烈反应，从1996年7月底开始，坦桑尼亚、肯尼亚、乌干达、埃塞俄比亚、前扎伊尔、卢旺达和喀麦隆7国对布隆迪实施空中、陆地和海上全面经济制裁，限制与布隆迪的进出口贸易的航空联系，迫使布约亚军人政权不得不同胡图族反对派举行和谈，加快国内民主进程。邻国的这种经济制裁对布隆迪这个内陆国家的影响举足轻重，使布国内燃料紧缺、物价飞涨，民众生活困难，怨声载道。对此布约亚政府束手无策，只能作出一些让步尽力争取早日解除制裁。1998年2月21日，上述除喀麦隆外6国以及赞比亚、津巴布韦举行首脑会议，讨论解决布隆迪问题。会上布约亚总统介绍了布政府按8国要求实行政治改革的情况，但8国领导人认为布和平进程仍无多大进展，制裁不能取消，使布感到失望。但在4月14日东南非共同市场举行卢萨卡会议时，该组织部长理事会主席、赞比亚商贸工部长卡温德莱力排众议，认为布已满足有关方面的要求，制裁应该解除。这又使布约亚政府看到了一丝希望，促使其采取了较为灵活的态度。

再次，联合国、非洲国家特别是布隆迪冲突国际调解人、坦桑尼亚前总统尼雷尔调解有方，直接促成了和谈。联合国秘书长安南1998年5月7日专程前往布隆迪首都布琼布拉，劝说布总统布约亚接受尼雷尔对布隆迪危机的调解，继续推进与其他党派的和解。同时表示，布隆迪在满足大湖地区国家取消对它的经济制裁所提出的条件方面取得了一些进展。中、东非国家领导人也几次举行会议，讨论解决布隆迪国内问题。尤其是尼雷尔多次在布隆迪各派别之间进行斡旋，频繁与布总统、政府、议会、一些主要派别领导人进行单独会谈，在各派之间做了许多沟通、调解工作，直接促成了布各派同意进行和谈。5月20日，尼雷尔在达累斯萨拉姆家中与专程前来的布总统布约亚举行了两个小时的会谈，随后向外界宣布：布总统布约亚和冲突各派领导人都同意无条件参加定于6月15日举行的首轮和谈。

二、各派3轮和谈的主要经过

（一）第1轮和谈：1998年6月15～21日，布隆迪民族和解会议在坦桑尼亚北部城市阿鲁沙召开，目的是寻求彻底解决布隆迪多年流血冲突的途径。会议由布隆迪冲突国际调解人尼雷尔主持，由图西族掌权的布隆迪军政府和胡图族反对派组织共17个派别参加。驻坦桑尼亚的国际组织和各国使节约300人也出席了会议。在会议的开幕式上，布总统布约亚表示，布政府愿意与所有党派举行会谈，并欢迎大湖地区国家和国际社会继续给予支持，以使这次大会成为布隆迪实现民族和解的开端。布隆迪民主阵线、民族进步统一党、保卫民主全国委员会、全国自强振兴党等组织的领导人也都表示，布隆迪不能让长期的流血冲突继续下去了，各党派都应抛开分歧，以国家和人民的利益为重，认真和谈，寻求持久和解的道路。坦桑尼亚总统姆卡帕、乌干达总统穆塞韦尼、卢旺达总统比齐蒙古、赞比亚副总统滕博和肯尼亚外长戈达纳则呼吁布隆迪各派要肩负起民族的重任，珍惜会谈的机会，求同存异，早日实现民族和解。联合国和非洲统一组织也派代表向大会致辞，欢迎布隆迪各派首次举行和解会谈，表示愿意继续帮助布隆迪实现民族和解。开幕式后，在尼雷尔的主持下，布冲突各方代表立即开始会谈。会谈中，各方都表示决心尽快停止武装对抗，继续进行和解对话，直至最终结束长期的流血冲突，开始建设一个民主的国家。会后发表的联合声明称，各派决定于7月20日继续在阿鲁沙举行第2轮和解会谈，在此以前各派实现停火，停止一切敌对行动。声明还责成第2轮和解会谈成立5个专门委员会，负责讨论和解决制止冲突、遣返难民、国民安全和司法制度改革等一系列重大问题。

联合国对布隆迪各方和谈作出了积极反应。联合国秘书长安南于6月22日通过其发言人办公室发表声明说，布各派作出的决定给和平进程带来的希望，是布隆迪朝着实现民族和解迈出的关键一步。同时，安南敦促布各派严格遵守和切实履行达成的有关决定，停止一切敌对行动，为第2轮和解会谈创造良好气氛。

（二）第2轮和谈：7月21～29日，布隆迪政府和反对派组织第2轮民族和解会谈在阿鲁沙举行。此轮和谈仍由布隆迪冲突国际调解人尼雷尔主持，包括布政府在内的19个派别代表进行了面对面的会谈，来自美国、加拿大、意大利和欧盟、非洲统一组织等国家和组织的观察员也参加了会议。会谈中主要讨论了和谈的程序规则和引起冲突的根源。尽管各派在和谈的程序规则及安全保障等方面基本达成了一致，但由于各派在长期冲突中积怨甚深，对引起冲突的根源的看法大相径庭，最终导致和谈不欢而散，长达9天的和谈未能达成任何协议，也没有实现成立5个专门委员会的目标。更重要的是，第1轮和谈的联合声明中提出的关于各派在7月20日第2轮和谈开始前停止一切敌对行动的规定并未得到认真执行。在第2轮和谈开始后第2天（7月22日），政府军就同胡图族反对派组织——争取胡图人民解放党在首都布琼布拉周围的农村地区展开激战，迫使当地3000名民众逃往他乡。据统计，7月22～26日短短的几天内，政府军和胡图族反对派在首都郊区和卡扬扎省的马汤古地区多次交火，至少有9人丧生。

（三）第3轮和谈：在停火协议未被有关各派认真遵守的情况下，第3轮民族和解会谈于10月13～22日在阿鲁沙举行。布隆迪政府、国民议会和16个在野党派的代表参加了和谈。联合国、欧盟和非洲统一组织派观察员参加了会议。会谈仍由尼雷尔主持，着重讨论了布隆迪的民主进程、如何举行大选等问题，但取消对布隆迪实行的经济制裁问题尚不在讨论范围之列。在会谈中各派决定成立3个新委员会（即民主和良政委员会、布隆迪冲突实质委员会以及和平与安全委员会），以讨论如何解决长期困扰的部族间流血冲突问题。3个新委员会各有18名委员，分别代表会谈各派，并立即开始工作。3个新委员会的秘书处设在阿鲁沙。与此同时，与会各派还决定，布隆迪第4轮民族和解会谈将于1999年1月在阿鲁沙举行。

三、各派和解步履维艰的主要原因

布隆迪各派举行和谈标志着布隆迪朝着民族和解的目标迈出了关键性的步伐，但这并不意味着布民族和解进程从此一帆风顺。除在第2轮和谈期间政府军与胡图族反对派交火外，在第3轮和谈结束后不久的11月3日，布首都布琼布拉东南又发生了100多名平民（大部分是胡图族人）遭杀害的事件，引起了全世界的关注。这说明布隆迪真正实现民族和解尚有很长一段路要走。布隆迪民族和解步履维艰的原因主要有3个：

（一）布隆迪种族矛盾根深蒂固，短期内很难解决。布隆迪问题归根结底是种族问题。自1962年独立以来，这个多灾多难的国家流血冲突事件不止，其中有两位总统死于非命。特别是胡图族人总统恩达达耶遇害后短短3年内，种族仇杀就造成15万人丧生。指望通过几轮和谈完全化解如此深的积怨是不现实的。

（二）布冲突各派内部严重分裂，一时难以达成一致意见。在第1轮和谈发表联合声明的第2天，参加和谈的胡图族主要反对派组织——保卫民主全国委员会的一位发言人就宣布，在和谈中代表该组织签署停火协议的尼安戈马已不再是该组织的主席。该组织将不承认由尼签署的停火协议。一个派别内部尚且如此，反对派共有十几个派别，更难在和谈中取得一致。亲政府的图西族党派内部也不团结。影响较大的图西族政党——争取国家复兴党主席、布隆迪前总统巴加扎同现总统布约亚势不两立。布约亚在1987年曾参与推翻巴加扎的政变，因此巴加扎认为，布约亚没有资格组成布隆迪过渡政府，极力主张另行召开全国和解会议。

（三）布隆迪现政权对坦桑尼亚特别是调解人尼雷尔存有成见。布隆迪与坦桑尼亚的关系并不密切，布曾指责坦桑尼亚指使其境内的胡图族难民向布发动攻击，为此，两国军队曾于1997年10月在边境两度交火。过去两年来，坦桑尼亚在维持对布隆迪经济制裁方面态度十分强硬。布约亚政府认为，坦桑尼亚前总统尼雷尔从中起了不好的作用。同时，布约亚总统还认为，尼雷尔偏向胡图族人，没有资格充当布隆迪问题调解人。

总之，布隆迪部族矛盾由来已久，长期的冲突和互相残杀使部族间积怨甚深，实现全国民族和解绝非易事。但如果布隆迪现政权能以积极的态度继续同反对派和谈，并切实采取有利于缓解部族矛盾的措施，改组由图西族控制的军队，合理分配国家权力，加上邻国领导人的耐心和艰苦不懈的调解努力，布隆迪问题仍有希望获得逐步解决。

（吴 炯）

欧洲军事要事

科索沃爆发严重危机 1998年2月，一直动荡不安的南联盟科索沃地区的空气骤然紧张。28日，阿尔巴尼亚族分裂武装分子向当地警方发动多起袭击，造成伤亡；尔后南联盟派军队进入该省进行镇压，发生流血冲突。6月15日，北约在南联盟周围地区举行代号为“猎鹰”的联合空中军事演习，并扬言要对南联盟实施空中打击，科索沃发生严重危机。

一、科索沃问题由来已久

科索沃是南联盟塞尔维亚共和国的一个自治省，面积10887万平方千米。人口约200万，其中阿尔巴尼亚族占90%，其余为塞尔维亚族和黑山族。科索沃曾是中世纪塞尔维亚王国的政治中心，是塞族历史和文化的摇篮，那里有众多塞族人的教堂和修道院。后被奥斯曼土耳其帝国占领近500余年；期间，由于土耳其人大力推行伊斯兰化，使得大批塞族居民被迫离开科索沃北迁，皈依伊斯兰教的阿尔巴尼亚人随后迁入科索沃定居。1913年巴尔干战争后，科索沃并入塞尔维亚版图。1915年，科索沃被奥地利和保加利亚占领。1918年，科索沃重新划归塞尔维亚。二战期间，科索沃被德国、意大利和保加利亚瓜分，其大部分被纳入意拼凑的所谓“大阿尔巴尼亚”。二战结束后，科索沃随塞尔维亚进入南斯拉夫社会主义联邦共和国，1963年南联邦宪法正式确定科索沃为自治省。1974年南修宪时，科索沃的自治权进一步扩大，成为拥有与6个联邦共和国同等否决权的“联邦单位”。但是，科索沃省阿族人闹独立，试图建立“大阿尔巴尼亚”的暴力活动始终未停止过。整个80年代，科索沃局势一直动荡不安，民族矛盾不断激化。1990年塞尔维亚共和国议会解散了主张分裂的科索沃议会并收回其自治权。科索沃归属及其地位的历史变迁为科索沃阿族独立倾向埋下了祸根。

长期以来，科索沃阿族人始终视阿尔巴尼亚为其母国，一直要求自治、独立建国，并多次制造事端。1980年铁托逝世，特别是1990年原南联邦开始解体，进一步助长了科索沃地区阿族人的独立浪潮。近年来，科索沃阿族的独立倾向日益加剧，阿族宣布不承认塞政府，并开始积极筹备“选举”自己的“国家权力机构”。在此情况下，阿族恐怖组织活动逐步升级，力图以暴力手段制造冲突，扩大事端。对科索沃最新流血事件，南联盟领导人一再表示愿意和平解决争端，同时又提出，科索沃问题是南联盟的内部事务，坚决反对任何外来干涉，而以美国为首的北约集团则怀着不可告人的目的，凭借其军事力量，积极插手科索沃局势，推进挤压式战略，威逼南联盟，企图在俄罗斯尚处在困难境地时，肢解南联盟，控制巴尔干半岛，强化北约东扩，致使科索沃局势日益恶化，成为世人关注热点。

二、科索沃问题的和平对话一波三折

南联盟与阿族在科索沃地位问题上的立场一直尖锐对立。南联盟坚决反对科索沃独立，强调科索沃问题是南内政，应在塞尔维亚共和国范围内解决，不接受任何外来调解，并多次出动特种警察部队，对阿族恐怖组织根据地进行大规模清剿，使阿族恐怖组织遭到重创。美国等西方大国恢复对南制裁后，南联盟立场开始松动，同意在尊重塞领土完整的前提下讨论科索沃自治问题，但反对科索沃问题国际化，拒绝外部势力介入南与阿族间的谈判。与此同时，在南问题6国联络小组的压力下，阿族领导人鲁戈瓦于1998年3月27日宣布接受联络小组波恩会议的要求，就科索沃地位问题与南塞政府举行对话，但仍坚持以“科索沃共和国总统”身份参加谈判、由第3国调解、在第3国举行、只与南联盟级代表团谈判等先决条件。由于双方立场相差较大，和谈始终未能启动。后在美等西方大国的制裁威胁和外交斡旋下，南联盟不再坚持科索沃问题只能在塞尔维亚范围内解决的立场，而阿族也不再坚持第3国调解，双方开始就科索沃地位问题举行谈判，科索沃和平进程开始艰难启动。但自1998年6月初以来，阿族恐怖活动进一步加剧，与塞尔维亚警方之间的武装冲突不断升级，阿族代表以南进行“种族清洗”为由宣布退出谈判，科索沃局势进一步恶化。在此情况下，北约开始集结部队。截止到10月13日，北约已在巴尔干地区集结了包括航母在内的多艘军舰及400多架作战飞机，对南进行军事威胁。北约理事会还举行会议，作出了授权驻欧盟军司令发布“行动命令”的政治决定，并限定南联盟作出最后妥协，否则将对南实施空中打击。与此同时，美国特使霍尔布鲁克多次赴南向南联盟总统米洛舍维奇施压。

在美等西方大国军事威胁下，和谈重新启动。1999年2月南联盟与科索沃阿族在法国朗布依埃再次举行会谈，虽取得初步成果，但在一些关键问题上仍存在严重分歧：(1) 南先是坚决反对北约部队进驻科索沃，后被迫作出部分让步，表示一俟政治协议达成，南可以就入驻科索沃部队的名义、性质、数量及规模等进行讨论。(2) 科索沃阿族始终坚持3年过渡期后举行全民公决以确定科索沃未来地位，并拒绝解除其武装，后在美国务卿作出3年过渡期后将召开新的国际会议以确定科索沃永久地位的承诺下，才表示原则同意协议的政治内容，但因代表团内部温和派和强硬派在是否解除武装和放弃上述“全民公决”问题上意见不一，最终以需要时间回国同各派协商和征求基层意见为由拒绝签署协议。因此，原南问题6国联络小组在两度延长谈判期限后被迫于1999年2月23日宣布休会至3月15日。由于南联盟策略得当，使北约暂时失去了对南动武的借口，军事打击得以暂时缓解。1999年3月15日新一轮谈判开始，科索沃阿族一反常态宣布同意在和平协议上签字，而南塞当局仍对协议中向科索沃派驻军队等条款不满而拒绝签字，要求继续磋商。3月22、23日由于美国特使霍尔布鲁克在贝尔格莱德进行最后外交斡旋未果，北约的“通牒”遭到南联盟总统米洛舍维奇的坚决拒绝，科索沃局势变得极其严峻，战争一触即发。

（苏　强）

俄联邦达吉斯坦共和国发生武装冲突

1998年5月，俄罗斯联邦达吉斯坦共和国发生一起武装冲突，共和国首府马哈奇卡拉一度出现紧张局势，引起俄当局的高度重视。

5月20日晚，一伙支持俄国家杜马议员、俄穆斯林联盟领导人哈奇拉耶夫的武装分子打死1名、打伤多名警察，马哈奇卡拉的局势骤然紧张。21日晨，武装分子和警察之间发生了枪战。此后，数千名哈奇拉耶夫的支持者冲破警察的封锁线，汇集到市中心的列宁广场进行示威，要求共和国现政府辞职。中午，一部分示威者占领了位于广场旁的政府大楼。驻扎在当地的国防部和内务部的部队宣布处于高度战备状态。军警封锁了广场和所有通往马哈奇卡拉的道路。下午，刚从莫斯科回到马哈奇卡拉的达吉斯坦共和国国务委员会主席穆罕默托夫来到政府大楼，和达吉斯坦共和国总理谢赫赛义德一起同示威者进行谈判。双方最后达成协议：示威者撤离政府大楼，当局对占领政府大楼事件的参加者不予追究。警察恢复了对广场局势的控制。

事件发生后，俄总统叶利钦于5月21日下令成立一个行动指控部，以应付马哈奇卡拉出现的紧张局势。正在国外访问的俄内务部长斯捷帕申被紧急召回，让他负责领导行动指挥部的工作。

达吉斯坦位于北高加索地区，与车臣共和国接壤。由于社会经济矛盾和民族矛盾交错，形势一直比较复杂。近年来已发生多起恐怖事件。俄联邦政府地区和民族政策部长萨皮罗说，这次事件可能会给北高加索地区带来无法预料的后果。据报道，自车臣武装冲突结束以来，俄高加索地区表面上是和平的，实际上仍然是一个随时都可能燃起战火的地区。“权力之争、民族冲突、有组织的犯罪团伙享有绝对权力以及伊斯兰原教旨主义的崛起，所有这一切都使该地区成为俄联邦最危险的地区”，而达吉斯坦共和国又是该地区情况最为严重的一个共和国。

俄安全会议5月25日作出决定，成立一个由副总理赫里斯坚科领导的调解北高加索局势的联邦政府机构——高加索事务部。据透露，俄当局在“调解”高加索局势时，将采取社会经济措施，同时也将“动用国家拥有的能够确保北高加索（包括达吉斯坦）稳定的各种力量和手段”。俄舆论认为，达吉斯坦共和国最近的事态“应当使协调联邦政权在高加索的行动最终得到行政上的落实。但是，这并不意味着已找到摆脱联邦政权在该地区陷入困境的出路。”

俄、白进一步加强军事合作 1998年，俄罗斯与白俄罗斯在继续谋求政治、经济一体化，实现联盟国家目标的同时，进一步加强了军事合作，以适应新的欧洲安全形势的需要。

1995～1996年，俄、白两国在《独联体集体安全条约》的基础上，签署了一系列双边军事合作文件。1997年12月19日两国又在明斯克签署军事合作条约和联合保障地区安全协定。条约规定，俄罗斯和白俄罗斯军事合作的目的是保障两国的安全。为此，双方将在国防政策和战略方面加强合作，使两国的国防法律接近和统一，制订统一的武器装备计划，共同建立地区集团军等。1998年10月16日，两国国防部长在莫斯科会晤，讨论两国军事行动的原则，达成《地区安全协议》。其后不久，两国军事领导人再次聚会莫斯科，商讨“协议”的具体落实措施。

俄、白两国在军事上的合作在独联体国家中是较为紧密的。两国有共同的防空体系；两国空军实行指挥官共同执勤制度；白俄罗斯军队可以在俄罗斯演习场发射白俄罗斯生产的导弹等。按照新签署的条约和协议，两国在经常交换对欧洲局势意见的基础上，将协调政治、军事立场，对地区性的威胁采取统一的军事行动。两国将加强军事技术合作，共同定购、生产军事技术装备；着手组建地区集团军，建立统一的指挥系统，两国基层军事组织已开始为此进行准备。两国还将进一步落实军事动员计划，并制定相应的法律文件实施此项计划。

军事分析家认为，北约东扩和最近一个时期北约对南斯拉夫的军事威胁是促使俄、白两国进一步加强军事合作的一个重要原因。俄、白采取进一步加强军事合作的措施，表明两国对北约威胁的抵抗逐渐从口头转向具体的军事防范行动。这将提高两国特别是白俄罗斯军队的技术装备水平和防御作战能力，强化俄罗斯在同北约争取欧洲安全战略主导权方面的地位。

（张力群）

俄、印军事外交关系发展迅速 苏联解体后，俄罗斯十分重视发展与印度的军事外交关系，但由于受种种因素的影响，进展十分缓慢。印度新政府上台执政后，特别是1998年5月进行核试验后，两国根据各自利益的需要，加强了军事交往与合作，两国军事关系迅速升温，其动作之快，力度之大，是前所未有的，世界各国对上述动向也给予了密切关注。主要情况是：

一、军方要员互访频繁

1998年6月21日，俄罗斯能源部部长阿达莫夫对印度进行了访问，这是印度核试验后第1个外国要员访印，此次访问对打破核试验后国际间对印度的制裁，具有“特殊意义”。11月1日，俄罗斯副外长卡拉辛抵达新德里，为外长普里马科夫12月赴印替代总统叶利钦签署一系列协定做准备工作。11月25日，俄罗斯国防部长谢尔盖耶夫赴印度进行了为期3天的访问活动，就俄印间广泛的军事交流与合作进行了最后磋商。印度防务秘书库马尔和三军副司令、海军司令巴格瓦特分别于6月19日、8月10日对俄罗斯进行访问。俄印两国军事要员频繁进行互访，表明两国已恢复其过去的“盟友关系”，军事交往与合作进入一个新阶段。

二、军火交易数额剧增

原苏联时期，印度一直是苏联军火市场上的重要客户，其国内70%的军事装备购自苏联。苏联解体后，俄罗斯试图巩固和保持这一市场，但受美、英、法等西方国家的干预，军火交易受到影响，平均每年仅4至5亿美元左右，且只限于原引进装备的维护与保养。1998年年中以来，随着两国军事外交关系的不断改善，军火交易合同亦大幅增加。目前，俄罗斯约有800家军工企业与印军签有军售合同，交易数额达160多亿美元。按照合同，今后几年，印海军将向俄方购买3艘排水量达4000吨的克里瓦克级导弹护卫舰，价值约6亿美元；计划购买北方舰队的排水量为4.4万吨的“戈尔什科夫海军上将”号航空母舰的谈判已结束，价值为20亿美元；印海军还向俄方订购了“基洛”级677型和877型潜艇各两艘，价值30亿美元；印空军、陆军、防空军则向俄方购买40架苏-30型多用途战斗机、卡-50攻击直升机和机载预警系统、6套C-300B防空机动装置及“旋风”多管火箭炮、T-90型坦克等装备，价值30多亿美元。此外，俄印双方还计划在开发反弹道导弹防空系统、雷达、电子战系统和潜艇等方面进行合作，共同研制“先进运载工具”，总额达10亿美元。这些项目是：俄罗斯将帮助印度建造5艘核潜艇所需的原子能发动机，帮其改装125架米格-21战斗机和150架米格

－27 战斗机作战性能和改造 900 辆 T－72 坦克的现代化项目。随着俄印军事关系的改善，军售数额的剧增，印军整体作战能力将大大提高。

三、军事合作范围扩大

近几年来，俄罗斯一直与美国争夺印度核反应堆项目，俄印两国虽经多次谈判，但没有实质性进展。俄罗斯原子能部长阿达莫夫 1998 年中与印度原子能部长奇丹巴拉姆签署和平利用核能议定书，俄将向印提供两座 1000 兆瓦轻水反应堆，在库达姆库拉姆市建造核电站，总金额为 26 亿美元，并承诺帮印海军建造核能源发动机，表明俄印间的军事合作范围已由原来单纯军售扩大到核领域。同时俄印就签定新的 10 年防务协定达成一致，新协定重点将从印度现金直接购买武器转向印俄联合研制武器。双方同时建立一个海军防务合作小组，通过人员交换、定期政策回顾和高级将领互访进行长期战略合作。印度军人将在俄罗斯实习，俄罗斯专家将帮助印军掌握新技术。俄印之间军事合作范围的扩大证明，俄意欲左右印度及其南亚内外政策，抗衡美国对南亚地区的影响，维护其在亚洲最大的自身利益。而印度则利用俄罗斯的军事技术，迅速提高其军事实力，企图称霸亚洲，成为世界强国。

（国　平、孔　义）

地拉那发生大规模骚乱　1998 年 9 月 13 日和 14 日阿尔巴尼亚首都地拉那发生大规模骚乱，酿成一场新的政治危机，再次引起国际社会的严重关注。

一、骚乱经过

9 月 12 日晚 9 时左右，阿最大的反对党——民主党主席团成员、阿议会国防委员会主席哈伊达里从民主党总部出来时，遭到等候在附近的一辆汽车上的凶手的冲锋枪射击。哈伊达里和一名保镖当场被打死，另一名保镖身受重伤。

民主党当晚就此事件举行主席团紧急会议。13 日上午，民主党主席、阿前总统贝里沙举行记者招待会，指责阿社会党主席、现政府总理纳诺是此次暗杀事件的主谋，称这是一起有计划、有组织的政治暗杀事件，要求纳诺必须在 24 小时内辞职。

记者招待会后，大约 13 日上午 11 时，数百人从民主党党部出发，冲击了内务部和总理府大楼。他们砸碎了大量的门窗玻璃，放火焚烧了停放在附近的汽车。一些人冲进总理府大楼，烧毁了一楼的部分办公室，并向纳诺总理和副总理的办公室投掷石块和开枪射击。大楼外被烧汽车冒出的浓烟遮蔽了总理府。在外围观的人群高呼反对执政党和政府的口号。现场形势明显失控。首都许多商店关门闭户，街上行人大大减少。

13 日下午，12 个反对党发表联合声明称，阿尔巴尼亚面临的问题越来越多，尤其是犯罪和走私问题十分严重，表明纳诺政府执政已经失败。此次政治暗杀反对党领导人的行径激起了全体人民的愤怒。声明提出 3 点要求：(1) 纳诺及其政府立即辞职；(2) 举行各政党参加的圆桌会议，讨论解决危机的办法；(3) 追查和严惩凶手。

正在希腊访问的阿总统迈达尼在获悉暗杀事件后立即中止访问回国。13 日晚 6 时半，迈达尼召集各政党负责人进行政治协商，寻求解决危机的途径。但各方未能达成一致意见。以民主党为首的右翼坚持纳诺辞职是解决危机的先决条件。作为社会党主席的纳诺没有参加这次协商。但在各党协商结束后，纳诺立即前往总统府与迈达尼总统单独进行了长达 3 个多小时的秘密磋商。随后，纳诺又召集了内阁会议。14 日凌晨 1 时半，会议结束后，纳诺发表讲话表示政府不会辞职，将继续管理国家，并将采取一切措施避免发生冲突和流血，打击那些杀害哈伊达里以及企图扼杀国家的罪犯。他强调指出，决不允许一小撮人以武力夺取人民投票赋予的政权和破坏国家机关，决不允许出现 1997 年那样的骚乱。在此之前，内务部正全力侦破暗杀案件，并悬赏 10 万美元捉拿凶手。

9 月 14 日上午，地拉那发生了更大规模的骚乱。当天上午，数以千计的来自地拉那和外地的人在地拉那市中心参加完哈伊达里的追悼会后，不是按照宣布的路线抬着哈伊达里的灵柩前往墓地，而是来到总理府前进行示威。大约 11 时 45 分，突然有人从人群中向总理府开枪和投掷炸弹。接着，许多人持冲锋枪和手枪不停地向总理府射击。总理府的守护人员朝天开枪以示警告。总理府所在的斯坎德培大街枪声震天，硝烟弥漫。游行者中还有人企图向总理府发射反坦克火箭。示威者抢夺了 5 辆保卫总理府和总统府的坦克，包围和控制了国家电台和电视台，攻击并部分破坏、抢劫了议会办公大楼，抢劫了其他一些国家机关的办公楼。

同时，以民主党为首的阿十几个反对党不断发出要求政府辞职的最后通牒。14 日下午，民主党主席贝里沙通过电视台发表声明提出，在目前形势下，纳诺和迈达尼必须立即辞职，在有各党参加的圆桌会议达成政治协议和确定阿未来政府以前，由欧安组织暂时接管阿政权。

在 14 日中午至下午 4 时的几个小时里，政府似乎完全失去了对地拉那局势的控制。在发生骚乱的现场看不到一个警察的影子。被抢劫的坦克在地拉那街头来回开动，上面挤满了带枪和不带枪的平民。到处都能听到枪声，抢劫活动频频发生。骚乱中至少有2人被打死，25人受伤。

14日下午，警察和特种部队开始介入。当地时间晚上19时半，阿内务部长宣布特种部队和警察已完全控制了地拉那的局势。数辆坦克包围了民主党总部，迫使贝里沙的支持者交出了被抢走的坦克等武器。

14日晚，阿总统迈达尼发表告人民书，强烈谴责当天中午在地拉那发生的大规模骚乱。他在告人民书中指责一些"武装集团"以"野蛮的暴力"来回答他寻求在目前形势下能为各方接受的政治解决办法。他说，为此，他已于13日晚开始与各政党举行预备性协商。他指出，阿尔巴尼亚的民主不可能通过"政变"方式占领国家机构的途径来实现。这些罪恶行为的幕后支持者有罪于人民，法律不会饶恕他们。阿外长米洛称，民主党14日的行动是一次失败的"政变"。他代表政府呼吁人民团结起来，共同克服面临的灾难，建设共同的未来。阿国防部长哈伊拉加宣布，现在国家处于危难的时刻，将使用一切手段保卫国家的独立和完整，保证人民的生命和自由。

9月15日起，地拉那的局势逐渐趋于平静。15日早晨，地拉那各新闻媒体不断播送治安部门有关禁止在市内举行各种集会的警告，若干组由数辆警车组成的巡逻队不断鸣笛在市内各处巡逻。市内虽然仍能听到零星枪声，但没有发生对抗行为。民主党临时取消了原定15日上午11时在市中心举行的集会，改为有数百人参加的游行。警方未加干涉。

阿议会和政府15日分别将14日的武装骚乱确定为"政变"，并作出决定，将对参与骚乱行动的人员追究刑事责任。9月18日，阿议会根据阿检察院提交的一份文件，讨论通过了撤销与此次骚乱有直接关系的民主党主席贝里沙的议员豁免权，以便追究其刑事责任。但国际机构的官员一直要求阿政府不要急于采取逮捕他的行动，以免煽起更大的骚乱。

据阿内务部称，在13日和14日两天的地拉那骚乱中，共有5人死亡，57人受伤。

二、事件的背景

党派斗争是发生这次骚乱的直接原因。以贝利沙为首的民主党在1992年的总统选举和1996年的议会和地方选举中，通过舞弊手段攫取政权，遭到社会党等反对党的指责，阿政局持续动荡，特别是1997年初发生的假集资案激起阿人民的强烈不满，引发全国性的骚乱。在1997年6月提前举行的大选中，社会党获胜，曾被贝里沙监禁4年的纳诺出任总理。民主党等反对党在大选中失利后，一直在进行各种活动企图推翻以社会党为首的执政联盟的统治，但始终未能得手，并逐渐失去势头。1998年8月22日阿司法机关突然拘捕了6名民主党前政府高级官员，使民主党又找到了对政府进行攻击的借口，而哈伊达里的被暗杀更使反对党找到了一个难得的机会，突然对社会党发动了一场猛烈的攻击，其矛头直接指向纳诺，使纳诺及其政府处于极其被动的地位。

纳诺政府在解决阿长期积累的社会经济问题上行动迟缓，措施不力，是发生此次骚乱的深层原因。阿是当前欧洲最贫困的国家之一，经济滞后，人民生活改善缓慢。人们对纳诺政府的上台原本抱有很大期望，希望能够迅速遏制阿政府活动中的腐败现象和社会上的严重犯罪行为，振兴经济，改善人民生活。纳诺执政十几个月来，虽然在稳定经济、抑制通货膨胀等方面取得了某些进展，但对整个国家的"重建工作拖拖拉拉"，特别是在"恢复治安、打击腐败和走私以及完成预定计划等方面存在许多缺陷"，使人民群众大失所望。反对党在这次骚乱中利用群众中的不满情绪，加剧了骚乱的严重程度。

三、国际反应

地拉那发生骚乱后，美、德、意、希等国政府十分关注，反应迅速，纷纷呼吁阿各方停止使用暴力手段，通过政治途径克服目前的危机。

美国国务院发言人鲁宾9月14日在华盛顿举行的新闻发布会上说，目前阿尔巴尼亚的形势"十分严峻"。他认为，阿局势的进一步恶化，势必会使南斯拉夫联盟科索沃危机的解决更加困难。

德国外交部长金克尔14日晚在波恩发表声明称，德国政府对阿国内的骚乱不断升级"十分关注"。他表示，德国政府支持阿总统迈达尼为调解国内骚乱所作的努力。

意大利外交部14日发表声明，呼吁阿各方停止使用暴力手段，以民主的方式摆脱危机。

希腊政府发言人雷帕斯14日表示，哈伊达里被害事件不应成为阿爆发新危机的起点，首都地拉那应该恢复法律和秩序。

德意两国外长15日还致信欧盟轮值主席奥地利外长许塞尔，要求欧盟进行干预。他们认为，欧盟必须为稳定阿国内形势发挥更大作用：一方面应协助阿政府打击腐败现象和有组织的犯罪活动，同时也要帮助阿政府发展经济。

欧安组织轮值主席波兰外长盖雷梅克19日率欧洲委员会、欧盟和欧安组织代表团访阿后表示，欧洲3组织完全信任在阿目前形势下阿总统迈达尼的不可替代的作用，支持阿总统致力解决阿目前危机所作的努力。

为避免再次发生危机和冲突，阿政府于9月19

日宣布进行“全国性彻底整顿”，计划在3个月内实施一揽子措施，以稳定治安和平衡财政，通过新宪法草案（阿宪法草案在1994年10月全民公决中被否决），并对政府机关进行彻底整顿，清除那些腐败的、不称职的以及参加了近日在地拉那的政变行动的国家干部。此前，执政联盟5党与总统迈达尼开会研究了在现执政联盟范围内改组政府的问题。9月28日，纳诺在电视台宣布，他已向总统提出辞呈。纳诺说，他作出这一决定是因为执政联盟内部不团结，在改组现政府问题上达不成共识。他无力组织新的内阁。同日，社会党发言人宣布，社会党主席团举行紧急会议，就新的总理人选进行了讨论，最后决定建议由社会党总书记、社会党议员团主席马伊科出任总理候选人。经议会通过，阿总统于10月2日批准成立以马伊科为首的新政府。据报道，马伊科现年31岁，是一位“温和派”人物，是1990年促成阿形势巨变的学生运动中的“关键人物”。他受命后，迅速着手与反对派对话。他在新闻发布会上说，“阿尔巴尼亚必须有宪法，而这就意味着要与反对党辩论。”

（张力群）

英国提出《战略防务审查》白皮书　1997年5月，英国工党政府宣布对国家防务政策、安全需求和武装部队的任务与能力进行彻底审查，并在审查基础上制定新的防务方针。此后，英国防部利用各种评估手段，与政府各部门进行了广泛协调与合作，于1998年7月正式出台了《战略防务审查》白皮书。这是冷战后英国政府第1次提出的全面防务审查报告，也是工党政府上台后就防务政策与军事战略提出的第1份重要文件。根据英国政府的要求，这次防务审查要面向21世纪，以2015年为时间限度，以新战略环境中英国的外交与安全需求为依据，提出军队的总任务和发展要求，把英军建设成一支“现代世界的现代军队。”白皮书主要内容如下：

一、确定了以欧洲为基点，以海湾和中东地区为重点，发挥全球影响力，充当欧洲与国际社会领导的防务总方针

白皮书对国际战略环境，英国安全利益与威胁作了如下分析：首先，英国的关键安全利益在欧洲。冷战结束后华约组织对英国和北约的直接军事威胁已经不复存在，欧洲的安全环境大大改善，发展目前的国际态势符合英国的利益。因此，英国要在北约政治与军事框架内，促进欧洲安全与稳定，积极支持北约东扩，加强各种欧洲集体安全防务机制，通过与前苏东国家的军事合作，将其军队改造为类似西方的军队。欧洲境内由领土争端、民族纠纷引起的地区冲突，如波黑与科索沃冲突，其后续影响（如难民潮）危及英国利益，英国要通过维和等方式积极干预。

其次，英国的重点利益在海湾与中东地区。这里与北约相邻，与英国有千丝万缕的历史联系，是英国能源的主要供应地。伊拉克等地区大国拥有大规模常规军事力量，有的还可能有核生化能力，它们不仅威胁地区安全，还威胁西方的关键经济利益，如英国的石油进口，因此是对英国安全的重要威胁。英国考虑参与的大规模地区冲突，主要发生在这一地区。

第三、英国的安全利益还具有全球性质。其国内生产总值中出口所占比例高于美国、日本、德国和法国，对第三世界国家的投资高于法、德、意3国总和，原材料（特别是石油）主要依赖进口，目前还有13个海外领地，有1000万国民在海外工作和居住，英国的安全与繁荣也有赖于国际与地区稳定与经济发展。同时，英国是联合国安理会常任理事国，是西方7大国之一，是核俱乐部成员，历来认为自己负有广泛的国际义务，把在全球推行人权政策与民主制度看作义不容辞的责任，并始终宣称要在欧洲与国际事务中发挥领导作用。同时，对诸如毒品走私、有组织的犯罪、恐怖活动和对环境的破坏等，均认为是对英国和西方国家生活方式的破坏，是英国冷战后面临的新威胁。

二、提出军队在冷战后要承担8项主要任务，保持参与一次大规模地区冲突，或同时参与两项军事行动的兵力规模

《战略防务审查》白皮书根据对安全形势的分析，提出今后英军的主要任务有8项，即保障平时安全、保证海外领地的安全、开展防务外交、支持更广泛的英国利益、执行维和行动和提供人道主义援助，对付北约地域内的地区冲突、对付北约地域外的地区冲突和防御对北约国家的战略进攻。上述任务按从平时到战时、从低强度到高强度、从可能性大到可能性小的顺序排列。在这8项任务中，白皮书认为冷战后维和与人道主义行动的任务量已经大大增加，今后还会进一步增加。防务外交第1次作为独立任务专门列出，包括了军备控制与裁军、不扩散大规模杀伤武器、建立军队间相互信任机制、提供军事援助和协助军训等内容，表明英军高度重视在和平条件下以多种方式发挥军队的作用。

《战略防务审查》白皮书进一步明确了在可预见的未来，英军可能参与的最大规模作战行动将是发生在北约地域或海湾与中东地区的大规模地区冲突，英军将作为北约或其他临时联盟组织的一员参战，共同执行干预性作战任务。英军要建设的军事力量应以此为依据，同时在调整兵力结构时保留重建军力的核心

基础，以防止再度出现北约国家遭受直接军事攻击的威胁。为此，《战略防务审查》白皮书规定：英国要保持的兵力水平，除能满足平时防务需求和北爱尔兰的军事需求外，还要有足够的兵力参与一场类似海湾战争规模的地区冲突，即像当时那样，部署 1 个陆军师、26 艘大型舰艇和 80 余架作战飞机。或者，兵力水平要足够同时执行两项规模更小、但时间更长的海外军事行动，其规模类似波黑的维和行动，即部署 1 个旅和相应的海空部队。这两项海外军事行动不属于战争行动，同时部署时间不超过半年。根据这一设想，《战略防务审查》白皮书对未来三军的兵力规模与结构，做了具体的规定。

三、制定了以优化系统为重点，以北约为整体防务框架，为 21 世纪军事革命做准备的总体规划

首先，《战略防务审查》白皮书强调这次防务调整的重点不是减少数量，而是优化系统。冷战后，英国对武装力量进行了调整，主要体现为压缩兵力规模和减少国防开支。从 1990 年到 1998 年，英国的国防开支下降了 23%；军队员额减少了三分之一，从 30 万减至 20 万；陆军的坦克部队削减了 57%；海军的潜艇部队削减了 57%；核武器的爆炸当量比冷战时削减了 70%。冷战后已将没用的军事力量减少下来了，但却没有发展起适应冷战后新挑战的军事能力。因此，这次防务审查，着眼于根据新形势与新要求进行结构与系统改造，发展面向未来的作战能力。

第二，白皮书还强调英国要在北约军事能力需求的总体框架中考虑发展军事能力的优先次序。认为应该利用英国的技术优势，为北约提供情报收集和信息保护能力，生化战防御能力等。陆军要发展规模小但更具进攻性和机动性的快速部署地面部队。海军要转变作战思想，从准备在大西洋海上作战转为近海作战和进行兵力投送。空军主要执行夺取制空权和战区防空的任务，发展远程奔袭能力和远距离精确打击能力。

第三，白皮书还强调现在的军事调整要着眼于 2015 年后由现代信息技术引发的军事领域的根本变化。21 世纪的军事变化将具有革命的性质。展望和预测这场革命，绘制适应变化的远期蓝图，从现在开始为适应未来进行渐进性变革，是英军进行军事调整、发展军事力量的又一基本要求。

四、指出三军联合是未来的军队发展方向，决定组建联合快速反应部队，建立联合作战指挥与控制和后勤保障体系

英军未来的军事任务与冷战时不同，主要包括冲突的预防、维和、支持危机管理和战争等类型。这些任务要求军队具有对多种危机迅速做出反应和远距离部署部队的能力，军种或多国联合军事行动，将是未来英军执行任务的主要方式。《战略防务审查》白皮书提出英军发展的方向是组建联合部队和建立联合作战指挥与控制和后勤保障系统。

白皮书决定，正在组建的“联合快速反应部队”(JRRF) 到 2001 年要投入使用。联合快速反应部队由三军作战部队组成，约 3 万多人，还包括国防部提供的战略运输、后勤保障、指挥控制与信息能力。联合快速反应部队分两个梯队部署，第 1 梯队保持极高的戒备状态，随时准备执行“早期进入”、“控制登陆点”和“提供先期军事能力”等任务。第 2 梯队保持高戒备状态，为第 1 梯队提供后续增援，特别是进攻作战能力。第 1 梯队的兵力包括：1 支海上特遣部队，1 支用于慑止和阻遏对方的空中作战部队，地面和两栖先锋部队（包括 1 个机械化战斗群）和 1 支特种作战部队。第 2 梯队的兵力包括：1 支规模更大、具有两栖作战能力的海上特遣部队，若干旅级地面作战部队（从空中机动、机械化、装甲或突击队旅中抽调的部队），能承担全谱系空中作战任务的相当规模的空中部队。为指挥联合快速反应部队，还要组建能随第 1 梯队迅速部署、齐装满员的联合特遣部队司令部（JTFHQ)，同时保持第 2 个联合特遣司令部的核心机构，以便在第 2 场危机发生、需要同时执行第 2 项部署任务时使用。联合快速反应部队的规模与构成不是固定不变的，可以根据情况临时搭建与抽调，但其大体上包括下列部队：20 艘左右的大型舰艇（航母、攻击潜艇、两栖舰、驱逐舰和护卫舰）20 艘其他舰艇（水雷战和支援舰艇)，4 个地面作战旅，110 架作战飞机和 160 架其他飞机。

除了组建联合快速反应部队外，《战略防务审查》白皮书还就加强联合指挥与后勤系统作出如下规划：第一，增加 1996 年成立的常设联合司令部的职能，该司令部司令负责联合快速反应部队的训练与战备，负责提出联合作战需求，并享有预算编制权。第二，成立联合防务中心，负责研究防务理论，为军种作战理论提供联合框架，制定联合作战理论与条令，与盟国协调联军作战理论的编制。第三，成立联合直升机司令部，平时负责统一管理和训练直升机部队，战时负责向作战司令部提供直升机部队。第四，某些作战任务交由一个军种统一负责训练，如地面防空部队的训练由空军负责；核生化防御作战由陆军统一训练等。第五，后勤保障系统要尽快实现联合化。如 1999 年 4 月成立国防部储存与分发局，统管三军非爆炸品的储存与发放；设立联合防务运输与机动机

构，统管人员与物资运输；成立国防飞机维修局负责所有军用飞机的维修与大修。

五、决定在减少核武器数量与类型、降低核战备要求的同时，继续保留“最低限度威慑”的核力量

1998 年，英国空军的 WE177 型核炸弹已经从部队全部撤出。至此，英国只剩“三叉戟”战略核潜艇 1 种核武器。英国准备保留 4 艘“三叉戟”战略核潜艇，每艘携带 48 枚核弹头。前任政府曾宣布最多只保留 300 枚核弹头，白皮书宣布在此基础上再削减三分之一，核弹头数量降低到 200 枚以内。在削减核武器数量的同时，英军还降低了对核部队的战备要求。比如，白皮书宣布“三叉戟”战略核潜艇要继续保持不间断的海上执勤，但是执勤时携带的 48 枚导弹将不瞄准任何战略目标，原来要求核部队在接到通知后数小时内能发射导弹，现在要求数日内能发射。然而，保持“最低限度的核威慑”能力，仍然是英国的基本防务政策。目前的“三叉戟”战略核潜艇将保证英国在未来 30 年内都拥有这种核威慑能力。这支核力量除遂行战略威慑任务外，还承担实施“有限核打击”的亚战略任务，在地区冲突中用来慑止对方使用大规模杀伤武器。

（姚云竹）

法国深化防务改革 1998 年上半年，法国补充修订了 1996 年 7 月颁布的《军事纲领法》，提出了新的建军重点，但基本上仍按原计划对其国防建设进行自二战结束后最大规模的改革。改革分两个阶段进行，1997～2002 年为第 1 阶段，重点解决体制编制方面的问题；2002～2015 年为第 2 阶段，重点是以最先进的国防科学技术武装军队。改革的核心是建设 1 支适应冷战后国际形势变化和高技术发展趋势的职业化、现代化的军队，其重点是保持 1 支小规模的核威慑力量和建立 1 支精干的快速反应部队，以迎接 21 世纪的挑战，维护法国的大国地位和在国际事务中的影响力。目前第 1 阶段的改革已全面展开，并正在逐步深化。

一、变革法军防务使命

按照防务改革计划，未来的法军将承担起全新的防务使命，即由过去的实施“核威慑和边界作战”转变为“威慑、预防、投送和保护”4 大使命。

法国认为，独立可靠的核威慑力量仍是确保法国安全利益和维护大国地位不可缺少的手段。按照“足够、有效、可靠”原则削减后的法国核威慑力量，虽然其结构将从陆、海、空“三位一体”调整为海、空“两条腿走路”，数量上也有较大削减，但更加重视质量建设。法国未来的核威慑将由现代化水平高、机动性强、隐蔽性好和射程远的海、空核力量来完成，其“全球第 3 核大国”的地位不会削弱。

预防将成为这次防务改革的优先目标。预防是为了避免出现和重新出现损害法国利益的威胁、避免爆发冲突。预防的手段是情报和预先部署。为了预先掌握威胁的出现，及时采取必要的政治军事措施，法国将优先发展空间侦察力量，同时保持在敏感地区或临近地区预先部署的陆、海力量，以便分析当地局势、处理危机和接应增援部队。

由于对法国本土的直接军事威胁已大大减少，在本土作战的可能性极小，法军未来的主要任务是由本土防御作战转变为实施对外干预，即在境外执行国际维和任务和为预防、制止各种地区性冲突和危机采取军事行动。为此，法军亟待增强力量投送能力。根据改革计划，法军将组建“外派部队”。“外派部队”由下列 4 支部队组成：1 支重型装甲部队、1 支轻型装甲部队、1 支机械化部队和 1 支步兵突击部队。每支部队编制为 1.5 万人，总数可达 6 万人。法国的最终目标是，在确保本土安全的前提下，使法军所有部队都具有实施远距离干预行动的能力。在未来战场上，法军投入的具体兵力规模是：（1）在北约战区的主战场最多可投入 5 万人；（2）在地区冲突的次主战场最多可投入 3 万人；（3）在海外省及领地和与法国签订有防务协定的非洲地区所采取的作战行动最多可投入 5000 人。

在法国本土范围内，公共安全面临的威胁不再来自军事方面，而是恐怖主义、金融犯罪、计算机犯罪、毒品和各种走私，这类威胁严格说不属于军事范围，但属于防务安全范围。因此，军队将继续实施近海和领空监视，宪兵和警察保障陆地安全，空军的空中警戒控制系统也将实现现代化。一旦需要军队干预时，各军区部队在军区范围内出动，需要时可跨军区调动。军队在出现自然灾害时继续参与救灾行动。

二、进一步完善体制编制

（一）调整武装力量体制编制。法国军队总人数将从现在的 50 万人减少到 35 万人。陆军主要致力于建立能在欧洲和欧洲以外地区独立遂行作战任务的多用途兵团。到 2002 年，陆军将从目前的 23 万人削减到 13.9 万人。计划组建第 3 步兵军和快速反应部队司令部，并以此为基础建立总人数为 9.3 万人的陆军战役力量，其中包括 4 个新型兵团：装甲坦克兵团、机械化兵团、装甲骑兵兵团和空中机动兵团。每个兵团下设 2 个旅，每个旅计划设 3～4 个相应的兵种团以及炮兵团和工程兵团。同时计划将作战团的总数从 129 个削减到 85 个。到 21 世纪，法国海军兵力仍将

由两大部分组成：战略核威慑力量和常规打击力量。其中，战略核威慑力量以弹道导弹核潜艇为主，常规打击力量则以航母为中心，配以护卫舰、攻击型潜艇等作战兵力。舰艇总数将大幅度减少，吨位和质量却明显提高，武器装备体制将更加合理。到2015年，法国海军作战舰艇的数量将从91艘减至78艘，主要是削减小型舰艇，重点发展具有综合作战能力的大、中型作战舰只和核动力舰艇。按照法军改革计划，到2015年，法空军的编制规模将减至6.3万人，作战飞机减至320架。目前，空军战区已由4个减为3个，旨在使其布局与其他军种相一致，以便于联合行动。

（二）加快军队职业化进程。按规划，到2003年，合同军人将增加到9.15万人，这就是要求招募4.7万名合同军人。在实现职业化过程中武装力量将削减到29.65万人，其中陆军削减最多，将减少近1/3。目前，法军正严格按计划进行精简，包括继续削减义务兵和士官，扩编职业军人，调整海军和宪兵的干部结构，增加文职干部等等。为了做好军队的退伍工作，改善人员工资待遇，1998年的职业化基金由上年度的14.6亿法郎增加到18亿法郎，其中退伍金比上年度增加约44%，从5.72亿法郎增至8.22亿法郎 。到1998年底，法军人数为50万人。

三、提出新的武器装备发展战略方针

1998年3月底，在希拉克总统主持的国防委员会会议上，确立了法国装备发展的战略方针，即：保持战略独立性，继续加强核威慑、情报、指挥和作战能力；必须拥有远离本土作战能力，以适应多国军事行动的需要；建立欧洲防务，面向欧洲进行军事合作。根据这一战略方针，法国政府逐一审查了原订武器装备计划项目，并对1996年通过的《军事纲领法》规定的作战要求以及可支配的预算额度进行了调整。1998年法国用于武器装备方面的费用为810亿法郎，比1997年减少了70亿法郎，这是自冷战结束以来减少幅度最大的一年。此外，1999～2002年期间的武器装备费将比原计划减少200亿法郎。由于武器装备费用的明显减少，法国防部不得不削减一些项目的经费或推迟一些计划项目的进度，但基本上仍按6年防务计划规定的目标发展装备。

陆军将增加最先进的“勒克莱尔”式主战坦克的数量。这种坦克配备有最先进的技术设备，可在时速高达70千米的情况下实施行进间射击，在1分钟之内可射击5个不同的目标，其自动装弹系统可保证在4秒钟内完成1次装弹。陆军计划1997～2002年订购184辆“勒克莱尔”式主战坦克，每年交付33辆。与此同时，正在加速研制第3代反坦克直升机和NH－90型运输直升机，计划装备“西北风”便携式防空导弹装置，并改进“罗兰”防空导弹装置。

海军装备的更新有两个重点：一是更新弹道导弹核潜艇，使其成为核威慑的中坚力量。法国计划未来海上核威慑的主要兵力将由4艘“凯旋”级弹道导弹潜艇组成。“凯旋”级弹道导弹核潜艇（水下排水量14335吨），装备M－45多弹头核导弹，射程2860海里。第1艘于1996年服役，后3艘将分别于1999、2002和2007年服役。现装备的M－45型多弹头核导弹，将在2010～2015年之间，为改进型M－51潜射导弹所替代。M－51型潜射导弹射程更远、精度更高，打击范围及能力将增大一倍以上，为保证海军具有足够的核威慑能力，法国将延长部分现役“不屈”级弹道导弹核潜艇的服役期，并长期保持两艘弹道导弹核潜艇处于巡弋状态。二是更新航空母舰，使其成为海上打击力量的中心。法国现有两艘50年代建造的“克莱蒙梭”级常规动力航空母舰和1艘60年代建造的“圣女贞德”级直升机母舰，到2000年，两艘常规动力航母将被新一代两艘核动力航母替代。其中第1艘核动力航母“夏尔·戴高乐”号已于1994年5月13日在法国布雷斯特港下水，1998年7月开始海上试航，预计1999年7月交付法国海军服役，21世纪初正式形成战斗力；另1艘已列入建造计划。此外，法国海军继续加强舰载空中警戒能力，提前订购第3架E－2C“鹰眼”预警机；继续研制“地平线”防空护卫舰；“计划建造6艘新型的攻击型核潜艇，以便从2010年起逐步取代目前服役的6艘“紫石英”级核潜艇，第1艘新型核潜艇的航海试验预计于2008年进行。

目前，法国继续用新型航空技术装备武装空军。在空军战略力量方面，继续进行以冲压式喷气发动机为动力的新型战略导弹的早期研制工作，以便替代机载“阿姆斯普”导弹。在空军常规力量方面，计划采购234架“阵风”战斗机，第1个“阵风”空军中队2005年达到初始作战能力；现货采购1架未来运输机；继续实施空战指挥和引导系统计划；交付最后一批“幻影”2000D飞机，把“幻影”2000－5标准型改成防空型。

四、积极探索国防工业发展的新途径

在防务预算连年削减的情况下，法国政府不遗余力地推动国防工业改革，积极探索国防工业发展的新途径，主要措施有：

（一）推行私有化。在财政部的领导下，法国政府成立了独立的国防工业私有化委员会，首先对国家控股公司进行改革，将大部分国有股票出售，以筹措资金，加强企业的市场竞争能力。1997年11月，法国政府颁布出售汤姆森－CSF多媒体公司部分国有股份的决定，揭开了法国国防工业私有化的序幕。

（二）重组资产。法国政府突破了国防工业的重重障碍实行资产重组。这些重重障碍包括：与外国公司合并的所有权问题，现行军贸法规的约束和不同的经营方式，等等。通过资产重组，让效益好的国有企业先进行私有化，再与其他企业资产重组，可以提高效率，壮大实力。如国有航天工业公司私有化后与私营的德绍特航空公司合并，成为拥有560亿法郎资产的欧洲最大的航天公司。

（三）开拓市场。在困难面前，法国把军品出口作为发展国防工业的“战略规划”，制定了稳定非洲市场、开拓亚洲和欧洲市场、争夺中东和拉丁美洲市场的战略。1993年法国军品出口389亿法郎，1995年出口335亿法郎，1996年出口294亿法郎，而1997～1998年度超过600亿法郎。军用电子和通信在国内市场下降12%并将进一步下降的情况下，依靠出口，基本上保持了原来的销售额。

（四）实施改组或联营。法德英3国领导人已正式达成协议，决定从1999年起将欧洲空中客车工业公司改组为实行单一领导、经营更加自主、有效和灵活的跨国股份集团。在吸收意比等其他西欧国家后，欧洲空中客车将逐步发展成一个以生产直升机、导弹、战斗机及航空航天设备为主的欧洲国防工业的“巨无霸”。法德联合研制的“虎”式军用直升机以及法英合作研制的“阿帕奇”隐形巡航导弹都即将投产。法德意荷4国共同研制的NH－90型军用运输直升机的样机也已试飞成功。当前正在进行的国际合作项目还有：法德联合研制的AS－532“美洲狮”运输机：法国一直领导着“太阳神”第1和第2卫星计划，参加该计划的还有德国、意大利和西班牙；最大的战舰合作计划是1994年发起的“地平线”护卫舰计划，该计划的参加者包括法国（需要量为2艘）、英国（12艘）和意大利（4艘）。与此相关的计划是“主要防空导弹系统”，计划2004年投入使用。

五、加强与欧洲盟国的军事合作

为增强欧洲的防务能力以及法国自身的防务能力，法国积极致力于欧洲防务建设，加强与欧洲盟国的军事合作。作为北约国家的成员，尽管有较大的特殊性，但法国与北约在防务政策和军事战略方面有着千丝万缕的联系。特别是自90年代以来，法国与北约国家的军事合作关系已全面展开。1997年初，法德两国发表《共同防务战略构想》，呼吁加强两国军事合作，进而推动欧洲的联合防务进程。法国与北约国家的军事合作组织有以法德为主的“欧洲军团”和“海军联合行动参谋组”、法意西“地中海舰队”、法英“空中行动小组”等。在此基础之上，法国同北约国家在法国本土和地中海地区多次举行联合军事演习，并与北约一道参与联合国维和行动。根据1998年上半年颁布的新的建军重点，法军未来将加强与北约成员国军队在指挥控制、训练、装备等方面的“互通性”建设，以确保能与多国部队随时采取联合行动。

（林治远）

北爱尔兰全民通过和平协议 几度风雨，几度沧桑，历尽坎坷的北爱尔兰问题经过有关各方的讨价还价，终于取得了突破性进展。先是1998年4月10日英国、爱尔兰两国政府和北爱尔兰8个党派共同签署了和平协议，继而在5月22日举行的全民公决中顺利通过了该协议。从此，英国结束了对北爱尔兰地区直接统治，让北爱尔兰人民自己治理北爱尔兰。北爱尔兰在和平道路上迈出了坚实的一步。北爱尔兰的历史也掀开了新的一页。但是，和平道路还可能是艰难曲折的，落实协议、实现和平尚需时日。

一、北爱尔兰各方签署和平协议

1998年4月10日，北爱尔兰有关各方经过长达22个月的艰苦谈判，终于在北爱尔兰首府贝尔法斯特签署了一项旨在结束北爱尔兰长达30年流血冲突的和平协议。根据该协议，北爱尔兰将继续留在英国，并将与爱尔兰共和国建立更加紧密的关系；北爱尔兰将成立新议会和负责协调同爱尔兰关系的“南北委员会”。与此同时，英国和爱尔兰共和国都将修改宪法，以确立让北爱尔兰人民自己决定北爱尔兰前途的原则。北爱尔兰和爱尔兰决定于5月22日同时举行公民投票，决定是否接受这项由北爱尔兰有关方面签署的和平协议。

这次之所以能够达成协议主要有以下几个原因。

首先，英国工党政府调整了对和谈的政策与态度。1997年5月上台的英国工党政府高度重视并不遗余力地推动北爱尔兰和平进程。布莱尔出任首相后访问的第1个地方就是贝尔法斯特，他还是70年来首次在首相府接见爱尔兰共和军政治组织新芬党领袖的首相，并多次同亚当斯等新芬党领导人举行会谈，而以往历届政府首脑大都对被列为非法组织的爱尔兰共和军及新芬党采取打压政策，拒绝接触。在谈判进入最后关键时刻，布莱尔又亲自到贝尔法斯特参加谈判，敦促各方摈弃偏见，握手言和。布莱尔的工党政府比上届保守党政府有更多有利条件。上届保守党政府在议会拥有的议席不到半数，不得不依靠北爱尔兰的亲英派北爱尔兰联合党议员的支持来通过各项决议，因此在北爱尔兰问题上偏袒北爱尔兰联合党，难以采取比较公正的立场来解决北爱尔兰危机。而工党政府在议会拥有绝大多数席位，在提出解决北爱尔兰问题的方案和决议时容易顺利通过，因此可以采取建设性的行动。与此同时，工党政府在北爱尔兰问题上采取了比较灵活的立场。上届政府坚持共和军先缴械再谈判，结果使得和谈频频陷入僵局。布莱尔则提出谈判和解除武装同时进行的主张，使共和军在1997年7月宣布停火，新芬党9月加入重新启动的新一轮和谈，为这次最终达成协议铺平了道路。

其次，北爱尔兰冲突各派放弃了原来的路线。长期以来，对于北爱尔兰冲突中的主要对立双方来说，坐下来进行谈判这一想法本身就是一种背叛。从新教方面来说，正是现年54岁的北爱尔兰联合党首脑特林布尔以先是同爱尔兰政府进行对话，后又主动同新芬党民族主义分子进行谈判的方式打破了这种政治禁忌。在持温和态度的北爱尔兰社会民主工党领袖休姆和有着爱尔兰血统的美国总统克林顿的影响下，新芬党领袖亚当斯也已经认识到其领导的爱尔兰共和军选择的武装斗争道路是没有出路的。再加上英国首相布莱尔和爱尔兰共和国总理埃亨成功撮合，使有关冲突各方愿意放弃以前的偏激路线，一起走到谈判桌前，最终促成和平协议的成功签署。

第三，北爱尔兰人民厌倦暴力，渴望和平。北爱尔兰人民在经济上一直遭受着不平等的待遇，他们的收入比爱尔兰和英国邻居要低25%左右。除宗教性质外，北爱尔兰的冲突实际上也有“阶级斗争”的特点，因为天主教徒的地位一直比较低下，而且也缺乏资本。北爱尔兰人民把他们在经济上的不平等地位归咎于长期的冲突和暴力，他们渴望有关各方早日捐弃前嫌，铸剑为犁。和平协议签署后，负责发展阿尔斯特省同爱尔兰共和国之间在运输、旅游、农业及渔业等方面的合作事务的北南委员会提出的开放政策为弥补这种经济上的差距提供了可能性。此外，北爱尔兰人民还指望和平协议能给那些包括各派实业界人士在内的协会再次带来生机。

二、全民公决共铸北爱尔兰和平进程

1998年5月22日，英国北爱尔兰地区和爱尔兰共和国的选民举行全民公决。在全民公决中，北爱尔兰和爱尔兰共和国分别以71%和94.4%的绝大多数票通过了4月份签署的北爱尔兰和平协议。这一结果充分显示了北爱尔兰人民渴望和平的强烈愿望，并表明北爱尔兰走向和平的道路将不再是梦想，在北爱尔兰和平进程中具有里程碑的性质。

“给和平一次机会!”这是在北爱尔兰和爱尔兰共和国举行全民公决时四处回响的主旋律。在过去30年中，北爱尔兰天主教派和新教派因北爱尔兰的归属问题发生暴力冲突，导致3200多人死亡，3.65万人受伤，并造成巨大的经济损失。在此次投票中，许多在冲突中失去亲朋好友的选民没有感情用事地对和平协议投反对票，而是理智地选择了和平。正如英国《观察家报》所描绘的那样：“这是一次令人震惊的、无与伦比的、彻底的胜利。光明战胜了黑暗，未来战胜了过去，进步战胜了逆流，选票战胜了枪杆。”布莱尔认为，全民公决结果表明北爱尔兰在“走向未来和平与希望的道路上又迈出了可喜一步”。但今后的道路还很漫长，现在的任务是消除投反对票的人对协议的怀疑，逐步落实协议的内容，建立地方议会与管理机构，使北爱尔兰尽早真正走上和平与繁荣的轨道。

三、解除武装是实现和平的最大难题

尽管全民公决通过了和平协议，但在具体落实过程中还有许多工作要做。首先，北爱尔兰的天主教派和新教派必须消除相互之间的怀疑和仇恨，增加信任与相互合作。根据该协议，北爱尔兰从6月份开始成立议会和地方政府，管理北爱尔兰地区事务。但他们能否捐弃前嫌，还有待时间证明。其次，在全民公决中，北爱尔兰仍有近29%的选民对协议投了反对票，其中大部分是新教派选民。他们担心，天主教派与爱尔兰交往密切，会最终导致南北两地的统一，担心根据协议释放所有因参与暴力冲突而被关押的人，会给北爱尔兰带来新的变数。第三，一些没有宣布停火、不接受和平协议约束的极端组织有可能继续破坏和平协议，他们可能通过进行恐怖活动来达到破坏和平协议的目的。因此，和平协议的达成和通过并不意味着和平已经来临。但是，落实协议最大的难题是解除各派的武装。根据北爱尔兰和平协议，各党派下属的准军事组织从1998年6月开始陆续缴械，到2000年5月必须交出所有的武器弹药。这些武装在过去30年的武装冲突中，要求北爱尔兰脱离英国统治的天主教徒和亲英国的新教徒分别成立了许多武装派别，进行武装袭击和暗杀、爆炸等暴力行动。这些武装组织都拥有不少武器库，其中天主教派最大的军事组织爱尔兰共和军有近3吨炸弹、2～3枚地空导弹及数百支冲锋枪和其他武器。新教派中的北爱尔兰防卫协会也有200多支步枪、冲锋枪及相同数量的手枪和不少炸弹。其他各武装派别也拥有数量可观的武器。要这些武装组织交出武器并非易事。爱尔兰共和军在和平协议达成前后多次表示，不会轻易缴械。他们提出，交出武器的条件是北爱尔兰非军事化和彻底改组北爱尔兰警察部队等。新教派最大的政治组织北爱尔兰联合党对共和军拒绝交出武器表示担忧。该党领导人特林布尔坚决要求，如果共和军不在1998年6月按照协议开始交出部分武器，新芬党成员就不能在北爱尔兰内阁担任部长职务。特林布尔强调，根据和平协议，各军事组织必须开始缴械，这是确保实现真正和平的关键。但新芬党领袖亚当斯指责统一党不应将缴械问题作为新芬党进入北爱尔兰新政府的先决条件，并称这样做实际是给和平进程设置障碍。1998 年 10 月 31 日，英国首相布莱尔分别会见了特林布尔和亚当斯，敦促亚当斯就缴械问题"作出给人以信心的姿态"。但亚当斯在会见后仍强调这个问题不应成为落实和平协议其他内容的前提。他还表示，除非新教多数派改变他们对天主教少数派固有的不信任态度，否则就不可能实现和解。英国北爱尔兰事务大臣莫勒姆也强调，在 1999 年 2 月向北爱尔兰新议会移交权力之前要认真检查在缴械和其他问题上是否取得了足够的进展。但她同时指出，解除武装问题并不是移交权力的先决条件。看来，北爱尔兰要实现真正的和平，还有一段漫长的路要走。

(李先喜)

北约提出新战略构想　1998 年 10 月 13 日，北约理事会以科索沃局势恶化为由，授权欧洲盟军司令部对南联盟实施空中军事打击。一个月后，即 11 月 13 日，北约议会又以压倒多数的赞成票通过一项修正案，正式取消了有关北约的军事行动必须得到联合国或欧洲安全与合作组织严格授权的要求。12 月 8 日，在重点讨论北约新战略的北约外长会议上，美国提出把北约维护成员国安全的职能扩展到对付北约防区之外的其他地区危机的新构想。这一系列举措意味着北约长期以来奉行的"集体防御"战略已经发生变化，而以预防危机为主的新战略也已初露端倪。北约是成立于 1949 年 4 月的冷战遗物。它是雅尔塔体制下美国为遏制苏联、控制西欧、推行侵略扩张政策而建立的军事战略集团，其目的在于"联合一切力量，进行集体防御及维护和平与安全"。当时在华盛顿签署的《北大西洋条约》第 5 款为这一军事—政治联盟规定了集体防御的战略：只要有一个或数个北约成员国受到外部军事力量的打击或侵略，就可将其视为对所有成员国的攻击或侵略，其他成员国有义务帮助其进行反击。自 60 年代下半期开始，北约逐步发生了变化，由遏制苏联、为美国推行侵略扩张政策服务的工具，演变为北美、西欧联合对抗苏联和华约的军事政治组织。近年来，为适应国际形势的发展变化及其自身生存之需，北约进行了一系列改革，逐步从集体防务的传统军事联盟转化为安全合作的政治军事组织，其军事战略的重点也由过去对付"单向"之敌，转而对付"多方面"的威胁，包括对付中东欧国家因民族对立、领土纠纷等严重经济、社会和政治难题导致的不利欧洲稳定的危机和武装冲突。事实上，早于 1991 年北约就对其战略进行过修订，开始策划并实施非北约第 5 款性质的军事行动，包括到北约领土之外进行预防危机的行动。1994 年 4 月的波黑维和行动就是以联合国名义为掩护，在北约传统防区之外采取的首次军事行动。1997 年马德里首脑会议上，各国又提出要对北约战略进行修改。此后，各国就新战略进行磋商，并计划将新战略构想交由 1999 年 4 月 24～25 日在华盛顿举行的庆祝北约成立 50 周年最高首脑会议正式批准。按北约秘书长索拉纳之言，"北约 21 世纪的新战略将是华盛顿首脑会议的中心内容。"

北约新战略的主要构想是，通过把北约从原来保卫联盟的任务扩大到能够在北约之外进行军事干预，使北约具备在全世界"保卫美国和欧洲盟国利益的能力。"为此，北约采取的措施主要有：

一、实施"和平伙伴关系计划"

迄今为止，已有 27 个国家加入了"和平伙伴关系计划"。通过这个计划，以美国为首的北约军队得以首次进入黑海、里海和波罗的海及中、东欧和中亚有关国家，不断在这些地区举行联合军事演习，并向这些国家进行军事渗透和扩张。

二、启动东扩步伐

除正式决定首批接纳波兰、匈牙利和捷克 3 国入盟外，北约还许诺 1999 年考虑吸收斯洛文尼亚和罗马尼亚。北约东扩是个持续的过程，企图把原华约的所有国家，包括独联体的一些国家都囊括进去，使西方防务的前沿不断向东推进到俄罗斯的家门口，以成"兵临城下"之势。据统计，目前已有 12 个中、东欧国家正式提出了入盟申请，它们把加入北约、"回归欧洲"作为最重要的国策。

三、建立与俄罗斯磋商机制

1997 年 5 月，北约与俄罗斯签署了"相互关系基本文件"，决定成立"俄罗斯与北约常设联合理事会"，就欧洲安全和双方关系的重大问题定期进行磋商。此举旨在通过向俄作出某些不具约束力的承诺，给俄某些有关欧洲安全事务的"磋商权"和一些经济利益，将俄框在以北约为中心的欧洲安全体系之中，迫其只起"比较受限制的作用"。

四、发展"欧洲特性"

自北约成立以来，美国首次在北约内适当放权，同意对北约军事一体化指挥机构进行调整，把北约军事结构分成若干部分，以便使欧洲的成员国能够从北约的司令部分离出一些指挥小组；建立与"美国支柱"相平衡的"欧洲支柱"，使欧洲人在北约占据更多的关键位置。

五、直接插手、干预“防区外”的前南战乱

北约曾出动飞机轰炸波黑塞族区，组成以美军为首的稳定部队和多国部队，以维和为名，进入波黑及巴尔干其他地区，把那里当作北约转换战略、扩大职能的试验场。北约还对南联盟塞尔维亚共和国的科索沃危机进行军事干预。如前所述，冷战结束后，北约为了自己的存在和扩大寻找新的理论依据，把战略目标从“集体防御”转向维护欧洲大陆普遍安全，朝着“超越边界”应付国际危机的“全球化”方向发展。对南联盟动武恰恰是对这一新的战略思想的检验。

北约新战略构想一出笼，即引起舆论的强烈反应。俄罗斯随即表示，北约的新战略“令人不安”。

那么，北约新战略引起人们不安的主要原因是什么呢？

首先，是北约军事行动的范围在不断扩大。作为冷战产物的北约，1949 年最初成立时唯一的宗旨就是捍卫其成员国的集体安全，军事行动的范围仅限于其成员国国土之内。冷战结束后，苏联解体，华约消失，北约失去了存在的理由。但美国为了争夺对欧洲安全事务的主导权，不断推动北约调整战略和扩大职能，大搞北约东扩，企图构筑以北约为核心的未来欧洲安全结构。西方舆论指出，美国提出的所谓北约战略“新概念”实质上是把北约的行动范围从欧洲扩大到了世界，它将使北约“全球化”，并使其成为美国的“世界宪兵”。这不能不说是一个危险的信号。

其二，北约今后采取军事行动“无须联合国批准”。联合国是二战结束后建立的最大的国际组织，冷战结束以来它在解决危机和冲突、维护世界和平等方面发挥着越来越大的作用，世界人民对它寄予厚望。然而，近年来在解决国际争端时，绕过联合国、动辄诉诸武力或以武力相威胁的作法屡屡发生，对世界局势产生了不利影响，对联合国的权威也构成了挑战。联合国秘书长安南前不久在纪念《世界人权宣言》发表 50 周年时的一次演讲中说：“尽管地区性组织毫无疑问地发挥着重要作用，但国际社会采取的任何军事行动必须获得安理会的批准，强调这一点非常重要。”他说，违背这一惯例，那将意味着“倒退到一种划分势力范围的体制，这种体制建立在单个国家利益的基础上，而不是建立在奉行共同承担责任的原则的基础上”。此话当然不是无的放矢。

第三，将对世界多极化趋势的发展产生不利影响。世界多极化是冷战结束、国际局势缓和及世界和平力量不断增长的必然结果，它反映了时代的进步和要求。然而，当今世界“一超”推行“单极世界”的企图时有凸现。俄罗斯总理普里马科夫前不久针对美英空袭伊拉克的蛮横行为说，“如果不经联合国安理会批准就对一个主权国家进行打击的做法成为惯例，世界就不会走上稳定之路，走上多极之路”。军事观察家们担心，如果在 1999 年 4 月北约峰会上把美国提出的“新概念”定为北约新战略的话，不经联合国批准就对某个主权国家进行军事干预的事将会有增无减。果真如此，多极化世界的形成恐怕需要更长的时间。

人们注意到，北约内部对美国提出的战略“新概念”尚存分歧。法国外长韦德里纳就告诫说，美国的构想“有削弱北约和使盟国分裂的危险”。他认为，必须把涉及诉诸武力的使命“置于联合国的权限之内”。德国报纸也认为，如果把北约“仅仅作为美国领导世界的工具可能脱离其目标。”

人类能否把一个和平、稳定、繁荣的世界带入新的世纪？北约的未来发展方向将不可避免地对此产生影响。

（尚左琳）

美洲军事要事

美俄军事关系在合作背后存在严重分歧

1998 年，美国和俄罗斯的军事关系依然处于既合作又斗争、既协调又竞争的态势，但总体而言有所降温。一方面，双方保持合作伙伴关系，竭力避免两国关系“出轨”；另一方，由于在一些重大问题上分歧进一步公开化和表面化，双方互不信任和公开顶撞与往年相比明显增多。目前美俄关系虽然仍以合作为主，但发展前景充满变数。俄分析家最近指出，美俄之间新的冷战可能再次成为现实。

一、从合作方面来看，美俄军事关系仍有一定程度的发展，又取得了一些新进展，主要表现在：

（一）继续举行首脑会晤。1998 年 4 月 6 日，美国总统克林顿和俄罗斯总统叶利钦通过电话就两国在非洲开展合作事宜进行了讨论。克林顿建议两国在非洲进行合作，帮助这块大陆“走向繁荣”。5 月 21 日，克林顿与叶利钦又通过电话就印度进行核试验之后的南亚紧张局势交换了意见。两国总统还讨论了不扩散核武器和科索沃问题。6 月 15 日，克林顿和叶利钦再次就科索沃问题通过电话交换了意见。9 月 1～2 日，美俄两国总统相聚莫斯科，举行了自 1997 年 3 月赫尔辛基首脑会晤以来的第 1 次正式会晤。这次会晤取得了一些成果，两国首脑签署了 6 项联合声明，其中 5 项与军事有直接关系。这 5 项声明是：《关于禁止生物武器公约议定书的联合声明》、《关于交流导弹发射和早期预警信息的联合声明》、《关于销毁核武器及发射装置的联合声明》、《关于非军用钚材料的处理和利用原则的联合声明》以及《关于科索沃局势的联合声明》。克林顿和叶利钦对此次会晤给予了高度评价，他们在记者招待会上称，会晤“非常成功”，两国在全球问题、国际热点问题及双边经济合作等问题上达成了广泛的共识，消除了近年来在双边关系领域积聚的某些紧张气氛。同时，两国首脑也承认双方存在一些分歧。叶利钦指出，俄美在“紧迫的国际问题上并非完全一致。”

（二）继续加强核安全合作。第一，美俄就利用从武器中提取的钚进行技术合作签订了协定。1998 年 7 月，俄总理基里延科访美期间，俄原子能部和美能源部签订了一项《利用从武器中提取的钚进行科学技术合作的协定》。协定规定，对钚进行改造，使其无法在核武器中使用；根据该协定提供的材料、设备和技术不得用于生产核武器、制造任何爆炸装置，不得用于军事目的；没有双方的书面协议不得将其出口、转口或转让；美俄成立利用钚联合协调委员会，负责协调双方的工作；协定有效期为 5 年，在双方签订书面协议的情况下协定可继续延长。第二，美俄就和平利用核能达成两项协议。9 月，美国能源部长比尔·理查森和俄国原子能部长叶夫根尼·阿达莫夫在维也纳签署了两项协议，一项是有关 50 吨钚协议，另一项是有关俄开放核城市协议。这两项协议旨在防止俄核科学家和核原料的外流。根据协议，美将在今后 5 年内向俄投资 3000 万美元，协助俄核部门实现私有化，借以增加当地的就业机会。第三，美俄在销毁核武器上取得新进展，美俄两国首脑在其发表的《关于销毁核武器及发射装置的联合声明》中说，迄 1998 年 9 月，美俄共同销毁了核武器 1700 件，包括 700 个地下井发射装置、45 艘潜艇及其发射装置，拆除或者销毁了 18000 多个战略和战术弹头。双方决心进一步合作，以便使《第 2 阶段削减进攻性战略武器条约》尽快生效，一旦俄批准该条约，美俄两国将在《第 3 阶段削减进攻性战略武器条约》的范围内，就进一步削减核武器问题进行会谈。

（三）继续举行联合军事演习。1998 年，美俄举行了 2 次联合军事演习。5 月 20 日，两国海军在南萨哈林岛近海举行了代号为“海上生态环境保护”联合演习。8 月 7 日，美俄海军在大彼得湾海区举行了例行性“海上合作 98”联合救援演习，参加演习的俄海军有导弹驱逐舰“猛烈”号，以及大型登陆舰、电子对抗船、侦察船各 1 艘；美海军两栖登陆舰“日尔曼顿”号及其运载的部分海军陆战队。两国海军进行了编队通讯协调、编队航行、海上机动、立体登陆、物资输送、抢险救助等科目演练。这次演习主要检验两国海军水面舰艇和海军陆战队在救援遭受自然灾害的民众时相互协作能力。

二、从相互协调方面看，美俄双方在一些重大问题上，尚能本着互利互谅的原则，在可能的情况下作出一定的让步，主要表现在：

（一）美在举行首脑会晤问题上作出让步。这次 9 月份莫斯科首脑会晤，按照双方商定的时间表，本应在 1998 年上半年举行。之所以一再被推迟，其主要原因在于美坚持把俄国家杜马批准《第 2 阶段削减进攻性战略武器条约》作为克林顿访俄的先决条件。《第 2 阶段削减进攻性战略武器条约》是美俄于 1993 年签订的，1996 年 1 月美国会批准了这一条约，但俄国家杜马迄今尚未批准。俄认为，在俄军事力量逐渐下降的情况下，其大国地位主要取决于战略核武器的对比，只有保持足够、可靠的核威慑，才能维持俄美战略均势。因此，俄国家杜马长期坚持不批准这一条约。美国总统已有两年未踏上俄罗斯领土，美国务卿奥尔布赖特也有一年未访问俄国。1998 年 6 月底至 7 月初克林顿成功访问中国引起俄国一些人不悦，认为克林顿对中国的访问与北约东扩一样是美分别从东西两个方向对俄进行战略遏制的重要步骤。为了消除俄罗斯人的疑虑，维系美俄“合作伙伴”关系，克林顿结束访华后不久，决定将访俄与俄批准《第 2 阶段削减进攻性战略武器条约》问题脱钩，于 9 月初举行美俄首脑会晤。美国的这一重大让步，不仅避免美俄关系走进死胡同，而且给叶利钦帮了一个大忙。在俄经济危机和政治危机不断加剧的形势下，如果克林顿取消或推迟原定的访俄计划，那他就很可能“在叶利钦的棺材上敲进了最后一颗钉子”（美前国务卿基辛格语）。克林顿放弃先决条件按计划赴莫斯科，对叶利钦在政治上是个有力支持。

（二）美俄在核裁军等问题上均有让步。俄罗斯政府承诺说服国家杜马尽快批准《第2阶段削减进攻性战略武器条约》。1999年1月下旬，美国务卿奥尔布赖特访问莫斯科，分别会晤了俄总理普里马科夫和外长伊万诺夫。伊万诺夫向奥尔布赖特许诺，俄政府将尽快说服国家杜马批准《第2阶段削减进攻性战略武器条约》。此外，在俄向伊朗出售核反应堆问题上，俄作出了部分让步。美俄达成一项协议，双方成立一个联合专家小组，专门监督俄伊核合作，对俄向伊出口的设备和技术进行严格的监督。美俄还在战区导弹防御系统问题上相互作出让步，达成谅解，双方表示将继续进行磋商。俄外长伊万诺夫对美国务卿奥尔布赖特表示，美部署战区导弹防御系统引起了莫斯科“巨大不安”。奥尔布赖特表示，《反弹道导弹条约》是奠基文件，美不会扩大生产反弹道导弹。美总统克林顿还专门为此事给俄总统叶利钦写信，要俄罗斯人放心，美研制战区导弹防御系统问题，并不意味着美对《反弹道导弹条约》的承诺发生了变化。据《华盛顿邮报》报道，美国防部还提出，如果俄不反对美关于在两个战区部署总数达200个反导弹发射装置的战区导弹防御系统计划，作为补偿，俄将被允许部署携带3个弹头的“白杨－M”洲际导弹系统。

三、从相互抗争方面来看，双方在国家利益上不一致，存在着根本性利害冲突，存在着严重分歧。美对俄的政策是把俄拉进西方社会，不容许出现一个强大的俄罗斯，更不愿意看到苏联的复活。而俄罗斯的对策是，奉行积极的多方位的外交政策，在不牺牲国家利益的基础上发展与美国的关系，使俄作为国际社会“平等的参与者，而不是受歧视的原料供应国”，是多极世界中重要一极。因此双方抗争相当激烈，但不会导致发生世界大战，也不会重新回到两极时期冷战的老路上去。目前，双方分歧主要表现在以下6个方面：

（一）关于建立世界新秩序问题。在建立什么样的世界新秩序问题上，美俄存在着严重分歧。美国企图依靠军事同盟和海外军事存在，把美国的“民主模式”强加给世界上一些国家，力图建立一个以美国为领导的单极世界。俄罗斯则坚决反对美国建立单极世界，主张世界格局应向多极化方向发展，形成一种有几个主要力量中心同时发挥作用的世界新秩序。俄公开宣称，当前世界形势的一个决定性特点就是世界的多极化，由一个国家独霸世界是不可能的，也是很危险的。1998年5月12日，俄总统叶利钦对俄外交部领导人员发表了题为《俄罗斯在多极世界形成时期的地位和作用》的专题讲话，指出在多极世界形成过程中，俄坚决反对“某一国家”把自己的要求和利益强加给国际社会的企图，“哪怕它是一个最强大的国家”，俄作为世界格局中重要一极，应发挥应有的作用。俄外长普里马科夫于同年5月6日发表了《世界政治中的俄罗斯》一文，文中指出，俄不论以其规模、实力、潜力，还是历史和传统，一直是国际格局中起“大国作用”的主角之一，俄积极主张与正在形成的“各极”建立建设性伙伴关系，坚决反对“那种以大国为基础的世界秩序”。为此，俄与美一直在进行着不懈的、公开的斗争。

（二）关于北约东扩问题。北约东扩是美国在新的历史条件下，遏制和防范俄罗斯，称霸世界，实现全球西化的重要战略步骤，因而遭到俄的公开抵制和竭力反对。虽然俄罗斯和以美国为首的北约于1997年在巴黎签署了《俄罗斯和北约相互关系、合作与安全的基本文件》，两国在北约东扩问题上的尖锐矛盾有了某种程度的缓解，但是，伴随着北约50周年庆典降临，特别是波兰、捷克和匈牙利3国正式入盟，美俄在东扩问题上分歧更加突出，抗争与防范、渗透与反渗透的斗争有增无减。美国表示，北约东扩是美国的既定方针，不会动摇。而俄罗斯领导人则认为，北约东扩是自冷战以来最大的战略错误。北约东扩的实质是，美国通过此举把原苏联的势力范围东欧国家，甚至把独联体国家纳入北约联盟体系，将北约防卫边界线推至俄罗斯的家门口，从而达到遏制俄罗斯的目的。俄罗斯人普遍认为北约东扩极大地损害了俄罗斯国家利益。为了抵御北约东扩，迄今俄采取了以下主要举措：第一，继续坚持反对关于北约扩大的原则。俄总统叶利钦在1998年5月对俄外交部领导人员发表专题讲话时指出，俄“一直坚持对北约扩大政策持消极态度”。俄外长伊万诺夫指出，俄不主张把美国排挤出欧洲，但也不允许把俄罗斯“赶到欧洲后院”。俄国家杜马提出对北约东扩的3点原则立场：一是俄罗斯反对在欧洲形成新的分界线，北约扩大超出某种界线将引起俄与北约关系的破裂；二是俄反对把北约作为欧洲安全体系的支柱；三是俄同北约签署基本文件决不意味着俄同意北约扩大。第二，组建战略伙伴关系同盟。首先发展和巩固与白俄罗斯的关系，构筑防御北约东扩的第一个坚固堡垒。两国先后签署建立国家共同体条约和联盟章程，朝着“两国最终实现统一”的目标迈进。其次是俄白还打算与乌克兰建立战略伙伴关系同盟。据白俄罗斯称，3方将就此问题进行磋商。第三，竭力阻止波罗的海3国加入北约。叶利钦总统等许多俄领导人一再强调，在北约东扩问题上有一条“红色警戒线”，俄决不允许北约越过这条线。如果北约决定吸收某个前苏联国家为其成员国，俄将重新考虑同北约的关系。1998年7月，北约秘书长索拉纳访问了拉脱维亚、爱沙尼亚和立陶宛等波罗的海3国，和3国领导人谈到了加入北约的细节问题，事后，美副国务卿塔尔博特指责俄把波罗的海3国看作是自己的势力范围、阻挠3国加入北约的想法是错误的，并表示美国支持3国加入北约。对此，俄作出了强烈的反应。俄总理普里马科夫重申，“吸收包括波罗的海沿岸3国在内的前苏联加盟共和国加入北约就等于是‘闯红灯’”。俄外交部声称，让3国加入北约的任何企图将使俄从根本上重新考虑“改变同北约的关系”。第四，极力构筑南部安全屏障和缓冲带。在北约东扩和美国渗透的威胁之下，俄罗斯的“后院”中亚和外高加索地区、乌克兰地区一下子被推上前沿，为了稳定“后院”，俄带头组织独联体国家构筑多边安全保障机制。第五，修改核威慑战略。俄总理基里延科说，俄拟通过一项发展战略核武器计划。俄国防部称，战略核力量是遏制大规模侵略的手段，使用核武器是可能的和正当的。俄反对北约东扩的实质是：反对北约建立以俄罗斯为重点的新的军事分界线；反对以北约作为欧洲安全模式的支柱，主张以欧洲安全和合作组织作为欧洲安全体系的中心；反对美国把北约作为其实现全球利益的工具。按照北约扩大的时间表，在波兰、捷克和匈牙利正式成为北约成员国后，还将有第2批，第3批东扩名单即将公布，俄美之间矛盾将越来越深，斗争也越来越激烈。

（三）关于解决科索沃危机问题。美俄在南斯拉夫联盟框架内解决科索沃危机、防止危机升级和蔓延等方面有某些共同点，但双方的根本分歧是显而易见的。美极力主张对南斯拉夫联盟实行高压政策，主张必要时以武力解决科索沃危机；而俄则坚决反对军事干预。美一直视南斯拉夫联盟为俄罗斯在巴尔干棋局中的桥头堡，力图去之而后快，通过削弱南斯拉夫联盟达到消除俄在欧洲影响的目的，于是采取压南斯拉夫联盟袒阿族、抑塞族扶阿族的政策，对南斯拉夫联盟经济制裁、武力威慑、外交干预等多管齐下，并公开支持和纵容阿族分裂分子，企图逼迫南斯拉夫联盟扩大科索沃自治。俄为了维护其在巴尔干的传统影响，对美国硬缠软磨，竭力牵制和化解美对南斯拉夫联盟的压力。在以美为首的北约大军压境、一再宣称对南斯拉夫联盟动武的形势下，俄一直没有松气，坚持“政治解决还没有走到尽头”。美俄在科索沃问题上存在着根本分歧，其实质是对欧洲安全主导权的争夺。美国坚持以武力压境，派驻国际维和部队，把巴尔干变成自己的势力范围；而俄则反对以武力相威胁，以传统友谊维系与南斯拉夫联盟的特殊关系，从而参与欧洲事务。由于美俄战略利益相悖，彼此力量强弱不同，处境各异，双方在这一问题上的斗争在短期内难以解决。

（四）关于伊拉克武器核查问题。美俄两国都同意必须销毁伊拉克所有大规模杀伤性武器，但是俄反对美用武力解决伊拉克核查问题，并一直力促联合国放宽对伊拉克的制裁。美国则一心想搞垮萨达姆政权，因此不时地对伊拉克炫耀武力，坚持保留对伊拉克的制裁。1998年2月，当战争阴云再一次在海湾上空徘徊的时候，俄总统叶利钦向美国发出警告，声称美对伊进行军事打击“将引发一场世界大战”。俄国防部长谢尔盖耶夫对来访的美国防部长科恩说，若美采取军事行动，他“对美俄军事关系可能要付出的代价深为关切”。1998年12月，美国和英国联合对伊拉克发动了大规模空中军事打击，俄罗斯立即作出了强烈的反应，先后召回驻美英两国大使，下令取消俄国防部长谢尔盖耶夫原定当晚对北约总部的访问。俄在伊拉克问题上采取这一立场，是出于重大的经济利益和战略考虑。伊拉克购买俄武器的欠款近80亿美元，俄伊之间还签订了大量经济合同，因此，反对对伊实施制裁，维护伊现政权，不仅符合俄的经济利益，而且也有俄重返中东、打破美独揽中东事务局面的战略考虑。

（五）关于向伊朗和塞浦路斯出售武器技术问题。俄不顾美 的坚决反对，坚持向伊朗出售核反应堆和向塞浦路斯出售导弹。自1995年1月俄与伊朗签订价值8～10亿美元的建造核电站合作合同、俄为伊提供轻水反应堆以来，美俄因此问题已争吵了4年多，双方仍坚持各自立场。俄伊认为这是一起商业性核合作，而且符合《不扩散核武器条约》的有关规定，俄伊核合作完全出于和平目的，不对任何国家构成威胁。但美国表示强烈反对，要求俄取消此项合同。1998年5月，俄和伊朗宣布加速核合作进程，扩大核合作，伊购买俄1个供研究用的核反应堆，俄帮助伊朗培训核方面的专门人才。对此，美国作出了强烈的反应，对俄施加了巨大的压力。美副国务卿塔尔博特向俄总理普里马科夫指出，虽然美国一直设法阻止俄向伊转让核技术，但这个问题“越来越严重，没有好转的迹象”。美副总统戈尔在马来西亚首都吉隆坡举行的亚太经合组织领导人非正式首脑会晤中对俄总理普里马科夫表态说，俄伊之间与武器有关的交易必须停止，否则，“美俄间的全面合作可能中止。”11

月，俄原子能部长阿达莫夫访问了伊朗波斯湾沿岸的布什尔地区，他返回莫斯科后宣布，布什尔工程进展顺利，并透露伊朗将再定购3座核反应堆。12月，美国总统克林顿决定对俄参与核交易的机构实施经济制裁。俄则坚持要如期完成建造价值8亿美元的布什尔核电站。俄还顶住美的压力，向塞浦路斯出售防空导弹。1997年1月，俄罗斯与塞浦路斯共和国达成协议，俄向塞出售S-300防空导弹，并计划于1998年8月将导弹运到塞岛。这引起了塞浦路斯共和国希腊族、土耳其族两族以及希腊和土耳其两国的矛盾，土耳其宣称，这批俄制导弹对土和塞浦路斯土族构成直接威胁，将不惜使用武力阻止希族部署导弹的行动；希腊则扬言，土的军事行动将导致北约两个成员国之间的战争。这就是所称的“塞浦路斯导弹危机”。美国从一开始就坚决反对俄向塞出售和部署导弹，认为这是错误的，将带来“严重后果”，并派出塞浦路斯问题特使从中斡旋，但最终未能奏效，俄宣称“如期将导弹交付塞浦路斯”。1998年12月29日，塞浦路斯总统克莱里季斯宣布，决定不在塞岛部署S-300导弹，而是在希腊克里特岛部署这批俄制导弹系统。俄向伊朗和塞浦路斯分别出售核反应堆和导弹基于以下两点考虑：一是经济利益驱动。在俄国发生经济危机的情况下，“唯一可出口的产品”就是武器。俄原子能部长阿达莫夫就说过，对外出售核反应堆“可能是原子能部生存下去的唯一途径”。二是地缘政治利益。伊朗客观上阻碍着俄南部近邻变成北约的前沿地带，是俄通向“不冻海”的出口。因此，俄通过各种渠道加强与伊的合作。塞浦路斯位于地中海东部，和它利害攸关的土耳其和希腊则是北约的东翼，俄插手塞浦路斯，一方面是显示俄在这一地区的存在，另一方面是企图削弱北约的东翼。总之，美俄在向伊和塞出售武器技术问题上的矛盾和分歧，实质上是一场两国争夺势力范围的斗争。

（六）关于对独联体国家采取“多元化”政策问题。出于历史和地缘政治的考虑，俄罗斯把独联体大多数国家看作是自己的势力范围，并把加强独联体一体化当作其对外政策一个优先方面。美国则担心独联体一体化进程有可能导致原苏联的复辟，因此把推动“地缘政治多元化”作为美对原苏联地区政策的一条基本方针，对独联体国家从政治、经济、军事方面进行全面渗透，力图使这些国家转向美国。政治上，美与独联体一些国家签署“民主伙伴关系宪章”，宣称中亚和外高加索地区以及乌克兰是“美国欧洲战略的重要组织部分”；经济上，进行经济投资和援助，鼓励独联体国家进行“民主改革”。美每年仅向中亚和高加索地区国家就提供22亿美元的人道主义援助和改革起步资金；军事上，在实施北约东扩战略的同时，加强与独联体一些国家军事合作，美继与乌克兰、阿塞拜疆、哈萨克斯坦签署军事协议之后，1998年3月又与格鲁吉亚签署了国防合作计划，美为签订协议的国家培训军官，提供军需，并以北约的名义在独联体国家举行联合军事演习。对此，俄表示了极大的不满，并进行针锋相对的斗争。首先，俄罗斯与独联体一些国家签订政治声明，积极求得相互信任和理解，加强高层互访。俄还与亚美尼亚、阿塞拜疆等国先后签署了友好合作互助条约。第二，积极改善与乌克兰关系。俄总统叶利钦亲自访问了基辅，主动作出让步，双方就争执已久的黑海舰队分割问题达成了协议，并签署了友好、合作和伙伴关系条约，签订了军事合作计划。俄乌还决定成立军事技术合作委员会，两国的紧张关系有了明显改善。第三，利用与独联体一些国家的传统联系，加强经济合作。第四，与独联体一些国家签订军事合作条约，公开反对北约在独联体国家举行联合军事演习，并坚持在中亚驻扎军队，强化独联体集体安全条约。从战略意义上看，中亚、外高加索地区和乌克兰是俄安全的南部屏障；就资源而言，上述地区拥有丰富的石油和天然气，因此，美俄之间在这些地区的斗争，除了争夺资源外，抢夺战略要地也是一个极为重要的因素。俄希望“自己周围有一个安全地带，同时不能失去自己的传统市场”（俄外交部负责独联体国家工作的第一副外长鲍里斯·帕斯图霍夫语）；而美出于遏制俄的需要，把俄边界附近地区列为对美安全利益至关重要的地区，这样势必导致两国关系的紧张。随着北约防务边界向东推移，美俄两国在独联体一些国家渗透与反渗透的斗争还会继续下去和更加激烈。

（温味几、方友庚）

美军突袭阿富汗和苏丹两个设施　1998年8月20日，美军对阿富汗和苏丹的两个设施进行了一次导弹袭击。克林顿总统称，这两个设施中，一个是“世界上最活跃的恐怖分子基地之一”，另一个是为恐怖组织“制造化学武器的工厂”。美军突袭后，迅速引起世界各国的普遍关注。

一、突袭起因

1998年8月7日，美驻肯尼亚首都内罗毕的大使馆突然遭到恐怖分子汽车炸弹的袭击，当场造成263人死亡（其中美国人死亡12人），5000多人受伤，美国大使馆几乎被夷为废墟，周围建筑物也损失惨重。与此同时，美驻坦桑尼亚首都达累斯萨拉姆的大使馆也受到汽车炸弹的袭击，造成10名美国人死亡，72人受伤。经慎密调查，美中央情报局认为，这两起恐怖事件系以沙特的恐怖分子头目本·拉丹为首的伊斯兰恐怖组织所为，是该组织对美发动的一次有计划、有目的的国际恐怖袭击事件。本·拉丹是中东较有名的富豪之一。他在世界各地拥有约3亿美元资产，设立有武装组织，其总部设在阿富汗，并在阿富汗、苏丹等地设有多处活动基地。恐怖事件发生后，美国家安全委员会于8月12日专门召开了由白宫、国防部、国务院和中央情报局等单位参加的联席会议，研究了对付这两起恐怖事件的具体办法。8月14日，美国总统克林顿听取了美参谋长联席会议主席谢尔顿上将有关军事突袭计划的汇报。8月15日上午，克林顿在安德鲁斯空军基地迎接从内罗毕运回的10具遇难美国人棺木仪式上明确表态："本届政府决心严惩恐怖主义"。经美国家安全委员会的决策，8月20日，即恐怖事件发生后的第13天，克林顿通过电视网向全国宣布："今天，我已命令我们的武装部队向阿富汗和苏丹的与恐怖分子活动有关的设施发动军事袭击，因为它们对我国的安全构成了威胁。这些设施是被恐怖组织操纵的。美国采取这一行动的理由有4点：第一，我们有证据表明，这些组织在肯尼亚和坦桑尼亚的大使馆爆炸事件中起了关键作用。第二，这些组织过去曾对美国人发动过恐怖袭击。第三，我们掌握了重要情报。情报说，这些组织还打算对美国公民和其他人员进一步搞恐怖活动，还会造成我们在非洲所看到的那种惨不忍睹的伤亡。第四，这些组织还正想方设法制造化学武器和其他危险武器。有鉴于此，美国决定对其发动军事袭击。我们的最终目的是，摧毁恐怖组织袭击美国人和其他无辜人民的能力。"

二、袭击经过

此次突袭行动由驻中东地区美中央总部及其所属第5舰队组织实施。在北阿拉伯湾海域执勤的美海军第5舰队林肯号航母作战大队的5艘水面舰只经过近7天的计划与准备，于8月20日22时（当地时间）对阿富汗东部的1个叫扎瓦尔基利拜德尔的恐怖分子训练营地进行了导弹突袭，共发射巡航导弹70枚。该营地位于阿富汗首都喀布尔以南150千米左右，距巴基斯坦边界约1.6千米，设有恐怖组织的1个指挥与控制中心，1个武器弹药储存地和4处训练场所。美国情报机构获悉，本·拉丹的组织最近还将发动几次针对美国的恐怖活动，当时在此地集结有600余人，人数明显比平时多。美国选择此时突袭，可达到事半功倍的效果。与此同时，另2艘舰船于当日19时30分从红海海域阵位对苏丹首都喀土穆北郊为恐怖组织专门生产VX毒气的化学武器工厂也进行了导弹袭击，共发射5枚巡航导弹。整个突袭行动先后不到1个小时，总共发射75枚"布洛克"Ⅱ和"布洛克"Ⅲ型巡航导弹。这次突袭基本达到了预想结果，对阿富汗的攻击造成约110名恐怖分子伤亡，对苏丹的攻击则使该化工厂全部瘫痪。导弹袭击行动结束后，美国务院要求美驻世界各地的使领馆进一步采取安全措施，防止恐怖分子再次采取报复行动，美国总统克林顿于8月22日下令，要求美国各大公司立即中止与本·拉丹之间的一切商业往来。

三、主要特点

与90年代以来美重大军事行动相比，此次突袭行动除具有投入的兵力少、空袭的时间短、使用的兵器先进、发射的导弹多这4个一般性特点外，还有以下重要特点：

（一）克林顿政府首次下决心单方面采取"反击"行动。此次恐怖事件主要针对美国，给美国驻外的外交人员生命及设施造成了巨大损失。在这种形势下，克林顿政府最终下决心予以"反击"，既未征得联合国及其主要盟国的同意，也未要求盟国象征性地派舰机协助，甚至未预先通告阿富汗和苏丹这两个主权国家，仅仅只是在突袭行动开始前几分钟通告了联合国秘书长安南，打破了美近年来在海外军事行动的惯例。美国单方面采取军事行动，旨在急于向全世界表明其坚决打击国际恐怖事件的强硬立场，遏止此类事件的再次发生。美国防部长科恩曾公开宣布："美国绝不宽恕暴力、流血以及国际恐怖分子的杀戮行为。我们所传达的信息是明确无误的。那就是：我们必须捍卫美国公民和国家的利益。"

（二）美首次采用军事打击方式对付国际恐怖活动。恐怖事件发生后，克林顿政府从政治、外交、军事和经济等各方面进行了研究，经反复比较，最终还是首选了作用大、见效快的军事打击手段，以严惩此次恐怖事件的策划者。这是自海湾战争结束以来美国首次在他国领土上采取的反恐怖军事行动。在8月20日当晚突袭行动结束后，美国防部公开表示：美军今后还将对恐怖分子发起多次军事袭击，直至反恐怖斗争获得最后胜利。美国认为，直接而果断的军事打击行动是美国对付国际恐怖行动的最有效方式，具有较强的政治和军事震慑作用。

（三）美重视发挥高技术兵器优势，首次动用海上打击部队进行突袭。为保持军事打击行动的战术隐蔽性和突然性，美国注重发挥军事高技术的优势，动用部署在前沿的海上打击部队，对确定的多处恐怖分子活动基地进行了短促、集中、精确的导弹攻击。在指挥上，由中央总部及第5舰队实施统一海上指挥，战略决策与战术行动有机结合，在同一时间对两处目标实施导弹攻击。在时机上，对两个国家的导弹袭击行动均选在当地时间傍晚19时半和半夜22时，既达到惩罚恐怖分子的效果，又可减少当地平民的伤亡，完全利用了两国军队均无夜间作战的弱点，使对方根本无力进行防御和反击。在攻击方式上，采取海上突击攻击方式，全部使用巡航导弹，遂行高密度的导弹攻击，基本上摧毁了预定的全部目标。在整个导弹突袭行动中，美军没有遭到对方任何反击，也无一人员伤亡。

四、国际反应

恐怖事件发生后，世界多数国家都表示强烈义愤，对美国表示同情。但美军突袭行动结束后，国际社会对此反应不一。第1种是多数国家表示强烈反对和谴责，如中国、俄罗斯等国家。俄《独立报》称：美国在尚未得到安理会授权的情况下开了想炸谁就炸谁的危险先例，使联合国这样一个重要的国际机构威信扫地。苏丹总统巴希尔表示："要对侵略行径进行报复"，并强烈要求安理会成立调查团进行实地调查，谴责美军空袭苏丹的民用制药厂。苏丹外交部下令召回其全部驻美外交人员。阿富汗政府发表声明，"用最强烈的言辞对美国侵犯其主权的行径表示谴责"。大多数穆斯林国家认为：美国的军事袭击行为公然违反《国际法》，对主权国家犯下了不可饶恕的罪行。埃及政府发表声明认为，联合国安理会应该按照联合国宪章作出必要的决定，以对付恐怖活动并消灭恐怖活动。约旦称，美国的袭击是"没有道理的"。巴勒斯坦哈马斯组织的精神领袖亚辛谴责"美国这次对苏丹的侵略"，认为"这是对整个阿拉伯世界和伊斯兰世界的袭击"。第2种是一些国家持观望态度，如法国等。第3种是少数国家表示理解和支持，如美国的主要盟国英国、德国和日本等。

（陈万里）

美国与印度、巴基斯坦核会谈不欢而散

在印度，巴基斯坦相继进行核试验后，美国与印巴各进行了8轮核会谈，敦促印巴在《全面禁止核试验条约》上签字。由于印、巴坚持各自立场，8轮谈判未取得实质效果，核会谈不欢而散。

一、美印会谈情况

印度总理特使贾斯旺·辛格与美国副国务卿塔尔博特继1998年6月12日在华盛顿举行第1轮核会谈后，美印又于7月9日在德国法兰克福举行第2轮核会谈。据印度媒体报道，美印双方第2轮会谈因分歧较大，仍未取得进展。美方以减少对印单方制裁等条件要求印度签署《全面禁止核试验条约》，而印度则提出签约的主要条件是：要求美国接受印度的核武器计划；印度不以非核武器国家地位签署《不扩散核武器条约》，要求美国关注"中国对印国家安全的威胁"等。由于印度要价很高，印美核会谈没有取得实际效果。

美国副国务卿塔尔博特与印度总理特使贾斯旺·辛格于1998年7月21日结束了第3轮核会谈。由于双方立场仍存在较大分歧，会谈未取得实质性进展。据印度媒体报道，尽管双方都表示本轮会谈是"建设性的"但仍处于缩小差距的阶段。美方要求印度放弃或冻结核武器计划，并立即签署《全面禁止核试验条约》，而印方则表示在有关国家安全问题上不会妥协。

印总理特使贾斯旺·辛格于9月22日在华盛顿与美国副国务卿塔尔博特举行了第5轮核会谈。在谈判中，美国要求印度在克林顿出访南亚之前同意签署《全面禁止核试验条约》遭到印度的断然拒绝。辛格表示，只有印度确信条约有利于印度的安全时才会签署，而不会受克林顿是否访问印度的影响。印度总理瓦杰帕伊9月23日在乘专机赴纽约途中表示，只有在满足印度的条件之后，印度才会以一个核国家的名义签署《全面禁止核试验条约》。但他没有具体说明印度有哪些条件。据随行官员透露，印度将主要争取保持其拥有最低限度的核威慑，并且在条约签订后不影响印度使用军民两用高新技术。

美副国务卿塔尔博特11月19～20日与印度特使辛格在罗马进行第6轮核会谈，旨在使印度在核武器政策上作出让步。塔尔博特表示，印巴要想实现与美国关系正常化就必须在《全面禁止核试验条约》上签字，必须停止生产可裂变物质，并限制研制、部署、储存和试验导弹。对此，印度在签署《全面禁止核试验条约》问题上没作任何让步，拒绝无条件签署条约。

印美第8轮核会谈于1999年1月29～31日在新德里举行，双方仍然存在严重分歧不欢而散。在此次会谈中，美国代表团团长、副国务卿塔尔博特说："美国强调防止核扩散条约十分重要，印度应遵守这一条约的一切有关规定。但是，印度方面则以该条约带有歧视性为由，拒绝接受并坚持发展和部署核武器"。塔尔博特还说，美印"两国关系不仅自印度进行核试验的8个月以来，而且在印度独立后的50年中，一直处于令人灰心丧气和失望之中。"

二、美巴会谈情况

美与巴基斯坦于1998年6月～1999年1月也进行了8轮核会谈，双方未能在防止核扩散以及签署《全面禁止核试验条约》等问题上取得实质性进展，致使克林顿总统取消1998年11月访问印、巴计划。据美国白宫发言人麦柯里9月30日说，克林顿仍然希望在他的任期内，在印巴核武器控制"取得真正进展"时访问印巴。

三、南亚舆论对核会谈的看法

南亚舆论认为，印美相持是由于双方在核会谈中都采取了步步为营做法。美国作为冷战后的唯一超级大国，不仅要维持国际裁军与核不扩散机制的现状，而且还要维持大国间就此达成共识的现状；印度人民党政府为完成其核武器计划，拒绝签署两个条约，以期维护自封的核国家地位，而巴基斯坦则把签约与克什米尔问题挂了钩。美国务院发言人鲁宾曾明确表示，美国的长远目标是帮助解决克什米尔问题。美国下一步如何从美与印巴相持中突破，如何说服印巴两国尽早在《全面禁止核试验条约》上签字，以维护核不扩散体制，国际社会将拭目以待。

（曹连成）

厄秘两国签署边界和平协定 1998 年 10 月 26 日，厄瓜多尔总统马瓦德和秘鲁总统藤森在巴西首都巴西利亚签署了解决两国边界领土争端问题的“全面、持久和平协定”。在协定上签字的还有 4 个担保国代表，他们是巴西总统卡多佐、阿根廷总统梅内姆、智利总统弗雷和美国总统克林顿的代表克拉蒂。与此同时，厄秘两国外长代表两国政府还签署了“贸易和航运条约”、“加快贸易自由化协定”、“边境一体化广泛协定”、“建立互信和安全措施双边委员会协定”和“保障萨卢米利亚运河有效运营措施协定”等 5 项双边合作协定（条约）。至此，厄秘长达半个多世纪的边界争端在担保国最后裁决下终于得以和平解决，两国关系开始了新的一页。

一、边界领土争端经过

厄秘两国边界线长达 1600 千米。两国自独立以来对边界划分一直存在争议。两国因边界领土争端曾发生过 3 次大规模的武装冲突。首次大规模武装冲突发生在 1941 年，结果厄瓜多尔战败。1942 年 1 月，经巴西、阿根廷、智利和美国 4 个担保国出面调停，厄秘两国在里约热内卢签署了“和平友好和边界议定书”（简称“里约议定书”）。根据此议定书规定，厄瓜多尔除丧失约 17.8 万平方千米的领土外，还因技术问题在孔多尔山脉地区约有长 78 千米的边界线尚未划定。因此，厄瓜多尔对该协定一直表示不满，继续坚持对划归秘的领土拥有主权，并于 60 年代多次宣布此协定无效。第 2 次大规模武装冲突发生在 1981 年初。这次冲突经美洲国家组织调停实现停火，两国边境局势从此有了一定的缓和，两国关系也有所改善，但是边界领土争端并未得到解决。1995 年初，厄秘两国发生第 3 次大规模武装冲突，这是 3 次冲突中最大的 1 次。冲突中，秘鲁出动了 1 个丛林师和 1 支反游击队的精锐部队，约 2000 人；厄瓜多尔出动两个加强丛林旅和 1 支特种部队，约 5000 人。双方都动用了战斗机、直升机、迫击炮和防空武器。冲突历时 50 天，双方死伤约 500 余人，损失战斗机 5 架、直升机 4 架，耗资达 15 亿美元。在“里约议定书”4 个担保国的调停下，厄秘双方于 1995 年 2 月 17 日和 28 日先后签署了《伊塔马拉蒂和平声明》和《蒙得维的亚声明》，从此两国关系得到明显改善。1997 年 1 月，厄瓜多尔时任总统布卡拉姆访问秘鲁，成为厄历史上第 1 位访秘的总统。访问期间，两国总统签署了边界、卫生合作等 4 项协议。从同年 4 月起，两国开始在巴西利亚就边界领土问题举行实质性谈判，并于 11 月 26 日签署了《巴西利亚声明》，决定就签订两国在亚马孙地区贸易、通航以及在边境地区开展合作协定进行磋商，两国还计划成立确定边界、建立信任和安全的双边委员会。1998 年 1 月，双方为执行《巴西利亚声明》制定了同年 5 月底结束谈判的时间表，并决定成立 4 个委员会。1998 年 8 月，厄瓜多尔新总统马瓦德执政后，两国总统决定加速谈判进程，提升谈判规格。两国总统先后在亚松森、巴西利亚和纽约等地多次进行直接会晤。双方确定，由“里约议定书”4 个担保国就遗留的孔多尔山脉划界问题提出具体解决方案。具体解决方案出台后，两国议会于 10 月 16 日分别通过决议，同意无条件地接受解决方案。10 月 23 日，4 个担保国作出最后裁决，确认“里约议定书”规定的厄秘边界线依然有效，并在秘保留主权的情况下将蒂温萨 1 平方千米的土地使用权永久转让给厄方，同时在争议地区建立共管的生态公园。10 月 26 日，厄秘两国总统正式签署边界和平协定，从此结束了长达半个多世纪的边界领土争端，揭开了两国关系的新篇章。

二、和平协定内容

厄秘两国签署的“全面、持久和平协定”主要内容包括两个方面：一是规定秘鲁将两国最有争议的、以蒂温萨军事据点为中心的 1 平方千米的土地以私人财产无偿地转让给厄瓜多尔。这块土地的使用权虽归厄瓜多尔，但主权仍属于秘鲁。厄瓜多尔将把这块土地辟为生态保护区，不在那里部署军队和警力，也不在那里进行军事或警事活动。二是规定把两国边界地区有争议的地段开辟为生态保护区，其中在 1995 年两国发生过战争的亚马孙地区建立生态公园。生态保护区的分界线就是国界线，生态保护区内不得再重新部署军队和警察。具体来说，该协定共有 11 项内容，全文如下：

（1）“里约议定书”担保国认为，它们指定的专家所提的意见和迪亚斯·德阿吉亚尔法官所作的仲裁，是制定本议定书条款的依据，各方应根据既定条款划定边界。地图作为附件专门规定了树立界碑的位置。

（2）根据附件的规定，秘鲁政府将把蒂温萨所在的面积为1平方千米的土地，作为私人财产转让给厄瓜多尔政府。在这一地区，还有一个被厄瓜多尔曾向厄瓜多尔－秘鲁边界军事观察团提供的报告中被称为蒂温萨的地方。在厄瓜多尔，该地被称为蒂温萨。

(3) 土地转让将在全面协定生效之时开始，通过公开签字仪式以免费方式进行。这一地区的转让权不涉及主权，秘鲁政府不得收回。

(4) 作为土地的占有国，厄瓜多尔将拥有秘鲁国民私人财产法规定的实际使用权，但没有转让权。厄瓜多尔对这一土地的利用要符合该地区实行的环境保护条例。

(5) 除与厄瓜多尔政府事先商定的纪念活动外，厄瓜多尔政府在这一其拥有使用权的地区不得驻有警察和军人，也不得进行与警察和军人有关的活动。

(6) 厄瓜多尔国民可在唯一的一条公用道路自由通行。这条道路将把以私人财产名义转让的地区同厄瓜多尔连接起来，将在全面协定生效30个月后翻修。秘鲁将负责道路维护，并在设计方面使之尽量笔直，以便于同厄瓜多尔土地相连。厄秘技术委员会将负责决定道路的设计。为此，将在双方边境设立检查站。鉴于该地区在生态方面的特点，不允许从一国向另一国运送任何武器。

(7) 各方面根据各自的法律，在本国领土建立一个拥有主权和监督权的生态保护区。保护区的位置和标准在附件中已有规定。两个生态保护区将拥有同一名称，相互毗连，并设在边境的同一地区。

(8) 边境地区当地居民可以在两个生态保护区间自由通行。

(9) 各保护区的行政管理将由各国专门的有关机构负责。两个机构将通过厄瓜多尔－秘鲁技术委员会进行协调，指定本国或国际非盈利性、精通自然资源保护和利用的私人机构，对环境资源进行必要的研究和利用，以使之得到适当的保护。

(10) 各国警察当局和被保护区卫队将负责生态保护区的安全。各保护区内的边防站将由警察负责。鉴于生态保护区的特点，不能在规定的范围内，在保护区设立新的军事哨所。保护区内现有哨所可以保留，但应保持现有军队人数，即不得超过50人。

(11) 各方将正式通过条约和协定的草案。这些条约和协定是结束两国分歧的全面协定的组成部分。

三、和平协定顺利签署的原因

厄秘双方这次能够顺利签署边界和平协定主要是出于各自利益的需要和4个担保国共同努力的结果。首先，近年来两国人民要求和平的呼声日益高涨，迫切希望早日实现和平，不愿意再继续战争。人们认识到，多年来的边界冲突已使两国元气大伤，不仅遭到严重人员伤亡和经济损失，也给两国社会带来一系列问题。第二，两国都存在着严重的贫困问题。厄秘两国贫困人口占各自总人口的50%以上，近年来两国经济虽有所增长，但人民的生活水平改善不多。在和平呼声和严峻的经济形势双重压力下，两国政府都想一心一意发展经济，不愿意再让边界问题耗费财力和精力。第三，双边贸易中断使两国蒙受严重损失。厄瓜多尔一旦接受这一方案就可以获得在亚马孙河及其支流的航运权和贸易权，从而使两国贸易成倍增长，有利于两国经济快速发展。第四，“里约议定书”4个担保国积极从中斡旋与裁决，也是协议顺利签署的重要原因之一。它们为说服厄秘两国尽快和解进行了长期不懈的努力，提出了许多解决纠纷的具体建议，最后终于促成双方签署了边界和平协定。

四、对和平协定的反应

厄秘两国签署边界和平协定受到了国际社会的普遍欢迎和高度赞扬。联合国秘书长安南、联合国安理会当月主席格林斯托克和53届联大主席奥佩斯蒂分别发表声明对协定表示欢迎。美国和拉美各国分别以不同形式对厄瓜多尔和秘鲁实现和解表示祝贺。中国外交部发言人唐国强也通过记者招待会对厄、秘表示祝贺。唐国强在回答记者提问时说，厄秘边界和平协定的签署，体现了厄秘两国政府和人民通过友好协商解决国家间历史遗留问题的真诚意愿和努力，是妥善处理国际争端的又一范例，也为拉美地区的和平与稳定作出了贡献。国际舆论普遍认为，厄秘边界和平协定的签署对两国各自的发展、两国间的合作和加速拉美一体化进程都具有重大而深远的意义。一些国际金融机构和国家还表示将向厄秘两国提供资金援助。美洲发展银行允诺要为厄秘边界地区的社会经济发展提供5亿美元援助。世界银行和安第斯开发协会也表示将提供类似的援助。美国总统克林顿和美国国际开发署表示将为厄秘两国边境地区的经济发展提供8000万美元的支持。加拿大等国还表示将为厄秘两国边界地区的扫雷工作提供一定数量的资金援助。厄秘边界和平协定在两国国内虽然得到了绝大多数人的支持，但也有少数人表示反对。在秘鲁，一些人认为，蒂温萨划归厄瓜多尔，使秘如鲠在喉，而厄在亚马孙流域拥有航行自由将对秘的安全和贸易形成威胁。在秘鲁洛雷托省省会伊基托斯还发生了抗议骚乱，造成5人死亡、多人受伤和许多房屋被烧毁。在首都利马和其他一些城市也发生了小规模的抗议活动。在厄瓜多尔，一些人认为，厄放弃了对亚马孙地区的主权要求，从今以后再也不是亚马孙国家了。厄的一位前总统对协定也表示反对，国会中的反对派甚至要求对马瓦德总统进行审判。由此看来，厄秘两国边界和平协定的执行还有可能遇到一些障碍。

（张　宁）

阿根廷和智利签署《大陆冰川边界划分协定》　1998年12月16日，阿根廷总统梅内姆和智利总统弗雷在阿首都布宜诺斯艾利斯总统府签署了解决两国领土争端的《大陆冰川边界划分协定》，彻底解决了两国长达一个多世纪的领土之争，翻开了两国关系新的一页。

《协定》的基本内容是：以“分水岭”原则确定两国有争议边界的划分，即按争议地区的安第斯山脉的自然走向来划分两国中部边境地区有争议的约2300平方千米大陆冰川。实际边界线将由两国政府指定的专家勘探小组在1∶5万比例尺的地图上具体讨论划定。

阿根廷与智利有着长达5000千米的边境线，历史上两国曾因领土纠纷长期不和，甚至兵戎相见。两国1881年签署第1个边界条约后，尚有24个地方遗留下领土争端，主要集中在崇山峻岭的安第斯山区和南部复杂的水网地带。1978年，两国曾为争占南部比格尔海峡的3个岛屿险些发生战争。1984年，两国签署和平友好条约，为解决领土争端确定了基本原则和框架。此后，已有23处领土争端先后得到解决，仅剩下约2300平方千米的大陆冰川地带有待划界。1991年8月，阿根廷总统梅内姆和智利前总统艾尔文曾签署了一个《大陆冰川边界划分协定》，将其中1250平方千米大陆冰川划归阿根廷，其余归属智利。但此协定因遭到阿、智两国国内各界的强烈反对而未能获得各自议会通过。随着整个国际形势的变化和拉美地区一体化进程的深入，智利与南方共同市场迅速接近，与阿根廷的关系迅速改善。在政治关系方面，两国军人政权还政于民后，双方在很多国际问题上观点一致，相互支持。阿根廷在智利前总统皮诺切特问题上支持智维护本国司法主权的原则立场。智利在马尔维纳斯群岛问题上坚决支持阿对马岛拥有主权。在经济关系方面发展更为突出。1997年，两国间贸易总额从1990年的6亿多美元猛增至26亿多美元，智利在阿根廷实际投资额累计达到60亿美元，已成为阿最重要的贸易和投资伙伴之一。这样，全面发展两国关系，解决最后一个地区的领土争端就成了当务之急。通过高层反复磋商，两国政府决定重开边界谈判，并于1998年加快了谈判进程。1998年下半年，两国边界谈判代表团经过艰苦努力，终于拟定出了一个新的协定草案。新的协定草案确定了以“分水岭”为界的原则，即以大陆冰川地区最高山脉的自然走向来勘定实际边界线，而不具体纠缠各国实际土地面积的得失，因此很快达成了协定。

继1998年10月底厄瓜多尔和秘鲁签署解决边界问题的和平协定之后，阿根廷和智利又很快签署了《大陆冰川边界划分协定》。这两件大事在拉美地区乃至全世界都引起了强烈反响，受到了国际社会的一致好评。阿、智签署边界划分协定的意义在于，再次为世界有关国家用和平手段解决历史遗留问题树立了榜样；为南方共同市场的巩固壮大和加速拉美地区一体化进程创造了新的条件；开创了两国关系的新纪元，为两国的经济腾飞开辟了广阔的前景。

（张　宁）

皮诺切特被英国拘留引起风波　1998年10月，应西班牙司法当局的请求，英国警方拘留了赴伦敦就医的智利前总统皮诺切特。此后的几个月内，围绕皮诺切特是否享有外交豁免权及是否应被引渡到西班牙受审引起了一场风波。智利方面四出活动，西班牙政府想作“低调处理”，英国政府左右为难，世界舆论普遍关注。目前事件仍在发展中，该事件对英国法律以及智利与英国和西班牙的关系已造成了一定影响。

一、“皮诺切特风波”发生的背景

皮诺切特现年83岁，1973年发动军事政变推翻阿连德政府上台后，在智利实行了长达17年的军政府统治。80年代后期，在“还政于民”的强烈呼声中，皮诺切特同意从军政府向文人政府过渡。自1990年民选总统执政后改任陆军司令。1998年3月，皮诺切特卸任陆军司令，就任终身参议员。皮诺切特任军人执政委员会主席和总统期间，素以“铁腕统治”著称。据报道，17年间智利有2200多人失踪或被杀害，10万多人流亡国外。特别是在军政府初期，国会遭到解散，全国长期实行宵禁，禁止所有反对党活动。军队经常随意入户抓人，私刑拷打，甚至不经审讯予以杀害。不少智利人谈起军政府统治，至今心有余悸，认为那是智利历史上最恐怖的时期。皮诺切特的上述作为给他在英国被拘留埋下了隐患。军政府期间流亡到西班牙的智利人对其恨之入骨，西班牙国家高等法院大法官曼努埃尔·加西亚和巴尔塔萨·加尔松自1996年以来也一直在调查皮诺切特军政府执政时期数十名西班牙侨民失踪和遭杀害案情况，并一直试图将皮诺切特送到西班牙受审。

二、“皮诺切特风波”的主要经过

（一）英警方拘留赴英治病的皮诺切特。1998年9月21日，皮氏从智利远道赴伦敦治病，10月9日在一家私人医院接受背部手术治疗后在该医院休养。尽管这一切都是在严格保密的情况下进行的，但是西班牙方面还是得到了皮氏赴英治病的消息，西法官加西亚和加尔松于10月14日通过国际刑警组织向英国警方提出了引渡申请，表示他们已掌握大量证据，足以证明可以谋杀罪起诉皮诺切特。在此情况下英国警方于10月16日拘留了皮诺切特。此后，西班牙方面向英国政府提交一份指控皮诺切特涉嫌杀害西侨民的报告，并表示将在规定的40天内完成引渡所需的全部手续。英警方拘留皮诺切特引起了智利方面的强烈反应。10月17日，智外交部发表公报，抗议英国警方拘留皮诺切特，要求英方尽快采取相应的程序，妥善解决这一事件。同日，智利总统弗雷发表声明称，英方应尊重智利的法律，智利人应由智利法院审判。智利外长因苏尔萨在记者招待会上对英国拘留皮诺切特表示遗憾，表示智利将密切关注事态的发展，并将通过政治和司法途径，使问题尽快得到解决。

（二）英国高等法院认定皮诺切特享有外交豁免权。由于皮诺切特是智利终身参议员，在国内享有终身免于刑事处分的权利，再加上他赴英就医时还持的是外交护照，按国际惯例应该享有外交豁免权。因此，英国政府在拘捕皮氏后感到十分棘手，经研究后对外表示，该案应该完全通过司法程序进行，英政府不以政治方面的考虑介入。在此情况下，英国司法部门必须就皮氏是否该享有外交豁免权作出裁决。此案首先被送到英国高等法院审理。10月28日，该法院裁定皮诺切特作为前国家元首享有外交豁免权，英国警方无权对他本人进行拘留、起诉和引渡。这一裁决得到了智利方面的欢迎，皮氏本人也曾庆幸自己终于可以回家了。但西班牙方面对裁决十分不满，并立即作出反应。10月30日，西班牙全国法院作出裁定，认为加尔松有权审理智利军政府执政时期侵犯西班牙公民人权的案件。11月6日，西政府决定向英政府提出引渡皮诺切特到西班牙受审的要求。由于西班牙坚持上诉而且此案涉及的法律问题错综复杂，英国高等法院不得不将此案提交英国议会上院上诉法院（最高法院）作最终裁决，并宣布如上诉法院裁定皮不享有外交豁免权，皮氏必须于指定的时间到指定的法院接受调查。这样，有关各方关注的焦点便转移到了英上诉法院。

（三）英议会上院上诉法院最终裁定皮诺切特不享有外交豁免权。11月25日是上诉法院作出裁决的日子，而这一天恰逢皮氏83岁生日，对此案抱有信心的皮诺切特和智利政府甚至特意派出两架飞机停在皮氏被软禁医院附近的机场，准备随时接他回国过生日。然而出人意料的是，上诉法院特别法庭的5名大法官最终却以3比2的多数决定皮诺切特不享有外交豁免权。这一裁决引起智利方面的极大不满。智利总统弗雷当日发表声明称，英方的裁决不会改变智利政府维护外交豁免权和司法主权的立场。11月26日，智利向英内政部递交一份书面文件，反对将皮诺切特引渡到西班牙。但西班牙首相阿斯纳尔则表示，西政府尊重英国的裁决，并认为此事不会损害西班牙同智利的关系。其他国家则态度各异，美国拒绝就英上诉上院的裁决作出评论，认为此事应由英、智、西3方协商解决。欧盟表示尊重上诉上院的裁决，法国和瑞典更是赞成引渡皮诺切特到西班牙受审。但英前首相撒切尔夫人表示，英政府应允许皮诺切特回国。

（四）英国内政大臣宣布同意引渡皮氏到西班牙受审。在英上诉法院就皮诺切特是否享有外交豁免权作出最终裁定后，按照英国法律，是否将皮氏引渡到西班牙受审的问题将由英国内政部最后作出决定，这使皮诺切特回国仍有一丝机会。在这关键时刻，智利外交部长因苏尔萨立即赶赴伦敦与英外交大臣库克等举行会谈，力图游说英国政府同意皮氏回国。为增强说服力，因苏尔萨不仅反复强调此案可能影响英智两国的友好关系，而且还表示现在智利国内有14个起诉皮诺切特的案件，如果英国允许皮氏回国，皮氏将在智利受到公正审判。但此游说并未打动英内政大臣斯特劳。英方以此案已按英国既定的法律程序办理，政府不便干预为由，拒绝了他的要求。随后，因苏尔萨又赶赴西班牙，力图“釜底抽薪”，劝说西政府放弃从英国引渡皮诺切特的要求，但也无效果。与此同时，在伦敦被监视居住的皮诺切特11月30日对亲属表示，宁死也不愿到西班牙接受对他人格和尊严的侮辱。然而就在当天，皮氏所在医院以皮身体已经康复为由要求其尽快出院。由于此前皮氏一直声称自己身体虚弱，无法出庭作证或接受审判，英法院也同意如身体条件不允许，皮氏可暂缓出庭作证，因此医院的决定令皮氏的处境更为尴尬。12月9日。英内政大臣斯特劳最终宣布，同意西班牙方面提出的引渡皮诺切特到西受审的要求，同时下令英国法庭展开与引渡程序有关的调查。

（五）英上诉法院决定重新审定皮氏是否享有外交豁免权。英国内政大臣斯特劳的决定看上去已经给“皮诺切特风波”划上了句号，伦敦一地方法院也于12月11日就引渡皮氏去西班牙受审问题第1次开庭，但智利方面并未放弃努力，智参议院议长萨尔迪瓦12月13日赶赴欧洲，与德国、法国、西班牙3国官员和欧洲议会知名人士举行会晤，争取使皮诺切特早日回国。皮氏的律师也向英议会上院司法办公室递交诉状，以“上诉法院特别法庭5名大法官之一的霍夫曼曾在国际人权组织大赦国际中任要职，对皮氏带有偏见”为由，要求驳回上诉法院作出的“皮诺切特不享有外交豁免权”的裁决。在此情况下，事件的发展又一次出人意料。上诉法院接到诉状后成立了一个由大法官组成的特别委员会，对诉状进行研究，并于12月17日认定，由于霍夫曼法官与大赦国际间的特殊关系，不适合担任审理皮诺切特一案的大法官，该法院组成新的特别法庭，在1999年1月重新审定皮诺切特是否享有外交豁免权。12月23日，审理皮诺切特引渡案的伦敦地方法院又作出裁决，认为在上诉法院重新作出裁决前没有必要审理引渡问题，因而将审理引渡案的第2次开庭日期推迟到1999年2月。看来皮诺切特的命运似乎又有了峰回路转的可能性。然而，此案涉及的法律程序十分繁琐，皮氏是否会最终被引渡到西班牙受审，案件是否会再起风波，人们正拭目以待。

三、“皮诺切特风波”的影响

（一）对英国法律的影响。“皮诺切特风波”使英国陷入进退两难困境，英方作出的一些决定对英国的法律产生了较大影响。首先是关于治外法权问题。治外法权是殖民时期的产物，一直受到国际社会特别是发展中国家的反对。而英上诉法院作出的裁决代表了英司法部门对治外法权问题的态度，斯特劳的决定则代表了英政府对这一问题的立场。这对英国的意义远不止一个皮诺切特案。其次是关于英国司法制度声誉问题。英国大法官欧文指出，英上诉法院决定撤销已作出的剥夺皮氏外交豁免权的裁决，等于向全世界否认上诉法院作为英国最高法院的权威。在英国的司法史上，上诉法院“驳回”自己的裁决还是第1次，必将对英国的法律产生深远影响。

（二）对智利与英国关系的影响。智利是英国在南美最重要的贸易伙伴之一，双方在经济和军事合作方面长期保持着稳定关系。特别是在皮诺切特执政期间，智英关系十分密切。1982年，英阿发生了马岛战争，时任智利最高领导人的皮诺切特坚定地站在英国一方，并为英国的军事行动提供方便，这与当时南美洲许多国家的立场形成鲜明对比。因此，在相当长的一段时间里，皮诺切特曾被看作是英国的老朋友。对于此次风波，智方非常关注，认为这是涉及智利主权问题的大事。智外长甚至在会见英国领导人时多次表示皮诺切特案处理不好会影响英、智两国关系的发展。然而，英国迫于其他各方面的压力，还是“出卖”了老朋友，这不能不对英、智关系造成负面影响。在斯特劳宣布同意引渡皮氏去西班牙后，智利政府发表公报，明确指出这是对智利司法主权的侵犯，同时决定终止与英国间任何官员互访活动，并召回了驻英大使，两国关系有所后退。

（三）对智利与西班牙关系的影响。此次英国警方拘捕皮诺切特实际上是应西班牙的要求进行的，此后西班牙司法部门又多次向英方施压要求引渡皮氏，使智利对西产生不满，两国关系受到了较大影响。在西班牙全国高等法院作出西法官有权审理皮诺切特的裁决后，智政府作出强烈反应，指出西、智两国在司法权限和法院权力范围方面存在严重分歧，就此向西政府提出正式交涉。西政府作出引渡皮氏的决定后，智政府立即召见西驻智利最高外交代表提出质询，决定中止与西班牙间官员互访活动，并召回驻西大使。不过，西班牙政府对智方的反应作了低调处理，希望维持两国关系。

（吴　炯）

（本栏责任编辑　温味几）

各国军事概况

亚洲国家军事概况

中　国

国　　名　中华人民共和国。

主要统计　面积约960万平方千米。人口12.481亿人（1998年12月）。国内生产总值79553亿元（1998年）。国防费909.9亿元（1998年国防开支），1046.5亿元（1999年国防预算）。钢11435万吨（1998年）。原煤12.4亿吨（1998年）。原油1.63亿吨（1998年）。发电量11388亿度（1998年）。粮食4.9亿吨（1998年）。客运量137亿人（1998年）。旅客周转量10598亿人千米（1998年）。货运量128亿吨（1998年）。货物周转量37126亿吨千米（1998年）。民航货物周转量33.5亿吨千米（1998年）。公路货物周转量5438亿吨千米（1998年）。

国防政策　中华人民共和国是发展中社会主义国家。从建国起就为维护世界和平促进人类进步事业而努力，坚持永远不称霸、不做超级大国、不侵略别国。国防政策是巩固国防抵御外敌侵略，捍卫国家领土、领空、领海主权和海洋权益，维护国家统一和安全。强调国防建设要服从和服务于国家经济建设，增强国家的综合国力，逐步提高军队的防卫作战能力，加强质量建设，走有中国特色的精兵之路。重点是发展国防科学技术，加强军队现代化建设，加强后备力量建设，逐步增强国防实力和潜力。坚持平战结合、军民结合的方针，在独立自主、自力更生的原则下，有重点有选择地引进国外先进技术。努力发展与各国军队的友好关系，通过加强国防科学技术和军事学术等方面的交流，不断增强彼此之间的了解和友谊。

军事战略　中华人民共和国为抵御外敌侵略，保卫国家独立和安全，维护世界和平，始终奉行积极防御的战略。其基本点是坚持自卫立场，坚持后发制人，坚持人民战争。这个战略要求军队在长期和平环境中始终保持良好的战备状态，遏制战争的爆发。在遭到敌人的局部入侵时，要本着有理、有利、有节的方针，予以有力地还击。一旦国家遭到大规模侵略，迅速动员人民群众和国家战争潜力，采取灵活的作战样式，逐步改变战争形势，适时转入战略反攻和进攻，最后战胜敌人。

国防体制　领导机关　中央军事委员会是中国共产党中央委员会的军事机关，又是中华人民共和国国家机构的组成部分。

中国共产党中央军事委员会　是中国武装力量的最高统率机构，负责党和国家的最高军事决策和军事指挥，根据党的路线、方针、政策和国家安全与发展的需要，确定军事战略，领导军事建设。《中国共产党章程》规定，党的中央军事委员会组成人员由中央委员会决定。1997年9月召开的中国共产党第15届中央委员会第1次全体会议决定，中央军事委员会组成如下：中共中央军事委员会主席江泽民，中共中央军事委员会副主席张万年上将、迟浩田上将，中共中央军事委员会委员傅全有上将、于永波上将、王克上将、王瑞林上将。1998年10月召开的中国共产党第15届3中全会决定，增补曹刚川上将为中央军事委员会委员。

中华人民共和国中央军事委员会　中华人民共和国中央军事委员会领导全国武装力量。其职权是：统一指挥全国武装力量；决定军事战略和武装力量的作战方针；领导和管理中国人民解放军的建设，制定规划、计划并组织实施；向全国人民代表大会或者全国人民代表大会常务委员会提出议案；根据宪法和法律，制定军事法规，发布决定和命令；决定中国人民解放军的体制和编制，规定总部以及军区、军兵种和其他军区级单位的任务和职责；依照法律、军事法规的规定，任免、培训、考核和奖惩武装力量成员；批准武装力量的武器装备体制和武器装备发展规划、计划，协同国务院领导管理国防科研生产；会同国务院管理国防经费和国防资产。《中华人民共和国宪法》规定，中央军事委员会由主席、副主席若干人、委员若干人组成，实行主席负责制。主席由全国人民代表大会选举产生，对全国人民代表大会及其常务委员会负责。其他组成人员由全国人民代表大会或其常务委员会根据中央军委主席的提名决定。任期与每届全国人民代表大会任期相同。1998 年 3 月召开的第 9 届全国人民代表大会第 1 次会议，选举江泽民为中华人民共和国中央军事委员会主席。会议根据江泽民主席的提名，决定：张万年上将、迟浩田上将为中华人民共和国中央军事委员会副主席；傅全有上将、于永波上将、王克上将、王瑞林上将为中华人民共和国中央军事委员会委员。1998 年 11 月 4 日第 9 届全国人民代表大会常务委员会第 5 次会议通过任命曹刚川上将为中华人民共和国中央军事委员会委员。

人民武装委员会　从中央到县各级建立的群众武装建设的专门机构。主要任务是：研究贯彻党中央、国务院、中央军委有关民兵建设的各项方针、政策和指示；根据上级地方党委和军事机关的有关指示，结合本地区情况，研究解决民兵工作中的重大问题；研究贯彻有关兵员动员和转业、复员、退伍军人安置工作的方针、政策。中央军委人民武装委员会由中央军委、国家机关有关部门、人民解放军各总部和有关人民团体的负责人组成。办事机构设在中国人民解放军总参谋部动员部。省（直辖市、自治区）、地、县（市）党委人民武装委员会，由各级党委吸收有关部门的负责同志组成，主任由同级党委指定一名书记担任。办事机关分别为省军区、军分区、县（市）人民武装部。

中华人民共和国国防部　中华人民共和国国务院的军事部门。根据中华人民共和国宪法规定，国务院领导和管理国防建设事业。国务院设立国防部，一切需要由政府负责的军事工作，则经国务院作出相应决定，通过国防部或以国防部的名义组织实施。国防部在接受国务院领导的同时也接受中央军事委员会的领导。需要国防部办理的事宜，由总参谋部、总政治部、总后勤部、总装备部分别办理。1998 年 3 月，9 届全国人大 1 次会议决定，迟浩田上将为国务院国务委员兼国防部长。

中国人民解放军总参谋部　中央军委领导下负责组织武装力量建设和作战指挥的军事领导机关。设有作战、情报、通信、训练、军务、动员、兵种、电子对抗、陆航、外事等部门。现任总参谋长傅全有上将（1995 年 9 月上任），副总参谋长隗福临中将（1995 年 7 月上任）、吴铨叙中将（1995 年 7 月上任）、钱树根中将（1995 年 7 月上任）、熊光楷中将（1996 年 1 月上任）、总参谋长助理张黎少将（1998 年 8 月上任）。

中国人民解放军总政治部　中央军委领导下负责全军政治工作的领导机关。设有组织、干部、宣传、保卫、纪律检查、联络等部门。现任总政治部主任于永波上将（1992 年 10 月上任），副主任王瑞林上将（1992 年 10 月上任）、副主任兼中央军事委员会纪律检查委员会书记周子玉上将（1993 年 12 月上任）、副主任唐天标中将（1995 年 7 月上任）、袁守芳中将（1996 年 11 月上任）、张树田中将（1998 年 12 月上任）。

中国人民解放军总后勤部　中央军委领导下负责全军后勤工作的领导机关。设有财务、军需、卫生、军事交通、油料物资、基建营房、审计等专业勤务部门。现任总后勤部部长王克上将（1995 年 9 月上任），政治委员周坤仁中将（1995 年 7 月上任），副部长王太岚中将（1992 年 11 月上任）、周友良中将（1993 年 12 月上任）、沈滨义中将（1994 年 12 月上任）、左建昌中将（1994 年 12 月上任）、温光春中将（1996 年 7 月上任）、副政治委员董宜胜中将（1999 年 5 月上任），总后勤部部长助理梁洪少将（1995 年 1 月上任）、路增祺少将（1995 年 1 月上任）。

中国人民解放军总装备部　中央军委领导下负责全军武器装备工作的领导机关。1998 年 4 月 3 日组建，设有计划、军兵种、陆军装备科研订货、通用装备保障、电子信息、装备技术合作等部门。现任总装备部部长曹刚川上将（1998 年 4 月上任）、政治委员李继耐中将（1998 年 4 月上任），副部长李元正中将（1998 年 8 月上任）、陈达植中将（1998 年 8 月上任）、胡世祥中将（1998 年 8 月上任）、肖贞堂少将（1998 年 8 月上任），副政治委员朱增泉中将（1998 年 8 月上任）、总装备部部长助理李安东少将（1998 年 8 月上任）。

中国人民解放军军区领导机关　是根据国家的行政区域、地理位置和战略战役方向、作战任务等设置的一级军队组织，是战略区域内合成部队的军事领导指挥机关，直属中央军委领导。其主要任务是贯彻执行中共中央、国务院和中央军委确定的建军原则、作战方针，领导辖区部队的革命化、正规化、现代化建设，负责辖区内诸军兵种部队合同作战的统一指挥，领导管理辖区内的民兵、兵役、动员工作和战场建设。军区机关设有司令部、政治部、联勤部、装备部等机构。现有 7 个军区。

沈阳军区　司令员梁光烈中将（1997 年 11 月上

任)，政治委员姜福堂中将（1995 年 9 月上任）。

北京军区 司令员李新良上将（1997 年 11 月上任)，政治委员杜铁环中将（1996 年 11 月上任）。

兰州军区 司令员郭伯雄中将（1997 年 11 月上任)，政治委员温宗仁中将（1996 年 1 月上任）。

济南军区 司令员钱国梁中将（1996 年 11 月上任)，政治委员徐才厚中将（1996 年 11 月上任）。

南京军区 司令员陈炳德中将（1996 年 1 月上任)，政治委员方祖岐上将（1993 年 12 月上任）。

广州军区 司令员陶伯钧上将（1996 年 1 月上任)，政治委员刘书田中将（1998 年 8 月上任）。

成都军区 司令员廖锡龙中将（1995 年 7 月上任)，政治委员杨德清中将（1999 年 5 月上任）。

中国人民解放军海军领导机关 设有司令部、政治部、后勤部、装备部。现任海军司令员石云生海军中将（1996 年 11 月上任)，政治委员杨怀庆海军中将（1995 年 7 月上任）。

中国人民解放军空军领导机关 设有司令部、政治部、后勤部、装备部。现任空军司令员刘顺尧空军中将（1996 年 11 月上任)，政治委员乔清晨空军中将（1999 年 1 月上任）。

中国人民解放军第二炮兵领导机关 设有司令部、政治部、后勤部、装备部。现任第二炮兵司令员杨国梁上将（1992 年 11 月上任)，政治委员隋明太中将（1997 年 11 月上任）。

最高军事学术研究机关和学府 **中国人民解放军军事科学院** 中央军委直接领导下的军事科学研究机关，是全军军事科学研究中心，是协调全军军事科学研究工作的机构，是中央军委和总部从军事理论高度指导国防和军队建设的助手。基本任务是进行军事基础理论和国防建设、军队建设重大问题的研究；为军委和总部决策提供战略性建议和咨询，提供军事科学研究方面的信息。设有战略、战役战术、军制、军事历史、外国军事、军事百科、军事运筹分析等研究部门。拥有一支具有相应水平和实践经验的研究队伍。编写出版了大量军事研究论著和各种条令、条例、教令、军事工具书，译注了大量中外军事名著，并编辑出版《中国军事科学》、《国防》、《军事历史》、《外国军事学术》等多种学术刊物。军事科学院被国务院学位委员会批准在军事学领域开展硕士和博士生教育。军事科学院注重同国内外学术界的交流。现任军事科学院院长王祖训中将（1999 年 1 月上任)，政治委员张工上将（1993 年 12 月上任）。

中国人民解放军国防大学 中央军委领导下的最高军事学府，是一所具有综合性、研究性、开放性特点的合成指挥大学。基本任务是招收经过中级指挥院校培训的优秀教师、旅职军官，实施高层次的综合教育，同时培训高级参谋、高级理论研究人员和国家有关部门的领导干部，并从事有关战略和国防现代化建设问题的研究，为军委和总部决策起咨询作用。教学指导思想是以培养政治上合格的适应国防现代化建设和未来战争要求的高级人才为目标；坚持培养“通才”；坚持“高、新、宽、深”的教学内容；坚持自学为主，实行研究式、启发式的教学方法。设有国防研究系、进修系、基本系、留学生系、师资培训班和研究生院，还设有科学研究部和下属的战略研究所、马克思主义研究所、军队建设研究所等科研机构。国防大学已被国务院学位委员会批准在军事学领域开展博士生教育。国防大学坚持对国内外开放，积极开展学术交流，力求用世界最新科技和军事信息、成果，充实和丰富教学内容。现任国防大学校长邢世忠上将（1995 年 7 月上任)，政治委员王茂润上将（1995 年 7 月上任）。

作战指挥系统 中央军委通过中国人民解放军总参谋部对各军区、海军、空军、第二炮兵实施作战指挥。驻各军区的陆军集团军和兵种部队归所在军区建制领导和指挥。部署在各军区的海军、空军部队，建制归海、空军，受军区和军委海、空军的双层领导。军区内三军联合作战行动由军区统一指挥。第二炮兵在军委集中领导下，实施垂直指挥。省军区、军分区、县（市）人民武装部隶属军队系统，归所在军区建制领导，同时又是所在省、地、县（市）党委的军事工作部门和政府的兵役机关。

武装力量 中华人民共和国武装力量属于人民，受中国共产党领导，武装力量中的中国共产党组织依照中国共产党章程进行活动。中华人民共和国武装力量的任务是巩固国防，抵抗侵略，保卫祖国，保卫人民的和平劳动，参加国家建设事业，全心全意为人民服务。中华人民共和国武装力量由中国人民解放军现役部队和预备役部队、中国人民武装警察部队及民兵组成。中国人民解放军现役部队是国家的常备军，主要担负防卫作战任务，必要时可以依照法律规定协助维护社会秩序；预备役部队平时按照规定进行训练，必要时可以依照法律规定协助维护社会秩序，战时根据国家发布的动员令转为现役部队。中国人民武装警察部队在国务院、中央军事委员会的领导指挥下，担负国家赋予的安全保卫任务，维护社会秩序。民兵在军事机关的指挥下，担负战备勤务、防卫作战任务，协助维护社会秩序。中华人民共和国武装力量以毛泽东军事思想和邓小平新时期军队建设思想为指导，按照江泽民主席提出的“政治合格、军事过硬、作风优良、纪律严明、保障有力”的总要求，正向革命化、现代化、正规化目标迈进。

江泽民主席 1997 年 9 月 12 日在中国共产党第 15 次全国代表大会上的报告中指出，加强国防和军队建设，是国家安全和现代化建设的基本保证。在新的历史条件下，军队必须始终不渝地坚持党的绝对领导，坚持人民军队的性质和宗旨。贯彻积极防御的军事战略方针，加强质量建设，走有中国特色的精兵之路。要加强教育训练，提高现代技术特别是高技术条件下的防卫作战能力。在 80 年代裁减军队员额 100 万的基础上，将在今后 3 年内再裁减员额 50 万。要重视科技强军，加强国防科技研究，建立和完善与社会主义市场经济体制相适应的国防工业运行机制，逐步更新武器装备。

中国人民解放军 由陆军、海军、空军、第二炮兵部队组成。

陆军 中国人民解放军陆军经过 70 多年的建设，现已发展成为一支具有强大火力、突击力和高度机动能力的诸兵种合成军种。编有步兵、炮兵、装甲兵、工程兵、通信兵、防化兵等专业兵种，还编有电子对抗、测绘和航空兵部队。步兵有山地步兵、摩托化步兵、机械化步兵，炮兵包括地面炮兵、高射炮兵和地空导弹部队；装甲兵部队在编制上以坦克部队和装甲步兵部队为主体，还编有炮兵、反坦克导弹、防空、防化学、工程及其他勤务保障部（分）队，装备除主战坦克外，还有水陆坦克、轻型坦克、扫雷坦克、反坦克导弹发射车等；工程兵由工兵、舟桥、建筑、工程维护、伪装、野战给水工程等专业部（分）队组成；通信兵由野战通信、固定台站通信、通信工程和军邮勤务等专业部（分）队组成；防化兵由防化、喷火、发烟等部（分）队组成。陆军的编制序列一般是：集团军、师（旅）、团、营、连、排、班。

海军 中国人民解放军海军是 1949 年 4 月 23 日正式成立的。主要任务是独立地或协同陆军、空军防御敌人从海上入侵，保卫领海主权，维护海洋权益。主要由水面舰艇部队、潜艇部队、航空兵、岸防兵和陆战队等兵种以及各种保障部队组成，编有北海、东海、南海 3 个舰队和海军航空兵部，以及各类院校、科研部门、试验机构、预备役部队和军民联防单位。编制序列是：海军、舰队、航空兵部、基地、水警区、舰艇支队、舰艇大队、舰艇中队。武器装备正向着导弹化、电子化和自动化的方向发展。远航能力不断提高，对外交往逐渐增多。人民解放军海军部队现已成为一支兵种齐全，常规和尖端武器兼备，具有立体攻防能力，能有效地保卫国家领海的战斗力量。

空军 中国人民解放军空军是 1949 年 11 月 11 日正式成立的。主要任务是担负国土防空，支援陆、海军作战，对敌后方实施空袭，进行空运和航空侦察。兵种有：航空兵、高射炮兵、地空导弹兵、雷达兵、空降兵等。编制序列是：空军、军区空军、空军军、师（旅）、团、飞行大队（营）、飞行中队（连）。人民解放军空军部队体制编制在精干、合成、效能方面不断改进，武器装备现代化水平逐步提高，具备了执行空中突击、空中支援、空中运输、航空侦察和防空等任务的能力，成为一支既能独立完成国土防空任务，又能协同陆、海军作战的战斗力量。

第二炮兵 中国人民解放军装备地地战略导弹武器系统，遂行战略核反击任务的部队，组建于 1966 年 7 月 1 日。主要任务是遏制敌人对中国使用核武器，在敌人对中国发动核袭击时，遵照统帅部的命令，独立地或联合其他军种的战略核部队对敌人实施有限而有效的自卫反击，打击敌人的重要战略目标。第二炮兵部队由近程、中程、远程和洲际导弹部队，工程部队，作战保障、装备技术保障和后勤保障部队组成，是一支具有一定规模和实战能力的主要核威慑和战略核反击力量。目前，建成了一批不同型号和不同发射方式的作战阵地，初步形成了多种型号导弹武器装备系统，快速机动作战能力和准确打击目标能力进一步提高，在保卫社会安全、维护世界和平中发挥着重要作用。中国发展核武器，组建战略核部队，是为了防御，是为了打破核垄断，反对核讹诈，遏制核战争。核反击是被迫的，最终目的是消灭核武器和核战争，维护中国的独立和安全。中国政府一再郑重声明，中国在任何时候、任何情况下，都不会首先使用核武器，不对无核武器国家和无核武器地区使用核武器。但是，如果遭到核袭击，将毫不犹豫地实施核反击，进行有限而有效的核报复。

驻香港特别行政区部队 1997 年 7 月 1 日，中华人民共和国恢复了对香港行使主权。根据《中华人民共和国宪法》赋予中国人民解放军的使命和《中华人民共和国香港特别行政区基本法》关于中央人民政府负责管理香港特别行政区的防务的规定，为维护国家的主权、统一和领土完整，保持香港特别行政区的繁荣和稳定，驻香港特别行政区部队于 1993 年初开始组建，1994 年 10 月 25 日正式成立，1996 年 1 月 28 日组建完毕。香港驻军由陆、海、空军部队组成，是一支合成部队，下辖 1 个陆军步兵旅、1 个海军舰艇大队、1 个空军航空兵团。驻香港特别行政区部队隶属中华人民共和国中央军事委员会，费用由中央人民政府负担。已于 1997 年 7 月 1 日正式进驻香港执行防务任务。1996 年 12 月 30 日，第 8 届全国人大常委会第 23 次会议通过的《中华人民共和国香港特别行政区驻军法》明确规定，驻军的防务职责是防备和抵抗侵略，保护香港特别行政区的安全；担负防卫勤务；管理军事设施；承办有关的涉外军事事宜。香港特别行政区政府在必要时，可向中央人民政府请求驻军协助维护社会治安和救助灾害。驻军法规定香港驻军人员的义务是：（一）忠于祖国，履行职责，维护祖国的安全、荣誉和利益，维护香港的安全；（二）遵守全国性的法律，遵守军队的纪律；（三）尊重香港特别行政区政权机构，尊重香港特别行政区的社会制度和生活方式；（四）爱护香港特别行政区的公共财产和香港居民的私有财产；（五）遵守社会公德，讲究文明礼貌。同时明确规定禁止驻军干预特区的地方事务，禁止军人参加香港的政治组织、宗教组织和社会团体，禁止驻军和军人从事营利性的经营活动和其他与驻军职责不相称的活动。这支部队按照中央军委的要求，进驻香港后展现出了中国人民解放军"威武之师、文明之师"的风貌。

预备役部队 是中国人民解放军的组成部分，是建设祖国保卫祖国的一支重要力量。预备役部队以少数现役军人为骨干，以预备役军官和士兵为基础，按照中国人民解放军的统一编制组建，属于人民解放军序列。平时按照总参谋部的计划进行军事训练，努力提高军事素质和快速动员能力，必要时可按照法律规定协助维护社会秩序，战时根据国家发布的动员令转为现役部队。从 1983 年开始，各军区及军兵种普遍组建的预备役部队，现已成为一支具有数十个师兵力的，包括步兵、炮兵、工程兵、通信兵、防化兵和舟桥部队等专业技术兵种在内的合成预备力量。各部队正按照组织落实、政治合格、训练有素、作风优良、装备良好、动员快速的要求，加强全面建设，不断提高快速动员和遂行作战任务的能力。《中华人民共和国预备役军官法》规定，预备役军官授予预备役军官军衔，军衔等级基本与现役军官相同，最高编制军衔为预备役少将。从 1997 年 1 月 1 日起，预备役军官在参加军事训练、执行军事勤务期间和参加国庆节、建军节或者重大庆典活动时，着预备役军官制式服装，佩带军衔肩章、符号标志，平时不得佩带。

中国人民武装警察部队 是中华人民共和国武装力量的组成部分，担负国内安全保卫任务。其职能是捍卫中国共产党的领导，捍卫社会主义制度。基本使命是维护国家主权和尊严，维护社会稳定，保卫重要目标和人民生命财产安全。中国人民武装警察部队于 1982 年组建，属于国务院编制序列，由国务院、中央军委双重领导，实行统一领导管理与分级指挥相结合的体制。武警部队执行中华人民共和国兵役法和中国人民解放军的条令、条例和有关规章制度，享受中国人民解放军的同等待遇。军衔等级同中国人民解放军军衔等级，军衔前冠以"武警"名称。

中国人民武装警察部队设有总部，各省、自治区、直辖市设有武装警察部队总队（副军或师级）；各地、市、州、盟设有支队（团级）或大队（营级）；县（市、旗）设有中队（连级）。中国人民武装警察部队以内卫部队为主体，包括列入武装警察部队序列的公安边防部队、公安消防部队、公安警卫部队，担负生产建设任务的水电部队、交通部队、黄金部队，担负护林防火、灭火任务的森林警察部队。内卫部队的基本任务是：警卫党政机关和外国使（领）馆，守卫重要机场、电台、电视台、通信枢纽、工厂、仓库、科研机构等重要目标；守护重要桥梁、隧道；担负看守所、监狱、劳改场所的外围武装看押任务和押解罪犯；对大城市和特定地区实施治安巡查警戒；参与处置各种突发事件。边防部队的主要任务是：担负边境地区的治安管理；在对外开放的港口、机场、国境车站和孔道以及特许的口岸，对出入境人员和交通工具实施边防检查；对国际国内航班乘客及携带物品实施安全检查；在领海线内实施巡逻。消防部队的主要任务是：向人民群众宣传安全防火常识，协助有关单位建立防火措施，搞好消防监督和检查，扑救火灾，保卫国家经济建设和人民生命财产的安全。中国人民武装警察部队总部设有武警部队指挥学院、技术学院和专科学校，总队一级设有初级指挥学校和有关专业技术学校。武警部队经过十几年的建设已进入了新的发展阶段。目前，部队正在建设成为一支政治可靠、训练有素、装备改善、出色履行维护国家安全和稳定的神圣职责的部队。现任武警部队司令员杨国屏武警上将（1996 年 2 月上任），第一政治委员贾春旺（公安部长兼，1998 年 3 月上任），政治委员徐永清武警中将（1996 年 2 月上任）。

民兵 是中国共产党领导下的不脱离生产的群众武装，是中华人民共和国武装力量的组成部分，是中国人民解放军的助手和后备力量。民兵的任务是：（一）积极参加社会主义现代化建设，带头完成生产和各项任务；（二）担负战备勤务，保卫边疆，维护社会治安；（三）随时准备参军参战，抵抗侵略，保卫祖国。《民兵工作条例》规定，民兵工作的任务是：（一）建立和巩固民兵组织，提高民兵军政素质，配备和管理民兵武器装备，储备战时所需的后备兵员；（二）发动民兵参加社会主义现代化建设，组织民兵担负战备执勤，维护社会治安；（三）组织民兵参战，支援前线，抵抗侵略，保卫祖国。民兵工作应当贯彻人民战争的思想，坚持劳武结合，坚持民兵制度与预备役制度、民兵工作与战时兵员动员准备工作相结合。全国的民兵工作在国务院、中央军委领导下，由中国人民解放军总参谋部主管。军区按照上级赋予的任务，负责本区域的民兵工作。省军区（卫戍区、警备区)、军分区、县（市）人民武装部负责本区域的民兵工作。《中华人民共和国兵役法》规定，乡、民族乡、镇和企业事业单位建立民兵组织，凡 18 至 35 岁符合服兵役条件的男性公民，除应征服现役以外，均应编入民兵组织服预备役。民兵分基干民兵和普通民兵。28 岁以下退出现役的士兵和经过军事训练的人员，以及选定参加军事训练的人员编为基干民兵；其余 18 至 35 岁符合服兵役条件的男性公民编为普通民兵。根据需要吸收女性公民参加基干民兵。陆海边疆、少数民族地区和城市有特殊情况的单位，基干民兵的年龄可适当放宽。随着国防现代化建设的发展，民兵组织已由单一的步兵发展成为包括高炮、地炮、通信、工兵、防化、侦察以及海军、空军等专业技术分队在内的基干民兵队伍。民兵的武器装备实现了国产制式化。

兵役制度　中华人民共和国宪法规定："保卫祖国、抵抗侵略是中华人民共和国每一个公民的神圣职责。依照法律服兵役和参加民兵组织是中华人民共和国公民的光荣义务。"凡中华人民共和国公民，不分民族、种族、职业、家庭出身、宗教信仰和教育程度，都有依法服兵役的义务。参加中国人民解放军的服现役，没有服现役的公民进行兵役登记服预备役或者编入预备役部队、参加民兵组织，以及学生接受军事训练等都是履行兵役义务。1998 年 12 月 29 日第 9 届全国人民代表大会常务委员会第 6 次会议通过了关于修改《中华人民共和国兵役法》的决定，修改后的兵役法规定："中华人民共和国实行义务兵与志愿兵相结合、民兵与预备役相结合的兵役制度。"

士兵服役制度　中国人民解放军的现役士兵由义务兵和志愿兵组成。义务兵服现役的期限为 2 年。义务兵服现役期满，根据军队需要和本人自愿，经团级以上单位批准，可以改为志愿兵。志愿兵实行分散服现役制度。志愿兵服现役的期限，从改为志愿兵之日算起，至少 3 年，一般不超过 30 年，年龄不超过 55 岁。根据军队需要，志愿兵也可以直接从非军事部门具有专业技能的公民中招收。

军官服役制度　中国人民解放军现役军官是被任命为排级以上职务或者初级以上专业技术职能，并被授予相应军衔的现役军人。军官按职务性质分为军事军官、政治军官、后勤军官和专业技术军官。军官的选拔和使用，坚持任人唯贤、德才兼备、注重实绩、适时交流的原则，实行民主监督。坚持院校培训提拔军官的制度。优秀士兵经过院校培训也可以提拔为军官。经军队院校培训提拔军官不能满足需要时，平时可以挑选优秀士兵经过总部指定的其他训练机构培训合格后提拔为军官，也可以招收军队以外的高等学校毕业生和专业技术人员入伍，任命为军官；战时可以从士兵、征召的预备役军官和非军事部门的人员中直接任命军官。军官服役最高年龄：排级 30 岁、连级 35 岁、营级 40 岁、团级 45 岁、师级 50 岁、军级 55 岁，大军区副职 63 岁，大军区正职 65 岁。作战部队的少数师、军职军官因工作需要可以适当延长，但师、正军职最多不得超过 5 岁，副军职最多不得超过 3 岁；在舰艇上服役的营、团级军官，任职的最高年龄分别为 45 岁和 50 岁；总部机关，大军区级机关，省军区（卫戍区、警备区）系统、后勤基地和分部、院校、科研单位的师职军官任职的最高年龄为 55 岁，副军职军官任职最高年龄为 58 岁，正军职军官最高任职年龄为 60 岁；总部机关的团职军官因工作需要可以延长 5 岁，大军区机关的团级军官任职的最高年龄为 45 岁，少数因工作需要可延长 3 年；专业技术军官平时任职的最高年龄，担任初级专业技术职务的 43 岁、中级专业技术职务的 48 岁、高级专业技术职务的 60 岁，少数中、高级专业技术职务的军官，因工作需要按任免权限批准可放宽 5 岁。军官达到服现役的最高年龄的、因伤病残不能坚持正常工作或因受军队编制员额限制不能调整使用的，应当退出现役作转业、退休、离休安置。军官服现役（或参加工作）满 30 年以上或者年龄满 50 周岁以上，本人提出申请，组织批准，可作退休安置。

现役军人及其家属的优待　中国人民解放军军官实行职务军衔等级工资制度和定期增资制度，并按照国家和军队的有关规定享受津贴和补贴。军官享受公费医疗待遇，每年休假一次。军官具备家属随军条件的经师以上单位政治机关批准，其配偶和未成年子女、无独立生活能力的子女可以随军，是农村户口的转为城镇户口。部队移防或者军官工作调动，随军家属可以随调。军官退出现役后由国家妥善安置。志愿兵实行工资制与供给制相结合的制度，除免费按照义务兵的标准供应伙食和被装外，另按不同级别发给工资。志愿兵每年均有探亲假期，义务兵服现役期间享受供给制，并根据服现役时间发给津贴。义务兵从部队发出的平信免费邮递。义务兵家属由当地人民政府给予优待，优待的标准不低于当地平均生活水平。兵役法规定，现役军人，革命伤残军人，退出现役的军人，革命烈士家属，牺牲、病故军人家属，现役军人家属，应当受到社会的尊重，受到国家和人民群众的优待。革命伤残军人乘坐火车、轮船、飞机、长途公共汽车，凭《革命伤残军人证》准予优先购票和享受减价优待。现役军人牺牲、病故，由国家发给其家属

一次性抚恤金和定期抚恤金。

退伍军人的安置 义务兵退出现役后，按照从哪里来、回哪里去的原则，由原征集的县、自治县、市、市辖区的人民政府接收安置。家居农村的义务兵退出现役后，由乡、民族乡、镇的人民政府妥善安排他们的生产和生活。招收员工时，在同等条件下，应当优先录用。家居城镇的义务兵退出现役后，由县、自治县、市、市辖区的人民政府安排工作，也可以由上一级或者省、自治区、直辖市的人民政府在本地区内统筹安排。机关、团体、企业事业单位，不分所有制性质和组织形式，都有按国家有关规定安置退伍军人的义务。入伍前是机关、团体、企业事业单位职工的允许复工、复职。城镇退伍军人待安置期间，由当地人民政府按照不低于当地最低生活水平的原则发给生活补助费。城镇退伍军人自谋职业的，由当地人民政府给予一次性经济补助，并给予政策上的优惠。志愿兵退出现役后，服现役不满 10 年的，按照义务兵退出现役安置；满 10 年的，由原征集地人民政府安排工作，也可以由上一级或者省、自治区、直辖市的人民政府在本地区内统筹安排；自愿回乡参加农业生产或者自谋职业的，给予鼓励，由当地人民政府增发安家补助费；服现役满 30 年或者满 55 岁的作退休安置，根据地方需要和本人自愿也可以作转业安置。志愿兵在服现役期间，参战或者因公致残、积劳成疾基本丧失工作能力的，办理退休手续，由原征集地或其直系亲属所在地政府接收安置。退出现役的特等、一等革命残废军人，由国家供养终身，其余的由政府安排力所能及的工作，或转业地方工作，或作退休处理。军官退出现役后，由国家妥善安置。担任师级以上职务和高级专业技术职务的军官，退出现役后主要作退休安置；担任团级以下职务和初、中级专业技术职务的军官退出现役后主要作转业安置，不宜作转业或其他安置的团职军官可以由组织批准作退休安置。自愿复员的干部，可回原籍县（市、区）或入伍时户口所在地，也可到配偶所在地。国家机关和企业事业单位在招聘工作人员时，应对具备条件的复员干部优先聘任和录用。复员干部从事个体经营或开办私营企业的，应依法优先发给营业执照，在限期内给予低息贷款，经税务部门批准可适当减免营业税和所得税。复员干部就业后的待遇按照“享受所在单位同工龄、同工种、同岗位人员待遇”的原则确定。

军衔 中国人民解放军军官军衔分为 3 等 10 级：将官 3 级（上将、中将、少将），校官 4 级（大校、上校、中校、少校），尉官 3 级（上尉、中尉、少尉）。根据军官所属军种和技术特点，在海军、空军和专业技术军官军衔前分别冠以“海军”、“空军”、“专业技术”名称。现行军官职务等级编制军衔：中央军事委员会主席不授予军衔，中央军事委员会副主席和委员为上将，总参谋长、总政治部主任为上将，正大军区职为上将、中将，副大军区职为中将、少将，正军职为少将、中将，副军职为少将、大校，正师职为大校、少将，副师职为上校、大校，正团职为上校、中校，副团职为中校、少校，正营职为少校、中校，副营职为上尉、少校，正连职为上尉、中尉，副连职为中尉、上尉，排职为少尉、中尉。专业技术军官，高级专业技术职务为中将至少校，中级专业技术职务为大校至上尉，初级专业技术职务为中校至少尉。志愿兵役制士兵设军士长、专业军士军衔；义务兵役制士兵设上士、中士、下士、上等兵、列兵军衔。

文职制度 中国人民解放军中的文职干部是军队编制定额内的不授予军衔的干部，是军队建设的重要力量，是国家干部队伍的重要组成部分。由现役军官改任文职干部的保留军籍。文职干部编制范围：军队中科学研究、工程技术、医疗卫生、教学、新闻、出版、文化艺术、体育等单位的部分专业技术干部职务，以及机关、院校、医院等单位内部服务的部分行政事务、生活保障干部职务。文职干部的职务等级：从事专业技术工作的文职干部的专业技术职务设高、中、初三级；从事非专业技术工作的文职干部的职务名称按编制执行，分为正局级、副局级、正处级、副处级、正科级、副科级、一级科员、二级科员、办事员。文职干部的待遇基本与现役军官的待遇相同。

国防科技与国防工业 1998 年国防科技工业认真贯彻党的 15 大和军委扩大会议精神，适应国防和军队现代化建设的需要，把国防科技发展和部队装备建设摆在突出地位，积极进行军工科研生产能力和结构调整，建立和完善与社会主义市场经济体制相适应的国防科技工业运行机制。1998 年 3 月，9 届人大 1 次会议通过了《国务院机构改革方案》，作出了组建新的国防科学技术工业委员会的决定，将原国防科工委管理国防工业的职能、国家计委国防司的职能以及各军工总公司承担的政府职能，统归新组建的国防科工委管理，使原先由多个部门管理的国防工业职能统归到一个政府部门中，有利于统一制订各类军工行业的发展规划和法规，以及实施行业管理，从管理体制上克服过去多头管理、政出多门、办事效率不高的弊端；同时，逐步将各军工总公司改组为若干企业集团，成为适应市场的法人实体，依法自主经营、自负盈亏、照章纳税，对国有资产承担保值增值的责任。1998 年 4 月，中央军委决定组建中国人民解放军总装备部，加强对全军武器装备建设的集中统一领导，促进国防和军队现代化建设，适应社会主义市场经济发展和国家机构改革的要求。总装备部将负责武器装备发展规划和订货，国防科工委将负责管理国防工业和军事装备的供货，这样更有利于规范军队使用部门和军工企事业单位双方之间的军品订货关系，也有利于引入竞争择优机制，使军品科研生产管理更加适应市场经济的要求。

卫星发射取得六战六捷的好成绩 1998 年 3 月 26 日、5 月 2 日、8 月 20 日和 12 月 19 日，在太原卫星发射中心用“长征”2 号丙改进型运载火箭将美国摩托罗拉公司制造的两颗铱星送入预定轨道。这是 1997 年 12 月 8 日首次以“一箭双星”的方式将两颗铱星送入预定轨道以来，连续 5 次成功的发射，标志着“长征”2 号丙改进型火箭在技术性能和可靠性方面日臻成熟和提高，美国有关方面负责人表示希望继续与中方合作，完成后续发射任务。1998 年 5 月 30 日，在西昌卫星发射中心用“长征”3 号乙运载火箭将美国马丁公司制造的“中卫”1 号通信卫星送入预定轨道。“中卫”1 号是由美国洛克希德·马丁公司制造，中国东方通信卫星有限责任公司经营的地球同步轨道卫星，是目前国内拥有的容量最大的通信卫星。卫星重量为 2984 千克，装有 24 个 C 波段和 24 个 Ku 波段转发器，设计在轨寿命为 15 年。1998 年 7 月 18 日，在西昌卫星发射中心用“长征”3 号乙运载火箭将法国宇航公司为主承制的“鑫诺”1 号通信卫星送入预定轨道。这是中国航天界与欧洲在通信卫星领域的首次合作。“鑫诺”1 号是中国鑫诺卫星通信有限公司经营的第 1 颗商业通信卫星。星上装有 24 个 C 波段和 14 个 Ku 波段转发器，可覆盖中国及亚太地区，主要为国家金融电子化工程、国家空中交通管制系统、上海信息港工程等用户提供多项服务，设计寿命为 15 年。自 1997 年 8 月 20 日成功发射“马部海”通信卫星以来，“长征”3 号乙运载火箭已连续 4 次将卫星发射到预定轨道，展现了良好的技术性能和可靠性。

首届中国国际国防电子展览会在北京举行 1998 年 5 月 12～15 日，由中国人民解放军总装备部和国家信息产业部赞助、中国电子进出口公司等联合举办的首届中国国际国防电子展览会在京举行。来自美、英、德、法、俄、以色列等 14 个国家和地区的 100 多家厂商展出了先进的通信电子、信息系统、指挥与控制系统、计算机与网络产品、航空电子、空中交通管制系统及相关技术产品。一批最新的军用电子技术装备进行了展示和表演。展览会期间，举办了多场技术交流会。中国参展的 70 多家厂商展示了微电子器件、光电子器件、真空电子器件、电子元件及仪器设备等五大专业门类产品，显示出中国军用电子元器件行业已发展成为中国国防现代化建设中重要的技术基础，基本形成了比较完整的工业体系和训练有素的科技队伍。为全面提高中国军用电子元器件质量和管理水平，实现与国际标准的完全接轨，军用电子元器件行业已全面推行 ISO9000 质量体系和贯彻国家军用标准工作，在不远的将来，中国电子元器件将以崭新的面貌出现在国际市场。这次展览会为促进国际国防电子技术交流与合作，提高中国军用电子技术装备水平，推动军事电子技术服务于民用生产，起了积极的作用。

高性能计算机研究领域的并行与分布处理国家级重点实验室建成 1998 年 5 月 28 日，具有国际先进水平的并行与分布处理国家级重点实验室在长沙国防科技大学建成。参加验收和评估的国内计算机专家们认为，该实验室的建成，对中国发展高性能计算技术有着重要作用。并行与分布处理技术是当代高科技领域中的一项关键技术，它对研制高性能计算机和高性能网络系统有着十分重要的意义。该实验室已建成了融先进性、综合性、完整性、实用性于一体的并行与分布处理研究实验环境。其实验设备种类齐全，整体规模较大，特别是计算机设备覆盖面宽、软件丰富、性能先进，可构成功能不同的研究实验环境，有的已达到当前国际先进水平。形成了一支由中科院院士、教授、博士生导师和一批年轻博士为主要学术骨干的研究队伍。在建设期间，该实验室就承担了多项国家重点科研项目，有 9 项已获得国家部委级以上科技成果奖，显示了该实验室良好的发展前景。该实验室将对外开放，实施全方位的人才学术交流。

向阳红 10 号船交付航天远洋测量船基地 1998 年 8 月 7 日，原国家海洋局东海分局的向阳红 10 号船停靠江阴军港码头，正式交付航天远洋测量船基地使用，壮大了中国航天远洋测控队伍。该船曾多次参加科学考察和配合执行航天远洋测量任务，1984 年首次赴南极进行科学考察，寻找出极地最佳通信方案，开创了南极通信的先河，荣立集体一等功；配合远望号测量船多次完成远程运载火箭、通信卫星等海上测量任务。为了适应中国航天远洋测控的需要，向阳红 10 号船归建航天远洋测量船基地后，即将进行中修和全面改造，成为海上测量的一支新生力量，进一步壮大海上测量队伍，推动中国航天远洋测控事业的发展。

鑫诺卫星北京测控站建成并顺利完成第 1 次定点保持任务 鑫诺卫星北京测控站是北京跟踪与通信技术研究所通过国际投标，在有德国和加拿大一些大公司参与竞标的情况下，经过激烈竞争而赢得的建设项目。按照合同要求，这个测控站要担负未来15年鑫诺卫星的测控操作和在轨业务管理任务。承建该站的北京跟踪与通信技术研究所仅用15个月时间就完成了全部建设项目。由中、德、法3国专家组成的评审组经过严格测试和评审，一致认为该站在设计、管理和技术指标上均达到国际一流水平。该站首次用中国自行编制的软件和控制平台对外国制造的卫星实施在轨业务管理，也是中国首次对Ku频波卫星进行测控管理，为发展中国Ku频波的测控技术奠定了基础。1998年8月10日，该站对“鑫诺”1号卫星进行首次卫星定点保持，经过对获得的跟踪监测数据进行分析，表明此次定点保持任务获得成功。

“银河”Ⅲ巨型计算机首次装备部队 1998年10月5日，“银河”Ⅲ巨型计算机在总参谋部气象中心投入使用。这是“银河”Ⅲ计算机首次装备部队，对提高中国军事气象保障能力和现代化水平，提高中国中长期天气预报水平、防灾减灾及支援地方国民经济建设具有重要意义。“银河”Ⅲ计算机是目前国内气象业务部门使用的性能最高的计算机，它将作为装备首次应用到“九五”全军气象重点工程项目“军用数值天气预报系统”中。数值天气预报是当今世界各国竞相发展制作天气预报的主要技术手段。中长期数值预报对计算机运算速度要求极高。一个较复杂的数值预报模式制作10天期的天气预报，在百万次计算机上需要连续运行12天，而在百亿次计算机上只需运算2小时。由国防科技大学和总参气象中心开发的并行气象应用软件，在国内首次在分布存储并行计算机上投入实际运用，居国内领先地位，达到了当前国际先进水平。

’98中国国际航空航天博览会在珠海举行 1998年11月15日，代表当今世界航空航天科技工业发展主流和水平的’98中国国际航空航天博览会在珠海举行。中共中央政治局常委、全国人大常委会委员长李鹏出席并宣布开幕。中共中央政治局委员、国务院副总理吴邦国，中共中央政治局委员、中央军委副主席张万年，中央军委委员、总装备部部长曹刚川等领导人出席了开幕式并参观了展览。本届博览会在’96中国航空航天博览会的基础上，又有新的突破。参展的有来自25个国家和地区的近500家厂商，参展面积达到6万平方米，参展飞机100多架，数量比首届增加三分之一。中国空军“八一”飞行表演队首次参加国际性航展，他们驾驶中国新研制的歼7EB型战机，以无间距自动锁定系统六机编队飞行，表演了16组高难惊险动作，博得观众的欢迎和喝彩，振国威、壮军威。俄罗斯“勇士”队驾驶苏－27、苏－30作了飞行表演。加拿大“北极光”、英国“金梦”飞行表演队也先后作了精彩的空中表演。博览会展示了当今世界先进的战斗机、轰炸机、运输机、导弹、卫星、运载火箭和航空电子设备等，世界排名前20位的航空航天厂商全部来珠海参展，中国有180家企业前来参展。航展期间，还举办了20个国际技术交流和学术研讨会，有1500多名中外航空航天界的专家、学者参加。本届航展历时8天，接待国内外观众近100万人次。国外共有13个军方代表团前来参观。11月12日，广州军区空军参谋长马晓天少将与俄罗斯格洛莫夫试飞院副院长克瓦连科少将同机驾驶苏－30战斗机作飞行表演，开创了国际航展两国军人联袂飞行表演的先河。本届航展期间，共签订30多项技术合作和经贸协议，中国航空航天界加强国际合作，进一步走向世界。

（孔繁金、黄远模）

阿拉伯联合酋长国

国　　名 阿拉伯联合酋长国。

主要统计 面积8.36万平方千米。人口258万人（其中，13～17岁男8.5万人，女8.3万人；18～22岁男7.9万人，女7.4万人；23～32岁男14.2万人，女9.8万人）。国内生产总值1600亿迪尔汗，合437亿美元（1997年）。国防费137亿迪尔汗，合37亿美元（1998年国防预算）。原油8.09亿桶（1996年）。天然气254.29亿立方米（1995年）。发电量188.7亿度（1994年）。粮食0.7万吨（1996年）。海运能力，商船（载重100吨以上）276艘，总载重量149.17万吨（1997年）。民航能力，固定航班机场6处，客运量27.59亿人千米、货运量1.058亿吨千米（1997年）。

国防体制 联邦最高委员会决定，联邦总统兼任武装力量统帅。最高军事决策机构是“武装力量总司令部”。最高军事行政机关是国防部。武装力量由正规军和准军事部队组成。正规军分陆、海、空三个军种。联邦总统通过武装力量总司令部、国防部和陆、海、空三军司令部领导和指挥全军。

领导人物　联邦总统兼武装力量统帅扎耶德·本·苏尔坦·阿勒纳哈扬（1996 年连任）。武装力量总司令苏丹·本·扎耶德（1989 年 6 月上任）。武装力量副总司令、王储哈利法·本·扎耶德（1976 年上任）。国防部长穆罕默德·本·拉希德·阿勒马克图姆上将（1972 年上任）。武装力量参谋长哈穆德·本·阿里少将（1993 年上任）。

武装力量　**兵力**　现役部队 6.45 万人（外籍军人约占 30%）。

陆军　5.9 万人（包括迪拜 1.5 万人）。编有 1 个王室警卫旅、1 个装甲旅、2 个机械化步兵旅、2 个步兵旅、1 个炮兵旅，迪拜驻有 2 个独立步兵旅。

主战坦克：共 231 辆，其中 AMX－30 型 45 辆、OF－40Mk2 型 36 辆、“勒克莱尔” 150 辆。轻型坦克：“蝎”式 76 辆。装甲侦察车：共 69 辆，其中 AML－90 型 49 辆、“萨拉丁” 20 辆。步兵战车：共 433 辆，其中 AMX－10P 型 18 辆、BMP－3 型 415 辆。装甲输送车：570 辆，其中 VCR 型 80 辆、“庞阿尔” M－3 型 370 辆、EE－11 “蝰蛇” 120 辆。牵引炮：105 毫米 26 门、130 毫米 20 门。自行炮：155 毫米 175 门。火箭炮：70 毫米 18 门、122 毫米 48 门（只有 24 门具有作战能力）。迫击炮：81 毫米 114 门、120 毫米 21 门。地地导弹：“飞毛腿” B 型 6 部（属迪拜）。反坦克导弹：255 具（“米兰”、“警惕”、“陶”式、“霍特”）。无坐力炮：84 毫米、106 毫米若干门。高炮：20 毫米 42 门、30 毫米 20 门。地空导弹：“吹管”、“西北风” 20 余部。

海军　约 1500 人。

护卫舰：“阿布扎比”级 2 艘。巡逻/近海作战舰艇：19 艘，其中轻型护卫舰 2 艘。导弹艇：8 艘。巡逻艇：9 艘。两栖登陆舰：5 艘。后勤支援舰：3 艘。

空军　4000 人。编有 3 个对地攻击战斗机中队、1 个战斗机中队、1 个防暴机中队。作战飞机 99 架，武装直升机 49 架。

对地攻击战斗机：43 架（“幻影” 2000E 型 9 架、“霍克” 102 型 17 架、“霍克” MK－63/－63A/－63C 型 17 架）。战斗机：“幻影” 2000EAD 型 22 架。防暴机：MB－326 型 8 架、MB－339A 型 5 架。改装训练机：“霍克” MK61 型 5 架、MB－339A 型 2 架、“幻影” 2000DAD 型 6 架。侦察机：“幻影” 2000RAD 型 8 架。运输机：BN－2 型 1 架、C－130H 型 4 架、L－100－30 型 2 架、C－212 型 4 架、CN－235M－100 型 7 架、伊尔－76 型 4 架。武装直升机：49 架（AS－332F 型 5 架、SA－342K 型 10 架、SA－316/－319 型 7 架、AH－64A 型 20 架、AS－565 “豹”式 7 架）。运输直升机：AS－332 型 2 架、AS－350 型1 架、“贝尔” 205 型 8 架、“贝尔” 206 型 9 架、“贝尔” 206L 型 5 架、“贝尔” 214 型 4 架、SA－330 型 10 架、“空中大王” 350 型 2 架。搜索与救援直升机：BO－105 型 3 架、“奥古斯塔” 109K2 型 3 架。教练机：47 架（PC－7 型 30 架、SF－260 型 5 架、“GROB” G－115TA 型 12 架）。空地导弹：“霍特”、AS－11/－12、“飞鱼” AM－39 型、“地狱火”、PGM1/2 型若干枚。空空导弹：“魔术”、“响尾蛇”若干枚。

防空部队　属空军，编有 1 个防空旅（3 个营）、5 个改进型“霍克”导弹连。装备地空导弹：“轻剑” 12 部、“响尾蛇” 9 部、RBS－70 型 13 部、“西北风” 100 部。

准军事部队　海岸警卫队（属内务部管辖）若干人，装备 40 艘巡逻快艇。

兵役制度　实行志愿兵役制。

军队节日　建军节 12 月 10 日。

（薛利涛）

阿　曼

国　名　阿曼苏丹国。

主要统计　面积 30.95 万平方千米。人口 213 万人（其中，13～17 岁男 12.1 万人，女 11.7 万人；18～22 岁男 9.7 万人，女 9.4 万人；23～32 岁男 14.3 万人，女 13.2 万人）。国内生产总值 62 亿里亚尔，合 162 亿美元（1997 年）。国防费 6.95 亿里亚尔，合 18 亿美元（1998 年国防预算）。原油 3.22 亿桶（1996 年）。天然气 43.61 亿立方米（1995 年）。发电量 78.56 亿度（1994 年）。粮食 5000 吨（1996 年）。海运能力，商船（载重 100 吨以上）26 艘、总载重量 1.17 万吨（1997 年）。民航能力，固定航班机场 6 个，客运量 27.6 亿人千米、货运量 1.058 亿吨千米（1997 年）。

国防体制　最高军事决策机构为国防委员会，

由国家元首兼任国防委员会主席。国防部是最高军事行政机关。武装力量由正规军、预备役和准军事部队组成。正规军分陆、海、空三个军种。国家元首通过国防部指挥陆、海、空三军。

领导人物 国家元首兼首相，国防委员会主席，外交、国防和财政大臣卡布斯·本·赛义德（1970年7月23日即位）。国防事务大臣法赫尔·本·泰穆尔·赛义德（1979年5月上任）。武装部队总司令哈米德·本·赛义德·乌菲中将。

武装力量 **兵力** 现役部队4.35万人（包括3700名外籍人员和王室卫队）。

陆军 2.5万人。编有3个旅部、2个装甲团、1个装甲侦察团、4个炮兵团、1个防空团、8个步兵团、1个步兵侦察团、2个独立侦察连、1个野战工兵团、1个空降团。

主战坦克：M－60A1型6辆、M－60A3型73辆、"酋长"24辆、"挑战者"18辆。轻型坦克："蝎"式37辆。装甲输送车："斯巴达人"6辆、"苏尔坦"13辆、"突击队员"4辆、"剪刀鱼"50辆。牵引炮：105毫米42门、122毫米25门、130毫米24门。自行炮：155毫米18门。迫击炮：81毫米69门、107毫米20门。反坦克导弹："陶"式18具、"米兰"50具。高炮：23毫米4门、40毫米12门。地空导弹："标枪"28部、SA－7型34部、"吹管"若干部。

海军 4200人。

轻型护卫舰：2艘。海岸巡逻舰艇：11艘。两栖舰艇：6艘。后勤支援舰：5艘。

空军 4100人。作战飞机40架。

对地攻击战斗机："美洲虎"8架、T－2型4架。对地攻击/侦察机："霍克"203型12架。防暴机：BAC－167MK82型12架、"霍克"103型4架。运输机：BAC－111型3架、"空中货车"3M型15架、C－130H型3架。直升机：AB－205型20架、AB－206型3架、AB－212型3架、AB－214型5架。教练机：AS－202－18型4架、MFI－17B型7架。地空导弹："轻剑"28部。空空导弹："响尾蛇"若干枚。

王室卫队 6500人。编有王室警卫旅、2个特种部队团、王室游艇中队、王室飞行中队。

准军事部队 4400人。其中部族国土卫队4000人、海岸警察卫队400人。警察航空联队装备飞机13架。

兵役制度 实行志愿兵役制。 （薛利涛）

阿 塞 拜 疆

国　　名 阿塞拜疆共和国。

主要统计 面积8.66万平方千米。人口762.5万人（其中，13～17岁男39.3万人，女37.1万人；18～22岁男34.9万人，女37.1万人；23～32岁男61万人，女64.1万人）。国内生产总值28亿美元（1997年）。国防费1.9亿美元（1998年国防预算）。

国防体制 宪法规定，总统为武装力量统帅。最高国防决策机构为国家安全委员会，成员有总统、全体内阁部长、武装力量参谋长，由总统任主席。国防部为政府中的一个部，是最高军事行政机关。武装力量由正规军和准军事部队组成。正规军分陆、海、空三个军种。最高军事指挥机构为武装力量参谋部。总统通过国防部和武装力量参谋部对全国武装力量实施领导和指挥。

领导人物 总统兼武装力量统帅盖达尔·阿里·勒扎·奥格雷·阿利耶夫（1998年连任）。国防部长萨法尔·阿比耶夫上将。

武装力量 **兵力** 现役部队7.215万人。

陆军 5.56万人。

坦克：270辆。步兵战车：287辆。装甲输送车：74辆。火炮：301门。地空导弹：SA－4/－8/－13型60余部。

海军 2200人。

护卫舰："别佳"级2艘。导弹快艇："黄蜂"级3艘。巡逻艇：15艘。扫雷舰艇：15艘。登陆舰：4艘。支援舰船：2艘。

空军 1.035万人。作战飞机37架、武装直升机15架。

飞机：米格－21型5架、米格－25型21架、苏－17型4架、苏－24型5架、苏－25型2架。直升机：35架，其中15架武装直升机。地空导弹：SA－2/－3/－5型100部。

准军事部队 约1.5万人，其中民兵1万人、边防军0.5万人。

兵役制度 实行自愿制与合同制相结合的兵役制度，服役期 17 个月。 （李伟弘）

巴 基 斯 坦

国　　名 巴基斯坦伊斯兰共和国。

主要统计 面积 79.6095 万平方千米。人口 1.40689 亿人（其中，13～17 岁男 828.6 万人，女 776.5 万人；18～22 岁男 713.3 万人，女 642.9 万人；23～32 岁男 1151.6 万人，女 1023.4 万人）。国内生产总值 2.5 万亿卢比，合 610 亿美元（1997 年）。国防费 1430 亿卢比，合 32 亿美元（1998 年国防预算）。原煤 353.4 万吨（1994 年）。原油 2000 万桶（1996 年）。天然气 178.4 亿立方米（1995 年）。发电量 571.47 亿度（1994 年）。粮食 2432.8 万吨（1996 年）。海运能力，商船（载重 100 吨以上）73 艘，总载重量 51.38 万吨（1997 年）。民航能力，固定航班机场 34 处，客运量 111.23 亿人千米、货运量 4.23 亿吨千米（1997 年）。

国防政策 巴基斯坦国防政策的基本点是：维护国家独立、主权和领土完整；反对印度称霸南亚，争取同南亚小国加强军事合作，共同抗衡印度；主张建立“南亚无核区”，同印度签订互不侵犯条约；适当增加军费，努力建设一支与巴的“安全环境”相适应的武装力量，重点提高武器装备现代化水平；武器来源贯彻多方引进与自产相结合的方针，强调发展国防工业，努力提高自力更生能力；面对印度的核威胁，重视发展核武器；在加强正规军建设的同时，积极发展准军事部队，保持充足的预备役兵源。

军事战略 冷战结束后，巴基斯坦对其军事战略作了相应调整。巴将 80 年代形成的东抗印度、西堵苏联通过阿富汗南下扩张的战略调整为集中主要力量对付印度。巴将 80% 的兵力部署在东部边境，将 20% 的兵力部署在西部边境。在作战指导思想上，巴鉴于本身国土狭长、纵深浅的特点，强调“先发制人”、“速战速决”，避免久拖不决的消耗战。在武装力量建设上，实行稳步扩军的方针，并力争实现军队武器装备现代化，要求在兵力数量上与当面对手保持均势，在武器装备上力争胜对手一筹。在发展核武器问题上，采取“以牙还牙”的政策，积极发展核武器，谋求对印进行核威慑。

国防体制 总统为武装部队统帅。内阁防务委员会为最高决策机关，主席由总统兼任，成员包括国防、外交、财政、内政等部长，参谋长联席会议主席、三军参谋长、国防部秘书长等一般均出席防务委员会会议。国防部是贯彻执行内阁防务委员会决议的最高军事行政领导机构，主要负责三军的财务管理、武器生产与采购。国防部首脑为国防部长，国防部秘书长负责主持日常工作。国防部下设防务局、生产局和国防情报局。参谋长联席会议在行政上受国防部领导，但军事指挥上直属总统，主要负责拟定三军联合战略计划、研究武装力量的兵力与编成、向内阁防务委员会提供国防咨询，其成员有三军参谋长和国防部秘书长，主席由三军参谋长轮流担任，任期 3 年。武装力量由正规军、准军事部队和预备役部队组成，正规军分为陆、海、空三个军种。总统通过国防部和参谋长联席会议领导和指挥全军。

领导人物 总统兼武装部队统帅穆罕默德·拉菲克·塔拉尔（1998 年 1 月 1 日上任）。国防部长沙希德·哈米德（1996 年 11 月上任）。陆军参谋长佩尔韦兹·莫沙拉夫上将（1998 年 10 月 7 日上任）。海军参谋长赛义德·穆哈默德·克汗海军中将（1991 年 11 月上任）。空军参谋长法鲁克·费罗兹·汗上将（1991 年 12 月上任）。

武装力量　兵力 现役部队 58.7 万人。

陆军　52 万人。编成 9 个军部、2 个装甲师、9 个军炮兵旅、19 个步兵师、7 个独立装甲旅、9 个独立步兵旅、1 个防空司令部（下辖 8 个旅）、7 个工程兵旅、3 个装甲侦察团、1 个特种部队群（3 个营）、17 个航空兵中队。

主战坦克：2120 余辆，其中 M－47 型 15 辆、M－48 型 345 辆、T－54/55 型 50 辆、T－59 型 1200 辆、T－69 型 250 辆、T－85 型 200 辆、T－80UD 型约 100 辆。装甲输送车：M－113 型 850 辆。牵引炮：1590 门，其中 85 毫米 200 门、105 毫米 350 门、122 毫米 600 门、130 毫米 200 门、155 毫米 214 门、203 毫米 26 门。自行炮：240 门，其中 105 毫米 50 门、155 毫米 150 门、203 毫米 40 门。火箭炮：122 毫米 45 门。迫击炮：81 毫米 500 门、120 毫米 225 门。地地导弹：“哈塔夫”18 部。反坦克导弹：“眼镜蛇”、“陶”式等 800 具。无坐力炮：75、106 毫米若干门。高炮（高射机枪）：2000 余门（挺），其中 35

毫米 200 门、40 毫米约 100 门。地空导弹："毒刺" 350 部、"红眼睛"和 RBS－70 型若干部、"安扎" 500 部。飞机：航测机 1 架、联络机 84 架、观测机 90 架。直升机：攻击直升机 20 架、运输直升机 114 架。

海军　2.2 万人（含海军航空兵、海军陆战队和海上保安部队）。基地设在卡拉奇（舰队司令部）。

潜艇：9 艘，其中"初日"级 2 艘、"汉格尔"级 4 艘、小型潜艇 3 艘。驱逐舰："征服者"级 2 艘。护卫舰：8 艘，其中导弹护卫舰 6 艘、常规护卫舰 2 艘。导弹快艇：5 艘。巡逻艇：5 艘。扫雷艇：2 艘。支援舰：9 艘。

海军航空兵　装备作战飞机 7 架、武装直升机 12 架。

海军陆战队　约 1200 人。

空军　4.5 万人。编成 7 个攻击战斗机中队、10 个战斗机中队、1 个侦察机中队、1 个海上反潜侦察机中队、2 个运输机中队、1 个救援直升机中队、1 个运输直升机中队、7 个地空导弹连。装备作战飞机 410 架。

攻击战斗机："幻影" 104 架、Q－5 型 49 架。战斗机：F－16 型 32 架、其他型 178 架。武装侦察机："幻影" 3RP 型 12 架。反潜巡逻机："大西洋" 4 架、P－3C 型 3 架（均具有作战能力）。运输机：C－130 型 12 架、L－100 型 1 架、波音－707 型 2 架、波音－737 型 3 架、其它型号 7 架。救援直升机：SA－319 型 6 架。运输直升机：SA－316 型 12 架、SA－321 型 4 架、SA－315B 型 12 架。教练机：160 架，其中 40 架 MFI－17B 型具有作战能力。地空导弹："响尾蛇" 144 部、SA－2 型 6 部。空地导弹："飞鱼"、"小牛"若干枚。空空导弹："麻雀"、"响尾蛇"等若干枚。

预备役部队　51.3 万人，其中陆军 50 万人、海军 5000 人、空军 8000 人。

准军事部队　国民警卫队 18.5 万人。边防部队 3.5 万人，装备装甲输送车 45 辆。巴基斯坦别动队（属内务部）2.5 万人。海上保安厅约 2000 人，装备驱逐舰 1 艘、快艇 8 艘。海岸警卫队，装备快艇 23 艘。

军衔　军官军衔分 3 等 11 级：将官 4 级（上将、中将、少将、准将），校官 3 级（上校、中校、少校），尉官 4 级（上尉、中尉、少尉、准尉）。

兵役制度　实行志愿兵役制。新兵招募的年龄，陆军 17～21 岁，海军 15～20 岁，空军 16～28 岁。士兵服役年限，陆军 7 年，海、空军 7～8 年。士兵服役期满后转为预备役。预备役服役年限，陆军 8 年，海、空军 5 年。军官最高服役年龄，将官 59 岁，校官 52 岁，尉官 48 岁。

驻外兵力　1998 年巴基斯坦共有 85 人在安哥拉、波黑、克罗地亚、格鲁吉亚、伊拉克和科威特、西撒哈拉等国和地区参加联合国维和行动。

军队节日　国防节 9 月 6 日。

（刘温国）

朝　鲜

国　　名　朝鲜民主主义人民共和国。

主要统计　面积 12.2762 万平方千米。人口 2505.7 万人（其中，13～17 岁男 101.6 万人，女 104 万人；18～22 岁男 103.7 万人，女 109.1 万人；23～32 岁男 252 万人，女 230.8 万人）。国内生产总值约 180 亿美元（1997 年）。国防费 24 亿美元（1998 年国防预算）。原煤 9800 万吨（1994 年）。发电量 370 亿度（1994 年）。粮食 498 万吨（1996 年）。海运能力，商船（载重 100 吨以上）100 艘、总载重量 95.12 万吨（1997 年）。民航能力，固定航班机场 1 处，客运量 8400 万人千米、货运量 200 万吨千米（1997 年）。

国防体制　朝鲜劳动党中央委员会总书记、党中央军事委员会委员长、共和国主席兼国防委员会委员长为武装力量最高统帅。朝鲜新宪法赋予国防委员会宣布战争和发布动员令、负责国家武装力量和国防建设、设立或取消国防部门所属中央机关、对重要军事干部的任命罢免、颁布军事称号等权力。劳动党中央设有军事部。共和国政府设有人民武装力量省。常备武装力量为朝鲜人民军，分陆、海、空三个军种，常设领导机关为总参谋部和总政治局。

领导人物　现任国防委员会委员长、人民军最高司令官金正日元帅（1993 年上任）。国防委员会副委员长由赵明禄、金一哲、李勇武担任，国防委员由金永、延亨默、李乙雪、白鹤林、金炳浩、金铁万担任。国防委员会副委员长金一哲次帅兼任人民武装力量相（1998 年 9 月上任）。总参谋长金永春次帅（1995 年 10 月上任）。总政治局局长赵明禄次帅（1995 年 10 月上任）。

武装力量　兵力　现役部队 105.4 万人。

陆军　92.3 万人。编有 20 个军（其中 1 个装甲军、4 个机械化军、12 个步兵军、2 个炮兵军、1 个首都防御军）、26 个机械化步兵师、15 个装甲旅、24 个机械化步兵旅、3 个独立步兵旅；1 个特种作战军 8.8 万人，10 个狙击旅、14 个步兵旅、17 个侦察团、1 个炮兵旅；6 个直属炮兵旅、1 个“飞毛腿”地地导弹旅、1 个“蛙”式地地导弹旅、14 个特种炮弹火箭炮旅。

主战坦克：约 3000 辆，主要有 T－34 型、T－54/－55 型、T－62 型、Type－59 型。轻型坦克：约 500 辆，主要有 PT－76 型、M－1985 型。装甲输送车：2500 辆，主要有 БТР－40/－50/－60/－152 型、Type－531 型、M－1973 型。牵引炮：122 毫米、130 毫米、152 毫米共 3500 门。自行炮：122 毫米、130 毫米、152 毫米、170 毫米共 4500 门。火箭炮：107 毫米、122 毫米、240 毫米共 2600 门。迫击炮：82 毫米、120 毫米、160 毫米共 8100 门。地地导弹：蛙－3/－5/－7 型 24 部、“飞毛腿”C 型约 30 部。地空导弹：SA－7/－16 型 1 万余枚。反坦克导弹：AT－1 型、AT－3 型、AT－4 型、AT－5 型若干具。无坐力炮：82 毫米 1700 门。高炮（高射机枪）：14.5 毫米、23 毫米、37 毫米、57 毫米、85 毫米、100 毫米共 4800 门（挺）。

海军　4.6 万人，编有 2 个舰队司令部。

潜艇：苏制 R 级 22 艘、W 级 4 艘，小型潜艇 45 艘，海岸潜艇 13 艘。护卫舰：“罗津”级 2 艘、“苏湖”级 1 艘。轻型护卫舰：“沙里院”级 5 艘。导弹快艇：“西州”级 15 艘、“黄蜂”级 12 艘、“蚊子”级 10 艘、“瑞兴”级 6 艘。鱼雷艇：共 198 艘，其中“新兴”级 3 艘、“P－6”级 155 艘、“新浦”级 40 艘。巡逻艇：178 艘，其中“海南”级大型巡逻艇 6 艘、“大青”级大型巡逻艇 13 艘、“索曼”级大型巡逻艇 6 艘、“索”Ⅰ级近海巡逻艇 18 艘、“上海”Ⅱ级高速攻击艇 12 艘、“椒岛”级高速攻击炮艇 3 艘、渔船改装巡逻艇约 120 多艘。扫雷艇：“陆岛”系列 25 艘。水陆两栖登陆艇：10 艘。水面支援船：7 艘，其中海上拖船 2 艘、侦察船 1 艘、气象测量船 1 艘、潜艇救护船 3 艘。

岸防部队　地对舰导弹团 2 个，“蚕”式导弹基地 6 处；122 毫米、130 毫米、152 毫米岸炮若干门。

空军　8.5 万人，编为 6 个航空师。作战飞机 607 架。

战斗机：米格－17 型 107 架、米格－19 型 159 架、米格－21 型 130 架、米格－23 型 46 架、米格－29 型 30 架、苏－7 型 18 架、苏－25 型 35 架。轰炸机：H－5 型 82 架。运输机：安－2/雅－5 型 282 架、安－24 型 6 架、伊尔－18 型 2 架、伊尔－62M 型 4 架、图－134 型 2 架、图－154 型 4 架。直升机：“休斯”500D 型 80 架、米－2 型 139 架、米－8/－17 型 15 架、佐－5 型 48 架。教练机：米格－21 型 6 架、雅克－18 型 170 架、FT－2 型 35 架、CJ－5 型 10 架、CJ－6 型 7 架。空空导弹：AA－2 型、AA－7 型若干部。地空导弹：SA－2 型 300 部、SA－3 型 36 部、SA－5 型 24 部。

约 350 万人，最大年龄为 60 岁，其指挥序列为旅、营、连、排，装备有轻武器、迫击炮和高炮。

兵役制度　实行义务兵役制。服役期：陆军 6～8 年、海军 5～10 年、空军 3～4 年。义务兵可服役至 40 岁。

军衔　共分 5 等 21 级：将官以上 7 级（大元帅、元帅、次帅、大将、上将、中将、少将），校官 4 级（大校、上校、中校、少校），尉官 4 级（大尉、上尉、中尉、少尉），士官 4 级（特务上士、上士、中士、下士），兵 2 级（上等兵、下等兵）。

驻外兵力　在 12 个非洲国家派有军事顾问。

军队节日　建军节 4 月 25 日。

（黄　磊）

菲　律　宾

国　　名　菲律宾共和国。

主要统计　面积 29.97 万平方千米。人口 7404.4 万人（其中，13～17 岁男 410.3 万人，女 396.2 万人；18～22 岁男 364 万人，女 350.8 万人；23～32 岁男 605.1 万人，女 586.5 万人）。国内生产总值 830 亿美元（1997 年）。国防费 12 亿美元

(1998年国防预算)。原煤173.3万吨(1994年)。原油40万桶(1996年)。发电量264.25亿度(1994年)。粮食1543.5万吨(1996年)。海运能力,商船(载重100吨以上)1499艘,总载重量1380.71万吨(1997年)。民航能力,固定航班机场21处,客运量128.54亿人千米、货运量3.288亿吨千米(1997年)。

国防政策 菲律宾在1998年6月首次发表的《国防战备》白皮书中指出,菲国防战略目标是保护国家安全利益,维护国家政治稳定和促进经济发展,确保菲在地区和国际上发挥更加积极的作用。为此,菲奉行以下国防政策:(一)大力加强海空军建设,着重提高快速反应能力、海上作战能力和三军协同作战能力。(二)密切与亚太地区各国尤其是东盟国家在防务方面的合作,支持把东南亚地区建成一个"和平、自由的中立区",全面推进东南亚无核化进程。(三)维系菲美军事同盟,拓宽防务合作范围,向美提供军队部署、给养和武器装备维修方面的支持,争取美向菲提供物资、技术援助并帮助菲训练部队。(四)积极参与联合国维持和平行动,为全球及地区安全作出贡献。(五)坚持对所占南沙岛礁拥有"主权"的立场。

军事战略 菲实行总体积极防御战略。所谓总体防御,即在面临重大威胁时,将动员包括军事力量在内的一切国家力量进行防御;积极防御,即指尽可能早地发现各种现实的和潜在的威胁,并作出及时反应。首先争取通过政治或外交途径解决,若不能奏效,随时准备诉诸武力。在作战指导思想上奉行"纵深防御",重点加强菲西、北、南3个方向的防御部署。具体方法包括:(一)外围侦察监视。利用飞机、水面舰艇和固定侦察系统实施不间断的侦察监视。平时,侦察监视对象为各种渔船,贩毒、走私和海盗船,商业货轮以及各种飞机;战时,扩大至敌机、舰艇,并与盟国及时交换情报。(二)海上防御。平时,舰艇在侦察机的支援下对捕鱼作业区和专属经济区进行巡逻;战时,海空力量进行有效协调,快速在各防区对敌海空目标实施打击。(三)空中防御。军、民用机场监视系统密切配合,加强预警,有效控制和指挥防空力量,保护国家重要战略中心和设施。(四)本土防御。在联合作战思想的指导下,组织各地区的地面部队和海、空军部队,实施三军协同作战。

国防体制 宪法规定,总统为武装力量统帅。国家安全委员会是国防安全最高决策机构,由总统担任主席,主要职责是研究有关国防的重大问题,协助总统作出国防安全的重大决策。国防部是最高军事行政指挥机关,负责制定和实施国防计划和政策。武装部队司令部为最高军事指挥机构,总参谋长是总统之下的最高指挥官。总统通过国防部和武装部队司令部对全国武装力量实施领导和指挥。武装力量由正规军和准军事部队组成。正规军分陆、海、空三个军种。准军事部队由警察部队、国民防卫军组成。

领导人物 总统兼武装力量统帅约瑟夫·埃斯特拉达(1998年6月30日就任)。国防部长圣·奥兰多·梅尔卡多(1998年6月上任)。武装部队总参谋长安基诺·雷耶斯上将(1999年7月上任)。陆军司令里奥·阿尔瓦兹少将(1998年1月上任)。海军司令路·F·费尔南德兹中将(1999年10月上任)。空军司令威廉·霍特基斯少将(1996年12月上任)。

武装力量 **兵力** 现役部队约11.78万人。

陆军 7.45万人。编有5个军区、8个步兵师(各辖3个步兵旅)、1个轻装甲旅(团)、3个工程兵旅、1个骑兵侦察团、1个特种作战团、1个建筑营、8个炮兵营、1个总统保安队。

轻型坦克:"蝎"式41辆。步兵战车:YPR-765PRI型85辆。装甲输送车:M-113型100辆、"突击队"20辆、V-150型165辆、"狮子"约90辆。牵引炮:共242门,其中105毫米230门、155毫米12门。迫击炮:81毫米若干门、107毫米40门。无坐力炮:75毫米、90毫米、106毫米各若干门。

海军 约2.59万人(含海岸警卫队和陆战队)。编有6个海军区。

护卫舰:"拉贾·胡马邦"级1艘。巡逻舰艇:67艘(其中近海巡逻舰艇14艘、近岸巡逻舰艇53艘)。两栖舰艇:9艘。后勤支援舰船:11艘。

陆战队 9000人。编有3个旅共10个营(将减为2个旅6个营)。装备有装甲输送车109辆、150毫米火炮150门、107毫米迫击炮若干门。

海军航空兵 装备飞机20架,其中8架具有作战能力、11架为直升机。

空军 1.74万人。编有1个战斗机中队、3个武装直升机中队、5个运输机中队(其中2个直升机中队)、4个教练机中队。作战飞机39架,武装直升机约99架。

战斗机:F-5A/B型6架。武装直升机:贝尔UH-1U/M型62架、AUH-76型16架、休斯500/520MD型21架。海上侦察机:F-27M型2架。侦察机:RT-33A型6架、OV-10型21架(具有作战能力)。救援机:HU-16型4架、Bo-105C型直升机10架。总统专机:F-27型1架、F-28型1架、贝尔212型直升机2架、贝尔412型直升机4架、S-70A型直升机2架、SA-330型直升机2架。

运输机：C－130B型2架、C－130H型3架、L－100－20型3架、C－47型5架、F－27型7架、BN－2型22架、N－22B型14架。直升机：贝尔205型55架、UH－1H型16架。联络机："色斯纳"180型7架、"色斯纳"210型2架、"色斯纳"310型1架、DHC－2型5架、U－17A/B型12架。教练机：T－33A型6架、T－41D型15架、SF－260TP型15架、S－211型12架（具有作战能力）。空空导弹："响尾蛇"若干枚。

预备役部队　13.1万人。其中陆军10万人，海军1.5万人，空军1.6万人。

准军事部队　菲律宾国民警察4.05万人，编有15个地区司令部、73个省级司令部。海岸警卫队3500人，装备有巡逻艇61艘、轻型飞机2架。国民防卫军6万人，编有56个营。

部署　重点加强首都及西部南沙海区的防卫。有半数以上的舰艇和陆战队部署在西部海区。全国海空军基地主要有5处，其中空军基地3处（克拉克、库比岬、马尼拉）、海军3处（三格莱/卡维特、三宝颜、宿务）。

兵役制度　实行志愿兵役制，服役年限3年以上。

军衔　分5等17级：将官4级（上将、中将、少将、准将），校官3级（上校、中校、少校），尉官3级（上尉、中尉、少尉），军士4级（军士长、上士、中士、下士），兵3级（上等兵、一等兵、二等兵）。

军队节日　武装部队节12月22日。

（孟　丽）

格　鲁　吉　亚

国　　名　格鲁吉亚。

主要统计　面积6.97万平方千米。人口542.3万人（其中，13～17岁男21.4万人，女20.6万人；18～22岁男20.6万人，女19.8万人；23～32岁男37.9万人，女36.1万人）。国内生产总值37亿美元（1997年）。国防费5500万美元（1998年国防预算）。

国防体制　宪法规定，总统为武装力量统帅。最高国防决策机构为国家安全委员会，由总统任主席。成员包括全体内阁部长、武装力量参谋长。国防部为政府中的一个部，是最高军事行政机关。武装力量由正规军和预备役部队组成。正规军分陆、海、空三个军种。最高军事指挥机构为武装力量参谋部。总统通过国防部和武装力量参谋部对全国武装力量实施领导和指挥。

领导人物　总统兼武装力量统帅爱·阿·谢瓦尔德纳泽（1995年11月当选）。国防部长达·捷夫扎泽中将。

武装力量　**兵力**　现役部队3.32万人（含1.56万名国防部人员及其直属部队）。

陆军　1.26万人。

主战坦克：79辆（T－55型48辆、T－72型31辆）。装甲车：111辆（БМП－1型67辆、БМП－2型11辆、БРМ－1К型11辆、БТР－70/－80型22辆）。

海军　2000人。

巡逻舰：12艘。扫雷艇：4艘。两栖舰船：6艘。

空军　3000人（含防空部队）。

飞机：苏－25型约9架。直升机：8架（米－2型1架、米－8型4架、米－24型3架）。地空导弹：SA－2/－3/－5型75部。

预备役部队　约25万人。

兵役制度　实行职业化和义务兵相结合的兵役制度。

外国驻军　俄罗斯驻军9200人，维和部队1500人，联合国观察员83人。

（李伟弘）

哈 萨 克 斯 坦

国　　名　哈萨克斯坦共和国。

主要统计　面积 271.73 万平方千米。人口 1590 万人（其中，13～17 岁男 87.5 万人，女 85.6 万人；18～22 岁男 78.6 万人，女 77.3 万人；23～32 岁男 131.6 万人，女 128.5 万人）。国内生产总值 220 亿美元（1997 年）。国防费 2.59 亿美元（1998 年国防预算）。粗钢 321.65 万吨（1996 年）。原煤 7660 万吨（1996）。天然气 59 亿立方米（1995 年）。原油 1.69 亿桶（1996 年）。发电量 586.57 亿度(1996 年)。粮食 1124.2 万吨（1996）。民航能力，固定航班机场 6 处，客运量 46 亿人千米、货运量 1 亿吨千米（1997 年）。

国防体制　宪法规定，总统为武装力量统帅。国家安全会议负责制定国家防务及安全政策。国防部为武装力量最高行政机关。总参谋部为最高军事指挥机构。总统通过国防部和总参谋部对武装力量实施领导和指挥。

领导人物　总统兼武装力量统帅努尔苏丹·阿比舍维奇·纳扎尔巴耶夫(1991 年上任,1999 年 1 月连任)。国防部长穆赫塔尔·卡帕舍维奇·阿尔滕巴耶夫上将(1996 年上任)。总参谋长巴赫特让·叶尔塔耶维奇·叶尔塔耶夫中将(1997 年 11 月上任)。

武装力量　**兵力**　现役部队 5.51 万人。

陆军　约 4 万人。编有 2 个军司令部、1 个坦克师、2 个摩步师、1 个摩步旅、1 个空降旅、2 个炮兵旅、1 个独立摩步团和 2 个炮兵团。

坦克:T－72 型 630 辆(另有库存 300 辆)。装甲战车:1000 辆(另有库存 1000 辆)。牵引炮:550 门。自行炮:122、152 毫米 150 门。火箭炮:122、220 毫米 170 门。迫击炮:112 毫米 130 门。反坦克炮:100 毫米 125 门。

海军　约 100 人。装备各型海岸巡逻艇 10 艘。

空军　约 1.5 万人。编有 1 个航空师、1 个战斗机团、3 个攻击战斗机团、1 个侦察机团、1 个直升机团。作战飞机 123 架(另库存 75 架)。

歼击机:米格－29/－23 型 24 架、米格－29UB/－23UB 型 8 架。强击机:米格－27 型 34 架、米格－23UB 型 9 型、苏－24 型 26 架、苏－27 型 10 架。侦察机:苏－24 型 12 架。直升机:米－8 型 44 架。另库存米格－27、米格－23、米格－25、米格－29、苏－27 型 75 架。

防空部队　编有 1 个战斗机团,装备作战飞机 32 架(另库存 12 架)、地空导弹 100 部。

准军事部队　3.45 万人。其中边防军 1.2 万人、内卫部队 2 万人、总统卫队 2000 人、政府卫队 500 人。

驻外兵力　驻塔吉克斯坦约 350 人。

（张　勇）

韩　　国

国　　名　大韩民国。

主要统计　面积 9.9262 万平方千米。人口 4650 万人(其中,13～17 岁男 188.3 万人,女 175.9 万人;18～22 岁男 205.7 万人,女 191.8 万人;23～32 岁男 433.7 万人,女 409.6 万人)。国内生产总值 4430 亿美元(1997 年)。国防费 102 亿美元(1998 年国防预算)。原煤 743.8 万吨(1994 年)。发电量 1859.93 亿度(1994 年)。粮食 667.6 万吨(1996 年)。海运能力,商船(载重 100 吨以上)2138 艘,总载重量 1172.49 万吨(1997 年)。民航能力,固定航班机场 14 处,客运量 485.04 亿人千米、货运量 57.29 亿吨千米(1997 年)。

国防政策　1998 年 2 月 25 日,金大中就任韩国新一届总统,同时出任国家武装力量统帅,对韩国国防政策和军事战略进行了一定的调整。他认为,坚持自主防御政策、提高独立防卫能力是韩国的基本国策。在军事防务上,主张奉行"民主主义综合安保主义"国防观念,强调国家安全要领先军队和人民,实现"人民防务";在战争准备上随时准备应付和处置各种危机;在作战指导上坚持"对敌威慑"的同时,强调"多方位防御",扩大军事行动范围;在军队建设上,通过精简军队员额、理顺编制体制、改革兵役制度等途径,以达建设一支人员精干、装备精良、训练有素及机动力强的现代化军队的目的。与此同时,还加强韩美联合防御体系,密切韩美军事合作,以维护韩美在该地区的共同利益。此外,积极与中、俄、日等国发展多边军事合作,以弥补由于美军在全球范围内战略收缩而造成的地区力量失衡,以构筑地区联合防务机制。

国防体制　总统为全国武装力量统帅,总统通过国防部对军队实施领导和指挥。国家安全保障会议为最高国防决策机构,由总统任主席,其成员包括总理、国防部长官、国家情报院院长、参谋长联席会议主席等。国防部是总统统率武装力量的最高行政机构,主要负责制定国防政策和军队建设计划。国防部下辖参谋长联席会议,国防部长官的军令权通过参谋长联席会议主席实施。参谋长联席会议统帅三军本部(陆军本部、海军本部和空军本部),是全军作战最高指挥机构,参谋长联席会议主席在国防部长的直接领导下指挥三军作战部队。参谋长联席会议主席不仅在战时或遇有紧急情况时有权直接下达作战指令,参与国家安全保障会议,向总统汇报情况和提出决策性意见,而且能决定三军种参谋总长推荐的军级以上指挥人选。参谋长联席会议设 1 名上将级主席和 1 名中将级副主席。

领导人物　总统兼国家安全保障会议主席金大中(1998 年 2 月 25 日上任)。国防部长官赵成台(1999 年 5 月 24 日上任)。参谋长联席会议主席金辰浩上将(1998 年 3 月上任)。陆军参谋总长金东信上将(1998 年 3 月上任)。海军参谋总长李秀勇上将(1999 年 3 月上任)。空军参谋总长朴春泽上将(1998 年 2 月上任)。

武装力量　**兵力**　现役部队 67.2 万人。

陆军　56 万人。编有 3 个集团军、11 个军、50 个师、21 个旅。

主战坦克:共 2130 辆,其中 T88 型 800 辆、T-80U 型 80 辆、M-47 型 400 辆、M-48 型 850 辆。步兵战车:БМП-3 型 40 辆。装甲输送车:共 2460 辆,其中 KIFV 式 1700 辆、M-113 型 420 辆、M-577 型 140 辆、FIAT6614/KM-900/-901 型 200 辆。牵引炮:105 毫米、155 毫米、203 毫米 3500 门。自行炮:155 毫米、175 毫米、203 毫米 1040 门。无坐力炮:57 毫米、75 毫米、90 毫米、106 毫米若干门。迫击炮:81 毫米、107 毫米 6000 门。反坦克炮:76 毫米、90 毫米 58 门。地地导弹:NHK-1/-2 型 12 部。反坦克导弹:“陶”式若干具。高炮:20 毫米、30 毫米,35 毫米、40 毫米 600 门。空空导弹:共 1020 部,其中“轻标枪”350 部、“红眼睛”60 部、“毒刺”130 部、“西北风”170 部、“霍克”110 部、“奈基”200 部。

陆军航空兵　装备 O-1A 型飞机 5 架,攻击直升机 AH-1F/-J 型 75 架、休斯 500MD 型 68 架,运输直升机 CH-47D 型 15 架,通用直升机休斯 500 型 170 架、UH-1H 型 130 架、UH-60 型 98 架。

海军　6 万人(含陆战队 2.5 万人)。编有 3 个舰队司令部。

潜艇:“张保皋”级 6 艘。驱逐舰:“忠北”级 5 艘。护卫舰:“蔚山”级 9 艘、“浦项”级 24 艘。轻型护卫舰:“东海”级 4 艘。导弹快艇:“白鸥”51 型 8 艘、“白鸥”52 型 1 艘、“野猫”2 艘。近海巡逻艇:“海豚”90 艘、“海鹰”15 艘。扫雷艇:共 14 艘,其中“江津”级猎雷艇 6 艘、“金山”级扫雷艇 8 艘。登陆舰艇:共 16 艘,其中“短吻鳄”级 2 艘、美制 LST-511 型 7 艘、美制 LSM-1 型 7 艘。海上支援舰船:13 艘。

海军航空兵　编有 3 个反潜中队,装备有 23 架作战飞机、47 架直升机。

海军陆战队　2.5 万人,编有 2 个师、1 个旅。主战坦克:M-47 型 60 辆。装甲突击车:LVTP-7 型 60 辆。牵引炮:105 毫米、155 毫米若干门。地地导弹:“鱼叉”式若干枚。

空军　5.2 万人。编有战斗飞行团 10 个、战术飞行团 1 个、防空管制团 1 个、侦察飞行团 1 个、训练飞行团 1 个、防空司令部 1 个。作战飞机 488 架。

战斗机:F-16C/D 型 88 架、F-5E/F 型 195 架、F-4D/E 型 130 架。空中预警机:O-2A 型 10 架。侦察机:RF-4C 型 18 架、RF-5A 型 10 架。搜索与救援机:UH-60 型 15 架。运输机:BAE748 型(要员专机)2 架、波音 737-300 型(要员专机)1 架、C-118 型 1 架、C-130 型 10 架、CN-235M 型 15 架、UH-1H/N 型 16 架、CH-47 型 6 架、BELL-412 型 3 架、AS-332 型 3 架、VH-60 型 60 架。教练机:F-5B 型 25 架、T-37 型 50 架、T-38 型 30 架、T-41B 型 25 架、“隼”式 MK-67 型 18 架。空地导弹:“小牛”、“哈姆”、AGM-130、“恰夫纳普”若干部。空空导弹:“麻雀”、“阿姆拉姆”等若干枚。地空导弹:“奈基”、“霍克”等若干部。

预备役部队　450 万人。

准军事部队　民防部队 350 万人(50 岁以下)。海岸警卫队约 4500 人,装备有大型巡逻艇 10 艘、海岸巡逻艇 33 艘、近海巡逻艇 38 艘。

兵役制度　实行普遍征兵法和招募志愿兵。陆军服役期 26 个月,空军和海军 30 个月。

军衔　共分 5 等 15 级:将官 4 级(上将、中将、少将、准将),校官 3 级(上校、中校、少校),尉官 4 级(上尉、中尉、少尉、准尉),军士 3 级(上士、中士、下士),兵

1级。

外国驻军 美国驻军36120人，其中：陆军27460人，编有陆军司令部1个、步兵师1个；空军8660人，编有1个空军司令部(第7航空联队)，装备90架作战飞机(2个战斗机联队)，其中F－16型72架、A－10型6架、OA－TO型12架。。

军队节日 建军节10月1日。

(黄　磊)

柬　埔　寨

国　　名 柬埔寨王国。

主要统计 面积18.1035万平方千米。人口1043万人(其中13～17岁男57.2万人，女56.1万人；18～22岁男46.7万人，女45.9万人；23～32岁男87万人，女86.9万人)。国内生产总值35亿美元(1997年)。国防费1.42亿美元(1998年国防预算)。粮食345万吨(1996年)。海运能力，商船(载重100吨以上)3艘，总载重量3800万吨(1997年)。空运能力，固定航班机场8处(1996年)。

国防体制 最高军事决策机构为柬王国武装部队(又称"柬埔寨国民军")总司令部。柬宪法规定："国王是国家军队最高司令，但不指挥军队。"国防部既是总司令部的办事机构，又是军队的最高行政机关，下辖总参谋部。总参谋部负责全军的作战指挥、后勤供应和技术保障。国防部直属单位有新闻局、通信局、对外联络局、军事法院和军事检察院等。武装力量由正规军、地方部队和准军事部队组成，正规军分为陆军、海军和空军三个军种。总司令通过国防部对所有武装力量实施领导和指挥。

领导人物 柬埔寨武装部队最高司令诺罗敦·西哈努克国王。皇家军总司令盖金延上将(1999年1月上任)。国防部联合大臣迪班上将、西索瓦·施里拉(1998年11月30日上任)。总参谋部总参谋长巴沙伦上将(1999年1月上任)。陆军司令米索皮上将(1999年1月上任)。海军司令翁桑坎海军中将(1999年1月上任)。空军司令森桑南空军中将(1999年1月上任)。

武装力量 **兵力** 现役部队13.9万人(包括地方部队)。

陆军　9万人。划分为6个军区(包括1个首都特别军区)，编有12个步兵师、3个独立旅、1个警戒旅(辖4个营)、9个独立步兵团、3个装甲团、1个特种作战团、4个工程兵团(其中3个野战工程兵团、1个建筑工程兵团)、若干个独立侦察营、炮兵营和防空营。

主战坦克：T－54/－55型100辆，T－59型若干辆，PT－76型10辆。装甲输送车：БТР－60/－152型210辆，M－113型若干辆，OT－64型30辆。牵引炮：76毫米、122毫米和130毫米约400门。火箭炮：122毫米8门，140毫米20门，107毫米和132毫米若干门。迫击炮：82毫米、120毫米、160毫米若干门。无坐力炮：82毫米、107毫米若干门。高炮(高射机枪)：14.5毫米、37毫米、57毫米若干门(挺)。地空导弹：SA－7型若干部。

海军　2000人。其中：陆战队1500人，编成7个步兵团、1个炮兵团；舰艇部队编有内河巡逻和沿海防御部队。

巡逻艇：原苏制"图利亚"级水翼艇2艘，原苏制"斯坚卡"级近海巡逻艇4艘，近岸巡逻艇2艘，100吨以下巡逻艇4艘，快速巡逻艇2艘，其他江河巡逻艇11艘。登陆艇：原苏制车辆人员登陆艇8艘。

空军　2000人，其中飞行员80人。编有1个飞行团、1个防空团、1个营。

战斗机：米格－21型24架(其中只有8架能使用)。运输机：安－24型2架、安－26型1架、运－12型2架、BN－2型1架、图－134型若干架。直升机：米－8型1架、米－17型7架、米－26型2架。教练机：L－39型5架、P－92型5架。

地方部队　约4.5万人。每个省有数个独立营至数个独立团，每个县有数个独立连或独立营。

准军事部队(又称民兵游击队)　约10万人，以连为单位编成，每村10至20人。

兵役制度 实行义务兵役制。服役年龄18～35岁。服役期，陆军5年、海军18个月。民兵每年与正规军一起服役3～6个月。

军衔 军官军衔分为将、校、尉3等。

军队节日 建军节6月23日。

(钟学良)

老　挝

国　　名　老挝人民民主共和国。

主要统计　面积 23.68 万平方千米。人口 520 万人(其中,13～17 岁男 28.9 万人,女 28.4 万人;18～22 岁男 23.3 万人,女 23 万人;23～32 岁男 36.3 万人,女 36.2 万人)。国内生产总值 16 亿美元(1997 年)。国防费 5500 万美元(1998 年国防预算)。原油 90 万吨(1994 年)。发电量 10.85 亿度(1995 年)。粮食 135.5 万吨(1996 年)。原煤 5.5 万吨(1996 年)。民航能力,固定航班机场 11 处,客运量 4600 万人千米、货运量 500 万吨千米(1997 年)。

国防体制　老挝人民军最高决策机构是人民革命党中央国防安保委员会。中央国防安保委员会由老党主席、政府总理、国防部长、内务部长和老军各总部最高长官组成,党的主席兼任中央国防安保委员会主席。国防部既是中央国防安保委员会的办事机构,又是军队的最高行政管理机构,下辖总参谋局、总政治局、总后勤局 3 大机关。3 大机关分别负责全军的作战训练、政治思想教育、后勤技术保障。国防部直属单位有外事局、监察局、军法局、保卫局和开发总公司等。武装力量由正规军、地方部队、预备役部队和民兵自卫队组成,正规军又称主力部队,分陆军和空军两个军种。中央国防安保委员会主席通过国防部对全国武装力量实施领导和指挥。

领导人物　人民革命党主席兼中央国防安保委员会主席坎代·西潘敦上将(1992 年 11 月上任)。国防部长朱马里·赛雅逊上将(1991 年 12 月上任)。总参谋局局长隆再准将。总政治局局长西盆·帕里坎中将。总后勤局局长宋培·特马拉准将。空军局局长占平上校。内河艇队指挥部指挥长乔奕赛上校。

武装力量　**兵力**　现役部队约 2.9 万人。

陆军　2.5 万人,划分为 4 个军区,编有 5 个步兵师、7 个独立步兵团、3 个工程兵团(其中 2 个建筑团)、5 个炮兵营、9 个高炮营、65 个独立步兵连、1 个轻型联络飞机小队。

坦克:T－54/－55 型 30 辆,T－34/－85 型若干辆,PT－76 型 25 辆。装甲输送车:БТР－40/－60/－152 型共 70 辆。牵引炮:105 毫米 25 门,122 毫米 40 门,130 毫米 10 门,75 毫米、155 毫米若干门。迫击炮:81 毫米、82 毫米、107 毫米、120 毫米若干门。无坐力炮:57 毫米、75 毫米、106 毫米、107 毫米若干门。高炮(高射机枪):14.5 毫米、23 毫米、37 毫米、57 毫米若干门(挺)。地空导弹:SA－3、SA－7 型若干部。

内河水兵部队　约 600 人,以连为单位编成,每连辖若干艇队,配属陆军指挥。装备有江河巡逻艇 12 艘、登陆艇 4 艘、小艇(船)约 40 艘。

空军　3500 人。编有 2 个攻击战斗机大队、1 个运输机大队、1 个直升机大队、10 余个机场地勤部队、1 支女子伞兵部队。

攻击战斗机:米格－21 型 28 架。运输机:共 19 架,即安－2 型 4 架、安－24 型 5 架、安－26 型 4 架、雅克－12 型 4 架、雅克－40 型 2 架。直升机:共 27 架,即米－6 型 2 架、米－8 型 10 架、米－17 型 12 架、SA－360 型 3 架。教练机:共 14 架,即米格－21UB 型 6 架(具有作战能力)、雅克－18 型 8 架。空空导弹:AA－2“环礁”若干枚。

地方部队　2 万余人,由省、市、县军事指挥部指挥,每省编有 1～5 个独立营和若干个独立连,有的省还编有防空连、通信连和侦察排等。

预备役部队　老挝乌多姆赛、琅勃拉邦和华潘等省建有预备役部队,每个县编有 1 个预备役连,每个连 70～170 人。

民兵自卫队　分普通、机动和防空民兵 3 种。普通民兵每村编有 1～2 个班,每班 7～9 人;机动民兵编成排或连,每连 75～85 人,辖 2～3 个排,每排 23～29 人;防空民兵每个县城编有 1 个连,由县军事指挥部直接指挥。民兵自卫队的任务是:平时协同当地驻军维护治安,惩治犯罪和参与社会经济建设;战时参加战地运输或直接投入战斗。

兵役制度　实行义务兵役制,士兵服役期至少 18 个月;民兵服役年龄男 14～45 岁,女 16～35 岁。

军衔　军官军衔分 3 等 11 级:将官 4 级(上将、中将、少将、准将),校官 3 级(上校、中校、少校),尉官 4 级(上尉、中尉、少尉、准尉)。士兵军衔分 2 等 5 级:军士(上士、中士、下士),兵(一等兵、二等兵)。

军队节日　建军节 1 月 20 日,空军节 4 月 4 日,水兵节 8 月 23 日。

(钟学良)

黎 巴 嫩

国　　名　黎巴嫩共和国。

主要统计　面积 1.0452 万平方千米。人口 420.9 万人(其中 13～17 岁男 20.7 万人,女 21.1 万人;18～22 岁男 19.6 万人,女 20.2 万人;23～32 岁男 37.9 万,女 39.4 万人)。国内生产总值 150 亿美元(1997 年)。国防费 5.92 亿美元(1998 年国防预算)。发电量 51.5 亿度(1994 年)。粮食 7.4 万吨(1996 年)。海运能力,商船(载重 100 吨以上)163 艘,总载重量 43.82 万吨(1997 年)。民航能力,固定航班机场 1 处(1996 年),客运量 18.89 亿人千米、货运量 4600 万吨千米(1997 年)。

国防体制　宪法规定,总统为武装力量统帅。最高国防决策机构为最高国防委员会,其成员有总统、内阁部长、军队司令、参谋长等,由总统任主席。国防部为最高军事行政机关,负责军队与地方部门的协调,提供防务咨询和建议,进行国际军事交往等工作。武装力量由正规军和准军事部队组成。正规军分陆、海、空三个军种。最高军事指挥机构为军队司令部。总统通过国防部和军队司令部对全国武装力量实施领导和指挥。

领导人物　总统兼武装力量统帅埃米勒·拉胡德(1998 年 10 月上任)。国防部长加奇·扎伊塔尔(1998 年 12 月上任)。军队司令米歇尔·苏莱曼中将(1998 年 12 月上任)。参谋长萨米尔·卡迪少将(1998 年上任)。海军司令萨米尔·哈迪准将(1997 年上任)。空军司令约瑟夫·格桑准将(1997 年上任)。

武装力量　**兵力**　现役部队 5.51 万人。

陆军　约 5.33 万人。编有 11 个步兵旅、1 个总统警卫旅、1 个突击团、3 个特种兵团、2 个炮兵团、1 个空中突击团。

坦克:M－48A1/A5 型 110 辆、T－54/－55 型 205 辆、AMX－13 轻型坦克 35 辆。装甲侦察车:“萨拉丁”40 辆、“白鼬”5 辆、AML－90 型 80 辆、“猎鹿狗”30 辆。装甲输送车:M－113A1/A2 型 725 辆、“萨拉逊”20 辆、VAB－VCI 型 30 辆、VAB－VTT 型 30 辆、AMX－VCI 型 75 辆、“庞阿尔”M3/VTT 型 15 辆。牵引炮:105 毫米 25 门、122 毫米 43 门、130 毫米 25 门、155 毫米 60 门。火箭炮:122 毫米 30 门。迫击炮:81 毫米 150 门、120 毫米 130 门。反坦克导弹:“安塔克”和“米兰”式若干具,“陶”式 20 具。火箭筒:85 毫米和 89 毫米若干具。无坐力炮:106 毫米若干门。高炮:20 毫米、23 毫米若干门,40 毫米 10 门。

海军　1000 人。

巡逻艇:14 艘,另有武装小艇 27 艘。两栖登陆艇:2 艘。

空军　约 800 人。作战飞机 3 架,武装直升机 4 架。

战斗机:“猎人”3 架。教练机:“大斗犬”3 架、CM－170 型 3 架。攻击直升机:SA－342 型 4 架。运输直升机:UH－1H 型 16 架、AB－212 型 5 架、SA－330 型 3 架、SA－319 型 4 架。

准军事部队　内部治安部队:约 1.3 万人,装备有“突击队”式装甲输送车 30 辆。海关:装备有巡逻艇 7 艘。

教派民兵武装　除“真主党”和“黎巴嫩南方军”外,大多数民兵实际上已经解散,并把重武器移交给了政府军。

“真主党”　穆斯林什叶派原教旨主义组织,亲伊朗。约有现役武装 300～500 人,另有支援力量约 3000 人。装备有火炮、火箭炮、火箭筒、无坐力炮、反坦克导弹和高炮。精神领袖是穆罕默德·侯赛因·法德拉拉。

“黎巴嫩南方军”(简称“南黎军”)　以色列在黎巴嫩南部边境地区扶植的傀儡武装,现役兵力约有 2000～3000 人,主要是基督教徒,但穆斯林什叶派人员逐渐增多,还有一些德鲁兹派成员,由以色列提供训练、装备和援助,占据着以色列边境和联合国驻黎巴嫩临时部队控制地区之间的安全区。装备有 30 辆 T－54/－55 型坦克,若干辆 M－113、БТР－50 型坦克;122 毫米、130 毫米、155 毫米牵引炮和若干门 160 毫米迫击炮。

兵役制度　实行义务兵役制,并招募部分志愿兵,士兵服役期 1 年。

军衔　军官分 3 等 9 级:将官 3 级(中将、少将、准将),校官 3 级(上校、中校、少校),尉官 3 级(上尉、中尉、少尉)。

外国驻军　联合国驻黎巴嫩临时部队约 4473 人,编成 6 个步兵营,由斐济、芬兰、加纳、爱尔兰、尼泊尔和挪威各组成 1 个营;此外,还有由法国、意大利、挪威和波兰组成的支援部队。伊朗驻有约150人的革命卫队。叙利亚驻有3万人,在贝鲁特驻有1个机械化步兵旅、5个特种兵团;在迈特恩驻有1个机械化步兵旅;在贝卡驻有1个机械化步兵师部、2个机械化步兵旅和1个装甲旅;在特利波立驻有1个特种兵团;在拜特龙驻有1个特种兵团;在克帕尔·法卢斯驻有3个特种兵团。

军队节日　建军节8月1日。

(张令钟)

马　来　西　亚

国　　名　马来西亚。

主要统计　面积32.9733万平方千米。人口2200万人(其中13～17岁男116.7万人,女111.1万人;18～22岁男98.8万人,女94.5万人;23～32岁男171.9万人,女167.5万人)。国内生产总值910亿美元(1997年)。国防费21亿美元(1998年国防预算)。原煤17.4万吨(1994年)。天然气261.93亿立方米(1995年)。原油2.37亿桶(1996年)。发电量399.75亿度(1994年)。粮食211万吨(1996年)。海运能力,商船(载重100吨以上)552艘,总载重量291.63万吨(1997年)。民航能力,固定航班机场39处,客运量225.58亿人千米、货运量11.6亿吨千米(1997年)。

国防体制　宪法规定,国家元首为武装力量统帅,最高国防决策机构为国家安全委员会,总理兼任主席。内阁设国防部,为最高军事行政机关。武装力量由正规军和准军事部队两部分组成。正规军分陆、海、空三个军种,各军种均设参谋部。最高军事指挥机构为武装力量司令部。

领导人物　国家元首兼武装力量统帅萨·沙·哈吉(1999年4月26日上任)。总理兼国家安全委员会主席达图·斯里·马哈蒂尔·穆罕默德(1981年上任)。国防部长阿邦·阿布·巴卡尔·穆斯塔法(1999年1月上任)。武装部队总司令达图·斯里·穆罕默德·扎希迪·扎伊努丁(1999年1月上任)。

武装力量　**兵力**　现役部队11万人。

陆军　8.5万人(将裁减为8万人)。编有2个军区、1个军、4个师、1个机步旅、10个步兵旅、1个空降旅(包括3个空降营、1个轻型炮兵团、1个轻型坦克中队)、1个特种作战团(3个营)、1个陆航直升机中队。

轻型坦克:“蝎”式26辆。装甲侦察车:SIBMAS式162辆、AML－60/－90型140辆、“白鼬”92辆。装甲输送车:KIFV式111辆、“突击队员”184辆、“攻击者”25辆、“神鹰”459辆、M－3型37辆。牵引炮:105毫米115门、155毫米12门。迫击炮:81毫米300门。反坦克导弹:SS－11型若干具。无坐力炮:84毫米若干门、106毫米150门。高炮:35毫米24门、40毫米36门。地空导弹:“标枪”等48部、“轻剑”12部。直升机:SA－316B型10架。

海军　1.25万人(含海军航空兵)。编有关丹、拉布安2个海军区。

导弹护卫舰:“莱库”级2艘。护卫舰:“卡斯图里”级2艘、“汉都亚”级1艘、“拉玛”级1艘。小型护卫舰:“汉那迪”级2艘。导弹攻击快艇:“汉达兰”级4艘、“柏达那”级4艘。巡逻艇:29艘。扫雷艇:5艘。两栖舰艇:3艘。后勤支援舰船:3艘。

海军航空兵　160人,装备有HAS－1型武装直升机12架。

空军　1.25万人。编有4个攻击战斗机中队、3个战斗机中队、1个侦察机中队、7个运输机中队、1个地空导弹中队。作战飞机89架

攻击战斗机:“鹰”式25架、MB－339型11架、F/A－18D型8架。战斗机:F－5型15架、米格－29型18架。武装侦察机:B200T型4架。加油机:8架。运输机:45架。运输直升机:50架。教练机:共70架,其中13架为直升机;12架PC－7型具有作战能力。空空导弹:若干枚。

预备役部队　约4.06万人。其中陆军约3.78万人,海军2200人,空军600人。

准军事部队　警察1.8万人(编成5个旅)、海上警察约2100人、地区治安警察3500人、边境侦察部队1200人、人民志愿团24万人。

部署　马来西亚以东经109度线为界把其本土和所属海域分为东西两部分,划成2个海军区。全国主要海空军基地7处,其中海军基地4处(关丹、拉布安/山打根、卢木特、双溪安图),空军基地3处(吉隆坡、亚罗士打、吉打)。

兵役制度　实行志愿兵役制,服役期10年。

驻外兵力　1998年共有约73人在国外参加联合国维和行动。

外国驻军 澳大利亚148人,其中陆军115人、空军33人,装备有2架P-3C型飞机。

军队节日 陆军节3月1日,海军节7月2日,空军节6月1日。

(孟 丽)

蒙 古

国 名 蒙古国。

主要统计 面积156.65万平方千米。人口240.4万人(其中,13~17岁男15.1万人,女14.5万人;18~22岁男13.4万人,女12.8万人;23~32岁男21.9万人,女21.2万人)。国内生产总值8.87亿美元(1997年)。国防费2400万美元(1998年国防预算)。原煤758.5万吨(1994年)。发电量32.65亿度(1994年)。粮食20.2万吨(1996年)。民航能力,固定航班机场1处,客运量4.91亿人千米、货运量为4500万吨千米(1997年)。

国防体制 宪法规定,总统为武装力量总司令,总统通过国防部长会议对军队实施指挥。国防部长会议由国防部长、总参谋长、边防局长、民防局长、国防部战略指导与计划局长、国家行政管理局长、外事与情报信息研究局长等人组成,国防部长任主席。国防部长会议负责制定和实施国防政策,完善军队的编制,管理国防经费,配备领导干部以及负责军队对外关系。国防部是最高军事行政机关,统管武装力量。武装力量由现役部队、预备役部队和准军事部队组成。现役部队包括陆军和防空军。总参谋部是最高军事指挥机构,下辖武装力量后勤部、国土防空军司令部、建筑兵管理局等。

领导人物 总统兼武装力量总司令巴嘎班迪(1997年上任)。国防部长图布登道尔吉(1999年上任)。总参谋长达希哲博格中将(1998年上任)。后勤部长马格萨尔扎布少将(1996年上任)。国土防空军司令宾巴扎布少将(1996年上任)。

武装力量 **兵力** 现役部队1.98万人(含建筑部队和民防部队及2000名总部机关人员)。

陆军 1.4万人。编有7个摩步旅、1个炮兵旅、1个轻步兵营、1个空降营。

坦克:T-54/-55/-62型600辆。装甲侦察车:БРДМ-2型120辆。步兵战车:БМП-1型400辆。装甲输送车:БТР-60型250辆。牵引炮:300门。火箭炮:130门。迫击炮:140门。反坦克炮:200门。

国土防空军 1800人。编有1个歼击机中队。作战飞机9架,武装直升机12架。

歼击机:米格-21型8架、米格-21U型1架。武装直升机:米-24型12架。运输机:37架。高炮:150门。地空导弹:SA-7型250部。

预备役部队 陆军13.7万人。

准军事部队 边防部队6000人,内卫部队1200人,建筑部队1500人,民防部队500人。

兵役制度 实行义务兵役制、合同兵役制、替代兵役制和代役金制相结合的混合兵役制度。征兵年龄18~28岁,士兵服役年限1年。军官最高服役年龄:尉官45岁,校官50岁,将官55岁。

军衔 分6等17级:将官3级(上将、中将、少将),校官3级(上校、中校、少校),尉官3级(大尉、上尉、中尉),准尉3级(一级准尉、二级准尉、三级准尉),军士3级(上士、中士、下士),兵2级(上等兵、列兵)。

(刘 颖)

孟 加 拉 国

国 名 孟加拉人民共和国。

主要统计 面积14.3998万平方千米。人口1.27894亿人(其中,13~17岁男790万人,女751.3万人;18~22岁男721.6万人,女679.6万人;23~32岁男1128.3万人,女1068.4万人)。国内生产总值14000亿塔卡,合320亿美元(1997年)。国防费279亿塔卡,合6.02亿美元(1998年国防预算)。原油50万桶(1996年)。天然气73.65亿立方米(1995年)。

发电量100.1亿度(1994年)。粮食2944.5万吨(1996年)。海运能力,商船(载重100吨以上)301艘,总载重量56.68万吨(1997年)。民航能力,固定航班机场8处,客运量28.38亿人千米、货运量1.21亿吨千米(1997年)。

国防体制 宪法规定,总统为武装力量统帅。陆、海、空三军分立,三军参谋长分别是三军的最高首长。国防部由文官掌管,仅负责军事预算、军工生产和装备采购等行政事务,对军队无指挥权。准军事部队属内政部管辖,平时负责边、海防和内卫治安,战时配合正规军作战。

领导人物 总统兼武装部队总司令沙哈布丁·艾哈曼德(1996年10月就任)。总理兼国防部长谢赫·哈西娜·瓦吉德(女,1996年6月上任)。陆军参谋长努尔丁·可汗中将(1993年4月上任)。海军参谋长阿布·塔赫尔准将(1999年6月上任)。空军参谋长贾姆鲁丁·阿赫迈德少将(1999年6月上任)。

武装力量 **兵力** 现役部队12.1万人。

陆军 10.1万人。编有7个步兵师、17个步兵旅(约26个营)、1个装甲旅(2个装甲团)、2个装甲团、1个炮兵师(6个炮兵团)、1个工兵旅、1个防空旅。

主战坦克:T-54/-55型60辆。T-59/-69型80辆。轻型坦克:约40辆。装甲输送车:БТР-80型20辆,MT-LB型若干辆。牵引炮:105毫米80门,122毫米20门,130毫米40门。迫击炮:81、82毫米若干门,120毫米50门。无坐力炮:106毫米30门。反坦克炮:57毫米18门、76毫米50门。高炮:37毫米16门、57毫米若干门。地空导弹:HN-5A型若干部。

海军 约1.05万人。基地:吉大港(司令部)、达卡、库尔纳。

护卫舰:4艘。导弹快艇:10艘。鱼雷快艇:4艘。近海巡逻艇:1艘。海岸巡逻艇:3艘。近岸巡逻艇:18艘。江河船艇:5艘。扫雷艇:4艘。登陆艇:14艘。支援舰船:8艘。

空军 9500人。编有4个攻击/战斗机中队、3个直升机中队。作战飞机49架。

攻击/战斗机:A-5型12架、F-6型11架、F-7M型14架、FT-7B型4架。运输机:安-32型3架。直升机:"贝尔"212型11架、米-8型7架、米-17型11架。教练机:76架(其中8架L-39ZA型具有作战能力)。空空导弹:AA-2型若干枚。

准军事部队 4.97万人,其中孟加拉步枪队3万人(边防部队,编成41个营),武装警察5000人,保安部队1.45万人,海岸警卫队200人。

兵役制度 实行志愿兵役制。陆军士兵一般需服役20年。

军衔 分5等14级:将官2级(少将、准将),校官3级(上校、中校、少校),尉官3级(上尉、中尉、少尉),军士3级(上士、中士、下士),兵3级(一等兵、二等兵、新兵)。

驻外兵力 1998年共有829人在安哥拉、波黑、克罗地亚、格鲁吉亚、伊拉克和科威特、利比里亚、塔吉克斯坦、西撒哈拉等国和地区参加联合国维和行动。

军队节日 建军节11月21日。

(刘温国)

缅　甸

国　　名 缅甸联邦。

主要统计 面积67.6581万平方千米。人口4950万人(其中,13~17岁男260.2万人,女253.8万人;18~22岁男237.6万人,女232.2万人;23~32岁男413.6万人,女413.7万人)。国内生产总值约280亿美元(1997年)。国防费19亿美元(1998年国防预算)。原煤7.6万吨(1994年)。原油500万桶(1996年)。天然气14.30亿立方米(1995年)。发电量35亿度(1994年)。粮食2137.8万吨(1996年)。海运能力,商船(载重100吨以上)144艘、总载重量135.4万吨(1997年)。民航能力,固定航班机场19处,客运量4.39亿人千米、货运量320万吨千米(1997年)。

国防体制 "国家和平与发展委员会"主席(相当于总统)为国防军总司令。国防部为国防军最高统率机关,统管作战、训练和军工等工作。武装力量由正规军和准军事部队组成。正规军分陆、海、空三个军种。最高军事指挥机构为总参谋部。"国家和平与发展委员会"通过国防部和总参谋部对全国武装力量实施领导和指挥。

领导人物 "国家和平与发展委员会"主席兼政府总理、国防部长和三军总司令丹瑞大将(1992年4月上任)。三军副总司令兼陆军司令貌埃上将(1993年

3月上任)。海军司令纽登少将(1997年11月上任)。空军司令觉少将(1997年12月上任)。

武装力量 **兵力** 现役部队约43.48万人。

陆军 32.5万人。编有10个轻步兵师师部、12个军区司令部、32个战术指挥部、245个步兵营、7个炮兵营、4个装甲营和2个高炮营。

主战坦克:"彗星"26辆、其他型100辆。轻型坦克:63型105辆。装甲侦察车:"白鼬"45辆、"亨伯"40辆、"马自达"30辆。装甲输送车:"日野"20辆、85型250辆。牵引炮:76毫米100门、88毫米50门、105毫米96门、140毫米若干门。火箭炮:107毫米30门。迫击炮:120毫米80门、81和82毫米若干门。无坐力炮:84毫米500门、106毫米若干门。反坦克炮:57毫米和76.2毫米60门。高炮:37毫米24门、40毫米10门、57毫米12门。

海军 1.58万人(含陆战队)。设有6个海军基地。

轻型护卫舰:"羊岱昂"号和"羊基昂"号各1艘。导弹艇:3艘。巡逻艇:57艘。两栖舰艇:15艘。支援舰船:15艘。

陆战队 800人(1个营)。

空军 9000人。编有3个战斗机中队、2个攻击战斗机中队、2个防暴机中队和4个直升机中队。作战飞机121架、武装直升机22架。

战斗机:F-7型30架、FT-7型6架。攻击/战斗机:A-5M型36架。防暴机:PC-7型24架、PC-9型5架、"超海鸥"20架。运输机:F-27型1架、FH-227型4架、PC-6A/B型5架、Y-8D型2架。联络机:"色斯纳"7架、K-8型4架。直升机:共74架,其中米-2型10架、米-17型12架为武装直升机。

准军事部队 约8.525万人,其中人民警察5万人、民兵3.5万人、渔业部门250人及11艘船只。

兵役制度 实行志愿兵役制。

军衔 军官分3等11级:将官5级(大将、上将、中将、少将、准将)、校官3级(上校、中校、少校)、尉官3级(上尉、中尉、少尉)。

军队节日 建军节3月27日。

(孟 丽)

尼 泊 尔

国　　名 尼泊尔王国。

主要统计 面积14.7181万平方千米。人口2305.3万人(其中,13～17岁男138.7万人,女130.7万人;18～22岁男114.4万人,女106.3万人;23～32岁男173.4万人,女159万人)。国内生产总值2730亿尼泊尔卢比,合47亿美元(1997年)。国防费约26亿尼泊尔卢比,合4100万美元(1998年国防预算)。发电量9.08亿度(1994年)。粮食624.7万吨(1996年)。民航能力,固定航班机场24处,客运量7.69亿人千米、货运量9310万吨千米(1997年)。

国防体制 国王为武装力量统帅。国王通过王宫军事秘书处、皇家军队司令部和国防部指挥和管理军队。王宫军事秘书处是国王的军事参谋机构。皇家军事司令部是国王统帅军队的指挥机构,由参谋长领导。国防部由文官组成,对军队无指挥权,主要负责军费预算、武器装备和军需物资的供应,办理外国的军事援助,确定兵源补充,对军官的提升、任免提出建议。武装力量主要由现役部队和准军事部队组成,现役部队只有陆军。

领导人物 武装力量统帅比兰德拉国王(1972年1月即位)。首相兼国防大臣吉里贾·普拉萨德·柯伊拉腊(1998年4月15日上任)。陆军参谋长达玛帕尔·巴尔·辛格·塔帕上将。

武装力量 **兵力** 现役部队4.6万人。

陆军 4.6万人(含空军)。编有1个皇家警卫旅(含1个宪兵营)、7个步兵旅(16个营)、44个独立步兵连、1个特种作战旅(1个空降营、2个独立特遣连、1个骑兵中队)、1个炮兵旅(1个炮兵团、1个防空团)、1个工程兵旅(4个营)。

装甲侦察车:"白鼬"40辆。牵引炮:76毫米6门、94毫米5门、105毫米14门。迫击炮:81毫米若干门、120毫米70门。高射机枪:14.5毫米30挺。高炮:40毫米2门。

准军事部队 武装警察4万人。

部署 尼泊尔陆军主要部署在加德满都和尼泊尔与印度边境一带。

兵役制度 实行志愿兵役制。士兵服役期一般为15年。各级军官最高服役年龄:将官60岁、校官55岁、尉官52岁。

军衔 军官分为3等10级,即将官4级(上将、中将、少将、准将),校官3级(上校、中校、少校),尉官3

级(上尉、中尉、少尉)。

驻外兵力　1998年尼泊尔共有8人在波黑、克罗地亚、黎巴嫩、塔吉克斯坦等国参加联合国维和行动。

军队节日　建军节5月9日。

(刘温国)

日　本

提要　近年来,日本将军事力量的发展视为走向政治大国的最终保证。日本一方面始终保持世界第二的高额军费,发展高精尖的武器装备;另一方面还通过种种手段,使自卫队突破宪法的制约,走出国门。小渊政府上台后,虽着力宣传继续奉行“专守防卫”的国防政策,但实际上,日本正加紧调整其军事战略,向军事大国迈进。1998年12月,日本政府正式决定开始同美国合作研究开发战区导弹防御系统(TMD),从而把日美军事合作关系推向了新阶段。1999年4月和5月,日本众议院、参议院又相继通过了新日美防卫合作指针相关法案,使日本自卫队不仅可以携带武器赴海外执行任务,还可以配合美军在海外的军事行动,日本自卫队已在更大的范围内突破宪法的禁区。

国　　名　日本国。

主要统计　面积37.78万平方千米。人口1.26189亿人,其中13～17岁男386.2万人,女367.6万人;18～22岁男440.2万人,女418.9万人;23～32岁男936.3万人,女895.3万人(1997年10月)。国民生产总值514.3万亿日元(1997年度预算)。国防费4.948万亿日元(1997年度预算),占国民生产总值的0.96%,占政府财政支出的6.4%。粗钢10454.5万吨(1997年)。原煤616.6万吨(1996年)。原油84.2万千公升(1997年)。天然气22.79万亿立方米(1997年)。发电量10093.49亿度(1996年)。主要农作物总产量(稻、麦、豆类)1107.12万吨(1997年)。海运能力,商船(载重100吨以上)6756艘,总吨位1758.2万吨(1997年)。民航能力,固定航班机场91处,客运量,国内航线690.53亿人千米、国际航线784.78亿人千米,货运量,国内航线8.01亿吨千米、国际航线59.43亿吨千米(1996年度)。

国防政策　日本的国防政策主要强调遵循和平宪法和《国防基本方针》,加强国际协调,建设有效的防卫力量,强化日美军事同盟,谋求提高国际政治地位。其基本点是:

(一)坚持日美安全保障体制,建立新型日美军事合作关系。日美关系是日本对外关系的基石,也是日本国防政策的支柱。日本认为,日美安全保障体制不仅对日本的安全,而且对日本周边地区的和平与稳定都是必不可少的。为此,日本采取了一系列措施以提高日美安全保障体制的有效性和可靠性:(1)加强政策协商和情报交换。(2)加强军事力量运用方面的合作。包括3方面的内容:①确立新《日美防务合作指针》及在事后通过相关法案《自卫队法修改案》、《周边事态法案》、《日美相互提供物资及劳务协定修改案》。②加强日美联合训练。③正式决定参加美国战区导弹防御系统(TMD)的研究开发计划。(3)加强装备技术上的交流。(4)采取有效措施,确保美军顺利驻扎。

(二)加强国际协调,维护周边安全环境。日本为确保在亚太地区的主导地位,力争成为世界政治大国,全面维护日本的国家安全利益,主要采取了以下措施:(1)在亚太地区积极开展全方位、多层次的协调外交。日本通过在政治、经济、安全等方面与亚太各国的对话和合作,充分展示其作为亚洲大国的形象,力争成为政治大国和世界重要一极。(2)积极参与亚太地区多边合作,争夺亚太地区的主导权。主要内容有:①力图主导亚太经合组织;②积极参与亚太地区安全事务;③增大在亚太裁军军控及核不扩散问题上的发言权;④推行西方式的自由经济和民主制度;⑤加强区域内的科技、文化交流。(3)以欧洲和联合国为重点推行全球性合作,实现美欧日共同主宰国际事务的目标。①争当联合国安理会常任理事国;②积极参加联合国组织的维和行动等国际活动,突破“禁止向海外派兵”的禁区;③积极参与“西方7国俱乐部”的活动,通过加强日欧关系,提高其在西方国家中的地位;④重视同北约的对话,强调通过密切的对话与合作共同为世界的稳定作出贡献。

(三)以高质量的军事力量为坚强后盾,继续谋求提高国际政治地位。日本认为,只有在雄厚的经济实力基础上,拥有一支强有力的、与政治经济大国地位相称的军事力量,才能在真正意义上确保日本成为与美欧共同主宰世界的大国。为此,冷战结束后,日本采取了一系列重大举措加速向军事大国目标迈进,争做世界“政治大国”。(1)赋予自卫队海外执行任务的职能,加速军事力量外向型发展的步伐。即:①参加联合国组织的国际维和行动和紧急救援行动,扩大国际合作范围;②参与联合国和其他国际机构组织实施的军控与裁军事务,增大在国际裁军军控及核不扩散问题上的发言权;③继续推进地区性安全对话和军事交流,努力增进有关国家之间的相互信任关系;④有效处置与应付在日本周边地区发生的对日本安全有重大影响的事态。(2)加强军事力量的质量建设,使自卫队具备保卫国家综合利益的能力。具体措施包括:①强调冷战后国际形势的不稳定因素和日本面临的所谓各种威胁,为军事力量的发展寻找合理的借口;②逐步排除对军事力量发展的各种制约因素,为进一步发展军事力量创造条件;③以海空力量为发展重点,不断提高质量,以适应军事力量的外向型使命。(3)不断加强自卫队与国民间的交流,促进国民对自卫队的理解,确保巩固的国防基础。(4)进一步加大对国内军工生产与技术开发的扶植,以适应发展军事力量的长期需求和增强主动性。

军事战略　日本近年来对其军事战略进行了全面调整,调整后的军事战略有以下几个要点:

(一)强调对付"多元威胁",建立全方位防御体系。日本政府认为,冷战结束后,对日本安全的威胁,其性质、形态和对象均发生了很大变化。目前,对日构成的主要威胁,已由过去的苏联单一威胁,转变为各种性质的"复合威胁"。另外,大规模自然灾害、人为的"特种灾害"等都是威胁日本安全的根源。为有效地对付这些威胁,日本强调增强防卫力量的反导弹能力、快速反应能力和机动作战能力,改变过去以北部地区为重点的部署格局,注重兵力的均衡部署,增强西部地区的兵力和武器配备,加强针对来自西部方向威胁的军事演练,提高部队对付任何形态威胁和任何形式突发事件的能力。

(二)强调积极主动的战略原则。事实表明,日本当局正以积极主动的战略原则逐步改变"专守防卫"的性质和内涵。其具体措施包括:(1)在防卫力量的基本任务和职能上,强调"为国际作贡献"。军事力量的职能范围由内向型向"内外结合型"过渡,防卫任务以周边为重点逐步向全球发展,日本军事力量在新时期已经由过去单一的"对付有限的小规模侵略事态"扩大为"保卫日本安全"、"应付大规模自然灾害等各种事态"、"为建立更稳定的安全保障环境作贡献"3 大职能。(2)在作战指导思想上,扩大解释行使自卫权的地理范围,提出"海上歼敌"、"洋上防空"的原则,强调在距日本本土尽量远的地方歼灭敌人,摒弃了在日本领土、领海、领空抗击武力进攻的原则。新《日美防务合作指针》把日美防卫的区域由以日本为中心的 200 海里的"小范围",扩大至整个亚太地区的"大范围",使日美共同防卫和联合作战的范围进一步扩大。(3)在武器装备发展上,积极引进和装备空中加油机、可搭载垂直起降战斗机的大型运输舰(排水量 8900 吨,战时可作轻型航母)等具备战略进攻性质的武器装备,甚至决定参加美国的 TMD 研制计划,部署反导系统等,从而大大超出"自卫所需最小限度"。

(三)以"合理、高效、精干"为军队建设的目标。采取的重大措施包括:(1)进行较为彻底的体制编制改革,根据配置的地域、任务,编成各种不同类型的师和旅;(2)实行"快速反应预备役"制度,使其部队的编成实现多样化,并增强兵力运用的灵活性,提高对各类突发事件和紧急事态作出快速反应的能力;(3)凭借领先地位的科技水平,利用各种方法,大力发展高技术武器装备;(4)加强三军协同作战能力,提高情报、指挥、通信以及运输等后勤保障能力。

(四)密切与美军的协同作战能力。随着日美军事同盟的加强以及日本在同盟中自主地位的提高,在必要时同美军实施联合作战,加强双方在作战中的协调和协同,已成为日本军事战略的重要组成部分。今后日美在联合作战中将强调以下几点:(1)日本以自己的力量为主,顽强抗击武装入侵,为美军的支援创造条件。(2)加强在作战、情报活动、后勤支援等方面的协调。(3)明确任务分工,合理灵活编组。

国防体制　**统帅机构**　日本国防组织的最高领导人、自卫队的最高统帅是内阁总理大臣,他代表内阁对自卫队行使最高指挥监督权。内阁会议是国防问题的最高决策机构,负责对提交国会审议的有关国防问题的法律草案、预算草案作出决定,制定有关政令,决定有关国防的重大方针和计划。安全保障会议是国防问题的最高审议机构,由以下人员组成:根据《内阁法》第 9 条的规定预先指定的国务大臣、外务大臣、大藏大臣、内阁官房长官、国家公安委员会委员长、防卫厅长官、经济计划厅长官,由内阁总理大臣任主席。当主席认为必要时,可让有关国务大臣、参谋长联席会议主席及其他有关人员列席会议、陈述意见。安全保障会议的职责是:审议有关国防的重要事项及处置重大紧急事态的重要问题。防卫厅是在内阁总理大臣领导下处理国防事务的行政机关,其任务是"管理、指挥陆上、海上、航空自卫队,处理与此有关的事务。"防卫厅直属总理府,防卫厅长官由内阁总理大臣任命的国务大臣担任,在内阁总理大臣的指挥与监督下领导防卫厅的工作,统管防卫厅的业务,并通过陆海空自卫队参谋长指挥自卫队。参谋长联席会议是辅佐防卫厅长官的合议体参谋机构,主要任务是统一和协调陆海空自卫队的运用。职责是:制定合同作战计划、合同后勤计划和合同训练计划,统一、协调自卫队军事行动的指挥命令,协助防卫厅长官指挥两个以上军种的合成部队的作战行动,搜集情报、调查研究,以及防卫厅长官交办的其他事项。参谋长联席会议由自卫队现役军人中资历最深、军衔最高者任主席,主持和领导参谋长联席会议的工作。武装力量由现役部队、在军事部门服务的文职人员和预备役部队组成。正规部队分为陆上自卫队、海上自卫队、航空自卫队。

作战指挥系统　内阁总理大臣是陆、海、空自卫队的最高指挥官。防卫厅是内阁总理大臣对陆、海、空自卫队实施指挥的职能机关。防卫厅长官在内阁总理大臣的指导监督下,统一领导和指挥陆、海、空自卫队。陆海空自卫队分别设有参谋部,作为防卫厅长官的参谋机构和各自卫队的指挥管理机构,负责制定各自的作战计划、教育训练计划及编制、装备、后勤保障、情报搜集、卫生保健、人事等计划。它既是防卫厅长官的参谋机构,又是管理和运用各自卫队的执行机构。防卫厅长官通过各自卫队参谋长对陆、海、空自卫队实施领导和指挥。参谋长联席会议主席协助防卫厅长官对自卫队的运用进行统一和协调。

领导人物　内阁总理大臣兼自卫队最高统帅小渊惠三(1998 年 7 月 30 日当选)。国务大臣、防卫厅长官野吕田芳成(1998 年 11 月 20 日上任)。参谋长联席会议主席藤绳祐尔上将(1999 年 3 月 23 日上任)。陆上自卫队参谋长矶岛恒夫上将(1999 年 3 月 31 日上任)。海上自卫队参谋长藤田幸生上将(1999 年 3 月 31 日上任)。航空自卫队参谋长竹河内捷次上将(1999 年 7 月 9 日上任)。

武装力量　**兵力**　截至 1998 年 3 月底,现役部队编制定员 27.2358 万人(含参谋长联席会议 1392 人),实有兵员 24.264 万人(含参谋长联席会议 1356 人)。

陆上自卫队　编制定员 17.8007 万人,实有兵员 15.1836 万人。编成 5 个军区、11 个步兵师、1 个装甲师、1 个步兵旅(98 年度新编)、2 个混成旅、1 个空降旅、1 个炮兵旅、5 个工兵旅、8 个防空导弹群。截至 1998 年 3 月底,共装备坦克 1100 辆(90 型、74 型、61 型);装甲车(含自行火炮)710 辆;各型火炮 6280 门;各型飞机 493 架。

海上自卫队　编制定员 4.5752 万人,实有兵员 4.3842 万人。编成 1 个自卫舰队、1 个护卫舰队、1 个航空集团、1 个潜艇舰队、5 个地方队。截至 1998 年 3 月底,共装备各型作战舰艇 152 艘,总吨位约 36.4 万吨,其中驱逐舰、护卫舰 57 艘 18.5 万吨,潜艇 16 艘 3.8 万吨,扫布雷舰艇 32 艘 2.7 万吨;各型作战飞机 208 架。

航空自卫队　编制定员 4.7207 万人,实有兵员 4.5606 万人。编有 1 个航空总队、3 个航空方面队、1 个航空混成团、6 个战斗航空团、6 个防空导弹群、1 个航空支援集团、1 个航空教育集团、2 个训练航空团、3 个飞行教育团、1 个航空开发实验团。截至 1998 年 7 月底,共装备各型作战飞机 464 架,其中歼击机 304 架、歼击轰炸机 59 架、预警机 13 架、运输机 59 架。

文职人员　2.4927 万人。

预备役部队　一般预备役 4.79 万人,其中陆上自卫队 4.6 万人,海上自卫队 1100 人,航空自卫队 800 人;快速反应预备役 1373 人(陆上自卫队)。

部署　陆上自卫队参谋部驻东京都。北部军区所辖防区为北海道地区,司令部驻札幌市,辖 3 个步兵师、1 个装甲师、1 个炮兵旅、1 个防空导弹旅、1 个工兵旅。

东北部军区所辖防区在本州地区东北部,司令部驻仙台市,辖 2 个步兵师、1 个炮兵群、1 个防空导弹群、1 个工兵旅。

东部军区所辖防区在本州地区中部,司令部驻东京都,辖 2 个步兵师、1 个空降旅、1 个防空导弹群、1 个工兵旅。

中部军区所辖防区在本州地区西南部,司令部驻伊丹市,辖 2 个步兵师、1 个步兵旅(98 年度新编)、1 个混成旅、1 个防空导弹群、1 个工兵旅。

西部军区所辖防区在九州和冲绳地区,司令部驻熊本市,辖 2 个步兵师、1 个混成旅、1 个防空导弹旅、1 个炮兵群、1 个工兵旅。

防卫厅长官直辖的第 1 直升机旅驻木更津。

海上自卫队参谋部驻东京都,分为横须贺、吴、佐世保、舞鹤、大凑 5 个警备区。在横须贺警备区的横须贺基地部署有自卫舰队、护卫舰队、潜艇舰队的司令部、第 1 护卫队群、第 2 潜艇队群、第 2 扫雷队群及横须贺地方队。航空集团司令部驻厚木。教育航空集团司令部驻下关。在吴警备区的吴基地驻有第 4 护卫队群、第 1 潜艇队群、第 1 扫雷队群、练习舰队司令部及吴地方队。在佐世保警备区的佐世保基地驻有第 2 护卫队群和佐世保地方队。在舞鹤警备区的舞鹤基地驻有第 3 护卫队群和舞鹤地方队。在大凑警备区的大凑基地驻有大凑地方队。

航空自卫队参谋部驻东京都。北部防空区:千岁部署有第 2 航空团、第 3 防空导弹群、第 1 基地防空群;三泽部署有北部航空方面队司令部、第 3 航空团、北部航空警戒管制团、第 6 防空导弹群。中部防空区:浜松、小松、百里分别部署有第 1、第 6 和第 7 航空团;歧阜部署有第 4 防空导弹群;入间部署有第 1 防空导弹群、中部航空警戒管制团、航空开发实验集团司令部、航空救护团;航空总队、中部航空方面队、航空教育集团的司令部分别设在府中、入间、浜松。西部防空区：新田原、筑城分别部署有第5、第8航空团；春日部署有第2防空导弹群、西部航空警戒管制团，西部航空方面队司令部也设在春日。西南防空区：冲绳岛那霸市设有西南航空混成团司令部，并部署有第83航空队、第5防空导弹群、西南航空警戒管制队。

兵役制度 日本实行志愿兵役制，又称募兵制。上等兵(含)以下实行任期制：陆上自卫队为2年(专业技术兵为3年)，海上和航空自卫队为3年。任期届满后，根据本人志愿并经审查合格后可继续延长2年任期；军士和军官为职业军人，实行退休制。各级退休年龄分别为：将官60岁，上校55岁，中校至上士54岁，中士以下53岁。对从事医务和音乐等职业的上校以下军人，其退休年龄适当延长，最高可到60岁。

军衔 分6等18级：将官3级（上将、中将、少将），校官3级（上校、中校、少校），尉官3级（上尉、中尉、少尉），准尉1级，军士4级（军士长、上士、中士、下士），兵4级（上等兵、一等兵、二等兵、三等兵）。

外国驻军 目前，美国在日本的驻军约3.91万人，其中陆军约1800人、海军约6700人、海军陆战队约1.66万人、空军约1.4万人。

军工生产能力 日本自卫队武器装备的试制和生产，全部委托民间企业承担。目前2000多家有资格进行武器装备生产的企业，在若干技术先进、实力雄厚的骨干企业带动下，可生产各种先进的军事装备。这些企业，军工生产能力强、潜力大，可自行生产或仿制世界上最先进的武器装备。但因各种因素的制约，军工生产规模较小，1996年度军工产值为1.959万亿日元，占当年工业总产值的0.63%。

军队节日 自卫队节11月1日。

（于 庭、黄金鹏）

沙 特 阿 拉 伯

国　　名 沙特阿拉伯王国。

主要统计 面积224万平方千米。人口1745万人（其中，13～17岁男126万人，女112.8万人；18～22岁男104.3万人，女92.7万人；23～32岁男156.1万人，女131.7万人）。国内生产总值5470亿里亚尔，合1460亿美元（1997年）。国防费690亿里亚尔，合184亿美元（1998年国防预算）。原油30.39亿桶（1996年）。天然气377.18亿立方米（1995年）。发电量667.6亿度（1994年）。粮食188万吨（1996年）。海运能力，商船（载重100吨以上）301艘，总载重量136.17万吨（1997年）。民航能力，固定航班机场25处，客运量185.01亿人千米、货运量8.95亿吨千米（1997年）。

国防体制 国王为皇家军队统帅。最高国防决策机构为高级防务委员会，成员有国王、国防与航空大臣、财政与经济大臣、通信与外交大臣和武装力量总参谋长，由国王任主席。国防部为最高军事行政机构。武装力量由正规军和准军事部队组成。正规军分陆、海、空和防空军4个军种。最高军事指挥机构为总参谋部。国王通过国防部和总参谋部对全国武装力量实施领导和指挥。

领导人物 国王兼武装力量统帅法赫德·本·阿卜杜勒·阿齐兹（1982年即位）。国防与航空大臣苏尔坦·本·阿卜杜勒·阿齐兹亲王（1982年上任，1995年连任）。总参谋长萨利赫·本·阿里·穆海亚（1996年上任）。陆军司令苏尔坦·本·阿迪·穆塔伊尔中将（1996年9月上任）。海军司令塔拉勒·穆夫迪中将（1994年1月上任）。空军司令艾哈迈德·布海里中将（1994年1月上任）。防空军司令马吉德·本·塔勒哈比·本·哈马德·奥勒比中将（1994年1月上任）。

武装力量 **兵力** 现役部队10.55万人。

陆军 7万人。编有3个装甲旅、5个机械化旅、1个空降旅、1个王室警卫团、8个炮兵营、1个陆军航空司令部。

主战坦克："艾布拉姆斯"315辆、AMX－30型290辆、M－60A3型450辆。装甲侦察车：AML－60和AML－90型235辆。步兵战车：AMX－10P型570余辆、"布雷德利"400辆。装甲输送车：M－113型1700辆、"庞阿尔"150辆。牵引炮：105毫米100门、155毫米140门、203毫米8门。自行炮：155毫米200门。火箭炮："阿斯特罗斯"Ⅱ型60门。迫击炮：107毫米、120毫米400门。反坦克导弹："陶"式、"龙"式和"霍特"式若干具。无坐力炮：84毫米300门、90毫米和106毫米若干门。直升机：55架。地空导弹："红眼睛"500部、"响尾蛇"和"毒刺"若干部。

海军 1.35万人（包括陆战队3000人）。编有2

个舰队。

护卫舰：8 艘。导弹快艇：9 艘。鱼雷快艇：3 艘。巡逻艇：17 艘。反水雷舰艇：6 艘。登陆艇：8 艘。辅助舰船：7 艘。

陆战队　3000 人。编有 1 个海军步兵团，装备步兵战车 140 辆。

海军航空兵　装备直升机 31 架，其中 21 架为武装直升机。

空军　1.8 万人。编有 7 个攻击战斗机中队、若干个战斗机中队、1 个侦察机中队、1 个预警机中队、2 个训练机中队、3 个运输机中队、2 个直升机中队。作战飞机 432 架。

攻击战斗机：F－5E 型 56 架、F－5F 型 14 架、“旋风”IDS 型 90 架。战斗机：“旋风”ADV 型 24 架、F－15C 型 70 架、F－15D 型 25 架、F－15S 型 72 架。侦察机：RF－5E 型 10 架。预警机：E－3A 型 5 架。加油机：KE－3A 型 8 架、KC－130H 型 7 架。改装训练机（具有作战能力）：F－5B 型 14 架、F－5F 型 7 架。运输机：C－130E 型 7 架、C－130H 型 34 架、L－100－30HS 型 8 架。直升机：AB－205 型 22 架、AB－206B 型 25 架、AB－212 型 27 架、AS－323B 和 AS－332F 型 12 架、AS－532A2 型 12 架。教练机：105 架（其中 50 架具有作战能力）。皇家专机：飞机 23 架、直升机 4 架。

防空军　0.4 万人，编有 33 个地空导弹连。

高炮：20 毫米 92 门、30 毫米 50 门、35 毫米 128 门、40 毫米 150 门。地空导弹：“夏安”141 部、“霍克”改进型 128 部、“响尾蛇”40 部。

准军事部队　9.25 万人，其中国民警卫队 7.7 万人（现役 5.7 万人、部族部队 2 万人），编有 3 个机械化步兵旅、5 个步兵旅、1 个骑兵仪仗队，装备有轻型装甲车 450 辆、装甲输送车 730 辆（另有库存 810 辆）、牵引炮 70 门、迫击炮和无坐力炮若干门、“陶”式反坦克导弹若干具；边防部队 1.05 万人；海岸警卫队 4500 人，装备有巡逻艇约 34 艘、气垫船约 16 艘、教练船 1 艘、王室游艇 1 艘、小型武装巡逻艇 350 艘；特种安全部队 500 人，装备装甲输送车若干辆。民防部门装备有直升机 10 架。

兵役制度　平时实行志愿兵役制，战时实行义务兵役制。18～35 岁男子经批准参军，服役期限一般为 3 年。

外国驻军　“半岛之盾”部队约 7000 人，1 个步兵旅（由海湾合作委员会成员国派出）。法国驻有 130 人，装备飞机 9 架（“幻影”2000C 型 6 架、C－135FR 型 3 架）。英国驻有约 200 人，装备“旋风”GR－1A 型飞机 6 架。美国驻有约 5000 人，其中常驻陆军 1400 人，编有 1 支“爱国者”防空导弹部队和 1 支通信部队；常驻空军约 1820 人。　（张连国）

斯　里　兰　卡

国　名　斯里兰卡民主社会主义共和国。

主要统计　面积 6.561 万平方千米。人口 1865.3 万人（其中，13～17 岁男 92.8 万人，女 89.1 万人；18～22 岁男 88.6 万人，女 85.3 万人；23～32 岁男 156.6 万人，女 154 万人）。国内生产总值 8910 亿卢比，合 148 亿美元（1997 年）。国防费 470 亿卢比，合 7.25 亿美元（1998 年国防预算）。发电量 43.86 亿度（1994 年）。粮食 224.1 万吨（1996 年）。海运能力，商船（载重 100 吨以上）66 艘、总载重量 47.26 万吨（1997 年）。民航能力，固定航班机场 1 处，客运量 40.35 亿人千米、货运量 1.56 亿吨千米（1997 年）。

国防体制　宪法规定，总统为武装部队总司令。最高国防决策机构为国家安全委员会，成员有国防部长，国家安全部长，陆、海、空三军司令，警察总监等，主席由总统兼任。国防部为最高军事行政机构。武装力量由正规军、预备役部队和警察组成。正规军分陆、海、空三个军种。总统通过国家安全委员会、国防部和陆、海、空三军司令部对全军实施领导和指挥。

领导人物　总统兼武装部队总司令钱德里卡·班达拉奈克·库马拉通加（1994 年 11 月上任）。陆军司令达鲁瓦特中将。海军司令蒂塞拉中将。空军司令拉纳辛哈少将。

武装力量　**兵力**　现役部队约 11 万～11.5 万人（含应召再服现役者）。

陆军　约 9 万～9.5 万人（含 4.2 万名应召再服现役者）。编有 8 个师部、1 个机械化步兵旅、1 个空中机动旅、23 个步兵旅、1 个独立特遣旅（1 个突击队、1 个独立特遣团）、1 个装甲团、3 个装甲侦察团、4 个野战炮兵团（含 1 个后备团）、4 个野战工程兵团（含 1 个后备团）。

主战坦克：T-55型25辆。装甲侦察车："萨拉丁"26辆、"白鼬"15辆、"野狗"12辆。装甲输送车：T-85型35辆、BTR-152型10辆、其他型号108辆。牵引炮：76毫米14门、85毫米12门、88毫米12门、130毫米12门。火箭炮：107毫米1门。迫击炮：81毫米276门、82毫米19门、107毫米12门、120毫米36门。无坐力炮：105毫米15门、106毫米34门。高炮：40毫米7门、94毫米3门。

海军　1万人（含1100名应召再服现役者）。基地设在科伦坡（司令部）、亭可马里（主要基地）、卡赖纳加、唐加拉、卡南皮提亚。

海岸巡逻作战舰艇：54艘（其中海上巡逻艇1艘、近海巡逻艇53艘）。登陆艇：8艘。

空军　1万人。作战飞机22架、武装直升机15架。

对地攻击战斗机：F-7M型4架、FT-7型1架、FT-5型2架、"幼狮"5架、SF-260TP型反辐射导弹运载机8架、"普卡拉"2架。攻击直升机："贝尔"212型11架、米-24型2架、米-35型2架。运输机：各型飞机24架。直升机："贝尔"206型9架，米-17型5架。教练机：11架。

预备役部队　约4200人。其中陆军1100人，海军1100人，空军2000人。

准军事部队　11.02万人。其中警察部队8万人，国民志愿军1.5万人，国民卫队1.52万人。

兵役制度　实行志愿兵役制。

（刘温国）

塔吉克斯坦

国　　名　塔吉克斯坦共和国。

主要统计　面积14.31万平方千米。人口615万人（其中，13～17岁男38.9万人，女37.8万人；18～22岁男30.9万人，女30.1万人；23～32岁男45.9万人，女45.2万人）。国内生产总值4430亿塔卢布，合11亿美元（1997年）。国防费1.09亿美元（1998年国防预算）。发电量170亿度（1994年）。原煤14万吨（1994年）。原油70万桶（1996年）。天然气3470万立方米（1995年）。粮食39.4万吨（1996年）。民航能力，固定航班机场1处，客运量22.31亿人千米、货运量2.05亿吨千米（1997年）。

国防体制　宪法规定，总统为武装力量统帅。国防部是最高军事行政机关。武装力量由正规军和准军事部队组成。最高军事指挥机构为武装力量参谋部。总统通过国防部和武装力量参谋部对全国武装力量实施领导和指挥。

领导人物　总统兼武装力量统帅埃·沙·拉赫莫诺夫（1994年11月就任）。国防部长舍·海鲁拉耶夫中将（1995年4月上任）。武装力量参谋长巴巴贾诺夫（1997年2月上任）。

武装力量　**兵力**　现役部队约7000～9000人。

陆军　约7000人。编有4个旅、1个特种作战分队。

主战坦克：T-72型40辆。步兵战车：BMP-1/2型85辆。装甲输送车：BTR-60/-70/-80型40辆。牵引炮：122毫米12门。迫击炮：122毫米12门。地空导弹：SA-2/-3型20部。

准军事部队　边防部队约1200人。

外国驻军　俄罗斯驻军约1.45万人，哈萨克斯坦驻军约350人，吉尔吉斯斯坦驻军约300人。联合国军事观察员71人。

（赵生荣）

泰　国

国　　名　泰王国。

主要统计　面积51.3115万平方千米。人口6291万人（其中，13～17岁男317万人，女306.4万人；18～22岁男316.5万人，女307万人；23～

32岁男602.4万人，女586.5万人）。国内生产总值1540亿美元（1997年）。国防费20亿美元（1998年国防预算），18亿美元（1999年国防预算）。原煤1709.5万吨（1994年）。发电量744.52亿度（1994年）。原油2200万桶（1996年）。天然气104.77亿立方米（1995年）。粮食2624.6万吨（1996年）。海运能力，商船（载重100吨以上）351艘，总载重量119.45万吨（1997年）。民航能力，固定航班机场25个，客运量292.26亿人千米、货运量13.2亿吨千米（1997年）。

国防政策　为适应冷战后安全环境的变化和现代战争的需要，近年来泰国对其国防政策作了新的调整，目前泰国防政策包括以下几点：加强军队现代化建设，建立高效的指挥、控制、通信和情报系统，建设一支“小而精”的优良部队，应付来自国内外的威胁；改革军队教育训练体制，以适应高新技术的发展；发展国防工业，依靠自身的力量促进国防生产，使之接近于国际化水平；调整后备兵员系统，朝着面向公众的方向发展，获得人民的合作与支援；维护边境安全，保卫国家经济和自然资源；加强福利保障，提高军人及其家属的生活水平；开展与友好国家的军事合作，积极支援联合国维持和平行动。

军事战略　泰国武装部队实行“总体防御战略”。建立由正规部队、预备役部队和民兵三位一体的防御力量。冷战结束后，国际争端由陆地转向海上，有关国家对海洋权益和资源的争夺日益突出。鉴此，泰军适时地对其军事战略进行了调整。在战略目标上，完成由本土防御向海洋和本土综合防御转变，将保卫经济建设和维护海洋权益作为重要目标；在防御重点上，从东北部泰柬、泰老边境地区向东南部沿海新兴工业区和能源基地转变，将防御纵深从陆地向海洋扩展，由沿海向近海延伸；在作战对象上，将“来自陆地的对手”改为“来自海上的潜在对手”；在防御体制上，由依赖美国保护逐渐向增强本国防御力量与加强联盟军事合作相结合的“总体防御”转变。

国防体制　宪法规定，国王为武装力量统帅。最高国防决策机构为国家安全委员会，隶属于国务院，总理兼任主席。最高国防咨询机构为国防委员会，隶属于国防部。国防部是最高军事行政机关，负责制定、实施国防政策和计划。武装力量由正规军和准军事部队两部分组成。正规军分陆、海、空三个军种。最高军事指挥机构为最高司令部。国王名义上是三军统帅，实际上是国务院通过国防部和最高司令部对全国武装力量实施领导和指挥。

领导人物　国王兼武装力量统帅普密蓬·阿杜德（1946年继位）。总理兼国家安全委员会主席和国防部长川·立派（1997年11月上任）。最高司令蒙坤·安蓬披西上将（1996年10月上任）。陆军司令素拉育·朱拉暖上将（1998年10月上任）。海军司令提拉·贺乍伦上将（1998年10月上任）。空军司令沙喃·图提上将（1999年10月上任）。

武装力量　**兵力**　现役部队30.6万人。

陆军　19万人。编有4个部域军、2个军、2个骑兵师、3个装甲师、3个机械化师、1个轻型步兵师、2个特种作战师、1个炮兵师、1个高炮师、1个工程兵师、4个经济开发师、1个独立骑兵团、8个独立步兵营、4个侦察连、3个空中机动连和1支正在组建的快速反应部队。

主战坦克：PRC－69型50余辆、M－48A5型150辆、M－60A1/A3型77辆。轻型坦克：“蝎子”154辆、M－41型250辆、“魟”106辆。装甲侦察车：“肖兰”MK－3型32辆。装甲输送车：M－113型340辆、“突击队员”162辆、“秃鹰”18辆、85型450辆。牵引炮：105毫米353门、130毫米15门、155毫米186门。迫击炮：81毫米、107毫米若干门。反坦克导弹：“龙”式300具。无坐力炮：75毫米若干门、160毫米150门。高炮：20毫米48门、37毫米122门、40毫米108门、57毫米24门。地空导弹：“红眼睛”若干部。运输机：23架。联络机：95架。教练机：36架。直升机：146架，其中AH－1F型武装直升机4架。

海军　7.3万人（含陆战队、海军航空兵和岸防部队）。编有2个作战舰队和1个海军航空兵联队。

导弹护卫舰：8艘，其中“纳黎萱”级、“昭帕耶”级、“格腊武里”级、“佛陀约华”级各2艘。护卫舰：6艘，其中“玛古·拉差古曼”级1艘、“达比”级2艘、“达津”级2艘、“宾格老”级1艘。小型护卫舰：“拉坦纳凯辛”级2艘、“哈姆罗辛”级3艘。导弹快艇：“拉差立”级3艘、“布拉巴拉巴”级3艘。巡逻艇：76艘。扫雷舰艇：5艘。两栖舰艇：9艘。后勤支援舰船：16艘。

海军航空兵　1700人，装备有作战飞机54架、武装直升机5架。

陆战队　2万人。编有1个师、2个步兵团、1个炮兵团，1个两栖攻击营、1个侦察营。装备有装甲输送车33辆、155毫米牵引炮12门及“龙”式反坦克导弹若干具。

空军　4.3万人。编有3个攻击战斗机中队、2个战斗机中队、5个防暴机中队、1个电子侦察机中队，2个武装侦察机中队、3个运输机中队、2个直升机中队、1个高炮连。作战飞机206架。

攻击战斗机：F－5A/B型8架、F－16型36架。战斗机：F－5E型35架、F－5F型6架。防暴机：AC－47型7架、AU－23A型24架、N－22B型20架。电子侦察机：IAI－201型3架。武装侦察机：OV－10C型30架、RF－5A型4架、RT－33A型3架。航测机：8架。运输机：C－130H型等共39架。教练机：共167架，其中L－39ZA/MP型34架（具有作战能力）。联络机：40架。直升机：41架。空空导弹："响尾蛇"、"大蟒"、AIM－120若干枚。地空导弹："吹管"、"蝮蛇"若干部。

准军事部队　约13.95万人。其中，"猎勇"部队1.85万人，保卫国土志愿队5万人，海上警察2500人，航空警察500人，边境巡逻警察1.8万人，地方警察约5万人。

预备役部队　20万人，编有4个陆军预备役师。

部署　陆军按4个部域军部署，重点部署在中部和东南部地区。海军部署在各海军基地，陆战队驻梭桃邑海军基地。空军各飞行大队分别驻各空军基地。主要军事基地18处，其中海军基地5处（曼谷、宋卡、攀牙、梭桃邑、达叻）、空军基地13处（廊曼、柯叻、打卡里、华富里等）。

兵役制度　实行义务兵役制，服役期2年。

军衔　军官分为4等10级：元帅，将官3级（上将、中将、少将），校官3级（上校、中校、少校），尉官3级（上尉、中尉、少尉）。

驻外兵力　联合国驻伊拉克和科威特军事观察员5人。

军队节日　建军节4月8日。

（孟　丽）

土　耳　其

国　　名　土耳其共和国。

主要统计　面积76.936万平方千米。人口6260万人（其中，13～17岁男326.8万人，女314.8万人；18～22岁男326万人，女307.5万人；23～32岁男580.9万人，女552.3万人）。国内生产总值1910亿美元（1997年）。国防费82亿美元（（1998年国防预算）。原煤5434.2万吨（1994年）。原油2500万桶（1996年）。天然气2.01亿立方米（1995年）。发电量783.22亿度（1994年）。粮食2934.2万吨（1996年）。海运能力，商船（载重100吨以上）880艘，总载重量711.43万吨（1997年）。民航能力，固定航班机场26处，客运量123.05亿人千米、货运量2.142亿吨千米（1997年）。

国防体制　宪法规定，总统为武装力量统帅。最高国防决策机构为国家安全委员会，成员有总统、总理、总参谋长、国防部长、内政部长、外交部长和宪兵司令，由总统任主席，基本任务是制订战争动员计划、议决国家军事政策和其他有关国家安全的重大问题。武装力量的最高决策机构为最高军事委员会，由总理、总参谋长和陆、海、空军司令以及宪兵司令组成，任务是讨论和决定武装部队各级军官任免和调动、晋升和退休、国防费用的计划和分配、军队编制和军法军纪等问题。国防部为政府中的一个部，是最高军事行政机构，设部长、副部长等，部长由总理任命的文职官员担任，任务是负责武装部队的征兵、武器装备、后勤补给、军工生产等工作。武装力量由正规军和准军事部队组成。正规军分陆、海、空三个军种。最高军事指挥机构为总参谋部，总参谋长由总统根据总理提名在担任过陆、海、空军司令的上将中任命，任期4年。总统通过国防部和总参谋部对全国武装力量实施领导和指挥。

领导人物　总统兼武装力量统帅苏莱曼·德米雷尔（1993年5月上任）。国防部长伊斯特·塞兹金（1997年6月上任）。总参谋长侯塞因·科夫勒克奥卢上将（1998年8月上任）。陆军司令阿提拉·阿泰什上将（1998年8月上任）。海军司令萨利姆·德尔维什奥卢上将（1997年8月上任）。空军司令伊尔汗·科勒奇上将（1997年8月上任）。

武装力量　**兵力**　现役部队63.9万人。

陆军　52.5万人。编有4个集团军司令部、9个军司令部、1个机械化师、1个步兵师、14个装甲旅、17个机械化旅、9个步兵旅、4个突击旅、1个步兵团、1个总统警卫团、5个边防团、26个边防营。

主战坦克：4205辆（M－48A5T1型和M－48A5T2型2876辆、M－60A3型658辆、M－60A1型274辆、"豹"1A1型170辆、"豹"1A3型227辆）。装甲侦察车：若干辆。步兵战车：280辆。装甲输送车：3618辆（AAPC型805辆、M－113型2813辆）。牵引炮：1552门（其中150毫米62门、

155毫米688门、203毫米162门)。自行炮：820门(105毫米388门、155毫米168门、175毫米36门、203毫米228门)。火箭炮：60门(107毫米48门、227毫米12门)。迫击炮：1842门(107毫米1264门、120毫米578门)，另有81毫米3792门。反坦克导弹：943具(“眼镜蛇”186具、“陶”式365具、“米兰”392具)。无坐力炮：57毫米923门、75毫米617门、106毫米2329门。高炮：1664门(20毫米439门、35毫米120门、40毫米1105门)。地空导弹：“毒刺”108部、“红眼睛”789部。此外，还装备有各型飞机168架、武装直升机37架、运输直升机254架。

海军　5.1万人(含海军陆战队3100人)。

潜艇：16艘。驱逐舰：2艘。护卫舰：19艘。导弹快艇：19艘。巡逻艇：31艘。布雷舰艇：3艘。反水雷舰艇：26艘。登陆舰：8艘。登陆艇：59艘。辅助舰船：27艘。

海军航空兵　装备有用于反潜作战的直升机16架(其中13架为AB-212型武装直升机)。此外还装备有教练机7架。

海军陆战队　1个团，3100人。

空军　6.3万人。编有2个战术空军司令部、1个运输司令部、1个训练司令部、1个后勤司令部、11个攻击战斗机中队、7个战斗机中队、2个侦察机中队、5个运输机中队、3个教练机中队、6个地空导弹中队。作战飞机440架。

战斗机和攻击战斗机：F-16C型149架、F-16D型26架、F-5A和F-5B型87架、F-4E型139架。侦察机：RF-4E型39架。空中加油机：KC-135R型2架。运输机：C-130型13架、KC-135R型7架、C-160D型19架、CN-235型44架。要员专机：2架。教练机：SF-260D型38架、T-33型34架、T-37型60架、T-38型70架、T-41型28架。直升机：UH-1H型21架。地空导弹：“奈基”92部、“轻剑”86部。

预备役部队　37.87万人(41岁以下)，其中陆军25.87万人、海军5.5万人、空军6.5万人。

准军事部队　18.22万人。宪兵和国民警卫队18万人(其中预备役5万人)，装备装甲输送车560辆，直升机56架。海岸警卫队0.22万人，装备近岸巡逻艇64艘、运输机2架。

兵役制度　实行义务兵役制，士兵服役期18个月。

军衔　军官分3等11级：将官4级(上将、中将、少将、准将)，校官3级(上校、中校、少校)，尉官4级(上尉、中尉、少尉、准尉)。

驻外兵力　驻塞浦路斯1个军，约3.3万人。装备有坦克282辆、装甲输送车250辆、牵引炮170门、自行炮26门、迫击炮307门、高炮84门、飞机3架、直升机4架。参加联合国维持和平行动的兵力：在波斯尼亚驻有约1300人，在伊拉克和科威特驻有7人(军事观察员)，在意大利驻有18架F-16C型战斗机。

外国驻军　驻有北约盟军东南欧陆军司令部和第6战术空军司令部。英国空军约230人，飞机7架(“旋风”6架、VC-10型1架)。美军1442人，其中陆军22人、海军20人、空军1400人，编有1个飞行联队，机型包括F-16、F-15C、KC-135、E-3B和E-3C、C-12、HC-130、HH-60。

军队节日　建军节8月30日。

(张连国)

土库曼斯坦

国　名　土库曼斯坦。

主要统计　面积48.81万平方千米。人口460万人(其中，13～17岁男25万人，女24.5万人；18～22岁男21万人，女20.7万人；23～32岁男33.9万人，女33.4万人)。国内生产总值39亿美元(1997年)。国防费1.39亿美元(1998年国防预算)。原油3200万桶(1996年)。天然气301亿立方米(1995年)。发电量104.96亿度(1994年)。粮食40万吨(1996年)。民航能力，固定航班机场1处，客运量15.62亿人千米、货运量1.43亿吨千米(1997年)。

国防体制　宪法规定，总统为武装力量统帅。国防部是最高军事行政机关。正规军编有陆军和空军。最高军事指挥机构为武装力量参谋部。总统通过国防部和武装力量参谋部对全国武装力量实施领导和指挥。

领导人物　总统兼武装力量统帅萨·阿·尼亚佐夫(1990年10月就职)。国防部长库·卡·卡西莫夫（1998年9月上任）。

武装力量 **兵力** 现役部队1.7万～1.9万人。

陆军 1.4万～1.6万人。编有4个摩步师、3个导弹旅、1个炮兵旅、1个工兵旅。装备各型坦克570辆、装甲输送车728辆、步兵战车612辆、牵引炮345门、火箭炮114门、高炮50门、地空导弹27部、反坦克导弹若干具。

空军防空军 3000人。编有1个歼轰团、1个歼航团、1个航空兵大队、1个飞机储备基地、3个防空火箭团、2个雷达团。装备作战飞机171架（另有储备218架）。

（赵生荣）

乌 兹 别 克 斯 坦

国　　名 乌兹别克斯坦共和国。

主要统计 面积44.74万平方千米。人口2330万人（其中，13～17岁男141.5万人，女138.8万人；18～22岁男117.9万人，女116.4万人；23～32岁男183.7万人，女183.9万人）。国内生产总值115亿美元（1997年）。国防费1.09亿美元（1998年国防预算）。原油6300万桶（1996年）。天然气521亿立方米（1997年）。原煤295万吨（1997年）。粮食290万吨（1997年）。

国防体制 宪法规定，总统为武装力量统帅。国防部是国家最高军事行政机关，负责管理国防预算、军工生产、后勤、动员和民防等事务。武装力量由陆军、空军及准军事部队组成。总参谋部为最高军事指挥机构。总统通过国防部和总参谋部对全国武装力量实施领导和指挥。

领导人物 总统兼武装力量统帅伊斯拉姆·阿卡杜加尼耶维奇·卡里莫夫（1990年3月就职）。国防部长希·库·图尔苏诺夫中将（1997年上任）。武装力量总参谋长图·尤·卡西莫夫中将。

武装力量 **兵力** 现役部队约8万人。

陆军 5万人。编有3个军司令部、2个坦克旅、4个摩步旅、1个山地旅、1个摩托化旅、2个空中突击旅、1个空中机动旅、4个炮兵旅、1个火箭炮旅、1个国民卫队旅。

坦克：T－54/－62/－64/－72型370辆。装甲侦察车：35辆。步兵战车：403型（其中БМП－2型273辆、БМП－1型130辆）。装甲输送车：471辆（其中БТР－70型36辆、БТР－80型290辆、БТР－D型145辆）。牵引炮199门（其中122毫米90门、152毫米109门）。自行炮：83门。迫击炮：111门。反坦克炮：100毫米39门。火箭炮：122毫米33门、220毫米48门。

空军 约4000人。编有4个战斗机团、1个直升机团、1个运输直升机团、2个运输机团、3个防空火箭团。装备各型作战飞机108架，其中米格－29/－29UB型32架、苏－27/－27UB型32架、苏－17/－17UB型30架、苏－24型14架。运输机50架，其中安－2型30架、轻型运输机20架。各型直升机118架，其中米－24/－8T型86架、米－6/26型24架、米－24K/－24R型8架。地空导弹：萨姆－2/－3/－5型45部。

准军事部队 1.8万～2万人，其中内卫部队1.7万～1.9万人、国民卫队1000人。

驻外兵力 驻塔吉克斯坦1个摩步营、1支边防部队。

（张　勇）

新 加 坡

国　　名 新加坡共和国。

主要统计 面积647.5平方千米。人口307.6万人（其中，13～17岁男11.3万人，女10.7万人；18～22岁男10.9万人，女10.4万人；23～32岁男25.1万人，女24.5万人）。国内生产总值960亿美元（1997年）。国防费43亿美元（1998年国防预算）。发电量206.76亿度（1994年）。海运能力，商船（载重100吨以上）946艘，总载重量1492.92万吨（1997年）。民航能力，固定航班机场1处，客运量536.4亿人千米、货运量41.91亿吨千米（1997年）。

国防体制 宪法规定，总统为武装力量统帅。国防部为政府中的一个部，对武装部队拥有领导和管理权。武装力量由正规军和准军事部队两部分组成。正规军分陆、海、空三个军种。最高军事指挥机构为总参谋部。

领导人物 总统兼武装部队统帅纳丹（1999年9月上任）。国防部长陈庆炎（1995年上任）。

武装力量 **兵力** 现役部队约7.25万人。

陆军 5万人。编有3个混合师（各辖2个步兵旅、1个机械化旅、1个侦察营、2个炮兵营、1个高炮营、1个工程兵营）、1个快速反应师（辖3个步兵旅）、1个机械化旅。

坦克："百人队长"式约60辆、AMX－13SM1型约350辆。装甲侦察车：AMX－10PAC90型22辆。步兵战车：AMX－10P型22辆。装甲输送车：M－113型750余辆、V－100型30辆、"突击队员"250辆。牵引炮：105毫米37门、155毫米123门。迫击炮：81毫米若干门、120毫米50门、160毫米12门。反坦克导弹："米兰"30余具。无坐力炮：84毫米约200门、106毫米90门。高炮：20毫米30门。地空导弹：RBS－70型、"西北风"若干部。

海军 约9000人。编有3个指挥部：舰队指挥部（辖2个小舰队）、海岸指挥部、海军后勤指挥部。

潜艇："挑战者"号1艘（从瑞典转手购进）。小型护卫舰："胜利"级6艘。导弹快艇："海狼"级6艘、"无畏"级12艘。扫雷舰艇：4艘。两栖舰艇：3艘。后勤支援舰船：2艘。

空军 1.35万人。编有4个攻击战斗机中队、2个战斗机中队、1个侦察机中队、1个空中预警机中队、1个海上巡逻机中队、2个武装直升机中队、5个运输机中队（其中3个直升机中队）、2个教练机中队、1个无人驾驶侦察机中队、4个机场防卫中队。作战飞机157架、武装直升机20架。

攻击战斗机：A－SU型51架、TA－SU型24架、F－16型19架。战斗机：F－5E型28架、F－5F型9架。武装侦察机：RF－5E型8架。海上巡逻机：F50"加强者"5架。武装直升机：AS550A2/C2型20架。运输机：KC－130型、"福克"50型共14架。运输直升机：AS－332M型等共66架。教练机：共53架。空空/空地导弹：若干枚。

预备役部队 约25万人，其中陆军24万人、海军约6300人、空军约7500人。

准军事部队 警察1.16万人（包括廓尔喀警卫营750人）。民兵10.8万人。

部署 有军事基地4处，其中海军基地2处（三巴旺、裕廊）、空军基地2处（丁加和巴耶黎巴）。

兵役制度 实行义务兵役制，服役期限2至3年。

驻外兵力 驻澳大利亚230人（建有1所飞行训练学校，配有S－211型飞机27架、AS－332M型飞机12架）。驻文莱500人（建有1所飞行学校，配有5架UH－1H型直升机）。驻法国100人。驻台湾3个训练营地。驻泰国1个训练营地。驻美国250人，租用CH－47D型飞机6架、F－16C/D型飞机12架。联合国驻伊拉克和科威特军事观察员6人。

外国驻军 新西兰11人，编有1个支援单位。美国140人（海军100人、空军40人）。

军队节日 建军节7月1日。

（孟 丽）

叙 利 亚

国　　名 阿拉伯叙利亚共和国。

主要统计 面积18.518万平方千米。人口1587.4万人（其中，13～17岁男97.3万人，女93.7万人；18～22岁男79.3万人，女76.8万人；23～32岁男117.5万人，女113.6万人）。国内生产总值7270亿叙镑，合350亿美元（1997年）。国防费395亿叙镑，合17亿美元（1998年国防预算）。原油2.2亿桶（1996年）。天然气44.12亿立方米（1995年）。发电量148亿度（1994年）。粮食596.1万吨（1996年）。海运能力，商船（载重100吨以上）94艘，总载重量21.04万吨（1997年）。民航能力，固定航班机场5处，客运量11.14亿人千米、货运量1.18亿吨千米（1997年）。

国防体制 宪法规定，总统为武装力量总司令。最高军事统帅机关是武装力量总司令部，下辖国防部和总参谋部。国防部是政府中的一个部，是最高军事行政机关，主管军队的行政、训练和军工生产等项工作。武装力量由正规军和准军事部队组成。正规军分陆、海、空三个军种。总参谋部在总司令部和国防部领导下，平时主要负责陆军工作，临战或战时则根据总司令的命令协调陆、海、空三军的作战行动。政治局负责全军政治宣传工作，受总司令部和叙复兴党总部的领导。总统通过国防部、总参谋部和三军司令部对全军实施领导和指挥。

领导人物 总统兼武装力量总司令哈菲兹·阿萨德（1992年2月连任）。副总理兼国防部长和武装力量副总司令穆斯塔法·塔拉斯中将（1992年连任）。总参谋长希克迈特·谢哈比中将（1984年3月上任）。

武装力量 **兵力** 现役部队约32万人。

陆军 约21.5万人。编有3个军部，6个装甲师（每师编3个装甲旅、1个机械化旅、1个炮兵团），3个机械化师（每师编2个装甲旅、2个机械化旅、1个炮兵团），1个共和国卫队师(包括3个装甲旅、1个机械化旅、1个炮兵团),1个特种作战师(3个特种作战团),3个独立步兵旅,1个边防旅,2个独立炮兵旅,2个独立反坦克旅,8个独立特种作战团,1个独立坦克团,3个地地导弹旅,1个岸防导弹旅。

主战坦克：4600辆（T－54/－55型2100辆、T－62M/K型1000辆、T－72/－72M型1500辆）。装甲侦察车：БРДМ－2型700辆。步兵战车：БМП－1型2250辆、БМП－2型60辆、БМП－3型数量不详。装甲输送车：БТР－40/－50/－60/－152型1500辆。牵引炮：约1630门（122毫米750门、130毫米800门、152毫米70门、180毫米10门）。自行炮：450门（122毫米400门、152毫米50门）。火箭炮：480门（107毫米200门、122毫米280门）。迫击炮：658门（82毫米200门、120毫米350门、160毫米100门、240毫米8门）。地地导弹："蛙"7型18部、SS－21型约18部、"飞毛腿"B/C型26部、SS－C－1B型和SS－C－3型若干部。反坦克导弹："耐火箱"3000具、"塞子"150具、"拱肩"40具、"米兰"200具、"彗星"若干具。高炮：2060门（23毫米1050门、37毫米300门、57毫米685门、100毫米25门）。地空导弹：SA－7型4000部、SA－9型20部、SA－13型35部。

海军 约5000人。

潜艇：苏制"罗密欧"级3艘（均无作战能力）。护卫舰："别佳"级2艘。海岸巡逻艇：21艘。扫雷舰：5艘。两栖舰艇：3艘。后勤支援舰船：4艘。

海军航空兵 装备反潜直升机24架（米－14型20架、卡－28型4架）。

空军 4万人。编有9个对地攻击/战斗机中队、17个战斗机中队。作战飞机589架，武装直升机72架。

对地攻击/战斗机：154架（苏－22型90架、米格－23BN型44架、苏－24型20架）。战斗机：310架（米格－21型170架、米格－23型90架、米格－25型30架、米格－29型20架）。侦察机：14架（米格－25R型6架、米格－21H/J型8架）。电子战机：米－8J/K型10架。运输机：139架（安－24型4架、安－26型5架、"隼"20型2架、"伊尔"－76型4架、雅克－40型7架、"隼"900型1架、图－134型6架、米－2型10架、米－8/17型100架）。武装直升机：72架（米－25型49架、SA－342L型23架）。教练机：137架(L－39型80架、MBB－223型20架、米格－21U型20架、米格－23UM型6架、米格－25U型5架、"马沙克"6架)。空地导弹：AT－2、AS－7、AS－12、"霍特"若干枚。空空导弹："环礁"、"辛辣"、"顶点"、"蚜虫"、"阿拉莫"若干枚。

防空部队 约6万人。编有25个防空旅、2个地空导弹团。

预备役部队 50万人，其中陆军40万人、海军0.8万人、空军9.2万人。

准军事部队 宪兵0.8万人，国民卫队数量不详。

兵役制度 实行义务兵役制，士兵服役期30个月。预备役服役年限为45岁。

驻外兵力 驻黎巴嫩约3万人。

外国驻军 联合国维持和平部队1045人；约50名俄罗斯顾问，主要在防空部队。

军队节日 建军节8月1日。

（薛利涛）

亚 美 尼 亚

国　　名 亚美尼亚共和国。

主要统计 面积2.98万平方千米。人口

392.5万人（其中，13～17岁男18.2万人，女17.8万人；18～22岁男16.8万人，女16.4万人；23～32岁男28.6万人，女27.8万人）。国内生产总值16亿美元（1997年）。国防费8300万美元（1998年国防预算）。

国防体制 宪法规定，总统为武装力量统帅。最高国防决策机构为国家安全委员会。成员有总统、全体内阁部长、武装力量参谋长，由总统任主席。国防部为政府中的一个部，是最高军事行政机关。武装力量由正规军和准军事部队组成。最高军事指挥机构为武装力量参谋部。总统通过国防部和武装力量参谋部对全国武装力量实施领导和指挥。

领导人物 总统兼武装力量统帅科恰良（1998年3月当选）。国防部长瓦·扎·萨尔基相（1995年上任）。

武装力量 **兵力** 现役部队约5.34万人（含1400名国防部人员）。

陆军 约5.2万人。

主战坦克：102辆。步兵战车：168辆。装甲输送车：约50辆。火炮：225门。反坦克导弹：45具。地空导弹：72部。作战飞机：6架。武装直升机：16架。

准军事部队 约1000人，编成4个营，装备装甲车67辆。

兵役制度 实行义务兵与志愿兵相结合的兵役制度，服役期18个月。

外国驻军 俄罗斯驻军4100人，并建有1个军事基地。

（李伟弘）

也　门

国　　名 也门共和国。

主要统计 面积53.1869万平方千米。人口1589万人（北也门占79%，南也门占21%。其中，13～17岁男90.4万人，女87.8万人；18～22岁男75.6万人，女71.9万人；23～32岁男122.4万人，女111.3万人）。国内生产总值57亿美元（1997年）。国防费4.14亿美元（1998年国防预算）。原油1.23亿桶（1996年）。发电量19.58亿度（1994年）。粮食66.4万吨（1996年）。海运能力，商船（载重100吨以上）40艘、总载重量1.37万吨（1997年）。民航能力，固定航班机场11处，客运量11.83亿人千米、货运量1.19亿吨千米（1997年）。

领导人物 总统委员会主席、共和国总统阿里·阿卜杜拉·萨利赫（1994年10月重新当选）。国防部长穆罕默德·扎伊夫－阿拉（1997年5月上任）。总参谋长阿卜杜拉·阿里·欧瓦拉少将。

武装力量 **兵力** 现役部队6.63万人。

陆军 6.1万人。编有9个装甲旅、1个特种兵旅、18个步兵旅、5个炮兵旅、7个机械化旅、3个地地导弹旅、2个空降/突击旅、1个政府卫队、3个高炮营、2个地空导弹营。

主战坦克：1320辆，其中T－34型290辆、T－54/T－55型720辆、T－62型250辆、M－60A1型60辆。装甲侦察车：350辆，其中AML－245型60辆、AML－90型130辆、BRDM－2型160辆。步兵战车：BMP－1/－2型300辆。装甲输送车：640辆，其中M－113型60辆、БТР－40/－60/－152型580辆。牵引炮：452门，其中100毫米95门、105毫米35门、122毫米210门、130毫米90门、152毫米10门、155毫米12门。自行炮：100毫米30辆。海岸炮：130毫米36门。火箭炮：122毫米185门、140毫米若干门。迫击炮：81毫米、82毫米、120毫米、160毫米共约600门。地地导弹：30部（其中"蛙"7型12部、SS－21型12部、"飞毛腿"B型6部）。反坦克导弹：71具（其中"陶"式12具、"龙"式24具、"耐火箱"式35具）。无坐力炮：75毫米、82毫米、107毫米若干门。反坦克炮：85毫米、100毫米若干门。高炮：20毫米72门、23毫米100门、37毫米150门、57毫米120门、85毫米若干门。地空导弹：SA－7/－9/－13/－14型若干部。

海军 1800人。近海巡逻/战斗舰艇15艘，其中导弹艇7艘、近海巡逻艇8艘。扫雷舰艇6艘。两栖舰艇3艘。

空军 3500人。作战飞机49架（另有库存约40架）、武装直升机8架。

对地攻击战斗机：F－5E型10架、苏－20/－22型17架。战斗机：米格－21型11架、米格－29型5架。运输机：安－12型2架、安－26型4架、C－130H型3架、伊尔－14型4架、伊尔－76型3架。

直升机：AB－212型2架、米－8型14架、AB－47型1架、米－35型8架。教练机：20架，其中F－5B型2架、米格－21U型4架、雅克－11型14架。地空导弹：SA－2/－3/－6型若干部。空空导弹："环礁"、"响尾蛇"若干枚。

预备役部队　陆军约4万人。

准军事部队　7万人，其中内务部队5万人、部落武装2万人。

兵役制度　实行义务兵役制。士兵服役期3年。

（张若涵）

伊　拉　克

国　　名　伊拉克共和国。

主要统计　面积44.1839万平方千米。人口2314.4万人（其中，13～17岁男141.6万人，女135.3万人；18～22岁男119.4万人，女114.5万人；23～32岁男176.2万人，女170.2万人）。国内生产总值170亿美元（1997年）。国防费13亿美元（1998年国防开支）。原油2.19亿桶（1996年）。天然气34.26亿立方米（1995年）。发电量270.6亿度（1994年）。粮食185.9万吨（1996年）。海运能力，商船（载重100吨以上）131艘，总载重量157.88万吨（1997年）。民航能力，自1992年6月起没有固定航班，客运量15.7亿人千米、货运量5460万吨千米（1997年）。

国防体制　伊拉克革命指挥委员会主席为共和国总统和武装力量总司令。伊拉克复兴社会党地区领导机构军事局是国家最高军事决策机关，它在武装力量总司令的领导下工作，负责制定国防政策、战略方针等重大事宜。国防部是最高军事行政机关。总参谋部是最高军事指挥机构。国防部和总参谋部在武装力量总司令和军事局的领导下各负其责。武装力量由正规军、预备役和准军事部队组成。正规军分陆、海、空三个军种。全国分3个军区：第1、第2、第3军区，亦称北部、中部、南部军区。

领导人物　革命指挥委员会主席、总统兼武装力量总司令萨达姆·侯赛因（1995年10月连任）。国防部长苏尔坦·哈希姆·艾哈迈德（1995年7月上任）。共和国卫队司令伊亚德·哈利法。军队参谋长阿卜杜勒·瓦希德·尚南·拉巴特（1995年7月上任）。

武装力量　**兵力**　现役部队约42.9万人。

陆军　约37.5万人。编有7个军部、3个装甲师、3个机械化师、12个步兵师、6个共和国卫队师（2个装甲师、3个机械化师、1个步兵师）、4个共和国卫队特别旅、10个突击旅、2个特种作战旅。

主战坦克：约2700辆（其中，T－54/－55型、M－77型、59型/69型约1000辆，T－62型200辆、T－72型700辆，"酋长"Mk－3/－5型、M－60型、M－47型若干辆）。装甲侦察车：БРДМ－2、AML－60/－90、EE－9、EE－3若干辆。步兵战车：БМП－1/－2型约900辆。装甲输送车：约2000辆，БТР－50/－60/－152型、OT－62/－64型、MTLB、YW－531型、M－113A1/A2型、"潘哈德"M－3型、EE－11型"褐斑洞蛇"各若干辆。牵引炮：约1800门，105毫米、122毫米、130毫米、155毫米各若干门。自行炮：约150门，122毫米2S1型、152毫米2S3型、155毫米M－109A1/A2型和AUF－1型各若干门。火箭炮：约150门，107毫米、122毫米、127毫米、132毫米、262毫米各若干门。迫击炮：81毫米、120毫米、160毫米、240毫米各若干门。地地导弹："飞毛腿"6部，约27枚导弹。反坦克导弹：AT－3"耐火箱"、AT－4"塞子"、"米兰"、SS－11、"霍特"各若干具。无坐力炮：73毫米、82毫米、107毫米各若干门。反坦克炮：85毫米、100毫米各若干门。直升机：约500架，其中武装直升机约120架。

海军　约2000人。

护卫舰：2艘。近海巡逻艇：6艘。巡逻舰：5艘。扫雷舰：4艘。后勤支援舰：3艘。

空军　约3.5万人。

轰炸机：约6架（H－6D和图－22）。对地攻击机：约130架（米格－23BN、"幻影"F－1EQ5、苏－7、苏－20、苏－25各若干架）。战斗机：约180架（F－7、米格－21、米格－23、米格－25、"幻影"F－1EQ、米格－29各若干架）。侦察机：米格－25若干架。预警机：伊尔－76型2架。运输机：安－2/－12/－24/－26型、伊尔－76型各若干架。教练机：AS－202、EMB－312、L－39、"幻影"F－1BQ、PC－7、PC－9型各若干架。空地导弹：AM－39、AS－4/－5/－9/－11/－12/－30L、C－601若干枚。空空导弹：AA－2/－6/－7/－8/－10型、R

-530/-550 型若干枚。

防空部队：约 1.7 万人。高炮：约 6000 门。地空导弹：SA-2/-3/-6/-7/-8/-9/-13/-14/-16 型、“罗兰”各若干部。

预备役部队　约 65 万人。

准军事部队　约 4.5 万～5 万人（其中保安部队约 1.5 万人，边防卫队约 2 万人；“萨达姆敢死队”1 万～1.5 万人）。

兵役制度　实行义务兵役制，服役期为 18～24 个月。

外国驻军　在伊科边界驻有联合国维持和平部队，由来自 33 个国家的 1098 人组成，其中包括 194 名军事观察员。

（张若函）

伊　朗

国　名　伊朗伊斯兰共和国。

主要统计　面积 164.5 万平方千米。人口 7069.9 万人（其中，13～17 岁男 429 万人，女 412.3 万人；18～22 岁男 356 万人，女 341.1 万人；23～32 岁男 539.4 万人，女 510.7 万人）。国内生产总值 277 万亿里亚尔，合 710 亿美元（1997 年）。国防费 10.1 万亿里亚尔，合 58 亿美元（1998 年国防预算）。原煤 98 万吨（1994 年）。原油 13.41 亿桶（1996 年）。天然气 318.57 亿立方米（1995 年）。发电量 791.28 亿度（1994 年）。粮食 1710.8 万吨（1996 年）海运能力，商船（载重 100 吨以上）403 艘，总载重量 834.53 万吨（1997 年）。民航能力，固定航班机场 19 处，客运量 61.28 亿人千米、货运量 1.096 亿吨千米（1997 年）。

国防体制　伊朗宪法规定政教统一，宗教领袖为武装力量总司令。最高国防委员会是领袖领导下的军事决策机构，成员有总统、国防部长、总参谋长、革命卫队司令以及领袖的两名代表。武装力量由正规军、革命卫队和准军事部队组成。正规军分陆、海、空三个军种。革命卫队由地面部队、海上部队、陆战队和航空部队组成。1989 年 7 月正规军和革命卫队合并，组成松散的联合。

领导人物　宗教领袖、武装力量总司令兼最高国防委员会主席阿亚图拉·赛义德·阿里·哈梅内伊（1989 年 6 月上任）。总统兼武装力量代总司令赛义德·穆罕默德·哈塔米（1997 年 8 月上任）。国防部长阿里·沙姆哈尼（1997 年 8 月上任）。武装力量总参谋长阿里·沙赫巴齐（1993 年 9 月上任）。革命卫队司令叶海亚·拉希姆·萨法维少将（1997 年 9 月上任）。

武装力量　**兵力**　现役部队约 54 万～54.56 万人。

陆军　约 35 万人。编有 4 个军部、4 个装甲师（每师辖 3 个装甲旅、1 个机械化旅、4～5 个炮兵营）、6 个步兵师（每师辖 4 个步兵旅、4～5 个炮兵营）、1 个空降旅、1 个突击师、1 个特种作战师、5 个炮兵群、若干独立装甲、步兵、突击旅。

主战坦克：约 1400 辆（T-54/-55 型 110 辆、T-62 型 75 辆、T-72 型 230 辆、“酋长”Mk-3/-5 型 250 辆、M-47/-48 型 150 辆、M-60A1 型 160 辆、59 型 220 辆、69 型 200 辆）。轻型坦克：“蝎”式 80 辆。装甲侦察车：EE-9“响尾蛇”式 35 辆。步兵战车：БМП-1 型 300 辆、БМП-2 型 140 辆。装甲输送车：БТР-50/-60 型 550 辆、M-113 型若干辆。牵引炮：2170 门（105 毫米 130 门、122 毫米 700 门、130 毫米 1100 门、152 毫米 30 门、155 毫米 190 门、203 毫米 20 门）。自行炮：290 门（122 毫米 60 门、155 毫米 160 门、170 毫米 10 门、175 毫米 30 门、203 毫米 30 门）。火箭炮：107 毫米 600 门、122 毫米 155 门、240 毫米 9 门，另有 320 毫米、333 毫米、355 毫米若干门。迫击炮：6500 门。地地导弹：“飞毛腿”B/C 型 10 部，约 210 枚导弹；CSS-8 型 25 部，约 200 枚导弹。反坦克导弹：“陶”式、“耐火箱”式若干具。火箭筒：73 毫米 RPG-7 型若干具。无坐力炮：75 毫米、82 毫米、106 毫米、107 毫米若干门。高炮（高射机枪）：约 1700 门（挺）（14.5 毫米、23 毫米、35 毫米、37 毫米、57 毫米）。地空导弹：“萨姆”-7 型若干部。飞机：77 架（其中“色斯纳”150/180/185/310 型约 50 架、F-27 型 19 架、“隼”20 型 8 架）。直升机：共 556 架（其中 AH-1J 型 100 架，CH-47C 型 40 架，贝尔 214A 型 130 架，AB-214C 型 35 架，AB-205A 型 40 架，AB-206 型 90 架，AB-212 型 12 架，贝尔 204 型 30 架，休斯 300C 型 5 架，RH-53D 型 9 架，SH-53D 型 10 架，SA-319 型 10 架，UH-1H 型

45架)。

海军　约2.06万人，包括海军航空兵和陆战队2600人。

潜艇：俄制“基洛”级3艘。护卫舰：3艘。轻型护卫舰：2艘。导弹快艇：21艘。巡逻艇：42艘。气垫船：9艘（部分无作战能力）。扫雷舰艇：7艘。两栖舰船：18艘。后勤支援舰：25艘。其他小型船只：60艘。

海军航空兵　2000人。装备飞机8架，武装直升机9架，海上侦察机8架（其中P－3F型3架，Do－228型5架），反潜机9架（其中SH－3D型3架、AB－212型6架），运输机1个中队（“司令官”4架、F－27型4架、“隼”式1架，AB－205、AB－206型直升机若干架）。

海军陆战队　2个旅。

空军　约4.5万～5万人（包括1.5万～2万防空部队）。编有9个攻击战斗机中队、7个战斗机中队、1个侦察机中队、1个加油/运输机中队、5个运输机中队、12个地空导弹中队。作战飞机307架。

攻击战斗机：F－4D/E型60架、F－5E/F型约60架、苏－24型30架。战斗机：F－14型60架、F－7型24架、米格－29型30架。海上侦察机：C－130H－MP型5架。侦察机：RF－4E型8架。加油机/运输机：波音707型4架、波音747型1架。运输机：波音747F型9架、波音707型11架、波音727型1架、C－130E/H型18架、“司令官”690型3架、F－27型15架、“隼”20型4架、“喷气星”式1架、PC－6B型10架、Y－7型2架。直升机：AB－206A型2架、贝尔214C型39架、CH－47型5架。教练机：“比奇”F－33A/C型26架、EMB－312型10架、PC－7型45架、T－33型7架、米格－29B型5架、FT－7型5架、F－5B型20架、TB－21型8架、TB－200型4架。空地导弹：“小牛”、AS－10/－11/－14型、C－801型若干枚。空空导弹：“麻雀”、“响尾蛇”、“不死鸟”、PL－7型若干枚。地空导弹：“霍克”改进型150部、“轻剑”30部、“山猫”15部、HQ－2J型45部、SA－5和FM－80型若干部。

革命卫队　约12.5万人。

地面卫队　约10万人。编有16～20个师，包括2个装甲师、5个机械化师、10个步兵师、1个特种作战师和15～20个独立旅。装备有少量坦克、装甲输送车和火炮。

海上卫队　约2万人。装备约40艘快艇。

海上陆战卫队　1个旅（约5000人）。

预备役部队　陆军35万人。

准军事部队　“民众动员军”约20万人，多为青年志愿者，仅装备轻武器。宪兵4万人（包括边防部队），配备“色斯纳”185/310型飞机、AB－205/－206型直升机，另有约90艘巡逻艇、40艘其它小型船只。

兵役制度　实行义务兵役制，士兵服役期24个月。

驻外兵力　革命卫队驻黎巴嫩150人；在苏丹驻有军事顾问。

军队节日　军队节3月15日。

（张若涵）

以　色　列

国　　名　以色列国。

主要统计　面积2.07万平方千米（此系1948年巴勒斯坦战争后以色列实际控制的面积。1947年联合国分治决议规定以色列的面积为1.49万平方千米。1967年“六·五”战争后，以色列又侵占了约旦河西岸、加沙地区、戈兰高地和耶路撒冷阿拉伯区约7000余平方千米的土地，使其实际控制面积达2.8万平方千米）。人口591万人（其中，13～17岁男27.5万人，女26万人；18～22岁男26.7万人，女25.8万人；23～32岁男50.6万人，女49.8万人）。国内生产总值970亿美元（1997年）。国防费70亿美元（1998年国防预算）。原煤518万吨（1992年）。原油4万桶（1996年）。天然气0.23亿立方米（1995年）。发电量283.15亿度（1994年）。粮食16.1万吨（1996年）。海运能力，商船（载重100吨以上）58艘，总载重量72.34万吨（1997年）。民航能力，固定航班机场7处（1996年），客运量119.57亿人千米、货运量11.9亿吨千米（1997年）。

国防体制　总理为武装力量统帅。最高军事决策机构为国防委员会，成员有总统、总理以及国防、外交、内政、财政、交通、邮电部部长和总参谋长等，由总理兼任主席。战时则成立以总理为首的战时内阁，成员有国防、外交、财政、交通和邮电等部部长。国防部为政府中的一个部，是最高军事行政机关，部长由文官担任，平时负责兵力的动员、国防预算、国防科研与军工生产、军队规章制度的颁布等军事行政和技术业务；战时可行使总司令职权。武装力量由正规部队、预备役部队和准军事部队三部分组成。正规部队分陆、海、空三个军种。最高军事指挥机构为总参谋部，总参谋长为最高军事指挥官，在总理领导下通过三个军区司令部、两个军种司令部及其所属的 14 个兵种司令部对全军实施指挥。

领导人物　总理兼国防委员会主席、武装力量统帅埃胡德·巴拉克（1999 年 5 月上任）。国防部长摩西·阿伦斯（1999 年 1 月 25 日上任）。总参谋长沙乌尔·穆法兹中将（1998 年 7 月 9 日上任）。副总参谋长乌齐·达扬少将（1998 年 6 月 11 日上任）。陆军司令摩西·爱夫瑞·苏科尼克少将（1998 年 5 月上任）。海军司令阿列克斯·塔尔少将（1996 年 6 月上任）。空军司令海埃坦·本·埃里亚胡少将（1996 年 7 月上任）。

武装力量　**兵力**　现役部队 17.5 万人。

陆军　13.4 万人（动员后可达 59.8 万人）。编有 3 个地区司令部、1 个大后方指挥部、3 个军部、3 个装甲师、2 个师部（对付巴勒斯坦起义）、3 个地区步兵师部（边防）、4 个机械化步兵旅（包括 1 个伞兵训练旅）、3 个炮兵营。

坦克：“百人队长”式 1080 辆、M－48A5 型 500 辆、M－60 型 400 辆、M－60A1 型 600 辆、M－60A3 型 200 辆、“马加赫”7 型 150 辆、Ti－67 型 300 辆、T－62 型 70 辆、“战车”Ⅰ/Ⅱ/Ⅲ型 1000 辆。装甲侦察车：“拉姆塔”RBY、БРДМ－2 和“狐狸”等型共约 400 辆。装甲输送车：“M－113A1/A2 型 5900 辆、M－2/－3 半履带式约 3500 辆、“纳格马肖特”式约 80 辆、“阿赫扎里特”、“美洲豹”和 БТР－50 型若干辆。牵引炮：105 毫米 60 门、122 毫米 100 门、130 毫米 100 门、155 毫米 140 门。自行炮：105 毫米 34 门、155 毫米 850 门、175 毫米 230 门、203 毫米 36 门。火箭炮：122 毫米、160 毫米、227 毫米、240 毫米、290 毫米共 100 余门。迫击炮：81 毫米 1600 门、120 毫米 900 门、160 毫米 240 门，此外，还有 60 毫米小口径迫击炮约 5000 门。地地导弹：“长矛”式 20 部、“杰里科”1/2 型若干部。反坦克导弹：“陶”式 200 具、“龙”式 780 具、“马帕茨”式 25 具、AT－3“耐火箱”式若干具。火箭筒：82 毫米若干具。无坐力炮：84 毫米若干门、106 毫米 250 门。高炮：20 毫米 850 门、23 毫米 160 门、37 毫米和 40 毫米若干门。地空导弹：“毒刺”式若干部、“红眼”式 900 部、“小槲树”式 45 部。监视雷达：EL/M－2140 型飞行器监视雷达若干部，AN/TPQ－37 型、AN/PPS－15 型火炮监视雷达若干部。

海军　约 9000 人（动员后可达 1 万～1.2 万人）。

潜艇：“海豚”级 1 艘、“盖尔”级 2 艘。小型护卫舰：“埃拉特”级 3 艘。导弹攻击快艇：“阿利亚”级 2 艘、“罗马”级 3 艘、“海兹”级 4 艘、“雷谢夫”级 7 艘、“米夫塔奇”级 2 艘。巡逻艇：30 艘。登陆舰艇：5 艘。

陆战队　海军突击队 300 人。

空军　3.2 万人（动员后可达 3.7 万人）。编有 1 个飞行联队、21 个飞行中队、28 个防空导弹连。作战飞机 474 架（另储备有 250 架）、武装直升机 137 架。

攻击战斗机兼战斗机：F－4E－2000 型 50 架、F－4E 型 25 架、F－15A 型 36 架、F－15B 型 2 架、F－15C 型 18 架、F－15D 型 5 架、F－15I 型 18 架、F－16A 型 67 架、F－16B 型 7 架、F－16C 型 75 架、F－16D 型 54 架、“幼狮”C－7 型 20 架（另储备有“幼狮”C2/C7 型 120 架）。攻击战斗机：A－4N 型 50 架（另储备有 130 架）。侦察机：RF－4E 型 14 架、“幼狮”RC－2 型 6 架、F－15D 型 2 架。预警机：“波音”707 型 2 架。电子战机：“波音”707 型 6 架、RC－12D 型 6 架、IAI－200 型 3 架、Do－28 型 15 架、“空中大王”2000 型 6 架。海上侦察机：IAI－1124“海上扫描”型 3 架。加油机：KC－130H 型 5 架。联络机：“岛民”式 2 架、“色斯纳”U－206 型 20 架、“空中女王”80 型 8 架。教练机：CM－170“鸫”型 80 架、“幼狮”TC2/7 型 10 架、“超级幼熊”型 30 架、TA－4H 型 9 架、TA－4J 型 4 架、“空中女王”80 型 4 架。运输机：“波音”707 型 8 架、C－47 型 12 架、C－130H 型 24 架、IAI－201 型 7 架。攻击直升机：AH－1E 型 14 架、AH－1F 型 38 架、“休斯”500MD 型 35 架、AH－64A 型 42 架。搜索与救援直升机：HH－65A 型 1 架、AS－565 型 8 架。运输直升机：158 架。无人驾驶飞行器：“侦察兵”、“先锋”、“搜索者”、“火蜂”、“壮士”、“迪莱拉”、“猎人”式、“银”式、“箭”式若干架。空地导弹：AGM－45“百舌鸟”式、AGM－62A“白星眼”式、AGM－65“小牛”式、AGM－78D“标准”式、“加布里埃尔”Ⅲ改进型、“狱火”式、“陶”式和“瞪眼”式若干枚。空空导弹：AIM－7“麻雀”式、AIM－9“响尾蛇”式、AIM－120B、R－530、“蜻蜓”式、“大蟒”Ⅲ/Ⅳ型若干枚。防空导弹：MIM－23“霍克”改进型 17 个连、“爱国者”3 个连，“小

榭树”50 枚、“毒刺”若干枚。

预备役部队　43 万人，其中陆军 36.5 万人，编有 9 个装甲师、1 个空运机动/机械化步兵师、10 个边防步兵旅、4 个炮兵旅；海军 1 万人；空军 5.5 万人。

准军事部队　边防警察 0.6 万人，装备有“瓦利德”1 型装甲输送车若干辆、БТР－152 型装甲输送车 600 辆；海岸警卫队约 50 人，装备有巡逻艇 4 艘。

军事基地　海军基地 3 处：海法、阿什杜德、埃拉特。

兵役制度　实行义务兵役制。军官服役期 4 年；士兵服役期男性 3 年，女性 2 年。此后作为预备役人员每年进行训练，男性直至 42 岁（一些专业人员至 54 岁），女性至 24 岁。

军衔　军官分 3 等 9 级：将官 3 级（中将、少将、准将），校官 3 级（上校、中校、少校），尉官 3 级（上尉、中尉、少尉）。

驻外兵力　定期向土耳其空军基地派遣空军 F－16 型飞机分遣队。

外国驻军　联合国军事观察员 153 人。

（张令钟）

印　度

国　　名　印度共和国。

主要统计　面积 297.47 万平方千米。人口 9.83436 亿人（其中 13～17 岁男 5215.8 万人，女 4871.3 万人；18～22 岁男 4792.7 万人，女 4431 万人；23～32 岁男 8414.1 万人，女 7681.2 万人）。国内生产总值 14 万亿卢比，合 3850 亿美元（1997 年）。国防费 4120 亿卢比，合 99 亿美元（1998 年国防预算）。原煤 3.07 亿吨（1996 年）。原油 2.35 亿桶（1996 年）。发电量 4300 亿度（1996 年）。天然气 195.95 亿立方米（1995 年）。粮食 2.14 亿吨（1996 年）。海运能力，商船（载重 100 吨以上）888 艘，总载重量 1036.59 万吨（1997 年）。民航能力，固定航班机场 66 处，客运量 202.19 亿人千米、货运量 6.393 亿吨千米（1997 年）。

国防政策　印度国防政策的基本目标是保障实现印度“称霸南亚，控制印度洋，争当世界‘一等强国’”。1998 年 3 月，以印度人民党为首的新的联合政府上台后，在继承前政府政策的基础上，加快其称霸南亚的步伐。同年 5 月，连续进行了 5 次核试验，从而成为事实上的核国家。印度现行国防政策主要包括以下几点：

一、开展全方位外交，树立地区军事大国及安全主导力量形象。印度抓住冷战结束世界和亚太战略格局向多极化发展这一“契机”，积极开展多方位防务外交。1998 年 12 月与俄罗斯重签《印俄 10 年防务合作条约》；1999 年 2 月政府首脑出访巴基斯坦，以缓解印巴核试验以来两国间的紧张状态；建立印美军事合作指导委员会，恢复和增强同美国的军事合作，为利用美国的力量实现印度的战略目标开辟道路。印度还与马来西亚签订防务合作协定，同美、俄、法、澳、新、印尼等国举行联合军事演习。

二、坚持发展核力量，谋求建立核威慑。印度一直坚持不签署《不扩散核武器条约》、不接受国际社会的核检查和不放弃核武器选择权的政策。1998 年 3 月，印度人民党上台后，推行强硬的核政策，于 5 月连续 5 次进行地下核试验。印度国防部 1997/98 年度《国防报告》称，“为了防止他国对印度使用或威胁使用大规模杀伤性武器，印度将建立可靠和有效的威慑能力，并已成为核武器国家”。印度发展核武器除了谋求大国地位的政治目的外，还旨在：对中国实施有效的“核威慑”，与中国进行军事抗衡；保持对巴的核威慑优势，以加强和巩固对南亚次大陆的控制权；将核打击范围扩大到印度洋海域，制约外部势力特别是美国海军在印度洋的军事存在，从而达到向印度洋扩张的战略目的。

三、强调国防为经济发展创造有利条件。印度为了全面提高综合国力，提出在积极改善与周边国家的军事关系的同时，稳定社会秩序，创造良好的内部环境。印度同孟加拉国、缅甸等周边国家就一些有争议的问题达成了协议；1999 年实现了印巴两国总理互访，缓和两国间的紧张关系。印度军队则担负“维护国家安全，反对民族分裂”的任务，其职能由单一的“对付外侵”转变为“御外安内”的双重职能。

四、以发展高技术武器装备为核心，提高军队现代化水平。印度认为，未来战争将是高技术战争，将靠军队的质量而不是数量取胜，印度军队建设的重点必须向质量建设转移。为了加大军队质量建设的力度，采取了以下措施：①停止扩军，对陆军兵力进行了一定的裁减，并计划进一步裁减军队员额。②保持军费的稳步增长，1998/99 财年国防预算为 4120 亿卢比，比上一财年提高 14%。③继续执行军队建设的“自主防卫 10 年规划”，到 2005 年将国产武器装备的比例由 1994 年的 30%提高到 70%。此外，陆军将换装和改装 1500 辆坦克、500 辆步兵战车和 500 门 155 毫米自行火炮；空军将换装和改装 400 架作战机、140 架直升机和 100 架运输机；海军将增加 55 艘新舰艇，包括至少 7 艘潜艇。④全方位拓展对外军事合作，从多国获得军事技术、引进先进装备和进行人员培训。将印俄军事合作关系恢复到印苏时代的水平，同美、英、法、澳等西方国家及以色列发展军事合作关系，使武器技术来源多样化。

五、确保印度在印巴、印中边境地区的军事优势。即有效“遏制”巴基斯坦可能对印占克什米尔地区的进攻，将 50%的陆军、54%的空军和 60%的海军兵力部署在印巴边境一线和毗连巴的海域，形成对巴的绝对军事优势；在印中边境地区保持着较大规模的兵力部署，形成对华的局部军事优势。

六、逐步实现对印度洋的控制。印度加紧在马德拉斯、卡尔瓦尔等地修建海军基地，在安达曼群岛修建机场，并组建海上特种部队；组建远东海军司令部，加强对印度洋地区的管控；大力发展航母、潜艇和海军航空兵力量。

军事战略　印度一直奉行经过调整的“地区威慑”军事战略，其主要内容如下：

一、战略目标：称霸南亚，遏制中国，控制印度洋，争当世界军事大国。由于俄罗斯在军事上大力收缩，美国也减少了在印度洋的军事存在，南亚地区出现了相对的力量真空，印度利用这一有利时机，加快成为军事强国和世界“一流”大国的步伐。

二、战略方针：(1) 拥有对巴进行一场全面战争的能力，迫使其撤出所占领土；(2) 对中国不放弃“既得利益”，相机进行新的扩张和蚕食；(3) 对南亚诸国通过外交、军事和经济手段谋取和维护对它们的威慑与控制；(4) 向印度洋扩张，“劝阻”外国不要干涉南亚和印度洋事务，特别是阻止中国同印度邻国发展军事关系；(5) 加速与东盟建立经济上的战略联盟和“军事合作”关系。

三、作战思想：印军认为，战争的基本目的是消灭敌人的武装力量，主张在进攻和防御时都应具有进攻意识，并立足于打核威慑条件下的高技术局部战争。其基本内容是：(1) 强调攻势作战，先发制人，力求把战火引向敌方领土；(2) 在进攻和防御中实施全纵深立体作战；(3) 注重机动作战，力求掌握战场主动权；(4) 强调诸军兵种联合作战，突出空军的作用，重视陆空军协同联合作战；(5) 强调在主要方向上集中绝对优势兵力，达成速战速决的效果；(6) 重视发挥电子战的作用，实施电子欺骗，压制电子干扰，隐蔽作战意图，电子杀伤与火力杀伤相结合；(7) 强调实行高效的作战指挥。

国防体制　宪法规定总统为武装力量最高统帅，总统通过内阁总理对全国武装部队实施领导。现行最高国防决策机构为内阁政治事务委员会，成员有国防、外交、内政和财政等主要内阁部长，由总理任主席。国防咨询机构有国家安全委员会、国防部长委员会、国防生产与供应委员会、国防研究与发展委员会、国防计划委员会和最高情报委员会等。国家安全委员会的职能是为政府制定军事战略和国家安全战略以及处理有关国家安全事务提供咨询，内阁总理任该委员会主席，成员包括内政部长、国防部长、外交部长和计划委员会副主席。其他委员会中，除国防计划委员会和最高情报委员会由内阁秘书任主席外，均由国防部长任主席，吸收国务部长、三军参谋长、国防秘书、国防财政顾问和有关单位负责人参加，负责制定和提出有关三军建设和民防、空防、边防与海防方面的有关政策，提出有关作战、情报和国家安全等方面的咨询意见。国防部长委员会下设国防电子、首席人事官、首席供应军官和参谋长等 4 个委员会。其中最重要的是由三军参谋长组成的参谋长委员会，它由其中任职时间最长的军种参谋长任主席，负责在职权范围内就国防政策、国防生产和其他有关军事问题向国防部长委员会提出建议，并通过它就需要由内阁研究决定的重大问题向内阁政治事务委员会提出建议。参谋长委员会下设 10 个分委员会，由三军参谋军官联合组成，轮流担任主席，分别处理有关三军联合作战、计划、训练、通信、情报、电子战、装备政策和国防计划等方面的统一与协调事务。1998 年新设国家安全顾问，由总理首席秘书担任（现任顾问为布拉杰什·米什拉）。国防部长是最高军事行政长官，直接向内阁总理负责，他由两名国防国务部长协助工作。国防部为国防职能机构，全部由文职人员组成，下设国防局、国防生产与供应局和国防科研局等 3 个常设办事机构（均由国防秘书任局长），以及财政顾问处（由财政部派出的国防财政顾问任领导）和国防计划协调与执行委员会（由国防秘书任主席）。

印度的武装力量由正规军、准军事部队和后备力量组成。正规军分陆、海、空三个军种。三军平时无统一的作战指挥机构。三军统一作战指挥权平时直属内阁总理，通过内阁秘书处协同国防部行使；战时通常授权主要军种参谋长实施统一指挥。军种司令部为各军种最高作战指挥与行政管理机构，最高领导人为军种参谋长，他配有3名副参谋长协助工作，其中两名分别负责第1和第2参谋局的作战指挥和兵种业务领导，另一名负责军兵种作战协同等工作。军种参谋长通过所属军区司令部对部队实施作战与控制。除地区司令部外，陆军还设有训练司令部，空军设有训练和保养两个专业司令部；海军的南部海军司令部履行海军训练司令部的职能，负责全部海军水面和水下舰艇训练的指挥与控制，并主管海军人员的基础训练与专业训练工作。驻果阿的海军航空兵司令部主管海军航空兵的训练。驻维沙卡帕特南的海军潜艇司令部负责海军潜艇的训练。

领导人物 总统兼武装力量最高统帅纳拉亚南（1997年7月25日就任印度第11任总统）。总理阿塔尔·比哈尔·瓦杰帕伊（1998年3月19日上任）。国防部长乔治·费尔南德斯（1998年3月19日上任）。陆军参谋长维德·普拉卡希·马利克上将（1997年8月1日上任）。海军参谋长苏西尔·库马尔上将（1998年12月30日上任）。空军参谋长A·Y·提普尼斯上将（1998年12月28日上任）。

武装力量 **兵力** 现役部队117.5万人。

陆军 98万人。编有5个军区、11个军部、35个师（3个装甲师、4个平原步兵整编师、18个步兵师、9个山地师和1个炮兵师）以及15个独立旅（7个装甲旅、5个步兵旅、2个山地旅、1个空降/突击旅）、1个“普里特维”地地导弹团、4个防空旅和3个工兵旅。上述部队包括59个坦克团（营）、355个步兵营（其中包括25个机械化步兵营、8个空降营、3个突击营）、190个炮兵团（营）（其中包括1个重炮团、2个火箭炮团、50个中型炮团内含11个自行炮团、69个野战炮团内含3个自行炮团、39个山地炮团、29个高炮团）、2个地空导弹大队（每个大队含3～5个导弹连）、15个地空导弹团。陆军航空兵编有14个直升机中队（其中6个反坦克中队、8个观察机中队）。

主战坦克：3414辆（估计有1100辆库存），其中T－55型约700辆、T－72型约1500辆、“常胜者”1200辆、“阿琼”约14辆（印度自行研制的主战坦克）。步兵战车：БМП－1型350辆、БМП－2型1000辆。装甲输送车：OT－62/64型157辆。牵引炮：4175门（估计有600门库存），其中75毫米1115门、105毫米约1350门、122毫米约550门、130毫米750门、155毫米410门。自行炮：105毫米80门（估计有30门库存）、130毫米100门（估计有70门库存）。多管火箭炮：122毫米150门。迫击炮：120毫米500门、160毫米700门（其中有150门库存）。地地导弹：“普里特维”式3～5部。无坐力炮：57毫米500门、106毫米1000门。高炮：约2400门。地空导弹：萨姆－6型180枚、萨姆－7型620枚、萨姆－8B型50枚、萨姆－9型400枚、萨姆－3型45枚、萨姆－16型500枚。直升机：199架。车辆人员登陆艇：2艘。反坦克导弹：“米兰”等若干具。

海军 5.5万人（含海军航空兵、海军陆战队）。

编有东部、西部、南部和远东4个地区司令部，东、西2支舰队。另编有潜艇司令部（驻维沙卡帕特南）和海军航空兵司令部（驻果阿）。装备各种舰艇151艘，其中航空母舰1艘、潜艇19艘、驱逐舰6艘、护卫舰18艘、巡逻与海岸舰艇49艘、扫雷艇20艘、两栖登陆舰艇10艘、各种支援舰船28艘。

海军航空兵 5000人，装备67架作战飞机、83架武装直升机。编有2个攻击机中队、6个反潜直升机中队、3个海上侦察机中队、1个通信机中队、1个搜索与救援直升机中队和2个教练机中队。

海军陆战队 编有1个团（包括3个大队），约1200人。

空军 14万人。装备作战飞机772架、直升机170余架（其中武装直升机32架）。编有17个攻击战斗机中队（53架米格－23BN型、88架“美洲虎”、147架米格－27型、79架米格－21MF型），20个战斗机中队（66架米格－21FL型、169架米格－21BIS型、26架米格－23MF型、64架米格－29型、35架“幻影”2000H/TH型和8架苏－30MK型），3个攻击直升机中队（32架米－25型），2个侦察机中队（8架“堪培拉”、6架米－25和2架米－25U型），12个运输机中队（105架安－32、45架DO－228型、28架BAE－748型、25架伊尔－76型），11个运输直升机中队（73架米－8型、36架米－17型、10架米－26型），1个要员专机中队（2架波音－737型、7架BAE－748型、6架米－8型），以及6架“美洲虎”海上攻击机、4架HS－748型电子战飞机、6架伊尔－78型加油机、6架电子侦察机、4架海上侦察与测量机、约400架各型教练机和22架教练直升机。此外，还编有38个萨姆导弹中队，装备萨姆－2、萨姆－3、萨姆－5和萨姆－10型导弹若干枚。

准军事部队 印度的准军事部队种类繁多，驻地分散，并隶属不同的部门。准军事部队是正规部队的辅助力量，平时执行边防、海防巡逻、情报搜集和内卫治安任务；战时配属正规部队执行作战任务。其编制单位通常为部队、营、中队（连）、排、班（哨）5级。部队最高领导为总监，一般为现役中将级军官，以下各级军官为现役或退役军官。营或中队（连）为基本作战单位，各营根据辖区的范围下辖数目不等的中队（连），中队（连）以下为三三制，编组到班。印度准军事部队装备轻便，编制精干，可担负快速突击和独立机动作战任务。目前，印度准军事部队兵力约109万人：其中海岸警卫队6000人，隶属国防部，装备有52艘各类舰艇和30余架飞机，平时负责近海防卫与治安，战时归海军指挥，协助海军作战；国家安全卫队7400人，隶属内阁秘书处，负责反恐怖活动，成员来自印度三军、中央后备警察部队和边境保安部队；特别保安部队3000人，负责要员安全；中央后备警察部队16.53万人，隶属内政部；邦武装警察40万人（包括24个营的印度后备警察），主要负责本邦的治安任务，也可调往其他邦执行任务；边境保安部队18.5万人，约有150个营；阿萨姆步枪队5.25万人，隶属内政部，编有31个营，主要负责东北各邦的治安任务，各级军官均为陆军军官，训练较好；特种边境部队9000人，隶属内阁秘书处；中央工业保安部队8.86万人，隶属内政部；国防安全警卫队3.1万人，隶属国防部，主要负责国防部驻地的安全和警卫工作；铁路保安部队7万人。

后备力量　印度的后备力量指不脱产的民间武装，印度自称为第1线预备役和第2线防务力量，共有240余万人。第1线预备役和第2线防务力量组织较为松散，每年只须参加短期的军事集训。这支后备力量平时协助警察维持社会治安和参加抢险救灾，战时担负民防任务，补充正规军。其经费开支一般由中央邦政府和邦（中央直辖区）按比例分摊。

第1线预备役由印度陆海空三军退役官兵组成。服预备役的最高年限为50岁。必要时，预备役人员可再次服役。第1线预备役现有兵力约50万人，包括陆军和空军预备役以及海军志愿预备役。空军预备役又分为防空预备役和辅助空军预备役两种。陆军预备役现有30万人（退出现役后服预备役至少5年），海军预备役5.5万人，空军预备役14万人。

第2线防务力量主要是民间军事组织，现有实力约190万人，包括地方军3.34万人、国民学兵团100余万人、家乡卫队47.2万人、民防组织39.4万人以及消防队（实力不详）。

部署　陆军分5个军区：北部军区司令部设在印占克什米尔的乌达姆普尔，辖2个军（含6个步兵师、2个山地师和2个独立旅），负责克什米尔地区印巴边境北段和印中边境西段的防务；西部军区司令部昌迪加尔，辖3个军（含1个装甲师、1个炮兵师、8个步兵师和4个独立防空旅），负责印巴边境中段平原地区防务；东部军区司令部设在加尔各答，辖3个军（含7个山地师），负责印孟边境地区、印缅边境地区和印中边境东段（含中锡边境）地区的防务；中部军区司令部设在勒克瑙，辖1个军（含2个步兵师、1个装甲师、1个山地师和3个独立旅），负责中央各邦和中部喜马拉雅山边境地区的防务，并担任东、西两个战区的预备队；南部军区司令部设在浦那，辖2个军（含3个步兵师、1个炮兵师和6个独立旅），负责印巴边境南段的防务。

海军按印度半岛东、西、南部和安达曼·尼科巴群岛及附近海域分别划分为东部、西部、南部和远东4个地区海军司令部。西部海军司令部设在孟买，下辖西部舰队，编有印度半数以上的驱逐舰、护卫舰和潜艇，负责阿拉伯海的防御，其基地有孟买、马哈拉施特拉、卡蒂亚瓦尔、瓦杰拉巴胡。东部海军司令部设在维沙卡帕特南，下辖东部舰队。其基地有加尔各答、维沙卡帕特南及马德拉斯海军站和维尔巴胡潜艇基地，辖区为东部沿海及孟加拉湾。南部海军司令部设在科钦，下设海军航空兵司令部。远东海军司令部设在安达曼群岛的布莱尔港，隶属东部海军司令部。

空军划分为西部、西南部、中部、东部、南部5个地区司令部。西部司令部设在巴兰，辖5个战术空军中心，负责佐德普尔以北（含首都新德里）及从印占克什米尔南部到拉贾斯坦地区。西南空军司令部设在佐德普尔，下辖1个战术空军中心，负责拉贾斯坦以南至古吉拉特和索拉什特拉及库奇地区。中部空军司令部设在阿拉哈巴德，下辖2个战术空军中心，负责整个印度中部的空防作战。东部空军司令部设在西隆，下辖3个战术空军中心，负责印中、印孟和印缅边境地区。南部空军司令部设在特里凡特琅，下辖1个战术空军中心，负责印度半岛南端及安达曼·尼科巴群岛和拉克沙德韦群岛。

兵役制度　实行募兵制。服役年限：兵17年，军士21～28年，低级委任军官（海、空军准尉）26～33年。各级军官的最高服役年龄：将官60岁，校官55岁，尉官50岁，低级委任军官（海、空军准尉）50岁。

军衔　分7等20级：元帅1级（只在战时授予有特殊功勋的军种参谋长），将官4级（上将、中将、少将和准将），校官3级（上校、中校和少校），尉官3级（上尉、中尉、少尉），低级委任军官或准尉（一级、二级、三级），军士3级（上士、中士和下士），兵3级（一等兵、二等兵和三等兵）。准尉以下军衔，三军之间略有不同。

驻外兵力　1997～1998年度派驻安哥拉151人，其中有5名军事观察员；在伊拉克与科威特边境派驻5名军事观察员；在非洲塞拉利昂派驻6名军事观察员；在西撒哈拉派驻10名军事观察员。

军队节日　武装部队节12月7日，陆军节1

月15日，海军节12月4日，空军节10月8日。

（万　伟）

印度尼西亚

国　　名　印度尼西亚共和国。

主要统计　面积190.4443万平方千米（陆地面积）。人口2.00745亿人（其中，13～17岁男1108.4万人，女1061.1万人；18～22岁男1056.7万人，女1017.7万人；23～32岁男1689万人，女1752.1万人）。国内生产总值2150亿美元（1997年）。国防费17亿美元（1998年国防预算）。原煤2854.9万吨（1994年）。天然气618.64亿立方米（1995年）。原油5.53亿桶（1996年）。发电量613.7亿度（1994年）。粮食6009万吨（1996年）。海运能力，商船（载重100吨以上）2014艘，总载重量313.02万吨（1997年）。民航能力，固定航班机场81个，客运量143.3亿人千米、货运量6.068亿吨千米（1997年）。

国防政策　印尼武装部队的职能是保卫国家的主权和领土完整，保卫国家的海岸线和连接各岛屿的领空。根据印尼第5个国防战略计划（1994～1998年），确立和平时期的建军方针是：建设一支兵力精干，机构合理，具有高度机动和威慑能力，拥有先进武器装备和专业人员的现代化军队。同时，印尼不断加强同东盟国家及美、澳等国的军事合作，提高整体防御能力，共同维护地区安全。

军事战略　印尼实行积极的“逐岛防御”战略，即建立以大岛为核心、以群岛为基地、内外兼顾、独立防卫与机动作战相结合的防御体系，独立保卫本岛领土、领海和维护社会治安。鉴于未来国防安全的主要威胁将来自海上，印尼重点加强濒临马六甲海峡、南中国海及印度洋等具有战略意义的前沿、边境、重要海峡及偏远地区的防卫力量，形成以爪哇岛为中心、东西兼顾的战略布局。

国防体制　宪法规定，总统为武装力量统帅。实行国防与内卫合一的武装体制。国防安全部负责制定国防政策，武装部队司令部负责作战指挥。武装力量由正规军和准军事部队两部分组成。正规军分陆、海、空三个军种。总统通过国防安全部和国民军总司令部对全国武装力量实施领导和指挥。

领导人物　总统兼武装力量统帅阿卜杜勒－拉赫曼·瓦希德（1999年10月上任）、国防部长苏达索诺（1999年10月上任）。武装部队司令苏吉普托（1999年10月上任）

武装力量　**兵力**　现役部队47.6万人（含17.7万国家警察）。

陆军　23.5万人。编有1个战略后备部队司令部、10个军区司令部和1个特种部队。战略后备部队编有2个步兵师、3个步兵旅、3个空降旅、2个野战炮兵团、1个高炮团、2个装甲营、2个工程兵营。10个军区编有2个步兵旅、67个步兵营、9个骑兵营、11个野战炮兵营、10个高炮营、9个工程兵营、1个混合航空兵中队、1个直升机中队。特种部队编有5个特种大队。

轻型坦克：AMX－13型约275辆、PT－76型30辆、“蝎子”式50辆。装甲侦察车：“萨拉丁”69辆、“白鼬”55辆、VBL型18辆。装甲输送车：AMX－VCI型、“萨拉逊”、“突击队员”、BTR－40/－50型等共596辆。牵引炮：76毫米若干门、105毫米180门。迫击炮：81毫米800门、120毫米75门。无坐力炮：90毫米90门、106毫米45门。火箭炮：89毫米700门。高炮：20毫米125门、40毫米90门、57毫米200门。地空导弹：“轻剑”51部、RBS－70型42部。飞机：“岛人”式1架、C－47型2架、NC－212型4架、“色斯纳”310型2架、“指挥官”680型2架、“吉拉提克”18架、DHC－5型3架。直升机：“贝尔”205型8架、Bo－105型14架、NB－412型20架、休斯300C型10架。

海军　约4.3万人（将增至4.7万人，含陆战队和航空兵）。编有东、西2个舰队司令部和1个军事海运司令部。

潜艇：“卡克赖”级2艘。护卫舰：“艾哈迈德雅尼”级6艘、“法塔希拉”级3艘，“提亚哈胡”级3艘，“哈加尔达温塔拉”级1艘，“沙玛迪昆”级4艘。巡逻舰艇：共57艘，其中导弹艇4艘、鱼雷艇2艘。扫雷舰艇：13艘。两栖舰艇：26艘。后勤支援舰船：15艘。

海军航空兵　约1000人。装备飞机114架（其中作战飞机49架、武装直升机21架），主要用于海上侦察和反潜。陆战队1.2万人。编有2个步兵旅、1个特种作战营、1个战斗支援团。装备轻型坦克

100 辆、装甲侦察车 14 辆、步兵战车 10 辆、装甲输送车 84 辆、牵引炮 76 门、火箭炮 15 门、高炮若干门。

空军 2.1 万人。编有 2 个空军作战司令部、5 个攻击战斗机中队、1 个战斗机中队、1 个海上侦察机中队、1 个侦察机中队、3 个教练机中队。作战飞机 91 架。

攻击战斗机：A－4 型 20 架、F－16 型 10 架、“霍克”MK－53 型 14 架、“霍克”MK－109 型 8 架、“霍克”MK－209 型 16 架。战斗机：F－5 型 12 架。武装侦察机：OV－10F 型 12 架。海上侦察机：3 架。空中加油机：2 架。运输机：C－130 型等共 60 架。直升机：S－58T 型等共 37 架。教练机：AS－202 型等共 53 架。

预备役部队 40 万人。

准军事部队 国家警察 17.7 万人（现役）。海上警察 1.2 万人。民兵 150 万人。

部署 印尼陆军 10 个军区划分与地方行政机构辖区基本一致。海军东部舰队司令部驻泗水，西部舰队司令部驻雅加达。空军 2 个作战司令部分别负责东、西部空防任务。全国共有军事基地 42 处，其中空军基地 26 处（主要有雅加达、朱安达、乌绒潘当等），海军基地 16 处（主要有雅加达、丹绒槟榔、腊太港、乌绒潘当、勿老湾等）。

兵役制度 实行义务兵和志愿兵相结合的兵役制度。义务兵服役期 2 年。军官最高服役年龄 55 岁。

军衔 军官分为 4 等 13 级，即将官 4 级（上将、中将、少将、准将），校官 3 级（上校、中校、少校），尉官 3 级（上尉、中尉、少尉），士官 3 级（预备军官、1 级准尉、2 级准尉）。士兵分 2 等 6 级，即军士 4 级（军士长、上士、中士、下士），兵 2 级（一等兵、二等兵）。

驻外兵力 1998 年参加联合国维和部队人员共 67 人。

军队节日 武装部队节 9 月 5 日。

（孟 丽）

约 旦

国 名 约旦哈希姆王国。

主要统计 面积 9.6188 万平方千米。人口 486.7 万人（其中，13～17 岁男 26.3 万人，女 25.6 万人；18～22 岁男 24 万人，女 23.3 万人；23～32 岁男 43.2 万人，女 41.4 万人）。国内生产总值 55 亿第纳尔，合 77 亿美元（1997 年）。国防费 3.9 亿第纳尔，合 5.48 亿美元（1998 年国防预算）。原油 4 万桶（1996 年）。天然气 2.94 亿立方米（1995 年）。发电量 50.75 亿度（1994 年）。粮食 9.8 万吨（1996 年）。海运能力，商船（载重 100 吨以上）5 艘，总载重量 11.36 万吨（1997 年）。民航能力，固定航班机场 2 处，客运量 43.95 亿人千米、货运量 2.65 亿吨千米（1997 年）。

国防体制 宪法规定，国王兼任陆、海、空三军统帅，拥有宣布战争、军管、缔结和约的权力。下设“最高国防委员会”，由国防、外交、财政、内政大臣和军队总司令等人组成，通常由国防大臣召集会议，负责制定国防政策和监督国防计划的实施。国防部是内阁中的一个部，主要负责制定国防预算、后勤保障，并与军队总司令部共同发布有关军队的行政命令，但对军队无调动和指挥权。军队总司令部是国王统帅军队的办事机构，其成员有总司令、总司令助理和武装部队总监各 1 人。总司令代表国王处理军队日常事务。总司令部下设总参谋部，其成员有总参谋长及主管作战计划、情报、人力、行政管理等的副总长。此外，还设有“国防委员会”和“军官委员会”。前者负责军队的编制、装备、征兵等具体计划和建议；后者负责对军官的考察、提升和调动提出建议。武装力量由正规军和准军事部队组成。正规军分陆、海、空三个军种。

领导人物 国王兼武装力量统帅阿卜杜拉·本·侯赛因（1999 年 2 月 7 日即位）。首相兼外交和国防大臣阿卜杜拉·拉瓦比德（1999 年 3 月上任）。军队总司令法塔西·阿布·塔列布少将（1989 年 9 月上任）。军队总参谋长阿卜杜勒·哈菲兹·马雷·凯阿比纳中将（1993 年 5 月上任）。

武装力量 **兵力** 现役部队 10.4 万人。

陆军 约 9 万人。编有 2 个装甲师（每师辖 2 个坦克旅、1 个机械化步兵、1 个炮兵旅、1 个防空旅），2 个机械化步兵师（每师辖 2 个机械旅、1 个坦克旅、1 个炮兵旅、1 个防空旅），1 个独立王室警卫旅，1 个特种部队旅（2 个特种部队营、2 个空降营、1 个炮兵营），1 个野战炮兵旅（4 个炮兵营），3 个步兵营。

主战坦克：1217辆，包括M－47/－48A5型300辆（储备）、M－60A1/A3型354辆、“哈利德”/“酋长”270辆、“百人队长”293辆。轻型坦克：“蝎”式19辆。装甲侦察车：“貂”式170辆。步兵战车：БМП－2型35辆。装甲输送车：M－113型1100辆。牵引炮：105毫米50门、155毫米40门、203毫米25门。自行炮：105毫米30门、155毫米240门、203毫米136门。迫击炮：81毫米450门、107毫米50门、120毫米300门。反坦克导弹：“陶”式330具、“龙”式310具。火箭筒：94毫米2500具、112毫米2300具。无坐力炮：106毫米330门。高炮：20毫米100门、23毫米44门、40毫米216门。地空导弹：SA－7B2型若干部、SA－8型50部、SA－13型50部、SA－14型300部、SA－16型240部、“红眼睛”250部。

海军　约480人。近海巡逻艇6艘。

空军　1.35万（包括防空部队3400人）。编有3个对地攻击/战斗机中队、3个战斗机中队、1个运输机中队、3个直升机中队、1个王室专机中队、4个教练机中队、2个防空旅。作战飞机93架、武装直升机16架。

对地攻击/战斗机：F－5E/F型50架。战斗机：“幻影”F－1型25架、F－16A/B型16架。运输机：C－130型8架、C－212A型4架。王室专机：“湾流”2架、“伊尔”－1011型若干架、S－70型直升机3架、SA－319型直升机若干架。直升机：AH－1S型16架、AS－332M型9架、Bo－105型3架、“休斯”500D型8架、UH－1H型18架、UH－60“黑鹰”8架。教练机：“大斗犬”16架、C－101型15架、PA－28－161型12架、PA－34－200型6架、“幻影”F－1B型2架。地空导弹：“陶”式、“小牛”若干部。空空导弹：“响尾蛇”、R－530、R－550若干枚。

预备役部队　3.5万人，其中陆军3万人。

准军事部队　治安部队1万人，民兵2万人。

兵役制度　实行志愿兵役制。

驻外兵力　在安哥拉、波斯尼亚、克罗地亚等国派驻116名联合国观察员。

军队节日　陆军节6月10日。

（薛利涛）

越　　南

国　　名　越南社会主义共和国。

主要统计　面积32.9556万平方千米。人口7885.2万人（其中，13～17岁男432.4万人，女417.4万人；18～22岁男391.6万人，女379.5万人；23～32岁男678.4万人，女666.9万人）。国内生产总值265亿美元（1998年）。国防费9.6亿美元（1998年国防预算）。粗钢130万吨（1997年）。原油1200万吨（1998年）。原煤1277万吨（1997年）。发电量170亿度（1996年）。粮食3130万吨（1998年）。海运能力，商船（载重100吨以上）230艘，货运量87.28万吨（1997年）。民航能力，固定航班机场12处，客运量2.09亿人千米、货运量1900万吨千米（1997年）。

国防政策　1998年9月24日，越南国防部首次公布了《越南国防白皮书》。该白皮书在全面分析世界和地区形势以及越南面临的安全环境的基础上，系统阐述了越南的国防政策：维护和平、稳定，牢牢保卫越南社会主义祖国，不侵略别国，不参与军备竞赛，不搞军事联盟，奉行独立自主的政策；强调积极发展多边、多样化的关系，争做所有国家的朋友，共同为和平、独立和发展而斗争；加强友好合作，尊重别国的独立、主权，互不干涉内政，采用和平谈判方式解决存在的问题和争端；全国一心，全民卫国，努力建设全民国防，将保卫国家与人民安全紧密结合起来，以维护和平与稳定，集中力量促进国家工业化、现代化的发展，为实现民富国强、社会公平的目标而奋斗；重视3种武装力量的建设，特别是必须按照“革命化、正规化、精锐化和逐步现代化”的方针，加强军队质量建设；大力加强军队政治工作，保证军队始终是党、国家和人民的忠诚、可靠的政治力量和战斗力量，巩固和加强与人民群众的血肉关系，不断发扬“胡伯伯部队”的光荣传统；加强战备工作和军事训练，不断改善武器装备，进一步提高军队的综合质量和实战能力。

军事战略　1998年，越南继续实行以“全民国防”为基础的“积极防御”的军事战略，其主要内容包括：（1）对安全环境的估计。越军认为，越国家安全主要面临3方面的威胁：一是以美国为首的西方国家利用“民主”、“人权”干涉越南内政，对越进行“和平演变”，企图把越引向资本主义道路；二是国外敌对势力与国内反政府组织相互勾结，伺机制造暴乱和破坏活动，企图颠覆越南共产党政权；三是越与周边国家存在领土争端，有引发局部武装冲突甚至局部战争的危险。(2) 军事战略目标：确保北部和西南边境的稳定和安全，维护在南沙的既得利益，捍卫国家的独立、安全、主权和领土完整，保卫社会主义制度，保持国内政局和社会稳定，为国家集中力量发展经济和提高地区大国地位创造有利条件。(3) 军事战略方针：收缩陆地战线；扩大海上控制范围，巩固已占南沙岛礁；建立“区域防御”体系；坚决抵制“和平演变”，严防发生暴乱和颠覆活动。(4) 战争准备：立足于依靠本国经济和军事实力，随时应付可能在南沙海域发生的中低强度战争和在越北部、西南边境局部地区发生的小规模武装冲突。(5) 战略部署：南北兼顾，陆海并重，重点防御北部、西南部和中南沿海方向。(6) 建军方针：削减数量、提高质量，建立一支“革命化、正规化、精锐化和逐步现代化”的军队，同时加强后备力量建设。

国防体制　越南宪法规定：国家主席统帅各人民武装力量，并兼任国防与安宁会议主席。但实际上越共中央军事党委是最高军事决策机构，越共中央总书记兼任军委书记，通过国防部对全国武装力量实行统一领导和指挥。国防与安宁委员会负责审查和监督国防政策的执行。国防部既是越共中央军委党委的办事机构，又是越军的最高军事行政机关，下辖总参谋部、总政治局、总后勤局、总技术局、国防工业经济总局和情报总局。6 大总部（局）分别负责全军的军事指挥、政治思想教育、后勤供应、技术保障、军工及生产经营、情报搜集与服务。国防部机关设有办公厅、资料局、财政局、外事局、刑事调查局、科学工艺环境管理局、科学工艺环境通讯中心、监察委员会、越俄热带合作委员会，直属单位有军事战略研究院、军事历史研究院等。武装力量由正规军、地方部队、预备役部队和民兵自卫队组成。正规军又称主力部队，分陆军、海军、空军和防空军四个军种。

领导人物　越共中央总书记兼中央军事党委书记黎可漂上将（1997 年 12 月上任）。国防部长范文茶上将（1997 年 7 月 29 日上任）。总参谋长黎文勇中将（1998 年 9 月 10 日上任）。总政治局主任范青银中将（1998 年 1 月 3 日上任）。总后勤局主任阮文沱少将（1998 年 1 月 3 日上任）。总技术局主任阮花盛少将（1998 年 1 月 3 日上任）。国防工业经济总局主任陈德越少将。海军司令梅春永中将（1994 年 1 月上任）。空军司令阮文谷少将。防空军司令吴兄少将（1993 年上任）。

武装力量　**兵力**　现役部队约 48.4 万人。

陆军　约 41.2 万人。划分为 8 个军区、2 个特区，编有 14 个军部、58 个步兵师、4 个机械化步兵师、10 个装甲旅、15 个独立步兵团、若干个特种作战部队（含空降旅和爆破工兵团）、约 10 个野战炮兵旅、8 个工程兵师、10～16 个经济建设师、20 个独立工程兵旅。

主战坦克：共 1315 辆，其中 T－34 型 45 辆、T－54/－55 型 850 辆、T－62 型 70 辆、PT－59 型 350 辆。轻型坦克：PT－76 型 300 辆、PT－62/－63 型 320 辆。装甲侦察车：BRDM－1/－2 型 100 辆。步兵战车：BMP 型 300 辆。装甲输送车：BTR－40/－50/－60/－152 型 1100 辆，YW－531、M－113 型若干辆。牵引炮：76 毫米、85 毫米、100 毫米、105 毫米、122 毫米、130 毫米、152 毫米、155 毫米共 2300 门。自行炮：152 毫米 30 门，100 毫米、120 毫米、122 毫米、175 毫米若干门。火箭炮：107 毫米 360 门、122 毫米 350 门、140 毫米若干门。迫击炮：82 毫米、120 毫米和 160 毫米若干门。反坦克导弹：AT－3“耐火箱”式若干具。无坐力炮：75 毫米、82 毫米、87 毫米若干门。高炮（高射机枪）：14.5 毫米、23 毫米、30 毫米、37 毫米、57 毫米、85 毫米、100 毫米共 1.2 万门（挺）。地空导弹：SA－7/－16 型若干部。

海军　约 4.2 万人（含海军陆战队 2.7 万人）。划分为 4 个沿海区。

潜艇：朝鲜制小型潜艇 2 艘。护卫舰：共 7 艘，其中原苏制“别佳”Ⅱ级 3 艘、原苏制“别佳”Ⅲ级 2 艘、“巴奈加特”（美制“卡特尔”）级 1 艘、“陈庆余”（美制“萨维奇”）级 1 艘。巡逻艇和小型快艇：共 44 艘，其中原苏制“黄蜂”Ⅱ级导弹快艇 8 艘、原苏制“蝗虫”级导弹快艇 2 艘、原苏制“图利亚”级水翼鱼雷艇 7 艘、“大胡蜂”级鱼雷快艇 8 艘、原苏制 SO－1 级巡逻艇 4 艘、美制 PGM－59/71 级 3 艘、小于 100 吨的近海巡逻艇 10 艘、原苏制“图利亚”级巡逻艇 2 艘。扫雷舰艇：共 16 艘，其中“尤尔卡”级 2 艘、“索尼亚”级 4 艘、“连云”级 2 艘、“瓦尼亚”级 1 艘、“叶夫根尼亚”级 2 艘、小扫雷艇 5 艘。登陆舰：共 6 艘，其中美制 LST－510/511 坦克登陆舰 3 艘、原苏制“北方”级中型登陆舰 3 艘。小型登陆艇：机械化登陆艇 12 艘、通用登陆艇 18 艘。

空军　1.5 万人，编成 4 个航空师、2 个攻击机团、5 个歼击机团、3 个运输机团、3 个教练机团。

攻击战斗机：共 77 架，即苏－22 型 65 架、苏－27 型 12 架。战斗机：米格－21“比斯”124 架。武装直升机：米－24 型 24 架。海上侦察机：贝－12 型 4 架。反潜直升机：共 19 架，即卡－25 型 8 架、卡－28 型 5 架、卡－32 型 6 架。航测机：安－30 型 2 架。运输机：共 67 架，包括安－2 型 12 架、安－24 型 4 架、安－26 型 30 架、图－134 型 8 架、雅克－40 型 13 架。直升机：米－6、米－8、米－17 型约 70 架。教练机：L－39 型、米格－21U、雅克－18 型等共 52 架。空空导弹：AA－2、AA－8、AA－10 型若干枚。空地导弹：AS－9 型若干枚。

防空军　1.5 万人，编成 14 个防空师、4 个高炮旅、6 个雷达旅；有雷达阵地 100 处、地空导弹发射阵地 66 处；装备 37 毫米、57 毫米、85 毫米、100 毫米、130 毫米高炮若干门，SA－2/－3/－6 型地空导弹若干部，雷达约 1000 部。

地方部队　编有省、市、县军事指挥部；每个省、市军指下辖若干个独立团，每个县军指下辖若干个独立营。省军指、国家直辖市军指由所在军区指挥，省辖市、县军指由省军指指挥。

预备役部队　越南《军事义务条例》规定，男 18～45 岁、女 18～40 岁的退伍军人和依照法律应服兵役而未入伍的公民，都要编入预备役部队。预备役军官一般由军队转业军官、士官和具有大专以上学历并受过专门培训的地方人员担任。预备役军人根据其服役经历和受训程度分为两类。凡服满现役 1 年以上或打过仗的士官和士兵，以及预备役期间参加集训累计达 1 年者，均为第 1 类预备役，其余为第 2 类。两类预备役军人又根据年龄分为两等：A 等为 35 岁以下，B 等为 36～45 岁。预备役士官和士兵在服满预备役年限后或身体不宜继续服预备役，可由省辖市、镇、县军事指挥长决定解除预备役。迄 1998 年底，越预备役部队约 30 万人。

民兵自卫队　一般编成连、排，最大编成营，由步兵、工兵、防化兵、通信兵和侦察兵等诸兵种组成。迄 1998 年底，越民兵自卫队约 160 万人。民兵自卫队平时不脱产，定期参加军事训练，受当地驻军统一指挥；战时担负警戒、侦察、巡逻、运输、救护、防空、消防和组织疏散等项任务，也可配合军队行动，增强军队的作战力量，开展敌后游击战。

部署　1998 年，越军部署继续保持“南北兼顾”、“陆海并重”，重点防御北部、西南部和中南沿海地区的态势。陆军采取区域部署和机动部署相结合方式，全国由北向南划分为 8 个区域，每个区域部署 1 个军区；担负战略机动作战任务的野战部队部署是北部、南部地区各占一半；总兵力的 50% 部署在北部地区、40% 部署在西南部地区、10% 部署在中部地区。海军由北向南沿海岸线划分为 4 个区域，每个区域部署 1 个沿海区；主要作战舰艇部署在岘港、金兰湾和胡志明市等中南沿海地区。空军按照重点布防和机动布防相结合的原则，将全国从北到南划分为 3 个作战区，每个作战区部署相应部队；总兵力的 2/3 部署在中南沿海地区，1/3 部署在北部地区。防空军将全国划分为北、中、南 3 个防空作战区，重点保卫主要城市和地域；总兵力的 50% 部署在北部作战区、30% 部署在南部作战区、20% 部署在中部作战区。越拥有海军基地 11 处（万华、锦普、鸿基、河修、海防、岘港、芽庄、头顿、金兰湾、胡志明市和归仁等）；空军基地 15 处（内排、安沛、克夫、和乐、建安、寿春、岘港、富吉、藩朗、边和、新山一、波莱古、绥和、金兰湾、朱莱等）。

兵役制度　越南《义务兵役法》规定，实行义务兵役制度。服役年龄 18～27 岁。服役年限，士官和士兵 2 年，士官指挥员、军队培训的专业技术士官和士兵、海军舰艇士官和士兵均为 3 年，需要时可延长半年。军官服役年限，尉官 38 岁、少校 43 岁、中校 48 岁、上校 52 岁、大校 55 岁、少将 60 岁，中将以上军官不规定服役年限。

军衔　根据越南《人民军军官法》规定，越南军官军衔分为 3 等 12 级，即将官 4 级（大将、上将、中将、少将），校官 4 级（大校、上校、中校、少校），尉官 4 级（大尉、上尉、中尉、少尉）。军官晋衔年限：少尉升中尉 2 年，中尉升上尉 3 年，上尉升大尉 3 年，大尉升少校 4 年，少校升中校 4 年，中校升上校 4 年，上校升大校 4 年，将官晋升不规定时限。士官分 3 级：上士、中士、下士。士兵分 2 级：上等兵、列兵。士兵晋升年限：列兵升上等兵 9 个月，上等兵升下士 1 年，下士升中士 1 年半，中士升上士 1 年半。

外国驻军　据俄塔社报道，目前俄罗斯在越南金兰湾基地驻有“很少一部分”守备部队，主要担负金兰湾机场和码头的防务，并“使用高性能的通信监听设施收集情报”。

军队节日　建军节 12 月 22 日，海军节 5 月 7 日，空军节 4 月 3 日，防空军节 4 月 1 日。

军工生产能力　1998 年，越海军建造了 2 艘导弹攻击快艇和 1 艘“高质量远洋渔船”。其中，导弹艇采用喷水式动力系统，最高航速可达 32 节，排水量为 500 吨，编制人员为 14～16 人，配备有舰对舰导弹发射架 2 座和 76、30 毫米火炮各 1 门。越军总后勤局还建造了 1 艘渔船，并计划建造 1 艘 450 吨级运输船和 3 艘快艇。同时，越军对部分护卫舰，米格－21、苏－22、安－26 型飞机，防空雷达和导弹系统进行了技术改造。

（钟学良）

非洲国家军事概况

阿尔及利亚

国　　名　阿尔及利亚民主人民共和国。

主要统计　面积238.1741万平方千米。人口2920万人（其中，13～17岁男189.1万人，女176.1万人；18～22岁男169.3万人，女158.4万人；23～32岁男268.9万人，女252.4万人）。国内生产总值460亿美元（1997年）。国防费19亿美元（1998年国防预算）。原煤2万吨（1994年）。原油2.98亿桶（1996年）。天然气518.17亿立方米（1995年）。发电量198.88亿度（1994年）。粮食460.2万吨（1996年）。海运能力，商船（载重100吨以上）149艘，总载重量109.34万吨（1997年）。民航能力，固定航班机场28处，客运量26.44亿人千米、货运量1480万吨千米（1997年）。

国防体制　宪法规定，总统为武装力量统帅。最高国防决策机构为国家最高安全委员会，由总统任主席。国防部为政府中的一个部，是最高军事行政机关。武装力量由正规军和准军事部队组成。正规军分陆、海、空三个军种。最高军事指挥机构为国家人民军参谋部。总统通过国防部和国家人民军参谋部对武装力量实施领导和指挥。

领导人物　国家最高安全委员会主席、武装力量统帅兼国防部长布特弗利卡（1999年4月上任）。国家人民军参谋长拉马利中将。

武装力量　**兵力**　现役部队12.2万人。

陆军　10.5万人。编有6个军区、2个装甲师、2个机械化师、4～5个独立机械/摩托化步兵旅、1个独立装甲旅、1个空降师、7个炮兵营、5个防空营。

坦克：T-54/-55型324辆、T-62型32辆、T-72型295辆。装甲侦察车：БРДМ-2型75辆。步兵战车：БМП-1型700辆、БМП-2型225辆。装甲输送车：БТР-50/-60型530辆。OT-64型150辆。牵引炮：122毫米386门、130毫米10门、152毫米20门。自行炮：122毫米150门、152毫米35门。火箭炮：122毫米48门、140毫米48门、240毫米30门。迫击炮：82毫米150门、120毫米120门、160毫米60门。火箭筒：82毫米120具、107毫米58具。反坦克炮：57毫米156门、85毫米80门、100毫米62门。高炮（高射机枪）：14.5毫米80挺、20毫米100门、23毫米310门、37毫米150门、57毫米75门、85毫米20门、100毫米150门、130毫米10门。地空导弹：SA-7/-8/-9型若干部。

海军　约7000人（包括海岸警卫队500人）。基地设在：凯比尔、阿尔及尔、安纳巴、吉杰勒。

潜艇：K级2艘。护卫舰："科尼"级3艘。护卫艇："纳奴契卡"级3艘。导弹攻击快艇："黄蜂"级11艘。巡逻艇：5艘。扫雷艇：11艘。两栖登陆艇：3艘。支援舰：3艘。

海岸警卫队　约500人，装备有巡逻艇29艘、支援舰1艘。

空军　1万人，编有3个攻击战斗机中队、5个战斗机中队、1个侦察机中队、2个海上侦察机中队、2个运输机中队。作战飞机181架、武装直升机65架。

攻击战斗机：米格-23BN型40架、苏-24型10架。战斗机：米格-21型70架、米格-23型30架、米格-25型10架。侦察机：米格-25型4架、米格-21型6架。海上侦察机："超级空中大王"B-200T型15架。运输机：C-130H型16架、伊尔-76型5架。要人专机："猎鹰"900型2架、"湾流"3架、"福克"27型2架。攻击直升机：米-24型35架、米-8/-17型30架。运输直升机：米-4型2架、米-6型5架、米-8/-17型46架、AS-355型10架。教练机：米格-21型3架、米格-23型5架、米格-25型3架、T-34C型6架、L-39型30架、ZLIN-142型30架。空空导弹：AA-2/-6型若干枚。

防空部队　编有3个高炮旅和3个地空导弹团，装备有85毫米、100毫米和130毫米高炮若干门，地空导弹萨姆－3/－6/－8型若干部。

预备役部队　陆军预备役部队约15万人。

准军事部队　14.62万人，其中宪兵2.5万人、治安警察2万人、共和国卫队1200人、防卫部队约10万人。

兵役制度　实行义务兵和志愿兵相结合的兵役制度。士兵服役期18个月。

军衔　分6等17级：将官2级（少将、准将），校官3级（上校、中校、少校），尉官3级（上尉、中尉、少尉），准尉2级（一级准尉、二级准尉），军士2级（军士长、军士），士兵5级（上士、中士、下士、上等兵、列兵）。

（周长鹏）

埃　及

国　　名　阿拉伯埃及共和国。

主要统计　面积100.2万平方千米。人口6130万人（其中，13～17岁男348.6万人，女329.1万人；18～22岁男302.6万人，女285万人；23～32岁男490万人，女459.9万人）。国内生产总值2560亿埃镑，合650亿美元（1997年）。国防费93亿埃镑，合27亿美元（1997年国防预算）；95亿埃镑，合28亿美元（1998年国防预算）。原煤115.5万吨（1992年）。原油3.37亿桶（1996年）。天然气122.33亿立方米（1995年）。发电量479.2亿度（1994年）。粮食1654.2万吨（1996年）。海运能力，商船（载重100吨以上）444艘，总载重量168.52万吨（1997年）。民航能力，固定航班机场11处，客运量87.42亿人千米、货运量1.98亿吨千米（1997年）。

国防体制　总统为武装部队统帅，最高军事决策机构为国防委员会，由总统任主席。总统下设武装部队总司令，由国防部长兼任。武装部队由正规军和准军事部队组成。正规军分陆、海、空和防空军四个军种。最高军事指挥机构为总参谋部，统辖各军种、军团和军区。最高统帅和总司令通过总参谋部指挥全军。

领导人物　总统兼武装部队统帅穆罕默德·胡斯尼·穆巴拉克（1993年10月连任）。武装部队总司令兼国防和军工生产部长穆罕默德·侯赛因·坦塔维元帅（1993年10月14日连任）。总参谋长马吉迪·安瓦尔·拉德旺·哈塔塔中将（1995年10月上任）。海军司令艾哈迈德·阿里·法迪勒中将（1990年10月13日上任）。空军司令艾哈迈德·穆罕默德·沙菲格·扎基少将（1996年4月上任）。防空军司令艾哈迈德·阿布·塔列卜中将。

武装力量　**兵力**　现役部队45万人。

陆军　32万人。编有4个军区、2个军团司令部、4个装甲师、8个机械化步兵师、1个共和国警卫装甲旅、4个独立装甲旅、1个空运旅、2个独立步兵旅、1个伞兵旅、4个独立机械化旅、15个独立炮兵旅、2个地地导弹旅、6个突击大队。

坦克：T－54/－55型840辆、“朗塞”2型260辆、T－62型500辆、M－60A1型400辆、M－60A3型1300辆、M－1A1“艾布拉姆斯”400辆。装甲侦察车：БРДМ－2型300辆、“突击侦察”112辆。步兵战车：БМП－1型220辆、BMR－600P型260辆、YPR－765型310辆。装甲输送车：“瓦利德”650辆、“法赫德”30型165辆、БТР－50/OT－62型1075辆、M－113A2型1994辆、YPR－765型70辆。牵引炮：122毫米551门、130毫米420门。自行炮：122毫米76门、155毫米200门。无坐力炮：122毫米296门。迫击炮：82毫米500门、107毫米100余门、120毫米1800门、160毫米60门。地地导弹：“蛙”7型12部、“天鹰”80型若干部、“飞毛腿”B型9部。反坦克导弹：AT－3“耐火箱”式1400具、“米兰”式220具、“旋火”式200具、“陶”式840具。火箭筒：107毫米若干具。高炮（高射机枪）：14.5毫米475挺、23毫米712门、37毫米150门、57毫米340门。地空导弹：SA－7型2000部、SA－9型20部、M－54“小槲树”26部。监视雷达：AN/TPQ－37型炮位测定雷达若干部，“拉西特”式飞行器、火炮监视雷达若干部，“辛伯林”炮位侦察雷达若干部。无人驾驶飞机：R4E－50“天眼”若干架。

海军　2万人（包括2000名海岸警卫队）。

潜艇：“R”级4艘。驱逐舰：“法塔赫”级1艘。护卫舰：“穆巴拉克”级2艘、“苏伊士”级2艘、“胜利者”级2艘、“达米亚特”（美式“诺克斯”）级2艘。“塔里格”（英式“黑天鹅”）级1艘。导弹艇：

"拉马丹"级6艘，"黄蜂"Ⅰ级4艘，"十月"级6艘，"蚊子"级2艘，其他6艘。巡逻艇：18艘。反水雷舰：13艘。两栖舰：12艘。支援与勤务船：20艘。

海军航空兵　装备有武装直升机24架，其中"海王"式反潜直升机5架、SA－342型反潜直升机9架、SH－2G型10架。

岸防部队　装备有130毫米火炮若干门，"奥托马特"式岸舰导弹若干具。

空军　3万人。编有34个飞行中队。作战飞机585架，武装直升机125架。

攻击战斗机："阿尔法喷气"式42架、F－4E型29架、"幻影"5E2型20架、其他44架。战斗机：F－16A型25架、F－16C型114架、米格－21型74架、"幻影"5D/E型53架、"幻影"2000C型18架、其他53架。侦察机："幻影"5SDR型6架、米格－21型14架。电子战机：C－130H型2架、"山毛榉"1900型4架、"突击队员"2E型（直升机）4架。空中预警机：E－2C型5架。反潜机：SA－342L型9架、"海王"47型5架。海上侦察机："山毛榉"1900C型2架。教练机：DHC－5型4架、EMB－312型54架、F－16B型10架、F－16D型29架、"共和国"式36架、JJ－6型16架、L－29型40架、L－39型48架、L－59E型30架、米格－21U型若干架、"幻影"5SDD型5架、"幻影"2000B型3架。运输机：C－130H型19架、DHC－5D型5架、"超级空中大王"式1架、"湾流"3型3架、"湾流"4型1架、"猎鹰"20型3架。攻击直升机：SA－342K型65架、AH－64A型36架。直升机：CH－47C型14架、CH－47D型14架、米－8型40架、"突击队员"25架、S－70型2架、米－4型12架、UH－12E型17架、UH－60A型2架、UH－60L型2架、AS－61型3架。无人驾驶飞机："塔拉丁－瑞安"29架、"圣甲虫"324架。空地导弹：AGM－65"小牛"式、"飞鱼"AM－39型、AS－12型、AS－30型、AS－30L"霍特"若干枚。反雷达导弹："阿玛特"若干枚。空空导弹：AA－2"环礁"、AIM－7E/F/M"麻雀"、AIM－9F/L/P"响尾蛇"、"玛特拉"R－530、"玛特拉"R－550若干枚。

防空军　8万人。编有4个师、100个高炮营、107个导弹营、38个导弹连。

高炮：20毫米、23毫米、37毫米、57毫米、85毫米、100毫米等共2000余门。地空导弹：SA－2型282部、SA－3型212部、SA－6型56部、"霍克"改进型78部、"响尾蛇"式36部。防空系统："太阳神"式约18套、"西奈"23型（短程）若干套。

预备役部队　25.4万人，其中陆军15万人、海军1.4万人、空军2万人、防空军7万人。

准军事部队　23万人：其中海岸警卫队约2000人，装备有巡逻艇40艘，另有小艇60艘；中央公安部队15万人，装备有"霍斯普尔·胡萨"式装甲输送车110辆，"瓦利德"装甲输送车若干辆；国民警卫队6万人，编有8个旅；边防警卫队2万人，编有19个边防警卫团。

军事基地　海军基地6处：亚历山大、塞得港、马特鲁赫港、萨法卡、陶菲克港和胡尔加答。

兵役制度　实行义务兵和志愿兵相结合的兵役制度。义务兵服役期3年。

军衔　军官分4等11级：元帅1级，将官4级（上将、中将、少将、准将），校官3级（上校、中校、少校），尉官3级（上尉、中尉、少尉）。

驻外兵力　向阿曼、沙特阿拉伯和扎伊尔派有军事顾问；参与联合国驻安哥拉核查团观察员3人、驻波斯尼亚维持和平部队300人、驻中非共和国部队125人、驻克罗地亚观察员1人、驻乔治亚观察员1人、驻前南斯拉夫观察员1人、驻西撒哈拉全民投票特派团观察员19人。

外国驻军　联合国多国和平部队与观察员约1896人。

（张令钟）

埃　塞　俄　比　亚

国　　名　埃塞俄比亚联邦民主共和国。

主要统计　面积110.36万平方千米。人口5500万人（其中，13～17岁男357.1万人，女343.7万人；18～22岁男290.3万人，女276.8万人；23～32岁男438万人，女421.6万人）。国内生产总值65亿美元（1997年）。国防费1.31亿美元（1998年国防预算）。发电量12.84亿度（1994年）。粮食1112.8万吨（1996年）。海运能力，商船（载重100吨以上）27艘，总载重量8.4万吨（1997年）。民航能力，固定航班机场31处，客运量18.38亿人千米、货运量 1.12 亿吨千米（1997 年）。

国防体制 根据宪法规定，总理为政府首脑兼武装部队总司令。国防安全委员会是负责国家安全和防务的最高军事决策机构，由总理、国防部长、内政部长以及国家安全部长等人组成。总理通过国防部和总参谋部实施对全国武装部队的领导和指挥。

领导人物 总理兼全国武装部队总司令梅莱斯·泽纳维（1995 年 8 月上任）。副总理兼国防部长塔费拉·瓦莱瓦（1996 年上任）。国防军参谋长泽德甘。

武装力量 **兵力** 现役部队约 12 万人。

陆军 约 10 万人，共分 3 个军区；每个军区编有 1 个军司令部，下辖 2 个师和 1 个加强机械化旅。

坦克：T－54/－55/－62 型 350 辆。装甲侦察车/步兵战车/装甲输送车：共约 200 辆。牵引炮：76 毫米、85 毫米、122 毫米、130 毫米若干门。火箭炮：BM－21 型若干门。迫击炮：81 毫米、82 毫米、120 毫米若干门。反坦克导弹："萨格尔"若干具。无坐力炮：82 毫米、107 毫米若干门。高炮：23 毫米、37 毫米、57 毫米若干门。地空导弹：SA－2/－3/－7/－9 型共 350 余部。

空军 人数不详。战斗机：米格－21 型 40 架、米格－23 型 18 架、米格－27 型 5 架。运输机：C－130 型 4 架、安－12 型 6 架、DH－6 型 2 架、雅克－40 型（专机）1 架。教练机：L－39 型 10 架。武装直升机：米－24 型 24 架。运输直升机：米－8 型 22 架。

（周长鹏）

安 哥 拉

国　　名 安哥拉共和国。

主要统计 面积 124.67 万平方千米。人口 1170 万人（其中，13～17 岁男 63.7 万人，女 63.9 万人；18～22 岁男 53.8 万人，女 54.2 万人；23～32 岁男 81.5 万人，女 83.2 万人）。国内生产总值 77 亿美元（1997 年）。国防费 3.8 亿美元（1998 年国防预算）。原油 2.58 亿桶（1996 年）。天然气 5.61 亿立方米（1995 年）。发电量 18.65 亿度（1994 年）。粮食 53 万吨（1996 年）。海运能力，商船（载重 100 吨以上）113 艘，总载重量 12.3 万吨（1997 年）。民航能力，固定航班机场 17 处，客运量 9.48 亿人千米、货运量 1.13 亿吨千米（1997 年）。

国防体制 宪法规定，总统为武装力量统帅。最高国防决策机构为政治和军事协调委员会，由总统任主席。国防部为政府中的一个部，是最高军事行政机关。武装力量由正规军、预备役部队和准军事部队组成。正规军分陆、海、空三个军种，预备役部队有全国民兵，准军事部队有边防军。最高军事指挥机构为总参谋部。总统通过国防部和总参谋部对全国武装力量实施领导和指挥。

领导人物 总统兼武装力量统帅若泽·爱德华多·多斯桑托斯（1979 年上任，1990 年 12 月第 2 次连任）。国防部长佩德罗·塞巴斯蒂昂上将。

武装力量 **兵力** 现役部队约 11.4 万人。

陆军 10.6 万人，编有 35 个团。

坦克：T－54/－55 型 100 辆、T－62 型约 150 辆、T－72 型约 50 辆。步兵战车：БМП 型 150 余辆。装甲侦察车：БРДМ－2 型 40 余辆。装甲输送车：БТР－60/－152 型 100 辆。牵引炮：76 毫米、85 毫米、122 毫米、130 毫米共 300 门。火箭炮：122 毫米 90 门、240 毫米若干门。迫击炮：82 毫米 250 门、120 毫米 40 余门。反坦克导弹：AT－3"耐火箱"若干具。无坐力炮：82 毫米、107 毫米共 500 门。高炮（高射机枪）：14.5 毫米、23 毫米、37 毫米、57 毫米等 200 余门（挺）。地空导弹：SA－7/－14 型若干部。

海军 约 1500 至 2000 人。基地设在罗安达、洛比托和纳米贝。

导弹攻击快艇："黄峰"2 级 6 艘。鱼雷快艇："大胡蜂"级 4 艘。巡逻艇：7 艘。扫雷艇："叶夫根尼亚"级 1 艘。两栖舰艇："北方"级登陆舰 1 艘。

空军 约 6000 人。作战飞机 45 架，武装直升机 28 架。

攻击/战斗机：米格－23 型 6 架、苏－22 型 4 架、苏－25 型 4 架。战斗机：米格－21 型 4 架。防暴兼侦察机：PC－7/－9 型 9 架。海上侦察机：EMB－111 型 2 架、F－27MPA 型 1 架。攻击直升机：米－25/－35 型 15 架、SA－365M 型 5 架、SA－342 型 6 架。运输机：Am－2 型 5 架、安－26 型 4 架、BN－2 型 6 架、C－212 型 8 架、L－100－20 型 2 架、PC－6B 型 4 架。直升机：AS－565 型 8 架、IAR－

316型30架。教练机："色斯纳"172型3架、雅克-11型6架。地空导弹：SA-2型40部、SA-3型12部、SA-6型25部、SA-8型15部、SA-9型20部、SA-13型10部。空地导弹："霍特"若干枚。空空导弹：AA-2"环礁"若干枚。

准军事部队　快速反应警察部队1.5万人。

兵役制度　实行征兵制，服役期2年。

反对派武装：争取安哥拉彻底独立全国联盟　约2.5万～3万名官兵被重新装备，还有1.1万名官兵已编入安正规军。

卡奔达解放阵线　声称兵力5000人，实有约600人，仅有些轻武器。

驻外兵力　驻圣多美和普林西比部队约500人（1个营）。

外国驻军　联合国军事观察员253人、警察观察员289人（分别来自31个国家）。

（周长鹏）

刚　果（金）

国　　名　刚果民主共和国（原名"扎伊尔共和国"，1997年5月17日改为现名）。

主要统计　面积234.4885万平方千米。人口4774.2万人（其中，13～17岁男282.2万人，女279.5万人；18～22岁男226万人，女225.6万人；23～32岁男330.7万人，女333.6万人）。国内生产总值58亿美元（1997年）。国防费2.5亿美元（1998年国防预算估计）。原煤9.3万吨（1994年）。原油1000万桶（1996年）。发电量55.45亿度（1994年）。粮食163.2万吨（1996年）。海运能力，商船（载重100吨以上）27艘，总载重量3.07万吨（1997年）。民航能力，固定航班机场12处，客运量2.18亿人千米、货运量4200万吨千米（1997年）。

国防体制　根据卡比拉总统颁布的总统令（具有宪法性质），共和国总统为武装力量统帅。目前，由于卡比拉总统尚未任命国防部长和总参谋长，刚果国防体制及军队指挥领导系统尚不完善。

领导人物　总统兼国民军统帅洛朗·德西雷·卡比拉（1997年5月上任）。

武装力量　兵力　现役部队约5万人。

陆军　约5万人。

主战坦克：约60辆。装甲侦察车：AML-60/-90型共60辆。装甲输送车：M-113型12辆、YW-531型12辆、M-3型60辆。牵引炮：75毫米30门、85毫米20门、122毫米35门、130毫米8门。火箭炮：107毫米20门、122毫米10门。迫击炮：81毫米和107毫米若干门、120毫米50门。无坐力炮：57毫米、75毫米、106毫米各若干门。高炮（高射机枪）：14.5毫米若干挺、37毫米40门、40毫米若干门。地空导弹：SA-7型若干部。

海军　90人。基地设在巴纳纳（海港）、博马、马塔迪、金沙萨（河港）和卡莱米（坦噶尼喀湖）。

海岸巡逻艇：7艘。

兵役制度　实行志愿兵役制。

外国驻军　安哥拉驻军2000人，乌干达驻军500人，津巴布韦驻军600人。

（周长鹏）

津　巴　布　韦

国　　名　津巴布韦共和国。

主要统计　面积39.0759万平方千米。人口1181.4万人（其中，13～17岁男75.3万人，女74.6万人；18～22岁男61.3万人，女61.1万人；23～32岁男95万人，女95万人）。国内生产总值64亿美元（1997年）。国防费4.71亿美元（1998年国防预算估计）。原煤546.9万吨（1994年）。发电量73.34亿度（1994年）。粮食312.4万吨（1996年）。民航能力，固定航班机场7处（1996年），客运量8.4亿人千米、货运量3900万吨千米（1997年）。

国防体制 宪法规定，总统为武装力量统帅。最高国防决策机构为国防委员会。国防部为政府中一个部，是最高军事行政机关，负责国防预算、军事行政和对外军事关系等工作。武装力量由正规军和准军事部队组成。正规军分陆、空两个军种，准军事部队有警察部队、警察支援部队和民兵。总统通过国防部长和陆、空军司令对全国武装力量实施领导和指挥。

领导人物 总统兼武装力量统帅罗伯特·加布里埃尔·穆加贝（1987 年 12 月上任，1996 年第 2 次连任）。国防部长莫文·马哈奇（1992 年 7 月上任）。国防军司令兹维纳瓦希上将（1994 年 7 月上任）。陆军司令奇温加中将（1994 年 7 月上任）。空军司令佩朗斯·希里空军中将（1992 年 8 月上任）。

武装力量 **兵力** 现役部队 3.9 万人。

陆军 3.5 万人。编有 7 个旅（含 1 个总统卫队旅、1 个机械化旅）、1 个装甲团、15 个步兵营（含 2 个警卫营、1 个机械化营、1 个突击营、1 个伞兵营）、2 个炮兵团、1 个高炮团、1 个工兵团。

主战坦克：T－59/－69 型共 32 辆。装甲侦察车："响尾蛇"EE－9 型 90 辆。装甲输送车：YW－531 型、UR－416 型约 30 辆，"鳄鱼"约 75 辆。牵引炮：122 毫米 16 门。火箭炮：107 毫米 18 门、122 毫米 52 门。迫击炮：81/82 毫米 502 门、120 毫米 14 门。高炮（高射机枪）：14.5 毫米、23 毫米、37 毫米共 215 门（挺）。地空导弹：SA－7 型 17 部。

空军 4000 人。作战飞机 62 架、武装直升机 24 架。

攻击/战斗机："猎人"11 架、"隼"MK－60 型 11 架。战斗机：米格－21 型 12 架。侦察机："色斯纳"337 型 15 架。教练/侦察/联络机：SF－260C/W 型 16 架。运输机：BN－2 型 6 架、C－212－200 型 11 架。直升机：SA－319 型 24 架、AB－412 型 10 架、AS－532 型 4 架。

准军事部队 2.18 万人，其中警察 1.95 万人、警察支援部队 2300 人。

兵役制度 实行征兵制。 （周长鹏）

利　比　亚

国　　名 大阿拉伯利比亚人民社会主义民众国。

主要统计 面积 175.954 万平方千米。人口 600.5 万人（其中，13～17 岁男 35 万人，女 33.7 万人；18～22 岁男 29.1 万人，女 28.1 万人；23～32 岁男 44.1 万人，女 42 万人）。国内生产总值 270 亿美元（1997 年估计）。国防费 13 亿美元（1998 年国防预算估计）。原油 5.12 亿桶（1996 年）。天然气 62.98 亿立方米（1995 年）。发电量 178 亿度（1994 年）。粮食 32.1 万吨（1996 年）。海运能力，商船（载重 100 吨以上）150 艘，总载重量 122.3 万吨（1997 年）。民航能力，固定航班机场 12 处，客运量 3.98 亿人千米、货运量 40 万吨千米（1997 年）。

国防体制 利比亚"九·一"革命领导人为武装力量统帅。最高国防决策机构为革命指挥委员会。防御总委员会是最高军事行政和指挥机关。武装力量由正规军和准军事部队组成。正规军分陆、海、空三个军种。总参谋部隶属防御总委员会，负责作战、训练、情报和侦察工作。武装力量统帅通过防御总委员会对全国武装力量实施领导和指挥。

领导人物 "九·一"革命领导人兼武装力量统帅穆阿迈尔·卡扎菲上校（1969 年 9 月 1 日上任）。

武装力量 **兵力** 现役部队 6.5 万人。

陆军 3.5 万人。编有 7 个军区、5 个精锐旅、10 个坦克营、22 个炮兵营、21 个步兵营、8 个高炮营、8 个机械化步兵营、15 个伞兵突击营、5 个地地导弹旅。

坦克：T－54/－55 型 1600 辆、T－62 型 350 辆、T－72 型 260 辆。装甲侦察车：БРДМ－2 型 250 辆、EE－9 型 380 辆。步兵战车：БМП－1 型 1000 辆。装甲输送车：БТР－50/－60 型 750 辆、OT－62/－64 型 100 辆、M－113 型 40 辆、EE－11 型 100 辆。牵引炮：105 毫米 60 门、122 毫米 330 门、130 毫米 330 门。自行炮：122 毫米 130 门、152 毫米 80 门、155 毫米 180 门。火箭炮：107 毫米和 122 毫米约 700 门。迫击炮：82 毫米、120 毫米、160 毫米各若干门。地地导弹：FROG－7 型 40 部、"飞毛腿"B 型 80 部。反坦克导弹："警戒"、"米兰"、"耐火箱"共 3000 具。无坐力炮：106 毫米 220 门。高炮：23 毫米、30 毫米共 600 门。地空导弹：SA－7/－9/－13 型若干部、"响尾蛇"24 部。

海军 8000 人（包括海岸警卫队）。

潜艇：F级4艘。护卫舰："科尼"级2艘、"达特·萨瓦里"级1艘。小型护卫舰："阿萨德"级1艘、"纳奴契卡"级3艘。导弹快艇："战士"级9艘、"黄蜂"级12艘、"苏萨"级3艘。巡逻艇：8艘。扫雷艇：8艘。两栖登陆艇：5艘。支援和勤务船：10艘。

海军航空兵　编有2个直升机中队，装备有米-14型武装直升机25架、SA-321型武装直升机7架。

空军　2.2万人（包括防空军）。作战飞机420架，武装直升机52架。编有1个轰炸机中队、12个攻击战斗机中队、9个战斗机中队、1个防暴机中队、1个侦察机中队、2个运输机中队。

轰炸机：图-22型6架。攻击战斗机："幻影"5D/DE型30架、"幻影"5DD型14架、"幻影"F-1AD型14架、米格-23型55架、苏-20/22型45架、苏-24型6架。战斗机："幻影"F-1ED型15架、"幻影"F-1BD型6架、米格-21型50架、米格-23型75架、米格-25型63架。防暴机：J-1型30架。侦察机："幻影"5DR型4架、米格-25型7架。运输机：安-26型15架、C-130H型7架、L-110-20型2架、L-100-30型3架、G-222型16架、伊尔-76型20架、L-410型15架。攻击直升机：米-24型40架、米-35型12架。运输直升机：CH-47C型18架、米-8/-17型34架、米-2型30架、SA-316型11架、AB-206型5架。教练机：G-2型80架、米-2型20架、图-22型1架、L-39型150架、SF-260型20架。空地导弹：AT-2型、AS-7/-9/-11型各若干枚。空空导弹：AA-2型、AA-6型、AA-7型、AA-8型、R-530型、R-550型若干枚。

防空军　隶属空军，编成5个防空区。编有4个SA-5A导弹旅、5～6个SA-2导弹旅、2～3个SA-3导弹旅、3个SA-6/-8导弹旅。

准军事部队　海关和边防部队若干人。

兵役制度　实行选征兵役制，士兵服役期限2年。

军衔　军官军衔分为3等9级：将官3级（中将、少将、准将），校官3级（上校、中校、少校），尉官3级（上尉、中尉、少尉）。

（周长鹏）

摩　洛　哥

国　　名　摩洛哥王国。

主要统计　面积45.9万平方千米（未包括西撒哈拉26.6万平方千米）。人口2930.3万人（其中，13～17岁男169万人，女163.3万人；18～22岁男152.6万人，女147.3万人；23～32岁男252.1万人，女245.5万人）。国内生产总值340亿美元（1997年）。国防费14亿美元（1998年国防费预算）。原煤65万吨（1994年）。原油4万桶（1996年）。天然气1700万立方米（1995年）。发电量107.73亿度（1994年）。粮食1010万吨（1996年）。海运能力，商船（载重100吨以上）492艘，总载重量58.62万吨（1997年）。民航能力，固定航班机场12处，客运量48.15亿人千米、货运量3.91亿吨千米（1997年）。

国防体制　宪法规定，国王为武装力量统帅。不设国防部，只设一个国防行政机构，负责军队的行政管理事务。武装力量由正规军和准军事部队组成。正规军分陆、海、空三个军种。国王在军队总协调员（由王储兼任）和国防行政机构秘书长的协助下，直接领导和指挥全国武装力量。

领导人物　国王兼武装力量统帅西迪·穆罕默德（1999年7月23日即位）。国防行政机构秘书长穆罕默德·阿卡巴尔。

武装力量　**兵力**　现役部队19.63万人。

陆军　17.5万人。编有2个军区（南部军区、北部军区）、3个机械化步兵旅、2个伞兵旅、1个轻型警卫旅、8个机械化步兵团、12个独立炮兵营、1个独立高炮群、3个独立骆驼营、2个独立骑兵营、10个独立装甲营、1个独立山地营、37个独立步兵营、7个独立工程兵营、4个突击队、2个空降营。

坦克：M-48A5型224辆、M-60A1型60辆、M-60A3型240辆。轻型坦克：SK-105型100辆。装甲侦察车：EBR-75型16辆、AMX-10RC型80辆、AML-90型190辆、AML-60-7型38辆、M-113型20辆。步兵战车："非洲獾"60辆、VAB-VCI型45辆、AMX-10P型10辆。装甲输送车：M-113型420辆、VAB-VTT型320辆、OT-62/-64型45辆。牵引炮：105毫米91门、130毫米18

门、155毫米55门。自行炮：105毫米5门、155毫米162门。迫击炮：81毫米1100门、120毫米600门。火箭炮：122毫米39门。火箭筒：89毫米150具。反坦克导弹："米兰"80具、"龙"式440具、"陶"式150具、AT-3型50具。无坐力炮：106毫米350门。反坦克炮：90毫米28门、100毫米8门。高炮（高射机枪）：14.5毫米220挺、20毫米100门、23毫米90门、100毫米15门。地空导弹："小槲树"37部、SA-7型70部。

海军　7800人（含陆战队）。

护卫舰："侦察"级1艘。护卫艇："阿萨德"级2艘。导弹快艇："拉萨加"级4艘。巡逻艇：20艘。两栖登陆艇：4艘。支援舰：4艘。

陆战队　1500人。编有1个陆战营。

空军　1.35万人。作战飞机89架、武装直升机24架。编有2个攻击战斗机中队、1个战斗机中队、2个防暴机中队、1个侦察机中队。

攻击战斗机："幻影"F-1EH型14架、F-5A型10架、F-5B型3架、F-5E型16架、F-15F型4架。战斗机："幻影"F-1CH型15架。防暴机："阿尔法"23架、CM-170型23架、OV-10型4架。侦察机：C-130H型2架。预警机：C-130型2架、"猎鹰"20型1架。运输机：C-130H型11架、"猎鹰"4架、"湾流"2架、"空中大王"8架、CN-235型7架、Do-28型3架。加油机：波音707型1架、KC-130H型3架。攻击直升机：SA-342型24架。运输直升机：CH-47型7架、SA-330型27架、AB-205型27架、AB-206型20架、AB-212型3架、SA-319型4架。教练机：AS-202型10架、CAP-10型2架、CAP-230型4架、T-34C型12架。联络机："空中大王"型2架、"黑鹰"UH-60型2架。空空导弹："响尾蛇"和"魔术"若干枚。空地导弹："小牛"和"霍特"若干枚。

预备役部队　15万人。

准军事部队　4.2万人，其中宪兵1.2万人、辅助部队3万人。

兵役制度　实行义务和志愿相结合的兵役制度，服役期为18个月，入伍者多为志愿兵。

军衔　军官军衔分4等13级：将官4级（上将、中将、少将、准将），校官4级（大校、上校、中校、少校），尉官3级（上尉、中尉、少尉），准尉2级（一级准尉、二级准尉）。

驻外兵力　驻波黑维和部队约800人。

外国驻军　联合国驻西撒军事观察员202人，分别来自27个国家。

（周长鹏）

南　非

国　　名　南非共和国。

主要统计　面积122.1037万平方千米。人口3910万人（其中，13～17岁男244万人，女240.8万人；18～22岁男219.8万人，女218.1万人；23～32岁男358.4万人，女358.3万人）。国内生产总值1290亿美元（1997年）。国防费23亿美元（1998年国防预算），23亿美元（1999年国防预算）。原煤1.83亿吨（1994年）。发电量1837.9亿度（1994年）。粮食1381.5万吨（1996年）。海运能力，商船（载重100吨以上）219艘，总载重量28.25万吨（1997年）。民航能力，固定航班机场24处，客运量138.33亿人千米、货运量5.4亿吨千米（1997年）。

国防体制　宪法规定，总统为武装力量统帅。最高国防决策机构为国家安全委员会，由总统任主席，副总统任副主席，成员包括国防、司法、外交、安全、财政、运输等部长及国防军司令、三个军种司令、情报和警察首脑。国防部为政府中一个部，国防部长代表总统处理国防军日常事务。国防军司令部隶属国防部，负责全军的作战指挥、训练等。国防军由正规军、预备役部队和准军事部队组成。正规军分陆、海、空三个军种和医务部队。预备役部队分为国民军预备役部队、现役国民军后备队和突击队。准军事部队分为警察和警察预备役部队。总统通过国防部和国防军司令部对全国武装力量实施领导和指挥。

领导人物　总统兼武装力量统帅塔博·姆贝基（1999年7月上任）。国防部长莫迪塞（1994年5月上任）。国防军司令尼扬达上将（1998年6月上任）。陆军司令洛曼诺中将（1998年1月上任）。空军司令克雷尔中将。海军司令辛普森·安德森中将（1994年上任）。

武装力量　**兵力**　现役部队8.24万人。

陆军　约5.86万人（包括白人1.11万人，黑人4.19万人，亚洲有色人种5600人，女军人8400人）。编有9个军区司令部、1个机步旅、1个空降旅、1个特种旅。

主战坦克："号角"约124辆。装甲侦察车："大羚羊"90型118辆、"大山猫"188辆。步兵战车："非洲獾"1200辆。装甲输送车："卡斯皮卡"429辆。牵引炮：155毫米共45门。自行炮：155毫米41门。火箭炮：127毫米、120毫米124门。迫击炮：81毫米1190门。反坦克导弹："斯威夫特"、"米兰"若干具。火箭筒：92毫米若干具。无坐力炮：106毫米100门。高炮：20毫米、23毫米、35毫米共267门。地空导弹：SA-7/-14型若干部。

海军　5500人。司令部设在比勒陀利亚。编有潜艇、攻击、扫雷3支舰队。基地设在西蒙斯敦、德班。

潜艇："桂树神"级3艘。导弹攻击快艇："雷谢夫"级8艘。海岸巡逻艇：3艘。扫雷艇：8艘。支援及勤务船：41艘。

空军　1.09万人。作战飞机116架、武装直升机约14架。编有2个军区司令部、1个后勤司令部、1个训练司令部；2个攻击/战斗机中队、1个电子战机中队、1个侦察机中队、3个运输机中队、4个直升机中队。

攻击/战斗机："英帕拉"2型25架、"幻影"F-1AZ型20架、"猎豹"E型11架。战斗机："幻影"F-1CZ型11架。运输/加油/预警机：波音707-320型（电子侦察/加油）5架。海上侦察机：C-47型8架。运输机：C-130B型9架、C-212型4架、CN-235型1架、HS-125-400B型4架、"空中大王"200型1架、"空中大王"300型1架、"色斯纳"12架、C-47型19架、其他型5架。直升机：SA-316/-319型53架（含武装直升机）、SA-330型63架、BK-117型9架、SA-365型1架。联络/引导机："色斯纳"185型24架、PC-16型1架。教练机：C-47型12架、"猎豹"D型14架、T-6G型130架、"英帕拉"1型114架、PC-7型59架。教练直升机：SA-316型/SA-330型37架。空地导弹：AS-11/-20/-30型若干枚。空空导弹：R-530/550型"魔术"、AIM-9"响尾蛇"、V-3C"海鲫"、V-3A/B"库克利刀"各若干枚。地空导弹："仙人掌"20部、SA-8/-9/-13型若干部。

医务部队　6000人（2500名女兵）。作为南非国防军的一支独立部队，部署在全国各地，为南非国防军服务。

准军事部队　南非警察12.93万人，装备32架飞机。

兵役制度　志愿兵役制，服役期2～6年。服现役期满后，一律转入第1类预备役即国民军中继续服役。服现役的国民军士兵一般编入陆军，作为陆军现役部队的组成部分。在此期间，以2年为一轮，每轮须进行60天的军事训练。12年期满后，或改为志愿兵继续在国民军中服役至55岁，或自愿到第2类预备役即国民军预备役中服役至55岁。此后，有可能抽调到地方突击队，每年服役12天，服役至55岁。非白人可以自愿到正规军、国民军和地方突击队中服役。

（周长鹏）

尼日利亚

国　　名　尼日利亚联邦共和国。

主要统计　面积92.3768万平方千米。人口1.1亿人（其中，13～17岁男713.3万人，女714.1万人；18～22岁男608.8万人，女618.6万人；23～32岁男908.6万人，女944.9万人）。国内生产总值490亿美元（1997年）。国防费8.91亿美元（1998年国防预算）。原煤5万吨（1994年）。原油7.35亿桶（1996年）。天然气41.31亿立方米（1995年）。发电量147.9亿度（1994年）。粮食2165.3万吨（1996年）。海运能力，商船（载重100吨以上）271艘，总载重量73.33万吨（1997年）。民航能力，固定航班机场12处，客运量9.85亿人千米、货运量1150万吨千米（1997年）。

国防体制　宪法规定，总统为武装力量总司令。武装力量执委会为最高军事指挥机构，负责制定国防政策、建军方针、军事预算等。国防部是武装力量最高行政机构。武装力量由陆军、海军和空军组成。总统通过国防部和国防参谋长对全国武装力量实施领导和指挥。

领导人物　国家元首、武装力量总司令兼国防部长奥卢塞贡·奥巴桑乔（1999年5月上任）。武装部队总参谋长阿基格比中将（1998年7月上任）。陆军参谋长依沙·巴迈伊少将（1996年5月上任）。海军参谋长阿英拉中将（1998年7月上任）。空军参谋长恩斯卡巴斯·埃杜奥克中将（1996年3月上任）。

武装力量　兵力　现役部队7.7万人。

陆军　6.2万人。编有1个装甲师（辖2个装甲旅）、1个合成师（辖1个空降营、1个摩步旅、1个两栖旅）、2个机械化师（各辖1个机械化旅、1个摩步旅）、1个总统警卫旅、1个防空旅，上述各师均编有1个炮兵旅、1个工程兵旅和1个侦察营。

主战坦克：T－55型50辆，“维克斯”MK－3型150辆。轻型坦克：“蝎子”140辆。装甲侦察车：AML－60/－90型约180辆、“狐狸”55辆、“响尾蛇”EE－9型75辆。装甲输送车：“萨拉逊”10辆、4K－7FA型300辆、“莫瓦格·皮兰哈”70辆。牵引炮：105毫米200门、122毫米200门、130毫米7门、155毫米24门。自行炮：155毫米27门。多管火箭炮：122毫米11门。迫击炮：81毫米200门、82毫米100门、120毫米30门。无坐力炮：84毫米、106毫米各若干门。高炮：20毫米约60门、23毫米30余门、40毫米若干门。地空导弹：“吹管”48部、“罗兰”16部。

海军　5500人。编有2个司令部。

护卫舰：“阿拉杜”（德“梅科”）级1艘。小型护卫艇：1艘。导弹攻击快艇：“阿亚姆”级2艘、“埃克佩”级2艘。巡逻艇：30艘。扫雷艇：2艘。两栖舰：坦克登陆舰（可载220人，5辆坦克）1艘。支援与勤务舰艇：5艘。

海军航空兵　装备有“大山猫”直升机2架。

空军　9500人。编有3个攻击/战斗机中队、2个运输机中队。作战飞机91架、武装直升机15架。

攻击/战斗机：“阿尔法喷气”19架、米格－21型22架、“美洲虎”15架。教练机：L－39MS型23架、MB－339AN型12架。攻击直升机：Bo－105D型15架。运输机：C－130H型5架、C－130－H－30型3架、Do－128－6型17架、Do－228型专机2架、G－222型5架。

准军事部队　海岸警卫队隶属海军。港口治安警察约2000人，装备60艘小艇和5艘气垫船。治安和民防部队，属内务部，装备有装甲车辆、飞机、直升机等。

兵役制度　实行志愿兵役制。

驻外兵力　驻利比里亚约5000人；驻塞拉利昂约9000人；驻安哥拉联合国军事观察员4人；驻伊拉克/科威特边境联合国军事观察员5人；驻克罗地亚联合国观察员1人；驻西撒哈拉联合国观察员5人；驻前南斯拉夫地区1人；驻塔吉克斯坦联合国军事观察员8人。

（周长鹏）

苏　丹

国　　名　苏丹共和国。

主要统计　面积250.5813万平方千米。人口约3133.9万人（其中，13～17岁男183.7万人，女175.5万人；18～22岁男154.7万人，女147.8万人；23～32岁男232.7万人，女223.8万人）。国内生产总值75亿美元（1997年）。国防费3亿美元（1998年国防预算）。原油50万桶（1996年）。发电量13.33亿度（1994年）。粮食524万吨（1996年）。海运能力，商船（载重100吨以上）16艘，总载重量6.22万吨（1997年）。民航能力，固定航班机场3处，客运量6.5亿人千米、货运量3100万吨千米（1997年）。

国防体制　总统为武装部队总司令。国防部为政府的一个部。武装部队由正规军和准军事部队组成。正规军分陆、海、空三个军种。全国划分为6个军区。最高军事指挥机构为武装部队总司令部。参谋长负责军队日常工作。

领导人物　总统兼武装部队总司令奥马尔·哈桑·艾哈迈德·巴希尔中将（1996年3月连任）。国防部长哈特姆中将（1999年2月上任）。总参谋长阿巴斯·阿拉比中将（1999年2月上任）。海军司令阿巴斯·赛义德·奥斯曼准将。

武装力量　**兵力**　现役部队9.47万人。

陆军　9万人。编有1个装甲师、6个步兵师、1个空降师、1个边防警卫师、1个工程兵师、1个机械化步兵旅、24个步兵旅、1个侦察旅、10个炮兵旅、3个炮兵团。

坦克：T－54/－55型250辆、M－60A3型20辆、其他型80余辆。装甲侦察车：AML－90型6辆、“萨拉丁”式90辆、“白鼬”式80辆、БРДМ－1/－2型60辆。步兵战车：БМП－2型6辆。装甲输送车：БТР－50/－152型90辆、OT－62/－64型80辆、M－113型36辆、V－100/－150型100辆、“瓦利德”式120辆。牵引炮：85毫米、105毫米、122毫米、130毫米600门。自行炮：155毫米6门。

火箭炮：107 毫米 400 门、122 毫米 30 门。迫击炮：81 毫米 120 门，82 毫米若干门，120 毫米 36 门。反坦克导弹："旋火"式 4 具。无坐力炮：106 毫米 40 门。反坦克炮：76 毫米和 100 毫米共 40 门。高射机枪和高炮：14.5 毫米、20 毫米、23 毫米、37 毫米、57 毫米共 425 门（挺）。地空导弹：SA－7 型若干部。监视雷达："拉西特"型飞行器/火炮监视雷达若干部。

海军　约 1700 人。基地设在苏丹港、弗莱明哥湾和喀土穆。

巡逻艇：7 艘。登陆艇：7 艘。另有武装小艇 12 艘。

空军　3000 人（包括防空部队）。编有 5 个防空导弹连。作战飞机约 50 余架，武装直升机 9 架。

攻击战斗机：F－5E 型 7 架、F－5F 型 2 架、其他型 24 架。战斗机：米格－23 型 6 架、其它型若干架。教练机：米格－15UTI 型 4 架、米格－21U 型 4 架、JJ－5 型 2 架、JJ－6 型 2 架、PT－6A 型 10 架。运输机：安－24 型 4 架、C－130H 型 4 架、C－212 型 4 架、DHC－5D 型 3 架、EMB－110P 型 6 架、F－27 型 1 架、"猎鹰" 20/50 型 2 架。直升机：AB－412 型 11 架、IAR/SA－330 型 8 架、米－4 型 4 架、米－8 型 8 架、米－24B 型 4 架、米－35 型（武装）5 架。地空导弹：SA－2 型（发射架）18 部。空空导弹：AA－2 "环礁" 式若干枚。

准军事部队　民防部队：现役 1.5 万人；预备役 8.5 万人。伊斯兰民族阵线军事联队若干人。

抵抗组织　苏丹人民解放军约 2～3 万人，分成 4 派，各以营为基本单位，主要在苏丹南方作战。主要装备小型武器包括 60 毫米和 120 毫米迫击炮，14.5 毫米高射机枪，SA－7 地空导弹，另缴获有 T－54/－55 型坦克、BM－21 型火箭炮和火炮等。苏丹联盟部队约 500 人，基地在厄立特里亚，主要在边境地区作战。贝加部队约 500 人，在厄立特里亚边境作战。新苏丹旅约 2000 人，在埃塞俄比亚和厄立特里亚边境作战。

兵役制度　实行志愿兵役制，服役期 3 年。

军衔　军官分 4 等 11 级：元帅 1 级，将官 4 级（上将、中将、少将、准将），校官 3 级（上校、中校、少校），尉官 3 级（上尉、中尉、少尉）。

外国驻军　伊朗军事顾问若干人。

（张令钟）

坦　桑　尼　亚

国　　名　坦桑尼亚联合共和国。

主要统计　面积 94.5087 万平方千米（其中桑给巴尔 2657 平方千米）。人口 3109.8 万人（其中，13～17 岁男 179.4 万人，女 185.9 万人；18～22 岁男 144.8 万人，女 152.4 万人；23～32 岁男 216.5 万人，女 232.3 万人）。国内生产总值 36 亿美元（1997 年）。国防费 1.07 亿美元（1998 年国防预算）。原煤 0.4 万吨（1994 年）。发电量 9.12 亿度（1994 年）。粮食 433 万吨（1996 年）。海运能力，商船（载重 100 吨以上）43 艘，总载重量 4.85 万吨（1997 年）。民航能力，固定航班机场 11 处，客运量 1.84 亿人千米、货运量 290 万吨千米（1997 年）。

国防体制　宪法规定，总统为武装力量统帅。最高国防决策机构为革命党中央国防安全委员会，由革命党主席任主席，政府总理任书记。国防部为政府中的一个部，是最高军事行政机关，全称为国防和国民服务部。武装力量由正规军、预备役部队和准军事部队组成。正规军分陆、海、空三个军种；预备役部队为全国武装民兵；准军事部队有警察、国民服务队和普通民兵。最高军事指挥机构为人民国防军司令部。总统通过国防部和国防军司令部对全国武装力量实施领导和指挥。

领导人物　总统兼武装力量统帅本杰明·威廉·姆卡帕（1995 年上任）。国防军司令姆博马上将。

武装力量　**兵力**　现役部队 3.4 万人。

陆军　3 万人。编成 5 个步兵旅、1 个坦克旅、2 个炮兵营、2 个高炮营、2 个迫击炮营、2 个反坦克营、1 个工程兵营。

主战坦克：T－54 型 35 辆、其他型 30 辆。轻型坦克："蝎子" 40 辆、其他型 30 辆。装甲侦察车：БРДМ－2 型 40 辆。装甲输送车：БТР－40/－152 型共 66 辆、其他型 30 辆。牵引炮：76 毫米 45 门、85 毫米 80 门、122 毫米 120 门、130 毫米 40 门。火箭炮：122 毫米 58 门。迫击炮：82 毫米 350 门、120 毫米 135 门。无坐力炮：75 毫米 540 门。

海军　1000 人。基地设在达累斯萨拉姆、桑给巴尔、姆万扎（维多利亚湖）。

鱼雷快艇：4 艘。巡逻艇：12 艘。

空军　3000人（含防空部队2000人）。编有3个战斗机中队、1个运输机中队。作战飞机19架。

战斗机：米格－17型3架、米格－19型10架、米格－21型6架。运输机：DHC－5D型3架、HS－748型3架、福克28型2架、HS－125型1架、其他型3架。直升机：AB－205型4架。联络机："色斯纳"8架、"贝尔"6架。教练机：米格－15型2架、PA－28型5架。高炮（高射机枪）：14.5毫米40挺、23毫米40门、37毫米120门。地空导弹：SA－3型20部、SA－6型20部、SA－7型120部。

准军事部队　警察野战部队1400人，装备飞机"色斯纳"1架、直升机AB－206A型2架、贝尔－47G/－206L型4架。

兵役制度　实行征兵制，服役期2年。

军衔　军官军衔分4等11级：将官4级（上将、中将、少将、准将），校官3级（上校、中校、少校），尉官3级（上尉、中尉、少尉），准尉1级。

军队节日　国防军节9月1日。

（周长鹏）

突　尼　斯

国　　名　突尼斯共和国。

主要统计　面积16.415万平方千米。人口961.6万人（其中，13～17岁男51.4万人，女49.3万人；18～22岁男47.8万人，女46万人；23～32岁男82.8万人，女80.4万人）。国内生产总值190亿美元（1997年）。国防费3.4亿美元（1998年国防预算）。原油3200万桶（1996年）。天然气3.37亿立方米（1995年）。发电量64.73亿度（1994年）。粮食287.9万吨（1996年）。海运能力，商船（载重100吨以上）77艘，总载重量44.33万吨（1997年）。民航能力，固定航班机场5个，客运量21.54亿人千米、货运量2.03亿吨千米（1997年）。

国防体制　宪法规定，武装力量由正规军和准军事部队组成。正规军分陆、海、空军，属国防部。准军事部队包括国民警卫队和武装警察，属内政部。总统为武装部队总司令。国防委员会是最高军事决策机构。国防部负责军事行政事务，三军参谋长负责部队的作战、训练和装备采购等事宜。

领导人物　总统兼武装部队总司令本·阿里（1994年连任）。国防部长哈比卜·本·叶海亚（1997年1月上任）。

武装力量　**兵力**　现役部队3.5万人。

陆军　2.7万人。编成3个机械化旅（每旅有1个装甲团、2个机械化步兵团、1个炮兵团、1个防空团）、1个撒哈拉旅、1个特种旅、1个工程兵团。

坦克：M－60型共84辆、轻型坦克55辆。装甲侦察车："萨拉丁"式24辆、AML－90型35辆。装甲输送车：268辆。火炮：105毫米48门、155毫米69门。迫击炮：81毫米95门、107毫米62门。反坦克导弹："陶"式65具、"米兰"式500具。火箭炮：89毫米300门、3.5英寸300门。无坐力炮：57毫米140门、106毫米70门。高射炮：20毫米100门、37毫米15门。地空导弹：73部。

海军　4500人，基地设在比泽太、斯法克斯、凯利比亚。装备巡逻和海岸战斗快艇20艘，其中导弹快艇6艘、巡逻快艇14艘。支援与勤务舰1艘。

空军　3500人。装备作战飞机44架、武装直升机7架。

攻击机：F－5型15架。防暴机：5架。运输机：C－130型7架、"隼"20型1架、其他型3架。联络机：2架。教练机：35架。武装直升机：SA－341型5架、HH－3型2架。运输直升机：35架。空空导弹："响尾蛇"型若干枚。

准军事部队　国民卫队1.2万人。　（周长鹏）

乌　干　达

国　　名　乌干达共和国。

主要统计　面积24.1038万平方千米。人口

2101.9万人（其中，13～17岁男118.3万人，女119万人；18～22岁男101.3万人，女101.7万人；23～32岁男145.5万人，女160万人）。国内生产总值68亿美元（1997年）。国防费1.53亿美元（1998年国防预算）。发电量7.95亿度（1994年）。粮食207.6万吨（1996年）。海运能力，商船（载重100吨以上）2艘、总载重量8600吨（1997年）。民航能力，固定航班机场1处，客运量5210万人千米、货运量50万吨千米（1997年）。

国防体制 宪法规定，总统为武装力量统帅。国防部为政府中一个部，是最高军事行政机关。总统通过国防部和军队司令对全国武装力量实施领导和指挥。

领导人物 总统兼武装力量统帅、国防部长约韦里·卡古塔·穆塞维尼中将（1986年1月上任）。军队司令奥东古少将。

武装力量 **兵力** 国民抵抗军约3～4万人，编有4个师。

坦克：T－54/－55型50辆、PT－76型20辆。装甲输送车：БТР－60型20辆、OT－64型4辆、"马姆巴"10辆。牵引炮：76毫米60门、122毫米20门。迫击炮：81毫米、82毫米、120毫米若干门。反坦克导弹："萨格尔"40具。高炮（高射机枪）：14.5毫米若干挺、23毫米20门、37毫米20门。地空导弹：SA－7型若干部。教练机：L－39型3架、SF－260型1架。运输直升机：贝尔－206/－412型2架、米－17型4架、米－24型2架。联络机：AS－202B型1架、"湾流"2/3型2架。

准军事部队 600人。

兵役制度 实行志愿兵役制。

（周长鹏）

乍 得

国 名 乍得共和国。

主要统计 面积128.4万平方千米。人口699.1万人（其中，13～17岁男37.1万人，女37万人；18～22岁男30.7万人，女30.9万人；23～32岁男48.7万人，女49.6万人）。国内生产总值10亿美元（1997年）。国防费4400万美元（1998年国防预算估计）。发电量8500万度（1994年）。粮食93.1万吨（1996年）。民航能力，固定航班机场4处，客运量2.23亿人千米、货运量1530万吨千米（1997年）。

国防体制 全国武装力量由正规部队和准军事部队组成。正规部队包括陆军、空军和海军，准军事部队主要由共和国卫队和宪兵组成。总统是武装力量统帅，国防部为政府的一个部，是最高军事行政机构。总参谋部为最高军事指挥机构。总统通过国防部和总参谋部对武装力量实施领导和指挥。

领导人物 总统伊德里斯·代比（1996年8月连任）。国防部长卡迪加拉米。总参谋长胡图旺·戈洛姆上校（1996年10月上任）。陆军参谋长毛萨上校。空军参谋长姆巴伊萨内贝中校。

武装力量 **兵力** 现役部队约3.035万人（包括共和国卫队）。

陆军 约2.5万人。编有7个军区。

主战坦克：T－55型60辆。步兵战车："庞阿尔"ERC－90型4辆、AML－60/－90型约50辆、V－150型9辆。牵引炮：105毫米5门。迫击炮：81毫米、120毫米若干门。反坦克导弹："米兰"式若干具。火箭筒：89毫米若干具。无坐力炮：106毫米、112毫米若干门。高炮：20毫米、30毫米若干门。

空军 350人。作战飞机4架。

防暴机：PC－7型2架、SF－260W型2架。运输机：C－130A/－B/－H型共5架、C－212型1架、PC－6型2架、SA－316型运输直升机2架。联络机：PC－6B型2架、"色斯纳"FTB－337型5架。

准军事部队 共和国卫队5000人；宪兵4500人。

兵役制度 实行征兵制，服役期3年。

外国驻军 法国驻军800人（2个步兵连和一些高炮部队），配备有2架C－160飞机。

（周长鹏）

欧洲国家军事概况

阿 尔 巴 尼 亚

国　　名　阿尔巴尼亚共和国。

主要统计　面积 2.8748 万平方千米。人口 368.9 万人（其中，13～17 岁男 18.4 万人，女 16.9 万人；18～22 岁男 17.4 万人，女 15.9 万人；23～32 岁男 32.4 万人，女 30 万人）。国内生产总值 14 亿美元（1997 年）。国防费 7000 万美元（1998 年国防预算）。原煤 17.9 万吨（1994 年）。原油 300 万桶（1996 年）。天然气 1.36 亿立方米（1995 年）。发电量 39.03 亿度（1994 年）。粮食 53.8 万吨（1996 年）。海运能力，商船（载重 100 吨以上）24 艘，总载重量 8.1 万吨（1997 年）。民航能力，固定航班机场 1 处（1996 年）。

国防体制　宪法规定，总统为武装力量统帅。最高国防决策机构为国防委员会，成员有议长、总理、外交部长、国防部长、财政部长、内务部长、国家情报局长和军队总参谋长等，由总统任主席。国防部全面负责军队工作，总参谋部是隶属国防部的顾问机构。武装力量由正规军和准军事部队组成。正规军分为陆、海、空三个军种。总统通过国防部对全国武装力量实施领导和指挥。

领导人物　总统兼武装力量统帅雷捷普·迈达尼（1997 年 6 月上任）。国防部长卢安·哈伊达拉加（1998 年 4 月上任）。总参谋长阿列克赛·安东尼准将（1997 年 8 月上任）。

武装力量　阿尔巴尼亚军队在 1997 年初的国内动乱中瓦解后，现处于整顿和重建阶段。以下所列内容均为动乱前的数据。

陆军　人数不详。

坦克：T－34 型 138 辆、T－59 型 721 辆、62 型 35 辆。装甲侦察车：БРДМ－1 型 15 辆。装甲输送车：531 型 103 辆。牵引炮：122 毫米 633 门、130 毫米 100 门、152 毫米 90 门。火箭炮：107 毫米 270 门。迫击炮：82 毫米 259 门、120 毫米 550 门、160 毫米 100 门。高炮：23 毫米 12 门、37 毫米 100 门、57 毫米 82 门、85 毫米 30 门、100 毫米 56 门。

海军　2500 人。

潜艇："威士忌"级 1 艘。巡逻和岸防舰艇：约 22 艘。反水雷舰艇：约 6 艘。支援船：3 艘。

空军　6000 人。作战飞机 98 架。

攻击战斗机：J－2（米格－15）型 10 架、J－6（米格－17）型 14 架、J－6（米格－19）型 23 架。战斗机：J－6（米格－19）型 41 架、J－7（米格－21）型 10 架。运输机：C－5（安－2）型 10 架、伊尔－14M 型 3 架、里－2（C－47）型 6 架。直升机：Z－5（米－4）型 20 架。教练机：CJ－5 型 8 架、米格－15UTI 型 15 架、雅克－11 型 6 架。地空导弹：SA－2 型 22 部。

准军事部队　内卫部队、民兵、边防警察若干人。

兵役制度　实行义务兵役制，士兵服役期 12 个月。

驻外兵力　派驻波黑多国稳定部队 100 人，派驻格鲁吉亚联合国军事观察员 1 名。

军队节日　建军节 12 月 4 日。　　（潘海澜）

奥　地　利

国　　名　奥地利共和国。

主要统计　面积 8.3858 万平方千米。人口

807.5万人（其中，13～17岁男24.1万人，女23万人；18～22岁男24.9万人，女23.9万人；23～32岁男62.3万人，女60.1万人）。国内生产总值2.5万亿先令，合2200亿美元（1997年）。国防费225亿先令，合18亿美元（1999年国防预算）。粗钢500.4万吨（1995年）。原煤139.1万吨（1994年）。原油800万桶（1996年）。天然气14.75亿立方米（1995年）。发电量565.87亿度（1995年）。粮食433.5万吨（1996年）。海运能力，商船（载重100吨以上）26艘，总载重量20.85万吨（1997年）。民航能力，固定航班机场6处，客运量75.66亿人千米、货运量1.756亿吨千米（1997年）。

国防体制　宪法规定，总统为武装力量统帅。最高国防决策机构为联邦政府内阁，成员有总理和联邦政府各部部长，由总理任主席。最高国防咨询机构为总理府所属的国防委员会。国防部为政府中的一个部，是最高军事行政机关，负责军队的战备、训练、行政管理、作战指挥、武器装备和后勤保障等工作。国防部下辖总监部、训练部、人事部、法律部和后勤部。武装力量由正规军和动员部队（即民兵预备役部队）组成。正规军分陆、空两个军种，空军部队归陆军所辖。平时，由联邦政府授权国防部长（文职）对武装力量实施领导和指挥。最高军事指挥机构为总监部，部队总监是国防部长的最高军事顾问，也称“第一军人”，其地位相当于总参谋长。

领导人物　总统兼武装力量统帅托马斯·克莱斯蒂尔（1992年7月上任）。总理维克托·克利马（1997年1月上任）。国防部长维尔纳·法斯尔阿本德（1996年3月连任）。部队总监卡尔·麦岑上将（1990年10月上任）。

武装力量　**兵力**　现役部队4.55万人。

陆军　4.55万人（含4250名空军）。编有2个军、9个州军事司令部、3个步兵旅、2个机械化步兵旅、2个炮兵团、2个侦察营、3个工兵营、1个反坦克营。

坦克：M－60A3型169辆、“豹”2A4型5辆。装甲输送车：“绍尔”4K4E/F型465辆、“劫掠者”68辆。牵引炮：105毫米108门。自行炮：155毫米178门。要塞炮：155毫米24门。火箭炮：128毫米18门。迫击炮：81毫米498门、120毫米242门。反坦克导弹：“比尔”RBS－56型226具。无坐力炮：74毫米和84毫米1751门、106毫米445门。反坦克炮：85毫米205门、105毫米约511门。高炮：20毫米426门。

陆战队　装备2艘江河巡逻艇、10艘非武装船只。

空军　4250人。编有1个航空兵师部、3个航空兵团、3个防空团、1个对空监视团。作战飞机53架。

攻击战斗机：“萨伯”J－350e型24架。联络直升机：OH－58B型11架、AB－206A型11架。运输直升机：AB－212型22架、AB－204型8架（另储存9架）。搜索救援直升机：“云雀III”SA－319型24架。运输机：“空中货车”3M型2架。联络机：0－1型14架、PC－6B型12架。教练机：PC－7型16架、“萨伯”1050e型29架。

文职人员　1.89万人。

预备役部队　10.07万人。

部署　根据新的安全形势，防务思想开始转向边境附近的机动防御，将兵力分散部署调整为相对集中部署。取消对意大利和德国方向的任务，将西部兵力调集部署到东南部。陆军作战部队部署在重点城市和边境地区，航空兵部队主要部署在内地。

兵役制度　实行普遍义务兵役制和民兵预备役相结合的兵役制度。宪法规定，凡年满17周岁且未满50周岁的男性公民都有服兵役的义务。军官最高服役年限为65岁。士兵服役期共8个月，分为3种类型。第1种是“6+2”型，即完成6个月的兵役期后即可退役，但须在之后的10年间回部队参加2个月的复训和演习；第2种是“7+1”型，即连续服役7个月后退役，在之后10年内只参加1个月的复训；第3种是连续服役8个月后退役，之后就无须再回部队参加复训。服满现役的军人退出现役后一律转入民兵预备役，轮流编入现役部队参加复训，并在需要时归队执行作战任务或其他勤务。未满35周岁并承担复训义务的民兵通常每两年自动应招与现役军人一起参加一次共同军事演习。士兵退出现役10年后和各级军官退出现役15～20年后均转入预备役。拒服兵役者必须服11个月的民役。

军衔　分5等21级：将官4级（上将、中将、少将、准将），校官3级（上校、中校、少校），尉官4级（上尉、中尉、少尉、准尉），军士6级（军士长、上士、一级中士、二级中士、三级中士、一级下士、二级下士），兵4级（一等兵、二等兵、三等兵、列兵）。

驻外兵力　驻波黑北约稳定部队200人，驻塞浦路斯联合国维持和平部队257人，驻格鲁吉亚联合国观察团军事观察员2人，驻伊拉克/科威特联合国观察团34人、军事观察员2人，驻中东联合国停战监督组织军事观察员11人，驻叙利亚联合国脱离接触观察员部队1个步兵营（429人），驻塔吉克斯坦联合国观察团军事观察员4人，驻西撒哈拉联合国公民

投票特派团军事观察员 5 人。 （魏全晓）

白俄罗斯

国　　名　白俄罗斯共和国。

主要统计　面积 20.76 万平方千米。人口 1019.6 万人（其中，13～17 岁男 40.2 万人，女 38.9 万人；18～22 岁男 38.5 万人，女 37.6 万人；23～32 岁男 70.1 万人，女 70.2 万人）。国内生产总值 130 亿美元（1997 年）。国防费 1.72 亿美元（1998 年国防预算）。

领导人物　国防部长亚历山大·彼得洛维奇·丘马科夫（1997 年 1 月上任）。

武装力量　**兵力**　现役部队 8.3 万人。

陆军　4.3 万人。国防部直属部队下辖 2 个摩步师、1 个空降师、1 个独立空降突击旅、1 个炮兵师、2 个火箭炮团。编有 3 个军：1 个军下辖 2 个坦克旅、1 个机械化旅、1 个战役战术导弹旅、1 个防空导弹旅、1 个炮兵团、1 个火箭炮团；1 个军下辖 3 个机械化旅、1 个坦克旅、1 个战役战术导弹旅、1 个防空导弹旅、1 个炮兵团、1 个火箭炮团；另 1 个军编制不详。

主战坦克：T－55、T－62、T－72、T－80 型共 1778 辆。步兵战车：БМП－1、БМП－2、БМД－1 型共 1590 辆。装甲输送车：930 辆，其中 БТР－60 型 188 辆、БТР－70 型 446 辆、БТР－80 型 195 辆、БТР－Д 型 30 辆、МТ－ЛБ 型 71 辆。牵引炮：392 门，其中 122 毫米 200 门、152 毫米 192 门。自行炮：586 门，其中 122 毫米 239 门、152 毫米 299 门、203 毫米 48 门。曲射直射两用炮：120 毫米 54 门。火箭炮：419 门，其中 122 毫米 286 门、130 毫米 1 门、220 毫米 84 门、300 毫米 48 门。迫击炮：120 毫米 78 门。反坦克导弹：AT－4、AT－5、AT－6、AT－7 型 480 具。战役战术导弹：“飞毛腿”60 部、“蛙”/SS－21 型 36 部。防空导弹：SA－8/－11/－12/－13 型共 350 部。

空军　2.2 万人（包括防空部队）。作战飞机 276 架、战斗直升机 74 架。

歼击轰炸机：苏－24 型 30 架、苏－25 型 99 架。歼击机：米格－29 型 82 架、苏－27 型 26 架、米格－23 型 27 架。侦察机：苏－24 型 12 架。战斗直升机：米－24 型 74 架。电子战直升机：米－8 型 25 架。战斗支援直升机：110 架。运输机：44 架。运输直升机：38 架。

防空部队　1 万人。装备 SA－3/－5/－10 型防空导弹 175 部。

准军事部队　内卫部队 8000 人。

预备役部队　近 5 年服过现役的军人约 28.95 万人。

兵役制度　实行义务兵役制，士兵服役期 18 个月。

军队节日　1994 年白俄罗斯最高苏维埃确定每年 2 月 23 日（原苏联建军节）为白俄罗斯祖国保卫和武装力量日。

（闵振范）

保加利亚

国　　名　保加利亚共和国。

主要统计　面积 11.09936 万平方千米。人口 834.9 万人（其中，13～17 岁男 29.5 万人，女 27.9 万人；18～22 岁男 31.1 万人，女 29.5 万人；23～32 岁男 58.5 万人，女 56.2 万人）。国内生产总值 101 亿美元（1997 年）。国防费 2.7 亿美元（1998 年国防预算）。粗钢 272.4 万吨（1995 年）。原煤 2875.7 万吨（1994 年）。原油 40 万桶（1996 年）。天然气 1100 万立方米（1995 年）。发电量 381.33 亿度（1994 年）。粮食 349.5 万吨（1996 年）。海运能力，商船（载重 100 吨以上）222 艘，总载重量 193.82 万吨（1997 年）。民航能力，固定航班机场 3 处，客运量 28.4 亿人千米、货运量 3520 万吨千米（1997 年）。

国防体制　国防和武装力量由国民议会、总统、部长会议领导。部长会议通过国防部对武装力量实行全面领导。国防部长对部长会议负责，直接领导国防和武装力量的工作，对军队实行文职监督。总统为武装力量统帅，平时总统由国家安全和国防事务秘书协助处理安全和国防事务；战时总统将组建最高总司令部，成员包括：总理，国防、内务、外交、交通、国土发展和建设部长，邮电和远程通信委员会主席，总参谋长和总统指定的其他人员，其任务是协助总统领导和指挥全国武装力量。国民议会为立法机关，审批有关国防和武装力量的重大问题，对武装力量实行监督。

领导人物　总统兼武装力量统帅彼得·斯托扬诺夫（1997 年 1 月上任）。国防部长格奥尔基·阿纳尼耶夫（1997 年 2 月上任）。总参谋长米·米霍夫上将（1997 年 6 月上任）。

武装力量　**兵力**　现役部队 10.15 万人

陆军　5.04 万人。编有军区/军司令部 3 个，下辖 4 个摩步师、4 个坦克旅、3 个机械化旅、1 个地区训练中心。

坦克：T－55 型 1042 辆、T－72 型 433 辆。自行突击炮：苏－100 型 68 部。步兵战车：БМП－1 型 100 辆、БМП－23 和 БМП－30 型 114 辆。装甲侦察车：БРДМ－1/－2 型 58 辆。装甲输送车：БТР－60 型 781 辆、MT－LB 型 1113 辆。牵引炮：100 毫米、122 毫米、130 毫米、152 毫米若干门。自行炮：122 毫米若干门。火箭炮：128 毫米若干门。迫击炮：120 毫米 444 门。反坦克导弹："耐火箱" 200 具。高炮：400 门。地空导弹：SA－3 型 20 部、SA－4 型 27 部，SA－6 型 20 部。

海军　约 6100 人。

潜艇："胜利"级 2 艘。护卫舰："大胆"级 1 艘。小型护卫舰：7 艘。导弹快艇：6 艘。巡逻艇：12 艘。反水雷舰艇：20 艘。支援和勤务舰船：16 艘。

海军航空兵　武装直升机 9 架。

空军　1.93 万人。编有 1 个战术航空兵军、1 个防空兵军。作战飞机 217 架、攻击直升机 44 架。

对地攻击战斗机：苏－25 型 39 架、米格－21 型 41 架、米格－23 型 32 架。战斗机：米格－23 型约 40 架、米格－21 型 23 架、米格－29 型 21 架。侦察机：苏－22 型 21 架。运输机：图－134 型 2 架、安－24 型 3 架、安－26 型 4 架、拉－410 型 5 架、雅克－40 型 3 架（专机）。航测机：安－30 型 1 架。直升机：米－2 型 14 架、米－8 型 7 架、米－17 型 25 架、米－24 型 44 架。教练机：雅克－18 型 6 架、L－29 型 73 架、L－39 型 35 架。空地导弹："乳牛"若干枚。空空导弹："环礁"、"顶尖"、"蚜虫"若干枚。地空导弹：SA－2/－3/－5/－10 型若干部。

预备役部队　30.3 万人，其中陆军 25.05 万人、海军 0.75 万人、空军 4.5 万人。

准军事部队　边防部队 1.2 万人；治安警察 0.4 万人；铁道和建设部队 1.8 万人。

兵役制度　实行义务兵役制，士兵服役期 18 个月。

军衔　军官军衔分 3 等 11 级：将官 4 级（大将、上将、中将、少将），校官 3 级（上校、中校、少校），尉官 4 级（大尉、上尉、中尉、少尉）。

驻外兵力　驻安哥拉军事观察员 3 名，驻塔吉克斯坦军事观察员 8 名。

（潘海澜）

比　利　时

国　　名　比利时王国。

主要统计　面积 3.0528 万平方千米（包括荷兰境内飞地巴勒－埃尔东）。人口 1010.4 万人（其中，13～17 岁男 30.9 万人，女 29.5 万人；18～22 岁男 32 万人，女 30.8 万人；23～32 岁男 72.2 万人，女 70 万人）。国内生产总值 87000 亿比利时法郎，合 2420 亿美元（1997 年）。国防费 1008 亿比利时法郎，合 27 亿美元（1999 年国防预算）。原煤 75.3 万吨（1994 年）。天然气 147 万立方米（1995 年）。发电量 722.36 亿度（1994 年）。粮食 271.2 万吨（1996 年）。海运能力，商船（载重 100 吨以上）232 艘，总载重量 21.85 万吨（1997 年）。民航能力，固定航班机场 2 处，客运量 90.11 亿人千米、货运量 3.239 亿吨千米（1997 年）。

国防体制　宪法规定，国王为武装力量统帅。平时国王授权国防大臣领导全国武装力量。内阁防务委员会是最高军事决策机构，同时也是国王的最高防务咨询机构，由首相、国防大臣、外交大臣、内务大臣等组成，首相任主席。国内防务问题委员会是协调内阁各部防务事宜的机构，由军人、外交官和公职人员专家组成，直接对首相负责，平时为内阁防务委员会会议做准备工作，战时改名为“防务技术秘书处”，协助内阁对防务问题作出决策。国防部是内阁的一个部，是最高国防行政领导机构。国防大臣在首相领导下，负责制定和执行防务政策，领导国防和军队建设。武装力量由正规军和准军事部队组成，正规军分陆、海、空三个军种。总参谋部是最高军事指挥机构。国王通过国防部和总参谋部对全国武装力量实施领导和指挥（比军因大部分兵力平时已经编入北约中欧盟军司令部序列，故战时实际上归北约盟军最高司令部指挥）。

领导人物 国王兼武装力量统帅阿尔贝二世（1993年8月即位）。首相让·吕克·德阿纳（1992年3月上任）。国防大臣让·保尔·蓬斯莱（文职，1995年9月上任）。总参谋长维利·赫尔特莱尔中将（1995年9月上任）。陆军参谋长让·贝兰中将（1988年7月上任）。海军参谋长韦尔于尔斯少将（1995年10月上任）。空军参谋长范海克中将（1991年3月上任）。

武装力量 **兵力** 现役部队4.37万人（含三军卫勤部队1250人）。

陆军 2.825万人。编有1个机械化步兵师（辖3个机械化步兵旅）、1个作战支援师、1个伞兵突击旅、1个轻型航空兵大队。

坦克：“豹”1A5型132辆、“豹”1A1型23辆。装甲侦察车：“大湾刀”式141辆。步兵战车：YPR－765型230辆（另有派生型278辆）。装甲输送车：M－113型190辆（另有派生型127辆）、“斯巴达人”115辆和YPR－765型4辆。牵引炮：105毫米19门。自行炮：132门。迫击炮：107毫米90门、120毫米2门、81毫米100门。反坦克导弹：“米兰”420具、M－113型56具。高炮：35毫米自行式51门。地空导弹：“西北风”118部。飞机：“岛民”10架。直升机：78架。

海军 2700人。编有1个小型舰队和2个分舰队。比利时海军和荷兰海军由设在荷兰登赫尔德的司令部统一指挥。

护卫舰：“维林根”级3艘。扫雷舰艇：“范·哈韦比克”级4艘、“紫菀”级7艘。后勤支援舰：4艘。直升机：3架。

空军 1.16万人。编有2个攻击战斗机中队、1个侦察机中队、3个战斗机中队、2个运输机中队、4个教练机中队、1个搜索救援中队。作战飞机100架（另有库存59架）。

攻击/战斗机：F－16型100架。运输机：C－130型11架、“波音”727型2架、“训鹰者”3架、“猎鹰”20型3架。教练机：SF－200型34架、“阿尔法喷气”式31架、CM－170型11架。直升机：“海王”5架。地空导弹：“西北风”24部。

预备役部队 15.205万人。其中陆军10.52万人，海军6250人，空军2.07万人，卫生勤务部队1.99万人。

部署 陆军作战部队主要沿本土东部和北部一线部署。空军作战飞机主要部署在首都布鲁塞尔以东地区。

兵役制度 比利时于1996年3月1日取消义务兵役制，现实行志愿兵役制。

军衔 分5等17级：将官2级（中将、少将），校官3级（上校、中校、少校），尉官4级（大尉、上尉、中尉、少尉），军士6级（军士长、军士、一级上士、上士、中士、下士），兵2级（一等兵、二等兵）。

驻外兵力 驻德国2000人。参加联合国维持和平部队：驻波黑和克罗地亚550人；驻印度/巴基斯坦1人；驻中东6人；

外国驻军 北约总部（驻布鲁塞尔）；北约欧洲盟军最高司令部（驻蒙斯市）；西欧联盟军事计划制定小组；美国驻军800人（陆军200人、海军100人、空军500人）。

（张昌泰）

波　兰

国　　名 波兰共和国。

主要统计 31.2685万平方千米。人口3865.9万人（其中，13～17岁男165.9万人，女157.6万人；18～22岁男159.8万人，女152.1万人；23～32岁男270.8万人，女259.2万人）。国内生产总值1350亿美元（1997年）。国防费34亿美元（1999年国防预算)。粗钢 1189 万吨(1995 年)。原煤 2.007 亿吨(1994 年)。原油 200 万桶(1996 年)。天然气 45.93 亿立方米(1995 年)。发电量 1390 亿度(1995 年)。粮食 2578.3 万吨(1996 年)。海运能力,商船(载重 100 吨以上)644 艘,总载重量 431.43 万吨(1997 年)。民航能力,固定航班机场 8 处,客运量 46.33 亿人千米、货运量 7400 万吨千米(1997 年)。

国防体制 最高国防决策机构为国防委员会,由总统任主席,并设有若干副主席:部长会议主席任第一副主席,内务部长任国内安全事务副主席,财政部长任经济事务副主席,国防部长任武装力量及国防战略规划事务副主席,成员还有议会议长、参议院议长、外交部长、运输和海洋经济部长、总统办公厅主任、国务部长、国防部常务副部长、总参谋长、内务部第一副部长以及民防司令(兼任国防委员会秘书)。国防委员会直接隶属于议会和参议院组成的国民大会,其职责是制定国家安全与防御方针,为国民大会决定国家实施战时状态、紧急状态或发布动员令提出建议。国防部为政府中的一个部,是最高军事行政机关。国防部设有军事委员会和政治磋商委员会。军事委员会成员包括各总部及军、兵种负责人,由国防部长任主席。政治磋商委员会是国防部的咨询机构。国防部负责制定并实施国防和军事建设计划,完善军队体制,领导军队训练与教育,保障武装力量的技术和物资供应,确定职业军官的服役原则,制定武装力量科研工作计划,参与民防建设的规划和实施。各地兵役部门也受国防部领导。武装力量由正规军和准军事部队组成。正规军分陆军、海军、空军防空军三个军种。最高军事指挥机构为总参谋部,主要负责制定战略计划和组织战略指挥,协调国防部各部局与军兵种司令部的工作。总统(国防委员会主席)通过国防部和总参谋部对全国武装力量实施领导和指挥。

领导人物 共和国总统、国防委员会主席兼武装力量统帅亚历山大·克瓦希涅夫斯基(1995 年 12 月当选)。国防部长雅努什·奥内什凯维奇(1997 年 10 月上任)。总参谋长亨利克·舒姆斯基上将(1997 年 3 月上任)。

武装力量 **兵力** 现役部队 24.065 万人。

陆军 14.25 万人。自 1999 年 1 月 1 日改编成沿海和西里西亚 2 个军区和 1 个航空机械化军,共编有 8 个摩步师、1 个装甲骑兵师、1 个防空骑兵师、1 个岸防旅、4 个炮兵旅、4 个工程兵旅、5 个反恐怖旅、2 个维修旅、1 个防空高炮旅、1 个装甲旅、1 个摩步旅、1 个空中突击旅、1 个摩步团、2 个作战直升机团、2 个高炮团、3 个地地导弹团、1 个地空导弹团。

坦克:T-55 型 839 辆、T-72 型 772 辆、PT-91 型 116 辆。装甲侦察车:БРДМ-2 型 510 辆。步兵战车:БМП-1 型 1367 辆、БРМ-1 型 38 辆。装甲输送车:728 辆。牵引炮:122 毫米 280 门、152 毫米 160 门。自行炮:122 毫米 533 门、152 毫米 111 门、203 毫米 8 门。火箭炮:122 毫米 258 门。迫击炮:120 毫米 231 门。反坦克导弹:AT-3 型 263 具、AT-4 型 115 具、AT-5 型 18 具、AT-6 型 7 具。地地导弹:35 部。反坦克炮:85 毫米 711 门。高炮:23 毫米和 57 毫米共 1116 门。地空导弹:共 1290 部。攻击直升机:米-24 型 38 架、米-2URP 型 34 架、PZL-W3 型 22 架。支援及运输直升机:米-2URN 型 18 架、米-8 和米-17 型 36 架、米-2 型 31 架。

海军 1.71 万人。

潜艇:3 艘。驱逐舰:1 艘。护卫舰:1 艘。小型护卫舰:4 艘。导弹快艇:7 艘。巡逻艇:22 艘。扫雷舰:24 艘。两栖舰:5 艘。支援和其他舰艇:12 艘。

海军航空兵 2460 人。编有 7 个中队,装备作战飞机 28 架、武装直升机 11 架。

空军防空军 5.53 万人。编成 3 个军,下辖 7 个战斗机团、4 个对地攻击战斗机团、2 个运输机团、5 个防空导弹旅及 1 个独立团。作战飞机 297 架,攻击直升机 32 架。

对地攻击战斗机:苏-22 型 99 架。战斗机:米格-21/U 型 133 架、米格-23 型 27 架、米格-29/U 型 22 架。侦察机:米格-21R/U 型 16 架。运输机:安-2 型 32 架、安-26 型 10 架、安-28 型 5 架、雅克-40 型 13 架、图-154 型 2 架。直升机:PZL-W3 型 32 架、米-2 型 35 架、米-8 型 5 架。教练机:TS-11 型 184 架、PZLI-22 型 11 架、PZL-130 型 25 架。空空导弹:"环礁"、"蚜虫"若干枚。空地导弹:"克雷牛"若干枚。地空导弹:SA-2/-3/-4/-5 型 200 部。

准军事部队 2.34 万人,其中边防部队 1.35 万人、警察预备队 0.7 万人、岸防部队 0.29 万人。

预备役部队 40.6 万人,其中陆军 34.3 万人、海军 1.4 万人、空军 4.9 万人。

兵役制度 实行义务兵役制。士兵服役期 18 个月。

军衔 分 7 等 26 级:元帅 1 级(只在战时授予),将官 3 级(上将、中将、少将),校官 3 级(上校、中校、少校),尉官 3 级(大尉、上尉、中尉),准尉 6 级(一级准尉、二级准尉、三级准尉、四级准尉、五级准尉、六级准尉),军士 8 级(一级上士、二级上士、三级上士、四级上士、一级下士、二级下士、三级下士、四级下士)，兵 2 级（上等兵、列兵)。

驻外兵力 1998 年共有 1455 人参加联合国维和行动。

军队节日 建军节 8 月 15 日。

（程 辉）

波斯尼亚和黑塞哥维那

国 名 波斯尼亚和黑塞哥维那，简称波黑。

主要统计 面积 5.1129 万平方千米。人口约 400 万人（其中，13～17 岁男 19.2 万人，女 18.1 万人；18～22 岁男 18 万人，女 17 万人；23～32 岁男 34.6 万人，女 32.7 万人)。

波黑 3 方武装力量情况

穆斯林族武装 现役部队约 4 万人。编有 1 个集团军司令部、4 个军司令部、2 个师司令部、28 个步兵旅、1 个特种兵旅、1 个侦察旅、10 个摩步团、3 个装甲团、11 个炮兵团。

坦克：AMX－30、M－60A3、T－55 型约 60 辆。装甲侦察车：44 辆。装甲输送车：70 辆。各种火炮（包括重型迫击炮)：约 3850 门。反坦克导弹："耐火箱"等 100 具。直升机：25 架。飞机："乌特瓦"75 型 3 架。

预备役部队 约 10 万人。

克罗地亚族武装 约 1.6 万人。编有 4 个军区、4 个警卫旅、1 个炮兵旅、1 个步兵团、1 个国土防卫团等。

坦克：T－34、T－55、M－84、T－72、M－47 型约 50 辆。步兵战车：约 30 辆。各种火炮：约 1250 门。反坦克导弹："耐火箱"、"法戈特"若干具。地空导弹：SA－7、SA－9、SA－14、SA－16 型若干部。直升机：米－8、米－24、MD－500 型若干架。

预备役部队 24 个国土防卫团、1 个步兵团和 1 个炮兵团等。

塞尔维亚族武装 约 3 万人。编有 3 个军司令部、40 余个步兵/装甲/摩步旅、1 个特种兵旅、11 个反坦克团和防空团。

坦克：T－34、T－55、M－84、T－72 型 570 辆。装甲输送车：360 辆。各种火炮：约 4000 门。地地导弹：蛙－7 型若干部。高炮：20、23、30、57、90 毫米共 975 门。地空导弹：SA－2、SA－6、SA－7B、SA－9、SA－13 型若干部。飞机：22 架。直升机：米－8 型 12 架、"小羚羊" 12 架。

外国驻军 多国稳定部队 3.32 万人。联合国在波黑驻有来自 34 个国家的 1618 名民事警察。

（郭 庆）

丹 麦

国 名 丹麦王国。

主要统计 面积 4.3094 万平方千米（不包括格陵兰和法罗群岛)。人口 524.6 万人（其中，13～17 岁男 14.7 万人，女 14.2 万人；18～22 岁男 16.4 万人，女 15.8 万人；23～32 岁男 39 万人，女 37.7 万人)。国内生产总值 11210 亿丹麦克朗，合 1700 亿美元（1997 年)。国防费 179 亿丹麦克朗，合 26 亿美元（1999 年国防预算)。原油 7500 万桶（1996 年)。天然气 49.36 亿立方米（1995 年)。发电量 410.96 亿度（1994 年)。粮食 954.5 万吨（1996 年)。海运能力，商船（载重 100 吨以上）456 艘，总载重量 758.91 万吨（1997 年)。民航能力，固定航班机场 13 处，客运量 53.76 亿人千米、货运量 1.71 亿吨千米（1997 年)。

国防体制 国王（现女王）为武装力量统帅。最高国防决策机构为内阁。国防部在内阁的领导下负责执行议会确定的国防安全政策。国防委员会为国防大臣的政策咨询及助理机构，由国防司令、国防参谋长、作战部队司令、国民警卫队司令和陆、海、空军司令组成。武装力量由陆、海、空军和国民警卫队组成。由国防司令统一指挥陆、海、空军。最高军事指挥机构为国防参谋部。作战部队司令（兼任北约波罗的海通道司令部司令），直属国防司令领导。丹军参加了北约军事一体化组织，战时丹军主力归北约波罗的海通道司令部指挥，届时经议会批准，国防司令将向作战部队司令移交对上述部队的作战指挥权。战时国防司令只负责本土防务和部队后勤保障，作战部队司令则率部队受领北约赋予的作战任务。

领导人物 国王兼武装力量统帅女王玛格丽特二世（1972年1月即位）。国防大臣海格鲁普（1993年1月上任）。国防司令克里斯琴·维特上将（1996年8月上任）。国防参谋长奥弗·霍夫中将（1996年8月上任）。陆军司令格鲁纳少将（1996年4月上任）。海军司令克里斯·温特少将（1995年5月上任）。空军司令库尔特·罗斯高德少将（1997年10月上任）。国民警卫队司令约恩·尼尔松少将。

武装力量 **兵力** 现役部队3.21万人。

陆军 2.29万人。编有1个作战司令部、1个东部地面司令部、1个机步师、1个快速反应旅、1个机步旅、1个侦察营、1个独立工兵营、1支特种作战部队。

坦克："豹"1A5型230辆（另储备58辆）、"百人队长"54辆、M－41DK－1型53辆。步兵战车：M－113A2型50辆。装甲输送车：M－113型594辆。牵引炮：105毫米134门、155毫米121门、203毫米12门。自行炮：155毫米76门。迫击炮：81毫米313门、120毫米160门。反坦克导弹："陶"式140具。无坐力炮：84毫米1131门、106毫米20门。地空导弹："毒刺"若干部。攻击直升机：12架。支援直升机：13架。

海军 0.37万人。

潜艇："图姆勒伦"级3艘、"诺瓦伦"级2艘。护卫舰："尼尔斯·尤尔"级3艘。导弹攻击艇："惠勒摩斯"级10艘。巡逻艇：31艘。扫雷和布雷舰艇：9艘。支援舰船：14艘。

海岸防御部队 1个岸防要塞、2个机动岸防导弹连。

空军 0.55万人。编有战术空军司令部（辖4个攻击/强击机中队、1个运输机中队、1个搜索与救援中队、1所飞行学校），防空群（辖2个地空导弹中队），预警系统（辖5个雷达站）。作战飞机69架。

攻击战斗机：F－16A/B型69架。教练机："萨伯"T－17型28架。运输机："湾流"、C－130H型等共67架。直升机：8架。空地、空空导弹：若干枚。地空导弹："霍克"36部。

预备役部队 10万人，其中陆军7.2万人、海军1万人、空军1.8万人。国民警卫队：陆军5.11万人，海军0.47万人，空军0.85万人。

部署 陆军主要部署在日德兰半岛和西兰岛。海军基地2处（科尔塞、菲德烈港）。空军基地6处（奥尔堡、卡鲁普、范德尔、斯克鲁斯鲁普、特斯鲁普、凡尔吕色）。

兵役制度 实行义务兵和志愿兵相结合的兵役制度。义务兵服役期一般为9～12个月，最高可达27个月；志愿兵陆、海、空军分别为54、63、72个月。服现役期满后转入动员部队服役18个月或转入预备役部队服役5年。

军官服役制度 各级军官晋升前在上一军阶的最低任期为27个月。最高服役年限：将官60岁、校官48岁、尉官38岁。

军衔 军官分3等10级：将官3级（上将、中将、少将），校官3级（上校、中校、少校），尉官4级（上尉、中尉、少尉、准尉）。军士5级（一级军士长、二级军士长、上士、中士、下士）。兵3级（一等兵、二等兵、三等兵）。

驻外兵力 共有678人参加联合国维持和平行动，其中联合国军事观察员31人。

外国驻军 北约盟军波罗的海通道司令部。美军：陆军740人，海军100人，空军520人。

（徐剑光）

德 国

国 名 德意志联邦共和国。

主要统计 面积35.697万平方千米。人口8110.2万人（其中，13～17岁男230.9万人，女218.7万人；18～22岁男227.8万人，女218.1万人；23～32岁男590.9万人，女568.5万人）。国内生产总值36000亿马克，合21000亿美元（1997年）。国防费475亿马克，约合264亿美元（1999年国防预算）。粗钢4205.1万吨（1995年）。原煤2.647亿吨（1994年）。原油2100万桶（1996年）。天然气189.98亿立方米（1995年）。发电量5282.21

亿度（1994年）。粮食4210.2万吨（1996年）。海运能力，商船（载重100吨以上）1375艘，总载重量683.23万吨（1997年）。民航能力，固定航班机场40处，客运量634.23亿人千米、货运量125.72亿吨千米（1997年）。

国防政策 冷战结束和德国统一后，德国的安全环境得到了明显改善，已从原来欧洲两大军事集团对峙的“前线国家”变成了安全系数大为增加的“欧洲的中心”。但德国认为，目前欧洲形势动荡不定，不确定因素仍然很多。整个欧洲民族矛盾、领土纠纷接连发生，局部冲突呈上升势头；原苏联地区的动乱以及俄罗斯的军事实力仍对德国构成“不可忽视的潜在威胁”；南欧地区将成为影响德国和欧洲安全的主要方向；大规模杀伤武器及技术的扩散将危及德国和西欧的稳定和安全；一些第三世界国家和地区爆发局部战争和冲突的可能性有增无减，使德国面临着难以预测的“危险”。面对新的历史条件，德国对国防政策进行了全面调整，其谋求的目标已开始跨越“国界”，从过去的谋求生存并为最终实现德国统一创造条件，转为着眼于承担未来欧洲和世界和平与安全的责任。其现行国防政策的要点是：(1) 改造欧洲现有的各种安全机制，力图建立以德国为主导的新的全欧安全秩序。(2) 利用在地缘政治和历史渊源上的优势，扩大在东欧和独联体国家的影响，谋求与之建立“共同安全利益网”。(3) 跻身于大国行列，力图在维护欧洲和世界的安全与稳定方面发挥重要作用。

军事战略 德国统一后，根据欧洲战略形势的变化，对军事战略进行了具有转折意义的重大调整，从原来依赖北约核武器为主来对付欧洲的大规模战争，逐步转变为当前依靠常规力量为主来“处理”欧洲的局部危机和对付局部战争，特别是重视通过控制局部性冲突达到确保本国安全和欧洲稳定的目的。其要点是：(1) 在军事战略方面，从过去主要针对苏联、华约集团的“前沿防御”转为准备以对付各种危机为主的“多方位防御”。(2) 在军事部署方面，由过去的“前沿部署体系”改为“均衡兵力部署”。(3) 在战争冲突样式上，由过去认为的欧洲将发生大规模战争转而认为在欧洲主要将是局部冲突。(4) 在作战方针上，根据“多方位防御”的思想制定了“威慑”和“危机处理”相结合的方针。(5) 在军队建设方面，强调建设一支人员精干、装备精良、训练有素以及火力、机动力强的现代化军队，突出危机反应部队建设，着重提高军队在现代化条件下应付突发事件的灵活反应能力。

国防体制 德国《基本法》规定，联邦总理为战时军队的最高统帅。最高国防决策机构为联邦安全委员会，成员有联邦总理、联邦国防部长、外交部长、内政部长、经济部长、财政部长和总理府特别任务部部长等，由联邦总理任主席。国防部为政府中的一个部，是最高军事行政机关。国防部长在和平时期是军队的最高首长，根据联邦总理提出的政策方针，负责领导和管理陆、海、空三军，并通过军种监察长对部队实施指挥。武装力量由正规军和准军事部队组成。正规军分陆、海、空三个军种。联邦国防军总监察长是全军第一军人和政府的首席军事顾问，主要负责制定国防总体方案、建军规划等工作。武装力量指挥参谋部为总监察长的办事机构，总监察长通过武装力量指挥参谋部对全军实施业务领导。陆、海、空军军种监察长是本军种的最高指挥官，负责本军种部队的战备训练和行政管理，参与制定和实施国防总体方案。平时，国防部长在军队勤务方面通过军种监察长实施对部队的指挥，在行政和专业事务方面则通过国防部各职能部门和总监察长对部队实施领导。战时，全军指挥权由国防部长移交联邦总理。

领导人物 联邦总理兼武装力量最高统帅格哈德·施罗德（1998年10月上任）。联邦国防部长鲁道夫·沙尔平（1998年10月上任）。联邦国防军总监察长汉斯－佩特尔·冯·基希巴赫上将（1999年4月上任）。陆军监察长海尔穆特·维尔曼中将（1996年2月上任）。海军监察长汉斯·吕佐夫海军中将（1998年10月上任）。空军监察长罗尔夫·波尔茨中将（1998年4月上任）。

武装力量 **兵力** 现役部队33.35万人。

陆军 23.06万人。编有3个军部、1个空中机动部队司令部（师级）、7个作战师、1个独立军区司令部（师级）、22个现役旅、4个架子旅、1个特种部队司令部（旅级）、27个防区（旅级）。

主战坦克：“豹”1型888辆、“豹”2型1828辆。步兵战车：“貂”A2/A3型2121辆、“黄鼬”式343辆。装甲侦察车：“山猫”SPz－2型409辆、“狐”TPz－1型114辆。装甲输送车：“狐”TPz－1型814辆、M－113型2641辆。牵引炮：105毫米133门、155毫米192门。自行炮：155毫米573门。火箭炮：110毫米80门、227毫米154门。迫击炮：120毫米908门。反坦克导弹：“米兰”1907具、“陶”式牵引型98具、“霍特”226具、“陶”式自行型136具。高炮：20毫米1150门、35毫米379门。地空导弹：“罗兰”SP型143部。攻击直升机：PAH－1型204架。运输直升机：UH－1D型174架、CH－53G型108架。联络直升机：BO－105M型96架、“云雀”2型42架。

海军 2.67万人。编有1个舰队司令部、5个分舰队和1个海军航空兵师。

潜艇：206/206A SSC级12艘、205 SSC级2艘。驱逐舰："吕特晏斯"级3艘。护卫舰："不来梅"级8艘。"勃兰登堡"级4艘。导弹攻击快艇："信天翁"(143)级10艘、"猎豹"(143A)级10艘、"虎"(148)级10艘。扫雷舰艇："哈默尔恩"(343)级10艘、"林道特罗伊卡"级6艘、"林道"改装(331)级5艘、"弗兰肯塔尔"(332)级11艘、"弗劳恩洛布"级5艘、无人反水雷艇1艘。登陆艇：13艘。供应补给舰：42艘。

海军航空兵　4100人，装备作战飞机52架、武装直升机17架。

空军　7.62万人。编有10个战斗机联队、6个防空导弹联队、3个空中运输联队、2个通信团、2个雷达指挥团和6个供应团。作战飞机451架(另有库存106架)。

攻击/战斗机：F-4型152架、"旋风"276架、米格-29型23架。运输机：C-160型84架、波音707型2架、A-310型5架、图-154型1架、CL-601型7架、L-410-S型4架、T-37B型35架、T-38A型40架、VFW型2架。运输直升机：UH-1D型99架、AS-532U2型3架。地空导弹："霍克"72部、"罗兰"84部、"爱国者"36部。

文职人员　13.7万人。

预备役部队　31.5万人，其中陆军25.8万人、海军1.02万人、空军4.68万人。

准军事部队　2.465万人，其中联邦边防警察2.41万人、海岸警卫队550人。

部署　陆军主要部署在北德平原和中部地区。海军部署在北海和波罗的海沿岸区域。空军重点部署在中部和南部地区。全国共有军事基地734处。

兵役制度　实行全民义务兵役制，士兵服役期为10个月。各级军官最高服役年限：将官为60岁、上校为58岁、中校为56岁、少校为54岁、尉官为52岁。

军衔　分5等24级：将官4级(上将、中将、少将、准将)，校官3级(上校、中校、少校)，尉官4级(大尉、上尉、中尉、少尉)，军士7级(三级军士长、二级军士长、一级军士长、上士、中士、二级下士、一级下士)，兵6级(五等兵、四等兵、三等兵、二等兵、一等兵、列兵)。

驻外兵力　驻美国在训飞行员812名，驻英国在训飞行员65名，驻波黑北约稳定部队2700人，驻格鲁吉亚联合国观察团军事观察员10人，驻伊拉克/科威特联合国观察团13人。

外国驻军　比利时驻军2000人，法国驻军1.17万人，荷兰驻军3000人，英国驻军28167人，美国驻军5.77万人。

军队节日　建军节为11月12日，但一般不举行大型的庆祝活动。各军种均无自己单独的节日。

军工生产能力　德国具有自行研制和生产各种常规兵器的能力，其生产能力在欧洲乃至世界都是比较强的。今后德国在总体上仍将继续保持较高的军事技术水平和生产潜力，在个别项目上将维持世界一流水平。目前，从事军工生产的从业人员约20万人，军工生产总值约占国民生产总值的0.6%，在工业总产值中所占的比例不到1%。

军火贸易　由于历史和外交政策等方面的原因，德国对军火出口历来持比较审慎的态度。军工产品的80%以上销于国内市场，军工产品的出口在德国出口总额中仅占1%。德国历届政府均坚持"不向局势紧张地区输出军火"这一原则。目前根据形势变化虽作了修改，但总的来看，仍比北约其他国家严格。德国军工生产较发达，技术比较先进，军火贸易额居世界前列。1997年军火出口额约8亿美元，居世界第7位。

(魏金晓)

俄 罗 斯

国　　名　俄罗斯联邦。

主要统计　面积1707.54万平方千米。人口1.466亿人(其中，13～17岁男581.8万人，女560.1万人；18～22岁男548.4万人，女532.8万人；23～32岁男1023.9万人，女997.3万人)。国内生产总值11000亿美元(1997年)。国防费340亿美元(1998年国防预算)。粗钢5114万吨(1996年)。原煤2.75346亿吨(1994年)。原油21.83亿桶(1996年)。天然气5829.88亿立方米(1995年)。发电量8759.14亿度(1994年)。粮食6803万吨(1996年)。海运能力，商船(载重100吨以上)4543艘，总载重量1659.23万吨(1997年)。民航能力，固定航班机场58处，客运量717亿人千米、货运量18亿吨千米（1997年）。

国防政策 从俄罗斯1996～1998年发布的一系列官方有关文件以及俄国防部领导人的讲话和军事专家的文章来看，俄现行国防政策的基本观点如下：

（一）俄罗斯对国家军事安全形势的判断和基本结论

俄罗斯认为，冷战后俄与世界大国的关系已发生了深刻变化，军事安全形势与冷战时期有了本质上的区别，表现是：（1）爆发大规模战争的危险性降低，但爆发武装冲突进而演变为局部战争的可能性增大，对俄发动大规模直接侵略的潜在危险明显减少，在保持核遏制潜力的情况下，2005年前，可以排除对俄罗斯大规模入侵的威胁。（2）在当前和可预见的未来俄面临的主要威胁不具有军事性质，且主要来自国内，并集中于内政、经济和社会等领域，其中经济危机对国家安全的威胁最大。（3）美国并不是俄平等的伙伴，美国和西方国家对俄政策的主要目标是阻挠俄成为多极世界中的重要一极，不让俄成为经济、政治、军事领域有影响的力量，降低俄在解决重大国际问题中的作用，企图把苏联后空间变成西方的政治和经济附庸及原料殖民地，西方国家的战略核武器仍把俄作为最终目标，因此，美国及其盟国是对俄安全构成威胁的主要外来势力，是俄的主要潜在敌人。1999年3月以美国为首的北约对南斯拉夫采取军事行动后，特别是北约公布“新战略概念”后，俄罗斯认为，北约已成为一个进攻性的军事政治集团，它的军事行动范围已扩展到传统的防区以外，具有明显的进攻性、扩张性和冒险性，北约对俄罗斯国家安全构成了现实军事威胁，俄罗斯及其盟国已面临北约对其实施军事打击的可能性。（4）北约东扩将使欧洲分裂，出现新的军事分界线，损害俄的国家利益，威胁俄的国家安全。（5）在俄边境地区和俄北高加索地区爆发的局部战争和武装冲突对俄安全构成现实威胁，核武器和其他大规模毁灭性武器的扩散、北约东扩、国际恐怖主义活动等也都对俄安全构成严重威胁。

（二）俄罗斯国防政策的基本观点

在对国家军事安全形势的判断和得出基本结论的基础上，俄罗斯提出的国防政策的主要观点如下：（1）俄不打算同任何国际力量中心对抗，也不打算单方面依赖任何国际力量中心。俄奉行“全方位”外交政策，“平衡接近”各国际力量中心，不追求霸权主义或扩张主义目标。（2）加快独联体的一体化建设，扩大独联体范围内的军事合作，在集体安全条约和双边协定基础上建立独联体集体安全体系和防御联盟。特别强调俄白联盟建设，1999年4月23日俄罗斯国防部长谢尔盖耶夫透露，俄罗斯与白俄罗斯将在计划期限内组建统一的地区性军事集群，并准备全力实施2001至2005年军事技术合作的双边计划。（3）俄国防政策的主要目标是：捍卫俄的国家利益，为巩固大国地位和增强俄在世界事务中的作用提供条件，确保俄成为未来多极化世界中的重要一极，保持国家领土完整，维护国家主权，保护国家边界不受侵犯。（4）依靠军事手段保证俄的军事安全和保护俄的重要切身利益，并应作好武力保卫国家利益的准备，认为在首先用政治、经济和其他非军事手段防止战争和武装冲突的同时，俄仍需要有足够的军事力量用于防卫。（5）必要时，以武力对抗北约东扩，大力加强俄南部、西部和西北部的军队集团，并在欧洲战争区的西部、北部和南部3个战区增加战术核武器的部署数量。必要时把战略导弹重新瞄准北约的欧洲国家，利用战略核武器遏制可能对俄进行的核侵略。（6）如果俄及其盟国不成为军事进攻的目标，俄不首先对任何国家采取军事行动，俄的国防潜力不应超过足以抵御现实的和可以预见的军事威胁水平。（7）俄放弃保持与美国的军事战略均势原则，不追求在武器和武装力量方面与其他大国均等，而奉行以坚决利用自己的武装力量反击侵略为基础的现实遏制原则。（8）奉行核遏制政策，使战略核力量在全球范围内、战役战术核武器和战术核武器在地区局部范围内保持足够水平；放弃不首先使用核武器的承诺，保留首先使用核武器的权利，俄保留在遭受武装侵略威胁时使用所拥有的一切军事力量，包括核力量的权力；保持核大国地位，以防止针对俄及其盟国的核袭击或使用常规兵器的大规模入侵，并根据双边协议，向独联体有关国家提供核保护伞。（9）奉行军事改革政策，认为军事改革是客观需要，它将决定俄武装力量、其他部队和国防综合体在21世纪前夕的命运，只有改革，才能保存武装力量，并为21世纪的军队打下基础。

军事战略 随着俄国防政策的重大变化，俄军事战略也进行了实质性的调整，但俄至今并没有给自己的军事战略公开命名。从俄军事战略的性质和特点看，仍属于积极防御战略，该战略的核心思想是核威慑和核遏制。俄军事战略的基本观点如下：（1）关于未来战争类型，俄军认为，未来战争按规定可分为世界大战、地区战争、局部战争和武装冲突4种类型，武装冲突有可能发展为局部战争，而局部战争和地区战争有可能发展为世界大战。（2）关于战争威胁，俄军认为，当前，发动世界核大战和世界常规大战的可能性都大大降低了，但发生武装冲突、局部战争和地区战争的可能性不仅存在，而且还在增长。（3）关于战争准备，俄军认为，俄武装力量应准备反击任何形式、任何规模的侵略，既应作好应付世界大战的准备，也应作好应付地区战争和局部战争的准备，既要作好在一二个武装冲突和一个局部战争中采取军事行动的准备，又要在地区战争中作好反击大规模侵略的准备，只把注意力放在局部性、地区性和规模不大的武装冲突上，并以此为依据来训练部队，是严重的错误。(4) 关于武装力量的任务，俄军认为，武装力量最重要的任务是：保持核遏制，防止核大战和常规大战或地区战争，以及履行盟国义务。为完成这一任务，俄联邦应具有确保给任何侵略国或国家集团以应有损失的核力量潜力，武装力量和平时期的战斗编成应具有以下4种能力：能对国家进行可靠的防护，使其免遭空中－空间袭击；在局部战争中能完成击退侵略的任务；在地区战争中能展开遂行任务的军队集团；能保障俄联邦单独地或在国际组织编成内遂行维和行动。(5) 关于作战对象和作战地区，俄军认为，俄武装力量主要作战对象是以美军为首的北约军队，主要作战地区是欧洲战争区。(6) 关于军事行动的基本类型，俄军认为，俄武装力量实施军事行动的基本类型是防御和进攻，防御包括阵地防御和机动防御，进攻包括反攻和进攻。战争初期，防御是主要的军事行动类型，但防御和进攻不能截然分开，二者应结合运用，而不能绝对化。(7) 关于战略行动的基本样式，俄军认为，俄武装力量在大规模战争中战略行动的基本样式有：抗击敌战略空袭的战略性战役、战略核力量战役、战略性空中战役、大陆战区战略性战役（地区战略性战役）、大洋战区战略性战役。(8) 关于战略核力量的运用，俄军认为，战略核力量是保持世界战略平衡和俄安全的基本保证，是防止战争的主要遏制因素，必须确保战略核力量能够有效遏制世界核战争和常规战争的爆发。一旦出现外来侵略由地区战争演变成大规模战争的情况，俄首先使用核武器对敌军事目标实行解除武装的打击。战略核力量实施有限核突击的目的是，使武装冲突降级和防止武装冲突演变成针对俄及其盟国的大规模战争。科索沃战争爆发后，俄罗斯进一步强化了核遏制战略，加强了核力量建设。俄总统叶利钦强调，核力量过去是现在依然是保障国家安全和军队强大的关键因素，使核潜力保持高度战斗准备是俄罗斯最主要的国家利益，要求加快发展新的战略和战术核武器，俄罗斯陆军将重新装备战术核武器。俄罗斯一些军事专家甚至提出俄罗斯及其盟国即使在遭受非核进攻的情况下，也有权使用核武器进行回击的观点。关于核武器的使用方法，俄将放弃目前仅限于回击的方针，而采用回击与迎击相结合的方法。(9) 关于一般力量的运用，俄军认为，对付局部武装冲突的任务，一般由1个地区（军区）部队来完成，而对付地区战争的任务，则由2～3个军区的部队来完成。(10) 关于战役作战样式，俄军认为，在武装冲突、局部战争和地区战争中的基本作战样式是军种联合战役或军种联合作战行动。(11) 关于战略部署，俄军认为，在国内应在可能不稳定的地区和战略上重要的地区优先部署军队，俄罗斯有必要在世界有战略意义的重要地区保持军事存在，通过签订条约和建立伙伴关系在这些地区部署一定兵力（军事基地)。目前，战略部署的重点仍在欧洲。与此同时，俄军也认为，俄罗斯拥有世界上最长的边界，不可能也没有必要在整个边界都部署同样强大的军队集团。将按地区原则在军区编成内组建机动性的力量，使之能够独立行动，并在最短时间里控制和消除来自任何方向的威胁。俄的快速反应部队主要部署在莫斯科、北高加索和乌拉尔军区。(12) 关于军队领导和指挥原则，俄军认为，国家领导和军队领导必须统一，俄总统兼任武装力量最高统帅，对俄武装力量实行集中统一领导，总统对武装力量的指挥，通过国防部长、国防部和总参谋部实施；总参谋部是武装力量的主要战略指挥机构；实行地区指挥原则，军区具有战役－战略指挥部职能，统一指挥辖区内的所有部队。(13) 关于军队建设的指导思想，俄军认为，军事实力不取决于军队数量，而取决于高度的指挥能力、完善的组织工作、训练和技术装备程度。现在主要是靠提高质量来保持防御能力，以人数减少的武装力量保持更高质量的国防。(14) 关于武装力量建设原则，俄军认为：国家最高权力机构领导军队指挥机关和指挥员，建立对武装力量的监督制度；武装力量的结构、组成和数量应符合其承担的任务、国际义务和国家经济能力；在各地区协调使用和指挥武装力量并为其提供物资技术装备。(15) 关于武装力量建设目标，俄军认为，俄军应建成一支组织严密、装备精良和人员精干的职业化军队，一支与国家经济能力相适应、能够保障国家安全的军队。(16) 关于武装力量建设重点，俄军认为，在国防费紧缺的情况下，各军兵种之间不应平分军费，而应把它用在刀刃上。无论如何要保证战略核力量的战斗力，保证军用航天计划的发展，保护国家免遭来自空中和空间的潜在威胁。(17) 关于军事技术政策，俄军认为，不要分散力量和资金追求发展其他国家已经有的或可能有的各种武器和装备，而应当敢于冒险和超越几代武器，集中科学技术和生产力量研制本国具有决定意义的武器，以削弱或打乱别国谋求军事优势的长期计划。当前，主要力量应集中在保障优质技术装备上，要使武器和军事技术装备的品种实现最佳化、标准化和统一化，并实现广泛的现代化。今后必须加紧研制自己的信息武器，把它作为军事技术装备不可分割的一部分，作为国家军事战略和战略潜力的组成部分。此外，俄罗斯很重视火箭航天技术的发展，强调充分利用航天技术手段保障国家安全和提高国家防御能力。科索沃战争爆发后，俄更加强调加快高精度武器、防空武器、战区反导武器和电子战武器的研制。

国防体制 根据1993年12月12日正式通过的《俄罗斯联邦宪法》、1996年5月31日正式生效的俄联邦《国防法》、以及俄联邦有关法律，俄罗斯联邦总统、俄罗斯联邦安全会议、俄罗斯联邦议会、俄罗斯联邦政府对保障国家安全、国防能力状况，对俄罗斯武装力量和其他部队的战斗准备程度、动员准备程度和战斗力负全责。

俄罗斯联邦总统是国家元首和俄罗斯联邦武装力量的最高统帅。他在国防领域的主要职责是：组成并领导俄罗斯联邦安全会议；确定俄联邦军事政策的基本方针；批准俄联邦军事学说；领导俄罗斯武装力量和其他军队；宣布总动员或局部动员，宣布全国或局部地区进入战时状态，宣布实施战斗行动的命令；批准武装力量及其他军队发展构想与计划，武装力量使用计划和动员计划，国家动员计划，本土战场建设计划，国民经济转入战时计划，武器装备和国防工业综合体发展计划；授予高级军衔，任免高级军官；批准武装力量及其他军队的结构、编成及军人编制人数；决定武装力量及其他军队的部署；批准国防部和总参谋部工作条例；举行谈判和签署俄联邦国防领域的国际条约；颁布征召俄联邦公民服役和参加军事集训的命令等。

俄罗斯联邦安全会议是立法机构，也是保障俄罗斯国家安全的最高决策机构。安全会议的主要任务是：确定社会和国家的重要利益，发现安全目标受到的内部和外部威胁；制订保障俄罗斯联邦安全的主要战略方针，起草保障安全的联邦专项计划；为总统起草有关国家安全的各种建议、决定和命令。俄联邦总统任安全会议主席，政府总理、安全会议秘书、安全局长、外交部长、国防部长为安全会议常委，司法部长、保卫局长、内务部长，原子能部长、边防局长、国防工业部长、财政部长、对外情报局长、民防事务、紧急情况和消除自然灾害后果部部长为安全会议委员。

俄罗斯联邦议会是俄罗斯联邦最高代表机关和立法机关，它由联邦委员会（上院）和国家杜马（下院）组成。联邦委员会在国防领域的职能是：审核国家杜马通过的根据联邦预算法确定的国防开支；审核国家杜马通过的国防领域的联邦法律；批准俄联邦总统关于在俄全境或部分地区实施战时状态和紧急状态的命令，以及俄联邦武装力量、其他军队使用武器装备不按其使命执行任务的命令；决定关于可以在俄联邦境外使用俄联邦武装力量问题。国家杜马在国防领域的职能是：审核联邦预算法规定的国防开支；通过国防领域的联邦法律。

俄联邦政府是俄联邦最高执行权力机关，它在国防领域内的职能是：落实国防保障措施并在其权限范围内对俄联邦武装力量及其他军队的状况与保障负责；拟定和向国家杜马提出联邦预算中有关国防开支的建议；根据武装力量及其他军队的订货，组织对其武器、军事技术装备、物资设备的提供与保障；制订国家武器装备及国防工业综合体的发展规划；确定国家动员任务，确定国家动员计划、物资储备计划；负责军队院校、军事系、军事教研室的建立和撤销工作；制定俄联邦国土战场建设计划；负责俄联邦的兵役工作等。

俄罗斯联邦武装力量由管理机关、军团、兵团、部队、军事院校以及后勤部门组成。在组织结构上，划分为战略火箭军、陆军、空军和海军四个军种。没有编入武装力量的其他军队有边防军、内卫部队、俄联邦安全部的部队、政府通信部队、联邦保卫总局、俄联邦铁道兵、民防部队、国家消防局等。

俄罗斯联邦武装力量的领导与指挥体制是：俄罗斯联邦总统兼俄联邦武装力量最高统帅，对联邦武装力量和其他军队实施全面领导，他通过国防部长和总参谋长对武装力量实施作战指挥。国防部长通过国防部对联邦武装力量实施直接领导。俄联邦武装力量总参谋部对武装力量进行作战指挥，对武装力量各军种的指挥通过各军种司令部进行。

国防部的基本职能是：参与制定联邦军事政策和军事学说；制定联邦武装力量建设构想，协调武装力量和其他军队建设与发展构想的制定工作；制定武器和军事技术装备发展的联邦国家计划，提出国家国防订货建议；提出国防开支预算草案及其使用办法；组织国防科研和试验设计工作；为武装力量及其他军队订购、生产和采购武器、军事技术装备、食品、被服和其他物资；负责武装力量的动员准备；向总统提交共同条令，有关国防部和总参谋部、军事委员会、后备役委员会等的条例草案等。

武装力量总参谋部的基本职能是：拟定联邦军事学说建议；制定联邦武装力量建设计划，协调武装力量与其他军队建设与发展计划的制定工作；协调拟定武装力量和其他军队员额的建议；制定武装力量使用计划、动员计划以及国土战场建设计划；拟定应征服役和参加军事集训的公民人数；实施情报活动；组织实施保持武装力量战斗和动员准备的措施；组织武装力量与其他军队的协同；参与制定民防计划；组织武装力量和其他军队的动员与战略展开等。

领导人物 总统兼武装力量最高统帅叶利钦（1992年5月7日上任，1996年7月连任）。国防部长谢尔盖耶夫元帅（1997年5月23日上任）。国防部第一副部长米哈伊洛夫（上任时间不详）。武装力量总参谋长克瓦什宁大将（1997年6月19日上任）。国防部副部长托波罗夫上将（1992年6月10日上任）。国防部副部长兼武装力量后勤部长伊萨科夫上将（1997年6月30日上任）。战略火箭军总司令雅科夫列夫上将（1997年6月30日上任）。空军总司令科尔努科夫空军上将（1998年1月20日上任）。海军总司令库罗耶多夫海军上将（1997年10月上任）。

武装力量 **兵力** 现役部队的编制人数为120万人，实有约115.9万人（含20万名国防部人员及其直属部队）。

战略火箭军 17万人，编有5个火箭集团军。

洲际导弹：820枚（包括部署在乌克兰领土上的洲际导弹），其中SS－18（PC－20）型180枚、SS－19（PC－18）型188枚（其中20枚在乌克兰）、SS－24（PC－22）型92枚、SS－25（PC－12M）型360枚

陆军 42万人。编有7个军区，5个集团军司令部，6个军司令部，37个师（坦克师6个、摩步师19个、空降师5个、机枪炮兵师4个、炮兵师3个），约32个炮兵旅/团，4个大口径炮兵旅，3个空降旅，1个独立坦克旅，11个独立摩步旅，8个特种部队旅，13个战役战术导弹旅，9个反坦克旅，21个地空导弹旅，12个战斗直升机团，7个空降突击运输直升机团，7个直升机训练团，以及其他部队。

主战坦克：5531辆，其中T－90型2辆、T－80U/UD/UM型3178辆、T－72L/M型2028辆、T－64A/B型189辆、T－62型97辆、T－54/－55型37辆，另外在乌拉尔山以东还储存坦克1.1万辆。轻型坦克：200辆，其中ПТ－76型2辆。装甲侦察车：БРДМ－2型约2000辆。步兵战车：6594辆，其中БМП－1型1513辆、БМП－2型3232辆、БМП－3型97辆、БМД－1/－2/－3型1187辆、БРМ型565辆。装甲输送车：3245辆，其中БТР－60П/－70/－80型2018辆、БТР－Д型483辆、МТ－ЛБ型744辆。牵引炮：1956门，其中122毫米887门、130毫米1门、152毫米1068门。自行炮：2573门，其中122毫米592门、152毫米1948门、203毫米33门。直射曲射两用炮：120毫米333门。火箭炮：869门，其中122毫米355门、220毫米409门、300毫米105门。迫击炮：268门，其中120毫米249门、240毫米19门。战役战术导弹发射架："圆点"、"蛙"、"月亮"约200部；"飞毛腿"－B/C型约116部。反坦克导弹：AT－2、AT－3、AT－4、AT－5、AT－6、AT－7、AT－9、AT－10型若干具。反坦克炮：57、85、100毫米若干门。高炮：23、37、57、85、100、130毫米若干门。地空导弹：SA－4型500部、SA－6型400部、SA－8型400部、SA－9型200部、SA－11型250部、SA－12A型100部、SA－13型350部、SA－15型100部、SA－19型若干部，SA－7、SA－14、SA－16、SA－18型肩射地空导弹若干部。各型直升机：约2300架，其中米－24型1000架、卡－50型4架。

空军 21万人。编有战略航空兵、远程航空兵、前线航空兵、防空航空兵和军事运输航空兵。

战略航空兵约3000人，编有1个集团军，装备战略轰炸机66架（另有44架在乌克兰），其中图－95H6型28架、图－95H16型32架，图－160型6架。

远程航空兵编有3个师，装备图－22M－3型轰炸机125架、伊尔－78型加油机20架、教练机70架。

前线航空兵编有5个集团军，装备歼击轰炸机约725架：苏－24型475架、苏－25型250架。歼击机415架：米格－29型315架、苏－27型100架。侦察机200架：米格－25型40架、苏－24型160架。电子战直升机米－8型60架。教练机180架。空空导弹AA－8、AA－10、AA－11型若干枚。空地导弹AS－7、AS－10、AS－11、AS－12、AS－13、AS－14、AS－16、AS－17、AS－18型若干枚。

防空航空兵编有3个防空集团军、4个独立防空军，装备歼击截击机800架（米格－23型100架、米格－31型425架、苏－27型275架）和预警机伊尔－76型20架；1所训练学校，装备教练机365架；空空导弹：AA－8、AA－9、AA－10、AA－11若干枚；地空导弹发射架约2150部：SA－2型50部、SA－5型200部、SA－10型1900部。

军事运输航空兵编有3个师，装备伊尔－76、安－12、安－21、安－124型运输机约340架；图－134型、图－154型、安－12型、安－72型、伊尔－18型、伊尔－62型运输机约250架。

5所空军航空训练学校，装备教练机1225架。

反弹道导弹：100枚，其中SH－11型36枚、SH－08型64枚。

海军 18万人（含海军航空兵、海军步兵及海岸防御部队）。编有4个舰队。

海军战略核力量　约1.3万人，装备战略导弹潜艇26艘，携载弹道导弹412枚，其中："台风"级4艘，携载弹道导弹80枚；D4级7艘，携载弹道导弹112枚；D3级10艘，携载弹道导弹160枚；D1级5艘，携载弹道导弹60枚。攻击潜艇：72艘，其中"奥斯卡"级11艘、Y级4艘、"阿库拉"级10艘、"赛拉"级3艘、V3级12艘、"基洛"级17艘，T级5艘、F级1艘、其他9艘。航空母舰："库兹涅佐夫"级1艘。巡洋舰：17艘，其中"基洛夫"级2艘、"光荣"级3艘、"勇敢"级8艘、"勇敢"2级1艘、"卡拉"级2艘、"肯达"级1艘。驱逐舰：13艘，其中"现代"级11艘、"卡辛"级2艘。护卫舰：13艘，其中"克里瓦克"级12艘、N级1艘。导弹快艇：55艘，其中"塔兰图尔"级25艘、"纳努契卡"级21艘、"迪嘎什"级2艘、"黄蜂"级3艘、"玛特卡"级4艘。鱼雷艇：15艘。巡逻舰：12艘。水雷战舰艇：106艘。登陆艇：27艘。支援辅助舰船：约480艘。

海军航空兵　约3.5万人，编有1个海军航空兵司令部和4个舰队航空兵。装备329架作战飞机和387架战斗直升机。轰炸机71架（图－22M型），歼击轰炸机114架（苏－24型75架、苏－25型9架、苏－27型30架），反潜飞机98架（图－142型9架、伊尔－38型35架、贝－12型54架），反潜直升机242架（米－14型70架、卡－25型53架、卡－27型119架），侦察/电子战飞机55架（其中图－95型14架、图－22型8架、苏－24型24架具有作战能力），战斗直升机70架（卡－25型20架、卡－29型25架、米－14型25架），运输机120架，运输直升机70架。空地导弹：AS－4、AS－7、AS－10、AS－11、AS－12、AS－13、AS－14型若干枚。

海军步兵　约7500人，编有1个独立师、2个独立旅、1个独立团、3个舰队特种作战旅。装备T－55/－64/－72/－80型坦克160辆，БРДМ－2型装甲侦察车60辆，装甲输送车约1500辆，各型火炮389门，反坦克导弹72具，高炮60门，防空导弹250部。

海岸防御部队　约5000人，编有1个岸防师、1个岸防旅、1个炮兵团、2个防空导弹团。装备T－64型坦克350辆、步兵战车450辆、装甲输送车280辆、各型火炮364门。

预备役部队　近5年服过现役者约240万人。

准军事部队　约54.3万人。其中边防军20万人（装备装甲输送车1700辆、火炮90门、各型飞机86架、各型直升机200余架）；内卫部队约23.7万人（装备步兵战车1700辆、火炮20门）；联邦警卫部队2.5万人；联邦保密部队约9000人；联邦通信和情报信息部队约5.4万人。

部署　俄罗斯武装力量划分为8个军区、4个舰队。

加里宁格勒特别防御区　已撤销，现归波罗的海舰队指挥，由地面部队和岸防部队组成。地面部队约1.45万人，下辖2个摩步师、1个战役战术导弹旅、2个坦克旅、1个防空导弹旅/团、1个战斗直升机团。装备主战坦克790辆，装甲战车1000辆，火炮305门，18部"飞毛腿"战役战术导弹发射架，战斗直升机42架。海军步兵约1800人，编有1个旅，装备坦克25辆、火炮34门。岸防部队编有2个炮兵团，装备火炮133门。1个岸对舰导弹团，装备岸舰导弹8部。1个航空兵团，装备苏－27型飞机28架、防空导弹发射架50部。

列宁格勒军区　司令部驻圣·彼得堡。地面部队4.9万人，下辖1个空降师、2个独立摩步旅、2个炮兵旅/团、1个战役战术导弹旅、1个特种作战旅、4个防空导弹旅、1个反坦克团、1个攻击运输直升机团。装备主战坦克980辆、装甲战车800辆、火炮1300门、"飞毛腿"战役战术导弹发射架18部、战斗直升机78架。岸防部队装备装甲输送车360辆、火炮134门，1个防空导弹团。空军部队下辖1个空军集团军及其他部队，装备图－22M型轰炸机20架、苏－24型侦察机10架、苏－27型歼击机35架、米格－29型歼击机60架、米－8型电子战直升机20架。防空部队辖7个团，装备米格－31型歼击机100架、苏－27型歼击机90架、防空导弹发射架525部。

莫斯科军区　司令部驻莫斯科。地面部队10.5万人，编有2个集团军司令部、2个坦克师、2个摩步师、2个空降师、1个炮兵师、6个炮兵旅/团、1个反坦克旅、3个战役战术导弹旅、2个独立摩步旅、1个特种作战旅、4个防空导弹旅、5个战斗直升机团、1个攻击运输直升机团，装备主战坦克1900辆、装甲战车3500辆、火炮2650门、"飞毛腿"战役战术导弹发射架48部，战斗直升机180架。空军部队下辖1个空军集团军，装备图－22M型轰炸机20架、苏－24型歼击轰炸机90架、米格－29型歼击机120架、苏－25型强击机50架、苏－24/米格－25型侦察机30架、米－8型电子战直升机40架。防空部队下辖6个团，装备米格－23型歼击机30架、米格－31型歼击机75架、苏－27型歼击机65架、防空导弹发射架850部。

伏尔加河沿岸军区（1999年将与乌拉尔军区合并）　司令部驻古比雪夫。地面部队3.33万人，编有1个摩步师、1个空降师、1个空降突击旅、1个炮兵旅/团、1个战役战术导弹旅、1个防空导弹旅、1个反坦克团、1个攻击运输直升机团、5个直升机训练团，装备主战坦克900辆、装甲战车1500辆、火炮100门、SS-21型战术导弹发射架18部、战斗直升机130架。防空部队编有1个防空军，装备米格-23型歼击机30架、米格-31型歼击机25架。

北高加索军区　司令部驻罗斯托夫。地面部队5.45万人，编有1个集团军司令部、2个军司令部、2个摩步师、1个空降师、3个摩步旅、1个特种作战旅、2个炮兵旅、1个战役战术导弹旅、4个防空导弹旅、1个反坦克团、2个战斗直升机团、1个攻击运输直升机团。装备主战坦克500辆、装甲战车2270辆、火炮500门、“飞毛腿”战役战术导弹发射架18部、战斗直升机60架。空军部队下辖1个空军集团军，装备苏-24型歼击轰炸机90架、苏-25型强击机100架、米格-29型歼击机100架、苏-24型侦察机35架、米-8型电子战直升机20架。防空部队下辖3个团，装备米格-31型侦察机25架、苏-27型歼击机60架、防空导弹发射架125部。1所航校，教练机365架。

乌拉尔军区　司令部驻叶卡捷琳堡。地面部队1个坦克师、1个摩步师、1个特种作战旅、2个炮兵旅/团、1个反坦克旅/团、1个战役战术导弹旅。装备主战坦克1300辆、装甲战车1600辆、火炮900门、战役战术导弹发射架18部。防空部队装备米格-23型歼击机40架、米格-31型歼击机200架、苏-27型歼击机65架、防空导弹发射架600部。

西伯利亚军区（1998年已和后贝加尔军区合并）　司令部驻新西伯利亚。地面部队下辖1个摩步师、1个炮兵师、3个摩步旅、5个炮兵旅/团、1个防空导弹旅、1个特种作战旅、3个反坦克团、1个战斗直升机团、1个攻击运输直升机团。装备主战坦克1468辆、装甲战车3000辆、火炮2300门、“飞毛腿”战役战术导弹发射架30部、SS-21战术导弹发射架18部、战斗直升机30架。

后贝加尔军区　司令部驻赤塔。地面部队下辖2个军司令部、3个坦克师、1个摩步师、2个机枪炮兵师、5个炮兵旅/团、2个战役战术导弹旅、1个空降突击旅、1个特种作战旅、3个反坦克旅、1个防空导弹旅、1个战斗直升机团、1个攻击运输直升机团。装备主战坦克3000辆、装甲战车3000辆、火炮2000门、“飞毛腿”战役战术导弹发射架36部、SS-21型战术导弹发射架18部、战斗直升机80架。空军部队下辖2个空军集团军，装备图-22M型轰炸机85架、苏-24/-25型歼击轰炸机315架、米格-29/苏-27型歼击机100架、苏-24型侦察机100架。

远东军区　司令部驻哈巴罗夫斯克。地面部队下辖2个集团军司令部、2个军司令部、10个摩步师、2个机枪炮兵师、1个炮兵师、9个炮兵旅/团、1个摩步旅、1个空降突击旅、3个战役战术导弹旅、6个战斗直升机团、2个攻击运输直升机团。装备主战坦克3900辆、装甲战车6400辆、火炮3000门、“飞毛腿”战役战术导弹发射架54部、战斗直升机120架。海军步兵约2500人，编有1个师。岸防部队1个师。

北方舰队　司令部驻北莫尔斯克。装备潜艇57艘（其中战略潜艇18艘，攻击潜艇39艘），主要水面作战舰只18艘，其他水面作战舰艇约30艘。海军航空兵作战飞机108架、战斗直升机85架。

波罗的海舰队　司令部驻加里宁格勒。装备攻击潜艇2艘，主要水面作战舰艇6艘，其他水面作战舰艇约30艘。海军航空兵作战飞机93架、战斗直升机25架。

黑海舰队（目前仍由俄罗斯和乌克兰共管）　司令部驻塞瓦斯托波尔。装备攻击潜艇10艘，主要水面作战舰艇8艘，其他水面作战舰艇约18艘。海军航空兵作战飞机17架、战斗直升机30架。

太平洋舰队　司令部驻符拉迪沃斯托克（海参崴）。装备潜艇28艘（战略潜艇7艘、攻击潜艇21艘），主要水面作战舰艇12艘，其他水面作战舰艇约30艘。海军航空兵作战飞机96架、战斗直升机80架。

军衔　分7等20级：俄罗斯联邦元帅，将官4级（大将、上将、中将、少将），校官3级（上校、中校、少校），尉官4级（大尉、上尉、中尉、少尉），准尉2级（高级准尉、准尉），军士4级（大士、上士、中士、下士），兵2级（上等兵、列兵）。

驻外兵力　驻亚美尼亚4100人，有1个军事基地，装备主战坦克74辆、步兵战车17辆、装甲战车148辆、火炮84门，防空部队驻有1个米格-23型歼击机大队；驻格鲁吉亚9200人，有3个军事基地，装备主战坦克140辆、装甲战车500辆、火炮173门，另有118辆装甲战车和若干火炮驻在阿布哈兹，空军和防空部队装备SA-6型防空导弹60部、运输机35架和若干米-8型直升机；驻塔吉克斯坦约8200人，1个摩步师，装备主战坦克190辆、装甲战车303辆、火炮180门；驻摩尔多瓦约2500人，装备主战坦克120辆、装甲战车130辆、火炮130门。驻格鲁吉亚/阿布哈兹约1500人，1个空降团、2个摩步营；驻格鲁吉亚/南奥塞梯约500人，1个摩步营；驻摩尔多瓦/德涅斯特 1 个摩步营；驻越南约 700 人。参加联合国维和行动，驻波黑 1500 人、安哥拉 136 人、克罗地亚 31 人、马其顿 4 人、格鲁吉亚 3 人、伊拉克/科威特 11 人、中东 4 人、西撒哈拉 25 人。

（闵振范）

法　国

国　　名　法兰西共和国。

主要统计　面积 55.1602 万平方千米（包括科西嘉及其他岛屿）。人口 5890.5 万人（其中，13～17 岁男 196 万人，女 187.2 万人；18～22 岁男 199.8 万人，女 191 万人；23～32 岁男 434.2 万人，女 418.4 万人）。国内生产总值 81000 亿法郎，合 14000 亿美元（1997 年）。国防费 1848 亿法郎，合 304 亿美元（1998 年国防预算）。粗钢 1813.2 万吨（1995 年）。原煤 903.9 万吨（1994 年）。原油 1600 万桶（1996 年）。天然气 33.95 亿立方米（1995 年）。发电量 4756.22 亿度（1994 年）。粮食 6248.8 万吨（1996 年）。海运能力，商船（载重 100 吨以上）729 艘，总载重量 498.1 万吨（1997 年）。民航能力，固定航班机场 61 处，客运量 675 亿人千米、货运量 113 亿吨千米（1997 年）。

国防政策　法国作为西欧大国和联合国安理会常任理事国之一，一直把维护大国地位作为国家战略的重中之重。为确保这一目标的实现，法国奉行独立的防务和安全政策。但与此同时，法国也注意与北约盟国的合作。当前法国奉行的国防政策是：（1）继续强调核威慑的重要作用，依靠有限的独立核力量，维护国家的根本利益。（2）重视欧洲防务建设，主张建立新的欧洲安全机制，谋求在欧洲安全事务中发挥主导作用。法国始终把推动欧洲共同防务建设作为其国防政策的主要内容之一。（3）继续参与北约的集体防务，积极推动北约内部的改革，力图削弱美国在北约的主导地位。（4）重视发展与非洲国家的军事关系，维护法国传统利益，并以此加强法国在世界的影响力。（5）继续贯彻质量建军方针：调整战略核威慑力量的结构并使之不断现代化；削减国防预算，压缩军队员额；精简部队编制与装备，减少国外驻军；取消义务兵役制，建立职业化军队。（6）改革国防工业，促进欧洲军工合作。

军事战略　法国作为北约成员国，基本上执行北约各个时期制定的军事战略原则，但同时又保持自己的独立性。在冷战期间的一个较长时期内，法国奉行“逐步反应”的军事战略。近年来由于冷战结束，法国根据国际和欧洲安全形势的变化，对军事战略进行调整，奉行全方位防御战略。该军事战略的主要内容有：（1）强调威慑的作用。法国公开宣布对任何敢于冒犯、威胁其根本利益的潜在敌人，法可能首先使用核武器，目的是使其不敢轻举妄动。但与此同时，法国也更加重视常规力量在核威慑战略中的地位，突出其互补作用。（2）强调预防危机。主张动用政治、经济、外交、军事等多种手段，预防各种危机的发生，以确保国家的安全。通过包括国际合作、和平调解和外交斡旋等方式的政治干预，经济援助和制裁，派出维和部队和进行军事干预等措施，预防危机并将其控制在最低限度。（3）强调兵力投送与机动作战。认为未来法军将主要在远离国门的欧洲及世界其他地区遂行军事行动。为此，法军应具有兵力投送能力和机动作战能力，并把加强快速行动部队以及远距离投放手段作为军队建设的重要内容。（4）强调维护国内安全。法军的任务是维护国家主权、领土完整和社会稳定。维护国家治安主要由宪兵和警察承担，但需要时，法军现役及预备役部队也将参与“国内投放”行动，以配合宪兵和警察及时、有效地消除国内各种不安定因素和潜在威胁。

国防体制　宪法规定，总统为武装力量最高统帅。总统下设内阁会议、国防委员会、限制性国防委员会和高级国防会议。内阁会议负责制定全面的防务政策，其成员有总理和所有内阁成员，由总统任主席。国防委员会负责具体防务问题的决策，其成员有总理、外交部长、国防部长、内政部长和财政部长等，由总统任主席。限制性国防委员会负责军事问题的决策，由总理或总理指定的人员组成，总统任主席。高级国防会议为咨询机构。总理负责贯彻既定防务政策。国防部为内阁中的一个部，国防部长在总理领导下负责防务工作，下设三军参谋部和陆、海、空军军种参谋部以及武器装备部等单位。武装力量由陆、海、空三军和宪兵组成。最高军事指挥机构为三军参谋部。总统通过国防部和三军参谋部对全国武装力量实施领导和指挥。

领导人物　总统兼武装力量最高统帅雅克·希拉克（1995年5月上任）。总理利奥内尔·若斯潘（1997年6月上任）。国防部长阿兰·里夏尔（文职，1997年6月上任）。三军参谋长让－皮埃尔·凯勒什上将（1998年4月上任）。陆军参谋长菲利浦·梅西埃上将（1996年7月上任）。海军参谋长让－夏尔·勒费舍尔海军上将（1994年5月上任）。空军参谋长让·拉努空军上将（1995年9月上任）。

武装力量　**兵力**　现役部队35.88万人

陆军　20.32万人，编有1个军（辖2个装甲师、1个山地师）和1支快速行动部队（4个师）。

坦克："勒克莱尔"式139辆、AMX－30B2型1071辆。装甲侦察车：AMX－10C型337辆、ERC－90F4型192辆、AML－60/90型155辆、VBLM－11型899辆。步兵战车：AMX－10P/PC型713辆。装甲输送车：VAB式3820辆。牵引炮：155毫米218门。自行炮：155毫米272门。火箭炮：380毫米58门。迫击炮：120毫米507门。反坦克导弹："爱利克斯"660具、"米兰"1405具、"霍特"125具。高炮：20毫米774门。地空导弹："霍克"69部、"罗兰"156部、"西北风"345部。直升机：518架，其中攻击直升机342架。

海军　6.33万人（包括海军航空兵和海军陆战队）。编有水面、水下与反潜和扫雷3个作战集群。

航母："克莱蒙梭"级1艘。直升机航母："圣女贞德"级1艘。导弹驱逐舰："卡萨尔"级2艘、"絮弗伦"级2艘。护卫舰：35艘，其中"弗罗雷亚尔"级6艘、"乔治·莱格"级7艘、"图尔维尔"级3艘、"德蒂安纳·多尔韦"级16艘、"拉斐特"级3艘。潜艇：14艘，其中战略弹道导弹核潜艇4艘、战术潜艇8艘。巡逻舰艇：40艘。扫雷舰：21艘。两栖舰艇：9艘。支援舰船：36艘。

海军航空兵　9400人。装备作战飞机61架、武装直升机25架。

海军陆战队　2900人。编有4个突击群、14个海军基地防卫队。

空军　7.81万人。编有1个防空军（下辖10个雷达基地、1个飞行中队、10个地空导弹连、170个高炮连），1个战术空军（下辖5个攻击战斗机中队、7个战斗机中队、2个侦察机中队、3个教练机中队），1个机动支援空军（下辖13个运输机中队、1个电子战中队、6个直升机中队、1个教练机中队）。装备作战飞机505架。

作战飞机："幻影"345架、"美洲虎"50架、"阿尔法喷气"110架。空中预警机：E－3F型4架。空中加油机：C－135F/FR型11架。运输机：144架。教练机：177架。直升机：97架。

战略核力量　（8700人，其中海军5000人、空军3100人、宪兵600人）。装备有：战略导弹核潜艇"可畏"级3艘、"凯旋"级1艘、潜射导弹64枚；"幻影"IVP战略轰炸机5架；中程弹道导弹18枚。准战略核力量，装备有：海军"超级军旗"攻击机36架；空军"幻影"2000N型轰炸机60架。

文职人员　9.9万人。

预备役部队　29.25万人，其中陆军19.55万人、海军2.7万人、空军7万人。

准军事部队　宪兵9.34万人。装备有装甲车474辆、迫击炮813门、直升机42架。

部署　陆军主要部署在法国与德国边境和北部地区，海军重点部署在地中海和大西洋沿岸一带，空军主要部署在东北部和中部地区。共有军事基地74处，其中陆军基地16处、海军基地8处、空军基地50处。

兵役制度　法国政府决定，从1997年起，取消义务兵役制，实行志愿国民役制度，到2003年建立以职业军人为主、志愿服役军人为辅的职业化军队。各级军官最高服役年限：将官为63岁，校官为61岁，尉官为56岁。

军衔　分5等20级：将官4级（上将、中将、少将、准将），校官3级（上校、中校、少校），尉官4级（上尉、中尉、少尉、准尉），军士6级（总军士长、军士长、准军士长、上士、中士、下士），兵3级（上等兵、下等兵、列兵）。

驻外兵力　驻德国1.17万人、安的列斯地区5000人、法属圭亚那3600人、印度洋地区4000人、新喀里多里亚3900人、波利尼西亚3800人、乍得800人、科特迪瓦500人、吉布提1500人、加蓬600人、塞内加尔1300人。参加联合国维持和平行动：驻安哥拉3人、波黑3300人、克罗地亚201人、埃及17人、格鲁吉亚4人、伊拉克/科威特11人、黎巴嫩246人、中东4人、沙特阿拉伯170人、西撒哈拉24人。

军火贸易　美国国会研究部公布的一项最新报告称，1997年世界军火贸易额为346亿美元，其中法国为49亿美元，在美国、英国之后，居第3位。

（张昌泰）

芬　兰

国　　名　芬兰共和国。

主要统计　面积 33.8145 万平方千米。人口 515.2 万人（其中，13～17 岁男 16.8 万人，女 15.9 万人；18～22 岁男 16.7 万人，女 15.9 万人；23～32 岁男 34.8 万人，女 33.2 万人）。国内生产总值 1170 亿美元（1997 年）。国防费 18 亿美元（1998 年国防预算）。粗钢 373.4 万吨（1997 年）。发电量 667.56 亿度（1996 年）。粮食 368.7 万吨（1996 年）。海运能力，商船（载重 100 吨以上）263 艘，总载重量 98.93 万吨（1997 年）。民航能力，固定航班机场 24 处，客运量 107.09 亿人千米、货运量 2.41 亿吨千米（1997 年）。

国防体制　宪法规定，总统为武装力量统帅。最高国防决策机构为内阁，有权对国防政策、军备计划等作出决定。内阁国防委员会是国防政策和计划的最高协调组织和总统国防决策的咨询机构，通常由总理任主席（总统出席时则由总统任主席），成员包括国防、外交、内政、财政、司法、工商等部长和国防军司令、总参谋长，总统还可指定其他人担任委员会成员或专家。内阁国防委员会没有直接的决策权和执行权，只提出建议和结论，但实际上，它的建议和结论都以内阁或政府各部决定及行政命令的形式贯彻落实。国防部为政府的一个部，是军队最高行政机关，负责国防和军队建设事务。武装力量由正规军和准军事部队组成。国防军分为陆、海、空三个军种。三军的最高军事指挥机关为国防军司令部。总统通过国防部和国防军司令对全国武装力量实施领导和指挥。

领导人物　总统兼武装力量统帅马尔蒂·阿赫蒂萨里（1994 年 3 月上任）。总理帕沃·利波宁（1995 年 4 月上任）。国防部长安妮丽·达依娜（女，1955 年 4 月上任）。国防军司令古斯塔夫·黑格隆德上将（1994 年 11 月上任）。总参谋长马迪·高波拉中将（1994 年上任）。海军司令埃斯科·伊利海军中将（1997 年上任）。空军司令尤乌尼·比斯蒂尼少将（1998 年 9 月上任）。

武装力量　**兵力**　现役部队 3.17 万人。

陆军　2.4 万人。编有 1 个装甲旅、10 个装甲训练旅、1 个步兵训练旅、14 个步兵旅、1 个海岸旅、4 个防空团、4 个工兵营。

坦克：T－55 型 70 辆、T－72 型 160 辆。步兵战车：БМП－1 型 163 辆、БМП－2 型 110 辆。装甲输送车：БТР－60 型 120 辆、"西苏" 450 辆、MT－LB 型 220 辆。牵引炮：105 毫米 54 门、122 毫米 486 门、152 毫米 324 门、130 毫米 36 门、155 毫米 108 门。自行炮：122 毫米 72 门、152 毫米 18 门。火箭炮：122 毫米 60 门。迫击炮：81 毫米 800 门、120 毫米 789 门。反坦克导弹：M－82 型 24 具、M－83 型 12 具、M－82M 型若干具。无坐力炮：66 毫米 132 门、95 毫米 100 门。高炮：23 毫米 400 门，30、35 毫米若干门，57 毫米 24 门。地空导弹：SA－3/－7/－16/－18 型若干部，SAM－90 型 20 部、SAM－96 型 18 部。

海军　5000 人。编有 4 个海军中队（1 个导弹中队、1 个巡逻中队、2 个水雷对抗中队）。

小型护卫舰："图伦马"级 2 艘。导弹攻击艇："赫尔辛基"级 4 艘、"拉乌马"级 4 艘。巡逻艇：4 艘。布雷舰：10 艘。扫雷艇：13 艘。两栖登陆艇：6 艘。支援和勤务舰船：37 艘。

空军　2700 人。编有 3 个防空区、3 个战斗机联队、1 个运输机中队。作战飞机 91 架。

战斗机：F/A－18 型 28 架、"鹰"式 30 架、"萨伯" 21 架。改装训练机：12 架（具有作战能力）。航测机：3 架。运输机：6 架。教练机：50 架。联络机：22 架。空空导弹："环礁"、"蚜虫"、"响尾蛇"等若干枚。

文职人员　1 万人。

预备役部队　约 50 万人。

准军事部队　边防军 3400 人。

部署　陆军划分为 3 个防御区，下辖 12 个省军区：北部防御区（奥鲁省军区、拉普兰省军区），西部防御区（海曼省军区、赫尔辛基省军区、乌西玛省军区、土尔库波里省军区、瓦沙省军区），东部防御区（米盖里省军区、居米省军区、中芬兰省军区、北卡累利亚省军区、库奥皮欧省军区）。海军重点部署在南部沿海地带，司令部设在赫尔辛基。海军基地 2 处（赫尔辛基、土尔库）。空军主要部署在中南部，司令部设在迪卡科斯基，有空军基地 9 处。

兵役制度　实行普遍义务兵役制。士兵服役期 8～11 个月。军官最高服役年限：上将为 63 岁，中、少将和上校 60 岁，中校 55 岁、少校 50 岁，上尉、高级中尉和中尉 48 岁。

军衔 军官分 3 等 10 级：将官 3 级（上将、中将、少将），校官 3 级（上校、中校、少校），尉官 4 级（上尉、高级中尉、中尉、少尉）。军士 4 级（军士长、上士、中士、下士）。

驻外兵力 1998 年共有 733 人参加联合国维持和平行动。

军队节日 军旗节 6 月 4 日。

（徐剑光）

荷　兰

国　　名 荷兰王国。

主要统计 面积 4.1526 万平方千米。人口 1565.5 万人（其中，13～17 岁男 44.6 万人，女 42.7 万人；18～22 岁男 47.5 万人，女 45.4 万人；23～32 岁男 119.7 万人，女 113.4 万人）。国内生产总值 3600 亿美元（1997 年）。国防费 70 亿美元（1998 年国防预算），68 亿美元（1999 年国防预算）。粗钢 640.9 万吨（1995 年）。原油 2200 万桶（1996 年）。天然气 787.78 亿立方米（1995 年）。发电量 796.77 亿度（1994 年）。粮食 165.9 万吨（1996 年）。海运能力，商船（载重 100 吨以上）399 艘，总载重量 287.4 万吨（1997 年）。民航能力，固定航班机场 6 处，客运量 455.31 亿人千米、货运量 36.35 亿吨千米（1997 年）。

国防政策 荷兰是北约成员国，其主要军事力量均提交北约统一指挥。因此，荷兰把坚持奉行依靠北约的集体防务作为其国防政策的核心，并将北约视为维护欧洲和荷兰安全的基石。与此同时，荷兰也主张由欧洲承担更多的防务义务，在维护地区安全中发挥更为积极的作用。在军队建设上，为了适应近年来世界和欧洲安全形势的变化，也进行了裁军，强调建立一支职业化的军队。

国防体制 宪法规定，女王是荷兰武装力量的统帅。战时首相是武装力量的最高司令，平时通过国防大臣行使职权。国防委员会是最高国防决策机构，由国防大臣、国防国务秘书、国防部秘书长、国防参谋长、各军种司令和国防部各总局局长等人组成，由国防大臣任主席。国防部是政府中的一个部，是最高国防领导机构。武装力量由正规军和准军事部队组成。正规军分陆、海、空三个军种和宪兵，由各军种司令和宪兵司令分别指挥。国防参谋部是最高军事指挥机构。女王和首相通过国防部和国防参谋部对全国武装力量实施领导和指挥。

领导人物 国家元首兼武装力量统帅贝娅特丽克丝女王（1980 年 4 月即位）。首相维姆·科克（1994 年 8 月上任）。国防大臣佛尔胡弗（1994 年 8 月上任）。国防参谋长范登布雷蒙上将（1994 年 8 月上任）。陆军司令兼陆军参谋长柯吉中将（1992 年 9 月上任）。海军司令兼海军参谋长克鲁恩中将（1995 年 9 月上任）。空军司令兼空军参谋长德鲁斯特中将（1995 年 9 月上任）。

武装力量 **兵力** 现役部队 5.718 万人（含宪兵 3600 人，总部机关 800 人）。

陆军 2.7 万人。编有 1 个军部，1 个机械化师部，3 个机械化旅，1 个轻型旅，1 个空中机动旅，1 个野战炮兵大队，1 个防空大队，1 个工兵大队。

坦克：“豹”1A4 型 270 辆、“豹”2 型 330 辆。步兵战车：YPR－765 型 383 辆、M－113 型 65 辆。装甲输送车：YPR－765 型 269 辆。牵引炮：105 毫米 1 门、155 毫米 124 门。自行炮：155 毫米 129 门、203 毫米 30 门。火箭炮：227 毫米 22 门。迫击炮：81 毫米 40 门、120 毫米 133 门。反坦克导弹：“龙”式 427 具、“陶”式 326 具。无坐力炮：106 毫米 185 门。高炮：35 毫米 77 门、40 毫米 60 门。地空导弹：“毒刺”312 部。船艇：1 艘坦克运输艇、3 艘海岸巡逻艇、3 艘内河巡逻艇。

海军 1.38 万人。编有 1 个潜艇中队、3 个护航中队和 3 个扫雷中队。

潜艇：“海象”级 4 艘。导弹驱逐舰：“特罗姆普”级 2 艘、“范·赫姆斯克”级 2 艘。护卫舰：“卡瑞·多尔曼”级 8 艘、“科顿艾尔”级 4 艘。扫雷舰：17 艘。两栖舰：1 艘。支援舰：10 艘。

海军航空兵 950 人。编有 1 个海上巡逻中队、2 个海上巡逻兼反潜中队、2 个反潜兼搜索救援中队。装备有 P－3C 型反潜巡逻机 13 架、“大山猫”武装直升机 22 架。

空军 1.198 万人。编有 6 个攻击战斗机中队、1 个战斗/侦察机中队、1 个运输机中队、1 个教练机中队、1 个搜索救援直升机中队、8 个防空连。作战飞机 170 架，武装直升机 42 架。

攻击/战斗机：F－16A/B 型 170 架。海上侦察机：F－27 型 2 架。运输机：DC－10－30 型 2 架。教练机：PC－10 型 10 架。直升机：101 架。地空导弹："毒刺" 100 部、"霍克" 48 部、"爱国者" 5 部。高炮：40 毫米 100 门。

文职人员　1.8 万人。

预备役部队　7.5 万人，其中陆军 6 万人、海军 0.5 万人、空军 1 万人。

部署　陆军作战部队主要部署在东部地区。空军作战飞机中队主要部署在东部地区。防空导弹部队全部部署在德国。战术空军司令部设在首都海牙。

兵役制度　实行志愿兵和义务兵相结合的兵役制度。志愿兵服役期为 2～9 年。义务兵服役期为 9 个月。

军衔　分 5 等 20 级：将官 4 级（上将、中将、少将、准将），校官 3 级（上校、中校、少校），尉官 5 级（上尉、中尉、少尉、一级准尉、二级准尉），军士 6 级（军士长、上士、一级中士、中士、一级下士、下士），兵 2 级（一等兵、二等兵）。

驻外兵力　驻德国 3000 人。驻冰岛 30 人。驻荷属安的列斯群岛海军 20 名、护卫舰 1 艘，空军 25 名、飞机 2 架。参加联合国维持和平行动：驻波黑 1220 人、塞浦路斯 102 人、意大利 155 人。

外国驻军　北约中欧盟军司令部。美国驻军 785 人（其中陆军 490 人，空军 295 人），1 个战术空军中队。

（张昌泰）

捷　克

国　　名　捷克共和国。

主要统计　面积 7.8864 万平方千米。人口 1031.1 万人（其中，13～17 岁男 37.4 万人，女 35.7 万人；18～22 岁男 41.9 万人，女 40.2 万人；23～32 岁男 76.4 万人，女 73.6 万人）。国内生产总值 450 亿美元（1997 年）。国防费 12.82 亿美元（1999 年国防预算）。原煤 7694.4 万吨（1994 年）。原油 70 万桶（1996 年）。天然气 2.9 亿立方米（1995 年）。发电量 587.05 亿度（1994 年）。粮食 668.3 万吨（1996 年）。海运能力，商船（载重 100 吨以上）22 艘，总载重量 44.62 万吨（1997 年）。民航能力，固定航班机场 2 处，客运量 23.64 亿人千米、货运量 2340 万吨千米（1997 年）。

国防体制　宪法规定，总统为武装力量统帅。最高国防决策机构为国防委员会，成员有政府总理、副总理、外交部长、国防部长、内务部长、经济部长、财政部长、工商部长、环保部长、总参谋长和总统军事办公室主任，由政府总理任主席。国防部为政府中的一个部，是最高军事行政机关，负责对军队实施政治领导和行政保障。武装力量由正规军和准军事部队组成。正规军分陆军、空军防空军两个军种。最高军事指挥机构为总参谋部。总统通过国防部和总参谋部对全国武装力量实施领导和指挥。

领导人物　总统兼武装力量统帅瓦茨拉夫·哈维尔（1998 年 1 月连任）。国防部长弗拉迪米尔·维特希（1998 年 7 月上任）。总参谋长伊·谢迪维中将（1998 年 5 月上任）。

武装力量　**兵力**　现役部队 5.91 万人。

陆军　2.53 万人。编有 2 个军、1 个快速反应旅、1 个特种旅、7 个机械化旅、2 个炮兵旅、2 个侦察旅、2 个工程兵旅。

坦克：T－54/－55 型 397 辆、T－72M 型 541 辆。装甲侦察车：БРДМ 和 OT－65 型约 182 辆。装甲输送车：998 辆。牵引炮：122 毫米 148 门。自行炮：122 毫米 91 门、152 毫米 273 门。火箭炮：122 毫米 149 门。迫击炮：120 毫米 93 门。反坦克导弹："耐火箱" 721 具、"拱肩" 21 具。高炮：30 毫米若干门。地空导弹：SA－7 型若干部、SA－9/－13 型约 140 部。

空军防空军　1.5 万人。编有 2 个对地攻击战斗机/侦察机中队、2 个战斗机中队、2 个运输机中队、2 个直升机中队。作战飞机 109 架、攻击直升机 36 架。

对地攻击战斗机：苏－22 型 34 架。战斗机：米格－23 型 19 架、米格－21 型 32 架。运输机：拉－410 型 14 架、安－24/－26/－30 型 8 架、图－154 型 1 架、米－2/－8/－9/－17 型共 17 架。直升机：米－2 型 21 架、米－8 型 4 架、米－17 型 20 架、米－24 型 36 架、PZLW－3 型 11 架。教练机：68 架。空空导弹："环礁"、"顶点"、"蚜虫" 若干枚。地空导弹：SA－2/－3/－5/－6/－16 型若干部。

准军事部队　5600人。其中边防军4000人、内卫部队1600人。

预备役部队　14～15个国土防卫旅。

兵役制度　实行义务兵役制。士兵服役期为1年。军官最高服役年限为55周岁。

军衔　分6等20级：将官4级（大将、上将、中将、少将），校官3级（上校、中校、少校），尉官4级（大尉、上尉、中尉、少尉），准尉5级（一级准尉、二级准尉、三级准尉、四级准尉、五级准尉），军士3级（上士、中士、下士），兵1级（列兵）。

驻外兵力　1998年共有576人参加联合国维和行动。

（程　辉）

克　罗　地　亚

国　　名　克罗地亚共和国。

主要统计　面积5.6538万平方千米。人口约479.2万人（其中，13～17岁男16.7万人，女15.7万人；18～22岁男16.8万人，女15.9万人；23～32岁男33.3万人，女31.9万人）。国内生产总值201亿美元（1997年）。国防费11亿美元（1998年国防预算）。原煤10.3万吨（1994年）。原油1200万桶（1996年）。天然气18.69亿立方米（1995年）。发电量82.75亿度（1994年）。粮食275.9万吨（1996年）。海运能力，商船（载重100吨以上）203艘，总载重量14.09万吨（1997年）。民航能力，固定航班机场5处，客运量4.92亿人千米、货运量350万吨千米（1997年）。

国防体制　宪法规定，总统为武装力量统帅。国家安全委员会是最高国防决策机构，总统任主席，成员包括总理、副总理兼外长、副总理兼发展与复兴部长、国防部长、内务部长、国家安全办公室主任、总统国家安全事务顾问、总统内政顾问、总参谋长等。议会为国家立法和监督机构，有权宣布战争或缔结和约。议会下设内政和国家安全委员会，负责监督国防部的工作，确保武装力量的构成和行动符合有关法律。国防部是最高军事行政机构，主要负责监督有关军事法规、文件的执行，组织和领导战备、国防教育和部队职业化培训，管理武器装备的生产、采购、维护等。同时，国防部还通过下设的“军事委员会”制定武装力量的建设和发展规划、军事学说和军事战略。总参谋部隶属国防部，是最高军事指挥机构，负责部队的指挥、管理和调动。武装力量由正规军和准军事部队组成。正规军分为陆、海、空三个军种。总统通过国防部和总参谋部对全国武装力量实施领导和指挥。。

领导人物　总统兼武装力量统帅弗拉尼奥·图季曼（1992年8月上任，1997年6月连任）。国防部长帕·米利亚瓦茨（1998年10月上任）。总参谋长达·多马泽特海军中将（1998年10月上任）。

武装力量　**兵力**　现役部队5.618万人。

陆军　5万人。编有6个军区、7个警卫旅（各辖3个机械化营、1个坦克营、1个炮兵营）、29个步兵旅、1个机械化旅、1个混合炮兵旅、1个反坦克旅、4个防空旅、1个工程兵旅、38个本土防卫团。

坦克：T－34、T－55、M－47、M－84和T－72M型共298辆。装甲侦察车：БРДМ－2型7辆。步兵战车：M－80型109辆。装甲输送车：БТР－50、M－60型37辆。各种火炮约979门。

海军　3000人。

潜艇：“韦莱比特”级1艘。轻型护卫舰：“彼得国王”级1艘。导弹攻击快艇：“拉德·康查尔”级1艘、“杜布罗夫尼克”级1艘。巡逻艇：10艘。布/扫雷艇：3艘。

陆战队　2个独立步兵分队。

岸防部队　约10个岸防炮兵连。

空军　3180人。作战飞机40架，武装直升机15架。

攻击战斗机：米格－21型20架。运输机：安－2型4架、安－26型2架、安－32型2架、“乌特瓦”5架、DO－28型2架。直升机：米－8和米－17型16架、米－24型15架、MD－500型2架、UH－1型1架。地空导弹：SA－6、SA－7、SA－9、SA－13、SA－14/－16型若干部。

预备役部队　22万人。其中陆军15万人、本土防卫部队7万人。

准军事部队　4万人。

兵役制度　实行义务兵役制，士兵服役期10个月。

军衔 分5等19级：将官4级（大将、上将、中将、少将），校官4级（大校、上校、中校、少校），尉官4级（大尉、上尉、中尉、少尉），士官5级（上士、下士、军士长、一级军士长、二级军士长），兵2级（上等兵、列兵）。

（潘海澜）

罗 马 尼 亚

国　　名 罗马尼亚。

主要统计 面积23.75万平方千米。人口2252万人（其中，13～17岁男88.7万人，女85.5万人；18～22岁男93万人，女89.5万人；23～32岁男181万人，女174.9万人）。国内生产总值350亿美元（1997年）。国防费7.82亿美元（1998年国防预算）。粗钢604.1万吨（1996年）。原煤4054.7万吨（1994年）。原油5000万桶（1996年）。天然气213亿立方米（1995年）。发电量551.36亿度（1994年）。粮食1424.2万吨（1996年）。海运能力，商船（载重100吨以上）439艘，总载重量484.55万吨（1997年）。民航能力，固定航班机场12处，客运量18.12亿人千米、货运量1570万吨千米（1997年）。

国防体制 宪法规定，总统为武装力量统帅。最高国防决策机构为最高国防委员会，由总统任主席，政府总理任副主席，成员有主管工业和贸易的国务部长、国防部长、内务部长、外交部长、情报局长、国务秘书兼总参谋长等。国防部为政府中的一个部，是组织、领导和协调国防工作的中央权力执行机构，负责实施最高国防委员会所制定的各项军事政策。武装力量由正规军和准军事部队组成。正规军分陆、海、空三个军种。最高军事指挥机构为总参谋部。总统通过最高国防委员会和国防部、总参谋部对全国武装力量实施领导和指挥。

领导人物 总统兼武装力量统帅埃米尔·康斯坦丁内斯库（1996年11月当选）。国防部长康斯坦丁·约内斯库（1998年2月上任）。总参谋长康斯坦丁·戴捷拉图上将（1997年1月上任）。

武装力量 **兵力** 现役部队21.965万人。

陆军 11.13万人。编有3个集团军司令部、7个军部，下辖7～10个摩步旅、4个坦克旅、4个山地旅、5个炮兵旅、4个反坦克旅、3个混编旅、6个高炮旅、3个空降旅、1个地面防御旅、2个防空旅、1个工程兵旅、1个摩步团、1个炮兵团、4个高炮团、4个防空导弹团、5个工程兵团、2个侦察营。

坦克：1253辆，其中T－55型821辆、T－72型30辆、TR－85型314辆、TR－580型88辆。突击炮（车）：SU－100型84辆。装甲侦察车：165辆，其中БРДМ－2型121辆、ABC－M型44辆。步兵战车：MLI－84型177辆。装甲输送车：1614辆，其中TAB－77型167辆、TABC－79型394辆、TAB－71型965辆、MLVM式88辆。牵引炮：751门，其中122毫米204门、130毫米82门、150毫米12门、152毫米453门。自行炮：122毫米48门。火箭炮：122毫米160门。迫击炮：120毫米332门。地地导弹："蛙"式9部。反坦克导弹："耐火箱"174具、"拱肩"54具。反坦克炮：57毫米、85毫米、100毫米共955门。高炮：30毫米、37毫米、57毫米、85毫米、100毫米共1093门。地空导弹：SA－6/－7－8型共69部。

海军 2.21万人

潜艇：苏制K级鱼雷攻击潜艇1艘。驱逐舰："蒙特尼亚"级1艘。护卫舰："泰塔尔"级6艘。护卫艇："塔朗特"级3艘。导弹快艇："奥萨"级3艘。鱼雷快艇：31艘。巡逻艇：10艘。扫雷艇：35艘。布雷艇：2艘。支援和其他舰只：11艘。直升机：IAR－316型3架、米－14PL型4架。

海军陆战队 1.025万人。坦克：TR－580型120辆。装甲输送车：TAB－71型172辆、TABC－79型36辆。牵引炮：122毫米54门、152毫米36门。火箭炮：122毫米18门。迫击炮：120毫米36门。反坦克炮：100毫米57门。

岸防部队 编有4个岸炮连，装备130毫米火炮32门。

空军 4.63万人。编有2个军、1个航空基地及大队、1个直升机基地及大队、1个训练基地及大队、1个工程兵团、1个防空导弹团、1个高炮团、1个防空炮兵旅、3个伞兵旅。

对地攻击战斗机：IAR－93型74架。歼击机：米格－21型209架、米格－23型40架、米格－29型18架。侦察机：伊尔－28型12架、米格－21型9架。运输机：安－24型6架、安－26型11架、波音707型2架、C－130B型4架。运输直升机：IAR－

330型5架、米-8型9架、SA-365型4架。航测机：安-30型3架。武装直升机：IAR-316A型16架。战斗支援直升机：IAR-330型74架、IAR-316型88架、米-8型15架、米-17型2架。教练机：拉-29型45架、拉-39型32架、IAR-99型14架、IAR-823型36架、雅克-52型23架。空空导弹：AA-2、AA-3、AA-7、AA-11型若干枚。空地导弹：AS-7型若干枚。地空导弹：SA-2、SA-3型120部。

预备役部队　47万人，其中陆军40万人、海军3万人、空军4万人。

准军事部队　7.59万人，隶属内务部，其中边防部队2.29万人、国民卫队5.3万人。

兵役制度　实行义务兵役制。陆、空军士兵服役期为12个月，海军士兵为18个月。

军衔　军官军衔分4等11级：元帅1级（只在战时授予），将官4级（大将、上将、中将、少将），校官3级（上校、中校、少校），尉官3级（大尉、中尉、少尉）。

驻外兵力　参加联合国驻伊拉克/科威特军事观察团6人、驻波黑多国执行部队150人、驻安哥拉军事观察团142人。

（朱瑞臣）

南 斯 拉 夫

国　　名　南斯拉夫联盟共和国。

主要统计　面积10.2173万平方千米。人口1060万人（其中，13～17岁男42万人，女39.6万人；18～22岁男42.6万人，女40.2万人；22～32岁男83.6万人，女79.4万人）。国内生产总值190亿美元（1997年）。国防费5.99亿美元（1998年国防预算）。粗钢18万吨（1995年）。原煤4055.6万吨（1995年）。原油700万桶（1996年）。天然气7.65亿立方米（1995年）。发电量371.7亿度（1995年）。粮食751.9万吨（1996年）。海运能力，商船（载重100吨以上）462艘，总载重量517.31万吨（1997年）。民航能力，固定航班机场4处，客运量9.63亿人千米、货运量49.21亿吨千米（1997年）。

国防体制　宪法规定，总统为武装力量统帅。最高国防决策机构为最高国防委员会，成员有南联盟总统、塞尔维亚共和国和黑山共和国总统等，由联盟总统任主席。国防部为政府中的一个部，是最高军事行政机关。国防部负责制订总动员计划，组织国防战备工作，完成国防计划所确定的任务，提供武装力量所需物质保障，组织、管理军事教育，执行有关国防的联盟法规，对共和国总统、最高国防会议和联盟政府决定的实施情况进行监督等。正规军分为陆、海、空军防空军三个军种。武装力量由常备军和预备役部队组成。最高军事指挥机构为总参谋部。总统通过国防部和总参谋部对全国武装力量实施领导和指挥。

领导人物　总统兼武装力量统帅斯·米洛舍维奇（1997年7月上任）。国防部长帕·布拉托维奇（1993年3月上任）。总参谋长德·奥伊丹尼奇上将（1998年11月上任）。

武装力量　**兵力**　现役部队约11.42万人。

陆军　约9万人。编有3个集团军、7个军、3个师部、6个坦克旅、1个特种兵旅、4个机械化旅、1个陆军航空兵旅、8个摩托化步兵旅、5个混合炮兵旅、7个防空旅、1个地空导弹旅。

坦克：T-34型181辆、T-55型785辆、T-72型65辆、M-84型239辆。步兵战车：M-80型568辆。装甲侦察车：БРДМ-2型88辆。装甲输送车：M-60P型169辆、BOV VPM-86型68辆。牵引炮：105毫米334门、122毫米400门、130毫米276门、152毫米77门、155毫米145门。自行炮：122毫米83门。火箭炮：107、122、128、262毫米若干门。迫击炮：82、120毫米2968门。反坦克导弹："耐火箱"135具。无坐力炮：57毫米1550门、82毫米1000门、105毫米650门。反坦克炮：750门。高炮：20、30、57毫米1850门。地空导弹：SA-6、SA-7、SA-9、SA-13、SA-14、SA-16型共60部。

海军　约7500人。

潜艇："萨瓦"级2艘，"英雄"级2艘（另有"乌纳"级3艘、非作战潜艇3艘）。护卫舰："科托尔"级2艘、"斯普利特"级2艘。导弹攻击快艇："拉德·康查尔"级5艘、"米塔尔·阿采夫"级（"黄蜂"级）5艘。巡逻艇：24艘。布雷艇："希布拉"级1艘。猎雷艇："武可夫·克拉纳茨"级2艘。扫雷艇：英国"汉"级2艘、"奈斯廷"级7级、M-301型4艘。登陆艇：20艘。支援和勤务舰船：9艘。

陆战队　900人，编有2个陆战旅（各辖2个营）。

空军　1.67万人。编有2个军（含1个防空军军）、12个飞行中队、8个地空导弹营、15个高炮团。作战飞机238架、武装直升机52架。

攻击战斗机："鹰"式30架、"海鸥"50架、"超级海鸥"9架。战斗机：米格－21型64架、米格－29型15架。侦察机："鹰"20架、米格－21R型约18架。武装直升机："小羚羊"44架。反潜直升机：米－14型3架、卡－25型3架、卡－28型2架。运输机：安－26型15架、CL－215型4架、"猎鹰"50型2架、雅克－40型6架。联络机：乌特瓦－66型32架、"游击队员"14架。教练机："超级海鸥"16架、"鹰"16架、"乌特瓦"25架、"小羚羊"16架。空空、空地导弹若干枚。

预备役部队　40万人，其中陆军编有27个摩托化步兵旅、42个步兵旅、6个混合步兵旅。

兵役制度　实行义务兵与职业军人相结合的兵役制度，义务兵服役期为12～15个月。将官最高服役年限60岁，校官57岁，尉官55岁，士官52岁。

军衔　分4等17级：将官4级（大将、上将、中将、少将），校官3级（上校、中校、少校），尉官4级（大尉、上尉、中尉、少尉），士官6级（一级准尉、准尉、一级上士、上士、中士、下士）。

军队节日　建军节6月16日。

（郭　庆）

挪　威

国　　名　挪威王国。

主要统计　面积38.5364万平方千米。人口440.7万人（其中，13～17岁男13.8万人，女13万人；18～22岁男14.5万人，女13.7万人；23～32岁男33.7万人，女31.7万人）。国内生产总值1530亿美元（1997年）。国防费32亿美元（1998年国防预算）。粗钢57.8万吨（1997年）。原煤30.1万吨（1994年）。原油11.26亿桶（1996年）。天然气276.63亿立方米（1995年）。发电量1048亿度（1996年）。粮食133.5万吨（1996年）。海运能力，商船（载重100吨以上）1597艘，总载重量2083.4万吨（1997年）。民航能力，固定航班机场50处，客运量87.53亿人千米、货运量9.33亿吨千米（1997年）。

国防体制　宪法规定，国王为武装力量名义统帅，对军队无指挥权。最高国防决策机构为国防理事会，首相任主席，成员有国防、外交、司法、财政、航运、交通大臣，外交部和国防部秘书长，国防司令，北部军区司令，南部军区司令，民防局长及国防研究所所长等。国防部是军队最高行政机关，负责国防和军队建设、军费开支、武器装备采购、军事科研、兵役动员和处理军民关系等事务。军队最高指挥机构是国防司令部。在国防部领导下组织军队建设和作战指挥。武装力量由正规军和国民警卫队组成。正规军分为陆、海、空三个军种。国防司令通过南、北两个军区司令对部队实施指挥。挪威是北约成员国，战时挪军主力归北约北欧盟军司令部指挥。

领导人物　国王兼武装力量名义统帅哈拉尔五世（1991年1月即位）。首相谢尔·马格纳·邦德维克（1997年10月上任）。国防司令斯古尔·弗利斯沃上将（1999年5月上任）。国防参谋长厄文·科林·豪格约翰内森海军中将（1998年10月上任）。陆军总监罗阿·詹斯·豪根少将（1998年上任）。海军总监汉斯·克里斯蒂安·斯文霍斯特海军少将（1995年上任）。空军总监派尔·奥斯卡尔·雅各布森少将（1997年6月上任）。

武装力量　**兵力**　现役部队2.89万人（含400名联合勤务机构和500名国民警卫队在编人员）。

陆军　1.52万人。分南、北2个军区，4个军分区。北部军区编有1个独立机械化步兵旅、1个步兵营、1支边防守备部队、1个架子师。南部军区编有2个步兵营和一些独立部队，另外还有2个架子旅。

坦克："豹"式170辆。步兵战车：NM－135型53辆、CV9030N型18辆。装甲输送车：M－113型194辆、XA－186型18辆。牵引炮：105毫米36门、155毫米48门。自行炮：155毫米126门。火箭炮：227毫米12门。迫击炮：81毫米454门。反坦克导弹："陶"式320具、"红沙蛇"424具。无坐力炮：84毫米2517门。高炮：20毫米252门。地空导弹：RBS－70型300部。

海军　6100万人。编有2个作战指挥部和7个海军军区。

潜艇："乌拉"级6艘、"科本"级6艘。护卫舰："奥斯陆"级4艘。导弹艇：24艘。布雷和扫雷舰艇：14 艘。登陆艇：13 艘。支援舰船：7 艘。

空军　6700 人。编有 12 个中队，作战飞机 79 架。

战斗机：F－5 型 15 架、F－16 型 58 架。巡逻机：P－3 型 6 架（具有作战能力）。运输机：C－130 型等共 12 架。教练机：MFI－15 型 15 架。直升机：36 架。空地、空空导弹：若干枚。

预备役部队　23.4 万人。其中陆军 10.1 万人，海军 2.5 万人，空军 2.5 万人，陆、海、空国民警卫队约 8.3 万人。

部署　陆军部署在挪威与瑞典、芬兰、俄罗斯邻近地区和沿海地区。海军基地 4 处。空军基地 14 处。

兵役制度　实行普遍义务兵役制。士兵服役期：陆、海、空军均为 12 个月。军官最高服役年限：将官、校官、尉官均为 60 岁。

军衔　军官分 3 等 10 级：将官 4 级（上将、中将、少将、准将），校官 3 级（上校、中校、少校），尉官 3 级（上尉、中尉、少尉）。军士 2 级（中士、下士）。兵 2 级（二等兵、新兵）。

驻外兵力　1998 年共有 1392 人参加联合国维持和平行动。

外国驻军　北约西北欧战区北欧盟军司令部。美军：1 个陆战远征旅的装备。

（徐剑光）

葡　萄　牙

国　　名　葡萄牙共和国。

主要统计　面积 9.2072 万平方千米（其中大陆面积 8.8941 万平方千米，亚速尔群岛 2335 平方千米，马德拉群岛 796 平方千米）。人口 987.3 万人（其中，13～17 岁男 34.7 万人，女 32.8 万人；18～22 岁男 38.6 万人，女 37 万人；23～32 岁男 81.5 万人，女 79.6 万人）。国内生产总值 990 亿美元（1997 年）。国防费 15 亿美元（1998 年国防预算）。粗钢 91.1 万吨（1997 年）。原煤 14.7 万吨（1994 年）。发电量 328 亿度（1995 年）。粮食 115.6 万吨（1997 年）。海运能力，商船（载重 100 吨以上）332 艘、总载重量 112.93 万吨（1997 年）。民航能力，固定航班机场 16 处，客运量 79.78 亿人千米、货运量 2.09 亿吨千米（1997 年）。

国防体制　宪法规定，总统为武装力量统帅。最高国防决策机构为国家最高国防委员会，成员有总理和外交、国防、内政、财政、计划、工业、能源、交通部长、总参谋长及陆、海、空军参谋长，由总统任主席。最高国防咨询机构为最高军事委员会，由国防部长任主席。国防部是最高军事行政机关，负责军队的建设和管理。武装力量由正规军和准军事部队组成，正规军分陆、海、空三个军种。准军事部队由国民警卫队和公安警察等组成。最高军事指挥机构为总参谋部，下辖陆、海、空军参谋部。参谋长委员会为国防部最高军事机构，成员有陆、海、空军参谋长，由总参谋长任主席。总统通过总理、国防部和总参谋部对全国武装力量实施领导和指挥。

领导人物　总统兼武装力量统帅若尔热·桑帕约（1996 年 3 月 9 日上任）。总理安东尼奥·古特雷斯（1995 年 10 月 28 日上任）。国防部长维加·西蒙（1997 年 11 月 23 日上任）。总参谋长埃斯比利杜·桑杜上将（1998 年 3 月 16 日上任）。陆军参谋长安东尼奥·巴伦杜上将（1998 年 3 月 19 日上任）。海军参谋长维埃拉·马蒂亚斯海军上将（1997 年 4 月上任）。空军参谋长曼努埃尔·阿尔瓦伦加上将（1998 年 3 月 19 日上任）。

武装力量　**兵力**　现役部队 5.36 万人（含总部机关人员 4700 人）。

陆军　2.48 万人。编有 5 个军区司令部、3 个作战旅（其中 1 个机械化步兵旅、1 个空降旅、1 个轻型干预旅）和 3 个架子旅、23 个团（其中 3 个装甲团、8 个步兵团、2 个炮兵团、1 个工程兵团、1 个陆航团）、1 支山地部队（其中 3 个山地旅、1 个高炮团、1 个岸炮团、2 个工程兵团）。

主战坦克：M－48A5 型 86 辆、M－60A2 型 8 辆、M－60A3 型 86 辆。装甲侦察车：V－150 型 15 辆、M－11 型 18 辆。装甲输送车：M－113 型 251 辆、M－557 型 26 辆、V－200 型 84 辆。牵引炮：105 毫米 73 门、155 毫米 37 门。自行炮：155 毫米 6 门。迫击炮：107 毫米 56 门、120 毫米 118 门。岸炮：150 毫米 8 门、152 毫米 6 门、234 毫米 6 门。无坐力炮：84 毫米 162 门、89 毫米 53 门、90 毫米 46 门、106 毫米 128 门。反坦克导弹："陶"式 45 具、"米兰" 66 具。高炮：20 毫米和 40 毫米共 105 门。地空导弹："毒刺" 15 部、"小槲树" 24 部。

海军　1.685万人。编有5个海军司令部（即大陆北部、大陆中部、大陆南部、亚速尔群鸟、马德拉群岛海区司令部）、1个作战司令部和1个陆战队司令部。

潜艇："大青花鱼"级3艘。护卫舰："梅科"200级3艘、"霍奥·贝略司令官"级3艘、"巴普蒂斯塔·德·安得拉德"级4艘。巡逻艇：27艘。两栖登陆舰艇：5艘。支援舰船：13艘。

陆战队　1500人，编有3个营及支援部队，装备120毫米迫击炮36门。

空军　0.73万人。编有1个作战司令部，3个攻击战斗机中队，1个侦察机中队，1个海上巡逻机中队，4个运输机中队，2个搜索救援机中队，1个联络机中队，2个教练机中队。装备作战飞机68架（另有库存17架）。

攻击战斗机："阿尔法喷气"式50架、A－7P型8架。战斗机：F－16A/B型20架。海上巡逻机：P－3P型6架。运输机：C－130型6架、C－212A型20架、"猎鹰"20型1架、"猎鹰"50型3架。联络机："色斯纳"337型12架。教练机："埃普西隆"16架、TA－7P型2架。侦察机：C－212B型4架。直升机：28架。

文职人员　0.86万人。

预备役部队　21.093万人，其中陆军21万人、海军930人。

准军事部队　4.09万人。其中国民警卫队2.09万人、公安警察2万人。

部署　全国划分为5个军区，即里斯本卫戍区、大陆北部军区、大陆南部军区、亚速尔群岛军区和马德拉群岛军区。三军兵力主要部署在首都里斯本附近及海岸沿线一带。

兵役制度　实行义务兵与志愿兵相结合的兵役制度。义务兵服役期为陆军4～8个月，海、空军4～18个月；志愿兵服役期限则在服满义务兵役期后再服役8～18个月不等。各级军官最高服役年限，将官为64岁（其中上将64岁、中将62岁、少将59岁），校官为57岁（其中上校57岁、中校56岁、少校56岁，尉官为50岁。

军衔　分为5等17级：将官3级（上将、中将、少将），校官3级（上校、中校、少校），尉官3级（上尉、中尉、少尉），士官6级（一级上士、二级上士、三级上士、一级中士、二级中士、下士），兵2级（上等兵、列兵）。

驻外兵力　参加联合国维持和平行动：440人。其中驻安哥拉80人、军事观察员4人，驻波黑350人，驻克罗地亚军事观察员1人，驻马其顿军事观察员1人，驻西撒哈拉军事观察员4人。

外国驻军　北约大西洋伊比利亚军司令部（里斯本）。美国驻军1050人（其中海军65人，空军805人）。

军队节日　建军节7月1日。

（商景洲）

瑞　典

国　　名　瑞典王国。

主要统计　面积44.9964万平方千米。人口888.2万人（其中，13～17岁男26.4万人，女24.8万人；18～22岁男27万人，女25.5万人；23～32岁男61.3万人，女58.2万人）。国内生产总值2250亿美元（1997年）。国防费48亿美元（1999年国防预算）。粗钢514.8万吨（1997年）。发电量1428.89亿度（1994年）。粮食562.5万吨（1996年）。海运能力，商船（载重100吨以上）430艘、总载重量288.1万吨（1997年）。民航能力，固定航班机场48处，客运量84.27亿人千米、货运量2.5亿吨千米（1997年）。

国防体制　宪法规定，国王为武装力量统帅。最高国防决策机构为内阁。首相在国防大臣和三军总司令的协助下，统一领导国防事务。议会平时设国防委员会，负责审议政府国防预算；战时设顾问委员会，负责向三军总司令提供咨询。国防部是最高军事行政机关，负责制定国防政策，确定军费，审批部队的编制、装备和训练计划等工作。武装力量由正规军和准军事部队组成。正规军分陆、海、空三个军种。三军总司令是全军最高军事首长，战时通过总司令部下设的联合作战部直接指挥各大军区遂行作战任务。平时，部队的日常工作由武装力量最高领导小组负责，其成员包括总司令、副总司令、作战部部长、战略部部长、训练部部长、三大军区司令和陆、海、空军战术中心总监，共11人。

领导人物　国王兼武装力量统帅卡尔十六世·古斯塔夫（1973年9月即位）。首相约兰·佩尔松

(1996 年 3 月上任，1998 年 10 月连任)。国防大臣比扬·冯·西多（1997 年 2 月上任，1998 年 10 月连任）。三军总司令欧·维克托林上将（1994 年 7 月上任）。副总司令费兰克·罗森纽斯（1998 年上任）。中部军区司令皮尔库特·格林中将（1998 年 2 月上任）。北部军区司令迈梯尔·梅林中将（1998 年 2 月上任）。南部军区司令肯特·哈斯库格中将（1998 年 2 月上任）。

武装力量　**兵力**　现役部队 5.31 万人。

陆军　3.51 万人。编有 3 个联合司令部、2 个装甲旅、4 个机械化旅、4 个步兵旅、3 个北极旅、3 个炮兵团。

主战坦克："百人队长"60 辆，Strv－130B 型 239 辆、Strv－121 型 160 辆、Strv－122 型 78 辆。轻型坦克：Ikv－91 型 211 辆。步兵战车：Pbv－302 型等共 716 辆。装甲输送车：Pbv－401A 型等共 850 辆。牵引炮：105 毫米 483 门、155 毫米 390 门。自行炮：155 毫米 24 门。迫击炮：81 毫米 200 门、120 毫米 474 门。反坦克导弹："陶"式等 55 具。无坐力炮：84、90 毫米若干门。高炮：40 毫米 600 门。地空导弹：RBS－70/－77/－90 型若干部。直升机：119 架。

海军　9200 人（含海岸防御部队和海军航空兵）。编有 1 个海岸舰队，下辖 4 个分舰队。

潜艇："哥特兰"级 3 艘、"西哥特兰"级 4 艘、"水怪"级 2 艘、"斯皮根"级 1 艘。导弹艇："哥德堡"级 4 艘、"斯德哥尔摩"级 2 艘、"休金"级 4 艘、"卡伯伦"级 8 艘、"诺尔切平"级 6 艘。巡逻艇：3 艘。布雷舰：2 艘。扫雷艇：25 艘。支援与勤务舰船：28 艘。

海军航空兵　320 人。装备反潜作战飞机 1 架、反潜直升机 14 架、联络直升机 10 架。

海岸防御部队　1100 人。编有 2 个岸炮旅。

空军　8800 人。编有 14 个飞行中队，作战飞机 362 架。

攻击/战斗机："萨伯"254 架。武装侦察机："萨伯"SH/SF－37 型 37 架。电子战机：2 架。运输机：C－130E/H 型、SK－60D/E 型等共 27 架。救援机：15 架。教练机：160 架（其中 66 架 SK－60B/C 型具有作战能力）。空空、空地导弹：若干枚。

文职人员　2 万人。

预备役部队　57 万人。其中陆军 45 万人、海军 5 万人、空军 7 万人。

准军事部队　海岸警卫队 600 人；民防人员百万余人（凡 16～25 岁居民均有民防义务）；志愿服务组织约 3.5 万人。

部署　陆军分别部署在 3 个军区，下辖 22 个防御区。海军主要部署在波罗的海沿岸。空军主要部署在中、南部地区。海军基地 10 处、空军基地 12 处。

兵役制度　实行普遍义务兵役制。士兵服役期：陆、海军为 7～15 个月，空军 8～12 个月。

军衔　军官分 3 等 10 级：将官 4 级（上将、中将、少将、准将），校官 3 级（上校、中校、少校），尉官 3 级（上尉、中尉、少尉）。

驻外兵力　1998 年共有 154 人参加联合国维持和平行动。

（徐剑光）

瑞　士

国　　名　瑞士联邦。

主要统计　面积 4.1284 万平方千米。人口 707 万人（其中，13～17 岁男 20.7 万人，女 19.5 万人；18～22 岁男 21 万人，女 20.4 万人；23～32 岁男 55.4 万人，女 56 万人）。国内生产总值 3670 亿瑞士法郎，合 2530 亿美元（1997 年）。国防费 53 亿瑞士法郎，合 34 亿美元(1998 年国防预算)。粗钢 73.9 万吨(1995 年)。天然气 105 万立方米（1994 年）。发电量 656.36 亿度（1994 年）。粮食 140.5 万吨（1996 年）。海运能力，商船（载重 100 吨以上）24 艘、总载重量 60.28 万吨（1997 年）。民航能力，固定航班机场 5 处，客运量 197.25 亿人千米、货运量 15.08 亿吨千米（1997 年）。

国防体制　宪法规定，联邦委员会（联邦政府）是国家最高行政机构。全国武装力量的最高指挥权属联邦委员会。联邦委员会主席为国家元首兼政府首脑，是全国武装力量统帅。联邦主席由联邦委员会 7 名委员轮流担任，任期 1 年。联邦委员会是最高国防决策机构，成员包括全部 7 名联邦委员，由联邦主席主持。在联邦委员会中由联邦国防民防体育部长、司法警察部长和财政部长组成联邦军事委员会，负责处理日常重大安全事务。联邦议会是国家最高权力机构，重大防务与军事问题均须经议会批准并立法。联邦议会的国民院和联邦院各设一个安全政策委员会，是议会有关安全和国防问题的最高咨询机构。联邦国防民防体育部为联邦政府中的一个部，是最高军事行政机关，负责领导全国的军事防御和军队的日常管理工作。武装力量由民兵正规军、民兵预备役和准军事部队组成。正规军分陆、空两个军种。最高军事指挥机构为总参谋部。平时，联邦委员会通过联邦国防民防体育部和总参谋部对全国武装力量实施领导和指挥。战时，由联邦委员会提名，经联邦议会核准任命一名上将为总司令，直属联邦政府，统一指挥全军作战。同时，由总司令提名，经联邦委员会核准任命一名中将总参谋长和一名中将首席军法执行官，协助总司令指挥全军作战和执行军法。

领导人物 联邦主席兼武装力量统帅露特·德赖富斯女士（1999年1月上任）。联邦国防民防体育部长阿道夫·奥吉（1996年1月上任）。总参谋长汉斯-乌尔里希·舍雷尔中将（1998年1月上任）。陆军部长雅克·杜斯中将（1997年1月上任）。空军司令费尔南德·卡莱尔中将（1992年3月上任）。

武装力量 **兵力** 民兵正规军约3300人。

陆军 战时经48小时动员后可达35.74万人。编有1个武装部队司令部、3个野战军军部和1个山地军军部。

坦克：Pz-68型186辆、Pz-68/88型186辆、“豹”2型370辆。步兵战车：M-63/73型192辆、M-63/89型315辆。装甲侦察车：“鹰”式154辆。装甲输送车：M-63/73型836辆、“剪刀鱼”122辆。牵引炮：105毫米216门。自行炮：155毫米558门。火箭炮：60毫米和83毫米13540门。迫击炮：81毫米1200门、120毫米577门。反坦克导弹：“龙”式2850具、“陶”式303具。高炮：20毫米630门。地空导弹：“轻剑”56部。直升机：“云雀”60架。巡逻艇：“宝瓶座”级10艘。

空军 战时经48小时动员后可达3.26万人。编有1个航空旅、1个航空基地旅、1个防空旅、1个指挥与控制旅。作战飞机171架。

战斗机：“虎”2/F-5E型89架、“虎”2/F-5F型12架、“幻影”3S型29架、“幻影”3DS型4架、F/A-18C/D型21架。侦察机：“幻影”3RS型16架。运输机：PC-6型16架、“利尔杰特”36型1架、Do-27型2架、“猎鹰”50型1架。教练机：“隼”MK-66型19架、PC-7型38架、PC-9型12架。直升机：“超级美洲豹”15架、“云雀”12架。

文职人员 1.5万人。

预备役部队 39万人，其中陆军35.74万人、空军3.26万人。

准军事部队 民防部队35万人，其中经过全面军事训练的约30万人。

部署 陆军野战部队兵力主要部署在北部、东北部、中部和西部地区；山地部队全部部署在阿尔卑斯山地区；4个国土防御师全部沿北部、东北部和东南部边境地区部署；空军部队的航空兵旅和基地旅驻中部地区；防空旅部署在重点保护目标、主要军事设施和军用机场附近地区。共有军事基地40处。

兵役制度 实行“全民皆兵”的普遍义务民兵制。宪法规定，凡年满20周岁至42周岁的男性公民必须服兵役。女性公民可志愿服兵役。凡年满19周岁的男性青年必须到附近征兵处报名并体检，合格者20周岁入伍。入伍第1年在所属军兵种新兵学校接受为期15周的军事基础训练，此后直到42周岁每隔1年到部队参加1次复训，共10次，每次19～20天，总受训时间为300天，士官的总受训时间为460～670天，尉官为770～900天，校官为1050～1300天，将官视情况而定，一般高于1300天。各级军官最高服役年限，将官为52岁（可根据需要服役至62岁），校官为52岁，尉官为42岁（其中上尉可根据需要服役至52岁）。民兵军人退出现役后自动转服民防役。联邦委员会于1998年10月21日决定，自1999年1月1日起，公民服民防役的年限由原来的52岁降为50岁。

军衔 分5等18级：将官4级（上将［战时］、中将、少将、准将），校官3级（上校、中校、少校），尉官3级（上尉、中尉、少尉），军士6级（一级军士长、二级军士长、三级军士长、上士、中士、下士），兵2级（上等兵、列兵）。

驻外兵力 驻克罗地亚联合国民警支助团军事观察员1人，驻格鲁吉亚联合国观察团军事观察员4人，驻中东联合国停战监督组织军事观察员7人，驻马其顿联合国预防性部署部队军事观察员1人，驻韩国中立国监察委员会军官5人，驻波黑欧安组织履约民事行动非武装志愿“黄盔”部队约60人。

（魏金晓）

斯 洛 伐 克

国　　名　斯洛伐克共和国。

主要统计　面积4.9万平方千米。人口539.1万人(其中，13～17岁男22.8万人，女22万人；18～22岁男23.2万人，女22.5万人；23～32岁男41万人，女40万人)。国内生产总值195亿美元（1997年)。国防费4.16亿美元（1998年国防预算)。原煤372.5万吨（1995年)。原油40万桶（1996年)。天然气2.41亿立方米（1995年)。发电量247.4亿度(1994年)。粮食394.1万吨（1996年)。民航能力，固定航班机场2处，客运量6030万人千米、货运量560万吨千米（1997年)。

国防体制　宪法规定，总统为武装力量统帅。最高国防决策机构为国防委员会，成员有政府总理、主管经济的副总理、国防部长、外交部长、内务部长、财政部长、总参谋长等，由政府总理任主席。国防部为政府中的一个部，是最高军事行政机关，负责对军队实施政治领导和行政保障。武装力量由正规军和准军事部队组成。正规军分陆军、空军两个军种。最高军事指挥机构为总参谋部。总统通过国防部和总参谋部对全国武装力量实施领导和指挥。

领导人物　总统兼武装力量统帅鲁道夫·舒斯特（1999年6月15日就任)。国防部长帕·卡尼斯(1998年10月上任)。总参谋长米·采罗夫斯基少将(1998年11月上任)。

武装力量　**兵力**　现役部队4.545万人。

陆军　2.38万人。编有2个军、3个坦克旅、3个机械化步兵旅。

坦克：T－72M型272辆、T－55型206辆。装甲侦察车：БРДМ式129辆、OT－65型90辆、BPVZ式72辆。步兵战车：БМП－1/－2型476辆。装甲输送车：OT－90型207辆。牵引炮：122毫米76门。自行炮：122毫米49门、152毫米134门。火箭炮：122毫米87门。迫击炮：120毫米36门。反坦克导弹："耐火箱"、"拱肩"共约538具。高炮：30毫米、57毫米约200门。地空导弹：SA－7型若干部、SA－9/－13型约48部。

空军　1.2万人。作战飞机121架、攻击直升机19架。

对地攻击战斗机：苏－22型20架、苏－25型12架。战斗机：米格－21型57架，米格－29型24架。侦察机：米格－21RF型8架。运输机：安－12型1架、安－24型2架、安－26型2架、L－410M型4架。教练机：L－29型14架、L－39型20架。攻击直升机：米－24型19架。运输直升机：米－2型13架、米－8型7架、米－17型17架。空空导弹："环礁"、"顶点"、"蚜虫"若干部。地空导弹：SA－2/－6型若干部。

准军事部队　2600人，其中内卫部队1400人、民防部队1200人。

预备役部队　约2万人。

兵役制度　实行义务兵役制，士兵服役期12个月。

驻外兵力　参加联合国维和行动：驻安哥拉军事观察员3人，驻叙利亚35人。　（程　辉）

乌 克 兰

国　　名　乌克兰。

主要统计　面积60.37万平方千米。人口5048万人（其中，13～17岁男189.1万人，女182.6万人；18～22岁男185.2万人，女181万人；23～32岁男353.8万人，女351.4万人)。国内生产总值500亿美元（1997年)。国防费8.13亿美元（1998年国防预算)。

领导人物　国防部长亚历山大·伊万诺维奇·库兹穆克（1996年7月上任)。

武装力量　**兵力**　现役部队约34.64万人（不包括战略核力量和黑海舰队，但包括3.82万名国防部直属部队和机关人员)。

战略核力量（将交给俄罗斯） 洲际弹道导弹115枚，其中SS－19型69枚、SS－24型40枚。战略轰炸机44架，其中图－95H16型20架、图－95H6型5架、图－160型19架。

陆军 17.13万人。划分为国防部直属部队和3个作战指挥部。国防部直属部队下辖1个空中机动旅、2个战役战术导弹旅、1个炮兵旅/团。

西部作战指挥部下辖：指挥部直属部队有1个炮兵师、1个空中机动旅、1个战役战术导弹旅、1个特种作战旅。2个军，其中：1个军辖2个机械化师、1个战役战术导弹旅、1个炮兵旅、1个火箭炮团、1个炮兵团、1个陆航群；另1个军辖2个机械化师、1个机械化旅、1个战役战术导弹旅、1个炮兵旅、1个火箭炮团、1个反坦克团、1个陆航群。

南部作战指挥部下辖：指挥部直属部队有1个机械化旅、1个空中机动旅、1个炮兵师、1个战役战术导弹旅、2个陆航群。2个军，其中：1个军辖1个坦克旅、2个机械化旅、2个炮兵旅、1个火箭炮团；另1个军辖2个机械化旅、1个炮兵旅、1个特种作战旅、1个火箭炮团、1个反坦克团。

北部作战指挥部下辖：指挥部直属部队有2个机械化师、1个训练师、1个坦克旅、1个战役战术导弹旅、1个火箭炮团、1个反坦克团。1个军，下辖1个坦克师、1个训练师、1个炮兵旅、2个陆航群。

主战坦克：4014辆（储备917辆），其中T－55型154辆、T－62型1辆、T－64型2281辆、T－72型1305辆、T－80型273辆。装甲侦察车：约1500辆。步兵战车：3079辆（储备399辆），其中БМП－1型1010辆、БРМ－К型458辆、БМП－2型1468辆、БМП－3型4辆、БМД－1型61辆、БМД－2型78辆。装甲输送车：1823辆（储备238辆），其中БТР－60型203辆、БТР－70型1105辆、БТР－80型473辆、БТР－Д型42辆。各型火炮：3749门（储备582门）。牵引炮1139门，其中122毫米438门、152毫米701门。自行炮：1307门，其中122毫米642门、152毫米565门、203毫米100门。曲射直射两用炮：64门。火箭炮：634门，其中122毫米397门、132毫米4门、220毫米139门、300毫米94门。迫击炮：605门。地地导弹："飞毛腿"132部、"蛙"/SS－21型140部。反坦克导弹：AT－4、AT－5、AT－6型若干具。地空导弹：SA－4/－6/－8/－/11/－12A/－15型若干部。战斗直升机：236架。攻击运输直升机：212架。

海军 约1.25万人。潜艇4艘。主要水面作战舰艇9艘，其中"克里瓦克"级4艘、"戈里沙"级5艘。巡逻艇11艘。其他舰艇21艘。另编有黑海舰队（目前仍由俄罗斯和乌克兰共管，其实力见俄罗斯条目武装力量黑海舰队部分）。

海军航空兵 约7000人。装备米格－29型歼击机32架、苏－17型截击机69架、苏－25型强击机44架、图－22M型轰炸机39架。

海军步兵 1个营约1250人。

空军 12.44万人。编有3个空军军，作战飞机786架、战斗直升机24架。

轰炸机：图－22M型28架。歼击轰炸机：苏－24型166架。强击机：苏－25型34架。歼击机：米格－23型140架、米格－25型73架、米格－29型144架、苏－27型66架。侦察机：图－22型17架、苏－17型41架、苏－24型41架、米格－25型13架。电子战直升机：29架。运输机：伊尔－76型172架、伊尔－78型16架、其他运输机100架。教练机：452架。战斗直升机：24架。运输直升机：168架。防空导弹：SA－2/－3/－5/－10/－12A型825部。

预备役部队 近5年服过现役者约100万人。

准军事部队 8.9万人，其中内卫部队3.2万人、国民卫队2.3万人、边防卫队3.4万人。

驻外兵力 参加联合国维和行动：驻安哥拉4人，驻波黑300人，驻克罗地亚1人，驻塔吉克斯坦6人。

（闵振范）

西 班 牙

国　　名 西班牙王国。

主要统计 面积50.5925万平方千米。人口3920万人（其中，13～17岁男131.6万人，女123.8万人；18～22岁男154.5万人，女146万人；23～32岁男333.3万人，女318.8万人）。国内生产总值5310亿美元（1997年）。国防费58亿美元（1998年国防预算）。粗钢1368.3万吨（1997年）。原煤2955.6万吨（1994年）。原油600万桶（1996年）。

天然气 1.78 亿立方米（1995 年）。发电量 1615.02 亿度（1994 年）。粮食 2251.7 万吨（1996 年）。海运能力，商船（载重 100 吨以上）2190 艘、总载重量 507.73 万吨（1997 年）。民航能力，固定航班机场 25 处，客运量 340.44 亿人千米、货运量 37.64 亿吨千米（1997 年）。

国防体制 宪法规定，国王为武装力量统帅。最高国防决策机构为国防委员会，成员有首相、副首相、外交大臣、国防大臣、内政大臣、国防及三军参谋长，由国王任主席。最高国防咨询机构为参谋长联席会议，由国防参谋长任主席，成员有陆、海、空三军参谋长。国防部为政府中的一个部，是最高军事行政机构，负责军队的建设和管理。武装力量由正规军和准军事部队组成。正规军分陆、海、空三个军种。准军事部队由国民警卫队和海上国民警卫队等组成。最高军事指挥机构为国防参谋部，下辖陆、海、空军参谋部。国王、首相通过国防部和国防参谋部对全国武装力量实施领导和指挥。

领导人物 国王兼武装力量统帅胡安·卡洛斯一世（1975 年 11 月 22 日登基）。内阁首相何塞·玛丽亚·阿斯纳尔（1996 年 5 月 5 日上任）。国防大臣爱德华多·塞拉·雷克萨奇（1996 年 5 月 5 日上任）。国防参谋长圣地亚哥·巴尔德拉斯空军上将（1996 年 7 月上任）。陆军参谋长阿方索·帕尔多·德桑塔亚纳·伊科洛马上将（1998 年 9 月 28 日上任）。海军参谋长安东尼奥·莫雷诺·巴尔贝拉海军上将（1997 年 6 月 27 日上任）。空军参谋长胡安·安东尼奥·隆博·洛佩斯空军上将（1997 年 1 月上任）。

武装力量 **兵力** 现役部队 19.395 万人。

陆军 12.7 万人。编有 8 个军区司令部（含 2 个海外司令部）、1 个机械化师、2 个装甲骑兵旅、1 个山地旅、3 个轻步兵旅、1 个空运旅、1 个空降旅、1 个陆航旅、1 个西班牙军团（1 个旅、2 个团）、1 个炮兵旅、1 个工程兵旅、1 个防空团、1 个防空司令部（5 个防空团）、1 个海岸炮兵司令部（2 个岸炮团）、3 个特种作战营、1 支快速反应部队。

主战坦克：AMX－30 型 209 辆、M－48A5E 型 164 辆、M－60A3TTS 型 244 辆、“豹”2A4 型 108 辆。装甲侦察车：BMR－VEC 型 340 辆。装甲输送车：M－113 型 1313 辆、BMR－600 型 682 辆。牵引炮：105 毫米 481 门、155 毫米 84 门。自行炮：105 毫米 48 门、155 毫米 102 门、203 毫米 64 门。岸炮：6 英寸 44 门、305 毫米 6 门、381 毫米 3 门。火箭炮：140 毫米 14 门。迫击炮：120 毫米 467 门、81 毫米 1314 门。无坐力炮：106 毫米 638 门。反坦克导弹：“陶”式 200 具、“霍特”28 具、“米兰”442 具。高炮：20 毫米 329 门、35 毫米 92 门、40 毫米 183 门。地空导弹：“西北风”108 部、“霍克”24 部、“罗兰”18 部、“空中卫士”/“蝮蛇”13 部。直升机：175 架（其中攻击直升机 28 架）。

海军 3.695 万人。编有 5 个舰队司令部和 4 个海军管区。

航母：“亚斯都里阿斯王子”级 1 艘。潜艇：“西北风”级 4 艘、“海豚”级 4 艘。护卫舰：“圣玛丽亚”级 6 艘、“巴利阿里”级 5 艘、“侦察”级 6 艘。巡逻艇：32 艘。扫雷舰艇：12 艘。两栖登陆舰艇：4 艘。支援舰船：34 艘。

陆战队 6900 人。装备 M－60A3 坦克 16 辆、装甲战车 17 辆、105 毫米牵引炮 12 门、155 毫米自行炮 6 门、106 毫米无坐力炮 54 门、“陶”式反坦克导弹 12 具、“龙”式反坦克导弹 18 具、“西北风”地空导弹 12 部。

海军航空兵 1000 人，编有 1 个战斗机中队、1 个联络机中队、4 个直升机中队。装备 EVA 式战斗机 18 架、“嘉奖”2 型联络机 3 架、直升机 38 架（其中武装直升机 25 架）。

空军 3 万人。编有 5 个航空司令部，即中央航空司令部（辖 4 个联队）、东部航空司令部（辖 2 个联队）、直布罗陀海峡航空司令部（辖 4 个联队）、加那利群岛航空司令部（辖 1 个联队）、补给支援司令部（辖 1 个试验飞行队）。装备作战飞机 193 架。

攻击/战斗机：F－5B 型 23 架。战斗机：EF－18A/B 型 83 架、“幻影”F－1CF/BF/EE 型 66 架。侦察机：RF－4C 型 14 架、C－212 型 6 架、“色斯纳”560 型 2 架。海上巡逻机：P－3 型 7 架。电子战机：C－212 型 2 架、“猎鹰”20 型 2 架。运输机：C－130 型 7 架、C－212 型 34 架、CN－235 型 20 架、“猎鹰”20 型 3 架、“猎鹰”50 型 1 架、“猎鹰”900 型 2 架。加油机：“波音”707 型 4 架、KC－130 型 5 架。搜索救援机：C－212 型 9 架、F－27 型 3 架。教练机：C－101 型 76 架、E－26 型 37 架、E－20 型 5 架、E－24 型 25 架。直升机：42 架。空空导弹：“麻雀”AIM－7 型、“响尾蛇”AIM－9 型、“阿姆拉姆”AIM－120 型、R－530 型若干枚。地空导弹：“西北风”、“空中卫士”/“蝮蛇”若干部。

预备役部队 44.79 万人，其中陆军 43.6 万人、海军 0.39 万人、空军 0.8 万人。

准军事部队 7.576 万人，其中国民警卫队 7.5 万人、海上国民警卫队 760 人。

部署 三军兵力主要部署在首都马德里附近、海岸沿线及直布罗陀东北部的沿海地区。

兵役制度 实行义务兵与志愿兵相结合的兵役制

度。义务兵服役期为 9 个月，志愿兵服役期为 16 个月至 36 个月。各级军官最高服役年限：将官 64 岁（上将 64 岁、中将 62 岁、少将 60 岁），校官 58 岁（上校 58 岁、中校 56 岁、少校 54 岁），尉官 54 岁。

军衔 分为 5 等 18 级：将官 3 级（上将、中将、少将），校官 3 级（上校、中校、少校），尉官 3 级（上尉、中尉、少尉），士官 7 级（准尉、士官长、一级军士长、军士长、上士、中士、下士），兵 2 级（上等兵、列兵）。

驻外兵力 驻北约军事一体化空军部队 F/A－18 战斗机 8 架，KC－130 加油机 2 架，CASA－212 支援机 1 架。参加联合国维持和平行动：驻亚得里亚海护卫舰 1 艘；驻波黑 1600 人，军事观察员 12 人。

外国驻军 美军驻军 2430 人（其中海军 2200 人、空军 230 人）。

军队节日 1 月 6 日为军人节；5 月份的最后一个星期日为武装力量节。

（商景洲）

希腊

国名 希腊共和国。

主要统计 面积 13.1957 万平方千米，其中岛屿面积约占 15%。人口 1059.7 万人（其中，13～17 岁男 35.1 万人，女 33 万人；18～22 岁男 38.3 万人，女 36.4 万人；23～32 岁男 82.6 万人，女 78.6 万人）。国内生产总值 1210 亿美元（1997 年）。国防费 38 亿美元（1998 年国防预算）。粗钢 101.6 万吨（1997 年）。原煤 5674.1 万吨（1994 年）。原油 300 万桶（1996 年）。天然气 1.19 亿立方米（1995 年）。发电量 406.23 亿度（1994 年）。粮食 437.1 万吨（1996 年）。海运能力，商船（载重 100 吨以上）1872 艘、总载重量 4527.66 万吨（1997 年）。民航能力，固定航班机场 36 处，客运量 79.45 亿人千米、货运量 1.17 亿吨千米（1997 年）。

国防体制 宪法规定，总统为武装力量统帅。但实际上，总统仅是名义上的统帅，总理掌握实权。最高国防决策机构为国家最高国防委员会，成员有外交、国防、内政、财政、工业、交通部长和国防参谋长，由总理任主席。最高国防咨询机构为参谋长委员会，由国防参谋长任主席，成员为陆、海、空军参谋长。国防部是最高军事行政机关，负责军队的建设和管理。武装力量由正规军和准军事部队组成，正规军分陆、海、空三个军种。准军事部队由国民警卫队、公安警察和港警等组成。最高军事指挥机构为国防参谋部，下辖陆、海、空军参谋部。总统通过总理、国防部和国防参谋部对全国武装力量实施领导和指挥。

领导人物 总统兼武装力量统帅康斯坦丁·斯特法诺普洛斯（1995 年 3 月上任）。总理兼最高国防委员会主席科斯塔斯·西米蒂斯（1996 年 1 月上任）。国防部长阿基斯·措哈佐普洛斯（1996 年 9 月上任）。国防参谋长阿萨那西奥斯·佐加尼斯（1996 年 2 月上任）。陆军参谋长马努索斯·帕拉季乌达基斯（1996 年 2 月上任）。海军参谋长莱奥尼达斯·帕里约尔高斯（1996 年 2 月上任）。空军参谋长乔治·安东奈奇斯（1996 年 2 月上任）。

武装力量 **兵力** 现役部队 16.85 万人。

陆军 11.6 万人。编有 3 个军区、1 个集团军司令部、5 个军司令部、5 个师部、4 个步兵师、5 个独立装甲旅、7 个机械化旅、5 个步兵旅、1 个陆航旅、4 个侦察营、5 个野战炮兵营、1 个独立空中补给连、10 个高炮营、2 个地空导弹营。

主战坦克：M－48A3 型 158 辆、M－48A5 型 669 辆、M－60A1 型 357 辆、M－60A3 型 312 辆、“豹”1CR 型 105 辆、“豹”1V 型 170 辆、“豹”1A5 型 77 辆。装甲侦察车：M－8 型 130 辆、VBL 式 13 辆。装甲战车：БМП－1 型 500 辆。装甲输送车：MK－1/K－2 型 308 辆、M－113A1/A2 型 1669 辆。牵引炮：105 毫米 463 门、155 毫米 267 门。自行炮：105 毫米 72 门、155 毫米 133 门、175 毫米 12 门、203 毫米 181 门。火箭炮：122 毫米 72 门、227 毫米 18 门。迫击炮：107 毫米 624 门、81 毫米 2800 门。无坐力炮：90 毫米 1314 门、106 毫米 1291 门。反坦克导弹：“陶”式 336 具、“塞子”AT－4 型 262 具、“米兰”290 具。高炮：23 毫米 506 门。地空导弹：“毒刺”838 部、“霍克”421 部、SA－8B 型 12 部。直升机：149 架（其中 AH－64A 型武装直升机 20 架）。

海军 1.95 万人。编有 1 个舰队司令部、1 个训练司令部、1 个后勤司令部和 1 个本土司令部。

潜艇：“灰鱼”级 3 艘、“海神”级 4 艘。驱逐舰：“基蒙”级 4 艘。护卫舰“九头蛇”级 3 艘、“埃利”级 6 艘、“诺克斯”级 3 艘。轻型护卫舰：“西提斯”级 5 艘。导弹快艇：“拉斯科斯”级 13 艘、“沃特西斯”级 4 艘、“斯塔莫”级 2 艘。巡逻艇：10 艘。鱼雷快艇：“仙女座”级 4 艘、“赫斯珀罗斯”级 4 艘。布雷舰：“阿克蒂昂”级 2 艘。扫雷艇：“翠鸟”级 8 艘、“阿塔兰忒”级 6 艘。两栖登陆舰艇：10 艘。支援舰船：14 艘。

海军航空兵　250 人。编有 2 个中队，装备 P-3B 型海上巡逻机 6 架、直升机 17 架（其中反潜直升机 15 架、电子战直升机 2 架）。

空军　3.3 万人。编有 1 个作战司令部、1 个训练司令部、7 个攻击机中队、10 个战斗机中队、3 个运输机中队、4 个联络机中队、4 个教练机中队、2 个直升机中队、1 个防空营。作战飞机 402 架。

攻击战斗机：A-7H 型 46 架、F-16C 型 50 架。战斗机：A-7 型 46 架、F-5 型 83 架、F-4E 型 66 架、F-16D 型 14 架、“幻影”F-1CG 型 26 架、“幻影”2000 型 35 架。运输机：35 架。联络机：30 架。教练机：89 架。直升机：22 架。

预备役部队　29.1 万人，其中陆军 23.5 万人、海军 2.4 万人、空军 3.2 万人。

准军事部队　5 万人（包括国民警卫队、公安警察和港警等）。

部署　陆军兵力主要部署在北部边境一带，海军兵力主要部署在中南部沿海和克里特岛地区，空军兵力集中部署在首都雅典附近及中部地区。

兵役制度　实行义务兵役制。服役期：陆军 18 个月，海军 21 个月，空军 20 个月。

军衔　分为 5 等 17 级：将官 4 级（上将、中将、少将、准将），校官 3 级（上校、中校、少校），尉官 3 级（上尉、中尉、少尉），士官 5 级（准尉、军士长、上士、中士、下士），兵 2 级（上等兵、列兵）。

驻外兵力　驻塞浦路斯 1250 人。驻北约军事一体化空军部队 C-130 运输机 1 架。参加联合国维持和平行动：440 人，其中驻波黑 250 人、驻格鲁吉亚军事观察员 4 人、驻伊拉克/科威特边境军事观察员 5 人、驻西撒哈拉军事观察员 1 人。

外国驻军　美军驻军 419 人（其中海军 250 人、空军 169 人）。

军队节日　武装力量节 8 月 15 日。

（商景洲）

匈　牙　利

国　　名　匈牙利共和国。

主要统计　面积 9.3031 万平方千米。人口 1005 万人（其中，13～17 岁男 35.2 万人，女 33.2 万人；18～22 岁男 39.2 万人，女 36.7 万人；23～32 岁男 69.4 万人，女 65.1 万人）。国内生产总值 460 亿美元（1997 年）。国防费 7.01 亿美元（1999 年国防预算）。粗钢 186.5 万吨（1995 年）。原煤 1446.7 万吨（1995 年）。原油 1100 万桶（1996 年）。天然气 53.7 亿立方米（1995 年）。发电量 340.4 亿度（1995 年）。粮食 1024.5 万吨（1996 年）。海运能力，商船（载重 100 吨以上）15 艘、总载重量 9.32 万吨（1997 年）。民航能力，固定航班机场 1 处，客运量 27.62 亿人千米、货运量 3290 万吨千米（1997 年）。

国防体制　1989 年通过的宪法修正案规定，共和国总统兼任全国武装力量总司令。战时成立国防委员会，成员包括：总统、总理、议会主席、国防部长、内务部长、外交部长和国防军司令、总参谋长等，由总统担任主席。国防部为政府中的一个部，是最高军事行政机关，负责制定有关国防问题的政策、法律和法规。全国武装力量由正规军和准军事部队组成。正规军分陆军和空军防空军两个军种，没有海军，只有一个多瑙河区舰队，1968 年编入陆军序列。1989 年 12 月实施新军事指挥体制，成立国防军司令部，作为军队最高军事指挥机关。总统通过国防部和国防军司令部对全国武装力量实施领导和指挥。

领导人物　总统兼武装力量总司令根茨·阿尔帕德（1990 年 8 月当选，1995 年 7 月连任）。国防部长萨波·亚诺什（1998 年 7 月上任）。国防军司令兼总参谋长维格·费伦茨上将（1996 年 6 月上任）。

武装力量　**兵力**　现役部队 4.33 万人。

陆军　2.34 万人。编成 3 个摩步旅、1 个工程兵旅、1 个炮兵营、1 个反坦克营、2 个训练营、2 个训练中心、1 个多瑙河联队、1 个多瑙河扫雷营、1 个宪兵团，另有 5 个预备役摩步旅。

坦克：T-55 型 597 辆、T-72 型 238 辆。装甲侦察车：FUGD-442 型 132 辆。步兵战车：БМП-1 型和 БРМ-1К 型共 502 辆、БТР-80А 型 25 辆。

装甲输送车：БТР－80 型 356 辆、PSZHD－944 型 403 辆、MT－LB 型 30 辆。牵引炮：122 毫米 230 门、152 毫米 302 门。自行炮：122 毫米 151 门。火箭炮：122 毫米 56 门。迫击炮：120 毫米 101 门。反坦克导弹："耐火箱" 117 具、"塞子" 30 具、"拱肩" 206 具。反坦克炮：85 毫米 162 门、100 毫米 106 门。高炮：57 毫米 190 门。地空导弹：SA－7 型 244 部、SA－14 型 60 部、"西北风" 45 部。

空军防空军　1.15 万人。编有 2 个歼击机团、2 个防空导弹团。作战飞机 114 架、武装直升机 59 架。

歼击机：米格－21 型 87 架、米格－29 型 27 架。运输机：安－26 型 4 架、Z－43 型 4 架。教练机：拉－39 型 19 架、雅克－52 型 12 架。攻击直升机：米－24 型 59 架。支援直升机：米－2 型 33 架、米－8/－17 型 47 架。空空导弹：AA－2、AA－8、AA－10 和 AA－11 型若干枚。空地导弹：AT－2 和 AT－6 若干枚。地空导弹：SA－4 型 12 部、SA－2/－3/－5 型 66 部、SA－6 型 20 部。

预备役部队　9.03 万人，其中陆军 7.49 万人、空军 1.54 万人。

准军事部队　1.41 万人，其中边防军 1.2 万人、内卫部队（警察）2100 人。

兵役制度　实行义务兵役制。陆、空军士兵服役期均为 12 个月。军官最高服役年限为 55 周岁。

军衔　分 6 等 20 级：将官 4 级（上将、中将、少将、准将），校官 3 级（上校、中校、少校），尉官 3 级（上尉、中尉、少尉），准尉 3 级（一级准尉、二级准尉、三级准尉），军士 3 级（上士、中士、下士），兵 4 级（上等兵、中等兵、下等兵、列兵）。

驻外兵力　参加联合国驻安哥拉军事观察团 3 人，驻波黑多国执行部队 300 人，驻塞浦路斯观察团 105 人，驻埃及军事警察团 26 人，驻格鲁吉亚军事观察团 5 人，驻伊科军事观察团 5 人。

军队节日　5 月 20 日为全军"国防日"。

（朱瑞臣）

意　大　利

国　　名　意大利共和国。

主要统计　面积 30.1277 万平方千米。人口 5790 万人（其中，13～17 岁男 161.6 万人，女 153.6 万人；18～22 岁男 189.1 万人，女 180.6 万人；23～32 岁男 457.4 万人，女 442.9 万人）。国内生产总值 1951 万亿里拉，合 1.1 万亿美元（1997 年）。国防费 31 万亿里拉，合 174 亿美元（1998 年国防预算）；31.9 万亿里拉，合 178 亿美元（1999 年国防预算）。粗钢 2763.5 万吨（1995 年）。原煤 26.7 万吨（1994 年）。原油 3700 万桶（1996 年）。天然气 204.99 亿立方米（1995 年）。发电量 2317.83 亿度（1994 年）。粮食 2053.7 万吨（1996 年）。海运能力，商船（载重 100 吨以上）1966 艘、总载重量 714.95 万吨（1997 年）。民航能力，固定航班机场 34 处，客运量 296.59 亿人千米、货运量 13.35 亿吨千米（1997 年）。

国防体制　宪法规定，总统为武装力量统帅。最高国防决策机构为最高国防委员会，成员有总统、总理及国防、外交、内政、国库、预算、工业、农业部长和国防参谋长，由总统任主席。最高国防咨询机构为武装力量高级委员会，下设陆、海、空军 3 个小组，主席由 3 名组长中军衔最高、资历最深者担任。国防部是最高军事行政机关，负责武装力量的建设和管理。武装力量由正规军和准军事部队组成。正规军分陆、海、空三个军种。准军事部队由宪兵、公安警察、财政警察构成。最高军事指挥机构为国防参谋部，下辖陆、海、空军参谋部。参谋长委员会为国防部最高军事咨询机构，成员有国防及陆、海、空军参谋长和国防秘书长，由国防参谋长任主席。总统通过总理、国防部、国防参谋部及陆、海、空军参谋部对全国武装力量实施领导和指挥。

领导人物　总统兼武装力量统帅卡洛·阿泽里奥·钱皮（1999 年 5 月上任）。国防部长卡洛·斯科尼亚米利奥（文职，1998 年 10 月上任）。国防参谋长圭多·文图罗尼海军中将（1994 年 1 月上任）。陆军参谋长弗朗切斯科·切尔沃尼中将（1996 年 12 月上任）。海军参谋长乌贝尔托·夸尔尼耶里中将（1998 年 2 月上任）。空军参谋长马里奥·阿尔皮诺中将（1995 年 6 月上任）。国防秘书长兼全国军备主任阿尔贝托·齐尼亚尼中将（1996 年 9 月上任）。

武装力量　**兵力**　现役部队 29.84 万人（含 2.92 万名总部人员及其直属部队）。

陆军　16.56 万人。编有 1 个作战指挥司令部、3 个战区司令部，下辖：1 支快速反应部队（其中 1

个机械化旅、1个空中机动旅、1个空运旅、1个两栖团、1个工程兵团、1个陆航团)；1支山地部队(其中3个山地旅、1个工程兵团、1个陆航团、1个山地空降营)；2支本土防御部队(其中2个坦克旅、1个装甲旅、4个机械化旅、2个工程兵团、1个陆航团)；1个支援部队司令部，辖1个防空师(其中3个"霍克"地空导弹团、2个高炮团)、1个炮兵旅(其中1个重炮团、4个炮团)、1个陆航师(其中2个陆航团、2个陆航营)。

主战坦克："豹"式823辆、"半人马座"式400辆、"阿列泰"式76辆。装甲输送车：M-113型738辆、VCC-1/-2型1794辆、FIAT-6614型157辆、LVTP-7型14辆。牵引炮：105毫米267门、155毫米218门。自行炮：155毫米260门、203毫米26门。火箭炮：227毫米22门。迫击炮：120毫米774门、81毫米1205门。反坦克导弹："陶"式426具、"米兰"1000具。无坐力炮：80毫米720门。高炮：25毫米275门。地空导弹："霍克"66部、"毒刺"128部、"蝮蛇"24部。飞机：SM-1019型30架、Do-228型3架。直升机：A-129型45架、A-109型27架、AB-206型62架。

海军　4万人(含海军航空兵和陆战队)。编有1个舰队司令部(兼北约中地中海常设舰队司令部)和6个战区司令部。

潜艇："佩洛希"级4艘、"萨鸟罗"级4艘。轻型航母："加里波第"号1艘。巡洋舰："维·维内托"级1艘。驱逐舰："勇敢"级2艘、"大胆"级2艘。护卫舰："西北风"级8艘、"狼"级4艘、"炮兵"级4艘、"智慧女神"级8艘。导弹攻击艇："鹞鹰"级4艘，"泰塞奥"级2艘。海岸巡逻和警卫舰艇：13艘。扫雷舰艇："山地步兵"级改进型1艘、"莱里奇"级4艘、"加埃塔"级8艘。两栖登陆舰艇：36艘。支援舰船：44艘。

特种部队　水下袭击司令部编有3个大队、1支水下作战部队、1所学校和1个研究机构。

陆战队　"圣马可"大队共1000人，编有1个作战大队、1个训练大队和1个后勤大队。装备各种装甲车40辆，81毫米迫击炮16门，106毫米无坐力炮8门，"米兰"式反坦克导弹6具。

海军航空兵　2500人。编有1个攻击战斗机中队、5个反潜直升机中队，装备作战飞机18架、武装直升机80架、空空/空地导弹若干枚。

空军　6.36万人。编有8个攻击战斗机中队，7个战斗机中队，2个侦察机中队，2个海上侦察机中队，1个电子战机中队，1个导航校正机中队，1个空中加油机中队，3个运输机中队，3个通信联络机中队，1个搜索救援机中队，7个训练机中队，6个"奈基"地空导弹中队和14个"斯帕达"地空导弹中队。作战飞机253架(另有库存92架)。

攻击/战斗机："旋风"77架、F-3型19架(另储存41架)、F-104型65架(另储存35架)、AMX式80架(另储存23架)、MB-339型13架。反潜巡逻机："大西洋"式14架(另储存4架)。加油/运输机："波音"707型4架。电子战机：8架，其中GE型1架、PD-808型7架。教练机：96架，其中MB-339型78架、TF-104G型18架。运输机：48架，其中G-222型39架、C-130H型9架。联络机：41架。直升机：100架。空地、空空、地空导弹若干。

准军事部队　25.57万人。

宪兵　11.32万人(属国防部)。编有1个总司令部，下辖本土宪兵与机动宪兵。本土宪兵编为5个宪兵师、18个团、94个营和1个训练旅。机动宪兵编为1个宪兵师部、2个宪兵旅、1个骑兵团、1个特种作战大队、13个机动营、1个空降营以及若干海空宪兵支队。装备各型装甲输送车171辆、直升机91架。

公安警察　7.9万人(属内政部)。编有11个机动部队，装备40辆装甲输送车、5架P-68型飞机、41架直升机。

财政警察　6.35万人(属财政部)。编有14个区、20个团、128个大队。装备5架P-166型飞机、80架直升机、300余艘巡逻艇。

港口控制部队　发生紧急情况时属海军领导。装备142艘巡逻艇和4架直升机。

预备役部队　56.4万人，其中陆军50万人、海军3.6万人、空军2.8万人。

兵役制度　实行义务兵与志愿兵相结合的兵役制度。服役年龄为19岁，陆、海、空军义务兵服役期为10个月，志愿兵服役期限则按所签合同为3～5年不等。各级军官最高服役年限：将官65岁、校官57岁、尉官50岁。

军衔　分为5等19级：将官4级(四星中将、中将、少将、准将)，校官3级(上校、中校、少校)，尉官3级(上尉、中尉、少尉)，军士6级(军士长、一级上士、二级上士、三级上士、中士、下士)，兵3级(一等兵、二等兵、列兵)。

驻外兵力　驻北约空军一体化部队：14架战斗机、1架加油机；驻德国92人；驻马耳他16人、2架直升机；驻英国21人；驻美国33人。参加联合国维和部队：驻波黑2500人；驻埃及81人、3艘海岸巡逻艇；驻印/巴7人；驻伊拉克1人；驻伊/科5

人；驻黎巴嫩46人、1支直升机部队；驻中东7人；驻西撒哈拉5人

外国驻军 北约在意驻有南欧盟军司令部和第5战术空军司令部。美国在意驻军10550人，其中陆军1750人、海军4600人、空军4200人。

军队节日 建军节11月4日。

（王治国）

英 国

国　　名 大不列颠及北爱尔兰联合王国。

主要统计 面积24.41万平方千米。人口5864.4万人（其中，13～17岁男186.2万人，女177.5万人；18～22岁男183.9万人，女175.2万人；23～32岁男429.2万人，女412.4万人）。国内生产总值7860亿英镑，合13000亿美元（1997年）。国防费223亿英镑，合372亿美元（1998年国防预算）。原煤4771.7万吨（1994年）。原油9.61亿桶（1996年）。天然气711.44亿立方米（1995年）。发电量3253.83亿度（1994年）。粮食2449.6万吨（1996年）。海运能力，商船（载重100吨以上）1631艘、总载重量435.5万吨（1997年）。民航能力，固定航班机场57处，客运量1248.47亿人千米、货运量38.32亿吨千米（1997年）。

国防政策 强调英安全与欧洲安全密不可分，依靠北约的集体防御确保英自身安全；继续强调核威慑的重要性，保持并发展有限的核武器；重视提高军队快速反应能力，强调质量建军；积极参加国际维和行动，维护英的战略利益。

军事战略 英国在冷战后对其军事战略进行了调整，确定了“应变抉择”的军事战略。其核心是：以北约集体防务为支柱，以核威慑为后盾，重点提高部队应付突发事件的快速反应能力，以加强军队的质量建设。其基本内容是：在威胁判断上，认为欧洲及其边缘地区仍存在影响英国安全的风险。在防务指导思想上，强调依靠北约确保欧洲和英国的安全。在防务安排上，积极参与北约集体防务和欧洲的维和行动。在军事部署上，减少驻德国部队并重点提高部队的机动作战能力。在军队建设上，强调走“少而精”的质量建军的道路。

国防体制 英国法律规定，女王为武装力量名义上的最高统帅。最高国防决策机构为国防与海外政策委员会。该委员会成员有首相、国防大臣、外交与联邦事务大臣、内政大臣和财政大臣等，由首相任主席。必要时，可请国防参谋长和军种参谋长列席会议。国防部为政府中的一个部，是最高军事行政机关，负责具体贯彻和执行首相和国防与海外政策委员会的指示和决议，并负责制定政策、预算和三军的作战指挥、人事管理、装备采购等工作。武装力量由正规军和准军事部队组成。正规军分陆、海、空三个军种。最高军事指挥机构为国防参谋部。首相通过国防部和国防参谋部对全国武装力量实施领导和指挥。战时则组成战时内阁，指挥作战。

领导人物 女王兼武装力量名义最高统帅伊丽莎白二世（1952年即位，1953年加冕）。国防大臣乔治·罗伯逊（1997年5月上任）。国防参谋长查尔斯·古斯瑞上将（1997年4月上任）。陆军参谋长罗杰·惠勒上将（1997年4月上任）。海军参谋长乔克·斯莱特尔上将（1995年7月上任）。空军参谋长理查德·约翰斯空军上将（1997年4月上任）。

武装力量 **兵力** 现役部队21.094万人。

陆军 11.39万人。编有1个地面部队司令部、3个军区、1个装甲师、1个机械化师、1个空中机动旅、14个步兵旅部。

坦克：“挑战者”464辆、“酋长”61辆。装甲侦察车：“大弯刀”315辆、“佩刀”136辆、“狐狸”11辆。步兵战车：“勇士”575辆、“拉登”11辆。装甲输送车：AFV－432型693辆、“斯巴达人”526辆、“萨克森”657辆、“萨拉逊”5辆。牵引炮：105毫米217门、140毫米1门、155毫米47门。自行炮：155毫米179门。火箭炮：227毫米63门。迫击炮：81毫米543门。反坦克导弹：“米兰”793具、“旋火”48具、“陶”式若干具。地空导弹：“星光”56部、“标枪”298部、“轻剑”24部。飞机：7架。直升机：281架。

海军 4.45万人。编有1个舰队、5个分舰队。

航母：“常胜”级3艘。潜艇：“三叉戟”级3艘、“特拉法尔加”级7艘、“快速”级5艘。驱逐舰：“伯明翰”级12艘。护卫舰：“康沃尔”级4艘、“大刀”级6艘、“诺福克”级13艘。巡逻艇：26艘。扫雷舰艇：19艘。两栖登陆舰：7艘。各型支援

舰：21 艘。

海军航空兵　6790 人。装备作战飞机 33 架，武装直升机 109 架。

海军陆战队　6500 人。装备“米兰”反坦克导弹，“标枪”、“吹管”地空导弹，“小羚羊”直升机 9 架，各型登陆舰艇 29 艘。

空军　5.254 万人。编有 5 个飞行大队、45 个中队：6 个战斗/轰炸机中队（可进行核攻击）、5 个对地攻击机中队、6 个歼击机中队、4 个侦察机中队、3 个海上巡逻机中队、2 个电子预警机中队、1 个电子对抗/情报搜集中队、3 个空中加油机中队、4 个运输机中队、1 个联络通信中队、10 个直升机中队。作战飞机 450 架（另储存 105 架）。

轰炸机：“旋风”GR－1 型 142 架。战斗机：“旋风”F－3 型 106 架（另储存 40 余架）、“美洲虎”54 架、“鹞”GR－7 型 69 架（另储存 22 架）、“隼”式 98 架（其中仅有 54 架具有作战能力，另储存 22 架）。侦察机：“堪培拉”7 架。海上巡逻机：MR－型 28 架。电子预警机：E－3D 型 7 架。运输机：“三星”9 架、VC－10 型 24 架、“大力士”55 架。加油机：15 架。直升机：161 架。教练机：206 架。空地、空空导弹：若干枚。

战略核力量　1900 人。“三叉戟”级战略核潜艇 3 艘，上载“三叉戟”（D5）导弹 48 枚（最多可携带 288 个弹头）。

预备役部队　32.72 万人。

部署　陆军主要部署在德国境内和英格兰地区。海军重点部署在英吉利海峡沿岸一线及直布罗陀。空军集中在德国境内和英格兰地区。有重要海、空军军事基地约 40 个，其中海军基地 11 个、空军基地 26 个。

兵役制度　实行志愿兵役制。士兵服役期限按本人与军方签定的合同而定，分为 3 年、6 年、9 年、12 年、15 年、22 年。各级军官最高服役年限：元帅和上将为 60 岁、中将 59 岁、少将 57 岁、准将至少校 55 岁。尉官从授予军衔起，16 年内不能晋升至少校军衔就必须退役。此外，为保留人才，一些专业技术军官的最高服役年限规定较宽，如医务、军法等将、校军官可服役至 60 岁。

军衔　分 8 等 19 级：元帅 1 级，将官 3 级（上将、中将、少将），准将 1 级，校官 3 级（上校、中校、少校），尉官 3 级（上尉、中尉、少尉），准尉 2 级（一级准尉、二级准尉），军士 3 级（上士、中士、下士），兵 3 级（一等兵、二等兵、新兵）。

驻外兵力　驻德国 2.81 万人、塞浦路斯 3700 人、直布罗陀 440 人、尼泊尔 500 人，在马尔维纳斯群岛、文莱、印度洋地区等也有驻军。在 30 个国家派有 455 名军事顾问。参加联合国维持和平行动：波黑 4900 人、塞浦路斯 314 人、格鲁吉亚 6 人、伊拉克/科威特 11 人、意大利 350 人、塞拉利昂 2 人、土耳其 160 人。

外国驻军　美国驻军 1.1646 万人（陆军 376 人、海军 1540 人、空军 9000 人）；德国和意大利驻有 1 个 3 国联合“旋风”战斗机训练中队；北约西北欧盟军司令部等 4 个司令部。

军火贸易　美国国会研究部公布的一项报告称，1997 年世界军火贸易额为 346 亿美元，英国军火出口额为 59 亿美元，是世界第 2 大军火出口国。根据英国军方公布的材料，1998 年英国全年军工营业额约为 240 亿英镑（合 400 亿美元），比上年增加 5 亿英镑。其中军贸出口为 55 亿英镑（合 93 亿美元），比上年增加 4 亿英镑。

（张昌泰）

美洲和大洋洲国家军事概况

阿　根　廷

国　　名　阿根廷共和国。

主要统计　面积 278 万平方千米。人口 3516.4 万人（其中，13～17 岁男 163.2 万人，女 157.8 万人；18～22 岁男 157.1 万人，女 152.5 万人；23～32 岁男 265.2 万人，女 258.9 万人）。国内生产总值 2730 亿美元（1997 年）。国防费 34 亿美元

(1998年国防开支)，36亿美元(1999年国防预算)。原煤34.8万吨(1994年)。原油2.75亿桶(1996年)。天然气173.36亿立方米(1995年)。发电量661.96亿度(1994年)。粮食2955.4万吨(1996年)。海运能力，商船(载重100吨以上)423艘，总载重量117.31万吨(1997年)。民航能力，固定航班机场39处，客运量117.85亿人千米、货运量13.3亿吨千米(1997年)。

国防体制　宪法规定，总统为武装力量统帅。最高国防决策机构为全国国防委员会，成员有总统、副总统、内阁部长、情报国务秘书和参、众议院国防委员会主席。国防部为政府中的一个部，是最高军事行政机关，负责战备、国防预算、国家军事政策的制定与执行，以及对国防科研和军工生产实施领导，部长由文官担任。武装力量由正规军和准军事部队组成。正规军由陆、海、空三军组成。联合参谋部是国防部领导下的各军种协调机构：平时参与制定整体军事战略计划，研究和确定军事理论，组织联合军事训练、演习，制定军事动员计划，搜集战略情报，协调维和部队行动；战时协调三军联合作战。总统通过国防部长和各军种参谋长对全国武装力量实施领导和指挥。

领导人物　总统兼武装力量统帅费尔南多·德拉鲁阿(1999年12月就任)。国防部长豪尔赫·多明格斯上将(1996年8月上任)。武装力量联合参谋长卡洛斯·马丽娅·萨瓦拉陆军上将(1997年10月上任)。陆军总参谋长马丁·安东尼奥·巴尔萨上将(1991年11月上任)。海军总参谋长卡洛斯·阿尔贝托·马龙上将(1996年10月上任)。空军总参谋长鲁文·马里奥·蒙特内格罗上将(1996年10月上任)。

武装力量　**兵力**　现役部队7.3万人。

陆军　4.1万人。编有3个军部、2个装甲旅、4个机械化步兵旅、2个山地步兵旅、1个步兵旅、1个伞兵旅。

坦克：M-4"谢尔曼"96辆、"坦姆"230辆、AMX-13型56辆、SK-105"骑兵"106辆。步兵战车：AMX-VCI30辆、"坦姆"88辆。装甲侦察车：AML-90型48辆。装甲输送车：M-3型129辆、M-113型319辆、"蜡咀鱼"70辆。牵引炮：193门。自行炮：24门。火箭炮：50门。迫击炮：1309门。无坐力炮：1105门。高炮：275门。反坦克导弹：SS-11/-12型600具、"马托戈"2100具。地空导弹："山猫"、"吹管"、"罗兰"若干部。飞机：94架。

海军　2万人(含海军陆战队和海军航空兵)。编有水面舰队、潜艇、陆战队和航空兵4个司令部。

潜艇："圣克鲁斯"级2艘、"萨尔塔"级1艘。驱逐舰："大力士"级2艘、"布朗海军上将"级4艘。护卫舰"埃斯波拉"级4艘、"德鲁蒙得"级3艘。巡逻舰：8艘。巡逻艇：6艘。机械化登陆艇：4艘。车辆人员登陆艇：16艘。海岸猎雷艇：2艘。训练舰：1艘。供应舰：7艘。拖船：11艘。

陆战队　3500人，装备装甲侦察车12辆、装甲突击车21辆、装甲输送车41辆、各型火炮190余门。

海军航空兵　2500人，装备各型飞机107架，其中作战飞机52架、武装直升机11架。

空军　1.2万人。编有9个航空旅、10个防空连、1个空降连。作战飞机200架，武装直升机14架。

攻击/战斗机："幻影"5P型7架、"鹰"式21架、A-4B/C型15架、A-4M型32架、OA-4M型4架、IA-58A型45架、MS-760型30架。海上侦察机：1架。航测机：7架。加油机：5架。运输机：63架。搜索/求援机：4架。联络机：29架。空地、空空导弹：若干枚。

预备役部队　37.5万人，其中陆军25万人、海军7.5万人、空军5万人。

准军事部队　3.124万人，其中宪兵1.8万人、海岸警卫队1.324万人。

兵役制度　实行志愿兵役制，士兵服役期为2年。

军衔　分5等20级：将官3级(上将、中将、少将)，校官3级(上校、中校、少校，陆军自1992年起增设大校军衔)，尉官4级(上尉、中尉、少尉、准尉)，军士7级(一级军士长、二级军士长、一级上士、二级上士、三级上士、中士、下士)，兵3级(上等兵、二等兵、列兵)。

军队节日　陆军节5月29日，海军节5月17日，空军节8月10日。

(储晓洁)

巴　西

国　　名　巴西联邦共和国。

主要统计　面积 854.7403 万平方千米。人口 1.67886 亿人（其中，13～17 岁男 864.6 万人，女 857.5 万人；18～22 岁男 807.6 万人，女 807.7 万人；23～32 岁男 142.29 万人，女 143.31 万人）。国内生产总值 5960 亿美元（1997 年）。国防费 142 亿美元（1998 年国防预算）。原煤 519.4 万吨（1994 年）。原油 2.85 亿桶（1996 年）。天然气 28.8 亿立方米（1995 年）。发电量 2606.82 亿度（1994 年）。粮食 4610.1 万吨（1996 年）。海运能力，商船（载重 100 吨以上）635 艘，总载重量 934.83 万吨（1997 年）。民航能力，固定航班机场 139 处，客运量 361.64 亿人千米、货运量 16.32 亿吨千米（1997 年）。

国防体制　宪法规定，总统为武装力量统帅。最高国防决策机构为国家安全委员会，由总统任主席。国防部为政府中的一个部，是巴武装力量最高领导机构。国防部下设陆、海、空三个军种司令部和武装力量参谋部，在国防部长的统一领导下，各军种司令部负责本军种事务，武装力量参谋部负责军事事务和政策协调。国防部还下设行政秘书长，负责非军事事务。巴西武装力量由正规军和准军事部队组成。正规军由陆、海、空三军组成。总统通过国防部对全国武装力量实施领导和指挥。

领导人物　总统兼武装力量统帅费尔南多·恩里克·卡多佐（1995 年上任，1998 年连任）。国防部长埃尔西奥·阿尔瓦雷斯（1999 年上任）。陆军司令克莱乌贝尔·维埃拉上将（1999 年上任）。海军司令塞尔吉奥·吉提拉纳·弗洛伦西奥·沙加斯特雷斯上将（1999 年上任），空军司令瓦特尔·威尔奈·博拉乌埃尔上将（1999 年上任）。

武装力量　**兵力**　现役部队 31.325 万人。

陆军　19.5 万人。划分为 7 个军区。编有 8 个师、1 个装甲骑兵旅、3 个装甲步兵旅、4 个机械化骑兵旅、13 个摩步师、1 个山地旅、4 个丛林旅、1 个边防旅、1 个空降旅、1 个防空旅、1 个岸炮旅、3 个骑兵团、28 个炮兵大队、2 个工兵大队和 1 个直升机旅。

坦克：“豹”式 60 辆、M－41B/C 型 287 辆。装甲侦察车：EE－9“响尾蛇”409 辆。装甲输送车：EE－11“蝰蛇”219 辆、M－113 型 584 辆。牵引炮：412 门。自行炮：72 门。火箭炮：540 门。无坐力炮：390 余门。迫击炮：290 门。高炮：200 门。直升机：76 架。

海军　6.825 万人（含海军陆战队和海军航空兵）。分为 6 个海区和 2 个海军管理区，编有 1 个舰队总司令部和 1 个陆战队司令部。

航母：“巨人”级 1 艘。潜艇：“图皮”级 3 艘、“乌迈塔”级 1 艘。护卫舰：“大刀”级 4 艘、“尼泰罗伊”级 6 艘、“帕拉”级 4 艘。小型护卫舰：“伊尼亚乌玛”级 4 艘。船坞型登陆舰：“托马斯顿”级 2 艘。坦克登陆艇：“新港”级 1 艘、“德索托县”级 1 艘。通用登陆艇：3 艘。机械化登陆艇：10 艘。车辆人员登陆艇：35 艘。巡逻艇：34 艘。沿岸扫雷艇：6 艘。潜艇救难船：1 艘。医疗船：2 艘。随队补给油船：2 艘。远洋辅助拖船：3 艘。运输船：4 艘。训练舰：1 艘。训练艇：6 艘。极地考察船：2 艘。测量船：4 艘。海洋调查船：1 艘。浮标供应船：24 艘。海岸测量船：6 艘。

海军陆战队　1.51 万人，装备装甲侦察车 6 辆、装甲突击车 23 辆、装甲输送车 33 辆、各型火炮 60 余门。

海军航空兵　1200 人，装备各型飞机 94 架，其中作战飞机 22 架、武装直升机 54 架。

空军　5 万人。编有 5 个司令部（防空、战术、海上、运输、训练）、3 个攻击战斗机中队、2 个战斗机中队、2 个战斗/教练机中队、2 个侦察机中队、7 个联络/侦察机中队、3 个海面侦察/搜索求援机中队、13 个运输机中队。作战飞机 278 架、武装直升机 45 架。

攻击/战斗机：F－5E/－B/－F 型 46 架、AMX 型 45 架。战斗机：F－103E/D 型 16 架。战斗/教练机：AT－26 型 58 架。侦察机：RC－95 型 4 架、RT－26 型 10 架、“利尔杰特”12 架、RC－130E 型 3 架。联络/观察机：T－27 型 8 架、U－7 型 31 架。运输机：C－130H 型 9 架、KC－130H 型 2 架、KC－137 型 4 架、C－91 型 12 架、C－95A/B/C 型 17 架、C－115B 型 17 架。专机：VC－91 型 1 架、VC/VU－93 型 12 架、VC－96 型 2 架、VC－97 型 5 架、

VU-9型5架、波音737-200型2架、VH-4型直升机3架。运输机：C-115型7架、C-95A/B/C型86架、EC-9型6架。运输直升机：AS-332型6架、AS-355型8架、Bell206型4架、HB-350B型27架。武装直升机：UH-1H型29架。搜索与救援机：EMB-110B型10架、EMB-111型20架。联络机：C-42型50架、"色斯纳"208型3架、U-42型30架。教练机：370架。空空导弹："响尾蛇"AIM-9B型、R-530型、"魔术"式、"剪刀鱼"MAA-1型若干部。

预备役部队 134万人。

准军事部队 38.56万人。

兵役制度 实行义务兵和志愿兵相结合的兵役制度。陆、海、空军服役期均为1年，特种兵服役期为1年半。服役期满后，可自愿与军队签约延长服役期。海军舰艇部队和陆军伞兵部队的士兵全部为志愿兵。

军衔 分5等16级：将官3级（上将、中将、少将），校官3级（上校、中校、少校），尉官4级（上尉、中尉、少尉、准尉），军士4级（军士长、上士、中士、下士），兵2级（上等兵、列兵）。

军队节日 陆军节8月25日，海军节12月11日，空军节10月23日。

（储晓洁）

秘　鲁

国　　名 秘鲁共和国。

主要统计 面积128.5216万平方千米。人口2502.2万人（其中，13～17岁男133.6万人，女132.4万人；18～22岁男126万人，女125.1万人；23～32岁男217.2万人，女216.4万人）。国内生产总值590亿美元（1997年）。国防费8.38亿美元（1998年国防预算）。原煤10.9万吨（1994年）。原油4400万桶（1996年）。天然气13.03亿立方米（1995年）。发电量151.63亿度（1994年）。粮食258.2万吨（1996年）。海运能力，商船（载重100吨以上）623艘，总载重量61.56万吨（1997年）。民航能力，固定航班机场27处，客运量24.7亿人千米、货运量2.59亿吨千米（1997年）。

国防体制 宪法规定，总统为武装力量统帅。国防委员会为最高国防决策机构，成员有全体内阁部长和陆、海、空三军总司令，会议由总统主持。国防部为内阁中一个部，是最高军事行政机关，负责国防预算、征兵动员、民防及军工生产等。武装力量联合指挥部为最高军事指挥机构，主席由陆、海、空三军总司令轮流担任。陆、海、空三军总司令部分别负责各军种的作战指挥。总统通过国防部和武装力量联合指挥部对全国武装力量实施领导和指挥。

领导人物 总统兼武装力量统帅阿尔韦托·藤森（1995年4月连任）。国防部长胡利奥·萨拉萨尔·门罗上将（1998年8月上任）。武装力量联合指挥部主席、陆军总司令恩里克·绍塞多·桑切斯上将（1998年8月上任）。海军总司令安东尼奥·伊巴尔塞那·安米戈海军上将（1996年1月上任）。空军总司令埃莱斯班·贝略·巴斯克斯上将（1997年4月上任）。

武装力量 **兵力** 现役部队12.5万人。

陆军 8.5万人。划分为6个军区。编有1个空降师、3个装甲师、1个骑兵师、7个步兵师、1个丛林师、1个总统警卫团、3个大队、5个支队、3个直升机中队。

坦克：T-54/55型300辆、AMX-13型110辆。装甲侦察车：M-8/-20型60辆、M-3A1型10辆、M-9A1型50辆、"菲亚特"6616型15辆、БРДМ-2型30辆。装甲输送车：M-113型130辆、UR-416型130辆、BTR-60型12辆。牵引炮：105毫米150门、122毫米36门、130毫米30门、155毫米36门。自行炮：155毫米24门。火箭炮：122毫米14门。迫击炮：81毫米若干门、107毫米若干门、120毫米300门。无坐力炮：106毫米若干门。高炮：23毫米115门、40毫米125门。反坦克导弹：SS-11型400具。地空导弹：SA-7/16/19型250余部。各型飞机：88架。

海军 2.5万人（含海军陆战队、海军航空兵）。编有3个舰队。

潜艇："卡斯马"级6艘、"阿夫塔奥"级2艘。巡洋舰："德鲁伊特尔"级2艘。驱逐舰："果敢"级1艘。护卫舰："卡瓦哈尔"级4艘。导弹攻击快艇："贝拉德"级6艘。巡逻艇：14艘。登陆艇："派塔"级3艘。

陆战队 3000人。编有1个陆战旅。装备装甲侦察车：V-100型若干辆。装甲输送车：V-200型

15辆、BMR－600型20辆。迫击炮：若干门。无坐力炮：若干门。高炮：若干门。

海军航空兵　800人。装备各型飞机40架，其中作战飞机7架、武装直升机9架。

空军　1.5万人。编有4个飞行联队、1个训练司令部。作战飞机118架、武装直升机23架。

攻击战斗机：苏－22型28架、苏－25型18架、“色斯纳”A－37B型23架。战斗机：幻影2000－P型10架、幻影2000－DP型2架、幻影5P型9架、幻影5－DP型2架、米格－29型18架。轰炸机：“堪培拉”8架。运输机：160架。武装直升机：米－24/25型23架。联络机：33架。教练机：87架。空空导弹：AA－2/8/10和R－550型若干枚。空地导弹：AS－30型若干枚。

预备役部队　18.8万人（陆军）。

准军事部队　7.8万人，其中国民警察7.7万人、海岸警卫队1000人。

兵役制度　实行义务兵役制。服役期为2年。

军衔　分为5等18级：将官3级（上将、中将、少将），校官3级（上校、中校、少校），尉官3级（上尉、中尉、少尉），军士6级（一级军士、二级军士、一级上士、二级上士、中士、下士），兵3级（一等兵、二等兵、列兵）。

军队节日　陆军节8月18日，海军节10月8日，空军节7月23日。

（高　路）

玻　利　维　亚

国　　名　玻利维亚共和国。

主要统计　面积109.8581万平方千米。人口869万人（其中，13～17岁男48.6万人，女48万人；18～22岁男43.1万人，女43.2万人；23～32岁男66.3万人，女68.3万人）。国内生产总值78亿美元（1997年）。国防费1.87亿美元（1998年国防预算），2.18亿美元（1999年国防预算）。原油1100万桶（1996年）。天然气32.79亿立方米（1995年）。发电量28.76亿度（1994年）。粮食116.6万吨（1996年）。海运能力，商船（载重100吨以上）1艘，总载重量1.5765万吨（1997年）。民航能力，固定航班机场14处，客运量14.68亿人千米、货运量4620万吨千米（1997年）。

国防体制　宪法规定，总统为武装力量统帅。国家安全委员会为最高国防决策机构，由总统任主席，成员有国防、外交、内政、财政部长等内阁成员以及武装力量总司令和陆、海、空三军司令。国防部为最高军事行政机关，负责国防预算、征兵动员和军人福利等工作。武装力量总司令部为最高军事指挥机构，负责协调三军的作战、训练等。军队实权掌握在三军司令手中。总统通过国防部和武装力量总司令部对全国武装力量实施领导和指挥。

领导人物　总统乌戈·班塞尔·苏亚雷斯（1997年8月上任）。国防部长路易斯·费尔南多·基弗·古斯曼（1997年8月6日上任）。武装力量总司令豪尔赫·萨巴拉·奥西约上将（1998年11月上任）。陆军司令贡萨洛·阿雷东多·米利安中将（1998年11月上任）。海军司令德哈达上将（1998年11月上任）。空军司令阿尔瓦洛·巴尔迪维亚·卡萨诺瓦上将（1998年11月上任）。

武装力量　**兵力**　现役部队3.35万人。

陆军　2.5万人。划分为6个军区。编有10个师、2个团、2个独立营。

坦克：SK－105型36辆。装甲侦察车：EE－9型24辆。装甲输送车：M－113型50辆，V－100“突击队员”10辆、MOWAG“罗兰德”24辆、EE－11“蝰蛇”24辆。牵引炮：75毫米约80门、105毫米30门、122毫米36门。迫击炮：81毫米50门、107毫米若干门。飞机：10架。

海军　4500人（含陆战队和海军航空兵）。划分为6个海区，编有6个分舰队。

巡逻艇：69艘。辅助船：3艘。

陆战队　2000人。编有6个陆战营。

海军航空兵　装备飞机2架。

空军　4000人。编有1个战斗机中队、1个武装直升机中队、1个搜索与救援中队、1个航测中队、3个运输机中队。作战飞机50架、武装直升机10架。

战斗机：AT－33N型6架。攻击战斗机：TA－4J型12架。武装直升机：“休斯”500M型10架。搜索与救援直升机：HB－315B型4架、SA－315B型2架、UH－1型1架。航测机：“色斯纳”206型5架、C－210型1架、C－402型1架、“利尔杰特”25/35型3架。运输机：L－188型1架、“军刀”1

架、“超级空中大王”2架、C－130A/B/H型14架、F－27－400型4架、IAI－201型1架、空中大王”2架、C－47型2架、“康维尔”580型4架。联络机：“色斯纳”152型9架、C－185型1架、C－206型13架、C－208型1架、C－402型2架、“幸运山毛榉”2架、“男爵”2架、PA－31/34型4架。联络直升机：24架。教练机：55架。

准军事部队　3.71万人，其中国民警察3.11万人，缉毒警察6000人。

兵役制度　实行义务兵役制。士兵服役期为1年。军官服役期为30年。

军衔　分6等20级：将官3级（上将、中将、少将），校官3级（上校、中校、少校），尉官3级（上尉、中尉、少尉），准尉5级（特级准尉、高级准尉、一级准尉、二级准尉和初级准尉），军士3级（上士、中士和下士），兵3级（一等兵、上等兵、列兵）。

军队节日　陆军节11月14日，海军节4月24日，空军节10月12日。

（高　路）

厄 瓜 多 尔

国　　名　厄瓜多尔共和国。

主要统计　面积27.067万平方千米（不包括与秘鲁争议部分）。人口1241.9万人（其中，13～17岁男69.2万人，女67.2万人；18～22岁男63.4万人，女61.8万人；23～32岁男107.2万人，女105.1万人）。国内生产总值200亿美元（1997年）。国防费5.71亿美元（1998年国防预算）。原油1.41亿桶（1996年）。天然气1.02亿立方米（1995年）。发电量81.63亿度（1994年）。粮食226.7万吨（1996年）。海运能力，商船（载重100吨以上）154艘，总载重量50.41万吨（1997年）。民航能力，固定航班机场14处，客运量14.1亿人千米、货运量162亿吨千米（1997年）。

国防体制　宪法规定，总统为武装力量统帅。国家安全委员会为最高国防决策机构，由总统任主席，成员有议长、最高法院院长、国家发展委员会主席（由副总统兼任）、内政部长、外交部长、国防部长、财政部长、武装力量联合指挥部司令和货币委员会主席，负责制订和监督执行国家安全政策。国防部为政府中的一个部，是最高军事行政机关。武装力量联合指挥部为最高军事指挥机构，也是国家安全委员会的常设顾问机构。其主要任务是向总统和国防部长提供咨询，负责组织、训练和使用陆、海、空军力量，在战时或紧急状态期间有权调动和使用警察。武装力量联合指挥部司令经国防部长提名，由总统任命三军现役将领中资历最深者担任。总统通过国防部和武装力量联合指挥部对全国武装力量实施领导和指挥。

领导人物　总统兼武装力量统帅哈米尔·马瓦特（1998年8月10日上任）。国防部长卡亚尔多退役陆军上将（1998年8月上任）。武装力量联合指挥部司令门多萨中将（1998年11月上任）。陆军司令圣托瓦尔陆军中将（1998年11月上任）。海军司令蒙特维尔德海军中将（1998年8月上任）。空军司令帕达亚斯空军中将（1998年8月上任）。

武装力量　**兵力**　现役部队5.71万人。

陆军　5万人。划分为4个防区。编有1个步兵师、1个装甲旅、2个步兵旅、3个丛林旅、1个空降旅、2个防空大队、1个航空兵大队、3个工程兵营。

主战坦克：T－55型3辆。轻型坦克：M－3型45辆、AMX－13型108辆。装甲侦察车：AML－60/90型27辆、EE－9“响尾蛇”22辆、EE－3“哈拉拉卡”10辆。装甲输送车：M－113型20辆、AMX－VCI型60辆、EE－11“蝰蛇”20辆。牵引炮：105毫米104门、155毫米24门。自行炮：10门。火箭炮：6门。迫击炮：81毫米若干门、107毫米42门、160毫米12门。无坐力炮：90毫米380门、106毫米24门。高炮（高射机枪）：14.5毫米128挺、20毫米20门、23毫米34门、35毫米30门、37毫米18门、40毫米30门。地空导弹：“吹管”75部、SA－18型90部。各型飞机：12架。直升机：54架。

海军　4100人。划分为3个海军军区，编有1个舰队、1个潜艇分队。

潜艇：T－209型2艘。护卫舰：“利安德”级2艘。小型护卫舰：“埃斯梅拉尔达斯”级6艘。导弹攻击快艇：“基多”级3艘、“曼塔”级3艘。登陆艇：512－1152级1艘。巡逻艇：14艘。

陆战队　1500人。编有3个陆战营。

海军航空兵　250人。装备各型飞机16架。

空军　3000人。划分为3个空军军区。编有4个司令部、2个联队、5个中队。作战飞机45架。

攻击战斗机："美洲虎"10架、"幼师"11架、A-37B型8架。战斗机："幻影"F-1JE·JB型14架。防暴机：MK-89A型4架。运输机：波音727型6架、波音707型3架、DC-10-30型1架、A-310"空中客车"2架、BAe-748型2架、C-130B型4架、C-130H型2架、DHC-6型3架、F-28型1架、L-100-30型1架。联络机：43架。教练机：43架。空空导弹：R-550"魔术"、超级530型、"蜻蜓"、"大蟒"若干枚。

预备役部队　10万人。

准军事部队　海岸警卫队270人。

兵役制度　实行志愿兵和义务兵相结合的兵役制度。义务兵服役期为1年，志愿兵服役期为3年。

军衔　军官和士官的军衔共分4等16级：将官3级（上将、中将、少将），校官3级（上校、中校、少校），尉官3级（上尉、中尉、少尉），士官7级（军士长、一级军士、二级军士、上士、中士、一级下士、二级下士）。

军队节日　陆军节2月27日，海军节7月25日，空军节10月27日。

（高　路）

哥伦比亚

国　　名　哥伦比亚共和国。

主要统计　面积114.1748万平方千米。人口3652.4万人（其中，13～17岁男193.7万人，女184.9万人；18～22岁男181.3万人，女174.6万人；23～32岁男328.9万人，女324.5万人）。国内生产总值760亿美元（1997年）。国防费27亿美元（1998年国防预算）。原煤2252.7万吨（1994年）。原油2.27亿桶（1996年）。天然气44.37亿立方米（1995年）。发电量434.74亿度（1994年）。粮食349万吨（1996年）。海运能力，商船（载重100吨以上）101艘，总载重量40.3万吨（1997年）。民航能力，固定航班机场43处，客运量45.65亿人千米、货运量9.66亿吨千米（1997年）。

国防体制　宪法规定，总统为武装力量统帅，是国家安全、防务工作的最高决策人。国家安全委员会为最高安全咨询机构，成员有内政部长、国防部长、司法部长、交通部长、武装力量总司令、国家安全局局长、警察总局局长。最高国防委员会为最高军事咨询机构，成员有国防部长、武装力量总司令、陆军司令、海军司令、空军司令和警察总局局长。国防部为政府中一个部，是最高军事行政机关。武装力量总司令部是最高军事指挥机构，直接对三军行使军事指挥权。武装力量联合参谋部为武装力量总司令部的执行机构，由三军参谋长组成。陆、海、空三军司令是本军种最高军事长官，直接对本军种负责。总统通过国防部和武装力量总司令部对全国武装力量实施领导和指挥。

领导人物　总统兼武装力量统帅安德列斯·帕斯特拉纳（1998年8月7日上任）。国防部长罗德里戈·略雷达·凯塞多（1998年8月上任）。武装力量总司令费尔南多·塔皮亚斯·斯塔埃林上将（1998年8月上任）。武装力量联合参谋长拉法埃尔·埃尔南德斯·洛佩斯上将（1998年8月上任）。陆军司令豪尔赫·恩里科·莫拉·兰赫尔上将（1998年8月上任）。海军司令塞尔西奥·加西亚·托雷斯上将（1998年8月上任）。空军司令埃克托尔·法维奥·贝拉斯科·查维斯上将（1998年11月上任）。

武装力量　**兵力**　现役部队14.63万人。

陆军　12.1万人。编有5个师部、6个机械化旅、2个空运旅、9个步兵旅。

坦克：M-3A1型12辆。装甲侦察车：M-8型12辆、EE-9"响尾蛇"120辆。装甲输送车：M-113型80辆、EE-11"蝰蛇"76辆、RG-31型4辆。牵引炮：105毫米70门。迫击炮：81毫米125门、120毫米120门。反坦克导弹："陶"式若干具。无坐力炮：106毫米若干门。高炮：40毫米30门。直升机：10余架。

海军　1.8万人（含海军陆战队和海军航空兵）。编有2个舰队、1个内河舰队。

潜艇："皮豪"级2艘、"侏儒"级2艘。小型护卫舰："帕迪亚海军上将"级4艘。巡逻艇：105艘。

陆战队　9000人。编有2个陆战旅。装备EE-9"响尾蛇"装甲侦察车和EE-11"蝰蛇"装甲输送车。

海军航空兵　100人。装备各型飞机6架、直升机2架。

空军　0.73万人。编有4个司令部。作战飞机72架、武装直升机72架。

攻击战斗机："幻影"5型12架、"幼狮"C-2型11架、"幼狮"TC-2型2架。战斗机：AC-47型1架、AC-47T型2架、IA-58A型3架、A-37B型22架、AT-27型6架。运输机：波音707型1架、波音727型2架、C-130B型14架、C-130H型2架、C-117型1架、C-47型2架、"卡萨"212型2架、"先锋"2架、F-28型1架、CN-235型3架。运输直升机：UH-1H型17架。武装直升机：贝尔205型12架、贝尔212型5架、贝尔412型2架、UH-1B型2架、UH-60型25架、MD-500D型2架、MD-530F型3架、米-17型10架。侦察机：SA2-37A型8架、OV-10型13架、C-26型3架。教练机：59架。空空导弹：AIM-9"响尾蛇"和R-530型若干枚。

预备役部队　6.07万人，其中陆军5.47万人、海军4800人、空军1200人。

准军事部队　国民警察8.7万人。

兵役制度　实行高中生义务兵、普通义务兵和志愿兵役制三结合的兵役制度。高中生义务兵服役期为1年，普通义务兵服役期为2年。陆、海军还征召部分志愿兵。

军衔　军官和士官军衔共分4等15级：将官3级（上将、中将、少将），校官3级（上校、中校、少校），尉官3级（上尉、中尉、少尉），士官6级（军士长、一等上士、二等上士、中士、一等下士、二等下士）。

军队节日　陆军节8月7日，海军节7月24日，空军节11月8日。

（高　路）

古　巴

国　名　古巴共和国。

主要统计　面积11.086万平方千米。人口1118.9万人（其中，13～17岁男40.3万人，女37.8万人；18～22岁男42.4万人，女39.8万人；23～32岁男108.2万人，女102.3万人）。国内生产总值140亿美元（1997年）。国防费3.9亿美元（1997年国防预算）。原油1000万桶（1996年）。天然气3100万立方米（1995年）。发电量109.82亿度（1994年）。粮食30.9万吨（1996年）。海运能力，商船（载重100吨以上）393艘，总载重量92.46万吨（1997年）。民航能力，固定航班机场14处，客运量26.52亿人千米、货运量4560万吨千米（1997年）。

国防体制　古巴共产党中央委员会第一书记兼国务委员会主席和部长会议主席为武装力量总司令。革命武装力量部为政府中一个部，是最高军事行政机关，也是最高军事指挥机构，负责武装力量的指挥和管理，下设总参谋部、总政治部、后勤部等机构。革命武装力量由正规军和准军事部队组成。正规军分陆军、海军、空军与防空军。海军、空军和防空军自1993年起已不再为独立军种，就地被编入陆军三大军区。准军事部队由劳动青年军、民防部队、地方民兵以及国家保安队和边防警卫队组成。总司令通过革命武装力量部对全国武装力量实施领导和指挥。

领导人物　古共中央第一书记、国务委员会主席兼武装力量统帅菲德尔·卡斯特罗·鲁斯总司令（1959年上任）。革命武装力量部部长劳尔·卡斯特罗·鲁斯大将（1959年上任）。革命武装力量部副部长兼总参谋长阿尔瓦罗·洛佩斯·米耶拉中将（1997年上任）。总政治部主任内斯托尔·洛佩斯·库巴中将（1992年上任）。

武装力量　**兵力**　现役部队5.3万人。

陆军　3.8万人。划分为3个军区。编有4～5个装甲旅、9个机械化步兵旅、1个空降旅、14个预备旅、1个边防旅。

坦克：T-34、T-54/-55、T-62型约1500辆；PT-76型若干辆。步兵战车：БМП-1型400辆。装甲侦察车：БРДМ-1/-2型若干辆。装甲输送车：БТР-40/-50/-60/-152型700辆。牵引炮：76毫米、122毫米、130毫米、152毫米700门。自行炮：122毫米、152毫米40门。火箭炮：122毫米、140毫米300门。迫击炮：82毫米、120毫米1000门。反坦克炮：85毫米、100毫米若干门。高炮：23毫米、30毫米、37毫米、57毫米、85毫米、100毫米共计255门。反坦克导弹：AT-1"甲鱼"、AT-3"耐火箱"若干具。地空导弹：SA-6/-7/-8/-9/-13/-14/-16型若干部。

海军　5000人（含陆战队）。编有4个舰队。

潜艇：F级1艘。护卫舰："科尼"级2艘。小型护卫舰："保克"级1艘。导弹攻击快艇："黄蜂"级12艘。扫雷艇："索尼亚"级2艘。猎雷舰："叶夫根尼亚"级2艘。

陆战队　550人。编有2个两栖突击营。

空军　1万人。编有2个攻击战斗机中队、4个战斗机中队、4个运输机中队。作战飞机130多架、武装直升机45架。

攻击/战斗机：米格－23BN型10架。战斗机：米格－29型6架、米格－23MF型20架、米格－21型80架。运输机：安－2型8架、安－24型1架、安－26型15架、安－30型1架、安－32型2架、雅克－40型4架、伊尔－76型2架。攻击直升机：米－8/－17/－25/－35型45架。反潜直升机：米－14型5架。直升机：米－8/－17型40架。教练机：L－39型25架、米格－23型8架、米格－29型2架、Z－32型6架。地空导弹：SA－2/－3型13部。

预备役部队　陆军3.9万人。

准军事部队　113.4万人，其中劳动青年军6.5万人（归陆军领导）、民防部队5万人、地方民兵100万人、国家保安队1.5万人（归内务部领导）、边防警卫队0.4万人（归内务部领导）。

兵役制度　实行义务兵役制，士兵服役期为2年。

军衔　分6等19级：总司令（相当于元帅），将官4级（大将、上将、中将、少将），校官3级（上校、中校、少校），尉官5级（大尉、上尉、中尉、少尉、准尉），军士4级（军士长、上士、中士、下士），兵2级（上等兵、列兵）。

外国驻军　美国驻军1420人，俄罗斯驻军810人。

军队节日　革命武装力量建军节12月2日。

（储晓洁）

加　拿　大

国　　名　加拿大。

主要统计　面积997.061万平方千米。人口2895.9万人（其中，13～17岁男98.3万人，女93.9万人；18～22岁男97.2万人，女93.8万人；23～32岁男212.1万人，女207.5万人）。国内生产总值5860亿加元，合6180亿美元（1997年）。国防费97亿加元，合71亿美元（1999年国防预算）。原煤7282.4万吨（1994年）。原油6.64亿桶（1996年）。天然气1758.97亿立方米（1995年）。发电量5541.86亿度（1994年）。粮食5940.7万吨（1996年）。海运能力，商船（载重100吨以上）1185艘，总载重量289.68万吨（1997年）。民航能力，固定航班机场301处，客运量569.13亿人千米、货运量70.43亿吨千米（1997年）。

国防体制　宪法规定，总督代表英国女王为形式上的武装力量统帅。最高国防决策机构为内阁，总理是事实上的最高军事领导人。国防部为内阁中的一个部，由文官和军人组成，是最高军事行政和指挥机构，负责人事管理、经费分配、武器装备采购、武装力量建设等工作。国防参谋长由军人担任，是国防部长的最高军事顾问。在内阁决策下，国防部长通过国防参谋长领导和指挥全军。武装力量由正规军和准军事部队组成。实行全军统一体制，国防部下直接设立地面（相当于陆军）、海上（相当于海军）、空中（相当于空军）、驻欧部队、通信和训练6大司令部。

领导人物　总督兼形式上的加拿大武装力量统帅罗密欧·勒布朗（1995年2月上任）。实际上的统帅加拿大总理让·克雷蒂安（1993年11月上任）。国防部长阿瑟·埃格尔顿（1997年6月上任）。国防参谋长莫里斯·巴里尔上将（1997年9月上任）。地面部队司令皮尔·利奇中将（1997年9月上任）。海上部队司令马迪逊中将（1997年9月上任）。空中部队司令艾尔·德奎特维尔中将（1995年7月上任）。

武装力量　**兵力**　现役部队6.06万人。

地面部队　2.09万人。编有1个师部，下辖3个机械化步兵旅群（各辖1个装甲团、3个机械化步兵营、1个炮团、1个工兵团、1个防空连）、1个防空团和1个特种勤务团。

坦克："豹"Ⅰ型114辆。装甲侦察车："大山猫"5辆、"美洲狮"195辆。装甲运输车：M－113型1329辆、M－577型61辆、"灰熊"269辆、"野牛"199辆。牵引炮：105毫米196门。自行炮：155毫米76门。迫击炮：81毫米167门。反坦克导弹："陶"式150具、"红沙蛇"425具。无坐力炮：84毫米1040门、106毫米111门。高炮：35毫米34门、40毫米57门。地空导弹："阿达茨"22部、"轻标枪”96 部。

海上部队 9000 人。编有 2 个舰队（5 个中队）、1 个海上航空大队（10 个中队）。

潜艇：“奥吉布瓦”级 3 艘。驱逐舰：“易洛魁人”级 4 艘。护卫舰：“哈尼法克斯”级 12 艘。巡逻艇：14 艘。反水雷舰艇：2 艘。支援和杂务舰船：7 艘。

空中部队 1.5 万人。编有 4 个飞行大队、34 个中队。作战飞机 140 架。

战斗机：CF－18 型 122 架、CP－140 型 18 架、CP－140A 型 3 架。运输机：CC－130E/H 型、KC－130 型等共 69 架。教练机：CT－133 型、CT－114 型、CT－142 型等共 173 架。直升机：共 143 架，其中 CH－113 型 13 架、CH－124 型 30 架、CH－146 型 100 架。

此外，现役部队中还有通信与情报、人事保障、物资支援和政策指导与管理等不按军种划分的军人 1.57 万人。

文职人员 2.2 万人。

预备役部队 4.33 万人，其中基干预备役部队 2.86 万人（地面部队 2.462 万人、海上部队 4000 人、空中部队 2100 人、其他 300 人）。

准军事部队 9350 人，主要是海岸警卫队。装备有各种小型舰艇 137 艘、直升机 28 架。

部署 地面部队主要部署在魁北克和阿尔博塔省；海上部队重点部署在大西洋和太平洋沿岸水域；空中部队主要部署在中部和东部地区。地面部队主要基地有卡尔加里、瓦尔卡提尔等；海上部队主要基地有哈尼法克斯、埃斯基莫尔等；空中部队主要基地有北湾、波戈特维尔、冷湖等。

兵役制度 实行志愿兵役制。士兵基本服役期 3 年。各级军官最高服役年龄一律为 55 岁。

军衔 分 6 等 17 级：将官 4 级（上将、中将、少将、准将），校官 3 级（上校、中校、少校），尉官 3 级（上尉、中尉、少尉），准尉 3 级（一级准尉、二级准尉、三级准尉），军士 3 级（上士、中士、下士），兵 1 级（列兵）。

驻外兵力 参加联合国维持和平行动：驻波黑 960 人、克罗地亚 1 人、塞浦路斯 4 人、埃及 28 人、伊拉克/科威特 5 人、中东 11 人、叙利亚/以色列 182 人。

（张昌泰）

美 国

提要 美国在 1998 年 2 月发表的《国防报告》中又对其国家安全环境、防务战略、军队建设目标、军队的结构、对外用兵的原则、使用非对称性手段之敌的挑战和弹道导弹防御等作了新的概括和阐述。总的来说，美国认为，世纪之交是美国的“战略机遇期”，美国必须抓住这个时机，充分利用军事革命和商业革命的成果，大力加强国防和军队建设，以使美国在下个世纪仍然掌握在任何战场、对任何对手（特别是使用非对称性手段之敌）的军事优势，从而确保美国的霸权，建立一个由美国主宰的世界新秩序。

国　　名 美利坚合众国。

主要统计 面积 952.9202 万平方千米（其中本土 937.2614 万平方千米）。人口 2.70629 亿人（其中，13～17 岁男 942.2 万人，女 897.3 万人；18～22 岁男 925.3 万人，女 881.9 万人；23～32 岁男 1977.6 万人，女 1901.0 万人）。国内生产总值 8.1 万亿美元（1997 年）。国防预算 2676 亿美元（1998 年），2706 亿美元（1999 年）。粗钢 1.05 万吨（1996 年）。原煤 10.33 亿吨（1996 年）。原油 23.94 亿桶（1996 年）。天然气 5592.61 亿立方米（1995 年）。发电量 29950 亿度（1996 年）。粮食 3.38 亿吨（1996 年）。海运能力，载重百吨以上商船 509 艘，总载重量 1858.5 万吨（1997 年）。民航能力，固定航班机场 834 处，客运量 8697 亿人千米，货运量 212.7 亿吨千米（1997 年）。

国防政策 美国是一个以全球利益为国家利益的国家，冷战结束以来，一直以建立由它主宰的世界安全新秩序为国家战略目标。1998 年 2 月，美国防部发表了《1999 财年国防报告》（以下简称《报告》），以实现这一国家战略目标为核心，进一步阐明了美国的国防政策。

一、在美国安全环境的判断上，认为美国处于一个“战略机遇期”，但也面临复杂的挑战。《报告》认为，在 21 世纪来临之际，美国正处于一个“战略机遇期”，主要表现于：①全球性战争威胁不复存在；②美国的价值观被许多国家接受；③经济全球化正改变着国家间的关系；④北约和美日、美韩同盟已进行调整，原华约国家正在许多领域同美国开展合作。

《报告》还断定："在未来 15 年内，没有任何一个地区性强国或集团能够聚集起足以战胜美国及其盟国的常规军事力量，美国不仅在今天、而且至少到 2015 年仍将是世界上唯一的超级大国。"

但《报告》也指出，"世界仍是一个复杂、多变、危险的世界"，美国安全仍面临着来自以下 4 个方面的威胁：①大规模越境侵略。最可能发生这类侵略的地区是西亚和东北亚。②衰败的国家。从现在到 2015 年，将有一些民族国家走向衰败，从而导致不稳定，影响美国的利益。③跨国性危险。这类危险不论在数量上还是在程度上都将继续增长。主要包括以宗教为主旨的恐怖主义、种族狂热、极端民族主义、邪教、非法毒品交易、海盗、武器和战略物资走私、环境灾难和失控难民潮等。④潜在的危险技术扩散。主要指核生化武器及运载工具的扩散，还包括信息作战技术、先进的常规武器和研制中的先进技术武器、隐形技术、无人驾驶飞行器技术以及进入或阻止进入空间的技术的扩散等。《报告》关于美国面临的威胁的阐述，和过去的阐述相比，更具体了、更宽泛了。例如，关于"衰败国家"，过去指一些"友好国家"或"地区性强国"，而现在泛指任何可能衰败的国家；关于"跨国威胁"，现在把邪教、海盗、武器和战略物资走私也列入了；关于"武器扩散"，现在改为"危险技术扩散"，内容不但包括过去一直十分重视的大规模杀伤武器的扩散，而且包括信息战技术、先进常规武器技术、隐形技术、无人机技术及空间与反空间技术等的扩散。这说明美国的安全观念扩展了，这同经济（包括科技）的全球化有关，也同在没有大战威胁的环境下，美国把注意力转移到其他较小的威胁上去有关，更同美国日益膨胀的全球霸权主义野心有关。

值得注意的是，《报告》仍然认为，2015 年后中国和俄罗斯有可能成为美国的"全球性对手"，并且在叙述顺序上把中国放在了俄罗斯的前面，而过去是把俄罗斯放在前面的。《报告》还宣称，从现在到 2015 年，将至少有一个既有意图、也有能力对美国的军事利益发起挑战的地区性强国，这是美面临的"最严重的地区性危险"。

根据以上判断，美国决心：决不从其"应履行的国际责任"中退缩，决不放弃"外交领导地位"，决不允许失去"军事优势"，并称，如不这样做，"世界将变得更加危险，对美国、盟国、朋友及其利益的威胁也必将变得更加严重"。

二、提出新的"防务战略"，并提出国防建设战略计划的 6 大目标。《报告》称，根据总统的《新世纪的国家安全战略》，国防部制定了新的防务战略。这一战略以"塑造"、"反应"和"准备"为 3 大要素，将指导从现在起到 2015 年的美国防务。

关于"塑造"，即国防部以"促进和保卫美国的国家利益的方式，在塑造国际安全环境方面发挥作用。"主要措施：一是"促进地区稳定"，二是"防止或减少威胁"，三是"慑止侵略与威胁"。

关于"反应"，即"为保护美国的利益，显示美国的决心和确保美国的世界领导地位而积极对危机作出反应"。反应的方法：一是"对危机中的侵略和威胁实施威慑"，二是"实施较小规模的应急行动"，三是"打赢大规模的战区战争"。

关于"准备"，即美国必须"为应付难以预测的未来安全挑战而作好准备"。主要措施：一是"加速现代化进程"。许多 70 和 80 年代采购的武器系统和平台再过 10 年左右将达到使用寿命的极限，必须从现在起就增加武器装备采购费，确保美军明天在军事上仍掌握"全面优势"。二是"利用军事革命的成果"。即结合军事技术革命，对美军的武器装备、作战思想和组织编制进行改革，使美军"能够控制未来任何战场，包括存在使用非对称性手段对手的战场"。三是"利用商业革命的成果"。重点在于国防部基础结构的重组和业务运作方式的改革，目的是给部队提供"更加灵活而有效的支持"。四是"保险政策"。即采取谨慎的步骤，为对付"那些尽管不大可能但负面影响极大、且一旦出现就必须为之付出高昂代价的威胁"。战区导弹防御计划，就是这类步骤之一。

为落实上述防务战略，《报告》提出了美国防建设的 6 大目标：

目标之一：通过国防部的参与计划与活动，塑造国际环境，措施包括：调整安全关系，为友邦和盟国提供支援；增强联盟能力；促进地区稳定；减少威胁与冲突。

目标之二：通过提供适当规模的、前沿部署的和机动的部队来塑造环境，并对各种危机作出反应。措施包括：为实现美国的地区安全目标提供支援；在和平时期和发生危机时，对各种敌对分子及活动实施威慑；必要时，实施多个较小规模的应急作战行动；必要时打赢两场同时发生的大规模战区战争。

目标之三：通过有重点的武器装备现代化，保持美国在关键作战能力方面的质量优势，为不确定的未来作准备。

目标之四：通过利用军事革命的成果改造美国武装部队，为对付不确定的未来作准备。

目标之五：保持联合部队处于高水平的战备状态，以遂行各种军事行动。措施包括：保持人员和装备的高水平战备状态；征召和保留高素质的军事和文职人员；提供均等的机会和高质量的生活；改进国防部的部队管理方式。

目标之六：通过减少开支和保持国防部职能范围内的必要的军事能力，对国防部系统进行彻底的改革，构筑适应21世纪的国防基础结构。

三、提出以“全能部队”为美军建设的目标，计划今后5年进一步加大军队建设投资。《报告》称，为了适应防务战略的需求，必须把美国军队建设成具备“无可比拟的广泛能力”的“全能部队”。这样一支军队的特点是：①“保持强有力的海外存在态势”，以显示保护美国和盟友在重要地区利益的决心和能力，使美国在对危机作出快速反应时处于有利地位，防止出现力量真空和不稳定局势。②“高效有力的力量投送能力”。这种能力是美军灵活机动能力的核心，“它能给国家领导人在应付潜在的危机和冲突事件时提供多种选择”，“能使美国有效发挥‘塑造’、‘威慑’和‘反应’的作用”，还可使美国在必要时“强行进入战区，建立并保护前沿作战基地”。③“拥有至关重要的保证能力”。这些能力主要为：高素质的官兵——“他们是决定未来战争胜利的决定性因素”；全球预警情报系统——随着国际环境的复杂化和先进技术的发展，它对于部署在全球各地的美军的重要性越来越大；全球通信能力——不但要实现信息、数据、决定和命令的及时传递，而且要能“同时阻止”敌方发挥其信息战能力；太空优势——C^4I以及监视、侦察、导航和气象预报都依赖天基设施，美国必须保持目前在太空领域的优势地位，要在保护和发展美国利用太空的能力的同时，“阻止对手拥有利用太空威胁美国的能力”；④制海、制空权。这对于美国实施远距离投送非常重要，这就要求美军具备在战略交通沿线“快速建立海空优势”的能力。

为了达到上述军队建设目标，《报告》提出今后5年的国防预算为：1999年2573亿美元，2000年2629亿美元，2001年2711亿美元，2002年2743亿美元，2003年2840亿美元。可以看出，美国的国防预算在今后5年将年均增长67亿美元，年均增长率为2%。尤其引人注目的是，1999财年的武器装备采购费将由1998财年的448.2亿美元，增加到487.1亿美元，到2001年将为613亿美元，到2003年将达到635.2亿美元。

四、提出1999财年的军队结构指标。1999财年，美军总员额将为139.58万人，军队结构将为：

陆军：军部4个，现役师10个，装甲骑兵团2个；国民警卫队师8个，加强独立旅15个，独立旅3个。

海军：航空母舰11艘，舰载机联队10个，两栖戒备大队12个，攻击潜艇57艘，水面作战舰只106艘；后备队编航母1艘，舰载机联队1个，水面作战舰只10艘。

空军：战斗机联队12.6个，轰炸机186架；后备队战斗机联队7.6个，防空中队6个。

陆战队：陆战队远征部队3支，师3个，飞行联队3个，部队勤务支援大队3个；后备队师1个、飞行联队1个、部队勤务支援大队1个。

战略核部队：洲际弹道导弹550枚（弹头2000枚），潜射弹道导弹432枚（弹头3456枚），弹道导弹潜艇18艘，战略轰炸机115架。

五、重申根据美国国家利益受到的威胁的性质决定是否使用军队，对美国的“生死攸关利益”作更完整的概括。《报告》重申了克林顿政府第1任期时对美国国家利益的分类，即“生死攸关利益”、“重要利益”和“人道主义利益”。还强调：在“生死攸关利益”遇到威胁时，将不惜一切代价予以保卫；在“重要利益”受到威胁时，军事力量的使用是“有选择和有限度的”，而且结果至少应是得失相当；而对“人道主义利益”，一般使用民间力量，非不得已不使用军事力量，如果决定使用军事力量，任务必须明确、风险必须很小、时机必须在广泛的国际救援行动开始之前。总之，使用美国军队，必须遵行两条原则：一是结果至少得失相当，即所付出的代价和所冒的风险必须与美国的利益相当；二是做到3个“明确”，即任务明确、目的明确和撤出战略明确。

关于什么是“生死攸关利益”，美国防部过去曾作过简单的说明，而这个《报告》则作了全面的阐述：“美国的生死攸关利益包括：捍卫美国的主权、领土完整和公民安全；防止敌对的地区性联盟或霸主出现；确保关键市场、能源供应地和战略资源产地可不受限制地进出；威慑并在必要时打败对美国盟国和朋友的入侵；确保海洋和天空的自由畅通，以及重要交通线的安全。”关于“重要利益”，这个《报告》也作了明确的说明：“不是生死攸关但却很重要的，不影响美国的生存但却对国家的安宁和美国人民的生活造成影响的利益。”这些是对美国的国家利益所作的最有权威的解释。

六、强调必须重视使用“非对称手段”之敌对美国的挑战，并给“非对称性手段”予更明确的定义。《报告》认为，由于美国在军事技术和军事实力上拥有压倒的优势，美国的敌手不得不用“非对称手段”来对付美国的军队、美国在海外的利益及美国国内的人民。因此，美国必须调整自己的战略、投入新的装备和改进在未来危机中的作战方法，以对付使用“非对称手段”地区性对手的挑战。关于何谓“非对称性手段”，《报告》将其定义为：“国家的和非国家的竞争对手，很可能通过使用非常规手段并利用我们的弱点来损害美国的利益，以寻求可与美国相抗衡的优势。”并指出，这既包括对手力避直接与美国对抗，“转而使用恐怖主义、核生化威胁、信息战或破坏环境等手段”，还包括对手使用非对称性手段“延缓或阻止美国对关键性设施的使用，破坏美国的 C^4I 网络，攻击后勤、财务和航天系统等国防部其他重要的基础设施，威胁盟国或潜在的联盟伙伴以阻止它们为美国的干涉提供支援，造成超出美国所期望的大量伤亡以动摇美国的决心”。《报告》预测，对手用非对称性手段直接打击美国目标的可能性越来越大。

七、强调弹道导弹扩散的威胁，加大发展弹道导弹防御系统的力度。弹道导弹防御问题，在《1998 财年国防报告》中，是放在第 21 章阐述的；而在《1999 财年国防报告》中，则提前到第 6 章，足见美国对这一问题的重视程度在与日俱增。《报告》中称，核生化武器及投掷这些武器的导弹的扩散，对美国部队和盟友国家的安全构成了威胁；20 多个国家已拥有或正在研制核生化武器，还有 20 多个国家拥有战区弹道导弹或巡航导弹；因此，美国必须加大实施弹道导弹防御计划的力度，以慑止“那些有企图的国家不再热衷于研制、获得或使用导弹和核生化武器”，并且在威慑失灵时，可对导弹威胁作出反应。美国防部已成立“弹道导弹防御组织”和“联合战区空中和导弹防御组织”，负责实施弹道导弹防御计划。

《报告》称，弹道导弹防御计划的优先项目是战区导弹防御，其次是国家导弹防御，最后是继续开发增强导弹防御能力的技术。战区导弹防御包括低层拦截系统和高层拦截系统。低层拦截系统用于对付射程较近的弹道导弹和巡航导弹，设想使用的拦截武器系统主要为“爱国者”3 型反导弹导弹和海军的区域防御系统（以装备“宙斯盾”反导弹系统的舰只为平台）。高层拦截系统用于对付中程弹道导弹的袭击，设想由战区高空区域防御系统和海军全战区防御系统构成。弹道导弹防御组织还同空军一起研究助推段战区导弹防御概念，企图将敌人的导弹弹头击落在敌人的国土上。至于国家导弹防御，主要任务是防御“来自无赖国家的有限战略弹道导弹袭击”，也计划用于对付核国家的“战略导弹的意外发射或未经允许的发射”。

其实，美国为了在美苏对抗中处于战略优势地位，在拥有了战略进攻的“矛”后，早就谋求拥有战略防御的“盾”。因此，早在 50 年代中期就开始研制反弹道导弹系统，但一直未取得成功，及至克林顿政府上台之时已耗资 1200 多亿美元，仅里根政府的“星球大战计划”就耗费了 500 亿美元。克林顿政府为了称霸全球，决心继续干下去，计划 1999 财年为弹道导弹防御计划拨款 40.36 亿美元。由于 1998 年 5 月的印度和巴基斯坦核试验以及 8 月的朝鲜卫星发射，美国政府于 1999 年 1 月决定加快研制工作，为计划增拨 60 亿美元，但考虑到反导弹技术的复杂性，决定将开始部署的时间由原定的 2003 年推迟到 2005 年。

军事战略　美国现行军事战略为“塑造、反应、准备战略”。其主要内容如下：

一、战略环境判断。认为战略环境对美国既有机遇，也有挑战。现在，美国在塑造有利于自己的安全环境方面有历史性的机遇，然而，美国也面临许多挑战，主要为：①国家或国家集团之间可能爆发的冲突，仍然是对美安全最严峻的挑战；②某些国家或非国家主体会使用不对称手段，使美国在军事上陷于困境；③超越国境、直接或间接地威胁美国利益的各类挑战，加剧了美安全环境的复杂性；④众多的不可知因素构成的挑战不可忽视，例如某种令美国军事能力失去效能的新技术的出现，某个盟国或伙伴与美国分道扬镳，或某个友好政权意外地被推翻等。

二、军事战略目标。一是“促进和平与稳定”，二是“挫败敌手”。所谓“促进和平与稳定”，就是保持任何利益攸关地区的和平与稳定，并确保其不被敌视美国的力量所控制。所谓“挫败敌手”，就是在发生武装冲突的情况下，使用一切适当手段，投入决定性兵力，促使冲突在对美国有利的情况下结束。

三、军事战略要素。有 3 个，即“塑造”、“反应”和“准备”。

“塑造”，指“美国武装部队运用其固有的威慑性并通过和平时期的军事参与，对塑造有利于美国的国际环境作出贡献”。其具体内容有：通过参与来促进稳定；采取行动防止冲突和降低威胁强度；采取常规或核威胁行动来制止侵略。

“反应”，指对危机作出反应，“采取的军事行动包括从慑止侵略到打赢大规模战区战争，以及同时实施数个较小规模的应急行动”。其具体内容有：通过军事集结、实施制裁或有限打击，慑止侵略或对邻国的施压行径；打赢两场几乎同时发生的大规模战区战争；以力量显示、有限打击、强制干预、设立禁飞区或禁航区、维和行动、人道主义救援行动等军事行动，对付同时出现的多个小规模冲突事件和跨国威胁。

“准备”，指“针对充满不确定因素的未来预作准备”，也即“在迈向下个世纪之际，美国必须保持其全球领导地位所不可或缺的军事优势”。为此，美国要充分利用军事革命的成果，推进军队的现代化。在军队建设方面：要突出保持“信息优势”；要改进作战理论、体制编制和训练，提高美军官兵的素质；要加快研制和列装新装备，以在未来战场上获得“全面控制权”；要巩固和发展与盟国和伙伴国的关系，以提高协同作战能力；要保证部队的均衡发展，不但军种间要均衡，而且今天需要和明天要求之间也要均衡。

四、军事力量的使用原则。规定美国在使用军事力量时，应遵循以下 4 条原则：第一，必须审慎而决定性地使用军事力量，应明确提出可以实现的、支持国家政治目的的军事目标，并阐明军队的使命；第二，必须把各军种的力量和能力有机地结合起来，作为一支联合部队展开行动；第三，必须在保持可单独采取行动的能力的同时，尽可能争取与盟国或多国联盟的军队并肩作战；第四，必须确定最终目标，明确停止军事介入、撤出军队的条件，以确保部队在由平时状态转入战时状态之时，就已做好从战争过渡到和平的准备。

五、冷战后的核战略。1997 年 11 月，美总统克林顿向国防部长和参联会主席发出关于冷战后核战略的《总统决策指令》。这一指令认为，尽管核武器在今天的作用比冷战时期小，但核武器仍是不确定的未来的安全“屏障”，是对盟国的安全承诺的“保证”，是对企图发展或获得核武器国家的“威慑力量”。因此，美国将保留“足够强大的”战略核力量，“以慑止任何敌对国家的领导人使用核武器”。指令提出的新核战略，有以下“3 个变”和“3 个不变”的特点。

“3 个变”是：①核战略的首要任务已经不是进行和赢得核战争，而是遏制敌方对美国及其盟国使用核武器；②核作战的对象不再只是苏联集团，而是拥有核武器的任何国家，尤其是所谓的“胡作非为国家”；③核武器的使用不只是针对可能使用核武器者，甚至可能是对使用化学或生物武器者的报复。

“3 个不变”是：①仍然坚持核武器是“国家安全的基石”，坚持发展由洲际导弹、战略轰炸机和战略潜艇构成的“三位一体的核战略力量”；②仍然保持对非盟友核大国特别是俄罗斯的警惕，保留“用核武器袭击俄罗斯的军事和非军事领导机构以及核部队”的选择；③仍然坚持首先使用核武器的原则，即所谓“不依赖‘接到警报再发射’的核报复战略”。

尽管这是对 1981 年里根政府制定的核战略所作的重大调整，但是不难看出：调整不是根本性的，美国的核战略依然是核威慑战略，冷战思维仍在美国的核战略中起主导作用。

国防体制 美国宪法规定，总统是武装部队总司令，全军最高统帅。总统通过国防部领导和指挥全军，紧急情况下可越级指挥。战略核力量不论何时都由总统指挥控制。

国家安全委员会是最高防务决策咨询机构。其法定成员包括总统、副总统、国务卿和国防部长。参谋长联席会议主席是其法定军事顾问，中央情报局局长是其法定情报顾问。该委员会日常工作由总统国家安全事务助理（顾问）负责。

国防部是总统领导与指挥美国武装力量的最高军事机关，负责防务政策、计划的制定和实施，以及全般国防事务管理，并通过参谋长联席会议对全军实施作战指挥。它由国防部本部系统、军事部系统和作战指挥系统 3 部分组成。

国防部本部系统主要负责政策、财政、军务等全军性事务，以及各军事部门间的协调。下设政策、采购与技术、人事与战备、审计与财务、指挥通信控制与情报、立法、后勤事务、情报监督、行政管理、公共事务、监察、作战试验与评估等部门，分别由副国防部长、助理国防部长、主任、局长或部门长等主管。

军事部系统包括陆军部、空军部和海军部 3 个军事部（军种部）。各军事部负责本军种的行政管理、教育训练、武器装备研制和采购及后勤保障等事务，并有责任在战时向各作战司令部提供作战部队及相应的勤务和后勤支援，但无作战指挥权。军事部长为文官，在其下设军种参谋长（海军为作战部长）。军种参谋长（海军作战部长）是本军种最高军事长官。

作战指挥系统指参谋长联席会议（以下简称“参联会”）及隶属于它的各联合司令部、特种司令部。参联会既是总统、国防部长、国家安全委员会的军事咨询机构，也是总统和国防部长向联合司令部和特种司令部发布作战命令的军事指挥机关。从某种意义上讲，国防部是总统的军政部门，而参联会是总统的军令部门。参联会成员包括主席和 3 大军种参谋长（海军为作战部长）。参联会主席是美军最高军事长官，是总统和国防部长的首席军事顾问。参联会下设联合参谋部和国家军事指挥中心，负责处理日常事务和作战指挥业务。联合司令部和特种司令部是美军高级作战指挥机构。美三军部队除实行特别勤务者外，均编入某一联合或特种司令部。一旦发生重大紧急情况，联合或特种司令部即可对编入司令部的部队实施作战指挥。目前美军编有 9 大联合司令部，即欧洲总部、太平洋总部、大西洋总部（1999 年 10 月 7 日改为“联合部队司令部”）、南方总部、中央总部、航天司令部、特种作战司令部、运输司令部和战略司令部。必要时，也可根据总统指示将其他联合或特种司令部的部队临时划归处于紧急情况的联合司令部指挥。

美国武装力量由现役部队、后备役部队和军内文职人员3部分组成。现役部队分陆军、空军、海军和海军陆战队4个军种，分属陆军部、空军部和海军部3大军事部领导。美军后备役部队按组织系统分国民警卫队和联邦后备队两部分。国民警卫队含陆军国民警卫队、空军国民警卫队和海岸警卫队，其中海岸警卫队平时由美政府运输部管辖。后备队含陆军后备队、海军后备队、空军后备队和陆战队后备队。后备役人员按动员程度分为3类：第1类为待命后备役人员，即编入后备役部队的精选后备役人员，可立即用于增援正规部队；第2类为待编后备役人员，即动员时可征召的参训个人；第3类为退役后备役人员，必要时可应召增补负责作战支援和训练的部队。文职人员是美国联邦政府雇员的一部分，本国雇佣的称直接雇员，由住在国政府雇佣的称间接雇员，从事的工作种类有科学家与工程师、行政管理人员、技术员、秘书和办事员、服务员、勤杂工等。

领导人物　总统兼武装部队总司令比尔·克林顿（1997年1月连任）。国防部长威廉·科恩（1997年1月上任）。国家安全事务助理塞缪尔·伯杰（1997年1月上任）。参谋长联席会议主席亨利·H·谢尔顿陆军上将（1997年9月上任）。参联会副主席约瑟夫·W·罗尔斯顿空军上将。陆军部长小托戈·D·韦斯特。陆军参谋长丹尼斯·J·赖默上将。空军部长希拉·E·威德诺尔（女）。空军参谋长迈克尔·E·瑞安上将（1997年10月上任）。海军部长约翰·N·多尔顿。海军作战部长杰伊·L·约翰逊上将。海军陆战队司令查尔斯·C·克鲁拉克上将。欧洲总部司令韦斯利·K·克拉克陆军上将。太平洋总部司令丹尼斯·C·布来尔海军上将（1999年2月上任）。大西洋总部司令小哈罗德·W·格曼海军上将。南方总部司令查尔斯·E·维尔赫姆陆战队上将（1997年9月上任）。中央总部司令安东尼·C·津尼陆战队上将（1997年9月上任）。航天司令部司令豪厄尔·M·埃斯蒂斯三世空军上将。特种作战司令部司令彼得·J·舍马克陆军中将。运输司令部司令瓦尔特·克罗斯空军上将。战略司令部司令欧仁·E·哈比加空军上将。

武装力量　**兵力**　现役正规部队总人数140.16万人。

陆军　47.94万人。编有3个集团军司令部、4个军部、10个作战师（2个装甲师、4个机械化师、2个轻步兵师、1个空中突击师、1个空降师）、5个航空旅、3个装甲骑兵团、6个炮兵旅、9个“爱国者”和2个“复仇者”防空导弹营、3个独立步兵营和1支空降特种部队。

主要装备：主战坦克M－60A3、M－1A1和M－1A2等型，共7836辆；步兵战车M－2和M－3型，共6720辆；装甲输送车M－113型17800辆；装甲侦察车Tpz－1型113辆；各类火炮5680门，其中277毫米多管火箭炮840门、自行炮2601门；反坦克导弹“陶”和“龙”式等，共33357具；高炮329门，其中20毫米“火神”式118门；防空导弹“复仇者”式767部，“爱国者”式485部；各种地面监视雷达312部，其中机载的38部；无人驾驶飞机7架；各种用途飞机269架；直升机约4990架，其中武装直升机1489架；两栖舰艇58艘。

海军　38.06万人。编有5个舰队，即第2舰队（大西洋）、第3舰队（太平洋）、第5舰队（波斯湾、红海）、第6舰队（地中海）、第7舰队（西太平洋）。还设有海军运输司令部。

主要装备：潜艇86艘，其中战略潜艇18艘、战术潜艇66艘（核动力导弹攻击潜艇32艘、核动力攻击潜艇34艘）、其他用途2艘；主要水面舰只138艘，其中航空母舰12艘（8艘为尼米兹级核动力航母，其余为常规动力航母；每舰配备一舰载机联队，每个联队一般配备3个F/A－18型战斗攻击机中队、1个F－14舰载战斗机中队、1个S－3B型和EP－3型反潜战飞机中队、1个SH－60型反潜直升机中队、1个EA－6B型电子战飞机中队、1个E－2C型空中预警机中队和1个C－2型支援飞机中队），导弹巡洋舰29艘（2艘为核动力巡洋舰），导弹驱逐舰57艘，导弹护卫舰40艘。另有扫雷舰25艘、两栖舰43艘、支援及杂务舰99艘（其中中途补给舰39艘）。军事运输司令部辖船只123艘，可调用商船303艘。

海军航空兵　6.32万人，装备战斗机（F－14）12个中队、攻击机（F/A－18、A－6）24个中队、电子情报飞机（EP－3、ES－3）4个中队、电子战飞机（EA－6B）13个中队、海上侦察机（陆基P－3CII、P－3CIII）12个中队、反潜战飞机（S－3B）10个中队、空中预警机（E－2C）10个中队、指挥机（E－6A）2个中队、反潜直升机20个中队、水雷战直升机2个中队。

海军陆战队　17.13万人。编有3个陆战队师、3个勤务支援大队、1个安全保密营、1个安全警卫营。

主要装备：主战坦克（M－1A1）403辆、轻装甲车735辆、两栖装甲车1322辆、牵引炮954门、反坦克导弹2373具、无坐力炮2959门、迫击炮600门。航空兵3.65万人，编有3个现役联队，装备各种飞机约520架，直升机约500架。

空军　37.03万人。编有空中作战司令部和空中机动司令部两大司令部。空中作战司令部辖5个航空队（其中一个为洲际弹道导弹航空队）、23 个飞行联队；空中机动司令部辖 2 个航空队，13 个飞行联队。

主要装备：远程轰炸机 206 架，其中 B－52H 型 93 架、B－2A 型 19 架、B－1B 型 94 架；侦察机 61 架，其中 U－2R/S 型 31 架、SR－71 型 7 架，RC－135 型 20 架；指挥所机 48 架，其中 E－3B/C 型 32 架、EC－135 型 12 架、E－4B 型 4 架；战术飞机 2398 架，其中 F－15 型 707 架、F－16 型 1237 架、F－4E14 架、EF－111A 型 37 架、F－117 型 53 架、A－10A 型 232 架、OA－10A 型 134 架、EC－18 型先进测距飞机 4 架、E－8C 型联合监视与目标攻击雷达系统飞机 4 架；执行"开放天空"、特种作战和气象侦察等任务飞机 205 架；运输机 990 架；加油机 608 架；教练机 1381 架；直升机 226 架。

战略核力量　由美国战略司令部管辖，实力计在海、空军内。主要装备有：432 枚潜射弹道导弹，配置于 18 艘战略导弹核潜艇中（"俄亥俄"级 SSBN－734 型 10 艘，每艘携 24 枚"三叉戟"D－5 导弹，SSBN－726 型 8 艘，每艘携 24 枚"三叉戟"C－4 导弹）；洲际弹道导弹，共 680 枚，其中"民兵"III 型 590 枚、"和平维持者"50 枚；可携战略巡航导弹的战略轰炸机 174 架，其中 B－1B 型 95 架、B－52H 型 66 架、B－2A 型 13 架。

海岸警卫队　4.2 万人，其中文职 0.6 万人。根据法律，是武装力量的一个组成部分，平时由运输部维持和使用。预算授权 1997 财年 38 亿美元，1998 财年 40 亿美元。主要武器装备：各类舰艇 175 艘，其中近海巡逻艇 78 艘（大部分可携直升机）、近岸巡逻艇 86 艘、破冰船 10 艘、训练舰（艇）1 艘；飞机 4 架，直升机 161 架。

特种作战部队　2.85 万人，实力计在各军种。陆军特种作战部队 1.55 万人，编 5 个大队（每个含 3 个营），1 个别动队步兵团（含 3 个营），1 个航空兵团，1 个心理作战大队（含 5 个营），1 个民事营（含 5 个连），1 个通信营和 1 个支援营。海军特种作战部队 0.4 万人，编有 1 个指挥部，1 个作战中心，3 个大队，6 支部队，6 个"海豹队"，2 支"海豹"输送车队，2 个特种舟艇中队。空军特种作战部队 0.9 万人，编有 1 个司令部，1 个联队，14 个中队。

文职人员　76.98 万人。按雇佣部门计算，陆军雇佣 24.52 万人，海军（含陆战队）雇佣 21.51 万人，空军雇佣 17.82 万人，国防部雇佣 13.12 万人。

后备役人员　135 万余人（不含第 3 类后备役人员）。其中，陆军后备队 46.11 万人，海军后备队 22.03 万人，陆战队后备队 9.78 万人，空军后备队 7.01 万人；陆军国民警卫队 36.40 万人，空军国民警卫队 10.97 万人；待编后备役人员 2.76 万人（陆军 1100 人、海军 1.27 万人、陆战队 850 人、空军 1.29 万人）。

部署　驻美国大陆部队约 120 万人（包括舰艇部队）。

驻欧洲地区 10 万余人，分别驻在比利时、德国、英国、意大利、土耳其、西班牙、葡萄牙、卢森堡、希腊、荷兰、挪威等国，以及部署于地中海的舰艇上，其中驻德国 5.76 万人，意大利 2.63 万人，英国 1.05 万人，土耳其 0.24 万人，地中海 1.4 万人（全部为海军人员）。

驻亚太地区 14 万余人。其中，驻日本 3.92 万人，韩国 3.62 万人，新加坡 140 人，阿拉斯加 1.6 万人，夏威夷 4.57 万人，关岛 0.66 万人，迪戈加西亚 900 人。

驻西亚－北非地区 2 万余人，驻在沙特阿拉伯、科威特、埃及、卡塔尔和巴林等国。其中，驻沙特阿拉伯 0.32 万人，科威特 0.22 万人。常驻波斯湾及其附近海域的第 5 舰队，一般为 1 个航母战斗群（一般含 1 艘航母、2 艘巡洋舰、2 艘驱逐舰、1～2 艘支援舰和 2 艘核潜艇）。

驻美洲地区 1 万余人，其中驻巴拿马 3400 人，古巴关塔那摩基地 1400 人，海地 189 人，洪都拉斯 720 人，加拿大 208 人，百慕大 800 人。

军事基地　截至 1998 年 2 月，美军在国内拥有军事设施 969 个，其中陆军 184 个、海军 164 个、海军陆战队 27 个、空军 96 个，其余为国防部及后备役部队的设施。海外军事设施 203 个，遍布世界 32 个国家或地区，其中陆军 102 个、海军 32 个、海军陆战队 9 个、空军 50 个，其余为国防部和联合勤务设施。

兵役制度　从 1973 年起实行志愿兵役制度。

军衔　分 6 等 25 级：将官 5 级（五星上将、上将、中将、少将、准将），校官 3 级（上校、中校、少校），尉官 3 级（上尉、中尉、少尉），准尉 5 级（一、二、三、四、五级准尉），军士 6 级（一级军士长、二级军士长、三级军士长、上士、中士、下士），兵 3 级（一等兵、二等兵、三等兵）。

军队节日　武装力量节，5 月第 3 个星期六。美国陆军节，4 月 6 日。美国海军节，10 月 27 日。美国空军节，9 月第 2 个星期六。

对外军援　1999 财年对外军事援助预算拨款总计 32.96 亿美元。具体援助方案是：以色列 18 亿美元，埃及 13 亿美元，约旦 4500 万美元，"和平伙伴关系"国 8000 万美元，中欧国家 2000 万美元，非洲危机反应 5000 万美元，东非 5000 万美元，加勒比

地区3000万美元，维和行动8000万美元，其他3000万美元。（符成礼）

墨　西　哥

国　　名　墨西哥合众国。

主要统计　面积196.7183万平方千米。人口9545.8万人（其中，13～17岁男516.4万人，女502.3万人；18～22岁男487.4万人，女478.1万人；23～32岁男857.2万人，女859.2万人）。国内生产总值3720亿美元（1997年）。国防费23亿美元（1999年国防预算）。原煤889.8万吨（1994年）。原油10.42亿桶（1996年）。天然气384.54亿立方米（1995年）。发电量1442.76亿度（1994年）。粮食2684.6万吨（1996年）。海运能力，商船（载重100吨以上）635艘，总载重量149.53万吨（1997年）。民航能力，固定航班机场83处，客运量207.64亿人千米、货运量19.68亿吨千米（1997年）。

国防体制　宪法规定，总统为武装力量统帅，有权宣布全国"紧急状态"和"战争状态"，决定兵力调动、高级将领任免、国防开支等重大事务。国防安全内阁会议为最高国防决策机构，由总统领导，成员有国防部长、海军部长、内政部长、外交部长以及其他有关政府部长。国防部和海军部分别为政府中一个部，是最高军事行政机关，也是最高军事指挥机构。国防部领导和指挥陆、空军。海军部领导和指挥海军。国防部长和海军部长经总统任命，由现役四星上将担任。总统通过国防部和海军部对全国武装力量实施领导和指挥，通过总统府参谋部对国家安全和军事问题进行协调。

领导人物　总统兼武装力量统帅埃内斯托·塞迪略·庞塞·德莱昂（1994年12月上任）。国防部长恩里克·塞万提斯·阿吉雷将军（1994年12月上任）。海军部长何塞·拉蒙·洛伦索·佛朗哥上将（1994年12月上任）。

武装力量　**兵力**　现役部队17.5万人。

陆军　13万人。划分为12个军区、40个军分区。编有4个装甲旅、1个总统警卫旅、1个摩托化步兵旅、2个步兵旅、1个空降旅、1个军警旅、1个工程兵旅、1个装甲团、19个摩托化骑兵团、1个机械化步兵团、7个炮兵团、11个营、64个特种大队，以及若干防空、工程、支援分队。

装甲侦察车：M－8型40辆、ERC－90F型119辆、VBL式40辆、"莫瓦格"25辆、MAC－1型40辆。装甲输送车：HWK－11型40辆、M－2A1型32辆、VCR/TT型40辆、DN－3/4/5型134辆、AMX－VCI型395辆、BDX式95辆、LAV－150型26辆。牵引炮：75毫米18门、105毫米176门。自行炮：75毫米5门。迫击炮：81毫米1500门、120毫米75门。反坦克导弹："米兰"式若干具。火箭炮：82毫米若干门。反坦克炮：37毫米30门。高射机枪/高炮：12.7毫米40挺、20毫米40门。地空导弹：RBS－70型若干部。

海军　3.7万人（含海军陆战队和海军航空兵）。划分为6个海军军区、17个海军军分区。编有2个舰队、17个分舰队。

驱逐舰："基林"级2艘、"弗莱彻"级1艘。护卫舰："诺克斯"级2艘、"布朗斯坦"级2艘、"埃德索尔"级1艘、"查尔斯·劳伦斯"、"克罗斯利"级3艘。巡逻艇：142艘。各型飞机121架，其中作战飞机9架。

陆战队　1万人。编有3个陆战旅、1个空降旅、14个地区营、2个岸炮营和1个总统警卫营。装备有装甲突击车25辆、各型火炮120余门。

海军航空兵　1100人。装备各型飞机121架，其中战斗机9架。

空军　0.8万人。编有18个飞行中队。作战飞机125架、武装直升机95架。

战斗机：F－5E型8架、F－5F型2架。防暴机：PC－7型74架、AT－33型27架。武装直升机："贝尔"205型1架、"贝尔"206型27架、"贝尔"212型25架、UH－1H型20架。运输机：BN－2型2架、C－47型12架、C－54型1架、C－118型10架、C－130A型9架、"指挥官"500型5架、DC－6型5架、F－27型2架、波音727型5架、波音757型1架、波音737型3架、L－188型1架、FH－227型3架、"梅林"2架、"军刀"4架、IAI－201型12架。运输直升机：7架。侦察机：19架。联络机：53架。直升机：108架。教练机：45架。

预备役部队　30万人。

准军事部队　农防民兵1.4万人。

兵役制度　实行义务兵制，同时招募志愿兵。义务兵服役期为1年，志愿兵服役期为3至9年。

军衔　分5等15级：将官3级（上将、中将、少将），校官3级（上校、中校、少校），尉官4级（一级上尉、上尉、中尉、少尉），军士3级（上士、中士、下士），兵2级（上等兵、列兵）。

军队节日　陆军节2月19日，海军节6月1日，空军节9月16日。

（高　路）

萨　尔　瓦　多

国　　名　萨尔瓦多共和国。

主要统计　面积2.072万平方千米。人口597.5万人（其中，13～17岁男36.8万人，女35.5万人；18～22岁男34.1万人，女33.3万人；23～32岁男48.8万人，女51.3万人）。国内生产总值90亿美元（1997年）。国防费9200万美元（1998年国防预算）。发电量33.24亿度（1994年）。粮食88.9万吨（1996年）。海运能力，商船（载重100吨以上）15艘（1997年）。民航能力，固定航班机场1处，客运量19.78亿人千米、货运量1430万吨千米（1997年）。

国防体制　宪法规定，总统为武装力量统帅。国防部为政府中一个部，是最高军事行政机关。武装力量由正规军和准军事部队组成。正规军分陆、海、空三个军种。最高军事指挥机构为联合参谋部。总统通过国防部和联合参谋部对全国武装力量实施领导和指挥。

领导人物　总统兼武装力量统帅阿曼多·卡尔德隆·索尔（1994年6月1日上任）。国防部长海梅·古斯曼·莫拉莱斯（1994年上任）。武装力量联合参谋长毛里西奥·伊萨克·杜克。

武装力量　**兵力**　现役部队2.46万人。

陆军　2.23万人。划分为6个军区。编有6个步兵旅、1个特种支援旅、1个炮兵旅、1个机械化骑兵团、8个步兵营、1个总统警卫营、1个支援营、3个工程兵营、1个特种作战大队。

装甲侦察车：AML－90型10辆。装甲输送车：M－37B1型40辆、UR－416型8辆。牵引炮：105毫米78门。无坐力炮：90毫米400门、106毫米20余门。高炮：20毫米40门。

海军　700人（含陆战队约90人）。海岸巡逻艇5艘、江河巡逻艇22艘。

空军　1600人。编有1个战斗机中队、1个武装直升机中队、1个运输机中队、1个运输直升机中队。作战飞机29架、武装直升机17架。

战斗机：A－37B型10架、AC－47型2架、CM－170型6架。侦察机，O－2A型8架。武装直升机："休斯"500D/E型8架、UH－1M型9架。直升机：UH－1H型12架。运输机：C－47型1架、C－123K型1架、"巴斯勒"67型5架、"指挥官"1架、DC－6B型1架、"默林"IIIB型1架、"运动会"9架。联络机："色斯纳"210型2架。教练机：T－41C/D型3架、TH－300型6架、O－2A型3架、T－35型10架。

准军事部队　1.2万人（国民警察）。

兵役制度　实行志愿兵役制，士兵服役期为1年。

军衔　军官军衔分3等7级：将官1级（少将），校官3级（上校、中校、少校），尉官3级（上尉、中尉、少尉）。

（吴永业）

危　地　马　拉

国　　名　危地马拉共和国。

主要统计　面积10.8889万平方千米。人口1157.5万人（其中，13～17岁男69.4万人，女67.4万人；18～22岁男58.9万人，女57.6万人；23～32岁男87.9万人，女86.8万人）。国内生产总值123亿美元（1997年）。国防费1.39亿美元（1998

年国防预算)。发电量 31.61 亿度 (1994 年)。粮食 123.9 万吨 (1996 年)。天然气 800 万立方米 (1995 年)。原油 500 万桶 (1996 年)。海运能力,商船(载重 100 吨以上) 8 艘,总载重量 400 吨 (1997 年)。民航能力,固定航班机场 2 处,客运量 3.84 亿人千米、货运量 2100 亿吨千米 (1997 年)。

国防体制　宪法规定,总统为武装部队总司令。最高军事咨询机构为最高国防委员会,成员有国防部长、国防参谋长和陆、海、空军参谋长等。国防部为政府中一个部,是最高军事行政机关,由军衔最高、资历最深的军官担任部长。武装力量由正规军和准军事部队组成。正规军分陆、海、空三个军种。最高军事指挥机构为国防参谋部。总统通过国防部和国防参谋部对全国武装力量实施领导和指挥。

领导人物　总统兼武装部队总司令阿尔苏·伊里戈延 (1996 年 1 月 14 日上任)。国防部长埃克托尔·巴里奥斯 (1996 年 1 月 14 日上任)。

武装力量　**兵力**　现役部队 3.14 万人。

陆军　2.92 万人。编有 15 个军区 (下辖 22 个步兵营、1 个训练营、6 个装甲中队)、2 个战略旅(含 4 个步兵营、1 个轻装甲营、1 个侦察中队和 2 个炮兵连)、1 个特种大队、2 个空降营、5 个加强步兵营、1 个总统警卫营、1 个工程兵营。

坦克:M-41A 型 10 辆。装甲侦察车:M-8 型 7 辆、RBY-1 型 9 辆。装甲输送车:M-113 型 10 辆、V-100 "突击队员" 7 辆、"犰狳" 30 辆。牵引炮:75 毫米 8 门、105 毫米 76 门。迫击炮:81 毫米 55 门、107 毫米 12 门、120 毫米 18 门。无坐力炮:105 毫米 64 门、106 毫米 20 门。高炮:20 毫米 32 门。

海军　1500 人 (含陆战队约 650 人)。

巡逻艇:38 艘。

空军　700 人。编有 1 个战斗机中队、1 个直升机中队、1 个运输机中队、1 个联络机中队。作战飞机 14 架、武装直升机 7 架。

战斗机:A-37B 型 4 架、PC-7 型 6 架、IAI-201 型 7 架。武装直升机:贝尔 212 型 6 架、贝尔 412 型 1 架。直升机:贝尔 206 型 9 架、UH-1D/H 型 5 架、S-76 型 3 架。运输机:C-47 型 1 架、T-67 型 3 架、F-27 型 2 架、"超级空中霸王" 1 架、DC-6B 型 1 架。联络机:"色斯纳" 206 型 3 架、"色斯纳" 310 型 1 架。教练机:T-41 型 6 架、T-35B 型 10 架。

预备役部队　3.52 万人,其中陆军 3.5 万人、海军若干人、空军 200 人。

准军事部队　9800 人 (国家警察)。

兵役制度　实行义务兵役制。士兵服役期为 30 个月。军官最高服役年限为 30 年。

军衔　军官军衔分 3 等 9 级:将官 2 级 (中将、少将),校官 3 级 (上校、中校、少校),尉官 4 级 (上尉、中尉、少尉、准尉)。

(吴永业)

委　内　瑞　拉

国　　名　委内瑞拉共和国。

主要统计　面积 91.67 万平方千米。人口 2329.6 万人 (其中,13～17 岁男 121.9 万人,女 117.4 万人;18～22 岁男 113.5 万人,女 109.7 万人;23～32 岁男 196.1 万人,女 190.8 万人)。国内生产总值 880 亿美元 (1997 年)。国防费 13.15 亿美元 (1998 年国防预算),15.44 亿美元 (1999 年国防预算)。原煤 474.1 万吨 (1994 年)。原油 10.79 亿桶 (1996 年)。天然气 254.06 亿立方米 (1995 年)。发电量 731.16 亿度 (1994 年)。粮食 208.3 万吨 (1996 年)。海运能力,商船 (载重 100 吨以上) 271 艘,总载重量 135.54 万吨 (1997 年)。民航能力,固定航班机场 20 处,客运量 73.72 亿人千米、货运量 2.1 亿吨千米 (1997 年)。

国防体制　宪法规定,总统为武装力量统帅。国家安全与防务委员会为最高国防决策机构,成员有总统、国防部长、内政部长、外交部长、财政部长、武装力量总监、联合参谋长等,由总统任主席。国防部为政府中一个部,国防部长是总统在军事问题上的主要助手,根据总统的旨意,有权管理、指挥和调动军队。全国武装力量最高委员会是总统和国家安全与防务委员会在军事问题上的主要参谋机构,负责处理军队重大事务,成员有国防部长、武装力量总监、联合参谋长及陆、海、空军和国民警卫队司令,由国防部长主持日常工作。武装力量联合参谋部协助国防部长贯彻国防政策,并协调各军种间的作战、情报、训练和后勤等工作。武装力量总监部负责审定各项军事法令，检查和监督部队的组织纪律、军种间的合作及完成任务的情况。各军种司令部为本军种最高军事指挥机构。各军种司令直接对国防部长负责，有权处理本军种重大事务。总统通过国防部对全国武装力量实施领导和指挥。

领导人物 总统兼武装力量统帅乌戈·查韦斯(1999年2月2日上任)。国防部长劳尔·萨拉萨尔·罗德里戈斯陆军中将（1999年2月上任)。武装力量总监贡萨洛·戈麦斯·哈恩海军中将（1999年2月上任)。武装力量联合参谋长何塞·罗梅罗陆军中将(1999年2月上任)。陆军司令诺埃尔·马丁内斯·奥乔阿陆军中将（1999年2月上任)。海军司令奥斯瓦尔多·金塔纳·卡斯特罗海军中将（1999年2月上任)。空军司令弗拉迪米尔·菲拉托夫·利阿科夫空军中将（1999年2月上任)。国民警卫队司令赫尔曼·瓦雷拉·阿拉克少将（1999年2月上任)。

武装力量 **兵力** 现役部队7.9万人。

陆军 3.4万人。编有6个步兵师、1个装甲旅、1个骑兵旅、7个步兵旅、1个空降旅、2个突击旅、1个航空团。

坦克：AMX－30型70辆、M－18型75辆、AMX－13型36辆、“蝎子”90型80辆。装甲侦察车：AML－60/90型10辆、M－8型30辆。装甲输送车：AMX－VCI型25辆、V－100型100辆、V－150型30辆、“龙”式100辆、EE－11“蝰蛇”35辆。牵引炮：105毫米80门、155毫米12门。自行炮：155毫米15门。火箭炮：160毫米20门。迫击炮：81毫米165门、120毫米65门。无坐力炮：200余门。反坦克导弹：“马帕兹”24具、AT－4型和AS－11型若干具。各型飞机：29架。

海军 1.5万人（含海军陆战队、海军航空兵和海岸警卫队)。编有舰队司令部、陆战队司令部、海军航空兵司令部、海岸警卫队司令部和内河警备司令部。

潜艇：“虱目鱼”级2艘。护卫舰：“狼”级6艘。导弹攻击快艇：“宪法”级6艘。两栖登陆艇：6艘，巡逻艇：6艘。

陆战队 5000人，编有6个陆战营、4个分队。装备有装甲突击车11辆、装甲输送车35辆、各型火炮24门。

海军航空兵 1000人。编有2个航空兵中队。装备各型飞机27架，其中作战飞机7架、武装直升机8架。

海岸警卫队 1000人。装备有轻型护卫舰2艘、炮艇1艘、巡逻艇39艘。

空军 0.7万人。编有6个战斗机大队、1个直升机大队、1个教练机大队。作战飞机116架、武装直升机27架。

战斗机：CF－5A/B型15架、NF－5A/B型7架、“幻影”IIIEV型2架、“幻影”50EV型5架、F－16A/B型23架、EMB－312型20架。侦察机：OV－10A型15架。电子战飞机：“猎鹰”20DC型3架。攻击直升机：SA－316型10架、UH－1D型12架、UH－1H型5架。运输机：58架。联络机：32架。教练机：61架。空空导弹：R－530型、AIM－9L/9P型若干枚。空地导弹：“飞鱼”若干枚。地空导弹：“罗兰”式10部。

国民警卫队 2.3万人。编有8个地区司令部。装备有步兵战车：UR－416型20辆。装甲输送车：菲亚特－6614型24辆。迫击炮：150门。飞机：49架。巡逻艇：52艘。

预备役部队 0.8万人（陆军)。

兵役制度 实行义务兵役制。陆军、空军和国民警卫队义务兵服役期为1年，海军义务兵服役期为1年半。

军衔 分为5等20级：将官3级（上将、中将、少将)，校官3级（上校、中校、少校)，尉官3级（上尉、中尉、少尉)，军士7级（军士长、副军士长、一级上士、二级上士、三级上士、中士、下士)，兵4级（一级上等兵、二级上等兵、上等兵、列兵)。

军队节日 陆军节6月24日，海军节7月24日，空军节12月10日，国民警卫队节8月4日。

（高 路)

乌 拉 圭

国　　名 乌拉圭东岸共和国。

主要统计 面积17.6215万平方千米。人口323万人（其中，13～17岁男13.4万人，女12.8万人；18～22岁男13.6万人，女13.1万人；23～32

岁男 24.1 万人，女 23.8 万人)。国内生产总值 130 亿美元（1997 年）。国防费 3.23 亿美元（1998 年国防预算）。发电量 76.17 亿度（1994 年）。粮食 211.8 万吨（1996 年）。海运能力，商船（载重 100 吨以上）93 艘，总载重量 17.25 万吨（1997 年）。民航能力，固定航班机场 1 处（1996 年），客运量 6.45 亿人千米、货运量 6200 万吨千米（1997 年）。

国防体制 宪法规定，总统为武装力量统帅。国防部为政府中一个部，是最高军事行政机关。武装力量由正规军和准军事部队组成。正规军由陆、海、空三军组成。陆、海、空三军相互独立，没有统一的军事指挥机构。各军种司令部为本军种最高军事指挥机构，各军种司令为本军种最高领导。最高军事指挥机构为联合参谋部。总统通过国防部和陆、海、空三军司令对全国武装力量实施领导和指挥。

领导人物 总统兼武装力量统帅胡里奥·玛利亚·桑吉内蒂（1995 年 3 月上任）。国防部长胡安·路易斯·斯托拉塞（1998 年 10 月上任）。陆军司令费尔南·阿马多中将（1998 年 2 月上任）。海军司令弗朗西科·帕索斯·马雷斯卡中将（1999 年 2 月上任）。空军司令何塞·佩德罗·马拉金·科雷亚中将（1999 年 2 月上任）。

武装力量 **兵力** 现役部队 2.56 万人。

陆军 1.76 万人。编有 4 个军区、5 个步兵旅、3 个骑兵旅、1 个炮兵旅、1 个工程兵旅、3 个炮兵营、4 个战斗工程兵营。

坦克：T－55 型 15 辆、M－24 型 17 辆、M－3A1 型 29 辆、M－41A1 型 22 辆。步兵战车：БМП－1 型 10 辆。装甲侦察车：EE－3“哈拉拉卡”16 辆、EE－9“响尾蛇”10 辆。装甲输送车：M－113 型15 辆、“秃鹰”50 辆、OT－64“斯科特”60 辆。牵引炮：65 门。火箭炮：2 门。迫击炮：149 门。无坐力炮：60 门。高炮：14 门。反坦克导弹：“米兰”5 具。

海军 5000 人（含海军陆战队、海军航空兵和海岸警卫队)。编有 1 个舰队。

护卫舰：“里维埃司令官”级 3 艘。巡逻艇：10 艘。扫雷艇：4 艘。机械化登陆艇：3 艘。

陆战队 400 人。

海军航空兵 280 人，装备各型飞机 24 架，其中作战飞机 1 架。

空军 3000 人。编有 2 个防暴机中队、1 个搜索与救援机中队、3 个运输机中队。作战飞机 33 架。

防暴机：A－37B 型 10 架、T－33A 型 6 架、IA－58B 型 5 架。搜索与救援机：11 架。运输机：12 架。联络机：10 架。航测机：1 架。教练机：22 架。

准军事部队 920 人。

兵役制度 实行志愿兵役制。服役期为 2 年。

军衔 分 5 等 15 级：将官 2 级（中将、少将)，校官 3 级（上校、中校、少校)，尉官 4 级（上尉、中尉、少尉、准尉)，军士 3 级（军士长、一等军士、二等军士)，兵 3 级（上等兵、下等兵、列兵)。

军队节日 陆军节 5 月 18 日，海军节 11 月 15 日，空军节 3 月 17 日。 （储晓洁）

智　利

国　　名 智利共和国。

主要统计 面积 75.6626 万平方千米（含岛屿）。人口 1474.9 万人（其中，13～17 岁男 68.3 万人，女 65.8 万人；18～22 岁男 62.8 万人，女 60.7 万人；23～32 岁男 122.6 万人，女 119.8 万人)。国内生产总值 770 亿美元（1997 年）。国防费 21 亿美元（1998 年国防预算）。原煤 112.2 万吨（1994 年）。原油 300 万桶（1996 年）。天然气 11.64 亿立方米（1995 年）。发电量 252.5 亿度（1996 年）。粮食 257.8 万吨（1996 年）。海运能力，商船（载重 100 吨以上）392 艘、总载重量 85.49 万吨（1997 年）。民航能力，固定航班机场 23 处，客运量 63.33 亿人千米、货运量 13.48 亿吨千米（1997 年）。

国防体制 宪法规定，总统为武装力量统帅。国家最高安全委员会为最高国防决策机构，成员有总统、国防、外交、内政、经济、财政部长等内阁成员以及三军总司令和警察司令等，由总统任主席。国防部为政府中一个部，是最高军事行政机关。武装力量由正规军和准军事部队组成。正规军分陆、海、空三个军种。国防参谋部为国防部的执行机构，负责协调三军的作战、训练、动员、情报、预算等事宜。国防参谋长由陆、海、空军参谋长轮流担任。陆、海、空三个军种实行分权独立，无统一的军事指挥机构，陆、海、空军司令部为各自军种的最高军事指挥机构。各军种司令为本军种最高军事长官。总统通过各军种司令部和国防部对全国武装力量实施领导和指挥。

领导人物 总统兼武装力量统帅爱德华·弗雷·鲁伊斯－塔格莱，（1994 年 3 月上任）。国防部长何塞·弗洛伦西奥·古斯曼·科雷亚（1998 年 8 月上任）。陆军总司令里卡多·伊苏列塔·卡法雷纳陆军中将（1998 年 3 月上任）。海军总司令豪尔赫·阿兰西维亚·雷耶斯海军上将（1997 年 11 月上任）。空军总司令费尔南多·罗哈斯·本德尔上将（1995 年 7 月上任）。

武装力量 **兵力** 现役部队 9.45 万人。

陆军 5.1 万人。编有 7 个军区、2 个军部、8 个师。

坦克：M－4A3 型 100 辆、AMX－30 型 30 辆、M－24 型 21 辆、M－41 型 60 辆。步兵战车："剪刀鱼" 20 辆。装甲侦察车：EE－9 "响尾蛇" 50 辆。装甲输送车：M－113 型 228 辆、"剪刀鱼" 180 辆、EE－11 "蝰蛇" 30 辆。牵引炮：142 门。自行炮：12 门。迫击炮：440 门。无坐力炮：150 门。高炮：60 门。地空导弹："吹管" 50 部。飞机：109 架。

海军 3 万人（含海军陆战队和海军航空兵）。编有 1 个舰队、1 个潜艇司令部、1 个陆战队司令部、1 个航空兵司令部以及 4 个海军军区。

潜艇："汤姆森"级 2 艘、"奥伯隆"级 2 艘。驱逐舰："诺福克"级 4 艘。护卫舰："利安德"级 4 艘。导弹攻击快艇：7 艘。鱼雷攻击快艇：4 艘。坦克登陆舰："新港"级 1 艘、"迈波"级 3 艘。登陆艇：2 艘。运输舰：1 艘。潜艇供应舰：1 艘。随队补给油船：2 艘。浮船坞：2 艘。巡罗艇：18 艘。

陆战队 3200 人。装备坦克 30 辆、装甲突击车 20 辆、装甲输送车 40 辆、各型火炮 176 门。

海军航空兵 800 人。装备各型飞机 63 架，其中作战飞机 14 架、武装直升机 12 架。

空军 1.35 万人。编有 5 个航空旅、5 个联队。作战飞机 92 架。

攻击战斗机："幻影" 5BA/BD 型 21 架、F－5E/F 型 16 架。防暴机：A－37B 型 24 架、A－36 型 12 架。战斗/侦察机："幻影" 50 型 15 架、"幻影" 5－BR 型 4 架。侦察机：3 架。预警机：1 架。运输机：46 架。教练机：85 架。

预备役部队 5 万人（陆军）。

准军事部队 2.95 万人（归国防部领导）。

兵役制度 实行义务兵和志愿兵相结合的兵役制度，即适龄青年先自愿报名服兵役，如名额不满再按义务兵征集。

军衔 分 5 等 20 级：将官 3 级（上将、中将、少将），校官 3 级（上校、中校、少校），尉官 4 级（上尉、中尉、少尉、准尉），军士 7 级（一级军士长、二级军士长、一级军士、二级军士、上士、中士、下士），兵 3 级（一等兵、二等兵、列兵）。

军队节日 陆军节 9 月 19 日，海军节 5 月 21 日，空军节 3 月 21 日。

（储晓洁）

澳 大 利 亚

国　　名 澳大利亚联邦。

主要统计 面积 768.23 万平方千米。人口 1887.1 万人（其中，13～17 岁男 68.1 万人，女 64.2 万人；18～22 岁男 68.8 万人，女 65.5 万人；23～32 岁男 151.4 万人，女 146.3 万人）。国内生产总值 3910 亿美元（1997 年）。国防费 66 亿美元（1998 年国防预算），69 亿美元（1999 年国防预算）。原煤 2.26 亿吨（1994 年）。原油 1.95 亿桶（1996 年）。天然气 295.54 亿立方米（1995 年）。发电量 1671.51 亿度（1994 年）。粮食 3460.2 万吨（1996 年）。海运能力，商船（载重 100 吨以上）695 艘、总载重量 385.73 万吨（1997 年）。民航能力，固定航班机场 400 处，客运量 719.17 亿人千米、货运量 18.36 亿吨千米（1997 年）。

国防体制 总督为武装力量总司令。国防委员会是最高军事决策机构，由国防部长担任主席。国防部为武装力量最高统帅机构。国防军司令为军队最高领导人，是国防部长的首席军事顾问。武装力量由现役部队和预备役部队组成，分陆、海、空三个军种。

领导人物 总督兼武装力量总司令威廉·帕特里克·迪恩（1996 年 2 月上任）。总理约翰·温斯顿·霍华德（1996 年 3 月上任，1998 年 10 月连任）。国防部长约翰·莫尔（1998 年 10 月上任）。国防军司令克里斯·巴利上将（1998 年 4 月上任）。

（下转 230 页）

其他国家

国名	现役部队					主要武				
	总兵力 (人)	陆军 (人)	海军 (人)	空军 (人)	其他 (人)	(坦克) 装甲车辆 (辆)	火炮(门)			
							牵引炮	迫击炮	无坐力炮	高炮
阿富汗	除一些小的武装力量外,目前主要有塔利班学生军和反塔利班联盟两派军事武装。塔利班兵力约8万党约1万人。他们徐陆军武器装备外,均装备有一定数量的飞机。									
巴勒斯坦	安全警察部队,约3500人,装备有装甲输送车45辆、飞机1架、直升机4架、轻武器若干。									
巴林	11000	8500	1000	1500		(106) 411	36	18	36	24
不丹	10000	10000				轻武器若干。				
吉尔吉斯斯坦	12200	9800		2400		(210) 264	161	66		24
卡塔尔	约11800	8500	约1800	1500		(34) 约248	12	39	自行炮 28	火箭炮 4
科威特	15300	11000	1800	2500		(341) 495	自行炮 59	50	火箭炮 27	若干
塞浦路斯	14500	14500	海上联队 (属陆军)	航空联队 (属陆军)		(143) 611	122	约376	184	80
文莱	5000	3900	700	400		(16) 52		24		
贝宁	4800	4500	150	150		(20) 33	16	若干		
博茨瓦纳	9000	8500		500		(60) 42	约40	16	88	7
布基纳法索	10000	5600		200	宪兵4200	96	14	若干	若干	30
布隆迪	43500	40000	(50) (属宪兵)	属陆军 (100)	宪兵3500	84	18	若干	15	165
赤道几内亚	1320	1100	120	100		16				
多哥	6950	6500	200	250		(11) 91	4	20	27	43
厄立特里亚	约47100	46000	1100	不详		(若干) 若干	若干	若干	火箭炮 若干	
佛得角	约1100	1000	海岸卫队 约50	100		10	24	18		30
冈比亚	800	730	70							
刚果(布)	10000	8000	800	1200		(53) 75	约30	10余	若干	若干
吉布提	9600	8000	200	200	宪兵1200	31	6	45	16	15
几内亚	9700	8500	400	800		(58) 67	26	20余	若干	24余
几内亚比绍	9250	6800	350	100	宪兵2000	(30) 65	26	约8	若干	34
加纳	7000	5000	1000	1000		53	6	78	50	约10
加蓬	4700	3200	500	1000		约105	4	39	若干	41
喀麦隆	22100	11500	1300	300	宪兵9000	68	34	约20	53	54
科摩罗	国防军总兵力约600人。科与法签有防御协定,法在科设有海军基地,科海、空防务完全依靠法国。									

军　事　概　况

器	装	备				(预备役) 准军事部队 (人)	外国驻军 (人)	参加联合国维和人数	备　注
导	弹	飞机(其中作战飞机)(架)	直升机(其中武装直升机)(架)	舰艇(艘)	其他				
反坦克(具)	地一空(部)								
人。反塔联盟包括以马苏德为领导的伊斯兰促进会武装约2万人;乌兹别克族武装民兵约5万人;什叶派伊斯兰统一									
15	约70	27(24)	32(24)	18	自行炮13 火箭炮9	9850	美、英军若干		
						若干			
26	若干	120	47			约5000			驻塔吉克斯坦约300人
100		24(18)	24(18)	8			美军13		
118	24	80(76)	28(20)	17		(23700) 5000	联合国1094 美军1200		
67	72	3	9	12	自行炮12 火箭炮12	警察部队 约800	希腊1250,土耳其约3万,英军3700,联合国1279。		
	12	9	29(6)	13		(700) 4050	英军1050, 新加坡500。		
		10	3	5		2500			
6	27	50(40)	7			1000			
	若干	14(5)	5		火箭炮若干	民兵等45250		126	
		6(4)	5	9	火箭炮12				
		5	2	3		民兵卫队2个连			
		24(15)	5	2		750		126	
若干		25(15)	4	22		(约12万)			
	50	1		2					
				5	轻武器若干				
		24(12)	7	约6	火箭炮、 反坦克炮若干	5000余人, 其中2000名 宪兵为现役		2	
		7	约4	7		3000(现役)	法军1500		
	若干	15(8)	5	7	反坦克炮若干	2600(现役)		3	驻几内亚比绍约400人
	若干	3(3)	3	9				2	
	若干	29(17)	10	4				1673	
4		28(16)	12(5)	6	火箭炮8	4800	法军600	125	
若干		31(15)	17(4)	32	火箭炮20				

国名	现役部队					主要武				
	总兵力（人）	陆军（人）	海军（人）	空军（人）	其他（人）	（坦克）装甲车辆（辆）	火炮（门）			
							牵引炮	迫击炮	无坐力炮	高炮
科特迪瓦	13900	6800	900	700	总统卫队 1100 宪兵 4400	(5)/62	4	约 20	若干	21
肯尼亚	24200	20500	1200	2500		(76)/154	48	62	80	74
莱索托	2000	2000				约 18		若干	若干	
利比里亚	1997 年 1 月底利各武装派别接受解除武装。在利大选后的 6 个月内组建利国防军,									
卢旺达	37000～47000	30000～40000			宪兵 7000	(12)/约 40	约 10	约 10		若干
马达加斯加	21000	20000	500	500		(12)/103	约 30	约 10	若干	70
马拉维	5000	5000	(220) 属陆军	(80) 属陆军		40	9	8		
马里	7350	7350	(50) 属陆军	(400) 属陆军		(39)/70	20 余	30 余		12
毛里求斯	无正规作战部队,所有武装均属准军事部队。现有特别机动队 1300 人,装备装甲车 10 辆、									
毛里塔尼亚	15650	15000	500	150		(35)/105	75	100	若干	约 50
莫桑比克	5100-6100	4000～5000	100	1000		(约 80)/320	约 320	若干	若干	680
纳米比亚	9000	9000		属陆军建制		若干	反坦克炮若干	若干	若干	65
尼日尔	5300	5200		100		154	反坦克炮若干	40	14	39
塞拉利昂	1998 年 3 月卡巴总统回国复职后新建的国防军兵力约 5000 人,装备有迫击炮、无坐力炮、高炮、地－空									
塞内加尔	11000	10000	600	400		99	18	16		33
塞舌尔	400	200	海岸警卫队 200（属准军事部队）			6		6		若干
圣多美和普林西比	武装力量由武装部队、警察、总统卫队和民兵组成,共约 1000 人。其中包括陆军 2 个营、海军 1 个排、									
斯威士兰	3000 人									
索马里	1991 年西亚德政府垮台后,索一直处于四分五裂状态。原政府军早已瓦解,									
赞比亚	21600	20000		1600		(60)/101	96	93	若干	161
中　非	4950	2500		150	宪兵 2300	(4)/49		12	14	
爱尔兰	11500	9300	1100	1100		(14)/96	60	467	540	24
爱沙尼亚	4336	3980	320	36		39	19	57	30	100
冰　岛	无正规部队,仅有 1 支海岸警卫队,120 人,装备巡逻艇 4 艘、飞机 1 架、直升机 1 架。冰 1949 年加入									
拉脱维亚	4960	2350	880	130	国民卫队 1600	15	24	28		12

器装备：导弹：反坦克(具)	器装备：导弹：地一空(部)	飞机(其中作战飞机)(架)	直升机(其中武装直升机)(架)	舰艇(艘)	其他	(预备役) 准军事部队(人)	外国驻军(人)	参加联合国维和人数	备注
		17(5)	8	13		(12000) 民兵 1500	法军 500		
54		60(30)	49(34)	11		5000		20	
		4	5						
初步设想为 1 旅 3 营制,从原有武装人员中筛选组建。									
	若干		6						
		29(12)	6	10		7500			
	15	6	3	3		1000			
	12	32(16)	2	3	火箭炮 2	4800		128	
迫击炮 2 门;海岸警卫队约 500 人,装备巡逻艇 13 艘、飞机 2 架、直升机 3 架;空中警察装备直升机 2 架。									
若干	若干	13(7)		11		5000			
	约 10	19	9(4)	3	火箭炮 30				
	若干	8	4	3	火箭炮 5	海岸警卫队约 100		140	
		7				5400			
导弹、直升机等。并有海军约 200 人,装备舰艇 6 艘。									
4		21(8)	5	11		5800	法军 1300	138	驻几内亚比绍 2000 人
	10	3		4		国民警卫队 250 人,其中海岸警卫队 200 人(现役),航空队 20 人。			
民兵 1 个营和总统卫队 160。									
其武器装备分散于各派武装之手,完好率甚低。									
若干	若干	91(63)	33		火箭炮 50	1400		13	
		15	2	9			联合国 1345		
21	7	18(7)	15(15)	8		(14800)		665	
10		5	7	17		(8200) 2800		45	
北约,51 年与美签订防务协定,由美负责其防务,美在冰设有军事基地,驻美军 1871 人,另驻荷兰海军 30 人。									
		3	3	16		(14600) 3720		40	

国名	现役部队					主要武				
						(坦克)装甲车辆(辆)	火炮(门)			
	总兵力(人)	陆军(人)	海军(人)	空军(人)	其他(人)		牵引炮	迫击炮	无坐力炮	高炮
立陶宛	9040	6750	1320	970		38		36	119	
卢森堡	811	811		不详		5		6		
马耳他	总兵力 1900 人,编成 3 个团。第 1 团:1 个步兵营;第 2 团(合成团):1 个飞行中队(76 人)、1 个海军									
马其顿	20000	20000	(400)属陆军	不详		(4)约 70	400	1200	2400	50
摩尔多瓦	11050	10000		1050		335	70	123	若干	42
斯洛文尼亚	9550	9550	(100)属陆军	(120)属陆军		(96)/78	28	120	自行炮 8	39
安提瓜和巴布达	150	125	25							
巴巴多斯	610	500	110							
巴哈马	860		860							
巴拉圭	20200	14900	3600	1700		(5)/53	41	80	若干	60
巴拿马	无正规部队,建有一支 11800 人的警察部队。它由 3 部分组成:①国民警察 1.1 万人,仅装备有轻武器;									
伯利兹	约 1050	1000	50	不详				6	8	
多米尼加	24500	15000	4000	5500		(24)/28	22	约 25		4
哥斯达黎加	无正规部队,仅有一支 8400 人的准军事部队:①民卫队,4400 人;②政府卫队 2000 人;									
格林纳达	无正规军,有警察约 600 人。									
圭亚那	约 1600	1400	约 100	100		3	6	48		
海地	阿里斯蒂德总统 1994 年 10 月复职后宣布解散军队,建立警察部队来维持社会治安,现有警察									
洪都拉斯	8300	5500	1000	1800		(12)/67	28	约 100	80	48
尼加拉瓜	17000	15000	800	1200		(137)/186	142	607	若干	36
苏里南	1800	1400	240	160		30		6	若干	
特立尼达和多巴哥	2600	1900	海岸警卫队 700	(航空队 50)属海岸警卫队				约 46	若干	
牙买加	3320	3000	海岸警卫队 150	航空队 170		13		12		
巴布亚新几内亚	4300	3800	400	100				若干		
斐济	3500	3200	300				4	12		
新西兰	9550	4400	2100	3050		(20)/78	43	50	63	

器装备						(预备役)准军事部队(人)	外国驻军(人)	参加联合国维和人数	备注
导弹		飞机(其中作战飞机)(架)	直升机(其中武装直升机)(架)	舰艇(艘)	其他				
反坦克(具)	地一空(部)								
		10	8	7		(355650) 3900		41	
约 6		19				560		25	

陆战中队(210 人)、1 个高炮连;第 3 团(补给团)。装备飞机 6 架、直升机 12 架、高炮 90 门。驻有意大利空军 16 人。

若干	30	14	4	9	火箭炮若干	(102000) 7500	联合国 796		
116	25	约 5	8		火箭炮 15 反坦克炮 26	(66000) 3400	俄军 2500		
若干	9	10	12(8)	2	火箭炮 60	(53000) 4500		10	
				3		(75)			
				3		(430)			
		4		21					
		91(31)	17	21		(164500) 14800			

②海上服务队 400 人,装备舰艇 7 艘;③航空服务队 400 人,装备飞机 12 架、直升机 21 架。另驻有美军 3500 人。

		3(2)		14		(700)			
		30(10)	11	23		15000			

③边防安全警察 2000 人,其中海上小队 300 人,装备巡逻艇 8 艘,空中小队 300 人,装备飞机 8 架、直升机 3 架。

		2	2	2		(1500)			

约 5300 人。285 名联合国民事警察仍留驻海地。

		83(49)	20	14		(60000) 6000	美军 719	12	
若干	200	11	16(15)	16	火箭炮 51 反坦克炮 461				
		8(7)	3	3					
		3		7		4800			
		4	10	8		(950)			
		5	4				澳大利亚、新西兰等约 260 人		
				10				926	
	12	62(42)	22(4)			(6960)		189	另驻澳大利亚 47 人,驻新加坡 11 人。

(杜燕琼)

(上接 223 页)

武装力量　**兵力**　现役部队 5.74 万人。

陆军　2.54 万人。编有 1 个野战部队司令部、1 个北方司令部、1 个步兵师、1 个装甲团、1 个侦察团、1 个装甲输送车中队、5 个步兵营、2 个炮兵团、1 个防空团、2 个工程兵团、1 个特战团和 2 个航空团。

主战坦克："豹"IA3 型 71 辆。步兵战车：M－113 型 46 辆。装甲输送车：M－113 型 463 辆、ASLAV－25 型 111 辆。牵引炮：105 毫米 350 门、155 毫米 35 门。迫击炮：81 毫米 296 门。无坐力炮：84 毫米 577 门、106 毫米 74 门。地空导弹："轻剑"19 部、RBS－70 型 17 部。飞机："空中大王"200 型 4 架，DHC－6 型 2 架。直升机：共 125 架，其中 UH－1H 型 25 架为武装直升机。两栖舰艇：68 艘。

海军　1.43 万人（含航空兵）。编有 1 个近海司令部、1 个支援司令部、1 个训练司令部、6 个海区司令部和 4 个海军基地。

潜艇："奥克斯利"级 2 艘、"科林斯"级 1 艘。导弹驱逐舰："佩思"级 3 艘。导弹护卫舰："阿德莱德"级 6 艘。护卫艇："安扎克"级 2 艘。巡逻艇：15 艘。扫雷艇：7 艘。两栖舰艇：7 艘。支援及勤务船：8 艘。

航空兵　990 人，编有 1 个反潜直升机中队、2 个运输/救援机中队，装备有武装直升机 16 架、运输/救援机 18 架。

空军　1.77 万人。编有 2 个攻击战斗机/侦察机中队、3 个战斗机/攻击机中队、1 个战术教练机中队、2 个海上侦察机中队、7 个运输机中队。作战飞机 126 架。

攻击战斗机/侦察机：F－111C 型 17 架、F－111G 型 15 架、RF－111C 型 4 架。战斗机/攻击战斗机：F/A－18 型 71 架（其中 19 架用于训练改装和研究发展）。海上侦察机：P－3C 型 19 架。空中加油机：波音 707 型 4 架。运输机：C－130 型 24 架、波音 707 型 5 架、DHC－4 型 14 架、"猎鹰"900 型 5 架、HS－748 型 10 架。前方指挥引导机：PC－9 型 3 架。教练机：94 架。空地和空空导弹：若干枚。

预备役部队　3.365 万人，其中陆军 2.51 万人、海军 4700 人、空军 3850 人。

准军事部队　海关总局装备有海上侦察机 13 架、直升机 1 架、小船 6 艘。

兵役制度　实行志愿兵役制。

驻外兵力　驻马来西亚（"5 国联防"组织）约 115 人，包括 1 个步兵连及 1 个空军分遣队。驻巴布亚新几内亚 38 人。此外，1998 年约有 138 名军事观察员和停战监督小组成员在埃及、中东和巴布亚新几内亚执行联合国维和任务。

外国驻军　美国海军 35 人。新西兰空军 47 人及攻击战斗机 6 架。新加坡驻军 230 人（建有 1 所飞行训练学校，配有 S－211 型飞机 27 架）。（孟　丽）

（本栏责任编辑　韦　肖）

军事思想与军事论著研究

中国关于斯大林军事思想研究　简论二战中斯大林联盟战略思想　有作者撰文指出，二战中，斯大林领导苏联与西方资本主义国家进行合作的联盟战略是社会主义国家联盟战略在国际上的首次实践，其内涵丰富而深邃。

*以国家利益为最高准则，突破阶级划分的束缚，寻求适当的联合伙伴。*国家利益最重要的是安全利益，它是斯大林实施联盟战略首先考虑的因素。1939年前后，德国在欧洲肆意扩张，再加上西方国家采取绥靖政策，企图祸水东引，严重威胁了社会主义苏联的安全。在东方，日本在1938年和1939年挑起了诺门罕事件与哈拉哈河事件，矛头对准苏联。此时，保卫世界上第1个社会主义国家的安全成为苏联首先必须考虑的问题。因此苏联在对外政策上要求“保持谨慎态度，不让那些惯于从中渔利的战争挑拨者把我国卷入冲突中去”。在苏英法3国谈判毫无进展和远东形势危急的情况下，为了国家的安全，也为赢得备战时间，斯大林决定与德国签订互不侵犯条约。出于同样的考虑，1941年4月13日，《苏日中立条约》签订。1941年6月22日，法西斯德国入侵苏联。为摆脱困境，斯大林指出，苏联可以加入“同一个帝国主义联盟反对另一个帝国主义联盟的协定，只要这项协定不违背苏维埃政权的原则，能够巩固苏维埃政权的地位和阻止某一帝国主义强国对它的进攻”。1941年7月12日，苏英两国签订了《关于共同对德作战》的协定。同年9月底10月初，苏美英3国签订了3国协定，规定3国在反法西斯战争中联合行动。1941年底太平洋战争爆发和莫斯科会战的胜利，促成了国际反法西斯联盟的最终形成。苏美英等26个国家于1942年1月1日在华盛顿签署《26国宣言》，标志正式形成了反法西斯同盟。正是由于斯大林正确认识到二战中受法西斯侵略的国家虽有社会制度、意识形态和内外政策上的不同，但在反对德意日法西斯问题上，各国的利益是一致的，最终冲破阶级的界限，与西方国家建立了反法西斯同盟，才保证了第二次世界大战的胜利。

*实现联盟战略稳固的根本在于自身力量的壮大。*战略的永恒之本在于自己的利益与力量，自身实力不强，联盟战略就很难实现或者实现了也很难保持稳固。斯大林认为，打败法西斯和巩固国家联盟的最重要因素是参加联盟国家自身力量的壮大。指出：“我们这个时代，通常是不尊重弱者，只尊重强者的”。在斯大林的领导之下，苏联在战前着力于综合国力的提高。经济上，苏联已成为欧洲第1、世界第2位的工业大国，国防工业超过民用工业3倍。军事上，苏联的红军训练、兵种装备、指挥艺术都有重大改进，也吸收了一些西方军事理论来加强红军建设。苏联还储备了大量战略物资，进一步扩大军工生产，迅速从平时转向战时体制，使卫国战争的胜利有了可靠的基础。战争爆发后，斯大林要求苏军指战员在战争中学习战争，掌握新的战略战术思想和技能，提高战斗力。巨大的军事经济力量与人力资源相结合，形成了强大的战斗力，经过莫斯科、斯大林格勒等著名战役，夺取了战略主动权，扭转了战争局势，从而赢得了盟国的尊重与支持，维护了各国战略联盟的团结。

*联盟战略是以军事联盟战略为主的全方位的、互利的合作。*斯大林认为，联盟战略不仅仅是军事上的合作，它包括经济、政治、文化等各个方面，要实现经济、军事资源世界范围的合理分配与使用。卫国战争一开始，苏联就抗击着世界人民的主要敌人，但仅一国的力量是不足以抗拒武装到牙齿的法西斯敌人的。为此，斯大林要求西方国家进行军事、经济支援，并以苏联人民的顽强斗争支援其他国家的反法西斯斗争。从斯大林格勒战役开始，同盟国多次在一些重大军事问题上进行战略性配合。在经济上，斯大林在依靠自己力量的同时，也不放弃可能争取到的盟国的援助。根据《租借法案》，苏联在卫国战争期间从英美方面得到了许多支援。这些物资对苏联卫国战争的胜利发挥了积极作用。在政治上，苏联还与盟国通过发表宣言、声明和召开会议，达成政治上的一致，扩大了政治影响。

联盟战略必须与无产阶级的斗争策略紧密结合，

这是实现联盟战略目的的唯一正确途径。第二次世界大战是一场空前的战争,它的矛盾尖锐,关系复杂,利益互相牵扯。在此情况下,斯大林认为,只有依靠又团结又斗争的策略原则,才能实现战略联盟的稳固发展,达成战略目的。苏美英3国的战略联盟建立在统一的共同纲领之上,有着相同的最终目的。但英美两国企图利用战争打败自己的对手德、意、日,又想趁机削弱社会主义苏联,达到一箭双雕的目的。1945年3、4月间,苏军展开强大攻势之时,美英却背着苏联企图与德国单独媾和。斯大林在给罗斯福和丘吉尔的信中,强烈地谴责了这种背信弃义的行为。由于斯大林的坚决斗争,美英方面再也没有类似的行动发生。又由于斯大林同美英政府进行了长时间坚决的斗争,最终促成了第2战场的开辟,使德国处于东、西两个战场的夹攻之中。(吴鑫《简论第二次世界大战中斯大林联盟战略思想》,《毛泽东军事思想研究》1998年第1期)

中国关于毛泽东军事思想研究 **关于毛泽东遏制战争的思想** 有作者撰文指出,遏制战争思想是毛泽东军事思想的重要组成部分,是毛泽东在战略指导上一贯坚持的指导思想。

*充分做好战争准备,以强大的实力遏制战争。*毛泽东指出:“要准备打仗”,“你准备不好,敌人就来了,准备好了,敌人反而不敢来了。”做好战争准备是遏制战争的前提。(1)充分发动群众,发挥人民战争的优势,以备止战。首先,充分调动人民群众保卫国防的积极性,以弥补军力的不足。其次,必须处理好军政、军民关系,实现军力与民力的结合,以便形成巨大的威力,赢得或慑止战争。再次,加强民兵建设,增强后备力量,使之成为一支维护国家和平与安全的巨大威慑力量。(2)搞好预设战场建设,增强战争潜力。首先,重点设防,重点守备,加强预设战场的建设,以遏制对中国的侵略战争。其次,备战、备荒,合理调整国防工业布局,并提出国防工业要实行平战结合、军民结合和发展尖端、加强常规的方针。(3)加强军队建设,强化遏制战争的军事手段。首先,加强各军兵种的建设,增强打赢和遏制战争的能力。其次,发展武器装备,增强遏制战争的手段。如中国先后掌握的原子弹、人造卫星和氢弹等技术,打破了核技术的垄断,建立了中国的有限核威慑力量。

*建立广泛的统一战线,遏制超级大国可能发动的战争。*新中国成立后,世界已进入冷战时期,毛泽东通过对国际形势的客观分析,采取灵活的统一战线的策略,团结和争取了世界广大和平力量,有效地遏制了霸权主义国家针对中国的全面战争。(1)采用“一边倒”的国际战略,打破美帝国主义对中国的遏制与封锁。中国加入社会主义阵营,结成反美统一战线,打破了美国对中国在经济上的封锁和军事上的威胁。同时,使中国经济迅速恢复,综合国力得到增强,进一步提高了中国遏制战争的能力。(2)采取“一条线”、“一大片”的国际统一战线策略,遏制苏联可能对中国的大规模入侵。60年代末至70年代,苏联推行南下战略,与美国展开全面争夺,成为对世界和中国安全的最大威胁。为了遏制苏联的进攻,毛泽东抓住美国想同中国合作的有利时机,推动中美关系正常化的进程,提出联美遏苏的“一条线”、“一大片”的国际战略。这一战略措施使中国成为世界“大三角”中的一角,为维护世界和平起到了重要的作用。毛泽东还打破了过去以意识形态划界的传统,提出了“三个世界”划分的理论。70年代,中国以此为基础,建立了包括美国在内的反苏统一战线,有力地遏制了苏联的全球进攻势头。

*把握战争主动权,以军事手段遏制战争。*毛泽东认为对于胆敢来犯之敌,必须通过有力的军事手段遏制战争。(1)传递备战的决心,以势遏制战争。为避免战争,必须在发现战争端倪之后,明确表示我方用军事手段捍卫国家利益的决心和能力,以巨大的声势遏制战争的爆发。建国初期,毛泽东在反对美蒋军事和政治联合,防止美国干涉台湾问题的斗争中,成功地运用了这一手段。(2)显示实力,慑止可能爆发的战争。50年代中后期,毛泽东巧妙地运用这一艺术,遏制了美国企图利用核讹诈使中国放弃武力解放台湾,制造“两个中国”的阴谋。(3)实施实战威慑,以战止战。毛泽东通过抗美援朝战争,遏制了美国侵略企图,其成功经验主要有以下几方面:首先以志愿军的名义入朝作战,避免了中美的直接对抗,防止了战争的扩大化。其次,有力地打击了美国及李承晚的军队,把握了军事上的主动。再次,科学分析国际形势,充分做好最坏的准备。(尹新建《毛泽东遏制战争思想初探》,《毛泽东军事思想研究》1998年第2期)

关于毛泽东局部战争的战略指导思想 有作者撰文指出,毛泽东局部战争战略指导思想是在新中国成立后的军事斗争的实践中逐步完善的,其主要内容有以下6点:

*确保国家有一个和平稳定的政治和经济建设环境。*新中国成立后,中国共产党军事斗争的中心任务转向保卫新生政权,维护国家领土的完整和主权不受侵犯,恢复和发展国民经济。人民解放军曾先后与不同的敌手进行了交战,且每次作战行动都几乎是直接或间接与某个超级大国较量,斗争显得异常错综复杂,军事斗争更鲜明地体现了自卫反击的性质和后发制人的特点。保卫国家安全,确保国家有一个和平稳定的政治经济环境,这是建国后毛泽东局部战争战略指导思想的基本着眼点。

确定有限的作战目的(目标)。战争的目的(目标)直接影响着的战争规模。如果单纯凭借敌我双方军事力量的对比来规定战争的目的(目标),就容易造成在我方优于敌方的情况下追求过高目的,导致战争升级。当我军事力量劣于对方时,一定要在力所能及的范围内规定目的,确保有把握地实现作战目标。毛泽东在确定作战目的上,紧紧围绕国家利益的需要来确定战争的有限目的(目标),从而保证了对敌人的侵犯作出恰如其分的反应,使战争的时间、规模、使用兵力兵器等始终囿于有限的战争目的。

军事斗争服从于并紧密配合政治外交斗争。局部战争是国家处于相对和平时期的一种特殊的斗争形式,它更加强调军事斗争服从于政治外交斗争的原则,以保证实现国家的根本利益。建国后的局部战争和边海防斗争都包含着军事、政治、经济、外交等多种斗争形式(但军事斗争依然不能超越政治外交斗争的需要),且各种斗争形式又相互交织在一起,错综复杂。在这方面,毛泽东则是集政治、外交和军事斗争才能于一身的大师。如在1962年的中印边境自卫反击作战中,人民解放军根据政治、外交斗争的需要,决定军事的打、停、进、撤,演出了一场有打有停、有进有撤、有缴(获)有还、有俘有放的政治军事仗。既完全打乱了印军的部署,又彻底暴露了印度反动派的真面目。

坚持有理、有利、有节的原则。新中国成立后,周边爆发的局部战争,都是具有大国背景的极为复杂的国际范围的殊死斗争,党中央和毛泽东主席高瞻远瞩,审时度势,为整个斗争制定了英明正确的方针和政策,并善于把握战机,掌握战场主动,坚持有理、有利、有节的原则,抓住有利于我不利于敌的时机,调动全局,把握关节,指挥人民解放军夺取了一个又一个的伟大胜利,使敌人既输了理,又吃了败仗,处于进退两难、十分难堪的地步。对于一些周边国家所推行的侵略扩张政策,毛泽东一贯主张通过和平谈判、公平合理的解决边境争端。只有在忍无可忍、退无可退的情况下,才实施有限度地自卫反击。而且自卫反击作战,不打则已,打就要把敌人打狠打痛。只有打狠打痛才利于边境局势的和缓,利于我政治外交斗争。但是,打狠打痛也要有个"度"的问题,不是无止境地打下去,而是要打的恰到好处,适可而止,从而使我在政治上、外交上和军事上更趋于有理、有利、有节的地位。

以武力为后盾,力争和平谈判结束战争。在相对和平时期,军事斗争不只是双方军事力量的较量,而是以军事力量为主与政治、经济、外交等各种力量相结合的全面较量。因此,军事手段与非军事手段必须紧密结合。为维护国家领土主权完整和有一个安全的经济建设环境,毛泽东重视将武力方式与非武力方式紧密结合,力求以武力为后盾,用非武力方式(即和平谈判)结束战争。这是建国后毛泽东对结束局部战争最基本的战略指导思想。抗美援朝战争5次战役之后,美方迫于军事上和舆论上的压力,不得不同意举行停战谈判。毛泽东分析了双方力量对比,提出做好两手准备,实行谈打结合的方针。他指示参加谈判的代表要耐心谈,参加作战的部队要狠狠地打。只有这样,才能夺取战争的最后胜利。战争形势的发展,证实了毛泽东的科学预见。(韩龙文、史成群、陈亚峰《毛泽东局部战争战略指导思想浅析》,《军事历史》1998年第3期)。

关于毛泽东屯垦戍边思想　有作者撰文指出,毛泽东屯垦戍边思想,是在继承和借鉴历史上军队屯垦戍边经验教训的基础上形成的。毛泽东屯垦戍边思想的基本内容,可以概括为军民在扎根边疆、备战边防、保卫边疆的同时,积极参加边疆的生产建设,繁荣边疆经济,提高边疆的综合实力,加强民族团结,维护和促进国家统一,从而实现边疆地区的长治久安。这一思想,产生于中国革命战争的特殊环境之中,并随着中国革命和建设的发展而不断丰富和完善。在整个新民主主义革命时期,人民军队是在无固定后方、缺乏物资保障的极其困难的环境里与强敌实施武装斗争的。这一特定的环境,决定了人民军队要完成自己的历史使命,就必须执行打仗、做群众工作、生产这个军事、政治、经济三位一体的任务。通过履行工作队、生产队的职能,促进战斗队根本职能的实现。新中国成立后,国家和军队建设的环境发生了根本变化。发展经济特别是带动和帮助边疆地区恢复和发展经济,成为摆在全党全国人民面前的一项紧迫任务。同时,尽管军队建设的时代环境发生了根本性的变化,但军队永远是一个战斗队,要时刻准备打仗的根本职能没有变。对此,毛泽东在组织制订的《人民政治协商会议共同纲领》中明确规定:"中华人民共和国的军队在和平时期,在不妨碍军事任务的条件下,应有计划的参加农业和工业的生产,帮助国家的建设工作。"在毛泽东屯垦戍边思想指导下,建国以来大规模的屯垦戍边取得了巨大的成就。特别是12个军区的生产建设兵团的成立,在屯垦戍边、开发边疆、建设边疆以及促进各民族的大团结方面发挥了重大作用。

随着社会主义市场经济的迅速发展,边疆地区改革开放程度的日益扩大,边境地区出现了一些新的不稳定因素。在这种形势下,继承和弘扬毛泽东屯垦戍边思想,对于促进新时期的边防建设,有着重大的意义。第一,屯垦戍边是强边固防、兴边稳边的重大战略举措。兴边就是振兴边疆经济,稳边就是保持边疆稳定。边疆经济的迅速发展和经济实力的不断增强,是稳固边防的基本保证。第二,加强党政军一体化领导,是屯垦戍边、强边固防的根本保证。只有这样，才能增强和提高组织指挥效能，简化组织指挥程序，充分提高和发挥屯垦戍边的效能。第三，劳武结合是屯垦戍边、强边固防的基本形式。边境地区大都地广人稀，远离内地，交通不便，战备边防任务繁重。平时，大批部队驻边，国防耗费很大。但部队过少，一旦有事，又鞭长莫及。解决这一矛盾的最好办法就是屯垦戍边，实行劳武结合，亦兵亦民，寓兵于民，将戍边与生产紧密结合起来，做到戍边与生产两不误。第四，屯垦戍边队伍是强边固防的重要力量，必须下大力抓好屯垦戍边队伍建设。培养一支过硬的劳武结合的队伍，使国防建设和经济建设融为一体，既保卫边疆、建设边疆，又帮助和促进边境地区各族人民走上富裕的道路，努力提高强边固防的整体威力。（陈连洪、张太星、严正华《对毛泽东屯垦戍边思想的几点认识》，《中国军事科学》1998 年第 1 期）

关于毛泽东军事谋略中的心理战艺术　有作者撰文指出，毛泽东作为伟大的无产阶级军事家，将心理学与军事谋略融为一体，运用之妙，达到炉火纯青的境地。

*运用各种方式，激发需求动机。*需要是行为的基础，是激发人们产生某种行为的重要动机。毛泽东擅长抓住敌军的需求心理，运用各种方式，激发并利用其作战动机，寻机打击敌人。如针对敌军计胜而不计败、知利而不知害、见得而不见失、图小而不顾大、明于眼前而昧于以后等特性，毛泽东常以利诱之，暗下圈套，让其“自觉”来钻。再如解放战争时期，根据毛泽东规定的以歼灭敌军有生力量为主、不计一城一地得失的作战原则，在战争的头 8 个月里解放军先后放弃 105 座城市，使蒋军背上沉重的包袱，而解放军却行动自如，处处寻机歼敌。

*针对敌个性心理，控制其情绪。*消极的情绪往往造成将帅自制力降低，直接影响决策思维和指挥效能。毛泽东善于利用敌军的不同个性心理特点，调动控制其情绪，尽可能地使其思维混乱，以争取自己的胜利。这是毛泽东将谋略心理原理与灵活机动的战略战术融为一体的综合体现。(1)利用敌之骄横纵骄，诱而击之。如 1947 年 2 月，胡宗南大举进逼延安时，毛泽东指挥西北野战军主动放弃延安，造成敌盲目乐观、头脑发昏。待其兵力分散，漏洞暴露较多时，解放军乘隙连续“三战三捷”，很快扭转了陕北战局。(2)用激将法去调动敌军，使之失去理智，创造战机歼敌。红军初创时期，毛泽东总结提出的“敌进我退、敌驻我扰、敌疲我打、敌退我追”的十六字诀战术，以及在解放战争中创造的“叫化子打狗——边打边走”、“蘑菇”战术等，都是破坏敌人士气、激怒敌将之心的有效战法。(3)毛泽东非常重视对敌施加精神压力，造成敌人心理负担，使敌陷于怯战、自相惊扰的恐惧状态而导致失败。毛泽东认为，伤其十指，不如断其一指。为此，他一贯主张歼灭战的战法。力图以此使敌士气沮丧，人心不振；使我士气高涨，人心振奋。抗日战争中，毛泽东又提出恐吓敌人的许多战术方法：如动员民众坚壁清野，使进攻之敌饥疲不堪；派遣许多游击小组，进袭驻止之敌，使之一夕数惊，发生疲劳情绪；散布谣言，虚张声势，促敌发生动摇，然后进行袭击等。

*示形用佯，制造错觉。*制造错觉，就是给予敌人以不全面的虚假的客观刺激，使之信以为真，进而形成错误的决心和部署。(1)毛泽东在抓敌军变化的心理状态上，注重顺从敌意，投其所好，使敌在时间和空间方位上产生错觉。辽沈战役结束后，毛泽东对已成“惊弓之鸟”的傅作义集团，采取了秘密进关、缓攻太原、归绥撤围、停攻保定、谈判稳敌、淮海缓歼等一系列迷盲措施，造成蒋介石和傅作义举棋不定。当解放军完成一切作战部署时，敌才大梦初醒，但为时已晚。毛泽东重视在敌强我弱条件下，通过“走”来迷惑调动敌人，虚实互变制造敌军的错觉，创造与捕捉有利战机，达到“打”的目的。他在长征中指挥的四渡赤水之战，就是其中最典型的一个战例。毛泽东还善于利用敌军按习惯、经验衡量事物的思维定势心理，反常用兵，甚至造成敌军的认识错觉，以巧胜敌。（黄祝珊《浅谈毛泽东军事谋略心理艺术》，《毛泽东军事思想研究》1998 年第 2 期）。

关于毛泽东控制作战节奏的艺术　有作者撰文指出，控制作战节奏，是指挥员根据需要和战场态势对作战行动的快与慢、攻与防、停与打等方面的调控活动。目的是夺取军事斗争、政治斗争、外交斗争的主动权。毛泽东在长达数十年的战争实践中，以超人的智慧和胆略，出色地谋划了各种重大作战活动，其控制作战节奏的艺术令世人赞叹不已。

*着眼政治斗争需要，准确把握作战节奏。*1954 年 11 月 2 日，美国与台湾当局签定《共同防御条约》。为挫败美帝国主义粗暴干涉中国内政的阴谋，表明中国共产党统一祖国的决心，毛泽东亲自导演了针对美蒋的炮击金门之战。1958 年 8 月 23 日，快节奏首次突击，陆海协同全面封锁金门，惩罚了蒋介石反动集团，炮击 10 天，宣布领海线，以实力显示中国维护自身权益的决心和力量，9 月 4 日至 7 日，炮击护航编队，只打蒋舰，不打美舰，摸清了美国底盘；继续炮击、封锁金门，扩大美蒋矛盾；打而不登，封而不死，表明和平统一祖国的基本立场；单日打，双日停，告诉蒋介石，不准美国人插手中国内政，中国的问题由中国人自己解决。在这场斗争中，毛泽东表现出了高超的谋略艺术和根

据国际斗争需要控制作战节奏的艺术，始终掌握着斗争的主动权，从根本上惩罚了西方大国企图制造“两个中国”的阴谋。

*着眼战略全局，宏观协调各作战方向的作战节奏。*在毛泽东指挥的重大战役中，宏观上协调各战场作战节奏最突出的事例就是平津战役与淮海战役作战节奏的协调。平津战役第1阶段对傅作义集团“围而不打”、“隔而不围”与淮海战役第2阶段对杜聿明集团的“只作防御、不作攻击”的协调，目的是抑留傅作义集团于平张地区，使其不能南下。平津战役第2阶段歼灭新保安、张家口、天津之敌与淮海战役第3阶段对杜聿明集团的总攻相协调，从而获得了在华北、淮海战场的双丰收，根本上决定了国民党在军事上完全失败的命运。

*根据作战重心，运用各种作战形式，灵活控制作战节奏。*毛泽东善于运用马克思主义的基本原理，根据各个时期军事斗争的重心，创造性地运用运动战、阵地战、游击战3种作战形式，控制战略、战役节奏。第一次国内革命战争时期，红军以运动战手段来控制作战节奏，曾打破国民党的多次“围剿”和“进剿”；抗日战争时期，毛泽东根据敌强我弱的实际，把游击战提高到战略地位，作为最终改变抗日战争攻防双方作战节奏的重要手段；解放战争中解放军把运动战、阵地战有机结合，演出了一场场攻防有序、动静相融的战争活剧，表现出了毛泽东高超的控制作战节奏的艺术。

*着眼战略态势，先敌转变作战节奏。*在人民解放军战史上，毛泽东亲自指挥的作战有80多次，防御战役占多数，然而即使在总体的防御态势下，毛泽东也从未放过任何一个进攻的机会，总能够抓住战机，先敌转变作战节奏，攻务求必克，守则必固，充分展现了一个无产阶级革命家的胆识和韬略。如在解放战争中毛泽东抓住国民党军深陷山东、陕北两个战场，而中原兵力却十分空虚的有利时机，决定人民解放军立即转入战略反攻。命令晋冀鲁豫野战军在鲁西南强渡黄河，千里跃进大别山，与陈谢、陈粟大军在中原协同作战，根本改变了敌攻我防的战略态势，加速了全国解放战争的进程。（吴朝全、姜世夺《毛泽东控制作战节奏的艺术》，《毛泽东军事思想研究》1998年第1期）。

（王世华）

中国关于邓小平军事理论研究 1998年，中国关于邓小平军事理论研究具有如下特点：一是结合探索新形势下治军特点和规律的需要，深入挖掘邓小平军事理论的重大意义。二是结合纪念中共11届3中全会召开20周年的理论研讨，深刻总结以邓小平军事理论指导军队建设的经验。

关于邓小平军事理论的概念 有作者撰文指出：当前需要确立“邓小平军事理论”这一新概念。其原因：一是随着中共15大以“邓小平理论”这一新概念，取代原有提法“邓小平建设有中国特色社会主义理论”，军事工作战线也需要用“邓小平军事理论”的概念代替“邓小平新时期军队建设思想”的提法。二是邓小平理论是一个涵盖诸多方面的思想体系，确立新概念，便于把军事战线的指导思想同全党的指导思想更加明确地衔接、统一起来。三是能更全面地反映新时期以来邓小平军事论述的丰富内容。四是把这一概念同毛泽东军事思想联系起来并提，便于更加鲜明地反映邓小平在军事领域留下的思想财富的历史地位和长期指导作用。五是便于深入领会并更加自觉地贯彻新时期以来邓小平的军事论述。（傅立群、黄迎旭《需要确立“邓小平军事理论”这一新的概念》，《中国军事科学》1998年第2期）

关于坚持邓小平军事理论的指导地位 军事科学院撰文指出，坚持邓小平新时期军队建设思想的指导地位，应包括如下内容：第一，党的领导是军队的“军魂”，必须始终不渝地坚持党对军队的绝对领导；第二，服从并服务于国家建设大局是新时期军队建设的重要方针，必须坚持军队建设与经济建设协调发展；第三，积极防御的战略方针是新时期军队建设的基本依据，必须以新时期军事战略方针统揽全局；第四，新时期军队建设的中心是解决现代化问题，必须牢牢抓住这个中心；第五，正规化程度是军队质量水平的重要标志，必须坚持依法从严治军，不断提高正规化建设水平；第六，军队要讲真正的顶用的战斗力，必须注重质量建设，依靠科技强军；第七，改革是军队建设的强大动力，必须积极稳妥地深化军队改革。（军事科学院《在邓小平新时期军队建设思想指引下继续奋进》，《解放军报》1998年12月16日）

关于邓小平新时期治军理论 有作者从哲学的角度考察邓小平的新时期治军理论，认为这一理论坚持将辩证唯物主义和历史唯物主义运用于治军工作，有如下特点：一是“普遍联系”的新时期治军观。邓小平从军队赖以存在的基本社会条件入手，抓住新时期治军问题与国内政治、国际形势和人类文明的本质联系，制定军队发展的基本战略，确立了新时期治军的基本方向。二是“矛盾分析”的新时期治军观。邓小平认为，新时期军队履行职能与军队素质之间的矛盾，是治军面临的基本矛盾，在不打仗的情况下，教育训练是提高军队素质、解决治军基本矛盾的根本途径。三是“求真务实”的新时期治军观。在邓小平看来，“求真务实”必须大胆创新，在中国的土地上研究外国学习外国，立足现实审视历史开拓未来，军队建设要走有中国特色的精兵之路；武器装备“要搞出中国式的更好更新的东西”，要有自己的“杀手锏”。“求真务实”必须反对形式主义。追求“管用”是邓小平思想方法的一个重要特征。（冀永兆《对邓小平新时期治军理论的哲学思考》，载于《伟大的成就，光辉的未来》一书，国防大学出版社1999年8月出版）有作者探讨了邓小平治军理论的哲学基础。认为邓小平治军理论的全部内容都贯穿着实事求是的精神：从“实事”中抓根本，“求”规律；正视“实事”，认真“求是”。邓小平治军理论的思维方法集中表现为实事求是的方法：用辩证的观点分析治军面临的矛盾，用系统的观点研究治军的方略，用发展的观点确定治军的对策。（马殿魁《邓小平治军理论的哲学基础》，《军事学术》1998年第7期）还有作者认为，邓小平治军理论有4个基本特征：一是在军队建设指导思想上，具有全局性。提出“服从全局”的思想，重新确立了军队建设和国家经济建设的主次关系和先后关系；进一步拓展了军队对国家经济建设的职能范围；提出了“在大局下行动”的思想，阐明了军队建设与国家经济建设必须协调发展。二是在军队建设目标上，强调以现代化建设为中心，具有时代性。三是在军队建设的发展道路上，强调质量建军，走精兵之路，具有探索性。四是在军队建设的战略措施上，强调依法治军，具有规范性。其中最鲜明的思想有：法典为先的思想，执法从严的思想和教育为本的思想。（荣文仿等《试论邓小平治军理论的基本特征》，载于《伟大的成就，光辉的未来》一书，国防大学出版社1999年8月出版）

邓小平关于新时期军队教育训练要高度重视素质培养的思想 这一思想的基本点主要包括：一是在军队战斗力的生成和发展过程中，抓住“素质”这一人的因素的基础因素，作为提高军队现代作战能力的关键性环节，科学而深刻地揭示了人的素质与现代战斗力及装备之间的辩证统一关系。二是着眼于当代军事的发展和现代战争作战指挥能力的实践需要，注重军事人才素质的质量构成和质量建设，对军事人才特别是战斗部队的干部素质进行了科学界定。三是揭示了素质提高的根本途径及其重点对象，确定了素质训练在新时期军队教育训练中的基础和核心位置，为新时期军队教育训练的改革和发展指明了方向。坚持这一思想对教育训练改革与发展的指导，必须站在世界军事革命和提高现代条件下军队自卫作战能力的高度，充分认识改善官兵素质的重要性和迫切性，强化素质观念，加强对官兵现代化素质的研究；必须在和平时期的教育训练中突出官兵优良素质的培养和造就；必须将军队院校以应试教育为特征的传统办学模式逐步转变为素质教育，并以此确立办学指导思想，为军队干部的培养奠定更加坚实的基础。（高衡《论邓小平关于新时期军队教育训练要高度重视素质培养的思想》，载于《伟大的成就，光辉的未来》一书，国防大学出版社1999年8月出版）

关于邓小平新时期军队政治工作思想 有作者撰文指出，邓小平针对军队政治工作出现的新情况、新问题，系统地阐述了新时期军队政治工作理论的内容：一是新形势下军队政治工作只能加强，不能削弱。二是根据新形势、新情况，把军队政治工作的任务落到实处：保证党对军队的绝对领导、保证人民军队性质；用马列主义、毛泽东思想武装官兵头脑；着力培养社会主义“四有”军人，使军队精神文明建设走在全社会前列；按照“革命化、年轻化、知识化、专业化”的标准，建设一支高素质的干部队伍；从各个方面搞好军政军民关系，搞好官兵关系。三是改革政治工作，提高新形势下政治工作的效果：要扎实有效地抓好思想政治教育这个中心环节；政治工作要在继承优良传统的基础上改革创新，增强针对性、系统性和有效性；注意改善部队物质文化生活；对思想问题主要采取说服教育的方法，不搞压服，不搞运动；把思想教育同加强政策、制度和法规建设相结合，用条令条例、规章制度管理部队；党委要加强对部队政治工作的领导。（洪保秀《新时期我军政治工作的科学指南》，载于《伟大的成就，光辉的未来》一书，国防大学出版社1999年8月出版）

关于邓小平军费管理思想 有作者在分析邓小平军费管理思想时指出，邓小平运用马克思主义军事理论的基本观点，从战略全局高度阐述的军费管理思想，具有以下4个特点：一是从政治高度，把握军费管理改革的正确方向。通过管理体制、分配制度等方面的改革，保障军事战略方针的落实和重大军事任务的完成。二是服从国家经济建设大局，在大局下行动，在忍耐中求发展，在过紧日子中有所作为，切实保证军队质量建设。三是优化军费结构，突出保证重点。重点保障部队生活，保障战备急需，保障国防科研和武器装备建设发展，保障应急作战部队提高快速反应能力。四是以效益为中心，改革军费管理方式方法。通过推行包干责任制、指标控制、标准化管理等方法，试行国家军事订货制度和装备经费的全寿命管理；调整管理职能，加强军费的监督管理，充分发挥有限军费的保障效益。（孙志强《以邓小平国防经济理论为指导，优化军费资源配置》，载于《伟大的成就，光辉的未来》一书，国防大学出版社1999年8月出版）

关于邓小平军事与社会协调发展的思想 有作者分析了邓小平关于军事与社会协调发展的思想，认为这一思想的方法论原则在于：以国际社会为背景确立国防发展战略的指导思想；以国家整体利益为最高准则实现军队建设的发展目标；以社会全面进步为着眼点促进军地之间的密切合作；以增强综合国力为根本途径谋求人民战争胜利的保证。这一思想的主要内容:一是维护国际和平论。邓小平不仅创造性地提出了和平与发展的理论,而且审时度势地果断裁军100万。强调只要不出现严重威胁中国国家主权和安全的情况,中国的国防费就不会大幅度增加,中国永远不会威胁、侵略别国。二是发展综合国力论。邓小平指出要以国家经济建设为前提,加强军队和国防建设,使其在综合国力的增强中得到统一和发展。三是社会稳定论。邓小平强调中国的问题,压倒一切的是需要稳定。为保障稳定,人民军队必须坚持"党指挥枪"的原则,拥护党的"一个中心,两个基本点"的基本路线,维护自身团结,履行自己的职能。四是总体改革论。邓小平把军队体制的改革与国家社会的改革联系在一起,并坚持这种总体改革的思路不动摇。五是寓兵于民论。邓小平指出武装力量建设要实行精干的常备军同强大的后备力量相结合,为进行现代条件下的人民战争奠定更广泛、更坚实的社会基础。六是军民兼容论。邓小平提出国防工业要走在国家统一规划下,军民结合,以民养军的道路。七是军民共建论。邓小平高度重视并号召"军民共建社会主义精神文明"。八是两用人才论。邓小平要求把军队办成一个大学校,使干部战士转业复员后适应社会的需要。九是全民国防教育论。邓小平非常重视国防教育,强调用历史来启发人们的国防意识,使全社会的成员都自觉为富国强兵奋发努力。(毕文波、武晋仁《论邓小平关于军事与社会协调发展的思想》,《中国军事科学》1998年第3期)

(方　宁)

中国当代著名人物军事思想研究　关于周恩来国防科技建设思想　有作者撰文分析了周恩来国防科技建设思想,认为其主要特点有3个:

(1)国防科技建设必须从国情出发实事求是。首先,必须制订符合国情的国防科技建设规划。周恩来认为,要实现国防科技现代化,重要的是要有一个符合国情的科技发展规划。为此,必须深入调查,反复论证,对国际形势、自己的国力和影响外部世界的能力都有一个正确的估计和认识才行。其次,必须严格遵循科学发展的客观规律。周恩来认为,发展中国的科技事业,尤其是进行尖端武器的研制,一定要按客观规律办事。要认识客观规律,不能怕失败,科学实验有时必须经过失败,甚至多次反复才能成功。科研工作要在一定的基础上循序渐进。第三,必须打破常规,尽量采用先进技术。周恩来认为,要赶上世界先进的科技水平,就不能走世界各国科学技术发展的老路,跟在别人后面,一步一步地爬行。必须打破常规,尽量采用先进技术,在不太长的时期内,赶上或接近发达国家的水平。

(2)国防科技建设必须从战争需要出发成龙配套。周恩来认为,战争是物质力量的抗衡,一个国家如果没有自己的军事工业体系,战时就难以保障各种武器弹药的供给。对于国防科技建设来说,既要为打赢战争提高战斗力,又要为遏制战争增强威慑力。力求做到应有皆有,成龙配套。为此他领导国防科技部门先后解决了常规武器和原子弹、导弹等尖端武器的成龙配套问题,为巩固国防,打破超级大国的核威胁、核讹诈作出了重要贡献。

(3)国防科技建设必须以自力更生为主争取外援为辅。周恩来主张建设现代化国防,必须坚持以自力更生为主争取外援为辅。但强调自力更生,并非是主张自我封闭,完全排斥外援,而是要在坚持自力更生的基础上接受外援,实行有益的国际合作,以便把"外国一切好的经验、好的技术,都要吸收过来,为我所用"。为此周恩来还提出一整套方针和原则。其要点是:第一、对外交流要重视科学技术调研,以便为中国的国防科技事业攫取大量有益的信息、经验和技术。第二、引进国外技术必须是最好的,国内最急需的,以缩短国防工业和国防科技发展进程。第三、学习外国科学技术必须同独创精神相结合。周恩来的这一思想,为中国后来提出引进外国先进技术"一学、二用、三改、四创"的八字指导方针,奠定了理论基础。(杨中富《论周恩来国防科技建设思想》,《毛泽东军事思想研究》1998年第4期)

关于彭德怀的军队正规化思想　有作者撰文对彭德怀战争年代和建国后的军队正规化思想进行了分析。

战争年代彭德怀的军队正规化建设思想。(1)根据战争实践探索部队的正规建设。抗日战争刚刚开始,彭德怀就针对红军改编为八路军一事,提出关于提高指挥员的战术素养、掌握新的军事技术,改善部队装备、统一编制和各种制度,严格管理教育、克服散漫现象,严肃军风纪,提高政治水平、保障一切军事政治命令之执行,消灭文盲,加紧马克思列宁主义的基本教育等部队正规建设的7条标准。同时在理论上探索了正规军建设问题。他先后撰文指出:要在华北长期坚持敌后抗日战争,首先必须有优良的正规军和普遍的游击队。要使地方武装逐渐发展成为地方军,发展到一定程度,就可以转变成为正规军。并将游击主义视为军队正规化与进一步提高战斗力的障碍。(2)重视建立健全部队的规章制度。彭德怀认为,人民军队的规章制度是保证其军政质量建设的重要措施。从平江起义起,他即在部队实行共产党党代表制度和士兵委员会等制度,保证了部队的革命性质。此后,为实现军队的正规化建设,他又领导红3军团、八路军和西北野战军,先后建立健全了一系列规章制度。(3)着力加强部队的军事训练和教育。彭德怀长期担任军队重要领导职务,对于军事训练与作战胜负的关系有深刻而独到的理解。他曾向八路军部队发出关于军事教育训练的指示,要求各部队在整军过程中,必须抽出二分之一或更多的时间进行军事训练,并领导八路军多次开展整军运动和精简整编、大练兵运动,不断加强部队的正规化建设。

50年代彭德怀的军队正规化思想。(1)转变观念,提高认识,从思想上保证军队正规化建设。面对和平时期军队建设出现的许多新情况,彭德怀向全军明确提出,正规化就是要把全军的各个方面用正式的规格,即条令的规定彻头彻尾地统一起来,主要的就是统一装备、统一编制、统一训练、统一制度、统一纪律,以适应统一指挥、协同作战的需要。于是,"5个统一"成为军队正规化建设的基本内容。(2)精简整编部队,调整编制体制,从组织上保证军队正规化建设。为此,彭德怀提出三多三少一增的原则:即多减机关,少减部队;多减步兵,少减特种兵;多减战士,少减干部,增建学校。通过50年代中期的两次精简整编,人民解放军完成了由以陆军为主体向诸军兵种合成军队发展的初步转变,并实现精简人员240万人。(3)修改制定条令条例,从法规上保证军队正规化建设。彭德怀不但主持军队制定了各种条令条例,而且组织编写了解放军自己的军事教范,为建立正规秩序,规范军人的行动和准备反侵略战争,提供了有力的法规保证。(4)推行义务兵役制、军衔制、薪金制,从制度上保证军队正规化建设。彭德怀认为,中国人民解放军由志愿兵役制改为义务兵役制,可为人民解放军提供可靠的常备兵源。军衔制体现国家给予军人的一种荣誉,可鼓励其在军队中工作和上进心。为解决团、营、连干部的生活困难,急需实行薪金制度。在彭德怀的大力推动下,三大制度的实行,极大地增强了全军官兵的责任感和荣誉感,为军队正规化建设提供了有力的制度保证。(5)开展军事训练,加强军事院校建设,从人才上保证军队正规化建设。由于武器装备的不断改善和军兵种的先后建立,需要不断加强军事训练,才能保障部队战斗力的提高。对此,彭德怀指出,部队军事训练工作是全军的工作中心,培养教育干部的学校工作又是中心的中心。在他的积极努力下,全军形成了军事训练高潮,扩大了军队院校,培养训练出了大批军政人才。(6)开展军事科学研究,从理论上指导军队正规化建设。彭德怀将军事学术研究工作的任务归纳为:一是系统地总结全军的军事工作和政治工作经验,研究和编写中国军队的战史;二是以毛泽东军事著作为指针,根据全军装备的实际情况,编写军事教范和条令;三是研究帝国主义的战争潜力、备战措施、战略战术及其特点。在彭德怀的大力推动下,军事科学研究工作得以迅速开展和繁荣起来,为军队正规化建设提供了有力的理论指导。(陈浩良《彭德怀军队正规化思想和实践》,《中国军事科学》1998年第4期)

关于刘伯承的办校治学思想 有作者撰文从4个方面分析了刘伯承的办校治学思想。

服从相对和平时期军队建设的客观规律,把军事教育作为实现军队革命化、现代化、正规化的关键来抓。进入和平时期,刘伯承从军队革命化、现代化、正规化建设需要和长远发展的高度提出的"治军必先治校"的教育思想,体现了相对和平时期人才为本、教育为先的客观规律。(1)在军队建设由战争年代向和平时期转变的历史关头,必须通过严格、正规的院校教育,培养一大批治军骨干。这是刘伯承在新中国成立不久致信党中央、毛泽东所强调的重要思想。军队现代化建设,人才是根本,基础在教育。只有把院校的建设搞好了,向部队输送一大批高质量的人才,才能带动和促进部队建设质量的提高。因此,在军队现代化建设时期,必须把院校建设摆在诸多工作的优先位置抓好。(2)军队建设由单一兵种向诸军、兵种发展的重要时期,院校教育必须随之增加相应的专业设置,满足部队建设需要。军队现代化建设的一个重要标志,就是军、兵种专业的扩充和科学技术含量的增加。为满足军、兵种部队建设需要,在刘伯承的领导下,军事学院先是增设了政治系、海军系、空军系、炮兵系、装甲兵系、防化系等专业,主动承担为各军、兵种部队培训干部的任务。随后又以军、兵种专业为基础,分别组建海军学院、空军学院、炮兵学院和装甲兵学院,从而将院校建设和培养高级干部的事业又向前推进了一大步。刘伯承关于院校教育必须随部队建设的发展而发展的思想,反映了院校与部队之间服务与被服务的关系,体现了军事院校的办学方向。

解决好办校治学的根本问题,确立正确的教育方针和教育目标。(1)依据军事战略方针和军事斗争准备的需要,院校教育必须培养能够打赢现代战争的合格指挥员。早在军事学院建立初期,刘伯承就强调:要把军委扩大会议所决定的战略方针和国防建设问题,作为院校制定教育方针和培养目标的根据。这样,才能使院校培养的人才更能符合军队建设的要求。刘伯承依据军事战略方针制定院校教育方针的思想,反映了教育必须以需要为牵引的本质要求,揭示了军事战略方针与军事教育方针必须相一致的关系。(2)依据无产阶级人民军队的性质要求,院校教育培养的人才,要"成为在党的领导下为人民服务的工具"。刘伯承十分重视培养人才的政治素质,要求把政治素质的培养摆在各项素质培养的首位。他多次强调，要把学员培养成有坚强的党性观念，有高度的马克思主义的理论修养和政治修养，模范执行党的路线、方针、政策，保持和发扬党的优良传统以及符合党和人民事业需要的领导人才。

着眼于院校教学科研需要，精心抓好"基础工程"全面建设。(1)依据现代战争发展变化的特点和规律，构建与培养现代化军事指挥人才相适应的教学内容体系。对此，刘伯承指出："在学习上要跟上时代。"在教学内容的更新上，刘伯承强调，我们以前擅长的作战形式，因为今后作战时间、地点和敌我条件不同，必然在发展中有所不同。这些都须在防空、防空降、防坦克、防炮火、防原子化学等条件下加以研究。并将研究的成果充实到教学中去，通过教学，使学员掌握大量的现代战争知识，懂得现代战争的特点和规律，为提高指挥现代条件下、特别是原子化学条件下作战能力奠定知识和理论基础。(2)按照形成稳定的教学内容体系的要求，抓好教材这一"重工业"建设。教材是院校教学与科研水平的重要标志。所以，刘伯承注重坚持以提高教材质量来促进教学质量的治学思想，始终把教材建设作为"重工业"来筹划和实施。为此，他对教材的编写规定了5条原则：一要从学员的实际情况出发；二要密切联系军事实际；三是既要照顾到速成的要求，又照顾到科学性、系统性；四要强调教材学术内容的准确性、思想性和原则性，五是教材文字表达要清楚，必须做到不错不漏。(3)围绕教学和科研两个能力的提高，扎实做好军事学术研究工作。军事学术研究同军事教育，互为依托，互相促进。因此，刘伯承指出，教学水平要提高，必须与军事学术研究相结合，学术研究要先行一步，还特别要求军事学术研究要普及，并为军事学术研究制定了两条原则：一条是在政治上必须服从党的领导，进行世界观的改造；另一条是在学术上必须尽量发挥每个人的创造性，尽量发扬民主，开展讨论。在此基础上，将学术研究的成果用以教育学员。刘伯承坚持教学和科研"两条腿"走路的治学思想，不仅丰富和深化了学科内容，也使师资得到全面的锻炼。另外，将学术研究引入课堂，还可以增强教学效果。

遵循教学规律，系统解决院校教学及管理的有关问题。(1)按照严格规范教学、工作、生活秩序的要求，建立健全各项制度。刘伯承从创办军事院校开始，就着手建立健全各项规章制度。他明确指出：正规化就是严格地执行各种条令、条例，一切按条令、令例办事。刘伯承还主持制定了《训练组织及其工作暂行规定》、《暂行行政规章制度》、《十项暂行规则》和《内务值班制度》等，强调"执事者各职其事"，使院校处处有遵循，事事有依据。(2)着眼于提高学习效果，制定军事教育的基本原则。刘伯承在办校治学中，经常深入教学一线检查指导，归纳总结出许多行之有效的教学原则。第一，理论联系实际的原则。刘伯承主张学习现代军事科学必须使有工作经验的学员与有书本知识的学员相结合，互相补课，各向自己所缺乏的方面发展，使所学的科学文化知识与武器技术装备结合起来；将院校教学与部队训练和建设的实际密切结合，做到按战争需要和军队建设需要来培养干部。第二，发扬民主的原则。这是教为主导，学为主体的教学规律的要求。教学民主，也就是调动教和学两个方面的积极性，使教学相长，彼此互助，取长补短，共同长进，完成好训练任务。第三，精讲多练原则。由于我们培养的军事指挥员，"要负责指挥打仗，还要负责作参谋工作，还要负责训练军队"，而这些能力是通过反复练习才能具备的。为此，"教材文字要精简，以便节省出大量的时间留给学员们练习之用，锻炼能力，提高素质。(3)站在提高人才培养质量和院校长远发展的高度，建设一支精通业务的教师队伍。刘伯承始终把教员队伍建设放在院校工作的首位，认为办院校最要紧的是有好教员，这是办好院校的一项具有战略意义的长远建设，并向全院提出"尊师重教，教学相长"的要求，把它作为教员队伍建设的前提贯穿于各方面工作之中，以促进教员爱岗从教。刘伯承把教员任教能力、业务素质的提高，作为教员队伍建设的核心内容，主张教学与科研相结合，围绕教学提出科研题目，以题目研究的成果充实教学，进而提高教员素质。在刘伯承建设业务精通的高水平教员队伍的思想指导下，军事学院在短时间内，迅速成长起一大批能任教、治学、科研的教员骨干队伍，为军队的革命化、现代化、正规化建设做出了积极的贡献。(高巨文《试论刘伯承元帅办校治学思想》，《中国军事科学》1998 年第 4 期)

关于粟裕研究现代战争的方法论特征 有作者撰文对此进行分析，指出其主要特征有以下3个：

注重科学技术的发展对战争的影响，认识和把握战争。(1)从科技发展对武器装备带来的革命性变化认识战争。粟裕十分重视科学技术对战争的影响。他指出，原子加喷气，是今后战争不同于以往战争的特点之一。他还用武器装备的阶段论，来说明现代战争与过去战争的质的差别。提出要关注未来战争样式的变化。(2)从科学技术的发展对作战方式变化的推动作用来把握战争。粟裕特别注重以研究科学技术与现代战争的关系为主线，创造和发展新的作战方法，反复强调科学技术发展并广泛应用于军事，必然促进作战方法的改变。为此，必须努力探索和研究现代条件下的作战指导规律，以适应战争形势的需要。(3)研究和指导现代战争，必须从学科技、用科技入手。粟裕鉴于现

代化武器的科技含量越来越高，使用操作越来越复杂，要求全军要学习和掌握现代技术，干哪一行就该精通哪一行的技术。干部要专业化，要成为专家。(4)坚持唯物辩证法，充分认识科学技术对军事影响的两重性作用，坚持"两点论"，既从根本上承认科学技术对于作战方法发展的促进作用，又在具体条件下看到科学技术发展对于作战方法运用的限制作用，进而明确提出在敌人拥有大量核武器的条件下，战争爆发并不一定会打原子弹。

着眼战争形式的发展变化，努力把握新的作战指导规律。(1)粟裕从现代战争保存自己与消灭敌人的辩证关系的发展变化来研究现代战争的指导规律。他认为，过去我们始终把消灭敌人放在第1位，但在未来敌人拥有海空和现代技术优势的情况下，首先是保存自己，才能消灭敌人。为此，必须依据两者之间辩证关系的新变化，调整和发展作战指导思想。(2)粟裕在研究现代战争中，从全局入手，始终关注决定性的局部。他认为战争初期是一个具有决定意义的局部问题，关系战争的全局。如能抗住敌人战略突袭的最初几个浪头，保存自己的有生力量，从被动中夺取主动，就可以为尔后的作战行动创造有利条件。(3)粟裕认为，在战争矛盾运动过程中，把握战略转折和战区转折及战役转折的问题至关重要。为此，必须重视在不同的战争时期和每个战争时期不同阶段的作战形式的转换。即使在未来高技术条件下作战，也应注重研究各阶段作战特点及其相互间的联系，确定正确的作战形式。

立足以劣势装备制敌，在继承传统的基础上不断创新战法。(1)指出现代条件下的人民战争仍是我们克敌制胜的法宝，但必须赋予新的内容。粟裕指出，要赢得战争的胜利，仍然必须坚持人民战争的思想。但是，人民战争的战略战术必须有相应的发展。如果我们看不到现代条件下人民战争的新的特点和要求，思想陈旧，墨守成规，就一定会在今后的战争中付出大代价。(2)提出阵地战、运动战、游击战的打法要有新的发展。粟裕认为，关于阵地战，要重点设防，重点守备，打坚固阵地防御战。既能对付敌人坦克的连续突击，又能对付敌人从空中实施的垂直包围。关于运动战，一是打与坚守要点结合的小规模运动战；二是在一线防御部队后面的战场上，打中等规模的运动战。此外，还要打不依托阵地的运动战。关于游击战，主要任务是破坏敌人的运输补给线，袭扰敌人的供应基地、前线机场、导弹阵地、通信系统和指挥机关。除地方武装和民兵之外，有些坚守要点的部队，也可转入敌后作战。在某些重要方向，还可从野战军中抽派兵力到敌后开展游击性的运动战。(3)提出不仅要研究兵力集中的战法，更要注重研究火力集中的战法。粟裕认为，集中优势兵力，将不再主要是数量概念，更主要的是一个质量概念；打歼灭战所需要的力量优势，除了兵力、火力优势以外，还必须具有快速反应能力、快速机动能力和整体协调能力的优势。集中优势兵力，包括集中优势火力，不仅是作战指导上应关注的问题，同时也是和平时期军队建设必须高度重视的问题。(《试论粟裕研究现代战争的方法论特征》，《毛泽东军事思想研究》1998年第3期)

粟裕战略运筹有3个特色　有作者对粟裕的战略运筹进行分析，认为它有以下3个特色。

高瞻远瞩，谋全局大势为本。(1)胸怀全局，对中央军委的战略意图有着深刻的理解。粟裕认为作为一名战区指挥员，必须考虑如何通过自己的作战，更好地贯彻执行党中央、中央军委的战略方针。粟裕不仅能够深刻理解和创造性地执行军委的战略方针，而且勇于在关键时刻向军委提出富有远见的战略性建议。如举行淮海战役的建议，即是典型的例证。(2)从战略高度去筹划战役。粟裕认为，战略对于战役，处于主导、支配地位。为此，他每筹划一次作战行动，都自觉地把局部同全局结合起来，力争使每个战役都有利于改变战局，有利于总的战略意图的实现。(3)从全局上把握打第1仗与第2仗、第3仗的关系。粟裕认为，战略态势的改变，有时单靠一个战役是不能实现的，要经历几个战役才能得以实现。为此要走一步看几步，从全局上把握第1仗与第2仗、第3仗的关系。苏中战役的七战七捷就是一个例证。

着眼发展，根据形势变化，及时把战略转变贯彻到作战行动中。(1)适时转换作战形式和作战样式。粟裕认为，在不同的战争时期和不同阶段，应根据全局形势和敌我力量的对比，适时实施以作战形式为主要内容的战略转变。解放战争时期，华东之所以成为全国歼敌较多的战略区之一，一个重要的原因，是因为抗战胜利后，及时实行了军事战略转变。(2)不断摸索战争的特殊规律，以指导作战的胜利。粟裕认为，每一次战争都有其自身的特殊性，因而战争规律和战争指导规律也各有其特点，切不可墨守成规。针对60、70年代科学技术发展并广泛应用于军事，改变作战方法的新情况，粟裕强调，发展战略战术已成为军事工作的迫切任务。要着重研究在现代条件下以劣势装备战胜优势装备敌人的作战方法。

多谋善断，灵活用兵，能动地创造和捕捉战机。(1)隐真示假，声东击西。粟裕非常重视示形动敌，创造战机的问题，经常采取欲东而形以西、欲西而形以东、欲守形以攻、欲攻形以守、欲进形以退、欲退形以进的办法，造成敌人判断或决策失误，创造歼敌良机。(2)广泛机动，察机寻隙。粟裕认为，当敌人以密集靠

扰的战法向我进攻时,应最大限度地调动敌人,察机寻隙,从而创造有利战机,消灭敌人。1947年莱芜战役后,粟裕抓住敌军对我实施中央突破的时机,以反突破来对付敌人的突破,从敌战斗队形中楔入,切断对我威胁最大的中路先锋敌74师与其友邻的联系,终将其全歼。(3)攻其必救,围点打援。粟裕认为,攻其必救、围点打援,是创造和捕捉有利战机,从而达到歼灭敌人的有效手段。1948年豫东战役中粟裕就是利用攻占开封,诱敌来援,又在运动中拉开援敌两兵团的距离,最终全歼区寿年兵团的。(苗晓平《粟裕战略运筹的特色》,《军事历史》1998年第4期)

(木　工)

中国近代著名人物军事思想研究　**关于道光帝在鸦片战争时期的战略决策**　有学者对道光帝在鸦片战争时期的战略决策进行分析,指出他因受马背民族辉煌历史的影响,蔑视英国的坚船利炮,加之闭关锁国的狭隘视野,导致他在战略决策上屡次失误:首先,战前"先威后德"的方针与宋襄公一脉相承:战争爆发后将林则徐革职,对敌"柔远"的策略实为引狼入室。其次,因受防内重于防外的思想影响,对外部世界的军事革命一无所知,导致他的战略决策无法适应现实,内重外轻的设防思想和沿海一体防范的技术战术思想明显落后于西方。再者,受皇帝独专军政大权的落后统帅体制的影响,在战与和的决策中朝令夕改,丧失了许多战机;频繁换将、且多用无能之辈,使本来不强的军力进一步削弱。(陈相灵《道光皇帝在鸦片战争时期的战略决策》,《军事历史》1998年第1期)

关于洋务派的强兵御侮思想　有学者指出,19世纪70~90年代,洋务派开始兴办近代民用工业,是由于他们认识到了"先富后强"的重要性,其主要目的是强兵御侮。这表明其"自强"的思想已超出生产先进武器、整顿八旗、绿营的狭窄范围,开始从经济领域探索加强国防的问题,从而拓展和深化了"师夷长技以制夷"的战略思想。(施渡桥《洋务派对民用工业与强兵御侮关系的认识》,《军事历史》1998年第4期)

关于"常胜军"对近代中国军事的影响　有学者指出,"常胜军"虽然只存在4年,兵力最多不超过6000人,作战范围仅限长江地区,但它不仅加速了太平天国的失败,而且影响了后来中国的军事改革,带动了中国军事的初步西化。其具体作用有:一是使步兵弃弓矢而换洋枪。二是催生了中国的炮兵制度。三是传播了近代后勤体制。四是启动了西式练兵。五是开启了用外国军事顾问之先河。六是推动了洋务事业由沪发轫。(屈新如、陈选康《常胜军对近代中国军事的影响》,《军事历史》1998年第4期)

关于张之洞在甲午海战中的方略　有学者认为,张之洞虽未直接参加甲午战争,但他在甲午战争期间的多次建言献策值得重视。他提出了与李鸿章"保船制敌"的海军威慑战略不同的"以战为守"的积极防御思想,反映了当时国人对近代海军兵力的认识水平。同时,李鸿章调南洋军舰北上助战,而张之洞未予援手一事,责任不在张之洞:一则清廷并未向张下达明确的调舰命令,再则南洋军舰并不具备出海作战的能力。(苏小东《张之洞在甲午战争中的海军作战方略》,《贵州社会科学》1998年第5期)

关于康有为的军事改革思想　有学者将戊戌维新时期康有为的军事改革思想条理为5个具体的方面。(1)将军事改革与"振国体"结合起来,认识到了军事改革与经济改革的关系。(2)举国为兵的思想。提出兴办团练、兵农合一和改省为道、重军边疆等措施。(3)练精兵、选将才的思想。(4)精器械的思想。包括鼓励民间"制新械"、派人出国学习武器制造技术、购买外国武器以及建立枪炮厂等。(5)速成海军的设想。主张增加海军,多置战舰,培养海军人才。康有为的这些主张在维新时期部分被清帝采纳,起过一定作用,直到20世纪初仍有一定影响。(陶季邑《戊戌维新时期康有为军事改革思想述论》,《宁夏大学学报》1998年第2期)

关于清末编练新式陆军的思想　有学者通过研究分析,总结出清末编练新军的指导思想。即张之洞《选募新军创制洋操折》中所讲"额心足,人必壮,军火必多,技艺必娴熟,勇丁必不当杂差,将领必不能滥充"和袁世凯《时局艰危亟宜讲求练兵折》所言"一则陋习必痛予扫除,一则将弁必讲习韬略,一则士卒忌惰游充数,一则器械忌参差不齐"。其编练的具体方针包括:编练诸兵种合成部队;按新条件任用军官、招募士兵;给官兵以优厚的待遇;武器装备贵精利划一;根据实战要求训练部队等。(施渡桥《清末编练新式陆军的思想与实践》,《军事历史研究》1998年第2期)

(魏　鸿)

李秀成对安庆决战失败有不可推卸的责任　安庆决战是湘军与太平军生死搏斗中的一个重要转折点。百余年来,论者大多以为安庆决战双方的战略决策都正确,只是执行上有差别,才有湘军胜、太平军败的结局。有的论者提出新的观点,认为安庆之败,李秀成有不可推卸的责任:(1)兵贵神速,西征会师之期定在4月,李秀成5月初才进入鄂南,贻误战机。(2)李秀成徘徊江西之际,正是陈玉成回援安庆之时,李部兵多将广,若真有救援之心,分一支攻九江,主力仍趋武汉,两处点火,使湘军难以应付,不难解围。然而,李在武昌县逗留25天,近在咫尺的空城武汉不去惊动。湘军的援军尚未到,便闻风退兵江浙,经营独立王国去了!

(3)二次西征的目的是吸引湘军西援武汉,减轻安庆压力,但总不曾约定——只要湘军的援军一动,就算完成任务,其余或死或活,都是陈玉成的事!

由此看来,此次西征谋解皖围,李秀成态度消极,见死不救,实际上给曾国藩帮了大忙。人人都道洪、杨内讧是太平天国的悲剧,而不知安庆之失,陈玉成之死是悲剧的重演。前者是明争,后者是暗斗。天京事变,导致太平天国由盛转衰。在第 2 次西征中,李秀成若肯积极负责,可能安庆不失,陈玉成不死;则清廷与太平天国鹿死谁手,尚难逆料。从这个意义上说,亡太平天国者,李秀成也,非曾国藩也!(曾启球《晚清安庆决战双方的战略得失与李秀成的责任》,《军事历史》1998 年第 4 期)

(陈　群)

中国古代著名人物军事思想及兵书研究

关于管仲的军事谋略思想　有学者撰文指出,管仲的军事思想是对太公重阴谋、兵权奇计思想的继承和发展。《管子》中的《七法》、《兵法》、《参患》、《幼官》等篇中“立于谋,故能实,不可敌”,“明谋而适胜”,“正四海者,不可以兵独攻而取也,必先定谋虑,便地形、利权算”等观点把太公重谋略的思想进一步系统化。其尊王攘夷、“合强攻弱以图霸”的基本战略方针,“卒伍整于里、军旅整于郊”兵民结合的建军路线,“作内政而寄军令”军政一体的治军方针,以及“为兵之数”、“存乎明于机数”的具体战略战术则是管仲谋略用兵、谋略治军的理论总结。(黄宝先《试论管仲的经略思想》,《史学月刊》1998 年第 1 期)

关于《孙子兵法》的版本校勘问题　有学者撰文探讨了《孙子兵法》的版本校勘问题。认为现存的几种典型古本都是前人整理研究《孙子兵法》的阶段性成果:银雀山汉墓竹简本是汉初写本,当是张良、韩信“序次”《孙子》的一种传本;敦煌写本《孙子注》是在曹操注影响下产生的一种古注残本;宋本《十一家注孙子》保留了宋朱服、何去非校定《武经七书》以前诸注家所据本的版本面貌;《魏武帝注孙子》和《武经七书》本都是朱服、何去非校订后的产物。这些古本各有其独到的文献价值,以之参照汉唐以来的古籍引文,可探明《孙子》的版本流传线索。([日]服部千春、刘春生《〈孙子兵法〉的版本与校勘研究》,《南开大学学报》1998 年第 6 期)

关于孙子的安全观及其当代价值　有学者认为,《孙子兵法》注重国家安全、反对轻启战端、主张建立国际间信任关系的安全观是孙子对历史和现实作出理性观察与思考的结果,并将这种安全观与当今国际社会的“零和”安全观进行比较,指出二者之间有着明显的区别:(1)孙子以“道”为“五事”之首,认为安全不仅仅取决于军事的胜利,而主要取决于实行什么样的政治。这与零和安全观的狭隘眼界完全不同。(2)孙子认为国力是综合的,并特别强调经济条件是赢得战争和维护国家安全的一个决定性因素。这与零和安全观倡导的单一军事安全不同。(3)孙子将“不战而屈人之兵”视为用兵的最高境界,主张尽量避免军事力量的直接对抗,这与完全以你输我赢的“零和”安全关系来建构国家安全明显不同。孙子的思想大大拓宽了寻求国家安全的途径和方法。中国的新安全观就是在新的历史条件下对《孙子兵法》国家安全观的继承和发展。(陈舟、丁文宏《〈孙子兵法〉的安全观及当代价值》,《军事历史研究》1998 年第 4 期)

关于商鞅的军事哲学思想　有学者从商鞅的战争观与用兵原则等方面阐述了商鞅的军事哲学思想。指出商鞅的战争观是与大多数先秦诸子不同的重战思想,认为战争是一种必然的历史现象,举兵用战为义事。其用兵原则中“战法必本于政胜”、“先知而战”、攻守适宜”等几项,都体现了商鞅将军事与政治、经济、意识形态等联系起来思考的独到之处。(丁文宏《商鞅军事哲学思想简论》,《军事历史》1998 年第 6 期)

关于《司马法》的军事思想　有学者系统地总结为 8 个方面:(1)“以仁为本”、“以义治之”的战争观。既立足于“仁”、“义”,致力于避免战争,又正视客观实际,肯定正义性战争,反映出该书在战争问题上的辩证认识和理论深度。(2)慎战与备战并重的国防思想。(3)把握军队自身特点的治军思想。严格区分了治军与治国的差异。(4)“相为轻重”的用兵方略。在具体用兵方面,主张集中兵力,以强击弱,同时强调预备队的重要作用。(5)智、勇、巧三者结合的作战思想。(6)以“六德”为核心的军事教育思想。(7)注意改良武器装备。(8)丰富多彩的古军礼内容。作者认为,《司马法》一书可帮助后人梳理剔抉古代特别是先秦齐国军事思想逻辑发展的基本脉络和主要环节。(徐勇、黄朴民《略论〈司马法〉的军事思想和历史地位》,《学术研究》1998 年第 5 期)

关于《六韬》研究　有学者认为,《六韬》军事思想的核心是“道”,是从兵学角度对老子思想的进一步阐发,但他在对人的主观努力的认识上又有胜过老子之处。《六韬》将“道”作为观察问题的出发点和最终归宿,对君道、将道、兵道、战道等作了全面阐述,在中国军事思想史上占有一定的地位。(张文儒《论〈六韬〉之“道”》,《中国军事科学》1998 年第 3 期)关于《六韬》的作者问题,有学者在综合研究了历史上各种不同观点后认为,《六韬》始创作于战国初年魏武侯时代以前,作者当是曾与孔子问答的周朝三史官之一,后来女商读过,并向魏武侯讲述。由于《周史六弢》开始记的就是有关文王、武王、太公的事,所以后人将其附会为姜望所撰。最初的《六韬》只是周书的篇名,经后人不断增补,篇幅逐渐增多,最后成书是在西汉初年。汉简《六韬》的出土只能说明它不是魏晋人所伪托,它实际上还是一部伪书。(张林川《〈六韬〉的作者及其流传考》,《文献》1998 年第 3 期)

关于《李靖问对》的成书时间和李靖的军事思想 关于《李靖问对》(即《唐太宗李卫公问对》)的成书时间历来有不同说法。有学者对这一问题进行了探讨,认为《问对》有多处内容与贞观史实不符,因此可以断定此书非贞观时的作品。又由于宋仁宗以前的典籍中均未出现过有关《问对》的信息,再参考阮逸的生活年代,《问对》的问世不会早于宋神宗熙宁朝。后来编入《武经七书》的《问对》系由宋神宗下诏、官方组织人力集体修撰散见的李靖兵法而成,时在神宗熙宁后期。王震对此书的编成作出重要贡献。作者认为,《李靖问对》的军事理论建树主要有 3 点:(1)致人而不致于人,注重争取战争主动权的用兵思想。(2)训"节制之兵"的治军思想,其中包括"教得其道"的训练方法和爱威兼施的管理原则。(3)最早提出兵权谋家可以分为张良所学与韩信所学两类,揭示了中国兵学中的重要特征。还有学者通过分析李靖的有关著述,将其军事思想总结为 4 点(1)"攻守两齐"、"变易主客"的作战原则。李靖透过兵力强弱的表象,把攻守同"治心"及制胜紧紧联系,准确地反映了攻守的本质,深化了前人的认识。(2)"奇正相生"、变化无穷的用兵指导。使奇正思想跳出战术的范围,跨入战略的门槛。(3)爱先威后、结于治心的治军方针。把"治心"作为治军的本质和核心。(4)"教得其道"、循序渐进的教战方法。(于汝波《关于〈李靖问对〉的成书时间及主要理论建树》、《军事历史研究》1998 年第 3 期;梁彦宁《李靖军事思想管窥》,《中国军事科学》1998 年第 2 期)

关于《美芹十论》的军事伦理思想 有学者分析了辛弃疾《美芹十论》中军事伦理思想的内容。其一,注重战争道德,坚持正义战争,反对非正义战争。辛弃疾不同于前辈将"势"解为作战外部条件,而是指国家军队的内在情势,民心军心的聚散向背,认为"势系民心","用心可济"。其二,重视激励将卒,主张"以术致勇",体现出辛弃疾对传统兵家励军思想的继承。其三,提出君王御军之道。强调君主要信任将帅、对部属要一视同仁以及御军可用"诈"等一系列原则。(马超臣《辛弃疾〈美芹十论〉的军事伦理思想》,《军事历史研究》1998 年第 2 期)

关于中国古代军队管理思想的研究 有学者对古代军队管理思想做了系统的总结,认为它有两个显著特点:一是论兵者最关注的是人的管理,因此将兵术是古代军队管理思想的核心;二是论兵者所最推崇的是恩威并举和赏罚并用,常包括 3 个要点,即施恩、劝善、惩恶,这被认为是治军的 3 大基本手段。(皮明勇《中国古代军队管理思想述论》,《军事历史研究》1998 年第 1 期)

关于中国古代军事后勤思想研究 有学者探讨了中国古代军事后勤思想的精要:(1)关于战争后勤观。形成了后勤决定战争胜负、寓兵于民、兵农合一的后勤思想以及断敌粮道的后勤谋略观。(2)关于战争的物资来源。强调发展经济、富国强兵、取之于敌、以战养战以及生产自补。(3)关于后勤战备建设。主张大力发展武器装备、建立充足的物资储备,重视军事交通运输。(4)建立巩固的后方基地。(5)关于提高后勤效益。提倡"欲战必先算其费"以及精兵节饷、开源节流。(6)关于后勤教育思想。古代发展不完善,直到近代才逐渐形成。(杨庆华、刘仁亮《中国军事后勤思想述要》,《军事历史研究》1998 年第 2 期)

关于古代中国与欧洲军事经济学说之异同研究 有的学者以古代中国的军事经济学说与古代欧洲相比较,得出了关于二者差异的富有启发性的认识:(1)在富国强兵方面,两个地区途径不同,中国以发展农业、抑制商业来达到目的,兴农—富国—强兵是其主流学说。古代欧洲则由于商品经济的发达而表现为财力决定论,他们走的是兴商—富国—强兵之路。(2)在兵农合一学说方面,古代中国"兵农合一"长期存在,欧洲的"兵农合一"则带有很浓的商品经济色彩,兵农分离比中国早得多。(3)在经济战学说方面,欧洲以货币的掠夺为重点,而中国则注重实物;欧洲经济战带有宗教神学色彩,而中国没有;欧洲经济封锁主要为海运,中国则以陆地和内河为主。(4)在战争经济动员学说方面,欧洲以贵金属货币为内容的财力动员占重要地位,中国则长期以实物为主,且较早将生产火炮和火药的手工业列为对象;中国的动员是由皇帝颁诏、行政机构组织实施,欧洲则由国王请求奴隶主或封建主贵族实施;中国强调维护列祖列宗的江山社稷,欧洲则带有宗教神学色彩(程享明、刘慧《古代中国和欧洲军事经济学说之比较》,《军事历史》1998 年第 3 期)。

(魏　鸿)

战争和战略问题研究

中国关于战争和战略问题研究　1998 年,中国在战争和战略理论研究方面开展得比较活跃,对战争问题、局部战争问题和军事战略问题都进行了比较广泛、深入地研究,提出了一些新观点、新问题。

中国关于战争问题研究　**从绝对战争走向可控性战争**　有作者认为,除少数例外,迄今为止的战争就其军事形态而言,都是绝对战争。无限的战争目的,无限的暴力使用,是绝对战争两个最基本的特征。20 世纪既把绝对战争推向了顶点,同时也孕育了绝对战争走向终结的历史条件。人类走过几千年的绝对战争,在迈向 21 世纪时,正日益为可控性战争所代替。绝对战争之所以难以为继,原因在于:战争手段的巨大破坏性制约了战争目的与手段的无限性;世界经济一体化的加速发展使各国利益相互依存度空前加深,从而制约了战争的爆发与升级;现代战争的高消耗带来的高投入和高风险制约了战争规模与强度。绝对战争向可控性战争的转变不是偶然的,而是当代世界政治经济发展的必然要求。

当代国际政治经济和军事技术的转折性变化使战争控制具备了现实可能性。这种变化的主要表现,一是和平力量的增长超过了战争力量的增长,和平与发展成为时代的主题,从而有力地制约了世界性战争的爆发。二是精确制导武器的发展为战争控制提供了相对有效的工具。三是现代信息技术的发展不仅使战场透明度空前提高,有利于战场作战控制,也使战争行动在很大程度上置于民众的广泛监督之下,有利于抑制由于个别领导人的失误而造成战争失控的局面。四是国际社会的危机调控机制和防止大规模杀伤破坏性武器扩散等制约机制和核查机制日益成熟,使战争控制日益具有可行性和可操作性。五是联合国在国际政治生活中的协调作用大大增强。六是当代世界政治经济结构的深刻变革,逐步改变了国家谋取利益方式的重点。战争控制不只是战场作战行动的控制,它还包括军备控制、危机控制等环节。就战争要素而言,战争控制涉及到战争目的、战争手段、战争对象、战争方法、战争时间与战争空间等因素的全面控制与全程控制。绝对战争的衰落及其向可控性战争的演变将为下世纪推进人类和平与发展事业提供千载难逢的机遇。(彭光谦《绝对战争向可控性战争的历史性转变》,《中国军事科学》杂志 1998 年第 4 期)

(汪徐和)

试析大规模战争的周期性　有作者对战争与和平总是交替出现、循环不止的现象进行分析,认为这种和平与战争的交替是有规律可循的。

对大规模国际性战争的统计分析。在近代世界历史上,在多国领土上由几个主要国家参与的大规模战争大约有 7 次:(1)发生于 1618～1648 年的“欧洲 30 年战争”。战争由德国国内爆发,而后演变成大规模的国际性战争。(2)52 年后,发生了 1700～1721 年的“北方战争”和 1701～1713 年的“西班牙王位继承战争”。这两场战争是英、法、俄等新列强与西班牙、瑞典、土耳其等老列强之间的争霸战争,战场遍及大部分欧洲和连接欧亚大陆的土耳其。(3)35 年后,发生了 1756～1763 年的“七年战争”。战争由新列强英、法争霸引起,战场波及欧洲、北美、西印度群岛和南亚。(4)31 年后,爆发了 1794～1815 年的“拿破仑战争”。这是法国发动的对外扩张战争,战场遍及欧洲、中美洲、北非和中东。(5)38 年后,爆发了 1853～1871 年的,以“克里米亚战争”为导火索、“普法战争”为最后一幕的一系列欧洲战争。18 年间欧洲列强进行了 6 场较大规模的战争。(6)43 年后,爆发了 1914～1918 年之间人类历史上的“第一次世界大战”。战争先后波及 30 个国家,遍及 5 大洲,标志着大规模的国际性战争可以发展成全球性的世界大战。(7)23 年后,发生了 1941～1945 年的“第二次世界大战”。这场战争由德国、意大利和日本法西斯发动,波及 60 多个国家和世界上 4/5 的人口。自 17 世纪到本世纪末的 400 年间,除发生上述 7 次大规模的国际性战争外,还发生了许多中等规模的战争,如“朝鲜战争”、“越南战争”和“海湾战争”等。

对上述大规模国际性战争发生的时间进行分析可以粗略地看到:(1)爆发大规模国际性战争的最长时间间隔为 52 年,最短为 23 年;其周期约为 30～40 年。(2)从战争发生、发展的变化趋势看,大规模国际性战争的持续时间越来越短。

世界军事革命与大规模国际性战争。在人类的发展史上,有过 1810～1860 年之间出现的以线膛枪、线膛炮为标志的第 1 次军事革命,即“热兵器军事革命时代”;1880～1920 年发生的以自动化武器和机械化装备为标志的第 2 次军事革命,即“火力加机械化的军事革命时代”;由于原子弹、火箭和计算机技术相继问世,在 1945～1990 年人类进入“导弹核武器时代”;20 世纪 80～90 年代,以信息技术为龙头的高技术群初步形成,世界走向以信息技术为主导的新军事革命时代。把人类历史上几次重大军事革命发生的时段和前述近代历史上主要国际性战争发生的时段画在同一坐标系上,可以发现下述具有一定规律性的现象:

人类历史上已经发生和正在出现的军事革命周期大约是 40～50 年,在每次军事革命的进程中,社会发展比较平稳,较少发生大规模的战争。但是,在两次军事革命之间,出现大约 20～30 年的社会不稳定期,在这个不稳定期内,发生大规模战争的可能性增加。

*几点启示。*分析大规模世界性战争的特点和相互关系,可提供下述启示:(1)发生大规模世界性战争的最长时间间隔难以超越 52 年;(2)没有任何一个霸主国家能够维持其世界中心地位时间超过 100 年;(3)为了压制新崛起的国家对霸主国家地位的挑战,老列强总是以武力保护其霸主地位,遏制新兴国家的崛起;(4)核武器的出现,核国家相互核威慑有效性的存在,使避免世界大战成为可能,但是,较大规模的国际性战争仍然难以避免;(5)如果核国家之间核威慑有效性的平衡一旦被打破,国际形势将面临新的危机。(赵少奎《大规模战争有周期性吗?》,《现代军事》1998 年第 10 期)。

正确认识遏制战争的功能及其运用手段 有作者就此提出以下 5 点看法。

*遏制战争与打赢战争是辩证统一的关系。*遏制战争是以威止战,不战而胜;打赢战争是战而胜之,以战止战。二者是军事战略的两个基本功能。能否有效地遏制战争、赢得战争都与战争准备的情况密切相关。战争准备充分,遏制战争的可能性就增大,赢得战争的可能性也比较大。遏制战争的战略手段,主要是对军事力量的威慑使用,是间接进行的军事行动,其追求的是长远的心理效应。打赢战争,主要是对军事力量的实战使用,是直接进行的军事行动,其追求的是现实的物质效果;遏制战争能为确保打赢战争争得充分准备的时间和条件,打赢战争可以增强武力威慑的可信度,有利于遏制下一次更大规模战争的发生,二者都必须与政治、经济、外交等领域的斗争相配合,都需要坚实的军事力量作后盾。

*战争准备应着眼于遏制战争,立足于打赢战争。*遏制战争必须建立在打赢战争的基础上。只有立足打赢,具备打赢战争的实力,才能更有效地遏制战争,一旦遏制失灵,也能充分动员国家的综合力量,以打赢小战遏制中战,以打赢中战遏制大战。然而,具备打赢战争的能力,还只是为遏制战争提供了可能。要有效地遏制战争,还必须要有使用力量的决心。不仅要使对方接受威慑信息,还必须把在一定局势下使用武力的决心明白无误地传达给对方,才能达到遏制的目的,

*遏制战争的决定因素是“利害均势”,只要策略得当,小国弱国也能有效地遏制战争。*如果把两国力量的平衡称作“力量均势”,一国自身的得失平衡则可称作“利害均势”。制约战争的决定因素是“利害均势”而不是“力量均势”。小国弱国对大国强国不能构成“力量均势”,但如使大国认识到,开战会使之政治上失去道义,外交上受到孤立,经济上蒙受巨大损失,虽能打赢战争,也会因得不偿失而罢战。如果“利害均势”在战前被发动战争的一方意识到,战争则可避免;如果“利害均势”是在战争的进程中才充分表现出来,则可以遏制战争升级,或导致双方言和。

*遏制战争应以国家利益为准则,灵活运用实战与威慑手段,防止一味遏制。*遏制战争对于国家利益并不都是有益的,应视具体情况灵活掌握。对于战争潜力较大、动员机制较为完善的防御一方而言,遏制战争可为它准备战争争取时间,为将来赢得战争创造条件。但对较弱的一方特别是占地利的一方而言,如果战争不可避免,早一天开战反倒可占先机之利,迫敌于远道而来的情况下疲于应付。可见,是战是遏,应以国家利益为准则,慎重而果断地作出决策。

*战争升级与有效遏制。*在军事上,过分强调“逐步升级”,容易导致兵力分散和贻误战机。但在政治上,由于局部战争政治目的的有限性,一定条件下的有控制的升级仍不失为达到遏制目的的一个有效途径。因此,如何巧妙运用军事升级的手段达到遏制战争及其他政治目的,以及如何在政治允许的前提下,骤然将行动升级至敌方心理所能承受的最大值,以取得战争胜利,这是将遏制与升级有机结合起来并取得成效的根本问题。(杜军影《关于遏制战争的战略思考》,《毛泽东军事思想研究》1998 年第 3 期)

剖析经济战的特点和方式 有作者就此撰文进行了研究,指出经济战作为一种重要而独特的作战形式,是指在战争中通过破坏和削弱敌方军事经济能力而克敌制胜的行为。它既不同于和平时期的经济斗争,又有别于一般的作战行为;其目的和手段都是军事性的,而直接目标则是经济性的。

经济战的特点。(1)以最小的代价求全局效益。经济战通过破坏敌方的军事经济实力和潜力,断绝其作战后继能力,可使敌不战自败,以己方最小的代价,换取整个战局的胜利。(2)以后方打击求前方效益。经济战适应现代战争前后方依赖性趋强的特点,通过

打击和破坏敌人的后方经济目标,切断敌前后方经济联系,以削弱和摧毁敌方赖以进行战争的物质基础。(3)以经济扼杀求精神效益。战争不仅是物质力量的对抗,也是精神力量的对抗。经济战打击的是经济目标,但由于经济扼杀具有致命性,相对于打击军事目标,往往更能产生摧毁敌精神的特殊效益。(4)以战时胜利求长远效益。经济战不仅可达到军事取胜的目的,而且对战后的经济建设和经济竞争也有重要的滞后影响,使战场上胜利的效益波及长远。

经济战的主要内容和方式。(1)资源战。历史上,争夺资源往往成为引起战争的主要动因。因此,资源战是经济战重要的内容。资源战的方法和途径主要有3种:一是先期夺取敌方的资源产地,扩大自己的资源来源,以迅速壮大自己的军事工业基础,支持战争。二是依靠军事胜利从敌方直接掳获或低价购进战略原料和资源,可以及时保障军事需求,推进和扩大战争。三是实行经济封锁,破坏和切断敌方资源来源,可以困敌于绝境之中,使其战斗力自行衰竭,不战自败。

(2)经济目标轰炸。在现代战争中以轰炸的方式,攻击、摧毁敌方重要的军事工业目标和经济枢纽,是直接削弱敌方军事经济能力,造成其后方混乱,前方作战补给难以为继的主要手段。经济目标轰炸一般选择在战争初期和后期进行。选择战争初期进行轰炸,往往为战争发起一方所采用。它可乘防御一方处于放松警戒之时,对其重要经济目标实施空中轰炸,瘫痪其赖以支持战争的经济机器,为己方造成战略性优势;战争后期实施轰炸,其目的在于给敌人最后的毁灭性打击,使其彻底崩溃灭亡。轰炸目标的选择必须把握如下原则:首先,重视战时军事科研与生产的战斗力转化功能,打击军事生产目标与打击军事科研目标兼顾。其次,把握军事经济协作联系,重点打击要害经济部门。其三,根据军事经济再生规律,重点打击恢复期长的经济目标。

(3)交通、通信战。交通运输和通信是战争中沟通各方内部系统联系的纽带,如果被破坏,则兵流、物流和信息流就会造成中断和混乱,系统活动无法协调控制,从而必然招致失败。现代交通战的破坏方式呈现多样化,如空中轰炸、海上封锁、地面袭击、制造和利用自然灾害等。现代通信战是形成新的协同作战整合力的关键。通过多方位的通信封锁、干扰、破坏和瘫痪敌通信网络,切断其信息流,是赢得现代战争的前提。

(4)人才、技术战。围绕着人才和先进技术展开的争夺战,是战时经济对抗的一个重要组成部分。人才和技术战的方式一般分为和平和武力两种。首先,对于敌方科技人才,可通过教育争取、经济收买和创造优越条件等和平方式,使他们弃暗投明,为我所用。这样可以变敌方科技力为己方科技力,反制于敌。其次,当运用和平争取手段失效或时间来不及的情况下,不排除采用绑架、劫持、暗杀和摧毁等武力方式来进行技术、人才战,使敌方的科技和人才即使不能为我所用,也不至于为敌所用。

(5)市场战。所谓市场战,就是交战双方采用种种特殊手段,扰乱敌方的商品市场或金融市场,陷敌战时经济于被动局面,以配合作战行动。一是市场战的经济围剿。市场战可以通过联合己方和友方,建立统一市场,对敌方实行关税壁垒、控制进出口等经济封锁和制裁,迫使敌内部市场萎缩、供应奇缺、民众怨声载道,致使其战时经济瓦解。此外,还可以通过价格管制的手段来阻挠敌国的国际贸易,将敌国商品从国际市场上挤出去。二是市场战的经济危机。制造战时经济危机在于抓准时机,通过派人打入敌方内部,散布经济舆论,散发伪造货币,鼓动民众抢购、挤兑,囤积紧俏物资等手段,达到扰乱敌后方经济秩序的目的。(张志鹏、张亮《漫话经济战》,《现代军事》1998 年第 1 期)

重视非战争军事行动研究　有作者撰文指出,随着国际形势的演变,通过非战争军事行动争取战略主动,解决利益争端,已成为国际军事斗争舞台上的一种重要形式。

以国家利益为"天平"。非战争军事行动具有极强的政治风险,其效益与效果之间的比值严格受制于国家利益,可能成正比,也可能成反比。因此,必须把握好以下几点:一是遵循决策的高层性,严格掌握政策界限,使军事行动的"度"严格限制在国家战略意图范围内。二是把握与政治、经济、外交斗争手段的相济性。实施非战争军事行动时,必须紧密配合政治、经济和外交斗争,做到有理、有利、有节。三是确保可控制性。由于非战争军事行动具有相当的政治风险性,因此对那些性质易变、政治敏感性极强的非战争军事行动,在部队控制上必须打破常规,实施全员额、全方位、全过程的管控。

以夺取主动权为轴心。首先,要有可靠的情报信息保障。情报信息是决策、决心、计划和行动的前提。应充分利用指挥自动化系统和高技术侦察、通信手段,建立起统一、稳定、及时、可靠的情报信息网络,为掌握和夺取主动权创造先机条件。其次,要使主动权的夺取在刚柔并举中实现。针对不同的行动制定不同的行动计划,采取不同的行动策略。再次,要注意巩固和保持主动权。非战争军事行动背景复杂,不确定性因素多、变数大,必须制定多种方案应付不测,及时采取灵活、针对性强的手段和措施,牢牢控制主动权。

以统一、协调为原则。非战争军事行动参与力量多元,不仅有军队、武警、公安,而且有时还有民兵、地

方政府和人民群众。整体行动的指挥、调度权,将根据非战争军事行动的性质、对象、规模等因素确定。要善于统观全局,正确决策、周密计划,使各种力量按计划达成统一、协调,也可以按任务达成统一、协调,还可以按时间达成统一、协调,协调一致地完成任务。

抓住重心为根本。实施非战争军事行动,必须集中全力抓重心,关键的是抓住主要矛盾和矛盾的主要方面。有些非战争军事行动,带有复杂的国际背景,交织着国与国、集团与集团之间的利益。在执行任务中,必须对诸多矛盾进行认真细致梳理,抓住那些最有利于实现国家利益的矛盾和方面,严格按照既定决策部署行动。(柳庆森《非战争军事行动刍议》,《解放军报》1998 年 1 月 18 日)

首战即决战是战争形态的重要演变 有作者撰文指出,现代战争进程短、节奏快、烈度高,作战目的有限,战端一开,战略、战役、战术行动即相互渗透,高度融合,首战迅速而直接地发展成为决战,胜负一战便见分晓。

首战决胜是现代作战思想的突出特点。战争是政治的继续。世界格局的多极化、战争损耗的高昂化使现代战争受政治、外交和经济因素的制约不断增大,加之高技术条件下作战的选择性、可控性具备了越来越充分的技术和其他物质条件,这就使世界军事强国把战争准备的着眼点转向打规模、目的和范围有限的局部战争上,普遍强调速战速决。美军新的联合作战理论就突出强调:"从空中、地面、海上和太空实施全维的作战行动,以占压倒优势的力量从每一个可以想象的方面和方向对敌发起攻击,以震撼、击溃和迅速击败敌军"。俄军认为:"通过实施大规模电子战和海陆空导弹突袭就可达成战略目的,这种突击一旦成功就决定了地面进攻必胜的结局。"这些作战思想的核心就是首战决胜。

科学技术的发展为首战制胜奠定了物质基础。科学技术不仅决定着战术,同时也决定着战略。历来的战争发动者们都想做到首战制胜,一战制胜。但由于受军事技术水平的限制,这种追求往往落空。随着高技术在军事领域的广泛运用和不断发展,这种情况正在发生根本改变。战争双方或一方全时空、大容量、实时性的侦察监视能力使战场愈来愈清晰透明;多方式、大流量、高速度的远程机动能力使作战实力的投送愈来愈迅速及时;远距离、大威力、高精度的多维打击能力使作战效果愈来愈无坚不摧;数字化、智能化、信息化的指挥控制能力使战争妙算愈来愈绵密奇诡;常规的、核生化的、新概念武器的开发能力使开战方式愈来愈防不胜防。这些,都使得首战制胜成为可能。(赵栓龙《首战即决战与新时期军事斗争准备》,《解放军报》1998 年 8 月 18 日)

中国关于现代局部战争问题研究 **现代局部战争研究若干理论问题辨析** 有作者撰文就如下 4 个问题进行了探讨。

关于局部战争的概念。研究二次大战后的战争形态变化,美国和西方国家使用有限战争概念,中国主要使用局部战争概念。考察概念的演变过程可以看出:一方面,逐步完善的有限战争概念包括了以往局部战争概念的主要内容,如在战争规模、区域等方面客观存在的限制。另一方面,逐步完善的局部战争概念也把有限战争理论的一些思想包括进来,如强调在战争目的、兵力兵器使用和作战范围等方面进行有意识的限制。

但这两者又有明显区别。首先,局部战争作为一种存在状态的概念,其内涵更抽象,外延更宽泛,可以涵盖各种类型的战争。相对于世界大战,战后的所有战争都是局部战争,但并非都是有限战争。其次,有限战争作为一种属性概念,是相对于战争暴力趋向极端的无限性而言的,它对于交战双方来说具有明显的手段或目标不对称的特点。一场战争,在一方看来是有限的,对另一方来说则可能是无限的、总体的。这种情况在不同实力国家间的战争中尤为突出。局部战争概念则能比较稳定和全面地反映现代战争的各种属性。再次,有限战争概念具有明显的意识形态性,是以美国为首的西方国家在两极政治格局和核威慑条件下的一种战略理论,其主旨是既要避免打核大战,又要遏制共产主义扩张,是为西方国家的战略利益服务的。因此,不能简单地移用,更不能以此取代局部战争概念。

如何认识科学技术对局部战争的影响。科学技术对战后局部战争的影响,最根本的就是本世纪中叶以来的新科技革命在战争形态变化方面所起的巨大作用,以及它所引发和推动的新军事革命的产生。正是由于两极世界格局的形成、核武器的出现、经济关系的变化以及和平力量的增长,才促使战争形态开始由世界战争向局部战争的转变。由信息技术发展所直接引起的战争形态的变化,则反映了局部战争的军事技术本质的变化,标志着一般技术条件下局部战争向高技术条件下局部战争的转变。在强调科学技术对局部战争的重大影响时,还要注意以下几个问题:首先,技术只是决定局部战争形态变化及其新特点的因素之一,不是唯一的因素,决定这种转变的还有政治、经济等其它方面的重要因素。其次,应当实事求是地评价高技术武器装备的作用,而不应低估或者夸大高技术武器装备的作用。最后,先进的技术只有与符合具体实际情况的战术相结合才会发挥出最佳效果。

着眼于新历史条件下战争目的与手段的统一。战争的目的与手段的关系包含着3个要素:政治目的、军事目标和物质暴力。在以打垮敌人为目的的全面性战争中,目的与手段的关系比较简单和相对稳定:政治目的与军事的最高目标趋于一致,力量得到最大限度的使用,目的与手段都朝着相同的方向发展。但在二次大战后有些局部战争中或就交战的某一方而言,目的与手段的关系则表现出不一致的趋向,政治目的与军事最高目标的差别日益增大,力量的使用也是有一定限度的。在战后的局部战争中,战斗仍然是实现战争目的的最有效手段,所不同的是“可能的战斗”即威慑的地位大大提高。核战争与政治的关系同样如此。政治目的适应核武器这种新战争手段的性质和效能的形式,主要是通过可能的核战争表现出来的。

正确处理威慑与实战的关系。把威慑当作国家战略或外交政策的一种手段的思想,古已有之。但是,只有在出现了核武器这一“不需拿出使用即可起到作用”的报复手段后,才可能产生完整意义上的“威慑战略”。在这一战略中,威慑不但是手段,而且成了目的本身。如何利用军事手段、特别是核力量,以使对手相信有可能动用军事力量但实际上避免动用,与此同时又实现了既定的政治目标,这是威慑的核心问题。常规威慑无法产生核威慑那样的效果这一事实表明,在非核条件下的现代局部战争中,军事手段的威慑作用主要来自于实战即军事力量实际较量的结果,而不是某种所谓“不需拿出使用即可起到作用”的军事力量的存在或显示。对此,必须有一个清醒的认识,切不可把威慑的作用绝对化和理想化。积极防御军事战略无疑包含着威慑的重要内容,同时又必须立足于“以战止战”这样的坚实基础,而且后者具有更为重要的现实意义。(陈舟《现代局部战争研究几个理论辩析》,《中国军事科学》1998年第2期)

高技术局部战争呈现6个特点　有作者撰文指出,从70年代以来发生的具有高技术特征的局部战争特别是海湾战争实践看,高技术条件下局部战争主要呈现以下几个方面的特点。

引发战争的因素更加错综复杂。(1)强权政治。强权必然扩张,而扩张就可能导致战争。强权主义仍然是当代世界不安和动乱的主要根源。(2)领土(领海)争端。目前,世界上绝大部分国家都与邻国存在领土(领海)和边界争端。当争端发展到一定程度,而且当事国认为条件成熟时,便有可能使用武力。(3)资源争夺。在资源危机日益加重的情况下,有的国家为了获取更大的资源利益,在特定条件下必然采取战争手段。(4)民族纠纷。由于历史、地理的原因,使得许多民族分布的地理区域与国界是不一致的。不同国家之间的民族纠纷,往往通过国家间的战争表现出来。(5)宗教矛盾。现今时代,宗教矛盾常常是和其他矛盾掺杂在一起,特别是与民族纠纷掺杂在一起共同对局部战争产生诱发作用。

战争目的趋向有限化。高技术局部战争多通过有节制的战争手段,达到有限的战争目的,主要表现在:(1)军事打击与威慑相结合,强调威慑。即在使用武装力量直接打击对方的同时,还广泛使用政治、经济、金融、外交、技术及其他手段,威慑对方,迫使对方屈服,达到不战而“屈人之兵”的目的。(2)战争进程短促。高技术局部战争,作战双方或一方力求速战速决,以高技术手段一举达成战争目的。(3)打击目标有限。高技术局部战争,往往只选择一个或几个具有极其重要价值的目标达成特定的战略目的。(4)判断战争胜负的标准不再仅仅取决于军事上杀伤对方多少有生力量、夺占多少领土或摧毁多少设施,而主要取决于既定的政治目标是否已经达成。

支撑战争的要素中非物质化因素作用增强。高技术局部战争,支撑战争的不再仅仅是坦克、飞机、火炮、舰船等有形因素,而更多的则是无形的、难以量化的因素。(1)信息成为战争制胜的重要因素。高技术条件下,信息技术高速发展,而且很快渗透到军事领域的各个环节,军事力量的发展趋向信息化,每一种武器装备系统都要依靠信息设备保证其性能。(2)技术是军事力量的重要组成部分。未来高技术局部战争,将更加强调科学技术水平的较量,谁先抢占高技术的制高点,谁就拥有了战争的自由权和主动权。(3)高素质人才群体是高技术局部战争的决定性因素。人才是赢得战争的最终力量。一方面,他们必须具有很高的科技素质和宽广的知识面;另一方面,他们必须是一个群体。没有高素质的人才群体,也就没有高技术战争的胜利。

大量使用高新技术武器装备。(1)高技术条件下由于高技术武器装备具有极强的作战效能,武器装备的质量差已经难以完全用数量优势来弥补,从而使武器装备的质量水平在决定战争胜负的诸要素中,成为决定性因素之一。(2)远程精确制导武器成为基本火力手段。未来高技术局部战争,作战行动在很大程度上将成为远程精确制导武器的较量。(3)先进的C^3I系统广泛运用,不仅为指挥者提供了准确、实时的战场景况,使指挥者对敌我双方部队了如指掌,对情况的变化瞬间就可作出反应,而且提供了进行指挥和控制的有效手段,大大提高了指挥控制精度。(4)随着夜视器材的迅速发展和广泛运用,夜战有利于武器装备处于劣势一方的情况有了明显变化,相反地,装备优势一方凭借其夜视装备的优势,使夜战场在很大程度上变成了向其“单向透明”的战场。通过夜间实施主要行动去夺取战场主动权,已成为高技术局部战争中作战行动

的一大特色。

战争表现方式发生了明显变化。(1)战略、战役、战术界限模糊。在高技术局部战争背景下,远程精确打击武器可以攻击敌经济命脉、指挥中枢、通信系统等战略目标,使战术打击可以瞬间直接达成战略目标,这种没有前后方之分的突击,使得战略、战役、战术3个层次的作战行动正在大大压缩甚至重合到一起,三者间的界线日趋模糊。(2)战争从有生力量之间的厮杀转向信息系统之间的较量。高技术局部战争,信息技术装备渗透到战场的各个领域,构成了日趋完善的作战"神经系统"。因此,对信息系统的打击与反打击,无疑成为控制战争全局的关键因素。(3)"外科手术式"、"入侵巴拿马式"、"海湾战争式"成为战争的主要样式。所谓"外科手术式",又称有限空中打击,即在作战行动中只动用部分空中和海上力量,对敌对国家的重要政治、经济和军事等目标实施有选择的"点穴式"的军事打击。所谓"入侵巴拿马式",一般只出动少量精干的部队,打较小规模的常规战争,与对方在地面进行短时间交锋,力求速战速决,一举制服对手。所谓"海湾战争式",即较大规模的攻防战,这种样式需要动用较大规模军事力量,在较长时间内与对手打中强度的常规战争,即类似海湾战争的规模和强度。(4)战争附带性损伤显著减少。精确制导武器的广泛运用,为军事决策者排除了因突击城市的特定目标而可能造成大量附带性损伤的潜在风险。在未来高技术局部战争中,虽然武器装备杀伤破坏性将达到前所未有的水平,但对民用目标和平民造成的损害与伤亡将大大减少。

作战方式和方法更加多样、灵活多变。(1)新的作战方式和方法层出不穷并发挥着十分重要的作用。军事技术革命和战后局部战争实践的发展,导致了非线式作战、综合火力战、快速机动作战等新的作战方式及相应的纵深突击、精确打击、超视距打击、整体瘫痪等战法。其中以非线式作战和超视距打击影响最大。所谓非线式作战,是指在以高技术兵器为物质基础的地面战场上,前后方界限模糊不清,作战力量在前沿和纵深内同时展开。所谓超视距打击,就是在目视距离之外就开始发起攻击。(2)四维战场平分秋色,联合作战成为未来战争的主要作战样式。大量信息在战场上快速流通,极大地促进了军队的纵向和横向联系,要求军队打破军种间的门户界限,在更高层次上实现一体化,形成一个协调一致的整体,以便所有军种协调行动和相互作用,从各维空间和各个方向投入压倒性优势的力量,迅速震撼、瓦解和击败敌人。(3)海空军和其他技术兵种的地位日益突出。海空军和其他技术兵种独立遂行作战任务甚至直接实现战争目的的情况增多,这是世界近期发生的几场高技术局部战争所表现出的一个突出特点。(4)从逐次消耗摧毁到同时瘫痪对手"关节点"。由于广袤绵延的战场被C^3I系统连成一体,庞大的机械化集团和兵器被小型化联合编成军队和小型武器平台所代替,地毯式轰炸也被精确打击取代。战争不再是一个个战斗战役的逐次积累,而是采取全方位干扰、打击敌指挥控制中心、通信枢纽等作战系统关键节点的方法,对敌全纵深同时实施打击,使之一举瘫痪,进而夺取整个战争的胜利。(阚辉《高技术局部战争》,《中国军事科学》1998年第4期)

战后局部战争有限化特征的形成及其发展趋势

有作者撰文指出,局部战争与世界大战相对应,是从空间角度对战争的一种区分,指在局部地区进行的战争。局部战争同时存在着无限扩大和受到制约两种因素。第二次世界大战结束后,在全面战争甚至是核大战的背景下,具有两大阵营对抗性质的战争开始限定战争目标,表现出有限化的特征。如朝鲜战争、古巴导弹危机等。70年代,美苏达成战略均势,东西两大阵营出现分化,西欧和第三世界国家开始作为独立的国际力量登上国际政治舞台,世界进入3个世界下的美苏争霸时期,这使局部战争出现了3个特点:一是可控性日益增强,引发世界大战的可能性进一步降低;二是有限性局部战争被不同类型的国家普遍采用,成为一种流行的战争样式;三是战争指导者开始运用高技术战争样式,克服常规局部战争陷入消耗战的困境,有限性局部战争得到深化发展。随着苏联解体、华约消失,世界进入了多极化发展时期。这期间,有限性局部战争发展到一个新的历史阶段。

*(1)世界大战的危险基本排除,战争多表现为国内战争和第三世界国家间的边境冲突,其有限性、可控性特点十分显著。*随着两极格局下以美苏对抗为背景的世界大战隐患的消失,在新的国际战略格局之下,美国及西方大国在填补战略真空、争夺主导权问题上既合作又斗争,使得两极格局向多极格局转换的国际政治震荡,仅表现为局势的部分失控,大多数是发生在第三世界内部及它们之间的局部战争,其波及影响范围有限,规模和强度都不高,有的甚至是小规模的武装冲突。

*(2)以美国为首的西方大国积极介入地区纷争和内乱,力图影响控制地区局势,但其作战行动的规模极其有限。*在格局转换的剧烈震荡中,美国及西方大国在介入局部战争时多以有限军事打击行动,恢复和建立以自己为主导的地区平衡,不仅其介入军事行动的规模有限,也使原来的战争规模控制在一定范围。

*(3)带有信息战特征的打击式战争样式,成为军事大国运用武力手段的主要形式。*海湾战争中,美军为首的多国部队采取大规模联合作战,通过战略空袭、地

面突击等步骤，以绝对优势的高技术作战力量对伊军迅速形成压倒性胜利，堪称一场信息化的大规模“外科手术”式战争。海湾战争结束后，美及西方大国采取的打击式的战争样式，鲜明地表现为信息化、有限化、速决化的特色。（冯海明《战后局部战争的有限化及其发展》，《军事历史》1998 年第 1 期）

战后局部战争地理分布特点及其原因 有作者撰文首先分析了战后局部战争地理分布特点。指出，分析战后局部战争的地理分布特点，可以发现 3 大反差：一是洲际反差。亚洲、非洲、拉丁美洲多，欧洲、北美洲和大洋洲少。二是欧亚大陆边缘地带多，心脏地带少。战后局部战争地理分布的另一特点是多发生在北非、西亚、南亚、东南亚和东北亚等边缘地带，而在心脏地带发生的少。冷战结束后，成为新的局部战争多发区的东南欧和中亚也大致处于欧亚大陆心脏与边缘的交接地带。三是海陆交通要冲多，其余地区少。从直布罗陀经苏伊士运河、马六甲海峡、巴士海峡、巴拿马运河再到直布罗陀，在赤道至北纬 45 度间成环绕地球的不规则圆圈；从摩尔曼斯克经英吉利海峡、直布罗陀海峡、马六甲海峡、台湾海峡、对马海峡到白令海峡，成环绕欧亚大陆的不规则圆弧（不规则圆圈与圆弧在西起直布罗陀东至台湾海峡间成相切状）。这两条不规则圆圈与圆弧带是东西南北半球最重要的海上通道和海陆交通连接点。战后局部战争 10 大多发区，绝大多数位于不规则圆圈和圆弧带上。对上述 3 大反差分析可以看出：边缘地带和海陆交通要冲所反映的局部战争在地理上大部分是一致的。这里爆发的局部战争规模大、时间长、现代化程度高，如朝鲜战争、越南战争、海湾战争等。

*战后局部战争如此地理分布的原因。*一是全球地理形势对战后局部战争地理分布的影响。全球陆地分布的基本特点是北（半球）重南（半球）轻，东（半球）重西（半球）轻。全球陆地资源分布的基本特点是北（半球）多南（半球）少。人类以相对狭小的非障区（陆地）作为政治经济活动的重心，在使用非障区资源的同时又向广大自然障区（海洋）索取资源，并穿行于自然障区而相互关联。在当今海洋、陆地和航空 3 大交通体系中，海洋交通居主要地位，其次是陆地交通。作为最重要的海上通道和海陆交通连接点的上述那两条不规则圆圈与圆弧带成为局部战争的多发带，其地理背景就在于此。二是历史积淀对战后局部战争地理分布的影响。战后局部战争许多与殖民主义扩张有关。北非、西亚、南亚、东南亚地区的民族解放战争矛头直指英、法、荷、美等新老殖民主义国家。战后相当一部分第三世界国家之间的战争，也与殖民主义遗留的祸根有关。冷战结束后的东南欧和中亚的局部战争多因民族、宗教和领土而起，而民族、宗教和领土问题也往往有着很深的历史积淀。三是美苏争霸对战后局部战争地理分布的影响。第二次世界大战后，美苏两强称雄争霸的两极格局取代了以前的多极格局。美国当局通过稳住美洲“后院”，沿欧亚大陆边缘地带组织复杂的军事同盟体系，控制了世界的海陆要冲，对苏联进行遏制。苏联的反遏制措施主要是通过组织华约控制东欧，通过发展远洋海军与美国争夺海陆要冲。由于双方都拥有庞大的核和常规军事力量，谁都不敢轻易在对方的要害区大动干戈，便在欧亚大陆边缘地带和世界的海陆要冲展开激烈争夺。朝鲜战争、越南战争、中东战争、阿富汗战争等都与美苏冷战和它们对世界海陆要冲的激烈争夺有关。（程广中《战后局部战争地理分布特点及其原因》，《外国军事学术》1998 年第 1 期）

树立高技术局部战争的新初战观 有作者撰文指出，高技术局部战争使初战具有许多新特点：全维性、节奏快、强度高，使初战具有明显的决战性质；高技术兵器的远战能力使初战的作战形式具有非接触性和非线性的特点；初战中制信息权的争夺激烈而复杂；超视距对抗和空中打击已成为初战的主要模式；初战的胜负直接影响着军事斗争和政治斗争全局等。因此，应当对高技术局部战争的初战有一个新的认识。

*初战的始点观由战役战斗第 1 枪转向战略第 1 枪。*未来高技术局部战争初战的始点不能以那种敌我双方初次交锋的战役战斗的“第 1 枪”为区分。早在攻击之前，实际上已有一个政治、外交“制裁”、军事威慑、军事部署以及军事封锁的过程。这些“不见硝烟”的行动，实际上已构成了战略上的“第 1 枪”，是以往战争初期在时间上的一个提前。如果防御一方对此没有相应的早期对抗措施，必然会陷入被动地位，坐失初战的主动权。

*在初战“先胜”观上，由保持“战而胜之”的优势转向保持“不战而胜”和“战而胜之”的优势。*由于高技术局部战争的初战关系到战略全局，稍有不慎，就可能带来严重的政治风险。因此，冲突双方进行战争准备特别是争夺初战准备的“制高点”同时，力图运用军事威慑、综合威慑等手段，通过不断升级加压，达到“不战而胜”的目的。而在把握运用从威慑到实战的“界面”的问题上却显得尤为慎重。在临战准备上，尽可能争得一个有利的战略态势，赢得“不战而胜”和“战而胜之”的双重主动权。

*在得失观上，由“不计较一城一地”转向“拒敌于国门之外”。*必须确立“拒敌于国门之外”的新观念。决不能单纯地为了在军事上打赢初战而使国家经济遭受重大损失，因此，必须以积极防御战略方针为指导，在严守自卫立场的前提下，采取适当的攻势作战、有限的

境外出击。战争已不可避免时,适时的先机打击,是战役战斗上的"第1枪",是战略上的后发制人,也是积极防御军事战略方针在高技术局部战争初战的重要体现。

在制胜观上,由单纯军事力量制胜转向综合力量制胜。现代高技术局部战争是双方综合国力的较量,一个国家只有依靠多种力量,运用多种手段,采取多种形式,才能取得战争的胜利。全球经济一体化趋势,使各国经济利益依赖性增强,这也在客观上要求战争指导者在筹划初战时,要把军事手段和非军事手段有机结合起来,发挥综合国力的优势,使各种力量协调一致,以赢得初战胜利。(张晓明《高技术局部战争的初战观》,《现代军事》1998 年第 12 期)

当代局部战争的形态和样式出现新变化 有作者通过对当代局部战争和武装冲突进行分析,认为它在战争形态和样式方面出现 3 点主要变化。

武力与威慑并用。近些年,冲突各方几乎都强调政治手段与军事手段并用。在军事斗争方式上,则表现为武力与威慑并用、并重,力争达到不战或小战而屈人之兵。政治外交斗争手段之一:包括紧急部署和展开兵力、发出威胁警告、进行外交斡旋等等。政治外交斗争手段之二:包括进行施压性军事演习或声明准备进行此类演习、发出威胁、进行外交活动等等。政治外交斗争手段之三:包括以少量兵力的"点穴"式示警性打击、发出威胁警告、进行外交活动等等。政治外交斗争手段之四:包括以绝对优势兵力对有限目标进行报复性打击、发出扩大打击范围的警告、进行外交活动等等。这些斗争形式有的是单独使用,有的是多种形式并用或交叉使用;有的运用是成功的,有的则因制约因素很多而不能奏效。

联合作战。世界军事学术思想发展的一个重要方面,是进一步摒弃单一军种制胜思想,确立各军兵种联合作战的理论。联合作战的关键是要有统一、有效的中枢指挥系统。各军种、兵种的火力都由统一的指挥机构规划和指引目标,而不是"各自为战"。其次,指挥要跨越军、兵种界限,使地面、海上、空中、水下和太空作战互相协调、融为一体。为充分发挥航空兵和打击地面目标的导弹兵各自的独特作用,军事大国进行空袭作战时,常常统筹使用陆基和舰基的三军航空兵的多种飞机,乃至巡航导弹、战役战术导弹,进行多种航空兵和导弹兵的联合打击。

空中先行。试图以军事方式达到目的的一方在使用武力时,都非常重视使用甚至首先使用空中力量和太空监视手段。这种"空中先行"的作战样式通常有以下形式:一是以航空和航天手段首先获取敌方情报,取得信息优势。二是空中力量先行威慑。一旦出现危机,大都是以空军和海军的航母编队以及陆军的空降兵先行到达战区,应付情况,稳定局势。三是为了夺得制空权,为陆海军的行动创造条件,注意以空中力量进行先期作战。四是空袭决胜。西方国家在达成有限的军事政治目的而使用空中力量时,常常使用优势的空中力量集中突击,以图速战速决。(朱岩《"冷战—和平"交接时期的军事冲突》,《军事文摘》1998 年第 12 期)

军事威慑问题研究 **威慑是重于实战的军事斗争手段** 有作者撰文提出并阐述了这一观点。

威慑历来是军事斗争的重要手段。二战后,作为军事斗争的一种形式的实战,已经从顶峰上跌落下来;而作为军事斗争的另一种形式的威慑,正成为军事斗争舞台上的主角。据统计,1945 年以来世界上爆发的 220 多次局部战争和武装冲突中,能确定为军事力量实际投入使用的实战仅占 13%左右,绝大部分是通过显示实力即威慑而制止了战争。这昭示着军事斗争的着眼点不仅仅是应付战争、赢得战争胜利,更着眼于具有遏制战争爆发、阻止战争升级的威慑能力。

威慑重于实战是时代发展的客观要求。(1)威慑地位的崛起,反映出当前国际战略环境的巨大变化。武装力量具有威慑和实战双重功能,在不同的历史时期,这两种功能有主次之分。战争时期主要靠实战能力打赢战争,而相对和平时期则主要靠充分准备形成威慑功能来遏制战争。二战后,人类社会之所以没有爆发全面战争,威慑对战争的制约作用是一个重要原因。(2)威慑,是综合国力全方位较量的客观要求。以实力求和平,已成为对敌实施威慑的最高准则。当前,以科技为先导、经济为基础的综合国力竞争已成为世界各国竞争的焦点。增强综合国力是当今世界发达国家新一代国家战略,同时也体现了现代军事斗争的新趋势。(3)威慑,是军事理论角逐的主要形式和手段。理论的优势,可以显示一个国家的潜力,可以转化为强大的军事威慑力量,其内涵是打击对方的意志、信念和认知系统,以达成不战而胜。在这一战场上,军事理论的功能,不仅仅体现如何运用武装力量的艺术,而且突出表现出不需借助"物化"形式就可以直接参加对抗,从而形成强大的威慑力。(王春芳、陈培等《现代军事斗争指南:威慑重于实战》,《现代军事》1998 年 8 月号)

理论威慑不容忽视 有作者撰文指出,从现代威慑理论与实践看,威慑手段呈现出多元化趋势。其中理论威慑已同政治威慑、经济威慑、核威慑、常规力量威慑一样,成为一种基本的威慑手段。

何谓理论威慑。就是把自己先进的军事理论作为信息有意传输给对手,使其在心理上慑服于该理论的巨大威力,从而达到不战而胜的目的。军事理论是战争总体力量的一个重要组成部分,它不仅制约着人与武器装备的组合形式,而且还通过指导战略战术的运用,使武器装备在战争中的实际作用得到增强或减弱。随着科学技术的飞速发展,战争形态的急剧变化,先进军事理论的威慑作用日渐增强。有的理论没有经过战争实践,但由于理论本身所具备的巨大威慑作用,直接达成了政治、经济目的。

*正视信息战的理论威慑。*世纪之交,信息战争作为一种崭新的战争形态已轮廓初现,理论的威慑效能正在发生质的飞跃。从信息战的本质内涵"打击对方的意志、信念和认知系统"来看,理论威慑无疑是信息战的一种重要手段。随着信息化程度的提高,敌对双方以各自的军事实力为后盾,进行理论上的威慑与反威慑,这种方法将与"兵戎相见"共同作为未来人类解决争端的高级形式。

在世界各国军队纷纷相互开放、相互借鉴的国际背景下,通过威慑谋取更多的经济、政治利益,已成为当今国际斗争舞台上的一个微妙变化。在理论研究上,则突出地表现为从注重实用性转变为更加注重超前性,通过不断创新理论来威慑对方。要正确对待这种理论威慑,一方面要详尽分析其理论的可行性,另一方面还应该看到其理论的短处,只有这样,才能具备对付理论威慑的坚强"抵抗力"。理论威慑与战争一样,也有正义、非正义之分。为谋取霸权,而对他国实施理论威慑,属于非正义;为争取世界和平,求得自身发展而对霸权主义国家进行理论反威慑,属于正义。在过去的革命战争中,人民战争的战略战术理论,在抵御外来侵略、捍卫祖国安全方面,曾发挥了十分显著的威慑效能。未来,人民战争的战略战术理论仍然是中国军民克敌制胜的法宝,仍然具有巨大的威慑效能。(楼海强《威慑理论与理论威慑》,《现代军事》1998 年第 4 期)

伊拉克武器核查危机中美军战役威慑特点 有作者撰文指出,在 1998 年发生的此次危机中美国威慑战略从行动方式上体现出如下特点:

*快速集结战役力量,"门口"示形慑伊。*战役威慑与战略威慑的区别在于,前者更强调通过直接的作战力量部署达到示形慑敌,此次美国这种将空、海军主要作战兵器和地面特种作战力量集聚于伊拉克家门口的做法,既能慑止伊拉克的进一步挑衅,又能为必要时展开的诸军种联合战役奠定物质基础。

*不断调整兵力部署,战场造势慑伊。*美军边向海湾地区集结力量,边进行兵力部署的调整与完善。首先,以先期到达战区的航母战斗群及其舰载机,汇同原先在海湾地区部署的部分力量,对伊拉克形成一定的海、空立体封锁。尔后,美军将补充的兵员及时部署到科威特及伊拉克周边地区,巩固了先期部署,形成张弓待发之势。美军还不断进行舰载机的飞行,在伊科边境地带进行装甲战车和火炮的实弹演练,对伊直接进行空中侦察和信息压制,对伊构成了巨大的战场压力。

*竭力巩固联盟关系,借威挤压慑伊。*由于这次以法国为代表的有关国家和一些阿拉伯国家不愿支持美军对伊动武。为此,美国在实施军事行动准备的同时,也采取了巩固联盟关系的行动。一方面,美国上层政要频繁进行外交游说,扩大了以美国为首的反伊联盟,对伊形成巨大压力;另一方面,在美国的牵头下,组成一支包括英国、加拿大等北约集团成员国以及海湾的科威特等阿拉伯盟国在内的联合部队。这样,在国际大环境和海湾地区小环境中,都对伊拉克形成一种挤压之势,迫其答应美国提出的条件。

*大肆渲染武力解决,以战胁迫慑伊。*美军实施的这次军事行动,具有双重性质。一面是以强大而坚决的军事部署行动,威逼伊拉克当局向美国低头,以达到不付出战争代价而获益的目的;另一面是要以果断而有力的军事打击,给伊拉克当局以"深刻教训",改变海湾地区反美倾向。美国当权者基于国内矛盾和主宰世界潮流的需要,把威慑的重点放在后者,积极准备发动以高技术兵器为主的对伊联合打击行动。为此,美军专门制定并公开推出"沙漠惊雷"的作战方案。由于"沙漠惊雷"是以新装备的"灵巧"武器和新一代精确制导武器进行打击为主,加之美军对其可能行动的一再渲染,对伊造成了极大的心理威慑,伊拉克当局不得不在美国的战役威慑面前及时止步,达成了解决危机的最终妥协。(王勇《98 海湾危机中美军战役威慑特点》,《现代军事》1998 年第 5 期)

(晓　雪)

中国关于战略问题研究 **纵论 20 世纪战略遗产与 21 世纪战略走向** 有作者就此作了系统的阐述。

(1)为预测下一世纪的国际安全形势,有必要从历史哲学与军事战略相结合的角度,探讨国际大战略的延续性规律,也就是研究跨世纪战略遗产的影响。所谓战略遗产,主要是指具有历史继承性和指向性的军事理论、实践及其经验教训。战略遗产的背景是国家政治结构及其对外政策的连续性。20 世纪所发生的大规模战争,可以从 19 世纪的战略遗产中找到根据;决定 21 世纪战略走向的许多因素,存在于 20 世纪的历史影响之中。以大国的争夺来说,19 世纪主要是争夺殖民地;20 世纪主要是争夺势力范围;21 世纪将主要是争夺市场。本世纪末出现的经济全球化和世界多极化趋势,预示了 21 世纪初期的世界政治格局的基本框架。到21世纪中期,真正的多极格局和成熟的国际安全体系将逐步形成,绝对霸权终将绝对衰落,并由此决定21世纪后期的发展走向。

(2)20世纪的军事战略遗产较之上一世纪要丰富得多。从积极方面看,第一,侵略战争的发动者大都受到了惩罚,第二次世界大战后基本停止了帝国主义的大规模领土扩张;第二,发生世界大战的国际基础已经极大减弱甚至消失,局部战争成为解决国际矛盾的极端斗争形式,并且受到诸多因素的制约;第三,国际战争条法的公正程度和制约作用比上世纪大大增强;第四,国家利益、地缘经济取代意识形态,战争仍是"政治的继续",但不再是唯一的继续,经济全球化为解决国际政治矛盾提供多种可能的选择,若干斗争的结束是由非战争手段实现的;第五,"相互确保摧毁"与"等效威慑"的核战略,维持了"恐怖中的和平",同时也限制了战争的升级;第六,多种民族主义意识和社会价值观念的勃兴,多个地缘政治经济中心的形成,促进了世界向多极化发展,从而牵制超级大国不能为所欲为;第七,加强国际安全机制、预防危机、限制并最后销毁大规模杀伤武器,同保护生存环境,消灭贫困一起,引起各国的普遍关注。就某种意义说,和平是战争的遗产,对话是对抗的遗产。

(3)20世纪战略遗产中仍然有若干危险因素,将对未来的世纪产生消极影响。发展中国家的主权和经济安全,受到强权政治和某些不合理的国际经济秩序的干扰与侵害。多极化原本以多极共存为前提,任何一极都不应强迫别国接受自己的文化和价值观念,否则就会发生冲突。这个冲突的本质不是"文明的冲突",而是强权与主权的冲突。超级大国决不是为了别国的利益而要领导世界,其根本的战略意图是防止世界上再出现能与之抗衡的大国。它的战略思维与战争机制、战争力量、战略部署在相当时期内还难以脱离原来的轨道。在北约东扩和日美安保条约西扩问题上,孕育着不安定的因素。地区霸权主义和极端民族主义也有抬头趋势,特别是核扩散更是一个跨世纪的隐忧。

(4)世纪之交,美国实际正在领导一场适应信息时代的、以高技术战争为内容的军事革命和军备竞赛,以争夺下个世纪的战略优势。这场军事革命无疑将进一步拉大美国与发展中国家在军事力量方面的差距。但军事领域是双方的斗争,一场世界性军事革命,不论在军事理论还是在武器装备方面,只有在出现它的"对应物"之后才算完成,对高技术战争的反制手段是这场军事革命的必要组成部分。信息化时代使得最发达的国家最经不起战争的破坏,尤其是人员的伤亡和网络的瘫痪。两极解体后,各国根据本国利益重新考虑现实和潜在的威胁。这样做的结果是,一方面从战争战略上排除了大战的可能,另一方面则把过去被掩盖的、潜在的矛盾上升为战略对象,从而可能引发局部战争。因此,多极时代各国的战略思维的科学化和实行战略转变至关重要。特别是超级大国,应当改变一国独大、非胜即败的战略思维,谋求多极共赢的世界新局面。

(5)中华民族最重要的战略遗产是认同意识和统一观念,其军事战略的灵魂是求和平、谋统一、重防御。中国人民对于自己国家的独立、统一和领土主权完整怀有至高无上的自尊情感,并决心在任何情况下都不惜一切代价去保卫它。处于世纪之交的中国安全形势,虽然已不存在外敌大规模入侵的顾虑,但现实与潜在的威胁仍然存在。过高估计这种威胁或是无视这些威胁的存在都是不正确的。外国一些对中国怀有敌意的势力,宣传"中国威胁论",其实质是威胁中国论,就是不准中国为维护自己的主权作出努力。

国内分裂势力是中国存在的一个严重的不安定因素。台湾问题是中国的内政,不容外国干涉。中国主张并致力于和平解决台湾问题,但不承诺放弃使用武力,武力是迫不得已时对付外国干涉、制止台湾分裂出去的最后手段,因而也是和平解决统一问题的最后保证。21世纪实现中国的统一是历史的必然。在这个问题上,中国同西方大国特别是美国的关系将接受考验。世界上的一些有识之士已经看到,坚持冷战思维,以意识形态划线,搞"遏制"中国的政策,结果会适得其反,并将为此付出极高的代价。现在应当让冷战思维的残云随着冷战的结束而消散。合作比敌对好,协商比冲突好,互惠比制裁好,尊重比干涉好。

国际安全环境是在各国互动中发展的。多极化的过程也是力量组合的过程。世人终将明白一个道理,就是中国越强大越有利于亚洲和世界的和平;中国越繁荣越有利于亚洲和世界的发展。(李际均《本世纪战略遗产与下世纪战略走向》,《解放军报》1998年7月28日)

(木　工)

世界多元文化与多极战略格局　有作者认为,世界多种文化共同存在与共同发展是历史发展的必然,也是现实的客观存在,它与多极战略格局都是不可抗拒的。第一,各民族文化的主体部分是各民族在改造自然、改造社会的长期实践中逐步积累和发展起来的,是各民族智慧与创造力的结晶,对人类的进步与发展都作出了各自的贡献。第二,各民族文化的发展客观上存在差异,也正是这种差异的存在,才使各民族文化之间的相互交流与借鉴有了必要与可能。这种交流与借鉴是以相互尊重为前提的平行的互相学习过程,是取长补短、共同繁荣的过程,而不是相互排斥、彼此征服的过程。第三,作为意识形态的文化是一定社会政治经济的反映，不同文化之间的冲突并不是文化本身带来的，而是反动的、扩张的政治经济势力文化进行扩张造成的。文化竞赛本身就是以文化为外衣的政治经济冲突。第四，在一定的社会政治经济基础上产生的文化，又给予巨大的影响和作用于一定的社会政治经济。但这种影响是相对的、有限的，它不能超越或代替政治经济的决定作用。第五，冷战后文化因素在国际政治生活中的影响相对突出，特别是强行输出某种价值观已成为当代国际政治生活中的一个值得注意的现象。但从世界发展的大趋势看，世界政治经济的发展日益为各民族文化的平等交流与融合提供更加广阔的空间。世界格局的多极化与世界文化的多元化都是不可抗拒的。第六，中华文化以“和合文化”为特色，最具兼容性或包容性，它为国际社会提供了一种全新的国际关系价值评判标准，对于促进世界多元文化与多极力量的和谐共处日益发挥其独特的建设性作用。（彭光谦、石凤军《世界多元文化与多极战略格局》，《中国军事科学》1998 年第 1 期）

各国战略思维与文化传统 在源远流长、博大精深的中国传统文化中，蕴含着丰富的战略思想的宝藏。有的作者认为，中国“天人合一”的哲学思维、以儒家为主流的经邦济世思想对战略文化的发育产生了深刻的影响，中国悠久的历史、辽阔的疆域为战略文化的发展提供了得天独厚的条件。中华民族战略文化传统在价值取向上的特点是：重仁德，倡义战；求统一，反分裂；保安定，重防御；慎干戈，贵全胜。在思维方式上以朴素的唯物主义、早熟的辩证思维、原始的系统观念和多彩的谋略艺术为主要特色。（王幸生《中华民族的战略文化传统及其特色》，《中国军事科学》1998 年第 3 期）

毛泽东战略思想与中华民族优秀传统思想文化有着千丝万缕的联系：以人文主义为内核的中华传统思想文化的基本精神表现为自强不息精神、正道求行精神、追求和谐精神、求是务实精神、豁达乐观精神、分别塑造了毛泽东战略思想的抗争品格、正义品格、统一品格、唯实品格、豪迈品格；中华民族优秀传统哲学思想是毛泽东战略思想的根基和底蕴，它的合理思维方式与价值取向汇蓄在毛泽东战略思想之中；儒法并用、民惟邦本、联合与斗争相结合等传统治国方略是毛泽东战略思想的理论来源之一；毛泽东军事战略思想与中国传统军事战略文化有着深刻的历史渊源关系和思想继承性，毛泽东军事战略思想所具有的慎战、防御、尚谋等重要特征可以在中国军事战略文化中找到其理论源头；毛泽东战略思想形成的过程是中华民族优秀传统思想文化发生创造性转变的过程，它升华了中华民族优秀传统思想文化，使中国军事战略文化发展到一个新阶段。（袁德金、彭怀东《毛泽东战略思想与中华民族优秀传统思想文化》，《中国军事科学》1998 年第 1 期）

俄罗斯是一个富于战略思维的国家。几百年来，俄在治弱图强，拓疆扩域，御敌卫国的过程中，审时度势，周旋于列国之间，表现了独立的战略文化观念，主要表现为：以控制地理范围为核心的安全观念，以占有出海口为要旨的海洋观念，以维护东正教信念及其地位为使命的大国观念，以追赶西方文明为内涵的图强观念等。（梁月槐《俄罗斯传统战略思维的民族思想文化底蕴》，《中国军事科学》1998 年第 1 期）

纳粹德国对外侵略扩张战略的思想文化根源可归结为极端的民族主义、荒谬的“生存空间论”、庸俗的社会达尔文主义和反动的尼采哲学等方面。纳粹主义所依托的政治体制形式已不复存在，但它作为一种社会观念并未彻底根除。特别是在冷战后的新形势下，在某些国家和地区出现了纳粹主义、军国主义死灰复燃的情况。新纳粹主义作为一种社会思想文化现象，作为一种政治势力和社会不稳定因素，还可能在相当长的一段时期内存在。对此不应放松警惕。（彭训厚《纳粹德国侵略扩张战略的思想文化根源剖析》，《中国军事科学》1998 年第 1 期）

日本民族数千年的思想文化传统，既有精华，也有糟粕。有的作者认为，“岛国根性”是日本近代战略目光外向的地理和民性根源，日本统治阶级把“岛国根性”发展为极端民族主义；相对主义是日本近代战略思维的哲学基础；“强兵富国”是日本近代安全观的理论依据；“武士道”是日本近代推行侵略扩张的精神支柱。日本近代战略文化在今天仍有市场，一旦有适当的气候，军国主义的阴魂就会再现。（张世斌《试析日本战略思维的思想文化脉络》，《中国军事科学》1998 年第 3 期）

东南亚是一个多元文化的园地，除本土民族文化外，还有先后传入的中国汉文化、印度文化、伊斯兰文化和天主教文化等。多元的思想文化，对东南亚各国的战略思维和战略决策起到至关重要的作用。它促使决策者采取“多元”的平衡政策，以保持社会的稳定、民族的和谐与经济的发展。经多元文化长期交融与协调，产生出一种为东南亚各国共同接受的亚洲价值观，它以儒学为核心、强调社会秩序、尊重知识和自我约束。这一观念得到许多亚洲国家的认同，成为同西方价值观相抗衡的社会意识形态，在重大战略决策中发挥着越来越明显的作用。（陈显泗《东南亚各国战略思维中的思想文化因素》，《中国军事科学》1998 年第 3 期）

宗教因素对军事战略的影响 宗教与战争结缘久长，从远古时期部落出征前的宗教仪式一直到现代战争中的宗教因素,两者或紧紧相关,或若即若离。宗教对军事战略的影响主要是:第一,宗教因素是引发一些地区冲突和战争的直接原因,而宗教背后的深层次动因则是国家、阶级、政治集团之间政治和经济利益的冲突,很多带有宗教色彩的战争往往有特定的政治和经济目的。正确分析战争中的宗教因素及其内在动因,妥善处理宗教矛盾和纠纷成为战略关注的一个重要问题。第二,建立在宗教信仰基础上的宗教情感直接影响民心和军队的士气,也影响到战争进程和战略的制定、实施,往往可以帮助或阻滞战争领导者达到其战略目的。第三,宗教势力是对国际形势和世界战略格局有一定影响的社会力量,它的消长沉浮不仅关系到一些国家的安全,而且也会影响到地区稳定和世界局势。第四,殖民主义、帝国主义、霸权主义经常利用宗教为其侵略扩张和"和平渗透"服务,宗教是其重要的战略手段之一。第五、在中国,宗教与社会主义社会总体上是适应的,但也存在不适应、不协调之处。应从战略的高度对待宗教问题。当然,宗教对军事战略的影响毕竟是有限的、非决定性的,因而不能不适当地夸大宗教的作用。而且,随着科学技术的发展、社会的进步以及人们认识水平的不断提高,宗教的社会作用呈减弱的趋势,它对战争和军事战略的影响将越来越小。(汪徐和《论宗教因素对军事战略的影响》,《中国军事科学》1998 年第 1 期)

(汪徐和)

掌握高技术局部战争战略主动权应坚持 4 个基本原则 有作者认为,为掌握战略主动权,应在战前和实战中,坚持以下几个基本原则:

谋时造势,先胜而后战,把握战略主动权。谋时造势,建立一种有利的战略态势,首先使自己立于不败之地,然后选择有利时机再进行战争,这是掌握战略主动权的首要步骤。由于科学技术的发展,世界经济交往日益频繁,各种利益相互渗透,使国际社会对局部战争的影响也越来越大。战争指导者要通过政治外交经济的手段,最大限度地争取国际社会的支持,最大范围地孤立敌人,一开始就把握住初期战略主动权。

充分准备,快速反应,力争战略主动权。历史上,战争常常以突然袭击的方式拉开序幕,事实证明,这也是力争战争初期战略主动权的有效方法。这种初期战略主动权对于高技术局部战争来说更为重要,因为初战失利,就难以挽回主动。因此,充分准备至关重要。充分准备包括做好临战前的各种准备,如快速动员,部署足够兵力,搞好战场建设等;更重要的是要做好平时的准备工作,特别是要加强军队的现代化建设,提高军队的战斗力,制定各种切实可行的作战预案。这些准备工作能为战争初期赢得战略主动权打下基础。快速反应是高技术局部战争的客观要求,由于战场形势瞬息万变,要求军队能即时对战争形势作出正确反应,抓住稍纵即逝的有利战机。这是获取战争初期战略主动权的必备条件。

灵活指挥,趋利避害,夺取战略主动权。战略主动权是在客观物质条件的基础上,充分发挥人的主观能动性的集中表现,是与指挥员灵活正确指挥分不开的。战略指导者只有充分发挥自己的优势,以己之长,击敌之短,才能取得战略主动权。其次,要善于乘敌之隙,出其不意地创造战机。"有计划地造成敌人的错觉,给以不意的攻击,是造成优势和夺取主动的方法,而且是重要的方法。"另外,要善于发现并利用敌人的失误,夺取战略主动权。

整体作战,重点打击,保持战略主动权。面对未来高技术局部战争,中国军队的武器装备在整体上可能处于劣势,要想保持战略主动权,必须贯彻整体作战的思想:第一,要把军事与政治、外交、经济有机地结合起来,增强整体力量。第二,要发挥人民战争的威力。第三,要将战场上的各种作战力量有机地结合起来。此外,发挥整体力量还要和重点打击相结合。在武器装备存在敌优我劣的情况下,应集中力量对敌人的弱点及其作战系统的关节点进行重点打击,使其难以发挥武器装备的优势,尤其是要从敌人部署中选择薄弱而又要害的环节作为打击的重点,以收击一点而震全局之效。这是保持战略主动权的必由之路。(许小年、陈广灿《掌握高技术局部战争战略主动权的基本原则》,《现代军事》1998 年第 3 期)

中国台湾战略问题研究 **中国台湾军事战略发展趋势** 有作者就此分析指出,冷战结束后,台湾当局为适应世界格局的变化,将其军事战略由"攻守一体"调整为"防卫固守,有效吓阻"。这一战略与以前相比,在强调"固守"的同时,第 1 次明确地把"威慑"引入军事战略,更加强调军队战斗力建设。

积极发展先制、反制作战力量,力求阻敌于彼岸。台军认为,在未来防御作战中,只有重视攻势作战,及早发现敌进攻迹象,"以攻为守,制敌于先",打乱其进攻计划,破坏其进攻准备,增强"威慑作用",才能争取战争主动权,达到"止战"目的。据此,积极发展先制、反制作战力量。一是重视提高电子战能力。为提高电子战能力,台军正在实施一项发展电子战装备的"玄机计划",拟用 9 年时间发展多项电子战装备。至下世纪初,台军电子战的范围进一步扩大,实施先制、反制作战的预警时间可提前 20 分钟。二是增强远程打击能力。台军于 1996 年初实施将"天弓"防空导弹改进为地地导弹的计划,秘密展开了"雄风"3 型巡航导弹的研制工作。一旦台军拥有空中加油机,其现有幻影

2000 型战斗机和 F-16 型战斗机的作战半径将大幅度扩大。三是增强前置兵力的反制能力。目前台军已在金门、马祖、东引等地部署大量“天弓”、“小槲树”导弹，在澎湖、东引部署“雄风”2 型岸舰导弹。部署较强的陆军部队，装备有新型战车、火箭炮、装甲车辆等，计划建立火力强、机动快的“有效打击部队”，并提高对外岛的海空补给能力，必要时还部署武装直升机。

*优先发展防空、制海作战力量，争取击敌于海上。*台军认为，敌对台实施海空封锁作战对台生存与发展构成较大“威胁”，而且一旦实施登陆进攻，因台本岛陆上地幅狭小，战略纵深短浅，难以实施有效抗击，因此必须以海上为主战场，大量杀伤敌有生力量，迫其推迟或放弃登陆进攻计划。为实现这一战略目的，一是以地面防空导弹拦截与飞机空中拦截相结合的方式夺取制空权。至下世纪初，台军在美国协助下将拥有“战区反导弹系统”和“反弹道导弹系统”，1 次可同时截击 96 个目标，其截击能力将比目前提高 50%以上，抗干扰能力提高 10 倍；台空军将拥有可用于防空拦截的战斗机 430 架，战时按良好率 95%、以 60%执行防空拦截任务计算，1 次最大出动拦截兵力可达 245 架。二是以反舰、反潜为重点，增强立体制海能力。反舰武器以导弹为主，基本形成空中、海上、岸上的立体导弹反舰能力。可用于反潜作战的兵力包括驱护舰、潜艇、反潜机，基本形成远、中、近距离上空中、水面、水下的立体反潜作战配系。台军正积极寻购潜艇，以提高“以潜制潜”的反潜能力。

*继续巩固一线抗击作战力量，决心毁敌于滩头。*台军认为，未来防御作战中，在“吓阻”不能奏效的情况下，抗登陆作战仍将是抗击敌人登岛的重要作战样式。台湾军队的一线守备部队由预备师(旅)、动员师(旅)和部分海岸巡防部队担任，主要采取环岛设防、重点部署、分区守备、靠前配置、坚守要点的防御态势。其兵力总数约 17 万人。按 1:3 的抗击比计算，一线兵力可抗击 40 余万人。

*重点发展反击作战力量，坚决歼敌于浅近纵深。*最近，台军把机动反击作战作为未来抗登陆作战的“决战行动”，以代替过去的“滩头抗击”决战行动。强调以陆军为主，在海军和空军的有力支援下，对上岛之敌实施坚决的反击作战，歼敌于浅近纵深内。台陆军以“建立快速反应的精锐战力为目标”，成立了以坦克、直升机及空降部队为主的快速打击部队，并将全面更新陆军武器装备，提高陆军的机动反击作战能力。(王仁江、喻正学《21 世纪台湾军事战略发展趋势》，《军事文摘》1998 年第 9 期)

中国台湾所谓“吓阻战略”有 6 个弱点。　90 年代以来，台湾当局意欲通过整军备战，建立“足以吓阻敌人的有效武力”，借此维护台湾现状，阻止中国统一。这就是所谓的“吓阻战略”。有作者从战略全局的角度分析，认为台湾当局的所谓“吓阻战略”根本不具有可行性，并指出其在以下 6 方面存在致命弱点。

*自然资源匮乏。*台湾岛内资源贫乏，所需能源 80%以上靠进口。且四面环水，很容易被封锁。届时，煤、石油、钢铁等必需物资的供应就会出现紧张局面，从而严重影响台湾的作战能力。

*战略空间狭小。*承受一场战争需要充足的迂回作战空间。台湾岛面积有限，缺乏战略回旋余地。岛内东西交通不便，南北交通虽然发达，但河流纵横，桥梁众多，一旦遭受导弹、航空兵火力打击，很容易陷于瘫痪状态。这将严重影响其兵力兵器的机动，致使各地兵力易被各个歼灭。

*经济命脉脆弱。*台湾的经济主要是建立在海外贸易基础之上的。一旦战争来临，台湾对外运输遭到封锁，资源不能自给，产品无法外销，整个经济将遭受毁灭性的打击。经济上的崩溃必然引起台湾战争承受能力的急剧下降。

*军事实力有限。*台湾现役军队只有 40 多万，兵源严重不足。而台军现役的武器装备大多面临严重老化和亟需换装问题。尽管台湾当局自 1994 年起实施“十年兵力整建计划”，从美、法等国家大量购买武器装备。但新式武器服役后，还面临着一系列新的问题：一是缺乏熟练的操作维修人员，影响战斗力的发挥；二是各种武器装备混杂不一，配套性差，难以形成整体作战能力；三是武器供应者出于技术垄断的需要，向台湾出售武器时往往“留有一手”。可见，无论从军队数量、后备力量，还是从武器数量、质量来看，台湾不具备实施“独立固守”的作战能力。

*主要目标暴露。*台湾主要有 4 大港口：一是位于南端的高雄港；二是位于北端的基隆港；三是位于西海岸中部的台中港；四是台东的花莲港。其中高雄港与基隆港两港口进口货物的装卸总量占台湾的 91.1%。如果爆发战争，这两港口和台中港势必遭受首波重点打击而处于瘫痪状态。另外，台军的侦察、观通、预警和战管均依赖于先进的电子设备和大型的天线，而这些设施也大多部署在“外岛”和台湾西海岸的高地和开阔地形上，目标明显，位置相对固定。海空军主要基地均集中于西部一线。一旦这些目标被摧毁，台军作战能力将遭受严重削弱。

*军民士气低落。*台湾岛内广大民众是希望祖国和平统一的，不会支持“台独”，更不会支持由于“台独”而导致的战争灾难。1997 年 12 月 8 日，台“国防部长”蒋仲苓表示，台军方绝不为“台独”而战。因此，以军事手段来保障“台独”绝对行不通。即使真有人为“台独”

而战,也不可能长久维持下去。(楼海强《苍白无力的台湾吓阻战略》,《军事文摘》1998年第10期)

(晓 雪)

美国战略问题研究　美国安全战略由"冷战型"向"冷战后型"转变　有作者撰文指出,1997年5月,克林顿政府正式发表"新世纪国家安全战略"报告,标志着美国国家战略基本实现了由"冷战型"向"冷战后型"的历史性转变。并显示出如下特点:

(1)这次大调整表明美国国家安全战略运行机制尚有一定的灵活性和适应性。美国历史上对国家安全战略进行较大调整有3次。第1次是第一次世界大战后随着凡尔赛—华盛顿体系的确立,逐步由主张本土防御的孤立主义向"有特定目标的干涉主义"的转变。第2次是第二次世界大战后随着雅尔塔体制的确立,实现由西半球防御战略向与苏争霸的全球战略的转变。这次战略调整不是大规模战争的结果,而是在相对和平时期进行的,因而具有更大的不确定性和复杂性。新的安全战略对变化中的美国安全环境的分析及着眼于地区冲突的总体思路,在一定程度上对国际战略格局剧变的现实作出了较为灵敏与迅速的反应。

(2)新世纪美国国家安全战略更具积极进攻性质。在美苏冷战对峙时期,美虽然在战略上对苏实行全面围堵与对抗,但慑于全面核战争的巨大风险及难以预测的灾难性后果,在战役战术层次上还是比较谨慎的。冷战后随着前苏联这个全球战略对手的消失,美在军事实力上已处于无人可以与之抗衡的唯一超级军事大国地位。美在推行其新世纪国家安全战略时不仅在战略上保持了积极进攻态势,而且在战役战术上也表现出更大的进攻性与外向性。美比以往任何时候都更加频繁地和无所顾忌地对外动用军事力量,更加积极地直接干预在世界各地发生的地区性冲突。

(3)美国国家安全战略以维护美国的唯一超级大国地位为主旨,这与世界多极化的必然趋势是相违背的。在世界日益走向多极化的历史潮流中,美极力抑制任何新的政治经济中心和战略对手的出现,不仅受到世界各国的抵制,而且也引起法、俄以及正在重新崛起的德、日等国的警觉。美国为维护其"经济安全",必将进一步加剧西方发达国家之间、各经济集团之间的磨擦,一轮新形式的经济战也许已经开始。

(4)美国家安全战略中战略目标过大与战略能力相对不足的固有矛盾是不可克服的。在海湾战争中,美国不得不"集资"打仗之举,深刻说明了美国战略目标与战略能力之间矛盾的尖锐化。这一矛盾的尖锐化特别表现在冷战后以下趋势的日益发展上:一是美国对外军事干涉的强烈愿望与集中力量振兴经济的客观需求之间的矛盾趋势;二是冷战后地区冲突的广泛性与美国军事力量被迫收缩的矛盾趋势;三是现代高技术战争日益增加的高消耗性与美国战略资源日益递减的矛盾趋势;四是对盟国日益增加的依赖性与盟国离心力日益增大的趋势。上述矛盾不能不对新形势下美国国家安全战略的调整与实施起着巨大的制约作用。(彭光谦《美国安全战略由"冷战型"向"冷战后型"的转变》,《外国军事学术》1998年第7期)

(严维义)

美国安全战略体现出新的地缘特点　有作者撰文指出,冷战结束后,美国安全战略既体现了美传统的地缘观,又体现出新形势下新的地缘特点。

拓展战略纵深,遏制亚欧大陆强国崛起。亚欧大陆是"地缘战略的焦点,是地缘政治的争夺目标"。冷战结束后,俄罗斯虽无力与美争雄,但仍拥有强大的军事实力和经济潜力。美国认为,俄很可能在度过经济困难期后成为美21世纪"全球性战略对手"。因此,美国加紧挤压俄战略空间和安全缓冲地带,从根本上削弱俄日后东山再起的地缘基础。以美国为首的北约集团在东扩的同时,还积极向南扩展势力,造成从西、西南两个方向对俄罗斯的钳形包围态势。美国还担心中国强大起来会成为继苏联之后雄踞亚欧大陆的又一个强国,因而将中国视为美称霸亚太的最大障碍,列为潜在的战略对手,强调所谓的中国"威胁"。在作战方针上,美将准备打赢"大规模地区冲突"提升为打赢"大规模战区战争",这不无针对中国之意。美国强化与日本的军事同盟,是在和北约东扩相配合,企图完成对亚欧大陆的战略包围,防止在该大陆重新出现对美构成挑战的战略力量,确保美国的地缘优势。

网织安全体系,保持边缘地带的"稳定"。亚欧大陆的边缘地带往往处于大国势力的交汇处和不同文明的接壤地带,历史遗留问题较多,苏联力量的收缩又容易引起这一地带力量失衡、潜在矛盾凸现。更为重要的是,该地带是美国包围亚欧大陆的战略链条,如果出现动乱,势必会打乱美国的全球战略部署。当前美国实行的"预防性防务",主要就是为了防止这一地带爆发危机。作为"预防性防务"的重要手段,美国积极网织安全体系,一改过去只重双边不重多边安全合作的做法,采取"双边为主、多边为辅、双管齐下"的方式,谋求建立有利于维护美国"利益"的安全格局和安全机制,对潜在危机进行有效的控制和管理。为此,美国从强化美日同盟入手,以此为基础,巩固与日本、韩国、澳大利亚等传统盟国的关系,并加强了与东盟国家的双边和多边军事合作,寻求新的立足点,保持对东南亚事务的影响力,美还极力将东盟地区论坛纳入美国的安全合作框架,积极推动建立以美日同盟为核心的东北亚安全机制。美国越来越重视对边缘海区,特别是亚太地区边缘海的控制，以防止边缘海失控，影响其能源运输线的安全和对陆上国家的地缘优势。为此，美国大力提高海空作战能力，加强海上威慑力量，并要求盟国提高对周边海区的封锁与反封锁能力。近来美又将关注的焦点集中于中国的台湾海峡和南海。

西亚、中东地区是连接边缘地带东、西部分的关键一环，也是美国等西方国家的石油命脉。海湾战争后，美借口维持地区稳定，继续驻军中东，并在巴林重组第5舰队，实现了在这一地区保持并加强军事存在的企图。

西欧和南欧位于边缘地带的西端，是美国在欧洲的战略基地。冷战结束后，美国力促欧安组织实行改革，强化其预防和解决地区危机的职能；加强与盟国的防务协调，增加盟国的防务责任；推出"和平伙伴关系"计划，与俄罗斯进行安全对话，同前华约组织成员国进行军事、安全合作，力图将欧洲安全体系覆盖到全欧范围。此外，美国还与盟国一起对北约的结构和功能进行调整，将其建成对付地区冲突的军事、政治实体，需要时向危机地区投入兵力实施维和或强制实施和平行动。此外，美国还强调继续控制地中海并能迅速前出至中东，直至亚洲西南部，与美国的太平洋防区相衔接。

推行均势政策，防止地区力量失衡。冷战结束后，美国更加倚重盟国力量，对付地区冲突，维持地区稳定，并促使各地区主要力量相互制衡、无暇他顾，而美国则从中坐收渔人之利，掌握最后的"审判"权。

在美国的战略棋盘上，中国是其重点防范对象。美国通过对美日安保条约重新定义，试图借日本的军事力量抑制中国的国防现代化建设。同时，美国还与中国"全面接触"，部分地恢复同中国的军事交往和安全合作，准备与中国发展"战略伙伴关系"，一定程度上也是为了牵制日本、防其成为政治、军事大国。美国力图使亚太地区主要力量彼此制约，从而使任何一方都无力向美挑战。

推动西欧内部主要力量相互牵制是美一贯政策。美国将德国作为北约的欧洲支柱，但同时又扶持英、法以平衡德国的力量。在限制西欧联盟的防务权限问题上，美国支持英国，向法、德施加压力，造成各方既替美"分忧"又有求于美的局面，确保美国对欧洲事务的主导权。美国还诱使伊拉克和伊朗相互制约，从而使海湾地区在力量相对平衡的基础上保持稳定。在拉美地区，美国一方面拉拢该地区国家共建美国主导下的美洲经济一体化组织，另一方面向该地区大量销售先进武器装备，使有关国家相互猜忌、彼此制衡。（宋雪峰《从地缘角度看美国的安全战略》，《现代国际关系》1998年第4期） （思　惟）

美国调整其亚太安全战略　有作者撰文指出，近年来，亚洲太平洋地区经济的高速增长和在国际事务中影响力的不断增强，给美国的亚洲太平洋安全战略带来了新的挑战，使美国亚太安全战略也被迫作出新的调整。

美国亚太安全战略面临的新挑战。(1)朝鲜半岛局势的演变成为对亚太地区安全最紧迫的挑战。自从朝鲜半岛出现南北对峙的局面以来，那里一直是军事人员最为密集的地区之一。南北双方之间存在不信任，又尚未形成一种稳固的安全安排。中、美、日、俄战略利益在此交叉，使得该地区出现的任何棘手问题对亚太地区都会产生深远的影响，任何一件突发性事件都可能使通过外交途径来减少冲突的努力夭折。(2)东南亚金融危机给东盟地区稳定带来了巨大冲击。东盟经过30年的发展，已成为该地区一个不可缺少的力量中心。但东南亚金融危机却使得东盟国家深受其害，各国国内和成员国之间诸多不稳定因素削弱了东盟在亚太地区内发挥的作用。作为美国在维持前沿军事存在的重要"伙伴和促进者"，东盟国家在为美军提供港口、维修、训练和后勤支持等合作方面也将受到影响。(3)亚太地区经济实力的增长，不仅对全球的经济体系产生重大影响，而且也给当前的亚太安全形势带来巨大挑战。经济的影响使亚太大国对自身安全战略的自主意识增强，力图摆脱美国的控制和约束。这对企图主导亚太安全走向的美国构成了战略威胁，成为企图实现全球霸权的美国必定慎重对待的问题。(4)市场竞争和资源的挑战。亚太经济的发展，使美国对亚太国家的贸易逆差急剧扩大，而且经济摩擦也越来越多。对于本地区经济发展迅速的国家来说，对资源特别是能源的竞争也许是格外严重的问题，而能源又大量需要进口，因而形成更大的矛盾。亚太地区市场的竞争、能源的短缺，给美国在该地区推行其安全政策额外增加了负担。(5)南亚地区出现的核竞赛，使本来就矛盾重重的南亚地区又阴云密布，使冷战后国际社会追求实现裁军和军控的努力付诸东流，对美国现行亚太安全战略也构成严重挑战。

美国亚太安全战略的新调整。针对这些新的挑战，美国将对其亚太安全战略作出新的调整：(1)将中国融入国际社会。美国主张对华进行稳定而持久的接触，谋求鼓励中国作为一个负责任的大国，在亚太安全和国际安全领域内发挥作用。美国将扩大与中国的军事交流，鼓励中国加入亚太地区多边安全机制安排。美国将继续关注台湾海峡两岸的形势，在继续承担对台义务的同时，鼓励两岸进行建设性谈判，以缓和两岸紧张气氛。(2)更加密切美日、美韩军事同盟关系。美日以重新修改美日防卫合作指针作为开端，共同研究安全前景,并为未来几十年的军事合作奠定更加坚定而持久的基础。美日将在军事上追求更加紧密的一体化,让日本分担更多的责任,共同出资研制并部署战区导弹防御系统。美国将美日同盟视为美国亚太安全战略的重要支柱。美国认为当前的朝鲜半岛危机四伏。将来无论南北双方发生冲突、还是和平统一,都将保持美军在朝鲜半岛的存在。(3)在东亚仍将维持强大的前沿军事存在。美国认为,它在亚太地区部署约 10 万部队,已经成为其承担亚太安全责任的例证。虽然朝鲜半岛形势的变化和日本社会对美军的态度会使美国考虑调整其驻军规模,但美国保持在该地区军事技术上的优势、强化干预亚太地区安全事务的军事手段的趋势不会减弱。(4)推动多边安全对话和多边安全保障机制。美国认为,以多边安全对话和合作保障机制取代双边合作,是未来亚太地区稳定的基本趋势和特征,并将发挥重大作用,而多边安全对话与合作只能建立在牢固的双边关系和美国在该地区继续保持前沿存在的基础上才能成功。(贾曦《美国亚太安全战略面临调整》,《国际展望》1998 年第 12 期)

(严维义)

析 1998 年美国国防部《东亚—太平洋安全战略报告》 1998 年 11 月 23 日,美国国防部发表了《东亚—太平洋安全战略报告》。这是美国防部自 1990、1992 和 1995 年之后公布的第 4 份东亚战略报告。有作者撰文指出,前几份报告概括了冷战结束后美国在东亚地区的战略和部队结构的调整,确立了美国在亚太地区的战略意义和保持 10 万名驻军的重要性。1998 年报告基本上延续了这一战略路线,但其中也作了局部变化。

(1)基本战略态势。报告认为,美国在亚太地区的基本战略没有发生变化。这主要表现为:第一,亚太地区的战略重要性保持不变。美国在亚太地区有着巨大的利益,每年有 5000 亿美元的跨太平洋贸易。美国将继续保持对亚太地区的全面介入与接触,"决定该地区的未来发展方向,防止冲突,并保持稳定,提供机会"。第二,亚太地区的基本战略目标不变。即促成一个稳定、安全、繁荣、和平的亚太社会,使美国成为其中积极的参与国、伙伴和受益者。第三,维持亚太安全的基本战略措施不变。美国对这一地区将保持积极地全面接触,包括传统的外交手段,国际贸易与投资,以及教育、科学和文化交流中人与人的接触。其中美国在这一地区的海外驻军和同盟关系仍起着重要作用。

(2)变化与调整。第一,美国所面临的不再是具体国家威胁,而是具体事件威胁。冷战结束后,美国曾一度将日本、中国树立为在亚太地区的"假想敌",认为它们将对美国在亚太地区的地位构成挑战。然而今天,美国认为,在亚太地区,中、长期之内,没有任何一个国家的军事、经济和总体实力,能够对其地位进行挑战。美国所面临的主要是来自具体事件的威胁,表现为对地区安全造成影响的一些不稳定因素。第二,拓展了原有战略措施的意义与使用范围。其中最为明显的是,修改美日防务合作指针,更新美日安保合作的框架与结构,给予美日联合军事行动更为灵活的作用和行动空间。同时,美国对其海外驻军也赋予了新的使命,强调其驻军的紧急应变能力,以便能够在未来的任何战场上占支配地位。为此,美国将进一步运用新技术、运作概念和组织结构,加强其军事力量、能力和支持体系。

(3)对中国的启示。报告将中国排在日、韩等盟国之后,而在俄罗斯、东盟之前,这体现了美国对中国的一种定位,即非敌国、非主要对手、仅次于盟国的准战略伙伴。对中国,美国采取的主要政策是"全面接触"。报告既强调了中美之间的共同利益,又对中国军事力量增强与军队现代化建设表示担忧。这表现出美国对中国的认识和政策的两面性:既不以中国为主要敌手,又对中国的发展存在很大戒心;既希望将中国融入国际体制中,又担心中国的影响增大对己不利;既重视两国的双边关系,又不愿将中国引进多边机制;表现在台湾问题上则是自相矛盾,闪烁其辞。但对华关系仍将是美国在亚太地区最重要的双边关系,亚太地区的稳定与发展离不开中美两国的相互理解与合作。(徐宁《美国东亚安全战略态势、变化及启示》,《国际展望》1998 年第 24 期)

(昶 吉)

霸权利益是美国联盟战略思想的核心 有作者撰文指出,美国历届政府都非常重视联盟战略,意在通过与盟国的战略合作,抗衡敌性国家,并对盟国进行适当控制。可见,美国联盟战略是霸权主义战略,其核心是维护霸权利益和霸权地位。

霸权利益驱使,启动联盟战略。从历史上看,美国联盟战略的发展是与霸权主义相生相长的过程。1939 年 6 月出台的"彩虹计划",标志着美国的战略思想发生了从单独作战到联盟作战的重大转变。在这一时期,美国虽然没有形成明确的联盟战略思想,但霸权利益却"滋长"着联盟意识。在第二次世界大战中,美国推行联盟战略的主要目的在于借助盟军的力量共同夺取反法西斯战争的胜利,并凭借强大的国家实力,争夺战后的霸主地位。可见,美国联盟战略从无到有,其根本原因是由于霸权利益的驱使。

争夺霸权,拼凑战略联盟。第二次世界大战一结束,美苏战时同盟的政治基础便迅速瓦解,两国的战略利益出现严重对立。美苏争霸,逐渐导致两极体制的形成。为遏制苏联,从 1947 年至 60 年代,美国同 40 多个国家和地区结成军事联盟,建立了 5 个多边军事集团,建立了以北大西洋条约组织为基础的遍布全球的联盟体系和军事基地网,形成了对苏联“东西合击”和对社会主义国家四面包围的战略态势,进而以其强大的经济、军事实力称霸全球。

*维护霸权,适时调整战略联盟。*60 年代后期,随着美国实力地位相对下降、盟国自主意识不断增强以及缓和思潮的严重影响,美国为首的军事联盟体系日渐衰落,离心倾向不断加强。针对以上情况,美国在联盟战略方面采取了适当收缩、巩固重点的政策。在被迫放弃一些联盟组织的同时,重点巩固北约组织和美日联盟,提出与盟国建立平等伙伴关系的原则。以便让西欧、日本及其他盟国继续履行义务。1994 年以来,美国极力推进北约东扩,一是想扩充美国的势力范围,把中东欧国家纳入西方社会的轨道;二是可以削弱俄罗斯的影响力,遏制俄罗斯重新崛起;三是压制西欧盟国,以主导西欧安全事务。同时,在亚太地区让日本分担更大的防御范围,并给日本以更多的自主权。逐步建立以美国为主导的亚太多边安全机制。纵观美国联盟战略几次重大调整,可以看到,联盟战略的调整只是策略与手段上的调整,利用盟国、控制盟国、推行霸权主义和强权政治是美国的既定方针。

*利用战略联盟,谋取霸权利益。*美国调整战略联盟的真正目的在于对外进行军事干涉,推行强权政治,谋求霸权利益。而联盟体系只是美国谋求霸权利益和对外进行军事干涉的工具。首先,美国通过战略联盟的内部关系来控制各地区的主要国家进而达到其控制该地区的目的。其次,利用盟国的力量,对外进行军事干涉,以弥补美国实力的不足。然而,世界和平力量的快速增长以及联合国在国际事务中的作用日益突出,使美国借助联盟体系推行的霸权主义受到严重制约;美国实力的下降与其继续推行的霸权主义也越来越不适应;联盟内部的“经济摩擦”、“政治摩擦”等矛盾复杂;全球经济一体化、专业化趋势也对美国联盟战略提出新的挑战。(张晓明《霸权利益——美国联盟战略思想的核心》,《毛泽东军事思想研究》1998 年第 4 期)

(木　工)

俄罗斯战争和战略问题研究　未来高技术战争有 6 大发展趋势　俄军事理论家认为,海湾战争开辟了世界军事革命新纪元。各种以高新技术为特征的武器系统不断出现,将使未来高技术战争呈现出 6 大发展趋势。

*趋势之一:真正的立体战争即将出现。*俄军认为,军事技术和军事学术发展的轨迹是武装斗争的空间规模不断扩大,而扩大的动力是信息链作用的急剧增长。信息技术的利用不仅体现在单个武器上,而是出现了以信息链为支撑的全球性侦察-突击、信息-战斗等综合系统。随着航天技术的发展,这种具有人工智能的战斗综合系统可从宇宙空间对地球的任何一点实施同时的、连续的精确打击。武装斗争不再受到任何地理空间的限制,真正的立体战争即将展现在人们面前。

*趋势之二:战争将成为可控性战争。*俄军认为,智能武器给任何规模的外科手术式打击提供了可能性,能在远距国境线和目标位置的地方,在所设计的区域和“分钟”内确保对最重要目标的毁伤。因此,由对单个武器的控制转向对整个战争的控制是现代军事斗争的发展规律之一。

*趋势之三:战争的逻辑阶段将发生根本变化。*武装斗争自身在时间上有着数个连续的逻辑阶段。在未来战争中,武装斗争空间的扩展和相互连结将导致传统的战争阶段出现根本变化。其第 1 阶段将是夺取信息领域的优势和主动权。第 2 阶段将是建立空天优势。这是战争(战役)的立体性质和利用空中和宇宙空间夺取对敌毁伤优势造成的结果。第 3 阶段将是改变地面力量的对比,达成兵力兵器数质量的总体优势。此阶段的前提是必须全面发挥空天兵力兵器的性能和优势。

*趋势之四:战略、战役和战术的逻辑顺序发生位移。*随着高技术武器系统的大量使用,创造了新的战争时空关系,引起战略、战役、战术 3 个层次之间传统的相互关系的变化:战术打击可以直接达成战略目标,战略指挥可以随时介入战术层次。因而,战略、战役、战术的界线趋于模糊。

*趋势之五:武装斗争的时间关系出现明显变化。*其主要特征是战争准备时间增加,积极行动(火力作用)时间缩短。俄军认为,运用现代技术装备能够对武装斗争实施实时的组织与指挥,在瞬息间判定侦察结果、指示目标、明确使用何种兵器;精确制导武器大大提高了毁伤效能,使积极行动的时间明显缩短。与此同时,在现代条件下不允许进行持久而残酷的战争,侵略者为迅速达成政治目的,往往要经过长时间的精神—心理斗争,在完全有胜利把握的情况下才发动进攻。这就决定了长时间的战争准备和短时间进行战争的必要性。

*趋势之六:攻防关系发生变化。*变化之一是攻防兵器失衡。在战争史上,每当一种新的进攻(毁伤)性武器出现后,在短时间内就会导致出现新的防御性(与之相对抗)武器及其方法,并使攻防关系逐渐趋于平衡。但高精度武器的出现,使进攻性兵器明显强于防御性兵器,研制新型的防御性兵器尚需时日,传统的攻防平衡被打破。变化之二是攻防界限模糊。以往两军

对垒,战场固定,界限分明,进攻和防御作战行动明显对立。在未来高技术战争中,由于先进的探测、指挥控制和精确制导技术的发展与应用,极大地提高了军队深远侦察、远距通信、精确打击及纵深突击能力,作战行动将突破固定战线和阵地的限制,在作战空间的各个层次、各个方向同时展开,战场将是流动的、不固定的,攻防界限也因而变得模糊不清。(摘自俄罗斯1998年军事报刊和军事著述)

(朱　达)

俄继续调整和完善军事战略　1998年俄罗斯军事战略研究显示出进一步深化和规范化的特点,与此同时,由于作者自身及其研究对象调整变化的原因,观点上仍存在一些分歧。

关于俄军事战略的名称。多数学者称之为"现实遏制战略",认为叶利钦总统1996年6月发表的《国家安全咨文》中说的"俄罗斯并不追求在武器和武装力量的数量上与其他大国均等,而是奉行以坚决利用自己的武装力量反击侵略为基础的现实遏制原则",以及他和国防部长尔后多次表示的"我国现阶段的防御应是一种遏制性的防御",现阶段武装力量的主要职能是"遏制潜在的侵略",俄军改革的重点是"保证遏制对俄罗斯的侵略"等语,明白无误地表明了"现实遏制战略"称谓所产生的依据。有作者仍称其为"机动防御战略"。(陈友谊《当前俄罗斯军事战略调整变化的主要特点与性质》,《东欧中亚研究》1998年第3期)也有作者认为,至今,俄并没有给自己的军事战略公开命名。从俄军事战略的性质和特点看,仍属于积极防御战略。(闵振范《俄罗斯国防政策和军事战略的基本观点》,《外国军事学术》1998年第1期)

俄军事战略的基本观点。有作者依据近3年俄罗斯主要政治军事领导人在不同场合的公开讲话和有关主要文件,归纳出俄军战略的17个基本观点:(1)关于未来战争类型。俄军把未来战争按规模分为世界大战、地区战争、局部战争和武装冲突4种类型,并认为在一定条件下,武装冲突有可能发展为局部战争,局部战争有可能发展为大规模地区性战争。(2)关于战争威胁。俄军认为,当前,发动世界核大战和世界常规大战的可能性都大大降低了,但发生武装冲突、局部战争和地区战争的可能性不仅存在,而且还在增长。(3)关于战争准备。俄军认为,俄武装力量应准备反击任何形式任何规模的侵略,既要做好在一、二个武装冲突和一个局部战争中采取军事行动的准备,也要作好应付地区战争和反击大规模侵略战争的准备。那种只把注意力放在局部性的和规模不大的武装冲突上,并以此为依据来训练部队的观点,是严重的错误。(4)关于武装力量的任务。俄军认为,武装力量平时的主要任务是:及时发现国家面临的军事威胁,各种冲突和酝酿着的武装侵略,预先向国家最高领导机关通报,促使国家机关采取措施,防止别国在信息和心理方面进行反俄活动,保持应有的战斗力,指挥机关和部队要作好战斗准备和动员准备。战时武装力量的主要任务是:从平时状态及时转入战时状态,在战区调整战略部署和实施战略展开,对敌突击作出反应,反击入侵军队,恢复国家的领土完整,保持战略核力量的稳定性,并根据最高统帅的命令,使用战略核力量。(5)关于作战对象和作战地区。俄武装力量的主要作战对象是以美军为首的北约军队,主要作战地区是欧洲战区,军事斗争准备主要应立足于打赢西部方向的大规模地区战争。(6)关于军事行动的基本类型,即防御和进攻类型。防御包括阵地防御和机动防御,进攻包括反攻和进攻。战争初期,防御是主要的军事行动类型,但防御和进攻不能截然分开,二者应结合运用,不能绝对化。(7)关于战略行动的基本样式:包括抗击敌战略空袭的战略性战役、战略核力量战役、战略性空中战役、大陆战区战略性战役(地区战略性战役)、大洋战区战略性战役。(8)关于战略核力量的运用,认为战略核力量仍是保持世界战略平衡和俄安全的基本保证,是防止战争的主要遏制因素,也是俄罗斯大国地位的主要保证。必须确保战略核力量能够有效遏制世界核战争和世界常规战争的爆发。一旦出现外来侵略由局部战争和武装冲突扩大为大规模战争的情况,俄可以首先使用核武器对敌实施解除武装的打击。认为俄实施有限核突击的目的是,使武装冲突降级和防止武装冲突演变成针对俄及其盟国的大规模战争。(9)关于一般力量的运用,。对付局部冲突,俄通常由一个军区的部队来完成,而对付地区战争,则由2-3个军区的部队来完成。(10)关于战役作战样式,认为在武装冲突、局部战争和地区战争中的基本作战样式是军种联合战役或军种联合作战行动。(11)关于战略部署。俄认为不可能也没有必要沿整个边界部署强大的军队,但在不稳定地区和战略上重要的地区可优先部署军队。目前,俄战略部署的重点仍在欧洲,同时,将在军区编成内组建机动力量,使之能够独立行动,并在最短时间里控制和消除来自任何方向的威胁。(12)关于军队领导和指挥原则。俄认为,国家领导和军队领导必须统一,俄总统兼武装力量最高统帅,对俄武装力量实行集中统一领导。总参谋部是最高统帅部的战略指挥机构,同时实行地区指挥原则,赋予军区指挥员战役一战略指挥职能,统一指挥辖区内所有部队。(13)关于军队建设的指导思想。俄军认为,军事实力不取决于军队的数量,而取决于高度的指挥能力、完善的组织工作、训练和技术装备程度。现在主要靠提高质量来保持防御能力,以人数减少的武装力量保持更高质量的国防。(14)关于武装力量建设原则,主要包括:国家最高权力机构对武装力量的建设和使用实施领导和监督,武装力量的结构、组成和数量应符合其承担的任务、国际义务和国家经济承受能力,武装人员的物质和技术装备的供给实行按地区供应的原则。(15)武装力量建设的目标是,建成一支组织严密、装备精良和人员精干的职业化军队,一支与国家经济能力相适应,符合国家安全保障需求的军队。(16)关于武装力量建设重点,认为在国防经费紧缺的情况下,各军兵种之间不应平分军费,应把它用在刀刃上。重点要保证战略核力量的战斗力,保证军用航天计划的发展,保护国家免遭来自空中和空间的威胁。(17)关于军事技术政策,认为俄军强调的是集中科学技术和生产力量研制本国具有决定意义的武器,特别是高技术武器,以削弱或打乱别国谋求军事优势的长期计划。当前的主要精力集中在保障优质武器和技术装备上,集中在使武器和军事技术装备实现最佳化、标准化和统一化,并实现广泛的现代化上,今后必须加紧研制自己的信息武器,把它作为军事技术装备不可分割的一部分,作为国家军事战备和战略潜力的组成部分。(闵振范《俄罗斯国防政策和军事战略的基本观点》,《外国军事学术》1998 年第 1 期)

俄军事战略出现某些新变化 有作者依据俄总参谋部起草但未经最后批准的新军事学说,谈及了新军事战略的某些新变化:(1)新军事战略对外部军事威胁进行了量化,认为在可预见的将来可能在俄联邦及其盟国的边境地区同时或先后爆发几场局部战争和武装冲突,这些武装冲突和局部战争在一定条件下可能转变为大规模的地区性战争。(2)新军事战略强调了俄爆发内部武装冲突的危险性,认为一些国家和国家集团有可能利用俄内部冲突干涉俄内部事务。据此,俄调整了武装力量的任务,增加了武装力量协助其他军队隔离和制止国内武装冲突,参加联合国维持和平行动。实施军事威慑和护航、护渔等任务。(3)提出核威慑条件下实施机动防御的领土防御原则,即根据威胁程度的加剧,在核威慑条件下,快速从其他地区向受威胁方向机动战备部队,迅速形成该威胁方向上的对敌力量优势,与此同时,武装力量实施战略展开,国家可由平时状态转入战时状态,从而达成制止战争或战胜敌人的目的。(4)对战时军事指挥的内容作了明确规定:由以俄联邦总统为首的国防委员会对国家实施军事政治领导,由以总统为首的最高统帅部大本营对武装力量和其他军队实施军事战略领导,武装力量总参谋部是最高统帅部的主要工作机关。(陈建民《俄罗斯军事学说的新变化》,《外国军事学术》1998 年第 12 期)还有作者指出,针对北约东扩计划的实施和美、英不顾世界大多数国家反对,单方面对伊拉克等国家实施空袭的情况,俄罗斯的军事战略有了进一步的调整,主要体现在:(1)酝酿重新修订军事学说,针对国际上个别大国单方面使用武力,将制定出新的原则。(2)增加国防预算,军费开支可能突破 3.5% 限额。(3)进一步突出核武器的威慑作用,宣传"白杨 - M"战略导弹可以有效突破美未来反导系统的能力,同时推迟批准俄美第二阶段削减战略武器条约。(4)加紧独联体范围内,特别是俄白两国的军事一体化建设。作者认为,俄罗斯军事战略明显具有过渡性和属于防御性战略的特点。在这一过渡时期内,俄军因综合国力所限,在世界军事舞台上难以发挥太大的作用,其军事战略的主要任务是确保俄罗斯领土完整与国家安全,保证其传统势力范围独联体国家的安全与稳定。但另一方面也应看到,俄罗斯毕竟是世界军事强国,拥有不容忽视的军事力量,它决不甘心长期在国际政治和军事事务中做配角。随着俄罗斯经济的逐步恢复和发展,俄势必寻求在国际安全事务中发挥更大的作用。(陈友谊《当前俄罗斯军事战略调整变化的主要特点与性质》,《东欧中亚研究》1998 年第 3 期)

(毛子成)

俄空军调整其战略 有作者撰文指出,俄罗斯空军正从如下 3 方面对其战略进行调整:

调整作战思想,修改作战理论。(1)更加重视发挥空中战役的战略性作用。俄空军认为,在现代高技术局部战争中,独立使用空中力量达成战役或战略目的的作战行动成为可能。为了打赢局部战争和地区战争,俄军提出了"地区战略性战役"新概念,主张在战争一开始便集中使用空中力量,实施一场大规模的空中战役,达成一定的战略目的。空中战役已成为俄军实施地区战略性战役的核心组成部分。(2)强调实施先发制人的空中进攻战役。俄空军认为,国家未来面临的主要威胁是敌方使用空中力量对俄全纵深实施大规模打击。如果只靠防空作战对付敌人的空中打击,俄军只能陷入被动挨打。俄军主张,一旦发现敌进攻企图,即对敌实施"先发制人的突然毁灭性打击"。

调整空军体制,优化部队结构,建立攻防合一、空天一体化的空中力量。(1)调整空军体制,精简指挥机构。1997 年以来,俄空军为适应现代条件下局部战争的需要,进一步精简指挥机构,又撤销了按地区划分的 4 个军区空军司令部以及前线航空兵司令部等。(2)优化部队结构,提高快速反应和攻防兼备能力。为满足军队裁减员额的需要,同时又能保持一支战斗力强的空中力量,俄空军在缩小规模、裁减军队员额的同时,突出空军应急部队等重点部队建设。(3)向攻防合一、空天一体化方向发展。俄军认为,如果敌方对俄采取大规模侵略行动,最大的可能是使用空天进攻性力量,对俄全纵深实施打击。战争的进程和结局在很大程度上取决于交战双方空中力量对抗的结果。因此,建立攻防合一、空天防御一体化的空中力量势在必行。下个世纪初,俄空军可能与战略火箭军合并为航天空军。届时,俄空军将建成一支攻防合一、空天一体化的现代化空中力量。

调整兵力部署,完善防空态势,逐步建立独联体国家联合防空体系。(1)调整防空兵力部署,弥补防空薄弱环节。由于俄西部和南部防御纵深变浅,1993 年俄军开始重建西部、西南、远东 3 个防区,并组建中央战略预备队。将北高加索、列宁格勒和莫斯科军区的防空力量调整为第 1 战略梯队,担负西部和南部的防空任务;加强北高加索和新西伯利亚军区的防空力量;在伏尔加河沿岸和乌拉尔军区组建强大的防空机动预备队作为第 3 战略梯队,担负支援和加强防空作战的任务。尽管采取上述措施,但俄军防空预警时间缩短、防空作战范围缩小的问题没有得到彻底解决。(2)寻求与独联体国家合作,建立一体化防空体系。参加独联体联合防空体系的成员国现已达 10 个。该防空体系主要作用是,当成员国遭受空中侵犯时,防空协调委员会主席有权统一使用各成员国的防空兵力兵器,维护联合防空体系成员国的安全。(黄海《析冷战后俄罗斯空军的战略调整》,《外国军事学术》1998 年第 4 期)

俄海军加紧进行战略调整　有作者撰文指出,为推行“现实遏制”战略,俄海军对其战略作如下调整。

调整战略目标,明确遏制任务。(1)遏制海洋上的外来威胁。俄海军认为,当前对俄构成威胁的势力主要有三:一是北约东扩,挤占俄海军波罗的海舰队和黑海舰队的控制范围;二是美国与日本强化安保体系,加紧对俄海军太平洋舰队的封堵;三是伊斯兰原教旨主义势力加紧向北渗透与扩张,使俄海军黑海舰队和里海区舰队首当其冲地受到“直接威胁”。对此,俄海军必须保持强大的武力威慑和“有限的实战”能力,遏制各方向上的外来威胁。(2)维护海洋大国地位。俄海军强调,俄罗斯作为一个海洋大国,必须拥有一支与其相适应的强大海军。为此,俄海军努力使其海军战斗力恢复和保持在较高的水平上,以维护海洋大国所应有的地位。(3)参与“海洋世纪”竞争。俄海军力图通过改革和调整,在世纪之交实施海军“复兴计划”,加速建立一支以航空母舰、导弹巡洋舰、核动力潜艇和远程航空兵为主体的远洋力量,以参与日趋激烈的海洋竞争,扩展其战略纵深,保卫国家海洋权益。

调整战略力量,提高遏制能力。(1)调整与优化体制结构。根据俄地缘政治形势的实际需要,俄海军体制结构将作如下调整:在海军总部下,设立和保持北方、太平洋、波罗的海、黑海舰队和里海区舰队,以利于在各战略方向的“海洋上采取行动”;各舰队辖区内的海军基地水警区等机构,要按区域统一指挥的原则进行精简与合并,以使海军体制结构达到组合优化、指挥灵便、运作高效之目的。(2)调整海上战略核力量。俄海军在按所承担的有关国际条约的义务,裁减和拟裁减战略核潜艇和战略核弹头的同时,根据其他大国海上战略核力量的现状及其发展动向,力争在有关条约规定的范围内,优先安排新型战略核潜艇和新型潜射战略导弹的研制,以“确保进行核遏制所必需的水平”。(3)调整海上力量。1992～1998 年,俄海军共裁员 25.5 万人,占原总人数的 56.4%。同时大规模淘汰陈旧装备。为提高海上和战区的作战效能,俄海军还组成海军快速反应部队,提高应急作战能力;加强海上侦察探测系统,提高对海、对空预警能力;完善海军(战区)C^3I 系统,提高部队指挥和武器控制能力;调整和优化精确打击系统,以提高武器装备的通用化和标准化水平;加紧研制具有隐形性和高科技水准的第 4 代作战飞机。

调整战略部署,突出遏制重点。(1)重点加强北方舰队力量。俄海军先后将唯一的库兹涅佐夫级航母、全部台风级战略核潜艇、大部 D 级战略核潜艇和新型导弹巡洋舰、导弹驱逐舰、导弹护卫舰调整至该舰队,以保持俄罗斯在大西洋海区对美国为首的北约国家“有效的遏制能力,并随时支援波罗的海舰队和黑海舰队较大规模的作战行动。(2)适当加强太平洋舰队力量。该舰队陆续调入一批新建导弹巡洋舰、驱逐舰、常规潜艇等大中型作战舰艇,随同所保留的海上战略力量,既可面向大洋,增强对美、日为主要对手的威慑力;又可遏制日、美海军海上扩张,维护“重要水域”和有关海峡通道的安全。(3)维持“两海”舰队力量。波罗的海舰队加紧部署调整,将有限的舰艇、海军航空兵和陆战队部署在加里宁格勒特别军区,支援和保障兵力主要部署在后方基地列宁格勒地区,以尽力扩大海上活动范围,并协同其他军兵种力量,威慑波兰等东欧国家,抗阻北约东扩,保卫俄罗斯战略腹地的安全。黑海舰队由于苏联解体而造成舰队被瓜分。未来该舰队力争控制黑海北部海域,坚持不被美国和土耳其海军“排挤出黑海”,协同其他军兵种抵御伊斯兰原教旨主义势力的北扩和以美国为首的北约进一步东扩,必要时从内陆海道支援里海区舰队争夺里海资源的斗争。(赵洪美《俄罗斯海军加紧进行战略调整》,《外国军事学术》1998 年第 4 期)

(木　工)

日本防务战略问题研究　**日防卫研究所对新《日美防卫合作指针》作出评析**　日本防卫研究所在

1998 年 3 月发表的《东亚战略概览(1997～1998)》中,对新《日美防卫合作指针》(简称新"指针")作出如下评析:

日美在新"指针"下进行的防卫合作以 4 个基本前提和看法为基础。(1)不改变日美同盟关系的基本框架。(2)日本的行为要在宪法制约的范围内,依据专守防卫和无核 3 原则等基本方针实施。(3)日美两国的行为符合包括和平解决纠纷、主权平等在内的国际法基本准则以及联合国宪章等国际规范。(4)日美两国政府期待依据各自的判断,将新指针反映在具体的政策和措施中。

新"指针"将日美间的防卫合作分为 3 种类型(1)平时的合作。它包括就国际形势交换情报,就防卫政策和军事态势进行密切协商,并在联合国维和行动和发生大规模灾害时进行合作。(2)对付针对日本的武力攻击的行动。新"指针"就日本面临武力攻击和日本遭到武装攻击问题提出日美共同对付的要领。日本将以本国为主体对付攻击,全力快速打退攻击;美国则与日进行适当合作。自卫队主要负责日本领土及周边海空域的防御作战,美军支援自卫队的作战;与此同时,美军实施补充自卫队能力的作战,包括伴随打击的作战。(3)在日本周边地区发生严重影响日本的和平与安全的事态时的合作。一是日美两国政府通过合作提高相互合作的实效性。合作包括救援活动、援助难民、搜索与救难、帮助非战斗人员避难行动、确保经济制裁有效性的活动。二是日本对美军行动的支援,大致分为使用设施和后方地区支援。三是日美在运用方面的合作,包括情报搜集、警戒监视及排雷。日本对美军的支援主要是根据日本的领域和状况在日本周边的公海及其上空进行。

日美为在新"指针"下有效地推进防卫合作决定建立 2 个机构。日美两国为在平时日本遭到武力攻击及出现周边事态等各种情况下,调整政策、作战和行动领域,决定建立两个机构:一是"全面的机构",其目的是就联合作战计划和相互合作计划进行研究,确立共同的基准和实施要领。不仅是日本自卫队和美军,两国的其他有关机构也将参与这一机构。二是为了调整日美在紧急事态中的行动而在平时就建立的"调整机构"。(摘自日本防卫研究所 1998 年 3 月发表的《东亚战略概览(1997～1998)》)

新《日美防务合作指针》出现 4 点重大变化 有作者撰文指出,对比 1978 年 11 月制定的《日美防卫合作指针》(简称旧"指针"),新"指针"主要有以下 4 点变化:

由主要对付前苏联转变为对付"多种多样的危险",把矛头主要指向朝、中等国。美方有关人士曾明确提出,日美同盟不仅仅是为了抑制朝鲜半岛的战争,而且对中国逐渐强大"所带来的不稳定"非常重视。日方人士则含糊地称,日本今后面临的主要威胁是"多种多样的危险",包括"破坏海上交通线、侵犯领空、非法占领国土、恐怖行为和武装难民流入"等。从日本政府一些高级官员的言论和日本防卫厅的报告中不难看出,实质上所谓"多元威胁"主要是指朝鲜、中国以及部分东南亚国家。

首次提出"日本周边有事"时,日美联手干涉的方略。这是新"指针"为日美防务合作开辟的新领域,也是其要害内容。新"指针"多处强调,"周边事态"是指对日本的和平与安全产生重要影响的事态,日美两国政府必须尽最大努力,防止这种事态发生。当周边有事时日美两国政府要加强情报交换和政策磋商,要作出各种努力,其中包括外交上的努力,以抑制事态的扩大;要尽早开始启用日美之间的协调机制,通过协商作好必要的准备,以确保协调措施落实。同时,日美两国政府还要加强应急反应,以适应形势的变化。

明确了日美联合"保卫日本"的新方案和分工,"歼敌"重点将由"陆上歼敌"改为"海空歼敌"。新"指针"认为,双方在日本遭到武力进攻时采取联合行动,仍是日美防卫合作的核心。在日本面临武力进攻时,日美两国政府要采取控制事态扩大的措施,同时要为保卫日本作好必要的准备;在日本遭到武力进攻时,日美两国政府要联合采取应付措施,并全力以赴地尽早排除。新"指针"在关于日本防卫的论述方面有 3 点明显变化:第一,首次提出"以日本为主"进行作战的思想。新"指针"对外来侵略明确提出,要"以日本自己为主,立即采取行动,尽量早期排除"。这表明日本军事力量经过多年建设已有长足的发展,有能力抵御外来进攻。同时,也说明美国对日本支援政策有了变化,放宽了对日本军事力量发展的限制。第二,新"指针"将旧"指针"规定的地面、海上和航空作战 3 大类作战构想及其排列顺序修改为"对付针对日本的空中进攻作战"、"防卫日本周边海域和保护海上交通的作战"、"对付针对日本的空降和登陆进攻的作战"以及"对付其他威胁的作战"4 大类作战构想。这表明"保卫日本"的作战已从以"陆上歼敌"为重点调整为以"海空歼敌"为重点,体现了日自卫队提出的"御敌于国门之外"的作战思想。第三,新"指针"将海、空自卫队力量定为主要的歼敌突击力量。这既反映了日本"从远打起"的作战要求,也反映了未来高技术战争中日自卫队的基本作战方略,即以海、空力量为歼敌的主要力量,海、空突击为主要样式,战争初期将首先进行一场大规模海空战。

必要时,日美联合防务机制由各自指挥所属军队向一体化联合行动的方向转变。这方面的变化主要体现在3个方面。一是双方确定，为有助于美国继续在维持亚太地区的和平与稳定方面发挥重要作用，日美将“从平时起就进行合作”。这为日美充分进行战争准备开了绿灯。二是着手建立“日美联合协调所”。即组建以美军为主导的“统一作战司令部”。这标志着今后日美军在联合行动时，将由旧“指针”规定的两军“协同关系”向欧洲盟军那样的一体化指挥发展。三是建立联合作战制度。日美两国政府将制定有关日本遭到武力进攻时的联合作战计划和关于日本周边有事时的相互合作计划，以及为检验这两种计划而制定的有关联合演习和训练计划。这表明日美已在为一体化联合作战采取实际措施。从日美发表《日美安全保障联合宣言》，到新“指针”的出台，历经了3次大调整，日美防务关系、防务政策以及日本防卫力量建设也发生3大质变。一是日美安全保障条约的性质发生变化，已由日美两国之间的条约变成了地区性的条约。二是通过制定新的《防卫计划大纲》，日本军事力量发展方向发生质变，将由防卫型向进攻型发展，由内向型向外向型发展，由自卫队开始向国防军方向转变。三是通过制定新的《日美防务合作指针》，日美防务关系重点发生质变，日本由被支援国地位变成支援国地位。（长弓、味几《日美防务合作指导方针的几点重大变化》，《外国军事学术》1998年第2期）

（薛　丰）

其他国家和地区战争与战略问题研究　印度核战略问题分析　有作者撰文指出，经过几十年的发展，印度目前基本形成了较为完整的核战略理论。

强调核武器是实现国家战略目标的工具。印度认为，作为正在崛起的大国，它有必要跻身于“世界核俱乐部”。而实现这一目的的唯一有效手段就是“发展自己的核力量”。“核武器是一种名副其实的政治、外交工具，而不是军事武器”。

适应形势发展，不断调整核政策。印度核政策基本上经过了一个反对核试验——拒绝在《全面禁止核试验条约》上签字——进行核试验这样一个过程。最初，在还不具备发展核武器能力的情况下，印度一直声称不发展、不制造核武器，并提出了全面禁止核试验的主张。第二步，当初具核武器能力后，印度先是于1974年试爆了一个所谓用于“和平目的”的核装置，以向世人证明印度的核能力，随后又拒签《全面禁止核试验条约》，反对建立南亚无核区的建议，积极发展核技术。第三，出于国内政治和经济需要，印度政府最终还是走上了核试验的道路。印度核政策有3个特点：(1)坚持“保留核武器选择权”。这是印度的基本核政策。今后，在核武器发展手段上，有可能朝着核爆炸模拟技术方向发展，以减少对国际社会尤其是亚洲国家的刺激，达到既捞取政治资本、又获得核威慑力量的双重目的。(2)走先民后军的核发展之路。印度能够利用它的民用核计划和空间计划来发展其核武器和战略运载能力。今后一个时期内，印度将把先民后军、军民结合方法作为其发展核威慑力量的有效途径，进一步健全组织机构，开发现代核技术。(3)继续完善独立自主的核能与航天工业体系。印度目前已基本形成了一个比较完整而独立的核能体系。在航天工业方面，印度已基本掌握了制造和发射运载火箭、人造卫星、地面控制与接收等技术，部分中远程导弹已装备部队。并已基本上解决了核弹小型化和运载工具远程化两大技术难题。

加速“三位一体”战略力量建设。(1)在陆基弹道导弹方面，印度通过实施“综合制导导弹发展计划”，在精确打击技术研究方面取得重大进展。印度下一步拟力争90年代末在火箭技术、导弹技术、超级计算机技术方面与“发达国家基本处于同等地位”。(2)在空中核运载工具方面，印度计划到2000年将目前的31个战斗机中队增至45个。主要装备第3、4代战斗机约1000架和各型导弹。印度还计划从俄罗斯引进40架苏－30MK型多功能战斗机，同时获得该型机的技术转让。(3)在海上核运载工具方面，印度把导弹核潜艇作为其核战略发展的重要方向，重点研制亚音速巡航导弹和潜射导弹。印度还计划在2000年前订购1～2艘核潜艇并装备潜射弹道导弹，采购适合于热带海洋作战的俄制K级潜艇等，数量由目前的8艘增至20艘。

积极进行核战争准备。(1)加强核战争理论的研究。重点探讨核威胁在政治、外交和对国家安全决策中的地位和作用，研究有限核威胁战略的内容、手段和要达到的目的，研究核战争条件下进攻、防御作战的主要样式和战法等，以建立起有印度特色、较完整的核战争理论体系。(2)改革作战指挥体制。印度防务专家建议，在印度空军内成立“战略空军司令部”，统一“负责全部战术与战略侦察和打击力量”。第1步，先将现有的纵深突防战斗轰炸机、战略侦察飞机和电子战、特别是电子情报系统置于该司令部的指挥与控制之下。第2步，将“普里特维”战术导弹和“烈火”中程弹道导弹编入战略空军司令部，以提高核战略部队的快速反应能力。(3)突出核战准备重点。印军强调，要“制定一旦巴基斯坦直接使用核武器时采取报复行动的计划”，发展具备“三防”能力的主战坦克、装甲输送车和军舰等武器装备，在军事院校开设三防课程，积极组织部队进行三防训练，定期组织武装部队和民间志愿防空组织进行防核生化演习，提高未来核战争条件下的生存能力和作战能力。（孔瑛，《外国军事学术》1998

年第 9 期)

(海　明)

东盟形成新的安全观　有作者就此提出如下观点。

强调综合安全观念。这是东盟新安全理论一个主要方面。冷战结束后,东盟根据自身需要对发达国家提出的综合安全理论进行了研究和改造,使其符合发展中国家现实,并体现出以下 3 个特点。(1)突出经济对安全的重大影响。东盟强调没有繁荣和发展就没有国家的稳定和安全。进入 90 年代后,国际安全环境日益稳定,经济因素的重要性再度上升。特别是 1997 年后半年东南亚发生金融危机后,维持经济繁荣已被各国视为确保自身安全的前提条件。东盟强调的经济安全的内容更多关注国内发展方面,如利益均衡、缩小贫富差距等,明显带有发展中国家的特色。(2)强调促进国民团结,提高社会凝聚力。东盟国家由于国民在宗教、种族、文化等许多方面差异很大,因而,其综合安全理论强调促进各种族融洽相处,注意维护国家统一和人民团结,以此促进自身的稳定和安全。(3)保持军事力量的均衡发展。首先,实现军事同政治、经济和文化的均衡发展。由于东盟已成为亚太地区政治和经济格局中的一支重要力量,相比之下,其国防力量的发展远为落后。为此,东盟国家强调发展军事力量,使其同政治、经济和社会文化的发展相一致。其次,实现武装部队内部的均衡发展。80 年代以前,东盟国家军队的主要任务一直是维持国内治安,致使其军队发展偏向陆军。东盟在 90 年代调整国防力量发展战略,强调加强空军和海军,以使各军种力量相对均衡。

强调合作安全。这是东盟新安全理论的另一个重点。它包括以下 3 方面内容。(1)强调通过所有国家(无论敌我)的共同参与解决国际争端,努力促进共同繁荣,反对一方倚仗实力压制另一方。冷战时期,东盟国家由于自身力量薄弱,经常通过建立有利于自己的军事联盟来遏制对手。冷战结束后,东盟国家改变旧的思维方式,反对相互遏制,主张更多地从吸引所有国家都能够从"建设性参与"的角度去考虑问题,以最终形成一种各有所得的共同安全局面。(2)强调促进东南亚区域凝聚力。东盟将其视为促进地区国家共同安全的基础。为此,东盟强调在地区国家遭遇困难时相互给予支持,以促使地区国家在危难中加强团结。(3)强调维护和促进东南亚国家在本地区事务中的主导地位。冷战时期,东盟主要依靠美英为首的西方国家的支持特别是美国在亚太地区的驻军维护地区稳定。冷战结束后,东盟改变想法,在其安全理论中强调突出自身地位,主导地区安全形势发展。东盟这种自主性近年来表现得尤其明显。1997 年,美日重新修订安全条约。其在规划共同防御范围时,曾试图将东盟海域也包括在内,遭到东盟坚决反对。

东盟在上述安全理论的基础上形成新的安全战略。它包括以下 3 个方面。(1)推进大东盟设想。冷战结束后,东盟顺应多极化趋势的发展,强调促进区域大联合。而印度支那国家被吸收加入和准备加入东盟则使这种联合成为可能。为此,东盟一些国家提出大东盟战略设想,即通过扩大东盟,实现以其为核心的东南亚 10 国大联合,逐步形成为一个真正的亚太地区的力量中心,主导地区事务。(2)推进建立新型的亚太地区安全机制。东盟强调,新的维护地区安全的机制应具有两个特点。首先,坚持和平解决争端的原则;其次,有利于促进地区各国间的相互理解和相互依托。作为向这个方向迈出的第 1 步,建立东盟地区论坛,并使其成员包括中美日俄 4 个大国。东盟希望这种正式渠道,协调亚太地区国家在一些敏感的安全问题上的立场和态度,最终形成一种建设性的合作关系。其后,东盟拟进一步加强亚太地区国家民间组织对安全问题的共同探讨。(3)开展军事外交,发展军事合作。东盟认为,各成员国在适度发展国防力量的同时,加强武装部队间的交往,可以有效地促进各成员国军队间的相互理解,对形成一种长期稳定的友好合作关系有至关重要的促进作用。另一方面,在新型的安全机制建立之前、加强东南亚地区国家间及其与区域外国家的双边和多边军事合作,可以使其在遭遇危机时有更多可供选择的维护自身安全的手段。在该思想指导下,东盟逐步扩大了成员国间和成员国与地区外国家的军事合作。(赵晨《东盟的新安全观》,《国际问题研究》1998 年第 3 期)

(木　工)

哈萨克斯坦确立国家安全战略　有作者撰文指出,1997 年哈萨克斯坦研究制定了国家安全战略。1998 年 6 月哈颁布了共和国国家安全法,以法的形式将国家安全战略、国家安全目标和方针固定下来,这标志着哈的国家安全战略思想体系渐趋成熟完备。

哈国家安全战略制定的主要依据。(1)基于民族生存和国家发展利益。哈独立以来始终将国家主权独立、领土完整、经济发展、社会稳定作为国家安全战略的主要目标。而国家经济发展和社会稳定需要可靠的国家安全做保障,国家强有力的安全体制是实现上述安全战略目标的基础。(2)确保在中亚地区发挥应有的影响和作用。哈作为地区大国不仅要保持自身的国家安全,同时要联合中亚各国形成独立于其他势力的联盟组织,奉行独立的国家民族政策,确保周边环境安全。(3)做好应付各种军事威胁和军事冲突准备。虽然哈周边安全环境比较稳定,但是不稳定因素依然存在,局部战争、超级犯罪集团、国际恐怖活动、毒品和武器走私都是对哈及其盟友造成军事威胁的潜在因素。为此哈要积极预防并有效制止这些潜在威胁因素的诱发。

哈国家安全战略的主要特点。(1)将国家安全和利益置于高于一切的位置。按照哈国家安全法规定,国家安全包括军事安全、经济安全、信息安全、生态安全、国家机构安全和外部安全。国家利益包括保护公民的权力与自由,保持国家社会协调与政治稳定,发展人民福利经济,保障哈武装力量、其他军事组织的现有装备和战斗准备程度等 10 个方面。(2)哈认为现在外部没有对国家安全构成危害的潜在和直接军事威胁。(3)注重国家内部的安全威胁。哈认为目前国家安全威胁主要来自国内,哈国家安全法列举了 13 条安全威胁因素,其中国内因素就有 10 条。针对国内状况,哈采取了两条措施:第一,发展经济,大力推进私有化,优化环境,吸引投资,调整经济结构;第二,强化国家安全体制,加强军队和法制建设,确保国家在政治、社会和经济上的安全和稳定。(4)以法的形式规定国家安全保障体制的职能和权力。哈国家安全法规定总统对国家安全负全面责任,国家安全委员会是总统的咨询机关,议会按照总统的建议通过动用国家武装力量和决定战争与和平的问题。同时确定,国家安全保障力量包括国家武装力量和安全、内务、对外侦察、税务警察等强力部门。

哈国家安全战略的具体实践。(1)研究制定国家安全构想和军事理论。按照 2030 年国家战略发展规划和国家安全法所确定的安全战略思想和原则,哈已着手研究制定国家安全构想以及具体的安全政策和方针,采取必要的安全保障措施,实现国家安全战略目标。同时,按照国家安全战略思想制定新的军事学说。其主要内容:第一,哈不会明确将任何国家作为自己的敌人并对其动用武力;第二,在和平时期,根据国家经济实力和人力现状,保持国家的防御潜力,以对付现有和潜在的军事威胁;第三,奉行具有防御特点的军事战略,保持“合理足够”的军事力量;第四,随着国家经济不断增长,更新武器技术装备,提高军事装备现代化水平;第五,加强以俄为首的独联体集体安全力量,在中亚军事联盟支持下,保持和维护中亚地区的安全与稳定。(2)实施军事改革,加强军队质量建设。哈在原来陆军、空军、防空军、海军和边防军 5 大军种结构基础上,组建“一般任务力量”,“空中防御力量”和“国家边境保卫力量”。重新划分国防部和总参谋部职能,同时制定 2005 年军队武器装备改革规划。通过军事改革,减少军队指挥环节,突出重点,建立统一有效的指挥与保障体系,建立一支规模不大、装备精良和机动性强的武装力量。(3)保持和发展同俄的传统关系,加强与俄等独联体国家在军事领域的合作,努力建立独联体范围内的集体安全机制。(4)积极发展和建立中亚军事联盟。1994 年 7 月,哈、吉、乌 3 国共同签署了《经济军事联盟条约》,决定共同制定统一的军事战略,并在防务力量、军事装备、武器供应和技术保障等方面相互协调,共同担负 3 国的安全保障;1995 年 5 月,哈、吉、乌 3 国军队联合建立了中亚维和营并由 3 国成立的联合指挥部指挥;1996 年 5 月由哈、吉、乌和土等中亚 4 国建立的独联体南部地区防务体系正式运转;1997 年 1 月,哈、吉、乌 3 国签署《永久性友好条约》,决定建立 3 国军事联盟,以统一协调对外军事行动。(5)积极开展全方位外交。哈在发展同俄关系的同时,努力发展同周边国家和以美为首的西方国家及伊斯兰国家的关系,以求得在世界主要国家利益和矛盾中获得自身安全和经济上的更多实惠。1994 年哈加入了北约“和平伙伴关系”计划,哈美签署两国《民主伙伴关系宪章》。同时积极发展同中国的国家关系,两国先后签署了关于加强在边界地区军事领域信任协议和关于相互裁减边境地区武装力量协议,并调整划定两国边界。另外,哈得到美、中、日、英等国家对哈提供安全保障的正式承诺。由于哈积极开展全方位外交,创造了良好的周边环境,确保了国家和地区安全。(李鸿林《哈萨克斯坦国家安全战略的确立与实践》,《外国军事学术》1999 年第 2 期。

(昶 吉))

以色列调整其国家安全战略 有作者撰文指出,为适应世界形势和中东地区安全格局的新变化,以色列安全战略已从冷战时期的扩张领土、抢夺资源求安全转到通过和谈、以部分领土换取全面和平求安全的轨道上来,

当前以所处的安全环境。冷战后,以所处的安全环境较前有了很大改善:首先,中东爆发以大国支持为背景的战争的可能性已消失。以美为首的西方世界在中东地区占据了主导地位,美“西促和谈,东遏两伊”的战略正在实施。其次,以强阿弱的态势更加突出。另外,以与北约成员国土耳其缔结军事协议,战略上对叙利亚和两伊造成夹击之势,其地缘政治战略形势得到很大改观。最后,以在美中东战略中的地位加强。美出于内政和新的中东战略需要,依然视以为美在该地区最可信赖和最强大的盟友。然而,一些潜在的不稳定因素变得更加突出:一是中东地区在海湾战争后出现新一轮军备竞赛,也使阿拉伯世界在军备方面的相对数量优势正在不断加强。二是恐怖主义势力在中东的发展,对以安全构成直接威胁。三是以因安全问题承受着巨大负担,已严重影响其经济发展。

以阿关系由军事对抗转向全面对话。(1)从冷战时期的扩张领土、抢夺资源求安全转到通过和谈、以部分领土换取全面和平求安全,成为以谋求当前最大利益所在。(2)以两大政治集团工党与利库德集团在和平与安全战略问题上存在重大分歧。针对工党采取的以"土地换和平"为中心的和平政策,利库德提出"三不"原则,即不允许巴勒斯坦建国,不放弃戈兰高地、不分割耶路撒冷。两党的分歧主要表现在实现和平的策略和方法上,但有一点是共同的:两大政党都承认和平是以的战略选择,只有和平才能带给以真正安全。

调整中的以美关系。作为以国家安全战略的重要支柱,以美战略联盟关系面临着新的变化和调整。(1)努力保持与美的战略联盟关系。首先,以相信,与世界上最强大的国家美国保持战略联盟关系,对其未来生存和安全有着重要意义。其次,从中东各国目前和未来对以安全构成的潜在威胁因素看,以需要美支持和帮助。以认为,这主要体现在两方面:一是以若想消除中东地区导弹与核扩散对它可能造成的威胁,与美保持密切的战略合作关系至关重要。二是为了对付恐怖主义威胁,尤其是伊斯兰原教旨主义愈演愈烈的活动,以及对美国为首的西方大国在该地区战略利益和以色列安全的威胁,以需要与美密切配合。最后,以在政治、经济和军事上仍依赖美,与美有着密切的防务合作关系。美国在援外金额大幅减少的情况下,对以援助保持不变;美是以先进武器装备和军事技术最为重要的来源;美还一直坚定不移地履行加强以安全的义务。(2)美以战略联盟关系有所调整。冷战后,美以战略合作基础发生了变化。美除了继续承诺对以安全保证和确保以对阿拉伯国家军事优势外,积极发展与阿温和国家的关系,确保中东地区的石油以合理价格自由流出。这样,美中东政策出现了较冷战时期更为矛盾的一面。美以矛盾主要表现在以下领域:①在阿以问题上,美对偏袒以政策作出某些调整,积极推进中东和平进程,压以接受"土地换和平"原则。②在军售问题上,经过海湾战争,大批先进武器流入埃及、沙特等与美保持友好关系的温和阿拉伯国家手中。以对这种动向和前景表示出极大关注。③在核问题上,美一直执行双重标准:一方面要求阿国加入《核不扩散条约》,另一方面,却对以拥有核武器这一事实避而不谈。冷战后,伴随着核、生化武器在中东地区扩散的危险,美面临着巨大压力的挑战。

以继续加强其常规战略与核战略。冷战时期,以生存和安全依靠常规武器方面的绝对优势和核威慑;冷战后,以将继续在上述两个领域确保对阿质量优势。(1)以在常规战略方面的发展和调整。近年来以在其常规战略方面采取了一系列积极的措施:一是发射卫星,从而既可监测阿拉伯国家大规模杀伤性武器的研制和导弹的发展,又可极大提高从远距离打击目标的能力,达到预警目的。二是建立反弹道导弹防御系统。三是发展非常规武器运载工具,使之可运用导弹打击大部分邻近的阿拉伯国家。四是完成三军武器装备的更新换代。五是加强军队建设,走以高技术为基础、战略战术思想先进的精兵之路。(2)核威慑战略。中东军备竞赛正由于核生化武器及中、远程导弹运载系统的引进而发生巨变。2010 年,中东将拥有 3000 枚以上的弹道导弹。以色列拥有该地区最先进的导弹武器库,并拥有 200 枚核弹头。核威慑战略将在以国家安全战略中占有越来越重要的地位,对其邻国既构成一种威胁,也构成一种威慑。(王泽胜《冷战后以色列的安全战略》,《国际问题研究》1998 年第 2 期)

(木　工)

欧美围绕北约"新战略构想"存有歧见　1997 年 7 月,北约马德里首脑会议决定对其冷战后制定的"危机反应"战略进行调整,并开始酝酿新战略构想。但由于各成员国之间,主要是美国与欧洲盟国之间出于不同国家利益和地缘战略的考虑,在新战略的许多重大问题上存有歧见,因此未能达成一致。有作者撰文指出,欧美围绕北约"新战略构想"的主要争议表现在以下几个方面:

关于北约的"防区"范围问题。北约新战略的核心是扩大北约军事行动的范围。尽管美国和欧洲盟国都认为北约的"防区"应当突破《北大西洋条约》第 5 条规定的成员国"单独或集体自卫"的范畴,尽管北约于 1995 年对波黑的空袭以及 1999 年 3 月 24 日开始对南联盟的军事打击,事实上已突破了北约防区内行动的限制,但美欧之间就北约今后的"防区"究竟应扩大到什么范围存在激烈争议。美国力主允许北约对"防区"以外"涉及共同利益的危机和冲突"进行集体军事干涉,以使北约成为美国推行"参与和扩展"全球战略的得力工具。而西欧盟国则主张北约不当世界警察,主要活动范围应限定在欧洲——大西洋地区。

关于联合国授权问题。目前,以联合国为主的国际维和机制正在形成,并且得到越来越多国家的认同。然而,美国却极力想撇开联合国,力图用北约取代联合国在国际维和中的作用。而北约欧洲盟国,特别是法、德、意等国对此持有异议,认为北约在防区外采取军事干预行动,需要联合国安理会的明确授权。北约在没有得到联合国安理会认可的情况下悍然对南联盟动武,西欧盟国虽然参加了对南联盟的轰炸行动,但法、德等国一直对这种军事行动的"合法性"表示怀疑,主张北约此举只应成为"特例",而不应成为抛开联合国的"先例"。

关于核战略问题。此次北约战略调整，美国坚持北约继续奉行"核威慑战略"，认为在俄仍拥有强大的核武库以及印、巴核试验给国际核不扩散机制造成巨大冲击的情况下，北约不仅不能放弃对于核武器的依赖，而且应设法加强核武器的威慑作用。但是，德国外长菲舍尔却向北约秘书长索拉纳建议，认为欧洲的安全环境已发生了根本性的变化，因此要求减少在其领土上的核武器，希望北约重新讨论核战略理论问题，并要求北约承诺放弃首先使用核武器的政策。

关于"欧洲防务特性"问题。随着欧洲一体化进程的推进，欧洲国家内部凝聚力进一步增强，在安全问题上对美国的依赖程度有所下降，发展"欧洲防务特性"被进一步提到日程上来。以法国为首的大多数欧洲盟国主张，北约的改革和北约的新战略均应进一步体现"欧洲防务特性，"，希望利用此次北约战略调整的机会，争取在北约内部真正建立起"欧洲支柱"，使"欧盟真正具备独立的军事行动能力"，以便尽早地实现由欧洲部队来解决欧洲地区发生的纠纷和冲突的构想。美国对欧洲在防务问题上独立自主倾向的增强深感不安，唯恐发展下去美国对欧洲安全事务的主导权难以为继。因此明确表示，欧洲自主防务必须在北约框架内发展，而不能与之分离。然而，欧美分歧毕竟是其成员国内部的分歧，欧美之间广泛的共同利益仍存在，双方既为盟友又为竞争对手的关系并没有改变，今后在安全与防务领域的合作关系仍将维持下去。（茅志新、卓伟《从北约新战略看欧美分歧》，《解放军报》1999 年 4 月 29 日）

（金　鲍）

英报称下世纪战争可能起因于水源　这是英国《卫报》1998 年 11 月 2 日述评中所阐述的观点。述评称，届时一些国家互相指责对方多占了本应公平分享的淡水，用水紧张威胁着北非、中东及中亚的安定。埃及已警告埃塞俄比亚，尽管 85% 的尼罗河水来源于埃塞俄比亚，但倘若其从尼罗河的取水量增加的话，埃及将采取军事行动。中亚 5 国分享着阿姆河以及锡尔河两条河流，而前苏联灾难性的规划已导致咸海水量减少——这是由于棉花种植灌溉计划和水力发电工程使用水需求大大增加，该地区 5500 万人口中有 300 万在干涸的咸海两岸一筹莫展。哈萨克斯坦、乌兹别克斯坦、土库曼斯坦和塔吉克斯坦正在举行会谈，但迄今为止没有解决任何问题。1995 年，世界银行副行长伊斯梅尔·萨拉杰丁所作的预言看起来将要成为现实："本世纪的许多战争是由石油引发的，但下一世纪的战争则将是起因于水源。"（〔英〕保罗·布朗《生命之源危及和平》，英国《卫报》1998 年 11 月 2 日）

（木　工）

局部战争和军事危机研究

海湾危机问题研究　**析美国"塑造、反应、准备"战略在伊武器核查上的应用**　有作者就美这一新战略在伊武器核查上的应用，提出如下 4 点看法。

美国首先"塑造"伊拉克的由来。美国认为，冷战后其敌手不只是俄罗斯这样的大国，而更多的是第三世界国家。这些国家将使用包括核生化武器在内的"不对称手段"，以控制某一地区，"威胁美国既得利益及美国盟国的安全"。因此，美国要花心血"塑造"伊拉克、伊朗和朝鲜之类的"三流"国家。

美国对伊拉克的"塑造"手段多种多样，其中武器核查是其关键一着。而美国对伊武器核查除派员和提供装备外，还不时地提出一些苛刻的要求。使核查在一定程度上已成为美国向伊拉克施加压力的一个重要筹码。在这场斗争中，核查只是表象，"塑造"才是内核。

美国不时地对伊拉克作出"反应"。美国认为，仅靠"塑造"是不能出现美国所谋求的那种国际环境，美国还必须有能力对发生的各种危机作出"反应"。这种反应可能是外交、经济、法律的或军事的，也可能是上述各种方式的结合，而对危机作出的第 1 个反应是采取一系列慑止敌手的措施，它包括：增强美军在该地区的作战能力或发表声明，传递美国意图及敌手将因侵略而付出重大代价等信息，从而显示美国的承诺，也可以实施制裁和做出有限打击等有节制的反应，进一步展示美国的决心。美国认为，这种威慑态势和有关活动，可确保美国在威慑失败后为应付冲突做好准备。

美国并没有"准备"好。在克林顿的新军事战略中，"准备"的着眼点是指对付中远期威胁和挑战，其着眼点是 21 世纪。在现实问题上，其军事战略除了要"塑造"伊拉克并对其作出"反应"外，如何对付伊拉克武器核查危机，美国并没有"准备"好。当美国提出要对伊动武后，联合国及俄罗斯、中国、法国和第三世界国家均不支持。加之美军近年来经费紧缩、兵员裁减，这次出兵海湾明显地表现为势单力薄，难以持久。利用军事高技术优势打击对手是新战略中“准备”的核心。然而这种优势在伊武器核查危机上并没有体现出来。

“塑造、反应、准备”战略的应用特点。(1)战略目标明确，干涉行动直接。一方面，美国这样一个拥有全球战略的国家一刻不能没敌手，否则它会丧失地区主导权，海外驻军乃至军火市场都要受影响。另一方面，美国看到潜在敌手对其构成的“不对称威胁”，特别是核生化武器的发展和扩散形势严峻，这对美国来说是不能容忍的。因此美国理所当然要利用武器核查之机，拿伊拉克开刀，战略目标所指十分明确。由于失去前苏联等国际因素的制约，美军干涉的频率不仅增多，而且干涉行动更加直接。(2)多种手段并用，实施高压政策。为把伊拉克“塑造”成有利于美国的国家，美国从 1991 年海湾战争结束后便开始对伊保持政治、经济、外交和军事高压政策。这种多种手段并用的干涉方式在此次危机中表现得更为具体。政治上，危机爆发后，美国从总统到各级军事要员纷纷讨伐伊不履约。外交上，美国派要员纷纷出访欧亚有关国家，寻求在对伊动武问题上的国际支持。舆论上，美国的报纸和电台纷纷刊登要对伊大动干戈的报道，为美逼伊就范造势。军事上，美国军舰和飞机不断派往海湾，并在科威特等国家举行联合军事演习。在安南开始与伊谈判前的关键时刻，克林顿批准了“沙漠惊雷”计划，向伊发出动武信号，施压手法更加露骨。(3)威慑为主，以压促变。由于对手是不能与美全面抗衡的伊拉克，美国更加肆无忌惮挥舞威慑大棒，企图不战而屈人之兵。对伊拉克的变化，美国许多人认为是美英等国施加政治、经济，特别是军事压力造成的。(4)“塑造、反应、准备”战略过于理想化。第一，在国际走向多极化的今天，美还以霸主的眼光看世界，动不动就要“塑造”别国，并要作出“反应”，但能否实现不完全取决于美国，这次准备对伊动武问题上，联合国及各大国并没有发出一致喊打的声音就是例证。第二，美国提出要打两场几乎同时发生的大规模战区战争，但由于军费短缺和兵力明显不足，致使该军事战略提出的目标与现有实力脱节。(鲁人《析美“塑造、反应、准备”战略在伊武器核查上的应用》,《外国军事学术》1998 年第 6 期)

从海湾危机看美国新军事战略运用　有作者就此提出如下看法。

海湾危机为美国新军事战略提供用武之地。(1)美军的危机反应是其军事战略的具体体现。1997 年 5 月，克林顿政府在对未来安全挑战作出估计时，首次将与美为敌的地区性大国在地区称霸的威胁上升为美国 10 大威胁之首，强调美国要想在世界上继续发挥领导作用，就必须对所面临的安全威胁采取有力的行动。并为此提出以“塑造、反应、准备”为特征的新军事战略，即通过利用经济、外交和军事等多种手段，并借助盟友塑造有利于美国的安全环境；在危机发生时及时根据不同性质作出反应，采取与盟国协同或单独行动达成化解危机、消除威胁的目的，直至打赢两场几乎同时发生的战区性战争；还要为对付未来的威胁和挑战做好超前准备。中东作为石油产地自然被美国视为重点经营之所在。对此，美国不仅在巴以问题上态度暧昧，而且对两伊实行“双重遏制”，这些都是为了塑造一个有利于美国的战略环境。美军还设想能通过此次动武推进武器装备现代化，更新作战理论，从而实现在新世纪保持对潜在敌人的“压倒性战略优势”。(2)美军战略威慑是促成海湾危机缓和的重要因素。“战略威慑”，连同“前沿存在”和“盟国支援”一直是美国军事战略的 3 大支柱。战略威慑的方法主要表现为“示形”。即通过炫耀武力，以作战实力为后盾，在敌人家门口布形造势，举行军事演习等等，使敌心理产生动摇和震撼，直至彻底慑服。与此同时，美军还公开宣传其最新武器装备的性能，透露其作战计划，不断加大美军的威慑力度。如果不是美军在战略上成功地实施高压威慑，萨达姆断然不会作出如此牺牲，接受向武器核查人员全面开放所有禁入地点的协约。(3)美国军事战略的实现并非尽如人意，仍存在不少问题。如在“塑造”战略环境上，自海湾战争以来，美伊之间发生危机和冲突已超过 11 次。这说明美国在这一重要战略地区的安全利益并未得到稳定的保障。尽管美国派人四处游说，但真正愿意搭乘美国战车者寥寥无几。这表明其战略中有关盟友关系的要求已不切实际。此外，从其在危机行动中不惜准备打赢两场几乎同时发生的战区性战争来看，反映出克林顿政府既想推行霸权主义，又力不从心的矛盾心态和困难处境。

海湾危机是美国海军寻求出路的一次契机。(1)美海军不甘寂寞，在低谷中寻求出路。1991 年海湾战争联合作战的试验效果对海军的优势地位带来严重冲击，使其一度走入低谷。为改变这一现状，美国海军部长、作战部长及陆战队司令联合宣布海军战略开始由“在海上”向“从海上”转变。即以强大的兵力投送能力为基础，突出“前沿存在”和“危机反应”。为适应新的作战方式，美国海军注重强化近海作战能力，如加强军种内部联合，实行全新的兵力编组，即以航母为主组成联合特遣部队。以此提高一体化作战能力。同时，还以舰载 F/A－18 战斗攻击机取代 A－7 攻击机，以增强近海制空能力。这为美国海军力求在联合作战中发挥主导作用创造了先决条件。(2)美海军在危机反应

中一展身手。美海军对联合作战一度抱观望态度。经过战略调整的美国海军，即使不得已参加联合作战，也力求在军种之间重建其优势军种的特殊地位。由于美军大量裁减海外驻军和基地，陆、空军保持前沿存在的能力大为下降，而海军则可根据需要及时机动部署于发生危机的任何地区，对冲突实施威慑和遏止。一旦冲突不可避免，其前沿存在兵力也可迅速实施危机反应。即使危机扩大，美国海军还可派出远征部队独立或在联合作战中先行作出反应，甚至可成为美军“同时打赢两场战争”的重要保证。正是在这种需求与可能的结合上，美国海军在海湾危机行动中得以一展身手。(3)美国应付未来挑战将使海军倍受倚重。为使萨达姆的承诺真正在行动上得到落实，美军驻海湾的兵力将继续保持，并随时准备自动进入军事打击，直至达到彻底摧毁伊拉克制造生化等大规模杀伤武器的能力这个最终目的。美国海军所拥有的航母战斗群可长年游弋于世界海洋的任何地方，当出现危机或冲突端倪时，可迅速驶往这一地区，构成武力威慑，并根据需要对危机作出反应。美航母编队开赴海湾实施威慑和遏制行动达 7 次之多，每次都以伊拉克一方最后妥协而告终。可见，以航母为代表的海军力量在美国军事战略运用中所起的作用显然是不可替代的。(徐起《从 98 年海湾危机看美国军事战略及海军的运用》，《现代军事》1998 年 5 月号)

从伊拉克武器核查危机看非“零和”规则的体现

有作者对伊拉克武器核查危机最终达成协议一事进行分析，认为在这场武器核查危机中，既不能说是美国胜利了，也不能说是伊拉克赢了，应该说它是非“零和”规则在现代国际事务中的充分体现。所谓“零和”规则，是指在对抗双方进行较量的过程中，一方所得正是另一方所失，双方的得失之和等于零。这是国际斗争的一般规则。然而，随着时代的发展，这种“零和”规则与世界总体缓和的大趋势越来越相背离，呈现出所谓非“零和”规则或称“双赢”规则，即对抗双方均获得利益，双方的得失相加大于零。对于美、伊在这场核查危机中谁是赢家，谁是输家，也应具体进行分析。

首先，分析一下美国在这场危机中的得失。美国再次出兵海湾，迫使伊拉克在兵临城下的处境下屈服。这场核查危机中美国获得的收益主要表现在以下几个方面：一是迫使伊拉克政府重新全面遵守联合国安理会的所有决议；二是联合国特委会及国际原子能机构获得立即、无条件和无限制地对伊进行武器核查的权力；三是扭转了美国对巴以斡旋失败的不利局面，抑制了俄、法在该地区影响力的增长。然而，美国也失去一些利益：一是耗费了大量的额外行动开支。二是美国落得骑虎难下，既打不成，又撤不回来的难堪局面。三是美国的影响力在海湾、中东地区以至世界范围内正在下降。尽管美国有失，但从总体上看美国在这场武器核查危机中仍然是得大于失。

其次，再看看伊拉克的得失。从表面上看，伊拉克在与联合国的协议中对美国作出重大让步，美国人又可以“不受限制地”在伊境内进行武器核查工作。但伊拉克在这场对抗中也有所得：一是引起国际社会对伊拉克艰难处境的关注和同情；二是提高了伊拉克在中东地区的地位；三是使伊拉克政权进一步赢得了国民的支持；四是对伊拉克的制裁有所缓解，联合国已决定将“石油换食品”的限额由 20 亿美元增至 50 亿美元；五是伊拉克对国家安全、主权和尊严的合法关切受到尊重。虽然伊拉克在这场危机中赢得一些利益，但其仍然蒙受许多损失：一是战争的阴霾仍然飘浮在伊拉克上空。伊拉克将会受到美国的持久武力威胁。二是虽然伊拉克在这场危机中得到体面的收场，但付出的代价是准许特委会及国际原子能机构立即、无条件和无限制地核查。伊拉克今后再也无条件好讲了。三是联合国安理会的所有决议必须要全面老实地遵守，否则就给美国动武造成口实。虽然如此，伊拉克还是获得较大的利益。

虽然美伊双方各有所得失，且得均大于失，但在这次伊拉克武器核查危机中真正的最大赢家应该说是国际社会的和平力量。在调停这次危机的过程中，多极化格局的多极制衡、互相牵制发挥出重要作用。因此可以说，这次伊拉克武器核查得以缓解是世界多极化格局体制导致的必然结果，是“多极世界”对“单极世界”的胜利。(李大光《试析伊拉克武器核查危机—非“零和”规则的现代体现》，《现代军事》1998 年 5 月号)

现代局部战争封锁作战问题研究　美国对越南封锁作战有 4 点经验教训　有作者通过对美军 1972 年 5 月至 12 月对越南北方实施的封锁战役进行分析，认为其经验教训有以下 4 点。

*美军封锁之所以成功，是因为预有准备、突然布设。*对这次布雷行动，美国蓄谋已久。1972 年 4 月初，美海军在水文条件与越南北方沿海相似的美本土西海岸，举行了包括模拟投放水雷训练在内的大规模海上军事演习。随后，将参加过布雷演练的部分舰只和飞机调往越南战区。因此，当 5 月 9 日尼克松公开宣布对越南北方港实施布雷后仅用 1 个多小时，美舰载机即完成了对海防港的布雷封锁。

*以其他作战行动掩护飞机布雷，加大欺骗性。*1972 年 5 月 9 日 7 时 30 分，活动在北部湾的美航空母舰出动近百架飞机，轮番对海防市区进行猛烈轰炸。8 时许，由 6 艘驱逐舰编成 3 个战斗群，对北部湾沿岸的越南涂山岸炮阵地、雷达站等地进行炮击。在越军忙

于反空袭的同时,美军的 40 架舰载机分批次对海防港主舰道进行首批布雷。接着,又有 16 架舰载机在涂山半岛至吉婆岛一线布设水雷,使越南顾此失彼,海防港完全被封锁。对越东北群岛的一些航道,和真雷一起混投了一些汽油桶和大木段,真真假假,增大了欺骗性。

*多种水雷混合布设,增加扫雷困难。*美军投放的水雷绝大部分为沉底雷和锚雷,还有一些漂雷。这些水雷使用磁性、音响、水压、定时等多种引信引爆,有的水雷上还安装了两种引爆装置,给越方扫雷造成较大困难。

*检视雷区、连续补充布雷,保证了封锁效果。*为防止越南对雷区的清扫与破坏,美海军对雷区每日不少于 3 次空中侦察检查,同时对重点布雷区实施持续布雷,保证了封锁的连续性,致使越南中断了海上的交通运输线。(崔长琦、李卫东《美国对越南的封锁作战》,《外国军事学术》1998 年第 7 期)

英阿两国在马岛战争中封锁作战有 3 点经验教训　有作者就此提出看法如下。

*快速反应是封锁成功的关键所在。*英国在阿根廷派兵攻占马岛的第 2 天,就组成特混舰队。第 3 天,特混舰队部分舰只已从本土向南大西洋驶进。而在南大西洋活动的核潜艇则立即驶往战区,显示了军事存在,并宣布马岛周围 200 海里为封锁区,给阿造成压力。待特混舰队到达后,经过一番激烈的封锁与反封锁,英军很快夺取了制空、制海权。英军的反应速度之快、效率之高,为其实现封锁目的赢得了时间。

*海空一体作战,提高了封锁效果。*阿根廷空军虽取得毁伤英舰 18 艘的显赫战果,但由于孤军奋战,难以打破英军的海空封锁。阿根廷海军在整个战役中,只派出一艘潜艇参战,且被英军击沉,尤其是自"贝尔格拉诺将军"号巡洋舰被英军击沉后,阿海军便一味消极避战,放弃了制海权的争夺,从而导致军事上的失利。阿缺乏海空一体作战是失败的重要原因。而英军却十分重视海空一体作战。开战后,英军在以马岛为中心的 200 海里范围内建立了 3 层相互联结的立体封锁体系:外层,由核潜艇负责对阿本土基地、港口和主要航道的监视与封锁;中层,由水面舰艇和"海鹞"式舰载机负责拦截进入封锁区的阿方飞机;内层,由水面舰艇编队和"鹞"式战斗机负责对马岛周围海域实施封锁,并对岛上重要目标进行攻击。3 层封锁带以中层为核心,相互支援,从而有力地发挥了英军的优势。

*必须重视精确制导武器和电子战装备在封锁作战中的作用。*马岛战争是一场现代化的立体战争,双方都使用了精确制导武器夺取制空制海权。开战之初,英军使用"虎鱼"制导鱼雷击沉了阿方唯一的一艘巡洋舰,被击落的阿机中,大多数也是由导弹击中的。而英军被击沉的大型舰船,同样是被阿军的空舰导弹击中。可见精确制导武器在现代战争中的作用之大。同时,电子战装备使用与否,同样关系到生死存亡。英国的"谢菲尔德"号驱逐舰,就是在没有使用电子战装备的情况下被击沉的。相反,英军另一艘驱逐舰因及时使用干扰雷达,从而使导弹偏离了方向。然而,偏离方向的导弹却将没有装备电子干扰装置的英国"大西洋运送者"号直升机运输舰击沉。(畅旗、伟仕《英国在马岛战争中的封锁作战》,《外国军事学术》1998 年第 7 期)

多国部队和伊拉克在海湾战争前封锁与反封锁作战有若干经验教训　有作者就此提出以下 3 点看法。

*多国部队长时间、大范围的封锁,提高了封锁效果。*19 个国家的 250 艘舰船,实施长达 7 个月的封锁,基本切断了伊拉克的海上运输线,使伊拉克的国民经济几乎在海湾战争前就陷入瘫痪状态,储备的粮食在战前已消耗掉 2/3,又得不到及时补充。尤其是所需的武器装备零配件中的 30% 得不到及时进口,使伊拉克的战争潜力基本丧失。

*军舰的"临检职能"在这次封锁中发挥了作用。*在这次封锁拦截中,参加封锁的各国军舰,履行了"登临检查"——这一特殊的执法权力。对那些有嫌疑拒绝接受检查的伊拉克船只,除使用通常的"靠帮"检查外,还使用了较先进的舰载直升机机降检查。通过实施海军一体作战,实现了战役目的。

*伊拉克布雷不当和海军没有重视潜艇的发展,给多国部队创造了良好封锁机会。*伊拉克在海湾战争中,只在波斯湾北部布设了几个雷区和几条单独的水雷防线,另外还布放了 20 多个漂雷。这些雷区在具有强大扫雷能力的多国部队面前,显得毫无用处,只轻伤了两艘美国军舰,丝毫不影响继续执行封锁任务。另外,由于伊拉克海军没有潜艇,多国部队海军没有必要反潜,也不必护航,可以集中力量进行海上封锁。(君冰仲《多国部队对伊拉克的封锁作战》,《外国军事学术》1998 年 7 期)

其他局部战争和武装冲突问题研究

美国进行越战根源探析　有作者认为,越南战争是美国在二战后投入最多、历时最久、耗资最大的一场局部战争,是美国霸权主义的一次具有深远意义的重大挫折。导致这场战争的原因有以下 5 点。

*"多米诺骨牌"理论。*就战争的根源而言,美国决策者关于维护霸权、"遏制"共产主义等信念起了特别显著的作用。围绕这些信念而产生的基本理论,其中影响最大的当属"多米诺骨牌"理论。该理论认为,如果东南亚任何一个"自由国家"被共产党人控制,就将鼓励该区域其余国家倾向共产党,甚至会影响到印度

和日本。它成为美国决策者们对越南干涉不断升级的一大理由。

将越南作为挫败一切“中国模式”的解放运动的试验场。50年代后期,第三世界的民族解放和社会革命风起云涌,对此,肯尼迪和约翰逊都认为,阻止共产主义势力控制第三世界是美国面对的最严峻、也最值得对付的挑战。因此,对形势紧迫的越南进行干涉和打赢战争便成为挫败和阻遏一切“中国模式”的解放运动的关键。越南自然被看成是这场斗争的试验场和政治橱窗。

维持美国声望特别是美国力量的可信性。美国的决策者之所以在越南这么一个弹丸之地投入了如此多的资源,很大程度上是为了向世界证明美国力量的强大和避免丢脸的失败。约翰逊透露,如果美国不向越南增派部队,世界各国就会说美国是纸老虎。这导致了一种恶性循环:要维持威望,就要投入力量;而投入力量就等于在威望的赌注上加码,新的挫折使威望受到了更严重的损害,这又使进一步升级成为必要。美国深陷于越南的一大原因即在于此。

惧于国内右翼势力的攻击。自中国革命取得胜利后,美国国内的右翼势力一直攻击美国政府对中国共产党过于软弱,以致“丧失”了中国。自此,对国内右翼势力攻击的恐惧便成为促使行政当局在海外进行反共干涉的重要因素,这一因素在越南问题上同样体现得非常明显。约翰逊的国家安全事务助理麦乔治·邦迪说,若美国不在越南尽力而为,就会在国内引起“非同小可”的指责。可见,惧于国内右翼势力攻击这一因素曾对促使美国政府进行越战起到了多么大的作用。

决策机制的缺陷。在越战的几乎每个关键时刻,都有反对升级、主张降级或撤出越南的意见。这些意见之所以未被采纳,原因是多方面的,但决策过程中机制的缺陷是一个不可忽视的因素。约翰逊执政后期,行政当局的决策圈子越缩越小,圈外意见传至圈内日渐困难,圈内人物之间的意见交换也越来越少。由于各种有形或无形的排斥,持不同意见者差不多先后都离开政府或调任与越战无关的工作。从而使美国行政当局在越战的决策问题上带有强烈的主观色彩,这从根本上导致了其越战的最终失败。(吴昊《美国进行越战的根源探析》,《军事历史》1998年第2期)

(耿文正)

印度挑起中印边境战争有4个主要原因 1962年10月至12月,中国边防部队在中印边境地区实施了对印自卫反击作战。尼赫鲁政府顽固坚持对外扩张政策,不断侵占中国领土,是挑起中印两国武装冲突、迫使中国实施自卫反击作战的直接原因。那么,导致尼赫鲁政府走上侵略扩张道路并深陷其中不能自拔的深层次原因是什么呢?通过对中印边界问题形成历史的考察及对当时客观情况的分析,可以从中归纳出以下4点原因:

第一,英国殖民统治者执行的印度安全战略、地缘政治策略以及分裂中国西藏的行动,为尼赫鲁政府顽固坚持对外扩张政策、不断侵占中国领土提供了“历史依据”。1849年,英国征服了整个印度,使印度成为其东方殖民体系的政治、经济中心和继续向东扩张的基地。西藏具有居高临下的地理优势,历来的战略家们都认为,谁占领西藏,谁就能控制次大陆。因而,英国把中国的西藏列为屏护印度安全的缓冲区之一。1888年和1903年,英国先后发动了两次侵藏战争,迫使清政府签定了《藏印条约》,迫使西藏地方政府签定了《拉萨条约》。随后,英帝国主义一手策划举行了分裂中国西藏的“西姆拉会议”。在该会议中,英国炮制出了臭名昭著的“麦克马洪线”,把中国西藏地区近九万平方公里的土地划入了英统治下的印度版图。中国的历届政府都严正声明不承认所谓的“西姆拉条约”和“麦克马洪线”。尽管如此,后来的印度尼赫鲁政府却抓住这些“历史依据”,声称对“麦克马洪线”以南及阿克赛钦地区拥有主权。英帝国主义殖民统治时期的侵略政策和行动,制造出了中印边界争端问题,为中印两国发生军事冲突继而中国被迫实施自卫反击作战埋下了祸根。

第二,盲目崇拜大英帝国的“印度中心论”观点,妄想称霸南亚次大陆、继而争当亚洲领袖,是尼赫鲁政府全面继承英国地缘政治战略思想的衣钵、顽固坚持侵略扩张政策的根本原因。由于在印度独立后执政的国大党,是英国殖民统治中孕育出的资产阶级政党,各方面受英国影响很深,因而印度的国家战略有着对昔日大英帝国的明显继承性和由此而产生的扩张性。在中国西藏问题上,印度继承了英国的观点,坚持认为“实行把西藏变为缓冲区的政策不仅为地缘政治学规定而且是保持印度安全的最经济的方法。”在中国对西藏行使主权以后,印度从其国家战略的总目标出发,把中国视为它称霸南亚次大陆的主要障碍之一。为此,印度利用各种时机和手段分裂西藏,积极抢占边境有利战略地形,在印度北部建立起针对中国的所谓喜马拉雅安全体系,形成攻巴遏华的军事战略。当尼赫鲁政府向中国提出领土要求遭到拒绝后,顽固坚持以武力侵占中国领土的政策,为中印两国和平解决边界问题设置了重重障碍,最终迫使我边防部队实施了自卫反击作战。

第三,严峻的国内政治经济情况和对形势的错误判断,是促使尼赫鲁政府坚持推行侵略扩张政策、不断侵占中国领土的重要因素。进入60年代以后,印度国内的矛盾日益激化。为了转嫁国内政治经济危机，转移人民的视线，尼赫鲁政府利用中印边界问题和“西藏问题”，极力煽动民族主义情绪。然而，当民族主义情绪日益高涨起来以后，尼赫鲁政府却无力驾驭这股力量了。为了维护统治，尼赫鲁政府不得不顽固地坚持强硬立场，拒绝与中国谈判讨论“麦克马洪线”及克什米尔问题，继续推行侵略扩张政策，以致在武力侵占中国领土的道路上越走越远。尼赫鲁政府在边界问题上坚持强硬立场、实行以武力侵占中国领土的政策，还因为它低估了新中国保卫祖国领土与主权完整的决心与力量，过高地估计了自己的力量。

第四，美苏两国与国际上反华势力的支持与默认，是促使尼赫鲁政府顽固坚持对外扩张政策、不断侵占中国领土的外部动因。在中印两国发生边境争端到中国进行自卫反击作战的过程中，美苏两国及国际上的反华势力出于各自不同的政治目的和国家利益，支持印度，攻击中国，混淆是非，颠倒黑白。美国为首的西方国家希望借助印度与中国抗衡，使中国陷入腹背受敌的不利地位，最终被拖垮。苏联从其全球战略出发，不惜牺牲中国的利益对印度做出让步，欲以此为契机和新德里建立关系，借印度之力压美逼华，并使苏联的势力得以到达印度洋，为其与美国进行全球争霸，加上一颗有力的砝码。尽管美苏两国及国际反华势力有着各不相同的考虑，但在支持拉拢印度这一点上，却达成了默契与共识。出于各自利益，中印争端爆发后，美、英两国及国际反华势力都在舆论上积极支持印度，污蔑中国侵占印度的领土。美国、苏联、英国等国家还给予印度大量的经济、军事援助，鼓励印度与中国对抗，从而加快了其以武力蚕食、侵占中国领土的步伐，它们应对中印两国最终爆发边界战争负有不可推卸的责任。（刘颖玮《中印边境战争起因剖析》，《军事历史》1998 年第 5 期）

（任　明）

第 3 次印巴战争中作战双方有 4 点主要经验教训

1971 年 11 月 21 日，印度为实现其称霸南亚次大陆的野心，悍然对东巴基斯坦发动了大规模的军事入侵，至 12 月 16 日，印军占领了整个东巴，侵占了西巴部分领土，将巴基斯坦肢解为目前的巴基斯坦和孟加拉国两个部分。有作者撰文分析了这次战争中双方战前态势和作战经过，指出印巴双方有 4 点主要经验教训：

印周密策划，快速准备；巴应变不力，措施失当。印度早在东巴发生内乱时，就密切注视着东巴局势的发展，伺机入侵。一是迅速调整军事部署。到战争爆发前，印陆军总兵力的五分之四均前推至印巴边境。二是快速进行战争准备。印军先后采取了加紧向边境地区运送各种作战物资，频繁举行以入侵东巴为背景的大规模陆空联合演习，征召预备役人员入伍，对机场和坦克集结地域进行伪装等措施。三是不断扩大对东巴的武装挑衅。到 11 月初，边境冲突已扩大到旅一级规模，实际已形成“不宣而战的局部战争”。而巴基斯坦军人政府，既没有认真进行战争准备，又无明确的战略目标，把希望寄托于大国的出面干预上，处于欲打不能、求和不成的被动局面，完全丧失了战争的主动权。当世界上大多数国家表示支持巴基斯坦，敦促印停战撤军时，巴政府并未认识到此时军事上应继续战斗，顽强坚守，争取通过外交努力解决争端。相反，在战场上却谋求停火，军事上没有采取积极的措施相配合，政治外交斗争与军事行动之间配合失当，导致军事上的失利。

印目的坚决，战法灵活；巴消极防守，分兵把口。印军作战目的非常明确，即：集中优势兵力，速战速决，尽快地攻占达卡，占领东巴。当印军遭到东巴守军的顽强抗击、进展迟缓时，印军抛弃了阵地攻坚的战法，采取避实击虚、多路迂回穿插等战法，绕过巴军设防坚固的要塞和据点，对巴军固守的阵地实施分割包围，使巴军不攻自破。而巴军由于主力都摆在一线，缺乏防御纵深和机动兵力，防御体系缺乏弹性和韧性，始终未能集中兵力主动反击，导致被动挨打。到后期，巴军曾试图收缩兵力固守达卡，但为时已晚。

印协同密切，速战速决；巴各自为战，孤立无援。战争期间，印三军协同密切。海、空军对东巴实行了空中和海上封锁，切断了东巴与西巴及外部的联系。尤其是陆、空协同十分密切，空军在作战中积极支援地面部队作战，频繁攻击巴军的部队集结地、交通线、军火库等目标。为配合东巴方向上的重要作战行动，印军还广泛使用了空降和机降，从而加速了战争的进程，实现了速战速决。巴海军由于实力较弱，未能发挥作用；空军主要担负西巴要地防空。由于每次出动的飞机少，只起到一些牵制、干扰作用；西巴地面部队的反击行动规模较小，未能给印军以有力打击；东巴守军固守边境一线，被印军割裂成数块，各个击破。

印攻心瓦解，里应外合；巴丧失斗志，怕战求和。印军在对东巴守军进行军事打击的同时，还积极发动政治攻势。印军反复向被围困的巴守军播送“劝降信”，空投传单，瓦解巴军斗志。同时利用巴军倒戈的部队，里应外合，使巴军腹背受敌。而叶海亚政府对东巴内乱所采取单纯军事镇压的做法，加剧了巴军与东巴民众之间的对立。战争爆发后，东巴守军既得不到西巴的援助，又无当地群众的支持，完全成了一支孤军。东巴守军指挥官又没有与侵略者血战到底的信心和勇气，当西巴部队无法增援，国际干预未果的情况下，只得下令东巴守军全部投降。（马秀山、李波《第 3

次印巴战争》,《外国军事学术》1999 年第 4 期)

(长　生)

美军在海湾战争中实施新闻战　有作者援引美军看法认为,在 1991 年的海湾战争中,以美国有线电视台新闻网为代表的国际新闻媒介,广泛而及时地报道了美军的行动情况,对尽快赢得战争胜利起到了积极的作用。并预见在未来战场上,新闻战将伴随战争过程的始终。

*示假掩真,达成行动的突然性。*海湾战争初期,多国部队为了达成战争的突然性,打伊拉克于始料之不及,便实行了一系列政治、军事欺骗措施,其中通过新闻媒介实施心理欺编是一个重要的组成部分。在发动地面战争之前,多国部队故意抛出多个地面作战的假方案,并通过新闻媒介着力渲染。正是由于这些信息从公开渠道不断传到伊拉克的决策层,扰乱了他们的心理,使得他们无法对多国部队的真实意图作出准确的判断,从而使多国部队达成了地面作战的突然性。

*先声夺人,打击对方士气。*现代条件下的先声夺人之法,由于借助先进的宣传手段,其效果是过去所难以比拟的。海湾战争期间,美国全力开动各种宣传机器,鼓吹己方武装力量的强大,用以威胁对方,打击对方的士气。美国的威慑宣传,使伊拉克的官兵受到巨大的精神压力,士气也因此受到影响。

*以弱示强,导致对方的心理错觉。*现代化的传播、通信工具,拓宽了实施弱而示强的心战谋略的手段,使之更易实现。1990 年 8 月,美军向海湾地区部署兵力的初期,因先期到达的兵力和装备不足,为掩盖真相,五角大楼通过新闻媒介编造了一系列各种部队部署在海湾地区的公开声明,警告萨达姆不要轻举妄动。同时,报道大批美军正在向海湾进发途中,很快即可到达海湾。假新闻壮大了美军的声势,使伊拉克丧失了反击的有利时机。

*唇枪舌战,争取国际舆论支持。*在高技术条件下的局部战争中,敌对双方总是力图通过各种方式宣传、揭露对方的不义,甚至有意散布谣言,以使世人之心向己而背敌。海湾战争中,为了削弱国际社会对伊拉克政府的支持,美国先是通过报纸向外界"透露"伊拉克可能发生政变。又通过报纸散布谣言,说萨达姆已被打死。美国还通过举办有关伊拉克暴行的听证会等各种手段,揭露伊拉克政府的不义行径,宣称自己是正义之师。(刘恩惠、康永升《海湾战争中的新闻战》,《现代军事》1998 年 1 月号)

(耿文正)

对苏丹和阿富汗目标实施的导弹空袭战有 4 个突然袭击的显著特点　1998 年 8 月 20 日,美国海军命令游弋在红海和阿拉伯海上的作战舰艇,同时对苏丹和阿富汗境内目标进行了大约 1 个小时的导弹空袭,以报复 8 月 7 日恐怖分子对美国驻肯尼亚和坦桑尼亚两国使馆的炸弹袭击。据美国宣称,此次打击不仅对苏丹希法制药厂造成了巨大的破坏,而且也使阿富汗境内的恐怖分子训练营地遭受重大损失,至少有两处营地被破坏。有作者撰文指出,此次空中打击具有以下 4 个突然袭击的显著特点:

*(1)空袭前,未见采取欺骗措施,也无明显征候可寻。*首先,美两使馆遭袭击后,美即提出要严惩凶手、进行报复。这不过是国际上的惯用做法,很难以此判断美报复的方式、时间或地点。其次,空袭前,美曾要求非穆斯林的外国人离开阿富汗,要美旅游人员不要到这些国家旅游。这可以作为美国可能采取军事行动的征候。但是,这也会被人们认为是一种预防性措施,以防恐怖分子采取更多的爆炸活动。因此,此次空袭行动没有明显的预先征候。

*(2)只使用海军舰基巡航导弹打击目标,进一步增大了空袭的突然性。*以前,美采取类似的军事行动,不仅动用舰基导弹,而且还出动大批海、空军飞机。其中,以使用海、空军飞机进行空中打击的情况为多。然而此次行动,美却只使用了舰基的"战斧"式巡航导弹。据美军方消息透露,活动在红海海域的舰艇,发射了 6 枚"战斧"式巡航导弹;在阿拉伯海域活动的舰艇,发射了大约 70 枚巡航导弹。由于采用以前从未采用过的新颖、独特的作战方式,增大了空袭的突然性。

*(3)利用晚间实施远距离空中打击,也是增大空袭突然性的传统做法。*从历史上看,多数突袭行动都是利用节假日和夜暗,人们观察条件受限、容易放松警惕的时机进行。此次空中打击也不例外。打击是在苏丹当地时间晚上 7 时 30 分和阿富汗当地时间晚上 10 时进行。选择这种能见度不良、人们容易放松警惕的时机实施空中打击,更容易增大打击的突然性效果。*(4)同时空袭异地的两处目标,也可以被认为有利于达成突然性效果。*由配置在不同海域的美海军舰艇,同时打击两个国家的两处不同性质的目标。体现了未来战场上"部队分散作战、同时行动和对多目标一齐实施打击"的新思想。将来,这种战法很可能被用作声东击西,使受袭者两面或多处受敌,无法集中使用兵力,以达到更佳的突然性效果。(刘书礼《美军突袭苏丹和阿富汗作战特点》,《外国军事学术》1999 年第 2 期)

(昶　吉)

"沙漠之狐"作战特点分析　1998 年 12 月 17 日巴格达时间凌晨 0 点 49 分,美、英两国对伊拉克发动了代号为"沙漠之狐"的空袭作战行动。行动持续了 4 天共 70 小时,共计发射巡航导弹近 500 枚,投放激光制导炸弹 600 枚,出动包括 B-1B、B-52 轰炸机在内的各型作战和保障飞机 650 余架次,对伊大规模杀伤性武器设施、防空体系、指挥控制中心、军事情报部和共和国卫队等 120 个目标实施了自海湾战争以来规模最大的空袭作战行动。美方声称,80%的攻击目标被命中,空袭行动基本达到了预期目的。事后,有作者撰文指出,美军这次空袭作战在军力使用上有下述 4 个特点:

(1)倚重海军实施军事行动,增强对地区危机和冲突的快速反应能力。此次"沙漠之狐"行动的一个主要特点就是美在力量使用上倚重海军。它表现在两个方面:一是美海军自始至终参加了空袭行动,而且还是在 17 日凌晨发起第 1 波攻击的唯一力量。二是美海军攻击的强度大。美海军发射的巡航导弹最多,是导弹袭击的主力;美海军出动的飞机架次最多,是战机袭击的主力。美在地区武装冲突中,近年来十分倚重海军力量,其基本动因主要是美海军航母编队对地区危机和冲突的快速反应能力比较强,突出表现在 3 个方面:一是在力量结构上,美海军航母编队是一支综合性力量,溶陆、海、空三种力量于一体,能较好的适应各种类型的地区危机和冲突。二是美海军空中力量的作战行动不需要依托地面固定基地,使用灵活,行动不必受其他国家的制约。三是美海军对陆作战能力有了显著提高。

(2)以远程打击为空袭的主要手段,力争以最小的代价取得最大的效益。"沙漠之狐"行动所使用的主要手段是美海军的"战斧"巡航导弹和美空军 B-52 型战略轰炸机发射的 AGM-86C 空射巡航导弹等远程打击武器。在这次行动中,"战斧"和 AGM-86C 两种巡航导弹的发射量都比海湾战争时多。美在"沙漠之狐"行动中倚重远程打击手段,来达到军事行动目的,意味着美在地区冲突中采用的作战手段发生了变化。

(3)依靠前沿部署和前沿存在力量发起攻击,增强军事行动的突然性。美此次"沙漠之狐"行动的发起主要是依靠其海军停泊在波斯湾的"企业"号航母编队及驻海湾地区的 300 余架作战飞机。行动开始后,美才向海湾增派"卡尔文森"号航母编队,以增强打击力度。此次军事行动不仅要摧毁伊的大规模杀伤性武器设施,还要进一步削弱伊侵犯邻国的战争能力。采取这样大规模的军事行动事先无须从美国内向海湾调集兵力,而只依靠前沿部署力量发起攻击,这在美近年来处理地区冲突的行动中尚属首次。根据以往的经验,美实施较大规模军事行动时,一般先从国内抽调兵力,加强前沿部署力量,然后才发起攻击,而从此次"沙漠之狐"空袭行动中可以看出,为达成行动的突然性,美以后可以首先依靠前沿部署力量发起攻击,然后再加强力量。这是美军在地区武装冲突中运用军事力量的一个新特点。

(4)注重充分发挥高技术武器的效能,提高空袭作战的威力。发挥装备技术优势战胜对手,是美军的一条重要作战原则。"沙漠之狐"行动与以往的军事行动一样,美军投入了大量新研制或新改装的武器装备:首次使用了 B-1B 轰炸机;使用改进型"战斧"式巡航导弹Ⅲ型,该型导弹使用 GPS 卫星制导技术,攻击精度大为提高,攻击成功率达 85%;B-52 轰炸机发射的空射巡航导弹也经过了改进,其精度较前提高了两倍;使用了一些新型智能引信,如 DSU-33 坚硬目标智能引信,一旦弹头钻进地下指挥中心,这种智能引信可在其穿甲能力范围内选择最深的一层爆炸,等等。为充分发挥这些武器的作用,美军在战术上采取了一些措施:首先使用远程武器打击并瘫痪伊拉克的防空设施和指挥中心,为空中突击创造条件;利用夜暗采取行动。(陈新能《从"沙漠之狐"行动看美在地区冲突中使用军事力量的特点》,《外国军事学术》1999 年第 4 期)

有作者撰文指出,"沙漠之狐"行动说明空袭已成为现代战争的一种越来越重要的作战样式和达成战争目的的手段。(1)空袭已成为美军推行军事干涉主义的一种主要手段。1997 年克林顿政府出台"塑造、反应、准备"军事战略,明确提出了更加广泛推行军事干涉主义的指导思想。另一方面,军事技术的飞速发展则使空中力量的作战效能有了质的提高,在一定程度上能够直接达成战争或军事行动的目的,也为美国广泛地推行对外军事干涉政策提供了更加有效的手段。在这种情况下,"强大的空中力量正适应了美国大战略和技术上的需求,能够更快地对危机作出反应,而且能将参战人员的损失降至最低限度"。因此,美将空袭作为其进行军事干涉、介入军事冲突的一种主要手段就有了一定的必然性。(2)防空区外发射、超视距远程精确打击将成为美军空袭作战的重要样式。战争的根本目的是消灭敌人,保存自己,然而随着武器杀伤力的急剧提高,作战部队在给敌以重大杀伤的同时自身也面临越来越大的威胁,如何解决这一对矛盾是人们普遍关注的一个重大课题。信息技术和精确制导技术在军事领域的应用则为解决这一矛盾提供了新的方向和思路,即在敌火力对己方构成威胁的范围之外,在先进的 C^4I 系统的指挥控制下使用远程精确制导武器攻击目标,从而达到消灭敌人又保存自己的目的。此次空袭伊拉克,美军以部署在海湾的"企业"号航空母舰战斗群为主攻兵力,在同步轨道侦察卫星的支援下,其潜艇和战舰向近 1000 千米以外的伊目标发射战斧式巡航导弹。美军参加空袭的 B-52 轰炸机则从远在印度洋的迪戈加西亚基地起飞,实施长途奔袭,在抵目标区敌防空火力可及范围前,发射 AGM-86 型空射巡航导弹,这种导弹可有效击中1660千米处的目标。美军近年来提出的瘫痪战、脱离接触作战、超视距远程精确打击理论就反映了这种由于技术进步而引起的战术思想上的变化。美军已初步具备了采用类似作战方式的能力。因此美军不仅会在以后的空袭中大量采用这种作战方式,而且将会向其他作战领域渗透发展。(3)发挥夜视技术优势,利用夜暗等条件达成空袭最佳效果。利用夜色作为发动空袭的掩护是一种传统的做法,但由于物质基础、技术条件的变化,使得在同等自然条件下进行空袭的效果有了质的不同。这种变化的直接结果是使夜战优势转向了装备有大量先进夜视器材的美军一方,使其夜战能力显著提高。凭借这些先进的装备和器材,战场已变得对美军"单向透明"了,再加上使用适用于各种天候的精确制导武器,能更好地发挥火力优势。正是由于具备了这种优势,美军一改过去给人的惧怕夜战的印象,把主要作战行动放在夜间发起,不仅达成了突然性,也增加了安全性,特别是达到了空袭的最佳效果,较成功地达成了空袭作战的目的。(王青《从美英军空袭伊拉克"沙漠之狐"行动看其空袭作战特点》,《外国军事学术》1999年第2期)

(昶 吉)

科索沃危机引发若干引人注目的问题 有作者撰文指出,科索沃问题是南斯拉夫国内民族矛盾积累的结果,也是美俄在东欧的一个重要角力场。从这场危机中,可以发现以下几个引人注目的问题。(1)民族问题将成为21世纪影响国家安全的重要问题,而外部势力的干预使得民族问题的解决越来越难。科索沃问题是历史上阿塞两族矛盾积累的结果,又有着深刻的国际背景。1998年3月,科索沃问题一爆发,反政府武装在外部势力的支持下,短短几个月便由几百人发展成为一支可以与南联盟对抗的武装力量,使和平解决民族问题的难度大大增加。(2)西方舆论成为解决民族问题的新障碍。科索沃危机发生后,西方国家利用强大的宣传工具对南联盟施加压力,并将这一纯粹的民族问题迅速国际化,使之失去了迅速解决的可能,从而使民族冲突演变为一场颇具规模的国内战争。(3)"人道主义援助"成为一个新的出兵干预别国内政的借口。如果科索沃危机不能通过和平方式解决,北约将以"人道主义援助"为借口对南联盟进行军事打击。此举将为北约以后的军事行动开创一个危险的先例。(4)联合国虽对各方的军事行动有一定的制约作用,但仍受西方势力的主导。(5)俄罗斯在国际舞台上的作用越来越小。(宫小雄《危机引发的思考》,《解放军报》1998年10月15日)

(耿文正)

作战问题研究

中国关于作战问题研究 关于联合作战问题 **联合作战应确立4个观念** 有作者就此提出如下看法。

在"联合"的概念上应确立"广延"观念。首先,联合的范围应扩大。把过去主要由陆海、陆空部队之间的联合作战扩展为陆、海、空等军兵种之间的全面联合。其次,要建立"联合部队指挥员"概念。按照整体作战意图全面规划各军兵种部队的运用。第三,应抛弃"大陆军"思想,确立各军兵种的平等地位。第四,"联合"行动应贯穿于作战的全过程。即在作战行动的每个阶段都要充分发挥各军兵种部队联合作战的整体威力,从不同层次和方向震撼和击败对手。

在作战方法上应确立"综合"观念。一是进攻和防御一体化。由于高技术条件下的战场呈流动、不规则的非线性或无战线状态。因此,无论是进攻还是防御,都将采取快速集中、纵深打击等相同的行动样式。二是近距离作战和纵深作战一体化。武器系统的远程精确打击能力,先进的探测和信息技术,使得联合作战可对敌前沿和纵深同时实施打击。三是火力与机动一体化。应树立"机动不仅仅是部队的运动,而更重要的是火力的机动"思想,强调根据战场需要向任何目标集中火力,以火力代替兵力,以最小的伤亡达成作战目标。

在作战行动上应确立"同时"观念。它是指同时运用己方的各种能力,打击敌军各方面的力量源泉。一是尽可能比敌方反应快半拍到一拍。二是同时使用陆、海、空、天各种力量,使敌人疲于应付,措手不及。三是对敌方的整体结构同时施加压力,全面压倒或削弱敌方的作战能力和抵抗意志。四是在战略、战役和战术级同时采取行动。

在作战能力上应确立"互补"观念。在现代战争中,任何军兵种都能起到主导作用。但所起的作用也会受到多种限制。联合部队指挥员要对此了如指掌,并能在适当时机最大限度地发挥各军兵种的长处。因此,在对敌实施全方位作战时,应综合运用和协调各军兵种的战斗能力,形成协同和互补作用,以便以最小的代价取得胜利。同时,要求各军兵种在完成任务时,尽可能减少对其他军兵种的依赖,从而以相对独立而平等的配合,在更大的范围内和更高的层次上达成作战能力的互补。(刘晓才、赵晖《联合作战应确立的几个观念》,《现代军事》1998 年 2 月号)

现代联合作战中空军使用特点　有作者就此提出如下看法。

首先使用空军是现代联合作战指导的普遍做法。其主要原因是:(1)航空侦察是联合作战实施决策和指挥的基本依据。它可在短时间内得到敌宽大正面、深远纵深的情报。它是现代联合作战准备阶段最基本、最可靠的侦察手段和方式。(2)空中兵力投送是组织实施联合作战的先决条件。在战争情况下,要想取得主要作战方向上的对敌优势,通常要在联合作战准备阶段的有限时间内,使用航空运输工具进行作战力量和物资的投送。空中兵力投送速度快,一般不受地球曲率的限制,能超越沾染区、破坏区、火灾区、泛滥区等障碍。现代大型运输机经空中加油可实施全球投送。(3)先期空中突击是现代联合作战得以顺利进行的根本保证。先期空中突击的主要目的是为陆、海军行动扫清障碍。由于空军对敌地(海)面目标的摧毁和对敌陆、海军集团的歼灭,比陆军从陆上攻击、海军从海上攻击更灵活、快捷、有效。所以近期发生的几起局部战争,能够赢得战争者都是首先从空军进行的先期空中突击取得的。

全过程使用空军是现代联合作战指导的客观要求。其主要依据是:(1)夺取和保持制空权需要全过程使用空军。由于夺取和保持制空权是战争双方在整个战争中彼此力量消长和不断积累的过程,是贯穿于整个战争始终的作战行动。因此,在现代联合作战中,作为夺取和保持制空权的主要力量——空军,必须全过程使用,这是不以人的意志为转移的客观规律。(2)摧毁和消灭敌地(海)面力量需要全过程使用空军。由于现代联合作战立体化趋势十分明显,敌我双方争夺和利用高位势的优势日益激烈。以空制地、以空制海所以能获得优势,是因为高位势能够制约低位势。今天,高位势的作战平台已扩展到低空、中空、高空乃至外层空间,使得高位势对低位势的优势更加显露。(3)支援和保障陆、海军作战需要全过程使用空军。随着高技术广泛应用于航空武器装备,使空军能为陆、海军提供各种支援和保障,改善和控制陆、海战场上的形势,在联合作战的全过程都发挥着重要作用。如夺取制空权,实施空中突击,实施空降作战,实施空中输送等。现代联合作战如果没有空军提供全过程的支援和保障,就不能称其为现代意义上的联合作战。

重点使用空军是现代联合作战指导的基本原则。其主要依据是:(1)重点用于夺取制空权。在高技术条件下局部战争中,战场制空权的得失,不仅决定着战场主动权的归属,而且决定着整个战争的胜负。因此,联合作战指挥员一定要从作战全局出发,重点用于夺取制空权,切忌平分兵力,分散使用。(2)重点用于纵深作战。由于现代联合作战的纵深性、立体性、非线性特点非常明显,作战胜负不仅仅取决于前沿作战的效果。纵深空中突击已经成为削弱敌重兵集团、改变战场态势和加速战争进程的关键性行动。另外,前沿地带,我中有敌,空地识别和协同非常困难。空中打击陆军炮火和武装直升机所不及的纵深目标,则可以避免相互误伤。(3)重点用于主要作战方向、关键作战时节、消灭最重要的目标。现代联合作战,作战需要与空军兵力有限的矛盾将十分突出。为解决这一矛盾,必须树立"重点用于主要作战方向、关键作战时节、消灭最重要的目标"这一重要用兵思想。在联合进攻作战中,火力准备和围歼敌军是关键作战时节;在联合防御作战中,破坏敌进攻准备和实施反突击是重要作战时节。所谓消灭最重要的目标,是指对己方军事行动威胁最大、对联合作战进程有重大影响的目标。(丁步东《现代联合作战中空军的使用》,《现代军事》1998 年 5 月号)

关于战役战术问题　**世纪之交战役出现新特征**　有作者就此撰文指出如下 7 点:

战役作战层次界限由清晰向模糊转变。以往的战役作战级别,在用兵规模、使用手段和达成目的等方面与战争和战斗有着明确的层次界限。随着高新武器装备的运用范围和密度日益增大,军队的机动能力和作战效能日益增强,从而导致战役与战争和战斗级别的界限模糊。有时一场战争即为一次大的战役,有时一次战役则表现为一定范围的多样化战斗级行动。

战役作战目标由全面摧毁型向结构瘫痪型转变。以往的战役多以对敌人肉体和物资的全面摧毁为基点,在现代局部战争中,战役作战的重点越来越转向对敌方战役体系的整体破坏和使敌方指挥机构、保障系统瘫痪,并更加注重瓦解敌方心理,以陷敌于全局上的不利。

战役作战规模由人力密集型向技术密集型转变。随着军队结构的调整,规模适度的合成化编组力量即可遂行过去需要大兵团遂行的任务,加之高技术武器装备作战效能的极大提高,从而促使战役作战规模由人力密集型向技术密集型转变。

战役行动样式由诸军兵种合成向联合转变。由于战役作战领域的拓展,战役战略性进一步增强,单一军种完成战役任务的难度加大,从而推动了诸军兵种合同战役向多军兵种联合战役发展。

战役对抗的方式由单系统对抗向多系统成体系的整体对抗转变。在高技术兵器占主导地位的条件下,敌对双方的战役对抗方式已由单一系统对抗变为体系与体系的整体对抗。战役中各种作战力量各个战场既独立又相互配合和支援。

战役作战的范围由一定纵深向全纵深转变。在战后局部战争中,随着高技术武器装备的广泛运用和为达成战略目的的需要,战役作战的纵深已由二战后期的 250 至 400 千米向全纵深发展。

战役作战目的由追求全胜向综合制胜转变。现代局部战争中,军事受政治、外交的制约因素日益加大,战略上要求的不单纯是军事上的一般性胜利,而是通过战役作战予敌以有效的打击,配合必要的政治、外交努力达成对敌方在战略全局上的综合胜利。(王勇《世纪之交的战役特征》,《现代军事》1998 年 4 月号)

未来作战将出现若干新趋势 有作者指出未来作战的 6 种趋势:(1)信息跻身于战斗力各要素的行列,开辟了无形角逐的新战场。争夺制信息权的斗争日趋激烈。信息的获取与反获取,干扰与反干扰,对信息系统的摧毁与反摧毁,将成为战争的重要形式。(2)技术军兵种异军突起,使"老大哥"军兵种在作战中担当"配角"的现象成为未来的主要作战样式。(3)战斗单元的作战功能日趋齐全、高效,使数字化小部队实施作战将成为未来战斗的主要方式。交战双方将不再以兵力规模大小论高低,而更加注重武器装备系统整体功能的发挥,小部队也能完成重大作战任务。(4)智能武器和远程打击兵器大量涌现,使未来作战更多的是在远距离操纵技术兵器进行非接触性对抗,从而使现代战场最大限度地全方位延伸。(5)具有高速的机动力、强大的杀伤力、良好的防护力和一定的电子对抗能力的作战平台大量涌现,极大地提高了部队的机动作战能力和快速反应能力,使得作战部队在较短时间内能从地面、空中、海上快速实施机动和进入战斗,夺取和摧毁敌方目标。(6)高性能夜视器材的广泛发展,缩短了人们对白昼与黑夜的视觉差别,使未来作战行动可以全天候、全时辰连续进行。(张攀维、陈永辉《未来作战新趋势》,《解放军报》1998 年 12 月 15 日)

要善于把握作战转折点 有作者将把握作战转折点视为掌握战场主动权的重要方面,认为军事高技术的发展,使把握作战转折点的斗争越来越激烈。

(1)作战转折点是在作战过程中,敌对双方力量或态势对比逐步发生变化,达到明显地有利于一方的时刻。转折的关键在谋势、造势和利势。指挥员要对整个作战过程进行预见和筹划,并通过一系列影响作战全局的关键作战行动,创造条件使这个转折点向有利于己的方向转化。

(2)高技术条件下作战转折的界线越来越模糊,时机越来越不确定,过程越来越短。指挥员要把关注的重心放在转折点上,一旦发现转折的先兆,就抓住不放,积极创造条件,促使转折的完成。

(3)作战空间是把握作战转折点的重要条件,争夺作战空间是保证转折点实现的一种形式。为此,必须力求控制足够的作战空间。同时,还要根据总的作战意图,主动造势,充分发挥作战空间的综合作用。

(4)争取时间是把握转折点的关键。现代作战战机稍纵即逝,捕捉战机更加困难。为此,要千方百计赢得时间,促使有利于己方的转折点提早到来,以利于掌握作战主动权。(高富营《把握作战转折点》,《解放军报》1998 年 11 月 10 日)

注意研究佯动 有作者撰文指出,为了在战争中出奇胜敌,佯动是达成奇胜的一把金钥匙。

佯动的奥妙,在于能造成对方判断上的失误。使敌处于被动应付或者根本无法应付的局面,给己方出奇用兵造成有利机会。在未来高技术条件下局部战争中,佯动所起的作用仍不可低估。在高透明度的战场环境中作战,没有佯动措施去造成敌方的失误,是很难出奇兵求奇胜的。广泛采用佯动措施,可以以假乱真,诱敌上当受骗,如:电磁佯动,有意识有计划地给敌方提供假情报,造成敌人判断失误;组织地方武装非参战部队实施兵力佯动,掩护主力部队的行动;大量设置假阵地假目标,等等。以这些灵活多样的逼真的佯动,积极"导向"敌方的思维判断,将己方的"真动"藏于佯动之中,就可以使敌真假难辨,主次难分,最终出现分析判断上的错误。值得注意的是,高技术战场环境条件下,佯动的逼真性要求比过去更高了,关键在于"假戏"一定要像"真戏"来演,佯动才有可能不被敌所识破,若是佯动得太假,不仅不能瞒住敌人,反而易使自己遭至损失。(朱之才、李井《注意对佯动的研究》,《解放军报》1998 年 3 月 3 日)

关于防空和海军作战问题 **当代防空作战面临"三板斧"** 有作者撰文指出,在未来作战中,防空一方能否有效地遏制和抗击敌大规模空袭前的"三板斧"(电子空袭、隐形突击和巡航导弹),已成为各国防空领域研究的重大课题。

电子空袭"断神经"。电子空袭是指空中进攻的一方依靠强大的电磁优势,对敌防空体系的神经中枢——C^3I 系统进行全方位、全纵深、全覆盖的压制、瘫痪和摧毁,使敌防空体系的雷达难以进行有效的预警、搜索、监视和识别;通信中断,侦察预警获得的有关情报、数据无法及时传递;指挥控制失灵,对战场信息无法自动集散、处理,指挥员难以定下决心。这种“断神经”的电子轰炸,又成为现代空中进攻作战的先导,并贯穿于整个作战的全过程。

隐形突击“打关节”。隐形突击是指单一或主要使用隐形飞机,直接跨越对方防空体系屏障,对敌战役战术乃至战略纵深防空配系中某些重要“关节”实施空中打击,从而达到“攻其一点,毁坏全局”之效。现代防空体系的“关节”一般有:空情预报配系的对空警戒雷达站、预警雷达站及各种对空监视平台;指挥控制配系的战区指挥中心、各级指挥所及通信枢纽;防空火力配系的各种雷达站、导航台、无线电通信等作战保障设施;防空体系内的机场、港口、交通枢纽、发电厂及输电设施。打掉这些“关节”,可破坏敌防空体系内部结构,使其系统运行失调,整体功能不能发挥。

巡航导弹“毁肢体”。“毁肢体”是在“断神经”、“打关节”的基础上,对敌防空体系内的有生力量进行彻底摧毁,从根本上消灭其反击作战力量。巡航导弹具有低空、超低空飞行能力强,雷达反射截面小,突击精度高,威力大等优点,且载体可在敌防空火力圈外发射,自动寻的,所以在摧毁防空系统有生力量方面具有很大潜力。它可充分利用敌防空系统雷达部署的漏洞,采取超低空、机动飞行深入目标上空,从容不迫地摧毁预定目标。

从近期局部战争和武装冲突中不难看出,空袭的一方凭着强大的“三板斧”技术优势,频频得手,而防空的一方屡屡失利。这使得更新防空观念,研究新的防空武器,创新防空战法,势在必行。(崔浩林《防空作战面临“三板斧”》,《军事文摘》1998 年第 4 期)

航空母舰作战能力有 4 短　有作者撰文指出,航空母舰虽攻防兼备、威力强大,但其攻防体系并非“无懈可击”,它的弊端也极为突出:

首先,航母战斗群十分庞大,行动难以隐蔽。它们游弋于几十乃至百余海里的海域范围内。其雷达反射体多、反射面积大,而且红外、电磁、声响等物理场也十分强,要想有效地隐蔽是难之又难。

其次,航母战斗群的作战能力会随自然条件(如天候、海洋环境等)的恶化而降低。航母上的固定翼飞机和直升机的使用受气象影响极大。一旦风力达到 8 级、海浪为 6~7 级时,大部分飞机便难以起飞。在夜间,航母起降飞机的能力会明显降低,飞行员的夜间飞行能力只达昼间的 50%左右;航母战斗群在地形复杂、岛礁众多的近岸海域活动时,机动能力下降,更不利于反潜作战。

再次,航母战斗群物资消耗量大,在进行海上补给时,其防御能力明显降低。航母除燃油、弹药消耗量大外,弹射器的消耗对航母战斗群维持作战能力的影响也不小。为了补给航母各种物资所需,通常要配备 1:4 的专用补给船。这些补给船往往是敌方打击的目标。此外,航母编队在接受海上补给时,其机动和舰载机起降受到一定限制,不利于组织有效的对空防御;而且补给编队的加入,会使航母战斗群的雷达反射体更多,容易被对方探测发现,且易遭对方潜艇攻击。

第四,航母战斗群的反潜能力和反水雷能力较差,一些设施尤其是飞行甲板遭毁坏后,将使战斗力严重受损。80 年代以来,高新技术广泛应用于潜艇,使得潜艇对航母的威胁有增无减。水雷也会对航母造成损伤和威慑。此外,升降机、弹射器或拦阻装置等重要装备如果遭损毁,航母将无法起降飞机,而只有挨打的份。

针对航母战斗群诸多“短处”。各国研究出种种打击航母的战法。

一是水雷战。水雷具有易布难扫、隐蔽性强、破坏威力大、威胁时间长等优点,特别是现代水雷逐渐智能化,且采用水雷与鱼雷、导弹合为一体的技术,从而大大提高了它的使用价值和范围。航母战斗群中舰艇数量多、吨位大。如果在其活动的海域布设众多水雷,将会给航母及其护卫舰只以足够的威胁。

二是潜艇战。与空中和水面威胁相比,航母战斗群对付水下潜艇的威胁要显得更困难一些。随着战略任务的调整与变化,航母战斗群中的反潜兵力有削减的趋势,航母的护航舰只数量也呈减少趋势,致使航母的反潜能力不断下降,而潜艇的攻舰能力有所增强。这种一长一消的结果,使得潜艇将成为打击航母的最有效的“克星”之一。

三是电子战。作为航母战斗群 C^3I 系统主要节点的预警机,是欲反击航母的各国海军必优先攻击的目标。因为只有先打掉这个指挥、探测、引导的环节,才能夺取电磁优势,实施有效的电子对抗。还有打掉电子战飞机,也会使航母战斗群的电子进攻能力大大下降,电子防御纵深明显缩小。无人驾驶飞行器也可模拟机群编队,诱敌分兵为攻击兵力乘虚打击航母创造战机;或装载各种干扰机部署到航母战斗群或预警机附近,对其实施“噪声”压制干扰,破坏战斗群内指挥、控制和通信能力。

四是综合运用各种战法。在现代条件下,利用轰炸机或歼击轰炸机挂载远射程的空舰导弹,猛烈突然地从各个方向连续不间断地向航母发起导弹攻击,再加上水雷战、潜艇战和电子战,打击航母的效果将会更好。此外,正确利用各种时机,如航母战斗群进行海上补给时(此时舰载机无法起降),或航母舰载机放飞和回收时(此时航母航向、航速比较稳定,机动受限,舰载

机无法作战),或夜间能够完成起降的飞行员数量少,甲板弹射、回收飞机的时间要比白天长的时机,予以打击,会收到事半功倍的效果。(迎南《航母的弊端及反航母作战》,《现代军事》1998 年第 1 期)

(潘新毛)

二战中潜艇防空作战有若干启示 有作者撰文阐述了二战期间潜艇对空作战概况,并从中得出下述几点启示:

(1)潜艇防空作战能力是潜艇在海战中所必须具备的。潜艇的隐蔽性是潜艇最大的优势,但由于其作战、观察、补充等需要,潜艇总是要露出水面或上浮至浅水区域。反潜飞机具有速度、高度优势,携带多种搜索装备及攻击武器,因此成为潜艇最大的敌人。二战的实践表明,潜艇在不具备防空能力的情况下,一旦被发现将处于异常危险的状态。二战潜艇防空作战的失败是当时防空装备水平及战场总兵力势态共同造成的。盟国反潜兵力远远超过德国潜艇部队,平均 100 架盟军飞机对付 1 艘德国潜艇。而二战时防空武器仅限于高射炮,同时潜艇又不是一个很好的火炮平台。随着航空反潜的发展,潜艇所受空中威胁还在加剧。在防空导弹日益发展的今天,为潜艇(特别是常规潜艇)加装防空导弹,是潜艇自身生存所必需,也是发挥潜艇作战威力所要求的。

(2)潜艇防空作战的根本目的是迫使敌机慑于潜艇防空火力的威力而放弃有威胁的攻击或足以在敌机进攻之前将其击落。二战的实践表明,潜艇对空射击若不能给飞机以有威胁的打击,迫使敌机放弃攻击或在敌机进攻前将其击落,那么潜艇尽管使用对空武器可能会击落一批飞机,但并不能改变潜艇被击中、击伤或击毁的结局;目前航空反潜搜索跟踪攻击能力更强,潜艇一旦被反潜飞机发现几乎难以脱身。在这种情况下,未来可能的潜艇对空作战更要强调防空效果,一旦被反潜飞机发现,就坚决攻击反潜飞机,尽可能地给飞机以毁灭性打击。

(3)潜艇防空作战应把对空射击与潜艇隐蔽机动有机地结合起来。二战潜艇对空武器仅限于高炮,潜艇对空作战是在水面进行的,本来这种情况下潜艇下潜是非常危险的,只是当时反潜飞机搜索跟踪能力不高,才给德国潜艇以可乘之机。在航空反潜已逐渐成熟的今天,在反潜飞机存在的情况下下潜所冒风险更大。对于装备水下发射的潜对空导弹的潜艇,利用水体隐蔽性及本艇的机动,发挥潜对空导弹的打击威力,在未来对空作战中更有希望达到防空效果。

(4)潜艇防空作战应尽可能得到其他兵力的协同。面对强大的反潜力量,潜艇得到其他兵力协同,更有利于潜艇发挥其威力,潜艇防空作战亦是如此。二战中德国潜艇以编队方式一度取得良好的防空效果,只是无法对抗更具威力的集群飞机而被迫转入水下。可见,在无法获得航空兵及其他兵力支援的情况下,潜艇联合对空作战是唯一的选择。在目前反潜技术高度发展的情况下,采用潜艇大编队作战过于危险,单艇作战力量又过于单薄,小集群潜艇防空在实战会更有可能发生。

(5)潜艇防空作战依赖装备技术的提高。二战德国潜艇防空失败的一个重要原因是对空武器系统的不足。当时装备的高射炮,射程近,精度低,威力小,穿甲性能弱,处于水面状态的潜艇以此防空,作战效果不理想。现役的潜对空导弹的最大射程仅为 10 千米。水下潜艇对空攻击受水下探测空中目标困难的限制,目前只能根据敌机发起的攻击、主动声纳脉冲信号及飞机发动机噪音判别飞机大致方位,然后才发射潜对空导弹攻击飞机。目前的潜对空导弹仍普遍存在射程近、杀伤概率低、抗干扰能力不强等缺点,在大多数情况下,潜艇必须接近水面或浮出水面才能发射对空导弹,因而易遭到敌机攻击或暴露自己行踪。潜艇防空作战的成功在于对空攻击的成功及潜艇自身的隐蔽生存,这在很大程度上要依靠潜艇防空武器系统技术的提高。(张承宗、朱波、汤运超《第二次世界大战中的潜艇防空作战》,《军事历史》1998 年第 6 期)

(昶 吉)

关于高技术条件下的战法问题 “蜂群战术”将成为数字化部队的作战方式 有作者在对数字化部队作战方式进行研究后提出这一观点。

所谓的“蜂群战术”,是把旋转翼飞机(目前主要是直升机)作为陆军的主战兵器,通过机降突击在敌人防御纵深内广泛投送诸兵种合成部队,对敌防御体系实施全方位打击的一种战术手段。“蜂群战术”是取代目前装甲集群突击战术的一个革命性的机动战思想。“蜂群战术”是对美军垂直攻击战术的继承和发展。海湾战争中大规模机降作战和攻击直升机突击作战的战争实践,使美军认识到把直升机集中用于突击作战,更能发挥其在机动能力和火力上的优势;变一点机降作战为多点机降更能迅速地瓦解对手的防御体系,更能发挥己方在信息和火力上的优势,达到速战速决的效果。在此基础上美军把垂直攻击发展为垂直突击,在进攻一开始就集中使用直升机对敌前沿和纵深同时实施突击,像“蜂群”一样向对手发动攻击,使之防不胜防,一举瘫痪敌方的防御体系和防御信心。美军把这种直升机满天飞的作战方式形象地叫作“蜂群战术”。

“蜂群战术”和以前流行的装甲集群突击战术有着明显的区别。在“蜂群战术”中,传统的正面突破将被空中突破所取代,装甲部队将不再是突击的主力,而将执行跟进掩护任务。其核心是及时巩固机降部队的战果,解除机降部队进攻的后顾之忧,保障机降部队向对方深远纵深发展进攻。在"蜂群战术"中,装甲集群将沦落为配角的角色,而机降部队将成为主角。从兵力运用的角度看,"蜂群战术"和传统的兵力运用方法至少存在3点不同:一是现在把直升机作为反装甲力量使用的方法将成为历史,攻击直升机将成为数字化部队的首要突击力量。它们从空中向对手发起冲击,以火力摧毁或压制敌人,在对手的火力体系中打开突破口,为机降部队的行动创造条件。二是改变了以往战斗中在装甲集群突击后才实施机降的做法,在火力准备的同时或稍后就在对手的前沿和纵深同时实施机降,利用火力准备的效果,在攻击直升机的支援下,在敌防御体系的"关节点"附近实施机降,并对之发起攻击,分割敌人的防御体系,打乱敌人的指挥控制系统,歼灭敌人的火力支援系统,遮断敌人后勤与支援部队的联系。三是机降部队将是一支由装甲兵、炮兵和轻步兵等兵种组成的诸兵种合成部队,从而提高机降部队的机动性、防护性和战斗火力。

在"蜂群战术"中,由于能够准确地掌握战场情况,并拥有反应灵活的远程精确打击手段,火力不再被视为掩护部队发起冲击和实施机动的一种手段,而将成为摧毁敌军的主要手段。机动基本上将成为避开敌军反击的同时,引导火力打击敌军的手段。所以,"蜂群战术"是火力战而不是"人海战"。它强调综合运用可能得到的各军兵种的火力,对敌方的防御体系的整体实施火力打击,以火力震撼对手的防御体系和防御信心。机降突击只不过是以往步炮协同的发展,它所起的作用更多的是心理打击。"蜂群战术"的主要作战顾虑是敌方防空火力的威胁。但这可以利用火力压制和防空系统的一些局限性来加以克服,使之难以阻挡住坚定的空中攻击。"蜂群战术"的另一个作战顾虑是气象。因为空中行动难免要受到天候的影响。在过去的10年中,直升机技术得到了极大的发展,全天候攻击直升机的时代即将到来。(张硕、陈乾胜《"蜂群战术"数字化部队的作战方式》,《世界军事》1998年第7期)

展望高技术条件下地雷战战法 有作者撰文指出,展望未来战场的地雷战,可能有以下9种战法。

地雷进攻战。主要是以积极主动的进攻态势,运用覆盖布雷的方式,覆盖敌作战部署和队形,割裂其布势和队势,控制有利地形和地域,杀伤敌有生力量,摧毁其技术兵器。这是比常规炮火压制更为可靠的进攻手段。

地雷防御战。即运用预先布雷和临时机动的作战间隙在阵前布雷。可掩护我防御地区、集结(待机)地域和重要的战役、战术目标,拦阻、抗击进攻、迂回和袭扰之敌,为作战主力歼敌或转入反击创造有利条件。

地雷悬浮战。针对敌可能对我方纵深实施的空降和机降,运用现代撒布地雷系统适时把地雷撒布于预定的空中区域,将会对敌机和敌方人员构成巨大威胁或造成巨大杀伤。

地雷隔绝战。即运用地雷战器材,对孤立、突出的敌要点、空降着陆集团等重要目标实施环状围困的战法。以断绝其外部联系和物质供应,陷其于被动挨打的困境,为主力歼敌创造条件。

地雷伏击战。即在敌必经之路上,以预先布雷为主,结合交战中快速撒布地雷,配合我军(兵)团伏击作战的行动。它主要歼灭运动中的敌装甲坦克集群或摩托化集团。

地雷袭扰战。主要运用于敌后作战区的游击战中,扰乱敌秩序;破袭敌机场、港口和通信、指挥系统,使其指挥失灵;破坏敌交通和供应,造成其后勤供应困难;在敌坦克运动路线和直升机起降航线上,设置智能雷群予以杀伤。

地雷水下破坏战。根据作战要求,在敌舰船、潜艇可能经过的航线上,大量设置各种不同类型的水下地雷,对敌实施有效攻击,阻滞、消耗敌人。

地雷破交战。战役、战术反机动作战,除运用战役、战术打击手段外,运用远、中、近相结合的布雷系统,对机动之敌实施反机动布雷,封锁、破坏敌交通线,遮断其补给和增援通道。

地雷心理战。利用地雷对敌心理的精神打击作用,在前方、后方的广泛布撒小型化防步兵地雷,专门致人于伤残而不致死,将会给前线和后方的官兵投下恐怖的阴影,导致士兵染上"地雷恐怖症",产生巨大的消极影响。(宋有法、李玉科《未来高技术条件下地雷战的种种战法》,《军事文摘》1998年第1期)

现代火力战呈现出5个特点 有作者就此提出如下观点。

火力战的远战能力不断提高。随着武器性能的提高和攻击距离的日益增大,现代火力战已经具备了对战场全纵深和战略后方实施不同距离多层次的火力突击能力,超视距的火力战、远程火力奔袭战,已经成为高技术局部战争火力战的基本方法。

火力战向精确制导化方向发展。精确制导武器的广泛运用,提高了火力战的效益。因此,实现火力的精确打击已经是世界各国军队追求的共同目标,导弹、炸弹、炮弹甚至子母弹都实现了精确制导。在未来的战场上,精确制导武器将成为火力战的主体。

火力战的突击威力日益增大。随着现代火力战武器系统的日趋完善和弹药质量的不断提高,使火力战的突然性和杀伤能力得到空前的增强。现代火力战武

器系统可在远程侦察系统和卫星制导系统的配合下，实施远距离的火力突击，增大了火力战的突然性。据有关资料介绍，当今航空火力强度比二战时提高了70～80倍，火炮火力强度提高了30～40倍，火力战的综合突击能力提高了约50倍；既可以根据不同的任务，使用不同的弹药，对敌实施专项打击，又可集中使用多种弹药，对敌实施综合性的火力打击。

新概念火力将成为火力战中的重要成员。新概念火力是指动能武器、激光武器、高功率微波武器、粒子束武器等新概念打击兵器所构成的“火力”。除了动能武器外，其余武器不发射任何弹丸，是利用发射经过高度聚焦的激光、微波和粒子束摧毁目标，因此可以说，它们是一种具有全新概念的“火力”。这些武器将有可能成为继高技术兵器之后的又一代新型武器并逐渐走向战场。它们一方面可能成为现代火力的一种补充，另一方面，也可能会产生新的火力战作战样式。

火力战的作战样式不断丰富，手段日益增多。火力战的作战样式是随着打击武器的日益发展而不断丰富的。火炮在战争中的运用产生了炮战，导弹在战争中的运用产生了导弹战。可以预见，当反卫星武器、新概念武器发展到一定阶段时，可能会产生卫星战和新概念火力战。（张志伟、秦健《现代火力战的特点》，《现代军事》1998年第12期）

浅析综合火力突击实施方法 有作者撰文指出，高技术条件下的局部战争，是诸军兵种的联合作战。因此，所遂行的火力突击将是综合火力突击。实施综合火力突击，可采取以下方法：

一是集中使用，统一指挥。未来联合战役作战，参加综合火力突击的军兵种多，力量构成多元，要充分发挥各种武器的效能，形成整体作战的威力，必须集中使用、统一指挥。集中使用的具体要求：一是兵力要集中。对编成内的、加强支援和各种火力突击力量进行有效的综合，把主要火力突击力量，部署在战役的主要方向、重点地区，使用在关键时节，力求对敌形成局部的绝对优势。二是火力要集中。在作战重要时机、对战场主要目标临机聚集绝对优势的火力，以最大的火力密度对敌实施毁灭性的突击。要建立火力协调指挥中心，统一筹划、统一指挥，协调一致地实施综合火力突击

二是提前展开，机动聚优。综合火力突击要达成开战的突然性，火力突击力量必须做到提前展开、机动聚优。提前展开应以第二炮兵常规导弹、战役战术导弹和部队远程炮兵为主，在预定作战区域隐蔽地展开。展开的兵力要适中，通常为总兵力的50%左右。展开的时机要适当，既不能过早暴露作战企图；也不能过迟，致使准备不充分。其他兵力则应在战役发起前，快速机动到预定位置，迅速展开，与提前展开的火力突击力量协调一致，对敌实施突然、猛烈的突击。

三是精选目标，重点突击。综合火力突击，必须打敌要害，攻敌核心，特别是在首次突击中就要解决战役的关键问题。因此，要选择对我进攻作战威胁大、支撑敌防御全局的要害目标。一是以敌重兵集团为主要突击目标；二是火力突击必须围绕主要通道和通道两侧要点进行；三是摧毁和破坏纵深内敌指挥中心、通信枢纽、交通枢纽、防空系统、电子战设施、后方基地和补给系统等支撑敌防御全局的“骨架”。

四是立体全域，整体突击。在战役一开始就必须对敌实施立体全域的整体突击。炮兵火力与航空兵、导弹火力突击要大体同步，力求同时对敌实施全纵深突击；力求做到地面突击与空中突击相结合，前沿突击与纵深突击相结合，火力突击与兵力打击相结合，实施多层次的立体突击；合理确定攻击波次，周密组织火力，尽最大可能对敌实施不间断的连续突击。

综合火力突击，持续时间长，参加军兵种多，火力打击任务重。因此，战役指挥员必须加强协调控制，组织综合保障。火力协调指挥中心要根据战役决心和作战计划，与参战的各军兵种协同制定先期综合火力突击的总体计划，各火力单位具体组织实施。要把远程突击与近程突击、集中突击与重点突击、集群突击与单个突击有机结合起来，确保火力协调，不留间隙，不留死角。（管林根《浅析综合火力突击》，《解放军报》1998年4月21日）

（潘新毛）

对付精确制导武器可采用4种方法 有作者撰文指出，辩证地认识精确制导武器的作用，既看到其先进的一面，又弄清其弱点，找出对付的办法，对于赢得未来战争的胜利，具有十分重要的意义。要有效对付敌精确制导武器，可采取以下4种方法：

一是迷。就是根据精确制导武器易受烟、雾等气候影响的特点，使用烟幕对其进行有效迷惑，降低其攻击精度，提高被攻击目标生存能力的一种方法。烟幕迷盲，曾在越南战场上使用过，当时美军欲轰炸河内安富发电厂，越军巧妙地在电厂周围上空施放了烟幕，结果使美军投放的数十枚精确制导炸弹无一命中电厂的关键部位。

二是骗。就是利用各种器材或材料仿制成在光电探测、跟踪、导引的电磁波段中与真目标具有相同特性的各种假设施、假兵器或者发射红外诱饵弹，对敌精确制导武器进行欺骗，有效地将精确制导武器引向假目标，从而保护真目标的一种方法。战争实践证明，欺骗是一种能有效对付精确制导武器的花费少、见效快的好手段。海湾战争中，伊拉克用胶合板、硬塑料、铁皮

等材料制作了大量导弹和发射装置的假目标，并在这些假目标内安装了无线电应答器和金属角反射器，有的还安装了热源，有效地对付了多国部队先进的侦察系统和制导系统，提高了“飞毛腿”导弹的生存能力。据说，伊军设置的假目标，在战争初期曾吸引了美军50%的弹药。

三是扰。就是综合运用各种手段，对敌精确制导武器进行有效干扰，使其攻击的准确率下降，减少其攻击威力的一种方法。精确制导武器系统的技术手段复杂，相互关连的中间环节多，性能发挥的局限性大，可靠性、准确性容易受到影响；而且，精确制导武器大都利用探测器来捕获目标，获取目标信息的方法无非是利用可见光、红外线、微波、毫米波和激光等，工作在这些电磁波段的现列装的许多精确制导武器的制导系统都是可以干扰的。因此，可以利用它的这一弱点对其进行有效干扰破坏，使其难以发挥应有的效能，甚至暂时失灵。1973 年中东战争中，埃及和叙利亚发射的 50 枚“冥河”式导弹，由于受到以军强烈的电子干扰，无一命中目标。海湾战争中，美军“爱国者”导弹曾多次受到己方预警飞机信号的干扰，在没有伊军导弹袭击的情况下盲目发射了拦截导弹。

四是拦。就是采取多种武器对敌方已发射的精确制导武器进行拦截、摧毁，以保护被攻击目标的一种方法。随着科学技术的进步和武器装备的不断更新，采用导弹、飞机或近距离防御武器(如火炮系统)，以及动能拦截弹、激光武器、高功率微波武器等，可以对敌已发射的精确制导武器进行拦截摧毁。第 4 次中东战争中，埃及用“图－16”飞机先后发射的 25 枚苏制“鲑鱼”空地导弹，有 20 枚被以色列飞机和地面防空火力击落。海湾战争中，美军使用的“战斧”巡航导弹，飞行速度只有 0.7 马赫，是亚音速，易于用对空火力拦截，伊拉克曾使用双 35 毫米高炮就击落了 2 枚该导弹。美国的“魟鱼”车载激光器和德国的“豹”－2 坦克的激光器可破坏 10 千米以内的来袭导弹的光电设备；微波束的能量密度在目标区达到 10～100 瓦/平方厘米时，就可烧毁任何工作波段的精确制导武器的电子元件，使敌精确制导武器不能命中目标。可见，根据精确制导武器突击过程中高度低(在陆地上飞行高度 60～150 米)、受地形匹配制约、飞行时间长等特点，利用己方各种拦截武器，把计划拦截火力和随机拦截火力有机结合起来，对敌精确制导武器实施由远而近、分阶段、多层次、有重点的拦截，使其在到达所要攻击的目标前即爆炸自毁，其突防能力将会大大减弱。(李玉科、邹明刚，《现代军事》1998 年第 3 期)

(海　明)

关于心理战问题　高技术条件下心理战出现新特点　有作者认为，高技术条件下的心理战，与以往战争中的心理战相比，呈现出许多新的特点：

心理战范围扩展，影响增大。高技术条件下局部战争中的心理战，从范围上看突破了军事斗争领域，延伸到政治、经济、外交、文化、宗教等诸多领域，形成全方位、大纵深、多层次的作战效应；从对象上看，把打击和影响对方决策层，迫使其立场动摇和决策失误作为主要目标，把造成对方军队的心理失衡作为主要任务，把造成对方民众的恐惧心理引发畏战、厌战、反战情绪作为重要方面，把争取国际舆论的同情支持，坚定本国人民的必胜信念作为必不可少的条件；从空间上看，心理战突破了前后方、战区非战区的界限，使到处都成为心理战的战场；从时间上看，心理战往往早于战争爆发，而且贯穿渗透于整个战争的进程中，在全时空、全领域、全方位展开。

心理战地位提高，力度增大。其形态更多地表现为战略心理战的运用。同时，心理战的组织领导也相应提高了层次，通常由军队高层领导机关进行组织计划，由统帅部乃至国家首脑作出决策，并直接指挥控制。

心理战装备更新，强度增大。高技术条件下的心理战，专业化程度越来越高，技术设施和装备越来越新，信息散布的范围越来越大，信息传播的速度越来越快。利用全球卫星，进行电台、广播、电视全实时的播放，大大提高了心理战的直观性和时效性；采用高技术声像摄制编辑设备，运用音像合成技术和语言模拟配制技术，可以制造出并不存在的事实依据；采用高速度、高清晰度、高保真度设备印制的宣传品可以达到特殊宣传效果，使之在极短的时间内形成强大宣传攻势。

心理战手段多样，打击力增大。心理战的科技含量显著增大，运用仿形技术、隐形技术、迷彩技术手段的以假乱真，可以使敌人产生心理误差，造成决策失误；运用现代仿声技术，可以制造出震耳欲聋的爆炸声、揪人心肺的尖叫声、刺激神经的嘶鸣声，使人心理失衡，加重心理负荷；运用激光技术，可以制造出各种人眼难以接受的强光，使人眼花缭乱，造成严重的心理恐慌和心理紊乱；运用电子技术，进行电子心理战欺骗，可以直接使敌高层决策机构和要害部门人员陷入心理迷盲，不知所措。

随着大威力、高精度兵器的广泛运用，军队官兵的心理素质在未来残酷、激烈、复杂的战场环境中无疑会遇到严峻的挑战；随着各国心理战理论和实践的迅速发展，旨在思想渗透、精神瓦解的攻心作战会进一步加剧，军队心理防御的任务也将更加艰巨。因此，有必要努力提高军队心理战能力。(刘平《未来心理战漫谈》，《解放军报》1998 年 8 月 18 日)

心理战将出现新变化　有作者就此提出如下看法。

心理战将成为独立作战样式。随着高技术的发展,军事斗争中敌对双方较量的侧重点,已由传统的消灭对方人员的兵战转向摧毁其抵抗意志的心战,力求不战而胜、小战大胜。这使得心理战已迅速发展成为一种独立的作战样式,并逐渐有了独立的作战理论、独立的作战部队,遂行独立作战行动,达成战略、战役和战术目的。美军军事理论已明确将心理战作为"区别于陆战、海战和空战的第4种作战样式"。美、英、德、法等国纷纷成立了心理战机构和心理战部队,并制定了独立的《作战纲要》。信息技术的发展和信息战的实施,为心理战成为独立作战样式提供了强大的技术支持。心理战不再单纯使用宣传工具,而大量地直接运用信息武器打击对方的认识、情绪和意志等。可以预见,在未来战争中,心理战将作为一种全新的作战样式展现在人们面前。

从战术心理战到战略心理战。在以往的战争中,心理战大多是作为武力战的辅助手段。信息战战争形态的出现,迅速把心理战推向战略的高度。现代心理战已不再局限于单纯的战场范围,而是融经济、政治、科技、文化、军事为一体的覆盖全球范围的"大心理战",包括动用国家全部力量,向敌对国家的民众、军队甚至它的友好国家及国际社会组织施加心理压力,交战方还把打击和影响对方决策层作为心理战的重要战略目标,使心理战进入较高层次。心理战还日趋电子化、信息化和高技术化。现代心理战在对敌军思想、心理上产生影响的基础上又衍生出新的独特功能:一是直接服务于政治和外交斗争。二是成为实现战争速胜的有力杠杆。

心理战是质量建设的重要课题。未来作战,在武器装备与敌相比有较大差距的情况下,只有在对敌实施武力打击的同时,开展高强度的心理战,瓦解敌方,巩固己方,以促成战争形势转化,才能夺取战争主动,保证以劣胜优总体战略的实施。将现代心理战引入军队质量建设,应力争在以下方面重点突破。(1)注重观念更新。在坚持瓦解敌军这一基本原则的同时,面对变化了的情况,必须放开视野,注意学习外军经验,立足本国本军实际,走出一条具有自己特色的心理战发展道路。(2)加强理论牵引。应尽快建立自己的心理战理论体系,以便从力量建设到战法运用,从技术手段到心理战谋略,从平时准备到组织实施,从心理战进攻到心理战防御等方面,作出明确合理的规范。(3)突出力量优化。应从改革军队政治工作和军事训练入手,完善心理战防御力量体系,并着重进行心理战进攻力量建设,适时组建心理战专业机构和部队。(4)注重战法创新。应在完善传统手段的基础上,有选择地发展较先进的对敌心理进攻装备,以计算机网络为打击重心,夺取心理作战制高点,而且还应力争在战法谋略上寻求优势。(周敏等《心理战已叩响战略大门》,《解放军报》1998年3月3日)

关于其他作战问题　**未来部队作战行动将出现新特征**　有作者撰文用"小、散、远、直"4个字来概括未来作战部队作战行动和编成的基本特征。

"小"是指作战部队小型、指挥机构精干、作战行动小规模等。一是作战部队编成小。由于高技术兵器的大量使用,传统的"数人一装"被"数装一人"所代替,作战和勤务融为一体,部队编成呈现"小型化"的发展趋势。二是指挥机构小。由于更多地运用自动化手段和智能化设备,建立精干、灵活的指挥机构将成为一种趋势。三是作战行动小。由于那种大规模的全面战争和无条件投降的战争结果已被小范围的局部对抗和达成有限目标后的和解所取代,使得作战行动由过去的大规模兵团作战发展为小分队在广大战场上的多点对抗,战斗部队的任务就是在这些战场之间高速穿梭,以夺取每个点上的优势。

"散"就是部队、装备、战场高度分散。在新世纪到来之际,"分散化"的速度加快。以作战师为例,1815年其战场控制范围在10平方千米左右,今天一个师的战场大约是1600平方千米,而到2015年,它可能将控制25000平方千米的面积。分散化趋势,首先得益于高技术通信控制手段的完善,它使作战部队和装备高度分散成为可能。其次,高精度远程打击手段的发展,迫使战场走向高度分散。作战双方将竭力通过缩小和分散作战单元,实现保存力量的目标。同时运用高效的指挥实现打击力量的精确合成,从而夺取战场乃至战争的主动权。

"远"就是指挥、控制、机动、打击距离远。新军事革命,将使得军队特别是单兵远距离作战能力超乎人们想象地增强。未来士兵,可以通过高性能的通信装备引导数千千米外的导弹打击他希望摧毁的任何一个目标。

"直"就是指挥层次减少、更加趋向直接化。网络技术的不断完善,进一步模糊了军队的上下级关系,指挥员和战斗员的概念在这里被迅速同化。传统意义上的按级指挥、逐级负责面临挑战。

"小、散、远、直"现象所造成的影响,不在于方式的变革,而是对观念的冲击。需要在观念上寻找全新的视角,才可能面对现实做好打赢的准备。面对挑战,军队要实现"由数量规模型向质量效能型、由人力密集型向科技密集型转变":一是要打破传统的观念,创造适应军队特点的"网络战"、"瘫痪战"等理论和战法。二是要通过调整精简实现部队的小型、合成。三是通过改善装备和改革训练提高每个作战单元的质量。四是通过加强指挥网络化建设,提高从战略到战术的指挥效率,进而实现作战效能的倍增。(吕学泉《未来部队编成及作战行动特征探析》,《解放军报》1998 年 8 月 4 日)

认真看待现代战场的"单方攻击区"　有作者就此撰文指出,在未来战场上,甲、乙两军的主战兵器在相互接近时,双方的火力手臂相比,出现的甲方长于乙方的那部分空间,对于甲方来说就是单方安全界和"单方攻击区"。现代意义的"单方攻击区"又称"单方精确攻击区"。随着高技术的发展,整个战场的精确打击实现超视距化和纵深化,高精度的远、中距离的不接触交战将成为一种基本方式。对于精确制导火力射程占优势的一方而言,"单方攻击区"是真正的战机区、"靶场"或"狩猎场"。90 年代以后,雷达制导的中距拦射弹的战果超过了红外近距格斗弹数倍。这意味着在空战场以及其他战场上发生近战扭斗的可能性将越来越小,而在"单方攻击区"内的拦截与反拦截将越来越多。与此同时,对于火力射程处于劣势的一方来说,赢得战斗胜利的最大障碍也在该区域。

"单方攻击区"并非一道铁幕,劣势一方一旦突破它,就会立即进入"双方相互攻击区"。"单方攻击区"的纵深有的可达几十甚至上百千米,存在时间短则数秒(空战的短些)长则数小时。对此时空区域中的目标,优势一方可以进行数次打靶式攻击。"单方攻击区"中的毁伤概率较高,劣势一方在此区域中接敌可谓困难重重。但尽管如此,仍然有多种因素会影响"单方攻击区"的毁伤概率,如在干扰状态下,有些导弹的命中概率会由正常状态的 90%下降到只有 50%;由于存在着双方兵器的运动速度因素,劣势一方在"单方攻击区"还有可乘之隙。

在未来作战中,一些发达国家和地区的军队,已敏锐地看到了远、中程精确制导兵器的前景,正顺着"超视距攻击"的思路大力发展"防区外发射武器"。对此,应有清醒的认识和充分的准备。(常名《现代战场的"单方攻击"》,《解放军报》1998 年 6 月 16 日)

(潘新毛)

中国台湾军队作战问题研究　**台湾军队提出"反封锁"中国作战设想**　日本《军事研究》杂志 1997 年载文披露,近几年,台湾的大规模军事演习一直都把反封锁作战作为一项重要内容。其作战设想主要有如下 4 方面。

*情报与预警。*台湾军事当局一直在利用各种手段监视祖国大陆东南沿海的军事动向。情报是通过人、通信和电子等各种渠道获得的,主要是靠金门、马祖、东引、乌丘等福建沿海的所谓"外岛"上的"眼睛"和"耳朵"来监视大陆的。对空监视警戒是通过空军的"强网"警戒管制系统和空中预警机部队这两个方面来进行的。此外,台湾为了防止对本岛的渗透和走私,还计划在海岸线周围布设对海警戒雷达网。台湾空军从 1995 年 11 月开始使用 4 架 E－2T"鹰眼"空中预警机。

*疏散与战备部署。*当通过警戒监视等手段判明有异常情况时,台湾的陆、海、空三军就会提高警戒等级,实行临战准备体制,加强燃料、弹药、水和粮食等重要物资补给储蓄体制,召集和动员预备役军人、征用民间船舶等,统管向金门、马祖等外岛运送补给,按计划进行疏散工作。海军方面是让担任警戒巡逻任务的舰艇留下,其他作战舰艇疏散到台湾南北两端的外海,支援舰和登陆艇到东部海域避难。导弹快艇的一部分部署于外岛,待命进行"伏击作战"。水雷舰队一方面在主要港湾和航线上进行警戒扫雷,另一方面在预计封锁兵力将要通过的海域作布设水雷准备。空军一面加强待命警戒任务,一面将部分作战飞机移驻东部基地,以保存战斗力。金门、马祖等外岛的守备部队增强了大口径火炮、"雄风"Ⅰ/Ⅱ型岸舰导弹和导弹快艇等应变体制,还完善了牵制封锁兵力的体制。

*海空作战。*反封锁作战开始时,台湾空军作战的重点是确保台湾海峡和台湾本岛的南北主要航线上的空中优势。对于台湾海峡的中间线以西乃至南北主要航线上空的远方高空空中目标,由战斗机部队迎击。离台湾 90 千米和 40 千米以内的空中目标将分别由"天弓"导弹和"鹰"式导弹迎击。对于低空近距目标,则用"天剑"、"毒刺"等导弹和高炮对付。

在反封锁作战中,台湾海军的作战重点是确保台湾周围 50 海里制海权。首先是反潜作战。台湾军方将使用反潜巡逻机在便于潜艇活动的台湾海峡南北两端和东部海域进行 24 小时飞行巡逻,同时将加强舰艇的搜索侦察。一旦发现对方 1 艘潜艇,就派 1 艘驱逐舰、2 至 3 艘护卫舰和 2 架反潜巡逻机来对付。在对付用水面舰艇进行的封锁作战中,则以"机、舰、弹、炮"的综合战力构成的多层次火力网来对付。对 50 海里范围内的封锁力量,首先用空军的战斗机进行反舰导弹攻击,然后有重点地使用舰艇出击。同时,为了扰乱对方的舰艇部队,还将出动少量快艇兵力进行突击。在水雷作战方面,则把清除左营、高雄、基隆、苏澳、花莲、马公等主要港口及外海的主要航线的水雷工作作为最主要的重点。

*反击与突破。*反封锁作战在对封锁力量进行直接防御作战的同时,还将适时地对对方基地进行一定规模的反击作战。由少数导弹护卫舰、驱逐舰和导弹艇

组成的台湾海军机动部队,将与空军的飞机一起,对大陆沿岸的重要港湾和海上交通线进行小规模的攻击。台湾还在准备利用潜艇布雷对上海进行封锁。台湾空军则将使用夜间超低空的小编队采取波状攻击战术,攻击大陆沿岸的机场、雷达、电子设施等。另外,台湾陆军将与海军和空军相呼应,准备从金门、马祖等外岛派遣特务和进行炮击等扰乱作战。尝试突破封锁的重点区域仍是台湾东部和南北两端的海域。因为这些海域和台湾海峡的中间部位不同,它们离大陆相对来说较远,担任封锁台湾的对方舰艇很难得到飞机掩护。相反,台湾方面却能依靠台湾本岛来消耗对方的封锁力量,并且在这些海域确保局部性的制空权和制海权。(《台湾军队的"反封锁"作战》,黄凤珍编译自日本1987年《军事研究》杂志)

台湾军队抗登陆作战有5个强点 有作者就此提出如下观点。

火力猛,死角小。台军强调,按照"远近结合、曲直相辅、消灭死角、最大程度发挥各种武器性能"的原则,组织计划火力,构成立体多层的严密火网。(1)从高空到低空构成多层次防空火网,防止早期各种飞机、导弹的火力打击。(2)从海峡到前沿到阵内,各种火力尽可能发挥最大效能,构成远、中、近距离,阵前、阵内火力交叉重叠的火网。越靠近岸滩,火力密度越大。

障碍密,种类多。台军为迟滞登陆兵登陆后的进攻速度,通常在前沿、一线阵地、二线阵地充分利用天然障碍,大量设置防舰艇、防步兵、防空降等多达20多种绵密的障碍带,并在主要方向上重点设置。(1)大纵深,使对方登陆兵尽可能长时间暴露在火力控制之下。从距岸3000米至沿岸,从阵地内至阵地间设置多重障碍物,以达到层层阻止登陆兵的目的。(2)混合设置,给对方破除障碍增加难度。台军障碍物设置一般与火力结合;爆炸性与非爆炸性结合;自然障碍物与人工障碍物结合,以障碍保护障碍,从而增大破除的难度。

地势险要,可登陆地点少。台湾岛内约2/3是山地丘陵,地势险要,特别是在东部沿海地区海崖陡峭,布置小部分兵力就可以抗击大量登陆兵,这样,台军就可集中优势兵力、兵器于易登陆的港口,从而可以减少兵员不足带来的矛盾。

工事坚,体系完善。台军经过几十年的苦心经营,在台湾岛、澎湖列岛、马祖列岛、金门等岛屿充分利用地形,构筑了大量的工事。目前基本上形成了"以坑道为核心,永备工事为基础,掩体和野战交通壕相连接"的工程体系。使之既能相互协调,又能独立坚守相当长时间。一是坚固。大型碉堡如菱形堡、火炮工事、观察指挥所顶部均是钢筋水泥结构,班、组战斗工事均可抗105毫米榴弹炮的直接命中,坑道的抗击力更强。基本上使整个战场达到了堡垒化的标准。二是数量多,相互连接。战斗与生活一体,有很强的生存能力。

战术灵活,步步为营。台军强调在抗登陆作战一开始,就必须以最快的速度,采取灵活的行动剥夺对方在选择进攻的时间和地点方面所享有的优势,以夺取战场主动权。其战法的灵活性体现在以下几方面。

(1)拒敌于彼岸——先下手为强。当台军发现对方在沿海大量集结兵力,并对台实施封锁时,其西部海域海军军舰就迅速泊于台岛东北及东南45~50千米海域,空军飞机大部分向东部地下机库转移,以保存实力。空军以10~20%的作战飞机,小编队多波次攻击封锁舰只,并袭击对方沿海主要目标;海军通常出动一个导弹艇中队,少量驱逐舰、护卫舰、潜艇进行袭击、伏击、反潜。(2)击敌于半途——乘对手于不便。当登陆兵海上航渡时,台军往往抓住登陆兵不能充分发挥战斗力这个薄弱环节,集中一切火力,节节抗击。特别是当登陆兵在换乘编波时,队形、指挥协同容易混乱之时,以最强的火力杀伤有生力量。(3)毁敌于滩头——攻对手于暴露。当大批登陆艇波向滩头攻击时,其海军、前沿防御部队、近程炮兵、直瞄火器就会以最大的射速构成火屏弹幕,大量杀伤有生力量,坚决阻止抢滩登陆。(4)歼敌于阵内——乘对手立足未稳。当登陆兵强行登陆后,台军依托第一线阵地在上级火力支援下全力抗击,守备部队抓住登陆兵队形乱、行动缓、地形生疏这个有利时机大量歼敌。当登陆兵突破第1线防御阵地向第2线防御阵地发展过程中,台军通常要组织5次逆袭(反击),力图歼敌于阵内。(赵晖、董强波《台军抗登陆作战的强点》,《军事文摘》1998年第5期)

(耿文正)

美军作战问题研究 美陆军作战理论新动向 1998年6月形成的美国陆军新版《作战纲要》FM100-5野战条令与原稿相比,其内容、结构等又进行了重大修改。

陆军的作战行动将是追求全方位控制的战役级作战和应急行动 新版《作战纲要》最显著的变化是它不再分章阐述具体的进攻和防御行动。它确认美军新的编成体制,承认指导统一军事行动的联合出版物起支配作用。为适应美军21世纪初头10年的作战需要,条令内容旨在针对如何作战,而不是具体的战术原则。新版《作战纲要》确认了美陆军为适应美国在塑造全球环境时的需要,在支援国家目标的任务中指导其自己行动的基本原则,更加重视陆军与其他军种的联合作战,将战役级作战和应急行动确定为美国陆军的基本作战理论;着重阐述了战役法理论与作战艺术的区别以及战役与战术的联系;着重于师以上联合部队地面部队的作战行动。鉴于国家重新将重点放在稳定和支援行动,陆军的目标就是在交战战略和兵力投送的保护伞下准备应付常规和非常规的冲突行动。这些冲突事件要求力量投送型的陆军部队,并不是只适宜于某个特定战区,是一支能在任何战区、任何形式的冲突中均能取胜的陆军部队。夺取并保卫地形进而控制人员及生产的能力是地面部队的突出特点。

作战指挥应用于战役和战役性作战而不是战斗和交火　新条令将指挥视为战役行动成功必不可少的促进因素,即在规定的战略方向上,将作战理论转换为行动。在这种情况下,指挥应用于战役性作战而不是战斗和交火行动。这表明该条令与其前几版条令之间在重点上的大幅度转移。战役指挥的特点集中在3个基本方面:确立战役目标,阐明该战役目标,然后为达成战役结局而集中兵力和行动。条令重点阐述了为满足战役指挥所必备的重要条件,还系统地探讨了陆军部队实施作战时所应用的更为实际的步骤和结构。阐述了7个重叠而又相互同步的行动阶段:计划与准备、兵力投送、部队维持、主导信息、创造决定性作战条件、决定性作战、向未来作战行动的转换和准备。这些作战阶段与陆军作战方式密切相关。

夺取制信息权是决定性作战的最首要的条件　条令认为,夺取制信息权是决定性作战的最基本条件之一。制信息权是指使用信息系统的能力和达成作战优势的能力。先进的信息系统、训练和不断变革的作战理论,对情况的平行和垂直了解程度可使陆军指挥官能达成和保持对战场情况的了解。拥有更好信息的一方可能具有决定性的优势。争夺信息优势的战斗将由始至终。部队指挥官在为决定性作战行动设定条件时,应创造和利用从制信息权中获取的每一个作战优势。夺取制信息权的行动包括3个方面。

设定和控制信息环境。美国部队利用信息在保护自身信息系统的同时来影响敌军信息系统的行动,包括为制止、利用、破坏或摧毁敌军信息系统所采取的行动。在对敌信息和系统实施攻击时,指挥官将重点放在影响上,而不是仅仅放在目标上。成功的信息攻击可打乱信息流并使敌方指挥官无法履行其控制职能及协调其部队的行动,他的部队将处于被各个击破的境地。控制信息环境的另一措施是保护己方信息系统和传感装置。保护己方信息系统的具体行动有:信息保密、防护、反欺骗行动、反心理战行动、反情报行动、电子防护和特种信息战行动。这些行动确保及时、精确地获取相关的信息,而同时使敌人没有机会利用我方信息和信息系统为其服务。保护行动可最大限度地减少己方的薄弱点和相互干扰。这是作战行动能否获得成功的重要保证。

获取对情况的了解。信息优势始于有关情况的准确信息。准确的作战景象有助于指挥官及时和有效地作出决定,这就反过来加快了行动节奏和增大了杀伤力,并减少了己方部队的损失。现代作战行动不仅作战空间扩大了,作战节奏加快了,而且信息量往往使指挥官对情况的理解变得更模糊和迷惑。现代科技将提高陆军横向和纵向分享全方位、高度准确的共同作战景象以及快速分发命令和计划的能力。加快分析速度、情况汇编和通信使指挥官有更多的时间进行信息综合和产生可能的行动方案。除了指挥官的关键信息需求,还有一支部队所需的其它三大信息范畴:优先情报需求、己方信息的基本要素和己方部队信息需求。其中情报最具挑战性。

塑造观念、想法和信念。信息是将军事行动引入精神领域的主要手段之一。陆军部队通过实施民事、公共事务和心理战行动来塑造战斗人员非战斗人员的观念、想法和信念。民事活动确定、保持、影响和支援指挥官与民事当局和居民的关系。这些活动促进使命的合法性并加强军事行动的有效性。公共事务最明显的要素是新闻媒体。在民主国家,军事行动者想获得成功需要公众支持。以至于敌方将想尽办法来歪曲新闻媒体的报道。指挥官必须预见到新闻报道的直接性和其所产生的影响。心理战行动指的是为向外国听众传递经挑选的信息和指示物而采取的预有准备的行动,以影响其情感、动机、客观推理,最终影响外国政府机构、团体以及个人的行为。心理战行动的目的是诱导或支援外国的态度和行为,以对诱导者有利。心理战行动在整个战区必须统一和协调一致地予以实施。

决定性机动是火力或火力威胁与兵力运动的结合,是决定性作战的主要方式　新条令认为,为了赢得战斗,陆军部队根据联合部队指挥员的意图实施决定性作战。决定性作战的目标是敌人的重心——即敌方可依靠此种条件获得行动自由、实际力量或战斗意志的所在。在实施决定性作战时,作战指挥官采用决定性机动方式,通过对敌整个作战体系中的各关键点实施同步攻击,从而摧毁敌人。决定性机动是火力或火力威胁与兵力运动的结合。对敌人作战系统纵深关键点的火力优势是决定性机动不可或缺的一面。火力迫使敌人分散和寻求掩蔽,而机动则迫使敌人集中和交战。决定性机动的艺术在于迫使敌人的反应行动发生在对其最不利的时刻。当敌人运动以企图集中时,我方火力扫射敌军部队和他们的支援系统,当敌人企图避开火力时,我方部队夺取有利位置,置敌于更猛烈的火力打击之中,并歼灭关键的敌军部队。由于美军拥有能够共享战场信息和精确火力的优势,美军的决定性机动主要采取分布式机动方式。这种同时进行的非线式的分布式机动,使较小但更具机动性和更有杀伤力手段的部队能够同时攻击大量的决定性目标。在精确和集中火力支援下的美军同时向多个目标的快速机动,能够迅速地瘫痪和震撼敌军部队及其指挥官。当美军缺乏足够的信息或在兵力数量上严重不足时,美军也可采取集中式机动方式。如美军在夺取立足点行动初期,可能采取分布式机动来夺取关键设施,然后空降和两栖部队会合进行集中式机动,打击敌人的反应行动,建立一个防御地带。在多国行动中,如临时联合体部队缺乏信息系统、精确和远程火力,与美军共同实施的集中式机动方式则可能是:临时联合体部队的机动可能是线式的,而美军部队的战术机动可能是分布式的。

重新定义战役、战斗和交火的区别与联系 新条令阐述了战役法与战术的区别与联系。认为战役法规定了军事行动的目标和样式,帮助指挥官有效地运用资源,通过筹划、组织、综合和实施战区战略、战役、战役性作战和战斗来实现战略目的。而战术则是在一个战区内的联合部队地面部队、空军和海军陆战队和更小一些的部队将潜在战斗力转化为胜利的战斗和交火。交火通常是旅以下和更小规模部队之间仅持续数分钟、数小时或一天的冲突。它可能发生于某一方预有准备的进攻性运动,或敌对双方未预期的遭遇。战斗则持续时间更长,涉及到更大一些部队而且常产生影响战役进程的决定性后果。战术是在战役或战役性作战的范围内系统地运用现有手段赢得战斗和交火胜利的艺术,也是一种近距离战斗的范畴。没有战术上的胜利,战役就不能达到战役目标。战役法的核心要素是要弄清在战术领域什么是可能的,然后制定一个能最大限度地扩大在战斗和交火中胜利机会的战役计划,最终能够产生战役结局。(据美陆军 1998 年 6 月新版 FM100－5 野战条令)

(姜　川)

探析 21 世纪初美军作战理论的重大变化 有作者指出,到 2010 年前后,美军作战理论可能发生以下 4 点变化。

*投送和集结兵力将由以前那种添加式、逐步增兵的方法,改变为参战兵力一次到位的远征式作战。*在海湾战争以前,由于战前准备不足,动用兵力又过大,美军多采用先调派少量兵力,然后再逐步增加的兵力投送方式。美军在总结以往经验时认为,这种兵力投送办法有许多缺点。将来即使进行大规模作战,美军也准备将所有参战部队同时从本土和海外各战略要点向战区投送,力争在数日之内而不再是以前的数周或数月之内抵达。

克敌制胜的手段将由过去的消耗战,改变为"不战而屈人之兵"的非消耗战。(1)未来战争将尽可能避免杀伤。其主要原因:一是屠杀和物质摧毁很容易造成两败俱伤,己方即使取胜也同样会蒙受重大损失。二是美国军队经受不起伤亡。三是"屠场"式作战容易激发国内外民众的反战情绪。(2)未来战争将以迅速剥夺敌人作战能力为迫其屈从己方意愿的基本手段。现代战争的实践表明,制止战争的最有效手段是使敌人丧失作战能力。美军认为,如果能使企图或已发动战争的一方丧失战争的基础和中枢,让其没有可用于作战的部队或者虽有部队却由于指挥、控制失灵而无法使用,它自然就无法再进行战争。

*兵力运用将由过去的步兵为主,集中用兵、连续作战,改变为以远距离精确打击为主,分散用兵、同时攻取目标。*下个世纪初,战场上的主角和配角以及兵力和火力的运用原则,均将发生变化。(1)未来的步兵将由战斗兵种改变成支援兵种。美军主张将来要少用步兵去实施近战,主要用它搜索、发现敌人,并召唤间瞄火力打击它所发现的目标。一直是主要战斗兵种的步兵将成为炮兵和导弹兵的支援兵种。(2)未来的支援火力,特别是远距离精确打击火力,将在战场上唱主角。使用这种武器作战不是靠近敌人,而是在离敌人一定距离上消灭敌人。这种远距离作战被认为是最适用于空地一体陆战场的作战样式。(3)未来集中使用兵力的概念也将不像以前那样集中那些易遭伤亡的地面部队。今后,即使进行近战,或夺取多个目标,美军也要求量敌用兵,以能够满足任务需要的部(分)队"分散行动","同时"对多个目标实施攻击。

*两栖登陆作战将由以前在近岸海域实施的由舰到岸、再攻取目标,改变为从离岸较远的海上由舰直接攻取目标。*近几年美军提出供下世纪初使用的"由海向陆机动作战"理论,即登陆部队在离岸较远的海上换乘之后经过快速的浅海和岸上机动,不在岸滩停留,直接攻取内陆目标。其原因有两点:(1)美海军将具备远距离机动登陆的作战能力。主要表现为:一是由海向陆的兵力投送距离将更远、速度将更快,尤其是从空中机动的两栖部队可以不受地形限制,超越海滩直到内陆目标;二是海上火力支援兵器的射程将更远、威力将更大,足以保障登陆部队机动作战能力的充分发挥。(2)"由海向陆机动作战"理论能够把登陆部队易遭伤亡的弱点转嫁给抗登陆部队。将舰与岸间的距离增大,可使登陆部队获得诸多有利条件:一是可减少遭敌火力打击的机会;二是既便于隐蔽登陆企图,又可增大临时选敌薄弱部位、相机确定登陆地点的灵活性;三是可增大登陆部队海上机动的空间,迫敌分散兵力、暴露弱点。为了确保登陆行动的顺利实施,美军通常还要在登陆行动开始前派遣侦察突击分队从水下、海上或空

中渗入预定登陆地域,开展侦察和破袭活动。(刘书礼《21 世纪初美军作战理论的重大变化》,《外国军事学术》1998 年第 6 期)

美军称战役法的核心是机动战 有作者撰文指出,美军战役法是在机动战思想指导下制定的战役理论,它在以下 5 个方面具有明显的机动战特征:

积极进攻,避强击弱。美军认为机动战的最大特征是进攻性。因此,美军在战役理论中不仅将进攻视为"达成明确规定的共同目标的最有效、最具有决定性的手段",而且用机动战的思想在 4 个方面规范进攻行动:第一、不仅从物质上毁伤其力量基础,更重要的是从精神上造成强烈的心理震撼,"最终目标是摧毁敌抵抗意志","击败敌军。"第二、首战集中决定性优势,速战速决,以避免消耗战。第三、要以间接路线为机动战的主要方法。进攻时避免与敌面对面地强打硬攻,而是通过机动"获得所处位置上的优势",迫敌在不利条件下作战。第四、在防御作战中要积极采取攻势行动,变被动为主动。

谋求灵敏,以快制慢。为此,美军战役理论要求:(1)快速机动,昼夜连续作战。美军认为,机动战必须保持进攻的高速度和行动的连续性,"使敌人在对某一行动作出反应时,另一行动已代之而起",从而打乱敌人计划,使其反应为时已晚,互不协调和零星分散,最终被击败。(2)通过改变利用信息的方式来保持行动的快节奏。美军通过对情报、机动、火力以及后勤支援系统进行数字化改造,以实现广泛和近实时的信息通信,提高战场反应速度,加快部队作战节奏,赢得主动和胜利。(3)施计用谋,出奇制胜。美军强调,突然性有助于兵力处于劣势的机动部队"打败比自己强大得多的敌人"。为此,美军战役理论规定必须进行大规模的战役欺骗,制造假象,使敌始终面临"混乱的捉摸不定的和犹豫不决的境况"。(4)快速转换机动样式,以便对瞬息万变的战场情况作出灵活反应。为此,战役指挥官要有多种作战预案,部队要"能够快速地改变队形组合,并毫不停顿地从一种机动样式转入另一种机动样式"。

打击重心,影响全局。机动战不允许平分兵力,它要求每战集中优势兵力,打击敌人重心,从而影响作战全局。为此,美军把"重心"列为战役法的重要概念之首,要求:第一,要运用重心的概念组织战役作战,确定打击目标、地点、方式。第二,围绕打击重心,展开作战行动。第三,紧紧把握重心,实施作战指挥。必须将战役重点放在组织、协调主要方向遂行主要任务的作战行动上,运用一切手段保障其成功。同时,要及时发现敌重心的转变,以调整作战行动。

纵深作战,同时打击。美军战役理论要求要在"尽可能大的纵深以最快的速度同时摧毁敌人的防御配系"。美军战役作战的纵深性和同时性主要表现在:(1)拓展作战纵深,迫敌只能在有限的点与线作战。美陆军具有前所未有的拓宽战场空间能力,可在更广阔的空间部署和遂行机动战任务。(2)实施非线式作战,使敌在全纵深同时遭到攻击。美军认为,"机动战就是非线式作战",必须在几个不同的地、海、空域"对敌人战役全纵深同时打击",以产生最大的作战威力,加速敌军的失败。

协调配合,形成整体作战力量。由于作战部队规模的缩小、作战空间的扩大和多军种联合作战,机动战谋求各种作战行动达到在时间和目的方面协调一致,各种作战形式和作战手段密切配合,以整体的力量来赢得全局的胜利。美军战役理论要求重点协调以下 3 个方面的行动:(1)协调各职能领域的活动。美军认为,战役指挥人员要从存在于各类战争中的职能性作战系统的角度去研究大规模复杂的作战行动。通过使这些职能协调一致地发挥作用,实现战斗、战斗支援、战斗勤务支援一体化,火力与机动一体化,作战能力和防护力一体化。(2)协调近距离、纵深、后方作战行动,以实现时间上、行动上的统一。(3)协调各作战方向的作战行动。通常以主要方向为重点协调各方向的行动。通过协调达成各职能领域、各军种、各种武器系统之间互补;达成时间上的兵力集中,创造和利用有利态势。(刘克俭《美军战役法的核心——机动战》,《外国军事学术》1998 年第 8 期)

美军"全纵深同时攻击"理论浅析 有作者撰文指出,"全纵深同时攻击"是未来美军地面作战行动的一个重要特征,最终目的是通过在战场全正面、全高度、全纵深同时实施防不胜防的作战行动,使敌丧失还手之力,然后将其迅速击败。

美军"全纵深同时攻击"作战思想的形成。80 年代,美军提出"空地一体战"理论时,"纵深"概念已成为美军作战理论的重要原则而写进《作战纲要》。海湾战争为美军作战理论的全面发展提供了一次绝好的机会。同时,世界战略格局的重大变化,使美军不论从作战对象到战略重心,从战场结构到作战样式都发生了重大变化。为了适应这一变化,美军在 1993 年《作战纲要》中提出了"全维作战"(也称"空地海天一体战")理论。在这一理论中,"纵深"的概念有了相当大的发展。原来"纵深"作战处于从属地位,是为近距离作战创造条件;现在"纵深"作战具有决定意义,是首要的作战行动。"纵深"打击的重点目标不仅仅是敌后续梯队,而扩展到对方重要的信息管理枢纽、关键的战略设施和敌军的战斗队形等全纵深重要目标。同时还提出"同时性"的要求,强调在敌人作战地域的全纵深同时

运用空中、地面、海上和空间力量打击敌人,使对方在战场全纵深同时受到攻击。美军认为,在高技术条件下,战场全纵深已不存在打击不到的地区和敌人。以美军现有的技术就可以实施"全纵深同时攻击"的作战行动,只是目前还没有足够的战术适应能力,也没有为充分发挥这种特点而改革某些作战程序。随着武器系统和信息技术的进步,官兵素质的提高以及通过信息共享达成的部队协调一致,"全纵深同时攻击"作战思想将在未来战场上得以实现。

美军"全纵深同时攻击"的战场结构。未来战场结构最基本的要素可以包括作战空间、作战时间和作战力量三个方面。全纵深的作战空间、同时攻击的作战节奏和联合的作战力量是美军"全纵深同时攻击"理论的主要内容。

(1)全纵深作战空间。未来技术将大大提高扩大作战空间的能力。未来联合作战空间的扩大将导致各军种特定作战空间的相互交叉与重叠,作战空间的结构将使未来的联合部队指挥官对完全一体化的全纵深作战空间有一个整体认识,从而能够动用更多种联合作战系统对目标作战。扩大的全纵深作战空间可达成3个明显的对敌优势。一是可在敌军能有效地与己方作战之前使用各种手段识别、打乱或摧毁敌军;二是可提高己方部队的疏开程度,减少易受攻击的可能;三是可通过使用火力以及迅速集结和机动地面部队,控制更广阔的作战空间,达成只有地面部队才能达成的作战目的。

(2)同时攻击的作战节奏。作战节奏主要是指:根据敌军的探测与反应能力和作战环境来调整和控制作战行动的速度。美军认为,未来战争的胜利,将属于能在敌作出反应之前将一系列战术胜利结合成一体的一方。要达到这个目标,所有的部队必须共享质量更高的情报。只有掌握信息并能使作战空间各维适应己方的指挥官,才能够选择保证赢得胜利的速度和时机。未来作战,强大的杀伤力和高速度将导致对智能情报系统、自动化武器系统和指挥与控制系统的依赖。自动化系统将能提供未来作战空间中所需要的遂行任务和作出反应的速度、精度和一体化程度。在这种进展快速的作战行动中,将运用地面作战、空间战、海战、空战、电子战、信息战、心理战和特种作战等广泛多样的手段,在指定的作战空间的全部作战正面、纵深和高度上实施。同时攻击的作战节奏可使敌来不及作出反应就被击败,并将己方的伤亡降低到最小程度。

(3)联合的作战力量。在现代条件下任何一个军种都不具备在所有空间打击敌人的手段和能力。为此,美陆军强调:凡有陆军参加的作战行动都必然是联合作战。同时指出:在整个战区联合实施战役级的空中、地面、海上和特种作战行动,而所有作战行动又都得到太空作战的支援。在"全纵深同时攻击"作战思想的指导下,未来美军的地面作战将是完全一体化的所有军种参加的联合作战。这种作战行动将充分发挥联合部队与联合军种武器的效能,使用一切手段实施的不间断的、充分协调的和多方面的打击。

美军"全纵深同时攻击"的基本特征。(1)全纵深信息监控。它是进行"全纵深同时攻击"准备的主要任务,是利用作战指挥系统对战场信息进行综合处理,使指挥官能够看到整个战场的全纵深,识别重要目标。在作战准备时,除建立战役级的情报系统,还须建立有以无人驾驶飞行器为主要装备的超远距离上的战术级情报系统。这些情报系统将使指挥官能在更远的距离上对扩大的战场进行连续的观察,对敌战斗队形实施高度精确的探测、定位、识别、跟踪,防止误伤并可对联合作战的毁伤进行评估。

(2)全纵深信息攻击。它是对敌作战指挥控制系统、情报系统、通信系统所进行的全面打击,其手段包括联合部队的精确火力、心理战、信息战以及特种作战部队的使用。美军认为,未来作战将以信息战为最初的作战重点,保持频谱优势是赢得信息战的关键。信息作为作战重点既是美军的强点,但也容易成为一种易受攻击的弱点。在信息战中,保护己方信息系统免受威胁并使敌人不得使用其信息系统,是至关重要的。实施全纵深信息攻击,将包括使用非核电磁脉冲发生器、天基信息干扰系统以及计算机病毒以取得电磁频谱优势,通过电视和其他通信媒介破坏对方民众的意志,以及进入敌方战场计算机系统,伪造和改变对方信息。通常情况下,电子战将作为信息攻击的一部分在地面和空中作战开始之前进行,也可同时进行。指挥与控制战可能取代争夺制空权,成为作战的第一重要步骤。

(3)全纵深精确打击。精确打击是"全纵深同时攻击"的主要手段。为此,联合部队指挥官必须充分发挥和协调各军种的作战能力,以便有效地实施"全纵深同时攻击"。为具备发现即能摧毁的能力、远程打击能力和同时攻击的能力,常规精确制导武器总的趋势是朝着远距离、高精度、全天候的方向发展。精确制导武器不仅适用于所有战场和作战纵深,有很强的杀伤率和命中精度,还具有很强的通用性,可从天基、空中、地面、海上、水下多种作战平台、多种武器系统来发射。

(4)全纵深部队防护。美军认为,"全纵深同时攻击"的成功与否,不仅取决于对敌方的打击,还取决于对全纵深部队的防护。在信息战中,对手同样可能具有一定的高技术兵器,甚至在某些方面具有比美军还要强的技术优势。因此,为对付敌远、中、近程火箭和弹道导弹的攻击，美军将大力发展战术和战区反导弹系统，同时积极探索能有效对付巡航导弹、无人驾驶飞行器和遥控飞行器的防空技术。针对来自潜在敌人和战场上高技术的威胁，美军把防止敌人导弹，飞机和无人驾驶飞行器袭击，作为全纵深防护的重点。此外，针对一些国家和集团研究、制造和储备核、生、化武器，还将采取更为有效的防护措施。(马秀山《美军“全纵深同时攻击”浅析》，《外国军事学术》1998 年第 3 期)

(肖　白)

美陆军研讨炮兵技术装备和作战理论的更新问题　有作者著文指出，在美国陆军跨世纪的发展计划中，野战炮兵被视为优先发展的内容，而且试验业已证明，炮兵在 21 世纪的陆军作战部队中仍然是火力支援的骨干。1998 年 2 月，美陆军在西尔堡召开的“高级火力支援研讨会”强调，美陆军要建设一支高技术含量的、先进的、有效和灵活的野战炮兵部队；提出了一些诸如弹药中心、效能管理及火力分配等新鲜概念和观点；提出以“信息倍增火力”为基础，以高火力效能为目标建设野战炮兵。现代化的美陆军野战炮兵利用信息控制和全频谱的火力，使所有的作战资源适应指挥员的意图，从而不仅仅能对面状目标射击，而且可以“外科手术”式地歼灭单个装甲运动目标；既可以进行近距离火力支援，又能进行纵深火力攻击，不仅能用于临时压制性射击，也能予敌以歼灭性打击；它的火力资源不仅可以由指挥员控制，也能由前进观察员所调动。正是由于适应了未来的变化，野战炮兵的火力作用将发生一次革命，将充分体现出发射平台的自动化、自行化，弹药的智能化、精确化、远程化。它能凭借信息化的广阔战场空间完成作战任务。

关于炮兵技术更新问题。(1)数字化的自动化指挥系统将成为真正的“火力倍增器”。今天的信息化战争是以计算机技术为基础的。炮兵成为陆军在指挥、控制和通信领域中使用数字化技术的先进兵种。在美军的陆军战术指挥与控制系统中有一个重要系统是“先进的野战炮兵技术数据系统”，即“阿法兹”。“阿法兹”可对作战火力资源进行计划、协调和控制，为对近距离和纵深之敌目标实施反火力射击、阻断射击和火力压制等提供综合的、自动化的支援，从而充分提高部队的快速反应能力和作战效能。(2)高技术条件下的炮兵火力系统已经从传统的身管炮为主发展为由远射程身管炮、多管火箭炮和地地战术导弹所组成的“三位一体”的火力网。“十字军战士”，被称为“21 世纪的火炮”系统，它的火炮及其供弹车充分体现了信息时代的先进技术和超前的能力。它配备了 XM－982 增程双用改进常规弹，从而能和增程的多管火箭炮系统以及陆军战术导弹系统“三位一体”地在整个地面战场上连续地打击敌人。“十字军战士”可以有效地攻击近距离目标，而多管火箭炮和陆军战术导弹系统攻击远距离目标。也正是由于高机动能力、高射速和分散作战的特点，“十字军战士”的生存能力大大提高。(3)炮兵弹药得到改进。能精确命中目标的各种智能弹、灵巧弹，能更有效地打击纵深的和隐蔽的目标，特别是对敌之信息作战指挥中心、防空设施、导弹发射阵地等进行攻击。炮兵弹药技术发展的重点是增程和制导。近年来，美陆军多管火箭炮的射程和精度已大为改进，其射程达到 45 千米。增程制导火箭不仅精度大有改进，而且射程更远，可以达到 60 到 70 千米。高机动能力的炮兵火箭系统也作为一项重要的研制项目在开展。

关于炮兵作战理论的创新问题。美军认为：(1)炮兵将成为一支独立的作战兵种。首先，炮兵火力的机动和集中变得更加方便容易，因而在现代化战场上可以取代兵力的机动和集中。其次，炮兵的“三位一体”火力，使其在现代化战场上能够进行纵深攻击作战。在现代战场上，火炮已由火力支援兵器演变为实施独立的火力交战手段。美陆军在总结海湾战争经验后，提出了炮兵的“火力作战”概念，强调通过炮兵在独立的作战阶段完成独立的作战任务。(2)炮兵的作战模式将是“信息倍增火力”。现代战争条件下，炮兵作战中的目标侦察、射击指挥与兵器的杀伤手段都是战斗力的组成部分。现代条件下炮兵作战实力是通过总体效能来体现的。在未来战场上，炮兵如果在一开始就首先摧毁敌方的侦察系统和指挥机关，而不是首先攻击主要的武器系统，则该部队杀伤力和生存能力就成几何增长。现在，美陆军进一步提出了通过“火力分配”达成“效能管理”的新概念，即炮兵向信息化火力发展的思想。(3)单炮将成为独立的作战单位。现代条件下的炮兵，由于其高度的制导能力和机动能力，即使是单炮，也可以实现“打了不管”和“打了就走”。又由于侦察情报和指挥网络的互连，它也能进行独立作战。(任富兴、郭有为《美陆军积极建设信息化的炮兵部队》，《外国军事学术》1998 年第 2 期)

(任　明)

美空军作战问题研究　**美国空军战役具有 6 个特点**　有作者对近几年来美空军参与的几场局部战争进行分析，认为其战役行动突出表现为空中进攻性质，具有以下 6 个特点。

强调战役行动的空天一体化。(1)C^3I 系统的空天一体化。美空军在空间已形成以卫星为核心，以 E－3 预警机为中枢，由各型侦察机组成的空天一体化的 C^3I 系统。其 70% 以上的战略战术情报是依靠卫星侦察获取的。(2)拦截战术弹道导弹行动的一体化。在这种一体化行动中，空间卫星主要是提供导弹发射

预警,空中和地面武器系统将实施拦截打击任务。(3)精确打击和飞机导航的一体化。美空军目前已在空间部署由24颗"导航星"卫星组成的全球定位系统,其主要功能:一是可提高精确制导武器系统的打击精度;二是可为作战飞机航行精确导航。

采用多种战役行动样式。(1)较大规模空袭行动。这种空中战役行动通常在较大规模的局部战争中采用,在战役全纵深展开,目的是大量杀伤对方的有生力量,摧毁对方的指挥控制系统、防空系统及战争潜力等。(2)"外科手术式"打击行动。这种空袭样式一般表现为远程奔袭作战,行动目的非常有限,仅为达成特定的政治、军事目的而实施。(3)建立空中"禁飞区"行动。这是美国凭借其空中优势,干涉地区事务,迫使一些中小国家就范的一种新战役行动样式。其主要表现为,飞机进入对方领空进行巡逻,限制对方飞机、防空雷达和导弹的使用自由,拦截或攻击对方的飞机及雷达阵地。

分阶段实施战役行动。美空军战役阶段主要是依据所遂行的主要战役任务来划分,在一个战役行动中作战任务主要有5项:一是迅速阻止地区强国对邻国的入侵;二是实施战略空袭;三是夺取和保持制空权;四是进行战场遮断;五是进行空地直接支援。为完成这5项作战任务,美空军战役行动一般分4个阶段实施:第1阶段为阻止和歼灭向邻国推进的入侵部队。第2阶段为战略空袭和夺取制空权阶段,这两项任务相辅相成。第3阶段为遂行战场遮断任务。第4阶段为遂行空地直接支援阶段。

采取多机种联合战役布势。美空军较大规模的战役行动一般都是有陆、海军和陆战队等多军种空中力量参加的联合行动,将实行以突击机群为主、多机种配属的联合战役布势。主要包括:(1)空袭机群。有攻击机编队、干扰机编队、压制编队和护航编队组成。(2)侦察力量。由航天侦察系统、航空侦察系统等组成。(3)空中预警指挥机。主要有E-3和E-2C飞机。预警范围600千米,侦察范围480千米。(4)队形外干扰机。一般在战线外侧或敌防空区外侧飞行,距离目标通常为50~160千米。(5)空中加油机。一般部署在飞行航路的远接近地带。

实施统一的指挥与控制。根据美空军颁发的AFM-1号条令,在美战区级联合空中战役中将有一名空军指挥官集中实施指挥与控制,其指挥机构通常是由战区司令部下属的空军司令部及地面和空中控制机构组成的一体化指挥与控制系统。空中和地面控制机构的主要任务是按"总攻击计划"和"空中任务指令",指挥、引导并协调作战飞机的攻击行动。

运用灵活多样的战术手段。(1)注重发起攻击的突然性。采用的主要方法:一是夜间攻击。二是隐形突击,即使用隐形飞机和具有隐形性能的远程导弹实施突击。(2)以电子战行动为攻击机群开道。美空军认为,运用电子战,可以最小的代价、最快的速度夺取战争的胜利。美空军实施的电子战主要包括3项内容:一是软杀伤;二是硬摧毁;三是隐形攻击。(3)实施多梯次、多方向、多层次、多波次昼夜连续突击。美空军认为,战役行动要取得决定性成果,必须"猛烈、快速和不间断"地实施突击。在航空兵密集突击的间隙,还使用地面远程兵器实施攻击,以保持对敌连续不断的火力打击和压力。(4)在攻击目标的选择上,强调节点打击、结构破坏。就是集中一定的兵力对敌整个作战系统中的关键部位或系统进行精确连续打击,从而破坏其整个结构,削弱甚至瘫痪敌整个作战系统。(陈新能《美国空军战役行动特点》,《外国军事学术》1998年第2期)

美三军就空军力量在战争中的作用引发争论　据美刊报道,海湾战争结束不久,围绕着空中力量在战争中的作用及其对未来战争的影响,在美国三军及军事理论专家之中爆发了一场激烈的争论。其要点有5个:

空中力量能单独赢得战争吗?对空中力量的作用持挑剔态度者认为,空中力量不可能单独赢得战争的胜利,最终的胜利还得依靠地面部队。也有人认为:空中力量可单独迫使伊拉克从科威特撤军,从而赢得这场战争的胜利。另有一种观点认为:如果空中力量使用得当,在许多情况下可导致不要使用地面力量,或者可使地面力量的使用不冒伤亡大的危险。实际上,空中力量的时代已经到来的真正含义,不是空中力量能单独赢得战争,而是空中力量的能力已经发展到比其他力量更能决定战争的进程和结局。

战略轰炸可行吗?有些人借口空中战役未能迫使萨达姆下台而贬低战略轰炸的作用。实际上,现代空中力量重要性的实质方面,是它有能力迅速夺取制空权,系统地摧毁敌人的权力机器,并使己方的各种军事力量能够以最小的伤亡和损失完成其余作战任务。今天,空中力量可绕过打击敌城市"重心",直接实现可达成的战略目标。打击这些目标的目的,不是消磨敌人的意志,而是剥夺敌人继续抵抗的能力。显然,这和二次大战中盟军以惩罚战略为主旨的空军思想是大不一样的。

空中力量的性质已发生变化。争论之所以不能很快抛弃杜黑等人的空军理论的思维定势,原因是对空中力量现代化的真正意义缺乏了解。在空中力量运用中,"战略性"一词的正确含义,应是对作战的决定性影响,即指"攻击敌人要害"的行动。杜黑的理论认为,

"沉重的损失可摧垮敌方平民的士气,动摇其抵抗的社会基础,从而使平民百姓起来迫使其政府放弃领土扩张野心"。今天的联合部队作战不会再以此为目的。因为现代化的空中力量,能够从战争一开始就达成完全是军事性质的战略目标。

对立作战思想的冲突。关于哪个军种在海湾战争中起更大作用的争论,实质是两种对立的作战思想的冲突。冲突的焦点是作战中陆空怎样联合,以及空中力量是独立作战还是支援地面和海上作战问题。陆军认为,空中力量只能扮演支援地面作战的角色。陆军不仅是联合作战的战略核心,而且能完全控制"陆地战场空间"。但它忽略了超出它控制范围的纵深作战空间。空军则认为空中力量已经具备塑造战争结局的能力,这预示着美国进行战争的方式将发生质的变化。空军的观点反映了当前航空和航天武器系统的发展趋势对联合作战的影响。总之,使用航空和航天力量对敌人各类目标实施同时打击,可减少己方部队投入、人员伤亡和前沿基地,缩短战争的持续时间。

空地一体战的新发展。有人认为"非直接火力"主要起支援作用。然而,"沙漠风暴"行动的空中战役证明,空中非直接火力越来越对战果起决定性作用。空中力量作战能力的提高使以新的方式进行战争成为可能。目前,部分空军人员坚持认为,空中力量具有决定战争成败的大部分潜力,使其他军种能以最小的代价去实现其目的。陆上力量的首要任务是巩固胜利,而不是赢得胜利,至少在高、中强度冲突中是如此。这种看法表明,空中力量已成为可改变战争进程和结局的首选工具,已成为被支援而非提供支援的力量。(本杰明·S·兰伯朗《空中力量在战争中的作用之争》,美《战略评论》1997 年秋季号)

(肖　白)

美海军作战问题研究　**美国海军提出将由"平台中心战"向"网络中心战"转变**　美海军作战部长约翰逊海军上将指出:21 世纪海战最根本的变化是从以舰艇、飞机、潜艇等平台为中心的海上作战转向以信息网络为中心的联合作战。以网络为中心的海上联合作战是指以计算机信息处理技术为基础,通过无线电台、光纤通信、卫星通信等信息传输手段,把覆盖整个作战空间的通信系统、指挥控制系统、情报传输系统、计算机工作站、各武器系统协调一致,并将目标探测、指挥决策、火力控制、火力打击和毁伤评估等功能结合在一起。其目的是控制分散部署的舰艇、飞机和潜艇等作战平台,把它们各自的作战能力综合起来,以集中火力、电磁能、光能、信息能等能量的打击效能,而不仅仅是集中兵力。

在以网络为中心的海上联合作战体系结构中,有两个最基本的且相互关联的子网络:即联合战术数据网和综合跟踪网。联合战术数据网可以通过加密的联合战术分布式信息系统,提供数字化的雷达数据。该网络系统已经装备在美海军的飞机和舰艇上。它能定时自动报告舰艇和飞机的位置、识别敌舰机距离、高度、速度和方位,以及敌人的位置和对空防御范围。这些信息通过共享网络显示出来,以增强指挥官对战场态势的感知力和对友邻部队的控制力。综合跟踪网则由卫星、空中侦察机、无人侦察飞行器、预警机、地面雷达、投掷式地面传感器、海上电子侦察船、水下潜艇等组成,该网络系统可以把敌方目标的数据近实时地传递到整个作战部队,把从各种平台传感器以光速传来的数据进行融合,并提供综合目标跟踪信息,其精度比使用传感器要准确得多。在此基础上,通过发射反舰导弹,打击其射程内的敌舰。

在执行空中突防任务时,装备有高速反辐射导弹的飞机,主要任务是压制对方导弹。由于在高速反辐射导弹威胁较大时,对方导弹阵地可能会关闭雷达,以保护自己。因此,后续攻击的飞机仍须不停地寻找攻击目标,保证对导弹阵地的压制作用。而当其它的武器系统如陆军战术导弹系统也加入到联合作战系统中时,那么,对方地空导弹阵地就会在战役初期被陆军战术导弹摧毁。以网络为中心的联合作战系统可以在更大的范围内考虑武器的使用,并选择最好的方式使用武器。

网络中心战可以提高主宰机动能力,即多方位运用信息、作战力量和机动部队,使用分散部署的部队完成既定的联合作战任务。其目的在于,利用美海军所拥有的综合信息优势、运动速度优势和快于敌方的作战节奏,通过打击敌方的指挥与控制系统、作战决策系统,控制敌方的作战节奏,使其瘫痪;还可以提高作战指挥速度,即快速收集信息、判断形势、采取行动和立即发挥最大作战效能的能力。运用机动、欺骗手段制造并利用敌人的弱点,把握转瞬即逝的战机,使战场态势向着有利于美军方向发展。同时,以连续的、快节奏的方式发挥战斗力,使敌人无法实施预定的作战计划或采取应急的作战行动。(约翰逊《网络中心战》,美国《海上力量》1998 年第 3 期)

(姜　川)

美国航空母舰军事使用呈现出新特征　有作者分析指出,90 年代以来,航空母舰的行动基本不是寻求大规模的海上决战,而是更加广泛地参与各种危机,其军事使用呈现出一些新的特征。

实施威慑,谋求不战而胜。90 年代航母的运用较之以往更加突出了威慑性。海湾危机爆发后,美国的航母战斗群立即进入海湾,置伊拉克于有效攻击范围之内。但美国的初期企图是威慑，主要期望目标有两个：一是阻止伊拉克向沙特发动攻势。二是迫使伊拉克从科威特无条件撤军。虽然威慑行动最终没有使伊拉克从科威特无条件撤军，但美国对航母的威慑使用是显而易见的。海湾战争结束后，美国只要看到萨达姆稍有不敬，就会派出航母进入海湾示威，每一次示威都能使萨达姆温顺许多。此外，波黑塞族、海地临时政府也都是在包括航空母舰在内的重兵重压之下，满足或基本满足美国及其盟国提出的条件的。

攻势作战，打击对方要害目标。威慑虽然有效，但并不能保证解决所有期望解决的危机和问题。一旦威慑失灵，航空母舰就会以其强大的攻击力量打击对方的要害目标，这一点在海湾战争中体现得最为明显。在空袭中，航母舰载机执行了600多次的战斗任务，出动近2万架次，摧毁或重创大批的伊拉克防御设施，通信网、导弹发射架等陆上目标；在海上击沉、击伤46艘伊拉克舰船，使伊拉克海军基本丧失了作战能力。

控制海洋，保障远洋运输，参与海上拦截。现代技术特别是高技术条件下，远距离的作战依然会受到许多威胁，如装备、物资和部队的输送等就非常容易受到攻击。海湾战场离美国8000英里，战争中美国所需的装备、弹药、燃料和其他物品有90%是由海运完成的。美国最担心的是伊拉克破坏海上运输线。然而美国人担心的事并没有发生，其主要原因之一就是以航母战斗群为核心力量的美国海军牢牢地掌握着制海权。与此同时，航母编队参加了海上拦截行动，切断了伊拉克海上运输线，迫使伊拉克船只受检。航母舰载机如此行动，这在历史上可能是第1次，也是90年代航空母舰使用的一个新特点。

建立禁飞区，不经空中较量取得制空权。建立禁飞区，是90年代一个新的空中行动样式。航母舰载机是建立禁飞区的一支重要力量。海湾战争结束后，美、英、法等国为维护其在中东的战略利益，以保护库尔德人为借口，借联合国之名，先是于1991年3月在北纬32°线以北的伊拉克地区建立了“库尔德人保护区”，禁止伊拉克军用飞机在该地域上空飞行。1992年8月27日美以保护什叶派穆斯林为名，又在北纬36°线以南的伊拉克南部建立“禁飞区”。除此以外，美、英、法等国于1990年10月在前南斯拉夫波黑共和国地区也建立了“禁飞区”。当然，建立“禁飞区”必须拥有强大的、绝对的空中优势，否则就不能使对方遵守规定。（王校轩《90年代航母军事应用扫描》，《现代军事》1998年2月号）

美军封锁作战问题研究　**简析美军封锁作战的特点**　有作者通过分析，认为美军封锁作战具有以下特点：

把实施封锁作战作为配合国家政治、外交行动，实现国家重大战略目标或战场上重大战役目标的重要手段。封锁作战既可对敌方的经济和战争潜力造成严重破坏，对敌军士气、国民心理形成强大的压力，又可不用冒很大的战争风险便可实现战略或战役企图，加之美国拥有强大的海空力量，因此，美军将封锁作战作为其筹划战争行动的首选样式。美军实施封锁作战所要达成的目标既可能是战略性的，也可能是战役性的。战略性封锁作战，通常以封锁敌国的对外经济往来，削弱其战争潜力，迫使其屈从于美国的意志为最高目标。战略性封锁根据所要达成目的的不同，持续的时间也不同。以动摇对方的政治统治，削弱对方的经济实力为目的的封锁作战持续时间一般较长，少则几个月，多则几年。以向对方炫耀武力，进行战争恐吓，迫使对方放弃行动企图为目的的封锁作战，持续时间相对较短。战役性封锁作战，往往作为战争的一个相对独立的阶段，既可以在战前实施，也可以在战争过程中实施。在战前实施的封锁作战，多以切断对方的海空联系，孤立对方的重兵集团、重要港口和城市，消耗敌军的作战实力，为最终歼灭敌军或迫其投降创造条件为目的。战争过程中实施的封锁作战，通常在战争进入僵持阶段或战场出现不利于美军的情况下实施。其目的是通过封锁，割裂敌军前后方的联系，孤立敌军的重兵集团，为己方部队集聚力量，扭转战局创造条件。

由国家最高军事指挥当局作出决策，由战区最高作战指挥机构具体组织实施。封锁作战大多要在范围广阔的海域和相应的空域实施，不可避免地要波及第三方（国）的利益。因此，为避免或减少外来干预，美国通常把实施封锁作战的决策权集中在以总统为核心的国家最高军事指挥当局手中，在确定封锁范围时，美军通常以封锁作战要达成的目标为主要依据，并考虑有关国际公约、封锁区周围的国际环境等因素，同时还要有利于实施下一步作战行动。封锁作战的计划与实施通常由国家最高军事指挥当局责成战区最高指挥机构负责，但国家最高军事指挥当局将监控封锁作战的实施情况，并根据作战的进程适时决定扩大或取消封锁。

迅速建立海空兵力兵器优势和信息优势，在封锁作战之初即夺取并保持制海、制空权以及制信息权，以确保封锁作战的顺利进行。封锁作战只有在封锁一方拥有相对于被封锁一方强大的海空作战力量，并在封锁区迅速建立起海空兵力兵器优势和信息优势的情况下，才可能取得成功。为此，美军每战都强调首先并迅速建立优势的海空兵力兵器配系，以完全掌握制海制空权。此外，美军在近年的封锁作战中还十分重视建立信息优势，对敌实施信息封锁。所谓建立信息优势，就是通过在作战地区集结宠大的信息战兵力兵器，使己方拥有全面、准确和近实时获取战场信息的能力。

控制多维空间，实施陆海空天联合封锁作战，构成纵深梯次配置的立体化封锁体系。美军认为，要控制由陆地、空中、海上、水下、太空、电磁频谱等组成的多维空间，单凭一两个军种力量将难以承担，因此，要把实施一体化的联合作战作为未来作战的基本样式。为发挥联合作战的优势，美军通常强调要对参加封锁作战的各军兵种部队进行统一编组，建立 4 种封锁作战配系：

(1)侦察、巡逻与信息战配系。由空间侦察、监视和通信卫星、全球定位系统，空军各型侦察和电子战飞机，海军巡逻飞机、舰载侦察、监视和电子战设备，陆基远程监视雷达、地面情报站等组成，其任务是对封锁区及相关区域实施不间断的侦察巡逻，严密监视空中、水面、水下及陆岸的情况，及时发现、跟踪、识别和监视海空目标，为临检、拿捕、攻击等海上封锁行动提供可靠信息。

(2)水雷障碍配系。这是美军封锁体系的重要组成部分，通常布设在对方近岸海区的主要港口水域和近岸航道附近，由若干雷区和广泛布设的零散水雷组成，构成第一道海上封锁线，主要任务是封闭对方重要港口和航道，切断对方的海上交通，置对方海上作战力量于被封闭状态。在布雷方式上，美军通常实施空中集中布雷，以便在较短时间内，对被封锁一方迅速形成水雷威胁。

(3)机动作战配系。这主要由航母、潜艇、两栖舰只和搭载的陆战队部队、水面舰艇、水雷战部队和海上特种作战部队等机动作战兵力组成。其任务是在宣布的海空封锁区内组织战斗巡逻，对驶入或驶出封锁区的商船进行海上临检，对运送违禁物品的敌国或中立国商船进行拿捕，对敌方的护航舰只实施拿捕或武力攻击。

(4)防空、反潜和反导配系。由空中预警飞机、舰载预警雷达、水面防空和反潜舰只、空中拦截飞机和海上反潜巡逻机等组成，主要担负海上封锁兵力的自身防护。美军要求防空、反潜和反导配系要构成高、中、低结合，远、中、近结合的多层立体防御体系，特别是要把防御敌方的弹道导弹袭击放在重中之重的位置上。(金恩祥、富彦国《美军封锁作战的特点》，《外国军事学术》1998 年第 7 期)

浅议美军封锁作战的目的、作用和样式　有作者就此撰文进行分析。

封锁作战的目的和作用。主要表现在以下 3 个方面：(1)通过封锁作战，达到“不战而屈人之兵”的目的。美军指出，在危机初期“实施封锁作战的最大好处是，能对敌国产生政治、经济、军事和心理上的多重威慑效应，又可避免更深层次军事介入的风险”。(2)封锁作战的作用。封锁作战是美国威慑战略的一种重要行动样式，也是作战的一种行动。它有两个作用：一是通过封锁作战，化危机为和平；二是封锁不能奏效，直接转入战争。(3)封锁作战是美军进行战争的基础。在现代条件下，美军不仅把封锁作战用于应付地区性的突发事件，作为快速反应的手段制止事态的发展，而且还利用封锁作战赢得的时间，为投送兵力实施后续军事行动创造条件。

封锁作战的样式。主要有以下 4 种。(1)海上封锁。第一次世界大战前，由于受作战环境和武器装备的限制，美军封锁作战的主要样式是海上封锁。(2)空中封锁。第二次世界大战后，美军空中力量得到了发展，于是空中封锁成为美军常用的一种封锁样式。空中封锁的主要方法是“空中遮断”和建立“空中禁飞区”。空中遮断，尽管是美空军支援地面部队作战的一种方法，但从“孤立战场，切断敌军前后方联系”的目的来看，空中遮断的实质也是一种封锁作战。其封锁范围较小，主要为消灭当前敌人创造条件。建立空中禁飞区，则是美军 90 年代后采取的一种新的封锁样式，其目的是制止对方的空中活动，迫使对方让步或屈服。采取空中封锁，既可避免地面部队的直接接触，减少美军伤亡，也可降低风险，保护美国的利益。因而将是美国推行威慑战略的重要手段和方法。(3)海空同时封锁。是指利用海空优势同时封锁一个地区。这种样式，主要有以下几种行动：一是使用航母战斗群，利用水面作战舰艇和舰载飞机实施海空同时封锁。二是以空中布雷和舰艇布雷的行动，封锁敌港口和近海航道。三是以海军力量为主，对重要海峡和航道实施带有封锁性质的“破交作战”。在海空同时布雷封锁港口的过程中，有时还在封锁的沿海海域建立几个由飞机和军舰控制的封锁区。(4)陆海空联合封锁。美军利用高新技术不断对武器装备更新换代，为其实施陆海空联合封锁提供了物质条件。在较大规模的局部战争和地区冲突中，这种封锁对达成战争目的更富有作用。在未来高技术战争中，无论美军采取那种样式的封锁，都是在航天作战和特种作战支援下进行的，其封锁效果也将超过以往的封锁作战。(崔师增、朱海涛《关于美军封锁作战的几个问题》，《外国军事学术》1998 年第 7 期)

美军心理战问题研究　**美军心理作战分析**　有作者撰文指出，随着高新技术武器装备广泛用于现代战争，心理作战在美军作战行动中的地位和作用日益突出。

心理作战的层次。美军心理作战基本上可分为战略、战役、战术 3 层。战略上，充分利用作战对象国政治、经济、军事、社会及心理上的弱点,通过采取政治宣传、经济封锁、军事威慑等手段,“阻遏敌军发起战争行动或投入当前的战斗;使其对战争前途失去信心;激化敌内部各权力集团之间的矛盾”;以及“塑造良好的美国形象;增强友好国家及盟国的信心;争取中立国的支持;动摇敌人对其领导人和战争目标的信心”。

战役上,主要通过无线电广播、电视宣传、散发传单等手段加强战场宣传,以动摇对方民众对国家的信心,破坏其抵抗意志;动用高新技术武器装备和强大的军事火力,对对方军队弱点、纵深地带以及各类战略、战役目标进行快速打击,以便给对方国造成极大的损失和巨大的心理压力;运用电子、电磁干扰,冒充假通信网台、加入对方通信网获取情报、有意泄露假情报等手段,对对方进行军事欺骗,达到隐蔽战役企图之目的。

战术上,利用对方的敏感点,通过大量散发传单、开展前线广播、实施恐怖行动以及优待战俘等手段,展开直接的心理攻势,瓦解对方前线官兵的斗志,削弱对方士气和战斗力。

心理作战的目的。一是制造心理威慑。主要通过积极进行舆论宣传、袭击敌方作战指挥系统等手段,给对方心理上造成巨大的威慑和震憾,达到“张其所势,压慑结合”的效果。二是达成心理压力。利用电视、广播和扩音器等电讯器材,直接对对方国作战部队实施心理攻势,形成强大的舆论压力。三是诱发心理危机。美军认为,持续宣传对方在民族、经济、社会、政治等方面的不公平待遇,可对对方军队和民众的士气产生分化和沮丧的影响。美军经常利用战斗机和补给运输机,向对方国境内的军民散发大量传单,这些传单既有宣传美军先进武器和军事优势的,也有规劝对方放下武器投降的,还有向对方士兵指出出路的,使人易于轻信受骗,解除精神武装。四是削弱战斗意志。美军注重运用优待战俘和保护占领区民众的生命安全等措施,瓦解敌军士气。

心理战的特点。(1) 涉及范围广。一是心理作战的实施领域范围扩大,突破了军事斗争界限,扩大到政治、经济、外交、文化、宗教等各个领域;二是心理作战的实施对象范围扩大,不仅局限于军队,而且指向了对方国家的全体民众,甚至作战对象的友好国家、国际社会组织,把打击和影响对方决策层作为主要目标;三是心理作战的实施空间范围突破了前方与后方、战区与非战区的界线,呈现出立体化态势。(2) 持续时间长。美军的心理作战往往在战争爆发前即实施,并且贯穿于整个战争的进程中,甚至在武力战结束后,心理作战仍然在继续进行。(3) 攻击效力强。美军特别重视速度和时间的心理作用,采用高技术设备和高技术手段增加心理作战的攻击威力,使现代战争条件下的心理作战呈现出全方位、全天候、高强度的特征。(4) 恐怖气氛浓。美军在心理作战中,极力营造和渲染战场恐怖、恶劣的氛围,使敌国军人易在艰苦、危险的战场环境下滋长消极的心理,心理机制遭到严重损伤。(王焕新《美军心理作战分析》,《外国军事学术》1998 年第 9 期)

美军心理战部队作战特点析 有作者撰文指出,心理战部队是美军特种作战部队的一个组成部队。美军心理战部队的作战任务以战场心理战支援为主,通常是围绕具体的战役战斗行动而展开的,其目的在于削弱和瓦解敌军的战斗意志,以期以最小代价达成战役战斗企图。美军在海湾战争中对伊拉克军队实施的心理战,被美军心理战教材列为经典战例,也集中反映出美军在高技术条件下的战场上实施心理战支援的几个特点:

(1) 心理战贯穿于战略指导和战役战斗全过程。美军在对战争进行全面战略规划或在制定作战行动计划时,都将心理战的内容和目标考虑在内,并作为作战行动整体的一部分加以实施。1990 年海湾危机发生后,美军心理战部队一抵海湾,就开始大肆渲染美军部队和大批新式武器装备正源源不断运抵海湾,从而对伊军形成巨大心理威慑,使其不敢轻举妄动,为美军和多国部队完成军事部署赢得了时间。战争爆发后,美军把瓦解伊军斗志,涣散伊拉克的民心士气当作保证战场军事胜利的必要前提,广泛开展心理战活动。战争结束后,根据美军战后在海湾地区的目标,部分心理战人员仍留在伊拉克北部地区继续执行心理战任务。

(2) 密切配合战役战斗行动,有针对性地开展心理战支援活动。海湾战争爆发前,美军心理战部队利用野战和民用广播、电视设施,极力渲染美军的高技术武器装备,宣传国际社会对伊拉克占领科威特的强烈谴责。同时,攻击萨达姆对伊拉克的家族统治,离间其与伊军高中级将领和伊民众的关系。此外,利用热气球等工具将心理战宣传品输入伊国内和伊军占领区。“沙漠风暴”行动开始实施后,美军心理战部队成功地制造了美军将在科威特沿海发动两栖登陆作战的假象,诱使伊军将主力集结在科威特边境。保证了美军从沙伊边界向伊境内突击行动的顺利实施。

(3) 充分利用武力打击的心理战效果,瓦解敌军部队。“沙漠风暴”行动开始后,美军心理战部队利用空袭产生的震慑效果,对伊军的前沿部队及时开展心理战宣传,致使大批伊军官兵开小差或自伤、自杀,有效地瓦解了伊军官兵的士气,涣散了伊军的战斗力。

（4）*广泛利用高科技手段，进行多层次、全方位的心理战攻势*。海湾战争中，美军除了空投心理战品、广播宣传、阵地喊话等传统的心理战手段外，还广泛使用卫星定位测向和电视转播技术、计算机信息处理技术、信号模拟和失真技术等高科技手段开展心理战活动。在心理战战术使用上，美军实施多层次、全方位的心理战攻势。战区一级的心理战部队负责“海湾之声”电台的心理战广播，以瓦解敌方士气为主；旅以下单位则设立“高音喇叭小组”，以劝降、瓦解敌当面阵地部队为主。此外，美军还组织特种部队深入伊境内，将反对伊政府和宣传美军实力、战果的录音带散发到巴格达地区，以打击敌方的民心士气，从而形成一种全方位的心理战攻击态势。（马海洋《美军心理战部队编成及其作战特点》，《外国军事学术》1998 年第 8 期）

美军其他作战问题研究　美军空降作战有 4 个主要特点　有作者就此提出以下看法。

点多面广。美军认为，大规模空降作战，空降兵不应空降到 1 个地域，而应空降到不同地域。这样，便于在空降地域内机动，避免遭对方集中突击，还可缩短空降时间。因此，要依据所要突袭目标的分布情况和所欲达成的目的，将兵力在若干地域同时或先后实施空降。随着美军的空降作战能力的大大提高，在今后的战争中，它既可在浅近的战术纵深实施空降，也可在深远的战役、战略纵深实施空降，或者同时在全纵深内实施各种类型的空降。由此可见，未来的空降作战，将是贯穿于作战全纵深和全过程的行动，很容易使对方顾此失彼。

灵活多样。随着直升机和垂直起降飞机的崛起，美军空降作战突破了原有的运作模式，转变为“空中机动——地面作战——再次空中机动——再次地面作战”的新模式，并可如此反复延续；空中行动和地面行动不再是截然分开的两个阶段，而是有机地联系在一起；正面作战与纵深作战，地面突破与垂直突破，地面迂回包围与空中迂回包围等机动样式，将交织在一起，并可灵活地实施转换。从而可以进行广泛的空中机动，实施连续不断的一系列空降突击。同时，也使空降作战具有了更大的灵活性，规模可大可小，十分灵活；部队能打则打，不能打则走。

隐蔽突然。美军要求空降兵和运输航空兵要迅速、隐蔽地集结；选择对方意想不到的飞行航线、时机、天候和地域，突然实施空降，着陆后迅速向预定目标攻击，以达成突然性。在高技术条件下，美军空降兵为了增大空降的突然性，要求空降突击通常利用夜暗或能见度不良等条件进行装载和空运，夜暗航行，拂晓空降；空降前的火力准备短促而猛烈；采取低空、超低空伞降；通过制造假情报欺骗对方，通过假空降和空降佯动迷惑对方，牵制、分散反空降兵力。

独立多用。海湾战争后，美空降部队着手调整编制结构，以适应中、低强度的地区武装冲突和局部战争的需要。目前，从美军空降部队的编制和使用看，其与一般地面作战部队的区别与界限正在缩小。（1）编制合成化。即空降部队内不仅有步兵，同时还有装甲兵、炮兵、防空兵、工程兵及电子对抗、后勤保障部（分）队等，这就使其具有了更强的独立作战能力。在合成中，美军把重型部队编入空降部队序列，把陆军航空兵纳入重型师编制，从而为进行联合空降或特遣部队空降作战提供了组织上的保障。（2）装备轻重一体化。即由过去仅限于携带轻武器，发展到能掠地伞拖空投各种重型装备，并向智能化、高能量方向发展。这就基本上解决了以往空降兵着陆后“腿短”和“拳头软”的两大弱点，使其具有了较强的突防能力。（3）空运工具综合化。即由过去仅作为实施兵力机动的运输载体，发展为机动力与突防力结合的空中作战平台；并由过去的单一机型，发展为直升机、垂直起降运输机等多种机型，能够实施全方位、全纵深、全天候作战。（4）战术运用全程化。既能实施牵制威慑、夺占要点、垂直割裂和“蛙跳”攻击，也能用于侦察、偷袭和营救等。（徐礼宾、曹金龙《美军空降作战的主要特点》，《外国军事学术》1998 年第 5 期）

美军联合作战主要有 4 个特点　有作者撰文指出，联合作战是未来美军遂行的主要作战样式。从美军现行作战条令及 80 年代以来历次联合军事行动看出，其主要有以下特点：

周密进行作战准备。（1）获取全面准确的情报。美军通常采取技术侦察与人力侦察相结合的手段获取战场情报，同时在国家军事联合情报中心的协调下，努力满足联合部队的情报要求。（2）重视联合作战计划的制定。该计划通常由战时联合司令部制定。该计划保留足够的灵活性，使下级指挥人员能最大限度的自主行动，按照作战的总体意图抓住战机，在作战过程中迅速而准确地进行决策。（3）进行联合作战训练和演习。以使参战人员熟悉作战行动的主要内容，从而协调一致。（4）美国为保证其军队顺利地实施远距离投送，强调要运用适当的部队在作战行动开始前开辟一条通向战区的交通线，并强调在行动全过程要保持和保卫交通线。

统一指挥控制。美军强调所有部队均应由 1 名指挥官实施指挥，围绕既定的作战目标进行协调与合作。美军联合部队指挥与控制系统有两个：一是作战

指挥系统，主要实施作战指挥。二是行政与后勤指挥系统，负责行政与后勤支援。这种指挥控制与支援保障分开的指挥关系，保证了联合司令部对参战部队的统一指挥和高效动作。联合作战时，美军一般成立战场协调组，对战区联合部队的火力，特别是空中和地面部队的火力进行协调。其协调方法主要有：一是在濒海作战中建立分界线，确定地面部队和海军部队的作战地区。二是地面进攻作战中，建立调整线和划分火力支援协调线，避免空军误伤地面部队。三是在空战中，规定不同飞机的作战高度，避免各型飞机误伤。四是作战行动较难协调时，建立专门的作战地域，非作战兵力兵器不得进入。

全纵深打击。美军认为，必须把全纵深同时打击作为联合作战的核心战法，利用远距离侦察和远射程武器的优势，结合近战兵器和远战兵器，对敌前方和后方实施意想不到的同时打击，使其顾此失彼，始终处于被动挨打的地位，并以此震撼敌人，削弱敌国支持战争的潜力和军队的战斗力。在实施全纵深多军兵种联合打击时，美军强调把对方的作战重心作为打击的重点。在强调重心打击的同时，美还十分重视联合攻击决定点，以便获得机动作战的自由，保持进攻的锐势和把握主动权。

把握行动节奏和时机。美军主张快节奏，使对方感到难以招架。同时，又强调联合部队指挥官可以改变作战行动的节奏，在一场战役的某些阶段，如对方部队享有机动上的优势或是己方部队尚无能力实施决定性作战行动时，联合部队将放慢作战节奏。其目的是要通过调整节奏达成整体行动的协调一致，以争取时间集结起决定性的优势兵力，使进攻行动变得更加势不可挡。（赵守华《美军联合作战特点》，《外国军事学术》1998 年第 9 期）

美军在地区性战争初始阶段可能面临若干问题

有作者撰文指出，由于美国推行全球霸权的战略目标与其财力、军力有限的矛盾在短期内不可能有效解决，决定了美军在应付未来地区性战争中将面临诸多困难，这在战争初始阶段将体现得尤为明显。

作战对象和地区由明转暗，难以做出快速有效的反应。冷战结束后，随着美国唯一强劲对手的消失，美国开始对其国家战略进行重大调整。1993 年 9 月，美国正式推出“扩展战略”。与美国过去的大战略相比，“扩展战略”的对象更广泛，目标更庞大，一方面导致美军失去明确的作战对手，另一方面，导致对手的多元化，美国在未来的局部战争中，极有可能不得不同时面对数个对手。为了避免出现被动局面，美军提出了同时“打赢两场大规模地区性局部战争”的战略思想。即使如此，美国未来的敌人依然是潜在的、不确定的。只要它继续推行强权政治和霸权主义，必然会招致更多国家和地区的反对。另外，现今美军主要依靠前沿存在，即从美国本土或前方基地向世界任何一个危及美国利益的地区实施“力量投送”。这给美军在应付突发事件中做出迅速有效的反应增大了难度。

战争初始阶段，“易受攻击之窗”难以迅速关闭。美军在应付局部战争的初始阶段，主要依靠有限的海外驻防部队协助东道国进行防御，这一阶段是其力量脆弱、最易遭到重创的时期，美军称此阶段为“易受攻击之窗”。美国广泛的全球利益与其反应能力的有限性，决定了美军在未来局部战争中，“易受攻击之窗”难以迅速关闭。如果其对手善于抓住战机，集中优势打击力量，破坏其依赖的机场、码头，陆、海物资储备基地等战略要地，打乱美军兵力部署，迟滞其战略展开，美军则会陷入极其被动的地位。

力量投送成为限制美军发挥优势的“瓶颈”问题。力量投送是美军为应付未来局部战争，使其威慑发挥作用并加强地区稳定的能力的“唯一办法”。运输能力不足是限制美军力量投送的一个大问题。美军未来面临的局部战争绝大多数是远离本土的海外作战。目前，美国力求通过不断增强海、空运能力，在海上和岸上预置重装备，以及提高预备役部队的战备和反应能力来改善、提高其力量投送能力。但是，仅仅靠扩大运输能力不可能从根本上满足美军这种“大搬家”式的力量投送。力量投送能力不足导致的直接后果就是美军在局部战争初始阶段难以形成有效的战斗力。由于危机发生多具有突然性和不确定性，美军的反应速度再快，也难以赶上危机的发展速度。为此，美军提出发展一些体积小、重量轻、便于大量运输、并在未来战场上能占支配性地位的武器，以减少对大规模战略运输的需要。但这尚需一个长期的过程。（万福临、吴继锋《美军在地区性战争初始阶段可能面临的几个问题》，《外国军事学术》1998 年第 1 期）

美军“兵力投送”理论存在若干局限性 有作者撰文指出，美军在“沙漠惊雷”行动中的“兵力投送”虽说达到了战略威慑，但也暴露出其在实践方面还存在许多局限性。（1）耗资巨大，财力不堪负担。此次兵力投送行动，时间虽短，规模不很大，但耗资已达 5 亿多美元，随着美军继续留驻海湾，费用还将进一步增加。新军事战略确定的两个主要战区都在美本土千里之外，远距离兵力投送的巨大耗资将在一定程度上限制其兵力投送行动以及军事行动的样式。（2）兵力投送能力有限。美一些军方人士认为美军不具备同时打赢两场战区战争的能力，原因在于目前美军的战略机动能力只能保障轻型应急作战部队的快速部署，而对重型部队的投送能力有限。海上运输重装备，需要2至3周才能从美国本土至亚州或中东的冲突地点。如果轻装部队不能及时得到重装部队的快速支援，失去立足点，重装部队的后续投送行动也很难进行。如果盟国拒绝美军使用其机场港口，美军的投送行动将更加受限。(3) 能够投送的机动兵力有限。海湾战争以来，美军的武装部队裁减了大约三分之一。美军可用于应付突发危机的机动兵力有限。(姜川《从"沙漠惊雷"行动看美军"兵力投送"理论的运用》,《外国军事学术》1998年第5期)

美－将军称空间技术从根本上改变了作战方式 据美报载文指出，美国武器研制中最普遍的技术手段的发展是利用卫星。这些卫星为军方缩小打击敌方目标的范围、减少平民的伤亡提供了帮助，也为一批高技术进攻和防御系统提供了关键的数据。美国空军负责空间作战事务的指挥官杰拉尔德·佩里曼将军说："空间技术从根本上改变了我们的作战方式。"

一个主要的好处就是提高了导弹的精确度。由于导弹是由卫星制导的，能见度低并不是障碍。战斗机在地面目标之上6英里高的地方发射导弹后不需要在原地停留。使飞行员可以对其他目标进行攻击，或是立即脱离险境。而导弹则通过全球定位卫星制导，飞往目标。在击中前的60秒，一个操作装置可通过监视从导弹头传来的现场图像校正方向，瞄准目标。装在战斗机、侦察机或地面上的装置能将激光跟踪装置锁定在电脑屏幕大小的目标上。这种新的红外系统在黑夜中生成的图像也同白天一样清晰。类似的技术升级提高了"战斧"式导弹的性能，使其更难被摧毁。

若想在战场上采取"空间作战行动"，一个专家小组能在24小时内到达世界上任何一个热点地区帮助制定关键的行动计划。这个电脑特种武器攻击小组携带仪器向指挥官们传授在攻击中使用卫星的最佳方法。(罗伯特·戴维斯《美国借助卫星发展精确度更高的武器》，美国《今日美国报》1998年2月23日)

(肖　白)

美军修改在朝鲜半岛的作战思想 有作者撰文指出，1995～1996年，美军根据海湾战争的经验教训，对美韩军的作战思想再作修改，提出了"攻势性作战"思想，主张把空地海天一体化的联合进攻作战作为未来朝鲜战争的主要样式，在空地海天和电磁五维战场上，对朝军作战的全纵深实施同时打击，力求速战速决，在短期内结束战争。新作战思想的核心内容有以下5方面：

实施大规模的兵力投送，迅速改变朝鲜半岛的力量对比，为慑止战争和打赢战争创造条件。美军"攻势性作战"思想要求，一旦朝鲜半岛出现战争征候，美军将首先以前沿存在部队控制局势发展，同时，立即动用所有空中和海上运输工具，迅速向半岛投送作战力量。美军支援朝鲜半岛作战的兵力分为应急反应部队、初期增援部队和后续增援部队3种。应急反应部队包括驻冲绳的第3陆战远征部队、驻夏威夷的陆军第25步兵师1个旅、海军第7舰队2个航母编队约20余艘作战舰只和太平洋地区空、海军作战飞机400多架。美军规定，应急反应部队应在接到命令后72小时内抵达战区。美军希望以应急反应部队和原有驻韩美军构成的强大作战兵力，迫使朝鲜知难而退，放弃战争企图。如果美军的这一企图未能实现，朝鲜战争最终爆发，美军将继续向朝鲜半岛投送初期增援部队和后续增援部队。初期增援部队是指驻美本土的快速反应部队，包括陆军1个军（辖1个空中突击师和2个轻装师）、空、海军作战飞机800余架、作战舰只30～40艘（内含2艘航母），兵力6～8万人。美军要求初期增援部队应在30天内抵达战区。此后，美军将视情继续增派后续增援部队。75天内，美军将集结45万人的作战兵力、2000余架作战飞机和150艘作战舰只，其中包括4～5艘航母，在兵力数量（含韩军兵力）和质量上都形成"决定性优势"，以便迅速赢得战争的胜利。

实施多国联军空地海天一体化联合作战，打一场"大规模、高强度"的地区性战争。为赢得战争的胜利，"攻势性作战"思想强调：一要确立多国联军作战体制，由联合国军司令部/美韩联合部队司令部统一指挥多国部队的作战行动；二要把实施统一计划下的空地海天一体化联合作战作为基本作战样式。战争将在陆、海、空和空间战场同时展开。地面攻防作战、机动作战、空袭作战、空中遮断作战、海战、两栖登陆作战、特种作战和电子战、信息战等多种作战行动要同时展开，密切结合，形成一体。为保障各种作战行动的顺利进行，美航天司令部将每天24小时向作战部队提供情报、目标定位、导航、弹道导弹预警和通信、气象、空间控制、电子作战和指挥控制等多种作战支援。

实施战略性空中进攻作战，集中精锐打击朝军的战略、战役重心。"攻势性作战"思想把打击朝军战略、战役重心作为未来朝战中最具决定性的行动，并把实施战略性空中进攻作战作为打击朝军重心最有效的手段。强调在战争初期就要以战略袭击兵器打击朝军的战略、战役重心。这些目标通常包括：朝军的指挥控制中心和通信枢纽、战役战术导弹基地、核、生、化武器生产基地和储存地、军用机场和防空配系、重兵配置地域以及电力、交通设施等。在战略性空中进攻作战的方法上，美军强调以下3点：一是突然袭击，先发制人。二是全面突击，重点摧毁。三是多机种紧密协同，多种空中作战行动密切配合。

*充分发挥高技术武器装备的作用，以技术优势赢得战争。*主要有以下几个方面：①以现代化的侦察情报系统去发现、跟踪和探测朝军目标。②以大规模的电子战全程压制朝军，牢牢掌握战场的制电磁权。③以防区外发射的远程精确制导武器对朝军实施纵深打击。④以隐形飞机突破朝军的对空防御。⑤充分发挥先进的夜视器材的作用，实施全天候作战。

*严格界定作战范围，限制战争持续时间，在尽可能短的时间内结束战争。*朝鲜半岛与中国和俄罗斯相邻，是中、美、俄、日4大国的利益交汇处，在半岛上实施重大军事行动，极易引发大国之间的直接对抗。为避免类似情况发生，“攻势性作战”思想要求，在通过政治、外交努力说服中俄不要卷入战争的同时，应严格限制作战范围和战争持续时间。要把作战行动范围限制在“朝鲜半岛和国际海、空域范围之内”。关于战争持续时间，强调要尽可能速战速决，力争在90天内结束战争。（富彦国《美军在朝鲜半岛作战的指导思想》，《外国军事学术》1998年第12期）

（海　明）

美军曾制定第2次对朝作战计划　据西方媒体报道，美军几年前曾秘密制定了代号为“5027行动”的对朝作战计划，并进行了多次计算机推演和专家论证。

*“5027行动”战争设想。*美国国防部长威廉·科恩在1995财政年度《国防报告》中宣称：1997～2010年间，在东北亚的朝鲜半岛地区发生大规模地区性战争的可能性很大，美国在那里的潜在对手是朝鲜民主主义人民共和国，并为此制定了代号为“5027行动”的作战计划。(1) 战争爆发的导火索。美国认为在以下几种情况下可能爆发第2次朝鲜战争：①美国以朝鲜的核问题或人权问题为借口，对朝鲜实行制裁，从而导致战争爆发；②美朝核会谈失败后，美对朝的制裁和军事封锁未能奏效，为破坏朝鲜的核发展计划，美国可能用巡航导弹或飞机对朝鲜的主要核设施进行“外科手术式”打击，从而引发第2次朝鲜战争；③东北亚形势恶化，美国对朝鲜发动先发制人的进攻，引发第2次朝鲜战争，等等。(2) 双方可能投入的兵力。西方对朝鲜实力的估计是：总兵力为70万人，其中：陆军5个军，20个步兵师和机械化师，坦克3000辆、装甲车2500辆、火炮和多管火箭炮4000门、地地导弹约100枚；空军作战飞机约600架、地空导弹约300枚；海军作战舰艇约500艘。美韩计划投入总兵力为117.5万人。美军为54.5万人，战争初期投入21.5万人，其中：陆军师6～7个，包括重装旅11个、轻装旅8个；空军战术战斗机中队34个、战略轰炸机中队4个；海军航母战斗群6个；2个海军陆战远征部队。韩国军队63万人，其中：陆军师22个、独立旅12个、坦克2000辆、装甲车2000辆、火炮和迫击炮1万门；空军作战飞机约450架；海军作战舰艇214艘；海军陆战队2个师另1个旅。(3) 美韩作战方针。在战争初期坚守汉城以北地区，确保汉城，以空中打击和地面的猛烈火力消耗敌人，待增援部队到达后，发起战略反击，首先恢复原态势，进而占领整个北朝鲜。美韩两国对这一计划每年都作进一步修定，从而使这一计划更具有进攻性、主动性。该计划主张，在美朝核谈判破裂时，对朝鲜进行严厉制裁，并逐步升级到轰炸朝鲜的核设施。若发现朝鲜有反击的征候，就主动向朝鲜发起大规模进攻。(4) 美韩作战行动。作战行动分为5个阶段：第1阶段为准备阶段，美军把准备阶段分为两种情况：一是在战争爆发前已出现形势紧张的征兆，美国便以举行军事演习为名，把计划中规定的参战部队的一部分调往朝鲜及其周围海域，预先进行战争部署；二是形势突变，战争突然爆发，美国按计划立即作出反应，边打边紧急向朝鲜大规模增兵。第2阶段为防御阶段，美韩实施“铁盾”行动，完成3项战略任务：一是实施大规模空中战役。对朝鲜实施全面打击，摧毁朝鲜的高炮配系和地空导弹防御系统，迟滞朝鲜人民军南进并空袭其有生力量。二是实施地面阻击战。力争把人民军阻挡在汉城以北地区。待掌握制空权后，将对人民军的进攻部队进行昼夜不停的空袭，力争在汉城以北挫败朝鲜的进攻。当朝鲜的地面部队拥入几条谷地时，美将用飞机布撒障碍地雷，迫使人民军的装甲车辆进入既设的狭窄杀伤地域。三是尽快向朝鲜战场输送和集结足够的作战部队。美空军的增援部队将赴朝参战，B-1、B-2和B-52轰炸机满载炸弹从美国本土直飞朝鲜，完成攻击任务后将飞往关岛和冲绳降落，补充弹药后再次出击。美驻日战斗机和轰炸机将首先参加对朝作战，F-15、F-111和F-117隐形战斗轰炸机将从阿拉斯加、夏威夷和美国本土起飞奔赴朝鲜。第7舰队将开往朝鲜周围水域。在战争爆发后24小时内，美空军将开始用C-5和C-141运输机向朝鲜投送驻日的2.1万名海军陆战队、驻加利福尼亚的一支海军陆战远征部队、驻夏威夷的陆军第25轻装步兵师、驻列维斯堡的第9轻装步兵师和第101空中突击师。6个星期后，美重型装甲师和机械化师将运抵朝鲜。第3阶段为反攻阶段，美韩军在挫败朝鲜人民军的进攻后开始大规模反击，

初期目标是把人民军赶回“三八线”以北，恢复战前态势，后续目标是越过边界北进，推进至清川江一线。第4阶段为扩大战果阶段，美韩部队将包围坚守平壤的朝鲜人民军，同时占领朝鲜的大部分地区。这时，美韩将就是否继续向鸭绿江一线推进定下决心。第5阶段为全胜阶段，美韩占领平壤，实现“以韩国为主导的统一”。美国人设想，如果朝鲜没有外国支援，美韩联军最短可在45天，最长可在4个月内打赢第2次朝鲜战争。

述评：美国能打赢第2次朝鲜战争吗？　有作者撰文指出，美国认为第2次朝鲜战争将像海湾战争一样，是一场力量悬殊的战争，美韩军事力量在数量上和技术装备上将占绝对优势。其实，这都是他们一厢情愿的设想。（1）美军计划用地面部队6～7个师（花45～120天时间）打赢第2次朝鲜战争，显然是过高地估计了自己的作战能力。1950年朝鲜战争时，美国在战争初期投入7个师的地面部队，三军总兵力约40多万人，并且拥有强大的技术装备优势和10多个国家派出的军队的支援，但结果并没有赢得战争。海湾战争中，美军将1个重型师部署到位花了1个月时间，全部部署到位花了7个月时间。从美国本土或欧洲到海湾地区的运输距离只有1万余千米，而到朝鲜半岛的路程有2万多千米，短期内结束战争显然是不可能的。（2）朝鲜不是昔日的伊拉克，也不像伊拉克那样失道寡助，一旦美国发动第2次侵朝战争，必将引起国际社会的广泛关注。（3）一旦战争爆发，韩国的7座核电站便可能遭到破坏性的打击，放射性物质就会笼罩朝鲜半岛和日本列岛。韩、日政府可能出于国内民众强大的政治压力，反对美国对半岛北部进行大规模战略空袭，进而主张与朝鲜进行可以接受的停战谈判。（4）朝鲜半岛的地形也远非中东地区一马平川的沙漠地形可比，美国的高技术武器难以在此尽情发挥。这不仅会使机械化部队的长驱直入遇到很大的困难，更会极大地抑制美军高技术兵器的效能发挥。因此面对“假如第2次朝鲜战争爆发”这个问题，人们也许应该对美国的军人们重复一下一位军事家的名言——没有一场战争是完全按计划胜利的。（阎红卫、尉哲《美军“第2次朝鲜战争构想”揭秘》，《军事史林》1999年第3期；郑军《神秘的“5027行动”》，《世界军事》1999年第3期）

（陈　群）

俄军作战问题研究　俄军作战理论改革显示出若干趋向　有作者通过分析指出其作战理论变革显示出的4点基本趋向：

在作战指导思想上，强调必须做好应付各种冲突和战争的准备。（1）重视核威慑作用。考虑到俄罗斯在常规力量方面已不再具有优势、美国等有核国家也从未承诺不首先使用核武器等因素，俄军事学说放弃不首先使用核武器的承诺，并将依靠战略力量及装备有先进武器的常规部队来遏制可能对俄罗斯发动的入侵。（2）侧重准备应付局部战争和地区冲突。俄军提出把应付局部战争和地区冲突作为当前战备的重点，并设想了在其西部、南部和东部战略方向发生此类战争的情况。在西部方向：将面临占有军事技术优势的敌人，战争将具有地空一体战的特点。在南部方向：将面临人数众多、装备精良、独立行动的集群，且战争带有大规模游击战的特点。在东部方向：俄军最有可能实施传统的，有大量部队参加的进攻性行动。（3）继续把应付大规模常规战争视为战备的根本出发点。俄军认为，现在和未来，针对俄罗斯的大规模战争的可能性不能完全排除。这种大规模战争很可能是由局部战争和武装冲突升级而来的，也可能是由俄罗斯履行对盟国的义务而引发的，特别是当前俄常规军事力量处于劣势，因此不能不对大规模常规战争做好准备。

在作战方针上，强调尊重军事规律，实施机动灵活、攻防兼备的积极防御。（1）确立新的防御方针。俄军摒弃前苏联时期片面强调进攻或防御的做法，提出“攻防兼备”的积极防御方针：一是强调防御的主动性、积极性。俄军认为，必须贯彻积极防御的战略方针，在总体上实施防御的情况下，在具体行动上要强调进攻，在发现敌确已作好入侵准备时，可先敌发起进攻，以打乱敌入侵部署。二是把“全方位机动防御”视为防御构想的核心内容。俄军认为，俄现阶段主要威胁来自难以预测、不明确和不稳定的因素，因此应以全方位防御和机动防御相结合，达成防御目的。三是防御目的更加坚决、明确。在实施防御作战时，不仅限于将敌驱逐出境，而且可越过国境推进至敌纵深地区进行打击。（2）采取措施推进新防御方针的实施。首先，强调防御的灵活性。一是防御样式灵活。即不把防御和进攻绝对化，在坚持防御的同时要使用各种进攻手段。二是防御地域灵活。主张以空间换取时间，在若干地域（方向）实施一系列非线式机动防御作战，以确保在任何方向上都能及时加强力量、打击侵略者。三是防御部署灵活。将由灵活部署来取代以往在各个战略方向上建立突击集团的做法，并在结构上注重部队的精干化。一是重组军种结构。将现有5个军种合并为4个军种，2000年后再由4个军种合并为3个军种。二是精简指挥机构。拟用地区性司令部取代现行的军区体制，以利于军队在更广泛的区域实施机动防御作战。三是加强机动力量建设。

在作战方法上，强调使用各种战法和现代高技术手段实施“全方位机动防御”作战。“全方位机动防御”由以下4个要素构成：(1) 强调使用地空高度协同的强大火力。这是全方位机动防御的重要特征，又是达成防御目的的重要保证。(2) 有效利用全维战场空间。俄军强调：必须通过各类兵力兵器与现代武器系统的最佳组合，夺取制空制天权。为此，将重点加强快速机动部队、空军和陆军航空兵的建设，集中装备一批具有远程纵深打击能力的精确制导武器和先进机种，对敌空防力量实施全方位大纵深突击。同时，还应建立由防空歼击机群、防空导弹和预警雷达组成的防空系统，以确保己方作战力量的安全。(3) 重视使用各种战法和反击手段。除广泛采用反冲击、反迂回、反穿插等被动性攻击行动外，还应采取以下主动行动：使用快速反应部队制止可能的侵略；使用进攻力量越境进攻；使用“软、硬火力”进行纵深杀伤，摧毁其指挥系统和战争潜力。(4) 建立完善的自动化指挥系统，以使未来战场上的各种力量因素形成一个有序的整体，达成防御目的。

在作战原则上，对某些传统的原则进行相应调整，并赋予其新的内容。(1) 继续强调战争初期的决定性意义。俄军认为，现代侦察器材获取情报的能力空前提高，使用精确制导武器实施大规模纵深突击可大量消灭和割裂开始动员和部署之敌，进而赢得决定性优势；通过实施大规模电子战和海、陆、空导弹突袭就可达成战略目的。这对于战略、战役级初期作战尤为重要。(2) 远距离作战将趋于主导地位。以近距离作战为主的原则将被同时实施近战和纵深作战的原则所替代，并可能出现类似“非接触性作战”的全新理论。(3) 集中兵力原则将转为集中火力原则。在未来战争中，由于攻防双方的作战重心将不在前线，而是在主要的武器系统群及相关的侦察、指挥和控制分队的配置区域内，这样攻防作战过程中将变集中兵力为集中火力。同时由于C^3I系统和远程精确制导武器的发展，集中火力可跨越战术级，直接在战役、战略级实施并达成目的。(4) 攻防作战的具体形式将趋于一体化。俄军认为，在未来战争中由于先进探测系统、指挥控制系统和精确制导技术的广泛使用，将大大增强纵深侦察、远距离通信、精确打击及深远突出能力，作战行动将突破固定战场和阵地的限制，在整个作战空间的各层次、各方向、各方面同时进行。因此，传统的攻防作战理论将被一种全新的攻防趋同理论所取代。在未来信息战、电子战中，攻守双方实施作战的基本内容都将包含分散配置、迅速集结、穿插分割、垂直包围等相同的行动样式。（田素毅、李明家《俄军作战理论发展的基本趋向》，《外国军事学术》1998年第2期）

俄军现代防御作战注重体现积极性原则 有作者就此提出如下看法。

积极性原则在传统战法中的变化。(1) 火力反准备更加常见。现代条件为提高火力反准备的效果和在更短的时间内组织火力反准备提供了可能。高精度武器、侦察—突击综合系统和侦察—射击综合系统、大量火箭炮以及方面军航空兵和陆军航空兵的使用，使得兵团的火力突击能力大幅度增长，这样，火力反准备在俄军防御作战中将更加常见。(2) 火力毁伤威力更大。现代条件下，由于毁伤兵器射程增大，而且毁伤威力、突击精度提高，防御一方能够在防御作战各个阶段积极打击敌人，使敌经常处于紧张状态。

积极性原则在新战法中的表现。(1) 纵深综合突击。对进攻之敌实施地面和空中的纵深综合突击是防御作战中积极性新的表现形式。即通过使用火力，向敌后方机降空降兵和侦察破坏部队，在敌前进道路上设置火力拦阻障碍，大规模使用电子干扰等手段来最大限度地牵制敌行动，破坏敌指挥，降低敌突击集团的进攻速度。(2) 设置火袋。在防御中，预有计划地将敌诱至预定地域（火袋）并从正面、翼侧和后方对其实施突击，也是发扬作战积极性的有效方法之一。

积极性原则在机动防御中的使用。俄军合成兵团和部队的火力、突击力和机动力不断提高，使其机动防御的战术手段大大增加。主要的战法有：(1) 设伏。现代条件下，参加设伏的不仅有坦克和摩步分队，还有作战直升机、步战车、装甲输送车、反坦克导弹综合系统、防空系统和自行火炮，火力设伏的积极性大大提高，设伏被更加广泛地使用。(2) 设置火袋。俄军认为，应利用任何可以利用的地形，如各支撑点之间的间隙地、制高点、居民点的接近路、谷地、隘口等，以各种步兵武器建立火袋。(3) 采取进攻行动样式。可在机动防御中采取在敌后机降空降兵和强击群、派遣迂回支队和奔袭支队，实施反冲击和反突击一类的进攻行动样式。(4) 反冲击。与阵地防御相比，机动防御中的反冲击更为频繁，但投入的兵力较少，实施的距离较近，通常无需扩大战果。实施反冲击的主要目的是保障防御分队撤出战斗。（朱达、张文伟《俄军现代防御作战中的积极性原则》，《外国军事学术》1998年第8期）

（薛　军）

俄军战略性战役理论有新变化 有作者撰文指出，1996年6月，俄军“现实遏制”的新军事战略的出台，给其战略性战役理论带来了一些新的变化。

第一，调整了战略性战役类型的划分，增加了新的战略性战役类型。苏军认为，战略性战役体系主要由战略核力量战役、大陆战区战略性战役、大洋战区战略性战役、抗击敌空中和宇宙空间袭击的战略性战役 4 种类型组成。而俄军现行军事战略在原有基础上又增加了“战略性空中战役”和“空中——太空的军事行动”两种新的类型。俄军把“战略性空中战役”作为一种新的战略性战役的类型进行定位，主要是受海湾战争的影响和启发。同样，俄军首次把“空中——太空的军事行动”列为战略性战役的一种类型，一方面说明俄军已正式将制宇宙权放在与制空权、制海权同等重要的位置上，另一方面也说明，针对美军已将宇宙空间视为未来军事对抗的新战场和最重要的领域，俄不甘示弱，力争占有一席之地。

第二，大陆战争区（战区）防御战役取代战区战略性战役，成为军队战略行动的基本作战样式。由于苏联时期奉行的是积极进攻战略，故大陆战区战略性战役不仅居于“主导地位”，而且其基本类型是战略性进攻战役。而俄军新的“现实遏制”战略，“属于积极防御战略”。苏联时期的关于战略性战役作战理论的观点显然已不合时宜。根据俄“现实遏制”战略的要求，俄军一改战区战略性进攻战役和战区战略性防御战役两种提法，合二为一，将战略性进攻战役的内容去掉，单独推出了“大陆战争区（战区）防御战役”概念。与此相适应，俄军根据现实的地缘战略态势，将未来战场划分为欧洲、中亚、东亚 3 大战争区，并将欧洲战争区作为主要方向。

第三，战略性战役理论的一些新观点。(1) 开始方式有所变化。苏军认为，首次战略性防御战役以“对敌首要目标实施突击的方式开始的可能性最大”。同时或紧接着要抗击的是敌空中袭击、陆军突击集团的入侵、海军突击，以及同敌登陆兵和空降兵作斗争。而俄军新的战略性防御理论认为：“防御战役通常以抗击敌空中（空中—海上）的进攻战役开始。在敌实施空中（空中—海上）进攻战役（战局）时，其持续时间可能达 30 昼夜或更长”。(2) 防御布势增加了新的内容。主要是增加了指挥和通信配系，反映了俄军现今对高技术条件下防御战役的新思考。(3) 战役组成部分中增加了几种新的作战（战斗行动）类型。如机动力量作战、反空降作战、特种作战等。（杜魁元《俄军战略性战役理论新变化》，《外国军事学术》1998 年第 10 期）

（陈　群）

印度军队作战问题研究　印度空军作战理论正发生深刻变化　有作者撰文指出，近年来，受国际安全环境及军事技术发展的影响，印空军传统的作战理论正在发生较为深刻的变化。

强调夺取制信息权与制空权相结合。近年来，印空军信息控制能力得到长足发展。一是卫星通信普及程度较快，光纤通信步入使用阶段。二是全空军范围内基本实现计算机联网，建立了以计算机为基础的信息传输系统。三是建立先进的防空地面环境系统，能自动处理防空数据和迅速提供雷达情报，并初步建立起一套完整的对空雷达预警系统。近年来，随着电子战设备的引进和开发，印空军电子战能力大幅度提高。一是专业电子战部队增多。二是电子战手段增多。除利用电子战飞机和战斗机机载电子战设备进行电子“软压制”外，还具备了对敌方雷达进行“硬摧毁”能力。三是反电子干扰和雷达躲避能力增强。

强调纵深打击与近距离支援相结合。印空军认为，空中优势“只有通过进攻才能取得，必须把空战引向敌领空，迫使敌采取守势”。因此，它强调在己方纵深进行防御作战的同时，要对敌纵深实施猛烈的攻击。首先要消灭敌军战略战役目标和有生力量，如敌指挥部、空军基地、后勤补给系统和战略战役预备队等。在取得整个空中优势以后，空军力量应“转向对局部战术基地的压制，其中最重要的是首先摧毁敌地面雷达网和指挥、控制和通信系统，以破坏敌军的反应能力，使之面对强大攻势无法进行任何有效的防御”，尔后倾全力对敌军主力进行连续不断的攻击，为已方机械化部队取得决定性的地面突破提供强有力的“攻势空中支援”。90 年代以来，印空军除继续坚持对陆、海军的支援作战外，开始重视空军单独完成作战任务的问题，并提出了支援作战与独立作战相结合的方针。印军规定：不论哪个方向出现战争，空军都能及时作出反应；在特殊情况下，为达到一定的政治目的，可以单独使用空军对敌国重要目标实施空中袭击。这表明，独立完成作战任务，已经成为印度空军的重要作战原则。

突出集中兵力和集中火力相结合。印军认为，在现代战争中，欲对敌实施先发制人的打击，空军将是理想的突击力量。因为空军可突入敌纵深或后方消灭敌军有生力量，摧毁敌重要目标，削弱敌战争潜力。为此印空军应“在地面战斗开始前，取得空战胜利”，才能有效地压制敌战术空军，以保障己方部队在整个战争过程中的自由行动。印空军认为，实施积极进攻是“攻势防御”作战中变被动为主动的关键。而实施有效积极进攻的最好办法就是先发制人，攻敌不备。为此，“应集中优势兵力兵器”于主要战场、主要作战方向、主要目标和关键时刻，给敌以决定性的突然打击，破坏敌防御或进攻准备。这是战斗成败的决定因素。印空军将火力杀伤视为攻势作战的基础。印空军已具有战役全纵深火力杀伤能力，在未来的战役作战中，在武装直升机的配合下，可遂行地面攻击、近距离火力支援和空中遮断任务，重点攻击对方纵深预备队、后勤补给线和指挥控制系统，全面削弱对方防御能力和潜在作战能力，为战役的胜利创造条件。

重视陆空联合作战。印空军认为，未来战场是一个不可分割的整体，必须强调陆空协同作战的重要性，使“陆军和空军保持密切联系”，发挥各种战斗力的综合作战效益。而欲取得地面战斗的胜利，首先必须取得空中战斗的胜利。为解决陆空协同作战问题，印空军与陆军建立了较为完整固定的协同关系，在营至军区各级都组建了陆空协同作战机构。印空军还十分强调其自身各兵种之间的协同动作，以形成合力，对敌实施更有效的打击。印军在完善现有陆空协同作战机构的同时，根据“海空一体战”的作战需要，建立健全了海空作战指挥机构。（陈仕军、李睿《印度空军作战理论新变化》，《外国军事学术》1998年第9期）

析印军全纵深立体作战思想 有作者认为，印军全纵深立体作战思想的内涵主要包括以下4点。

在作战指导上，强调发挥整体优势，实施诸军兵种联合作战。近年来，随着编制体制的调整和武器装备的不断改善，印军的远程机动能力、纵深打击能力和诸军兵种联合作战能力有了大幅度提高。印军强调，对未来战争的作战指导必须发挥整体力量优势，从战争初期开始，就充分利用广阔的战场空间，综合运用地面、空中、电子战等各种作战力量，发挥诸军兵种联合作战威力，对敌实施全纵深立体攻击。在对敌实施强大的正面作战的同时，广泛运用电磁“软杀伤”、火力“硬摧毁”、兵力纵深突击等手段，对敌纵深内的重要目标和战役重心实施毁灭性打击，扩大打击空间，夺取并保持作战主动权，在整个战役战场，形成地面、空中、电磁战场同时对敌作战，前沿、正面、纵深、翼侧协调打击敌人的有利态势，给对手以歼灭性打击，迅速实施战役作战企图。

在作战部署上，建立纵深、立体的攻防体系。（1）综合运用各种侦察监视手段，构成全方位、大纵深、立体多维的侦察配系。印军强调，未来高技术局部战争爆发突然、进程短促、对抗激烈，必须充分发挥C^3I系统的作用，实现战场情报、通信、指挥一体化，提高现代条件下情报收集与传送的快速反应能力，夺取并保持作战行动的主动权。（2）建立纵深梯次的兵力部署。印军强调，要在作战的前沿、纵深和翼侧建立梯次配置、重点突出、富有弹性的兵力部署。防御作战中，强调沿敌进攻轴线的有利地形上纵深梯次配置兵力，主要扼守“重要地形”和“战术要地”，以对付可能来自空中、地面任何方向的进攻。进攻作战中，一般按突击梯队、支援进攻梯队、预备队、炮兵和扼守基地分队的战斗序列，呈纵深梯次配置，以形成强大的连续突击能力。

在作战手段上，重视全纵深立体火力打击。（1）实施集中统一指挥。印军攻防作战的火力，通常由两个层次构成，即主要由空军和战役战术导弹、武装直升机、远程炮兵组成的高层次纵深打击支援火力和由师以下部队编制内各种轻重火力构成的低层次前沿打击火力。为发挥整体火力打击效果，作战中，一般由军以上单位对各种火力实施高度集中指挥，统一组织、计划和协调火力打击的时间、地点及行动方式，以最大限度地发挥各种火力优势，形成集中火力打击的“拳头”。（2）发挥空中火力优势。印军主张在组织进攻或防御时，首先要集中使用空军航空兵火力，对敌纵深内的机场、防空系统等重要目标实施突然袭击，夺取制空权；尔后统一使用航空兵、攻击直升机、战役战术导弹、远程火炮等远战兵器对敌实施遮断行动，突击敌指挥通信中心、交通枢纽，以及部队集结地域、炮兵阵地等重要目标，阻止其战略战役展开和战略、战役预备队机动，破坏其作战准备；广泛使用空军、陆军航空兵实施空中火力支援，摧毁敌炮兵阵地和装甲目标，配合地面作战行动。（3）严密组织地面火力。印军强调要集中优势火力于主要作战方向、主要作战部队和关键时节，对对方实施连续的火力打击。进攻中，密切协调空中火力与地面火力，做到打击前沿与打击纵深火力相结合，对防御之敌实施全方位、不间断的火力打击；防御中，要综合运用炮兵和步兵火力，在前沿构成明暗相织、远中近结合的绵密的交叉火网和多层次火力拦阻地带，并采取火力机动与兵力机动相结合、火力打击与障碍物防护相配合的方法，在防御前沿、纵深、翼侧对进攻之敌实施强大的连续火力杀伤，挫败敌进攻企图。

在作战样式上，广泛实施机动作战。（1）注重战役作战力量的快速移动。高技术条件下作战，情况变化急剧，攻防转换频繁，印军强调，必须充分发挥空中机动速度快、能迅速超越障碍等优势，在战场的广阔空间实施兵力兵器的广泛机动，以快制快，力避被动，积极寻求和创造战机，在关键时节和地域形成对敌作战的优势，给敌以歼灭性打击。（2）广泛实施远程纵深奔袭和迂回包围作战。印军强调，战役作战中实施远程奔袭和迂回包围作战，可以有效地达成作战行动的突然性，加速战役作战进程。实施此类作战，通常由机动能力、独立作战能力较强的装甲、机械化部队等特种精锐部队担任，利用夜暗和不良天候，秘密快速渗入纵深地区，抢占纵深内战役要点，破袭对方重要目标，断对方退路，阻敌预备队增援，配合正面部队歼灭对方。（3）突出机降和伞降方式作战。印

军认为，它是战役作战的重要手段。实施机降和伞降作战，通常在战术航空兵和地面炮火的支援下，运用各型运输机和直升机，在浅近纵深内对对方阵地实施空中垂直分割包围，割裂对方战役布势，打乱对方作战部署，以迅速实现战役作战目的。（房峰辉《析印军全纵深立体作战思想》，《外国军事学术》1998 年第 9 期）

（薛　军）

信息战问题研究

中国关于信息战问题研究　全面理解“信息优势”　有作者撰文指出，拥有制信息权，首先要拥有信息优势。信息战中的信息优势不仅指拥有比对方多的信息量，还包括要拥有比对方强的信息获取、利用和控制能力。

拥有“有用”信息量的多少当是衡量是否拥有信息优势的首要标志。在高技术战争中，分析战场态势，制定作战方案，实施指挥控制，以及发挥武器系统的效能等，都需要大量的信息支持。概括起来，这些信息大体可分为 3 类：即知识型信息、资料型信息和消息型信息。知识型信息包括：作战思想、战略战术、指挥理论、重要武器系统的运用原则和运用方法等。特别是有关新的作战思想、新的战略战术和新的武器系统的理论，对战争胜负具有更大的影响。掌握了这些信息，才能准确把握对手，进而确定更有效的对策。资料型信息包括：部队的编成，指挥关系，装备类型、数量及其战术技术性能，战区有关的地理、水文、气象、交通、社会等情况。消息型信息包括：有关部队的当前部署与活动情况，作战任务，作战企图，当前有关部队的装备类型、数量及其使用的战术与技术参数，当前的地理、水文、气象、交通、社会等有关方面的数据资料。在这 3 种类型的信息中，知识型信息和资料型信息通常主要依靠平时的搜集与积累，消息型信息通常主要靠战前和战争过程中的侦察与分析。要保持己方信息优势，首先要比敌方更多地占有上述信息。

能否大量占有信息，取决于能否大量获取信息。这是衡量是否拥有信息优势的重要方面。在军事上获取信息最重要的手段是侦察，特别是电子侦察。而衡量信息获取能力的高低，主要取决于 3 个因素：一是实施侦察的手段；二是获取信号的类型；三是侦察装备与系统的战术与技术性能。航天技术的迅速发展，使得卫星侦察成为战略侦察和战役战术侦察的重要手段；特种飞行器的发展，也将对战术侦察产生巨大影响。谁更多地拥有这些手段，谁就会更快、更多、更准确地获得信息。

信息的利用能力也是反映信息优势的重要方面。所谓信息利用能力，是指充分利用信息，最大限度地消除战场上的不确定因素，从而作出正确判断和决策的能力。现代战场上侦察手段多，通常最大的危险不是信息缺乏，而是信息太多。从真假混杂的巨大的信息流中迅速、正确地提取和利用有关信息，甚至比缺少信息更难堪。信息利用能力包括数据处理能力、理解能力、判断能力和决策能力。数据处理通常用计算机完成，理解、判断和决策虽然也可以利用专家系统来进行，但指挥员仍然发挥着关键作用。

信息控制能力也是反映信息优势的重要方面。敌我双方信息领域的对抗，集中表现为对信息的获取与反获取、利用与反利用的斗争。要力求通过各种进攻和防御手段，改变双方信息获取能力与信息利用能力的对比。在信息控制方面，常用的阻碍、破坏敌方获取与利用信息能力的手段有：电子干扰、火力摧毁、伪装等；常用的保护己方获取与利用信息能力的手段包括：采用具有反侦察、抗干扰能力的技术装备与技术措施，采用正确的战略战术，加强战场防护与伪装等。

信息优势特点。主要有 3 个方面：一是相对性。信息优势分为绝对优势和相对优势。相对优势指与某个作战对象相比较，在特定的时间、作战方向和特定的信息领域具有优势。由于现代信息技术的迅速发展，任何一个国家或一支部队要获取绝对的信息优势是很困难的，多数情况下只能获得相对的信息优势。二是变动性。变动性是指作战双方的信息获取能力、利用能力和控制能力对比的变化。这种变化性通常表现为两种形式：一种是渐进性的，这是指作战一方重复地或长时间地使用某一种战术或技术，逐渐被对方识别，并采取相应的手段，从而逐渐失去信息优势。另一种是突变性的，这是指作战一方突然采用某种新的战术或技术手段，从而迅速改变双方在信息获取能力、利用能力或控制能力方面的对比。三是积累性。

积累性是指设备与系统的改进与更新、人才的培养和信息的积累需要经过一段时间的努力，通过积累各方面成果，才能取得信息优势。（林春应、李春华《对“信息优势”的理解》，《军事学术》1998 年第 2 期）

应看到信息优势中有“劣势” 有作者就此提出如下观点：(1) 信息优势不等于信息技术可为一国主宰。谁都难以改变信息技术的这种综合性、网络化和人类共同占有的趋势。作为发达国家，在掌握和运用信息技术上可以先走一步，但却不能阻止其他国家利用信息技术造成某种“不对称优势”。(2) 信息优势不等于心理意志优势。它在影响敌国心态的同时，很难再像以前那样对来自战区的消息加以封锁和控制，而这些消息有可能“帮倒忙”，使政府不得不在民众的压力下结束军事行动。(3) 信息优势不等于具有防护优势。信息优势所依赖的复杂设施体系，无疑是对手攻击的重要目标。在信息安全这一难题没有解决之前，信息系统很容易受到打击。

分析信息优势中的“劣势”，可以得到以下启示：应充分利用信息技术，加紧研制和开发那些成本较低，但却实惠管用的武器，形成某一领域的“不对称优势”；做好战略层次上的心理战准备，善于利用西方独立新闻机构进行对我有利的报道；发展信息产业和体系，积极发展和参与“英特”网，以掌握更多的信息，控制更多的接口。（周德民《信息优劣辩证观》，《解放军报》1998 年 4 月 28 日）

信息战场使指挥对抗出现新特点 有作者就此提出以下 6 点看法。

*指挥对抗成为相对独立的作战动力。*信息技术的发展使军队在战场上直接攻击敌方指挥和指挥系统的能力大大增强，也使得指挥对抗越来越突出地表现为交战双方在指挥领域里全方位全时空的直接对抗。对抗的全方位性和直接性客观上要求指挥员必须将指挥对抗作为整个作战行动中的重要组成部分进行单独的计划和组织。

*指挥对抗由战中向战前位移。*从系统的观点出发，战争可以看作是人流、物流、能量流和信息流的有序流动过程。其中，信息流对其他流的流向和流量起着主导和控制的作用。由于信息技术的发展使得指挥信息流在作战中的主导和控制作用更趋精确、高效。战场主动权的争夺将通过争夺指挥优势表现出来。这一变化客观上要求指挥员在实施大规模作战行动前，充分运用各种手段与敌展开全方位的指挥对抗，以瘫痪敌方的指挥和指挥系统，夺取指挥上的优势。指挥对抗开始由战中向战前位移。

*指挥对抗更加依赖技术装备。*指挥器材的现代化是指挥对抗的物质基础，技术装备现代化水平越高，对抗的表现形式就越完整。计算机网络技术的发展为指挥对抗开辟了一个新的对抗领域。敌对双方的指挥对抗将主要在计算机网络上展开，通过多渠道、多形式地对对方计算机网络系统进行攻击，使敌方军队联络中断、指挥失灵、武器瘫痪、秩序混乱。另外，以信息主导型兵器攻击对方指挥机构，因其定位准确、精度高，所以能有效地增强指挥对抗的效果。

*指挥对抗的重心转向信息系统。*指挥系统日趋信息化使得军队的作战指挥对信息系统的依赖性也越来越大。信息系统对指挥系统及其运作过程的影响和制约作用的空前增大，客观上使得信息系统成为信息化战场上指挥对抗的重心。指挥对抗将围绕信息系统的斗争展开。

*强调摧毁、破坏和利用并重。*由于信息技术的广泛运用，使指挥系统的抗毁能力大大增强，使无形的信息成为攻击指挥系统的重要武器。这就要求指挥员在组织和实施指挥对抗过程中，应灵活运用各种对抗战术，把摧毁、破坏和利用敌指挥系统有机地结合起来。这也是作战保密、军事欺骗、心理战、电子战、火力摧毁等多种作战行动在指挥对抗过程中综合发挥作用的必然要求。

*对情报保障的要求更高。*从指挥对抗中的防护行动来看，指挥系统的信息化使指挥和指挥系统的防护变得更加复杂。它不仅包括信息传递过程中的保密问题，而且还包括确保系统免受病毒及其他攻击的侵害，保证系统的原始数据在运作和传递过程中不改变其原来性质和不被对方所窃取。由于信息攻击具有很强的隐蔽性，因此必须有及时、准确和充足的情报保障，才能对己方的指挥信息系统采取有效的防护措施。（耿卫东、滕人顺、张松《信息化战场的指挥对抗》，《现代军事》1998 年 1 月号）

探索信息化战场的误伤问题 有作者撰文指出，海湾战争作为一场高技术条件下信息战争的雏型，不仅代表未来战争发展趋势，而且还揭开了高技术局部战争误伤的序幕。据统计，战争期间共发生误伤事故 28 起，有 35 人因己方火力误伤致死。其中由于目标识别错误导致误袭的，占误伤总数的 40%，由于协同问题导致的误伤事故占整个误伤事故的 29%。美军发生误伤事件的原因，主要有以下 5 点：一是武器装备技术越先进，结构就越复杂，对人员素质和操作程序要求更高，导致人员心理压力加大，难免会出现由于紧张而造成人为操作错误。加之，高技术武器也同常规武器一样受制于战场环境、气象、天候和地形，难免有时会导致武器违背己方意愿造成误伤。二是在现代非线式流动战场上，敌我双方机动频繁，双方部队往往混杂在一起，部队很难确定邻近的己方军队和敌军的位置，往往导致仓促应战。三是未来战争由于作战节奏加快、进程缩短，交战双方都将实时作出反应，快速采取行动，达成速战速决。同时，由于战争目的有限和规模缩小，也会大大缩短战争时间。在这样快节奏、高速度的攻防作战中，敌我双方指挥员有时为了争取主动，先机制敌，往往导致情报不十分准确，决策随机性大，造成误伤。四是火力协调难度大。在未来战争中，参战军兵种多，作战空间大，横向协调的任务十分繁重。五是由于信息、数字化技术的应用使各部队之间、武器系统之间、单兵之间、人与武器之间、上下级之间等信息畅通。但数字化信息一旦被对方破译，他们不但能插入数字化通信网络中窃取大量情报，而且还可以向数字化网络发送假情报，诱敌判断失误；向敌官兵发布假命令，使敌听命于己，军事行动陷入混乱。为解决误伤问题，美军正加强敌我识别系统的研制与改进，并不断装备部队。主要包括非自主式与自主式两种识别系统。非自主式识别系统主要采取向己方部队发出数字编码信号，己方部队收到信号后迅速作出反应，以达成识别目标的目的。自主式识别系统主要是用热成像仪直接对目标进行侦察，它可与全球定位系统的导航仪结合使用。同时，还不断研究在作战中防止误伤的指挥方法，如派联络小组，协调己方部队行动；制定部队攻防作战火力协调线、分界线、前进调整线，规定各部队攻击目标和区域；设立空中协调中心，协调空中作战行动，并负责与地面部队协调；对参战军队实施误伤训练。（魏岳江、李晓鹏、解晓东《误伤走向未来信息化战场》，《军事文摘》1998 年第 1 期）

美国信息战问题研究　**信息技术将从 5 方面对美军未来作战产生影响**　有作者撰文指出，随着信息技术在未来战场上的普遍运用，必将给美军的作战理论带来一些重大变化。

*在了解战场、拟制计划方面，将由以前那种根据推理和判断来谋划用兵的办法改变为依据战场实际量敌用兵。*由于信息技术能够通过天基、空基和陆、海基等全方位侦察器材搜索、识别、跟踪战场上的任何目标，能够通过信息网络实时处理、传播各种信息，还能够把战场的所有情况都清晰地展现在拥有信息优势的战地指挥官面前，所以指挥官自然用不着再像以前那样推理、判断战场情况。从而使根据实际情况量敌用兵成为可能。这样，不仅拟制计划时效快并省力，而且也不会再像以前那样容易因判断上的失误而造成“一着不慎，满盘皆输”的局面。

*在部署、使用兵力方面将由过去的分兵把口以防万一改变为重点用兵于能够赢得战争的决定点上。*以前的战地指挥官除了要在主要作战方向上部署重兵外，还需向前方和后方以及左右两个翼侧派出一定的警戒兵力。因而并没有完全作到集中兵力。信息技术的最大优点之一就是能集中使用和节省兵力。由于它能消除战场上的不确定性，哪里有敌人才向哪里派兵。从而可以把以前用在次要方向上的兵力节省下来，有重点地用在对制胜起关键作用的决定点上。

*在作战的行动方式方面，将由过去的被动反应式行动改变为主动的先发制敌行动。*过去的作战行动，即使是进攻，也充满了被动的因素。许多具体的行动都是依照敌人的行动相机作出反应。未来战场上，由于战地指挥官可以通过信息系统实时了解到敌人一切动向，及早判明敌人的行动意图，不仅可以消除以前那种被动状况，而且还可以做到在敌人尚未采取行动之前先敌行动。因此，美军认为，未来作战中，无论是进攻还是防御，都将力求在敌人行动之前先机制敌。

*在地面作战程序方面，将由过去的电子战——火力准备——地面战斗 3 个步骤改变为信息压制——进行评估——精确打击——地面战斗 4 个步骤。*60 年代以前的常规作战程序一般是：先进行航空火力和地面炮火准备，尔后地面部队再在这些火力支援下进行作战。70 年代以后，在沿用以前作战程序时又增加了电子对抗的内容。许多军事理论家认为，在未来战争中，由于战场透明，武器的射程和精度提高，攻方大可不必先从近战开始，只要先瘫痪敌人从国家中枢到作战系统的关键节点，就能使其丧失抵抗意志和继续抵抗的能力。

*信息技术使美军很难再对战场消息进行封锁。*过去，为保守军事机密，常常封锁战场消息。信息技术的发展，使美军很难作到这一点。因为信息技术将加强战场同外界的联系，新闻媒体的便携式计算机和移动电话都能将战场上的最新消息实时地传播出去。有人预测，未来战场上的惨叫声和恐怖场面随时可能出现在世界各地用户的电视屏幕上。这不仅会激起世界民众包括美国民众在内的反战情绪，而且会给其国内的预备役动员带来一定的困难。（书签《信息技术对美军未来作战的影响》，《外国军事学术》1998 年第 6 期）

美军担心发生“电子珍珠港事件”　据美《国际先驱论坛报》报道，美军正拟定确保“信息战”胜利的作战计划，以防止“电子珍珠港事件”发生。该报道称，信息战是与黑客一起诞生的。黑客不仅被奉为美国的新型超级武器，而且被说成是美军一个可能的致命弱点。随着研究的深入，不同专家对这一威胁的本质和程度有不同看法。去年，一个在五角大楼支持下成立的特别工作组警告说，美军可能易受“电子珍珠港事件”的攻击，这意味着敌人可能突然摧毁或破坏众多网络和电子功能，使美国政府和经济陷入瘫痪。

一场新的军事革命。被称作“军事革命”的这一设想是以美军可以依靠联在一起的联网计算机系统作为赢得战争的基本武器这一想法为依据的。这场军事革命的关键是数字化，它可以使通信、图像和人工智能融入由卫星、导弹、机器人和地面部队组成的系统中。在电子技术方面的优势将可以使美国破解敌人的密码乃至发送错误信息。高度精确的导弹可以摧毁重要设施，并压制敌人火力。卫星可以提供方圆 100 英里内一切物体（包括车牌号）的完整图像。每个步兵都可以借助微型装置不断获得当前面临的一切威胁的完整图像。理想的结果是，美国海陆空部队能在自己被发觉之前发现敌军并消灭敌军。

此外，压制敌对国电子设备的能力指的是，美国可以利用这项技术，暗中对敌人的军事和民用基础设施发动快速、毁灭性打击，从摧毁一国的通信设施到使其导弹偏离航向等。这项新技术的发展潜力十分巨大，有的军事专家把它与过去在战略上起过重要作用的核武器相提并论。这项技术的可攻击目标数不胜数，包括电信设施、水、电和煤气供应系统、股票交易所、银行、国际税收署和社会保障署等。美国不仅运用数字化技术使间谍卫星装置微型化，并设法开发烟盒大小的无人驾驶飞行器，而且成功地把大型作战管理系统与重量轻得可由步兵携带的通信装置连接在一起。但正如美国从未想过有限制地与莫斯科互投核弹一样，它也克制住了动用电子力量的念头。美国一位官员说：“不要干容易遭到同样性质反击的事情。”

“信息战”面临诸多难题。美国军方拥有用于监视所有攻击政府计算机行为的探测技术。这些技术的作用是，确定美国是否事实上已遭到战略电子的攻击。美国统帅部担心的事情有两件：美国与盟国的差距扩大以及军用与民用的差距加大。美军可能很快会发现，它无法在战场上与北约盟国协同作战。因为盟国将无一担负得起把本国部队的信息技术水平提高到赶上美军水平所需的费用。黑客的威胁仍是一个不大好解决的问题。美国担心的是在战时的紧急情况下所依赖的各种民用系统出故障甚至瘫痪。1997 年秋天，一个研究怎样保卫美国电子基础设施安全的总统委员会发表报告说，美国对防御电子战准备不充分，这是很危险的。进而敦促公共和私营部门的专家扩大合作，协助确定黑客的攻击模式，并加强防范。（约瑟夫·菲切特《美国军方拟定如何赢得“信息战”的作战计划》，美国《国际先驱论坛报》1998 年 3 月 19 日）

美报认为电脑战的说法言过其实 美国《华尔街日报》载文指出，人们越来越担心社会对计算机的依赖，使得它本身极易受到来自键盘的攻击。在记者詹姆斯·亚当斯所写的一本名为《下一次世界大战》的书中称，信息战将成为未来的决胜手段。在五角大楼里，军事理论家们盘算着如何保卫美国，抵御受雇于外国势力的电脑黑客的攻击。这些黑客可以利用因特网切断电力供应、让武装部队瘫痪、使公司倒闭。此类的电脑恐慌不过是信息时代的鬼故事而已。

亚当斯在书中讲述了几个老掉牙的故事。第 1 个故事围绕着下面的假想展开，即国家安全局研制出一种在海湾战争中使用的计算机病毒。据称这种病毒隐藏在运往伊拉克的计算机硬件中——最常见的是打印机，它的使命是设法对连接在同一网络上的伊拉克空防计算机系统实施伏击。这令人难以置信：打印机既没有自发地向网络上的其他计算机传送病毒所需的硬盘空间，也不具备这种功能。

亚当斯讲述的第 2 个骗人的神话就是所谓的电磁脉冲枪。至少在 1992 年以后，一些拼命想引起媒体注意的青少年黑客一直在精心编造有关这种奇异武器的鬼话。据称，这种电子步枪能够通过发射各种电磁波来摧毁计算机。亚当斯在书中抄录的《福布斯》杂志 1996 年一篇采访录称电磁枪是“穷人的核武器”。显然，这种说法的起源与 1962 年的核试验有关。那次试验所产生的电磁脉冲严重地妨碍了无线电通信。但是，还没有人能够解决把这些脉冲装入枪支时所遇到的一个基本的物理学问题，即所有此类武器都将只有几英尺的有效射程，同时需要极大的能量供应，会把发射武器的人烧伤、甚至烧死。事实上，迄今并没有制造出真正的脉冲枪。但是，这并未妨碍国会在 1997 年 6 月和 1998 年 2 月两度就此事举行毫无目的、让人发笑的听证会。以下是其他一些广为流传的有关电脑战的神话：（1）1997 年，参院某委员会在一份报告中写道：“某公司警告其雇员不要阅读署名为‘笔友’的电子邮件……它包含着能使硬盘感染并毁掉机内所有数据的病毒。”事实上，“笔友”不过是一个臭名昭著的骗局；（2）美国陆军作战学院学术刊物今年春季号载文提到了名为“俄罗斯病毒 666”的计算机病毒。据称它能使计算机用户陷入昏迷，甚至出现心律失常；（3）两位学者在联邦调查局 1996 年 12 月的一期内部刊物上讨论了“克林顿病毒”。这种病毒“是为了感染电脑程序而设计的，”而这种优柔寡断的“克林顿病毒”其实是因特网上的又一个玩笑。（《电子战的说法违背事实》，美国《华尔街日报》1998 年 9 月 8 日）

美军信息战面临诸多问题 有作者撰文指出，美军在研究与准备实施信息战的过程中，遇到不少问题。

对信息战的认识不一致。(1) 对信息战内涵的看法不统一。首先，有关信息战的说法太多太滥，有信息作战，信息主导型作战，信息战争、以信息为基础的战争等。而美军对这些概念的内涵没有明确界定，经常混用。其次，不同的军事部门对信息战的认识不同，强调的侧重各异。国防部的安全保密与情报机构认为，信息战实质上是"计算机战"，应着力加强对国防信息基础结构的防护。参联会把指挥控制战与信息战混为一谈，认为信息战就是 C^4I 系统的对抗。陆军强调"战场信息战"或"信息作战"，并率先颁发了信息作战条令。海军认为，信息战的核心是"通信对抗"，破坏敌通信系统是打赢信息战的关键。空军则特别重视"反信息作战"、"指挥控制攻击"和"信息战役"，认为"信息战是扩大了的电子战"。(2) 对信息战的作用表示怀疑。美国有部分人对信息战的作用有不同看法。他们认为：信息技术有很大作用，但不能代替步兵师或航空母舰战斗群，特别是在信息战首轮攻击之后，一定要投入实际战斗部队。虽然信息战成为美军今后的主要作战方式，但对于波黑内战，计算机病毒则无力制止。现在把信息战的作用吹得太过分，太脱离实际。国防大学信息战的专家中，也有一部分人怀疑美军信息战是否能彻底摧毁敌方的信息系统。(3) 对美国的信息战优势有不同认识。五角大楼少数高级官员认为，打信息战或信息战争，美国不一定占优势，甚至可能是输家，因为：美国比任何国家都更依赖于信息技术，一旦遭到"信息攻击"，其国家和军队运行机制将受到破坏，可能出现"电子珍珠港事件"；准备打信息战不需要大量投入，所需的技术设备十分便宜，发展中国家不必耗费巨资就可具备信息战能力，信息战很可能成为弱者手中的得力武器。

信息基础设施有脆弱性。美军信息基础设施现已发展得十分庞杂，但这个庞杂的信息系统在信息攻击面前有很大的脆弱性。(1) 用简单的工具就能对信息系统造成极大的危害。现在的信息系统"无论上多少道锁，总会有人找到一种方法侵入"，而且入侵方式和成本却低得不能再低。在未来战争中，利用计算机入侵，可使美军陷入信息灾难。(2) 大量军民交互使用的信息系统，给信息入侵者提供了众多"可乘之机"。目前，美军 95% 的通信都是在普通民用传真和电话网上进行的。这种军民交错的信息网络使美军用系统根本无法采取严密的保护措施，从而使其信息系统的许多"节点"极易成为敌攻击的目标。(3) 信息系统面临着严重战场安全威胁。在信息化战场上，信息网络上的任何一个环节都十分重要。一旦信息化部队装备的计算机被敌人缴获或与信息网络有关的人被俘，或是与网络相连的任何一个作战平台或"节点"上的设备遗失，都会导致信息网络的部分或全部失密，甚至有可能成为敌人攻击其信息系统的"重要武器"。而信息系统越先进，系统结构越复杂，这种破坏作用就愈明显。据美国防科学委员会研究报告称，威胁美国民用和国防信息系统的潜在对手主要有：100 多个有信息战能力的国家，其中包括 50 多个以美国为作战对象的国家、跨国或多国公司、信息恐怖分子、计算机犯罪集团。

C^4I 系统有很多弱点。美军的 C^4I 系统尽管很发达，但仍有很多短时间内难以克服的弱点，势必会严重影响美军的信息战能力。其主要表现在 6 个方面：(1) 全军尚未建成统一完整的 C^4I 系统。陆、海、空军各有独立的通信、情报和作战指挥系统。在联合作战环境中，这些系统不能互联互通。(2) 某些 C^4I 系统技术落后，许多系统已超期服役。(3) 现有的系统不能完全满足用户的需求。(4) 有些 C^4I 系统没有统一的自动化处理手段，没有人一机交互界面。如出现误操作，会使部队在战斗中遭受不必要的损失。(5) 许多 C^4I 系统的通用性低于设计标准，故障多，不易维修保养。(6) 许多单位使用不同的 C^4I 系统与辅助设备，系统兼容性差。(7) 部分系统功能不全。

信息战不适于对付低强度冲突。处于机械化战争向信息战争转变的过渡时期，战争的一大特点是成熟但落后的传统作战手段与不成熟但先进的信息战手段同时发挥作用。无视信息战对战争胜利的作用不对，但盲目夸大信息战的作用，认为信息战适用于各种样式，各种强度的冲突，也是错误的。正如美国信息战专家所说，面临低强度威胁时，西方国家用信息无法对付由非正规军的游击战士挑起的突发事件。如美军在索马里面对仅依赖农业时代战争手段的游击队，却损兵折将，吃了败仗。低强度冲突的另一种重要形式是恐怖活动。对此，信息战也无能为力。美国还十分害怕"信息恐怖分子"对它的民用和国防信息系统实施信息攻击，因为这种攻击可给美国经济和国防造成"灾难性后果"。(王保存《美军信息战面临的问题》，《外国军事学术》1998 年第 4 期)

信息进攻难以如愿。根据美军的观点，信息进攻是信息战的基本功能，它包括利用、干扰和破坏敌方的信息系统，以便在使用武力时获得信息优势。但要达到这种目的并非易事。(1) 真伪难辨，操作困难。信息战战斗力的形成和发挥，依赖于对信息正确的采集、处理、控制和使用。新军事革命的兴起和信息武器的实际运用，使信息在采集和处理过程中真假难辨。同时由于现代战争信息量巨大，难免造成冗余虚假信息的泛滥和有用信息的失真现象，也会导致信息处理、传递和控制发生困难。加上精确制导武器对技术过分依赖，只认指令，不分敌我，倘若上述环节中的任何一个出现问题，不但直接影响到信息战的战斗力，还会造成不可挽回的损失。(2) 作用有限，“魔力”有边。近几年，有人将信息战推崇为“魔法武器”。然而，正像美国某些有识之士所认为的那样，美国的信息进攻手段也有很大的局限性。第一，信息技术属军民兼用技术，美国很难像防止核扩散那样防止信息技术的扩散，更无法垄断信息战的实施权。随着信息网络的大规模延伸和信息技术的普及，各国都在装备功能更全、生存能力更强的信息系统，美军要阻止敌方获取准确而又可靠的信息正变得日趋困难。第二，信息进攻的约束条件多。干扰和利用敌方的信息和信息系统要详细掌握对方的有关情况，而对敌方信息系统的“硬摧毁”也必须满足信息进攻所要求的装备、技术、气象、地理等方面的苛刻条件。另外，信息的采集、传递渠道多种多样，即便其一遭到打击甚至瘫痪，仍有其他的联络手段可以代替。第三，信息进攻既淘汰不了游击战术和恐怖主义，也淘汰不了大规模杀伤性武器；既难以做到屈人之兵，也难以独立达成战略、战役目的。(3) 易起误解，后果难料。“进行先发制人的信息进攻，将是未来战争夺取战略主动权必然要采取的手段”。在信息时代，一旦美国或其敌对国出现信息或信息系统方面的偶发事件，就可能认为是对手所为而采取行动，后果将难预料。(赵喜德《美军推行信息战困难重重》，《现代军事》1998 年 10 月号)

(夏礼伯)

“芯片战”探析 美军认为，信息战实质上是计算机战；而计算机是由各种“芯片”组合而成的。那么，“芯片战”是什么呢？美军提出过“芯片战”的概念吗？有作者撰文就此问题作了探析。

“芯片战”概念的最初提出。“芯片”是指能够把构成一个简单计算机的“中央处理器”的所有线路都容纳在一块单片（约 1/8 英寸）上的大规模集成电路元器件。它具有计算、存储和记忆功能。现在泛指构成计算机系统的最小器件单元。“芯片战”是指在计算机系统的核心部件——中央处理器上大做手脚，使对手的 C^4I 系统受制于人，从而影响作战行动的一种战法。“芯片战”的最初提出不是军人，而是美未来学家阿尔文·托夫勒夫妇，在新作《未来的战争》中提出的。托夫勒认为，海湾战争中所使用的“智能型炸弹”说明，未来的战争中可能会出现机器人制定的关键性的军事决策，还会出现迷惑敌人的“虚拟现实”武器，甚至出现深入敌方商业和情报计算机网络的“电子蚂蚁”，以及取代外交手段的数字媒体等。所有这一切，都出自“芯片”的功能。“芯片战”的原始思想是：事先在武器系统（包括计算机系统）中，植入“智能型”组件（因其数量多、体积小，无法查找到），就足以限制或避免这些武器系统在特定情况下（与美国或其他国家交战时）的使用。托夫勒讲，可以在所有出口的飞机上设置密码，可以在卖给中东各国的飞机的晶片上编上号码或装上识别器，一旦这些飞机采取敌对行动，美国就可与这些晶片取得联络，使之失灵。“芯片战”思想即出一斑。

“芯片战”的本质与特征。“芯片战”的本质就是充分发挥美国信息技术的优势，在领导世界潮流的前提下，从经济、政治、军事各方面全方位地遏制潜在或现实的对手，使其在信息战能力上永远寄人篱下，从而在未来战争中直接影响战役战斗的胜负。

技术决定战术，“芯片战”特有的技术基础，同样不例外，其特征有以下几个方面：①独占性。美国在近几年“重构公司”的经济战略中，较之日、德、英、法等西方发达国家，在创建信息时代的高技术产业中独领风骚，这就决定了美国技术的霸主地位，美国军事战略在信息领域中的遏制性，美军实施“芯片战”的可能性。②隐蔽性。“芯片”犹如人体的心脏、军队的大脑。正如《未来的战争》一书所阐述的，美国作为世界军火和高技术输出的第一大国，货物出门，概不退换，发现这些暗藏的“组件”几乎是不可能的。而在与美军对阵时，美军何时启动这些“晶片”，在哪些系统上启动，以什么方式启动，都是隐藏在美国人心中未知的秘密。③信息性。未来作战之初，高、精、尖武器系统大量充斥战场，控制它们的“芯片”同样也遍布战场。可以肯定的是，美军在实施“芯片战”时，首先从与“芯片”的“信息沟通”角度下手，尔后再据此发出一个个指令，从“软杀伤”角度影响对手信息系统的安全和稳定，最终为美军实施“硬打击”奠定有利条件。这必然导致未来作战时，“芯片战”的“信息性”地位急剧上升。④广泛性。未来战争中，“芯片”攻击的不只是战略系统，对战役、战术系统的攻击程度也会急剧增加。而且，在美军普遍实施的电脑教育中，美国军人对芯片的操作技术远远领先于其他国家的军人，在战役战斗的全过程中，将会广泛应用这种避免大规模伤亡的“芯片”战法，为美军的每一步取胜创造有利条件。

“芯片战”的实战应用。截止目前，“芯片战”的成功运用有两个范例。 一是海湾战争。“沙漠风暴”行动前，美军根据伊军武器装备来源不一的特点，在对付伊军战略指挥系统时，派出特种作战小组，在巴格达附近，成功启动某种“晶片”，使伊军战略指挥系统不仅工作不正常，而且不断泄漏出大量的信息资料，从而为美军隐形飞机的成功突袭创造了有利条件。二是波黑战争。美军在空袭塞军前夕，使用各种侦察手段设法查明了塞军指挥控制系统中计算机系统的有关数据，在使用电子干扰前，事先已将病毒植入其中，并通过敌我“芯片”对话，使波黑塞军的防空火力发挥降到最低程度，空袭的结果，飞机的战损率较海湾战争大大降低。

“芯片战”将很快成为美军信息战的重要概念。随着美军数字化部队规模的扩大和不断建立，信息战在美军作战中的地位日趋上升，数字化部队数字作战样式也将日趋成熟。“芯片战”将成为美军信息战的重要概念，在未来的战役、战术行动中得到广泛的运用。（王忠恩、童伟兵《“芯片战”探析》，《外国军事学术》1998 年第 10 期）

（长　生）

其他国家信息战问题研究　日军探讨 21 世纪信息情报战争　日刊载文指出，情报战争是指在和平时期、危机事态、危机扩大时期、发生纠纷、爆发战争、战争结束以及重建复兴等各个时期，在战略、作战和战术等各个级别，在竞争者、反对者和敌人之间为实现自己的目的而采用各种情报手段的战争。

破坏指挥系统战。这是指在战场上实施包括破坏行动在内的情报战，目的是切断敌人的指挥机构和其他部队的联系。今后，侦察敌人的作战指挥所将变得更加重要。如果能在恰当的时间袭击指挥所，会使敌人的作战陷入混乱。袭击指挥所的方法有炮击，还可利用电磁波干扰或用计算机病毒破坏指挥所内部的系统软件。此外，干扰连接指挥机构和下属的通信线路、破坏通信仪器等攻击手段也是行之有效的。但是，未来的通信也可通过频谱扩散、校正错误等尖端技术来防止受到干扰。今后破坏指挥系统的战争将会逐渐成为尖端科技的对抗战。

情报基础战争。情报基础战争尚未达到将情报输入指挥系统并加以利用的阶段，现在只是直接用于选定目标和评估战场上的损失。随着灵敏度和可靠性的提高，各种传感器种类和数量在不断增加，能够将情报迅速地提供给火力控制系统。

电子战。电子战是指进行密码战争时，试图削弱情报传递基础的作战。（1）对付雷达的电子战。目前对付雷达的干扰电波发射机必须在抄收输入信号后，将其频率固定并使之与干扰信号同频，然后发射干扰电波，并把反射信号的长度和强度减少到最低程度。（2）对付通信的电子战。对通信的干扰要比对雷达的干扰更为困难。此外，今后的通信可能更多地使用不易受干扰的跳频、频谱散射和符号多重分割技术。（3）密码。破译计算机输出的情报已越来越困难。使用公开键和秘密键的三重数字加密标准技术将使最高级的破译密码计算机也无能为力。

心理战。心理战是指用情报对人发动心理攻势。心理战可以摧毁敌人的意志。（1）动摇国家意志的心理战。以国家为对象进行的心理战，究竟是以友好相待还是以铁拳相待，一直是军事作战中长期研究的问题。偶而发动的“和平攻势”和前苏联在“五一节”进行的阅兵式都是心理战的一种。（2）动摇军心的心理战。以敌人部队为对象的心理战，有两种传统的主题：煽动敌军对死亡的恐惧；助长敌军对被迫离开温暖的家庭而呆在战壕内的处境产生的潜在怨恨。对指挥官开展让其知道面临失败的心理战是较为有效的。其中通过广播卫星播发电视图像和声音的效果更大。

（3）文化斗争。关于文化斗争是否应包括在心理战的范围一直存在着争议。但一个不争的事实是，近来西方文化已搅乱了非西方文化。

发动“黑客”战争。这是指对计算机和因特网实施攻击，以削弱系统的机能。发动“黑客”战争的方式多种多样，由于其目的在于使系统完全陷入瘫痪，因此可采取使其发生持续故障、产生不规则数据错误、安装窃取情报装置、通过非法监听收集情报、输入错误情报和输入旨在进行恐吓的数据等各种方法。作为实施这些措施的一般性手段，可采用投放计算机病毒、逻辑炸弹等方法。

经济情报战争。这是情报战争与经济战争的结合，有下面两种形式：（1）进行情报封锁。情报封锁的作用是建立在这种假设的基础上，即将来的情报流通像现今的物资流通一样会影响到国家稳定。一国可以通过不让他国了解外贸数字而使他国经济陷入软弱无力的状态，从而屈从于自己。情报封锁是经济封锁的一种变形。此外，这样做还能限制被封锁的国家开展心理战的能力。（2）情报帝国主义。应该确定，需要在哪些战略和经济上均占极重要地位的产业方面与他国进行斗争。在这个过程中，掌握重要产品的情报有很大的价值。

网络空间战争。与前面 3 种形态相比，网络空间战更具有广泛性和虚构性，它包括下述 3 种类型：（1）情报恐怖活动。情报恐怖活动是为进行暴力恐怖活动而进行的情报战争，是对具备某种条件的数据文件发动攻击。数据文件是指公开后可以让敌人付出极大代价的文件。这些文件将困扰许多人，并使他们成为被恐吓的对象。（2）语言攻击。受到攻击的语言系统表面上看起来功能正常，实际上却提供错误的情报。如果传感器工作不正常，那么系统就等于落入敌人的圈套。语言攻击的目的就是要使之无法保护人和机器。(3) 模拟战争。如果模拟的真实性高，就能够正确地显示战争的结果。如果敌我双方能够承认模拟战争得出的结果，那么就不会再进行战争。

以上7种情报战争的形态可以分为现实的和理论的两大类。现实的形态有破坏指挥系统战、情报基础战争、电子战及心理战争的一部分。动摇国家意志和在文化方面进行的心理战是否属于现实形态一类，还有讨论的余地，但“黑客”战争和经济情报战争则是属于潜在的形态。(日本森野军事研究所《21世纪的情报战争》，日本《军事研究》1998年3月号)

(夏礼伯)

军队建设问题研究

中国关于军队建设问题研究 抗洪救灾问题研究 1998年夏秋之际，为保卫国家和人民的生命财产，中国人民解放军和武装警察部队出动30余万官兵，参加了南北8省、区、市的伟大抗洪斗争。这次抗洪救灾结束前后，一些报刊纷纷发表文章总结经验教训，以探索对军队改革和建设的有益启示。

关于部队建设的总要求。有作者认为，这次抗洪抢险，军队之所以能创造辉煌业绩，得益于平时建设的良好基础。它充分证明江泽民主席“五句话”总要求完全符合部队建设的实际，是抓好部队建设必须遵循的基本方针。为坚持“五句话”总要求，必须纠正以下3种倾向：一是要防止和克服单项冒尖的倾向，坚持全面建设。二是要防止和克服急功近利的倾向，坚持一点一滴打基础。三是要防止和克服把打基础与完成重大任务割裂开来、对立起来的倾向，坚持在完成重大任务中锤炼和夯实部队建设的基础。不仅要在平时注重部队的基础建设，更要以执行重大任务为牵引，抓住机遇，把部队建设的基础打牢。(陈炳德《总结抗洪抢险经验，全面加强部队建设》)还有作者认为，江泽民提出的“五句话”总要求是邓小平新时期军队建设思想在实际工作中的具体化和规范化，必须坚定不移地用它统揽和规范部队建设。这既是部队建设的内容要求，也是质量要求。为此，各级领导必须认真转变作风，反复抓落实。(季桂林《落实“五句话”的一次全面检验》，《解放军报》1998年10月20日)

关于军队战斗力建设 一种观点认为，参加抗洪斗争的成功实践对和平时期军队战斗力建设提供了极其重要的经验：新时期军事战略方针强化了军人和平时期的职能意识，随时准备应付危害国家安全的突发事件的使命感、责任感，使部队保持了一声令下立即出动的战备状态；新时期军事战略方针启动了军事领域的深刻变革，立足与强手作战的训练，锤炼了部队在抗洪战役中打硬仗、打恶仗的本领；多种形式的机动作战演练，培育了部队快速机动、千里转战的能力；扎扎实实的基础训练和野战生存训练，锻造了官兵在抗洪持续奋战中打不垮、拖不倒的意志和体魄；新时期军事战略方针推进了指挥员队伍的建设，造就了指挥员在抗洪战斗中多谋善断、科学用兵的素质。(苏若舟《和平时期我军战斗力的出色展示》，《解放军报》1998年10月21日)另一种观点认为，这次抗洪斗争的经验证明，要全面提高部队战斗力，必须在部队建设的目标和任务上做到以下3点：首先，要坚持用新时期军事战略方针统揽军队各项建设和一切工作，纠正只顾及局部、不统揽全局的偏向；其次，要坚持以提高部队战斗力为标准，坚决纠正多标准的偏向；再次，要坚持以军事训练为中心，坚决纠正多中心的偏向。(陈炳德《总结抗洪抢险经验，全面加强部队建设》)

关于国防动员 一种观点认为，在1998年的抗洪救灾中启动国防动员机制，既是夺取抗洪斗争全面胜利的关键之举，又是国防动员机制大规模实兵演练的难得之机。其中一些深层次的重大问题，值得认真深思和研究。一是建立健全国防动员和抢险救灾的相关法规。如对被征用者要求补偿的权利，应有规定；对于动员所需人力、物力、财力的平时储备以及如何满足动员需求，也应有所规范，等等。二是国防动员机制应与国家防险救灾机制相互协同，逐步实现一体化指挥与控制。国防动员体制和国家防险救灾体制都有权进行全国范围的人力、财力、物力动员，其功能在许多方面重复，统一体制，可提高效率，减少重复，节省资源。三是动员武装力量抢险救灾应明确职能。武装力量建设要处理好保卫祖国与抢险救灾的关系，包括处理好平时与战时的关系、军用物资保障与地方物资保障的关系。应提高兵力运用效能，严格区分兵力运用的层次。动员时以武警部队和民兵、预备役部队为主，军队以不担负作战值班任务的轻装部队为主。并注重组建专业化的抢险救灾部队或分队。四是研制抢险救灾专用设备器材，完善国防动员和社会物资保障体系。（张召忠《形成快速启动国防动员的机制》，《解放军报》1998 年 10 月 20 日）还有一种观点认为，98 抗洪中采用的“军地合一”的动员体制，为完善国防动员机制提供了有益的经验。要进一步完善国防动员体制，必须抓好民兵预备役部队和民兵应急分队建设，认真做好国民经济动员、科学技术动员、交通战备动员等各方面的工作。（刘玉韦《决战“三江”话国防》，《解放军报》1998 年 10 月 24 日）

关于后勤保障 一种观点认为，面对抗洪中 30 余万大军大纵深穿插、高频率机动，后勤保障系统实际上进行了一次未来战争大后勤的成功预演。其经验主要有：第一，建立平战结合的应急保障体制，是应付突发事件的重要保证。它可在遇到突发情况下，使军队各种保障力量迅速由“平时”转入“战时”，大大提高后勤保障的快速反应能力。第二，探索科学高效的保障方法，是实现保障有力的重要手段。如军队后勤系统通过深化改革探索出的划区联勤保障和定点保障、伴随保障、机动保障、立体保障等众多的保障法，发挥了积极作用。第三，营造社会化“大后勤”，是实现保障有力的根本途径。在这次抗洪中，国家铁路、公路、民航、水上运输及各地粮食、石油、医疗卫生、邮电通信等部门纷纷加入后勤保障的行列，充分体现了社会化保障的强大威力。使“军民兼容”的大后勤体系开始构建。第四，继续深化后勤改革，是实现保障有力的跨世纪课题。未来高技术战争的艰巨性、复杂性、多变性、残酷性，都是洪水无法比拟的。深化后勤改革任重道远，还需继续努力。（刘兴安《未来战争大后勤的成功预演》，《解放军报》1998 年 10 月 22 日）另一种观点认为，这次抗洪实践对于高技术条件下的军事行动保障，主要有以下几点启示：一是着眼保障组织的复杂性，建立整体聚合的保障机制。其中要做好 3 个方面的工作：社会化聚合，联勤化聚合，综合化聚合。二是着眼保障需求的多元性，采取灵活高效的保障方式。包括越级直供、随伴实施、多向投送、重点预置等。三是着眼保障的时效性，增大保障手段的科技含量。要充分运用好现有的高技术保障装备，动员和挖掘地方高科技保障潜能，并注重研究和开发。（马从清《抗洪抢险实践对高技术条件下军事行动保障的启示》）

关于政治工作 一种观点认为，认真总结政治工作为抗洪抢险斗争服务的实践，对加强和改进新形势下的思想政治工作，确保军队政治上永远合格，具有重要意义。第一，思想政治工作越及时，服务和保证作用发挥就会越好，只有贴近任务贴近官兵，“生命线”才会更有生命力。从军委主席到各级领导特别是政治干部把及时有力的政治工作做到第一线，这是政治工作在抗洪抢险中发挥服务和保证作用的一条成功经验。第二，增强政治工作的有效性，就是要保证军队建设的正确方向，保证党对军队的绝对领导，保证各项任务的完成。第三，率先垂范是发挥政治工作服务保证作用的重要内容，领导干部特别是政治干部吃苦在前，冲锋在前，退却在后，能产生强大的号召力。第四，用革命的道理教育人培养人，是中国人民解放军特有的政治优势和重要的思想工作方法，只要平时用教育打下牢固的思想基础，关键时刻就能过得硬。对符合军队建设实际的一系列教育，要坚持进行，并渗透到经常性工作和各项任务中。（徐生《发挥政治工作威力的成功实践》，《解放军报》1998 年 10 月 29 月）还有一种观点认为，抗洪部队的思想政治工作实践对军队建设具有重要的启示：以江泽民为核心的党中央、中央军委正确决策和亲临一线动员，是抗洪抢险部队官兵始终保持高昂士气和旺盛斗志的强大动力；党组织的核心领导作用和党员的先锋模范作用，是抗洪部队官兵始终保持高昂士气和旺盛斗志的关键所在；一线宣传鼓动快捷有力，是抗洪部队官兵始终保持高昂士气和旺盛斗志的重要保证；地方党委、政府和人民群众对部队的厚爱和大力支持，是抗洪部队官兵始终保持高昂士气和旺盛斗志的力量源泉；发扬尊干爱兵光荣传统，关心爱护干部战士，是抗洪部队官兵始终保持高昂士气和旺盛斗志的重要基础。（国初《抗洪部队保持高昂斗志的有力武器》，《解放军报》1998 年 11 月 9 日）

关于科技强军 抗洪救灾既是对军队和武警官兵的军政素质的检验，又是对其现代化水平和科技素质的一次综合考验。它给人以下启示：第一，提高战斗力要坚持走科技强军之路。抗洪实践证明，在一些关键时刻、关键环节运用高技术手段，能极大地提高战斗力和保障力。因此必须把提高战斗力的立脚点转到依靠科技进步上来，重点在两个方面下功夫：一是深入挖掘已有的高技术装备潜能，最大限度地发挥它们的作用；二是抓紧发展更多的高技术，提高军队科技含量，从整体上推进战斗力快速提高。第二，搞好部队战斗力建设要更加尊重知识尊重人才。对有专长的技术人才，既要做好引进、培养工作，又要做好使用、保留工作。第三，未来克敌制胜必须铸造更多的科技精兵。一些掌握高科技装备或新技术的分队，往往可产生数倍、数十倍于其人数的战斗力。应当在认真抓好大部队建设的同时，更多地关注和抓好专业分队的建设，努力把它建成人员精干、装备精良、掌握先进技术的科技精兵。（李远清《科技强军成果的一次检阅》，《解放军报》1998 年 10 月 26 日）

关于军队整体建设　抗洪抢险作为一场以自然灾害为对象的特殊战争，是对部队全面建设的一次大展示、大检验，也对抓好军队整体建设留下许多有益的启示：一是把握整体建设的方向，源于对军委一系列决策批示的深刻理解。这种理解在非常时期比较容易把握，而平时军队的整体建设是一个长期积累、循序渐进的过程，要一以贯之地执行军委的决策，反复学习、深刻理解就显得更加重要。二是提高整体建设的起点，要在新时期军事战略方针的具体化上下功夫。以军事战略方针为统揽，切实按照本级的职责，担负的任务，研究制定具体的规划措施，一项一项地抓好落实。三是推进整体建设的发展，必须在重点难点问题上深化改革，包括军事训练改革、指挥系统改革、重点部队建设改革、综合保障改革等。四是打牢整体建设基础，重在造就一大批高素质的指挥人才。（谷成《做好整体建设大文章》，《解放军报》1998 年 10 月 27 日）

（方　宁）

军事法问题研究　1998 年，中国军事法界在继续深入基础理论研究的同时，加强了对现实重点问题的研究。其内容涉及依法治军、建立军人保险制度、依法管理军队体制编制、改革军事司法体制、执行国际武装冲突法等问题。

关于军事执法与军队质量建设的研究　为了实现军队质量建设的目标，军事法学界着重探讨了如下 3 个问题

关于军事执法对军队质量建设的意义及强化军事执法的措施。有作者认为，军事执法是军队质量建设的主要内容和重要保障。随着国家军事立法的日益完善，中央军委有关军队质量建设的决策、思想、方针，已经体现在各项具体的军事法规之中；这种情况下，军事执法对军队质量建设不仅具有保障作用，更重要的是具有引导和规范作用，加强军事执法，已成为军队质量建设的关键环节。还有作者认为，完善军事法体系是严格执法的前提，提高执法主体的执法素质是严格执法的关键，强化执法监督机制是严格执法的保障。必须更广泛地确立执法意识，进一步完善程序性规范，高度重视培养执法人才，强化奖惩机制，并妥善处理军事执法与军事立法、军事法监督、军事法制教育等环节的关系。（方宁等《坚持从严执法，全面加强军队质量建设》，《中国军事科学》1998 年第 4 期；宋云霞等《严格军事执法，加强军队质量建设》，《中国军法》1998 年第 3 期）

关于中国古代军事执法思想及其对现代治军的启示。中国古代兵家有关军事执法思想的精要包括：一是教必从严，严爱相兼。所谓教必从严是指执法中要强调“军令如山”，严爱相兼则是要求赏罚并重，两者都是对人心理上的修治，以保证士卒意志统一，利于指挥，益于作战。二是明法审令，制必先定。古代兵家要求法规应明确、系统，以利于规范。三是赏不虚施，罚不妄加。主要表现为对赏罚的实施有明确的目的性，赏是为了劝功，罚是为了毖后，目的是为了使军队得到良好的治理。而关键是把握执法的度，即做到赏罚公正，赏罚有据，赏罚及时。四是治众治将，法不还面。古代兵家十分重视将帅的作用及其选拔。强调选将任将时，应把执法能力和水平作为重要条件；执法时，将帅应具有以身示范的作用；如果军官违法，应当从重处罚。上述思想，对于现代治军不乏有益的启示：一是大力提高官兵的法律意识和法律观念，做到人人知法守法，是军事执法的群众基础。二是严格军事执法是军队质量建设的可靠保证，要加大执法力度，维护军事法制的严肃性；强调服从法律，树立军事法的权威性；坚持法律面前人人平等，保证执法的公正性；提高执法者的素质，增强执法的科学性。三是治军先治官，明确干部是执法的重点，要使之在执法中率先垂范。（方宁等《坚持从严执法，全面加强军队质量建设》，《中国军事科学》1998 年第 4 期）

关于中国近代军队的军事执法及其启示。中国近代的军队对于执法问题大多比较重视。其治军者，大都认识到执法对军心、士气、战力的极端重要作用，并尽可能地发挥执法对于提升军力、战胜强敌的显著成效。这些为其生存与发展提供了保障。同时，也应当看到，中国近代军队的执法，有的过于严厉，而且这种严格执法并不都能贯彻始终。当其强盛时，大体是处于执法严格的阶段；当其衰败时，大体是处于执法松驰甚至废驰的阶段。这从正反两个方面表明，执法的严格与否，确实能给一支军队的建设带来重大影响：执法严则军力盛，执法弱则军力衰。（里凡《略述中国近代军队法制的盛衰得失》，《中国军法》1998 年第 3 期）

关于依法治军理论的研究　有作者认为，依法治军是依法治国的重要组成部分：首先，武装力量及其成员是依法治国的主体，他们作为依法治国这一社会工程的直接参加者和保卫者，负有神圣职责，这就使军事法制不仅成为依法治军的客观需要，而且成为依法治国的必然要求。其次，国防和武装力量建设的重要方面是依法治国的客体，国家军事机关依法行使国防方面的职权，在国家事务中占有重要地位。从这个

意义上看，依法治军作为依法治国的组成部分，直接关系着国家法制建设的成败。再次，宪法和法律是依法治国的依据，也是武装力量的根本活动准则。最后，保证国家依法治国目标的实现是依法治军的根本任务。依法治军是促进国家稳定发展的重要举措，是维护国家法律尊严的必要手段，依法治军做得好，才能有效地保证依法治国目标的顺利实现。（张建田《依法治军是依法治国的重要组成部分》，《解放军报》1998 年 6 月 4 日）有作者认为，加快依法治军进程，必须深化军事法制研究：一要深化军事立法研究，完善依法治军的法律依据。二要深化军事法执行与执行监督的研究，把握依法治军的关键环节。三要深化军事法制教育研究，打牢依法治军的基础。（刘精松《深化军事法制研究，加快依法治军进程》，《中国军事科学》1998 年第 2 期）

关于建立军人保险制度的研究　军人保险制度是指国家通过立法，设立专项基金，在军人遇到死亡伤残、年老、退役等情况时，给予一定经济补偿的特别社会保障制度。1998 年，中华人民共和国国务院和中央军委正式批准《军人保险制度实施方案》后，围绕建立这一制度的意义、措施以及与相关制度的联系，军事法学界进行了深入研究。对于建立军人保险制度的意义，有作者认为：这是解除军人后顾之忧，维护军人合法权益的重要举措；是缓解军费供需矛盾，实现军队社会化保障的有效途径；是适应社会主义市场经济发展，完善国家社会保障体制的客观要求；对于改革军人的社会保障体制，加强国防和军队建设，也具有重要的作用。对于建立军人保险制度应采取的措施，概括起来就是：围绕 1 个目标，建立两类保险，采取 3 个筹资渠道。1 个目标，是指在 21 世纪前 10 年，逐步建立起与地方社会保险制度相衔接，与军人抚恤优待、退役安置等政策相配套，与社会保障水平相适应，资金来源稳定可靠，管理体制相对独立，法规制度科学健全，具有中国特色的保险制度；两类保险，是基本保险和补充保险；三个筹资渠道，是指国家拨款和军队调剂、个人缴费以及国家政策允许的其他渠道。（王克《建立具有中国特色的军人保险制度》，葆贤《军人保险立法刍议》，《中国军法》1998 年第 5 期）建立军人保险制度，还应包括对退役军官转业安置的立法工作。在退役军官安置法中，应包括如下内容：一是建立集中统一的退役军人安置管理体制；二是合理确定转业干部安置去向；三是妥善安排转业干部职务；四是切实解决转业干部住房问题；五是建立完善的社会保障机制；六是加强教育培训，不断提高转业干部业务素质；七是就安置工作搞好监督检查。（金友发《关于退役军官转业安置的几点立法思考》，《中国军法》1998 年第 6 期）

关于依法管理军队体制编制的研究　有作者认为，依法管理军队编制，是国防现代化建设的内在要求。因为科学的体制编制是建设现代化军队的基础，要充分发挥军队建设领域各个系统的功能，就必须严格管理编制，使军队建设各个方面协调一致地发展。依法管理编制，必须树立全局观念，即要把依法管理编制放在军队建设服从国家经济建设的全局、军队实现现代化建设战略目标以及打赢高技术条件下现代战争需要的全局来认识。在管理方面，各级领导和机关要以身作则，带头执行编制；对部队要敢抓敢管，坚持原则，抓好落实。（王伟《加强军队现代化建设必须依法管理编制》，《中国军法》1998 年第 4 期）有作者认为，军队体制编制具有法律的基本属性和特征：一是军队体制编制的制定和颁布符合军事法的立法权限，并严格遵循立法程序；二是军队体制编制具有严格的规范性，它保证军队形成一个科学系统的整体；三是军队体制编制具有执行中的强制性，必须不折不扣地执行；四是军队体制编制具有相对的稳定性，在和平时期一般不能轻易变动。（万水献《试论军队体制编制的法律地位》，《中国军法》1998 年第 3 期）

关于军事司法体制改革的研究　有作者撰文指出，针对现行司法体制存在的司法体制缺乏科学性、司法地位缺少独立性等问题，有必要对现行的军事司法体制进行改革：一是按战区设立独立的区域军事司法机构，即在中央军委领导下，在解放军军事法院、军事检察院之下，按战区设立独立的区域军事法院、军事检察院及派出机构。二是制定科学的编制。三是扩大军事司法机关的案件管辖和执法的范围，加大法律服务的广度。（方宁等《坚持从严执法，全面加强军队质量建设》，《中国军事科学》1998 年第 4 期）

关于执行国际武装冲突法的研究　有作者撰文指出，武装冲突法内容丰富，大体包括武力使用法、作战行为法、中立法和惩治战争罪行法 4 个方面。执行武装冲突法的必要性在于：首先，这是由国际法的基本原则规定的。“条约必须遵守”是国际法的一项基本原则，除提出保留的条款外，中国历来信守所参加的各项国际条约，善意行使条约所赋予的权利，忠实履行条约所规定的义务。第二，执行武装冲突法也是国内法律的明确规定。中国制定的《红十字会法》、《中华人民共和国刑法》等法律法规，都对执行国际武装冲突法有具体规定。第三，中国人民解放军的性质和职能决定了要执行武装冲突法。中国人民解放军是中国共产党领导的社会主义国家的人民军队，它以反对外来侵略、保卫祖国的主权和统一、维护和平为根本职能。这些都与武装冲突法的基本精神具有内在的一致性。执行武装冲突法，有利于营造睦邻友好关系，有利于国家和军队开展国际军事交往，有利于科技强军，有利于完善打赢高技术条件下局部战争的法律保障。当前，执行武装冲突法需要特别关注以下3个问题：一是正确认识武装冲突法，增强执行武装冲突法的意识；二是加强武装冲突法的研究，普及武装冲突法基本知识；三是要积极地关注和参与有关武装冲突法的国际活动，从根本上维护国家安全利益和军事利益。（俞正山《对执行国际武装冲突法的几点看法》，《中国军事科学》1998年第2期）

（方　宁）

其他军队建设问题研究　**军队体制编制出现5点新变化**　有作者就此撰文提出如下观点。

军队规模缩小、结构优化、质量提高。由于信息技术的运用，使作战效能获得了空前的提高，军队质量上的差距已难以用数量来弥补，因而目前世界上多数国家军队都在向缩小规模、优化结构、提高质量方向发展，以达到提高其整体作战效能的目的。

作战指挥体制趋向精干、高效的“扁平网络化”结构。在未来信息化战争条件下，原先那种多层次树状结构的指挥体制只能阻碍战争节奏，而且也容易因为主干遭毁坏，致使上下指挥全部中断。因此，减少中间指挥层次的扁平网络式指挥体制将是一个总的发展方向。这种横向一体化的扁平指挥结构既可以使各级指挥员做到信息共享，又可以简化指挥层次，使集中指挥和分散指挥都能更有效地实施；而且可沟通的节点多，能从根本上防止整个系统的瘫痪，大大提高指挥系统的生存率。

科技装备管理体制向高度集中统一管理体制发展。实行高度集中、统一管理、统一实施的科技装备管理体制，是新军事革命的必然要求。其特点：一是在结构上具有明显的系统性和整体性，在武器装备研制、生产和维修中，通用技术、通用零部件、通用设施均占有较大比例。二是要求在提出现代武器装备需求到退役报废的全过程中，形成若干相互联系又相互制约的阶段，统筹规划，整体考虑。三是为避免三军争项目造成重复建设、浪费资源，科技装备管理体制需要向集中统一方向发展。

军队后勤保障体制向军民一体化、联合保障、综合保障的方向发展。现代高技术战争的巨额消耗，陆、海、空、天、电一体化战场和全纵深攻击，三军在编成、指挥和作战行动上的高度合成，都要求后勤保障必须改变过去那种粗放经营和分散保障的模式，向联合保障和集约保障的方向发展，以增强其快速、高效和综合保障能力。另一方面，技术进步和军事装备生产、筹措方式的发展，要求变革军队自成体系的后勤保障体制。为此，提高军队后勤保障社会化程度，向军民一体化方向发展已成趋势。

部队编成趋向一体化、多能化、小型化。其特征如下：（1）未来的信息化战争，最终导致陆、海、空、天一体化部队的形成。它们不再是以传统武器性能分编的各军兵种，而是以信息武器为神经主干，根据不同任务将使用各种武器的部队聚合在一起的“诸细胞神经元”。（2）一体化部队比合成部队的合成度更高、内部结合更紧密，协同作战能力更强、整体威力更大，并将由兵种合成向军种合成过渡。（3）一体化部队将是多能化和小型化的。多能化是指部队的组织结构适于在各种条件下、在各种不同强度的战争中，遂行多种任务。随着部队的多能化，部队的规模呈小型化。在人员、装备减少的同时，部队的战斗力将大大的提高。（沈雪哉《新军事革命与军事组织体制的变革》，《中国军事科学》1998年第1期）

军队规模发展变化的规律和启示　有作者就此从3个方面进行了理论上的探讨。

二战前中外军队规模发展变化的规律。第一，社会生产力发展水平、国家经济实力是确定军队规模的物质基础。国家具有强大的经济实力，才能供养规模更大的军队。否则，一个国家尽管战争需求和人口总数都很大，但受经济实力的限制，其军队规模也必然是有限的。第二，国家总人口是确定军队规模的人力资源基础。军队的规模依赖于国家的人力资源，需要与国家总人口保持适当的比例。超过这个比例，就可能因劳动生产力极度短缺，而导致国家经济的全面崩溃。第三，军队规模平时与战时相差悬殊，平时少养兵，注重提高质量；战时则在平时质量的基础上注重数量的扩充。平时少养兵，可以使国家集中力量发展国民经济，为下一次战争的巨大扩充打下坚实的经济基础。同时，也能更好地加强军队的质量建设。

80年代中期后各国压缩军队规模的原因。第一，“冷战”结束后，虽然局部战争连绵不断，但尚不致诱发世界范围的全面战争，不需要再保持规模庞大的军队。第二，在较长时期内大战可以避免的情况下，世界各国普遍重视以经济、科技为核心的综合国力的竞争。缩小军队规模和减少军费开支，是国家发展战略的需要。第三，军事科学技术的发展极大地提高了武器装备的作战效能，一支规模较小的部队可以担负过去庞大部队才能完成的任务。这使军队规模的压缩不仅可能而且成为必然趋势。第四，解决军费的供需矛盾，迫使各国作出压缩军队规模的抉择。一方面，建设高质量军队要求军费大幅度增加。另一方面，由于战争危险减小，各国加强了经济、科技发展的投入，军费所占比重有不同程度的降低。为此，世界各主要国家均选择了压缩规模、减少数量、提高质量的发展道路。

中国人民解放军规模调整的历史经验。第一，人民解放军规模的变化基本上是根据国家安全的需求、国家经济的保障条件和军队不断提高质量建设水平的要求进行的，从总体上讲是适宜的。但是也存在一定时期对形势判断过于严峻，军队臃肿或没有及时调整规模的问题。第二，建国后人民解放军的多次精简整编，对国家的经济建设、军队的质量建设，以及推动国际裁军和局势的缓和，都产生了积极的作用和影响。特别是 1985 年，中国政府宣布单方面裁军 100 万人，在国际上产生了巨大影响，积极推动了国际局势向有利于和平的方向发展，并使得军队在质量上提高成为可能。第三，军队建设由数量规模型向质量效能型、由人力密集型向科技密集型转变，需要在规模精简上继续努力。如果说各国军队都存在军费供需矛盾的话，那么中国人民解放军建设中这一矛盾则尤为突出。目前科技密集型的军队人均军费都在 3 万美元以上且呈上升趋势；正向科技密集型发展的军队人均军费多在 0.5 万美元至 3 万美元之间，亦呈上升趋势；而中国人民解放军目前的人均军费不到 0.3 万美元。虽然随着中国经济的发展和军费绝对值的增加，军队的人均军费会进一步提高，但提高的速度不可能很快。因此，在保障国家安全需求的条件下，可以考虑进一步压缩军队规模，以节省部分“养兵”的费用发展高科技装备，保障人民解放军逐步实现由数量规模型、人力密集型向质量效能型、科技密集型的转变。（胡光正、万水献《关于军队规模发展变化的历史考察》，《中国军事科学》1998 年第 1 期）

指挥机构须向扁平化发展　有作者撰文指出，作战样式决定着指挥机构的样式。在信息化战场上，要提高指挥机构的战场生存能力，指挥机构必须向分布式和扁平化发展。

传统的“树”形结构，在信息化战场上具有明显的“脆弱”性。这种指挥机构，从上到下，横向不连结，纵长横短，指挥层次多，从而造成信息流程长，反应能力慢，抗毁能力弱。被切断“一枝”就影响一片，被切断“主干”，就会全部瘫痪。于是，以减少指挥层次，增加横向沟通的“扁平”网状结构，成为一种发展趋势。这种横宽纵短的“扁平”状网络化指挥机构，具有两个明显的优点：一是减少了指挥层次，缩短了信息流程，提高了反应能力。指挥结构中一体化的互联网络，把上到战场最高指挥员，下到单个士兵连接为一体，实现信息共享。确保各级指挥员获取实时的战场情况，及时采取应变措施。二是增强横向沟通，提高了抗毁能力。这种指挥结构，使各节点横向沟通、纵向相连、上下一体。即使部分“枝条”或“主干”被切断，部分节点遭破坏也可获得必要的信息，保持指挥的连续性，增强了抗毁能力。

在信息化战场上，指挥机构精干小型化，是增强机动性，降低发现概率，提高战场生存能力和适应频繁流动的非线式作战方式的迫切需要。现代高技术指挥手段的运用，已使小型指挥机构具备了指挥联合作战的能力，指挥机构的精干小型化已成为趋势。（陈凤辉《指挥机构扁平化》，《解放军报》1998 年 6 月 30 日）

信息时代对军队质量建设提出新要求　有作者撰文分析了信息战使军队质量建设所面临的机遇和挑战。

（1）随着现代作战对信息的依赖日益加深，世界军事发展也相应转入以提高军队质量、削减军队数量为特色的竞争上来，体现作战效能的关键就在于提高指挥控制力。未来作战的重点转向减小己方决策阻力、增大敌方决策阻力的信息对抗上来，以增加信息技术含量并减少实际兵力的做法。

（2）作战结构的稳定性较部队的生存性更为重要。机械化战争基本是从功能对抗开始，待兵力消耗到一定程度后，带来结构的瓦解，其态势发展是一个由量变积累到质变的过程；而信息作战则是一开始就着眼于组织结构的破坏，通过结构瓦解来加速作战功能的丧失，其态势发展是一个由质变扩展到量变的过程。因此，保持己方和破坏敌方布势的整体性和稳定性将是信息战作战理论的基石。通过信息的横向互通使多军种力量使用一体化正成为必然趋势，网络化指挥将推动联合作战不断向战术级渗透，作战编成进一步合成化，横块重组、三军合成的轻型数字化部队将对重型机械化部队的存在提出挑战。伴随着军队技术含量的不断加大，技术人员在战争中的作用也将大幅度提高，军队构成将走向技术化和职业化。

（3）21 世纪最重要的武器系统不是战斗机、坦克或战舰，而是从信息系统涌出的巨大数据流。信息和武器的结合将使武器系统向系统集成的方向迈进。单个武器平台将具有多种战术功能，形成集信息、火力和机动诸功能于一体的战斗体系；系统间横向联动使作战体系构成“系统的系统”。

（4）信息战带来跨越发展的良机。人们无须在机械化的道路上走完发达国家军队的历程，而可以直接跨入信息化建设的轨道。由于信息技术具有开放性和军民两用的特点，信息战装备可以站在民用技术上、乃至国际市场的肩膀上发展。

（5）为夺取战场局部制信息权，要从整体上筹划建设攻防兼备的信息防御体系，不对称地发展信息进攻手段。信息化建设不应单纯追求高、新、尖，而应综合发挥高、中、低技术手段的替代性和互补性。

(6) 为打赢未来信息战条件下的高技术局部战争，必须跨入三军协调发展的一体化建设新阶段，并形成以硅片带动钢铁、以软件牵动硬件、以信息提高战斗力的质量建军新思路。要以一体化建设为中心，抓住通信和电子对抗两个基本点，把有限的资金、时间和人才资源，集中到对现有装备的信息化改造上去，将指挥自动化、办公自动化和勤务保障自动化建设拧成一股绳，形成全军上下信息互联互通的大系统，推动军队质量建设向信息合成化和小型化方向迈进。(汪江淮、林东《从信息战需求看我军质量建设》，《解放军报》1998 年 3 月 3 日)

未来战场演变呈现新走向 有作者撰文指出，21 世纪初战场结构演变将呈现新走向。

由物能到数字化。本世纪末，以数字化技术为核心的战场革命，使机械化战争逐渐退向战场一隅。未来战场，作战成败往往不再仅仅取决于钢铁数量、弹药当量等物能对比，而是首先取决于谁能以较为先进的数字化技术手段，最多、最快、最准地去获取和利用战场信息，有效地控制和释放战场物能。

由单元到平台。在单元式武器系统的基础上繁衍出新一代作战平台，是将先进的武器装备通过电子设备和信息技术的“贴花”，再与 C^3I 网络相联，而成为信息化作战平台的。该平台将有多种传感探测设备以探测敌方目标，为实施精确火力打击提供目标信息；有多种通信设备，以便与上级和友邻互通情报信息；有足够的计算机及与网络系统联网，能及时有效地为快速多变的战场行动提供各种辅助信息。各种信息作战平台的多能化、高效化、小型化，使战场形态结构产生质变。

由树状到网络化。90 年代初，战场指挥从总体上说仍属于树状支链式结构。目前，美军国防信息基础设施，即全球指挥控制系统，使战场指挥系统实现了通用化、模块化、标准化。战场网络主要由遥感侦察、通信传递、处理决策、部队行动和武器打击、保障供应五大系统，按拓扑结构，互相联结成为有机的体系。遥感侦察系统获取战场信息，由信息传递系统传递到计算机处理中心，对获取的战场信息进行综合分析判断，迅速作出决策，经信息传递通道对部队下达行动指令，协调一致地打击敌人。

由分立到一体化。信息网络系统可改变战场各系统间的分立状态，促使战场向更系统化、综合化、一体化方向发展。一方面是武器装备的一体化，使其长短互补，减少了操作人员，简化了指挥程序，提高了武器系统的效费比。另一方面是作战力量组成的一体化，打破了以往各军兵种分立的旧模式，使军队各种成分融为一体。单一形式的地面对抗、空中对抗、海上对抗逐步演变为诸军兵种共同参与、各战场空间同时展开的一体化对抗。

由线式到非线式。非线式作战不拘泥于前沿战斗和固定的作战线，而将战斗直接引向敌人全纵深内最有价值的关键目标，使敌人前后方同时遭到攻击，无法前后照应。虽然线式作战在某些场合还会存在，但非线式作战终将在战场占据主导地位。战场空间已不再局限于较为规则、界面完整的地面、空中、海面，以及这些平面的简单拓延、线性叠加；而是扩展到太空、超低空、地下乃至深海，以及网络、电磁频段等多维复杂相交的非线性空间。

由对称到不对称。所谓对称战场，是指按照传统方式部署的部队拥有共同的战场因素，敌对双方对战场环境的改造利用能力，相对均衡。而现代战场上，只要敌对双方有一方能熟练使用信息化技术装备作战，就使敌对双方的战场要素，如作战力量的构成、配置、使用方式等，不再呈现相对称的特征。战场力量的技术差，将使优势一方因单向透明而受到战争之神的格外垂青。但另一方面，不对称作战也给劣势一方以机会。头号军事强国在弱国的信息攻击面前照样会一败涂地。

由相邻到不相邻。高技术战场，技术处于优势的一方将尽量减少与对方近距离接触，转而用远距离精确打击火力在对方的防区外进行“非接触”作战。从战术角度讲，兵力兵器配置密度日趋减小，战场空间日益扩大，非接触状态下的对抗将成为战场对抗的重要方式。从战略上讲，信息化战场已难以划定边界线，战场空间将不再局限于交战地区，社会等各领域均可能是双方较量的战场。战场将向空间扩大、界限模糊的形态演变；从军事范围向社会范围蔓延，对抗将更具有隐蔽性、突然性和多样性。超视距打击、不接触交战、无踪迹网络偷袭将成为作战样式的主流。

由固定到流动。在信息化战场，流动型成为战场的主要特性。敌对双方的关键点或要害目标，始终处于动态变化之中，敌对双方都不再立足于保守己军前沿的稳固性和完整性。战场信息流一旦注入物质流和能量流，“高效费比”将向具有战场信息网络优势的一方倾斜。战场信息优势具有双向流动性，哪一方能先敌行动，就能控制战场信息的流向。战场由相对固定向快速、不规则流动型战场演变，从而使战机出现的时间变短、概率变小。(徐华保《未来战场演变走向》，《解放军报》1998 年 1 月 13 日)

软战力已成为一种新的战斗力 有作者撰文指

出，随着信息技术运用于军事领域，一种新的战斗力要素——软战力，开始成为不可或缺的战斗力组成部分，并将在未来信息战中发挥重要作用。

全新的战斗力形式。软战力，就是利用高技术武器装备及相应的作战理论和手段，对敌方目标的实体不以直接杀伤和摧毁为主要目的，而仅对其功能起干扰、减弱和压制作用的能力。软战力相比较于传统的战斗力，具有许多独特的方面。(1) 软战力的作用范围广。一方面作用于对方的领域时呈放射状，对“陆、海、空、天和电磁”五维战场均具有打击能力；另一方面表现在破坏的整体性和系统性，能起到“击其一点，瘫痪全身”的作用。(2) 软战力的打击手段多。电子战、情报战、心理战、网络战、病毒战和非致命战等都是软战力的表现形式。(3) 软战力实施的隐蔽性强。大多数软杀伤手段是采用电子、光、次声波和程序等介质传输信息和能量。

科技发展的产物。软战力是科技发展的必然产物。大量的信息化智能化的武器的出现，使“软系统”开始成为武器发挥硬杀伤强弱的关键。只要破坏对方武器的“软系统”就可达到削弱对方战斗力之目的。因此，双方由武器与武器之间火力的硬对抗转到武器与武器的关键部位“软系统功能”之间的对抗，也就是科技的对抗、智力的对垒。所以，随着信息时代的到来，传统硬杀伤能力的主导地位必然让位于软战力。软杀伤不破坏敌方武器装备及系统的乃至整个作战力量硬件，而是破坏其功能，使其难以正常工作而陷于瘫痪。从效果看，软杀伤有时比硬杀伤更有针对性，杀伤面更大，也更有效。

努力提高软战力。软战力的出现，正在从根本上改变着对传统作战能力的看法。(1) 电子设备是指挥控制系统和现代武器系统的核心和支柱。因此，电磁领域无疑是未来战争角逐最激烈的地方，也是软战力生成的主战场，必须重点发展。(2) 从软战力构成要素的结合上提高软战力水平。大量的智能化和信息化武器投入战场，大大扩展了军事指挥人员的未知领域，给作战指挥人员带来诸多障碍。因此，仅靠重谋略显然不能适应未来信息作战的要求。必须从人和武器的最佳结合上寻求新思路来提高软战力。(3) 立足在军事实践中提高军队的软战力。在演习和训练中应加大高科技知识的含量，特别是要视情况增加一些信息战课题的研练，以确保在未来高技术局部战争中实施有效的指挥与控制，抗击敌人的“软杀伤”。(周世军、张洪福《软战力——一种新的战斗力》,《解放军报》1998 年 12 月 29 日)

(魏守正)

21 世纪部队指挥员应具备 4 种专业能力 有的作者指出，21 世纪部队指挥员除了具备现代优秀指挥员应有的各种素质外，还必须具备以下 4 种专业能力。

一是科学运筹三维空间作战的能力。21 世纪部队的作战将是前沿与纵深作战，近距离与远距离作战，空战、海战、陆战及信息战等全方位、多军兵种联合协同的作战，客观上要求指挥员必须立足未来战场信息这一制高点，科学运筹诸多同时发生在三维空间的各种作战。

二是指挥、控制高层次部队的能力。21 世纪的部队将是知识型，文化层次高的特殊群体部队，指挥员除提高自身素质外，重要的是更新指挥部队的领导方法，以确保部队打胜仗。因此，指挥员必须根据战场态势的变化及分散作战方式，果敢地采取灵活多变的指挥方法，实施有效的指挥和适时指导、控制部队行动。

三是快速获取、筛选有价值信息的能力。信息可使指挥员及时了解战场上敌我双方的作战态势，并据此在敌作出反应之前先采取有效措施。因此，指挥员要具备有捕捉信息及使用信息所创造出战机的能力，从纷繁的信息中筛选出对作战行动有价值的资料来。

四是娴熟操作计算机的能力。21 世纪部队的指挥员将直接在指挥所或指挥车里利用计算机近实时地收集、筛选、分发和显示战场信息资料，从中得到指挥、控制部队行动方案的参考资料。为此，指挥员必须具备有娴熟操作计算机的能力。(林志虹、才军,《解放军报》1998 年 4 月 14 日)

(陈　群)

20 年来全军管理理论研究蓬勃发展 有作者撰文指出，党的 11 届 3 中全会以来，中国人民解放军管理理论研究呈现蓬勃发展的新局面。中央军委先后 3 次修订和颁发共同条令，1994 年 11 月还颁布了具有深远指导意义的《关于加强军队管理教育工作的决定》。总部召开了 3 次全军性的管理工作会议，全军和各大军区、军兵种召开了一系列的军队管理学术研讨会。广泛深入的学术研究，使中国军队管理科学成为有着广阔发展前景的军事学科。这主要表现在：

研究成果频频问世。20 年来，全军除发表了大量管理论文外，还出版了 260 余部管理著作。全军有十余部管理著作在军队管理研究会获奖，《军事管理研究》、《军队管理学》荣获全国首届行政管理优秀科研成果奖。

研究领域不断拓宽。全军管理理论研究是从管理教育、后勤管理开始的。近些年来研究领域不断拓宽，目前已形成了多层次、多分支学科，主要有作战管理、训练管理、行政管理、干部人事管理、军校管

理、科研管理、后勤管理、装备管理、安全管理等。鉴于各军兵种的管理既有共同规律，又有自己的特殊规律，各军兵种的教学和研究骨干已经着手研究自己军兵种管理领域的理论。在军队管理研究中，一个突出的特点是重视了对“带兵”理论的研究。近年来，全军出版了《新时期带兵十法》、《新时期带兵哲理》、《带兵艺术》、《带兵之道》等20多部专著。

研究队伍不断扩大。近几年研究队伍迅速扩大。从高级将领到普通士兵，从野战军到省军区、人武部，从军事干部到政工、后勤、技术干部，从教学研究人员到管理专业干部，从现职干部到离退休干部，都有不少人加入军队管理理论研究行列，为进一步繁荣军队管理学术打下了坚实的基础。

军队管理教学广泛开展。新时期部队管理需要宏大的军事管理人才队伍。适应这一客观需要，全军已有近百所院校开设了军队管理、现代管理和专业管理课程，有的还开展了军队管理函授教学。有的院校已经开始培养军队管理学硕士和博士研究生。（王安，《军事历史》1998年第6期）

（昶　吉）

信息战将对后勤观念和保障方式产生影响　有作者撰文指出，战场信息化趋势将从根本上改变传统的后勤观念和保障方式，引起后勤保障方面的深刻变革。

后勤保障将更加精确。由于信息技术的大量应用，使“精确后勤”变为可能。后勤系统可随时了解战斗部队的需求，并通过计算机模拟，预测未来24～48小时内的保障任务量。另一方面，后勤指挥人员也可以通过数字化网络系统，准确掌握后勤自身的物资储备情况和后勤部队的部署情况，并可对后勤保障过程进行实时监控，根据不断变化的情况，适时修订保障方案，从而最大限度地避免盲目性，确保后勤系统供、救、运工作的准确与及时。

后勤保障将更加快速。在快速保障方面，工作的重点是缩短物资补给订货与运输时间，减少装备维修时间，提高战场分发速度。使补给品在积极主动的控制下经由分发网络快速运动，从起点直接送达战斗部队手中。

保障方式将更加多样。后勤保障将以“蛙跳式”和“携行式”为主要方式。其基本结构是：把后勤指挥管理机构和后勤基地主体尽量配置在战略后方，前方只建立小型的后勤指挥所和携带少量急需物资的“携行式”保障分队。作战部队通过前方后勤指挥所的数字化C^4I系统与战略后方基地保持密切的联系。战斗中根据需要，后勤系统主要依靠空运，以“蛙跳式”的方法，在前方或敌后方建立临时性保障基地，利用战斗间隙为作战部队和前方小型化保障分队进行快速补给。临时性保障基地可由某一级后勤单独建立，也可根据情况由战略、战役、战术三级后勤共同建立。为适应高机动部队实施分散打击的作战模式，单元小型化、模式化的后勤保障形式越来越受到重视。其特点是规模小、功能全、机动性好、生存力强，并可按任务需要任意组合。

后勤保障将综合一体。后勤一体化包括横向一体化和纵向一体化两个方面，它将国家力量、地方力量、各军兵种力量和战略、战役、战术各级后勤的保障要素联成一个统一的整体。通过科学的优化组合，达成全方位一体，全过程一体，全纵深一体的后勤保障格局，最大限度地发挥后勤系统的整体保障效能。（杨立明《信息战对后勤保障的影响》，《现代军事》1998年2月号）

建设信息时代“矩阵式”后勤　有作者撰文指出，信息化“矩阵式”后勤，利用计算机网络技术和卫星移动通信技术，将各级后勤指挥员、各军兵种后勤机关、部（分）队、各个后勤基地、甚至每一个保障平台以及地方后勤力量动员系统等都置于后勤计算机网络之下，联结成一个协调一致、相互支援、可发挥最大整体效益的统一体。在这个无形的网络下，所有的后勤部队、保障平台组成一个严密有序的整体模块，可对战场情况作出近实时的反应。依靠超视距监控技术，实现后勤系统的“全部资产可见”和远程“分离式”保障。后勤保障可基本做到“适时、适地、适量”，最大限度地避免盲目性和浪费。

信息化“矩阵式”新型后勤，通过“信息流”使“物资流”集约化、社会化、远程化、智能化，部队战斗到哪里，后勤就精确地保障到哪里。它以国家经济力量为依托，战略、战役、战术三级后勤力量为支撑，以数字化指挥自动化网络为中枢。“物资流”形散，“信息流”神聚，集约保障，低耗高效，实现“全部物资、保障力量和需求可见”，发挥最大整体效能，为作战部队快速提供全方位、远程、多手段、持续可靠的后勤保障。（万小元、张泰《建设信息时代“矩阵式”后勤》，《解放军报》1998年2月17日）

后勤保障趋向综合、精确、多元　有作者就此提出如下看法。“陆、海、空、天、电”“五维一体”的联合作战的出现，要求后勤保障融为“综合一体”。“综合一体”包含了“横向一体化”和“纵向一体化”，它要求将国家力量、地方力量、各军兵种力量和战略、战役、战术各级后勤保障要素有机地联成一个统一整体。要求后勤保障必须减少环节和层次，达成全方位一体，全过程一体，全纵深一体的新的后勤保障模式，以较小的代价换取最佳效益。

后勤保障要求快速精确。未来战争的作战对象和地区由明转暗，战场的正面和纵深几倍甚至几十倍的扩展，给后勤保障的快速精确增大了难度。对此各国的普遍做法是：一方面加紧建立立体高效的后勤保障体制；另一方面则充分利用信息技术了解部队所需，以投送“所需”为目标，在战略、战役、战术的各层次实现精确保障。

后勤保障构成多元。根据美军对向 21 世纪部队过渡的重型师后勤编制体制进行的设计，保障部队编制呈现小型化、模块化的趋势。同时按专业编制改为按功能编组，即把供、救、运等专业保障力量和后勤防卫力量混合编组，分成若干保障单元，每个单元都有指挥、保障和防卫等系统功能。而其特点是规模小、功能全、机动性好、生存力强，并可按任务需要随时组合，以适应联合作战的要求。（陈晓虹《保障：趋向综合、精确、多元》，《解放军报》1998 年 7 月 7 日）

探讨军队保障社会化之路　有作者就此提出 3 点看法。

保障社会化势在必行。（1）军队保障摊子之大、保障任务之重、办社会之齐全相当惊人。收缩摊子需要保障社会化。（2）经过几次调整精简，部队后勤员额虽然作了较大压缩，但从总体上看，由军费直接或间接供养的人数并没有相应减少。减少供养人员需要保障社会化。（3）提高军费使用效益需要保障社会化。在市场经济条件下，只有通过招标订购物资、出包工程、提供服务项目等办法，才能大大提高军费的的使用效益。

重在探索新模式。（1）日常生活服务保障社会化。应该逐步将营院的生活保障、商品供应、绿化卫生等服务工作，通过招标等方式承包给地方服务公司。（2）通用物资储备和供应保障社会化。军队通用物资的储备应从依靠政府，转为主要面向市场筹措。变军队专储为社会代储。同时，应该逐步实现军用物资器材的通用化和标准化。（3）部分勤务工作保障社会化。将通用车辆、机械、舰艇和飞机等装备的保养、维修以及军人医疗，交由地方有关公司和医院保障，不仅平时是必要的，战时更是必须的。（4）专业技术人员培养社会化。必须走出依靠社会办学力量为军队培养专业技术人才的路子。把军地通用性较强的专业技术人员的培养任务交地方院校或实行委托代培。

关键是突破改革的难点。（1）针对转变观念的难点，树立现代后勤保障观。为此，一是树立现代经济观念。要从算宏观经济的大账来认识保障社会化的重大经济、社会和军事效益。二是树立大市场的观念。三是树立系统观念。变保障的单项业务改革为配套互补、整体推进的系统改革。四是树立开放观念。变军内自给式、封闭型保障为面向社会、双向服务的开放型保障。（2）针对自我改革的难点，加强改革的组织领导，加大改革力度。应建立权威的改革论证、指导机构，以超越单位、部门利益，全面、系统地研究军队改革及适应国家改革的有关重大问题；应将制定“规则”与执行规则的部门分开，解决自我改革难的问题；应成立有军地领导组成的改革协调小组，统一制定有关政策、措施，加强内外协调。（3）针对法规制度不健全的难点，加强法制建设，努力实现以法保障。一方面要跟上国家有关改革的步伐，将军队保障尽量纳入社会保障的范畴；另一方面，要加快各项保障立法进程。及时对实践证明是成功的改革成果进行总结，使之制度化、法规化。（张耕《探索有我军特色的保障社会化之路》，《解放军报》1998 年 11 月 10 日）

美国军队建设问题研究

美军致力解决联合部队一体化问题　有作者撰文指出，《戈德华特—尼科尔斯国防部改组法》1986 年颁布以后，美军从理论和实践上致力于解决联合部队一体化问题，收到较好的效果。在此后形成的联合作战理论中，有关联合部队一体化的理论主要集中在以下 3 方面。

理顺联合部队的指挥关系，使联合部队成为统一的整体。首先，联合部队由国家指挥当局通过参联会主席实施作战指挥，由军种部实施训练、行政管理和后勤支援。其次，联合部队指挥官有权根据完成任务的需要编组和使用一支部队。第三，由构成联合部队主体那个军种的指挥官任联合部队指挥官。美军认为，有了这些规定，就能建立起比较合理的指挥体制，使各军种抽调临时组建的部队尽快结合成为新的统一体。

使用“模块”部队，按职能编组联合部队。美军联合作战理论要求联合部队指挥官根据任务的性质、战场环境、作战规模、作战持续时间、指挥与控制能力等要素，从现有军种部队中抽调合适的建制部队，按职能编组成联合地面部队、联合空中部队或联合海上部队，去完成自己领受的任务。由于职能相同，联合部队便于指挥与协调，易于形成一体化的整体合力。

各级联合部队只设一个指挥官，确保统一指挥。根据规定，美军联合部队各级都只设一个指挥官，由他负全责。下级指挥官只从他一个人那里领受任务，并且只对他一个人负责。这样，指挥关系非常明确，从而防止了令出多门、难于协调的情况，从根本上解决了统一指挥的问题。如果作战任务需要，联合部队

指挥官可组建下属联合部队司令部、联合特遣部队或单一军种部队。下属联合部队也只设一个指挥官。美军的上述理论，对于理顺联合部队的指挥与控制关系，加强其指挥与控制能力，促进联合部队的一体化，起到了很好的作用。（封长虹《美军联合部队一体化问题初探》，《外国军事学术》1998 年第 8 期）

美数字化部队将具有 4 种作战能力　有作者撰文指出，21 世纪战场上的美国数字化部队，将具有下述 4 种作战能力。

灵敏的快速反应能力。由于数字化系统传输信息的速度明显加快，部队与部队之间，部队与单个军人、单个作战平台之间，单个军人与单个作战平台之间不仅能实现信息互通，而且速度极快。从而使数字化特遣队和与之对抗的非数字化部队在对形势的判断上和部队行动的速度上存在着明显优势，因而能始终保持着战场上的主动。

高效的自动化指挥能力。数字化部队通过数字化网络，能让指挥中心对整个战场态势了如指掌。指挥员之间可随时交换情报，调用其他部门的所有信息，充分发挥主观能动性，根据上级意图进行现场决策。从而大大简化指挥程序，提高指挥效率。

周密的协同作战能力。由于目标数据的传输全部采用了数字式通信系统，解决了不同平台的互通问题，不但充分发挥了间瞄火力的潜力，也使炮兵和装甲兵能有效地协同作战。而且所传递信息是不间断的，将根据战场实际情况实时自动更新。所有这一切使部队能以空前的精度和速度实施协同作战。

较强的单兵战斗力和生存力。数字化士兵，是数字化部队的重要特征之一。它的主要数字化装备是士兵计算机和士兵电台综合系统。这套综合设备的特点之一是有一个与头盔相连的类似遮阳罩的装置作为计算机的显示器，它能显示文字、数据、图形，包括命令、数字地图和定位信息等。数字化士兵能透过夜幕对敌人进行精确射击，能在沙漠或高山密林中辨别方向，能在一瞬间判断对面的人员或车辆是敌是友，能从显示器上看到潜伏在山后的敌人，其战斗力和生存力之强将是今天的士兵无法比拟的。（彭呈仓《数字化部队的 4 种作战能力》，《现代军事》1998 年 12 月号）

美军提出联合火力的发展构想　有作者撰文就此提出以下 2 点看法。

利用信息优势控制火力。它主要包括两方面的含义：一是为夺取信息优势使用火力，如用联合火力攻击和摧毁敌探测装置，使其丧失侦察能力，摧毁任何可能干扰己方探测装置工作的敌方系统，保障己方信息渠道的畅通；二是利用信息优势发挥火力效果。利用信息优势控制火力，关键是实现信息系统和联合火力系统的融合。以便能够以更快的速度了解更多的信息，进而提高联合火力的打击效果。

改进联合火力的保障系统。为使“21 世纪部队”能够更好地解决联合火力的保障问题，美军设想了 2 种方案：（1）诸兵种共同研制先进的保障系统。通过各军种后勤保障逐步实现模块化，满足易组合、灵活性强的要求，这样便于平时分散保管，在出现紧急情况时可迅速编组，提供适时支援。同时，各军种的武器装备也要逐步实现统一化、标准化。（2）研制不需要后勤支援的武器。通过研制“灵巧”和智能型武器，实现用为数甚少的弹药摧毁更多的目标，以减少后勤保障的负担。（潘友木《美军革新火力支援形式的新构想》，《外国军事学术》1998 年第 2 期）

美军分析数字化部队有 5 个弱点　有作者指出，美军在努力建设数字化部队的同时，对其自身存在的弱点也有较深刻的认识：

战场数字化通信网络易遭破坏。（1）战场数字化通信网络将面临来自对方的全方位打击。由于数字化部队作战所依赖的战场数字化通信网络，在很大程度上要依赖于国家的战略信息网络，这就使延伸到了战场内外各个角落的战场数字化通信网络，不可避免地受到来自对方的全方位打击：打击既可通过军用通信网络直接实施，也可借助民用通信网络间接实施；打击力量既包括敌对国家的武装力量和有组织的非武装力量，也包括其他有敌意的国家、非政府组织和个人（如计算机“黑客”）；打击力量所处的空间位置具有广域性。它既可以在陆、海、空、天、磁的多维战场空间内实施，也可在战场外甚至国（境）外的各个地方实施。毁伤数字化通信网络的手段具有多样性。它既包括传统意义上的电子战和火力摧毁，也包括现代意义上的计算机渗透。（2）数字化通信网络中的计算机“渗透”难以防范。由于计算机渗透的成功率高，隐蔽性好。在军用通信难以和民用通信截然分开的情况下，数字化部队作战所依赖的战场数字化通信网络难以防止对方的计算机“渗透”。（3）毁伤数字化通信网络的技术和手段难以垄断。由于许多发达国家和发展中国家均可拥有实施进攻性信息战的手段和能力，信息战将成为耗资少、无法垄断的作战样式。

信息困扰增大。（1）信息量大与信息系统传输容量有限的矛盾仍然存在。（2）信息传递仍难以满足指挥员所需信息的轻重缓急。（3）信息过量将使指挥官无所适从。（4）受信息欺骗的概率增大。数字化部队在抵御对方广泛实施的信息欺骗中，较非数字化部队将面临更大的困扰而更容易上当受骗。

抵御非正规战的能力有限。（1）非正规作战者对电磁频谱的依赖性较小，可供数字化部队战场传感器探测的电磁频谱信息有限。(2) 非正规作战者几乎不存在可供数字化部队攻击的目标重心，且作战行动目标分散、战术灵活、对统一的作战指挥和战勤保障依赖小、局部受损对全局影响不大。数字化部队要在较短时间内打赢这种对手，将极为困难。

数字化部队小规模、大空间作战、易被各个击破。数字化部队作战，将在可靠信息的保障下，以尽可能少的部队去控制扩大了的作战空间。这种在作战空间上的过于分散和对脆弱的信息系统的过分依赖，在特定条件下可能被对方优势兵力各个击破。(1) 数字化部队的战斗力发挥是有条件的。主要来源于数字化部队拥有及时可靠的信息保障和有效的火力支援。(2) 数字化部队的战斗力发挥是有限的。离不开可靠的信息保障和有效的火力支援。(3) 数字化装甲部队作战中的战场机动仍将依赖其自身的装甲车辆。与非数字化装甲部队相比在战场机动速度上并不占有优势或较大优势。

信息化、智能化的武器装备对发挥人员主观能动性可能带来的负面影响。(1) 作战主体在拥有了先进的物质手段和优越的心理环境后，容易产生高傲自满的消极心理。(2) 先进的武器装备容易使作战主体产生依赖心理，从而忽视先进的武器装备系统本身的缺陷。(4) 自动化的作战指挥程序和方法，容易禁锢指挥员和战斗员的思维和行动方式，使其容易陷入某种思维定式而缺少灵活性。(张济海、李信忠、何长开《美军数字化部队弱点分析》,《外国军事学术》1998 年第 5 期)

(袁右军)

美国军事法制建设有 5 个特点 有作者撰文指出，综观美国独立后 210 多年的发展过程，其军事法律制度建设有下述 5 个特点：

(1) 制定和完善《宪法》，确立美国的基本军事制度。1783 年 9 月 3 日，美英两国《巴黎和约》的签订，标志着美国摆脱英国殖民统治而正式宣告独立。然而，美国国内因此也滋生了和平主义思潮。《巴黎和约》签订刚刚过了 4 天，当时的美国国会便迫不急待地要求华盛顿总统立即下令让大批军队解甲归田，致使正规军队人数锐减。为防止此举对美国国家机器的巩固造成的危害，国会在 1787 年 9 月 17 日通过了《1787 年宪法》。该宪法对军事力量建设问题主要规定了 3 点：一是把国家安全放在了首位；二是加强了中央集权制，特别强调了军权的集中；三是确立了文官领导军队和以“可扩大的正规军”为骨干、辅以民兵的两级武装力量体制。该宪法是美国军事力量不断发展壮大的第 1 块法律基石。

(2) 颁布和完善《民兵法》，确立后备力量的地位和组成原则，进一步完善武装力量体制。《1787 年宪法》颁布以后，美国在军事上进入了稳定发展的时期。1792 年 5 月，第 1 部《民兵法》正式出台。后来在亚当斯执政期间，于 1798 年 7 月 6 日又通过了新的《民兵法》，废除了由民兵“自己装备自己”的老规定，改为由政府出资购买装备武装民兵。1903 年国会通过的著名的《迪克法》，实质上是对 1792 年颁布的《民兵法》的再次修订，它把民兵分为两个等级：一是“组织起来的民兵”，即国民警卫队，是军事预备队；二是预备民兵。该法案把国民警卫队提高到了军事预备队的地位，从而为后来的扩军和参战提供了大量受过训练的人力保证。

(3) 制订《国防法》、《征兵法》、《扩军法》等法律，确保兵源的稳定和依法实施平战转换，其国防法制体系趋于完善。1847 年 1 月 12 日美国国会立法，核定志愿兵服役的期限从 6～12 个月改为 5 年。这成为美国历史上志愿兵役制的开端。美国于 1863 年 3 月 3 日开始实行《征兵法》。它规定凡年龄在 20～45 岁之间的男子都有服兵役的义务，从而使参军服兵役成为国民的义务和强制性的行为。美军建军史上的这一重大变革，为取得南北战争的胜利提供了充足的兵源。1916 年 6 至 8 日通过的《国防法》、《扩军法》和《海军拨款法》，提高了其平战转换水平。1920 年 6 月 4 日，美国颁布的新《国防法》，规定美国军队由职业正规军、半职业的国民警卫队和有组织平民的预备队组成，并特别强调了军事教育的重要性。第二次世界大战爆发后，罗斯福为加快扩军进程，相继出台《两洋舰队法》，和鼓励生产军火的《加速折旧法》以及《征兵与训练法案》，使美国很快转入了战时体制。至此，美国的国防法制体系也进一步趋于完善。

(4) 制订《国家安全法》和《国防部改组法》，确立并完善领导指挥体制。第二次世界大战后，美国国会于 1947 年通过的《国家安全法》，是美国军事法律体系中一部带全局性的基本法，是规范美国防务及其有关活动的基本依据。1949 年通过的《国家安全法修正案》，进一步完善了美军统帅机构的构成及功能，使其从形式上的统一过渡到实质上的统一。此后，又颁布了《1958 年国防部改组法》，使国防部长真正掌握了作战指挥权，并在财会、人事、科研和后勤等方面享有更大的实权。1986 年 9 月 11 日，国会又通过《戈德华特—尼科尔国防部改组法》，扩大了参谋长联席会议主席、文职官员及司令官的权力。

(5) 重视军事装备科研、生产方面的法制建设，加速装备现代化，确保技术领先的地位。第二次世界大战后，美国国会制订和修订了大量法律，以加强对国防科研与生产活动的控制和规范。《美国法典》第50篇“国防与战争”所列的目录中，与国防科研生产有关的法律多达数百个，涉及国防科研与生产的方方面面。如美国会先后制定的《国防生产法》、《国防工业储备法》、《国防采办队伍加强法》、《1994年联邦采办改革法》等一系列法律制度，使军事装备的研制生产完全步入法制化轨道。综观美国军事力量崛起的历史，不难看出其间军事法律建设所起的重大作用。随着一系列军事法律的颁布实施，美国的军事机器得到了不断强化，成为维护美国资产阶级国家利益的支柱，也满足了美国对外扩张的现实需要。（薛亚《美国军事法制史述要》，《国防》1998年第6期）

（昶　吉）

美军后勤理论发展呈现出新特点　有作者撰文分析了近年来美军后勤理论的发展情况，发现其呈现出以下特点。

军事战略、作战理论的调整，促进后勤理论的发展。随着苏联、华约的解体，美国军事战略转变为“地区防务战略”，战略态势从以往的“前沿部署”改为“前沿存在”。美军不得不以快速兵力投送的方式来应付各种地区性危机。为满足其后勤保障需要，美军提出兵力投送后勤理论，规定后勤保障活动必须具备五项基本原则，即预见性、一体化、反应灵敏、不间断性、随机应变。根据该后勤理论的要求，为成功地实施兵力投送，美军采取了一些新的措施，如改革战略储备和战役计划物资的供应关系，加强本土的装运基础设施建设，提高以海上预置、战略海运、战略空运为内容的“三位一体”的战略后勤投送能力，增大后勤的高技术含量，并着手建立“无缝隙后勤系统”等。同时，也加强了联合作战后勤保障理论的研究，制定了《联合作战后勤保障概则》，成为作战司令官在实施联合作战后勤保障方面行使指导权，提出有关指挥关系、职责和程序的指导性文件。

更加突出后勤的地位作用。针对目前美“陆军不是把后勤描述为战争指导中的一个与其它领域平等的概念，而是将其视为支援性的职能系统”，“从属”于战略、战术的传统观念，美军中校克里斯多弗·帕帕朗大胆提出“后勤平等论”的观点，认为“在战争研究中，后勤是一个与战略和战术平等的要素”，“由于具有平等地位，后勤原则适用于基本的作战条令，并能补充战争原则。”在对海湾战争认真总结之后，美军认为，海湾战争从某种程度上说是一场后勤之战，是强有力的后勤保障赢得了战争的胜利，“良好的后勤工作就是战斗力”。

强调后勤建设的高质量。美军认为，搞好后勤质量建设首先要制定符合国家军事战略的后勤建设目标。为适应兵力投送部队的需要，美军要求建立“无缝隙后勤”系统，通过应用大容量电子情报传输与高技术卫星通信系统实施“分离式”后勤保障，实现全部作战物资从动员、部署、使用到回撤全过程的可见性。在后勤管理方面，美军强调大力推行速率管理法，这是美军改进陆军后勤系统的3大战略方针之一。采用速率管理将使物资补给速度加快，修理周期缩短一半，物资库存量更加合理，管理费用大大减少。

增大后勤的高科技含量，是外军后勤质量建设的重要内容之一。为此，近年来美军一直致力于将后勤建设成为现代化的、有更大技术能力的装备技术密集型力量，运用现代高科技解决后勤建设问题，使后勤由人员密集型向装备技术密集型发展。为实现这一要求，美军拟制了一系列未来后勤装备建设的发展规划，努力把高新技术融入后勤装备之中。为增大后勤的高科技含量，美军不断加大经费的投入，并把培养一支高素质的后勤人才队伍作为后勤质量建设的一项重要内容。

强调后勤活动应努力追求军事效能和经济效益的平衡。美军认为，军事效能和经济效益的平衡是后勤保障活动成功的基础。成功的后勤必须既讲效能，又讲效益。后勤系统必须追求一种平衡，既要有效地保障持续作战行动，又不能超过胜利所必须的保障，否则将会增加指挥官的负担。目前，由于信息技术的迅速发展，计算机、通信卫星等信息化装备大量用于战场，各类计算机网络的建成，将使后勤人员真正拥有实现军事效能和经济效益平衡的能力。美军已开展的“物资运输途中可见性”和“全资产可见性”等的研究将极大地增加战场的透明度，这将引起未来后勤保障在指导思想和条令上发生根本性的变化。意味着后勤人员从实施兵力投送开始，就能建立一种全新的补给系统，能适时、适地、适量地运送各种补给物资，以满足各类部队作战的需求。美陆军目前已在某些物资（如给养等）保障上实行的“准确按时供应制度”。按照这种制度将取消大量的储备，准确地按照使用的时间生产和投送补给品，其结果是用户在可能范围内能得到最新和最适用的物资。（谭风旭、刁望钦《近年来外军后勤理论发展浅析》，《后勤学术》1998年第4期）

（袁右军）

提出“聚焦后勤”新概念　1996年5月，在美国参谋长联席会议主席沙利卡什维利上将公布的《2010年联合作战构想》中提出“聚焦后勤”新概念。“聚焦后勤”是指将信息、后勤和运输技术有机结合，能对危机作出快速灵活反应，即使物资在运输途中，也可根据需要跟踪、转移，并将特殊的保障物资和给养直接发放到最需要的各战略、战役及战术单位。美军认为，这种灵活定向保障，更能适应日益增多的分散单位和机动部队的需求，可以在几天甚至几小时内提供后勤保障，使未来的诸兵种合成部队更加机动灵活。“聚焦后勤”的主要内容有：（1）借助信息技术。这使得后勤供应将一改从前那种呆板供应模式。各级后勤能够随时了解作战指挥官的位置及其后勤需要，后勤人员能够预测未来 24～48 小时内补给机构和其它保障设施应配置于何处，能按作战部队要求的时间和地点及时、准确地提供所需保障。美军正在加快研制和装备“全资产可见性系统”和“在运物资可见性系统”。前者可以对从后方厂家到前方散兵坑的物资发送进行全程跟踪，包括物资装备的位置、状况及承运人。后者将利用计算机系统，追踪补给物资的调运情况。这两个系统将大大提高美军物资分发的快速性、准确性和经济性。借助信息技术，可以利用空运、海运和预置等方式，减轻部署时的辎重负担，从而完善聚焦后勤供给系统，扩大目前的供给范围，延长供给时间。（2）实现后勤保障一体化。美军设想，将战略、战役和战术三级后勤编组成一个结合严密的统一体。后勤保障系统将由战略层次的“高级后勤主管”统一负责，将从战略层次通过战区，向作战部队指挥官提供遂行作战和保持进攻势头所需要一切后勤保障。其基本模式是，在“高级后勤主管”的领导下，战区后勤部门对前方后勤保障活动进行指挥、控制和协调。作战地域由战斗后勤部门负责，其后勤主管将确定保障编组和调节保障量。战略、战役和战术各层次的后勤主管，在被保障部队的整个作战空间内通过信息技术手段连成一体，全面掌握从工厂到散兵坑的所有后勤保障活动。（3）强化战场分发能力。美军新作战理论设想未来的后勤保障应是“补给品在积极主动的控制下经由分发网络快速运动，绕过通常的库存环节，从起点直接送到战斗部队手中”。具体方法：一是在补给源头采取措施，加快对请领申请的处理速度。要求从战斗部队发出申请到补给部门作出答复不超过 24 小时。二是最大限度地提高物资的分发和运送效率，要求物资从战区补给系统到战斗部队的时间不超过 48 小时。三是压缩前方基地储备品的规模和品种，减少卸载机场和港口的库存，尽可能从后方库存中快速前送物资，以适应物资申请与运输时间的多变性。四是从补给源头到直接保障部队，每一级都由单一的分发管理人员或部门领导，实施集中的运输控制和物资管理。（摘自美国《陆军后勤》1997 年 5－6 月号）

（周瑛芬）

美军军费宏观管理具有 3 个显著特点　有作者撰文指出，美军在军费宏观管理中，依据现代管理理论和方法，建立科学的决策机制和适应军队建设的财务管理体制，其显著特点如下。

*依据“系统分析”理论，保证国防计划与预算的科学统一。*美军认为，所谓“系统分析”理论，就是把国防计划与预算看作一个包含多个子系统的大系统，强调运用系统分析方法对国防建设进行总体设计，以保证国防计划与预算的科学统一。这集中体现在“规划、计划与预算制度”上。该制度是一个使任务与资源需求配套，通过审查、审议，最终将其变为预算提案的决策过程。整个系统的工作分为计划、规划和预算 3 大阶段，整个过程基本如下：（1）根据对威胁的认识确定战略；（2）确定保障既定战略的兵力需要；（3）订出各项规划文件，提出达成兵力目标、武器系统目标以及后勤保障目标的的资源，并进行论证；（4）制定国会所拨经费的预算，以保障执行已批准的各项规划需要。（5）该系统（PPBS）的产物是总统 1 月份提交国会的预算中属于国防部的部分，同时也反映在国防部的 5 年国防规划中。为使军费预算更加科学合理，美还对该系统（PPBS）进行了完善，创立了“零基预算法”。其主要精神是：根据军队建设的需要及发展变化，允许提议的新计划项目在平等的基础上同现有的计划项目竞争；通过对计划项目优先顺序的排定，按照从零开始的预算工作程序，在 3 个层次上进行财务综合分析，即基础分析、减量分析、强化分析，从而做到优先项目优先经费保障。

*依据“成本效益”理论争取最佳的军事经济效益。*国防预算是国防计划在经济上的体现。“投入”与“产出”是密切相关的两个方面，但由于存在许多中间环节，如项目安排、组织管理等，又使得投入量与产出量不具有必然的联系，一定量的军费不一定产出等量的成果。因此，必须采取正确的管理措施，争取最佳的军事经济效益。

*依据“综合平衡”理论，建立集中统一的财务管理体制。*美军的“综合平衡”理论强调集中管理、统筹规划、协调平衡。为保障这一目标的实现，美军非常重视改革财务管理体制，实现财务管理一元化，主要措施有四：一是强化军费规划与分配管理。如明确规定国防部第一副部长负责制定国防规划、计划与预算。二是提高财务主管的地位与权限。把主管财务的会计长的职务由助理国防部长升格为国防部副部长。扩大其宏观管理权限，除加强对国防财会局、国防合同审计局的领导外，还主管计划项目的分析和评估，以便更有效地控制军费的使用，提高军费的使用效益。三是成立专门的财务管理监督机构，加强对财务

工作的管理监督。美军成立了以国防部第一副部长为主席的“财务管理高级监督委员会”，负责决定财务管理改革的重大决策。四是建立集中统一的财务保障管理体制。美军认为，其财务管理方面之所以存在诸多问题，其根本原因是全军没有统一的财务保障管理体制。为克服这一弊端，美军组建了对全军进行财务保障的实体性机构——国防财会局，实现了全军联财，并采取了许多措施。首先，合并了国防部、军种部及国防后勤局的财务部门，构建集中统一、人员精干的全军财务管理机构；其次，接管改造各军种财会中心、财务系统处，在保留其专项业务的基础上，使之转向为全军服务。（王余、夏崇茂、刘洋《美军军费宏观管理的内容及特点》，《外国军事学术》1998年第7期）

（袁右军）

俄罗斯军队建设问题研究　关于兵役制度问题　俄军事科学院院长加利耶夫大将在论及兵役制度时指出，不存在惟一“正确”的武装力量补充体制。所谓职业化军队，首先是指它的职业军事素质和军事组织的水平，而不仅仅是指补充方式。由志愿献身于军事职业的人所组成的军队更有可能达到更高的战斗训练水平。但在以普遍兵役义务为基础的军队中，有相当多的一部分军官、职员实际上也是职业性的。问题的实质在于，军队未来是仅靠雇佣、志愿来招募人员，还是通过征召短期服役的士兵和军士对军队进行部分补充。由于义务兵役制已经历过无数次战争的检验，而仅按志愿制原则募集的军队还没有在一场大的战争中经受过考验。因此，应当根据所有的政治、经济和军事因素进行客观的分析和评价。按志愿原则补充的职业化军队的主要优点是：(1) 能够根据受教育程度和健康状况挑选最符合服役要求的人。(2) 各类军人的服役期都较长，有可能不断提高人员的战斗训练水平，更有效地使用现代化武器，兵团和部队能保持紧密的战斗团结与协调性；不会受征召和退役影响，战斗训练过程不会出现间断和多余的重复。(3) 因为动员并不总需要进行，在局部战争中，能够确保将兵力快速投送至需要的地域，并立即转入积极的进攻行动。主要缺点是：(1) 职业化军队在一个封闭的系统中运行，与社会隔绝的倾向比较明显。国防任务不再由整个社会和全体人民承担，仅仅由一个特殊的军事组织担负。职业化军队的军人把物质利益放在首位，为自己的人民履行军人义务的精神动力越来越不足。这种军队在对弱敌的短期局部战争中能够不错地完成任务，但很难在伤亡重大和持久艰苦的大规模战争中经受住考验。(2) 和平时期的职业化军队在大规模战争中所能维持的时间不会超过2～3周，尔后必须通过动员新的部队不断加以补充。但是，一支完全靠签订合同招募的军队已失去蓄积受过训练的后备兵员的能力，而没有后备兵员是很难应付严酷的战争的。依靠建立国家的后备兵员训练系统，不仅费用昂贵，而且不能满足动员的全部需求。(3) 由于职业化军队中不仅军官，而且士兵都有家室，官兵基本上都不住在部队，所以，尽管职业化军队具有较高的战斗准备程度，无需动员便可迅速开始遂行战斗任务，特别是当发动战争的主动权掌握在自己一方的时候。但在特定的时期（例如在假日或夜间遭到敌人突然袭击时），职业化军队与士兵经常在位的征召制军队相比，遂行战斗任务的准备程度要低。

普遍义务兵役制的主要优点是：(1) 有以较小的经济花费达成国防的全民性质；(2) 最充分地解决储备受过训练的后备兵员的问题；(3) 使全社会与每个公民都关注国防，能提供履行保卫祖国的军人天职的高度精神政治动力。主要缺点是：(1) 选择应征者的可能性极为有限，而通过周期性征召青年入伍和使服役期满军人退伍来组织战斗训练又非常复杂。每次例行征召之后，分队就被年轻士兵“稀释”20%～30%，战备水平在1·5～2个月期间是下降的。(2) 对社会公正的破坏使军纪难以维持。部分公民拥有成文或不成文的权利得以免除服役、由他人替代服役或缓征服役，以及其他违法行为，是对社会公正的破坏，对普遍义务兵役体系腐蚀最为严重。(3) 武装力量自身的，特别是各类军人相互关系中所存在的陋习，降低了服役的威信，令青年人退避三舍。

上述两种体制的混合补充体制，一方面可以保障不仅军官由职业军人担任，而且其他需要掌握复杂技术的最重要的专业岗位也由职业军人补充；另一方面，它比单纯由志愿者补充在更大程度上保留了公民保卫祖国的社会责任，为储备受过军事训练的后备兵员创造了更好的条件。此外，用于维持武装力量的费用将略微减少。该体制有利于吸收不同补充体制的某些合理因素，但它不可能充分地反映出每一种体制的优点。尽管它保留了义务兵役制所固有的许多矛盾和困难，但这种体制并非不能进一步完善。（田小文、陈学惠《俄军事科学院院长加列耶夫大将论兵役制度》，《外国军事学术》1998年第11期）

关于军费使用问题　俄国防部军事预算与拨款总局局长奥列伊尼克中将撰文谈如何节约使用军费问题时指出，反映军队质量状况和发展速度的军人资金保障率，俄军仅相当于美国军人的0.7%，相当于中国军人的33%。预算拨款不足严重影响着部队的生活保障。许多单位和国防企业因此陷入困境。为改善这一状况，俄武装力量拟采取措施改进财经工作。(1)

军事预算与拨款总局拟通过军区向部队划区拨款，即不管部队隶属关系如何，均通过其驻地军区财经部拨款。这样能提高工作效率，缩短拨款到达部队的时间。(2) 将改变军队物质和技术保障系统一直以实物指标进行核算的做法，实行价值核算和会计核算。为此将对组织编制进行必要调整。(3) 军人劳动报酬和保证军人及其家庭成员有可靠的社会地位，是提高士气和武装力量战斗力最重要的因素之一。对此在军事改革中要更加重视。(4) 随着员额的减少，军事预算结构也将改变。战斗和战役训练费、科研和设计试验费将逐渐增加。近期内，为防止武装力量中发生爆炸性事件，将把军人维持费和社会保障费放在优先地位，科研和设计试验费也应优先考虑。各军事指挥机关要取消一切对国防力量的保障无效益和不合理的开支，武装力量要与那些可要可不要的企业、组织、设施和机构脱钩。为了削减开支，计划分阶段改变武装力量的结构和裁减员额，降低编制军衔，压缩军事院校数量并缩短学制，军人职务改由文职人员担任等。(高峰《如何节约使用国防经费》，《外军后勤信息》1998 年第 1 期)

关于完善军事教育体制 俄联邦国防部长谢尔盖耶夫元帅撰文论述军事干部培养问题时，指出，为了在现存的社会经济形势下有效地解决这一问题，必须合理使用资金、资源和国家职业院校的综合潜力，而这只有在国家对军事专业人员的干部预订计划基础上才能做到。第一，国家预定计划应当具有联邦规范性文件的地位。它应该就何种专业、数量和学制，在哪些职业教育机构培训军官，以及这种培训的资金来源和全面保障来源作出规定。第二，在国家干部预订体制中应保留现有的军事院校的隶属关系。因为将来强力部门既是预订者也是执行者。它们编制部门的干部预订计划，每年对其内容进行修改，组织教育过程，完善教学设施和器材，检查完成质量。第三，俄联邦政府在编制和实行国家干部预订计划中应拥有特殊的作用：汇总各部门的干部预订计划；确定在哪所院校培养具体的军事专业人员；批准专业目录并在此基础上编制国家干部预订计划；为完成干部预订的联邦部分提供资金；检查军事干部培训规模等。国家干部预订计划的益处在于：首先，可以完全消除重复现象，大大压缩军官培训专业的数量。第二，从指令性管理过渡到按合同互利地培养军官，将提高执行方和预订方对毕业生培养质量的责任。第三，在国家干部预订体制内培养军官，可为扩大强力部门的军官补充来源和挖掘潜力、提高军事培训质量提供更大的可能性。

谢尔盖耶夫认为，实行国家干部预订体制，为在俄罗斯军事教育体制中建立新型关系奠定了组织基础。在这种体制中，国家既是总订货方，也是执行对军事专业人员的干部预订计划的组织者和保证者。国家干部预订计划有助于发动拥有雄厚科学教育潜力的地方院校来弥补军官的不足。目前新的军队补充条件和社会经济因素而造成的实际军官减少额，已超过计算（5%～7%）的 1 倍多。分析表明，军官的经常性不足状况将继续发展，直到国家创造出能刺激军官延长合同期的生活条件为止。国家预订计划可从根本上降低军官培养的成本，减少维持军事院校的费用。地方院校培养军官的体系是：统一教育 3 年，在军事系或在军事院校 2 年，这样可以减少在军事院校就读的军人的人数，又可弥补军队中军官的实际减少额。其中人文专业和部分工程技术专业的军事专业人员的培养（占军官培训总数的 20%～25%）不要求在教育过程中模拟职业军事环境。目前国家为在军事院校中培养这些人员所支出的费用，是在地方院校培养他们的 5～8 倍。这样，每年的经济效益可超过 5 亿卢布。

实行国家干部预订计划，不仅可改善军事教育体系中的财政经济形势，而且可改善精神心理状况。第一是明确军事院校学员的法律地位。作为国家预订计划的主体的学员，其地位有助于解决从院校除名这一尖锐的问题。由于大量的学员（30%～35%），包括不愿学习的人被除名，国防部为每个培养周期要损失 15 多亿卢布。同时，应明确规定，因不愿学习或不守纪律而从军事院校除名，在校学习时间不应计入其按征召服役的时间。第二，重新审查学员签订合同的期限。培养学员的效益应与投入其中的资金相符。培养学员的费用要根据教学设施和器材的保养与使用费而定，从合成军队学校的每年 4 万卢布到飞行学校的每年 66 万卢布不等。因此，军事院校毕业生的第一份合同的最低期限不应少于 10～12 年。只有这样才能赚回对其进行职业培训所投入的资金。同时，这与在地方院校获得军事教育的军官第一份合同的期限应有所区别。(〔俄〕谢尔盖耶夫《军事教育改革是俄罗斯军事改革的重要组成部分》，俄罗斯《红星报》1998 年 8 月 14 日)

(田小文)

俄罗斯海军发展趋势 有作者撰文指出，根据 1997 年 7 月俄总统批准的改革计划，俄海军将进行一些调整，其发展趋势是：

拟定新的海军战略。经联邦政府批准，1998 年正式实行的《俄联邦海军战略草案》，明确了平时和战时海军使用原则、主要任务和优先发展方向，阐述了俄在世界大洋上的国家利益、海上可能出现的威胁、海军建设和发展的战略构想。力图使海军的任务和编成适应现代化要求，并将保持保障国家安全的水平。

保持现有编制体制。今后，俄海军仍将保留 4 个舰队和 1 个区舰队的结构。但是，在重要的海洋战略方向上的兵力部署将更加集中，遂行任务的范围将有所缩小。各舰队将只保留 1 个由各种兵力编成的分舰队，舰队编制人数将减少。新罗西斯克海军基地将加入黑海舰队序列，为将来黑海舰队撤离乌克兰打下基础。

进一步加强海军质量建设。今后，俄海军将进一步减少现役舰艇的数量，提高现役舰艇的质量。并将优先建造用于远洋作战的新一代驱逐舰，它能对付水面/水下目标、飞机、巡航导弹，还能用高精度武器攻击地面目标。在近海作战水面舰艇方面，将优先建造新型多用途护卫舰。海军航空兵将重点发展最先进的舰载飞机。

继续推进海军职业化建设。自实行兵员混合补充制以来，俄海军水兵中合同兵所占比例逐年上升，现已 35%以上。为从根本上解决征兵难问题，以满足海军对人员素质的要求，俄计划今后继续推进海军的职业化建设，使其成为最先完全实现职业化的军种。

优先发展海上战略核力量。海上战略核力量是俄海军的一个重要组成部分，为了加强海上战略核力量，俄海军将陆续装备新型战略核武器。预计到下世纪初，俄海上战略核力量占全军战略核力量的比例将由现在的 30%提高到 55%。(卢永金《俄海军组建以来的改革及发展趋势》,《外国军事学术》1998 年第 7 期)

(魏守正)

日本自卫队探讨后勤体制改革问题 日本 1996 年 10 月 1 日出版的《防卫机构大改革》一书（作者山口进），以冷战后新的世界军事格局和日本可能面临的军事威胁为背景，以日本在新形势下的安全战略和军事战略为依据，深入探讨了日本防卫厅和陆、海、空三自卫队的机构改革问题。该书第 4 部分对日本自卫队的后勤保障体制进行了探讨。其主要观点如下：

关于后勤体制改革应注意的事项 (1) 要与日本的军事战略相适应。该书认为，“无论是对外远征作战还是国土防卫作战，能够对连续进行作战的战斗力量实施保障的后勤都是必不可少的。特别是对外远征作战，由于后方补给线漫长，因而对运输力量的需求十分庞大，同时还要有大量兵力担负后方补给线的防护。此外，为维持后方补给线，制海权和制空权也是必不可少的重要因素。”尽管如此，日本自卫队的后勤保障体制应立足于国土防御作战。(2) 要充分考虑到日本的地理特征。该书认为，“日本是一个形状细长的岛国”，“战时的后勤保障存在着许多困难”。“特别是日本的国土多山岳，与北海道和九洲的联络被海峡所隔断”。“此种漫长且易阻塞的后方补给线在遭到飞机、导弹袭击以及隐蔽潜入的游击分子的破坏时，会暴露出许多弱点。”因此，“要依据日本国土的实际情况和特点，并建立与此相适应的、合理的组织机构和业务运营方式。”(3) 要与现代战争的作战特点相适应。该书认为，“现代战争的特点是战斗的发生不分前后方，因此，何处是作战地域，何处是后方地域，很难进行客观的界定。”加之“日本的国土缺乏纵深性”，因此，日本自卫队的后勤保障体制更应当充分考虑到现代战争前后方无明确界限的问题。(4) 要充分考虑到战时后勤对民力的利用。该书认为，日本“如果想把作为直接防卫力量的自卫队的规模控制在最小限度，其后勤保障的相当部分必须依靠民力。只有采用这种做法，战时才能形成军民一体的后勤保障态势，顺利地开展后勤保障活动。”

现行后勤保障体制存在的问题 日本自卫队现行的后勤保障设想是，“在与战斗无直接关系的后方地域，在运输、卫勤、物资补给、维修等方面充分利用民间力量，而在前方地域则依靠自卫队自身的力量实施保障。”自卫队现行的后勤体制，“陆上自卫队是由中央后勤基地经过各军区编成内的基地后勤再与野战后勤和部队后勤相连结”。该书认为，陆上自卫队这种后勤保障体制，“是采取的所谓野战后勤方式，后勤保障业务的全部几乎均由自卫队自己担负”。这种后勤保障体制存在着以下问题：一是没有充分考虑到对民力的利用。在现代战争中，“后勤保障的各种职能，如物资补给、维修、物资回收、交通运输、卫勤、工程建筑、不动产、劳务以及俘虏管理、遗体处理等，实际上哪一项不依靠民力也不能实现。”例如，“在给养、油料、弹药及武器装备零配件等物资的补给方面，在平时部队需求量小的情况下，现行体制尚可保障。一到战时，仅依靠自卫队本身的力量终究是难以进行保障的，大部分保障可能要依靠民力。在维修方面，即使是平时，仅靠自卫队自身的力量也难以实施充分的保障；战时，特别是在高等级维修方面，有可能需要大量地依靠民力。在交通运输方面，平时的补给品运输几乎全部依赖民间力量；战时，部队的移动也将会全部依赖民力。在医疗卫生领域，虽然自卫队的各军区拥有各自的医院，但战时随着对卫勤保障需求的增大，也将会全面地依靠民间医疗力量”。因此，陆上自卫队现行的不依靠民力而全部由部队自己负责的野战后勤保障体制实际上是行不通的。二是没有充分考虑现代战争前后方缺乏明确界限的特点。该书认为，现行后勤保障体制，“如果拥有绝对制空权，后勤保障活动是容易开展的，但是，通常侵略他国的国家，在发起军事行动时，除采取冒险主义的国家外，都是在掌握制海权和制空权后才开始发动侵略的”。因此，陆上自卫队那种以严格区分前后方为前提的后勤保障体制根本不能适应现代战争的特点。三是不适应陆上自卫队国土防卫作战的要求。该书认为，“现行的陆上自卫队后勤保障体制是从美军学来的，这种体制的基本考虑是，被保障的部队经常处于运动状态，因而后勤也应是移动型的”，“这种体制虽然看上去十分合理，”但对于国土防卫作战其效率是很差的。

后勤保障体制改革的原则和思路　该书指出，日本自卫队的后勤保障体制改革应遵循的基本原则是：(1)“平时和战时必须采用同一保障体制和保障要领”。“由于后勤活动的发展趋势日益复杂，因此要尽可能建立精干的、对任何事态都能适时应付的、平时和战时都能采用的后勤保障体制”。(2)“不论平时和战时，都应当便于最大限度地利用民力”。(3)“与日本的防卫态势相配套”。“从陆上自卫队所担负的任务看，各个部队在行动上都有各自的特点。例如，对舰导弹部队和要点警备部队具有在一地固定行动的特点；机动打击旅具有在预先赋予的地域中机动作战的特点；防空导弹部队则是根据需要实施机动或在一地固定运用的部队。因此，对上述部队提供保障的后勤体制，以采用对部队实施直接保障的保障要领和保障方式比较有利”。

该书从以上原则出发，提出日本自卫队的后勤保障体制改革的思路：(1) 将目前的部队后勤和野战后勤两级环节合并，改变为对各种作战部队实施直接保障性质的后勤组织。(2) 设立中央后勤基地，负责对担任直接保障任务的后勤组织进行支援。(3) 取消目前拥有中转基地职能的军区后勤环节，战时如确需中转基地，可随时由中央后勤基地派出。(4) 各项保障业务的主体，除去一部分必须由自卫队自己担负的外，全部依靠民力。中央后勤基地的职能仅限于对后勤业务进行分配和控制。(5) 对于有关事项必须以法律的形式加以明确规定。

（王通信）

军事历史研究

中国人民解放军军战史研究　土地革命战争时期军战史研究　**关于南昌起义**　有作者认为，南昌起义在同敌人进行艰苦斗争的同时，对于如何运用地理条件，也进行了不间断的探索。其中的经验教训主要有：第一，选择起义地点，充分利用了南昌有利的地理条件。南昌距国民党重兵麇集的长江沿岸较远，在此起义，能较好地摆脱国民党军主力的严重威胁；南昌至九江的铁路为起义军利用后，可派兵力遮断警戒；周围的水陆交通不甚发达，也难以为敌所用；此外，南昌地区的政治、军事条件也利于革命，不利于反革命。第二，趋利避害，正确选择南下路线，保障起义部队到达广东。起义军的军事指挥机关——军事参谋团决定取道临川、会昌至东江，避免了与优势之敌决战，减少了南征途中损失，完成了战略转移任务。第三，潮汕失败，地理条件不利是重要原因之一。首先，地势平坦，易守难攻；其次，交通发达，便于处于数量优势的国民党军机动；再次，据有出海口，便于外国列强的军队进犯起义军。第四，利用闽、赣、粤、湘边界的崇山峻岭转移，甩掉了追击的敌人，休整了部队，摆脱了被动应付的不利局面。第五，湖南得而复失，也与地理环境密切相关。由于湖南战略地位重要，敌人势必争夺；又由于地形不甚险要，交通发达，便于敌人大兵力调动，而不利于起义军固守。第六，进军井冈山，又使起义军获得了转败为胜、长期稳定发展的良好地理环境。（徐兆林《略论南昌起义军对地理条件的运用及得失》，《军事历史研究》1998 年第 3 期）

关于红军干部工作问题　有作者认为，土地革命战争时期，以毛泽东为代表的中国共产党人，在创建工农红军的过程中，不仅培养了“工农自己的军官队伍”，而且还为地方培养输送了大批干部。其成就主要有：第一，确立了干部管理体制。当时，红军中军事、供给、卫生干部由司令部管理，政工干部由政治机关管理。第二，初步确立了干部选拔、补充制度。规定干部的来源主要有以下渠道：一是从士兵中直接选拔；二是通过训练机构培养；三是抽调地方干部参军；四是从旧军人和俘虏中遴选。第三，建立了干部考核和奖惩制度。干部考核的组织分工主要按干部管理系统组织进行；奖惩方面则规定了奖励和惩罚的项目、权限、程序等内容。第四，高度重视干部培训工作。为适应革命斗争形势的需要，红军在极其困难的条件下，创办了教导队、随营学校和红军学校等训练机构，大力培养干部。第五，建立了干部优待怃恤和退伍安置制度。（杨仕华《土地革命战争时期的红军干部工作》，《军事历史》1998 年第 4 期）

关于川陕苏区形成发展的原因和条件 川陕苏区是土地革命战争时期红四方面军在四川、陕西两省边界地区实行工农武装割据形成的苏维埃政权区域。有作者认为，这一苏区之所以能够在国民党反动派、封建军阀和地主武装的四面包围中间建立起来和坚持斗争两年多时间，有其独特的原因和相当的条件：首先，中共四川党组织多次领导农民武装起义，深入宣传土地革命主张，播撒了武装斗争火种，为川陕苏区的形成发展，在思想、组织等方面准备了相当的条件。其次，红四方面军实行正确的作战方针及其强有力的军事行动，不断巩固和拓宽苏维埃红色区域，是川陕苏区形成发展最直接、最强大的推动力。再次，红色区域广大人民群众，积极参加共产党领导的苏维埃运动，大力支援红军，踊跃参军参战，是川陕苏区形成发展伟力之最深厚的源泉。（王森生《论川陕边苏维埃政权区域形成发展原因和相当条件》，《军事历史研究》1998 年第 1 期）

关于华侨对红军长征的贡献 有作者就此研究指出，首先，一些华侨直接参加红军长征，并发挥了重要作用，如 1955 年被授予中将军衔的庄田等。第二，为掩护红军主力长征，在坚持南方游击战争中建立了功绩，如叶飞、方方等。第三，通过长征，中共的抗日民族统一战线教育、鼓舞了许多华侨青年，投身中国革命运动，成为中共及其革命军队的领导骨干。（田玄《华侨与中国工农红军长征》，《军事历史研究》1998 年第 4 期）

关于国共两党的地缘关系及其影响 有作者指出，十年内战时期，国共两党的关系首先是一种阶级对立的关系。但双方作为两个军事、政治集团，在特定空间范围内又结成一定的地缘关系。分析这种地缘关系及其发展变化，有助于了解双方力量消长和政局变化的物质与地理方面的原因。第一，国共两党地缘关系有如下特点：它在空间形态上是一种地缘利益的冲突关系，在区域格局上是城市与乡村、中心与边缘的对立关系，在战略态势上是包围与被包围、分割与被分割的非均衡关系，在斗争形式上是“围剿”与反“围剿”的敌对关系。第二，不利的地缘关系是导致中共战略转移的重要原因之一。从各个根据地的具体情况看，其地缘条件及其分布特点制约了革命力量发展水平，从而不能在短期内根本扭转战略被动地位；从整个南方革命根据地的情况看，其生存和发展的地缘条件日趋恶化，虽有红军的奋勇作战，也难从根本上打破敌人的战略包围；从全国情况看，南北地缘条件发生了变化，革命重心确有向北方转移的客观要求。第三，国共地缘关系的变化及其影响。中共在陕北高原建立新的根据地，使国共地缘关系发生了重大改变并产生了如下影响：新的地缘关系是一种战略地位的转变，它使红军有可能打破敌人的战略包围而获得一个较为广阔的发展空间；新的地缘关系是一种战略态势的转换，它使红军集中全力经营陕北，改变了过去各路红军和各个根据地各自为战、难以相互配合的战略态势；新的地缘关系是一种地缘条件的转变，陕北易守难攻，宜农宜牧，又接近苏、蒙，便于获得国际支援。最后，国共地缘关系的变化成为全国时局变化的枢纽。（王明德《十年内战时期国共两党间的地缘关系及其影响》，《党史研究与教学》1998 年第 5 期）

抗日战争时期军战史研究 **关于豫皖苏根据地反顽失利的原因** 1941 年 2 月至 5 月，国民党顽军对豫皖苏根据地展开大规模进攻，新四军第 4 师进行了英勇顽强的作战，最后部队损失过半，被迫放弃根据地。其反顽失利的原因可以结合以下方面探讨：第一，皖南事变前后，在苏北等新四军的重点发展方向、以及豫皖苏根据地全面吃紧的情况下，中央、中原局始终坚持“向东发展，向西防御”的方针，重点发展苏北等东部地区。反顽开始后，这些地区也要反击顽军及日伪军的大举进攻，无法援助豫皖苏地区，致使形成第 4 师孤立反顽的艰难局面。第二，1941 年 1 月底至 2 月初，在敌顽战场形势发生有利于新四军发展的情况下，根据中央、华中局的指示，彭雪枫率部西进建立根据地，致使第 4 师因占地太广，兵力分散，陷入“主力更感不敷应用”的处境。第三，第 4 师本身在指挥中的失误：一是在反顽作战未真正贯彻游击战的作战方针；二是因对顽军主攻方向判断失误，未抓住有利时机集中主力歼敌；三是对实施进攻的国民党军普遍打击，不开展统战工作；四是根据地及部队不够巩固。（张卫东《试探 1941 年豫皖苏根据地反顽失利原因》，《党史研究与教学》1998 年第 3 期）

关于皖南事变问题 针对史学界在皖南事变新四军损失问题上众说不一的现象，有作者进行了研究考证。认为在这一事变中，新四军指战员 9000 余人共突围 1000 人左右，被俘后关押在上饶集中营的有 4300 余人（其中有近百人突围），其余 3000 人即为被打散和牺牲者。因此，用“约 1000 人突围，其余大部被俘、失散和牺牲”来说明新四军在皖南事变中的损失情况，基本合于史实。（童志强《皖南事变新

四军损失考》,《党的文献》1998 年第 4 期)

关于第 2 次国共合作中的统战工作　有作者根据新四军的几个主要历史关节研究了周恩来的统战实践，认为在国共两党实行第 2 次合作但又充满斗争的复杂情势下，周恩来以坚定的原则性、灵活的斗争策略和艺术，对新四军的组建、成长、发展和壮大，作出了不可磨灭的贡献。一是提议由叶挺出任新四军军长，解决了第 2 次国共合作初期的一个难题。二是贯彻落实关于新四军的战略方针，妥善处理叶挺、项英的矛盾，促进军部领导的团结。三是在皖南事变前后殚思极虑，与国民党反动派进行面对面的斗争，配合中共中央打退第 2 次反共高潮。四是亲赴宣化店揭露内战真相，使新四军第 5 师和中原部队赢得了宝贵的突围时间。(童志强《从新四军的几个主要历史关节看周恩来在第 2 次国共合作过程中的统战实践》,《党史研究与教学》1998 年第 1 期)

关于“运动游击战”问题的历史公案　八路军华北抗战初期的“运动游击战”问题，长期被认为是“有错误的”。有作者运用已掌握的文献史料重新考析，认为这一问题的由来始于延安整风，自那时起，只要讲党史，人们就习惯将争取在有利条件下的“运动战”与“游击战”对立起来。这种看法是不对的。为了正确评价“运动游击战”问题，使彭德怀等形象不受损害，必须澄清以下几个方面的问题：第一，“独立自主的山地游击战争”是中共中央及毛泽东根据八路军的实际状况，坚持在统一战线中的独立自主原则而提出的重大方针，它同时包融了游击战与运动战等诸方面的内容，与“运动游击战”并不矛盾，并无将运动战排斥在外的意思。第二，将“运动游击战”与中共中央政治局十二月会议和三月会议中王明所犯的右倾错误联系在一起是没有根据和不符合事实的。第三，彭德怀关于“运动游击战”主张在华北抗战初期的实践中取得了极大成效，这一主张早已为中共中央、中央军委和毛泽东本人所肯定。(田玄《为彭德怀“运动游击战”问题历史公案一辩》,《中共党史研究》1998 年第 6 期)

关于华中抗日根据地的发展与巩固　有作者认为，刘少奇在任中共中央中原局书记后，对发展和巩固华中抗日根据地做出了卓越的贡献：一是坚决贯彻执行中共中央关于开展敌后游击战争、建立抗日根据地、“大力巩固华北，发展华中”的战略方针，使华中根据地得以巩固地向前发展。二是坚定地贯彻执行中共中央制定的“发展进步势力，争取中间势力，孤立顽固势力”的策略总方针，正确处理统一战线和武装斗争的关系，从而开创了华中敌后抗日武装斗争的大好局面。三是提出正确处理皖南事变的稳健的斗争方针和策略，不仅狠狠打击了国民党顽固派，而且迅速改变了新四军的危难处境，为新四军的发展壮大和巩固赢得了新机遇。(段星《刘少奇对发展巩固华中抗日根据地的卓越贡献》,《党史研究与教学》1998 年第 5 期)有作者认为，1938 年以后，根据中共中央、中央军委的部署，八路军在创建、发展华北抗日根据地的同时，还全力支持、大力协助华中地区的党和新四军发展华中抗日根据地。时任中共中央军委委员、前方军委分会副书记、八路军副总司令的彭德怀，为此作出了卓越贡献。在战略上，他与朱德一起指挥八路军挺进华北，积极发展抗日武装，通过扩大和巩固华北抗日根据地，对新四军开辟和巩固华中抗日根据地给予了最有力的支持。八路军还在兵力、干部和物力上大力支援新四军。为反对顽军进攻，八路军总部派部分主力南下，并将部分兵力拨归新四军建制，有力地支援了华中地区对敌对顽的斗争，为粉碎国民党第 2 次反共高潮作出具有决定意义的准备。皖南事变后，八路军全力支援新四军，巩固华中根据地。一是抽调部分兵力加入整编后的新四军，使其实力比“皖南事变”前大大增强。二是军事上的有力配合。八路军总部从晋察冀军区抽调几个团至晋西北，威胁蒋介石，减轻了华中的压力。三是在政治上和舆论上全力支持新四军对国民党顽固派的反击。(郭秋琴、孙道同《彭德怀对发展巩固华中抗日根据地的卓越贡献》,《军事历史研究》1998 年第 4 期)

关于新四军驻各地办事机构的建立及作用　有作者指出，抗日战争时期，新四军在大江南北设立了 69 个办事机构，它们在支援部队坚持敌后抗战，掩护地方党组织开展活动等方面发挥了重要的历史作用：一是联络红军游击队下山改编，动员广大青年参加抗日队伍；二是妥善安置留在后方的伤残老弱人员，帮助解决出征将士家属的实际问题；三是筹办转运各类军用物资，为前线部队提供后勤保障；四是广泛宣传党的抗日主张，扩大抗日民族统一战线；五是举办各种类型的培训班，为部队和地方培训、输送急需人才；六是掩护地方党组织开展工作，发展壮大党的力量。(陈广湘《新四军驻各地办事机构的建立及其历史作用》,《军事历史研究》1998 年第 3 期)

解放战争时期军战史研究　**关于四平保卫战问题**　有作者撰文指出，1946 年 4、5 月间，东北民主联军集中主力在四平地区进行的抗御国民党军队的作战，不但对国共两党后来争夺东北的斗争，也对国共两党的战略取舍产生了重要影响。中共在四平战役失利后，扎扎实实地贯彻“让开大路，占领两厢”的方针，剿匪除奸，开展土改运动，整训军队，建设稳固的东北根据地，积蓄力量，准备将来的决战。用了两年半时间，即将东北的国民党军队逐次消灭，解放了东北全境。而国民党军队虽在四平战役中获胜，并乘势占领了长春和永吉，但却由此而低估了中共军队的实力，助长了骄横自大的情绪，加快了发动全面内战的步伐，由此走上覆亡之路。从某种意义上说，四平争夺战是中国近代史上最后一场内战的催化剂，是国民党蒋介石政权的催命符，也是中国共产党夺取全国胜利的一个重要起点。（刘喜发《四平保卫战是解放战争时期时局发展的枢纽》，《中共党史研究》1998 年第 5 期）

关于“蘑菇”战术问题 有作者著文认为，解放战争中，毛泽东提出过许多作战指导原则，但形象概括的原则只有一个，这就是“蘑菇”战术。虽然这一战术是毛泽东提出来的，但它的形成与运用，却凝聚着彭德怀的心血和智慧。在延安保卫战中，毛泽东考虑更多的是外线配合内线作战，守住延安，彭德怀则较早预见到放弃延安、内线独立作战的问题，为“蘑菇”战术的形成创造了前提。在青化砭之战中，彭德怀尝试适合陕北特点的运动战战法，采取了在内线以一部兵力诱敌北上，主力隐蔽待机歼敌的方针，歼敌近 3 千人。随后，彭德怀又根据敌人的战术变化，提出对付胡宗南的“小米碾子”战术的办法，取得羊马河战斗胜利，毛泽东将这种战法概括为“蘑菇战术”。在蟠龙战役中，彭德怀再次巧用“蘑菇”战术，稳定了陕北战局。揭示“蘑菇”战术的形成过程，有利于在战争实践中坚持实事求是的正确态度。（胡哲峰《彭德怀与“蘑菇”战术》，《军事历史研究》1998 年第 4 期）

关于战略转折的启示 有作者认为，进入解放战争的第 2 年，以毛泽东为首的中共中央、中央军委，领导人民解放军转入战略进攻，留下很多重要启示，其中最重要的有以下几点：第一，善于变被动为主动，紧紧掌握战争的主动权。一是不与强敌争一城一地的得失，坚持打运动战以歼灭进攻之敌为主，从而争取到战略上的主动局面；二是坚决贯彻大量歼灭敌人有生力量的原则，粉碎了敌人的“重点进攻”；三是以客观情况为依据，制定克敌制胜的战略方针。第二，敢于打破常规，创造性地组织和指挥人民解放军转入战略进攻。一是在敌人“重点进攻”未被彻底粉碎，解放军总兵力还未超过敌人时，依据战略形势的有利变化果断以主力转入战略进攻；二是大胆地把握战略进攻的主要方向，指向敌兵力空虚的战略纵深，进行灵活多样的攻势作战；三是敢于进行无后方作战。第三，慎重决定人民解放军转入战略进攻的计划和方针。依据战场形势的变化，及时地调整战略进攻的部署。注意总结作战经验，完善人民解放军的作战指导思想。第四，既能坚持统帅部的高度集中统一的指挥，又善于发挥战场指挥员的主观能动性。（张荣祥《解放战争中毛泽东将战略防御转入战略进攻的启示》，《军事历史》1998 年第 2 期）

关于 3 路大军挺进中原的性质 1947 年 6～9 月的刘邓、陈粟、陈谢 3 路大军挺进中原，是解放战争的一个历史转折点。它属于战略进攻，还是战略反攻，还是由此使解放军进入了与国民党军的相持阶段？是史学界正在讨论中的问题。有作者就此指出，根据毛泽东部署 3 军挺进中原的初衷，可知其应属于“战略相持”。因为毛泽东之所以使 3 军挺进中原，是为了用围魏救赵的办法，以外线出击将南线国民党军主力拖出解放区，使解放区得到喘息，同时发展空间，利用蒋介石的人力物力资源，削弱其战争潜力，以便使战争能够持久。（水草《3 军挺进中原是战略进攻还是战略反攻》，《军事历史》1998 年第 2 期）

关于青（岛）即（墨）战役问题 有作者撰文研究求证了青即战役的几个问题。第一，关于青即战役的历史地位。这一战役是在中央军委和毛泽东主席高度关注下进行的。它的胜利，拔除了国民党军在山东的最后一个据点，使山东大陆全部解放，粉碎了国民党军企图利用青岛港口封锁山东乃至华北的阴谋；暴露了帝国主义的纸老虎本质，有力地增强了中国人民反击帝国主义武装干涉的信心；使中央军委关于尽早占领上海、宁波、青岛等要点的战略意图得以实现，进一步减少了美国干涉中国革命的可能性。第二，关于青即战役的发起时间。综合各方面史料，应为 1949 年 5 月 2 日发起。第三，关于青即战役的歼敌人数。综合各方面的资料，可以认为此役总计歼敌约 8000 余人，其中含投诚、投降者约 3000 人。（陈广湘《解放青岛之战的几个问题的求证》，《军事历史》1998 年第 1 期）

关于海南岛战役问题 有作者针对史学界在海南岛战役研究中尚未取得共识的 4 个问题，谈了自己的见解：第一，关于解放海南岛任务的提出与参战部队的确定。解放海南岛，中央军委在 1948 年 12 月的《对今后作战方针的意见》中即有考虑。1949 年，广西战役行将结束时，解放海南岛的作战就提到中央军委和第四野战军前委的重要日程上。此任务由第 15 兵团担任。实际参加海南岛作战的部队，计有第 40、第 43 军各 3 个师并配属 1 个加农炮团、1 个高射炮团、1 个工兵团，共 10 万人。第二，关于海南岛战役的组织指挥。有的文章、专著称，海南岛战役是中共华南分局第一书记、广东军区司令员兼政治委员叶剑英领导指挥的。但根据现有史料研究，中央军委和第四野战军前委把解放海南岛的任务交给了第 15 兵团，战役的组织指挥是由该兵团领导人邓华、赖传珠具体担任的。第三，关于解放海南岛作战时机的选定。对此，毛泽东和第四野战军领导人、第15兵团指挥员慎之又慎，经过较长时间反复研究，形成统一认识：争取于1950年春夏两季内解放海南岛。第四，以小部队分批实施偷渡，增强海南岛上的接应力量，是解放军以木帆船为主要航渡工具、迅速解放海南岛的一个重要因素。最先提出偷渡的是邓华、赖传珠和洪学智。林彪也极力主张偷渡。尔后由中央军委、毛泽东批准。从1950年3月5日至4月1日，第40、第43军有8000余人偷渡登上海南岛，为主力部队实行大规模强渡创造了有利条件。（枫叶《对海南岛战役几个问题的探讨》，《军事历史》1998年第2期）

关于立功运动 有作者撰文指出，立功运动，是解放战争时期人民解放军思想政治工作的一大创举，是一次由基层官兵创造的有序的成功的群众运动，它与团结互助运动、新式整军运动互相配合，形成了打开解放战争时期军队思想政治工作之门的“三把钥匙”。立功运动充分展现了人民军队官兵崇高的思想道德风貌和为了人民的解放事业不怕流血牺牲、无私奉献的革命英雄主义精神；紧紧抓住了基层官兵这一思想政治工作的主体，遵循了思想政治工作的一般规律；它以提高官兵的思想政治觉悟，实现官兵自我教育为主要目的，符合人民军队思想政治教育的最终目的。通过这一运动，战士的思想觉悟和部队战斗力大大提高，为解放战争的彻底胜利打下了坚实的思想和物质基础。直至今日，它对于新时期的军队奖励工作，也有着重要的启迪：一是要重视奖励前的宣传教育和思想发动；二是奖励要紧紧围绕中心工作进行；三是奖励要坚持以精神奖励为主；四是要加大奖励的法制化、规范化力度；五是要把发扬官兵的牺牲精神与提高其综合素质结合起来。（刘开华《解放战争时期立功运动对新时期奖励工作的启迪》，《军事历史》1998年第3期）

中华人民共和国军战史研究

关于抗美援朝战争 俄罗斯关于朝鲜战争的国家档案解秘后，中国关于抗美援朝战争的研究提出一些不同以往的认识。有作者对此提出看法。第一，中共中央关于出兵朝鲜的决策是否为苏联压力下的产物？在中国出兵援朝问题上，斯大林曾提出过建议。但是，从出兵朝鲜决策产生的历史背景和决策过程看，实际上是中共中央根据当时的形势，独立自主地作出的决定。通观历史，中国共产党做事从不为国外他人和政党所左右。因此，无论在事实上和道理上，认为中共中央出兵援朝的决策是苏联压力的产物，都是说不通的。第二，如何认识1951年6月中国方面同意举行停战谈判。一些人认为，1951年1月联合国大会通过了对中国有利的关于解决朝鲜问题的5步方案。但中国却没有抓住或利用这个有利时机，而后来被迫在不利的情况下作出吃亏的让步。但实际上，如果仔细分析一下联合国的5步方案提出和通过的背景，再看看美国当局是否真的赞成这个方案，尔后分析一下中国方面为什么在1951年6月同意举行谈判，就可以知道，中国方面恰恰是抓住了停战谈判的有利时机，不存在错过或坐失有利时机的问题。第三，有人认为，朝中方面是在于已不利的条件下同意结束朝鲜战争的。但无论从关于军事分界线和关于战俘遣返两个问题的谈判看，还是从停战谈判期间的朝鲜战场形势看，都不能得出结束战争“对于中国并不是一种好的选择”的结论。第四，如何看待和运用已解密的俄罗斯关于朝鲜战争的国家档案？目前，中国学者所能看到的这批档案至少有以下缺陷：一是很不完整，难以从中看出朝鲜战争的整个发展脉络；二是有相当多的档案只是苏联方面的复电，看不到中国或朝鲜的来电，因而看不出中朝方面的意图；三是有明显的政治倾向性，即从俄罗斯国家利益出发，对解密档案内容有严格的选择。这些缺陷中的无论哪一个，都决定了中国学者在研究朝鲜战争或抗美援朝战争时，不能仅仅依据这些档案作出结论。（齐德学《关于抗美援朝战争的几个问题》，《中共党史研究》1998年第1期）有作者撰文谈到，周恩来在抗美援朝期间，作为政务院总理和中央军委主持常务工作的副主席，协助毛泽东指导战争取得胜利，在军事方面也作出了重大贡献。第一，统筹各项准备工作和保证抗美援朝决策的贯彻实施。一是主持组建东北边防军，做好防范的准备；二是参与出兵决策，并保证决策的贯彻实施。第二，协助毛泽东进行战略筹划和指导。一是受命协调中、朝、苏3方部队的作战指挥；二是指导志愿军作战；三是筹划空军、特种兵的建设和参战；四是组织反细菌战的斗争。（萧石忠、齐德学《周恩来与抗美援朝战争》，《军事历史》1998年第4期）有作者研究了抗美援朝中的“第6次战役”，指出，有人将此事作为彭德怀的一个错误来认识，这是不符合历史事实的。对此，应予以澄清。第一，第6次战役同打小歼灭战方针无直接关系，彭德怀非常赞成打小歼灭战。第二，第6次战役计划是彭德怀根据毛泽东的指示提出的，是配合停战谈判的。第三，第6次战役计划的规模属中等战役，并未图谋打大歼灭战。第四，“第6次战役预案”作出之后，志愿军根据中央军委的决定紧握主动，备而不发，也是完全正确的。（孟照辉《备而不发，功不可没——评抗美援朝“第6次战役”》，《军事历史》1998年第6期）

关于金门战斗　当年指挥攻击金门战斗的原 28 军副军长肖锋在 1996 年曾著文说，粟裕在攻打金门前提出过“三不打”原则：一是以金门守敌 12000 人计算，敌只要增加 1 个团也不打；二是没有一次载 6 个团的船只不打；三是要求苏北或山东沿海挑选 6 千名久经考验的船工，船工不到不打。此说后来被一些研究金门战斗的著述广为引用。有作者对此提出质疑：当金门战斗过去 46 年后，披露粟裕“三不打”原则的仅肖锋一人，而且是在粟裕故世后才提出来。即使从粟裕本人对金门之战的检讨与总结中，也无从窥见“三不打”原则。因此，孤证难以服人。（戴尔济《粟裕对金门战斗有过“三不打”指示吗?》，《党史研究与教学》1998 年第 1 期）

关于炮击金门作战问题　有作者研究了毛泽东在金门炮战中对美斗争的指挥艺术。一是示形迷敌，调动敌人；二是针锋相对，敲山震虎；三是以打促谈，逼敌就范；四是乘敌之隙，政治攻心；五是亦张亦驰，文武并举。（林斌《金门炮战中毛泽东对美斗争的艺术》，《军事历史》1998 年第 1 期）

关于反教条主义斗争　针对相当多的学者和有关著述认为彭德怀是 1958 年反教条主义斗争的积极倡导者或发动者，有作者根据各方面的史料提出质疑。认为这场错误的反教条主义斗争的真正倡导者和推动者是林彪而不是彭德怀。1958 年军委扩大会议中途升温、转向，将反教条主义作为会议的中心议题，是毛泽东拍板定的，并派人帮助彭德怀研究会议的开法。彭德怀作为会议的主持人只是一个被动的执行者。至于彭德怀所作的会议总结和会议对一些人的错误批判和处理，则是当时会议形势和党内政治形势使然，不是彭德怀个人所能左右得了的。（齐德学《彭德怀与 1958 年反教条主义斗争》，《军事历史》1998 年第 5 期）

关于人民解放军的人才培养　有作者研究了中华人民共和国成立以来人民解放军人才培养的历史经验：第一，建设和依靠院校培养人才，培养人才要舍得投入。第二，确立和坚持指挥干部排、营、师（旅）的 3 级培训体制，并逐步走向合成培训。第三，要提高干部的科学文化水平。第四，正确处理军事教育与国民教育的接轨问题，充分利用国家的教育资源为军队服务，是使军事人才培养健康顺利进行的基本保证。（齐三平《建国以后中国人民解放军人才培养若干历史经验的回顾》，《中国军事科学》1998 年第 4 期）

（方　宁）

建国后人民解放军曾进行 9 次重大精简整编　第 1 次精简整编。新中国成立之初，人民解放军总兵力达 550 万人，但主要是步兵，空军、海军和陆军特种兵部队的数量很小，与现代化建设的要求很不适应。为此，人民革命军事委员会决定进行大规模精简整编。整编的方针是，缩减陆军，尤其是步兵，加强空军、海军及各特种兵部队。1950 年 6 月 30 日，中央人民政府革命军事委员会主席毛泽东、政务院总理周恩来发布人民解放军复员 150 万人的决定。到 1950 年底，全军精简 17.1%，陆军部队数量作了较大的压缩，军兵种机关及部队有了较大发展。

第 2 次精简整编。1952 年 1 月，人民革命军事委员会根据抗美援朝战争已形成持久作战、积极防御的态势，决定人民解放军再次进行大规模精简整编。遵照毛泽东主席批准的《军事整编计划》，人民解放军步兵部队从 258 万人减为 135 万人，军兵种部队由 61 万人扩大到 84 万人，总部和各级机关由 112 万人减为 38 万人，院校由 10.8 万人扩大为 12.8 万人，地方部队 95 万人改编为公安部队，全军总员额保持在 300 万人左右。

第 3 次精简整编。1953 年 8 月 28 日，根据抗美援朝战争已胜利结束，国内剿匪作战也接近尾声和国家经济建设的发展需要，中共中央决定军事系统（包括公安部队）整顿组织、精简机构和冗员、提高部队质量。这次整编于 1955 年完成。全军总员额精简 23.3%，其中陆军部队精简比例最大，为 29%。

第 4 次精简整编。1957 年 1 月，根据中共八大提出的减少军费的精神，中央军委召开扩大会议，通过《关于裁减军队数量加强质量的决定》，确定全军总员额再裁减 1/3。到 1958 年底，全军总员额比新中国建立之初精简 61.2%，为建国以来人民解放军人数最少的时期。这次精简整编步兵相对减少，各军兵种均得到加强。人民解放军初步完成了由陆军为主体向诸军兵种合成军队的转变。60 年代初期，根据中共中央提出的“整军备战”的军事工作方针和中央军委确定的整编原则，全军又进行了一次全面整编。同时，重点加强了海空军部队的建设，工程兵、铁道兵也相应进行了扩编。

第 5 次精简整编。1966 年以后的一段时间里，由于林彪反革命集团的干扰破坏，部队组织编制混乱，军队员额不断扩大。1975 年 6 月至 7 月，中央军委召开扩大会议，决定全军总员额精简 26.2%。陆军步兵部队精简 27.3%；海军精简 17%；空军精简 16.4%；军区及其直属单位精简 38%；总部及其直属单位精简 16.6%。到 1976 年，全军总员额比 1975 年减少了 13.6%。经过精简整编，全军机关、保障部队比例减少，战斗部队、院校和科研单位的比例增大；陆军所占比例减少，海、空军比例增大，人民解放军的编制结构有了较大的改善。

第 6 次精简整编。1977 年 12 月，中央军委扩大会议通过了《关于军队编制体制的调整方案》。这个方案肯定了 1975 年军委扩大会议确定的精简整编方针、原则和措施，要求全军继续完成 1975 年规定的精简整编任务。精简的重点是各级领导班子和领导机关，同时要充实担负坚守要点任务而人数较少的守备部队和担负战备任务的机动步兵师的编制人数。

第 7 次精简整编。1980 年 3 月，中央军委决定军队再次进行精简整编，减少数量，提高质量。同年 8 月 15 日，中共中央批转了中央军委《关于军队精简整编的方案》。1982 年 9 月，中国人民解放军炮兵、装甲兵、工程兵领导机关缩编为总参谋部的业务部门，各军区所属上述兵种领导机关也作了相应的改编；将铁道兵与铁道部合并；撤销基建工程兵；撤销省军区的地方部队；部分边防部队移交公安部门。

第 8 次精简整编。1984 年 11 月，中央军委召开扩大会议，军委主席邓小平基于对世界战略格局、战争形势的科学分析，提出了军队裁减员额 100 万的设想。随后，中央军委研究并通过了人民解放军裁减员额 100 万的整编方案。其中减少军级单位 31 个，大军区 4 个，撤并了部分军队院校。在全军员额减少的情况下，陆军组建了合成集团军，电子对抗部队也得到发展和增强，陆军航空兵作为一个新的兵种正式诞生。1987 年初，这次精简整编基本完成。人民解放军朝着机构精干、指挥灵便、反应快速、效率提高、战斗力增强的目标又前进了一步。

第 9 次精简整编。90 年代以来，随着国际战略格局已向多极化发展。1997 年 9 月，江泽民主席在党的十五大报告中提出，为适应世界军事领域的深刻变化，提高我军在现代技术特别是高技术条件下的防卫作战能力，将在今后 3 年内再裁减军队员额 50 万。这是以江泽民为核心的党中央、中央军委，坚持以邓小平新时期军队建设思想为指导，加强军队质量建设的重要举措之一。（魏岳江《建国以来我军九次重大精简整编记略》，《国防》1998 年第 4 期）

（秦潇潇）

第二次世界大战史研究　中国关于第二次世界大战史研究　1998 年，中国二战史研究不仅开展得比较活跃，而且在不少方面取得突破性成果。其中，继 1995 年年《第二次世界大战史》第 1 卷和第 2 卷出版后，1998 年军事科学出版社又出版了该书的第 3 卷和第 4 卷。

关于苏德战争初期苏军战略方针的新见解　有作者对苏军在苏德战争初期所采取的战略方针提出新的见解。认为比较准确的表述应该是“以攻对攻”方针，并认为当时苏军采取这样的战略方针是不合时宜的。苏军采取这样的战略方针，主要原因有三：(1) 片面强调进攻、忽视防御的战略传统是确立“以攻对攻”战略方针的思想渊源；(2) 对战争危机、主要战略方向、战争初期新的特点以及敌我力量对比等一系列重大战略问题的错误判断是苏军确立“以攻对攻”战略方针的直接依据；(3) 斯大林有时主观臆断，也是“以攻对攻”战略方针形成的重要原因之一。对于德国的入侵，苏军在战前曾做了大量准备工作。但是，由于在军事思想和作战指导上片面强调进攻，忽视战略防御，结果不仅导致苏军从战争一开始就严重失利，而且还对苏军第 1 次防御战局也产生了十分不利的影响。从战略指导的角度，主要有以下几点经验教训：军事理论、军事思想因循守旧，抱着过时的经验不放，必然要在实践中吃苦头；面对强敌的进攻，片面强调进攻，同消极地只讲防御一样，都不可能顺利完成战争初期的任务；当战争爆发的实际情况出乎原来的预料时，战略指导的首要任务是迅速判明形势，及时果断地实行战略转变。不顾实际、盲目坚持既定方针，只会带来更大的损失。（徐飞《对苏德战争初期苏军战略方针的探讨》，《军事历史》1998 年第 4 期）

关于二战中是否存在战略相持阶段的问题　有著者提出，二战作为一场规模宏大的持久战争，确实存在一个战略相持阶段，并提出各主要战场进入战略相持阶段和相持阶段结束的大体时间：中国战场为 1938 年 11 月～1943 年底；北非地中海战场为 1941 年 2 月～1942 年 10 月；苏德战场为 1941 年 12 月～1943 年 5 月，太平洋战场为 1942 年 5 月～1943 年 2 月。

关于各主要同盟国对世界反法西斯战争胜利的主要贡献　有作者就此作出评价：中国人民揭开了世界反法西斯战争的序幕，在世界东方开辟了第 1 个大规模的反法西斯战场；中国战场的持久抗战打破了日、德、意法西斯瓜分、霸占世界的侵略图谋，成为世界东方抗击日本法西斯的主战场，为世界反法西斯战争的胜利作出不可磨灭的伟大贡献。苏联的参战极大地改变了世界的军事政治形势，开辟了第二次世界大战的新阶段；苏联军民是打败法西斯元凶德国法西斯的决定性力量，并为最终打败日本法西斯作出了重要贡献。美国军队是解放西欧大陆的主力军和太平洋战场对日斗争的决定性力量；美国为同盟国的反法西斯战争奠定了坚实的物质基础，为世界反法西斯战争的胜利作出了重大贡献。英国政府及人民以坚韧不拔的意志粉碎了希特勒对不列颠的入侵，打乱了其鲸吞整个欧洲的计划；英国军队是盟国在北非地中海战场对敌斗争的决定性力量，并在解放西欧大陆的斗争中作出了重要贡献；英国人民在极其困难的情况下从物质和精神上支援了盟国的反法西斯战争，为世界反法西斯战争的胜利作出了重要贡献。

关于第二次世界大战对战后世界的影响 有作者指出，二战的划时代影响至少体现在以下几个方面：(1) 确立了以美苏对峙为基本特征的战后世界格局；(2) 世界反法西斯战争显示了社会主义制度的优越性，推动了国际共产主义运动的发展；(3) 为亚非拉殖民地半殖民地国家的民族解放运动开辟了道路；(4) 推动了世界科学技术的蓬勃发展；(5) 世界反法西斯战争的胜利迫使世界各主要资本主义国家采取了一些改良措施；(6) 导致了世界军事史上第5次军事改革运动的兴起；(7) 第二次世界大战使人类进入了核时代，致使整个国防军事体系发生了重大变革；(8) 有形战争中孕育着无形战争，信息战初见端倪。

关于第二次世界大战给后人的启示 有作者认为有以下7个方面的启迪：(1) 法西斯主义就是战争，防止法西斯主义死灰复燃，是消除大战隐患的关键；(2) 反对绥靖政策，制止大国争霸的局部战争，是消除大战隐患的重要举措；(3) 结成最广泛的国际反侵略统一战线，是制止或推迟大战爆发和赢得胜利的决定性条件；(4) 实行全民动员，开展全民战争，是赢得反侵略战争的根本保证；(5) 雄厚的综合国力是取得反侵略战争胜利的重要基础；(6) 根据未来战争特点，加强军事科学研究和武装力量建设，是夺取反侵略战争胜利的重要环节；(7) 先进的技术与武器、创新的军事学说和科学的体制编制是军事革命密切相关的3大要素，不可或缺。

探讨卢沟桥事变爆发后国民政府的和战态度 以往许多论著认为蒋介石在事变发生后和战态度不定。现在一些学者认为：7月10日蒋介石要求各地方部队“确实准备”的密电，“实际上是秘密的全国动员令”，蒋7月17日在庐山谈话，“表明了中国决心抵抗侵略、捍卫国家主权的严正立场”，标志国民政府走上了全面抗战的道路”。(李华兴、杨宏雨：《卢沟桥事变：历史的转折点》，《史林》1997年第3期) 有的学者认为，蒋介石在“七七”事变之前已有一些战的准备，包括组织准备（成立国防会议，改组军队)、军事准备（以对日作战为主进行国防建设，作军事部署)、外交准备和心理准备。事变爆发后，蒋令29军全部动员，调兵增援华北，全军准备动员，准备宣战手续。从这些可以看出蒋对日主战的态度。(杨立强：《抗战初期国民党中央统帅机关决策幕后》，《军事历史研究》1997年第1版)

中国开辟淞沪战场的战略意图 有的学者论证说：“从‘八一三’前后中国的军事准备、部署、行动等等来看，在一定意义上可以说国民政府是‘有意’在上海开仗的，目的是及早把敌军消灭掉或赶出去。”从战役开始，“到23日日军大批在吴淞口等处登陆为止，中国军队一直处于进攻地位”。战役开始后，中国军队主力逐步集中到了淞沪战场，把侵华日军主力吸引了过来。这改变了日军的主攻方向。对日军夺取武汉的战略企图起到了有效的牵制作用。(张振《淞沪抗战：中国的主动进攻与日军主要作战方向的改变》，《抗日战争研究》1996年第3期)

新评万家岭战役 武汉会战期间，1938年9月25～10月17日，中国第9战区薛岳兵团曾在赣北万家岭一带围歼敌106师团及10师团4联队之众，取得大捷。过去抗战史研究中对此甚少论及。近年有文章论述了战役的过程，和此役中国统帅部和第9战区战略指导、战术运用和各部协同作战方面的成功之处，及未能将敌全歼的原因。(郭代习：《万家岭战役述评》，《抗日战争研究》1996年第2期)

豫湘桂之战新探 对1944年豫湘桂之战，过去一般偏重论述中国军队的溃败过程。近年有些论文具体研究此役过程中中国军队的抵抗作战情况，补充了以往研究中的薄弱环节。河南战役后期（1944年6月上中旬)，中国第1、第8战区的部分军队在豫西山区的陕县、灵宝、阌乡一线，曾与沿陇海路西进逼近潼关的日军展开过激战。作者认为，灵宝战役“阻击了日军西犯潼关威逼关中的攻势”，“从而稳定了西安和大西北后方”。(赵可《灵宝战役述评》，《抗日战争研究》1996年第4期)

关于1944年正面战场分析的新见解 针对以往对1944年中国抗日正面战场纯然持消极评价，近年有些论文提出不同看法。有的论文认为，1944年中国抗日正面战场“事实上形成”了“‘东守西攻’的战略态势’。实施滇西缅北反攻，实为中国战区战略态势转变的关键。”“随着滇缅战场的胜利”，中国摆脱了“长期以来遭受东西夹击局面，这就为1945年东线战场反攻态势的形成奠定了基础”，也为“中共敌后抗日战争的发展提供难得的机会”。(温锐、苏盾《重评1944年中国抗日战争的正面战场》，《抗日战争研究》1996年第4期)

湖南战场的地位新说 有的论文论述了湖南战场在抗日战争中的地位和作用。战略相持阶段，日军主要攻击方向和国民党军抗击日军的主要地带，在第9战区，亦即湖南战场。日军用于湖南战场的兵力约占其在华总兵力的1/3，中国各战区总兵力的1/4集中于湖南战场。从第1次长沙会战到1945年湘西会战，湖南战场共进行过6次大会战，占相持阶段正面战场会战总数的一半。湖南战场牵制了日军大部分兵力，使后方保持了相对安定的环境，对中国坚持持久抗战、争取抗战的最后胜利，起了十分重要的作用。(石柏林《略论湖南战场在抗日战争中的地位、作用和影响》，《抗日战争研究》1996 年第 2 期)

敌后战场的国民党军探究 近两年史学界对敌后国民党军的研究，主要在以下 3 方面：

(1) 国民党军也有敌后战场。有学者论证说："不仅仅共产党开展敌后游击战争，国民党也开展敌后游击战争。""敌后抗日战争应该包括两个部分：共产党领导的抗日游击战争和国民党领导的敌后游击战争。"(莫岳云、郭铁《试论国共两党敌后抗日游击战的关系》，《抗日战争研究》1997 年第 1 期)

(2) 国民党敌后游击战的情况和作用。一些论文论及：随着抗日战场战线的延长，国民政府对敌后游击战日趋重视。第 1、第 2、第 5、第 4 等各战区开展敌后游击战，"一度开展得颇具声势"。海军在长江中游也开展水上游击战。国民党军的敌后游击战，"配合正面战场，扰袭敌人后方，牵制、消耗敌人，扩大占领面。使敌局促于点线"，也"在一定程度上配合了共产党领导的敌后抗日游击战"。但国民党军敌后游击战除了抗日一面外，还有抑制共产党势力发展的用意。他们"未能处理好同人民群众的关系"，有游击战"正规化"的倾向，伪化情况严重，致使"游击区不断缩小，作用日趋降低"。(孙泽学《国民党敌后游击战述论》，《华中师范大学学报》1997 年第 4 期；冀岳云《略论国民党敌后抗日游击战的兴衰》，《史学集刊》1997 年第 4 期)

(3) 山东敌后战场的国民党军。有的论文认为，从 1938 年 5 月徐州沦陷到抗战胜利，"国民党军始终是山东敌后的一支重要力量。" 1938 年 5 月至年底，山东敌后国民党军配合武汉会战主动打击日军，石友三部、范筑先部一度逼近济南；1939 年初于学忠入鲁，至 1941 年牟中珩继沈鸿烈为省主席，国民党军在山东达 17 万人，为鼎盛期；1942 年后较前有所发展，不过名为统一领导，实为各自为政。此文认为，中共是敌后抗日的中流砥柱，但"留在山东敌后的国民党军也为山东抗战的胜利作出一定的贡献。"(张业赏《略论国民党在山东敌后战场的地位和作用》，《抗日战争研究》1996 第 1 期)

敌后国共两党游击战关系问题 过去的论著都强调敌后国共两党军队之间磨擦的一面，现有论文认为："敌后国共两党游击战争的关系首先是合作关系。"国民党敌后游击战和抗日根据地"互为犄角，相得益彰"。主要是战略配合，也有战役战斗配合。这种关系"始终占着主导地位。而彼此间的矛盾、磨擦和斗争，则居于次要地位"。(莫岳云、郭铁铨《试论国共两党敌后抗日游击战的关系》，《抗日战争研究》1997 年第 1 期)。

国共两党抗日持久战略方针 有学者认为："国民政府的持久消耗战略，主要包括战略目标与战略运用两方面内容。动员全社会最大力量，持久消耗，顽强不屈地坚定抗战，最终拖垮日本侵略者，是持久消耗战略的最高目标。"其具体运用为 12 个字："以时间换空间，以空间换时间。"国民政府"在持久消耗战略的运用上有成功的一面，同时也有很大的局限性。这主要是由于实行片面的抗战路线和单纯的防御战术所致。"中共持久战略主要包括：(1)"科学预见了抗日战争的 3 个发展阶段，即战略防御、战略相持和战略反攻 3 个阶段"。(2)"确定了运动战、游击战的基本战略地位及'外线的速决进攻战'的作战方针"。(3)"要求全面、准确把握战争的主动性、灵活性、计划性"。(4)"抗战是全民族的人民战争"。与国民党持久消耗战略相比较，"中共的持久战略在完整性、科学性、系统性等各方面，显然都要高出一筹"。"持久抗战战略的形成、发展，是国共合作全民族抗战的智慧结晶，是中国民族团结御侮的典范。"(黄道炫《国共两党持久战略思想之比较研究》，《抗日战争研究》1996 年第 3 期)

东北抗日联军与苏联远东军的关系 有作者就此指出，1940 年初，在困境中的东北抗联领导人李兆麟、周保中应约到达苏联，决定对部队缩编，并确定远东军对东北抗联的指导关系，抗联为远东军提供日军情报，远东军给予抗联一些援助。在与中共中央无法联系的情况下，他们抵制了远东军负责人提出的由远东军担任抗日联军总司令的要求。后苏日订立中立条约，远东军停止抗日联军向东北的派遣，抗联在苏境内野营训练，避免了更大的牺牲，为后来"配合苏军反攻东北"，"迎接八路军新四军进入东北"创造了条件。(高树桥《论东北抗联与远东军的合作及其结局》，《社会科学辑刊》1997 年第 3 期)

俄罗斯和其他国家关于第二次世界大战史研究

俄史学家研究苏联战时的"附敌现象" 以前讲苏联卫国战争史，一向只讲全民上下同仇敌忾，奋勇抗敌。实际上，苏联战时各个社会阶层的情况是很复杂的，在一部分人中也发生过严重的"附敌现象"。据俄罗斯史学家阿·奥·丘巴利扬研究指出，"附敌现象"在苏联有其相当的规模性和严重性。战时投敌变节，直接在德国武装部队中服役的有 70 万到 100 万苏联公民，此外，还有一部分被俘苏联军人被编入德寇警务部队中服役，加上在敌占区为德寇地方行政机关服务的苏联公民，战时苏联总计附敌人员达100～130万之多。而据德国史学家统计，此数则为200万。苏联的“附敌现象”规模本该小一些，原因是：（1）斯拉夫民族被希特勒列为“劣等种族”，德国党卫军对斯拉夫民族歧视、迫害严重；（2）苏联只被占领一部分，未遭到亡国灭种之灾；（3）苏联不存在私人企业家，这个阶层为保护私人财产，往往容易投降附敌。但反而发生了比西欧一些国家更为严重的“附敌现象”，原因在于：30年代初的“强制集体化”和驱赶“富农”，1932～1933年的强迫征粮和大饥荒，30年代中后期在工业领域、国家机关、军队当中的大清洗，以及后来在一些民族地区进行的民族迁移，等等。俄罗斯学者把这归结为斯大林体制的后果。当然，苏联的“附敌现象”无论如何掩盖不了苏联人民抗击德寇的英勇斗争，更抹煞不了苏联在二战中的伟大胜利。（马龙闪《俄罗斯现代史近年研究综述》，《世界历史》1998年第3期）

关于苏芬战争的新解密档案 关于苏芬战争的新解密档案，近期已由胡昊、方琼、乌传衮译出，刊载于《世界历史》1998年第6期上。其内容主要是关于1939年3月至1940年3月苏联与芬兰之间进行外交接触和外交谈判的来往函电、谈话记录和会议记录，以及苏联在战争期间开展外交活动的情况。从中可以看出苏芬战争的真正起因，以及苏联通过军事与外交双重手段，为保障其北方安全取得的重大成果。

关于苏日中立条约新解密档案 Ъ·Н·斯拉温基著《苏日中立条约：1941～1945年外交史》一书首次披露了关于1941年苏日签订中立条约谈判的苏联外交档案文件，其中斯大林与日本外相松冈洋右的谈话记录表明，斯大林认为，签订苏日条约是进一步在“大问题”上合作，使“三国条约”变成“四国条约”，即德、意、日、苏联合对付英美。然而，世界局势并未依斯大林的意志发展，由于德国突然进攻苏联，历史的发展使苏联与美、英、中等国建立了反法西斯统一战线。过去学者一般认为，1941年苏联与日本签订苏日条约的目的是为了避免两线作战，以便苏联能集中力量对付德国法西斯的入侵。第二次世界大战历史的实际进程似乎也是如此。但现在看来，这一观点是不全面的，历史真象要复杂得多。

（彭训厚）

俄报首次公布卫国战争苏军损失真实情况 根据俄罗斯武装力量总参谋部档案馆里保存的卫国战争时期各条战线每天发回的减员情况报告表明，从1941年至1945年苏联红军共损失1194.41万人。其中牺牲在战场、因伤病和事故死亡或自杀的人数有688.5万。失踪、被俘或投降的有455.9万人。在去前线途中被炸死或因其他原因死亡的、尚未编入部队的应征人员50万人。除去战后返回183.6万名战俘和找到的失踪人员93.9万人，苏军的全部死亡人员为916.48万人，其中阵亡866.84万人。（《卫国战争苏军损失1194.41万人》，俄罗斯《消息报》1998年6月25日）

（秦潇潇）

德国出版二战史研究巨著 德国国防部军事历史局编著的大型二战史著《德国意志与第二次世界大战》计10卷，12册，现已完成7卷。这10卷的内容依次为：战前情况；对波兰、法国和英国的进攻；意大利的作用；“巴巴罗萨”计划；德国地区与占领政策；1941～1943年德国空海战及东亚情况；纳粹党与意大利法西斯党的关系和德国空、海战及东亚战事；德国的霸权政策；纳粹党的对内政策尤其是犹太政策；1944年至欧战结束德国的经济政策；同盟国战略计划得以实现的原因以及战争对德国的影响等。

（彭训厚）

其他军事学科问题研究

中国关于其他军事学科研究 关于军事谋略学研究 1998年，中国军事理论界在注重对军事谋略学基本理论进行研究的同时，加强了对现代高技术战争条件下军事谋略学运用问题的研究，从而将军事谋略学的研究进一步推向深入。

漫谈军事谋略学研究任务 有作者就此撰文阐述如下4点：（1）军事谋略学，不是直接地去研究前辈们提出的军事思想、作战原则、所用过的克敌制胜的计谋。而是研究前辈们在当时情境下的思维操作过程。这个思维操作过程包括胆略的思维操作。在这一过程中，决策者需要把已掌握的理论、原则等知识加以“内化”和“遗忘”，按自己的诀窍行事。军事谋略学应该注重研究这方面的情况，探讨其内在规律。总之，军事谋略学是研究军事领域中、在一定实践环境中应用军事理论的主观规律，即研究在军事斗争过程中人的思维规律。（2）谋略思维有广度与深度之分。有的人思维跨度很大，能由此及彼，有的人则只能在一个问题中绕来绕去，思路总是打不开。有的人思维很深刻，能由表及里，追根求源；有的人则总停止在表层，难以深入。谋略思维的广度和深度也有其自身发展的规律。（3）谋略思维行程不单是一个思维过程问题，它还是个体的心理过程，包括个体的个性心理特征、性格、意志，以及自信心、心理应付技能，自我控制，挫折承受能力等。谋略心理素质达到什么水平最适合谋略行为？对个体如何进行这些素质培养训练等，都是谋略心理研究的重大课题。（4）在军事谋略运用的实践过程中，分析研究双方决策者的心理素质，尤其是他们的谋略思维过程，是军事决策的重要根据，是知己知彼的重要内容。为此，有必要创建谋略研究实验室，利用现代科学技术对众多的谋略实例，进行多媒体存贮、再用于训练；利用计算机进行军事谋略对弈，使内化的谋略思维过程外显；对个体谋略素质进行测评、开发、训练等。"（席力《一门研究决策者思维规律的学说——谈谈军事谋略学的研究任务》，《解放军报》1998 年 6 月 2 日）

高技术条件下军事谋略仍大有可为　有作者就此提出以下 5 点看法。

*谋略在高技术局部战争中仍有重要作用。*80 年代以来美国先后发起的 5 次较大规模的局部战争和武装冲突，每一次都可以看到其谋略运用的新特点，而这些谋略运用也都带有高技术的特色。可见，高技术武器装备的运用不仅没有否定谋略的作用，而且为运用谋略提供了更为丰富的物质手段，提出了更高的要求。

*谋略研究要适应高技术战争的发展。*新军事革命的实质是工业时代的机械化战争向信息时代的信息战争转变。信息战争所包括的电子战、战术欺骗、战略威慑等内容都离不开谋略运用。信息战呼唤东方军事谋略，东方军事谋略需要借助高技术条件得以发展。

*谋略研究要以以劣胜优为出发点。*针对今后相当长一段时间内武器装备处于劣势的情形，必须实施正确的谋略和战略战术，才能弥补武器技术装备和力量的不足。为此，谋略研究要紧紧围绕着同强敌作战而展开，力求在以劣胜优、以弱胜强的研究上有突破、有成果。

*谋略研究要以军队建设为重点。*由于大战一时打不起来，使军事战略的侧重点转到了平时建设上来。因此，军事谋略研究要充分发挥力量"倍增器"的作用，能以较小的代价、较短的时间，换取质量建军的最大效益。

*谋略研究要与高技术学习紧紧结合。*必须充分认识军事谋略和技术的互动关系：高新技术影响着战略战术、军事谋略的发展变化，同样，谋略也影响着高新技术作用的发挥。为此，谋略研究的一个重要课题，就是要使军事谋略传统与新技术手段有机地结合起来。（翟自立、宋孝和《论高技术条件下的军事谋略研究》，《毛泽东军事思想研究》1998 年第 1 期）

高技术条件下谋略运用出现新特点　有作者撰文指出，高技术在军事上的广泛运用，显著地改变了战争的面貌和运行方式，也引起军事谋略的深刻变革。

谋略运用出现的新特点。（1）谋略运用范围的广阔性。现代战场空间已由传统的陆、海、空三维空间发展到陆、海、空、天、电五维空间，且各作战空间相互依存，互为联系，任何一个战场空间的谋略运用不当，都有可能对整个作战产生重大影响，这就要求战争谋划者在用谋时必须把思维的触角伸向作战行动涉及的所有空间。（2）谋略运用手段的多样性。各种高技术武器装备在战争中广泛运用，为各级指挥员施计用谋提供了丰富的物质基础，同时也使谋略运用的手段和方法更具多样性。（3）谋略运用组织的复杂性。在战场透明度大大提高的情况下，要成功地运用谋略而不被敌人侦破；在参战力量众多、军兵种齐全的未来战场上，要使谋略运用适应所有参战军兵种和各种力量编组的需要，组织协调极为复杂。

谋略运用应把握的问题。（1）要充分发挥谋略的预测功能，做到每战用谋在先，必须及时对战争的发生和发展进行科学预测，做出正确的分析判断，从精神和物质的各个方面做好必要的准备。（2）要立足全局系统用谋。必须把各种战争要素联成一个完整的系统，进行全面分析，选择最优谋略方案，以扩大作战系统的整体功能，提高谋略制敌的整体效应。（3）要把谋略运用的着眼点放在造势上。只有通过各种谋略手段造成于我有利之势，就能抑敌之长、避我之短，从而弥补我武器装备之缺陷，牢牢掌握战争的主动权。同时，在战争中善于捕捉和把握敌人的薄弱环节，善于击敌之短，也是一种"造势"。（4）要注重谋略运用灵活多变。不仅战前要对战争全程的运谋深思熟虑，在交战过程中更要密切关注战场情况的发展变化，并据此及时修正原定的计谋策略，迅速制定适应战场态势的新计谋，做到敌变我变，因敌而变。（5）要把谋略运用的重点放在发挥整体威力上，以期充分发挥整体作战水平，合力制敌。（6）要把谋略运用与先进的军事技术有机地结合起来。首先在谋略的运筹策划上要注重发挥技术手段的辅助作用。通过对谋略运用过程进行精密计算，使谋略更加精确可靠。其次要注重发挥技术手段出奇制胜。再次要注重利用

技术手段先机制敌，使其难以作出有效的反应。（王世新、付晓红《高技术条件下谋略运用的特点及应把握的问题》，《毛泽东军事思想研究》1998 年第 4 期）

在现代电子战中运用谋略 有作者撰文指出，电子战不单是一种技术上的较量，而且是充满诡诈和欺骗的谋略之战。要成功地进行高技术战争中的电子欺骗，不仅需要高技术的电子战武器装备，而且更需要正确使用这些武器装备的智慧。

示形欺骗。电子示形与假目标示形、军队佯动示形都是示假隐真的欺骗手段，只不过假目标和军队佯动，示的是实形，用电子手段示形，示的是虚形。在 80 年代以后几场局部战争中，电子欺骗手段表现出很高的技巧和谋略水平，表现方式也更为多样。成为军事谋略的重要方面之一。

模拟欺骗。由于通过电磁侦察，可以对敌人的作战编成、配置地域、运动方向和速度等情况作出判断。因此，战争双方无不以各种电子模拟欺骗手段制造假象，以假乱真。用多种伪装措施配合无线电通信模拟，可使欺骗效果得以强化。特别是数字通信网和计算机网络的出现，为电子模拟欺骗提供了更多更巧妙的手段。

冒充欺骗。假冒敌人，是示假隐真、以假乱真诡诈计谋的又一种运用形式，是扰乱敌人指挥，混水摸鱼、乱中取胜的谋略。

诱导欺骗。这是将引诱和调动敌人的策略运用于电子欺骗领域，而形成的一系列谋略方法。其一，以干扰箔条或红外诱饵诱骗敌人的探测装置和制导雷达系统。其二，以无人驾驶飞机或导弹佯攻，诱使敌方开启雷达。其三，在远离重要战略、战役目标的地方，以金属角反射器模拟机场、桥梁、坦克、飞机、舰艇等目标，欺骗敌人的雷达探测设备和飞机导航设备，使敌轰炸机把炸弹投在假目标上，从而保护重要的战略、战役目标。

突然使用。现代战争中新的电子技术开始使用时具有技术和战术上的突然性，也可起到意想不到的欺骗效果。为了保持技术上的突然性，一方面应不断探索新技术，另一方面对已经取得的技术成果要采取严格的保密措施。

另外，利用敌人的思维定势，不断变换战术，老技术也能取得奇效。（肖占中《现代战争中的电子欺骗技术》，《世界军事》1998 年第 9 期）

须重视军事谋略的“物化”趋向 有作者就此指出以下 3 点：

先进技术从不同侧面“物化”了军事谋略。(1) 智能武器使军事谋略相对完整地“物化”其中。避强击弱是交战双方运用军事谋略的着眼点。由高技术所“孕育”的智能武器本身已具有“避强击弱”的功能，并能较完整地“物化”“释坚攻脆”、“伺隙捣虚”等军事谋略。(2) 先进技术使军事谋略手段“物化”。历史上以电磁波为“物化”的手段，通过截获敌方无线电信号，成功运用“欲擒故纵”之军事谋略的不胜枚举。(3) 以“电脑”为主体的信息器材使军事谋略决策活动“物化”。具有人工智能的专家决策系统进入军事指挥领域，为增大军事谋略决策的可靠性和加快军事谋略决策的速度创造了有利的前提，也使军事谋略决策更为科学。

军事谋略“物化”，既对传统的军事谋略提出严重挑战，也将对未来的军事谋略产生重要影响。(1) 谋略器材的大空间配置使军事谋略的作用空间大大扩展，有些军事谋略更在人类感官难已感知的“隐形空间”发挥其作用。(2) 谋略器材的高性能使军事谋略的反应速度加快。(3) 技术手段的多类型使军事谋略手段多样化。如人工智能技术、电子信息技术、隐形技术、高仿真伪装技术等先进技术已形成新的军事谋略“手段群”。(4) 自动化指挥系统使军事谋略对抗更加激烈。自动化指挥系统的运用，使军事谋略的决策方案可在尽可能多的数量内选择，从而使对方较难掌握规律。

在敌“物化”的军事谋略面前，应击弱与避强并重，确定出有效的制敌之策。(1) 运用先进的装备器材与敌“物化”的军事谋略相较量。首先，可针对敌智能武器不同的制导方式，以红外、激光等诱饵装置，将其诱向他处。其次，应尽可能避免使用易遭敌电子侦察的通信联络器材，使敌以电磁波为手段施计用谋无可乘之隙。再次，要以我可用于军事谋略的技术和器材，对付敌之“物化”的军事谋略。(2) 采用灵活的战法与敌“物化”的军事谋略作斗争。可针对敌智能武器按程序机械行事的特点，以机动应变、隐蔽藏匿、示假惑敌等方法避开其打击。针对敌“电脑”系统自身防护脆弱的特点，采用兵力袭击、火力打击相结合的方法予以“硬”摧毁。(3) 以指挥对抗为重点与敌“物化”的军事谋略争高低。应以各种信息器材和手段，阻止敌侦察情报系统对情报进行搜集、甄别、处理；以计算机病毒和“电脑黑客”等新概念武器和手段，在网络上删除、修改其控制指令，影响敌之决策。还要发挥各级指挥员的主观能动性和指挥自动化系统的作用，在人——机的有机结合中，决策出能有效制敌的军事谋略。（黄武元《浅谈军事谋略“物化”》，《毛泽东军事思想研究》1998 年第 4 期）

巧用信息化战场上的象征性部队 有作者撰文指出，信息技术革命所造就的仿真兵器和各种信息造形、防电子伪装等技术手段，使象征性部队的组成和使用形式更加频繁、多样。其中既可设合成性的象征性部队，又可设步、炮、坦、工、通、导弹等兵种性的象征性部队；既可设战术级的象征性部（分）队，还可设战役级的象征性兵团；不仅力量处于劣势的一方使用它，力量处于优势的一方也使用它。运用象征性部队，必须注意如下几个方面：(1) 注意象征性部队的生成谋略。既可在战前动员和部队扩编时，宣布该部队成立，也可在战局的间隙采用从外地调进的名义，宣布某一部队到来；既可采用地方部队或预备役升格为掩护，宣布一支新部队成立，也可借某次作战的重大胜利，突然宣布胜利的原因是某部队早就隐蔽地调来，并秘密参战。但无论以什么样方式成立，都要让它名正言顺地展开活动。(2) 制定象征性部队的行动计划。要善于根据不同的欺骗目的，结合作战对象的不同心理，研究和确定应当采取的示形手段。(3) 注意象征性行动的战术、技术规范。在高技术战争条件下，各级各类合成的象征性部队和兵种类象征性部队的编制，要符合本军、兵种的技术要求；象征性部队的机动、集结、侦察、通信、“进攻”或“防御”行为等象征性行动，都要符合本军队的教程和条令要求。(4) 注重象征性部队的撤销方式。在暂时停止某一象征性部队的活动，撤销它的番号时，要像对待一支真正的部队一样地小心谨慎，以免引起敌方的怀疑。(刘森山《信息化战场上的象征性部队》，《解放军报》1998 年 6 月 2 日)

（袁右军）

关于军事哲学研究 1998 年中国军事哲学研究有如下新特点：结合新的历史条件对战争的外延作新的阐释，对军事认识的对抗性作出深入的剖析。

对“准战争”特点的探索 有作者认为，在和平与战争之外，人类社会还存在着一种特殊的社会状态——准战争。

什么是准战争。准战争是国家、民族、阶级或政治集团为了一定政治、经济或其他目的而进行的、以军事行动为主要特征的一种综合对抗，是介于战争与和平之间的一种特殊社会状态。主要表现为武装冲突和军事危机。随着社会的发展，准战争还可能出现新的形式。比如以军事高新技术手段为主，严重干扰、破坏对方的军事、政治、经济系统和社会秩序，给对方造成巨大损失的行为等。展望 21 世纪初，准战争状态在一些地方仍将呈现频繁发生、长期持续、曲折反复的趋势，并将成为国际政治军事斗争的一种基本形态。

对准战争的指导。主要涉及以下几个方面：一是目标的设定。合理的设定准战争的目标，是指导准战争的首要问题，首先依赖于主体对准战争作用把握和期望，其次要依据双方的实力，再者要考虑国际环境和条件。二是策略的形成与确定。现代条件下，影响准战争决策的因素异常复杂，可用时间短暂，难度增大。必须集中群体的智慧，发挥科学决策机制的作用，才能确保决策的正确。三是武装力量的运用有下列特点：与其他力量要协调一致，足够管用，明确无误地向对方表明自己的意图；武装力量的运用方式要随着准战争变化而变化；运用时机要选在其他手段都失效的情况下；运用武力时要能严格、精确控制；重视对军事性战略破坏能力的运用。四是对国际环境的利用：首先要广泛加强国际联系，其次充分发挥国际组织和机构的积极作用。

(3) 重视准战争的准备。第一，深化准战争理论研究。要紧密结合准战争的实际，突出重点。第二，加强对准战争的预警与监视。建立常设的准战争预警与监视机构；制定准战争的预报制度。第三，健全对准战争的快速反应体制。建立应急决策小组；加强应急使用的机动部队的建设；建立应急指挥体系。第四，重视高新技术方法、手段的开发与运用。加强防护技术的开发；重视破坏技术的开发。(周晓鹏《“准战争”探要》，《中国军事科学》1998 年第 2 期)

关于军事认识对抗性的研究 有作者撰文指出以下 3 点：

军事敌对主体的相互认识及其对抗性是军事认识的基本特征和典型行为。军事认识活动，以军事实践活动为基础和动力。战争的性质必然要在军事认识的性质中体现出来。战争是敌对双方的武装竞争，战争中的相互认识也具有敌对的竞争性质。从军事认识的系统结构关系考察，军事敌对主体的相互认识及其对抗性是军事认识的基本特征和典型行为。军事认识属于社会认识，但是一种特殊的社会认识。军事认识还是一种特殊的对策认识。与一般对策认识相比，军事认识的特殊性、复杂性就在于是武装的对抗主体的相互认识。主要表现在：具有强烈的利害性；没有双方共同遵守的规则，不存在公正监督的机制；军事对策认识不受固定的程序和模式的限制；在军事认识的对抗主体之间，不存在竞争的合作关系。

军事认识中的反认识行为。首先，军事认识的典型表现是作为敌对双方客体的反认识行为。它主要包括以下 3 个方面：即反认识根源于军事领域的对抗关系以及敌方客体的主体性；反认识活动是军事斗争达到“保存自己，消灭敌人”的重要、有效的手段；反认识行为造成了军事认识“知彼”的人工屏障，使军事认识更为困难和复杂。其次，反认识行为的基本方式有：造成自身的封闭性；造成自身的抵制性；造成自身的虚假性：将计就计，反客为主；虚虚实实，真真假假；灵活用诈，巧妙运筹。

反认识行为的规律。主要有3点：一是敌方客体反认识行为是受其客观基础限制的，军事活动的舞台要建筑在客观物质条件许可的范围内；二是反认识行为假象中也有“假象的规律”，它和真相总保持着具体的联系。求胜避败的准则是军事认识复杂性的“常数”。三是对己方反认识行为的自我反思是把握敌方反认识行为的重要途径。(颜晓峰《试析军事认识的对抗性》，《中国军事科学》1998年第3期)

(谢永亮)

军事科研应树立大科研观念 有作者撰文指出，为进一步提高全军军事科研的质量，必须树立大科研观念，为此，应强化如下4种意识。

强化系统意识。其一，军队院校和科研部门要明确自身的地位作用和责任，努力开创知识创新和传播的新局面。其二，军队科研工作要放在科技、教育、经济、国防和军队建设这个社会系统中，实现科研与教学、生产、部队教育训练、军队质量建设的结合。其三，要放在世界军事革命的战略格局中开展研究。

强化联合意识。科技、经济的发展客观要求科研工作要加强联合与协作。军队科研必须实行跨学科、跨系所、跨校际、跨地区、跨国界联合与协作，力争多出成果、快出成果，加速科研成果融入部队教育训练、国防和军队现代化建设的进程。

强化开放意识。信息社会要求军队科研工作必须放眼全局、放眼世界，走大系统、网络化、开放式研究与开发之路。军队科研工作要走继承与创新、引进消化吸收与再创新之路；要注重军内外、国内外的学术交流；要善于挖掘国家创新体系的巨大潜能。

强化共享意识。这是世界经济、科技、教育、军事发展的共同特征。为此，国家、军队要总体计划、建设共同的图书资料信息中心、实验中心、公共信息网络及教育训练基地。同时，各科研院所、院校、企业现有的情报信息、实验中心和训练基地要面向社会开放，做到院校、部队、地方共享教育和科技资源。并尽快实现研究与开发手段的现代化、信息化和网络化。(周金泉、阎治力《树立大科研观念》，《解放军报》1998年12月15日)

关于军事人口学研究 近年来研究军事人口问题的论著不断涌现，其论述主要集中在下列方面：军事人口的内涵和基本特征；军事与人口的基本关系；国防人口率与军队精简整编；中国未来人口发展与兵源分析；军事人口在人口现代化中的地位和作用；关于军事人口学基本内容的探讨；关于建立军事人口社会保障体系的探讨；等等。通过研究，并在以下3个方面统一了认识。

科学认识军事人口问题的本质 邓小平关于人口问题的本质是发展问题的认识，是人口问题的本质认识，为认识军事人口的本质提供了重要的理论依据。在他1975年主持军队整顿时，曾从国家和军队建设的全局出发，论述了减少军事人口的必要性。还从国家和军队现代化发展的高度出发，将军事人口素质提高到战略地位上。可见，军事人口问题的本质也是发展问题。科学地认识军事人口问题的本质，就使得军事人口科学研究有了原则和方向。

准确把握新时期军事人口科学的研究对象和任务 新时期军事人口科学的研究对象是关于军事人口自身发展变动的规律性以及军事人口与国家和军队建设发展的本质联系。军事人口的规律表现为两大系统：一是军事人口自身发展变动的规律；二是军事人口与国家和军队建设发展相互关系的规律。在第一系统中主要包括军事人口数量的适度最优的规律；军事人口质量的发展变动规律；军事人口数量与质量替代转换规律；军事人口的机械变动规律；军事人口结构发展变动规律等。在第二系统中主要包括以下相互关系规律：军事与人口关系；军事人口与社会人口的关系；军民关系；军事人口与军事经济的关系；军事人口与军事技术的关系；军事人口现代化与国防现代化的关系；军事人口与资源、环境的关系；军事人口与国家经济社会发展的关系；军事人口与国家安全的关系；世界军事人口与和平发展的关系等。新时期军事人口科学研究的根本任务是探讨军事人口发展变动的规律性，揭示军事人口与国家和军队建设发展的本质联系，为实践服务。

统一规划军事人口科学的研究课题 为推动新时期军事人口科学向纵深发展。应重点研究以下7个课题。

军事人口数量适度问题。军事人口的数量通过军人的入伍、退役，发生周期性变动；通过换防、轮战等形式进行空间上的变动；通过部队扩编、战场兵员锐减、战后精简缩编等形式，表现出军事人口的特殊变动。军事人口增减依据哪些因素来确定适度是军事人口学研究的重要课题。

提高军事人口素质与质量建军。高技术应用于军事领域的一个必然结果，就是构成战斗力的两个基本要素即人口和武器在结构关系上发生深刻变化：军队员额的比重相对下降，武器装备的比重相对上升，因此，在战斗力的生成与发展上，乃至在整个军事斗争的最终结局上，质量因素越来越有决定性的作用和意义。要全面提高军队质量水平，就要采取各种有效途径，不断提高军事人口素质，以适应新时期质量建军

的需要。

军事人口结构合理问题。军事人口的发展不仅包括军事人口数量的适度、质量的提高，也包括结构的逐步合理。军事人口的文化结构整体上具有一定的优势。军事人口还具有军种、兵种结构，常备军、后备力量结构等。随着国家和军队现代化建设的推进，客观上要求军事人口结构必须适时调整，逐步优化。

军事人口发展战略。探讨军事人口发展的指导思想、目标和途径，研究军事人口和军事经济、军事技术的关系，建立完整的现代化国防系统，如建立与国防现代化目标相适应的国防系统，建立具有中国特色的武装力量体制系统，建立科学的军事人口动员系统等。

军事人口的社会保障问题。军事人口的社会保障是国家社会保障系统中的重要组成部分，是国家和社会依据一定的法律和规定，通过国民收入的再分配，对军人的基本生活和物质利益给予保障的一项社会制度。随着国家社会保障体系的建立和发展，必然要求军队建立起与之相匹配、相衔接、相适应的军事人口社会保障制度。这对于保护军事人口的合法权益，提高军事人口的社会地位，使其国防劳动得到社会的承认和尊重，增强部队的吸引力和凝聚力，增强军人的事业心，促进军队全面建设，具有重要的作用。

军事人口现代化与国防现代化。军事人口的现代化，不仅能影响人口现代化的进程，而且还直接影响国防现代化的进程，从而影响到社会现代化。为此，实现军事人口现代化，充分发挥军事人口在社会现代化过程中的直接和间接作用，已成为军事人口科学研究所追求的根本目标。

军事人口与可持续发展。军事人口与可持续发展也有着密切的关系。如军事人口的战争活动对资源生态环境的破坏，军事人口的锐减或锐增，给社会经济发展产生的正负影响等。对军事人口与可持续发展关系的研究，是军事人口科学跨世纪的课题。（吕德才《关于中国军事人口科学的研究及其发展》，《军事历史研究》1998 年第 4 期）

俄罗斯关于俄军事教育学说问题研究

俄罗斯海军学院院长耶列明海军上将撰文指出，应在军兵种教育学说的基础上，建立统一的军事教育学说。其基本框架和内容是：

关于俄罗斯的国家安全　这是维护国家利益免遭来自国内外的威胁以及保障个人、社会和国家稳定与发展进步的一种状况。它包括经济安全、政治安全、技术安全、军事安全、信息安全、精神文化安全、社会安全等。

关于武装力量的职能　防止战争和军事冲突；遏止潜在侵略者各种威胁俄联邦利益的行为；捍卫国家的独立、主权和领土完整；保障公民安全及其他至关重要的国家、社会利益。

关于国家对军官的要求　应具备作为一个公民、爱国者和国家保卫者和职业军人所应具备的高素质，应能够在活动中善于应用军事学、军事专业、一般科技和社会经济方面的知识。

关于军事教育的规律性　这主要有：军事教育取决于民族利益、国家安全和国家经济实力；取决于国家政治因素；取决于指挥管理机构的水平及军事教育同基础科学一体化的程度。军事教育的质量高低，则取决于军事科学的超前发展及其对解决军队使用实践的渗透程度；取决于军事院校教学科研潜力的水平和物质技术保障的水平。

关于军事教育的目的　保障军官个人的全面素质得到发展、培养他们时刻准备义无反顾地服务于人民和献身于保卫祖国的事业；以及培养军官同国家、社会、宗教和其他机构，包括大众传播媒介在国防和军事安全领域，以及在巩固军队威望领域合作的能力。

关于军事教育的原则　共有 7 条：(1) 民族利益和国家安全在决定军事教育内容方面具有优先地位；(2) 国家在军事院校和地方高校培养军队干部方面政策的统一性；(3) 军事教育的人文化和民主化；(4) 军事教育的连续性和继承性；(5) 高等军事教育的基础性；(6) 军事教育对武装力量运用实践的超前性；(7) 军事教育的科研教学潜力和教学物质保障要与国家制定的对军官的教育标准相符合。

关于军事教育的结构和内容　军事教育的结构是指军事教育和军事职业教育大纲的水平、级别的总和。军事教育的水平分为：中等普通教育；中等职业教育；高等职业教育。

关于军事教育体系　俄罗斯多年形成的传统的、民族的军事职业教育体系。

关于军事教育的质量　考虑到俄罗斯的民族利益和国家安全；考虑到在一个新的质量水平上建设武装力量，要教育军官意识到个人对祖国命运负有责任，要求军官在科学技术、文化以及社会—自然领域具有广博、扎实的知识。

关于军事教育方法论　发展和完善民族军事教育的基本方向是：所有权力机关对军事教育进行统一的国家管理；依靠民族文化、传统，借鉴国际上在军官教育方面最好的经验；科研和军事教育的一体化；军事教育的发展要超前于军事实践；制定有关由国家定量培养军官的联邦法律等。（耶列明《关于建立俄罗斯军事教育学说的问题》，俄罗斯《军事思想》1997 年第 5 期）

（白　雁）

简　　讯

1998～1999 年解放军出版社出版的部分军事图书评介　解放军出版社在保证出版好军政教材，保障部队军政教育训练的前提下，出版工作注重提高质量，减少数量，面向部队，面向现代化，出版了一批国家和全军“九五”军事科研课题重点图书；着眼于未来发展，为推动部队建设，出版了《21 世纪军事展望丛书》等。现将其中几种主要图书简介如下：

研究和介绍中国军事文化的《中华武德宝典》和《中国军事文化纵横》丛书相继问世。《中华武德宝典》是“九五”国家重点图书，是一部具有军事文化积累、学术品味较高的著作。全书共 3 卷，即《中华武德通史》、《中华武德名论》、《中华武德镜鉴》。该书阐述了中华武德的研究对象和内容，中华武德文化的历史分期和发展轨迹、基本特征，以及研究中华武德的意义。同时，对中国先秦诸子，特别是历代兵书中所阐述的军事伦理思想精华，历史上著名的政治家、军事家的武德人格和治军实践做了评述，颂扬了民族精英的武德情结和风貌，展现了中华武德思想瑰宝，拓宽与深化了传统军事文化研究；集纳和点评了自殷周至清代几千年间所积累的武德名言近千条，揭示了中华武德的丰富内涵和历史作用；从浩翰的正史典籍中撷取 260 余个典型的历史故事，分为风范篇、鉴戒篇集纳诠释：着重评点武德人格，倡武德精神风范；论其得失，明其教训，以警戒后人。

《中国军事文化纵横》丛书，是国家“九五”重点图书，该书从军事文化的遗产中选取一个个有趣的军事文化现象或观念，分门别类的进行个案研究，分别独立成书，现已出版的有：《书道犹兵》，从兵法切入，揭示了兵与书的历史渊源及其同理、同法、同势、同美的内在规律；《悠远的军魂》，再现了古代军旅诗词中的军人精神世界；《铁甲征衣》，是对从古到今的军服这一特有军事文化现象的挖掘；《璀璨的明珠》，展示了中国古代军事技术这朵文化奇葩；《金戈铁戟》，介绍了中国古兵器的历史，挖掘了他们特有的军事文化价值；《书剑飘逸》，是对中国兵家与兵学的思考；《华夏瑰宝》，展现了历史军事文物奇观等等。这套丛书通俗易懂，深入浅出，具有丰富的军事内涵，又有一定的文化意蕴和历史感。

为推动部队的现代化建设而编纂的《21 世纪军事展望丛书》陆续出版。丛书以江泽民主席关于“以改革创新的精神迎接世界军事发展的挑战”为指导，从宏观上对 21 世纪的军事发展变化，从 4 个方面做了探讨：一是站在世界新军事革命的角度，从总体上阐述了 21 世纪军事领域将发生的深刻变革；二是讲信息战争，从战争形态、战争样式角度阐述军事变化；三是介绍数字化部队，以及军队组织结构的变化；四是从军事技术发展的角度，对 2020 年前后的高技术武器装备进行的前瞻性研究。

《信息战争》一书，是作者对信息时代、信息社会及其特有的战争形态——信息战争的新特点、新规律所进行的研究和探索。该书分上、中、下 3 篇，主要阐述信息战的技术基础、社会基础、军事基础，以及信息战争的基本概念和基本特征；从情报作战、电子作战、网络空间作战、精确作战、心理作战 5 方面，阐述了信息战争的基本作战样式；阐述信息战争对国家安全和军队建设的影响，特别是对军事技术、武器装备和军事教育训练的影响。

《数字化部队》一书，阐述了数字化部队与数字化战场、数字化部队的战斗力要素，作战力量的组成、作战效能、作战原则、作战的指挥控制和作战行动的准备与战法，以及后勤保障和数字化部队的训练等。作者站在军事领域的制高点来观察和认识新军事革命必将带来的挑战，要求人们从机械化战争和核战争的战争形态及作战方法中走出来，把握战争的发展趋势，抓住机遇，探索军队建设的捷径，提出适合我军特点与信息化战争要求的作战理论，以加快我军现代化建设的步伐，提高我军的综合作战能力。

《中国人民解放军第四野战军战史》出版发行。四野战史从 1945 年 9 月进军东北写起，至 1952 年剿匪斗争结束止。全面系统的介绍了四野在毛泽东军事思想指引下，为创建和巩固东北根据地进行的艰苦卓绝的斗争；记述了四野先后转战东北、华北、中南战场，从东北打到海南岛的光辉战斗历程；总结了四野在革命战争年代丰富的作战、建军经验；讴歌了广大指战员，为夺取全国解放战争的胜利，为新中国的建立与巩固做出的卓越贡献。同时，根据实事求是的原则，对林彪在四野历史上所起过的重要作用，对其在解放战争中的功与过，都如实作了反映。至此，反映中国人民解放军四大主力部队战斗历程的战史——第一、二、三、四野战军战史全部出版面世。

（王成刚）

1998年军事科学出版社出版的军事图书评介 军事科学出版社1998年认真贯彻中共十五大精神，加强管理，优化结构，提高质量，增进效益，出版了一批颇有分量的军事学术论著。

一是出版了一批探索客观战略、治军规律及军事科研理论的图书。《国际战略论》是根据对冷战后国际战略形势的研究而撰写的战略论著。该书运用马克思主义的立场、观点和方法，对国际战略的研究对象、范畴和方法，国际战略思想的形成与发展，影响国际战略制定和运用的诸种因素，以及国际战略谋划的指导等问题，作了较深入的理论探讨。

《大战略论》是论述运用综合国力以实现国家目标的总体战略的专著。该书探讨了大战略基础理论、中国古典大战略、大战略与国防现代化及战争指导等内容，侧重研究了国家高层决策集团运用综合国力实现国家目标的总体战略，旨在增强国人的大战略意识。

《是总结，还是翻案》是系统批驳日本右翼势力为日本侵略历史翻案的论著。该书以翔实的历史事实和无可争辩的法理，系统论证了日本右翼势力为篡改侵略历史而炮制的“解放亚洲”论、“维护正当权益”论、“南京大屠杀虚构”论、“慰安妇并非强征”论等观点的反动性和虚伪性，深入分析了日本右翼势力一再为侵略历史翻案的历史根源和社会根源，有力地戳穿了日本右翼势力蒙骗日本人民的阴谋伎俩。

《学习邓小平理论　探索新形势下治军的特点和规律》是由军事科学院和中国军事科学学会组织的学习邓小平理论，探索新形势下治军特点和规律研讨笔会的论文集。该书基本反映了全军在这方面有代表性的研究成果，对加强军队建设和深化军事改革具有重要参考作用。

《国防法概论》是探讨国防理论的著作。该书吸取和借鉴中外国防理论和法学理论的优长，较系统地研究了中国国防法所涉及的诸如国防法的适用范围和调整对象、国防行为、国防活动的基本原则、国家机构的国防职权、武装力量、边海防和空防、国防科研生产和军事订货、国防经费和国防资产、国防教育、国防动员等国防活动的基本问题，形成了较完整的国防法理论体系。

《军事科学研究与管理》是旨在为军事科学研究与管理提供理论指导的专著。该书从军事科学研究与军事科研管理的实际出发，对军事科研的含义与特性、地位与功能、结构与分类、原则与要求、规律与趋势，以及军事科研管理的领导决策、计划管理、成果管理、人员管理等作了较系统地探讨。

二是在军事历史方面出版了一些有较高学术价值的补白之作。《中国军事通史》是一部系统研究中华民族军事历史的军事史学巨著，被列为全国重点出版项目。全书上起原始社会末期，下迄辛亥革命，按照历代王朝顺序，分为17卷20册，总计近800万字。该书以历史唯物主义为指导，以战争和军队的发展为主线，紧密联系社会政治、经济、文化等情况，客观详实地记述和评析了中国5000年的军事历史，对了解和研究中国历代政治、经济、文化情况也有重要参考价值。

《第二次世界大战史》第3卷主要介绍从战略相持到战略转折的基本条件，以及敌我力量对比发生变化的过程和转入反攻的时机等。该书第4卷主要记述大战的结局。同时，以相当大的篇幅对这次大战作了总结，探讨了大战对战后世界政治、经济、军事的影响及其对人们的历史启示。

《军事哲学思想史》是研究军事哲学思想的产生、演变历程及其发展规律的著作。该书以马克思主义哲学和军事思想为指导，对古今中外的军事实践和军事哲学思想进行了全面研究，较系统地阐述了军事哲学思想发生、发展的历史过程及其特点，初步揭示了军事哲学思想发展的规律。

《世界空军史》是研究世界空军建设发展史的著作。该书以航空科学技术、战争和空军军事理论等影响空军建设发展的主要因素为主线，全方位、多角度地展示了世界空中力量孕育、产生和发展的历史过程。

《新中国军事大事纪要》是反映建国以来中国人民解放军光辉历程的著作。该书采取编年体与记事本末体相结合的编纂体例，按基本完成社会主义改造、开展全面建设社会主义、“文化大革命”、社会主义现代化建设4个历史时期划分，以中国人民解放军军队建设、作战为主，兼及重大军事决策、武装警察、民兵预备役等武装力量，国防科技、国防工业等诸多大事。

（夏征难）

1998年国防大学出版社出版的部分军事图书评介 1998年，国防大学出版社在出版工作中，坚持从军队现代化建设和教育训练的需要出发，出版了一批较有学术价值和政治影响的军事著作，主要有以下3类。

一是注重出版一些对社会主义新时期具有理论指导作用的研究著作。《邓小平思想研究》丛书共分5册，包括《邓小平哲学思想研究》、《邓小平民主政治建设思想研究》、《邓小平经济思想研究》、《邓小平精神文明建设思想研究》、《邓小平新时期军队建设思想研究》。丛书以中共十五大精神为指导，力求站在中国共产党的最新认识水平上，从邓小平理论的精髓——解放思想、实事求是入手，以建设有中国特色社会主义的基本观点为主线，以专题论述的形式，对邓小平理论的科学体系进行了全面、深入的探讨和研究。丛书贯彻理论联系实际的原则，阐释准确，要点突出，深入浅出，富有新意，对于广大党员、干部全面正确地理解、掌握邓小平理论的精神实质、深入学习邓小平理论，有着一定的参考价值和指导作用。《江泽民建设有中国特色社会主义论述》丛书是由国防大学组织有关专家学者编写。全书共分 8 个分册，包括《学习江泽民同志关于邓小平理论的论述》、《学习江泽民同志关于国际战略的论述》、《学习江泽民同志关于经济建设的论述》、《学习江泽民同志关于军队建设的论述》、《学习江泽民同志关于文化建设的论述》、《学习江泽民同志关于军队建设的论述》、《学习江泽民同志关于党的建设的论述》、《学习江泽民同志关于干部队伍建设的论述》。它从不同侧面介绍了江泽民同志主持中央工作以来，以我们正在做的事情为中心，着眼于马克思主义理论的运用，着眼于对实际问题的理论思考，着眼于新的实践和新的发展，提出的一系列新的理论观点，作出的许多重大决策。认为这些都是对邓小平理论的坚持、丰富和发展，是邓小平理论的重要组成部分。丛书对全党全军进一步高举邓小平理论伟大旗帜，深入贯彻中共十五大精神，把建设有中国特色社会主义事业全面推向 21 世纪，具有重要意义。

二是注重出版介绍军事热点问题和军事知识的书籍。《环球军情》丛书共分 4 册，80 万字，分别为《日本军情瞭望》、《东盟军情瞭望》、《俄罗斯军情瞭望》、《美国军情瞭望》。该丛书着重介绍目前世界上主要国家或国家集团的军事情况，包括自然概况、国家安全战略、国防体制、军事战略、武装力量、武器装备、作战理论等内容。本丛书资料翔实、观点独特，是了解当今世界主要国家或国家集团军事力量全貌的一本可读书籍。《现代兵种与战争》丛书共分 5 册，100 万字，包括《军中怪杰——特种兵》、《海上蛟龙——水面舰艇兵》、《陆战之王——装甲兵》、《海空雄鹰——海军航空兵》、《空中斗士——歼击航空兵》。该丛书详细介绍了不同兵种的发展历史以及它们在战争中的不同作用，如特种兵的凶狠、强悍，海军航空兵的诡秘、神速，歼击航空兵的危险、刺激，水面舰艇兵的艰苦、悲壮，装甲兵的恢宏、壮烈，……无不给人留下深刻印象。该丛书通过一个个传奇故事及催人泪下的生动场面，生动详尽地描述了世界各主要国家特殊兵种的典型战例，展示了一幅幅惊心动魄的作战场面。具有较强的可读性。《新概念武器》丛书是为普及军事高技术武器知识，为使更多的人了解新概念武器的种类、原理、性能、现状、发展趋势及战场运用特点，由国防大学出版社编辑出版的一套丛书。丛书共分 5 册，40 万字，包括《超级斗士——智能武器》、《神奇杀手——新机理武器》、《天庭战神——太空武器》、《战场幽灵——隐形武器》、《不速黑客——计算机病毒武器》。丛书依据新概念武器技术的现状及发展，对未来可能出现的新概念武器进行了预测，并对这些武器在战争中的运用进行了假想。在写法上，采用了一些文学描写手法。力求把深奥的高技术知识融入故事情节之中，使之具有较强的趣味性和可读性。《高技术知识问答》共 13 万字，分为高技术基础知识和军事高技术知识两大部分。高技术基础知识部分主要对信息技术、生物技术、新材料技术、新能源技术、航天技术和海洋开发技术等 6 大领域的一些主要概念、基本内容、突出成果和主要应用进行了分门别类的介绍，旨在使读者对高技术有一个基本全面的了解和认识。军事高技术知识部分，分别对侦察监视技术、伪装与隐身技术、夜视技术、军事激光技术、电子战技术、军事航天技术、制导技术与精确制导武器、指挥自动化系统与技术、核生化武器与技术、探索中的新武器与新技术等 10 大军事高技术领域作了重点介绍。本书的出版对推动全军部队高科技知识的学习将有所帮助。

三是注重出版一些有助于军队建设和军队管理的书籍。《军人怎样保护自己的权益》一书共 18 万字，分上中下 3 篇。上篇：军事法关于军人权益的保护；中篇：普通法关于军人权益的保护；下篇：战争法关于军人权益的保护。该书在帮助广大官兵增强法制观念、学习战争法知识、正确认识和处理日常工作和生活中及战争中遇到的一些涉法问题，以及正确运用法律武器保护自己的权益等方面具有一定的参考价值。《警备工作理论与实务》一书共分两编，24 万字，分别对警备工作的性质、特征、主要职能、职责权限、原则制度、军容风纪纠察勤务、军车检查勤务、稽查勤务、临时性警备勤务、警备分队与收容所建设、警备工作人员的管理等内容做了系统的介绍。本书对于推动警备工作的健康发展和增强官兵对于警备工作的认识，具有一定的现实指导意义。

（邓彦舫）

《邓小平国防理论研究》出版发行 由中国毛泽东军事思想学会承担的国家哲学社会科学“九五”规划重点课题《邓小平国防理论研究》一书，于

1998年底由湖南人民出版社正式出版发行。该书是一部全面系统研究邓小平国防理论的专著，由绪论、国防观、国防战略理论、国防建设理论和国防斗争理论五部分组成，共30章，约130万字。编委会成员由20多位全国知名的军事学专家教授组成，国防大学、军事科学院、陆军指挥学院、空军指挥学院等10多所院校的专家教授承担了撰写任务。

《20世纪世界著名军事家兵法丛书》开始出版发行　中原农民出版社于1998年开始陆续推出《20世纪世界著名军事家兵法丛书》。该书是国内第一套全面系统地研究、阐发世界著名军事家用兵方略的大型兵法丛书，第一批推出8部，包括斯大林兵法、朱可夫兵法、蒙哥马利兵法、艾森豪威尔兵法等，由军事科学院、国防大学等一批学者专家撰写。丛书站在历史的制高点上，力图给予20世纪世界著名军事家的思想实践活动以理论的诠释。在强调思想性的同时，以思想带历史，以历史导思想，以兵法为经为纲，以战史战例为纬为目，以理论分析与纪实手法相结合，增强了可读性。

《当代中国军事理论》出版发行　由军队一些专家撰写的《当代中国军事理论》一书1998年由军事科学出版社出版发行。这是一部系统学习和研究中国共产党3代领导核心军事理论的专著。该书紧密联系中国革命战争和我军建设的伟大实践，充分体现毛泽东、邓小平、江泽民3代领导核心关于中国革命战争理论、人民军队和国防建设思想的创立与继承、丰富与发展的历史实践过程，具有较强的历史感。该书通过精心谋篇布局、设章立目，揭示了党的3代领导核心军事理论的科学性、系统性，以及它们之间的逻辑性。全书结构严谨，布局合理，论述充分，可读性比较强。

《中国人民解放军机关发展史》出版发行　由军队院校一些专家编著的《中国人民解放军机关发展史》，1998年8月由第二军医大学出版社出版。全书由前言、序篇和正文6编组成，叙述了中国人民解放军各个历史时期，包括红军时期、八路军新四军时期、中国人民解放军时期（含中国人民志愿军）军以上组织机构的演变历史，约25万字。该书史料详实。在弄清史实的基础上，力图对人民解放军机关的发展演变作一些理论探讨，总结机关发展演变规律。因此论从史出，言之有据。

（*石　慧*）

中国纪念抗日战争全面爆发60周年学术研讨会在京召开　1997年7月3日至4日，由中国军事历史研究会和中国人民解放军后勤指挥学院联合举办的“纪念抗日战争全面爆发60周年学术研讨会”在北京举行。参加大会的有全国各地的专家学者50余名，提交论文80余篇。会议遵循总结抗战历史经验，贯彻和平与发展的主题和促进人类进步与文明的指导思想，对抗日民族统一战线的历史功绩、毛泽东的军事理论贡献、正面战场与敌后战场、抗战胜利的内因与外因、抗战中的香港、日本全面侵华的战争准备、战后日本在战争责任问题上的态度等问题进行了比较深入的探讨，提出了一些有价值的新观点。

中国第二次世界大战与战后局部战争专题学术讨论会在济南召开　1998年11月24日至26日，由中国第二次世界大战史研究会和济南陆军学院联合举办的“第二次世界大战与战后局部战争专题学术讨论会”在山东省会济南召开，来自军事科学院、国防大学、中国社会科学院、山东大学等17个军队、地方大学和科研单位的近30位专家、学者参加了会议。与会代表研讨了第二次世界大战与战后局部战争的关系以及相关问题。

“德占胶澳100周年学术研讨会”在青岛举行　由中国史学会、山东省历史学会暨帝国主义与近代中国专业委员会和青岛市历史学会等单位主办的“德占胶澳100周年学术研讨会”，1998年9月在青岛市举行。与会学者就甲午战争前的中德关系、德占胶澳与瓜分危机及对近代中国的影响、德占胶澳对山东、青岛经济发展的影响、山东问题与巴黎和会及五四运动等问题进行了广泛的研讨。有的学者指出，德占胶澳是近代中国的分水岭事件，在近代中国产生了十分深远的影响。一方面，它大大加深了中国的民族危机，使清政府内部最高统治阶层矛盾激化；另一方面，它也促使了中国知识分子的觉醒，掀起了百日维新运动。有的学者指出，甲午战争前的中德关系至为密切，主要原因在于两国之间既无边界毗连，又无传教纠纷，商贸利益有限，因而没有发生重大的利害冲突。近代青岛的经济和社会发展深受殖民侵略的影响，在德占时期和日占时期尤然。

北洋海军学术研讨会在威海举行　1998年是北洋海军成军110周年。由山东省历史学会、中国甲午战争博物馆等单位主办的首届北洋海军学术研讨会于8月底在山东省威海市举行。研讨会的中心议题是：北洋海军成军的背景；北洋海军创建与发展中的若干问题；关于北洋海军洋员的评价；北洋海军人物研究等。与会学者认为，近代海军的产生和发展是中国近代化的一个主要内容与重要部分。北洋海军成军则是近代化运动的突出成果。建立北洋海军的目的，主要是抵御帝国主义的侵略；一个国家的军事力量在很大程度上取决于国家的经济力量。北洋海军的发展在很大程度上受到清王朝国家财力的制约；对北洋海军中受雇的洋员应作具体分析，不可笼统地否定和肯定。与会学者还就李鸿章、丁汝昌、刘步蟾、方伯谦、萨镇冰等人的功过问题进行了讨论，并确认了日舰多次改挂英军或美军舰旗的事实。

（海　明）

彭德怀生平与思想研讨会在湘举行　为隆重纪念彭德怀诞辰100周年，由中国中共党史学会、中国现代史学会、《彭德怀传》编写组和湖南湘潭纪念彭德怀诞辰100周年筹委会联合举办的彭德怀生平与思想研讨会，于1998年10月6日至9日在湘潭召开。来自全国19个省、市的100余名专家、学者参加了会议。会议共收到论文101篇，作者有原在彭德怀身边工作过的老同志，有学者、专家，也有在校的研究生。论文内容比较全面，重点突出，从不同时期、不同方面、不同角度对彭德怀的生平和思想进行了研究，既对一些重点问题达成了共识，又提出一些新的观点。

“21世纪的海上战争与中国海军”研讨会在宁举行　1998年5月5日至8日，“21世纪的海上战争与中国海军”学术研讨会在素有海军军事理论研究“思想库”之称的海军指挥学院举行。80多位来自总部机关、全军和海军部队的领导、专家、学者汇聚一堂，就中国海军军事理论研究领域一些重大而又紧迫的课题进行了深入研讨和交流，提出了许多创见。研讨会共收到学术论文70余篇。

（石　慧）

（本栏责任编辑　王湘江）

军事技术

轻　武　器

综述　1998年，世界轻武器虽然没有什么新的突破，但仍然稳步地向前发展。作为未来士兵系统重要组成部分的武器子系统，其研究开发工作又有了新的进展。轻武器小型化已见成效，出现了一些新式小口径步枪。手枪的新产品更是五花八门。总之，1998年轻武器发展有以下几个特点：

各国轻武器工业举步维艰　现在各国武装力量的使命已经转变为以完成低强度冲突为主的军事任务。在90年代的大多数这类冲突中，步兵武器起着支配作用。这种变化导致了许多国家军队规模变小，单兵武器的需求减少。结果，大多数轻武器制造商都“吃不饱”，只好转移他们的销售重点，由销售军品改为销售民品。军方目前的采办计划一旦完成，轻武器厂商的日子就更不好过了。这样，未来轻武器工业基地的生产能力和整个技术结构将会受到冲击。

士兵系统仍是重头戏　未来士兵系统应用现代化技术，以单兵作为整个作战系统的武器平台，从人—机—环境整体考虑，使士兵、武器和装具有机结合，形成一个整体，全面提高单兵的全天候作战能力、指挥与控制能力、生存能力、耐久力和机动能力。在这方面，除美国继续执行原来的“21世纪陆地勇士”计划外，英国的“未来士兵技术计划”、法国的“先进战斗士兵系统计划”、德国的“未来步兵计划”、澳大利亚的“陆地125士兵作战系统”计划、荷兰的“机械化步兵系统”计划、加拿大的“综合防护服务与装备”计划等都在实施之中。

例如，英国未来士兵技术计划内容已明确，包括武器、信息、供给、医疗、被服及指挥与控制系统等。法国已开始“机械化步兵装备”的先期论证，单一系统演示在1998年7月进行，全系统的11项技术及实战论证预计在1999～2000年完成。德国根据“未来步兵计划”，进行了5个方案的试验，即：昼夜定位和导航；昼夜目标侦察和测距；不暴露射手本身的观测、侦察和战斗；昼夜通话；1级班无线电联络。

美国理想单兵战斗武器研制进入实质性阶段　美国阿连特公司已将理想单兵战斗武器（OCIW）的研制工作向前推进了一步。按照最新合同的要求，阿连特公司在对OCIW进行精心改进后，将提供7支先进技术演示样枪及25000发20毫米弹，其中高爆弹5000发，演习弹20000发。先进技术演示将于1999年6、7月在本宁堡和阿伯丁试验场进行。在本宁堡进行性能评估试验，在阿伯丁试验场进行研制试验、安全性试验和技术试验。该公司明确指出，理想单兵战斗武器就是将20毫米空爆弹、5.56毫米北约弹的发射器与坚固耐用的全能火控系统有机结合起来，以期大大提高武器的杀伤威力和对目标的压制效应。它可消灭诸如藏在掩体内、大树后、房顶上的M－16步枪无法对付的目标。在500米射程上其战斗效能可提高5倍，有效射程可增加2倍。

据报道，美国陆军原计划给理想单兵战斗武器的研制经费为4300万美元，目前打算增加到1亿美元，在5年内计划拿出3.6亿美元来购买2万支理想单兵战斗武器，每支枪的单价是5000美元，配备火控系统后为1万美元，如果再能发射高爆弹药，单价就会激增到1.9万美元。

枪械　1998年枪械的发展主要体现在步枪上，出现了不少新的型号，但大多数在技术上没有什么突破，狙击步枪的发展仍然受到重视。手枪的品种很多，但大多为警用或民用，军用产品不多。但是，不管什么枪种，只要是新研制的，都融入了高新技术。

手枪　**瑞士推出SIG pro型新手枪**　这是SIG公司研制的，其设计特点是套筒座采用聚合物材料制作，防尘罩上带有一条导轨，用于安装可见光或激光瞄准具。套筒座内的击锤、击发阻铁、扳机组合成一个模块，被称为“整体射击装置”，只要改装一个模块即可将单动/双动击发方式改变为纯双动击发方式。有两种可以互换的握把：一种采用特制的复合材料，防滑性好，便于稳固握持；另一种体积较小，外表面涂有一层塑胶化合物，握持也较舒适。该枪有5种准星和6种照门可供选择，射手可在30种不同瞄准组合方式中任选适合自己的一种，以保证射击精度。

冲锋枪 **美国将"布希曼"冲锋枪改进为 IDW 冲锋枪** 10年前，美国人乔治·伊洛维加和他的英国伙伴彼得·韦斯特一起，推出一种9毫米前冲击发式微型冲锋枪，名为"布希曼 MK-I"，但因没有资金而未批量生产。后来，伊洛维加与韦斯特一道于1996年在美国波特兰市成立了防务技术公司，将"布希曼 MK-I"重新设计，取名为"9毫米 IDW"冲锋枪，即9毫米个人自卫武器。该枪长295/560毫米（枪托折叠并缩入/枪托拉出并折叠到侧面），枪管长106毫米，枪高170毫米，最大宽30毫米，空枪重2.6千克（不连枪托2.1千克），弹匣容量30发。其主要特点是结构简单，全枪仅有26个零部件，标准口径是9毫米卢格。但也可装填10.16毫米 S&W和11.43毫米 ACP 枪弹。瞄准具导轨已装在枪上，可装电子辅助瞄准具，没有机械瞄准具。辅助瞄准具是全天候的，即使在强烈的阳光照耀下也能使用，如果光线太亮，简单地调整一下瞄准具的亮度就行。由于它仅能连发射击，故取消了快慢机，代之以可两侧操作的保险杆。同"布希曼"一样，该枪也采用了液压缓冲器，将射速控制在390发/分。另外还有尼龙缓冲器，位于枪机框的后方，结构简单，仅在使用超威力枪弹时保护枪机框。

步枪 **以色列"塔沃尔"无托型步枪投产** 该枪是以色列军事工业公司和国防军合作于1991年开始研制的，现已进入生产阶段。该枪长720毫米，装上M-16步枪的30发满弹匣时全枪重3.5千克。其主要特点是：大量采用复合材料；拉机柄不用任何工具可以在几秒钟内转换，以适合左撇子射手使用；在野外可分解为两部分；装有红点反射式瞄准镜和夜视瞄准具，不必调整，可交替使用，还装有固定的激光目标指示器；战斗附件包括两脚架和经改进的M-203榴弹发射器。

英国进行电击发步枪射击试验 该枪是在英国陆军5.56毫米 L85A1 步枪的基础上研制而成的，采用电击发方式，按计划于1998年1月进行样枪实弹射击。电击发步枪为武器设计提供了灵活性，使子系统可重新设置，通过武器状态显示和安装在内部的测试装置使可靠性提高。如果没有使用者本人输入的明确数据，枪不能击发，从而提高了武器使用安全性。

意大利研制成 M-98 新狙击步枪 该枪是由伯莱塔公司设计和生产的远距离精确射击步枪，发射0.338英寸"拉普尔·马格努姆"弹，射程1500米，能对付轻型装甲和强化玻璃。该枪采用导气式自动原理，浮动式枪管，射击精度高。为了减轻重量，部分零件用铝挤压而成。弹匣为钢制，容弹10发。枪口部装有体积小、效率高的制退器。机匣上装有"皮卡蒂尼"导轨，以便安装军用标准光学瞄准具。

奥地利推出 AUG A-2 通用枪 该枪是原型枪 AUG 改进而成的，其主要改进之处是：机匣和光学瞄准具没有整体浇注在一起，而是两个可分离的部件，镜筒可以卸下来。镜筒两侧各有两个螺纹圈，必要时可以在上面安装夜视瞄准具。镜筒的调整转鼓前面有小的鲨鱼翅状保护罩，可以防止调整装置在激烈战斗或携行过程中被折断。

奥地利斯太尔侦察兵步枪问世 该枪系奥地利斯太尔-曼利夏公司研制的。其主要特点是：尺寸小、重量轻，全长仅952.5毫米，重3.2千克，锤锻枪管上开有长槽，不仅减轻了重量，而且增加了散热面积，提高了枪管刚度；复合枪托长度可调；配用2个5发弹匣；采用完全可调的两道火扳机；机匣开槽直到尾部，可以使用传统的出瞳距离瞄准具和夜视瞄准具代替中等距离的侦察兵瞄准具。

瑞士 SIG-552 突击步枪问世 该枪是瑞士 SIG 公司专门为干预部队和特种部队对付近距离（300米）目标而专门设计的，实际是标准型 SIG-550 突击步枪的缩短型，不仅外廓尺寸小，重量轻，而且操作简便、灵活。结构上的主要特点是：左右两侧有两道保险装置：可单、连发和3发点射；枪托可折叠；弹匣透明。

南非研制下一代突击步枪 该枪名为 CR-21，实际是南非国防军现役5.56毫米 R-4 步枪的改进型，采用无托结构，枪长缩短，重量减轻。全枪长760毫米，枪管长465毫米，装弹后全重3.8千克，尼龙弹匣容量20发，理论射速600～750发/分。枪上配有反射式光学瞄准镜，射手可睁双眼瞄准。为了使用各种弹药，枪管膛线缠度为1:9。膛口装置在夜间使用时无任何发射特征，并可发射枪榴弹。枪托由黑色聚合物注模而成，坚固耐用且外形平滑，人机工程好。

机枪 **美国第82空降师装备 M-240B 机枪** 该师已收到126挺，装备其步兵营，每营18挺，以替换现装备的M-60机枪。尽管该枪比M-60机枪重约10千克，但其他优点不少，如新式三脚架配有软枪架，可以吸收更多的后坐力，其上的通用瞄准具导轨可迅速更换各种昼夜瞄准具。枪管更换方法也比M-60机枪简单、快速。据报道，到1998年底，第82空降师将全部装备新式M-240B机枪。

比利时推出新型 M-249 轻机枪 该枪称为 M-249 SPW 机枪，是比利时 FN 公司及其在美国的子公司合作，为美国特种部队专门设计的。空枪重5.7千克，比标准型轻1.8千克。重量减轻的主要原因是去掉了三脚架、弹匣槽、上护木隔热板和提把，以及采用较轻的枪管。与标准型M－249不同，该枪采用弹链供弹而去掉了弹匣。枪上装有皮卡蒂尼瞄准具导轨，可以安装光学瞄准具、激光指示器、灯光设备和其他附件，枪管可以快速更换，没有气体调节器，只用弹链供弹，而不能用弹匣。

榴弹武器 榴弹武器发展的特点是减轻武器重量，提高射击精度、杀伤力和全天候作战能力，以期达到提高整体作战效能的目的，但新的品种不多。

中国9管38毫米防暴榴弹发射器通过技术鉴定 该发射器布局合理，结构紧凑，外形美观大方。采用双重自动闭锁机构，只要推手柄向前即可自动闭锁，保证射击时的安全可靠。发射器采用电击发方式，由车载电瓶供电，有单发发射和3发齐射两种发射方式。能在短时间内发射多发催泪弹，可产生大雾，使犯罪分子失去抵抗能力，又不伤害无辜群众和破坏周围环境，是武警、公安部队执行任务的理想非杀伤性防暴武器。发射管长180毫米，发射器全重15.5千克，最大射程≥150米。

美、加、瑞典联合研制新型自动榴弹发射器 该发射器名为“打击者C/G40”，其优点是重量轻、体积小、射击精度高、威力大、可靠性强。由发射系统、电子火控系统和可编程榴弹3部分组成。发射系统采用枪机后坐自动原理，闭膛待击，有高效的后坐缓冲装置，降低了武器的后坐力，提高了射击稳定性。电子火控系统可快速捕捉目标，在荧光屏上为射手提供弹道补偿十字分划，然后显示在平视显示器上。激光测距精度仪在40至2000米距离上测距精度达±1米。目标一旦被测出，火控系统自动寻找解算目标的方法，设置最佳射角，在发射前为已装填的榴弹编制程序。如果榴弹没有发射，引信则在火控系统下一次启动时重新设置。火控系统中装有第3代像增强器，射手按动开关即可迅速选择白天射击还是晚上射击。

印边防军装备多管榴弹发射器 该发射器名为“阿格尼瓦沙”，主要用于对付骚乱。发射器共7管，采用电击发发射机构，既可单发也可连发。使用2种通用的37～38毫米榴弹：一种装烟幕催泪剂；另一种装强光/巨响混合剂。标准的一节电池的榴弹最大射程135米，7发齐射的覆盖区域面积为100×60米。重型是2节电池的38毫米榴弹。

克罗地亚研制成新型M－93A杀伤手榴弹 该手榴弹是一种内嵌钢珠的塑料壳体手榴弹，每个钢铢的直径是3～3.5毫米，全弹重350克（±30克），塑性炸药装药量40克。利用普通翻板击针原理，联结一种UBR－91自动烟火延期导火管，当保险握片与弹体轴线的夹角大于35°时，击针释放，从这时起可产生3～4.4秒钟的延期。在距炸点6米的距离上，手榴弹产生的破片每平方米至少有2片，在9米距离上降为1片，安全距离是25米。

非致命武器 **美国开发13项非致命武器** 由美国三军非致命武器规划办公室出资，开发13项非致命武器，其中陆军10项，海军2项，空军1项。陆军的各个项目正在研究之中，它们是：组合式人体控制弹药，1998财年计划生产1068枚，1999财年生产1000枚，2002财年达4000枚；便携式车辆止动系统，是一种能自动弹起的网状系统，可在约60米的距离内设置边界和路障以使车辆停止前进，但对车内的乘员不会造成严重伤害，1998财年进入工程研究阶段；非致命弹射弹，是一种人工撒布或远距离发射的危害极低的弹药，不产生破片，但能携带染色弹或橡皮弹等非致命物，旨在扩大干扰面积，计划于1999年财年进入工程研制阶段；40毫米非致命人群驱散弹药，由M－203榴弹发射器发射，在10～30米距离上可造成钝器致伤效果，正处于为期3年的工程研制阶段。另外，还有66毫米车辆发射弹药、地面电子车辆停止器和泡沫技术等，也在研究开发之中。

（卞荣宣）

装甲兵武器装备

综述 1998年世界各国装甲兵武器装备的发展特点是：

普遍重视现有装备的改进 各国在淘汰落后坦克、换装先进坦克的同时，不断改进现有坦克，引进新的技术，提高其性能。美国为面向21世纪仍在继续改进M-1系列坦克；英国“挑战者”2在解决使用可靠性问题后，又计划引入新技术，重点提高自动捕捉目标能力和改进弹药；德国将“豹”2坦克改进成“豹”2A5后，又在“豹”2A5的基础上换装长身管火炮。目前，现有主战坦克的改进主要是引进数字化的信息装备（战斗管理系统）和先进火控、炮控、观瞄系统，先进装甲组件和主动防护系统，定位导航设备、敌友识别装置、自动化跟踪能力及改进型弹药，以提高坦克的火力、生存能力和指挥与控制能力。

西方军事强国积极发展新一代装甲武器装备 美国于1996年提出未来战斗系统（FCS）新概念后，便积极研究各种候选方案，发展“跃进”技术，1998年提出了重量限制在25吨的方案，以满足投送型“后天的陆军”的需要；同时还制订了未来步兵战车发展计划，并大力研究射程在8～10千米的新一代坦克弹药。英国按照“机动直射火力装备需求”（MODIFIER）研制大纲进行新一代坦克的研制；德国按照“新型装甲平台”（NGP）计划框架开展主战坦克、步兵战车和战场防空战车的新技术研究工作。

国际合作趋势明显增强 随着技术的不断发展，装甲兵武器装备变得越来越复杂，成本越来越高，为了节省研制和采办费用，各国都非常重视国际合作的发展道路。如英法德合作研制MRAV/VBC/GTK轻型装甲车，美英合作研制TRACER/FSCS侦察车计划等。独联体、东欧一些国家也积极与西方国家合作，引进先进技术，改进现有装备。与此同时，世界各主要军工厂商也通过产业结构调整，实现强强联合，以争取更多的市场份额。

主战坦克和轻型坦克 **美国研究“未来战斗系统”方案** 据《国际防务评论》1998年7月号报道，由于军队编制的缩小及空运能力的限制，美国陆军不得不考虑一种重量限制在25吨或更低的未来战斗车辆，作为投送型“后天的陆军”的组成部分，并计划在2015～2020年取代“艾布拉姆斯”主战坦克。未来战斗车辆的重量限制在25吨的原因是，该车需用C-130运输机运往战场，而C-130运输机的载货搭板最大承重为22.4吨（经加强后可增至25吨）。如用该机空投，最大限重则为17吨；如用侧旋翼飞机运送，车重限制为15吨。

1998年2月成立的未来战斗车辆综合概念组正在研究该车的各项性能要求。对该车的基本要求是行程1300～1600千米，最大公路速度为160千米/小时，越野速度为80千米/小时，在野外能以100千米/小时的速度快速行驶500千米。在无需补充给养的条件下能连续作战4天。对杀伤力的要求是：能击毁装爆炸反应式装甲和主动防护系统的任何装甲战车；具有超视距作战能力（最低10千米）；能有效对付掩体、建筑物及空降平台；具有在高速行驶时射击目标的能力。目前该车有4种武器候选方案：中口径火炮和导弹综合方案，XM-291型120毫米火炮，电磁炮和定向能武器。该车将通过提高机动灵活性，降低视频、红外、雷达和声响信号特征和采用比同类钢装甲轻30%的复合装甲及主动防护系统来提高生存能力。

美国M-1A2坦克将进行长身管火炮试验 据《国际防务评论》1998年12月号报道，美国陆军已放弃使用XM-291型120毫米火炮改进M-1A2坦克，而计划将德国莱茵金属公司为“豹”2A5坦克研制的55倍口径长身管火炮安装在1辆M-1A2坦克上并准备在1999年底进行射击试验。目前美国正在同莱茵金属公司就提供该炮的技术数据包及3门样炮进行谈判。美国计划在1999年中生产出第1门火炮（在美国命名为M-256E1）。同M-1“艾布拉姆斯”采用的M-256火炮相比，新炮的身管加长了1.3米，并改进了热护套，调整了炮口基准镜的位置。

美国陆军接收首辆M-1A2 SEP主战坦克 据《简氏防务周刊》1998年2月25日报道，美国通用动力公司地面系统部向美国陆军交付了首辆“艾布拉姆斯”M-1A2 SEP（系统增强一揽子计划）主战坦克样车。该车是正在生产的6辆样车之一。前3辆样车将留在通用动力公司地面系统部进行系统集成试验、工程设计和后勤保障评估。后3辆样车在此后两个月交付陆军进行性能验证试验。第1辆样车目前正被运往亚利桑那州的犹马试验场进行试验。美国陆军计划首批改进600辆M-1坦克，使其达到M-1A2 SEP标准。然后再改进600辆。改进内容包括：安装“嵌入式”陆军21世纪部队旅和旅以下指挥和控制系统、有装甲防护的辅助动力装置、第2代前视红外系统，热信号管理系统、改进型SINCGARS电台和车长用数字彩色地形地图显示器。首批600辆主战坦克的改进将在2001年完成。

美国陆军开始实施“艾布拉姆斯”M-1A1主战坦克改装计划 据《简氏防务周刊》1998年9月9日报道，美国陆军计划到2005年前对首批600多辆M-1A1“艾布拉姆斯”主战坦克进行改装。这是根据“21世纪‘艾布拉姆斯’综合管理”（AIMXXI）计划实施的。这项计划旨在提高现役和后备役陆军及海军陆战队装备的M-1A1坦克的性能并降低每年的使用和后勤保障费用。目前，通用动力公司地面系统部已接到一份价值2070万美元的合同，对45辆M-

1A1 进行改装。预计该公司将在 1999 年财政年度改装 70 辆 AIMXXI 坦克，从 2000 年至 2005 年财政年度每年改装 90 辆。

美国提出 M－60 坦克改进方案　据《简氏防务周刊》1998 年 7 月 29 日报道，美国通用动力公司地面系统部为满足土耳其的需求研制了 M－60 系列坦克的改进型 M－60－2000。该车采用改进的 M－60 系列底盘，上面安装带有 120 毫米滑膛炮的 M－1A1 主战坦克炮塔。与原车型相比，M－60－2000 在装甲防护、机动性和火力方面获得显著提高。该车战斗全重 56.25 吨，单位功率 21.3 马力/吨，在 9.2 秒内可加速到 32 千米/小时。动力装置包括 1200 马力 AVDS－1790－9 柴油机和阿里逊 X1105－5 自动传动装置。该车还采用 M－1A1 主战坦克的主动轮、负重轮及液气悬挂装置，并安装了新的装甲侧裙板。

俄罗斯披露最新型坦克　据《简氏防务周刊》1998 年 10 月 28 日报道，俄罗斯刚刚披露了关于 T－80У 的最新改进型——T－80УМ2 的详细情况。该车外观同 1997 年展示的“黑鹰”主战坦克相同。俄方称该车与 T－80У 标准生产型相比，效率提高了 58%。T－80УМ2 坦克采用 T－80У 的改进底盘，安装了新的全焊接铸钢炮塔，采用了先进装甲。车体前部和炮塔及侧裙板上安装了“仙人掌”爆炸反应式装甲，能抗化学能弹和动能弹攻击。炮塔下部四周安装了抗破片屏蔽层。T－80УМ2 仍采用 T－80 系列的 125 毫米 2A45M 滑膛炮，但安装了新型炮塔尾舱式自动装弹机。其计算机化的火控系统，具有静止和行进间射击目标能力。该车采用 1250 马力 GTD－1250G 燃气轮机及改进型传动装置。车上还安装有灭火抑爆系统、反雷达涂层、先进光电对抗设备、空调系统、安全数字数据通信系统和卫星导航系统。

新加坡拟研制新型轻型坦克　据《简氏防务周刊》1998 年 1 月 7 日报道，新加坡国防部目前正在制订研制新型轻型坦克的需求文件。该坦克计划在下个世纪初装备新加坡陆军。车上有 3 名乘员，火炮口径至少为 105 毫米，并采用自动装填机装弹。该新型坦克将采用由新加坡汽车技术公司生产的 IFV 步兵战车底盘或机动部件。

印度“阿琼”主战坦克受到批评　据《简氏防务周刊》1998 年 7 月 15 日报道，印度审计署对研制近 25 年的国产“阿琼”主战坦克提出批评，说该车仍存在技术缺陷和作战机动性差。审计署还批评国防部在未经内阁政治事务委员会的授权批准和坦克存在设计缺陷的条件下批准了将“阿琼”坦克投产。报告说，该车的主要缺陷是：在沙漠条件下过热；在作战射程内火炮精度未达到要求；杀伤力、防护力和使用可靠性均存在问题。

印度改进 T－72M1 主战坦克　据《简氏防务周刊》1998 年 10 月 28 日报道，由于“阿琼”坦克存在技术问题，印度陆军计划改进大约 1500 辆 T－72M1 主战坦克。该项称为“犀牛行动”的计划包括给 T－72M1 坦克安装新的火控系统、新的动力装置、爆炸反应式装甲、地面导航系统、激光告警系统、跳频电台和先进三防设备。经现代化改进的 T－72M1 预计将服役到 2015 年，届时将由“阿琼”坦克替代。

印度购买 T－90C 坦克　据《简氏防务周刊》1998 年 12 月 23 日报道，印度陆军计划向俄罗斯购买大约 200 辆 T－90C 主战坦克以装备 4～5 个装甲团。这些装甲团将于 1999 年年中部署在与巴基斯坦接壤的拉贾斯坦西部沙漠区和邻近的旁遮普邦。据称这项举措是针对巴基斯坦向乌克兰购买 320 辆 T－80УД 坦克而采取的。装备有新一代爆炸反应式装甲和防御辅助装置的 T－90C 坦克曾在印度装甲兵中心进行了长达几个月的试验，还在拉贾斯坦沙漠区进行了几个月的高温试验。目前，印度正在考虑能否获得许可证在国内生产 T－90C 坦克。

德国展示最新型“豹”2A6 坦克　据德国《士兵与技术》杂志 1998 年 12 月号报道，德国在欧洲萨特利装备博览会上首次展出了最新研制的“豹”2A6 主战坦克。目前德国陆军正在对 2 台样车进行部队使用试验。该车装有 1 门身管被加长 1.3 米的 120 毫米口径滑膛炮（长径比从“豹”2A5 的 44 倍增加到现在的 55 倍）。初速的提高使动能弹的有效射程大约增加了 1000 米。德国计划在 2001 年装备“豹”2A6 坦克，并在 350 辆“豹”2A5 坦克上改装这种长身管火炮。

英国接收“挑战者”2 主战坦克　据《简氏防务周刊》1998 年 7 月 8 日报道，“挑战者”2 主战坦克于 6 月 30 日正式进入英国陆军服役，装备“挑战者”2 的第 1 支部队是驻在德国的皇家警卫团。根据与维克斯防卫系统公司达成的 16.3 亿美元的合同，英国陆国在今后 4 年将接收 386 辆“挑战者”2 主战坦克。该车有 4 名乘员，重 64 吨，最大速度 56 千米/小时，最大行程 450 千米，安装 120 毫米坦克炮。由于早期生产车型存在着可靠性问题，该车原计划的列装时间才被推迟。

乌克兰和法国合作改进 T－72 坦克　据《国际防务评论》1998 年 7 月号报道，乌克兰哈尔科夫·莫洛佐夫设计局同法国陆军军械工业集团合作开发了一种 T－72 坦克新车型。该车采用了 120 毫米滑膛炮及法国为“勒克莱尔”坦克研制的炮塔尾舱式自动装填机。该炮具有北约标准的弹道性能，身管长 7 米，能发射整装式弹药。

捷克展示 T－72 坦克新车型 据《国际防务评论》1998 年 7 月号报道，捷克共和国在欧洲萨特利装备博览上首次展示了 T－72M4CZ 坦克。该车经过现代化改进，已经达到了目前西方第 3 代主战坦克水平。该车有 3 名乘员，保留了 125 毫米火炮，辅助武器为 7.62 毫米并列机枪和 12.7 毫米高射机枪，采用了以色列 NIMDA 公司设计的动力装置《包括泊金斯 1000 马力 CV－12 柴油机和阿里逊 ZTG411－6 自动传动装置》。该车还采用了意大利伽利略公司的 TURMS 火控系统。车上的其他装置有：DYNA 爆炸反应式装甲、RF－1350 甚高频战术通信系统、NBV－97 地形导航系统、DITA－97 内置测试设备、灭火抑爆装置及 SCC－10BRA 激光告警系统。该车具有涉渡能力。

瑞典接收首辆国产“豹”2 坦克 据《简氏防务周刊》1998 年 2 月 1 日报道，瑞典国防装备局接收了首辆国产“豹”2 主战坦克，该车被命名为 Strv－122，将用来取代现装备的大约 600 辆 Strv－103C 坦克和英国制造的“逊邱伦”坦克。1994 年，瑞典曾与克劳斯－玛菲公司签署了大约 6.74 亿美元的合同，购买 120 辆“豹”2A5 坦克，最后交付期为 2001 年。Strv－122 与德国“豹”2A5 相比，进行了多项改进，包括提高了装甲防护力，采用了法国提供的车辆防护系统并安装了战场指挥控制系统。

瑞典研制轻型坦克 据《简氏防务周刊》1998 年 5 月 13 日报道，瑞典赫格隆车辆公司目前正在制造 CV－90 型 120 轻型坦克/坦克歼击车的样车。该车采用了改进型 CV－90 坦克底盘，为缩短研制周期和节省成本，该车采用了装有 120 毫米滑膛炮的 Ikv－91 坦克歼击车的炮塔，能发射尾翼稳定脱壳穿甲弹和榴弹。炮长配有带激光测距仪的昼/夜瞄准镜。该车可用作 Ikv－91 坦克歼击车的替代车型。

步兵战车和其他装甲车辆 **美国发展未来步兵战车** 据《国际防务评论》1998 年 10 月号报道，美国陆军目前正在制订未来步兵战车发展计划。该车重 15～20 吨，计划于 2012 年开始服役，采购数量为 1600 辆，用于装备美国“后天的陆军”。该车有 2～3 名乘员，9 名载员，可能为轮式，也可能为履带式。美国陆军对该车的大致要求是：最大速度为 100 千米/小时；能连续战斗 30 天；具备两栖能力；能对付 10 千米距离的坦克和步兵战车；装备有能在行进间“发射后不用管”的武器，同时对付多个目标；采用光学传感器数据融合技术，能自动识别目标。

美国海军陆战队批准 AAAV 先进两栖突击车的设计 据《简氏防务周刊》1998 年 7 月 29 日报道，美国海军陆战队批准了 AAAV 先进两栖突击车的设计，从而为通用动力公司地面系统部生产首辆新 1 代两栖突击车样车铺平了道路。该车计划于 2006 年列装，用于取代 AAV 两栖突击车，共采购 1113 辆。根据批准的设计，该车能搭载 17 名全副武装的海军陆战队员；装备特克斯特朗地面系统公司研制的液气悬挂系统和底特律柴油机公司生产的 MTU883 柴油机，水上时速超过 25 千米，地面时速 70 千米；带陶瓷模块的轻型铝合金车身和三防装置。该车安装紧凑型、轻重量的双人炮塔。车上武器为波音公司的“大毒蛇”Ⅱ30 毫米链炮和 7.62 毫米 M－240 并列机枪。为对付日益增长的威胁，还考虑安装 35 毫米口径机关炮。该车采用“开放式结构”设计，以在车辆使用寿命期内能“插入”新的通信技术。

德国和荷兰研制侦察车 据《简氏防务周刊》1998 年 6 月 10 日报道，德国韦格曼公司和荷兰宇航公司目前正在制造第 5 辆“非洲狐”4×4 装甲侦察车样车。该车是根据 1994 年 12 月德国和荷兰陆军签署的合同研制的。应用户的要求，第 5 辆样车在前 4 辆样车的基础上进行了改进，采用了新型全焊接钢车体，车体宽度从 2.5 米增加到 2.55 米，安装功率更大的 KHD 柴油机，并增强了乘员舱对地雷的防护力。该样车将于 1999 年 4 月交付德国和荷兰陆军试验，预计于 2000 年定型。据韦格曼公司称，“非洲狐”侦察车采用了中央轮胎压力调节系统，具有比 8×8 或 6×6 装甲车更高的越野机动性。该车还有一个安装在桅杆上的传感器盒，盒内装有热像仪、摄像机、激光测距仪、通信设备和地面混合导航设备。德国车型将安装 40 毫米榴弹发射器；而荷兰车型将安装 7.62 毫米或 12.7 毫米机枪。

英国展示“武士”2000 步兵战车 据《简氏防务周刊》1998 年 6 月 24 日报道，英国 GKN 防务公司最近展示了独家投资研制的“武士”2000 步兵战车。该车是为参加竞争瑞士陆军对步兵战车的需求而设计的。该车比原“武士”车型车身略长，并采用了隐形技术。该车仍采用泊金斯动力装置，但发动机功率增加到 650 马力。其战斗全重为 30.4 吨，行程 600 千米，最大公路速度 75 千米/小时。车体采用间隔装甲，能抗 30 毫米尾翼稳定脱壳穿甲弹。车上装有德科防务系统公司的双人全电式炮塔，武器为波音公司的双向稳定的 30 毫米“大毒蛇”Ⅱ型机关炮和 7.62 毫米机枪。炮塔两侧各有一组 4 具烟幕弹发射器。炮长有带激光测距仪的稳定式昼夜热成像观瞄系统。车长有平板式显示器，能显示安装在 30 毫米机关炮上方的摄像机拍摄的彩色图像。

法国推销 VEXTRA 8×8 轮式装甲车 据《简氏

防务周刊》1998 年 2 月 4 日报道，法国陆军军械工业集团正在推销 VEXTRA 8×8 高机动概念演示车。该车可用做侦察车或坦克歼击车。车上装有 TML－105 型炮塔系统。该炮塔有两种型号，都安装了能发射北约标准弹药的 105 毫米 G2 型线膛炮。第 1 种型号采用非稳定的火炮和瞄准镜；第 2 种型号采用双向稳定式火炮、稳定式车长瞄准镜和带激光测距仪的稳定式炮长昼/夜热成像瞄准镜。安装有第 2 种型号的 TML－105 型炮塔的 VE×TRA 装甲车曾在 1997 年底被空运至阿拉伯联合酋长国进行了广泛的火力和机动性试验。该车还可选装其他炮塔或作为基型车改装成其他变型车。

法国订购“勒克莱尔”装甲抢救车 据《简氏防务周刊》1998 年 10 月 7 日报道，法国武器装备部最近向法国陆军军械工业集团订购了 15 辆“勒克莱尔”装甲抢救车，以装备法国陆军。该车采用新型“勒克莱尔”主战坦克的加长底盘，每侧有 7 个负重轮，采用德国 MTU“欧洲动力装置”。车上的标准设备有 70 吨绞盘、30 吨吊臂、前置推土铲/驻锄。

希腊研制新型履带式步兵战车 据《简氏防务周刊》1998 年 3 月 25 日报道，希腊车辆工业公司正在研制一种称为“肯陶洛斯”的新型履带式步兵战车，目前正在制造首辆样车。该车战斗全重 19.3 吨，最大公路速度为 76 千米/小时，单位功率为 21.76 马力/吨，采用德国提供的 415 马力 MTU6V183TE22V－90 液冷涡轮增压柴油机和 ZF LSG 1000 全自动 6 速传动装置，后者带有一体化的转向和液压制动装置。样车上安装有德国研制 E－8 型单人炮塔。武器为希腊国产“毛塞”Mk－30F 30 毫米机关炮和 7.62 毫米机枪。在基型炮塔上安装了皮金顿光电公司的“军刀”昼/夜观瞄装置，还可选装现代化 FLARM 数字式火控系统。该火控系统由带二代红外电耦合装置的双向稳定传感器平台、热像仪、CCD 摄像机、激光测距仪、惯性传感器、武器稳定系统、数字火控计算机和炮长监视器组成。车上还可选装带方向指示器的激光告警系统和综合指挥与控制系统。在炮塔左侧可安装“毒刺”地对空导弹发射器。为了增大载舱空间，目前正在研究使用遥控装置通过监视器对炮塔进行遥控操纵，这样，载员人数便可从 8 名增加到 10 名。

挪威接收首批 CV－9030N 步兵战车 据《简氏防务周刊》1998 年 1 月 28 日报道，挪威陆军装备司令部刚刚接收了瑞典生产的首批 CV－9030N 步兵战车，挪威分两批共订购了 104 辆 CV－9030N 步兵战车，其中 4 辆为预生产型，已于 1996 年交付，其余 100 辆将在 2000 年交付完毕。CV－9030N 是瑞典赫格隆车辆公司根据挪威陆军的特殊要求而专门设计的。与瑞典陆军装备的车型不同之处是：该车采用了赫格隆车辆公司研制的电动双人炮塔，炮塔上装有 1 门波音公司的双向稳定的 30 毫米链式炮和 1 挺 7.62 毫米机枪，炮长配有带激光测距仪的昼/夜热成像瞄准具；车长配有昼用瞄准镜和热成像监视器。为提高越野机动性，CV－9030N 采用了 605 马力柴油机。在后载舱顶部还安装有 1 个指挥塔。该车的车体和炮塔都安装了附加装甲组件。

瑞典进一步改进 CV－9040 步兵战车 据《简氏防务周刊》1998 年 11 月 4 日报道，瑞典陆军迄今已接收了大约 201 辆 CV－9040 步兵战车。根据现有合同，生产将一直持续到 2002 年。随着新技术的出现，目前瑞典计划改进该车性能，使之升级到 CV－9040B 型。首辆改进型生产车将于 1999 年第 3 季度完成。该车将采有博福斯武器系统公司研制的 Lemur 车长稳定式瞄准镜。该瞄准镜有昼/夜通道并装有一体式激光测距仪，可保证该车无论白天还是黑夜都具有“猎手—杀手”性能。该车还将安装摄尔修斯技术公司研制的 VCCS 计算机化的指挥控制系统，旨在帮助车长根据战斗网络电台、火控系统及各种综合告警传感器提供的信息进行快速而准确的决策。该系统有一个独立显示器，能够以透明图的形式在数字背景地图上显示各种战术信息和传感器提供的图像。该车还改进了悬挂系统，加强了车长和炮长位置的人体工程学设计等。

波兰研制重型步兵战车 据《国际防务评论》1998 年 11 月号报道，波兰机械设备研究和发展中心从 1995 年便开始研制 BWP－2000 步兵战车。该车目前正处于样车阶段。为提高火力，该车采用了意大利提供的奥托 60/70A 双人炮塔，上面安装有 60 毫米/70 倍口径的火炮，能发射尾翼稳定脱壳穿甲弹，炮口初速为 1630 米/秒，在 2000 米距离上能击穿 240 毫米厚的均质轧制钢装甲。炮塔上还装有 7.62 毫米机枪，两侧各有 1 具反坦克导弹发射架。该车采用了先进的火控系统，有带激光测距仪和热成像通道的炮长独立式瞄准镜。车长有带昼/夜观察通道的独立稳定式周视潜望镜。60 毫米火炮为双向稳定并装有转臂式自动装填机，具有行进间射击能力，射速为每 2 秒 1 发。该车底盘与 SUM 布雷车的底盘相同，车体为钢装甲结构，车前能抗 35 毫米的尾翼稳定脱壳穿甲弹。该车采用 710 马力 S12－K 柴油机，战车全重 32 吨。

澳大利亚准备订购新型装甲输送车 据《简氏防务周刊》1998 年 3 月 11 日报道，澳大利亚陆军开始对两种 4×4 轮式装甲车进行为期 44 周的试验评估，以满足该国对 341 辆“丛林流浪者”装甲输送车的需求。这两种车型分别为 ADI 公司提供的“大毒蛇”

装甲车和澳大利亚特种车辆系统公司提供的“大班”装甲车。澳大利亚陆军对“丛林流浪者”装甲输送车的要求是：能搭载9名步兵和为期3天持续巡逻所需的武器和设备，最小行程为600千米，最大公路速度为90千米/小时；装甲防护要求能抗5.56毫米和7.62毫米枪弹，增强装甲后能抗5.56毫米和7.62毫米穿甲弹；另外，该车还需对防坦克和防步兵地雷具有很强的防护能力。

欧洲联合公司赢得MRAV/VBCI/GTK研制生产合同 据《简氏防务周刊》1998年4月29日报道，英、法、德选定欧洲联合公司研制和生产下一代装甲通用车。该车在英国称为多用途装甲车（MRAV），在法国称为装甲步兵战车（VBCI），在德国称为装甲输送车（GTK）。研制合同将在1998年底签署，3国首批各需要200辆。首批生产车型为装甲输送车和指挥车两种车型，预计2004年交付。这是欧洲防务采购局监管的1个项目。荷兰、意大利、波兰和西班牙也有意参与该项目。

新技术与新部件 **美国研制TERM坦克远程弹药** 据《国际防务评论》1998年7月和10月号报道，美国陆军同阿里恩特系统公司、波音公司和雷神系统公司分别签署了一份关于设计、研制、制造和试验XM－1007坦克远程弹药（TERM）的竞争性合同。TERM弹是一种火箭助力式120毫米远程坦克弹药，间接射击时，射程能达8～10千米，作战时采用多兵种合同作战战术，把未来侦察骑兵系统获取的“信息控制能力”和坦克的机动性和火力结合在一起。该炮弹采用两种工作方式：自主式和指示方式。采用指示方式时，利用直升机或无人机来指示目标。美国陆军人士认为，采用TERM，可以减少装甲部队对野战炮兵和攻击直升机的依赖。利用TERM弹，坦克营或特遣部队指挥官可以在前所未有的距离上对重要目标，如远程反坦克导弹、指挥控制车、侦察和目标探测系统，即时做出火力反击。预计该炮弹将在2007年左右投产。

以色列研制激光制导炮射反坦克导弹 据《简氏防务周刊》1998年10月28日报道，以色列飞机工业公司MBT部正在为以色列国防军研制激光自动寻的反坦克导弹。该弹是一种半主动激光制导炮射导弹，能用105毫米和120毫米坦克炮发射，可击毁装甲车辆和直升机。发射时一般由发射平台用激光指示目标，也可由其他平台指示目标，导弹发射后根据激光指示锁定并攻击目标。导弹采用串联高爆破甲弹头，能对付装有爆炸反应式装甲的装甲车辆。该炮射导弹能以极大的攻击角攻击目标，无论白天还是在夜晚都能使用。

德国研制新坦克弹药 据德国《士兵与技术》1998年12月号报道，德国莱茵金属公司正在为“豹”2坦克研制一种新的动能弹（LKEⅡ或DM53）。由于采用了高能量的发射药和优化弹头的结构，该动能弹的末弹道性能得到显著提高。另外，该公司还在研制一种新型子弹药，计划从2004年起替换目前的多用途弹。该弹是一种新式爆破/杀伤弹，可装不同类型的可控引信，从而提高了破坏杀伤效果。

法国研制成防御辅助系统 据《简氏防务周刊》1998年10月7日报道，法国陆军军械工业集团研制成KBCM防御辅助系统。该系统可安装在坦克及装甲战车上，以对付反坦克导弹和激光制导弹药等各种直接威胁，从而提高车辆的生存能力。目前该系统已安装在AMX－10RC侦察车上，计划在年底进行一系列试验。该系统由与车辆战斗系统和数据总线相连的人－机界面和中央处理单元、红外干扰机、导弹发射探测器、能覆盖360度方位角的4个激光告警探测器、雷达告警接收机和发射各种榴弹的Galix榴弹发射系统组成。人－机界面能显示各种威胁及采取的各种措施。该系统有3种工况：人工、半自动和全自动。据称，该系统进一步的研究方向是，把装备该系统的多辆战车通过指挥控制系统连成网络，以为整个装甲分队提供集体防护。

意大利研制成新型60毫米炮塔 据《简氏防务周刊》1998年2月25日报道，意大利奥托－布莱德公司研制成新一代奥托T－60/70A型60毫米双人炮塔并进行了试验。该炮塔可安装到各种10吨以上的轮式或履带式车辆上，配用60毫米火炮、高性能弹药、自动装填系统、数字化火控系统和全电式炮控设备，可攻击轻型装甲车辆和步兵战车。基础炮塔重5吨，外部还可安装附加装甲。

乌克兰研制出新型坦克滑膛炮 据《简氏防务周刊》1998年9月9日报道，乌克兰国家火炮和线膛武器科学和技术中心刚刚研制出口径为125毫米和140毫米的两种新型滑膛炮样机。125毫米火炮称为Vitiaz，长6米，最大后坐长度310毫米。发射尾翼稳定脱壳穿甲弹，最大初速达2030米/秒，能击穿倾角为60度的380毫米的装甲。炮弹全重7千克，飞行重量5千克。140毫米火炮称为Bagira，长7米，最大后坐长度为310毫米，发射尾翼稳定脱壳穿甲弹，初速达870米/秒，能穿透倾角为60度的450毫米的装甲。炮弹全重9千克，飞行重量7千克。这两种火炮可装在新型主战坦克上，也可用于改进T－64、T－72、T－80УД及T－84等坦克。（张国斌）

炮兵武器装备

综述 1998年世界炮兵武器装备发展的特点是：开始从重视武器平台向重视平台所装载的信息网络系统的方向发展，这在压制炮兵武器，尤其是自行榴弹炮的发展中体现得更为突出。

从20世纪90年代以来，信息化战争形态已初露端倪，这对炮兵武器装备的发展产生了重大影响，到了1998年，这种影响就更加突出。它集中体现在炮兵武器的侦察、突击、毁伤能力的显著增强上。例如，美国“十字军战士”自行榴弹炮系统可通过炮载战术因特网、先进的火控系统、炮载预测和诊断系统、GPS全球定位系统以及嵌入式训练装置，使火炮系统的战场感知能力、对目标的打击精度和毁伤效果都大大提高。英国研制的火炮自动化瞄准系统可以使火炮系统的作战能力产生革命性的变化。这套自动化瞄准系统设计有火炮计算机接口和通信网络接口，以及为其他炮兵武器服务的接口，以便实现战场信息资源共享。炮兵武器的高精确度、数字化和信息化、作战平台的综合多能化已成为1998年乃至今后一个长时期炮兵武器的主要发展方向。

炮兵压制武器系统　美开始制造“十字军战士”火炮系统首台样炮 1998年3月12日，经过美国陆军专门机构对“十字军战士”先进野战火炮系统项目的研制过程进行严格评审之后，正式批准制造3台样炮。首台样炮的制造工作已于1998年5月底6月初开始。

批准制造3台样炮标志着“十字军战士”先进野战火炮系统的研制工作已经跨入“演示与验证”阶段的第2个分阶段。预计到2000年下半年将完成3台样车的制造工作，届时将进行第2个里程碑性的评审，以便为进入工程与制造阶段打下良好基础。同时，这一评议结果也是对第1阶段初步设计工作的肯定，从而可以顺利地进行最后阶段的更为详细的设计。对3台样炮的要求各有侧重，其作用和意义各不相同。第1台样车是1辆功能不全的补给车，主要用于机动性试验；第2台样车是1辆功能较全并能与1门榴弹炮配套使用的补给车；第3台样车是1门自行榴弹炮样炮，它应能进行发射试验和运动试验，但其电子设备可能是用现成的商用电子元器件构成的，而不是为该炮设计制造的专用设备。

对“十字军战士”火炮的最基本要求如下：灵活性和机动性要高于陆军其他综合性武器系统；全天时、全天候和全地形作战能力；射速10～12发/分；最大射程40～50千米；有效弹药载重约130发弹；该炮的弹药补给动作全部实现自动化；炮车和补给车均为3个乘员；炮车满载重量55吨。

第1阶段研制过程已经证明，“十字军战士”可进行4次连续射击，每次连续发射15发炮弹。据美军事专家称，这样的射速能满足未来一个相当长的历史时期的要求。该火炮系统不仅射程远、射速高，而且还有信息优势，具有相当的制信息权。这使“十字军战士”火炮系统大大优于其他国家陆军的同类武器。其根本原因在于，该火炮系统在设计之初就考虑到了信息化战争的需求，贯彻了先进的作战思想、体现了新的设计概念。例如，该火炮系统将通过炮载战术因特网、先进的火控系统、炮载预测和诊断系统、维修保养装置以及嵌入式训练装置达到前述主要目标。

“十字军战士”火炮系统采用了一项同类武器系统从未采用过的技术，就是将现代化军用飞机的座舱技术移植到地面战斗车辆的设计上。“十字军战士”火炮系统的座舱装备有地形地貌分析仪（即数字地图）、显示盘、视频印刷电路组合、大容量存储器和车辆操作控制板等。当然，先进的“乘员座舱”也向炮兵指挥人员提出了新的问题，即如何训练炮兵操作手的问题。为驾驭这种崭新的火炮系统，必须大大提高炮兵乘员的素质，并拓宽他们的知识面。因为到“十字军战士”装备部队时，乘员在座舱里所获得的信息将是现在师一级或师以上指挥人员才能接触到的信息。因此，陆军上层指挥人员将对炮手或炮长提出新的要求。

除座舱技术外，该火炮系统还采用了一些特有的技术。例如，全致冷身管火炮，这在几年前还被认为是不可能实现的技术。一炮多发同时弹着射击技术，是一种全新的技术。它利用火炮极高的射速和炮上先进的火控系统，使单炮在修正射击诸元的情况下能向同一个目标发射多发炮弹并同时落达目标，因此其杀伤力将得到极大的提高。该炮能做到“更快地攻击目标并迅速转移去攻击另外的目标”，这主要是靠综合技术，即横向一体化技术。美军事专家认为，“十字军战士”系统将成为美国未来作战车辆先进技术的典范。由于美陆军取消了陆军装甲系统现代化项目，所以“十字军战士”系统将成为陆军现代战斗系统以及未来陆军作战系统的先进载体，成为现在和未来关键技术和先进传感技术的有效载体。现正在研究的用于“十字军战士”的先进技术必将渗透和转移到其他武器装备的研究上。

“十字军战士”的设计者作过计算和预测，目前标准的M-109A6“帕拉丁”榴弹炮连，大约110～120名士兵所能完成的任务，若用未来的“十字军战士”火炮系统，只需要两套火炮系统20～29个人就能完成。按照目前进程，1999年10月3门样炮将制造完毕，首批正式装备部队将在2005年，2013年将全部列装完毕。

美国展出轻型榴弹炮的试验/演示用样炮 1998年2月中旬，首台被命名为TB-1的试验/演示样炮在美国西尔堡美陆军野战炮兵学校展出。美国陆军和海军陆战队都需要一种155毫米轻型榴弹炮，目前有两种可供选择的方案：第1种是英国设计的XM-777型39倍口径身管155毫米轻型榴弹炮；第2种是美陆军研制的“未来直接支援武器系统” （即FDSWS武器系统)。FDSWS的重量应为2.27吨。为此，美国陆军同参加该项目的公司共同提出了一项两台试验/演示样炮计划，TB-1即是首台试验/演示样炮。

TB-1的上架选自“蝮蛇”39倍口径身管155毫米软后坐榴弹炮系统。不过TB-1除上架之外，在其他方面进行了重新设计，从而大大减轻了重量。TB-1若采用33倍口径身管，火炮系统将重3.178吨。用它发射M-107型155毫米弹丸的射程为19千米，使用M-483A1型155毫米弹丸的射程为17.9千米，而采用XM-982型155毫米弹丸的射程为27.6千米。如果采用26倍口径的身管，火炮系统重量可减至3048千克，但发射M-107弹丸的射程会大大降低。

在西尔堡陆军野战炮兵学校同时还展出了TB-1的后续型TB-2的原始设计方案。预计TB-2的重量为2588千克，将采用26倍口径身管。该炮有一个与俄国Д-30型122毫米榴弹炮相似的三脚大架。该炮的软后坐系统采用一种特殊的新技术——电流变液体。电流变液体的粘度可随电压的高低而变化，从而减小后坐力，因此可使用较轻的炮架。

俄“旋风”多管火箭炮射程增大 据英国《简氏防务周刊》1998年6月3日报道，俄罗斯的5M-30“旋风”300毫米12管火箭炮的射程已从70千米增大到90千米。为此，俄罗斯“斯普拉夫”国家科学生产股份公司重新设计了该火箭炮系统，提高了火箭发射车的战术技术性能，研制了新型火箭弹。新型火箭弹采用了高能复合推进剂，增大了火箭发动机的装填系数，从而增大了射程。同未改进之前的火箭弹相比，射程增大了30%，在最大射程上的精度增大了8～10%。“斯普拉夫”公司为该火箭炮系统研制了新的反坦克雷战斗部。战斗部重达246千克，装有25枚ПТМ-3M反坦克雷。据称，用2门多管火箭炮系统即可布设一个纵深最少为1千米的雷场。该反坦克雷装有可编程序的自毁机构。“旋风”火箭炮还有一种子母式战斗部，它装有646个破甲杀伤子弹，适于攻击装甲车辆、移动指挥所和有生力量。

日本拟装备新型155毫米自行榴弹炮 据日本《装甲》杂志1998年4月报道，根据日本中期防卫计划要求，日陆上自卫队将装备11门新型155毫米自行榴弹炮。据军方透露，1999年将装备4门这样的火炮。另外7门待计划批准之后于2000年装备，从2001年起，日陆上自卫队将以新型装备取代现役175型自行火炮系统。目前陆上自卫队装备的201门旧式自行榴弹炮将逐步退役。1998年，日本陆上自卫队将考虑继续生产10门新型自行榴弹炮。

印度拟采购新型155毫米榴弹炮 1998年上半年，印度军方透露，印度拟投资约30亿美元采购约400门52倍口径身管的155毫米自行榴弹炮和牵引榴弹炮。为此，将对某些先进的具有竞争实力的155毫米自行炮的炮塔系统以及部分牵引炮系统进行试验。印度国防部希望被选中的155毫米榴弹炮能够使用印度本国新研制的155毫米榴弹。在决定购买火炮之前，印度军方将在全国各地靶场对新研制的155毫米炮弹进行全方位的射击试验，试验将验证该弹的全天候作战能力。

德国首门PzH-2000自行榴弹炮列装 1998年7月1日德国陆军接收了德威格曼公司制造的第1门PzH-2000型52倍口径身管155毫米榴弹炮。这标志着德国陆军炮兵更新淘汰现役M-109A3G型39倍口径身管155毫米榴弹炮的工作正式开始。PzH-2000榴弹炮较现役的M-109AG3榴弹炮，具有更远的射程、更快的的射速、更高的机动能力和更强的生存能力。该炮发射制式榴弹的最大射程为30千米，发射增程弹的最大射程可达40千米。德国陆军总共需要594门PzH-2000榴弹炮，目前只定购了186门，按照目前的合同和该炮制造商的生产能力，要到2002年才能完成186门的交货任务，威格曼公司称，丹麦、芬兰、希腊、意大利、荷兰、挪威和瑞典等国均有意采购该火炮系统，而意大利则极有可能成为第

1个国外用户。意大利的总需求量为70门，估计最早在1999年或2000年能获得第1批2门PzH2000自行榴弹炮，以便尽早训练部队。

法国改进GCT 155毫米自行榴弹炮 为使法国陆军现役GCT 155毫米自行榴弹炮服役到下个世纪，法国陆军军械工业公司正在对该炮进行现代化技术改造。原炮采用经过改进的AMX－30主战坦克底盘、45倍口径身管，配有一个自动弹药装填系统。该炮最大射速为8发/分，发射北约制式弹丸，但其装药系统与北约装药系统不匹配。该炮于1978年开始批量生产，迄今已有20年的历史，共生产了307门，其中法国陆军装备253门，其余54门用于出口。该炮的改进措施如下：

换装52倍口径身管，采用新式螺式炮闩，换装新式炮口制退器，改进反后坐系统，配用新式模块装药以发射弹底排气弹，将最大射程提高到42千米；改进炮塔，安装自动火炮瞄准系统；根据用户要求，对底盘进行改进，用E9系列柴油机代替原来的HS－110型12缸发动机。改进后的火炮系统型号为AUF－2。

法国拟试验第2门"恺撒"样炮 据英国《简氏防务周刊》1998年6月17日报道，法国陆军拟对"恺撒"155毫米自行火炮第2门样炮进行试验。第1门"恺撒"样炮早于1994年已经研究成功，尔后公司进行了多次试验。在第1门样炮试验结果的基础上，又研制出第2门样炮。第2门样炮有两种形式：一种是TR牵引155毫米火炮，另一种则是以德国生产的乌尼莫格6×6轮式底盘为载车的自行炮，两种均为52倍口径身管，装同样的螺式炮闩。该炮主要用于出口，因此，它是在经过大量调研工作之后，为满足不同用户的需求而研制生产的样炮。

英国利用不同载车研制多种身管火炮系统 据《外军炮兵》1998年第6期报道，英国为扩大军品出口和挖掘原有火炮的潜力，为各种不同类型的车辆平台研制开发了多种不同身管长度的155毫米火炮系统。例如，39倍口径身管155毫米火炮已被英AS－90自行火炮系统所采用；47倍和52倍口径155毫米炮也采用AS－90自行火炮载车进行试验研究工作；美M－109型155毫米自行炮也分别用39、47和52倍口径身管155毫米炮进行了试验和研究。这种不同组合的火炮系统的共同特点是可以发射北约标准的制式弹药；都采用了带"克苏斯勒"滑动式炮闩，其开闩动作简便迅速；都采用液压动力弹射送弹机；发射装置均为电动击发式；其爆发射速为3发/10秒、最大射速为6发/分，可连续发射3分钟。以下是3种不同长度身管155毫米炮的主要战术技术性能：

火炮类型	39倍口径炮	47倍口径炮	52倍口径炮
炮身长度（米）	7.092	8.338	9.024
火炮系统重（千克）	2616	2895	3020
初速（米/秒）			
L15弹及8号装药	827	805	830
新式RO装药		945	945
射程（千米）			
L15弹及8号装药	24.7	24	24.9
新式RO装药		30	30
弹底排气弹			40

英国完成火炮自动化瞄准系统用户试验 1998年4月底～5月初，英陆军的新型自动化火炮瞄准系统（APS）在皇家炮兵学校完成了一系列用户试验。试验中有两种不同的火炮自动化瞄准系统参与竞争。

第1种由英国约克宇航系统和装备公司研制，其关键部件是瞄准手显示器；还有一个整体式传感器系统，包括惯性导航系统、倒镜瞄准系统、里程仪和电池。瞄准手显示器安装在火炮的左侧，与高低和方向控制器装在一起，此外还包括一套自检系统、多位置调整装置、整体式GPS全球定位系统。整体式传感系统装在火炮的右侧，它采用单轴环形激光陀螺技术，系统内装有高低和倾斜传感器，具有在行进中感知并校准误差的能力。电池装在炮架的后部，可保证自动瞄准系统连续工作8个小时。此外，该系统还有一套备用瞄准具，其特点是把直瞄和间瞄瞄准具合为一体，并具有一个无动力反向瞄准工作方式。这套火炮自动瞄准系统还包括如下附属设备：人眼安全激光瞄准具，它具有提前角和弹道计算能力并自备电源，作用距离2000米；MV5炮口测速仪，可将有关信息传输给瞄准手显示器，并自动记录装药类别、药温和弹种；外部全球定位系统接口。据该系统研制者称，它可以使火炮更迅速地进入战斗状态，缩短反应时间，完全不依赖传统的方向盘和大地控制点而实现高精度的火炮自动瞄准，这将大大降低火炮系统全寿命周期的成本，减少炮手数量。更值得重视的是，该系统设计有火炮计算机接口和通信网络，以及为其他炮兵武器服务的接口，以便实现战场信息资源共享。

第2种火炮自动化瞄准系统由英国马可尼公司研制。其主要组成部分与第1种系统大致相同，包括：武器管理系统中的控制显示器、FIN－3110环形激光陀螺、里程仪和炮载电源。由于武器管理系统是一种全封闭式软件设计结构，因此它可以用于装甲车、后勤车、防空指挥车和前沿侦察系统等多种武器平台。该系统有嵌入式GPS全球定位系统接口和其他多种接口，所以具有很强的适用性和很大的灵活性，可以满足不同用户的需求。这套系统已经在G－6型155毫米榴弹炮上得到了应用，同时也完成了在G－5型155毫米榴弹炮和127毫米多管火箭炮上的试验鉴定工作。

瑞士对M－109型155毫米自行榴弹炮进行技术改造 截止1998年6月，瑞士军械公司对美1962年制造的M－109型155毫米自行榴弹炮进行了长达5年的技术改造，主要的技术改造项目多达8项。改造的主要程序是先研制一整套改进部件，尔后利用这些部件改造出3门样炮，经过反复试验鉴定之后，再对其他火炮进行大批量的改造。改造后的M109火炮代号为PzHb88/95。主要的技术改造项目如下：

（1）改造身管，增大射程 采用47倍口径身管以取代原来的39倍口径身管，使射程增大60%。新炮的后坐力实际上没有变化，必须增加的部分只比原来重100千克。新身管采用镀铬技术，管内有60条阴膛线，装有双室炮口制退器和新式消烟器，炮管上装有温度传感器，要在火炮即将达到高温自射状态时自动向炮手报警。改进后的榴弹炮采用9号装药的最大射程可达23千米，如果发射底部排气子母弹，射程可达30.1千米；采用10号装药的最大射程为26.1千米，发射底部排气子母弹的射程为36.4千米。

（2）采用新式输弹装置、提高射速 安装了伸缩式输弹器，使最大射速达到8发/分，爆发射速达3发/15秒。

（3）安装导航与定位系统 采用瑞士研制的M－109导航与定位系统。该系统以环形激光陀螺装置为基础，能连续不断地提供导航和火炮瞄准的精确数据。炮长、瞄准手和驾驶员配有指挥与显示装置并通过计算机实现射击任务的最佳管理。由于上述技术的保障，使改进后的M－109自行火炮系统具有“打了就跑”的能力，从而大大提高了其生存能力。

（4）加装夜视系统 火炮配备被动夜视仪以供炮长和驾驶员使用，保障了24小时连续作战的能力。

（5）增加一个弹舱，加大弹药携行量 原炮只能携带28发炮弹及其所配用的装药，现在可携带40发炮弹及其所配用的装药，且增加了弹种，这样可以提高该炮的整体作战能力。具体措施是在炮塔后部新增一个附加隔舱。该隔舱与乘员舱之间由一个可抗冲击波的滑动门隔开，隔舱底部及供弹口开启方便，便于释放火药气体。

（6）加装遥控行军固定器 该固定器是一个半自动遥控行军锁定装置，从车内即可控制47倍口径身管的行军安全。

（7）设置附加电源，改造电气设备 除M－109炮原来的电池组和柴油发电机之外，新增装了一个容量为60安培的附加电池组，并在制式交流发电机安装架上增装了一个新型交流发电机，它由主发动机驱动且比制式发电机多提供80%的电力。配电系统，包括车中所有电缆、配电箱、仪表箱、驾驶员仪表板和辅助显示器都进行了重新设计。新仪表箱内装有炮车所有电气指挥、控制和测试电路，所有的重要电气系统都配有便于测试的测试点接口。这样，完全由计算机控制的测试设备可以迅速查出故障并进行战场更换。

（8）完善灭火系统 在乘员舱和驾驶舱中都装有性能先进的“海伦”灭火系统，发动机舱内也有一套完善的灭火系统。

改进后的M－109型155毫米自行榴弹炮共需6名乘员，战斗全重27吨，全长11.33米，车体长7.28米，车体宽3.18米，高3.12米，车底最低离地高0.38米，油箱容积500升，最大行程350千米，公路最大行军时速60千米。

芬兰首次装备52倍口径身管155毫米牵引榴弹炮 1998年4月，芬兰陆军接收了两门GH－52APU 155毫米牵引榴弹炮。这样，芬兰陆军就成为欧洲首家装备52倍口径身管155毫米牵引榴弹炮的军队，也是世界上第2个部署此种火炮系统的国家。纳入现役前由芬兰国防军对该炮进行了严格的鉴定，当时命名为KXGH－52APU 155毫米榴弹炮；纳入现役后正式命名为K－98型155毫米榴弹炮。该火炮系统发射远程全膛弹底排气弹，最大射程41.3千米，最大射速为10发/分，持续射速6发/5分钟。该炮配有弹射式送弹机，它不仅提高了射速，而且可以在火炮处于各种不同射角时进行装填。该系统装有一个辅助推进装置，在它的驱动下火炮可自行进入发射阵地，同时也可以使火炮在狭小空间具有更大的机动性。辅助推进装置还可为火炮的放列提供动力。芬兰陆军将分批购买该火炮系统，装备3～4个炮兵连。

南非G－5MK3加榴炮定型 由南非迪奈尔公司改进的G－5加榴炮已于1998年第2季度完成定型工作。该炮是应南非国防部的要求，在45倍口径155毫米牵引加榴炮的基础上进行多达35项改进后，定型为G－5MK3型的。其中主要改进措施有：在炮身上加装一个射管温度报警装置，当身管过热有可能引起发射药自燃时可警告炮手；加装了一个专用装置，能大大提高炮兵连和炮长同炮手之间的火控和通信能力；在摇架上安装两个园形抛物面天线，在火炮鞍部安装了炮兵通信电台，炮长和炮手均配有小型无线电话和炮兵通信头盔；与电台并列装有一个火炮监控器，为实现数字化通信和火力控制作好了准备；加大火炮大架轮子的直径和轮胎宽度，以提高在沙漠地的机动性；改进制动系统，保障火炮在倾斜度很大的情况下具有良好的制动性；采用全自动化火炮瞄准系统，免除了炮阵地的测地和标定作业，使火炮进入阵地后2.5分钟内即可发射；装配新型传感器和其他信息感知系统，可保证火炮的高低和方向精度达到1个密位；为该炮新研制的“增速远程炮弹”，其射程可达50千米；配用新型HEHCM2子母弹战斗部，内装42枚子弹，子弹穿甲厚度可达120毫米，杀伤面积可达50平方米。

炮兵反坦克武器系统　**美国实施“陶”式导弹延寿计划**　1998年5月，美国陆军公布了“陶”式反坦克导弹的延寿计划。由于陆军发现现役“陶”2A和“陶”2B反坦克导弹部件老化或腐蚀，使该弹可靠性降低，经常出现故障。主要问题有：发动机推进剂老化和分解；点火具内炸药老化；数字电子装置的电路腐蚀等。虽然美国陆军有发展FOTT新型反坦克导弹的计划，但迄今没有定论。为了在FOTT导弹取代“陶”导弹之前保持反坦克导弹的战备水平，美陆军提出“陶”式导弹的延寿的计划。该计划建议从2000年起开始维修改进“陶”2A导弹，每年处理4200枚；从2005年开始维修改造“陶”2B导弹，每年处理3200枚。总计将有42981枚“陶”2A和31899枚“陶”2B需要维修。美军事专家认为，维修改造后的导弹发动机和战斗部可延长寿命30年，“陶”2B的可靠性最低可提高7%，存放时间可增加3年。

俄罗斯新型自行反坦克炮样炮问世　1998年上半年，俄罗斯将保密多年的新型自行反坦克炮样炮和样车公诸于世。该反坦克炮的工业代号为2C25。该炮是1门125毫米滑膛炮，代号为2A75，装有消烟器和散热套，没有炮口制退器。它在2A46系列125毫米滑膛炮的基础上发展而成，2A46炮广泛用于俄罗斯T-64、T-72、T-80和T-90坦克上。为适应轻型底盘，该炮的后坐系统经过了改进。2A75和2A64炮用同样的分装式弹药。

2C25炮能否发射激光制导的炮射导弹尚不清楚。它和主战坦克一样配备有自动装填系统。乘员有3人：炮长、炮手和驾驶员。该炮还装有计算机火控系统、三防系统和夜视系统。

该炮底盘为БМД-3空降战车底盘，БМД战车是俄БМД-1和2型的后继型战车。目前2C25自行装甲反坦克炮尚未投入批量生产，由于经费上的原因，批量生产的日期将向后推迟。

印度“小马”反坦克导弹进行发射试验　1998年6～7月间，印度在其东部海域成功地进行了两次反坦克导弹发射试验，导弹命名为“小马”。据称，这已经是第6和第7次发射试验。“小马”是印度自行研制的反坦克导弹，在这两次试验之后将由印度陆军进行部队试验。印度军方领导人称，“小马”有陆用反坦克型和海用反舰型两种。海用型射程500～9000米。在先前进行的5次试验中，主要检验无烟推进剂的性能和发射管的控制能力。该弹的技术水平属第3代“打了就不用管”的热寻的导弹，射程可达4～6千米。试验还证实了该弹的机动性能较好，具有攻顶装甲能力。

伊朗开始生产改进型Raad反坦克导弹　据英国《简氏防务周刊》1998年5月6日报道，伊朗已经开始生产改进型Raad反坦克导弹。该导弹系统的原型是前苏联的AT-3B反坦克导弹，1968年装备部队。AT-3B是西方国家给该导弹的代号，又名“耐火箱”B或“赛格”B反坦克导弹。而俄罗斯自己则将该武器系统命名为“婴儿”M，包括9M14M导弹和9П122发射装置，可以装在装甲人员输送车上。尽管AT-3B仍可以对付不少类型的坦克，但对带有爆炸反应装甲的主战坦克则无能为力。因此，伊朗给该系统研制配用了新式战斗部，使之能击毁带爆炸反应装甲的主战坦克，并为该导弹系统取名为改进型Raad反坦克导弹。但它的缺点仍很明显，即飞行速度太慢，最大速度才120米/秒，3000米的飞行时间达27秒。在这样长的飞行时间内，导弹易被发现，射手易被坦克炮或机枪杀伤。为解决这一问题，伊朗还想对改进型Raad反坦克导弹作进一步改进。

以色列试验NT-D式反坦克导弹　自1998年2月25日以来，以色列接连对黎巴嫩南部发射了至少9枚NT-D反坦克导弹。这些导弹大部分是从地面阵地发射的，少数是从直升机上发射的。通过对黎巴嫩的袭击，以色列对其研制的NT-D反坦克导弹进行了实弹试验。

从80年代初开始，以色列就对NT族反坦克导弹进行了研制工作。新发展的导弹有NT-G、NT-S和NT-D3个型号。NT-G是便携试导弹，射程2500米，重12千克，用于取代美国提供的“龙”式反坦克导弹；NT-S可用三角架发射，也可以从车辆上发射，其射程4000米，用于取代射程为3750米的“陶”式反坦克导弹；NT-D用于直升机反坦克作战，以色列的AH-1“眼镜蛇”和“超级眼镜蛇”直升机均配用这种导弹，射程大大超过人们估计的6千米。据黎巴嫩军方称，在5月27日的导弹袭击事件中，至少有1枚NT-D导弹是从直升机上发射的，发射距离至少在10千米之上。

NT系列反坦克导弹均具有对付爆炸反应装甲的

能力；都配有红外成像导引头，具有“打了不用管”的能力；NT-D和NT-S还带有光纤制导装置，因此，可攻击障碍物后的目标。

以色列研制新型反坦克火箭筒 据英国《简氏国际防御评论》1998年7月报道，以色列军事工业公司正在研制一种名为“SHIPON”的新型反坦克火箭筒，用以取代近程反坦克导弹。

该火箭筒的构成如下：一次性使用的火箭发射筒、火箭弹和可重复使用的瞄准/火控系统。瞄准/火控系统包括发射装置——击发机构和保险机构，以及弹道计算机和测距及测风综合激光系统，据研制者称，该激光系统可使火箭筒对600米距离上目标的命中率提高50%。

测距和测风综合激光系统利用低功率钕镱氟化锂激光器，发射的平行光束波长为1.47微米。激光系统所装的两个水平相间的测控器接收机可以接收目标反射回来的信号。虽然激光束在传播的过程中，在大气中、特别是在有风的大气中会受到一定的干扰，但是，在短时间内，激光束的形状和空间分布不会产生重大变化，因此，仍然可以得到明显的图像。该测风系统对两个水平相间的测控器接收机所测得的图像进行比较后，即可计算出横风风速。由于装备了这种测距测风综合激光系统，所以可缩小反坦克火箭筒的平均脱靶距离。

该火箭筒发射状态全长为1.1米，全重为10.5千克。基型火箭弹的弹径为96毫米、弹重6千克，配用串联聚能战斗部。试验结果证明，该弹可穿透爆炸反应装甲及其后的800毫米厚的均质钢装甲。

法、德、英合作研制的远程“崔格特”反坦克导弹进行发射试验 1998年3月，由法、德、英3国合作研制的远程“崔格特”反坦克导弹在法国南部的试验场进行了首次发射试验。该导弹最大射程8千米，是一种被动式“打了就不用管”的导弹，配有两个高爆杀伤战斗部。该弹主要将装备武装直升机，目前正在研制的导弹有3个变型，以适应不同用户的直升机的需要。其中为法国陆军研制的变型弹，主要装在“独立侦察直升机”上；为德国陆军研制的“混合式变型弹”，最初是为了配备法、德两国正在研制的“虎”式直升机并用于出口。在这次试验中，载机为“黑豹”直升机，目标为北约某种主战坦克。试验中，坦克用一种特殊方法发出热量，导弹从2630米的距离上击中了坦克。

瑞典开始生产“比尔”2反坦克导弹 1998年第4季度，瑞典博福斯公司开始生产“比尔”2反坦克导弹。该弹可采取掠飞攻顶方式，较之原型“比尔”有了很大的改进。“比尔”1配用单一的高爆反坦克战斗部，可穿透主战坦克的顶部表层装甲，但无法对付厚度较大的装甲或爆炸反应装甲。“比尔”1的后继型“比尔”2导弹则具有对付爆炸反应装甲的能力。其战斗部为串联式两级战斗部，分为前后两个部分。前战斗部直径为80毫米，后战斗部为102毫米。前战斗部用于引爆坦克的爆炸反应装甲，后战斗部则以空心装药聚能金属流穿透坦克基体装甲。试验证明，“比尔”2反坦克导弹前战斗部可穿透重型爆炸反应装甲，而后战斗部，即主战斗部可穿透510毫米以上的钢质装甲。负责研制生产该导弹的博福斯公司称，该导弹可以完成多种任务，操作手可根据目标情况选择不同的操作方式。“比尔”2共有三种不同的操作方式。目前“比尔”1反坦克导弹发射装置可以发射“比尔”2导弹，但只能用其中一种操作方式。如果要具备所有三种操作方式，必须对“比尔”1的发射装置进行改造，更换一个电子卡。三种操作方式对付的目标是坦克顶装甲、非装甲目标和软目标。对付坦克顶装甲时，采用基本操作方式，此时导弹系统所有传感器均需启动；对付非装甲目标时，导弹按直瞄线路飞行，战斗部配用着发引信；对付诸如机枪阵地等软目标时则使用光学瞄准镜，同时要抬高弹道。

防空武器系统 **俄罗斯防空导弹武器系统进行实弹射击表演** 1998年第1季度，在北约克里特靶场俄罗斯9K33M3防空导弹进行了实弹射击表演。表演中，1个导弹连共发射4枚9K33M3导弹，摧毁了8千米之外的两个目标。9K33M3是俄罗斯黄蜂-AKM防空导弹武器系统的代号，导弹型号为9M33M3，美国取的代号为萨姆-8B。该弹于1980年装备部队。在这次射击表演中，希腊国防部长和陆军部长观看了表演。希腊早在1992年就从德国陆军购买了部分原东德陆军装备的地面防空系统。目前希腊陆军正在加紧建设“整体防空保护伞”，陆军正在对所需的防空武器系统进行选择论证。选择的范围即包括美国等发达国家的防空武器，也包括俄罗斯和原华约国家的先进武器装备。

俄罗斯制造出铠甲-C1弹炮合一防空武器系统 据瑞士《舰队》杂志1998年第3期报道，俄罗斯已制造出两套铠甲-C1弹炮合一防空武器系统并于1998年第1季度先后在中东两个阿拉伯国家进行了演示。该系统是继2K22“通古斯卡”弹炮合一防空武器系统之后另一种弹炮合一防空武器系统，“通古斯卡”是履带式的，铠甲-C1则是轮式的。前者装有两部四联装导弹发射架、两门双联装30毫米高射机关炮，后者则装有两部六联装导弹发射架、两门单管30毫米高射机关炮。前者装备9M311导弹，最大射程8千米；后者装备97E6导弹，最大射程12千米。

试武器系统配有 1 部双波段搜索/跟踪雷达、1 套昼夜两用光学跟踪系统。据俄 КБЛ 仪器设计局称，由于雷达的笔形波束能大大降低地面杂波的干扰、导弹采用厘米波和毫米波制导技术，从而提高了该武器系统攻击几百米以下超低空目标的能力。该武器系统中的火炮用于对付 4 千米以内的目标，导弹用于对付 6.5～12 千米的目标，包括巡航导弹和反辐射导弹。该武器系统可以同时对付两个目标。57E6 导弹战斗部内装有多个长柱形预制破片，增大了弹丸的破片杀伤效果。

全系统采用组件式设计方法，可以装配成厢式系统，所以将来很容易装在舰艇上使用。目前这两台样炮使用乌拉尔－5223 型 8×8 卡车作载体，载重量为 10 吨。

韩国批量生产“天马”防空导弹　日本《军事研究》1998 年第 3 期报道，韩国从 1998 年开始批量生产自行研制的“天马”防空导弹。韩国国防部证实，负责研制该武器系统的韩国国防科学研究所于 1997 年 10 月 27 日曾对“天马”导弹进行了发射试验，试验中共发射 2 枚导弹，均直接命中了目标。该导弹的主体是由韩国三星电子公司和天宇重工公司共同研制的，并得到了法国的技术帮助。法国汤姆逊公司在发射装置、传感器元件和导弹系统的某些零部件方面都给予很大的技术支持。

该导弹系统可携带 8 枚弹，采用瞄准线制导方式，最大射程为 10 千米，有效射高 5000 米。导弹上的激光探测装置即可探测低空目标，又可探测高空目标，且具有图像分辨能力，可在夜间发射。该导弹系统适于朝鲜半岛特殊地形条件下的作战，具有全天候作战能力。

炮兵弹药　**以色列研制 130 毫米双用途子母弹**　英国《简氏弹药手册》1997～1998 年卷刊载，以色列研制了一系列子母弹，其中 M－347 型 130 毫米双用途子母弹颇具特色。该弹配用于 130 毫米牵引炮和自行炮。该弹的结构如下：弹丸内装有 24 个 M－85 子弹；母弹弹头配用时间引信，引信下面有少量装药；弹的后部有底板；弹内还有抛射药，抛射药和子弹之间有一个隔板。其作用原理是：炮弹发射之后，引信按预先装定好的时间发生作用并引爆引信下的少量装药，少量装药燃烧引爆抛射药，抛射药燃烧产生的气体给隔板施压，同时底板也在火药气体压力之下脱离弹丸后部，此时，子弹在抛射药气体及离心作用下被抛撒出去，散布范围在地上形成一个半径为 50 米的椭圆形。

子弹在母弹弹体内分 6 层排列，每层 4 枚子弹。子弹弹径 42 毫米，弹体为钢质，弹体内装 44 克空心聚能装药。子弹不仅具有反装甲作用，而且还有杀伤作用，其破甲厚度 105 毫米，杀伤破片致死半径 9 米。子弹装有两个互相独立的引信：触发引信和自毁引信，自毁引信在落地 15 秒之后发生作用。

M－347 型 130 毫米弹配用铜质药筒，全装药式药筒装药 16 千克，减装药药筒装药 6.75 千克。使用全装药的炮口初速可达 934 米/秒，最大射程为 26500 米。该弹主要战术技术性能如下：

弹丸重（含引信）	30.7 千克
弹丸长（含引信）	689 毫米、
（不含引信）	594 毫米
药筒长	846 毫米
膛压	3450 巴

英国启动精确打击弹药的研究工作　从 1998 年 5 月开始，英国国防部采办执行部门启动为期 12 个月的调研工作，为其火炮实现精确打击选择技术途径。最终目的是为炮兵提供能攻击硬集群目标和单个高价值目标的精确打击弹药系列。这一工作被称为“精确打击项目。”说项目包含 3 方面的研究工作：第一，采用传感器引爆 155 毫米弹药的可行性研究，用于确定该类弹药的性能、费用、适用性和发展潜力等；第二，对配用于多管火箭炮的制导式反装甲子母弹的可行性研究；第三，对能摧毁高价值目标的弹药进行市场分析。“精确打击项目”将分两个阶段进行：第 1 阶段是在 2003 年给已采购的 155 毫米炮弹加装高灵敏度的敏感引信，使其精确打击的射程达到 30 千米；第 2 阶段是在 2007 年为炮兵武器发射平台研制或选购末敏弹、末制导子弹以及智能反装甲战斗部，使精确打击距离达到 70 千米，首选的武器系统是现役 AS90 自行榴弹炮、未来的轻型机动火炮系统和多管火箭炮。

法、俄合作改进的“红土地”炮弹进行发射试验　据英国《简氏国际防御评论》1998 年 9 月报道，自 1997 年 10 月以来，法俄就“红土地”激光制导炮弹的改进问题先后进行了两个阶段的工作。1997 年 10 月进行的试验是第 1 阶段，目的是验证法国制造的 DHY307 激光发射机与俄制“红土地”激光制导炮弹导引头的相互匹配兼容问题。初始实验室试验证明是可行的。1997 年底和 1998 年初在俄国进行了第 2 阶段的试验，试验是在有雪的条件下进行的。近程发射试验的成功表明，法制激光器和俄制激光炮弹在全部射击过程和制导程序中是完全兼容的。试验中用小号装药发射了 3 发炮弹，前两发直接命中了大约 5 千米远的装甲目标，第 3 发脱靶距离约 2 米，据说是由于雪太大造成的。

（神　赋）

工程兵技术装备

综述 1998年世界各国工程兵技术装备的发展有以下特点：

积极发展渡河桥梁器材 一年来，世界一些主要国家都积极发展新型架桥装备，加大桥梁的架设长度，提高通行承载能力，并改进老式架桥装备，旨在提高渡河的机动保障能力。美国除发展重型冲击桥、轻型冲击桥、干沟支援桥外，还对现役带式舟桥提出改进方案。法国利用轻质合金结构研制PTA模块冲击桥、PAR-70牵引式支援桥，其承载能力均为70吨级。英国研制的通用支援桥，其桥梁长度达32米，可架设跨度更大的56米、62米双跨桥。印度也在积极发展Kartik、BLT T-22坦克架桥车、长跨和多跨冲击桥、机械化桥等一系列架桥器材。

研制探雷、扫雷的新技术、新装备 对付地雷威胁是各国工程兵在现代战争和战后处理工作中面临的重要任务和急需解决的现实课题，因此，各国都十分重视研究探雷和扫雷的新技术、新方法，以提高雷场侦察和扫除能力。正在研制的这类器材的型号和品种十分繁多。美国正在发展的“手持式近距离雷场探测系统”、“车载式远距离雷场控测系统”、“机载远距离雷场探测系统”等一系列探雷新装备，便采用了多种传感器技术、探地雷达等探测技术。德国正在探索“AAMIS地雷障碍侦察系统”、“2000扫雷系统”以及新型探雷系统等。法英等国则重视发展可快速换装到装甲车辆上的多种机械扫雷装置。另外，在探雷扫雷装备的发展方面一个不可忽视的动向是，发展探雷扫雷机器人，如美国、德国已分别研制出具有可以探测、识别、绘制、标识、处理地雷和其他爆炸物的机器人。

智能地雷即将投入使用 随着预警跟踪系统、近感探测系统和弹药等技术的日益完善，专门用于攻击、摧毁陆上、空中、水下特定目标的智能地雷的发展已趋向成熟。美国正在研制的“大黄蜂”广域防坦克地雷就是一种智能地雷，它采用音响/震动预警跟踪系统，能探测敌装甲编队，自动跟踪目标，发射子弹药，攻击100米以内坦克顶部。德国研制的“智能反侧甲滚雷”，发射后象一个火球不停地向前滚动，自动寻找目标（遇到沟、坎可以跳起），加以摧毁。美国、俄罗斯、奥地利、保加利亚等国正在发展的反直升机地雷，是一种低空设障的智能化地雷，主要可以攻击100米高、以350千米/小时以下速度飞行的武装直升机。

渡河桥梁装备 **美国提出带式舟桥改进方案** 最近，美军对1972年服役的军属渡河连装备的带式舟桥提出了改进方案。改进方案要求把所用桥梁和门桥的荷载吨级从60吨提高到70吨，同时保证能在水流更急的河流（流速达3.5米/秒，而不是原来的2.5米/秒）上架设。计划采用新型、功率更大、在松软土地上有良好通行能力的舟桥运输车辆，即用装有吊车的10吨M-972HEMTT（8×8）来取代5吨M-812（6×6）汽车。在带式桥的改进方案中，河中舟和岸边舟也将用铝合金制成，各节套舟的隔舱应填以泡沫塑料，以提高其生命力。

美国研制两栖货物登陆驳船 美国海军装备工程研究中心正在研制一种高级模块栈桥系统——“两栖货物登陆驳船”，以解决3级海况下由舰到岸的物资转运问题。由于采取了革新的模块式设计和先进的连接工艺，栈桥可在3级海况下连接和运作。登陆驳船模块长12.19米，宽7.31米，高2.44米。它具有两个优点：一是便于在海上及陆上运输。陆上运输时，可将模块分解成3块2.44米宽的相互模接的组件。海上运输时，7.31米宽的模块即可在船舱内横跨于集装箱上，也可置于甲板上。二是平台可迅速组装。平台包括有单宽度和双宽度栈道式门桥、滚装式平台、气垫船登陆平台、栈桥码头及气垫运输平台。该登陆驳船栈道桥节的载重量比目前使用的栈桥和系统的能力大3倍，并且能在3级海况下安全运行。美国海军和陆军均准备采购该登陆驳船装备部队。

印度制造出BLT T-72坦克架桥车 该车是印度专利生产并命名为Ajeya的以无炮塔T-72MI主战坦克底盘为基础的架桥车。它能架设成两种桥梁：一种如同Kartik桥，可架设20米长、60吨级桥梁；另一种可架设成22米长，70吨级桥梁。后一种桥梁用高强度铝锌镁合金（RDE-40）制作，桥重8800千克。架设完毕后，可在车辙道间铺上填隙板和端板，每个车辙道宽1.64米，整个车行道宽4米。作业人员包括司机共3人，架设1座桥的时间为3～5分钟。桥车上的作业手携带必要的个人武器及1挺用于防空的机枪，还有1具多管烟幕施放器。桥车的前部还可安装KMT－6扫雷犁。

印度展出Kartik坦克架桥车 印度陆军最近展出一种被称为Kartik的坦克架桥车的样车。它以130毫米自行火炮（SP－130）底盘为基础，车身经过加长，并加装了一对负重轮，桥梁使用一种液压操纵的剪刀式桥节，与德国BLG－60AVLB坦克冲击桥所用的桥梁十分相似。该桥全长20米，最大载重量为60军用荷载吨，桥重8500千克。

印度制造出长跨冲击桥 印度用一种高强度铝锌镁合金制造成长跨冲击桥，桥面板呈平坦整体结构，由3节组成，其中长度为10米的2节，8米的1节，展开后可架设1座28米长、4米宽、带缘材、承载能力为24军用荷载吨级的桥梁。完全折叠后，该桥长10.5米，宽3.5米，处于运输状态时的高度为3.96米。

长跨冲击桥的架设方法与多跨冲击桥（MHAB）相同。当桥节展开时，桥身通过1个支架及1根吊杆而被放低，用1台22吨的绞盘将桥象剪刀一样展开，第3节桥跨的打开则借助于该绞盘和安装在第2节桥跨上的1只液压油缸完成。液压控制系统及管路的动力由基础车的发动机提供。

整个长跨冲击桥的架设程序可在7～8分钟内完成，桥梁两侧的折叠桥板，可在桥跨架好后的10～15分钟内铺完。必要时，长跨冲击桥还可从多跨冲击桥上架设，并与多跨冲击桥相接；也可作为跳板使用，克服岸坡高度达3米。

英国研制成12号近程支援坦克桥系统 该系统采用单跨固定车辙道结构形式，单跨架设长度13.5米，跨度9～12米，车辙道宽4米，承载能力为70军用荷载吨级，甚至可通载总重100吨的坦克运输车。桥面上有蝶形防滑条。可在20%的纵向坡度，5%的横向坡度上或低凹不平的地形上架设，桥跨板可混合架设成60米长的桥梁。作业时间：6分钟可架设第1对桥；3分钟可架设单跨桥；5分钟撤收，撤收作业可从任一端开始。桥重5.37吨，适应环境温度为－31℃～＋44℃。

英国研制成32米通用支援桥 该桥是一种基础型桥梁，能构成跨度更大的56米桥和长度达62米的双跨桥，所有板梁与近程支援桥的板梁通用。桥梁长度为16～32米，增量为2米，搭岸长度每端为1米（最小），跨度9～30米，桥宽4米，桥高1米，承载能力为70军用荷载吨级，适用于履带式和轮式车辆通行。若额定荷载为100军用荷载吨级，桥长9～30米时，甚至可通载总重100吨的运输车。该桥的车行道外侧有缘材，桥板有蝶形防滑条。使用长度为4米的加强桥节和加强拉杆时，可使桥长增至56米；使用长度为2米的结合器桥节，在有固定或浮游桥脚时，可将两跨桥梁连接成62米桥。

英国研制成通用支援架桥系统 通用支援架桥系统主要由1辆“自动架桥车”（ABLE）和2辆“运桥车”（BV）以及32米桥梁器材组成。该系统由10人操作，夜间架设时间一般不超过30分钟。

自动架桥车是一种专用车辆，架设通用支援桥时，其架设跨度可达44米。架设程序是首先将车上的架设导轨跨送过对岸，然后桥跨在导轨下方拼装，并通过小滑车沿导轨向对岸滑动，随着桥节的逐步增加而到达对岸，收回导轨并调整桥跨，即安装填隙板、缘材和标志杆以便于通载。桥梁架设机构由自动架桥车上的液力机构驱动。

运桥车是装有吊车的平板长车，既能载运桥节，又能辅助桥节的装配。

32米桥梁器材主要由4个8米的跳板桥节、2个8米桥节、3个4米桥节和2个2米桥节组成，能在6～32米范围内以2米的增量变化桥长。上述桥节均由2辆运桥车运载。

法国研制PAR－70牵引式支援桥 PAR－70牵引式支援桥是法国CNIM公司的一个新的研制项目。法军准备采购此桥作为一种快速部署近距离支援桥。该桥有一对车辙道桥面，桥面由两个可折叠对称桥节组成。桥节完全展开时，长19.5米，宽4米，可克服19米宽的障碍。桥梁结构所用材料为轻质合金，载重量为70军用荷载吨级。

运输牵引车是6×6或6×4轮式牵引车。该运输车还为桥梁的架设和撤收提供稳定的配重，其重量至少达12吨。架桥时，带半挂车的运输车背对着架桥点，在半挂拖车的高颈处配置有一套液压动力装置，为桥梁架设和撤收机构提供动力。这些机构包括1个稳定支腿，1个桥节提升臂液压缸、1台绞盘和2个桥体内的展开缸。架桥时间为6分钟，撤收可在任何一岸进行。

法国研制PTA模块冲击桥 PTA是一种70军用荷载吨级的模块冲击桥，其运输和操作均由1辆越野车完成。桥梁长度可根据沟渠的宽度调整，最大可达27米；可大大节省所需的桥梁长度和运输/架设车辆的数量；操作使用方便，较好的解决了战术/战略地面机动能力的需求。

PTA的组成：3节10.5米的模块桥节，长度可以是10.5米、18.5米和27米；车行道宽4米，每个模块桥节重5.5吨。

该桥的运输车采用10×10四轴操纵的运载车，中心轮胎充气系统，动力为745.7千瓦。装载桥节模块后运输车长13米，宽4米，高4米，全重53吨。

挪威陆军装备首台“豹”式架桥系统 据英国《简氏防务周刊》1998年第2期报道，挪威陆军装备司令部已接收订购的9台装甲架桥车（AVLB）系统中的第1台。该桥以改进型“豹”Ⅰ主战坦克底盘为基础，去掉炮塔，装上MAN架桥机构，车体也得到了加强，总重达50吨（标准“豹”Ⅰ车重约42吨）。桥梁板节由铝合金制成，并由8个带插销的桥梁连接成4节桥板，架设后总长为26米，桥面宽4.01米，厚1.1米。整个桥梁重10.9吨，只需5分钟就可架设完毕或从任一端撤收。可由作业手在全装甲防护下在车内操纵架设或通过电缆和控制盒来遥控架设。在架设作业时，将车前的可倾斜式推土铲降下，起支撑稳定车体的作用。该桥为70军用荷载吨级。

地雷与布雷装备 **美国研制塑料液体地雷** 美国最近研制出一种软塑料液体炸药地雷，其外形有点像蝙蝠。该地雷采用液压机械引信，内装6立方厘米的液体炸药，以硝基甲烷为主，加上其他添加剂。引信另一侧有空气平衡叶片，可减少布撒时的撞地力量，并提高飘散能力。该地雷还可用飞机布撒、隐藏于草地内。

俄罗斯研制新型反直升机地雷 据英国《简氏国际防务评论》1998年第1期报道，俄罗斯国家航空科学试验联合体目前正在寻找合作伙伴，以进行“速度-20”型反直升机地雷的研制与生产。该型地雷采用爆炸成型穿甲弹丸战斗部，利用红外传感器触发，借助3个音响传感器获得初始信号和对目标进行识别，目标探测距离为1000米，战斗部杀伤距离为200米，可有效攻击以100米/秒速度飞行的目标。“速度-20”反直升机地雷总重量为12千克，使用温度范围为-40～+40℃。

德国研制“地雷战斗系统” 德国正在研制的“地雷战斗系统”将于2004年装备部队。该系统包括程序编制装置/全球定位系统（GPS）、地雷密码记忆卡、FEAMIS地雷与障碍物遥控装置、改进型“蝎子”布雷车、85型布雷系统、路旁防坦克地雷2型、防坦克地雷3型和工程区域防卫武器。

探雷与扫雷装备 **美国陆军寻求新型地雷传感器系统** 据英国《简氏防务周刊—国防工业报告》1998年第6期报道，美国陆军需要为道路扫雷行动寻求一种能探测并标识金属和非金属防坦克地雷的地面远距离雷场探测系统。该系统应是一种装有传感器阵列的一体化传感器车辆系统，能在3米宽的道路上从车辆边缘至地雷边缘的距离为1米的范围内探测到地雷。传感器阵列应能探测出埋设的防坦克地雷（金属的、非金属的或低金属含量的地雷），虚警率应在可接受范围内。实际使用时，要求此系统必须为其每个传感器自动赋予实时数据处理能力、地雷自动探测能力和一体化地雷标识能力。美陆军要求该系统应包括红外摄像机、探地雷达或高级金属探测器等。

美国陆军研制成探雷“雷达炮弹” 据英国《新科学家》杂志1998年10月24日报道，美国密苏里大学的工程师为陆军研制出一种“雷达炮弹”，该炮弹从直升机上向地面发射，能探测埋在地下的地雷。

“雷达炮弹”内有一个缠有线圈的金属圆柱体。在炮弹射出的同时给线圈通电，使圆柱体处于磁场当中。炮弹射入地面的瞬间，圆柱体从线圈中弹出，在线圈上感应出强电流脉冲。强电流脉冲转换成高频无线电波，并以线圈做天线向四周辐射。直升机上的接收机收到无线电波的反射信号，经过处理，就可以确定附近地雷的位置。在试验中，曾把1颗30毫米口径的“雷达炮弹”从距地面约100米高的直升机上射出，结果它钻入地面约20厘米，发射的雷达波脉冲功率达4000瓦，探测出半径15米范围内埋设的地雷。

美国研制排雷机器人 美国研制出一种被称之为“地雷侦察员”的机器人，能用多种传感器对埋设的地雷和爆炸物进行探测、识别、绘图和标识，还可对危险品实施一系列处理作业。该“地雷侦察员”平台采用1辆由非限定红外/无线电遥控、按1：8比例制造的全功能卡特彼勒DⅡN履带式推土机为基础车，由1台V-4型四冲程、水冷汽油发动机驱动、功率为5.2千瓦。它通过机上自动控制系统、激光绘图系统等，按预先编制的程序实施自动排雷作业。经试验，其技术性能可靠。

日本92型扫雷车简况 1992年开始装备日本工程兵部队的92型扫雷车采用87型火炮运弹车的底盘和动力装置，其主要技术性能：乘员2名，全重25吨、全长7.63米，宽3米，高3.75米，履带宽0.45米，接地长度3.75米，输出功率298千瓦，最大行驶速度50千米/时，续驶里程300千米。车上装有长约5米的发射架，发射架装有4管火箭推进发射筒，筒内装有26个炸药包，发射后炸药包被依次拽出，开辟一条长约200米，宽约5.5米的车用通路。一发扫雷火箭弹重1300千克，射程约800米。火箭扫雷弹的安装和装填均由乘员操纵完成。

德国演示2000扫雷系统 据德国《士兵与技术》杂志1997年第6期报道；德国迪尔集团的子公司—弗兰斯堡车辆制造股份公司（FFG）试制出2000机械扫雷系统样机，并于1997年4月25日在部队训练场进行展示。

该系统实际上是一辆扫雷车，车前装有扫雷辊，扫雷辊上有切削齿，切削齿上有硬金属层。该扫雷辊可将防步兵地雷和防坦克地雷引爆或击碎。扫雷样车遥控操作，扫雷深度 30 厘米。地雷可在扫雷辊前引爆，显示出扫雷机具的强度好。耐炸试验是用 5 千克 TNT 炸药进行的，对车辆没有多大的损伤。该车采用全液压驱动，无级调节扫雷深度。

2000 扫雷系统的主要技术参数如下：扫雷速度：在坚硬土壤为 2～8 米/分，在中等土壤为 8～15 米/分，松软土壤为 15～20 米/分；行驶速度 6 千米/时，扫雷宽度为 3.6 米，扫雷深度 0～0.5 米；扫雷辊的最大扭矩为 106 千牛米，最大功率为 650 千瓦；总重约 49 吨；发动机功率 648.76 千瓦。

德国设计 AAMIS 地雷障碍侦察系统 德国正在发展的地雷障碍侦察系统现已进入预先技术设计阶段。它主要由 1 架"雄蜂"飞机和多种机载传感器探测设备组成。它一次出动便能侦察到雷场和单枚地雷。其传感器阵列包括 1 个 RGB（红—绿—蓝）扫描器、1 个成象 MW－IR 或 LW－IR 扫描器和 1 个主动雷达。在夜间和能见度差的情况下，使用 RGB 扫描器时，可增补 1 个照亮近红外区的激光器。这样，内装式计算机便能在空中识别可能有地雷的地带和地面。

德国设计出新颖的无人扫雷车 据英国《防务工业报告》1998 年 2 月报道，德国新近设计出能扫除由压力、音响、磁性和红外引炸的地雷的无人驾驶扫雷车。该车由一系列有装甲防护的驱动和控制单元及模块式组件组成。这些组件均设计成格栅式结构，因而在引爆地雷时，不致吸收爆炸产生的全部能量。按设计意图，该车将遥控行驶在坦克编队之前，并模拟出随后跟进的车辆的声波、磁性、压力和红外等信号特征，以引爆地雷。在装甲结构顶部装有 1 台摄像机，可将视频图像传回控制车，据以观察车辆受损情况和判断地雷型号。扫雷所需的红外信号依靠发动机将热废气排放于车体表面来产生。为了引爆磁性地雷，则将车身部件预先磁化，或在车上安装 1 个磁场发生器。

法国研制成 K－2D 扫雷装置 法国陆军军械工业集团研制成新的 K－2D 扫雷装置。该装置可以快速安装在新一代"勒克莱尔"抢救车上，也可安装在"勒克莱尔"的其他变型车上。K－2D 由两个子系统组成：

第 1 个子系统为皮尔逊工程公司的全宽扫雷犁，安装在车辆前部，宽 4.25 米。它利用"德梅特尔"电磁感应器能引爆车前 6 米、两侧各 3 米范围内的地面或地下 30 厘米的电磁引信地雷。

第 2 个子系统由 2 个"普罗尼特"WP－LWD 扫雷导爆索发射器和安全通路标示装置组成，安装在坦克尾部。导爆索由火箭弹拖曳。火箭弹发射距离为 275 米，可开辟一条长 100 米，宽 4～8 米的通道。

丹麦陆军装备扫雷车 丹麦陆军装备的 Hydrema q10 型扫雷车主要用于在维和行动中快速扫除含 10 千克高级炸药的防坦克地雷。该车以一种轮式铰接底盘为基础，驾驶室位于车的前部，扫雷时，车反向行驶，驾驶室在车的尾部。车上装有两台 Perkins 1006－6TW 六缸涡轮增压柴油发动机，一台用于驱动车辆，另一台用于驱动车后的链枷扫雷装置。扫雷时，链枷扫雷装置可以快速降至车尾的所需位置。链枷机构带 72 条可旋转的链子，每根链子的端部均装有 1 个重 0.9 千克的锤击头。链锤旋轴的转速视地形而定，一般可达 400 转/分。扫雷速度：在崎岖地带为 1.4 千米/小时；在坚硬地面为 12 千米/小时。扫雷宽度 3.5 米。扫雷深度由作业手用监控器通过传感器自动控制。

伪装模拟装备

美国"超轻型伪装网系统"即将投入使用 美国陆军通信电子司令部计划于 1998 年将"超轻型伪装网系统"（ULCANS）投入使用，作为"轻型伪装遮障系统"的通用换代产品。超轻型伪装网系统每平方米重 135 克，约为其原先型号重量的 2/3；无勾挂，设置和撤收均快速简便。2 名士兵就能携带一整套超轻型伪装网系统，而携带一套多谱轻型伪装遮障系统则需 4 名士名。一套高级可伸缩支撑系统，仅重 25 千克，却能支撑 150 平方米的伪装网，能掩盖 1 辆 M－1 坦克，伪装作业只需 5 分钟。

瑞典开发机动伪装系统 据马来西亚《亚洲防务》杂志 1998 年第 4 期报道，瑞典巴拉居达公司最近开发一种机动伪装系统（MCS），主要用于保护战斗车辆。该系统具备反灵巧子弹药的能力，并能大大减小侦察的控测距离和探测概率。它采用带优化特性的复合伪装材料，有四种不同类型的伪装特征：可见光和近红外保护；可见光、近红外和热保护；可见光、近红外和雷达保护以及可见光、近红外、热和雷达保护。每种类型的伪装系统都能和"传热转移衰减系统"（HTR）相连接，在炎热气候下，大大减少通过车体传到车内的热量。

由于该系统的每个构件均为内装式，因而不妨碍车辆的正常操作，它在使用前可由车辆乘员在 1 小时内牢固地贴在车体上。

瑞典设计出多光谱超轻型伪装遮障 据马来西亚《亚洲防务杂志》1998 年第 4 期报道，瑞典巴拉居达公司设计出一种多光谱超轻型伪装遮障，它能在静止状态下减弱目标信号特征，对抗各种侦察手段。该伪装遮障具有全光谱防护能力，包括对厘米波和毫米波雷达、热红外、近红外和可见光波的防护能力。

此种新型伪装遮障具有常规伪装所不具备的突出特性：装饰和衬底均具有防雷达性能，对宽频雷达波的防护能力提高了60%；由于采用热伪装材料，因而能适应极低的热传导率，而且表面吸热率很小，从而可大大提高对可见光波段的防护性能。此外，这种超轻型伪装遮障的重量比原来的伪装遮障减轻35%。由于它采用基础平纹棉织物而消除了缠绕现象，从而节省了40%的架设时间。该遮障根据不同的要求可制成多层或单层常规伪装网。

（熊万奎）

海军武器装备

综述 1998年世界各国海军武器装备的发展在降低造价和提高效能方面呈现出许多新趋势，其主要特点是：

航空母舰仍受到各国重视 在当今世界上，航母仍为各国海军所青睐。美国于1998年7月已将“尼米兹”级第8艘“杜鲁门”号航母投入现役；并确定了下个世纪初建造该级第10艘CVN－77。这样，到2010年以前美国海军中的常规动力航母将全部退出历史舞台，而由核动力航母替代。俄罗斯海军依然只拥有1艘6.75万吨的“库兹涅佐夫”号航母，满载排水量4.45万吨的“戈尔什科夫”号已决定改装后出售给印度海军。大多数拥有航母的国家限于财力物力，只能发展或继续维持小型航母。多年来，法国一直自主发展采用核动力装置的中型航母“夏尔·戴高乐”号，并于1998～1999年内继续进行海上试验。从今后发展的趋势看，中型航母将会被更多的国家所看好。据1998年7月英国国防战略审议计划，英国皇家海军将于21世纪初开始建造2艘排水量在35000～40000吨的航母，并拟于2010年以后服役，届时将替换其“无敌”级航母。目前已开始了第1阶段概念研究的招标活动。意欲发展小型航母的国家也有望增加，如连过去从未提及此事的土耳其，也于1998年4月宣布计划在下世纪成为拥有航母的国家。

各种隐形舰艇发展势头趋强 自1985年美国洛克希德公司推出“海影”号隐形舰以来，各国隐形舰艇的发展进入了一个全盛的时期，其中较为突出的有法国的“拉斐特”级护卫舰、以色列的“萨尔”5级轻型护卫舰；预计1999年下水的瑞典YS－2000轻型护卫舰也是近年来崭露头角的隐形战舰。近年来，英国在广泛利用各家隐形技术的基础上，推出了全新构想的“海幽灵”隐形舰。“海幽灵”对雷达散射截面积、红外辐射、舰艇噪声、可见光散射、舰体磁场、舰载电子设备的电磁辐射等均作出了严格限制。其舰体设计新颖独特；动力装置将首选喷水推进技术；各种吸波、透波材料或涂料将广泛应用。

核潜艇尤其是核动力攻击型潜艇仍飞速发展 近几年来，核动力攻击型潜艇日益成为各海军强国新的角逐点。美国2艘“海狼”级核动力攻击型潜艇服役后（仅决定建造3艘“海狼”级潜艇），又着手研制最新一代核动力攻击型潜艇——“弗吉尼亚”级。该级艇装备有巡航导弹、反舰导弹、鱼雷、水雷等多种武器，采取了多种隐形和防水雷等措施，非常适合在近海浅水水域作战。俄罗斯针锋相对地发展了“北德文斯克”级核动力攻击型潜艇。该艇集以往各攻击型潜艇的优长，具有安静性好、自动化程度高，并采用了高性能一体化压水堆。近年来，不少国家的常规潜艇都陆续装备了AIP推进系统，并进入了实用阶段。

航空母舰 1998年，各国航母按计划有条不紊地发展。1998年7月，美国已有9艘核动力航母服役，其中“尼米兹”级8艘、“企业”号1艘；另外还保留有3艘常规动力“小鹰”级航母。美国海军还计划建造“尼米兹”级第9艘和第10艘。俄罗斯海军仍只有1艘“库兹涅佐夫”号的大型航母。多年来法国海军发展航母的劲头十足，其核动力中型航母“夏尔·戴高乐”号已进行了海试；第2艘核动力航母“里厄利舍”号也立项上马。印度海军发展航母的决心没有减弱，除购买俄罗斯改装的“戈尔什科夫”号航母外，印还拟自行建造航母。英国已经完成3艘“无敌”级航母的改装和延寿工作，同时还决定和法国一起联合发展新型航母。意大利在拥有1艘性能较好和作战能力较强的小型航母的基础上，又批准建造1艘新型多用途航母。

美国“杜鲁门”号航母服役 1998年7月25日，美国“尼米兹”级第8艘“杜鲁门”号正式加入现役。“杜鲁门”号航母1993年11月开始铺设龙骨，1996年9月下水。该航母服役后编入大西洋舰队。

“杜鲁门”号总长 332 米、水线部分宽 41 米，飞行甲板宽 76 米，吃水 11 米；该舰正常排水量 91487 吨，满载排水量 102000 吨。主机采用 2 座核反应堆，最大航速 30 节以上，经连续航行 25 年才需要更换燃料。与其他航母相比，“杜鲁门”号进行了多项技术改进：大面积地使用光纤电缆，以提高数据传输速率；布设了 IT－21 非保密型局域网，将计算机、打印机、复印机、作战兵力战术训练系统、舰艇图片再处理装置等综合成一体，实现了无纸化办公，提高了信息处理能力；为舰载机起降配备了综合电视监控系统。对该舰的总体也进行了部分改进，舰员使用的床铺全部采用轻型模块化设备，此外还专门为女舰员配备了海上专用生活设施。

美国“独立”号航母退役 1998 年 9 月 30 日，美国海军“独立”号航母（CV62）在服役 39 年之后，在普吉特海峡海军船厂举行了退役仪式，正式退出海军现役。“独立”号于 1955 年 7 月动工兴建，1959 年 1 月正式编入太平洋舰队服役。退役之前，“独立”号航母以日本横须贺为主要基地。该舰满载排水量达 80643 吨，舰长 326.4 米、舰宽 39.6 米，吃水 11.3 米，最大航速 33 节。“独立”号的退役标志着常规动力航母逐渐被淘汰，而更普遍使用核动力航母。它的退役也表明：“福莱斯特”级航母从此将从海上消失。

俄改装售给印度的“戈尔什科夫”号航母 前不久，俄罗斯有关部门已开始在北方机械制造厂进行“戈尔什科夫”号航母的改装准备工作。整个改装工作将在 3 年内完成。“戈尔什科夫”号航母将被改装成短距起飞、阻拦降落型航母。前甲板上所有的武器将被拆除，并改装成一条起飞跑道，跑道尽头有一个 14.3°的滑橇起飞角。甲板上将安装两套装置，以便使米格－29 战斗机滑跃起飞前达到满功率；阻拦索将安装在斜角甲板的尾部。导航和阻降装置也将重新安装，其中包括 LAK 光学助降系统，该系统用彩色信号灯来指示最佳降落角度。改装后的“戈尔什科夫”号能携带 24 架米格－29K 战斗机（其中，11 架在甲板上，余下的在机库里）和 6 架直升机；另一个可供选择的方案是 21 架米格－29K 和 13 架直升机。

泰国提高航母作战性能 泰国皇家海军正在提高前不久购买的“差克里·纳吕贝特”号航母的作战性能，计划在航母上安装 3 套发射“西北风”近程防空导弹的六联装“萨德拉尔”导弹发射装置。“萨德拉尔”将与航母上的 AN/UYK－43C 计算机作战系统综合在一起。这项工作由西班牙 FABA 公司完成，包括将导弹发射装置安装到 3 个武器平台上，1 个在舰尾、2 个分别在飞行甲板两边。在作战情报中心，还将安装 3 套导弹发射控制台。此外，还考虑增加 1 套电子侦察/电子对抗设备、1 或 2 部火控雷达、1 套垂直发射防空导弹系统。导弹垂直发射系统可能选择雷西昂公司的 MK48 系统，使用 RIM－7M 或 RIM－7P“北约海麻雀”导弹；火控雷达可能为荷兰信号公司的 STIR1.8 跟踪与照射雷达。

印度“维拉特”号航母改装 前不久，印度海军对“维拉特”号航母进行重要改装，以延长其使用寿命至 2005～2006 年。这次改装定于 1999 年初开始，改装期为 14～18 个月。改装项目包括远程监视雷达、现代通信系统和一整套传感器系统，旨在提高其预警能力。该航母还将安装新的防火机库、1 套新的起降系统，以缩短攻击作战的反应时间，以及 1 套新型浸水预报系统。据称，“维拉特”号航母上的大部分新设计都是由印度自行研制开发的。该航母自 1987 年以来进行过小范围的改装，其中包括为“海鹞”飞机改进的滑橇甲板和使用以色列研制的新型电子战系统。

英国“卓越”号航母完成改装工作 英“无敌”级航母“卓越”号的前甲板延伸改装工作经过 7 个月现已完成。该航母为了增加飞行甲板的空间，拆除了 GWS－30“海标枪”中程舰空导弹系统的发射装置和导弹尾气导流板，结果得到了一块面积为 23 米×18 米的甲板，其中包括一些新的水密隔舱、武器弹药舱和处理设备。在甲板下面，原“海标枪”导弹弹药舱被改装成“鹞”式 GR.7 战斗机的军械设备库；有关公司为原“海标枪”导弹升降机竖井位置提供一部新的武器升降机。“海标枪”导弹的 2 部 909 型 I/J 波段火控雷达仍然保留，尽管它们原先是为“海标枪”导弹提供半主动雷达照射功能的，但今后仍能为作战飞机提供敌机高度的信息。

英“海洋”号直升机母舰服役 1998 年 8 月，英国“海洋”号直升机母舰加入海军现役。该舰是以英国“无敌”级航母为蓝图设计的，其船型、舰体结构、设施布置等都与“无敌”级非常相似，然而在航空设施、武器系统、动力装置等方面则有较大的差别。“海洋”号舰总长 203 米、舰宽 36.1 米、吃水 6.6 米。飞行甲板长 170 米，宽 32.6 米，共设有 6 个起降点和 6 个停机位。在飞行甲板前后部各设 1 台飞机升降机。舰上最多可搭载 24 架直升机（机库内可装载 12 架直升机），在执行对地或对海攻击任务时，也可搭载 6 架“海鹞”垂直/短距起降战斗机。该舰装有 4 座双联装“厄利孔”30 毫米 GCM－A03 火炮和 3 座 MK15“密集阵”20 毫米近防武器系统。为了节省经费，舰上的电子设备设计得少而精，探测设备主要有 1 部“普莱西”996 型对空/对海三坐标搜索雷达和2部“凯尔文·休斯”1007型对海搜索/飞机导航雷达。舰上还拟安装UAT电子侦察设备、675(2)型干扰设备和8座130或120毫米“海蚊”诱饵发射装置。

英国研究“无敌”级航母延寿方案 英国国防部开始对“无敌”级航母中的2艘进行延寿研究。如果延寿方案得以实施，这两艘航母的寿期将从2012年延至2022年，两艘新的3～4万吨未来航母可再延缓十年建造。此项研究工作要求对两艘航母改装后搭载英美联合改进攻击机的可行性和费用作出评估，并对航母延寿方案与新造航母方案进行比较，选出最佳方案。1999年2月将进行航母延寿项目研究的竞标，研究工作于1999年底完成。宇航赛玛公司在提出未来航母建造方案之初，就对有30年舰龄的“无敌”级航母延寿项目进行了可行性研究，认为采用延寿方式只能是高额费用换取短期回报。

意大利批准建造新型航母计划 1998年初，意大利国防委员会批准建造1艘新型多用途航母的计划，计划代号为UNM。该航母将与搭载“鹞”式垂直/短距起降飞机的“加里波第”号并肩作战。新型航母能执行多种作战任务，包括保护海上交通线、充当编队指控中心、投送两栖兵力、对岸实施火力支援等。UNM采用全通飞行甲板设计，舰长220米、宽39米，标准排水量18500吨；舰上装有4台LM2500型燃气轮机，总功率8.8万千瓦，最大航速28节；飞行甲板区面积为5900平方米，采用上翘角。飞行甲板下面的空间将作为机库和车库。长140米、高6米的机库能根据需要搭载不同的装备。执行空中任务时，能载12架EH-101中型直升机或8架“鹞”Ⅱ飞机；在执行两栖作战作务时，能载约100辆运输车或12辆60吨的“公羊”主战坦克。尾部25米×14米的井式车库，能容纳2艘60吨或4艘30吨的机械化登陆艇。舰上的防空武器包括：4个垂直发射装置内的32枚“紫菀”15导弹、3门76毫米速射炮。此外，舰上还装有SLAT鱼雷防卫系统。该舰计划于2000年开工建造，2005年下水，2007年加入现役。

驱逐舰和护卫舰 由于巡洋舰前途暗淡，驱逐舰为各国海军所看好，因此今后配备有导弹、火炮、鱼雷等多种武器、具有较强作战能力的驱逐舰将是中小国家首选的舰种。随着目前舰艇大型化的趋势越来越明显，未来驱逐舰的吨位至少在4000吨以上，个别的还将超过8000吨。下一步驱逐舰发展的重点是提高预警能力、攻防战斗能力、机动和适航性能；同时选用先进的燃气轮机作动力装置，以增大航速和续航力。今后的驱逐舰将普遍装备多种导弹，实现指挥、情报、舰艇操纵和武器控制系统的自动化，广泛运用电子计算机和自动控制技术，提高防御和抗击制导武器的能力，此外更注重隐形设计和应用隐形手段。

未来的护卫舰将具有更高的航速、更好的稳定性，并注重改善适航性和居住条件。有的国家正在打破传统的设计观念，试验一些新型的护卫舰船型，如三体舰、四体舰、表面效应舰、水翼船等。

韩国海军接收第1艘KDX驱逐舰 1998年7月底韩国海军从大宇重工业公司接收了第1艘KDX-1型驱逐舰。该舰上的KDCOM作战指挥与火控系统的安装工作，是由英国BACSEMA公司花了整整4年时间才完成的。KDCOM系统是KDX-1驱逐舰作战系统的核心，采用全分布式结构，有8个控制台，通过1个双重冗余光纤局域网联系在一起。舰上有两个独立的火控台，1部中距目标监视与指示雷达，2部跟踪照射雷达和1条作战数据总线。舰上其他武器系统由韩国海军负责提供，通过总线终端服务器与KD-COM指挥系统相连。韩国海军负责提供的武器装备包括：RIM-7M“海麻雀”舰空导弹及其16单元的MK48垂直发射装置，8枚“鱼叉”IC型反舰导弹，MK48轻型鱼雷及MK32鱼雷发射装置，2套“守门员”近程武器系统和1门“奥托·梅莱拉”127毫米火炮。从第2套KDCOM系统起，韩国三星电子公司将承担系统的集成工作，并按照授权负责生产指挥系统硬件和作战系统数据总线。

越南建成2艘BPS500型小型护卫舰 越南已建成2艘BPS500型小型护卫舰，该舰为俄罗斯Pauk级护卫舰改进型，专门用于出口。该舰满载排水量517吨，舰长62米，宽11米，吃水2.5米。舰上装有2台MTU柴油机，最大航速32节，最大续航力2200海里/14节。该舰装备有2座四联装SS-N-25反舰导弹、1座76毫米炮、1座AK630 30毫米炮、2座箔条干扰发射装置。此外，舰上还装有光电探测仪、对空对海搜索雷达和“低音帐篷”雷达等。

英计划建造三体验证舰 英国现正设计并拟建造三体舰型的验证舰。验证舰长为100米、宽20米、排水量1000吨。预计采用柴油机电力推进装置，最高航速为22节，在6级海况下航速为18节。验证舰完成其全部试验后，还可以其较高的航速、宽敞的甲板平台和易于改动的上层建筑作为通用试验舰，也可以作为英海军电力推进研究的试验舰。这艘三体试验舰预计2000年9月建成，10月进行海试。到2010年前后，英国海军将用三体舰来取代23型“公爵”级和22型“大刀”级护卫舰。

英国设计“海幽灵”Ⅱ护卫舰 英国沃斯珀·桑尼克罗夫特公司现正在进行“海幽灵”Ⅱ护卫舰的设

计。“海幽灵”型护卫舰具有极突出的隐形性能。英国皇家海军希望进一步提高其远洋航行能力，并对舰载武器进行改进。改进后的“海幽灵”Ⅱ护卫舰长135米，比“海幽灵”长20米，新舰专门设计了EH－101或“海王”直升机的机库，在舰首、舰尾两处布置了32单元的舰对空导弹垂直发射装置。在前甲板装有1门127毫米炮，以补充最初安装的160毫米火箭炮对岸攻击系统。舰首、舰尾还装有两套35毫米“千禧年”近程武器系统。由于柴电推进系统冷却试验取得成功，排气管和进气管已通过验证的温度和清洁度。

法国设计CCX21隐形护卫舰 法国目前正在设计新一级护卫舰，该级舰借鉴了“拉斐特”级隐形护卫舰的经验，同时采用了许多最新技术。CCX21级护卫舰长114.5米，宽15.5米，排水量3000吨；最大航速30节，续航力6000海里/12节。舰上的先进SENIT作战管理系统主要用来对作战系统、控测装置和武器装备进行管理。

主要防空武器系统是“紫苑”和/或“响尾蛇”VT－1导弹，其中32枚装在舰桥前的垂直发射装置内。必要时，可以由中口径舰炮和近程武器系统协助进行防空作战。舰上主要反潜武器是拖曳阵列声纳、舰载鱼雷和舰载直升机。用于反舰和对岸攻击的有法国新一代ANF远程反舰导弹、法德联合研制的“独眼巨人”光纤制导武器。CCX21装备了三坐标监视与目标指示相控阵雷达、导航与直升机引导雷达。

荷兰完成“海箭”系列轻型护卫舰方案设计 荷兰前不久完成了“海箭”家族轻型护卫舰的方案设计，其中有“海箭”65、65H、75、95共4个型号，它们的排水量分别为1190吨、1190吨、1445吨和2000吨。65H与65相比，多了一个直升机甲板。“海箭”家族轻型护卫舰壳体采用钢材制造，上层建筑为玻璃钢材料，可选用CODAD、CODLOG或CODOG动力推进方式，驱动双喷水推进器。从“海箭”75型设计图可以看出，该型舰采用了大量的隐形设计技术，几乎所有的装备都设计在舷墙之内。其最大续航力为15天，舰员编制42人。

两栖舰艇　美海军“好人理查德”号两栖攻击舰服役 1998年8月15日，美国海军在佛罗里达州的彭萨科拉海军站举行了“好人理查德”号两栖攻击舰的下水仪式。该舰长257.3米、宽42.7米，吃水8.1米；标准排水量28233吨、满载排水量40532吨；最大航速22节，续航力达9500海里/18节。舰上飞行甲板面积较大，长249.9米、宽32.3米，全舰可搭载8架AV－8B“海鹞”垂直/短距起降飞机、42架CH－46E“海上骑士”运输直升机。为了便于飞机和直升机停降，飞行甲板上绘有若干个飞机或直升机停降标志。“好人理查德”号为“黄蜂”级的第6艘，隶属于美太平洋舰队第3两栖大队，母港将在圣迭亚戈。

日本“大隅”号两栖攻击舰服役 日本两栖攻击舰“大隅”号于1998年3月投入现役，3月16日进驻广岛吴港基地。该舰于1993年铺设龙骨，1996年11月下水，1997年9月首次开始在外海亮相。该舰是日本战后建造的最大军舰，是现有2000吨级“三浦”级坦克登陆舰排水量的4倍多，为8900吨；可载1000名陆战队员或运送330名士兵、10辆90型坦克或1400吨作战物资。该舰长178米、宽25.8米，吃水6米；动力装置为2台柴油机、双轴，最大功率为2.6万马力，最大航速22节。舰上的武器装备有2座20毫米“密集阵”火炮，可搭载6架直升机，2艘气垫登陆艇。舰尾门打开后，气垫登陆艇可从船坞中出入，飞行甲板的前半部作为车辆甲板使用，没有设机库，直升机系留在飞行甲板上。日本把“大隅”号定为坦克登陆舰，但从西方标准和该舰作战能力来看，实属两栖攻击舰，其基本船型采用了全通甲板的航空母舰舰型。除载直升机外，该舰还可搭载垂直/短距起降飞机。按日本1996～2000年的海上自卫队中期防卫计划，日本海上自卫队还将建造2艘同型舰。

英国建造新一代MK10通用登陆艇 英国开始设计和建造10艘新一代MK10通用登陆艇。MK10通用登陆艇采用钢结构，艇长30米，空载排水量为170吨，满载排水量240吨。标准有效载荷包括1辆主战坦克，或4辆运兵车，或120名全副武装的士兵和2辆雪地车。该登陆艇的动力装置为2台柴油机，用一艏部助推器改进操纵性能。该艇除了一些特殊部位采用海军工程标准，以满足安全和战斗需要外，其余均采用民用标准。MK10登陆艇是作为英国皇家海军新型两栖作战运输坞舰“海神之子”和“堡垒”号载运的登陆艇。这种登陆艇采用滚装、滚卸方式，用于两栖作战运输坞舰及其他两栖运输舰船与海岸之间输送人员和设备。与目前所使用的MK9型老式通用登陆艇相比，大大提高了使用效率。

小型船艇　美国海军研制独特的SLICE新型船 美海军于1998年间在夏威夷太平洋海军船厂建造了一种形状独特的SLICE新船。该船型源于小水面双体船，但相对船体减小。实际上它有4个短船体，或称下体，推进器布置在前面的两个下体内。这种布置的突出特点是减少了兴波阻力。该船长32米，造价1450万美元，其用途广泛，可作为巡逻艇、特种战艇、搜救艇使用。

巴基斯坦建造新型导弹艇 巴基斯坦海军现正在建造装有C-802舰舰导弹的新一级导弹艇。C-802舰舰导弹的射程为150千米，曾于1998年2月在阿拉伯海成功地在"河谷"级"贾拉拉特"号导弹艇上进行了试射。艇上还装有电子干扰器和雷达控制的火炮，以用于防空自卫。该艇每艘造价1815万美元。

朝鲜高速快艇投入使用 1998年底，一艘朝鲜"鱼鹰群"高速快艇在韩国外海沉没。1995年开始投入使用的"鱼鹰群"排水量约为10吨，艇长12.8米，最大水面速度40～50节，水下速度4～6节。这种快艇露出水面的部分很少，以前的型号只能部分潜入水中，而必须把驾驶室露在水线上，现在的型号能潜入水下3米，使用通气管通气。快艇表面可能涂有一层雷达吸波涂料或纤维树脂塑料，以致它的雷达反射截面积很小。据称只有其速度大于12节时才能被探测到。快艇可载8人，包括4名艇员、2名武装人员、2名渗透人员。

新加坡将建造新一代巡逻艇 在瑞典考库姆公司的帮助下，新加坡海军已设计成新一代巡逻艇，并由新加坡船厂建造。该新型巡逻艇的船体为玻璃钢三体船，采取了隐形设计，重要部位使用凯夫拉装甲予以加强。低速时可能用电力推进。该艇长80米、宽11米，吃水3米；满载排水量1000吨，已大大超过一般船艇排水量为500吨的规定。艇上为柴电推进，最大航速35节。新一代巡逻艇装有"鱼叉"反舰导弹、"巴拉克"舰空导弹（垂直发射），1门57毫米主炮和4具533毫米鱼雷发射管。

英设计出新型沿岸巡逻艇 英国采用为阿曼皇家海军轻型护卫舰研究的先进技术，设计出一种沿岸巡逻艇，艇长87米。该艇机动性能好，最大航速超过20节，满载排水量时的续航力为6000海里。为了降低雷达反射截面积，该型艇装设有平滑的上甲板，艇的整个上层建筑采用复合材料。艇上武器包括舰对舰导弹、舰对空导弹和1门舰炮。艇上设有直升机甲板和可容纳1架中型直升机的机库。

瑞典海军进行气垫船试验 为了使本国海岸机动部队在瑞典北部海岸严冬的冰雪天气快速运送物资和人员，瑞典防务装备部于1998年从考库姆海军系统公司接收了第一艘气垫船的样船。有关部门将进行为期1年的水上试验，以评估气垫船是否适用。这种气垫船船体材料采用碳纤维/乙烯茎薄片类层结构，可以保证船体既轻又结实。气垫船长19米、宽9米，满载排水量27吨，乘员32人。船上采用2台柴油机作动力，每台柴油机驱动1台升力和推进风扇。满载时的设计时速可以达35节，定载时的估计时速将超过50节。船舱内部可以容纳50名坐着的士兵或20名躺在担架上的伤病员，或者是1个6.1米长的集装箱或1辆BV206全地形运输车。

芬兰海军试验新型导弹艇 1998年8月，芬兰海军完成了"诺玛"2000级首艇"哈米纳"号导弹艇海上试验。该艇是为了验证未来小型水面战斗舰艇采用的新技术而建造的。"哈米纳"号艇长50米、宽8米，排水量235吨。艇的外形采用了大量隐形设计，艇体采用向后向内的倾斜面，以减少雷达反射截面积。该艇采用排气导管和喷水推进系统，以减少红外辐射。主机底座采用弹性装置，以减少噪音辐射。艇体采用铝合金建造，但甲板以上的上层建筑均采用复合材料建造。"哈米纳"号雷达采用荷兰信号公司的SCOUT雷达；通信设备采用丹麦信息通讯公司的ICS-2000综合通信系统。该艇艇首装有1座单管40毫米博福斯火炮，艇尾为1座双管23毫米炮，火控系统采用瑞典萨伯公司的EOS-400光电跟踪火控系统。

潜艇 1998年核动力弹道导弹潜艇的拥有国数量仍然没有变化，其中美国和俄罗斯的核动力弹道导弹潜艇的数量和性能仍处于绝对领先地位。在核动力攻击潜艇的发展方面，美、俄两国的竞争十分激烈，在美国接连推出"海狼"和"弗吉尼亚"级之后，俄罗斯也上马了"北德文斯克"。中小国家则最热衷于常规潜艇，不少国家纷纷研制AIP动力系统，试图用不依赖空气的动力装置来解决潜艇水下长时间潜航的问题。

美国建造"弗吉尼亚"级核动力攻击潜艇 美国海军于1998年分别与通用动力公司电船部和纽波特纽斯造船公司签订合同，各建造2艘"弗吉尼亚"级核动力攻击潜艇，总价值42亿美元。该级潜艇长115米、水下排水量7700吨，水下最大航速28节。艇体采用模块化结构，可根据作战任务的需要换装不同的舱段。艇上主动力装置为1座压水核反应堆加两台同轴汽轮机驱动的喷水推进器。反应堆的核燃料在潜艇的30年寿命期内不必更换。"弗吉尼亚"级艇的主要武器装备有："战斧"巡航导弹、反舰导弹、鱼雷和水雷等，并配有1艘专用于运送突击队员或侦察小分队的微型潜艇。艇上的主要探测设备，除光电潜望镜、艇首声纳和拖曳声纳阵外，在艇身两侧和安定面上还装有主动/被动声纳阵。由于"弗吉尼亚"级潜艇主要用于浅水海域作战，因而易被对方探测器材发现；加之浅水海域触雷的可能性很大，所以该级艇注重采取隐形和反水雷措施，包括减小机械震动、降低噪声、涂保护色、消磁，实施雷达与光电隐形等。

美国"康涅狄格州"号核动力攻击潜艇服役 1998年12月美国"海狼"级"康涅狄格州"号核动

力攻击潜艇正式投入现役。该艇是当今世界上航速最快，最安静和武器装备最多的核动力攻击型潜艇之一，可遂行反潜战、水雷战、反舰战、特种战、情报搜集及对岸实施纵深打击等使命。“康涅狄格州”号艇长 107.7 米、宽 12.2 米，水上排水量 8060 吨、水下排水量 9150 吨，潜深 240 米以上。艇上装有 1 座核反应堆和 2 台蒸汽轮机，水下航速可达 25 节以上。该艇采用了网络式通信系统和情报自动处理等最新技术，具有优异的水下适航性和极佳的安静性。它在高、低速航行时能保持低噪音，在发射鱼雷时几乎没有任何噪音。

美国建造“吉米·卡特”号核动力攻击型潜艇 美国海军第 3 艘“海狼”级“吉米·卡特”号核动力攻击潜艇现正在建造之中。该艇也是“海狼”级的最后一艘。“吉米·卡特”号艇长 107.6 米、宽 12.2 米；排水量 9150 吨，定员 130 人。艇上的导弹和鱼雷携带量比“洛杉矶”级核动力攻击型潜艇多 30%。

美国研制出可潜小艇的改型 美国海军与美国斯蒂德系统仪器公司联合研制了可潜小艇的改型，称为 MK1。该艇全长 10.75 米，重 43 吨，携载总重 1270 千克，包括各种探测设备、8 名乘员和 2 名艇员。在艇的中线处安装了推进器，改善了艇的操纵和控制性能。该艇水面航行时由双层密封的 300 马力柴油机驱动喷水推进器，续航力 200 海里，最高速度可达 35 节。该艇可半潜或全潜航行，最大潜深 27.5 米。潜水航行时由银锌电池提供动力，驱动三个电动推进器工作，可以大于 6 节的最高航速持续航行 4 个小时。该艇下潜后，可在传感器的控制下将发动机的热水充入艇的的座舱内，使艇内温度保持在华氏 60°。MK1 艇可从拖车上自动下到水中，也可自动航行返回拖车。整艇可由飞机或船舶运送。

美国研制先进的小型潜艇 美国正在研制一种能载 2 名艇员的小型潜艇。这种小型潜艇由先进的安静性推进系统推进，可以远距离秘密运送“海豹”突击队或其他军种的特种作战小队来支持特种作战。它可由潜艇或两栖艇运载，人员不必暴露于冷水中，因此大大降低了特种队员体力消耗。美国还专门设计了能搭载这种小型潜艇的新型攻击潜艇。

俄用核动力弹道导弹潜艇发射卫星 1998 年 7 月 7 日，俄罗斯北方舰队的一艘 D 级Ⅳ型核动力弹道导弹潜艇“诺夫莫斯科夫斯克”号用一枚经过改装的弹道导弹，成功地发射了一颗卫星。这是一颗由德国制造的遥感卫星，安装在经过改装的 SS－N－23 导弹上，主要用来监视动物的迁徙。卫星发射后 90 分钟进入轨道，并开始向地面传送信号。使用潜艇发射卫星，提供了可从地球任何纬度发射卫星的灵活性，并且减少了不良天气的影响。

日本“亲潮”级首艇“亲潮”号潜艇服役 1998 年 3 月，日本川崎重工神户造船厂建造的“亲潮”级“亲潮”号加入现役。该艇于 1994 年 1 月动工兴建，被看作是世界上最先进的柴电潜艇之一。它在“春潮”级潜艇的基础上作了重大的改进，水下排水量 3000 吨，艇长 82 米，艇宽 8.9 米，吃水 7.9 米；动力装置为柴电推进系统；艇上装有 6 具鱼雷发射管。该级艇艇型虽设计为水滴型，但与一般水滴型不同的是上甲板水平部分较长。艇上第一次装备了舷侧列阵被动式声纳、拖曳阵列声纳，在指挥台围壳和潜艇水线以下安装有消声瓦。

巴基斯坦“阿戈斯坦”90B 潜艇亮相 巴基斯坦海军 3 艘新型“阿戈斯坦”90B 潜艇的第 1 艘，于 1998 年 8 月 8 日在法国 DCN 瑟堡造船厂首次公开展出。这 3 艘潜艇是 1994 年 9 月巴基斯坦向法国订购的，总价值 9.5 亿美元。“阿戈斯坦”90B 潜艇水上排水量 1510 吨、水下排水量 1760 吨。艇上采用高强度 HLES80 钢，双壳体艇体结构，最大下潜深度超过 320 米，艇的辐射噪声有显著降低。该级艇装有 4 个鱼雷发射管，鱼雷 16 枚，可以混装 F17－2 型重型鱼雷和 SM－39“飞鱼”反舰导弹。潜艇编制人数 36 名。潜艇控制室和机舱采用了大量自动化设备。根据法国和巴基斯坦达成的技术转让协议，第 2 艘“阿戈斯坦”90B 潜艇将在卡拉奇海军船厂建造，所用材料由 DCN 瑟堡船厂提供；第 3 艘潜艇将安装法国研制的 MESMA 不依赖空气的推进系统。该系统是一台闭式兰金循环发动机，使用乙醇和液氧作燃料。第 1 套生产型 MESMA 发动机将于 2000 年运至卡拉奇。前两艘 90B 潜艇将在第 1 次大改装时加装一个 MESMA 舱段。

以色列“海豚”级潜艇完成海试 1998 年 10 月，以色列接收了在波罗的海完成海试的 3 艘 800 型“海豚”级柴电潜艇的第 1 艘。该级艇水下排水量为 1800 吨、水面排水量为 1640 吨。下潜深度 350 米，在 8 节航速下的最大潜航距离为 420 海里，自持力为 30 天。该潜艇装有 ISUS90－1 综合潜艇作战系统，共有 8 个多功能控制台。艇上还装有 1 套埃尔塔公司Ⅰ波段导航雷达和科尔摩根公司提供的侦察和攻击潜望镜。推进系统采用了 3 台 MTU16V396SE84 柴油机，1 台西门子电机。该级艇的操纵舵包括 1 个位于艇尾的 X 舵和位于艇首壳体上的水平舵以及 CES－马可尼公司生产的平台控制系统。“海豚”级潜艇装备有 14 枚“海鳕”重型鱼雷和潜射“鱼叉”导弹。6 具鱼雷发射管中有两个直径 650 毫米，可供潜水员出艇使用。

英国研制成深海深潜器 1998年初，英国研制成功了2艘能在6000米洋底作业的深潜器，其中名为“海豚”的深潜器主要用于洋底水文测量；名为“海狗”的深潜器主要用于洋底考察。“海豚”号深潜器全长6米，内装有先进的测量仪器，能精确地测量大洋不同深处的水温、水压和导电性能，每潜航30千米后上浮海面一次，将记录下的数据通过卫星发射回科研中心“海狗”号安装有声纳，通过洋下自航，可对50平方千米范围内的物体进行探测，并将得到的有关信息提供科学家分析和研究。

（李 杰）

辅助舰船 世界各国海军为迎接21世纪海上作战的挑战，在加快建造水面舰艇步伐的同时，继续积极稳步地发展与其相适应的辅助舰船。1998年最显著的特点是：(1)美海军为保持其在世界海军中的霸主地位，继续大量建造海上预置船和快速海运船，以满足其战略威慑、前沿存在、海洋控制、力量投送和战略海运等基本任务的要求；(2)各国海军仍以发展海上伴随保障舰船为重点，同时发展为其海上作战服务的海上运输船和海洋测量船；(3)亚洲各国海军为适应周边海上环境特点，在建造综合补给船的同时，发展适于登陆作战的运输型登陆舰；(4)各国海军在发展综合补给船的同时，继续注重发展其海上补给装备，提高补给的自动化程度、补给速度，并注重垂直补给装备和自卫能力的加强。

美海军最后1艘快速战斗支援舰交付使用 美海军第4艘即最后1艘供应级快速战斗支援舰“布里奇”(Bridge)号于1998年8月交付使用。该级舰指定为高速海上机动编队实施伴随保障的大型多用途综合补给船，是世界一流的综合补给船，在武器装备和航速上均可与航母战斗群相匹配。该舰满载排水量为49000吨，船长229.7米，宽32.6米，吃水11.6米，动力装置为4台燃汽轮机，功率为105000马力，双轴，航速25节，续航力为6000海里/20节，人员667人，包括40名海军军官。船上可装载156000桶燃料、1800吨弹药、400吨冷藏货物、250吨普通货物和20000加仑水。船上设有6个补给站，4个10吨集装箱吊杆和2个垂直补给位置，船上可搭载3架UH-46E“海上骑士”直升机。具有对空、对海搜索雷达和导航雷达。配备有北约“海麻雀”导弹发射架，2座“密集阵”近战武器系统、2门20毫米火炮、2挺25毫米机枪和4挺12.7毫米机枪。

美海军新型船坞运输舰开工 美海军“圣.安东尼奥”级两栖船坞运输舰是美海军跨世纪的最新型的两栖作战舰艇，主要侧重于运输登陆兵员和车辆，该舰于1998年开工。建造该级舰的主要目的是为取代所有“新港”级坦克登陆舰、“查尔斯顿”级两栖货船、“奥斯汀”级船坞运输舰、“安克雷奇”级船坞登陆舰，因此“圣.安东尼奥”级船坞运输舰集过去四级41艘旧舰的功能于一身。该级舰满载排水量为25300吨，船长208.4米，宽31.9米，吃水7米，船上主机采用4台柴油机，双轴，功率为40000马力，航速22节，人员465人，包括海军军官32人。该船设有能装载车辆的25000平方英尺的甲板空间、甲板下36000立方英尺的载货空间，可搭载720名陆战队员、2艘气垫登陆艇、15辆高级两栖突击车辆。装有16个单元的MK-41垂直发射装置，共配64枚舰对空导弹，两座MK-31导弹发射架，配备有2门MK-14密集阵火炮、3门25毫米火炮、4挺12.7毫米机枪，配有对海、对空搜索雷达、导航雷达、火控雷达，4座干扰箔条发射装置和4座拖曳式鱼雷诱饵装置。船上可搭载1架CH-53E“海上怪马”直升机或2架CH-46E“海上骑士”直升机或1架V-22“鱼鹰”直升机或3架UH-1直升机，有存放1架CH-53“超级种马”直升机的机库。该船既可进行海上卸载，也可通过直升机空中卸载，船上配有1台起重机，用于支援小艇作战，船上还有124个床位，井甲板和艉门与“黄峰”级相似。计划首舰于2002年完工。

美海军继续建造“鲍勃·霍普”级大型中速滚装船 美海军为满足增长的海运需求，为在危机时向战区提供快速、应急的运输支援，计划自1993年起建造7艘“鲍勃·霍普”级大型中速滚装船，这些船只的建造任务均由阿冯达尔船厂承担，到1998年末已有两艘船交付使用，它们是“鲍勃·霍普”号和“费舍尔”号，1999年将有另外两艘船交付使用。该级船满载排水量为62069吨，船长290米，宽32.3米，吃水11米，动力装置为4台柴油机，功率为65160马力，双轴，航速24节，续航力为12000海里/24节，船上配有文职人员26～45人，海军军官50名。该级船大约有397413平方英尺的载货面积，可载直升机、卡车和其他军用车辆13250吨，该级船同时具有滚装和吊装能力，配有艉回转跳板，跳板可伸至40米，配有两台55吨起重机。美海军期望在1999财年批准第8艘船的建造合同。

美海军“沃森”级大型中速滚装船完工 “沃森”级大型中速滚装船是美海军战略海运采办计划的一部分，该级船将指定为军事海运司令部浮动预先预置计划中运载美陆军、海军陆战队、海军、空军和国防后勤局的装备和补给品的船只，预先预置可提高美军在突发事件地区的快速部署能力。该级船由国家和钢铁造船公司负责建造，计划建造7艘，1998年已交付使用两艘，它们是“沃森”号和“西斯勒”号，第3艘“达尔”号将于1999年10月交付使用。该级船满载排水量为62968吨，船长290米，宽32.3米，吃水11米，动力装置为4台燃汽轮机，功率为64000马力，双轴，航速24节，续航力为12000海里/24节。船上配有文职人员25～45人，海军军官50名。该级船大约有394673平方英尺的载货面积，可在96小时内进行装卸载，该级船可装载1个美陆军装甲特遣部队，包括58辆坦克、48辆履带式车辆和900多辆卡车和轮式车辆。该级船同时具有滚装和吊装能力，配有艉回转跳板，跳板可伸至40米，船上还配有两台55吨的起重机。美海军计划在1999财年能够批准其第8艘船的建造合同。

美海军“无暇”级海洋测量船即将服役　美海军新一级海洋测量船将于1999年10月服役，该船原来由坦帕造船公司建造，在建造完成60%时，由于船厂签订了两艘“凯泽”级油船的建造合同而停工，1995年4月由霍尔特海上服务公司继续建造。该船船身按“维多利亚”级海洋测量船建造，满载排水量为5370吨，船长85.8米，宽29.2米，吃水7.9米，主机采用柴油电动的推进方式，功率为5000马力，航速12节，续航力为3000海里/12节，船上配有26名文职人员，19名海军军官。船上配有导航雷达和被动拖曳式阵列监视声纳，声响系统包括一个主动低频拖曳式阵列放大器，该放大器具有一系列模块，每一模块容纳两个大功率主动变频器。该声响系统可用于单基地或双基地雷达接收器，船上还配有第2个声响系统和两种通讯系统。

美海军建成“亨森”号测量船　1998年2月20日由美霍尔特海上服务公司建造的“导航者”级测量船的第4艘船“亨森”号交付使用，该船主要用于取代“罗伯特·康拉德”级测量船。该船满载排水量为4762吨，船长100.1米，宽17.7米，吃水5.8米，主机为柴油电动推进式，功率为11425马力，航速16节，续航力为12000海里/12节，船上人员28人，还有27名科学家。船上设有多用途起重机和5个绞车，还包括大量海洋观测设备，如多波束回声探测器、拖曳声纳和一次性使用声纳，还装备有遥控飞行器。“导航者”级的第5艘船将于2000年交付使用。

日本新型测量船下水　为取代到龄的“明石”级测量船作为情报收集船，日本海上自卫队决定新建一级测量船，首舰于1996年预算中批准，于1997年8月开工，1998年6月下水，计划于2000年3月交付使用。新建的测量船标准排水量为3300吨，主机为柴油电动推进方式，双轴，航速18节，人员80人。

韩国海军第3艘“春吉”级后勤支援船服役　由于韩国海军目前还在使用9艘小型港内拖船，35艘小型艇也仍在服役，这些船只大多是前美国海军的小艇。继“春吉”级前两艘综合补给船交付使用后，韩国海军的第3艘船于1998年3月交付使用。该船在设计上与前两艘稍有不同，满载排水量为7500吨，船长130米，宽17.8米，吃水6.5米，主机为两台柴油机，功率为12800马力，双轴，航速20节，续航力为4500海里/15节。船上配有导航雷达，配备有4门30毫米火炮和2门20毫米火炮，设有中型直升机平台。该船每舷各有一横向补给站，具有3台起重能力为6吨的大型起重机，可载4200吨液货和450吨干货。

新加坡新建运输登陆舰下水　新加坡海军为取代前美海军的坦克登陆舰和具有34年船龄的前皇家海军的坦克登陆舰，计划建造4艘运输登陆舰，前两艘已于1998年3月和10月下水，计划于1999年3月首舰交付使用，该舰类似于小型两栖船坞登陆舰，具有舰船坞井，备有4艘登陆艇，装备有两台起重能力为25吨的起重机，飞行甲板可容纳两架20吨的直升机。该船满载排水量为8500吨，船长140米，宽21米，吃水5米，主机为两台柴油机，功率为12000马力，双轴，航速为15节，续航力为5，000海里/15节，人员65人。船艏、艉均设有跳板，中部甲板有3个液压跳板。该船可装载350名陆战队员、18辆坦克、20辆运输车辆和4艘车辆和人员登陆艇，配备有两座导弹发射架、1门75毫米火炮，具有对海、对空和导航雷达及电子干扰器。

印度建造改进型“迪帕克”舰队补给油船　于1987年7月开始建造的加长型“迪帕克”级舰队补给油船仍在缓慢的建造之中，该船已于1993年11月15日下水，计划于1998年交付使用，但目前仍未完工。该船满载排水量为24600吨，船长172米，宽23米，吃水9.1米，动力装置采用两台柴油机，单轴，功率为23936马力，航速20节，续航力为10000海里/15节，编制定员191员。该船可装载14200立方米的柴油和航空燃料、2250立方米水和2170立方米弹药，船上设有3门40毫米舰炮，可搭载1架“猎豹”直升机，船艉右侧有一直升机平台，但无机库，船舷左、右各有两个补给站，该船带有多用途修理间，舰桥和上层居住舱室趋向船艉，全船设有空调。

中国台湾海军加紧建造“武康”级攻击运输船　“武康”级攻击运输船在停建5年后，于1994年7月开始建造其第4艘，台湾海军正加紧建造“武康”级攻击运输船，计划分别于1998、1999、2000年各有1艘交付使用，该级船满载排水量为4845吨，船长101.8米，宽18米，吃水5米，主机为两台柴油机，双轴，航速20节，续航力为6500海里/12节，定员61人（军官11名），可运载兵员1400名，舰上配有1座“海上小榭树”舰空导弹发射架，2门40毫米火炮。该级舰设有直升机平台，有艉船坞设施，可搭载4艘登陆艇。

德国海军建造新型补给船 为了适应新的作战需求，德国海军计划分两批建造4艘702型舰队补给油船，前两艘已开始建造，首舰计划2002年交付使用。该船满载排水量为18800吨，船长164.3米，宽24米，吃水7.4米，动力装置采用两台柴油机，双轴，航速19.5节。该船可载9540吨燃油、450吨水、280吨干货、160吨弹药，船上配有4门20毫米火炮，2座“拉姆”导弹发射架，具有导航和航空控制雷达，可搭载两架NH-90或“海王”直升机。另据瑞士《国际军事》杂志1998年第2期报道：702型补给油船将设3个海上补给站，左、右舷各1个，用于干、液货和弹药补给，艉部1个用于液货补给，船上将配备10只20英尺集装箱和7只10英尺集装箱，另外，还备有20英尺集装箱和40英尺集装箱的存放空间和输转能力。

英国建造新型“韦夫”级大型舰队油船 英皇家海军计划于2000/2001年建成新型大型舰队油船，以取代到龄的“奥尔温”和“奥尔纳”号，新建油船分别为“韦夫骑士”号和“韦夫统治者”号。该级船满载排水量为30300吨，船长181.7米，宽26.9米，吃水9.5米，4台主机为柴油电动推进式，功率为19040马力，单轴，航速18节，续航力为8000海里/16节，人员80人，外加22名飞行员。船上配有2门30毫米火炮和4挺7.62毫米机枪，还有对空、对海搜索雷达和导航雷达，可搭载1架“默林”直升机，船上可装载16000立方米液货，包括3000立方米的航空燃料、8只20英尺冷藏集装箱、500立方米的干货。船上设有飞机平台和机库，采用全封闭式舰桥，双层船体。船上配有3个起重吊索的倾斜式海上补给装置和1台起重机。

英国建成新型运输船 英国海军为加强其海上快速部署能力，提高其快速反应部队的灵活性，于1998年建成了两艘新型运输船，船名为“海上酋长”号和“海上十字军战士”号，这两艘船可用于运送部队、车辆和其他装备。新建运输船的满载排水量为12350吨，船长182.6米，宽25.8米，吃水7.3米，主机采用4台苏尔泽柴油机，功率为31334马力，双轴，航速22节，人员12人。3层甲板上共有车道2175米，可载车辆350辆，艉跳板承受能力为150吨，重达70吨的英国“挑战者”号主战坦克也可方便上、下船。

意大利“埃特纳”级补给油船服役 意大利“埃特纳”级补给油船于1998年4月开始服役。该船满载排水量为13400吨，船长146.5米，宽21米，吃水7.4米，主机采用两台苏尔泽柴油机，双轴，功率为22400马力，航速21节，续航力为7600海里/18节，船员243名。该船可装载6350吨汽油、1200吨JP5航空燃料，具有2100立方米的可存放弹药和干货的能力。船上每舷侧设有两个补给站，机库顶部设有近战武器系统，船上还配备1门76毫米单管火炮、2门40毫米双管火炮，并装备有对海、火控和导航雷达。船上可搭载1架EH101“默林”直升机或SH-3D直升机或两架AB-212直升机。“埃特纳”服役后，可提高意大利海军作战舰船的续航力。

加拿大计划建造新型多用途支援舰 为提高对海上作战部队的航行支援、对岸上联合部队的战场支援和海运等需求，加拿大海军将于2000年开始实施“浮动后勤和海运能力”计划，该计划的核心是为取代现有舰队补给船而建造4艘多用途支援舰，该船同时具有油船和滚装船的特点。计划建造的船只满载排水量为26600吨，船长195米，宽28米，吃水8.5米，动力装置采用2台柴油机，单轴，航速20节，续航力为10800海里/15节，可装载6500吨燃油、535吨JP5航空燃料、300吨弹药，可载200只20英尺集装箱，具有2500平方米的滚装空间，人员为111人，外加60个备用床位。船上每舷有两个补给站，具有船艉和舷侧跳板，艉上层建筑设在飞行甲板右舷侧。船上配备有“密集阵”近战武器系统、对空、对海搜索雷达，可载两架“海王”直升机。

（王艳芳）

舰载武器与技术

1998年各种新型舰舰导弹，航空导弹、火炮、鱼雷及舰（潜）载无人机不断涌现，将使海战各种攻击平台有了更强的打击手段和作战能力。值得注意的是，美国正在研制的潜载无人机，它可从经过改装的水下导弹发射筒发射，从而使美海军能从近1000千米以外攻击敌方重要目标，由此又产生一种新的作战样式。

美海军提出两种新型舰载无人战斗飞行器设计 美国洛克希德·马丁公司已为海军提出了两种无人战斗飞行器新概念：一种可从水面舰只上起飞，这种无人战斗飞行器所占的空间据称只及1架F/A-18的1/3，它的机翼可以折叠，1艘驱逐舰能载8架以上，每架可挂4枚MK81或重113千克的“小型灵巧炸弹”，以高亚音速飞行时的作战半径为600海里，并具有10g的机动能力。目前，设计人员正努力在飞机内装更多的情报信息，以便在空中格斗时投放武器。另一种是供潜艇使用的垂直起降机，它的体积比水面舰只起降机还要小，机翼折叠后直径只有 2.1～2.13 米,。它将装在一个容器内，该容器装在 1 艘经过改进的“俄亥俄”级核动力弹道导弹潜艇的“三叉戟”导弹发射筒内，发射出筒后在接近水面时，将以垂直状态释放垂直起降机。垂直起降机由助推电机推出水面，其上的燃气轮机推进发动机可以提供 500 海里以上的作战半径。机上可挂 4 枚“小型灵巧炸弹”或低成本自导武器。垂直起降机在完成任务后，可由潜艇回收，经重新装弹后再次使用。

美海军研制成 MK45Ⅳ型舰炮 美国联合防务公司现已完成了 MK45Ⅳ型舰炮的研制任务，并用于美海军水面战中心的试验发射。由于该舰炮装了新型增程制导弹药，因而可以有效支援海军陆战队的两栖登陆和岸上机动作战。按计划，美海军还将把 1 门 MK45Ⅳ型预生产火炮系统安装在 DDG81 或 DDG82 舰上，进行海上试验。整个火炮系统包括一种新的低雷达横截面积的火炮护罩、增程制导弹药起爆接口、弹药识别能力和相互作用的电子技术等。该炮使用的 EX－171 火箭增程弹，采用全天候全球定位系统/惯性导航系统制导。它的射程增大，是通过炮口能量增大，加上火箭助推发动机来实现的。该炮弹长约 1.55 米，重约 50 千克，每发弹能在指定目标区撒布 72 个致命的 M－80 子弹药。据称，MK45Ⅳ型炮将在 2000 年装备 DDG81 驱逐舰。届时美海军将把 22 艘“宙斯盾”舰的 44 门 MK45 炮均改为 MK45Ⅳ型炮。

美海军计划发展垂直炮 美国海军现正在研制先进垂直舰炮。这种垂直炮方案包括 2 个垂直或准垂直的 155 毫米/40 炮管，能发射常规炮弹、火箭增程弹，射程超过 465 千米，发射速度为 12～24 发/分。垂直炮模块适于安装在一个不大于 6.1×8.8×8.2 米的单元内，其红外特性和雷达反射面积均很小。该模块包括炮管、装填和弹药操作系统、火控系统和推进剂装药，以及辅助设备。预计，这种先进垂直炮的弹舱可装弹 750～1500 发。这种炮研制方案可能已纳入 21 世纪战舰（SC－21）计划。

美海军探索非声反潜战技术 近年来美国海军正在积极探索用于定位和跟踪敌潜艇的新的非声技术。这项技术超出了标准的被动声传感器跟踪敌潜艇的范围，主要利用潜艇通过后形成的海洋波型和海洋生物受热刺激而发出的光。利用激光控测水下潜艇现已取得进展，美海军至少有评估蓝一绿激光用于反潜战的两项保密计划。1999 年将进行演示，以评估新出现的非声探潜技术。

美海军研究舰载机电动拦阻装置 美国海军空战中心飞机分部开始研究先进的舰载机回收系统。这种系统将取代目前航空母舰上所使用的拦阻装置。采用以轴向电动机为基础的新型电动拦阻装置的好处是：降低费用，减少安装重量、体积、甲板风力，缩短飞行滑跑距离等；同时也将提高飞机的出动率，并允许母舰和飞机在设计方面有更大的灵活性。横过甲板拦阻索的两端与作为轴向电动机组成部分的往复车相连。美海军空战中心计划在今后 3 年内，利用缩比例的拦阻装置进行陆基方案演示。对于该阶段的性能目标为：初速每秒 45～78 米/时，在设计的滑跑距离内制动负载的初始能量为 12～95 兆焦。这种电动拦阻装置先改装用于“尼米兹”级航母，将来还拟装备于 CVX 新型航母。

美海军开发无毒火箭燃料 一种被称为无污染的自燃混合燃料已由美国海军研究人员开发出来。这种廉价的无毒火箭燃料，能极大地降低军用卫星运载火箭和反弹道导弹的成本。该燃料的关键是一种加入了酒精的催化剂。当它与极纯净的过氧化氢结合时，便自发地以 4000～5000 华氏度燃烧。过氧化氢和酒精可溶于水中并自然冲淡，使这种燃料容易处置。与氢氧化物最大的不同在于，这种燃料不产生有毒的或致癌气体。`而混合时就自燃是该燃料的另一优点。这就意味着燃料不需要火花或热导线点燃，从而使发动机变得更加简单和可靠。由于此种无污染的自燃燃料是由比较便宜的化学物质构成的，因此其价格比目前所使用的火箭燃料价格便宜得多。尤其是卫星运载火箭重量的 80%是燃料，使用这种新燃料将大大节省经费。

俄罗斯研制成双发动机式鱼雷 俄罗斯近期研制成功一种航速达 200 节的反航母潜装重型鱼雷。该型鱼雷直径 534 毫米，长 8.5 米，最大航程 12 海里。其推进系统装有 2 台发动机，1 台为固体火箭发动机，1 台为喷气型发动机。鱼雷战斗部装有大量炸药，航向可控精度高达 1%，所以这种鱼雷可摧毁水中任何目标。这种鱼雷现已装艇服役。由于双发动机式鱼雷比美、英、日、瑞典等国的高速鱼雷航速要高 3.5～4 倍，因而它是当今最快、最准、最有威力的鱼雷。据称，到下世纪初，俄罗斯还将推出航速达 300 节的鱼雷。

法国试验 MESMA 不依赖空气的推进系统 法国海军造舰局对常规潜艇的 MESMA 不依赖空气推进系统进行了试验。这种推进动力系统以乙醇和氧气闭环燃烧系统为基础，安装在 8～10 米的插入式舱段内，其中包括液氧和乙醇储备设施、蒸汽模块和可以产生 200KW 以上电力的涡轮机。MESMA 系统与瑞典的斯特林发动机、德国的燃料电池等其他 AIP 系统相似，设计用于在不必暴露通气管的情况下对潜艇蓄电池组重新充电。MESMA 系统的使用，可使常规动力潜艇的水下停留时间增加 4 倍。巴基斯坦已订购了 MESMA 推进模块，准备安装在 3 艘“阿戈斯塔”90B 级潜艇上。

法、俄联合研制垂直冷发射“响尾蛇”导弹 法国汤姆逊-CSF 空中系统公司正在研制具有垂直发射能力的“响尾蛇”VT-1 导弹。该导弹不用改动弹体本身，而采用俄罗斯 Fakel 设计局现有的冷发射技术。使用这种冷发射技术，VT-1 导弹先以每秒 40 米的速度从容器中推出，在离舰 40 米高度后即开始转弯。大约在发射 1.5 秒后，导弹的发动机点火，转弯模块在一定的时间延迟后脱落，以保证脱落在离平台至少 100 米处。导弹发射装置可以 4 个发射单元为 1 组；也可以组合成 8、16、24 或 32 个单元的发射装置。容纳 8 枚 VT-1 导弹的发射装置的面积为 1.3×0.9 米，高度为 2.6 米。包括导弹在内，重量小于 2 吨。它既可以安装在较大的作战平台上，也可以安装在 500 吨级的舰艇上。

英国发展新型猎雷声纳 英国海军为了提高“狩猎”级猎雷舰的猎雷能力，以便能探测到 80 米深处的水雷，正在发展一种新的猎雷声纳。为此，将引进宽波段技术。试验表明，高频调制宽波段声纳在环境不利和噪声有限的条件下有更好的性能。此外，它还可以减小回声衰减，具有使声纳参数与通常的环境条件相匹配的能力；回声信息增加，使得回声结构本身能用于目标分类。宽波段能力的实现，要求把一个新阵列装进现有的 193M1 型声纳定向装置内，处理能力也需要有大的改进。前不久，英国防部计划从 2001 年起陆续把这种新型猎雷声纳装备在 13 艘“狩猎”级猎雷舰上。

挪威与法国联合研制新型反舰导弹 挪威孔兹堡防御与航空航天公司将与法国航空航天导弹公司合作开发新一代亚音速反舰导弹 NSM。法国公司主要负责导弹的隐形设计和动力系统的研制（装有新开发的小型涡轮喷气发动机）。NSM 导弹重量不超过 450 千克，包括一个采用延迟引信的 120 千克穿透型战斗部。该导弹有两片像飞机机翼的弹翼和十字型可控尾翼，使导弹能够在狭长的海湾和开阔的海面上进行高速、大机动飞行。在战术使用上，可以从不同方向同时发射 4～5 枚 NSM 导弹，以达到对目标舰的饱和攻击效果。为了降低发现概率，弹上采用了小角度发射装置而不是垂直发射装置，助推器使用了只产生很少烟雾的推进剂。弹体外形经过精心设计，并慎重地选用了材料，使其雷达反射面积和红外信号特征都很小。弹体将应用复合材料，在进气口等部位采用了雷达吸波材料。NSM 导弹采用红外成像制导，该制导头能在狭窄的水域内完成目标监测、分类和选择，然后确定目标的最佳攻击点。

南非海军完成新型舰炮首次试验 1998 年由南非自行开发的第一个完整的海军武器系统—35DPG 双管 35 毫米海军火炮系统完成了首次实弹射击试验。该系统中的 35 毫米 GA35 双管炮与瑞士厄利孔公司的 35 毫米 KDA 火炮相似。火炮的发射速度为每分钟每管 35 发，每管备弹 240 发。该炮采用全电动施转和俯仰系统。35DPG 系统拥有 1 部多卜勒雷达和视频摄像机，通过作战指挥单元遥控瞄准。火炮带弹全重 6500 千克，可以安装在 200 吨以上的水面舰艇上。在试验中，火炮试射了 5000 发弹，今后还将进一步改进，1999 年初还要进行海上试验。GA35 舰炮可以发射所有标准的 35 毫米炮弹和瑞士厄利孔公司开发的 35 毫米 AHEAD 炮弹。

（李　杰）

航空武器装备

综述 1998 世界空军武器装备的发展有以下主要特点：

作战飞机的研制与改装主要围绕战斗机展开 从世界范围内看，目前和今后一个时期，仍然只有美国和俄罗斯具有发展战略轰炸机的技术能力和军事政治需求。但俄 罗斯在短时间内难以筹措巨资发展图-160 型战略轰炸机的后继机；美国同样也无力承担研制新型战略轰炸机所需的庞大资金，拟议中需耗资 1000 亿美元的 B-3 型战略轰炸机计划尚无任何启动的迹象。而另一方面，由于战斗机的武器载荷增加、作战半径增大，加上精确制导武器的发展，战斗机综合作战能力已经赶上甚至超过了中型轰炸机，因而多用途战斗机倍受各国关注。航空技术发达的国家在新型作战飞机研制中普遍强调其多用途性，同时利用先进技术，对有发展潜力的现役作战飞机进行全面改装，使其具备多用途性。

航空武器装备仍是国际军售的重点　1998年，航空武器装备成为一些国家装备采购的重点。据俄罗斯国防工业界估计，在其1998年占有的50亿美元的国际军售中60%是航空技术装备。1998年5月12日，美国洛克希德－马丁公司经过4年的努力，终于在阿拉伯联合酋长国国防现代化计划中赢得了总价值70亿美元的80架F－16型战斗机的合同。1998年间，土耳其也启动总价值达48亿美元的国防现代化计划，其中重点是空中力量的现代化，为此决定从美国购买20至40架F－15E型战斗机。新加坡也于4月9日从美国接收了第2批18架F－16C型战斗机（为第52批型），使该国F－16型战斗机的装备数量达到24架。根据年内越俄签订的协议，越南在2001年以前将从俄罗斯进口24架苏－27型战斗机，总价值达8亿美元。1998年美国解除对南非的经济制裁后不久，就依靠F－16型和F/A－18型战斗机在南非国防现代化计划中占据了一席之地。

东亚及东南亚国家受金融危机影响，空中力量现代化计划受挫　自1997年下半年以来，东南亚及东亚国家和地区受金融危机的影响，经济发展面临重大困难，被迫削减国防预算，并不得不调整其空中力量现代化计划，因而该地区以引进航空技术装备为重点的空中力量现代化计划遭受了重大挫折。1998年，韩国在金融危机的冲击下将国防预算削减4.1%后，被迫决定推迟实施220项军事计划，其中包括47项价值22亿美元的现代化装备采购计划和173项中长期装备发展计划。受影响最大的是预警机采购计划和F－X型下一代战斗机的发展计划，此外还有购买C－130J型运输机和AGM－142型防空区外对地攻击武器的计划。在预警机采购方面，由于经费拮据，韩国不得不将总费用为30亿美元的空中预警机计划推迟至少1年以上；在F－X型战斗机的发展方面，2000年以前该计划已无启动的可能。印度尼西亚则无限期推迟了以6.5亿美元从俄罗斯采购12架苏－30型多用途战斗机和8架米－17型军用直升机的计划。日本1998财政年度国防预算被迫削减至385亿美元，航空技术装备的采购费为19亿美元，比上一年度削减了1.07亿美元，采购数也由56架减至48架。泰国于1998年初宣布削减国防预算23%，其中空军的经费削减幅度达30%。同年3月甘冒遭美国罚款的风险，宣布取消从美国购买8架F/A－18C/D战斗机的计划，转而实施F－5E/F飞机的改装计划，首批改装的数量为18架。

发展适应信息战要求的航空技术装备　目前，计算机系统已经成为许多国家指挥控制系统中不可或缺的电子系统，并且随着数据融合和信息交换等技术的发展，计算机系统在指挥控制系统中的地位进一步提高。因此，以计算机为核心的电子系统必然成为未来高技术战争中电子进攻的主要目标。在对计算机系统的软杀伤方面，海湾战争后美国军方的论证已经证明以病毒武器实施电子战在理论上是可行的，一旦在投放手段方面获得突破，即可将计算机病毒武器实用化。在对计算机系统的硬杀伤方面，除直接火力摧毁外，美国近期已经提出采用高能微波武器破坏计算机系统的芯片和电路，达到破坏其中枢的目的。为适应信息战的要求，美国开始对空射巡航导弹进行两方面的改进，一方面使巡航导弹具有对敌指挥控制中心实施精确穿透打击的能力，另一方面使巡航导弹能携载高能微波弹头，利用其爆炸产生的瞬时高强度微波辐射能使敌指挥控制中心的计算机系统无法正常工作。美国1998财政年度国防预算确定的先进概念技术验证计划中就包括用于信息战的高能微波武器的研究项目。

利用成熟的民用技术研制新机与改进现役飞机　这是世界各国在作战飞机研制与改进中普遍采用的技术措施，此举可有效降低研制成本，减少技术风险并缩短发展周期。英国机载防空区外雷达系统飞机（ASTOR）的设计方案便采用了现有的民用公务喷气机作为飞机平台。美国空军于年内批准的F－16战斗机机载雷达新改型APG－68（V）X，主要采用了民用处理机，其性能与可靠性都有较大提高，不仅可为F－16飞机提供合成孔径雷达成像能力，而且使全周期寿命成本下降近10亿美元。

轰炸机　目前轰炸机的发展仍然集中在美国和俄罗斯两国。美国自从将B－2A战略轰炸机列装以来，再也没有启动任何新的战略轰炸机研制计划。但在波黑和伊拉克的实战使用再次证明，其战略轰炸机具有独特的常规威慑能力和强大的实战能力。俄罗斯由于受经费拮据的困扰，战略轰炸机的改进基本处于停滞状态。美国利用先进的技术对现役的B－52H、B－1B和B－2A轰炸机实施现代化改装，提高战略轰炸机遂行常规作战任务的灵活性，重点增强其突防和实施远距离精确打击的能力。

美国B－2A轰炸机发展近况　（1）完成B61－11型核航弹投弹试验。到1998年3月，B－2A轰炸机顺利完成了全部26次B61－11型钻地核航弹的样弹投射试验任务，试验中目标涵盖了沙地、硬质地层、岩石、混凝土、坚硬冻土等介质，证明B61－11型钻地核航弹达到设计定型的要求。在3月间进行的最后2次试验中，目标区面积为19.5平方米，采用雷达瞄准投弹，投弹高度为2100米，2枚样弹全部命中目标，2个弹着点相距仅15米，样弹钻地深度分别为2米和3.1米。B61－11型钻地核航弹是由B61－7型核航弹改进而成的，弹头改为合金钢质的高硬度钻地头锥，弹体的其他部位也作了相应的加固。该型核弹服役将大大提高B－2A轰炸机对地下坚固目标的摧毁能力。（2）首次部署至海外基地。1998年3月23日至4月3日，美国空军第509轰炸联队的2架B－2A轰炸机和200余名空地勤人员从本土部署至位于太平洋关岛的安德森空军基地，这是B－2A轰炸机首次部署至海外基地，目的是检验B－2A轰炸机遂行全球作战任务的能力。在驻训期间，B－2A轰炸机进行了实弹轰炸和低空飞行训练。（3）采用交替部署方式解决后勤保障问题。针对B－2A轰炸机平时训练中暴露出来的保持飞机隐形性能的维护工作需要特殊工作环境，限制了该型机前沿部署灵活性的问题，1998年年中，美国空军提出了B－2A型轰炸机在本土基本部署基地与前沿部署基地之间适时机动，由前沿部署基地出动遂行作战任务，而在本土部署基地进行维护保障的部署方式，利用该机的远程机动特性，基本解决了低可探测性维护工作要求特殊所带来的问题。1998年9月在麦克迪尔空军基地举行的空军远征部队试验演习中，美国空军检验并认可了这一部署方式。

美国启动高超音速作战飞机预研计划 1998年6月，美国空军科学技术委员会公布了一份研究报告，对高超音速作战飞机的可行性问题进行了全面的分析。美国启动高超音速作战飞机预研计划主要有以下几个方面的原因：一是自海湾战争以来，许多国家在战略目标的建设以及至关重要的作战物资储备方面趋于地下化，从而增加了美国对潜在作战对象战略目标实施打击的难度，只有具备对地下深藏目标实施毁灭性打击的能力，才能在未来冲突中保持战略优势。二是战役反击力量的机动速度更快，对其实施压制的实时性要求更高，若不能有效地压制对手实施反击的能力，则将在军事和政治上陷人被动，因此必须具备快速压制的手段。三是可重复使用的载人空天飞机在今后几年内可达到实用程度，这种飞机除可实施连续监控任务外，还可作为突击武器的发射平台，这将极大地扩大航空航天力量的打击范围并增大打击速度。四是超高空飞行器可以不必飞入外层空间，便能超高速环球飞行，遂行实时侦察并收集至关重要的情报。五是美国现代化指挥控制系统的监控范围已经远远超过了现有突击武器的火力控制范围，要使火力控制范围与监控范围基本一致，就必须具备超高速远程打击的手段。美国空军对超高速作战飞行器的要求是在3万米以上高空飞行，具有高度的红外隐形能力。

乌克兰销毁部分战略轰炸机 1998年4月17日，乌克兰国家安全和国防委员会通过了销毁25架图－95MC型和16架图－160型战略轰炸机的决定，这是乌克兰在作出向俄罗斯移交战略导弹并销毁部分中程弹道导弹的决定后，在战略力量调整方面作出的又一项重大决策。这批战略轰炸机原属于前苏联时期部署在乌克兰的前苏联远程航空兵第182团和第184团，苏联解体后，由乌克兰的武装力量接收。自1991年起俄乌就移交这批飞机的事宜进行了多轮谈判，均因费用及支付方式分歧甚大而无结果。1998年初，俄罗斯方面确认这批飞机因年久停飞而失去实用价值后最终放弃收购计划。这次乌克兰作出销毁战略轰炸机的决定，既有战略上的考虑，也有自身经济拮据的因素。从战略上看，一些大国已经对乌克兰的安全保障作出了承诺，同时在欧洲的地缘政治格局中，乌克兰保持一支战略轰炸力量既无必要，也不利于加强与美国及其他西方国家的关系。从经济上看，维护上述41架战略轰炸机，每年至少需要花费130万美元，而销毁这些战略轰炸机不仅全部费用可由美国支出，而且可使乌克兰有限的军费得到更加合理的使用。

战斗机（歼击机） 战斗机是各国航空技术装备发展的重中之重。尽管由于各国军费普遍削减，对战斗机发展的投资规模已明显减小，但对重点机型的投资强度却在加大；新机发展战线已明显收缩，但现役主力作战飞机的改进项目却层出不穷。更为重要的是，一些航空技术发达国家一刻也没有放松对关键性技术和有广泛应用潜力的高新技术的预研工作，而这将是决定下世纪空中力量对比的决定性因素。美国是目前战斗机技术储备最雄厚的国家。俄罗斯作出新一代战斗机应于2005年前后服役的决定后，各主要飞机研制机构于年内正式启动了I－2000型新一代轻型战斗机的研制计划，这是俄罗斯为争夺下世纪空中战场主动权的重大举措之一。

美国F－22A型战斗机发展近况 （1）扩大弹舱，增强对地突击能力。目前，F－22A战斗机为保持隐形和超音速巡航能力，在遂行对地攻击任务时，采用内载2枚454千克级或4枚136千克级精确制导武器的载弹方案，突击能力相对有限。由于全球定位系统制导组件广泛用于精确制导武器，因而命中精度提高，小型精确制导武器的突击威力已与目前454千克级炸弹相当。为增强F－22A战斗机的对地突击能力，美国空军于1998年3月决定扩大该机的弹舱，使机内弹舱可载8枚小型精确制导炸弹，而不需对机体作重大改动。这一调整表明，该机在列装后很可能取代F－15E型和F－117A型飞机成为远程空中阻滞的主力机种。（2）推迟进入小批量生产。1998年4

月 15 日，美国国防部决定将小批量生产 F－22A 战斗机的时间由 1998 年 12 月推迟至 1999 年 12 月，相应增加 400 小时试飞时间，使洛克希德－马丁公司有更多的时间采用成熟技术降低该机的成本，以达到全寿命周期成本控制在平均每架 1.88 亿美元以内的目标。（3）机载雷达转入系统集成阶段。1998 年 2 月 25 日，诺斯罗普－格鲁曼公司按计划完成了 AN/APG－77 型有源阵列相控阵火控雷达的硬件及控制系统软件的研制任务，正式交付波音公司，转入雷达系统与机上其他传感器系统和任务系统软件的集成测试。AN/AGP－77 型雷达有 17 种工作模式，它是根据近年来倍受人们关注的综合航空电子系统的概念而研制的。其数据输入输出、控制指令均通过军标 1553B 数据总线传输，信号处理、数据处理和显示控制均由机上综合航空电子系统的信号处理机、任务处理机和综合显示器来完成，雷达仅保留有源电扫描阵列和可编程信号处理机。因此该雷达重量轻、成本低、研制周期短、可维护性好。（4）首次进行超音速飞行。1998 年 10 月 10 日，F－22A 战斗机在试飞中首次超音速。当天，该机内载武器装备，在高度 8800 米平飞时不开加力达到了 1.1 马赫。试飞证明，F－22A 战斗机超音速巡航的飞行品质良好。

美国增加 F－16CJ 型战斗机的装备数量　自美国空军的 F－4G 型飞机退役后，F－16CJ 战斗机已成为压制防空体系的主力机型。根据新的整编计划，美国空军在 2000 年 1 月将正式组建 10 个空军远征部队，在其编成中增加了压制防空体系的作战飞机的编制数量，因此，美国空军于 1998 年年中，决定追加采购 16 架专门用于遂行压制防空任务的 F－16C 型飞机，这些飞机主要是由第 50 批 F－16C 型飞机改装而成的。12 月 4 日，首批 6 架飞机已交付美国驻欧洲空军。

俄罗斯开始实施米格－29 型战斗机改进计划　1998 年 4 月，俄罗斯国防部批准了一项改进计划，自同年 9 月开始陆续将俄罗斯空军在过去 10 年间装备的 150～180 架米格－29 型战斗机改进成米格－29SMT 型多用途配置的战斗机，此举可有效地提高俄罗斯空军的战斗力。第 1 批 10～15 架的改装工作于年内完成并交付俄罗斯空军；第 2 批 20～30 架于 1999 年内完成改装；到 2000 年，每年可改装 40 架。米格－29SMT 型多用途配置战斗机的主要改进之处在于采用了先进的航空电子设备，飞机重量减少 600 千克，因而可增加 2 个机内油箱，使航程由 2900 千米增加至 3500 千米。同时该机加装了空中加油系统，换装新型雷达，可载 Kh－29T 型电视制导炸弹和 KAB－500KR 型滑翔炸弹等，且武器携载量增加 1 倍。

印度再度推迟轻型战斗机首次试飞　印度轻型战斗机原定于 1996 年首飞，后因飞行控制系统软件存在问题而数度推迟。1998 年内，印度航空发展机构与美国洛克希德—马丁公司联合对轻型战斗机的飞控及火控系统软件进行了调试，已完成全部校验工作的 75%。但印度于 1998 年 5 月进行的核试验，遭致国际社会的遣责，美国也对其实行了制裁，暂时中止了在该项目上的合作，剩余的校验与调试工作将由印度工程技术人员单独完成。目前印度虽已具备独立完成调试工作的能力，但不可能在预定时间内完成，因此 1998 年 7 月印度国防部宣布该机首次试飞日期再度推迟至 1999 年 4 至 7 月。能否如愿，尚需视软件调试进展情况而定。1998 年内，印度轻型战斗机计划取得的最大进展在于自研 GTX－35VS 型涡轮风扇发动机有较大突破，目前已制造出 17 台试验型发动机。该型发动机加力推力可达 80 千牛，与法国“阵风”飞机装备的 M88－3 型发动机相当。值得重视的是，印度在 GTX－35VS 型涡轮风扇发动机的研制方面有长远考虑：一是增大风扇压力比和总压比，增大净推力，力争使其轻型战斗机具备不开加力做超音速巡航的能力；二是装备轴对称推力矢量喷口和数字式控制系统，力争取消轻型战斗机的垂直安定面，以减少飞机的雷达反射面。

中国台湾引进的“幻影”2000－5 型战斗机列装完毕　中国台湾空军于 1997 年 5 月 5 日接收首批法国“幻影”2000－5 型战斗机，同年 12 月 1 日，驻新竹空军基地的第 41 中队正式装备 12 架“幻影”2000－5EI 型单座机和 8 架“幻影”2000－5DI 型双座机。1998 年 5 月 8 日，该型机参加了在屏东举行的“汉光 14”号军事演习，首次进行了超视距实弹攻击，在约 60 千米的距离上击毁了高度为 3658 米的靶机。同年 10 月 28 日，第 9 批 8 架飞机海运至花莲港，至此中国台湾从法国购买的 60 架“幻影”2000－5 型战斗机交付完毕，全部编入第 2 战术战斗机联队，并于年内形成初始作战能力。

欧洲 4 国正式签署 EF－2000 型战斗机生产协议　英国、德国、意大利和西班牙于 1998 年 9 月中旬正式签署了分 3 批生产 EF－2000 战斗机的协议，其中首批为 148 架飞机和 363 台 EJ－200 型发动机，总价值 83 亿美元。首批飞机中英国占 55 架，德国占 44 架，意大利占 29 架，西班牙占 20 架，于 2001 年至 2005 年间交付各国使用。由于 4 国在核心软件标准问题上存在分歧，首批飞机尚不具备使用红外搜索跟踪系统及头盔显示系统的能力。根据计划，第 2 批 232 架飞机和 519 台发动机将于 2005 年至 2010 年间交付；第3批232架飞机和500台发动机将于2010年至2014年间交付。此外，由于下世纪初期多数国家将进入战术飞机更新换代的高峰期，其中对多用途战术飞机的需求甚大。针对这一巨大市场，欧洲4国同时联合推出了定名为“台风”的EF-2000战斗机的出口飞机。对出口型飞机重点强调了多用途性和远程对地突击能力。突出之处是在机身两侧上方翼根部加装了可载油3990千克的保形油箱，雷达对地搜索攻击模式的性能有较大改进，对地突击武器配置有较大灵活性。同时由于ECR-90型雷达十分先进，对小型空中目标的探测距离为150千米，对大型空中目标探测距离可达300千米，因而该机在国际市场有一定的竞争力。

攻击机（强击机） 攻击机（强击机）依然沿专用机型和战斗机改型两条道路并行发展，目前只有美国在继续发展新型专用攻击机，其他国家则以战斗机改型为主。美国在年内正式启动了无人架驶攻击机的研制工程，与其他军机研制工程不同，美国明确宣布不允许其他盟国参与这一计划。这表明美国决心垄断在无人驾驶作战飞机领域的技术优势，从而在下一世纪确保其空中力量的战略优势，同时这也预示着空中作战样式将再度发生重大变化。

美国“联合攻击战斗机”发展近况 （1）采取措施控制成本上扬。1998年，美国各军种对“联合攻击战斗机”的航程、隐形性能、灵敏性和机载电子设备提出了新的要求，以提高该机在首次突击中的生存能力。由此带来的问题是该机单价逼近4000万美元，有可能使美国空军用“联合攻击战斗机”取代11个联队的F-16型战斗机的计划失去经济可行性。因此，美国对机上传感器系统、航空电子设备和飞机的飞行性能作相应的调整，以期将单机成本控制在预定目标之内。作为控制成本上扬的重要措施之一，美国已决定在“联合攻击战斗机”上采用综合机电系统技术，即用一套综合机电系统完成原来由多个子部分完成的功能，从而使机电系统的零部件减少40%，系统成本下降3%～5%，全寿命周期费用减少3%～4%，结构重量也可减轻1000千克以上，同时又有效地解决了经济性与高性能之间的难以调和的矛盾。（2）发动机改进计划。为适应“联合攻击战斗机”未来发展的需要，普拉特-惠特尼发动机公司将对在研的JSF-119型发动机进行若干重大改进，使其功率提高20%以上。改进内容包括：通过增大进气量和油门控制效率，可使功率提高5%；通过增大进气压力和转子进气口温度，可使功率提高10%。在上述两项措施的基础上，通过增大风扇直径和增压比，可使功率提高20%。此外，JSF-119型发动机可靠性较高，空中停车率比其他发动机低25%～50%，同时平均维修时间间隔增大1倍。（3）扩大遂行任务的领域。“联合攻击战斗机”在设计上主要用于遂行常规突击任务。但1998年底，美国国防科学委员会根据美国空军的提议，正式提出扩大“联合攻击战斗机”遂行任务的领域，通过改装使“联合攻击战斗机”具备遂行战术核突击任务的能力，旨在增强战区的战术核威慑能力，在重大地区冲突中遏制对手可能使用大规模杀伤性武器的企图。（4）两种设计方案均通过最终设计评审。1998年底，“联合攻击战斗机”计划中由洛克希德-马丁公司负责研制的X-35型方案和由波音公司负责研制的X-32型方案验证机先后通过了美国国防部的最终设计评审，这是“联合攻击战斗机”计划的重要进展之一。两个主要研制厂商已如期转入各2架验证机的制造阶段，预计于2000年内试飞。

美国开始实施无人驾驶攻击机预研计划 1998年4月23日，美国国防部与波音公司、洛克希德-马丁公司、诺斯罗普-格鲁曼公司以及雷锡恩公司签订了总价值1600万美元的第1阶段方案预研合同，正式启动了无人驾驶攻击机的预研计划。美国国防部要求无人驾驶攻击机应具有隐形和全天候作战的能力，主要任务是在2010年以后的高技术战争的首次突击中与有人驾驶突击飞机协同行动，对敌防空体系实施先发制人的系统压制或在战争发起后实施连续压制，还可担负对目标区实施连续监控的任务。其基本指标是：空重3600千克，有效载荷900千克；具有较好的经济可承受性（单价约为1000万美元，使用费用比有人驾驶战术作战飞机低50%至80%）；具有多用途性，可由地面、海上或空中控制系统实施控制，装备精确制导武器，可对多个目标实施同时突击。根据计划，无人驾驶攻击机应于2001年开始试飞，2004年底开始工程和制造发展，2015年左右开始装备部队。

以色列F-15I型远程多用途战斗机列装 1998年1月19日，以色列空军从美国购买的2架双座型F-15I战斗机飞抵特拉维夫，编入其空军第69中队服役。以色列共购买25架F-15I战斗机，年内美方以每月2架的速度交付完毕。F-15I战斗机装备美国APG-70型合成孔径雷达和先进的头盔瞄准具。SPS-2100综合电子战系统由以色列电子系统公司研制。动力装置为2台F100-PW-229型涡轮风扇发动机。挂载以色列研制的“怪蛇”Ⅳ型近距格斗导弹和美国AIM-120型中距拦射导弹。该机的主要特点是远程突击能力强，其最大载弹量达11吨，航程可达4500千米，不进行空中加油即可对伊朗、伊拉克和利比亚等国的纵深目标进行空中打击。因此，以色列空军装备该型飞机后，其空中力量在中东地区具有更加明显的优势，增强了以色列的常规威慑力。

英国皇家空军攻击机停止装备核炸弹 英国国防部决定自1998年3月31日零时起，英国皇家空军的“旋风”攻击机不再装备WE－177型核炸弹。自此，英国皇家空军结束了承担长达45年之久的核与常规突击并存的战略任务，今后将完全承担常规作战任务。这一任务的改变使英国核武库的数量减少约25%。由于退役的100枚WE－177型核航弹完全是自由落体核炸弹，而英国战略核打击力量的主体是战略导弹潜艇，因此，此次调整对英国核威慑的稳定性不构成大的影响。

直升机 军用直升机由遂行保障任务为主发展到遂行突击任务为主，已成为特种作战和近距支援的主要力量。军用直升机的发展也更注重于火力、机动力和战场生存能力，近年来尤为重视提高其远距离精确打击能力和隐形性能，同时注重其多种功能性，这将对未来陆战样式产生重要影响。

美国实施AH－64D型“长弓·阿帕奇”武装直升机减重增程计划 为适应纵深机动作战的需要，1998年1月21日，美国陆军决定为AH－64D武装直升机实施减重增程计划。该计划的主要内容是改进机上炮塔，减少航炮的弹药携载量，在此基础上加装一个300加仑的机内可拆卸油箱。AH－64D武装直升机的30毫米航炮原只用于突击地面目标，备弹数为1200发。改进后具备了对空中目标射击的功能，备弹数减少至300发。但为保持杀伤能力，炮弹的初速增大了20%，杀伤同一目标的平均所需弹数可以相应减少，因而减少备弹数对直升机的作战能力不会产生很大的负面影响。由于改进航炮和减少备弹量，可使AH－64D武装直升机的起飞重量减少10%。在加装机内油箱的同时，可以加挂2个130加仑机外副油箱，因此直升机的航程可以明显增大。实施减重增程计划的AH－64D武装直升机预计于2001年首次试飞。

美国调整RAH－66型武装直升机生产计划 美国RAH－66武装直升机的研制商已根据美国陆军的要求调整了该机的生产计划，以保证该机能参加拟定于2004年举行的美国21世纪陆军军04数字化作战演习。RAH－66型武装直升机是美国陆军21世纪数字化部队建设中的骨干装备之一。根据原生产计划，研制商应于2002年交付6架具有初步作战能力的RAH－66直升机，供美国陆军进行野战试验。这一计划现已调整为在2003年交付6架具有全面作战能力的直升机，其中3架将参加翌年举行的数字化作战演习。计划调整的核心是提前安装满足数字化作战要求的任务设备，主要内容包括：一是“长弓”火控雷达提前装机。该型火控雷达原定于2011年装备第6批生产型飞机，现已提前至2006年装备于首批生产型飞机。目前，生产商已在用于AH－64D型武装直升机的“长弓”火控雷达的基础上使系统减重680千克，为提前装备RAH－66型直升机奠定了技术基础。二是增加航程。为满足美国陆军在21世纪信息化战场上实施纵深打击的需要，美国军方与研制厂商已在增大RAH－66武装直升机航程的问题上达成共识。为了保持该机良好的隐形性能，主要将采取增加机内载油的方式增大航程，也不排除加挂保形副油箱的可能。

美国开始研制鸭式布局无人驾驶旋翼机 美国波音公司与美国国防部高级研究规划署共同投资2400万美元，于1998年底启动了为期3年的鸭式布局无人驾驶旋翼机的研制计划。该旋翼机重量为590千克，机体长5.4米，平尾翼展2.6米，鸭翼翼展2.4米，主要遂行侦察、通信、突击与城区作战任务，发动机为1台F－112型涡轮风扇发动机。鸭式布局无人驾驶旋翼机起飞时由发动机驱动旋翼。当达到一定高度时，旋翼锁定于平直位置，由涡轮风扇发动机驱动向前飞行，鸭翼和尾翼提供升力，旋翼也可提供部分升力。这种结构与80年代西科斯基公司提出的X翼结构相比，传动系统要简单和实用得多。

美国S－92中型运输直升机首飞成功 S－92型直升机称为“直升客车”，由美国西科斯基公司牵头国际合作研制，合作伙伴包括日本、西班牙、巴西和中国（包括大陆和台湾）。1998年12月23日，S－92型直升机首次试飞成功。该机有军用和民用两种型号，军用型可载22人，外挂货物重量达4540千克，可遂行部队及物资运输、航空医疗后送、搜索与救援、反潜和特种作战等多项任务。机上安装了军标1553B数据总线，电子系统采用开放式的体系结构，舱外可加装武器挂架。发动机为2台通用电气公司的CT7－8型涡轮轴发动机，在起飞和最大状态连续工作的情况下单发功率为2000轴马力。其旋翼系统结构与“黑鹰”直升机相似，但4叶主桨叶为全复合材料，主桨叶直径增大40.6厘米，桨叶翼弦增大5.08厘米，操纵与悬停性能都有明显改进。该机采用了先进的网络化计算机辅助制造技术，极大地提高了工效，并有效降低了成本。

美国向中国台湾交付S－70C－6型搜索救援直升机 1998年4月17日，美国向中国台湾交付了4架S－70C－6“超兰鹰”搜索救援直升机。至此，中国台湾的搜索救援直升机的数量已经达到17架。这4架S－70C－6搜索救援直升机换装了新型航空电子系统和增强型救护装备，因而其全天候（特别是夜间）的搜救能力有了显著提高。

美国向中国台湾出售 CH－47 型运输直升机 1998 年 10 月 9 日，美国国防部宣布向中国台湾出售 9 架 CH－47 军用运输直升机，这项军售计划包括直升机、备用发动机、零部件和辅助设备，总价值 4.86 亿美元。台湾军队将以该型直升机组建 1 个空运营，从而增强其地面部队的战术机动能力。

英国与意大利联合研制的 EH－101MK3 型直升机出厂 EH－101MK3 直升机是英国威斯特兰公司与意大利奥古斯塔公司联合研制的军用运输直升机，也是 EH－101 直升机的最新改型。1998 年 11 月，首架 EH－101MK3 直升机出厂，并于年内进行了首次试飞。英国根据北约新的危机管理机制，计划组建三军联合的直升机部队，保障快速反应部队的空中机动，EH－101MK3 直升机就是该部队装备的主力机型。英国皇家空军首批订购 22 架该型直升机。EH－101MK3 直升机装 3 台 2240 轴马力的 RTM322 型发动机，最大载荷 4 吨，可运载 24～30 名全副武装的士兵，巡航速度 278 千米/小时，在不挂载副油箱或不进行空中加油的情况下，最大航程为 1020 千米。机上装备有综合防御性电子战系统。EH－101MK3 直升机将于 2000 年 4 月在英国皇家空军服役。

欧洲"虎"式攻击直升机投产 1998 年 5 月，在"虎"式攻击直升机经过 2000 小时试飞、整个研制计划完成 80% 的情况下，德法两国签署了"虎"式攻击直升机投产的谅解备忘录，首批以 36.6 亿美元的固定价格生产 180 架：80 架为护航型，装备德国陆军，2001 年开始交付；80 架为反坦克型，装备法国陆军，2003 年开始交付。德国军队将最终采购 212 架，法国军队将采购 215 架。此外，"虎"式攻击直升机可能出口土耳其、新加坡、西班牙和一些北欧国家。

欧洲研制 EC－635 型直升机 1998 年 5 月，在南非航空博览会上欧洲展出了联合研制的 EC－635 多用途军用直升机。EC－635 直升机是 EC－135 轻型直升机的改进型。该机装备有空空导弹、火箭发射器、外挂式航炮吊舱、旋转炮塔、电子战成套装备，还可根据用户的需要挂载反坦克导弹。其发动机功率为 776～791 轴马力，比 EC－135 直升机的功率增大 15%，因而其性能有明显改善。EC－635 直升机的最大外挂量可达 1500 千克，最大巡航速度 259 千米/小时，最大航程 676～685 千米，续航时间 3.5 小时。

空中预警指挥机 发展空中预警指挥机是加强空中力量现代化建设和提高其攻防能力的战略措施。空中预警指挥机具有反应迅速、实时监控能力强、效费比高、攻防兼备等突出特点，因而受到许多国家和地区的高度重视。美国在该型机的研制方面仍居领先地位，但欧洲、以色列和俄罗斯已显现出不可小视的发展潜力，另有一些国家已陆续展开技术预研。不具备自研能力的国家和地区，则以采购方式发展空中预警指挥力量。1998 年，希腊和土耳其斥巨资各采购 4 架预警机，将于 2004 年开始服役。巴西空军在瑞典和美国帮助下研制的相控阵体制的 SIVAM 亚巴逊监视系统，可望于 2000 年初服役。

美国 E－3C 型空中预警指挥机加装相控阵天线 1998 年 6 月，美国波音公司首次在 E－3C 空中预警指挥机上加装了生产型相控阵天线。这种天线由 1500 个阵元组成，通过 2 个独立的电控波束与卫星进行实时联络。同年 9 月该机参加了美国空军的环境模拟试验。在预警机上加装相控阵天线的主要目的是提高预警机快速实时接收大量信息的能力，也与美国空军将预警机用于对巡航导弹提供预警计划有关。

美、意合作研制低档空中预警机 美国洛克希德－马丁公司于 1998 年初同意大利阿莱尼亚公司开始合作研制 C－27J 空中预警机，从而在预警指挥机领域中将形成以 E—3 和 E－767 为代表的高档空中预警指挥机，以"费尔康"、C－130J 和"萨伯"340 为代表的中档空中预警机，以及以 C－27J 为代表的低档预警机的格局，可以满足全球对空中预警机日益增长的需求。C－27J 空中预警机以阿莱尼亚公司研制的 G－222 型飞机为载机，将机体加固，换装艾利逊公司的涡扇发动机以及 C－130J 飞机的新型电子设备，雷达系统为瑞典爱立信公司研制的"爱立眼"相控阵预警雷达。预计该机于 2000 年可交付使用，其主要用户将是南美国家。

日本 E－767 型空中预警指挥机服役 1998 年 3 月，美国波音公司为日本生产的首批 2 架 E－767 空中预警指挥机在完成试飞后正式交付日本航空自卫队，编入第 1 空中预警机中队服役。E－767 空中预警指挥机续航时间 12 小时，雷达监控半径 800 千米，低空搜索和移动目标探测能力明显提高，具有探测巡航导弹和战术弹道导弹的能力。E－767 飞机与现役 13 架 E－2C 飞机配合，使日本成为亚太地区除美国外拥有最强大空中预警力量的国家。根据新修订的日美防务合作指针，在日本"周边有事"的情况下，日本自卫队将向美军提供情报支援，因此，E－767 空中预警指挥机将在日美情报协同中发挥重要的作用。

侦察机 目前侦察机的发展重点是：雷达、信号、光学与红外等多种情报搜集手段；专用侦察机与多功能侦察吊舱并重；利用卫星通信，提高航空侦察情报的实时和近实时搜集与处理能力；加强情报搜集与火力打击的有机结合。

美国开始 U－2 型侦察机后继机的预研 美国空军对 U－X 侦察机的基本要求是采用有人驾驶型与无人驾驶型两种配置方案，突出其多功能性，主要使用功能多样化的机载侦察设备，可以搜集图像和信号情报，其功能可以涵盖现役 U－2 和 RC－135 侦察机，因而可以减少战略侦察机的型号与装备数量，节省采购与使用费用。U－X 侦察机具有隐形能力，能以亚音速或高超音速从中空或高空实施临空或远距离侦察。当需要在敌防空严密区和纵深地区遂行侦察任务时，将采用无人驾驶配置方案。根据预研安排，U－X 型侦察机的研制工作将于 2010 年开始，2018 年交付部队使用，2025 年前全部取代 U－2 型侦察机。在 U－X 型侦察机研制计划启动前，美国空军决定在 1998 年内完成对现役 35 架 U－2 型侦察机的延寿改装，确保该机使用至 2020 年。

美国削减 E－8C 型飞机装备数量 1998 年 7 月，美国国防部最终决定放弃原定装备 19 架 E－8C 飞机的计划，改为装备 13 架飞机的方案。为了弥补战场监视飞机数量的不足以及满足同时打赢两场重大局部战争的需要，美国国防部决定实施一项内容广泛的 E－8C 飞机改装计划，提高其遂行任务的综合能力。改进的主要内容是用性能更好的装备电扫描阵列天线的 APY－X 型雷达取代现有的合成孔径雷达与动目标指示器组成的 APY－3 型雷达系统。新型雷达的扫描速率更快，雷达的工作模式增多，从而提高了地面杂波对消与抗电子干扰的能力。雷达的天线尺寸在现有的 7.62×7.62 米的基础上减小了一半，雷达分辨率由目前的 3.7 米提高至 0.3～1 米，可以准确地识别地面战斗车辆和武装直升机。

美国 SR－71 型战略侦察机退役 美国空军于 1998 年 3 月正式决定在年内将现役 6 架 SR－71 型高空战略侦察机退役。今后实时战略航空侦察的任务将由 U－2 战略侦察机承担，而持续战略侦察的任务将主要由侦察卫星承担。

美国“全球鹰”和“暗星”无人驾驶飞机试飞成功 “全球鹰”RQ－4A 和“暗星”无人驾驶飞机是美国《4 年防务审查报告》中确定的重点发展项目，也是美国未来情报搜集的主力机型。

“全球鹰”RQ－4A 型无人驾驶侦察机（即原“蒂尔”Ⅱ＋）机身长 13.5 米，宽 1.46 米，机高（含尾翼）为 4.63 米，翼展 35.42 米，尾翼为 V 型。装 1 台 AE3007H 型涡轮风扇发动机，推力为 32 千牛。该机空重 4177 千克，载荷 863 千克，最大载油量 6583 千克，活动半径 5560 千米，巡航时间在 24 小时以上。1998 年 2 月 28 日，该机首次试飞成功。从试飞情况看，“全球鹰”RQ－4A 无人驾驶侦察机具有很强的侦察能力，机载合成孔径雷达工作在 I 和 J 波段，带宽 600 兆赫，探测距离为 20～110 千米，每幅图像覆盖地幅平均宽 37 千米。在高空以巡航速度飞行时该机在 24 小时内可对 10.2 万平方千米的广阔区域进行普查，分辨率为 0.9 米，还能对 1900 个目标进行定点详查，每帧图像面积为 2 平方千米，分辨率可达 0.3 米。对移动目标搜索时，该机可发现运动速度大于 7.4 千米/小时的目标。

“暗星”无人驾驶侦察机即蒂尔－Ⅲ，由洛克希德－马丁公司研制，1996 年 3 月 29 日首飞成功，但在同年第 2 次试飞中坠毁，随后该公司对该机进行了重新设计。1998 年初解决了滑跑严重左偏的问题。同年 6 月 29 日，第 2 架“暗星”无人驾驶侦察机首飞成功，后修改飞行控制软件，解决了颤振问题。

美国启动“空中通用传感器”计划 1998 年初，美国为提高陆军军和师的情报搜集效率，启动了“空中通用传感器”计划，研制新一代多用途战术侦察机，取代现役 RC－7 和 RC－12 电子侦察机。新型侦察机具有以下几个突出特点：一是集多种传感器于一体。机上装有电子—光学照相机、宽频带无线电接收机以及合成孔径雷达，可以侦收敌方信号情报、图像情报并能确定敌雷达阵地位置。二是快速反应能力显著提高。以往侦察机的反应速度主要受地面站的限制，而新型侦察机装有高性能图形工作站，可以对多传感器输入的情报进行实时处理，处理后的情报既可以通过数据链传输给处于野战状态的地面战术部队，也可以通过卫星中继站传输给后方的地面中心站。三是采用现有商用飞机的机体，可有效地降低新机研制成本，缩短研制周期。四是减少陆军侦察机装备的型号。由于该机具有多功能性，其任务已经涵盖了现役 RC－7 和 RC－12 电子侦察机，因而可减少陆军对不同类型侦察机的需求，降低装备维持及使用费用。五是能有效地降低陆军对其他军种提供情报的依赖性，因而能在联合作战中简化协同动作、提高情报利用的时效性。

教练机 军用教练机是根据培养飞行人员素质的长远需要而发展的，采用先进的座舱布局与机载设备。初级教练机强调多军种的通用性，以降低研制及使用成本。高级教练机则强调多机种的适应性，并具有一定的作战能力，可有效地缩小教练机与战斗机在驾驶训练上的差距。

美国 T－6A 型教练机生产型首飞成功 T－6A 型飞机是美国空、海军的“联合初级飞机训练系统”，由美国雷锡恩公司和瑞典皮拉图斯公司联合研制。1998 年 6 月 29 日，首架生产型 T－6A 型教练机出厂，并于7月15日在堪萨斯州首飞成功。初步试飞证明，该机各系统、机动性和失速特性均达到设计要求。原定于1998年底交付空、海军使用，但由于美国空军系统计划办公室认为有必要进行进一步的静力试验和扩展该机在3300～7300米高度范围内飞行包线的试验，因而交付时间推迟数月。经过静力试验后，T-6A飞机的使用寿命将延长至24年。

日本选用T-7型飞机作下一代初级教练机 由于受金融危机的影响，日本防卫厅于1998年9月放弃研制新型初级教练机的计划，改选低成本的改进型T-7飞机作为下一代初级教练机。根据计划，日本航空自卫队将装备50架该型飞机，其中1999财年内拨款生产2架，2000年内交付使用，其余48架飞机于2001～2010年交付完毕。T-7飞机是富士重工业公司研制的T-3飞机的改进型，为串列双座，发动机换装为艾利逊公司研制的250型涡轮发动机，功率为298千瓦，此外对机身后段和机翼进行了重大改进，飞行性能有明显提高。

印度研制新型教练机 目前，印度正在研制新型HJT-36高级教练机，用于取代现役约150架HJT-16教练机。该机起飞重量3500千克，机长11米，翼展10米。其主要特点是：采用串列座舱布局；单发体制；机体主结构为铝合金，操纵面为复合材料；翼下有4个外挂点，外挂能力为1000千克，可挂载炸弹、火箭发射器和航炮吊舱；加装单色多功能显示器，其座舱显示接近数字化水平。该机将于2005年服役。

英国改进"鹰"式教练机 由于欧洲战斗机将于下世纪初装备英国皇家空军，英国于1998年9月决定对部分现役"鹰"式教练机进行改装。改装内容主要包括：加装3个彩色多功能显示器、1个活动地图显示器；换装与欧洲战斗机相同的油门操纵系统；更换新的机上外挂管理系统，换装军标1553数据总线和新型任务计算机；改进座舱设备，使飞行员能使用新机装备的夜视镜；加装系统接口，使该机可在必要时挂载前视红外系统和激光测距器进行训练；装备新型的任务计划系统；加装惯性导航系统和全球定位系统；使该机具有空中受油能力；加装由干扰弹、箔条和雷达警告接收机组成的模块化自卫系统；改进环境控制系统，加装机上制氧系统。改进后的"鹰"式教练机可满足飞行员新机改装训练的需要。首批将改装12架，2000年初交付使用。

机载武器系统 **美国研制成AIM-120型先进中距空空导弹新型导引头** 1998年初，美国空军莱特实验室军械处研制成功AIM-120先进中距空空导弹的新型二级被动反辐射导引头。目前，AIM-120先进中距空空导弹是依靠弹上雷达来截获目标并提供末制导，而加装二级被动反辐射导引头后，AIM-120导弹可以通过接收目标机的机载雷达发射的电磁波来提供制导。这样，新型AIM-120导弹的导引头便具有两种工作模式。超视距攻击时可采用被动制导，一旦敌机载雷达关机，则可自动转入主动雷达制导。加装新型被动反辐射导引头后，AIM-120先进中距空空导弹的可攻击范围明显扩大。

美国改进AGM-65G型空地导弹 AGM-65KG空地导弹是美国空军目前服役的唯一一种红外制导空地导弹，为解决该型导弹制导组件陈旧和维护工作难度大的问题，1998年6月，美国空军和雷锡恩公司共同着手对1200枚AGM-65G"小牛"空地导弹进行改进。改进方式为由雷锡恩公司购回AGM-65G导弹的制导与控制段，拆除其中的6块电子板卡，用一个电荷耦合器件取代弹上的红外寻的器，使导弹的制导方式由红外制导改为电子-光学制导，然后再销售给美国空军。拆卸下的部件由雷锡恩公司制造成新的红外寻的器，向其他国家和地区出售。改进后，新的空地导弹的型号为AGM-65K，与原电视制导的AGM-65A/B空地导弹相比，图像清晰度更高，可在更远的距离上实施防空区外突击，并能在可见光条件更差的情况下使用。

美国成功试射改进型AGM-130空地导弹 改进型AGM-130空地导弹是一种采用全球定位系统和惯性导航系统制导组件的中段制导空对地突击武器。1998年12月，美国空军2架F-15E战斗机首次实弹发射改进型AGM-130空地导弹，2枚导弹均准确命中目标。与原AGM-130空地导弹相比，改进型导弹从发射到击中目标的时间由2分钟缩短至40秒。导弹可根据预先装定的目标坐标自主飞向目标，大大减轻了突击过程中武器系统军官的工作强度，可使空勤人员在目标区集中精力应付复杂的空地威胁，提高了飞机的生存能力；与现有系统高度兼容，并且操作简便；导弹的命中精度显著提高，可大幅度降低突击的附带损伤。

美国国防部签订联合空对地防空区外导弹研制合同 联合空对地防空区外导弹是美国下一代精确制导远程对地突击武器的重点型号。1998年初，美国空军从F-16D战斗机和B-52H战略轰炸机上进行实弹发射，对多种方案进行了一系列作战测试。4月9日，美国国防部正式决定采用洛克希德-马丁公司提出的联合空对地防空区外导弹方案，签订了价值3600万美元的第2阶段研制合同。

该导弹的射程至少在185千米以上，弹上安装有全球定位系统制导组件，末段采用红外热成像寻的器，弹上的自动截获目标软件可对目标进行自动识别，因而导弹的命中精度很高，并可超低空突防。联合空对地防空区外导弹可以显著提高现有作战飞机的突击能力。模拟分析表明，对于一个涵盖广阔地域的目标群，使用联合空对地防空区外导弹实施突击，不到10天摧毁目标群内90%的目标，而使用现有的精确制导武器，耗费20天以上也只能摧毁其中50%的目标。

根据计划，该型导弹于2000年开始低速生产（第1批年产95枚，第2批年产100枚），2002年至2009年进入大批量生产，平均年产量为360枚。美国空军已决定采购2400枚该型导弹，装备现役F－15E、F－16C/D战斗机和B－IB及B－2A战略轰炸机。

美国陆军和海军陆战队联合研制“狱火”空地导弹后继型 1998年3月，美国陆军和海军陆战队决定共同研制“狱火”导弹的后继型，以提高AH－64D攻击直升机的突击能力。后继型导弹称为“狱火”Ⅲ型。这种新型导弹将于2008年交付使用，取代现役的“狱火”导弹和大部分光学跟踪线导反坦克导弹。

“狱火”Ⅲ型导弹的主要改进之处是增大射程，由目前的8千米增至20千米；增强弹头的杀伤能力，既加大其破甲厚度，在城区作战时又能有效地突击城市坚固目标；采用模块式设计，可同时满足两军种的作战需求。

美国开始新型低成本高超音速空地导弹的预研工作 1998年，美国国防部高级研究规划署和波音公司共同展开了新型低成本高超音速空地导弹的预研工作。从预研目标看，这种空地导弹的突出特点是：第一，能在极有限的时间内突击对空防御严密、构筑坚固以及处于地下的目标。第二，射程远、速度快。射程740千米（今后在技术成熟时可将射程进一步提高至1100千米），平均飞行速度为6马赫。第三，成本相对低廉，具有较好的可承受性。以3000枚的批量采购，导弹单价仅20万美元。第四，命中精度高，杀伤威力大。导弹采用惯性导航系统和全球定位系统复合制导，可保证远距离突击时的命中精度；导弹战斗部为重114千克的子母弹，飞行速度快，综合毁伤效果大。第五，任务适应性强。导弹总重908～1135千克，长度约4.01米，可由现役各种型号的战斗机、轰炸机和攻击机的弹舱装载或外挂架挂载。目前波音公司正在对两种设计方案进行为期18个月的概念研究，经过基本设计评审后，美国国防部将选定一种方案，转入为期30个月的制造和飞行试验阶段，预计导弹将于2010年左右服役。

俄罗斯实施R－77型空空导弹中期改进计划 R－77空空导弹是俄罗斯现役先进主动雷达制导的中距空空导弹，是80年代初前苏联为对付美国AIM－120先进中距空空导弹而研制的。俄罗斯于1998年开始对该型导弹进行改进，旨在提高其整体战术性能。新的导弹型号为R－77M型，弹径仍为200毫米，弹长略有增加。由于增加了固体推进剂，导弹重量由175千克增至185千克。主动雷达寻的装置采用新设计的“天和”数字处理系统；导弹原单级发动机改为两级发动机，射程明显增大，末端机动性能明显改善。

以色列研制模块式防空区外武器投撒器 以色列研制的模块式防空区外武器投撒器可由F－16和F－4战斗机携载，每架飞机翼下可挂载2枚。这种武器投撒器重1050千克，长3.97米，投撒器上有2个可折叠的翼面，翼展为2.7米，弹舱容积0.36立方米，最大武器载荷为675千克，可携载各种子母弹或地雷。模块式防空区外武器投撒器装有惯性导航系统和全球定位系统接收机，高空投射时，射程可达100千米。

德、法、意联合研制光纤制导武器 1998年5月，德法和意大利一致同意拨款2400万美元启动试验型“3国光纤导弹”（TRIFOM）计划。光纤导弹是一种空对地高精确度制导武器，其射程大于40千米，可用固定翼战术飞机和武装直升机投射。德法意3国在该计划的关键技术即激光发射成像系统和光纤控制电缆等方面的研究已经取得重要成果。

（王明志）

战 略 导 弹

综述 1998年，各战略导弹拥有国继续调整自己的核战略。1997年底，美国总统克林顿向国防部长和参联会主席下达了改变核战略的指令：改变过去准备与另一超级大国打一场核战争的战略，将战略重点放在阻止核战争或慑止某些小国使用生、化武器方面，这一新战略代替了1981年由当时的总统里根制定的核战略，标志着美国16年来首次正式调整核武器政策，但是美国仍坚持把核武器作为国家安全的基石，其核心内容并没有改变。1998年底，俄罗斯国家安全会议在总统叶利钦的主持下，审议了俄罗斯的核政策，决定了2010年以前俄战略核武器发展计划。叶利钦强调“核遏制力量是保障俄罗斯国家安全的重要因素之一”，俄罗斯要“根据安全需要和财政能力继续发展核威慑力量”，同时指出“《第2阶段削减战略武器条约》对俄罗斯具有重要意义，杜马批准这个条约符合俄罗斯的安全利益”。会议决定，2010年前俄罗斯仍保持“三位一体”战略核力量，并对战略核力量的具体构成作了规定，这是冷战以后俄罗斯政府第1次就战略核力量的组成、结构和发展方向作出比较明确的规定。英、法两国也对自己的核战略进行了局部调整。印度将“发展核武器、实施核威慑”作为其军事战略的重要组成部分，并不顾世界舆论的反对，连续进行了5次地下核试验，巴基斯坦也作出相应的反应，进行了多次核试验。

陆基弹道导弹 陆基弹道导弹是美俄“三位一体”战略进攻性核力量的重要组成部分，双方在削减其陆基弹道导弹的过程中，仍在加紧其现代化步伐，与此同时继续寻求这些导弹在商业领域中发挥作用。

洲际弹道导弹 1998年，洲际弹道导弹的发展仍以机动部署取代地下井部署、改进现有导弹以适应民用航天需要为重点，同时继续加固导弹地下井，提高其生存能力。

美国“民兵”Ⅱ导弹与轨道碎片发生碰撞 1998年1月15日，美国空军的1枚“民兵”Ⅱ导弹从范登堡空军基地发射，30分钟后，该导弹的第3级在太平洋马绍尔群岛上空与轨道碎片发生碰撞被毁，此次发射是美国空军“民兵”Ⅱ导弹“多项服务发射系统”的一部分。

美国“民兵”Ⅲ导弹发射试验成功 1998年6月24日，美国空军从范登堡空军基地发射了2枚无战斗部的“民兵”Ⅲ导弹，每枚导弹携带了3个子弹头，飞行约30分钟后击中6800千米外位于夸贾林导弹靶场的预定目标。这2次发射是作为试验和评估计划的组成部分而进行的，但2次发射的目的不同，第1枚导弹是根据“民兵”Ⅲ导弹制导系统更换计划进行的首次集成演示验证飞行，该计划由空军的作战试验和评估中心负责。另1枚是空军继续试验与评估计划的组成部分，用以检验洲际弹道导弹的准确性和可靠性。

美国空军用“民兵”Ⅱ导弹发动机改装运载火箭

美国《航天新闻》1998年9月报道，美国空军向国防部申请，用“民兵”Ⅱ导弹发动机作为动力的新型火箭进行第2次轨道发射。该型火箭是美国宇航协会和犹它州立大学联合研制的。该运载火箭由“民兵”Ⅱ导弹的下面级和“飞马座”XL火箭的上面级组合而成。它的前两级的发动机是“民兵”导弹的，而第3级和第4级是“飞马座”XL的，唯一新的部件是铝制的级间段，用以连接“飞马座”XL和“民兵”导弹的发动机。该火箭将于1999年9月亮相，用以发射2颗空军的研究卫星。美国空军大约储存有350台“民兵”导弹的发动机。使用多余导弹发动机必须经过特批，之所以严格限制，旨在保护美国商用火箭工业。

美国利用“民兵”Ⅱ导弹的发动机进行火箭试验

1998年11月5日，美国空军从科迪亚克航天发射场发射了1枚火箭，这枚火箭利用了退役的“民兵”Ⅱ型导弹的第2、3级发动机，轨道科学公司提供了火箭的制导、控制、遥测、动力和靶场安全系统，美国陆军与导弹防御司令部提供了箭上GPS试验装置。这枚火箭持续飞行了16分钟。

俄罗斯SS－18导弹进行发射试验 1998年4月15日，俄罗斯战略火箭军在拜科努尔第5国家航天试验场进行了1次SS－18导弹的战斗训练发射。此次导弹训练发射的目的是检验超期服役的SS－18导弹的战术技术性能。发射准备和实施过程进展顺利，所携带的10颗弹头准确命中位于堪察加半岛的弹着区。发射结果证明，该型导弹的战术技术性能仍保持着应有的水平。

俄罗斯SS－25导弹进行检验性训练发射 1998年9月16日，俄罗斯战略火箭军在普列谢茨克航天发射场进行了1次SS－25导弹的训练发射，以检验在战略火箭军某火箭师已服役10年的SS－25导弹能否延长使用保证期。导弹发射后，弹头成功命中位于堪察加半岛的弹着区。发射结果证明该型导弹的战术技术性能仍保持着很高的水平，装备该型导弹的部队仍坚实可靠。

俄罗斯SS－19导弹进行检验性训练发射 1998年10月7日，俄罗斯战略火箭军科捷尔斯克火箭师在拜科努尔第5国家航天试验场进行了1次检验性训练发射，以确定已服役20年的SS－19导弹能否延长使用保证期。SS－19导弹发射后，其6颗弹头准确命中位于堪察加半岛的弹着区。发射结果证明该型导弹的战术技术性能仍保持着很高的水平。

俄罗斯SS－27导弹第5次研究性发射试验失败

1998年10月22日，俄罗斯战略火箭军在普列谢茨克航天发射场进行了 1 次 SS－27 导弹（白杨－M）的研究性飞行试验，以研究 SS－27 导弹的战术技术性能。根据导弹战术技术指标计算的统计数据确定了发射的目的和任务。发射前的准备、导弹点火、飞行全部严格按照预定程序进行，直到系统发生故障后，为保证试验发射的安全而自毁。

俄罗斯 SS－27 导弹最后一次试射成功　1998 年 12 月 8 日，俄罗斯战略火箭军在普列谢茨克发射场对 SS－27 导弹进行了最后一次试射并取得成功，导弹弹头按预定弹道准确击中靶场目标。据俄战略火箭军新闻处 12 月 9 日通报，此次发射是该型导弹的第 6 次试射，目的在于对新型战略导弹的飞行技术参数做出最后鉴定。俄战略火箭军总司令雅科夫列夫同日宣布，随着导弹试验阶段的顺利结束，俄研制 SS－27 导弹并使其进入俄战略核力量作战序列的任务已经圆满完成。SS－27 导弹是一种使用固体推进剂的三级洲际弹道导弹，装备有惯性自动制导系统，可进行固定发射井和机动发射，射程超过 10000 千米。该导弹长 22.7 米、弹体直径 1.95 米、弹头重 1.2 吨、发射重量 47.2 吨。俄计划从 2000 年起每年部署 35～40 枚该型导弹，同时逐步淘汰老式导弹。到 1998 年底，俄已装备 SS－27 型导弹 10 枚。

中程弹道导弹　1998 年，俄罗斯继续探索利用中程弹道导弹进行航天发射，而第三世界国家则继续研制中程弹道导弹。

印度制订“烈火”Ⅱ弹道导弹发展计划　1998 年 5 月，印度官方透露，印度军方制订了一项雄心勃勃的计划，在 2000 年前印度将研制、生产和试验增程型“烈火”中程弹道导弹。印度决定投资 60 亿卢比（1.51 亿美元）进行“烈火”Ⅱ的研制工作，使其射程从原来的 1200～1800 千米至少提高到 2200 千米。“烈火”Ⅱ计划的目标是，到 2000 年低速生产 20 枚导弹，这项工作主要由印度国防与发展局下属的国防研究与发展实验室来完成。

巴基斯坦成功试射中程弹道导弹　1998 年 4 月，巴基斯坦成功地试射了 1 枚“高里”中程弹道导弹。这种导弹射程 1500 千米，有效载荷 700 千克。

伊朗“希哈卜”Ⅲ中程弹道导弹试射　美国《纽约时报》1998 年 7 月 23 日报道，美国间谍卫星探测到 1 枚飞行中的“希哈卜”Ⅲ中程弹道导弹，这种导弹是在朝鲜“劳动”导弹基础上研制的。据估计这种导弹的射程为 1300 千米，可以打到以色列及沙特阿拉伯和土耳其大部分国土。7 月 23 日，美国白宫发言人证实了这一报道。美国的防务专家指出，伊朗的这次试验表明制造和投放大规模毁灭性武器所需的技术正在扩散。

海基弹道导弹　海基弹道导弹是“三位一体”战略核力量中生命力最强的一种，美、俄、法、英、印等国都十分重视发展海基战略核力量。

俄罗斯用 SS－N－23 导弹发射卫星成功　1998 年 7 月 7 日，俄罗斯海军首次使用潜射弹道导弹发射卫星并获得成功。这艘“新莫斯科斯克”潜艇在下潜状态用去掉核弹头的 SS－N－23 洲际弹道导弹发射 1 颗重 10 千克的德国 Tubsat－N 研究卫星。卫星在发射后 85 分钟进入预定轨道。美国的航天分析家们说，这是世界上首次从水下的潜艇发射卫星入轨。卫星由德国柏林技术大学研制，它将提供通讯服务并中转生态信息。

战略巡航导弹　**美国 AGM－129 巡航导弹换装常规弹头**　据英国《简氏导弹与火箭》杂志 1998 年 4 月报道，继 AGM－86B 战略巡航导弹改装为 AGM－86C 常规巡航导弹后，美国空军又提议将少量 AGM－129A 改装成 AGM－129C，用最适合于攻击高价值点目标的常规弹头取代现装备的核弹头。空军共生产了 460 枚 AGM－129A，武器库中仍有 440 枚，空军计划将其中的 20 枚改装为 AGM－129C。AGM－129A 外挂在 B－52H 战略轰炸机上投放，每架 B－52H 战略轰炸机最多携带 12 枚。AGM－129A 型为取得隐形性能，其弹体的雷达截面小，因此，要换装重型常规弹头（约重 227 千克）难度很大。AGM－86B 改装中的一些经验和技术将用于 AGM－129A 的改装，其中包括先进的差分式 GPS 导航技术和钻地弹头技术。AGM－129C 比 AGM－86C 和联合防区外空对地导弹更具优势，但射程将有所减少。没有改装的 AGM－129A 型导弹仍将留在部队服役。

法国继续改进机载核导弹　美国《防务新闻》1998 年 10 月报道，法国正在推进下一代空射核导弹的研制工作，1999 年初可能签订可行性研究合同。这项空对地中程导弹—改进型（ASMP－A）计划是法国防部长在 1999 年国防预算申请中提出的。1998 年初，英国皇家空军的 WE177 自由落体核炸弹退役后，法国成为欧洲唯一保持空射核攻击能力的国家。法国计划从 2008 年开始用 ASMP－A 替代 ASMP。这种导弹将首先装备“幻影”2000N 攻击机，然后再装备“阵风”战斗机。法国宇航公司下属的航空航天与导弹分部已开始对 ASMP－A 计划进行预先可行性研究。ASMP－A 是一种全新的导弹，弹体仍将采用 ASMP 结构。其推进系统采用正在研制的火箭－冲压发动机。据专家估计，ASMP－A 的射程为 ASMP 的 2 倍，大约 500 千米。

表 1 现役洲际弹道导弹主要性能表

	导弹型号	级数	推进剂	长度(米)	直径(米)	弹头数×当量(万吨)	射程(千米)
美国	"民兵"Ⅲ	3	固体	18.3	1.7	3×33.5	11250
	"和平卫士"	3	固体	21.5	2.4	10×33	12000
俄罗斯	SS-18	2	液体	35.0	3.0	10×50	11000
	SS-19	2	液体	25.0	2.7	5×50	10000
	SS-24	3	固体	21.0	2.0	10×50	10000
	SS-25	3	固体	18.0	1.8	1×50	10000
	SS-27	3	固体	22.7	1.9	1×100	10000

表 2 现役海基弹道导弹主要性能表

	导弹型号	级数	推进剂	长度(米)	直径(米)	弹头数×当量(万吨)	射程(千米)
美国	"三叉戟"Ⅱ(D-5)	3	固体	13.59	2.11	8×47.5	11000
俄罗斯	SS-N-8	2	液体	12.9	1.65	1×100	7800
	SS-N-18	2	液体	14.0	1.8	7×20	7000
	SS-N-20	3	固体	15.0	2.0	9×10	8300
	SS-N-23	3	液体	16.9	1.8	6×25	8500
法国	M-20	2	固体	10.7	1.5	1×100	3000
	M-4	3	固体	11.05	1.93	6×15	6000

(任 杰)

弹道导弹防御武器系统

综述 1998 年是世界上继续重视发展弹道导弹武器系统的一年。在这一年里,美国加强了弹道导弹防御计划的发展力度;战区导弹防御系统进一步发展和扩散;美国修改"国家导弹防御"计划,该计划取得新进展。

美国弹道导弹防御计划有变化 据《国防科技要闻》1998 年 4 月 30 日报道,自 1993 年克林顿政府执政以来,美国弹道导弹防御计划一直把战区导弹防御作为首位的发展重点,而把"国家导弹防御"(NMD)和远期先进技术作为第 2 位和第 3 位的发展重点。但是,近年来,随着技术的发展和现实形势的需要,该计划在基本保持现有格局不变的前提下,出现了一些令人瞩目的变化。

一是计划经费呈现增长态势。一方面国防部申请的经费数额逐年增加,这同其他许多发展计划的经费逐年减少形成鲜明对比;另一方面国会每年增加该计划的拨款,这同冷战时期国会每年削减政府申请的预算截然相反。例如,1997 财年国防部为弹道导弹防御计划申请了约 28 亿美元的经费,国会批准了 37 亿美元;1998 财年国防部申请了 35 亿美元,而国会批准了 38 亿美元;国防部公布的 1999 财年国防预算中,又要求为该计划拨款 40 亿美元。计划在 2000~2003 财年再为弹道导弹防御计划拨款 128 亿美元。由此可看出,弹道导弹防御计划已成为冷战后美国政府和国会共同支持的重点计划。

二是强调战区防空与导弹防御一体化。目前,美国已经部署的低层战区导弹防御系统(如改进型"霍克"、PAC-2"爱国者"导弹系统)和正在重点研制的低层战区导弹防御系统(如 PAC-3"爱国者"导弹系统、"海军区域防御"系统),都既具有防御战术弹道导弹的能力,也具有防御飞机和巡航导弹的能力。1997 年初,美国防部正式成立"联合战区防空和导弹防御局"(JTAMDO),负责国防部有关战区防空和导弹防御的作战需求和采购工作,使两者有机地结合在一起。与此同时,弹道导弹防御局也被授权负责研制和集成战区防空与导弹防御系统。

三是逐步加强"国家导弹防御"计划。迫于共和党控制的国会的压力,克林顿政府近年来从多方面采取措施,逐步加强"国家导弹防御"计划,以弥合与共和党的分歧。第一,提高"国家导弹防御"计划的发展层次。国防部决定把该计划由"技术准备"计划改为"部署准备"计划,并曾提出"3+3"方案(既先利用 3 年时间发展"国家导弹防御"系统的各种关键技术设备;如果 2000 年决定部署,再用 3 年时间研制和部署"国家导弹防御"系统),在形式上可满足共和党提出的在 2003 年部署国家导弹防御系统的主张。第二,加强"国家导弹防御"计划的管理工作。为此,在弹道导弹防御局内设立了"国家导弹防御"计划办公室。第三,逐步增加"国家导弹防御"计划的发展经费。用于该项计划的经费占整个弹道导弹防御计划预算的比例,1995 财年为 14%,1996 财年为 21%,1997 财年为 23%,1998 和 1999 财年均为 27%。第四,加紧研制和试验"国家导弹防御”系统的关键设备与技术。其中主要包括地基拦截弹、地基雷达和作战管理与指挥、控制、通信系统。1997年以来,地基拦截弹的关键设备——“大气层外动能杀伤拦截器”(EKV)的红外探测器,已成功地进行了2次验证飞行试验,演示了探测、跟踪和识别目标的能力;地基雷达的样机已基本建成;作战管理与指挥、控制、通信技术也进行了演示试验。

美国1999财年导弹防御计划预算 据美国《航宇日刊》1998年2月2日报道,美国防部在1999财年为弹道导弹防御计划申请了40亿美元的经费,比1998财年国会拨给的38亿美元经费增加了2亿美元。

在1999财年的总经费中,包括空军机载激光器计划的2.02亿美元,以及陆军浮空器(现在称作“联合对地攻击巡航导弹防御架高的联网探测器系统”)计划的1.039亿美元。

弹道导弹防御局1999财年的预算为36亿美元。该局的官员说,该局1999财年申请预算的重点仍然与1998财年相同,但在计划的某些方面已经改变了重点。例如,该局倾向于支持更可靠的战区防空与导弹防御一体化计划,包括发展单一的一体化的空中图像和相关的巡航导弹防御计划。国家导弹防御计划1999财年申请预算为9.50亿美元,主要用于减少该计划的风险,以便在1999财年进行重大的系统集成试验,并在2000财年作出部署准备决定。尽管“战区高空区域防御”拦截弹遇到了一系列挫折,该局仍要求在1999财年为该计划提供8.217亿美元的经费。在申请预算中,该局还为“扩大的中程防空系统”计划提供4300万美元的经费。此外,该局已重新调整了它的先进技术计划。该计划包括“天基激光器”和“大气层拦截器技术”两项计划。该局已把天基激光器计划的经费从每年约3000万美元提高到6000万美元。美国防部官员说,这样数量的经费,再加上空军预算中的3500万美元,为进行技术演示铺平了道路。

美国防部对弹道导弹防御计划再次进行重大调整 据《国防科技要闻》1999年1月28日报道,1999年1月20日,美国国防部长科恩在记者招待会上宣布,将对弹道导弹防御计划进行重大调整。

一是大幅度增加“国家导弹防御”计划的经费,放弃原计划的“3+3”方案,将部署时间从2003年推至2005年。在新提出的2000~2005财年国防预算的申请中,美国防部要求对“国家导弹防御”计划增加66亿美元的投资,使总金额达到105亿美元,几乎是以前申请数额的3倍。美国防部认为,1996年为部署“国家导弹防御”系统确定的“3+3”方案技术风险过高,因此决定寻求一种更为可靠的途径,将部署时间从原定的2003年推迟至2005年,2000年6月将对“国家导弹防御”计划进行“部署准备”审查,根据结果决定是否部署这一系统。“国家导弹防御”计划的助推火箭试验将在2001财年早期进行,其大气层外杀伤拦截器试验将在2003财年早期进行。科恩称,部署“国家导弹防御”系统也许需要对反弹道导弹(ABM)条约进行一些修改,美国将与俄罗斯方面举行磋商,再次修改反弹道导弹条约。

二是加强海军“全战区防御”计划经费,并在该计划和陆军“战区高空区域防御”计划之间引入竞争机制。在高层战区导弹防御方面,美国正在研制的有陆军的“战区高空区域防御”和海军的“全战区防御”两个系统,原计划的部署时间分别为2008年和2010年。陆军的“战区高空区域防御”计划的拦截试验接连5次失败,计划严重受挫。为尽快部署高层战区导弹防御系统,美国防部加大海军“全战区防御”系统的投入,在1999~2001年间增拨5亿美元,以加速该计划的发展,并与陆军“战区高空区域防御”系统形成竞争的局面。2000年将对该两项计划进行评估,从中选出一项技术最为成熟的计划重点发展并在2007年实现部署,未被选中的计划仍将继续发展,但其进度将会大大减缓。

三是调整“扩大的中程防空系统”计划,予以降级发展。该计划是美国与德国、意大利联合发展的一项低层防空反导计划,目的是研制一种机动的防空反导系统,以保护驻外美军及盟军的部队和地面设施免遭敌飞机、弹道导弹和巡航导弹的攻击。按照这次调整的方案,该计划将着重发展用于保护机动部队的地基战区导弹防御系统所需的技术,建议利用现有导弹防御计划已取得的成果(如PAC-3“爱国者”导弹),探索低成本的技术方案。同时还决定减少对该计划的经费支持,在未来3年内,把美国所承担的年度经费由3亿美元减至1.5亿美元。

美国加紧在东北亚和中东地区推进合作发展战区弹道导弹防御系统 据《国防科技要闻》1999年3月18日报道,1998年,美国以亚洲一些国家试验战区弹道导弹为借口,加紧鼓动东北亚和中东的国家与地区与之合作发展战区弹道导弹防御武器系统。

在东北亚,美国以中国大陆和朝鲜的弹道导弹威胁为名,积极谋求把日本、韩国和中国台湾地区纳入其战区导弹防御体系。1998年9月,美国众议院以273票对50票通过1999财年国防授权法案,要求国防部研究在韩国、日本和中国台湾地区建立战区导弹防御系统,以“确保美国在该地区的安全”。同月,美国与日本达成协议,两国将从1999年开始合作发展海基高层战区导弹防御系统。10月,中国台湾当局“参谋总长”唐飞访问美国,与美国防部的高级官员广泛讨论了台湾的安全防御事务，包括战区导弹防御系统的问题。随后不久，台湾当局便提出打算购买美国的“宙斯盾”军舰和PAC－3“爱国者”导弹，以增强台湾的防御能力，并将由专门小组继续评估台湾参加美国高层战区导弹防御系统研究的时机问题。

在中东，美国一直与以色列合作发展先进的战区导弹防御技术。1998年，美国又借伊朗试验远程战区弹道导弹之机，进一步加强与以色列的合作，并提出要与海湾地区的阿拉伯国家合作发展导弹防御系统。1998年9月，美国和以色列的“美以议会间国家安全委员会”发表联合声明，呼吁加速研制和部署战区导弹防御系统，在该领域进行更广泛的合作，包括把美国海军的“全战区防御系统”，陆军的“战区高空区域防御”系统和以色列的“箭”式导弹防御系统联系起来，保护以色列、约旦及其周边驻有美国军队的国家。10月初，美国防部长科恩在访问海湾地区6个阿拉伯国家期间，鼓动这些国家与美国联合研制和部署导弹防御系统，以保护这些国家免遭来自伊拉克或伊朗的可能的弹道导弹威胁。与此同时，土耳其开始寻求参加以色列的“箭”式导弹防御计划；埃及也提出要购买美国的“爱国者”导弹防御系统。

俄罗斯不断推出并扩散新的战区导弹防御武器系统 俄罗斯现有战区导弹防御系统有S－300P、S－300PM、S－300PMV、S－300PMV－1、S－300PMV－2和S－300F以及“安泰－2500”等多种型号，1998年又推出S－300系统的两种新型号，即9M96E型和9M96E2型。此外，还在研制S－400等更先进的导弹防御和防空系统。

据《国防科技要闻》1999年3月18日报道，俄罗斯一直致力于在国际市场上推销其各种型号的战区导弹防御系统。1998年，俄罗斯与印度达成协议，同意向印度提供6套S－300V战区导弹防御系统，并保证帮助印度将S－300V系统与印度自行研制的相控阵雷达和“蓝天”防空导弹集成为一体化系统，使印度的整个前沿防空武器连成网。

此外，俄罗斯在战区导弹防御发展方面与美国既有分歧也有合作。这种合作在1998年又有进一步扩展，双方年初在俄罗斯又进行了一次联合战区弹道导弹防御模拟演习，旨在制定作战方案和程序，以便在需要时双方能够协同作战，共同对付战区弹道导弹威胁。这次演习是1996年美俄两国在美国进行类似联合演习的继续。

北约国家加大战区导弹防御的合作研究 据《国防科技要闻》1999年3月18日报道，1998年，北约国家逐步加大战区导弹防御的合作。英国和丹麦首次参加德国、荷兰和美国在欧洲每年举行一次的“联合光学风车计划”(JPOW)战区导弹防御演习。荷兰与德国、西班牙正在合作研制能够携带美国“标准”2ⅣA导弹的护卫舰，从而使这些国家将拥有海基战区导弹防御系统。法、意联合的欧洲萨姆公司正在考虑进一步改进其现役的“陆基中程地空导弹系统”(SAMP/T)，该系统现在只能防御射程为100千米的弹道导弹，改进后将能防御射程为600千米的弹道导弹。

经过历时5年的辩论，北约成员国在1998年决定提出战区导弹防御的可行性研究计划，以便拟定一体化战区导弹防御网的最佳结构方案，保护北约联盟的军事设施及成员国的领土和人口。北约成员国装备部长会议决定，从2000年4月开始可行性研究，2001年授予可行性研究合同，2002年底完成可行性研究，2004年拟定出基准要求，并向北约成员国装备部长会议提出未来计划步骤的不同方案。

战区弹道导弹防御武器系统　陆基战区弹道导弹防御武器系统

美军提出混合防空体系的设想 据英国《简氏防务周刊》1998年3月11日报道，根据美国防部负责采办与技术的副部长雅克·甘斯勒的指示，美国弹道导弹防御局和陆军正在研究战区导弹防御系统的经济可承受性。受到重视的一种设想是部署由“扩大的中程防御系统”(MEADS)、“爱国者”PAC－3导弹和“战区高空区域防御”系统组成的混合防空体系，通过共用关键性装备(如网络化火控和其他指挥控制系统)，减少作战和后勤保障费用。

美国防部1999财年为MEADS计划申请经费4300万美元。1998年年中进行MEADS设计评审，12月选定承包商。美陆军已制订长期计划，要求部署6个MEADS营，不仅能防御战术弹道导弹，还能防御隐形巡航导弹、旋翼机和无人机。

美陆军研究把PAC－3导弹作为MEADS的拦截弹 据美国《航宇日刊》1998年3月5日报道，美国陆军正在考虑利用PAC－3“爱国者”导弹作为“扩大的中程防空系统”(MEADS)的拦截弹，以便降低费用。与此同时，美国陆军与弹道导弹防御局和联合战区防空与导弹防御局也在考虑其他备选方案。

美国陆军高级采办官员说，正在研制的PAC－3“爱国者”导弹将装在MEADS的发射车上。这两者结合起来将提供一种能够快速部署的系统。MEADS的发射车还有待研制，打算有360度的覆盖，以便保护机动部队。但是，这项计划能否实施，部分地取决于PAC－3导弹是否成功，PAC－3系统的非导弹部分已经进行了成功的试验。

美国已部署的“爱国者”导弹有4种型号 据《国防科技要闻》1998年8月27日报道，美国现已部署4种不同型号的“爱国者”导弹，其第5种型号即PAC－3

导弹(也称“增程拦截弹”)正在研制中。各种型号的导弹分别适用于不同的任务。

已部署的4种型号分别是:(1)标准型“爱国者”导弹,最适用于防御吸气式目标(即用于防御飞机);(2)远程抗干扰导弹,最适用于对付密集排列的远程干扰机;(3)“爱国者先进能力”2(PAC-2)导弹,最适用于防御战术弹道导弹;(4)“制导增强型导弹”(GEM),该导弹改进了防御战术弹道导弹的性能。这4种型号的导弹都装在“爱国者”导弹的发射器上,发射器安装在拖车上,每个发射器携带4枚导弹。前3种导弹还可以在“爱国者”导弹的任何发射器上互换使用,依据交战所需要的能力来选用。

第5种型号即“爱国者”PAC-3导弹,能够用来防御射程更远的战术弹道导弹,不仅扩大了防御区域,而且借助“碰撞杀伤”技术,提高了对大规模杀伤武器的拦截杀伤能力。

美国PAC-3导弹弹头的设计特点 据美国《导弹预测》1998年4月报道,美陆军正在研制的PAC-3“爱国者”导弹,(即“增程拦截弹”1),将采用动能弹头,可能还有高能炸药装药。在拦截交战期间,PAC-3导弹系统将确定目标是战术弹道导弹还是巡航导弹,然后采取相对应的行动。如果目标是战术弹道导弹,PAC-3导弹的导引头要判定战术弹道导弹的头锥,瞄准稍靠后一点的碰撞点,即其弹头所在的位置,以确保摧毁它的弹头。如果目标是巡航导弹或飞机等吸气式目标,PAC-3导弹将在碰撞目标前几毫秒启动它的杀伤增强器,从而把PAC-3导弹的前弹体与后弹体分离(两部分都将碰撞目标),破片以比导弹向前飞行的速度慢大约100倍的速度向外扩展。

美国PAC-3“爱国者”导弹首次拦截试验推迟

据美国《航宇日刊》1998年8月12日报道,由于拦截弹导引头的硬件和软件出现问题,陆军已经作出决定,将原定于1998年9月进行的PAC-3“爱国者”导弹首次拦截试验推迟到1999财年第1季度进行。尽管计划官员们已经采取措施修复近期出现的一些导引头问题,但到目前仍未确定出其中一个问题的原因。

PAC-3“爱国者”导弹系统的拦截试验已经不是第1次推迟了。1998年早些时候,由于进行飞行准备检查所花费的时间比预期的要长,从而推迟了数月。按照计划,PAC-3系统在其发展和作战试验阶段,要进行16次飞行试验。计划官员们说,尚未确定这次推迟将会对计划费用和以后的飞行试验进度造成什么样的影响。

美国PAC-3导弹导引头试验流产 据美国《航宇日刊》1998年12月14日和15日报道,1998年12月14日,美国弹道导弹防御局和陆军计划在白沙导弹靶场进行的PAC-3导弹“导引头性能鉴定”飞行试验因“赫拉”靶弹发生故障而流产。

这次试验是PAC-3导弹首次带有导引头的飞行试验(前2次飞行试验均是采用专用仪器代替导引头),目的是分析该导引头探测、跟踪并接近靶弹的能力,同时在飞行中收集导引头数据。但在试验过程中,因“赫拉”靶弹在其助推飞行阶段发生故障,PAC-3导弹并未发射。按照美国国会的要求,PAC-3导弹在进入低速生产阶段之前,至少必须实现2次拦截。美陆军和弹道导弹防御局计划在靶弹故障分析、新靶弹的准备工作和飞行试验前的准备工作完成之后,重新安排这次飞行试验。

美国THAAD拦截弹第5次拦截试验再次失败

据美国国防部《新闻发布》1998年5月12日报道,美国弹道导弹防御局与陆军1998年5月12日宣布,“战区高空区域防御”(THAAD)拦截弹在新墨西哥州白沙导弹靶场进行的一次试验中,又没能拦截到弹道导弹靶弹。这是THAAD拦截弹的第8次飞行试验,也是第5次拦截靶弹的试验。前4次拦截试验也均未拦截到目标。初步研究表明,THAAD拦截弹在发射后不久就失去了控制,落到白沙导弹靶场内距发射阵地大约2英里的地方,拦截弹只飞行了5.8秒钟,失败发生在头几百米飞行期间。

美国国会和国防部重新考虑修改THAAD计划

据美国《陆军内情》1998年5月18日报道,THAAD拦截弹第5次拦截试验的失败,导致美国防部和国会重新提出修改政府与洛克希德·马丁公司的合同安排。共和党众议员柯特·韦尔登已向众议院法规委员会提出一项修正案,要求在1999财年国防授权法案中指示国防部竞争研制THAAD拦截弹,找出第2个承包商。重新竞争THAAD计划的方案一直在考虑,第5次拦截失败的压力迫使国防部重新予以考虑。现在,洛克希德·马丁公司正在回收THAAD拦截弹的碎片,检验确定失败的原因。一些人士指出,推力矢量控制系统可能出了故障,但鉴定飞行数据的工作才刚刚开始。

在THAAD第5次拦截试验前,参议院军事委员会已经从THAAD计划中削减了7000万美元的工程制造阶段的经费。试验失败后,该委员会主席斯托姆·瑟蒙德提出了一项议案,销减全部的工程制造发展阶段的经费。

美陆军坚持要继续发展THAAD系统 据美国《陆军内情》1998年5月25日报道,在“战区高空区域防御”(THAAD)系统第5次拦截试验失败后,1998年5月20日,美陆军参谋长丹尼斯·赖默上将和代理陆军部长罗伯特·沃克在参议院拨款委员会国防小组委员会作证时表示,尽管国防部长办公厅和国会正在辩论 THAAD 计划的未来,但他们继续支持这项计划。他们说,"对 THAAD 的需求是绝对坚定的",虽然到目前为止 THAAD 拦截弹的 5 次拦截试验都失败了,但"这里没有任何我们能鉴别的系统故障","我们需要坚持这项计划,因为其他系统正在考虑之中,而 THAAD 系统比任何竞争的其他系统领先 5 年"。

另据美国《航宇日刊》1998 年 5 月 11 日报道,美陆军空间与导弹防御司令部司令爱德华·安德逊中将对记者说,THAAD 系统总的来说是一个成功的系统,"它们已经能够完成 30 个飞行试验目的中的 28 个目的……我们未能实现的两个目的是拦截目标与进行杀伤评价"。

另据美国《防务新闻》1998 年 9 月 7~13 日报道,尽管"战区高空区域防御"系统拦截试验连续遭到失败,美陆军方面对该系统仍然充满信心,相信它最终会取得成功。

美国提出解决受挫的 THAAD 拦截弹计划的选择方案 据美国《航宇日刊》1998 年 8 月 27 日报道,预计 1998 年 8 月底,美国弹道导弹防御局与陆军将向国防部的一个高级委员会提出处理遇到麻烦的"战区高空区域防御"(THAAD)拦截弹计划的选择方案。这些方案包括:(1)取消 THAAD 拦截弹计划;(2)除洛克希德·马丁公司外,再任命一个新的主承包商;(3)在 THAAD 计划中引进一种新的拦截弹;(4)继续保留 THAAD 拦截弹计划;(5)把 THAAD 拦截弹的研制经费转交给海军战区导弹防御计划。

但是,弹道导弹防御局的计划官员们断然否定了任何要扼杀 THAAD 拦截弹的计划。尽管该拦截弹在 5 次拦截试验中失败,THAAD 计划仍得到国防部官员和国会立法人员的全面支持。

俄罗斯为 S-300 系统研制新型导弹 据英国《简氏防务周刊》1998 年 10 月 21 日报道,在最近举办的希腊国际防务装备展览会上,俄罗斯阿尔乌兹中央设计局披露了为 S-300 防空系统研制的新型导弹的技术细节。新型导弹包括两种型号,即 9M96E 型和 9M96E2 型。它们的尺寸和重量比现有的型号小得多。9M96E 型发射重量为 330 千克,最大拦截距离为 40 千米,最大拦截高度为 25 千米;9M96E2 型发射重量为 420 千克(比 9M96E 型长 0.9 米),最大拦截距离为 120 千米,最大拦截高度为 30 千米。两种新导弹携带 1 个 24 千克重的高能炸药弹头,其外形非常类似美国为 PAC-3 系统研制的增程拦截弹(ERINI)。在导弹尾部有 4 个可折叠的固定弹翼,在其前面有 4 个活动的弹翼,发射后展开。也象增程拦截弹一样,在一个密封发射箱中可携带 4 枚 9M96E/9M96E2 导弹,发射箱在发射后抛弃。两种新导弹从发射箱中冷发射,达到 30 米高度后发动机点火。在飞行的初始阶段,导弹采用惯性制导,在飞行的末段由主动导引头接替制导,同时还采用了新的"横向制导发动机",减少了在飞行末段开始寻的时脱靶的可能性,所以命中概率高。新导弹拦截飞机的概率至少为 90%;拦截弹道导弹的概率至少为 80%;拦截弹道导弹弹头的概率至少为 70%。

这两种导弹可供现有的 5 种不同的 S-300 系统,即 S-300P(SA-10a)、S-300PM(SA-10b)、S-300PMV(SA-10c)、S-300PMV-1(SA-10d)、S-300PMV-2"骄子"(SA-10e)系统使用,每个发射单元装 4 枚导弹,每辆发射车可携带 16 枚导弹。新型导弹也可供海军型 S-300F(SA-N-6)系统使用。

这些新导弹预定在 1999 年进行最后试验,计划在 2000 年开始生产。俄罗斯已开始向 S-300 系统的现有用户推销这种导弹。现在已经装备了 S-300 系统的国家包括白俄罗斯、保加利亚、克罗地亚、匈牙利、伊朗、俄罗斯、斯洛伐克、叙利亚和乌克兰等。塞普路斯也定购了 S-300 系统。

俄罗斯在莫斯科周围部署"安泰-2500"导弹系统 据俄罗斯《军事检阅》杂志 1998 年第 1 期和英国《简氏防务周刊》1998 年 6 月 24 日报道,俄罗斯在 S-300V/S-300V1 防空导弹系统基础上,研制成功了车载机动的"安泰-2500"(Antey-2500)反导弹、反飞机一体化的防空系统,并将在莫斯科周围部署 5 个"安泰-2500"地空导弹营,而且已向国外出口。

该系统每个作战单位由 1 个指挥控制中心和 4 个火力单元组成。指挥控制中心配备 1 辆指挥车、1 部全面扫描雷达和 1 部扇面扫描雷达。每个火力单元配备 1 部制导雷达和 12 辆导弹发射车,其中 6 辆车各载 2 枚 9M82M 导弹,另 6 辆车各载 4 枚 9M83M 导弹。该系统可拦截各种飞机和射程在 2500 千米以内、飞行速度在 4500 米/秒以下的各类弹道导弹。对弹道导弹的最大拦截距离为 40 千米,最大拦截高度为 30 千米;对飞机的最大拦截距离为 200 千米,拦截高度为 25~30000 米;可同时与 24 架飞机或 16 枚弹道导弹交战。该系统与许多外国系统(包括美国的"爱国者"3)相比,性能优越。海湾战争的统计结果显示,"爱国者"的拦截成功率仅为 36%,而"安泰-2500"的多次试验结果表明其拦截成功率达到 98%。最近进行的试验成功地拦截了末速度超过 4500 米/秒的导弹,并摧毁了在 200 千米处的 2 架图-16 无人机。

俄罗斯研制先进的防空系统 据美国《航空日报》1998 年 8 月 28 日报道,俄罗斯正在专注为防空导弹部队和无线电技术部队发展先进的防御系统。这些系统包括一种新型超视距雷达,要求它能探测 600 千米之外机动的空基和地基目标,按计划可能要到2000~2003年部署。这种"收发分置"的雷达,其发射架和接收机配置在相距几百千米的地方,能够探测在发射架和接收机中间通过的任何空中目标。这种雷达将用于为新的、正在进行试验的防空和导弹防御系统探测目标。在非官方的公开报道中把这种系统称为S-400系统,其作战性能将比现役S-300PMV系统高1~2倍。据称,这种系统将能够拦截射程达3000千米的导弹、在地平线下飞行的目标,拦截高度覆盖从3米到同温层的所有高度。

俄罗斯正在研制新型机动中程地空导弹　据英国《简氏防务周刊》1998年10月21日报道,俄罗斯阿尔乌兹中央设计局正在领导研制一种称为"凯旋"的新型机动"中程地空导弹"(MSAM)系统。这种新系统在很多方面非常类似美国与德国和意大利联合研究的"扩大的中程防空系统"(MEADS)方案,既能用于拦截飞机、直升机和无人机,也能用于拦截战术弹道导弹。

"凯旋"导弹是固体推进剂导弹,拦截距离为1~50千米,拦截高度为30米~25千米。一个典型的"凯旋"导弹火力单元,将由1个能够执行目标监视和跟踪的火控系统、3辆导弹发射车(每辆发射车携带12枚导弹)和1辆导弹供给车组成。所有这些设备都装在相同的6×6越野卡车底盘上,以便快速部署。一个火力单元总共有48枚导弹。安装在顶部的雷达是相控阵雷达,能够一次探测和跟踪多达40个目标,同时拦截8个目标。为了确保高的拦截概率,一般要向每个目标发射两枚拦截弹。每辆发射车有3排安装导弹的装运箱,每排有4个装运箱。在发射车行进时,导弹装运箱水平放置;在系统部署时,导弹装运箱抬升为垂直放置。密封在发射箱内的新导弹利用一个起重机装填到发射车上。在发射位置部署时,每辆发射车用安装在车两边的4个外伸支架使之稳定。每个火力单元有其自己的辅助电源设备。来自火控系统的信息通过数据链传送到发射车。

阿尔乌兹中央设计局从90年代初开始研制这种新的"中程地空导弹"系统,负责系统的总体设计和系统集成,而实际的"凯旋"导弹则由法凯尔导弹设计局负责设计和制造。据称,"凯旋"中程地空导弹系统已经成功地拦截了一些靶弹,其中包括战术弹道导弹。

以色列"箭"2型反导系统成功地进行了模拟拦截试验　据英国《简氏防务周刊》1998年9月23日报道,美以共同投资的"箭"2型导弹防御系统于9月14日在地中海上空成功拦截了计算机模拟目标。导弹从特拉维夫南部帕尔玛钦的以色列空军试验中心发射,在假想目标的有关数据输入雷达和火控系统后,随即发射1枚导弹,导弹准确追踪到目标并将其摧毁,然后按计划自爆,整个过程持续了97秒。

"箭"2型反导系统是多层导弹防御系统的一部分,使用固体燃料火箭,装有末制导拦截弹头,最大飞行速度达9倍音速,拦截距离16~48千米,拦截高度10~40千米,被认为是世界上最有效的导弹防御系统。这次试验是这个耗资16亿美元项目的第6次试验,也是"箭"2型系统3个主要组成部分(导弹、"青松"雷达和"香橼树"火控系统)的首次联合试验。以色列计划明年早些时候进行拦截真导弹的实验。如果成功,美国将在1999年中部署两个作战连,争取部署第3个连。由于美国战区高空导弹防御系统的试验失败,"箭"2型的研制引起各国的极大兴趣。

以色列国防部批准部署"箭"式导弹防御系统计划　据美国《防务新闻》1998年6月8~14日报道,1998年5月27日,以色列国防部批准部署"箭"式导弹防御系统计划。这项需多年完成的计划将耗资10亿美元。现在,以色列把"箭"式导弹防御系统称之为"侯马"系统。该系统由"箭"2型导弹、"青松"EL/M-2080搜索、捕获和火控雷达以及"香橼树"指挥控制系统等组成。根据已批准的部署计划,"侯马"系统将在1999年底具有应急部署能力,2000年将部署头两个"箭"式导弹连,2001年部署第3个"箭"式导弹连。

另据英国《简氏防务周刊》1998年12月9日报道,以色列飞机工业公司于1998年11月29日正式向以色列国防部交付了首枚"箭"2型反战术弹道导弹系统。以色列空军最近已组建第1个"箭"式导弹连,并于12月开始训练。据称"箭"2型导弹将很快用于发射试验,如果必要,也能用于作战。

以色列首枚"箭"式反弹道导弹交付使用　据路透社电子版1998年11月29日报道,以色列国防部1998年11月29日发表声明说,首枚以色列和美国共同出资研制、由以色列生产的"箭"式反弹道导弹交付使用。在交付仪式上,以色列国防部称,这次交付的"箭"式导弹具备全面作战能力,也含有测试设备。这批初始系列的"箭"式导弹将主要用于拦截试验,但在必要时也可参加拦截作战。它用于在距地面10千米和40千米之间的高度上对来袭导弹实施拦截。

中国台湾购买的"爱国者"导弹系统已完成部署　据台湾《TVBS新闻》1998年8月25日报道,台湾从美国购买的"爱国者"导弹系统已在大台北地区部署,有可能于1999年进行实弹试射。

这种"爱国者"导弹弹长5.31米,最大速度达6倍音速,射程将近70千米,由相控阵雷达导引。台湾于1994年向美国购买200枚"爱国者"导弹,6套发射装备,用于装备3个连,其中部分装备已在1997年陆续运抵台湾,并在桃园某基地进行组装。同年10月"力士”导弹退役后，在高空将由“天弓”Ⅰ型和Ⅱ型导弹以及“爱国者”导弹替补，在中低空有“鹰”式导弹，再加上未来陆军野战部队的“毒刺”导弹，台湾整体防空体系将更加完备。

中国台湾将列入美战区导弹防御网 据台湾《中央日报》电子版 1998 年 9 月 26 日报道，美国众议院 9 月 25 日下午以 373 票对 50 票通过下年度国防授权法案，增列修正条文，要求美国防部研究构建包括亚太地区的“战区导弹防御系统”，以确保美国在该地区盟国的安全；而所谓美国在亚太地区的盟国中，包括了日本、韩国和台湾。根据该条文规定，美国防部长必须在 1999 年 1 月 1 日以前，向国会提出在亚太地区构建导弹防御网的研究结果，以及所涉及的各项因素；同时应说明美国现有的导弹防御系统可以转移给亚太地区主要盟国的可行性。

另据台湾《中国时报》1998 年 10 月 3 日报道，美国参议院当天以 96 票对 2 票通过了该《国防授权法》的两院协凋报告，至此该法案的国会程序已经完成，即将送交白宫待总统签字后生效。由于国防授权法具有约束行政部门的法律效力，因此美国防部在未来研究部署在亚太地区的战区导弹防御系统时，将明确把中国台湾列入名单之中。

中国台湾当局积极谋求参与美国战区导弹防御计划 1997 年 10 月 27 日，美国防部主管亚太安全事务的助理部长帮办坎柏证实，台湾当局“参谋总长”唐飞在 10 月份访美时，曾会见美国防部长科恩、参谋长联席会议主席亨利·谢尔顿及涉及亚洲安全事务的其他官员，广泛讨论了台湾的安全防御事务，包括战区导弹防御系统问题。1998 年 11 月 23 日，唐飞公开指出：2001 年该是台湾确定是否要参与美国战区导弹防御计划的时候了。最主要的考虑是台湾的财力、人力；但现在我们先提出购买“宙斯盾”军舰和 PAC－3“爱国者”导弹的需求，以增强台湾的防御能力。

与此同时，李登辉也下令台湾军方积极研究加入美国的战区导弹防御系统。台湾军方已经初步决定采购 PAC－3“爱国者”低层战区导弹防御系统，并以专案小组继续评估高层战区导弹防御系统的加入时机。

埃及拟购买美国的“爱国者”导弹防御系统 由于担心弹道导弹在中东地区的扩散，埃及政府想要购买 6 个火力单元的美国“爱国者”防空导弹系统（大约 400 枚制导增强型“爱国者”导弹和 48 辆发射车），以便替代其已经陈旧的防空网。如果这笔交易成功，估计销售额约为 10 亿美元。

埃及要求购买美国的“爱国者”导弹，也是在美国国会的立法人员提出埃及应购买美国的装备后提出的。埃及现有的大部分防空系统都是原苏联的设备，美国立法人员担心埃及可能购买俄罗斯的 S－300 防空系统。

北约决定开始战区导弹防御可行性研究 经过历时 5 年对防御战区弹道导弹所涉及的政治、作战和技术问题的辩论，北大西洋条约组织在 1998 年决定提出战区导弹防御的可行性研究计划，以便拟定一体化的战区导弹防御网的最佳结构方案，保护北约联盟的军事设施及成员国的领土和人口。

早在 1993 年，北约成员国装备部长会议（CNAD）便成立了一个关于“扩大的防空/战术导弹防御”（EAD/TMD）特别工作组，负责拟定盟国范围内未来技术合作的可能机会，以便防御战术（战区）弹道导弹。1995 年 4 月，北约成立了“导弹防御特别工作组”，深入研究 EAD/TMD 所涉及的一些技术、标准和合作问题与方案。1997 年 4 月，该工作组拟定了全面的战区导弹防御模型，包括高层防御（防御区域为 1600×500 千米，拦截高度在 35 千米以上）、低层防御、海军系统、预警系统和作战管理与 C^3Ⅰ系统。1998 年 4 月，北约成员国装备部长会议决定成立一个负责计划规划管理的工作组，拟定北约的基准目标。今后的计划要点是：2000 年 4 月，开始可行性研究；2001 年年中，授予可行性研究合同（估计费用为 3500 万美元）；2002 年底，完成可行性研究；2004 年，拟定出北约的基准要求，并向北约成员国装备部长会议提出未来计划步骤的不同方案。

海基战区弹道导弹防御武器系统

美国海军战区导弹防御计划的进度安排 据美国《航宇日刊》1998 年 2 月 3 日报道，根据现在的安排，美国海军区域导弹防御系统的用户作战鉴定系统（1 艘军舰携带 35 枚拦截弹）计划在 2000 财年提供应急部署；第 1 套系统预定在 2000 财年部署。国防部国防采办委员会将在 1998 年 3 月审查海军全战区防御计划，然后将批准该计划转入飞行演示阶段。该阶段包括“大气层外轻型射弹”（LEAP）的拦截飞行试验，以及把“标准”3 型导弹/动能弹头集成到“宙斯盾”系统中。试验计划包括 2 次拦截器控制试验和飞行试验弹的 7 次飞行试验，首次拦截试验计划在 2000 财年第 1 季度进行。

美国拟加速实施海军全战区导弹防御计划 据美国《防务新闻》1998 年 9 月 28 日～10 月 4 日报道，美国防部正在对海军提出的 3 种方案进行审查，这些方案可使海军全战区导弹防御系统提前 6 年部署。

美国海军全战区导弹防御系统，以现有的“宙斯盾”武器系统为基础，使用带有“大气层外轻型射弹”（LEAP）的改进型“标准”3 型导弹为拦截弹来摧毁处于助推段、中段或末段的中程或远程弹道导弹，以此来实现地区性导弹防御，原计划于 2011 年部署。鉴于该计划以现有的武器和基础设施为基础，相对风险性小，成功率高。美国国会已表明了对这项计划的支持，在1999财年的预算中，国会对该计划所批准的资金数额比总统所申请的多出了1.2亿美元，对与该计划相关的雷达研究项目多批准了2800万美元。

1998年9月16日，应国防部的要求，海军提供了3种加速发展方案，可使该系统最多提前6年部署。这3种方案是：(1)尽早部署方案，在2005年部署第1个单元，2000年需3.51亿美元的启动经费，而目前2000年的预定经费为2.74亿美元；(2)逐步降低风险和尽早部署方案，既要加速部署进程，又要进行较多的试验以降低风险，2000年需4.99亿美元；(3)逐步实施方案，2007年部署，所需经费亦多于目前计划的数额。美国防部将在2000财年计划完成之前作出决定，是否实施这3种方案中的某一种。

美国"标准"3型导弹导引头成功地进行搭载跟踪试验　据美国《防务系统日刊》电子版1998年11月25日报道，由美国雷锡恩公司制造的新型搭载试验用"标准"3型拦截弹导引头，利用空中监视试验台(AST)飞机，成功地跟踪了美国海军的两枚导弹。两枚靶弹从夏威夷夸爱靶场发射，由靶场生成对这两枚导弹的跟踪信息并将之发送到AST飞机，安装在AST飞机顶舱的"标准"3型红外导引头利用这些信息成功地捕获并跟踪了目标。这次试验是为了支持美国海军的全战区导弹防御计划。波音公司目前正在测试"标准"3导引头子系统，以验证其能够捕获并跟踪典型的战区弹道导弹目标。将来，这种先进的导引头将被集成到海军下一代的战区弹道导弹拦截弹中。

美海军试验最新型"标准"导弹　据美国《防务日刊》电子版1999年1月12日报道，美海军"德凯特"号导弹驱逐舰1998年12月在夏威夷夸爱试验场发射了6枚雷锡恩公司制造的SM－2BlockⅢB型"标准"导弹，其中有些试验发射验证了这种新型导弹的有效作战能力。SM－2BlockⅢB型导弹是"标准"导弹最新的衍生产品，它将红外末制导寻的头与常规半主动雷达制导方式结合在一起。美海军作战与评估中心正在对试验结果进行评估分析。

日本加紧战区导弹防御研究　据美国《防务新闻》1998年6月15～21日报道，南亚爆发新的核军备竞赛促使日本防卫厅加紧与美国合作进行战区导弹防御(TMD)研究。日本防卫厅说，在8月底向大藏省提交的1999财年预算草案将为导弹防御系统的研制申请大量研究经费，包括设计和制造红外传感器、陶瓷材料以及高速计算机。

过去6年日本防卫厅已为弹道导弹防御研究花费近5.57亿日元(395万美元)。日本防卫厅打算以海军的"宙斯盾"巡洋舰队为基础建立海基平台。海军现役的4艘"金刚"级水面战舰装备有美国海军的"标准"导弹。日本防卫厅已与美国防部合作开发导弹防御的相关技术，包括冲压式火箭发动机技术。另外，日本防卫厅的技术研究与开发所希望1999年与美国空军开始联合研制新型固体/液体燃料混合发动机。

日本政府正式决定与美国合作研究战区导弹防御系统　1998年9月20日，日本外相高村正彦和防卫厅长官额贺福志郎与美国国务卿奥尔布赖特和国防部长科恩等，在纽约举行日美安全保障协商委员会会议并发表了联合声明，联合声明说，在战区导弹防御设想问题上，双方一致同意"要朝着共同研究技术的方向开展工作。"

1998年12月25日，日本政府在安全保障会议上正式决定，1999年开始同美国合作研究开发战区导弹防御系统。日本政府的1999年度财政预算，已经为此拨款9.6亿日元。日本防卫厅认为，在今后的5～6年间，将为此投入200至300亿日元的研究经费。

据美国海军负责战区作战系统的副助理部长罗德尼·伦佩特少将说，美国与日本计划以美国海军全战区防御系统的拦截导弹为基础，合作研究导弹防御。已经确定的研究领域是推进技术、导引头技术、杀伤器(KV)技术和头锥技术。现在的讨论集中在经费和任务上，并承诺要在1999年4月或5月达成协议。

助推段战区弹道导弹防御武器系统　美国机载激光器研制取得进展　美国空军的机载激光器(ABL)主要用于拦截助推段飞行的战区弹道导弹。波音公司、洛克希德·马丁公司和TRW公司组成的联合小组负责研制。TRW公司研制机载高能激光器，洛克希德·马丁公司研制ABL光束控制系统，波音公司负责项目管理和系统集成。

据美国《防务系统日刊》1998年1月29日报道，波音公司已完成机载激光器的风洞试验。该公司经过一个月的一系列风洞试验，确定了影响机载激光器性能的关键部件设计。最近进行的最后几次试验，主要集中在机头转台和激光器排气系统的设计上。试验结果令人满意，证实了机头转台的被动气流控制非常有效，同时也精选了一系列的排气设计候选方案。机头转台的基本设计得到证实，同时还获得了所有必要的动态压力数据，因此可以进一步完成机头转台的详细设计，直径2.64米的机头转台设计的风洞试验要达到两个主要目标：一是转台表面具有最小的动态压力；二是最优化被动气流控制，减小剪切层的影响。

另据美国《防务日刊》电子版1998年4月30日报道，由美国空军、波音公司、洛克希德·马丁公司和TRW公司组成的机载激光器研制小组，4月29日成功地完成了机载激光器的缩比激光束控制分系统的性能演示试验。试验是在实验室进行的，克服了飞机振动和大气湍流的影响，成功地演示了将激光束精确快速瞄准和聚焦在数百千米远处来袭导弹上的能力。这次试验为机载激光战区导弹防御系统的最后设计、制造和部署提供了坚实基础。

另据美国《防务日刊》电子版 1998 年 6 月 5 日报道，美国机载激光器"首次出光"试验成功。TRW 公司进行的机载激光器"首次出光"试验，持续时间 5 秒钟。这次试验用的是 TRW 公司研制的氧碘化学激光器，重量不超过 1350 千克，功率达几十万瓦，由 14 个这样的激光器组成 ABL 系统。这是一次低功率试验，今后几周的试验将逐步提高功率。空军计划采购 7 套 ABL 系统。

目前，美国机载激光器的研制工作正处于计划确定与降低风险阶段，该阶段将持续到 2002 年。这期间，将制造出 1 台机载激光器系统样机，并进行演示试验。在 2002 年，将进行机载激光器拦截助推段弹道导弹试验。在 2003～2005 年，该系统将进入工程制造与发展阶段。

美国防部关注机载激光器的其他军事应用 据美军《防务日刊》1998 年 1 月 16 日报道，美国防部认为，空军未来的机载激光器除摧毁敌方弹道导弹外，还可以有更多的用途。国防部副部长约翰·哈姆雷说："我们正在研究机载激光器在摧毁敌方对抗手段、保护空中高价值资源、进行照相侦察与监视以及压制敌防空系统方面的潜力。"机载激光器的信息系统还可以把预定的发射点和拦截点数据传送给其他武器系统，协助其他战区导弹防御系统拦截目标，也可帮助作战飞机实施攻击。

机载激光器的使用费用十分低廉，整套系统将以 1 架波音 747－400 为载机，它可在几百千米之外摧毁导弹。按照目前的时间表，该系统在 2005 财年投入生产，2006 财年具有初始作战能力。

以色列进行"鹦鹉螺"战术激光系统雷达试验 据美国《国际飞行》杂志 1998 年 5 月 6～12 日报道，多年来，以色列一直在研制"鹦鹉螺"战术激光炮，最近，已完成该系统的关键部件——搜索雷达的初始试验。该雷达是"箭"2 型反导系统的"青松"雷达的衍生型。试验中，发射的 55 枚俄制 BM－21 火箭弹全部被其跟踪上。

"鹦鹉螺"战术激光武器系统的主要作战任务是对付齐射火箭炮和再入段的战术弹道导弹，目前正在研究它在防空(反飞机)方面的应用。该系统发射激光束的射程可达 6 千米，对目标照射 3 秒钟足以将其摧毁。系统安装在 1 辆拖车上，可机动作战。

以色列发展新的导弹防御途径 据英国《国际航空》1998 年 6 月 17～23 日报道，以色列正在通过发展一种新的多系统的途径，以应付日益增长的远程弹道导弹威胁。由以色列国防部提供经费支持的一个小组正在研究探测和摧毁弹道导弹与巡航导弹威胁，主要是伊朗的导弹威胁。这次评价提出了一些关于正在研制的系统(包括"箭"式反战术弹道导弹系统)的能力问题，以重新评价威胁和提出应付这种威胁的办法。研究的重点可能是应付具有改进精度的巡航导弹和弹道导弹，还将集中力量研究确定敌导弹发射车位置的方法——这些方法将可能是天基的——使以色列能够在敌导弹发射前或刚刚发射后拦截它们。据知，以色列一直在研究配备有武器的高空、长航时无人机的可能应用，作为快速反应的一种办法。

战略弹道导弹防御武器系统 **美国国家导弹防御系统第 2 次 EKV 探测器飞行试验获得成功** 据美国国防部公共事务助理部长办公室 1998 年 1 月 16 日发布的新闻称，美国国家导弹防御计划的"大气层外动能杀伤拦截器"(EKV)探测器第 2 次飞行试验获得成功。试验是在美国东部时间 1 月 16 日晚 10 时 46 分进行的。EKV 探测器由洛克希德·马丁公司研制的有效载荷运载火箭(PLV)从陆军夸贾林导弹靶场发射升空。20 分钟之前，1 枚经特殊改装的"民兵"2 型导弹从范登堡空军基地发射，携带 1 个模拟弹头和若干诱饵，作为前者的靶弹。这次试验的目的不是拦截目标，而是对 EKV 探测器识别并跟踪空间目标的能力进行分析，进而检验该探测器的工作性能。

该 EKV 探测器的组成包括光学导引头、数据处理系统和遥测装置，采用高灵敏度的碲镉汞红外焦平面阵列。探测器通过高性能的望远镜对目标和诱饵进行观察，并从中识别出模拟弹头。

1997 年 6 月，波音北美公司制造的 EKV 探测器曾成功地完成了首次类似的试验。1998 年晚些时候，波音公司和雷锡恩公司制造的 EKV 将分别进行 1 次对空间目标的拦截试验。根据这两次试验的结果，弹道导弹防御局将从中选择一种，作为国家导弹防御计划的 EKV 方案。

美国波音公司赢得 16 亿美元的国家导弹防御系统合同 据英国《防务系统日刊》1998 年 5 月 1 日报道，美国防部弹道导弹防御局已将国家导弹防御(NMD)计划的系统集成合同授予波音公司，合同期 3 年，价值 16 亿美元。波音公司负责 NMD 系统的设计、研制、试验和集成。NMD 系统组成包括导弹助推器、拦截杀伤器、预警和制导雷达、作战管理、指挥和控制系统、探测跟踪敌方导弹的天基传感器。

根据合同，国防部将在对未来威胁进行分析的基础上,决定是否部署 1 个完整的作战型 NMD 系统。如果认为威胁存在,将在 2003 年部署 1 个具备作战能力的有限防御系统;如果认为没有威胁存在,将继续进行研制和试验,到有威胁存在时可在 3 年内部署 NMD 系统。按目前的 NMD 计划安排,首次导弹拦截试验将在今年下半年进行。

美国国防部选定 GBI 拦截弹的助推火箭 据英国《防务系统日刊》1998 年 7 月 28 日报道,美国国防部于 1998 年 7 月 27 日宣布,国家导弹防御系统"地基拦截弹"(GBI)的助推火箭发动机已经选定。选定的助推火箭结构将采用现成的商用发动机,以减少费用。选定的助推火箭将由波音公司组装,估计每枚助推火箭的成本为 300 万美元。基本的合同将采购 5 枚供试验飞行使用,另外还包括提供静态试验和地面试验的设备。

地基拦截弹将由多级助推火箭和 1 个"大气层外杀伤拦截器"(EKV)组成。助推火箭把 EKV 推进到来袭弹道导弹的附近位置,从而使 EKV 能拦截目标并通过碰撞力将其摧毁。

美国国家导弹防御地基雷达样机提前获得成功 据英国《防务系统日刊》1998 年 9 月 14 日报道,雷锡恩公司生产的美国国家导弹防御地基雷达样机(GBR-P)在得到批准以全功率运行之后仅过了 6 天,便成功地对 1 颗卫星进行了为时 350 秒的跟踪,比计划预定的日期提前。

地基雷达作为国家导弹防御系统所需雷达的一个组件,与天基探测器集成在一起,为国家防御系统提供一个完整的探测器方案。该地基雷达样机成功的验证了系统收集雷达校准数据的能力,并初步验证了关键的机电扫描技术。它将提供精确的威胁跟踪和对大气层外物体的识别及分类。地基雷达样机计划始于 1995 年,预定于 1999 年完成初始的测试工作。

美专家批评国家导弹防御计划过于仓促 据英国《简氏防务周刊》1998 年 3 月 4 日报道,美国防部首席武器试验专家、作战试验与评估主任菲利普·科伊在年度报告中指出,目前进行的国家导弹防御(NMD)系统计划过于仓促。"如果要求 2003 年完成部署,就不得不把 10~12 年的工作压缩到 6 年完成,结果是多数试验和评估将同时进行,过多地依赖模拟和仿真。""由于时间紧迫将导致采纳一个低于规定标准的系统。"

克林顿政府两年前把 NMD 从"技术准备"计划升级为"部署准备"计划,分别进行 3 年的技术开发和系统集成,随后依据对威胁的判断决定是否立即部署。这个缩短了的时间表极大地限制了弹道导弹防御局充分完整地评估系统性能的能力。在 2000 年作出部署决定前,"仅计划做一次系统水平的飞行试验",既没有地基拦截弹试验,也没有预警系统与美国总统之间的通信联系试验和对付多种威胁的系统试验。部署决定所依赖的模拟和仿真仅经极少的真实飞行数据验证。

弹道导弹防御目标探测和 C³I 系统 **美雷锡恩公司制成 SBIRS 低轨道卫星探测器** 据英国《简氏导弹与火箭》1998 年 5 月报道,美雷锡恩公司已完成美空军"天基红外系统低地球轨道卫星"(SBIRS-Low)"飞行演示系统"(FDS)"探路者"目标捕获探测器的制造和组装。"天基红外系统"(SBIRS)是美国下一代天基监视和预警卫星系统,其主承包商和系统集成承包商 TRW 公司正在制造两个"飞行演示系统"卫星,预定在 1999 年秋季用 1 枚"德尔它"2 型火箭发射到空间。雷锡恩公司计划为 SBIRS-Low"飞行演示系统"提供红外探测器设备和任务数据处理设备。

"飞行演示系统"卫星上的探测器设备包括 1 个扫描式短波红外目标捕获探测器和 1 个凝视式多谱段红外跟踪探测器。捕获探测器提供高分辨率的"地平线对地平线"覆盖,脉冲覆盖地平线以上几度的范围,将用来搜索、探测和跟踪助推段飞行中的导弹。捕获探测器所探测到的任何目标都要转交给跟踪探测器,由它在整个中段和再入段以更高的精度跟踪目标。星上的信号与数据处理机测量每个目标的亮度和角速度,然后把测得的数据汇合成跟踪数据,作为目标瞄准测量数据发给地面设备或其他"飞行演示系统"卫星。这种信号处理机的重量仅是以前计算机重量的十分之一,而能力相同;使用的动力只有 175 瓦,也是以前计算机所需动力的十分之一。

雷锡恩公司制造完成的这种探测器正在进行地面试验,以便检验它的设计,并在组装、集成和试验两个"飞行演示系统"卫星之前解决生产和试验问题。

美国"天基红外系统"卫星首次发射时间可能推迟 据美国《空军内情》1998 年 12 月 11 日报道,美中央情报局和国防部官员一直考虑推迟"天基红外系统"(SBIRS)的高、低轨道卫星的首次发射时间,以便弥补空军 2000~2005 财年经费预算中 6.67 亿美元的亏空。

"天基红外系统"由两部分组成:高轨道部分(SBIRS-High),由大椭圆轨道和同步轨道卫星组成,用于探测导弹发射,原计划 2002 年首次发射;低轨道部分(SBIRS-Low),由低轨道卫星组成星座,用于跟踪导弹、提供技术情报和作战空间特征。

空军预算估算小组委员会建议将 SBIRS-High 卫星的首次发射时间从 2002 年推迟到 2004 年,但美国航天司令部等部门力图维持原发射时间不变;该小组委员会还建议把 SBIRS-Low 卫星的首次发射时间从 2004 年推迟到 2006 年,以节省 10 亿美元的预算,国防部内经管 SBIRS 计划经费的绝大多数人都同意这一建议，但弹道导弹防御局(BMDO)坚持在 2004 年部署。该局认为，SBIRS－Low 卫星与国家导弹防御计划及高层战区弹道导弹防御计划密切相关。BMDO 的支持对于 SBIRS 的命运至关重要，因为国会已批准给国防部 10 亿美元的应急拨款，用于研究与发展弹道导弹防御系统。BMDO 可能愿意拿出一部分支付 SBIRS－Low 的近期欠款，但前提将是在 2004 年进行首次发射。

目前，TRW/雷锡恩公司的“SBIRS－Low 飞行演示系统”和波音/洛克希德·马丁公司的“低高度验证系统”两个计划的费用都已超支，进度推迟。前者合同费为 5.08 亿美元，现估计费用将达 7.58 亿美元；后者合同费为 1.69 亿美元，现预计将花费 2.43 美元。根据国防部提供的预算数据，SBIRS－Low 计划在 2000～2005 财年的预算总值为 43.2 亿美元。按照空军的建议，如果将 SBIRS－Low 卫星的首次发射推迟到 2006 年，在 1999～2005 年期间将节省 9.87 亿美元。然而，这样推迟也将使飞行验证发射时间至少推迟 10 个月，并使计划定义阶段合同从 12 个月延长到 15 个月。

美陆军实施近程导弹防御最佳雷达配置计划 据美国《陆军内情》1998 年 10 月 19 日报道，美陆军空间与导弹防御司令部正在实施一项名为“近程导弹防御最佳雷达配置”(SWORD)的计划。该计划包括发展一种由新的先进雷达制导、碰撞杀伤的拦截导弹。其雷达有 360 度搜索范围，具有机动跟踪能力，能一次监视多达 80 个目标，同时在每一秒钟内控制 5 次拦截。该计划将提供一种低成本的方案，精度高、杀伤力大并且火力强，以便对付日益扩散的巡航导弹、近程弹道导弹、反辐射导弹、直升机和直升机发射的空对地导弹的威胁。

1998 年 9 月底，SWORD 计划小组向陆军科学委员会通报了该小组完成的该方案风险减小研究结果。陆军科学委员会同意 SWORD 系统方案是可行的，支持进行“先期技术演示”(ATD)，但建议作一些改变，以提高导弹的能力。这些建议包括：用现有的雷达设备进行空间点制导试验；发展电子扫描相控阵干涉捕获与火控雷达，这种雷达能够在先期技术演示期间进行一对一和多对多的飞行试验。

美海军对新型“防线阻拦者”防御系统进行海上试验 据英国《防务系统日刊》电子版 1998 年 10 月 20 日报道，最近，美国海军在“伊利湖”号和“罗伊尔港”号导弹巡洋舰上成功地进行了多次“防线阻拦者”系统海上试验。这使得美海军向部署第 1 个海军弹道导弹防御系统迈出了坚实的一步。

“防线阻拦者”系统是“宙斯盾”武器系统的改进型。这些试验考核了作为海军区域防御系统“大脑”的先进的计算机软件的安装，并初步鉴定了这套系统。这种海基战区弹道导弹防御系统着重提高海军舰只靠近海外潜在危机区，部署战区弹道导弹防御力量的能力。其防御优势将有效保护部署到危机区域的美军和盟军，并能加强对空中、登陆港口和阶段性战场的控制权。

美海军为弹道导弹防御研制大功率识别雷达 据英国《防务系统日刊》电子版 1998 年 8 月 4 日报道，美国海军正为其战区弹道导弹防御有源雷达的样机广泛征集提案。该雷达是一种大功率识别力(HPD)雷达，将为降低美海军战区高层防御计划的风险提供有利的技术支持。它可作为 AN/SPY－1 型雷达的辅助雷达，或者是为提高灵敏度而设计的改进型 AN/SPY－1 雷达。它将有助于“标准”SM－3 导弹实现大气层外拦截。

为评估该雷达能否符合高层弹道导弹防御任务的要求，HPD 研究计划将实现以下目标：(1)验证该雷达舰载的各种接口，包括重量、供电、电磁匹配和冷却接口等；(2)验证海军特殊作战环境下其具体的战术作用；(3)验证海军特殊作战环境下，尤其是战术弹道导弹上升和中间段跟踪、识别时的战术作用；(4)为远期导弹威胁提供一种有效的扼制手段；(5)为 AN/SPY－1 雷达高精度识别性风险降低计划提供可靠的技术保障。

美海军战区高层弹道导弹防御计划将从 2005 年开始发挥其作战效能。研究表明，“宙斯盾”武器系统对付未来战区弹道导弹威胁的雷达功率和识别能力还不够。这要求增加 HPD 雷达，以获得比“宙斯盾”系统的 AN/SPY－1 型雷达更远的探测、跟踪和识别能力。目前，HPD 计划已投入 1800 万美元，具体项目包括方案研究、初步设计、先期物资采办、样机制作和试验。

印度计划 1999 年发射导弹监视卫星 据英国《简氏防务周刊》1998 年 4 月 29 日报道，在巴基斯坦最近试验发射“高里”中程弹道导弹之后，印度计划 1999 年初发射 1 颗低地球轨道遥感监视卫星，以监视在次大陆进行的各种导弹试验活动。印度国防官员说，在“高里”中程导弹发射时，印度根本没有遥感卫星监视该地区，因此只好依靠“友好国家”提供的照片。空军参谋长 S·K·沙林最近说，“我们已经拟订出该计划的定性要求，空军将与印度空间研究院合作实施该计划。”印度空间研究院建议把遥感卫星送入低轨道变成监视卫星，这样做将缩短有效载荷设计和发射所需时间。遥感卫星送入 400 千米的低地球轨道，星载全色相机的空间分辨率可达 2.5 米，能提供有关巴基斯坦导弹发射准备活动的清晰照片，但不能确定导弹的射程。为确定其射程和弹道,将需要跟踪和遥测站网。

以色列正式部署“香橼树”作战管理与 C^3I 系统 据英国《简氏防务周刊》1998 年 7 月 8 日报道,以色列已正式部署了为其“侯马”反战术弹道导弹计划研制的“香橼树”作战管理与 C^3I 系统,并将于 1998 年底具备有限的作战能力。该系统将成为以色列整个防空网的核心设备,可把 PAC-3“爱国者”导弹连、“箭”式导弹连和正在与美国合作研制的“战术高能激光”(THEL)低空防空系统联系起来。每个“箭”式导弹连预计有 1 个“香橼树”指挥所。以色列国防部的计划人员,还打算把所研制的其他战区导弹防御系统联系在一起,包括用于助推段拦截的无人机和卫星侦察系统。

“香橼树”系统的火控中心设计为可移动的集装箱化结构,火控中心内的操作人员工作间装备有保密数据/保密话音 ADS-21 数据分发系统,能够利用在以色列试验台(ITB)计划中研制的接口处理几十个威胁目标。该系统通过自动处理各类传感器获得的数据,以实现对弹道导弹进行拦截。

巡航导弹防御武器系统 **美陆军研制巡航导弹防御空中网络传感器系统** 据英国《防务系统日刊》1998 年 2 月 16 日报道,美陆军空间与导弹防御司令部授予雷声公司一项合同,对“联合对地攻击巡航导弹防御空中传感器(JLENS)系统”进行验证。JLENS 系统可提高现有防空武器(如“爱国者”导弹、海军的“标准”2 导弹以及海军陆战队的防空导弹系统)对巡航导弹的探测和拦截距离,并能使战斗机在敌方上空摧毁来袭的巡航导弹。

这项计划有 3 个主要任务:(1)降低计划实施的风险;(2)设计、研制、采购、制造、集成、测试、验证并维护一个满足性能指标的系统;(3)研制一个实用的“备用”系统,供用户鉴定和应急部署使用。整个计划的费用约为 3 亿美元,采购 12 套系统,估计费用为 16 亿美元。

美国国防高级研究计划局研究对付巡航导弹的导引头 据英国《简氏国际防务评论》1998 年 4 月报道,亚音速巡航导弹、无人机和低空/低速有人驾驶飞机的扩散,引起美国国防部国防高级研究计划局(DARPA)为对付这些目标的武器而研究一种便宜的导引头。该局正在寻求每个导引头的平均成本低于 5 万美元,生产 3000 个导引头。这种导引头包括探测器本身、常平架(如果需要的话)、信号与数据处理设备和制导电子设备。该局研究的目标是:重量小于 13.6 千克;能够安装在 1 个直径为 15~25 厘米、长 30~60 厘米的圆柱体内;在 100g 的轴向加速度和 20g 的横向加速度下工作;功耗小于 1000 瓦;有能力在 1 立方千米的引导空域内捕获指定的被动威胁目标并寻的。这种低成本的导引头需要在各种气象条件下工作,但不要求能够对付所有类型的威胁目标。

美国弹道导弹防御局试验用于巡航导弹防御的新型自动目标识别技术 据美国《航宇日刊》1998 年 8 月 26 日报道,美国弹道导弹防御局准备近期进行一次重要的集成试验,以验证将最新的目标自动识别技术集成到未来的巡航导弹防御平台上来。目前弹道导弹防御局正在同美国国家航空与宇航局(NASA)的喷气推进实验室就观察成像/常平架仪器实验室(VIGIL)和模拟神经三维处理设备(ANTE)开展合作。其中 VIGIL 是一种机载望远镜,用于在目标识别试验中采集数据和测试新的主动及被动式焦平面成像设备;ANTE 是一个原型的地面及空中图像处理/目标识别计算机体系结构。

为了将 VIGILANTE 技术应用于巡航导弹防御任务中,弹道导弹防御局正在对其进行评估。目前考虑的用于巡航导弹防御的 VIGILANTE 平台有多种,包括小型灵巧拦截器系统、非常小型化的监视航天器和微型侦察飞行器等。VIGILANTE 计划负责人阿特·厄尔少校说,30 年来人们一直在试图解决自动目标识别问题,VIGILANTE 可能是一个突破性的技术。该计划将于 1999 财年末进行一次集成飞行试验,之后将决定将 VIGILANTE 技术用于何处。弹道导弹防御局和喷气推进实验室已经对所有的 VIGILANTE 部件进行了工作台试验,现在正进行必要的技术调整,并加速飞行试验的准备工作。在这次飞行试验中,一架轻型直升机将装载 VIGILANTE 系统,在巡航导弹防御场景中飞行。VIGILANTE 系统将收集数据并识别出通过无线电操纵的巡航导弹防御靶标。这次试验还将密切监视该系统在城区内完成任务的能力,因为城区内建筑物的边缘可能会导致系统在搜索导弹翼尖时发生误判断。

WIGILANTE 计划的总经费为 1000 万美元,预期用 3 年时间,在这次集成飞行试验后便结束。届时该计划可能会被转移到弹道导弹防御局或喷气推进实验室的其它计划中,也可能由某一军种来承担其后续发展工作。

美国空军加强对隐形巡航导弹防御的研究 据美国《航空与空间技术周刊》1998 年 8 月 24 日报道,美空军经过几年的研究后,已综合研制成一种探测和拦截隐形巡航导弹的系统。这种系统是以对 E-3 预警飞机、E-8 飞机和 AIM-120 先进中程空空导弹进行一系列改进为基础进行的。

对 E-3 和 E-8 飞机的雷达改进的目的是使之能发现隐形巡航导弹和其他雷达反射截面很小的目标。E-3 飞机发现入侵的巡航导弹后,决定在空中的拦截点,截击导弹很可能是战斗机发射的 AIM－120 空空导弹。然后由改进的 E－8 飞机为截击导弹指示目标,一旦截击导弹进入攻击范围,就会启动自导系统完成最后的截击任务。E－3 飞机的 S 波段雷达改进后,能捕获到 160～320 千米以外的隐形巡航导弹。现正在对 AIM－120 导弹传感器的灵敏度进行改进,使之能探测到在什么方向上引爆威力最大。其他的截击导弹可能还包括陆军的“爱国者”和海军的常规或新型拦截导弹。更进一步的改进是让 E－3/E－8 飞机对隐形巡航导弹进行联合定位,以便有更充分的时间组织防御武器实施截击。

弹道导弹防御先进技术计划　美国先进技术计划的两项革新　美国国防部弹道导弹防御局的先进技术计划,重点是发展未来可能需要的部件和系统。在 1999 财年的预算申请中,天基激光和大气层拦截器技术两项计划的费用,占先进技术计划总预算的三分之一左右。最近,该局为先进技术计划推出两项新的革新:一是成立“联合技术委员会”,负责研究弹道导弹防御局与各军种能如何更好地协调技术工作,共享资源和相互带动制定综合的技术计划,它将成为弹道导弹防御局核心管理方法的一部分;二是制定导弹防御技术主计划,以解决如何把技术投资转变成“重大国防采办计划”。

制定技术主计划的主要目的是:(1)更多地了解发展中的威胁以及最根本的任务和实现任务的能力;(2)判定所需的技术,降低重大国防采办计划的风险;(3)确定技术发展的时间表;(4)调整现有的技术计划并提出新的计划,以满足需要和促进把创新的技术应用于可能的弹道导弹防御中。技术主计划每年 1 月份更新一次,同时审查发展中的威胁以及正在发展的重大国防采办计划的性能。在用户、计划管理人员及其他人员的配合下,弹道导弹防御局的总工程师判定技术需求,研究减少费用与风险的方法。技术需求按重点次序编成清单,然后进行审查,以便系统结构与工程委员会批准。负责技术运筹的副局长利用这些技术需求设计先进技术计划。此外,弹道导弹防御局、军种领导人与联合技术委员会还作定期的审查。

美国天基激光武器取得重大进展　据《国防科技要闻》1998 年 8 月 27 日报道,美国空军天基激光(SBL)计划取得重大进展。天基激光武器是把激光器与跟踪、瞄准系统装到空间平台上而构成的一种定向能武器,主要用于摧毁在助推段飞行的战略弹道导弹,也可用于反卫星。20 多年来,这种武器一直受到美国的青睐,目前已把它作为初期部署的动能反导武器的后备选手段和国家导弹防御系统的组成部分予以重点发展。其目的在于使美国拥有全球范围内拦截助推段飞行的弹道导弹的能力,遏制由携带核、生、化弹头的弹道导弹所造成的、不断增长的威胁。

天基激光武器的关键技术主要是大功率激光器、用于把激光束射向并聚焦到目标上的大型反射镜和用于捕获、跟踪目标并控制反射镜把激光束射向目标的光束控制系统。到目前为止,这些关键技术都已得到验证。在大功率激光器方面,作为天基激光武器核心的“阿尔法”氟化氢化学激光器,工作波长 2.7 微米,由 TRW 公司于 1980 年开始研制,1989 年进行首次出光试验,到 1994 年 8 月已出光 10 多次,输出功率已达百万瓦级,并进行了近武器级的连续波运作。通过进一步改进激光器的结构设计和采用增加模块化腔环等办法,可将输出功率提高到武器要求的水平,并能使激光器的重量比原来减轻两个量级。在大型反射镜方面,通过实施“大型先进反射镜计划”(LAMP),已研制出主动控制的 4 米直径多面组合主反射镜,其设计是地面、空间使用兼容的,并能按比例放大到 8 米直径,供作战使用。在光束控制系统方面,通过实施“大型光学演示实验”(LODE)计划,已研制出光束控制系统。在地基高功率系统的综合试验方面,1997 年完成了“阿尔法/大型先进反射镜计划”的地面综合试验,成功地进行了 3 次百万瓦级高功率激光器与光束控制及瞄准子系统的地面集成综合试验。这标志着历时 7 年的软件设计、硬件制造、集成与试验取得了成功,演示了天基激光系统的生存能力和可行性,为后续天基激光武器演示样机的发展提供了宝贵的设计数据。系统集成问题基本解决,现已进入武器系统的方案论证阶段。1998 年 2 月,美空军分别与由 TRW 公司和洛克希德公司牵头的两个小组签定为期 6 个月、价值为 1000 万美元的合同,以进行天基激光器演示器方案的设计竞争。计划在 1998 年底前与获胜承包商签定价值为 10～20 亿美元的合同,制造演示验证用激光器,并计划在 2005～2008 年试验发射首台星载演示器样机。

按照美国构想的方案,供作战使用的天基激光武器平台将运行在 1300 千米高的轨道上,激光武器的有效杀伤距离达 4000～5000 千米,可摧毁 9～11 千米高空的弹道导弹。单个星载平台可覆盖 10% 的地球表面。要想覆盖全球,拦截从世界上任何地点发射的弹道导弹,需要由 14～24 颗卫星组成星座。

根据美俄《反弹道导弹条约》的有关规定,部署天基激光反导武器要经过该条约的常设协商委员会(由美、俄、哈萨克斯坦、乌克兰、白俄罗斯 5 国代表组成)协商。因此,美国防部迄今还没有提出部署的时间表。

美国空军重新安排天基激光计划　据美国《航宇日刊》1998 年 12 月 24 日报道,尽管美国国会的高层领导成员要求空军加速天基激光(SBL)计划,但美空军目前仍将放慢该计划的进程,以便获得更先进的技术。重新设计的 SBL 计划将采用更先进的技术,而且其演示样机将于 2010 年进行飞行,随后将部署实用系统。功能性 SBL 系统面临开发先进光学材料技术的挑战。空军希望依靠为"哈勃"后续计划投资开发的可折叠式光学材料,这项技术预计到 2005 年开发出来。

美空军最后还推迟了机载激光(ABL)计划。国防部说,ABL 对于 SBL 来说是十分关键的,该计划将开始解决减小足以摧毁弹道导弹的激光器的尺寸问题。

美国发展大气层拦截器技术　据美军《五角大楼内情》1998 年 5 月 11 日报道,美国众议院国家安全委员会在其提出的 1999 财年国防授权议案中,支持发展"大气层拦截器技术"(AIT),建议为该项计划授权拨款 4650 万美元,比国防部的申请数额(2200 万美元)多一倍以上。AIT 计划是一项技术集成计划。作为一个技术试验台,它要发展直接碰撞杀伤拦截器的先进部件技术。该计划的主要目的是:通过直接的技术嵌入,降低采办计划的技术风险与费用;寻找技术方案,为弹道导弹防御的拦截弹提供应急的能力,以应付现在还无法对付的先进威胁。

据《FAS 特种武器监视新闻》电子版 1998 年 9 月 22 日报道,1998 年 9 月 21 日,美陆军空间与导弹防御司令部将 AIT 拦截器试验台合同授于雷锡恩公司。集成的 AIT 拦截器试验台将用于飞行试验计划。按照基本合同,雷锡恩公司将研究集成的 AIT 拦截器试验台的需求和初步的及详细的设计,以支持 AIT 计划。

另据英国《防务系统日刊》1998 年 11 月 26 日报道,美国洛克希德·马丁导弹与空间先进技术中心(ATC)研制的 AIT 拦截器导引头已通过测试。这种用于拦截弹上的导引头能够捕获目标并引导拦截弹至碰撞点。

(高桂秀、尹承魁)

军用航天技术

综述　1998 年世界各国共成功地进行了 75 次发射活动,把 142 个航天器(不包括从航天飞机释放和回收的卫星)送上了预定轨道(详见表 1)。美国进行了 33 次发射(包括 5 架次航天飞机的发射),再加上非美国火箭发射的 19 颗美国卫星,使美国 1998 年共入轨 95 个航天器;俄罗斯进行了 22 次发射,分别将 25 个本国航天器和 14 个外国的航天器发射入轨;欧洲航天局共完成了 10 次商业发射("阿里安"4 火箭 9 次和"阿里安"5 火箭 1 次),共把 14 个航天器送上预定轨道;中国共进行了 6 次发射,把两颗本国卫星和 8 颗美国小卫星送上了预定轨道;日本仅成功地发射了 1 次。

全年各国航天发射中失败 6 次,其中以色列的"沙维特"火箭和日本的 H－2 火箭各 1 次;美国的"大力神"4 火箭和"德尔它"3 火箭各 1 次;俄罗斯/乌克兰的"天顶"号火箭和北朝鲜的火箭各 1 次。

1998 年,各国在军用卫星的发展和应用、国际空间站的建造、低轨移动卫星通信、空间探测等方面均取得了显著成绩。美国制订了面向 21 世纪的军事航天发展长远规划,明确提出要控制空间和从空间使用武力;亚洲国家和地区掀起了军事航天发展热潮。举世瞩目的国际空间站开始在轨组装,超期服役的俄罗斯"和平"号空间站准备退役。第 1 个低轨小卫星移动通信系统投入使用,卫星通信从此进入新纪元。

美国采取一系列新举措,力图保持军事航天优势地位　美国为了保持其在 21 世纪的军事航天优势地位,一方面制订军事航天发展长远规划,另一方面加紧建立和完善各种军用航天系统,增强军用航天系统的作战支援能力。

1998 年 4 月 7 日,美国航天司令部公布了其 21 世纪初军事航天发展长远规划——《2020 年设想》。这是美国军方为保持其在 21 世纪初的军事航天优势地位而制订的一项十分重要的长期发展规划。主持该规划制订工作、刚卸任的美国航天司令部前总司令埃斯蒂斯上将说:"长远规划综合了军、民、商发展军事航天的最佳思路,并归纳成达到航天司令部 2020 年目标的发展路径图,确定了美国未来军事航天发展的重点和方向。"

长远规划指出,到 21 世纪,空间将成为美国国家安全和国民经济发展的重心,美国对航天能力的依赖,可与 19 世纪和 20 世纪工业的生存与发展对电力的依赖相比拟。因此,21 世纪美国航天力量的首要任务是夺取空间优势。为此,美国航天司令部提出了确保空间优势的 4 个作战概念,即控制空间、全球交战、全面力量集成和全球伙伴关系。

表 1　1998 年世界各国发射的航天器分类统计表

各类 国家与组织	航天飞机	通信	侦察	气象	地球资源	导弹预警	海洋观测	导航	飞船	科研与技术试验	天文与星际探测	小计
美　国	5	76 *	1	1			1			7	4	95
俄罗斯		10	3		2	1	1	3	5	1		26
日　本		1									1	2
中　国		2										2
国际通信卫星组织		2										2
国际海事卫星组织		1										1
欧洲航天局					1					1		2
欧洲组织		4										4
北　欧		1										1
德　国										2 * *		2
瑞　典										1		1
巴　西		1										1
新加坡/台湾		1										1
非　洲		1										1
埃　及		1										1
总　计	5	101	4	1	3	1	2	3	5	12	5	142

*　其中包括 64 颗移动通信卫星系统的小卫星(其中"铱"星 40 颗、"轨道通信"16 颗、"全球星"8 颗)。

* *　从俄罗斯潜艇发射的小卫星。

控制空间包括确保自由进出空间,对空间环境的监视、威胁预警,保护己方航天系统、防止敌方利用己方航天系统和干扰、破坏敌方航天系统等。控制空间的目的是确保美国及其盟国在外层空间的行动自由,可以无阻拦地进入太空,并能自由地工作,在必要时能阻止敌对国家的这种自由。

全球交战的作战概念包括一体化集中监视、导弹防御以及力量应用。一体化集中监视是全球交战的基石,它的系统按照需求为各级指挥员提供连续的高价值目标信息,以支援导弹防御和力量运用。导弹防御的任务是保护美国及其盟国的军队、关键利益不受弹道导弹与巡航导弹的威胁与攻击。力量应用是指从空间行使武力,其任务是发展各种天基武器,包括天基激光武器、天基高能微波武器、作战航天器等,从外层空间攻击弹道导弹、巡航导弹、飞机、舰船等高价值目标和时间敏感目标,并向地面投掷武器。

全面力量集成是指将航天力量及从空间获取的信息和与其相对应的陆、海、空力量集成起来,把航天能力无缝隙地编入战争的所有方面,支持全方位作战。如果这一集成足够彻底的话,作战指挥员们能像使用许多其他传统方法一样直观地运用航天资源。

全球伙伴关系是指充分利用民用、商用和国际航天系统加强美国的军事航天能力。这个概念是基于商业和国际航天能力的迅速增长,美国军方可以利用这些系统增强军事能力,增强战斗空间感知和信息共享等。

这 4 个作战概念是长远规划的支柱。从这一长远规划可知,当进入 21 世纪时,空间力量将继续提供空间支援,并将开始从空间行使武力。美国正在谋求的空间优势,将与其在陆地、海上和空中的优势一起,使美国实现全谱优势,维持其在全球的霸主地位。

西欧各国走联合发展军用航天系统的道路,但步履维艰　1996 年法、英、德 3 国国防部提出"3 国军用卫星通信"计划,经过协商,3 国政府于 1997 年 12 月签署谅解备忘录,决定联合研制、制造和发射下一代军用卫星通信系统,拟于 2005 年建成由 3 颗或 4 颗卫星组成的星座系统,用于取代英国的“天网”4 军用通信卫星系列和法国的“锡拉库萨”2 号军用通信系统。1998 年 8 月,英国宣布退出,使“3 国军用卫星通信”计划半途而废。在此之前,法、德两国曾计划联合研制“太阳神”2 号光学照相侦察卫星和“何露斯”雷达成像侦察卫星,其中前者以法国为主,后者以德国为主。1997 年秋,德国以财政困难为由,宣布退出“太阳神”2 号计划;1998 年,法国借削减国防预算之机,决定中止与德国“何露斯”计划的合作。

可见,西欧国家谋求走联合建立军用航天系统的道路步履维艰。究其原因,一是军事航天技术事关国家安全,即使是盟国之间合作也有一定困难。二是由于美国的介入,各国需求并不完全一致。其中英国凭借与美国的特殊关系,可部分分享美国军事航天发展的成果;德国当初在考虑加盟“太阳神”2 号计划时,美国极力游说,想让德国以比参加“太阳神”2 号卫星更少的资金直接购买美国制造的光学成像侦察卫星;而法国的“欧洲意识”较强,谋求建立独立的光学侦察系统。三是小卫星技术的蓬勃发展,使原计划的大卫星系统耗资相对较大,经费协调较困难。

但西欧各国发展军用航天系统的步伐并没有放慢,也没有完全放弃走联合发展之路。1998 年 11 月 23～29 日,西欧联盟成员国的国防部长和外交部长在罗马开会,原则同意西欧联盟合并目前英、法、德、意正在单独实施的光学和雷达侦察卫星计划。拟议中联合研制的侦察系统将重点发展小卫星,总经费控制在 20 亿美元以内,并充分利用欧洲空间局的商用对地观测计划。

亚洲国家和地区掀起军用航天系统发展热潮　随着空间在国家安全、政治、经济、科技等方面的战略地位日益增强,亚洲国家和地区也越来越认识到军用航天系统的重要性,1998 年掀起了军事航天发展热潮。朝鲜和中国台湾地区分别发射了首颗卫星,日本和韩国借机宣布将发射侦察卫星,印度继续发展军用航天系统。以色列从 1998 年开始陆续发射了 3 颗近地轨道“地平线”卫星,从而成为中东地区第 1 个拥有卫星侦察能力的国家。

空间站　1998 年是以美国为首的 16 个国家联合研制的国际空间站开始在轨组装的关键年份。虽然这项计划从 1984 年提出以来经受了坎坷的历程,但为了保证这个庞大的空间站在今后的 5 年内能顺利组装,仍面临着不少困难。特别是目前处于经济危机的俄罗斯,难以按时完成其为国际空间站提供诸多舱体的任务,这只能依靠美国进一步采取措施来逐步加以解决。俄罗斯的“和平”号空间站,由于航天经费的严重不足而不得不考虑提前终止其工作寿命的问题。

美国为国际空间站研制的乘员营救飞行器开始进行飞行试验　国际空间站于 2004 年初建成后,还需要能载 6～7 名宇航员的乘员营救飞行器(CRV),以保障宇航员在紧急情况下能及时离开空间站并返回地面。为了验证和演示有关 CRV 的技术,美航宇局约翰逊航天中心制造了多种 X－38 试验样机,其中有两种已于 1998 年开始投入飞行试验。

3 月 12 日,在美国加州爱德华空军基地对 X－38 救生艇样机进行了首次空中投放和着陆试验。X－38 设计思想源于美国空军 60 年代中期的 X－24A 试验机。它采用了双垂直尾翼的无机翼设计,其独特的气动外形为它空中滑翔提供足够的升力。飞船无起落架,着陆是通过起落滑橇和翼伞系统共同实施的。这次试验是由 B－52 大型飞机把它载到高空,在离地面 7 000 米时就释放 X－38,然后在 4 500 米的高度打开 X－38 上的翼伞系统,下降和着陆过程是高度自动化的。整个飞行和降落过程在 9 分钟内顺利完成。这次试验的目的是试验已有的技术和核对已获得的数据,进一步探索样机的外形设计。

8 月,第 2 架 X－38 样机在约翰逊航天中心制造出来,它与前 1 架 X－38 的主要区别是采用了飞行控制系统,使 X－38 升力体从 B－52 飞机投放后可以在亚音速飞行区实施机动。它从 11 月中旬开始在加州爱德华空军基地德莱登飞行研究中心至少要进行 6 次投放试验。

从第 4 季度到 1999 年春将制造好第 3 架 X－38 样机,它是一种气动样机,不安装飞行控制系统,计划于 2000 年初进行投放试验,其目的是为实用型 CRV 确定最终的气动外形。第 4 架 X－38 样机将是一种轨道试验飞行器,它将于 2000 年 11 月由哥伦比亚号航天飞机送入轨道,它将完成无人的自主制导和导航轨道试验,并进行无人的自动再入和翼伞着陆。

据约翰逊航天中心研究小组宣称,将在 X－38 飞行试验的基础上研制实用型 CRV。它长 8.58 米,宽 4.36 米,重约 7.2 吨,其最大特点是当它穿越大气层时,宇航员只需承受 1.5 g 的过载。1999 年 2 月,美航宇局将向工业界招标,制造 3 架工作型的 CRV,它们将从 2003 年开始向空间站发射。预计投标获胜者将从 1999 年 10 月开始制造 CRV。

俄罗斯“和平”号空间站作退役准备　目前重达 120 多吨的“和平”号空间站已工作了近 13 年。该空间站从 1997 年至 1998 年初发生了多种故障,经多批宇航员多次太空行走对有关故障一一作了排除,使整个空间站的工作基本恢复正常。然而,自从俄罗斯

1994 年参加了国际空间站计划,其航天经费一直处于紧张状态。当国际空间站组装工作开始后,俄罗斯更无力同时支撑两个空间站的运行计划。正如 1998 年 5 月 31 日国际会议所决定的那样,1999 年 12 月是“和平”号空间站离轨的正式目标期限;但是,如果国际空间站能按新的时间表实施,则“和平”号空间站就定于 1999 年 7 月提前再入大气层。既然国际空间站已于 11 月 20 日按期开始组装,俄罗斯就得考虑在 1999 年 7 月使“和平”号空间站退役。

俄罗斯航天中心副总指挥维克多·布拉戈夫说,“和平”号空间站将于 1998 年 9 月开始实施降轨计划,并前后通过发射 5 艘“进步”号货船,使“和平”号空间站从目前大约 400 千米的高度逐步降至 120 千米,然后它将于 1999 年中期在大气层中烧毁,一些燃烧不了的大碎片将降落在无人的太平洋。然而由于目前俄罗斯航天经费严重不足,无法保证提供 5 艘“进步”号飞船。据最新报道,实施降低空间站高度的安排如下:由 1998 年 8 月 13 日发射“联盟”TM－28 上的两名宇航员于 9 月中旬开始把“和平”号空间站从 450 千米降至 330 千米,然后在 1998 年 10 月和 1999 年上半年由另两艘“进步”M 货船继续实施“和平”号的降轨计划;最后,1999 年 2 月发射“联盟”TM－29 飞船,它将把俄、法、斯洛伐克各 1 名宇航员送上“和平”号空间站,可能由他们于 1999 年 7～8 月完成“和平”号空间站的最后一次降轨操作,然后,他们就乘飞船离开“和平”号空间站。届时,这个位于大约 120 千米高度的空间站将在地面控制人员的操纵下再入大气层。

“和平”号空间站在多年的使用过程中组装了近 11 吨的先进科学仪器,它们凝聚了俄罗斯科学家的智慧和心血,价值连城,若随“和平”号空间站一起沉降实属可惜。因此,俄科学家建议,用航天飞机把这些珍贵的科学仪器转移到未来的国际空间站上去,让它们继续发挥作用;或者把这些仪器先运回地面,然后再送上国际空间站。为此,俄罗斯航天局向美国航宇局求援解决这个问题,美国航宇局已开始就此问题同俄航天局进行接触,研讨回收“和平”号空间站上科学仪器的必要性和可能性。目前正在确定可供国际空间站利用的科学仪器清单,并进行成本核算,因为进行一次航天飞机发射需耗资 5 亿美元左右。

国际空间站开始轨道组装 由于俄罗斯负责研制的服务舱落后于进度 5 个月,使国际空间站开始组装的时间作了最后一次推迟。1998 年 5 月 31 日美国航宇局局长丹尼尔·戈尔丁与俄罗斯、日本、加拿大、巴西、意大利和欧洲航天局的航天机构领导人开会协商,一致同意把原定的开始组装国际空间站时间从 6 月 30 日推迟到 11 月 20 日。在同一次会议上还通过了俄罗斯对其在国际空间站的舱段所作的调整,即取消了两个生命保障舱,而这两个舱内的主要部件将装入俄罗斯的其他舱内,这样可以使俄罗斯在组装国际空间站期间减少 3 次发射。

为确保俄罗斯服务舱于 1999 年 7 月交付使用,避免国际空间站组装工作再受影响,1998 年 10 月初,美俄两国航天局官员经过数天的艰苦谈判达成协议,俄罗斯同意把在未来国际空间站服务舱内价值 6000 万美元的部分空间出售给美国,以解决服务舱的制造经费不到位的问题。此外,为保证俄罗斯为参加国际空间站应提供的其他部件及时到位,美航宇局向国会建议,拟在今后 4 年内购买俄航天局多达 6.6 亿美元的物资和装备,这笔巨款大约相当于俄罗斯所承担的国际空间站建造费用的一半。美方的第 1 笔 600 万美元的航天器材采购计划已于 9 月底开始,同年年底再增添 400 万美元的购货资金。

7 月中旬,据乌克兰航天局透露,该局与俄罗斯航天局达成原则性协议,由乌克兰研制和发射 1 个增压研究舱,以替代俄罗斯在国际空间站的 1 个研究舱。乌克兰南方设计局于 1998 年年底已完成该舱的概念设计,预计 2003 年发射。该舱重 14 吨,直径为 4 米,长 8～10 米。该研究舱的研制和发射费用预计为 2 亿美元。该舱主要用于空间生物学、天文学以及微重力条件下的冶金、蛋白质生长、空间医学试验和焊接试验等。

11 月 20 日,国际空间站第 1 个舱——“曙光”号多功能舱用俄罗斯“质子”M 火箭从哈萨克斯坦的拜科努尔发射成功。该舱是由美国出资 2 亿多美元、俄罗斯制造的。它长 12.8 米、直径 4.1 米,重 24.2 吨(包括 4.5 吨的燃料),容积达 72 米^3,为建站初期提供电源、推进(包括推进剂贮存)、姿态控制和数据通信等能力。这标志着国际空间站第 2 阶段计划即初期装配阶段的开始。该阶段的主要内容是组建国际空间站的核心部分,包括多功能舱、节点舱、美国实验室、外部桁架、多用途后勤舱和气闸舱等。

12 月 4 日,携带着国际空间站第 2 个部件“团结”号节点舱的“奋进”号航天飞机从美国卡纳维拉尔角起飞后顺利入轨。“团结”舱是连接其他 6 个舱体的关键部件,它长 5.2 米,直径 4.3 米,重 11.5 吨。6 日,航天飞机上的女宇航员南希·柯里操纵长 15 米的遥控机械臂将“团结”舱吊起,把“团结”舱置于航天飞机货舱上方 4 米的高度。当日晚,“奋进”号航天飞机准确捕获了半个月前入轨的“曙光”号多功能舱,接着把“曙光”号置于距“团结”号上方仅 5 厘米处,最后由航天飞机机长卡巴纳点燃推力器,使“奋进”号轻微上浮,让这两个组件的距离逐渐缩小,几经周折,最终于 7 日凌晨实现了对接。由于这两个组件体积很大,柯里无法通过航天飞机窗户看到它们的接口,她与其他宇航员都靠计算机控制的视觉系统和摄像机提供图像来实现对接操作的,这是航天史上首次在没有直接视线的情况下实现了两个航天器的对接。

为了把“团结”号和“曙光”号进一步连接在一起,“奋进”号上的宇航员先后分批进行了3次空间行走,历时共21小时22分。他们拆除了这两个组件外部设备的保护罩,连接了彼此的电力供应和数据传输系统的40根电缆。国际空间站的电缆大多铺设在舱体外部,以避免在紧急情况下舱内电缆妨碍舱门关闭的情况。此外,在太空行走中还把装有50件工具的工作台固定在舱外,可供1999年5月来到国际空间站的第2批宇航员使用。最后宇航员们还打开了“曙光”号舱上的两根未展开的天线。12月13日下午“奋进”号航天飞机才与这个重35吨的初期国际空间站分离。

航天飞机　1998年,美国航天飞机为国际空间站和人体科学实验等完成了许多重要任务;美、欧的可重复使用运载器计划均取得新进展;印度提出了发展小型空天飞机计划;日本的HOPE－X试验机的首次飞行时间从2000年推迟至2003年。

美国航天飞机飞行取得较大成果　1998年美国航天飞机飞行次数由于国际空间站组装时间推迟而有所减少,一年只进行了5次飞行。其中3次飞行的主要任务都与组装国际空间站密切相关,另外还完成了大规模神经系统研究和重要的人体科学实验,首次用“阿尔法”磁谱仪进行了探寻反物质和暗物质的试验。6月“发现”号航天飞机飞行时,还首次对由轻质铝合金制造的大型推进剂贮箱进行了试验,使贮箱重量减轻了3.175千克。

航天飞机与“和平”号空间站对接联合飞行计划结束　1月22日美国“奋进”号航天飞机从卡纳维拉尔角航天中心发射,24日与“和平”号空间站实现了对接,把3吨多的物品(空调机、计算机、科学实验设备以及食品和饮用水)送上“和平”号空间站,美宇航员安德鲁·托马斯进入“和平”号空间站,换下了在“和平”号空间站工作了119天的美宇航员戴维·沃尔夫。6月2日,美“发现”号航天飞机升空,4日与“和平”号空间站实现了对接,为“和平”号空间站运送了各种补给品。在4天对接飞行后,已在“和平”号上工作了4个月的安德鲁·托马斯转移到航天飞机上,“和平”号上重达1125千克的科学实验仪器和实验样品运到航天飞机上,并于6月12日返回地面。这是美国航天飞机与“和平”号空间站的9次对接飞行计划中的最后两次。

1994年以来,美国先后有7批宇航员共43人次登上“和平”号空间站,他们在那里生活和工作的时间累计达977天,超过美国所有航天飞机在轨道上的时间总和。往返运送的设备和补给品超过34吨。美航宇局为使用“和平”号空间站和让俄罗斯参加国际空间站的建造,已向俄罗斯支付了4.78亿美元。美航宇局和国会众议院科学委员会认为该计划是富有成果的。它使美宇航员在处理危急情况方面获得了经验,在9次对接飞行中使两国宇航员取得了共同处理问题的体验和建立起合作精神。

研究太空对神经系统的影响　4月17日美国“哥伦比亚”号航天飞机升空,在其16天的太空飞行中完成了26项实验,这是迄今在太空对神经系统影响方面的最深入和最全面的科学研究。“哥伦比亚”号航天飞机货舱中装有一个神经实验室。这是一项由美国发起的国际合作计划,来自美、法、德、日、意、加拿大、西班牙、比利时、奥地利和荷兰的生物学家、医生和工程师为之付出了9年的辛苦。实验对象除了航天飞机上的7名宇航员外,还包括了2000只各种小动物。该实验室共耗资1.9亿美元。通过实验要弄清在失重后的最初几小时中,动物的大脑发生什么变化以及如何使自身适应失重的环境。还要研究失重时动物判断方位的功能是否受影响。这些研究有可能使人类更深入了解地球上一些疑难疾病,如失眠、血压异常、老年痴呆和晕车晕船症等。这些研究将为人类实现火星飞行奠定基础。

进行大规模的人体科学实验　美国“发现”号航天飞机于10月29日发射升空,11月17日返回地面。参加这次飞行的7名宇航员中77岁的美国宇航员约翰·格林格外引人注目。他与其他6名宇航员一起完成了包括老年病学研究等课题在内的医学试验。

科学家们认为,人类太空飞行时身体所表现的相关变化,如入睡困难、肌肉萎缩、骨质疏松和免疫系统机能下降等症状,与人体的自然老化很相似。故借助77岁高龄的老宇航员约翰·格林深入探索其中原因,无论对未来载人航天,还是对老年性医学研究,均具有重要的实用价值。

为进行人体太空失眠和老龄失眠的对比实验,格林与46岁的日本宇航员向井千秋都头带电极帽入睡,通过布满头皮和面额上的电极以及置于鼻子下面的传感器,测量他们的脑电波活动状况、面部肌肉的松驰状态和不同时间的呼吸次数,研究人员将把太空中的测量结果与其事先储存于电脑的地面相关数据一起作比较研究。

格林进行的另一重要实验,是帮助医学分析导致宇航员和老年人肌肉及骨质发生变化的机理。长时间的太空飞行会使宇航员的骨质密度显著降低,下降幅度平均每月达1%,而肌肉萎缩现象则最快可在失重条件下的5天后出现。为配合这项研究,格林在飞行过程中定期提供血样和尿样,以供对照,还吞咽带有无线电发射装置的微型温度计,以监测体内温度和生物节律的变化。在长达9天的航天飞行中,格林和其他宇航员一起完成了10余项人体科学实验。

首次用阿尔法磁谱仪寻找宇宙中的反物质与暗物质 6月2日,"发现"号航天飞机携带重3.5吨的阿尔法磁谱仪(AMS)升空,这个为探索宇宙起源和结构而精心设计的AMS开始了其首次为期10天的太空飞行。

AMS是在美籍华裔科学家丁肇中博士主持下,由中、美、俄、法、意、芬兰、瑞士、西班牙、葡萄牙和罗马尼亚等国的37家科研机构共同参加的一个大型国际实验项目。这次探测宇宙反物质和暗物质的目的是为困扰人们的两个关键问题寻求答案。其一,若宇宙的诞生和演化符合大爆炸理论,那么这种理论所描述的与物质总量相等的反物质经150亿年后的今天藏身何处?其二,按大爆炸理论推算出的宇宙质量远大于目前探测到的星际物质的总质量,太空中有无可能存在另一种尚未发现的暗物质形态?

AMS从6月9日开始正式启动工作,其总工作时间为100小时,按计划它所搜集到的信息和数据不仅可实时传回地面,还可贮存于航天飞机的前舱。然而航天飞机升空后不久,其主天线出了故障,不能向地面发回电视图象和高速信息,只能接收地面控制中心发出的指令。只有在航天飞机与"和平"号空间站对接的4天飞行中传回了少量有关AMS工作的电视画面。

美国X-33验证机制造工作完成过半 X-33验证机于1998年进入繁忙的制造样机阶段,到1998年年底已完成制造工作量的69%。由于波音洛克达因公司制造的XRS-2000气动塞式发动机遇到一些加工工艺问题,使交货日期推迟了7个月(将于1999年9月交货),还因解决由石墨复合材料制造的液氧贮箱泄漏等问题,使X-33验证机的首次飞行时间推迟半年,目前预计1999年12月将实现首次飞行。

1998年对X-33验证机具有里程碑意义的事件是:10月2日在斯坦尼斯航天中心对XRS-2000塞式发动机完成了首次时间为2.81秒的试验,以后还需进行17次试验;10月在美航宇局兰利研究中心完成了X-33的金属热防护系统的试验,温度达2000°F,从而验证了该系统的设计;与推力室有关的尺寸问题已得到解决,并制造了10个推力室;位于加州爱德华空军基地、面积约10万平方米的发射场建造工作已于11月完成。预计,X-33验证机将于1999年7月运抵该发射场进行无发动机的试验。

美国X-34试验飞行器制造工作全部完成 继1997年6月完成最终设计评审后,X-34亚轨道试验飞行器就进入了制造阶段。1998年8月负责X-34试验飞行器的轨道科学公司已制造好第1架X-34技术演示机。推力为27吨(60000磅)的液氧/煤油Fastrac发动机,将使X-34在80千米高度达到马赫数为8的速度。从1998年5月开始,发动机的涡轮泵和推力室进行地面试验。同期,第1台Fastrac发动机的喷注器开始了一系列全程(150秒)的点火试验。5月底,已制造好的Fastrac发动机在马歇尔航天中心进行装配,6月运往斯坦尼斯航天中心,8月进行点火试验。预计1999年晚些时候对X-34试验飞行器进行首批飞行试验。

美航宇局提出新的未来-X计划 1998年8月3日,美航宇局提出了未来-X"探路者"计划,其目的是寻求比X-33和X-34更先进的运载工具。12月,波音公司通过招标被选为美航宇局的研制合作伙伴,1999年1月签订为期4年的制造先进技术飞行器(ATV)的合作协议。

波音公司官员说,ATV的设计重点是对航天器的可支援性以及对范围广泛的各种技术(包括耐久的高温防热系统、可贮、无毒的推进剂以及新的气动特点)进行试验,预计研制这种飞行器的费用为1.5亿美元。此外,美空军对发展一种航天机动飞行器感兴趣,它的参加将会使投资再增添2 000万美元。

ATV类似于小型航天飞机,它是根据空军的X-48航天机动飞行器建模的,全长8.34米,翼展4.32米,发射总重为5 580千克,其最大飞行速度为25马赫。可重复使用的ATV将演示29种先进技术,包括机身、推进以及运行技术等。ATV采用的推进系统仍是50年代的一种发动机改型,它类似于F-104喷气式飞机的发动机。这种发动机的试验工作将持续3~4年。ATV计划的主要目的是演示先进的防热系统技术。计划共进行7次飞行试验,费用为2 400万美元。

印度研制具有军用价值的小型空天飞机 据《空中新闻》5月份报道,印度正在设计一种小型空天飞机,称为"吸气式先进跨大气层研究飞行器"(A-VATAR),其大小与米格-25战斗机差不多,能把0.5-1吨的卫星送上低地球轨道,可重复使用100次。飞机以液氢作燃料,起飞时用涡轮风扇发动机提供动力,达到一定速度后启动冲压喷气发动机继续加速、爬升。飞出大气层时,改用液氢/液氧火箭发动机将飞机送入轨道,施放卫星。这种飞机有一个非常重要的特点,即在地面起飞时没有携带液氧,而是使用机上一个专用系统在飞行中把吸进的一部分空气液化,分离出液氧储存起来,供液氢/液氧火箭发动机利用。这种空天飞机除了可发射小型卫星外，平时本身也可作为高空超音速（马赫数 7）侦察飞机，用于执行情报搜集、监视和侦察任务。研制计划预计在 10 年内完成，需经费 20 亿美元。印度国防研究与发展局现已为此项计划拨出 500 万美元的研究经费。

欧洲航天局可重复使用运载器研究取得新进展

欧洲航天局在 1994～1997 年实施的未来欧洲航天运输研究计划（FESTIP）的基础上，正在加快确定欧洲可重复使用运载器的方案。据从事该计划的工程师透露，欧洲普遍的看法是，凡涉及高马赫数吸气式推进或采用高压燃烧室的火箭发动机单级入轨的概念和设计，在 5～6 年内实现的可能性很小，或者可以说，它们不是第 1 代可重复使用运载器的最适合的选择，因此欧洲航天局从 1998 年秋开始实施未来发射技术计划（FLTP）。FLTP 将接近于 FESTIP 计划所提出的概念，其主要力量将集中于半重复使用的多级运载器的概念上。其目的是确定可负担得起的运载技术，它们不仅有助于降低发射费用和提高可重复使用程度，而且可以为“阿里安”5 火箭提供有益的技术成果。FLTP 的具体目标是 2007 年研制出轨道演示器，2020 年左右投入运行。

欧洲航天局认为，下世纪可部分重复使用和完全重复使用的运载器技术将变得成熟，可控再入是研制这些运载器的关键技术。因此，以德国为首的欧洲航天局积极参加美国航宇局的 CRV 的 X－38 样机的制造，欧洲继续按 X－38 总费用的 20～30％的投入参加这项计划，并将在设计和制造供载 7 人的乘员营救飞行器计划中分享相应的技术成果。此外，在参加 X－38 计划以前，欧洲已开始研制自己的大气再入飞行器（ARD），并于 10 月 21 日从法属圭亚那航天发射场用“阿里安”5 火箭发射，完成了首次飞行试验。

军用卫星　美国继续发射侦察通信卫星

1998 年 5 月 8 日，美国空军用“大力神”－4B 运载火箭将一颗国家侦察局的“奥里安”（即“大酒瓶”）电子侦察卫星发射升空，定点于苏门答腊西部的赤道上空对地静止轨道上，主要用于窃听印度、巴基斯坦、中东、中国、北朝鲜等亚洲敏感地区的无线电通信，搜集政治与军事情报。这颗卫星重 6 吨，天线展开后长度超过 30 米，能截获几千个不同频率的无线电通信信号，主要目的是加强对亚洲地区的监视，掌握该地区潜在敌方的军事动向和计划企图等。此前美国已发射多颗这样的卫星，定点于不同的位置，对所覆盖的区域进行近于连续的侦察。

3 月 17 日和 10 月 20 日，美海军的“特高频后继星”8（UFO－8）和“特高频后继星”－9（UFO－9）分别由“宇宙神”2 运载火箭发射升空，先后定点于同步轨道上。这两颗卫星除了为海军提供特高频和极高频通信服务外，还搭载了 GBS 的有效载荷，包括 4 个 GBS 转发器，用于进行直播试验，使美军具备初步的全球广播服务能力。GBS 系统是美军为加快战场信息传递、提高各军种联合作战能力而研制的直播卫星系统，将由多颗能覆盖全球的同步轨道卫星、用户接收终端和广播管理中心组成。2001 年开始研制专用的广播卫星，建立实用型 GBS 系统，为派往世界各地的美军播发各种信息，包括地图、敌我友兵力部署和武器装备、目标图像、导弹预警等。战场上的美军各级指挥部、舰艇、飞机、战车乃至单兵，只要配备小型战术终端，无需经过地面站就可直接接收卫星广播的信息。

美国第 1 个低轨移动通信系统投入使用　“铱”系统是提出最早的低轨卫星全球移动通信系统，其空间部分由 72 颗小卫星（其中 66 颗工作星，6 颗备份星）组成，分布在高 780 千米、倾角 86.4°的 6 个轨道面内，每个轨道面均匀分布 12 颗卫星，每颗卫星重 689 千克，设计工作寿命 5 年。星上载有 3 个相控阵点波束天线，每个天线产生 16 个点波束。通过频分多址和时分多址联合多址方式，每颗星能提供 3840 个全双工回路，整个系统约可提供 17200 个信道，完成对全球的通信覆盖。星上具有较强的信号处理能力，有 4 条星间链路，星间链路速率为 25 兆比特/秒。通过建立星间链路，实现星间信息接力传递，不仅可以有效缩短信息的传播时间，而且保证用户获得全球通信联接。“铱”系统由美国摩托罗拉公司负责实施，整个系统耗资 50 亿美元。

1998 年 5 月 17 日，“铱”系统完成了始于 1997 年 5 月的 15 次组网发射，共将 72 颗卫星送入轨道，其中可工作的卫星 67 颗，失效卫星 5 颗。此后，又于 8 月 20 日、9 月 8 日、11 月 6 日和 12 月 19 日分别用中国长征－2C 火箭和美国“德尔它”－2 火箭进行了 4 次补网发射，使在轨“铱”星总数达到 86 颗。这样，尽管至少已有 7 颗卫星失效，仍能保证足够的“健康”卫星在轨工作。11 月 1 日，“铱”系统正式投入商业运营，用户通过手持电话和寻呼机，可在任何时间向全球传送声音、数据、传真及进行寻呼。“铱”系统的运营开辟了低轨小卫星全球移动通信的新时代。

1998 年，其他低轨小卫星移动通信系统如“轨道通信”（Orbcom）系统和“全球星”（Globalstan）系统也取得了进展，分别发射了 16 颗卫星和 8 颗卫星入轨。规模更大的 Teledesic 系统也于 2 月 25 日发射了 1 颗验证卫星。

美国制订“发现者”2 双卫星技术演示计划　1997 年美国国防高级研究计划局（DARPA）提出了“监视、瞄准与侦察”卫星星座（Starlite）计划，准备研制一种用户可控的战术侦察用雷达成像小卫星星座系统。该系统计划由24～48颗卫星组成，星上将载有合成孔径雷达和地面活动目标指示器，集军用探测器、近实时数据处理技术和快速分发技术于一体，作战人员可控制卫星拍摄特定地区的照片，并在15分钟内得到照片信息。该系统可全天时、全天候工作，地面分辨率为0.3米；还将与导弹预警卫星配合，在探测到敌方导弹发射后，立即找出机动发射车可能的位置。1998年2月，DARPA、国家侦察局和空军联合制订了一项称为“发现者”2、耗资5.92亿美元的双卫星技术演示计划，以对技术可行性进行评估。预计1999年将签订演示星设计合同，2003年发射两颗演示星。根据演示结果，美国防部将决定在2005年之后是否建立和如何建立这种新型卫星系统。

美国发射新一代极轨气象卫星 1998年5月13日，美国国家海洋和大气管理局(NOAA)用“大力神”2火箭将新一代极轨气象卫星NOAA－K送入一条830千米高的太阳同步轨道，卫星入轨后更名为NOAA－15。卫星高4.19米，直径1.89米，发射重量2.2吨，设计工作寿命为2年(实际寿命可能会更长)，卫星研制与发射共耗资2.3亿美元。MOAA－15比其前一代卫星有重大改进，星载1台改进的辐射计和1台新的微波成像仪，它们将协助改进对暴雨和飓风等大范围气象事件的预报，并为科学家提供更精确的数据，以建立关于厄尔尼诺现象和全球长期气候变化的计算机模型。

NOAA－15将取代工作寿命已达7年的NOAA－12，成为1994年底发射的NOAA－14的姊妹星，组成极轨气象卫星星座。新一代极轨气象卫星共有5颗，另4颗卫星今后将陆续发射。

美俄联手运营高分辨率成像卫星 1998年2月17日，俄罗斯战略火箭军用“联盟”号运载火箭将“宇宙”2349(又称Spin－2)号对地观测卫星送入高220千米、倾角70.4°的低地球轨道。卫星的飞行管理由俄罗斯航天局下属的“苏维信息卫星”公司负责，与美国航空图像等3家公司共同经营。

Spin－2卫星重达7吨，星上装有两种相机。一种相机是RKV－1000相机，镜头焦距1 000毫米，能拍摄1:220 000比例尺的图像，图像分辨率为2米，每幅图像覆盖的范围为40×180千米；另一种相机是TK－350相机，焦距350毫米，能拍摄1:660 000比例尺的图像，图像分辨率为10米，每幅图像可覆盖200×300千米的地域。TK－350相机通过相邻图像80%的重叠还可提供精确的立体图像和地面高度数据。

Spin－2卫星是胶卷回收型，工作寿命46天。卫星拍摄了200多万平方千米的图像，拍摄的重点是美国东南部和南美广大地区。据称每平方公里图像价值30～40美元，因此这次飞行的商业潜在价值为6 000～8 000万美元。按照美俄公司的协议，另外3次飞行将在以后两年进行，用于拍摄美国其他地域，以制作美国以及墨西哥与加拿大等部分地区的地形图。

日本和韩国将发射侦察卫星 1996年5月，日本防卫厅提出发射独立的侦察卫星，以加强对近邻各国的军事形势的信息搜集能力。前首相桥本公开支持这一倡议。1997年日本防卫白皮书提出把用于通信、导航、侦察监视的卫星系统作为“特别关注”的重点加以发展。1998年，日本又以“朝鲜8月31日进行了中程弹道导弹试验”而日本事前一无所知为借口，再次提出发展独立的侦察卫星。

1998年11月6日，日本政府正式宣布，日本决定发展侦察卫星，计划在2002年前后发射由2颗光学成像卫星和2颗雷达成像卫星组成的侦察监视系统，还准备发展导弹预警卫星。其中光学成像卫星的地面分辨率达1米，雷达成像卫星可全天时、全天候侦察，并具有识别伪装能力。美国对日本发展侦察卫星系统表示支持，并承诺将提供合作。日本的这一举措已引起亚洲国家的警惕。

韩国也于11月宣布将发射侦察卫星。按照韩国宇宙开发中长期计划，装有先进光学侦察设备和数据传输设备的“无穷花”4号卫星，将在2005年发射。

以色列继续发展侦察卫星 1998年1月22日，以色列利用“沙维特”火箭发射“地平线”4侦察卫星，但由于火箭发生故障而发射失败，卫星未能进入预定轨道。这次失败对以色列的军用航天计划是一次沉重打击。以色列从1988年开始，陆续发射了3颗近地轨道“地平线”卫星，其中1995年4月发射的“地平线”3遥感试验卫星的分辨率为16米，使以色列成为中东地区第1个拥有卫星侦察能力的国家，可获得中东地区阿拉伯国家的图像，能发现与监视潜在的目标，并在轰炸之后进行毁伤评估。“地平线”4发射失败后，以色列准备尽快制造代替“地平线”4的侦察卫星“地平线”5，并进一步发展一系列侦察卫星，逐步摆脱对美国卫星侦察能力的长期依靠。

朝鲜发射第1颗人造地球卫星 1998年8月31日，朝鲜从位于咸镜北道花台郡舞水端里的发射场用1枚三级运载火箭发射了第1颗人造地球卫星，星上载有音响发送设备和探空仪、轨道计算校正仪、制导控制设备。朝鲜方面称，这颗卫星将促进朝鲜和平利用宇宙空间的有关科研工作，为朝鲜今后发射实用型卫星奠定基础，并强调指出，这次发射的卫星和所用的运载火箭完全是由朝鲜的科技工作者自己开发研制的。朝鲜外交部警告说，朝鲜将根据敌对势力的态度，决定这种发射卫星的能力是否用于军事目的。

朝鲜的这次发射引起了国际社会特别是美国、日本和韩国的广泛关注。起初认为朝鲜进行了新的“大浦洞”1 型中程弹道导弹发射试验,美、日、韩 3 国反应强烈。后经俄罗斯等国证实,美国也承认,朝鲜发射的确实是 1 颗人造卫星。通过对朝鲜具备的运载火箭能力和潜力的分析,以及对朝鲜此次发射卫星用的三级火箭运载能力的计算,这次朝鲜发射的卫星重量约在 200 千克左右。但据外刊称,朝鲜这次发射的卫星实际上未成功入轨。朝鲜表示将继续发射第 2 颗卫星。

中国台湾与新加坡合资的通信卫星发射升空 1998 年 8 月 26 日,台湾与新加坡合资的“中新 1 号”通信卫星由欧洲“阿里安”4 火箭从法属圭亚那库鲁航天发射场发射升空,定位于东经 88°的地球同步轨道上。卫星由法国马特拉·马可尼公司制造,设计寿命 12 年。星载 30 个高功率转发器(16 个 Ku 波段,14 个 C 波段),可覆盖东南亚大部分地区。台湾和新加坡各出资 1.2 亿美元,平均分配使用星上转发器。有报道称,台湾军方将租用这颗卫星的转发器,用于情报搜集、反情报、反渗透等工作。

以美国 TRW 公司为主导,台湾、美国和日本的多家公司共同研制的“中华 1 号”卫星已于 1999 年 1 月 27 日由美国洛马公司的“雅典娜”1 火箭在卡纳维拉尔角发射升空,进入倾角 35°、高 600 公里的低地球轨道。这是一颗以海洋水色观测和通信试验为主的科学实验小卫星。台湾还在研制“中华 2 号”小型对地观测卫星和“中华 3 号”气象卫星,预计将于 2002 年左右发射。这些卫星的研制、发射和应用将为台湾当局发展军事航天能力奠定基础。

法国发射“斯波特”4 遥感卫星 1998 年 3 月 23 日,法国用“阿里安”4 火箭将“斯波特”4(Spot-4)数字传输型对地观测卫星送入高 830 千米、倾角为 98.7°的太阳同步轨道。Spot-4 属第 2 代 Spot 卫星,它是第 1 代 Spot-1、2、3 的改进型。卫星重 2.6 吨,主体尺寸 2.5×2.5×2.6 米,设计寿命 5 年,研制、发射与 5 年运营费用共 5.95 亿美元。星上的主要遥感设备是“高分辨率可见光红外仪”(HRVIR)和植被仪。HRVIR 的工作谱段有 4 个,其中可见光谱段 3 个,近红外谱段 1 个,地面分辨率全色 10 米、多光谱 20 米,幅宽 60×60 千米。其中新增加的近红外谱段与 3 种可见光谱段相结合,用于估测土壤、植被的水含量,增加对植被的分类识别能力和对冰雪的观测能力。植被仪也是前 3 颗 Spot 卫星所没有的,它由 4 台相机组成,每台相机使用 1 个谱段,4 个谱段与 HRVIR 的完全相同,但视场非常宽,每幅图像的地面幅宽达 2 250 千米,分辨率为 1 千米。这种宽视场能使卫星每天覆盖全球 1 次,有利于连续监视植被的状况。

自 Spot-3 卫星于 1996 年 11 月因陀螺仪故障突然失效后,法国空间局只能依靠超期服役的 Spot-1 和 2 两颗卫星实时向地面站发送图像。Spot-4 卫星的成功发射改变了这一被动局面,并将进一步巩固 Spot 图像公司占有全球最大的卫星图像市场份额(60%)的地位。预计 2001 年底还将发射 Spot-5,其全色图像的分辨率将提高到 5 米(经过图像处理后可达 2.5~3 米),幅宽仍为 60x60 千米。

一次性使用运载火箭 各国在研制重复使用航天运载器的同时,正抓紧改进现有一次性使用运载火箭,目的是降低成本,简化操作,增强市场竞争力。1998 年,美国波音和洛克希德·马丁公司开始研制两个“改进型一次性使用运载火箭”(EELV)系列,欧洲“阿里安”5 火箭完成了历时 13 年的研制工作,即将进入商业航天发射市场;日本改型 H-2A 火箭也取得了进展。

美国改进型一次性使用运载火箭进入工程制造阶段 1998 年 10 月 16 日,波音和洛克希德·马丁公司分别与美国空军签订价值 18.8 亿美元和 11.5 亿美元的合同,以研制两个改进型一次性使用运载火箭(EELV)系列。按合同要求,两家公司到 2002 财年完成 EELV 的工程制造发展(EMD)阶段的工作,提供初始发射服务,计划在 2002~2006 财年为政府发射 28 颗卫星,其中波音公司将发射 19 颗,洛克希德·马丁公司发射 9 颗。在 EMD 阶段,两公司将完成运载火箭的研制,建设制造设施,建造与改建发射场基础设施。

EELV 系列将采用两种模块化设计,用于取代目前在役的“德尔它”、“宇宙神”和“大力神”运载火箭。实施 EELV 计划,旨在提高一次性使用运载火箭的经济可承受能力和操作性能。EELV 火箭将使目前的发射费用降低 25~50%。

日本完成首枚 H-2A 火箭的设计 日本 H-2 火箭自 1994 年 2 月首次发射成功以来,由于其制造和发射费用昂贵,在国际商业航天发射市场上缺乏竞争力。为了打入市场,日本从 1994 年起开始实施 H-2 火箭改进计划,重新设计 H-2 火箭,使其成为一个运载火箭系列(称 H-2A 系列),提高运载能力,大幅度降低制造和发射费用。改进计划的重点是重新设计第 1、2 级的发动机 LE-7 和 LE-5,以便把采办和发射费用从现在的 1.5 亿美元降到 8000 万美元。1998 年日本已完成首枚 H-2A 火箭的详细设计,并开始总装。首枚 H-2A 火箭将在 2000 年初发射。一旦 H-2A 火箭取得成功,将会使日本成为国际商业航天发射市场又一强有力的竞争者。

欧洲“阿里安”5 火箭第 3 次试飞成功 1998 年

10月21日，欧安局的“阿里安”5火箭第3次验证飞行获得成功，从而结束了这项耗资90亿美元、历时13年的大型运载火箭的研制计划。

这次发射的“阿里安”5火箭携带了两个有效载荷，一是名叫Magsat-3的模拟通信卫星，二是阿波罗形状的大气再入验证舱。Magsat-3卫星重2.6吨，这次验证飞行的主要任务就是把这颗模拟卫星送入地球静止转移轨道。再入验证舱重2.8吨，它被“阿里安”5火箭送入近地轨道。再入验证舱的发射成功证明“阿里安”5火箭具备同时发射多种轨道卫星的能力。

“阿里安”5火箭在研制过程中曾遭受挫折。1996年6月4日首次试飞不幸发生爆炸。1997年10月30日第二次试飞只获部分成功。到这次试飞成功，“阿里安”5的研制进度已比原计划拖期3年。这次试飞成功标志着“阿里安”5研制工作已经完成，从此将进入商业航天发射市场，逐步取代现用的“阿里安”4火箭，以保持欧洲在世界商业航天发射市场上的竞争力。据负责生产和销售“阿里安”5火箭的阿里安空间公司透露，在1999年，“阿里安”5火箭将进行4次商业发射。

目前的“阿里安”5火箭能把重达6.8吨的1颗卫星或总重为5.97吨的2颗卫星送入地球静止转移轨道，或将18吨重的有效载荷送入近地轨道。为了适应市场需要，欧安局已同意再花十多亿美元改进“阿里安”5，使其发射两颗卫星的能力到2000年提高至6.3吨，至2002年提高至9吨，到2006年提高至11吨。改进的主要内容包括：改进低温主级火箭发动机；减少2台捆绑式固体助推器的重量；增加2种型号的低温上面级。

空间探测 1998年，空间探测取得了较大成绩。月球探测获重大发现，美国发射的“月球勘探者”证实月球存在水冰，这将极大地激发人类重返月球的愿望，加快人类开发和利用月球资源的步伐。火星探测持续不断，日本发射了“行星”B火星探测器，称为继美俄之后第3个探测火星的国家。美国“深空”1号探测器发射升空，更快、更好、更省的“新盛世”计划从此拉开帷幕。

美国发射“月球勘探者”探测器 1998年1月6日，美航宇局的“月球勘探者”号月球探测器从卡纳维拉尔角发射升空，约10天后成功进入100千米高的环月球轨道，开始了环绕月球进行1年的勘探任务。美国的“重返月球”计划也从此拉开序幕。

“月球勘探者”携带了中子光谱仪、“伽玛”射线光谱仪、“阿尔法”粒子光谱仪、磁强针、电子反射计和射谱仪等几种探测仪器，主要任务是绘制月球表面图、提供最佳的月球表面化学和月球磁场及重力场图、寻找月球表面的矿物，并探明月球极区环形山下是否蕴藏有数量可观的水冰。3月5日，美航宇局刘易斯研究中心向新闻界公布了“月球勘探者”获得的第一批月球探测结果，证实了月球上确实存在水冰，并初步测算出月面上水的总储量可能在1.1千万吨～3.3亿吨之间。9月4日，刘易斯研究中心再次公布了“月球勘探者”发回的最新数据，表明月球两极可能存在10亿吨～100亿吨水冰，而且月球北极的水冰比南极的水冰多50%。

美国“深空”1号探测器发射升空 1998年10月24日，采用离子推进器的“深空”1号探测器从卡纳维拉尔角由“德尔它”2火箭送入太空。这是美航宇局“新盛世”计划中的第1颗深空探测器，该计划旨在验证今后能以更低廉的成本、更快、更好地频繁进入太空的技术。

“深空”1号的第1个目的地是1颗距离地球1.9亿千米的小行星1992KD，将对其构成及其表面结构进行观察，然后将于2001年飞越一颗或两颗彗星。但“深空”1号的主要任务是验证一系列新技术。其中最引人注目的是第一次使用新型离子发动机。由于使用离子发动机，“深空”1号将只需携带82千克氙气燃料，这大约是使用普通发动机时所需燃料的十分之一，大大减少了运行成本，故“深空”1号只耗资1.52亿美元。此外，“深空”1号还将测试一种自动导航系统，这种导航系统几乎不需要地面控制人员的帮助，即可自动修正轨道飞往目的地。11月10日，安装在“深空”1号上的氙离子发动机在首次启动4.5分钟后，突然停止运转。后经地面控制人员努力，11月25日即恢复正常工作。

“深空”1号的成功发射拉开了倡导“更快、更好、更省”的“新盛世”计划的序幕，为实现低成本频繁进入太空的目标奠定基础。

日本和美国发射火星探测器 1998年7月4日，日本第1个火星探测器“行星”B(Planet-B)从鹿儿岛航天中心由M-5火箭发射升空，进入一个椭圆过渡轨道，以后将利用月球和地球的引力进行两次借力飞行，于1998年12月飞向火星，预计1999年10月到达火星上空。但1999年1月12日，负责“行星”B研究任务的日本宇宙科学研究所宣布，由于燃料不足，“行星”B将于2003年或2004年才能到达火星轨道，比预期目标晚4年多。

“行星”B探测器重533千克，体积为1.6×1.6×0.6米，携带14种仪器，其中有5种仪器是国际合作项目。“行星”B的主要任务是研究太阳风对火星高层大气的影响，在其历时2年的飞行期间，它还将飞经火星的2颗卫星——“火卫”1和“火卫”2。“行星”B计划的总成本约为1.32亿美元，其中探测器占8090万美元，其余为发射费。“行星”B探测器的发射成功，使日本成为继美国、俄罗斯之后第3个发射火星探测器的国家。

12月11日，美国“火星气候轨道探测器”从卡纳维尔角由“德尔它”2火箭发射升空。该探测器形似长方形，重600千克，预定于1999年9月抵达火星上空。它将在火星上空400千米的近椭圆形极地轨道上运行，其主要任务是1个火星年期间对火星气候进行监测，为后续的火星登陆计划积累资料。“火星气候轨道探测器”的调压红外辐射仪将测量火星温度、压力、尘埃、水蒸气的分布，火星彩色成像系统将监测大气层与火星表面的相互作用。这两种仪器提供的数据可以指明火星上最有可能存在地下水的地方。此外，该轨道还可作为未来火星登陆器的通信中继站。“火星气候轨道探测器”的发射成功，标志着新一轮火星考察活动的开始。

（周以蕴、陈有荣、刘小荣）

核　武　器

综述　1998年最引人注目的事件是印度和巴基斯坦接连进行多次地下核试验。这一事件引起了国际社会的广泛关注，许多国家纷纷发表声明，对此深表不安并严厉谴责。印度和巴基斯坦这两个国家不顾联合国通过的《全面禁止核试验条约》，坚持进行核试验和发展核武器，不仅加剧了南亚地区的紧张局势，而且对世界的安全与稳定也构成了威胁。在这一年里，美国开始执行克林顿总统去年签署的关于调整美国核战略的指令，正式启用新的核武器作战使用原则——“单一统一作战计划”，继续改进战略核武器系统，推进能源部的“库存核武器技术保障与管理计划”和国防部的“核武器系统保养计划”的实施并进行亚临界试验。俄罗斯对2010年前的战略核力量的构成和规模作了规划，决定仍保留由陆基洲际弹道核导弹、核潜艇及其携带的潜射弹道核导弹、战略轰炸机及其携带的核武器构成的“三位一体”战略核力量，继续部署新型SS-27战略核导弹。此外俄罗斯还宣称在北极的新地岛核试验场进行了5次亚临界试验。英国在1998年3月完成一项《战略防御审议》，决定WB177核弹头到8月底全部退役，其核力量只保留“三叉戟”弹道导弹核潜艇及其携带的潜射弹道核导弹，每艘核潜艇带48颗核弹头，继续为“三叉戟”Ⅱ潜射弹道导弹研制核弹头。法国调整了核武器装备计划，决定把第4艘也是最后1艘新一代“凯旋”级核潜艇的服役时间从2005年推迟到2008年，并决定使这艘核潜艇装备M-51核导弹，而不装备M-45核导弹。

美国的核武器　截至1998年底，美国战略核武器系统包括550枚陆基洲际弹道核导弹，18艘弹道导弹核潜艇及其携带的432枚潜射弹道核导弹，53架战略轰炸机及其携带的巡航核导弹、先进的巡航核导弹、核航弹。拥有7200多颗核弹头（详见附表1）。一年来，空军的500枚“民兵”Ⅲ核导弹从4个基地合并到3个基地的工作已完成：部署在北达克他州大福克斯空军基地的150枚“民兵”Ⅲ核导弹或转到蒙大拿州马姆斯特罗姆空军基地供作战使用，或放在犹他州希尔空军基地备用。为提高这些核导弹的作战使用效能和延长使用寿命以及按第2阶段《削减战略武器条约》规定从每枚导弹带3个核弹头减到带1个核弹头，正在研究解决的方案，同时还进行了提高导弹命中精度的飞行试验，使“民兵”Ⅲ核导弹的命中精度（圆概率误差CEP）最终接近MX核导弹目前达到的命中精度（圆概率误差CEP为100米）。

现部署的18艘“俄亥俄”级弹道导弹核潜艇及其携带的弹道导弹分为两组，一组的母港在华盛顿州的班戈海军基地，另一组的母港在佐治亚州的金兰湾海军基地。其中的8艘核潜艇装备“三叉戟”Ⅰ潜射弹道核导弹，其余的10艘核潜艇装备“三叉戟”Ⅱ潜射弹道核导弹，这些核潜艇中大约有9～10艘在海上游弋，也就是说，在航率为50%到60%。海军继续采购“三叉戟”Ⅱ潜射弹道核导弹。此外，按“核态势审议”的要求，从2000年到2005年将把4艘装备“三叉戟”Ⅰ导弹的核潜艇改装“三叉戟”Ⅱ导弹。如果第2阶段《削减战略武器条约》生效，到2004年潜射弹道导弹的核弹头不得超过2160颗，到2007年不得超过1750颗。到那时，海军将不得不减少导弹携带的核弹头数量，或退役一些核潜艇，或同时减少导弹携带的核弹头数量和使一些核潜艇退役。

战略轰炸机力量包括9架B-2及其携带的空射巡航核导弹、44架B-52H及其携带的空射巡航核导弹和核航弹，核弹头数为1750颗。

美国加紧实施库存核武器技术保障与管理计划 美国为了在不进行核试验的情况下保持库存核武器的安全性、可靠性，进而确保这些核武器仍具有良好的作战效能，正在加紧实施能源部1995年制定的《库存核武器技术保障与管理计划》和国防部1997年制定的《核武器系统保养计划》。美国把这两项计划视为其发展核武器和继续保持核优势长期坚持的战略方针。能源部计划的目标是：对库存核武器的安全性和可靠性提供高度的可信度，以确保美国核威慑的效能并支持其军备控制和核不扩散政策；建立一种小型、经济上负担得起的、高效能的生产综合体，以便在需要时能提供部件和用于更换的核武器，包括提供有限寿命的部件和氚；保持恢复核试验和生产核武器的能力。为了实现上述目标，能源部的计划确定了要解决的5个关键科学与技术问题，并制订了相应的发展战略。5个关键的科学与技术问题是：在不进行核试验的情况下保持库存核武器的安全性和可靠性；降低小型核武库对单个武器系统或若干个具有同一设计特点的武器系统的安全性或可靠性的影响；为较小型核武库提供一个高效能、高效率的生产综合体；对永久性核武库提供长期的支持；确保氚的充足供应。国防部计划的目标是：保持一支坚强的战略核力量；保留强而有效的反应能力，在适当的场合以绝对的优势对付企图使用大规模破坏性武器的人，以使他们确信使用这些武器是得不偿失的；提高防御和进攻能力，使大规模破坏性武器扩散对美国的利益影响最小。美国需要这种能力，不仅是为了遏制对美国或对其盟国使用大规模破坏性武器，而且为了成功地运用这些武器进行作战以及在必要和可能的场合防止使用这些武器。为实现上述目标，国防部制定了"保持核技能"、改进战略核武器系统、保存和应用国防部的核武器效应知识等项发展计划。

美国继续进行亚临界试验 继1997年进行2次亚临界核试验之后，1998年美国在内华达试验场进行了3次亚临界核试验。截至1998年12月11日，美国已累积进行了5次亚临界核试验。美国能源部发言人布鲁克·安德森称，这些试验"非常成功"，其目的在于获得关于核武器材料老化对武器性能影响方面的数据。据能源部发表的声明说："称它们为'亚临界试验'是因为没有达到临界质量，没有发生自持的链式反应，因此不能产生核爆炸。"试验的目标是"在没有核试验的情况下保持美国库存核武器的安全性和可靠性，试验完全符合全面禁止核试验条约的规定"。美国为了完成《库存核武器技术保障与管理计划》提出的战略目标，计划在2005年前每年进行4次亚临界试验。

俄罗斯的核武器 与1997年相比，俄罗斯的洲际弹道导弹核力量略有变化。截至1998年底，俄罗斯战略进攻核武器系统包括陆基洲际弹道核导弹、核潜艇及其携带的潜射弹道核导弹以及战略轰炸机携带的核武器，有近6000颗核弹头(详见表2)。在前苏联其他加盟共和国部署的战略武器系统的核弹头均已撤出并运回到俄罗斯，然而这些核武器的作战状态难以估计。这是因为，撤销并退役洲际弹道导弹及其发射架的进程至少经过4个阶段：第1阶段，通过电和机械程序撤销洲际弹道导弹的警戒状态；第2阶段，从导弹上拆下弹头；第3阶段，从地下井中撤出导弹；最后一个阶段，按照《削减战略武器条约》的要求炸毁地下井并填平。

战略火箭军控制洲际弹道核导弹。该军种由4个导弹集团军(司令部分别设在弗拉基米尔、鄂木斯克、奥伦堡、赤塔)和19个导弹师(与19个主作战基地相对应)所组成。战略火箭军的第6管理局负责核安全和监督。截至1998年年底，在这19个基地部署了4种类型、751枚核导弹：在地下井部署355枚(SS－18、SS－19和SS－24)，铁路机动部署的36枚(SS－24)，公路机动部署的360枚(SS－25)。

如果《第2阶段削减战略武器条约》生效，所有的SS－18核导弹和SS－24核导弹以及105枚SS－19的部分核导弹将被撤销。SS－19导弹每枚导弹携带的核弹头将从目前的6个减少到1个，90个SS－18核导弹地下井可能装SS－25核导弹的改进型导弹SS－27或称"白杨－M"。1998年1月13日，俄罗斯国防部长谢尔盖耶夫宣布，2枚井基SS－27核导弹部署在萨拉托夫地区。预计到1998年年底在该地区部署9～10枚SS－27核导弹。到2003年年底，俄罗斯洲际弹道核导弹(SS－19、SS－25、SS－27)的数量将下降到400枚。

俄罗斯潜射弹道导弹核力量与去年大致持平。供作战使用的弹道导弹核潜艇有23艘，包括12艘携带SS－N－18潜射弹道导弹的D级弹道导弹核潜艇、4艘携带SS－N－20潜射弹道导弹的"台风"级弹道导弹核潜艇和7艘携带SS－N－23潜射弹道导弹的D级弹道导弹核潜艇。

俄罗斯战略轰炸机力量包括图－95/H6(29架)、图－95/H16(35架)和图－160(6架)3种战略轰炸机及其携带的空射巡航核导弹、近程攻击核导弹和核航弹，拥有800多颗核弹头。

俄罗斯继续部署SS－27战略弹道核导弹 研制和部署SS－27核导弹是俄罗斯洲际弹道导弹现代化计划的主要内容之一。该导弹是由莫斯科热力技术研究所设计的，并在沃特金斯克厂生产。SS－27导弹是固体推进剂三级洲际弹道导弹，弹长22.7米，最大直径 1.95 米,起飞重量 47.2 吨,投掷重量 1.2 吨,射程约 1 万千米,带 1 个百万吨级核弹头,可以井基和公路机动两种方式部署。头 2 枚 SS－27 导弹经过少量(4 次)飞行试验后(新型洲际弹道导弹一般要经过 15～20 次飞行试验),于 1997 年 12 月部署在萨拉托夫州的塔季谢夫基地的前 SS－19 导弹的地下井中。预计 2000 年以后,将部署公路机动的 SS－27 导弹。这种导弹的部署速度取决于投资强度和生产能力。据说沃特金斯克厂的最大生产能力每年为 80 枚导弹。如果俄罗斯有足够的经费,SS－27 导弹的部署速度最多每年大约为 60 枚。井基 SS－27 导弹的服役期限约为 20 年,公路机动的 SS－27 导弹的服役期限约为 15 年。

俄罗斯制定新的战略核武器发展计划　1998 年 7 月 3 日,俄罗斯国家安全会议审议批准了国防部提出的 2010 年前战略核武器发展计划。该项计划决定继续保留陆、海、空三位一体的战略核力量体制,战略核武器的弹头总数约为 1500～2000 颗,并确定了战略核力量的构成:陆基洲际弹道导弹核力量将由目前现有的四种型号(SS－18、SS－19、SS－24、SS－25)过渡到一种型号,即机动的或井基的 SS－27(也称"白杨－M")。SS－18、SS－24 和部分 SS－19 多弹头导弹将逐步退役。近期,将保留 105 枚改装成带单弹头的 SS－19 导弹、370 枚 SS－25 核导弹和一些 SS－27 核导弹,随后逐步用 SS－27 核导弹替换。由于受财力的限制,陆基洲际弹道导弹核力量可能只剩下一种约 600 枚带单弹头的 SS－27 导弹。海基战略核力量将保留 6 艘 D 级 Ⅳ 型弹道导弹核潜艇及其携带的 SS－N－23 潜射弹道核导弹,每艘装 16 枚核导弹,共 96 枚,每枚导弹带 4 个核弹头,共 384 个核弹头。正在研制一种叫作"小帆船"的新型导弹,将由"尤里·多尔戈鲁基"小型潜艇携带,每艘潜艇装 12 枚这种导弹,计划在今后 10 年内服役。空中战略核力量将保留 5 架图－160 和 30 架图－95H 型战略轰炸机,共装备 440 枚巡航核导弹及核航弹。

印、巴的核武器　印度早在 1974 年 5 月 18 日就进行了首次核试验。据分析,试验的是一个钚装料内爆式原子弹,当量约 1.2 万吨。此后,印度不断改进核装置的设计,并取得了较大进展。到 80 年代末期,印度巴巴原子能研究中心设计出了一种重量为 200 千克的裂变核装置,估计是首次试验的核装置的改型。1998 年 5 月 11 日试验的当量较大的裂变装置可能就是这种改进型核装置。如果用比威力(核装置的爆炸威力与其重量之比)来衡量核装置的设计水平和小型化程度,不难看出,此时印度这种改进型核装置的比威力达到了 60 吨/千克,相当于美国 60 年代的水平。相信通过这次系列核试验,这种改进型核装置基本上可实现武器化。估计印度目前已经拥有两种类型的原子弹:当量为 1～1.5 万吨级的原子弹和当量为 0.2～0.3 万吨级的原子弹。

印度还有能力研制并试验热核助爆裂变装置,即通常所说的加强型原子弹。因为:(1)早在 80 年代,巴巴原子能研究中心就制订了惯性约束聚变计划,开展了与热核武器密切相关的高能量高密度物理学研究工作,研制了性能先进的诊断技术和仪器设备;(2)1985 年,西德的一份报告称:"印度国防部要求巴巴原子能研究中心在与最高级内阁成员和总理磋商后,继续从事聚变武器(氢弹)的研制工作";(3)1989 年,美国中央情报局局长威廉·H·韦伯斯特在美参议院作证时说:"印度拥有演示其发展热核武器兴趣的计划,并正在生产锂、氚和从西德非法转运美国提供的纯铍金属,用来制造小型核武器。"另据印度原子能委员会主席奇丹巴拉姆在试验后的记者招待会上宣布,这次试验采用了聚变和二次裂变两种引爆方式,氢弹是用改进的裂变方式引爆的。分析认为,印度试验了低当量的两级热核装置,但不是真正的氢弹试验,可能是氢弹的原理试验。

印度正在加紧发展能够携带核弹头的"普里特维"近程弹道导弹和"烈火"式中程弹道导弹。此外,印度现有的米格－27 飞机和"美洲虎"飞机也能用来运载核航弹。一旦这些导弹和飞机装备核弹头和核航弹,可使印度拥有攻击其周边国家的核武器系统。

1971 年印－巴战争结束后,巴基斯坦便开始实施核武器发展计划。1974 年印度进行核试验之后,巴基斯坦的核武器发展计划明显加快了速度。有专家认为,在 1998 年进行核试验之前,巴基斯坦就已经能为攻击机和弹道导弹研制当量为万吨级铀装料原子弹和千吨级原子弹。的确,巴基斯坦通过这次核试验,获得了设计和制造原子弹所需要的数据,完全具备了制造原子弹的能力。巴基斯坦核计划的首席科学家阿卜杜勒·卡迪尔·汗说,5 月 28 日进行的 5 次核试验均是"使用铀－235 作装料的助爆裂变装置,除一次当量较大的核试验外,其余 4 次全都是低当量的战术核武器,可装在小型导弹上,用来打击战场上的部队集结地"。他还说,巴基斯坦已经掌握了试验热核装置所需的技术,必要时可进行试验。

目前,巴基斯坦正在研制的"哈塔夫"近程导弹(最大射程 800 千米,有效载荷 500 千克)以及"高里"中程导弹(最大射程 1500 千米,有效载荷 700 千克)均能携带核弹头。此外,巴基斯坦的 F－16 飞机经改装后也可运载核武器。这些核导弹和带核武器的飞机将使巴基斯坦具备核打击能力。

印度进行地下核试验 印度于1998年5月11日和13日在拉贾斯坦邦的博克兰地区进行了两组共5次地下核试验。据印度官方宣布，在这5个核试验装置中，第1个为裂变装置，当量1.2万吨，第2个为热核装置，当量4.3万吨，第3个为200吨，5月13日试验的两个核装置的当量分别为500吨和300吨。

根据国际监测系统和非国际监测系统地震台网测到的数据分析，印度5月11日试验的3个核装置分别放在3个竖井里，两个当量较大的核装置相距约1000米，3次核爆炸的时间间隔大约为1秒，对这些核试验装置的爆炸威力有各种各样猜测，估计的数值也不尽相同。一些专家认为，印度夸大了这些核试验装置的爆炸威力。例如，英国地质研究所的专家说，当量不超过2万吨；澳大利亚地质勘测组织估计，当量为0.5～2万吨；还有一些专家说当量为1～1.5万吨。

国际监测系统和非国际监测系统的地震台网都没有测到印度5月13日核爆炸产生的地震信号。可能有以下几种原因：①印度进行了"去藕"试验，即把核装置放在一个大的洞穴里，使核爆炸产生的绝大部分能量用来压缩洞内的空气和其他气体，变成地震波的能量很少；②进行了流体核试验或亚临界试验；③试验了当量极低的核装置；④试验未能成功或根本没有进行核试验。

印度进行"去藕"试验、流体核试验特别是进行亚临界试验的可能性极小，因为这几种试验不仅要求很高的试验技术，而且有的试验(如"去藕"试验)还要求有合适的地质条件，印度此时此刻不具备进行这几种核试验的条件。可以认为，印度5月13日试验了当量极低的核装置，而且这两次试验是在同一个竖井里进行的。地震专家估计，5月13日试验的当量为100～150吨。如果像印度原子能委员会主席奇丹巴拉姆所说的那样，试验是在沙丘里进行的，那么在该地区沙丘最高达150多米的地质条件下进行核试验，核爆炸产生的能量绝大部分被周围的介质所吸收，转变成地震波的能量非常小，现有地震台网不可能测到和分辨出当量如此低的核爆炸。已知设在巴基斯坦境内的尼洛尔地震台(距印度核试验场大约700千米)就没有测到这次试验的地震信号)。

印度着手建立核武器作战指挥与控制系统 印度军方已经就建立核武器作战指挥与控制系统提出了报告，说明印度正在为装备核武器作准备。这份题为《印度战略核指挥框架方案》的报告，建议由总理、国防部长、外交部长、内政部长、财政部长、国家安全委员会主席、各军种参谋长、国家战略司令部司令组成"国家指挥当局"，来决定核武器的使用；由三军高级将领及原子能、信息技术、防务和通信专家组成"国家战略核司令部"，该司令部平时向国家安全委员会报告工作，战时向国家指挥当局报告工作；组建"国家指挥所"，使其成为接收情报信息和发布命令的加固的通信中心。该报告说，将来国家指挥当局一旦决定动用核武器，由国家战略核司令部负责实施。国家指挥所与国家战略司令部拥有相同的通信保障设施，战时如果国家战略核司令部被摧毁，国家指挥所代替国家战略核司令部行使职责，执行国家指挥当局的命令。该报告还建议，战术核武器由国家指挥当局通过国家战略核司令部交由各军种司令部的作战中心管理，但使用权将由作战指挥部和国家战略核司令部来决定。1998年11月19日，负责审议印度核武器发展计划的权力机构—"国家安全委员会"正式成立。该委员会由总理瓦杰帕伊亲自领导，其成员包括的内政、国防、外交、财政各部部长和国家计划委员会副主席，总理秘书布拉杰什·米什拉担任该委员会的顾问。

印度生产并储备武器级核材料 印度在加拿大和美国等国家的援助下，经过40多年努力建成了比较完整的核工业体系，拥有一批生产武器级核材料的反应堆和后处理厂等基础核设施，为印度进行核试验和发展核武器奠定了基础。

印度的武器级钚主要是由巴巴原子能研究中心的"西鲁斯"(Cirus)、"德鲁瓦"(Dhruva)这两座研究堆和一座后处理厂生产的。60年代由加拿大援建、40兆瓦功率的"西鲁斯"堆，每年可生产10千克武器级钚；1985年开始运行的100兆瓦功率"德鲁瓦"堆，每年可生产20～25千克武器级钚。到1997年底，印度大约储备了370千克武器级钚。如果按制造1颗当量为2万吨级的核弹需要6千克武器级钚来计算，这些钚足够用来制造60颗核弹；如果按制造1颗当量为2万吨级的核弹需要8千克武器级钚来计算，这些钚足够用来制造46颗核弹。

尽管印度目前还没有大型铀浓缩设施，但它却实施了一项规模适中的气体离心浓缩铀计划，并具有一定的生产能力。1986年印度公开宣称"能够把铀浓缩到所需要的程度"。自80年代中期以来，印度巴巴原子能研究中心的小型气体离心浓缩铀厂一直在运行。到80年代末期，又在迈索尔城附近建造了一座大型浓缩铀厂，并于90年代中期投产。估计目前印度每年可生产几千克武器级铀。

印度从70年代初期开始研究并开发液相催化交换－低温蒸馏法产氚技术，即从核电站重水堆的慢化剂中回收氚。到90年代初这种产氚技术取得了突破性的进展，并于1992年在孟买以北40千米的特伦买建成了世界上唯一应用这种技术的产氚中间厂，还在其南部的加尔巴干建造了一座商用产氚厂。估计，印度每年可从核电站重水堆慢化剂中回收 30 克氚。

印度在 80 年代从西德购买了 100 千克铍,此后在孟买又建成了一座铍生产厂,自行生产铍。铍是核武器的另一种装料,它可作中子反射层,提高核材料的利用率,是实现核弹小型化不可缺少的装料。

巴基斯坦进行地下核试验 巴基斯坦总理谢里夫 1998 年 5 月 28 日宣布,巴基斯坦于当天在其西南部卑路支省的查盖地区进行了 5 次地下核试验。5 月 30 日,巴基斯坦外交秘书谢米沙德·艾哈迈德宣布又进行了一次核试验。据巴基斯坦官方消息说,5 月 28 日进行的 5 次核试验均是裂变装置。第 1 个核装置的当量为 2.5 万吨,第 2 个核装置的当量为 1.2 万吨,其余 3 个核装置的当量均在 1 千吨以下。5 月 30 日试验的核装置的当量为 1.8 万吨。

根据国际监测系统以及非国际监测系统的地震台网测到的数据分析,5 月 28 日的核试验是在平洞里进行的,5 月 30 日的核试验是在竖井里进行的。关于核试验装置的爆炸威力,地震专家认为巴基斯坦官方公布的数据偏高。例如,澳大利亚地质勘测组织估计,试验核装置的当量为 0.5～2 万吨;日本东京大学地震研究所的专家认为,5 月 28 日进行的试验只有两次能够确认是当量不到 1.5 万吨的核爆炸,巴宣布进行的 6 次试验中的其余 4 次的当量均是 1 万吨以下的小型爆炸;还有些专家估计,5 月 28 日试验的当量为 0.9～1.2 万吨,5 月 30 日试验的当量为 0.4～0.6 万吨。

巴基斯坦生产并储存武器级核材料 巴基斯坦从 60 年代初开始研究与开发原子能的和平利用。美国提供的研究堆(热功率为 50 兆瓦)于 1965 年投入运行,加拿大提供的重水堆和重水生产厂于 1971 年投入运行。但由于受到国际原子能机构的监督,巴基斯坦不可能利用上述设施生产武器级钚。70 年代末期,巴基斯坦开始自行建造小型后处理厂和钚生产堆,估计该堆的热功率为 50～70 兆瓦,每年可生产 10～20 千克武器级钚。

巴基斯坦从 1975 年开始秘密从欧洲浓缩铀公司进口离心浓缩铀技术、部件和离心机制造设备,并着手在伊胡达建造离心浓缩铀厂,在戈拉建造离心机试验设施和在希哈拉建造离心机试验与培训设施。伊胡达离心浓缩铀厂从 1986 年开始生产武器级铀,此后该厂的生产能力逐年提高,到 1991 年巴基斯坦宣布暂停生产武器级铀时,估计已生产出 210 千克武器级铀。如果按每颗核弹需用 20 千克来计算,可制造 10 颗核弹。1991 年后,伊胡达离心浓缩铀厂继续生产低浓缩铀,必要时可用这些低浓铀作为浓缩厂的供料,每年可生产出 110 千克武器级铀。此外,巴基斯坦利用从西德进口的氚净化和生产设施,用反应堆辐照过的锂－6 靶进行了氚的分离与净化试验,表明巴基斯坦有能力生产氚。

表 1 美国战略进攻核武器系统

截至 1998 年底

名 称	发射装置数	首次部署(年)	核弹头数×当量(万吨)	核弹头总数(个)
陆基洲际导弹	550			2000
"民兵"Ⅲ	500			1500
MK－12	(200)	1970	3W62×17(MIRV)	(600)
MK－12A	(300)	1979	3W78×33.5(MIRV)	(900)
"和平卫士"(MX)	50	1986	10W87×30(MIRV)	500
潜射弹道导弹	432/18			3456
"三叉戟"Ⅰ	192/8		8W76×10(MIRV)	1536
"三叉戟"Ⅱ	240/10			1920
MK－4		1992	8W76×10(MIRV)	(1536)
MK－5		1990	8W88×47.5(MIRV)	(384)
战略轰炸机	53			1750
B－2	9		ALCM/W80－1×0.5～15	400
B－52H	44		B61－7/－11,B83 核航弹	950
			ACM/W80－1×0.5～15	400
总 计	1035			7206

英、法的核武器　截至 1998 年底，英国的核武器系统包括已经服役的 3 艘新型弹道导弹核潜艇及其携带的“三叉戟”Ⅱ潜射弹道核导弹。其中，“三叉戟”Ⅱ潜射弹道导弹共有 58 枚，每枚导弹或带 1 个核弹头或带 6 个分导式核弹头，射程为 7400 千米，有效载荷为 2800 千克。根据《战略防御协议》的决定，到 2000 年底或 2001 年初，正在建造的第 4 艘弹道导弹核潜艇也将服役。法国约有 450 颗核弹头。其中包括弹道导弹核潜艇携带的 M4(48 枚)和 M45(16 枚)潜射弹道导弹，每枚导弹装备 16 颗核弹头，共有 384 颗核弹头，以及供“幻影”2000N 式飞机(45 架)和舰载“超级军旗”式飞机(24 架)携带的 65 枚 ASMP 导弹，每枚导弹装备 1 颗核弹头。

英国皇家空军停止使用 WE177 核航弹　英国皇家空军停止使用 WE177 核航弹，只保留它认为维护国家安全所需的最低限度的威慑能力。英国国防大臣马尔科姆·里夫金德说，WE177 核航弹退役后，英国的核武器将比 70 年代减少 21%，总的爆炸力将比 70 年代减少 59%。

法国削减核武器的经费　1998 年，法国用于核威慑力量方面的费用为 165 亿法郎，比 1997 年减少 13.3%。因此，法国将第 4 艘新型弹道导弹核潜艇开始服役的时间推迟到 2008 年，同时延长部分现役弹道导弹核潜艇的服役期，以保证海军具有足够的核威胁能力。在空中战略力量方面，1998 年增加了用于装备“幻影”2000N 飞机的 ASMP 导弹的费用，由上年度的 3.73 亿法郎增至 4.14 亿法郎，并继续进行以冲压式喷气发动机为动力的新型战略导弹的早期研究工作，以便替代 ASMP－A 导弹。另外，1998 年法国将继续实施“准备限制核试验计划”，以使用计算和模拟的方法保持库存核武器的有效性，并拨款 17.11 亿法郎用于研制新型 M51 导弹的核弹头。

表 2　俄罗斯战略进攻核武器系统

截至 1998 年底

名　称	发射装置数	首次部署(年)	核弹头数×当量(万吨)	核弹头总数(个)
陆基洲际导弹	756			3590
SS－18　4/5/6 型	180	1979	10×55/75(MIRV)	1800(1)
SS－19　3 型	160	1979	6×55(MIRV)	960
SS－24　1/2 型	36/10	1987	10×55(MIRV)	460
SS－25	360	1985	1×55	360
SS－27	10	1998	1×55	10
潜射弹道导弹	348(21)			1576
SS－N－18　1 型	176(11)(2)	1978	3×50(MIRV)	528(3)
SS－N－20　1/2 型	60(3)	1983	10×20(MIRV)	600
SS－N－20	112(7)	1986	4×10(MIRV)	448
战略轰炸机	70			806
图－95　H6	29	1984	6×AS－15A　ALCM or bomb	174
图－95　H16	35	1984	16×AS－15A　ALCM or bomb	560
图－160	6	1987	12×AS－15B ALCM or 12 AS－16 SRAM or 12 bomb	72
总　计	1174			5972

表 2 注：(1)SS－18 导弹按《削减战略武器条约》计算全都带 10 个核弹头，但有些 SS－18　5/6 型导弹可能带 1 个核弹头。

(2)括号内的数字表示核潜艇的数量。

(3)按《削减战略武器条约》计算，SS－18 导弹带 3 个核弹头。

MIRV 表示分导式多弹头；ALCM 表示空射航核导弹；AS 表示空对地核导弹；Bomb 是核航弹；SRAM 表示近程攻击核导弹。

(王连奎)

化 学 战 装 备

综述　重视研究对付恐怖主义和核生化事故的防化装备　禁止化学武器公约生效及其严格的核查制度对化学战装备的发展产生了很大的影响,1998 年这一领域的发展很小。然而,由于各国对恐怖主义分子使用核生化手段的担忧大大增加,加之工业核生化事故频仍,因此,一些国家更加重视对付恐怖主义和核生化事故的防化装备的研究。尤其在监测和报警方面,更加注重低量程的探测,且在信号处理和显示技术上有一定发展。法国研制的剂量卡就是典型的一例。另外,降低误报率、提高可靠性、改善核生化监测和报警系统与 C^3I 系统的接口,将核生化信息并入现有的指挥信息高速公路则是核生化监测报警在军事方面的发展趋势。

生物工程技术在防化领域中得到广泛应用　生物工程是将工程技术应用于生物学和医学的一门新型应用技术科学。生物工程 5 大技术体系,即基因工程技术、细胞工程技术、酶工程技术、发酵工程技术和生化工程技术在化学生物战领域的应用,有可能导致产生新一代化学生物战剂,从而造成新的化学战威胁,但也使化学生物防御出现崭新面貌。

美国曾利用基因工程研制生物武器,对 19 种潜在的生物武器病原体进行了基因工程优化,使之毒性更大、更难防难治、更易生产和贮存。在防护方面,美国利用基因"拼接"技术制成了 13 种完全新型的具有抗病毒作用的疫苗。

酶工程在防化领域的应用很普遍,出现了一大批基于酶法的毒剂报警器和侦毒器材,使得酶法侦毒器材成了化学侦察领域应用最广泛的装备。在生化工程方面,美国已把发展生化战剂的生化探测器作为其战略任务之一,并已研究出一种样机。对这种生化探测器的基本要求是:能取样、检测和分类,并能在检测到战剂时发出声光警报,还能识别战剂的种类和浓度。

禁止化学武器公约生效进入第 2 年　截止 1998 年底,禁止化学武器公约缔约国已达到 121 个,但仍有 48 个已签约国尚未批约。缔约国中已有 70% 以上的国家根据公约第 3、4、5、6 条向技术秘书处提交了初始宣布。8 个缔约国具有或曾有过生产化学武器的能力,化学武器生产设施的数量为 58 个。公约组织已进行了近 300 次视察,其中大部分是化学武器相关设施。对工业设施的视察业已启动,但美国由于国内立法的原因,迟迟未提交初始宣布。这可能影响公约组织的进一步视察行动。公约组织监督下的化学武器销毁已经开始。美国、俄罗斯等宣布拥有化学武器的缔约国已提交了销毁化学武器的计划。

化学武器　美国空军准备实施"生化战剂失效弹头"演示计划　为了在摧毁生化设施时尽可能减少由于战剂逸出带来的副作用,美国空军准备实施一项"生化战剂失效弹头"演示计划。该计划的目的是演示一种使生化战剂失效的混合装药弹头,以彻底摧毁目标,同时使可能从目标逸出的任何战剂失效。目前正在研究高温燃烧物质、低爆破碎片弹头或子弹药,以及使生化战剂失效的化学物质。

历时 42 个月的演示计划分为 4 个阶段。第 1 阶段进行初步设计,弹头的外型和质量特性将与 2000 磅 BLU－109 相同,以便使用 GBU－24、GBU－27、AGM－130 和 JDAM 弹药。第 2 阶段进行弹头的具体设计以及制造和试验全尺寸弹头。第 3 阶段进行弹头飞行试验。第 4 阶段制造 10～20 枚弹头。

日本政府决定从 2000 年开始处理在华的遗弃化学武器　据日本媒介报道,日本政府已决定从 2000 年开始对遗弃在中国的化学武器进行处理。1999 年日本将在总理府中设立处理遗弃化学武器问题的对策本部——"遗弃化学武器处理业务室",有关费用将列入 2000 年预算。同时,日本政府打算在内阁官房所辖的技术研讨部中新设 5 个工作小组,加紧进行技术研究。日本媒介认为,对日本来说,处理在华遗弃化学武器这一不光彩的遗产不仅仅有历史上和道义上的义务,而且也有国际上的义务,必须在 2007 年 4 月前结束处理工作。而且在处理过程中绝不能发生事故,并必须遵守中国的环境标准。另外据报道,日本政府 1998 年 3 月 4 日决定,于 1999 年度开始对遗弃在中国境内的化学武器进行处理技术试验。日本处理在华遗弃化学武器的总费用预计达数千亿日元。

叙利亚为"飞毛腿"C 式导弹生产化学小炸弹　据美国弹道导弹防御机构官员说,叙利亚将开始为"飞毛腿"C 式导弹生产化学小炸弹。叙利亚已在大马士革建立了化学战剂生产线,这些小炸弹可装入"飞毛腿"C 式导弹的弹头内,从而形成一种集束弹头。据以色列的情报，叙利亚科学调研中心将在俄罗斯的帮助下进行地下导弹生产设施的改进，以便用全部分装件制造“飞毛腿”导弹。美国和以色列导弹专家相信，叙利亚已给“飞毛腿”C式导弹装填了一元化学弹头。

化学侦检与报警器材 **美国研制核生化侦察微机器人** 近年美国科学技术发展的重点之一是开发具有昆虫一样特点的微机器人。1997年国防预算为机器人研究的拨款达3974万美元。美国桑迪亚实验室机器人中心正在研制一种用于核生化武器侦察的微机器人。这种微机器人只有几毫米大小，为了不引起注意，它将其设计成象垃圾或昆虫(如蟑螂)一样。它可帮助部队情报人员侦察敌人的核生化武器实验所及储存地。在怀疑为核生化武器试验或储存点的设施附近，投放装有数百此种微机器人的母机。微机器人从母机中释放出来后，按预先编好的程序进入设施，装有不同传感元件的微机器人各显其能，完成不同的侦察任务：既可采集样品带回母机，也可将发现的信息及时发送回去。

这种微机器人也可在战场上向部队提供早期警报，还可以用于远距离监测核原料的储存地，对核泄漏发出警报，或担任警戒防止恐怖分子盗窃武器或核原料。

美国研制成探测化学战剂的一次性微型无人机 美国海军研究实验室研制出一种携带化学战剂探测器的微型无人机。它能吊挂在“捕食者”无人机两翼下，携带到空中发射，在怀疑为生产、储藏或使用化学战剂的区域上空对大气取样分析。分析结果由“捕食者”无人机中继传回。微型无人机重27千克，长1.5米，翼展约2.5米，使用高能蓄电池和燃料推进，航程达50千米。从6000米高度发射后可续航1小时。每架“捕食者”无人机可携带4架微型无人机。

法军装备首批核生化侦察车 首批40台雷诺VAB-REC核行化侦察车装备法军。这种核生化侦察车采用VAB-4X4轻型装甲人员输送车为底盘。车内核探测装置是一个自动辐射仪，可检测0.01～1000厘戈瑞/小时的辐射级并在辐射级超过预设值时发出警报。化学检测装置是一个与液体采样装置连接的MM1型质谱仪，其蒸气报警检测值为1毫克/立方米，液体报警检测值为10毫克/立方米。另外还有AP2C化学毒剂监测器和S4PE取样器。车上有用于导航的全球定位系统、气象测量系统和标志器。中心处理系统是汤姆森-CSF MLX-UR 3000车载计算机。车内通过装有核生化过滤器的内部超压系统和密封空调系统来进行集体防护。当车内核生化战剂浓度达到预设值时，会发出报警。

德国推出Hazmat探测与指挥车 该车用于在染毒现场进行毒剂分析并保障指挥与控制。该车采用Mercedes Sprinter底盘。车内有1名司机及副手和2名分析员，包括指挥官。车内有必要的设备，以便进行计划和危险分析及预测。车上配有空气过滤和空调装置，保证车内人员的安全。如有危险出现，车内呈全封闭状态。

探测用外部探头进行，分析用红外气体分析仪进行。分析结果与数据库内的数据比较。该车有2个计算机工作站，用于鉴定和预测危险的扩散。定时气象数据通过外部探头及时获得并加入危险分析资料。

化学防护器材 **美国TDA-99M双用途野战面具检漏器列装** 这是一种便携式多功能面具检漏器，使用固态电路，重量轻，可为多种型号面具检漏，已取代TDA-99面具检漏器。所有器件装在1个380×410×560毫米硬盒内，重27千克。工作时需100～250伏、50～60赫电源。测试头是一个聚碳酸酯纤维头模，任何型号的面具都可套入，进行测试。这套检漏器还包括气溶胶发生器、真空泵、光散射室、流量计及用于显示测试结果的控制器。把面具套入测试头模后即可测试面部密合、镜片接口、呼吸活门、饮水导管及送话器等处的漏气情况。该检漏器还可进行人员佩戴检测(适佩检测)。进行两种检测，每测1人约需10分钟。

埃及自产M-81型核生化防护服 埃及国产的M-81型防护服由4部分组成：M-81A防护服、M-81B防毒手套、M-81C防毒靴套和M-81D防毒斗篷。防护服由连头罩的上衣和裤子组成，穿在制式战斗服外。材料为过滤织物，透气率为200升/分，可防芥子气蒸气至少10小时，防芥子气气溶胶6小时，且防热，防火。其他3部分均用轻质不透气橡胶材料制成，其防毒时间6小时。手套是拇指、食指分开的，并有系带。靴套用带子捆在脚上。斗篷披在头上，亦可挡雨。

捷克和斯洛伐克DF透气式防护服列装 这种防护服已装备了捷克陆军和斯洛伐克民防部门，并有部分联合国伊拉克武器核查人员装备了这种防护服。该防护服由带头罩的上衣、裤子和系带组成，穿着舒适，防护性能好，可防放射性灰尘、生物和化学战剂。其材料为3层：外部迷彩层拒油、防火、隔水；吸附层织物用粉状或球形活性炭处理过；内部用柔韧亚麻布层支撑。防液态芥子气时间达24小时。库存寿命可达10年。如果仅作训练使用，使用寿命可达2年。作战使用一般可穿用2～3个月。

塞尔维亚推出M-2系列面具 这种面具既可用作军用，也可用作民用。面罩是头带式的，眼窗视野为70%，适用环境温度为-30～+50℃。M-2F型有通话器,M－2FV 型增加了饮水器。通话传送指数达 0.85,饮水速度最低达 200 毫升/分。面罩采用天然橡胶,呼气阻力为 70 帕,全重约 1300 克。

核监测器材　俄罗斯推出 IMD－2 系列剂量率仪　IMD－2 系列剂量率仪用于测量 γ 剂量率。IMD－2S 用于永备工事,IMD－2B 用于车辆,IMD－2D 由个人携带。测量范围为 $1\times10^{-5}\sim1\times10^{3}$ 拉德/时,显示误差为 ±30%,在 0.08～1.25 电子伏范围能量误差为 ±30%,测量准备时间为 3 分钟,使用电源为 4 节 A－343 电池或 12 和 27 伏直流或 220 伏交流直供,使用寿命为 1 万小时,重 1.6 千克。

俄罗斯推出 IMD－21 系列 γ 剂量仪　该测量仪的测量范围为 1～10,000 拉德/时(误差 ±30%),测量结果在测量 10 秒后显示在充电器显示板上,需要 5 分钟预热。量程选择开关可在 1.5、10.5 和 100 拉德/小时之间选择。外壳坚固,防振,防尘,防潮,尺寸为 191×247×113 毫米。适用温度为 －50～＋65℃,探头直径 68 毫米,长 316 毫米。使用寿命为 2.5 万小时,一般可用 11.5 年。该测量仪通常用于车辆、飞机或地下永备工事。

法国研制出卡片式剂量仪　这种剂量仪仅有信用卡大小,且有一个电子存储器。可用于测量 γ 剂量和剂量率并有程序化的报警装置。这种能量补偿硅探测器灵敏度为 100 居里/微希沃特,能量响应范围为 20 千电子伏～2 兆电子伏。剂量显示范围为 1 微希沃特～10 希沃特,剂量率测量范围为 1 微希沃特/小时～1 希沃特/小时。该卡的数据容量为一年(8 小时/天)。有 3 个操作键可选择工作模式。在液晶显示板上可显示当前剂量或剂量率,还可显示每日、每月、每季度、每年或每 5 年的累积剂量。

罗马尼亚研制出 DET－2 个人剂量仪和微型辐射仪　DET－2 型个人剂量仪可测 γ 和 X 辐射。剂量探测范围为 0.02～600 拉德/时。如果核事件发生的时间已知,还可计算通量。如果剂量率达到设定的危险水平,便可发出声光警报,测量值可通过一定设备自动输出。该剂量仪尺寸为 45×200×100 毫米,重 0.5 千克,电池寿命为 50 小时。

微型辐射仪用于测 γ 辐射和地面、水源和装备沾染,由控制和显示装置组成,测量范围为 0.1 毫拉德/时～600 拉德/时,最大误差为 ±20%,使用 4 节 R141.5 伏电池,电池寿命 40 小时。仪器重 0.88 千克,外形尺寸为 113×62×105 毫米。

洗消器材　英国研制出两种充气式淋浴洗消装置　这两种装置用于在现场充气展开,对人员进行紧急淋浴洗消。其充气支撑材料为耐久性聚合物,洗消刷用柔性软管与外部供水系统连接,靠安装在两侧的手套袖从外面操纵。淋浴喷头的水流速达 40 升/分,环形承重裙利用排水在地面的重量能保证整个结构在大风条件下的稳定。DPI 洗消装置用于一般人员洗消,全部材料装在 1 个 20 千克重的包内。DECAS 伤员洗消装置的原理与 DPI 装置相同,但内部有一系列伤员专用的洗消工具。操作人员在外部通过手套袖对伤员洗消,不致造成自身污染。

法国研制出 TCC 防毒伪装涂层　这种伪装涂层为核生化洗消提供了一个更快速可靠的方法。当在核生化环境下作战前,将这种涂料用刷、喷等方式快速涂敷在坦克、车辆和飞机等作战装备表面。涂敷前对装备表面几乎不必做任何处理,涂敷 15 分钟后即可投入使用。产生的涂层经久耐用,抗油类污染,在装备表面能吸收核生化污染,防止其渗入装备。去除涂层只需施加弱碱性凝胶或家用洗涤剂,就很容易将其剥离装备表面,残余部分可用水冲掉。

在不同的天候和环境条件下,这种涂层可通过掺入不同的成分,改变伪装图案,降低红外、紫外、雷达和光信号,对抗智能武器和激光指示器。

意大利新型 BX－24 化学生物战剂消毒剂列装　这种消毒剂主要由硅酸盐、磷酸盐、表面活性剂、复合物及氧化剂组成,呈固体粉末状。使用前仅需按比例与水混合,无须添加催化剂和使用专门的制备工具。消毒后的残留物不含氯化溶剂、碳氢化物或其他有害环境的物质,且易用水冲洗掉。与目前常用的消毒剂相比,BX－24 具有消毒效率高、对装备无腐蚀性、易就地洗消、储存安全、环境污染小和操作简单等特点。

发烟器材　美国发烟技术研究取得新进展　为了掩护战场上的士兵和武器装备,提高部队生存力,美国陆军正致力于发展新型发烟技术,以对抗可能来自精密传感器和制导武器的威胁。美国陆军发烟技术研究室研制了先进的发烟剂新配方,由燃料与氧化剂一起燃烧来发烟;还研制了一种可在空气中撒布的特殊粉末和在空气中发生反应的液体,用于形成烟雾。美国陆军还投资研制一种叫 TA 的新发烟剂,采用对苯二甲酸,以最终取代现有的发烟剂六氯乙烷。TA 烟雾的毒性比六氯乙烷小得多,产生亮白色的烟雾。

美国陆军还装备了 M－56 型车载式发烟机,它是第一种大面积广谱烟幕施放器材,它既可遮蔽可见光又能阻挡红外探测。其换代产品将增加对毫米波探测的阻挡功能。美军新研制的车载 M－58 型发烟机安装在 M－113A3 装甲车上,装有涡轮发动机、防可见光和防红外烟幕施放器,能持续施放 90 分钟一般烟幕和 30 分钟防红外烟幕。M－58 型发烟机于 1997 年开始列装,到 2006 年装备完毕。

（张　南）

指挥控制通信情报(C^4I)系统

综述 1998年,C^4I系统的研究和发展具有以下特点:强调指挥控制通信情报监视和侦察一体化研究和发展;大力寻求解决千年虫问题的办法;加速数字化系统建设;更加重视C^4I系统的安全保密性和对抗性;低级战术部队和单兵C^4I成为建设热点。

战略C^4I系统 **美国防信息系统局继续推进4大支柱计划** 据《陆军通信》杂志1998年冬季号报道,美军国防信息系统局1998年将继续推进其4大支柱计划:为全球指挥控制系统(GCCS)编写3.0版本软件;测试国防文电系统(DMS)1.1版本软件,并将其用户扩充到20万户;开始向美国本土国防信息系统网(DISN)过渡,从1998年起每年节省8400万美元;使全球战斗支援系统(GCSS)与全球指挥控制系统(GCCS)进一步融为一体,建成一个综合性的C^4I与战斗支援基础设施。

美军确定保持信息优势的3大工作 据《简氏防务周刊》1998年9月号报道,美C^4I助理国防部长莫尼宣称,美军建立信息优势的最重要的3项工作是:①解决计算机"千年虫"问题;②加强对计算机网络侵袭的防护;③建成全球信息网。其中,解决"千年虫"问题是重中之重,因为美国国防部一共约有32.5万个计算机系统将受影响。

美国防信息系统局建立虚拟指挥中心 据《防务信息与电子报告》1998年3月号报道,美国防信息系统局正在建设一个虚拟指挥中心。该指挥中心由各种手持式设备和三维显示器构成,能使不同地点的指挥官在同样的虚拟空间中操作。其优点是用三维图像表示通常由数据流表示的信息。试验表明,大量的数据流常常使人感到疲劳,而彩色图像信息则使人们更易于接受。这种虚拟指挥中心将在1998年9月份进行的美空军远征部队面向指挥控制的演习中首次亮相。

美国防部拨款保护信息基础设施 据《防务信息与电子报告》1998年1月号报道,美国防部拟在1999~2003年的3个财年中拨款36亿美元用于保护其信息基础设施。其中国家安全局将获得近20亿美元,陆军约3000万美元,海军约5700万美元,空军约3500万美元,国防信息系统局约5000多万美元。这些经费将分别用于安全防护、侦察探测、反应、评估和训练5个领域。

美军依然重视核战争指挥控制能力 据《防务信息与电子报告》1999年2月号报道,美国空军建议取消E-4B国家机载指挥所的核战争指挥控制功能,但美国国防部驳回了这一提议,指示空军按原预算划拨E-4B的运作与维护经费。

美军将研究千年虫对C^4I系统的影响 据《防务周刊》1998年5月号报道,国防部将于1999年举行一系列演习,以确定计算机2000年问题对20个最重要的C^4I系统的影响。这20个C^4I系统包括:全球指挥控制系统,全球战斗支援系统,GPS全球定位系统、Milstar卫星通信系统、空军卫星通信系统,舰队卫星通信系统、国防信息系统网等。

美军计算机受2000年问题困扰 据《美国防务新闻》1998年11月16~22日版报道,来自美国安全信息委员会和武装部队控制支持小组的两份报告指出,计算机2000年问题可能造成核武器系统和相关系统的瘫痪,使整个国防部系统内131部电信交换机失灵。

美国防部成立"电脑勇士"部队 据《防务周刊》1998年6月号报道,美国防部计划于1998年9月成立第一支"电脑勇士"部队,其正式名称是计算机防护联合特遣部队。该部队的任务是保护计算机信息系统,并从事防御性信息战。调查表明,美国国防部平均每周要遭受至少60次电脑进攻,因此,需要一支专业化的部队来对付这种电脑战。但成立"电脑勇士"部队只是一种过渡性的解决办法。

美军建立计算机网防御联合特遣部队 据《简氏防务周刊》1998年9月号报道,美国防部决定在1998年底建立第1支从事电脑防御战的计算机网络防御联合特遣部队(JTF CND)。它设在国防信息系统局所在地,由30人组成,指挥官是二星将军。它将向全球各地的美军作战指挥部提供援助,并直接向国防部长科恩报告工作。计算机网络防御联合特遣部队的启动费用为250万美元,年度预算为180万美元。

美军进行一系列信息优势实验 据《防务信息与电子报告》1998年3月号报道,美军将于1998年晚些时候进行一系列信息优势实验(ISX),以便确定信息优势投资策略。现已提出18个实验项目,其中包括探查并摧毁移动式地对空战略导弹、非线性空地一体战和纵深作战感知能力与超视距/非线性兵力运用等。

第 1 次实验是联合压制敌防空，将由美军大西洋司令部主持。

美军全球指挥控制系统存在薄弱环节 据《防务信息与电子报告》1998 年 9 月号报道，美国总审计局最近在一份报告中指出，美国全球指挥控制系统(GCCS)的作战功能和态势感知能力不如预期的好，而且“千年虫”问题没有完全解决。同时，联合战术无线电系统(JTRS)要到 2002 年才能部署，因此，各军种需要花费额外的钱来购买过渡系统。美国总审计局的报告认为，造成这种结果的主要原因是缺乏一个由国防部统一的指挥、控制、通信、计算机、情报、监视与探测体系结构，而这将影响信息优势的建立。

美国将改进全球定位系统 据《防务信息与电子报告》1999 年 2 月号报道，美国政府宣布，将拨款 4 亿美元改进其全球定位系统(GPS)。目前该系统在 1227 兆赫频率上传送军用信号，在 1575 兆赫频率上传送军用和民用信号。改进后的全球定位系统将于 2003 年在 1227.60 兆赫频率上增加一条民用信道，2005 年在 1176.45 兆赫频率上开辟第 3 条空中导航用信道。

美国三军 C^4I 采购预算 美国《国防信息和电子设备报告》1998 年 11 月 13 日版列出了美国陆、海、空军 1999～2001 年的 C^4I 采购计划中几个主要项目的经费预算。这些项目包括战斗幸存者脱险定位无线电台，陆军 21 世纪部队作战快速采购计划，联合战术无线电系统，陆军旅和旅以下部队作战指挥系统，陆军战斗勤务支援控制系统，海军协同攻击系统，空军通信和电子设备，以及最低限度应急通信网等。

1999～2001 财年的总的采购经费为：

财年：	1999	2000	2001
经费(亿美元)：	32.02	34.53	34.70

战斗幸存者脱险定位无线电台 战斗幸存者脱险定位无线电台是一个诸军种联合计划，空军为牵头单位。该电台将以新的端到端系统取代陈旧的救生电台 PRC－90/112。新系统采用了现有的和新颖的技术，所以它将增强战斗搜索和救援定位与通信的能力。

财年：	1999	2000	2001
陆军(百万美元)：	13.7	15.0	13.6
海军采购(百万美元)：	1.9	—	2.2
空军采购(百万美元)：	3.0	4.5	3.6
研究、研制、试验和鉴定：	—	10.0	107

21 世纪部队战斗快速采购计划 美国陆军 21 世纪部队战斗快速采购计划(WARP)是陆军加速采购和战斗部队技术验证的一个采购修订计划。所有已批准的战斗快速采购计划先接受 2 年的使用样机的初期经费投入，再以适当的预算额度相继投入后面的全部采购经费。1999～2001 财年使用样机的采购经费预算为：

财年：	1999	2000	2001
经费(百万美元)：	54.7	67.4	67.0

联合战术无线电系统 联合战术无线电系统(JTRS)是一个以满足移动、机载、地面、海上和个人通信需求的通用通信系统体系结构为基础，设计和研制单一无线电台系列的重大举措。按照 1998 年 10 月 22 日顶层综合产品小组的建议，陆军将对联合战术无线电系统提供足够的开发资金，各军种将负责提供采购和综合军种无线通信需求的资金。1999～2005 财年的经费预算为：

财年：	1999	2000	2001	2002	2003	2004	2005
C3 工程(百万美元)：	10.1	13.3	12.3	13.0	13.3	13.3	12.3
JRS 开发追加：	—	24.0	57.0	69.0	54.0	39.0	29.0

21 世纪部队旅和旅以下部队作战指挥计划 21 世纪部队旅和旅以下部队作战指挥($FBCB^2$)计划旨在开发一种数字化战斗指挥信息系统，该系统将为战术部队、战斗支援和战斗勤务支援部队的指战员提供移动的实时战斗指挥信息和态势感知能力。美陆军决定在 2000 财年底装备第 1 个系统，计划在 2000 年 1 月签订 $FBCB^2$ 系统的大批量生产合同。21 世纪部队旅和旅以下部队作战指挥系统 1999～2001 财年的预算经费为：

财年：	1999	2000	2001
经费(百万美元)：	—	71.4	68.26

陆军战斗勤务支援控制系统 陆军战斗勤务支援控制系统(CSSCS)为陆军 21 世纪部队提供自动化后勤指挥和控制能力。它使目前的部队级指挥官和参谋的计划及决策制定过程由人工转变为自动化。该计划 1999～2001 财年的经费预算为：

财年：	1999	2000	2001
经费(百万美元)：	14.5	13.0	10.8

海军协同攻击系统 海军协同攻击系统(CEC)计划旨在通过把水面战舰和飞机的防空传感综合进单一的综合火力控制指挥网络而支持协同攻击，以此提高战斗部队的防空能力。海军的协同攻击能力计划包括 AN/USG－1 和 AN/USG－2 成套通信设备。该计划 1999～2001 财年的经费预算为：

财年:	1999	2000	2001
经费(百万美元):	1.936	1.786	1.757

空军战术通信－电子设备采购计划　空军战术通信－电子设备采购计划包括2000/2001财年采购532部多频段多功能背负式无线电台和附件,以支持战术空军控制指挥的现代化。这种背负式电台包括高频、特高频(Have Quick)和甚高频(SINCGAS)电台。该计划1999～2001财年的经费预算为:

财年:	1999	2000	2001
经费(百万美元):	30.1	40.3	98.5

最低应急通信网　最低应急通信网(MEECN)用于为国家指挥当局和战略威慑部队提供最有保证的通信联络。该计划1999～2001财年的经费预算为:

财年:	1999	2000	2001
经费(百万美元):	1.5	4.4	36.8
空军其他采购:	—	11.4	15.5

美陆军实施DSSMP计划　据《信号》杂志1997年2月号报道,美国陆军为加快通信现代化建设,目前正在实施一项"国防数字系统现代化计划"(DSSMP)。为此,美国陆军通信电子司令部与多家美国公司在1997年6月30日签定了总金额为10亿美元的10年期合同。国防数字系统现代化由美国陆军通信电子司令部负责管理,该司令部的系统管理中心负责具体实施。

国防数字系统现代化计划的目标,就是使传统的通信系统实现现代化,并通过新设备安装、设备改进、更新和租用等方式来满足陆军全球交换系统现代化和2000年需求。

美军公布数字化系统的5个问题　据《国际防务评论》1997年11月号报道,美军于1997年10月公布了数字化演习的最终报告,列举了数字化系统的5个重要问题:用全球广播系统/战场感知数据分发系统分发UAV战术数据不可靠;Applique指挥控制系统传输图形和命令不够理想;航空任务规划系统与陆军作战指挥系统和其他任务规划系统不能连通;战斗地形信息系统等只能提供硬拷贝产品;作战指挥车缺乏传输数字业务的能力。

美空军计划使用高级军用通信卫星　据《简氏防务周刊》1998年10月号报道,美空军拟在2006年用高级极高频军用通信卫星取代现用的MILSTAR通信卫星,目前正在就新系统的定义研究进行招标,2001年选定承包商。新系统将是国防部传输高保密数据的主要手段,而且按照要求应像MILSTAR通信卫星系统一样,能在核战环境下工作。但其性能要优于MILSTAR通信卫星系统,例如,其数据率约为8兆比特/秒,而MILSTAR为1.5兆比特/秒。

俄军着手解决千年虫问题　据《国家防务》杂志1998年2月报道,俄军声称计算机千年虫的问题对俄战略核部队的威胁不大,因为俄军计算机系统使用的语言比西方普遍使用的COBOL语言简单,因此其程序也较易修改。目前俄军已制定了解决这一问题的计划,专家们已开始工作。西方一些国家认为,这是由于俄军信息技术落后,信息技术革命尚未普及其军事系统所致。

印军建议成立国家核战略司令部　据《简氏防务周刊》1998年9月号报道,印度武装部队建议,由政治领袖和直接参与军事行动的人协同管理印度核指挥控制机构。由印度计划局起草的一份名为《印度可选方案—成立一个核战略司令部》的政策性文件已得到三军领导的批准。该文件建议成立国家指挥局(NCA)。由国家指挥局决定是否使用核武器。然后授权给一个新的由多军种组成的国家战略核司令部,负责实施国家指挥局的决定。该文件还建议,成立一个国家指挥所和一个"能接受信息和情报并发布命令和指示的经过加固的通信中心"。该文件提出,战术核武器由国家指挥当局通过国家核战略司令部分发给三军总部,但其使用权由各作战指挥部和国家核战略司令部掌握。

印度陆军决定实施综合信息技术计划　据《简氏防务周刊》1998年10月号报道,印度陆军决定实施一项综合性的信息技术计划,为全军提供保密的局域网和广域网,并在2008年前用自动的作战和管理系统把陆军各部队连接起来。目前此计划中的光纤网等项目业已动工。印度陆军参谋长声称,要对敌方指挥控制节点、战略设施和作战资源进行外科手术式的打击,就必须掌握信息技术。

英国防部将建立全战区通信网　据《国际防务评论》1998年6月号报道,英国防部将为其联合快速反应部队建立一个全战区通信网(TWACN),现正招标,计划2001年启用。该网将使供单一军种使用的战术通信系统与战略网互通,同时含有供联合快速反应部队及其总部使用的局域通信设施。首先将签订两个平行的系统方案论证合同进行比较,然后择优生产。

英军将选定机载远程监视雷达　据《国际防务评论》1998年9月号报道,英军决定在1999年春选定机载远程监视雷达(ASTOR)的承包商,合同将包括4或5架预警监视飞机和地面站,金额为13亿美元。现竞争的三个集团分别由洛克希德·马丁公司、诺思罗普·格鲁曼公司和雷声公司领头。英军的选择将对北约盟国地面监视(AGS)计划产生影响,而北约盟国地面监视计划包括20架飞机和更多的地面设施,因此竞争激烈。

法军改进预警与控制飞机　据《电子防务》杂志1998年5月号报道,波音公司最近赢得一份金额为2650万美元的合同,为法国空军的4架空中预警与控制飞机(AWACS)E－3F安装电子支援措施(ESM)系统。此外,该电子支援系统将能使E－3F雷达接收机的灵敏度提高近1倍,并把E－3F雷达数据与敌我识别系统的数据融合成更加完整的态势图,同时还能加强E－3F与美军的互通能力。

海湾合作委员会决定建立预警系统　据《国际防务评论》1997年11月号报道,海湾合作委员会6个成员国在1997年11月的部长会议上决定建立一个预警系统,作为其联合指挥控制系统的一部分。为此6国与休斯公司签订了一项金额为8800万美元的合同,把6国的雷达网连接起来;与爱立信公司签订了7000万美元的合同,在6国指挥部之间建立一个保密的通信系统。该预警系统将于1998年开工,2000年完成。

北约AWACS现代化计划进展顺利　据《国家安全新闻》1998年特刊号报道,北约改进预警指挥飞机(AWACS)的第1期现代化计划接近完成,即将开始为期7年的第2期计划。美国波音公司等承包商将为预警指挥飞机开发开放式的系统结构;研制新型计算机、平面显示器以及数字式通信系统;改进敌我识别装置、导航设备;增加宽频谱的甚高频电台等。

战术C^4I系统

美陆军重申数字化部队建设策略　据《防务信息与电子报告》杂志1998年3月号报道,美陆军在最近致国会的初期数字化计划报告中总结了数字化师演习的情况,提出了21世纪陆军信息系统保护策略,并且重申将在2000年把第4机械化步兵师(即数字化实验部队)建成第1个数字化师,在2004年把第3军建成第1个数字化军,2010年全军实现数字化,然后过渡到"再下一代陆军"。

美陆军设立信息系统脆弱性评估机构　据《防务信息与电子报告》1998年1月号报道,美陆军训练与条令司令部成立了信息系统及脆弱性综合概念组(ISVAP ICT),以评估"21世纪部队"易遭电子入侵的脆弱程度。该组将"分析陆军数字化系统、网络和有关的战场自动化设施的脆弱性;制定并监督实施条令、训练、指挥官培养、编制、器材和士兵需求,设法使之不受电子入侵的影响。目前评估的重点是师和师以下自动化设施。

美军签订战术通用数据链路第2期合同　据《电子防务》杂志1998年5月号报道,美国国防部最近分别与美国Harris集团和L－3通信公司集团签订了战术通用数据链路(TCDL)第2阶段的合同。战术通用数据链路计划将研制成互通和保密的数字数据链路系列,用于无人和有人驾驶的空中侦察机。在为期18个月的第2阶段中,两个合同厂商集团应提交1套地面终端和5套机载终端,并测试演示样机产品。

美军采用小型综合战术通信系统　据《战场空间》杂志1998年11月号报道,美国ITT公司于1998年10月推出高级战术通信系统(ATCS),这是单信道地面与机载无线电系统(SINCGARS)跳频战术通信电台系列的一种最新型号,是世界上迄今为止最小的战术移动通信系统,可为整个网络系统的网络和波形提供软件编程能力。高级战术通信系统的尺寸和重量不及原单信道地面与机载无线电系统电台的一半。

高级战术通信系统的收发信机包含一个嵌入式电磁和电子插件,该插件使世界范围的任何用户均可进入美国陆军战术互联网和英国"弓手"(Bowman)系统。

美军部署高级数据无线电台　据《防务信息与电子报告》1998年7月号报道,美军在1997年部署110部近期数据无线电台(NTDR)样机后,最近又部署了182部近期数据无线电台高级样机。其中陆军174部,海军6部,战区高空防空办公室两部。近期数据无线电台是旅、营和作战车辆之间战术作战中心到战术作战中心的唯一的数字数据通信设备,也是通向联合战术无线电台系统(JTRS)的过渡系统。陆军对它十分重视,但美国国会认为陆军应直接研制联合战术无线电系统,或用增强型定位报知系统(EPLRS)作为过渡系统。

美军停止研制专用无线电台　据《防务信息与电台报告》1998年9月号报道,为保证各军种通用的联合战术无线电系统(JTRS)计划顺利实施,美军C^3I助理国防部长办公室最近指示各军种停止研制专用无线电台,只允许海军的数字模块无线电台、空军的机载综合终端和陆军的近期数字无线电台有条件地继续研制。

美陆军推迟部署数字化师　据《防务信息与电子报告》1999年2月号报道,美国陆军可能推迟第1个数字化师的部署时间,主要原因是21世纪部队旅和旅以下作战指挥($FBCB^2$)系统的初次适应性作战试验与鉴定可能推迟一年。美国陆军领导层目前正在讨论解决$FBCB^2$的两个问题:一是$FBCB^2$所用电台容量不够大,二是系统的管理能力和与陆军战术指挥系统的互通能力还有待于提高。

美陆军数字化系统评价不佳　据《防务信息与电台报告》1998年5月号报道,美陆军数字化师演习最终报告对参与演习的18个数字化系统的优缺点进行了分析,认为陆军现有的主要数字化系统仅勉强能为指挥官及参谋提供协调行动和作出反应所需的近实时信息。其原因是陆军战场数字化系统是为纵向指挥设计的,缺乏横向综合能力。

美海军选定数字模块式电台样机 据《国际防务评论》杂志 1999 年 1 月号报道，美国海军已选定美国摩托罗拉和雷声公司研制的数字模块式无线电台(DMR)样机，以满足海军在装备联合战术无线电系统之前对高频、甚高频和超高频通信的需求。这两家公司应于 1999 年 8 月前交 4 部样机用于鉴定，海军随后将选定其中一家公司签定 3.37 亿美元的生产合同。

韩国海军使用新型合成孔径雷达 据《防务电子学》杂志 1998 年 2 月号报道，韩国海军 8 架 P-3C 飞机将在 2000 年前用 AN/APS-137(V)6 雷达取代现用的 AN/APS-134(V)6 雷达。这种新的合成孔径雷达能提供更精确的图像，能分辨舰船类型，在某些场合下甚至能分辨舰船的名称。美国雷声公司已赢得这项金额为 2870 万美元的产品改进合同。

沙特购进新一代电台 据《国际防务评论》1998 年 7 月号报道，沙特购进一批拉卡尔公司的第 3 代多媒体甚高频电台（"黑豹"增强型数字系列电台），用来取代第 1 代跳频电台"美洲虎"V。"黑豹"增强型数字系列电台工作在 30～88 兆赫波段，跳频速度为中速（每秒 100 跳），数传率为 16 千比特/秒，拥有 8 个用户可选预置频道。它包括便携式、背负式和车载式等几种类型。后两种类型的收发信机输出功率为 5/20 瓦，加上一个 50 瓦的放大器，容积仅为 8.46 升，是目前市场上同类产品中最小的。

以色列改进舰内通信 据《简氏防务评论》1998 年 5 月号报道，以色列泰迪兰电子系统公司已开发出一种改进型舰内通信系统。这种舰内通信-10(ICS-10)系统的核心是 ADS-21 音频和数据分发分系统，它能操作多达 32 个交换和分发单元(SDU)，并使用两种型号的操作员终端，一种是具有多达 12 个内部和/或外部信道的终端，另一种是具有接入两个内部会议网络信道的更小的终端。两种终端均经综合数字业务网(ISDN)接口连接到 SDU 上。

泰迪兰电子系统公司声称，ADS-21 能同时处理数据和话音信息。到达或来自战术无线电网的数据经 TCC-110E 战术通信网控制器单元连接到舰载以太网局域网上。

中国台湾军队装备新型野战通信系统 据《信号》杂志 1998 年 2 月号报道，中国台湾陆军正从美国购买新的移动电话与数据系统。美国陆军经办的这项军事装备销售计划分 3 阶段实施，金额可能达到 10 亿美元。

美国陆军通信与电子司令部(CECOM)负责监督此项军售计划的执行。它正办理(IMSE)通信系统项目中的第 1 期合同，价值 1.53 亿美元。实际的供货与执行合同是与 GTE 政府系统公司通信系统部签定的。该计划的第 2 期和第 3 期合同数额将更大，它将满足台湾陆军所有的战术通信要求。

美国陆军通信与电子司令部认为，台湾加强型移动用户设备的系统结构便于引入美陆军地域公共用户系统不断出现的先进技术（如用于宽带图象与数据传输交换与异步传输技术）。这类地域公共用户计划中的一些技术改进将使美国通信系统接近于成为一个世界级，全球性，无缝隙的战术信息系统。

德国海军研制军用电子邮件系统 据《国家防务》杂志 1998 年 1 月号报道，德国道尼尔有限公司最近赢得为德国海军研制第 1 个军用电子邮件系统的合同，其中包括提供通信服务器、个人计算机和军方专用软件等。该系统将使用现有通信系统作为链路，并在各军种的分网之间提供自动网间连接器，此外还通过防火墙对传输中的重要信息提供保护。

英军选定"弓手"系统高频电台 据《简氏防务评论》1997 年 8 月号报道，英军决定用美国国际电报电话公司的 SINCGARS（单信道地面与机载无线电）SIP 无线电台作为"弓手"(Bowman)核心系统甚高频部分的基础，计划从 2003 年 3 月开始用该系统替代 Clansman 战斗网无线电台，并在同一时间内引进较高数据率的无线电台。

为"弓手"系统选择的 Archer 高级无线电台甚高频收发信机采用标准的 16 数据率，但经以前纠错后，只能达到 9.2 千比特/秒的数据率。为了满足在最近"21 世纪特遣部队战场数字化"实验期间处理数据的需要，美军使用了单信道地面与机载无线电系统和增强型定位报知系统(EPLRS)，后者的数据率可达 58 千比特/秒。

国际电报电话公司正在按照与美陆军 1996 年签定的合同开发一种 144 千比特/秒的近期数字无线电台(NTDR)。而摩托罗拉公司也与美陆军签定了开发 Speakeasy 多频段（2 兆赫～2 千兆赫）、多工作方式无线电台的合同。Speakeasy 电台作为未来数据电台(FDR)的演示设备，它将能提供更高的数据速率。

英陆军订购高级数字无线电台 据《国际防务评论》1997 年 10 月号报道，英陆军决定为其"射手"战术无线电系统订购 3 万部车载式甚高频电台，称作"高级数字无线电台加(ADR+)"。为保证"射手"能在 2002 年服役，减少研制风险，这类电台将以单信道地面与机载无线电(SINCGARS)跳频电台为基础。同时，英军还将订购 16 万台便携式甚高频收发信机。

英军订购战术地对空电台 据《电子防务》杂志 1998 年 7 月号报道，英国国防部与美国雷声公司签订了一项金额为 1850 万美元的合同，由雷声公司向英军供应 1000 多部战术地对空(TacGA)电台。这种背负式电台工作在甚高频和超高频频段,具有话音和数据通信能力,装有“快定”II 反电子干扰系统和全球定位导航系统(GPS)接收机。

罗马尼亚采购北约综合电子战系统　据《简氏防务周刊》1999 年 11 月号报道,罗马尼亚政府决定在 1999 年拨款 3000 万美元采购北约的标准综合电子战系统,以装备其快速反应部队。该系统能截收、识别敌方的电磁信号并对其定位,还能为指挥官提供实时通信能力,而且能与北约成员国的系统互通。

澳军签订保密通信发展合同　据《简氏防务周刊》1998 年 10 月号报道,澳军新近签订了两个重要的通信合同,以改进作战部队的保密通信能力。一个是为澳军战术卫星通信系统(澳军租用的 OptusBI 卫星上的转发器)建造地面设施与网络,合同金额为 2700 万美元。另一个是为全军情报部门研制一个高度保密的网络,用于传输防务数据、文本和图像,合同金额为 900 万美元。

北约计划自行研制机载地面侦察系统　据《国家防务》杂志 1998 年 10 月号报道,北约近年来一直在策划部署一个机载地面侦察系统(ACS),并一直在考虑购买以美国联合警戒目标攻击雷达系统(JSTARS)为代表的机载地面侦察系统技术。但 1998 年底,德、意、法、荷四国突然表示要自己研制一种新的合成孔径雷达和相控阵天线。这种雷达的软件较为复杂,独立开发约需用 10 年的研制周期。

北约演习启用 3 个新的 C^4I 系统　据《防务周刊》1998 年 3 月号报道,北约于 3 月中旬举行了一次大规模军事演习。参加演习的 21 个国家中首次有 10 个东欧国家。演习中启用了 3 个新的 C^4I 系统:①海上指挥与控制信息系统,能把海上态势和陆上及空中态势融合起来,构成整个战场的共同态势图;②北约初期数据系统,能把海上舰船和陆上部队连通起来。③初期联合空战中心,能生成空战命令和飞行计划,并融合各种空中态势图。

北约采购高频电子函件系统　据《信号》杂志 1998 年 2 月号报道,美国哈里斯公司射频通信部已将第 1 个机载高频电子函件系统交给北约。该系统允许北约的 E－3A 飞机发送和接收来自地面的电子函件信息。

报文传送系统包括 1 台膝上个人计算机。该计算机与高频电台、调制解调器和打印机连接。它使北约的飞机即使在超出视距距离时,也能发送和接收来自地面站的计算机文件。该系统的设计是,能发送和接收北约国家 E－3A 预警机和作战中心或前方作战基地之间的关键信息。

北约成员国采用美军的毫米波技术　据《防务信息与电子报告》1997 年 11 月报道,美、英、德、法军在经过 3 年的测试和分析后,最近一致同意采用美军的毫米波技术作为北约成员国通用的战场战斗识别系统的基础。这也是美陆军战场战斗识别系统(BCIS)所采用的技术。决定采用此种技术的原因主要是,1997 年春季在德国进行的一次演示证实美军战场战斗识别系统的性能优于英、德、法军系统的性能。

(程洪涛、宋鲁成)

电子对抗装备

综述　1998 年电子战装备的发展变化体现了下述几个特点:强调夺取信息优势,重视提高信息获取能力,加强对战场态势的感知和掌握,重视电子战新技术的开发应用,不断提高主战平台的电子战自卫能力。

世界各国重视提高信息获取能力,不断建立和完善情报侦察和监视体系。美国空军提出了“电子三合一”新概念,在空军远征部队中组建情报信息优势/空中远征部队,使其成为空军提供情报信息优势的最重要力量,处于情报信息搜集的最前沿位置。陆军电子战注意发展与信息战有关的项目,重点是车载电子侦察装备,美英等国新近部署和研制的车载侦察系统将进一步提高其获取战场信息的能力。此外,世界各国还注意发展无人机用于情报信息的获取。日本购买的预警监视飞机陆续交付使用,使其在该地区的侦察监视能力进一步提高。印度则一直在试验空中侦察监视系统。俄罗斯重视建立信息优势。尽管近年来俄罗斯由于受经费的限制,对新装备开发的投入有限,但俄罗斯注重用新技术改造现有装备,提高装备性能,延长其服役期限。

电子战装备继续强调通用化和综合一体化。1998 年由美国国防部和各军兵种提供的电子战计划的总结反映了通用化的趋势,向通用化方向发展的三军联合开发项目也进一步增加。舰载电子战装备趋向于发展新型一体化系统,努力实现多功能、低成本,将电子战软杀伤能力与其他舰载的先进作战系统相综合。

1998年,机载电子战装备的发展依然是电子战装备发展变化的主流。各国都重视机载自卫电子战系统的改进和发展,美国将在B-1B轰炸机上装备综合防御电子对抗系统、ALQ-50拖曳式诱饵等装置,进一步提高其自卫干扰能力。尽管韩国面临金融危机,但仍继续购买AN/ALQ-165自卫干扰系统用于装备F-16战斗机。在机载自卫电子战系统发展中,普遍重视红外对抗系统的发展,注重提高机载反辐射导弹的作战性能。各国在发展新装备的同时,注意优化电子战装备体系,使装备的配备更趋合理。

随着电子战技术的不断发展,各国重视对电子战新技术、新装备的开发研制。高能激光、高能微波等定向能武器和计算机病毒等对抗技术和装备正处于研制试验阶段,少量装备已投入使用。随着精确制导武器在战场上的广泛使用,各国对精确制导武器的对抗也日趋重视,尤其是GPS大量用于武器制导后,引起了人们对GPS干扰与反干扰的重视,各国广泛开展了对GPS制导的干扰与反干扰研究。

除了发达国家外,发展中国家也普遍重视电子战模拟设备的发展,竞相研制和购买模拟装备,建造模拟设施,努力提高作战人员的电子战训练水平。

地面电子对抗装备 **美陆军开始部署轻型通用传感器系统** 据美国《电子防御》杂志1998年第9期报道,继8月在亚利桑那州进行作战适用性试验以后,美国陆军着手装备轻型情报与电子战通用传感器系统GBCS-L。GBCS-L是一种最新的地面情报系统,陆军部署这一系统是为了满足某些师的紧急作战需求。

该系统是80年代末提出的一种车载信号情报和电子战通用设备,组网后执行情报收集、精密引导和协调干扰等功能。该系统在信号情报部分综合使用了AN/MSR-3信号数据截获系统(由"战术干扰"A系统改制而来)、"山猫"电子情报系统和高精度通信定位系统(CHALS-X)中的测向系统。

美国陆军指定搭载通用传感器系统的平台有3种:EH-60L"先进快定"(AQF)直升机、高机动多用途轮式车辆、支援重型装甲师的履带式车辆。美国海军陆战队也准备将现有的"机动电子战支援系统"升级为情报与电子战通用传感器系统。

美军试验低频声波武器 据美国《防务新闻》1998年9月14～20日报道,美军正在试验一种非致命低频声波武器。这种声波武器采用一种称作"特超声波"的发生技术,即通过压电晶体产生两束频率稍有差异的超声波,两者相互作用后产生高频和低频声波。高频声波是两者的频率之和,低频声波是两者的频率之差,高频声波在空中发散,低频声波则能准确瞄准目标。低频使人的内耳不舒服,并在体腔和颅腔内引起共鸣,使敌人辨不清方向、痛苦和恶心。采用这种声波技术,能量转换成声音的效率约为70%(传统仅为1.5～3%)。该武器对使用者没有任何损害,可以制成手持型。目前这种武器正处于研制和试验阶段。

美国新型砷化镓单片微波集成电路芯片投产 据《电子防御》杂志1998年第8期报道,宽带、电扫描有源孔径天线用的新型砷化镓单片微波集成站路芯片正在美国ITT航空电子设备公司投产。高功率放大器芯片有4瓦和8瓦两种,这种芯片的先进性体现在:在6～18吉赫频率上提供的功率是早期芯片功率的2.5倍,效率达到40%;一块发射/接收芯片合成的典型多芯片模块具有的功能需要6～8块单独的单片微波集成电路芯片才能实现;具有5比特实时延时,延时3～93微微秒;对于极化芯片,它的两个输出可在幅度和相位上独立地变化,从而控制交叉极化天线。

高功率芯片组件排列在天线阵面的后面,使天线具有高速波束扫描能力。这些芯片对于缩小电子战系统的体积、降低电子战系统的造价将起到重要的作用。

美军在韩国部署近炸引信对抗系统 据《电子防御》杂志1998年第7期报道,美国众议院安全委员会在1998年财政年度国防预算中批准900万美元,采购约30部"急停"(short stop)电子保护系统,用于装备美国部署在韩国的前线部队。"急停"电子保护系统是在海湾战争期间根据快速反应能力计划研制的一种炮弹近炸引信对抗系统,它在火炮和迫击炮炮弹打到目标区域之前,通过预先触发炮弹和火箭弹的近炸引信使其提前引爆,达到保护目标的目的。众议院安全委员会的报告说,陆军最初试验时用了5000发炮弹打击该系统,结果达到100%预先触发引信的成功率,以后进行的试验成功率也很高。众议院安全委员会还建议增加0.15亿美元再采办一些系统完成在韩国的部署工作,并开始在科威特部署该系统。另外建议投资0.1亿美元,改进此系统以保护部队对付更新的武器装备。

美英联合研制地面侦察车辆 据《电子防御》杂志1998年第8期报道,两个多国公司组成的小组正在竞争美英联合设计的战术侦察装甲车,这是首次由两国联合研制的车辆系统。这种车辆将是一种履带式装甲侦察车,它可以给战术与战略指挥官传递关于对方部队的位置及其能力的信息,具有低可观测性(包括射频和红外特征),装备通用传感器,以便美英两军今后能够联合作战。这种新型装甲侦察车将成为第1种使用战场互联网的系统,据此指挥官可以通过浏览侦察车不断更新的"主页"来检索信息。侦察车的光电传感器安装在可伸缩的桅杆上,车上还可安装一部激光雷达,雷达与 GPS(全球定位系统)接收机相连接,将有助于对目标位置的精确定位。同时,侦察车还具备隐形能力。它与"布雷德利"M－3A3 战车相比,目标探测能力提高 50%,越野速度提高 20%,产生并传送现场报告所需的时间减少 25%。整个研制计划预计约 50 亿美元,2002 年展开全面研制。

意大利研制地面干扰机 PE－EWS1　据《电子防御》杂志 1998 年第 11 期报道,意大利厂商为意大利陆军研制了一种地面机动式通信频段干扰系统 PE－EWS1。基本型 PE－EWS1 系统的组成包括 1 个卡车载操作员/设备方舱、30 部可分散部署的无人值守干扰单元、1 部电源拖车和 1 部或多部后勤支援车(包括 1 个机动式车间)。该系统能对工作在 2～1000 兆赫频段上的通信信号进行检测、识别和干扰。在系统中,1 部电子支援/测向分系统提供对 2～100 兆赫分频段的覆盖,扫描速率为 1000 赫兹/秒。主要干扰分系统用分时技术能对 4 个分频段(20～30 兆赫、30～100 兆赫、100～500 兆赫和 500～1000 兆赫)的每个分频段上多达 10 个目标进行干扰。该系统的有效辐射功率为 700 瓦,每个无人值守干扰机有效辐射功率为 10 瓦。每个无人值守单元能同时对付 3 个目标。PE－EWS1 还能与高频/甚高频通信设备综合,实现一定水平的系统自动化。

舰载电子对抗装备　**美国海军研制下一代舰载电子系统 AN/SLY－2(V)**　据《简氏国际海军》1998 年第 1 期报道,美国海军设计的下一代舰载电子系统 AN/SLY－2(V),已提交给以洛克希德·马丁公司为首的小组进行研制,有可能取代现装备的 AN/SLQ－32 系列。

AN/SLY－2(V)旨在为舰船提供远距离定位和战场态势分析,并与舰上总战斗系统一起提供多层对抗措施,提高舰船在信号密集的近海作战环境下的生存能力。该系统最初拟用于新造的舰船,如 LPD－17 两栖运输船和 DD－21 驱逐舰。不过,现有航母、两栖突击舰、CG－47"宙斯盾"巡洋舰和 DDG－51"宙斯盾"驱逐舰都可能接受改装。

AN/SLY－2(V)系统功能分为 3 个主要部分:电子支援、控制与处理、电子进攻。整个系统作为舰船总作战系统的一个有机子系统运行,其输入信号与舰上和舰外其他传感器数据融合。而现有的 AN/SLQ－32A(V)主要作为一种独立运用的威胁告警设备。

按照工程样机研制生产合同,联合小组将研制 5 个无源工程样机。1999～2001 财年将小批量试生产 12 套系统,2002～2004 财年生产 40 套系统。

美国海军研究海杂波在对抗方面的应用　据《电子防御》杂志 1998 年第 7 期报道,美国海军关注对海杂波的研究,即研究在海杂波情况下,舰载和机载干扰机能够增强自然海杂波效应,使掠海飞行的反舰导弹丢失跟踪的目标。美国海军实验室是感受到来自隐形掠海飞行巡航导弹日益严重的威胁而激发了这方面的研究的。因为反舰巡航导弹对低雷达截面积舰船(如 DD－21 驱逐舰)的探测时入射角极低,在这种情况下海杂波的影响是主要的。在沿海水域环境下必须处理低入射角,此时要求建立的模型要把海面的"尖刺"似的反射特性和非标准气象环境下的传播特性考虑进去。环境研究实验室正在建立这种新的模型来逼真的描述威胁。

美国海军研制出"急切"飞行器诱饵　美国海军研究实验室研制出"急切"(Eager)飞行器样机并通过了首次飞行试验。海军研究实验室称这种飞行器的研制成功标志着重大的原理性突破,将为海军提供一种经济有效的舰载防御手段。这种诱饵为可回收的系留型旋翼飞行器,其上搭载射频转发器有效载荷,从舰上获得电力。"急切"飞行器诱饵专用于近海作战,舰船在进入实际交战区之前将诱饵投出去,时刻准备对威胁雷达的脉冲信号做出响应。预计"急切"飞行器诱饵的作战寿命为 1000 小时,远远超过现有的可比单价电子诱饵的工作时间。该飞行器还为舰船提供一个高架平台,作为数据链路中的接收天线,用于超视距检测。

俄罗斯军舰广泛使用 PK－2 干扰投放器　据《军事检阅》杂志 1998 年第 1～2 期报道,俄罗斯大多数大中型军舰均装备有 PK－2 干扰投放器。PK－2 系统由 ZIF－121 发射装置、火控系统以及 140 毫米管式发射干扰弹组成。使用的干扰弹有 AZ－TSP－47 箔条干扰弹、AZ－TST－47 红外诱饵弹和 AZ－TSTV－47TV 烟幕弹。AZ－TSP－47 箔条干扰弹在预定点爆炸时形成干扰云,干扰频段处于雷达导引头的工作频段上,形成的雷达截面积与舰船的雷达截面积相当。AZ－TST－47 红外诱饵弹在爆炸时产生无焰燃烧的烟火剂云幕,在红外波段上模拟舰船特征。撒布雷达和红外诱饵的距离可达 6000 米,高度达 1000 米。AZ－TSTV－47TV 烟幕弹在爆炸时抛出一个发烟罐,由一飘浮装置使发烟罐浮在水面上。发烟罐产生黑－白悬浮烟雾,对光学侦察具有遮蔽作用。产生的烟幕距离可达 6000 米。

机载电子对抗装备　**美军开发未来机载信号情报系统**　美国国防部正在开发单一系列开放式结构信号情报系统,用于装备空军、海军和陆军的飞机。该计划的正式名称是联合信号情报航空电子设备系列(JSAF),整个系统由高波段分系统(收集电子情报)和低波段分系统(收集通信情报)两部分组成。它们的研制是分开进行的。高波段演示设备由以美国 TRW 公司为首的承包组研制生产,合同金额为2780万美元。TRW公司研制的高频段原理性样机于1998年初在EP-3海军巡逻机上进行飞行试验,5月份还进行一系列地面和飞行试验。2780万美元的近期合同要求在2000年初提供一套高频演示设备,采用模块化结构,重量不到250千克,安装在空军1架专用保密情报飞机上进行试验。根据总的计划,最终目标是将高频和低频部分综合成一个独立的系统,执行电子情报和通信情报搜集任务。该系统将使美军机载信号情报侦察能力有较大的提高。由于改善了通用性,节省了空间,减少了重量,因而它具有更强的作战能力。

美国空军研制新型数字接收机 以利顿公司为主的小组于1998年8月获得1800万美元的合同,为美国赖特帕特森空军基地研制下一代宽带数字接收机。这项计划为期3年,目的是生产适航的宽带电子支援接收机原型,要求它在体积、重量及功率方面都将降低50~70%,但测向精度仍要求优于1°,并能以极高的速度识别大范围内密集信号环境中的信号。其最终的应用范围包括:战术飞机或多引擎飞机使用的电子支援侦察;电子情报侦察;支持反辐射导弹遂行对敌防空压制任务的电子支援。重量、体积和性能上的改进依赖新的设计概念,常规接收机上大约3/4的模拟射频硬件将被数字电路取代,设计中将使用TRW公司的快速A/D转换器和雷声公司提供的专用集成电路和小型、高速、低功率CMOS集成电路。按照这一设计概念,专用集成电路将完成信道器、调谐器、延迟线及滤波器的功能。为满足未来技术上的要求,需要研制生产多种能完成多种功能的专用集成电路。

美国空军GPS战术武器系统抗干扰飞行试验成功 据《电子防御》杂志1998年第6期报道,美国空军装有GPS(全球定位系统)的战术武器抗干扰飞行试验获得成功。抗干扰飞行试验的目的是研制一种低成本的抗干扰GPS系统,以解决巡航导弹等内置GPS辅助制导武器易受干扰的问题。在飞行试验中,波音公司使用了计划安装到B-1B飞机上的联合直接攻击弹药作为试验品。试验品上安装了GPS内置导航系统及GPS抗干扰天线,解决了上述问题。两个试验品从13400米的高空投放。第1个试验品穿越1部低功率GPS干扰机形成的干扰环境,在12秒内直接截获GPS军码,并在3米范围内击中目标。另1个试验品穿越一部高功率GPS干扰机形成的干扰环境,在6秒内截获目标,并在6米的范围内击中目标,普遍小于进攻武器的杀伤半径。

美国改进C-130飞机的导弹告警系统 据《电子防御》杂志1998年第8期报道,美国空军特种作战司令部与辛辛那提公司签定了价值1040万美元的合同,在近期内改进C-130飞机上的导弹告警系统。根据合同,公司将为特种作战司令部的170部AAR-44导弹逼近告警器提供升级改进的部件。其中100多部安装在C-130飞机的特种作战改型上,如AC-130运输机、MC-130飞机和EC-130E飞机上。合同要求通过改进软件和信号处理来降低红外扫描系统的虚警率。系统被命名为AAR-44A,样机已顺利通过飞行试验。根据最近签定的生产合同,特种作战司令部全部现役AAR-44都将以配套件的形式接受改装,进行传感器软件和处理器的改进。

美军飞机大量装备AN/ALE-50拖曳式诱饵 据《电子防御》杂志1998年第6期报道,美国雷声公司为海军和空军研制的AN/ALE-50拖曳式诱饵已批量生产,1998年1月开始交付,截止月底共交付1000个诱饵。ALE-50原计划只装备海军A-6E和F/A-18E/F飞机,但空军现在却成为最大的用户。空军为提高战斗机的生存能力,对付地空导弹的威胁,对其第40批和第50批生产型F-16战斗机中的64架进行改进,B-1B轰炸机和A-10攻击机也将装备这种诱饵。海军的部分F/A-18E/F战斗机也将装备这种拖曳式诱饵,直到有更先进的光纤拖曳式诱饵来替代。

基本型ALE-50系统包括1部发射器、1部控制器和1个拖曳式诱饵。诱饵的控制和监视部件及电源都安装在发射控制器内。1个发射器可携带多个诱饵,诱饵可制做成各种规格,以适应各种不同飞机的要求。诱饵存放期为10年,和投放器一起装在密封的容器里。

美军一体化通用导弹告警/红外对抗系统演示成功 据《电子防御》杂志1998年第7期报道,美国三军通用的导弹告警/红外对抗系统的演示样机,已于1998年上半年成功通过演示。该系统专门用于保护直升机以对付先进红外地空导弹,由通用导弹告警传感器、电子控制单元、单个干扰头、干扰头控制单元和用于机载电子对抗的激光器组成。模拟导弹发射信号特征的目标由通用导弹告警传感器识别,然后将传感器信号送到系统控制单元处理,触发程序选择适当的对抗措施。电子控制单元快速选择干扰头,转动干扰头指向有导弹信号特征的位置。干扰头红外跟踪器和通用导弹告警传感器输出的数据相关后,由系统的干扰控制单元确认,干扰头直接锁定导弹。最后,启动干扰头和激光器,同时干扰模拟的威胁。从检测到干扰整个过程在1秒钟内完成。

该系统由洛克希德·马丁公司下属的桑德斯公司研制。根据合同要求,桑德斯公司要在1999年3月前研制出7部ALQ-212先进红外对抗系统和50部AAR-57通用导弹告警系统。如果研制顺利,2000年开始进入小批量生产。陆军将在 1999 年初把系统装到 EH/MH－60 直升机上进行研制试验和鉴定,海空军也开始进行实验室鉴定试验和模拟,然后装备在 AV－8B 和 F－16 飞机上进行试验。

美海军接收综合防御电子对抗系统的射频干扰系统 据《电子防御》杂志 1998 年第 12 期报道,由桑德斯公司、洛克希德·马丁公司和 ITT 航空电子公司联合研制的综合防御电子对抗(IDECM)系统 AN/ALQ－214 的射频干扰(RFCM)系统已通过验收试验,并向海军提交了 4 部,用于在 F/A－18E/F 飞机上试验。海军还计划用射频干扰系统换下 F/A－18C/D 飞机上陈旧的 ALQ－126B。综合射频干扰装置由机外光纤拖曳式诱饵和机上技术产生器组成。由机上系统产生的电子干扰数据通过光纤缆绳传到拖曳的诱饵上,在诱饵上进行数据变换、放大,并作为射频信号发射出去,以欺骗跟踪雷达和雷达制导导弹。

美海军改进 P－3C 巡逻机电子战装备 根据反水面战改进计划,美国海军对 P－3C 巡逻机进行改装。洛克希德·马丁公司在完成 1 架改装飞机试验后,已将该机交付海军进行靶场试验。根据改进计划,多用途 P－3C 巡逻机的作战任务已扩展到包括攻击和超地平线目标侦察等领域。飞机上新增加了先进设备,即:APS－137 改进型前视红外成像雷达;增强型电子支援系统,包括新的处理设备和螺旋测向天线;高分辨率光电系统;卫星通信和图像传输设备;数据融合控制器。此外,在 P－3C 飞机上还将试验海军的协同交战能力设备。根据合同,洛克希德·马丁公司 1998 年将改进 12 架 P－3C 飞机,预计今后将以每年 10～12 架的速度继续这项改进计划。

美海军改进"哈姆"反辐射导弹 据《电子防御》杂志 1998 年第 10 期报道,截止 9 月,美国海军武器中心完成了第 5 批(Block V)改进型 AGM－88C"哈姆"反辐射导弹的第 2 次试验发射。这次改进由"哈姆"导弹制造商雷声公司和美国海军"哈姆"计划管理办公室联合进行。作为软件升级而完成的第 5 批改型是使"哈姆"导弹具备干扰寻的能力,能够攻击干扰 GPS(全球定位系统)导航信号的干扰机,确保美国下一代 GPS 制导武器免遭干扰机的干扰。试验期间,海军 1 架 F－18 飞机向 1 个模拟的干扰机发射了 1 枚"哈姆"导弹。据雷声公司称,导弹的改进除了使其具备干扰寻的能力之外,还给导弹提供了改进的地形特征识别能力,使之能更好地对付先进体制的雷达。

美英联合研制 AN/AAQ－24(V)机载定向红外对抗系统 据《世界宇航与防御情报》1998 年 3 月 6 日报道,美国诺斯罗普·格鲁曼公司和英国 GEC 马可尼航空电子设备公司签署了一项战略联合协定,共同研制 AN/AAQ－24(V)定向红外对抗系统(DIRCM),以保护固定翼和旋转翼飞机免受红外制导地对空导弹的攻击。

AN/AAQ－24(V)系统是一个综合系统,包括 AN/AAR－54 无源导弹逼近告警器和凝视阵威胁跟踪仪。该系统能提供导弹预警,确定导弹威胁,启动对抗装置对付威胁。它用于装备 180 多架英军飞机和美军特种作战司令部的约 60 架飞机。

在 1998 年 7 月份进行的第 1 次实弹试验中,该系统成功地击败了红外地对空导弹。首次试射是在美国陆军的新墨西哥州白沙导弹靶场进行的,这标志着一系列实弹试验的开始。

模拟及训练装备 **美国空军改进微型多威胁辐射源模拟器** 据《电子防御》杂志 1998 年第 9 期报道,美国空军与哈利斯公司签定合同,改进空军全部 AN/MST－T1(V)微型多威胁辐射源系统微型模拟器。哈利斯公司将改进遍布全球的 9 个训练靶场上的 78 个远距离辐射源单元和 20 个主控制群(每个主控制群控制着 5 个远距离辐射单元),以使远距离辐射单元能响应来自目标飞机的电子干扰。此外,在 78 个远距离辐射单元中将把 12 个改进成先进威胁结构,使之适合于远距离部署,能接收 3 种新型高级威胁,并可用远距离辅助电源工作。

土耳其建立海军电子战训练中心 据《电子防御》杂志 1998 年第 4 期报道,土耳其海军制定了一项建立电子战模拟中心的计划,用于对海军作战人员进行电子战训练。该计划分 3 个阶段实施。第 1 阶段为期 17 个月,由承包商萨特克公司研究和确定系统的需求,并研制一套设备和在 PC 机上开发出软件训练模块,用于取代目前土耳其海军使用的 6 部电子战系统。第 2 阶段为期 3 年,为各种电子战系统研制专用的操作员站,由高保真电子战模拟器产生威胁信息。第 3 阶段在今后 2～3 年内启动,计划在海军电子战作战领域充分配置威胁辐射源。

德国空军接收新的电子战训练系统 德国空军接收了 3 套新的电子战训练系统,它安装在"利尔杰特"民用飞机上。每套系统由雷达威胁接收机、2 部干扰机和欺骗发射机、数据录取系统和操作员控制台组成。据称,操作员控制台是按人机控制的要求设计的,能对干扰和欺骗工作方式进行编程。数据录取系统基于全球定位系统,能提供文件编制和任务分析所需的相关数据。干扰分系统由 1 部 AN/ALQ－119GY 战术自卫干扰机和为满足特定电子战训练要求而研制的另 1 部干扰机组成,这种干扰系统能有效地干扰工作于很宽频率范围的各种雷达。

(全寿文)

后 勤 装 备

综述 1998年后勤装备发展的主要特点是:

努力提高后勤装备的高科技含量 目前,一场全球性的技术革命正以前所未有的深度和广度迅猛发展。以信息技术、微电子技术、计算机技术和人工智能技术等为主导的一大批高技术群和高技术产业蓬勃兴起,从而带来了军事领域的一场新军事技术革命。这场革命必将导致作战装备和后勤支援装备的高技术化,并同时极大地改变未来战争的面貌。从1998年度军用后勤装备发展情况看,美军研制成功的“运输跟踪系统”、“马甲形计算机维修支持系统”、“后勤自动化系统”、俄罗斯的安-70军用运输机、北约的FLA军用运输机等均属世界一流后勤装备。利用双向卫星通信手段,美军的“运输跟踪系统”可使运输车辆在世界任何地方、任何时间均能接收或发送各种信息;而运输调度员也可调动处于世界任何地方的运输车辆;驾驶员们则可使用车内的数字化地图,结合全球定位系统,确保不迷失方向。俄罗斯的安-70军用运输机比美军的C-130运输机载重要大1倍,航程超过50%,耗油量少2/3,单价却只有5000万美元,很具诱惑力。无疑,这些装备的投入使用,必将大幅度地改变未来后勤支援面貌。

后勤装备进一步向模块化方向发展 1998年世界各国军用后勤装备的研制和装备情况集中体现了向模块化、单元化方向发展的趋势。如美军研制和装备的“组合式多功能帐篷”、“模块化睡袋系统”、“海上补给组合式货物传送系统”、海军陆战队“模块化轻型携行具”、“海水淡化专用组合设备”、德国“卡邱”系列组合野战炊事挂车和“模块化医疗方舱系统”等均属此列。美军的“组合式多功能帐篷”要通过联接不同规格和不同数量的单元以形成任意大小空间;其“模块化睡袋系统”由“比威”袋套、轻型巡逻温区睡袋、中等冷气候睡袋和携行包组成,可根据需要任意组合,以适应不同的气候条件。德国“卡邱”系列组合野战炊事挂车可分解成多个不同功能的炊事单元,也可根据需要任意组合。整车供1个连使用,分解后可形成4个独立的炊事加工单元,每个可保证1个排的热食供应,大大方便了部队的作战行动。

单兵装备的高技术化普遍受到重视 单兵独立作战在未来军事行动显得尤为重要,因此近年来外军格外重视发展单兵装备。例如美军的“战斗卫生员背心系统”、“机动医疗监视器”、“前方便携式远程医疗系统”、“海军陆战队作战靴”、“海军陆战队模块化轻型携行具”、“改进型潮湿气候分体式雨衣”,俄军的“新式单兵卫生装备”,英军的“新型陶瓷涤纶防护服”,法军的“新型防雷军靴”,日本的“快速加热简便饭盒”等无不体现了单兵的重要性。“战斗卫生员背心系统”是美军“士兵增强计划”的一部分,它可使各种救护器具放置合理,取用方便,并同时解放了卫生员双手,负重也更为合理,既提高了卫生员的救护能力,又减少了其携行量。俄军“新式单兵卫生装备”包括一次性自动注射针、新式止血带、新型急救包、抗放射性药物、抗毒剂和净水片。无疑,这些器材可大大提高战场伤病员的自救和生还率。

(王达伦)

军需装备 **野战口粮和野战炊具** **美军增加作战口粮新品种** 在美军作战口粮家族中最近新增加了两个品种。一个是MERCS,另一个是PERCS。MERCS是机动强化口粮组分或叫耐储存熟食类三明治。士兵可以在行进中食用,以强化其体力。该口粮主要成分有烤鸡三明治、花生酱果冻、火腿色拉三明治、红辣椒水果馅春卷和一些宗教食品。MERCS通过降低水的活性和PH值保持它的储存稳定性。PERCS是功能强化口粮,其作用也是强化战场士兵作战体能。这些作战口粮可为士兵提供额外能量,延长体力耐受时间,抵消战斗压力效应。上述口粮在摄氏26度以下,可储存3年左右。

美军口粮加热技术取得新进展 美陆军最近在口粮加热技术方面有了新进展。一是增加了无火焰口粮加热器。美陆军纳蒂克研究、发展与工程中心已研制出一种改进型的化学加热器,称为非燃式口粮加热器。其特点是减少或根除了现行无火焰口粮加热器产生的氢。目前,研究工作正处于优化过程中,以便生产出一种简便、多功能、安全、实用的化学加热器。二是改进M-2燃烧炉。使用汽油的M-2燃烧炉造价低且使用简便,但不能用野战燃料(柴油和JP8燃油)。此外,M-2燃烧炉必须在厨房外预热,且具有汽油燃爆之隐患。为此,一种M-2改进装置正在研制中。这种装置由催化蒸馏器、抽气预热器和1个较为安全的手动减压开关组成。只需取下 M－2 燃烧炉的供电装置、预热器和自动减压阀，换上新的装置就可使用。改进后的 M－2 燃烧炉可用柴油和 JP8 燃油，其功能与原 M－2 燃烧炉无任何差别。三是正在研制快速部署厨房(RDK)。该厨房是一种多功能厨房，装有大型对流炉、加油炉、烘烤盘和两个 20 加仑的水锅。它安装在小型高机动多用途挂车上，便于在战场上机动。其先进的热液体导热系统由燃油燃烧器加热，然后循环至由恒温器控制的螺旋板热交换器装置中，可提供大量热量，使该厨房具有较强的备餐能力。

(王书勤)

美空军生产新式野战厨房　据美《空军时报》1998 年 6 月 8 日报道，为使部队尽快吃到热食，减少对快餐食品的依赖，美空军研究生产出一种新式野战厨房。该厨房完全是电动的，重约 3 吨，可用平板拖车或用 C－130 小型运输机运送。新式厨房不但比其他使用汽油炉的野战厨房要安全得多，而且可以节省人力。美空军计划取消全部汽油加热炉，改用电动加热器。这种厨房可随部队一同运送，或在部队到达部署地点之前提前运到指定地点。利用这种新式厨房，在部队到达派遣地点 6 小时之内即可为 550 人准备好膳食。美空军拟将这种新式厨房配发到部署频繁的西南亚和美国本土各主要基地。计划在 1998 底将第 1 个新式厨房装备部队。

(李殿选)

美军快餐口粮主菜将采用新包装　据美《空军时报》1997 年 7 月报道，美军快餐口粮将采用银色铝箔袋作为新包装，以取代使用了数十年的橄榄绿或棕色包装。原因是银色铝箔袋更便宜，预计每年能节约 600～800 万美元。该包装袋比染色后的材料更耐久、易封口。采用新包装后可避免像海湾战争那样因大量需要快餐口粮而包装袋供不应求的现象。但新的银色铝箔袋容易被敌军从空中探测到。为此，美军将作进一步研究。

美军更新远程巡逻口粮　据美《军用食品与包装协会研究活动报道》介绍，美军已更新其远程巡逻口粮。该口粮适用于特种部队、远距离侦察部队、巡逻部队。改进的目标是减少重量和体积、改变组份、降低加工成本、提高生产能力和增加菜单种类。改进的第 1 步，脱水主菜采用了块状包装。该包装袋易于撕开、方便食用且耐运输中的强烈冲击、虫咬和空投。第 2 步，扩试 7 万份远程巡逻口粮，增加了 6 个主菜，共 12 个菜单。试用证明，新主菜和新包装更易被士兵接受。经过改进，该口粮重量减轻 21%，体积减少 38%，每一托盘增加了 20% 的食品装载量。它采用商用块状包装机，可提高生产能力；使用标准的快餐包装运输容器和快餐自动组装线，易于生产和组合。

美军将栅栏技术用于作战口粮　栅栏技术是新近发展起来的一项食品保藏技术，指同时使用多种保藏手段，以达到食品稳定性和安全性均好的目的。美军正着手研究该技术在作战口粮中的应用。美军要求其作战口粮在 27℃ 下必须能储存 3 年。传统的食品加工是采用高温处理，但高温处理会破坏食品的可接受性，还可能带来其他问题。栅栏技术是联合使用多种温和的保藏技术，以便生产出安全、接受性好、储存期更长的食品。栅栏加工技术是低剂量辐照、高压处理、脉冲电场等不同防腐技术的有机组合。研究证实，栅栏技术对海产类作战口粮的加工生产将有广阔应用前景。

德国推出新型炊具　德国"卡邱"公司推出了新一代专用炊事设备，即系列组合式野战炊事挂车和 CD－8 型组合蒸/烤箱。该系列组合式野战炊事挂车采用"卡邱"标准的 2.5 吨挂车底盘，保持并改进了原 TFK－250 炊事车底盘性能。其"组合式"体现在不同功能的设备单元可根据实际需要拆装、组合。整车供 1 个连使用，分解后可形成 4 个独立的炊事加工单元，每单元可满足 1 个排的热食加工需要。炉灶可使用柴油、液化石油气、煤炭、木材等多种燃料。燃烧充分、操作方便，炉温高达 1400℃。该车可在 －45℃ ～65℃ 温度范围内使用，使用寿命 30 年。做饭迅速，2 人 2 小时可提供 250 人份热食。CD－8 型组合蒸/烤箱是为组合式炊事车开发的新一代专用炊事设备，它既可利用蒸气蒸食品，又可利用热风烘烤食品，从而使该设备同时具有蒸、煮、烧、烤、炖及解冻、储存等多种功能。箱体采用不锈钢冲压成型，双层玻璃门，安全自锁。外形尺寸为 700×850×1350 毫米，整机重 140 千克。箱内有 8 层可摆放不锈钢蒸/烤盘的托架，内部尺寸 570×340×650 毫米，有效容积 150 升。该炊具热功率为 16 千瓦，加工能力视品种不同而异。

英国研制新型野战炊事挂车　英国"豪克茂"公司研制的"CF84－2 型野战炊事挂车"体积小、重量轻、机动性强，可由任何机动车辆牵引；展开收拢迅速，加热快，无油烟，消耗低，易维修，且操作简单无需培训。两人几分钟准备即可展开工作。所用燃料为液化石油气或丁烷，1 小时可加工 150～200 人份食品。车重 980 千克，收拢状态下外形尺寸 3100×1810×2165 毫米。该车底盘为单轴，钢板弹簧悬挂，备有 200 毫米惯性制动机构，4 个支撑腿分别固定于车体 4 个角。车身为金属封闭外壳，展开时上翻形成整车篷顶，将四面侧壁沿车腰部分上翻下搭，起到全天候防护作用。下搭侧壁沿车体四周展开成工作台，台面距地高 780 毫米。炊事车备有各种标准式不锈钢烹调容器或器皿，野战烤箱,热食前送器具以及其它附件,可供不同用户选择。该车有6台燃烧器,每台燃烧速度为3.57千卡/秒。

英军装备CF-82型便携式炉灶 英军装备了一种长方形的"CF-82型便携式炉灶"。该炉灶外观精美,结构紧凑,重量轻,可在任何气候、任何地区、垂直或水平打开顶盖时配平底锅使用,能烧汽油、煤油和甲醇等多种液体燃料,具有使用安全可靠、坚固耐用、操作简单、维修方便的特点,可供1～5人野外条件下加工膳食,是英军原"MK-2型2号便携式炉灶"的更新产品。

法军装备两种野战炊事车 法军现役炊事车有两种,一种是CRC-150型炊事拖车,另一种是ELC-500型移动式野战厨房。CRC-150型炊事拖车整车重1450千克,每餐能加热或制作150人份口粮。该拖车最大特点是采用了气动悬挂。行进时,烟囱、顶棚、帐篷、脚架都可撤收。顶棚与脚架采取"上翻下搭"形式,帐篷采用卷帘式,可迅速展开。车上安装有压力锅、烤箱、烹调锅以及夹层锅等。有照明设备,可夜间操作。ELC-500型移动式野战炊事厨房每餐能供500人份饭菜。整个单元由2个20英尺标准方舱组成,一个用于清洗和准备食物,另一个用于烹饪和配餐。每个方舱内都安装有相应装备。两个方舱由展开侧板盖的篷布形成通道并保持密封。整个厨房占地约52平方米,操作环境较好,有冷暖空调,以适应不同气候。方舱展开时间约1小时,由配备的5名操作人员完成。

法军装备两种野战面包房 法国劳尔公司为法军生产了两种野战面包房。一种是移动式野战面包房,另一种是组合式野战面包房。前者的操作舱是独立箱体,可通过支撑腿固定在地面。按工艺流程操作间可分成几个功能区:面包制作区、发酵区、烘烤区。每个区均有相应的功能设备。主要设备有搅拌机、面包成形机、醒发箱、烤炉、燃油炉。附属设备包括操作台、空调、储油箱(1000升)、储水箱(2300升)等。由舱外发电机供电,也可外接电源。该移动式野战面包房为半拖挂结构,整车尺寸为17500×2460×4000毫米,车重1600千克。每天能生产1500千克面包。组合式野战面包房由多功能方舱组成,方舱为扩展式。不展开时,整箱尺寸为6055×2435×2435毫米,扩展时为6055×4380×2435毫米。方舱重2900千克,舱壁由隔热复合板制作。该野战面包房包括发电机方舱、面包制作方舱、醒发方舱。该面包房通常由汽车、挂车装运,也可用飞机、火车、轮船运输。组合式野战面包房因型号不同,生产能力也各异,从250～5000千克不等。

被装装备

美研制新型海军陆战队作战靴 目前美海军陆战队正研制一种新的作战靴配发部队。他们对现用皮靴和丛林靴的主要性能进行测试,并与市场销售的靴子作对照。其中生物力学方面的测试内容有两项:一为物理学试验,主要测试整个靴子和靴子材料的力学性能;二为人体试验,对靴子和各种物理性能及穿着靴子时人体的感觉进行定量试验。试验的重点为震动吸收、能量及稳定性。根据测试结果提出如下设计方案:外底采用橡胶材料以增加牢度;中底采用聚氨基甲酸酯;内底采用软衬垫起缓冲作用。除了增加内底的柔软性外,靴子采用半楔形中底和外底,以增加靴底的柔软性和靴底与地面的磨擦接触面。其他要求包括皮质要柔软、轻巧、防水。新设计靴子的另一个特点是对束带系统作了改进,使其向下一直开到脚趾,以最大限度地满足脚的舒适度。这种新靴子的最终规格要根据群聚法和海军陆战队步兵和舰队陆战人员试穿后而定。

美海军陆战队研制模块化轻型携行具 美海军陆战队模块化轻型携行具将代替多用途轻型单兵携行具和综合单兵战斗系统。该携行具由帆布背囊和战斗携行背心组成,背囊有可拆装的隔仓和组合件,携行背心可与能拆装的口袋联结,分别适用于步枪手、班用机枪手、战斗部队医务员、霰弹枪手、掷弹兵军官使用。它要使从普通士兵到缝纫兵均能携行其所必需的装备。携行具和背囊由带子联结,并可把背囊从带子上快速分解开。该模块化轻型携行具由经防水涂层处理的林地型迷彩布制成。最初500套试验品的采购已经完成,后续采购与否将在98财年第2季度决定。有关部门预计生产216500套。

美军装备改进型潮湿气候分体式雨衣 美国陆军已用改进型潮湿气候分体式雨衣代替了现行的潮湿气候分体式雨衣(含派克上衣与长裤)。现行雨衣的基本材料是正反两面的厚层织物,不透气,只具备基本功能,不能为单兵提供因环境及活动变化所需的调节功能。改进型雨衣由一种柔软的、半透气的聚氨酯反面涂层并经过永久性拒水处理的尼龙材料制成。其林地型迷彩印花图案改进了舒适性和外观,轻便并有较好的适体性。与其配套的派克上衣由扣子与标准野战短外套衬里相结合,以增加保暖性。其腋下有通风拉链,前有标志牌,兜帽和衣襟下摆有可调节的抽带。长裤裤脚底边有可调节开合的拉链,不脱靴子便可容易地穿上或脱下长裤。预计1999年初开始装备。

韩国3种军需装备问世 (1)军用鞋靴:韩国开发了7种军靴和2种军鞋,其中最有特点的是迷彩作战靴。这解决了以往用油墨在皮革上印花易出现的色牢度差、皮革变硬等问题,使印有迷彩色的皮革不仅可以上油,还可用水洗,且不降低皮革柔软度。据分析,它是用渗透力很强的有机溶剂加染料经高温固化制成。在面材选用上有全粒面皮也有修面皮,有牛皮剖层革也有 PU 合成革。帮底结合采用固特异结构。靴口为系带式。(2)救生衣:仅重 650 克,能保证体重 130 千克的人在水面漂浮 24 小时,浮力下降率小于 1.2%,在盐水或油中也能使用,尺寸大小可随意调节,衣上有识别标记。(3)气候服:除具有救生衣性能外还具有极强的防寒能力,能承受 -25℃ 的低温。隔热效果非常好,每 24 小时的热气渗透率小于 3000 厘米/平方米。其外部由尼龙纤维面料制作,相对别的合成纤维材料而言具有氧化速度慢,燃点高等特点。

印军研制新型防弹衣 1998 年印度 Bharat 大型电气有限公司陶瓷技术研究所为印度保安人员研制成一种陶瓷片防弹衣,完全符合印度陆军严格的安全标准。该防弹衣重量相当于目前保安部队所用普通防弹衣的二分之一,有效率是它的两倍,可使陆军人员防备普通子弹,如手枪、步枪和 AK-47 型子弹。防弹背心由小型瓦片叠压而成,外包高强度凯夫拉布。当子弹击中防弹背心时,所有能量随着瓷片的毁坏而散失。印度陆军将是这种新型防弹衣的最大买主。

(王书勤)

法国 21 世纪"士兵装备系统"首次亮相 据《后勤科技装备》1998 年第 4 期报道,在'98 欧洲武器展览会上首次展出由 ECAD 集团开发并于 2005 年装备法国陆军的"士兵装备系统"样品。该系统包括改进的 5.56 毫米 FAMAS 冲锋枪、头盔装置、电子系统、作战服,以及 FELIN 项目第 1 阶段的其他装备。FELIN 包括一整套陆军士兵战斗装备,这套装备通过增强士兵的定位能力、攻击能力和生存能力来提高其战斗力。

该系统运用叠加模块对陆军 FAMAS 标准步枪进行改造,使之具有以下功能:(1)300 米范围内目标侦察;(2)识别友邻;(3)远距离瞄准射击;(4)识别目标;(5)可视数据传输,并由头盔上的终端接收及显示。装备开发的第 1 阶段将到 2005 年结束;第 2 阶段从 2010 年开始,将开发复合多功能武器系统,该系统包括 5.56 毫米步枪和 25 毫米到 30 毫米榴弹发射器。

(张 冬)

卫生装备 **美军研制出新式"战斗卫生员背心系统"** 据美因特网报道,由于美陆军现装备的战斗卫生员救护包具有体积大、重量重、器械放置混乱、使用不便等缺点,美陆军纳蒂克研究、发展与工程中心已研制出一种新式"战斗卫生员背心系统"(CMVS),1998 年 3 月开始装备部队。这种新式背心系统可使各种救护器具放置合理,取用方便,同时其背心式设计,解放了卫生员的双手,并使负重更为合理,因此既可提高战斗卫生员的救护能力,又可减少其携行量。系统中的背心可携行战斗卫生员全部负重的 40%左右,虽只有一个型号,但可根据使用者身材调节背心的大小。背心采用草绿色尼龙网眼材料,肩部有泡沫衬垫。背心内部每边各有一个顶部开口的衣袋以放置医疗卡片。背心前面两边各有两个可拆装医疗器材袋,同时还有专门的衣袋用于放置 30 发 M-16 步枪子弹和手榴弹。该背心与标准装备腰带配合使用。系统的另一部分是器具包,它携行卫生员全部负重的 60%。该包可肩背、手提、挂在腰上或固定在携行背心上。其背带和吊钩均可拆装。包的各个开口带有双向拉锁,可保证器具不丢失,同时方便取用。

美陆军研制出新式机动医疗站 美军已研制出一种由 2 辆高机动车组成的机动医疗站。该医疗站采用美军高机动多用途轮式车,具有车身高、车辆空间大的优点,车后部配有可折叠帐篷,增加了作业面积。同时车后部还装备了 1 个医疗模块,内置医疗器械、医用物资及自备电源。该模块上还装有 1 个展开式担架/治疗台,不使用时可叠合,置于模块的顶盖上,节省了大量空间。

美海军实施"机动医疗监视器"计划 为使军事人员在边远地区和严酷环境下执行军事任务时能得到正确诊断、治疗和分类后送,目前,美海军正进行一个名为"机动医疗监视器"的研究项目,并已取得进展。该监视器样机包括:可监测各种生命特征的野战标准计算机(机内配有 1 套微型诊断用传感器)以及用于超声检查、脉搏、血氧饱和度测定、心脏监测、血压测量、医学成像及医学信息支持等各种功能的子系统,并具有数据储存和显示能力。根据计划,此"机动医疗监视器"将来还要配置新的装置及接口,以便与现有美军通信系统相连接。

美军研制出小型便携式外科中心 这种小型便携式外科中心是一个前方创伤外科手术室,用于阵地创伤救护管理、复苏手术以及伤员临时住院。该系统便于机动并能快速展开,所需物品全部装入 1 个 5×5×10 英尺的箱内,其中包括 1 顶圆型帐篷。工作时,该箱展开成手术室,帐篷用作顶篷,其覆盖面积可达 30×30 英尺。同时,多个帐篷还可通过拉锁联接,形成更大的覆盖空间。与现行多数可部署医疗设施相比,该系统最大优点是重量轻、体积小。它可用高机动轮式车拖运或由直升机运载,10 人 15 分钟即可将系统展开,不到 1 小时即可进行手术,1 天可作 20 个手术。除用作手术室外,该系统还可改作机动医务室、X 光室、药房、诊断室或防疫室。据介绍,该系统一个箱子就可容纳救治伤员所需的一切物品,从而真正实现了战斗人员的伴随保障。其快速反应能力可使战斗中的医生更加靠近前方伤员,从而减少战场死亡率。

美军研制出前方便携式远程医疗系统　美陆军研究所与医疗先进技术器材局合作,研制出一种前方便携式远程医疗系统——“医疗摄像机系统”。该系统能将前方军医所见到的伤员状况发送给数千千米以外的医学专家,并由专家在初步处理过程中提供指导。此医疗摄像机系统由轻型头戴系统、控制盒和铅酸蓄电池3部分组成,供前方1名军医使用。头戴系统上有1台直径7毫米的微型高分辨率彩色摄像机,通过微波与2千米范围内的中转车——“机动医疗指导车”相连。中转车底盘采用高机动多用途轮式车,车上装有1个方舱工作室,内有摄像机,声频、视频处理器和卫星通信装置,能将图像和声音发送给世界上任何地点的医疗专家,并接收其发回的图像和声音。头戴系统上还有0.7英寸的彩色电视显示屏,可使军医看到正在发送的内容。控制盒内装有摄像机控制器、微波发射器和声频、视频处理器。蓄电池为系统供电,充电1次可维持系统工作8小时。

(杨静娴)

美陆军研制出新一代战场装甲救护车　据美国《国防》杂志1997年9月号报道,陆军已研制出新一代战场装甲救护车。该车将装备先进的“数字化”通信电子设备,是美军21世纪“数字化部队”发展计划的关键项目之一。它能够快速收拢、疏散、救治和后送伤员,还能在救灾行动中提供人道主义援助。新式装甲救护车将搭载野战医疗队对伤病员进行及时救治,车内先进的医疗设备将保证1名伤员在接受手术的同时,对另1名伤员进行手术准备或等待转移至另一救护车上。新式装甲救护车与以前的装甲救护车相比,速度更快,机动性更强,它将能与战斗部队同步机动并实施伴随保障。该车车内比较宽敞,可容纳12名坐姿伤员或9名卧姿伤员,而且医务人员能够直立身体进行手术,这在现役M-113型救护装甲车内是无法做到的。零部件通用性强是该车设计的另一重要特点,这将大幅度降低研制成本和制造费用。其主要零部件与“布雷德利”装甲战车及多管火箭炮系统的零部件可以兼容使用,且车上的医疗设备也是陆军后勤部队的标准通用装备。

(周瑛芬)

俄军装备新式单兵卫生装备　俄军根据新修订的战时自救、互救医疗规范,对急救药材作了较大的改进和更新,以各军兵种统一的单兵卫生装备取代了原苏军装备的单兵卫生装备。新装备包括:(1)一次性自动注射针。这种改进后的注射针由强弹性自动装置、圆柱型灭菌药囊和针头等组成。使用时,用力垂直下压,通过弹簧作用,针头扎入肌肉输注药液,具有快速、高效止痛效果,同时不会引起麻木、呼吸困难等副作用。(2)新式止血带。由具有紧绷和挤压作用的弹力织物制成,带有扣环,具有压力均匀,止血效果好,安全可靠等优点,可长时间包扎肢体而不会导致神经干受压,适于四肢大出血急救使用。(3)新型急救包。用多层无纺亚麻布制成,具有很高的附着力和排液特性,其吸湿速度和透气性比棉织物高2~3倍。同时,采用的含碳织物除有高排液作用外,还能有选择地吸附微生物。(4)抗放药。有针剂和片剂两种。其中速抗放射防护针剂“制剂C”使用自动注射针注射;片剂抗放药用于有辐射危险时服用。(5)抗毒剂。有Ⅱ-10M型神经毒解毒片和AJI-85型神经毒急救针。前者用于脱离污染地段前,每30~60分钟服用1~2片;后者为自动注射针,用于神经中毒时急救,即当伤病员出现瞳孔缩小、呼吸困难、分泌增加、流口水等中毒症状时,立即进行皮下注射可取得较好效果,比原装备的吡定斯的明抗毒剂药效提高1.5~2倍。(6)净水片。用于单兵饮用水消毒。对未经水质检验的水源,每军用水壶(0.75升)放1片,溶解后待15~30分钟,摇匀即可饮用。

新加坡展示新型车载式战斗支援医院　新加坡国防部于1998年2月展示了其武装部队的车载式战斗支援医院。该医院为机动式野战医院,编制600余人,配备有先进的医疗及手术设备,能为师级部队提供医疗保障,其主要职能是为前线伤员提供初步手术及治疗。该战斗支援医院有2个外科连,每连有两个外科排,每排下辖1个手术组。每连还编有外科支援排,可提供X光检查、储血、化验、野战消毒和外科器材服务等勤务支援。医院手术室、化验室、X光系统和其他医疗装备均装在半挂车上,发电机组等装在两轮挂车上,全部救治工作均在车上展开。半挂车采用密闭车厢,不受外部环境影响。其手术室空间较小,但设备十分先进,可完成一般医院手术。由于采用车载式设计,避免了方舱式医院需要将方舱搬上搬下的缺点,极大提高了展开工作的速度。医院每个外科连每天可进行16至24次外科手术,并可同时收治30余名伤员。此外,医院还编有1个流动前线外科组,可直接飞抵前方战场为伤员实施现场手术。

德军拟装备模块化医疗方舱系统　德军已完成了师(旅)级野战医疗后送单位模块化医疗方舱系统的部队试验工作,计划于1999年开始装备部队。该系统由医疗方舱和新型帐篷组成,方舱尺寸符合国际标准;可适应-30℃~49℃环境温度和90%空气湿度。方舱外壳采用铝壳夹蜂窝结构组成,可用20吨吊车快速装卸,运输时既可用四轮挂车或载重汽车,也可用直升机吊运。方舱按种类可分为动力供应方舱、过道方舱、供应方舱和卫生方舱。卫生方舱又分为手术方舱、手术准备方舱、监护方舱、抗休克方舱、急救方舱、X光方舱、药房方舱、消毒方舱、检验方舱以及专科医疗方舱等。其配套帐篷为新式 II 型作战帐篷,总面积为 40 平米,可安置 8 张病床。帐篷支架为铝合金,重量较轻。帐篷采用双层设计,可防冷凝水形成,并可连接管道式冷气和暖气系统。该系统可根据需要进行不同方式组合,能完成手术、治疗和检验等各项工作,并具有较大的机动性和灵活性,可使德军师(旅)级医疗救护达到国内医院相应水平。

法军装备两种帐篷式医疗系统　近年来法军新装备了两种帐篷式医疗系统——ACA－86 和 TMB 帐篷医疗单元。ACA－86 单元由 2 个 8.48 米×5.3 米的帐篷组成,1 个为手术室,另 1 个为术后恢复室,由 5.3 米×2 米的通道帐篷联接。整套单元装在 85 个箱包中,总重 3.5 吨,体积 12.4 立方米,撤收时间不到 1 小时。该医疗系统每天可做 12～15 例手术,可连续工作 48 小时,并配有 12 张病床。同时多个 ACA－86 系统可进行模块化联接,以组成不同规模的野战医院。TMB 帐篷医疗单元中的帐篷为气肋式结构,具有展开快速、可靠及模块组合等优点。帐篷采用具有防化学毒剂功能的材料制作,有效防护时间达 8 小时。该材料分为 3 层:内、外层为可焊接聚丙烯塑料,中间层为防化屏蔽层,内、外层均具有可洗消性。层与层之间采用高频焊接技术结合,与传统的缝合、胶合等技术相比,其安全性和可靠性更强。该帐篷气肋由外层套和内层支撑管组成,附在帐篷体上。其独特之处在于,一旦出现紧急情况,气肋可拆下并单独安装,更换时间不到 5 分钟。其地板为整体式结构,帐篷有 4 扇窗户,2 扇门和 1 个连接系统(可与 1 个 15 平米的帐篷连接),1 个三角式地面固定系统及 2 个侧门,由 1 个 220V 脉冲式充气泵充气。系统中共有四种不同规格的帐篷,展开面积分别为 15、30、45 和 60 平方米,该单元由 75 个箱包组成,重 3.5 吨,展开后占地 80 平方米,可放置 12 张病床。

(杨静娴)

油料装备　**美军研制燃料油过滤/添加剂装置**　美国贝尔沃燃油和润滑油工厂研制的燃料油过滤/添加剂装置是用于净化燃油和化学添加剂的新技术设备。它安装在 5 吨挂车上,具有很强的机动性。在净化过程中不需要特殊能源,可以在多种环境下独立作业,净化速度 60 加仑/分。该设备可从地面车辆的油箱和储油罐中将燃油抽出,在分离水和其他杂质后,再将清洁过的油品加注到车辆和油罐中去。此系统的特点是可同时向燃油中添加 4 种添加剂,从而将 Jet A－1 燃料转化成 JP－8 燃料,且可防止微生物生长繁殖,阻止水聚集,使燃油保持其安定性。该装置对于保持机械化部队始终处于战备状态具有重要意义。它不仅解决了燃油过滤器的堵塞问题,可快速安全地净化大批燃油,而且能适应不同要求将燃料转化成不同级别的产品。该系统大大降低了清洗油箱、更换过滤器和处理污染燃油所用的时间,同时也节省了费用。

美国生产 Fox 燃料分析仪　美国 MIDAC 公司生产的 Fox 燃料分析仪,具有军民两用功能,可按用户需要选择分析油料质量参数。仪器为车载式,重 18 千克,外型尺寸为 70×45×45 厘米,可同时快速分析汽油、柴油、喷气燃料的某些质量指标,如辛烷值、十六烷值、馏程、蒸汽压、比重、苯、闪点、芳烃、烯烃、冰点、含氧化合物等。该仪器装有固定式笔记本计算机,配 12V 直流电源。试样由泵吸入(30 毫升),先清洗,再测定,两分钟内即可在屏幕上显示出测定燃料中各组分的含量。计算机可储存 10 万个测量记录。操作者不用专门训练即可使用。

美军 AOTF－NIR 光谱仪用于战区油料质量分析系统　1993 至 1995 年期间,美陆军坦克与机动车研究发展工程中心燃料润滑剂研究所,完成了用声波调制滤光器近红外光谱仪分析柴油质量性能的可靠性研究,并将其用于战区油料质量分析系统,以满足美军在野外快速分析燃料质量的要求。该仪器使用石英镜片、光导纤维,对环境要求不高,不需制样,适用于野外检测。它带有先进的计算机软件,能定量分析出光谱中的微小差别。光谱仪内部没有移动部件,维修费用低,波长分辨率高,仪器尺寸小。该光谱仪可分析汽油的辛烷值、芳烃、密度、蒸气压、馏程、含氧化合物;分析喷气燃料的饱和烃、芳烃、冰点。美军研究的重点是分析柴油质量指标的可靠性。应用建好的数学模型,用近红外光谱仪测定燃料,一次可测出一种燃料的几个性能数据,达到了快速、准确的目的。

美海军研制新型红外防漏油系统　新型红外防漏油系统为美海军新近研制的专用后勤装备,全称为“红外摄像漏油探测器”。该系统采用红外摄像机,可探测出油料特殊的热辐射信号并拍摄出数字化图像,从而使操作人员易于跟踪和控制住油料的泄漏。摄像机拍摄下的数字化图像能存入可移动的磁盘,并可记载到计算机中供进一步分析。这种新型红外摄像漏油探测系统,主要用于探测舰艇加油过程中的泄漏事故。由于其出色的早期漏油探测功能,预计可使漏油清理费减少 25%,具有较高的使用价值。

美海军陆战队使用战术散装油料分发系统　据美国《海军陆战队公报》1997 年报道,美国海军陆战队的 CH－53E“超级种马”直升机载有一个战术散装油料分发系统,该战术散装油料分发系统是专为 CH－53E“超级种马”直升机设计的移动加油系统。目前,该系统已发展成为其他直升机加油的基本系统。该系统根据 CH－53E"超级种马"直升机内部结构设计，可从直升机尾部操作。整个系统由 3 个 800 加仑自封式油罐、125 加仑/分油泵，以及安装 2 个加油点所必需的软管和流量监控装置组成，可在 1 小时内完成安装、加油作业。该系统既可为护航飞机加油以增大其航程，又可为远离后勤保障分队的机动部队提供油料，它比战术机场分发系统和直升机远征加油系统机动性更强。

美军试验新型整装整卸野战加油车 据美国《陆军后勤工作者》1998 年 5～6 月刊报道，美国陆军对一种新型野战加油车进行了试验。这种加油车由标准的整装整卸车加陆军新近研制成功的专用油罐托架组成。这种新型加油车具有多种用途、兼容性好、易于操作等特点。用它执行运、加油任务时，油料储存在一个金属油罐里。将油罐放在专用的整装整卸车牵引挂车上，可穿越任何复杂地形，将油料送至作战部队阵地。到了加油地点，将油罐卸至地面，牵引车则可用于执行其他任务。由于这种整装整卸车的油罐托盘架是按国际标准集装箱规格制造的，因此完全适用于铁路和平板拖车运输。如有必要，甚至可将这种油罐托盘架空投到战场的战术后勤地带或运输车队补给线上。该系统操作简便，稍加训练，甚至不经过训练，单个士兵就能操作这种整装整卸车油罐托盘架系统。当与整装整卸车挂车联合使用时，该加油车的运油量可达 6000 加仑。

德国生产傅立叶变换近红外光谱仪 傅立叶变换近红外光谱仪由德国布鲁克公司生产，适用于实验室及野外的石油燃料质量分析。该仪器为军方设计，采用 DSP 精确控制干涉仪、动镜、定镜、分束器偶合、立体平面角镜，在外界振动及翻转情况下，仍能正常工作。所配计算机工作站，可同时兼容 DOS、WINDOWS 系统，OPUS/QUANT－2 软件，采用偏最小二乘法 (PLS)，可实现 500 个样品、20 种组分的同时建模校正，再利用新建模型同时完成对未知样品多组分分析，可确保测定结果的准确度。该仪器配有样品池或光导纤维探头，试样装入池内或用手持探头浸入液体中直接测试，减少了测定样品的浪费和污染。测定一个试样，可同时给出多个参数指标值。

英国生产新型车载油罐 据英国《简氏军用车辆与后勤年鉴 1998～1999》报道，英国雷诺兹·鲍顿公司最近生产了一系列新型油罐，这些油罐可安装在商用 4×4 车辆底盘上，油罐采用 3 毫米/4 毫米软钢制作，剖面呈椭圆形。各油罐单元根据其载重配有相应的油泵设备，根据所运油料种类，油罐可带内衬或不带内衬。所有油罐均配通用设备，以保证在野战条件下提供有效和可靠的保障。

英军装备集装箱式油罐 据俄罗斯《外国军事评论》1997 年第 4 期报道，为满足英军参与波黑维和行动的急需，英国"马歇尔特种车辆公司"生产了一种集装箱式油罐。该油罐容积 12000 升，整套设备包括油泵、柴油发动机等，借助油泵或采用重力加油，可同时通过 4 条软管向 18 米之外的加油车分发油料。该油罐的优点在于可安放在一个标准集装箱大小的钢性构架中，由带集装箱装卸设备的 8×6 载重车运输。该装卸设备可在 2 分钟内将油罐卸下，也可将其转放到另一台配有集装箱装卸设备的卡车上。该集装箱式油罐还可用直升机吊运，或用 C－130 军用运输机空运。在地面堆放这种油罐时可叠放 3 层，水运要叠放两层。钢性构架上有专门固定装置，以便于构架彼此咬合固定。

法军装备新型加油系统 据英国《简氏军用车辆与后勤装备年鉴 1998～1999》报道，法国 Gilep 公司应法国国防部订货要求，为法军生产了 Gilep Leclerc MBC 加油系统。该系统可为作战车辆或直升机加注燃料。系统安装在 1 辆雷诺 TRM10000(6×6) 车底盘上，主油罐容量 11000 升，可同时为 4 架直升机或 4 辆作战车辆实施重力或压力加油。

（杨立明）

野营装备 **美军研制出组合式多功能帐篷系统** 新型组合式多功能帐篷系统将取代美军 50 年代以来装备的通用帐篷。老式通用帐篷大而散，且不耐雨。新系统设计的关键目标是为 21 世纪部队提供一种可用于任何环境和耐多种气候条件的帐篷。该帐篷系统的尺寸更大，但使用的柱子较少，且采用组合式设计，使用单位可以通过联接不同规格和不同数量的系统来设立他们想要的空间。该帐篷系统采用强拉织物和防漏热封技术，并可将风、雨、雪负荷通过织物直接传递到支撑系统。该系统宽 5.5 米，增加附加联接部分后可将长度任意延长。系统还采用了白色内墙，增强了室内光度，同时还能遮蔽灯光。新型帐篷系统组装方便，2 名士兵在约 30 分钟内就能搭好。此外，整个系统只有 7 个国家库存品编号，而现行的通用帐篷系列有 13 个库存品号。端墙采用了滑动织物门，以便在极端气候条件下或灯光遮蔽时实施全封闭。

美军研制成沙漠用防风隐蔽式帐篷 据美国《陆军后勤工作者》1997 年第 11～12 月号报道，美陆军纳蒂克研究、发展和工程中心已研制成一种沙漠用轻型防风隐蔽式帐篷。据称，这种沙漠专用帐篷面积为 5×9 英尺。它不但具有很好的防风沙能力，还能遮挡沙漠中酷热的太阳，而在难于挖散兵坑的干燥或多岩石地区又可为士兵提供隐蔽条件。这种小分队遮阴帐篷由米色织物制成，它与沙漠地区的颜色非常协调。

设计者还为其增添了一个背囊，内装几块褐色织物帘，当大地景色发生变化时，可将其剪成任意图形附在此帐篷上。如有必要，还可将几顶帐篷连在一起使用。

美军装备模块化睡袋系统　据因特网美国相关站点 1998 年 3 月 27 日报道，美军正式装备了一种模块化睡袋系统。该系统采用睡袋套睡袋的方式，即 1 个中等冷气候用睡袋套进 1 个轻型巡逻温区睡袋而组成 1 个极冷气候睡袋。“比威”睡袋套可用于其中任何一款睡袋(不论是睡袋或者是极冷气候睡袋)。通过使用极冷气候服装的保暖层，这个系统的保暖性能可得到增强。模块化睡袋系统由 1 个采用迷彩图案防水透湿的比威袋套、1 个轻型巡逻温区睡袋、1 个中等冷气候用睡袋和 1 个携行包(用于贮存和携行此系统)4 部分组成。在轻型巡逻睡袋和中等冷气候用睡袋同时使用时(中等冷气候用睡袋套进轻型巡逻温区睡袋中)，在使用极冷气候服装保暖层时，此系统可以满足低于－45℃极冷气候下的保暖要求。中等冷气候用睡袋适用于－15～2℃，轻型巡逻温区睡袋适用于 2～10℃。此睡袋由防撕裂尼龙面布和涤纶长丝保暖材料制成。“比威”睡袋套由透湿的尼龙涂层材料制成。携行包由经永久处理的尼龙织物制成。包括“比威”睡袋套和携行包时模块化睡袋系统重 4.3 千克。不包括“比威”睡袋套和携行包时的中等冷气候用睡袋重 2.7 千克，不包括“比威”睡袋套和携行包时的轻型巡逻温区睡袋重 1.4 千克。包装后的体积小于 1 立方英尺。

美军研制出先进洗衣房系统　美陆军计划用 1 台先进洗衣房系统取代 4 台现役 M－85 野战洗衣房。该新系统计划于 2000 年装备部队。此先进洗衣房系统包括安装在 1 辆平板车上的洗衣房和水循环设备，以及 1 辆载有 1 台 30 千瓦发电机的 9.1 米挂车，由 5 吨卡车牵引。野外作业，它 1 天可保障 500 名士兵，每小时可处理约 180 千克衣物，每 10 小时 1 班，只需 2 名士兵操作，而原 4 台 M－85 则需 8 名士兵。该系统最大特点是用水少，废水也少，大大减少了水耗。由于 97% 的水被循环使用，使每日的水耗从 24000 加仑降到 500 加仑。废水也从原来每天 20000 加仑降到 40 加仑。其另一特点是使用简便。操作人员只需将衣物装进，洗涤后取出即告完成。此外，由于该洗衣装置采用了自检系统和主控区操作，维护和修理也容易得多。

美陆军研制出野战袋装水包装系统　据美国《陆军后勤工作者》1997 年 9～10 月号报道，美陆军部队司令部器材管理中心研制成功一种野战饮用水袋装包装系统。该系统生产 1 升量袋装水，目前已能大批量供应部队，用于应付紧急情况或救灾。该饮用水包装系统可将抽取的湖水、河水、消防用水进行消毒净化，然后装袋密封，每分钟可生产 25 袋，24 小时能生产 3 万袋水。

美陆军采购饮用水保障系统　为解决部队大批量饮用水供应难题，美军最近采购了 3 套饮用水保障系统，并在匈牙利“联合努力行动”中使用了其中的 1 套。该装备的组成是：70CLM 立式填充封装机 1 台，体积为 6×6×10 英尺，可安装在 M－872 半拖挂车上；30 千瓦发电机 1 台；每分钟 125 加仑离心泵；3 个 3000 加仑可折叠贮水罐；2 个 5000 加仑不锈钢罐；1 个每分钟 600 加仑的反渗透净水装置；1 台氯化消毒设备；1 个除氯设备和过滤器以及一些辅助材料。该系统生产的饮用水完全符合美国食品与药品管理标准，每分钟可生产 25 袋 1 升量袋装水，还可根据战场需要生产 5 升与 15 升的袋装水。整个系统机动性强，几小时内即可撤收完毕并做好运输准备。每天工作 24 小时，其中包括 2 小时维护。

德军研制 WTC500 系列净水设备　德军装备了“卡邱”公司最近研制成的 WTC500 系列净水设备。该系列包括 3 种型号，分别为 WT C500－RO 海水淡化设备、WTC500－SOFT 硬水软化设备、WTC500－BC 除污灭菌水净化设备。WTC500－RO 海水淡化设备采用反渗透原理，淡化过程分为反渗透膜过滤、紫外线消毒、后加氯 3 个步骤。它每小时可制备 300～700 升饮用水(原水含盐量达 55000PPM)，外形尺寸为 1200×800×600 毫米，重 175 千克，耗电量小于 3.2 千瓦，配备高压泵可达 70 个大气压。WTC500－SOFT 硬水软化设备通过腊分离、紫外线消毒、后加氯处理，可完全除污、除色、除异味、除离子、灭菌消毒，达到硬水变软的目的。WTC500－BC 设备则首先让水通过臭氧紫外线/活性炭层，然后再进行紫外线消毒和后加氯处理，能完全去除各类病菌、病毒等有害污染物，外形尺寸 1185×785×585 毫米，重 180 千克，耗电量 580 瓦。以上净水设备的共同特点是结构小巧，可用卡车、挂车、火车、轮船装运，也可用直升机吊运。

英军装备“普麦克”系列净水器　英国普麦克公司设计和制造的“普麦克”净水器系列结构紧凑、性能可靠、使用方便。经实验室试验和实地试验证明，该系列净水器非常适合快速反应部队高机动作战条件下的饮水保障需要，也适于应急援助组织和国际救援组织使用。英军及一些北约国家部队已装备该系列净水器。“普麦克”系列净水器共有 5 种型号 9 个规格。

加拿大军队装备净水装置　加拿大军队的净水系统是高级双道反逆渗净水装置，它将各种新技术综合容纳于一个坚固的容器中，把动力装置、反渗透装置以及其他辅助器材和用品全包装在一个单独的封套内。该装置每小时能产 5000 升饮用水，可在各种气候条件下工作，净化各种水质的水。加拿大海军舰船上使用的是舰载反渗透脱盐装置,所有舰船都装备两台反渗透脱盐装置,每天能提供6万升淡化水。这些净水装置在噪声、冲击、振动和材料标准方面均符合军用规格要求。加拿大军舰所配备的海水淡化装置,均能在从北极到热带的各种气候和不同含盐量海域中使用。

(刘松林)

仓库储存技术与物资搬运装备 **美军装备越野物资装卸叉车** 该装备主要用于装卸物资,具有可变前伸叉车臂,可根据需要改变臂的长度,并可绕过障碍物进行作业。可靠性强,操作简单,便于维修和保养。最大举升力4536千克,最大举升高度10.2米。最高行驶速度37千米/小时,具有越野性能。

俄罗斯推出仓库安全新技术 一是"红外存储式火焰报警系统",可自动监视火情并自动启动灭火装置,8年不用维修。这套系统只对火焰报警,不会对强阳光、灯光和其他热源产生误报。二是"独立式灭火装置",主要用于扑灭易燃易爆场所和森林发生的火灾,带喷射装置的溶液储存罐容积为60~7500升,内储快速、高效喷射液体。它具有不同喷射方式,喷射纵深300米,成扇面喷射时为100米,寿命可达10年左右。三是"震动报警装置",可在破坏分子越过保护网时,捕捉到被破坏结构的机械性震动,同时报警。四是"电容报警装置",可根据需要制成网状、栅栏状或带状。该装置智能化程度较高,能准确区分出对信号感应件的触及是人还是动物或其他物体,甚至能准确区分信号感应是有意侵犯还是无意触及。五是"防护组合系统",主要用于保护设施的外围边界,防护距离7.5千米。其无线电射束防护装置在防护网上部构成防护区,电缆防护装置在防护网下部构成防护区,震动防护装置在防护网表面构成防护区。这3种防护装置相组合,具有很高的防护作用。六是"电缆报警装置",可在目标区周围建立电磁场以形成若干防护区。辐射电缆和发射器埋入地下30公分处,在设施外围构成一堵无形的"墙",破坏分子越过该"墙",系统即报警。七是"短线报警装置",这种装置体积只有手电筒那么大,内装1.5千米长比头发丝还细的线,能源是1节1号电池,使用时在目标周围扯一条线,一旦有人碰断线就会发出警报。

印军装备多种仓库叉车 这些叉车分为MC和MCE两个系列。MC系列用于户外作业,有2吨、2.5吨、3吨和4吨几种。而MCE系列既可用于室外,也可用于室内,有2吨、2.5吨和3吨三个型号。两个系列叉车均使用4缸45马力柴油发动机,最大提升高度可达3.6米。印度军队将MC系列中的2吨和3吨叉车作为其标准叉车使用。

德军装备改进型叉车 据德国《士兵与技术》杂志1997年第10期报道,海斯特尔公司最近为德军提供了一种经过改进的三轮电动叉车。与改进前相比,该叉车电池寿命更长,噪音更小,装卸台工作效率更高,仪表板也得到了修正。完备的牵引控制技术使转弯轻便,易于控制,从而大大减轻了转向时的轮胎磨损。该叉车使用双前置式独立发动机,功率均为5.8千瓦。

德国研制出中、小型物资装卸平台 该平台主要用于中、小型物资的运输,可作拖车使用,也可与牵引车固定在一起作运输车使用。平台能降至地面高度,可方便叉车等装卸工具上下,使货物装卸更加简便。平台利用电动控制升降,升起时同普通拖车完全一样。平台防滑、防锈,装卸安全,最大载重量2500千克。

法军装备重型运输车配套叉车 法军重型运输车的尾部携带有1台3吨叉车,以便为该运输车装卸货物。运输车驾驶员兼叉车操作手,外加1名助手,10~20分钟便可为此运输车装、卸10~15吨物资。

瑞典军队装备多功能吊臂 该吊臂可安装在卡车上,广泛用于货场、码头、工地等场所,能对多种类型货物进行吊装。吊臂由计算机控制,液压系统提供动力。HIAB-245型伸缩臂作业半径19米,HIAB-245-5型为25米,控制系统具有过载保护功能,以保证作业安全。

加拿大生产两种伸缩臂托举式军用叉车 LK-934型伸缩臂托举式叉车使用柴油内燃机组作动力,适用于不平地面作业,通过了军事安全测试。最大载重中心距为610毫米时可搬运4090千克货物。车长4.95米(不计货叉),宽2.54米,高2.54米,货物最大提升高度10米,离地间隙0.33米,轮距2.13米,转弯半径5.44米,涉水深度1米,车净重111794千克,采用四轮液压制动。LK-6000型伸缩臂托举式军用叉车使用柴油内燃机组作动力,适用于不平地面作业,经过军事安全测试。最大载重中心距为610毫米时可搬运2727千克物资。车长5米(不计货叉),宽2.29米,高2.41米,轮距1.88米,转弯半径4.5米,车净重8863千克,离地间隙0.43米,货物最大提升高度3.05米,采用四轮液压制动。

加拿大推出3种军用机场装卸运输装置 LK-16000型叉车采用柴油内燃机组作动力,适用于不平地面作业,经过军事安全测试。最大载重中心距为1.22米时可载7273千克。车长5.36米,宽2.56米,高2.41米,最大提升高度3.05米,离地间隙0.33米,轮距2.13米,转弯半径6.35米,涉水深度0.91米,车净重14400千克,采用四轮液压制动。LKAF-10型移动式叉车,采用柴油内燃机组作动力,用于机场装卸运输,最大载重中心距为1.22米时可搬运4545千克货物。车长2.46米,宽2.46米,高2.34米,最大提升高度 2.03 米,离地间隙 0.33 米,轮距 2.03 米,转弯半径 12.16 米,车净重 10727 千克,采用四轮液压制动。LK-12000 型移动式叉车,采用内燃机组作动力,适用于不平地面作业,经过军事安全测试。最大载重中心距为 1.22 米时可载 5454 千克。车身长 5.36 米,宽 2.56 米,高 2.41 米,最大提升高度 3.05 米,离地间隙 0.33 米,轮距 2.13 米,转弯半径 6.45 米,涉水深度 0.91 米,车净重 12623 千克,采用四轮液压制动。

加拿大研制两种军用货船装卸叉车　LK-6SLP 型移动式叉车采用柴油内燃机组作动力,低车身,经过军事安全测试,适用于货船装卸。最大载重中心距为 610 毫米时可载 2727 千克,车长 2.62 米,宽 1.52 米,高 1.72 米,最大提升高度 2.33 米,离地间隙 8 厘米,转弯半径 2.37 米,净重 4727 千克,采用四轮液压制动。LK-10R 型叉车适用于不平地面作业,经过军事高强度货船冲击测试。最大载重中心距为 610 毫米时可载 4545 千克,车长 5.76 米,宽 2.41 米,高 3.07 米,最大提升高度 3.05 米,离地间隙 0.43 米,轮距 1.88 米,转弯半径 4.31 米,涉水深度 1.52 米,净重 12136 千克,采用四轮液压制动。

（韦秀文）

运输装备　**美军增加运输车辆经费投入**　据美国《陆军内情》1998 年报道,美国国会 1998 财年增加了美军运输车辆的预算,同意拨款 1.31 亿美元用于陆军采办高机动性多用途轮式车(HM-MWV),比申请数额多 6500 万美元,其中包括加装装甲的费用。另外,再增加 3000 万美元用于更新海军的 HMMWV。对于陆军的重型战术车辆系列(FHTV),即重型扩大机动性战术载重车、托盘化装卸系统和能运载 70 吨 M-1 型主战坦克的重装备运输系统,国会同意拨款 1.14 亿美元,总统并未申请此项资金。

美陆军装备电驱动高机动轮式车辆　据美国《陆军时报》1997 年底报道,美陆军已接收首批电驱动高机动轮式车,并计划将来把陆军大多数车辆都改为这种车。它由 1 台小型柴油发电机(电站)给蓄电池组充电。每个车轮有 1 个电瓶驱动的电机,这使车辆可以自行充电。由于减少了驱动系统的动力浪费,因而与现有车辆相比每英里耗油可节约 50%。在战术情况下,由电池驱动 4 个小时的电机,可使车辆全速行驶 320 千米,同时发电机还能给蓄电池组充电。一旦进入作战地域,发电机就关闭,以降低噪音和热源信号。整个车辆还可以作为电池组使用,可保障 1 个小型指挥单元运作。电驱动车可比柴油发动机车辆速度快 1 倍,公路时速为 120 千米,爬陡坡为 11 千米。仅用 2/3 大小油箱,就能达到 480 千米的同样行程。这种车的缺点是蓄电池组占用了 235 千克载重量,使车辆载重量减少到 780 千克,但不用驱动杆可以腾出更多的内部空间。

美军改进中型战术车辆的驱动系统　据英国《简氏防务周刊》1998 年报道,美军中型战术车辆出现的技术故障,已影响到这种车的性能,延误了第 2 批车的交货期。为此,美国 Stewart&Stevenson 服务公司正研究如何加以解决。解决办法:一是安装一种新型发动机架支撑座,以控制动力单元的挠曲;二是更换 4 个万向节总成,增加新的部件,包括延长寿命的尼龙止推垫圈。该公司已于 1998 年 6 月底完成了改进后的 9600 千米驱动试验,7 月 31 日完成了改进方案的政府合法性试验,9 月初将对全部中型战术车辆进行改进。该公司于 12 月完成了一期合同 11000 辆中型战术车辆的交货。

美军为高机动多用途轮式车加装装甲　据英国《简氏防务周刊》1997 年报道,美陆军坦克/机动车和军械司令部开始为高机动性多用途轮式车(HMMWV)加装装甲的计划。该计划是根据驻波斯尼亚维和部队的紧争呼吁而制定的,耗资 3500 万美元,目的是保护部队免遭战场上 600 万颗地雷及潜伏的轻武器杀伤。在 HMMWV 计划中,美军开始加速生产带装甲的 XM-1114 型 HMMWV 车,并开发新的装甲部件。在原 HMMWV 基础上加装装甲层将使车重增加 725～1000 千克,这样可使该车具备与 XM1114 车相似的防护能力。美陆军坦克/机动车和军械司令部还开发了一种"弹道防护层",它将装甲层夹在尼龙纤维中,包裹在未装装甲的 HMMWV 车座位上。战场经验表明,地雷爆炸时"弹道防护层"可挽救驾驶员和乘员的生命。

美海军制定新的车辆更新计划　据英国《简氏防务周刊》1998 年报道,美海军陆战队计划实施一项新的经费预算案,目的是为急需的运输车辆投入资金。目前,美海军陆战队严重缺乏适应现代海军任务的运输车辆,现有卡车已服役 20 年之久,保障机构不得不花费逐年增长的经费和时间去维护这些过时的装备。因此,海军陆战队按计划将购买 7360 辆 5 吨新式中型战术车取代现役老式中型战术车,采购 19280 辆类似于高机动多用途轮式车 A-2 系列取代现役的轻型战术车。采购上述两种车需几年时间,大量装备将从 2001 财年开始。

美空军采购新型高机动多用途轮式车　据英国《简氏防务周刊》1998 年报道,美国空军已签订合同,订购 71 辆 M-1116(4×4)全装甲高机动多用途轮式车(HMMWV)。这批车计划 1998 年 2～5 月交货,至此,美空军对 HMMWV 车的采购总数将超过原定的 449 辆。该车以通用公司生产的 HMMWV 系列车中的加强型车为基础，加上防护装甲，可防 7.62 毫米子弹、155 毫米炮弹上方爆炸和底部爆炸以及 M67 手榴弹的袭击。此外，该车还配备了 5 种装甲兵单兵装置，采用了新型伪装、空调系统、隔音设备，并备有弹药储备装置。

土耳其研制出 6×6 高机动性越野车　据英国《简氏防务评论》1998 年报道，土耳其伊斯坦布尔图兹拉公司最近研制出一种 6×6 新型高机动性越野车，整体尺寸为 3.6×1.6×1.86 米，重 2 吨，有效载荷 0.5 吨，由福特 OHC 式 2 升汽油发动机驱动，功率为 77 马力/4500 转/分，爬坡度 70%，侧倾度 40%。该车正进行部队试验。

德国陆军运输车辆装备计划推迟执行　据德国《士兵与技术》杂志 1998 年第 4 期报道，根据德军非装甲轮式车辆使用年限规定，德军第 2 代军用轮式车辆应于 90 年代更新。由于国际形势的变化和其他方面原因，德军第 3 代轮式车辆大部分装备计划将推迟到 90 年后斯至下世纪初进行，具体安排如下：整装整卸运输车（15 吨）1996～2009 年完成装备；第 3 代 1、2、3 型载重车（2～15 吨）2000～2010 年陆续装备，数量约为 4 万辆；第 3 代小吨位运输车（1 吨）1996 年已全部装备，总数为 42500 辆；大客车 1997～2001 年完成装备；小客车 1996～2010 年完成装备；半挂牵引列车（1 型25 吨，2 型 56 吨）2002～2008 年完成装备；挂车 1997～2000 年和 2007～2010 年分阶段装备；消防车 1999～2010 年完成装备；油罐车 1996～1997 年和 1999～2001 年装备完毕；摩托车 2004～2008 年完成装备；轮式装甲输送车 2004～2010 年完成装备。

德军整装整卸车开始交付部队使用　据德国《士兵与技术》杂志 1997 年 12 期报道，德国曼公司生产的 200 辆 8×8（陆军用）和 8×4（空军用）整装整卸车从 1996 年 6 月至 1997 年 12 月已陆续交付部队使用。为满足快速反应部队需要，1995 年 8 月德军与曼公司签订了采购 358 辆整装整卸车合同。交货前，有关部门对 13 辆整装整卸车和 2 个载重 14 吨的运载托盘分别进行了技术试验。整装整卸车主要用于战区集装箱物资和弹药箱运输，也可用于 1 类（2～4 吨）战损载重车的后送。波黑维和部队实际使用表明，整装整卸车具有良好的性能和极高的运输效率。

德国研制出新型多用途军用运输车　据中国《运输车辆》杂志 1997 年第 6 期报道，德国克劳斯－玛菲公司对原多用途军用运输车进行大量技术改进后，试制出第 2 代预生产样车，德军进行了技术评估。由于德军越来越多地参加联合国维和行动，预计未来对这类运输车将有较大需求。该车大量采用了成熟的零部件，具有极佳的道路及越野机动性，车内结构组件能保护乘员抵御各种威胁。该车采用梅塞德斯—奔驰 Unimog U1100L（4×4）越野货车底盘，可改装成多用途军用运输车，如装甲人员输送车、轻型侦察车、指挥控制车、物资运输车和武器运载车等。

德国研制集装箱野战转运车　据德国《士兵与技术》杂志 1997 年报道，战时物资和弹药集装箱有时需要在野外或野战仓库中转，因此需要转运车。由于总重达 24 吨的 20 英尺集装箱从运输车上装卸和在库区场地间转运经常会遇到各种问题，因此对集装箱转运车提出了很高的要求。如在松软、高低不平地面条件下转运时要求转运车轮胎必须具有充、放气系统，使轮胎压力根据路面情况进行相应调节。另外，还要求转运车在额定负载下车速应达 25 千米/小时，公路空载时车速应达 50 千米/小时。德国研制集装箱野战转运车是根据美国海军要求和本国军队的需要进行的。

英国空降部队将装备全地形输送车　据英国《简氏防务周刊》1998 年报道，英国防部计划购买 32 辆全地形输送车用以改善英国陆军 5 个空降旅的战术机动性。国防部希望这批车能于 1998 年 12 月至 2000 年 3 月交货。该车采用 4×4 驱动装置，易操作，易维修。可乘载 1 名全副武装士兵，前行李架可装运 40 千克物资，后行李加可装运 75 千克物资，同时还可拖挂 1 辆装载 365 千克物资的挂车。英军对该车进行了一系列试验，结果表明，该车与挂车配合效果非常好，使用也很方便。另外，英国防部还从阿尔维斯机动车公司订购了 86 辆苏帕凯特 MK－Ⅲ全地形机动平板车和 84 辆自装载轻型货盘拖车。英国防部称，上述车辆将大大提高英国陆军空降部队的机动性。

英国空降兵部队装备奥地利 716M 型越野车　据德国《士兵与技术》杂志 1998 年第 1 期报道，在参加北约空中机动师演习中，英国陆军第 24 空中机动旅使用了从奥地利斯泰尔公司采购的平茨高尔 716M 型 1.3 吨 4×4 越野车，用于牵引该旅的 105 毫米野战榴弹炮和运输弹药及炮手。该车采用功率为 78 千瓦/4350 转/分的六缸 2.38 升涡轮增压柴油机，有效载重 1300 千克，牵引重量 1500 千克，涉水深度 0.7 米，最大爬坡度 45 度，最高车速 122 千米/小时。

法国陆军装备新型可空运轻型车　据英国《简氏防务周刊》1998 年报道，法国陆军将于 1998 年 9 月开始接收 100 辆奥韦兰德 A3F 可空运轻型车，包括 50 辆空中机动指挥车和 50 辆空中机动后勤车，价值 320 万美元。在交货前需进行空运试验。该车是 A3S 车的变型车，铝制车身，管结构车架，由“标致”XUD97F 型柴油发动机驱动。这 100 辆 A3F 车将装备法军快速反应部队的第 11 空降师。

瑞士陆军装备越野汽车　据德国《军事技术》杂志

1997 年报道，瑞士陆军最近采购了 310 辆重型全轮驱动越野汽车，其中 4×4 底盘车 250 辆，6×6 底盘车 60 辆，车身在瑞士本国制造。这批车辆 1998 年 7 月全部交付瑞士陆军。4×4 底盘车(17M32/P43 型)和 6×6 底盘车(24M32/P40)均采用奥地利斯泰尔重型军用车驾驶室，320 马力欧洲 2 型发动机。车上装有 1 部 16 档的 ZF 变速器和机械式转换离合器。当制动时它并不马上啮合，而是在发动机高速旋转时通过变矩器运转实现 100% 的啮合。这批车辆装有防抱死装置，可控制装有防抱死装置的拖车。这批运输车都安装了绞盘。

南非研制出新型防雷运输车　据英国《简氏防务周刊》1998 年报道，为贯彻丹麦哥本哈根国际反地雷会议精神，南非研制出可靠、廉价的防雷运输车。该车采用德国梅塞德斯－奔驰公司乌尼莫克(4×4)底盘，车前部为防雷驾驶室，后部是防雷乘员舱。该车可运载 10 名乘员及其装备，并配有 2 艇 7.62 毫米机枪，弹药存放于车后外部储存箱内。同其他防雷车一样，该车可对乘员提供如下防护：一是可防止乘员受到 1 枚俄国 TM－57 反坦克地雷或同等水平地雷在车下任何位置爆炸的火力冲击。二是可防止乘员受以 2 枚俄国 TM－57 反坦克地雷或同等水平地雷在任何一个车轮下爆炸的火力冲击。该车的不足之处是乘员舱顶部缺乏保护，乘员须从侧面爬进爬出，很不方便。

（巨文新）

维修装备　**美军研制多种诊断装备故障的预埋传感器**　为充分发挥现有装备效能，减少维修费用，美军于 1997 年度拨出 1 亿美元用于研制可预埋在武器装备中的传感器。这些传感器可对装备故障进行预防和诊断。研制中的几种传感器是：(1)对行星齿轮传动系统进行安全监测的压电传感器。它可鉴别直升机行星齿轮系传动系统是否损坏，可望在 3 年内研制成功；新式装备用的光纤传感器。它可在直升机和车辆制造过程中，提供其所需的压合复合装置完好状态信息，可望 2 年内投入使用。(2)复合结构质量控制传感器。它是以压电为基础的传感器，可用于对制造维修过程及复合结构的质量进行监测，可望 3 年内研制成功。(3)对桥梁进行交叉监测的传感器。它是一种新等级的布线式传感器，可对野外实验过程中的横跨负荷进行监测，可望在 1 年内研制成功。(4)质量监测技术传感器。它是一种设备安全监测技术传感器，通过制动器和传感器的高度集成对设备自身进行监测，并在设备损坏时发出警报，可望在 2 年内研制成功。(5)用于智能汽轮机的微电子机械技术传感器。这是一种利用微电子机械系统将制动器和传感器高度集成和配置后用于汽轮机的装置，包括极压传感器、断裂传感器、叶片位置或应力传感器，这种传感器的样机可望在 3 年内用于战场。此外，美军还将预埋传感器用于常规武器。不久前美军在 155 毫米自行榴弹炮、再补给运输车、RAH－66 空中侦察机以及轻型攻击直升机上预埋了这类传感器。

美军装备野战“巡回测试装置”　这种“巡回测试装置”是测试设备综合家族中的一种，也是一种耐用的便携式、知识库型的故障测试装置，可在维修作业的各级使用。同时，还将用于在武器系统中对嵌入式测试设备的诊断能力进行补充，其作用相当于“电子技术手册”的陆军标准平台。这种“巡回测试装置”既是一种模块化测试仪器，又是一种电子式信息传输装置，通过不同形式的重新组合，它能满足部队级及其以上层次不同武器装备的维修支援需求。

美军研制成马甲形计算机维修支持系统　美军于 1997 年底推出一种新型维修支持工具－马甲形计算机维修支持系统(MARSS)。在军事装备的维修工作中，计算机主要用于装备故障的诊断、维修信息的获取及处理。因技术人员在维修过程中需随时腾出双手去操作计算机键盘和鼠标，从而带来了诸多不便。而 MARSS 是一种根据人体背部的线形设计的、可穿在身上的声控多媒体计算机，从而解决了上述矛盾。MARSS 是一个综合性多用途信息支持系统，具有轻便、舒适、适应人体体形等特点。重约 11.5 磅，体积约 148 立方英寸，其外形达到了与人体体形完美的结合。MARSS 不仅能够满足美军在未来战争中装备维修的需要，而且还具备了声控、多媒体及远程信息获取等功能，其应用已扩展到军事活动的许多领域，如维修、补给、C^3I、医疗及其它一些方面。

法军采购主战坦克抢救、修理装备　法国陆军向法国陆军军械工业集团首批订购了 15 辆“勒克莱尔”装甲抢救车。该车采用“勒克莱尔”坦克底盘，车上整套抢救设备由德国马克公司研制生产，包括 1 部 30 吨起重机和 1 部牵引力为 35 吨(使用滑轮时可达 70 吨)的主绞盘，与“水牛”装甲抢救车的抢救设备相同。“勒克莱尔”新一代主战坦克是一种高技术武器装备，自动化程度很高，为了快速检测其电子部件故障并及时给予维修，法军在 80 年代后期装备的“全武器系统自动诊断维修站”的基础上研制出第 2 代自动检测维修站。这种新型自动检测维修装备由 TRM－10000 重型战术汽车运载的 3 个方舱组成，能在战场上对“勒克莱尔”主战坦克提供有效技术保障。（王达伦）

后勤指挥与管理自动化系统　**美国陆军正式公开部分后勤自动化系统**　据美国《陆军后勤工作者》1998 年 5 月～6 月报道，近年来，美陆军陆续研制和使用一系列后勤自动化系统，从而大大提高了美军的后勤支援能力。不久前,美陆军正式公开了其部分后勤自动化系统,包括“自动识别技术”、“自动显示系统”、“交互式电子技术手册”、“巡回测试装置”和“系统上的士兵便携式修理工具”5种。“自动识别技术”使用无线电频率标签和询问器,对处于静止或运动状态的车辆以及集装箱物资进行查询,以便为系统用户提供车辆位置及货物的有关信息。“自动显示系统”使用一种记载有多组货物数据的可读激光卡代替货物集装箱上的纸包装标识板,可对从仓库到中央接收站或补给支援机构的运输物资进行显示和跟踪,提供箱内物资可见性数据源。“交互式电子技术手册”是一种将专家系统结合在一起的软件驱动诊断工具,可指导维修人员对陆军装备系统进行复杂故障诊断和修理,其嵌入式多媒体、音频、动画、影像信息可指导技术人员操作。“巡回测试装置”及其下一代改进型“系统上的士兵便携式修理工具”是综合测试设备家族中一种知识库型的便携式故障测试装置,可在维修作业的各层次使用,还可用于在武器系统中对嵌入式测试设备的诊断能力进行补充。

美军使用“灵客”获取后勤信息 据美国《陆军后勤工作者》1997年11～12月号报道,在前南波黑地区执行任务的美军借助“灵客”以获得广泛的后勤信息。“灵客”是“后勤信息网络”的缩写词,是后勤人员用以满足部队补给需求的一种信息系统。“灵客”的使用最早始于海湾战争“沙漠风暴”行动期间,美国欧洲司令部用它解决无法进入多个数据库和进入海外网络速度太慢的问题。此后“灵客”逐步发展,现已能进入下列12个供全球用户使用的后勤数据库:后勤远程用户网络、查询需求信息系统、国防自动化示址系统中心的查询系统、国防后勤局的标准自动化物资管理系统、后勤信息处理系统、陆军全资产可见性系统、陆军后勤情报文献、海军快照系统、海军虚拟库存清点总记录、空军的高级可跟踪性与控制系统、军交管理部全球港口系统、联邦勤务总署的部际消息多用途文件。随着“灵客”进入范围的扩大,美国欧洲司令部已将其管理权交给了国防后勤局。由于“灵客”与许多系统都有统一接口,从而使用户在申请补给品之前可先作调查,然后通过补给管线进行跟踪,可以节约时间和经费。后勤人员通过“灵客”联通的各网络系统,可查找所需补给品的各种信息,包括其采购报单代码、价格、管理单位的发送路线查验代码、数量以及补给品特征等相关数据,并在提出申请后追踪其执行情况。

美国陆军研制运输跟踪系统 据美国《陆军后勤工作者》1997年11～12月号报道,美国陆军正在研制、开发“运输跟踪系统”(MTS)。该系统有两个主要部分:机动装置和控制站。机动装置安装在军用车辆上,控制站则对车辆所处位置进行监控和跟踪。控制站使用1台配有大屏幕显示器和快速处理器的计算机,机动装置使用的是与控制站完全相同的基本通信软件,二者之间通过商用卫星进行通信联络。这就使运输车辆在任何地方和任何时间均可接收或发送各种信息。双向卫星通信使运输调度员可通过此系统调动处于世界任何地方的运输车辆,而司机们可使用车内机动装置上的数字化地图,结合全球定位系统,而不致再迷失方向。目前这种新型运输跟踪系统的硬件和软件已批准列装。预计1998财年第3季度开始,该系统将首先装备美陆军第1骑兵师、第3和第4机步师以及所有整装整卸车连队。

美军研制出新式保健标识牌 据美国《海军时报》1997年12月1日报道,美国陆军医学研究与器材司令部正与一家私营公司联合开发一种将健康状况记录存储在计算机芯片上的保健标识牌。该标识牌长仅5厘米,可挂在脖子上。它可帮助部队解决曾在海湾战争中发生过的问题(如疫苗注射记录和其他记录丢失或不详等),还可用以存储部队遇到的自然环境危险信息。在士兵接受治疗或注射疫苗时可用便携式计算机向标识牌内输入数据,为防标识牌丢失,信息还同时保存于中央数据库。军方希望该保健标识牌能在部队部署前直至返回基地期间跟踪士兵身体健康状况。目前保健标识牌样品可以存储文本、图像和声音信息。新的存储医疗信息方法将提高记录的精度和检索效率,其成本也并不高:电脑芯片的成本只75美分,读取芯片数据的设备也只有130美元。据陆军军医署长罗纳德·布兰克中将称,1998年该标识牌将在一个小型营区进行试验,若成功,至迟在1999年以前将此保健标识牌装备部队。

美国陆军在因特网上开设采办课程 据美国《陆军后勤工作者》1998年1～2月号报道,美国陆军已决定从1998至2003财年,每年拨款5500万美元,以建立远程学习中心,并开设课程。作为国防采办大学再教育计划的一部分,“简化采办程序课程”目前已上了因特网。学生可在网上通过对该课程的学习更新其知识。位于弗吉尼亚洲的美国陆军后勤管理学院和得克萨斯州的拉克兰空军基地的导师对被录取学生的学习进度进行监督,并负责解答学生提出的问题。学生通过电子邮件或电话与导师取得联系,导师也通过这种方式回答有关问题。目前,在海外执行维和任务的士兵已证明远程学习是可行的。在因特网上开设“简化采办程序课程”为远程学习这一新事物开辟了新园地。

(何在涛)

海、空军专用后勤装备 **美海军在海外建造新基地** 据《国际海军》1998年3月刊报道,1998年1

月 10 日,美海军在新加坡樟宜海军基地举行了新基地建造破土动工仪式。新基地可为美海军舰船提供各种后勤保障。原位于菲律宾苏比克的美海军设施均迁移到新加坡新基地,美海军获准可使用樟宜基地内的各项设施。新基地位于新加坡东部沿岸,占地 86 公顷。建造工程分两个阶段:第 1 阶段计划 2000 年完成,主要是建造作战和维修设施,包括 6.2 千米的深水码头,海军装备及配件的存贮和回收仓库,还有美军作战舰艇——航母和核动力潜艇的专用码头;第 2 阶段工程预计 2003 年完成,包括建造 7 公顷以上的训练设施及运动和娱乐设施。

美使用组合式货物传送系统实施海上补给　据美国《海上力量》1997 年报道,美国第 1 类后备役船队的散装货船"约翰逊角"号在 1996 年的一次演习中使用了一种未经试验的组合式货物传送系统,为一个航母战斗群实施海上补给。组合式货物传送系统是一种机械化货物传输系统,它结合了升降机和绞车的功能,可在两船之间通过架设的索道横向传送集装托盘货物。第 1 类后备役船队的船只在安装了该货物传送系统后,即可代替战斗后勤部队的补给船只,为海上作战群实施海上补给。"约翰逊角"散装货船长 564 英尺,已服役 35 年,此次应美国军事海运司令部之召,参加了为期 2 周的"乔治·华盛顿"号航母战斗群训练演习。该船在演习中成功地对战斗群的 11 艘战舰进行了再补给。据悉,到目前为止,已有 14 套组合式货物传送系统安装在 7 艘第 1 类后备役船上。美国的第 1 类后备役船队共有 94 艘,由美国军事海运司令部控制,随时准备服役。

美海军将 C－130 运输机改装成水上飞机　美海军和海军陆战队将改装"大力神"C－130 运输机为"大力鸭"C－130 水上飞机,目的是为了更安全可靠、更经济便捷地把物资运送给海上部队。目前,洛克希德公司和海军航空作战中心已成功地通过了改装试验,正准备着手制造 1 架样机。设想是给 C－130 运输机加上两个大的浮筒使其能在水上漂浮降落,并在浮筒里装上轮子使其能在陆地起降,在机身外壳镀上防盐水腐蚀保护层。据估计,完成各项测试及试制成功第 1 架样机需花费 3500 万美元,以后改装 1 架 C－130 所需的成套改装用零件约需 500 万至 700 万美元。改装后的 C－130 水上飞机在性能上将有很大进步:抗海浪能力大大增强;能够在海面上自由进退;配备了多功能旋梯。美军将 C－130 运输机改装成水上飞机除了供特种部队执行任务外,还计划用于海上后勤补给、人道主义援助、替大型舰船进行再补给等。

印度从俄罗斯购买伊尔－78 加油机　据俄通社 1997 年 12 月 2 日报道,印度将从俄购买 6 架空中加油机,其中两架在明年初交付。伊尔－78 重型加油机能在空中对多功能战斗机进行加油,其中包括各种型号的苏－30 战斗机。这种加油机的价格大约为 5000 万美元,比西方生产的同类飞机便宜得多。印度购买伊尔－78 是考虑到扩大空军苏－30 战斗机作战半径的必要性。1996 年 11 月 30 日,俄印签署了向印提供 40 架苏－30 战斗机的合同。根据合同,在 5 年时间内,俄要为印度生产、试验和运送这批价值约 20 亿美元的飞机。

德国海军建造新型补给舰　据瑞士《国际军事》杂志 1998 年第 2 期报道,为了适应新的作战要求,德国海军开始建造头两艘 702 级补给舰,预计 1999 年交付使用。702 级舰可搭载 2 架 9 吨直升机,并安装 2 门 20 毫米自动炮以及两座短程舰对空导弹发射架。该舰将设 3 个海上补给站:左舷和右舷各 1 个,用于干、液货和弹药补给;艉部 1 个,用于液货转装。垂直补给由舰载直升机保证。702 级舰具有 800 人的医疗保障能力,为此将安置 10 个 20 英尺集装箱和 7 个 10 英尺集装箱用于运输、储存和医疗,另外还备有 20 英尺和 40 英尺辅助运输和储存集装箱的场所。其动力装置包括 2 个螺旋桨和 2 台 5280 千瓦的柴油机。直径 5 米的 5 叶桨式螺旋桨借助 1 个传动减速器使转速可达 130 转/分。供电设备包括 4 台 1200 千瓦发电机组,每台由一部柴油发动机驱动。702 级补给舰长 172.6 米、舰宽 24.0 米、舰甲板高 14.5 米、吃水 7.5 米、满载排水量 19670 吨、舰上人员 233 人。运载能力(本身需要/补给用):F－75 燃油 1005/6595 吨、F－44 燃油 25/465 吨、生活必需品 80/100 吨、饮用水 1100 吨、弹药 1740 吨。

西班牙、荷兰海军装备新型舰队补给舰　据德国《士兵与技术》1997 年 7～8 月号报道,荷兰与西班牙合作研制的舰队补给舰于不久前装备两国海军。装备西班牙海军的名为"帕蒂诺"号,装备荷兰海军的名为"阿姆斯特丹"号,两舰排水量约为 17000 多吨,长 166 米,宽 22 米,最大吃水深度 8 米。舰船由 1 台柴油发动机提供动力,功率为 17.6 兆瓦,速度为 20 海里/小时,可装载 6815 吨柴油、1660 吨航油和 20 吨干货。为抵御来自空中或快艇的袭击,舰上装备了若干 20 毫米和 30 毫米口径的机关炮。

(徐东齐)

军 事 工 业

欧美军事工业联合发展概述 《国际展望》1998年第24期朱会田报道，近年来，国际格局由两极对立向多极化方向发展，世界局势较以前有了明显的缓和。各主要军事工业国家在战争形态转变、军队裁员、军费紧缩和军品订货减少的情况下，军工生产遇到了前所未有的困难。鉴于此种状况，欧美各国的军工企业纷纷调整结构，实施联合发展战略。

欧美军工实施联合发展的进程 国家的军事工业结构和发展规模，从根本上说，取决于国家现实安全环境状况及对未来安全形势的判断，战争形态的发展变化对军事工业的结构布局也有着更加直接而显著的影响。苏联解体、东欧剧变后，冷战降温，各国在新的形势下，便不失时机地调整国防战略，裁减军队员额，削减军费开支，致力于经济发展。这使得军品订货锐减，军火市场竞争日趋激烈。在两极对峙时期所形成的规模庞大的军工体系，其生产能力已相对过剩。与此同时，随着以微电子和信息技术为支撑战争形态和作战样式的日益高技术化，要求武器装备的技术密集程度越来越高、综合性能也越来越强。高技术武器研制的高成本、高风险及军工生产所需的巨额投资，迫使军工企业走向集中和兼并。在这个过程中，少数大企业逐步控制军工生产，并进一步控制市场。这一特点在欧美军工大国中表现得尤为突出。欧美等国近年来所采取的军工联合发展战略，正是顺应了这一历史潮流。

美国为增强在世界军火销售市场上的竞争力，早已较西欧国家先行一步对军工企业进行战略性调整，军工企业异乎寻常地合并而扩大，从而大大增强了军火贸易竞争能力。如波音公司和麦克唐纳—道格拉斯公司合并成的新公司，有能力控制世界飞机市场的65%和美国军事航天产品市场的50%。另一家军事康采恩洛克希德·马丁公司兼并了洛拉尔公司之后，能生产从F－14到F－22战斗机及导弹和电子防御系统的一切产品，形成了对竞争对手的极大威胁。而西欧各军工生产国家在这方面也不甘落后，纷纷调整发展路子，积极推行联合发展战略。如法国对主要军工企业进行改制，相继出台了一系列措施，调整军事工业结构，改变分散经营、各自为政的格局，加快联合兼并和结构调整的步伐。法国1998年开始将法国国有航空航天公司和拉戈公司的子公司——马特拉高科技公司合并，并且实现航空航天公司的私有化。合并后的公司是欧洲第1、世界第4大航空军工企业。据有关消息透露，该公司今后还准备同欧洲其他大型集团合并，以增强欧洲军工企业的竞争力，抵御美国经过调整整合后的航空和军工巨头的冲击。为改变同类产品分散经营的状况，实现同类项合并和优势互补，在政府的参与和推动下，法国已将航空航天公司、达索公司、汤姆逊公司、阿尔卡特公司和马特拉公司等5大军工企业的产品研制结构逐步进行多种形式的调整，改革产品研制、技术开发重复建设的状况，并形成了资本交融的局面。

除国内企业联合外，欧美军工生产走向联合的另一重要标志和鲜明特征是，它们还特别注意推进军工科研和生产的跨国经营，为军工生产进一步全球化奠定基础。美国自90年代以来，在保持与其盟国合作的同时，更是把加强同盟国联系视为一条重要纽带。美国历年来的国防报告均阐述加强国际合作事宜。如1991年美国国防报告认为"国际防务合作反映了国防工业基础的全球化性质，显示了合作研究与发展所产生的共同利益"，"合作途径支持了美国及其盟国的工业基础，推进了现代化，并达到了必要的规模经济"；1992年的美国国防报告指出，随着国防预算的削减，"武器发展合作计划的重要性日益明显。这种合作是美国武器采办总体策略的不可分割的一部分"。美国国防部官员负责"两用技术与国防计划"的助理国防部长首席帮办指出，国防部"正期待振兴军备合作"，强调现在搞的是"更好、更大胆的技术合作计划"。美国国防部采取了一系列措施，落实计划经费，加强了对国际军备合作的统一领导和协调。最近美国提出和北约加强地面武器的作战识别技术、战区导弹技术、两用技术投资项目和计算机辅助与后勤等5大领域的重点合作项目，并推进与日本等国的军工科研合作项目的进程。目前，美国军品的国际化部分已占40～50%，本世纪末可以上升到60～70%。

西欧各国官员也已认识到在发展国防科研与武器装备方面加强、扩大国际合作的必要性，并将加强西欧内部各国间的合作列为一项基本政策。西欧国家间的国际合作既有纳入统一规划的国防科研合作项目，也有它们根据共同需要达成合作协议的军事科研项目。

如1994年7月,意、英、法签订了"欧洲护卫舰"计划,合作金额达120亿美元;德、意、西班牙制定的"欧洲战斗机"计划合作金额高达500亿美元。1995年西欧成立了"武器领域合作联合组织"(即欧洲武器局),负责国际合作的规划、协调。其中,法国马特拉-英国航空航天公司生产巡航导弹就是该组织实施的计划之一。联合的趋势使欧洲公司在合资企业、财团的范围内走向紧密的一体化,甚至成为大型母子公司。如法国航空航天公司与德国航空航天公司合并组建了欧洲直升机公司,研制先进的"虎"式战斗直升机;法航还参与欧洲4国研制的NH~90军用运输直升机,同欧洲8国研制ATF军用运输机;英法共同合作的有"美洲虎"战斗机;英、法、德共同设计、试制、生产的有"旋风"多用途战斗机等。目前,法国航空航天公司的产品有44%是通过合作研制的,该公司60%的营业额是通过合作实现的;德国60%的国防科研计划和50%的装备采购费用于跨国合作项目。这种多层次和交叉式的联合使欧洲军事工业的实力得到加强。据有关资料表明,欧洲在运载火箭、直升机制造和大型远程客机的订单方面已居世界第一位。目前,欧美军工联合发展还处在进一步变化之中,其目标倾向在于顺应世界经济和科技发展的大趋势,实现军工全球一体化。

欧美军事工业联合发展动因 90年代以来遍及欧美主要军工大国的联合发展趋势绝非偶然,而是有着极其深刻的历史背景和现实原因,具有一定的必然性:

(1)随着世界局势的缓和,各国普遍裁减军备、大规模削减国防开支,军品订货锐减已成必然走势。尽管海湾战争短期内刺激了军工生产的急剧发展及武器销售量增加,但军工生产总体上处于走下坡路的状况。国际军火市场的不断萎缩和对少数军火需求旺盛地区市场争夺的加剧,促进了军工企业的合并。欧美各主要军工产业国家纷纷利用兼并、联合、吞并、渗透等形式实施联合发展,形成垄断集团,壮大自身力量,增强打击对手的能力,提高市场占有率。

(2)全球经济的一体化为军工联合发展战略的实施提供了契机。当前,垄断资本不仅在国内而且在国际范围内配置资源,优化生产要素组合。国际经济联系更加密切,经济趋向于向全球一体化方向发展。经济一体化在促进其他产业加强国际合作的同时,也推动着军工产业最终选择联合发展的路子。目前,从头到尾完整设计生产出某一武器的公司已不多见,大多数情况下都是实行专业化生产。武器装备的联合发展以及国际化,已成为军工产业发展的一大特征。联合发展可以使生产要素在企业间、国际间得到优化配置,实现扬长避短,发挥规模经济效益。

(3)武器装备的高技术化也成为军工企业联合发展的因素之一。随着高技术的不断涌现和应用于军事领域,军工产品的技术密集程度不断提高。高技术武器装备是资本密集型产品,成本越高,风险也越大。在军费预算普遍紧缩的情况下,就连发达国家也难以独自承受。采取联合发展战略、实现国际合作,可共同分摊研制费、降低各自负担。实施联合,还可以降低风险,有利于缩短从设计到新产品正式投产的时间,缩短产品的生产周期,先于对手占领市场。另外,联合发展可以提高武器装备的质量和技术含量,开拓新的市场,增强在国际军火市场上的竞争力。

(4)实施联合发展战略,有利于增强实力以对付共同的对手,消除不必要的竞争,实现政治、经济、军事一体化,刺激本国军工产业的创新动力。联合发展可以增加与外国技术的接触机会,获取先进技术。各主要军工产业国已把联合发展、共同研制武器看作是保持本国军事工业综合能力的一种手段。通过实施联合发展,可以发挥群体优势,有效利用有限的资源,共享合作成果。双边或多边的联合发展,可密切各参与国军事技术上的联系,加强政治、经济、外交等多方面的交流,从而推进全面的友好合作关系,提高国家安全度。

欧美军工联合发展的特点 为了更有效地利用日益稀缺的防务资源,欧美各国军事工业联合、合作的广度和深度都在日益扩展,形成了一个波及世界的浪潮。通过分析,从中可以看出一些特点:

(1)政府对军工企业的联合发展予以积极支持。军工产业的联合发展浪潮虽然是军火市场竞争剧烈等因素引起的,军工企业走向集中和垄断具有一定的必然性,但政府在实施联合发展战略中所起的支持作用不容忽视。美国历来重视军工企业的规模效益和结构调整,积极支持为达到规模效益而进行的结构调整。美政府长期支持国内大型军工企业的兼并活动。与此同时,美政府更把加强国际合作看成一项重要的国防策略。政府采取各种有力措施促进国际合作,包括努力落实计划经费、成立"军备合作委员会"加强对国际合作的领导组织、确立合作的原则和重点领域等。西欧各国政府也认识到只有加强合作才能很好地发展军事科技并满足各国武器装备需求。欧洲成立的"欧洲武器局"正是促进和指导国际合作的领导机构。在1990年12月的罗马会议上,法、德、意等国曾就大型军工企业实现垄断等问题进行过不止一次讨论。这些都表明,军工企业的垄断兼并不是大企业的一厢情愿,而是得到参与国政府的支持,政府是联合发展战略的积极倡导者。

(2)改变同类产品分散经营,实现强强联合、优势互补。在新一轮的兼并浪潮中,强强联合成为一个明显的特征。军工企业通过强强联合,改变同类产品分散经营的状况,可以减少重叠生产、壮大企业规模、优化生产要素配置,进一步增强企业协同效益、提高国际竞争力、扩大生存空间和垄断国际军火市场。如波音公司是美国最大的商用飞机制造公司,麦道公司是最大的军用飞机制造公司,1995 年两大公司的销售额达 360 亿美元。合并后的新波音公司不仅在国内飞机制造业中无竞争对手,而且能够同空中客车公司争夺国际市场。又如法国的汤姆逊电气公司是法国国防科技领域的支柱企业,在航空监测、雷达导航和电子仪器等方面占据世界领先地位,是欧洲最大的民用和国防电子产品集团。汤姆逊公司和法国航空航天公司、阿尔卡特公司联合后,汤姆逊公司在发展尖端技术上的实力得到大大增强。在联合发展过程中,各大军工企业把所囊括各个领域的技术产品进行重新组合,改分散经营为统一经营,取长补短,实现优势互补,使企业的竞争力得到异乎寻常的增强。

(3)在联合发展中的产业结构调整过程中,高技术产业日益凸现。随着高新技术的发展和应用于军事领域,军事工业的技术基础发生了根本性的转变,日趋高技术化。一方面军事科技是军事工业和武器装备发展的源泉,是其技术基础;另一方面军事科技在军工产业和武器装备的发展中,其自身也在不断得到改造和完善。军事力量的较量、武器装备的更新换代日益更多地表现在高技术的竞争。受军费和军品订货锐减的影响,欧美军工的总体规模在缩小,部分企业在联合发展战略实施过程中或被吞并、或被关闭。但发达国家的军工总体规模缩小的同时,采取了“舍车保帅”的策略,支持和突出重点项目。国防预算近年来虽然逐年减少,但在发展研究高技术方面的经费不但没有减少,反而有所增加。欧美国家纷纷调整集中优势力量,增强高技术武器装备的研究、开发和生产能力。

(4)大型武器装备的生产能力和关键技术,日益为少数军事大国和少数军工企业所控制。由于武器装备的技术性能日趋复杂,综合性要求越来越高,以及军事科研和军工生产所需投资剧增,现代军事工业对它所赖以存在的技术基础和国家经济实力提出了更为苛刻的要求。军工企业在经历集中和兼并的过程中,少数企业逐步控制了军事工业的生产,这一点在欧美军工生产大国中表现得尤为突出。少数企业和国家垄断了军工生产的关键部件和核心技术,实际上控制了世界军事工业的要害,左右了世界军火市场。

(梁　望)

韩国军事工业概述　据《军事世界画刊》1998 年第 10 期和《现代兵器》1998 年第 11 期报道,30 多年来,由于经济和科技的高速发展,以及美国的积极支持,韩国的军工产业以较快的速度发展。目前,其规模和水平在亚洲地区已占有一定地位。但从韩国军工产业的历史和现状及其所面临的问题来看,一旦朝鲜半岛发生战争,韩国仅靠自己的军事工业难以打赢这场战争。

发展历程　韩国军队早期的先进武器和军事装备完全从美国进口,国有企业的产品只能起辅助作用。

70 年代以前,韩国的军工企业主要是在美国的直接组织及技术和资金援助下修复过时的和在朝鲜战争中损坏的武器。

70 年代,韩国对有关国有企业进行了技术改造,用美国生产的零配件组装机械设备,同时建立中小型承包企业网,生产高精度小型零部件和新型材料零部件,并通过仿造日本和美国产品,降低生产成本,开始具备出口潜力。1976 年,韩国组建了有 93 家公司参加的国防工业联合会。该联合会与国防部密切合作,指导会员的各项活动,推广科技信息,并提供经费和法律保障。

80 年代中期,美国开始将韩国视为国际军火市场潜在的竞争对手,于是决定停止向韩国提供武器。美国和日本在向韩国转让军事技术和制造工艺及生产许要证方面更加小心谨慎。在这种情况下,韩国开始采取一系列措施发展本国军工产业。

1990 年年底,韩国开始允许外商对其军工产业投资,但仅限于那些生产工艺先进、价格昂贵和需求量小的产品。90 年代初,韩国决定在与外国签订任何价值超过 100 万美元的武器和军事技术装备进口合同时,50% 的资金必须用在发展设计新产品上。此外,韩国国防部定期制定订购单,将其分配给承包厂商,并由国家给予补贴。

目前,为了使军工产业向独立设计和生产现代化军品过渡,韩国国防部制定了一系列远景规划。其中有:生产战术技术性能不亚于美国 M-1“艾布拉姆斯”坦克的本国坦克;购买并根据外国许可证生产先进的歼击机,研制两种型号的教练机;批量生产 KDX-2000 新型导弹驱逐舰。针对上述计划,韩国政府打算在 1995～2001 年期间每年提高军事预算约 14%,即年度军事预算将从 148 亿美元逐渐增加到 310 亿美元,总共投入 1410 多亿美元,其中 25% 用于更新部队装备。

生产现状　韩国有 84 家公司约 4.5 万人从事军工生产,其中约 75% 的军用产品由三星航空航天公司、大宇重工业公司等 10 家大公司生产。韩国军工生产情况如下:

航天工业　1992～1993 年,韩国云达电子仪器公司和三星航空航天公司等几家公司研制了其第 1 颗和

第2颗重约50千克的通信和气象卫星。1993年11月,韩国又与美国签订了转让设计、制造和试验航天器技术的合同。

航空工业　从业人员5200人。从事飞机制造的主要公司有三星航空航天公司、大宇重工业公司、大宇－西科尔斯基公司、韩国航空公司和瑟米－阿古斯塔5家公司。另外还有10家小公司从事飞机零部件的制造。

70年代,韩国航空公司和三星航空航天公司与美国诺思罗普公司和通用电气公司合作生产了36架F－5E歼击机和32架F－5F战斗教练机,与此同时又根据美国许可证生产了200架MD－500直升机。

80年代,韩国根据美国许可证生产了UH－1直升机;根据法国许可证生产BK－117直升机;后来又与英国航空航天公司签订了生产"鹰"式教练机配套设备的合同。

90年代,大宇公司根据美国的许可证生产AUH－70直升机;韩国航空公司生产UH－60A"黑鹰"直升机;三星公司与美国通用动力公司签订购买和联合生产120架F－16C、F－16D战斗机的合同,其中购买成品12架、组装36架、生产72架,价值52亿美元。三星公司还与美国洛克希德·马丁公司联合生产KTX－2超音速教练机,并计划于2002年试飞。

韩国计划到2000年前使航空工业产值占国内总产值的4%,产量占世界总产量的1%。

舰船工业　韩国的舰艇主要由大宇造船和重型机械公司、现代重型工业公司、韩国塔科马造船公司等建造。1985～1994年,韩国共建造了100多艘舰艇,其中出口22艘。

目前,韩国已能建造排水量1200吨的潜艇、2000吨的护卫舰、1000吨的轻型护卫舰和岸防舰艇及350～450吨巡逻艇等舰艇。韩国的长期发展计划是准备建造近10艘驱逐舰、8艘潜艇、13艘护卫舰和30艘轻型护卫舰。

坦克装甲车辆工业　韩国共有13家公司从事坦克装甲车辆制造工业,其中现代公司、大宇重工业公司和亚洲发动机公司等负责总体。

现代公司自1985年开始生产美国设计的K－1坦克,组装K－1A型VLB架桥车,并对M－47和M－48坦克进行维修和现代化改装。大宇重工业公司在M－113A1装甲输送车的基础上批量生产K－200步兵战车,并已向亚太地区出口了几十辆。韩国亚洲发动机公司还根据意大利许可证制造KB－900轮式装甲输送车,并生产各种载重运输车和特种车辆。

导弹工业　韩国三星航空航天公司按许可证生产美国的"诚实约翰"地地战术导弹和"奈基"Ⅱ地空导弹,并在后者的基础上生产地地战术导弹。90年代初,在法国的协助下,韩国大宇重工业公司开始生产"响尾蛇"防低空导弹。

枪炮工业　韩国共有5家公司生产火炮和枪械。最大的是起亚机床公司,此外还有三星航空航天工业公司、大宇重工业公司、大宇精密工业公司等。其中,起亚机床公司主要生产105毫米KH－178和155毫米KH－179榴弹炮(美国M－101A1和M－114A2的改进型),根据美国的许可证生产60毫米KM－181、81毫米M－29A1和120毫米M－30迫击炮,90毫米M－67和106毫米M－40A2无坐力炮,105毫米坦克炮。三星航空航天工业公司根据美国许可证生产155毫米M－109A2自行榴弹炮。大宇重工业公司生产130毫米"库廖恩"火炮,20毫米"火山"高炮和40毫米双管高炮。SAEIL重型工业公司生产20毫米M－39A2、M39A3自动炮,12.7毫米M－2HB和K－6机机以及40毫米K－79火箭筒。大宇精密工业公司生产K－4重机枪、K－3轻机枪,7.62毫米M－60、M－60D和M－60E2－1机枪,K－1A冲锋枪,5.56毫米K－2自动步枪,9毫米K－5手枪和40毫米K－201火箭筒。

弹药工业　韩国有8家公司生产弹药。目前韩国能生产各种炮弹、航空炸弹、反坦克和反步兵地雷、子弹和炸药。大部分先进的弹药是根据外国的许可证生产的,包括"火山"自行高炮、90毫米和106毫米无坐力炮、90毫米和105毫米坦克炮、105毫米、155毫米和203毫米榴弹炮等弹药。

电子工业　韩国共有12家公司为军队生产电子产品。主要包括各种雷达、无线电/光纤通信器材和火控系统,电子对抗装置和遥控设备等。1993年韩国与西欧某财团签订了10亿美元合同,购买导弹驱逐舰上配备的KDX型火控系统。

存在问题　目前韩国军工产业存在的主要问题有:(1)生产规模小,技术水平低。韩国军品生产总值仅占国民生产总值的0.5%。尽管75%的军品由10家大公司生产,但这仅占这些公司业务的10～25%。据韩国国防研究所1993年统计,国防部所拨军费的近40%用于进口武器装备和技术,45%用于进口配套设备和原料,只有15%(约15亿美元)用于生产军事装备。(2)在国际军火市场上无竞争力。1983～1993年,韩国护卫舰、装甲输送车、火炮、枪械和弹药的出口总额为16.7亿美元,其中1987年以前的出口额占3/4。主要出口对象是亚洲和拉丁美洲的一些发展中国家,如泰国、菲律宾、马来西亚、印度尼西亚、斯里兰卡、缅甸、孟加拉国、厄瓜多尔、危地马拉和委内瑞拉等。目前由于世界武器市场竞争更加激烈,加之韩国军品的制造成本不断增长，因此在国际军火市场上的竞争力和出口规模急剧下降，年均出口额仅4000～6000万美元。(3)对外国的依赖性大。韩国的军工产业是靠美国等发达国家的技术和资金援助建立起来的，其1/3的军工产品是根据外国许可证生产的，其中美国的占90%。它根据美国许可证生产武器的规模仅次于日本和意大利，居世界第3位，故它缺乏自己的拳头产品。(4)科研经费严重不足。韩国用于国防科研、设计和试验的经费还不到其总军费的3%，而美国则占总军费的12～15%。(5)科研与生产脱节。韩国大多数军工产业集中在私有企业，而国防科研则由国家负责。国防部国防发展局负责武器的设计、研制和现代化改造，挑选总承包单位。科研单位和生产企业所隶属部门的不同，不仅不能使它们密切合作，反而为国家机关中滋生官僚主义和贪污受贿创造了条件，有些军工企业的开工率不到60%，造成企业亏损。

据西方专家分析，韩国的军工企业生产能力只能够满足其军队武器装备需求量的80～85%。

（秀温骏）

法国调整国防工业结构　法国总统希拉克1996年2月曾宣布对法国国防进行重大改革的决定，国防工业结构调整是国防改革的主要内容之一(另一项内容是削减兵员、实现军队职业化)。两年多来，政府陆续提出或批准了对有关公司企业的改革方案，有些已开始付诸实施。一些改造计划和措施的相继出台使得法国政府对国防工业结构调整的指导思想和法国未来国防工业结构的基本轮廓逐步清晰起来。

法国决定调整国防工业结构的出发点是适应欧洲安全格局随着东西方对峙结束而发生的重大变化，以及维护法国在竞争日益加剧的国际军工产品市场上的地位。法国拥有一个独立的国防工业体系，但是这个体系因自身缺陷和外部压力的激增已难以适应当今的市场需求和竞争。面对市场变化，美国企业早已实行结构调整和兼并，形成了欧洲难以抗衡的竞争实力。法国国防工业最大的弱点是经营分散、各自为政。据统计，法国1995年与军工有关的大小企业数量在5000个以上，国防高科技领域的支柱企业就有六七个之多，从航空航天和国防电子工业领域的情况看，法国共有5家实力相当、相互竞争的企业，即法国航空航天公司、汤姆逊电气公司、阿尔卡特电信公司、达索飞机公司和马特拉高科技公司，这些企业中不少产品和技术研制重复，如航空航天公司和达索公司都研制飞机、汤姆逊公司和阿尔卡特公司都经营国防电子、航空航天公司和马特拉公司都生产导弹，因此企业之间竞争激烈削弱了法国的整体优势。另外，这5家企业的所有制不同，经营策略差异大，难以实现企业间联合和一致对外。因此，法国国防工业结构调整的实质是通过政府的干预来对这5个大军工企业进行结构改造或对它们之间的经营关系进行全面调整，最终使法国的国防电子工业形成一个有机整体。

分析法国政府推出的各项调整方案可看出以下几个特点：

对两家国有企业实行国家保持控股条件下的私有化改造　汤姆逊电气公司是法国国防科技领域的支柱企业，在航空监测、雷达导航、电子仪器等方面占据世界领先地位，是欧洲最大的民用和国防电子产品集团。企业40%是技术人员，员工队伍素质很高，国家掌握其58%的股份，属于国有企业。但是，近几年汤姆逊公司的经营发生困难，实力下降，在激烈的国际市场竞争中面临困境。因此，希拉克总统将汤姆逊私有化列入国防工业调整计划之中。左翼政府执政后曾经一度终止这个公司的私有化，担心法国多年大量投资、苦心经营的技术成果外流。经过长时间酝酿后，政府最终作出了国家保持控制权的私有化方案，即国家出让在这家公司所掌握的部分股份，同时指定法国航空航天公司、阿尔卡特公司和达索公司入股，由于航空航天公司属于国有企业，因此国家和航空航天公司共同掌握股份比重为40%，国家依然是第1大股东，对汤姆逊公司继续拥有监控权和决策权，阿尔卡特和达索公司作为“经营战略伙伴”收购30%的股份，其余股份上市。汤姆逊公司在发展电子尖端技术方面的实力得到增强，同时也使汤姆逊、达索和航空航天3家公司的技术优势得到互补，在法国形成一个国防电子和空间技术的工业轴心。

航空航天公司是1979年组建的国有大型工业集团，产品包括民用客机、直升机、导弹、运载火箭和卫星等5大系列。公司参与欧洲空中客车飞机、欧洲“阿里安”火箭、欧洲直升机的研制生产。公司研制的弹道导弹和反舰“飞鱼”导弹也闻名于世。但是，航空航天公司80年代经历了困难时期，至今未能恢复元气，特别是在投入很大的科研发展部门十分虚弱，难以同欧洲同类企业竞争。政府原准备实现航空航天公司与达索飞机公司的合作，但是达索公司的条件是航空航天公司必须实行私有化，因而这一合并计划被搁置。最近，政府经过慎重考虑，决定对航空航天公司实施类似汤姆逊公司那样的私有化改造。这项改造计划是，航空航天公司通过与拉戈代尔集团下属的马特拉高科技公司合并，引进马特拉公司股份，其比重为33%，另外20%则上市，国家股份从100%降低到48%。由于国家股份低于50%，因此航空航天公司实际上脱离国有部门，但是国家作为第1股东继续拥有“金股”特权，以维护“国家战略利益”。

通过这两项私有化以及有关的其他调整措施法，法国 5 大军工企业形成了资本交叉融入的局面，为产品的“同类项合并”提供了条件。

改变同类产品分散经营状况，实现强强联合优势互补　法国 5 大军工企业囊括了飞机制造、国防电子、空间技术、导弹等各个领域的技术产品，为了把分散开发经营转为统一开发经营，在政府的参与和推动下，这些企业的产品研制结构逐步进行了合作、联营、合作等多种方式的调整，调整的大致情况如下：

飞机制造业：民用客机是航空航天公司的强项，曾研制过“协和”式超音速飞机，现在参与制造欧洲空中客车飞机，承担飞机主要部件的研制生产。此外，公司还在开发新型支线商用飞机 ATR。但公司在军用飞机方面是个空白。1998 年 6 月份，政府决定把国家在达索公司掌握的 46% 的股份让与航空航天公司，为这两家公司的合并做准备。达索是个家族式私营飞机制造公司，已有 50 多年历史，在军用飞机方面拥有独特优势，国际知名的“幻影”2000 型战斗机就是这个公司的杰作。航空航天公司实行私有化后，与达索合并的障碍已不存在，这两家飞机公司的联合将使法国拥有制造民用和军用飞机的航空工业轴心。

国防电子业：阿尔卡特是经营通信设备、高速火车、发电设备、电力供应等高科技产品的综合型私营企业，股市资本高达 1300 亿法郎，1997 年的营业总额高达 1859 亿法郎，是法国排名第 6 的大型高科技工业集团。阿尔卡特公司在与汤姆逊公司结盟后已决定把公司的电子产品部分并入汤姆逊公司，阿尔卡特以其雄厚的资本来支持汤姆逊公司在这个领域的产品开发和科研发展，达索公司的电子部门也参与其中。这样就在法国形成了一个国防电子领域的超级工业集团。

卫星及空间技术：汤姆逊公司、阿尔卡特公司和航空航天公司都拥有空间技术产品和卫星制造的实力，阿尔卡特和航空航天公司的资本进入汤姆逊公司为 3 家公司在卫星空间技术的联营开辟了道路。阿尔卡特与汤姆逊结盟后成立了阿尔卡特空间公司(阿尔卡特控股 51%)，最近阿尔卡特又决定把该公司的空间技术部门也入盟其中，公司分为卫星制造、商业系统和民用与军用卫星地面接收系统等部分，预计 2000 年的营业额将达到 150 亿法郎，这将是仅次于美国洛克希德—马丁公司和休斯公司的世界第 3 大卫星制造公司。

导弹方面：航空航天公司和马特拉公司长期以来是法国导弹工业领域的两大竞争对手，马特拉公司的核心产品是导弹，生产导弹的 MBD 公司是仅次于休斯公司和洛克希德—马丁公司的世界第 3 大导弹企业，“西北风”空空导弹和“风暴幻影”巡航导弹便是马特拉公司研制的驰名产品。航空航天公司也具有相当规模的导弹生产能力，曾在阿根廷与英国的海战中出名的“飞鱼”导弹以及各种弹道导弹等都是其拳头产品，目前正与意大利共同研制更加先进的垂直发射式“紫苑”地空截击导弹。马特拉公司并入航空航天公司后，法国的导弹工业将结束二虎相争的局面，在欧洲形成一个极有竞争力的导弹研制生产的支柱企业。

为进一步参与欧洲国防工业一体化做准备　法国的军工企业目前与欧洲其他同类企业建立了多种企业联营关系：航空航天公司与德、英、西共同研制欧洲空中客车飞机，与意大利联合研制 ATR 支线商用飞机，与德国航空航天公司合建了欧洲直升机公司，研制先进的“虎”式军用直升机，航空航天公司目前还参与欧洲 4 国研制的 NH－90 军用运输直升机，同欧洲 8 国研制 ATF 军用运输机等。航空航天公司与欧洲其他国家联合研制的“阿里安”运载火箭享誉全球，马特拉公司同时与英国和德国分别建立了导弹、空间技术、电信等联合公司，生产导弹的 MBD 公司是马特拉公司与英国航空航天公司的合资企业，马特拉—马可尼空间公司是马特拉与英国通用电气公司联合建立的空间技术企业，马特拉最近还与德国航空航天公司合建了 LFK 导弹公司，汤姆逊公司则参与了这些合作产品的导航、控制等系统电子技术设备的研制，并且与英国通用电气公司在水下监测系统方面合作，建立了世界最大的声纳公司。这种多层次和交叉式联营使欧洲国防工业实力得到加强。统计数字表明，欧洲在运载火箭、直升机制造和大型远程客机的定单方面目前已位居世界首位，但是在大型远程客机市场占有量、支线客机制造、空间技术、导弹制造等方面还落后于美国的公司，居世界第 2 位。

随着市场竞争的激化以及美国军工企业的集团化，法、德、英 3 国领导人 1997 年 12 月联合作出了实现欧洲国防工业一体化进程的决定，准备把目前松散的经济联合体——空中客车工业公司改造为独立经营的股份公司，使之成为能够与美国抗衡的欧洲航空和国防工业超级集团。然而，法国两大主要公司的国有体制一直是制约这一联合进程的重要因素，航空航天公司和汤姆逊相继私有化后，这一障碍将不复存在。不仅如此，法国在未来欧洲军工一体化中的地位还将得以加强，原因是航空航天公司与马特拉公司的合并将形成一个年营业额近 800 亿法郎的工业集团，排在世界第 4 或第 5 位，居美国波音、洛克希德—马丁和休斯公司之后，与目前位居欧洲之首的英国航空航天公司不相上下。另外，航空航天公司与达索公司的结盟使其产品扩大到军用飞机方面。其结果是，在空中客车公司占 37.9% 资本和生产占主导地位的法国航空航天公司将以更加雄厚的实力参与空中客车公司未来的改造，从而使法国在欧洲航空和国防工业领域中发挥更加重要的作用。

（孝 泉、陈 群）

美国与其西方盟国日益加强军事技术合作 《外国军事学术》1999 年第 4 期王凯报道，进入 90 年代以来，美国日益重视与其西方盟国开展广泛的军事技术合作，以扩大投资效益，取得更大的技术开发成果，加快军队建设的步伐。

更新观念，确立国际间军事技术合作的战略地位 美国认为，从新的国际战略格局和可能的战争环境及条件看，由临时联合体或签订有政治、外交与军事协定的盟国军队实施的联军作战，将变得更为经常和更加重要。成功的联军作战远比一个国家单方面采取的作战行动优越，不仅可以扩大总兵力的规模，分担庞大的战争费用，而且进一步加强了战略目的的合法性，争取得到更广泛的道义及人力、财力上的支持。

但联军作战在协调组织与指挥控制上极其复杂。除语言、文化方面的差异外，军事理论与训练、装备体系、作战指挥及后勤保障等方面都有大量需要相互间加以沟通和协调的工作。美国认为，要充分发挥联军作战行动的威力，一个十分重要的方面就是在武器和技术装备的发展建设上，要更新观念，打破限制和阻碍军事技术交流与合作的障碍，切实加强盟国间的军事技术合作，重点是在各种常规技术兵器，包括高技术武器装备的研究开发与生产装备上进行广泛深入的合作。

加强主要盟国间的国际军事技术合作，首先可以提高合作国家军队指挥控制系统的互通能力和标准化程度，有利于今后的多国联合军事行动。美国在总结海湾战争经验后认识到，未来战场上多国部队在信息上实现互通及共享对于形成强大的整体战斗力至关重要。其次，美国认为，在军事技术飞速发展，武器装备生产成本不断提高的今天，进行军事技术合作，联合开发新的武器装备系统既可以使巨大的研制发展经费由多国分担，充分利用外国在技术上的投人，来提高美国技术投入的效益，使本国节约大量的人力、物力和财力；同时，又能够在达到预期目标的前提下，尽量缩短研制生产的周期，加快武器装备革新与发展的进程。第三，通过这种技术上的合作与交流，有助于盟国及合作伙伴了解美国的武器装备发展计划，在相互协商的基础上寻求和增进更广泛的合作，加速盟国军队的现代化进程。

选准目标，加快军事技术合作成果的交流与运用 美国在军事技术合作方面突出强调了建立联军作战的共同的信息标准和“技术结构”，力求实现数据共享，使各种武器装备系统的主要功能能够满足协同作战的要求。美国在 21 世纪部队建设进程中，明确提出“多国部队协同作战能力”的构想，力图通过双边及多边的研究讨论，逐步展开有关协同作战的定义和试验，以及武器装备研制发展方面的合作，通过制定各种相互合作协定来利用国外的技术与资金，发展新的武器装备，完善联军作战原则，逐步实现与盟国军队在指挥控制等方面的一体化。

联军作战行动中，缺少相互识别的技术设备极易造成严重的误伤损失。海湾战争中不乏此方面的教训。美国近年来一直把解决这一问题作为未来实施联军作战的重点，从 1995 年开始，美国与英、德、法等国在该领域开展了更加深入的交流与合作，在经过 3 年的分析和严格测试后，各方于 1998 年初一致同意，把美军已使用的毫米波识别技术作为北约成员国通用的战场战斗识别系统的基础，共同研制开发新系统。用于实现多种语言互通的机器翻译系统，可以准确识别信息，减少“战争迷雾”的影响，实现指挥控制信息的实时或近实时传输，提高对战场态势的了解和作战力量的监控能力。

美国在与其盟国相互合作的基础上，还制定了联军作战的指挥与控制系统互通计划，主要用来支持多国联合部队旅和旅以下战术部队的军事行动。该计划将在美国陆军的旅和旅以下指挥控制系统与德国陆军的营和营以下野战指挥控制系统、法国陆军的团和团以下指挥信息系统之间实现互通。美国还计划与其他有关国家进行合作，开发一种能在不同国家的指挥控制系统之间翻译报文的接口装置，使各国军队的指挥控制系统在以可变报文格式发给其他国家军队时，能经该接口装置生成数字式态势报告，实时共享战场信息。

在武器系统上，美国也拟加强与联盟国家军队的合作，如与德、法、意等国合作研制新型中程防空导弹系统，以取代目前仍服役的“鹰眼”防空导弹系统，在具体合作中，强调设立各种协调与协作机构，解决各种标准化问题，并对有关试验及数据问题提出统一要求。美国各军种的综合实验室和联合互测中心将担负论证和模拟检验与试验工作。

军民通用，寻求更大范围的人才参与和物力支持 进入 90 年代以来，一些成熟的军事技术逐步向民用及商业领域开放，其中许多项目在促进社会经济发展的同时，也获取了极为丰厚的回报。如火箭运载技术、全球定位系统和夜视技术的开发与运用就是十分成功的范例。美国认为，具有军民通用的技术合作项目能够吸引更多的盟国参与，可以得到更充足的财力支持，吸引更多的人才参与研究开发工作，有利于减少本国投入，缩短研制周期，加快军事技术装备的发展步伐。

为保证美军在军事技术上继续保持领先优势,美国防部在 1999 财年的预算中,科学和技术方面的投入达 72 亿美元,充分反映了国防部节省预算以便为武器装备现代化提供资金所做出的努力。

美国在军民通用技术项目的研究开发上主要强调以下几个方面:

(1)注重功能上的结合。尤其在空间技术和信息技术领域,美国十分重视将军用技术的开发与商业技术发展紧密结合。如空间指挥与控制系统的研究与民用航空在运筹计划、机运实施和空中通讯等方面相互结合;战略、战术指挥控制网络的建设与邮电部门综合服务数字网的功能相结合等。90 年代初,美、英、法等国合作研制的超高频、抗干扰数字卫星通信调制解调器系统,不仅可以满足军方高速卫星通信的需要,同时,又极大地推进了商业卫星系统在社会经济生活领域的应用。这种注重功能结合的技术项目事实上也最易得到军、政、商 3 方的共同支持,人才与资金等方面也都能够有可靠保障。

(2)充分利用各种成熟的商业技术和产品。美国认为,以信息为基础的高技术武器越来越多地依赖于商用技术,只要相关的商业技术和产品能够达到军用标准或基本满足军方的使用要求,通常都会被直接利用,而不再投入更大的资金进行新的开发与生产。这种商业技术和产品的利用涉及到所有盟国,其中大部分都是以招标形式推出,美国及其他盟国还专门成立一些工作机构,进行标准的协调和技术上的试验,以共同确定采用的技术和设备。实际上,商业技术及其产品的采用,不仅充分调动了社会资源,利用了国家在基础研究方面进行大规模投资的成果,加强了与工业界的协作关系;而且,能够不断运用新技术改进战场武器系统,当新一代武器系统还在流水线上时,更新式的武器系统就已经在开发研制之中。

(3)为与军方有联合科研计划的政府部门、工业界和学术界提供更多的手段和机会。美国认为,对于那些运用前景广阔,需要大量研究开发资金的技术项目,通常都应与政府、企业集团开展合作,包括国际间的各种相互合作,支持和吸引一批世界级的科学家来研究那些有重大意义的课题,从而既直接带来重要的应用成果,又产生对军队和社会具有深远影响的高附加值回报。依靠大规模的研究投入和技术革新的能力,美国使其军事技术长时期处于领先地位,并在商业上保持了很强的竞争力。未来的美军仍将沿着这条道路前进。美国现任总统克林顿曾说,“在科学和技术上的投入对军备至关重要,它使我们能够站在新技术的最前沿,我们的武装部队因此成为世界上训练最有素、装备最精良、战备最充分的部队”。

阶段推进,逐步实现盟国间军事技术的一体化发展 由于武器装备技术发展不平衡,以及战略和地区等关系,美国在进行国际间军事技术合作上主要采取阶段推进,逐步实现与盟国一体化协调发展的策略。由于军队建设正面临着向信息化的转变,当前的军事技术合作突出地表现在信息技术的研制及运用上。

从近期目标看,美国主要是力求在本世纪末与下世纪初与德、英、法等西方国家军队实现互联互通。1995 年 6 月,美国与德国正式签署了双方在信息技术领域进行合作的谅解备忘录。计划近年内还将与英、法等欧洲主要盟国在战场信息系统、旅及旅以下指挥控制系统实现互联互通,通过强化各方在 C^3 系统等方面的工作,促进整个军事技术的一体化协调发展。作为第 1 步,美将提供美军 C^3 体系结构各要素,并通过北约标准化协议或其他既定处理程序,使该体系结构的各要素标准化。

在发展中期阶段,美国将与其他盟国协作,在整个北约内部与其他盟国实现一体化。目前,北约已专门成立了负责 C^3 系统研究开发与采购的机构,主要论证和协调北约军方所需要的指挥、控制和通信能力,进行具体的方案设计和样机试验,以及建立一系列基本标准的工作。1997 年 11 月在欧洲进行的代号为“联合奋进”的演习对部分准备充当北约通用的指挥和通信的系统进行了试验,并检验了自动控制等方面的能力。美国陆军研制的高级野战炮兵战术数据系统已是较为完善的指挥控制分系统,在 1997 年 3 月数字化旅级演习等一系列高级作战试验中得到了广泛认可。美国打算在该系统的基础上,与其他联盟国家开展合作,设计出一种共同的软件界面使所有盟国军队共享,并确定其为共同技术界面的基础,推动整个武器装备系统的一体化。

着眼于长期的战略需要与合作,美国还计划与澳大利亚、新西兰、日本和韩国等国进行广泛的军事技术合作。其策略是在信息技术装备协调发展的基础上,全面实现以美国为核心的联盟国家军事技术的一体化。近期将主要是与这些国家就信息数据交换协定进行磋商,达成统一格式和标准。中长期则主要是根据具体情况,制定通用的信息处理软件,包括计算机标准程序、通信装备标准频率、数据模式、通信术语概念,同时,制定统一的可变报文格式,研制通用硬件及标准接口,联通并完善整个作战系统。

(梁 望)

其他军事技术问题

印度高技术武器装备发展新动向 《现代军事》1998年第8期林勇报道,近年来,印度采取"国防建设与国民经济建设并重,优先考虑国防需要"的方针,通过购买、引进技术与自行研制相结合,大力发展高技术武器装备。90年代末至21世纪初,是印军实现武器装备全面现代化的重要阶段,其武器装备发展有以下几个新特点:

核武器由秘密转向公开,印军将发展"三位一体"的核攻击力量 1998年5月11日与13日,印度先后进行了两轮共5次核试验,终于跨进了核门槛。尽管受到国际社会的强烈谴责,但印度政府明确提出"将重新审议印度的核政策,并行使核武器的选择权";印国防部长费尔南德斯公开宣称:"如果核武器是必要的话,那么就不应该对此敬而远之"。印度国防部长科技顾问阿卜杜勒·卡拉姆说,印度的导弹可以装备任何种类的核弹头,已经对相关的体积、重量、性能及振动性作了相当长的试验。目前,印度已经具备发展中远程陆基核导弹的能力。1994年研制成功的"普里特维"地地战术导弹已于1997年装备设在印度南方海德拉巴市的特种导弹部队。该导弹按射程不同分为SS-150、SS-250和SS-350等3个型号,射程分别为150、250和350千米,具有装核战斗部的能力,采用惯性制导方式,由装在8轮运输车上的发射装置发射,机动能力强。其自行研制的"烈火"中程导弹,也可以安装核弹头,射程为2 500千米,有效载荷1吨,这种导弹也已装备部队。另外,印度还在积极研制射程为5 000千米的中远程导弹,先后从国外引进了相应的运载火箭技术并购买了所需的燃料。在发展陆基核打击力量的同时,印空军将装备更多的中远程运输机和预警机,购买或研制空中加油机,更新电子战装备,使空军成为核威慑战略的主要力量。印度还进一步发展导弹核潜艇和潜射导弹。下个世纪初,印军将初步形成以轰炸机、陆基弹道导弹和潜射导弹为主体的"三位一体"的核攻击力量。

大量引进国外高技术武器装备,提高三军现代化程度 空军方面,第3代作战飞机已超过半数。先后从法国引进了"幻影2000"战斗机共49架,并计划再购买装备一个中队的新型"幻影2000-5"型战斗机;从俄罗斯引进了"米格-21"、"米格-23"、"米格-27"、"米格-29"等飞机,并在1996年11月,与俄罗斯签订了购买40架"苏-30MK"型多用途战斗机的合同,首批8架已于1997年3月交付印度空军使用,其余的将在2000年前分3批交付印度;与此同时,印度已经购买了"苏30-MKI"战斗机的生产许可证,合同金额达10亿美元,计划在2010年前生产约100架该型战斗机。该战斗机采用推力矢量控制技术,机上装备法国研制的先进航空电子设备,包括VEH3000平视显示器,采用惯性/卫星导航系统及多功能液晶显示系统等,该型机将成为未来印度空军的主要作战力量。印度还非常强调发展预警系统,现已拥有4架预警机。1996年底,印度还提出引进西欧的A-310或利用"伊尔-76"运输机作为载机,发展主动相控阵雷达预警机。为提高战略、战役空运能力,空军计划到本世纪末使运输机数量由目前的159架增至300余架。原计划采购的24架美制C-130"大力士"中型运输机,可能因近来美国宣布中止与其进行军事合作而暂时搁置,下一步将会更多地考虑购买俄制"伊尔-76"重型运输机。

海军方面,在已拥有"维克兰特"号和"维拉特"号两艘航空母舰的基础上,打算从俄罗斯购买一艘"戈尔什科夫海军上将"号航空母舰,协议金额10亿美元。该航母排水量为4.45万吨,航速32节,全长274米,最大宽度51米,吃水深10米,飞行甲板195×20.7(米),续航力11 670海里,可载18架垂直/短距起降飞机和22架直升机;另外,海军还将为其"德里"级导弹驱逐舰和"布拉巴普特拉河"级护卫舰购买先进的武器装备,并与俄罗斯签订"基洛夫"级潜艇、"图-142"海上侦察机和"伊尔-38"反潜机的维修合同。

陆军方面,印度于70年代从苏联引进了T-72M1主战坦克及其生产技术,目前已装备1 400余辆,80年代初从苏联引进了БМП-1步兵战车并引进技术生产了БМП-2步兵战车,具有较强的装甲作战能力。针对其野战防空武器系统较为薄弱的情况,近来从俄罗斯引进了SA-16便携式防空导弹,从法国引进了"罗兰"导弹,前不久还购进了法、德联合研制的"米兰"2导弹技术专利,并加以改进,使其具有较强的机动能力,1997年从俄罗斯购买了6套总价值约10亿美元的S-300防空系统,计划将此种系统与"阿卡什”地空导弹一起组成一体化的地面防空警戒系统，主要用于反飞机和反战术地地弹道导弹；另外，印军认为，直升机在未来作战中将发挥重要的作用，其陆军航空兵部队将得到较快发展。

自行研制高技术武器装备，努力实现国产化。印度强调要尽可能实现武器装备的国产化，通过多年的努力，印军研制出了大量的高技术武器装备，有的已经陆续装备部队。

印度于1995年底自行研制成功的“阿琼”主战坦克已于1997年装备部队数十辆，近期将陆续装备150至200辆。该坦克主炮采用120毫米线膛炮，射速为6发/分，携弹量39发，可使用多种弹种，并有一种对付直升机的带近炸引信的炮弹，采用复合装甲，有先进的“三防”系统和激光报警装置，战场机动能力较强，“阿琼”坦克将逐步取代T－72坦克而成为未来陆军主要的装甲突击力量。

飞机方面，印度已研制成功新型多用途高级轻型直升机（LHC），现已投入批量生产，未来将以其作为直升机部队的主体装备；其战斗机国产化的重点项目是研制轻型战斗机（LCA），先期计划生产100架用于替代“米格－21”战斗机，拟在2002～2010年进行实战部署；正在研制中的中远程作战飞机（MCA）具有隐形性能，拟于2008～2010年服役，以取代“美洲虎”和“幻影”2000战斗机。

导弹除“普里特维”和“烈火”外，其自行研制的“特里舒尔”低空近程导弹已于1997年11月完成了生产定型试验，现已装备部队，该导弹射程9千米，有效射高3 000米，主要承担野战防空和海上战舰的点防御任务。另据印度媒体透露，在1998年初印度已经成功地研制了一种快速跟踪来袭导弹的反舰导弹防御系统，该系统反应灵敏，精确度高；此外，印度正在PTA无人机的基础上研制了一种新型的巡航导弹，该巡航导弹采用惯性加GPS制导和末寻的技术，弹头重量约450千克，射程约600千米，预计在2000年左右研制成功。

为实现其海上战略目标，印度目前正在自行建造一艘轻型航母，该航母排水量为1.7万吨，可载12至15架作战飞机，造价3.3亿美元，计划于2002年下水，到2005年前，印度还将自行建造8艘新型护卫舰。

何谓有核国家、匿核国家和弃核国家 《现代兵器》1999年第2期高金华撰文称，当今世界与核武器有关系的国家可分为3类，即有核国家、匿核国家和弃核国家。追寻核武器的踪迹，有助于人们认清有关国家的历史责任和彻底销毁核武器的未来前景。

有核国家（公开承认拥有核武器的国家） ①美国。1945年爆炸了第1枚原子弹。到目前为止，美国总共进行了1030次核试验，比其他国家核试验次数的总和还多，总共拥有72070枚核弹头。②英国。1952年进行首次核试验，到目前为止总共进行了45次核试验，拥有380枚核弹头。③法国。1961年进行首次核试验，总共进行了210次核试验。1995和1996年法国在太平洋海域进行了6次核试验，引起很多国家的强烈不满。随后法国宣布将永远停止核试验。法国拥有500枚核弹头。④俄罗斯。是前苏联最大的加盟共和国，而前苏联是世界上第2个进行核试验的国家。从前苏联的第1次核试验起到目前为止，俄罗斯共进行了715次核试验。核武器以往一直是前苏联军备竞赛的主角，但目前俄罗斯核弹头的数量正在不断削减，现拥有22000枚核弹头。⑤中国。1964年开始进行核试验，外电报导的试验次数总计为45次。目前在核大国中，只有中国向全世界保证不首先使用核武器。外国情报机构对中国核能力的估计为：拥有450枚核弹头。⑥印度。第1次核试验是在1974年进行的，1998年5月11日和13日，印度又在西部博克兰地区进行了5次小当量的核试验。印度拥有的核弹头总数为65枚左右。⑦巴基斯坦。1972年开始秘密研制核武器，力图与印度抗衡。1990年以来，美国的制裁政策使巴基斯坦发展核武器的步伐被迫放慢。1998年5月28日，巴基斯坦又成功地进行了5次核试验。目前巴基斯坦可能拥有15～25枚核弹头。

尽管印度和巴基斯坦于1998年5月又先后进行了核试验，但根据《不扩散核武器条约》，它们不享有核武器国家地位。

匿核国家（涉嫌秘密研制核武器的国家） ①以色列。有人认为，以色列曾经进行了一次地下核试验。但在印巴连续进行核试验后，以色列再次声称它不会最先把核武器引进中东地区。以色列可能拥有64～112枚核弹头，其弹道导弹的射程为1500千米。②伊朗。虽然伊朗是《不扩散核武器条约》的签约国，但美国认为它正在运用核能工程发展核武器。伊朗的弹道导弹的射程为500千米。③伊拉克。自从1991年海湾战争以来，伊拉克被迫接受严厉的武器核查，联合国的核查结果表明，伊拉克在核武器发展上已经步履维艰。其弹道导弹的射程为150千米。④朝鲜。1994年同有关方面签署了一项协定，宣称停止核活动，但目前美国等国家怀疑朝鲜试图撕毁协定。其弹道导弹的射程为1000～1500千米。⑤利比亚。美国一直认为卡扎菲致力于拥有核武器，但联合国对利比亚的禁运行动阻碍了其核武器的前进步伐。利比亚所拥有的弹道导弹的射程为300千米。

弃核国家（停止研制或放弃核武器的国家） ①阿尔及利亚。1991年西方发现他们正在建设一个能够生产武器级核原料的核反应堆。后来阿尔及利亚同意把反应堆置于国际原子能机构的监控之下,并加入了《不扩散核武器条约》。②阿根廷和巴西。两国在80年代曾经实施核武器发展计划,但在1990年后停止了核工程。两国已经签署了一项使拉丁美洲成为无核区的协定。③白俄罗斯、哈萨克斯坦和乌克兰。1991年苏联解体后,前苏联的一些核武器就留在了这几个国家。后来,它们同意拆除这些核弹头并加入《不扩散核武器条约》。④南非。在世界上发展核武器的国家中,南非是唯一的自动放弃核武器的国家。1991年,德克勒克政府拆除了南非的核武库并加入了《不扩散核武器条约》。

新化学弹简介 《外国军事学术》1998年第10期王维广报道,所谓新化学弹,是区别于传统化学毒剂弹药而言的一种武器。这种新化学弹不受国际"公约"限制,其弹药并不对作战人员构成伤害,更不会致人死亡,也不污染环境。说它不受"公约"限制,是指它既不违背1925年日内瓦议定书的内容和精神,也不受1993年1月签定的化学裁军条约约束。它是一种新型概念弹药。

新化学弹内装的不是普通炸药,也不是常说的沙林、芥子气等种种毒剂,而是专门破坏军事装备的各种化学药剂。新化学弹多种多样,各有各的用途。不管其作用目标是何种兵器装备,其目的都是使其失能或毁坏。

(1)乙炔弹。该弹的弹体分为两部分:一部分装水,另一部分装二碳化钙。弹体爆炸,水与二碳化钙迅速作用产生大量乙炔并与空气混合,组成爆炸性混合物。这样的混合物碰到坦克等战车后,很容易被其发动机吸入气缸,从而在高压点火下造成大规模爆炸。这种爆炸足以彻底摧毁发动机。一枚0.5千克左右的乙炔弹就能破坏、阻滞1辆坦克前进,而驾驶员和乘组人员一般不会发生危险。美国研制的这种弹药专门用来对付集群坦克,人们将它称作坦克"软"杀伤武器。美国军方对这种"软"杀伤弹药很感兴趣,国防部一位高级官员说:"我们在非致命性'软'杀伤武器方面处于优势,它能增强冷战后美国在全世界的地位,我们必须加强这方面的工作"。

(2)阻燃弹。它以阻燃剂为主要破坏因素。使用时,可像施放烟幕那样向敌车辆施放阻燃剂气溶胶云团。当这种云团被车辆发动机从进气口吸入发动机内部,发动机立刻熄灭,从而阻滞敌军行动。近年来,这种弹药的研究取得了很大进展,甚至已为进入战场打下了基础。科学家们在解释此种弹药的机理时,认为是阻燃剂将空气中的氧"吃掉"了,进入发动机的空气由于已经脱氧而无法点火,实际上使发动机处于窒息状态。

(3)腐蚀剂弹。它是又一种化学弹,弹体内装有腐蚀性极强的化学药剂,专门破坏车辆的橡胶轮胎。一种是往道路上撒某种特殊的结晶药粉,可使经过的车辆轮胎全部报废;另一种是经过喷洒器喷到飞机翅膀上,使机翼变脆,失去弹性而无法起飞。当然,后者并非能轻而易举完成,它必须由特种作战部队人员潜入敌人机场,才能准确地将药剂喷至飞机机翼上。

(4)金属致脆液弹。它是用化学方法使金属或合金分子结构改变,从而使其强度大幅度降低。金属致脆液可侵蚀几乎所有金属,破坏飞机、舰船、车辆、桥梁、建筑物等金属结构部件。金属致脆液通常是清澈的、有少量或没有可觉察到的残渣,可用涂刷、喷洒或泼溅等方式使用。

(5)泡沫弹。该弹弹体装有某种特殊的化学物质,命中坦克后弹药爆裂,化学装料与空气作用迅速产生大量的泡沫。铺天盖地而来的泡沫不但妨碍了驾驶员的视线,而且还涌入发动机内部,使其熄火,从而达到致使敌方无法作战的目的。

(6)塑料球弹。弹内装满聚苯乙烯颗粒,当用此种弹药射击直升机时,弹体内便施放出数量极大、重量极轻的塑料小球,无数小球迅速将直升机包围。直升机发动机一旦被迫吸入或吸附了这些小球,灾难也就临头,发动机会因此而产生"喘振",从而导致停车坠毁。这种对付直升机的武器似乎比其他新化学弹来得残酷。其他新化学弹攻击坦克或车辆,发动机熄火,坦克或车辆可以安然无恙地停在地上,乘组人员没有生命危险;而直升机停车就要坠落,严重威胁乘组人员生命。因此有人认为该武器不属非致命性武器范畴。但研制者说,这种弹药无论如何也比炮弹、导弹人道,因为即使直升机因发动机"喘振"而停车,离坠毁还要有一段时间,乘组人员完全有时间弃机跳伞逃生,一般不会有生命危险。

海湾战争后,美国制定了非致命性战争战略,大力发展非致命性武器。美国国防部将新化学弹药作战列为首选作战样式。新化学弹虽不违反国际禁止化学武器条约的条款,但也有不少人提出异议,认为这些武器并非像人们所说的那样温柔、仁慈,它照样会使人员受到伤害,环境受到污染。从禁止化学武器条约的宗旨来看,它应与传统的化学弹一样受到限制乃至禁止。

信号情报战技术装备纵览 《现代兵器》1998年第2期郭剑撰文称,信号情报包括通信情报和电子情报,它是通过对国外或作战区域内的电磁辐射源进行监视、侦测、识别、定位和综合分析所获取的情报。信号情报是信息战的重要组成部分,也是现代高技术战争的重要战斗力要素之一。

信号情报战开始于大规模军事行动之前，并贯穿于战争的始终，因此倍受世界各国军事家的重视。当前，无论大国还是小国，为了夺取未来战争的主动权，都在争相发展自己的信号情报能力，促使信号情报技术和装备迅速发展。

过去，信号情报主要是通过长期的监视和观测建立敌方的电子战斗序列，从中获得敌方的意图，为制订长远政策和计划提供战略和技术情报。由于传感器、信号处理（包括硬件和软件）及数据交换技术的发展，信号情报战越来越强调近实时地精确确定目标，为直接支援指挥官决策提供实时战术情报。

如上所述，信号情报由通信情报和电子情报组成，但随着电子技术和信息处理技术的发展，二者越来越难以区分；雷达使用的频率在向低频段发展，通信情报使用的频率越来越高；雷达出现了频率捷变，通信采用跳频逐渐增多；话音通信正在被数据通信代替，从而导致通信情报也要象电子情报那样需要建立数据库。这样就为设计和生产一体化的通信情报/电子情报系统提供了技术基础。

美国　美国历来对信号情报十分重视，也是世界上信号情报能力最强的国家。美国的地面信号情报工作站遍布世界各地，拥有 400 多架信号情报飞机和直升机，海军各型舰艇都装备有信号情报系统，电子侦察卫星连续不断地对世界各国的电磁辐射实施侦察。近几年来，美国又制订了多项信号情报技术和装备发展计划，以适应未来作战的要求。

陆军　美国陆军自 1972 年装备“护栏”机载信号收集精确定位/目标指示系统以来，经过不断改进，已经发展了 4 代，当前正在研制的最新一代称作“护栏”/通用传感器系统。该系统由改进型“护栏”V 和“先进快视”系统组成，由 12 架 RC－12 飞机携载。前者是一种通信高精度机载定位系统，用于通信情报截获和测向，覆盖 20～75 兆赫、100～150 兆赫、350～450 兆赫 3 个频段；后者是一种电子情报系统，用于地面目标精确定位，覆盖 0.4～18 兆赫。二者均采用了先进的信号处理技术，包括到达时间差和到达频率差技术，可为美国陆军战术导弹系统之类的纵深攻击武器提供足够精确的目标位置信息。“护栏”/通用传感器系统收集的数据通过一个微波链路传至地面综合处理设施，进行处理和分析，并通过战术侦察信息交换系统将所获情报分发到用户。在前方作战的 RC－12 飞机配有卫星中继设备，地面综合处理设施通过通用/互用数据链路来控制飞机上的传感器，以保持地面综合处理设施的隐蔽性。

美国陆军计划进一步扩展“护拦”/通用传感器系统的能力，并参与精确信号情报目标指示系统先期概念技术演示。按照美国陆军的航空通用传感器计划，“护拦”/通用传感器系统最终将会被一套各种平台（包括无人机）通用的传感器代替，这套传感器既可执行信号情报任务，也可完成图像情报任务，其频率覆盖范围从声频一直到紫外光谱。此外，第 2 代通信高精度机载定位系统还将与 TACJAM－A 电子战支援与电子干扰系统、电子情报与电子战支援传感器及辅助软件等组成陆军师级情报与电子战通用传感器系统，将电子战支援和电子攻击功能结合在一起，并取代陆军师现役的 AN/ALQ－151“快定”电子战系统、AN/MLQ－34 战术干扰机、AN/TLQ－17A 通信干扰机、AN/TRQ－32“队友”通信信号截获与分析系统、AN/MSQ－103“队组”雷达侦测与识别系统及 AN/TSQ－114“开路先锋”自动电子战支援系统等装备，使装甲师和机械化师的电子战系统操作人员由 96 人减少到 52 人，装载车辆由 34 台减少到 12 台，电子战直升机由 3 架增加到 4 架。

空军　美国国防空中侦察办公室对研制新的机载信号情报系统作出了明确的规定，即用于 2010 年的机载信号情报系统必须采用完全开放的体系结构，以及通用传感器和软件可重组处理器，以便加强美国所有机载信号平台的相互适应能力。美国空军航空系统中心遵照这一规定，正在研制联合信号情报航空电子设备系列。该系列产品包括主要用于通信情报的低频段分系统和主要用于电子情报的高频段分系统。低频段分系统的研制工作由桑德斯公司牵头，组成了一个有 4 家公司参加的集团，负责研制、组装和试验，并提供 4 个演示单元，以便在空军的 RC－135、陆军的 RC－7 和海军的 EP－3 和一种尚未确定的机型上进行飞行试验。试验要求低频段分系统必须采用先进的组装技术，使其“每个盒子的带宽”达到现役装备的 4 倍，信号处理的能力增加 10 倍。

海军　美国海军空间和海战系统司令部与 E－系统公司正在合作研制 AN－ULQ－20 战斗群无源视界扩展系统，这是为扩展海上战斗群和联合特遣部队指挥官态势认知范围而设计的一种新型实时信息战信号情报系统。该系统将空军的软件和海军的硬件组合在一起，并采用国防部的标准链路和接口。系统的海上部分安装在海军的 TAC－4 工作站，地面部分安装在空军的地面站，它们通过 CHiBDL 通用大带宽数据链分别接收 ES－3A 和 U－2R/S 飞机收集的数据，然后由专家组进行分析、处理和利用。据称，美海军利用这一系统，对空中威胁的信号情报收集范围扩展到 1300 千米，对地面威胁的收集范围扩展到 832 千米；空军对空/对地信号情报收集范围分别扩展到 1670 和 1200 千米。整个系统已于前年完成作战评估，海军计划把它装备所有 23 艘航空母舰和大甲板两栖突击舰。

西欧国家 当前,信号情报系统的主要市场开始转向中、小国家,包括美国的盟国在内,都在积极建立自己国家的电子情报和通信情报能力,以摆脱总是依赖别国的状况,因为即使是盟国自愿提供情报,也是有偿服务。

德国 正在采购戴姆勒-奔驰公司 AMES 地面电子情报系统、"梅格雷特"海上通信情报系统及装备空军第 51 侦察联队的大范围机载侦察设备。其中"梅格雷特"通信情报系统可对 1～1000 兆赫范围内的无线电通信信号进行截获和测向,可识别跳频通信和猝发数据传输,截获概率达 90%。此外,德国空军正计划采购 6 个电子情报吊舱和 10 个合成孔径雷达/活动目标指示器吊舱,以建立互补的传感器系统,使之既可探测正在辐射的目标,也可探测处于寂静状态的目标,并在使用高度和距离上提供灵活性。在战略和战役级,德国情报和侦察能力将通过北约的"大西洋地面监视"计划的实施,来加强其地面侦察部队的高频信号情报能力和改进海军"大西洋"信号情报飞机的侦察能力。

法国 汤姆逊-CSF 公司正在为法国空军的战略信号情报平台 DC-8-72CF 飞机研制"负鼠"MG 综合信号情报系统,全系统由第 3 代"阿斯塔克"电子情报系统和 TRC 系列通信情报系统组成,可对雷达和通信频段的辐射源进行探测、识别、分析、监视和定位。"阿斯塔克"电子情报系统可在很高的电磁信号密度环境中,对任何雷达(包括单脉冲、频率捷变、脉冲压缩、连续波和继续连续波雷达)进行探测、识别和定位,采用 2 部宽带压缩表面声波接收机,具有很高的测频精度,覆盖频率范围为 0.5～40 千兆赫,测向精度为 1°,所获情报通过数据链送回地面站,可以很高的速度建立起观测地域的电子战序列;TRC 系列通信情报系统采用最新一代的数字化接收机,频率覆盖 2～1350 兆赫,可对跳频、数据猝发通信进行截获和测向,具有很高的接收灵敏度、测向精度和测频/测向速度。全系统可望于 1999 年服役。

瑞典 空军正在根据其"空军 2000"(FV 2000)计划对其 S-102B 信号情报飞机进行现代化改装。该机将装备 TRW 公司提供的成套信号情报系统,并与新的机载监视系统、各级指挥控制系统、新的数据链和信息收集与处理系统连结在一起,最大限度地发挥它们的效能。

其他国家 荷兰、芬兰、希腊、西班牙、土耳其和其他欧洲国家也都具有信号情报能力,他们或者对其信号情报设备进行现代化改造,或者进一步扩展其情报收集、处理能力。其中荷兰皇家空军正在考虑购买法国汤姆逊-CSF 公司的"阿斯塔克"电子情报系统,装备其 F-16B 飞机。

亚太地区 亚太地区的许多国家已经察觉美国对他们的承诺越来越少。为了摆脱对他国的依赖,这些国家正在积极建立自己的信号情报能力。

澳大利亚 其皇家空军根据"空中 5140"计划,向以色列埃尔塔公司购买了功能很强的 EL/L-8300(澳空军定型为 ALR-2001)机载电子情报系统,装备其 P-3C 飞机。该系统覆盖频率范围为 0.5～18 千兆赫,可扩展至 0.03～40 千兆赫。它的两部接收机采用并行、独立的混合结构,一部为信道化保护宽带接收机,另一部为快速扫描超外差窄带接收机,使用甚高速数字技术和软件提供精密参数测量。其特点是在宽频率范围内具有高的灵敏度和在高密度信号环境中具有高截获概率,同时具有瞬时测频和电子战序列分析能力。

澳大利亚皇家海军的信号情报直升机选择了艾丽莎公司的 AES-210/E 电子战支援/信号情报系统。该系统频率覆盖 0.5～18 千兆赫,采用先进综合接收机技术和模块化、柔性体系结构,能在极稠密的电磁环境中识别复杂信号,并以高截获概率、高灵敏度、高可靠性和高测向精度完成电子战支援和雷达告警任务。另外,埃尔塔公司还提供了无人机载的 AES-45A 和舰载的 NA-9003/5 电子战支援与电子情报系统供澳大利亚皇家海军选择。

日本 自卫队已经建立了若干地面电子侦察站,并装备有 YS-11、EP-2J、F-4EJ 等信号情报飞机和具有信号情报能力的 E-2C 预警机。其中 YS-11 和 EP-2J 飞机分别装备日本自行研制的 J/ALR-2 和 HLQ-105/106 信号情报系统;F-4EJ 飞机装备法国汤姆逊-CSF 公司的"阿斯塔克"电子情报系统;E-2C 预警机装备从美国购买的 AN-ALR-59/73 电子情报系统。其中 AN/ALR-59 用于探测、分析和识别 0.5～18 千兆赫频率范围的信号,能准确测定信号的方位、频率、重复频率和脉宽等数据;AN/ALR-73 装备于后期采购的 E-2C 预警机,它是 AN/ALR-59 后继型,是一个完全计算机控制的先进的超外差接收机/处理系统。其特点是在密集的信号环境中具有高截获概率和高度自动化的系统操作,使 E-2C 预警机进一步提高了威胁探测和识别能力,从而增强了该机的预警及作战控制能力。

日本防卫厅为进一步提高其信号情报能力,近年来又向美国订购了 3 架 EP-3C 情报搜集飞机,用于对海上舰船和地面辐射源进行监视、侦测、记录、分析和上报。

其他国家和地区 以色列、韩国、印度、东南亚诸国及台湾地区也都具有地面、海上和空中信号情报能力，其中以色列、韩国、印度和台湾地区分别装备有波音 707、EP－3C、"堪培拉"和 EC－130 信号情报飞机。台湾刚刚服役的 E－2T 预警机除能完成预警和作战指挥控制外，其先进的 AN/ALR－73 电子情报系统还具有很强的信号情报能力。

1998 年军事科技成就回眸　《解放军报》1999 年 1 月 3 日赵德喜、任向群报道，1998 年，尽管大规模战争没有爆发，但地区性武装冲突却连续不断。一大批高新技术应用于军事领域，对武器装备发展和军事变革产生了重大影响。这种影响，涉及到军事斗争领域的方方面面：它从情报搜集、传递、分析、处理技术，到决策、指挥、控制、通信能力的增强，从武器打击精度、破坏威力、机动能力和生存能力的改善，到装备智能化、小型化、通用化水平的提高，从进攻到防御，从地下到天上，从微观到宏观，几乎无所不在，无所不包。新技术、新成果的出现和有效运用，冲破了人们传统观念的束缚，对各国未来军事装备的发展以及军贸、军援、军事技术合作、国际军备控制和裁军进程等方面均产生了促进作用。同时，它对各国军队战略战术的制订、编制体制的调整、指挥控制手段的选择、部队管理和训练方法的改进以及后勤保障方式和手段的更新，特别是对世界军事、政治、经济、外交等，都产生了深远的影响。纵观 1998 年世界军事科技的发展成就，真可谓日新月异，令人瞩目。

用等离子武器摧毁导弹　经过多年努力，俄罗斯研制成功一种能在导弹飞行中将其摧毁的新概念武器。它由超高频发生器、导向天线和电源 3 部分组成，集搜索目标、发现目标和打击目标于一身。其最大特点是，发射出去的高能束不是聚焦在目标上，而是在目标的前方和两侧，当飞行器经过时即可在瞬间将其摧毁。据称，该武器可以防止带核弹头的导弹威胁，能将近音速或超音速飞行的飞机、导弹等各种飞行目标击毁。它具有无危险性、操作简便和费用低廉等特点，因此等离子武器将成为一种有很大发展潜力的新概念武器。

新概念电子步枪问世　所谓新概念步枪，是由英国研制成功的一种微电脑控制的电子步枪。这种步枪不是采用以往机械步枪的射击方式，而是采用一种全新的射击原理。它用一个开关式装置代替扳机，开关启动后所产生的强电火花引发链式反应，为子弹发射提供动力。电子步枪的枪杆较粗，枪内设置了几套枪管，不同的枪管可以发射不同的子弹，通过充当扳机的开关，可在不同子弹之间选择火力。电子步枪射出的子弹速度是机械步枪的两倍，而且它还带有一个微型摄像系统，能将观测到的周围环境图像，显示在使用者头盔内设置的一个微型显示屏上，可使操作者进行超视距瞄准射击。这种步枪还有指纹识别系统，当它落入对手手中时，可自动关闭或自行销毁。据称，这种电子步枪有多种用途，它既可以作为步枪使用，也可以充当小型火箭筒，还可以发射高速的爆破弹。有关专家认为，这种电子步枪的出现，是枪族领域的一次革命。

射频武器研制成功　该武器是一种名为"强电流电子加速器"的装置，它能激发出激光、X 射线、宽带无线电波和高功率微波，可使敌方汽车发动机停转，摧毁炸弹中的电子装备和点火电路，还能破坏其周围任何种类的计算机系统，不管是装在战斗机上的计算机，还是网络中心、银行、发电厂、军事指挥中心的计算机，其能量脉冲都可以使机内细小的电路开关"熔断"，使系统陷于瘫痪，造成不可估量的损失。其有效破坏范围约 50 至数百米，而且完全无声。值得注意的是，该武器重量轻，约 8 千克；体积小，可以放在公文包内。据悉，这种武器至今尚未投入使用，但已有几个国家制定了发展该武器的计划。

计算机技术又有新突破　1998 年年中，日本电气公司研制成功浮点运算速度为每秒 4 万亿次的超级计算机，这种超级计算机称为"SX－5 系列"，它的运算速度是其前身"SX－4 系列"的 4 倍，存储容量是"SX－4 系列"的 8 倍。美国 IBM 公司的能源部也研制出运算速度达每秒 3.9 万亿次、可进行模拟核爆炸的超级计算机。据称，这种计算机已交付美军方使用，以在不进行实际核试验情况下维护美核武库安全。在基础研究上，丹麦科学家研制出一种单原子芯片，它通过从硅片表面的氢层上移走硅原子上附着的两个氢原子中的一个，使剩下的那个氢原子来回跳动，从而产生计算机的基础数字信息，实验已经首次在常温下取得成功，并引起广泛关注。

超导电路应用于红外成像系统　这种超导电路由与传感器耦合的超导模数转换器和冷却到 100K(－263℃)左右的焦平面阵列组成，其芯片功率仅为同类硅导电路的千分之一，因此工作时几乎不发热，能耗极低。采用了超导电路的红外成像系统，具有成像速度快，结构简单，体积小，成本低等特点。超导技术的运用前景广阔，它将引起电子自动化的深刻革命。

机载激光器首次"出光"　激光武器的小型化和机动化一直是各国军方追求的目标。美国 TRW 公司 1998 年进行的首次"出光试验"，是对其研制的氧碘化学激光器的一种低功率试验，持续出光时间 5 秒。氧碘化学激光器首次"出光试验"成功，标志着机载激光器技术研究进入了一个新阶段，将对未来激光武器的研制和推广产生深远影响。

激光探测器瞄准具　这是一种能使光学瞄准具无

用武之地的新型战场激光探测器,它由光学探测头、指挥与控制设备及新型电源组成,现已通过验证并投入生产。据称,它能在战场上于一定范围内,对各种光学和光学发光瞄准具进行遥控探测和自主定位。因此,对诸如狙击步枪和装甲车辆等武器装备上配有光学、光学发光观察系统及双目望远镜等目标,都能进行探测,一旦发现目标,即能迅速运用其他作战系统对目标进行有效打击。该探测器除独自使用外,还可以同红外摄像机、声探测器等探测与监视系统联网使用。

无人机研究取得重大进展 无人机是近年来各国军队重点研制的武器装备之一。1998 年初,西方对名为"猎人"的短程无人机进行电子战试验,它定位精度高,速度快,应用范围广,足以使飞机上的飞行员通过雷达确定目标,除了可对防空雷达之类的电磁辐射目标进行精确定位外,还可以进行实时目标位置数据传输,扩大了作用范围。另外,国外还对代号为"全球鹰"的无人侦察飞机成功地进行了首飞试验。"全球鹰"是一种高空远程侦察无人机,它能滞空 24 小时执行侦察任务后返回,其侦察区域达 13.7 万平方千米,它的首飞成功被视为侦察机发展的一个重要里程碑。

抗干扰全球定位系统进行试验 目前,许多国家军队的火炮、坦克、飞机、舰艇等战术武器都依赖于导航星全球定位系统(GPS)提供三维位置、速度和时间信息,以满足其定位、导航和授时的需要。但由于 GPS 的地面控制系统和用户定位设备容易受到攻击,因此存在很多缺陷。1998 年,国外一家公司对其研制的新型抗干扰全球定位系统进行了两次试验,据称试验均获得圆满成功。它对克服战术武器和地面系统采用 GPS 辅助惯性制导带来的易受攻击的弊端,具有重要的作用。

泡沫塑料使雷场失效 它是一种由聚氨脂材料制成的泡沫,将它喷洒在雷场上,可以变成坚硬的塑料,无需排雷就可在雷区为部队打通前进的道路。它适用范围广,不仅可以被喷洒在陆地上,也可喷洒在海滩上,对许多种类的地雷都有很好的防备效果;成塑速度快,只要将泡沫喷洒到雷区的地面或海滩上,几分钟内就可以变成坚硬的塑料,为坦克、车辆和人员铺设出"安全通道"。聚氨酯是一种廉价材料,这种泡沫塑料的问世,具有重要的军事意义、经济价值和政治影响。

(梁 望)

(本栏责任编辑 王谊民)

军事建设

建军计划与措施

美国建军计划与措施 美军遵循“塑造—反应—准备”的军事战略，依据国防部1997年颁布的《4年防务审查报告》和1998、1999财年《国防报告》所提出的战略思想和防务计划，在调整军队编组、提高战备水平、推进武器装备现代化、获取和保持信息优势以及推行国防支援系统改革等方面制定一系列的军事建设计划，并采取了多种措施。其目的是力争在全球范围内获取压倒性战略优势。

继续调整和优化部队结构，提高战备水平 由于近几年美军一直本着打赢两场几乎同时发生的大规模地区性战争的构想实施缩编减员、调整结构的措施，因此本财年美军进一步削减现役部队员额和优化部队结构。至1998财年底止，美军现役部队总员额已减至近140.7万人，其中陆军近48.4万人，海军约38.2万人，海军陆战队约17.3万人，空军近36.8万人。计划至1999财年底，现役部队总额将进一步减至约139万人。海、陆、空三军在编制体制大体上保持不变的情况下，都在采取措施对本军种进行进一步的调整、改革、充实和优化。

陆军方面 在进一步压缩部队规模的同时，以信息化建设为重点，全面推进“21世纪部队”建设。主要是进行数字化部队和打击部队建设，力争将地面部队的质量优势带入下一世纪。1998财年，美陆军现役兵力由上财年的近49.2万人压缩至不足48.4万人。陆军建设重点主要体现在以下两个方面：一是重点改编数字化师。自陆军于1997年11月在胡德堡进行数字化师模拟高级试验，为陆军最终确定数字化重型师的编制装备奠定基础之后，陆军训练与条令司令部于1998年6月正式出台21世纪陆军数字化重型师的新编制。按照改编计划首先对第4机械化步兵师进行试编，于2000年将该师改编成陆军第一个数字化重型师；到2003年前按新编制改编第1骑兵师；到2005年第3军司令部也将实现数字化，以便有效指挥所有的新编作战师。新的数字化师编制员额将由目前的18000余人减为15700余人，部队编成基本不变，只做少许调整。其中较为重要的是增加了1支旅级侦察部队、3个多管火箭炮连和部分航空兵力。在武器装备方面，将营的58辆装甲车辆改为45个“高级机动作战平台”（即M－1A1坦克或M－2A3步战车）。到2010年，重型师战斗航空旅的装备将由15架AH－60D“阿帕奇·长弓”型直升机、33架RAH－66“科曼奇”直升机和24架UH－60“黑鹰”直升机等组成。二是重点进行“打击部队”试验。1998财年，陆军对1997年提出的以第2装甲骑兵团为基础组建一支“打击部队”的改编方案继续进行战斗试验。主要内容包括：打击部队的编制构成、火力编成、通信和信息传输及后勤支援等。试验的目的是根据2010～2025年间可能发生的战争来确定适合陆军未来战场作战需求的武器装备。试验如获成功，此种“打击部队”将成为21世纪陆军快速反应部队的先遣部队，并将于2001年前后正式进行作战部署。

海军方面 本财年，美海军仍然继续压缩人员和削减装备。年内，其现役兵力由上年的近57万人削减至55.5万余人。本财年，包括1艘航母在内的29艘各型战舰退出现役，8艘舰艇加入现役，其中包括1艘“尼米兹”级核动力航母、3艘“阿利·伯克”级导弹驱逐舰、1艘“黄蜂”级两栖攻击舰、1艘“哈珀斯费里”级船坞登陆舰、1艘“鹗”级扫雷艇和1艘“萨普莱”级快速战斗支援舰。海军现役舰船总数由上一财年的336艘削减至315艘。陆战队航空兵撤编2个中队（包括1个攻击机中队和1个战斗攻击机中队）。

空军方面 本着能在全球范围内实施快速机动和精确打击的建设目标，美空军在1998财年继续谋求建设更加精干、快捷和致命的部队。在这方面采取的主要措施包括减员、缩编和结构重组。在减员方面，至1998财年底，其现役兵力为36.75万人，比上一财年减少近1万人。在压缩编制方面，空军主要致力于压缩指挥机构规模、尽量减少后勤支援人员及装备数量。1998年9月，空军进行“远征部队98”演习。

在演习中，重点探讨了如何通过高技术手段压缩前沿指挥中心的规模。前沿指挥中心仅由115人组成，在由300人组成的后方指挥中心的支援下，完成了海湾战争时由2000人组成的指挥中心的工作量。在结构重组方面，为了提高全球攻击能力，空军于1998年8月宣布，在2000年1月之前，将空军部队重组为10支“空军远征部队”。同年11月，空军召开各大司令部司令会议，对空军远征部队的人员、基地及装备配属等方面问题进行研究，并且成立一个由少将级军官领导的“远征部队组建指导委员会”，专门负责对兵力重组方面的问题提出建议。“空军远征部队”的基本构想是：取消空军现役、预备役及国民警卫队的战斗机、攻击机、加油机等部队的联队编制，将其改编成10支“空军远征部队”，每支远征部队装备F－15C、F－15E、F－16、A－10、KC－135、KC－10以及C－130和C－17等各型飞机175架。空军战略轰炸机、运输机及侦察机部队不参加重组，但将在需要时对空军远征部队提供必要的支援。按计划，10支远征部队将在1999年10月按新编制进行训练。自2000年1月1日起，将有9支空军远征部队正式担负作战值班任务，第10支将于2001年内正式使用。

推进武器装备现代化建设　为保持前沿存在与核威慑能力、全球力量投送能力及加强联合和联军一体化作战能力，美军正在加紧采购新一代武器装备，重点是更新信息系统、先进武器平台和新型精确打击弹药等。年内，三军的主要武器装备现代化计划和措施有：

陆军　美陆军强调，要赢得21世纪地面作战的胜利，陆军必须积极发展、研制和装备信息化高技术主战装备。1998财年确定和实施的装备改进和研制项目主要有：（1）对“艾布拉姆斯”主战坦克、“布雷德利”步兵战斗车、高级两栖突击车、XM－2001“十字军”155毫米自行榴弹炮等地面战斗系统进行改进和更新。例如，为M－1主战坦克和M－2步战车加装数字化通信与指挥控制系统及战场环境成像仪等设备；提高高级两栖突击车的机动能力等。（2）继续进行“阿帕奇”和“科曼奇”直升机的改进。其中，RAH－66“科曼奇”新一代隐形侦察攻击直升机已生产出第2架样机，将进一步加紧样机的生产和试验，计划于2003～2004财年进行作战试验和评估，于2005年装备部队。首批加装了毫米波雷达和红外探测器等高精技术设备的AH－64D“阿帕奇·长弓”攻击直升机，已装备驻胡德堡的第227航空团第1营，重点进行适应性训练，计划于1999财年正式装备部队。（3）加强导弹和弹药的研制，其中主要包括陆军战术导弹系统和“轻标枪”系统等重要发展项目。

海军　1998财年，美海军在继续压缩部队规模和调整兵力部署的同时，也十分注重武器装备的研制和更新。主要的发展项目有：（1）重点研制和采购新型武器装备。海军1998财年的装备预算为96.42亿美元。拨款的重点项目有：建造第3艘“海狼”级核动力潜艇、第1艘NSSN级新的攻击型核潜艇和4艘“阿利·伯克”级导弹驱逐舰；生产11架AV－8B“鹞”式攻击机、20架F/A－18E/F“大黄蜂”战斗攻击机、5架V－22“鱼鹰”偏转翼飞机、3架E－2C“鹰眼”预警机、4架CH－60直升机；采购7枚“三叉戟”2型弹道导弹、65枚“战斧”巡航导弹、100枚“拉姆”导弹、127枚“标准”导弹。另外，美海军在1998财年做出的其他武器计划和方案还有：提前一年建造第10艘、也是最后一艘“尼米兹”级航母；进一步论证新一代CVX级航母的设计方案；正式批准发展舰载战术导弹系统等。（2）改进和更新现有装备。海军于1998年开始对“尼米兹”号核动力航母进行改装工作，对其他62艘战舰，如“提康德罗加”级导弹巡洋舰、“斯普鲁恩斯”和“基德”级驱逐舰等也将进行改进和安装新系统。年底还将为舰载“密集阵”防御系统中安装“前视红外传感器”装置，以提高该系统摧毁反舰导弹的能力。同时进行的改装项目还有：将AV－8B型“鹞”式攻击机改进为装备有先进雷达系统的“鹞Ⅱ”式夜战攻击机；加紧改进“战斧”式巡航导弹的性能，为其加装新型高灵敏度远视仪等。（3）加速实施“21世纪信息技术”计划。根据参联会《2010年联合构想》提出的确保“信息优势”的要求，海军两洋舰队于1998财年开始逐步实施“21世纪信息技术（IT21）”计划。该计划旨在借鉴最先进的军用和商用通信技术与信息管理经验，以全面提高海军舰对岸、岸对舰及舰对舰之间的数据、图像、语音等信息传输与网络互通能力。“21世纪信息技术”系统将使海军的海上通信手段产生一个新的飞跃，并极大地提高海空协同作战和精确打击能力。第1个完全具备“21世纪信息技术”能力的“企业”号航母战斗群，已于1998年11月23日在地中海部署。年内，海军还将为“小鹰”号航母、“蓝岭”号两栖指挥舰、“莫比湾”号和“文森斯”号导弹巡洋舰等10余艘战舰安装该系统。本财年，海军已拨专款30亿美元，计划在2003年前，将“21世纪信息技术”系统普及至各航母战斗群和两栖戒备大队的全部舰艇。此外，海军还进行了“协同作战能力”系统与“宙斯盾”系统合并的技术测试。海上战斗中心还进行了新的“区域防空指挥官”系统的舰队战斗试验。

空军　美国空军一方面致力于提高现有装备的现代化水平，另一方面也十分重视研制与发展高技术武器装备。年内，新装备5架B－2隐形轰炸机，使其总数达到20架。C－17新型运输机的装备数也已增至37架。本财年主要装备研制计划和措施：一是推进各型飞机的研制和改进。包括：(1)加速研制新型高性能作战飞机。其中的主要发展项目是JSF联合攻击战斗机和F－22隐形战斗机。前者被列入国防部最大的采购计划，将用于取代空军的F－16战斗机和陆战队的F/A－18C/D与AV－8B等机型。后者将取代现役的F－15战斗机，成为空军21世纪主力战机。(2)继续发挥现有机型作战飞机的效能。其中的主要项目包括F－15和F－16战斗机、F/A－18战斗攻击机的生产和列装。(3)继续改进B－1、B－2和B－52各型轰炸机。其中B－1型将成为未来轰炸机部队的基干力量，并计划对其采取加装“导航星”全球定位系统等改进措施。继续采购B－2隐形轰炸机，并且致力于提高该型轰炸机的性能。改装B－52轰炸机，使其能够携带“鱼叉”反舰导弹以及精确制导弹药等。(4)推进各种特殊用途飞机的研制与发展。本财年，空军大力推进无人机的研制和发展，对E－3预警飞机、E－8C“联合监视与目标攻击雷达系统”等进行升级改造。二是致力于加速空间战武器的研究，旨在发展空、天一体作战能力。空军根据航天司令部1998年4月颁布的《2020年太空作战长远计划》提出的在2020年具备实施航天控制能力，以确保美在太空的活动自由以及同时剥夺敌方类似能力的要求，加大空间战武器装备的研究力度，努力推进天基红外系统、激光反卫星武器、太空激光反导武器系统等方面的研制工作。

广泛推进信息化建设，加强信息优势和信息安全　美国防部指出，信息优势是新军事革命的核心和支柱。因此，美军近几年陆续制定并实施了《信息管理战略计划》、《国防信息系统计划》、《国防部信息战主计划》以及C^4ISR系统和各种子系统的战略性规划。主要目的是加强信息化建设的领导和协调，加快集侦察、监视、战斗管理、作战及作战支援于一体的大系统的建设，即“系统之系统”工程的建设。与此同时，美军还非常重视全面加强信息网络的安全防护工作。为此制订和颁布网络安全政策，以便严厉打击犯罪集团和恐怖分子对计算机系统进行的渗透破坏。在信息化建设方面实施的计划和措施主要有：

保持经费逐年持续增长的态势　美于1998财年作出的1999财年国防预算、2000财年国防预算以及2001～2005财年国防预算规划中，用于指挥、控制、通信、计算机、情报、监视与侦察系统(C^4ISR)建设的经费年均增幅为4.9%。其中，2000财年预计投入约452亿美元，比1999财年增加4亿美元。至2005财年，该项经费将达565亿美元。在2000财年的该项经费中，陆军投入17亿美元用于采购通信与电子设备；海军投入20亿美元用于采购舰载卫星通信、舰载自动化通信设备、雷达和声纳系统等；空军也投入约10亿美元，用于采购自动数据处理设备、防务信息系统以及战术通信与电子设备等。另外，国防部信息系统计划办公室主任还提出，在军内建立职业计算机专家制度，以高待遇吸引和保留军内的计算机人才。

加强信息系统兼容性和一体化建设　为实现战场情报信息共享、提高作战指挥效率并减轻训练与维护费用，美军非常重视加强信息系统的兼容性和一体化建设。1998年初，国防部在陆、海、空三军负责电子战装备的机构内，分别成立3个“司令官协调计划办公室”。其职能是负责向“司令官特别小组”提出建议和报告，以促进各军种在信息设备研制和管理过程中系统的兼容性与一体化。美陆军的“联合情报、监视与侦察方案”就是为满足这方面的需要而提出的。

加强信息网络的安全防护措施　美军还为确保其信息系统免遭计算机“千年虫”问题的袭击而采取了许多有效措施。据说，这些措施可保信息系统在下世纪初能够正常运转。空军代理部长彼德斯称，空军的大部分武器和信息系统已通过了计算机“千年虫”问题的认证试验，今年将继续对其余的系统进行试验。陆、海军也在加紧进行相关试验。更重要的是，由于近年来美军计算机网络越来越多地遭到“黑客”的袭扰，且1998年2月，计算机“黑客”入侵国防部计算机网络，给美核心机构造成直接而严重的威胁。因此美军认为，其信息系统已处于极易遭受攻击和破坏的危险中。克林顿于5月22日颁布命令，要求严厉打击犯罪集团和恐怖分子对计算机系统进行的渗透和破坏活动。这是政府首次提出确保计算机网络安全的国家政策。为此，采取了一系列措施，包括：(1)政府与军方共同加强和协调各自计算机的犯罪预防机制，提高整体防范和打击能力。(2)拟成立国家信息战预警中心和专门负责计算机网络安全的联合任务部队，并为诸军种配备大量的网络入侵探测装置。(3)设立监测中心，对网络进行昼夜监控。(4)敦促军方非保密网络及企业界加强网络安全防范措施，并促使商用网络加装情报分享装置，以便与其他政府部门和公司交换情报信息。(5)加大对计算机网络犯罪的打击力度。包括：在调查局内成立国家基础结构保护中心；将该中心与国防部、财政部、各州政府和地方警

察部门联网；与私人电脑保安公司相互合作等。另外，司法部也正制订新的司法条文，谋求迅速、及时地对“黑客”采取打击行动。

改革国防管理与支援体制，使之适应作战部队的发展 随着信息技术和军事革命的飞速发展，美军建设正以信息系统的一体化为基础，向三军联合和系统化方向发展。在这一大趋势下，国防部机构设置重叠、规模庞大臃肿、办事效率低下的弊端日益暴露，国防管理与支援体制的改革已经成为实施21世纪战略总体规划中的“瓶颈”，势在必行。其主要做法是，调整和确立面向信息时代作战需求的国防支援保障体系；以一体化、系统化建设为宗旨，建立精干、灵活的国防管理与支援体制，以推动军事革命的深入发展。从国防部1997年11月提出的《防务改革计划》及国防部长1998财年和1999财年《国防报告》的相关内容以及本财年军队建设实践来看，1998年规划的主要改革措施如下：

裁减人员、调整结构 在裁减军队员额方面，美军为了使其兵力削减和军费紧缩情况相适应，自1998财年起5年内，在人员方面，国防部本部及有关机构将使其人员从现有的16万余人削减至不足13万，其中国防部长办公厅裁减33%，国防部直属局裁减21%，国防部专业机构裁减36%，参联会和联合司令部裁减10%。在机构数量方面，国防部直属局数量将削减8%，国防部专业机构削减22%。除此之外，还将对各类机构进行以下两方面的调整：(1) 设立“战略与减少威胁”助理部长，并将现场核查局、特种武器局和防务技术与安全管理局合并为“减少威胁与条约监督”局；(2) 大力改组C^4RSI办公室，大幅度扩大其任务和职能范围，包括增加空间信息、电子战、空中侦察及国防信息系统防护等任务。

积极引进先进技术，推进办公方式的改革 美军正在设法从观念和组织两方面双管齐下地实施面向信息时代的转变。主要措施是通过建立计算机通信网络系统和信用卡制度，来实现办公方式的改革，即实现办公电子化、网络化和无纸化。已确立的目标是，至2000年，为主要武器系统的协同操作程序以及关键武器系统的勤务保障工作建立电子操作网，即时、准确地实施后勤保障。

引进市场机制，以竞争促后勤保障质量 为有效、快速地改革国防后勤支持体系，国防部还在探索，在勤务领域引进竞争机制、实行市场化管理的可行性。计划于1999年扩大商业化管理范围，并在今后5年内向社会开放15万个工作机会。至2000年，国防供应等辅助性系统将全部私营化。本财年，国防部已经与联邦快递公司订立合作合同，给美军发送部分补给品。目前，该公司已储存了美军后勤局的5000多种物资，能够在24小时内送到国内任何地方的驻军。国防部对与联邦快递公司之间达成的这种“有偿服务”模式评价很高，并计划继续增加与私营部门之间的竞争，以促进国防部后勤体系的改革和现代化进程。国防部于1998年提出了到2005年间后勤系统改革的5大目标：(1) 整个后勤系统费用从800亿美元降到640亿美元。(2) 次要物资库存从640亿美元减至480亿美元。(3) 维修人员从74.2万人削减到50万人。(4) 进库飞机维修时间从6个月减少到2个月。(5) 用户信任度从当前的20%提高到100%。

资料来源：

①美国1998、1999及2000财年《国防报告》；

②1997年颁布的《4年防务审查报告》；

③美国《陆军时报》、《空军时报》、《海军时报》1998年2月～1999年2月。

（贾咏梅　刘书礼）

俄罗斯建军计划与措施 1998年，俄罗斯军队建设继续以改革为动力，在困境中求发展。从叶利钦总统和其他军政要人发表的讲话，以及1998年7月公布的《俄联邦至2005年前军事建设国家政策基本原则（构想）》等一系列官方文件来看，俄罗斯认为未来10～15年内不大可能发生针对俄国的大规模战争，俄所面临的最大威胁是“地区性战争和局部武装冲突”。武装力量的任务是：遏制潜在的敌人对俄及盟国发动的任何形式的战争；遂行隔离和制止内部武装冲突的任务；独立地或在联合国维和部队的编成内遂行缔造和平的行动。军队建设的首要任务是进行军事改革。军事改革的核心是武装力量的改革，目标是建立一支“装备精良、具有较高战备程度、精干、机动力强的武装力量”。军队建设的基本原则是以有限的资金和物质资源获得军队建设的最大效益。在上述方针的指导下，一年来，在军队建设上采取了以下主要措施：

提出军事建设构想，明确军事改革的目标与任务 1998年7月，俄正式公布《俄联邦至2005年前军事建设国家政策基本原则（构想）》。该文件提出俄罗斯未来一个时期内军事建设与改革的基本构想。构想涉及的主要问题包括：评估战争威胁；划分军事改革阶段；调整军事行政区划；明确各强力部门的任务；调整总参谋部的职能；确定其他强力部门的改革方向。关于军事改革阶段的划分，确定分为两大阶段：2001年前为第1阶段，主要内容是调整武装力量和各强力部门的编制体制，以提高其质量和效率；2005年前为第2阶段，完成对编制体制的调整，并逐步提高武器装备的现代化水平。

按计划完成军队规模的压缩　俄认为，根据俄所处的安全环境和重建与其大国地位相符的现代化军队的需要，必须进一步裁减军队员额。根据武装力量改革计划，1997 年俄军裁减 20 万人，总兵力由 170 万人降至 150 万人。在此基础上，1998 年又裁减 40 万人，使总兵力降至 120 万人。其中空军总兵力由原来的 42 万人（原空军、防空军两军种相加）减少至 19.3 万人，削减幅度高达 56%；陆军由 48 万人减少至 40 万人；战略火箭军由 22 万人减少至 16 万人；海军由 27 万人减少至 20 余万人；空降兵由 6 万余人减少至 3.2 万人。俄军领导人表示，下一步俄军将不再做大幅度裁减，到 21 世纪初，将基本保持这一规模。由于军队数量减少，使国家的军费负担有所减轻，军费在国民生产总值中所占比重已由 1992 年的 7.2%降到了 1998 年的 3.5%，已接近于俄所认为的理想的比例。

继续调整领导与指挥体制　一年来，俄继续采取调整领导与指挥体制的措施。主要包括：一是撤销国防会议。1998 年 3 月 3 日，叶利钦总统签署命令，撤销国防会议，将其与国家军事监察署合并，直接隶属于安全会议。这一举措的主要目的是减少指挥环节，提高决策效率。同时，还把军事建设委员会和军事经济与财政保障委员会转隶安全会议所属。二是调整武装力量总参谋部的职能，武装力量总参谋部将成为“国家各强力部门作战协调中心”，具有协调军队的军事改革计划、组织军队的协同动作、保障整个国家的军事安全等职能。三是撤销陆军总司令部，设立陆军总局。1998 年 1 月 1 日，正式撤销陆军总司令部，设立在一名国防部副部长领导之下的陆军总局。将原来陆军总司令部的一部分职能下放给军区。新的陆军总局的主要职能是负责陆军的建设与发展，以及组建和训练战略预备队的工作。为了统一领导武装力量的战斗训练，在原陆军战斗训练总局的基础上组建武装力量统一的战斗训练总局。四是赋与军区新的指挥职能。根据 1998 年 8 月正式颁布的《武装力量军区条例》，军区将按战略方向重新划分，并由 8 个减为 6 个。新的军区将是武装力量的军事行政单位和地区性合成战役战略军团，其指挥机构具有战略方向上的战役战略司令部的地位。军区司令将负责组织和协调包括武装力量和其他各强力部门的军队在内的所有部队的行动，并负责他们的防御准备，其他强力部门的代表将加入军区的军事委员会。为落实减少军区数量的要求，1998 年 12 月，西伯利亚军区与后贝加尔军区合并为西伯利亚军区。还将把伏尔加河沿岸和乌拉尔两军区合并为伏尔加河—乌拉尔军区。

完成空军与防空军的合并　俄军改革的一项重要内容，是按作战空间范围的划分原则来调整军种体制。俄军于 1997 年 10 月已实现太空兵力兵器的合并，把原战略火箭军与军事航天力量和导弹—太空防御兵合并成由导弹集团军、航天器发射与控制部队和机关、导弹—太空防御兵军团和兵团组成的新战略火箭军。进入 1998 年后，又开始实施空军与防空军的合并。这两个军种的合并工作于 1998 年 3 月 1 日开始，其间陆续进行新的空防集团军（军）的组建和组织体制调整工作。到 1998 年 12 月 20 日，空军与防空军合并完毕，组建了数个空防集团军（军）和 1 个空防区，这种新型战役军团不仅编有航空兵部队，还编有防空导弹和无线电技术等部队，在集团军一级实现了空防力量的统一指挥。新军种已开始担负战备值班任务。据俄军副总参谋长透露，到 2005 年，根据空天战场一体化的原则，还要将战略火箭军并入空军，武装力量将由航空航天军、陆军和海军三大军种组成。

调整部队的编制结构　随着军事改革的逐步展开，俄开始着手改变常规力量摊子大、满员率低、机动能力不足、无法真正适应新军事战略要求的状况，开始区分不同层次，建设适应不同情况的部队，尤其是集中力量组建能应付局部战争和突发事件的重点部队。经调整，陆军的结构分为 3 大部分：常备兵团和部队、简编兵团和部队以及战略预备队。其中常备兵团和部队是陆军的战备值班部队，其人员补充率计划达到战时编制的 80%，武器装备达到 100%，训练经费得到 100%的保障。在局部冲突和突发事件时用来增援一线部队；在大规模战争中，作为投入的最初力量，为国家实施战争动员赢得时间。简编兵团和部队主要负责动员工作，保障武器装备的储存。出现危机时，在规定的期限内由平时状态转入战时状态，用来增援常备兵团和部队。战略预备队主要是由预备役人员编成的动员部队。战时用来增援前线部队，以反击和粉碎敌人。1998 年，俄组建的常备兵团为 10 个展开师。已有 4 个常备师按计划配齐了人员并装备了现代化武器装备。空军与防空军在合并过程中也按同样的原则对其结构进行了调整，重点裁减满员率低、战斗力差的部队。

继续保持和发展核遏制力量　俄提出，在自身常规力量受到削弱、世界核武器扩散的趋势进一步加大的情况下，应把核武器看做是维持大国地位和自身安全不可替代的因素。1998 年 7 月召开的俄联邦安全会议进一步明确提出，俄“将保留一旦在常规战争中出现国家安全受到严重威胁局势时首先使用核武器的权利”。会议对战略核力量的结构做出具体规划，战略核力量今后仍将由陆、海、空三部分组成，这种体制至少要维持到2010年。其中，陆基战略弹道导弹将由目前装备的6种，过渡到装备单一的“白杨”－M型固定式和移动式两种洲际弹道导弹。俄已在1998年底部署第1批“白杨”－M新型洲际弹道导弹。据称，该型导弹的综合性能大大优于美国的MX“和平卫士”洲际弹道导弹。俄计划在下个世纪初的前10年部署300～350枚“白杨”－M型导弹，其中井式发射的90枚导弹将部署在改造后的“SS－19”导弹发射井中。此外，安全会议还决定进一步加强海上战略核力量。近期将主要致力于保持德尔塔－4型核潜艇以及其他装备的战斗状态。在2010年以前，还将建造并部署若干艘新型导弹潜艇。俄将继续保持空中核力量，改进图－95和图－160型轰炸机以及空射远程巡航导弹。上述两种型号的轰炸机将至少服役到2015年。还将对战略核力量的指挥控制体系进行现代化改造，以提高反应速度和可靠性。

调整军事院校体制　军事院校的改革是俄军改革的重要组成部分。其基本目标是：在改组军队的同时，建立与之相适应的军官培训体系，以确保军队能及时而稳定地补充具有高度职业素质的军官。改革的主要内容包括：一是减少军事院校数量，组建若干大型“教学科研综合体”。这项工作分为两步：第1步是撤并院校。从1998年开始，到2000年结束。首先是以合并的方式将目前的101所军事院校减至69所，例如伏龙芝军事学院与装甲兵学院合并为全军军事学院；卡琴航校与阿尔马维尔航校合并为阿尔马维尔军事航空学院。然后，再以撤销方式进一步将院校减至55所。二是建立国家对军事干部的预订体制。即首先由武装力量和其他强力部门根据每年本部门的建设情况提出人员需求计划，然后各院校再根据计划组织招生和教学。在这一体制中，各强力部门既是预订者，也是执行者，而国家则是总订货方，同时也是组织者和保障者。三是充分利用地方教育来培养军事人才。例如，医务、法律和某些工程技术等专业的军官，将更充分地利用地方院校来培养。

进一步完善法制建设　为使军队建设进一步纳入法制化轨道，保障军事改革的顺利进行，1998年俄又新出台或修订一批法律和法规性文件。其中包括：1998年7月30日叶利钦总统批准颁布的《俄联邦至2005年前军事建设国家政策基本原则（构想）》和1998年上半年俄安全会议制定的首部《军事改革法》（1998年12月在国家杜马三读获得通过），上述法律和法规性文件规定了军事改革的基本目标、主要内容、阶段的划分、实施的步骤以及各种综合保障措施，使军事改革在法律上得到保障。此外，新颁布或新修订的涉及国防与军队建设领域的重要法规还有：1998年5月27日颁布的新修订的《军人地位法》；1998年3月28日颁布的新修订的《兵役义务与服役法》；1998年2月12日颁布的《民防法》等。其中新的《兵役义务与服役法》与上一部（1993年颁布）相比的主要变化是：规定了各级主管人员对公民逃避兵役所应承担的责任；规定获得副博士和博士学位者可免除应征服役；扩展了公民役前训练的概念；规定在政府规定的国家机关工作的人员可以缓征服役；规定受过高等教育者可服合同役，以代替应征服役等。

资料来源：

①俄《红星报》1998年1月1日～1999年12月30日；

②俄《独立军事评论》1998年第30期。

（韩生民）

日本自卫队防务计划　据1998年日本报刊报道，日自卫队1998年度的防卫费为49290.21亿日元，比上年度下降0.3%。1998年度防务计划的基本指导方针是：以修改的中期防务计划为依据，对各项经费进行重新审核，努力削减经费，并维持和加强整体均衡的防卫力量态势。此时，应特别注重以下4点：①向《防务计划大纲》确定的新的防卫力量水平逐步发展，并对基干部队进行重新评估。②在主要装备方面，要考虑项目的紧要性，并对项目的数量进行限制。同时更新陈旧装备，使之现代化，以便能适应国外科技的发展趋势。③在自卫队的维持、管理和教育训练方面，要努力保持其水平。此外，在生活设施的修建以及改善部队待遇等措施上，要尽量减少业务量，在这个过程中，努力按先后顺序实施。与此同时，各个项目都要努力削减经费，合理安排。④进一步加强安全对话活动，努力完善情报搜集、分析研究体制。

主要武器的更新与现代化　陆上自卫队　随着现有火炮、61型坦克、OH－6D观察直升机等装备的日趋减少，计划购置FH－70型155毫米榴弹炮、MLRS多管火箭发射系统、90型坦克和OH－1观察直升机。为适应国外科技的发展趋势，要将东部军区装备的“霍克”2型防空导弹换装成“霍克”3型防空导弹（0.25个群份），并为东部军区采购半个队份的SSM－88型岸舰导弹。

陆上自卫队武器采购计划

主要项目		1997 年度采购量	1998 年度		以后年度负担额（亿日元）
			采购量	总金额（亿日元）	
甲类	89 型步枪	2735 支	2924	10	10
	5.56 毫米机枪	141 挺	184 挺	6	6
	12.7 毫米重机枪	124 挺	124 挺	7	7
	87 型反坦克导弹发射装置	20 部	24 部	22	22
	L-16 型 81 毫米迫击炮	58 门	42 门	5	5
	RT 型 120 毫米迫击炮	42 门	27 门	12	12
	96 型 120 毫米自行迫击炮	6 门	3 门	7	7
	FH-70 型 155 毫米榴弹炮	10 门	6 门	23	23
	MLRS 多管火箭发射系统	9 套	9 套	176	176
	87 型自行高射炮	2 门	1 门	16	16
	90 型坦克	18 辆	17 辆	165	165
	89 型装甲战斗车	3 辆	2 辆	14	14
	96 型轮式装甲车	29 辆	26 辆	40	40
	82 型指挥通信车	3 辆	1 辆	1	1
	87 型侦察警戒车	1 辆	1 辆	3	3
	90 型坦克回收车	2 辆	1 辆	7	7
	91 型坦克桥	1 辆	1 辆	6	6
	78 型雪地车	17 辆	17 辆	7	7
	防化车	2 辆	1 辆	2	2
	87 型弹药车	4 辆	3 辆	4	4
乙类	车辆、通信器材和设备等	638 亿日元		545	471
飞机	AH-1S 反坦克直升机	1 架	1 架	49	49
	OH-1 型观察直升机	3 架	2 架	42	42
	UH-60JA 型多用途直升机	4 架	5 架	176	176
	UH-1J 型多用途直升机	3 架	4 架	53	53
	CH-47JA 型运输直升机	2 架	1 架	69	69
	LR-2 型侦察联络机	2 架	–	–	–
	合计	15 架	13 架	389	389
导弹	“霍克”3 型防空导弹	0.5 个群份	0.25 个群份	138	138
	81 型改进型近程防空导弹	2 套	2 套	89	89
	93 型近距离防空导弹	9 套	8 套	58	58
	91 型便携型防空导弹	12 套	13 套	12	12
	88 型岸舰导弹	4 套	8 套	99	99
	96 型多用途导弹系统	2 套	2 套	29	29

注：从签订合同到拿到订货，需要 2～3 年时间。

海上自卫队　由于现有的驱逐舰、潜艇、扫雷艇、运输舰和 HSS－2B 型直升机日趋减少，计划购置节省人力、居住环境优越的多用途驱逐舰和水下探测能力等已得到提高的潜艇，以及扫雷系统等设备的质量得到提高的扫雷艇和海上运输能力已增强的运输舰和 SH－60J 型反潜直升机。

海上自卫队武器采购计划

主要项目		1997 年度采购量	1998 年度		以后年度负担额（亿日元）
			采购量	总金额（亿日元）	
舰艇	多用途驱逐舰	2 艘	2 艘	1289	1285
	潜　艇	1 艘	1 艘	493	492
	扫雷艇	1 艘	1 艘	160	160
	运输舰	–	1 艘	375	374
	训练支援舰	1 艘	–	–	–
	特务艇	1 艘	–	–	–
	深潜救援艇①	（1 艘）	–	–	–
	合　计	6 艘	5 艘	2317	2311
飞机	SH－60J 型反潜直升机	7 架	7 架	362	362
	US－1A 型水上救生飞机	1 架	–	–	–
	T－5 型初级教练机	–	1 架	5	5
	UH－60J 型救护直升机	2 架	2 架	74	74
	OH－6DA 型初级教练直升机	2 架	–	–	–
	反潜直升机（舰载型）开发机身②	（1 架）	（1 架）	45	45
	合　计	12 架	10 架	486	486
	P－3C 改装成图像情报搜集机	1 架	–	–	–

注：①深潜救援艇是 1996 年度建造的潜艇救援舰的搭载艇，因此没有计入合计内。

②反潜直升机（舰载型）开发机身用于反潜直升机（舰载型）的改装研制，因此没有计入合计内。

航空自卫队　由于现有的 F－1 强击机、T－2 高级教练机、MU－2 搜索救援机和 V－107 救援直升机等装备日趋减少，计划采购 F－2 新型强击机、T－4 中级教练机、U－125A 搜索救援机和 UH－60J 救援直升机。为有效地培养运输机和救援机的驾驶员，要采购运输机、救援机等基础驾驶教练机（T－400）。为加强多种支援能力（指挥联络、空运、训练支援等），并应付 B－65 指挥联络机等日趋减少的形势，要采购 U－4 多用途支援机。

航空自卫队武器采购计划

主要项目		1997 年度采购量	1998 年度		以后年度负担额（亿日元）
			采购量	总金额（亿日元）	
飞机	F－2 强击机	8 架	9 架	1070	1070
	F－4 中级教练机	13 架	9 架	273	272
	运输机救护机等基础驾驶教练机	–	1 架	16	16
	U－125A 搜索救援机	4 架	3 架	134	134
	UH－60J 救援直升机	3 架	2 架	75	75
	U－4 多用途支援机	1 架	1 架	51	51
	合　计	29 架	25 架	1619	1618
	F－4EJ 战斗机改装成侦察机	1 架	–	–	–
导弹等	“爱国者”防空导弹	–	–	154	154
	91 型便携型防空导弹	6 套	–	1	1
	对空机关炮	2 门	2 门	5	5

注：从签订合同到拿到订货，需要 2～4 年时间。

加强情报指挥通信能力　为维持现状，要确保最低限度的必要的建设项目。情报本部要努力完善情报搜集、分析体制。

加强情报搜集能力　确保情报本部所需的人员，以加强其运用体制，并重新派遣驻外武官。

提高指挥通信能力　继续建设新的中央指挥系统；发展固定型三维雷达系统，提高空中监视能力；继续建设防卫综合数字通信网，提高抗毁能力；继续增强卫星通信能力，提高通信的可靠性。

加强教育训练　实施与国际需要相适应的教育训练。增派留学生，并接收外国留学生。平时，强化外语训练；同时加强有关国际和平与合作业务的教育训练。

实施与装备高技术化相适应的教育训练。为陆上自卫队、海上自卫队和航空自卫队采购 OH－1 操纵训练模拟系统、音响训练装置和 F－2 飞行模拟系统。

实施训练、演习。1998 年度，陆上自卫队实施了北方机动特别演习；"霍克"防空导弹部队和岸舰导弹部队进行了年度射击训练。海上自卫队要实施海上演习和远洋实习训练，并参加 '98 环太平洋演习。航空自卫队的 C－13OH 型运输机在海外航线上进行飞行训练；"爱国者"防空导弹部队进行年度射击训练；航空总队进行综合演习。另外，三自卫队进行了联合演习，并同美军实施共同训练。

加强开发研究工作　加强技术开发研究体制。仔细考虑项目的紧要性，并实施与未来科技发展趋势相适应的各种研究开发。

XAAM－5 新型近距离空空导弹　开发能在近距离有效地实施空对空作战的新型近距离空空导弹。该导弹采用红外图像制导方式，具有很高的前方捕捉能力、对付高机动目标的能力和抗红外干扰能力等，1998 年设计并试制。

S－10 水下航行型扫雷具　开发能搜索、处理水雷的水下航行型扫雷具。该扫雷具的特征是，将探测声纳安装在无人水下航行体内，以此来确保扫雷艇的安全，并能实施从搜索到处理水雷的作业。

确保部队员额和部队改编　1998 年度编制人数　陆上自卫队为 17.6245 万人，其中常备军人为 17.2866 万人，应急预备役军人为 3379 人。与 1997 年度相比，常备军人减少 5141 人，应急预备役军人增加了 2006 人。海上自卫队为 4.5752 万人，航空自卫队为 4.7236 万人，参谋长联席会议为 1426 人，合计 27.0659 万人。预备役军人，陆上自卫队为 4.6 万人，海上自卫队为 1100 人，航空自卫队为 800 人，合计 4.79 万人。三自卫队的满员率是：陆上自卫队为 84%；海上自卫队为 94:34%；航空自卫队为 95.03%。

13 师改编为旅　改编时，将根据中部地区的特点，装备高机动的车辆等，以此编成能迅速、灵活地应付多种事态的部队，如保卫日本，抢险救灾等。其编制人数由 7100 人，减为 4100 人，其中应急预备役军人约 500 人。另外，6 师进行现代化改编，并编入应急预备役。

为适应装备高技术化等情况的变化，确立有效的补给保养体制　海上自卫队将新编补给本部（暂称）、舰船补给处（暂称）和航空补给处（暂称）。另外，随着部分驱逐舰退役，将撤销 1 个护卫队。

此外，航空自卫队为增强航空方面队司令部的能力，提高工作效率，对航空方面队司令部进行改编。随着新装备的配发，还要对一些部队进行改编。

改善部队待遇　在部队生活设施方面，1998 年计划增设营房，对现有营房进行维修，推进营房空调化工作，并翻修厨房和浴池等。另外，提高各种津贴，扩大夜间特殊勤务津贴的支付范围，增加舰艇福利设备，并减轻乘员劳务负担等。

加强安全对话活动　同亚太地区国家防务政策负责人交换意见，参加东南亚联盟举办的各种研讨会，同各国防务领导人交换意见，并派遣驱逐舰参加在韩国举办的国际阅舰仪式，聘请亚太地区各国军人举办研究会、讨论会，建立经费支付制度，向发展中国家留学生提供经费，帮助他们完成学业，参加有关军备控制的国际会议。

其他　对日本防空系统的现状进行全面调查研究，重点是研究导弹防御系统在技术上实现的可行性。此外，为建立有效的采购补给体制而进行调查研究。

（袁孝华）

蒙古建军计划与措施　1997 年以来，蒙古进入军事改革的重要时期。改革的目标是：在政府和公民的监督下，最终实现建设一支机构精简、人员精干且适应本国经济特点，能保障国家主权和领土完整的现代化军队。改革的主要措施如下：

调整国防体制，完善指挥体系　为了建立高效的指挥体制，保证军队指挥畅通有力，蒙古在军事改革中着力调整了国防体制并完善军事指挥体系。具体作法是打破国防部、武装力量总参谋部原建制，使国防部成为国家主管国防事务的中央政府机关，并赋予规划、执行国防政策及负责监督和检查的新职能；使总参谋部成为执行军事领导和专业领导的指挥机构。调整后的国防体制及指挥体系更加符合本国军事特点。1997 年，国防部会同政府办公厅组成体制调整小组，经过精心准备筹划，拟订出国防部体制调整方案呈交政府。政府已下达第141号决议，批准了国防部工作方针及机构体制调整方案。1997年9月，国防部完成了新政府执政以来的第2次机构调整。目前的国防部长由文职官员担任。国防部内设部长办公室以及4个局和4个直属机构。4个局分别是战略指挥规划局、行政管理局、信息监析评估局和政策执行协调局；4个直属机构为武装力量总参谋部、外事情报调研特别局、边防军管理局和国家民防局。

国防部长会议是国防部的最高决策机关。新调整的国防部长会议由国防部长、国防部国务秘书、4个局长及武装力量总参谋长、外事情报调研特别局局长、边防军管理局局长和民防局局长等人组成。其职能是审理军事法规和建立各种规章制度；研究讨论国防预算和军费开支；决定任免军官、审议和派遣驻外武官及军事观察员以及本部系统的其他重大事宜。

新成立的武装力量总参谋长会议是协助总参谋长履行职责的议事机构。总长会议由总参谋长、第一副总长、国土防空军司令、后勤部长、训练与文化教育局长、建筑兵管理局长、武器装备局局长、总参干部处长和财务统计处长组成。其职能是研究解决武装力量保持动员准备状态、军事训练、后勤与武器装备保障、预算资金的分配与使用、文化教育、干部任用等方面的问题。

调整中将边防军划归国防部统一领导，并将原国防部直属的武装力量后勤部、建筑兵管理局和国土防空军划归武装力量总参谋部。总体调整旨在进一步理顺领导关系，明确职能界限，减少工作环节，以期胜任对国防与军队建设的领导。

精简军队编制，调整兵力部署 为了适应新的防卫体制，使军队建设朝着职业化、精锐化方向发展，蒙古国防部根据军事战略调整新构想，在军队精简整编的同时，立足于未来防御的需要，重新调整了兵力部署。

1997年采取的重大步骤是将原4个摩步师缩编为旅的编制，并在东方省边境地区建一个摩步旅。作为蒙军唯一保持战斗实力的建制师原第6摩步师调整缩编为仅保留2个摩步团、1个炮兵团、5个营的建制旅，并分别迁往东方省、扎布汗省和乌兰巴托市。为了保证缩编，1997年决定削减武装力量征兵员额2000余人。5月，根据政府第120号决议，国防部长颁布第83号命令，决定对建筑兵部队实行改编。共撤消效益低下的部队和单位11个，并将7个团和机械修理厂合并成自负盈亏的企业单位。此次调整共调动军官职工513名，转业军官48名，退休军官士官45名，复员士兵298名。目前的建筑兵部队既少而精，又能独立完成各种建筑任务。

1997年8月1日，蒙古武装力量第一支职业化部队——精锐营（番号为职业摩托化步兵独立营）正式组建。精锐营的组建是蒙古新军事学说及军事改革政策的具体体现，也是蒙古武装力量贯彻小而精建军原则，迈向职业化道路的重要一步。蒙古国总统兼武装力量总司令H·巴嘎班迪视察该部队时称："军事改革中组建第一个职业摩托化步兵营具有重要的试验意义。"因此，国防部十分重视这支部队建设，力求高标准并将之树为全军的模范部队，以显示其军事改革的具体成果，同时向公众展现武装力量具有时代特征的全新形象。该营由武装力量总参谋部直接指挥，主要任务是使用军事手段迅速而有效地制止一切危害国家利益的突发事件，维护国家安全。

蒙古国的边防部队在军事改革中呈加强趋势。随着国内形势的变化，边防军在原职能的基础上又赋予新的职能，即在承担边境保卫任务的同时，也成为执行外交政策的一个窗口。1997年以来，采取的主要改革措施有：重新确定边境保卫和边境管理原则；改组边防军管理局领导机关；进一步完善边防管理体制和力量配置；按编制任务划分各边防团的等级；在薄弱点新建边防连（站）；增加边防军职业化分队数量，在部分边防部队设立特别行动小组；从武装力量部队中调拨装备器材配备边防部队，并将原属建筑兵管理局的部分营产划归边防军；在国境主要方向设置边境全权代表机构，将边境检疫机构划归边防军管理局；率先在边防部队实行新的服役条例；增加边防军征兵员额1000余人；分别拟订南北边境工作条例，强化边境地区军民联防体制；增加边防军人生活补贴，提高边防军人社会地位；整顿边境秩序，加强边境管理等等。调整后的边防部队趋于正规，基本形成了较合理的兵力配置。

蒙军在重点加强边防防御体制建设的同时，完善了对乌兰巴托的多层次纵深防御。目前已初步形成"南北兼顾，重点防南"的全方位防御态势。

完善训练体制，强化军事训练 人才培养是军队建设的关键，因此，蒙古军事改革中尤其注重解决这一问题。蒙军从完善体制入手，改善训练条件，强化军事训练。

蒙军的训练通常是依据统一的训练大纲，按年度计划实施。全军部队训练实行统一领导分级组织。总参训练与文化教育局每年11月颁发统一训练大纲，各部队根据大纲内容具体组织实施。1997年，拟订并实施了《完善武装力量各部队作战训练体制和培训体制方案》；国防部机关干部进行了国家公务员培训；为实施军事战略计划，组织政府官员进行军事战略集训；修改训练大纲，开展提高初、中级指挥军官指挥管理能力的多种业务培训和军事训练。调整后将各部队政治副职改为军事训练和文化教育副职，专门负责本部队的军事训练。通过首长年度考核、军事比武和演习演练等活动推动部队的练兵高潮。1998 年 1 月，国防部决定合并武装力量 308 部队及原属军事大学的“光荣”体工大队等部队，正式组建武装力量统一训练中心。1997 年以来，在完善院校训练体制的同时，重点改进军事大学的教育训练体制，增加教学设备，努力把军事大学建成训练、研究和生产中心。军事大学边防军系扩编为边防军学院。为了保证边防军干部的配备，学院决定扩大边防专业学员的招收名额以及在职边防军官的进修深造名额。目前蒙古军事大学已成为具有 10 多个专业的综合性军官培训基地。为了适应高科技发展的需要，蒙军在立足国内培养的同时，还选派少量优秀军官出国深造。除继续派往俄罗斯学习外，还向德国、美国、韩国等国家选送军官学习军事指挥、指挥自动化、无线电技术的军事应用以及计算机等专业。

随着训练体制的完善，军事训练的加强，蒙军官兵素质有了明显提高，专业技术军官比例逐年增加，其中国土防空军专业技术军官约占 40%。目前，蒙军中已有博士、副博士、硕士研究生 40 余名。

改革兵役制度，实行多种服役方式 蒙古在坚持一年义务兵制的同时，实行替代兵役、合同服役和抵偿服役。(1) 替代兵役。凡持县区行政首长证明不宜到军营服役者可在民防专业部队、抗灾分队、边防辅助队和其他人道组织（包括赡养中心、养老院、非盈利福利院）服役 24 个月，以替代服现役。(2) 合同服役。即服役 8 个月以上的现役士兵、一类预备役人员（服过现役的士兵、士官和军官）以及 25 岁以内的公民，在自愿基础上签约服役。首次签约期为 24 个月，以后可根据部队需要和本人意愿延长服役期。合同期间发给规定数额薪金。(3) 抵偿服役。即达到士兵最高服役年龄而未服兵役的公民，可通过缴纳抵偿金的形式替代服兵役。新兵役制度的改革，为蒙军兵员补充及素质提高带来了积极效果。1997 年秋季征兵中，役龄青年登记率提高到 90%。1998 年春季未到征兵时节，已有 100 余名役龄青年报告申请服合同兵役。入伍青年的文化程度也有明显提高，除初、高中生外，还有大学毕业生入伍服兵役。

（素　洁、海　明）

韩国军队建设计划与措施 韩国新任总统金大中十分关心国家安全，多次表明自己的国防观点，为军队建设和发展定下基调。在总统军事思想和国内经济危机的双重影响下，韩军建设主要采取以下措施。

提出新的国防思想，确立军队发展方向 金大中当选后，频繁视察部队，多次阐述自己的国防观点。认为二战后的亚洲安全环境变化，使韩国面临“难以预测的危险”，这种危险又使“国防政策的内涵和涉及的地理范围扩大了”。主张为适应 21 世纪的安全环境，对军事战略和国防政策进行调整。认为只有牢固的安全保障，才有民主主义和经济发展。主张提高韩国的防卫能力，加强战斗准备态势，在战争初期就能彻底粉碎敌人进攻。认为军队的任务就是保卫国家。要求韩军“以二次建军精神，果断地自我革新”，严守政治中立，严明纪律，建立公正的人事制度。认为韩国应加强与周边国家合作，在巩固发展韩美联防关系的基础上，增进与日本合作，同时也不忽视与中俄的合作。认为在巩固安全的前提下，根据政经分离的原则，同朝鲜北方开创一个和谐与合作的时代，希望早日重开对话，但又不一味要求对话，因为“南方的大门已经打开”。

1998 年 4 月 15 日国防部专门成立改革的领导机构，拟制“国防改革 5 年计划”，表示要通过改革培养有高昂士气的战斗型军人和经济、高效、精锐化的新型军队。参联会强调，以加强合同战斗力为重点，发展新的军事战略和国防政策，适应未来战争环境。三军种参谋部分别开会研讨军种发展方向，确定建设目标。陆军提出以“自省、改革”为课题，清算内部恶习，树立新陆军文化，建设“坚强的先进陆军”。海军提出发扬先辈奋斗精神，迎接新世纪大洋海军时代的到来，建设“以质为主、均衡发展”，能遂行立体战的海军。空军提出“理解新政府的国防观点和方针”，维护具有生机的空军文化，以“空军就是阻止战争爆发的核心力量”的总统指示为指导，建设“世界一流的战略空军”。

加强精神教育，改善军地关系 1998 年 5 月 14 日韩国广播公司报道，韩军根据金大中“民官军一体形成全民联防”的观点，在军内普遍开展“国家、社会优先”和“军民共保国家”的政治教育。国防部要求通过教育，强化“军民一体”的国防意识，增进国民对军队的爱戴和信赖。陆海空三军亦分别制定了“军民协力，共克经济困难”，建设国民军队的精神教育方案，并组织检查团下基层督导落实。与此同时，韩军还采取以下行动来促进军地军民关系。一是为方便地方建设和居民生活，放宽部分军管要求。1998 年 2 月下旬以来韩军先后修订了有关军事基地、设施保护和民航管制的几项法规。6 月 1 日又撤销位于全国 12 个城镇的军事保护区，还地于民。二是减少社会失业，扶植国内中小军工企业。4 月 7 日国防部决定把 1998 年度国防预算的 75%提前到上半年使用，重点采购国产物资装备。9 月 20 日又宣布加速军用房产建设，并购、租民房作军人宿舍，以繁荣国内房地产市场。三是响应地方"绿化国家"的号召。4 月 5 日植树节前，开展全军"每人一棵树"的植树造林活动，并积极参加"国土大清洁"、"改善水质"的环保活动。此外，各部队还在驻地附近开展义务门诊、助残助民等一系列社会公益活动。

削减国防预算，开展节约运动 1998 年 7 月 27 日韩国广播公司报道，国防部官员披露，国会原定 1998 年度国防预算为 14.6275 万亿韩元。由于金融危机紧缩财政，国防部主动将预算减至 13.8 万亿韩元，后又再次下调，最终被国会定为 12.2 万亿韩元，比原定预算减少 16.6%。9 月 21 日联合社报道，国防部公布 1999 年度预算为 13.75 万亿韩元（约合 101.8 亿美元），比 98 年度 13.8 万亿韩元的预算少 0.4%，首次改变了国防部报批预算逐年增加的状况。

在国防经费大幅削减、军队建设受到影响的情况下，韩军推行高效、低费、经济型的部队管理方法，大力开展各种节约运动以减少费用支出。如：年初，国防部宣布关闭 5 个驻外武官处，推迟开设 2 个武官处；压缩出国考察活动，减少高级官员外访随员；取消校官换装计划；削减日常行政开支和军人薪水；合并训练演习科目，缩减演练次数和时间；挖潜改造，充分利用多余物资，节约燃、油料及水电；调整武器发展计划，压缩军工生产项目和规模，限制与要价过高的外国军火商签订合同等等。

推行国防改革，全面整编部队 1998 年 5 月 21 日韩国广播公司报道，国防部长千容宅宣布，根据总统指示，韩军正集中研讨国防改革 5 年计划。考虑到外敌威胁、国家经济实力和未来军事发展方向，已选定 58 个项目作为改革的课题，其中属重点改革的项目 14 个，属改进完善的项目 44 个。千容宅强调：这次改革是"军队百年大计"，要克服阻力，多方听取军内外意见，实现"建立强大、精锐的国民军队"的改革目标。据韩国新闻媒体报道，国防改革的主要内容有：修订《国防组织法》，改革军事指挥体制，调整部队结构与编制；合并机构，精简员额，清理"有污点"的军官；制定公正的人事制度，完善晋升选才的竞争机制，杜绝以地缘和院校学系拉帮结派的现象；"历史性"地修改兵役制度，逐渐向职业化军队过渡；简化武器采购程序，增加军需调度的透明度；修改国家动员令，将发布时间由原来的全面战争爆发时改为局部战争发生时，以利于在相关地区的人力和产业动员；确定军队整编后，后备役师的作战运用程序与方案等等。考虑到国家安全和部队稳定，国防改革在 1998 年底开始，分阶段实施，5 年内完成。

调整武器发展计划，优先保障改进战斗力 据韩国广播公司 1998 年 2 月 6 日报道，国防部宣布，由于削减军费，新武器的采购量将减少 32%，旧装备的更新改造也要压缩 50%，有 223 个项目被确定推迟或缩小规模。其中推迟到下年度实施的有 36 个项目，包括改良 K－1 坦克、建造 1500 吨级潜艇、采购空中预警机、开发"天马"地空导弹、批量生产 155 毫米自行火炮和部署高速指令系统等工程。缩小规模的有 187 个，其中有 45 个用外汇外购的项目被压缩 75%、142 个发展中长期战斗力的非外购项目被压缩 10%。

为保证战斗力不因军费削减而下降，国防部表示要调整投资方向，优先保证对敌遏制、特别是遏制敌导弹能力方面的资金。1998 年 9 月 10 日韩政府宣称，要加快中远程导弹的发展，开发射程 300 千米的导弹。9 月 23 日又拨款上马第 2 期地面自动化防空系统的工程，更新电子侦察基地雷达和海上监视雷达，完善早期预警体制，提高 24 小时监视能力和作战的可靠性。其余三军武器采购和更新经过调整继续进行。陆军：1998 年 2 月初，接收俄国 10 辆 ЪМЛ－3 战车后，决定用同样抵债方式再进口 30 架卡－32 直升机；购买 500 枚美制陶－2A 导弹装备"眼镜蛇"直升机，以提高对地攻击和反装甲能力；预定在夏季购进美国 MLRS 多管火箭炮系统，1999 年初完成部署。海军：1998 年 5 月 21 日第 7 艘 1200 吨级 209 型潜艇"李纯信"号下水，计划 2000 年服役；7 月 6 日国防科研院宣布，首枚潜艇用国产鱼雷研制成功，其威力大于反潜机载导弹，最高时速 63 千米；7 月 24 日国产 KDX－1 驱逐舰首舰"广开土大王"号正式服役，第 2 艘"乙支文德"号仍在试航，第 3 艘"杨万春"号 10 月 19 日竣工下水。韩国广播公司电视评论：国产驱逐舰投入实战部署将"揭开韩军独立遂行战术任务的新时代"。空军：决定购买美国和以色列合资的防区外发射导弹装备战斗机，其中电视制导的标准型 AGM－142 导弹装备 F－4 型机，AGM－142B 或"瞪眼"－2 导弹装备 F－16 型机，计划两年全部交货；国产 KTX－1 现代教练机试验已近尾声，预定 1999 年批量生产，2000 年服役，计划采购 150 架替换现役的 T－37 和 T－41 教练机；新一代 KTX－2 超音速高级教练机/战斗机项目的研究正加紧进行，预计 2000 年首次试飞，首批定货 94 架将于 2009 年交付。

资料来源：

①1998 年韩国《东亚日报》、《韩国日报》、韩国广播公司电台和电视台、联合社消息；

②1998 年英国《简氏防务周刊》、美联社、法新社、路透社、NHK、时事社、俄塔斯社消息。

（孔国生）

越南建军计划与措施　1998 年 1～12 月，越南继续实施"5 年建军计划"，全面加强部队建设，着重提高政治素质和作战能力，以便建立一支"革命化、正规化、精锐化和逐步现代化"的军队。

继续加强军队政治建设　1998 年，越军继续把政治建设作为部队建设的首要任务来抓，保证部队"在政治上合格，始终置于党的直接、全面领导之下，永远忠于党"。一是加强党组织建设。越军继续在全军开展争创"廉洁、过硬"党组织活动，要求各级党组织提高自身素质，更加牢固地确立党在军队建设中的领导地位，对那些不团结、不廉洁、纪律松懈、领导作用发挥不好的党组织进行整顿，对腐化蜕变的党员坚决清除出党，以保持党组织的纯洁性。仅海军上半年就检查了 675 名党员，其中有 49 名党员因违反党纪受到处理。同时，积极吸收优秀分子入党。二是加强政治思想工作。越军总政治局要求各单位高度重视政治思想工作，将其放在各项工作的首位。特别是要通过政治思想工作，帮助广大官兵树立爱国主义思想，激发他们对社会主义制度的热爱，增强政治责任感，促进战备、训练、后勤等各项工作的圆满完成。三是积极宣传、坚决贯彻党的决议。年初，越共召开 8 届 4 中全会，推选出新一届中央政治局常委，越军总政治局要求各部队认真领会全会精神，坚决在思想上和行动上服从党中央的领导。7 月中旬，越共又召开 8 届 5 中全会，并作出了"加强党对文化领域的领导，保持越南文化的民族特色，抵御外来文化侵蚀"的决议。据此，越军总政治局要求各单位把全会精神传达到每一个干部战士，并将学习全会决议作为下半年政治教育的主要内容。四是继续开展反"和平演变"教育。针对以美国为首的西方国家利用亚洲金融危机加紧对越南实施"和平演变"战略，越军在全军范围内加大了反"和平演变"教育的力度，定期下发反"和平演变"教材和宣传提纲，要求各单位认真组织学习和讨论，教育干部战士提高警惕，认清敌人"和平演变"的阴谋，克服麻痹思想，保持坚定正确的政治方向。

大幅度进行人事调整　1998 年 1 月上旬，越南当局对军队总部以上领导层进行了调整：范文茶由总参谋长升任国防部长、中央军事党委副书记，并由中将晋升为上将；陶仲历少将由副总参谋长升任国防部副部长、总参谋长、中央军事党委常委；范青银中将由总政治局副主任升任总政治局主任、中央军事党委常委；阮花盛少将由总技术局副主任升任总技术局主任；阮福清由总后勤局主任升任国会国防安全委员会主任；阮文沱大校由总后勤局副主任升任总后勤局主任；阮文龙大校由第 4 军区政治副司令升任总政治局副主任；高进泛大校接替陈光庆中将担任国防部办公厅主任；黄玉召少将接替阮春升中将担任总参谋部政治局主任。3、4 月，越军又调整了部分军区、军兵种和军事院校主官。原第 2 军军长杜公未少将调任第 3 军区副司令，陈树少将接替卢文涯担任第 2 军区副司令，范洪明大校接替范文龙担任第 4 军区政治副司令，阮克援少将接替屈维进中将担任总参第一陆军军官学校校长，陶文利大校接替黎南丰中将担任第二陆军军官学校校长。同时，调整了大批高级军官的军衔；国防部副部长兼总参谋长陶仲历，副总参谋长阮辉效、阮文莹，总政治局副主任黎文勇、黎亥，情报总局局长武政，国防学院院长阮世治，第 2 军区司令陈必清等，由少将晋升为中将；总后勤主任阮文沱，国防部办公厅主任高进泛，总政治局副主任范文龙、干部局局长陈名碧，边防部队司令范友蓬、副司令邓武廉，炮兵部队司令宋玉胜，第 2 军军长范春誓，首都军区政治副司令阮文答等，由大校晋升为少将。5 月 22 日，正在老挝访问的越军高级代表团发生空难事件，总参谋长陶仲历中将、总参作战局副局长阮春水少将、军队院校局局长范明清少将、第 2 军区司令陈必清中将、第 5 军区副司令陈明舌少将、边防部队副司令黄庭功大校等 14 人遇难。随后，越军再次进行了人事调整。9 月 10 日，总政治局副主任黎文勇中将出任总参谋长。经过上述调整，大批 20 年代末、30 年代初出生的高级军官退休，新上任的各总部、局和军兵种主官年龄大多在 50 岁左右，基本实现了高层领导的新老更替。

组建海上警察部队　1998 年 9 月 1 日，越正式成立海上警察部队。根据 4 月份颁布的《越南海上警察法》规定，海上警察部队隶属国防部，由海军司令部直接指挥，其总部——海上警察局驻河内，分别在海防、胡志明市设有代表处，下辖海警区、海警屯、海警站、海警巡逻队和海上环保单位。主要任务：平时，在越领海、大陆架、专属经济区海域内打击非法人侵和走私等活动，实施海上救护，维护领海主权和海上治安秩序，保护海洋环境和资源；战时，支援海军作战。

积极开展军事训练　1998 年，越军各部队根据总参谋部年初下发的"年度军事训练工作大纲"，继续贯彻"基本、切实、牢固"的训练方针，进行了两个阶段的军事训练。第 1 阶段（3～6 月）为基础训练阶段。主要进行基础科目和恢复性训练，使部队娴熟掌握单兵和分队基本技、战术动作，强化实战能力。第 2 阶段（8～11 月）为综合性训练和检验训练效果阶段。重点进行实弹科目训练，举行各类军事演习，提高诸军兵种协同作战能力。在训练中，越军总部强调要加强训练的针对性，适应实战的需要。据此，陆军和边防部队主要进行攻防战术、野外生存、防暴乱训练；空军注重进行短窄跑道起降、夜间复杂气象飞行、外场着陆、空中拦截、航空侦察、对海（地）攻击、反潜、长途奔袭、多机种协同等科目训练；海军重点进行登陆与抗登陆、海上攻击、舰机协同、特工破袭训练；防空军则侧重进行戒备转级、通信联络、部队机动、雷达搜索、电子对抗、指挥引导、捕歼空中目标、导弹发射等科目训练。

大力改善武器装备 一是从外国购买武器装备。1998 年，越陆军从俄罗斯购买了部分军用指挥车、反坦克导弹、无线电通信设备、雷达系统、红外夜视瞄准镜等；空军从俄罗斯购买了数架苏－27 型飞机、雅克－52 型教练机、卡－28 型反潜直升机，并计划在 2001 年前向俄购买总价值达 8 亿美元的 24 架歼击机，其中将以苏－27 型机为主；海军从朝鲜采购了 2 艘“桑戈”级小型潜艇；防空军从俄购买了 SA－16 型防空导弹，并从日本、法国和俄罗斯购买了少量地空雷达、通信飞机和计算机等装备。二是自行研制和改进武器装备。越海军建造了 2 艘导弹攻击快艇和 1 艘“高质量远洋渔船”。其中，导弹艇采用喷水式动力系统，最高航速可达 32 节，排水量为 500 吨，编制人员为 14～16 人，配备有舰舰导弹发射架 2 座和 76、30 毫米火炮各 1 门。越军总后勤局也建造了 1 艘渔船，并计划建造 1 艘 450 吨级运输船和 3 艘快艇。同时，海军对部分护卫舰进行改造；空军对部分现役米格－21、苏－22、安－26 型机进行技术改造，以延长其使用寿命、提高作战效能；防空军改进了部分防空雷达和导弹系统。

开展对外军事交往与合作 1998 年，越国防部、总参谋部、总政治局、总后勤局领导人先后出访俄罗斯、老挝、中国、日本、古巴，特别是国防部副部长陈亨中将率团访问美国，与美国防部长科恩等要员就加强两军合作问题举行会谈，使越美军队交往级别明显提高；俄罗斯总参谋长、国防部长、菲律宾国防部长、缅甸国防军副总司令、老挝国防部长、保加利亚国防部长、意大利国防部秘书长、法国陆军参谋长、澳大利亚国防秘书长相继访问越南。通过互访，加强了双边军事合作。与澳大利亚就加强两国在国防与安全等领域的合作达成共识；与菲律宾继续进行军事情报交流和合作，并组建混合军事专员团，负责管理及联系两军在海上合作事宜；与泰国签署两国海军在交界水域进行联合巡逻的协定；与缅甸签署联合生产榴弹炮的协议，并派部分空军技术人员赴缅工作；与俄罗斯签署军事技术转让、武器装备出口和人员培训等多项军事合作协定，并就俄继续租用越金兰湾基地问题进行磋商，俄方承诺向越出售苏－27、米格－29 型机和快艇，为越提供武器配件，帮助越培训军官，越方则同意俄继续租用金兰湾基地。

资料来源：

越南《人民军队报》、《全民国防》杂志 1998 年 1～12 月。

（钟学良）

柬埔寨建军计划与措施 1998 年 1 月至 1999 年 1 月，柬政府在军队建设方面主要采取了以下措施：

大规模进行人事调整 1998 年 11 月 30 日，柬政府任命迪班上将、西索瓦·施里武为国防部联合大臣。1999 年 1 月 15 日，柬政府首相洪森表示，为了做到军政分开，使军队保持中立，他将辞去兼任的柬全国武装力量总司令职务。1 月 25 日，西哈努克国王任命：盖金扬上将接替洪森任武装力量总司令，巴沙伦上将任副总司令兼总参谋长，米索皮上将任副总司令兼陆军司令，坎沙文上将、肯索潘上将任副总司令；蒙棱中将、段西攀中将、谢塔拉中将任副总参谋长；科谢中将、宋雷迪中将、棉沙林中将任陆军副司令，乔萨蒙中将任第 3 军区司令，汶盛中将任第 5 军区司令；桑坎海军中将任海军司令，塞提利海军少将、贴威吉海军少将、索沙林海军少将任海军副司令，索沙林兼任海军参谋长，翁西哈海军少将任远洋舰队司令；森桑南空军中将任空军司令，龙门尼空军少将、宾纳兰空军少将、宋沙冬空军少将、盛翁西塔空军少将任空军副司令，盛翁西塔兼任空军参谋长。

收编红色高棉部队 1998 年，柬政府对红色高棉采取军事打击与政治瓦解并重的方针，在加紧清剿红色高棉部队的同时，加强心战宣传攻势，成功地分化瓦解了红色高棉。除红色高棉总参谋长切春及其控制的 100 余名士兵外，其余红色高棉领导人（包括乔森潘、农谢、江裕朗等）和部队相继宣布遵守柬宪法，服从柬政府的领导和指挥，向政府军投诚。柬国防部先后 5 次举行收编仪式，正式将近几年来向政府投诚的 10552 名红色高棉部队编入政府军。主持收编仪式的柬国防部联合大臣迪班称，“被收编的原红色高棉官兵与政府军官兵享有同等待遇，政府将帮助他们及其两万多名家属解决面临的困难。”同时，柬政府两次安排 4600 名红色高棉官兵复员。

将拉那烈派部队并入政府军 1997 年 7 月 6 日拉那烈被洪森武力赶下台后，陆续将所属部队撤至柬西北部柬泰边境地区驻防，并伺机对政府军开展游击战。柬政府军则加强清剿作战，企图彻底消灭拉那烈派部队，但未能奏效。1998 年 3 月，柬政府改变策略，提出："拉那烈如果想要参加 7 月 26 日举行的柬全国大选，就必须交出其武装力量和控制区。"拉那烈为了参选，与洪森争夺政府首相职位，于 4 月 17 日发表声明，表示同意柬政府的条件。5 月上旬开始，拉那烈的代表坎沙文上将与柬政府军代表丹武提将军多次就拉那烈派部队并入政府军问题进行谈判，最后达成了协议。迄 12 月初，拉那烈派部队 2 万人已归编政府军。

制定精简整编计划 1999 年 1 月 15 日，柬政府发言人宾托宣布，鉴于柬已经结束战争，实现了和平，根据首相洪森的建议，柬政府已制定对武装力量进行精简整编的计划，即在今后 5 年内分别裁减 5.5 万名军队和 2.4 万名警察，以减少军费开支，增加医疗卫生和文化教育的经费。该计划将分 3 个阶段实施，预计耗资 1.54 亿美元。据媒体报道，柬军队与警察部队实力目前分别为 14.8 万人和 6 万余人，精简整编结束后将分别减至 9.3 万人和 3.6 万人。

购买、改装部分飞机 据《柬埔寨之光》报道，柬空军 1998 年从以色列购买了 6 架 L－39 型教练机，其中 5 架已运抵柬埔寨，并改装为战斗机，具备轰炸、攻击等能力。为检验飞机的各项技术性能，柬空军准备组织 20 名曾在前苏联受过训的飞行员对飞机进行训飞。柬空军当局表示，无论如何一定要训飞成功，使飞机各项指标都达到要求。

（钟学良）

缅甸建军计划与措施 1998 年 1 月至 12 月，缅甸继续贯彻"数质量并重"的建军方针，加强军队建设，力图建立一支"装备精良、素质高、战斗力强、能抵御内外威胁的正规化、现代化武装部队"。

调整编制体制，扩充军事实力 一是增设指挥机构。缅国防部成立了陆、海、空三军电子对抗指挥处，陆军新建了 4 个作战指挥部，各军区增设上校参谋编制，并增加军需参谋的编制数额。二是组建快速反应部队。1998 年，缅军先后将军事情报局 2 个特别行动队、陆军 2 个机械化营、海军 4 个陆战营、空军 7 个直升机中队和空降营改编成快速反应部队。三是扩充部队实力。陆军 3 个军区新建了步兵营，空军增设数个飞行中队和雷达站，海军组建多个基地和雷达站。至 1998 年底，缅军总兵力已由 32.9 万人增至 34.98 万人，其中陆军 32.5 万人、海军 1.58 万人、空军 9000 人。

强化内部管理，确保部队稳定 1998 年，针对缅全国民主联盟与政府对抗加剧导致政局紧张的情况，缅军加强了内部管理和控制，确保部队安全稳定。一是积极开展经常性思想教育工作，及时传达国家领导人的指示，要求官兵认真履行自己的职责，严格遵守纪律条令规定，增强自觉维护国家利益和抵制反政府言行的意识；二是禁止军人收听美国之音、英国广播公司、自由亚洲之声和民主缅甸之声等境内外敌对电台的广播，严禁扩散、传播"民盟"散发的各种反政府宣传材料；三是抓捕军内支持"民盟"的"异己分子"，保证部队的纯洁；四是增加工资收入和生活补助费用，提高福利待遇，以减轻通货膨胀对官兵生活造成的影响。

积极改善武器装备 1998 年，缅空军先后从外国购买了战斗机、教练机 50 余架，使其装备的飞机总数达 218 架，其中作战飞机 133 架。海军计划从国外采购数艘 1000 吨级运输船。陆军购进了大批火炮、坦克、装甲车、雷达和通信、电子战装备。同时，缅军利用新加坡提供的生产设备兴建了一座兵工厂。该厂可生产地雷、双联装高射机枪等 10 多种武器弹药。此外，缅军还自行研制了作战指挥计算机应用系统。

开展军事演练，提高作战能力 1998 年，缅军继续采取"在职训练与脱产培训"相结合的办法，开展经常性军事演练。（1）积极组织部队演练。年内，缅陆军针对清剿反政府武装的战斗规模小、参战部队少、遭遇战多等特点，适时开展营连级实兵演练，主要演练单兵及班、排攻防战术和步炮、陆空协同。空军针对机型不断增多的情况，采取"走出去、请进来"的方式，先后派员赴国外学习、进修。同时，邀请外国空军飞行技术人员赴缅讲学，并增加了飞行员的训飞强度，着重提高空中作战能力。（2）重视举办各类培训班。据不完全统计，缅军全年共举办各类培训班近 100 期，轮训各类军官、骨干 2000 余人，主要训练科目有指挥、侦察、炮步协同、卫星通信、计算机操作、车辆和飞机驾驶等。

资料来源：

①缅甸电视台、缅甸之声报道（1998 年）；

②英国《军事力量对比》（1998～1999 年）。

（钟学良）

泰国建军计划与措施 为适应世界军事变革潮流和未来战争的需要，1998 年 2 月，泰国防部公布了今后 10 年泰军改革初步方案，强调建立高效、与泰国经济环境相适应的管理体制，精简整编军队员额和结构，以保证军队的统一和作战能力。

调整国防部结构，加强国防部次长办公室的职权 未来军队的管理将集中到国防部，这将必然扩大国防部次长办公室的权力和作用。国防部结构调整的基本思路是：（1）建立集中模式的指挥结构。国防部将和政府其他部门一样，次长作为公务员的最高指挥官。国防部次长既要担负国防部长顾问的职责，又要负责国防部次长办公室的工作。(2) 建立集中模式的预算中心。军费预算编制集中到国防部，有利于贯彻执行国防部军队建设的政策。由国防部长成立采购委员会，负责武器装备的采购，以及武器采购预算的分配。国防部次长办公室具体分工负责，国防部次长负责监管。(3) 集中制定战略方针。拟增设国防部参谋长和副参谋长等职位。国防部副参谋长负责全军战略形势和政策的研究，负责制定军事战略目标和军队发展规划。

改革指挥体制，提高指挥效能 改革和完善高层指挥体制，建立高效、精干的指挥机构是泰军面向21世纪军队建设的一个重要内容。泰军计划成立武装部队作战指挥委员会（类似美国参谋长联席会议），替代现行的平时和战时并存的指挥体制。该委员会由武装部队总司令、陆海空三军司令和参谋长组成，平时负责向国防部长提出建议，战时可指挥各军种和预备役部队实施联合作战，避免各军种分别下达作战指令的作法，确保军队的集中统一。同时，各军种司令部的有关部门也将按职能进行合并，成立作战、训练、支援等数个指挥机构，以理顺和简化指挥关系，提高军队控制、指挥和快速反应能力。

裁减军队员额，保持适度规模 国防部认为，在今后5～10年内，泰国不会面临大规模战争的威胁，将面临的是低强度边境有限战争，决定战争胜负的是军队质量而不是军队数量。因此，决定裁减军队数量，在21世纪初把泰军建成技术型的“小而精”的现代化军队。在裁员时将遵循以下原则：一是保证平时正常的战备执勤；二是保证战时能及时扩充兵力。陆军在《1992～2001年裁军计划》的基础上将进一步大幅度裁员，其中最精锐部队（第1梯次常备军）削减20%，次精锐部队（第2梯次常备军）削减30%，后备部队削减70%。海军和空军也计划减少尉官学校招生人数和各种培训人员，停止招收文职雇员，并拟将一些所属企业转交私人经营。针对编制不合理状况，泰国防部决定从1998年起10年内按照“少提多退”的方式减少将军数量，即每年晋升少将的人数将控制在当年退役将军人数的75%以内；延长军官晋升年限，将官晋升时间由3年改为5年，少尉晋升中尉时间由2年延长至3年。

推行军队职业化，加强预备役力量建设 为了节约军费和提高士兵素质，泰军拟将现行的义务兵役制改为志愿兵役制，服役时间由2年延长至5年。1997年开始试行，取得了较好效果。从1998年起，泰军将全面推行志愿兵役制，强调严把征兵关，尽可能把有知识的优秀青年招收到部队中来；计划在今后几年完全实现由志愿兵组成的军队，把全面推行军队职业化作为泰军未来发展的主要方向。此外，泰军还将进一步完善国防动员体制，加强预备役部队建设。泰军现有预备役20万人，计划在21世纪发展到100万人，以满足战时兵力扩充之需。

资料来源：

①1998年泰国陆军电视台报道；

②1998年泰国《泰叻报》。

（孟　丽）

菲律宾建军计划与措施 受亚洲金融危机的持续影响，1998年菲律宾国防开支大幅度削减，武装部队现代化建设步伐被迫放慢，但尽可能在有限的军费开支范围内提高部队战斗力。

调整编制体制 1998年4月15日，菲律宾海岸警卫队正式脱离国防部编制，隶属于运输通信部，并组建了海警舰艇大队和航空大队等单位。陆军将其8个步兵师缩编为3个，并正式改编为快速反应部队；将特种部队、第1侦察别动队和心理战部队合编成1支特种作战指挥部队，并计划在10年内减少27%的员额。海军计划将现有的2.5万多人裁至2.4万人，将海军陆战队的3个旅10个营缩减为2个旅6个营。空军的机构重组已于1997年开始进行，按照职能组建空防司令部、战术行动司令部、训练与后勤司令部和后备役司令部。目前，空防司令部、训练与后勤司令部已组建完毕，战术行动司令部和后备役司令部的组建将于1999年中期完成。

引进和改进武器装备 根据武装部队现代化15年规划，菲律宾将优先更新海、空军落后的武器装备，以增强其“抵御外部侵略”的能力。1998年6月30日，炮舰116号（由韩国转让）、巡逻炮艇392号和1艘扫雷艇编入现役，用于海军在沿岸和领海所进行的各种活动。同时，公开招标建造3艘近岸巡逻艇，西班牙、德国、法国、美国、澳大利亚等国一些公司纷纷投标，上述巡逻艇计划在2000年之前建成。此外，海军还对部分舰船进行改造，主要是更换发动机设备，并安装海水淡化装置，使舰船的续航速度和能力得到提高。当前，海军武器装备的发展目标主要集中在小型护卫舰购置上，倾向于购置原美国海军的“诺克斯”级和“佩里”级护卫舰及印度制造的“库克里”级小型护卫舰。若购得美国护卫舰，将装备舰载直升机，配备以“鱼叉”式反舰导弹为目标的超视距设备。空军计划购买12架新式战斗机，初步确定购买美式F/A-18型大黄蜂式战斗机；自行研制生产第2代“拉扬”2涡轮螺旋桨发动机式低翼飞机并投入使用。

恢复与美国的军事关系 自1995年3月中菲

“美济礁事件”之后，菲政府积极寻求恢复与美国的军事关系。1998 年 2 月，菲美两国签署《军队互访协议》，该协议规定了美驻菲军队的权利和义务，为在菲的美军提供法律保护，旨在恢复自 1996 年中断的美舰访菲、菲美举行联合军事演习和训练。10 月，两国又签署了《菲武装部队人员访美协定》，为菲武装部队人员提供赴美受训的机会，并可携带家眷。该协定作为《军队互访协议》的附属文件。《军队互访协议》在 1999 年 4 月经菲参议院批准后生效，这将进一步奠定美进入菲本土举行联合军事演习的合法性。

资料来源：

①菲律宾《马尼拉公报》1998 年 1～12 月；

②英国《简氏防务周刊》1998 年。

（孟　丽）

新加坡建军计划与措施　1998 年，新加坡继续遵循“全面防卫”的战略指导思想，武装力量现代化建设取得了新的进展。

采用先进训练系统，提高人员综合素质　为解决因国土狭小训练场地严重不足的问题，新加坡武装部队除继续派员赴印尼、澳大利亚和新西兰等国进行训练外，进一步引进高科技装置，以提高军事训练质量。1998 年 3 月，新加坡空军正式装备了“搜索者”遥控侦察机，成为世界上第 1 个拥有“搜索者”遥控侦察机模拟训练系统的国家。4 月，新加坡海军战术学院正式宣布成立。该学院负责监管海军部队的所有模拟训练，下辖 2 个战术训练中心、1 个巡逻艇模拟训练中心及 1 个导弹反潜快艇模拟训练中心，并计划于 1999 年引入一套先进的海军战术模拟训练系统。此外，新加坡武装部队还注重对军官专业素质的培训，在军事学院开设初、中、高级军官三军联合训练课程，使该院率先成为世界上第 1 所为各级军官提供三军联合训练的军事院校。

发展国防工业，采购先进武器装备　新加坡国防工业建于 60 年代末，经过 30 多年的发展已成为东盟国家中军工生产能力最强、产品种类最齐全的国家。1998 年，国防工业又取得新成果。自行研制生产了 4 艘巡逻艇和 2 艘登陆舰，并对 M－113 型装甲输送车和 F－5 虎式战斗机进行改良。目前，新国防工业部门正着手于“隐形战舰”的技术研究。新加坡特许工业公司与瑞士国防科技公司合作生产出“天盾”35 型空防系统，成为世界上第 1 家发展完整独立空防系统的公司。在自行研制高新武器的同时，新加坡积极购置先进的武器装备，以满足武装部队的需要。空军向美国购买的先进的 FPS－117 远程空防雷达系统已正式启用；耗资 3.5 亿美元从美国引进的 12 架 F－16C/D 型战斗机陆续交付使用。海军向瑞典购买的第 1 艘“索尔门”级潜艇“挑战者”号也将正式服役。

密切与美国的安全伙伴关系，加强对外军事交流与合作　新加坡积极加强与美国的军事合作，并多次重申支持美国在亚太地区的军事存在，美国在新加坡部署有海、空力量。为促进美军的存在，1998 年 1 月，与美国签署了一项新的军事协议，即美国航空母舰及其他舰艇可使用 2000 年峻工的樟宜海军基地，美国舰船可以在该基地进行补给与维修。除与美国保持密切交往外，新加坡还与泰国、马来西亚、印尼、文莱、英国、澳大利亚、新西兰、印度等国举行了双边或多边联合军事演习；与美国、法国、菲律宾、马来西亚、新西兰、瑞典等国家的军队进行了人员和舰机互访。

提高福利待遇，增强军官职业的吸引力　1998 年 4 月，新加坡国防部宣布了增加军官薪金等一系列新规定，以吸引优秀人才加入军队。新的福利制度包括储蓄和退休计划、军官薪金调整计划和灵活福利计划。军官在部队服役 23 年的报酬相当于在企业和政府部门工作 40 年的收入，旨在吸引和保留更多的优秀人才为部队服务。

开展国防教育，培养全民国防意识　鉴于国土狭窄，战略纵深狭小，新加坡政府注重强调全民国防的重要性。认为应付战争的唯一方法是全面防卫，只有动员全体人民参与，才能确保国家的和平与安全。为此，新加坡政府十分重视在国民中开展国防教育。1998 年 2 月，公布了“全国学生军 2000”计划，就中学生的军事训练计划作了详细安排和规划，以培养国民的军事素质；同时，还经常举办展览、讲座及发行普及国防知识刊物等活动，向公众宣传全面防卫的目的和意义，增强国民全面防卫的意识。

资料来源：

①马来西亚《亚洲防务》1998 年 1～12 月；

②新加坡《联合早报》1998 年 1～12 月；

③英国《简氏防务周刊》1998 年 1～12 月；

（孟　丽）

印度尼西亚建军计划与措施　1998 年，印尼武装部队在国内政治和经济动荡的形势下，将主要精力投放在维护国内政局稳定方面，军队现代化建设受到较大影响。

频繁调整军队高层人事　1998 年 2～3 月间，印尼前总统苏哈托为谋求总统连任，加强对军队的控制，更换了武装部队总司令、武装部队参谋长、陆军参谋长、西部舰队司令等重要主官和一批高级军官。5 月，哈比比接任总统后，先后调整了陆军战略司令部司令、首都军区司令、陆军特种部队司令、海军参谋长、空军参谋长和警察总监等数十名高级军官、警官的职务，并将原陆军战略司令部司令苏哈托的女婿普拉博沃将军开除军籍，与之有关的部分高级军官被解职或调离，此举旨在消除苏哈托在军队中的影响。

调整军备采购计划 由于军费紧张，印尼军方宣布取消向俄罗斯订购12架苏－30型战斗机和8架米格－17型直升机的合同，推迟购买9架美国F－16型战斗机和数艘德国潜艇。同时，印尼立足于本国现有国防工业水平，加强武器装备的研制生产，并对现有武器装备进行现代化改装。海军装备了国产的KAL－12M型和KAL－28M型两种新型巡逻快艇；更换了购自原东德的舰艇主机。空军对“隼”式战斗机和C－130型运输机进行了改装，并计划研制A－4型模拟飞行教练机。

减少对外军事交往和军事演习 1998年1月，印尼军方决定紧缩各项行政开支，限制对外访问，精减驻外机构，撤回70％的驻外军事人员。7月，印尼军方宣布，减少大规模的野外实兵演习，今后演习将侧重于室内推演作业。取消“图图卡21”三军联合防空演习，缩小“勇敢A/98”防空演习的规模，海、空的一些演习改为以图上作业的方式进行。

加强预备役部队的训练 印尼根据其兵力薄弱、岛屿分散的特点，加强对预备役力量的培训，以及时满足各军、兵种的作战需要。印尼的预备役组织编制与正规部队相似，定期以团、营为单位编入正规部队，进行短期军事训练或在各种复杂的地形下进行协同作战演习，以提高预备役部队的应战能力。

改革军队职能和体制 印尼武装部队是国家政治体制中的一个重要组成部分，肩负双重职能，在保卫国家安全的同时，以合法地位参与国家的政治事务。自1998年5月苏哈托下台后，印尼反对党和广大民众指责军队过多干预政治，强烈呼吁实行民主。鉴此，1998年9月，印尼军方召开了题为“21世纪印尼武装部队的作用”研讨会，决定对现有组织体制、力量构成等进行大规模改组。军队对国家政治生活将从直接参与变为间接参与，并与非军方力量共同发挥政治作用。在体制上，从1999年4月起，将警察部队从武装部队的序列划归国防安全部，以逐步实现军队的正规化和职业化。

资料来源：

①印尼《武装部队报》1998年1～12月；

②越南《全民国防》杂志1998年1～12月；

③英国《简氏防务周刊》1998年1～12月；

（孟　丽）

马来西亚建军计划与措施 1998年是马来西亚国防建设“七五”计划的第4年，由于受亚洲金融危机和国内经济困难的影响，为节约军费开支，国防部决定推迟武装部队现代化的进程，除确保重点军事项目的建设外，其余项目将于“八五”计划（2001～2005年）中全面落实。与此同时，调整部队结构，加强人员培养，以建立一支精锐、灵活的现代化部队。

推迟或取消武器装备采购计划 1998年，马来西亚国防预算原定为58.35亿马元（约合15.35亿美元），后削减20％。由于军费压缩，海军推迟购买2艘英国“奥伯龙”级潜艇，取消向南非购买6架武装直升机和从土耳其订购8辆装甲战车的计划。海军仍是武器装备现代化的重点，马已正式启动耗资17亿美元的27艘新型近海巡逻艇的建造计划。

缩小或减少演习规模和次数 由于训练经费的削减，马武装部队严格控制军事演习的规模和次数，取消与战备无关或无助于军队建设的一切活动。各军兵种的野外实战训练和演习代之以司令部演习。与外军联合进行的训练和演习活动，仅参加少数由对方承担费用的东盟双边演习。

调整编制体制 马来西亚武装部队，计划在2000年之前完成裁军工作。其中，陆军由10万人减至8万人，海、空军各由1.2万人扩编到1.5万人。1994年10月，以陆军第10空降旅为核心组建了一支诸军兵种合成的2500余人的快速反应部队，用以在突发事件中遂行空降、两栖登陆等作战任务，并计划今后将其升格为师，进一步扩充其编制人员。海军进一步加强基地建设，计划到2010年共建15个小型海军基地和训练设施，扩建现有的6个海军主要基地，以提高综合防御能力。

大力发展人力资源 为适应科技进步和国家发展的需要，马武装部队注重提高官兵素质，恰当地发挥每个人的能力和专长，充分理解每个人的任务和职责，坚持发展人力资源。通过在国内和国外进行“第三教育”来强化军官和士兵的文化素质。引进模拟训练系统，以提高军事战术和技能的培训。陆军提出“快速通道的军官”概念，即指加快提升那些高素质的军官，作为未来军队要职的候选人。“快速通道的军官”遴选严格，符合推选条件的军官中，只有10％的人才能跻身其中。

资料来源：

①马来西亚《亚洲防务》1998年1～12月；

②英国《简氏防务周刊》1998年1～12月；

（孟　丽）

印度建军计划与措施 1998年3月印度人民党上台后，为加强国防和军队建设采取了一些新的措施，主要措施及计划如下：

继续增加国防预算 1998年3月25日，印政府公布了1998～1999财政年度国防预算，总开支约为147.88亿美元。主要特点是：(1) 国防预算继续保持高增长。在1997年高额军费开支的基础上，1998～1999年国防预算增加8.7%。陆、海、空三军军费比上年度分别提高14.31%、9.99%和9.85%，分别达到63.6亿美元、17.27亿美元和8.11亿美元。(2) 重视提高军人福利待遇。1998～1999财政年度国防预算中的养老金开支，由上年度的1.5亿美元增至2.55亿美元。另外，决定大幅增加工资和津贴，使军人待遇得到很大提高。

恢复国防部长委员会会议 1998年3月24日，印度新任国防部长费尔南德斯恢复了间断20年的国防部长委员会会议。该会议由国防部长召集政府高级官员和三军参谋长参加，参加会议的官员包括国务秘书、总理主任秘书、外交秘书、国防秘书、国防生产秘书、国防部长的科学顾问和三军参谋长。印恢复国防部长委员会会议的主要目的是使陆、海、空三军参谋长更有效地参与国防决策。

成立国家安全委员会 1998年3月下旬，印度人民党在其施政纲领中明确提出，将成立印度国家安全委员会对印面临的威胁及战略防务进行评估。4月上旬，总理瓦杰帕依下令成立一个由前国防部长潘特领导的特别工作小组，负责成立该委员会的筹备工作，包括制定国家安全委员会的职责及其在宪法中的地位等。11月19日，正式成立国家安全委员会，成员包括总理、内政部长、国防部长、外交部长、财政部长、计划委员会副主席等6人，由总理担任主席。该委员会的主要职责是，在总理的领导下就印度面临的政治、军事和经济形势进行评估并提出建议。委员会下设秘书处、战略政策小组和顾问委员会，战略政策小组负责各部门之间的协调及国防战略评估工作，成员包括内阁秘书、陆海空三军参谋长等。顾问委员会由政府中对安全问题有专长的高级官员组成。

改革国防体制 1998年4月中旬，国防部长费尔南德斯宣布，印计划对现行国防体制进行改组。将国防部和陆、海、空三军司令部合并，以加快决策的制定。进行上述改革后，陆、海、空三军参谋长将成为国防部长的参谋长，其指挥权可通过适当的立法，下放到三军战区司令部手中。10月底，印军召开三军参谋长联席会议，对印军建设与发展方向进行深入探讨，并在国防体制改革方面提出以下建议：(1) 建议吸收现役军人在国防部担任要职；(2) 设立国防参谋长统一指挥和协调三军的行动；(3) 设立战区司令部统辖战区内三军行动。

拟成立远东海军军区 1998年5月6日，国防部长费尔南德斯在记者招待会上宣布，他已同国防部讨论了建立远东海军司令部的建议，很快将就此做出决定。1999年1月10日，费尔南德斯又宣布：将尽快在东海岸设立远东海军军区，并在安达曼和尼科巴群岛设立远东海军司令部。安达曼和尼科巴群岛由330多个岛屿组成，距印度本土1200千米，距印尼不足90千米，距缅甸只有50千米，易受外部影响，是印度最不安定的地区。设立远东海军军区的主要任务是：对付中国在距安达曼群岛40千米的缅甸科科群岛设立监听站对印度造成的威胁，同时也将担负起指挥“搜索、救援和反海盗行动”的使命。

正式启动海军“海鸟工程” 印报托1998年9月9日报道，海军南海司令称，印海军在卡纳塔克邦卡尔瓦尔实施的代号为“海鸟工程”的大型海军基地修建工作已正式启动，工程所需的土地征用工作已基本结束。该工程计划耗资2500亿卢比，用10年的时间完成。海军早在70年代初即提出修建该基地，目的在于为海军提供一个一体化基地，用于驻扎作战舰队。该基地建成后，将成为亚洲最大的海军基地。

加紧实施核武器化进程 1998年3月印度人民党执政后，一改历届政府一直奉行的“保留核武器选择自由”的近核政策，在其施政纲领中明确提出“将重新审议印度的核政策，并行使引进核武器的选择权”。国防部长费尔南德斯也公开宣称，“如果发现核武器是必要的话，那么就不应对此敬而远之”。5月11日和13日，印度人民党在上台不到40天，即在拉贾斯坦邦塔尔沙漠距印巴边境约100千米的博克兰试验场进行代号为“强力98”的地下核试验，连续爆炸了1枚4.5万吨的热核装置、1枚1.2万吨的裂变装置和3个分别为200、300、500吨级的低当量装置。印进行核试验后，不顾国际社会的制裁和反对，加紧实施核武器化进程，其主要措施和计划是：

确立“最低限度核威慑战略” 核试验后，印一些防务专家建议政府建立“最低威慑核武器库”，并制定一项利用该武器库的政策。他们认为，进行核试验仅仅证明了印度制造核武器的能力，但要充当一个核武器国家，必须制造核弹头。1998年12月，总理瓦杰帕伊在议会明确提出，将奉行“最低限度核威慑战略”，印拥有的核武器规模将根据面临的安全环境的变化而变化。印度的核武器使用原则是：不对无核国家使用核武器，不首先对有核国家使用核武器。根据印度对国家安全环境的分析，“最低限度核威慑”的主要目标有三：一是中国。印度始终认为，中国不仅在综合国力上强于印度，而且是一个核大国，拥有一个强大的核武器库。据印防务专家估计，中国拥有500枚核炸弹或核弹头，其中有200多枚核炸弹可以

由战斗机携带投掷。同时，中国拥有大量陆基弹道导弹和潜射导弹，可以随时对印度的重要城市和军事目标实施核打击。因此，印度认为，在中国对印安全构成的威胁中，核武器是最大的威胁。二是巴基斯坦。印度认为，巴基斯坦一直在针对印度秘密发展核武器。1998年5月底，巴连续进行6次核试验，证明巴已具备核武器生产能力。与此同时，巴也不断地发展核运载工具，已先后研制出了“哈特夫”系列导弹和“高里”中程弹道导弹，使核运载工具有了长足的进展。因此，巴基斯坦对印度的国家安全构成潜在威胁。三是外部核力量。印度认为，印度洋的安全与印度的国家安全息息相关。大国海军核动力航母和核潜艇经常出入印度洋既对印度的安全构成威胁，又妨碍印对印度洋的控制。

建立“三位一体”的核打击体系和核防御力量 国防部长费尔南德斯在印核试验后已公开宣布，鉴于印度已成为核国家，政府已着手用核技术来满足武装部队的需要。为了增强核威慑能力，计划逐步建立起以陆基核打击力量为主体、以空中核打击力量和海基核打击力量为辅的“三位一体”的核打击力量体系。①在陆基核打击力量方面，印度的发展计划是：重点发展“烈火”1型中程弹道导弹，力争尽快投入批量生产，装备部队使用；加快“烈火”2型中程弹道导弹的研制工作，力争在2000年前研制成功；扩大“大地”式短程导弹的生产规模，更多地装备部队；加紧各种核材料储备和核弹头的生产，形成核打击能力。②在空中核打击力量方面，印度的发展计划是：重点发展可携带核弹头的“三叉戟”空空导弹，改进部分空地导弹，使之具备携带核弹头的能力；加紧引进苏-30型、米格-29型作战飞机，增强空中核打击力量；组建战略空军指挥部，加强作战指挥与协调；加强空军作战部队在核条件下的模拟训练，提高核条件下作战能力。③在海基核打击力量方面，印度的发展计划是：建造或购买航空母舰，发展核动力潜艇，研制潜射导弹和巡航导弹。④在核防御力量方面，印度的发展计划是：完善地面综合防空系统，装备新型防空预警雷达，提高核危机的预警能力；引进俄罗斯S-300型防空导弹系统，自行研制“天空”导弹防御系统，提高防核打击能力；海军发展反舰导弹防御系统，增强水面舰艇导弹防御能力。

继续改善武器装备 *武器引进* （1）将从俄购买S-300V型机动防空导弹系统。1998年6月中旬，印国防部秘书库马尔率高级国防代表团访问俄罗斯，达成从俄购买6套S-300V型机动防空导弹系统的协议。S-300V防空系统分为导弹系统和指挥与控制系统两部分。其中导弹系统由导弹和机动发射装置组成，导弹包括两种：一是SA-12A“斗士”导弹，重约2200磅，最大速度为每秒1.7千米，最大射程为75～90千米，最大射高为25千米。该型导弹具有战术反弹道导弹和防空双重作用。二是SA-12B“巨人”导弹，重约3300磅，最大速度为每秒2.4千米，最大射程为100～200千米，最大射高为30千米。机动发射装置可携带2枚SA-12B导弹或4枚SA-12A导弹。指挥与控制系统由指挥车、监视雷达、扇形扫描雷达和制导雷达组成。指挥车主要负责区分主次目标，指挥雷达系统进行跟踪。指挥车通常安装1部监视雷达和1部扇形扫描雷达，可探测200个目标，跟踪70个目标，并把24个目标自动转发给4部雷达系统。监视雷达主要用于一般观察，能够探测200个目标，并将数据传输给指挥车。扇形扫描雷达用于支援战术反弹道导弹，并持续监视可能接近的敌方导弹。当一高速目标被探测到，该雷达即接通目标跟踪器，自动向指挥车传输轨线参数。该雷达系统能够在4秒钟内扫描方位角360度、仰角50度以内的任何目标，最大扫描距离175千米，精确距离为200～300米。制导雷达主要负责控制发射器和发射导弹，可同时控制6个发射器，发射6枚导弹。

印从俄购买S-300V防空系统后，将同国产的“拉杰德拉”相控阵雷达和“阿卡什”远程地空导弹结合，组成能够有效拦截和摧毁飞机和弹道导弹的防空系统。

（2）从俄购买的40架苏-30战斗机，2000年前将陆续装备部队。据英《简氏防务周刊》1998年8月报道，根据印俄1996年11月达成的印从俄购买40架苏-30MK远程多功能战斗机的协定，继1997年4月将首批8架交付印度之后，于1998年底将第2批8架交付印度。此次交付的8架苏-30型战斗机安装有VEC-300仰视显示器、相控阵雷达及红外激光传感器吊舱等先进设备，其攻击能力较第1批有所加强。第3批12架苏-30型战斗机将于1999年交货，最后一批12架计划于2000年前交货。

9月2日，国防部长费尔南德斯宣布，印将进一步加强同俄罗斯的防务合作，已决定再从俄购进10架苏-30战斗机。

（3）从俄购买的2艘潜艇编入海军服役。1997年12月24日，印度从俄罗斯购买的“拉克沙克”号潜艇正式编入海军服役，俄罗斯驻印大使罗尼森出席了仪式。该型潜艇长约70米，可以25节的巡航速度在水下潜行2万海里，可装备18枚鱼雷，配备85名海员，具有高质量的超低噪声分散功能，该型潜艇是印近年内从俄引进的第2艘“基洛”级潜艇。

1998年3月5日，印从俄购买的第9艘K级潜艇“辛杜拉沙克”号正式编入海军服役。该潜艇装备有有线制导和尾迹导航的鱼雷以及“斯特莱拉－M”导弹，水面航速10节，乘员59人。

(4) 计划从俄购买坦克、护卫舰和空中加油机。《印度时报》1998年3月4日报道，印军计划从俄罗斯购买300辆T－90型坦克、4艘现代化护卫舰和6架伊尔－78型空中加油机。

(5) 计划从瑞典获得“博福斯”火炮技术转让。1998年10月9日，国防部称，印正努力从瑞典获得“博福斯”火炮的技术转让。1986年，印同瑞典签定的购买410门“博福斯”火炮合同中曾包括技术转让条款，但由于出现受贿传闻而中止了合同的执行。目前，印陆军购买的410门“博福斯”火炮，由于缺乏零部件已有大部分不能使用。

武器研制　(1) 进行“天空”和“三叉戟”导弹发射试验。1998年9月1日，印度成功地进行了“天空”和“三叉戟”导弹发射试验。其中“天空”地空导弹是年内第2次试射。该型导弹重650千克，射程为25千米，可携带50千克常规弹头。

(2) “阿格尼”2型中程弹道导弹研制成功。印报托1998年9月5日报道，印已生产出2枚“阿格尼”2型中程弹道导弹，计划于12月进行发射试验。该型导弹采用“再进入大气层”等国内最先进的技术，射程可达2500千米。

(3) 加紧核潜艇和潜射导弹的研制工作。印报托1998年9月14日报道，印正在加紧核潜艇的研制工作。核潜艇所用核反应堆的陆上测试，将于一年内完成。第1艘核潜艇的龙骨将于2001～2002年安装，2006年～2007年试航，2008年正式加入海军服役。在制定研制核潜艇计划的同时，根据“综合导弹发展计划”正式批准了“萨加里卡”潜射导弹的研制计划，使潜射导弹与核潜艇的研制工作同时进行。该导弹的设计射程为300千米，是一种海基巡航导弹，计划在2000年前完成研制工作。

(4) “皮卡纳”多管火箭炮投入批量生产。印报托1998年9月20日报道，印度自行研制的“皮卡纳”多管火箭炮，已开始在各兵工厂投入批量生产，将于年底正式装备部队。该火箭炮与美、俄等国的同类产品相比性能优良，可满足陆军使用密集火力摧毁80千米外目标的需求。

(5) 自行研制的导弹护卫舰和快速攻击艇正式服役。1998年2月26日，印海军“贝瓦特”号导弹护卫舰建成下水，该舰由加尔各答的加登里奇造船厂建成，由加尔各答海军设计局设计，舰长125.6米，宽14.41米，功率为3.1万马力，最大航速30节，装备有新式武器系统、传感器及先进通讯设备。

9月21日，印度正在建造的4艘快速攻击艇中的第1艘（T－61）于9月21日在加尔各答下水，正式编入海军服役。该攻击艇长48米，重260吨，时速25节，装备有最新式的探测系统及带多种传感器的舰炮和武器系统，将担负巡逻、警戒、反走私和保护渔船等任务。

(6) 同俄罗斯、以色列联合研制预警飞机。印报托1998年11月7日报道，俄罗斯和以色列正在联合帮助印度研制早期预警飞机，该项联合项目价值10亿美元，由俄罗斯提供伊尔－76飞机，由以色列提供费尔康（phalcon）传感系统。

(7) “捕蝇”雷达研制成功。1998年10月15日，印度已成功研制出“捕蝇”雷达，该雷达采用数字式电子技术，具有极强的跟踪能力，可跟踪各类飞行目标，并将其锁定。目标一旦被锁定，即使做出规避动作也无法逃脱。

(8) 制定研制高技术灵巧武器计划。1998年10月16日，印度国防研究与发展组织制定了一项在两年内制造一系列高技术灵巧武器的计划。该计划以生产高精密常规武器为主，包括灵巧炸弹、精确制导导弹、智能地雷和各种新型弹药，预计耗资5～8亿美元。为此，政府已组建了装备研究委员会，专门负责制定政策，协调任务。

(9) 轻型直升机交付使用。1998年12月，印自行研制的先进轻型直升机第1批12架交付使用，其中2架交付印海岸警卫队用于搜索和救援，2架民用，其余8架交付军方使用。该机属于一种多用途多功能直升机，重5.5吨，装有两台TM－333－2B型涡轮发动机。研制计划始于1984年，第1架原型机于1992年8月进行首次试飞，迄今为止已累计试飞500小时。

(10) 加紧研制新型教练机和运输机。为满足武装部队今后几年的需求，印加紧了新型喷气式教练机和攻击直升机的研制工作。该型机是为空军和海军替换目前的基兰MK－2型教练机而设计的，预计将在5年内交付使用。该型机的单价为2亿卢比，将是下一代基础训练机，设计寿命为7000小时，携带有4个每个可挂载500千克的挂弹架，并设计有轻型弹射座椅。

印度斯坦航空公司正与印度航空公司磋商，讨论研制50座轻型运输机问题。该公司将很快制定出一个工业生产计划，为私营航空公司、准军事部队和印度国家航空实验室合作生产“萨拉斯”14座轻型运输机的机翼和起落架。

(11) 轻型战斗机将于2003年装备部队。1998年6月中旬，国防部长科学顾问卡拉姆表示，印国产

LCA轻型战斗机不久将试飞，2003年装备空军。以1994年的价格计算，该型机的造价为2100万美元。目前，原型机1号正为试飞进行一系的地面试验，而原型机2号将于1999年2月从印度斯坦航空公司出厂。在首次试飞中，将使用美国制造的G－404发动机，但印国产卡维里发动机正接受试验，1999年可能投入生产。

此外，印度将改进米格－27型战斗轰炸机。空军参谋长萨林9月中旬表示，印将自行改进其全部120余架米格－27型战斗轰炸机，改进项目包括雷达、电子及武器系统。

（刘温国）

中国台湾军队建设计划与措施 近年来，随着国际形势的变化，中国台湾当局将其军事战略从“攻守一体”转变为“守势防卫”。在作战指导思想上强调贯彻“战略守势、战术攻势”的原则。为此，台湾军队在其《十年兵力整建计划》的基础上，重新制定了《军事组织及兵力规划案》。其主要措施有：

调整陆军的编制和部署 目前，台湾陆军总兵力20余万人，主要武器有通用及攻击、战斗直升机160余架，M－60A3、M－48H等坦克1300辆，火炮1400余门。

为配合10年整军计划，台湾军队对陆军的编制构架作了全新调整。在1997年1月完成的《二代兵力规划案》中，确立“联兵旅”为未来地面部队的主要编制类型。今后，台湾“陆军总司令部”以下仍维持5个作战区与两个外岛司令部，负责各地区作战指挥、战斗及支援勤务，而将基本作战单位由“师”改为“联兵旅”。联兵旅是将陆军的步、炮、装、陆航等部队结合改编而成，分为守备旅及打击旅两种类型。打击旅专司机动作战；守备旅以步兵为主负责守备。根据这个计划，台湾军队防御战略构想也将随之更动。由于联兵旅具有“小型、机动、平衡、自足、多功能”和“迅速集中、适时投入地区决战”的作战能力，适于“预警短、纵深浅、决战快”的岛屿防卫作战。联兵旅平时在台湾本岛作机动部署，战时负责机动作战，跨越邻近作战区行使增援任务。本岛的守备部队，以传统步兵营为主，本着“小型、轻装、弹性”的精神，编成守备步兵旅，战时作各作战区守备力量。在外岛方面，台湾陆军编组则依地形任务各有不同：澎湖地形平坦，采取“机动防御”部署，机械化部队分区控制，集中运用。在金门，将以往的4个师编制取消，改为联兵旅，其中金东、金西、烈屿3个守备旅担任分区守备，南雄旅担任机动作战。马祖、东引则因地形陡峭、工事坚固，部队编组以步兵为主，采取阵地防御、据点守备相结合的办法部署。

台湾陆军于1997年11月1日开始逐步把作战部队改编成联合兵种旅。改编的办法是将原来的作战师大幅缩编，分别编成“守备步兵旅”、“装甲步兵旅”和“摩托化步兵旅”。将陆航指挥部改编成“空中骑兵旅”、空降特战司令部改编成“特种作战旅”。装甲旅则是由原先的独立装甲旅与步兵的装步营混合而成，主要武器装备包括M－48H主战坦克、M－41轻型坦克、各式装甲车、“陶”式反坦克导弹及M－109自行火炮。平时担任地区紧急应变的角色，战时则作机动使用，负责反突击、反空降及重要地区守备。原航空指挥部及陆军空降特战司令部合并成“航空特战司令部”，下辖3个空骑旅和3个特战旅，并在台湾北、中、南各部署一个独立航空特战联兵旅单位。

根据上述的编制方案，台湾陆军将主要由装步旅、摩步旅，装甲旅、空骑旅、特战旅等5种专司机动作战的联兵旅和守备旅组成。目前台湾陆军已首先完成了装步旅和空骑旅的实验编装；摩步旅、装甲旅、特战旅正在进行编装调整。

根据联兵旅近期规划要求，1997年，台湾陆军基本完成了精简后备、汰换老旧装备、筹补部分新型实验装备和增强反应能力的任务。1998年开始实施中期规划，拟用5年时间，以强化地面部队机动打击、指挥通信为主，进行最大规模的战力更新及编制改变计划，使陆军编制从大陆军体系改成海岛防卫的联兵旅体系。

加强海空军装备，提高反潜能力 1998年台湾军备建设继续坚持“海空优先”的原则。台湾军方力图通过外购、租借、改装、自制等手段，从空中、水上、水下3个方面加强海空军的装备。

首先将从法国采购的6艘拉斐特级导弹护卫舰全部编队服役，配合佩里级战舰作为台湾海军作战主力。接着，再把向美国租借的9艘诺克斯级导弹护卫舰中的一部分改租借为购进，编入现役。台湾自行建造的7艘佩里级导弹护卫舰也已全部交货，3艘近岸护卫舰已命名下水。目前，在积极争取采购美国宙斯盾军舰的同时，正筹划建造新一代大型导弹快艇。

台湾海军把潜艇看作是对台湾海峡局势有战略性影响的装备。目前，台湾海军只有4艘潜艇，其中2艘已十分老旧。今后，拟再增加6至12艘，淘汰旧艇后潜艇总数将为12艘。由于美国已明确表示拒绝以任何方式向台出售潜艇，因此，台湾一方面竭力寻找军火供应渠道，一方面开始启动自造计划，台湾“中钢”公司已研制出TY潜艇用钢，“中船”公司已在进行潜艇船体设计与建造工艺的研究。

在加强空中打击能力方面，台湾空军已完成了两个美制 F-16 战斗机中队的组建；从法国购买的幻影战斗机也于 1998 年 11 月正式服役。台湾自己研制的“经国”号（IDF）战斗机已编成 3 个中队，计划 1999 年再成立一个 IDF 战斗机中队。另外，台湾中山科学院还计划研制“第 3 代战斗机”。

值得关注的是台湾加大了反潜能力的投入。首先，加强了海军在空中的反潜能力，1998 年 7 月将空军的 S-2T 反潜巡逻机改属海军。其次，在舰艇和飞机上加装反潜导弹、反潜预警设备。美国也已表示愿意考虑出售反潜直升机等多项装备给台湾。

谋求建立反导弹防御网　近年来，台湾寻找各种途径购买反弹道导弹，以提高反导弹能力。1998 年，他们从美国采购的 3 套“爱国者”防空导弹已完成部署，其阵地在台北周边，作为“大台北”地区反导弹的防御伞。台湾当局还计划在 5 年内添购“爱国者”导弹的后续改进型或采用“天弓”2A/3 型反战术弹道导弹，构成台湾中南部反导弹防护网。目前，台湾军方正在进行“天弓”3 型反导弹系统的开发，计划在两年内完成实战部署。

在建设自身反导弹防护网的同时，台湾当局伺机加入美国战区导弹防御系统（TMD），以期得到更大的保护伞。李登辉指示军方积极争取加入 TMD。为此，台“参谋总长”唐飞秘密访美。

据悉，台湾导弹防御面临的最大困难是缺少侦测导弹的预警卫星监测系统和远程预警能力。为突破这一难点，台湾军方有可能采取“毒蝎战略”，即暗中强化地地导弹中远程攻击能力，在弹道导弹袭来之前，进行先发制人的攻击，以此加强反导弹攻击防御能力。

努力提高预警能力　尽管台湾近年来大量采购“新一代武器”，但各种武器之间却无法进行信息的交换，以致无法有效发挥其战斗力。比如，从美国购买的 E-2T 预警飞机，须先把情报传回空军作战指挥中心，再向其他战斗机下达命令，与海军舰艇更是无法进行信息交换。因此台湾军方把重点放在能够协调三军武器的“整合体制软件”上，以便各军种能在短时间内协同作战，缩短预警时间。台湾已发射的“中新”1 号卫星中，就有一部分转频器是用于建设军用通讯网的。现在，台湾已取得美国技术转让的许可，将与美合作建造小型卫星。另外，台湾军方已同意研制侦测距离达 1000 千米的远程预警雷达，计划于 4 年内完成部署。

武器采购转向“软件优先”　由于台湾购买武器越来越困难，加之已购买的武器需要“消化吸收”，而购买军事技术类“软件”又不容易引起出售方过多的政治顾虑，因此从 1998 年开始，台湾采取了购买武器“软件优先”的策略。对“软件”的需求主要集中在与导弹、雷达、潜艇及飞机有关的技术以及作战人员的培训上。

目前台湾军方正考虑扩大与美国的双边训练计划，在新的军售计划中，由美方针对情报搜集和电子战负责训练台湾陆军人员，目的是使台湾取得这种训练的能力，而不是训练操作某个特定系统的人员。台湾空军与美国联合训练计划包括一个 F-16 战斗机中队在美接受飞行员训练及后勤支援。由于美国限制售台湾武器并不包含对台的技术转让，因此台湾有可能从美国得到敏感武器的制造技术。在经济利益驱使下，一些欧洲国家也有意向台出售武器或相关技术。

为使人员与武器有效配合，发挥外购武器的最大战斗力，台湾进一步加强了岛内军事训练和演习，1998 年 9、10 月间，台湾军方进行了三军协同作战实弹演练。

以多种方式扩大武器采购渠道　台湾当局除继续加强和维护与美国的军事联系，公开支持日美防卫范围涵盖台湾海峡外，还加强与法、德、意、俄等欧洲国家在军事上的联系，以扩大购买武器的渠道，缓解其在武器购买上遇到的“麻烦”。

为了提高部队的整体作战能力，台湾军队从 1998 年 7 月开始实施所谓“精实案”的第 2 阶段计划，力图建立一支“量小、质精、战力强”的军队。其中，陆军变革最大，它的“作战师”经过精简“整合”，编组成“联合兵种旅”。与此同时，台湾空军、海军也进行了精简。

1999 年，台湾当局将以军队指挥、控制、通信、情报、监视、侦测系统与电子战、信息战等需要为投资的优先部分，以提高早期预警效率，更新侦测装备，落实情报战备，探讨信息战的发展战略。

资料来源：

《世界军事》杂志 1998 年第 9 期和 1999 年第 3 期。

（杏　花）

英国建军计划与措施　为适应 21 世纪初的新形势，近几年英国政府对防务战略进行了全面审查，提出了部队建设和武器装备发展的一系列新政策和新思路。

调整武装力量体制，组建快速反应部队　为适应未来战争的需要，英国防部对武装力量体制进行重大调整，主要包括：（1）收缩部队规模，改革部队编制。冷战结束以来，英军大幅度压缩了武装部队的规模，其中坦克部队减少了 45%，潜艇部队减少了 57%，空军计划到 2002 年从德国全部撤军。英国对约 2500 个部队单位进行改编，包括撤回了驻德的 3 个装甲团，把 8 个装甲团改编为 6 个，其余 2 个团改编为装甲侦察和防生化部队。未来几年里，攻击潜艇将由 12 艘减为 10 艘，驱逐舰和护卫舰由 35 艘减为 32艘。（2）拟于 2001 年完成“联合快速反应部队”的组建工作。“联合快速反应部队”与现在的“联合快速部署部队”不同，它集中了三军的快速反应力量，承担紧急联合行动任务，由两个梯队组成。第 1 梯队是“及早投入战争”的最初军事力量，第 2 梯队是经过较长时间动员准备后提供的后续力量。第 1 梯队将提供一个海上特遣群（大队）与空中力量的联合特遣部队，用于遂行威慑和遏制任务，引导地面作战部队、水陆两栖部队及特种部队的行动，国防部将组建机动灵活的联合特遣部队司令部，用于指挥第 1 梯队的行动；第 2 梯队将对第 1 梯队部队提供增援，使之能参加大规模的作战行动，其中地面部队将由一个突击旅或装甲旅级单位组成。“联合快速反应部队”的规模大致为：20 艘主战舰艇/潜艇、22 艘其他舰艇、4 个地面旅、110 架作战飞机、160 架其他飞机。（3）成立“2000 联合部队”。英国计划用“未来航空母舰舰载机”代替目前皇家海军的“海鹞”和空军的“鹞”式战斗机，成立“2000 联合部队”。国防部将为此建立共用战斗机、共同作战程序、共同维修和共同保障的机制。（4）成立联合直升机部队司令部，统一指挥海军的登陆直升机、陆军的攻击直升机和空军的支援直升机。（5）成立两个联合后勤司令部，增加后勤人员的数量，以便保障应付两场同时发生的战争的需要。（6）收缩驻海外部队。拟于 2002 年前撤回全部驻德空军和陆军的 3 个装甲团，领地驻军也将由目前的 5.6 万人减至 4 万人，并成立一个“领地部队机动中心”。（7）加强后备力量的建设，尤其是后勤部队后备力量的建设。（8）加强武装力量人员的教育和培训，建设“知识化部队”。

改革后勤管理体制　国防后勤保障能力在 21 世纪将成为衡量一个国家军事能力的重要因素。为改革后勤管理体制，英国防部制定了新的装备维修政策，并着手对装备维修供给与运输机构进行调整，主要措施包括：（1）转变观念，实行跨军种联合管理。国防部强调三军后勤部门要“精简高效”，要求改变三军后勤部门各自为政的局面，实施“联合”和“牵头”管理模式，打破军种限制，从全军的角度综合考虑军队建设和装备保障，由新组建的联合机构或由某个“牵头军种”代表三军统一管理。国防部计划在合并三军后勤部门的基础上，成立统一的后勤机构，并增设国防后勤参谋长职位，由四星级将军担任。该机构不但要保障国防后勤的整体需要，还须满足个别军种的特殊需求。军用燃料、油料的采购与管理也采用牵头军种管理的方法。（2）成立“国防航空维修局”，统一负责各军种飞机的修理和大修。（3）成立“陆军基地维修组织”，统管陆军装备保障的规划和采购工作。（4）组建“国防存储与配给局”，用牵头军种管理取代现行的三军单独管理模式，统一负责三军非爆炸性武器装备的保管和配给。爆炸性武器装备 1999 年 4 月以后统一由海军保管。（5）组建防务运输和调拨机构，负责全军物资和战略机动力量的运输和调拨工作。

确定武器装备和军事技术发展重点　新形势下英国武器装备发展的基本政策和装备重点是：（1）保持低水平的核威慑能力。基于国际形势的缓和，英国将进一步减少核武器的数量，并降低战备水平，但认为有必要保留最低的核威慑力量。英国今后将只保留由单一的“三叉戟”导弹核潜艇组成的核力量，核弹头将保留到 200 枚以内。英国打算继续保持在海上的威慑性巡逻，但每次只有 1 艘装有 48 枚核弹头的潜艇执行巡逻任务。（2）继续支持重点采办计划，如：EF－2000 战斗机、“阿帕奇”攻击直升机、“机敏”级潜艇和“猎迷”海上反潜侦察机等。（3）建造新型航母等海上作战平台，提高海军快速反应能力。拟装备 2 艘能搭载 50 架战斗机和直升机的大型航空母舰、建造“堡垒”号及“阿尔比”号两栖登陆艇等。（4）采购集装箱滚装船和 C－130J 运输机，提高战略和战术机动能力。（5）计划装备先进的情报和通信系统。如“阿斯托”机载地面监视雷达、装有“不死鸟”电子侦察系统的无人驾驶目标搜索机和新一代战场侦察机等。（6）制定防务技术发展战略。1996 年，英国防部制定了技术发展战略，并据此制定了相应的技术研究计划，旨在最大限度地把世界范围内的先进科技用于军事领域，提高武器装备的高技术含量。英国《战略防务审查》白皮书认为，在科技迅猛发展的新形势下，国防部应制定措施推进技术进步，这包括：①集中力量发展隐形、探测、电子战、制导等关键技术；②调整国防部“国防工业委员会”的职能，加强其在军民两用技术发展与交流方面的职能与作用，在国防大臣主持下制定国防技术战略；③成立国防多种经营局，以促进军用技术向民用领域转让，推动军民两用技术双向交流；④国防部对民用技术在军事系统中的应用提供资金；⑤加强国防科研合作与交流。

改革武器装备采购体制　近几年，根据军事战略和武器装备发展计划的调整，英国不断改革武器采购做法，制定了新的采购战略和政策。为解决武器项目延期交付，经费超预算、新装备可靠性和可维护性差等问题，英国政府采取了一系列措施，改进装备的采购方式，提出实施“精明采购战略”，要求加强武器采购的全寿命一体化管理水平，简化采购程序，缩短研制周期，武器采办更多地引入市场机制和采用商业经营做法，以提高管理效益，降低成本。“精明采购战略”的主要内容包括：(1) 在武器装备采购和服役的各阶段，由一体化项目小组实施全寿命管理，以便在计划制定初期能全面考虑军事需求、进度和成本的综合平衡，缩短研制和生产周期，降低成本。一体化项目小组的成员不仅包括军事、技术、采购、后勤保障等方面的专家，还有承包商代表。(2) 实行分类采购，将采购项目划分为3类，每类采用不同的采购程序，各类项目的经费分别占每年装备开支的三分之一。第1类是能从市场上直接购买的，主要是一些日用品，对这类项目可简化采购程序，如使用信用卡等；第2类是中等规模和中等技术风险的项目，主要是子系统或现有武器装备的改进项目，这类项目需国防部监控；第3类是复杂的武器系统项目，这类武器单位成本高，技术风险大，资源供应有限，需要装备审批委员会进行监控。(3) 简化研制和审批程序，适应技术的不断发展。武器研制程序由概念研究、可行性研究、方案论证、全面研制与生产、验收试验等程序简化为概念研究、评估、演示验证和生产。概念研究和评估阶段将花费更长时间，费用约占项目总经费的15%，主要任务是寻求可行的技术方案，减少风险，制定武器采购计划。(4) 改进经费评估与预测方法，采用一体化的全寿命费用预测，统筹考虑进度、成本、资金与资源分配等各种因素；采用一些商业做法，包括一些激励承包商的措施，尽量少改动合同；更多地考虑承包商过去的业绩，减少对承包商的审查。(5) 改变国防科研与装备采购管理方式。1995年英国防部集中直属科研试验与鉴定机构，组建国防监定与研究总局，并根据国家贸易基金法，实行政府贸易基金制，基本特点是：由政府拨款改为贷款，允许自筹资金，经济上自负盈亏；对国防科研任务实行承包制并优先保障；实行商业化经营，争创经济效益。从1999年1月开始，国防部装备采购部也将采用这种管理方式，享有充分的独立性和业务自主性，以商业经营方式进行工作。届时，装备采购部与供应商将变为商业关系，但它不对供应商进行过多的审查，以争取企业的信任与合作，减少管理费用。(6) 加强经费支持。为确保武器装备采购的顺利进行，英国不断提高装备采购的经费投入，国防采购费占国防费的比例已由1993年的36.7%上升到1996年的41.3%，1997年国防采购费为90.5亿英镑（136.9亿美元），占国防费的40%多。

（郑华光）

德国建军计划与措施 提出新的建军总体规划 1996年2月，德国国防部正式提出新的建军总体规划——《德军97建设规划》，重新明确德军新时期的任务，并对部队编制、国防预算、武器装备等进行了重大调整，其调整的幅度、广度和深度在战后德军历史上是罕见的。

新规划的主要内容 《德军97建设规划》在军队业已进行大规模精简整编的基础上，对德军至2005年的发展提出了新的目标、要求和措施。

针对变化了的安全环境，确定军队新时期的任务 德军认为，目前德国已不再是昔日两大军事集团对峙的前线国家，其周边国家除了盟国就是友邻，且德国现已不处在其战略对手实际战略打击的有效范围之内，安全环境发生了根本性变化。同时，由于北约任务增加了对全球危机作出快速反应等方面的新内容，德军将面临战后50多年来从未遇到过的新使命和新挑战。鉴此，德军在新时期将承担4项任务：在中欧的防御任务和北约集体防御任务；北约在中欧以外的危机反应任务；联合国和欧安组织赋予的危机控制和维和任务；抢险救灾和营救难民的任务。

进一步压缩部队员额，重新确定德军的编制规模 新规划决定将德军总兵力由37万人减至33.8万人，其中陆军由25.78万人削减为23.34万人，空军由8.23万人减至7.74万人，海军由2.9万人减至2.72万人，全军共裁减3.11万人。精简计划从1996年10月开始实施，至1997年9月完成。届时全军33.8万人中，军官为3.8万人，占全军总人数的11.2%，士官为12.2万人，占36.1%，服役2年以上的合同兵为4万人，占11.8%，义务兵为13.5万人，占36.1%，预备役参训人员0.3万人，占0.8%。此外，该规划也明确规定：发生危机时，不经战争动员德军的总兵力可增至37万人。战时，经战争动员德军总兵力可达65万人至70万人。

确定危机反应部队和主要防御部队的组成及战备等级 新规划确定，陆军是此次调整的重点，其作战师由8个减为7个，作战旅由24个减为22个，并在此基础上重新划分危机反应部队和主要防御部队。陆军危机反应部队为6个作战旅，主要防御部队为16个旅，但主要防御部队中有4个旅被确定为危机反应部队的补充和替换部队。此外，根据不同的战备等级将陆军作战旅分为4类：一是危机反应旅；二是危机反应补充增援旅；三是快速扩充旅；四是半满员机械化旅。陆军编制体制的调整，将于1999年年底完成。空军10个战斗机联队中有6个为危机反应部队；6个防空导弹联队中2个为危机反应部队；4个空中运输机联队中3个为危机反应部队。海军因其平时战备水平较高，没有划分主要防御部队和危机反应部队，但海军的一些作战单位平时已被指定为供危机反应部队优先调动的力量。

修订装备计划，确定新的装备重点 新规划明确规定，通信、侦察、精确制导武器和快速投送工具，将是今后10年德军装备的重点；提出了30个装备项目及其装备时间表，其中属于全军性的装备计划共有5项：①发展卫星通信系统，计划到2003年列装；②发展新型战役照像侦察系统，计划于2001年列装；③从1998年开始引进新型多用途运输机和运输直升机；④计划至2005年前对现装备的空中预警系统实施现代化改进；⑤准备在2000年前引进可装备一个作战师的新型野战装具。其余25项为陆、海、空三军的新型装备计划。该规划将全军装备计划分为两个实施阶段：一是在2000年前，优先完成全军危机反应部队的装备现代化；二是准备在2000～2005年，完成全军主要防御部队的武器装备更新计划。

调整国防预算构成，提高武器装备采购费所占比例 90年代以来，德军连年削减军费，已从1990年的533.62亿马克减至1998年的466.7亿马克。从占政府预算的17.3%降至占10.2%。为了保证全军体制改革以及武器装备更新计划的顺利完成，新规划要求从1997年开始增加国防预算，并列出到2004年的国防预算编制表，到2004年国防预算将达到500亿马克。此外，该规划要求增加武器装备采购费，以保证全军武器装备更新计划的落实。德军国防预算分为两大部分，即国防维持费和国防投资费。1998年，德军国防维持费（人事费和物资保养费）为299.6亿马克，占整个国防预算的64.2%；国防投资费（装备采购费和军事科研费）为167.1亿马克，占35.8%。新规划要求在2005年前，增加国防投资费占国防预算的比例，将其提高167.1亿马克的30%。

新规划的几个特点 *强调精兵和质量建军的原则* 自1991年以来，德军一再压缩部队规模，裁减的人员几乎占原兵力的41%。在精简各级指挥机构方面，陆、空军的削减幅度均达到50%，海军达10%以上。削减的主要武器装备如坦克达56%、装甲车35%、火炮56%、作战飞机47%。德军削减军备的数量大大超过有关国际条约对德国裁军的要求。其目的是想通过调整部队结构和更新武器装备等方式走质量建军的道路，以提高国防现代化水平。从《德军97建设规划》中可以看出，今后一个时期内，质量建军将是德军建设的主要发展趋向，其着眼点是建立一支人员精干、装备精良、能适应未来形势需要的现代化军队。

突出军队应付突发事件的灵活反应能力 针对近年来各种局部战争和武装冲突增多的趋势，德军加强了危机反应部队的建设。从1992～1995年，已初步建成一支5.36万人的危机反应部队。新规划对这支部队作了进一步的加强和充实。据统计，陆军预定用于危机反应行动的部队已达其作战旅总数的45%，空军占其作战建制单位数量的32%，海军占其作战建制单位数量的40%。与此同时，该规划还对危机反应部队武器装备现代化作了优先的安排。德军一再加强危机反应部队的力量，一方面是为了适应日益增多的地区性冲突和局部战争的需要，另一方面也是为了配合其谋求在国际安全事务中发挥更大作用的安全政策的需要。德国政府一再强调，德国不能再继续充当世界政治事务的旁观者。在必要的情况下，德国必须用军队来维护世界和平。这充分反映出，德国迫切希望在世界政治中发挥重要作用。如果没有军事作为后盾，这种希望就难以实现。因此，力争派遣危机反应部队参加国际军事行动，已成为德国安全战略的目标之一。

注重保持和提高武装力量的整体素质 德军虽对其陆、空军各作战部队作了危机反应部队和主要防御部队的划分，但在部队编组方面没有采取将这两种部队截然分开编列的方式，而是实行“混编原则”。具体来说，就是没有将指定为危机反应部队的陆军旅、营和空军作战中队集中编入一个大部队战斗序列，而是将危机反应部队和主要防御部队混编在陆军的每个军、师、旅以及空军的每个作战联队的序列之中。这种“混编”方式可以防止因划分而在部队建设方面出现兵力、装备、任务、战备状态和战斗力各异的“两类部队”情况，避免军队整体素质出现失衡状态。此外，在危机反应部队和主要防御部队任职的指挥官要定期互换，以防止指挥官军事素质和指挥能力的滑坡。这种多层次、多样式的混编方式，可以从根本上保证部队建设的均衡发展和整体素质的不断提高。

（余汉民）

空军发展计划 **德国防部赋予空军新任务** 冷战结束后，新的国际形势对德军提出了新的要求，即在保卫领土的同时，要在欧洲以外的地区实施作战行动。空军作为一个机动能力最强的军种，成了担负这项任务的主要力量。为此，德国防部赋予了空军下列新任务：在远离德国本土的地区，在北约联合部队的编成内，以及在本国军队的编成内遂行作战行动；在远离本土的战区实施战役—战术航空侦察；在国外行动时，为北约军队和本国军队实施部署提供对空防御（包括对战术导弹的防御）；使用战斗机在远离基地的情况下对敌坚固防御目标实施打击；远距离空运部队和物资，为航空兵的作战行动提供后勤和卫勤保障，搜索、救援在遥远战区遇难的机组人员。

德空军未来发展的重点 为能遂行上述任务，德国防部在制定空军未来发展规划时，特别强调空军武器装备的现代化，提出要采用高新技术，以及先进的民用技术，进一步完善现有的武器系统，研制符合未来需要的新式武器装备。德国防部为空军的未来发展确定了如下重点：完善兵力兵器的远距离指挥系统，考虑到未来联邦国防军最有可能在多国部队的编成内遂行作战行动，预计将广泛使用现代化的卫星通信系统和机动指挥所。提高航空侦察能力，建立新的全天候战术、战役和战略航空侦察系统。实现防空武器的现代化，更换目前正在使用的已经陈旧落后的防空系统，建立导弹防御系统；改进现役的可消灭来袭弹道导弹的地面防空系统。改进战术航空兵装备的高精度武器，并研制新的高精度武器。提高运输航空兵投送兵力和物资的能力，以满足国防军实施机动的需要。改进单兵装备和单兵武器，为空军人员提供更好的防护。

空军发展计划 为实现上述目标，德军制定了分两阶段实施的空军发展计划，第 1 阶段从 1997 年到 2000 年，第 2 阶段从 2000 年到 2005 年。

第 1 阶段发展计划的主要内容 第 1 阶段主要为空军换装新式武器装备，计划到该阶段结束时使空军武器装备的现代化水平达到一个新的高度，作战能力有明显提高。

在指挥控制方面，计划在各级部队和分队的指挥系统中建立机动指挥所；装备卫星通信设备，以保障对空军远程作战的指挥；实现电子信息与指挥系统的现代化，提高该系统的使用效能，并延长其使用寿命；到 2000 年改用北约空军新的自动化指挥与控制系统；建立由大量便携式无线电台组成的“小型无线通信网”，提高对空军地面部队和分队的指挥效能。

在航空技术装备方面，计划为“旋风”式战斗机的计算机系统加装程序模块，使其可以携带激光制导炸弹和“哈姆”反辐射导弹；为“旋风”式战斗机装备 AG－51 型电子光学吊舱，用于实施航空侦察；将 2 架 A－310 运输机改装成运输——加油机，用于在演习中训练战斗机和运输机机组人员执行空中加油任务，以及在各种武装冲突中投送部队（其中包括在本土以外的冲突）。

在防空武器系统方面，将完善防空导弹的指挥控制系统，计划换装改进型“霍克”式防空导弹系统，为防空通信分队提供新式通信装备，以使防空导弹系统之间，以及与其他防御系统之间交换空情信息的能力提高到一个新水平。在这一阶段所有的“罗兰”式地空导弹系统都将换装成机动发射型，在需要时它可由 C－160“运输联盟”运输机投送到“热点”地区。

在作战保障装备方面，计划到 2000 年前订购可以拆卸的野战仓库、集装箱、无线电波和红外线无法穿透的伪装网、野战洗衣房和野战给水装置。建立可以对人员进行及时和专业化医疗救助的新型野战医疗包扎所。

此外，德国空军领导人还计划对所属部（分）队专业车辆的车库进行全面翻修；完成为列兵和士官换装 G－36 自动步枪的工作。

第 2 阶段发展计划的内容 第 2 阶段是德国空军武器装备水平发生重大变化的时期。计划到 2005 年前后实现空军的现代化，首先是防空武器装备的现代化。其中包括，到 2005 年建立第 1 个装备 EF－2000 战斗机的作战中队，逐步由 EF－2000 战斗机取代 F－4F“鬼怪”2 式战斗机，届时所有米格－29 战斗机也将退役。

在地面防空武器方面，计划装备中远程机动防空导弹系统，以取代改进型“霍克”防空导弹系统，它射程更远，可以击毁战役战术弹道导弹。预计还将完成“爱国者”防空导弹的现代化工作，届时将以这种防空导弹系统担负战区反导防御任务。此外，到 2005 年将开始生产反战术弹道导弹，这种导弹具有拦截弹道导弹的能力。

在航空技术装备方面，计划对“旋风”式战斗机进行全面改装，为其装备射程更远的空地导弹，提高对地攻击能力；加装抗干扰装置，提高抗电子干扰能力；装备带合成孔径雷达和电子光学装置的吊舱，提高航空侦察能力；在坐舱内安装新式显示设备，提高飞行信息的显示质量。计划到 2003 年开始装备 NH－90 直升机，用于取代现役的 UH－1D 直升机，第一批这种直升机将装备担负联勤任务的搜索救援直升机分队，然后装备用于投送“立即反应部队”的运输直升机分队。从 2008 年开始，运输航空兵部队的 C－160“运输联盟”运输机将逐步换装成 FLA 新型运输机，这种飞机目前正在由法国和德国的公司联合研制。

在指挥控制方面，计划完善北约联合空军的自动指挥与控制系统，以更有效的地面雷达取代目前装备的中功率雷达。在保障装备方面，计划到 2002 年开始为空军的保障部队装备新式载重卡车，同时机场换装全向雷达，以提高飞行安全的系数。待这些计划全部实现后，空军的战斗力将有大的提高。

德国空军的专家还提出了 2010 年后的发展设想，其重点是发展对所属部（分）队进行实时指挥的信息系统，研制信息战装备、无人驾驶侦察机与攻击机、以及智能武器等。德空军理论界认为，在未来的军事行动中各级指挥官所获取的信息的质量、适用性和时效性具有特别重要的意义，甚至在很大程度上决定着武装冲突的结局。战争的获胜者，往往是成功地实施战场信息搜集、将所获得的信息分发给各级指挥机构，并提供到所需要的人手中的一方。由于它了解战场态势，可以缩短制定计划的周期、减少作出决策的时间，从而保障了对敌优势。德国专家将信息战看作是对敌军用和民用数据处理系统所采取的压制性措施的一部分。考虑到信息对成功地实施空战的重要性，空战行动的目标不仅仅是获得制空权，而且还要获得制信息权。德国目前正在与其北约盟国研制无人攻击机，这种无人攻击机是一种携带各种航空武器的作战平台，它可用来执行精神和身体负荷要求较高或危险性较大，使用有人驾驶战斗机无法完成的任务。德国空军还计划在未来 10 年内研制出能够投入实战使用的定向能武器（如高能激光或微波辐射武器），最近在技术上已取得重大突破。

（陈　群）

海军调整发展计划　近年来，德国海军已开始对其任务范围、总体规模、武器装备等进行一系列的调整，主要内容如下：

努力拓展任务范围　海上贸易在德国的对外贸易中占有很大比重。因此，德国政府一直把海军看作是保卫国家安全，维护国家利益的重要力量。但在冷战时期，受国际、国内政治环境的影响，德国海军的主要任务被局限于国内防御及协助北约国家保卫北大西洋至波罗的海的海上运输线。冷战后，特别是 1994 年 7 月通过了允许向海外派兵的法案之后，德国海军的任务范围有了重要的拓展。一是加强了在地中海海域的力量存在。这一点已由海军舰艇和航空兵在该海域的正式部署和频繁演习所体现。二是参与危机管理行动。德国海军参谋长波尔默中将指出：在目前的国际局势下，随着危机管理行动的日益增多，海军将成为越来越重要的力量，它可以为政治家们在力量显示、威慑及实施军事行动中进行自由的选择以达到政治和军事目的。他说，对德国海军来说“尽管遂行国家和盟国的防务是主要任务，但对出现的危机和冲突进行管理和控制，并保护重要的海上交通线将是更重要的任务”。为了对危机进行控制，“将来的德国舰队应可以在国家及联盟安全利益所需要的任何地方进行部署”。三是实施快速反应。作为北约成员国之一，德国海军分别向北约大西洋常备海军部队和地中海常备海军部队派遣了 1 艘护卫舰/驱逐舰，向北约海峡常备海军部队派遣了反水雷舰艇和潜艇，这些舰艇已成为北约快速反应部队的一部分。为了实施快速反应，德国政府 1994 年防务计划指南明确规定：德国海军必须要维持两支能够在远海水域行动的特遣编队，这两支特遣编队应能够对联合国、西欧联盟及其他的国际人道主义行动实施快速反应。编队的一部分或全部应能被快速派往多国部队。整个海军舰队 40％的力量应能够参加快速反应行动。

逐步压缩整体规模　目前，德国海军的总兵力约 28500 人，拥有各型舰艇 180 余艘。海军指挥参谋部位于波恩，是德国海军最高指挥机关，全面负责海军的作战、训练及指挥。下辖海军局、海军舰队司令部和海军支援司令部。海军局设于威廉港，本世纪末将移至罗斯托克，主要负责海军的人员培训、教育、管理及医疗保障等事务。海军舰队司令部设在格鲁克斯堡，主要负责对所属的水面舰艇、潜艇、航空兵部队及通信保障部队进行指挥、控制，遂行各种作战及支援任务，是德国海军重要的指挥机构。海军支援司令部位于威廉港，主要负责各支援基地的使用和管理，保障海军的日常供给、后勤支援、军事运输、海军武器管理及维护保养。

为了建设一支能够快速部署、灵活使用、可独立完成各种作战任务的高效率海军，德国海军已开始按其 2005 年发展规划进行调整。调整的主要特点是逐步压缩整体规模，调整兵力配置，确定发展重点。主要表现在：（1）至 2000 年将总兵力降至 27200 人左右，其中职业军人 6000 名、合同军人 15000 名、义务兵 6000 名。（2）改革兵役制度。从 1996 年起将原来 12 个月的义务兵服役期缩短至 10 个月，并允许自愿延长服役期的士兵延长 2～13 个月。（3）逐步将海军舰艇总数降至 99 艘。（4）组建级别较高的训练指挥机构。（5）调整兵力配置方向：将全部驱逐舰和护卫舰配置在北海方向的威廉港，以利于快速进入北大西洋；将原分散部署的高速攻击艇和将来的轻型护卫舰集中配置在瓦尔讷明德港；将基尔潜艇基地改为训练基地，将作战潜艇全部配置在埃肯弗德潜艇基地；将原驻扎威廉港的水雷战分舰队迁往奥尔潘尼兹；保留埃格贝克和诺德豪兹两个航空兵基地。（6）优先发展医疗支援能力、对远程部署的特遣编队的后勤支援能力、特遣编队的防空能力、在远海及近海水域进行水面战的能力以及反潜战特别是近海反潜战能力。

大力加强质量建设　为了提高海军的作战能力，建立一支均衡的国际型海军，德国海军已开始实施若干个装备发展计划，以加强海军的质量建设。主要包括：702 型 AOR 作战支援舰（EGV）计划、F－124 型防空护卫舰计划、新 130 级轻型护卫舰计划、具有反潜战及防空战能力的新型 U－212 潜艇计划、新型海上巡逻机计划。

720 型作战支援舰和 F－124 防空护卫舰计划　目前，德国海军有 12 艘勤务舰船分别于 1965～1967 年间加入舰队服役，性能已比较落后。为提高后勤支援能力，德国海军决定建造2艘702型作战支援舰。按设计，702型支援舰可携带163吨弹药、9600立方米燃料、100吨干品，并可携带能对800人进行医疗支援的医疗器材。舰上设有直升机库，可容纳两架“海王”MK－41或“海山猫”MK－88直升机以及将来的NH－90直升机。该型舰的首舰预计1999年完工，届时它可使海军特遣编队在海上的滞留时间由目前的21天增至45天。

为替代60年代末服役的“吕特晏斯”级驱逐舰，进一步提高特遣编队的防空能力，德国海军于1996年签订了建造3艘F－124防空护卫舰的合同。该级首舰“萨克森”号、2号舰“汉堡”号、3号舰“黑森”号计划分别于2002、2004和2005年服役。该级舰的主要任务是为编队提供有效的防空并具有一定的反潜和水面作战能力。其排水量5600吨、舰长143米、水线长132米、最大宽度17.4米、水线宽16.7米、吃水5米、最大航速29节、舰员230人。它采用了高度自动化的舰载系统，具有良好的隐形性能，并可同时对抗多种威胁。

德国海军目前正对1982～1990年服役的F－122级护卫舰进行改进，主要是提高对空自卫能力。拟装备TRS－3D三坐标雷达代替原来的DA08雷达，以进一步发挥“拉姆”导弹和“海麻雀”导弹的作战效能。该级舰在适当的时候将由F－124护卫舰的发展型F－125护卫舰所取代。德国海军正着手与美国及其他的欧盟国家进行合作，共同研制F－125护卫舰。

新130级轻型护卫舰计划　为替换36艘143/143A级和5艘148级高速攻击艇，德国海军已决定建造一种新型的高速轻型护卫舰，即K－130护卫舰计划。该计划的概念研究于1998年进行，首舰将于2004年进入德国海军服役，建造总数为15艘。预计该级舰的排水量约1422吨，续航力2000～3000海里，最大巡航速度25～30节，自持力7天，编制舰员70人。将具有较强的攻击能力和先进的装备，其飞行甲板将能起降一架NH－90直升机，舰艏和舰艉将各装1门“奥托梅拉腊”紧凑型76毫米火炮，舰桥前部将装备1座“拉姆”导弹发射架，并将装备两部四联装“鱼叉”导弹发射架。

K－130级轻型护卫舰还将搭载一种无人飞行器，这种飞行器将使用搜索雷达和昼夜可视光电传感器进行侦察和视距外目标的探测。这将使舰艇在没有直升机的情况下具有空中监视能力。

U－212型潜艇和反水雷潜艇计划　为加快潜艇的现代化进程，德国海军决定建造4艘U－212常规潜艇。第1艘于1998年开工建造，2003年交付使用。余下的3艘将于2005年和2006年交付。这种潜艇采用双壳体，艇体由非磁性钢建造，采用了先进的AIP动力系统，排水量约为1542吨，自持力为30天，编制艇员27人。潜艇的作战系统将由挪威康斯堡公司提供，武器为国产的DM2A3或DM2A4鱼雷。

反水雷舰艇的现代化改进正在进行之中。10艘332型海岸猎雷艇已于1992～1997年间完工，最后2艘于1998年6月和11月完工。根据德国海军“MA2000”水雷对抗概念，5艘343型海岸扫雷艇将于1998～2000年期间改装为猎雷艇及猎雷控制艇，装备DSQS－11M声纳，改进推进系统，使用遥控潜水器。另5艘将于1999～2001年间进行现代化改装，装备新的SDG－31机械扫雷具，并使用改进的“特洛依卡”遥控扫雷具。

新型海上巡逻机及其他作战直升机计划　航空兵也是德国海军现代化的重点。估计将从2000年中期开始使用至少10架具有反潜战能力的海上巡逻机来代替现有的14架侦察/反潜型和4架“大西洋”I型海上巡逻机。

目前德国海军还在使用54架岸基“旋风”式战斗机，以执行侦察、攻击、作战支援、布雷及反潜战等任务。1975年进入海军服役的“海王”直升机已进行了现代化改进，可携带4枚“海上大鸥”反舰导弹，主要用于搜索、救援和反舰作战。1996年底订购的第4批7架“海山猫”直升机将于1999年开始交付使用，而舰载直升机的短缺估计至2007年海军型NH－90直升机投入使用后才能解决。

（吴凤映）

西班牙装甲部队现代化计划　根据21世纪的作战要求，西班牙国防部根据陆军的装备情况，制订了旨在使其装甲部队现代化的“装甲2000”计划。“装甲2000”计划源于“豹”2主战坦克的采购计划，于1995年3月开始制订，目前还未完全定案，但已有多项采购和研制计划开始启动，如采购“豹”2主战坦克和研制被西班牙称为“皮萨罗”的“阿斯科德”履带式步兵/骑兵战车等。该计划的第1步是租用德国国防军库存的“豹”2A4主战坦克，用来装备西班牙陆军，同时作好生产“豹”2A5坦克的准备工作。西班牙陆军将“豹”2A5坦克称为“豹”2E坦克。

“装甲2000”计划不仅涉及所有装备的采购，而且还包括后勤保障、训练、部署、预算管理在内的各项工作。其中，后勤保障方面包括运输车辆、备件的采购等，特别是“豹”2坦克的备件；训练方面的内容包括：训练课程的安排、技术和装备手册的准备、辅助训练装置的采购、模拟训练装置的采购及训练中心的建设等。为保证计划的顺利实施，西班牙军方还与政府共同成立了一个管理部门，以指导陆军有关单位的工作。

近期工作的重点放在3类主要武器系统上："豹"2主战坦克、"阿斯科德"履带式步兵/骑兵战车及以M－60坦克底盘为基础的战斗工程车、装甲架桥车和装甲抢救车等辅助装甲车辆上。

"豹"2主战坦克计划 该计划的目标是确保"豹"2A5主战坦克在下个世纪顺利装备西班牙陆军并形成战斗力。德国陆军按照租赁协议向西班牙陆军提供108辆"豹"2A4坦克。迄今，这些坦克已装备"欧洲军"中的西班牙机械化师的2个机械化步兵旅。"欧洲军"由法国、德国、比利时、西班牙和卢森堡的部队组成，总部设在法国的斯特拉斯堡。

在租借108辆"豹"2A4坦克的同时，西班牙还从1998年开始让德国为其生产至少200辆"豹"2A5主战坦克。该坦克的生产由德国克劳斯·玛菲公司负责，在一定程度上同西班牙的公司进行合作。目前，西班牙国防部已批准陆军购买320辆主战坦克和23辆"水牛"3型装甲抢救车。

"阿斯科德"履带式步兵/骑兵战车计划 按计划，西班牙陆军将在未来10年内装备400多辆"阿斯科德"步兵/骑兵战车，用以取代目前在机械化步兵部队和骑兵侦察部队中服役的老式M－113装甲人员输送车。在下个世纪相当长的时间内，这种新型战车和"豹"2A5主战坦克，将成为21世纪西班牙陆军的中坚力量。

该车是由西班牙圣巴巴拉公司和奥地利斯太尔公司合作研制的一种新型装甲战斗车辆，其战斗全重24吨，主要武器为1门30毫米"毛瑟"自动炮，可搭载6名士兵。目前西班牙还在开发该车的几种变型车，包括指挥车、自行迫击炮、火力支援车及救护车等。

配套支援装甲车计划 由于M－60A3坦克近几年内仍将在二线部队或后备部队中服役，因此"装甲2000"计划也十分关注其使用和战备状况。但随着M－60坦克的逐年老化，西班牙陆军已准备将其改装为装甲部队非常需要的下述配套支援装甲车族：

装甲架桥车 现正在研制。这是一种以M－60A1坦克为底盘，其上安装新型桥体的70吨级架桥车。该车能够保障西班牙陆军装备的"豹"2A5及其他各种坦克和装甲车辆顺利通过。目前，西班牙陆军已签订了首批12辆的采购合同。

战斗工程车 现正在研制。这是一种以M－60A1/A3坦克为底盘的新型战斗工程车。其外形与美国的M－728战斗工程车相似，车辆前部装有推土铲。所不同的是该车没有安装M－728工程车上所用的165毫米工事破坏炮，而代之以1个专用的反向铲。西班牙陆军已订购了首批38辆。

装甲抢救车 现已研制完毕。这是一种以改进的老式M－47E2坦克（这些坦克经改进后实际上同M－60坦克的结构、性能差不多，车辆的大部分零部件与M－48A5和M－60坦克通用）底盘为基础的装甲抢救车，能够抢救牵引西班牙陆军现装备的大多数轻型装甲车、M－109、M110自行火炮和多数60吨级车辆，但不能牵引70吨级的"豹"2A5坦克。这也是西班牙从德国购买"水牛"装甲抢救车的原因。

从长远看，其他装甲车发展计划也有可能会列入"装甲2000"计划中，如弹炮合一装甲自行防空系统及以52倍口径远程155毫米火炮为基础的新型自行火炮等。

尽管西班牙"装甲2000"计划刚刚启动，但其前景看好。虽然计划面临着巨大挑战，但一旦获得成功，将会使西班牙陆军装甲部队的装备水平与其盟国相当。

（杏　花）

澳大利亚防务计划与措施 为建立一支"更加精干、作战有效的军队"，澳大利亚军队根据国防部发表的《国防改革计划》，从1997年7月开始实施了一系列新的改革措施。其主要构想是在不增加国防开支（每年100亿澳元，约合60亿美元）的情况下，通过精简行政管理和后勤支援人员，逐步向作战部队倾斜，确保澳军"挫败未来任何来自陆地和海空的威胁"。

裁减军队员额 根据《国防改革计划》，澳国防军系统将裁减7800人，其中上校以上（包括文职）编制职位减少20％。到21世纪初，国防军常规兵力总人数将由目前的5.74万人减至5万人，其中陆军2.3万人，海军1.4万人，空军1.3万人。国防保障系统的部分工作将交由私有企业承办，该系统的一些相关机构和人员将被逐步裁减。调整后的国防系统中，作战部队及与作战有关的职位占总体国防力量的65％。通过上述机构和人员的精简，每年可节省10亿澳元（约合6.02亿美元）用于加强作战部队和提高作战能力。新增设1个联合支援司令部代替以前的单一军种后勤和支援司令部。

建立联合作战指挥体制 澳国防部认为，未来的战争将是突发性的武装冲突，需要陆、海、空三军实施快速、机动的联合作战。鉴于现行的军队指挥体制不能很好地适应未来联合作战指挥的需要，因而提出改革军队现行的三军分立的指挥体制，形成新的四级联合作战指挥体制。这个体制分4个指挥层次，即国家战略领导层次、军事战略指挥层次、战役指挥层次和战术指挥层次。国家战略领导层次由总理、内阁安全委员会组成，为最高指挥层次。军事战略指挥层次为国防参谋长，直接接受国防部长的指示并有权任命联合部队司令，负责制定军事战略计划并领导参谋长委员会和联合部队司令，为中间一个指挥层次。战役指挥层次由参谋长委员会和联合部队司令组成，三军参谋长为参谋长委员会成员，和平时期负责部队的训练、给养和装备管理，战时则负责向联合部队提供建制部队。联合部队司令定为上将军衔，负责联合部队的战役指挥。联合部队司令下辖陆、海、空 3 个分司令部，司令均为中将军衔。分司令部下辖由各军兵种组成的部队群执行具体作战任务。战术指挥层次是由部队群和由分司令部司令任命的联合部队指挥官组成。联合部队指挥官负责指挥部队群实施战术行动。

调整军队部署，加强快速反应部队建设 1997 年发表的澳国防白皮书指出，澳目前面临的主要威胁来自北方的短时期低强度冲突，入侵者将主要通过海路和空中进攻澳本土。因此，澳将由海军和空军组成海空防御屏障，以机动的地面部队配合作战。按照上述战略防御指导思想，在 2000 年以前，陆军将分期分批在澳北部的 6 个地区完成新的战略部署。目前，陆军设在澳南部地区的后勤设施开始向北部地区迁移，海军也在加紧西北沿海的基地建设。快速反应部队以陆军为主体，为提高快速反应和机动能力，陆军从 1997 年开始着手进行结构改组：取消师建制，重点组建包括步兵、炮兵、装甲兵和工程兵在内的旅级特混部队，他们在必要时将拥有自己的空军和其他战斗支援部队；1 个步兵营改编为突击营，以“应付来自北方的威胁”。

更新和改善武器装备 澳军把武器装备的现代化列为军队建设的一项重要内容。1998～1999 年度，国防部用于更新武器装备的资金为 27.27 亿美元。陆军通过改装 M113 型装甲运兵车，改善其作战性能，并计划到 2000 年初全部换装成轻型步兵装甲战车(ASLAV)。海军购买“企鹅”反舰导弹，配备在“安扎克”级护卫舰舰载的 SH－2G 直升机上；改进并重新设计“科林斯”级潜艇；向美国订购 1 艘“休恩”级海岸扫雷艇和 2 艘水文调查船。空军改进 F－111 战斗机的机载电子系统，并开始着手对 F/A－18 战斗攻击机和 P－3C 海上巡逻机进行改装；向美订购 12 架新型 C－130J “大力神”运输机和 33 架“隼”式战斗机。

资料来源：

①1998 年英国《简氏防务周刊》；

②1998 年澳大利亚《国防力量杂志》。

（孟　丽）

军　队　编　制

美国军队编制 进入 90 年代以来，美军根据其对 21 世纪初国际安全环境的预测，在试验、发展新作战理论的同时，也一直在研究、制定新的部队编制，试图将其陆军改编成一支适应未来战场环境、能够打赢各种未来战争的多能型部队。迄今，美军已经基本上确定了 21 世纪陆军的兵力构成和部分部队的新编制。

陆军的兵力构成 根据美国《陆军 2010 年构想》，下个世纪初的美国陆军将主要由特种作战部队、打击部队、应急部队和本土防御部队 4 种作战力量构成。

特种作战部队　特种作战部队是专门遂行非正规作战任务的部队。和平时期，其任务是协助美国政府机构和外国政府开展工作，训练外国准军事部队，搜集战略情报，遂行反恐怖任务和回收敏感物品等。战争期间，其任务主要是参与外国的防务，实施非正规作战、战略侦察、战略心理战，以及对正规部队进行支援等。陆军特种作战部队的编制不会有太大的变化，仍将保留 1 个特种作战司令部及其所属的“绿贝雷帽”部队和特种作战分遣队，但将换装更加先进的数字化装备。

打击部队　打击部队是一种以本土为基地的全新型合成部队。组建的主要目的是用它遂行目前由重型师战备旅战斗队和特遣部队担任的快速部署任务。这种打击部队属加强旅规模，既具备重型部队的杀伤力、生存力，又具有轻型部队快速反应、快速部署的各种优点，足以对付大多数潜在敌性国家的“苏式军队”。据说，这种部队不仅适用于 2010 年前后的 21 世纪陆军，而且还将适用于 2025 年的“后天的陆军”。

应急部队　应急部队即轻型和乘车战斗的部队，实际上是指那些以美国本土为基地的现役轻型和重型部队。目前美军有 7 个这样的师。其中 4 个轻型师（包括 2 个轻步兵师、1 个空降师、1 个空中突击师）是可以快速部署的，主要用于遂行早期进入、作战、支援和稳定任务。3 个重型师（包括 1 个装甲师和 2 个正在按照新编制方案进行改编的机械化步兵师）由于战略机动能力较差，只能作为后续部署部队使用。但它却是未来美军遂行作战任务的中坚力量。

本土防御部队　亦称战役部队，是在进行大规模战役作战或本土受到威胁时才动用的兵力。目前美国陆军的现役部队中有 3 个这样的师（包括 1 个装甲师、2 个机械化步兵师），既有前沿部署的，也有以本土为基地的。由于只有在关键时刻才动用这些部队，它们的改编和换装计划也都排在最后。将来主要是用它们遂行支援与稳定任务。另外，在预备役部队中，陆军国民警卫队的加强战备师和旅也都属于这一类。这些预备役部队采用同现役一样的编制模式，是陆军的后备力量，可以应召遂行支援与稳定任务。

21 世纪陆军的新编制　陆军对未来作战的构想是：通过兵力投送实施快速部署，如果所面临的是小规模冲突或危机，则实施速战速决的远征式作战。如果要进行的是类似于 90 年代初对付伊拉克那样的地区性战争，则需通过稳定或防御行动和进攻与支援行动争取全面获胜。根据这一原则，美军除了计划改编现有的重型师和轻型师外，还首次决定组建一种介于这两种部队之间的中（重）型部队——即打击部队。

轻型师　轻型师是目前美军改编研究的重点。美军计划将其作为未来联合特遣部队的重要组成部分，在第 18 空降军司令部的指挥下，分别同空军、海军陆战队和大西洋总部一起进行应急作战试验。重点是最大限度地提高其杀伤力、生存力和向危机地区快速部署的能力。最终目标是，每支轻型部队都能在 18～72 小时内部署到世界任何地点。轻型师的试点部队是第 10 山地师。目前，美军轻型师包括有：空降师、空中突击师和轻步兵师 3 种，目前仍然采用以下具体编制。

（1）空降师。即第 82 空降师。其司令部机关和直属分队主要编有：师部与师部连（227 人）、军事情报营（449 人）、通信营（449 人）、防空炮兵营（437 人）、工兵营（404 人）、化学连（128 人）、宪兵连（99 人）、师乐队（41 人），共计 2234 人。师属作战部队有：3 个空降步兵旅。每旅编 2382 人，包括旅部与旅部连（279 人）和 3 个空降步兵营（每营编 701 人）。师炮兵编有司令部与司令部连（144 人）、3 个牵引式榴炮营（每营编 443 人），共计 1473 人。师属战斗航空旅编有：旅部与旅部连（182 人），1 个 AH－64 攻击直升机营（249 人）、1 个侦察营（287 人）和 2 个 UH－60 效用直升机营（每营编 206 人），全旅共计 1130 人。师支援司令部编有：司令部与司令部连兼物资管理中心（201 人）、补给与运输营（793 人）、军械修理营（514 人）、航空修理营（219 人）、卫生营（355 人），共计 2082 人。全师编制员额约 14065 人。空降师的主要装备有："陶"式反坦克导弹发射架 188 具、"龙"式反坦克导弹发射架 162 具、105 毫米榴炮 54 门、各型迫击炮 90 门、"谢里登"式轻坦克 54 辆、AH－64 和 AH－1 攻击直升机 30 架，其他如 OH－58A/C/D、UH－60 和 EH－60 型直升机，共 77 架。

（2）空中突击师。即第 101 空中突击师。其机关和直属分队有司令部与司令部连（256 人）、通信营（483 人）、工兵营（430 人）、军事情报营（402 人）、防空营（470 人）和 1 个宪兵连（99 人），共计 2140 人。作战部队编有 3 个旅，每旅编 2122 人。每旅编 3 个营，每营 682 人。师炮兵由 3 个牵引式 105 毫米榴炮营编成，每营编 429 人，加上司令部与司令部连共计 1406 人。战斗航空旅编有：1 个侦察营（417 人）、1 个指挥营（256 人）、1 个 CH－47 运输直升机营（629 人）、3 个 AH－64 攻击直升机营（每营 292 人）和 3 个 UH－60 效用直升机营（每营 280 人），加上旅部与旅部连全旅共编 3089 人。师支援司令部编制有物资管理中心、1 个基本支援营、3 个前方支援营、1 个航空修理营以及卫生连、化学连和师乐队等各 1 个，共编人员 2495 人。全师编制员额约 15496 人。师的主要装备有："陶"式反坦克导弹发射架 180 具、105 毫米榴炮 54 门、各型迫击炮 90 门、AH－64 攻击直升机 54 架，其他各型直升机多达 274 架。

（3）轻步兵师。美国现有 2 个轻步兵师。师的直属分队主要有军事情报营、通信营、防空营、工兵营、宪兵连和师乐队各 1 个，共约 1730 人。主要作战部队是 3 个轻步兵旅。每旅下辖 3 个营，共编 1793 人。师炮兵由 3 个 105 和 1 个 155 毫米榴炮营编成，共计 1610 人。战斗航空旅编有 AH－1 攻击直升机营（242 人）、UH－60 效用直升机营（318 人）和侦察营（329 人）各 1 个，加上旅部与旅部连等共计 1073 人。师支援司令部的编制同上述两师一样，也由 1 个基本支援营（253 人）、3 个前方支援营（194 人）和 1 个航空保养连（145 人）编成，整个支援司令部编制员额 1124 人），全师编制员额约 10916 人。该师的主要装备有："陶"式反坦克导弹发射架 36 具、"龙"式反坦克导弹发射架 162 具、155 和 105

毫米榴炮 72 门、各型直升机 93 架。

重型师　重型师主要指装甲师和机械化步兵师，新的编制方案已于 1998 年 6 月正式颁布。新编制同现行编制一样，两种师虽然装备不一，但是架构基本相同。比如，无论是装甲师还是机械化步兵师，都由同样的师部与师部连、师直分队和 3 个机动旅、1 个航空旅、师炮兵以及负责后勤的支援司令部编成。其不同之处主要是装甲师下辖 2 个装甲旅和 1 个机械化步兵旅；而机械化步兵师下辖 2 个机械化步兵旅和 1 个装甲旅。下面仅以机械化步兵师为例具体予以说明。

（1）师直分队。由师部与师部连（395 人，含预备役 27 人）、防空炮兵营（508 人）、通信营（616 人，含预备役 8 人）、军事情报营（438 人）、后方地域作战中心（22 人，全部是预备役人员）、宪兵连（169 人，含预备役 6 人）和师乐队（41 人）编成，共计 2189 人（含预备役 63 人）。

（2）装甲旅。由旅部和旅部连（106 人，含预备役 32 人）、2 个坦克营（每营 343 人，含预备役 6 人）、1 个机械化步兵营（569 人，含预备役 6 人）、1 个工兵营（312 人，含预备役 6 人）和 1 个骑兵连（49 人）编成，共计 1722 人（含预备役 56 人）。

（3）2 个机械化步兵旅。每旅由旅部和旅部连（106 人，含预备役 32 人）、1 个坦克营（343 人，含预备役 6 人）、2 个机械化步兵营（每营 569 人，含预备役 6 人）、1 个工兵营（312 人，含预备役 6 人）和 1 个骑兵连（49 人）编成，共计 1948 人（含预备役 56 人）。2 个旅共 3896 人（含预备役 112 人）。

（4）师炮兵。由司令部与司令部连（161 人）、1 个多管火箭炮营（下辖 2 个连，编 369 人）、3 个 155 毫米自行榴炮营（每营编 507 人）编成，共计 2051 人。

（5）航空旅。由旅部与旅部连（111 人）、1 个攻击直升机营（312 人）、1 个全般支援航空营（368 人，含预备役 65 人）和 1 个骑兵营（775 人，含预备役 6 人）编成，共计 1566 人（含预备役 71 人）。据说，到 2010 年，师属航空旅将换装 15 架 AH－64D 长弓阿帕奇直升机、33 架 RAH－66 科曼奇直升机和 24 架 UH－60 黑鹰式效用直升机。

（6）支援司令部。由司令部与司令部连兼物资管理中心（177 人）、1 个直接支援营（738 人，含预备役 2 人）、1 个负责支援装甲旅的前方支援营（962 人，含预备役 13 人）、2 个负责支援机械化步兵旅的前方支援营（每营编 947 人，含预备役 14 人）和 1 个航空保养营（524 人，含预备役 72 人）编成，共计 4295 人（含预备役 115 人）。

（7）营以下分队。无论是坦克营还是机械化步兵营都将改编为 3 个连，装备 45 辆坦克或步兵战斗车。连辖 3 个排，每排配 4 辆 M1A2 坦克或 M2A3 步兵战斗车。机械化步兵排也改编成 3 个班，每班仍编 9 人。

中型打击部队　长期以来，美军一直在谋求组建一种规模较小、使用灵便，但是从整体上看，机动力、战斗力和生存力的综合能力，都要优于现编任何一种师的新型编组部队。近几年，由于武器技术的发展，给这种设想创造了可能的条件。美军训练与条令司令部最初提出以下 4 套编组方案：

（1）主张保持现编装甲骑兵团的基本结构，但要换装杀伤力和生存力更强的武器装备。这些装备包括，一种类似海军陆战队使用的轻型装甲车、高机动多用途火箭炮系统、数字化战场情况感知系统和无人驾驶飞行器等。据说新装备的轮式轻装甲车，可为步兵作侦察兵时提供足够的防护。该方案建议，打击部队只编 4000 人，属于团规模，下辖 3 个地面战斗营。其主要装备有 111 台轻装甲车、117 辆轮式侦察车、12 门牵引式 155 毫米榴炮、12 门高机动多用途火箭炮系统、以及 40 架直升机。

（2）主张采用目前军属装甲骑兵团的编制结构，对于武器装备则主张从现实出发，只使用当前装备的或近一、二年内即将装备的武器。这支团规模打击部队的总兵力为 5125 人。所属各营可击败至少比它大 1 倍的敌军，而且还可以同时与几支小规模敌军进行战斗。因此，方案解释说，按照此案编组的打击部队，最适合遂行非对称作战任务和突袭任务。此方案倾向于使打击部队直升机化，计划装备的各型直升机，包括 MH－60、MH－47D、UH－60、CH－47，以及 1 个攻击直升机营装备的 45 架“阿帕奇”直升机，总共 97 架。打击部队由 4 个营编成：1 个攻击直升机营；2 个装备有轮式轻装甲车和轮式步兵战斗车的合成营；1 个装备有 58 辆装甲人员输送车的摩托化营。编摩托化营的目的是，用于在居民地和其他复杂地形遂行战斗任务或者用它实施空中突击作战。打击部队的其他装备还有先进的反坦克系统、高机动多用途火箭炮系统、120 毫米迫击炮和轻型 155 毫米榴炮等。

（3）是一种有“后天的陆军标准打击部队”之称的比较激进的编制方案，目的是建设一支完全实现空中机械化的部队。它可以像现编的空中机动师一样在整个战场空间内任意调动它的机械化部队。此案建议打击部队编 4400 人，编组成若干个连规模的合成“战斗分队”，使用的是全自动化的直瞄和间瞄火力系统。方案认为，由于部队实现了全自动化，不仅减少了对后勤的依赖，而且也减少了对徒步步兵的需求。但是，许多评论家认为，从当前的技术装备发展趋势推测，要想采用此案，至少还得等上10年的时间。

(4) 此案意在组建1个不辖实兵的指挥控制机构，也可以说是1个用通信手段相联接、采用全新技术的司令部。其用途是，一旦有冲突发生，地区性指挥官或者联合部队指挥官可以利用它指挥控制上级调拨给他的兵力兵器，独立遂行各种战斗任务。

经过由4星上将组成的专家组的研究、遴选和修订，美军于1998年提出了仅供试验用的打击部队编制方案，并开始进行可行性试验。按照此方案，打击部队的编成单位有6个营、1个团。它们分别是：2个合成机动营、1个侦察监视营、1个空中突击步兵营、1个攻击直升机营、1个混编炮兵营和1个负责后勤支援的支援团。合成机动营属连，将以两种编组方式进行试验：一种连由2个装甲排和1个机械化步兵排编成；另一种连全部由3个装甲排编成。

鉴于编组打击部队的主要目的是强行进入战场，改编方案优先考虑打击部队炮兵营的编制和装备。混编炮兵营除了将全部装备高机动火箭炮系统和155毫米高技术轻型火炮系统外，还将为其编配1个雷达排、1个终端效果协调排和1个电子攻击排。高机动火箭炮系统主要用于提供远距离火力支援。它能使用美军现有的各种火箭炮弹药，包括射程远达300千米的陆军战术导弹，从而可为指挥官在更大的范围内设定战场空间提供灵活性。155毫米高技术轻型火炮可为打击部队提供近距离间瞄火力支援。为了便于空中运输，这种轻型火炮装在中型装甲车上，既有一定的防护能力又有快速机动能力，可为快节奏的地面战斗分队提供随伴火力支援。

雷达排。装备的是Q－47型先进雷达，可准确探测远距离的敌人迫击炮、火箭炮和其他大口径火炮等多种目标。其探测距离：常规火炮60千米；火箭炮150千米。这种雷达可用C－130运输机空运，架设和操作都很方便，从部署到开机搜索目标仅需7分钟。

终端效果协调排。由数个小组编成，由1名少尉任组长。小组的成员有：1名军士、1名地面协调员、1名由空军士兵担任的空中协调员、1名报务员兼司机。其主要任务是协调各种间瞄火力，包括近距离空中支援火力、海军舰炮和导弹火力、地炮火力以及天基支援火力。

电子攻击排。是以前没有的新编分队，主要由数个电子战系统（初步确定使用海军陆战队的新装备）分队和EH－60电子战直升机分队编成。这种EH－60高级快速锁定平台，在必要时也可用于遂行后勤支援任务。

（刘书礼）

美国防部成立国防威胁化解局 美国五角大楼于1998年10月1日将重点是同前苏联进行军备竞赛的冷战时代的3个机构合并，成立了1个新机构以对付越来越严重的核、生、化武器的威胁。

国防部长科恩说，这一新成立的国防威胁化减局的重点是，防止核武器和生化武器落入胡作非为的国家和恐怖分子的手中，并保护美国人免受袭击。

科恩在该机构位于弗吉尼亚州北部杜勒斯国际机场的总部说："当前严峻的现实已令我们无法忽视至少有25个国家已经拥有、或正在研制核武器、生化武器及其运载工具。"

他说："我们必须在这些威胁接近我国之前就在巴格达等地与其直接对抗。"

这个机构与新财政年度一起于10月1日开始运作。它是1997年年底科恩宣布的减少五角大楼机构重叠，并在五年内将其13万名雇员裁减20%的计划的一部分。

不过，这一次在合并国防特别武器局、现场检查局和国防技术安全局的过程中没有裁员。新成立的机构将有2000多名雇员，1999财政年度的预算为19亿美元，与当前机构的预算差不多。

（金　鲍）

俄罗斯军队编制 1998年，俄军继续推进军事改革，对各军种编制体制进行了不同幅度的调整。

战略火箭军编制　**裁减编制员额** 1998年，战略火箭军将各级指挥机构的人员裁减了约30%，使机关与部队的人员比例更趋合理，即战略火箭军总部员额约占该军种总员额的0.5%，集团军军部约占1%，师部占4～6%，团部占8～12%。其编制员额现为17万人，占武装力量总兵力的14.1%。

优化编制体制 在裁减编制员额的同时，解散200个、改编和新组建50个部队及机构。目前，战略火箭军编为5个集团军（4个火箭集团军和1个导弹空间防御集团军）、3个航天发射试验场和1个航天器试验与控制总中心。据战略火箭军总司令雅科夫列夫上将称，战略火箭军合并改组后，部队满编率提高约12%。

陆军编制　**裁减编制员额** 1998年初，俄陆军编制员额约为40万人。通过精简整编，陆军编制员额已减至31.89万人。

成立陆军总局 1998年1月1日俄撤销了陆军总司令部，成立陆军总局。新组建的陆军总局设局长一名、第一副局长和副局长各一名。下辖作战局、组织动员局、教育工作处、电子对抗勤务处等10余个单位。陆军总局改为隶属总参谋部，仍保留原陆军总司令部的基本职能，但对部队没有作战指挥权。据陆军总局局长布克列耶夫上将介绍，陆军总局负责与本军种建设和发展有关的各项事务，研究并确定陆军武器装备系统发展方向，组织后备人员的动员与培训。俄认为，撤销陆军总司令部、成立陆军总局不仅可以理顺指挥关系，减少中间环节，便于组建由武装力量总参谋部直接指挥的战役－战略司令部，同时还可以精简总部机关、节约经费。此外，将战斗训练从陆军总局职能中划归战斗训练总局也有利于提高俄军的整体战斗训练水平。

调整军区划分　1998 年 12 月 1 日，后贝加尔军区和西伯利亚军区合并为西伯利亚军区，新军区司令部设在赤塔，现任后贝加尔军区司令科尔米利采夫上将出任新的军区司令。在这次合并过程中，原西伯利亚军区司令部改编为第 41 合成集团军司令部，两军区作战部队未做大的调整。此外，根据叶利钦总统的命令，原后贝加尔军区辖区内的萨哈（雅库特）共和国划归远东军区。为在 1999 年内完成乌拉尔军区和伏尔加河沿岸军区的合并任务，原伏尔加河沿岸军区辖区内的科米共和国划归列宁格勒军区。

组建常备兵团　1997 年 7 月以来，俄军开始在各军区组建常备兵团和部队。1998 年初国防部长谢尔盖耶夫称，常备兵团和部队的满编率已达 90% 以上。1998 年第一季度将为其换装最现代化的武器和技术装备，尔后转入有计划的战斗训练。常备兵团和部队将成为 21 世纪陆军突击力量的基础。据副总参谋长兼作战总局局长巴卢耶夫斯基上将 11 月初证实，目前俄军已有 4 个常备师配齐了人员并装备了现代化的武器装备，其中 2 个摩步师部署在北高加索军区，1 个摩步师和 1 个空降师部署在莫斯科军区。此外，还建成 4 个常备旅。2 个摩步旅部署在北高加索军区，1 个摩步旅部署在西伯利亚军区，1 个空降旅部署在莫斯科军区。

海军编制　**裁减编制员额**　1998 年，俄海军共裁减 3.6 万人。目前海军编制员额为 22 万人，其中，北方舰队 7.79 万人，太平洋舰队 5.98 万人，波罗的海舰队 3 万人，黑海舰队 2.7 万人，里海区舰队 1.5 万人，海军直属部队 1.03 万人，占俄军总兵力的 18.3%。

改革舰队指挥体制　俄海军 1998 年重点对太平洋舰队和北方舰队指挥体制进行调整。6 月份，在堪察加、楚科奇半岛方向组建由太平洋舰队原堪察加区舰队、第 2 潜艇区舰队、航空兵部队以及陆军第 25 步兵军、防空军第 6 防空师等部队组成的东北联合军队集团。组建后的联合军队集团由太平洋舰队统一指挥，下辖海军部队、陆上和海岸部队、空军部队。北方舰队撤销了 1 个潜艇区舰队，并组建大西洋分舰队。

空军编制　**确定新的编制体制**　1998 年空军、防空军在合并过程中共裁员 12.2 万人，其中包括 4.8 万名军官。合并后的空军编制员额为 19.3 万人，占武装力量总兵力的 16%。为减少指挥层次，在确定新的编制体制过程中，撤销了 15 个战役战术指挥机构以及重复设置的保障部队、军事院校和地处边远、装备落后的部队。在合并过程中，原空军所属部队裁减幅度较大，远程航空兵、前线航空兵和军事运输航空兵司令部均被撤销；原防空军所属部队裁减幅度较小，防空火箭兵、无线电技术兵和歼击航空兵均得以保留。在新的空军中，各兵种部队的比例为：航空兵部队占 57%，防空火箭部队和无线电技术部队占 43%。由此可以看出，新空军是以原防空军为基础组建的。合并后，新空军由军事指挥机关、防空兵、航空兵、混合部队、后勤部队和机关组成。

组建新的空军总司令部　1998 年 1 月 20 日，叶利钦总统解除了杰伊涅金大将空军总司令职务，任命莫斯科防空区司令科尔努科夫上将为空军总司令。科上任后即着手空、防两军合并工作。2 月初，国防部决定，新的空军总司令部设在莫斯科近郊巴拉希哈区曙光镇原防空军总司令部驻地，原空军总司令部办公大楼移交给武装力量后勤部。3 月 1 日，科尔努科夫率助手进入空军中央指挥所，宣布新的空军指挥机关开始对部队行使指挥职能。据俄军透露，空军和防空军总司令部合并后，共裁减 21 名将军和 226 名校级军官，只保留了 40 个将军职务。4 月 24 日，叶利钦总统签署了新空军 35 名将军的任职命令。其中，原防空军参谋长维·西尼岑上将任空军第一副总司令兼参谋长；原第 4 空军集团军司令符·米哈伊洛夫中将任空军副总司令；原空军主管装备的副总司令兼装备局局长尤·克利申中将留任原职；尤·邦达列夫中将为空军副总司令，主管独联体联合防空事务。此外，原第 6 独立防空集团军司令根·瓦西里耶夫中将调任莫斯科空防区司令。至此，新空军领导班子组建完毕。从人员组成看，新空军总司令部中原防空军人员占有明显优势，总司令和参谋长两位主官均出自原防空军；而原空军除克利申中将外，其余副总司令全部落选。

重组防空集团军（军）　自 3 月 1 日开始，俄空军、防空军的合并工作全面展开。按照合并计划，共组建 3 个防空集团军和 3 个独立防空军，并在原莫斯科防空区和第 16 空军集团军的基础上组建莫斯科防空区。在合并中共解散了约 500 个部队单位，其中包括10个师指挥部、60多个航空兵部队和防空火箭部队、12个雷达部队；改编125个部队；新组建约40个部队；有600多个部队改变了隶属关系。12月20日新空军正式组建完毕，自1999年1月1日起全面担负战备值班任务。

改组远程航空兵 俄空军远程航空兵司令部于1998年5月1日改编为战略空军集团军司令部。改编后，远程航空兵编为1个集团军，下辖2个远程轰炸航空兵师，分别部署在俄欧洲地区和亚洲地区。据第37空军集团军司令奥帕林中将透露，远程航空兵改编后，将继续保持强大的空中打击能力，遂行核遏制任务。在今后10～15年内，远程航空兵将重点改造现有图－160、图－95MC战略轰炸机和图－22M3等中型轰炸机。同时，加紧研制新机种和高精度巡航导弹，增强空中打击威力。

改编军事运输航空兵 从1998年5月1日起，军事运输航空兵司令部改组为隶属空军总司令部的第61空军集团军，司令部设在莫斯科。下辖2个军事运输航空兵师、1个飞行员战斗使用和训练中心及若干直属部队。军事运输航空兵的基本任务是：在武装力量实施战略展开时，向指定作战地区空运部队；向武装冲突地区空运部队、装备和物资；以空运航空兵兵团和部队为基础建立新的航空集群，加强重要战略方向的作战力量；参加抢险救灾行动并参与各类维和事务等。今后军事运输航空兵部队将主要装备安－70型中程运输机，并在2005年后装备伊尔－96T和伊尔－106等型飞机；计划用安－140和伊尔－114型机取代安－24和安－26型机，为安－22型机换装AB－90发动机并将其服役年限延长4～5年；在伊尔－76MД装备部队的同时，对现役的伊尔－76MФ型机进行技术改进。

（刘 龙）

日本自卫队编制 **日本陆上自卫队2000年师、旅改编构想** 日本《军事研究》1998年5月号报道，根据日本政府1995年度修订的《防卫计划大纲》，2000年陆上自卫队的师、旅编制将发生以下变化：

2000年将实行9个师、6个旅体制 旧大纲规定，陆上自卫队的编制员额为18万人。基干部队为13个师（包括1个装甲师）、2个混成旅、1个空降旅、1个直升机旅、8个防空导弹群。坦克约1200辆、主要火炮约100门。

新大纲规定的编制员额是16万人（应急预备役人员1.5万人）。基干部队是9个师（1个装甲师为机动作战师）、6个旅、1个空降旅、1个直升机旅、8个防空导弹群。主要装备削减到坦克约900辆、主要火炮约900门。

从1961年开始一直延续至今的5个军区（北部、东北部、东部、中部、西部）、13个师和2个混成旅的防卫体制，终于在冷战结束后正式发生变化。按照新大纲的要求，将在日本本土部署8个师和6个由原来的师、混成旅改编而成的旅，共计14个师、旅，作为平时担负地区防御任务的部队。“14”这个数字是根据自古以来日本从山脉、河流、海峡等地理特征分为14块而确定的。方案是14个师、旅部署在固定地区，1个装甲师在敌人入侵地区集中机动使用。

师和旅的地区分配如下：师部署在战略要地、政治经济中心等重要地区，旅部署在比较重要的地区。具体来说，师部署在以下3个地区：第一，与他国邻近或扼制重要海峡（宗谷、津轻和对马海峡）和地区（北海道北部、东北北部和九州北部），这些地区部署第2师、第9师和第4师；第二，在政治经济中心地区（关东和关西）部署第1师和第3师；第三，在作为向上述重要地区投送增援部队的基地的地区（东北南部、东海道和北陆、九州南部）部署第6师、第10师和第8师。

旅部署在以下两个地区：一是比较重要的地区（北海道东部、北海道中央和冲绳），这些地区将部署第5旅、第11旅和第1旅；二是上述以外的地区（甲信越、中国地区和四国地区），将部署新的第12旅、第13旅和第2旅。

如果实现上述改编，那么迄今为止由甲种师（9000人）和乙种师（7000人）构成的单一体制，将向适应地区特点的多样化部队编成转变。

开始实施师的现代化和旅的改编 迄今为止，师的现代化是在师的数量不变的情况下进行的，以向北方增配坦克（北方地区730辆、其他地区310辆、教学用170辆）为标志，对坦克部队和炮兵部队进行了改编。具体地说，北方4个师的坦克营/团中坦克连的数量增加到5个以上，每个师的1个步兵团实现机械化，炮兵营统一配备75型155毫米自行榴弹炮；缩编了本州以南师的坦克营，炮兵营统一配备FH－70型牵引式155毫米榴弹炮。此外，各师（第7师除外）都作了如下改编：师高炮营成为独立部队，建立包括补给队、运输队、卫生队和军械队在内的后勤保障团，各师司令部新编防化排。

1994年度对北部军区第2师实施了改编，将师坦克营改编为拥有108辆坦克的坦克团。这是迄今为止悄然进行的向北方增配坦克和师现代化中的重要一环。

1995年度实施的西部军区第8师的改编和现代化，则体现了陆上自卫队武器装备现代化和改编的一体化。该师步兵团中新编反坦克连（装备反坦克导弹发射架），对迫击炮进行现代化更新（装备新式 L－16 型 81 毫米迫击炮和 RT 新式 120 毫米重迫击炮），师航空队装备 UH－1J 型多用途直升机（以前只有 OH－6 型侦察直升机）。

1998 年度将要实施的东北部军区第 6 师的改编和现代化更新，以及中部军区第 13 师改编为旅，是陆上自卫队按照《防卫计划大纲》的要求进行的具有划时代意义的改革。其中最大的改革就是师改编成旅，其内容还包括在师编成内的 1 个步兵团中采用新的应急预备役制度，即该团平时保持 20% 的以现役军人为骨干的部队编制，其余 80% 的人员由在紧急情况下征召的应急预备役人员补充。这一制度可以使其他团平时保持满员。

1998 年度陆上自卫队编制员额合计 176245 人，其中现役军人 172866 人，应急预备役人员 3379 人。按照大纲的要求，将来的编制员额必须保持 16 万人（现役军人 14.5 万人，应急预备役人员 1.5 万人）。

过去由于 18 万人的编制员额太多，实际上平时部队缺编（平均满员率为 80%），因而大多数师不能进行正常的步兵连训练。此次改革的目标之一就是要消除这种现象。将编制员额缩减为 16 万人，根本目的是为了实现部队的精干化和确保满员率，提高部队的训练水平。

北方的重型师体制　(1) 第 7 装甲师。在向北方增配坦克时，一方面增强坦克部队的力量，另一方面保持坦克师的基本编成不变。也就是坦克团 3 个，步兵团 1 个，另有炮兵团、高炮团、后勤保障团等。担任主要任务的各坦克团以前的编成是 4 个连，74 辆坦克，改编后增加到 5 个连，92 辆坦克。这一结果使师的坦克总数由 232 辆增至 286 辆，达到了与其他国家装甲师同等的规模。但是由于 90 型坦克的采购数量到 1997 年度预算完成时仅为 172 辆，主力仍将是 74 型坦克。

该师的步兵团实为机步团，下辖 6 个连，每个连有 4 个步兵排。各排配备步兵战斗车/装甲车 4 辆，加上连部 2 辆车，每个连拥有车辆 18 辆，全团为 108 辆。但 89 型步兵战斗车到 2000 年度中期防务计划完成时只有 65 辆，因此，全团统一装备 89 型步兵战斗车还需要很长一段时间。

该师炮兵团下辖 4 个营，装备 75 型 155 毫米自行榴炮 40 门，与各国装甲师的炮兵相比，规模较小。75 型自行榴炮至中期防务计划完成时为 11 辆，因而将通过采购 99 新型 155 毫米自行榴炮实现现代化更新。尽管如此，缺少担负全面支援任务的远距离机动火炮系统，对坦克师来说仍是结构功能上的缺陷，因而应该增加多管火箭炮连的编制。

该师的防空团是第 7 师所特有的。在下辖的作为实战部队的 4 个连中正在配备 32 辆 87 型自行高炮，其他 2 个连配备 81 型近程防空导弹发射系统。通过这一火力配系，防空团能够在装甲部队上空形成具有机动能力的由高炮、导弹构成的多重防空区域。

目前正在计划 1999 年度对第 7 师实施改编。据说将增加坦克数量，希望炮兵部队的改编也能随之一同进行。

(2) 第 2 师。经过 1994 年度的改编，已编成 3 个步兵团（其中 1 个为机械化步兵团）、1 个坦克团的体制。其中一个显著的特点是编成了由 6 个坦克连组成的第 2 坦克团（坦克 108 辆）。该团在紧急情况下从第 3 步兵团中临时抽调 3 个机械化连，按 2 个坦克连加 1 个机械化步兵连的比例，形成混编的坦克团战斗编组。当然这一编组还要加上炮兵营（装备 75 型 155 毫米自行榴炮）、高炮营的防空导弹队（装备 93 型近程防空导弹）、工兵连等。另外，也可以把坦克连分别编入 3 个步兵团，构成步兵团战斗编组。

炮兵团由 5 个营、2 个炮兵连编成，拥有 50 辆 75 式 155 毫米自行榴炮，超过了第 7 师。但是尚缺乏能担负全面支援全师作战任务的炮兵，希望今后增编多管火箭炮连。

不用于实战的应急预备役部队和本州以南的师

目前确定的本州以南 7 个师的编成大致可分为 4 类。第 1 类，经过改编和现代化更新，以 4 个步兵团为基干，编制为 9000 人的师（第 4、第 6 和第 8 师）。第 2 类，经过改编和现代化更新，以 3 个步兵团为基干，编制为 7000 人的师（第 3 师）。第 3 类，未经改编，以 4 个步兵团为基干，编制为 9000 人的师（第 1 师）。第 4 类，未经改编，以 3 个步兵团为基干、编制为 7000 人的师（第 9 和第 10 师）。

第 1 类师是指 1995 年度以后改编和现代化更新的师，有西部军区的第 4、第 8 师和东北部军区的第 6 师。其改编内容是，取消师反坦克队，在 4 个步兵团内新编反坦克连（装备 79 型反舰反坦克导弹）。师现代化更新的内容主要是指武器装备的更新，即步兵团更新迫击炮（装备 L－16 型 81 毫米迫击炮和 RT 式 120 毫米重迫击炮），采购快速机动车，在高炮营中装备 93 型近程防空导弹，师航空队装备多用途直升机等。

通过这一改编，反坦克队不再是师的直辖部队，各团长掌握了能够自由运用强大的反坦克火力（反坦克连）的权力，师拥有的反坦克导弹发射架也由原来的 16 部增加到 54 部。另外，在步兵连的反坦克排中配备 87 型激光制导式反坦克导弹，以取代旧式 89 毫米反坦克火箭筒，使步兵部队的反坦克武器在质和量上都有了大幅度的改进。

此外，第4师首先编入了1373名应急预备役人员。1998年度第6师第38步兵团（驻多贺市）也将编入应急预备役人员，使团现役军人编制员额削减20%。

目前，在九州地区和中部地区实施应急预备役的征召工作。从征召情况看，中部地区更易于征召，原因是中部地区的大规模企业较多。应急预备役须经过总理大臣批准，由防卫厅长官根据防卫、治安和救灾等的需要下令征召。规定每年进行30天的训练，这是根据应急预备役连最低限度达到实施基本战术行动的训练水平所必需的时间而定的。但是实际上正如第38步兵团所宣布的那样，应急预备役部队是不准备在前线作战中使用的。应急预备役人员即使是陆上自卫队老兵，如果每年只进行30天的“作客训练”，在高强度战斗行动中，也不可能担负要求熟练掌握高级新式装备并在战斗部队的一个方向作战的任务，最多只不过是用作治安管理和抢险救灾的预备队或在现役军人组成的精锐团队后方进行支援。

从海湾战争的情况看，美军预备役也没有起到作战部队的作用，而在担任后勤保障任务中却发挥了出乎意外的作用。

可以说，应急预备役制度是保持以上校为指挥官的团队数量，使现役军人组成的团满编的一个好办法。

未改编的第1、第9和第10师由3个或4个步兵团编成，各团未编反坦克连，目前仍是师反坦克队的编制。另一方面，继续进行武器装备的现代化更新。今后如何实施师的改编尚未确定。

关于本州以南的坦克营的编制，目前是在有4个团的师中编成3个坦克连（坦克44辆），在有3个团的师中编成2个坦克连（坦克30辆），但有可能根据坦克总数的削减情况而有所调整。按照这种编成，完成改编和现代化更新的师与未改编的师之间在反坦克能力上出现了差距。解决办法是，拟在未改编师的反坦克队中配备1996年开始引进的96型光纤制导式多用途导弹系统，以替换现有的反坦克导弹发射架。

以轻步兵团为基干的旅　1998年度将第13师（驻海田市）改编为旅，对陆上自卫队来说是本世纪最后的一件大事。陆上自卫队第1个旅究竟是怎样的战斗编成呢？至今还是个谜。根据《军事研究》自己调查的情况，简要介绍如下。

新编第3旅（临时番号）人数约4100人，旅长为少将。该旅根据中国地区的特点，步兵部队装备快速机动车，成为能快捷、灵敏地应付防卫和大规模灾害等多种事态的部队。

问题在于基干部队的编成。先是考虑旅下辖4个由中校指挥的新编步兵营（其中1个是应急预备役营)。但后来决定不是下辖营，而是继续维持4个由上校指挥的步兵团的编制。这样旅又成了师的规模。新编步兵团相当于美陆军的“轻步兵团”。

取消营的方案是因为旅在实施作战行动时并不是步兵部队单独行动，通常是配属有坦克队、炮兵和工兵等，临时组成步兵战斗群。由于各兵种部队实行自主指挥，如由中校而非上校团长组织指挥，就很难顺利实施作战行动，所以1个旅中应有4名团长。

轻步兵团与师下辖的团的任务没有区别，编有团部、3个步兵连（估计)、重迫击炮连和反坦克连。

从团的规模看，1个应急预备役团编有应急预备役人员约500人，这一数字相当于团编制的80%，现役军人占20%，约125人，由此推算团的编制约625人，大约相当于过去团的一半兵力。也就是说，新编旅的4个轻步兵团，实际上只有2个团的员额。

假设轻步兵团中，连以下采用三三制编成（3个步兵排、每排3个步兵班)，旅的最小单位便是步兵班。但还在讨论新编更小的分队。目前，步兵班为10人，现正在讨论削减3人变成7人的更小分队的编成方案。人数虽然减少，但分队的火力不会减弱，配备有96型40毫米榴弹发射器、12.7毫米重机枪各1挺、无坐力炮1门、5.56毫米机枪1挺、89型步枪3支。这些均搭载在1辆大型快速机动车上。车的载重量不成问题，但在7人的分队中，假如有1人负伤，至少需2人后送伤员。就是说分队中只要有1个人受伤，兵力就会变为4个人，稍不小心就可能失去重火力。而在作战以外的警备等复杂任务中，也要求分队承担与10人班同等的工作负荷，所以士兵中要求增加到8～9人的呼声很高。

为了弥补新编旅兵力减少一半的情况，将配备拥有与师同等情报搜集能力的侦察队、空中机动力增强的航空队（装备3架UH－1J型多用途直升机和4架OH－1型侦察直升机)。

为了提高侦察队的情报搜集能力，将装备数字式图像传输接收装置、地面雷达装置、夜视装置和通信装置等。此外，目前仍在开发的小型轮式装甲车也是轻型旅最需要的武器装备。

开始编组第1空中机动旅　2000～2001年度，第12师（驻群马县）将改编成日本第1个空中机动旅。空中机动旅的作用就是凭借直升机部队的空中机动力量迅速应付敌人的人侵以及大规模灾害。其驻地位于日本本土的中心部，便于向全国各地紧急派遣。

新编第1空中机动旅（暂称）的主力为以各种直

升机队混成的加强直升机队和轻步兵团，未像第 3 旅那样编旅属坦克连。旅的基本武器更多的将是轻型武装直升机，而不是运输直升机。另外，将来肯定还要编配四轮驱动小型轮式装甲车连，这对于安全地遂行维和任务是不可缺少的。

步兵部队的编成与第 3 旅大致相同，编有 2 个轻步兵团。旅的编制员额约 3000 人。作为其核心的直升机队（或群）是由上校指挥的团规模的航空部队。它由队部、反坦克直升机队、多用途直升机队、运输直升机队和维修队组成。在现阶段，3 个直升机队将各编 1 个飞行队。

多用途直升机队将配备 8 架新型 UH－60JA 型多用途直升机、5 架国产新型 OH－1 型侦察直升机。运输直升机队将配备 8 架 CH－47JA 型运输直升机。目前已对旅将采购的 UH－60 型多用途直升机和 CH－47 型运输直升机作出了预算。这种直升机的运输能力可以达到空运火炮、弹药、器材和一个步兵连的水平。

反坦克直升机队将配备 8 架 AH－X 型反坦克直升机、4 架 OH－1 型侦察直升机。现在使用的 AH－1S 型反坦克直升机，在预定完成给 5 个直升机队共装备 93 架后就停止生产。因此，未编坦克队的第 1 空中机动旅，选定性能更强的 AH－X 型作为下一代反坦克直升机是必不可少的。最有力的候选机种应该是以卓越的全天候作战能力著称的搭载雷达的 AH－64D 型"阿帕奇"式高级攻击直升机。

荷兰最近决定，在新创建的空中机动旅中配备 30 架 AH－64D 型攻击直升机、17 架"美洲豹"多用途直升机和 13 架 CH－47D 大型运输直升机，合计 60 架。英军第 24 空中机动旅是拥有 108 架直升机的快速部署部队，其中包含 48 架"山猫"武装直升机。"山猫"的改进型就是"韦斯特兰"公司获得许可证进行生产的 AH－64D 型攻击直升机。目前，新编第 1 空中机动旅的直升机数为 33 架，只相当于各国空中机动旅直升机装备数量的一半以下。如从部队实战运用出发，就必须考虑到直升机的故障、损耗和预备。因此，将来有必要使各队(群)的飞行队增加到两个，共装备 60 架直升机。

炮兵团将缩编为炮兵队，减少炮兵连。不过由于现在使用的 FH－70 型 155 毫米榴弹炮的重量是 9.6 吨，榴弹炮的数量即便减少，也需要使用昂贵的 CH－47 型运输直升机进行空运。

在这方面，美军正在研究采用 XM－777 型超轻型 155 毫米榴弹炮。该炮采用钛铝合金，重量约为 3.8 吨，最大射程为 30 千米（使用火箭增程弹），用 UH－60 型多用途直升机吊挂就能空运。

将四国地区的混成旅改编为战略预备旅　北海道第 5 师、第 11 师，西部军区第 1 混成旅（驻冲绳县那霸），中部军区第 2 混成旅（驻香川县善通寺）的改编情况尚未明确。北海道师将改编成以坦克、装甲车、自行榴弹炮为核心的装甲旅，2 个混成旅将按照以轻步兵团为骨干的类似于第 3 旅（第 13 师）的编成模式实施改编。

例如，第 1 混成旅拥有适合地域特点（从孤岛运送伤病员和对基地进行后勤补给等）的强有力的第 101 飞行队（装备 LR－1 型联络侦察机、CH－47 型"支奴干"式大型运输直升机等），即使改编成旅，飞行队的规模也要比其他旅大。

现在以 1 个步兵团为基干的第 2 混成旅，改编后兵力将倍增。由于四国地区自古以来在地理上受外敌威胁和大灾的可能性较小，因此到目前为止对驻四国地区第 2 混成旅的作用一直不够重视。但反过来考虑，正是这种没有地域障碍的部队，才能自由地被派往全国各地。由此便产生了将第 2 混成旅改编成精锐的第 2 旅以作为战略预备队的设想。

岸舰导弹团和反坦克直升机队的发展　陆上自卫队除师、旅外，还有防卫厅长官直辖部队和各军区直辖部队。前者具有代表性的有第 1 直升机旅（配备 32 架 CH－47 型运输直升机）、通信旅、富士教导旅，后者具有代表性的有炮兵旅/群（配备 203 毫米自行榴弹炮、多管火箭炮）、防空导弹旅/群（装备改进型"霍克"防空导弹）、工兵旅等。

此外，军区还编有一些各自特有的部队。例如，北部军区的第 1 坦克群、东部军区的第 1 空降旅，过去分别担负阻止苏军入侵和保卫首都东京的特殊任务。随着向 900 辆坦克体制转变，第 1 坦克群（坦克约 110 辆）将会撤销。

军区新组建的岸舰导弹团作为陆上自卫队抗登陆作战的王牌正在加紧装备。各团配备搭载 6 联装 88 型岸舰导弹自动发射装置的大型卡车 16 辆。1998 年度末 5～6 个团装备完毕，另有 2 个团的装备开始采购。计划北部军区新组建第 1～第 3 团，东北部军区新组建第 4 团，西部军区新组建第 5 团，可能还将新组建第 6 团，剩下 2 个军区组建第 7、第 8 岸舰导弹团。

5 个军区的航空队已新编第 1～第 5 反坦克直升机队。反坦克直升机队配备 16 架 AH－1S 型反坦克直升机、4 架 OH－1/OH－6D 型侦察直升机，除备用机外，反坦克直升机的采购基本上已经完成。

陆上自卫队调整师编制结构　根据新"防卫计划

第1空中机动旅编成表（原第12师）

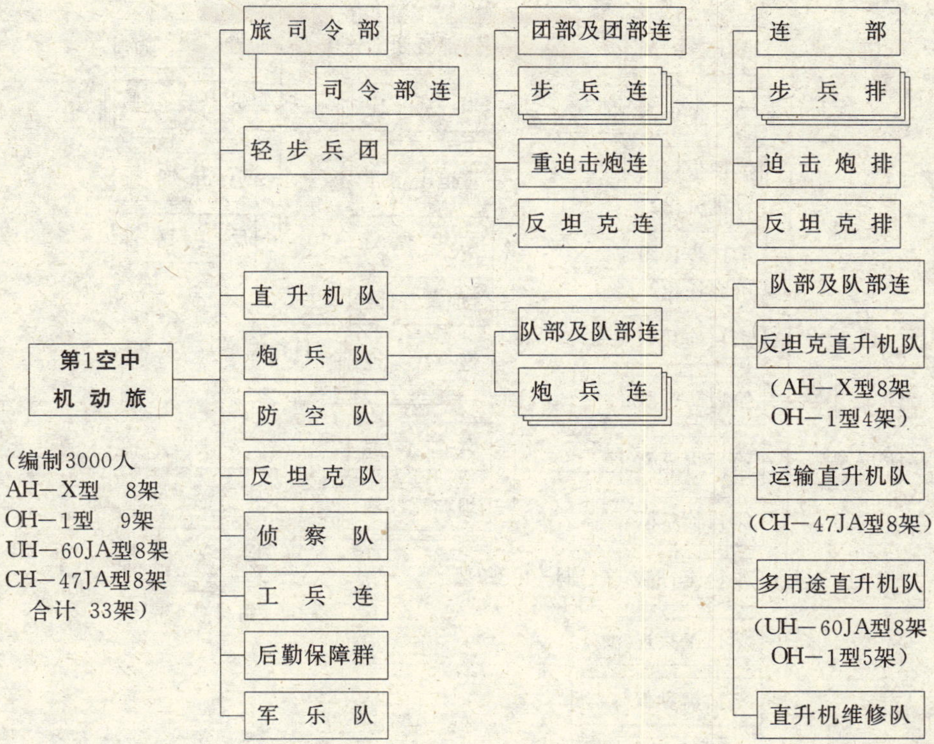

第3旅编成表（原第13师）

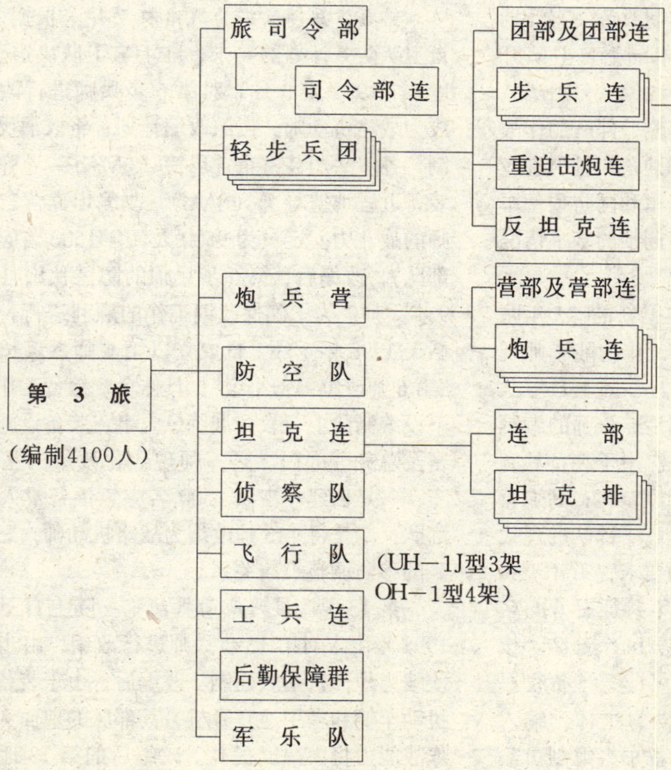

第11旅编成表（原第11师）

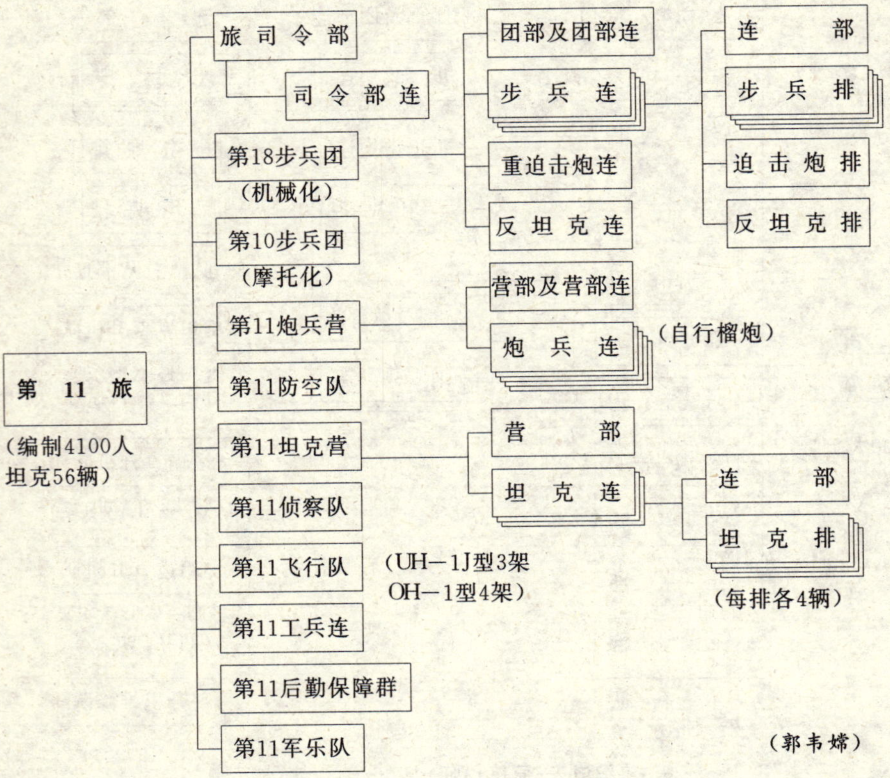

（郭韦嫦）

大纲”提出的“陆上自卫队的编制体制改革要有计划分阶段进行”的要求，1998年，日本陆上自卫队开始对部分师的编制进行改革和调整。改编后，由于装备了现代化水平较高的武器装备和车辆，部队的作战能力和快速机动能力大幅度提高，特别是通过引进应急预备役机制，部队编制实现了常备军和国防预备军一体化编成。陆上自卫队师编制体制调整的基本情况及特点如下：

第4步兵师实施现代化改编　根据新的“5年防卫力量发展计划”（1996～2000年），作为陆军师现代化改编的第1步，1998年3月26日，陆上自卫队对第4步兵师进行现代化改编。改编后，该师的编制员额由过去的9000人压缩至7700人。由于装备具有高机动性能的车辆，步兵团全部实现摩步化；高炮营装备近距离便携式地空导弹，从而提高了部队的现代化水平。根据新《防卫计划大纲》的要求，第4步兵师首次编组应急预备役部队，1998年共征召696名预备役军人，分别编入第19摩步团等14个部队。按计划要求，第4步兵师将编入1400名应急预备役军人，其中第19摩步团以应急预备役为主体，编入476名应急预备役军人。各中队的常备军人编制员额为259人。

第6步兵师改编为战略机动师　根据1998年度自卫队防务计划的要求，陆上自卫队决定于1998年度末（1999年3月）对第6步兵师进行改编，使其成为战略机动师。按照改编计划，将取消反坦克队编制，各步兵团装备重“玛特”（MAT）导弹，高炮营装备近程地空导弹（SAM），改编坦克营，以此充实师的战斗力。定员为9500人（含1500名应急预备役部队）。改编后，第6步兵师的防区秋田县移交给第9步兵师。为了确保改编工作的顺利进行，陆上自卫队于1998年4月1日成立以第6师参谋长为组长的“第6师改编筹备小组”，具体负责筹备工作。筹备组下设编制防卫、教育训练、人事、装备设施、情报保密及总务等部门。第6师现代化改编的主要内容有三：一是创建一支以1500名应急预备役人员为主的部队；二是将第6师改编为战略机动师；三是随着部队的移防调整隶属关系。

第13师改编为地面机动旅　陆上自卫队决定于1998年度末对第13步兵师进行改编，由步兵师建制改编为地面机动旅建制。改编后，由于装备高性能的机动车辆和多用途直升机，其部队的地面和空中机动作战能力将大幅度提高。改编后的第13地面机动旅由旅司令部、摩步团和缩编后的9个直属部队组成，

编制员额由过去的 7100 人减至 4100 人（含应急预备役部队 550 人）。其具体编制：摩步团 4 个，每个团编制员额为 570 人（原第 13 步兵师编制 3 个步兵团，每团编制约 1000 人）；炮兵团、后方支援团缩编成队；高炮营、坦克营、工兵营、通信营和反坦克队缩编成中队；侦察队、飞行队编制不变。新编的第 47 摩步团将以应急预备役军人为主体，炮兵、坦克、反坦克、侦察、后方支援各部队也分别编入应急预备役军人。旅长由少将级军官担任。其指挥关系，与师一样，直接受军区司令的指挥和监督。

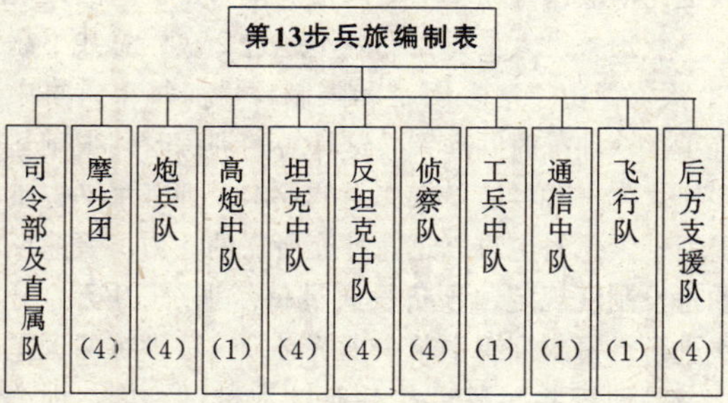

新编第 5 地舰导弹团　为贯彻“水际歼敌”的作战思想，提高部队抗登陆作战能力，1998 年 3 月 26 日，陆上自卫队西部军区在健军驻地新编第 5 地舰导弹团，下设第 1～5 地舰导弹连。编成之日已完成 4 个导弹连的组建，第 5 导弹连暂时空编，共计约 440 人，装备 88 型 SSM－1 地舰导弹发射装置 16 套。SSM－1 地舰导弹可从内陆发射，贴地面飞行，具有翻山入谷之性能，到达海上后贴水面飞行，然后自动跟踪和攻击海上目标，堪称世界一流水平。

组建第 130 多管火箭炮营　1998 年 3 月 26 日，陆上自卫队北部军区第 2 炮兵群第 109 炮兵营撤编。与此同时，新编第 130 炮兵营，装备 MLRS 多管火箭炮发射系统，成为北部军区第 2 个装备此种武器的部队。

组建新的中央和地方后勤补给机构　为加强部队后勤工作的统一管理，陆上自卫队“补给统制本部”和“关东补给处”于 1998 年 3 月 26 正式编成。“补给统制本部”编制人员约 1500 人，本部长由土井义尚陆军中将担任；“关东补给处”编制人员约 2400 人，处长由重村胜弘少将担任。“补给统制本部”对原由 5 个中央补给处和资材统制队承担的军需、武器、设施、通信、卫生等业务实行一元化管理，以提高陆上自卫队后勤机关的工作效率。“关东补给处”由 1 室 9 部组成，主要承担由原各地区补给处分担的东部军区后勤补给业务。填补了东部地区没有补给处的空白。关东补给处成立的同时，其他 4 个地区补给处的称呼均去掉“地区”二字。

（张洲军）

陆上自卫队实行新预备役制度　1995 年 11 月，日本政府制定了新的《防卫计划大纲》。根据新大纲的规定，日本陆上自卫队将采用一种新的预备役制度，即“快速反应预备役”。自卫队当局把建立快速反应预备役制度看作是加强自卫队建设，提高陆上自卫队战斗力的重要步骤，甚至认为，“快速反应预备役制度的发展，将决定着日本国防政策的成败。”

自卫队预备役制度的发展　1954 年，日本正式组建陆上自卫队、海上自卫队和航空自卫队。与此同时，为在紧急时能有计划地迅速扩充兵力，增强自卫队的战斗力，决定首先在陆上自卫队中实行预备役制度，定编 1.5 万人。此后，随着日本军事力量的不断发展，退役军人的逐年增多，预备役编制员额也逐年增加。而且海、空自卫队也分别于 1970 年和 1986 年相继实行了预备役制度，但数量较少。在开始实行这一制度的当时，海、空自卫队只分别编 300 人。截至 1998 年 3 月 31 日，日本自卫队预备役编制员额为 47900 人，其中，陆上自卫队为 4.6 万人，海上自卫队为 1100 人，航空自卫队为 800 人。日本自卫队认为，随着国际形势的发展变化，以及日本国内人口状况的变化和现行预备役制度实行中存在的一些问题，有必要对预备役制度进行补充和完善。在此种情况下，日本政府决定在现行预备役的基础上采用新的预备役制度，两种制度并行。根据这一决定，陆上自卫队西部方面队在所辖第 4 师于 1998 年初进行现代化改编时，首先采用快速反应预备役制度，征召 1373 名快速反应预备役人员。然后在其他师进行现代化改编时，也将陆续采用这一制度。日陆上自卫队最终将编 1.5 万人的快速反应预备役人员。

快速反应预备役制度产生的背景及其特点　进入 90 年代以后，日本的国际安全环境和国内情况均发生了很大变化，尤其国际形势，发生了诸如苏联解体，冷战终结等重大而急剧的变动，促使日本当局全面重新审视其国防政策、军事战略和军事力量建设。日本当局认为，1976 年制定的《防卫计划大纲》中对国际军事形势和对日本的威胁等的分析，在经过十几年后的 90 年代，已经时过境迁。当年苏联的威胁已不复存在，日本所面临的威胁已不再是苏俄的大规模武装侵略，而可能是日本周边的局部冲突，突发事件，自然灾害，恐怖活动等等。因此，今后日本军事力量的主要任务日趋多样化，即在发生上述紧急情况时，要求其迅速、灵活地作出反应，稳妥而有效地加以处置。但是，陆上自卫队兵力少、满员率低、预备役训练水平差、紧急时反应速度慢、扩充时间长等的现实情况，显然不适应调整后的军事战略思想的要求，完善、改革预备役制度就成为当务之急。

其次，采用新的快速反应预备役制度也是适应国际裁军新潮流和保障日本安全的需要。冷战结束后，世界各国都在不同程度地裁减军事力量的数量，重视提高其质量，这基本上成了一种世界潮流和各国的共识。日本军事力量尽管数量不多，陆上自卫队编制定员也只有 18 万人，但在这种世界性潮流中，日本如果“无所作为”，不在裁减军备方面有所动作，很难在其“为国际做贡献”、“提高日本在国际上的地位”的口号下自圆其说。为此，新《防卫计划大纲》规定，陆上自卫队将在今后几年内削减现役兵力的数量，由原来的 18 万人的体制缩编为包括 1.5 万人的快速反应预备役人员在内的 16 万人的体制。这样，陆上自卫队常备兵力的员额将减为 14.5 万人，实际将裁减 3.5 万人。从实有兵员数量来看，现在陆上自卫队约为 15.2 万人，与新《防卫计划大纲》规定的 14.5 万人相比，实际只需减少约 7000 人。因此，一些日本军事评论家认为，如从定员数看，可以说是“大幅度削减”，而从实有兵员数看，只是“小幅度削减”。但不管怎样，1.5 万人的快速反应预备役所发挥的作用“肯定是举足轻重的”。因为，一方面日本国内外形势发生了重大变化，改编、裁减现役兵力是不得已的措施；另一方面，在东亚地区的朝鲜半岛、台湾海峡、南中国海等地区的矛盾冲突远未得到解决，中国未来的发展也使日本感到不放心，一旦东亚地区发生冲突，日本认为自己的安全将受到威胁，所以在裁减常备兵力的情况下，采用新的快速反应预备役制度，可以看作是冷战终结后政治社会条件发生的变化同军事战略的要求之间“相妥协的产物”。

第三，日本兵役适龄人口减少，征兵困难，也是其采用新的预备役制度的一个重要原因。若干年来，日本青年人口在持续明显地减少，18～27 岁兵役适龄青年男性人口 1994 年减少至 900 万人，据预测，其中 18 岁男性人口 2010 年将减半。加之相当一部分适龄青年愿到赚钱多的地方企业就职而不愿应征参加自卫队，所以多年来导致自卫队兵员严重不足。据 1998 年度日本《防务白皮书》公布，截至 1998 年 3 月 31 日，自卫队总满员率为 89.1%，其中海上自卫队为 95.8%，航空自卫队为 96.6%，而陆上自卫队仅为 85.3%。陆上自卫队满员率的这种长期低下状况，严重影响部队战斗力。因此，自卫队认为，与其长期保持名义上的 18 万人的编制，不如把编制削减至与实有兵员数相近的 14.5 万人。另外由 1.5 万人的快速反应预备役人员来补充。这样既在很大程度上缓解了征兵难的问题，又提高了陆上自卫队满员率。

根据日本防卫厅公布的计划，快速反应预备役制度的主要特点可归纳为以下几点：

（1）数量少，训练水平高、反应速度快。自卫队新实行的快速反应预备役定编 1.5 万人。据报道，这个数量到 2006～2010 年的 5 年防务力量发展计划完成时才能达到；而到 2000 年只能征召 5000 人编入快速反应预备役。这同美、俄以及西方主要国家几十万、数百万的预备役兵力无法比拟。但就日本自身而言，新的预备役制度毕竟是原来一般预备役制度的进一步发展、完善和补充。快速反应预备役人员在训练方面也比一般预备役要求更严格。按《自卫队法》规定，一般预备役人员每年训练不超过 2 次，总共不超过 20 天。但由于诸多困难和限制，目前每年只集中训练 1 次，训练时间 5 天。这样短的训练时间很难适应现代化先进武器装备操作上的要求，训练水平也难以提高，紧急时也难以迅速补充所需的兵力。快速反应预备役制度规定，预备役人员每年训练 30 天，分数次进行，每次训练中单个训练必须连续训练两天左右，主要训练共同科目和专业技术科目，总共训练 16 天；部队训练则连续数天不间断地实施，总共训练 14 天。训练要求严，训练难度大，要求“最低限度地保持与第 1 线部队兵员同样的训练水平和反应能力”，可随时征召到第 1 线部队参加战斗。

（2）与常备兵力混编，承担任务广泛。快速反应预备役制度的一个显著特点是，即使平时，现役部队也给预备役划出一定员额的编制，一旦紧急时，快速反应预备役人员迅速补充到这一空缺的编制中去，快速组成一支战斗力强的作战部队。根据快速反应预备役制度的规定，在师或旅的编成中，其 4 个步兵团中将有 3 个步兵团为齐装满员团，另一个团将由 20% 的现役军人、80% 的快速反应预备役人员编成“快速反应预备役团”，即所谓“架子部队”。这种以快速反应预备役人员为主体编成的部队所承担的任务范围，比一般预备役要广泛得多。它可担任作战地域后方阵地的防守、前方部队的预备队等任务；在“治安出动”、抢险救灾时，可与现役部队一样执行任务。

（3）待遇较高，以保障新预备役制度落到实处。快速反应预备役人员所享受的待遇比一般预备役人员高，前者的津贴为月额 1.6 万日元，后者为 4000 日元；参加训练的津贴按军衔高低有所不同，日额 14200～10400 日元，一般预备役人员一律日额 8100 日元；在服预备役期间取得良好成绩者，1 个任期（3 年）发给鼓励奖 12 万日元，而一般预备役则未设此项奖。此外，为了争取快速反应预备役人员所在的企业的理解和支持，减轻企业的负担和损失，还给企业支付每人年额 512400 日元（月额每人 42700 日元）

的酬谢金。采取这些措施的主要目的是增强新预备役制度的吸引力，取得社会尤其是各企业的支持，保证新预备役制度能按计划落到实处。

快速反应预备役制度的影响及存在的问题 如前所述，自卫队当局认为快速反应预备役制度十分重要，意义重大，日本陆上自卫队“在新《防卫计划大纲》指导下能否圆满地遂行‘多样化’的任务，关键在于快速反应预备役制度能否有效地发挥作用。”为此，自卫队当局为顺利推行这一制度做了大量工作，采取了许多有力措施。例如，1998 年 3 月末开始实行这一制度的西部方面队，积极强化各种有关组织，为彻底普及和落实这一制度加紧进行广泛的宣传，采取有关措施以保证招募到高素质的快速反应预备役人员，认真研究训练实施计划和方法等。

自卫队大张旗鼓地推行这一制度的根本原因是，快速反应预备役制度如果真能落到实处，将产生较大的影响。首先，它将防止因陆上自卫队缩编而造成部队战斗力下降。新的《防卫计划大纲》规定缩小自卫队的编制，使之“合理化、效率化、精干化”。尤其陆上自卫队将由 18 万人的定员削减为 14.5 万人，目前的 13 个师将改编为 9 个，有 4 个师改编为旅；武器装备也将随之减少；坦克将削减 300 辆，火炮减少百余门。这样，陆上自卫队整体战斗力可能受到影响。实行快速反应预备役，将给被裁减的陆上自卫队带来活力，也是对可能趋于下降的陆上自卫队战斗力的一种补充和增强。其次，这一制度的推行，将节省军费开支。如前所述，陆上自卫队今后将裁减 3 万余人，维持这 3 万多人每年都要化费巨额资金。据统计，陆上自卫队 1998 年度养一个兵需 899.2 万日元；而一个快速反应预备役人员平均每人每年只需开支军费约 60 万日元，加上付给所在企业的酬谢金 51 万日元，总共约开支 110 万日元。所以，陆上自卫队裁减 3.5 万人的现役兵员，增加 1.5 万人的快速反应预备役人员，最终将节省一大笔军费开支。

尽管自卫队当局制定了一个较为完善的实行快速反应预备役制度的计划，并正在大张旗鼓地进行宣传。但自卫队当局对于该制度在执行过程中可能出现一些问题也不讳言。例如，快速反应预备役人员每年参加军事训练 30 天，在时间上能否得到保障？已经实行几十年的一般预备役制度，当初曾规定每年训练时间不超过 20 天，但后来由于企业和预备役人员个人遇到的一些困难，每年只能训练 5 天，有的地区 5 天也难以保证。即使快速反应预备役人员能参加 30 天的训练，这样短的时间能掌握日益复杂而现代化的武器装备的操作和使用方法吗？其训练水平和战斗力水平能达到与现役部队同样的程度吗？此外，人员的录用、征召如果不能得到社会及企业的支持，很难按计划、高标准地招募新的预备役人员。自卫队当局担心许多类似问题如果不采取得力措施加以妥善解决，新的预备役制度很可能同目前仍在实行的旧预备役制度一样，形同虚设，事与愿违。

（黄金鹏）

海上自卫队改编护卫队群等一线部队 1998 年 3 月，随着练习舰队练习舰“香取”号、第 1 潜艇队群特务舰“朝云”号、第 46 扫雷队扫雷艇“大岛”号相继退出现役，两栖登陆舰“大隅”号、“宙斯盾”导弹驱逐舰“鸟海”号、潜艇“亲朝”号、扫雷母舰“丰后”号服役，海上自卫队对护卫队群等一线部队的编制进行调整，具体情况如下：

改编第 2、3、4 护卫队群 1998 年 3 月 20 日，海上自卫队第 4 艘“宙斯盾”导弹驱逐舰“鸟海”号服役，编入第 4 护卫队群。至此，海上自卫队 4 支“8·8 舰队”均装备了“宙斯盾”导弹驱逐舰，舰队的防空作战能力大幅度提高。随着该舰等舰艇的服役，3 月 20 日，海上自卫队护卫舰队对第 2、3、4 护卫队群进行改编。改编结果：第 2 护卫队群第 2 护卫队由“朝雪”号、“岛雪”号编成。第 3 护卫队群第 7 护卫队由“泽雪”号、“滨雾”号、“濑户雾”号编成。第 4 护卫队群第 4 护卫队由“矶雪”号、“春雪”号、“濑户雪”号编成。第 8 护卫队由“山雪”号、“松雪”号编成。第 64 护卫队由“朝风”号、“鸟海”号编成。第 64 护卫队的“大刀风”号，编为护卫舰队直属舰，并担任舰队旗舰。原护卫舰队旗舰“村云”号改为练习舰，编入第 1 练习队，母港为吴港。

由于过去第 2、3、4 护卫队群下属的护卫队驻防较为分散，在改编的同时，对其兵力部署进行了调整。调整的原则是，将各护卫队群所辖舰艇尽可能集中到群司令部所驻港口，因特殊情况不能集中的调整到相邻的基地，以利于部队的统一指挥，并提高部队的综合运用和基地后勤保障的效率。调整后，第 1 护卫队群驻横须贺港；第 2 护卫队群驻佐世保港；第 3 护卫群（除第 7 护卫队驻大凑外）驻舞鹤港；第 4 护卫队群（除第 64 护卫队驻佐世保外）驻吴港。

另外，1998 年 10 月 16 日，海上自卫队佐世保地方队第 23 护卫队所属护卫舰“岩濑”号退出现役；第 23 护卫队由“朝雨”号、“仁淀”号编成。

取消了地方队的 1 个护卫队编制，护卫队的数量由 10 个减为 9 个。

调整扫雷部队编制 1998 年 3 月 23 日，第 1 扫雷队群第 14 扫雷队编制取消。原该队所属的“诸岛”号、“彦岛”号扫雷艇划归佐世保地方队第 46 扫雷队；“福江”号、“新岛”号扫雷艇改为扫雷管制艇并

编成第 101 扫雷队，编入第 1 扫雷队群。第 101 扫雷队是海上自卫队第 1 支使用远距离操作扫雷工具的扫雷部队。扫雷母舰“丰后”号服役后，编为第 1 扫雷队群直属舰。

另外，新服役的两栖登陆舰“大隅”号和潜艇“亲潮”号分别编入自卫舰队直辖舰和第 2 潜艇队。

改编机关及后勤补给体制　日本政府于 1998 年 11 月 6 日召开内阁会议，通过了对防卫厅设置法和自卫队法施行令的部分内容进行修改的政令，决定新编海上自卫队“补给本部”并对海上自卫队参谋部和各地方队司令部进行部分改编。此令于 1998 年 12 月 8 日正式施行。

(1) 参谋部部分机构改编。为有效地处理行政事务，提高机关办事效率，取消人事教育部的人事课，新编“人事计划课”和“补任课”。人事计划课主要负责人事计划的综合调整及人员补充、工作适应检查、预备役制度和征召手续等部内事务。下设企划班、人员班和制度班。补任课主要负责人事任免、资格审查、惩戒、服役、纪律等。下设补任班、服务班、经历班和募集班。改编后，人事教育部由过去的 4 课编制改为 5 课编制。另外，取消装备部的副部长编制，今后仅监理部保留副部长编制。

(2) 地方队司令部机关改编。取消各地方队防卫部气象班的编制，以后各地方队司令部不设班的编制，原气象业务交由第 3 参谋室负责。

(3) 新编补给本部，改革后勤机构。为适应部队现代化装备的管理需要，建立有效的后勤补给体制，1998 年 12 月 8 日，海上自卫队对其后勤部队进行建军以来最大规模的改编，取消需给统制队、木更津航空补给所等 32 个部队编制，新成立补给本部等 25 个后勤单位。

补给本部作为中央后勤机构，掌管海上自卫队的全部后勤补给业务，本部长由中将级军官担任。补给本部下设舰船补给处和航空补给处，负责海军全部的造修整备补给业务，处长均由少将级军官担任。

在航空集团新编 2 个航空修理队，在航空集团和教育航空集团的群级单位共计新编 10 个整备补给队（航空集团 7 个，教育航空集团 3 个），队司令均由上校级军官担任。

在各地方队新编造修补给所和弹药调整补给所共计 10 个单位，所长均由上校级军官担任。造修补给所负责舰船的维修和补给业务；弹药调整补给所负责舰船的弹药和水雷补给业务。

本次后勤部队改编的特点：一是合并舰船的修造和补给单位，实现维修、补给一元化管理；二是海上自卫队的补给业务由参谋部提出构想、制定计划和做出预算，补给本部负责实施上的计划管理；三是舰船、航空两部门新设补给品采购、保管、整备中心（补给处）；四是对舰船单位使用的弹药、水雷、导弹等，按种类、采购、保管、调整等业务实行分类定向管理，弹药补给所进行宏观控制。由于任务明确，业务流程顺达，满足了作战部队的多种需求。改编后，部队后勤的计划管理、补给协调以及对作战部队的支援能力将大幅度提高。

改编后的海上自卫队后勤补给体制

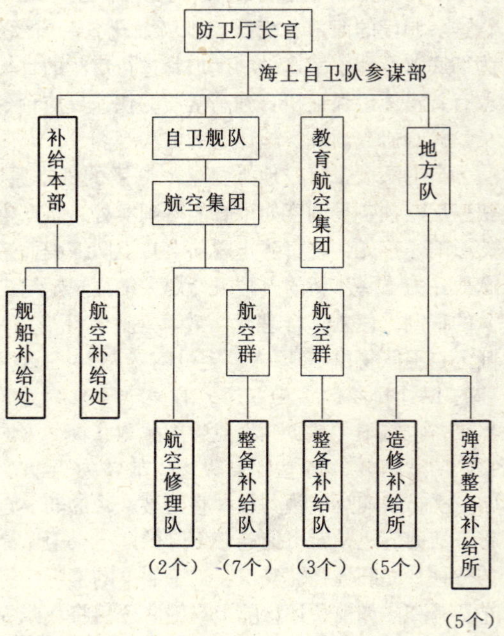

注：粗线方框内为新单位

航空自卫队组建“早期警戒控制机实用试验队”

1998 年 3 月 25 日，航空自卫队从美国引进的 2 架 E－767 型早期预警控制机飞抵航空自卫队浜松基地。是日，在浜松基地编成“早期警戒控制机实用试验队”，隶属航空开发实验集团。该队由 160 人组成。为了综合运用 E－2C 型和 E－767 型早期预警控制机，航空自卫队决定于 1998 年度末改编航空总队下属的警戒航空队（驻三泽基地）。改编后，警戒航空队增设 2 名副司令，警戒航空队将分别部署在三泽基地和浜松基地。其具体编成是：浜松基地编配司令、副司令各 1 名，由队本部的总务、人事、防卫、装备等主要机关和人员和 E－767 型机飞行部队、E－767 型机维修部队组成；三泽基地编配 1 名副司令，由队本部的部分机关和人员以及 E－2C 型机飞行部队、E－2C 型机维修部队组成。

另外，为充实司令部机能和提高机关办事效率，航空自卫队决定改编航空方面队司令部。

（张洲军）

韩国军队编制　金大中任韩国总统兼武装部队总司令后，指示国防部进行国防改革，并大幅度调整军队编制体制：

成立国防改革专门机构　据韩国广播公司1998年4月15日报道，国防部改革促进委员会于是日挂牌成立，下辖军队结构、武器采购程序、人员和国防管理4个分科委员会，由40名专家组成，专门研究军队编制、防御力量、人事制度等改革课题，并全权负责国防改革计划的制定、实施、监督和评估。预计6月底拟定“国防改革5年计划”，7月初经军务会议和国防委员会审查后向总统汇报，12月底开始在全军分阶段实施，至2003年完成。

提出国防改革的设想　据韩国广播公司电台和电视台1998年4月6日报道，国防部长千容宅对记者谈论国防改革时称：韩军现行组成形式是以美军为模式的，而美军的编制是为适应海外远征任务制定的，这对仅在朝鲜半岛作战的韩军来说不是很合适。为了最大限度地提高部队战斗力，充分利用社会资源，应改革韩军的编成。千容宅认为，平时保持15万人的规模，一旦有事可在48小时内扩充为50万人的以色列军队的编成是“比较好的模式”。他提出把“缩小平时机能，强化战时机能”和“保障部队经济、高效运转，提高作战快速反应能力”作为军队改革的方向。指出改革的重点是，减少指挥层次，促进部队“精干化”，建设一支应付未来战争的高技术部队。为此，要根据新的《国防组织法》重新审议国防部、参联会、三军种本部的职能和机构，合并职能重复和相近的机关、部队，撤销无效用的单位。5月21日他又公开宣称，国防改革有58个课题，内有14个是重点课题，其中6个与军队编制机构调整有关。但是，距千容宅4月6日谈论改革的前3天，即4月3日《韩国日报》报道，韩国三军在军队机构改组计划上“意见不统一，形成僵局”，分歧的焦点是应不应该建立联合部队系统问题。根据组建全军联合司令部的设想，将参联会的军事指挥权和三个军种部的军事行政权合并，由一人控制，即由参联会主席（现由陆军将领任职）统领军令军政权，指挥韩军的一切行动。海空军对此持有异议，认为一旦组成这样的联合部队系统，则会让陆军控制全军，海空军的地位就会下降，所以反对建立该系统。此外，三军在合并职能重复和相近的机构、部队问题上，意见也不一致，这些分歧将会对国防改革带来一定影响。

出台军队整编方案　据英国《简氏防务周刊》1998年9月9日报道，作为国防改革的重点之一，韩国防部于8月25日正式公布对军队编制体制进行大幅度调整的5年计划。

撤销陆军集团军司令部。1998年12月底前，合并前方地域的第1、第3集团军司令部，组建专门执行作战、情报任务的地面作战司令部，以加强同美军的联合作战能力。将人事、军需权力下放给所属军级司令部，使其实现统一指挥。将部分机械化师缩编为旅，合并情报搜集部队，改编特种作战部队。将后方地域的第2集团军司令部改为后卫部队司令部，解散其下属两个军级司令部，加强以乡土师为核心的作战体制，提高战斗效率。

撤销国防部的3个局和其他6个部门，合并5个局和参联会的1个办公室，组成国防采购司令部，由增编的1名副国防部长领导。原国防部采购局缩小规模，更名为国防后勤管理办公室，归新的国防采购司令部指挥。

1999年1月成立全军运输司令部，负责战时陆海空运输活动和民间物资的调动；改编陆军航空司令部，充实人力和装备。1999年6月，组建核生化防御司令部（旅级），由1名准将负责，统辖陆军化学部队。2000年解散军队所有体育团体。2001年关闭5所军队医院和3所野战外科医院，将武装部队总医院由汉城市区迁往市郊。2003年撤编军队所有护理院校。

通过上述精简，韩国5年内将裁减包括约600名将校在内的1.2万人。节约国防预算4000亿韩元。韩军的改革计划引起了美军的极大关注。韩国广播公司1998年12月1日报道，国防部官员透露，驻韩美军司令对韩军前方两个集团军司令部合并为一个作战司令部的改编方案表示关心。他说：“整编后的司令部的作战范围扩大了，而司令官的任务将会变得更加繁重。”显然对这一方案持保留态度。

组建国防部直属勤务团　据韩国国防部1998年11月24日发布军事新闻称，为对陆海空军参谋本部进行经济、有效的勤务支援，国防部决定将位于鸡龙台分属三个军种参谋部的司令部营合并，于12月1日组建直属国防部的勤务团，三军种各出三分之一的军官，由1名陆战队将军任团长。通过合并，裁减包括3名上校在内的380人，可节省军费480亿韩元。高层指挥机构的直属部队合并被媒介称为“推动全面国防改革的信号”。

建立国防大学　据韩军广播电台1998年7月2日报道，根据军队编制调整的原则，韩军将在军队几所高等院校进行整编合并的基础上，建立军队最高学府——国防大学。参加整编的有国防参谋学院、国防精神教育学院等主要军事院校。

成立海军未来研究团　据韩国广播公司1998年5月1日报道，为掌握未来海军发展方向和战略战术的变化，韩国海军决定成立未来研究团。该团由海军大学的海洋战略部和海军士官学校的海洋研究所等单位合并组成，其成员均为校级军官，直属海军参谋总长领导。

（孔国生）

其他国家和地区军队编制　**泰国组建快速反应部队**　据英国《简氏防务周刊》1998 年 4 月 15 日报道，泰国快速反应部队建立于 1997 年 6 月，现正处于早期发展阶段，属于一支“实验性”部队。这支队伍是以泰陆军第 1 军区第 31 步兵团第 3 营为基础组成的一支武装联合部队。它直接受命于陆军司令，由 2 个步兵连（其中 1 个是从特种部队精减下来的空降连）、1 个炮兵连、1 个轻型坦克连、1 个工兵连和 1 个防空辅助部队组成。陆军航空中心为其提供空中支援，该中心的主要装备有：4 架“支奴干人”飞机、9 架“贝尔”212 轻型支援直升机、4 架 AH-1F“眼镜蛇”攻击直升机。泰陆军组建快速反应部队的宗旨是直接针对本国较大机动的需求，以更快的速度进行部署抵御来自边境的威胁。目前，其他 3 个陆军军区也在计划组建快速反应部队，未来泰国将有 4 支快速反应部队（营）。

（孟　丽）

印度尼西亚快速反应部队编制　据英国《简氏防务周刊》1998 年 4 月 15 日报道，印度尼西亚快速反应部队创建于 1990 年 12 月。迄今，这支部队已日趋完善。其编制、任务和训练情况如下：

印度尼西亚陆军战略司令部是快速反应部队的指挥中心。快速反应部队编有 2 个陆军步兵师和 1 个独立空降旅，兵力大约 27000 人。2 个陆军步兵师都部署在爪哇岛上。第 1 步兵师驻守在雅加达南部地区，下辖 1 个步兵旅和 1 个空降旅；第 2 步兵师驻在靠近玛琅处的新加戈萨里，下辖 2 个步兵旅和 1 个空降旅，每个步兵旅编配 3 个营。第 3 独立空降旅部署在萨拉瓦斯岛上的乌绒潘当。

陆军战略司令部平常作为战略指挥，但到危急时刻，该司令部的职责及任务是：派出 1 个小分队作为联合特遣队的总部，为快速反应部队调动兵员，指派 1 个空降旅和 2 个步兵师处于应急“待命”状态，交替使用。陆军战略司令部总部同时也与其下属的 3 个空降旅轮流担负快速反应攻击任务。期间还随时将 1 个“待命”旅交替派至所辖营级部队担负任务。“待命”任务的时间尚属秘密，但每 1 个旅将执勤约 4 个月，每个“待命”营轮流担负任务，时间为数周。

为提高快速反应部队的战斗力，陆军战略司令部常在本国复杂区域举行旅一级的快速反应攻击部队的作战能力演练，派出师、旅级参谋人员参与实战演练的任务部署与指挥。在进行重大演练时，旅级司令部成为快速反应部队特遣队的指挥所，主要演练快速反应和独立作战能力。目前，印尼快速反应部队尚不具备参与远距离地区的作战能力，现正在加强这方面的训练，为以后参与联合国的维和行动做准备。

（孟　丽）

马来西亚快速反应部队编制　据英国《简氏防务周刊》1998 年 4 月 15 日报道，马来西亚快速反应部队组建于 1994 年 10 月，受马来西亚陆军总部直接控制，由陆军的第 10 空降旅改编而成，编有 2500 多人，下辖 3 个空降步兵营、1 个轻装炮兵营、1 个轻型坦克中队，主要装备有 105 毫米轻型火炮、“蝎子”式轻型坦克。其主要任务是帮助国家阻止从印度尼西亚等国涌入的非法难民，以捍卫国家的安定。初建时期，这支队伍发展速度较快，后因受亚洲金融危机的冲击，马来西亚国防预算下降，严重阻碍了其发展进程，发展速度有所放慢。目前，马来西亚快速反应部队正在进行一项更为广泛的改组工作。

（孟　丽）

中国台湾陆军试验新编制　《世界军事》1998 年第 4 期和《军事世界画刊》1998 年第 10 期报道，近年来，台湾军方在高价购买大批西方先进武器装备的同时，也在积极探讨未来军队改革的有关问题，提出了以“精减兵员，提高战力”为目标的军队改革“精实案”。在“精实案”中，台湾陆军之所以将基本编成由师改为联兵旅，主要是因为台湾岛地形狭窄、河川交错，不利于大部队机动作战，即使在较为宽广的西部平原，当一个师级单位以防御阵形展开，其纵深几乎可以塞满从海岸到中央山脉山脚下的整片地区，各种战术行动皆有施展不开的困扰，因此师级编制的大型单位，并不太适用于地形狭小的台湾，而编成较小的旅级单位则会更加灵活。

台湾陆上交通线与桥梁多集中于西部地区，战时容易遭到破坏，各部队在短期内将很难跨越战区增援遭受攻击的部队。因此若以旅级部队为基本编成，则应使其具有独立作战能力，以便在受到攻击时能支撑一段时间。这意味着作战部队应有强大的火力、足够的兵力、混合各个不同的兵种与平衡的编组。正是基于上述考虑，台湾陆军才将基本编成由以往组织庞大、指挥层级较多的师，改编为机动灵活、组织扁平化、功能完整的联合兵种旅。

未来台湾陆军联合兵种旅包括装甲旅、装甲步兵旅、摩托化步兵旅、空中骑兵旅、特种作战旅等 5 种，共同构成台湾陆军未来的主力。1997 年 10 月 30 日，在台湾新竹湖口阅兵场及桃园龙潭陆航基地，台湾军方首度公开展示了两种最具代表性的联合兵种旅

——装甲步兵旅、空中骑兵旅的实验编制及装备。

装甲步兵旅 在台湾陆军的构想下，装甲步兵旅的编成应为“小型、机动、平衡、多功能”，编成的突出特点为“持续后支力、强大打击力、紧密侦搜力、快速机动力、灵活指通力”。装甲步兵旅平时担任地区紧急应变部队，遂行反突击、反空降、反渗透与反破坏任务；战时则担任战区机动打击部队，负责反击、反空降及作战地区守备任务。

装甲步兵旅下辖有旅直属连队、2个坦克营、3个装甲步兵营、1个装甲炮兵营及1个支援营，配有541辆战斗与支援车辆，官兵人数在4300名左右。

直属连队。装甲步兵旅的直属部队包含旅部、旅部连、通信连、工兵连、装甲骑兵连、反装甲连及宪兵排等单位，负责指挥、行政、通信、工兵作业、侦察、反装甲及军纪维护等诸多战斗、战斗支援、勤务支援任务。其中旅部连配有2辆CM-11（M-48H）主战坦克、2辆M-577装甲指挥车、2辆CM-21装甲步兵战车及数辆载重车与悍马车；通信连的主要战斗车为18辆M-1042悍马通信车辆（配有CTM-218无线电台）；工兵连配有3辆M-48A5装甲架桥车、M-9战斗车、CM-21装甲步兵战车及各式工程车辆；装甲骑兵连配有6辆M-41轻型坦克、12辆V-150S轮型装甲车与多辆CM-21装甲步兵战车；反装甲连主要的武器则为12辆配备“陶”式反坦克导弹的M-113装甲车。

坦克营。装甲步兵旅内建制有2个坦克营，每个坦克营编有营部连、2个坦克连及1个装甲步兵连。其中营部连辖有2辆CM-11主战坦克、2辆M-577装甲指挥车、8辆M-113装甲输送车及数辆悍马车；每个坦克连辖有14辆CM-11主战坦克；装甲步兵连则辖有13辆CM-21装甲步兵战车。

装甲步兵营。装甲步兵旅内建制有3个装甲步兵营，每个装甲步兵营包括营部连、2个装甲步兵连及1个坦克连。其中营部连配有1辆CM-21装甲步兵战车及数辆悍马车与M-151吉普车；装甲步兵连配有13辆CM-21装甲步兵战车（第1、2营）或M-113装甲输送车（第3营）；坦克连则仍配有14辆CM-11主战坦克。

装甲炮兵营。装甲步兵旅所属的炮兵营较一般炮兵营为大，包含有营部连及4个炮兵连。其中营部连配有1辆M-113装甲输送车、4辆M-577装甲指挥车与数辆悍马车；而每个炮兵连则配有6辆M-109A2型155毫米自行火炮、6辆CM-24装甲输送车以及1辆载重车。

支援营。装甲步兵旅的后勤单位由师级单位的支援指挥部缩编为1个支援营。支援营下辖勤务连、卫生连、保修连、补运连等4个单位。其中勤务连配备有5辆悍马车；卫生连配有4辆M-113装甲救护车；4辆M-997悍马救护车及2辆悍马车；保修连配有2辆M-81A1装甲援救车、2辆M-936A2（5吨）援救车及4辆厢型工程车；补运连配有2辆M-978（10吨）油罐车、2辆5吨油罐车、2辆M-931牵引车、6辆载重车及2辆悍马车。

台湾防务杂志评论说，从以上的编制看，装甲步兵旅有以下特点：

首先，此种联合兵种混合的装甲步兵旅除直属单位外，共建制有7个营包含5个作战营、1个经过加强的装甲炮兵营及1个支援营，编制上虽不及1个师，却较目前一般旅级单位（由师视情况配属2～5个作战营，但通常只配属3个作战营，以及适当数量的战斗支援与勤务支援部队）大了许多，其各型装甲车辆的总数约达目前机械化师的一半。所以，装甲步兵旅较一般旅级单位拥有更为强大的打击火力，以及独立、持续作战的能力，更可保持机动灵活特性，而无师级单位的“钝重性”；适合台湾空间狭小、地形复杂的作战需要。

其次，装甲步兵旅的坦克营辖有1个装甲步兵连，装甲步兵营辖有1个坦克连。而目前不论是独立装甲旅或机械化师，其下辖的坦克营只含坦克连，装甲步兵营只含装步连；作战时若有战术上的需要，再临时将两种单位混合编组，成为营级的装甲步兵特遣队。而装甲步兵旅则将这种临时的混合编组改为惯常正式的编组，具有平衡及多功能的特性。

第三，这个装备相当于半个机械化师、拥有比步兵师更多机动车辆的装甲步兵旅，却只拥有1个支援营来担任各种繁重的后勤支援任务，似乎有作业负荷过重的疑虑，尤其是保修单位。虽然陆军认为，装步旅中作战兵力与支援营的比例配置已作过详细计算，再配合战区的地区后勤体制，各联合兵种旅可以就近获得补给保修的支援，在后勤支援方面绝对没有问题。但这些保障单位在作战时的存活率，以及能否正常运作，似乎应进一步再加以评估；而支援营的兵力与装备还是应予加强，否则要其支援如此庞大的单位，似乎只是缘木求鱼（除非当天展示的只是支援营的部分装备）。

第四，整个装甲步兵旅的编制装备中未见负责防空的单位。除非陆军有特殊考虑（如构建整体防空系统，或由战区统筹运用防空兵力），或是所欲配置的防空武器尚未完成采购，暂不列入；否则装甲步兵旅未配置防空兵力，实在是一件令人难以理解的事。

据报道，这次随装甲步兵旅展出的百余辆CM-11主战坦克中，有5辆在车体正面上下方及炮塔四周加装了台湾研制的反应装甲块，在遭到锥形装药破甲弹头命中时，反应装甲内含的炸药会被诱发爆炸，干扰锥形装药弹头高温、高速射流的攻击，确保坦克及内部乘员的战斗力。

虽然加装反应装甲会使车身战斗重量加重，不利于CM－11原来就不佳的机动性能，且对敌方主战坦克所发射的脱壳穿甲弹并无太大防御作用，不过在反登陆作战中，早期登陆的多属轻装部队，只能携带使用锥形装药弹头的反坦克导弹、反坦克火箭弹或无后坐力炮，这些正是反应装甲的适用对象，所以反应装甲在台湾反登陆作战中，应能发挥较大的效用。据说台自行研制的反应装甲为层式，由于设计良好，即使以20毫米机关炮直接射击，亦不能加以诱爆，防御能力亦较美国、以色列等国同级产品为佳。

空中骑兵旅。本次展出新编成的空中骑兵旅，具有高立体化作战能力，可以快速反应、不受地形的限制。空中骑兵旅平时进行空中突击的战备训练，依令遂行反突击、反空降、反骚乱等特定任务；战时任预备队，依令执行特定任务或投入特定地区。

空中骑兵旅下辖有旅直属连队、侦察直升机营、攻击直升机营、2个突击直升机营、空中运输营、支援营、飞机保修厂及特战步兵营等；共配有80余架各型直升机。

直属连队。空中骑兵旅的直属单位较少，只有旅部、旅部连与宪兵排，配有数架UH－1H通用直升机。旅部连配有防空导弹，不过在本次展示中并未见到，据推测应为便携式的双联装“毒刺”导弹(DMS)。

侦察直升机营。侦察直升机营是空中骑兵旅的耳目，编制包括：营部连与3个侦察直升机连。其中营部连配有2架UH－1H直升机；3个侦察直升机连则一共配有12架OH－58D侦察直升机。OH－58D除可用桅顶瞄准仪搜索，标定目标外，主要的武器系统有12.7毫米机枪、“海神”70毫米火箭及“地狱火”反坦克导弹。主要任务为武装侦察、情报搜集、目标定位及炮兵空中观测等。

攻击直升机营。攻击直升机营是空中骑兵旅的主要空中打击火力，编制包括：营部连、3个攻击直升机连，共配有2架UH－1H通用直升机及20架AH－1W攻击直升机。AH－1W的主要武器系统有3联装20毫米机关炮、“海神”火箭、“地狱火”反坦克导弹、“陶”式反坦克导弹、A1M－95空空导弹等。主要任务为战术护航、火力搜索、制压、反坦克作战及反直升机作战，对来自敌方固定翼战机的威胁亦有一定的反击能力。

突击直升机营。空中骑兵旅内编制有2个突击直升机营，每个突击直升机营编有营部连、3个突击直升机连，共配属有22架UH－1H通用直升机，是本旅特战步兵营的主要机动运输工具。UH－1H的机身两侧装有2挺7.62毫米机枪或70毫米火箭舱；主要任务为突击运兵、勤务运输、伤病员救护及空中布雷等。

空中运输营。空中运输营编有营部连及2个空中运输连，不过现场只见有2架UH－1H通用直升机及1架B－234双旋翼中型运输直升机，兵力似乎太过单薄，或许是因为陆军中型运输直升机的采购尚在进行中，未能配合。空中运输营的主要任务亦为突击运兵、勤务运输及伤病员救护。

支援营。主要负责整个空中骑兵旅的勤务支援与油、弹补给；配属有2架UH－1H直升机，M－978油罐车及其他勤务支援车辆。

飞机保修厂。负责各式直升机装备、光电、武器、火控系统的保修。

特战步兵营。特战步兵营是空中骑兵旅最主要的地面作战兵力。特战步兵营编有营部连、兵器连及3个特战步兵连，配有轻、重型迫击炮及“陶”式反坦克导弹。在突击直升机营与空中运输营的支援下，可迅速机动至各作战地区作战，并可随时获得本旅OH－58D及AH－1W直升机的强大火力支援。

待最新采购的一批AH－1W及OH－58D直升机服役后，台湾陆军将拥有63架AH－1W攻击直升机及39架OH－58D侦察直升机，再加上未来采购的新型通用直升机及中型运输直升机，陆军可望编成3个空中骑兵旅，分别部署在北、中、南3个地区，分区配置、统一运用，成为尔后陆军的快速打击主力。

按台湾陆军编装作业规定，“新的战略单位必须经过编装指导”与“编装验证”阶段，以确保联合兵种旅的编制装备能符合未来作战需求。陆军已于1997年9月完成联合兵种旅营级战术单位的编装实验，而本次联合兵种旅实验编装校阅，即表明联合兵种旅已进入旅级编装指导过程。按计划于1998年7月起进入旅级编装验证阶段。这次公开的装甲步兵旅和空中骑兵旅均属实验性编装，对于运作上存在的各种问题，将来必定会根据实际情况作必要的调整。

（田明资）

英国计划成立直升机联合司令部　据美国《防务新闻》1998年2月1日报道，英国国防部计划将陆、海、空三军的所有直升机部队统一起来，建立新的联合司令部。这一举措将避免陆、空两家间存在已久的关于支援直升机部队配属问题的争议。托尼·布莱尔的工党政府将听取战略防务研究会的建议，尽快将这一方案变为现实。据英国国防部官员称，这一举措将打破三个军种之间固有的界限，强调联合作战，是与既定的防务政策相一致的，而且有利于将训练和采购工作统一起来。如果这一计划获得通过，联合司令部的优越性将充分发挥出来，各种计划也就易于实现。在北约国家中，英国的直升机部队配属问题尤为特殊，它通常被配属给空军，这就招致不少陆军军官的怨言。对空军来说，交出对直升机部队的控制权颇为不易。以前，直升机并不起眼，但是现在情况发生了变化，它的作用越来越显得重要了。

（张 冬）

军 事 训 练

美国军队军事训练 联合训练 至 1998 年，美军已在联合训练领域确立了总体思路，完善了领导管理体制，形成了训练法规体系，规范了训练内容和程序，并逐步提高了训练手段的高新技术含量。

确立联合训练的总体思路 美军认为联合训练是在军种训练的基础上进行的高层次训练活动，它具有鲜明的“联合性”。联合训练不是单一军种训练的简单叠加，而是着眼于联合行动所必备的整体素质和能力。这种素质和能力可以保证美军在未来的行动中形成合力，以整体的力量，在不确定的地区，采用技术含量更高的手段，应付多元化的对手。基于以上认识，美军确立了联合训练的总体思路，要求在作战任务的牵引下，贯彻“以联合条令为依据，指挥官是主要的教练员，着眼于使命，按实战要求施训，统一计划分散实施，同时多级与循序渐进”等 6 项基本原则。在组织联合训练时，则从高新技术入手，重点抓高级领率机关的联合指挥与控制能力，尽量以最少的投入求得最好的效果，最终实现“做好战争准备，做好非战争军事行动准备，做好多国行动准备，实现跨机构一体化”这 4 个联合训练的目标。

完善联合训练的领导管理体制和各项法规 首先，美国通过贯彻 1986 年国防部改组法，赋予参联会主席领导联合训练的权力，形成国防部长通过参联会主席对联合训练实施统一领导，参联会主席通过联合参谋部指导各作战司令部联合训练的领导体制。联合参谋部于 1987 年增设作战计划与协调部，作为具体负责联合训练的办事机构。作战计划与协调部，下设联合条令处、联合演习训练处、军事教育处以及联合作战中心等单位。其中，联合作战中心的地位较为特殊。在组织体系上属于作战计划与协调部，但在地位上又是联合参谋部的一个独立局，主要协助参联会、各作战司令部、各军种部以及国防部各业务局开展联合训练的具体业务工作，代表联合参谋部在组织编写联合条令、派出假想敌、提供建模与仿真等技术手段方面，为联合部队及其参谋机构的训练与演习提供支援。另外，各军种部在联合训练方面的职责是使军种训练符合联合训练的要求。国防部各业务局在联合训练方面则承担职能范围内的业务保障工作。其次，美国对作战司令部的体系进行改革，加强作战司令部组织实施联合训练的责权。美军于 1992 年取消战略空军司令部，成立联合的“美国战略司令部”。于 1994 年对美国大西洋司令部进行改组，并将陆军部队司令部以本土为基地的部队、空军作战司令部、大西洋海军陆战队部队纳入其建制，使之从一个以海军舰队（主要是大西洋舰队）为主的作战司令部，扩大为一个拥有所有军种的一体化作战司令部。美国于 1999 年 10 月 7 日取消大西洋司令部，成立联合部队司令部，负责统管美军的联合作战训练。通过改革，使全部 9 个作战司令部均成为联合司令部（又称联合作战司令部）；从而使全部作战司令部均负有领导本级联合训练的职能。同时，参联会还指定美国联合部队司令部为联合训练的主要执行机构，统管战役级联合训练，突出了它在组织联合训练方面的特殊作用。这两个步骤的机构改革，使参联会和作战司令部这两级在联合训练的领导和组织方面的责权得到加强。第三，在管理方面，美国国会和国防部，通过了联合训练的一系列法律规定、法规性文件以及相应的规章制度。在国会立法上，主要规定国家及武装部队各级领导在联合训练方面的权力与职责。国防部批准的法规性文件，主要是以参联会主席指令、手册、通报以及各作战司令部联合训练大纲、计划、进度表等形式，分别从联合训练的方针政策、指导思想、理论、内容、程序、方法以及保障等各个方面，规定了组织实施联合训练的规则章程和行动准则，其中包括联合训练的各种计划制度、会议制度、报告制度和考核制度等。

规范联合训练的内容 美军根据可能承担的任务对训练内容进行专题研究，认为在未来的战争与非战争军事行动中，武装部队大约需要完成600多项任务。在平时的训练中，可以采用统一的形式，将这些任务转换成联合训练的课题，作为通用科目，供海军、空军、陆军、海军陆战队以及特种作战部队训练时选择。在反复修改和调整的基础上，美参联会主席于1996年颁布了规范联合训练所有内容的第3版《通用联合科目表》。这份法规性文件的作用类似“题库”，各作战司令部在组织实施联合训练时，根据承担的不同任务，分别从600余项通用科目中选择完成本级任务必须进行训练的科目，作为必训科目施训。这种在作战任务牵引下的课题式训练，完全从实战需要出发，体现了仗怎样打，兵就怎样训的基本原则，为日后的联合行动打下坚实基础。通用科目囊括联合行动的所有要素，按照行动级别区分为战略、战役、战术3个层次，每个层次的科目又按照联合行动的性质和要素区分为若干类。通用科目提出的“训什么”，“怎样训”，由联合条令阐述。因此在每项通用科目之后，还附有相关的联合条令编号供参考。通用科目涵盖的内容十分广泛，但形式却是统一的，便于按需遴选，具有很强的适应性。美军以通用科目的形式规范联合训练的一般内容，强调训练内容的共性；又以必训科目体现联合训练的特定内容，既强调内容的共性，又注意到内容的个性，使联合训练的规范性和针对性在训练内容上得到了较好的结合。

确定联合训练的程序 美军试图通过规定联合训练的顺序使训练过程规范化，避免训练在低水平徘徊。1996年颁布的《美国武装部队联合训练手册》，系统阐述了用以规范联合训练程序的“联合训练系统”。具体程序是将一个周期的联合训练分为“确定需求、制定计划、具体实施和组织鉴定”4个相互联系的递进过程。在组织实施联合训练的全过程中，要求指挥官按照上述4个步骤组织训练，并根据具体情况灵活处理各阶段的衔接。在“确定需求”阶段，要根据承担的任务从《通用联合科目表》中选取必训科目；在“制定计划”阶段，要制定本级的联合训练计划，确定训练的对象、课题、方法、顺序、时限以及考评方案等具体内容；在“具体实施”阶段，要按照既定步骤组织本周期内各次活动并及时进行总结，将结果形成书面材料上报；在“组织鉴定”阶段，要对联合训练的整体水平进行鉴定，对通过训练达到的战备状态进行鉴定，还要对鉴定结果进行分类和初步处理，以便为下一个周期的联合训练提供借鉴。美军用“联合训练系统”规范联合训练的全过程，使训练各周期密切相连，环环相扣。这种作法体现了联合训练由简单到复杂、由低级到高级的一般原则，在训练质量方面也符合循序渐进的基本规律。这种使训练过程系统化及按程序组织训练的作法，在一定程度上反映了联合训练发展的客观规律。

提高联合训练手段的高技术含量 美军将虚拟现实技术用于分布交互模拟系统，使参加联合训练的若干单位能在不同的位置处于同一个“综合模拟环境”中，在同一时间进行虚拟作战环境下的体系对抗联合训练。在近年举行的一次“回师德国”演习中，美军采用这种方法训练联合部队和联合参谋机构，动用6500人模拟17.5万人进行集团军群规模的作战，组织200余名专家操纵设备充当假想敌，并通过自由推演和使用传感器等手段收集信息。演习后进行的数据分析表明，与采用一般技术进行的联合训练相比，这次演习的参训人员大幅度增加，各级部队和单位都受到程度不同的训练，并且效果十分明显。利用高技术手段不但可以反复施训，及时调整联合训练的难度和强度，而且还大大节省了训练的费用和时间。美国空军部队在联合训练中利用虚拟现实技术训练飞行员，使飞行训练时间缩短60%，训练费用节省70%。增加联合训练的难度和强度，并不意味着增加训练手段的复杂性。相反却使训练手段更加简单和便于操作，联合训练的组织实施也更加方便快捷。这样，联合部队的指挥官就可以掌握更大的主动权，能随机设置情况，从而使训练更客观、更符合实战要求。增加训练手段的高技术含量，已成为未来联合训练发展的必然趋势。

总之，美军的联合训练现已初具规模，并将在21世纪取得长足进步。在未来几年内，美军将把联合训练的工作重点放在具体实践上，把联合行动的能力分解为联合训练的具体指标并逐一落实。在训练指导上，将继续以提高联合能力为目标；在训练理论上，将逐步完成联合条令的编写和修订工作；在训练内容上，将侧重提高人员的总体素质以及部队与机关的整体能力；在训练对象上，将继续以高级指挥与参谋机构为重点；在训练方法上，将强调系统集成；在训练手段上，将实现高技术化。

参考资料：

① CJCSI3500.01A JOINT TRAINING POLICY FOR THE ARMED FORCES OF THE UNITED STATES（美国参联会主席指令《美国武装部队联合训练的方针政策》，1997年7月出版）；

②CJCSI 3500.02 JOINT TRAINING MASTER PLAN 1998（美国参联会主席指令《1998年联合训练总计划》，1995年12月出版）；

③CJCSM 3500.03 JOINT TRAINING MANUAL FOR THE ARMED FORCES OF THE UNITED STATES（美国参联会主席手册《美国武装部队联合训练手册》，1996年6月出版）；

④CJCSM 3500.04A UNIVERSAL JOINT TASK LIST（美国参联会主席手册《通用联合科目表》，1996 年 9 月出版）。

（袁　林）

陆军训练　美国陆军推行 9 大训练原则　《外国军事学术》1998 年第 6 期徐伟报道，美国陆军部在最新版本的 FM100－11 野战条令（部队一体化条令）中规定，为了提高美国陆军的现代化训练水平，实现陆军训练一体化的总目标，各级指挥官在计划和组织实施训练时必须理解和执行下列 9 大训练原则：

合成训练原则　今天的陆军作战理论要求合成兵种和联合军种应进行协同作战。一旦投入战斗，所有部队都必须作好遂行合成兵种和联合军种协同作战的准备，而无需再进行额外的训练和过长的调整阶段。各级指挥官必须定期对涉及战时所有职能领域的战斗部队、战斗支援部队和战斗勤务支援部队进行合成训练。由于联合作战将是未来主要的作战样式，美国陆军必须与其他军种及盟国军队一起部署、共同实施任务明确的作战训练演习。这种联合与协同训练只要按联合作战和协同作战的理论与战术，演练统一的指挥与控制的方法和程序，就可大大提高联合与协同作战和后勤支援的能力。和平时期部队的相互关系必须尽可能最大限度地反映战时的任务编成。这种完全一体化的合成部队是通过“模块”式的训练管理方法获得的。这种方法承认机动部队指挥官控制和协调基本的战斗、战斗支援和战斗勤务支援系统。为了与这些系统协调作战，机动部队指挥官必须对这些系统进行足够的训练以保证战斗协调的熟练程度。简言之，机动部队指挥官必须在上一级指挥官的帮助下，按合成兵种和联合军种的要求训练部队。军长为了帮助师一级训练，要求所有可能在战时支援师作战的军属部队参加师的训练演习。

实战训练原则　战斗训练的目标是达到实战的标准，要尽一切努力去达到这个困难的目标。在安全的限度内，指挥官必须接受训练之初不理想的成绩并坚持按实战标准训练。训练环境要尽可能接近实战。训练要面向战术运用，包括战斗支援和战斗勤务支援；要确保假想敌使用有威胁的作战理论、战术和装备；指挥官必须综合考虑诸如战场烟幕、噪音、模似的核生化环境、高度分散的战场、重要指挥官的阵亡、有限的能见度、夜战、交通和通信中断以及寒冷气候等实战条件进行训练。指挥官必须利用一切机会让士兵们走出教室到野外训练，进行实弹射击。要把部队作为一支合成兵种进行机动训练，训练如何协调对敌方行动采取防护措施以及诸兵种合成战斗行动。

标准训练原则　训练必须遵循陆军的作战理论。FM100－5《作战纲要》和其他一些辅助的条令阐述了共同的程序和统一的行动方法，使各级指挥官和机构能够适应瞬息万变的战场情况。在高级司令部，标准化的理论原则为部队各种军事专业的训练提供了一个共同的基础。在部队，新战士将很少有时间去学习非标准的程序，因此，部队必须在平时进行陆军标准的训练。这些陆军标准包含在任务训练计划、战斗技能条令、士兵手册、有关规则以及其他训练和条令出版物中。当陆军标准没有印发时，指挥官必须制定标准，这些标准要具有挑战性，通过训练能够达到并且便于评估。指挥官和士兵必须理解和执行这些标准，例如，每一名士兵在“班进攻的演练”中，必须达到 5 项标准中的 4 项，才能通过这一科目转入下一科目的训练。

实际操练原则　部队在战时熟练执行关键任务与使命的能力来自平时反复练习这些任务与使命。士兵学习的最好方法是实际操练。士兵、指挥官和部队都必须精通履行战斗任务所要求的基本技能，这就要求进行以做为主的实际操练。例如，所有士兵和指挥官都应该进行徒步及乘车训练，而不是仅仅靠课堂的教学。指挥官要负责制定训练计划，以提供这些训练的机会，所有的训练设施和资源包括训练模拟器材等都应包含在训练计划中。士兵和指挥官都必须执行训练计划，评估训练效果，通过实际演练，弥补缺陷，直到符合规定的标准。

挑战性训练原则　艰苦、逼真的智力与体能训练，能够激励和鼓舞官兵。挑战性训练能够通过培养官兵新的技能，提高他们的竞争力和自信心，培养他们的忠诚与献身精神。挑战性训练通过培养官兵主动、热情、积极地学习来激励他们成为优秀的军人。成功地完成每一阶段的训练任务，都将进一步提高所有军人和部队执行更复杂和更具挑战性任务的能力与活力。

巩固性训练原则　一旦士兵和部队经过训练达到了熟练的水平，指挥官必须制定个人和集体训练巩固计划，以一种巩固熟练技能所必需的最低频率来进行关键任务的重复训练。任务训练计划和个人训练评估计划是一种有助于保持集体和个人熟练技能的手段。巩固性训练常常被误解，尽管它是合理的常识性的训练方法。这种巩固技能的训练必须把技能水平保持在一个高标准上，这有助于防止技能的生疏，并有助于训练新手。陆军部队必须通过经常性的关键科目的巩固性训练来作好完成战时使命的准备。

多层次同时训练原则　为了最有效地利用可用的训练时间和资源，指挥官必须在组织训练时，在各个层次上同时训练单兵、指挥员和部队。在有限的训练周期内，多层次同时训练是一种最有效的训练方法，它可以训练和保持部队在多种多样的使命中执行核心任务的能力。

装备保养训练原则　装备保养训练是每一项训练计划的极为重要的组成部分。装备保养训练旨在使装备保持良好的战斗状态，这与士兵懂得如何使用武器同等重要。如果重要的武器装备（如坦克、轮式车辆、武器或电台等）不能执行任务，那么训练也无法实施。每一个人（指挥官、维修保养人员及装备的操作者）必须经过训练，以改善和保持部队装备的良好状态，保障训练的需要或战斗使用。在战争中，士兵或车组人员在没有上级监督和指示的情况下，执行装备防护性的保养检查和保养勤务职责，这就要求保养人员及装备和车辆的操作人员精通他们的保养职责。指挥官负责制定训练目标，以确保保养达到标准。他们必须训练教练员来教会士兵们达到陆军保养标准，教练员必须理解和知道如何履行每日的保养工作。

指挥官训练原则　各级指挥官要对士兵和所属部队的训练与执行任务的能力负责，他们是主要的训练管理者和主要教练员。为了完成他们的训练职责，指挥官必须做到：把战时任务需要作为训练的基础；确定可运用的陆军训练标准；评价当前部队训练的熟练程度；提供训练所需的资源；制定和执行使单兵、指挥员及部队精通本职业务的训练计划。

各级指挥官都必须亲自参与训练教练员的工作。如旅长训练营长及其参谋人员；营长训练连长及连队；连长训练排长及其各排；排长训练班长及其各班；军士训练分排、班、组和士兵；步兵连军士长、上士以及副排长也都必须积极地参加领导者的训练。

（林丽斌）

美军选择训练内容的做法与依据　进入 90 年代以后，许多国家的军队之所以积极发展作战理论，并据此调整训练目标和重点，目的就是为了把训练同实战的需要挂起钩来，以便更能满足未来高技术作战的需要。美军在确定训练任务和具体的训练科目方面，大体的程序是：先按照战略、战役和战术 3 级各个不相同的行动要素，分类、分项排列出所有的训练科目；再为每个科目设置训练条件和标准，制成训练科目表；最后，各个部队或分队再根据各自的军事任务，从中挑选完成任务所需要的训练科目，并按重要程度排序、列出训练科目表和必训科目表。下面就如何确定训练科目、如何设置训练条件和各个部队如何选择、确定本部队的训练科目，分别做些简要的介绍。

如何确定训练科目　在确定训练科目时一般分以下 4 步进行：（1）先从总的军事范畴确定任务等级。即先把所有军事训练的内容按照战略、战役和战术大的范畴分成 3 个等级。比如，战略级行动、战役级行动和战术级行动。

（2）对每个等级内的军事行动再进行分类。即按不同的行动特征，将同一级内的各种行动再划分成不同的类型。比如，战役级行动，按其不同的行动特征可划分成：①战役运动与机动（机动是在有敌情的情况下运动）；②战役侦察、监视与情报；③战役火力的运用；④战役支援；⑤战役指挥与控制；⑥战役保护等 6 大类。

（3）将各类行动细划为项。由于同一类别内的各项行动，性质不尽相同，依此还可进一步细划成项。比如，上述第 1 类行动，战役运动与机动，就可以划分成：①战役运动；②战役机动；③战役机动保障；④战役反机动支援；⑤控制与支配对达成战役目标有重要意义的地域等 5 项行动或任务。

（4）将各项行动划分成具体的训练科目。比如，第 2 项战役机动，即可细分成联合编队与战术编队之间的相互转换；纵深作战；强行进入；玄耀武力和军事示威的计划与实施等更加具体、更便于使用的训练科目。

通过分级、分类、分项、分科划分之后，把军事领域内的所有任务或行动都细划分成可以直接用于训练的科目。美军的训练科目表就是按照这种程序制定出来的。

如何确定训练条件　完整的训练内容可用以下公式表示：

训练科目＝科目＋条件＋标准

任何军事行动都是在特定环境和其他各种限制条件下进行的。不同的制约因素肯定会对军事行动的结局产生不同影响。因此，要想使部队适应未来作战的要求，“训练就应该在与完成实际任务相一致的条件下进行。”为了做到这一点，美军要求部队指挥官在确定训练科目的同时，针对未来执行任务时可能出现的情况和所处的环境，采用定量与定性分析的方法，为各个训练科目设定不同的训练条件。这些条件不外有 3 个方面：一自然环境；二军事；三民事。都是按照未来实战中可能遇到的各种限制条件设定的。这就是《陆军训练与考核大纲》中所规定的各种条件。一个训练科目加上不同的条件，就成了内容不尽相同的训练想定。从美军材料看，一般情况下，每个科目大约设定 5 种限制条件。因为部队只有在多种条件下进行训练，才能增大在未来多变的战场环境中，完成战斗任务的成功率。

如何选择、修改和确定本部队所需的训练科目任何一国军队，特别是大国军队由于军兵种不同、类型多样、装备现代化程度各异，因而所担负的任务也不尽相同。比如，有些部队承担的是大规模作战任务；而另一些部队承担的就可能是非战争行动任务。实际上，即使是几支部队承担同一方向的作战任务，它们各自的具体任务分工也不同，有的是攻防战斗，有的则是支援任务。这就要求，各个部队按照各自的任务需要确定自己的训练科目。对于完成任务至关重要的科目，都定为必训科目。美军规定，“作战部队的必训科目，必须在其司令部司令官的领导下，由参谋机构进行选择”。那么，参谋机构究竟根据什么选择、修改和确定本级部队的训练科目呢？概括起来，有以下6条：

(1) 根据部队的任务分工确定训练内容。部队在确定训练任务时，其首要的依据就是它在全军范围内的任务分工。比如，美军有10个现役师，按照未来建军计划，其中有7个师即：4个轻型师和3个重型师（1个装甲师和2个机步师），担负应急作战任务。在应急作战行动中，这7个师又有不同的任务分工：4个轻型师担任早期进入部队，主要遂行支援和稳定任务，慑止美军所说的侵略；3个重型师则担任后续进入部队，遂行进攻任务，击退入侵之敌。各个部队要想完成各自的任务，就要根据各自作战任务分工的需要进行训练。因此，这些大体上的任务分工，也就是部队确定各自训练任务的前提和依据。

(2) 根据国家战争计划和应急行动计划确定训练内容。西方国家比较注意对未来可能突然爆发的危机或冲突，进行预测性研究。有的还制定有各种不同的应急行动方案或战争计划。按照战争计划或行动方案训练部队，实际上就等于是在按照作战计划进行预演，有利于训练与实战挂勾。因此，战争行动计划是确定军队训练任务最直接、最有使用价值的依据。美军条令认为，部队战时的行动计划和应急行动计划，是确定部队完成任务所必须训练科目的关键要素。因为战争计划中规定的任务以及与之相关的其他信息，都是它在未来战斗中所必须遵照执行的行动。当然还要选训一些与本部队任务有关的其他科目。比如，被指定将来要遂行应急作战任务的部队，它首先要确定攻防战斗中的近20个战术科目作为必训科目。除此之外，部队要向海外投送，它还必须选择一些有关部队集结，海、空运输中的搭载和卸载等科目，让部队训练。与之相关的部队或下属部队，在选择必训科目时，也要同该作战部队司令部所选择的必训科目相一致。比如，作战部队选择的必训科目是投送到海外进行攻防战斗，那么负责运输的部队，就要以“实施部署与再部署”作为它的必训科目。

(3) 根据作战理论的发展变化修订训练内容。美军作战理论的变化与发展主要体现在它们的野战条令上。比如，“空地一体战”理论的提出和发展，曾使美军两次修订《作战纲要》。美军把野战条令当作指挥官的《圣经》，要求他们无论是作战中，还是在训练中都要遵照执行。比如，美军在70年代中期提出战役法后，随之就把战役训练列为指挥员和参谋人员的必训科目。其陆军军事学院也立即把作战模拟推演课同战役法训练结合到一起，开设战区作战模拟课，并作为中、高级军官的必修课。这一课程后来还成为美军检验应急作战可行性的一种有效手段，而且在海湾战争中发挥了重要作用。

(4) 根据武器装备的更新换代调整训练内容。武器装备的使用是部队训练的基本内容。任何一件新武器装备用于战场之后，都要引起部队编制的变化。装备新式武器的一方，要按能够充分发挥新武器作战效能的理论训练部队。未装备新式武器的一方则相反，要按能够有效对付这种新武器的理论训练自己的部队。比如，要想在未来高技术作战中占有优势，无论部队是否实现信息化或数字化，都得学习信息技术，掌握数字化武器装备的原理。全军就要围绕高技术的使用和防护增设新的训练内容。美军目前在试编数字化师的同时，为了使旅、营级军官跟上高技术作战的要求，把培养数字化指挥官纳入训练的重点，开设了为期4周的数字化领导培训班。整个课程分为3个阶段：一是学习基础知识，包括利用数字技术处理信息和定下决心的方法与程序；二是学习软件和硬件知识，比如怎样用微机做想定作业；三是按照想定进行练习，直至熟练掌握为止。培训方法并不复杂，实际上就在旅长的指挥车内进行。车就是指挥所，由学员分别任旅长、情报官、作战官和火力支援协调官。教官向指挥车传输信息，学员学习处理技能。

(5) 根据部队的素质和现有资源核实所选训练内容。训练效果是由多种因素决定的。其中最关键的因素是部队的军事素质和训练条件是否具备。军事素质差、文化水平低的部队，不可能在短时间内被训练成一支能打高技术战争的劲旅。这正是各国军队强调要把好新兵入伍关的原因所在。另一方面，资源，包括时间、场地、训练器材、教练员等，是训练的物质基础。有些训练内容尽管非常重要，如果没有所需的训练条件，仍然不能作为科目让部队进行训练。条件不能充分得到满足，训练就达不到预期的效果。比如，部队反复在同一形地上进行训练，那么，训练出来的部队就可能只会在一种地形上打仗。因此，美军要求指挥和参谋人员在确定训练科目时，通常都要考虑以下3个问题：一是目前部队所具备的能力；二是本部队执行指定任务所需要的能力；三是在现有资源条件下，部队通过哪些科目的训练才能达到完成任务所需要的水平。

(6) 根据以往作战和训练的反馈确定训练科目。以往的作战经验和训练的实践，对于确定训练内容具有重要参考意义。在长期的和平环境下训练部队，可能要更多地利用前一阶段训练考核获得的反馈，来安排或修改下一阶段训练的内容。这正是美军条令为什么把考核当作训练的重要组成部分的原因。一般来说，美军在选择具体的训练科目时，比较强调以下 3 点：一是选择那些在战斗中起关键作用、经常要执行的基本战斗任务或战术行动（既包括战术方面的，也包括技术方面的）；二是选择那些最能反映作战要求的科目作必训科目；三是选择那些在实际操作或行动中，最难圆满完成、最容易出差错的任务作训练科目。

按照美军的要求，各级部队在选择训练科目时，通常分为以下 4 步：一是分析本部队的战时任务；二是领会上级规定的训练科目和有关要求；三是确定本部队的训练目标和所要取得的训练成果；四是核实、修订所选的训练科目和目标，以免条件不实、目标过高或者有重复训练的内容。总之，所选择的训练科目应该做到：科目的内容明确、训练的要求可行、整个训练都切合未来任务的需要。

（刘书礼）

美陆军特种作战训练 特种作战部队执行不同于一般作战任务的特种作战任务，因此必须进行不同于一般训练的特种作战训练。美陆军别动训练是特种作战训练的主要内容。

别动训练机构与学员 陆军别动训练主要由别动训练旅实施。别动训练旅的前身是陆军步兵学校别动系。1987 年 8 月从陆军步兵学校独立建立别动训练旅，下辖第 4、5、6、7 别动训练营。别动训练旅的训练目标是：要求学员在逼真的战术环境中，以小分队领导者的身份果断地决策和有效地采取行动，培养顽强的战斗精神和卓越的领导才能，使其能充满信心地领导小分队投入战斗，并克服一切困难去完成任务。美军及其盟军的男性军官和军士（中士以上）有权申请参加别动训练。所有申请人必须身体健康，体质良好，有空降合格证者优先。60%的学员来自美国陆军，20%的来自其他军种，20%的来自外国军队。别动训练营主要在本宁堡进行特种作战基础训练，在布利斯堡进行沙漠作战训练，在达洛尼加进行山地作战训练，在埃格林进行丛林沼泽地作战训练。

基础科目训练 在本宁堡进行的特种作战基础训练分两个阶段。第 1 阶段共 5 天，主要是办理入学注册手续和测试，在罗杰斯兵营进行。第 2 阶段共 10 天，主要进行巡逻、伏击、袭击、跳伞等训练，在达比兵营进行。

新学员带着医疗和军事档案到别动训练旅报到，办完入学手续后，每个学员都要参加陆军体能测试：52 个俯卧撑，62 个仰卧起坐，6 个引体向上，穿跑鞋在 14 分 55 秒内跑完 3218 米。接着是水中战斗生存测试，学员要做 3 件事：首先，穿上作战服和靴子，携带饭盒、水壶、子弹袋和步枪，游泳 15 米，不掉步枪或其他装备，不表现出不应有的惊吓和恐慌；接着，学员潜入水底并在水下脱掉步枪和所有装备，再游到池边，不表现出不应有的惊吓和恐慌；最后，学员蒙上眼睛，走到 3 米跳板的尽头，跳入水中，拿掉蒙眼布，游到池边，不掉步枪或装备。在 3 个测试项目中，过于害怕和惊慌者将被淘汰。测试结束后，合格学员被分配到第 4 别动营。学员被分到连队后，两人一组结为对子。在整个训练过程中，这对伙伴自始至终一起训练，如果一个落后了，另一个有责任帮助他。

在本宁堡进行的头 5 天训练被称为“别动队员评价阶段”。目前，在“别动队员评价阶段”增加了一系列新的测试科目，因为许多来自其他军种和国家的学员对美国陆军的武器装备不熟悉。新测试包括 11 个科目，分为 5 个部分，主要测验学员使用通信工具和步兵轻武器的能力。头 3 个测试科目测验学员掌握 M－60 机枪的能力，学员必须在一定时间内拆卸和组装 M－60 机枪。时间的长短由别动教官确定。第 2 个科目是给 M－60 机枪装子弹。第 3 个科目是为 M－60 机枪准备射距卡。第 4 个科目是使用 M－181A1 “克莱莫”杀伤地雷。第 5 和第 6 个科目涉及通信。学员必须用标准的 KTC－600 电码发出无线电信息，对其进行加密和解密。第 7、8、9 个科目涉及陆军和别动队的基本武器。第 7 和第 8 个科目测验维修和矫正 M－16 步枪的能力。第 9 个科目是如何检测 M－16 步枪的性能。别动队员在任何时候都应使其武器处于良好状态。第 10 个科目是使用手榴弹。第 11 个科目是维修 M－203 榴弹发射筒。

第 2 个训练日的上午和下午进行这些测试。学员必须通过 7 个科目才能继续参加其他测试。没有通过的学员马上进行训练，然后重新测试。再次失败的学员将被淘汰。第 3 天上午晨跑（每天例行跑步，速度为每 8 分钟跑 1609 米）之后，学员学习增强灵敏性和忍耐力的课程。他们首先不用绳索翻越 4 米高的圆木高板墙，然后匍匐通过 25 米长的、满地泥泞的低桩铁丝网。接着，学员双手交替吊着横梁越过一个 5 米长的泥坑。如果掉了下去，必须重做。横梁离泥坑高10英尺。最后一道障碍是绳编障碍网。学员爬上网，再从另一边抓住绳子滑下来。先完成的人通常做俯卧撑或原地跑步，直到全连完成为止。

第3和第4天测试识图、用图和使用指北针的技能。学员行军或乘车离开罗杰斯兵营，然后分散行动，几小时后到地图上的指定地点集合。每个学员只能用一个指北针。这种测试昼夜各一次，没有通过的可以重试。重试还没通过则被淘汰，但可以在下一个班从头开始测试。别动队员评价阶段的最后一个测试是水性测试。学员爬上梯子，走过一根离地面30英尺高的圆木，然后沿一根35英尺长的绳子滑入维克多利水塘。接着又爬上一座高60英尺的塔，再沿一条200英尺斜拉绳索滑回水中。水性测试在夏季和冬季进行，但水温不得低于华氏39度，气温不得低于华氏38度。

达比兵营训练阶段以直升机跳伞训练开始。跳伞不合格的学员乘卡车到兵营附近的永久性训练场地进行训练。前3天，学员在教室里接受巡逻、高级地面导航、部队领导程序、领导职责等方面的教育。每天仍需进行体能训练、跑步（1609米/8分钟）和战斗操练，但不与其他训练分开评分。第4天，学员进行“达比女王”障碍训练：20个障碍物分布在树木茂密的山坡上。他们与自己的别动伙伴在这些障碍物之间爬行、奔跑、跳跃和滑行，需要时互相帮助。如果伙伴过不了某道障碍，就不能继续进行，必须等到他通过为止。在两道障碍之间，别动教官通常让学员做俯卧撑。第4天下午进行生存训练。学员要学会在没有任何食物的情况下如何捕捉和烹煮野兔等动物。别动教官故意不让学员吃任何东西，以便他们毫不犹豫地吃抓到的猎物。在达比兵营的其余时间，教官使用爬、走、跑的教学方法，教学员进行野战侦察训练演习。别动教官首先示范侦察方法，然后指导学员掌握那些方法，这就是“爬”的阶段。在“走”的阶段，学员在教官的观察下进行练习。“跑”的阶段是一次评分的野战训练演习。“爬、走、跑”训练法是快速学习技能的有效方法。野战训练演习的假想敌部队由第4别动训练营司令部连的一个排扮演。在演习中，他们占领各种地形，设置岗哨，进行巡逻，侦察入侵者。在执行任务中被抓住的学员被关进战俘营。第4别动训练营的假想敌部队是4个别动训练营中规模最大的。学员以班为单位执行作战命令，最后4天执行昼夜侦察任务。如果他们被发现，就有被击毙或被俘的危险。在野战训练演习期间，学员每天只有一顿快餐（冬季有两顿）和一次面包。在训练的第16天，学员飞往德克萨斯的布利斯堡进行为期2周的沙漠训练。

沙漠训练　沙漠作战训练是别动训练的第2阶段，始于前往布利斯堡的飞行途中，学员在飞行途中进行跳伞准备，到达目的地时伞降着陆。跳伞不合格者机降着陆，然后与跳伞着陆的人会合。沙漠作战训练的驻地训练阶段共5天，于到达后的第2天开始。在这个阶段，学员住在布利斯堡麦格雷戈靶场的肖克利兵营，每天吃3顿饭，每夜睡大约5小时。

学员学习沙漠生存技术，例如水的获取与保存等。别动教官上课复习领导者的职责和排常规作战程序。随后，学员用一天时间练习侦察与伏击技术，再用一天时间练习对别动作战的某些战斗操练。操练包括侧面攻击、迂回、接敌反应、间瞄（没有观察到的）火力反应、伏击反应等。

在沙漠作战训练的第1周，学员学会如何穿越带刺铁丝网而不被划伤，或必要时如何使用临时梯子通过铁丝网。他们还要学会如何两人一组肃清堑壕之敌，如何攻击筑垒掩体等。别动教官还教学员如何伏击人员和车辆。课堂教学和实地练习交替进行。所有训练都强调任务、敌情、地形、部队和时间因素。无论何时实施战斗行动，这些因素都必须加以考虑。如果忽略了这些因素，即使是最简单明了的计划也收不到好的效果。在其他训练阶段计划野战演习时，学员也总是被提醒要记住这些因素。沙漠作战训练的第6天下午，开始进行野战训练演习。学员将进行侦察、实施袭击、设置埋伏。全体学员将跳伞进入目标区，参加空降作战。还要乘直升机实施空中突击。沙漠训练的高潮是全体学员参加的空中突击作战。空降不合格者乘卡车赶到空降场参加战斗。在演习期间，除了跳伞的头天晚上必须睡5个小时外，大多数学员每天只睡一两小时。那些完成指定科目（包括维修武器）效率高的学员睡得稍多一点。班、排、连指挥官必须制定任务计划，睡得最少。到第14天，即在野外演习6天后，学员完全是靠本能和训练得来的感觉在作战。别动训练的第33天，沙漠作战训练结束。学员乘飞机飞回本宁堡，再乘汽车到佐治亚州达洛尼加梅里尔兵营。只有60%的学员继续进行山地作战训练。其余40%的学员被淘汰。那些希望继续训练的人在恢复健康或重新训练后，可参加下一个班的训练。

山地训练　山地作战训练阶段分为低山攀登、高山攀登、登山技术和战术行动4个部分。头3天的训练在弗兰克·梅里尔兵营及其附近进行。学员学会打各种固定绳索和爬山装备的绳结。教官在平地教授如何运用绳索和如何停在攀登途中。一面20英尺高的木板墙被用来教授坐式下山法，学员学会如何把绳索固定在墙顶的定点上，或在没有任何定点的情况下如何设置金属环。接着，学员在一个60英尺的悬崖上练习坐式下山法。他们还要学会坐式下山时如何携带受伤的战友。要成功地通过这部分训练，学员必须进行3次白天和1次夜间坐式下山训练。全副武装坐式下山训练白天晚上各1次，还有1次坐式下山时只能蹬两次悬崖。冬季下雨后悬崖上通常结一层冰。出现这种情况时，就用固定绳索下山法取代夜间坐式下山法，但白天那3次坐式下山训练还必须进行。

第5和第6天的登山训练在佐治亚州的最高山峰——约纳山顶进行。学员在那里学会怎样爬山，怎样下山，怎样使用安全绳，怎样运送装备，以及山地作战所必需的一切技能。第7天和第8天回到梅里尔兵营训练。从第8天开始在山上进行的野战训练演习是连排战术作战。像在其他阶段一样，学员计划和实施侦察、伏击、袭击、空降作战及空中突击作战。直升机必须在周围都是树的狭窄山间空地降落。空降作战更具挑战性。别动训练旅的伞降场只有150米×100米，并且有一条小河和一片Y形树林穿过其间。别动教官和保障人员只有携带特殊工具才能把挂在树上的人员和降落伞弄下来。这个阶段由于受伤被淘汰的学员比其他任何阶段都多，需要更多休息或恢复时间的学员将被淘汰，但有机会参加下一个班的训练。在8天的野战演习中，假想敌部队在野外露营。装载通信设备的拖车成了他们的野战营房，里面的货架可睡8个人。为了收到最好的效果，假想敌部队仔细地设置埋伏。当学员从直升飞机上下来时，就遭到着陆场周围树林里的“敌人”的猛烈攻击。为了伏击学员连，假设敌在靠山一边的丛林里预先隐蔽起来。学员尖兵班走过去后，突然发起攻击。

别动训练的第49天，学员乘车前往佛罗里达州埃格林空军基地进行丛林沼泽地作战训练。到这时，能到那里去参加训练的学员还不到最初的一半。

丛林沼泽地训练 学员在埃格林空军基地学习适应丛林和沼泽地环境。第1天学员在室外课堂复习巡逻基地作战、排长与军士的职责和地域侦察技巧。第6别动训练营的军官示范伏击与袭击方法。教官在训练中第一次给学员讲授接敌运动战术。教官和保障人员示范怎样通过可能与敌遭遇的地形，战斗结束后又怎样继续运动。只有在前面的训练中掌握了巡逻和侦察技术，学员才学习这一内容。第1天的最后一堂课是讲爬行动物——蛇和鳄鱼。学员学会怎样识别与躲避蛇和鳄鱼，怎样对蛇咬伤进行急救。第2天和第3天在野外练习袭击、伏击和接敌运动。第4天进行渡河训练和小船操作。学员先在陆地练习。然后，他们在别动教官的陪同下，以班为单位划船去沼泽地中的巡逻基地，并在那里过夜。在从现在开始的野战演习阶段，学员将用船强渡江河与墨西哥湾的公海。在这一阶段，学员仍然实施与其他阶段相似的作战行动：侦察、袭击、伏击、空降作战和空中突击。但增加了接敌运动和小船操作。3个排规模的学员连实施独立的和联合的演习。在接下来的9天时间里，学员的大部分时间都在沼泽地度过。每天只有一顿快餐，睡眠几乎没有。

佛罗里达训练阶段最具挑战性。已经精疲力竭、精神恍忽的学员必须用尽最后一点力气，才能通过那些沼泽地和丛林地。野战训练演习和别动课程以黎明前对圣罗莎岛实施突击宣告结束。大约16点，学员开始进行准备：检查船只，装载弹药和物品，对计划作最后的审查。3个连协调他们的进攻计划。天黑时，船只出发渡过佛罗里达突出部和圣罗莎岛之间的水域。凌晨4点，船只驶抵圣罗莎岛。突然，排枪齐射，模拟支援炮火四处爆炸。作完战斗总结报告之后，学员开始为回到最初开始训练的罗杰斯兵营作准备。

训练要求与规定 只有不到30%的学员能训练到毕业。学员必须通过12个重点科目：陆军体能测试，水中战斗生存测试，8045米（5英里）长跑，12872米（8英里）全副武装徒步行军，白天和夜间地面导航测试，达比女王障碍课程，圆木行走，从绳索上掉入维克多利池塘，横过悬索，200英尺夜间坐式下山或恶劣气候60英尺固定绳下山，S形系绳测试。

学员在每个阶段都必须让自己的伙伴给自己的领导质量和别动技能评分。在4次评价中他必须至少有两次合格才能毕业。不合格者进入下一个班重训。由于生病、课堂和演习中表现不佳、同伴评价不好等原因没有达到标准者，可以在没有通过的那个阶段重训，然后跟下一个班继续训练。

如果学员没有通过现场报告，他就不能再参加下一轮训练。现场报告可以是正或负，正负可以抵消。3个小现场报告等于1个大现场报告。在本宁堡允许有4个、在其他阶段允许有3个大负面报告。累计5个大负面报告将对学员的资格进行审议。8个大负面报告意味着自动开除。以这种方式开除的学员不能再回别动学校。负面特别观察报告也可以是正或负。旅指挥系统批准的1个负面特别观察报告就使学员被淘汰。因撒谎、欺骗或偷盗而得到的负面特别观察报告，意味着自动开除。

（樊高月）

美陆军部队司令部突出部队训练 据美《陆军》杂志1998年10月号报道，1998年，陆军部队司令部突出部队训练，除了在母基地和作战训练中心搞好逼真有效的部队训练外，还特别重视对赴波斯尼亚的作战部队进行技能训练。1997 年，美陆军部队司令部在全国训练中心和联合战备训练中心分别轮训了4.4万人和2万人，其中后备役人员分别为1.4万人和5000人。1998 年，美陆军加强了后备役部队训练。到全国训练中心和联合战备训练中心轮训的后备役人员分别增加到2.2万人和1.8万人。8个陆军国民警卫队师中的2个师及其17个下属司令部和其他支援司令部完成了作战指挥训练计划。11个陆军国民警卫队旅完成了旅长及其参谋人员的作战指挥训练计划。

美陆军重视培训数字化旅领导人 据美《陆军时报》1998年10月26日报道，美陆军在对重型师进行重新定编后，把注意力放在如何为未来的数字化旅培训领导人。

美陆军训练与条令司令部负责作战发展的第一副参谋长丹尼尔·赞尼尼少将说："我们目前在培训数字化旅领导人方面所做的工作与以往我们在组织编制和器材发展方面所做的工作一样重要。"

培训未来数字化旅领导人的努力，始于1998年6月数字化旅领导人反应课程的开设。这是陆军在堪萨斯州利文沃思堡采取的一项新倡举，其目的是为了提高军官的数字化作战技能。下述4类军官为主要培训对象：旅长、情报军官、作战军官和火力支援协调官。培训工作为期4周，共分3个阶段：第1阶段学习基础知识，包括军事决策程序；第2阶段学习硬件和软件；第3阶段学习硬件和软件在战术环境下的运用。陆军第1个数字化旅——第4机械化步兵师第1旅旅长林奇及其参谋人员参加了该训练。从1998年11月起，开始接收营长参加训练。营长可通过21世纪部队作战指挥旅和旅以下系统的小型计算机接收来自旅司令部的数字信息。

美陆军第1个数字化"长弓·阿帕奇"攻击直升机营开训 据美《陆军》杂志1998年6月号报道，美陆军第1个"长弓·阿帕奇"攻击直升机营——第1骑兵师第227航空团1营，已于1998年4月6日在胡得堡开始训练并于10月26日完成6个阶段的训练任务。负责该营训练的第21骑兵旅旅长说，"这是一个为期120天的训练计划，旨在把"长弓·阿帕奇"攻击直升机部队训练成为一支有凝聚力的作好战斗准备的部队。"第1阶段训练为单兵训练，期间不仅对驾驶员进行换机合格训练，而且还对机械师和其他专业人员进行相应的培训。驾驶员换机合格训练先在亚利桑那州梅萨的波音公司直升机生产基地进行，拟于1999财年末改在拉克堡的陆军航空中心与学校进行。其他5个阶段训练以提高作战技能为目的。训练最后以为期6天的野外训练演习而告结束。

在今后的11年里，现役陆军、陆军国民警卫队和陆军后备队共将有25个"长弓·阿帕奇"攻击直升机航空营在胡得堡进行训练。

第313军事情报营采取多种措施提高外语专业人员水平 据美《军事情报》1998年1～3月号报道，第313军事情报营的外语专业人员在101空降师（空中突击）发挥了重要作用。他们在许多军事行动包括中东的"沙漠风暴"行动、前南斯拉夫的"联合警卫"行动以及在海地、南美和韩国的行动中表现非常出色。掌握多种语言包括阿拉伯语、朝鲜语和塞尔维亚语、克罗地亚语是该营外语专业人员获得成功的主要因素。

外语训练不是一项简单的任务。为了保持一支高素质的能担当截听和审讯任务的外语人才队伍，以及为了达到陆军部队司令部关于外语专业人员每周必须进行10小时语言训练的要求，第101空降师在1995年耗资25万美元建造了一个语言训练设施。1996年11月，该师制定一项周密的阿拉伯语和朝鲜语训练计划并聘请当地专业人员讲授课程。1997年，该计划把阿拉伯语和朝鲜语的训练时间从1周增加到4周，训练内容包括军事词汇、军事态势、大事、地理和语法等课目；学员和教官的比例为2:1。通过训练，94%学员的学习成绩已大大提高，达到和超过陆军规定的标准。第313军事情报营外语专业人员还通过战术情报战备训练计划、国外语言进修计划以及到德国加米斯、也门萨那、西班牙马拉加和韩国等地任职等途径提高外语水平。

美陆军拟建立远程教学系统 据美《陆军后勤》1998年1～2月号报道，美陆军决定，在1998～2003财年间，为建立远程教学中心以及编写教材，每年拨款5500万美元。此举是陆军拟在2010年前，建立远程教学系统计划的一部分。该计划目标是在200多处开设745个教室。该系统建立后，将有更多的军人可在其母基地接受训练。

在西奈半岛执行维和任务的军人，已证明远程教学的效果。他们可在西奈半岛执勤期间，通过远程教学继续接受初级领导人训练。在波斯尼亚的军人也可通过远程教学得到专业培训。远程教学在作战状况下也可进行。将来，远程教学还可向不在远程教学中心附近的军人施教。陆军计划使安装在主战坦克、"布雷德利"战车和其他武器装备内的自动化系统具有联网能力。

陆军各大司令部的训练官员已确定了可利用远程教学系统进行教学的课程。陆军训练与条令司令部负责课程设计。驻弗吉尼亚州尤斯蒂斯堡的陆军训练支援中心，负责对课程设计人员进行培训指导。约有

40%的课程以后备役军事专业人员为教学对象。

美陆军保持男女新兵同训　据美《陆军时报》1998年5月18日和6月22日报道，美陆、海、空军决定，新兵训练继续保持男女同训，除非国会另有规定。国防部长科恩6月8日说，他同意各军种提出的男女新兵同训的建议。他还批准各军种提出的增加女教官、男女分层居住、房门上锁和其他安全保障措施。

陆军计划拨款45万美元为男女新兵分层居住修建住房并在入口处安装临视摄像机，设立警卫并实施24小时值班。海军早已实施男女新兵分层居住和设立警卫实施24小时值班的措施，现定于1998年5月加装大门报警器。

然而，男女新兵是否继续同训这个问题在国会山仍然未得到妥善解决。众院于1998年5月对国防授权法增加了一项条款，要求男女新兵分训并分楼居住。预计，参院不会提出类似条款，但可能会提出分兵营居住的修正案。主张男女新兵分别居住的人士认为，这些措施对消除性骚扰是必要的。

目前，现役部队中女军人的比例约为14%。现役女军人的数量可望继续增长。国防部长科恩说“我们军队不能没有女兵，我们必须寻找一个使男女新兵一起更好训练和工作的方法”。美三军目前正在修订体能合格标准以减少男女新兵之间的差距。

美陆军军事学院开设“防务战略”函授课程　据美《陆军时报》1998年3月23日报道，美陆军军事学院将向现役和后备役军官讲授为期6个月的“防务战略”函授课程。该课程定于1998年5月20日开课，同年11月11日结束。期间开设3个课目：战略概论、美国国家战略的发展、美国国家战略评估。对参加“防务战略”函授课程学习的学员，不授予正式的军事教育合格证书。

美陆军情报中心与学校加强军事情报军官训练　据美《军事情报》1998年7～9月号报道，随着瓦丘卡堡陆军情报中心与学校开始把少校和中校列为高级情报训练对象后，对军事情报军官的训练要求变得更加严格。为加强军事情报军官的训练，该中心自1998年以来采取了以下措施：(1) 1998年8月，开办第1期作战军官/分析和控制军官训练班。目的是培训新任命或即将任命的师作战军官，以及军、师和部队投送旅的分析和控制军官。作战情报军官训练班为期2周，分析与控制军官训练班为期4周。(2) 军事情报军官高级训练班的学制，于1998年10月从20周减为18周。其中共同课目2周、威胁与分析2周、稳定与支援2周、旅作战与情报4周、对师军的情报支援4周、全源分析系统4周。该训练班极富挑战性，目的是把军事情报军官培养成为熟练的营、旅情报军官、分析与控制小组作战上尉和连长。(3) 制定战略情报训练班计划。该训练班将于1999年6月开办，学制10周。(4) 1998年1～4月，在指挥与参谋学院为军事情报少校开设高级情报训练课程，作为必修课程的一部分。(5) 1998年3月，对军事情报军官基础课程进行修订，使课程重点进一步放在助理情报军官、分析与控制小组组长和排长职责上，以及进行更多的信息时代技术系统训练上。

美陆军军官训练团毕业生大部分配到现役部队　据美《陆军时报》1998年1月12日和5月4日报道，陆军军官训练团是美陆军现役军官的主要来源。10名现役军官中有7名来自陆军军官训练团。1998年，陆军军官训练团共毕业3814名，其中3364名成为现役军官，450名成为后备役军官。现役军官中，有2894名分配到竞争激烈的16个兵种，如步兵、装甲兵、野炮、航空、军事情报、工兵和宪兵。

美陆军全国训练中心实施扩大预备役部队训练计划　据美《陆军时报》1998年8月3日报道，全国训练中心是美陆军最好的训练设施之一。为充分发挥这一设施的作用，全国训练中心官员希望，到该中心训练的预备役人数增加一倍。1998年，到全国训练中心训练的国民警卫队人员增加到2.2万人，而现役部队轮训人数略少于5万人。

陆军每年有10个旅规模的特遣部队到全国训练中心轮训，其中只有1个旅特遣部队为国民警卫队。全国训练中心司令卡什准将接任后，继续推行扩大预备役部队训练计划，即除了每年1次的轮训外，还通过假想敌部队扩充计划、车辆保养、修筑道路等专项任务，向预备役部队提供到全国训练中心训练的机会。按照假想敌部队扩充计划，当旅规模特遣部队到全国训练中心轮训时，预备役部队派出3个步兵连和1个工兵连到该中心假想敌部队，以弥补假想敌部队工兵和徒步步兵的不足。陆军国民警卫队员约占假想敌部队扩充人员的50%～60%。

1995年陆军转为以本土为基地的力量投送部队后，全国训练中心每次轮训都增加了“部队开赴外国港口后领取预置武器”的训练课目。鉴于战时此类外国港口很可能由预备役部队管理，所以预备役部队支援大队司令部，每年4次到全国训练中心指挥预备役部队执行弹药与食品装卸和重型装备运输等任务。

此外，加利福尼亚州陆军国民警卫队第40机械化步兵师，经常到全国训练中心进行年度训练和月训练。

美陆军霍恩费尔斯作战机动训练中心派员到联合国训练中心和学校学习　据美《军事情报》1998年4

～6月号报道，美陆军在德国的霍恩费尔斯作战机动训练中心是美驻欧陆军司令部主要的维和与支援活动训练基地。1993年3月，该中心对第3步兵师和第1装甲师所属部队进行了首次维和训练。荷兰皇家陆战队紧随其后，于1993年5月对其派往柬埔寨执行联合国维和行动的部队进行训练。由于美陆军缺乏执行维和行动的经验，作战机动训练中心派送军官和军士到奥地利、加拿大、芬兰、爱尔兰、波兰、瑞典和瑞士等国的联合国训练中心和学校作为观察员、控制员和计划制定人员以取得宝贵的训练和作战经验，确保作战机动训练中心的教官首先得到良好的训练。这些中心和学校设立联合国军事观察员、联合国参谋军官、联合国后勤、维持和平等课程。这些课程学时一般为3周，讲授的课目与美军在波斯尼亚、卢旺达、利比里亚和马其顿等地区部署行动中可能执行的任务相关。这些课目包括：谈判和调停、收缴武器、在敌对双方之间部署部队、与联合国其他机构和其他国际组织的关系、监督选举与维和技能等。

美陆军国民警卫队成立东北地区缉毒训练中心 据美《陆军时报》1998年12月7日报道，美陆军国民警卫队在宾夕法尼亚州印第安城山谷堡成立的东北地区缉毒训练中心，将从1998年5月开始，对来自弗吉尼亚州和缅因州等17个州的宪兵军官和其他缉毒人员进行缉毒训练。陆军国民警卫队早已在密西西比州设立了一个类似的缉毒训练中心。该中心每月训练50～70人。东北地区缉毒训练中心的成立，将大大提高陆军国民警卫队的总体缉毒训练能力。该中心将在1999年获得200万美元的拨款。这笔款项将用于改建现有的教室和训练靶场，为学员提供住房和交通。东北地区缉毒训练中心设置的训练班学习时间长短不一，短则3天，长则2周，训练科目包括审查和审讯、照相监视、战术性缉毒行动和毒品识别。训练班将采用密西西比州缉毒训练中心正在使用的教材，由现役军官和预备役军官担任教官。

美陆军狄克斯堡基地修建后勤支援训练区 据美《陆军时报》1998年12月14日报道，驻狄克斯堡的第411工兵旅正在执行狄克斯堡基地修建计划。根据这一计划，第411工兵旅一边修建该堡最新的训练设施——后勤支援训练区，一边进行与未来战时任务密切相关的训练。

狄克斯堡占地31000英亩。1988年，美国防基地调整与关闭委员会撤销了狄克斯堡的现役部队支援任务。1997年春，陆军决定将其改建为后备役训练基地。据此，第411工兵旅开始修建面积为280英亩的后勤支援训练区，包括石油运输训练场、车辆抢修保养场、装卸区和工兵训练区。后勤支援训练区，主要供美本土东北地区的后备役战斗支援部队和战斗勤务支援部队进行年度训练和周末训练。1997年，该训练区创下了120万训练人日的新记录。在近期举行的名为“金色医疗”训练活动中，800多名后备役人员在模拟的作战环境下，开办和运作了3个机动医院。今后，预备役部队到狄克斯堡轮训的次数将逐年增加。1999年6～8月间，陆军将在狄克斯堡举行“最终武士99”后备役工兵演习。

（洪锦珠）

美现行《陆军训练与考核大纲》简介 1973年以前，美国陆军的训练与考核文件是分开的。指导训练的是《陆军训练大纲》；指导考核的是《陆军训练测验》手册。虽然当时也强调，无论是训练还是考核都要以做为主，但是后来发现，这两份文件有许多缺点和不足，主要表现：(1)不适合指导和平时期的军事训练。以前的训练大纲和测验手册是为了满足战争动员需要制定的。其内容多以过去在欧洲战场的作战实践为依据。考核的内容虽然还算严格，但标准却基本上是以人员或部队能否投入战场，能否参加战斗为原则。因此，这两份文件不仅不适合指导和平时期要求更高的军事训练，而且，由于要求不高，即使是能训练出来符合测验标准的部队，也难在现代战场上夺取战争的胜利。要想实现目前美军所提出的“打赢初战”这个目标，可能就更困难了。(2)内容既不具体也不系统。以前训练大纲和测验手册是为了满足征兵制的需要制定的。当时的指导思想是，只要让单个人员和部队能够掌握作战所需的基本战术与技术也就可以了。其内容主要以共同科目为主，对于新技术兵种和诸兵种合同战术的涉及也不全面。有材料说，即使是有关共同科目的内容，也很笼统，缺乏系统性和操作性，使用很不方便。随着新武器技术的发展，新兵种不断出现，它就满足不了训练的要求。(3)内容死板，不易操作。以前训练大纲和测验手册规定的内容比较死板，没有考虑不同的部队和人员的不同情况。比如，测验手册不区分使用新、旧装备进行操作的不同，不考虑考核时所给的条件难度不同，一律规定按同一个标准去衡量考核的结果。由于规定过于死板，往往产生测验不出真实的水平，挫伤部队积极性等负面影响。有资料称，过去，由于考核标准死板，也助长了考核人员的霸气，很容易引起部队的不满。

基于以上缺点，美军在训练改革中，从训练与条令司令部成立的第2年，即1974年，就开始根据新的训练理论与和平时期军事训练的新特点，动用大量的人力，重新编写并陆续出版《陆军训练与考核大纲》。该大纲到1983年，又根据1982版《作战纲要》进行过一次修改和补充，这就是美军现行的《陆军训练与考核大纲》。

《陆军训练与考核大纲》的主要内容 《陆军训练与考核大纲》是一套以供集体训练使用为主、着眼于训练质量的系列性指导文件。它是在汲取以前大纲和测验手册的经验与教训基础上，根据新时期作战理论与建军理论，以指导和平时期现役与预备役部队训练为目的进行修订的。也可以说是一套按照兵种专业、部队等级和训练性质等特征进行详细分类的系列性训练指导文件。据不完全统计，现行大纲共分有航空兵、化学兵、工程兵、炮兵、步兵、卫勤、弹药、军需、通信、副官、财务、装甲兵、宪兵等 32 个军事专业。各种《任务训练计划》和《战斗操练》手册至少也有 350 种不同的版本。其中，《任务训练计划》就有 310 种，《战斗操练》手册和《编制》介绍等版本也不下 40 种。由此不难看出，现行大纲的主要内容是《战斗操练》和《任务训练计划》。

(1) 战斗操练的目的和做法。操练是小分队实施集体科目训练的标准方法，训练的都是那些不需经过思考和决定过程，即可迅速作出反应的单兵或集体战术动作。这些动作多属顺利完成战斗任务、有效保存自己的重要方法。一般来说，战斗操练是营以下分队的主要训练方式，像实施班（排）进攻或防御、接敌运动、进入并肃清建筑物（或堑壕）内之敌以及机械化步兵班（排）乘车和下车徒步战斗等科目。但是，大部队有时也同样要进行操练。比如，各级部队司令部的“情况训练演习”实际上就是以操练的方式进行的。操练有很多种：①武器小组的操练叫“班组操练”；②在紧急情况下做各种反应动作的操练叫“紧急行动操练”；③演练战术动作的“战斗操练”；④在既定情况下进行的“情况操练”等。按照现行大纲，分队的训练科目由单兵科目、领导科目、班组科目和分队集体科目 4 部分组成。一支部队的集体科目必须以单兵科目为基础，单兵训练达到标准之后，才能进行高一级的班组和排以上分队的集体操练或训练。因而美军把操练当成是连接单兵训练和分队集体训练的中间环节。即是说，操练是在单兵训练基础上进行的，而合乎标准的操练又是集体训练的基础。

美军规定，组织实施战斗操练应该按照“爬→走→跑”3 步法进行。

爬　是以讲解和示范的方式训练单兵和部队，即边讲边做示范动作。主要用于教授初学者领会并掌握战斗所必须的各种动作和技能。

走　是让初学者分步操练或者慢速操练所学的动作。主要用于提高初学者或那些疏于练习的人员或分队的战术动作或技能的熟练程度。

跑　是在慢速练习的基础上，让受训者按照实战的速度完成各种动作。个人或分队如能达到“跑”的水平，也就算是达到大纲要求的标准了。

(2)《任务训练计划》的主要内容。《任务训练计划》是根据实战任务确定的训练内容、方法和考核标准。实际上它是一个旨在使部队为完成某一特定任务而制定的简明的训练方案。该训练计划的突出优点是把训练什么、如何训练和训到什么程度有机地结合到一起。在现行大纲中，《任务训练计划》是以《训练与考核重点》的方式体现的。《训练与考核重点》实际上是一种表格，包含的主要内容有：①阐明训练目标。包括 3 项内容：一是单兵或分队所要训练的具体科目或内容；二是为了完成某一科目所设定的战场环境与条件；三是分队或人员完成某一训练科目所需达到的、最低的技能熟练程度。②确定负责实施训练与考核的人员。比如，班长负责全班人员的训练；军士长负责训练、考核连部文书；分排长训练与考核连的军士等，《训练与考核》中都有明确的说明。③规定训练与考核要点。主要有 3 项内容：一是训练科目；二是训练与考核的基本标准；三是进行训练与考核所需提供的各种资源保障（如弹药、器材和场地等）。比如：训练与考核重点（实例节选）

训练单位：步兵营

训练科目：居民地防御

设定情况：营准备实施居民地防御，只有 48 小时的时间。营编有工兵连和工程作业装备。敌人以团规模（包括乘车或徒步步兵）地面部队对居民地实施进攻，敌人可得到炮兵和航空火力的支援。其实施的主要行动有：侦察、突破和渗透。

训练标准：①营在规定的时间内进行防御准备；②营主力未遭敌人突袭；③敌人被击退（战斗力下降 50%，部分人员被俘）；④营按照作战命令和上级指挥官意图完成指定的防御任务；⑤营遭受伤亡损失不到 30%；⑥营未遭到友邻部队的误伤。（以下略）

现行《陆军训练与考核大纲》的主要特点 现行大纲同其他训练指导文件相比，有很大不同。比如，它把训练与考核有机地结合到一起，向部队表明：训什么，就考什么。从而使个人或部队都能做到训练有目标、考核有把握。除此之外，还有如下几个新的特点和观点。

(1) 它是训练的辅助工具而不是法规和教条。本大纲是供部队指挥官、分队领导和参谋部门在计划、准备、实施训练与考核，以及在记录、分析训练结果时使用的一种参考性工具书，而不是许多人所认为的“训练法规”。正如大纲中所写的，“所列条件和标准，只要求作为典型的样板而不是教条。”美军之所以这样做，似乎有以下原因：首先，任何一种战术或战法都不可能是一成不变的。比如，达成同一个战术目标的方法可能有许多种，如果只用大纲中规定的一种行动方法来衡量对错，就肯定会失之偏颇。其次，法规是必须严格遵照执行的，而大纲的训练与考核标准是以实例的方式提供的。比如，大纲中规定的考核分队的数量、类型、级别，完成各类科目并达到最低满意程度的操作标准，以及确保考核顺利进行所需的资源保障等，都不是让指挥官或教官去死搬硬套，而是让他们"跟着学"

（2）现行大纲强调的是训练效果，而不是训练的过程。现行大纲着眼于训练水平，它要求从班到营的各个分队与士兵以及军官，都要通过训练达到一定的标准，而不是完成一定时间的训练即算完成训练任务。最突出的例子是旧大纲规定的分队考核，是以时间为标准的。在验收训练效果时，强调的是是否按规定的内容和时间进行训练。至于分队是否达到规定的标准，并没有严格的要求。实际上，强调的是过程。而现行大纲强调的则是训练的效果。即无论是单兵还是部队都要达到大纲规定的专业技能熟练程度。否则，就得从头重训，不达标准，不得进入下一个阶段的训练。在考核时，评定技能熟练程度的依据，也同样是具体的做法和效果，而不是看其是否完成了操作的全过程。

（3）更加强调人员和基层分队的基础训练。旧大纲以战时动员为训练依据，比较强调部队的整体作战能力。而现行大纲虽然对单个人员、小分队甚至大部队的训练都很重视，但是强调的是单个人员和基层分队的基本战术技能训练。大纲中，无论是《任务训练计划》，还是《战斗操练》手册，绝大部分都是供营以下分队进行基础训练时使用的。它不仅具体列出训练任务、条件和标准，还通过把训练的计划与实施权下放给各个分队，来达到以"分散训练"增加训练机会和充分利用时间、场地等资源的目的。大纲认为，分队是部队的组成部分，只有"把部队的每个人和每个分队的战术技能训练好，并进行有机地结合，才能有效完成各自的任务。"也就是说，只要个人和基层分队的战术技能达到标准，部队整体战斗能力的提高也就有了保证。

（4）不仅对受训者提出要求，而且也对施训者和考官提出了严格的要求。比如，为了使考核确实达到验收训练成果的目的，新大纲对考官的条件和考核的具体方法等都作了明确规定。如（3人以上的）考核委员会制度，意在避免评定成绩时的主观意断和随意性。又如，考核时各个分队不考同样的科目或上下有联系的科目，既可避免后考者"临阵磨枪"，又可避免分队之间相互攀比。这种攀比容易产生类似埋怨指挥官、不服气或对考官不满之类的负面效应。另一方面，这种考核方法，对考官来说也是一条新要求，他也不能通过比较的办法来评定各个分队的考核成绩。大纲认为，"考官要想评定分队的考核成绩，就必须凭他对所有独立作业的观察和他的专业评审能力，来做客观的判断。"

除了以上特点之外，现行大纲还提出以下观点：一是强调以练为主。认为，实际操作是美军训练的一贯原则。它是让士兵和分队在给定的条件下，通过实际操作来学习、直至达到规定标准的最佳途径。二是不主张重复训练。这里说的重复训练并不是反复练习，而是指让那些已经达到合格标准的个人或分队，反复训练或学习已经掌握的内容。现行大纲认为，"重复训练已经掌握的技能，实际上是浪费时间、人力和物质资源。因此，重复训练应该减少到最低程度。"美军规定，按照以技能熟练程度为考核标准的原则，凡是达到合格标准的个人和分队，都应该立即把训练重点转移到学习更高一级战术技能上去。三是强调实战练兵。认为，要尽量减少那些靠室内授课进行训练的做法。应该把教练员的示范操作（而不只是讲解）和受训人员的实际练习，作为训练方法的重点。训练的条件要同战场上的实际条件相一致。"只有结合实战练兵才能真正训练出能够满足未来作战需要的人员和分队。"四是主张尽可能选用那些花费少、效率高，省时、省资源的训练方法。大纲中写到，训练方法可能多种多样，而且各有所长，比如，结合式训练法，是将几种战术动作或科目与实战需要结合起来进行连贯的训练，优点是符合实战练兵的要求；而同时训练法，是各个分队同时训练不同科目，而不是训完1个科目再训练另1个科目。它的优点是可以充分利用时间、场地和其他资源。这就要求指挥官和教练员根据需要和可能，选用那些既省钱、省时、省资源又能取得高效果的方法训练部队。

（刘书礼）

美军训练考核措施 以前，美军在验收其训练成果时，通常都是沿袭传统上以时间为标准的考核方法。实际上，这种方法根本体现不出训练的实际效果。到70年代中期，美国陆军训练与条令司令部的一位副参谋长，提出以军事技能熟练程度为考核标准的办法。这一训练标准的改革，不仅有力地促进了训练工作本身的开展，而且也明显提高了训练的效果和质量。美军认为，考核是训练的一个重要组成部分。因为考核本身就是严格而又符合实战要求的训练。此外，还有以下作用：一是可以检查前一阶段的训练效果；二是可为以后的训练提供有益的反馈；三是通过对部队的考核还可以考察出部队主官的工作业绩和他在指导训练工作中的主要表现。

考核的主要方式　美军的考核有正式与非正式考核、内部与外部考核之分。

正式考核，是根据训练计划，在每个训练阶段结束后对部队和人员进行的考核。比如季度考核、年度考核等均属记录成绩的正式考核。此种考核有时不预先通知，像战备演习等到训练年度或季度的末期，随时都可能进行。

非正式考核，是为了了解部队和人员接受训练后，掌握专业技能的程度进行的考核。此种考核通常在营以下分队，以内部考核的方式进行，不记成绩。

内部考核，是由单位自身安排和组织实施的考核。如师（旅）长在检查其参谋机构执行重要任务的作业能力时，常常以内部考核的方式进行。具体做法是，师（旅）长、参谋长或主管参谋拟制考核方案，根据训练条令（FM25－100 等）和《任务训练计划》，对所属指挥人员、参谋机构或机关分队分别进行考核。

外部考核，由上 2 级司令部计划、组织、实施的对下属部队的考核。比如，师考营；旅考连。此种考核，多为记录成绩的重要考核，规模可小到分队，大到军、师级大规模军事演习。营以下分队多以实兵操练为主；旅以上部队主要是通过指挥所演习以及训练中心轮训等方式进行。

如何进行考核　考核通常由 3 名以上的考官和辅助人员组成的考核委员会组织实施。其中，军衔最高的考官任主考官。按照分队考核应由上 2 级司令部实施的规定，师对营进行考核时主考官一般是中校，其他考官可能是少校和上尉，还有 5 名士兵。旅考核连时，主考官则可能是少校或上尉，其他还有专业军士和 5 名士兵。士兵的任务是帮助考官登记成绩、设置考核场地、管理或操作考核器材等。如果考核技术性很强的技能，还可能请专业人员或准尉任考官。考核人员在考核前后要做如下工作。

（1）考前准备工作。美军条令规定，考核之前，考核委员会要认真做好如下准备工作：一是详细了解被考核部队的人员装备状况。包括听取被考核部队主官关于本部人事情况的汇报（如，本部人员现有的军事专业种类和所达到的技能等级，哪些在职士兵未达到本职等级的要求等）。目的是让主考官可以结合被考核部队的实际情况，适当调整考核的内容和标准。比如，部队的训练装备陈旧、条件差，考核的标准就可能要适当降低。二是向被考核部队介绍考核的具体方法。按规定，主考官应在考核前 72 小时向被考核部队主官说明考核的有关事宜和要求。主要内容有：参加考核的单位和人选，考核的内容、场地、时间和各种要求。三是拟制考核计划。由主考官及其助手制定。主要内容有：①考官的具体任务分工（即哪些科目由哪几名考官负责考核）及所需要的器材、装备和时间等资源；②要考核哪些单位和人员；③根据本单位的具体情况，考核标准应该调整到什么程度；④其他要求。美军考核时，非常强调结合实战。比如，在考核维修分队时，有时预先准备 1 台真正有故障需要排除的装甲车，让被考核人员在设定的战场环境下进行抢修。

（2）考核的主要做法。美军考核部队的主要做法有两种：一种是连续考核。比如，要考核 1 个连，可以先从分排考起，等各个分排都考完之后再考核领导和连部。因为分排技能水平是连队整体技能水平的基础，先了解分排的水平，对连部的状况也就有个大致的了解。这样既便于考官相应地变换考核的内容和方式，也便于考官对全连进行系统全面的讲评。另一种是同时考核。即将考核人员分成 2 个组，分别但同时对分队进行考核。比如，一个组负责考核连的各个分排，与此同时，另一组负责考核连部。这样做的主要好处是节省时间。此外，条令也允许而且鼓励考核人员平时就注意部队的专业技术作业情况。如果有些平时完成的任务也符合实战要求，而且作业水平又令人满意，也可以此作为考核的结果。但是，这种观察结果要以日常的统计、记录和具体报告为依据，而不是随意的口头或书面说明就能算数。

（3）考核成绩的评定与讲评。考核成绩的好坏，主要通过将部队的实际操作情况同《陆军训练与考核大纲》规定的标准，进行比较来确定。考核成绩只分“通过”与“未通过”（以前也有材料按满意与不满意打分）2 类。符合大纲标准要求且经考核委员会通过的即算通过。反之，则未通过。但是，在填写表格时还需说明以下 T、P、U、N 这 4 种情况：

“T”是全部通过，即操作符合大纲规定的技能标准；

“P”是还需要进行练习，系指虽然主要科目的考核都过了关，但是部分科目尚未达标；

“U”表示未通过，是指分队在考核 1 至数个主要科目时，均未准确操作或者操作失败；

“N”是无法评定，系指未按所设定的要求进行操作或未获足够评定使用的数据资料，无法作出评定。（见下表）

训练与考核要点（实例）

训练单位：保养连　　　　　　　　　　　　　　　　　　　　　重复次数：1　2　3　4　5
训练科目：战术条件下运动（根据 FM？－？条令）　　　　　　　训练情况：T　P　U　N

科目编号	科目名称	条　　件	训练与考核标准	成绩	
				通过	未通过
5－2	实施战术运动	连长接到命令说明以下情况： ①实施运动分队的数量和单位。 ②出发地点、时间和运动路线。 ③当前战术态势。	（1）连长应该计划与协调以下各项行动： ①额外需要的运输。 ②停止手头工作。 ③进行道路和地域侦察。 ④组织对新地点的防御。 ⑤所需额外的安全支援。 ⑥下达运动命令，包括：出发地点、车辆行驶距离、会合点、行军速度和编队、通信保障、路标设置和加油地点等。 ⑦分队预计行军时间。 （2）运动应同所下达的命令相一致，而且要符合标准作业程序。		

美军条令规定，所有考核结束之后，考官都要向被考核部队或个人作出合乎实际的讲评。但是，此时的讲评并非正式鉴定，而是考官的看法。目的是肯定训练成绩并为以后的训练提供反馈和参考性建议。真正的鉴定要求在 90 天内，由上 2 级司令部以签署命令的方式正式下达。教官应在下发的文件中填写以下考核鉴定表。

考核鉴定表（典型格式）

考核科目操作情况小结	
重复次数	1　2　3　4　5　总计
考核的分科目总数与标准	
获通过的分科目总数与标准	

（刘书礼）

美军技能合格测验机制　专业技能合格测验和训练考核是美军验收训练成果的两大手段。两者虽然都是用《陆军训练与考核大纲》和《士兵手册》规定的标准衡量单兵或单位集体掌握技能的熟练程度，但是，两者之间也有不同之处。技能合格测验是一种以做为主衡量士兵专业技能水平的检验手段，而考核则主要是对已经训练过的科目进行检查和验收。考核是训练过程中的一个阶段，包括考核、讲评和反馈 3 项内容。测验虽然测的也是训练的成果，但是，它和正在进行的或刚刚进行完的训练并无直接关系。要想了解美军的军事技能测验机制，首先要从经过入伍训练的士兵，应该具备什么样的技能水平说起。

完成入伍训练的新兵应该掌握的专业技能　按照美军条令，经过入伍训练的新兵应该学会以下 17 项技能：会使用 M－16 步枪；能够用 M－60 机枪射中目标；会用 M－72“劳”式反坦克火箭筒射击目标；会进行急救；懂得防核、生、化作业程序；通过手榴弹的应用考核；懂得如何伪装自身和装备；会挖修单兵掩体；懂得运用单兵攻、防战术；通过了体育训练课程（行军、越障等）考试；通过了体能测验；会执行内卫任务；懂得审讯和使用口令；会报告敌情；懂得操练和礼仪；具备军人养成和军人礼节；会埋放、排除或引爆地雷。

除此之外，每个新兵在分配到部队之前，还要根据自己的爱好和即将分配部队岗位的专业需要，有侧重地掌握各种必训的军事专业技能。比如，即将分配到“陶”式反坦克导弹分队的新兵，还需学会：“陶”式反坦克导弹发射架的组装、保养，装弹、取弹，射击和确定是否命中目标，以及“陶”式反坦克导弹射击阵地的伪装与掩蔽等技能。实际上，1 名士兵，在他向所分配的部队报到之前，就已经基本具备 1 级专业技能的水平，只是在经验和熟练程度方面还略有欠缺而已。但是，一旦被分配到部队，只要想改变自己在军中的地位，获取更优厚的军事待遇和经济待遇，他就要不断进取，刻苦学习，积极参加各种训练活动。因为只有这样，才能以滚动的方式由低一级的技能攀上高一级的技能。只要能达到高一级的专业技能，各种待遇也就随之可以获得。正如《美国陆军士兵指南》中所写的，“入伍的士兵，如果想在陆军中往上爬，得到更多的福利待遇，改善自己的经济状况，就需要接受相应的军事训练……士兵要想晋升就必须经常为自己再上一个技术等级作好准备。比如，专业技能的熟练程度达到1级的士兵，才是符合要求的一等兵和下士；达到2级或3级才能充当下士或中士。”

美军把专业技能分为5个等级　美国陆军的军事专业共分9类5个技能等级。这9类分别是：①战地生存类，如急救、核生化防御、体能等；②战斗技能类，如单兵基本技能、隐蔽与伪装、保密与情报、通信、识图用图与按方位角运动、夜视器材的使用等；③武器类，如步枪、机枪、榴弹发射器、81毫米迫击炮、各种反坦克导弹等；④手榴弹、地雷和爆破器材类；⑤战术车辆，如轮式车、机械化步兵分队的履带式车等；⑥领导类，如会检查人员装备者可达技能2级，对参加技术合格测验人员进行指导者可达技能3级；⑦训练类，如能教授以演示为主的训练课者可达技术2级或3级；⑧行政管理类；⑨战术类，如基本战术、特种作战战术（能组织实施反装甲伏击者可达技术3级，能计划、实施地域侦察者可达技术4级)，其他还有进攻、防御、侦察等。在这些技术专业类别中，每一类都包括有许多单项技能。根据它们的技术复杂程度或实施难度具体划分成5个等级。其中，1～4级为普通士兵的技能等级；5级通常是高级步兵军士必须具备的技能等级。下面仅例举部分单兵的基本专业予以说明：

1级技能：在火力组的编成内运动；在敌人炮火下运动；懂得规避敌人炮火；懂得在有照明弹的情况下隐蔽自己；越过、通过或绕过敌人障碍；估测距离；选择临时战斗阵地；挖修单兵战斗掩体；修筑107毫米迫击炮发射阵地；用目视信号控制运动等。

2级技能：监督、检查、修筑战斗阵地；用方格座标指示敌人目标；用极座标标定目标位置；实施噪声、灯火和便溺管制；野外设置、排除就便报警装置；安放、排除防人员电子警戒装置；架设AN/VRC-64之类的电台等。

3级技能：计划、控制“陶”式反坦克导弹分排火力；控制班用M-72A2“劳”式反坦克火箭筒的使用；计划、控制106毫米无座力炮分排火力；帮助分队指挥官拟制间瞄火力支援计划；开列目标清单、拟制射击计划、绘制透明图；建立观察所；为全班士兵指定射击阵地；为班设定防御地段；在防御战斗中为全班指定射向和目标；修理班用电台等。

4级技能：准备与口头下达排进攻命令；指导全排进攻中接敌运动方法；指导排对敌防御阵地实施火力与机动；确定机步排运动方法；准备与口头下达排防御战斗命令；为排的主要武器指定初始战斗阵地、预备阵地和辅助阵地；拟制排防御火力计划；同友邻进行协调；在防御战斗中为排指示射向和目标；有效控制排的战斗车辆；实施道路侦察；编写道路侦察报告；拟制空中机动计划；计划、申请、分配近距离空中支援火力等。

5级技能：拟制分队的战斗准备情况报告；绘制分队沿道路运动图表；从道路侦察报告中分析所需情报；绘制各种透明图；绘制情报参谋使用的敌我态势图，并根据新的情况及时予以更新等。

美军专业技能机制的主要特点　从以上内容不难看出，这1～5级专业技能有以下几个特点：(1)技能等级是同士兵衔级挂勾的。美军士兵的军龄并不是晋衔的主要条件。相反，服役到一定年限，如果达不到同职位相应的技能级别，还可能失去服役的机会。按照美军士兵管理系统的规定，士兵的职、衔必须同其技能等极成下述相称关系。

军阶编号	职　务	技术等级
E8～9	2～1级军士长	5　级
E7	3级军士（排军士）	4　级
E6	上士（专业军士）	3　级
E5	中士（专业军士）	2　级
E1～4	3～1等兵、下士	1　级

(2)达到高技能等级的士兵还必须熟练掌握本专业门类内的低等级技能。也就是说士兵的专业技能必须是由低到高，一级一级滚动式攀升的，而不是只要掌握了某一高等级技能就算是过了等级关。比如，有些士兵可能经过一段时间的突击，掌握了5级专业技能，但他对许多基础技能并未完全掌握，也不算是达到了5级技能的水平。这也是杜绝士兵走捷径，确保训练质量的一项措施。

(3)各个技能等级之间主要以技术熟练程度和动体力与脑力的不同相区别。表面上看，相邻的两个技能等级之间似乎没有太大的区别。但是，实际上，区别还是有的。主要表现在以下几个方面：首先是熟练程度不同。比如机械化步兵，能够驾驶步兵战斗车越野机动即算达到1级技能。虽然按规定2级技能也是驾车越野机动，但是它所要求的技能水平更高，不仅要能应付各种不同的地形，而且还要会在敌火下实施各种规避行动。其次有体力和脑力之别。从以上各级技能的对比中，不难看出，以动手操作为主的技能多属低等级技能。相反，以动脑为主的技能则属高等级技能。比如，“陶”式反坦克导弹分排的士兵，1级是会装弹、退弹、射击并能辨别是否命中目标；2级是领导修筑发射阵地、控制1个班的火力，都是以动体力为主，而3～4级就主要是以指挥管理为主了。

如何实施技能合格测验　(1)测验的目的和参

加测验的人员。美军测验主要有以下 3 个目的：一是记录入档，供训练和人事部门使用。二是用于训练士兵。包括供训练部门和施训人员了解士兵的技能水平，以便有计划、有针对性地安排训练。也可以说是士兵努力进取，力争掌握高技能的一种激励手段。三是用于特殊目的。比如选拔人员，美军对各大专院校后备军官训练团毕业的初级军官，都要进行这类的技能合格测验。

按照美军条令的规定，现役士兵，服役满 1 年而且在测验之前 90 天就已达到等级技能水平的，可参加技能合格测验；获得技能合格等级的士兵，每 1～2 年都要参加测验；测验中未达到专业技能合格标准的士兵，下年度参加测验。此外，测验合格但成绩不合自己理想的士兵，为了在档案中有个好的记录，也可自愿报名参加复测。

（2）测验的步骤和方法。为了使士兵作好充分的准备，确保测验顺利进行，训练管理部门通常在测验前 60 天（预备役部队 12～14 个月）下发《测验通知》，以便告诉士兵哪些内容属于技能合格测验的范围和测验如何进行。负责测验的人员在他下发通知之前，要进行一系列的准备工作。主要包括：①选定测验科目。由于时间、费用和其他资源的限制，不可能对《士兵手册》中规定的所有科目都一一进行测验。这就要求选择那些在某一专业中起关键作用的科目当测验科目。主要依据：一是选择对部队顺利实施战斗行动或对部队顺利进行战地作业能起重要作用的科目；二是选择对《陆军训练与考核大纲》规定的任务或行动的完成能起重要作用的科目；三是选择那些以前在战斗或作业中经常出错、或者容易失误的科目。②确定测验方法。《测验通知》实际上也是让士兵按照规定科目进行练习并做好测验准备的依据。因此，通知中还须说明测验的具体方法和程序。如，实际操作测验，要说明怎样进行测验及先测验哪些科目，后测验哪些科目等。又如，采用书面答卷方式，要说明一共要测验多少道题，士兵可以选答多少题。美军在测验中的一般做法是，出的考题越多，选答的机会也就越多。比如，出 10 道题可选答 8 道、4 道可选 3 道，如果是 2～3 道题，自然也就没有选择的余地了。条令要求，在说明书面答卷的测验方法时，最好举一个实际问题解答的例子。认为这样做，不仅更容易理解，而且还可以让士兵按照例题进行自我摸底预测。这也说明，美军测验的目的不在于考住士兵，而在于引导士兵努力参加训练，力争掌握更多的专业技能。③测验的主要方式。测验一般采用以下 3 种方式：一是实际操作。就是让士兵使用工作中实际使用的装备或可以替代的模拟器材进行操作，以检验士兵完成关键性任务的能力。二是书面答卷。如某些事物性处理工作、统计和拟制计划之类的脑力工作，也只有通过书面答卷才能考评出士兵的实际技能水平。三是日常工作鉴定。如行政管理之类的工作，内容烦琐复杂，不可能通过一、两个科目的测验就能全面判明士兵的实际技能水平。然而要进行全面的测验，时间和其他资源又不允许。因此，美军规定，对有些专业技能的测验，可以通过监督人员对士兵进行长达 1 年的观察进行。其鉴定结论也就是测验的结果。为了避免鉴定的随意性，《士兵手册》对于鉴定的方法、条件和标准都有严格的规定。

（刘书礼）

美军体能训练与考核方法 美军官方材料在总结以前的作战经验时指出，无论是在巴拿马、格林纳达，还是在越南的作战实践，都证明“单兵对其同伴及他们共同任务的完成有重大影响。如果一名士兵的体能不合格，到了战场上，可能会拖累他的同伴，甚至对他所在分队任务的完成都会产生破坏性影响。”另一方面，美军还非常注重军人仪表。无论是军官，还是士兵，如果达不到“心肺健康、肌肉强壮、身体灵活，体内脂肪比例恰当这 4 条合格军人的体能标准，”就无法做到这一点。因此，它们对官兵的体能有比较严格的要求。美国陆军《士兵手册》中明确写到，“士兵应该看上去干净利落，不仅要求正确着装，还要求适当地控制他们的体重。”为了使官兵达到或保持合格的体能，美国军队采取的主要做法：一是控制体重；二是科学饮食；三是体育锻炼。这里仅简单介绍一下美军控制体重和进行体育锻炼的主要做法。

控制体重　西方国家军队都普遍规定有严格的体重标准，包括不同年龄段男、女军人体内脂肪的百分比和依据身高、年龄、性别规定的体重指标。按照美军有关的规定，男、女军人体内脂肪所占百分比和他们的体重必须分别符合以下各表规定的标准。

体内脂肪最大允许量

年龄段	男	女
17～20	20%	28%
21～27	22%	30%
28～39	24%	32%
40 以上	26%	33%

陆军男、女军人体重标准

身高（米）	男军人					女军人				
	年龄	17～20	21～27	28～39	40＋	年龄	17～20	21～27	28～29	40＋
	最低体重	最高体重				最低体重	最高体重			
1.47						40.9	50.8	52.2	54.0	55.4
1.50						41.8	52.7	54.0	55.8	57.2
1.52	45.4	63.1	64.0	64.9	66.3	42.7	54.5	55.8	57.7	59.0
1.55	46.3	65.4	66.3	67.2	68.6	43.6	56.2	57.7	59.5	61.3
1.57	46.8	67.2	68.1	69.5	70.8	44.5	58.6	60.0	62.2	63.1
1.60	47.2	69.5	70.3	71.7	73.1	45.4	60.4	62.2	64.0	65.4
1.63	47.7	71.7	72.6	74.0	75.4	46.3	62.2	64.0	65.8	67.2
1.65	48.1	74.0	74.9	76.3	77.6	47.2	64.0	65.6	67.6	69.5
1.68	48.6	76.3	77.2	78.5	80.4	48.1	66.3	68.1	70.0	71.7
1.70	50.4	79.0	79.9	81.3	82.6	49.5	67.6	70.0	72.2	73.5
1.73	52.2	81.3	82.2	83.5	84.9	50.8	70.0	72.2	74.5	75.8
1.75	54.0	83.5	84.4	85.8	87.6	52.2	71.7	74.0	76.3	78.1
1.78	55.8	85.8	87.2	88.5	90.3	53.6	74.0	76.3	78.5	80.4
1.80	57.7	88.1	89.4	91.3	92.6	55.4	75.8	78.1	80.4	82.6
1.83	59.5	90.8	92.2	93.5	95.3	56.8	78.1	80.4	83.1	85.4
1.85	61.3	93.7	94.4	96.2	98.1	58.1	78.1	82.6	85.4	87.6
1.88	63.1	95.8	97.2	99.0	100.8	59.0	80.5	85.8	88.1	89.9
1.91	64.9	98.5	99.9	101.7	103.5	60.4	85.4	88.1	90.8	92.6
1.93	66.7	101.2	102.6	104.4	106.2	61.7	88.1	90.8	93.5	94.9
1.96	68.6	104.0	105.3	107.1	109.0	63.1	90.3	93.1	95.8	97.6
1.98	69.5	106.7	108.0	110.0	112.1	64.0	92.6	95.3	98.1	99.9
2.00	72.2	109.4	110.8	112.6	114.9	65.4	94.9	97.6	100.8	102.6
2.03	75.4	112.1	113.5	113.5	117.6	66.7	97.2	103.1	103.1	105.3

注：身高按米计，体重按公斤计，这是为了计算方便从英寸和磅换算过来的。由于有四舍五入，表内数据略有误差，仅供参考。

美军招募新兵时，使用的就是这些标准。新兵入伍后，至少每隔半年要量一次体重。平时，还规定有经常性的检查制度。比如，当监督人员看到某人外表过于肥胖，即可要求其进行检查。按照美军的规定，如果士兵达不到以上规定的标准，他（她）们将可能被迫中途退役或被禁止再次服役。美军《士兵手册》规定，超重士兵在其未达陆军规定的体重标准之前，不仅不考虑晋升，而且也不再向他们提供到专业性军、地院校学习的机会，即使是自己找门路也不批准。不过，对于那些临时出现体重超过标准的军人，也还是留有一定的余地，那就是让他们参加为期6个月的《陆军体重控制计划》，该计划的主要内容包括：控制体重、调剂饮食营养、进行体育锻炼等。

体育锻炼　从军事医学的角度看，要想使军人达到或保持心肺健康、肌肉强壮、身体灵活、体内脂肪比例恰当这4项要求，除了在饮食方面进行科学调理之外，主要还是通过合理、适度的身体锻炼。对于平时锻炼较少的军人，美军通常采取分阶段安排锻炼的方法。首先是准备阶段。即适应阶段，目的是增强心肺和肌肉的适应能力。比如，先是每周适度锻炼3次，每次锻炼之间的间隔不得超过2天。因为间隔时间短了，身体可能适应不了，长了又会丧失已有的适应能力。该阶段时间的长短，视参加锻炼人员的具体情况确定。其次是保持阶段。即在适应锻炼的基础上，坚持进行持久性锻炼，以便使军人保持合格的标准。实际上，此阶段的锻炼次数也可以是每周至少3次，但是，每次之间的间隔可以缩短，运动量可以明显增大。

体育锻炼的内容多种多样，包括：有锻炼心肺的，如：分组慢跑。以4～5千米的时速徒步武装行军8～20千米（每小时可以休息10分钟、人员携行重量不超过其体重的50%）。每2周安排一次距离更远的徒步行军。其他还有骑自行车越野、进行球类运动和游泳等。有锻炼耐力的，如：举重。举沙袋或弹药箱、摔跤、俯卧撑、仰卧起坐和引体向上等。可根据个人具体情况，规定锻炼的时间和次数。还有锻炼灵活性的，如：慢跑1分钟、伸展性运动（3分钟）、弯腰、转体、下蹲和俯卧撑（3分钟）等。美军通常按激烈程度强弱搭配的原则，安排体能训练计划。比如，第1周的周一、二、五进行心肺性运动；周五还要全副武装徒步行军1～5小时；周二、四则进行耐力锻炼。第2周的周一、三、五进行高强度耐力锻炼；二、四则进行慢跑；越障练习和体育比赛等。

体能考核　体能考核是外军体能训练计划的重要组成部分，也是衡量军人是否符合体能要求的一项措施。美军的体能训练计划一般都是按照锻炼强度有松有驰、锻炼内容交替进行的原则安排的。其中，计时长跑一般以3.2千米、中速跑以6～10千米为限。美国陆军规定，陆军的每个成员每年至少要参加2次体能考核，而且如果只进行2次考核的话，其时间间隔不得少于4个月。考核成绩，每项要达到及格（60分）水平，总分至少要达到180分。对于体重达标的军人，如果考核总成绩超过270分，可得到奖励；对获得290分者将向其颁发“体能训练徽章”。美军目前沿用的是1986年修订过的《体能考核标准》。主要考核内容有：俯卧撑、仰卧起坐和2英里长跑，前两项考核之间允许休息10～20分钟。其具体标准如以下各表。

男、女军人俯卧撑记分标准

年龄	17～21		22～26		27～31		32～36		37～41		42～46		47～51		52＋	
分数	次								数							
	男	女	男	女	男	女	男	女	男	女	男	女	男	女	男	女
60	42	18	40	16	38	15	33	14	32	13	26	12	22	10	16	9
65	47	23	45	21	43	19	38	17	37	–	31	–	27	–	21	–
70	52	28	50	26	48	24	43	22	42	18	36	17	32	13	26	12
75	57	33	55	31	53	29	48	27	47	23	41	20	37	16	31	15
80	62	38	60	36	58	34	53	32	52	28	46	25	42	21	36	20
85	67	43	65	41	63	39	58	37	57	33	51	30	47	26	41	25
90	72	48	70	46	68	44	63	42	62	38	56	35	52	30	46	30
95	77	53	75	51	73	49	68	47	67	43	61	40	57	35	51	35
100	82	58	80	56	78	54	73	52	72	48	66	45	62	41	56	40

男、女军人仰卧起坐记分标准

年龄	17～21		22～26		27～31		32～36		37～41		42～46		47～51		52＋	
分数	次								数							
	男	女	男	女	男	女	男	女	男	女	男	女	男	女	男	女
60	52	50	47	45	42	40	38	35	33	30	29	27	27	24	26	22
65	57	55	52	50	47	45	43	40	38	35	34	32	32	29	31	27
70	62	60	57	55	52	50	48	45	43	40	39	37	37	34	36	32
75	67	65	62	60	57	55	53	50	48	45	44	42	42	39	41	37
80	72	70	67	65	62	60	58	55	53	50	49	47	47	44	46	42
85	77	75	72	70	67	65	63	60	58	55	54	52	52	49	51	47
90	82	80	77	75	72	70	68	65	63	60	59	57	57	54	56	52
95	87	85	82	80	77	75	73	70	68	65	64	62	62	59	61	57
100	92	90	87	85	82	80	78	75	73	70	69	67	67	64	66	62

男、女军人 2 英里跑记分标准

年龄	分数		60	65	70	75	80	85	90	95	100
17～21	时间（分：秒）	男	15:54	15:24	14:54	14:24	13:54	13:24	12:54	12:24	11:54
		女	18:54	18:24	17:54	17:24	16:54	16:24	15:54	15:24	14:54
22～26		男	16:36	16:06	15:36	15:06	14:36	14:06	13:36	13:06	12:36
		女	19:36	19:06	18:36	18:06	17:36	17:06	16:36	16:06	15:36
27～31		男	17:18	16:48	16:18	15:48	15:18	14:48	14:18	13:48	13:18
		女	21:00	20:30	20:00	19:30	19:00	18:30	18:00	17:30	17:00
32～36		男	18:00	17:30	17:00	16:30	16:00	15:30	15:00	14:30	14:00
		女	22:36	22:06	21:36	21:06	20:36	20:06	19:36	19:06	18:36
37～41		男	18:42	18:12	17:42	17:12	16:42	16:12	15:42	15:12	14:42
		女	23:36	23:06	22:36	22:06	21:36	21:06	20:36	20:06	19:36
42～46		男	19:00	18:36	18:06	17:36	17:06	16:36	16:06	15:36	15:06
		女	24:00	23:30	23:00	22:30	22:00	21:30	21:00	20:30	20:00
47～51		男	19:36	19:06	18:36	18:06	17:36	17:06	16:36	16:06	15:36
		女	24:30	24:00	23:30	23:00	22:30	22:00	21:30	21:00	20:30
52+		男	20:00	19:30	19:00	18:30	18:00	17:30	17:00	16:30	16:00
		女	25:00	24:30	24:00	23:30	23:00	22:30	22:00	21:30	21:00

注：2 英里＝3.218 千米

体育比赛　经常进行体育比赛也是激励军人加强锻炼、促进身体健康的一种有效手段。美军对体育锻炼非常重视，除了经常举行本部队、全军性体育比赛外，平时还很注意选拔军内体育方面的佼佼者，参加国际上的军事比赛。在军内比赛时，为了对俯卧撑、仰卧起坐和 2 英里长跑 3 项运动都超过 100 分的军人进行合理评分，让他们公平竞争。美军还采用有一种加分累计的方法为他们评分，具体做法是：俯卧撑、仰卧起坐：每多做 1 次加记 1 分；2 英里（3.2 千米）长跑：每跑快 6 秒加记 1 分。比如，查阅以上各表得知：17～21 岁年龄段的实际成绩是俯卧撑 87 次，仰卧起坐 98 次，2 英里长跑 11 分 12 秒，则按以下公式计算：

俯卧撑超过标准：87－82＝5 分，共得 100＋5＝105 分；

仰卧起坐超过标准：98－92＝6 分，共得 100＋6＝106 分；

2 英里长跑超过标准：11 分 54 秒 － 11 分 12 秒＝42 秒，折合：42 秒÷6 秒＝7 分，共得：100＋7＝107 分；

3 项成绩合计：105＋106＋107＝318 分。

（刘书礼）

海军训练　综述　1998 年，美国海军训练工作紧紧围绕海军作战和 21 世纪部队发展需要，在训练装备、训练方法、训练重点等方面出现了一些新情况、新特点。

重视改进训练方法和训练装备　为适应 21 世纪高技术条件下作战的需要和作战思想变化以及部队裁减的发展趋势，美海军积极探讨与完善部队训练方法，以提高训练效率和效果。如缩短新飞行员的培训时间、改组海军作战教育与条令发展机构、规范新兵训练程序等。在新型训练装备的研制与发展方面，美海军充分利用现代高科技成果，发展了一批新式训练装备。如研制 T－45C 型新式教练机、启用新式训练监视系统、开发先进的模拟训练系统等。

注重与其他军种及外国海军的联合训练　美海军认为，未来局部战争需要海军、陆军、空军及海军陆战队乃至盟国军队的联合行动，才能取得胜利。为此，海军经常参加诸军、兵种的协同训练。如，美大西洋总部不但负责辖区内的联合作战，还要负责诸军种的合成训练等；华盛顿号和艾森豪威尔号核动力航母都曾与陆军突击队员或直升机中队进行联合训练；航母接纳陆战队飞机上舰进行训练等。美海军与盟国海军举行的联合训练也十分频繁。如基于“美日安保条约”，美日两国海军每年要举行规模不等的数十次联合训练，训练内容也十分广泛，有反潜护航、扫布雷、司令部图上演习、大规模联合演习等。与盟国海军举行联合训练还有助于提高两国军队各级指挥员在实施联合作战中的相互协调能力、增进相互了解、检验与完善各项作战预案、熟悉作战环境和战场条件等。

积极开展计算机模拟训练　美海军认为，利用计算机模拟技术进行训练既形象逼真、具有实战效果，又可节约经费、节省装备。利用计算机网络还可使不同地区的部队同时演练同一科目，达到统一训练方法的目的。因而美海军大力提倡部队利用计算机进行模拟训练，新的计算机模拟训练器材不断开发、研制。许多过去完全由实兵进行的演练，现在只要利用计算机进行图上模拟作业即可达到预期的训练效果，甚至效果更好。计算机模拟训练正成为海军最重要的训练手段之一。

注重提高部队应急反应能力的训练 当今世界上，由于领土争端、种族矛盾等引发的局部战争和地区性冲突时有发生，且突然性较强，事件的先期征兆也很不明显。因此，美海军加强了应急反应能力的训练，并积极组织后备役部队和预置舰部队的训练，以提高部队的战备水平和快速反应能力。如，美海军举行的许多训练与演习（包括美海军与盟国军队举行的多国联合行动）都是在无预警的情况下进行的。训练或演习开始后，参训或参演部队紧急动员、长途奔袭抵达出事地点，快速部署，快速出击，并迅速控制局势。

资料来源：

①美国《海军时报》1998 年 1～12 月；

②美国《海上力量》1998 年 1～12 月。

（陈献其）

改组海军作战教育与条令发展机构 据美《海上力量》1998 年 2 月报道，为适应 21 世纪海军作战与发展的需要，加快海军作战革新的进程，完善海军战略和海军作战思想，美海军作战部长将对海军作战训练和条令发展机构进行改组。主要措施是将海军负责条令、理论发展、学术、实验的各个作战教育与条令发展部门，全部置于海军军事学院的统一管理之下，从而达到形成合力、精简机构的目的。现在由海军少将担任的海军军事学院院长，将由中将衔将军担任。主要改组措施包括：在罗德岛州成立海军作战发展司令部（司令为海军少将军衔）取代位于诺福克的海军条令司令部，海军条令司令部撤消。海军作战发展司令部作为海军军事学院的一部分，负责海军条令、理论发展和海上作战中心的工作。海军军事学院的教务长（海军少将军衔）将负责学院学术、演习与海军作战研究中心的工作。此次改组计划于 1999 年 5 月完成。

使用新式训练监视系统 据美《海军时报》1998 年 10 月 26 日报道，为方便指挥员全面掌握、了解训练或演习部队的态势，美海军研制了一种大区域训练定位系统。该系统长约 7 英尺，安装在参加演习和训练的飞机、舰艇或两栖攻击车上，实时传输现场数据，使控制中心能够实时准确地掌握所有部队的态势，包括战备情况、位置、高度、速度、航向和武器使用信息，并可帮助发现和分析演习中出现的失误等。海军第 2 舰队在训练中使用该系统后，认为效果十分理想，并希望建立一条连接诺福克和波多黎各罗斯福路海军站的独立的训练监视系统网，使大西洋舰队能够同时汇集辖区内各个训练场详细的训练与战备信息。

利用计算机网络进行计算机训练 据美《海军时报》1998 年 9 月 21 日报道，为方便官兵进行计算机训练，适应 21 世纪军队建设的需要，美海军耗资 15 万美元利用国际互联网发展了一套计算机训练软件，该软件共含 400 个训练科目。海军及海军陆战队官兵，无论军衔高低，无论现役人员还是预备役人员，均随时可以在互联网上利用此套软件学习计算机技术。海军教育与训练研究中心官员称，此项训练是海军寻求为官兵增加训练机会的途径之一，并可节省将他们送往学校学习所需要的时间和费用。

成立新的核动力训练学校 据美《海上力量》1998 年 12 月报道，位于佛罗里达州奥兰多的海军训练中心关闭后，新的美海军核动力训练学校在南卡罗莱纳州的查尔斯顿正式成立，其主要任务是为海军核潜艇和核动力航空母舰培养动力部门人员。海军核推进项目主任弗兰克·鲍曼海军上将和助理海军部长罗伯特·皮尔里出席了新学校的开学剪彩仪式。该学校于 1996 年 10 月动工建造，耗资 1.1 亿美元，主要设施包括世界一流的训练设施、学员活动中心、宴会厅、6 栋宿舍营房等。学校由奥兰多向查尔斯顿的搬迁工作将于 1999 年 1 月全部完成。

启用航母舰载武器训练系统 据英《世界海军新闻周报》1998 年 2 月 13 日和美《海军航空兵新闻》1998 年 3～4 月号报道，美国波音公司将其生产的第 1 部航母舰载武器模拟训练系统，于 1998 年 1 月安装到美独立号航空母舰上。该系统已通过海军航空训练作战程序标准化检验，可真实地模拟出各种天气条件、不同程度的威胁以及使用不同武器的飞行训练方案等，随时供飞行员训练使用，对提高飞行员的战备水平将具有很大帮助。同时，该系统可以模拟不同的飞行事故，如发动机起火、制动失灵等，供飞机机械师和救援人员进行训练。

“企业”号航母发生飞行训练事故 据英《世界海军新闻周报》1998 年 12 月 1 日报道，1998 年 11 月 8 日，部署在“企业”号核动力航空母舰上的第 130 电子战飞机中队的一架 EA－6B 型电子战飞机，在进行夜间着舰训练中与一架停在甲板跑道上 S－3 型反潜机相撞，飞机撞毁。两架飞机的飞行员全部弹射出飞机座舱，但只有 S－3 反潜机的两名飞行员受伤生还。

海军军官学校 2001 届学员进行“海上试验”训练 据美《海军时报》1998 年 5 月 4 日报道，经过一年的准备和数月的研究，美海军军官学校 2001 届学员（一年级学员），于 1998 年 4 月 18 日正式开始代号为“海上试验”的野外训练。训练共 12 小时，分为3个阶段，每阶段4小时，分别完成不同任务。第1阶段内容包括“寻宝”（考验学员解决问题的能力）、导航演练（每个学员队分为3个小组，第1组解决导航中问题、第2组参加规则考试、第3组进行领航和专业测验（学员首先看一组画面，然后根据画面回答问题）。第2阶段训练内容共12项，包括穿越各种障碍（如：铁丝网、壕沟、高墙、独木桥、雷区、河流）、攀登、营救战友、运送弹药、捕俘等项目。训练以班为单位分组进行，至少完成其中6项内容。第3阶段训练内容为舰艇损管训练和舰艇逃生训练。“海上试验”是海军军官学校举行的首次此类的训练，是对参训学员的智慧与体能“极限”的考验。训练目的是使学员认识到团结协作的重要性，提高学员的凝聚力，培养学员的“自我牺牲”精神。

雷蒙德·麦基海上军官模拟、训练与研究中心简介　据美《海上力量》1998年2月报道，位于美国佛罗里达州丹尼亚市的雷蒙德·麦基海上军官模拟、训练与研究中心正式运作于1993年。近年来为海军、海岸警备队培养了大批军官，为国家运输安全委员会培养了大批港口领航员，同时也为友好国家培养了大批合格船长。该中心的大型计算机模拟训练系统价值约1500万美元，呈圆形，分为两层，其中心是一个虚拟舰桥（世界上仅有的一个360度视角的训练舰桥），舰桥四周为计算机屏幕所包围，屏幕上可显示世界上所有110个重要港口、河流入海口和运河的图像。现代化的驾驶训练舱内设备齐全，包括全球定位系统、电子海图显示系统、雷达、自动舵、航线标图仪、数据计程仪及通信、安全、应急系统等。在此受训的人员可以模拟驾驶任何船形、在世界上任一航线、在任何海况下进行航海训练，也可接受编队航行或海上补给训练等。该中心的其它训练设施包括：（1）一个训练用舰桥，247度视角，用于舰船进坞或靠码头训练；（2）低、中速柴油发动机模拟器；（3）6部主机训练器；（4）3部导航雷达/自动雷达绘图辅助模拟器；（5）一台油轮模拟器等。计算机控制的训练设施可真实地模拟各种海况、海流、航道暗礁、白天、黄昏、夜晚、岸上建筑及各种气象（如雾、雨、雪、风）等。中心的工作人员在遥控指令室控制各种场景、制造各种紧急情况供学员训练，同时通过录像和雷达屏幕监视受训人员的操纵情况。

海军新兵训练　据美《海军时报》1998年9月14日报道，位于伊利诺斯州的美海军格雷特湖训练中心的主要任务是将刚入伍的新兵由平民训练成合格的海军士兵。新兵训练期为9个星期，基本程序：第1周为“办理入伍手续周”，接受医疗检查、领取军装、毒品测试，学习着装、排队、军事法律等知识。第2周，学习敬礼，进行游泳测试和6次体能训练，接受思想教育和灌输（如机会平等、性骚扰和海军核心价值等）。第3周，继续接受思想教育，学习站岗和接受心理训练。第4周，学习基础航海技术、舰艇与飞机的基础知识、急救技术和海军历史等。第5周，在室内舰艇训练器上，学习舰艇的启动与靠码头技术；进行第一次体能测试。第6周为社区服务周，新兵离开教室从事社区服务。第7周，学习消防、损管等技术，并再次接受心理训练和4次体能训练。第8周，进行消防、反恐怖活动及海上生存训练，并进行第2次体能测试。本周新兵面临的最大考验是为期14小时的“战斗部位”综合实用考核。第9周，新兵已完成从平民向海军士兵的转变，主要学习识别其他军种的军衔符号和高级专业课程。

缩短飞行员的培训时间　据美《海军时报》1998年11月23日报道，目前，美海军共有17个飞行训练基地的26个教练机中队共29个教练机型，担负着新飞行员和飞行军官的培训任务，通常约保持3800名学员进行训练，每年毕业750～850名。其培训程序依次为：飞行前训练（6个星期）、初级飞行训练（飞行员22个星期、飞行军官14个星期）和指定机种的飞行训练（由于机种不同，训练时间为28～48个星期不等）。由于目前新飞行员及飞行军官的培训时间过长和部队的大幅裁减，导致海军飞行员的短缺。为此，海军计划缩短飞行员的培训时间，并成立由7名海军将军和1名陆战队将军组成的一个研究小组，研究改进训练方案。该小组对海军目前飞行员的培训过程进行认真调查、分析和研究，认为，通过提高效率，飞行员的培训时间有望缩短约40%。主要措施：一是制定更加严谨、标准的训练计划，消除受训学员在6个星期的飞行前训练阶段的“待训”现象（由于安排不合理42%的学员不得不推迟完成此阶段的训练），并使学员在完成飞行前的训练后，直接进行生存课程的学习和初级飞行训练；二是改善教练机零、部件的定购，提高指定机种教练机的在航率（估计可提高在航率约17%），以减少待训学员，从而达到加快培训速度的目的。美海军教育与训练司令部官员称，飞行员培训速度的加快，既可满足海军舰队对飞行员的需要，又可提高舰队的战备水平。

接收T－45C新型教练机　据美《海上力量》1998年2月报道，由波音公司制造的第1架T－45C型“苍鹰”新型攻击教练机，在位于密西西比州的梅里蒂安海军航空站正式服役，加入第1教练机联队第23教练机中队。该型机将逐步取代老式的TA－4J和T－2型教练机。首架T－45C教练机，将于1998年2～6月在梅里蒂安海航站进行飞行试验，从7月份开始正式投入训练使用。第1教练机联队需要的104架T－45C型教练机，将于2003年全部到位。美海军计划于2002～2007年间，将位于金斯维尔海航站服役的T－45A型教练机全部改装为T－45C型机。

T－45C 型教练机的座舱内特别安装有 2 个多功能显示器，可显示导航、飞行状态、通信及武器使用等方面的信息。

发展模拟飞行训练器 据美《海军陆战队公报》1998 年 5 月报道，采用高速发展的模拟技术，美海军陆战队的模拟飞行训练器，可从视觉和感观上真实地模拟各种作战飞行环境及未来战争中所遇到的各种威胁。飞行员使用模拟训练器既节省飞机、节约经费、又可减少危险。为此，海军陆战队已制定更好地利用模拟技术进行飞行训练的计划，重点用于战斗机与侦察机中队的训练，以使航空兵部队的训练水平和装备水平上一个新台阶。按照海军陆战队模拟训练大纲的要求，驻扎在美国本土的航空兵部队，每个机种都将拥有 2 部联网的模拟训练器；驻扎在西太平洋地区的航空兵部队，每个机种将拥有一部模拟训练器；不能与现役航空兵部队合用训练器材的预备役部队将拥有自己的模拟训练器。同时，陆战队将发展舰载模拟训练器和可随时部署至海外的模拟训练器。

接收 UH－1N 直升机武器系统模拟训练器 据英《世界海军新闻周报》1998 年 8 月 1 日报道，美国雷西昂公司生产供 UH－1N 型直升机进行武器系统训练使用的模拟训练器，已交付美海军空中作战中心训练系统部，部署在陆战队彭德尔顿航空站供训练使用。UH－1N 型直升机飞行员，可利用该训练器进行紧急情况处理训练，导弹与航炮的操纵技术训练，仪表飞行、导航飞行、编队飞行、夜间飞行、吊载货物飞行、超低空机场起降、舰上起降、威胁躲避技术训练等等。此外，该系统的任务演示光学系统数据库中存储的美国西海岸 20 万平方英里土地的详细地形图，飞行员可从计算机控制的显示屏上获得。

预备役飞机与现役飞机进行协同训练 据美《海军时报》(陆战队版)》1998 年 10 月 12 日报道，1998 年夏，美海军陆战队预备役部队第 775 轻型攻击直升机中队与现役第 142 战斗攻击机中队，在位于加利福尼亚 29 棵棕榈树的陆战队空地作战中心，进行了一次为期 2 个星期的协同训练。第 775 直升机中队为第 142 中队进行勤务支援和保障，并取得圆满成功。这是海军陆战队预备役直升机首次支援现役作战飞机训练。负责预备役训练的官员称，今后预备役航空兵部队将更多地与现役部队进行协同训练。

预备役巡逻机中队进行反潜训练 据美《海军时报》1998 年 9 月 7 日报道，由于部队数量减少，美海军预备役部队第 66 巡逻机中队的 P－3C 型反潜巡逻机，经常执行缉毒、空中监视等非传统任务。为保持机组人员的反潜战技术水平，1998 年 8 月，第 66 巡逻机中队的 P－3C 型反潜巡逻机，在冰岛附近海域进行反潜训练。参训飞机进行了包括超低空搜潜在内的多个科目的训练。敌方潜艇由加拿大海军一艘柴电潜艇扮演。

（陈献其）

海军陆战队训练 综述 1998 年，作为维护美国国家安全利益的“尖刀”力量的海军陆战队，在维持高等级战备的同时，积极研究与发展适应 21 世纪作战需要的训练陆战队员的新方法和新装备。每天的在训人数均保持在 22000 人左右，相当于 11 个陆战队远征小队的兵力。

重视基础作战技能的训练 美海军陆战队认识到，登陆作战，山地、热带丛林、热带沙漠等环境下的作战，仍是海军陆战队未来承担的主要任务。因此，以上述基础作战技能为重点内容的训练有增无减，目的是使陆战队员熟悉各种战场环境和各种武器的使用。尤其是陆战队的新兵训练，标准明显提高，要求更加严格，训练更为艰苦。新兵的基础训练内容，如跑步、行军、隐蔽、体能训练等内容明显增多。

加紧城市地形条件下作战的研究与训练 海军陆战队认为，随着世界城市化的迅速发展，陆战队在城市地区作战的机会将大大增加。而城市作战对海军陆战队存在着许多不利因素，如对人员、飞机的威胁程度高，指挥、控制、通信、探测、侦察难度大，不容易准确击毁敌目标等。因此，海军陆战队加紧进行城市作战的研究与训练。陆战队部队在训练中也增加了城市进攻、城市防御、城市空降及在钢筋水泥结构楼房内进行作战的内容，并建成城市作战训练基地，颁布《城市作战理论》等一系列新的作战条令。作战试验室也正在进行代号为“城市勇士”的高级作战试验，研究陆战队步兵在高技术条件下城市作战的战术及所需装备等情况。

以非传统性军事行动为内容的训练增多 在新的世界安全环境下，海军陆战队除执行传统的作战任务外，执行的诸如反恐怖、反毒品走私、反水雷、防暴、人道主义援助与救灾等行动越来越多。因此，海军陆战队经常进行以上述行动为内容的训练，以使陆战队员熟悉各种作战预案与行动环境，熟悉各种非杀伤性武器（如防暴武器）的使用。

积极改进训练方法 为适应 21 世纪作战的需要，海军陆战队在部队训练中积极推广现代高新技术，改进训练方法，努力研究如何训练与教育适应 21 世纪作战需要的陆战队员，如提高新兵的训练标准，改进近战格斗技术等，特别是制定了新的“训练与教育现代化计划”。海军陆战队通过对陆战队训练与教育方法的综合检查与评估，制定了一个包括陆战队员的基础训练、专业技能训练和在职训练的全过程的训练程序。其目标是集中陆战队所有的训练资源，通过“陆战队训练网络”建立一个世界范围的训练与教育体

系，使陆战队员无论何时、何地都可以进行他们所需的训练，从而提高训练效果，增加训练机会。

重视新式训练装备的发展和训练设施的建设　为提高训练效果，节省训练经费，美海军陆战队特别重视新式训练装备的发展，特别是模拟训练器材的发展，同时，积极改善训练条件。如，发展并装备战斗机和侦察机的模拟飞行训练器、UH－1N 直升机的武器系统模拟训练器、M－1A1 坦克火炮射击模拟训练器，将冲绳基地的北方训练场扩建为丛林作战训练中心等。

大力开展在职训练和函授教育　美海军陆战队通过调查发现，作战部队所需要的一些专业技术在学校教室里是学不到的，也有许多陆战队员由于学校培训人员数量的限制，而不得不处于待训状态，加之陆战队如果在训人员多，将会造成执行部署任务的部队人员相对不足。为解决上述问题，陆战队大力开展在职训练与函授教育。如陆战队继续教育学院通过邮寄录像带，为非驻校学员讲授课程和派教授到执行部署任务的部队，对在职的学员进行面授与考核等。接受在职训练和函授教育的学员，结合所从事的专业进行学习，既增加了针对性，又缓解了因部队裁减带来的人员短缺的问题。

资料来源：

①美国《海军时报（陆战队版）》1998 年 1～12 月；

②美国《海军陆战队杂志》1998 年 1～12 月；

③美国《海军陆战队公报》1998 年 1～12 月；

④美国《太平洋星条旗报》1998 年 1～12 月；

（陈献其）

发展 M－1A1 坦克火炮训练系统和 M－16 步枪训练器　据美《海军时报（陆战队版）》1998 年 10 月 5 日和《海军时报》1998 年 11 月 16 日报道，美国陆战队计划花费 47 万美元从阿皮克斯公司购买一种用于 M－1A1 主战坦克的先进的火炮射击模拟训练系统。该训练系统具有以下优点：一是安装快捷。该系统可在 10 分钟内安装在坦克车上，而以往的激光训练器需数小时方可安装完毕。二是模拟炮弹造价低廉。该系统发射的模拟炮弹造价低廉，一枚仅数美元，而真正的坦克炮弹每枚价值数百美元。三是真实性强。模拟炮弹的弹道与真实的 105 毫米或 120 毫米炮弹的弹道非常相似、逼真。此外，陆战队计划改进“彩球”训练系统，用于陆战队的近距离作战训练中，使陆战队员可利用“彩球”系统进行 M16 步枪的训练。该系统无论从外观、感觉，还是训练使用上均酷似真实武器，具有较高的训练使用价值。

海军陆战队在科威特进行两栖登陆训练　据美《太平洋星条旗报》1998 年 3 月 24 日报道，3 月 22 日，部署在海湾地区的美海军塔拉瓦两栖戒备大队（含塔拉瓦号两栖攻击舰、芒特弗农号船坞登陆舰和丹弗号两栖船坞运输舰），于 1998 年 3 月 22 日在科威特进行两栖登陆训练。海军陆战队第 11 远征小队的 1300 名陆战队员参加训练。登陆地点选择在科威特城以北 30 英里的海滩上。演练目的是提高海军保卫科威特的能力，熟悉战场环境。

改进近战格斗技术　据美《海军时报（陆战队版）》1998 年 7 月 6 日报道，美海军陆战队一直将拳击作为近战技术训练新兵。1997 年新兵在此项技术训练中造成一死两伤的事故后，陆战队司令下令停止该技术的训练，研制新的近战技术。目前，海军陆战队新的近战格斗技术已出台，并于 1998 年 6 月 1 日开始用于新兵和军校学员的训练。其中所有陆战队员都必须学习的基础近战技术课程包括：近战基础课（含基础拳术、腿击、摔术等）、器械技术（含棍术等）、自卫技术等；教官必须学习的高级近战课程包括：武器保护（如何防止对手抢夺自己手中的武器）、解除敌手中的武装（如何缴下或打掉对手的武器）、刀术、器械术（使用棍、钢管等）、急救基础知识、解剖学与生理学、徒手对器械、摔跤与擒拿等。

进行沙漠作战训练　据美《太平洋星条旗报》1998 年 3 月 7 日报道，为提高部队的沙漠作战能力，随时准备对伊拉克动武，美海军陆战队第 24 远征小队陆上作战部队，于 3 月 5～8 日在距伊、科边界 30 多千米的科威特沙漠上，进行了为期 4 天的实弹演练。参训装备包括 M－1A1 主战坦克、轻型装甲车等。执行部署任务的美海军陆战队步兵部队的课堂训练，通常在航渡期间进行，一般每星期至少 3 次，但装备训练只能在陆上进行。海军陆战队远征小队在无后勤补给的情况下，一般可在陆上维持 15 天的作战行动。

举办指挥员城市作战训练班　据美《海军陆战队公报》1998 年 4 月报道，为让指挥员及参谋军官认识和掌握城市地形条件下作战行动所面临的特殊困难和特殊要求，美海军陆战队作战实验室在陆战队作战与发展司令部和特种空地特遣部队的协同下，于 1998 年 2 月 23 日开始，在匡蒂果举办一期为期一个星期的城市作战指挥员训练班。学员共 71 名，来自海军陆战队的各个部队。训练班通过阅读、授课、讨论等形式，对历史上及当代的低、高强度城市作战进行研究、分析。特邀授课人包括海军陆战队指挥参谋学院行政管理系副主任约翰·马修博士、陆战 2 师师长埃米尔·贝达德少将及数名陆战队退役将军。研究、分析的战例，包括顺化城战役、80 年代初的贝鲁特行动和 90 年代的出兵索马里等。最后，训练班学员举行了一次无实兵的城市作战战术演练。

进行人道主义援助与救灾训练　据美《海军陆战队杂志》1998 年 9 月报道，为提高部队在未来人道主义救援与救灾行动中的快速反应能力，美海军陆战队第 31 远征小队，在冲绳白滩海军设施内进行了一次为期 4 天的人道主义援助与救灾演练，内容为抗震救灾。灾民由第 31 远征小队的近 200 名勤务支援人员担任。第 31 远征小队的田径场被辟为临时难民收容所，可容纳 600 名难民。获救“灾民”可得到充足的食品、饮用水和细心的医疗救护。演练中，参加救灾的陆战队员没有携带杀伤性武器，而只带防暴武器。为保证安全，获救“灾民”在进入难民营前，须经过严格的搜查，并受到严密的监视。

继续教育学院向舰上派遣教授 据《海军时报(陆战队版)》1998 年 7 月 13 日报道，美海军陆战队继续教育学院提出一个“如果不能将陆战队员招进学校，可以将学校办在陆战队员中间”的口号。据此，海军陆战队继续教育学院积极通过邮寄录像带、举办研讨会等函授教育方式帮助非住校学员完成学业，并尽可能地为函授学员进行一些面授。克雷格·斯万森少校就是被派往执勤部队给函授学员上课的教授之一。他被派至位于地中海执行部署任务的“黄蜂”号两栖攻击舰上度过了 2 个星期。任务是为函授学员当面授课、指导考试，同时主持一个指挥参谋课程研讨会，此举比通过录像带授课更加生动、活泼，有许多优点。

提高新兵训练标准 据美《海军时报（陆战队版)》1998 年 8 月 3 日报道，美海军陆战队的新兵训练发生很大变化，训练量明显增大，标准提高。主要表现在：（1）新兵训练期延长至 12 个星期（比其他各军种新兵训练时间都要长)。(2) 在第 10 个星期进行的为期 54 小时的“熔炉”训练期间（即通常所说的“魔鬼”训练期)，新兵以班为单位，团结协作，共同解决问题，完成任务。（3）体能训练由 49 小时增至 59 小时；行军训练由 23 英里增至 64 英里；跑步由 63 英里增至78.3 英里。（4）步枪射击、体能、游泳等标准亦有所提高。（5）更加注重新兵价值观、责任感、荣誉感的教育。此外，新兵训练部门还要求新兵教官对新兵必须和蔼、亲切，再不能打骂、体罚新兵，新兵训练负伤亦将得到更好的照顾。

美勒任兵营第 3 工兵训练场简介 据美《海军陆战队杂志》1998 年 3 月报道，美海军陆战队勒任兵营第 3 工兵训练场是专门训练海军陆战队工兵对付地雷、水雷及各种爆炸物，执行爆破、工兵侦察、夜间渗透、陆上定位等任务，如何修筑陆上防御工事和架设桥梁的训练场所。该训练场的地雷战训练时间为 2 天，主要向学员介绍美国所有的常规地雷、引爆装置以及对付地雷的紧急防护措施等；水雷战训练的内容包括识别外国水雷、个人防护等，重点是水雷的探测与排除；地面工事修筑训练的内容包括如何修筑个人及集体防御工事、掩蔽部、作战掩体、反坦克障碍以及铁丝网的构筑技术与程序等；工兵侦察训练的内容包括指挥部可能下达的任务及信息的搜集技术等；夜间渗透训练的内容包括如何穿越障碍、壕沟、陷阱等。

扩建冲绳基地的训练设施 据美《太平洋星条旗报》1998 年 3 月 25 日报道，美海军陆战队将位于冲绳基地的北方训练区更名为丛林作战训练中心，并拓宽其训练功能。该训练场位于冲绳岛的东北海岸，占地 2 万余英亩。原来的北方训练区仅能进行两个科目的训练，一个是为期 14 天的战斗技能训练，一个是为期 7 天的野外技能训练。训练重点是班规模的作战行动，如班巡逻，导航、环形防御等。新的训练中心除保留原来的训练科目外，将增加新的训练功能，包括城市地区作战和空对地攻击行动等，并新建一所生存、逃生、抵抗与脱险学校。新的训练中心，将可以同时接纳 1000 名陆战队员进行训练。

海军陆战队伯利斯堡防空学校简介 据美《海军陆战队杂志》1998 年 10 月报道，美海军陆战队伯利斯堡低空防空学校位于得克萨斯州的伯利斯堡，专门训练陆战队员如何使用“毒刺”防空导弹。学校经常保持有 70 名陆战队员，学制 13 个星期。“毒刺”短程防空导弹可用于对付敌巡航导弹、无人机、直升机和低空飞行的固定翼飞机。除学习外，学员的其它活动包括体能训练、整理内务和社区服务等。学员在毕业前的最后一个星期进行“毒刺”导弹的实弹射击。完成学业的学员将达到陆战队航空兵训练与战备大纲的要求，可以直接参加作战。学员毕业后的分配去向包括第 1 飞机联队的第 1“毒刺”导弹营、切里角航空站的第 2 低空防空营、彭德尔顿兵营的第 3 低空防空营或后备役部队的第 4 飞机联队等。

（陈献其）

俄罗斯军队军事训练 *俄军改革训练体制* 《外国军事学术》1998 年第 11 期朱长生报道，俄军在近年来的训练实践中，尤其是车臣作战中得出一条经验教训是：必须改变武装力量各军兵种间以及与其他武装力量间各自为战、互不配合的状况，加强彼此间的协调与合作，在统一的计划下组织战斗训练。为此，自 1995 年以来，俄军积极探索训练体制的改革。经过 3 年来的理论探索与实践，俄军于 1998 年初正式成立了各军兵种统一的训练领导机构——武装力量战斗训练总局，同时开始调整总参和各军兵种训练领导机构的职能，以期建立一个更加科学且效率更高的训练体制。

训练体制改革的背景 *原有训练体制存在明显弊端* 二战前以及战争期间，前苏军一直设有统一的武装力量战斗训练领导机构。战后，为提高各军兵种部队战斗训练的质量、增强各军兵种司令对部队训练工作的责任感，前苏联领导人决定撤销统一的战斗训练领导机构，将其职能转交各军兵种的战斗训练部门。这样，确定各军兵种部队合成训练方针和制定武装力量共同条令的职能就赋予了陆军战斗训练总局。此后，陆军战斗训练总局一直担负着制定武装力量基本训练文件、条令、教令、训练参考资料、射击教程、驾驶教程等任务。俄军组建后，继承了前苏军的训练体制，陆军战斗训练总局不仅负责本军种部队的战斗训练，而且还肩负着制定武装力量基本训练文件和条令的任务。这种训练体制存在着明显的弊端：各军种战斗训练自成系统，统一的训练方针难以落实；训练设施重复设置，资源浪费严重。尤其是在军事拨款不断减少的情况下，问题就显得尤为突出。比如，陆军的靶场占武装力量靶场的 60%，而实际使用率只有 30%～40%。在陆军靶场大量闲置的同时，为了建立自己的训练系统，边防军和内卫军仍在同一地区建立自己的靶场。因此，造成了资源的浪费。

俄军改革发展的现状要求对战斗训练体制作出重大调整 一方面，近年来俄军的任务、结构、编成、数量及补充质量都发生了重大变化，同时信息时代的到来，以及一些新式、现代化程度更高的武器装备部队，势必带来军事行动方式方法的变化，因此要求武装力量战斗训练体制作出适应形势的调整。另一方面，近年来俄军物质和经费保障状况严重恶化，训练强度降低、训练质量与战备水平滑坡，为扭转这种局面，在现有条件下保持和提高部队的训练水平，战斗训练体制也必须作出符合军事改革要求的调整。

车臣作战的教训警示俄军：在国家安全面临威胁时，必须协调使用各强力部门的军队 在车臣军事行动中，俄军先后出动了 38 万人，除国防部所属部队外，还有内卫军、边防军，以及联邦安全总局所属的特种任务分队。俄军在战场兵力和兵器的对比上占有绝对优势，但由于参战各部队训练水平不同、使用的战法各异，在完成同一任务时往往不能有效协同，致使俄军未能实现速战速决的战略意图，而且多次出现内部交火的悲剧性后果。当俄军采取了对参战部队主官进行协同指挥集训等措施后，战场形势才出现了有利于俄军的变化。在总结车臣作战的经验教训时，俄军提出武装力量和其他军队必须按统一的大纲进行训练，以便在战场上保持紧密协同。

战斗训练体制的改革过程及措施 为改革训练领导体制，俄军于 1996 年 3 月成立了一个跨部门的战斗训练协调委员会，用来协调武装力量各军种及其他强力部门训练领导机构的工作，制定一致的训练组织方法，交流训练经验。但这个委员会没有法律赋予的权限，因此不可能解决整个武装力量范围内的训练问题。在新一轮的军事改革中，俄决定根据武装力量的结构调整，改革武装力量的战斗训练体制，为此出台了一个分两阶段进行的改革方案：第 1 阶段（1997～2000 年）组建由一名国防部副部长领导的武装力量统一的战斗训练领导机构，负责协调军队各军种和其他武装力量战斗训练机构的工作，调整总参和各军种训练领导机构的职能与权限。第 2 阶段（2001～2005 年）随着军队向三大军种体制过渡，对武装力量各军种的战斗训练体制作进一步调整。改革的目标是，建立一个统一、灵活、符合武装力量组织建设要求的训练体制，以保证指挥机关、兵团和部队的训练水平保持在应有的水平上，使之能够应付全球性军事威胁，以及地区性战争和局部武装冲突。

第 1 阶段的改革目前正在进行之中。1998 年 1 月 1 日以原陆军战斗训练总局为基础组建了武装力量战斗训练总局。新的战斗训练领导机构由战役战术训练局、战斗训练局、大纲与条令局，以及综合处、财务处等部门构成，由陆军原第一副司令加洛夫涅夫上将担任局长，下设 1 名第 1 副局长，1 名主管空军训练的副局长，1 名主管海军训练的副局长，该局同时还接管了国防部体育运动委员会的职能。武装力量战斗训练总局的主要任务是：制定武装力量战役战术与战斗训练的基本方针；完善战役战术训练与战斗训练系统；协调武装力量各军兵种、专业兵部队和军事院校的战斗训练，并监督其实施；指导陆军的战斗训练；编写条令和大纲性文件、教令、射击与驾驶教程；组织参加军事集训的预备役公民进行战斗训练；为战斗训练提供物质和财务保障。

为保障新训练领导机构顺利地行使职能，俄计划调整总参谋部、各军种兵种、专业兵部队，以及军区和舰队训练部门的职能和权限，为此成立了一个由各军兵种、专业兵部队代表组成的委员会，负责制定军事改革条件下武装力量战斗训练的实施构想，就总参、各军兵种、军区、舰队训练部门职能及权限的调整提出意见，以及解决训练体制改革中出现的其他问题。

在训练体制改革中，陆军将组建区域性的训练中心。这种训练中心是一种由先进器材装备起来的现代化教学与训练综合体，它可以举行有各军兵种分队参加的、使用激光射击模拟器进行的战术对抗演习。这种综合体可以对摩步（坦克）分队的编制装备、加强和支援的兵力兵器，以及战术对抗演习中人员和武器装备的毁伤情况进行仿真模拟，能够提供一种近似于实战的训练环境，可以大大压缩战术演习的数量，节省有限的经费。此外，俄军还计划改革专业兵的训练体制，削减和合并各军种相同的专业训练基地，比如各军兵种的通信兵今后将统一训练，以节省有限的物力和财力。

（田明资）

陆军训练　综述 1998 年，俄在继续推行军事改革的过程中，对其陆军的训练也做了相应的调整。

重视训练在提高部队战备水平方面的作用　俄军认为，在军费捉襟见肘，军队建设举步维艰，装备更新速度迟缓的情况下，不断强化军事训练是提高部队战斗力的唯一途径。1998年1月，俄军撤销陆军总司令部，成立陆军总局和负责武装力量训练管理体系的战斗训练总局，并由战斗训练总局负责全军训练经费的管理使用。根据资金到位情况，年内陆军多次修改和调整训练计划，不断压缩实兵演习规模，突出首长司令部演习。1998年，陆军部队各级战术演习计划完成52%，其中团级规模战术演习完成35%，营级规模战术演习完成45%，连级规模战术演习完成64%。为进一步节约经费，所有演习均在参演部队驻地附近进行。

提高常备兵团训练强度　俄陆军于1997年7月组建常备兵团和部队，至1998年底，据陆军总局局长兼武装力量总参谋长巴卢耶夫斯基上将证实，俄陆军已组建4个常备师和几个常备旅，分别部署在北高加索、莫斯科和西伯利亚等军区。组建常备兵团和部队的主要目的是为了应付地区性武装冲突和局部战争，在出现紧急情况时能够快速做出反应。在目前训练经费紧张、无力保证全军整体训练水平的情况下，陆军对常备兵团和部队在训练经费方面给予充分的保障，实行特殊的训练大纲，强调进行应急战备训练，其整体训练强度和训练水平明显高于其他部队。

突出单兵训练　士兵是陆军建设的中坚力量，单兵训练水平是决定部队整体技战术水平的重要因素。在人员严重缺编、装备缺乏维修和零配件供应不足的情况下，为弥补因兵员素质下降而带来的部队整体技战术水平下降的问题，俄军在训练过程中注重单兵基础科目的演练，提高单兵训练标准和要求，加大旨在提高技能训练程度的训练量。1998年，陆军各级部（分）队基础科目的演练约占各级演习演练总数的60%以上。

重视使用模拟器材　为进一步节省训练经费，提高部队训练水平，俄陆军在日常战术训练过程中，除集中精力抓好连营一级的战斗合练外，广泛使用技术器材和激光模拟器材等先进训练器材，以提高部队战斗力。由于训练和科研经费持续紧张，模拟训练尚停留在战术层次。每个军区的战术训练中心配置有步兵射击模拟靶、坦克火炮射击靶和步兵战斗车辆射击模拟靶以及装甲车辆驾驶模拟器材等，对部队的技术骨干定期进行轮训。

资料来源

①俄《军事思想》1998年第1、3期；

②俄《军事文集》1998年第6期。

（马宝奎）

空军训练　综述　俄罗斯空军根据俄军军事改革和精简整编的要求，于1998年底顺利完成空军与防空军的合并和部队的精简整编工作。空军防空军由31.8万人减到18.5万人，撤消了580个部、分队，改编了134个部、分队，有600个部、分队合并。精简整编中95%的飞机、98%的直升机和93%的地空导弹进行了重新分配。新型空军司令部于1998年3月1日正式成立，行使对部队作战训练工作的组织和指挥。纵观俄空军1998年全年情况，作战训练工作有以下几个方面的特点：

抓精简整编，促作战训练工作　虽然俄空军1998年精简整编工作的强度很大，但空军航空兵部队和防空部队没有中断作战训练工作，基本完成了作战训练任务。37个地空导弹团中，有50%的团在各种演习中进行了实弹打靶训练。25个歼击航空兵团中，有20个团在飞行战术演习中用毁伤兵器进行了实弹打靶。空军全年组织了400多次各种演习，仅上半年就组织了280次各种演习和演练。如空军莫斯科空防区组织的“反射波98”演习，独联体国家联合防空系统“战斗协作98”演习，都取得了较好的成绩。1998年共发现10万批空情，其中约有500架是侦察机。处理了20多批不同飞行器入侵领空的事件。

针对空军、防空军合并后训练特点，加强防御作战演练　俄空军、防空军合并后，实现了打击力量和防御力量的统一指挥。如空军以原防空军莫斯科防空区为主，编入空军第16集团军，组成莫斯科空防区，在部队组建空防混编集团军，加强了防御作战能力。在平时的演练和演习中突出防御性科目，探讨空防防御作战方法。如在空军莫斯科空防区组织的战略战役演习，重点演练了空军在前线防御作战中的运用。这次演习得出的研究成果将是俄军制定防御作战有关文件的基础。

加强机动作战训练的研究　由于空军部队的裁减量较大，使防空体系中出现了薄弱环节，个别地段难以抵挡入侵敌机的突袭。为此，空军把提高空军战略机动能力作为解决问题的途径。如空军采取组成航空兵混合编队，经空中加油，长途连续飞行抵达作战区域的方法。1998年8月，空军在利佩茨克防空航空兵飞行员战斗使用与改装中心，进行了一次验证性演练。演练中组成苏－30、米格－31和A－50预警机混合编队，由预警机监视空情，指挥其它飞机，米格－31作先头梯队，苏－30作主要拦截机。混合编队经伊尔－78空中加油机加油长途机动飞行，行程8500千米，连续飞行10小时，到达预定空域，完成了拦截任务，并在阿舒鲁克靶场实施了打空靶。此次演练的意义在于检验空军在兵力薄弱方向上快速部署机动部队的能力，以及快速机动中各部队的协同能力。

突出协同训练，扩大遂行任务的范围　俄空军在1998训练年重点抓了空军各兵种间的协同训练，空军部队与其他军兵种的协同训练，以及与独联体国家防空系统的协同训练。空军在各种演习中都强调协同训练的重要性，并把协同训练作为检验部队战备能力的一把尺子。如在空军组织的莫斯科空防区演习中，苏－30编队飞入莫斯科空防区，进行空地攻防演练，检验该空防区战斗准备情况。组织军事运输航空兵与莫斯科空防区的协同训练，演练空降、空运、拦截、地空导弹攻击等科目。在独联体国家联合举行的“战斗协作98”防空演习中，各国各军兵种部队协同作战，反击入侵的敌轰炸机和巡航导弹。演习中米格－31飞机拦截空中目标，C－300地空导弹对空中目标实施攻击。另外，地空导弹还在模拟的“实际战场”上协同突击航空兵对地面目标实施攻击，扩大了随行任务的范围。

装备新型战机，加强夺取制空权训练　俄空军为保持空中优势和制空权，在军费紧张的情况下对重点部队和重要方向陆续装备了米格－29改进型、米格－31、苏－30、苏－35等先进飞机和C－300改进型地空导弹，并在部队开展夺取制空权科目的训练。在空军举行的演习中，以夺取制空权为内容的演练占一半以上。

保持日常飞行训练，提高战备水平　尽管俄空军进行了重大调整，但空军部队仍维持了日常战备训练工作，基本完成了训练任务。全年飞行员人均飞行时间为21小时。前线航空兵和歼击航空兵人均飞行时间最少，仅有10小时。强击航空兵和远程航空兵居中，人均飞行时间为20～21小时。军事运输航空兵最多，人均飞行时间为63小时。空军部队技术装备的完好率达到65～70%，其中远程航空兵达到85～90%。

改革航校飞行学员培训体制　俄空军在精简整编中，对院校编制体制和航校飞行学员培训体制进行了较大改革。具体工作有以下几个方面：

（1）调整、撤并空军军事院校。俄空军在1998年精简整编中，依据精简方针和加强院校教学力量的指导思想，将空军防空军合并后的19所院校进一步精简。基本思路是，1个学院，即加加林空军学院。1个大学，即把原空军工程学院和防空军事学院改为大学。撤并一些院校，如飞行领航员学校由7所撤并为6所，他们是：巴拉绍夫飞行员高等军事航空学校、巴尔瑙尔飞行员高等军事航空学校、卡钦飞行员高等军事航空学校、塞兹兰飞行员高等军事航空学校、阿尔马维尔飞行员高等军事航空学校和车里雅宾斯克领航员高等军事航空学校。

（2）航校飞行学员学制由5年恢复到4年。俄空军院校在1993年改革时，将航校飞行学员学制由4年调整为5年。经过5年的探索，认为飞行学员的学制还是4年比较合理，因此1998年精简整编时决定恢复4年制学制。

（3）航校学员在校学习期间就开始飞战斗机。俄空军为加快飞行学员的成长，除决定将学制恢复到4年外，还采取了飞行学员在航校就飞战斗机的措施，并于1998年开始在航校进行试点。如在卡钦飞行员高等军事航空学校组织一小批飞行学员进行L－39教练机飞行训练后，直飞苏－27和米格－29战斗机的试点，并将推广到苏－25等飞机，以及一部分米格－23飞机上。对下一代教练机提出具有教授学员作战能力功能的要求。即下一代教练机应是战斗教练机，不仅能训练飞行学员起飞、着陆和驾驶飞机等基本驾驶技术，而是能训练飞行学员去攻击和截击空中目标，在航校就掌握一定的作战本领。

（4）保留军官培训的三级教育体系。俄空军精简整编中虽然将院校的数量削减了百分之二十几，但仍然保留了3所中等航空军事学校。形成了中等航空学校、高等航空学校和军事学院的三级培训体制。飞行员采用初级航校（少年军校）、航校、训练中心和部队培训的训练体制。

为节约经费，压缩训练中心和靶场　俄空军为节约经费，将有限的经费用到作战训练中。在1998年精简整编中把空军原有的6个训练中心减为5个，即俄罗斯和独联体防空部队地空导弹和无线电技术部队的训练中心，以及4个航空兵训练中心（航空兵改装和作战使用中心）。它们是，前线航空兵的利佩茨克训练中心，防空歼击航空兵的萨沃斯特列伊斯克训练中心，远程航空兵的梁赞训练中心，军事运输航空兵的伊万诺夫斯克训练中心。

精简空军靶场。主要航空技术装备集中在乌拉基米罗夫斯克进行试验和打靶；兵种间使用的靶场在空军总司令部协调下使用阿舒卢克靶场。

存在的问题　俄空军由于多年来的经费不足，导致燃料缺乏，飞机完好率低，新机装备数量少，部队无法正常组织训练，航空兵部队飞行员飞行时间大大减少。1998年飞行员人均飞行时间仅21小时，连原定的28小时的指标均未达到。航空兵部队中训练有素的飞行员严重不足，歼击航空兵部队的飞行员平均年龄达36岁，比经科学论证的年龄还大两岁。地空导弹部队作战训练水平连续3年出现下降，地空导弹部队指挥所和师级军官的训练水平下降。

资料来源：

俄罗斯《红星报》、《军队文集》、《独立军事评论报》、《空军通报》等，1998年1～12月。

（董科军）

俄勇士飞行表演队金兰湾事故责任者被送上法庭

据俄罗斯《红星报》1998年2月13日报道，莫斯科军区军事法庭2月13日开庭，就俄罗斯勇士飞行表演队1995年12月12日金兰湾机毁人亡事故责任进行法庭辩论。参加法庭辩论的有：检查员、遇难方代表和空军总司令部代表。被告格列尼科夫空军少将请求增加时间以说明自己的理由。另一次法庭辩论在2月19日开庭。

俄空军1998年1月份飞行员人均飞行时间仅有4小时　据俄《红星报》1998年3月13日报道，俄空军1998年第1个月部队飞行训练无多大起色，飞行时间仍处在低水准，1月份空军飞行部队飞行员人均飞行时间仅为4小时。

俄空军组织航空兵混编编队进行长途转场飞行训练　据俄《红星报》1998年7月9日报道，为检验苏－30和米格－31飞机的作战能力，空军组成以两种飞机为主的混合编队，进行了一次远距离10小时不着陆飞行训练。混合编队组成为：4架苏－30、2架米格－31、1架A－50预警机和2架伊尔－78加油机。A－50提供指挥信息保障，伊尔－78加油机负责空中加油，飞行中共为歼击机进行了3次加油。

俄空军远东地区发生一起苏－27飞机飞行事故　据俄《红星报》1998年12月10日报道，12月9日哈巴罗夫斯克当地时间16时，一架苏－27歼击机从捷姆金机场起飞，执行任务飞行时坠毁于共青城东北80千米处。俄空军防空军搜索救援部队的两架米－8直升机和1架安－12飞机前往出事地点搜索救援。

（董科军）

海军训练　**综述**　1998年，俄罗斯海军在继续推行编制体制调整改革过程中，在财政拨款严重不足和物质技术保障极为困难的情况下，高度重视部队的军事训练，年度军事训练任务完成98.8%。与1997年相比，尽管1998年潜艇出海次数减少25%，水面舰艇出海次数减少33%，但全年共进行200余次考核性战术演习，13次舰艇编队远洋集训，完成1300余次实际使用武器的战斗训练，有300余艘次潜艇出海，600余艘次水面舰艇出海，部队的训练水平和战斗力得到提高。其主要特点是：

改革战役训练方法，加强首长司令部训练　为提高各级司令部组织部队训练和完成所肩负的战役任务的能力，俄罗斯海军比较重视各级指挥机关的训练，突出首长司令部图上推演和由海军总司令、各舰队司令主持的各级首长司令部演习。俄海军总司令库罗耶多夫海军上将在1997年底部署1998年训练工作的任务时就强调指出，1998年要改革战役训练方法，加强各级指挥机关的训练。从1998年的情况来看，俄海军各级指挥机关加强了单独举行首长司令部演习的力度，以丰富和提高其指挥谋划能力，特别是应付地区性军事冲突的能力。据不完全统计，1998年，俄海军师旅级以上部队共举行了70余次首长司令部训练和演习，其中舰队级以上的近15次。训练重点是：检验部队提高战备水平的各项计划和方案是否切合实际，检验各部队有效完成战役任务的能力；检验和论证海军单独或与其他军种协同应付军事冲突的作战样式、部队统一指挥和全面保障的组织形式；检验下达首长决心的时间和传递作战命令的时间。

突出基地训练，加强模拟训练　由于舰艇出海、飞机升空受财政拨款和燃料严重不足的制约，俄罗斯海军在1998年突出了基地训练，并规定“只有在通过系统而充分的基地训练后，才能随舰出海或驾机升空”。从整个情况看，俄海军冬夏两个训练期中，基地训练时间约占总训练时间的六分之五，且训练强度比历年都大。为保障基地训练的效果，俄海军制定了严格监督基地训练全过程的措施，使训练时间、人员和内容得到落实。同时，还十分注意使用教育训练基地、舰艇编队训练中心和训练室的模拟训练器材来进行模拟训练。部分舰队和基地还首次大规模使用计算机模拟训练系统，进行各种近似实战的计算机模拟训练。1998年4月13～17日，北方舰队在海军总司令库罗耶多夫海军上将主持下，举行了首次计算机模拟首长司令部演习。

重视运用远洋集训检验训练成果　俄罗斯海军年度军事训练分为两个训练期，即冬季训练期和夏季训练期。冬季训练期，从上一年的12月1日至当年的4月30日；夏季训练期，从当年6月1日～10月31日。平时主要进行基地训练，两季训练期结束前，都要举行舰队规模的远洋集训，以检验基地训练成果。1998年，俄海军4大舰队和里海区舰队共进行了13次舰艇编队远洋集训，其中北方舰队和波罗的海舰队各2次、太平洋舰队和里海区舰队各4次、黑海舰队1次。舰队各兵种部队（作战舰艇、后勤辅助舰船、航空兵、反水雷部队、岸防导弹部队、海军陆战队）均要参加远洋集训，且所有参加集训的部队均在统一的战役战术氛围下实施一系列作战训练任务，如战术演习、考核性战术演习、首长司令部演习，基础科目考核等。同时，各舰队在远洋集训中，十分注意进行舰艇编队和多兵种的协同训练，以及与陆军、空军、防空军等军种的协同演习。重点操练的科目有战法的改进和发展、武器的实际运用、全方位协同作战、全方位后勤保障和防御作战，以提高协同作战能力。海军航空兵在部分飞行训练计划受客观原因制约不能完成的情况下，突出与舰队其他兵种进行协同训练和参加诸如导弹攻击、反潜和防空等科目的实兵实弹演习。

陆岸部队训练强度加大，科目增多　1998年，

俄海军的编制体制有很大的变化，其陆岸部队（或称岸防部队）的实力大大增强。其中，驻加里宁格勒的陆军第 11 独立近卫集团军和驻堪察加、楚科奇半岛的陆军部队，相继并入波罗的海舰队和太平洋舰队。因此，陆岸部队的训练强度及科目均比往年增加了不少。仅波罗的海舰队陆岸部队在冬季训练期间，就进行了 33 次首长司令部训练演习、4 次营规模和 18 次连规模实弹战术训练，共完成 68 次坦克火炮、29 次步兵战车火炮和 270 次轻武器射击。另外，该舰队陆岸部队一个导弹旅，在 9 月下旬还进行了"点"式战术导弹实弹发射训练。年内，里海区舰队陆战营进行了为期两天的野外生存训练，这是近年来少有的。

重视与外军举行联合训练和演习　1998 年，俄海军十分注意利用舰艇出访和外军舰艇来访之机，开展双边或多边联合海上训练和演习。其中，波罗的海舰队分别与来访的瑞典、英国、意大利海军舰艇举行了 3 次联合训练；太平洋舰队分别与美国、日本、韩国等国海军舰艇举行了 4 次海上联合演习；黑海舰队陆战队参加了美国和乌克兰海军在黑海举行的"海风 98"维和演习；波罗的海舰队一个陆战排赴丹麦参加了"合作·美洲豹 98"多国海上登陆及维和演习；"不安"号驱逐舰在访问荷兰、英国、比利时期间，分别与 3 国海军举行了舰艇联合海上训练活动；"友好"号护卫舰参加了在德国基尔举行的'98 国际海军舰艇周活动。

困扰军事训练的老问题未得到缓解，新问题又不断出现　1998 年，财政拨款严重不足，各种燃油料紧张，仍是困扰俄罗斯海军训练工作开展的两大问题，且仍未得到缓解。这两大问题，制约了训练计划的保障实施和人员实际使用武器及随机处理问题的能力。由于燃料短缺，作战舰艇出海往往搭载两组或者更多的舰员进行训练。黑海舰队在春季远洋集训中，由于缺乏潜艇专用的蓄电池组，未能组织实施反潜科目和多兵种反潜力量联合反潜训练。同时，俄海军还取消了一些年度演习计划。黑海舰队取消了岸防导弹部队年度考核性战术演习；波罗的海舰队在春季远洋集训中取消了反潜演习；波罗的海舰队在春季远洋集训中取消了反潜演习；太平洋舰队取消了参加全军"多面堡 98"演习的计划。而北方舰队传统的"斑鳟"年度演习也大大削减了规模，演习只进行了几个小时，参演的舰只只有"乌斯季诺夫元帅"号导弹巡洋舰。

老问题未得到解决的同时，又出现一些影响军事训练的新问题。首先是随着编制体制的调整，不少技术精、素质高的指挥人员退役，影响训练的组织筹划和实施。波罗的海舰队在春季远洋集训的登陆演习中，由于指挥火炮射击的人员能力不强，导致 50% 的攻击目标未被击落；另外，两名年轻的装甲运输车驾驶员未能把装甲运输车开出登陆舰甲板。其次是不少部队换防或改变隶属关系后，军事训练不能正常进行，新编入海军的陆军部队在训练的组织筹划和部队的指挥上出现不少问题。

资料来源：

①俄罗斯《红星报》1998 年 1～12 月；

②俄罗斯《海军文集》1998 年 1～12 期。

（孟　华）

海军举行春季远洋集训　据俄《红星报》1998 年 4 月 23 日、5 月 5 日、5 月 15 日和《海军文集》1998 年第 4、5 期报道，1998 年 4 月，俄海军北方舰队、波罗的海舰队和黑海舰队分别在各自的辖区内举行大规模的春季远洋集训。3 大舰队共出动各型舰船近 150 艘，飞机约 190 架次，进行了近 1600 次实战操演。主要科目有：防空、反潜、导弹发射与舰炮射击、登陆与抗登陆、海上救生等，以检验和考核各舰队冬季训练成果和现有战备水平，提高部队战斗力和诸兵种协同作战能力。其中：

北方舰队　4 月 6～10 日，北方舰队在巴伦支海 200～350 千米的广阔海域范围内，在舰队司令叶罗费耶夫海军上将指挥下举行远洋集训，舰队所有兵种均参加了此次远洋集训，包括"乌斯季诺夫元帅"号导弹巡洋舰、"哈尔拉莫夫海军上将"号大型反潜舰、"无畏"号驱逐舰在内的 15 艘水面作战舰艇，13 艘潜艇，14 艘辅助船，115 架次各型飞机参加。期间，共完成了 499 次实战操演，其中包括 6 次巡航导弹发射、6 次防空导弹发射、15 次舰炮射击、29 枚鱼雷发射等。由亚历山大·博加乔夫海军上校指挥的一艘战略核潜艇发射了 20 枚弹道导弹。

波罗的海舰队　4 月 10～17 日，波罗的海舰队在舰队司令叶戈罗夫海军上将指挥下，举行了全舰队远洋集训。这是自波罗的海舰队落实新编制以来进行的第 1 次大规模海上集训。除潜艇部队外，其余各兵种（陆岸部队、水面舰艇部队、舰队航空兵）均派部队参加，共出动水面舰船和后勤辅助船 60 余艘，主要有扫雷舰、小型导弹舰、导弹艇、大型登陆舰、登陆艇、小型反潜舰等。出动航空兵作战飞机 28 架次、直升机 15 架次。期间，主要进行海上登陆与空降登陆、抗登陆、反水雷战、搜救等科目的演习，共完成 920 次实战操演，其中包括：65 次对空导弹发射、鱼雷发射和火炮射击，近 30 次深水炸弹投放，20 余次战术考核和首长司令部演习。在 920 次实战操演中，陆岸部队完成 800 次。另外，舰队航空兵完成 6 次着舰训练，截击 14 个空中目标。"坚持"号驱逐舰、"不驯"号和"友好"号护卫舰、"信风"号小型导弹舰，成功地实施了对水上目标的导弹攻击，这是近年来该舰队首次演练的科目。

海上和空降登陆战术演习是波罗的海舰队春季远

洋集训中最复杂、最重要的阶段。369 名陆战队员参加，其中 281 名从海上登陆、88 名从空中着陆。参演的武器装备有：气垫登陆舰“杰伊兰”号，登陆艇、坦克及装甲运输车若干；飞机主要有卡－27ⅡC 型直升机、米－24B 型武装直升机、安－26 型运输机、苏－24 型强击机和苏－27 型歼击机。登陆演习在赫梅列夫卡训练场进行。原第 11 集团军著名的“莫斯科—明斯克无产阶级”师下属的一个近卫摩步团担任反登陆作战方，波罗的海舰队海军陆战旅作为登陆方。整个登陆与抗登陆演习逼真，近似实战。

黑海舰队　4 月 14～25 日，黑海舰队在舰队司令克拉夫琴科海军上将指挥下，在黑海中部、东北部海域及克里木半岛进行远洋集训，以“训练各级司令部计划和筹划全方位保障作战行动、实施指挥兵力的能力，训练部队摆脱攻击的能力和舰艇在航渡、海上机动期间的协同作战能力，训练舰艇实施防御作战和锚地生存的能力，训练舰艇在作战行动区域展开兵力和遂行作战任务的能力”。期间，还与乌克兰海军举行了联合军事演习。

参加远洋集训的主要兵力有：26 艘作战舰艇、20 艘后勤辅助船、23 架飞机、7 架直升机、800 余名陆战队员和 188 件武器装备，共完成了 155 次实战操演。在与乌克兰海军举行的联合演习中，主要进行了反潜与救生、登陆作战科目的演练。其中，联合登陆作战演习规模较大，俄海军黑海舰队派出 3 艘大型登陆舰，若干艘扫雷舰、反潜舰；舰队航空兵 2 架米－8 型直升机、2 架安－26 型运输机、2 个陆战营及新罗西斯克海军基地 1 个陆战连参加。乌克兰海军派出 1 艘大型登陆舰、1 架卡－27 型直升机、1 架卡－29 型直升机、2 架苏－25 型强击机和 1 个陆战连参加。黑海舰队在此次远洋集训中，由岸防导弹部队、水面舰艇、导弹艇、海军航空兵组成的多兵种导弹攻击突击群，发射各型导弹 11 枚。

海军举行秋季远洋集训　据俄《海军文集》1998 年第 9、10 期报道，1998 年 8 月中下旬，俄海军太平洋舰队、波罗的海舰队和里海区舰队分别在各自辖区举行了秋季远洋集训，以检验部队夏季训练成果，提高部队战斗力。其中：

太平洋舰队　8 月 25～27 日，太平洋舰队在日本海北部海域举行大规模的秋季远洋集训（滨海阶段）。这次远洋集训由舰队参谋长维克多·费奥多罗夫海军中将指挥，海军航空兵、岸防部队及驻滨海边疆区的海军部队参加，共出动水面舰艇和潜艇 17 艘、勤务船 3 艘、航空兵各型飞机 3 架次。主要科目有：舰艇海上通信、海上机动、舰艇防空、舰机协同反潜、舰炮射击、大型反潜舰对岸攻击和航空兵夜间海上侦察等。期间，共完成约 100 次实战操演和射击训练，检验了舰队各兵种协同作战能力。9 月 7～10 日，太平洋舰队司令扎哈连科海军上将指挥驻堪察加、楚科奇半岛部队，举行秋季远洋集训（堪察加阶段）。参训的有 12 艘水面舰艇、3 艘潜艇、5 艘后勤辅助船和 14 支陆岸部队。期间，共完成 70 多次实战操演，其中攻击型导弹发射 8 次、对空导弹发射 11 次、火炮射击 22 次。

波罗的海舰队　8 月 10～20 日，波罗的海舰队在统一的战役战术背景下，举行了秋季远洋集训。参加集训的有海军航空兵、防空兵部队、陆岸部队等 6500 多名官兵和约 500 件技术装备。出动潜艇 1 艘、水面舰艇 48 艘、辅助船 32 艘。期间，完成 280 多次实战操演，其中导弹射击 27 次、舰炮射击 70 多次；进行约 20 次战术演习、考核性战术演习和首长司令部演习。此次远洋集训期间，舰队航空兵飞机共升空 80 多架次，滞空时间达 100 小时以上。在海上和空降登陆演习中，有约 80 辆装甲运输车和 400 名陆战队员从登陆舰上实施登陆。

里海区舰队　8 月 25～29 日，里海区舰队的扫雷舰部队举行了远洋集训。这次远洋集训由里海区舰队司令马索林海军中将指挥，约 12 艘舰艇参加。期间，进行了协同作战、编队航行等科目的演练。这是近年来里海区舰队举行的一次较大规模的远洋集训。

进行院校调整　据俄《红星报》1998 年 9 月 8 日报道，1998 年 8 月 29 日，俄罗斯联邦政府发布第 1009 号命令，公布新成立的、改组的和撤消的军事院校名单。根据该命令，新成立 7 所军事学院，改组 50 所军事院校（其中 35 所分别由学院和高级军事学校升格为大学和军事学院，15 所由高级军事学校降格为分校），撤消 17 所高级军事院校。这是俄罗斯军事改革计划的一个组成部分，目的是裁减设置不合理和重复设置的军事院校，进一步完善俄军军官培训体系，提高军官培训质量。

俄海军在这次院校调整中，新成立 2 所海军学院：圣彼得堡海军学院，校址在圣彼得堡，是以位于圣彼得堡的伏龙芝高级海军学校和列宁共青团高级海军潜艇学校为基础成立的；海军工程学院，校址在列宁格勒州普希金市，是以位于圣彼得堡市的捷尔任斯基高级海军工程学校和位于普希金市的列宁高级海军工程学校为基础成立的。另外还有 3 所高级海军学校升格为海军学院。波波夫高级海军无线电电子学校升格为海军无线电电子学院，校址在列宁格勒州彼得宫市；加里宁格勒高级海军学校升格为波罗的海海军学院，校址在加里宁格勒市；马卡洛夫太平洋高级海军学校升格为太平洋海军学院，校址在海参崴市。

（孟　华）

俄军改革院校教育　《外国军事学术》1998 年第 11 期李鸿林、王丽珍和 1999 年第 2 期来斌报道，1997年7月，俄启动全面军事改革后，加快了军事教育体制改革的步伐，俄国防部于当年9月出台了《完善武装力量干部补充体制和军事教育体制的设想》，11月叶利钦总统又发表重要讲话，进一步明确了军事教育改革的框架和方针。根据改革设想和总统确定的方针，俄国防部干部与军事教育总局于1998年3月制定了《完善军事干部培养体制的计划》草案，提出要建立与武装力量结构、任务，及国家现实经济能力相适应的军官培养体制，以保证及时稳定地为部队补充高素质的军官。1998年8月11日，俄召开军事建设委员会会议，正式确定了军事教育改革的计划和时间表，军事教育改革全面启动。

军事教育存在的问题　*军事院校数量多，效益不高*　1998年9月以前，俄武装力量共有101所军事院校，其中包括17所军事学院、2所军事大学、82所军事专科学院、高等军事学校和中等军事学校，编制人数占俄军总员额的10%，每年毕业学员约2.2万人。俄军院校在设置上存在不少问题：一是数量太多。101所军事院校是按武装力量200万人设置的。在武装力量裁减到120万人的情况下，军事院校在武装力量中所占的比例显得过高。国防部干部与军事教育总局局长帕宁指出，“相对于120万人的军队，101所军事院校太多了”。二是重复设置，整体效益不高。据俄报披露在校学员在1000人以下的学校要占俄军全部院校的一半左右，相同类别的军校在全军乃至同一军种内重复设置的现象较为突出，这种情况加大了干部培养的成本，造成了资源上的浪费。三是院校结构不合理，毕业生供需严重失衡。目前，俄军院校总体培养能力过剩，毕业生数量远远超过实际需求，1998年全军军官的实际需求量仅为军校毕业生的1/3。与此同时，有些军种和专业的毕业生却严重短缺，如陆军连、排职初级军官的编制职务缺编达30%～50%、个别达80%。四是预备役军官的培养体制不合理，片面强调数量指标，其发展方向与军事改革的方针相左。

课程内容重复陈旧　目前，俄军事院校共设有450多个专业的高等教育课程，180多个专业的中等教育课程。从课程设置以及教材内容上看，一是课程设置过细过专；二是教材老化，知识陈旧，仍沿用二战时期的作战经验和战例，跟不上军事科学发展和军队建设的需要。

师资力量水平下降　俄军事教育系统共有教员2.25万人，其中拥有博士学位的1300人，副博士学位的10300人。由于教员待遇低，致使大部分军事院校的教员状况不符合国家高教考评的标准。按照国家标准，全军院校师资力量中拥有副博士以上学位的教员应不少于60%，而目前情况是有半数院校拥有副博士以上学位的教员不足20%，与国家标准相距甚远。

教育经费严重不足　近年来，由于经济困难，俄军院校经费短缺的情况十分严重，每年的军事教育拨款仅相当于实际需要的30%～35%，加之院校重复设置造成的资源浪费，使正常的教学活动难以得到有效的保障。受此影响，近年来俄军院校的射击、试验和靶场设备，基础设施也被大大压缩。这种状况严重影响了军事教育和科研的发展，造成了军校毕业生质量下降。

人才培养成功率降低　近年来，由于法治不健全、服兵役在青年中失去吸引力，以及各强力部门积极建立自己的院校，使俄军院校在校学员流失严重。1994年达到30.5%，1995年为34.8%，1996年为33.2%。个别院校退学率高达一半以上。学员的大量流失既浪费了有限的军事教育经费，也降低了人才培养的成功率。

俄军院校改革的内容　根据国防部制定的计划，俄军事教育改革分1998～2000年和2001～2005年两个阶段实施。第1阶段改革的主要任务是优化军事院校网络、容量和组织结构，改组地方高校的军事教研室网络，逐步确立新的军事教育体制。第2阶段的主要任务是：建立若干个大型教学科研综合体，使其在校学生的数量达到1500人以上；对军事院校进行鉴定和授权，按新的教学计划和大纲培养军官；开始采用国家对军事专业人员的干部预订体制培养军官。整个改革主要包括下述内容：

削减军事院校，组建若干大型教学科研综合体　俄军认为，目前的军事院校数量超过军队实际需求几乎一倍，因此大幅度削减院校的数量是俄军事院校所面临的首要任务，而该项改革的最终目标，仍然是将军事院校组建成多专业和多教育层次的大型教学科研综合体，使改革初期就已确定的这一目标真正得以实现。考虑到国家经济和院校对改革的承受能力，这项改革分两步走。第1步是撤并院校，这项工作已于1998年开始，计划于2000年初完成。其方法是在通盘考虑各院校的教学设施和师资条件、地理位置等因素的基础上实行合并，不宜合并的院校予以撤销。其具体作法是，首先主要以合并方式，将目前的101所院校减至69所，然后再以撤销的方式，进一步将院校减至55所。撤并后的军事院校只保留军事学院（8所）、军事大学（10所）、军事专科学院（37所）3种类型，不再有高、中等军事学校。中等专业教育由军事专科学院附设的中专班或系实施。第2步是在新的院校体系基础上组建大型教学科研综合体，计划于2001～2005年实施。

院校的合并采用两种方式，一是横向合并，二是纵向合并。横向合并即同类和同等教育等级院校的合并。如目前已将同属指挥类院校、同为培训中级干部的伏龙芝军事学院、装甲兵学院和一所中级军官进修学校合并，并定名为俄联邦武装力量合成军队学院。而高等军事学校的合并方法是，首先将一所教学条件好或地理位置合适的学校升格为军事专科学院，再并入若干所相同的学校作为其分院。纵向合并即将教育等级不同但专业相同的院校合并，如将若干所相同专业的军事学校并入一所军事学院，组建成军事大学。这种合并方式目前也已付诸实施。通过合并，达成教学科研资源的合理配置和利用，并通过各主校的领导和辐射作用，提高分校的教学和科研水平。在新的院校体系形成后，再对其进行进一步的完善和优化组合，并最终组建成若干个多专业、多层次的大型教学科研综合体。俄军设想，届时的军事院校，其教学和科研资源将配置更合理，利用率更高，每一综合体的学员容量将达到1500人以上。

制定军事专业的国家标准　俄军有关领导认为，第一代国家高等教育标准不够完善，只注重工程技术方面，而军事学首要的指挥专业却被排除在外，这显然是不合理的。在实际执行中，也的确出现了较难办的问题，如指挥专业的学员，既要按照国家标准学习自然科学和工程技术等课程，又要根据军队的特殊要求学习军事课程，如分队指挥与管理、训练与教育、武器装备的使用与维护等等。这必然导致学制的延长，造成人力物力的浪费。因此，需要制定一系列军事专业首先是军队指挥专业的国家标准。有了这样的标准，问题就会迎刃而解。某些军事专业，如指挥专业，就可以恢复4年制。俄军认为，并非所有军事专业都需要实施5年制教育。但同时又不是简单的恢复，而是要按照国家标准的要求，重新制定教学计划和教学大纲。

建立国家对军事干部的预订体制　该体制的实质是，首先武装力量和其他强力部门根据每年对干部的需求预先定出培训计划，然后各院校再根据计划组织招生和教学。在这一体制中，各强力部门既是预订者，也是执行者，而国家则是总订货方，同时也是执行干部预订计划的组织者和保障者。该体制的运作程序是，首先由国防部和其他强力部门根据实际需求确定各级干部的培养数量、专业、学制、负责培训的院校（包括地方院校）种类等数据，并编制专业目录和预订计划。政府负责汇总各强力部门的预订计划，确定培养具体的军事专业人员的具体院校，批准专业目录并在此基础上编制国家的军事干部预订计划；提供应由国家负担的那部分资金，以及检查军事干部培训的规模等。俄军设想，在这种预订体制下，通过使用武装力量及各强力部门统一的专业目录，可彻底消除重复现象，大大压缩专业数量，减少浪费，并通过订立合同的方式提高甲乙双方对干部培训质量的责任感。俄军计划，在2000年前拿出有关法律法规等文件的草案，并报政府审批，在2005年之前贯彻执行。

增加中等教育的比重　俄军认为，目前的院校体系结构很不合理，高等教育的比重过高，而中等专业教育太少（俄军目前只有3所中等技术学校），因此应适当增大培训中专军官的规模，以增强院校教育的针对性和质量，节约军官培训的费用。具体的办法是在一些军事高等院校中设立中专班或系。据俄军测算，如果有50%的学员由5年制改为4年制，有10～15%的学员读中专，每年就能节省大量教育经费，并减少在校学员的数量。

拓宽军官培训渠道，利用地方院校培养人才　俄军认为，军队具有长期形成的完善的干部培训体系，因此，军事院校作为补充军官队伍的最主要来源的作用不会改变。但随着国家对军事干部培训的预订体制的建立，利用地方院校为军队培养人才的路子还可以进一步拓宽。例如医务、法律和某些工程技术等专业的军官，可更充分地利用拥有雄厚教学力量的地方院校培养。其具体作法是，先统一在地方大学普通科系学习3年，然后再分别到军事系或军事院校学习2年。这样，可进一步减少在校学员的数量，提高军官的培训质量，并降低培训成本。目前，军事院校培养上述人员的费用是地方院校的5～8倍。因此，今后人文专业和部分工程技术专业（占军官培训总数的20～25%），俄军准备主要交由地方院校培养。

在贯彻落实上述大政方针的同时，俄军还相继出台一系列配套措施，如理顺并最终确定院校主管部门的组织领导关系；根据高等军事教育的国家标准重新制定教学计划和大纲；加强教学科研队伍的建设，在撤并院校的过程中，注意保持教学科研潜力。通过立法形式，延长教学科研人员的服役年龄，并通过提高研究生班效率的办法，加速新人的培养；完善研究生的招收和培训体制，优先招收有实际工作经历的人员入学；完善教学内容和方法；增加地方大学的军事系和军事教研室的数量，切实提高地方院校大学生的军训质量等等。展望俄军事院校的改革，还不能说会从此一帆风顺，首先是受经济条件的影响，改革仍会遇到不少困难和曲折，但其大政方针既定且已付诸实施，似已不可逆转。

军事院校教育改革采取的主要措施　严格依法治校，改变纪律松驰的现状　一是加强院校的组织管理工作，提高军事教育质量；二是完善“部队服役合同制”的法律规定，对不履行合同的学员依照有关法律实施经济处罚或追究法律责任；三是制定军校学员自费学习制度，实施有效的经济管理。

拓宽资金筹措渠道，增加教育经费　一是增加军事院校的物资保障经费和科研经费，改变科研设备陈旧老化和信息、资料匮乏的现状，配置现代化的教学器材；二是扩大军事院校的创收自主权，将所得资金用于弥补经费不足，为办学施教建立必要的物质基础。

建立军官训练任用制度，制定训练和选用干部的数、质量标准　一是根据对武装力量和国家政治、经济发展的预测，确定各军兵种和专业兵部队军官的数、质量指标；二是依照军官任职时工作成绩和组织能力及考评数据，确定其深造和任用。

保留教学骨干，提高教员队伍素质　一是遵照俄国防部关于改进军事教育体制的思想，各军事院校要结合国家总体要求，研究制定教员考核、选拔、任用的标准和条件，建立良好的教学和科研环境，规定科研和教学的具体时间和要求；二是从立法上完善保留教学科研骨干的机制，使其退休年限由目前的 45～50 岁延长至 60 岁；三是改善军官、教员的生活条件，提高工资待遇；四是在保持目前军职教员和文职教员比例的同时，相应地增加知识渊博具有高级学位的军职教员的数量。

（林丽斌）

军事演习　**海军北方舰队举行计算机模拟首长司令部演习**　据俄《红星报》1998 年 5 月 15 日报道，4 月 13～17 日，北方舰队在海军总司令库罗耶夫海军上将主持下，举行首次计算机模拟首长司令部演习，以检验部队战役训练和战斗训练水平。这是一次地区性多军兵种参加的演习。参演单位有北方舰队、列宁格勒军区、边防军北极支队、防空军科拉军团和海军空中指挥所等。与以前的首长司令部演习不一样的是，各级指挥员领受任务、下达命令均是在计算机上进行的。

太平洋舰队举行春季考核性演习　据俄《海军文集》1998 年第 5 期报道，4 月 20～25 日，太平洋舰队在日本海北部海区、海参崴外海及堪察加海区举行春季考核性演习。演习由舰队司令扎哈连科海军上将指挥，舰队司令部及其所属各级司令部机关、水面舰艇部队、潜艇部队、海军航空兵、海军陆战队等参加。演习的主要科目为：编队防空、编队对抗、舰机协同反潜、导弹发射与舰炮射击、登陆与抗登陆等。太平洋舰队先后共出动各型舰艇 50 余艘，其中导弹巡洋舰 1 艘、导弹驱逐舰 2 艘、大型反潜舰 3 艘、猎潜艇 4 艘、扫雷舰 2 艘、登陆舰 2 艘、侦察船 9 艘、测量船 5 艘、拖船 3 艘、鱼雷打捞船 2 艘、导弹艇 4 艘，登陆艇 6 艘，潜艇 4 艘等；航空兵飞机 8 架次，其中图 22－M 型轰炸机 2 架次、伊尔－38 型反潜机 3 架次、直升机 3 架次。期间，共进行 200 多次实战操演，其中各种射击活动 100 余次。

4 月 21 日，演习兵力向演习海域集结。同时，为庆祝太平洋舰队成立 66 周年，在兵力集结之前，进行了海上阅兵式。22～23 日为海上对抗演习。海上对抗双方主要进行编队渡航、舰炮射击、舰机对抗、舰艇防空、导弹（空舰、舰空导弹和舰舰导弹）发射、电子对抗和登陆与抗登陆等科目的演练。其中海上对抗演练在波沃罗特内依角和阿斯科尔德岛东南部海域进行；登陆与抗登陆演练在克列尔角登陆场进行。大型反潜舰“潘捷列耶夫海军上将”号、“沙波什尼科夫元帅”号和“维诺格拉多夫海军上将”号展示了高超的作战能力，在火力掩护登陆部队中，成功地向假想敌的前沿指挥所实施攻击。24 日举行救生演习。由救助拖船“马舒克”号和大型登陆舰防险救生队负责实施。24～25 日晚为反潜演习，由古察洛夫海军少将指挥，在阿斯科尔德岛南部海域进行，主要科目有搜索与监视“敌”潜艇、航空兵反潜、猎潜艇反潜、发射深水炸弹和鱼雷。

北方舰队举行战术演习　据俄《海军文集》1998 年第 9、10 期报道，1998 年 8 月 21 日，北方舰队在巴伦支海举行海上战术对抗演习，以检验海上舰艇编队与防空部队、航空兵部队的协同作战能力，以及战略核潜艇部队的作战能力。叶利钦总统亲临观摩指挥并检阅了北方舰队的战备状况和作战能力。在演习之前，为迎接叶利钦的检查，北方舰队进行大量准备工作，先后进行数十次首长司令部演习，4 次派出舰艇出海实施战术训练，海军总司令和国防部长亲自指挥、亲自检查训练效果。其中 7 月 31 日，国防部长谢尔盖耶夫元帅组织北方舰队 15 艘水面舰艇、1 个反潜航空兵团、1 个歼击航空兵团、1 个导弹航空兵团和潜艇部队、防空部队，在巴伦支海举行大规模海上综合演习，在近 4 个小时的演习中，共进行 20 多个作战科目的演练。

叶利钦总统在国家安全秘书科科申、国防部长谢尔盖耶夫元帅、海军总司令库罗耶多夫海军上将、北方舰队司令叶罗费耶夫海军上将等高级军政官员的陪同下，登上“彼得大帝”号导弹巡洋舰观摩演习。

此次演习想定是某敌对国（“西方”）突然从空中和海上对俄罗斯东北地区发动攻击，北方舰队（“东方”）接到命令，立即组织并迅速展开兵力，实施空地海协同作战，最终打退来犯之敌，保卫了俄罗斯的国家利益和东北地区的安全。参加此次战术演习的主要兵力有：人员 9000 名，各型舰船 66 艘，其中包括“库兹涅佐夫”号航母、“彼得大帝”号和“乌斯季诺夫元帅”号导弹巡洋舰等 18 艘大中型战舰、潜艇 6 艘、后勤辅助船 31 艘、各型飞机和直升机 33 架。参演兵力分为“东方”和“西方”进行海上对抗演习。以“库兹涅佐夫”号航母、“彼得大帝”号和“乌斯季诺夫元帅”号导弹巡洋舰等诸兵种力量组成“东方”海上作战编队，在海上与进犯的“敌”水面舰艇、潜艇和飞机进行现代海战。防空作战中，“库兹涅佐夫”号航母的舰载机负责远距离空中攻击；“彼得大帝”号和“乌斯季诺夫元帅”号导弹巡洋舰的对空导弹系统和防空部队的C－300型对空导弹系统，以及水面作战舰艇电子战系统负责中远距离攻击；舰炮负责近距离自我防御。同时，驻科拉半岛的防空军和“库兹涅佐夫”号航母的舰载歼击机，为“东方”作战舰艇编队提供强有力的空中掩护。

演习中，系统地操演了使用潜艇、水面舰艇和航空兵对敌掩护登陆队的舰艇编队实施攻击。1艘核动力导弹潜艇、“彼得大帝”号和“乌斯季诺夫元帅”号导弹巡洋舰，以及海军航空兵重型导弹航空兵团使用远程舰载巡航导弹和航空巡航导弹攻击“西方”掩护登陆部队的舰艇编队。为了扩大战果，科拉区舰队的小型导弹舰“黎明”号和“冰山”号使用近程巡航导弹实施再打击。“彼得大帝”号导弹巡洋舰的舰炮和一个独立舰载反潜直升机团出动卡－29型直升机对“西方”掩护登陆部队的舰艇编队进行最后攻击。为了向“东方”舰艇编队提供有力的反潜保障，参演的反潜部队使用各种反潜武器（反潜导弹、鱼雷、深水炸弹、航空炸弹和航空深水炸弹）对“西方”核潜艇实施攻击。其中一艘核潜艇成功地向“敌”核潜艇发射了反潜导弹，而“彼得大帝”号导弹巡洋舰使用舰载反潜系统和深水炸弹，打退了“西方”核潜艇的鱼雷攻击。

此次演习的高潮是一艘战略核潜艇向堪察加试验场发射PCM－50型弹道导弹。其发射指令由叶利钦总统亲自下达。根据太平洋舰队司令扎哈连科海军上将的报告，导弹命中靶标。

黑海舰队举行首长司令部演习　据俄《海军文集》1998年第10期报道，1998年9月中旬，黑海舰队在舰队训练中心举行了首长司令部演习。演习由舰队第一副司令兼参谋长塔塔里诺夫海军中将指挥，舰队作战训练处代理处长梅连季耶夫海军上校任参演部队参谋长。参演单位有黑海舰队、北高加索军区的部队和俄南部地区空军、防空兵部队。由于燃料和物质技术保障严重不足，没有一艘舰艇出海。演习的目的是训练黑海舰队作战指挥所、各部队指挥所和指挥控制机关的作战准备能力，检验它们在复杂的情况下指挥部队的能力。

俄美举行“海上合作98”联合搜救演习　据俄《海军文集》1998年第7、8期报道，1998年8月6～7日，俄美两国海军在太平洋舰队滨海地区举行“海上合作98”联合搜救演习。此次演习是俄美两国第4次“救助灾民”的例行性联合演习。演习的海上部分在乌苏里湾水域进行，岸上部分在杰桑特纳湾和克托沃湾举行。俄方由捷梅列夫海军少将指挥，美方由海菲尔海军少将指挥。参演兵力有：俄海军太平洋舰队现代级导弹驱逐舰“猛烈”号、大型登陆舰1艘、辅助船5艘、卡－27型直升机2架和1个海军陆战分队；美第七舰队船坞登陆舰“日尔曼敦”号和其上搭载的3艘登陆艇以及1个海军陆战小队。这次演习双方共有250名海军陆战队员和38件各种技术装备参加，主要进行舰船通信联络、海上机动、海空协同登陆、物资输送、对“受灾”地区的居民进行援助和疏散等科目的联合演练。演习卓有成效，双方海军陆战队员均表现出良好的海上协同作战技能。

俄日举行联合搜救演习　据俄《海军文集》1998年第7、8期报道，1998年7月29日，俄日两国海军在日本海北部、海参崴以东390千米海域首次举行“搜索和救援海上遇难船只”联合搜救演习。俄方参演兵力有：“潘捷列耶夫海军上将”号、“维诺格拉多夫海军上将”号导弹驱逐舰和2架卡－27型舰载直升机。日方参演兵力为：2艘驱逐舰、1艘训练船、1架P－3C型岸基巡逻机、4架舰载直升机。两国海军分别派出一名海军少将指挥各自的参演部队。

（孟　华）

日本自卫队军事训练　陆上自卫队训练

综述　1998年，日本陆上自卫队继续坚持新《防卫计划大纲》提出的“合理、高效、精干”的建军原则，贯彻平时以教育训练为中心的方针，在部队训练经费减少的情况下，通过合理安排部队训练计划，加大科技练兵力度，以保证部队训练的正常进行。

强化科技练兵，提高部队整体训练水平　1998年，日本陆上自卫队加大了利用现代化设施和高新技术装备施训的力度，步兵师、团等作战单位更加广泛地运用训练评价支援中心方式（TESC方式）和训练评价支援系统方式（VSS方式）进行训练。采用此种方式施训的特点：一是能够利用电子计算机再现部队训练的实况；二是对训练各个阶段及每个参训人员能够作出科学的评价，有利于训练总结和提高施训水平。随着陆上自卫队北方“机动训练中心”的现代化训练装置的增加和训练武器射击评价系统的逐步完善，步兵连一级作战单位利用“机动训练中心”施训明显增加，而且训练逐步由单兵种向诸兵种协同发展。如：1998年6月29日～7月21日，第2、5、11步兵师利用“机动训练中心”实施的“步兵连接近战斗训练”，共计2200人参加，目的在于利用现代化的训练设施提高步兵连一级指挥官的作战指挥能力和诸兵种协同作战能力。参训人员和车辆均装备交战训练用装置，电子计算机系统能够对训练部队的损伤情况迅速作出判断，具有很强的实战性。训练结束后，可通过实况录像对整个训练作出科学的评价。为适应装备现代化的需要，1998年陆上自卫队还引进了OH－1观测直升机操纵训练模拟系统，以强化航空兵的训练。科学的训练方式，保障了部队整体训练水平的进一步提高。

注重机动训练，提高部队应急作战能力 根据新《日美防卫合作指导方针》的要求，为了有效应付日本周边可能出现的各种紧急事态，日本陆上自卫队日益注重部队的快速机动训练，以提高部队的快速反应和应急能力。1998 年度，日本陆上自卫队第 6、第 13 步兵师分别改编为战略机动师和地面机动旅。随着部队的改编和装备具有高性能的机动车辆，部队的快速机动训练也全面展开。1998 年，陆上自卫队团以下作战部队的小规模快速机动训练与往年相比有明显增加，与此同时，部队机动训练日益注重立体化、合成化。1998 年 6 月 20 日～8 月 1 日，以中部军第 3 步兵师为骨干实施的“北方机动特别演习”，想定日本周边发生紧急事态，陆上自卫队在海、空军的配合下实施陆、海、空三位一体的立体式机动演练。引人注目的是，首次使用具有“变相航母”之称的大型运输舰“大隅”号（8900 吨）在北海道浜大树进行了快速登陆训练。另外，空中机动训练亦十分活跃，1998 年 1～3 月，各方面军航空队均实施了空中机动飞行训练，其特点是注重合成化编队，如东部军实施的年度首次机动飞行训练，共有 5 个机种 28 架飞机参加；第 1 空降旅于 1998 年 1 月 11 日实施的机动空降训练共有 4 个机种 1400 人参加。

突出重点，强化海外派遣训练 受东南亚经济危机的影响，1998 年度日本自卫队训练经费比上一年度减少了 1.1%，为 7896 亿日元。由于训练经费减少，陆上自卫队炮兵部队远距离射击训练规模明显缩小，由 1997 年的 17 个部队减少至 12 个部队，但岸舰导弹部队的训练规模却逐步扩大。1998 年，随着第 5 地对舰导弹团的新编，SSM1 地对舰导弹部队在国内的训练次数明显增加。为强化实战演练，10 月中旬～11 月上旬，陆上自卫队还派出第 1～5 地对舰导弹团和导弹教导队前往美国加利福尼亚州穆古角美海军导弹中心实施年度实弹射击训练，以贯彻“早期击破”、“水际歼敌”的战略指导方针。1998 年陆上自卫队还派出 17 个“霍克”防空导弹连赴美国新墨西哥州麦克格雷高尔射击场实施“年度实弹射击训练”。为参加联合国维和行动，扩大日本在国际社会的影响，陆上自卫队将海外派遣训练作为 1998 年度部队训练重点之一，先后实施了第 5、第 6 次戈兰高地派遣输送队训练和国际紧急派遣训练，共计 306 人参加。据陆上自卫队参谋长 1998 年 1 月 2 日会见记者时称，陆上自卫队已向海外派遣了 1575 人，他们都是在国内经过严格训练的。

扩大赴美训练规模，发挥现有装备的运用能力 为解决日本国内演习场无法适应部队现代化装备训练问题，1998 年，日本陆上自卫队继续派遣坦克部队和反坦克部队赴美国实施年度射击训练，并增加了 MLRS 多管火箭部队的训练内容。1998 年度的训练，于 8 月 25 日～9 月 2 日在美国华盛顿州亚基马训练中心进行，由北部军负责实施。参训部队有：第 3、25、26 各步兵团的反坦克连，第 5、11 反坦克队，第 1 反坦克直升机队，第 71、72、73 坦克团，129 炮兵营，共计约 280 人，出动 MLRS 多管火箭系统 3 辆，AH－1S 反坦克直升机 4 架，90 式坦克 4 辆，79 式反舟艇反坦克导弹发射装置 4 套。MLRS 多管火箭系统实施了同时多目标射击、目标转换射击，以及与 90 型坦克、AH－1S 反坦克直升机、79 式反舟艇反坦克导弹发射装置的协同射击训练；79 式反舟艇反坦克导弹发射装置实施了多目标射击、目标变换射击训练；90 型坦克实施了远距离射击、夜间射击、同时对付多目标射击训练；反坦克导弹部队实施了远距离射击、目标转换射击、高射角射击和实战移动目标射击训练；反坦克直升机部队实施了 MPRC 直接瞄准射击、同时弹着射击、前进射击、隐蔽射击，以及与 70 毫米火箭弹、“陶式”反坦克导弹的复合射击训练。此外，参训部队还实施了在统一想定下的协同射击训练。本次训练的科目均是在日本国内演习场无法实施的科目，最大限度地发挥了各种装备的运用能力，提高了参训练人员的各种技能。

资料来源：

①日本《防卫白皮书》1998 年 1～12 月；

②日本《朝云》1998 年 1～12 月；

③日本《防卫日报》1998 年 1～12 月。

（张洲军）

航空自卫队训练 **日防空导弹部队赴美进行实弹射击训练** 据日本《飞行周刊》1998 年 8 月 5 日报道，日本航空自卫队的防空导弹部队，于 8 月 13 日～11 月 28 日赴美进行 1998 年度实弹射击训练。目的是演练防空导弹部队实弹射击的全套动作，检验部队日常训练质量，提高防空作战能力。训练地点是美国新墨西哥州的马克格雷戈靶场和怀特沙漠靶场。参训部队是第 1～6 防空导弹群的 22 个导弹队和教导队。训练内容是发射准备、发射前检查、发射。由于在日本国内无法进行实弹发射训练，所以，日本航空自卫队从 1963 年起每年都派部队到美国训练。今年是防空导弹部队换装“爱国者”导弹后，第 9 次赴美训练。

1998 年度日本培训一名战斗机飞行员所需经费

据日本《航空情报》1998 年第 8 期报道，防卫厅以 1998 年国防预算为基础，计算出航空自卫队培训一名战斗机飞行员所需经费。以高中毕业生入伍、进入预校、航校学习飞行毕业，最后分配到作战部队为例，经费包括整个教育训练期间所支出的薪金、伙食费、被装费、营房费、医疗费、教练机折旧费、油料费及其他各种教育训练费用。

F－15 飞行员　　5.4366 亿日元

F－4EJ 飞行员　　5.1547 亿日元
F－1 飞行员　　4.3342 亿万日元

与此同时，计算出航空自卫队一名军人一年所需经费为 1514 万日元，其中维持费（人事费、办公费、交通费、差旅费、营房费、被装费、伙食费、医疗费等）840 万日元，活动经费（通信器材、车辆、油料、电子计算机等办公用品购置费、维修费及教育训练费）674 万日元。

航空自卫队派 C－130 飞机前往以色列执行联合国维和任务　据日本《飞行周刊》1998 年 5 月 6 日报道，航空自卫队从 5 月 13～23 日，派遣一架 C－130H 型运输机前往以色列，执行为驻守在戈兰高地的联合国维和部队运送物资的任务。

航空自卫队举行 1998 年度战斗技术比赛　据日本《飞行周刊》1998 年 6 月 3 日报道，为提高部队战术技术水平和作战能力，航空自卫队于 1998 年 5 月 25 日～6 月 5 日在千岁、三泽基地附近空域及天森靶场举行了 1998 年度战术技术比赛。整个比赛共有 13 个代表队参加，其中 F－15 战斗机代表队 8 个、F－4 战斗机代表队 3 个、F－1 战斗机代表队 2 个。截击比赛以 4 机对 4 机的方式进行，对抗部队由航空自卫队飞行教导队的 F－15 战斗机担任。比赛成绩通过每架飞机座舱前安装的摄相机所拍的现场录相及飞行员所作的战况报告来评定。支援战斗机部队 4 架为一队，比赛对地射击、轰炸和战斗领航。对地轰炸使用 25 磅训练弹，每架飞机各投 4 次，精确度高者为优胜。战斗领航主要看到达会合点及目的地的时间差，最小者为优胜。比赛结束时，航空总队司令向成绩最优秀的代表队颁奖。

日本将部署 F－2 战斗机　据英国《简氏防务周刊》1998 年 6 月 10 日报道，日本防卫厅日前宣布，在 2000 年左右，将在日本青森首次部署 F－2 战斗机。该机是日本和美国在 F－16 战斗机的基础上共同研制的，性能优于 F－16。1988 年开始研制，1995 年首次试飞。

航空自卫队 1997 训练年与美军进行联合训练 52 次　据日本《飞行周刊》1998 年 4 月 22 日报道，航空自卫队日前公布 1997 训练年（1997 年 4 月 1 日～1998 年 3 月 31 日）进行日美联合训练情况。该训练年共进行 52 次日美联合训练。其中大规模实兵训练 4 次，小规模训练 48 次。此外，还参加了由日本参联会组织的日美三军指挥所联合演习。据悉，1998 训练年的日美联合训练，规模和形式基本与 1997 年度相同。

1997 训练年日美举行大规模实兵联合训练情况

序号	时　间	训 练 内 容	参训飞机数量	使 用 基 地
1	1997 年 7 月	防空战斗、战斗机对战斗机空战、航空救生	日：约 170 架 美：约 110 架	千岁、三泽、小松、那霸、硫黄岛、入间、府中
2	1997 年 10 月	防空战斗	日：约 170 架 美：约 20 架	千岁、三泽
3	1997 年 11 月	防空战斗、战斗机对战斗机空战、再次起飞准备	日：约 510 架 美：约 650 架	千岁、三泽、襟裳
4	1998 年 1 月	防空战斗、战斗机对战斗机空战、再次起飞准备	日：约 390 架 美：约 300 架	筑城、新田原、春日

航空自卫队正式装备 E－767 大型空中预警机　据日本《飞行周刊》1998 年 4 月 1 日报道，1998 年 3 月 25 日上午 10 时 45 分，日本从美国定购的 E－767 大型空中预警机准时飞抵日本浜松基地。日本共向美国波音公司定购了 4 架 E－767 大型空中预警机，但这次先移交 2 架，另 2 架计划 98 年末交货。据日本《飞行周刊》1999 年 1 月 13 日报道，这 2 架 E－767 大型空中预警机已于 1999 年 1 月 5 日向日方移交完毕。该机设备先进，被称为“空中防空指挥所”，集早期预警、指挥、控制、通信于一体，能在 9000 米高度对方圆 1000 千米区域实施有效警戒，可同时指挥、引导数百架飞机遂行空中作战任务，使目前防空效率提高 15～30 倍。

日拟派遣战斗机参加海外训练　据日本《航空爱好者》1998 年第 10 期报道，日本防卫厅日前决定，计划于 1999 年夏天派出 F－15 战斗机部队参加美国空军在关岛安德森基地举行的训练。训练科目为战斗机对战斗机空战和电子战等。参演飞机在 10 架以内，由日本本土起飞，不空中加油，经硫黄岛直飞关岛。

航空自卫队 1999 年海外训练计划　据日本《飞行周刊》（1998 年 9 月 9 日）报道，航空自卫队根据 1999 年度预算，提出该年度海外训练计划：一是在关岛进行日美联合训练。按照新的规定，日本航空自卫队将派 6 架 F－15 战斗机、2 架 E－2C 早期预警机、若干架 C－130 运输机参加，主要演练在日本国内难于进行的电子战。二是派 C－130 运输机部队、地面防空部队参加美国空军在阿拉斯加举行的“对抗雷”演习。

日本计划在 2000 年成立空中机动旅 据日本《航空情报》1998 年第 4 期报道，作为军队改革的一项重要内容，日本陆上自卫队计划在 2000 年成立空中机动旅，编制人员 4000 名，各种直升机 29 架。具体为：CH－47JA 直升机 8 架、UH－60JA×8 架、OH－6D（OH－1）×5 架、AH－1S×8 架。相比之下，美国陆军第 1 空中骑兵师在 1965 年 7 月成立时，编制人员 15787 名，各种直升机 428 架，日本空中机动旅的规模比美国空中骑兵师小得多。

航空自卫队举办 1998 年度航空训练展示 据日本《飞行周刊》（1998 年 11 月 11 日）报道，日本航空自卫队于 10 月 24 日在百里基地举办了 1998 年度航空训练展示。目的是向日本国民汇报部队的训练成果，求得国民的理解和支持，提高航空自卫队在日本国民中的威望。展示分地面和空中两大部分。地面展示是展览部队的新装备，如 U－4 多用途支援飞机、ASM－2 空舰导弹等。空中展示的内容有：多机种混合编队飞行、F－15 战斗机紧急起飞和高难机动、F－1 和 F－4EJ 的模拟地靶射击、RF－4 的空中侦察（航拍照片随后展出）、物资空投、UH－60J 的航空救生、F－2 战斗机和 E－767 早期空中预警机的飞行表演和“蓝色冲击波”特技飞行表演队的表演。

航空自卫队派遣运输机前往越南、印度尼西亚等国进行飞行训练 据日本《飞行周刊》1999 年 2 月 10 日报道，为提高运输机部队执行国际紧急救援任务的空运能力，航空自卫队从 1999 年 2 月 2～10 日，派遣运输机前往东南亚和大洋州地区进行国外飞行训练。国外飞行训练自 1994 年以来每年进行 1 次，目的是熟悉国际航线，掌握有关国家机场状况，提高部队国外飞行能力。这次国外飞行训练由第 1 运输航空队副司令担任指挥官，46 名官兵分乘 2 架 C－130H 运输机前往。飞行航线是：从小牧起飞，经日本那霸到越南岘港、胡志明市、进入斯里兰卡的科伦坡和印度尼西亚的苏腊巴亚，最后再经那霸回到小牧。

航空自卫队与美国空军实施共同训练 据日本《飞行周刊》1999 年 2 月 10 日报道，航空自卫队在九州和东北部地区分别与驻日美军举行日美共同训练。九州地区的共同训练于 1999 年 2 月 15～26 日举行。主要演练防空作战、战斗机空战、再次起飞准备等项目。航空自卫队出动 F－15、F－4、F－1、RF－4、E－2C 等各型飞机 34 架；美国空军出动 F－15、F－16、E－3C、RC－135、KC－135 等各型飞机 19 架。东北部地区的共同训练，重点演练防空作战，航空自卫队出动 F－15、F－4、F－1、E－2C 等各型飞机 25 架；美国空军出动 F－16 战斗机 8 架。此外，航空自卫队“爱国者”地空导弹防空部队也参加训练。

航空自卫队 1998 年培训各类学员 11000 人 据日本《飞行周刊》1998 年 8 月 19 日报道，日本航空自卫队正式公布了航空教育集团 1998 年度各类人员培训计划。1998 年共计培训各类人员 11000 名，其中：一般教育 4550 人、新兵 1700 人、军士 2300 人、预提军官 550 人、飞行教育 320 人（第 1 初级驾驶训练 110 人、第 2 初级驾驶训练 80 人、基本驾驶训练 60 人、战斗驾驶训练 60 人、其他 10 人），技术教育 6350 人（第 1 技术学校 1900 人、第 2 技术学校 950 人、第 3 技术学校 1800 人、第 4 技术学校 800 人、第 5 技术学校 900 人）

（伊贵玺）

海上自卫队训练 综述 1998 年是日本海上自卫队实施新中期 5 年（1996～2000 年）建军计划的第 3 年，也是承前启后加速部队发展的一年。为了推进部队战斗力建设，保持部队稳定的整体素质，一年来，大力加强部队训练，并按照 1997 年底制订的 1998 年业务计划所提出的训练目标和任务，认真抓好落实。其基本情况和特点如下：

舰艇部队训练 （1）深化训练改革。随着宙斯盾驱逐舰陆续服役，原有的舰艇装备及其教育训练体制逐渐不协调。为此，作为联合舰队的直辖部门、专门对水面舰艇部队从事训练指导和训练支援的开发指导队群，为适应新形势下的训练指导，今年以来，积极研究训练改革措施，实施“新训练指导法”。9 月 1 日制定了“舰艇部队技能训练及其实施标准”，经海上自卫队参谋部批准颁发部队实施。同时，8 月 27 日，在训练支援舰吾妻号保障下，开发指导队群组织江田岛第 11 海上训练指导队、9 月 16～17 日，在鞍马号保障下，组织佐世保战术训练装置运用队、10 月 26～27 日，在峰云舰保障下组织舞鹤第 4 海上训练指导队，分别进行以基础训练为重点的检验性考核。目的是在新的形势下，评估舰艇训练成果，检查部队技能训练的管理及应急态势，为今后的教育训练和业务开展打下基础。

（2）强调护卫队群集中训练。护卫队群亦即“八八舰队”，是一种海上战术编组。1998 年 3 月，第 4 艘宙斯盾驱逐舰长海号服役后，四个护卫队群均有 1 艘宙斯盾驱逐舰在役。为提高中远海综合作战能力，今年强调护卫队群集中训练。截至 12 月 14 日，各护卫队群分别训练 3～4 次，累计参训舰艇 100～120 艘。如第四护卫队群 7 月 15 日在相模湾举行训练，参训驱逐舰 7 艘、潜艇 1 艘、补给舰 1 艘，飞机 9 架，主要科目有对海、对空攻击，海空协同，海上补给，反潜搜索与攻击等。为了加强水面舰艇部队训练管理，3 月，还调整了水面舰艇部队驻地，凡各护卫队群及其下属的各护卫队不驻泊在一个基地港口的，原则上均调整到一个港口基地。

(3)重视远洋航海实习训练。为了增进与各国的友好关系，提高远洋作战能力，在加强日常训练的同时，重视远洋航海实习训练的实施。4月20日，由练习舰鹿岛号和多用途驱逐舰泽雾号组成的远航编队，载3月由院校毕业实习学员160人(含女军人12人)，连同舰员共570人离东京港晴海码头，实施远航，9月11日返回东京港。历时145天，先后对美国、巴拿马、委内瑞拉、巴西、阿根廷、多米尼加、哥伦比亚、墨西哥8国13个港口进行了访问和参观活动。此次远航的主要特点：一是思想重视，组织严密。远航前，进行充分准备。在国内近海先后进行两次适应性航海实习。第1次于1月17日～2月26日实施，两舰连同第1练习队的另2艘练习舰，共4艘舰只(不载学员)由本州出发，顺时针绕日本一周；第2次于3月21日～4月18日进行，两舰(载学员)由本州逆时针绕日本一周训练。远航编队启航和返航时，日防卫厅事务次官、参联会主席、海上自卫队参谋长等到码头送迎。二是航程远。累计航行距离3.18万海里(约合5.88万千米)，是1984年后航行距离最远的一次。三是充分运用海上航行时间实施各种训练。此次远航，历时145天，其中停靠码头34天，占23%，海上航行111天，占77%。航行中经常进行部署操演和损管作业，在此基础上实施各种战术训练，驶离夏威夷海区时，还与美海军潜艇和P-3C型飞机共同进行反潜、防空、反舰作战演练和数据链通讯训练。

(4)大力开展与外军的双边训练。全年，利用外国舰艇(不含驻日美海军)访日和日舰艇出访之机，大力开展双边训练活动。共有法国、新加坡、英国、加拿大、泰国、新西兰、菲律宾、澳大利亚、韩国等9国的19艘舰艇访日。日本除远航外也派出17艘舰艇和潜艇出访了美国、泰国、韩国、菲律宾和俄罗斯等国。在外国舰艇访日时，日共出动舰艇17艘迎送，并与其分别进行双边训练，既发展了与各国的友好关系，又了解掌握了各国海军有关战术。特别值得一提的是，利用7月24～28日2艘日舰访问海参崴之机，于7月29日，日俄双方在日本海北部、海参崴以东390千米海区，首次进行了双方联合海上搜救训练。日方参训舰船3艘，飞机7架；俄方参训舰只2艘，飞机2架。训练内容：双方舰机联合搜救遇难船只。训练分两个阶段：第1阶段，海上机动，通讯；第2阶段，设想日油船发生火灾，双方舰机收到求救信号后共同搜索救助，其中俄方负责北纬42度线以北海区，北纬42度线以南由日方负责。搜索到目标后，出动舰载直升机在油船甲板上空悬停抢救人员，然后灭火作业。为搞好训练，双方曾于5月29～30日和7月6～8日召开两次协调会。

(5)导弹武器战术训练进入“实战”状态。为加强金刚级宙斯盾驱逐舰和村雨级新型多用途驱逐舰(有小宙斯盾之称)等高技术装备系统的教育训练，3月1日，联合航队诱导武器教育训练队成功地研制了“宙斯盾系统情报显示装置”(1993年第1艘金刚号服役时开始研制)。该装置是一种性能先进的模拟装置，主要训练宙斯盾驱逐舰各部位人员熟练操作和排除故障。它由情报显示屏幕、数字显示器、情报显示信标、控制信标和数字转换器等组成。它的研制成功，标志着宙斯盾武器系统训练从以往的图上推演、纸上谈兵的传统模式进入高科技条件下海上局部战争的“实战”状态，使新式武器训练迈上一个新的台阶。与此同时，为尽快掌握宙斯盾武器系统，3月10日～4月15日，诱导武器训练队举办了该系统人员培训班，人员包括少校至上校，主要是宙斯盾驱逐舰舰长、副舰长、枪炮长、护卫队群司令等，共184人。另外，海上自卫队军官学校和第1术科学校等院校，年内还广泛采用训练模拟装置，并于6月15日和23日分别进行战术图上演练。与以往沙盘作业相比，训练模拟装置模拟海上作战显得逼真，效果好。

(6)专业训练突出特色和技术含量。今年除正常实施潜艇训练和反潜训练外，为了提高反潜作战能力，潜艇舰队横须贺和佐世保战术训练装置运用队，分别于2月17～26日和7月7～16日首次举办反潜战术训练班。横须贺训练班参训人员60余人，对象是装备拖曳式变深声纳舰艇的反潜技术人员。训练分两个阶段进行。第1阶段是变深声纳应用，并利用岸上装置实习；第2阶段是讲授潜艇战术概要，然后使用训练装置展示用潜艇攻击潜艇的战术。佐世保训练班培训对象是从护卫舰队选拔的巡逻长、反潜指挥官、雷达员、声纳手、共39人。培训内容有拖曳式声纳探测、声纳浮标布放、反潜直升机攻击战术等。扫雷训练全年共进行5次，参训扫布雷舰艇80艘次，飞机45架次。主要特点：一是突出“空水一体”舰机联合扫雷。第111航空队作为唯一的航空扫雷部队在水雷战演练中发挥了突出作用。7月19日，MH-53E8627号扫雷直升机由扫雷母舰浦贺号返降基地，从而达到安全训练飞行1500小时。7月25日，8625号扫雷直升机在浦贺号上降落，使该舰起降训练已达300次。现在MH-53E型机可以拖带MK-106型复合扫雷具，通过母舰补油可以进行长时间扫雷作业。二是着力进行自航式扫雷具训练。为了清扫浅水区水雷，3月25日，新组建第101扫雷队，由2艘扫雷管制艇组成。扫雷时，管制艇拖带从瑞典引进的自航式扫雷具(长18米，宽6.1米，速度8节，续航力330海里)，驶到扫雷海区，然后由自航式扫雷具自行扫雷。5月20日～6月25日，该2艘艇基本上均在广岛湾浅海区进行自动扫雷训练，7月份后又转到其他浅海区训练。年内，较大规模登陆运输训练共实施 6 次，参训舰艇 11 艘次。主要特点：一是充分利用海上运输时机进行登陆训练。如 2 月 23 日，第一运输队 3 艘坦克登陆舰同时向琉黄岛运送重型机械装备和物资。由于琉黄岛停靠设备简陋，无法停靠卸货，3 舰便分别进行抢滩登陆卸载作业，这既是一次海上运输，也是一次实地抢滩登陆演练。二是新装备列编后进行突击训练。3 月，大型登陆运输舰大隅号（长 178 米、宽 25.8 米、高 17 米，标准排水量 9800 吨）开始服役。这是一种因直升机航母舰型可起到两栖攻击舰功能，而引起周边国家关注的新型舰只，尾部搭载 2 艘气垫登陆艇。该登陆艇是从美国引进的新装备，排水量 180 吨，长 26.8 米，宽 14.3 米，速度达 40 节，可搭载 1 辆 90 式重型坦克。大隅号服役后，为使新装备尽快形成战斗力，重点进行突击训练。主要是：5～6 月份在伊豆群岛海区进行的连续训练；7 月 5～8 日参加“北方机动演习”；8～9 月实施连续训练；11 月 21 日参加大岛地区的防灾训练。上述训练的重点是利用气垫登陆艇反复进行抢滩登陆。

飞行部队训练　（1）开训早，参训兵力多。1998 年 1 月 6 日，海上自卫队各航空群开始新的一年的训练活动，开训时间早于往年，且参训兵力多。其中第 1 航空群（驻九州鹿屋）参训 P－3C 型机 6 架，UH－60J 型机 3 架；第 2 航空群（驻八户）参训 P－3C 型机 2 架；第 5 航空群（驻冲绳那霸）出动 P－3C 型机 6 架；第 21 航空群（馆山）参训 SH－60J 机 9 架；第 22 航空群出动 SH－60J 机 6 架；第 31 航空群（岩国）参训 P－3C 机 4 架，US－1 水上救难机、EP－3 电子战机、U－36A 型训练支援机和 LC－90 联络机各 1 架；第 111 航空队参训 MH－53E 扫雷直升机 1 架；第 4 航空群（厚木）因机场施工，是日未飞行。参训飞机共有 P－3C 机 18 架，反潜直升机 24 架，其他机种 6 架，合计 8 个机种 48 架飞机（其中作战飞机 43 架，占 70%）。训练在基本飞行基础上，重点加强复杂气象和复杂海区条件下的训练飞行。

（2）进行长时间滞空飞行训练。为了战备需要，在经过充分准备后，组织部队实施长时间滞空飞行训练。1 月 3 日，第 4 航空群 P－3C 第 50 号机和 69 号机起飞训练，其中 50 号机的 4 台发动机作低速巡航飞行，69 号机关闭 1 台发动机，用 3 台发动机巡航飞行。飞行中，各战位人员严格观测各种仪表数据，并推算可能的最大飞行时间和经济速度。最后，50 号机创下一次飞行 14 小时 5 分、69 号机创造 16 小时 40 分的飞行记录，比此前 P－3C 机最大飞行时间延长了 2～4 小时。这是 P－3C 机自 1981 年服役以来 17 年中，首次最长时间滞空飞行，为今后飞行部队加大训练力度打下基础。

（3）加强直升机救难训练。针对 1995～1996 年初连续发生各类直升机飞行事故，为了提高飞行失事时的生存能力，经过充分准备，1998 年各飞行部队普遍加强救难训练。2 月 22～25 日，鹿星救难飞行队在鹿屋西南 76 千米的萨摩硫黄岛进行求生存训练，设想直升机在该岛意外降落时发出航空救难信号，基地立即组织对飞机人员进行搜索救助。3 月 3～5 日，大凑航空队在陆奥市山区进行雪中救难训练，训练设想飞机在冬季山地失事时，飞行员自救、求生及部队对其搜索救助。为提高训练效果，6 月 19 日，位于鹿屋的第一航空群研制了 SH－60J 机逃生训练装置，并经海上自卫队参谋部批准下发部队使用，它由模拟机体装置、电动和油压操纵装置、监视控制装置等组成。它的研制成功对今后救生训练必将产生较大影响。

（4）研制机场管制训练装置。为确保机场安全管理，提高飞行效率，1 月初研制的机场管制训练装置在厚木基地投入使用。这是一种能遂行各种空中交通管制训练的装置，目的是使航空管制人员学习和掌握机场管制知识及技能。该装置性能先进，能设定各种气象条件下的训练环境，选择并控制飞机机种和数量（最大达 100 架），记录和显示飞行训练情况，并制作训练方案。该装置投入使用后，通过管制模拟，可实施飞机起降训练和地面管制训练，训练空域半径为 10 千米，高度达 7000 米。

资料来源：

①日本《海上自卫新闻》1998 年 1～12 月；

②日本《世界舰船》1998 年 1～12 月；

③日本《朝云》1998 年 1～12 月。

（詹玉才）

外洋航海训练　据日本《海上自卫新闻》1998 年 2 月 20 日和 3 月 28 日报道，2 月 20 日，由 1 艘直升机驱逐舰和 3 艘多用途驱逐舰组成的外洋航海训练编队由江田岛启航，进行 1998 年第 1 次外洋航海训练。此次训练由第 4 护卫队群司令任指挥官，参训人员 970 人，其中舰员 870 人、第 31 期干部学校毕业学员 100 人。训练航线：3 月 3 日抵泰国棱挑邑，7 日离。3 月 11 日抵新加坡，15 日离。3 月 23 日抵冲绳胜连，25 日离。3 月 27 日返抵吴港，历时 36 天。编队往返途中进行各种训练和操演活动。

据日本《海上自卫新闻》1998 年 3 月 21 日和 5 月 4 日报道，3 月 21 日，载第 50 期军官候补生学校 70 名毕业学员的 1998 年第 2 次外洋航海实习训练编队离江田岛启航。此次训练由第 25 护卫队司令任指挥官，参训驱逐舰 2 艘，潜艇 1 艘。具体航线是：3 月 28 日抵父岛二见港，31 日离；4 月 6 日抵关岛阿勃拉港，10 日离；4 月 18 日抵马尼拉港，22 日离；4 月 28 日抵冲绳胜连港，30 日离；5 月 3 日返抵横须贺港，历时 44 天。编队往返途中进行各种战斗操演、防火、损管及补给等训练和实习活动。

特别反潜训练 据日本《海上自卫新闻》1998年1月24日和2月3日报道，1月24日～2月1日，日本海上自卫队和美国海军在日本山阴海面举行1998年第1次、也是双方自1957年开始以来第99次特别反潜训练，日方参训舰艇有驱逐舰2艘、潜艇2艘、补给舰1艘、飞机若干架；美方有巡洋舰1艘、驱逐舰4艘、潜艇1艘。主要科目有反潜搜索与攻击，海上补给、通信。

据日本《海上自卫新闻》1998年7月7日和7月10日报道，7月7～9日，日本海上自卫队和美海军在横须贺至吴港海区进行1998年第2次、也是自1957年开始以来双方第100次特别反潜训练，由第4护卫队群司令任统裁官。参训舰艇：日方驱逐舰2艘、潜艇1艘、补给舰1艘；美驱逐舰1艘。训练科目有反潜、补给、直升机在舰上起降、战术运动、通信等。训练中双方人员进行交换参观实习活动。

扫雷训练 据日本《朝云》1998年7月9日和14日报道，7月7～12日，第1扫雷队群在日本太平洋沿岸的十胜海域进行扫雷训练，参训舰艇有扫雷舰1艘、扫雷艇5艘。训练内容：在设定的训练海区敷设训练水雷，各扫雷舰艇按要领实施扫雷。此种扫雷队一级的训练自1994年开始实施，1998年是第5次进行。

特别扫雷训练 据日本《世界舰船》1998年5月号报道，2月15～27日，日本海上自卫队和美海军在周防滩举行特别扫雷训练。日方参训舰艇有扫雷母舰2艘、扫雷舰艇17艘，共19艘，各型飞机21架；美海军扫雷舰1艘和飞机2架参加了训练。训练科目有：使用训练水雷进行水雷敷设、舰艇扫雷、舰机联合扫雷、水雷扫荡等。这是自1955年以来双方第58次联合扫雷训练。

据日本《海上自卫新闻》1998年7月17日和30日报，7月17～29日，日美双方在陆奥湾联合实施自1955年以来的第59次特别扫雷训练，由日本第1扫雷队群司令任统裁官。参训兵力：日方扫雷母舰2艘、扫雷舰艇23艘共25艘，飞机共22架（其中P－3C机17架、MH－53E扫雷直升机5架）；美方扫雷舰1艘、P－3C机2架参加训练。训练科目：使用训雷进行水雷敷设，扫雷，重点操演了扫雷直升机在扫雷母舰上起降和拖带MK－106型复合扫雷具进行舰机联合扫雷。

据日本《朝云》1998年11月19日和12月2日报道：11月19～30日，日美双方在响滩举行自1955年以来的第60次特别扫雷训练，由日本第2扫雷队群司令任统裁官。参训兵力：日方扫雷母舰2艘，扫雷舰3艘，扫雷艇23艘，共28艘，MH－53E扫雷直升机2架；美方参训水中处理人员4人。训练使用训练水雷进行水雷布放和扫雷。

派舰机赴美训练 据日本《海上自卫新闻》1998年10月12日报道，1998年度日本自卫队人员赴美训练从6月10日～9月18日在夏威夷海域至美西海岸进行（期间参加了“环太平洋”演习）。参训部队由水面舰艇、潜艇和飞行部队3部分组成。水面舰艇有直升机驱逐舰和宙斯盾驱逐舰各1艘，多用途驱逐舰2艘及补给舰1艘，共5艘，人员1040人，于6月19日编队由横须贺启航；潜艇1艘，人员90人，于6月10日离吴港启航；飞行部队有P－3C机5架，人员104人，于7月1日由厚木出发。舰、艇、机抵夏威夷后，分别利用美海军设施实施训练，并与美海军进行联合训练。9月18日，参训部队全部返回日本。

导弹驱逐舰赴美训练 据日本《朝云》1998年11月6日报道，1998年3月服役的第4艘宙斯盾驱逐舰长海号（300人），于11月4日离佐世保港赴夏威夷进行派遣训练。按照惯例，导弹驱逐舰服役后均在当年赴美训练，主要是利用美海军设施进行宙斯盾系统鉴定、试验和发射训练。长海号计划1999年2月10日返回日本。

潜艇赴夏威夷进行派遣训练 据日本《海上自卫新闻》1998年8月28日报道，8月27日，潜艇“若潮”号（95人）由横须贺启航驶夏威夷，从9月中旬至11月中旬在珍珠港利用美海军设施进行3个月的派遣训练，12月初返回日本。这是潜艇自1988年开始以来第43次进行派遣训练。

举行“海之日”检阅考核 据日本《朝云》1998年8月27日报道，7月20日是日本的“海之日”。为此，从7月18日～8月2日，日本海上自卫队在5个地方队驻地分别举行部队检阅考核训练，共有各型舰艇85艘，飞机36架参训。吴港地方队在广岛湾进行检阅考核训练，共有舰艇23艘，飞机18架参加；佐世保地方队在长崎海面进行检阅考核训练，参训舰艇12艘；舞鹤地方队在若狭进行检阅考核训练，有11艘舰艇和9架飞机参加；大凑地方队在陆奥湾进行检阅考核训练，参训舰艇17艘，飞机9架；横须贺地方队在伊势湾进行检阅考核训练，参训舰艇17艘。另有冲绳基地队和佐伯基地队共5艘舰艇参训。检阅考核由各地方队司令任统裁官。主要考核科目有：直升机起降、潜艇下潜上浮、反潜和扫雷要领、海上救难、“博福斯”深水炸弹和各型火炮发射等。

（詹玉才）

军事演习 **陆上自卫队“北方机动特别演习”** 1998年6月20日～8月1日在日本本州地区至北海道途中及矢臼别演习场举行。中部军区司令中谷正宽中将任演习指挥官。参演部队：以陆上自卫队中部军区第3步兵师为骨干，参演人员约3100人，坦克

25 辆，火炮 12 门，各种军车 950 辆。海上自卫队护卫舰队驱逐舰、补给舰和第 1 运输队两栖运输舰等约 20 艘。航空集团 P－3C 型反潜巡逻机 20 架，航空自卫队航空总队战斗机、航空支援集团运输机约 100 架。演习部队分陆、海、空 3 路，向北海道实施长达约 2000 千米的立体机动作战演练。在与海空军实施的综合训练中，重点演练了海上机动时的舰队攻击、舰队防空、海上作战运输、空中作战运输、空地作战等。1998 年 3 月服役的海上自卫队大型运输舰“大隅”号（8900 吨）首次参加演习，并配合陆上自卫队在北海道滨大树演习场实施登陆作战训练。另外，此次演习还首次使用气垫船实施人员和车辆登陆，十分引人注目。该演习始于 1983 年，每年举行 1 次，由驻本州以南的步兵师轮流实施。本演习为第 16 次。

陆上自卫队“富士综合火力演习”　1998 年 9 月 5 日、6 日在静冈县东富士演习场举行。陆上自卫队富士学校校长石飞勇次中将任演习指挥官。参演部队约 1700 人，出动坦克、装甲车等约 60 辆，各种火炮约 70 门，飞机 30 架，其他车辆约 180 辆。演练科目：坦克、火炮实弹射击，空降部队跳伞，直升机技巧飞行，特种部队和侦察部队的行动要领等，并向社会各界约 57000 人展示了陆上自卫队的现代化装备。“富士综合火力演习”每年举行 1 次，本演习为第 40 次。

1998 年度海上自卫队综合演习　1998 年 11 月 5～12 日，在日本海等日本周边海域举行。本演习为 5 年一度的甲级演习。日海上自卫队参谋长和美海军第 7 舰队司令分别任演习总指挥官。自卫舰队司令官山崎真中将任日演习海上作战部队指挥官。日海军参演部队有：自卫舰队、护卫舰队、航空集团、潜艇舰队、第 1 扫雷队群、第 2 扫雷队群、第 1 运输队、教育航空集团、练习舰队、海洋业务群和 5 个地方队（横须贺、吴、佐世保、舞鹤、大凑）等。舰艇约 100 艘，飞机约 180 架，人员约 32000 名。美海军第 7 舰队特混舰队司令蒂莫西·基延少将任美演习海上作战部队指挥官。美海军参演部队有：海军第 7 舰队“小鹰”号航母等舰艇 9 艘，飞机 90 架、人员约 8000 名。演习科目主要有反潜战、防空战、水面战、扫布雷战、电子战、海上补给、应急通信、船团护航、沿岸防御、海上救难等。演习目的在于检验日海军年度训练成果，提高日海军独立作战和日美海军联合保卫日本时的协同作战能力，提高日海军各级指挥官的作战指挥及部队运用能力，检验在新《日美防务合作指针》下“日本周边有事”时的日美海军联合作战预案。本次演习虽是 5 年一度的日海上自卫队甲级大演习，但与上次甲级演习（1993 年）相比，日海军参演人数减少 5000 人，舰艇减少 20 艘，飞机减少 10 架，而且与 1997 年实施的乙级演习相比，参演人员和舰艇也分别减少 2000 人和 20 艘。演习规模缩小的原因：一是受东南亚经济危机的影响，日本经济不景气，1998 年度日本军费开支减少，部队训练演习的经费压缩直接影响到本次演习；二是演习贯彻了“合理、高效、精干”的建军指导思想，注重人与高科技武器装备在演习运用中的实效性。演习中，日海上自卫队补给舰“滨名”号，于 11 日对美导弹巡洋舰“钱斯洛斯维尔”号实施海上补油，体现了新《日美防卫合作指针》中提出的“日美两国军队在实施联合作战时，日军向美军提供油料支援”的联合作战思想。

1998 年度航空总队综合演习　1998 年 9 月 24 日～10 月 13 日，在日本本土及其周边空域举行。航空自卫队航空总队司令竹河内中将任演习指挥官。参演部队有：航空总队，支援集团，教育集团等，中央航空通信群，补给本部，人员约 26000 人，飞机约 290 架。演习分指挥所演习和实兵演习。指挥所演习主要演练各级指挥官的情况判断和部队运用能力；实兵演习主要演练作战准备期间的各种行动、各种空战及伴随空战的后方行动，以及与陆海军的协同作战、与美军的联合作战等。目的在于有组织地演练保卫日本实施空中作战时的各种作战行动，提高航空总队等各部队的作战能力。与美空军的联合训练于 10 月 1 日、2 日、5～7 日在小松北部（G 训练空域）、津轻西部（C 训练空域）两个训练空域实施。主要进行空战演练，美空军第 35 战斗机联队约 40 架 F－16 战斗机参加了训练。本演习始于 1969 年，此次为第 18 次。

航空自卫队参加美国“对抗雷”演习　据日本《飞行周刊》1998 年 7 月 15 日报道，日本航空自卫队于 1998 年 7 月 13～24 日，参加了由美国空军举办的“对抗雷 98－4”演习。该演习在美国阿拉斯加州的埃尔逊、埃尔门多夫空军基地及其周围空域举行。参演的除日本航空自卫队外，还有英国、澳大利亚、新加坡空军。日本航空自卫队今年是第 3 次参加，规模较前两次扩大。参演部队有航空总队：人员 41 名，用 6 套肩射式地空导弹练习器演练防空作战，并对美空军战斗机进行体验飞行；航空支援集团：人员 64 名，C－130H 运输机 3 架，演练低空领航、物资空投、野战机场起降等战术空运项目；航空开发实验集团：人员 2 名，对美空军的早期预警与指挥控制飞机进行体验飞行。

日三军联合实兵演习　于 1998 年 11 月 15 日在东京都小笠原村硫黄岛及其周边海空域举行。自卫队参谋长联席会议主席夏川和也上将任演习总指挥官。参演兵力：参谋长联席会议（含情报本部）人员约 50 名；陆上自卫队参谋部，东部军第 1 师、第 12 师、第 1 空降旅，人员约 350 名；海上自卫队参谋部，自卫舰队，横须贺地方队等，人员约 1800 名，舰艇 11

艘，飞机约 10 架；航空自卫队参谋部，航空总队，航空支援集团等，人员约 150 名，飞机约 10 架。共计人员 2350 名、舰艇 11 艘、飞机约 20 架。演练科目有：登陆、空降、海上船团护航、反潜战、防空战、电子战、登陆后的防空战等。演习目的在于通过联合运用陆海空三军指挥系统提高统一指挥作战能力和三军联合作战运用能力。演习想定：敌入侵日本并占领日本领土，日三军经过短时间的准备后实施反攻作战并夺回领土。在三军联合登陆作战演练中，陆军在海空军的配合下分别从海路和空路实施抢滩登陆和空降作战。陆军空降部队使用空军运输机在敌占领区的内陆空降着陆，陆军地面部队分乘海军的 3 艘运输舰由海上直接登陆，以演练前后夹击作战要领。海空军在指定海域实施了反潜战和防空战演习。

日美陆军联合方面军级指挥所演习 1998 年 1 月 20～29 日，在日本东千岁、旭川两驻地举行。演习代号为“山樱 33”。日陆上自卫队北部军军长矶岛中将和驻日美陆军第 9 战区司令罗伯特·R·西克斯·J 少将分别任演习指挥官。参演部队有：日方北部军司令部，第 6 步兵师，第 1 空降旅，富士教导旅，参谋长联席会议，海上自卫队，航空自卫队，共计约 2000 人；美方驻日美陆军，第 9 战区司令部，第 1 军，空军第 5 战斗机联队，共计约 950 人。此次演习主要演练日美军按各自的指挥系统，采取联合作战行动时的军以下单位的指挥参谋活动。

1998 年 6 月 8～17 日，在美国夏威夷州德鲁西堡举行日美陆军联合方面军级指挥所演习，演习代号为“山樱 34”。日陆上自卫队东部军副参谋长奈良和驻日美陆军参谋长爱德华特·H·利托尔逊分别任演习指挥官。参演部队有：日方陆上自卫队参谋部、东部军共 85 人，参谋长联席会议 11 人，海上自卫队 5 人，航空自卫队 16 人；美方驻日美陆军司令部、第 1 军，共计约 110 人。此次演习主要演练日美军按各自的指挥系统，在采取联合作战行动时的军以下单位的指挥参谋活动。美空军第 5 战斗机联队协助演习。本演习与“山樱 32”相比，规模有所缩小。日美陆军联合方面军级指挥所演习始于 1981 年。从 1982 年起每年举行 2 次。代号为偶数的演习在美国举行，代号为奇数的演习在日本举行。

日美陆军联合实兵演习 1998 年 2 月 16 日～3 月 4 日在日本小谷演习场、弘前演习场举行，代号为“白色闪电 98”。参训部队：日陆上自卫队第 9 步兵师第 38 步兵团，200 人；美陆军第 25 摩步师第 1 团，200 人。演习按照日美军各自指挥系统，实兵演练日美军混合编队时的部队调整、指挥与控制要领，以及实施联合进攻作战时的部队控制、指挥协调要领等。

日美海军联合指挥所演习 1998 年 3 月 16～26 日在美国罗得岛州新港海军大学举行。日海上自卫队参谋部防卫部长齐藤隆重少将和驻日美海军司令米凯尔·D·哈斯金斯少将分别任演习指挥官。参演部队有：日海上自卫队参谋部，自卫舰队，地方队，军官学校，共计 24 人；航空自卫队参谋部，航空总队，共计 5 人；陆上自卫队参谋部 2 人。驻日美海军司令部，第 7 舰队，美海军大学，共计 50 人。演习的目的在于利用美海军大学的现代化设施，图上演练日美海军联合保卫日本实施海上作战时的指挥参谋活动。日美海军联合指挥所演习始于 1988 年，本演习为第 10 次。

日美空军联合指挥所演习 1998 年 7 月 27 日～8 月 2 日在美国阿拉斯加州埃尔门多夫空军基地举行。日航空自卫队参谋部运用课运用第 4 班长渡边至之上校和美空军第 5 战斗机联队（驻日本横田）作战计划处长巴里·库拉蒙多中校分别任演习指挥官。参演部队有：日航空自卫队参谋部、航空总队，共计 14 人；美空军第 5 战斗机联队 5 人。美空军第 11 战斗机联队在演习中进行了支援。演习使用美军现代化设施，按照各自的指挥系统演练日美联合保卫日本实施空中作战时的指挥参谋活动。

日美三军联合指挥所演习 1998 年 2 月 12～20 日，在以日防卫厅所在地桧町地区和美军横田基地为中心的日美各演习实施部队所在地、基地举行。日参谋长联席会议主席夏川和也上将和驻日美军司令约翰·霍尔上将分别任演习指挥官。参演部队有：日方参谋长联席会议，陆、海、空各自卫队参谋部，陆上自卫队各方面军司令部，海上自卫队自卫舰队，各地方队司令部，航空自卫队航空总队司令部，支援集团司令部，补给本部司令部等；美方太平洋军司令部，驻日美军司令部，驻日美陆、海军司令部，空军第 5 战斗机联队司令部，第 3 海军陆战队机动展开部队等。参演人员：日军约 1500 人；美军约 650 人。美军太平洋司令部首次派高级参谋参加。演习使用了美军战略、战区级模拟装置“JTLS”。该装置是美国弗吉尼亚州美军联合作战中心为培养高级指挥参谋人员的作战指挥能力而研制的具有世界先进水平的作战模拟装置。演习目的在于演练为保卫日本日美军采取联合对付行动时的指挥参谋活动，提高日美军合成运用能力。此次演习是 1997 年 9 月日美制定新的《日美防务合作指导方针》后的首次三军联合指挥所演习。演习目的之一，是将演习成果呈报“日美联合作战计划委员会”（BPC），作为其根据新“指针”讨论制定日美联合作战计划的基本依据。本演习始于 1985 年，此次为第 11 次。

日美三军联合实兵演习 1998 年 11 月 2～13 日在日本岩手山演习场、雾岛演习场、大矢野原演习场、北海道大演习场及日本周边海空域举行。日参谋长联席会议主席夏川和也上将与驻日美军司令约翰·

霍尔上将分别任演习指挥官。参演部队有：日方参谋长联席会议，人员 40 名；陆上自卫队参谋部、西部军第 8 师、东北部军第 9 师、北部军第 1 防空导弹旅等，人员约 2000 名；海上自卫队参谋部、自卫舰队等，人员约 1400 名，舰艇 8 艘；航空自卫队参谋部、航空总队、航空支援集团等，人员约 6000 名，飞机约 100 架。美方陆军第 25 步兵师（轻）第 27 步兵团第 1 步兵营，人员约 600 名；海军陆战队第 3 陆战师第 3 陆战团第 3 陆战营，海军陆战队第 12 飞行大队，人员约 600 名，飞机约 15 架；海军第 7 舰队，人员约 8000 名，舰艇约 5 艘，飞机约 75 架；空军第 8 战斗机联队，第 18 战斗机联队，第 35 战斗机联队，人员约 750 名，飞机约 60 架。演习目的在于实兵演练日、美军在保卫日本实施联合作战时的日三军之间及日、美军之间的协同作战要领，提高日、美三军联合作战能力和各级指挥官的作战指挥能力。演练科目有：地面攻防战、陆空协同战、空投支援、侦察支援、海空协同战、水面战、反潜战、防空战、电子战、后勤支援等。本次演习的主要特点：一是演习区域大。演习区域几乎涵盖整个日本本土及其周边海空域。二是演习规模缩小。本次演习与上次日美三军联合实兵演习（1996 年）相比，参演人员减少 3870 人，舰艇减少 4 艘，飞机减少 55 架；其中日军参演兵力与上次相比，人员减少 910 人，舰艇减少 3 艘，飞机减少 30 架。三是在新《日美防务合作指导方针》下演练作战预案。本次演习是新《日美防务合作指导方针》制定后，首次实施的日美三军联合实兵演习，其演练程序完全按新《日美防卫合作指导方针》的要求演练日美实施联合作战时的各种协调要领。日军不仅提供港口、机场等设施，而且在联合作战行动中实施诸如对美舰进行海上补油等各种后勤支援。演习成果拟提供给“日美联合作战计划委员会”，作为其在新指针框架下制定日美联合作战预案的重要依据。日美三军联合实兵演习始于 1986 年，此后于 1992、1994、1996 年各举行 1 次，本演习为第 5 次。

“环太平洋 98”演习　1998 年 7 月 6 日～8 月 6 日在以夏威夷周围海域为中心的中太平洋举行。本次演习由美参谋长联席会议与各参演国部队共同协调，美太平洋总部主持，美海军第 3 舰队具体组织实施。参演国家有美国、日本、澳大利亚、加拿大、韩国和智利六国，舰艇 50 余艘，飞机 200 余架，参演人数共 25000 人。日海军参演部队：第 1 护卫队群、第 3 航空队等，共约 1230 余人。参演舰机：“白根”号、“村雨”号、“春雨”号、“雾岛”号 4 艘驱逐舰、“十和田”号补给舰、“早潮”号潜艇及 P－3C 型巡逻机 5 架。日海上自卫队第 1 护卫队群司令坂上芳洋少将任日特混舰队指挥官。演练科目主要有：海空联合作战、两栖登陆作战、防空战、反潜战、反水面战、电子战、反水雷战、导弹发射、深潜救助、后勤保障（包括海上补给、海上运输控制与保护）、网络战、舰队信息传输等。此次演习的目的在于推进美太平洋总部的“合作与参与”军事战略，提高参演国各种海上作战战术水平和联合作战的能力，并以此加强合作，增进相互间了解。1988～1996 年，日海上自卫队均派出 8 艘护卫舰、1 艘补给舰、1 艘潜艇和 8 架飞机参加演习，而此次参演由于 1998 年度自卫队训练经费削减其规模缩小。本演习始于 1971 年，1972 年后改为每两年 1 次，本次为第 16 次。

资料来源：

①日本《朝云》1998 年版；
②日本《防卫日报》1998 年版；
③日本《海自新闻》1998 年版。

（张洲军）

越南军队军事训练　**综述**　1998 年，越军大力加强军事训练，以提高部队的战术、技术水平和实战能力。从越南报刊报道的有关情况看，越军军事训练主要有以下 3 个特点：

训练的准备充分　为保证训练顺利进行、提高训练效果，越军各部队在军事训练正式开始前做了充分准备：一是根据全军训练大纲，结合本单位特点，制定切合实际的训练计划，并呈报上级职能部门审批；二是积极开展训前动员教育，使每一个干部战士都明确训练工作的方针、任务和要求，提高搞好训练的责任意识；三是举办各类集训班，培训骨干，重点学习军事知识、部队的管理和指挥、训练的组织和方法；四是整修操场、训练场，补充训练物资，维修训练器材，编写训练教案，制作沙盘和各种飞机、舰艇、坦克模型，为训练做好保障工作。

训练的针对性强，适应实战需要　越军总参谋部在年初下达的军事训练大纲中强调：部队训练要贯彻“基本、切实、牢固”的方针，坚持理论与实践、操场与战场相结合；要具有较强的针对性，适应部队作战任务、组织编制、武器装备，作战对象，防区地形特点和越南传统打法的需要，保证部队在任何条件下都能完成“反侵略、反‘和平演变’、反暴乱、反颠覆”的任务。据此，越陆军和边防部队主要进行攻防战术、野外生存、防暴乱训练；空军注重进行短窄跑道起降、夜间复杂气象飞行、外场着陆、空中拦截、航空侦察、对海（地）攻击、反潜、长途奔袭、多机种协同等科目训练；海军重点进行登陆与抗登陆、海上攻击、舰机协同、特工破袭训练；防空军则侧重进行戒备转级、通信联络、部队机动、雷达搜索、电子对抗、指挥引导、捕歼空中目标、导弹发射等科目训练。

注重提高训练质量　为使军事训练取得好的效果，越军各大单位经常派代表团或工作组赴团、营、

连级单位检查、指导训练工作，及时发现训练中存在的问题，分析其原因，研究、制定改进措施，确保训练取得好的效果。定期对训练结果进行考核、验收，哪个单位没有按实战要求达到质量指标，必须重新训练，直至达标。积极开展训练竞赛活动，举行军事会操和技术大比武，并组织部队进行实弹打靶和实兵演习，以促进训练，提高训练质量。

副总参谋长提出军事训练要求 据越《全民国防》杂志 1998 年第 2 期报道：越军副总参谋长阮辉效少将 1 月初，就如何搞好本年度军事训练工作提出如下要求：（1）关于训练方针和目的。阮辉效强调，1998 年度军事训练要继续贯彻“基本、切实、牢固”的方针，适应作战任务、作战对象、防区地形特点、组织编制和武器装备的需要，并符合越南的传统打法。重点搞好营以下单位和个人的基本训练和综合演习。着重提高实战能力，特别是要增强反颠覆、反暴乱和反侵略的能力。（2）关于训练准备。阮辉效说，为保证军事训练顺利进行、提高训练效果，必须做好充分的准备：一是要根据总参谋部下达的训练大纲，制定符合本单位特点、任务的具体训练计划，并报上级批准；二是要组织训前教育，使每一个干部战士都明确训练工作的方针、任务和要求，增强训练的责任意识；三是要组织干部和骨干进行集训，重点学习科学技术、军事知识、部队管理和指挥、训练的组织和方法；四是要准备好操场、训练场、教学用具、物资、器材等，以便全面满足训练的需要。（3）关于训练内容。阮辉效指出，本年度主要组织部队学习军事技术、条令条例。开展攻防战术、协同作战和体能训练，重点搞好“反侵略、反暴乱、反颠覆”训练。同时，要多搞实弹射击训练和实兵演习。（4）关于训练检查。阮辉效称，为促进训练，确保训练质量，必须对团、营、连级单位的训练情况进行定期或突击检查，特别是对训练的重要环节或薄弱环节要进行多次检查。在检查过程中，要客观、准确地评估训练质量，重点查找训练中存在的问题，并深入分析原因，制定改进措施，以促进训练工作的开展。

总参谋长赴海军学院检查训练工作 据越《人民军队》报 1998 年 4 月 18 日报道：越共中央委员、国防部副部长兼总参谋长陶仲历中将最近到海军学院检查训练工作，对学院建设和教育培养工作取得的成绩给予充分肯定，并要求学院加强对教员的培养，经常更新教学方法和内容，不断提高教学质量，把学院建成正规化、现代化的学校，以满足军队建设和保卫祖国的需要。

海军学院培训专业技术士官 据越《人民军队》报 1998 年 8 月 3 日报道：越海军学院近日对 100 名进修的海军专业技术技师士官学员进行毕业考试。此次考试组织严谨、正规、严肃，取得了好成绩。所有学员全部毕业，其中 69%达到优良。

海军 171 舰艇旅政治教育成绩显著 据越《人民军队》报 1998 年 8 月 20 日报道：越海军近日对 171 舰艇旅政治教育情况进行了检查、考核和验收。全旅 96%的士官、战士接受考核，全部合格，其中 71%达到良好或优秀。

海军举行“优秀营长”竞赛 据越《人民军队》报 1998 年 8 月 28 日报道：越海军不久前举行“1998 年优秀营长竞赛”，各部队推选的 38 名营长参加了比赛。组织此次竞赛，旨在检验各营长的组织指挥、管理和训练部队的能力，总结、交流有计划培养营级干部、提高干部培养质量的经验。此次竞赛的内容丰富、全面、切合实际，主要进行政治、参谋、后勤、特殊技术等 4 个方面能力的考核，并注重检查实际操作能力。通过竞赛，有 3 人荣获“优秀营长”光荣称号。

海军第 3 沿海区组织军医比武及海上急救演练 据越《人民军队》报 1998 年 9 月 4 日报道：越海军第 3 沿海区最近组织了“军医比武及海上急救演练”。主要科目有在野战帐篷中做手术、船甲板上包扎、急救及转运伤员等。通过比武和演练，交流了经验，提高了专业技术水平。

总后举行技术大比武 · 据越《人民军队》报 1998 年 10 月 7 日报道：越军总后勤局所属运输局、油料局和机要处于 9 月 30 日～10 月 2 日举行了技术大比武。由于准备充分，组织周密，比武取得了较好的效果。

海军培训预备役部队 据越南《人民军队》报 1998 年 11 月 2 日报道，越海军 171 舰艇旅近期对头顿市部分预备役部队进行了培训。尽管训练条件艰苦，但参训人员充满信心，情绪高昂，认真学习，严格训练，取得了很好的成绩。经考核，参训人员 100%达到合格，其中 80%优良。这支预备役部队“一旦接到命令即可编入各战舰中参加战斗”。

资料来源：

越南《人民军队报》、《全民国防》杂志 1998 年 1～12 月。

（钟学良）

泰国军队军事训练 泰军现行的训练体制仿效美国，各军兵种所属院校以及各训练中心全部采用美式训练教材和训练方法。训练内容主要包括：诸军兵种协同作战，军、师、团、营、连各级的阵地攻防作战，反暴乱、反恐怖作战，夜战、丛林作战和两栖登陆作战等。训练方式主要有：院校教育、部队训练、出国培训。其中，军官和专业人员以院校教育和出国培训为主，士兵以部队训练为主。

院校教育 泰军建立了不同层次和各种专业的完善的院校体系。这些院校的主要训练科目有战略战术、指挥业务、参谋业务、诸军兵种协同战术、特种作战、心理战、情报与反情报、外语、新式武器使用等。训练方式以室内教学为主，部分院校有短期野外实习和国外考察。此外，各军、兵种和省、府军区还定期和不定期开设各种训练班。目前，泰国每年军事学员的数量为3.5万人。

部队训练 新兵训练始于1987年，新兵入伍后有1个月的时间适应部队生活，然后才开训。首先进行11～16周的基础训练，而后转入专业训练。部队训练以野外训练为主。陆军主要进行连级战术训练，年终组织营规模协同演习，以检验和巩固训练成果。从1989年起，根据“卫国计划”，加强了团级作战部队的实地实战协同演习。海军的训练方式主要为枪炮射击训练和军校学员海上实习训练，主要演习科目有扫雷、战术、通信、反潜和两栖登陆等。空军主要进行改装训练、战术技术训练和合同训练。其中，战术技术训练与带实战背景的演习相结合，是空军部队训练的主要形式。泰军每年举行一次三军联合演习，以提高部队的指挥能力和诸军兵种协同作战能力。

出国培训 根据美国“国防军事教育援助计划”，泰军每年派出约300名军官和士兵（其中士兵为100名）赴美接受各级指挥业务和各种专业技术教育培训。根据与澳大利亚达成的国防援助计划以及与德国、英国、法国、以色列、印度、印度尼西亚、菲律宾、新加坡等国达成的双边军事合作计划，泰军每年约派出100多人到上述国家学习海上联合作战、炮兵、防空、陆战、通信、后勤、特种作战、作战情报、军事工程、后备役管理等专业技术。

改革教育训练体制 据泰国陆军电视台1998年3月17日报道，为造就现代化的军人，实现高素质人与高技术兵器的最佳结合，泰军将改革教育训练体制。除保留军种性较强的院校外，将对其他院校进行合并或撤销，设立三军联合的各类军事院校，并增设新的专业，侧重对官兵文化素质、科技素质、知识结构进行多层次培养。此外，还将仿照美军建立一个供陆海空共同使用的“国家训练中心”。

资料来源：

①1998年泰国陆军电视台报道；
②1998年泰国《泰叻报》；
③1998年泰国《腊泰》杂志。

（孟　丽）

英国特种部队军事训练 英国军队特种部队，即第22特别空勤团，是英国陆军的一支特种独立部队，由陆军参谋长直接指挥。特种部队实施多科目、大强度、高标准的严格训练，实行严格的淘汰制，以确保特种部队的训练素质和战斗力。

人员选拔严格，淘汰率高 英军特种部队是英军中唯一不直接从社会公开招募兵员的部队，其成员选自英陆军各兵种中30岁以下、军龄2年以上的士兵以及34岁以下的军官。入选者必须具备5个条件：（1）纯血统的英国国籍；（2）自愿参加的原则；（3）刻苦耐劳、英勇顽强、敢于冒险、不怕牺牲以及爱国主义精神；（4）健康的体魄、天资聪慧和良好的组织纪律；（5）孤胆作战、以一当十的过硬军事素质和技术素质。所有精选出来的报名者，首先来到22团的常驻地赫里德，进行细致的体检、体能测验以及心理稳定性测试。接着开始以下5项测试：第1项是应试者每20人为一组到威尔士作3周“旅行”，途中背包重量不断加重，到第3周每昼夜步行达15小时。第2项，测试内容大致不变，不过只是“单兵教练”。第3项是白天爬山，上下山3次。第4项是夜间泅渡，背着背包枪支，衣服顶在头上。第5项是在极其异常的条件下，接受生存考验。经过从体格检查到心理测试的首轮选拔和以后的不同项目测试，最终成为特种部队成员的仅为志愿报名人员总数的十分之一。

训练科目多、难度大、强度高 训练一般采取院校（英军特种部队虽无常设院校，但有训练中心和训练营地）训练、部队训练、检验性演习和实战模拟演练相结合的方式进行，分体能训练和技能训练两大科目。主要训练内容包括：（1）体能训练。包括全副武装越野、攀登、游泳、潜水、滑雪和地面、空中、海上机动时抗疲劳及抗眩晕能力训练等。（2）技能训练。包括跳伞、驾驶车船，使用各种侦察及通信器材，掌握天文地理、识图及定位知识，外语（不少于2门）及医疗常识。（3）军事技术及战术训练。包括各种武器装备的使用以及爆破和擒拿格斗技术的训练；攻坚战、城市巷战、山地战、丛林战、沙滩战、沙漠战、滑雪战、伏击与反伏击战等各种特种作战战法的训练。（4）野战生存训练。主要包括在孤身和饥渴交迫的状态下，处于高温、严寒和无法睡眠休息的恶劣环境中，学会求生办法，以保证体力和生存力，提高耐久力和战斗力。（5）适应性训练。定期到设在大西洋及地中海沿岸、阿尔卑斯山区、北欧严寒地区和非洲高温及沙漠地带的训练营地，进行短期的自然条件及未来作战环境的适应性训练。（6）封闭性实战模拟演练。为确保特种侦察及作战任务的成功和行动的秘密性并达成突然性，每次行动前，特种部队都要进行封闭式的实战模拟演练，力求准备充分，万无一失。上述科目和内容分初、中、高3个训练阶段组织实施，整个训练过程历时1年半到2年。英军规定，只有在初级训练阶段结业考核合格者方可进入中级训练阶段，否则即被淘汰，以此类推。

资料来源：

1998年英国《简氏防务周刊》和1996年俄罗斯《红星报》。

（方友庚）

军 事 后 勤

美国军队后勤 冷战结束后，美军掀起军事革命热潮。在后勤方面，强调将美国商业的最佳管理和组织方法运用于美军后勤之中，目的是减少行政管理和保障组织，节省资源投资于武器装备，同时提高保障效益和效能。1998 年美军积极采取多种措施，推进后勤改革和发展。

美军提出 21 世纪后勤体制设想 《外国军事学术》1999 年第 1 期陈智清、强金宏报道，在人类即将进入 21 世纪之际，美国作为世界超级军事大国，率先进行关于 21 世纪军队后勤发展的研究论证和实验，并已经取得了初步成果。其 21 世纪军队后勤体制的基本设想如下。

建立新的后勤组织系统 美军设想的 21 世纪后勤系统仍划分为战略、战役、战术 3 个层次。战略层次设一名高级“后勤主官”，作为整个后勤系统的单一指挥官对整个后勤系统实施统一指挥。战役层次设“战场后勤部”，并设一名“战场后勤主官”，在高级后勤主官的领导下，对前方后勤保障活动进行指挥、控制和协调。战术层次设“战斗后勤部”，并设一名“战斗后勤主官”，“战斗后勤部”在联合特遣部队的活动范围内，对基层后勤保障系统进行指挥、控制与协调。

构建战场物资补给系统 美军设想的 21 世纪物资补给系统，涵盖从位于战区的卸载港到战斗部队的战区物资补给的全过程。美军构建战场物资补给系统的目的在于，通过现代通信技术，采取从起点直达战斗部队的补给方式，提高物资请领、运输、接收、储存和发放诸过程的速度和准确性，为作战部队提供准确、及时的后勤保障。其最大特点是将所需装备物资直接前送至战斗单位乃至士兵手里，而不是过去的逐级前送。

美军 21 世纪战场物资补给系统的组织机构将是：在战区指挥链上的每一级都设置单一的物资补给管理者，即由一个部门将过去由几个人分散管理的运输、补给、维修和其他保障职能统管起来。单一补给管理者可以使用战场指挥通信渠道，了解作战的情况，掌握必要的指挥信息，因而能够准确预测，甚至预先在战场上配置所需补给品。

改革野战后勤部队编成 21 世纪，美军将建设一支“兵力投送型陆军部队”。与此相适应，美陆军的野战后勤部队也将从编制体制上进行一系列调整和改革。对于 21 世纪野战后勤部队建设，美军确定的方向是：“通过多功能、模块式、机动化的编成，最大限度地提高保障效率”。初步设想是：军后勤保障部下设若干机动保障大队，机动保障大队下辖 2 个保障营。1 个机动保障大队可保障 1 个师。机动保障大队拥有向机动突击部队（师）实施直达运输补给的能力，如模块式弹药连（可展开 1 个弹药补给所和 3 个弹药转运站）、模块式军需连等。美军关于 21 世纪师属后勤部队的初步设想是：（一）将师保障部所属补给与运输营、卫生营、维修营等改编为 4 个具有综合保障能力的多功能营。（二）减少营属后勤人员，加强师保障部。（三）在师保障部所属前方保障营内编设一个基地保障连，负责对所有得不到营属前方保障连保障的旅属部队提供保障。营属后勤分队，美军的初步设想是，组建提供营级保障的前方保障连。该方案设想将师属各战斗营所属各连的后勤保障分队合并为一个前方保障连，由其对各战斗营遂行建制直接保障。据美军称，该方案的目的是，通过组建多功能型的前方保障连对战斗营提供一体化、多功能的后勤保障，从而实现后勤保障的高效率和高效益。

增强战略投送能力 美军将增强战略投送能力作为 21 世纪“实现战略目标和取得决定性胜利的关键”。为此，美军将从战略海运力量、战略空运力量以及美国本土基地到港口的运输能力等方面，全面加强战略机动力量。

在战略海运力量建设方面，美军的近期发展目标是，到 2001 年，将陆军的预置船队从目前的 14 艘增至 16 艘，将 31 艘滚装船和 8 艘快速海运船增至 55 艘；海军陆战队的预置船队将从目前的 13 艘增至 16 艘，并改进和增强预置船的装卸能力。

在战略空运力量方面，美军确定了战区间空运能力 4900～5200 万吨英里/日的发展目标。为此，美军在未来几年将采购 120 架 C-17 战略运输机，并为运输机研制一种空中多点加油系统。

在提高从本土基地到港口的运输能力方面，美军计划：一是改进基地和仓库等基础设施；二是采购铁路车皮和集装箱；三是研制和采购用于海岸后勤作业的陆军船艇。

利用高新技术改进后勤指挥与管理系统 在 21

世纪的美军后勤发展设想中，除利用高新技术全面发展各类后勤装备外，还打算利用数字化信息技术、电子计算机技术、卫星通信技术等，重点改进后勤指挥与管理系统，使后勤指挥与管理的各个方面发生根本性变化。一是能够适时了解所有的作战后勤信息。二是能够准确地预见作战部队的各种后勤需求。三是能够对作战部队的后勤需求迅速作出反应。四是后勤指挥与管理的工作效率的提高，将主要体现在反应的高速度和所提供保障的准确性上。美军在设计 21 世纪后勤时，始终把着眼点放在提高整个后勤活动过程的速度和准确性上，强调未来的后勤必须是能够"提供世界一流保障的无缝隙的后勤系统"，能够为 21 世纪部队提供聚焦的后勤保障。

（郑华光）

1999 财年国防预算　据英国《简氏防务周刊》1998 年 2 月 11 日报道，美国国防部于 2 月 2 日公布了 1999 财年国防预算。国防部提交的新财年国防预算为 2573 亿美元。1999 财年国防预算的分配情况如下：陆军 638 亿美元；海军/海军陆战队 813 亿美元；空军 767 亿美元；国防部下属机构为 354 亿美元。国防部长科恩强调，1999 财年增加 10 亿美元的作战与维持费是作为"积极行动"的一部分，以保证修理勤务和修理零配件得到专款。1999 财年，空军的作战与维持费为 240 亿美元，研制与开发费为 93 亿美元，装备采购费 115 亿美元；海军的作战与维持费为 258 亿美元，装备采购费为 200 亿美元，研制与开发费为 80 亿美元；陆军的作战与维持费为 209 亿美元，采购费为 82 亿美元，研制与开发费为 48 美元。

《1998 财年国防报告》提出加强后勤建设的措施　美国《1998 财年国防报告》在 1998 财年经费保障不足的情况下，为加强后勤建设和提高后勤保障效率和效益，提出以下几条措施。第一，尽量减少武器系统的全寿命周期维持费。通过使用新技术，减少武器系统和装备的维持费用，目前，国防部副部长后勤帮办办公室正在制订这方面的计划。第二，减少后勤设施。国防部已制定一系列政策、程序和方法，最大限度地压缩后勤设施的规模。按照"基地关并报告 95"的计划，到 2001 年，储存场的总数量将减到 19 个。第三，缩短后勤反应时间。为了以更少的后勤基础设施，对一支规模更少、机动性更强的部队提供充分的保障，国防部将继续执行缩短后勤反应时间的改革计划。缩短后勤反应时间旨在用较少的资金保持目前的战备水平，增强用户对国防部后勤系统的信心，减少库存品的运输需要。第四，扩大"全资产可见性"系统的使用范围。目前，国防部已把"全资产可见性"系统的使用范围扩大到各种补给品、各级部队和各种人员。该系统有助于国防部各系统及时而准确地了解各种后勤信息，包括物资、部队、人员、装备和补给品的情况，以及资产的位置和在运状况，后勤系统利用这些信息可以提高后勤工作效率。第五，利用私营企业和外部资源。国防部正在努力寻找机会，通过利用外部资源和使某些后勤职能商业化，以加强保障能力和减少后勤设施，使国防部有关部门和工业部门能以灵活方式满足 21 世纪全球范围的后勤需求。第六，建立无缝隙后勤系统。无缝隙后勤系统是与国家信息系统和国防部信息系统连接，使用共同数据和电子商业标准进行后勤保障的系统。这种新系统是依靠灵活性和准确信息，在规定的时间内向最终用户提供各种保障。第七，重新设计运输程序。21 世纪美军的运输目标是具备到达全球任何地方的运输能力和建立跨越美国本土的运输系统；运输系统必须快速反应，与工业部门结成一个整体，共同保证部队的战备和持续作战能力。为达到此目标，国防部打算重新设计运输程序，使国防部的运输程序紧密结合后勤保障和人员部署的需要，对整个军队提供持续的和无缝隙的保障。

国防改革计划确定后勤改革内容　据美国《陆军后勤》杂志 1998 年 3～4 月号报道，1997 年 11 月，国防部长科恩宣布了《国防改革计划》，该计划旨在将美国商业的最佳管理和组织方法运用于国防部。目标是减少行政管理和保障组织，节省出资源投资于武器装备，同时提高保障效益和效能。《国防改革计划》中与后勤有关的内容包括以下几个方面：

采用最佳商业惯例　把商业界的经验运用到国防部业务之中。这些计划包括下列内容：（1）到 2000 年 1 月 1 日，所有大型武器系统的合同工作，包括选择承包商、合同起草和管理，以及支付和核算，都将实行电子化。（2）在合同管理中，国防部将充分利用电子资金转账方法。1996 财年，国防部大的合同支付系统中的 57% 的支付是通过电子手段完成的。（3）到 2000 财年，国防部的 90% 的小采购（2500 美元以下）将使用国际商业购买授权卡。国际商业购买授权卡是一种商业信用卡。政府机构用这种信用卡可直接从供应商购买产品和服务，不用再通过采购办公室提交申请。（4）增加使用电子目录和"购物商场"采购产品和服务。国防后勤局已经启动一个"电子商场"，使用户可查询和订购数百万美元的国防部物品和商品。（5）继续发展为武器系统提供保障的无纸环境。到 2000 年 1 月 1 日，85%（现为 63%）的技术手册和 80%（现为 48%）的技术图纸将以电子方式提供。（6）到 1999 年 1 月 1 日，国防部将停止印刷所有的国防部条例和教范，而是通过因特网或只读光盘获取。（7）到 2000 财年，国防后勤局计划增加使用供货商直接供货，从 32% 增加到 40%。按照供货商直接供货概念，国防部与单一的供货商签订合同，由它采购和储存补给品，并按需将补给品交付国防部用户。(8)继续加快“及时”后勤建设。按照这一概念，与供货商和运输者所订合同，可保证物品当军事用户需要时交付，从而使用户不必为应付急需储存大量的物资器材。国防部正在开发一个系统，它能提供补给品和装备的全部可见性。该系统已经装备美国大西洋司令部、中央司令部和欧洲司令部，计划在2000年全部开通运行。(9)1998年4月份，国防部将开始执行一个新的管理临时出差的简化分散程序。该程序去年在25个试验项目中进行测试，将于2000年10月在国防部全面实施。(10)对家庭用品的搬运进行改革。一项称为“成员搬家”计划将允许军队人员选择最能满足其搬家需要的当地搬运公司，而不是为其分配搬运公司。将简化军人搬家手续，并将把补偿率从80%增加到95%，以便为军人提供更大的财政刺激，鼓励自己搬家。

通过竞争实现合理化 国防部将利用市场竞争力实现更高的效益。在这方面有两个主要计划：一是在政府组织和私营部门之间继续采用竞争方式；二是在仓库维修方面最充分地采用竞争方式。到1999年，国防部将对全部文职和军职人员的工作性质进行评估，以查明哪些职能属商业性质，可按A－76程序开放竞争。国防部将把重点放在以下职能：剩余资产的处理，国防储备的售卖，出租资产的管理，药品测试实验室的运营，以及人事勤务的提供和文职人员、军职退休人员及领年金者的工资的发放。国防部认为，许多仓库级维修由私营部门实施可节约大量经费。国防部将在法律许可的范围内，利用政府组织和私营部门之间的竞争，提高仓库维修效益。

撤销不需要的基础设施 国防部将执行若干计划，以减少其基础设施和相关费用的数量：(1)要求国会授权在2001和2005年再进行两轮基地调整和关闭。前四轮的基地调整和关闭行动（1988、1991、1993和1995年）共关闭97个大型军事设施，调整55个大型军事设施，在2001财年后，年节约56亿美元。(2)寻求把作业职能合并在更少的较大设施。合并的主要候选单位是国防信息系统局的巨型中心、国防财会局办事处、实验室、测试和鉴定设施。国防部还将分析跨军事设施、大单位和军种实现共享地区保障的可能性。(3)增加资金，以便到2003财年能拆毁5万座不需要的建筑。(4)请求国会授权利用私营部门修缮和更新不适用的军用住房。国防部希望在1998财年使3500套单元住房私有化，到1999财年使1.5万套单元住房私有化，到2000财年使3万套单元住房私有化。(5)在军事设施的公用设施方面，国防部将重点管理能源而不是动力基础设施。为了达到这一目标，国防部将使用最近国会给予的授权，积极推进公用（电、天然气、水和废水）系统的私营化。到目前为止，25个系统已经私营化，45个系统正在进行私营化，147个系统正处于研究之中，506个系统留待研究。按照一个相关计划，国防后勤局的国防燃料补给中心将变成国防能源管理中心。该中心将负责军事设施间按地区原则对能源进行综合管理的计划。

制定1998年后勤战略计划 据因特网报道，美国国防部制定了1998年后勤战略计划，该计划涵盖美国与国防部后勤有关的所有层次、机构和过程。它可为后勤过程的运作提供指导。该计划旨在将国防部范围共同的注意力和资源，集中于改进对用户的后勤保障上。这样做可以提高该过程的效益。它还通过如“聚焦后勤”这样的新举措，来大幅度改进现有的战备和维持能力。该计划的主要内容包括：对后勤的基本要求，后勤任务、后勤用户的需求，后勤建设与改革的内容，以及对今后5年和10年内的后勤发展规划对后勤的基本要求。该计划提出了以下几条：(1)后勤目标将支持国防部的战备工作以及兵力、武器系统、装备和人员的维持能力。(2)后勤各个过程必须通过及时、机动、经济有效的世界范围的分发能力提供高质量的产品和勤务。这种分发能力能够维持统一的、联合的以及多国的军事与和平时期的行动。(3)后勤的组织机构必须与采购负责人密切合作，以使武器系统和装备在研制、生产和操作运用阶段的整个寿命周期内的成本最佳化。(4)对后勤支援提供者的选择要以“最佳价值”和可负担能力分析为基础，在公共与私营部门来源之间达成准确的平衡。(5)整个后勤系统必须全力支援从和平时期到紧急情况和战时行动的顺利过渡。(6)必须在各个层次建立能满足客户支援目标的最低水平的库存量和库存成本，其位置还必须易于向客户快速发货。(7)后勤改进方案应集中于过程变革上并吸取最好的行业惯例。(8)在任何可能的时候都要精简并合并后勤机构。要减少或取消后勤过程中不必要的、不经济的、或多余的部分、周期和层次。(9)必须尽量向所有用户提供准确、及时而有质量的后勤信息。(10)做后勤资源投资决定时，应总是考虑成本和业绩这两项内容。在可能的地方还要考虑武器系统或装备生命周期内的动作与支援性能及成本因素。(11)后勤人员必须接受良好的训练并提供最先进又可行的技术。(12)衡量业绩，要以和平时期和战时对客户支援的改进，以及总后勤成本削减程度为基础。

在后勤建设与改革方面，该计划提出以下项目：(1)确保作战物资的战备状态和兵力的维持。(2)精简后勤永久性设施包括相关的财务和采购程序。(3)重新设计行业惯例，以增加效益同时降低后勤资源需求。(4)使后勤社会化、私营化、或通过公私竞争而对后勤过程和设施的削减达到尽善尽美。(5)结合战备目标使库存水平降到最低程度。(6)缩短后勤周期和反应时间。(7) 削减整个武器系统生命周期内的后勤作战与支援 (O&S) 成本。(8) 最大限度地利用采购改革。(9) 消除不必要的军事标准和规格并与工业系统密切合作，以建立既有益于商业部门又有益于政府所属单位的商业标准。(10) 把对后勤方面的可补给能力和特征性/预兆性的考虑，融入武器和装备的设计之中。(11) 使后勤设施的规模适于支援核心需求，消除多余的机构。(12) 运用最好的行业惯例。(13) 有效地运用各种新的技术来改进工作并降低成本。(14) 为各个层次的决策人提供及时、准确、并且有用的管理信息，作为共享信息环境的一部分。(15) 为主要后勤过程、信息技术现代化和改进方案建立并监测主要的业绩与成本衡量标准。(16) 提高后勤工作队伍的有效性。

改革物资采购方法 据美国《空军时报》1997年4月14日报道，美军对采购工作进行了改革，并准备将节约的经费用于改善部队的日常生活。国防部负责采购与技术的副部长列举了以下3种物资采购方法的改革：(1) 食堂食品。过去，国防部预先成批采购食品，储存在仓库，根据部队需求几个月后才分发到食堂。改革后，国防部通过与食品供应商谈判确定价目单，食堂人员可根据价目单提前48小时预订食品，供应商直接将食品送到食堂。这样，食品既便宜又新鲜，还可使仓库空出，供作它用。(2) 直升机部件。过去，从开始订货到收到部件常常需要270天。为了满足部队需求，国防部只好预先向厂家订货，储存在仓库，部队需要时再从仓库获得。然而，仓库又不是总有货，国防后勤局的后方仓库在85%的时间内有货，15%的时间内无货，如果什么东西都要多储备，花费又太大。现在，国防部4000架直升机所需部件的四分之一，由国防部预先与贝尔直升机公司签订价格合同，部队需要部件时只要通知直升机公司运货时间和目的地即可。这样，部队需求的95%可得到满足，不需要中间商和库房，从而实现时间和经费的节约。(3) 医药品。过去，从订货到收到货需7～10天，中间也需仓库存放。现在，直接向供应商订货，24小时内就可得到所需药品，既可节省时间，又可节省人力和经费。

国防后勤局进行机构改革 据因特网报道，国防后勤局于1997年12月开始改组其司令部，计划于1998年2月完成。主要改变有：国防后勤局的器材管理处改为国防后勤保障部；采办处并入现在的国防合同管理部。国防后勤局官员说，这次改组将使该局在将来处于更为恰当的位置，使之与其他保障作战人员的机构更加趋于一致。国防后勤保障部成立后，国防部就有了一个明确的提供所需后勤保障的机构。国防后勤保障部将负责管理分布在美国、欧洲和太平洋地区的国防再利用与销售处、国防分发中心、国防全国储备中心和国防保障中心。即将进行的其他机构改革包括：原信息勤务处更名为总信息办公室；原战略计划与应急作战处更名为计划与运筹处；原军事人事处划归公司管理人事资源办公室。

这次改组还在审计长办公室成立财务规划与综合组，并将原规划小组划入该机构。另外，国防自动印刷与保障中心，现在成为国防后勤局的一级野战机构。

计划大规模利用地方私有企业承担后勤任务 据美国《海军时报》1997年3月27日报道，美国防部正考虑在未来的7年中，将目前由各军种人员和国防部文职人员担任的16万份工作，由私营承包商承担。目前正在论证这种可能性。由于经费减少，人员缩编，各军种不得不寻找各种办法缓解经费和人员不足给工作带来的困难。国防部的大部分工作是由文职人员承担的，国防部大约有80万文职人员和150万现役军人。自1990年以来，文职人员的数量减少了26%，现役军人数量减少了29%。为解决人员不足和工作量过大的矛盾，美军计划在1997～2003年间，将15万到16万人的工作移交外部力量承担。这些工作大部分是后勤工作和公共事务，包括基地补给和运输，车辆、装备和建筑物的维修。

陆军从1997年3月开始，签订将大约1万份工作交给地方私营企业承担的合同。保障单位把此种方法作为节省经费的一个有效途径，节省下来的钱将用在其他方面，如更新武器系统并使其现代化。国防部1997年的一份调查报告表明，将成千上万名军人和文职人员从事的部分工作交给地方承包商，每年可节省300亿美元。但是，也有些人认为，对此行动所产生的效益估计过高或者期望值过大。

关闭49个国防物资再利用与销售办事处 据因特网报道，美国防后勤局宣布，已选定49个国防物资再利用与销售办事处在1998～1999年予以关闭。新的关闭计划将涉及25个州，影响350名雇员。从2000年开始，希望能将国防物资再利用与销售办事处总的管理费用削减1/3，每年约节省3500～4000万美元。大多数大的军事设施，都设有国防物资再利用与销售办事处。它负责接收、暂时储存和处理各军种不再需要或能用的财物，如车辆、被装和家俱。这次关闭49个国防物资再利用与销售办事处，加上先前的国防物资再利用与销售办事处改编和基地改组与关闭行动，将使国防物资再利用与销售办事处在1998～1999财年的关闭数达70个。继续运营的国防物资再利用与销售办事处仍有68个。

国防后勤局举办客户展览会 据因特网报道，1998年5月27～28日，国防后勤局将于弗吉尼亚州的诺福克主办主题为"保障作战人员"的客户展览会。展览会的主要内容有：商品展示和为国防后勤局的军方与民间客户提供实用信息的专题讨论会。国防后勤局的客户包括来自国防部机关、各军种、其他联邦机构和有资格的外国政府的补给人员、后勤人员和经理人员等。展览会的专题培训班有：通过电子商场保障作战人员需求、万维网上的申请状况、理解定价政策、再利用（如何处理过剩物资）、直供商保障、在运物资可见性以及武器系统保障等。来自国防后勤局各部门的代表亲临现场，回答客户提出的问题，帮助新客户获取该局的补给或勤务，并讨论新产品以及客户保障方面的革新。

国防后勤局国防燃料补给中心更名为国防能源保障中心 据因特网报道，国防后勤局国防燃料补给中心，于1998年1月16日更名为国防能源保障中心。更名的决定是根据国防部《国防改革计划指令21》作出的。国防燃料补给中心设在贝尔沃堡，原来的任务是向国防部和联邦政府机构提供价值37亿多美元的石油制品。更名后，该中心的任务将有所增加，其中包括合并国防部地区能源业务。其新的使命主要涉及国防部的总体能源管理目标——使军事设施的总体能源需求的供需平衡达到最优化。国防能源保障中心，已受命制定实施总体能源管理地区示范计划，并在1998年6月1日前交国防管理委员会审查。加利福尼亚、得克萨斯和中西/东北走廊被制定为3个示范地区。

圣安东尼奥国防分发仓库移交地方公司管理 据因特网报道，1998年3月13日，圣安东尼奥国防分发仓库被移交给EG&G管理服务公司管理。设在波士顿的EG&G公司于1997年12月获得开展该仓库业务的合同。该公司已雇用了该仓库的一些工作人员，其中127名为全日工，27名为零工。这将使该仓库的雇员留在圣安东尼奥地区，使该公司有经验丰富的人员继续保障凯利空军基地的空军后勤中心。

1995年，基地调整与关闭委员会建议关闭国防后勤局圣安东尼奥分发仓库。1997年，国防后勤局决定用承包商执行圣安东尼奥分发仓库的分发任务，期限至2001年7月，此举为的是省钱和帮助雇员转到私营企业就业。根据合同规定，EG&G公司将不仅管理该仓库的业务，而且也能充分利用凯利空军基地的设施为它的商业用户提供服务。尽管EG&G公司负责该仓库的业务，包括对圣安东尼奥空军后勤中心提供保障，但国防后勤局仍负责对合同的监督。合同为期1年，到2001年7月13日可以续签3次，每次1年，圣安东尼奥仓库的掩蔽储存面积为377.1万平方英尺，露天储存面积为176.5万平方英尺。

降低41个医疗单位的规格 据美国《空军时报》1997年12月8日报道，为节约经费，加强对医院系统的管理，美国防部审计长办公室提出，将国防部管理的93所医院和15个大型医疗中心降格。根据国防部审计长办公室的初步预算计划，到2002年9月30日可能有35所医院要降格为门诊所，有6个医疗中心要降格为医院。计划降格的35所医院都是比较小的，平均每个医院每天只有14个住院病人。据国防部审计长办公室的报告，将这35个小医院改为门诊所以后，到2002年预计每年可节约1.31亿美元。计划降格的6个医疗中心没有多少医疗专家，住院医生和医科学生也很少，而且这6个医疗中心与其它医疗中心或地方医院相比也是效率低、费用高。将这6个医疗中心降格为医院后，预计到2002年每年可节约1.92亿美元。在计划降格的35个医院中空军占29个；6个降格的医疗中心中空军占4个。

陆军器材部确定若干改革项目 据美国《陆军时报》1997年10月20日报道，陆军器材部部长约尼·威尔逊上将提出陆军后勤今后改革的若干重要项目：第一，在陆军器材部众多的仓库、军械厂、弹药厂、研究、测试和采购单位利用互联网。与利用互联网有关的改革计划还有：在后勤与补给作业中推广信用卡；在武器系统上使用各种传感器，在某一组件发生故障前就能发出预警，以此代替过去维修保障中的故障诊断。第二，对一些大型武器装备，试行由私营承包商负责其全寿命后勤管理。例如对于M－109A6榴弹炮，正与一家公司协商签订合同，由该公司管其库存零配件，并负责通知军方，何时该型火炮应进厂维修，何时应进行改装。第三，由器材部通信与电子局牵头，致力于减轻陆军在蓄电池上的供应负担。不同规格的蓄电池不仅耗费相当的资金，而且给各级作战部队的后勤人员带来沉重的供给负担。通信与电子局正与科技界协作，寻求延长电瓶使用寿命，减轻供应负担的方法。第四，将近10亿美元的武器与装备系统的研究、开发与采购管理，由陆军部下放给器材部各有关局。例如，效用直升机、“毒刺”导弹系统等项目划归航空与导弹局管理；作战机动系统、重型突击舟桥、各型作战与后勤车辆等项目划归坦克、机动车辆与军械局；全球定位系统、联合战术通信系统、信息战系统等项目，列入通信与电子局编制。

陆军成立部署保障部 据美国《装备力量杂志》1998年12月号报道，美陆军于1998年10月成立了一个新的司令部，其职责是管理美军全球范围内的军事物资运输。这个总部设在弗吉尼亚州尤斯蒂斯堡的新设司令部称为部署保障部，由三军共同配备人员，隶属于陆军的军事交通管理司令部。军事交通管理司令部是美国运输司令部下属的主要地面运输单位。美国运输司令部下属机构还有海军的军事海运司令部和空军的空中机动司令部。部署保障部负责以前由加利福尼亚州奥克兰陆军基地和新泽西州贝永军事远洋终端协调的地面运输勤务。根据1995年的基地调整与关闭法，这些设施预定于2001年7月关闭。新司令部的职责包括：管理国防部在美国本土、阿拉斯加、中南美和加勒比地区的地面货物运输；接替铁路的国防货运船队；确保陆军后备队的 20 个和海军后备队的 2 个运输分队，做好对国家突发事件作出快速反应的准备。现在部署保障部大约有 200 名军职和文职人员在尤斯蒂斯堡工作。该部第一任部长威廉 E·莫腾森说，他希望到 6 月份其总部的 477 名建制人员能够配齐。该部还有 513 名人员固定性地在东海岸、西海岸和墨西哥湾海岸各港口工作，并准备到巴拿马和波多黎各遂行作业。

陆军士兵系统司令部成立一体化物资管理中心　据美国《陆军后勤》杂志 1998 年 1～2 月号报道，1997 年 10 月 1 日，位于马萨诸塞州纳蒂克的陆军士兵系统司令部，新建一体化物资管理中心。该中心是根据 1995 年基地调整与关闭委员会的一项关于单兵装备管理职能，从航空与部队司令部，向陆军士兵系统司令部转移的决定成立的。一体化物资管理中心，将向陆军士兵提供全方位的后勤保障。它将成为陆军士兵系统司令部在物品、装备、系统、中央分发机构、被服始发站和军服销售店等领域与士兵联系的纽带。它是陆军士兵系统司令部纳蒂克研究发展与工程中心所研制的各种物资装备的管理机构，包括软硬材质方仓、空投装备、野战勤务装备（野战厨房、洗衣房、厕所及沐浴设备等）、“力量提供者”系统配套物品、被服及单兵装备等。一体化物资管理中心，将成为陆军专用被服、单兵装备的物品控制中心，有权对陆军中央分发机构、被服销售店、以及驻地洗衣房等单位进行监督。

陆军试行调动搬家的对外承包　据美国《陆军后勤》杂志 1998 年 1～2 月号报道，为了改进对正式调动的军人及其家属的搬家保障，陆军正在试验对外承包军人搬家运输服务的可行性。陆军与马里兰州 HFS 机动服务公司签订一项合同，在佐治亚州哈恩特陆军机场试行提供搬家服务。该公司将从装载到运抵对私人财产进行全程跟踪，并且向军人们随时报告其托运物品的状况。在试验期间，军事设施副官处向承包商提供调动命令的文本，然后承包商指派搬运协调员与每个调动者联系。承包商为军人们安排搬家，提供质量控制，审核运输公司发货单，进行所有文书工作，并且负责每个月向陆军传送一次前一个月的运费帐单。承包商甚至帮助军人租用住房或临时住处，还在需要时帮助他们出租原来的房屋。承包商负责搬家的一个额外好处是那些被丢失或损坏的房用物品可能得到全额赔偿，而按军方赔偿系统，只能部分赔偿军人搬家过程中丢失或损坏的物品，最高上限为 4 万美元。承包商管理系统按完全相当的价值赔偿丢失或损坏的物品，最高可达 7.5 万美元。军人可直接向承包商索赔，从而节省了军人的赔偿费用。试验结果将由陆军审计局进行评定，以决定该系统是否应在全军采用。

提高军人基本工资　据美国《空军时报》1997 年 12 月 1 日报道，克林顿总统批准了美军 1998 年国防授权法案。根据该法案，从 1998 年 1 月 1 日起军人的基本薪金提高 2.8%。根据军人的军衔和服役年限不同，其增加的幅度为 25～233 美元不等。另据美国《陆军时报》1998 年 8 月 31 日报道，1998 年 8 月 20 日美国政府宣布，计划在 2000 年为军人增加薪金 4.4%，为 18 年来最大涨幅，也是第一次超过文职人员平均工资增长的幅度。这次加薪将有助于缩小军人与文职人员之间 13.5% 的薪金差距。1998 年政府预算中包括 3.9% 的文职人员工资平均增长幅度，而 1999 财年才为军人增薪 3.6%。即使到 2000 年军人薪金增加 4.4%，其与文职人员平均工资的差距仍高达 13%，要完全消除这一差距将需要很长时间，明后两年增薪意味着服役 10 年的军士每月可多拿 150 美元，服役 12 年的少校每月增加 320 美元。

改革军人津贴制度　据美国《海军时报》1997 年 12 月 8 日和 1998 年 1 月 5 日报道，1998 年或在今后几年中，美国军人的某些津贴的标准将有所提高，同时还将有新的津贴项目出台。克林顿总统于 1998 年 11 月 18 日签署的国防授权法案批准提高军人的一些津贴标准。提高标准的津贴项目有：(1) 夫妻分居补贴。夫妻分居补贴标准将从每月 75 美元增加到 100 美元。(2) 危险工作津贴。危险工作津贴从每月 110 美元增加到 150 美元。从事具有多种危险工作的，其津贴最高为每月 225 美元。(3) 飞行津贴。职业飞行军官最高年持续飞行津贴，由 1.2 万美元提高到 2.5 万美元，增加了 1.3 万美元。另外，将服役 14～22 年的飞行员的飞行津贴，从 650 美元增加到每月 840 美元。上述新的津贴标准将于 1999 年初生效。此外，还新增加了两项津贴：(1) 职业出海津贴。为在舰船上工作的军人继续发放职业出海津贴。但该津贴将分为两类：第一类是在海上工作的专职人员；第二类是非专职出海人员。上述人员如随舰船出海或在舰船上每天连续工作 8 小时，可得到阶段性职业出海津贴。(2) 艰苦职务补贴。数额为每月 300 美元，发给离家出外执行意外任务的军人，它可能取代过去的外地就职津贴。(3) 家庭成员旅程费。在军事法庭开庭时，如需军人的家属到庭的话，按新的规定，传唤机构须支付其旅差费。为鼓励熟练专业人员再次服役，政府还将要求有关部门一次性向每一名同意再次服役的熟练专业人员提供 2 万美元的奖金。国防部还准备对居住在营区以外的军人规定一个分担房费的新比率。从 1999 年起，军人只从自己的腰包中掏出 15% 的住房费，而现在军人要负担 20% 的住房费。此外，1998 年有 40 万士兵增加伙食津贴，每日为

9.30美元；20～25岁的单身军官的伙食津贴每月增为211.30美元。

改善士兵住房条件 据美国《陆军后勤》杂志1998年3～4月号报道，美军正实施的45个营房项目，将为世界各地20个军事设施的1.2万名单身士兵提供全新或改建的营房。这些项目计划至2012年止，每年提供5亿美元用于营房新建和改建。届时，所有单身士兵都将住进新建或改建的营房。国防部长1995年批准的建筑标准规定，中士以下士兵住房配备单人卧室，共用卫生间和勤务间；军士长与上士士兵住房要大一些，包括单人卧室、起居室、卫生间和勤务间。新建、改建营房还将按士兵等级配备家具。据负责设施管理的助理参谋长办公室营房处称，新的营房标准既考虑到单身士兵的生活需要和对隐私权的要求，又能维护单位的整体性，发展人员之间的友谊和协作。尽管预算紧缩和资源短缺，陆军仍致力于提高士兵的生活质量。

改革军人住房补贴制度 据美国《空军日报》1997年12月1日报道，根据11月18日克林顿总统签署的1998年国防授权法，国防部计划对房租补贴实行改革，将现行的基本房租补贴和不定房租补贴合二而一，改为住房补贴，在今后6年逐步完成。房补改革的最终目的是要达到高消费地区高房补，低消费地区低房补。士兵，尤其是初级士兵其房补要高；军官，尤其是高级军官其房补要低。1998年的房补大体上仍按原方法计算，到1999年开始实施新的计算方法。新的房租补贴将主要依据住在同一地方的地方人员的房租而定，而不是依据军人的报告而定。1997年军人大约负担房租费用的20%，1998年计划保持不变。

提高伙食费和伙食补贴标准 据美国《空军时报》1997年10月20日报道，由于物价上涨和食堂管理费用的增加，美军决定从1998财年即1997年10月1日起提高伙食费。美军食堂伙食费分为两种。一种是标准伙食费，另一种是优待伙食费。伙食费提高以后，新的标准伙食费从1997财年的每日7美元提高到每日8美元，其中早餐从1.5美元提高到1.6美元，中餐和晚餐均从2.75美元提高到3.20美元。优待伙食费从1997年的每日5.5美元增加到6美元，其中早餐从1美元提高到1.2美元，中、晚餐均从2.25美元提高到2.40美元。美军食堂大部分就餐人员都要按标准伙食费交费，只有部分人员按优待伙食费交费，其中包括E1级到E4级的士兵、海上执勤人员、战斗执勤人员和飞行人员的配偶及子女。根据规定，所有军官都可以享受基本伙食补贴。1997财年军官每月的伙食补贴为154.16美元，每天大约为5美元。由于伙食费用的提高，计划从1998年1月起提高基本伙食补贴2.8%。

实行新的伙食补贴办法 据美国《空军时报》1997年12月1日报道，自1998年1月1日起，美军实行新的伙食补贴办法。现行的伙食补贴办法是所有军官和已婚或未婚的住在基地外的士兵，可以享受伙食补贴；住在基地内在军队食堂免费就餐的士兵不享受伙食补贴。新的伙食补贴办法是，现在已享受伙食补贴的军官和士兵，其伙食补贴每月增加4美元；对现在在军队食堂免费就餐的士兵发给每月9美元的伙食补贴，4年后增加到30美元。

改革差旅管理方式 据美国《海军时报》1998年3月5日报道，每年美军大约有700万次公务差旅。1998年开始，美军计划用几年时间对差旅管理方式进行大幅度的改革。1988年国防部开始实施临时公务差旅的新管理系统，差旅人员及其审批官员都会感到更迅速、容易、公正、简便，并且每年还可节省数亿美元差旅费。采用新差旅管理系统的地区包括南、北达柯达、明尼苏达、威斯康星、密执安、肯塔基等中西部11个州，预计有20万名出差人员，由于受原有旅行合同期的限制，要等到2001年才能全面推行。

根据27处驻地2年半的试行，新差旅系统很受欢迎。在试行过程中，国防部将230页的差旅规定简化为17页，出差人员少填许多表格并能更快地报销差旅费。出差人员再也不必拿着一叠公务出差证明进出一个个办公室签字，而是通过办公桌上的电脑就可提出出差申请，让私营旅行社做出费用预计，得到主管人员的审批，并确认预订交通和住宿事项。出差人员返回后，也是使用电脑提交差旅费报销申请，并确定所报费用汇到个人银行帐户还是联邦收费卡帐户，于是款项直接以电子记帐方式自动存入，这使报销进行更快。主管人员有权控制出差预算和审批开支单据。出差命令、旅行日程路线和差旅单据将合并为“差旅记录”的单一文件，审计人员对差旅费用是否符合规定只作随机性抽查，而不必对每次出差的每张单据逐一审查。

为军人注射防炭疽疫苗 据美国《陆军时报》1998年4月13日报道，美国防部计划为240万现役和后备役军人接种防炭疽疫苗。3月3日国防部长科恩命令部署在海湾地区部队的3.65万人立即实施这一计划。作为生物战剂的炭疽菌易于制备，成本较低，便于通过武器发射，在沾染后的24小时内如不及时处治，死亡率可高达99%。美军认为伊拉克已研制出这种生物武器，对美军安全构成最大的威胁，因此首先为中东驻军采取预防措施。试验表明，要在18个月内连续注射6次疫苗才足以抵抗炭疽菌，此后每年还需要再接种一次。这就带来完整确切记录接种情况并妥善保管有关数据等一系列管理问题，对调动频繁的美军尤其困难。此外还要克服官兵的心理障碍。据报道，截止 3 月底，在海湾值勤的 2 艘航母上，已有 14 名海军下士和 2 名空军人员因怀疑疫苗有副作用而拒绝注射，受到包括罚款、开除军籍的纪律处分。

将集装装载系统用于油料和水的补给　据美国《陆军后勤》杂志 1997 年 9～10 月号报道，美军计划用集装装载系统运送油料和水。将集装装载系统用于油料补给，目前有两种设想。第一种是将 5000 加仑的油罐、全套油泵、过滤器、软管和其它设备安装在可载重 22.5 吨的 XM1105 集装装载系统底盘上（此底盘无装载装置，无器材装载吊车，也无自撤收绞车），可使 5000 加仑的油罐车队具有很高的机动性。第二种设想是将 2500 加仑或 3000 加仑的油罐与油泵、过滤器和软管安装在平底台架上；或者将不带油泵、过滤器和软管的 3500 加仑的散装储罐安装在平底台架上。2500 加仑的油料台架，具有与载重 11 吨的 XM1120 高机动性战术卡车装载系统一样的运载能力。一台标准的 M1074/1075 集装装载系统卡车，可把 5000～7000 加仑的油料在 5 分钟内运往战场附近的任何地方。用集装装载系统进行油料供给将是一种理想的方法，目前尚在研究中。新的军队协同兵种支援司令部，同意用集装装载系统对部队供水。因为它有一个机动性强的硬壁散装储罐，能把饮用水补给到营和连。集装装载系统在部队供水方面具有很大优势。

试用便携式野战医院装备　据美国《海军时报》1997 年 12 月 15 日报道，美军研制出一种便于机动和快速展开的小型、便携式外科医疗设备，用于遂行野外医疗任务。这种医疗设备的外形象一个 30×30 英尺的圆顶帐篷，可以被折叠塞进一个 5 英尺宽、5 英尺高、10 英尺长的集装箱内。集装箱展开后可变作帐篷内的一个手术间，箱内备有手术灯。在使用时还可将多个帐篷联在一起，以扩大使用空间。该设备的正式名称为“前方伤病员创伤外科治疗房”。这种医疗设备不仅适用于外科，还可用于流动保健门诊部及药房。这种新的设备小巧玲珑，可以用直升机运送。10 个人可以在 15 分钟内将设备展开。该设备非常适于海军陆战队和陆军执行快速部署任务时使用。它可以在不到半小时内做好施行外科手术的准备。

陆军预备队实施后勤模拟训练　据美国《陆军后勤》杂志 1998 年 3～4 月号报道，美陆军预备队去年 9 月，首次进行了战斗勤务保障训练模拟系统模拟演习。参训的大队指挥军官发现，模拟演习加大了对其所雇人员的压力，使战斗勤务保障训练效果更好。

参加演习的部队代号是第 78 师（演习），所属 5 个战斗勤务保障大队，在 4 个州的 5 个地点进行模拟演习。它们是：宾夕法尼亚州的第 475 军需大队第 300 运输大队；西弗吉尼亚的第 38 军械大队；弗吉尼亚洲的第 390 人事大队、第 300 地区保障大队。第 310 战区陆军地区后勤部派出一个小组，充当第 78 师战斗投送中心的战区保障部。

模拟演习从 9 月 11 日 18 点开始到 9 月 14 日 8 点结束。敌军小组与战斗驱动子系统进行了一系列“战斗”。战斗产生的持续保障需求，被输入战斗勤务保障训练模拟系统的仿真标准陆军管理信息系统，反映出生成的后勤工作量。每日记录被用来了解部队的进展，并核对各大队公布在状况板上的数据是否准确。

由于这次模拟演习十分成功，陆军拟推广这种训练方法。届时，全国的战斗勤务保障部队，可通过负责其演习的师同时参加同一次模拟演习。这将增加训练机会，削减重复演习的费用。

陆军在因特网上开设采办课程　据美国《陆军后勤》1998 年 1～2 月号报道，美国陆军已决定从 1998 年到 2003 财年，每年拨款 5500 万美元，以建立远程教学中心教室，并开设课程。目前，在海外执行维和任务的士兵，已证明远程教学是可行的。驻波斯尼亚美军已通过远程教学接受各种专业训练，机修工已能从美国本土的汽车调度场和航空中心获取维修方面的建议。作为国防采办大学再教育计划的一部分，“简化采办程序课程”目前已上了因特网。学生可在因特网上通过对“简化采办程序课程”的学习更新其知识。位于弗吉尼亚州的陆军后勤管理学院和得克萨斯州的拉克兰空军基地的导师，对被录取学生的学习进度进行监督，并负责解答学生提出的任何问题。学生可通过电子邮件或电话与导师取得联系。通过这种方式，导师还可回答有关技术问题。在因特网上开设“简化采办程序课程”为远程学习这一新事物开辟了新园地。

陆军后勤管理学院启用网上虚拟教室　据美国《陆军后勤》杂志 1998 年 1～2 月号报道，位于弗吉尼亚州利堡的陆军后勤管理学院，最近通过因特网用虚拟教室开展远程教学。使用虚拟教室，学员可在各自单位或家里的计算机上上课，而且学员与教员、学员与学员之间可以经常联系。学员参加由光盘或万维网提供的授课，有类似与同学在一个“班级”或一组一起学习的感觉。学员与教员之间通过电子邮件、网上聊天室及称之为网上寻呼机的程序，在网上建立通讯频道，保持经常的相互联系。

陆军后勤管理学院于 1997 年 10 月 1 日～1998 年 2 月 6 日，在万维网上使用虚拟教室开设第 1 门课：“国防物资再利用与资产营销会计”。每个学员都有“同学”的姓名和电子邮件地址。开课前教员讲授了如何上网“聊天”及如何建立网上寻呼机程序的帐户。学员在最初的交谈课里通过相互自我介绍熟悉通讯系统，以后交谈课每周安排一次。学员每周的作业由教员评分，并在交谈课中进行讲评。研究表明，在虚拟教室上课更易完成网上作业并取得更好的学习效果。陆军后勤管理学院预计，虚拟教室将在各种远程教学方式中独树一帜。（周璞芬）

空军实施机动后勤的3大目标 据美国《空军后勤杂志》1998年第1期报道，美空军主管设施与后勤的副参谋长哈林中将撰文指出，空军后勤改革已成功地从两级维修、精干后勤发展到机动后勤阶段。机动后勤要实现3大目标：一是缩短后勤反应时间，将基于大量库存的供应系统转变为基于运输的供应系统。与费用很高又欠灵活的库存相比，商业和军事运输费用较低而且更机动和更有效，有利于使用当今和未来先进技术实现实时供应。二是建立无缝隙后勤系统，使信息和物资在后勤各职能部门间、建制服务与商业服务系统间、作战与保障单位间及从维修车间到战区总部自由流通，使供应渠道物资可视化，便于后勤管理人员和用户及时作出反应。三是开发和实施两级维修体制，建立以美本土为基地、集中式、定时、反应快的修理与分发系统，使作战部队轻装上阵，更有效使用空运资源，节省大量经费和人力。

（石之英）

空军制定鼓励新、老飞行员继续留队的新计划 据美《空军时报》1998年8月10日报道，为了保留有经验的老飞行员和鼓励新飞行员继续留队服役，美空军制定了鼓励新、老飞行员继续留队的新计划。

一是制定《凤凰飞行员20》服役计划。为解决老飞行员离队后的就业问题，该计划保证飞行员在部队服役的最后3年连续飞行，以免因长期间断飞行而影响飞行员退役时受地方航空公司的雇用。为保证飞行员退役后能尽快适应民航的工作，空军将按照民航飞行的需要，训练飞行员达到以下要求：(1) 等级运输机飞行员的标准；(2) 现行的联邦航空管理局规定的一级身体条件；(3) 具备随机机械师的资格。从1998年10月开始，凡在2001年符合退役条件的飞行员可以参加《凤凰飞行员20》飞行计划，试行一年后，空军将研究该计划是否作为永久性计划。

二是延长飞行服役时间。为吸引新飞行员能在部队服役20年，空军计划从1991年10月1日起，将飞行服役时间延长2年。现在美空军规定飞行员第1期服役时间为8年，延长2年后就是10年。飞行员在服现役之前要先进行一年的训练，在飞行员完成第1期服役任务后就是11年。这样大多数飞行员就达到了晋升少校的条件。被选为晋升少校对象后，一般还要等一年的时间才能正式任命。待任命后，服役时间就到12年。晋升少校后还要服役2年才可离队。这样飞行员的服役时间就达到14年，可能就会吸引更多的飞行员愿意服役到20年再退役。

（李殿选）

空军改革飞行津贴计算方法 据美《空军时报》1999年1月11日报道，美空军改革飞行津贴计算的方法。1998年10月17日以前，空军计算飞行津贴时分两个阶段。第1阶段，按飞行年限计算；第2阶段，待飞行员服役18年后，按服役年限计算。自1998年10月17日起，只按飞行年限计算，不再按服役年限计算。自1998年10月17日，美空军飞行津贴补助标准如下：

飞行年限	飞行津贴（美元/月）
2年以下	125
2年以上	156
3年以上	188
4年以上	206
6年以上	650
14年以上	840
22年以上	585
23年以上	495
24年以上	385
25年以上	250

到1991年10月1日，飞行年限不满6年的军官，必须符合下列不同条件才能领取飞行津贴到不同的服役年限。(1) 飞行服役12年时，实际从事飞行作业9年者，可领取飞行津贴到服役18年；(2) 飞行服役18年时，实际从事飞行作业10年者，可领取飞行津贴到服役22年；(3) 飞行服役18年时，实际从事飞行作业12年者可领取飞行津贴到服役25年。

此外，美军提高“持续飞行津贴”计划已获国会批准，最高持续飞行津贴为每年25000美元，自1998年10月17日生效。根据美军规定，凡第1期飞行合同期满继续签订飞行合同者，都可获得持续飞行津贴；飞行到14年者，可获得最高持续飞行津贴。最高持续飞行津贴的多少各军种有所不同。海军陆战队规定最高持续飞行津贴为每年12000美元，海军为每年19000美元。空军规定，凡签订持续飞行合同一年者，每年可获得6000美元的持续飞行津贴；2年合同者每年可获得9000美元；3年合同者每年可获得12000美元；3年以上、服役到14年者每年可获得最高津贴22000美元。

（李殿选）

空军调整服装补贴 据美《空军时报》1998年10月12日报道，自1998年10月1日起，美军1999财年的服装费平均下降8.9%。因此，空军调整了服装补贴额。

美军实行的是服装费用补贴制。军官自任命之日起，可获得一次性服装补贴200美元，以后则需自费购买军服。士兵服装补贴分为3种：一是初始服装补贴。通常以免费形式将服装袋（内装各种服装品）发给新兵，再发给一定的补贴用于购买服装袋内没有的且是必备的服装品。二是标准服装换发补贴。该补贴发给服役3年以上的士兵，每年发放一次。其计算方法是用服装的总费用除以服装的估计寿命，所得结果即是标准服装换发补助金额。三是基本服装换发补贴。该补贴发给服役3年和3年以下的士兵，每年发放一次。补贴的金额等于标准服装换发补贴的70%。但服役第一年的上半年没有基本服装换发补贴，因此第一年的基本服装换发补贴为正常的一半。

由于1999财年的服装费用降低，士兵服装补贴也相应地减少。空军男士兵的初始服装补贴降到897美元，比1998财年减少6.9%，即66美元。空军女士兵的初始服装补贴降到1105美元，减少5%，即52美元。男士兵的标准服装换发补贴降到266美元，比1998财年减少22美元；基本服装换发补贴降到187美元，减少15美元。空军女士兵的标准服装换发补贴降到302美元，减少22美元；基本服装换发补贴降到212美元，减少15美元。

（李殿选）

空军制定利用民间人力资源计划　据美国《空军时报》1998年2月9日报道，美军制定了一项利用民间人力资源的计划。根据该计划，空军将把大约7%的后勤保障工作转交给民间私人公司。如果民间私人公司证明其从事某项军事工作比军人更有效，空军就可能让该公司接管此项工作。空军参谋长迈克尔·瑞安上将于1997年末，在一份备忘录中提出了转交民间公司的主要工作，其中包括通讯、土木工程，交通、供应、飞机维护、福利与娱乐以及人事服务等工作。但是军队的基本技能工作和政府职能等工作不能交由地方公司管理。例如直接关系到作战和作战保障人员、消防和警卫人员、军乐队成员和仪仗队成员以及海外轮流执勤人员必须为军队人员。直接影响战斗任务的航天作战与导弹作战工作不能转交民间公司。属于政府职能的工作，如制定决策或拨款等工作，必须由政府雇员即军人或文职人员负责。转交工作预计5年后才能开始。对于因利用民间人力资源而失去工作的人员，空军将采取合理调配、组织培训等措施，保证无人因减编而被迫离队。

空军面临弹药短缺问题　据美国《防务新闻》1998年11月8日报道，美国空军的训练正面临着严重的弹药短缺问题。空军将经费的重点投入到购买有形资产上，比如新式飞机，由此导致弹药经费短缺是造成该问题的主要原因。另外，空军对弹药状况缺乏重视也是一个原因。冷战时期，空军储备了大量弹药，但自冷战结束以后，空军的规模已经减少40%。有关专家预计，1999年，空军日常训练将需要190万发30毫米弹药，而实际分配的弹药仅有150万发。为了得到更高的薪水，经验丰富的老飞行员正不断流失，所有的空军中队中约有一半是新飞行员，而新飞行员的训练需要更多的弹药以保证其熟练掌握技术，因此，弹药的需求量不断增加。尽管1999年对弹药的购买增加了资金投入，但至少两年内，弹药短缺问题得不到缓解。

海军陆战队提出“精确后勤”计划　据美国《武装部队杂志》1998年1月号报道，美海军陆战队提出“精确后勤”改革计划，其目的在于降低库存，缩小后勤摊子，为一线部队提供更迅速、灵敏的保障。“精确后勤”改革计划包括的方面很广，其主要内容有：第一，利用自动化手段，加强作战后勤保障。海军陆战队采取的一个关键措施是开发“埃特拉斯”软件，即“物资跟踪后勤与补给系统”，提供有关库存物资、维修活动和相应财务信息的一体化实时可见性。利用信息技术进行跟踪是“精确后勤”计划的核心内容。正是信息技术才使“精确后勤”成为现实。第二，试验新装备并装备部队。海军陆战队正在试验5吨履带式中型换代车辆，车上配备各种电子设备，包括作战中心机动电脑，从而能在战斗地域环境下跟踪运行中的车队。该种车辆计划2000年装备部队。届时，如临时急需运途中的某一箱物资，作战中心就能确定该箱物资装在哪辆车上，通知司机改变原定目的地，而司机赁借车载地图移动显示装备，较容易地找到通往新目标的道路。第三，缩短申运时间。缩短申运时间是“精确后勤”致力解决的重要问题之一，海军陆战队测定这一时间是从用户提出申请到用户收到请领物资为止。采用兰德公司研制的新报告系统，在1998年上半年，可使申运时间平均减少15%。第四，实行直接供货计划。即由外部机构如国防后勤局或私营企业承担物资库存管理。目前大约有4000种“批量”仍供应的消耗性物资，已全部交由国防后勤局管理。医疗物资已全部转交直接供货商管理，解除了监控药品有效期及上交过期物品的麻烦，能收到省人省钱的效果。

海军陆战队计划采购中型战术车辆　据美国《海军陆战队杂志》1998年3月号报道，美海军陆战队计划采购新的中型卡车，以替代目前使用的5吨卡车。目前，海军陆战队正在对两个公司各提供的5辆卡车进行测试，评估其作业能力。在今年4月测试结束后，海军陆战队将于年底与其中一家公司签订固定价格合同。海军陆战队的中型战术车辆计划将增强下述能力：一是载运量更大。中型战术车辆即使拖一门M198型155毫米榴弹炮越野，也能载运7吨多货物，在公路上行驶则能载运15吨货物。二是发动机功率更强。新发动机额定功率为410马力，可使车辆的越野速度接近30英里/小时。现用卡车发动机功率为250马力，越野速度为15英里/小时。三是行驶更平稳。四是越野性能更好。新型卡车的越野机动能力，将胜过海军陆战队的高机动多用途轮式车辆，并能跟上轻型装甲车、两栖突击车和 M1A1 坦克。五是行驶里程更远。新型卡车加满油能行驶 450 英里，比现用卡车的行驶里程大 50%。海军陆战队的采购目标是 7360 辆中型战术车辆，大约花费 10 亿美元。采购的各类车型数量为：5411 辆货车、681 辆加长轴距载重车、522 辆自卸车、369 辆牵引车和 347 辆救险车。

（周璞芬）

美军强化生物战剂医学防护疫苗的研制与贮备 据美《陆军研究开发与采办》杂志 1998 年 7～8 月号报道，美军自第二次世界大战以来，不断推进军队生物战剂医学防护（简称防生）研究，包括发展生物战剂检测手段、疫苗和其他医学产品，并且已有了对人和动物安全有效的疫苗。不过这些产品只限于供应在实验室从事传染菌和毒素研究的人员使用。除已获批准的炭疽疫苗外，其他许多防生医学产品仍属研究中的新药，贮备量和生产能力远不能满足军队防生需要。为增强军队对付生物武器威胁的能力和增加军队防生疫苗的贮备量，美军自 90 年代中期以来，逐步在加紧实施一项联合的防生疫苗研制和采办计划，加强对防生疫苗的研究、生产和贮备。计划从 1997 年底起动，为期 10 年，投资 3.22 亿美元。计划共研制、试验、贮备 18 种防生疫苗（3 种新疫苗、15 种国防部现有疫苗）。研究计划由美国防部生物防御联合计划局（局长）负责管理、实施和协调，由专门为执行此项研究计划新组建的含有多方面专业人才的戴恩波特（Dynport）有限责任公司签约牵头进行研究。这是一项包括基础与应用研究，开发研究、产品设计生产，临床试验，许可证申领，生产，现场或战场使用等完整的研究开发过程。整个研究分 3 个阶段，基础与应用研究和概念探索，在政府研究开发实验里进行，并且军队专用的防生疫苗的研制、生产、贮存要符合美联邦条例法典中食品和药品条款规定的要求。美军当局十分关注其军队遭生物战剂袭击的问题，这项防生疫苗医学研究计划的实施，有望能满足美军对付多种生物战剂（包括战场生物战剂气溶胶）威胁的需要。

（林水成）

美军试验预防腹泻病口服疫苗 据美海军医学杂志 1998 年 4 月号报道，美海军医学研究所的研究人员与美陆军传染病医学研究所及生物制品厂家合作研制成可预防细菌性腹泻的口服疫苗。这种疫苗含有经福尔马林灭活的空肠弯曲菌和新的口服佐剂。研究人员已成功地对之进行了第 1 期临床评价，表明该口服疫苗安全并能产生免疫力。这是一项具有里程碑意义的研究，因为弯曲菌属细菌引起的腹泻病，严重地影响着军队的战斗力。例如在泰国的演习中，美军的腹泻病发生率高达 50%。其中 60%～70% 的病例是由对常用的抗生素有抗药性的弯曲菌属细菌引起，大约可造成 1/3 的腹泻病人缺勤。在美国每年由弯曲菌属细菌引起的腹泻的临床病例，至少有 200 万人。全世界每年发生腹泻的病例也逾 4 亿人。所以为前线部队提供安全有效，给药容易的防腹泻口服疫苗，对军队的战备和任务的完成均具有重要意义。目前正在对上述口服疫苗进行第二期临床试验。

（林水成）

美海军开展乙型肝炎疫苗预防 据美海军医学杂志 1998 年 1～2 月号报道，美圣迭戈海军医学中心正在加强对青少年人群（包括符合军队需要的学生）进行乙型肝炎早期疫苗预防。乙型肝炎病毒仍是目前危害公众健康的主要病原，美国也不例外。乙型肝炎病毒感染者有 1%～2% 急性发作成重症肝炎，有 5%～10% 变成慢性乙肝病毒携带者，后者之中有 25% 将演变成慢性肝炎、肝硬化或肝癌。乙肝病毒是目前已知的人类第 2 大致癌原，仅次于吸烟，占引发肝癌总数的 80%，是世界上癌症死亡的第 3 主因。一生中感染乙肝病毒的时间越早，演变成慢性乙肝病毒携带者的机会越大，目前全世界有 2%～3% 的慢性乙肝病毒携带者，并且每年有近 100 万人死于肝癌。在美国目前有 100～150 万慢性乙肝病毒携带者，每年有 1500 人死于肝癌，有 5000 人死于乙肝病毒引起的肝硬化。目前慢性乙肝只有 40% 的治疗效果且费用昂贵，例如一个疗程（16 周）的 α－干扰素的治疗费需 3700 美元。1981 年起，有了乙型肝炎病毒疫苗，费用为 6.91 美元/剂。可以与 α－干扰素连用。为了达到有效预防，主张从小普遍进行疫苗免疫。自 1991 年起，在美国几乎所有新生儿都要接种乙肝疫苗。1997 年版美国儿科学会的红皮书，号召对所有青少年进行乙肝疫苗免疫。美海军圣迭戈医学中心青少年门诊部，自 1993 年起，在青少年中开展乙肝病毒疫苗预防工作，仅 1996～1997 年头 3 个月即为近 2500 名高中学生进行了乙肝疫苗接种，这不仅可挽救更多年轻生命和节省医治慢性肝炎的社会经济负担，而且更可降低下一代慢性肝炎的发生率和死亡率，因为许多携带乙型肝炎病毒的母体不仅可将病毒传给胎儿，而且几乎所有先天乙肝婴儿最终都将演变成慢性肝炎。

（林水成）

美海军发展加速伤口愈合的新敷料 据美军事医学杂志 1998 年第 163 卷第 9 期报道，美海军医务部队对可加速伤口愈合的新敷料及其作用进行综合评价。所评价的新敷料包括透明薄膜、水胶体敷料、聚氨基甲酸乙酯泡沫、水凝胶敷料、渗出液吸收剂、藻酸盐敷料和复合敷料等。这些敷料中有一些是几乎完全不透气的，有一些是半透气性的，使用这种敷料，伤口和外界存在空气交换。它们的共同特点是可使伤口微小环境保持暖和湿润，维持伤口低氧张力，促进宿主防御物质和巨噬细胞的补充，保持细胞活力，促进成纤维细胞、上皮细胞移动和多种生长因子的释放，促进肉芽生长，加速伤口愈合过程。测试表明，伤口贴敷水胶体敷料病人痛苦最少，舒适度得分最高，伤口菌落数最少，上皮生长最完整，愈合最快，且在水胶体敷料应用伤口的分泌物中分离到生长因子。此外，只需 2～5 天换一次敷料。总之新发展的上述伤口敷料具有许多优点，已证实使用这种保湿敷料确能加速伤口愈合过程，缩短住院时间和降低治疗费用。对烧伤伤面、静脉性、糖尿病性溃疡伤口的治疗颇有益处。

（林水成）

俄罗斯军队后勤　**俄罗斯 1998 年国防费的分配使用**　据俄《红星报》1998 年 2 月 6 日报道，俄 1998 年国防预算为 817650 亿卢布，其中俄联邦武装力量建设和维持费为 794030 亿卢布，在该项费用中，中央机关的费用为 3190 亿卢布，部队的费用为 435525 亿卢布。部队费用又分为以下几项：部队战斗训练和物质技术保障费 92826 亿；军事设施维护和使用费 9420 亿；试验、科研和其他机关的维持费 600 亿；武器装备和国防订购物资的研制、采购、使用和修理费 278484 亿卢布（其中：武器装备采购费 151484 亿，科研、试验和设计费 108000 亿，武器装备、物资的修理和制造费 19000 亿）；国防设施建设费 33000 亿；教育费 1150 亿；医疗保健费 2561 亿；军事改革实施费（其中包括军人复转津贴、安置、住房保障等费用）39950 亿卢布。该预算为国家杜马第 3 读草案，后于 2 月底（第 4 读）获得通过。

（来　斌）

俄军实现区域性联勤　《外国军事学术》1999 年第 4 期黄文寿报道，1989 年，前苏军开始在莫斯科军区进行划区保障的探索与实践。1990 年，油料勤务率先在前苏军实行划区保障，其他勤务也相继进行试点，并取得一定经验。俄军从 1993 年 1 月 1 日起，正式在全军实行划区保障体制。划区保障，就是区域性的联勤保障，即在军区范围内划分保障区，由保障中心对驻区各部队实施统一的物资供应和医疗保障。这一新体制不仅符合俄军改革与建设的总体要求，而且适应国家转入市场经济的新形势和军队新的战略方针，既是军队平时后勤工作的最佳选择，也是战时顺利实施后勤保障的有效途径。

实现区域性联勤　1993 年以前，俄军及前苏军主要实行集中统一的后勤保障体制。其主要特点，一是保障环节多，由总部－军区（方面军）－集团军－师－团－营逐级实施保障；二是缺少横向联系，各军种的通用、专用物资和勤务保障，均由其自成系统的各个后勤环节独立组织实施。此种体制在战争年代和战后的相当长时期里起到了应有的作用，成功地保障了军队平、战时的需要。但其弊端也很明显，主要是机构重叠，职能交叉，保障力量分散，后勤的人力、物力、财力浪费严重，保障效率和经济效益低下，尤其是在市场经济条件下，其弊端就更显突出。

为了适应国际国内的新形势，俄军对其后勤体制进行了改革。实行划区保障体制，即在军区范围内实行区域性联勤。这是俄军建立以来最重要的后勤改革行动之一。俄军后勤按照所担负的任务区分为战略后勤（总部后勤）、战役后勤（军区、集团军后勤）和战术后勤（师、团、营后勤）。目前主要是在中间的战役环节实行联勤，战略和战术环节的后勤体制变化不大，只是对其结构和职能进行了调整。在战役环节实行联勤，使军区范围内的各军兵种部队的后勤力量实现大联合，有利于整体力量优势的充分发挥和经济效益的提高，便于对各部队实施及时有效的保障。最近，俄军已决定将 8 个军区合并为 6 个，并赋予其“战役—战略司令部”的地位和对辖区内各军兵种部队以及内卫、边防等部队的作战指挥权，使联勤保障的条件更加完备。

俄军各军区根据其防区和兵力部署情况、自然地理条件和经济发展状况划分为 3～5 个保障区，每个保障区设 1 个地区保障中心。中心的保障力量以军区的独立物资保障旅、保障基地和仓库为基础组成，同时合并区域内各军兵种部队物资供应机构和医疗单位。中心还下设若干分支机构，负责各地军人及其家属的日常生活保障。保障中心指挥部人员从各军种、军区、集团军后勤机关抽调，以便于后勤工作的组织领导。驻在保障区内的各军兵种部队的后勤保障，不管其隶属关系如何，均由中心统一计划和组织实施。地区后勤保障中心是完全独立的保障实体，通常隶属总部后勤，起中间环节作用，是总部在军区指挥部的代表。保障中心指挥部根据总部和军区的指示、计划和要求，直接对各部队实施物资供应和医疗保障。

对联邦武装力量及其他军队统一实施全面保障　目前在战役环节实行的划区保障，只是实现了武装力量各军种在军区范围内的联勤，其他强力部门的部队尚未纳入其中，联勤的内容也主要是物资供应和医疗保障。在俄军新的改革构想中，将按照联邦所有军队全面联勤的总要求，合并国防部各军种、边防部队、内卫部队、联邦政府通信部队、民防部队、铁道兵部队的后勤保障机构和力量，建立统一的后勤保障系统。该系统的总部领导机关，是统一后勤保障系统委员会。该委员会以武装力量后勤部为基础组建，吸收各军种、强力部门保障领导机关的代表参加。从事物质技术保障领导工作的国防部各总部、总局分别转隶该委员会。

统一后勤保障系统委员会负责统一计划和组织武装力量和各强力部门部队的后勤保障，其在各联邦主体的代表负责与地方政府的联系，在各军区指挥部的代表负责协调部队的保障工作。地区后勤保障中心是统一后勤保障系统的保障实体，武装力量和各强力部门所属的后勤、技术、卫勤等部队和机构均转隶保障中心。军营保障分队是统一后勤保障系统的基层环节，是军营的常设保障机构，负责驻扎在固定军营的部队的全面保障。军营保障分队主要隶属地区后勤保障中心，不隶属部队，只按规定标准向进驻军营的部队提供保障。统一的后勤保障系统只有3个环节，保障程序也很简单：国民经济企业－地区后勤保障中心－军营（部队）。如果这一改革构想得以实现，俄军的联勤范围将进一步扩大，联勤程度将大大提高，地区后勤保障中心将对包括武装力量在内的联邦所有军队统一实施物资供应、技术维修、军交运输及医疗、营房等各项保障。

平战后勤保障机制转换灵活 和平时期，对一定区域内的各军兵种部队实施联勤保障，既是必要的，也是可行的。战时，这一体制如何灵活运转，及时有效地保障部队的需求，是俄军注意研究和解决的一个重要问题。俄军认为，实行划区保障既符合俄军积极防御战略和联合作战思想的要求，也适应国家经济体制变化后的新形势；既有利于后勤的现代化建设，也有利于平战后勤保障机制的灵活转换。

地区后勤保障中心的建立，并未导致后勤编制的扩大，而是促进了建制后勤的建设和发展。各军兵种部队的后勤保障由保障中心负责以后，总部和军区后勤进行了精简整编、结构调整和职能转换。总部后勤主要负责确定后勤的发展战略，实施监督检查，与政府有关部门保持密切联系。军区后勤主要从事后勤的战斗准备和动员准备工作，建立和定期更换储备物资，组织后勤训练等。师、团、营建制后勤机关及其模块式的物质技术保障分队，平时不担负保障任务，而是与战斗分队一道参加军事训练和战备，保持规定量的物资储备。军区及部队后勤平时的保障职能转给固定保障机构以后，撤销了野战后勤中笨重和机动性差的机构和设施，使战役和战术后勤更加精干、机动、高效。

战时，部队建制后勤力量负责战初几天的保障，尔后由后勤保障中心的机动保障部队加强其保障力。按照俄军的设想，战争爆发时，将以保障中心的力量为主组建方面军的后勤第1梯队和第2梯队，新组建的战役机动力量也无需建立保障机构，保障中心的力量完全可以对其机动和作战实施有效保障。这一点已被俄军在车臣的作战所证实。俄军开始在车臣采取军事行动时，北高加索军区的一个地区保障中心立即抽组力量，及时对参战的各军兵种部队实施了有效的后勤保障和技术保障。同时，车臣作战中暴露出来的某些问题也表明，有关战时联勤保障的一些课题还有待深入研究，如保障中心与部队建制后勤的工作衔接、任务区分；战时后勤指挥关系的协调；后方防卫、通信和交通运输的组织等等。

保障效率和经济效益明显 在提高保障效率的同时获得较好的经济效益，是各国军队进行后勤体制改革所追求的共同目标。前苏军主要强调保障效率，对经济效益重视不够。处于市场经济环境中的俄军，也像其他国家军队一样，既重视后勤保障效率的提高，又追求理想的经济效益。俄军认为，经探索、试点后，在90年代初实行的划区保障体制，是新形势下俄军后勤工作的最佳选择。

俄军几年来的实践经验表明，在军区范围内实行联勤保障，可以显著提高后勤工作的效率。（1）简化了供应程序，能及时、快速、高效地保障部队。实行联勤体制，改变了长期采用的总部－军区－兵团－部队这种集中、垂直的逐级保障模式，转而实行分散、自主的划区保障，即由地区后勤保障中心直接供应各军兵种部队。原来由总部和军区掌握的大部分经费和物资转给了保障中心，赋予保障中心财权、物权和管理权，使其能够根据市场情况及时采购物资，灵活自主地就近组织保障。（2）将各军兵种分散的后勤力量集中起来统一使用，便于发挥后勤的整体优势。原来俄军的5大军种、8大军区，内卫部队的7个军区，边防部队的9个军区和民防部队的9个地区中心，都有自己的后勤机关和部队，各自独立组织所属部队的后勤保障，造成人力、物力、财力和运力的极大浪费。如在北高加索地区，各军兵种和各强力部门都有自己用途完全相同的基地、仓库、生活服务企业等保障机构，有的相距只有十几千米甚至几千米，维持着大量从事同样工作的人员，其效能却不能充分发挥。实行联勤保障后，对这些交叉重叠的后勤机构进行了大规模合并和精简，按照联勤保障原则重新编组和配置了后勤机构和设施，使精简后的后勤力量发挥出更大的保障能力。地区后勤保障中心成立以后，随之实行划区后勤指挥，适当分散了后勤指挥权。军区和总部后勤的信息流量随之减少了50%～70%，部队与供应部门的文书往来减少了70%左右，后勤领导机关的事务性工作也大量减少，宏观筹划和政策指导作用明显增强。与此同时，保障中心与各基地、仓库等机构之间的信息量增加，促使保障中心建立计算机网络，通过使用现代化信息技术实现各单位之间的无文书信息交换，提高了后勤指挥管理的自动化水平。

联勤保障所产生的经济效益也十分明显。在物资供应方面，保障中心有权根据市场情况进行竞价采购，买到物美价廉的所需物资。因为是就地采购，就近供应，所以既节约经费，又方便部队，大大缩短了供应物资的时间。如保障中心对驻区各军兵种部队实行油料联供，既节约，又及时，克服了以前各自供应所出现的程序复杂、浪费严重等弊病。在运输方面，减少小型汽车部队数量，组建规模较大的运输部队，由保障中心统一计划和组织各部队的运输，消除了空驶和对流运输现象，节约了经费，方便了部队。如对影片和邮件的领取，以前各单位都要派车，现在用几台车就可以为所有部队服务。在医疗保障方面，削减和合并区域内各军兵种部队的医疗机构，统一配置和管理卫勤力量，使卫勤的人力、物力和技术力量得到最经济的使用，药材供应和医疗救治、卫生防疫水平大大提高。而且，由于消除了门户障碍，各军兵种部队的军人和家属不管其隶属关系如何，都可以就近、就便、及时地得到所需的医疗救护。

（吴凤映）

俄空军财务部部长谈计划外资金的获取和使用　据1998年1月9日《红星报》报道，俄空军财务部长尼古拉·阿尼西莫夫少将在接受采访时指出，1997年空军计划外资金创收1150亿卢布、510万美元、12万德国马克和23.2万法郎。其中71%用于军人建房、买房，12%用于社会福利，17%用于航空技术装备和机场维护。计划外资金的来源：（1）航空货运。仅前10个月空军靠此项收入，就获得980亿卢布和450万美元，且前景看好。（2）军用机场开发。一些没有能力独立维护的军用机场，通过联合来解决经费不足；一些不需要的机场有偿转让；还有的机场开展商业设施租赁。（3）油库、仓库、机库和办公楼出租。这些设施的出租，既获得计划外资金，也使这些设施保持良好状态。（4）出口装备的维修费、培训费和采购费。（5）军用物资的销售和再利用，军队医院和门诊部对外门诊，出售医疗证等。

俄空军后勤保障困难重重　《军队文集》1998年第7期发表谢尔盖·叶弋罗夫的文章，介绍俄空军后勤保障情况：

油料。各类油料完成计划：汽油21%，柴油24%，航空煤油16%。由于油料不足，训练和演习任务大大减少，1998年头几个月歼击航空兵飞行员平均飞行4个小时，只有15%的飞机飞过。

航空材料。航空材料供应缺口很大，作战飞机完好率降至最低点。至少需要发动机101台、各类设备447件套（50多种）、电瓶118部才能修复所有故障飞机。此外，很多装备即将超过使用期限。到2000年无线电技术部队只有10～15%装备能工作，歼击航空兵部队只有47%的飞机能飞行。

机场。机场道面状况恶化，每年只有实际需求5%的资金用于机场维护。至少需要33000块道面板、3300万卢布才能保证机场运转。而1998年全年用于机场、楼房和其它辅助设施修理费只有1700万卢布。

地面设备。机场地面设备配套率81%，主要是1988、1989年生产的，按技术状况已该大修，因无钱而搁置。1992年后就未装备新设备。

营房。空军共有267个营区，其中57%闲置，139个私管营区只有11个完成，4个被注销。腾出的营区，缺少资金和力量维护。此外还有4.27亿卢布债务尚未解决。

（杨清坡）

日本自卫队后勤　1998年是日本自卫队按照《1996年度以后的防务计划大纲》所确定的方针和发展设想，继续深化后勤体制改革和加强后勤全面建设的一年。在后勤体制改革方面，陆上和海上自卫队以组建各自的补给本部为中心，相继完成了物资补给与装备维修体制改革，实现了物资补给和装备维修的一元化管理；日本防卫厅以处理采购实施本部1996年以来发生的几起成本差错事件为契机，全面启动自卫队装备物资筹办体制改革，并提出了有关改革的调研和论证报告；随着陆上自卫队师改旅方案的出台和实施，师属后勤保障部队编制体制的改革也陆续展开。在后勤教育训练方面，日本自卫队在搞好各类后勤院校教育训练的同时，结合后勤部队执行联合国维和任务和参与国际紧急医疗救援等活动，重点加强后勤部队的实际演练，取得较好成果。在后勤营房建设方面，日本自卫队以提高人员生活质量为目标，继续加大人员宿舍及其他生活、娱乐设施的投资，以期促进自卫队人员的稳定和增强自卫队的吸引力。在后勤装备建设方面，日本自卫队为适应未来高技术战争的需要，着重发展运输机、运输舰等海、空运输装备，以及在野战条件使用的给养、卫生等后勤装备。

1998年度防卫预算　据日本朝云新闻社出版的《1998年自卫队装备年鉴》报道，日本1998年度防卫预算为49290.2亿日元，比上年度减少0.3%，占国内生产总值的比率为0.948%，占政府财政预算的比率为6.3%。1998年度日本防卫费的分配情况如下：陆上自卫队为18558.14亿日元，约占防卫费总额的37.65%，比上年度增长2.5%；海上自卫队为11334.93亿日元，约占防卫费总额的23%，比上年度减少0.1%；航空自卫队为11493.17亿日元，约占防卫费总额的23.32%，比上年度减少1.6%。三自卫队合计为41386.24亿日元，约占防卫费总额的83.76%，比上年度增长0.6%，其中只有陆上自卫队的预算有所增加。其他各单位的预算为：防卫厅机关105.24亿日元，参谋长联席会议303.66亿日元，防卫大学163.19亿日元，防卫医科大学227.81亿日元，防卫研究所13.97亿日元，技术研究本部1428.87亿日元，采购实施本部62.98亿日元，防卫设施厅5595.5亿日元。上述单位合计7801.12亿日元，约占防卫费总额的15.83%。此外，安全保障会议的预算为2.85亿日元。日本的防卫费按用途通常区分为两大项，①人事与粮食费；②物件费。1998年度的防卫预算中，人事与粮食费为21739亿日元，占防卫费总额的44.1%，比上年度增长2.3%；物件费为27551亿日元，约占防卫费总额的55.9%，比上年度减少2.1%。1998年度日本的防卫预算有以下几个特点：一是1954年以来防卫预算出现首次负增长，计减少0.3%；二是大幅度削减后方领域的预算；三是防卫设施厅的预算首次出现负增长，计减少0.7%；四是新开支项目增加较多，主要有杀伤性地雷代替手段的开发费、冲绳特别行动委员会所需经费、与周边国家安全对话所需经费、安全保障政策调查费等。

陆上自卫队物资补给体制改革完成　据1998年4月2日日本《朝云》周报报道，列入日本自卫队改革计划的陆上自卫队物资补给体制改革，随着“补给控制本部”和“关东补给处”的建立而宣告完成。

改革前，日本陆上自卫队参谋部下辖5个“中央补给处”，即中央军需补给处（主管被服、给养、油料）、中央军械补给处（主管武器、弹药、车辆、飞机等）、中央工程器材补给处（主管工程器材）、中央通信器材补给处（主管通信器材）、中央药材补给处（主管药品和医疗器材）。各中央补给处分别负责所主管装备物资的采购（不含防卫厅采购实施本部所掌管的采购业务）、储存、补给和维修以及上述业务的调查研究。陆上自卫队的5个军区中有4个军区各辖有一个“地区补给处”，即北海道地区补给处（北部军区）、东北地区补给处（东北军区）、关西地区补给处（中部军区）和九洲地区补给处（西部军区）。“地区补给处”是综合性的装备物资补给机构，负责军区所属部队的物资和维修保障，业务上接收5个中央补给处的指导和监督。此外，陆军参谋部还下辖一个资材控制队，其任务是负责陆军装备物资的分类和标准化、目录拟制以及有关补给管理工作的调研和资料处理。

此次改革的主要措施：一是成立陆上自卫队补给控制本部。该部已于1998年3月26日正式成立，编制员额约1500人，本部部长为中将军衔，驻地位于十条。该部的职责是，对5个“中央补给处”和资财控制队实施集中统一领导，对陆上自卫队的物资补给业务实施统一管理，具体包括计划、综合协调、控制、采购等。据日军称，该部将发挥陆上自卫队物资补给中心的作用。二是成立“关东补给处”。原来日本陆上自卫队的5个军区中唯有东部军区未设补给处，其补给业务由5个中央补给处代管。此次改革，为理顺保障关系，为东部军区成立了一个补给处，即“关东补给处”，同时将其他各军区所属的各“地区补给处”名称中的“地区”二字删除。新成立的“关东补给处”编制人员约2400人，处长军衔为中将，驻地为霞浦。该补给处的任务是，除担负原由5个中央补给处所承担的东部军区的保障任务外，还在维修、储存、检查等方面对陆上自卫队的全国业务进行支援。

设立“防卫采购改革本部”　据日本1998年10月29日《朝云》周报报道，1998年10月22日，为防止再次发生围绕着防卫采购的违法事件，日本防卫厅设立了以防卫厅长官为本部长的“防卫采购改革本部”，并召开了首次会议。

报道称，为了在防卫采购中确保透明性和公正性这种理想状态，新成立的“防卫采购改革本部”甚至将把采购实施本部的组织解体也纳入研究的视野。防卫厅长官在“防卫采购改革本部”成立时表明如下决心：“希望对采购实施本部的机构和运营施行彻底的手术，进行根本性的改革。‘防卫采购改革本部’具有对战后防卫厅的行政进行总清算的意义，必须把此项改革看作是防卫厅的新起点。”“防卫采购改革本部”在推进改革时，还采纳了已经开始行动的地方有识之士的2份建议。

整顿和改进装备物资采购业务　据日本1998年3月5日《朝云》周报报道，日本防卫厅采购实施本部从1992年6月～1995年5月，对4个与其签订过订货合同的公司进行了特别调查。结果发现，从1988～1991年，这4个公司多收采购实施本部货款的金额共计高达20.11亿日元。此事件被称为“成本差错事件”。针对这一事件，1997年9月，采购实施本部成立“成本差错事件对策特别委员会”，并先后召开12次会议，对防止此类事件再次发生的具体对策和一旦发生时的处理要领进行了研究。此外，采购实施本部还以这一事件为契机，对改进采购业务的对策进行了专门研究。作为上述一系列研究的成果，1998年2月26日采购实施本部公布了“关于防止再次发生成本差错事件的对策”和“关于今后采购实施本部采购业务的应有状态”两个文件。

为防止再次发生成本差错事件，从1998年4月新财政年度开始，采购实施本部设立“制度调查准备室”，并向280个企业（合同方式均为一般确定合同，即以企业方面提出的估算成本为基础确定货款和价格）派出人员，开始对其成本计算方法是否合理进行调查。同时，为严肃地对待“成本差错事件”，采购实施本部还制定了事件业务处理标准，以便根据统一的标准进行明确的业务管理。在一旦发生此类事件时的处理方面，采购实施本部规定，对此类事件，必须设立专门委员会进行调查，努力确保事件处理的客观性和透明性，同时还规定了当企业方面提供的资料与实际情况不符时的处罚办法。

对于今后采购业务的应有状态，以“构建国民信赖的、高效而开放的采购系统”为目标，具体制定了以下措施：（1）构建适应新时代要求的组织，培养适应新时代要求的人材；（2）构建能够适应海外变化的、高效率的采购系统；（3）通过开设采购情报中心，加强采购情报工作。此外，采购实施本部还于3月份设立了一个由部外有识之士组成的委员会，对适应新时代的采购业务的应有状态进行范围广泛和深入的研究。

为改进采购业务，采购实施本部还于1996年6月设置了“‘明天的采购’业务改进委员会”，就采购人材的培养和使用、采购价格的拟定、监督监查业务的改进等有关采购业务的整个领域存在的问题进行揭示和梳理，并提出了长、短期对策。这一研究成果也被吸收进此次公布的“关于今后采购实施本部采购业务的应有状态”文件中。

公布《筹办改革委员会报告》　据1998年7月2日日本《朝云》周报报道，1998年6月26日，日本防卫厅参事官会议通过了《筹办改革委员会报告》(以下简称《报告》)。该《报告》是日军为抑制装备采购价格的上涨而进行的两年时间研究的成果总结。日本防卫厅决定，今后将通过认真贯彻落实《报告》所提出的各项对策，努力降低装备的筹办成本。

为进行装备筹办改革，日本防卫厅于1996年5月在防卫厅内设置了以防卫厅装备局局长为委员长的“筹办改革委员会”。成员为防卫厅机关各局、参谋长联席会议事务局、陆海空自卫队参谋部、技术研究本部、采购实施本部等单位抽调的人员，共计20余人。委员会设“规格与说明”、“技术研究开发”、“产业对策”、“采购制度”、“维持和修理”、“CALS（连续和寿命周期保障）”等6个作业部。

《报告》包括8个部分：（1）筹办改革的基本设想；（2）研究开发阶段抑制寿命周期成本的各种对策；（3）采购阶段降低成本的各种对策；（4）维持与修理阶段降低成本的各种对策；（5）为提高官方各种手续的效率所采取的各种对策；（6）推动企业降低成本的各种对策；（7）推动CALS（连续和寿命周期保障）；（8）结束语。《报告》所提出的降低成本的主要措施和目标是：在装备采购阶段，将防卫厅约1.8万件规格和说明书于2000年前转变为民用规格；为谋求手续的合理化，先于内阁其他省厅正式引进ISO9000S（有关质量管理体系的国际规格）；推动企业努力降低成本。通过上述措施，至2003年，实现装备成本降低10%的目标。

卫生学校所属教育支援卫生队改编为卫生教导队　据1998年8月27日日本《朝云》周报报道，日本陆上自卫队卫生学校将于1998年度末至1999年度3月，将所属“教育支援卫生队”（约70人）改编为“卫生教导队”（约100人）。

卫生学校所属教育支援卫生队成立于1996年3月，其编成是：队部（20人），治疗排（20人），救护车排（下设2个分排，约30人，配备救护车10辆）。其任务是：“对卫生学校卫生兵部队的教育训练和调查研究实施支援”。其担任支援的主要课程有：特修课程（FOC）为“卫生队长”，高级课程（AOC）为“治疗连长”，初级课程（BOC）为“治疗排长”。但是由于教育支援卫生队仅编有一个治疗排，因而难以独自承担卫生队长和治疗连长等课程的教育支援。在装备方面，由于没有配备野外手术系统，虽可进行应急治疗，但难以进行限定的初期外科手术（对那些如不立即后送就可能死亡的伤员施行的限定性初期外科手术）训练。为进行上述训练，卫生学校还需要从各师所属后勤保障团卫生队抽调必要的人员和装备。

此次改编中，陆上自卫队将卫生学校教育支援卫生队改名为卫生教导队，新编设治疗连（约50人），该连下辖队部和2个治疗排（每排20人），队部配备有野外手术系统。其他编制未动。通过上述改编，卫生教导队将能够在没有其他部队援助的情况下，依靠本身的人员和装备独立地对卫生学校的各种课程的教育训练进行支援。据称，卫生教导队每年承担的支援教育训练的任务将近50次。

后勤部队参加联合国维和活动　据1998年12月17日日本《朝云》周报报道，日本自卫队向联合国中东戈兰高地维和部队派遣有一支运输部队——“戈兰高地派遣运输队”，该运输队由日本陆上自卫队各军区轮流组织，每次执行任务的时间为一个季度。目前执行任务的是“第6次戈兰高地派遣运输队”。按原订计划，这支部队应于1998年底结束任务回国。但是，1997年12月25日，联合国安理会决定将戈兰高地的维和任务再延长半年，至1999年5月31日结束。根据上述计划变动，日本内阁指示防卫厅组建“第7次戈兰高地派遣运输队”，以替换“第6次戈兰高地派遣运输队”。1998年7月，日本防卫厅以陆上自卫队西部军区第4师为主选拔了90名候选人员进行训练，12月中旬，最终确定了“第7次戈兰高地派遣运输队”的人员和编成。“第7次戈兰高地派遣运输队”由队部（约10人）、运输班（约20人）、分遣班（约10人），共计43人组成，其中陆上自卫队35人，海、空自卫队各4人。主要装备有手枪9支，步枪32支，机关枪2挺，其他装备由“第6次戈兰高地派遣运输队”在现地移交。

为了向在中东戈兰高地执行维和任务的运输部队前送补给物资，日本防卫厅每年都要多次派遣运输机从日本向中东进行远程空运。如1998年12月10日，日本防卫厅就专门派遣一架C－130运输机向日本参加维和活动的部队前送补给物资。这架飞机 12 月 10 日从日本的小牧机场起飞，途经马来西亚、马尔代夫、阿拉伯联合酋长国、埃及，于当地时间 12 月 14 日抵达以色列的特拉维夫机场。空运去的物资包括食品、药品和春节用品，共计 3 吨多。

据称，日军之所以积极参加联合国组织的国际维和活动，其中一条重要原因是企图通过这些活动，实际演练日本自卫队出国执行任务的能力，并探讨组织实施紧急远程空运的有关要领。

向洪都拉斯派遣国际紧急医疗援助队 据 1998 年 11 月 19 日日本《朝云》周报报道，1998 年 10 月 27 日～11 月 1 日，南美洲的洪都拉斯共和国全境遭到史无前例的飓风袭击。严重的洪水和泥石流灾害造成 6500 多人死亡，受灾总人数高达 200 万人。11 月 15 日，洪都拉斯政府向日本政府提出派遣医疗援助队的要求。日本政府根据《国际紧急援助法》，下令防卫厅组织并派遣紧急医疗援助队。防卫厅以陆上自卫队第 10 师的卫生部队为主，组建了一支由 80 人组成的“国际紧急医疗支援队”；以航空自卫队的 6 架 C－130 运输机和 150 人组建了“国际紧急援助空运队”，担任医疗队的空运支援。医疗队于 11 月 17 日被空运至洪都拉斯首都特古西加尔巴，并立即投入救援活动。在两周时间内，日本的国际紧急医疗援助队共救治患者 4031 人，平均每天救治 300 人，共计对特古西加尔巴市的街道进行消毒 3.2 万平方米，平均每天消毒 2400 平方米。日本自卫队的国际紧急医疗援助队于 1998 年 11 月 31 日结束任务回国。据称，日本通过积极参加此类国际紧急医疗救援活动，不仅可以扩大日本的国际影响，从而有助于日本从经济大国向政治大国的过渡，而且可以探索野外医疗救治组织实施的特点及对卫生装备性能的要求。

进行大规模抗震救灾训练 据 1998 年 9 月 10 日日本《朝云》周报报道，9 月 1 日（防灾日），日本全国各地进行了应付大规模地震灾害的防灾训练。日本自卫队参加此次全国防灾训练的人员共计约 7.8 万人（陆上自卫队 1.7 万人、海上自卫队 2 万人、航空自卫队 1.6 万人、其他机关 4 千人）、飞机约 310 架、车辆约 4900 辆、舰艇约 60 艘。在此次全国防灾训练中，“第 19 届七都县市合同防灾训练”的假想情况是南关东大地震。训练地点是利用千叶市的幕张新市中心的空地。南关东的各个自治体的约 111 个机关、1 万人参加训练。训练吸取“阪神大地震”的教训，对发生大地震后的城市的受灾者的救出、救护到救援物资搬入、避难所和救护中心开设等一系列救灾活动进行了演练。此次训练的部队，由陆军高炮学校校长担任指挥官，参训人员为陆上自卫队 300 人、海上自卫队 180 人、航空自卫队 50 人；参训装备为运输直升机和救护直升机等飞机 8 架、补给舰 1 艘、以及装载各种设施器材和急救医疗器材的车辆 120 辆。

陆军卫生学校举行师收容所的开设演习 日本陆军卫生学校于 1998 年 8 月 20～24 日，在日军东富士演习场组织学生进行了一次合同训练，演练的课题是：陆军师对来犯之敌一个机械化团丘陵地进攻时的师收容所的开设。据称，此次演练是该校历史上规模最大的一次野外演习。演习由该校教务长任总导演，参演人员包括各类保障人员在内共计 156 人，其中参演学生为：学习特修课程以后将担任卫生队长的 4 人，学习高级课程以后将担任治疗连连长的 28 人，学习临床检验技师课程的 21 人。演习中，由将来准备担任卫生兵部队指挥官的学生们，分别充任卫生队长、治疗连连长和临床检验技师等职务，对该校教育支援卫生队（将改编为卫生教导队）和陆军第 6 师后勤保障团卫生队进行指挥，对开设师收容所的战术和技术技能进行演练。

开展“灾害初期的医疗支援行动”研究 据 1998 年 10 月 15 日日本《朝云》周报报道，日本自卫队灾害医疗研究会（设于日军中央医院）于 1996 年开始的“灾害初期的医疗支援行动”研究，再次被作为厚生省厚生科学研究费补助金的资助课题。该课题主要研究当发生大规模灾害时，在多部门参加的灾害医疗支援中，如何发挥日本自卫队医疗部门的作用，以建立由国家、自治体及民间各医疗机构组成的灾害医疗救援体制。迄今为止，对与各省厅及自治体相互协同的救援系统尚未进行过研究，同时，由厚生省资助日军中央医院的研究也是首次。在此项研究中，还计划在 2000 年组织各种医疗机构进行伤病员搬运的联合训练。

在 1996 年和 1997 年的调查与研究中，日本自卫队灾害医疗研究会编写了说明日军灾害派遣体制组织结构的小册子“军队灾害派遣（医疗支援）”，并分发给各地方自治体、医疗机构等全国 353 个单位，征求其对军队有何要求。另一方面，为研究灾害救援体制，日本自卫队还派遣 4 名军医赴灾害救援体制搞得好的美国，对美国联邦危机管理厅及发生大规模灾害时美军的作用等进行了调查。

美国建有以国防部和保健福利部为中心的国家灾害医疗援助系统，其灾害医疗援助的提供、受灾人员的搬运及住院体制等均十分完备。此外，美国联邦危机管理厅在灾害救援活动中既负责对救援活动所需的器材、人员等进行具体的预测，及对优先顺序进行评价，又负责对州政府、防灾机构和军队等的救灾行动进行协调。此外，还有权申请和执行应付灾害所需的预算。

1998 年后，为修改小册子《军队灾害派遣（医疗支援）》，使其成为便于自治体和有关医疗人员使用的指南，日本自卫队灾害医疗研究会将对地方各部门所提的问题再次进行调查。该指南计划包括以下内容：自卫队的医院、卫生部队可派遣的人员、救生器材，以及牙科治疗、放射线及临床检查等卫生活动的能力。此外，还有直升机及野外手术系统等展开所需的地形及天气因素等。

为研究和解决由飞机和运输舰构成的伤员搬运系统搬运中的问题，日本自卫队灾害医疗研究会，还计划在2000年前后进行震度接近5级的地震灾害想定情况下的模拟训练。训练中，在同地方各部门协同进行临床、放射线检查及牙科急救治疗等的同时，还将对飞机和运输舰参加的伤员搬运系统的建立所需事项加以明确，从而确立灾害医疗救援体制。

新型运输舰——“大隅”号下水 据日本《军事研究》杂志1998年第8期报道，1998年3月11日，日本海上自卫队一艘大型运输舰（船坞登陆舰）——“大隅”号下水，其编号为4001。该舰1993年被列入日本海上自卫队的造舰计划，1995年12月正式动工建造。“大隅”号原是1970年度被日本自卫队作为“渥美”号的第二代运输舰而列入建造计划的。80年代后期，日本自卫队曾考虑将其建成3500吨级的运输舰。此后，随着东西方冷战的结束，为提高单艘运输舰的输送能力和续航能力，一度又提出过建造标准排水量为5500吨运输舰的方案。但是，以日本自卫队参加国际维和活动为契机，对作为维和活动主力的运输舰，日本自卫队希望其能够拥有作为海上基地的功能。为此，原计划的船体和排水量规模被进一步扩大，最终决定建造全长178米、宽25.8米、高17米，标准排水量为9800吨的大型运输舰。该舰的主要特点是，不具备传统运输舰那种直接驶上海滩卸载车辆和部队的能力，而是停泊于靠近港口的近海洋面，专门依靠气垫登陆艇和直升机进行卸载作业。为此，该舰的舰桥后面设计有直升机甲板，舰舱后面设计有船坞，可并列搭载2艘气垫登陆艇，以便在无码头的情况下从船上卸货。据称，“大隅”号运输舰之所以采用上述设计，其原因在于，现代军队的地面车辆和其他装备日益大型化，使得运输舰的吃水深度达6米以上，越来越难以驶上海滩实施坐滩卸载。因而，将运输舰建造为具有高机动能力的强袭登陆舰或两栖船坞运输舰，正在成为一种世界性的潮流。

（王通信）

英国军队后勤　英军实施联勤改革 《外国军事学术》1999年第4期张春山报道，90年代中期以来，英军为适应全球军事安全形势的变化，积极调整军事战略，在进行全面调研、评估、审查的基础上，确定了面向21世纪的军事发展战略，并据此进行了全方位的军事改革。作为军事改革重要组成部分的后勤改革，亦正在按照军事改革的总体要求，有计划有步骤地进行。

英军联勤改革的总体思路 （1）为适应联军作战，联勤保障向盟军联勤扩展，开始带有国际化特点。英军认为，军队后勤保障是一种按照军事需求对资源进行的配置活动，而联勤是资源配置的一种方法。随着经济全球化和军事安全利益的区域化、集团化，军事需求资源配置活动的国际化将越来越明显。因此，在一定条件下，军队后勤支援活动将超出本国范围，而带有国际化的特点，特别是当北约集团参与地区性军事活动时，各参与国的后勤支援必然发生紧密联系。英军正是从这一观点出发，不断努力使自己的后勤保障体制和后勤支援活动，有意识地与国际接轨。在英军的《英军后勤勤务条令》中专门列有《有关盟国军队的后勤保障概况》一章，其目的是使各级后勤指挥管理人员了解盟国军队的后勤情况，一旦实施联合作战，后勤保障易于协调和统一。在当前情况下，英军在北约框架内参与有关地区的联合作战行动将越来越成为其维护本国军事安全利益的一种主要方式。因此，英军在改革其后勤管理活动方面，将越来越重视使自己的后勤保障活动与国际接轨。

（2）将陆、海、空三军后勤保障融为一体，实现三军联勤。实现三军联勤是目前英军实施联勤改革的重点。英军认为，在实施联勤改革中，实现三军联勤是重要环节，起着承上启下的桥梁作用，而且从过去的后勤改革情况看，该层次触动最少，最需大刀阔斧地改革。因此，从目前情况看，英军改革力度最大的就是这个环节。它包括两个方面的内容：一是业务部门的联勤；二是指挥部门的联勤。

（3）将各兵种后勤保障融为一体，实现兵种联勤。英军认为，兵种联勤是联勤改革的基础，也是英军最早实施联勤改革的层面，并最有成效。目前，英军正继续在此方面深化改革，从体制、结构、运作方式、保障手段等方面继续采取措施，一方面巩固既得改革成果，一方面继续发展，促进三军联勤的实现。值得注意的是，英军在实施该层次改革时，往往不受本军种内各兵种联勤的局限，而是从三军联勤的高度，筹划军种内各兵种勤务的联合。

从总体上看，英军实施联勤改革的上述3个层面是遵循“划分层次、相互衔接、逐步推进、全面提高”的原则实施的。特别是在实施过程中，上述3个层面彼此并不隔裂，而是在内容、措施、方法、手段上相互融合，相互渗透，从而达到相互促进的目的。

英军联勤改革采取的具体措施 （1）通过制定和遵循有关法律文件，逐步实现与盟军的联勤。英军认为：“英国军队很可能与盟军协同作战，有时可能需要依赖盟国军队提供部分后勤保障”，而具体的后勤支援活动，则主要依赖与有关国家的双边或多边协议，以及通过有关国际法的协调才能达成。英军认

为，虽然英军参与联军作战，接受联军统帅部门的指挥，但具体实施作战时，必须保持本国军队在联合作战中的独立性。因此，这种联勤将是联合后勤支援的协调与合作。离真正意义上的国际化联勤还相距甚远。

(2) 建立统管三军后勤业务的领导指挥机构，将三军各自掌握的后勤指挥权集中于国防部。英军于1997年开始进行战略防务审查后认为，国防后勤保障能力将成为21世纪衡量一个国家军事能力的重要因素。为实施精明采购战略，英国《战略防务审查》白皮书强调，三军后勤部门一定要“精简高效”，并认为，必须改变三军后勤部门各自为政的局面，打破军种限制，综合考虑军队建设和装备保障，由国防部组建联合机构实施集中统一管理。英国防部计划在合并三军后勤部的基础上，成立统一的后勤机构，拟增设国防后勤参谋长职位，并由四星将军担任。该机构不但要保障国防后勤的整体需要，还需满足个别军种的特殊需求。

(3) 将三军相同的后勤业务交某个军种全面负责，实行后勤保障业务上的“单一军种负责制”。英在建立具有最高后勤管理决策权机构的同时，还采取“牵头军种”的方式，将三军的某些共同的后勤业务，交由某一军种负责，面向全军实施服务。英国在《战略防务审查》白皮书中确定，国防后勤装备维修、供给与运输机构将进行调整。其具体措施是：①成立“国防航空维修局”，统一负责军用飞机的修理，并以贸易基金的形式运作。②成立“陆军基地维修组织”，统管陆军装备保障的规划和采购工作，并以贸易基金形式开展工作。③组建“国防仓储与配给局”，用牵头军种的管理模式取代现行的三军单独管理模式，统一负责三军非爆炸性武器装备的保管、处理和配给。爆炸性武器装备1999年4月后将统一由海军保管。④组建防务运输和调动组织，负责全军大规模防御物资和战略力量的运输和调动。⑤军用燃料、油料的采购与管理也采用牵头军种的管理方法。

(4) 对三军某些后勤业务管理进行系统全面改革。英军认为，仅依靠指挥决策部门建立和采用“牵头军种”方式实现联勤还不够，必须对每一后勤业务部门实施相应改革，才能从根本上避免三军相互掣肘，达到真正意义上的联勤。为此，英军率先在三军医疗体制方面进行了改革。

第一，建立新的统管三军的医疗职能机构。英军的国防卫生部依然由主管后勤事务的助理国防参谋长领导，具体工作由国防医疗总监负责。英国防医疗总监一职由陆、海、空三军的军种卫生部部长轮流担任，全面负责全军的医疗保障、牙科治疗、医疗物资供应和医学训练。为适应新的医疗保障体制，英军还专门成立了国防二级医疗局、国防牙科局、国防医疗物资局和国防医学训练局。①国防牙科局由三个军种的牙科机构合并而成，始建于1996年3月，其任务是确保武装部队在平、战时保持牙科健康，以增强其作业或作战效能，提高三军牙科疾病的诊治水平，并增强医疗投资效益。②国防医疗物资局始建于1996年3月，由三军分管的各医疗物资供应单位组合而成。其任务是：确保及时、高效地向武装部队提供医疗药物与器材、血液及血液制品；提供后勤保障专业人员，使部队在平、战时和作业训练时均能得到所需的医疗保障。该局负责向位于世界各地的约2000个单位提供医疗物资，每年从5万种库存品中发放约250万件物品，其中包括核化医学防护用品。医疗物资局还具有另一独特职能，即可向战场派遣一个高度专业化、装备优良的医疗物资库，在前沿地区直接开展血液采集、处理和输血等。③国防医学训练局始建于1996年4月，下辖两个单位——皇家国防医学院和国防医务训练中心。皇家国防医学院主要开展军医、护士和专业技士的训练。国防医学训练中心的主要任务是：向英三军官兵提供职业和技术训练；训练卫生和急救教员；为各军种医务人员提供专业培训和晋升培训。

第二，建立三军一体化医疗保障体系。英军在建立三军一体化医疗保障体系后，基本改变了过去各军种医疗保障自成体系，军人按体系就医的做法。今后，军人一般只在哈斯拉皇家医院和肯特女公爵医院就诊或住院。为弥补军队医院缩编后造成的医疗能力不足和方便军人就医，英军还在部分民间医院设立由军队医务人员管理的军人病房。需要时，军人可去这些医院的“国防医疗单元”就医。迄今，英军已分别在普利茅斯、彼得博罗和坎伯利的3所地区民间医院设立了国防医疗单元。经一段时间的初步运行证明，这种“寓医于民”的做法是一种可行的途径。据英军卫生部门称，三军一体化医疗体系的建立不仅可大幅度降低卫生经费，精简机构，也可确保向患者提供及时、有效的最佳医疗服务，在战时亦可给予伤病员迅速治疗，使他们尽快重返战斗岗位。

（陈　群）

英国防部将改革采购方式　据美国《项目管理者》杂志1997年7～8月号报道，英国国防部将改变其原有的采购方式——竞争方式。这种方式正在侵蚀英国国防工业的基础，危害英国在时间较长的高强度作战行动中独立维持其战斗部队的能力。英国国防部需要有一种建立在“可取价格合同”基础上的新形式的采购政策，以便同选定的公司形成有效的伙伴关系。新的采购政策将促使国防工业开发新的先进产品，并在政策可取性的限度内有效地将其销售到世界各地去。通过分析英国采购政策的发展和商业界采用的办法可以看出，实际上存在两条途径来保证英军高技术武器的长期供应：一条是购买现货，同时尽可能地保留公开竞争原则；另一条是在工业级或政府级开展合作，以分担费用。只有将二者结合起来才能巩固国防工业。

英国改善军人生活待遇　据俄罗斯《红星报》1997 年 10 月 1 日报道，英国防部十分重视军人生活待遇的改善。英军列兵的年工资为 12625 英镑，并以每年 10～15% 的速度增长。此外士兵还可享受完全免费的伙食和住房待遇。工资根据其军衔变化和服役时间延长而增长。通常二级下士的年工资为 14392 英镑，三级下士年工资为 17367 英镑，一级准尉的年工资为 20267 英镑。军官工资也随着其服役年限和职务的变化而增长。通常少尉年工资 19380 英镑，上尉 25360 英镑，上校 51239 英镑，将军 59680～100250 英镑。除基本工资外，军人还有各种补助金、住房补贴、一次性津贴等。

除国防部外，英国的许多社团组织也关心军人的生活待遇，参与军人的各种社会保障活动以及就业安排等。国防部各级领导机关和部队都有这些社团组织的代表。这些团体出版发行各种简报、杂志和报纸，举行研讨会，同军人及其家属会面，在青年人中做工作。这些组织还有自己的银行，经常给予军人及其家属资金帮助。此外，英国的各种慈善机构和慈善基金会还给予军人各种救助。例如，著名的“军队慈善基金会”，每年拨出 750 万英镑给士兵和初级军官物质帮助；成立于 1803 年的“爱国者基金会”，主要负责军官及其家属、遗孀的救助，同时每年拨出 15 万英镑帮助烈士家庭。英国还有一些组织专门以优惠条件向军人提供住房；“援助军队基金会”把关心残废和伤病军人作为自己的工作目标。

（张　冬）

法国军队后勤　法军联勤保障简介　《外国军事学术》1999 年第 4 期巨文新报道，法军没有统管全军后勤工作的总后勤部，法军的后勤工作实行统管与分管相结合的体制，即全军的油料勤务、卫生勤务和战略运输由国防部通过三军参谋部实施集中统一领导，其他后勤工作则由各军种自行负责。从法军的总部后勤体制可以看出，法军实行的是总部联勤机构负责制的联勤模式，即在三军参谋部设立独立于三军之外的联勤机构：三军油料总局、三军卫生总局和陆海空运输处，分别统一领导三军的油料勤务、卫生勤务和战略运输。

三军油料联勤　三军油料联勤是法军联勤的重要内容之一。为了对全军油料工作实行集中统管，法军在总部设立了三军油料总局，直属于三军参谋部。三军油料总局的基本任务是负责平、战时本土及本土以外法国三军部队的油料保障，主要职责有以下几项：(1) 三军油料的筹措、储存与供应（海军船用油料由海军军需总局自行负责）；(2) 三军油品的研究、试验与质检；(3) 三军油料器材的研究、鉴定、订货、验收、储存、供应及维修；(4) 油库、输油管线等油料设施的建造、管理及使用；(5) 三军作战部队油料保障机构的业务领导；(6) 三军油料经费的管理和使用；(7) 三军油料勤务部门现役和后备役人员的培训和进修。

为了完成上述任务，三军油料总局机关设有总秘书处、输油管线技术监管队、总体研究处（下辖管理检查科、技术检查科和行政检查科）、应用分局（下辖经营处、装备处和作战后勤处）和行政管理分局（下辖财务处、人事处和组织、方法、信息处）。三军油料总局直属的外部机构有：(1) 三军油料勤务行政与技术管理局（负责油料勤务的技术管理、财会管理和信息管理工作）；(2) 三军联合油料基地（负责人员培训）；(3) 三军油料实验室（负责油品的研究、试验、质检及特种油料器材的鉴定试验和验收等）；(4) 三军油料勤务军区联合军种油料局（负责在一定区域内实施三军的油料保障）。三军油料总局非直属的外部机构有：(1) 派驻陆军军事防卫分区等地的三军油料勤务联络分队（隶属于三军油料勤务军区联合军种油料局，作为所在地区司令部的油料技术顾问，负责所在地区三军油料勤务的日常运作）；(2) 派驻空军军区司令部的三军油料勤务联络分队（作为空军军区司令部的油料技术顾问，负责空军军区司令部与三军油料勤务军区联合军种油料局之间的后勤联络）；(3) 派驻后勤部队司令部的三军油料勤务联络分队（负责组织后勤部队的油料保障工作）；(4) 派驻海外省和海外领地高级司令部和驻外法军部（分）队司令部的三军油料勤务联络分队（负责海外省和海外领地主权部队、部署在海外的法军部队的油料保障）；(5) 派驻驻德法军司令部的三军油料勤务联络分队（充当驻德法军司令部的油料技术顾问，协调驻德法军的油料保障工作，代表三军油料勤务技术和行政管理局管理某些油料的采购合同）。

三军卫生联勤　三军卫生联勤是法军联勤的另一项重要内容。三军参谋部直属的三军卫生总局统管全军的卫生工作，其基本任务是：(1) 负责平、战时全军伤病员的救治（通过划区部署的 7 所三军医院、8 所三军地区医院、9 所三军教学医院、若干个门诊部及编入作战部队的野战医院实施）；(2) 负责全军药品及卫生器材的采购、储存和供应（通过总局掌握的中央药材仓库、军区掌握的药材仓库及作战部队的卫生供应机构实施）；(3) 负责全军的医学科研工作（通过总局下属的 4 个研究中心实施）；(4) 领导全军的卫勤教学工作（通过总局下属的卫勤院校和卫勤训练中心实施）。

法军的医院，除平、战时编在部队的野战医院外，主要分为3类：第1类为7个有200个床位和基本技术设施的“三军医院”，其技术水平一般，能保证数个省区域内部队的日常伤病救治工作；第2类为8个装备完善、科室齐全、拥有300～400个床位的“三军地区医院”，其技术水平高于“三军医院”，可保证一个大区内三军部队伤病员的救治工作；第3类为9个装备最好、技术水平最高、拥有500～650个床位、面向全军的“三军教学医院”。此外，驻德法军部队还有6所医院，法国本土还有4所温泉医院(疗养院)。这样，除编在作战部队的野战医院外，法军共有34所三军医院，在法军的卫生联勤中具有重要作用。

战略运输联勤 法军的战略运输由三军参谋部统一领导，三军参谋部为此设有由作战副参谋长直接领导的陆海空运输处。该运输处的主要职责是：(1)制定军交运输政策和有关条例、条令；(2)选择和确定运输方式；(3)编制运输计划，下达实施命令，监督计划执行情况；(4)统一调动使用军内空运飞机和海运舰船(可直接调用的军内空运力量有5架DC8型远程运输机、71架C－160型和12架C－130型中型运输机；可直接调用的海运力量有8艘两栖登陆运输舰、5艘轻型运输舰和2艘补给舰)；(5)在军内运力不足时负责租用(必要时依法征用)民航飞机和民间商船。为了保证战略海运工作及时有效地实施，三军参谋部陆海空运输处下设一个三军海运转口基地，专门负责组织战略海运工作。三军海运转口基地是法军1973年将战后在沿海地区分散设立的海运转口机构合并后成立的三军海运统管机构。

法军联勤模式的主要特点 法军根据本国国情和军情，经过多年的研究和实践，形成了具有本国特色的联勤模式，其主要特点是：(1)根据实际情况确定联勤内容。即以油料勤务、卫生勤务和战略运输为联勤的基本内容。多年来的实践证明，这种联勤体制在法军后勤保障中发挥了重要作用。(2)联勤程度较高。主要表现是联勤机构设置的层次高(设在国防部一级，具体由三军参谋部直接领导)，联勤工作从上到下实行一条龙管理。(3)联勤效益较好。油料勤务和卫生勤务采用划区保障的联勤形式，能够合理地使用保障力量，提高保障效率。

(田明资)

法国陆军进行后勤改革 据美国《陆军后勤》杂志1998年3～4月号报道，法国陆军于1996年开始实施改革，预计2002年完成。改革的主要内容有：取消义务兵役制，现役部队从25万减到17万；改进上层指挥结构；引进先进技术与装备；修订相关条令。法国陆军参谋部已经制订了新的组织机构大纲，其中包括现有的各兵种一律采用模块旅建制。与陆军的改革相适应，陆军后勤也开始进行改革。如陆军将编设3个保障团、5个运输与交通控制团、4个维修大队和2个卫生团。上述部队将编成2个旅，归未来的后勤司令部(取代原来的第1后勤指挥部)管辖。该司令部将由法国陆军参谋部直接管辖，并将根据需要与未来的部队司令部及联合参谋部密切配合。

在以后的几年里，陆军后勤界将作为国防后勤职能的地面组成部分，积极参与未来行动。其任务包括对三军的地面运输保障进行控制协调、后勤研究、对有关人员进行院校培训、对作战部队的后勤训练予以支援、进行资源的规划与筹集、为远征部队提供后勤分队，以及后勤保障的组织实施等。

后勤旅将充当15个专业保障团的中间级指挥机构。在和平时期，后勤旅将负责部署部队的行政管理、训练和准备工作。战时，负责部署部队的后勤部分的协调与组织实施。各旅应能开设一个战区级指挥所，该指挥所应能充当师的后勤指挥所，以及对第2支5000人的部队部署进行保障的后勤部队的指挥所。由于两个旅都下辖各种专业保障分队，所以它们应是多功能的和可以互换的。

师后勤指挥所应按模块式进行编组，也就是说，针对投送出去的部队的具体保障要求，从专业后勤保障团和连抽出力量进行编组。采取这种精炼化措施后，法国陆军就能在基础设施和部署开支两方面实现节约。

法军改革装备采购预算办法 据英国《简氏防务周刊》1998年9月16日报道，为加大议会对军费开支的监督力度，法国政府计划改革现行国防预算办法。根据改革方案，政府不再按现行办法只提出各军兵种装备的总额预算，而要分门别类提出每项采购计划的年度预算，比如旋风战斗机、勒克莱尔主战坦克、虎式战斗直升机的年度预算各是多少。向明细预算办法的转变，将从今年9月国防部向国会提交的1999年预算草案时开始。此举旨在因应国会议员的指责：在总额预算体制下，国民议会国防委员会实际上很难掌握每年各个项目的预算支出情况。法军今年预算中采购费是810亿法郎，国防部计划1999年军事采购费至少要提高到850亿法郎(141亿美元)，使预算分配维持在“1997～2002年法国国防开支计划”的水平。

(张　冬)

其他国家军队后勤

印度军队推进自体输血的临床应用 据印度武装部队医学杂志1998年第54卷第2期报道，印度武装部队医学院输血与免疫血液学系，对该院1992～1996年自体输血研究情况和临床应用经验进行了总结和介绍。自体输血，系术前将病人的血液抽出、保存，术中需要时再将血液回输给该病人的一种输血方法。

自体输血始于本世纪 20 年代。60 年代初，首次在大的外科手术中得到应用。70 年代逐渐普及。80 年代以来有了明显的发展。至 90 年代初，美国血库协会各成员血库自体血的采集（单元）量，已占全部采血（单元）量的 6%。

印军 1992 年开始进行自体输血应用研究。在印军武装部队医学院，有一项自体输血问题研究计划。至 1996 年该医学院共采集了 27542 单元血，其中，471 单元是自体血，约占这一期间总采血量的 1.7%，5 年间自体血的采集量逐年上升，至 1996 年增加到 3.94%。泌尿外科病房自体血的采集率占泌尿外科病人的 31.1%。自体输血通常在术前 72 小时采血，采血量一般为 350～700 毫升，血液单元加贴标签，醒目地标明自体血和病人姓名、年龄、性别及诊断，置于 4～6℃贮存备用。自体血的回输使用率为 27.5%～54%。

自体输血的最大优点是安全，可避免外来传染病如艾滋病毒、肝炎病毒等的感染和其它输血并发病如溶血、过敏、发热反应的发生。文章作者肯定了自体输血在印度军队医院的应用价值。认为自体输血有望得到更广泛的使用和普及。以后将进一步完善自体输血技术，宣传自体输血的安全性和优点，以及开展对自体血传染病原如艾滋病毒和肝炎病毒的检查。

（林水成）

以色列军队研究负重长途行军血浆量和蛋白含量的变化　据美军事医学杂志 1998 年第 163 卷第 10 期报道，以色列国防军医务部队，对军队负重长途行军血浆容量和血液蛋白含量的变化进行了研究。22 名 19～20 岁，平均最大耗氧量 59.1 毫升/公斤/分健康男性，负重 20 公斤，在平坦土路面上以 4.6～5.5 千米/小时速度连续行军 24 小时，行程 110 千米，行军气温（干球温度）17℃～32℃，相对湿度 45%～85%，行军强度为最大耗氧量的 30%。中间休息 6 次，每次 20 分钟，自由进食，鼓励饮水，平均饮水量 14.25 升，平均尿量 2.7 升，平均体重下降 3.4%，最高 5%。血液容积和血浆蛋白浓度测量显示血浆量减少，减幅为 5.4%～7.8%，血清总蛋白量轻微增高，血钠下降（减值 5.9%）。行军结束后，头 24 小时血浆量进一步减少，达到 6.6%～10.2%，此时，血清蛋白含量也明显降低（达 6.6%），主要是白蛋白减少（达 9.3%）。行军后第二个 24 小时，血浆量和血清含量（主要是白蛋白和球蛋白）开始回升并高过行军前的值，且一直持续到行军结束后 96 小时。行军中血浆量减少，血液浓缩和血液蛋白含量的变化与血管内蛋白注入少，大量出汗血浆水丢失以及中强劳动内脏血流量减少，肠道吸收水分的能力下降和自发脱水有关。行军后头 24 小时，血浆量进一步减少是因为血清白蛋白量和血钠量减少导致血管内保水膨胀力和渗透力不足之故。行军结束后 48 小时，蛋白质和钠回到血管内使血量和蛋白量得以回升。这项研究的重要意义不仅在于对血管内容积与血浆蛋白浓度的相对变化的测量，而且还在于用标记的蛋白对血管内容积的绝对量的测量，而行军中和行军后所观察到的这些变化在文献中均未做过报道。

（林水成）

军 事 法 制

中国军事法制　中国军事法体系近 20 年发展综述　《国防》杂志 1998 年第 11 期金友发报道，1998 年是党的 11 届 3 中全会召开 20 周年。在全党、全军和全国各族人民隆重纪念 11 届 3 中全会召开 20 周年之际，回顾中国军事法体系的发展历史，对于深刻理解和认真贯彻党中央、中央军委提出的依法治国和依法治军方针，进一步推进军事法制建设，逐步建立与国家法律体系相适应的军事法体系，具有十分重要的意义。

发展社会主义民主，健全社会主义法制的战略方针，为军事法体系的建立指明了方向　党的 11 届 3 中全会以后，随着党在指导思想上的拨乱反正和工作重点的转移，中国的民主法制建设进入了一个新的历史时期。11 届 3 中全会在认真总结国际共产主义运动和中国革命与建设正反两方面经验的基础上，明确提出了“发展社会主义民主，加强社会主义法制”的战略方针。这一方针的提出，是党对法制建设在思想认识上的一次历史性飞跃，也是党领导全国人民进行拨乱反正的一个重要成果。在此之后，党的 13 大、14 大都对发展社会主义民主，健全社会主义法制问题作了重要阐述。1997 年 9 月 12 日召开的党的第 15 次全国代表大会又把依法治国，建设社会主义法制国家确立为党领导人民治理国家的基本方略。它为建设具有中国特色的军事法体系指明了方向。在党中央加

强社会主义法制建设方针的指引下，中国的军事法制建设得到了进一步发展。1982 年宪法在总结中国历史经验的基础上，根据中国的现实情况和建设社会主义民主法制国家的需要，对国家军事机关的地位、组成和职能，武装力量的性质、任务、活动原则和建军目标，国家最高行政机关对国防建设的领导权等重大问题作出了明确规定，把国防和武装力量建设纳入了法制轨道，为军事法体系的建立提供了基本的法律依据。为适应国家民主法制建设发展和新时期军队建设的需要，中央军委及时提出了依法治军的重要方针。依法治军方针的提出，对于加强军事法制建设，逐步建立完善的军事法体系，起到了极其重要的推动作用。

军事立法体制的确立和法制机构的组建，为军事法体系的建立提供了保障 建立适应军队和国防建设需要的科学完备的军事法体系，是贯彻依法治军方针的重要前提。党的 11 届 3 中全会以来，中央军委采取多种措施，狠抓了以军事立法为主要内容的军事法制建设，为军事法体系的建立提供了可靠保障。一是确立了军事立法体制。即全国人民代表大会及其常务委员会制定军事法律；中央军委单独或者与国务院联合制定军事法规和军事行政法规；军队各大单位制定军事规章，或军委各总部与国务院各部委联合制定军事行政规章。三级军事立法体制的确定，使军事立法工作走上了规范化、制度化轨道。二是统一了军事立法程序。根据军队建设的实际需要和宪法的有关规定，中央军委制定了《中国人民解放军立法程序暂行条例》，从立法规划、计划，到法规起草、审议，以及发布实施等，都作了明确规定。军队各大单位根据中央军委的条例制定了相应的实施办法，实现了军事立法工作的规范化、制度化。1989 年以来，中央军委每年都编制下发年度立法计划，1992 年和 1996 年还分别制定了中央军委“八五”、“九五”期间立法规划。审议军事法律、法规和规章草案已成为中央军委和各大单位的一项重要职责。三是成立了法制机构，编配了专职法制人员。为适应国家法制建设和军队革命化、现代化、正规化建设的需要，进一步加强军事法制建设，1988 年 6 月，中央军委决定成立中央军委法制局，作为中央军委领导军事法制建设的办事机关和归口管理全军法制工作的职能部门，在业务上直接对中央军委负责。主要任务是编制军事立法规划、计划，组织有关部门实施；审查各部门向中央军委呈报的法规草案；协助国家有关部门做好军事立法方面的协调工作；组织起草某些重要法规；检查监督军队法规执行情况等。后经中央军委批准，解放军三总部和各军兵种还编配了专职法制人员，负责本系统的军事法制行政工作。军队法制机构的建立及专职法制人员的编配，为军事法体系的建立提供了组织保障，标志着中国军事法制工作走上统一组织、协调发展的轨道。

以国防法为龙头的一批重要法律法规的颁布实施，为军事法体系的建立奠定了基础 军事法体系的建立，有赖于军事法律、法规和军事规章的日臻完善。党的 11 届 3 中全会以来，中国的军事立法工作在党中央、中央军委的正确领导下，取得了令了瞩目的成就。一是制定颁布了《中华人民共和国国防法》，改变了军事法体系长期处于“群龙无首”的被动局面，使国防和武装力量在国家生活中的地位和作用，国家机关、社会团体、企事业单位和公民在国防方面的职责、义务和权利，党对军队的绝对领导这一根本原则，加强质量建军、科技强军，走有中国特色的精兵之路，以及军人合法权益保护等一系列重大问题从国家法律上得到了确认和保护，为中国军事法体系的建立与发展，起到了重要的促进作用。二是根据改革开放和军队建设的需要，对《中华人民共和国兵役法》进行了修改，使中国的兵役制度、武装力量的组成、民兵制度、战时兵员动员、现役军人及其家属优待等各项规定更加完善。三是制定颁布了《中华人民共和国军事设施保护法》，扭转了军事设施遭受严重损坏的局面，填补了建国以后军事设施保护工作的立法空白。四是制定颁布了《中华人民共和国惩治军人违反职责罪暂行条例》，结束了军队以往仅靠内部规定和惯例处理军人渎职犯罪的历史，使军队对危害国家军事利益犯罪的定罪和处刑有了统一的法津依据。五是制定颁布了《中国人民解放军选举全国人民代表大会和县级以上地方各级人民代表大会代表的办法》，进一步健全和完善了军队参政议政制度，保障了军队和军人依法参与管理国家事务的神圣权力。六是制定颁布了《中华人民共和国人民防空法》，使中国的人民防空建设事业步入了法制化管理的轨道。七是根据中国政府“一国两制”的基本方针和关于解决香港问题的政策，制定颁布了《中华人民共和国香港特别行政区驻军法》，为保证香港政权的平稳过渡，保障驻香港部队依法履行防务职责，保持香港的繁荣和稳定提供了法律保障。除此之外，全国人大及其常务委员会还先后颁布了《中华人民共和国预备役军官法》、《中国人民解放军现役军官服役条例》、《中国人民解放军军官军衔条例》等重要军事法律；国务院、中央军委颁布了 30 多部军事行政法规；中央军委颁布了《中国人民解放军现役士兵服役条例》、《国防交通条例》等 100 多部军事法规；全军各大单位还制定了几千部与军事法律、法规相配套的军事规章。这些军事法律、法规和规章的颁布实施，不仅解决了国防和军队建设与改革开放中遇到的一些重大问题，对保障军队各项工作的顺利进行发挥了重要作用，而且为军事法体系的建立奠定了坚实基础。

回顾改革开放20年的历史，人们清楚地看到，一个涵盖国防经济、国防科技、国防动员、战备训练、军事勤务、行政管理、政治工作、后勤保障等方面的军事法体系框架已初步形成。在党中央、中央军委的领导下，到下世纪初，军事法制建设必将取得重大发展，一个更加完善，具有内在联系、结构合理、内容完整、规范严谨、层次分明、和谐统一的军事法体系必将形成。

（郭韦娣）

颁布新修改的《中华人民共和国兵役法》（本法于1984年5月31日第6届全国人民代表大会第2次会议通过。1998年12月29日第9届全国人民代表大会常务委员会第6次会议通过《关于修改〈中华人民共和国兵役法〉的决定》，对本法作了重要修改。国家主席江泽民签署13号主席令，全文颁布如下。）

第1章　总　则

第1条　根据中华人民共和国宪法第55条“保卫祖国、抵抗侵略是中华人民共和国每一个公民的神圣职责。依照法律服兵役和参加民兵组织是中华人民共和国公民的光荣义务”和其他有关条款的规定，制定本法。

第2条　中华人民共和国实行义务兵与志愿兵相结合、民兵与预备役相结合的兵役制度。

第3条　中华人民共和国公民，不分民族、种族、职业、家庭出身、宗教信仰和教育程度，都有义务依照本法的规定服兵役。

有严重生理缺陷或者严重残疾不适合服兵役的人，免服兵役。

依照法律被剥夺政治权利的人，不得服兵役。

第4条　中华人民共和国的武装力量，由中国人民解放军、中国人民武装警察部队和民兵组成。

第5条　兵役分为现役和预备役。在中国人民解放军服现役的称现役军人；编入民兵组织或者经过登记服预备役的称预备役人员。

第6条　现役军人和预备役人员，必须遵守宪法和法律，履行公民的义务，同时享有公民的权利；由于服兵役而产生的权利和义务，除本法的规定外，另由军事条令规定。

第7条　现役军人必须遵守军队的条令和条例，忠于职守，随时为保卫祖国而战斗。

预备役人员必须按照规定参加军事训练，随时准备参军参战，保卫祖国。

第8条　现役军人和预备役人员建立功勋的，得授予勋章、奖章或者荣誉称号。

第9条　中国人民解放军实行军衔制度。

第10条　全国的兵役工作，在国务院、中央军事委员会领导下，由国防部负责。

各军区按照国防部赋予的任务，负责办理本区域的兵役工作。

省军区（卫戍区、警备区）、军分区（警备区）和县、自治县、市、市辖区的人民武装部，兼各该级人民政府的兵役机关，在上级军事机关和同级人民政府领导下，负责办理本区域的兵役工作。

机关、团体、企业事业单位和乡、民族乡、镇的人民政府，依照本法的规定完成兵役工作任务。兵役工作业务，在设有人民武装部的单位，由人民武装部办理；不设人民武装部的单位，确定一个部门办理。

第2章　平时征集

第11条　全国每年征集服现役的人数、要求和时间，由国务院和中央军事委员会的命令规定。

第12条　每年12月31日以前年满18岁的男性公民，应当被征集服现役。当年未被征集的，在22岁以前，仍可以被征集服现役。

根据军队需要，可以按照前款规定征集女性公民服现役。

根据军队需要和自愿的原则，可以征集当年12月31日以前未满18岁的男女公民服现役。

第13条　每年12月31日以前年满18岁的男性公民，都应当在当年9月30日以前，按照县、自治县、市、市辖区的兵役机关的安排，进行兵役登记。经兵役登记和初步审查合格的，称应征公民。

第14条　在征集期间，应征公民应当按照县、自治县、市、市辖区的兵役机关的通知，按时到指定的体格检查站进行体格检查。

应征公民符合服现役条件，并经县、自治县、市、市辖区的兵役机关批准的，被征集服现役。

第15条　应征公民是维持家庭生活的唯一劳动力或者是正在全日制学校就学的学生，可以缓征。

第16条　应征公民被羁押正在受侦查、起诉、审判的或者被判处徒刑、拘役、管制正在服刑的，不征集。

第3章　士兵的现役和预备役

第17条　士兵包括义务兵和志愿兵。

第18条　义务兵服现役的期限为2年。

第19条　义务兵服现役期满，根据军队需要和本人自愿，经团级以上单位批准，可以改为志愿兵。

志愿兵实行分期服现役制度。志愿兵服现役的期限，从改为志愿兵之日算起，至少3年，一般不超过30年，年龄不超过55岁。

根据军队需要，志愿兵也可以直接从非军事部门具有专业技能的公民中招收，具体办法由国务院、中央军事委员会制定。

第20条　士兵服现役期满，应当退出现役。因军队编制员额缩减需要退出现役的，经军队医院诊断证明本人健康状况不适合继续服现役的，或者因其他特殊原因需要退出现役的。经师级以上机关批准，可以提前退出现役。

第 21 条　士兵退出现役时，符合预备役条件的，由部队确定服士兵预备役；经过考核，适合担任军官职务的，服军官预备役。

退出现役的士兵，由部队确定服预备役的，在回到本人居住地以后的 30 天内，到当地县、自治县、市、市辖区的兵役机关办理预备役登记。

第 22 条　按照本法第 13 条规定经过兵役登记的应征公民，未被征集服现役的，服士兵预备役。

第 23 条　士兵预备役的年龄，为 18 岁至 35 岁。

第 24 条　士兵预备役分为第 1 类和第 2 类。

第 1 类士兵预备役包括下列人员：

（一）经过登记服士兵预备役的 35 岁以下的退出现役的士兵；

（二）经过登记服士兵预备役的 35 岁以下的地方与军事专业对口的技术人员；

（三）其他编入预备役部队和预编到现役部队的 28 岁以下的预备役士兵。

第 2 类士兵预备役包括下列人员：

（一）除服第 1 类士兵预备役的人员外，编入民兵组织的人员；

（二）其他经过登记服士兵预备役的 35 岁以下的男性公民。

本条第 1 类士兵预备役第（三）项所列人员，29 岁转入第 2 类士兵预备役；预备役士兵年满 35 岁，退出预备役。

第 4 章　军官的现役和预备役

第 25 条　现役军官由下列人员补充：

（一）军事院校毕业的学员；

（二）在中央军事委员会批准开办的培训军官的机构受训后，经考核适合担任军官职务的士兵；

（三）高等院校、中等专业学校毕业的适合担任军官职务的学生；

（四）军队的文职干部和个别接收的非军事部门的专业技术人员。

在战时，现役军官还由下列人员补充：

（一）可以直接任命为军官的士兵；

（二）征召的预备役军官和适合服现役的非军事部门的干部。

第 26 条　预备役军官包括下列人员：

（一）退出现役转入预备役的军官；

（二）确定服军官预备役的退出现役的士兵；

（三）确定服军官预备役的高等院校毕业学生；

（四）确定服军官预备役的专职人民武装干部和民兵干部；

（五）确定服军官预备役的非军事部门的干部和专业技术人员。

第 27 条　军官服现役和服预备役的最高年龄由中国人民解放军军官服役条例规定。

第 28 条　现役军官按照规定服役已满最高年龄的，退出现役；未满最高年龄因特殊情况需要退出现役的，经批准可以退出现役。

军官退出现役时，符合服预备役条件的，转入军官预备役。

第 29 条　退出现役转入预备役的军官，退出现役确定服军官预备役的士兵，以及确定服军官预备役的高等院校毕业学生，在到达工作单位或者居住地以后的 30 天内，到当地县、自治县、市、市辖区的兵役机关办理预备役登记。

适合担任军官职务的专职人民武装干部、民兵干部、非军事部门的干部和专业技术人员，由县、自治县、市、市辖区的兵役机关进行登记，报请上级军事机关批准，服军官预备役。

预备役军官按照规定服预备役已满最高年龄的，退出预备役。

第 5 章　军事院校从青年学生中招收的学员

第 30 条　根据军队建设的需要，军事院校可以从青年学生中招收学员。招收学员的年龄，不受征集服现役年龄的限制。

第 31 条　学员完成学业考试合格的，由院校发给毕业证书，按照规定任命为现役军官或者文职干部。

第 32 条　学员学完规定的科目，考试不合格的，由院校发给结业证书，回入学前户口所在地，由县、自治县、市、市辖区的人民政府按照国家同等院校结业生的安置办法安置。

第 33 条　学员因患慢性疾病或者其他原因不宜在军事院校继续学习，经批准退学的，由院校发给肄业证书，由入学前户口所在地的县、自治县、市、市辖区的人民政府接收安置。

第 34 条　学员被开除学籍的，由入学前户口所在地的县、自治县、市、市辖区的人民政府接收，按照国家同等院校开除学籍学生的处理办法办理。

第 35 条　本法第 31 条、第 32 条、第 33 条、第 34 条的规定，也适用于从现役士兵中招收的学员。

第 6 章　民兵

第 36 条　民兵是不脱离生产的群众武装组织，是中国人民解放军的助手和后备力量。

民兵的任务是：

（一）积极参加社会主义现代化建设，带头完成生产和各项任务；

（二）担负战备勤务，保卫边疆，维护社会治安；

（三）随时准备参军参战，抵抗侵略，保卫祖国。

第 37 条　乡、民族乡、镇和企业事业单位建立民兵组织。凡 18 岁至 35 岁符合服兵役条件的男性公民，除应征服现役的以外，编入民兵组织服预备役。

民兵干部的年龄可以适当放宽。

不建立民兵组织的单位，按照规定对符合服兵役条件的男性公民，进行预备役登记。

第 38 条　民兵分为基干民兵和普通民兵。28 岁以下的退出现役的士兵和经过军事训练的人员，以及选定参加军事训练的人员，编为基干民兵；其余 18 岁至 35 岁符合服兵役条件的男性公民，编为普通民兵。

根据需要，吸收女性公民参加基干民兵。

陆海边疆、少数民族地区和城市有特殊情况的单位，基干民兵的年龄可以适当放宽。

第 7 章　预备役人员的军事训练

第 39 条　预备役士兵的军事训练，在民兵组织、预备役部队中进行，或者采取其他组织形式进行。

未服过现役的编入预备役部队、预编到现役部队的预备役士兵和基干民兵，在 18 岁至 22 岁期间，应当参加 30 天至 40 天的军事训练；其中专业技术兵的训练时间，按照实际需要适当延长。

服过现役和受过军事训练的预备役士兵的复习训练，普通民兵和未编入民兵组织的预备役士兵的军事训练，按照中央军事委员会的规定进行。

第 40 条　预备役军官在服预备役期间，应当参加 3 个月至 6 个月的军事训练。

第 41 条　国务院和中央军事委员会在必要的时候，可以决定预备役人员参加应急训练。

第 42 条　预备役人员参加军事训练，由当地人民政府给予误工补贴。具体办法和补贴标准由国务院、中央军事委员会规定；在国务院、中央军事委员会作出规定之前，由省、自治区、直辖市规定。

第 8 章　高等院校和高级中学学生的军事训练

第 43 条　高等院校的学生在就学期间，必须接受基本军事训练。

根据国防建设的需要，对适合担任军官职务的学生，再进行短期集中训练，考核合格的，经军事机关批准，服军官预备役。

第 44 条　高等院校设军事训练机构，配备军事教员，组织实施学生的军事训练。

第 43 条第 2 款规定的培养预备役军官的短期集中训练，由军事部门派出现役军官与高等院校军事训练机构共同组织实施。

第 45 条　高级中学和相当于高级中学的学校，配备军事教员，对学生实施军事训练。

第 46 条　高等院校和高级中学学生的军事训练，由教育部、国防部负责。教育部门和军事部门设学生军事训练的工作机构或者配备专人，承办学生军事训练工作。

第 9 章　战时兵员动员

第 47 条　为了对付敌人的突然袭击，抵抗侵略，各级人民政府、各级军事机关，在平时必须做好战时兵员动员的准备工作。

第 48 条　在国家发布动员令以后，各级人民政府、各级军事机关，必须迅速实施动员：

（一）现役军人停止退出现役，休假、探亲的军人必须立即归队；

（二）预备役人员随时准备应召服现役，在接到通知后，必须准时到指定的地点报到；

（三）机关、团体、企业事业单位和乡、民族乡、镇的人民政府负责人，必须组织本单位被征召的预备役人员，按照规定的时间、地点报到；

（四）交通运输部门要优先运送应召的预备役人员和返回部队的现役军人。

第 49 条　战时遇有特殊情况，国务院和中央军事委员会可以决定征召 36 岁至 45 岁的男性公民服现役。

第 50 条　战争结束后，需要复员的现役军人，根据国务院和中央军事委员会的复员命令，分期分批地退出现役，由各级人民政府妥善安置。

第 10 章　现役军人的优待和退出现役的安置

第 51 条　现役军人，革命残废军人，退出现役的军人，革命烈士家属，牺牲、病故军人家属，现役军人家属，应当受到社会的尊重，受到国家和人民群众的优待。

第 52 条　革命残废军人乘坐火车、轮船、飞机、长途汽车，优先购票，并按照规定享受减价优待。

义务兵从部队发出的平信，免费邮递。

第 53 条　现役军人参战或者因公负伤致残的，由部队评定残废等级，发给革命残废军人抚恤证。退出现役的特等、一等革命残废军人，由国家供养终身。二等、三等革命残废军人，家居城镇的，由本人所在地的县、自治县、市、市辖区的人民政府安排力所能及的工作；家居农村的，其所在地区有条件的，可以在企业事业单位安排适当工作，不能安排的，按照规定增发残废抚恤金，保障他们的生活。

第 54 条　义务兵服现役期间，其家属由当地人民政府给予优待，优待的标准不低于当地平均生活水平，具体办法由省、自治区、直辖市规定。

第 55 条　现役军人牺牲、病故，由国家发给其家属一次抚恤金。其家属无劳动能力或者无固定收入不能维持生活的，再由国家定期发给抚恤金。

第 56 条　义务兵退出现役后，按照从哪里来、回哪里去的原则，由原征集的县、自治县、市、市辖区的人民政府接收安置：

（一）家居农村的义务兵退出现役后，由乡、民族乡、镇的人民政府妥善安排他们的生产和生活，机关、团体、企业事业单位在农村招收员工时，在同等条件下，应当优先录用退伍军人。荣获二等功以上奖励的，按照本条第（二）项规定安排工作。

（二）家居城镇的义务兵退出现役后，由县、自治县、市、市辖区的人民政府安排工作，也可以由上一级或者省、自治区、直辖市的人民政府在本地区内统筹安排。机关、团体、企业事业单位，不分所有制性质和组织形式，都有按照国家有关规定安置退伍军人的义务。入伍前是机关、团体、企业事业单位职工的，允许复工、复职。

（三）城镇退伍军人待安置期间，由当地人民政府按照不低于当地最低生活水平的原则发给生活补助费。

（四）城镇退伍军人自谋职业的，由当地人民政府给予一次性经济补助，并给予政策上的优惠。

（五）义务兵退出现役后，报考国家公务员、高等院校和中等专业学校，按照有关规定予以优待。

第 57 条　在服现役期间患精神病的义务兵退出现役后，视病情轻重，送地方医院收容治疗或者回家休养，所需医疗和生活费用，由县、自治县、市、市辖区的人民政府负责。

在服现役期间患过慢性病的义务兵退出现役后，旧病复发需要治疗的，由当地医疗机构负责给予治疗，所需医疗和生活费用，本人经济困难的，由县、自治县、市、市辖区的人民政府给予补助。

第 58 条　志愿兵退出现役后，服现役不满 10 年的，按照本法第 56 条的规定安置；满 10 年的，由原征集的县、自治县、市、市辖区的人民政府安排工作，也可以由上一级或者省、自治区、直辖市的人民政府在本地区内统筹安排；自愿回乡参加农业生产或者自谋职业的，给予鼓励，由当地人民政府增发安家补助费；服现役满 30 年或者年满 55 岁的作退休安置，根据地方需要和本人自愿也可以作转业安置。

志愿兵在服现役期间，参战或者因公致残、积劳成疾基本丧失工作能力的，办理退休手续，由原征集的县、自治县、市、市辖区的人民政府或者其直系亲属所在地的县、自治县、市、市辖区的人民政府接收安置。

第 59 条　军官退出现役后，由国家妥善安置。

第 60 条　民兵因参战执勤牺牲、残废的，预备役人员和学生因参加军事训练牺牲、残废的，由当地人民政府按照民兵抚恤优待条例给予抚恤优待。

第 11 章　惩　处

第 61 条　有服兵役义务的公民有下列行为之一的，由县级人民政府责令限期改正；逾期不改的，由县级人民政府强制其履行兵役义务，并可以处以罚款：

（一）拒绝、逃避兵役登记和体格检查的；

（二）应征公民拒绝、逃避征集的；

（三）预备役人员拒绝、逃避参加军事训练和执行军事勤务的。

有前款第（二）项行为，拒不改正的，在两年内不得被录取为国家公务员、国有企业职工，不得出国或者升学。

战时有第 1 款第（二）、（三）项行为，构成犯罪，依法追究刑事责任。

第 62 条　现役军人以逃避服兵役为目的，拒绝履行职责或者逃离部队的，按照中央军事委员会的规定给予行政处分；战时逃离部队，构成犯罪的，依法追究刑事责任。

明知是逃离部队的军人而雇用的，由县级人民政府责令改正，并处以罚款；构成犯罪的，依法追究刑事责任。

第 63 条　机关、团体、企业事业单位拒绝完成本法规定的兵役工作任务的，阻挠公民履行兵役义务的，拒绝接收、安置退伍军人的，或者有其他妨害兵役工作行为的，由县级人民政府责令改正，并可以处以罚款；对单位直接负责的主管人员和其他直接责任人员，依法予以处罚。

第 64 条　扰乱兵役工作秩序，或者阻碍兵役工作人员依法执行职务的，依照治安管理处罚条例的规定给予处罚；使用暴力、威胁方法，构成犯罪的，依法追究刑事责任。

第 65 条　国家工作人员和军人在兵役工作中，有下列行为之一，构成犯罪的，依法追究刑事责任；尚不构成犯罪的，给予行政处分：

（一）收受贿赂的；

（二）滥用职权或者玩忽职守的；

（三）徇私舞弊，接送不合格兵员的。

第 12 章　附　则

第 66 条　本法适用于中国人民武装警察部队。

第 67 条　中国人民解放军根据需要配备文职干部。文职干部条例另定。

第 68 条　本法自 1984 年 10 月 1 日起施行。

中国兵役制度有重大修改　1998 年 12 月 29 日，中国第 9 届全国人民代表大会常务委员会第 6 次会议，通过了全国人大常委会关于修改《中华人民共和国兵役法》的决定，国家主席江泽民签署第 13 号令予以公布。依据决定，中国兵役制度作了重大改革。

义务兵役期缩短，预备役民兵受训年龄放宽　修改后的兵役法，义务兵服役期限由原来的陆军 3 年，空军、海军 4 年，一律改为 2 年，同时取消了超期服役制度。这是兵役法修改后的一个重要变化。

常委会委员们在审议时指出，现在义务兵服役期较长，服役人员只占适龄青年的 1.5%，将义务兵服现役期缩短为 2 年，公民兵役负担就能相对合理。尤其是越来越多的义务兵来自独生子女家庭，士兵家庭经济负担较重，缩短服役期，青年和家长心理上更容易接受，有利于吸引更多优秀青年参军，特别是吸引部分大学生入伍。对于军队建设来说，随着军事技术现代化水平的提高，缩短义务兵的服役期限，相应加大志愿兵的比例，有利于保留部队基层骨干，提高部队的战斗力。

同样，兵役法修改后，将未服过现役的预备役士兵和基干民兵必须接受军事训练的年龄，由 18～20 岁放宽到 22 岁。这既能起到均衡兵役负担的作用，又能使更多的青年接受军事训练，有利于积蓄训练有素的后备兵员，加强中国的后备力量建设。

志愿兵实行分期服役制度，服役期最长到 30 年 修改后的兵役法规定，志愿兵实行分期服役制度。服役期从义务兵改为志愿兵之日算起，至少 3 年，最长可以到 30 年，最高年龄可以到 55 岁。会上，一些常委会委员论述了修改的合理性。他们说，原来志愿兵一次性选改和退出现役的规定，转志愿兵后就要再服役 8 至 12 年才能退出现役，如同端上了铁饭碗，干好干坏一个样。实行志愿兵分期服役制度，义务兵从第 3 年起转为志愿兵后，只要干得好，部队需要，就可以按 2 至 5 年，5 至 8 年……直至 30 年分期与部队签订合同。如此双向选择，不仅调动了志愿兵的积极性，也利于部队保留骨干。特别是兵役法修改后还规定，根据部队需要，志愿兵也可以直接从非军事部门具有专业技能的公民中招收，更拓宽了军队选择招收人才的渠道，有利于改善士兵结构，提高兵员素质，符合质量建军的要求。

退役安置建立了激励机制，民兵训练误工补贴改吃“皇粮” 修改后的兵役法令人鼓舞的一个新变化是军人退出现役安置的法律条文。其中规定，家居农村的义务兵荣获二等功以上奖励的，志愿兵服役满 10 年的，退出现役后由政府安排工作。并规定鼓励退伍军人自谋职业。这些规定倾注了国家权利机关对军人的关怀。

“军人把最佳年华奉献给了军队，做好退伍军人的安置工作对稳定军心、提高青年服兵役的积极性至关重要。”在审议志愿兵退役后由政府安排工作的服役年限时，有些委员提出，原草案规定志愿兵服役不满 12 年，退出现役后按义务兵安置的时间太长，不利于军队保留技术骨干，吸收优秀青年当志愿兵。经与总参谋部研究，将服役期限改成了 10 年。委员们认为，现在的退伍兵安置条文比较完善，保障了军人的权益，既有利于调动义务兵、志愿兵的服役积极性，又减轻了国家的安置负担，同时又提出了退伍军人安置与市场接轨的方向。

民兵、预备役人员参加军事训练的误工补贴由所在单位或乡、镇负担，改为由当地人民政府的财政负担。这是修正后的兵役法保障承担兵役义务人员和单位的又一举措。审议中，委员们指出，原规定民兵、预备役人员参加军事训练期间的误工补贴，农村由乡镇采取平衡负担的办法统筹解决，城镇采取由参训人员所在单位照发工资和奖金，福利待遇不变的办法解决。这存在“谁训练谁负担，参训人员越多负担越重”的不合理状况，参训人员的误工补贴往往不能落实。改成当地人民政府给予补贴后，参训人员的积极性也就能调动起来了。

对违反兵役法各种行为的惩处有了法律依据 以前，有的企业单位，雇用擅自离队的战士，给部队管理带来困难。而对这种行为没有人能给以惩处。现在有办法了。修改后的兵役法明文规定：“明知是逃离部队的军人而雇用的，由县级人民政府责令改正，并处以罚款；构成犯罪的，依法追究刑事责任。”

修改后的兵役法增加的 62、63、64 这 3 个条款，全部是针对违反兵役法的各种行为所设立的。原兵役法虽然规定了惩处一章，但只有两个原则性的条款，缺乏操作性和约束力，对一些违反兵役法的行为难以惩处。新法对公民、单位和国家工作人员违反兵役法规的行为、处罚措施、执行机关都作出了明确规定。常委会委员们认为，这个法律的颁布施行，适应了市场经济条件下加强国防和军队建设的需要。

（金　鲍）

印发《关于军队执行〈中华人民共和国刑事诉讼法〉若干问题的暂行规定》 《解放军报》1998 年 9 月 26 日报道，中央军委日前印发了《关于军队执行〈中华人民共和国刑事诉讼法〉若干问题的暂行规定》，要求全军和武警部队遵照执行。

《暂行规定》是为保证军队刑事诉讼活动的顺利进行，根据修订后的《刑事诉讼法》和其他法律有关规定，结合军队实际情况制定的，共 32 条。

《暂行规定》对军队保卫部门、军事检察院、军事法院办理军内刑事案件的职权、管辖和其他有关问题作了规定。根据该《暂行规定》，未设立保卫部门的军级以上单位和军队院校政治部负责保卫工作的机构办理刑事案件时，在上级保卫部门的组织指导下，依法行使相应的侦查权。军队保卫部门、军事检察院、军事法院对犯罪嫌疑人、被告人采取监视居住措施的，可以在指定的地点执行，并由专人进行监视。军队保卫部门、军事检察院办理重大、复杂案件时，经师级以上单位政治机关批准，可以临时任命侦查、检察人员参与办案。被害人或者军事检察院提起附带民事诉讼的，适用《刑事诉讼法》第 7 章的规定。军事法院公开审理案件时，与本案有关的地方人员经许可可以参加旁听。军事法院开庭审查案件时，被告人所在团级以上单位应当根据军事法院的要求，派出有关人员执行法庭勤务和押解任务。

（金　鲍）

中央军委批转《关于加强武器装备管理的意见》 《解放军报》1998 年 2 月 25 日报道，日前，中央军委批转了总参谋部《关于加强武器装备管理的意见》，要求全军部队高标准高质量地做好武器装备管理工作，加快武器装备现代化建设，不断提高部队在现代技术特别是高技术条件下的作战能力。

《意见》指出，新的形势和任务，对全军武器装备“科学化、制度化、经常化”管理工作提出更新、更高的要求。《意见》强调，各级党委和领导要把思想真正统一到中央军委关于武器装备建设必须一手抓发展、一手抓管理的指示上来，以强烈的政治责任感和使命感，切实把武器装备管理作为部队建设的一个重要方面，列入议事日程，狠抓落实，努力实现武器装备结构优化，保障、管理、维修协调发展，平时与战时、硬件与软件、人员与装备有效结合。

《意见》要求，全军官兵要牢固树立立足现在武器装备打仗、立足现有条件管好用好武器装备的思想，要从加强教育入手，增强官兵爱装管装的紧迫感和自觉性；依法管装，保证武器装备经常处于良好状态；高标准高质量做好武器装备管理工作，向管理要效益、要战斗力。同时，要求全军部队要克服困难，通过努力，切实达到爱装教育讲求实效；装备管理法规制度完善，职责落实；专业技术队伍满编称职，技术保障能力增强；管理设施基本配套，大型贵重装备全部入库；装备完好（在航）率保持规定的标准，管理整体水平不断提高的目标，走出一条具有中国军队特色的武器装备管理新路子，为中国人民解放军武器装备跨世纪发展打下牢固基础。 （金 鲍）

颁发《中国人民解放军后方仓库条例》 《人民日报》1998 年 1 月 6 日报道，中央军委主席江泽民日前签署命令，颁发施行《中国人民解放军后方仓库条例》。

后方仓库担负着战略、战役物资的储备和供应任务，是对部队实施平战时物资保障的重要依托。《中国人民解放军后方仓库条例》是全军后方仓库的基本法规，是加强全军后方仓库建设，提高物资储供能力的重要保证。

《条例》共分总则、职责、物资收发、物资储存、仓库建设、仓库安全、奖励与处分、附则等 8 章 46 条。《条例》指出，后方仓库工作，应当贯彻新时期军事战略方针，坚持平战结合、科学管理、讲求效益、确保安全的原则，为巩固和增强部队战斗力服务。

据总后勤部有关部门领导介绍，经中央军委批准，1983 年三总部曾颁发施行《中国人民解放军仓库工作暂行条例》。随着军队建设指导思想的战略性转变，从 1996 年 4 月起，总后勤部有关部门对《暂行条例》进行了修订。

这次颁发的条例以邓小平新时期军队建设思想和江泽民主席对军队建设的总要求为指导，以新时期军事战略方针和中央军委关于加强后方仓库建设的一系列重要指示为依据，依照社会主义市场经济和现代战争对物资保障的新要求，立足现实，着眼未来，对近年来各级机关和后方仓库在实际工作中的成功探索和经验给予了确认。

中央军委颁发《关于进一步加强军队工程建设管理的若干规定》 针对军队工程建设管理中出现的新情况、新问题，中央军委于 1998 年 4 月 1 日颁发《关于进一步加强军队工程建设管理的若干规定》，以建立起军队工程建设管理的正规秩序。

《规定》要求，凡属军队工程建设项目，无论投资来自预算内或者国家、军队专项等主渠道，还是来自预算外、军用土地开发、军队事业部门投资、地方企事业单位赞助、单位和个人集资或者贷款等辅助渠道，都必须纳入全军统一的工程建设计划，集中归口管理；实行党委统一领导、工程归口管理部门综合论证、主管领导审批的工程建设前期工作制度；严格执行基本建设程序，所有工程建设项目，未经批准立项均不得擅自组织实施。

《规定》强调，全军团以上单位必须科学制定营区建设规划，合理利用营区土地资源，逐步实现按编制建房，按标准住房，按法规管房；实行工程建设许可证制度，凡进行工程建设，必须持有工程归口管理部门核发的建设许可证，未经许可建设的营房及设施，不得核销工程决算，不得核增营房面积实力，不得计领营房维修费。

《规定》要求严格工程计划管理，主渠道投资以指令性计划管理为主，适时调整投资分配比例，集中财力保证重点方向、重点部队和重点项目的建设，具体计划安排由总部确定，一般建设项目计划由各大单位编制，报总部审定；要控制建设规模和新上项目，年度投资规模必须根据财力投入的可能确定，量力而行，量入为出。“九五”期间，全军师以上单位不准新建、改建和装修办公楼，不准新建会议楼、礼堂、招待所、宾馆、纪念馆和各类业务“中心”。

《规定》指出，所有建设项目必须接受军队工程质量监督。各单位、各部门必须严格执行国家和军队有关工程建设的法规，不得违反营区建设规划，不得搞计划外工程，不得超标准建设，不得随意改变建设项目，不得超越权限审批建设项目。

印发《全军营房限额住用工作实施方案》 《解放军报》1998 年 3 月 27 日报道，总参谋部、总政治部、总后勤部日前向全军印发了《全军营房限额住用工作实施方案》，要求各级加强领导，提高认识，把营房限额住用工作作为军队建设的一件大事来抓，严格执行标准，认真组织实施。

营房限额住用是指按照编制员额、装备和营房限额住用面积标准，确定单位建设、使用和管理营房的一项制度。实行营房限额住用，是军队营房住用制度的一项重大改革，对于提高军队房地产管理水平、促进部队全面建设，具有重要意义。

为了搞好这项改革，1997 年 5～10 月，总后勤部在全军 200 个单位进行了营房限额住用、收缩营房住用摊子的试点工作，取得了减轻部队负担、改善营区环境的明显效果，促进了部队的现代化、正规化建设。

三总部联合印发的《实施方案》对限额住用的范围、内容和方法步骤，都作了明确规定。

实行营房限额住用的范围包括：全军部队、机关、院校、医院（疗养院）、场站、后方仓库等单位。干休所、企业化招待所不实行营房限额住用管理。家属住房不列入单位营房住用面积的限额，其建设与管理按有关规定执行。

《实施方案》要求，依据编制员额和营房限额住用面积标准，确定团以上单位营房住用面积限额，核定单位住房的余缺，合理调整，对余房按移交看管、开发利用、拆除销号等方式处理，逐步达到规模适度，按标准住用。对限额内营房，要切实加强管理，努力提高住用质量和环境质量。对限额外营房，区分不同情况，完善管护措施和办法，充分发挥使用效能。

《实施方案》指出，在 1997 年试点的基础上，营房限额住用工作 1998 年先从编制明确、部署稳定的军以下单位开始，根据军队精简调整的进程逐步展开，2000 年基本完成。经验收合格后，对限额内营房和限额外营房采取不同的管理方式、运行机制和维修标准，全面落实营房限额住用制度。

印发新修订的《中国人民解放军公务事业费标准》　《解放军报》1998 年 3 月 31 日报道，总后勤部日前向全军印发新修订的《中国人民解放军公务事业费标准》。新修订的《标准》，对全军公务事业费标准进行了不同程度的调整和提高，重点是向基层部队和驻艰苦地区部队倾斜。

据总后勤部有关部门负责人介绍，这次调整集中体现了党中央、中央军委和总部对部队全面建设特别是基层部队官兵的关怀，主要调整和提高了与部队教育训练和生活密切相关的训练费、院校教育费、卫生事业费、取暖费等 8 项经费的标准。考虑到航空部队飞行训练、舰艇部队出海训练条件艰苦、开支较大，增设了飞行、出海训练保障补助标准，以增强保障部队教育训练和维持日常生活工作开支的基本财力。

这次调整体现了经费向基层部队和驻艰苦地区部队倾斜的原则。为适应基层官兵物质文化生活的基本需求，调整中为全军所有建制连队设立了订阅报刊费补助标准，并将战士洗澡费标准提高一倍。根据部队驻地实际情况，调整中适当扩大了驻艰苦地区部队的补助范围，将驻青海省玉树、果洛藏族自治州，四川省甘孜藏族自治州、阿坝藏族羌族自治州和云南省迪庆藏族自治州等地区部队，纳入驻艰苦地区部队的补助范围。针对驻边远艰苦地区和县以下地区的仓库、医院担负任务重、事业性创收少、经费标准低的实际困难，对驻县以下地区团级仓库和团级医院的经费标准作了较大幅度的提高。

通过这次调整，全军公务事业费标准在结构上将趋于科学合理，有利于部队在军费不足的情况下，集中财力，保障重点，服务基层，最大限度地提高经费使用效益。

（杏　花）

推出《军人保险制度实施方案》　《解放军报》1998 年 7 月 9 日报道，经国务院、中央军委批准，总参谋部、总政治部、总后勤部、总装备部于 7 日推出《军人保险制度实施方案》。此举标志着全军广大官兵盼望已久的中国军人保险制度正式启动。

军人保险制度是国家社会保障制度的重要组成部分，军人保险与军人抚恤优待、退役安置等共同组成具有中国特色的军人社会保障体系。《军人保险制度实施方案》确定的目标是：建立与地方社会保险制度相衔接、与军人抚恤优待政策相配套、与社会保障总体水平相适应，基金来源稳定可靠，管理体制相对独立，法规制度健全，具有中国特色的军人保险制度。

军人保险项目主要包括 3 种：一是伤亡保险，即军人因战、因公伤亡时，给予本人或家属一定的经济补偿；二是退役养老保险，即为每个军人建立养老保险个人帐户，保障其退出现役后享有国家规定的养老保险待遇；三是退役医疗保险，即为军人建立医疗保险个人帐户，保障其退出现役后享有国家规定的医疗保险待遇。后两个险种主要是为了同国家推行的养老保险和医疗保险相衔接。根据国家关于建立多层次社会保障体系的要求和军队建设的需要，在适当的时候将相应开设其他保险项目。

军人保障对象为现役军人和武警部队现役人员。军官、文职干部、士官在服役期间养老保险和医疗个人帐户，由军队负责建立。义务兵在服役期间养老保险和医疗保险个人帐户，由军队商国务院有关部门研究确定。军队已离退休人员的社会保险问题，由军队商国务院有关部门研究确定。军队机关、部队、事业单位职工的社会保险参照国家的有关规定执行，由军队组织实施。

军人保险基金由国家和个人合理负担，基金运营所得收益全部纳入军人保险基金，专款专用，不得挤占挪用，确保给付及时、存储安全。保险给付标准参照同职级国家公务员和职工的保险给付水平并体现军人职业特点。《实施方案》规定，1998 年将首先推出军人伤亡保险项目，四总部昨天批准颁发了《军人伤亡保险暂行规定》。条件成熟时，将制定《军人伤亡保险条例》、《军人退役养老保险条例》、《军人退役医疗保险条例》等法规。

《军队会议费接待费限额管理办法》印发全军实施 《解放军报》1998 年 1 月 6 日报道，为加强会议费、接待费管理，压缩会议费、接待费开支，促进廉政建设，根据《中共中央、国务院〈关于党政机关厉行节约、制止奢侈浪费行为的若干规定〉》和中央军委的有关规定，总后勤部日前发出通知，将《军队会议费接待费限额管理办法》印发全军实施。

《办法》规定，全军团以上单位和部门，召开各种会议或组织军内公务活动、军地之间公务往来等确需安排人员食宿的开支，一律实行限额管理。军队各单位和部门的会议费、接待费限额，按照现行后勤供应渠道，由本级后勤机关申请，报上级后勤机关核定，每年核定一次。各单位和部门应当按照核准的限额实施管理。

《办法》明确，各单位和部门的会议费、接待费开支，一律列本单位特支费科目统一核算，任何单位和部门均不准从其他经费科目直接列支会议费、接待费。经批准从事业部门有关费用中支出的会议费、接待费，事业部门应当按核定的限额及时将经费划转到后勤财务部门，其开支由后勤财务部门审核列特支费科目报销。各单位、各部门必须在批准的限额内安排使用会议费和接待费，不得擅自突破限额。

《办法》要求，任何单位和部门不准以任何理由和方式让下级承担或者分担上级的会议费、接待费开支，不准在所属中心、站、所以支抵收的方式结算会议费、接待费，不准以其他逃避监督的方式开支会议费、接待费。各级财务、审计部门应当加强对会议费、接待费开支情况的监督检查，对超标准、超限额、让下级承担或者以支抵收方式开支会议费、接待费的，对主管人员和直接责任人员依照军队的有关规定给予处分。

颁发《军队接收地方高校毕业生工作暂行办法》 《解放军报》1998 年 7 月 16 日报道，总参谋部、总政治部、总后勤部制定的《军队接收地方高等学校毕业生工作暂行办法》近日正式颁布实施。至此，中国人民解放军接收地方高等学校毕业生工作有了第 1 份法规性文件。

为适应中国人民解放军现代化建设需要和国家教育改革的新形势，贯彻落实军委关于军队生长干部要逐步走军队自己培养和依托国民教育培养并举路子的指示，进一步做好接收地方高等学校毕业生工作，三总部制定了《军队接收地方高等学校毕业生工作暂行办法》。《办法》对军队接收地方高等学校毕业生的范围、条件、考核、集训和锻炼、职级待遇等方面作了明确规定，是军队在国家深化改革、发展社会主义市场经济的新形势下，积极探索依托地方高等学校培养军事人才特点和规律的重要举措，标志着军队接收地方高等学校毕业生工作逐步走上了法制化轨道。

根据《办法》要求，接收地方高等学校毕业生工作要按照“注重质量、保证需求、优化结构、充实基层”的原则。接收对象以大学本科为主，学科以理工科为主，兼收文史类和其他类别的毕业生；作战部队和边远艰苦地区部队可接收一些专科毕业生，教学、科研和驻军医院以上医疗等单位，面向全国重点高等学校，主要接收研究生和本科生层次的专业技术人才；在继续做好接收毕业生补充专业技术干部队伍的同时，积极推进补充指挥干部队伍的工作，对拟补充基层指挥岗位的毕业生，侧重对其志愿、气质和体魄状况、管理素质等方面的考核；军队用人单位要积极参与高等学校毕业生就业制度改革情况下的人才竞争，把握接收规律，制定有效措施，切实把好接收质量关。

（素　洁）

美国军事法制　美军颁发首部《联合信息战纲要》 1998 年 10 月 9 日，美军参联会批准颁发了第 3－13 号联合出版物《联合信息战纲要》。《纲要》为美军各军种的信息战行动提供了“极其重要的指导原则”。阐述了进攻性信息作战和防御性信息作战的原则，规定了美军各级指挥员在对联合信息作战进行计划、协调、融合和统一时，所应履行的职责和进攻性及防御性信息战的方法与程序。现摘要如下：

关于信息战的定义　信息作战就是在保护己方的信息和信息系统的同时，采取行动影响敌方的信息和信息系统。信息作战可以用于作战行动的所有阶段、军事行动的整个范围以及战争的每一个层次。信息战争是指在危机或冲突（包括战争）期间，为实现具体目标或促成具体目标的实现，而针对某一（或某些）特定敌人进行的信息作战。

关于进攻性信息战　利用进攻性信息战来影响敌手或潜在敌手的信息或信息系统，可以在发生危机或冲突时给美军创造巨大的优势。

（一）进攻性信息战的主要原则。（1）进攻性信息作战的最终目标是人工决策流程。进攻性信息作战要求将各种手段合并统一为一个连贯而严密的计划，以求具体目标的实现。（2）进攻性信息作战的目标必须明确，要为国家和军队的总体目标服务，并具有明显的取胜可能性。信息作战潜在的目标范围包括平时目标和战时目标。（3）具体进攻实力（手段）的选择和运用必须切合形势，并与美国的目标相一致。这些行为必须以武装冲突法为依据，与相应的国内与国际法相一致，并遵守相应的交战规则。(4) 进攻性信息作战可以是联合部队指挥官指挥的战役或作战行动中的主要活动，或辅助活动，也可以是其中的一个阶段。(5) 为配合联合部队指挥官指挥的战役或作战行动而进行的进攻性信息作战，可以包括非国防部力量、机构或组织所开展的计划制定与实施工作。此类信息作战必须与所配合的战役或作战行动的各个方面和组成部分完全融合、协调和一致。

为了有效地攻击敌手的信息和信息系统，有必要做到以下几点：(1) 了解敌手或潜在敌手的观点，以及如何利用信息作战影响这种观点；(2) 确定信息作战要实现的目标；(3) 识别各信息系统的价值、用途、信息流及其弱点；(4) 识别有助于实现信息作战目标的攻击目标；(5) 确定目标群；(6) 选择最有效的进攻实力来影响攻击目标的信息或信息系统的脆弱部分；(7) 预测运用具体实力将产生的结果，预先确定取胜把握的程度；(8) 取得运用信息作战的必要许可；(9) 识别情报信息反馈与战斗信息反馈，这种反馈是评估工作的必要保障；(10) 对信息作战进行融合与协调，并付诸实施；(11) 对照预先确定的取胜把握程度，评估具体某一信息作战的结果。

（二）关于进攻性信息战手段。为了对敌手信息系统的各组成部分产生不利的增效作用，进攻性信息作战采用心理战、作战保密和军事欺骗等手段，并可以采用电子战和有形攻击或物质摧毁等多种攻击方案。要想取得信息作战的胜利，必须将许多实力与活动综合起来，防御与进攻都是如此。在实施信息作战时可以融合在一起的实力与活动分为配属的和辅助的，其中包括作战保密、心理战、军事欺骗、电子战和有形攻击或物质摧毁，这与传统上为指挥与控制战服务的做法是相同的。此外，在进攻性信息作战中可以考虑开展和结合计算机网络袭击。

1. 作战保密。作战保密可以延缓敌手的决策周期，为更加容易和快捷地实现我方目标提供机会，从而为进攻性信息作战作出贡献。作战保密的重点，是了解敌方决策者所具备的搜集可靠、充分和及时情报的能力。与其他实力结合使用时，作战保密可以将敌方对我方军事行动的了解和认识引导到有利于我方的方向。作战保密使敌手无法获取与我方的进攻实力及意图有关的关键信息（这些信息对于有效及时的决策是必不可少的），从而使敌手容易受到其他实力的攻击。

2. 心理战。心理战是指有选择地向局外人传递信息和迹象的行为。心理战的目的是影响外国政府、组织、团体和个人的情感、动机和推理，并最终影响其行为。从运用角度看，心理战分为战略性的、战役性的和战术性的，其中包括为军事欺骗行动服务的事实掩盖活动。(1) 在战略层次，心理战可以采取宣布政治立场或外交立场、发布公告或公报的形式。(2) 在战役层次，心理战可以通过传单散发、高音喇叭广播、电台或电视广播和其他信息传播手段劝说敌人投诚、开小差或投降。持久的心理战攻势具有增效作用，可以加速敌人士气的瓦解，进一步鼓动敌人开小差。(3) 在战术层次，心理战包括使用高音喇叭和其他手段来增加敌人的恐惧感或者加速敌人内部的分裂。(4) 心理战部队还可以通过面对面的对话引导敌人的态度，影响敌人的行动。心理战可以为军事欺骗行动服务。

3. 军事欺骗。(1) 联合部队指挥官所实施的军事欺骗通过向敌方情报搜集、分析与传播系统施加影响来攻击敌方决策者这一目标。这种欺骗要求对敌手及敌手的决策流程有彻底的了解。关键是预想。在指挥员形成构想的过程中，特别要注意判定：在战斗的关键时刻，联合部队指挥官想让敌人做出什么样的举动。让敌人按我方的企图行事就是欺骗行动要达到的目的。军事欺骗的重点就是使敌人做出预期的举动，而不只是简单地误导敌人的思维。军事欺骗的目的是使敌方指挥员对我方部队的进攻实力或意图形成不准确的印象，使敌方指挥员无法正确使用自己的情报搜集优势，不能最有效地运用自己的战斗部队或支援部队。(2) 军事欺骗行动通常是联合作战行动的组成部分。低一级的欺骗计划是为高一级的计划服务的，从这个意义上来说，军事欺骗行动的计划流程是自上而下的。(3) 各级指挥员都可以制订军事欺骗行动的计划。计划可以包括低级别部队单位的使用，尽管低级别的部队指挥员不一定了解欺骗行动的全面情况。因此为了确保欺骗行动的总体统一性，与上级指挥员进行欺骗计划协调，对指挥员来说是至关重要的。(4) 军事欺骗行动依赖情报活动来识别合适的欺骗目标、协助编造可信的情节、识别合适的目标并以此为重点、以及对军事欺骗计划的有效性进行评估。(5) 军事欺骗行动是多方位军事行动的有力工具，但这不是没有代价的。为使欺骗具有可信度，必须为欺骗行动分配一定的部队和资源，从短期来看，这可能使战役或作战行动的某些方面受到损害。军事欺骗行动的作战保密工作可能要求，联合部队中只有一小批经过选择的高级指挥员和参谋军官才能知道行动的纯欺骗性质。这种情况可能导致部队内部的混乱，联合部队指挥官及其参谋人员必须对此密切注视。

4. 电子战。(1) 电子战可分为3大类：电子进攻，电子保护和电子战保障。它们都能为进攻性信息作战和信息防御战作出贡献。所谓电子战，是指任何使用电磁能和定向能来控制电磁频谱或攻击敌人的军事行动。电子攻击是指为了达到削弱、压制或摧毁敌手的进攻实力以阻止或削弱敌手对电磁频谱的有效使用这一目的而采取的攻击敌手的行动。电子保护是为保护我方对电子频谱的使用而采取的自我保护性电子干扰和电子放射控制行为，其途径是把运用电子战可能带来的削弱、压制和摧毁我方实力的不利影响降低到最小限度。电子战保障可以为联合部队指挥官了解敌情作出贡献。它通过发现、识别和定位有意或无意的电磁能放射源来达到立即辨别威胁来源的目的。(2) 运用电子攻击来袭击敌人应以明确的战争原则为依据。运用电子攻击的决策不仅要以联合战役或作战行动的总体目标为基础，还要看敌手可能作出反应的风险有多大，以及对战役或作战行动可能产生什么其他影响。电子保护和电子战保障通常既可以在发生危机或冲突时进行，也可以在和平时期进行。(3) 为了取得最佳效果，并降低电子战系统自相损耗的可能性，联合部队指挥官应该确保电子战和信息作战的其他情报与通讯保障活动得到最大限度的协调。这种协调对于确保信息的有效交换、消除不可取的重复劳动以及提拱相互支援是必要的。

5. 有形攻击或实体摧毁。指的是，作为综合的信息作战的组成部分，使用"硬杀伤"武器来攻击指定目标。

6. "计算机网络袭击"。是指扰乱、剥夺、削弱或破坏驻留在计算机和计算机网络中的信息，或对计算机和网络本身采取上述行为的作战行动。

关于防御性信息战　防御性信息作战活动是连续实施的，而且是整个军事行动范围内部队部署、投入使用和重新部署的一个固有部分。防御性信息作战由4个相互联系的流程组成：它们是信息环境保护、袭击侦测、实力恢复和袭击应对。防御性信息作战是通过信息担保、信息保密、实物保密、作战保密、反欺骗、反宣传、反情报、电子战和特种信息战来进行的。

(一) 关于信息担保。信息可以确保信息和信息系统的可用性、完整性、可识别性与可证实性、保密性以及不容否认性，并以此为信息与信息系统提供防护。信息担保包括对信息环境保护、袭击侦测和袭击应对这3种行动的综合，以为信息系统的恢复做准备。信息担保采用多种技术与做法，如多层保密措施、对信息入口的控制、安全的网络服务器和入侵侦测软件。

支持信息担保的活动与技术。联合部队指挥官应该确保信息担保实力与 C^4 系统相融合（因为信息担保实力可以为信息和信息系统提供防护)，并在联合演习、训练和示范模拟活动中受到彻底的考验。支持信息担保的技术包括多种保密措施，如各种信息保密手段。(1) 信息保密。信息保密是对信息和信息系统进行防护的行为。其目的是，防止他人未经授权使用或篡改已储存的、或正在处理的、或传输中的信息，确保授权用户获得信息服务。信息保密措施包括侦测、描述和抵御上述威胁所要采取的措施。(2) 信息保密由计算机保密和通信保密两部分组成。计算机保密是指为了确保计算机所处理和储存的信息的保密性、完整性和可用性而采取的措施和控制手段，包括防护计算机系统和信息所需的政策、做法和软硬件工具。通信保密是指为了使非授权用户无法获得来自通信渠道的信息而采取的措施。通信保密措施确保通信的真实性。通信保密措施包括对通讯安全材料与通信安全信息采取的秘密安全措施、传输保密措施、发射保密措施和实物保密措施。

(二) 关于防御性信息战的4个流程。1. 信息环境保护。受保护的信息环境既包括信息系统和信息设施，也包括一些抽象的过程，如情报搜集、情报分析与生产以及情报传递与综合。受保护的信息环境牢固地建立于有效的风险管理方法这一基础之上。风险管理工作首先要考虑：对信息的需求、信息的价值（如果受保护的信息环境被突破，即失去对信息入口的控制，其价值将丧失或受到损害)、信息系统的弱点、潜在敌手和自然现象构成的威胁、以及现有的信息防护资源，在此基础上，风险管理工作对所有防御性信息作战中的需求作出预测。受保护的信息环境不仅对信息保护的程度作出规定（保护的程度与内容的价值相称)，而且要确保实力的及时到位，以便对广泛的袭击作出应对。

信息环境保护适用于任何信息介质或形式，包括（电文、信件和传真等的）实物、电子、磁性材料、录相、影像、声音、电报、计算机和人力等媒介。信息环境保护工作包括确定保护的范围（即在信息估价的基础上确定保护的内容）和保护的标准（即通过作战行动以及保护措施和保护技术的运用，对信息环境保护到什么程度)。

联合部队指挥官应该通过共同政策和共同做法的制定、技术手段的融合、以及作战行动的实施，包括防御性信息作战目标的实现，创造一个受保护的信息环境。

2. 信息战袭击侦测。及时侦测和报告敌方发动的信息袭击是开展实力恢复工作和采取袭击应对措施的关键。确定和（或）识别敌手或潜在敌手的作战实力（如电子战和军事欺骗）以及影响我方信息与信息系统的潜力，在实力恢复和袭击应对工作中起着关键的作用。信息战袭击侦测工作包括（但不限于）以下组成部分：(1) 信息作战中心。军种信息作战中心（含舰队信息作战中心、空军信息作战中心和地面信息作战中心）负责接收计算机网络袭击报告、发布警报、进行技术应对准备并付诸实施、协调实力恢复策略、起草并发布分析报告。(2) 信息系统开发者。信息系统开发者确保信息系统（尤其是自动化信息系统）的设计与投入使用能够弥补潜在技术的不足，或在运用和融合过程中存在的潜在弱点。自动化信息系统的设计应该包括自动侦测，自动补弱和自动报告机制。(3) 信息系统提供者和系统管理者。威力越来越强大的信息系统袭击技术层出不穷，不断涌现。信息系统提供者和管理者应该识别系统运作中的异常现象，并能够采取适当的行动报告以弥补敌方行动产生的影响。他们还应该为进行风险评估以及侦测弱系统定期更新。(4) 信息和信息系统用户。用户应该了解信息系统内固有的潜在威胁和弱点。这包括识别信息内容上出现的异常情况、发现受干扰信息所发生的不明变化、采取事件报告和证据保护做法。(5) 执法。针对信息系统的蓄意事件或入侵信息系统的行为，应该向军事犯罪调查员和反情报特工人员报告，以协调适当的行动。由此引起的调查活动将为系统管理者、情报界和系统开发者的工作提供帮助，必要时也可对受影响信息和信息系统的生产者和用户提供帮助。内部程序应该在对信息或信息系统的完整性以及个人隐私权进行保护的同时，促进对事件的刑事调查或反情报调查。(6) 情报。情报部门可以提供预警、对潜在敌手的活动作出评估并根据具体的活动征候为情报搜集工作提供线索，从而为袭击侦测工作作出贡献。情报部门、反情报部门、执法部门、系统开发者、系统提供者、系统管理者和系统用户要密切协作，以确保有关信息的及时共享。(7) 先兆预报和预警。先兆预报和预警工作是为了发现和报告有关外部事态发展的、时效性强的情报信息而开展的情报活动。这些事态发展可能包括对美国或盟国的军事、政治或经济利益所构成的威胁，或者对美国在国外的公民所构成的威胁。它包括对下列情况作出预先警报：敌人的行动或意图，迫在眉睫的敌对行为，叛乱，对美国、美国在海外的部队或盟国发动的核袭击或常规袭击，对美国的侦察活动作出的敌对反应，恐怖主义袭击，以及其他类似事件。信息战的先兆预报和预警由国家和国防部的预警系统提供。战略先兆预报和预警工作，对潜在敌手开展的信息战活动所构成的威胁的程度作出评估。不管是敌手的欺骗或宣传，还是对联合部队指挥官的情报数据库、或国家商业电力网的自动化组成部分、或卫星地面接收站发动的信息作战，对信息作战的防御依赖情报流程的效率以及信息提供者、用户和管理者的敏捷，来实施保护性反措施。

在防御性信息作战中，战略先兆预报和预警流程通过对敌手的意图、实力、历史、战机和目标选择的分析，对信息作战的威胁作出评估，以便提供充分的预警，使我方能够采取抢先行动或对抗行动，或者削弱其效果。下级联合部队对防御性信息作战先兆预报和预警工作的支援，依赖于来自国防部内外的种种征候。联合部队应该不断地对传统的袭击征候进行分析，直到建立能够反映信息作战独特特点的全面的国家先兆预报和预警机制。传统的征候包括（但不限于）以下各个方面：(1) 敌手或潜在敌手的作战实力；(2) 敌手或潜在敌手的意图、准备工作、部署和有关活动，以及可能采用的信息攻击方法；(3) 敌方的动员、目的和目标；(4) 敌方在兵力部署、实施信息作战的军事和非军事活动以及动员状态等方面发生的变化；(5) 在军事或非军事信息行动发生前必要的敌方动员准备。

3. 作战实力的恢复。作战实力的恢复工作，依赖已经确立的程序和机制实现最基本功能的优先恢复。作战实力恢复工作的开展，可能要依赖备用的或额外的连接、信息系统的组成部分、或信息转换的替换手段。信息系统的设计与修改，应该考虑将自动恢复实力和其他冗余的选择方案结合起来。政府、产业和社会之间要进行协作。(1) 计算机应急反应小组。计算机应急反应小组由拥有技术专长的人员和器材设备组成。这些人员和设备可以在恢复计算机服务的工作中为远程站址提供服务。诸军种已经成立了计算机应急反应小组，以便迅速响应部署后的军种部队的要求。有些战区指挥官也成立了计算机应急反应小组，对战区指挥官责任区内的下级联合部队作出类似反应。此外，国防信息系统局可以根据对这一手段的具体要求，在责任区或联合作战地域内部署计算机应急反应小组。联合部队中的军种部队通过管理控制权限，提出成立各自的军种计算机应急反应小组的请求。国防信息系统局要求成立计算机应急反应小组的请求，应该由其所支援的战斗指挥官提交。(2) 技术恢复实力。在某些情况下，信息战所要求的技术恢复实力是受影响的站址所不具备的。从在线网络获得的恢复协助能力或可调度的恢复协助能力，可以提供恢复服务所必需的专业技术和工具。除计算机应急反应小组外，还有保密事件应对中心。国防信息系统局和诸军种均具有这种能力，这种能力也可从商业渠道获得。(3) 自动化入侵侦测系统。自动化入侵侦测系统向系统经营者和管理者提供更多的情况，创造决策时机。是否立即终止敌手对我方信息系统的使用，从而防止敌手采取进一步行动，进一步利用我方信息，应该在权衡执法部门和情报界搜集和利用敌方信息的需求之后决定。信息系统用户以及（或者）指定的批准机关，如果为了搜集支援信息袭击应对的信息之需而允许入侵者继续使用我方信息，应该首先取得上级的授权批准。在作出允许入侵者继续使用我方信息的决定之前，要对入侵者继续使用我方信息作出风险评估，并对当前和未来作战行动以及对情报的影响进行考虑。(4) 系统资源目录清单。实力恢复工作的一个关键步骤是对系统资源进行登记造册，以识别敌手秘密植入的信息资源。(5) 袭击后分析。袭击后分析可以提供有关被敌手利用的弱点的信息，促进保密工作的改进。检查跟踪系统（例如在事件发生期间对具体袭击技巧进行自动记录）可以提供分析所需的信息。

4. 信息作战袭击应对或潜在袭击应对。信息作战袭击侦测或潜在袭击确认工作，是通过先兆预报和预警流程提供的分析结果进行的，信息袭击应对工作也由它来启动。及时识别行为者及其意图是作出有效和重点得当的应对的基础，并可因此而将先兆预报和预警流程的分析结果与合适的决策者联接起来。这一信息应该由联合部队指挥官及时传发。(1) 信息作战袭击应对工作，包括识别行为者和行为者的意图以及袭击的原因和参与袭击的共犯。信息作战袭击应对还可能包括对作恶者采取的适当行动。信息作战袭击应对的有效性，取决于信息作战袭击侦测或潜在袭击侦测分析能力的有效配合。信息作战袭击反应通过抵制威胁和加强威慑而为防御性信息作战作出贡献。(2) 信息作战袭击应对工作的组成部分可以包括实施灵活威慑方案的国家决策或战略决策，两者可以单独实施也可以同时实施。可能采取的袭击应对方案包括（但不限于）：①执法行动。军事执法和地方执法，可以通过对信息系统发生的事件和入侵行为的调查以及对作案者的逮捕，来为信息担保发挥作用。这可以对其他作案者或敌手起到威慑作用。执法行动还提供调查资源，并对事件进行记录，这可以帮助分析人员确定我方的弱点。②外交活动。外交活动可以在不诉诸武力的情况下提供强有力的威慑。外交活动可以以低廉的代价进行，并且易于应变。此外，外交活动可以由单个国家进行，还可以由国家集团进行。③经济制裁。经济制裁提供了武力之外的又一个选择。经济制裁可以削弱敌手的地位，因而使他（她）更容易受到其他应对行动的影响。不过，经济制裁有许多缺点，如执行上的困难，因为它往往依赖于武力。④武力。武力包括一系列致命的或非致命的袭击应对能力，它们可以直接消除威胁，或者可以打乱敌手赖以实施信息战的实力或系统。

（姜　川）

推出新《空中作战》条令（草案）　1998 年 6 月，美空军参谋长瑞安上将批准了美空军第 2－1 号条令《空中作战》（草案），以取代 1969 年 5 月颁布的《空中作战》条令。这标志着美空军对其作战理论近 30 年的发展变化将正式以条令的形式给以确认。新的《空中作战》条令（草案）认为空中战役是精确、同时运用美国空中力量打击敌战略和战役重心，在战争的各级瘫痪敌人的主要和决定性的军事行动样式。在战区的全纵深同时运用空中力量，能够决定性地影响一次冲突的结果。新条令（草案）提出，为适应美国新的作战方式，未来对美国空军的作战运用要采取“不对称力量的战略”，即摒弃过去传统的消耗战和歼灭战的样式，直接攻击敌人的重心，从而使成千上万的美军和盟军免于冒险。美空军作战“不对称力量战略”的 5 个关键要素是：

准备战场空间。指通过运用信息来创造发挥美军作战优势的条件。它包括综合必要的信息，以确认与国家利益相关的威胁和机会，并对拟实施作战行动的区域作好各种准备。

控制作战空间。　包括夺取空中优势和海上优势的行动措施，确保己方部队的部署、机动和与敌人交战。它包括控制有形空间和信息领域两个方面。夺取制空权制天权是美空军控制作战空间的主要形式。美空军应以联合航空航天力量为主体，运用反卫星的导弹及动能、定向能武器技术、太空监视、卫星跟踪等技术，与海军陆军的空间战力量协同，在美军选择的时间和空域，摧毁或瘫痪敌军的空间能力，夺取制空、制天权，保证美军的行动自由。

决定性机动。　即部署力量以获得对敌人或事件的有利态势。决定性机动要求迅速部署高度机动的联合部队，在速度和机动方面压倒敌人。在行动期间，部队要能够迅速地转入精确运用阶段，运用恰当的致命和非致命手段攻击敌人。要发挥空中力量能够超越和绕过敌重兵集团的优势，直接向敌致命的目标机动。要运用空中遮断的机动样式，摧毁、瓦解和迟滞敌海军和地面部队潜在的作战能力。通常的遮断目标包括敌军的交通线、补给中心、指挥控制中心和野战部队。空中遮断既可作为整个战区遮断行动的一部分，隔离部分或全部战场，阻止敌获得支援或增援；也可根据地面战斗的需要，作为局部遮断行动的一部分。当地面部队建制内的火力不足以应付敌人时，使用近距离空中支援直接攻击那些靠近己方部队的敌军目标。

精确运用。　即直接运用力量削弱敌人的作战能力或意志。空中力量能够有效地在战役全纵深的陆海空域与敌交战，通过攻击敌人关键的地面目标如导弹发射和通信设施，来阻止敌人对空间的使用。要运用进攻性空中行动攻击敌人的空中平台或导弹，以及由敌人空军使用的地面目标。

综合保障，是一种有效地部署和维持作战力量的能力。

此外，空军在运用“不对称力量战略”时，最关键的因素是“平行攻击”的概念。平行攻击指“同时攻击系列目标，以震撼、瓦解或压倒敌人，产生决定性的效果。平行攻击可在战争的一个层次或多个层次进行，达成迅速的效果，不给敌人留下反应的时间”。空军的三维机动能力可使他们比地面部队更容易避开那些不关键的敌军部队或防御，直接攻击敌军的关键目标。

（姜　川）

俄罗斯军事法制　颁布《民防法》（联邦法律）　该法于 1997 年 12 月 26 日由俄联邦国家杜马通过，1998 年 1 月 28 日获联邦委员会通过，1998 年 2 月 12 日经俄联邦总统叶利钦签署后颁布实施。《红星报》1998 年 2 月 28 日刊登该法全文。该法共 6 章，20 条。第 1 章，总则；第 2 章，俄联邦国家权力机关在民防领域的权力；第 3 章，在民防领域俄联邦主体执行权力机关、地方自治机关、团体的权力及俄联邦公民的权利与义务；第 4 章，民防的领导；第 5 章，民防力量；第 6 章，附则。第 1 条规定了民防、民防勤务、民防团体、民防类区域等基本概念。民防是为准备保护和保护俄联邦境内的居民、物质与文化财产免遭军事行动中或因军事行动出现的危险所采取的综合措施。民防勤务是用于实施民防措施的勤务，它包括在军事行动中或因军事行动所实施的抢险救援和其他紧急工作过程中，准备必要的兵力与兵器和民防团体的行动保障。民防团体是在按区域－生产单位的原则组建的团体基础上，建立起来的一种编成形式。它不编入俄联邦武装力量，拥有专门的技术装备和器材，并受过保护居民和团体免遭军事行动中或因军事行动出现的危险的训练。民防类区域是指辖区内具有重要国防和经济意义的城市或其他居民点的区域。区域内设施在平时和战时出现紧急情况时，具有较大危险性。

第 2 条规定民防的基本任务。这些任务包括：对居民进行训练，使其掌握免遭军事行动中或因军事行动出现的危险的方法；向居民通报军事行动中或因军事行动而出现的险情；将居民、物质与文化财产疏散到安全区域；向居民提供掩蔽部、个人防护器材；实施灯火管制和其他管制措施；军事行动中或因军事行动出现危及居民安全的情况时，开展抢险救援工作；对在军事行动中或因军事行动受害的居民提供紧急保护，其中包括医疗服务（含给予紧急医疗救护），迅速提供住所，以及采取其他必要措施；扑灭军事行动中或因军事行动引发的火灾；查明并标识遭受核、生、化和其他污染的区域；对居民、技术装备、建筑物和地区进行消毒，以及采取其他必要措施；恢复和维持在军事行动中或因军事行动遭受损害区域的秩序；战时，迅速恢复必须的公共设施的功能和迅速掩埋尸体；制定和实施旨在保护战时经济稳定运行和居民生存必不可少设施的措施；保障民防兵力与兵器处于经常性的准备状态。

第 4 条规定民防的组织与实施原则。组织与实施民防是国家最重要的职能之一，是国防建设、保障国家安全的组成部分。民防在俄联邦境内按区域－生产单位的原则进行组织；国家根据军事技术装备和使居民免遭军事行动中或因军事行动出现的危险的防护器材发展情况，在平时预先实施民防准备；在俄联邦全境或其个别地区实施的民防，自宣布战争状态时、军事行动实际开始时或从俄联邦总统宣布在俄联邦全境或其个别地区实行战时状态时开始。

第 11 条规定民防的领导。俄联邦的民防由政府实施领导。联邦执行权力机关和团体的民防由其领导人实施领导，并兼任上述机关或团体的民防主任。俄联邦主体和直辖市辖区内的民防，由相应的俄联邦主体执行权力机关首脑和地方自治机关领导人实施领导，并兼任民防主任。各级民防主任对民防措施在联邦执行权力机关及相应区域和团体内的组织实施负个人责任。民防主任在自己的职权范围内有权：使本级民防计划生效；作出将居民、物质文化财产疏散到安全区域的决定；发布有关民防问题的命令。

第 12 条规定民防的指挥机关。包括受领遂行在民防领域任务的专门联邦执行权力机关及其按规定办法建立的区域机关；受领遂行在民防领域任务的专门联邦执行权力机关的下属部门；按俄联邦政府规定办法建立（任命）的，受领遂行在民防领域的任务的专门团体的下属部门（或工作人员）。经专门受领遂行在民防领域任务的联邦执行权力机关与俄联邦主体协商，可建立对俄联邦主体区域内的民防及民防类区域内的民防实施指挥的机关。上述机关由民防部队军人和文职人员补充，民防部队军人的工资从联邦预算中拨款，文职人员的工资从俄联邦主体预算中拨款。上述机关的领导人，由受领遂行在民防领域任务的专门的联邦执行权力机关领导人根据俄联邦立法，经与俄联邦主体及民防类区域的民防主任协商后，从民防部队军人中任命。

第 15 条规定民防力量。包括专门用于遂行在民防领域任务的部队，在组织上它包括民防部队及民防团体。俄联邦武装力量和其他军事力量根据俄联邦立法遂行民防任务。俄联邦武装力量、其他军事力量的部队与分队，按俄联邦总统确定的办法遂行民防任务。抢险救援部门和抢险救援部队，根据俄联邦立法遂行在民防领域的任务。

第 16 条规定民防部队的活动原则。民防部队装备专业技术器材以及轻武器和冷兵器。发给民防部队军人证明其身份的制式个人证件和国际通用的民防徽章。民防部队军人可以按俄联邦立法规定的办法，在受领遂行民防领域任务的专门联邦执行权力机关，以及实施民防指挥的其他机关服役。民防部队的活动、民防部队军人及文职人员的补充、民防部队军人及家属的社会保护，以及民防部队活动的拨款，根据俄联邦立法实施。民防部队的活动，自宣布战争状态、军事行动实际开始时或俄联邦总统宣布在俄联邦全境或个别地区实行战时状态，以及和平时期发生自然灾害、流行病、兽疫、重大事故和灾难时，致使居民的健康受到威胁，要求实施抢险救援和其他紧急行动的情况下开始。

第 17 条规定下列俄联邦公民可以编入民防团体：18～60 岁的男性公民，18～55 岁的女性公民。但是，接到动员令的预备役军人，一级、二级或三级伤残人员，孕妇，有未满 8 岁子女的妇女，以及受过中等或高等医学教育有未满 3 岁子女的妇女除外。

颁布新的《兵役义务与服役法》（联邦法律） 该法 1998 年 3 月 6 日由国家杜马通过，1998 年 3 月 12 日获联邦委员会通过，1998 年 3 月 28 日经叶利钦总统签署批准正式颁布实施。《红星报》1998 年 4 月 4 日刊登该法全文。该法共 9 章，65 条。第 1 章，总则；第 2 章，兵役登记；第 3 章，公民役前义务训练和志愿训练；第 4 章，公民应征服役；第 5 章，公民按合同服役；第 6 章，服役；第 7 章，退役；第 8 章，俄联邦武装力量、俄联邦对外情报总局和俄联邦安全总局预备役；第 9 章，附则。据《红星报》报道，该法与 1993 年颁布的《兵役义务与服役法》相比，主要变化是：从法律上进一步明确了兵役义务的概念；规定了执行该法的费用由联邦预算支付的原则；具体列出了兵役部门一览表；规定了各级主管人员对公民逃避服役和非法服役行为应负的责任；扩展了公民役前训练的概念；解除了具有副博士和博士学位公民的征召服役的义务；规定凡因犯罪被判刑而未撤销判决者不得服役；修改了缓征服役的理由。此外，该法恢复了对公民进行军事爱国主义教育的条款，并规定因压缩编制而退役的军人有权享受优待。关于服役年龄，该法规定，达到最高服役年龄的军人，可签订期限不超过 10 年的服役合同，但合同期满时年龄不能超过 65 岁。

该法第 1 条规定，俄联邦公民的兵役义务包括：兵役登记；役前义务训练；应征；按征召服役；服预备役；服预备役期间应召参加军事集训和进行军事集训。

第 2 条规定，服役是一种特殊形式的联邦国家勤务。公民在俄联邦武装力量、联邦边防总局边防军、内务部内卫军、铁道兵、总统直属联邦政府通信和信息署部队、民防军、联邦执行权力机关直属工程技术与道路建设队伍、对外情报总局、联邦安全总局机关、联邦边防总局机关、政府通信与信息机关、国家警卫机关、国家权力机关、联邦动员准备保障机关，以及在战争时期组建的专业部队中履行兵役义务。公民按征召或以志愿方式（按合同）服兵役。

第 11 条规定，公民役前义务训练包括：掌握国防领域的初步知识；在国立、市立或非国立的中等（完全）普通教育机构，初级职业和中等职业教育机构及各团体的训练点，接受服役基础培训和军事爱国主义教育；按兵役委员会的分配，进行士兵登记的军事专业的培训；接受体格检查和医疗检查；采取医疗保健措施。

第 17 条规定，公民役前志愿训练包括：军事实用体育运动；在中等（完全）普通教育机构，以及在俄联邦武装力量、其他军队、队伍和机关的军乐队，按未成年公民军事训练的补充教学大纲进行训练；在国立、市立高等职业教育机构或在相应的培训方向（专业），具有国家授予的教育实施权的非国立高等职业教育机构的军事教研室，按预备役军官训练大纲进行训练。

第 23 条规定，以下公民免除征召服役：被确认因健康状况不适合或不太适合服役的公民；正在服役或服过役的公民；正在服选择性民役或服过选择性民役的公民；在其他国家服过兵役的公民；有副博士或博士学位的公民；父母、胞兄弟、胞姐妹因履行兵役义务而牺牲（死亡）的公民。以下公民不应当征召服役：被判处强制劳动、感化性劳动、限制自由、拘留或剥夺自由的公民；因犯罪尚未撤销判决或未减刑的公民；被调查或预审的公民，或涉及的刑事案件已提交法院的公民。

第 24 条规定，以下公民可缓征服役：健康状况暂时不适合服兵役者，缓征期不超过 1 年；如果没有其他法定人供养父母、妻子、胞兄弟、胞姐妹、祖父母或养父母，需要经常照顾家庭成员的公民；有失去母亲抚养的婴幼儿者；有 2 个或 2 个以上子女者；有未满 3 岁的婴幼儿者；母亲（父亲）已无丈夫（妻子）且还有 2 个或 2 个以上不满 8 岁或自幼残疾的子女需要抚养的公民；高等职业教育机构毕业后，直接在俄联邦政府列出的国有团体按专业全日制工作的公民，在其工作期间缓征；从国立、市立高等职业教育机构或从在相应的培训方向（专业）具有国家授予的教育实施权的非国立高等职业教育机构毕业后，在俄联邦内务机关、联邦税务警察机关和海关机关服务，以及在上述机关的教育机构学习或在上述机构毕业并获得专业称号的公民，当其在这些机关中服务时缓征。下列公民可获得兵役缓征权：在国立、市立高等职业教育机构或在相应的培训方向（专业）具有国家授予的教育实施权的非国立的初级职业、中等职业或高等职业教育机构以面授形式学习的公民，在其学习期间有权缓征（缓征权不得多于 2 次）；公民为了获得职业教育再次进入本级职业教育机构或 1 次转入本级其他职业教育机构的情况下，有权缓征（但此前这种缓征不得超过 1 次）；在国立、市立高等职业教育机构或在相应的培训方向（专业）具有国家授予的教育实施权的非国立高等职业教育机构，在有权按高等院校职业教育大纲从事教学活动的科研机构，以面授形式接受高等院校教育的公民，在其学习和论文答辩期间有权缓征；获得高等师范教育，长期在国立、市立或在相应的培训方向（专业）具有国家授予的教育实施权的非国立乡村教育机构担任教学工作的公民，在其工作期间有权缓征；长期在乡村担任医生的公民，在其工作期间有权缓征；俄联邦总统令赋予缓征权的公民。

第 34 条规定，以下公民有权签订服役合同：所签订的上一份服役合同期满的军人；服役不少于 12 个月按征召服役的军人；服预备役的公民；从国立、市立高等职业教育机构或从在相应培训方向（专业）具有国家授予的教育实施权的非国立高等职业教育机构毕业后，未服预备役的男性公民；未服预备役的女性公民；俄联邦总统公布的规范性法律文件规定的其他公民。

第 35 条规定，未服过兵役的公民，被军事职业教育机构录取后便具有了应征服役军人的地位，当其年满 18 岁时应签订服役合同，但不得早于该教育机构第一学年结束之前。

颁布新的《军人地位法》（联邦法律）　该法 1998 年 3 月 6 日由国家杜马通过，1998 年 3 月 12 日获联邦委员会通过，1998 年 5 月 27 日经总统签署批准后正式颁布实施。该法自 1998 年 1 月 1 日起生效，1993 年颁布的《军人地位法》废止。新法与上一部法相比，增加了大量内容，使军人的法律和社会地位得到进一步提高。俄《红星报》1998 年 6 月 3 日刊登了该法全文。该法根据俄联邦宪法规定军人的权利、自由、义务和责任，以及军人、退役公民及其家庭成员的法律和社会保护方面的国家政策制定。该法共 3 章，30 条。第 1 章，总则；第 2 章，军人、退役公民及其家庭成员的权利与自由；第 3 章，军人的义务与责任。

第 1 条规定，军人地位是国家所保障的军人权利和自由。它是本联邦法律、联邦宪法、其他有关联邦法律和俄联邦其他规范性法律文件所规定的军人义务和责任的总和。军人拥有人和公民的权利和自由，但受到本联邦法律、联邦宪法和其他有关联邦法律的一些限制。军人有义务做好武装保卫俄联邦的准备和武装保卫俄联邦。这种义务要求军人在任何条件下，包括在有生命危险的条件下，无条件地执行所受领的任务。正是由于军人义务的特殊性，才为其提供优待、保障和补偿。

第 5 条规定，军人受国家保护。除法定授权者外，任何人无权干涉军人的勤务活动。对军人进行侮辱、施暴和以暴力相威胁，侵害军人的生命、健康、荣誉、尊严、住宅、财产，以及在军人履行兵役义务时侵害和损害军人权利及其类似行为，均要依法承担责任。

第 6 条规定：按合同服役军人退役时，有权选择俄联邦的任何居民点和其他国家作为永久居住地。

第 10 条规定，军人通过服役行使劳动权。公民按合同服役时间计入其总工龄，列入国家公务员国家公务工龄和专业工龄，服役 1 天算作工作 1 天；公民应征服役时间，服役 1 天算作工作 2 天。按合同服役军人的配偶，因与军人共同生活而被按规定的程序确定为无工作的时间，以及因照顾子女而无法工作的时间，列入总工龄，作为将来领取退休金的依据。在上述时间内，不得中断领取社会保险补贴所必需的工龄。在上述时间内，军人的配偶如果失去领取失业补贴的权利，则按政府规定的办法的数额每月领取补贴。军人配偶在其他条件相同的情况下，有权优先进入国有团体和部队工作；在裁减人员和压缩编制时有权优先留在国有团体和部队；有权优先参加职业培训、提高专业技能和脱产深造，在学习期间领取平均工资。军人无权从事领取报酬的其他活动，但不妨碍履行兵役义务的教学、科研和创作活动；无权亲自或通过委托人从事经营活动，包括参与属于军人职责范围之外的对商业团体的管理，利用自己的职务之便协助自然人和法人从事经营活动；无权利用部队的资金和财产及其他国家财产来达到与履行兵役义务无关的目的；无权领取与履行兵役义务有关的稿费和讲演费；无权从自然人和法人处领取与履行兵役义务有关的报酬（礼品、酬金、贷款、服务费、娱乐费、休息费、交通费和其他报酬），但依据共同条令作为奖品奖给军人的贵重礼品和现金除外；未经俄联邦总统许可，无权接受外国、国际组织和外国团体的奖励；不得利用自然人和法人的经费到国外出差，依据俄联邦签署的国际条约出差或国家权力机关与相应外国国家权力机关（或国际组织）签订的协议在互换条件下的出差除外；无权利用职务之便为政党、社会团体包括宗教团体服务，为之作宣传。

第 15 条规定，国家保证向军人提供住房。按合同服役的军人及与其共同生活的家庭成员，在到达新的服役地点 3 个月内，必须按联邦法律和俄联邦其他规范性法律文件规定的标准和方法，并考虑到所享有的补充居住面积，向军人提供住房。军龄满 10 年，因达到最高服役年龄、或因健康状况、精简整编而退役的军人及其家庭成员，从到达所选定的居住地之日起 3 个月内，由地方自治机关按规定的标准保障住房，为此可使用由联邦预算资金以及预算外拨款担保的购买和建造住房的国家证明书。

第 16 条规定，军人和应召参加军事集训的公民，有权免费接受医疗救护，包括制作和修理假牙，凭军事医疗分队、部队和机构医生的处方免费领取药品和其他医疗用品。按合同服役军人（不含军事职业教育机构的学员）及其家庭成员，在每年不超过一次的休假时，可在俄联邦国防部和法定有兵役的联邦其他执行权力机关的疗养院、休养院、膳宿旅馆、儿童保健夏令营、旅游基地获得疗养、治疗和有组织的休息。上述军人支付25%的疗养证费用，其家庭成员支付50%的疗养证费用。同时，上述军人及其家庭成员不论购买疗养证与否，每年均可得到联邦法律规定的休基本假时的最低工资额的现金补助，军人本人可得到6个最低工资额的现金补助，其配偶和每个未成年子女可得到3个最低工资额的现金补助。上述军人及其家庭成员需要前往疗养院继续治疗时，凭军人医疗鉴定委员会的鉴定，可免费获得疗养证。在履行兵役义务期间受伤或患病的军人，住院治疗后，有权优先获得赴俄联邦国防部和法定有兵役的联邦其他执行权力机关的疗养院和保健机构的疗养证。

第17条规定，在国家私有化过程中，国家保障军人、退役公民及其家庭成员与其他公民一样平等地得到一份国家财产。军龄满10年的按合同服役的军人，可在服役地点无偿得到一块土地归个人所有或终身继承，按个人的愿望修建私人住宅，从事私人副业、庭院经济或私人（集体）园艺业。军龄满15年的按合同服役军人在达到退役年龄前3年内，以及军龄满15年的因达到最高服役年龄、健康状况、精简整编而退役的公民，在服役地点或所选定的居住地，可无偿获得一块土地归个人所有或终身继承，按个人愿望修建私人住宅，从事私人副业、庭院经济、农户（农场）经济或私人（集体）园艺业。

第19条规定，退役公民有权优先进入国家高等和中等职业教育机构和高等职业教育机构的预科班。经指挥员推荐，准备进入国家高等和中等职业教育机构的退役公民，只要入学考试及格，享有不经选拔即被录取的权利。按合同服过役并因达到最高服役年龄、健康状况、精简整编而退役的公民享有以下权利：使用国家居民就业部门的联邦资金，优先进行定向培训、进修和提高技能；有权领取养老金者，则使用工作单位的资金获得职业教育，在学习期间领取平均工资；不经选拔即可进入国家初等职业教育机构和有关职业培训班。免试进入国家职业教育机构的条件是：中等军事教育机构毕业生，可进入国家中等职业教育机构的一年级和而后各年级；受教育程度不低于基本普通教育者，可进入国家中等职业教育机构的一年级；受过高等职业教育或高等军事职业教育但未毕业者，可进入国家高等职业教育机构的一年级和而后各年级；中等（完全）教育机构和中等职业教育机构毕业生，可进入国家高等职业教育机构的预科班。军龄满15年的按合同服役的军人，也有权进入国家职业教育机构。国家职业教育机构在整个教学年度内，均可接收上述公民入学，也可根据这些教育机构的招生计划进行额外招生。受过中等军事和高等军事职业教育的退役公民，可在国家高等职业教育机构中免费学习。从地方高等或中等职业教育机构毕业、所学专业与军事专业相关且在服役时从事这一专业工作的军人，在学历上与毕业于相应高等或中等军事职业教育机构的军人同等对待。

第20条规定，军人在下列情况下有权免费乘车（船）。出差、调往新的服役地点、往返休假地（一年一次）、往返看病、退役时前往所选定的居住地，可免费利用铁路、航空、水上和汽车（出租车除外）等交通工具；免费乘坐城市、郊区和地方各种公共交通工具（出租车除外）。按合同服役的军人在调往新的服役地点和退役时，还有权利用铁路集装箱从原居住地向新的居住地免费运送2吨的个人物品。免费乘坐部队用来保障有组织地运送军人往返服役地点的卡车和大轿车。

第23条规定，未达到最高服役年龄的按合同服役的军人，在有权获得军龄养老金之前，未经本人同意，不得对其作退役处理，按照俄联邦《兵役义务与服役法》规定的理由提前退役的情况除外。军人因达到最高服役年龄、健康状况、精简整编而退役时，根据军龄长短得到一次性补助金。军龄为15～20年，因达到最高服役年龄、健康状况、精简整编而退役，且无权享受养老金的按合同服役的军人，在退役后5年内，每月可领取社会补助金。国家居民就业服务机关根据退役公民的专长，优先为其在国家机构中安排工作；服役前曾在国家机构工作过的公民，退役后3个月内有权进入原机构工作；应征服役前曾担任过职务的公民，退役后3个月内有权担任不低于原职务的职务。

颁布《军人、应召参加军事集训公民、俄联邦内务机关普通工作人员和主管人员、联邦税务警察机关工作人员生命与健康国家强制保险法》（联邦法律）

该法于1998年2月13日由俄联邦国家杜马通过，1998年3月12日获联邦委员会通过，1998年3月28日经俄联邦总统叶利钦签署后颁布实施。俄《红星报》1998年4月1日刊登了该法全文。该法共14条。其中第2条规定，国家强制保险的承保人是持有实施国家强制保险执照（许可证）并与投保人签订国家强制保险合同的保险组织。根据竞争的原则选择承保人。国家强制保险的投保人是俄联邦立法规定有兵役、勤务、军事集训的联邦执行权力机关。国家强制保险的受保人是军人和与其享有同等国家强制保险的人员。国家义务保险的受益人，除受保人外，在受保人牺牲或死亡时，是受保人牺牲或死亡之日前已与其正式登记结婚的配偶、受保人的父母（养父母）；若受保人无父母（养父母），则是教养受保人3年以上的祖父母，教养受保人5年以上的继父母；年龄不满18岁或大于该年龄，但18岁前已致残的子女，未满23岁正在教育机构学习且未毕业的子女；受保人的监护人。

第 4 条规定，保险事故是：受保人在服役、执行勤务、参加军事集训期间牺牲（死亡），或者在退役、解除勤务、结束军事集训后 1 年内，由于在服役、执行勤务、参加军事集训期间受伤或患病而导致牺牲（死亡）；受保人在服役、执行勤务、参加军事集训期间被定为残废，或者在退役、解除勤务、结束军事集训后 1 年内，由于服役、执行勤务、参加军事集训期间受伤或患病而被定为残废；受保人在服役、执行勤务、参加军事集训期间受重伤或轻伤；应征服役的军人、应召参加军事集训担任部队编制军衔至大士、海军大士（含）军人职务的公民，因在服役期间受伤或患病被军人健康鉴定委员会确认为不适合服役而提前退役。

第 5 条规定，出现保障事故时，保险金额按以下标准支付：受保人在服役、执行勤务、参加军事集训期间牺牲（死亡），或者在退役、解除勤务、结束军事集训后 1 年内，由于在服役、执行勤务、参加军事集训期间受伤或患病而牺牲（死亡），付给每个受益人 25 个月工资额；受保人在服役、执行勤务、参加军事集训期间被定为残废，或者在退役、解除勤务、结束军事集训后 1 年内，由于在服役、执行勤务、参加军事集训期间受伤或患病而被定为残废者：一级残废付给 75 个月工资额；二级残废付给 50 个月工资额；三级残废付给 25 个月工资额。受保人在服役、执行勤务、参加军事集训期间受重伤，付给 10 个月工资额；受轻伤，付给 5 个月工资额；应征服役的军人、应召参加军事集训担任部队编制军衔至大士、海军大士（含）军人职务的公民，因在服役期间受伤或患病被军人医疗鉴定委员会确认为不适合服役而提前退役，付给 5 个月工资额。

第 9 条规定，承保人根据与投保人和保证贯彻国家统一财政预算政策的俄联邦执行权力机关达成的协议，确定国家强制保险的保险费率标准。国家强制保险的附加保险费率，不能超过军人和相应联邦执行权力机关享受与军人相同国家强制保险的人员工资总额的 3%。承保人在实施国家强制保险过程中应由投保人补偿的业务开支，数额不得超过保险费率的 6%。

第 10 条规定，在发生下列保险事故时，承保人不支付保险金的理由包括：法院按法定程序认定，保险事故是由受保人危害社会的行为造成的；经法院认定，保险事故同受保人酒精和毒品中毒有直接关系；经法院认定，保险事故为受保人蓄意自残身体或自杀所致。如果受保人服役、执行勤务 2 年以上自杀身亡，承保人不能免除支付保险金的责任。

第 11 条规定，承保人应在收到决定支付保险金所需要的文件之日起 15 日内支付保险金。承保人如果无故拖延支付保险金，则应用自有资金给受保人（受益人）支付罚款，每延期 1 日，多支付保险金 1%。

颁布《俄联邦与外国军事技术合作法》（联邦法律）　该法 1998 年 7 月 3 日由俄联邦国家杜马通过，1998 年 7 月 9 日获联邦委员会通过，1998 年 7 月 19 日经俄联邦总统叶利钦签署后颁布实施。《红星报》1998 年 8 月 1 日刊登了该法全文。该法规定了俄联邦与外国在军事技术合作领域的国家政策原则及俄联邦国家权力机关活动的法律和组织基础，在军事技术合作领域工程中的国家调节和拨款，军品研制者、生产者及其他军事技术合作主体参加实施军事技术合作的程序及其在该领域的权利。该法共 16 条。

第 1 条规定，军事技术合作是指与军品的运进与运出（包括提供或购买），以及与军品研制和生产有关的在国际关系中的活动。军品是指武器和军事技术装备、工程、服务、在军事技术领域的智力活动成果，包括其专利权（知识产权）和信息。

第 3 条规定，俄联邦与外国开展军事技术合作的目标是：巩固俄联邦在世界各地区的军事政治地位；在常规武器和军事技术装备领域使俄联邦出口潜力保持在必要的水平；打牢国防工业的科技和试验基础，发展科研、试验－设计机构和团体；为国家之需赚取外汇，进行军工生产、转产、销毁（利用）武器和军事技术装备以及国防工业企业的结构调整；为研制和生产武器、军事及专用技术装备和器材团体的工作人员提供社会保护。

第 4 条规定，与外国开展军事技术合作时的国家政策基本原则：在开展军事技术合作时俄联邦利益优先；国家对军事技术合作领域的活动实施垄断；遵守关于不扩散核武器，削减武器和裁军，禁止和销毁化学武器、生物武器和其他大规模毁伤武器的国际条约；履行俄联邦所承担的对军品、军民两用产品和工艺出口进行监督的国际义务；国家保护与军品研制、生产和销售有关法人的权利和合法利益；在军事技术合作领域实行国家保护主义；在开展军事技术合作时，禁止给俄联邦的防御能力和安全带来损失；维护和保持俄联邦的政治、经济和军事利益；在俄联邦可以接受的条件下，在与外国开展的军事技术合作领域，维护互惠的军事－政治和经济利益；保证军事技术合作主体在参加军事技术合作时具有同等的条件，参加军事技术合作的联邦执行权力机关和所有俄罗斯法人有接受监督和汇报的义务。对军事技术合作领域的活动实施国家垄断。保障：俄联邦国家权力机关在军事技术合作领域行使专有权；实施军品进出口批准制度；根据俄联邦的军事、政治和经济利益制定军事技术合作的规则；在军品的外贸价格上实行统一的国家政策，在俄联邦履行所承担的国际义务时，保证军品进出口的预算拨款。

第 5 条规定，在军事技术合作领域实行国家调节和实施国家垄断的基本方法是：要符合在军事技术合作领域实施国家垄断的原则。其基础包括对军品研制和生产实行许可证制度，确定军品运进和运出、出售和（或）购买的方法，在军事技术合作领域活动的批准制度，以及对该活动的法律和组织调节；建立开展军品外贸活动的出口监督体系，以便保卫俄联邦的国防、安全和经济稳定，保护其国内市场，维持并巩固其政治和战略地位，履行在削减和销毁武器及不扩散大规模毁伤武器方面所承担的义务；确定为俄罗斯团体提供开展军品外贸活动权的办法；对军品运进和运出实行许可证制度；禁止某个军事技术合作主体在俄联邦实施垄断；禁止未获得开展军品外贸活动权的俄罗斯团体参加军事技术合作；禁止某些俄联邦军事技术合作主体通过划分其活动范围的方法在外贸市场进行竞争；对军品的运进和运出，包括在军事技术合作领域的进出口业务实行海关调节；俄联邦国家权力机关对军事技术合作领域的活动进行协调，并对该活动实施应有的监督。

第 8 条规定，为防止给俄联邦的防御能力带来损失，联邦执行权力机关对转让给外国订货人的军品供货实施军事技术跟踪。在对军品供货实施军事技术跟踪过程中，联邦执行权力机关对依据俄联邦政府确定的程序而研制、生产和供货的军品实施监督。

（田小文）

其他军事建设问题

亚洲金融危机对部分东盟国家军队建设造成不利影响 《外国军事学术》1999 年第 5 期刘晓松、韩生民报道，1997 年 7 月，亚洲金融危机横扫了泰国、菲律宾、马来西亚、印度尼西亚等东盟国家，使其货币对美元贬值 32%～70%。这不仅沉重地打击了这些国家的经济，也给其军队建设造成不利影响，具体表现为：

国防预算减少，军费支出不足 90 年代以来，随着经济实力的快速增长，东南亚国家的国防费用逐年上升，到 1996 年，东南亚 10 国的国防开支已由原来的 80 亿美元增加到 180 亿美元，增幅超过了世界平均水平。金融危机爆发后，这些国家紧缩财政，国防预算首当其冲。一方面，国库空虚导致大幅度削减国防预算；另一方面，货币贬值又加重了军费的不足。金融危机爆发后，泰国已 3 次削减国防预算，数额达 16.2 亿美元。马来西亚已宣布削减 10% 的国防预算，目前正讨论再削减 8%。由于汇率下降，其国防预算实际已减少 21%。印尼 1998 年度的国防预算尽管名义上增加了 17%，但由于印尼盾贬值，实际上下降了 40%。菲律宾 1998 年度军费开支削减约 25%。由此可见，这些东盟国家的军队建设普遍陷入军费相对短缺的困境当中。

部分军备发展计划搁浅，武器装备更新步伐放慢 90 年代初，一些东盟国家曾在军费开支不断增加的支撑下，纷纷制定了中远期军队现代化计划和武器装备采购计划。然而，金融危机使愈演愈烈的军备竞赛有所降温，迫使一些国家的军队现代化计划不得不推迟，部分武器采购计划甚至被迫取消。泰国空军决定，将原来从美国订购的 8 架 F/A－18“大黄蜂”多用途战斗机的交货时间推迟到 2003 年。因为按当前汇率，购机费用已占整个国防预算的 25%，而按 1996 年的汇率和预算，则仅占 9%。此外，诸如发展天基监视能力的长期计划也被束之高阁。印尼宣布，推迟几乎所有的军事采购计划，取消购买价值 5 亿美元的 12 架苏－30K 战斗机和 8 架米－17 直升机，推迟购买 9 架 F－16 战斗机和数艘德国潜艇，暂停审议购买 C－130“大力神”运输机，由此可节约军费近 20 亿美元。马来西亚表示，推迟向德国购买 6 艘“MEKO”级新一代巡逻艇和向南非购买 8 架 CSH－2 型攻击直升机。曾经宣布的到 2000 年建立一支潜艇部队的计划（原打算购买土耳其的“209”型潜艇），也被冻结。10～15 年内为陆军航空兵购买多达 300 架直升机的计划，更是前途未卜。菲律宾军方被迫推迟购买 13 架多用途战斗机和 3 艘近海巡逻艇，把建设包括有 3 艘舰艇在内的水雷战部队的目标也推迟到现代化计划的第 2 阶段（从 2003 年开始实施）。

战备训练难以正常进行，影响军队战斗力的提高 由于军费不足和物价上涨等原因，东盟国家正常的战备训练受到较大影响。以泰军为例，1998 年度空军训练经费削减了 70%，海军经费仅够维修保养“查克里·纳吕贝特”号轻型航母。在这种情况下，这些国家不得不压缩训练、演习的时间、规模和次数，以确保日常战备任务的完成。从 1998 年起，泰国空军将飞行员月均 20 小时的训练时间减为 3 小时，并将原有的约 200 名 F－16 战斗机飞行员裁减近一半，有的训练科目因经费不足被迫推迟或取消。甚至有些例行性演习也只好缩小规模。如 1998 年 5 月 19 日～6 月 1 日在泰国举行的泰美联合军事演习“金色眼镜蛇 98”，与 1997 年相比，参演人员减少了约 58%，整个演习费用泰国只承担了 25%。菲律宾海军为减少油料和装备维修开支，严格限制舰艇的使用，除纯粹的搜索救援和作战行动外，其他非军事性使用必须经海军司令部批准。印尼武装部队总部于 1997 年底做出决定，暂停大规模实兵演习，必须进行的演习可采取图上作业的方式进行。马来西亚军队用于飞行训练和联合演习的预算已削减一半。上述做法，虽降低了军费开支和物资消耗，但影响了军队战斗力的全面提高。

对外军事交往活动减少，东盟军事一体化进程受阻 东盟各国在立足独立防御的同时，十分重视“地区集体防御力量”的作用。在加强内部军事合作的基础上，发展了同美、英、法、澳、韩等国多种形式的军事合作关系。金融危机爆发后，东盟国家对军事外交普遍作了重大调整。一是减少联合军事演习。如泰国海军将不派航母参加代号为“金色眼镜蛇”的年度泰美联合军事演习。马来西亚与泰国的年度联合军事演习也因国防预算短缺而取消。新加坡、泰国、马来西亚空军的年度性联合军事演习则改为每 2～3 年举行一次。二是撤并部分驻外军事机构。泰国防部决定将驻外使馆军事部门的数量由 48 个减少为 30 个。印尼也将减少驻外军事人员近 1/3。三是减少对外军事交流。受外汇短缺的影响，东盟国家纷纷减少甚至取消了军事院校的海外军事交流活动，外派留学生和出席国际军事会议的团组也大幅度减少。上述举措虽在一定程度上减少了军费开支，但却给东盟军事一体化的进程带来负面影响。

金融危机的持续发展，必将延缓军队现代化建设进程 目前有一种倾向性的观点，即亚洲金融危机仍将持续相当一段时间。因此，可以认为，东盟国家军队建设的颓势短期内难以扭转。但减少国防预算，冻结新的大宗军火订单，只是延缓了这些国家军队现代化的进程，不会危及其中长期现代化计划。如菲律宾，早在 1996 年就制定了一项为期 15 年的军队现代化计划，预计到完成时将耗资 140 亿美元，包括购买 46 艘巡逻艇、9 艘护卫舰、3 艘水雷战舰艇、5 架海上巡逻机、9 架多用途直升机。受金融危机的影响，尽管推迟了部分定单，但在现代化计划的第一阶段(1997～2002 年)，仍将采购 2 艘导弹艇、8 艘巡逻艇及 2 架多用途直升机。另外，使现有海军作战平台装备新式传感器和先进导弹的大规模改装计划也在进行当中。1997 年 12 月，在亚洲金融市场依然跌宕起伏，金融危机继续向深层次发展的情况下，马来西亚就已同美国的通用电力—马柯尼公司签署了价值 19 亿美元的军火合同，旨在使陆、海军的防空实现一体化。改进和验证现有雷达和控制网的工作仍在继续进行，以同随后（2001 年）购买的 C－130 型空中预警机实现一体化。泰国空军尽管推迟了 8 架 F/A－18 战斗机的交货时间，但这些战斗机可能列入美国的供货清单，以后由更先进的战斗机替代。

中国人民解放军海军舰艇命名规则 《军事文摘》1999 年第 6 期报道，1978 年 11 月 18 日，海军首次正式颁发《海军舰艇命名条例》，规定了各类舰艇的命名规则，从而结束了人民海军舰艇命名无章可循的历史。后来在充分调研的基础上，对《海军舰艇命名条例》又作了适当的补充和修改，并于 1986 年 7 月 10 日重新颁发施行。

新《条例》对军舰命名做出以下的规定：巡洋舰以上的大型水面战斗舰艇以中国的行政省（区）或者词组命名；驱逐舰、护卫舰以中国的大、中城市命名；核潜艇以“长征”加序号命名；常规动力导弹潜艇以“远征”加序号命名；常规动力鱼雷潜艇以“长城”加序号命名；扫雷舰以“×州”命名；猎潜艇以“×县”命名；船坞登陆舰、坦克登陆舰以“×山”命名；步兵登陆舰以“×河”命名；辅助舰船均以表明所在海区或性质的名称再加序号的形式命名等。

为了避免舰艇命名时出现重名或交叉的现象，规定北海舰队所辖舰艇命名时用辽宁、吉林、黑龙江、内蒙古、青海、甘肃、宁夏、陕西、山西、北京、天津、河北、山东、河南 14 个省市区的地名；东海舰队所辖舰艇命名时用上海、江苏、浙江、安徽、江西、福建、湖北、新疆 8 个省市区的地名；南海舰队所辖舰艇命名时用湖南、广东、广西、海南、四川、重庆、贵州、云南、西藏 9 个省市区的地名。

此外在人民海军的舰艇序列中，还有两艘大型远洋综合训练舰是用中国历史上伟大的航海家和民族英雄的名字命名的，一艘叫“郑和”舰，舷号“81”，另一艘叫“世昌”舰，舷号“82”。

（田明资）

美国随军牧师简介 《现代兵器》1998 年第 8 期易永春报道，据统计，美军中有 95%以上的官兵有宗教信仰，所以宗教对美军的影响比任何其他因素都大。素有美军“精神支柱”之称，被誉为“上帝意志”传播者的牧师，在美军精神方面有“不可估量”的作用。因此，美军历来很重视随军牧师的工作，并把随军牧师正式列入编制。

编制和数量 早在 1775 年 6 月，美军第 2 届大陆会议决定成立美国大陆陆军，同时决定任命 15 名牧师为随军牧师。第二次世界大战期间，美军牧师曾达到 8800 余人。目前美军共有随军牧师 3000 余人。美国国防部设有武装力量牧师委员会。牧师委员会主任为少将军衔。在陆、海、空三个军种部中设有相应的牧师部长，亦为少将军衔。陆军牧师军官编制定额1476人，现有1400人。陆军设有陆军牧师部，兵团、军牧师处，师牧师科，军官牧师；海军牧师军官编制定额为865人，现有830人。海军设有牧师部（又称宗教事务部），舰队、陆战队牧师处，分舰队牧师科，大型舰只、中队牧师；空军牧师军官编制定额为865人，现有810人。空军设有空军牧师部，战区、航空兵牧师处，空军师牧师科，基地联队牧师。

地位和要求 美军随军牧师的地位受到法律保护，在军中授予军衔、穿军装、佩戴牧师标志，除不直接指挥部队参加战斗外，其他待遇与同级军官完全相同。美军很重视对随军牧师的培养，国防部设有牧师中心和牧师学校，规定随军牧师必须有4年大学或3～4年神学院的学历或在民间传教2～4年。民间牧师应募入伍，先要到军内牧师中心学校接受9个星期的基本训练，以了解军队情况，熟悉部队的日常生活，然后才到部队，在部队工作一段时间后再接受9个月的高级训练。随军牧师在军中除特殊情况外，一般不得做宗教以外的工作，即使因紧急需要而担任俗职，也不得从事与他们身份不相称的职业，如：不能在军人商店、体育、娱乐场所任职，也不能担任福利、人事、勤务等工作和出公差，还不能充任军事法庭审讯顾问、辩护律师、法律军官或法庭成员等。近年来，随着美军中女兵的增多，军方已招募了一批女牧师，以控制女兵的思想动态。

任务和作用 根据美军牧师委员会要求，向各级军官反映士兵心理思想动态，调解官兵内部的各种矛盾，是随军牧师的重要职责之一。美军随军牧师在部队的主要任务是主持宗教仪式，提供宗教服务，了解掌握官兵思想动态，帮助士兵获得心理、精神力量，充当军中指挥官在提高官兵士气等方面的参谋和顾问。（1）了解真实心理，调解官兵内部矛盾。随军牧师很少在办公室，有70%的时间和基层士兵在一起。他们自称为上帝的使者，标榜自己“像父母对待孩子一样关心每一个教徒”，并保证不向他人传播士兵“忏悔”等谈话内容。因此，美军中许多士兵有想不通的事首先找牧师谈，并征求牧师意见。牧师也有主动询问士兵个人情况的义务，并通过个别谈话、家庭走访、慰问伤员、座谈等形式了解士兵真实的心理问题。据美军《随军牧师杂志》报道：士兵找女朋友或结婚，要征求牧师意见；夫妻不和，由牧师出面调解；对晋升调动不满的士兵需牧师“劝导”；处理各种纠纷、吸毒、酗酒、性丑闻等违纪问题，也要由随军牧师协助解决。当官兵发生矛盾时，牧师一方面诱导士兵“忏悔”谈心里话，另一方面劝导军官“以慈为怀”，尽力避免矛盾激化，使问题早日解决。军官要求士兵在开小差之前告诉牧师一声。由于随军牧师成为基层士兵信赖依靠的人，因此他们能够了解到许多指挥官了解不到的问题。（2）利用传经布道，灌输宗教教义。美军牧师经常利用礼拜日、学校、教堂、圣经学习小组等场合，向官兵传经布道，宣传“上帝主宰一切”、“无所不能”、“无时不在”。他们诡称基督教虽然以仁慈、善良和博爱为本，但现在的世界秩序还很不完善，正义与邪恶的战争是世界的一个组成部分，基督徒应该不惜任何代价捍卫自己的信仰，因此以献身精神参加战胜邪恶的战争是宗教所允许的，而且是应该的。例如在海湾战争爆发前，美军牧师委员会组织随军牧师，编印了数万册圣经，训练基地的教堂全天向军人和家属开放，并利用作祈祷、教义解答、宗教课、提供晚餐等形式向军人和家属传经说道，灌输宗教教义，愚弄怂恿官兵心安理得地去杀人。（3）主持宗教仪式，为官兵鼓劲打气。随军牧师不仅每星期组织官兵作礼拜，而且负责主持婚礼、葬礼、洗礼等仪式。有的随军牧师，组织精神“受挫”的士兵远离营房，到地方上参加宗教“静修”，使士兵获得“精神恢复”。美军认为，这些宗教活动仪式，不仅保证了士兵的“精神福利”，而且有助于挖掘上帝赋予士兵的“潜在的精神力量”，使他们更好地为美国统治集团尽心尽职。因此，平时美军官方要求牧师深入到营房驻地和训练场，为精疲力竭的士兵打气鼓劲。战争期间，要求牧师深入前沿阵地，利用战斗间隙作礼拜、祷告或发慰问品，大肆宣传“神力支配战争”，“美国的行动符合上帝意志，必然会受到上帝‘保佑’”等。比如在海湾战争中，美军为了利用宗教诱导官兵，选派了大批随军牧师，并在海湾战区搭起了野外临时教堂，大肆宣传“神力”保佑官兵，特别是在发起进攻前，随军牧师以“上帝使者”的身份，宣称参加“圣战”，死了能升天堂，活下来就是“英雄”驱使士兵为他们卖命。

尽管随军牧师挖空心思地进行宗教诱导，但由于军队性质的缘故，不可能解决美军官兵雇佣思想所带来的诸多思想问题。

（任　明）

（本栏责任编辑　孙华民）

国际组织、条约

国 际 组 织

联合国 概况 1945年10月24日，在中、苏、美、英、法和其他多数签字国递交批准书后，《联合国宪章》开始生效，联合国正式成立。根据宪章规定，联合国的宗旨是：维护国际和平与安全；发展国际间以尊重人民平等权利及自决原则为根据的友好关系；促成国际合作。截止到1998年12月底，联合国拥有会员国185个。现任秘书长是科菲·安南(加纳人)；常务副秘书长是弗雷谢特(加拿大人)。联合国总部设在美国纽约。

主要组织机构有：(1)大会，由全体会员国组成，是联合国的主要审议机构，每年举行一次。大会主席由全体会员国选举产生，任期一年。1997年9月16日选出的第52届联合国大会主席为乌克兰外长乌多文科，1998年9月9日选出的第53届联合国大会主席为乌拉圭外长迪迪埃·奥佩蒂。(2)安全理事会，简称安理会，系联合国唯一有权采取行动以维护国际和平与安全的机构。安理会决议对联合国全体成员国具有约束力。安理会由5个常任理事国，即中、俄(1991年12月24日取代业已解体的原苏联席位)、美、英、法，和10个非常任理事国组成。非常任理事国由大会选举产生，任期两年，每年改选5个，任满不能连任。1998年的10个非常任理事国是：肯尼亚、日本、瑞典、葡萄牙、哥斯达黎加、加蓬、冈比亚、巴林、斯洛文尼亚、巴西。安理会主席由成员国代表按英文字母顺序轮流担任，任期1个月。(3)经济及社会理事会，由54个理事国组成，每年开会两次，讨论国际经济、社会、文化、教育和卫生等问题。(4)国际法院，设在荷兰海牙，由15名法官组成。法官由大会和安理会分别选出，任期9年，每3年改选5名，可以连任。(5)秘书处，联合国的行政机构，设秘书长1人，作为联合国的行政首长；设常务副秘书长1人，协助秘书长进行工作。秘书长由安理会推荐，经大会任命，任期5年，可以连任。

主要活动 **联合国大会** 1998年7月7日，联合国大会以124票赞成、10票弃权、4票反对通过决议，决定提高巴勒斯坦在联合国的地位。根据该决议，巴勒斯坦在联合国的席位将被安排在联合国会员国之后和其他联合国观察员之前；作为联合国观察员，巴勒斯坦享有参加联大一般性辩论、按照联大议程就巴勒斯坦和中东等问题进行发言和对有关问题作出答复的权利，就巴勒斯坦和中东问题联合提出决议草案、在有关巴勒斯坦和中东问题的会议上提出重要问题次序等的权利。

1998年9月8日，第52届联合国大会宣告闭幕。一年来，第52届联大共举行了92次全体会议和22次非正式的全体会议，审议了163项议程，通过了298项决议和146项决定。

1998年9月9日，第53届联合国大会开幕，185个会员国的代表出席。大会选举乌拉圭外长奥佩蒂为本届联大主席。

1998年9月21日～10月2日，第53届联大举行一般性辩论。除柬埔寨、索马里、南斯拉夫及帕劳以外的181个国家的国家元首、政府首脑、外交部长或他们的代表在大会上发言，阐述各自国家的政策和立场。

1998年9月23日，中国代表团团长、外交部长唐家璇代表中国政府发言。他首先指出，当前国际形势正在发生深刻变化，多极化趋势的加速发展为国际关系注入了新的活力。以不对抗、不结盟、不针对第3国为主要特征的双边伙伴关系相继建立，各种区域性、洲际性的合作组织空前活跃。这种谋求建立稳定、务实、均衡国际关系的努力，有利于和平与发展，有利于公正、合理的国际政治经济秩序的建立。但是，世界仍然存在诸多不稳定因素。印巴核试验后，国际社会面临的一项紧迫任务是巩固和加强国际防扩散体系，防止核武器进一步扩散，提高《不扩散核武器条约》的普遍性和权威性。维护《不扩散核武器条约》并不意味着核武器国家有永远拥有核武器的特权，消除核扩散危险的根本途径是彻底销毁核武器。中国以积极的态度参加了《全面禁止核武器条约》的谈判并首批签署了该条约。他代表中国政府重申，中国将恪守条约的规定，无意恢复核试验。中国将继续奉行无条件不首先使用核武器、无条件不对无核国家和无核区使用或威胁使用核武器的政策,继续支持日内瓦裁军会议各方在已达成一致的授权基础上谈判缔结一项无歧视性的、可核查的《禁止生产核武器用裂变材料公约》。中国敦促拥有最大核武库的国家加速核武器的裁减进程。在最终全面禁止并彻底销毁核武器问题上,中国作为一个核国家绝不回避自己的责任。

1998年10月8日,联大全体会议选举阿根廷、加拿大、马来西亚、纳米比亚、荷兰为新任安理会非常任理事国,任期为1999～2000年。

1998年10月14日,联大举行全体会议,并以157票赞成、2票(美国和以色列)反对、12票弃权的结果连续第7年通过决议,再次敦促美国取消对古巴的制裁,要求秘书长安南同联合国有关机构磋商,按照《联合国宪章》和国际法原则,就本决议的执行情况写成报告,提交1999年举行的第54届联大审议。

1998年12月4日,联大全体会议一揽子通过49项关于国际军控与裁军问题的决议,其中包括核裁军、在南亚和中亚建立无核区、在中东地区防止核扩散、禁止倾倒放射性废料、裁军与发展之间的关系等问题。

1998年12月7日,联大举行全体会议并以协商一致的方式同意恢复柬埔寨在联合国大会的席位。决议通过后,由新成立的柬埔寨政府派出的代表团随即就位。同日,联大全体会议还讨论了"电脑千年虫"问题(又称"2000年"问题,习惯简称"Y2K"问题),并通过决议,呼吁会员国"加紧解决Y2K问题,加强合作,以保证及时有效地应付这一挑战"。

安理会　1998年,安理会的活动相当繁忙,其中伊拉克问题占据了重要位置。因此,首先集中介绍有关这一专题活动,然后再按时间顺序一一介绍安理会的其他活动。

关于伊拉克问题　1998年1月5日,根据1997年12月4日通过的安理会1143号决议精神,联合国秘书长安南批准了伊拉克第3期食品、药品和其他人道主义物资的分配计划。该计划是伊拉克政府一周前向联合国秘书长递交的。

(1998年1月24日,美国总统克林顿作出对伊拉克进行军事打击的决定,代号为"沙漠惊雷"。伊拉克问题急剧尖锐化。)

1998年2月11日,联合国秘书长安南利用每月一次同安理会5个常任理事国代表举行午餐会的机会表示,他愿亲赴伊拉克进行斡旋。经安理会5个常任理事国代表反复磋商,终于达成一致,同意安南赴伊拉克斡旋。

1998年2月20日,根据联合国秘书长安南的提议,安理会通过1153号决议,同意将伊拉克目前的每半年出口20亿美元的石油限额提高到52亿美元,以满足伊拉克人民的人道主义需要。

1998年2月20～23日,联合国秘书长安南访问伊拉克。22日与萨达姆总统就武器核查等问题进行了紧张而艰巨的会谈,终于达成协议。23日,安南与伊拉克副总理阿齐兹签署了联合国对伊拉克大规模杀伤性武器进行核查的谅解备忘录。24日,安南回到联合国,向安理会报告了斡旋结果,并得到了安理会的认可,从而使笼罩在伊拉克上空的战争阴云暂时被驱散。

1998年3月2日,安理会经过多轮磋商后一致通过1154号决议,核准安南秘书长与伊拉克政府签定的谅解备忘录。决议赞扬秘书长的主动行动;要求伊拉克政府立即、无条件和不受限制地让联合国特委会及国际原子能机构核查人员进入核查地点;重申所有会员国对伊拉克、科威特和邻国的主权、领土完整和政治独立的承诺。该决议还警告说,任何违反决议的行为都会给伊拉克造成严重后果。中国常驻联合国代表秦华孙在表决前发言强调指出,这一决议的通过并不意味着安理会自动授权任何国家对伊拉克使用武力。

1998年3月5日,联合国核查组恢复对伊拉克的核查。3月9日,安南秘书长向安理会提出了核查伊拉克8处总统府邸的方案,3月26日开始对总统府邸的核查工作。在此期间,伊拉克方面对核查工作积极予以配合。

1998年4月27日,联合国安理会举行非正式磋商,审议解除对伊拉克的制裁问题,但未能取得一致意见。中国和俄罗斯代表认为,对伊拉克在销毁被禁武器方面取得的进展应及时给予客观和公正的评价,尽早解除对伊拉克的制裁;法国代表认为,伊拉克在履行安理会有关决议方面还需作出更大努力;美国和英国代表认为,伊拉克还没有完全履行安理会有关决议,特别是有迹象表明伊拉克尚未彻底销毁其生物武器。在此情况下,伊拉克于5月1日发表致安理会公开信,要求解除对伊实施了长达8年之久的经济制裁。

1998年5月8日,联合国安理会审议了特委会主席巴特勒5月7日致安理会的信,信中认为伊拉克已执行了安理会有关决议的条款,应解除对伊有关人员出国旅行的限制。安理会决定解除对部分伊拉克政府官员和军警人员出国旅行的限制。

1998年6月14日,联合国销毁伊拉克化学、生物和核武器特委会主席巴特勒与伊拉克副总理阿齐兹经多轮会谈后达成协议,两个月内完成销毁伊拉克所有大规模杀伤性武器工作。

1998年6月19日,联合国安理会一致通过1175号决议,允许伊拉克进口3亿美元的油井设备和零部件，以实现它每半年石油出口限额从20亿美元提高到52亿美元的目标。

1998年8月3日，联合国特委会主席巴特勒与伊拉克副总理阿齐兹在巴格达就联合国对伊武器核查问题举行会谈，由于分歧严重，不欢而散。8月5日，伊拉克宣布中止同联合国特委会和国际原子能机构的合作。8月11日和12日，国际原子能机构和联合国特委会分别致信安理会主席，要求对它们的工作给予指示；8月17日，安理会复信，指示它们继续全面对伊武器核查。

1998年9月9日，联合国安理会通过1194号决议，取消预定下月对伊制裁问题的审议和中止每两个月一次的对伊制裁问题的定期审议，直到伊拉克撤消8月5日决定为止。这样，伊拉克问题又趋激化。

1998年10月31日，伊拉克政府宣布，由于对联合国解除对伊制裁的前景感到失望，决定停止同联合国特委会任何形式的合作。安理会当天即举行紧急会议并发表主席声明，要求伊拉克立即、无条件地取消这一决定，但遭伊拉克方面拒绝。

1998年11月5日，联合国安理会一致通过1205号决议，要求伊拉克立即无条件地撤消其8月5日和10月31日的决定，恢复同联合国的合作。中国常驻联合国代表秦华孙在会上发言，阐述了中国政府的立场：伊拉克应全面执行安理会的决议，尽早恢复与联合国特委会和国际原子能机构的合作；安理会也应根据有关决议的规定，对伊执行决议的情况作出及时、客观的评价，有些武器领域完全具备了转入长期监督阶段的条件，安理会至今无法作出政治决定是令人遗憾的；解决目前问题只能通过对话与协商，有关方面应采取克制态度，避免采取任何进一步激化矛盾和加剧紧张局势的行动。

(1998年11月11日，美国总统克林顿发表讲话宣称，如果伊拉克不立即恢复同联合国特委会的合作，美国准备采取军事行动。事实上，美国正在向中东增兵。11月14日，伊拉克副总理阿齐兹复函联合国秘书长安南，表示愿恢复全面合作。在此情况下，中、俄、法等国进一步加紧行动，力争危机的和平解决。)

1998年11月24日，联合国安理会举行会议，听取特委会主席巴特勒关于执行其授权情况的报告。经磋商，安理会重申支持特委会执行其授权。同日，安理会还一致通过决议，将伊拉克“石油换食品”计划的实施时间再延长6个月。

1998年12月16～19日，美国和英国在没有联合国安理会授权的情况下，对伊拉克发动代号为“沙漠之狐”的军事行动，连续4天空袭伊拉克军事和安全目标。此举遭到国际社会的强烈谴责。在12月17日召开的安理会紧急会议上，中国常驻联合国代表秦华孙在会上发言指出，美、英联合突然对伊拉克进行军事打击，违反了联合国宪章和国际法准则，中国对此深感震惊并予以强烈谴责。同日，江泽民主席收到克林顿总统解释美国立场的信，接到叶利钦总统就美英袭击伊拉克交换意见的电话。江泽民主席表示，美英两国对伊军事打击可能对海湾地区局势及国际关系造成“严重后果”，呼吁美英停止军事行动。遗憾的是，美国政府没有听取国际社会的谴责和批评，依然我行我素，伊拉克局势仍然剑拔弩张。数日后，即发生了美伊在伊拉克北部“禁飞区”交火的事件。

1998年12月23～29日，始于12月16日因美英袭击伊拉克而中断的安理会关于“维护国际和平与安全及冲突后建设和平”问题公开辩论会继续进行。包括中国在内的22个国家的代表参加了辩论，大多数代表强调，由于美英两国此次绕开联合国对伊拉克进行军事打击，使得当前维护联合国安理会的权威显得非常必要。12月29日，安理会主席就此发表声明，重申“根据《联合国宪章》，安理会在维护国际和平与安全方面负有首要责任”。

安理会其他活动 1998年3月6日，联合国安理会举行会议，审议取消安理会1992年通过的因“洛克比”空难事件而对利比亚实施的制裁，但由于意见严重分歧而未能达成协议。中国常驻联合国副代表沈国放指出，中国支持阿拉伯国家联盟和非洲统一组织关于尽早取消对利比亚制裁的合理要求。

1998年3月31日，联合国安理会就科索沃问题通过1160号决议，规定所有国家不得向南斯拉夫联盟包括科索沃地区出售或提供武器及相关物资，不得向该地区的恐怖活动提供武装和训练。中国常驻联合国副代表沈国放在会上指出，科索沃是南斯拉夫联盟领土的一部分，从根本上说是南联盟的内部事情；科索沃问题应根据尊重南联盟主权和领土完整的原则，由当事双方通过谈判妥善解决；如果安理会在没有当事国的要求下介入争端，有可能造成不良的先例，并带来更广泛的消极影响。因此，中国投了弃权票。

1998年4月1日，以色列内阁在时隔20年后终于正式批准了1978年联合国安理会通过的要求以色列从黎巴嫩南部撤军的425号决议。此举受到安理会成员国的普遍欢迎。

1998年5月28日，联合国安理会通过决议，决定特设非洲问题工作组，任期6个月，任务是拟定执行联合国秘书长安南4月16日提出的各项建议的构想，在9月份之前提出有关具体行动的明确意见，供安理会审议。

1998年6月5日，联合国安理会一致通过决议，鉴于在西非国家和国际社会的努力下塞拉利昂民选总统卡巴已重新执政，决定解除对塞拉利昂的武器禁运。在同一天的会议上，安理会在听取了联合国驻安哥拉特别代表关于安哥拉和平进程的最新情况汇报后，对安盟发出警告，要求其立即无条件地履行安哥拉和平协议中的各项义务，否则将对其实施新的制裁。7月13日，安理会又一致通过决议，决定在塞拉利昂设立联合国观察团，协助该国进行民族和解和国家重建。观察团由联合国秘书长驻塞拉利昂特别代表领导，由70名军事观察员和1个医疗小分队组成。

1998年6月6日，鉴于印度和巴基斯坦相继于5月中旬和下旬进行了核试验，联合国安理会一致通过1172号决议，对印巴核试验予以谴责，要求印巴两国立即无条件签署《不扩散核武器条约》和《全面禁止核试验条约》。在此之前，6月3日，中国国家主席江泽民在北京会见法新社社长时强调，中国反对进行核试验，反对南亚地区的核军备竞赛，反对印度进行核试验，印度是南亚紧张局势的始作俑者，同时对巴基斯坦的核试验也深表遗憾。6月4日，联合国安理会5个常任理事国的外长在日内瓦举行会议并发表联合公报，谴责印巴进行核试验，要求两国立即无条件地停止核试验，不承认印、巴的核国家地位，敦促印巴签署《全面禁止核试验条约》和《不扩散核武器条约》。这次会议是由中国和美国共同倡议召开的，中国外长唐家璇作为安理会常任理事国轮值协调员主持了会议。

1998年9月23日，联合国安理会以14票赞成、1票（中国）弃权通过1199号决议，呼吁科索沃冲突双方立即停火，有关方面通过协商结束冲突。决议宣称在必要时将采取“进一步行动”和另外的措施，以恢复该地区的和平与稳定。

1998年9月24日，联合国安理会举行第2次非洲问题外长会议并发表主席声明，紧急呼吁非洲国家和有关各方用和平方式解决争端，并表示将进一步提高非洲国家预防冲突的能力。联合国秘书长安南和包括中国外长唐家璇在内的联合国安理会成员国外长在会上发言，阐述各自国家在非洲问题上的立场。唐家璇表示，在世界加速向多极化发展的新形势下，中国将一如既往地加强同非洲国家的友好合作，为促进非洲的和平、稳定与发展作出新的贡献。

1998年9月24日，联合国安理会5个常任理事国在联合国总部发表联合声明，重申对联合国各个领域改革的支持，希望联合国在维护世界和平与安全、促进世界经济全面和持续发展以及遏制国际金融危机等方面继续发挥其独特的作用。

1998年10月24日，联合国安理会以13票赞成、2票（中国和俄罗斯）弃权通过1203号决议，呼吁南联盟政府和科索沃阿尔巴尼亚族领导人“在国际参与的情况下，按照一个明确的时间表，立即无条件地进行政治对话”，从而为和平解决科索沃问题创造条件。决议还要求南联盟政府确保在科索沃地区地面和空中执行任务的核查人员的人身安全。中国常驻联合国代表秦华孙在安理会表决后发表谈话指出，在安理会磋商过程中中国代表团对决议草案内容提出了修正意见，其中关于删除授权动武或威胁动武等意见得到采纳，但决议仍然包含了干涉南联盟内政等方面的内容，因此中国对决议投了弃权票。事实上，在10月23日安理会就科索沃问题进行磋商时，由于中国和俄罗斯的反对，英美等西方国家草拟的含有支持北约对南联盟采取军事行动内容的决议草案未获通过。

其他专题性会议与活动　1998年2月16日～4月24日，联合国人权委员会第54届会议在日内瓦举行。会议审议和通过了有关实施发展权、促进国际人权领域的合作、儿童权利、反对种族主义和种族歧视等100多项决议和决定。出席本届会议的中国代表团团长吴建民大使会后指出，本届会议发生了引人注目的积极变化：其一是美国、欧盟等西方一些国家近几年来第1次没有在会上提出针对中国的提案；其二是会议第1次以多数票否决了美国提出的针对古巴的议案。因而本届人权会议的气氛比较平和，南北对抗的形势有所缓解，要求通过对话与合作促进人权的呼声明显增大。

1998年6月8～10日，专题审议禁毒问题的联合国大会第20次特别会议在联合国总部举行，包括23位国家元首、8位总理在内的150个国家的代表和7位观察员在会上发言。会议一致通过了《政治宣言》、《减少毒品需求指导原则宣言》和《在处理毒品问题上加强国际合作的措施》等禁毒文件。会议提出的目标是：10年消灭毒品泛滥。与会的中国政府代表团团长、国务委员罗干在发言中指出，中国的最终目标是禁绝毒害，希望世界各国共同努力解决毒品问题。罗干还代表中国政府提出了禁毒3项主张：坚持广泛参与、责任共担原则；全面实施综合、均衡的国际禁毒战略；重视替代发展。

1998年7月18日，为期一个多月的联合国设立国际刑事法院外交全权代表会议在罗马闭幕，参加会议的有162个国家和一些国际组织、非政府组织的代表，以120个国家赞成、21个国家弃权、中国、美国、以色列、菲律宾等7个国家反对通过了《国际刑事法院规约》（简称《规约》）。按照该《规约》即将设立的国际刑事法院有权对灭绝种族罪、战争罪、反人类罪、侵略罪进行审判。该法院将在《规约》得到60个国家的批准后在荷兰海牙建立，由18个法官组成，并拥有1名独立的检察官，该检察官将根据国际刑事法院预审法庭的同意，应某个国家或联合国安理会的请求对罪犯进行起诉。与会的中国代表团团长、外交部长助理王光亚在发言中指出，拟成立的国际刑事法院行使普遍管辖权与国家主权思想不相吻合，况且《规约》涉及的诸如灭绝种族罪、战争罪、反人类罪和侵略罪的定义具有高度的政治性，因此中国投了反对票。在《规约》业已通过的情况下，中国认为国际刑事法院应充分尊重有关国家的主权、安全等重大利益。

1998年7月27～29日，加强联合国同地区组织合作专题会议在联合国总部举行，参加会议的有联合国各机构代表和美洲国家组织、欧洲安全与合作组织、东南亚国家联盟、非洲统一组织、阿拉伯国家联盟、伊斯兰会议组织、独联体、英联邦、西非国家经济共同体和欧洲联盟等组织的代表。会议集中讨论了加强联合国与地区组织的合作以预防冲突的问题，其中包括为预防冲突协调行动、制定早期警报共同目标、建立预防能力数据库、情报交流和人员联合训练等合作事宜。联合国秘书长安南在会上强调，预防冲突是联合国和地区组织共同面临的中心任务，国际社会需要努力解决引发冲突的经济、社会、种族等方面的根本问题。

1998年9月21日，联合国秘书长安南在联合国总部召开阿富汗问题8国(中国、美国、俄罗斯、巴基斯坦、伊朗、乌兹别克斯坦、塔吉克斯坦、土库曼斯坦)高级别会议，讨论阿富汗局势并达成谅解，呼吁阿富汗武装派别"塔利班"同其他各方立即停火，进行政治对话，以结束阿富汗冲突，建立一个基础广泛、有多民族参加、具有代表性的政府。与会的中国外交部长唐家璇在发言中诚挚呼吁阿对立各方通过对话解决分歧，结束冲突，实现和解。

1998年10月6日，第53届联合国大会在纽约联合国总部举行特别会议，纪念联合国维和行动50周年。从1948年以来，联合国共进行了49次维和行动，118个国家的75万余人参与，其中58个国家的1500多位联合国军事和文职维和人员为此献出了生命。目前仍有17支维和部队在世界各地执行维和任务。联合国秘书长安南和各个地区的代表在会议上对联合国维和行动和维和人员的牺牲精神给予了高度评价。在这次会议上联合国首次颁发了根据安理会决定为维和行动特设的哈马舍尔德勋章。1961年在调停刚果内战时因飞机失事遇难的联合国第2任秘书长哈马舍尔德、联合国维和行动中第1位牺牲者(1948年在监督中东停火中因触雷死亡)法国人德拉巴里埃、1948年遭暗杀的联合国巴勒斯坦调解员贝纳多特伯爵(瑞典人)3人成为哈马舍尔德勋章的首批获奖人。

1998年11月2～14日，联合国气候变化框架公约第4次缔约方大会在阿根廷首都布宜诺斯艾利斯举行，包括中国在内的160多个缔约方政府代表团和观察员代表团以及非政府组织代表团与会。由于发达国家和发展中国家在承担减少温室气体排放义务问题上存在严重分歧，会议未能作出实质性决定。

1998年12月10日，第53届联合国大会举行特别会议，纪念《世界人权宣言》发表50周年。会议由本届联大主席奥佩蒂主持，秘书长安南和联合国人权事务高级专员罗宾逊夫人以及许多国家的代表在会上发了言。安南还向美国前总统卡特等6人颁发了1998年度联合国人权奖。中国常驻联合国代表秦华孙在发言中强调，生存权和发展权是最基本的人权，因此中国政府主张，为了共同推动人权事业的健康和全面发展，各国应在平等和相互尊重的基础上，加强交流，增进了解，扩大共识，缩小分歧，以对话取代对抗，以合作取代冲突。同日，中国国家主席江泽民在北京致信中国人权研究会，对《世界人权宣言》发表50周年表示祝贺。

关于联合国改革问题 自1992年第47届联合国大会把联合国改革问题纳入议事日程以来，联合国的改革已经成为广大会员国极为关注的热点问题。安南于1997年接任秘书长后，更是积极加以推动，致使联合国改革问题进一步升温。安南的改革方案由两个部分构成，即行政领域的改革和政治领域的改革。迄今行政领域的改革进展顺利，已经落实的有：设立联合国常务副秘书长、成立高级领导小组、削减预算、裁减人员、合并职能重叠机构、减少行政支出、减少和缩短秘书处文件等。但在政治领域的改革，尤其是其核心部分安理会的改革却仍然停滞不前。在1998年9月开始举行的第53届联合国大会上，该问题被列为第59项议程，讨论的焦点是安理会的改革。然而，恰恰是安理会的改革最为敏感，而且难度最大，所以本届联大在这个问题上仍然未能取得实质性进展。

1998年11月21～23日，联合国大会审议第59项议程，其正式名称为"安理会席位公平分配和成员数目增加问题及有关事项"。讨论中主要涉及安理会改革目标、扩大方法、扩大规模、否决权以及改革时间、审议机制等问题，各方意见分歧严重。在这种情况下，埃及、意大利等28国向大会提出了一项建议，其主要内容包括：有关安理会改革的决定应得到联合国成员国三分之二以上多数的批准；不应对安理会改革规定时间表。该建议还强调：安理会的改革是关系联合国前途的大事，要经得起历史的检验，因而必须有广泛的一致；联合国改革工作组应继续工作，以寻求各方均能接受的改革方案；在改革问题上仓促行事会造成会员国的对立和分裂。围绕这一提案，包括中国在内的62个国家的代表在会上发了言。比利时和美、英、法、德、日等20国提出了一项修正案，旨在否定安理会改革需要联合国会员国三分之二多数批准，要求尽快就具体改革方案作出决定。而广大发展中国家的代表则支持埃、意提案。中国代表在发言中指出：安理会改革既要有紧迫感，又要循序渐进；安理会改革涉及各国重大利益，不能急于求成，其结果要经得起历史考验；必须由广大会员国就安理会改革问题进行充分讨论，并尽可能争取协商一致。在会议充分讨论和就增加发展中国家在安理会的代表性得到普遍认同和肯定的前提下，11月23日的联大全体会议未经投票通过了由本届联大主席奥佩蒂提出的决议草案。该决议规定，"如无大会会员三分之二以上的赞成票，不就安理会席位公平分配和成员数目增加的问题及有关事项作出任何决议。"

作为联合国改革的一个组成部分，联合国行政事务改革随着安南的上任而加快了步伐。但是，美国打着要求改革联合国机构、压缩行政开支的幌子，以拖延甚至拒缴会费相要挟，引起联合国广大会员国的不满和愤慨。根据1997年12月22日联大通过的未来3年会员国会费分摊比例的决议，继续坚持"能力支付"原则，美国应缴会费比例为25%。截至1997年底，美国已累计拖欠会费13亿美元，导致联合国出现严重财政危机。1998年3月10日，联合国负责行政事务的副秘书长康纳发出紧急呼吁，要求美国迅速补缴会费，并警告说，如果美国继续拖欠会费，则有可能丧失在联合国的投票权。3月11～12日，联合国秘书长安南专程访问华盛顿，其中一项重要任务就是与美国政府磋商补缴会费问题，但结果令人失望。3月26日，美国众议院通过了一项补缴8亿美元联合国会费议案，但附加了禁止向主张堕胎的国际计划生育组织提供援助、减少美国承担的联合国会费比例等先决条件。4月28日，美国参议院以51票对49票的微弱多数通过了内容基本相同的议案，结果被克林顿总统否决。这样，美国拖欠会费的问题迄今仍悬而未决。

中国与联合国 作为联合国成员国和安理会常任理事国，中国一贯十分重视联合国在国际事务中的作用，积极支持和参与联合国的重大活动。1998年中国在协调克服伊拉克武器核查危机等活动中发挥了独特而重要的作用。

1998年2月4～5日，继中国国务院副总理钱其琛不久前会见来访的英、法外交部长，并同他们就解决伊拉克武器核查危机问题交换意见后，外交部副部长李肇星、张德广等又会见来访的俄罗斯副外长卡拉辛和英国驻华大使高德年，进一步阐述中国政府希望和平解决危机的立场。

1998年2月13～16日，中国常驻联合国代表秦华孙以本月5个常任理事国协调员的身份先后3次召集5个常任理事国代表就解决伊拉克武器核查危机问题进行磋商，经过激烈辩论，终于取得口头一致，同意秘书长安南亲赴伊拉克进行和平斡旋，从而为危机的和平解决找到了一条出路。安南认为这一口头一致为"为我的伊拉克之行提供了清晰的基础"。9个月后，即1998年11月13日，在伊拉克危机的军事冲突一触即发之际，中国首先推动联合国常任理事国在纽约举行大使级磋商，并同俄罗斯和法国一道推动联合国秘书长安南致函伊拉克领导人，敦促伊拉克立即恢复同联合国特委会的合作。11月14日，中国外交部长唐家璇向伊拉克外长萨哈夫转达口信，希望伊拉克审时度势，迅速对安南秘书长的致函作出积极反应。在此情况下，伊拉克立即复函安南，表示愿同安理会全面合作。这样，尽管美国方面对伊拉克复函内容有所不满，但却不得不暂时搁置了军事打击伊拉克的计划。遗憾的是，时隔月余，美国和英国竟然绕开联合国安理会对伊拉克发动了空中打击。在这种情况下，中国不仅予以严厉谴责，而且积极推动各方，争取把解决伊拉克危机问题重新纳入联合国安理会的议事日程。

1998年3月31日～4月1日，联合国秘书长安南访问中国。江泽民等国家领导人亲切会见了他，并表示支持联合国维护和平、促进发展的积极努力，赞扬安南为克服伊拉克危机作出的贡献。

1998年7月13日，中国常驻联合国代表秦华孙大使在联合国总部会见了联合国常务副秘书长弗雷谢特，就尼加拉瓜等少数国家再次向联大提出所谓"台湾在联合国代表权"问题提案，严正阐述中国政府的立场，并递交了他奉命就此致联合国秘书长安南的信函。信函指出，尼加拉瓜等少数国家的所谓提案，严重违背了《联合国宪章》的宗旨和原则，粗暴干涉了中国的内政，中国政府和人民对此表示强烈愤慨和谴责，要求尼加拉瓜等国家立即停止其干涉中国内政，破坏中国和平统一事业的非法行径。9月11日，在第53届联大总务委员会审议本届联大议程时，由于中国的正义呼声得到了联合国广大会员国特别是发展中国家的有力支持，会议未经表决便决定不将所谓的"台湾在联合国代表权"问题列入本届联大议程，从而第6次粉碎了台湾当局分裂中国的图谋。同日，中国外交部发言人在北京发表谈话，赞扬联合国的正确决定，忠告尼加拉瓜等国家不要违背自己国家的长远利益，为台湾当局分裂祖国的阴谋效劳。

（孙叔林）

北大西洋条约组织 **概况** 1949年4月4日，美国、加拿大、英国、法国、荷兰、比利时、卢森堡、意大利、葡萄牙、丹麦、挪威、冰岛等12国在华盛顿签署了《北大西洋条约》。1949年9月17日召开第1次理事会，决定成立北大西洋条约组织的各种机构，北大西洋条约组织从此建立，简称“北约”。希腊、土耳其(1952年2月18日)、联邦德国(1955年5月5日)、西班牙(1982年5月30日)先后加入北约，现有正式成员国16个。1998年12月北约16个成员国的立法机构全部完成了波兰、捷克和匈牙利3国加入北约的法律程序，为这3国正式加入北约铺平了道路。北约秘书长为西班牙的索拉纳(1999年10月被英国的乔治·罗伯逊所接替)北约军事委员会主席为德国的克劳斯·瑙曼，北约欧洲盟军最高司令为美国的韦斯利·克拉克上将。

北约主要机构：(1)北大西洋理事会，即部长理事会，为北约最高权力机构，由各成员国外交部长组成，必要时政府首脑、国防部长、财政部长也可参加。每年开两次会，主要负责审定政治、军事方面的重大问题。(2)防务计划委员会，由参加北约防务一体化指挥系统的13国(不包括法国和冰岛)和西班牙(已于1998年1月决定参加防务一体化)的国防部长组成，每年开会两次，主要负责制定统一的军事计划。(3)常设理事会，为部长理事会和防务计划委员会休会期间的最高执行机构，由各成员国派大使级常任代表组成，北约秘书长任主席，常设理事会下辖政治、经济、军事等各种专业委员会，其中包括核防务委员会及其所属的核计划小组等。(4)国际秘书部，负责北约的会议准备、组织和联络工作，由秘书长直接领导。秘书长也是部长理事会、防务计划委员会、核计划小组的主席。(5)军事委员会，为北约最高指挥机关，由参加北约防务一体化指挥系统的各国总参谋长组成(法国派联络官参加，冰岛派文官参加、西班牙派常驻代表参加)，负责拟定军事政策和战略方针，向部长理事会和防务计划委员会提出建议，并领导北约部队各战区司令部、大西洋盟军最高司令部、美国—加拿大地区盟军计划小组等。各国向上述战区司令部提供的部队接受军事委员会和本国政府的双重领导。(6)北大西洋议会，1955年成立，是北约成员国议会间议员组织，议员由各国议会指定，名额按国家人口比例分配。议会宗旨是鼓励各国议会的合作，密切各国议会与北约机构的联系，推动实现北约的目标。议会每年秋季召开全会。(7)欧洲—大西洋伙伴关系委员会，原名北大西洋合作理事会(简称“北合会”)，1991年11月7～8日举行的北约首脑会议决定成立，成员国由北约国家和和平伙伴国组成，主要任务是磋商北约和和平伙伴国在政治和安全方面的联系和合作问题。北合会于1991年12月各召开第1次外长会议，此后每年6月和12月各召开1次。1997年5月30日将其改名为欧洲—大西洋伙伴关系委员会。目前，其成员国已增至43个。(8)北约—俄罗斯常设联合理事会，于1997年7月18日成立，为北约和俄罗斯之间的磋商机构，是根据1997年5月27日在巴黎签定的北约和俄罗斯关系基本文件建立的。

主要活动 1998年1月12日，北约欧洲盟军最高司令克拉克对克罗地亚进行首次访问，与克国防部长舒沙克就地区安全、北约同克罗地亚合作、尤其是同多国稳定部队的合作问题进行了会谈。根据北约同克罗地亚签定的合作协议，克罗地亚允许多国部队使用其普利特和普洛世港并驻扎后勤部队。多国部队可在克住宿和利用陆路向波黑运输部队、武器装备和物资，同时允许多国部队司令部设在克首都萨格勒布。

1998年1月14日，西班牙政府通知北约，根据西议会通过的决议，西决定加入北约新的军事组织(防务一体化指挥系统)。北约秘书长索拉纳祝贺西的决定，认为这将使西享有其他盟国在北约决策和行动中的同等权力，同时也反映了北约防务一体化改革的深入，这种改革使防务一体化在维护世界和平活动中更具灵活性和更加尽责，并将使其得到更大的发展。

1998年3月9～21日，三年一次的北约最大规模的军事演习在伊比利亚半岛和挪威举行，军事演习代号为“坚强意志98”，有5万多名军事人员参加。

1998年3月12日，北约秘书长索拉纳就北约东扩问题在美国《华尔街日报》上撰文称，北约的扩大将传达一个明确的信息：没有任何欧洲民主国家会由于地理或历史的原因而被排除在外。所有愿意并能够承担成员国义务，并且愿意为北约的集体安全作出贡献的自由国家都有资格在今后加入这一联盟。扩大的北约意味着一个更强的北约，不会导致欧洲出现新的地理分界线，不会妨碍加强与俄罗斯的关系，北约扩大的费用也是负担得起的。

1998年4月27～28日，北约与和平伙伴国会议在芬兰首都赫尔辛基召开，来自北约主要成员国、北欧和波罗的海沿岸国家以及俄罗斯等共31个国家、约60名代表参加了会议。这次会议着重讨论了发展北约与和平伙伴国合作关系的问题。

1998年4月29日，北约常设理事会在布鲁塞尔举行大使级会议，就6月份驻扎在波黑的北约多国稳定部队到期后，如何组建一支后续部队继续在那里执行维和行动的计划进行了讨论。会议确定后续部队在初建阶段的人数为3.4万，并可根据情况发展逐步减少。北约将每隔6个月对后续部队的工作和波黑形势进行一次评估。同日，北约军事委员会通过“共同使命”行动计划。根据该计划，北约驻扎在波黑的人数将与多国稳定部队相当，直到9月份举行选举为止。

1998年4月30日，美国国会参议院以80票赞成,19票反对的结果批准北约东扩议定书。美国总统克林顿对投票结果"感到高兴",认为这是"通往实现欧洲统一、民主与和平道路上的一个重要里程碑"。

1998年5月5日,北约军事委员会选举意大利海军上将圭多·文图罗尼为新一任主席,将于1999年4月北约庆祝成立50周年之际正式接替现任主席、德国陆军上将克劳斯·瑙曼。

1998年5月26日,北大西洋议会春季会议在西班牙首都马德里召开。北约秘书长索拉纳在开幕式上宣布,北约将在近几天内同阿尔巴尼亚和马其顿举行军事合作演习。北约军事委员会主席克劳斯·瑙曼则在闭幕式上透露,北约正在研究在南联盟科索沃地区"采取预防性措施"的可能性。

1998年5月28日,北约外长春季会议在卢森堡举行。北约16国外长与会。会议首次讨论了北约新世纪战略构想问题,为1999年初北约成员国首脑会议确立新战略构想奠定基础。北约秘书长的首席发言人称,此次会议实际上是向外长们"灌输"新战略构想要点的吹风会,预计在年底举行的秋季理事会上将进入实质性问题的讨论。北约主要成员国在会上就战略构想要点已形成初步意见,即在北约共同防御的宗旨外,再加上共同应付可能影响北约及其和平伙伴关系国甚至是欧洲—大西洋伙伴关系委员会成员国利益的危机的承诺,作为北约在其声称的主要威胁消失后得以继续存在的理由。但在如何界定危机的性质以及北约军事行动是否需要联合国或欧安组织授权问题上,各成员国间难以取得一致。会议决定,将在北约和平伙伴关系框架内作出努力,以避免南斯拉夫联盟科索沃地区的事态向其邻国阿尔巴尼亚和马其顿蔓延。会议发布的公报宣布,北约将于8月在阿尔巴尼亚举行陆空军联合演习,9月在马其顿举行军事演习,并批准北约地中海长驻部队的舰只7月初访问阿尔巴尼亚和在阿首都地拉那建立北约和平伙伴关系联络处。

北约秘书长索拉纳在会上称,要使北约作为安全的保障在21世纪继续存在就必须解决3个问题:弥合历史原因造成的西欧与中东欧的政治经济分隔,协助俄罗斯在新欧洲框架找到适合的位置,为前苏联解体后尚未得到和平的欧洲国家提供稳定的环境。美国国务卿奥尔布赖特在会上称,未来的北约必须继续保卫扩大了的领土疆界,同时还要应付来自北约以外但危及北约安全的威胁,包括大规模杀伤性武器的扩散、民族矛盾的爆发和地区冲突。新战略构想的主要目的是继续对北约进行调整,以适应冷战后变化了的国际安全环境。

1998年6月3日,北约启动了欧洲大西洋灾难应付协调中心,以协调欧洲—大西洋伙伴关系委员会成员国内部救助重大自然或因技术原因导致的灾难。其职责是辅助联合国人道主义事务协调办公室的救援工作,但主要限定于欧洲—大西洋伙伴关系委员会成员国的范围内。该中心将定期在各成员国举行灾难救助演习,以加强不同成员国之间共同应付灾难的能力。创建灾难应付协调中心由俄罗斯提出建议,几经协商后最终由欧洲—大西洋伙伴关系委员会成员国外长在1998年5月29日批准成立的。

1998年6月11～15日,北约国防部长春季会议在布鲁塞尔举行。北约16国国防部长与会并达成如下共识:如果南联盟再不停止对科索沃地区平民"使用武力",北约将在近日内采取行动,以武力干预科索沃危机。会议就科索沃问题发表的声明称,北约对最近严重恶化的科索沃局势深表关注,谴责南联盟和科索沃阿族极端分子出于政治目的使用暴力。北约呼吁各方避免采取可能延长暴力活动的行动,继续支持通过政治途径解决问题,以此来结束暴力活动,提高科索沃的地位,维护南联盟的领土完整,并保障科索沃所有居民的人权和公民权。

1998年6月30日,美国国防部长科恩在西欧联盟跨大西洋论坛发表有关北约在21世纪将会遇到挑战问题的讲话,称今天的世界仍然是危险的,因此在新世纪需要一个新的北约。在21世纪,北约的核心使命仍然是为它的成员国进行集体防御。与此同时需要确保北约能够通过促进地区稳定、防止冲突、减少由大规模毁灭性武器造成的危险和威胁以及阻止侵略和其边界以外的高压统治等办法来对付新的危险。从这个意义上讲,目前正在进行中的稳定波黑局势的使命是一个极好的例子,波黑问题将提示北约未来使命的外貌,还将暴露出盟军能力存在着巨大差异时可能导致的困难。因此,为使北约组织更加灵活,必须采取几个步骤来建立完全协调一致的部队。首先,需要真正提高部队的相互适应能力;其次,需要加强已持续部署部队的作战行动的能力;第三,必须加强部队信息系统的完整性。

1998年8月12日,北约秘书长索拉纳宣布,北约已商定武力干预科索沃冲突的3个可选择方案:第1个方案是对科索沃及南联盟其他地区的目标实施广泛的空中打击;第2个方案是在南联盟与阿尔巴尼亚交界地带部署北约军队以维护该地区的稳定;第3个方案是对特定目标实施有限的空中打击。索拉纳称,制订军事行动方案的目的是"制止暴力行为,创造有利于交战双方举行谈判的条件"。

1998年9月24～25日,北约国防部长非正式会议在葡萄牙南部的莫拉镇举行。北约16国以及将被接纳为北约新成员的波兰、捷克、匈牙利3国国防部长与会。会议着重讨论了科索沃和波黑地区局势、加强北约战略观念转变等问题,同时为1999年4月举行的北约华盛顿首脑会议作准备。主持会议的北约秘书长索拉纳在会议开幕前宣布,北约部长理事会9月24日已正式通过对南联盟塞尔维亚共和国总统米洛舍维奇发出最后通牒的决定,这一决定是北约准备"在必要情况下"对科索沃动用军事力量的"一个重要的政治信号"。会上,北约16个成员国对该决定一致表示赞同,但在北约出兵科索沃的"法律依据"问题上却存在较为明显的分歧。美、德、英、葡等国主张北约对科索沃地区实施军事干预无需得到联合国安理会的批准,但意、比等国认为北约动用军事手段对付南联盟只有在得到联合国新的明确指令许可的情况下进行。西班牙认为有必要认真研究一下联合国安理会9月23日就科索沃问题作出的决议是否可以构成北约举兵进攻南联盟的法律依据。法国则没有表态。对此,索拉纳表示,北约不应卷入关于出兵南联盟是否应得到联合国认可的所谓"法律性辩论",是否出兵纯属政治性问题。针对北约战略观念调整问题,与会国普遍认为,自1991年以来,国际和地区安全形势发生了许多重大变化,北约现有战略观念已同当前形势不相适应,更难以应对下个世纪诸多新的挑战。部分成员国认为,北约在未来战略的设计中应该把北约今后诸如集体防御等主要任务同"处理危机"、"维和行动"、"打击恐怖主义"等新的使命区分开来;另一些成员国则认为北约主要任务同新的使命的并重和结合应该成为北约未来战略的主导。

1998年10月8日,北约大西洋海军编队抵达圣彼得堡,开始对俄罗斯进行为期3天的访问。这是北约海军根据北约和俄罗斯1997年12月达成的协议对俄进行的首次访问。

1998年10月13～27日,北约威胁对南联盟实施空中打击。10月13日,北约秘书长索拉纳宣布,北约已在当天发出了实施军事干预科索沃危机的动员令,并将在发出命令后96个小时开始对南联盟实施空中打击,以结束科索沃危机。同日,南联盟总统米洛舍维奇与美国特使霍尔布鲁克就和平解决科索沃危机达成协议。10月15日,索拉纳和北约欧洲盟军最高司令克拉克与南联盟国防部长布拉托维奇和总参谋长佩里希奇签署了关于北约非战斗性飞机从空中核查科索沃地面情况的协议。10月16日,北大西洋理事会决定,北约将在南联盟科索沃地区实施空中打击的最近通牒期限延长10天,到10月27日为止,但仍保持对科索沃实施空中打击的临战状态。10月26日,南联盟与北约达成了保证从科索沃撤军的协议。10月27日,北大西洋理事会决定再次推延对南空中打击期限,索拉纳在布鲁塞尔宣布,鉴于南联盟大批部队已经撤离科索沃,北约决定暂时不对南进行空袭,并将空袭最后期限不定期延长,但北约将以"最紧张的方式"寻求政治解决科索沃问题的办法。

1998年11月13日,北大西洋议会以多数的赞成票通过一项重要修正案:北约可以无须联合国授权而对其缔约国区域以外的地区采取军事行动。

1998年12月1日,荷兰议会批准了北约东扩议定书。至此,北约16个成员国的立法机构均完成了捷克、波兰、匈牙利3国加入北约的法律程序。

1998年12月7日,北约快速反应部队的第1批120名法国军人分乘4架北约飞机抵达马其顿首都斯科普里,标志着北约部队开始正式进驻马其顿。

1998年12月8～9日,北约外长秋季会议在比利时首都布鲁塞尔举行。会议讨论了下届北约首脑会议的筹备情况,并在北约新世纪战略正式宣布之前最后一次集体讨论了北约的战略思想问题。各国外长一致认为,新世纪战略将是对成员国集体防御以及跨大西洋关系的再次确认,并通过针对当前安全环境变化的调整,使北约具备全面促进欧美国家安全与稳定的能力,以及在紧急情况下出面应付危机的能力。与会者就北约对付危机行动合法性、危机性质的定义以及北约核威慑战略等敏感问题进行了讨论,对是否需要联合国授权问题只字未提。还象征性地讨论了核武器问题,而对危机性质仍界定为是"危及成员国利益的情况"。

会议发表的最后公报称,接纳波兰、捷克和匈牙利加入北约有助于提高北约的总体实力,加强欧洲的安全与稳定,北约的大门也向其他希望加入的国家敞开;北约将继续对内部调整问题予以高度重视,内部调整的基本目的就是维持北约在参与各种行动时的军事能力,保持北大西洋地区的联系,在北约内确立欧洲安全和防务特征;北约的战略方针应该重申坚持集体防务,主张加强北大西洋地区的联系;建立北大西洋合作委员会和设立"和平伙伴关系计划"为人们提供了更强大的磋商论坛和更有效的合作机制,这将使北约成员国及其和平伙伴关系国更好地通过政治磋商和实际合作保证本地区的安全与稳定。

美国国务卿奥尔布赖特在会议上就北约新世纪战略发表讲话。关于新战略的措辞问题,奥尔布赖特表示,美国一不要求改变原来以集体防御为主的北大西洋条约,二不要求北约全球化,美国"所需要的是借助条约中的灵活之处把北约转向能够面对21世纪国际安全环境现实和挑战的联盟","新战略将在确认集体防御为核心和确保北约共同利益而行动之间寻求恰当的平衡"。关于危机性质定义问题,奥尔布赖特强调了北约防区以外危机对北约的危害性,称"北约今天和明天面临的危机将来自不同方面,甚至来自远在防区以外的地区。一个不负责任的国家发射一枚携带大规模杀伤性武器弹头的导弹的危机与20年前华约一辆坦克向北约发起进攻同样危险。需要把这种防区外的稳定拒之门外而不是等着危机找上门来"。关于北约应付危机行动的合法性问题,奥尔布赖特表示,无论在何种情况下,北约的行动都将不违背联合国宪章的原则,而北约将视具体情况决定是否以及如何采取行动。美国无意强拉欧洲盟国到防区以外去保护美国的利益。此外,奥尔布赖特还强调从长远观点出发调整北约防御能力的必要性,称"北约需要针对21世纪设计和装备军事力量","北约的军事力量必须是机动化、高效率、可持续发展并能在恶劣环境下生存的力量"。

1998年12月11日,西班牙内阁在全体会议上批准了西参加北约预警和空运管制系统计划,西政府已授权国防部签署有关西班牙参加上述计划的谅解备忘录附件。北约预警和空运管制系统计划的宗旨是使北约装备更加现代化,西班牙加入北约后即被邀请参加该计划。

1998年12月17日,北约国防部长会议在比利时首都布鲁塞尔召开,除美国和英国外的北约成员国国防部长与会。会议制订了以移动布防为主的新防务计划,作为北约新世纪战略的军事部分。新防务计划还包括打击效率、准备兼容性、士兵存活能力、军力可持续发展潜能、情报优先、技术领先以及与非北约成员国联合行动的合作能力等。与会国防部长表示,北约的防务计划将在保证单一成员国以及北约整体防御能力的情况下,在保持核威慑的前提下,以提高应付防区以外危机能力为主要目标,以迎接未来国际社会安全环境变化的挑战。北约需要的不是更多的兵员,而是提高现有兵员的能力。

1998年12月18日,北约－俄罗斯常设联合理事会部长级会议在布鲁塞尔举行。北约和俄原计划在会议上相互交换核武器现状的信息、讨论军事合作、解决计算机2000年问题对核武器及其指挥系统的威胁等问题。但作为对北约主要成员国美国和英国对伊拉克实施空袭的抗议,俄罗斯国防部长谢尔盖耶夫未出席会议。俄常驻北约代表基斯列亚克表示,俄希望北约不要把美英在无联合国授权情况下空袭伊拉克作为北约今后在防区外进行军事行动的"先例"。

(吴　炯)

欧洲安全与合作组织　**概况**　欧洲安全与合作组织(简称"欧安组织")的前身为欧洲安全与合作会议(简称"欧安会")。50年代,当时的苏联最早提出召开全欧安全会议。1966年7月,华约政治协商会议在宣言中正式提出召开欧洲国家参加的欧洲安全与合作会议。1972年5月,美苏就召开欧洲安全会议问题达成协议。同年11月22日～1973年6月8日,35个国家在芬兰首都赫尔辛基召开大使级会议,草拟了《赫尔辛基最后建议蓝皮书》,规定了欧安会讨论的范围和日程。欧安会于1973年7月～1975年8月分3个阶段举行,最终签署了《赫尔辛基最后文件》。此后,还先后召开了4次续会和3次首脑会议。1995年1月1日起,欧安会更名为欧安组织。

主要组织机构有:(1)首脑会议,每两年举行1次。(2)部长理事会,由成员国外长组成,每年至少举行1次。(3)议会,每年举行1次会议。(4)安全合作论坛,由各成员国代表团组成,每周举行1次会议。(5)秘书处等。

成员国:共有54国(1998年底)。它们是:爱尔兰、奥地利、保加利亚、比利时、冰岛、波兰、丹麦、德国、法国、梵蒂冈、芬兰、荷兰、加拿大、捷克、斯洛伐克、列支敦士登、卢森堡、罗马尼亚、马耳他、美国、摩纳哥、挪威、葡萄牙、瑞典、瑞士、塞浦路斯、圣马力诺、俄罗斯、土耳其、西班牙、希腊、匈牙利、意大利、英国、阿尔巴尼亚、爱沙尼亚、拉脱维亚、立陶宛、乌克兰、白俄罗斯、摩尔多瓦、亚美尼亚、阿塞拜疆、哈萨克斯坦、乌兹别克斯坦、土库曼斯坦、吉尔吉斯斯坦、塔吉克斯坦、格鲁吉亚、克罗地亚、斯洛文尼亚、波黑、马其顿、南斯拉夫联盟。

主要活动　1998年2月底以来,欧安组织有以下几项主要活动:

积极参与科索沃危机的解决　自1998年2月底以来,一个自称"科索沃解放军"的阿尔巴尼亚族极端民族主义组织要求科索沃独立,并且使用武力手段,袭击当地的警察部队,从而引发了科索沃危机。

面对科索沃的紧张局势,欧安组织表示将积极参与危机的解决。3月10日,欧安组织现任主席、波兰外长盖雷梅克表示,他将前往贝尔格莱德,并向南斯拉夫领导人和科索沃的阿尔巴尼亚族代表提出消除冲突的计划。根据计划,欧安组织将立即把自己的短期使团派往南斯拉夫同阿尔巴尼亚在科索沃交界的地区,并增派驻马其顿首都斯科普里的使团。

3月20日,欧安组织现任主席、波兰外长盖雷梅克结束对阿尔巴尼亚访问后在举行的记者招待会上说,欧安组织对科索沃的严峻形势感到非常不安,举行有第3方参加的谈判迫在眉睫。谈判首先必须尊重南斯拉夫联盟共和国的边界,并确定给予科索沃什么样的自治。他认为,科索沃"至少应恢复1989年的自治"。盖雷梅克宣布,他已指定西班牙前首相冈萨雷斯担任其代表,作为第3方参加南斯拉夫联盟政府与科索沃阿族领导人的谈判。

4月8日,欧安组织现任主席、波兰外长盖雷梅克在华沙与欧安组织前任主席、丹麦外交大臣和下任主席、挪威外交大臣举行欧安组织“3人会晤”。盖雷梅克指出,承认南斯拉夫的领土完整,同时放弃恐怖活动,是南斯拉夫当局与科索沃的阿族人进行对话的基础。盖雷梅克不久前对科索沃问题进行的调解失败,派观察员的建议被南斯拉夫政府拒绝。南斯拉夫政府强调科索沃问题是其内政。

7月15日,南斯拉夫联盟外长约万诺维奇在贝尔格莱德会见由一些欧洲国家和美国的大使组成的欧安组织代表团时表示,南斯拉夫联盟将就南斯拉夫联盟是否接受欧安组织代表团调停科索沃问题以及恢复南斯拉夫联盟欧安组织成员国问题,继续同欧安组织谈判。他重申,对话是解决科索沃问题的唯一正确方法。

10月13日,美国特使霍尔布鲁克同南斯拉夫联盟领导人就欧安组织向科索沃派2000名文职观察员达成协定。按照协定,南斯拉夫联盟应从科索沃地区全面撤军,使当地难民重返家园,并同科索沃阿族人开始自治问题的谈判。欧安组织将向科索沃地区派出2000名国际观察员,负责监督协议实施情况。协议的达成避免了北约对南斯拉夫联盟动武的危险。

10月15日,欧安组织54个成员国代表在维也纳召开会议,一致决定向南斯拉夫联盟科索沃地区派遣2000名国际观察员,以监督南斯拉夫联盟落实联合国安理会第1199号决议的情况。欧安组织常设委员会当晚授权该组织现任主席国波兰外长盖雷梅克16日前往贝尔格莱德,同南斯拉夫联盟外长约万诺维奇签署一项关于向科索沃派遣国际观察员的协定。

10月15日,北约秘书长索拉纳在贝尔格莱德宣布,他和北约欧洲盟军最高司令克拉克当晚同南斯拉夫联盟国防部长布拉托维奇和军队总参谋长佩里希奇签署了关于北约非战斗性飞机从空中核查科索沃地面情况的协议。索拉纳表示,北约和欧安组织核查团的使命是稳定科索沃局势。

10月16日,南斯拉夫联盟外长约万诺维奇在贝尔格莱德同欧安组织现任主席、波兰外长盖雷梅克签署了关于欧安组织向科索沃派遣国际观察员的协定。根据协定,欧安组织各成员国向科索沃派遣负责监督和核查科索沃形势的由2000名文职人员组成的观察团,观察团任期为1年。

10月18日,欧安组织观察团技术小组抵达南斯拉夫联盟塞尔维亚共和国科索沃自治省省会普里什蒂纳,以便为欧安组织观察团的到达作准备。美国退休将军森德罗克向新闻界宣布,他所率领的由28人组成的技术小组将前往科索沃的20多个地方进行考察,以便为由2000人组成的欧安组织观察团的到达作好准备。他表示希望欧安组织观察团能够对稳定科索沃局势有所贡献。

10月19日起,一些欧安组织成员国纷纷宣布将向科索沃派出观察员,其中:意大利将派200名,瑞典80名,英国200名,捷克10～20名,乌克兰准备派60名,奥地利50名。还有一些国家也宣布将派观察员参加。据初步估计,欧安组织的这一行动将耗资两亿美元,这些钱将主要由前南斯拉夫问题国际联络小组成员国承担。

10月29日,欧安组织派驻科索沃观察团发言人奈伯格说,到目前为止,只有观察团的后勤人员在普里什蒂纳作先期准备工作,部分观察员将在下周陆续到达,并将迅速展开工作。这是欧安组织成立以来最大的一次监督行动,仅在普里什蒂纳的总部就有250名观察员,比驻整个波黑的欧安组织观察团人数还多。观察员将在科索沃5个城市建立分部,就地开展监督工作,以确保联合国的有关决议得到全面执行、停火得以实施、居民能够自由流动以及建立一个相互信任的环境,为政治解决科索沃问题铺平道路。如果冲突双方能就科索沃问题达成协议,他们还将组织和监督地方选举。到目前为止,欧安组织的54个成员国已经决定派出1300名观察员,奈伯格预计近一个月内能有200人抵达科索沃,而全部2000人到齐恐怕需要相当长一段时间。

11月5日,现任欧安组织主席、波兰外长盖雷梅克向美国特使沃克尔和即将在1999年接替波兰担任欧安组织轮值主席的挪威代表颁发了委任状,任命他们分别担任欧安组织派驻科索沃观察团的主席和副主席。盖雷梅克当天还向由法、德、俄、英、意5国代表组成的联络小组成员颁发了委任状。

11月11日,欧安组织观察团团长沃克尔抵达南斯拉夫联盟塞尔维亚共和国科索沃自治省省会普里什蒂纳。沃克尔在普里什蒂纳机场举行的记者招待会上强调指出,他的到来为结束科索沃冲突双方的敌对行动提供了机会。沃克尔说,他不能确切说出欧安组织观察团成员全部进驻科索沃的最后日期。但他希望尽快全部到位。沃克尔呼吁塞尔维亚族和阿尔巴尼亚族“选择理智与和平方式解决问题”,并表示“欧安组织观察团决不偏袒任何一方”。

11月12日,欧安组织现任主席、波兰外长盖雷梅克宣布,该组织将在年底前向南斯拉夫联盟科索沃省派出1000名观察员,监督联合国安理会有关决议的执行。盖雷梅克是在欧安组织常设委员会会议结束后向记者宣布以上决定的。他说,从1998年12月2日开始,欧安组织每周将向科索沃派出250名观察员,到年底，总数将达1000人。

12月2日，欧安组织部长理事会会议在挪威首都奥斯陆开幕。这次会议的首要议题是科索沃问题。挪威首相邦德维克称，欧安组织向科索沃派遣大批人员以监督冲突双方遵守和平协议的情况，是欧安组织历史上所采取的“规模最大的和最为复杂的战地行动”，因此，科索沃问题已成为欧安组织目前所面临的“最新的并且也许是最大的挑战”。欧安组织现任主席、波兰外长盖雷梅克发表的一份声明称，欧安组织此次在科索沃的维和行动无论在规模上还是从危险性上来说，都是该组织从未经历过的，是该组织目前面临的“最大的挑战”。根据早些时候作出的决定，欧安组织总共要向南联盟的科索沃省派遣2000名观察员。

12月26日，科索沃再次发生武装冲突。“科索沃解放军”袭击了塞尔维亚警察，一名警察被打死。27日，为报复这一事件，塞尔维亚警察部队对阿族分裂分子进行了猛烈轰击。同日，正在科索沃监督停火的欧安组织发表主席声明称，由于在科索沃爆发了新的暴力冲突，该组织的和平使命处于危险之中。如果流血及暴力事件继续升级，欧安组织将不得不重新考虑其在科索沃的活动方式。

加强与中亚国家的合作 从4月12日起，欧安组织现任主席、波兰外长盖雷梅克开始对土库曼斯坦、哈萨克斯坦、吉尔吉斯斯坦、塔吉克斯坦和乌兹别克斯坦等中亚国家进行访问，目的旨在进一步加强该组织与这些国家的合作，以稳定这里的局势。

4月15日，哈萨克斯坦总统纳扎尔巴耶夫在接见盖雷梅克时表示，作为欧安组织成员国哈萨克斯坦希望加强同该组织的全面合作，同时也希望欧安组织在维护中亚地区稳定方面发挥更大作用。会见时，双方对哈与欧安组织近年来的合作表示满意，并就进一步加强全面合作交换了意见。纳扎尔巴耶夫向盖雷梅克通报了哈政府的内外政策和哈萨克斯坦2030年前发展战略的主要内容。双方认为，欧安组织倡导的与哈倡导的在亚洲建立相互关系与信任措施的目标和原则十分相似，双方应加强彼此间的交流与合作。盖雷梅克介绍了波兰作为欧安组织主席国在该组织发展中的主要任务以及欧安组织在中亚地区开展工作的计划。

哈外长托卡耶夫15日也同盖雷梅克举行了会谈。双方就哈与欧安组织各机构加强合作的具体途径交换了看法，讨论了目前正在制定的欧安组织框架内欧洲安全宪章的具体细节，认为这是奠定欧洲面向21世纪安全模式的重要文件。盖雷梅克在会谈后举行的记者招待会上指出，里海地区蕴藏着丰富的石油和天然气资源，目前里海沿岸国家在如何确定里海法律地位方面存在分歧，希望有关各方能通过和平谈判的方式解决里海地位问题，并尽快就如何划分里海问题达成协议，消除冲突的根源。托卡耶夫表示，哈与俄罗斯已就划分里海问题取得了一致立场，哈俄两国将就此问题签署协定。

4月18日，欧安组织现任主席、波兰外长盖雷梅克在塔吉克斯坦首都杜尚别举行的一次记者招待会上说，欧安组织认为，在塔实现持久的和平与稳定具有十分重要的意义，因为它关系到中亚地区、以及整个欧安组织范围局势的稳定。在塔吉克斯坦访问期间，他分别同塔总统拉赫莫诺夫、总理阿齐莫夫、外长拉扎罗夫以及联合反对派领导人努里进行了会谈。盖雷梅克指出，塔和平进程处于开始阶段，它十分脆弱，但却“不可逆转”。实现将反对派收编到塔政府强力机构的有关协议是塔和平进程的重要阶段，他希望能在1998年年中结束这项工作，为议会选举创造条件。他认为，“塔和平进程受到一些拖延”。他指出，他和拉赫莫诺夫总统都认为，欧安组织应在自己的职权范围内做更多的工作，以帮助塔实现和平。他说，欧安组织愿意在修改宪法和选举法、进行议会选举等方面给塔以帮助。

4月18日，盖雷梅克离开杜尚别前往乌兹别克斯坦访问。盖雷梅克这次中亚之行的目的是同上述国家讨论欧安组织与它们的关系，以及地区安全等问题。中亚5国是在两年前加入欧安组织的。

继续斡旋纳—卡停火后的遗留问题 1998年5月16日，阿塞拜疆总统阿利耶夫在巴库会见欧安组织关于解决纳—卡问题明斯克小组3主席时重申，阿方任何时候都不会破坏同亚美尼亚就纳—卡冲突达成的停火协议。

阿利耶夫总统还强调了明斯克小组此行对恢复调停工作有重要意义。他说，阿亚双方自1994年签署停火协议以来未发生过流血冲突，这是一个了不起的成就。阿利耶夫指出，阿塞拜疆期待着在纳—卡地区完全实现和平，并寄希望于欧安组织的调停工作取得成功。他认为明斯克小组3主席1997年提出的分两阶段解决纳—卡冲突的建议是实现上述目标的基础，目前需要的是使这些建议得到具体实施。

欧安组织明斯克小组是为调停纳—卡冲突而成立的，由俄罗斯、法国和美国各出1名代表担任3主席。该组织1997年提出分阶段解决纳—卡问题的计划。这个计划规定：分两个阶段解决纳—卡冲突的建议。第1阶段，亚美尼亚应首先从纳—卡的6个地区撤军，使难民返回家园；第2阶段，亚美尼亚军队全部撤离纳—卡，尔后在阿塞拜疆的版图内解决纳—卡地区的自治地位问题。对上述建议，阿塞拜疆总统阿利耶夫1997年10月16日表示，阿塞拜疆希望和平解决与亚美尼亚之间的军事冲突，并基本上同意欧安组织纳—

卡问题明斯克小组提出的建议。但亚美尼亚方面则驳回了欧安组织明斯克小组的上述建议,强调亚美尼亚继续支持纳—卡进行自决,但表示将继续进行谈判,以便寻求相互可以接受的解决纳—卡冲突的方案。亚美尼亚总统捷尔—彼得罗相当天在埃里温举行的记者招待会上也强调,有关纳—卡问题的会谈只有纳—卡代表参加才能收到预期的效果。

据报道,1996 年 12 月欧安组织里斯本首脑会议宣布了承认阿、亚两国领土完整,在不脱离阿塞拜疆的条件下给纳—卡以高度自治地位等原则。但全面解决纳—卡冲突的谈判进展仍然不大。问题的主要症结是:阿塞拜疆不承认纳—卡的独立,因此拒绝同其代表接触,亚美尼亚则坚持举行阿、亚和纳—卡 3 方会谈。

调解阿尔巴尼亚国内骚乱 1998 年 9 月 12 日,阿尔巴尼亚发生了阿民主党主席团成员、阿议会国防委员会主席哈伊达里被暗杀事件。事件发生后,民主党主席贝里沙谴责这一暗杀行径,并指责政府应对此次事件负责。与此同时,贝里沙还呼吁民主党人举行游行示威,要求政府下台。由于哈伊达里的被杀,从 13 日起导致了首都地拉那和其他地区一些城市形势不断恶化,甚至发生示威者与士兵之间的枪击事件。在上述冲突中,造成 1 人死亡,4 人受伤。

9 月 14 日上午,来自阿全国各地的近万名反对党人士聚集在首都地拉那中心的斯坎德培广场,为 12 日晚被暗杀的哈伊达里举行葬礼。悼念仪式结束后,送葬队伍向总理府所在的民族烈士大街行进。人群在抵达总理府后,有人开始向总理府大楼开枪和投掷手榴弹。整条大街充满了多种武器的射击声和爆炸声。骚乱人员还包围了阿国家电视台。

阿尔巴尼亚局势的紧张引起了国际社会特别是欧安组织的关注。9 月 13 日,欧安组织主席国发表声明,谴责哈伊达里被害和地拉那骚乱事件,同时呼吁所有派别特别是民主党保持克制。14 日,欧安组织召开会议,讨论阿尔巴尼亚局势,并决定派团前往阿尔巴尼亚进行斡旋。

9 月 19 日,欧安组织与欧洲委员会联合组成的代表团抵达地拉那,以便对阿骚乱进行调解。代表团由欧安组织现任主席、波兰外长盖雷梅克率领。代表团会见了阿总统、总理和反对派领导人。盖雷梅克表示,欧洲委员会、欧盟和欧安组织支持阿尔巴尼亚总统迈达尼致力于政治解决阿目前危机的努力。在欧安组织的斡旋下,阿尔巴尼亚局势逐步得到了缓解。

监督波黑大选 1998 年 9 月 12 日,萨拉热窝市民纷纷走到指定的投票站进行投票,从而拉开了两年一度的波黑大选的帷幕。这次大选进行两天。它是根据 1995 年 12 月巴黎和会通过的“代顿”协议进行的。这是继 1996 年大选后波黑战后以来的第 2 次大选。

波黑国内外的选民有 270 多万,全国各地设 2650 个投票站。选民将分别选出波黑 3 人主席团、波黑议会代表院和共和国院、波黑两个实体穆克联邦和塞族共和国的议会、波黑塞族共和国总统和副总统以及波黑两个实体的地方政权机构。

为维持选举秩序,欧安组织派遣了 3000 多名监督人员在选举站进行监督,波黑各党派出了 3100 名观察员。此外,北约秘书长索拉纳、北约欧洲盟军最高司令克拉克、国际社会驻波黑高级代表韦斯滕多普、联合国特使赖恩以及波黑大选监督团团长巴里等高级官员也亲临坐镇。尽管在选举过程中发生个别迟误现象,但各选举站选民列队投票,秩序井然,没有发生任何冲突事件。

9 月 25 日,欧安组织公布了大选的结果。约 76% 的选民参加选举。大选结果没有改变原有的政治力量格局,波黑要实现真正的民族和解仍需时日。但欧安组织认为此次选举是公正的。

(张昌泰)

东南亚国家联盟 概况 1967 年 8 月 8 日,泰国、菲律宾、印度尼西亚、马来西亚和新加坡等 5 国外长发表《东南亚国家联盟成立宣言》,正式宣告东南亚国家联盟成立,简称“东盟”。1984 年 1 月文莱独立后随即加入东盟,1995 年 7 月越南加入东盟,1997 年 7 月老挝和缅甸又加入东盟。至此,该组织成员增至 9 国。该组织的宗旨是本着平等和合作的精神,通过共同努力来加速本地区经济增长、社会进步和文化发展,奠定一个繁荣、和平的东南亚共同体的基础,并促进地区的和平与稳定,增进地区的组织合作和相互援助,同国际组织保持紧密和有益的合作。

主要组织机构有:(1)首脑会议,不定期举行,主要讨论确定东盟的基本方针。(2)外长会议,是重要的磋商和决策机构。(3)常务委员会,由当年主持外长会议的东道国外长任主席。(4)秘书处。

主要活动 1998 年 1 月 13 日,泰国政府决定继续履行其在东盟自由贸易区内所承担的义务,加速削减 8000 多种产品的关税。泰国总理府发布消息说,尽管泰国面临经济困难,但仍削减东盟自由贸易区减税计划“快行道”上的 15 类 3419 种产品的关税,并计划在 2000 年前将这些产品的关税降至 5% 以下。

1998 年 2 月 27～28 日,东盟第 2 届财政部长会议在雅加达举行。与会部长们支持使用地区货币以促进东盟成员国间的贸易。会议发表联合公报说,部长们通过了由东盟中央银行特别小组提出的双边支付办法,但在开始实施阶段实行自愿的原则。部长们还同意在亚洲开发银行的援助下建立以国际基金组织总框架为基础的东盟监督机制,管理区内贸易结算。各国财政部长保证将尽快实现东盟自由贸易区和东盟投资区。对东盟国家目前进行的经济结构和金融改革,表示欢迎,并希望国际货币基金组织在实施对东盟国家援助计划时采取更大的灵活性。会议敦促西方7国集团进一步对东盟产品开放市场,采取更积极的措施帮助东盟国家摆脱金融危机困境。会议决定,东盟第3届财政部长会议将于1999年初在越南举行。

1998年4月16日,东盟秘书长鲁道夫·塞韦里诺在吉隆坡与马来西亚总理马哈蒂尔讨论本地区所面对的金融危机问题。他呼吁东盟国家在克服本地区金融危机方面采取一致立场,以促进新的国际金融体系的形成。

1998年4月16~17日,第4次中国与东盟高级官员磋商在吉隆坡举行。双方在磋商中重点就落实1997年底中国与东盟首脑会晤的成果,进一步加强全面合作交换了意见。双方还深入讨论了亚洲金融和经济形势,一致认为亚洲经济发展具备良好的基础条件,目前面临的困难是暂时的,对今后的发展前景应该充满信心。双方同意就加强地区金融合作和改革及完善国际经济金融秩序保持交流与协调,并就共同关心的问题和国际问题广泛交换了看法。

1998年6月22日,泰国外长素林呼吁东盟应实事求是,不可滥用"不干涉内政"政策,而应以"灵活接触"的做法去矫正在政策上犯有错误的成员国,希望东盟一反过去的"互不干涉"做法,应当尊重民主、人权并把东盟发展成一个开放性社会。

1998年6月27日,东盟与日本在河内举行对话,日外相重申日本承诺支援东盟成员国度过危机,日将利用2000万美元"支持基金"进行人力资源开发及东盟地区各项工程。

1998年7月14日,东盟基金会在印尼正式成立。该基金会旨在增进东盟各成员国人民之间的合作与交流。东盟成员国将向该基金会捐资440万美元,日本政府已承诺向基金会提供2000万美元。印尼驻日大使维斯伯·路易斯当选为基金会执行董事长。成立东盟基金会的设想是1996年1月在雅加达举行的第1届东盟非正式首脑会议上提出的,1997年12月在吉隆坡举行的第2届非正式首脑会议期间,东盟外长正式签署了成立该基金会的谅解备忘录。

1998年7月21~22日,东盟高级官员会议在马尼拉举行。会议期间少数成员国提出修改东盟"不干涉内政"政策的建议,即以"灵活接触"的政策代替东盟一贯坚持的对成员国内部事务"不干涉"的政策,但该建议遭到绝大多数成员国的反对,该问题将提交外长会议讨论。

1998年7月24~25日,第31届东盟外长会议在马尼拉举行,会议重点讨论东盟面临的重大政治、经济、社会及地区安全等问题,探讨加强地区合作和解决有关问题的途径,以共同对付一系列新的重大挑战。此外还讨论印度、巴基斯坦核试验问题、柬埔寨问题、环保问题以及打击贩毒等跨国犯罪问题。25日东盟签署了《东南亚友好合作条约》第2项议定书。根据该议定书,非东南亚国家今后也可以加入这一友好合作条约。同时还签署了《东盟无毒品联合宣言》,根据宣言,东盟将通过多种途径,争取在2020年消除毒品生产、加工、贩运和使用,充分发挥地区现行反毒机制的作用,加强对青少年的反毒教育和加强打击毒品走私方面的地区合作。

1998年7月27日,第5届东盟地区论坛会议在马尼拉举行,会议就论坛的发展进程、地区金融形势和地区安全合作等问题发表了一项主席声明。声明对东盟外长会议批准蒙古参加东盟地区论坛表示欢迎,认为蒙古的加入将有效地促进论坛的合作。

1998年7月28日,东盟与对话国会议在马尼拉举行。会议就东亚金融危机及其社会影响、南亚局势、环境保护、安全合作等问题进行磋商。中国与东盟对话国强调同舟共济,尽快恢复东亚经济。唐家璇外长在中国与东盟对话会议上指出,中国与东盟过去一年的双边关系取得了进展,并提出了发展方案:促进地区经济稳定发展;扩大相互贸易、投资合作领域;齐心协力,克服暂时困难,增强亚洲对金融风险的防范和抵御能力;加强双方在地区经济、安全对话合作论坛中的沟通与协调,进一步推动落实湄公河流域开发合作。

1998年8月23~29日,第19届东盟国会组织会议在吉隆坡举行。29日会议发表联合公报,建议东盟成立监督及预知经济危机的预警机制,以维护宏观经济的协调与和谐。会议呼吁东盟成员国坚守本身对执行东盟自由贸易区的承诺。会议接受了18位与会女性国会议员提出的在东盟国会组织内另设东盟女性国会议员组织的建议。

1998年9月4日,东盟发表声明,祝贺柬埔寨7月26日成功地举行全国大选,支持联合国观察团关于柬埔寨选举投票和计票客观地反映了柬人民自由、公正选举的评价。

1998年9月7~8日,东盟财政部长会议在吉隆坡举行。会议讨论3个问题:(1)建立防备灾害制度。(2)执行稳定东南亚地区经济的方案。(3)讨论对使用地区统一货币的看法。目的是促进东盟各国在经济、资金、股市政策以及关税等方面的合作。

1998年10月5~8日,第30届东盟经济部长会议在马尼拉召开,会议决定建立"东盟投资区",加快

"东盟自由贸易区"建设进程,共同对付金融危机,重振东南亚地区经济。根据部长们签署的《东盟投资区框架协议》,决定到2010年建成东盟投资区,届时东盟9国的投资者将享受同等国民待遇,其他国家的投资者则将从2020年起享受同等待遇;东盟从现在起立即扩大投资领域,除少数涉及国家安全或公众利益的行业外,所有行业到2010年必须全部向投资者开放;因为经济发展水平不同,老挝、缅甸和越南3个新入盟国家最晚在2020年实现上述目标。经济部长们对成立金融危机预警机制表示坚决支持,并签署了一项补充协议。该协议规定,任何一个东盟成员国在改变经济政策时,都必须提前60天向其他成员国通报,而且新政策不能违背东盟已经签署的各项经济协议。同意在东盟秘书处设立一个专门机构,收集东盟各国贸易、国际收支、财政收支、利率和汇率等重要经济指数或资料。财政部长们每年召开两次会议,与亚洲开发银行的专家一起研究这些资料,分析、预测地区经济发展形势,就影响整个地区经济发展的一些政策向各成员国提出建议。东盟9国还同意使用区内货币进行贸易,并计划在1999年6月前制定出一套使用区内使用货币进行贸易的体制,以减少对美元的依赖,积累外汇,扩大各成员国的贸易,以促进经济发展。

1998年12月4～6日,泰国和美国在夏威夷共同主办"东盟区域论坛建立信心措施会议",讨论亚太区域内海上安全合作事宜。内容包括禁止使用核武器和地雷在内的各种严重危害人类的武器、海上安全合作等。

1998年12月15～16日,第6次东盟首脑会议在河内举行,会议主要讨论东盟国家如何加强合作,摆脱金融危机困扰,促使经济复苏。会议通过《河内宣言》和《河内行动纲领》。柬埔寨首相洪森以东盟观察员身份出席了会议开幕式。东盟9国首脑在15日下午举行的不公开会议上就接纳柬埔寨问题达成共识,但具体接纳时间尚未确定。此次首脑会议决定将东盟投资区计划提前到2003年落实。还决定1999年1月1日开始实施一项吸引外资的"大胆措施"一揽子计划,向外国投资者提供优惠待遇,其中包括扩大外商投资范围;豁免外国公司所得税3年;外商可享有工业用地30年租用权;豁免机器设备进口关税等。

1998年12月16日,东盟—中、日、韩,东盟—中国领导人非正式会晤在河内举行,各国领导人就加强地区合作,克服金融危机,恢复经济交换了意见。建议在东亚领导人非正式会晤框架内开展副财政部长和中央银行副手级对话,并视情况成立专家小组,深入研究对流动资本进行调控的具体途径。在中国与东盟国家领导人会晤时,还对今后双方关系的发展进行了讨论。双方同意通过全面对话合作框架,开辟多种合作渠道,坚持通过平等友好协商,妥善处理彼此间存在的一些分歧和争议,进一步推进睦邻互信伙伴关系的发展。

（吴　炯）

阿拉伯国家联盟　**概况**　阿拉伯国家联盟简称"阿拉伯联盟"或"阿盟"。1945年3月22日,埃及、沙特阿拉伯、约旦、叙利亚、黎巴嫩、伊拉克和阿拉伯也门7国代表在开罗举行会议,通过《阿拉伯国家联盟宪章》,宣布阿盟正式成立。现有成员国22个。阿盟的宗旨是加强成员国之间的紧密联系,协调彼此间的政策和行动,捍卫阿拉伯国家的主权和独立,谋求阿拉伯国家的一致利益和共同繁荣。成员国相互尊重各国的政治制度,成员国之间的争端不得诉诸武力解决,成员国与其他国家或组织缔结的条约和协定对该联盟的其他成员国无约束力。

主要机构有:(1)首脑会议,是阿盟最高权力机构,自1964年起不定期举行,主要商讨阿拉伯国家和地区共同关心的重大问题。截至1998年底,举行了20次首脑会议。(2)阿盟理事会,由全体成员国代表组成,每年举行两次例会,规定也可以应两个以上成员国的要求随时召开特别会议,会议通过的决议只对投赞成票的成员国有约束力。(3)秘书处,负责执行理事会会议的决议。现任秘书长伊斯马特·阿卜杜勒·马吉德(埃及人,于1991年5月15日就任)。此外,还设有联合防御理事会等十几个组织。

主要活动　1998年1月4日,阿盟强烈谴责日前在阿尔及利亚发生的伊斯兰极端分子滥杀无辜平民的恐怖事件。阿盟秘书处当天发表声明指出,恐怖分子在斋月期间犯下如此令人发指的罪行,再一次证明这伙歹徒与伊斯兰教毫不相干,他们的行为只是要达到破坏和杀人的目的。声明重申,阿盟坚决支持阿尔及利亚人民,相信阿人民将最终从其国土上彻底根除恐怖行为。声明呼吁国际社会共同努力,打击目前已成为一种跨国家、跨地域的国际恐怖主义活动。

1998年1月5日,第15届阿拉伯内政部长理事会会议在突尼斯闭幕,会议通过了阿拉伯国家联合反恐怖协议以加强阿拉伯国家在反恐怖活动方面的合作。会议还发表声明,强烈谴责各种形式的恐怖活动,呼吁有恐怖集团活动的国家要严禁恐怖分子利用其国土和法律来从事危及阿拉伯国家安全与和平的恐怖犯罪活动。声明强调,恐怖活动对阿拉伯国家的安全与稳定,特别是人民生命造成了严重威胁,暴力活动日益上升,部长理事会对此表示严重忧虑。声明指出,阿拉伯各国应加强在安全和司法方面的合作,更加有力地打击各种形式的恐怖犯罪活动。会议审议了反恐怖协议中涉及司法内容的条款,并进一步明确了"恐怖活动”的定义，指出必须区分恐怖主义活动和各国人民执行联合国的原则和国际法解放自己土地的权利的界线。会议还决定，阿拉伯内政部长理事会将于4月与阿拉伯司法部长理事会举行联席会议，以最终批准阿拉伯国家联合反恐怖协议。会议还审议通过了阿拉伯安全战略下阶段执行计划和阿拉伯反吸毒贩毒战略的第2阶段实施计划。

1998年2月9日，阿盟秘书长马吉德在开罗主持召开了阿拉伯国家常驻阿盟代表会议，向与会者通报了他此前出访伊拉克的情况。他在会后强调，用军事手段解决伊拉克武器核查危机，只会使海湾这一敏感地区的局势更加复杂化。只有政治解决伊拉克危机，本地区才能实现稳定。他表示，阿盟目前仍在与有关各方保持联系，以实现伊拉克武器核查危机的和平解决。他在呼吁伊拉克严格遵守安理会有关决议的同时，强调了伊拉克的主权也应得到尊重。

1998年2月25日，阿拉伯内政部长理事会在突尼斯发表公报，宣布该理事会的一个专门委员会已完成阿拉伯国家安全合作公约的起草工作，文件将被提交给下届理事会会议审议。公约规定，签约国保证不收容刑事犯罪分子或损害另一国安全和利益的其他任何人，不向他们提供武器和资金，不训练他们从事暴力、破坏和恐怖活动，不向他们提供其他任何便利。根据公约，各签约国承诺反对颠覆活动，禁止出版、发行和出口危及国家安全的出版物，同时严禁走私武器、毒品和兴奋剂。公约还规定，各签约国要就安全问题交换经验和信息，并进行技术性磋商。此次起草的公约是阿拉伯国家实施共同安全战略的又一个重要措施。

1998年3月30日，阿盟就巴勒斯坦“土地日”发表声明，强调以色列侵占巴勒斯坦土地的行为是对国际法准则和日内瓦人权宣言的公然侵犯，必将激起巴人民的强烈反抗。声明指出，以色列自1948年建国以来，用武力捣毁或占领分治协议划分的区域之外的巴勒斯坦村庄达400个，并将这些村庄移交给犹太定居者。内塔尼亚胡政府上台后，又通过在巴勒斯坦被占领土、特别是在东耶路撒冷修建定居点来侵占巴领土，驱逐巴人民。声明强调，只要以色列政府继续吞并巴人民的土地，捣毁他们的房屋，威胁他们放弃自己的土地和财产，中东和平进程就不可能继续下去。土地问题将继续是阿拉伯国家和以色列争端的核心问题。这个问题不解决，和平进程就不可能取得预期的效果。

1998年4月22日，阿拉伯内政部长理事会与阿拉伯司法部长理事会在开罗阿盟总部举行联席会议，签署了阿拉伯国家联合反恐怖主义协议。这一重要协议的签署表明了阿拉伯国家向恐怖主义宣战，把维护本地区安全与稳定、促进本地区的和平与发展的愿望化为实际行动的决心。协议明确规定，签署协议的国家政府必须对武器、弹药和爆炸物的进口、出口、转运、贮存进行严格的监控。对于已知的恐怖活动犯罪分子或嫌疑犯，有关国家应及时互通情报，并在边界通道加以堵截，使之难以继续逃往第3国。此外，联合反恐怖协议还就签字国内政和司法部门之间在协作调查、交换情报、引渡程序、联合审判、提供证据等方面，确定了联合行动的守则和细节。这次会议同时强调，阿拉伯联合反恐怖协议与有关的国际公约并行不悖，但不能因要求引渡犯罪分子和调查证据而损害当事国的尊严和主权，而应根据有关的国际公约执行适当的引渡程序。

1998年6月25日，阿盟在开罗召开特别会议，强烈谴责以色列内阁21日正式通过耶路撒冷城扩建计划。会议结束后发表的声明说，以色列耶城扩建计划将对整个中东和平产生严重影响，甚至可能导致和平的全面崩溃，将整个中东地区置于危险的边缘。声明要求美国以中东和平进程主要倡导者的身份，迫使以色列遵守马德里和会精神。声明呼吁俄罗斯、欧盟和所有有关各方采取果断立场，坚决制止以色列置全世界穆斯林和基督教徒权利和感情于不顾的非法行径。阿盟理事会还责成阿盟秘书长采取必要措施，与联合国秘书长、伊斯兰大会组织、耶路撒冷委员会主席、非统组织秘书长以及联合国安理会成员国，特别是常任理事国保持联系，通过他们向以色列施加压力，迫其放弃使耶路撒冷犹太化的政策。

1998年6月25日，阿拉伯新闻部长理事会第31次会议在阿尔及利亚首都阿尔及尔闭幕。会议通过了《阿尔及尔声明》，强调要动员包括新闻在内的各种手段支持巴勒斯坦和黎巴嫩人民的抵抗斗争。声明批评以色列政府目前所采取的破坏和平进程的政策，强调这种局势可能会对整个中东地区产生极其严重的后果。声明要求阿拉伯各种媒介把耶路撒冷问题放在阿以冲突的核心地位，并持久揭露以色列政府最近通过耶路撒冷城扩大计划的图谋。

1998年8月1日，阿盟秘书处发表声明，严厉批评美国和英国在联合国安理会反对批准阿盟代表团由埃及首都开罗乘飞机直飞利比亚首都的黎波里。声明指出，美英两国对阿盟秘书处的合理要求提出反对意见，这不仅表明它们在顽固坚持对利比亚实行的制裁，而且也是与联合国决议背道而驰的。声明强调，阿盟正是依据联合国决议，努力为洛克比空难危机寻求公正、合理的解决办法的。它以制裁委员会名义向安理会申请派代表团飞往利比亚，以便与利比亚方面研究解决洛克比危机的最新情况，完全是出于阿盟对联合国决议的尊重。

1998年8月9日，阿盟秘书长马吉德表示，伊拉克与安理会必须进行直接对话，以便和平解决伊拉克武器核查危机。马表示，他支持联合国秘书长安南在处理这一危机上所采取的立场。他强调伊拉克领导人与安理会成员国和联合国秘书长之间有必要通过直接对话尽快解决问题，从而为最终解除对伊拉克的经济制裁，缓解伊拉克人民的痛苦创造条件。

1998年9月17日，第110届阿盟外长理事会会议在开罗闭幕，会议就中东和平进程和阿拉伯国家共同关心的重大问题通过了若干建议。巴勒斯坦民族自治机构主席阿拉法特出席了这次外长会议，并在开幕式上发表讲话。会议决定要求国际社会对奉行威胁地区和平与安全政策的以色列进行"适当制裁"，以敦促其尊重有关的联合国决议和马德里中东国际和会以来的阿以和平协议。会议支持1999年建立以圣城耶路撒冷为首都的独立的巴勒斯坦国。会议呼吁调解中东和谈的两主席国美国和俄国以及安理会其他常任理事国主持正义，阻止以色列单方面改变耶路撒冷、戈兰高地的地理和人口现状的做法。会议同时强调，以色列应当遵照安理会425号决议，立即、无条件地从黎巴嫩南部全部撤军。会议还指出，阿拉伯国家对继续进行的土耳其和以色列之间的军事合作表示严重不安，要求作为伊斯兰国家的土耳其重新考虑土以军事合作问题。会议闭幕时发表的公报谴责一切形式的恐怖主义。

1998年10月25日，阿盟秘书长马吉德在开罗指出，巴勒斯坦和以色列23日在华盛顿签署的临时和平协议意义重大，它是以色列政府在遵守诺言方面向前迈出的积极一步。马指出，这项和平协议对于巴勒斯坦最后地位谈判、以军从所有被占阿拉伯领土上撤军以及建立以耶路撒冷为首都的独立的巴勒斯坦国等问题都将产生积极的推动作用。他希望和平协议能够打破中东和平进程的僵局，使和平进程重返"土地换和平"的正确轨道，并最终在中东地区实现公正、全面和持久的和平。他强调，以色列必须与叙利亚恢复和谈，并立即执行联合国有关决议，完全从叙利亚的戈兰高地和黎巴嫩南部撤军。

1998年11月7日，阿盟秘书长马吉德表示，阿盟反对因伊拉克决定中断与联合国销毁伊拉克化学、生物和核武器特别委员会(特委会)的合作而对伊采取军事行动。他指出，联合国安理会对伊拉克执行联合国决议的情况进行全面审核应与解除对伊制裁挂钩。他赞同伊拉克有关某些联合国武器专家在伊做出"不当行为"的抱怨。他指出，前武器核查人员、美国人里特承认他曾向以色列情报机构提供伊拉克武器计划的细节。马同时还呼吁伊拉克政府灵活处理它与联合国特委会的关系。

1998年12月22日，阿盟秘书长马吉德提出，联合国安理会应建立一套新的对伊拉克进行武器核查的机制，以促进双方向的相互信任。马在当天致中国、俄罗斯和法国外长及联合国秘书长安南的信中说，这套新的机制应能够确保联合国安理会的各项决议得到切实执行，并有助于解除已持续8年多的联合国对伊经济制裁。他强调，安理会应在伊武器核查问题上承担起自己的责任。

1998年12月28日，由于阿拉伯国家在也门倡议召开的阿拉伯首脑会议问题上发生分歧，阿盟决定将原定于30日在开罗举行的筹备首脑会议的阿拉伯外长紧急会议推迟至1999年1月举行。在美英两国对伊拉克发动"沙漠之狐"军事打击行动后，也门总统萨利赫倡议召开包括伊拉克领导人参加的阿拉伯首脑会议，并为此举行阿拉伯外长紧急会议。拟议中的首脑会议将主要讨论解除对伊拉克的制裁、中东和平进程、洛克比危机以及阿拉伯世界当前所面临的各种挑战等。

(刘　巍)

海湾阿拉伯国家合作委员会　概况　海湾阿拉伯国家合作委员会，简称"海湾合作委员会"，成立于1981年5月25日，由巴林、科威特、阿曼、卡塔尔、沙特阿拉伯和阿拉伯联合酋长国等6个海湾阿拉伯国家组成。其宗旨是：加强成员国之间在一切领域内的协调、合作和一体化，以实现它们的统一，其中尤以加强防务合作和区域经济合作为中心；加强和密切成员国人民间的联系、交往与合作；推动6国的工业、农业、科学技术的发展。

主要组织机构有：(1)最高理事会，为最高权力机构，即6国首脑会议，每年举行1次例会，主席由成员国国家元首按国名字母顺序轮流担任，任期1年。(2)部长理事会，由成员国外交大臣(部长)或代表他们的其他大臣组成，系执行机构，每3个月举行1次例会。主席由各成员国按国名字母顺序轮流担任，任期1年。(3)总秘书处，为常设机构，总部设在沙特阿拉伯首都利雅得。由秘书长和负责政治事务、财经事务及军事事务的3名助理秘书长主持工作。秘书长由最高理事会任命，任期3年。现任秘书长为贾米勒·伊卜拉欣·希贾兰(沙特阿拉伯人，1995年12月当选，1996年4月就任)。(4)专门委员会，设有经济社会发展委员会、商业金融合作委员会、工业合作委员会、石油合作委员会、文化合作委员会和防务合作委员会。1992年5月海湾合作委员会又成立了高级安全委员会，负责处理海湾地区的和平与安全问题，并致力于加强海湾合作委员会成员国的自我防卫能力。由阿曼国家元首卡布斯担任该委员会主席。

海湾合作委员会自 1981 年成立以来,每年 11 月或 12 月轮流在 6 国首都召开首脑会议,到 1998 年 12 月共召开过 19 次首脑会议。6 国外交、国防、内政、石油和财经等大臣(部长)也定期或根据需要召开会议,商讨 6 国和海湾以及中东地区面临的政治、经济、外交、安全、军事等重大问题,互通情况,协调立场,共商对策,并采取联合行动。

主要活动 1998 年 3 月 7～8 日,海湾合作委员会 6 国外交大臣在沙特阿拉伯举行为期两天的会议,对近来伊朗致力于改善与该委员会成员国国家关系的积极姿态表示欢迎。会议发表公报说,沙特阿拉伯、科威特、阿拉伯联合酋长国、巴林、卡塔尔和阿曼的外交大臣讨论了在"睦邻友好、相互尊重、互不干涉内政、摒弃使用和威胁使用武力并通过和平手段解决争端"的基础上改善同伊朗关系的问题。此前,海湾合作委员会成员国外长在前次外长会议上就曾强调,愿在相互尊重、和平解决分歧的原则基础上,同伊朗发展睦邻友好关系,并在维护地区和平等问题上寻找共同点。

1998 年 3 月 14 日,海湾合作委员会 6 个成员国为进一步加强彼此间军事合作,在阿拉伯联合酋长国举行代号为"半岛盾牌"的联合军事演习。自 1983 年至今,海湾合作委员会已举行了 5 次以"半岛盾牌"为代号的联合军事演习。

1998 年 6 月 28 日,海湾合作委员会第 67 次外长会议在利雅得举行,会议敦促伊拉克遵守联合国安理会所有决议,谴责以色列决定扩大耶路撒冷辖区,同时对印度和巴基斯坦进行核试验表示遗憾。会议发表联合声明,敦促伊拉克以实际行动证明它对科威特和其他邻国的善意,证明它对实现地区和平与稳定的良好愿望。

1998 年 11 月 11 日海湾合作委员会 6 个成员国外长与埃及、叙利亚外长出席在卡塔尔首都多哈召开的第 16 届《大马士革宣言》8 国外长会议。卡塔尔外长哈马德主持开幕式,并在开幕式讲话中表示,本地区的多种矛盾都应以谈判方式解决,而不应诉诸武力。他希望美伊对峙危机不被激化或复杂化。8 国外长再次呼吁,以和平方式解决目前日趋紧张的美伊对峙危机,并表示,伊拉克必须全面执行联合国安理会的有关决议,从而永久、根本地解决矛盾。沙特阿拉伯外长重申,沙特阿拉伯坚持以外交方式和平解决矛盾的立场。科威特外长则希望,伊拉克不要再坚持停止与联合国特委会合作的立场。

1998 年 11 月 14 日,正在阿拉伯联合酋长国首都阿布扎比为筹备第 19 届海湾合作委员会首脑会议而举行的海湾合作委员会 6 国外长会议,一致欢迎伊拉克全面恢复与联合国特委会合作的决定,认为伊拉克政府给联合国秘书长安南复信中所表达的立场是"明智的",希望伊拉克这一最新表态有助于化解这一轮武器核查危机。本届外长会议主席、阿拉伯联合酋长国外长对新闻界发表谈话说,"这对阿拉伯民族及海湾国家来说,都是一个好消息。"他认为,这将有助于实现地区形势稳定,使伊拉克人民免遭新的苦难。他希望"这样的对峙局面今后不再出现"。

1998 年 12 月 7 日,海湾合作委员会在阿拉伯联合酋长国首都阿布扎比召开第 19 届首脑会议,阿拉伯联合酋长国、巴林、卡塔尔、科威特、阿曼 5 国国家元首和沙特阿拉伯王储兼第一副首相阿卜杜拉出席会议。首脑会议 18 年来第 1 次邀请成员国以外的贵宾参加会议,联合国秘书长安南、阿拉伯联盟秘书长马吉德、伊斯兰会议组织秘书长拉腊基和南非总统曼德拉出席开幕式。会议为期 3 天。

本次会议的主要议题涉及目前石油价格、海湾安全、阿拉伯团结以及海湾一体化等问题。会议决定,1999 年年底之前,海湾合作委员会产油国不单方面采取原油减产措施,同时呼吁全球各产油国认真执行限产配额,共同维护油价稳定。会议决定增加成员国之间的协调,建立半年举行一次首脑或首脑代表参加的非正式会晤机制。鉴于低油价将持续到下世纪初,海湾合作委员会成员国将协调发展非石油产业。为此,沙特阿拉伯提出加快建立海湾共同市场,实现统一关税。会议决定,海湾共同市场将于 2001 年 3 月启动。本次会议除在安全问题上进一步协调立场,维持对伊朗、伊拉克的一致立场之外,没有推出其他新步骤。由于油价下跌,海湾合作委员会的一体化步骤将会受到影响。据报道,海湾合作委员会决议动工的海湾电网并网一期工程未能如期完成,二期工程停工。此次会议也未再提出设立海湾天然气网及联合股份公司一事。

(张令钟)

非洲统一组织 **概况** 非洲统一组织,简称"非统组织",成立于 1963 年 5 月 25 日。目前成员国由成立时的 31 个发展到 53 个。其宗旨是:促进非洲国家在政治、经济、文化、军事等方面的合作;保卫和巩固非洲国家的独立、主权和领土完整,根除一切形式的殖民主义,促进国际合作。总部设在埃塞俄比亚首都亚的斯亚贝巴,现任执行主席是布基纳法索总统孔波雷,秘书长是萨利姆·阿哈迈德·萨利姆(坦桑尼亚人)。

主要机构有:国家和政府首脑会议为最高机构;部长理事会,由成员国的外交部长或其他部长组成;秘书处为常设机构。此外,还有解放委员会;调解、和解和仲裁委员会;经济和社会委员会;教育、科学、文化和卫生委员会;防务委员会。

主要活动　1998 年 2 月 25～28 日,非统组织第 67 届部长理事会会议在亚的斯亚贝巴举行,来自 52 个非统组织成员国的外交部长或代表参加了本届会议。会议期间,与会者就非统组织财政及管理、非洲地区经济和社会发展以及非洲动乱地区的局势等 3 大议题进行了讨论,并作出了相关决定。

本届会议就非洲动乱地区的局势问题作出了一系列重要的建议和决定。会议对布隆迪、科摩罗、塞拉利昂、索马里和安哥拉等国的局势发展表示关注,希望有关方面通过和解方式,和平解决争端。

1998 年 6 月 3 日,非统组织宣布成立一个由非洲和国际著名人士组成的专门小组,对卢旺达 1994 年大屠杀及相关事件进行调查。非统组织秘书长萨利姆说,这个 7 人小组将在有关国际公约和法律以及非统组织首脑会议通过的有关宣言指导下开展工作,重点调查导致大屠杀的根本原因、背景及其对卢旺达和大湖地区产生的影响,以及有关国家和组织在大屠杀之前、期间及之后所起的作用。此外,非统组织还宣布成立一个特别信托基金和由来自不同研究领域、了解和熟悉该地区情况的专家组成的专家顾问小组,以支持该专门小组的工作并保证其调查工作的独立性。

1998 年 6 月 4～7 日,第 68 届非统组织部长理事会会议在瓦加杜古开幕,50 多位非洲国家的外交部长、非统组织秘书长萨利姆以及联合国等国际和地区组织的代表出席了开幕式。由中国驻埃塞俄比亚大使蒋正云率领的中国代表团也应邀出席。

本届会议专门延期一天讨论了埃塞俄比亚和厄立特里亚两国之间的边界冲突问题。会议通过一项决议,呼吁冲突双方立即停火,接受调解,以谈判方式解决两国边界武装冲突问题。

与会各国部长还讨论了加强非统组织中央机构在预防、处理和解决非洲冲突方面的作用问题。会议作出决议,要求修改有关章程,加强中央机构的权限和财政能力,以使维和机制的工作更加有效。决议还强调,非洲国家要依靠自己的力量来维护非洲大陆的和平与稳定。这次会议还研究了非洲的童工、难民、教育、环境和艾滋病防治等问题,并通过了相关的决议。

1998 年 6 月 8～10 日,第 34 届非统组织国家元首和政府首脑会议在瓦加杜古开幕。根据安排,布基纳法索总统孔波雷在此次会议期间接替津巴布韦总统穆加贝成为非统组织的新任主席。会议通过了《瓦加杜古宣言》和关于非洲经济共同体的决议,决定加强团结、努力维护和平、发展经济。

此次会议审议批准了此前召开的第 68 次非统组织部长理事会会议提出的全部 31 项决议,对非洲目前的政治、经济和社会发展等问题进行了广泛讨论,并就如何进一步在非洲实现和维护和平、推动非洲大陆经济一体化和社会发展等问题达成了共识。

会议认为,尽管随着冷战的结束,冲突在减少,但非洲内部的不安定因素、殖民主义残余和外国干预并未消失,现实和潜在的冲突依然存在,并严重阻碍非洲的发展。会议对非洲在国际经贸中份额的持续下跌、债务增加和外来投资下降的状况深表忧虑,对非洲各国在教育、科学、文化及妇女儿童等方面的问题进行了评估。

新当选的非统组织执行主席、布基纳法索总统孔波雷在闭幕式上发表讲话指出,制止和解决冲突、实现和平是非洲面临的重大课题。他说,埃塞俄比亚和厄立特里亚近来的冲突升级和几内亚比绍发生的兵变等事件给非洲大陆的和平和稳定造成了不利影响。他呼吁埃厄两国通过对话和平解决冲突,并敦促几比保持国家和社会安定。孔波雷强调指出,各国必须齐心协力增强非统组织中央机构在预防、处理和解决冲突方面的作用。

（周长鹏）

独立国家联合体　*概况*　1991 年初,在国内外反社会主义势力的强大压力下,加上苏联党和国家领导层的软弱、犹疑和意见不一,致使世界上第 1 个社会主义国家面临解体的危险。3 月初,苏联联邦委员会公布了根据戈尔巴乔夫提出的有关“彻底地实行联邦制”、建立“真正的主权国家联盟”的原则而制订的新联盟条约草案。3 月 17 日,尽管立陶宛、拉脱维亚、爱沙尼亚、格鲁吉亚、摩尔多瓦和亚美尼亚 6 国当局抵制在其境内进行公民投票,但全苏仍就是否认为必须保留苏维埃社会主义共和国联盟的问题举行了全民公决。全苏 80% 有投票权的公民参加了投票,结果其中 76.4% 的人赞成保留联盟。苏联最高苏维埃随即通过决议,确认全民公决的结果在全苏具有“必须履行的效力”。但是,时至 12 月,围绕着苏联命运的斗争进一步加剧。12 月 1 日,乌克兰共和国就脱离联盟问题举行全民公决,结果 99.85% 的选民赞成独立。12 月 8 日,俄罗斯总统叶利钦、白俄罗斯最高苏维埃主席舒什克维奇和乌克兰总统克拉夫丘克背着戈尔巴乔夫在明斯克会晤,签署了一项关于建立独立国家联合体的协定。明斯克会晤公报发表后,哈萨克斯坦、乌兹别克斯坦、吉尔吉斯斯坦、塔吉克斯坦和土库曼斯坦等苏联中亚 5 个共和国的领导人于 12 月 13 日发表声明,表示愿意成为独立国家联合体的平等创建国。12 月 21 日,阿塞拜疆、亚美尼亚、白俄罗斯、哈萨克斯坦、吉尔吉斯斯坦、摩尔多瓦、俄罗斯联邦、塔吉克斯坦、土库曼斯坦、乌兹别克斯坦和乌克兰 11 个苏联主权共和国的最高领导人在哈萨克首都阿拉木图举行会晤，签署了《关于建立独立国家联合体协议的议定书》、《阿拉木图宣言》、《关于协调机构的协定》、《过渡时期军事协议》、《关于核武器的协定》等文件，宣布“成立独立国家联合体，苏维埃社会主义共和国联盟停止存在”。格鲁吉亚派代表以观察员身份与会。12 月 25 日，戈尔巴乔夫发表电视讲话，宣布辞去苏联总统职务，宣告苏联正式解体。这标志着独立国家联合体正式成立，简称“独联体”。1994 年 3 月 1 日格鲁吉亚议会批准格加入独联体。截止到 1998 年底，除波罗的海 3 国外，原苏联其他 12 个成员国均为独联体成员国。它们是：阿塞拜疆、亚美尼亚、白俄罗斯、格鲁吉亚、吉尔吉斯斯坦、摩尔多瓦、哈萨克斯坦、俄罗斯联邦、乌兹别克斯坦、乌克兰、塔吉克斯坦和土库曼斯坦。《独联体章程》规定，独联体以所有成员国的主权平等为基础。独联体不是国家，也不拥有凌驾于成员国之上的权力。它为各成员国进一步发展和加强友好、睦邻、族际和谐、信任、谅解和互利合作关系服务。各成员国在国际安全、裁军、军备监督和军队建设方面实行协调的政策，保证独联体内部安全，包括借助于军事观察员小组和集体维和部队。当成员国的主权、安全和领土完整以及国际和平与安全受到威胁时，各成员国应立即进行协商，协调立场，采取对应措施。独联体的总部设在白俄罗斯共和国首都明斯克市。

独联体的主要机构有：国家首脑理事会和政府首脑理事会。国家首脑理事会是独联体的最高协商机构，由独联体各成员国的国家首脑组成。国家首脑理事会主席为俄联邦总统叶利钦。国家首脑理事会有权讨论和决定关于成立独联体的协议以及发展该协议的其他文件所规定的问题。国家首脑理事会每年至少召开两次会议，非例行性会议可以根据独联体多数国家首脑的倡议召开。政府首脑理事会由独联体各成员国的政府总理或部长会议主席组成。政府首脑理事会主席为俄联邦总理。政府首脑理事会主要负责协调和解决独联体各成员国共同面临的社会经济等问题。政府首脑理事会每年至少召开 4 次会议，由一个成员国提议即可召开非例行性会议，会议轮流在各国首都举行，各国领导人按照其国家俄文名称字母的顺序轮流主持会议。此外，还有独联体议会大会，设有法律问题委员会、经济和财政问题委员会、社会政治和人权问题委员会、环境问题委员会和安全委员会 5 个工作委员会，理事会设在圣彼得堡；独联体国家间经济委员会，主要负责协调独联体国家间的能源、交通和通讯的关系，管理独联体的财产，并有权实施一些决定；集体安全委员会、国家安全和情报机关跨国委员会，以及外文、国防等部长级理事会等。其中独联体国防部长理事会是独联体军事方面的常设协调机构，由独联体成员国的国防部长组成，主席由俄联邦国防部长担任，理事会会议视情况不定期召开，其常设机构设在莫斯科。

主要活动 **国家首脑会议** 1998 年 4 月 29 日在莫斯科举行了第 23 次国家首脑会议，会议只商讨解决了独联体机构的干部人选问题，没有通过任何有关该组织进一步发展的决议。会议决定在 2000 年前继续由叶利钦总统担任独联体国家首脑理事会主席，并决定由乌兹别克斯坦总理苏丹诺夫担任独联体政府首脑理事会主席，任命别列佐夫斯担任独联体国家首脑会议执行秘书，批准科罗布科少将担任格鲁吉亚—阿布哈兹冲突地区维和部队司令。会议原计划签署关于在独联体范围内进一步发展平等伙伴以及合作关系的宣言，因一些国家反对而作罢。

独联体议会大会 成立于 1992 年 3 月 26 日。1998 年 2 月 28 日在圣彼得堡召开了第 8 次大会，与会者主张改变独联体多达 64 个跨国合作机构，而无统一的发展战略的状况，要求制订对独联体国家有共同约束力的法律，以解决经济一体化问题。1998 年 10 月 17 日在圣彼得堡举行了第 9 次大会，会议讨论了独联体机构改革等 15 个问题。会议通过了致独联体国家首脑呼吁书，呼吁书表示希望独联体国家首脑理事会、政府首脑理事会和跨国议会大会的主席在 1998 年底前举行联席会议，以确定独联体战略发展的优先任务和制定完善独联体组织的具体措施。

独联体国防部长理事会 成立于 1992 年 3 月。截止到 1998 年底，共召开了 29 次会议。1998 年 12 月 21 日在莫斯科召开独联体国防部长理事会会议，与会者强烈谴责美英空袭伊拉克。俄国防部长谢尔盖耶夫在会上指出，在美国及其盟国政策难以预测的情况下，独联体国家国防部长理事会必须对出现的政治军事问题统一认识，同时就发展未来的军事合作统一观点。与会者讨论了完善理事会机构的组织编制，保障独联体国家信息安全，完善、改革独联体机构等一系列问题，批准了关于军事技术委员会的条例。

（刘效兰）

国 际 条 约

巴以临时和平协议要点 1998年10月23日,巴勒斯坦民族权力机构主席阿拉法特和以色列总理内塔尼亚胡,就以色列第2阶段从约旦河西岸撤军等问题签署临时和平协议,共12项,其要点如下:

最终地位的会谈 在签订这项协议之后,双方将直接举行最终地位的会谈,讨论巴勒斯坦控制的土地的永久边界和政治性质、耶路撒冷地位、犹太人定居点、水的共享以及巴勒斯坦难民等问题。

从西岸撤退 以色列将在12周内分3个阶段再把它现在控制的西岸的12%土地移交给巴勒斯坦民政当局,让以色列军队对安全负"首要的责任"。这个地区还有1.1%的土地将归巴勒斯坦完全控制。

以色列还将完全撤出现在由以巴双方共同控制的地区的14.2%的土地。在和平进程结束时,巴勒斯坦当局将控制40%的西岸土地和大约60%的加沙地带。

安全保证 在以色列撤退的同时,巴勒斯坦当局将颁布一项详细的反恐怖活动纲领,其目的在于拆除武装的好斗组织的基础设施、逮捕并起诉被指控对以色列进行袭击和收集非法武器的好斗分子。

以色列将提出涉嫌的恐怖分子的名单,美国中央情报局将起仲裁人的作用,确定对具体嫌疑犯提出的证据是否证明有理由逮捕他们。

由以色列和巴勒斯坦的教育家、法学家和新闻工作者组成的一个联合委员会将监督并禁止巴勒斯坦学校和新闻媒体煽动反以色列的暴行的宣传。

在以色列开始从西岸撤退的一个月内,巴勒斯坦安全部队将提出一项对付非法的好斗组织的详细行动计划。

修改巴勒斯坦宪章 以色列开始撤退的两个月内,有120人的巴解组织中央委员会将开会批准取消巴解组织1964年宪章中反以色列的条款。

一个月后,"一切有关的巴勒斯坦组织",包括巴解组织中央委员会、巴解组织执行委员会、有88人的巴勒斯坦委员会和"群众组织"代表将在加沙开会批准这些决定。美国总统比尔·克林顿将出席这次会议。

以色列官员们说,参与这项决定的组织必须包括有600人的巴勒斯坦全国委员会——巴解组织的最高机构。

第3阶段撤军 一个以色列—巴勒斯坦联合委员会将处理美国前国务卿克里斯托弗的信中所提到的、以色列再从西岸撤军的问题。克里斯托弗的信已作为1997年临时和平协议的附件。

这个委员会将在这项协议签署之后的4个月内提出它的建议。

安全通行 以色列同意执行先前的一项协议,即在加沙地带与西岸南部和北部之间为巴勒斯坦人建立两个交通运输走廊。

以色列放弃它提出的有权制止和逮捕使用这些路线的人的要求。靠近拉姆安拉的西岸北部终点站的地点将在30天内确定。

机场 双方已商定开放两年前建成的加沙地带南部的一个巴勒斯坦机场的条件。以色列放弃了搜查巴勒斯坦领导人阿拉法特的飞机的要求。

单方面行动 美国总统克林顿将向各方寄出包含就所谓的单方面行动达成的谅解的信。单方面行动被认为包括:扩大犹太人定居点,在被占领区拆除房子和没收土地,巴勒斯坦打算在临时和平协议于1999年5月到期时宣布成立一个国家。这些信的内容眼下尚不得知。

经济 已就一系列经济问题达成要在6周内执行的协议。这些经济问题包括以色列对向巴勒斯坦地区的进出口商品的控制,努力扩大这些地区与阿拉伯国家和其他国家之间的贸易关系,处理税收问题。

犯人 以色列同意释放关在以色列监狱中的3500名巴勒斯坦犯人中的750人。他们将分3批释放,每批250人,相隔各一个月,释放犯人将在协议签字之后立即开始。

逮捕 巴勒斯坦人同意逮捕以色列指控从事恐怖活动的36人名单上的30人。以色列放弃了逮捕巴勒斯坦警方首脑、校官加齐·贾巴利的要求。

加沙海港 以色列重申它在奥斯陆协议中所承担的义务,即允许在加沙开放一个海港,但是,实现这项计划的时间表和其他条件推迟到以后的会谈中定。

联合国安理会关于科索沃问题决议执行部分 联合国安理会于1998年10月24日晚通过了关于科索沃问题的第1203号决议,其执行部分如下:

第1段和第3、8、9、15、16段提到的协议要求进行地面和空中监督,核查塞尔维亚从科索沃撤军的进展。

在紧急情况下,协议允许撤除监督,允许北约在提前一小时通知后派遣非战斗飞机前往。

依据《联合国宪章》第7章:

1. 批准和支持南斯拉夫联盟共和国与欧安组织于1998年10月16日和南联盟与北约于1998年10月15日在贝尔格莱德就对南联盟和安理会1199(1998)号决议要求中的科索沃其他有关各方遵守决议的情况进行核查一事达成的协议,勒令南联盟立即全面执行这些协议;

2. 指出塞尔维亚政府已批准南联盟总统与美国特使达成的协议(S/1998/953,附后〔略〕)和南联盟已公开保证在1998年11月2日以前完成关于政治解决方案框架的谈判,呼吁全面履行这些承诺;

3. 要求南联盟根据上面第1段提到的协议条款,迅速全面地遵守1160(1998)号和1199(1998)号决议,与欧安组织科索沃问题核查小组和北约科索沃问题空中核查小组精诚合作;

4. 同时要求科索沃阿尔巴尼亚族领导班子和科索沃阿族各界迅速全面地遵守1160(1998)号和1199(1998)号决议,与欧安组织科索沃问题核查小组精诚合作;

5. 强调南联盟当局和科索沃阿族领导班子必须立即无条件并在国际社会的参与下进行具有实质意义的对话,在一个明确规定的时间范围内结束危机,通过谈判以政治方式解决科索沃问题;

6. 要求南联盟当局和科索沃阿族领导班子尊重欧安组织核查小组和其他国际工作人员的活动自由;

7. 敦促各国和国际组织向欧安组织科索沃问题核查小组派遣工作人员;

8. 提醒南斯拉夫联盟,它有主要责任保障欧安组织核查小组成员等南斯拉夫联盟正式认可的外交人员的安全,以及南斯拉夫联盟所有国际和非政府人道主义工作人员的安全,呼吁南斯拉夫联盟当局和包括科索沃阿族领导班子在内的南斯拉夫联盟其他有关各方采取一切适当措施确保依照本决议和第1段提到的协议行事的工作人员不受到威胁、武力袭击或任何形式的干扰;

9. 在这一点上,欢迎南斯拉夫联盟在第1段提到的协议中承诺担保各核查小组的安全;为此提出,欧安组织正考虑与其他组织合作实施的各项安排,确认,正如第1段提到的协议所设想的那样,在紧急情况下可能有必要采取行动确保他们的安全和活动自由;

10. 坚决主张科索沃阿族领导班子必须谴责一切恐怖主义行径,要求立即停止这类行径,强调科索沃阿族各界只能以和平方式谋求实现目标;

11. 要求南斯拉夫联盟当局和科索沃阿族领导班子立即拿出行动与国际社会合作,努力改善居民的生活状况,避免迫在眉睫的灾难;

12. 重申所有难民和流离失所的人都有权安全返回家园,强调南斯拉夫联盟有责任为他们创造安全返回家园的条件;

13. 敦促成员国和有关各国为该地区的人道主义援助工作提供足够的人力和物资,对联合国就科索沃危机发出的"机构间人道主义援助联合倡议"作出迅速慷慨的回应;

14. 呼吁迅速彻底地调查,包括在国际社会的指导和参与下调查所有针对平民的屠杀案,与负责审判前南斯拉夫战犯的国际法庭精诚合作,包括遵守其裁决、对材料的要求和调查;

15. 决定1160(1998)号决议第8段规定的禁令不适用于根据上面第1段提到的协议仅供核查小组使用的相关设施;

16. 诚请秘书长与第1段提到的协议有关各方进行磋商,定期向安理会汇报本决议的执行情况;

17. 决定继续关注事态发展。

朝鲜半岛问题4方会谈发表的联合声明

有朝鲜、韩国、中国和美国代表参加的关于朝鲜半岛问题的4方会谈第3次全体会议于1998年10月24日结束。它们在会谈结束时发表的联合声明如下:

4方会谈第3次全体会议于1998年10月21~24日在日内瓦举行。来自4方即朝鲜、中国、韩国和美国的代表举行了有益和建设性和会谈。会谈是以认真的态度举行的。

在这次会议上,4方同意建立两个小组委员会,分别讨论在朝鲜半岛建立和平机制和缓和那里的紧张局势的问题。此外,它们还通过了"关于建立小组委员会及其活动的备忘录",以指导小组委员会的工作。(见附件)

第4次全体会议将于1999年1月18~22日在日内瓦举行。在这次全体会议举行的前一天,将召开副团长级的预备会议,讨论即将举行的全体会议组织工作的安排。

主席国将从本次全体会议结束起开始从事下次全体会议的准备工作,并将在全体会议召开前的预备会议上就任主席国的职务。

4方代表就瑞士政府给予这次会议的支持向它表示感谢。

附件:关于建立小组委员会及其活动的备忘录

1.4方于1998年10月21~24日在日内瓦举行的4方会谈第3次全体会议期间同意建立两个小组委员会。这两个小组委员会将分别讨论在朝鲜半岛建立和平机制和缓和那里的紧张局势的问题。

2. 各方参加小组委员会的代表团团长将由该方出席全体会议的代表团的一名成员担任。各方代表团的代表人数将由各方自行决定。必要时专家们可以陪同代表团参加小组委员会的会议。

3. 各小组委员会将从第 4 次全体会议开会起开始其实质性工作,并将在此后举行的每一次全体会议期间开会。

4. 全体会议的主席国也将担任小组委员会会议的主席职务。

日本内阁会议通过的与新《日美防卫合作指针》相关的 3 项法案全文 1998 年 4 月 28 日,日本内阁会议通过了与新《日美防卫合作指针》相关的 3 个法案——《周边事态法案》、《自卫队法修改案》和《日美相互提供物资和劳务协定修改案》,全文如下:

一、《周边事态法案》

[该法案全称为"在周边地区发生紧急事态时,关于旨在确保日本的和平与安全的措施的法律(草案)"(简称"周边事态法案"或"周边事态措施法案")]

【目　　的】

第 1 条　这一法律规定我国为了对付在我国周边地区发生的会对我国的和平与安全产生重要影响的事态(以下称"周边事态")而实施的措施、实施措施的手续及其他必要的事项,而且以有助于确保我国的和平与安全为目的。

【对付周边事态的基本原则】

第 2 条　1. 在发生周边事态时,政府为了及时而迅速地进行后方地区支援、后方地区搜索救助活动、船舶检查活动及对付其他的周边事态,而实施必要的措施(以下称"相应措施"),努力确保我国的和平与安全。

2. 实施相应措施不能是通过武力进行威吓,也不能等同于行使武力。

3. 内阁总理大臣采取相应措施时,要根据第 4 条中的"1"所规定的基本计划,代表内阁指挥、监督各行政部门。

4. 有关行政机构的负责人为了达到第 1 条的目的,而就相应措施的实施互相进行合作。

【定义等问题】

第 3 条　1. 在这一法律中,如下各款的用语的意义分别取决于各款所规定的内容。

(1)后方地区支援是指在发生周边事态时,对从事有助于达到日美安全保障条约的目的的活动的美军,提供物品、劳务、方便及其他的援助措施。在后方地区由我国实施。

(2)后方地区搜索救助活动是指对因在周边事态中发生的战斗行为(指作为国际性的武力冲突的一环而进行的杀伤人员或搞破坏的行为。下同)而遇难的战斗参与者,进行的搜索或救助的活动(包括运送得救的人在内)。在后方地区由我国实施。

(3)船舶检查活动是指在发生周边事态时,根据联合国安理会的为确保严格实施以联合国安理会决议为基础的同贸易及其他经济活动有关的限制措施,而要求采取必要措施的决议,进行的检查、确认船舶(军舰等只用于非商业目的的船舶〈以下称"军舰等"〉除外)装载的货物及其目的地的活动,和根据必要而采取的要求船舶改变航线及其目的港或目的地的活动。在我国领海或我国周围的公海(包括同海洋法有关的联合国条约所规定的专属经济水域在内。下同)由我国实施。

(4)后方地区是指我国领域,和实际上没有战斗行为而且在这里实施支援活动的整个期间也不会发生战斗行为的我国周边的公海及其上空的范围。

(5)有关行政机构是指国家行政组织法第 3 条第 2 项所规定的国家行政机构和该法第 8 条第 3 项所规定的特别机构,根据政令来决定。

2. 自卫队作为后方地区支援而进行的物资和劳务的提供(下面即"3"后半部分所规定的内容除外),载于附表 1(略)。

3. 后方地区搜索救助活动和船舶检查活动,由自卫队等部队(指自卫队法第 8 条所规定的部队。下同)实施。在这种情况下,进行后方地区搜索救助活动或船舶检查活动的自卫队等部队;伴随着这些活动的实施,对美军部队作为后方地区支援而进行的物资提供和劳务提供,载于附表 2(略)。

【基本计划】

第 4 条　1. 在发生周边事态时,在内阁总理大臣认为需要实施如下的任何一种措施的情况下,必须要求内阁会议就实施措施以及同相应措施有关的基本计划(以下称"基本计划")草案做出决定。

(1)第 3 条中"2"的后方地区支援;

(2)除了第 4 条"2"中的"(1)"的措施以外,还有有关行政机构作为后方支援而实施的措施,特别是需要通过内阁参与而全面有效地予以实施的措施;

(3)后方地区搜索救助活动;

(4)船舶检查活动。

2. 基本计划所规定的事项如下:

(1)同相应措施有关的基本方针。

(2)实施第 4 条"1"中的"(1)"或"(2)"所提出的后方地区支援时的事项如下:

a、同后方地区支援有关的基本事项;

b、后方地区支援的种类和内容;

c、关于指定实施后方地区支援的区域范围及该区域的事项;

d、关于实施后方地区支援的其他重要事项。

(3)实施后方地区搜索救助活动时的事项如下:

a、同后方地区搜索救助活动有关的基本事项;

b、关于指定实施后方地区搜索救助活动的区域范围及该区域的事项;

c、关于实施伴随着实施后方地区搜索救助活动的第3条"3"中的后半部分的后方地区支援的重要事项(包括关于指定实施后方地区支援的区域范围及该区域的事项在内);

d、关于实施后方地区搜索救助活动的其他重要事项。

(4)实施船舶检查活动的事项如下:

a、同船舶检查活动有关的基本事项;

b、实施船舶检查活动的自卫队等部队的规模与构成;

c、关于指定实施船舶检查活动的区域范围和该区域的事项;

d、第3条"1"中的"(3)"所规定的限制措施的对象物品的范围;

f、关于实施伴随着船舶检查活动的第3条"3"中的后半部分的后方地区支援的重要事项(包括关于指定实施后方地区支援的区域范围及该区域的事项在内);

g、关于实施船舶检查活动的其他重要事项。

(5)除了第4条"2"中的"(1)"、"(2)"、"(3)"所载的事项之外,在自卫队实施的对策中,关于重要的种类和内容及其实施的重要事项。

(6)除了第4条"2"中的"(2)"和"(5)"所载的事项之外,在有关行政机构实施的相应对策中,特别是关于需要通过内阁参与来全面有效地予以实施的重要事项。

(7)对于相应措施的实施,在要求或依靠地方公共团体及其他国家以外的人提供合作的情况下,关于合作的种类和内容及其合作的重要事项。

(8)为了实施相应措施,有关行政机构进行联络、调整的有关事项。

3. 第4条中"1"的规定适用于基本计划的变更(自卫队作为后方地区支援而提供物资和劳务)。

第5条　1. 内阁总理大臣或接受总理大臣委任的人根据基本计划,作为第3条中"2"的后方地区支援而提供属于自卫队的物资。

2. 防卫厅长官根据基本计划,就第3条中的"2"即自卫队作为后方地区支援而提供劳务的问题,规定实施要点,并在实施要点得到总理大臣的批准后,命令防卫厅本厅的机构或自卫队等部队予以实施。

3. 防卫厅长官就第5条中"2"的实施要点指定实施后方地区支援的区域(以下称"实施区域")。

4. 在实施区域的全部地区或一部分地区不能满足这一法律或基本计划所规定的条件的情况下,防卫厅长官必须迅速命令改变这一指定或中断已实施的活动。

5. 根据第3条中"2"的规定进行后方地区支援时,受命负责实施公海及其空中运输的自卫队首长或首长指定的代理人,在实施这类运输的场地附近发生战斗行为或者根据附近情况预料会发生战斗行为时,应该暂停实施运输,避开战斗行为引起的危险,并等待采取前项规定的措施。

6. 本条的"2"适用于该项规定的实施事项的变更情况(根据"4"的规定缩小实施区域时的变更除外)。

【后方地区的搜索救助活动的实施】

第6条　1. 防卫厅长官根据基本计划,确定后方地区搜索救助活动的实施事项,在得到内阁总理大臣的批准后,向自卫队部队等下达实施命令。

2. 防卫厅长官在实施前项规定的事项时,可以指定实施后方搜索救助活动的区域(以下关于此条称为"实施区域")。

3. 在实施后方地区搜索救助活动时,如果发现有战斗参加者以外的人遇难,应予以救助。

4. 实施后方地区搜索救助时,如果发现在邻近实施区域的外国领海中有遇难者,可以在得到该国同意下救助遇难者。但是,这仅仅局限于在该海域没有发生战斗行为,而且认定在进行搜索救助活动期间也不会发生战斗行为的情况。

5. 第5条的"4"在指定的实施地区发生变更或者实施活动中断时,以及该条的"5",可适用于受命实施后方地区搜索救助活动的自卫队部队等的首长及其指定代理人。

6. 本条"1"适用于该项的变更情况(根据适用于前项规定的第5条"4"的规定缩小实施地区的变更情况除外)。

7. 前项规定适用于随着实施后方地区搜索救助活动而进行的第3条的"3"后半部分规定的后方地区支援活动。

【关于船舶检查活动等】

第7条　1. 防卫厅长官根据基本计划,在实施船舶检查时,要确定检查事项,并在得到内阁总理大臣的批准后,向自卫队部队等下达实施命令。

2. 防卫厅长官根据前项规定的实施事项,指定实施船舶检查的区域(以下称作"实施区域")。在实施检查时,为了不使对船舶的检查与对外国船舶的检查混同,指定实施区域必须明确区别。

3. 检查船舶的事项如下:

①监视船舶的航行情况。

②对于航行中的船舶,根据需要用呼唤、信号弹和照明弹及其他适当方式(发射实弹除外),表明自己的存在。

③使用无线电及其他通信手段,询问船舶的名称、船籍、船长姓名、出发港或出发地、目的港或目的地、装载货物及其他必要事项。

④要求船舶的船长或代替船长行使指挥船舶者(军舰等除外)下令船舶停止前进,并在征得船长等人的同意下,登上停止前进的船舶检查和确认有关资料和货物。

⑤在不能确认船舶上没有装载第4条第2项第(4)款之二规定的物品时,需要求该船船长等人变更其航线和目的港或目的地。

⑥对于不接受第4款和前款规定的要求事项的船长等人,要进行说服工作。

⑦为了进行前款所规定的说服工作,根据需要可对该船舶采取接近、跟踪、伴航甚至在其前方待机等行动。

4. 第5条第4项规定适用于指定实施区域的变更及活动中断的情况。

5. 本条第1项规定适用于该项实施事项的变更(根据适用于前项规定的第5条第4项规定缩小实施区域的变更情况除外)。

6. 第5条规定适用于随着检查船舶而进行第3条第3项后半部分规定的后方地区支援。

【相关行政机关的相应措施的实施】

第8条　除前3条规定的以外,防卫厅长官及其他有关的行政机关的首长,可以根据法令和基本计划,采取相应的措施。

【关于国家以外的人的合作等问题】

第9条　1. 有关行政机关的首长,可以根据法令及基本计划,要求地方公共团体的首长对其行事权限实行必要的合作。

2. 除前项规定的以外,有关行政机关的首长可以根据法令及基本计划,请求国家以外的人给以必要的合作。

3. 在国家以外的人根据前2项规定被要求提供合作或者被迫实行合作而又在合作中受到损失时,政府必须视损失情况采取必要的财政措施。

【提交国会的报告】

第10条　内阁总理大臣在决定或者变更基本计划时,必须及时向国会提出报告。

【武器的使用】

第11条　1. 根据第6条第1项规定,受命负责实施后方搜索救助活动的自卫队部队等的自卫官,在救助遇难者时,遇到为保护自己或者与自己一起执行该项任务的人的生命或者身体而认为有足够理由被迫采取行动的情况,可以在根据情况认为合理而必要的限度以内使用武器。

2. 根据第7条第1项规定,受命负责实施检查船舶的自卫队部队等的自卫官,在登上准备检查的船舶执行任务时,遇到为保护自己或者与自己一起执行该项任务的人的生命或者身体而认为有足够理由被迫采取行动的情况,可以根据情况在认为合理而必要的限度以内使用武器。

3. 在根据前2项规定使用武器时,除符合刑法第36条和第37条规定的情况以外不能伤害人。

【对政令的委任】

第12条　除本法律特别规定的以外,实施本法律的手段及其他有关本法律的必要事项由政令规定。

附　则

【实施日期】

1. 本法律从公布之日起的3个月以内,从用政令规定的日期开始实施。

2. 自卫队法的一部分作如下修改:

第100条之九之后增加如下一项:

第100条之十　内阁总理大臣或者受其委托者,在发生周边事态时,根据关于确保我国的和平与安全的措施的法律规定,在不影响自卫队履行任务的范围内,可以提供后方地区支援的物资(前条第1项规定的适用情况除外)。

3. 在发生周边事态时,长官可以根据关于确保我国的和平与安全的措施的法律规定,在不影响自卫队执行任务的范围内,可以向防卫厅机关及部队等提供后方地区支援所需要的劳务(前条第2项的适用规定除外),命令部队等进行后方地区搜索救助活动和检查船舶活动。

二、《自卫队法修改案》

[该法案全称为“对自卫队法作部分修改的法律(草案)”(简称“自卫队法修改案”)]

现将自卫队法的一部分作如下修改:

删除第100条之八第1项中的“用飞机”,在第2项中的“状况”下面加上“作为运送对象的本国人人数”,将“主要供其他运输用的飞机”改为“以下列举的飞机或船舶”,在该项中增添以下内容:

一、主要供运输用的飞机(第100条之五第2项中规定的除外)

二、适用于前项供运输用的船舶

三、属于第2项中规定的船舶搭载的直升机并且是第1项中列举的飞机以外的运输工具(仅限于该船舶和陆地之间运输时使用)

在第 100 条之八中增加以下一项,作为第 3 项:

(3)第 1 项中规定的在国外从事此项运输任务的自卫官,在此项运输所使用的飞机或船舶所在地,或在把作为运输对象的本国人或外国人引导进入该飞机或船舶的路途中履行其职责时,如果认为有相当的理由不得不为自己或同自己一同执行运输任务的队员,或本国人及外国人的生命和身体安全进行防卫时,可以根据事态的具体情况在被认为是合理且必要的限度内使用武器。不过,除了刑法第 36 条和第 37 条规定的情况以外,不得对人造成危害。

附　则

该法律自公布之日开始实施。

三、《日美相互提供物资和劳务协定修改案》

[该法案全称为"修改日本政府和美国政府关于自卫队和美军之间开展后方支援和相互提供物资和劳务协定的协定(草案)纲要"(简称"日美相互提供物资和劳务协定修改案纲要")]

一、现行协定前文

在"日本国和美国之间的相互合作及安全保障条约"的后面加上"以下称'条约'。"

二、现行协定第 1 条 1

该协定中的"周边事态",是指对日本国周边地区发生的对日本国的和平与安全产生重要影响的事态。

三、现行协定第 1 条 2

在协定的目的当中,加上有关自卫队和美军之间为适应周边事态而相互提供必要的物资和劳务的基本条件。

四、现行协定第 2 条 3

该协定所规定的内容,不包括自卫队向美军提供武器或弹药,也不包括美军向自卫队提供武器装备或弹药。

五、新的第 4 条

在现行协定第 3 条后面加上新的第 4 条。内容是:当发生周边事态、自卫队和美军各自根据本国法令从事活动时,如果任何一方的当事国政府向另一方当事国政府提出请求,要求提供有助于达到条约目的的必要的物资或劳务,那么另一方当事国政府可以在其权限范围内,提供对方所要求的物资和劳务。自卫队可以依据与周边事态相关的法律提供物资和劳务,也可以依据这些法律接受与自卫队活动相关的物资和劳务。

六、条款顺序的修改

现行第 4 条改为第 5 条,以此类推,一直到第 9 条。

七、附表的修改

在此次修改过程中,在附表中加上通信支援、环境方面的支援等内容。

八、生效的规定

该协定在美国政府受到日本国政府发出的已批准该协定的书面通知 120 天后开始生效,只要现行协定有效,修改的协定就有效。

中俄两国元首关于中俄边界问题的联合声明 中国国家主席江泽民同俄罗斯总统叶利钦于 1998 年 11 月 23 日举行非正式会晤后,发表了关于中俄边界问题的联合声明。联合声明全文如下:

中国和俄罗斯两国元首满意地指出,根据 1994 年 9 月 3 日签署的中俄国界西段协定进行的中俄国界西段勘界工作野外作业已经结束。至此,中俄国界东、西两段已勘定的边界在两国关系史上首次在实地得到准确标示。双方将在商定的期限内完成全部勘界工作。

双方一致认为,在平等协商、互谅互让基础上顺利解决中俄勘界问题,有利于维护边境地区的和平与安宁,有助于中俄两国睦邻友好关系的进一步发展,也是对巩固地区安全与稳定作出的重要贡献。

双方同意以有关目前两国边界的条约为基础,根据公认的国际法准则,本着平等协商、互谅互让的精神,继续就尚未协商一致的个别地段的边界线走向问题进行谈判,以求得公正合理的解决。

中俄两国元首关于世纪之交中俄关系的联合声明 1998 年 11 月 23 日,中国国家主席江泽民同俄罗斯总统叶利钦在莫斯科举行首次非正式会晤后,发表了关于世纪之交中俄关系的联合声明。联合声明全文如下:

中华人民共和国主席江泽民和俄罗斯联邦总统叶利钦在莫斯科举行的第 6 次中俄高级会晤期间,双方就世纪之交国际社会发展的基本趋势协调了立场,并就进一步加强双边合作的长期战略前景达成共识。

本世纪人类在精神和物质文明以及科技发展方面取得了巨大成就,但同时动荡和冲突也使人类遭受空前浩劫。

两国元首认为,鉴于历史教训,重要的是应促成国际社会达成共识,使和平与全面协调发展成为人类在新世纪应该遵循的主要原则。只有通过世界各国的共同努力和集体创造力,才能建立国际经济和政治新秩序,真正确保所有国家的社会稳定,公正合理地维护各国人民的利益。

为此,两国元首指出,1996 年 4 月中俄建立平等信任、面向 21 世纪的战略协作伙伴关系既是根据对双边关系历史和当今世界现实的深刻思考,也是基于就国际形势发展和两国合作前景所达成的共识。中俄两国建立战略协作关系不是结盟，也不针对任何第3国，而是在两国相互关系中摒弃对抗，并为双方在各个领域进行最广泛的平等互利合作创造条件。

两国元首一致认为，应在下列重要原则基础上不断加强和充实中俄伙伴关系：

一、国际关系具有建设性的多极化进程有助于建立一个平衡、稳定、民主、不对抗的新秩序。这一趋势客观上符合所有国家的根本利益。

二、当今世界的丰富多彩，多种文化的并存与互补，是人类不断发展的主要动力之一。承认和尊重世界文明的多元性是建立国际经济政治新秩序的必要条件和客观要求。历史、文化、经济及社会政治制度的差异不应成为冲突或相互疏远的根源或理由，而应成为相互增益和相互完善的动力。21世纪不应该也不可能成为单一的欧美世纪或者亚太世纪，也不应该由某种宗教或者意识形态价值体系来主导。21世纪应该并且能够成为各国家和各地区的文明和传统兼容并蓄、共同繁荣的时代。中俄两国在相互关系和与其他国家的交往中将坚持上述态度，并为确立这一趋势做出自己的贡献。

三、世纪之交，世界经济的全球化和区域化正在成为决定世界经济状况的重要因素。中俄支持并积极参与这一进程。同时，各国经济相互依赖已发展到了必须将保护主权国家的经济安全列为最迫切的问题的阶段。因此，尤为重要的是必须在经贸关系中恪守平等互利和地区开放原则，消除国际贸易中各种形式的歧视，摒弃利用货币金融杠杆将有损于某国合法民族利益的政治经济条件强加于人的企图。一系列地区和国家出现金融危机的教训证明，困难时期应该相互支持，同舟共济，而不应借机谋取私利。

四、联合国在国际事务中起着核心作用。通过联合国的行动能够更加充分和更加明显地体现出日益增长的世界多极化潜力，并在处理国际事务中逐渐排斥单方面的或狭隘民族主义的行径。因此，支持和全面加强联合国的方针是中俄外交战略的重要组成部分之一。

对联合国进行认真、合理的改革，使之既保留全部已被实践证明是行之有效的运作机制，同时进一步提高工作效率，充分考虑世界的现实，这将有助于加强联合国在世界上的威信和作用。

完善安理会的工作在联合国改革过程中占有特殊位置。任何情况下都不应怀疑联合国宪章所赋予的安理会对维护世界和平与安全的主要责任。任何绕过安理会的企图都将导致对现有维和机制的破坏和国际事务的混乱，造成以强权凌驾于国际法之上的事实。扩大安理会的设想应从严格遵守公正的地缘分配原则出发，并征得广泛同意，最理想的应是联合国各成员国协商一致。

五、冷战后特别是近年来大国关系的明显改善已成为国际形势发展的重要积极因素。为了建立国际经济政治新秩序，不仅必须保持和加强这一趋势，而且还要创造条件使各大国不扩大现有的或建立新的军事政治联盟，不搞对抗或形形色色的相互遏制，放弃瓜分各地区势力范围的意图。当今世界各大国只要本着伙伴与合作的精神，彼此间就不存在不能通过平等对话加以解决的原则性问题。

六、两国元首主张继续核裁军进程，强调在这一进程中保持和巩固限制反导弹防御系统条约非常重要，认为这一条约过去是、现在仍然是保持世界战略稳定的基石之一。

七、振兴发展中国家经济和加强它们在国际事务中的建设性作用，对推进人类和平与繁荣至关重要。中国和俄罗斯重申，愿意加强同发展中国家的合作并呼吁发达国家更积极地促进亚、非、拉各国的不断进步。

八、在建立公正、可靠的国际秩序的曲折道路上，需要克服一系列可能破坏这一进程的严峻挑战。为此，中国和俄罗斯认为，有必要就一些最尖锐的、其升级有可能对国际社会构成现实威胁的冲突阐述自己的原则立场。

科索沃局势仍令人关注。当务之急是坚持寻求政治解决这一问题的办法。任何武力手段只能加剧地区对立。只有在尊重南联盟主权和领土完整，遵守联合国宪章和公认的国际法准则，尊重科索沃地区各民族合法权益的基础上才能找到相互都能接受的解决办法。

关于南亚局势，中国和俄罗斯重申其在联合国框架内和其他多边会晤中所确认的立场，强调“不扩散核武器条约”和“全面禁止核试验条约”对全球争取核不扩散和核裁军的努力具有极为重要的意义。中俄两国呼吁所有尚未参加的国家立即无条件地加入这两个条约。同时，两国欢迎南亚国家恢复政治对话，希望对话能够促进解决悬而未决的问题，维护和增进地区安全与稳定。

阿富汗危机不可能依靠武力解决。在这个多灾多难的国家，通向和平的道路只能是组建一个有代表性的、能充分考虑阿富汗社会各民族、各宗教和政治团体合法权益的政府。联合国和所有希望阿富汗局势稳定的国家有责任敦促冲突各方结束军事行动，开始谈判进程并寻求政治解决现有问题的途径。

朝鲜半岛问题的解决对亚太地区的稳定具有重要意义。南北双方以彼此都能接受的任何形式继续对话都有助于这一问题的解决。

在东盟地区论坛框架下,加强对话、信任与合作有利于促进亚太地区的和平、稳定和安全。

九、完善现有各个级别、特别是最高级对话机制,对中俄战略协作关系的发展具有特别重要的意义。为此,两国元首将充分利用"热线电话"和互致信函方式就重大问题交换意见。两国元首商定,中俄第7次最高级会晤将于1999年在中国举行。

双方将采取共同措施,提高两国政府首脑定期会晤机制的实效。两国总统将于1999年春在莫斯科举行第4次定期会晤。双方将为会晤取得积极成果认真做好各项准备工作。为此,双方将认真落实业已达成的经贸合作协定,努力实现经贸合作的多样化,采用新的合作形式,按国际通行惯例行事。将优先关注大中型项目,活跃中俄两国地方间的经济往来。

两国将继续努力就迫切的国际问题加强磋商,协调立场。

两国职能部门将继续共同打击一切形式的有组织违法活动,包括非法贩运毒品和麻醉品、走私和非法移民。将加大力度遏制民族分裂主义和宗教极端主义。

两国将切实落实关于在边境地区加强军事领域信任和裁减军事力量两个协定,并将继续在高层就安全保障的各个方面进行深入磋商。双方认为,1998年7月3日阿拉木图5国会晤及其声明为加强中亚地区安全与合作开辟了良好的前景。

两国重视扩大和规范双方民间接触与交往,愿意努力增进对对方历史、文化、传统习惯和现实的了解。支持和鼓励两国社会团体和新闻媒介进行树立中俄两国真实、友好形象的活动。中俄友好、和平与发展委员会有责任为此发挥更大的作用。

中华人民共和国和俄罗斯联邦元首在世纪之交庄严宣布,两国将忠实于和平、公正和合作的信念,并努力按这一信念行事,使21世纪能够建立真正的物质、政治、法律和其他保障,构成一个能避免战争、压迫、破坏、暴力的世界秩序,为人类的全面发展创造条件。

中美两国元首关于《禁止生物武器公约》议定书的联合声明 中国国家主席江泽民和美国总统克林顿于1998年6月27日在北京就《禁止生物武器公约》议定书发表联合声明。全文如下:

中美两国意识到生物和毒素武器的威胁,重申双方坚决支持全球范围内全面消除生物武器。双方作为《禁止生物武器公约》(下称《公约》)缔约国,强调《公约》对世界和平与安全的重要性,完全支持《公约》的宗旨和目标,赞成全面加强《公约》的有效性和普遍性。

中美双方各自重申,决心严格遵守《公约》的各项规定,认真、全面履行各自承担的义务,在任何情况下不发展、生产、储存生物武器,并反对生物武器及其技术和设备的扩散。

中美两国一致支持加强《公约》有效性的工作,包括建立切实可行的遵约机制。双方对为此设立的特设工作组谈判《公约》议定书的工作予以积极评价。双方认为,该议定书必须包括高效、实际且符合成本效益的措施,以防止扩散及违约行为,并提高透明度。应该制订并实施合适的措施,同时考虑到保护敏感商业信息和正当安全需要以及有关的国内法律法规。双方表示愿意在谈判中进行合作,共同致力于促进议定书谈判早日达成结果。

中美两国同意努力加强在生物技术领域的双边合作与交流,积极参加并推动和平利用生物技术的工作。

中美两国元首关于杀伤人员地雷问题的联合声明 中国国家主席江泽民和美国总统克林顿于1998年6月27日在北京就杀伤人员地雷问题发表联合声明。全文如下:

中美两国重申双方对结束由滥用杀伤人员地雷而引起的人道主义危机的承诺。双方认为,消除杀伤人员地雷给无辜平民带来的威胁的努力应与国家安全需要相一致。

中美两国认识到,《特定常规武器公约》经修订的"地雷议定书"在解决由滥用地雷而引起的人道主义关切方面的重要性。双方同意将努力尽早批准上述经修订的"议定书",并敦促其他各方批准。

中美两国同意在裁军谈判会议支持尽快设立特委会,积极推动会议就"禁止转让/出口杀伤人员地雷"开始谈判。

中美两国承诺加快全球人道主义扫雷行动,以期尽早消除杀伤人员地雷给无辜平民带来的威胁。中美两国重申将通过适当渠道在增强地雷意识、扫雷培训和提供探扫雷技术等方面向雷患国提供扫雷援助,以加强雷患国本国在人道主义扫雷方面的能力。

中美两国元首关于南亚问题的联合声明

中国国家主席江泽民和美国总统克林顿于1998年6月27日在北京就南亚问题发表联合声明。全文如下:

导　言

印度、巴基斯坦最近进行的核试验及由此引发的两国紧张局势的升级,引起了中美两国深切和长久的关注。双方在维护南亚和平与稳定及全球强有力的防核扩散体制方面有着共同的利益,而这些核试验将此利益置于危险境地。双方谴责这些核试验。双方同意在安理会5常任理事国和安理会内并与其他国家继续密切合作,以防止南亚核及导弹竞赛升级,加强国际防核扩散努力，促进印、巴和解并通过和平方式解决两国分歧。

防止南亚核及导弹竞赛

6月4日安理会5常任理事国发表的联合公报，对处理南亚核及导弹竞赛威胁制定了明确、全面的目标和行动纲领。联合国安理会1172号决议认可了该公报。双方承诺全力支持联合公报所确定的措施，再次要求印、巴停止核试验，立即无条件加入《全面禁止核试验条约》，停止核武器化或部署核武器，停止试验或部署可以运载核武器的导弹，坚定承诺不核武器化，不部署核武器或能够运载核武器的导弹。

加强国际防扩散合作

中美坚定承诺致力于在以《不扩散核武器条约》为基石的核不扩散领域进行有力和有效的国际合作。双方将继续支持国际防核扩散努力，重申我们的目标是促使包括印、巴在内的所有国家加入不作任何修改的《不扩散核武器条约》。没有加入《不扩散核武器条约》的国家不能指望享有与成员国同样的权利和国际地位。尽管印、巴最近进行了核试验，根据《不扩散核武器条约》，印、巴不享有核武器国家地位。

双方重申决心根据《不扩散核武器条约》第6条履行核裁军方面的承诺。为此，两国已经签署了《全面禁止核试验条约》，无意恢复核试验。

双方呼吁立即在1995年同意的谈判职权基础上，由裁军谈判会议谈判缔结一项多边的禁止生产核武器或其他核爆炸装置用裂变材料公约。我们敦促印、巴以积极的精神与其他国家一道参加裁军谈判会议的上述谈判，以便尽早达成这一公约。

双方积极支持国际原子能机构正在实施的加强的保障监督体制，并将迅速采取措施在两国实施。

缓和紧张局势及鼓励印、巴通过和平方式解决两国分歧

双方承诺将尽可能帮助印、巴通过和平方式解决包括克什米尔问题在内的困难且长期未决的分歧。我们欢迎印、巴两国重新恢复对话并鼓励两国继续开展这样的对话。我们准备在两国实施建立信任措施方面提供帮助，并鼓励两国在这方面考虑采取进一步措施。

中美两国的责任

中美两国长期致力于和印、巴建立良好关系。双方重申这一目标，希望双方能够共同或单独为实现一个和平、繁荣与安全的南亚作出贡献。作为安理会5常任理事国成员和与南亚国家有着重要关系的国家，双方认识到我们在维护该地区和平、稳定和安全方面的责任，并尽双方所能解决紧张根源。

双方重申我们各自的政策是防止出口可能会以任何方式帮助印、巴的核武器计划或运载此类核武器的弹道导弹计划的设备、材料及技术。为此，双方将加强各自的出口控制体制。

下一步行动

针对印、巴核试验，中美两国对有关目标作出了承诺，中美两国密切协调是为上述目标建立强有力国际支持的关键。在此问题上，双方将保持密切联系，并将与安理会其他常任理事国、其他安理会成员、亚太其他国家，以及更广泛的国际社会一道，防止南亚局势进一步出现不稳定，促使印、巴以和平的、双方均能接受的办法解决两国分歧，加强全球防扩散体制。

中法俄英美5国外长会议关于印巴核试验的联合声明 1998年6月4日，中国、法国、俄罗斯、英国和美国的外交部长会议发表了关于印巴核试验问题的联合声明。全文如下：

一、中国、法国、俄罗斯、联合王国和美国铭记自己国家对维护国际和平与安全所负的责任，于1998年6月4日在日内瓦开会，就印度和巴基斯坦1998年5月先后进行的核试验所造成的严重局势协调他们的反应。部长们谴责这些核试验，对这些试验给这些地区的和平与稳定构成的危险表示深为不安，保证密切合作以紧急努力防止次大陆的核武器和导弹竞赛，加强不扩散核武器制度，鼓励印巴和解与和平解决分歧。

二、部长们一致认为需要迅速行动以制止由于受最近核试验的刺激而进一步升级的地区紧张局势。因此印度和巴基斯坦应当立即停止这样的试验。他们应当自我克制，避免实行核武器化，避免部署核武器，避免试验或部署能发射核武器的导弹，并避免再生产用于制造核武器的可裂变材料。印巴两国还应当停止发表挑衅性声明，不进行任何可能被看作是威胁的军事调动，并增加行动的透明度。双方之间的直接沟通可能有助于建立信任。

三、为了加强这个地区和更广泛地区的安全与稳定，5国坚信，印度和巴基斯坦应当立即无条件参加《全面禁止核试验条约》，从而便于该条约早日生效。5国还要求印度和巴基斯坦本着积极精神并在商定的授权基础上与裁军会议上的其他国家一起参加关于停止生产可裂变材料公约的谈判，以便早日达成协议。这5国将谋求印度和巴基斯坦坚决保证不实行核武器化，不部署核武器或导弹。印度和巴基斯坦也应当确认他们的政策，即不出口可能有助于制造大规模毁灭性武器或运载这种武器的导弹的设备、材料或技术，并应在这方面做出适当的保证。

四、部长们一致认为，尽管南亚地区最近进行了核试验，但是国际不扩散核武器制度应当继续保持强有力。他们的目标仍是使包括印度和巴基斯坦在内的所有国家都参加目前样子的《不扩散核武器条约》，而不对该条约进行任何修改。这个条约是不扩散核武器制度的基石和追求核裁军的重要基础。根据这个条约，尽管印度和巴基斯坦最近进行了核试验，但是这两国并不具有核武器国家的地位。

五、部长们的结论是，必须坚决努力谋求解决印度和巴基斯坦之间的争端。部长们申明他们愿意以双方都能接受的方式帮助印度和巴基斯坦促进和解与合作。部长们保证他们将积极鼓励印度和巴基斯坦通过直接对话找到能解决包括克什米尔问题在内的局势紧张的根源和双方都能接受的解决方案，并应设法建立信任，而不谋求对抗。在这方面，部长们敦促双方避免威胁性军事调动、侵犯边界或其他挑衅行动。

六、部长们还考虑了 5 国可能个别或集体采取什么行动促进南亚的和平与安全。他们将鼓励印度和巴基斯坦采取切实措施防止军备竞赛。他们确认了各自的设备、材料或技术出口政策，以防止这些政策可能以任何方式帮助印度或巴基斯坦制造核武器或能发射这种武器的弹道导弹计划。他们还保证尽一切可能促使两国缓和紧张局势，并应双方要求在建立信任和安全措施与实施这种措施方面提供援助。他们仍决心履行与《不扩散核武器条约》第 6 条有关的核裁军义务。

七、部长们认为他们的日内瓦会议启动了旨在加强南亚和平与稳定，鼓励印度和巴基斯坦克制、促进解决悬而未决的分歧和加强国际不扩散核武器制度的进程。他们仍将全力追求这些目标并积极努力使国际社会广泛支持他们今天商定的目标。

(本栏责任编辑　温味几)

1998年世界军事大事记

1998年世界军事大事记

1 月

1月1日

△俄罗斯联邦边防局发表通告说，该局管辖下的边防军将从1998年开始改组为边防警卫队。改组的一个重要内容是分阶段把边防军拥有的重武器移交给国防部。

△尼加拉瓜国防部宣布，在尼北部活动的反政府武装“安德烈斯·卡斯特罗联合阵线”最后一批武装已交出武器。至此，尼1990年内战结束后重新拿起武器的所有非法武装组织都已放下武器，接受遣散。

1月5日

△黎巴嫩政府拒绝以色列提出的从黎南部有条件撤军建议，称联合国安理会通过的关于要求以色列从黎撤军的425号决议是无条件的。

1月6日

△格鲁吉亚总统谢瓦尔德纳泽在第比利斯表示，如果恢复格鲁吉亚统一问题不能取得进展，格准备以武力，包括以“波黑维和行动”的方式彻底解决阿布哈兹冲突。俄罗斯外交部长表示，俄罗斯坚决反对以武力解决阿布哈兹冲突。

1月7日

△以色列和土耳其的各2艘护卫舰、美国的1艘驱逐舰、数架以色列和美国海军的直升机及3国海军1000多名官兵参加了代号为“美人鱼”的演习。演习的主要内容是海上救险。约旦1名海军军官观摩了此次演习。叙利亚、黎巴嫩、埃及和伊朗等国指责这次演习是炫耀武力，在中东地区制造战争气氛。

1月10日

△日本政府决定在修改日本自卫队法时，将增加派遣海上自卫队的作战舰艇，包括配备有舰载直升机的护卫舰，前往海外营救日本人的条款。

△根据1977年美国同巴拿马签订的《新运河条约》，美国把美南方司令部总部“夸里高地”军事基地和设施移交给巴拿马政府。

1月15日

△俄罗斯国防部长谢尔盖耶夫从即日起对法国进行为期3天的访问。在15日的会见中，法国国防部长里夏尔和谢尔盖耶夫表示，法俄两国将进一步加强军事合作。里夏尔称，法俄两国相互信任，愿意发展两国在军事、技术和国防工业领域的合作。谢尔盖耶夫说，俄罗斯正在同法国方面协商，准备建立一个有关欧洲安全和稳定的协商机制。他希望同法国的军事合作能够更持久，更有活力。谢尔盖耶夫还特别强调了同法国开展技术和工业合作，尤其是在航空和航天领域进行合作的愿望。里夏尔透露，法国方面目前最感兴趣的是俄罗斯的“米格－AT”双发动机教练机，并希望能尽快就此确定具体合作计划。谢尔盖耶夫表示，俄罗斯有可能在研制未来运输机的项目中同法国合作。

1月16日

△美国与波罗的海3国签署伙伴关系宪章。

△美国国防部长科恩说，美国与菲律宾签署了一项协定。这项协定为两国恢复军事关系奠定了法律基础。科恩强调说，克林顿政府并不寻求在菲律宾设立永久性军事基地。

1月17日

△法国国防部长里夏尔和俄罗斯国防部长谢尔盖耶夫在巴黎签署了1998～1999年两国军事合作意向书，其内容：一是确定了两国在战略和安全方面定期磋商和交流的具体措施；二是两国将就军队问题，特别是军队改革方案和体制现代化等问题进行相互交流；三是加强在工业和技术领域，尤其是在航空航天领域的合作；四是举行联合军事演习。

△日美就建立周边作战计划机构达成协议，双方将就应付发生周边事态时对美方的支援方法和排除水雷等40多项日美合作事项，制定具体实施计划。

1月18日

△奥地利总理克利马对电视台记者说，奥地利政府将提出安全政策报告，并将不加入北约作为政府的

一种选择。

1月20日

△俄罗斯外长普里马科夫说,俄反对波罗的海3国加入北约。如果北约吸收波罗的海3国,将会严重影响北约与俄罗斯之间的合作。

△俄罗斯总统叶利钦签发了关于实施国家航天火箭工业政策的命令,强调航天事业是俄罗斯国家政策的一个关键组成部分。航天事业对于保障国家安全、加强国防实力以及国家的经济、科技和社会发展具有重要意义。俄罗斯必须尽一切努力保住作为世界主要航天大国的地位。

△据中国《解放军报》报道,中美签署了《关于建立加强海上军事安全磋商机制协定》。

1月28日

△布隆迪国防部长菲尔曼·辛佐伊海巴在一次空难中丧生。

2 月

2月6日

△蒙古《人民权利报》报道:蒙古已修改了该国军事法律。根据新法律,如果受到攻击或面临潜在的攻击威胁,这个夹在中国和俄罗斯两大国之间的200多万人口的内陆国家将允许外国军队进入其领土。根据这项法律,不结盟的蒙古可以加入其他国家的联盟。如果联合国安理会通过相应决议,它可以允许联合国维和部队入境。如果蒙古认为不对本国的安全构成威胁,蒙古还可以允许外国军队或飞机过境。

2月10日

△驻扎在孟加拉国吉大港山区的恰克玛族武装组织共有2000多人向政府投降。其余成员将按计划分别于2月11日、16日、22日和28日在不同地点向政府交出武器。孟加拉国政府已决定对交出武器的人员实行大赦,并发给约合1100美元的安家费。这一行动结束了吉大港山区长达20年的武装冲突。

2月11日

△美军1艘核潜艇在韩国南部海域,撞沉了1艘正在进行捕捞作业的韩国渔船。

2月14日

△关于联合研制弹道导弹防御系统问题,日美两国政府已经就联合进行技术研究问题达成了基本协议。

2月18日

△联合国裁军会议在雅加达闭幕,会议认为,核裁军谈判不能只限于有核国家,而应举行多边谈判。

△俄罗斯原子能部长表示,由于严重缺乏资金,俄将关闭8个生产核武器工厂中的3个。

2月19日

乌克兰总统库奇马与正在基辅进行访问的乌兹别克斯坦总统卡里莫夫签署了两国友好和加深全面合作条约以及在军事等领域加强合作的11项文件。

2月21日

△波兰总统克瓦希涅夫斯基、法国总统希拉克和德国总理科尔在波兰中西部重镇波兹南举行"魏玛3国集团"首脑会晤,主要就北约东扩、中东欧局势、对俄关系和当前重大的其他国际问题交换了意见。他们认为,在构筑未来整个欧洲安全机制时,必须考虑到俄罗斯大国的"地位和作用"。当前"法—德—俄"三角关系必须得到"关心和培育"。

△俄罗斯战略火箭部队司令雅科夫列夫说,俄反导弹防御系统将进入经常性战备状态。该系统今后的运转情况将视俄美战略反导弹防御系统谈判结果而定。

2月25日

△在格鲁吉亚西部扣留联合国4名军事观察员的15名恐怖分子,晚间向当局投降并交出了人质。

△为对付日益猖獗的新纳粹暴力犯罪和暴力排外事件,德国勃兰登堡州内务部新近组建一支"反暴力和排外快速反应部队"。

△即将离任的北约驻俄罗斯代表莱夫说,北约不会"永远不在新成员国境内部署核武器。"

2月26日

△乌克兰与欧盟签署伙伴关系与合作协定。

2月27日

△俄罗斯总统叶利钦和前来进行国事访问的乌克兰总统库奇马举行会谈并签署了一系列文件。叶利钦宣布,俄乌之间已建立"战略伙伴关系"。俄乌还决定成立军事技术合作委员会并在世界武器市场采取联合行动。

3 月

3月1日

△巴拿马总统表示不同美国谈判军事基地问题,巴政府不允许在其境内存在任何伪装的军事设施,因为它们已给巴拿马制造了很多麻烦。

3月2日

△奥地利总理克利马同瑞典首相佩尔松在斯德哥尔摩会谈后表示,奥地利和瑞典都不应该加入北约。克利马说,奥、瑞两国"主张建立一个更好的欧洲安全结构,奉行更好的相互协调的外交政策"。

△为期一天的南部非洲发展共同体特别首脑会议

在马普托结束。会议决定对这一地区组织的政治、防务和安全机构进行改革，并加强对安哥拉反对派——安盟的制裁。

3月3日

△马来西亚和新加坡举行联合防空演习。马国防部发言人说，演习旨在检验两国的防空能力。

△1架从纽约起飞的韩国货机越过朝鲜上空抵达汉城。这是自朝鲜战争结束以来第1架飞越朝鲜的韩国飞机。

3月6日

△美国国务卿和乌克兰外交部长签署和平利用原子能合作协议。之后乌克兰外长宣布停止与伊朗在核能方面进行合作。

3月7日

△日本和俄罗斯两国政府确定，日海上自卫队和俄罗斯海军将在日本海首次进行救灾和搜索救难的联合训练，具体实施方案正磋商中。

3月9日

△3年1次的北约最大规模的军事演习从9日起到21日止。演习在伊比利亚半岛和挪威举行，代号为“坚强意志98”。将有5万多名军人参加。演习设想：在挪威，北约将进行军事“干涉”，以捍卫它的领土；在伊比利亚半岛，假定由于经济瘫痪和军事叛乱将建立多国维和部队。在演习中将动用北约15国（冰岛除外）的陆海空三军力量。北约空军总司令赫罗尼奥·多明格斯中将在马德里说，这次演习要尝试一下该联盟关于“联合军事力量”的新观念。

△波兰海军司令发言人雅努什·瓦尔查克宣布，波兰、德国和丹麦3国海军开始在波罗的海举行为期4天的导弹部队联合演习。

3月10日

△菲律宾政府军在南部与反政府的阿布·赛亚夫组织人员发生激烈战斗。该组织是菲律宾第2大反政府武装，主要在南部的棉兰老岛活动。在过去5年间，该组织一直拒绝与政府军和谈。

△据俄通社—塔斯社报道，俄罗斯化学自动化设计局的专家对俄PC-20战略导弹的喷气发动机进行了改装，并成功地进行了点火试验。俄现有PC-20战略导弹数百枚。

△乌克兰国防部长库兹穆克在布达佩斯表示，希望组建一支乌克兰和匈牙利的联合部队。

3月12日

△朝鲜外交部副部长李仁奎宣布，朝鲜正在全国范围内举行重要军事演习，全国于晚间开始进入战时动员状态。李仁奎说，这一决定是基于朝鲜当前面临的严重军事威胁而作出的。他指出，“军事威胁来源于美、日、韩组成的针对朝鲜的三角军事互助机制”。

△15个欧盟国家和11个要求加入欧盟的国家在英国伦敦举行会议，讨论欧盟扩大问题，会后发表了一项宣言。

3月14日

△海湾合作委员会成员国阿联酋、沙特阿拉伯、巴林、卡塔尔、科威特和阿曼在阿联酋举行旨在进一步加强彼此间军事合作的军事演习，代号仍为“半岛盾牌”。

3月17日

△据印度海军部门透露，印度近期开始建造新型航空母舰，造价为15亿卢比，工期8～10年。

△意大利国防部长和乌克兰国防部长签署防务合作条约。条约规定双方将在军官培训、武器购置等领域开展合作。

3月21日

△据中国《解放军报》报道，中美和平利用核能合作协定正式生效。

3月23日

△芬兰国防部长塔伊纳在坦佩雷布强调，在目前形势下，芬兰不申请加入北约组织。即芬兰不加入军事集团，在军事上保持不结盟的立场。

3月25日

△德国联邦议会以绝对多数票通过了北约东扩议定书，同意北约首批接纳捷克、匈牙利和波兰为新成员国。

△日本航空自卫队静冈滨松基地配备了新近从美国购买的两架空中预警飞机。这两架飞机可在日本“周边有事”时向美军提供情报。

△美国同格鲁吉亚签署国防合作计划。美将向格提供巡逻艇等军事装备，并将进行多种军事交流。

△马其顿和阿尔巴尼亚签署军事合作协定。

3月26日

△美国和以色列在以色列国内举行了由双方高级军官组成的“指挥与控制”司令部的联合演习。演习的目的是在中东战争中进行合作，以确保以色列的武装部队不妨碍美国的大规模军事行动。演习共分两个阶段，第1阶段是以色列海军同美国驻地中海第6舰队之间的“指挥与控制”的联合演习；第2阶段是以色列空军同美国空军和陆军之间的联合演习。

△俄罗斯与也门签署军事技术合作协定。

3月30日

△美国国防部长科恩和访美的罗马尼亚国防部长约内斯库签署了一项旨在加强控制大规模杀伤性武器扩散的军事合作协议。根据协议，美国将向罗马尼亚提供设备、训练和服务等方面的援助，帮助罗防止核武器和生化武器等大规模杀伤性武器的扩散。

△俄罗斯总统叶利钦签署了关于从哈萨克斯坦租赁4个军事试验场的法案，租赁哈第929国家飞行试验中心、第4国家试验场、恩巴试验场和萨雷—沙干试验场的协议。其中萨雷—沙干将用来试验反导弹系统。

3月31日

△美国国防部发言人说，由于日本横须贺基地在美国海军前沿战略部署中占核心地位。美将部署核动力航空母舰。

4 月

4月3日

△北约秘书长索拉纳在索非亚说，北约支持希腊和土耳其提出的关于建立巴尔干多国快速反应部队的建议。

4月4日

△波兰外交部长盖雷梅克说，波兰、匈牙利和捷克决定批准加入北约组织的协议。

4月6日

△英法批准《全面禁止核试验条约》。美国对此表示欢迎。美国总统克林顿呼吁美参议院尽早批准这一条约。

4月8日

△阿塞拜疆总统阿利耶夫和美国参议员沃纳及美国驻欧洲海军司令洛佩斯在巴库举行会晤。双方表示要扩大两国的军事合作。沃纳强调，阿塞拜疆在外高加索地区占据重要的地缘战略地位，是连接欧亚两大洲的重要通道。俄罗斯则对这些前苏联加盟共和国同美国发展军事关系表示不满。

4月9日

△白俄罗斯议会批准了白俄罗斯与俄罗斯军事合作条约和联合保障地区安全协定。条约规定，俄罗斯和白俄罗斯军事合作的目的是保障两国的安全。为此，双方将在国防政策和战略方面加强合作，使两国的国防法律接近和统一，并制定统一的武器装备计划，共同建立地区集团军。

4月10日

△美国白宫发言人麦柯里说，克林顿举行圆桌会议讨论生物武器问题。会议旨在研究保护海外美国军队不受生物武器威胁的措施。

4月12日

△伊朗在波斯湾南部开始军事演习，历时9天，有1.5万名军人和3艘舰艇参加。

4月13日

△印度和俄罗斯开通了一条热线电话。俄罗斯总统叶利钦和印度新任总理瓦杰帕伊通过这条新的莫斯科—新德里热线电话进行了交谈。印度外交部发言人说："谈话是实质性的，双方重申了增进印、俄关系和建立战略伙伴关系的承诺"。

4月14日

△意大利、匈牙利和斯洛文尼亚3国国防部长在意大利乌迪内市宣布建立3国"联合步兵旅"。该旅由3国各派1个团组成。司令部设在乌迪内，联合步兵旅司令由意大利将军贾恩弗朗科·马里奈利担任。该旅的主要使命是参加中南欧和巴尔干地区维和行动。

4月15日

△俄罗斯和塔吉克斯坦两国举行军事演习，目的在于提高围歼越境之敌的联合行动的水平。

△格鲁吉亚和土耳其两国签署军事合作相互谅解备忘录。文件规定土耳其将免费培训格鲁吉亚军官和两国各军种之间建立联系制度。

△应波兰总统克瓦希涅夫斯基邀请，匈牙利总统开始对波兰进行为期3天的正式访问。两国总统在单独会谈后发表共同宣言，称战略合作把波兰和匈牙利联系在一起。出于共同加入北约和欧盟的目的，这种合作因而具有"结盟性质"。

4月19日

△日本首相桥本龙太郎和俄罗斯总统叶利钦结束了正式会谈。关于缔结和平条约，双方同意条约内容应包括四岛归属问题。关于安保对话、两军交流，双方同意在1998年内实现日本自卫队参谋长联席会议主席和俄军总参谋长互访。

△正在开罗访问的美国国防部长科恩同埃及总统穆巴拉克就进一步推动两国"深厚的战略伙伴关系"举行了会谈。科恩在新闻发布会上表示，美国将继续支持埃及的军事现代化计划。1998年，美国将向埃及提供13亿美元的军事赠款，并继续同埃及举行一年一度的联合军事演习和训练。

4月20日

△土耳其武装部队总参谋部一位高级官员说，土耳其和以色列将联合生产一种射程为150千米的中程防空导弹。这种导弹同美国和以色列目前正在研制的"箭"式导弹性能接近，装备后将大大提高部队的防空能力。

4月21日

△美国国务卿奥尔布赖特透露，美国正秘密帮助格鲁吉亚将一批浓缩铀和使用过的核原料，由美国空军运往英国，以防止这批核材料落于"坏人手里"。

△在瑞典北部基律纳召开的北欧国防部长会议决定，北欧国家联合组建一个3000～4000人的维和旅，以参加联合国和北约的维和行动。

4月22日

△俄罗斯国防部长谢尔盖耶夫同来访的意大利国防部长安德烈亚塔举行会议，着重讨论了两国在军事领域合作的问题以及欧洲安全等问题，并签署了两国国防部1998年合作计划。安德烈亚塔是21日抵达莫斯科进行为期4天正式访问的。谢尔盖耶夫在会谈前指出，俄意关系发展顺利，并已经奠定了使其进一步完善的基础。安德烈亚塔在签署合作计划后表示，这一文件将促使两国的军事合作达到双方的政治对话水平。他透露，两国军队近期将互派军官到对方的军事院校学习，两军总参谋长年内也要举行会晤。意国防部长同时表示，希望确定两国军队举行各军种联合军事演习的时间表。

4月28日

△日本内阁通过了与新日美防卫合作指针相关的两项法案和一项协定修改案。两项法案是《周边事态法》和《自卫队法修改案》，其主要内容包括：日本周边地区"有事"时，日本向参与行动的美军提供后勤支援，并规定自卫队队员为了保护自己和同伴的安全，可以使用武器。一项协定修改案是《日美相互提供物资和劳务协定》，主要内容是，日本周边"有事"时，日美相互提供物资和劳务，但不包括武器弹药。

4月29日

△美俄英法中5个核武器国家的代表团在日内瓦发表共同声明，重申5国将继续致力于逐步裁减核武器，以达到最终消除核武器的目的。这5个国家是在《不扩散核武器条约》2000年审议大会第2次筹委会上发表这一声明的。声明认为，开放《全面禁止核试验条约》以供各国签署以及5个核国家首批签署该条约是国际社会的重要成就。5国呼吁所有国家为条约的实施作出贡献。

△据中国《解放军报》报道，中美签署建立直通保密电话通信线路协定。

4月30日

美国国防部宣布，波音公司将为国防部研制和试验"星球大战"式的导弹防御系统，以保护美国不受任何弹道导弹的攻击。国防部与波音公司签署的16亿美元的合同要求波音公司在今后3年内完成这项"国家导弹防御系统"的研究工作。研究项目包括陆基截击导弹系统，太空部署的导弹发射侦察卫星及通信卫星，并将此系统与前沿的战区导弹防御系统联系在一起。

△俄罗斯外交部发言人拉赫马宁说，俄罗斯将密切关注美日之间"扩大了的防务关系"，并要求美日两国公开它们之间的军事计划。

5　月

5月1日

△美国总统克林顿签署了总开支为56亿美元的紧急拨款法案，以充实美国用以进行海外军事部署的费用和支付1998年美国国内的救灾拨款。

△土耳其陆军在空军的支援下，出动4万人清剿位于土东南部山区的库尔德武装，这是土耳其13年以来的最大的清剿行动之一。

△美国副总统科尔宣称，美国要"不遗余力地"与俄罗斯政府解决俄罗斯向伊朗出口导弹技术问题。美国坚决反对俄罗斯帮助伊朗研制中程导弹。

5月2日

△塔吉克斯坦反对派的武装人员袭击了国防部、内务部及边防部队在杜尚别的哨所和营地，引起激烈武装冲突。经过几天的战斗，政府部队收复了原来的营地，通过总统拉赫莫诺夫与第一副总理反对派领导人图拉焦作德的协商，这一地区局势才趋于稳定。

△印度报业托拉斯通讯社说，印度科学家计划恢复两年前中止的"烈火"导弹的试验。这种导弹可以击中中国内陆的目标。科学家们计划增大"烈火"导弹的射程。印报说，印度政府已经批准这种导弹的第2阶段研制计划。

5月5日

△中国外交部副部长张德广5～6日在华盛顿与美国代理国务卿塔尔博特和代理副国务卿霍勒姆分别就国际安全、军控及防扩散等问题举行了磋商。这是1997年江泽民主席访美期间两国元首商定的次内阁定期磋商的一部分。双方认为中美关系呈现出良好的发展势头，健康稳定的中美关系是国际和平与安全的重要积极因素。

5月8日

△北约官员说，俄罗斯首次参加在丹麦举行的北约和平伙伴关系计划演习。

△美国与乌克兰签署核合作协议。

5月11日

△为期两天的西欧联盟外长和国防部长春季会议在希腊东南部的罗得岛举行。该联盟秘书长库蒂莱罗在发言中强调西欧联盟要在欧洲安全与防务建设中发挥重要作用。他还指出，该联盟现在比过去更适合于承担起北约所不愿直接参与的处理危机行动中的责任。希腊外长潘加洛斯在讲话中也强调说，西欧联盟目前最重要的任务依然是努力建立一个真正意义上的欧洲安全和防务实体。

5月12日

△俄罗斯总统叶利钦在外交部讲话中称,俄反对强权政治,反对任何一个国家或国家集团把自己的意志强加于国际大家庭。俄对北约东扩持坚定的反对立场。俄将同北约保持建设性的关系,并将努力使其成为一个不会对欧洲安全构成威胁的同盟。

5月13日

△阿联酋已决定向美国洛克希德·马丁公司订购80架F-16战斗机。这份军售订单价值高达70亿美元。

5月14日

△俄罗斯总统新闻秘书亚斯特任布斯基说,为了国家安全和国际稳定,俄罗斯政府决定加强对导弹技术和核技术的监督。

5月15日

△美国国防部说,4000名美国海军陆战队员和约旦武装部队在约旦开始为期1个月的联合军事演习。

△日本众议院通过联合国维持和平行动合作法修正案。根据该修正案的规定,日本自卫队队员可根据上级指示使用武器。

5月16日

△澳大利亚同印尼举行联合海空军事演习,将持续大约一周,澳有4艘最先进的军舰和450名军人参加。

5月17日

△俄总统新闻秘书宣布,俄总统叶利钦决心结束批准第2阶段削减进攻性战略武器条约的工作,此后将继续同美国就进一步削减战略武器问题进行谈判。

△伊朗开始军事演习,将进行3天,目的是提高空军的作战能力和试验新式武器。

5月21日

△美国总统克林顿正式签署北约东扩文件,白宫举行签字仪式,波兰、匈牙利、捷克3国驻美大使出席。

△土耳其与乌克兰签署军事合作协定。正在基辅访问的土耳其总统说,土乌军事合作前景广阔。土计划在今后30年拨款1500亿美元用于军备开支。

5月22日

△日本外务省北美局局长高野纪元说,新"日美防卫合作指针"中所说的"远东"地区包括台湾,因此日本的"周边事态"也包括台湾在内。这是日本政府官员首次明确表示新"日美防卫合作指针"中所划定的地理位置包括中国台湾。

5月25日

△正在阿联酋访问的哈萨克斯坦总统纳扎尔巴耶夫在阿布扎比对记者说,哈萨克斯坦有着40年的核试验历史,绝不会考虑恢复核试验。

△越南国防部副部长、人民军总参谋长陶仲历少将下午在访问老挝时因飞机失事不幸身亡。

5月30日

△18时整,中国研制生产的"长征"3号乙大推力捆绑式运载火箭在西昌卫星发射中心,成功地将2984千克重的"中卫"1号通信卫星送入预定轨道。此次发射是自1996年10月以来长征系列运载火箭第10次连续发射成功。

6 月

6月1日

△俄罗斯波罗的海舰队司令叶戈罗夫说,俄拟重振波罗的海舰队,到2000年该舰队将拥有各种舰只100艘,舰龄不超过15年。

△伊朗国防部长说,尽管印巴都进行了核试验,伊朗不会步其后尘制造核弹。

6月2日

△世界规模最大的1998年国际陆军武器装备展在巴黎郊区布尔歇展览中心开幕,来自34个国家的730个国防工业厂商和93个国家的官方代表团参加为期6天的陆军武器装备展。

两年一度的陆军国际武器装备展主要展出陆军重型武器和装备,如坦克、火炮、装甲车、通信指挥车、大型自行舟桥、军用运输机械等。美国、德国、法国等主要军火出口国展出各自生产的居世界领先地位的主战坦克以及各种大型野战机械。

6月3日

△美国国家安全顾问塞缪尔·伯杰认为,用中国火箭发射美国卫星对美国有益,让中国发射的卫星不会用于军事目的,不会导致导弹技术转让。所有卫星都要接受国防部制定的严格的控制和保障措施,以防止通过转让提高中国导弹能力的技术。

6月8日

△美国政府要求日本参加"美国战区导弹防御设想"的共同技术研究。防卫厅决定积极参加这项研究。外务省内部对此存在积极参加和慎重对待两种看法。由于这与围绕着利用宇宙空间的国会决议和对华外交保持平衡有关,桥本首相也表示出慎重的态度。

△驻韩美军司令部宣布,美军司令部与朝鲜人民军司令部就双方恢复将军级对话达成协议,以缓和朝鲜半岛的紧张局势。协议规定,双方将军级对话将主要讨论有关停战体制问题。

△印度科学家正研制一种多功能航天飞机。这种航天飞机可将小型卫星送入轨道,还可用于"情报工作、监视和侦察",其体积略大于战斗机。

6月9日

△中国裁军大使李长和在日内瓦夏季裁军谈判会上发言时指出，对无核国家最有效的安全保证是全面禁止和彻底销毁核武器，这样就铲除了核威胁的物质基础。在实现这一目标之前，所有核国家理应承担义务，在任何情况下不对无核国家使用和威胁使用核武器。中国希望各方共同努力早日谈判缔结一项关于核国家安全保证的国际协定。

6 月 10 日

△第 34 届非统首脑会议在瓦加杜古闭幕，会议通过了《瓦加杜古宣言》。会议认为，尽管冷战已经结束，但是殖民主义残余和外国干预并未消失，现实和潜在的武器冲突依然存在。因此非洲要加强团结，努力维护和平。

6 月 11 日

△美国总统克林顿发表关于对华政策的主旨讲话，强调与中国全面接触符合美国的利益，孤立中国将会孤立美国自己，不利于亚太地区乃至世界的稳定与安全。克林顿说，在亚太地区安全、防止大规模杀伤性武器扩散、打击国际犯罪等各个领域，美国都需要与中国合作。中国已经成为朝鲜半岛稳定的重要力量。

6 月 13 日

△美国向乌克兰提供 7670 万美元援助以帮助乌克兰销毁核武器。美驻乌使馆发言人说，美国的这笔资金能够帮助乌克兰完成销毁核武器工作。

6 月 15 日

△俄罗斯国防部宣布，召回俄罗斯驻北约的军事代表扎瓦尔津中将。舆论认为这同北约在巴尔干进行大规模空军演习有关。

6 月 17 日

△新加坡和马来西亚举行为期两天的联合军事演习，目的在于检验面临外部威胁时两国的空防能力。

6 月 18 日

△英国外交部说，它对土耳其和希腊在塞浦路斯日益加剧的紧张关系表示关注。希土两国都已向塞浦路斯派遣了战斗机。

6 月 21 日

△为处理遗留在中国的化学武器，日本研究成立处理化学武器问题的首相直属机构。

6 月 22 日

△一艘小型朝鲜潜水艇在东海岸附近作业时因钻进一艘韩国渔船鱼网而被捕获。朝鲜发言人说，这艘小型潜水艇是在东部海域附近海上执行训练任务时，因意外机械故障而遇难的。

6 月 25 日

△俄罗斯外交部长普里马科夫说，只有在北约变成政治组织或与欧安组织合并的情况下，讨论俄罗斯加入北约才有意义。

6 月 27 日

△以色列工业和贸易部长纳坦·夏兰斯基在阿拉木图说，莫斯科应采取更多措施，停止向伊朗转让俄罗斯的导弹技术。拥有核武器的原教旨主义伊斯兰国家是对“自由世界”的最大威胁。

6 月 29 日

△欧盟外交部长批准了对华新政策，谋求加强与北京的政治磋商。欧盟将就联合国前途、裁军、军备控制、人权以及打击贩毒等问题与中国进行“实质性的政治对话”。

7　月

7 月 1 日

△格鲁吉亚议会国防和国家安全委员会主席阿达米亚在第比利斯向新闻界宣布，格鲁吉亚自即日起采取措施，着手接管目前由俄罗斯边防军担负的守卫格鲁吉亚海防的任务。

△印度和俄罗斯已经结束有关两国签署一项新的 10 年防务合作协议的谈判。该协议强调今后将从用现金直接购买武器转向联合研制武器。根据新的防务合作协议，印度和俄罗斯将共同研制 6 种反弹道战术导弹系统，总金额高达 10 亿美元。此外，双方将共同研制多用途苏－30 战斗机。这项新协议将在 2000～2010 年期间有效。

7 月 3 日

△俄罗斯总统叶利钦在俄安全会议上表示，俄准备根据本国安全的需要和相应的财力继续发展自己的核遏制力量。会议决定，今后俄战略核力量仍将由陆、海、空 3 个部分组成。这种体系将要维持到 2010 年之后。根据会议决定，关于陆上战略核力量将由目前装备的 6 种导弹过渡到单一的“白杨－M”固定式和移动式洲际导弹。“白杨－M”导弹系统至少要服役到 2020 年。关于海上战略核力量，近期将主要致力于保持德尔塔－4 型核潜艇以及其他处于战斗状态的核力量。关于空中战略核力量，主要是改进图－95 和图－160 型轰炸机以及装备在这些轰炸机上的远程巡航导弹。

7 月 4 日

△在阿拉木图进行工作访问的中国国家主席江泽民上午与哈萨克斯坦总统纳扎尔巴耶夫签署了中国和哈萨克斯坦两国国界第 2 个补充协定，这标志着全面彻底地解决了历史遗留的两国边界问题。

7 月 5 日

△北约开始在斯洛伐克举行空军演习。演习模拟

实施人道主义和维和行动，共有40架飞机，1200名官兵参加演习。

7月6日

△俄罗斯总统叶利钦同正在莫斯科工作访问的哈萨克斯坦总统纳扎尔巴耶夫在克里姆林宫举行会谈并签署了永久友好和面向21世纪的同盟宣言、俄哈两国总统联合声明、俄哈关于划分里海北部海底协定等重要文件。

7月7日

△法国国防部长阿兰·里夏尔宣布了法国军队第2期调整计划，以进一步精减非战斗部队人员，实现军队职业化。

△白俄罗斯总统卢卡申科会见白俄罗斯军事学院首届毕业生时指出，在北约军队“积极实现现代化，进行大规模军事演习和炫耀武力”的情况下，白俄罗斯应对削减本国军队数量采取审慎态度。由于北约继续东扩，白俄罗斯必须建设一支机动的和装备精良的现代化军队。卢卡申科同时认为，俄罗斯也不应大幅裁减军队。

△俄罗斯核潜艇发射卫星成功。这枚重10千克的德国卫星从位于巴伦支海的俄海军潜艇上升空，主要用于通信和科研。

7月8日

△在著名反对派领袖阿比奥拉猝死后的第2天，尼日利亚国家元首阿布杜勒—萨拉姆·阿布巴卡尔将军于晚间解散了军政府——联邦执行委员会，同时成立一个政府临时委员会。

7月9日

△美国有关部门的高级官员表示，美国将继续保持对埃及提供军事援助，同时逐步减少对埃及的经济援助。目前美国每年对埃及的军事援助达13亿美元。

△美国防部长威廉·科恩说，不论朝鲜半岛未来如何统一，美国都将继续无限期保留在朝鲜半岛的驻军，以维护亚太地区的和平与稳定。他说，任何撤军行动都会导致出现危险的“真空”，而这一真空“被填补时可能不仅不能促进稳定，反而会损害稳定”。

7月10日

△上午俄罗斯在拜科努尔发射场，用“天顶”2号火箭成功地将俄罗斯、澳大利亚、德国、以色列、泰国和智利的6颗科研卫星送入太空。

△美国和韩国的国防部长在华盛顿说，朝鲜已经完成了一种能飞抵日本的中程导弹的研制工作。科恩承认，美国在研制能对抗这种导弹的战区防御武器的过程中遇到了困难。美国负责朝鲜半岛的军事指挥官长期以来一直希望能使用这种防御武器。

△澳大利亚10日批准《全面禁止核试验条约》。澳大利亚是国际上第15个批准该条约的国家。

7月13日

巴西总统卡多佐向联合国秘书长安南递交了巴西国会关于巴西加入《全面禁止核武器条约》和《不扩散核武器条约》的批准书。

7月18日

△中国制造的“长征”3号乙运载火箭在西昌卫星发射中心发射升空，成功地将法国宇航公司为主承制的“鑫诺”1号通信卫星送入预定轨道。这是中国长征系列运载火箭发射的第1颗由欧洲国家制造的通信卫星。

△俄罗斯和伊朗发表了关于在中东建立无核区的联合声明。双方对不久前在南亚进行的核试验在核不扩散领域所造成的新情况表示不安，并欢迎在中东地区建立无核区的建议。

△泰国总理川·立派表示，尽管有印、巴核试验的干扰，泰国一如既往地支持东盟关于建立东南亚无核区的努力。

7月19日

△俄罗斯驻印度大使切尔内绍夫说，俄罗斯视印度为战略伙伴，俄将继续发展与印度的核合作。

7月21日

△联合国驻塔吉克斯坦观察团4名工作人员7月20在塔东部地区惨遭杀害。联合国秘书长安南21日发表声明，强烈谴责这一残暴事件，联合国观察团召回驻塔吉克斯坦全体工作人员。

△《印度快报》报道：印度海军已经向俄订购3艘“克里瓦克”级护卫舰，总价值6.15亿美元。这种4000吨级的护卫舰装备有攻击海空目标的各种导弹，并使用了潜隐技术。将于2000年装备印度海军。

7月23日

△美国白宫说，伊朗已经成功地进行了一次中程导弹发射试验。美国间谍卫星探测到了这次试验。试验的导弹射程为1300千米。美国“正在积极地注视伊朗的军事能力”。美国官员认为，伊朗这次导弹试验成功表明，伊朗已经获得打击以色列、沙特阿拉伯以及部署在这一地区的美国军队的能力。

7月27日

△朝鲜谴责美国派军舰对韩水域加强反潜艇监视，朝鲜认为美国的行动是一种经过伪装的军事挑衅行为，一旦受到威胁，朝鲜将采取强有力的自卫行动。

△沙特与也门就解决边界冲突的原则达成协议。

7月29日

△印度尼西亚武装部队司令兼国防和安全部长维兰托说，印尼将逐步从东帝汶撤军。本星期按计划撤出1000人。

△俄日海军联合演习在符拉迪沃斯托克(海参崴)拉开帷幕。这是俄日关系史上首次举行海军联合军事演习。俄方参加演习的是"维诺格拉多夫海军上将"号大型防潜舰;日方参加的是两艘排水量分别为 5200 吨和 3500 吨的导弹驱逐舰。演习目的主要是搜索和救援遇难的民船,同时加强两国海军间的信任。

7 月 31 日

△南亚 7 国首脑会议在科伦坡闭幕。会议发表的《科伦坡宣言》"呼吁所有拥有核武器的国家,无论是否是不扩散核武器条约成员国,都应通过一种透明和可信的程序,建设性地参加裁军会议"。

8　月

8 月 2 日

△伊朗伊斯兰革命卫队空军联队领导人穆罕默德·巴盖尔·卡利巴夫上将说,伊朗在不久前发射的"谢哈布"3 型导弹,长 16 米,飞行时速达 7000 千米,这是 1 枚弹道导弹,可以携载 1 个重 1 吨的弹头。这枚导弹的制导系统是由伊朗的技师制造的。

8 月 4 日

△美国和乌克兰开始举行代号为"卫队伙伴关系"的联合军事演习。这是根据两国国民卫队合作计划进行的。

△美国国会研究服务局近日公布的一项最新报告表明,美国仍是世界上最大的军火供应商,其军火出口占全球军火市场的 44%。报告说,美国 1997 年出口额达 152 亿美元,连续 7 年保持第 1 位军火出口大国地位。英国 1997 年出口军火 59 亿美元,居第 2 位。法国出口军火 49 亿美元,俄罗斯出口军火 24 亿美元,分居第 3 和第 4 位。

8 月 7 日

△肯尼亚首都内罗毕和坦桑尼亚首都达累斯萨拉姆上午发生两起爆炸事件,爆炸均发生在美国驻两国大使馆附近,至少造成 67 人死亡和包括美国驻肯尼亚女大使布什内尔和肯贸易部长在内的 1100 余人受伤。一个自称是"伊斯兰圣地解放军"的不知名的伊斯兰组织声称对这两起事件负责。

8 月 8 日

△俄美联合军事演习结束,双方指挥官均表示,这次在符拉迪沃斯托克(海参崴)西南 100 千米处举行为期两天的演习是成功的。

△俄罗斯驻塔吉克斯坦边防部队司令列兹尼琴科中将说,鉴于阿富汗军事行动升级,俄罗斯边防军准备应付塔阿边境的任何事态发展,并采取一系列措施巩固独联体南部边界。

8 月 10 日

△阿根廷和智利两国武装部队开始举行首次联合军事演习。阿、智两国政府通过多次谈判,制定了重新划定边界线的协议,力图解决历史遗留下来的边界争端。据认为,这次两国军事演习,是为推动两国建立安全防卫体系、推进睦邻友好关系的发展而举行的。

8 月 11 日

△印度国防部长费尔南多斯宣布,印度已经开始在它的现有中程导弹基础上研制新型导弹。新型导弹的射程将比现有"烈火"式中程导弹的射程远,可携带 1 枚 1 吨重的核弹头射到 1500 千米远的地方。

8 月 14 日

△独联体集体安全条约成员国磋商阿富汗紧张局势,与会者对阿富汗危机形势表示不安,并强调成员国不会对"塔利班"军事行动的升级和独联体南部边界构成威胁这一事实无动于衷。

8 月 15 日

△下午,英国北爱尔兰小镇奥马发生一起严重的汽车炸弹爆炸事件,至少有 28 人丧生、220 人受伤。这是近 30 年来在北爱发生的一起最大的恐怖主义暴行。从爱尔兰共和军分裂出来的"真正爱尔兰共和军"承认爆炸事件是他们所为。

8 月 17 日

△美韩两军开始举行大规模"乙支·焦点透镜"联合军事演习,将持续到 28 日。参加演习的兵力达 7 万人,其中包括 1.3 万名驻韩美军。朝鲜外交部发言人 18 日发表谈话谴责美韩举行大规模演习是从军事上对朝鲜进行压制。

8 月 22 日

△印度尼西亚武装部队司令维兰托承认军队参与了 1998 年 5 月发生在雅加达的流血骚乱,和在此之前发生的政治绑架以及枪击游行学生事件。在整个骚乱中约有 1200 人丧生。

8 月 23 日

△乌兹别克斯坦、哈萨克斯坦、吉尔吉斯斯坦和塔吉克斯坦 4 国官员在塔什干就阿富汗局势举行秘密会谈。

8 月 25 日

△新加坡和印度尼西亚在印尼的廖内省举行联合军事演习。

8 月 28 日

△西班牙政府批准了一项关于 2003 年把军队改为职业化军队的法案,由此将取消现行的义务兵役制。这是西班牙国防大臣爱德华多·塞拉宣布的。他同时说明,这项法案将在 1999 年第 1 季度提交议会讨论。继英国、荷兰、比利时和法国之后,西班牙是西欧又一

个决定实行军队职业化制度的国家。

8月31日

△俄罗斯军方宣布，来自俄罗斯、白俄罗斯、哈萨克斯坦和吉尔吉斯斯坦的800多名官兵将参加4国联合防空演习。演习定于8月31日～9月4日在阿斯特拉罕州举行。

9 月

9月1日

△伊朗在与阿富汗接壤的边境地区举行自1979年伊斯兰革命爆发以来的首次军事演习。装备有萨姆-6中程导弹的约7万名革命卫队官兵参加这次为期3天的军事演习。据报道，伊朗革命卫队的160辆坦克、60门火炮以及数目不详的战斗机和直升机参加了演习。演习地点距离阿富汗边境60千米。

9月2日

△俄罗斯总统叶利钦与来访的美国总统克林顿在克里姆林宫签署了关于应付21世纪前夕安全问题上的挑战、关于互相通报发射导弹信息和早期预警措施、关于非军用钚材料的处理和利用原则等3项联合声明。此外还通过了关于禁止生物武器公约议定书等文件。

9月4日

△朝中社报道，朝鲜于8月31日发射了第1颗人造地球卫星，卫星已成功进入轨道运行。这颗卫星是用国产3级火箭发射的。

9月5日

△朝鲜民主人民共和国第10届最高人民会议第1次会议上午在平壤万寿台议事堂举行，金正日当选为朝鲜国防委员会委员长。

△伊朗与阿富汗边境地区局势骤然紧张。伊朗在边境地区进行军事集结并通知联合国安理会，它有权采取自卫行动。据报道，7万名伊朗军队已在距离边境60千米地方待命，其中包括25架战斗机、80辆T-72坦克、两个SA-6导弹发射营、90门火炮和60辆装甲车。

△印度成功试射了两枚“特里苏尔”和“蓝天”短程地空导弹。这是印度头一次在一天之内同时试射两枚导弹。

9月7日

△真正爱尔兰共和军发表声明宣布，该组织从当天午夜时分起停止一切军事行动。

9月8日

△韩国统一部长康仁德说，按照韩国同华盛顿以前达成的协议，美国不允许韩国生产和部署超过180千米射程的导弹。但8月份两国更改了这项协议，美国允许韩国研制射程为300千米的导弹，这将使平壤和它的大批军事设施处于韩国导弹的射程之内。

9月12日

△伊朗陆军司令普尔沙斯宣布，伊朗部队20万名官兵将在阿富汗边界500千米沿线举行伊朗有史以来的最大规模军事演习。他说，伊朗装甲部队、机械化部队、炮兵部队和步兵部队将在空军和陆军航空兵团的支援下，举行为期1周的实弹演习。演习区域达5万平方千米。

△日本和美国于晚间在美国国防部举行了日美安全高级事务级磋商。在磋商中，美国方面表示，“如果日本决定拥有自己的侦察卫星，美国将提供合作”。美国还说，即使日本拥有侦察卫星，美国也“准备继续向它提供”卫星情报。

9月14日

△据以色列官员说，以军下午成功地进行了“箭”式反弹道导弹防御系统的总体试验。这是该系统的导弹、雷达和火力控制系统3个组成部份首次同时进行试验。

△瑞士政府公布新的国家安全政策指导方针，强调瑞士将继续保持传统的中立政策，但将根据形势发展加以调整，并且在执行过程中表现出更多的“灵活性”。同一天，瑞士联邦军事部长奥吉在首都伯尔尼举行的记者招待会上表示，冷战结束以来，瑞士面临的“传统意义上”的军事威胁逐渐减小，但独自一国对付诸如武器扩散、有组织犯罪、电子信息战等全球性问题将越来越困难，因此需要加强同其他国家的合作，积极参加国际社会对付这些问题的共同努力。奥吉强调，瑞士应积极争取加入欧盟和联合国，但排除了瑞士近年内加入北约的可能性。

9月15日

△为期两天的南部非洲发展共同体首脑会议凌晨在毛里求斯格朗德贝降下帷幕。会议通过一份声明，强烈谴责安哥拉反对派——安盟不履行卢萨卡和平协议条款。共同体14国一致认为安盟主席萨文比是安哥拉战乱的罪魁祸首。

9月17日

△联合国宣布，《全球销毁地雷条约》6个月后生效。西非国家布基纳法索成为该条约第40个签字国。

9月18日

△《纽约时报》报道，美参众两院通过一项法案，同意将美卫星出口控制权从商务部转到国务院。美总统克林顿已从坚决否决该议案的立场后退，结果可能导致美加强对卫星等尖端技术的出口控制，使中国发射美国卫星等业务受到影响。

9月19日

△法印两国签署了一项军事合同。法国飞机涡轮发动机研制公司向印度新型 ALH 直升机提供发动机,金额达100亿~150亿法郎。

△马来西亚国防部宣布禁止新加坡的军用飞机和海军舰只在未获准的情况下,进入马来西亚的水域执行搜索和救援任务。据认为,马来西亚这一决定起因于两国数星期以来外交争端的升级。

9月22日

△俄罗斯总统叶利钦接见俄边防局局长托茨基时强调,俄罗斯的边界已经明确划定,俄同任何国家没有边界纠纷。叶利钦指出,虽然边界某些地段"有困难",但这些地段受到了特别的注意,得到了特别的保护。

△美国和俄罗斯能源部官员签署了两项协议,旨在帮助濒于瓦解的俄罗斯核武器综合企业实现私有化,并阻止核科学家及钚储备的外流。第1项协议是关于50吨铀的处理。第2项协议,是关于开放俄罗斯以前秘而不宣的城市。美国今后将投资3000万美元,把私营公司带进10个主要核研究中心。

9月23日

△法国、德国、英国和意大利4国的国防部长在英国的法思伯勒签署一项军备条约,从而从法律上承认了1996年11月成立的、作为未来欧洲军备局胚胎的欧洲军备合作联合组织存在的合法性。根据条约,4国将在军备生产和采购方面进行合作,避免各国军备工业之间的争吵,使军备生产更加有效、更加符合标准。这是欧洲国家在历史上第1次建立的多国军备机制。荷兰表示将于1999年加入这一机构,比利时也对此感兴趣。

9月26日

△伊朗海军开始在波斯湾霍尔木兹海峡附近的水域举行为期6天的军事演习。这次军事演习将分4个阶段在霍尔木兹海峡到阿巴斯港东南的水域内进行,参加军事演习的有水面、水下、快速反应和空军部队。

△马其顿、阿尔巴尼亚、保加利亚、希腊、意大利、罗马尼亚和土耳其7国国防部长在马其顿签署协议,决定成立东南欧维和部队。根据协议,东南欧维和部队将由上述国家的军队组成11个机械化连和3个步兵连。总人数大约3000~4000人。

△美国能源部女发言人布鲁克·安德森说,美国在内华达州的沙漠里进行非爆炸性核试验。这次试验是次临界的核试验,其目的在于获得关于核武器的材料老化的影响和数据。

10 月

10月2日

△伊朗在伊阿边境进行军事演习,数十架伊朗战斗机向与阿富汗交界处的假想目标投掷了炸弹,同时参加演习的还有100辆坦克以及若干架直升机。

10月3日

△北欧4国和波罗的海3国军队开始在瑞典哥得兰岛举行代号为"北欧和平"的军事演习。来自瑞典、芬兰、丹麦、挪威、爱沙尼亚、拉脱维亚和立陶宛的2000多名军人和一些民间机构如红十字会等参加了这一维和性质的演习。演习动用了军舰、直升机和两栖作战部队。演习持续1周。

10月4日

△土耳其指责叙利亚向库尔德工人党游击队提供援助,叙利亚则谴责土耳其与以色列签署军事协议威胁叙国家安全。双方在边境集结重兵,土耳其已向与叙交界的东南边境派遣了1万名士兵。

10月5日

△阿尔及利亚海军与美国第6舰队的1艘驱逐舰相配合在地中海首次举行联合搜索救护演习。演习在阿西部迪弗雷吉海军基地以北水域进行。阿海军出动了3艘舰只和430多名各种人员,美国驱逐舰则出动了海上巡逻机提供空中支援。

10月8日

△俄罗斯国防部长谢尔盖耶夫在希腊雅典说,如果由于外部侵略使国家主权和领土完整受到威胁,那么俄罗斯认为使用核武器是可能的和正当的。

△日韩首脑会谈中,日本首相小渊惠三就过去的殖民统治向韩国国民表示了道歉,并把这种道歉明文载入日韩联合宣言。另据法新社报道,日本和韩国领导人一致认为,"如果允许北朝鲜的导弹计划继续执行下去,该计划将威胁东北亚和平"。

△《印度时报》报道,印度着手研制核潜艇。一个为核潜艇设计的微型动力装置正在卡拉帕坎原子研究中心接受试验。

10月17日

△俄日两国外长在莫斯科举行的会谈中达成协议,定于11月11~13日在莫斯科举行俄日最高级会晤。双方还决定两国副外长于10月29~30日在东京主持召开和平条约缔结委员会小组例行会议。俄外长指出,日俄"已就和约的大部分内容达成协议"。他强调指出,南千岛群岛问题的"解决应当不给俄罗斯的主权和民族利益造成损失"。

10月19日

△格鲁吉亚以埃利阿瓦中校为首的200多名军人凌晨在格西部塞纳基军营哗变。经过一天的谈判,这些军人同意返回基地,哗变基本平息。

△俄罗斯国防部长谢尔盖耶夫开始对越南进行为期两天的访问。俄罗斯军事代表团希望能够就租用金兰湾基地达成协议。目前俄罗斯军队在金兰湾只有很少一部分人在保养机场和码头,部分设施已转交越南。双方曾商定将使用金兰湾的协定延长到2004年,条件是俄罗斯向越南提供武器。越南方面坚持金兰湾年租金为1亿美元,俄罗斯用武器装备作为补偿手段。

10月20日

△土耳其和叙利亚就打击土耳其反政府的库尔德工人党武装问题达成协议。根据协议,叙利亚承诺将打击并禁止土耳其库尔德工人党武装在其境内的一切活动。

10月22日

△正在中国访问的俄罗斯国防部长谢尔盖耶夫说,俄罗斯将继续削减部署在俄中边界附近的武装力量。根据俄罗斯武装力量改革计划,俄罗斯东部的3个军区中的两个到1998年年底将撤销,即撤销后贝加尔军区和西伯利亚军区,在此基础上成立新的西伯利亚军区。在与中国交界地区的约300个兵团和部队中有的将撤销编制,有的则将减少编制人数。

10月23日

△新加坡国防部发言人说,新加坡将同澳大利亚于23～30日举行联合演习。演习旨在训练在未来反潜战和防空战中两国海军配合作战的能力。

10月24日

△土耳其和以色列签订了生产价值8000万美元的新型地空导弹的军事协定。根据这项新的协定,生产“瞪眼”导弹的以色列拉斐尔公司将与土耳其合作生产比这种导弹更先进的武器。

10月25日

△代号为“海上微风98”的多国海军演习在乌克兰海滨城市敖德萨附近海域拉开帷幕。这次以乌、美海军为主的军事演习是在北约“和平伙伴计划”框架内进行的,演习的主要内容是模拟在发生地震的临海国进行救援工作。演习动用28艘舰只、30架飞机以及50辆装甲车。

10月26日

△厄瓜多尔和秘鲁在巴西利亚签署了一项和平协定,使产生于19世纪并使两国近50年来3次发生战争的边界冲突成为历史。

△为期3天的国际排雷会议上午在柬埔寨首都金边举行。此次会议的主题是“扫除地雷和援助地雷受害者,实现没有地雷受害者的目标”。来自阿富汗、安哥拉、美国、澳大利亚等50多个地雷受害国或援助国以及联合国开发计划署等国际机构的代表出席了会议。

10月27日

△据法新社报道:美国和韩国军队开始了6年来规模最大的联合军事演习。来自美韩的8.5万多名军人开始举行为期12天的演习。该演习旨在“抵御北朝鲜可能发动的大规模空中、海上及陆地袭击”。联合司令部的发言人还说,代号为“雏鹰98”的后方地区军事演习已经在韩国若干地区展开。

10月29日

△英国同意与阿根廷加强防务合作。双方还签署了一份谅解备忘录,内容包括继续已有的联合防务活动,并确定了双方能进行更深入合作的领域。但英国缄口不提解除自1982年马尔维纳斯群岛(福克兰群岛)之战以来对布宜诺斯艾利斯实施的武器禁运的问题。

10月31日

△伊朗军队晚间在靠近阿富汗的边境地区开始举行军事演习。据伊朗报道,演习开始后,伊朗某部队采取突然袭击的方式,接近“敌人”的阵地,在排除障碍之后,对敌方阵地发起进攻,突破敌方第1道防线,为后续部队进入敌方阵地打开通道。该报道没有透露军事演习的规模,但据此前公布的消息说,伊朗军队这次军事演习的范围达5000平方千米,参加演习的人数为20万。1998年8月阿富汗“塔利班”武装在阿北部杀害8名伊朗外交官和1名伊朗记者后,伊朗在伊阿边境部署了20多万名官兵,并多次宣布不放弃对“塔利班”武装采取军事行动的可能性。

△以色列与美国签署在战略领域的合作协议。

11 月

11月1日

△哥伦比亚最大的游击队组织“革命武装力量”约600人在东南部与巴西交界处的沃佩斯省省会米图附近,向驻守在那里的120多名警察发动猛烈进攻。估计有40多名警察被打死。

11月2日

△秘鲁反政府游击队“图帕克·阿马鲁革命运动”首领菲洛梅托·塞龙·卡多索被警方抓获。另一支反政府游击队“光辉道路”第3号人物罗德里格斯日前被该组织两名自首者捆绑送交警方。

11月3日

△哈萨克斯坦和美国联合委员会在阿拉木图签署的一项协定包括双方进一步扩大政治、经济和国防等伙伴关系的内容。

11月4日

△欧洲联盟成员国国防部长从即日起在维也纳举

行首次非正式会议。会议主要讨论加强欧盟成员国共同控制危机的能力等问题。

11月5日

△日本海上自卫队宣布,日美陆海空三军将举行联合军事演习。其中,日海上自卫队和美国海军的演习于11月5～12日举行。此次演习大约有110艘舰艇、270架飞机和4万人参加,演习地区是"日本整个周边海域","大概在距海岸20海里以外的海面上"。

11月6日

△塔吉克斯坦政府军平息了一场由胡多别尔德耶夫率领的反政府武装在列宁纳巴州首府胡占德发动的武装叛乱。

△日本政府决定部署军事侦察卫星。这是一种用于收集其他国家军队调动情况和武器配备状况等军事情报的人造卫星,共计划发射4颗。这种侦察卫星能分析识别1平方米大小的物体,甚至能识别停靠在机场的飞机机种,并能探测雷区。

11月8日

△土耳其开始动用两万政府军对从叙利亚逃到伊拉克北部地区的库尔德工人党游击队员进行围剿,同时还出动战斗机和武装直升机对库尔德工人党武装的营地进行了轰炸。这是土耳其和叙利亚10月达成协议后土政府军首次对库尔德工人党武装采取的最大规模军事行动。

11月9日

△新加坡国防部宣布,新加坡、泰国和美国空军开始举行代号为"科佩虎"3方空军联合演习。"科佩虎"空军演习分两个阶段进行。

11月10日

△美国太平洋司令部准机关报《星条旗报》引证美国第7舰队司令的话说,日美两国正在进行准备工作,以便在美国海军横须贺基地的攻击型航空母舰"小鹰"号退役后让核动力航空母舰取代"小鹰"号。

11月12日

△缅甸和孟加拉国在仰光签署了两国界河纳夫河北部的陆地边界协定。

11月13日

△北约的议会机构以压倒多数的赞成票通过了一项修正案:北约可以无须联合国授权而对其缔约国区域以外的地区采取军事行动。北大西洋议会通过的重要修正案,取消了有关北约的军事行动"必须得到联合国或欧洲安全与合作组织严格授权"的规定。

11月15日

△日本陆海空自卫队开始进行了首次联合编队实战演习。参加演习的有2.3万多人,还有运输舰和护卫舰等11艘舰艇以及20架飞机。

11月16日

△西欧联盟在罗马举行了为期两天的秋季部长理事会例会。出席会议的有10个成员国、5个观察员国和10个联系伙伴国的外长和国防部长。北约秘书长索拉纳也出席了会议。

据报道,此次会议主要讨论欧洲安全和防务问题,并取得了一定的成果:一是决定进一步加强西欧联盟在维护欧洲安全中的作用。会议发表的"罗马声明"强调要推动欧盟共同的外交和安全政策,加强西欧联盟与欧盟和北约的联系,以便使其成为欧洲独立防务模式。二是决定加强西欧联盟处置危机的能力。会议再次强调西欧联盟是未来欧洲独立防务的"武装臂膀",应在维护地区安全中发挥更大作用。会议还作出了多项加强西欧联盟的措施,包括增加驻阿尔巴尼亚的军事警察部队人数、派遣军事人员赴克罗地亚参加扫雷行动、制定独立的欧洲空间计划和部队训练计划等。三是决定审定和统一欧洲的军备政策。会前西欧联盟召开了军备小组会议,就协调西欧联盟各国的军备政策达成一致。理事会还批准了西欧联盟军备小组拟订的《欧洲研究与技术合作系统》备忘录。与会者认为,此次会议对欧洲建立独立防务将起到积极的推动作用。但鉴于西欧联盟内部在加强该机构机制和能力、西欧联盟与欧盟及与北约的关系上仍存在很大分歧,因此西欧联盟的防务一体化进程仍将是一个缓慢的过程。

11月18日

△阿联酋向法国订购400亿法郎的军火,主要购买30架幻影2000－9型飞机。加上已经在空军中服役的33架同型号飞机,阿空军将实现现代化。

11月19日

△印度成立国家安全委员会,用以分析国家面临的军事、经济和政治威胁。印度总理瓦杰帕伊将亲自领导这个委员会。

11月20日

△俄罗斯总统叶利钦下令对俄联邦安全会议进行调整。叶利钦任命俄政府总理普里马科夫、安全会议秘书博尔久扎、外长伊万诺夫、联邦安全局长普京和国防部长谢尔盖耶夫为安全会议常任成员,安全会议主席由叶利钦本人兼任。

△以色列和英国签署军事合作协议。根据协议,双方将进行军事技术和军事情报的交流。

11月23日

△西班牙和意大利组建一支联合两栖部队,其使命是进行和平救援、撤退非战斗人员和向受自然灾害影响的地区提供人道主义援助等。这支部队由3500名官兵组成。

11 月 24 日

△伊朗和俄罗斯签署了一项合作协议，以加速完成在海湾兴建的一座引起争议的伊朗核反应堆。这项协议是在俄罗斯原子能部长叶夫根尼·阿达莫夫访问伊朗时签署的。阿达莫夫表示，俄罗斯决心继续与伊朗进行核合作。

11 月 25 日

△独联体召开政府首脑会议。俄罗斯总理普里马科夫在开幕式上说，独联体将成立一个新的执行秘书处或执行委员会，"负责协调和制定独联体国家发展战略及策略"。

△以色列国防部发言人宣布，以色列和德国签署军事合作协定。

11 月 29 日

△以色列国防部发表声明，由以美共同出资研制的"箭"式反弹道导弹交付使用。这种武器有充分的作战能力，可在地面上空 10～40 千米处拦截导弹。

11 月 30 日

△伊朗陆海空三军开始在波斯湾举行 5 天的军事演习，有 5 万名军队、160 艘舰只和 120 架飞机参加。

12 月

12 月 2 日

△美洲国家国防部长会议闭幕。会议表示全面支持哥伦比亚和平倡议；对厄瓜多尔和秘鲁签署边界协定"十分满意"。

12 月 4 日

△英国和法国在法国西部城市圣马洛签署了一项有关应付危机并采取行动方面的合作意向书，从而向加强两国防务联系方向迈进了一步。这项由两国国防部长签署的意向书指出，双方保证在一系列地区问题上进行更紧密的合作，以提高它们应付危机的能力，并使它们共同进行军事部署。意大利外交部长告诫法国和英国不要建立企图左右欧盟整个防务政策的军事权力机构"理事会"。

△韩国空军称，上午 10 时 36 分许，仁川地区空军高射炮部队在检查导弹装置过程中造成一枚导弹误发并在空中爆炸。这颗误发的奈克大力神导弹在升空 3 秒钟后由地面遥控装置引爆。爆炸碎片落入仁川延寿区楼群中，有数十人受伤，20 余台车辆被损坏。部队驻地也因导弹后坐力喷发引起火灾，有 1 名士兵受伤。

△法国和英国在法国西部城市圣马洛签署了一项加强双边军事合作的意向书，并宣称两国的军事关系将进入一个新时期。由两国国防部长签署的意向书规定，两国的军事参谋部将建立经常性的联系，在第 3 国发生危及到两国利益的危机时共同部署军队，以便对危机作出更迅速和协调的反应。根据意向书，两国将在后勤、情报、军民协调、人员交流和同媒介的关系方面进行更密切的合作。

12 月 5 日

△科摩罗的昂儒岛发生武装冲突。"总理派"以武力围攻了该岛首府穆察穆都，与"总统派"发生流血冲突，有 10 多人死亡，数十人受伤。

12 月 6 日

△美国国务卿奥尔布赖特在《南德意志报》上撰文说，欧洲为了自己的防务作出更大努力不会导致美国参与该地区事务的状况复杂化，相反对华盛顿来说如释重负。华盛顿希望看到一个既拥有现代化又有灵活机动的武装力量强大的欧洲，这样欧洲既可以照看好自己的"后院"，同时又能在北约行动中继续与美国合作。

△俄罗斯联邦武装力量参谋长阿纳托利·克瓦什宁大将首次访问日本，同日本参谋长联席会议主席夏川和也举行会谈。俄总参谋长透露："在我们倡导下，此次访问提出了为发展莫斯科和东京在军事领域的关系奠定法律基础问题，我们建议在俄日下次会谈中签署双边协定。"

12 月 7 日

△根据俄罗斯总统叶利钦签发的命令，俄成立对外军事技术合作委员会。委员会直属总统领导，主席由总理普里马科夫担任。

12 月 9 日

△俄罗斯外交部长伊万诺夫表示，俄将欧盟视为战略伙伴，俄将全面发展同欧盟各国的关系。

12 月 11 日

△西班牙内阁在全体会议上批准了西班牙参加北约组织的预警和空运管制系统计划。

12 月 12 日

△为期两天的欧洲联盟首脑维也纳会议通过《维也纳欧洲战略》。

△印度陆、空军在印西部临近巴基斯坦边界的沙漠地区举行的军事演习于 11 月 30 日开始 12 月 12 日结束。这次演习代号为"希维·沙克蒂"的军事演习，共投入兵力 6.63 万人次，各类飞机 700 架，300 辆坦克、200 辆战车以及各类导弹及火炮等兵器。印度官方表示，这次演习的目的是为了提高印陆、空军在沙漠地区特定环境下的战斗力和配合作战能力，提高后勤供应能力和利用信息、通信等高科技作战能力。

△俄国防部长谢尔盖耶夫最近在议会上说，俄军至少有 30% 的武器不能在战场上使用，其中空军的情况尤其令人吃惊，现在只有 1/3 的飞机能够升空。

△爱尔兰共和军断然排除交出武器的可能性。这是该组织在一次最高级会议上作出的一致决定。

△菲律宾总统埃斯特拉达说，他希望美国国会议员对菲律宾和中国之间有争议的一处礁岛的访问能促使华盛顿帮助菲律宾实现其武装部队现代化。

12 月 13 日

△俄罗斯外交部长伊万诺夫对记者说，俄反对北约新战略构想。这个构想可以不经联合国安理会批准就使用武力，在其责任区之外也可以采取行动。这使建立在国际法和联合国至高无上基础上的整个国际关系体系都将遭到破坏。一旦实施北约的新战略构想，无政府状态将会开始，将回到中世纪去，重新开始瓜分领土和势力范围。

12 月 16 日

△韩国总统金大中就韩参加越战向越南道歉，但越南总理潘文凯说，河内不谋求任何一个在越战期间曾与美军并肩作战的国家向它道歉。

△俄印签署俄向印度提供 10 架多用途苏－30K 战斗机的合同，飞机将于 1999 年上半年交付使用。

12 月 17 日

△韩军方宣布，一艘入侵韩国水域的朝鲜小型潜艇已被击沉。同日美国对朝潜艇入侵韩国表示遗憾。

12 月 21 日

△印度议会国防委员会在一份报告中说，“印度需要核潜艇来与中国在印度洋的导弹力量相抗衡”。

△印度总理瓦杰帕伊同来访的俄罗斯总理普里马科夫举行了会谈。随后印度国防部长与俄罗斯贸易部长签署了印俄军事技术长期合作协议，协议确定了从目前至 2010 年期间，两国在尖端武器装备的科研开发及联合生产等领域的长期伙伴关系。

12 月 25 日

△俄罗斯总统叶利钦和白俄罗斯总统卢卡申科在克里姆林宫签署了关于俄罗斯和白俄罗斯建立联盟国家的宣言、居民权利平等条约和为两国经营主体创造平等条件协议。签字仪式后两国发表联合声明说，这是俄罗斯和白俄罗斯“两个兄弟国家在统一道路上迈出历史性一步”。声明说，建立国家和管理机关的联盟机构，并在社会和经济领域、对外政策、国防和安全领域对其授于广泛权力，是两国人民为有力回答 21 世纪的挑战应承担的使命。

12 月 27 日

△根据俄罗斯总统叶利钦的命令，第 1 个装备有 10 枚新型“白杨－M”洲际导弹的俄罗斯导弹团在俄南部萨拉托夫州的塔吉谢沃市正式开始战略火箭军的战斗值班。这标志着“白杨－M”洲际导弹将成为俄战略火箭军的支柱装备。“白杨－M”型导弹长 22.7 米，弹体直径 1.95 米，发射重量 47.2 吨，弹头重 1200 千克，射程 1 万千米以上。这种导弹可作机动部署也可部署在发射井内。

12 月 28 日

△俄罗斯国防部长谢尔盖耶夫在《今日报》发表谈话说，为了不致让别人像对伊拉克那样用武力对付俄罗斯，俄应搞好军事改革，同时不丧失核潜力。他认为，美国对伊拉克的军事行动向世人展示了 21 世纪军事威胁的方方面面。对一支有战斗力的军队来说，现代化军备的比重不应低于 70%。俄军过去给养费用过高，发展军事装备的投资过低。谢尔盖耶夫说，1998 年军事改革计划已全部完成，兵员已减至 120 万。

12 月 29 日

△塞浦路斯总统克莱里季斯宣布，塞政府不会部署有争议的先进的地空导弹。从俄罗斯购买的 S－300 地空导弹系统将不部署在塞浦路斯，而是暂时部署在希腊克里特岛。土耳其外交部长对记者说“如果把这些导弹部署在克里特岛，我们会采取一切适当的政治和军事措施”。

（赵　博）

（本栏责任编辑　温味几）

特辑

专 题 综 述

中国关于新军事革命问题研究综述 1998年,中国学者对军事革命问题进行了广泛而深入的探讨。现将有关观点介绍如下。

关于军事革命的动因 有作者指出,关于新军事革命的背景和动因,人们列举了世界战略格局的转变、安全内涵的扩大、长时期相对和平稳定的国际环境、文明的冲突、海湾战争的催化作用等因素,但军事革命最根本和最主要的推动力,是科学技术上的革命。近代以来的前3次军事革命,最初均来源于科学原理和工程技术上的重大突破。18世纪后半期开始的产业革命,19世纪末20世纪初物理学的新发现和机器制造技术的发展,本世纪40年代以来核物理学的创立和现代工程技术以及导弹技术的发展,均奠定了军事革命的物质基础。70年代以来信息技术的异军突起,又导致了一场新的军事革命。

作者认为,战略需求是军事革命的首要牵引力。任何单纯的军事技术——武器装备的进步,只能产生战术性的效果,真正完整意义上的军事革命,需要创造性的战略思维,用新思想、新技术重塑军事体系,去达成特定的战略企图。创新的战略思维直接来源于战略需求。战略需求与新技术手段的结合,既使战略需求获得了物质力量和表达方式,又使技术手段获得了在军事领域的方向、秩序和表现途径。因而,军事革命是主客观因素相结合的产物,在一定的技术基础上,战略需求的牵引和战略主体的选择,成为决定军事革命进程和结局的主要因素。美国是这场军事革命的倡导者和先行者。以下战略需求牵引着美国军事革命的发展:谋求"压倒性的战略优势";提高军队的可使用性;在军事资源紧缩的情况下进行由工业时代军队向信息时代军队的转变。(吕德宏《世界新军事革命浅说》,《世界军事》1998年第7期)

关于新军事革命的主要特点 有作者认为,新军事革命有以下4个主要特点:

(1)*根本性*。指对工业时代的军事形态进行脱胎换骨的改造,使之成为以信息化战争为核心的信息时代的军事形态。军事信息技术革命既是新军事革命的内容之一,又是新军事革命的物质基础和前提,武器装备的信息化则是引起军队体制编制和作战理论等发生根本变化的最直接或最重要的因素。

(2)*广泛性*。一是指军事形态包括的各个方面、涉及的各个领域都要触及,二是指这种变革不能只发生在一两个国家,而是在许多国家特别是世界主要国家都要进行。工业时代末期发生的这次军事革命,处于一个可快速传输信息的网络世界中,可在很大程度上克服地理和距离的限制,很快地扩散到世界各地。

(3)*不平衡性*。世界各国社会发展阶段的不同,决定了新军事革命发展的不平衡性。

(4)*长期性*。新军事革命,像以往的军事革命一样,也是一个复杂的、缓慢的军事运动过程,是慢慢生长的信息化"新质"逐渐取代机械化"旧质"的过程。这次军事革命可能要持续二三个世纪,其关键阶段也要50~60年的时间。(王保存《新军事革命的主要特点》,《外国军事学术》1998年第12期)

也有作者认为,充分利用以信息技术为核心的高新技术,来实现军事力量及其构成和运用方式的革命性变化,是这场新军事革命的鲜明特点。主要体现在3方面:

(1)*信息成为军事力量构成的关键要素*。这主要是由于信息技术的发展及其在军事领域广泛应用的结果。其主要体现为:信息成为高新技术武器装备发挥战斗效能的关键;信息能力将成为衡量军事能力的重要因素;信息战将成为未来军事斗争的重要形式。

(2)*"系统综合"成为军事力量构成的基本形式*。信息技术的发展及其在军事领域的广泛应用,也为军事力量实现真正的系统综合提供了强有力的手段和工具。美参联会副主席欧文斯上将指出:"美国能否成功地推行军事革命取决于综合利用已开发的新技术的能力。未来军事优势的基础是由多系统组成的大系统,这个大系统基本上是一个军事联合体。任何一个军种都无法单独建设它。当这个大系统完全建成时,各军种的作战交通将有极大提高。”

(3)精确而有区别地使用军事力量。先进的侦察监视系统、情报传输系统、指挥控制系统、全球定位系统、精确打击系统,为有区别、精确地使用军事力量创造了必要条件。(周碧松、于巧华《新军事革命的基本特点》,《现代军事》1998 年第 9 期)

关于新军事革命的发展趋势　有作者预测,新军事革命近期的总趋势是全面推进军队信息化建设,具体表现是:继续开发信息技术;大力发展信息战装备;不断完善信息战理论;积极建设数字化部队和数字化战场。

从现在起到下世纪中叶,是新军事革命发展的主要时期。到 21 世纪 50 年代,美国等国很可能建成信息化军队,一种全新的战争形态——信息化战争将登上历史舞台。在这 50～60 年的主要时期,新军事革命将经历以下 3 个发展阶段:从现在至下世纪 20 年代初,这一阶段主要以军事技术装备革命为主;下世纪 20 年代初至 40 年代初,这一阶段主要以军事理论创新为主;下世纪 40 年代初至中叶,这一阶段主要以军事组织体制改革为主。

在可以预见的未来,新军事革命的发展可能经历 3 个不同时期:电子信息技术主导时期,其中信息收集技术、信息处理技术和远程精确打击技术将起关键作用;非致命性武器技术主导时期;纳米技术主导时期。(王保存《新军事革命发展趋势预测》,《外国军事学术》1999 年第 4 期)

还有作者认为,新军事革命具有以下发展趋势:

(1)从时间上看,新军事革命要经过一定的阶段和过程才能完成。预计大约要到 21 世纪中叶才可能完成。其间大约要经历两个不同的发展阶段:初级阶段(90 年代初至 2020 年前后),这一阶段主要是新的军事体系赖以构建的军事要素的形成期;高级阶段(2020 年前后至 21 世纪中叶前后),这是新军事体系的形成发展期。

(2)从形式上看,新军事革命是通过一系列军事变革来逐步实现的。

(3)从内容上看,新军事革命各个方面的发展是不平衡的。在新军事革命的实际发展过程中,军事技术革命、军事理论革命和军事组织革命这 3 个基本内容的发展并不是同步和协调的,而是不平衡的。从目前新军事革命发展的实际情况来看也是如此。在以信息技术为核心的高技术推动下,新军事革命所必需的主要技术基础和物质前提已经基本具备,新军事革命的根本任务就是通过创立与这些新的技术手段相适应的新的军事理论和体制编制,使技术潜力真正转化为实在的军事能力。但是,目前在军事理论革命方面进展缓慢,作为新军事革命关键的军事组织革命更是举步维艰。

(4)从范围上看,新军事革命首先从少数国家开始然后涉及全球。这是因为,作为军事领域的一种整体性和革命性变革,军事革命的发生发展乃至最终实现都是有条件的,它既需要强劲的经济实力、工业基础作支撑,也需要较高的科技水平作先导,更需要一定的军事能力作基础,而这些条件不是任何国家都具备的。但经济、技术和军事实力相对较弱的国家也完全可以利用自己的特长和优势,根据自身的国情和军情参与到军事革命竞争中,而且如果措施得当,完全可能在竞争中占据主动。(周碧松、于巧华《新军事革命的发展趋势》,《现代军事》1998 年第 10 期)

关于新军事革命的根本目标　有作者认为,新军事革命须达成 3 个根本目标:一是发展一个高度可控的武器装备体系。对武器的有效控制是控制作战时空和战争进程的物质基础。新军事革命特别是技术革命使武器系统实现了信息化、智能化和一体化,为人们对武器系统实施有效地控制和使用提供重要的物质条件和技术基础。只要实现了对武器装备系统的有效控制和使用,就能有效地控制武器装备作用的时间和空间以及效果和限度,从而实现对作战时空和战争进程的有效控制。二是建立一个高度可控的数字化战场。对战场实施有效的控制,是实现对作战时空和战争进程的有效控制的先决条件。随着军事革命的进行,尤其是作为新军事革命重要内容的数字化战场的建立,未来战场将变得更加透明和可控,依靠数字化战场,不仅能将战场情报、指挥、控制、通信、打击、评估系统联结成一个有机的整体,真正做到适时发现目标,适时指挥,适时机动,实时打击,实时保障,各战斗单元也能实行协调行动,从而大大提高战斗力。三是建设一支高度可控的信息化军队。对作战部队的有效控制是控制作战时空和战争进程的关键所在。只有在充分掌握战场情况的基础上,有效地控制和部署武器装备高度可控的部队,才能真正达到控制作战时间乃至整个战争进程的目的。这要求部队实现高度的合成化、系统化和一体化。(周碧松、于巧华《新军事革命的根本目标》,《现代军事》1998 年第 8 期)

关于新军事革命与军事组织体制的变革　有作者认为,以信息技术为核心的新军事革命必将引起军事组织体制的革命性变化。这主要表现在:

(1)军事技术进步必然引起军事革命的发生并导致军事组织的变革。从历次军事革命可以看出,军事技术进步导致武器装备发展,武器装备发展导致作战方式变化并形成新的军事理论,根据新的武器装备和军事理论调整改革组织体制,建立起与先进的武器系统和军事理论相适应的军事组织体制。这是军事革命生成和发展的客观规律。

(2)*以信息技术为核心和基础的新军事革命必将使军事组织体制发生根本性变革*。以信息技术为核心和基础的新军事革命,引起军事组织体制的革命性变化,将是前所未有的。它与以往军事革命的组织体制变革相比,更具有广泛性、深刻性、根本性和整体性。所谓根本性是指新军事革命条件下军事组织体制变革不是对军队结构和体制进行数量上的简单改进,不是增减几个作战单位,成立或撤销几个军兵种的问题,而是要构建全新的军事组织体制。所谓整体性是指军事组织体制的方方面面、军事组织体制构成的所有相关要素,即规模和结构、领导指挥体制、部队体制、后勤保障体制、教育训练体制、武器装备采办体制等,都将发生巨大变化,而且这些变化是互动的,是一个有机整体,相互影响和制约。所谓广泛性是指军事组织体制的变革不是局部的,而是全方位的。由于军事组织体制变革所具有的广泛性、根本性和整体性,它必将是历次军事组织体制变革中最深刻的一次。

(3)*新军事革命的实现与完成最终有待于建立起科学的、全新的军事组织体制*。组织体制实现了革命性变革,新军事革命才能获得完整的形态。军事革命是一个复杂而又完整的过程,它是军事技术、军事理论和军事组织体制变革的综合结果。如果仅有军事技术和武器装备的革命,而没有军事理论和组织体制的创新,还不能说是军事革命的完整形态,而仅仅是军事革命的初级阶段。只有在军事技术革命的基础上,进行军事理论和军事组织体制的变革,建立适合未来作战需要的军事理论和军事组织体制,军事革命才能从初级阶段发展到高级阶段,从而真正实现军事革命。从这个意义上说,组织体制的创新是新军事革命完成的主要标志。(沈雪哉《新军事革命与军事组织体制的变革》,《中国军事科学》1998 年第 1 期)

美国新军事革命问题研究综述 1997～1998 年,美国军事学术界对军事革命问题进行了进一步的探讨,对军事革命有了更清醒、更深入的认识。现将主要观点介绍如下。

关于军事革命的讨论背景 美国军事学者詹姆斯·布莱克博士指出,在开始军事革命讨论时,最先使用的是"军事技术革命"一词,它是由苏联军事学者于 70 年代后期提出,最初出现在伏龙芝军事学院较低级别军官的文章中。美国人对此进行了跟踪研究,最初得出的结论是,苏联提出军事技术革命是要宣布他们已经取得某种技术上的优势,但到 80 年代中期,美国对"军事技术革命"有了基本一致的看法,即:苏联所说的"军事技术革命"正是美国人所做的,而且美国的变革远远超出了技术的范围,它是技术与军事理论变革的紧密结合。90 年代初,安德鲁·马歇尔最早用"军事革命"一词取代了"军事技术革命",目的是要摒弃技术本身能引起重大变化的思想,强调重大变革要求技术与新的作战理论和新的军事编制相结合,而且认为,军事革命的发生通常需要经历较长的时间。国防部长佩里当时对美国军事理论以及军队作战和思维方式产生了重大影响,但美国军方、国防部、政府行政部门或国会对推动一场军事革命普遍持消极态度,变革尚缺乏足够的动力。这时,军事革命的第 3 位倡导者——参联会副主席威廉·欧文斯上将提出,军事革命无需花很长时间,美国应大阔步前进,因为美国拥有变革的技术。前参联会主席沙利卡什维利上将也主张推进军事革命,他是军事革命的第 4 位倡导者。

关于军事革命的含义 关于军事革命的定义,最近美国军方高级官员和学者曾作了浅显易懂的描述。美国前参联会副主席威廉·欧文斯上将说,军事革命是一种把我们的注意力从作战平台引开的革命,即改变那种认为军事力量主要是军舰、坦克和飞机的观念,而把人们的注意力放在思考信息和电信技术所能提供的军事力量上来。美国军事学者米切尔·马扎尔博士认为,军事革命是进行战争的方式由工业时代向知识时代的转变。其范围包括精确制导武器、信息战、计算机战等各个方面。军事革命对技术的运用,混淆了军用与民用之间、战争与和平之间的界限,所有这些方面的变化均属军事革命的范畴。美国学者埃利奥特·科恩教授认为,军事革命是同时发生的诸多变化,包括军队性质、作战性质、武器技术性质以及作战性质的变化,其中信息技术起主导作用,是军事革命的关键部分。

关于军事革命的主要特点 美国军方高级官员及学者指出,当前军事革命的主要特点有:(1)军事技术发展迅速,演进速度加快。(2)这次军事革命所依赖的技术并非产生于军事领域,而是基于民用技术或容易用于军事的技术,如个人计算机、数字摄像机等。(3)与以前相比,信息技术变化的影响更为迅速,更为持久,而军事变革的步伐趋于缓慢。

关于军事革命的发展阶段 由于对军事革命始于何时的认识的不同,对它在当前所处阶段的认识也有所不同。多数美国学者认为,当前的军事革命尚处于初级阶段,但也有认为已处于中期阶段。安东尼·马歇尔博士认为,一场大的变革需要 20～30 年,而军事革命才开始 5 年。米切尔·马扎尔博士也认为,军事革命尚处于初级阶段,因为即便是美国和其他工业发达国家,也尚处于信息时代的初期。而前国防部长威廉·佩里认为,从技术的角度讲,现在正处于这场军事革命的中期阶段,而非初期或后期阶段。信息技术的发展已有50年,并还将经历一个漫长的过程。迄今为止尚未接近军事革命发展的尽头,因为我们尚未接近技术变化的尽头,尤其是在信息技术领域。

关于实施军事革命的步骤　美国小詹姆斯·米勒博士提出实施军事革命的3个主要步骤:第1步骤是各种概念和技术的发展,包括新的作战概念、新的编制以及如何运用新技术。这一步骤包括各种研究、分析和作战模拟以及技术工作。第2步骤是实际试验,如指挥所演习或作战模拟,有时包括野战演习,有时主要依靠模拟和模型等。第3步骤是切实改变部队结构、作战理论等,包括条令、编制、训练、领导、物资和人员。

关于研究军事革命的方法　美国查尔斯·霍金斯认为,未来军队在战场上取胜不仅仅依靠高技术武器,因此研究军事革命还必须考虑人的因素。首先,要加强对人的行为这一"软"因素的衡量或量化研究。第二,研究人员必须着眼于从实际经验获取数据,而不要过分依赖通过模型和模拟得到的数据。第三,人工情报及其相关的方法,特别是知识库、规则库、推理机和专家库等,在军事革命研究中所起作用越来越大。第四,研究人员要积极接受新思想和新概念,不要回避与以往想法不符的解决问题的思路。(陈伯江《美国高级将领与著名学者访谈录——大洋彼岸的军事革命》,世界知识出版社1998年11月出版)

关于军事革命是否会改变未来战争性质的问题　前参联会副主席威廉·欧文斯上将说:"在未来的战争中,技术将使美国军事力量拨开'战争迷雾'……达成对战场情况感知的优势——即能看见和了解战场上的任何事情。"在美国,有一种很有影响力的提法认为,"新技术的发展正在导致一场从根本上改变战争性质的军事革命"。最近,美国海军学院教授麦库本·欧文斯对此提出质疑,认为军事革命不会改变未来战争的性质。其理由是:(1)*军事革命不能消除战争的偶然性、不确定性和阻力等固有特性*。他认为,技术崇拜者们用新的"三位一体"即情报、监视和侦察系统,先进的指挥、控制、通信和计算机系统以及精确制导武器取代了克劳塞维茨传统的"三位一体"即战争要素原有的暴烈性、偶然性和概然性以及作为政治工具的从属性。他们把军事革命看作是结果而不是过程,认为将技术融为一体就会使美国"几乎没有任何风险",这种概念上的战争是线性的、机械的和技术中心论的,按照他们的这种公式,就完全排除了战争的阻力、偶然性和不确定性。但是,只要战争涉及人类,就不会有一种技术革新可以完全消除战争的这种特性,没有一种技术能确保军事组织有百分之百的效率。(2)*技术优势不能代替高质量的军事训练和高素质的人员*。他认为,越南战争和海湾战争都表明,"技术优势不能代替战略"。如果以牺牲提高人员的军事素质为代价而过分依赖技术,那么,"与现实和潜在的对手相比,未来的美军将最终会降低其军事能力"。(3)*优势的战场透明度不能代替指挥官作出判断和定下决心*。他认为,技术有助于人的分析、评估和综合等认知过程,但这个过程基本上仍是人脑的活动。"如果一个人本应在不确定的情况下尽快作出决定,却因依赖表面上的技术优势而变得过于自信和懒惰,那将是很危险的",在未来战争中,其代价将是巨大的。([美]麦库本·欧文斯《军事革命不会改变未来战争的性质》,美《战略评论》1998年春季号)

美国托马斯·史密斯教授也指出,战争有着许多继承的成份,即使战争发生革命性变化,许多人仍然坚持认为它改变的是战争的特点和进行战争的方式,而非战争的本质,因而仍将存在着不变的战争要素。(陈伯江《美国高级将领与著名学者访谈录——大洋彼岸的军事革命》,世界知识出版社(1998年11月出版)

(江新凤)

美军一少将撰文阐述军事后勤革命问题　美军诺曼·威廉少将撰文就军事后勤革命的下述几个问题阐述了自己的看法。

关于什么是军事后勤革命。作者指出,军事后勤革命是将信息与后勤技术相结合,以便彻底改变未来投送和支援美国陆军的方式。它还包含国防部的《战略后勤计划》、《2010年联合构想》以及陆军对未来的展望。重要的是,军事后勤革命并不停留在诸如2010年或某一时刻,而是确立了将2010年后美军的变化考虑在内的完整理论和概念。下述特点有助于说明什么是军事后勤革命:(1)这是一个发送式的,即依赖于速度、而不是数量的系统。鉴于这一系统将众多的部门协调运用,在合适的时间、合适的地点为士兵送去所需的东西,它远远胜过以运输为基础的系统。(2)军事后勤革命建立在对情况实时掌握的基础之上,并运用信息的力量实施控制。在战术层次上是指同作战部队一样熟悉敌我情况。在后勤上要求对需求、何时需要支援和物资的状况了如指掌。(3)未来的后勤系统将更具主动性,并能够准确掌握支援的时机和数量。这种具有预见性和准确性的后勤保障将确保战斗部队的作战效率,而不受"可能需要"或"以防万一"式的后勤支援的影响。(4)组织严密的后勤系统将消除过去50年中人为的漏洞。新的组织机构将有利于进行后勤领域的革命,从而有助于军事革命。

关于军事后勤革命的理论要点。军事后勤革命的根本目标一如既往,即:在准确的时间和准确的地点提供准确数量的物资支援。到2010～2015年前后,新的装备和技术将以更快的速度增加,原因是:(1)人们将

看到技术爆炸。微处理器的问世和发展将加快这一进程。(2)那时人们目前使用的装备将全部过时。如果资金允许,陆军将拥有新的装备。(3)加速军事后勤革命最重要的因素是发送式系统本身的完善。在运行过程和总体物资透明度方面的改进将促进兵力投送和部队支援能力的提高。

军事后勤革命能取得进展的另一关键是在和平时期的效率与战时具有效能之间——即科学与艺术之间——保持平衡。经费预算的现状和常识告诉人们,在具有效率的同时,后勤系统必须能够在任何时候支援作战。

这种平衡的另一个方面是数量与速度之间的平衡。用速度取代数量上的损失非常重要。一个较好的例子就是陆军师一级部队9类零部件从货单到批发的管理。将艺术与科学相结合就是将提高速度的技巧运用于运行的透明度、销售商直接供货、灵活制造和及时采购方面,以弥补数量上的不足。

关于军事后勤革命的3大领域。后勤的传统定义包括供给、维持、运输、战场支援和部分土木工程。这一带有局限性的定义不足以涵盖军事后勤革命的概念。必须用包括3大领域的更宽泛的定义取而代之:(1)技术应用与灵活采购。在传统定义中加入技术和采购将使后勤更具主动性。技术和采购对于军事后勤革命极为重要的原因是:第一,陆军作战支援的费用正在增加,在师一级,占了维护与保养预算的70～80%。当人们改变后勤的结构和后勤支援的概念时,重要的是让这些管理人员参与到装备系统的整个寿命周期管理过程中来。第二,在缩小后勤系统规模的同时,将通过采购系统比过去更快地得到所需的物资,今后将比过去更快地实现新技术的应用,以便能够通过改进产品来提高武器系统的性能。(2)力量投送。因为今天是一支以本土为基地的陆军,所以必须不仅能快速投送作战部队,还要能快速投送后勤系统。为了更好地完成这一任务,必须通过减少数量、提高速度来精减后勤机构。同等重要的是必须减少对支援的需求。如果到2020年在战场上仍使用数量众多的消耗大量油料、弹药和备件并需要维护的作战武器系统的话,那么,做得再好也无法完成军事后勤革命的任务。在这一领域,还需求助于技术和采购,以便改变武器的设计,使其更具可维护性。(3)部队支援。和平时期要求部队处于高度戒备状态,一旦接到命令便可从本土抵达作战区域。部队一经部署就必须有一个能以速度取代数量的发送式后勤系统。整个系统必须既适用于和平时期,又适用于维和行动和必要时实行的全球作战行动。

关于21世纪后的陆军及后勤组织机构。未来的部队在纵向上将延伸到太空,并能更好地控制第4维空间——时间。作战部队的规模将很小,并且轻装行动。与此相适应,后勤系统则必须同作战部队一样机动灵活,可随处部署。

鉴于现行机构缺乏作出反应的能力,未来的后勤机构应该是直觉式的。需要一个能够协调本土和战区各个方面的司令部,即部队支援司令部。其任务是负责技术和采购、兵力投送和部队支援3个领域,以及完成支援任务的各种资源。未来的后勤都是战略性的,因此应有一个国家支援机构,作为组织战区有效的后勤工作的中心机构。部队支援司令部则负责监督后勤工作,并下辖一个必要时可降格为战斗部队主官的行动与部署司令部。

再来看一下未来的后勤结构,以及军事后勤革命的发展。从战区开始,对于只能维持2～14天并几乎没有后勤支援的机动打击部队,当其补给即将耗尽时可以实行“聚焦式后勤”进行保障。通常的做法是以较短的间隔向机动打击部队全力提供后勤保障。补给来自一处或两处,如战区内某一独立基地,或者本土基地。靠近战区的集结地域设有作战支援司令部。由集结地域的部队支援司令部所属部队负责来自本土的后勤补给。

部队支援司令部是在本土协调军队和地方后勤支援部门的主要工作的组织机构。将事先掌握那些将与军队合作的地方工厂和仓库,并采用过去从未想过的方式与其合作。让那些公司分享信息,使大家都能了解到战区情况及其所需的支援。此外,还可以拥有一些既不属于政府,又不属于承包商的装备。C-17运输机或快速海上运输船将迅速地运送物资至战区。甚至可使用从本土或集结地域发射的大型无人驾驶飞机运送货物。精确的空投能够将货物投放到准确的地点。甚至还可以考虑将来运用地球轨道技术通过太空运送重要的补给。

军事后勤革命已经开始。在后勤技术应用和采购方面取得进步的一个例子是托盘式装载系统,它是一种能够在5分钟内将物资自行装卸完毕的带拖车的载重卡车。它不需要装卸人员,在加装卫星定位系统后可随时掌握战场上每件装备的所在位置。其副司机可通过便携式计算机与上级司令部联系,发送和接收文电,以便在战术形势有变时改变行进方向,将物资转送到其他重要地点。兵力投送意味着能够带着装备迅速到达部署地点。对此,海湾战争再次强调了快速运输和预先储备装备与补给的必要性。

战略机动计划对于陆军是非常重要的。它已实施数年并将持续到下个世纪初。其指导思想是加强本土的基地、兵站和仓库向外出货的能力,以便能够更快地运送部队和物资。

由军事交通管理司令部、运输司令部和国防高级研究署以及造船厂家联合成立的商用运输技术中心的任务是研究如何提高船队运输的速度。这是一个基本的技术问题，因为标准的高速和中速滚装船航速不可能超过 30 节，而为了提高航速必须改进船体。该中心目前正研究设计一种船体长 213 米，航速达 40 节以上的船。已经掌握了大部分所需的技术，只要有资金，一年内便可签约造船。若想让速度超过 40 节，比如达到 75 节的话，则需要重新设计成地面效应船或水翼船。

后勤地方动员计划。这是陆军发起制定的计划。按照这一计划，陆军同地方签定合同，在战时和平时，后者在经过选择的后勤和工程领域提供支援。该计划主要是在没有多边或双边协议或条约的地方实施。然而，它也适用于同东道国有支援协议和签定了在和平时期提供支援合同的地区。它还适用于在本土动员时协助支援基地和部队做好参战准备。

总之，将从现在的数量规模型的大系统发展到速度型的系统，直至最后成为得到信息加强的、能够实现全球精确投送的系统。（〔美〕诺曼·威廉少将《军事后勤革命》，德国《国防技术》〔英文版〕1997 年第 11 期）

（肖　研）

联合国维和行动 50 年综述　自 1948 年 5 月 29 日联合国建立“联合国监督组织”、实施联合国第 1 项维持和平行动以来，50 年过去了。1998 年 10 月 6 日，第 53 届联合国大会举行特别会议，纪念联合国维和行动 50 周年。安南秘书长和各个地区的代表对维和行动和维和人员的牺牲精神给予了高度评价。同日，联合国首次颁发了以 1961 年在刚果调停内战时遇难的联合国第 2 任秘书长哈马舍尔德的名字命名的勋章。

50 年来，联合国共采取了 49 项维和行动，有 118 个国家的 75 万多人先后参与维和行动，58 个国家的 1500 多人牺牲。目前仍在进行的维和行动有 18 项，其中欧洲 5 项、亚洲 8 项，非洲 4 项，拉丁美洲 1 项，动用维和人员 1.6 万人左右。

1987 年之前近 40 年的时间里，联合国进行了 13 项维和行动，维和对象一般为东西方非直接对抗的地区，美、苏的势力范围一般不让联合国插手。1988 年联合国维和部队荣获诺贝尔和平奖。同年，中国加入联合国维和行动特别委员会。从 1988 年起，联合国维和行动大大增加，11 年来组织维和行动达 36 项，安理会 5 大常任理事国及德国、日本均参与进来。

在亚洲的维和行动　联合国第 1 个维和组织——联合国停战监督组织（1948 年 5 月 29 日至今）　1948 年 5 月 15 日，阿以爆发第 1 次中东战争。5 月 29 日，安理会组成“联合国停战监督组织”，监督停火。1948 年停战监督组织的一名军官、法国人德拉巴里埃触雷牺牲，成为第 1 位牺牲的联合国维和人员，1948 年 9 月 17 日，调解专员、瑞典人贝纳多特伯爵被犹太恐怖分子暗杀。1949 年 8 月起，停战监督组织成为安理会的一个正式附属机构。

联合国首次派出维和部队——联合国紧急部队（1956 年 11 月 15 日～1957 年 5 月 19 日）　1956 年 10 月 29 日，第 2 次中东战争爆发。11 月 1～10 日，联合国召开第 1 次紧急特别联大，组建联合国紧急部队，监督英、法、以从埃及撤军。紧急部队由 6000 人组成，经埃及同意，从 11 月 15 日起陆续进驻埃及。英、法军队于 12 月 22 日全部撤出埃及。以色列军队迟至 1957 年 3 月 8 日才撤出加沙地带和沙姆沙伊赫。

联合国黎巴嫩观察组（1958 年 6 月 12 日～12 月 9 日）　1958 年 5 月，黎巴嫩发生武装动乱。黎巴嫩政府指控埃及等国支持动乱，要求安理会讨论这一问题。6 月 11 日，安理会决定建立“联合国黎巴嫩观察组”，实地核查黎巴嫩的指控。

联合国也门观察团（1963 年 6 月 11 日～1964 年 9 月 4 日）　1962 年 9 月，也门军队发动政变，赶走国王，宣布成立阿拉伯也门共和国。国王逃到也门北部，在沙特阿拉伯的支持下，准备反扑。也门新政府与沙特矛盾激化。10 月初，埃及军队进入也门。在联合国秘书长斡旋下，冲突 3 方达成和平协议。1963 年 6 月 11 日，安理会决定建立联合国也门观察团，以监督和平协议的实施。

联合国驻塞浦路斯维和部队（1964 年 3 月 4 日至今）　1963 年底至 1964 年 2 月，塞浦路斯的希腊、土耳其两族发生武装冲突。1964 年 3 月 4 日，安理会决定组成联合国驻塞浦路斯维和部队，防止希土两族再次发生冲突。塞浦路斯希、土两族分别受到希腊、土耳其两国的支持，至今民族矛盾依然尖锐复杂。30 多年来，由于有 1200 人左右的维和部队存在，才使塞局势相对稳定。

第 2 支联合国紧急部队（1973 年 10 月 25 日～1979 年 7 月）　1973 年 10 月，阿以之间发生第 4 次中东战争。10 月 25 日，安理会决定建立第 2 支联合国紧急部队，前往中东监督停火。它由安理会 5 个常任理事国之外的联合国会员国派出的 7000 人组成。1979 年埃以和约结束两国历时 30 年之久的战争状态后，紧急部队撤走。

联合国脱离接触观察员部队（1974 年 5 月 31 日至今）　第 4 次中东战争后，以色列和叙利亚在戈兰高地对峙。1974 年 5 月 31 日叙以双方达成脱离接触协定。当天，安理会决定建立一支由 1250 人组成的联合国脱离接触观察员部队，进驻戈兰高地的叙、以脱离接触区。

联合国驻黎巴嫩临时部队(1978 年 3 月 19 日至今) 1978 年 3 月 14 日,以色列入侵黎巴嫩。3 月 19 日,安理会通过决议要求以色列撤出黎巴嫩,并决定成立联合国驻黎巴嫩临时部队,监督以色列从南黎巴嫩撤军,并协助黎巴嫩政府恢复在该地区的权力。该部队在 1982 年初曾达 7000 人。

联合国阿富汗、巴基斯坦斡旋团(1988 年 10 月 31 日~1990 年 3 月 15 日) 1979 年 12 月 27 日苏联入侵阿富汗,300 万阿富汗难民拥入巴基斯坦。1988 年 4 月 14 日,在联合国秘书长德奎利亚尔主持下,阿富汗、巴基斯坦、苏联和美国在日内瓦签署解决阿富汗问题的 4 个协议,规定到 1989 年 2 月 15 日苏军全部撤出阿富汗,遣返阿富汗难民。10 月 31 日,安理会决定建立由 50 名军事观察员组成的"联合国阿富汗、巴基斯坦问题斡旋团",监督协议的实施。

联合国伊朗、伊拉克军事观察团(1988 年 8 月 9 日~1991 年 2 月 27 日) 1980 年 9 月 22 日,两伊战争爆发。1988 年 8 月 8 日,在联合国的调停下,伊朗和伊拉克达成从 8 月 20 日开始停火的协议。8 月 9 日,安理会决定建立由 930 人组成的联合国伊朗、伊拉克军事观察团,进驻两伊之间 1200 千米边界的观察哨所,监督停火和双方军队撤回国际公认的边界。

联合国伊拉克、科威特观察团(1991 年 4 月至今) 1990 年 8 月 2 日,伊拉克人侵科威特,到 1991 年 2 月 28 日被以美国为首的多国部队打败。1991 年 4 月 3 日,安理会通过第 687 号决议,详尽规定了伊拉克必须遵守的条件。为监督执行这一决议,安理会组建了 1300 多人的联合国伊拉克、科威特观察团。这是安理会 5 个常任理事国首次共同派人参加的联合国维和行动。由于在武器核查等问题上一再出现摩擦,观察团的工作远未结束。

联合国印度、巴基斯坦军事观察组(1949 年 1 月至今) 1947 年 8 月印度、巴基斯坦分治时,对 19 万平方千米的查谟-克什米尔地区的归属未作出具体规定。1947~1949 年,印、巴因争夺克什米尔而爆发第 1 次战争。经联合国的调解,1949 年 1 月 1 日停火。7 月 27 日,双方签订军事分界线协定。1949 年 1 月,联合国成立印巴军事观察组,以便向联合国报告停火协定的执行情况。

联合国印度、巴基斯坦观察团(1965 年 9 月 23 日~1966 年 3 月 22 日) 1965 年 8 月第 2 次印巴战争爆发。经联合国调停,9 月 23 日双方停火。安理会在要求已有的"联合国印巴军事观察组"继续沿克什米尔停火线执行任务的同时,设立由 90 名观察员组成的"联合国印巴观察团",在克什米尔以外的印巴边界监督停火。1966 年印巴达成协议,双方军队撤回战争爆发之前的阵地,观察团即宣告结束。

联合国驻西新几内亚临时执行局和安全部队(1962 年 10 月 1 日~1963 年 4 月 30 日) 1962 年 8 月 15 日,荷兰、印度尼西亚在联合国总部签订一项协议,规定荷兰从 10 月 1 日起将西新几内亚的管理权交给联合国,再由联合国在次年 5 月 1 日交给印度尼西亚。9 月 21 日,第 17 届联大决定成立联合国驻西新几内亚临时执行局和安全部队。

联合国驻柬埔寨过渡时期权力机构(1992 年 3 月 15 日~1993 年 11 月 15 日) 1990 年 8 月 28 日,安理会 5 个常任理事国在纽约达成《柬埔寨冲突全面政治解决框架文件》。1991 年 6 月 24 日起,柬埔寨冲突 4 方无条件停火。9 月 9 日,柬埔寨最高委员会成立,并宣布接受联合国框架文件。10 月 16 日,联合国向柬埔寨派出 1200 多人的"先遣特派团"监督停火。1991 年 10 月 23 日,在巴黎签订了柬埔寨和平协定。1992 年 2 月 28 日,安理会决定建立"联合国驻柬埔寨过渡时期权力机构"。3 月 15 日,联柬权力机构正式建立。该机构由 2400 名民政人员、3600 名警察、15900 名维和部队组成,1993 年 5 月 23~28 日,在联柬权力机构的主持和监督下,柬埔寨举行大选。1993 年 9 月 24 日,柬新政府建立。到 11 月 15 日,联合国维和部队全部撤出柬埔寨。

在非洲的维和行动 联合国刚果行动(1960 年 7 月 14 日~1964 年 6 月 30 日) 1960 年 6 月 30 日,刚果(利)摆脱比利时的殖民统治,宣布独立。7 月 5 日,刚果士兵拒绝执行比利时军官的指挥,发生兵变。7 月 9 日,比利时增兵刚果,并策划加丹加省省长冲伯于 7 月 11 日宣布加丹加省独立。应刚果政府的请求,7 月 14 日,安理会授权联合国秘书长向刚果政府提供军事援助。7 月 15 日,首批联合国部队开进刚果。9 月初,比利时军队全部撤出刚果,1961 年 9 月 18 日,联合国秘书长哈马舍尔德在调停刚果冲突过程中因飞机失事不幸遇难。

联合国纳米比亚过渡时期援助团(1989 年 4 月~1990 年 4 月 8 日) 1989 年 1 月 16 日,安理会将当年 4 月 1 日定为纳米比亚独立进程的开始日。随后,安理会决定建立联合国纳米比亚过渡时期援助团,监督南非从纳撤军和纳米比亚大选。1989 年 11 月 7~11 日,在联合国的直接组织和监督下,纳米比亚顺利举行大选。11 月 24 日,南非按协议从纳米比亚撤走最后一批军队。1990 年 3 月 21 日,纳米比亚正式宣布独立。

联合国安哥拉核查团(1988 年 12 月 22 日~1997 年) 1988 年 12 月 22 日联合国决定建立联合国安哥

拉核查团,检查古巴从安哥拉撤军情况。1991 年 5 月 31 日,安理会决定安哥拉核查团改称“安哥拉第 2 期核查团”,以监督安内战停火和大选。1992 年 9 月安哥拉大选后内战再起,1995 年 2 月 8 日,安理会决定设立“安哥拉第 3 期核查团”,代替第 2 期核查团,任期到 1997 年。

于 1997 年 7 月部署的“联合国安哥拉观察团”至 1998 年仍在安哥拉工作。但安哥拉和平进程步履维艰。

联合国西撒哈拉公决特派团(1991 年 9 月至今) 西撒哈拉原为西班牙殖民地。1976 年 2 月,西班牙撤离,但摩洛哥派出 10 万大军进入西撒哈拉。1991 年 4 月 29 日,安理会通过决议,要求西撒人阵、摩洛哥双方停火,并举行公民投票,决定西撒哈拉前途。为此,设立联合国西撒哈拉公决特派团。1991 年 9 月 6 日,联合国西撒哈拉公决特派团开始进入西撒哈拉。

索马里维和(1992 年 4 月 24 日~1995 年 3 月 3 日) 1991 年 9 月,索马里爆发大规模内战。1992 年 4 月 24 日安理会决定实行“联合国索马里第 1 期维和行动”。12 月 3 日,安理会授权美国等 13 个国家组建多国部队进驻索马里。1993 年 3 月 26 日,安理会决定从 5 月 1 日起在索马里实施第 2 期维和,部署 2.8 万维和部队接替多国部队,授权维和部队使用武力解除索马里各派武装,结果维和部队与索马里艾迪德派发生军事摩擦和武装冲突,阵亡 132 人,其中美军阵亡 44 人。1995 年 3 月 3 日,最后一批联合国维和部队撤离索马里。

联合国南非观察团(1992 年 9 月~1994 年 4 月) 1992 年 9 月,安理会通过决议,联合国南非观察团建立。1994 年 4 月 26~29 日,南非举行大选,来自 103 个国家的 212 名观察员、97 个国际组织和非政府组织派出的人员参加监督南非大选。

联合国莫桑比克行动(1992 年 12 月 16 日~1994 年 12 月 9 日) 莫桑比克 1975 年独立后陷入长期内战。1992 年 10 月 4 日,莫桑比克政府与反对派签署了和平总协定及 3 个议定书。12 月 16 日,安理会决定派遣一支 7500 人的联合国维和部队到莫桑比克,监督执行和平总协定。1994 年 10 月,在联合国的全面监督下,莫桑比克举行大选。

联合国乌干达、卢旺达行动(1993 年 6 月 22 日~1994 年 9 月) 1990 年 10 月起,卢旺达政府军与反政府武装多次在卢旺达、乌干达边境地区发生战斗。应卢、乌两国的请求,1993 年 6 月 22 日,安理会决定在乌干达一侧建立“联合国乌干达、卢旺达行动”,以防止非法向卢旺达运入武器。

联合国卢旺达援助团(1993 年 10 月~1997 年) 1993 年 8 月,卢旺达政府与反政府武装签订和平协议。10 月 5 日安理会决定建立“联合国卢旺达援助团”。11 月 1 日起,正式开始在卢实施维和行动。1994 年 4 月起,卢旺达部族间发生大仇杀,约 50 万人丧生。1994 年 5 月 17 日,安理会决定将援助团的兵力扩大到 5500 人。

联合国奥祖地带观察组(1994 年 5 月 4 日~6 月 5 日) 1994 年 2 月 3 日,国际法院将乍得和利比亚长期争议的奥祖地区判给乍得。1994 年 5 月 4 日,安理会组成“联合国奥祖地带观察组”,监督利比亚从奥祖地带撤军。

联合国利比里亚观察团(1993 年 9 月 27 日~1997 年) 1990 年,利比里亚内战爆发。8 月,西非经济共同体建立“军事观察员组”,协助利比里亚各方履行达成的和平协议。1993 年 9 月 22 日,安理会决定建立“联合国利比里亚观察团”,与西非“军事观察员组”共同监督和平协议的执行。

目前,联合国在非洲的维和行动还有 4 项,除上面提到的安哥拉观察团、西撒哈拉公决特派团外,还有 1998 年 3 月部署的中非特派团、1998 年 8 月部署的塞拉利昂观察团。

在中美洲、加勒比海地区的维和行动 联合国秘书长驻多米尼加代表团(1965 年 5 月 14 日~1966 年 10 月 22 日) 1965 年 4 月 24 日,多米尼加共和国一批军人发动起义,推翻亲美政权。4 月 28 日晚,美军在多米尼加登陆,进行武装干涉。5 月 14 日,安理会决定建立秘书长驻多米尼加代表团,与美洲国家组织共同促进停火,维持和平。

联合国尼加拉瓜选举观察团(1989 年 8 月 25 日~1990 年) 应尼加拉瓜政府的邀请,1989 年 8 月 25 日,联合国派出尼加拉瓜选举观察团。1990 年 2 月 25 日,尼加拉瓜举行大选,查莫罗夫人当选新总统。历经十年内战的尼加拉瓜终于赢得国内和平。

联合国中美洲观察团(1989 年 11 月 7 日~1992 年 1 月 17 日) 80 年代,由于美苏插手,中美洲长期战乱不已。1987 年 8 月 7 日. 中美洲 5 国首脑签署《中美洲和平协议》。根据中美洲 5 国的要求,1989 年 11 月 7 日,安理会决定设立“联合国中美洲观察团”,以核查和平协议的执行。

联合国萨尔瓦多观察团(1991 年 5 月 20 日~1995 年 4 月 30 日) 1990 年底,在联合国秘书长德奎利亚尔的调解下,萨尔瓦多内战双方开始在联合国总部举行谈判,并达成协议。1990 年 5 月 20 日,联合国决定建立萨尔瓦多观察团,监督和核查协议的执行情况。

联合国海地特派团(1993 年 9 月~1996 年)

1991 年 9 月,海地武装部队司令塞德拉斯发动政变,推翻民选总统阿里斯蒂德并把他赶出国门,1993 年 7 月 31 日,塞德拉斯与阿里斯蒂德在美国纽约达成协议,规定在 10 月 30 日前阿里斯蒂德回国重新担任总统。1993 年 9 月 23 日,安理会决定建立"联合国海地特派团",监督协议的执行。但塞德拉斯出尔反尔,拒不履行协议,并阻止联合国海地特派团进入海地。1994 年 7 月 31 日,联合国安理会授权美国组建多国部队,以武力解决海地危机。9 月 19 日起以美军为首的多国部队 2 万多人和平进驻海地。1995 年 3 月 31 日,由 6000 人组成的联合国海地特派团正式接管多国部队的维和使命。

目前,1997 年 12 月部署的联合国海地民警特派团仍在海地执行维和任务。

在前苏联、前南斯拉夫地区的维和行动 联合国格鲁吉亚观察团(1993 年 8 月 24 日至今) 1992 年 7 月,格鲁吉亚西北部的阿布哈兹自治共和国宣布独立,格鲁吉亚政府派兵镇压。经联合国秘书长特别代表的斡旋,1993 年 5 月格鲁吉亚政府与阿布哈兹反政府武装达成停火协议。为监督停火,1993 年 8 月 24 日,安理会决定建立由 120 多人组成的"联合国格鲁吉亚观察团"。

联合国塔吉克斯坦观察团(1994 年 12 月至今) 塔吉克斯坦独立后,反对派在塔阿(富汗)边境开展武装活动。1994 年 9 月 17 日,在联合国的调解下,塔吉克斯坦政府与反对派在伊朗首都德黑兰达成停火协定。同年 12 月,安理会决定部署联合国塔吉克斯坦观察团。

联合国驻克罗地亚、波黑、马其顿保护部队(1992 年 2 月 21 日～1995 年 3 月 31 日) 1991 年 7 月,克罗地亚内战爆发。1992 年 2 月 21 日,安理会决定建立联合国保护部队,总人数 1.4 万多名。1992 年 4 月,波黑内战爆发。联合国在波黑部署了保护部队 1 万人左右。马其顿并未发生战争,但应马其顿政府的要求,1992 年 12 月 11 日,安理会决定向马其顿派出保护部队。1993 年 6 月 4 日,安理会通过第 836 号决议,授权波黑境内的保护部队在受到威胁时可使用武力,并准许北约使用空军支持联合国保护部队。

驻波黑多国稳定部队(1996 年 12 月～1998 年 6 月) 1995 年 11 月 21 日,波黑、克罗地亚、塞尔维亚 3 方在美国俄亥俄州代顿草签《波黑和平协定》。美国提议由北约组织多国部队进驻波黑,总兵力约 3.1 万人(其中美军 8500 人),接替联合国波黑维和部队,监督和平协议的实施。

目前,在前南地区还有 4 项维和行动:除上面提到的联合国驻马其顿预防性部署部队外,还有 1995 年 12 月部署的联合国波黑特派团、1996 年 1 月部署的克罗地亚普雷夫拉卡观察团、1998 年 1 月部署的克罗地亚民警支助团。

综上所述,半个世纪的风风雨雨,联合国维和行动在经历了其初创阶段(1948～1955 年)、发展阶段(1956～1978 年)、停滞阶段(1979～1987 年)之后,终于走出了低谷。1988 年 9 月 29 日,为表彰联合国维持和平部队的杰出贡献,挪威诺贝尔委员会宣布将 1988 年度诺贝尔和平奖授予联合国维持和平部队。

联合国维和行动是联合国在特定的国际环境下,为维护国际和平及地区安全而创立和发展起来的一种特殊手段。《联合国宪章》并未规定维和行动的准则,现行的原则及行动方式完全来自于实践。在传统的维和行动中,参与国多为中小国家,联合国秘书长在实施维和行动中总是小心翼翼地避开大国的势力范围,惟恐触怒它们,对大国的支持和参与并无过多的奢望。

然而,冷战结束后,不仅中小国家对维和行动热情不减,诸大国也都纷纷介入其中。在众多的维和追求者中美国出手最大方,每年分摊维和经费的 25%～30%。日本和德国也不甘落后,不遗余力地冲破不准向国外派兵的禁令,挤进维和行动的行列。

1988 年后,联合国在维持和平与安全方面的活动激增,进入了被联合国前秘书长加利称之为"第 2 代维和行动"的振兴阶段。

1994 年,维和行动达到鼎盛期,全年耗资达 36 亿美元(1988 年为 2.5 亿),出动人员最多时达 8 万人,有 80 多个参与国家,联合国维和行动的数量、规模和承担的任务都是历史上前所未有的。维和行动相继在纳米比亚、柬埔寨、莫桑比克、萨尔瓦多、安哥拉等地取得成功,一时间使得联合国的声望骤增。

促使维和行动再次进入活跃期的主要原因是大国的支持与参与,然而,也恰恰是由于大国的干预和影响导致维和行动陷入迷途。维和行动本身机制并不太健全,从而使其在运行过程中带有很大的盲目性和随意性。美国等西方国家凭借其军事实力和经济、政治影响来左右联合国维和行动,使之成为其推行霸权主义和强权政治的工具。大国在维和行动中明争暗斗,往往使矛盾更加激化。大国的干预导致联合国在一些地区维和行动的失败,严重损害了维和行动的声誉与联合国的威望。残酷的现实使人们认识到,联合国维和行动并非包治百病的灵丹妙药。自 1994 年下半年起,世界范围的"维和热"开始降温,联合国维和行动进入消退阶段。1995 年的维和行动由 1994 年的 17 项减至 16 项,参加人员也由 8 万人减为 6.5 万人,经费由 36 亿美元减至 31 亿美元。尔后的几年里,维和行动一直在走下坡路,经费逐年递减,1996 年锐减至 13 亿美元,1997年为12亿美元。直到1998年2月,联合国秘书长安南在伊拉克成功的斡旋给世人留下了深刻印象,联合国及其维和行动的声誉才开始回升,维和行动的规模和人数大幅度下降的趋势得到遏制。

经历了半个世纪的摸索和实践,联合国维和行动已逐步走向成熟,作为维护国际和平与安全的重要手段之一,在缓解地区冲突和促进解决争端方面发挥了一定的积极作用,受到国际社会的普遍重视,取得了举世公认的成果。但是,由于西方大国的插手,某些维和行动滥用武力,过多干涉一国内政,招致国际社会的指责。

在新形势下,联合国维和行动如何继续积极有效地发挥应有的作用,已成为各方普遍关注的重要问题。今后,联合国维和行动能否更加公正、合理,更符合宪章的宗旨,而不受大国利益的支配,将是其面临的一个重大挑战。

(史　友、长　生)

1998年联合国维和行动概述　1998年,联合国在全世界仍保持有18支维持和平部队和机构,其名称和开始时间分别为:(1)联合国中东停战监督组织,1948年6月;(2)联合国驻印度和巴基斯坦军事观察组,1949年1月;(3)联合国驻塞浦路斯维持和平部队,1964年3月;(4)联合国驻戈兰高地脱离接触观察员部队,1974年6月;(5)联合国驻黎巴嫩临时部队,1974年6月;(6)联合国伊拉克—科威特观察团,1991年7月;(7)联合国西撒哈拉全民投票特派团,1991年4月;(8)联合国格鲁吉亚观察团,1993年8月;(9)联合国塔吉克斯坦观察团,1994年12月;(10)联合国预防性部署部队(前南马其顿)1995年3月;(11)联合国波斯尼亚-黑塞哥维那特派团,1995年12月;(10)联合国克罗地亚普雷夫拉卡观察团,1996年1月;(13)联合国安哥拉观察团,1997年7月;(14)联合国海地民警特派团,1997年12月;(15)联合国克罗地亚民警支助团,1998年1月;(16)联合国中非特派团,1998年3月;(17)联合国塞拉利昂观察团,1998年8月;(18)联合国南斯拉夫科索沃观察团,1998年10月。这些维和部队和机构在各大洲的分布为:亚洲8支,欧洲5支,非洲4支,拉丁美洲1支。

到1998年6月30日为止的财政年度,联合国维和部队的预算为13亿美元,低于1994年的36亿美元的最高预算,但高于1991年3.8亿美元的最低预算。联合国秘书长科菲·安南在联合国大会的特别会议上说:“对维和人员的期望往往超出了给予他们财力所能达到的程度。”

冷战结束后的一段时间,世界各国对联合国维持和平行动曾寄予极大期望,并积极派出人员参加联合国维和行动,1994年参加联合国军事行动的人数达到顶峰,约8万人。此后,便逐步降温。1998年执行维和使命的联合国部队的人数是1991年以来最少的,约为1.6万人。与此形成对比的是,部署在波斯尼亚的由北约领导的稳定部队则达到3.32万人。1998年为联合国维和部队出人最多的国家是波兰,它提供了1048名官兵。接下来是孟加拉国,886名官兵。奥地利、加纳、芬兰、挪威和爱尔兰都提供了700到800名官兵,阿根廷、法国、尼泊尔、美国和斐济也提供了600到700名官兵。

冷战后国际安全形势格局的变化和地区性安全控制力量的发展,使地区性组织参与维和活动的成分不断增加。欧洲的北约组织在该地区安全格局中的核心作用明显增强,并开始向“全球化”方向发展。1998年北约进一步加强了对东欧多数国家的军事渗透和控制。尤其值得关注的是,北约在抓紧组织扩建的同时,在防区外采取军事行动方面也迈出了重要步伐。在无联合国明确授权的情况下,北约作出了在前南斯拉夫地区对塞族人进行军事打击的决定,并以保护驻科索沃欧安组织核查人员安全为由,擅自在马其顿部署快速保护部队。这实际上是一种突破联合国安理会授权限制的尝试,为以后在其防区外自由采取军事行动开创了先例,同时还突破了其半个世纪以来的传统防区和“集体防御”战略,不仅在行动上是对联合国维持和平使命的公然挑战和藐视,而且清楚地表明北约的新军事战略正在向“全球化”方向发展。其未来的发展走向及如何处理与联合国维持和平行动之间的关系已引起世界多数国家的极大关注。

非洲是冷战后联合国维持和平行动的重点地区之一。几年来,非洲一些地区危机和冲突不断,对非洲的稳定与发展已构成严重威胁,而且冲突规模有扩大的趋势。1998年,非洲不少地方战火重燃。刚果(金)内战、莱索托内乱、几内亚比绍兵变、埃塞俄比亚和厄立特里亚战争,加上原有的一些热点问题,如安哥拉和苏丹的内战、布隆迪民族和解以及索马里各政治派别混战等,战争和动乱波及到黑非洲近1/4的国家,对该地区的和平与稳定造成严重威胁。直接介入以刚果(金)为中心的非洲大湖地区冲突的国家就多达7个,冲突地区军队总数达数十万人,动用的现代化武器在非洲冲突史上也是前所未有的。据世界银行统计,从1998年8月大湖地区冲突加剧以来,冲突各方的军费开支以及战争造成的物质损失已达20亿美元,给当地居民带来深重灾难。尽管非洲地区和国际组织都在努力争取早日结束这些冲突和危机,但由于民族和种族矛盾根深蒂固以及其他因素,这些问题不可能很快彻底解决。安哥拉是联合国在非洲进行维和行动的重要地区。为推动安哥拉和平进程,联合国至少耗费了 15 亿美元,并有 60 名维和人员在执行任务时丧生。1998 年,安哥拉国内又一次出现了破坏与阻挠联合国维和行动的暗流,联合国维和观察团的维和努力越来越受到安哥拉政府和争取安哥拉彻底独立全国联盟的冷遇。冲突双方置国际社会的外交努力于不顾,决心在战场一决雌雄,使得联合国驻安哥拉观察团在这个非洲国家越来越难以执行维和使命。在该国不断发生的武装交火和派别冲突事件表明,曾由联合国为主导的和平进程已近崩溃,这个国家再次处于战争状态,并可能导致 1995 年 3 月联合国从索马里撤出维和部队后,在非洲的维和行动所遭受的又一次重大挫折。在 1998 年底,安哥拉冲突双方均公开指责维和观察团在解除对方武装和阻止对方进攻方面作用不力,并希望观察团尽快撤出安哥拉,甚至出现了击落联合国飞机的严重事件。由美国、法国等发达国家出资支持,由非洲国家经济共同体出人组织的"非洲维持和平部队"的维和行动在 1998 年仍受到严峻的考验。在塞拉利昂,西非维和部队于 2 月将 1997 年 5 月发动政变上台的科罗马军人赶下了台,并使已在几内亚流亡 9 个月的塞拉利昂原领导人卡巴重新回国执政。这一行动一度受到国际上的一片赞誉,认为非洲人从此拥有了依靠自身力量解决自身问题的能力。但塞拉利昂政变军人仍在该国东部和北部活动,并同该国另一派别革命统一阵线结成联盟,重新向新政权发起进攻。此后,西非维和部队虽然再度发起反击,并重新控制了首都弗里敦;但已使人感到,西非维和部队虽然有能力击败叛军,但他们无法用军事手段实现持久的和平。非洲战乱已使不少国家无暇顾及经济建设,并严重阻碍了本国和地区的经济发展,而经济恶化又成为战乱频发的深刻内因。据伦敦国际战略研究所发表的年度报告,1998 年非洲军费开支总额为 88 亿美元,占非洲各国国内生产总值的 3.3%,比上年增加 10%。非洲经济强国之一的津巴布韦,在对刚果(金)的军事干预中,每天的花费要超过 100 万美元。非洲战乱不止,预示着联合国维持和平行动仍面临着十分严峻的形势。

*中国作为联合国安理会常任理事国,一贯致力于维护国际和平与安全,重视并支持在联合国宪章精神指导下,为维护国际和平与安全发挥其应有的作用。*自 1990 年起,中国先后向"联合国中东停战监督组织"、"联合国伊拉克、科威特观察团"、"联合国柬埔寨临时权力机构"、"联合国监督西撒哈拉公民投票特派团"、"联合国莫桑比克行动"、"联合国利比里亚观察团"和"联合国塞拉利昂观察团"等 7 项联合国维和行动,派出军事观察员 455 人次;并于 1992 年分两批向"联合国柬埔寨临时权力机构"派遣由 800 名官兵组成的工程兵部队。目前,中国仍有 35 名军事观察员分别在"联合国中东停战组织"、"联合国伊拉克、科威特观察团"、"联合国西撒哈拉公民投票特派团"、"联合国塞拉利昂观察团"4 个任务区执行任务。在履行联合国军事观察员及工程兵部队的任务中,中国已有 4 名维和人员(2 名军官、2 名士兵)献出了生命。

(吴　鹏)

国际恐怖活动与世界反恐怖主义问题综述 1998 年,国际恐怖主义活动猖獗,反恐怖斗争形势更为严峻,进一步成为国际安全领域备受关注的热点问题。

国际恐怖主义活动主要特点 1998 年,国际恐怖活动再次显现出升级的态势,并呈现出如下特点:

*恐怖活动的组织更为严密,袭击规模愈来愈大,有的甚至带有官方背景。*年初以来,北爱尔兰地区在经历了多次骚乱后,7 月又发生了历史上最严重的汽车炸弹爆炸事件。8 月 7 日,在苏丹和肯尼亚相距 724 千米的两个城市中,两个汽车炸弹连环爆炸,间隔仅数分钟。这种以大量杀伤无辜平民为手段、以扩大政治影响为特征的恐怖活动,其严重后果令世界震惊。就在这两起爆炸案后不久,号称伊斯兰圣地解放军的成员宣称他们组织了这两起事件。为取得这两次行动的成功,他们已在中东反复练习多年。而印度尼西亚"五月骚乱"中,数以千计的华裔商店、住宅遭到有预谋、有组织的"打、砸、抢、烧"。仅雅加达就有 1190 人被烧死,27 人被打死,27 人受伤,大批华裔妇女惨遭强暴。已有大量证据表明这是一起有预谋、有组织进行的恐怖犯罪事件,有着明显的官方背景。参与这一恐怖事件者主要由 3 种人组成:煽动者、积极参与者和消极参与者。煽动者受过训练,他们出头搞破坏、放火和煽动抢劫。积极参与者在受到煽动后进行范围更大的破坏。消极参与者开始是围观,后来也参与破坏和抢劫。除了上述严重的恐怖主义事件外,在其他许多国家也发生多起重大恐怖案件。如:布隆迪普卡拉姆村庄屠杀案,伊拉克驻约旦大使馆公使希克迈特·赫朱夫妇和商务参赞拉希姆·塔希尔被刺案,阿尔及利亚雷利赞地区屠杀案,巴基斯坦拉合尔市枪杀案,美国国会大厦众议员迪莱办公室枪击案,哥伦比亚前国防部长兰达萨瓦尔遭枪击身亡案,瑞士伯尔尼茶馆枪杀案和修车行爆炸案,北爱尔兰奥马镇炸弹爆炸案,南非开普敦娱乐中心爆炸案,乌干达长途汽车爆炸案,以色列特拉维夫市和耶路撒冷爆炸案,俄罗斯莫斯科红场汽车炸弹爆炸案,约旦河西岸和加沙地带犹太人定居点袭击爆炸案等。其中多为恶性案件,死伤人数之多为近年罕见,如阿尔及利亚雷利赞地区屠杀案中有 412 人遇难,美国驻肯、坦使馆爆炸案中死亡近 300 人、受伤 5000 多

人,北爱尔兰奥马镇汽车炸弹爆炸案中死伤120多人。

*宗教极端势力迅速发展,使宗教性的恐怖主义活动已对地区安全构成现实威胁。*在中亚地区,塔吉克斯坦的伊斯兰复兴党作为影响塔政局发展的一支重要力量,试图将塔建成政教合一的伊斯兰国家;乌兹别克斯坦的宗教极端势力瓦哈比派连续制造恐怖暴力事件,公开向当局挑战;吉尔吉斯斯坦的宗教极端组织暗中招募人员进行武装培训,试图进行恐怖暴力活动;阿富汗塔利班武装逼进塔阿、乌阿边境。这些宗教极端势力的恐怖活动严重地影响着中亚各国乃至整个地区的安全与稳定。一些国家由于政治分裂、经济贫困和社会动荡等原因,出现了愈演愈烈的绑架人质的恐怖犯罪活动。在车臣,一些武装分子甚至在光天化日之下猎获他们需要的对象。其绑架的人质中既有国际组织代表、俄罗斯的高官、外国商人、当地富豪,也有普通士兵及邻近共和国的中学生。1998年在车臣被扣押的200多名人质中,外国人约40名。

*中东地区伊斯兰原教旨主义和恐怖主义活动趋于活跃,使这一地区形势更为复杂。*2月,国际伊斯兰原教旨主义和恐怖主义势力中坚分子本·拉丹,纠集中东地区8个伊斯兰原教旨主义极端组织领导人,先后在黎巴嫩、伊朗和阿富汗召开会议,决定在这8个组织基础上成立反美、反以联盟——"伊斯兰国际阵线",以便协调立场、统一行动。一年来,阿富汗的"国际伊斯兰拯救军"、巴勒斯坦的"哈马斯"、黎巴嫩的"真主党"等组织,都不同程度地加强了反美、反以的暴力和恐怖活动。巴境内的"哈马斯"和"圣战组织",在约旦河西岸和加沙地带暴力袭击以色列人事件连续不断,10月至11月,又发生两次针对以色列人的恶性爆炸事件;黎境内的"真主党"游击队在南黎巴嫩频繁袭击以占领军和"南黎巴嫩军"。中东的伊斯兰原教旨主义和恐怖主义势力不仅在本地区开展活动,还于8月在非洲制造了震惊世界的爆炸美国领事馆事件。上述暴力和恐怖活动:导致美国运用巡航导弹袭击了苏丹和阿富汗;加剧了黎巴嫩南部局势的动荡;致使中东和平进程受到严重阻碍。

*1998年,美国继续成为恐怖活动袭击的主要目标。*由于美国在世界范围内推行强权政治和霸权主义,肆意干涉他国内政,动辄挥舞制裁大棒,引起了许多国家人民的逆反心理,在一定程度上也成为恐怖主义分子袭击的重点对象。被美国人称为"魔鬼"的本·拉丹在1998年1月23日成立了"伊斯兰圣战阵线",其发布的第1份伊斯兰教规中写道:"我们呼吁所有穆斯林、所有愿意服从真主命令的虔诚的教徒们随时随地杀死和抢劫美国人。"据美国联邦调查局的官员称,美国驻世界各地的大使馆每年要接到大约3万个恐吓电话。就在东非美国使馆爆炸案发生1周后,瑞士、阿尔巴尼亚、巴西等多处美国使馆均接到楼内已被放置炸弹的警告,导致这些使馆不得不采取紧急疏散和戒严等非常措施,并有6家美国大使馆出于安全原因而被迫暂告关闭。据统计,整个90年代,将近40%的国际恐怖活动是针对美国和美国人的。8月16日,美国政府被迫向所有的美国公民发出"全球警告":鉴于东非前不久的炸弹爆炸事件以及美国在海外的利益受到威胁,国务院敦促出国旅游或居住在国外的美国公民要比平时大大提高警惕,并检查安全措施。

*恐怖主义的发展正在成为诱发局部战争和武装冲突的重要原因。*冷战后,恐怖主义与极端民族主义相结合,不断表现出以恐怖手段谋求民族独立,威胁和分裂主权国家的趋势。1998年,除了一些长期从事民族分离的组织,如斯里兰卡的猛虎解放组织、库尔德族争取独立组织等以外,又出现了一些新的民族分裂组织,并企图以恐怖手段实现其民族分离的目的。这些民族分裂组织和民族分裂分子的恐怖活动已将伊朗与阿富汗、前南地区的科索沃以及苏丹等国拖入战争或拖到战争的边缘。在1998年9月10日,阿富汗反政府武装塔利班的个别人员残暴地杀害伊朗9名外交人员和记者,导致伊朗与阿富汗关系急剧恶化。伊朗最高领袖哈梅内伊14日发表声明,强烈呼吁伊斯兰国家和人民采取果断措施,阻止阿富汗政治军事派别塔利班武装继续屠杀无辜百姓,并向阿富汗边境发兵20多万,举行由各兵种参加的大规模军事演习,公开向塔利班发出警告:"战火一旦燃起,将很难熄火"。而塔利班也多次向靠近伊朗的赫拉特省调集2.5万名援军和大量武器,并部署了能打到伊朗境内若干城市的苏制"飞毛腿"导弹。在对峙期间还引发了"侵犯领空"和"交火"事件。在美国驻肯尼亚与坦桑尼亚大使馆爆炸事件后,美国为了回击恐怖主义者,出动飞机对苏丹和阿富汗境内的"恐怖分子基地"进行轰炸。然而,这种攻击并未打击真正的恐怖分子,却险些挑起一场局部战争。苏丹与阿富汗在遭美国轰炸后,提出强烈抗议,指责美国此举"违反了国际法的所有原则",并宣布,如果美国再进行军事威胁和打击,将"进行有力的回击"。这使本来就紧张的国家间关系更趋激化。

*恐怖主义的存在与发展,已成为冷战后影响国家安全形势的重要因素之一。*为遏止国际恐怖活动,打击恐怖势力,世界上越来越多的国家采取了坚决和果断的措施。1998年8月美国驻肯、坦使馆爆炸案和奥马镇爆炸案发生后,国际社会一致发出要求制止和打击国际恐怖活动的强烈呼声。联合国安理会8月13日通过的决议进一步强调,必须加强国际合作,采取切实有效措施,防止、打击和消除影响国际社会的一切形

式的恐怖主义。美国除对恐怖分子基地进行军事打击外,还发出500万美元的悬赏令,缉拿本·拉丹;英国下院通过了由政府提出的关于反对恐怖主义和阴谋活动的紧急立法;爱尔兰政府宣布将采取严厉的反恐怖主义措施;第15届阿拉伯内政部长理事会会议通过了阿拉伯国家联合反恐怖决议。一些国家已经启动反恐怖进程。如埃及安全部门逮捕了国际通缉的恐怖分子阿布·尼达尔,意大利警方开始大规模搜捕黑手党党徒,并没收其大量非法财产。目前,世界大多数国家在预防与反对恐怖主义行动的具体措施上虽有不同,但在反对恐怖主义行动的主要原则上已渐趋一致,主要包括:确认所有的恐怖主义行动都是无法容忍的犯罪行为,无论其动机如何,都应受到严惩;为预防和制止恐怖主义,可采用一切有效的法律措施及手段;对恐怖分子的勒索绝不妥协和让步,以免导致更多的恐怖主义行动发生;当公民在国外遭到绑架时,可要求主权国家政府依据国际法行使其保护领土上所有人员安全的职责,包括人质被安全释放;在打击恐怖主义行动中,将与主权国家政府保持密切联系,并将最大限度地提供情报和技术支援;建立并寻求一切加强反恐怖力量的国际间合作的途径。

国际反恐怖主义斗争的新发展 1998年,世界反恐怖主义活动,显现出两个令人关注的特点:*一是"越界"反恐怖倾向*。即一些国家以打击恐怖主义为名,以军事行动跨越国界,侵入别国,轰炸自己所认为的恐怖主义"目标"。8月20日,美国在其驻东非的两个使馆被炸后的第13天,派飞机袭击了苏丹一家被怀疑为恐怖主义据点的制药厂,并向阿富汗境内本·拉丹营地发射了数十枚巡航导弹。这是美军首次动用导弹一类的先进武器打击恐怖活动。此举可能为今后对付恐怖活动开辟一个新的途径。美国甚至认为以军事打击手段对付恐怖活动可能成为21世纪反恐怖斗争的一个新的模式。然而,从美军事打击的战果来看,不仅拉丹本人安然无恙,对该营地的打击效果也不像预期的那样好。一些国家舆论对此提出不同看法,认为这是在打击恐怖主义的名义下对别的主权国家及平民造成恐怖,是用恐怖主义本身来粉碎恐怖主义,在一定程度上已超出正常反恐怖主义行动的界限,只能导致新的暴力活动升级。*二是将恐怖主义"泛化"的倾向*。一些西方国家利用别国内部不同民族或派别之间出现的磨擦和矛盾,将不符合自己意图和利益的民族或派别的行为定为恐怖主义,并以反恐怖主义为名对别国内政加以干涉。如南联盟的科索沃地区,西方国家将南联盟军队在本国内的军事行动称为恐怖主义,借口平息南境内的恐怖主义情绪和民族冲突,运用北约军事力量干涉科索沃局势。这种打着反对恐怖主义旗号为自己"新干涉主义"增加其单边行为的必要性与合法性的做法,已逐渐暴露出美国和一些西方国家对外政策的霸权主义性质,并增加了国际环境中的不稳定和不确定因素。

(吴 鹏)

邪教组织的恐怖活动特点及一些国家的对策

(1)邪教及异端教派恐怖活动的主要特点。近年来,邪教越来越多地与恐怖活动联系在一起,并利用恐怖手段达到其目的。如"奥姆真理教"在东京地铁施放毒气,"太阳圣殿教"、"大卫教"派多次要求教徒自杀,都是打着实现其教义的幌子,干下灭绝人性的勾当。这一特点在1995年表现得最为明显。

仅1995年一年,异端教派制造的威胁社会及人身安全的事件就有10多起。据报道,比较大的事件有:3月20日,"奥姆真理教"在日本东京地铁放毒,造成12人死亡,5500余人受伤;12月23日,在法国东部城市格勒诺布尔附近山区发现属于"太阳圣殿教"的瑞士教徒16人自杀身亡,其中有警察2人、小孩3人;9月28日,在马来西亚柏鲁兰,一自称"重生耶稣"的教主拍士鲁拉多预言10月世界末日将来临,将教徒集合在一起,宣称永生必须追随他,世界上只有他掌握着开启天堂的钥匙,因不听马政府劝告,警方不得不逮捕了192人;年底,菲律宾马尼拉北伊沙贝拉省有一"降灵节国际基督教社群"的末日教派,他们备有武器,预测末日年底来临,便停止进食,也不洗澡,教徒将自己反锁,等待"最后审判"。

这些邪教,大都披着五花八门的合法外衣,用繁多的手法吸收教徒,全面"操纵信徒精神活动",要求信徒全身心投入,献出一切,包括生命。法国邪教大都以"协会"的面目出现。有的邪教宣传的题目十分广泛,甚至包括"伦理"、"生态"、"医学"、"支持就学"等等。利用有些人反抗传统、对现实生活失望而寻求出路的情绪,鼓动引诱他们做出狂热举动,少数入教者感到后悔,便立即被监视,不能轻易脱离。因此危险性、破坏性大。

在西方有些国家,邪教组织成员已渗透到国家机关、司法机构、议员、知识分子当中,而且知识化、年轻化倾向越来越明显。在"奥姆真理教"放毒事件和"太阳圣殿教"教徒自杀事件中,均有受过很高教育的专业人士参与。

(2)各国对邪教制造的恐怖活动采取的对策。近年来,邪教组织制造的恐怖活动日益增加,各国都越来越清醒地认识到这一问题的严重性,都积极采取各种措施加强对邪教及极端组织的打击力度。主要措施有:

一是加大立法、执法力度。西方国家人士一般认为,宗教教义的主观性和随意性很强,既然个人宗教信仰自由,又根据什么来界定哪些教派为邪教,哪些教派为合法的呢? 因此,各国在处理这方面的问题时首先要找到法律上的依据,在需要时甚至补充通过一些法律条款。

日本在“奥姆真理教”制造了震惊世界的东京地铁“沙林”恐怖事件后,有关当局立即采取了强有力的“三法”对策:根据《破坏活动防治法》解散该教,使其无法继续作为一个自由团体存在下去;根据《宗教法人法》解散该教,取消其宗教法人资格;根据《破产法》冻结其全部资产。最后日本公安调查厅最终认定“奥姆真理教”适用《破防法》,决定向公安审查委员会提出申请,最后依法彻底解散奥姆真理教。而且,日本警视厅还专门向国会提出了《警察法》的修正案,专门制定了《防止“沙林”灾害法》,修改了《枪刀法》等。

法国和美国也都成立专门的调查委员会,并利用财政部门查税的有关规定来打击邪教;马来西亚等国则采取防患于未然之策,将邪教消灭在萌芽状态,并引用反骚乱法令制止邪教活动;新加坡以“活动有损公众利益和治安”为由,根据社会法令曾撤销了一些宗教团体,如:“耶和华见证人”、“亚洲基督教协会”和“促进世界基督教统一圣灵魂会”等;泰国当局也曾指控在泰国发展分会的统一教教主危及泰国安全、组织犯罪活动、伪造文件和欺骗公众,依法对其发出拘捕令。

二是增加经费预算,健全反恐怖机构。东京地铁毒气事件发生后,日本内阁立即召开临时会议,通过了警视厅提出的 1995 年度多达 679 亿日元的增补预算案,其中仅用于对付类似此次沙林毒气类突发事件的费用就达 338 亿日元,这在警视厅经费预算史上尚属首次。此次增加的费用,主要用来增加日本各部、道、府、县警察本部的多种相关反恐怖活动装备,以便能迅速应付各种突发事件;充实犯罪搜查手段,引进可覆盖地下街道的广域通信装置,建立通信中转设施;增购防弹背心,以及配备可自动识别汽车号码的装置等。为对付毒气事件,还专门置备了防范沙林等毒气用的带有面具的防护服、中和剂等;在鉴定和识别手段方面,还配备了气体色层质量分析仪等。

1995 年美国在通过新的反恐怖法案后,专门拨款 18 亿美元以增加执法人员和建立一个由联邦调查局领导的国内反恐怖中心;设立特别基金来调查可疑的国内外恐怖组织,包括仇恨团体、邪教和“民兵”组织等。在编制机构上,日本警方也作了一些调整,增加了 3500 名地方警察,在刑事局内设重大犯罪搜查课,担负重大及广域犯罪的搜查工作;新设参事官,以便遇有突发事件时赶赴现场担任指挥工作;在警备局内设立搜集重大犯罪组织(类似“奥姆真理教”的邪教派别)有关情报的重大犯罪对策室。

美国国防部专门成立了“特别行动指挥部”,并组建了一支反生化武器的特种部队,以对付各种恐怖组织所采取的生化袭击;联邦调查局拟增加 1000 名专职反恐怖特工,在白宫与国防部及联邦调查局间设反恐怖热线,使其反恐怖能力大为加强。

三是调整值班值勤制度。苏联解体后,俄罗斯有相当一部分青年失去政治信仰和生活目标,各种邪教势力乘虚而入,如日本“奥姆真理教”就首先在俄设立了分部,全俄入各种邪教组织者多达数万人。近年来这些组织和个人制造的恐怖活动也与日俱增。1995 年初,莫斯科成立了“强化安全区”,加强街头巡逻,参加值勤的警力和次数增加了 50% 以上,对驻莫斯科的 100 多个外国代表机构也建立了 24 小时的值勤制度。

日本毒气事件后,为防止再次发生类似恶性恐怖事件,杜绝值勤轮空现象,东京警视厅地区部对实行了 23 年的值勤轮换体制进行了改革,将“四班制”改为“三班制”,在原编制没有变化的情况下缩短休息时间,加大工作强度,值勤人次较以往增加了 25%。日警视厅的口号是:“在街头上多出现几个警察,对犯罪行为可起到威慑作用。”实践证明这一措施是卓有成效的。

法国在“海盗警戒”的反恐怖行动中,在全国总共派出了 1.5 万名军人参加各地的安保行动,仅巴黎就增派了 2500 名军人。他们与警方联手执行治安巡逻任务,部署在边界沿线、火车站和地铁各站,并替换一些原属于警方职责的防守岗位,如一些政府机关及公共机构、要人与名人办公室等,以便警方能有更多的力量投入到前沿性的行动中去。

(贾　曦)

恐怖主义活动愈演愈烈的原因及各国的对策　恐怖主义是一种形式独特的非正规战争,它主要以威胁人身或财产安全的方法,迫使某一政府或社会团体屈从于恐怖分子的要求。恐怖主义活动是一种以暴力为手段的恫吓行为。与一般的暗杀破坏不同,恐怖主义的暴力行为主要是为了引起社会公众舆论的注意,扩大其影响,并在社会上造成一种心理上的恐惧,从而达到其恫吓讹诈的目的。

恐怖主义活动猖獗的原因。恐怖主义愈演愈烈,不是偶然的,它有着深刻的国际背景和广泛的社会、政治、经济原因。

首先,贫富悬殊、社会动荡,是恐怖主义猖獗的主要根源。通过对近几年破获的恐怖活动大案进行调查发现,恐怖分子大多是 30 岁左右的年轻人。他们当中有的是生活在经济贫困、动乱不止、政治腐败的中亚、非洲和拉美等国,没有基本的生活保障,为摆脱苦难,与现实抗争,走上恐怖之路;有的虽然出身于经济发达的西方国家，但一跨入社会就面对着贫富悬殊、社会不公、政治腐败等等丑恶现象，他们中的一些人是失业大军中的成员，生活在社会最低层；有一些人则在竞争、失业的重压下，精神空虚、萎靡不振，为了逃避现实、引起社会注意或发泄怨恨，加入到恐怖主义者之中。这些人不论来自何方、出身如何，他们都有一个共同点，就是对社会现实都怀有极其强烈的绝望和不满情绪。

其次，民族、宗教矛盾加剧，是恐怖主义恶性膨胀的现实原因。民族矛盾在冷战时期是被压抑与揭制的矛盾，随着冷战结束，这一矛盾地位上升，并开始激化和成为引发更深层次的社会动荡的主因。近些年来，世界上的宗教组织膨胀，宗教教派迭出，一些宗教教派在初创时期往往带有乌托邦的理想色彩，但随着组织的扩大和实力的增强，教派领袖本身所带有偏执心理和与社会对立的情绪，逐步导致其领导的教会变成恐怖活动的工具。这种宗教势力，尤其是一些非正统的自生自灭的宗教派别的大量滋生，不断引发出宗教恐怖主义。如活跃于世界舞台上的各类恐怖主义当中，发展最快、影响最大的伊斯兰原教旨主义，90 年代以来，发生在法国巴黎、埃及美军基地、埃及驻巴基斯坦使馆等一系列恐怖爆炸事件均为他们所为。

再次，高科技的迅速发展与运用，为恐怖主义组织肆无忌惮地开展恐怖活动带来了便利条件。现在高科技的发展和运用，使恐怖主义组织所拥有的武器越来越先进，行动方法越来越巧妙。体积小威力大的枪支、无线遥控的地雷以及各种性能先进的通信设备、交通运输和爆破器材，使恐怖主义在行动上能够做到更加隐蔽、迅速，同时效果也更好。

*各国对恐怖主义活动采取的对策。*随着恐怖主义活动日益猖獗，国际社会正在加大打击恐怖活动的力度，并取得了明显成效。

目前，世界上大多数国家均对恐怖主义抱有较为明确的反对态度，纷纷采取措施加以防范和打击。如建立周密的安检、警戒、救援系统，专门用于处理恐怖主义引发的突发事件。为提高打击恐怖主义的效率和力度，针对恐怖主义具有跨国行动的性质，国际上已有人提出组织多国一致的行动来打击恐怖主义。联合国等国际组织根据恐怖主义蔓延的情况，已着手加强反恐怖的联合行动。1994 年，在意大利的那不勒斯举行了为期 3 天的打击有组织的跨国犯罪部长级会议，并通过了《打击有组织的跨国犯罪全球行动计划》。1995 年 4 月，联合国再次召开了世界性的反犯罪大会，包括中国在内的 147 个国家和地区的政府与组织参加了会议。在联合国和民间组织的协调下，许多国家加入了全球性国际刑警组织。1996 年 3 月 13 日，29 个国家领导人参加了在埃及举行的名为“世界和平首脑会议”的国际反恐怖大会，提出了一系列对国际恐怖主义制裁的措施。

与此同时，各国纷纷制定反恐怖法规和有关政策。中东一些国家近几年陆续制定了专门的《反恐怖法》。俄罗斯 1994 年公布了《俄联邦反间谍局条例》，该条例中明确提出了与恐怖主义作斗争的种种方法。1995 年 2 月，美国总统克林顿向国会提交了一份新反恐怖法案，该法案对打击恐怖主义活动的有关问题都作了具体规定。6 月 8 日，美参议院批准新反恐怖法案，拨款 18 亿美元扩大执法队伍和建立国内反恐怖中心，扩大政府部门驱逐恐怖嫌疑犯或拒其入境方面的授权，解除军队不得参与国内反恐怖的禁令等等。1996 年 4 月 24 日，美国总统克林顿又签署了旨在加强打击恐怖分子活动力度的反恐怖主义法案。以上种种措施，对严厉打击恐怖活动提供了重要的法律依据。

为了增强打击恐怖主义的力量，有些国家组建了专门用于反恐怖的部队。如德国筹建了一支约 1000 人的反恐怖特种部队，专门用来对付国外针对德国的恐怖主义活动。巴基斯坦最近决定在全国各省府成立反恐怖活动应急中心，并对一些受到国外资助的非政府组织加强了监控。此外，以色列、法国等也相继建立了自己的反恐怖部队。为防患于未然，有些国家还针对恐怖组织活动特点，有针对性地组织反恐怖演习。如美国为保证 1996 年亚特兰大奥运会的安全，防止反政府极右组织在奥运会期间进行恐怖活动，1996 年 1 月和 4 月组织了两次大规模反恐怖军事演习。

（新友民）

军 控 与 裁 军

国际军控与裁军形势综述 1998 年，国际社会在军控与裁军方面取得了一些积极进展：国际裁军谈判继续向深入、务实的方向发展；英法等核大国宣布批准《全面禁止核试验条约》；美朝就导弹和核问题恢复进行了一系列谈判；《禁止杀伤人员地雷公约》和《禁产公约》即将生效和缔结；中国在《中国的国防》白皮书中再次阐明中国坚定地维护世界和平与稳定、积极参与国际军控与裁军谈判的立场。但是由于美国在军控政策方面坚持双重标准，致使南亚次大陆在军控方面发生了令人十分担忧的事件。印度于 1998 年 5 月中旬连续进行 5 次核试验，巴基斯坦也于同月底进行 6 次核试验。这无疑对世界军控和裁军进程造成严重障碍。

联合国举行 1998 年度裁军谈判会议 1 月 20 日，1998 年度裁军谈判会议在日内瓦召开。61 个成员国的裁军大使或代表出席会议。联合国日内瓦办事处主任彼得罗夫斯基作为联合国秘书长安南的个人代表和会议秘书长，宣读了安南给会议的书面讲话。安南在讲话中强调，在新的一年里，必须更加有力地谋求核裁军，以期逐渐削减核武器并尽早全面销毁核武器。安南同时表示，各类常规武器的扩散，特别是在地区冲突中广泛使用地雷等小型武器也令人担忧。

9 月 8 日，1998 年度裁军谈判会议在日内瓦结束，会议通过了给联合国大会的年度报告，但未能就吸收新成员问题达成一致。该年度报告说，在 1998 年 3 个阶段的谈判中，各成员国代表就减少军备竞赛、防止核战争、防止外层空间军备竞赛、确保无核国家不受核武器威胁的国际公约、新型大规模杀伤性武器、全面减少杀伤人员地雷、改善裁谈会工作机制、吸收新成员、印度和巴基斯坦进行核试验等议题进行了讨论。

英国和法国宣布批准《全面禁止核试验条约》 4 月 6 日，英国和法国宣布批准联合国《全面禁止核试验条约》，从而成为首先批准这一条约的两个核大国。英国外交大臣库克表示，英国批准这一条约表明英国支持在全世界范围内消除核武器的目标。媒体称，当初在讨论拟定这一条约时，英国发挥了重要作用，并在允许签署这一条约的第 1 天，即 1996 年 9 月 24 日就签署了该条约。加上英法两国，目前正式批准这一条约的国家已达 13 个。

《全面禁止核试验条约》谈判于 1994 年 1 月正式开始。1996 年 9 月 10 日联合国大会上通过。同年 9 月 24 日，联合国在托管理事会大厅举行了《全面禁止核试验条约》开放签署简短仪式，正式让各国领导人在条约上签字。目前已有 100 多个国家签署该条约。根据规定，这项条约需要得到 44 个具有核潜力的国家签字并批准后才能生效，这些国家包括美、俄、法、英、中 5 个核大国以及印度、巴基斯坦和以色列这 3 个核门槛国家。

沙祖康重申中国反对核扩散的立场 4 月 27 日，中国代表团团长沙祖康在日内瓦举行的《不扩散核武器条约》2000 年审议大会第 2 次筹委会会议上发表讲话重申中国一贯反对核武器扩散，不鼓励、不从事核武器扩散，不帮助别国发展核武器，不向未接受保障监督的核设施提供帮助的原则立场。

沙祖康说，中国从防核扩散的一贯立场出发，进一步加强和完善了核出口控制机制，积极参加国际原子能机构加强保障监督有效性和提高效率的工作。他指出，彻底解决核武器扩散问题的根本出路在于在有效国际核查和监督下，全面禁止并彻底销毁核武器。在实现这一目标之前，国际社会应努力建立公正、合理的国际政治经济新秩序，从根本上排除一些国家获取、发展或保留核武器的动因，从防止扩散的具体措施讲，还应通过加强合作，继续探索符合时代潮流的解决办法。他呼吁国际社会在谈判缔结全面禁止核武器公约之前，应采取以下切实可行的措施：一是核国家之间就互不首先使用核武器达成条约。二是有关核国家放弃它们的核威慑政策，就不对无核武器国家和无核区使用或威胁使用核武器达成有约束力的国际法律文书。三是美俄两国核武器的数量和质量决定了两国在核裁军问题上仍负有特殊责任，两国应尽早批准和实施已达成的核裁军协议，并开始第 3 阶段削减战略武器条约的谈判。两国裁减下来的核弹头应当进行销毁处理，而不是仅仅从部署状态转为储存状态。四是有关国家立即停止研制和发展先进的战略导弹防御系统和外空武器。五是立即谈判并缔结禁产公约。

沙祖康说，中国主张各国按有关国际法律文书规定的程序，包括通过对话与合作，实现防核扩散的共同目标。任何国家都不应将其本国的法律和利益强加于国际社会和其他国家。

他最后强调指出，国际军控与裁军何去何从取决于有关方面能否早日摒弃早已过时的冷战思维，建立符合时代潮流的新安全观；取决于国与国之间在国际事务中能否遵循联合国宪章和和平共处五项原则，平等相待、相互尊重、不谋求单方面的军事优势；取决于所有国家能否承诺以和平方式解决国际争端，不使用武力或以武力相威胁。

美朝达成恢复导弹会谈协议 1998 年 9 月 10 日，在经过一系列会谈之后，美国和朝鲜在纽约就恢复导弹会谈达成协议。

根据该协议，美国将履行向朝鲜提供燃料油的承诺，以换取朝鲜同意于 10 月 1 日开始在纽约恢复导弹谈判，并履行其以前作出的冻结朝鲜核计划的承诺。朝鲜还答应参加将于 10 月底举行的关于朝鲜半岛和平的“4 方会谈”。美国国务院发言人称，美方将在会谈中提出朝鲜研制、生产和出口导弹的问题，并要求朝鲜不再试射弹道导弹。如果朝鲜放弃其核计划，它将得到所需的燃料油和两个轻水反应堆。美国还表示，将考虑向朝鲜提供额外 30 万吨救济食品。

朝鲜于 9 月 10 日发表声明称，朝鲜将要求美国把朝鲜从恐怖主义名单中画掉，并解除对朝鲜的制裁。朝鲜还答应美国视察一处受到怀疑的地下核设施。但同时又强调，如果美国视察没有发现不妥之处，应对因诽谤朝鲜而作出赔偿。

《禁止杀伤人员地雷公约》将正式生效 9 月 17 日，联合国宣布，全球销毁地雷条约将在 6 个月后正式生效。在此之前，非洲国家布基纳法索成为第 40 个该条约的签字国。

《禁止杀伤人员地雷公约》是于 1997 年 12 月 3 日在加拿大首都渥太华正式签署的。根据公约规定，禁止缔约国在任何情况下使用反步兵地雷；禁止缔约国发展、制造、获取、储存、保留和转让此类地雷；要求缔约国在公约生效后 4 年内销毁储存的反步兵地雷，10 年内销毁埋设、布撒的此类地雷。但迄今为止，中、美、俄以及中东大部分国家尚未在公约上签字。

据联合国估计，现在地球上共有 2 亿多枚地雷，平均每年有 1 万多人被地雷炸死，2 万多人被炸伤。在目前布埋的 1.1 亿枚地雷中，一半以上分布在中东、北非和中亚地区，其次是东亚地区、非洲撒哈拉以南地区、中东欧以及拉美地区。现在世界上有 55 个国家生产杀伤人员地雷，年产量 500～1000 万枚地雷，有 35 个国家出口地雷。目前杀伤人员地雷有 360 多个类型，通常分为常规型、改进常规型和散射型 3 种。据统计，现在年均新埋地雷达 200～500 万枚，探测和排除 1 枚地雷则要付出 10 倍甚至数百倍的费用。1994 年联合国共排除地雷 10 万枚，耗资 7000 万美元，平均每枚花费 700 美元。如果以此推算，即使从今开始不再布埋新雷，那么用现在的排雷技术，需要用上千年时间才能清除 1 亿多枚地雷，耗资约 330 多亿美元。

美朝就朝鲜核问题举行一系列会谈 9 月 2～5 日，美朝在纽约举行核问题会谈。朝鲜首席谈判代表金桂冠在 5 日的记者招待会上称，会谈取得实质性的进展。美方首席谈判代表卡特曼也称会谈取得了进展。据称，会谈中双方涉及到一系列问题，包括美方怀疑朝鲜重新启动核计划问题。而朝鲜则要求美国结束对朝鲜进行的历时 45 年之久的经济制裁，并尽快履行两国核框架协议，向朝鲜提供重油。

11 月 16 日，美国特使卡特曼率团抵达平壤，就朝鲜核问题与朝鲜副外长金桂冠继续举行会谈。这是自 1994 年以来，美国访问朝鲜的最高级别的代表团。卡特曼与朝方就朝鲜是否在宁边构筑了地下核设施问题交换看法。此前，美国一直怀疑朝鲜在宁边修建了用于进行地下核试验的设施，并要求实地查看，但朝鲜称宁边地下设施并非用于核试验，并拒绝美方前往。11 月 18 日，在举行 3 天会谈后，朝美核问题谈判没有取得结果而结束。美方没有能得到朝鲜的允许前往宁边地区参观朝鲜地下核设施。据称，朝方在会谈中提出，如果美方执意前往查看，必须支付 3 亿美元的经济补偿。这一要求遭到美方的拒绝。卡特曼 19 日在汉城称，美国有确凿的证据表明，朝鲜在锦川里和宁边地区进行与核试验有关的活动。他还警告称，如果朝鲜不同意美方人员到现场查看，两国在 1994 年达成的核框架协议将有被撕毁的危险。

在 11 月 18 日的记者招待会上，美国务院发言人称，双方决定将举行新一轮会谈，但时间和地点待定。19 日，美国国防部长科恩称，美国将继续向朝鲜施加压力，以迫使其接受对其可疑核设施的检查，并将继续推动美朝核框架协议的落实。

22 日，正在韩国访问的克林顿总统视察了驻韩美军。在视察中，克林顿总统称，朝鲜是令人关注的一大焦点。朝鲜必须遵守不扩散核武器的义务，并警告朝鲜"必须停止核武器计划"。

韩国对朝鲜宁边地下核设施问题表示关注，并认为这将对朝鲜半岛的和平构成威胁。但 11 月 28 日正在日本访问的韩国总理金钟泌则表示，最好是通过外交途径解决这一争端，而不要因为怀疑朝鲜地下核设施问题而将朝鲜逼入绝境，那样会导致朝鲜退出美朝核框架协议。

中国代表阐述中国对裁军问题的立场 1998 年 10 月 14 日，中国裁军大使李长和指出，一个国家只有将自己的安全建立在所有国家的共同安全基础之上，才能得到真正的安全。李长和是在联合国大会第 1 委员会裁军与国际安全一般性辩论中发言时说这番话的。他说，各国相互依存本应成为国际社会不争的共识，但当前冷战思维并未绝迹，南亚核试验就是一个具体表现。同样令人关注的是，一些在冷战时期建立的军事集团和军事联盟，不仅没有随着冷战的结束而消亡，反而在不断扩大和加强。少数国家凭借其经济和科技优势，大力发展影响全球战略平衡与稳定的高精尖武器，并在国际事务中动辄使用或威胁使用武力。这种将本国安全建立在别国不安全基础上的做法，不利于国际形势的进一步缓和，并将对国际军控与裁军努力产生消极影响。

在谈到核裁军问题时，李长和说，中国呼吁拥有最大核武库的两个国家尽早落实它们之间业已达成的核裁军协议，并在此基础上继续大幅度削减其核武库。这样做不仅会对国际和平与安全产生积极影响，而且将为其他核国家早日加入核裁军进程创造有利条件。李长和说，中国作为核国家，既不参加核军备竞赛，也从不回避在核裁军问题上的责任。中国一贯主张全面禁止和彻底销毁核武器,并早已单方面承诺无条件不首先使用核武器,无条件不对无核国家和无核区使用或威胁使用核武器。这些承诺是认真的。中国呼吁尽早谈判缔结全面禁止核武器的国际公约。

李长和指出,中国支持尽早谈判缔结一项禁止生产核武器用裂变材料的国际公约和一项防止外层空间武器化的国际公约。中国一贯支持防止大规模杀伤性武器扩散的国际努力。加强防扩散的国际努力应遵循公平合理的原则,不应实行双重标准,不要以防扩散为名损害其他国家的正当合法权益。中国一贯支持为《禁止生物武器公约》制定切实可行的核查机制,并积极支持生物技术领域的国际合作。中国赞成对地雷进行适当、合理的限制,以保护无辜平民免受地雷的伤害,并决定年内向联合国协助扫雷自愿信托基金认捐10万美元,作为专款用于波黑扫雷行动,还将与联合国有关机构合作,于今后两年在华举办两期扫雷培训班。

(张昌泰)

裁谈会决定谈判缔结"禁产公约"　日内瓦裁军谈判会议经过多年的酝酿和讨论,于 1998 年 8 月 11 日终于决定特设一个委员会,就缔结禁止生产用于核武器或其他核爆炸装置的裂变材料公约(简称"禁产公约")进行谈判。

裁军谈判会议决定谈判缔结禁产公约,是 1996 年缔结《全面禁止核试验条约》后在核裁军领域迈出的又一重要步伐。裁军谈判会议几年前就开始酝酿谈判禁产公约,后因意见分歧导致谈判搁浅。1998 年 5 月印度和巴基斯坦先后进行核试验后,两国在国际社会的强烈反对和压力下,在"禁产"问题上立场有所松动,其他不结盟国家也表现出灵活性,因此各方最终就启动禁产公约谈判问题达成一致。

中国代表团团长李长和大使在裁军谈判会议上发言时说,中国支持谈判缔结一项非歧视性的、多边的和可进行有效国际核查的禁产公约,这一公约应当公正、合理并具有普遍性。但是他指出,就缔结禁产公约来说,决定特设委员会仅仅是在漫长道路上跨出的第 1 步,未来的谈判将是复杂和繁重的。中国愿与其他成员国一道积极参加谈判,共同努力尽早缔结一项好的条约。

(长　生)

1998～1999 年部分新上任军界要人简介

中华人民共和国中央军事委员会委员、中国人民解放军总装备部部长曹刚川　男,汉族,1935 年 12 月生,河南舞阳人,1956 年 7 月加入中国共产党,1954 年 7 月入伍,苏联炮兵军事工程学院毕业,大学文化,上将军衔。

1954 年至 1956 年在解放军南京第 3 炮兵军械技术学校、第 1 军械技术学校学习。1956 年任第 1 军械技术学校教员。1956 年至 1957 年在大连俄语专科学校学习。1957 年至 1963 年在苏联炮兵军事工程学院学习。1963 年至 1969 年任总后勤部军械部弹药处助理员。1969 年至 1975 年任总后勤部装备部兵工处助理员。1975 年至 1979 年任总参谋部装备部综合计划处参谋。1979 年至 1982 年任总参谋部装备部综合计划处副处长。1982 年至 1989 年任总参谋部装备部副部长。1989 年至 1990 年任总参谋部军务部部长。1990 年至 1992 年任军委军品贸易办公室主任。1992 年至 1996 年任解放军副总参谋长。1996 年至 1998 年任国防科学技术工业委员会主任、党委书记。1998 年任解放军总装备部部长、党委书记,中央军事委员会委员。中共第 15 届中央委员。

(任　明)

俄罗斯海军参谋长维·安·克拉夫琴克海军上将　1943 年 12 月 5 日生于斯维尔德洛夫斯克州波格丹诺维奇市。1969 年伏龙芝高级海军学校毕业后分配到黑海舰队任潜艇航海战斗部门长。3 年后任潜艇副艇长。1974 年高级军官专业训练班毕业后任黑海舰队潜艇艇长。1978 年海军学院毕业后任黑海舰队潜艇支队副司令、参谋长。1983 年任潜艇支队司令。从 1984 年起任黑海舰队潜艇总队副司令、司令。1987 年授海军少将军衔,1990 年总参军事学院毕业后任黑海舰队第一副参谋长。1991 年 10 月调任波罗的海舰队第一副司令,1993 年授海军中将军衔。1996 年 2 月任黑海舰队司令,同年授海军上将军衔。1998 年 7 月 4 日任俄罗斯海军第一副总司令兼海军参谋长。曾荣获"为俄罗斯在武装部队服役"三级勋章。克拉夫琴克积极支持俄总统的军队改革计划,认为在目前条件下俄军需要进行多项改革,取消多余的编制,削减不必要的项目,合并营区。极为重视海军军官队伍建设,主张加强人才流动,提拔和使用年轻指挥人员。

(邵俊武)

日本防卫厅长官野吕田芳成 1929年10月出生于秋田县。日本中央大学法律系毕业。曾任日本建设省勤务、文书科科长。1977年7月首次当选参议院议员。1983年12月首次当选众议院议员,之后又4次当选。曾任农林水产政务次官,并于1995年出任农林水产相。历任行政改革特别委员会首席理事,建设、土地问题特别委员会委员长,预算委员会理事,自民党参议院副干事长,政调副会长,自民党副干事长,政调第一副会长,防止金融腐败特别调查委员会会长,税制调查副会长,外交调查副会长等职。1998年11月20日出任国务大臣、防卫厅长官。

日本自卫队参谋长联席会议主席藤绳祐尔 1941年9月22日出生于兵库县。1964年3月从防卫大学毕业后入陆上自卫队,军衔上士。1983年7月升至上校军衔。1985年8月任北部军区防卫科科长,次年8月任第29步兵团团长。1988年3月任陆上自卫队参谋部训练科科长并于次年6月升至少将军衔。1990年3月任中部军区副参谋长。1992年6月任陆上自卫队参谋部人事部长。1994年7月升至中将军衔并任第7师师长,次年6月任陆上自卫队副参谋长。1996年7月任东部军区司令,次年7月任陆上自卫队参谋长,1999年3月31日出任参谋长联席会议主席。

日本陆上自卫队参谋长矶岛恒夫 1941年8月14日出生于兵库县。1965年3月从防卫大学毕业后入陆上自卫队,军衔上士。1984年7月升至上校军衔。1985年8月到陆上自卫队参谋部任职,次年8月任防卫科防卫班长。1988年3月任第4炮兵群司令,次年3月任陆上自卫队参谋部防卫科长。1990年7月升至少将军衔,次年3月任北部军区副参谋长。1993年7月任陆上自卫队参谋部防卫部长。1995年6月升至中将军衔并任第6师师长。1996年7月任陆上自卫队副参谋长,次年7月任北部军区司令,1999年3月31日出任陆上自卫队参谋长。

日本海上自卫队参谋长藤田幸生 1942年11月28日出生于高知县。1965年3月从防卫大学毕业后入海上自卫队,军衔上士。1984年7月升至上校军衔。1985年7月任第121航空队司令。1987年3月任海上自卫队参谋部装备体系科装备体系3班班长,次年12月任第5航空群首席参谋。1989年12月任海上自卫队参谋部防卫科长。1990年7月升至少将军衔,次年7月任第21航空群司令。1993年7月任海上自卫队参谋部防卫部长。1995年6月升至中将军衔并任教育航空集团司令。1996年7月任航空集团司令,次年7月任海上自卫队副参谋长。1999年3月31日出任海上自卫队参谋长。

(于　庭)

以色列国防部长摩西·阿伦斯 1925年出生于立陶宛的科夫诺。其父是一个富有的实业家,也是被视作以色列民族主义右翼分子精神领袖的泽埃夫·亚博京斯基的追随者。1939年,他14岁时逃离日益加剧的纳粹主义风潮,移居美国。在此后20年的大部分时间里,他都生活在那里,积极支持右翼犹太复国运动,并获得了航空工程学的高级学位。在1983～1984年利库德集团当政时曾出任国防部长,在1990～1992年间再次出任国防部长,他以反对结束以色列于1982～1985年间发动的耗资巨大的入侵黎巴嫩行动和在1991年海湾战争期间支持打击伊拉克的强硬态度而闻名。在利库德集团于1992年大选中失败后,他暂时结束了活跃的政治生活。经过7年的半退休生活后,于1999年1月26日再次出任以色列国防部长。

(任　明)

德国联邦总理兼武装力量最高统帅格哈德·施罗德 1944年4月7日出生于德国北威州德特莫尔德市莫森贝格镇一个工人家庭。父亲在他出生后不久阵亡,母亲为抚养他兄妹5人曾当过清洁工。艰苦的生活环境造就了施罗德自立自强的性格。施罗德上的是普通中学,毕业后只能接受职业培训,没有上大学的资格。随后,他一边在瓷器店当学徒,一边坚持上夜校,于1966年通过高级中学考试,进入格廷根大学上夜大,攻读法律,后获得律师资格。1963年,施罗德加入社会民主党。1978年当选为青年社民党主席。1980年首次当选为联邦议院议员,1990年当选为下萨克森州政府总理。在1998年3月的州选举中,施罗德的执政地位随着社民党选票的增加得到进一步巩固。在1998年4月17日召开的社民党特别代表大会上,施罗德正式被推举为该党联邦总理候选人。1998年9月27日,德国社民党在大选中获胜;10月27日,施罗德宣誓就任德国总理。

(任　明)

德国联邦国防部长鲁道夫·沙尔平 1947年12月2日出生于德国莱法州下易北尔特市一个家具推销商家庭。曾在波恩大学就读政治学、社会学和法律学,1974年获硕士学位。1966年加入社民党。1969年至1974年间任社民党青年组织莱法州主席、全国副主席等职。1975年至1994年任莱法州议会议员,其间于1985年9月当选莱法州社民党主席,并于1991年4月领导社民党在州议会选举中击败战后连续执政达44年之久的基民盟,出任莱法州州长。在社民党1993年6月的特别党代会上当选为战后社民党第6任主席,成为该党战后最年青的主席。在同年11月的社民党全国党代会上被推举为1994年联邦议院大选社民党联邦总理候选人,但最终未能当选。1994年后任联邦议院议员。沙尔平任社民党主席职务直至1995年11月,之后仅任社民党联邦议院议会党团主席。1998年10月出任现职。

德国空军监察长罗尔夫·波尔茨中将 1940年10月15日出生于德国不来梅市,信仰基督教新教。1960年高级中学毕业后加入德国联邦国防军,成为喷气式飞机飞行员,历任值勤战斗机驾驶员、标准化小组副组长、基地作战参谋、第3航空师科长、战斗机副联队长、联队长、国防部处长等职。1990年3月12日至1992年9月30日任联邦国防军演习研究局局长。1992年10月1日至1993年9月30日任北约欧洲盟军最高司令部局长。此后任德国北部空军司令部司令,晋升中将军衔。1994年10月1日起任空军副监察长。1998年4月起担任现职。

(魏金晓)

德国海军监察长汉斯·吕佐夫海军中将 生于1942年。1962年应征进海军服役,1965年晋升海军少尉,1966年任潜艇值班军官,1967年在海军士官学校任排级军官,1968年在“德国”号教练舰任鱼雷与反潜勤务排级军官,1969～1975年在潜艇部队先后任潜艇值班军官、潜艇技术军官和潜艇艇长,1975～1977年在联邦国防军指挥学院学习海军总参谋部参谋业务知识,毕业后回海军部队历任第3潜艇大队参谋部作训参谋、联邦国防部海军指挥参谋部参谋、第3潜艇大队司令和潜艇分舰队参谋部作训参谋,1984～1988年在联邦国防军内部指导中心和海军指挥参谋部任职,1988～1991年任潜艇分舰队司令,1991～1993年在海军指挥参谋部任处长,1996～1998年任海军局局长,1998年10月1日起任海军监察长。

(王文昌)

葡萄牙国防部长维加·西蒙 1929年2月13日出生于葡中东部的瓜达市。毕业于科英布拉大学,获物理学和化学学士学位、哲学博士学位。曾在科英布拉大学任副教授、教授。1963～1970年,在莫桑比克的罗伦索·马尔基斯大学任校长。1970～1974年,任葡政府教育部长。1974～1975年,任葡驻联合国大使。1978～1983年,任国家工程和工业研究所所长。1983～1985年,任工农业、能源部长。1985～1992年,再度任国家工程和工业研究所所长。1993～1997年,任葡大学基金会评估理事会主席。1997年11月23日起任现职。

葡萄牙军队总参谋长埃斯比利杜·桑杜上将 1935年10月8日生于圣达玛丽亚。1953年进入陆军学校学习炮兵专业,1959年11月毕业并被授予少尉军衔。历任炮兵连长、葡驻莫桑比克野炮连连长、高炮连连长、安哥拉东部军区处长、陆军高院教官、陆军情报局长、炮兵学校副校长、国防学院计划部主任、葡驻北约军事委员会常驻代表、陆军参谋长办公室主任、后勤总局局长、陆军副参谋长等职。1997年4月晋升上将,出任陆军参谋长。1998年3月16日起任现职。

葡萄牙陆军参谋长安东尼奥·巴伦杜上将 1938年7月23日生于埃斯特雷市。1956年进入陆军军事学院学习骑兵专业,1960年11月毕业并被授予少尉军衔。历任军校教官、军分区副参谋长和代理参谋长、陆军高院教官、陆军参谋部组织处长、骑兵学校副校长和校长、陆军情报局长、陆军高院教务处长、陆军骑兵处长等职。1992年11月出任陆军副参谋长。1995年至1997年任北约欧洲盟军最高司令部参谋长执行助理。1997年7月任陆军参谋长助理,9月任南部军区司令。1998年3月19日起任现职。

葡萄牙海军参谋长维埃拉·马蒂亚斯海军上将 1939年7月9日出生于莫斯港。1957年进入海军学校学习,1961年10月毕业并被授予中尉军衔。1968～1970年,任驻几内亚比绍第13海军陆战队队长。1971年任海军学校炮兵教官和海军火药研究所所长。1976～1978年任海军陆战队司令。1978～1982年任海防司令、波尔蒂芒港和拉戈斯港司令。1985年7月任海军参谋部作战部长。1990年2月任海军副参谋长。1994年2月任海军总监。1995年5月任北约伊比利亚大西洋司令部司令。1997年4月起任现职。

葡萄牙空军参谋长曼努埃尔·阿尔瓦伦加上将 1940年3月出生。1958年入军事学院学习,1962年毕业并被授予少尉军衔。1963～1968年和1971～1973年,曾两度在安哥拉参战。历任空军飞行员、飞行教官、飞行中队长、大队长、基地司令、空军参谋部情报局长、北约欧洲盟军最高司令部演习和分析局局长、空军参谋部作战部副部长和亚速尔空军司令。1990年3月晋升中将,任空军作战部部长。1992年任总参谋长作战助理。1994年4月～1997年7月,任葡驻北约军事使团团长、北约军事委员会和西欧联盟军事代表。1997年8月任空军总监。1998年3月19日起任现职。

（商景洲）

西班牙陆军参谋长阿方索·帕尔多·德桑塔亚纳·伊科洛马上将 1936年出生于西北部城市巴利亚多利德市。在葡萄牙里斯本市和西班牙巴斯克大区首府维多利亚市完成中学学业后，于1952年人军事学院学习。曾先后在美国战役炮兵学校（俄克拉何马州）、第1装甲师（路易斯安那州）和防空炮兵中心（得克萨斯州）进修和工作。1957年在纳瓦拉第46炮兵团任职。1962年在西班牙空军四风基地获直升机驾驶员证书。1975年参谋培训结业。1981年赴美国指挥与参谋学院（堪萨斯州）进修，后在西驻美武官处工作。1984年调陆军参谋部合作与计划局工作。1988年任陆军空运旅旅长。之后曾在布鲁塞尔、罗马及德国参加北约将官、欧洲盟军高级指挥官培训。1992年晋升中将、任陆军第二参谋长，参与制定和实施陆军改革计划。1995年晋升上将，任东部军区司令。1997年8月东部军区撤销后，任陆军机动部队司令。1998年9月28日就任陆军参谋长。

（商景洲）

瑞士联邦主席兼武装力量统帅露特·德赖富斯女士 1940年1月9日出生于瑞士圣加仑州恩丁根镇一个犹太商人家庭。1942年随父母移居伯尔尼。1945年移居日内瓦。1958年从日内瓦商业专科学校毕业后在提契诺州一家旅馆当秘书。1961年至1964年在巴塞尔瑞士消费协会《协作》周刊当编辑记者。1965年加入社民党，1965年至1970年在日内瓦大学学习经济学，获经济学士学位。毕业后任该校经济和社会学助教。1972年至1981年在联邦外交部发展合作与人道援助中心工作。此后长期从事工会工作。1989年至1992年担任伯尔尼市政委员。1993年3月10日当选瑞士历史上第100位联邦委员和第2位女联邦委员，4月1日起任联邦内政部长。1997年12月被选为联邦委员会副主席。1998年12月8日，被联邦议会选举为1999年度联邦主席。1999年1月1日，正式担任联邦委员会主席兼内政部长，成为瑞士历史上第1位女国家元首。

瑞士军队总参谋长汉斯—乌尔里希·舍雷尔中将 1942年出生于瑞士圣加仑州特根堡镇一个乡村医生家庭，23岁时成为职业军官。曾任山地步兵教官、军校校长助理、步兵营长、步兵团长和联邦步兵局参谋长等职，在此期间先后赴德国、美国及瑞士等地军事院校进修。1986年任山地步兵学校校长，1989年任总参谋部军队计划局局长，1990年任第7野战师师长并晋升少将。1998年1月1日起担任现职，同时晋升中将。

（魏全晓）

阿尔巴尼亚国防部长卢安·哈伊达拉加 1948年8月2日生于地拉那。毕业于布加勒斯特大学，获心理学博士学位，在地拉那教育研究所工作达20年之久，任科研员、所长等职。自1992年起，任社会党议员，担任过议会新闻委员会副主席，治安和情报委员会副主席、主席等职。1998年4月被任命为阿国防部长。

哈发表过多部专著，懂英语、意大利语和罗马尼亚语。

（潘海澜）

克罗地亚国防部长帕瓦奥·米利亚瓦茨 1953年4月3日生于克罗地亚卡尔洛瓦茨省的马莱蒂奇。毕业于萨格勒布大学纺织化学系，懂英文。战前为私人企业主。1990年加入克内务部反恐怖部队，尔后加入克军。1991年10月～1992年10月任克军第137旅旅长，1992年5月晋升上校；1992年10月～1993年5月任卡尔洛瓦茨战区参谋长，1993年6月～1994年7月任卡尔洛瓦茨军区司令，1994年5月晋升少将；1994年8月～1996年4月任总参谋长助理，1996年5月任副总参谋长并晋升中将；1996年11月～1998年10月任总参谋长。1998年10月15日，接替辞职的前国防部长安·海布朗格出任国防部长。曾于1998年4月以总参谋长身份访华。

克罗地亚军队总参谋长达沃尔·多马泽特海军中将 1948年5月1日生于克罗地亚的西涅。1971年毕业于前南人民军海军学院。1984年又以优异的成绩从前南人民军指挥参谋学院毕业。1987年之前，一直从事反潜和反导弹研究，曾在前南人民军海军担任过多个舰种的舰长。1987年1月～1990年9月，任前南人民军海军情报部长。1990年9月～1991年5月在贝尔格莱德国防大学学习战略学。1991年6月志愿加入克军，并在近卫军司令部任职。1992年2月起，任克军事战略研究中心主任。1992年12月～1996年10月任克军总参情报部部长。1996年11月升任副总参谋长。1998年5月晋升为海军中将，同年10月15日被任命为克军总参谋长。

多系前南人民军军官，经过正规军事院校培训，长期从事军事理论和战略研究，具有丰富的军事知识和深厚的理论功底，发表过许多学术研究文章。

（潘海澜）

南非总统兼武装力量统帅塔博·姆贝基 1942年6月18日出生在南非现东开普省特兰斯凯地区乌姆塔塔一个科萨族家庭。其父是非国大老一辈领导人和思想家，其母也是一位非国大老党员。由于受家庭的影响，他从小就立志为黑人解放而斗争。

1960年，非国大被禁止后，姆贝基流亡国外开展反对南非种族主义政权的斗争。他曾作为非国大代表先后在英国、博茨瓦纳、尼日利亚和赞比亚等国建立非国大办事处，筹划和组织了这一时期非国大在海外许多重大活动。

1970年，姆贝基赴苏联接受军事训练，1975年被选为非国大执委会成员，1984年任非国大新闻和宣传书记，1989年任非国大外事部主任。

曼德拉1990年出狱后，姆贝基结束了28年流亡生活回到了南非。当年，他作为非国大代表团团长同德克勒克白人政府进行秘密会谈。这些会谈最终促成了南非1994年4月举行的首次不分种族的全国大选。他在南非和平民主进程中所表现的才能和发挥的作用受到普遍好评。

1993年8月，姆贝基当选为非国大全国主席，1994年5月出任南非民主政府第一副总统，同年12月当选为非国大副主席，1997年12月接替曼德拉当选为非国大主席。1999年6月16日就任南非总统兼武装力量统帅。

（任　明）

尼日利亚国家元首兼武装部队总司令、国防部长阿布巴卡尔上将　1942年6月出生，伊斯兰教徒。早年就读于比达省立中学和卡杜纳技术学院，1982年在尼海军研究生院学习。1967年起先后任排长、连长、营长、师长助理、防务学院教务长。1984年1月至1986年9月任第3机械化旅旅长、第9机械化旅旅长。1988年10月至1990年1月任陆军第82师师长。1990年11月任第1机械化师师长。1991年10月晋升为少将，同时任陆军政策与计划部部长。1993年12月任尼国防参谋长。1998年6月9日起任现职。

（周长鹏）

1998年中外军事交往

●1998年1月9～16日，塔吉克斯坦共和国国防部长海鲁洛耶夫中将偕夫人一行5人，应中央军委副主席、国务委员兼国防部长迟浩田上将邀请，对中国进行正式友好访问。迟副主席主持欢迎仪式，并举行欢迎宴会。双方进行了会谈，签署了《中华人民共和国国防部和塔吉克斯坦共和国国防部合作意向备忘录》。国家副主席荣毅仁会见了来访的海鲁洛耶夫中将一行。中央军委委员、总参谋长傅全有上将会见并宴请，副总参谋长吴铨叙中将参加了有关活动。代表团访问了北京、上海、厦门，参观了国防大学、陆军步兵和装甲部队及经济技术开发区，游览了名胜古迹。

●1998年1月17～20日，美国国防部长科恩一行27人，应中央军委副主席、国务委员兼国防部长迟浩田上将邀请，对中国进行正式友好访问。迟副主席主持欢迎仪式，并举行欢迎宴会，双方进行了会谈。国家主席、中央军委主席江泽民，国务院副总理兼外交部长钱其琛，中央军委副主席张万年上将，军委委员、总参谋长傅全有上将，军委委员、总后勤部部长王克上将等分别会见了科恩一行。访问期间，中美两国国防部长正式签署了《中美建立加强海上军事安全磋商机制协定》。副总参谋长熊光楷中将、海军司令员石云生中将、空军司令员刘顺尧中将、军事科学院院长刘精松上将、国防大学校长邢世忠中将、北京军区司令员李新良中将等有关单位的领导同志参加了上述活动。科恩在军事科学院发表了题为“关于亚太形势和美国的亚太战略”的演讲。

●1998年1月22～27日，俄罗斯联邦军事总监、国防委员会秘书科科申和夫人一行7人，应中央军委副主席、国务委员兼国防部长迟浩田上将邀请，对中国进行正式友好访问。国务院总理李鹏、中央军委副主席张万年上将分别会见了科科申一行。迟副主席会见并举行欢迎宴会。访问期间，科与公安部长陶驷驹、国家安全部长贾春旺进行了工作会谈。国务院外办主任刘华秋、副总参谋长吴铨叙中将、国防科工委主任曹刚川中将分别参加有关活动。代表团访问了北京、青岛、济南，参观了海军基地，游览了名胜古迹。

●1998年2月3～19日，中央军委副主席、国务委员兼国防部长迟浩田上将一行18人，应日本、新西兰、澳大利亚3国国防部长和斐济政府与军队邀请，对上述4国进行正式友好访问。4国政府和军队十分重视此访，均给予隆重、热情的接待。访日期间，与防卫厅长官久间章生举行了会谈，会见了桥本首相、小渊惠三外相，以及防卫厅、参联会、陆海空自卫队领导人，还会见了自民党干事长、政调会长、议会议员、民间友好人士和有影响的政治家，与各界人士进行了广泛的接触，在日防卫研究所作了题为“中国的国防政策”的演讲并回答了问题。访斐期间，会见了总统兼武装力量总司令马拉、司法与内务部部长马努埃利等斐政府领导人，与斐武装部队司令加尼苏准将举行了会谈。访新期间，会见了新总理希普利和外交贸易部长麦金农等政府要员，与新国防部长布拉德福德、国防部秘书长汉斯莱和国防军司令伯克斯等军队高级领导人进行了会见或会谈。访澳期间，会见了澳总理霍华德、外交部长唐纳，与国防部长麦克拉克伦举行了会谈，国防部秘书长巴拉特、国防军司令贝克、国防部副秘书长怀特等军方高级官员出席为中方举行的活动。迟副主席在澳国防战略研究院发表了关于“中国的国防政策”的演讲。迟副主席一行参观了4国陆、海、空三军武装部队和院校等军事项目。

●1998年2月2～18日，荷兰国防参谋长范登布雷蒙上将偕夫人一行5人，应中央军委委员、总参谋长傅全有上将邀请，对中国进行正式友好访问。傅总长主持欢迎仪式，并举行欢迎宴会，双方进行了会谈。中央军委副主席张万年上将会见范一行。荷兰客人访问了北京、青岛和广州，参观了国防大学和陆、海、空军部队及工厂企业，游览了风景名胜。

●1998年2月27日～3月7日，比利时陆军参谋长罗杰·马斯中将偕夫人一行6人，应总参谋部邀请，对中国进行正式友好访问。副总参谋长熊光楷中将主持欢迎仪式，并举行欢迎宴会，双方进行了会谈。中央军委委员、总参谋长傅全有上将会见并宴请。马斯中将一行访问了北京、西安、南京、上海，参观了陆军部队和院校及经济建设项目，游览了名胜古迹。

●1998年3月1～9日，巴基斯坦海军参谋长布哈利上将偕夫人一行4人，应海军司令员石云生中将邀请，对中国进行正式友好访问。石司令员在海军司令部主持欢迎仪式，与布进行会谈，并举行欢迎宴会。中央军委副主席、国务委员兼国防部长迟浩田上将，中央军委委员、总参谋长傅全有上将分别会见布哈利上将一行。巴基斯坦客人访问了北京、青岛、上海、西安和桂林，参观了海军基地、舰艇部队和造船厂，游览了风景名胜。

●1998年3月3～19日，空军司令员刘顺尧中将一行5人，应智利空军总司令罗哈斯上将、巴西空军部长洛博上将和阿根廷空军总参谋长蒙特内格罗上将邀请，对上述3国进行正式友好访问。智利国防部长，阿根廷国防部长、三军联合参谋长，巴西空军部长等分别会见刘司令员一行。代表团参观了3国空军航空兵部队、院校、指挥控制中心、航空和航天科研工业部门等。

●1998年3月7～12日，贝宁国防部长阿乔维偕夫人一行3人，应中央军委副主席、国务委员兼国防部长迟浩田上将邀请，对中国进行正式友好访问。迟副主席主持欢迎仪式，并举行欢迎宴会，双方进行了会谈。阿乔维部长一行访问了北京、秦皇岛、广州和厦门，参观了空军航空兵部队和工厂企业。游览了名胜古迹。

●1998年3月11～14日，新加坡海军“刚毅”号坦克登陆舰，应邀对中国上海进行友好访问。随舰来访官兵185人。东海舰队上海基地举行了迎送仪式。上海市政府、海军上海基地等有关领导同志会见了新舰指挥官，中新两国海军举行了体育比赛。访问期间，新舰官兵游览了上海市容。

●1998年3月23～27日，委内瑞拉武装力量联合参谋长萨拉萨尔中将一行3人，应中央军委委员、总参谋长傅全有上将邀请，对中国进行正式友好访问。傅总长主持欢迎仪式，会见并宴请萨一行。中央军委副主席、国务委员兼国防部长迟浩田上将会见。副总参谋长钱树根中将参加上述活动。萨一行访问了北京、天津，参观了陆军、空军部队和经济建设项目。

●1998年3月25～28日，日本陆上自卫队参谋长藤绳祐尔上将偕夫人一行5人，应总参谋部邀请，对中国进行正式友好访问。副总参谋长熊光楷中将主持欢迎仪式，并举行欢迎宴会，双方进行会谈。中央军委副主席、国务委员兼国防部长迟浩田上将，中央军委委员、总参谋长傅全有上将分别会见藤绳祐尔上将一行。日本客人访问了北京、济南，参观了中国人民解放军陆军部队，游览了名胜古迹。

●1998年3月30日～4月4日，坦桑尼亚国防军司令姆博马上将偕夫人一行7人，应中央军委委员、总参谋长傅全有上将邀请，对中国进行正式友好访问。傅总长主持欢迎仪式，并举行欢迎宴会，双方进行了会谈。中央军委副主席、国务委员兼国防部长迟浩田上将会见姆博马上将一行。坦桑尼亚客人访问了北京、石家庄、上海和深圳，参观了陆、海、空军部队和军事院校及经济建设项目，游览了名胜古迹。

●1998年3月30日～4月10日，中央军委委员、总后勤部部长王克上将一行12人，应邀对美国进行友好访问。访美期间，王克部长会见了美国防部长科恩、太平洋总部司令普吕厄将军等美军领导人，访问了纽约、华盛顿、乔治亚、里士满、圣迭戈、夏威夷等地，比较系统地考察了美军后勤情况。

●1998年3月30日～4月16日，副总参谋长吴铨叙中将率中国人民解放军军事代表团一行5人，应邀对土耳其、巴林、阿曼、卡塔尔4国进行正式友好访问。访土期间，副总理兼国防部长塞兹金，武装部队总参谋长卡拉达耶上将，海军参谋长厄奈克中将、空军参谋长阿斯帕鲁克中将分别代表海、空军司令会见，与土军第二总参谋长比尔上将举行了会谈。访巴期间，巴代理国家元首、王储兼武装部队总司令哈迈德·阿勒哈利法、首相哈利法、国防大臣兼武装部队副总司令艾哈迈德等分别会见。巴首相会见时，外交、国防、交通3位大臣和首相府秘书长等陪同。访阿期间，阿国防事务大臣巴德尔、总参谋长哈米斯·卡勒巴尼中将、陆军司令阿里少将和海军、空军副司令等分别会见。访卡期间，卡军队参谋长哈马德准将、海军司令纳赛尔准将、空军司令阿里准将等分别会见。代表团参观了4国陆、海、空三军部队、军事院校和国家或军事博物馆等。

●1998年4月5～10日，乌克兰国防部长亚·库兹姆克上将偕夫人一行15人，应中央军委副主席、国务委员兼国防部长迟浩田上将邀请，对中国进行正式友好访问。迟副主席主持欢迎仪式，并举行欢迎宴会，双方进行会谈。国家主席、中央军委主席江泽民会见库兹姆克上将一行。副总参谋长熊光楷中将、国务院外办主任刘华秋等参加有关活动。乌克兰客人访问了北京、大连、上海，瞻仰了毛主席遗容，向人民英雄纪念碑献了花圈；参观了国防大学、海军基地和经济技术开发区，游览了风景名胜。

●1998年4月7～14日，吉尔吉斯斯坦共和国武装力量总参谋长托波耶夫少将偕夫人一行6人，应中央军委委员、总参谋长傅全有上将邀请，对中国进行正式友好访问。傅总长主持欢迎仪式，并举行欢迎宴会，双方进行会谈。中央军委副主席、国务委员兼国防部长迟浩田上将会见并设宴款待托波耶夫少将一行。副总参谋长钱树根中将参加上述活动。托一行访问了北京、石家庄、三亚、乌鲁木齐，参观了陆军部队、军事院校及经济建设项目，游览了名胜古迹。

●1998年4月8日～5月27日，海军113号导弹驱逐舰、82号训练舰和南运953号补给船、共676名官兵组成的舰艇编队，由海军北海舰队副参谋长韩芳润少将担任出访舰艇编队指挥员，应邀对新西兰、澳大利亚、菲律宾3国进行友好访问。出访历时48天，总航程13099海里，圆满完成了首访大洋洲和参加菲独立及海军成立100周年庆典任务。新海军参谋长威尔逊少将、海上司令部司令麦克哈菲准将；澳海上司令部司令里奇少将和澳战区司令康诺利陆军少将；菲国防部长阿巴特、菲军总参谋长马利安诺上将、菲海军司令桑托斯中将等分别会见中国舰艇编队指挥员。出访官兵与上述3国海军官兵举行了文体活动，参观了3国海军舰艇，与当地华人、华侨举行了联欢，并组织参观中国出访舰艇。

●1998年4月19～24日，克罗地亚军队总参谋长米利亚瓦茨中将偕夫人一行8人，应中央军委委员、总参谋长傅全有上将邀请，对中国进行正式友好访问。傅总长主持欢迎仪式，并举行欢迎宴会，双方进行了会谈。中央军委副主席、国务委员兼国防部长迟浩田上将会见米利亚瓦茨中将一行。代表团访问了北京、南京、上海，参观了陆、海、空军部队和军事院校，游览了名胜古迹。

●1998年4月19～26日，纳米比亚国防部长恩吉姆蒂纳偕夫人一行4人，应中央军委副主席、国务委员兼国防部长迟浩田上将邀请，对中国进行正式友好访问。迟副主席主持欢迎仪式，并举行欢迎宴会，双方进行了会谈。全国人大常委会委员长李鹏会见来访的恩吉姆蒂纳一行。副总参谋长熊光楷中将参加上述活动。恩一行访问了北京、南京、上海，参观了陆、海、空军部队和军事院校及经济建设项目，游览了名胜古迹。

●1998年4月26日～5月2日，澳大利亚陆军司令桑德森中将偕夫人一行4人，应总参谋部邀请，对中国进行正式友好访问。副总参谋长钱树根中将主持欢迎仪式，并举行欢迎宴会。中央军委副主席、国务委员兼国防部长迟浩田上将会见桑德森中将一行。澳大利亚客人访问了北京、西安、桂林、广州、深圳，参观了陆军装甲部队、军事院校和经济建设项目。桑在桂林陆军学院发表了题为"澳大利亚战略政策"的演讲。

●1998年4月26日～5月17日，中央军委委员、总参谋长傅全有上将一行9人，应邀对印度、奥地利、捷克和西班牙进行正式友好访问。访印期间，印总理瓦杰帕依、国防部长费尔南德斯分别会见，傅总长与印陆军参谋长马利克上将、海军参谋长巴格瓦特上将和参谋长委员会主席兼空军参谋长沙林上将分别进行会谈。访奥期间，奥国防部长法斯尔阿本德会见，奥军总监麦岑上将举行欢迎仪式，双方举行会谈。访捷期间，捷军总长谢迪维中将主持欢迎仪式，双方进行会谈；捷国防部长洛博科维茨会见。访西期间，西国防参谋长巴尔德拉斯上将主持欢迎仪式，双方进行会谈；西副首相拉托、国防大臣塞拉分别会见。傅总长一行参观了4国陆、海、空军部队和院校等军事项目。

●1998年5月1～5日，日本防卫厅长官久间章生偕夫人一行16人，应中央军委副主席、国务委员兼国防部长迟浩田上将邀请，对中国进行正式友好访问。迟副主席主持欢迎仪式，并举行欢迎宴会，双方进行了会谈。国务院总理朱镕基、外交部长唐家璇分别会见久间章生一行。久间章生在国防大学就日本的防卫政策发表演讲。国务院外办主任刘华秋，副总参谋长吴铨叙中将、副总参谋长熊光楷中将、南京军区司令员陈炳德中将、国防大学校长邢世忠中将分别参加上述有关活动。日本客人访问了上海、西安、北京，参观了陆军部队、海军基地、空军院校和经济建设项目,游览了名胜古迹。

●1998 年 5 月 2～11 日,中央军委委员、总政治部主任于永波上将一行 10 人,应邀对古巴和墨西哥进行正式友好访问。在古巴,于主任分别会见国务委员会副主席马查多、党中央国际部长巴拉格尔、革命武装力量部第一副部长卡萨斯,以及古共中央政治局委员和军队总参谋长、总政主任等重要领导人,古革命武装力量部长劳尔·卡斯特罗提前结束在外地的活动,赶到机场会见代表团。在墨西哥,墨国防部举行隆重的欢迎仪式,国防部长塞万提斯上将、海军部长洛伦索上将等分别会见。于主任一行参观了两国武装部队和军事院校等项目。

●1998 年 5 月 2～15 日,尼日利亚临时执政委员会委员、海军参谋长阿基格比少将一行 8 人,应海军司令员石云生中将邀请,对中国进行友好访问。石司令员主持介绍海军情况,双方进行会谈,并举行欢迎宴会。中央军委副主席、国务委员兼国防部长迟浩田上将会见阿基格比少将一行。代表团访问了北京、青岛、上海和湛江,参观了海军舰艇部队和造船厂等工业部门。

●1998 年 5 月 4～7 日,美国空军参谋长瑞安上将一行 8 人,应空军司令员刘顺尧中将邀请,对中国进行正式友好访问。刘司令员在空军司令部举行欢迎仪式,主持介绍空军情况,并举行欢迎宴会。中央军委副主席、国务委员兼国防部长迟浩田上将会见瑞安一行。美国客人访问了北京、广州,参观了航空兵部队和空军院校。瑞安在空军指挥学院发表题为"美国空军 21 世纪发展战略"的演讲。

●1998 年 5 月 9～14 日,意大利国防学院院长索莱尼中将率该院代表团一行 67 人,应国防大学邀请,对中国进行友好访问。副总参谋长钱树根中将会见索莱尼院长一行。国防大学副校长胡长发少将为该团访华举行欢迎宴会。代表团访问了北京、上海,参观了国防大学、陆军部队、海军基地和经济建设项目,游览了风景名胜。

●1998 年 5 月 17～23 日,德国联邦国防军总监察长巴格尔上将偕夫人一行 4 人,应中央军委委员、总参谋长傅全有上将邀请,对中国进行正式友好访问。傅总长主持欢迎仪式,并举行欢迎宴会,双方进行会谈。中央军委副主席、国务委员兼国防部长迟浩田上将会见巴格尔上将一行。副总参谋长熊光楷中将参加上述活动。巴一行访问了北京、成都、南京、上海,参观了部队和院校及经济建设项目,游览了名胜古迹。

●1998 年 5 月 21～14 日,印度尼西亚空军参谋长杜巴古斯上将一行 4 人,应空军司令员刘顺尧中将邀请,对中国进行正式友好访问。刘司令员在空军司令部主持欢迎仪式,主持介绍空军情况,并举行欢迎宴会。中央军委副主席、国务委员兼国防部长迟浩田上将会见杜巴古斯上将一行。因国内原因,杜提前结束访华回国。

●1998 年 5 月 24～30 日,波兰军队总参谋长舒姆斯基上将一行 6 人,应中央军委委员、总参谋长傅全有上将邀请,对中国进行正式友好访问。傅总长主持欢迎仪式,并举行欢迎宴会,双方进行会谈。中央军委副主席、国务委员兼国防部长迟浩田上将会见舒一行。副总参谋长钱树根中将参加上述活动。代表团访问了北京、西安、上海,参观了部队和院校及经济建设项目,游览了名胜古迹。

●1998 年 5 月 26～29 日,菲律宾共和国国防部长阿巴特偕夫人一行 8 人,应中央军委副主席、国务委员兼国防部长迟浩田上将邀请,对中国进行正式友好访问。迟副主席主持欢迎仪式,会见并宴请阿一行。副总参谋长熊光楷中将参加有关活动。阿一行访问了北京、上海,参观了国防大学和部队以及经济技术开发区,游览了风景名胜。

●1998 年 5 月 26 日～6 月 1 日,朝鲜人民军总政治局副局长池永春中将率友好参观团一行 7 人,应邀对中国进行友好访问。中央军委副主席、国务委员兼国防部长迟浩田上将会见池永春中将一行。副总参谋长熊光楷中将和总政治部副主任袁守芳中将分别会见并宴请。代表团访问了北京、南京、上海、大连,向毛主席纪念堂献了花篮,参观了陆军装甲部队和军事院校、军事博物馆及工农业项目。

●1998 年 5 月 30 日～6 月 6 日,白俄罗斯国防部长亚·丘马科夫上将偕夫人一行 10 人,应中央军委副主席、国务委员兼国防部长迟浩田上将邀请,对中国进行正式友好访问。迟副主席主持欢迎仪式,并举行欢迎宴会,双方进行会谈。国务院总理朱镕基会见丘马科夫上将一行。军委委员、总装备部部长曹刚川上将、副总参谋长钱树根中将参加上述活动。丘一行访问了北京、西安、上海、深圳,在国防大学就"白俄罗斯军事政策和改革及干部培训"等问题发表演讲,向人民英雄纪念碑献了花圈,参观了部队、院校和经济技术开发区,游览了名胜古迹。

●1998 年 5 月 31 日～6 月 13 日,比利时皇家高等国防学院院长马托少将率该院代表团一行 74 人,应邀对中国进行友好访问。副总参谋长熊光楷中将会见马托院长一行。代表团访问了北京、西安、上海、桂林和昆明,参观了国防大学、装甲部队、海军基地和飞机制造公司,游览了风景名胜。

●1998 年 6 月 3～8 日,加拿大海军导弹护卫舰

"温哥华"号和补给油船"保护者"号组成的舰艇编队，在加海军太平洋舰队司令巴克少将率领下，对中国上海进行友好访问，随舰来访官兵 452 人。海军上海基地举行欢迎仪式，东海舰队、上海市政府有关领导接受加海军指挥官拜会。中加两国海军举行了文体活动，加海军官兵游览了上海市容。

●1998 年 6 月 5～12 日，芬兰国防军司令黑格龙德上将偕夫人一行 9 人，应中央军委委员、总参谋长傅全有上将邀请，对中国进行正式友好访问。傅总长主持欢迎仪式，并举行欢迎宴会，双方进行会谈。中央军委副主席张万年上将，中央军委副主席、国务委员兼国防部长迟浩田上将分别会见黑格龙德上将一行。芬兰客人访问了北京、大连、广州，参观了陆、海、空军部队和军事院校及经济技术开发区，游览了风景名胜。

●1998 年 6 月 7～14 日，缅甸空军司令觉丹少将一行 10 人，应空军司令员刘顺尧中将邀请，对中国进行正式友好访问。刘司令员在空军司令部举行欢迎仪式，并举行欢迎宴会，主持介绍空军情况。中央军委副主席、国务委员兼国防部长迟浩田上将，副总参谋长隗福临中将分别会见觉丹少将一行。缅甸客人访问了北京、西安、成都、广州，参观了空军航空兵部队、军事院校和工厂企业，游览了风景名胜。

●1998 年 6 月 7～15 日，毛里塔尼亚国民军参谋长布克莱斯上校一行 5 人，应中央军委委员、总参谋长傅全有上将邀请，对中国进行正式友好访问。傅总长主持欢迎仪式，并举行欢迎宴会，双方进行会谈。中央军委副主席、国务委员兼国防部长迟浩田上将会见。布克莱斯一行访问了北京、成都、上海，参观了陆、空军部队和军事院校及军工企业等，游览了名胜古迹。

●1998 年 6 月 9～15 日，越南国防部长范文茶上将率越高级军事代表团一行 14 人，应中央军委副主席、国务委员兼国防部长迟浩田上将邀请，对中国进行正式友好访问。迟副主席主持欢迎仪式，并举行欢迎宴会，双方进行会谈。中共中央总书记、国家主席、中央军委主席江泽民会见了范文茶上将及代表团全体成员。中央军委委员、总参谋长傅全有上将也会见了范文茶一行。副总参谋长熊光楷中将，总政治部副主任周子玉上将、副主任袁守芳中将等分别参加有关活动。代表团访问了北京、济南、上海、成都，向人民英雄纪念碑献了花圈，参观了部队和院校以及经济技术开发区，游览了名胜古迹。

●1998 年 6 月 10～18 日，秘鲁武装力量联合指挥部主席兼陆军司令埃尔莫萨上将一行 4 人，应中央军委委员、总参谋长傅全有上将邀请，对中国进行正式友好访问。傅总长主持欢迎仪式，会见并宴请埃一行。中央军委副主席、国务委员兼国防部长迟浩田上将会见并设宴款待秘鲁客人。副总参谋长熊光楷中将参加上述活动。埃一行访问了北京、西安、杭州、上海等地，参观了国防大学和陆、海、空军部队及经济建设项目，游览了名胜古迹。

●1998 年 6 月 13～23 日，法国三军防务学院院长德隆戈海军少将率领该院代表团 116 人，应邀对中国进行友好访问。副总参谋长熊光楷中将会见德隆戈院长一行。代表团访问了北京、西安、上海，参观了国防大学、装甲部队及工业部门，游览了名胜古迹。

●1998 年 6 月 16～23 日，哈萨克斯坦共和国武装力量总参谋长叶尔塔耶夫少将偕夫人一行 8 人，应中央军委委员、总参谋长傅全有上将邀请，对中国进行正式友好访问。傅总长主持欢迎仪式，并举行欢迎宴会，双方进行会谈。中央军委副主席张万年上将，中央军委副主席、国务委员兼国防部长迟浩田上将分别会见叶尔塔耶夫少将一行。副总参谋长熊光楷中将参加上述活动。叶一行访问了北京、南京、上海、乌鲁木齐，参观了部队和院校及工业部门，游览了名胜古迹。

●1998 年 6 月 17～24 日，南京军区政治委员方祖歧上将率中国人民解放军军事代表团一行 5 人，应邀对加纳、尼日尔进行友好访问。访加期间，代表团拜会了加总统罗林斯、外交部长贝霍，国防部长伊德里苏、安全部长夸基、陆军司令史密斯少将等分别会见。访尼期间，尼总统迈纳萨拉会见并与代表团进行了亲切交谈。尼国防部长东卡拉、尼军总参谋长杰尔马科耶上校、宪兵司令唐果上校分别会见。代表团参观了加、尼两国武装部队和军事院校及其他项目。

●1998 年 6 月 21 日～7 月 4 日，副总参谋长隗福临中将率中国人民解放军军事代表团一行 5 人，应邀对苏里南、委内瑞拉、厄瓜多尔和哥伦比亚 4 国进行友好访问。访苏期间，苏总统韦登博斯会见，国防部长潘代、国防部参谋长布伦芬、武装部队司令塞德内、总参谋长亚纳斯、陆军司令吉拉尔德、海空军司令德梅斯分别会见或会谈。访委期间，委总统卡尔德拉、国防部长曼利奥·林孔海军中将、武装力量总监莱昂中将、武装力量联合参谋长萨拉萨尔中将等分别会见。访厄期间，厄国防部长里卡乌德退役中将、武装力量联合指挥部司令杜兰上将、国防部副部长门多萨中将以及陆、海、空军司令等分别会见。访哥期间，哥总统桑佩尔、国防部长埃切维利分别会见，武装部队总司令博内特上将举行欢迎宴会，联合参谋长阿德拉达上将到机场迎送。代表团参观了苏、委、厄、哥 4 国武装部队、军事院校等项目。

●1998 年 6 月 22～27 日，泰国陆军司令彻他·他那扎洛上将一行 22 人，应总参谋部邀请，对中国进行友好访问。副总参谋长熊光楷中将主持欢迎仪式，并举行欢迎宴会。中央军委副主席、国务委员兼国防部长迟浩田上将,中央军委委员、总参谋长傅全有上将分别会见彻他上将一行。泰国客人访问了北京、包头、西安、广州,参观了陆军院校和工厂企业,游览了风景名胜。

●1998 年 6 月 26 日～7 月 10 日,总后勤部政治委员周坤仁中将率中国人民解放军友好参观团一行10 人,应邀对波兰、捷克、斯洛伐克进行友好访问。访波期间,波国防部第一副部长舍莱米耶捷夫和波军总参谋长舒姆斯基上将分别会见,陆军司令扎莱夫斯基上将主持介绍波陆军情况并设宴款待。访捷期间,捷国防部第一副部长诺沃提尼和捷军总参谋长谢迪维中将分别会见,捷军后勤副司令利克举行欢迎宴会。访斯期间,斯国防部第一副部长盖多什会见,后勤部长比尔奇克少将会见并介绍斯军后勤情况。代表团参观了波、捷、斯 3 国武装部队、军事院校、后勤军需和医疗卫生等项目。

●1998 年 6 月 28 日～7 月 6 日,比利时空军参谋长范亥克中将偕夫人一行 5 人,应空军司令员刘顺尧中将邀请,对中国进行正式友好访问,刘司令员在空军司令部举行欢迎仪式,主持介绍空军情况,并举行欢迎宴会。中央军委委员、总参谋长傅全有上将会见范一行。比利时客人访问了北京、杭州、西安、石家庄、沧州,参观了空军航空兵部队、院校和训练中心及经济建设项目,游览了名胜古迹。

●1998 年 6 月 29 日～7 月 6 日,爱沙尼亚国防部长安·约维尔一行 8 人,应中央军委副主席、国务委员兼国防部长迟浩田上将邀请,对中国进行正式友好访问。迟副主席主持欢迎仪式,并举行欢迎宴会,双方进行会谈。国家副主席胡锦涛会见约维尔一行。副总参谋长吴铨叙中将参加上述活动。爱沙尼亚客人访问了北京、天津、杭州和上海,参观了国防大学和陆、海、空军部队及经济建设项目,游览了风景名胜。

●1998 年 7 月 3～6 日,由泰王国海军“达信”号和“玛古·拉查古曼”号护卫舰组成的训练舰艇编队,在泰王国皇家海军学院参谋长披拉萨·瓦差拉木海军少将率领下,应邀对中国上海进行友好访问,随舰来访官兵 500 人。访问期间,海军上海基地、上海市政府有关领导分别会见来访舰艇编队主要人员。中泰海军足球队进行了友谊赛,泰舰官兵参观了造船厂等项目,游览了上海市容。

●1998 年 7 月 5～11 日,玻利维亚武装力量总司令贝哈尔上将一行 6 人,应中央军委委员、总参谋长傅全有上将邀请,对中国进行正式友好访问。傅总长主持欢迎仪式,会见并宴请贝一行。中央军委副主席、国务委员兼国防部长迟浩田上将,海军司令员石云生中将和空军司令员刘顺尧中将分别礼节性会见。贝一行访问了北京、西安、上海,参观了陆、海、空军部队和军工部门及经济建设项目,游览了名胜古迹。

●1998 年 7 月 12～22 日,济南军区政治委员徐才厚中将率中国人民解放军友好参观团一行 10 人,应罗马尼亚国防部和匈牙利国防部邀请,对上述两国进行友好访问。访罗期间,罗国防国务秘书兼总参谋长德杰拉图中将、国防国务秘书兼总国防政策部部长约内斯库、众议院防务委员会主席帕斯库分别会见,罗军副总参谋长伊利纳中将和总国防政策部副部长帕拉德少将分别宴请。访匈期间,匈国防军总司令兼总参谋长维格中将会见、常务副总参谋长霍洛希中将主持会谈和宴请。代表团参观了罗、匈两国武装部队和军事院校等项目。

●1998 年 7 月 10～17 日,拉脱维亚国防部长尤恩基斯一行 6 人,应中央军委副主席、国务委员兼国防部长迟浩田上将邀请,对中国进行正式友好访问。迟副主席主持欢迎仪式,陪同检阅陆、海、空三军仪仗队,并举行欢迎宴会,双方进行会谈。国务院副总理李岚清会见尤恩基斯一行。外交部长唐家璇与尤进行会晤。副总参谋长熊光楷中将参加有关活动。尤一行访问了北京、大连和上海,参观了陆、海、空军部队和军事院校及经济建设项目,游览了名胜古迹。

●1998 年 7 月 12 日～8 月 1 日,成都军区政治委员张志坚上将率中国人民解放军友好代表团一行 5人,应邀对老挝、越南、缅甸、泰国进行了友好访问。老政府副总理兼国防部长朱马里中将、老军总参谋长隆再准将,越政府副总理兼外交部长阮孟琴、国防部长范文茶上将、越军副总参谋长阮文营中将,缅三军副总司令兼陆军司令貌埃上将、缅陆军参谋长丁吴中将,泰国防部副部长瓦他那猜上将、泰军代理最高司令布里查上将、泰陆军副司令他旺上将等 4 国政府或军方领导人分别会见或宴请。代表团参观了老、越、缅、泰 4 国武装部队和军事院校等项目。

●1998 年 7 月 15～26 日,副总参谋长钱树根中将率中国人民解放军军事代表团一行 5 人,应美国太平洋总部司令普吕厄上将邀请,对美国太平洋总部及其辖区进行友好访问。在夏威夷访问期间,太平洋总部司令普吕厄上将、太平洋海军陆战队司令富尔福德中将以及太平洋空军代理司令、太平洋总部参谋长和各局局长等高级军官出面介绍情况、会见及宴请等。代表团先后访问了旧金山、西雅图、阿拉斯加和夏威夷,参观了美陆、海、空军部队、航空母舰、西点军校等军事项目。

●1998 年 7 月 23～28 日,俄罗斯联邦武装力量第一副总参谋长马尼洛夫上将一行 4 人,应总参谋部邀请，对中国进行友好访问。中央军委副主席张万年上将，中央军委委员、总参谋长傅全有上将分别会见马一行。副总参谋长熊光楷中将与马尼洛夫上将进行工作会谈，并举行欢迎宴会。马一行访问了北京、青岛，与军事科学院有关人士进行了座谈，参观了部队和院校及经济建设项目，游览了名胜古迹。

●1998 年 7 月 24～31 日，以色列海军司令亚列克斯·塔尔中将偕夫人一行 3 人，应海军司令员石云生中将邀请，对中国进行正式友好访问，石司令员在海军司令部主持欢迎仪式，并举行欢迎宴会，向客人介绍了海军建设情况。中央军委委员、总参谋长傅全有上将会见塔尔中将。塔尔夫妇一行访问了北京、桂林、青岛，参观了海军舰艇部队、海军航空兵、军事院校及经济建设项目，游览了风景名胜。

●1998 年 7 月 28 日～8 月 6 日，老挝副总理兼国防部长朱马里偕夫人一行 8 人，对中国云南省昆明市进行友好访问。中央军委副主席、国务委员兼国防部长迟浩田上将专程前往昆明，会见并宴请朱马里一行。成都军区政治委员张志坚上将、云南省委书记令狐安等参加会见。

●1998 年 8 月 2～6 日，美国海军两栖指挥舰“兰岭”号和导弹驱逐舰“麦凯恩”号，在美海军第 7 舰队司令纳特尔中将率领下，对中国青岛市进行友好访问，随舰来访官兵 990 人。北海舰队在码头举行迎送仪式，北海舰队和青岛市政府有关领导出席并礼节性会见美舰主要军官。中美两国海军举行文体活动，美舰官兵参观了海军舰艇部队和潜艇学院，游览了青岛市容和崂山风景区等。

●1998 年 8 月 3～7 日，副总参谋长熊光楷中将一行 6 人，应邀对朝鲜进行友好访问。朝军总政治局长赵明禄次帅会见，朝人民武装力量部副部长郑昌烈大将举行欢迎宴会。代表团抵离时，朝军副总参谋长朴承远中将迎送。熊副总参谋长一行访问了平壤、开城、妙香山，瞻仰了金日成主席遗容，向金日成铜像、大城山烈士陵园、朝中友谊塔等献了花篮和花圈，参观了朝陆、海、空军部队。

●1998 年 8 月 11～15 日，俄罗斯联邦边防总局局长博尔久扎上将一行，应总参谋部邀请，对中国进行正式友好访问。中央军委副主席、国务委员兼国防部长迟浩田上将会见，副总参谋长钱树根中将与来访的博一行举行会谈，并举行欢迎宴会。俄罗斯客人访问了北京、沈阳、本溪，参观了武警特警部队等项目，游览了名胜古迹。

●1998 年 8 月 13～21 日，副总参谋长熊光楷中将一行 6 人，应邀对越南、澳大利亚、韩国进行工作访问。与 3 国军方领导人就当前国际和地区安全形势及发展双边关系等问题交换意见。访越期间，越副总理阮晋勇、国防部长范文茶上将分别会见，副总参谋长阮文营中将出面会谈。访澳期间，澳国防工业、科学和人事部长毕晓曾，国防部秘书长巴利特，国防军司令巴里上将和副司令赖丁中将分别会见，与澳国防部副秘书长怀特及澳外交部有关官员会谈或会晤。访韩期间，韩国防部次官安秉吉举行欢迎仪式、欢迎宴会，并出面会谈，韩国防部长官千容宅、参联会主席金辰浩会见。

●1998 年 8 月 16～23 日，加纳陆军司令史密斯少将偕夫人一行 4 人，应总参谋部邀请，对中国进行正式友好访问。副总参谋长钱树根中将举行欢迎仪式，并主持会谈和欢迎宴会。中央军委副主席、国务委员兼国防部长迟浩田上将会见史密斯少将一行。加纳客人访问了北京、南京、上海，参观了陆军部队和军事院校及经济建设项目，游览了名胜古迹。

●1998 年 8 月 23～28 日，巴基斯坦参联会主席兼陆军参谋长卡拉迈特上将一行 5 人，应中央军委委员、总参谋长傅全有上将邀请，对中国进行正式友好访问。傅总参谋长主持欢迎仪式，并举行欢迎宴会，双方进行会谈。国务院总理朱镕基，中央军委副主席张万年上将，中央军委副主席、国务委员兼国防部长迟浩田上将分别会见卡拉迈特上将一行。副总参谋长钱树根中将参加上述活动。卡一行在京期间，还分别拜会海军司令员石云生中将、空军司令员刘顺尧中将。卡一行向人民英雄纪念碑献了花圈，瞻仰了毛主席遗容。

●1998 年 8 月 23 日～9 月 4 日，总政治部副主任周子玉上将率中国人民解放军友好参观团一行 11 人，应芬兰、俄罗斯国防部邀请，对上述两国进行友好访问。访芬期间，芬国防军司令黑格龙德上将会见、国防部常务次官牛凯宁中将会见并宴请，总参谋长高波拉中将到机场迎送、主持欢迎宴会和陪同参观主要项目。代表团参观了芬国防大学、军事博物馆、航空兵和防空兵部队及海军基地等。访俄期间，俄国际军事合作总局代理总局长博格丹契科夫上将会见并陪同参观了朱可夫纪念馆。代表团还参观了俄“阿芙乐尔”号巡洋舰、卫国战争纪念馆等名胜古迹。

●1998 年 8 月 25～29 日，希腊国防总参谋长佐加尼斯上将一行 7 人，应中央军委委员、总参谋长傅全有上将邀请，对中国进行正式友好访问。傅总参谋长主持欢迎仪式，并举行欢迎宴会，双方进行会谈。中央军委副主席、国务委员兼国防部长迟浩田上将会见。佐加尼斯上将一行访问了北京、西安，参观了陆、空军部队和工业部门，游览了名胜古迹。

●1998 年 8 月 31 日～9 月 4 日，以色列国防部长伊扎克·莫迪凯一行 13 人，应中央军委副主席、国务委员兼国防部长迟浩田上将邀请，对中国进行正式友好访问。迟副主席主持欢迎仪式,并举行欢迎宴会,双方进行会谈。国家主席、中央军委主席江泽民会见莫迪凯一行。副总参谋长熊光楷中将参加上述活动。以色列客人访问了上海、西安、北京,参观了海军、陆军部队,向人民英雄纪念碑献了花圈,游览了名胜古迹。

●1998 年 8 月 31 日～9 月 4 日,新西兰国防部长布拉德福德偕夫人一行 6 人,应中央军委副主席、国务委员兼国防部长迟浩田上将邀请,对中国进行正式友好访问。迟副主席主持欢迎仪式,并举行欢迎宴会,双方进行会谈。全国人大常委会委员长李鹏会见。中央军委委员、总参谋长傅全有上将也会见布拉德福德部长以及随同来访的新国防军司令伯克斯中将等。副总参谋长钱树根中将、副总参谋长熊光楷中将等参加有关活动。布在国防大学就"新中关系和地区安全"等问题发表演讲。布一行访问了北京、青岛、上海、苏州,参观了陆、海军部队和经济建设项目,游览了名胜古迹。

●1998 年 9 月 2～7 日,罗马尼亚国务部长兼国防部长维克托尔·巴比乌克一行 6 人,应中央军委副主席、国务委员兼国防部长迟浩田上将邀请,对中国进行正式友好访问。迟副主席主持欢迎仪式,并举行欢迎宴会,双方进行会谈。全国人大常委会委员长李鹏会见巴比乌克一行。中央军委委员、总参谋长傅全有上将会见并宴请,中央军委委员、总装备部长曹刚川上将与巴比乌克部长一行就双方共同关心和感兴趣的问题进行工作会谈。副总参谋长吴铨叙中将参加有关活动。罗马尼亚客人访问了北京、上海,参观了国防大学、陆军和空军部队及工业项目,游览了名胜古迹。

●1998 年 9 月 9～11 日,泰国海军司令素帕猜·甲胜素上将偕夫人一行 6 人,应海军司令员石云生中将邀请,对中国进行友好访问。石司令员在海军司令部举行欢迎仪式,并向客人介绍海军情况。中央军委委员、总参谋长傅全有上将会见素一行。泰国客人在京访问期间,参观了工业部门。

●1998 年 9 月 12～22 日,中央军委副主席张万年上将一行 16 人,应邀对美国进行正式友好访问。美国防部长科恩举行欢迎仪式,克林顿总统和国家安全事务助理伯杰等政府和军队重要领导人分别会见张副主席一行。访问期间,张副主席还与美前国务卿基辛格、前国防部长佩里等各界人士进行会见或会谈。张副主席一行参观了美陆、海、空军部队和国防部大楼及太平洋总部军事指挥中心等。

●1998 年 9 月 13～19 日,吉布提军队总参谋长法蒂少将一行 5 人,应中央军委委员、总参谋长傅全有上将邀请,对中国进行正式友好访问。傅总长主持欢迎仪式,并举行欢迎宴会,双方进行会谈。中央军委副主席、国务委员兼国防部长迟浩田上将会见。法蒂一行访问了北京、重庆和深圳,参观了陆军装甲部队、工厂企业和经济建设项目,游览了名胜古迹。

●1998 年 9 月 14～22 日,美国国防大学校长奇尔科特中将夫妇一行,应国防大学邢世忠校长邀请,对中国进行友好访问。中央军委副主席、国务委员兼国防部长迟浩田上将会见奇尔科特一行。邢世忠校长与奇尔科特举行会谈。奇访问了北京、西安、大连,参观了装甲部队、军事院校和经济技术开发区,游览了名胜古迹。

●1998 年 10 月 5～7 日,哈萨克斯坦共和国国防部长阿尔腾巴耶夫上将偕夫人一行,应中央军委副主席、国务委员兼国防部长迟浩田上将邀请,到中国新疆维吾尔自治区首府乌鲁木齐,与迟副主席进行首次非正式会晤,双方就共同关心的问题交换意见。副总参谋长熊光楷中将、兰州军区司令员郭伯雄中将、总装备部副部长陈达植中将、新疆军区司令员李良辉中将等参加会晤。阿尔腾巴耶夫上将一行参观了部队和民兵军事项目表演,观看了文艺演出。

●1998 年 10 月 10～26 日,空军政治委员丁文昌上将率中国人民解放军空军友好代表团一行 6 人,应邀对葡萄牙和土耳其进行正式友好访问。葡国防部长、军队总参谋长,土副总理兼国防部长、土军总参谋长分别会见,葡、土两国空军领导人举行欢迎宴会并与丁政委一行进行交谈。代表团参观了两国空军航空兵部队、院校、指挥所及航空工业公司等项目。

●1998 年 10 月 11～18 日,智利空军司令罗哈斯上将一行 7 人,应空军司令员刘顺尧中将邀请,对中国进行正式友好访问。刘司令员在空军司令部举行欢迎仪式,主持介绍空军情况,并举行欢迎宴会。中央军委副主席、国务委员兼国防部长迟浩田上将会见罗哈斯上将一行。智利客人访问了北京、西安、杭州、上海,参观了空军航空兵部队和院校,游览了风景名胜。

●1998 年 10 月 14～18 日,瑞士国防、民防兼体育部长阿道夫·奥吉一行 9 人,应中央军委副主席、国务委员兼国防部长迟浩田上将邀请,对中国进行正式友好访问。迟副主席主持欢迎仪式,并举行欢迎宴会,双方进行会谈。国务院总理朱镕基会见奥吉一行。副总参谋长熊光楷中将参加上述活动。奥吉一行访问了北京、上海,在国防大学发表了题为"瑞士的国防政策和战略方针"的演讲,参观了陆军部队和经济建设项目,游览了风景名胜。

●1998 年 10 月 15～22 日,赞比亚国防部长桑帕一行 11 人,应中央军委副主席、国务委员兼国防部长迟浩田上将邀请,对中国进行正式友好访问。迟副主席主持欢迎仪式,并举行欢迎宴会,双方进行会谈。全国人大常委会委员长李鹏会见桑帕一行。副总参谋长吴铨叙中将参加有关活动。赞比亚客人访问了上海、青岛，参观了国防大学、陆军装甲部队和空军航空兵部队、解放军总医院以及工业部门，游览了名胜古迹。

●1998 年 10 月 16～22 日，北京军区政治委员杜铁环中将率中国人民解放军友好参观团一行 9 人，应朝鲜人民武装力量部邀请，对朝鲜进行友好访问。朝国防委员会副委员长兼人民武装力量相金一哲次帅会见并宴请，人民武装力量省副相兼后方总局局长吴龙方大将举行欢迎宴会，人民军总政治局副局长李炳三中将迎送并全程陪同。访朝期间，代表团瞻仰了金日成主席遗容，向朝中友谊塔、万寿台金日成铜像献了花圈、花篮，参观了金日成政治大学和陆、空军部队，并游览了名胜。

●1998 年 10 月 16 日～11 月 5 日，中央军委委员、总参谋长傅全有上将一行 9 人，应邀对阿根廷、秘鲁、乌拉圭、巴西 4 国进行正式友好访问。此系中国人民解放军总参谋长首次访问拉美地区。访阿期间，阿军联合参谋长萨瓦拉上将举行欢迎仪式和欢迎宴会，并主持军队建设情况介绍会；阿国防部长多明戈斯会见并宴请，阿国防部副部长奥拉萨瓦尔、陆军参谋长巴尔萨上将、海军参谋长马龙上将等分别会见。访秘期间，秘武装力量联合指挥部主席兼陆军总司令绍塞多上将举行欢迎仪式和欢迎宴会，秘部长会议主席潘多尔菲和国会主席许会，秘国防部长萨拉萨尔上将、海军总司令伊巴尔塞纳上将、空军总司令贝略上将等会见；秘国防部长根据藤森总统签署的最高法令，授予傅总参谋长秘鲁武装部队最高级别的“大十字”军功勋章，并举行授勋仪式。访乌期间，乌国防部长斯托拉塞举行欢迎仪式并主持工作会谈和举行欢迎宴会，乌总统桑吉内蒂、副总统兼国会主席法因戈德分别会见。访巴期间，巴总统卡多佐会见，巴国务部长、武装力量参谋长莱昂内尔上将主持欢迎仪式和欢迎宴会，海军部长毛罗上将，陆军代理部长、陆军参谋长克莱乌贝尔上将，空军代理部长、空军参谋长布拉吾埃尔上将等高级将领出席。傅总参谋长还会见了巴总统府战略事务国务秘书萨登贝格。傅总参谋长一行参观了 4 国陆、海、空军武装部队和军事院校等项目。

●1998 年 10 月 18～23 日，美国国防部副部长斯洛科姆一行 12 人，应国防部邀请，来华进行中美两国国防部第 2 次防务磋商。中央军委副主席张万年上将，中央军委副主席、国务委员兼国防部长迟浩田上将分别会见斯洛科姆一行。副总参谋长熊光楷中将与斯进行两国国防部间的第 2 次防务磋商，双方就共同关心的国际与地区安全问题、中美双边关系问题等广泛、深入地交换了意见。斯一行访问了北京、昆明。

●1998 年 10 月 20～24 日，亚美尼亚国防部长萨尔基相一行 5 人，应中央军委副主席、国务委员兼国防部长迟浩田上将邀请，对中国进行正式友好访问。迟副主席主持欢迎仪式，并举行欢迎宴会，双方进行会谈。全国人大常委会委员长李鹏会见，中央军委委员、总装备部长曹刚川上将，国防科工委主任刘积斌分别与萨尔基相部长进行工作会晤。副总参谋长吴铨叙中将、副总参谋长熊光楷中将参加有关活动。亚美尼亚客人访问了北京、重庆，参观了部队、院校和工业部门，游览了风景名胜。

●1998 年 10 月 21～24 日，俄罗斯联邦国防部长谢尔盖耶夫元帅偕夫人一行 21 人，应中央军委副主席、国务委员兼国防部长迟浩田上将邀请，对中国进行正式友好访问。迟副主席主持欢迎仪式，并举行欢迎宴会，双方进行会谈。国家主席、中央军委主席江泽民会见谢尔盖耶夫一行。中央军委副主席张万年上将会见并宴请。中央军委委员、总装备部长曹刚川上将，副总参谋长熊光楷中将、海军司令员石云生中将、空军司令员刘顺尧中将、北京军区司令员李新良上将、国防大学校长邢世忠中将等参加有关活动。访问期间，谢一行参观了国防大学，发表题为“俄罗斯军事学说及亚太地区战略稳定与安全问题”的演讲，游览了名胜古迹。

●1998 年 10 月 23～27 日，新西兰海军“惠灵顿”号护卫舰和“奋进”号补给舰组成的舰艇编队，在新西兰海军海上司令部司令麦克哈菲准将率领下，对中国青岛进行友好访问，随舰来访官兵 295 人。北海舰队在码头举行迎送仪式，北海舰队和青岛市政府有关领导出席并会见来访的新海军主要军官。中新两国海军举行文体活动，新海军官兵参观了舰艇部队和潜艇学院，游览了青岛市容和崂山风景区等。

●1998 年 10 月 23 日～11 月 2 日，总政治部副主任唐天标中将率中国人民解放军军事友好代表团一行 8 人，应巴基斯坦和孟加拉国武装部队邀请，对上述两国进行正式友好访问。访巴期间，巴总统塔拉尔会见代表团。巴陆军参谋长穆沙拉夫上将、参联会参谋局长阿克巴尔中将、空军参谋长麦迪上将等分别会见。访孟期间，孟陆军参谋长穆斯塔菲兹中将、海军参谋长努儒尔·伊斯拉姆少将、空军参谋长贾马尔·乌丁少将和孟政府外交部长阿扎德、外交国务部长哈桑·乔杜里分别会见了唐副主任一行。代表团参观了巴、孟两国武装部队和军事院校等项目。

●1998 年 10 月 25 日～11 月 1 日，老挝国防部副部长纳空中将一行 5 人，应国防部邀请，对中国进行友好访问。中央军委副主席、国务委员兼国防部长迟浩田上将会见纳空中将一行。副总参谋长熊光楷中将同纳空中将举行会谈，并设宴款待。老挝客人访问了北京、杭州、嘉兴和昆明，参观了经济开发区和工厂企业，游览了名胜古迹。

●1998年11月1～4日，澳大利亚海军“安扎克”号、“悉尼”号导弹护卫舰组成的舰艇编队，在澳海军海上司令部司令里奇少将率领下，对中国上海进行了友好访问，随舰来访官兵369人。在澳舰抵达前，里奇少将先行访问了南海舰队。海军上海基地在码头举行迎送仪式，东海舰队和上海市政府有关领导出席并会见来访的澳海军主要军官。中澳两国海军举行文体活动，澳海军官兵参观了中国海军舰艇部队，游览了上海市容。

●1998年11月2～9日，秘鲁国防部长萨拉萨尔上将偕夫人一行4人，应中央军委副主席、国务委员兼国防部长迟浩田上将邀请，对中国进行正式友好访问。迟副主席主持欢迎仪式，并举行欢迎宴会，双方进行会谈。全国人大常委会委员长李鹏会见萨拉萨尔一行。副总参谋长熊光楷中将参加上述活动。萨一行访问了北京、南京、杭州和上海，参观了陆军和空军部队及经济建设项目，游览了名胜古迹。

●1998年11月8～14日，美国太平洋总部司令普吕厄上将一行，应总参谋部邀请，对中国进行正式友好访问。中央军委副主席张万年上将，军委委员、总参谋长傅全有上将，军委委员、总后勤部长王克上将分别会见普吕厄一行。副总参谋长熊光楷中将、海军司令员石云生中将、空军副司令员乔清晨中将、军事科学院院长刘精松上将等参加有关活动。普吕厄一行访问了北京、西安、杭州和上海，参观了军事科学院和陆、海、空军部队，游览了名胜古迹。

●1998年11月10～29日，中央军委副主席、国务委员兼国防部长迟浩田上将一行14人，应南非国防部长莫迪塞、博茨瓦纳副总统卡马、纳米比亚国防部长恩吉姆蒂纳、莫桑比克国防部长马祖拉、新加坡副总理兼国防部长陈庆炎邀请，对上述5国进行正式友好访问。此系中国国防部长首次正式访问上述国家，各国十分重视，给予了热情友好的接待。博茨瓦纳总统莫哈依、议长恩瓦考，纳米比亚总统努乔马、总理根哥布，莫桑比克总统希萨诺、总理莫昆比、议长穆伦布埃，新加坡总理吴作栋、资政李光耀分别会见迟副主席一行，并进行友好交谈。迟副主席一行参观了南、博、纳、莫、新5国武装部队和军事院校等项目。

●1998年11月19～26日，泰国空军司令他那尼上将偕夫人一行6人，应空军司令员刘顺尧中将邀请，对中国进行友好访问。刘司令员在空军司令部举行欢迎仪式，主持介绍空军情况，并举行欢迎宴会。中央军委委员、总参谋长傅全有上将会见他那尼一行。泰国客人访问了北京、西安、上海，参观了空军航空兵部队、院校及工业项目，游览了名胜古迹。

●1998年11月22日～12月8日，沈阳军区司令员梁光烈中将率中国人民解放军军事友好代表团一行5人，应邀对科特迪瓦、尼日利亚、马达加斯加进行正式友好访问。访科期间，科政府总理敦坎、国防部长恩加塔、总参谋长拉萨纳海军准将、宪兵司令塞卫兰准将、海军司令卡斯通大校等分别会见代表团。访尼期间，尼国家元首阿布巴卡尔上将会见并进行亲切友好的谈话。陆军参谋长巴迈伊少将举行欢迎宴会，双方进行会谈，尼空军参谋长埃杜奥克少将、海军参谋长阿英拉少将、国防大学校长阿贝少将等参加。代表团向尼英雄墓献花。访马期间，马总理安德里亚那里武会见并进行亲切交谈。马武装力量部部长郎热瓦少将与代表团进行会谈，马武装力量部秘书长、武装力量参谋长、宪兵国务秘书代表、宪兵司令等参加。受马总统拉齐拉卡的委托，马武装力量部长向梁光烈司令员和代表团成员授勋。代表团参观了科、尼、马3国武装部队和军事院校及其他项目。

●1998年11月24日～12月2日，尼泊尔军队常务参谋部长查特拉·比克拉姆·沙阿中将率尼军事代表团一行5人，应总参谋部邀请，对中国进行友好访问。中央军委委员、总参谋长傅全有上将会见，副总参谋长熊光楷中将会见并举行欢迎宴会，总装备部副部长肖贞堂少将与尼代表团举行会谈。沙阿一行访问了北京、西安、上海、昆明，参观了部队和院校及经济建设项目，游览了名胜古迹。

●1998年12月3～8日，俄罗斯国防部陆军总局局长布克列耶夫上将一行4人，应总参谋部邀请，对中国进行友好访问。中央军委委员、总参谋长傅全有上将会见，副总参谋长熊光楷中将会见并宴请。布一行访问了北京、大连、南京、上海，参观了陆军部队和院校及经济建设项目，游览了风景名胜。

●1998年12月4～8日，美国海军“范德格里夫特”号导弹护卫舰，在美海军第7舰队两栖大队司令海菲尔少将率领下，对中国上海进行友好访问，随舰来访官兵217人。海军上海基地在码头举行迎送仪式，东海舰队和上海市政府有关领导接受美方主要军官拜会。中美两国海军举行文体活动，美舰官兵参观了中国海军舰艇，游览了上海市容。

（王世银）

其 他 信 息

项英同志诞辰 100 周年座谈会在京举行

中国人民解放军总政治部、中央党史研究室于 1998 年 5 月在京举行纪念项英同志诞辰 100 周年座谈会。中共中央政治局委员、国务院副总理吴邦国，中共中央政治局委员、中央军委副主席、国务委员兼国防部长迟浩田，中共中央政治局候补委员、书记处书记曾庆红等出席会议。

项英同志是杰出的无产阶级革命家，工人运动的著名活动家，党和红军早期的领导人之一，新四军的创建人和主要领导人之一。他是党的第 3、4、5、6 届中央委员，第 6 届中央政治局委员、常务委员。他把自己的一生献给了中国人民的解放事业，献给了共产主义事业。

迟浩田在座谈会上的讲话高度评价了项英同志为中国人民的解放事业所建立的历史功绩。他说，项英同志出身于一个贫苦的职员家庭，15 岁进工厂当工人，饱受资本家的剥削和工头的虐待。他 1920 年起从事工人运动，1922 年加入中国共产党。他参加与领导了 1923 年京汉铁路工人大罢工，1925 年上海沪西日商纱厂工人“二月罢工”，以及著名的“五卅运动”，成为著名的工人运动领袖。大革命失败后，项英同志积极贯彻党中央的指示，为中国工农红军和中央革命根据地的建设与发展，做了大量工作。1934 年 10 月，中央红军主力长征，项英同志根据中共中央决定留在中央苏区坚持斗争，任中共中央苏区分局书记、中央军区司令员兼政治委员。他与当时任中华苏维埃共和国中央政府办事处主任的陈毅同志等一起，率领留在中央苏区的红军和地方武装，掩护红军主力进行战略转移。在与中央失去联系、国民党持续“清剿”的极端困难条件下，他领导苏区党和工农武装，紧紧依靠人民群众，巧妙地与敌周旋，灵活机动地打击敌人，为南方 3 年游击战争的坚持与胜利作出了重大贡献。1937 年 12 月 13 日，中共中央政治局作出《对于南方游击区工作的决议》，对项英同志和南方各游击区军民的斗争给予高度评价。

迟浩田说，项英同志是抗日战争的名将之一。他为新四军的组建、为华中抗日民主根据地的创建与发展，付出了很大心血。抗日战争全面爆发后，他与叶挺同志先后到达延安，接受党中央赋予的组建新四军、开展华中抗日游击战争的任务。此后，项英同志担任新四军副军长、中共中央东南分局和东南局书记、中央军委新四军分会书记。1937 年底至 1938 年初，他与新四军军长叶挺及陈毅同志一起，将分散在南方 8 省 14 个地区的红军和游击队组建为新四军。新四军成立后，项英同志与新四军其他领导人一起，指挥部队不断粉碎日军的“扫荡”。同时，还领导了反击国民党顽固派军队进攻的斗争。在严酷的战争环境中，项英同志十分重视新四军部队的教育训练和干部队伍建设，强调要做好政治思想工作，发扬艰苦奋斗的优良传统，大力培养干部，努力提高军政素质。他的《新阶段中我们在江南抗战的任务》、《一年来作战的经验与本军建军工作》等文章，是新四军建军和政治工作史上的重要文献。

迟浩田说，项英同志的一生，是革命的一生，战斗的一生。我们纪念项英同志，要学习他对共产主义理想的坚定信仰；要学习他不怕困难、百折不挠的革命精神；要学习他艰苦奋斗、密切联系群众的优秀品质。

新四军老同志代表胡立教，军事科学院院长刘精松，全国总工会副主席、书记处第一书记张丁华，中央党史研究室副主任李传华在大会上发言。座谈会由总政治部副主任袁守芳主持。中共中央办公厅、中宣部、中央党史研究室、中央文献研究室、中央档案馆、全国总工会、新闻出版署的领导同志，解放军四总部、驻京部队各大单位、武警部队、军委办公厅的领导同志，新四军部分老同志以及党史、军史研究部门的有关专家学者，项英同志的亲属和生前友好也参加了大会。

（任　明）

侵华日军“516 毒瓦斯部队”揭秘　《军事历史》1998 年第 3 期张守生报道，侵华日军曾在中国北部边陲齐齐哈尔建立过一支专门从事化学武器研究的 516 毒瓦斯部队。

日军 516 毒瓦斯部队的建立，是与日本军国主义酝酿毒气战紧密相连的。早在 1918 年，日本陆军省就在其兵器局设立了临时毒气委员会，聘请 22 名科学家研究毒剂生产、使用及化学战训练等有关问题。1919 年 4 月，陆军省派遣久村种树中佐为首的考察团赴欧洲，了解欧战中使用化学武器的具体情况。1927 年 4 月，久村等考察回国，向军部提交了考察报告，着重强调"在未来的战争中取胜的秘诀之一是科学性的奇袭……制造毒气是当务之急"。1925 年,日本陆军科学研究所负责化学战研究的第 3 部研制出二苯基乙二酮、法国芥子气和光气 3 种毒剂,并于当年进行了第 1 次野外试验。日本海军也从 1923 年起独立进行化学战及毒剂生产的研究与试验。空军的化学战研究和发展工作从 1931 年开始着手,由东京立川空军基地的第 3 空军技术研究所负责。由于日本政府对化学武器的提倡,每年给予巨额补助金,很快使日本成为二战时期拥有化学武器最多的国家。

日本大批量生产毒气是在 1927 年。这年 11 月,日本陆军在离广岛县忠海郡 3 千米的濑户内海的无人岛——大久野岛上建立了"陆军造兵厂火工厂忠海兵器制造所",最初只能生产芥子气毒剂。随着日本发动侵华战争的进展,毒剂工厂规模得到扩大,毒气种类也日益增多,人员由原来的 80 人发展到 2045 人,成为日本毒气弹生产基地,因此大久野岛有"毒气岛"之称。此后,日本在福冈县企救郡建立了曾根兵工厂。东京的第 2 兵工厂、广岛兵工厂也开始制造和填装毒气弹。日本海军在神奈川县、横须贺、吴市港、广岛和佐世保,也设厂生产毒气武器。为了适应直接在中国战场进行毒气战的需要,日军分别在中国的沈阳、太原、济南、南京、广州、汉口和宜昌等地开设毒气弹装填厂和制造厂。这些厂规模虽然不大,但它能及时将生产出来的毒气弹运往前方战场,危害极大。

日本不仅重视毒气的研制和生产,还非常重视培训使用毒气、研究毒气的"人才"。1933 年 8 月,在裕仁天皇的叔祖闲院宫载仁亲王任陆军参谋总长期间,在千叶县津田町建立了陆军习志野学校,通过在中国战场上使用毒气的例证编制的《七·七事变时期化学战例证集》等教材,专门负责教育和培训使用化学毒气弹军官和军士。这所学校先后培训了 1 万余人,并把这些毒气战的骨干派往侵华战场最前沿部队传授化学战知识,并带头在实战中使用毒气弹。

为了达到完全占领中国的目的,并在将来对苏作战中取胜,日本加强了对于严冬时期作战所用毒瓦斯的研究。1938 年 8 月,设在日本东京淀桥的陆军军械部第 6 技术研究所在中国齐齐哈尔市火车站东 1 千米处成立了一个派出的兵器研究实验机构——关东军技术部。1939 年 5 月 11 日,该技术部的化学兵器班改编为关东军化学部而独立出来,代号为 516 部队,主要进行化学战方面的研究,由秋山少将和另一名少将主持(据日本方面森川方达研究,两名少将均系在日本投降前由中佐连升两级提拔任命的),直属参谋部。该部队的 250 名成员大部分是技术军官,曾在日本习志野学校培训过。516 部队共设 5 个课:总务课,负责以下各课的统筹工作;第 1 课,负责毒气探测和毒物合成;第 2 课,负责毒气防护研究;第 3 课,负责毒气治疗研究;第 4 课,负责化学剂研究。1939 年,516 部队在佳木斯建立了一座挂有"三井花园"牌子的秘密研究所——"三岛理化研究所",从事毒剂、细菌的实验,并为 516、731 部队提供实验对象,它带有监狱性质。在建立 516 毒气部队的同时,还相应地建立了一支附属 516 部队的 526 部队,即迫击炮第 3 联队。该部队亦驻在火车站东面,在 516 部队北 500 米左右,部队长是明石大佐。1940 年,该部队的一部分移驻富拉尔基,从事毒气试验。

对于 516 部队所进行的罪恶活动,在过去很长一段时间内一直是个谜。曾在 516 部队服过兵役的高桥正治和若生重作在沉默了几十年后开始向世人揭露这个部队的秘密。据他们回忆,每个加入这支部队的人都必须接受特殊训练,不仅通过教材了解各种毒气的外形特点、化学性质以及气味或味道,还要亲身体验毒气。

日军当时研究和使用的毒气有 9 种之多,按颜色分有红、黄、绿、青、白、茶褐色等多种,他们代表着不同的毒气性能,有喷嚏性、催泪性、窒息性、糜烂性、中毒性、奇糜性等。按时效分不外乎两种,一种是一时性毒瓦斯,一种是持久性毒瓦斯。一时性的毒瓦斯是气体,其杀伤效力是刺激呼吸器官及眼睛,使人们失去行动的自由而加以杀伤,特别是在短距离战斗及拂晓攻击时,为进行大量杀戮,利用风速使用;持久性毒瓦斯是液体,具有糜烂性,其杀伤效力是侵蚀全身的皮肤使其腐烂而夺取人的性命。曾参与毒气战的战犯后口笃文说:腐烂性持久瓦斯"是一种最非人道的瓦斯,特别是为了杀戮整个区域的人民和彻底消灭抗日爱国者",经常在拂晓时使用。发射、使用毒瓦斯的工具主要是发射筒、大炮、迫击炮、烟幕器、甚至飞机。日军在施放毒气时均有防护、消毒装置和用具。

据不完全统计,在第二次世界大战期间,日本总共生产了 700 多万发毒气弹,7400 多吨化学武器,在长达 15 年的侵华战争期间,日军使用毒气至少在 2000 次以上,施毒地点波及 10 个省、区,造成 8 万多中国军民的伤亡。

1945 年夏,日军在世界反法西斯力量的打击下节节败退,关东军为保密计,遂将哈尔滨、长春等地的细菌、毒气研制生产试验基地炸成废墟,予以销毁。齐齐哈尔关东军 516 部队驻地也仅存残垣断壁。据《齐齐哈尔大事编年》记载,在日本宣布投降前 516 部队人员奉日本参谋部的命令用毒瓦斯杀害了本部和 731 部队中用于试验的"马路大"后,全部逃往南朝鲜。至此,魔鬼 516 毒瓦斯部队滚出了任其荼毒 8 年之久的中国领土。

（长　生）

日军侵华"军事秘密地图"首次公开　《解放军报》1998 年 5 月 19 日报道，当年侵华日军遗留下来的"军事秘密地图"，日前首次在武汉被公开。它有力地证明日本发动侵华战争蓄谋已久，并作了大量细致精确的准备工作。

这些"军事秘密地图"共 150 张，地图内容涉及湖北境内每个县、市及大多数店、镇，地图以五万分之一比例绘制。

武汉大学近代史专家李少军副教授考证认为，大部分地图是由日本人绘制的，如"太平溪"这张地图落款为"参谋本部陆地测量总局支那派遣军测量班"；也有由中国绘制、日本人收集后再制版的。学者从地图制版年份进一步推算出，日本为发动全面侵华战争起码准备了 8 年之久，因为地图中发现最早的制版时间是昭和四年，即 1929 年。

这些地图是由武汉公汽公司退休干部沈汉生从武昌旧货市场上觅得并收藏的。

（金　鲍）

中国台湾核能专家披露台发展核武器秘史　台湾核能研究所前所长特别助理王唯科在台《联合报》1998 年 9 月 4 日发表的文章中披露这一事实。王唯科 1956 年 3 月从中正理工学院化学工程系毕业。1 年后，调化学兵器所任所长。1966 年又调中山科学研究院核研所奉命制造"重水"。半年后台湾买到重水反应器。王唯科奉命在核研所成立"化工组"，制作足够的钚或铀。他们先以磷酸提铀，供应台湾研究用反应器燃料，再由铀产生钚弹原料。政府对此相当支持，要人、要钱，长官都会想办法解决。当时核研所集结最优秀的研究人员，前 10 年埋头苦干，从不和别人往来。美国人最初认为台湾的能力不足，瞧不起台湾的系统整合能力。但后来从多方情报得悉台湾已到发展核武器的最后关头，遂于 1988 年迅速采取摧毁行动，拆除代号 014 号——核燃料再处理热室，即提炼钚弹所需原料的实验室。台湾发展核武器的问题是找不到地方一试身手。否则东西做出来，无处保存，核弹的材料会变质。台湾天马计划是发展射程 1000 千米以上的飞弹为核武器运载工具。美国从留学人员研究领域或采购项目掌握到台湾上述计划的研制进度，及时迫其中止研制。

（石　慧）

美国航母未进台湾海峡之谜　《军事文摘》1999 年第 1 期报道，1996 年 3 月 5 日至 25 日，台湾"总统"选举前后，为了打击台湾岛内日益猖獗的"台独"势力的嚣张气焰，中国人民解放军陆、海、空三军奉命在东南沿海举行了 3 波规模空前的实兵实弹军事演习。

在演习期间，美国先是于 3 月 5 日派出了"独立"号航母编队从菲律宾的马尼拉港驶往台湾东部海域；紧接着在 3 月 12 日，美国将"尼米兹"号航母编队的行程正式通知台湾当局：21 日抵达高雄外海，22 日进入台湾海峡北上，23 日在台湾海峡停留（台湾"总统"选举之日），24 日驶出台湾海峡，25 日从基隆外滩离去。

针对美国不断向台湾附近海域集结兵力的挑衅行动，中国最高决策层并未示弱。作为回应，中国的第二炮兵部队奉命在 3 月 13 日凌晨向预定海域发射了第 4 枚地地中程导弹。时隔一日，美国海军太平洋舰队发言人又宣布：美已向在台海附近监视中国军事演习的航母编队增派 3 艘核动力攻击型潜艇。至此，美国在台湾海域附近集结了两个航母编队共 10 余艘舰艇，百余架飞机，成为有史以来美国在此海域集结兵力最多的一次。一时间，台湾海域波诡云谲，战云密布，危机起伏，大有一触即发之势。

然而，事态的发展，戏剧性地出乎人们预料。20 日以后，美"独立"号航母编队一直在台湾以东 200 海里以外海区徘徊，而"尼米兹"号航母战斗群则一直在台湾南部 200 海里以外的海区游弋，一直到 25 日美国防部发言人宣布：美国两个航母编队将离开台湾附近海域。

缘何美国"尼米兹"号航母战斗群突然改变了原定计划？这一直是个谜。由此引发的各种猜测、议论四起。其实，这一谜底只有美国军方心知肚明。最根本、最直接的原因，是美国军用侦察卫星从空中拍摄的照片显示，自 3 月 13 日以后，原本停靠在青岛核潜艇基地码头上的中国海军核潜艇全部无影无踪地消失了。美国军方据此研判认定，为对付美国的航母编队，中国海军的核潜艇正赶赴台湾附近海域。而一旦发生意外，美国航母编队将很难对付不知藏匿在水下何处的中国海军核潜艇。来无影、去无踪，具有很强攻击力的中国核潜艇，迫使美国在海湾战争中耀武扬威的航母编队在台海危机中不敢轻举妄动。

（金　鲍）

美刊披露美国分裂中国西藏的阴谋　1999 年 4 月 19 日出版的美国《新闻周刊》独家详细披露了美国中央情报局当年在中国西藏进行的分裂活动以及最终破产的内幕。

中情局当年在西藏秘密战有一个奇怪的代号——"ST 马戏团"。1956 年，西藏暴乱发生后，中情局很快就与叛军挂上了钩。中情局许诺说，他们可以先在太平洋上的塞班岛和日本冲绳的美军基地内秘密训练 6

名西藏叛乱分子作为前期试验,然后把这 6 名受过特别训练的特工再空投到西藏,让他们搜集情报。1957 年 10 月一个月圆的晚上,一架除去了所有标志的 B－17 飞机搭着两名中情局训练出来的西藏特工从当时的东巴基斯坦达卡附近一个简易机场起飞。他们在距离拉萨 60 英里处的一个地方被空投了下来。让中情局感到沮丧的是,这两名特工落地后就再也没有音信了。1958 年初,另一伙受过中情局特殊训练的特工被中国人民解放军包围。特工们在强大的包围中只得分头出逃,其中一些人在荒野中迷了路,误入一个遍布野牦牛头盖骨的“迷魂谷”。最终他们不得不杀马充饥,才走出了这个死亡之谷。1958 年,先后有 300 名西藏分裂分子接受了中情局的秘密战“全面训练”——特务拍照、制造阴谋、莫尔斯密码、地雷布设等。

美国人也觉得这种秘密行动见不得光,所以所有的训练都是在绝密情况下进行的。许多被招募来的西藏分裂分子直到训练结束也不知道自己是在美国。

1959 年 3 月 17 日晚上,达赖喇嘛化装成一名普通的卫兵带着自己的亲属和助手流亡国外。3 月 19 日,中情局通过设在加尔各答的秘密电台了解到达赖出走的绝密情报。几天后,中情局的两名特工遇上了流亡的达赖一行,然后通过电台把每天的情况向华盛顿汇报。其中一份急电希望中情局能请求印度政府允许达赖和他的 37 名随从一起进入印度政治避难。中情局总部立即把这封电文传给了新德里的情报站。中情局驻新德里情报站把电文直接交到印度总理尼赫鲁的手里。尼赫鲁点头同意了。3 月 31 日,达赖喇嘛抵达印度。

达赖的出走使艾森豪威尔政府打算进一步扩大在西藏的秘密战。1959 年 7 月,中情局派出 C－130 运输机从泰国一秘密基地起飞,向西藏空投武器、弹药和美国训练的特工人员。从 1957 年到 1960 年,中情局一共向西藏空投了 400 吨的货物。不过,空降下去的特工人员十有八九有去无回。1960 年 5 月,美国的一架 U－2 高空侦察机在苏联上空被击落,飞行员被活捉。由于担心美国特工遭受同样的下场,艾森豪威尔总统不得不下令停止对共产党国家的空中侦察和特务行动,包括对西藏的空降行动。

(肖　研)

俄恢复战胜日本军国主义纪念日　俄罗斯上院——联邦委员会于 1998 年 10 月 15 日通过了国家杜马关于恢复 9 月 3 日为战胜日本军国主义纪念日的决定。

9 月 3 日曾在 1945 年被确定为战胜日本军国主义纪念日,但苏联解体后,俄罗斯取消了这一官方纪念日。

国家杜马日前以绝大多数票通过关于恢复战胜日本军国主义纪念日的《〈胜利日法〉修正案》。第一副总理马斯柳科夫向杜马通报说,政府支持恢复该纪念日。

俄罗斯联邦委员会安全和国防委员会主席里亚博夫 15 日在向上院提交该修正案时强调指出:“9 月 3 日对俄罗斯历史具有重要意义。”

(金　鲍)

西方提出全球海军实力 9 级划分法　《军事文摘》1998 年第 8 期载文介绍西方提出的全球海军实力划分法如下:

第 1 级是具备全球使用力量并有能力在全球规模扮演各种军事角色的海军力量。目前只有美国海军为这一级,并将在今后一个时期内维持这一领先地位。

第 2 级是具备在全球使用部分力量的海军。只有前苏联海军处在这一级。因为它没有远洋制海和力量投送能力,对远离苏联海岸的地区性海军不具备全胜的把握和能力。

第 3 级是英、法两个中等的、具有在全球使用力量的海军。二者都拥有水面制海兵力、攻击核潜艇和弹道导弹潜艇,能运送部队进行两栖作战并具有相应的海上支援保障能力,有能力在其本地区之外进行重大军事行动和在较近的大洋海区进行高技术海上战役。

第 4 级是能在临近大洋使用军事力量的中等地区性海军。拥有此级海军的国家包括印度、日本、中国、意大利、荷兰、德国、西班牙、比利时、加拿大、澳大利亚、巴西和阿根廷。

第 5 级是能在近海使用力量的海军。如葡萄牙、希腊、土耳其、智利、秘鲁、以色列、南非、朝鲜、韩国、巴基斯坦、新西兰、伊朗、沙特阿拉伯等国的海军。海湾战争之前的伊拉克和中国的台湾地区海军也在这一级。

第 6 级是能依托本土,在本国所属 200 海里水域以内,具有较强防御作战能力的海军。包括挪威、丹麦、瑞典、波兰、罗马尼亚、保加利亚、阿尔及利亚、摩洛哥、利比亚、埃及、尼日利亚,古巴、哥伦比亚、厄瓜多尔、委内瑞拉、孟加拉、印度尼西亚、马来西亚、泰国、菲律宾和前南斯拉夫等国的海军。

第 7 级是近岸防卫型海军,只有基本的近岸防卫能力。包括阿尔巴尼亚、安哥拉、文莱、喀麦隆、厄里特利里(埃塞俄比亚)、芬兰、加蓬、科威特、也门、阿曼、卡塔尔、索马里、新加坡、叙利亚和突尼斯等国的海军。

第 8 级属海上警察型,没有海战能力,海上军事力量纯粹扮演警察角色。这样的海军等同于海岸警卫队,自然也包括那些只能担负支援本国海军作战任务的海岸警备队。如墨西哥、多米尼加、乌拉圭、冰岛、爱尔兰、缅甸、斯里兰卡、加纳和坦桑尼亚等国的海军。

美国、加拿大、阿根廷、日本、挪威、印度、巴基斯坦的海岸警卫队也在此列。

第9级为象征性海军。它包括了世界上其他最弱小、只有几艘海岸小艇和基本组织形式的海上军事力量。

（木　工）

第2届中国人民解放军图书奖揭晓　1998年8月7日，由总政治部组织的第2届“中国人民解放军图书奖”评选活动揭晓。共评出荣誉奖2种、图书奖10种、提名奖14种。总政治部为此向全军发出通报，对获奖图书及有关出版社予以表彰。

“解放军图书奖”是全军性、高规格、规范化的图书评奖活动。由总政治部每两年举行一届。此次获奖图书是从1996、1997年度全军出版社出版的4000余种图书中遴选出来的，集中代表了全军出版界取得的辉煌成果。

（谢　钢）

（本栏责任编辑　王湘江）

附：第2届“中国人民解放军图书奖”获奖图书名单

一、“中国人民解放军图书奖”荣誉奖　（2种）

《绿色风采丛书》　（解放军文艺出版社）
《生命甘泉的追寻者》　（解放军出版社）

二、“中国人民解放军图书奖”　（10种）

《邓小平新时期军队后勤建设思想研究》　（金盾出版社）
《中国人民解放军的七十年》　（军事科学出版社）
《新时期军队建设成就图集》　（军事谊文出版社）
《中国人民解放军第三野战军战史》　（解放军出版社）
《军队基层工作实用丛书》　（黄河出版社）
《绿色星河》丛书　（解放军文艺出版社）
《离开雷锋的日子》　（解放军文艺出版社）
《C^3I系统开发技术》　（国防工业出版社）
《全身CT诊断学》　（人民军医出版社）
《肝胆病理学》　（第二军医大学出版社）

三、“中国人民解放军图书奖”提名奖　（14种）

《伟大的军事家周恩来》　（军事科学出版社）
《共和国十大将》　（长城出版社）
《指导中国革命战争的认识论方法论》　（军事科学出版社）
《军队医德学》　（人民军医出版社）
《长征·丰碑永存》　（解放军出版社）
《太平洋战争海战史》　（海潮出版社）
《革命精神丛书》　（解放军出版社）
《绿色方圆丛书》　（解放军文艺出版社）
《梧桐·凤凰》　（蓝天出版社）
《神州魂——百个爱国主义教育示范基地巡礼》　（长征出版社）
《民兵思想政治教育一百个怎么办》　（白山出版社）
《现代疾病预防学》　（人民军医出版社）
《智能材料结构》　（国防工业出版社）
《中国地图册》　（星球地图出版社）

1998年6月埃塞俄比亚和厄立特里亚边界冲突示意图

ISBN7-5065-3754-0/E·1751

9 787506 537544 >